2023 法律法规全书系列

# 中华人民共和国
# 行政法及司法解释全书

含指导案例及文书范本

中国法制出版社
CHINA LEGAL PUBLISHING HOUSE

# 出版说明

随着中国特色社会主义法律体系的建成，中国的立法进入了“修法时代”。在这一时期，为了使法律体系进一步保持内部的科学、和谐、统一，会频繁出现对法律各层级文件的适时清理。目前，清理工作已经全面展开且取得了阶段性的成果，但这一清理过程在未来几年仍将持续。这对于读者如何了解最新法律修改信息、如何准确适用法律带来了使用上的不便。基于这一考虑，我们精心编辑出版了本丛书，一方面重在向读者展示我国立法的成果与现状，另一方面旨在帮助读者在法律文件修改频率较高的时代准确适用法律。

本书独具以下四重价值：

1. **文本权威，内容全面**。本书涵盖行政法领域相关的常用法律法规、国务院文件、部门规章、规范性文件、司法解释，及最高人民法院公布的典型案例、示范文本；书中收录文件均为经过清理修改的现行有效文本，方便读者及时掌握最新法律文件。

2. **查找方便，附录实用**。全书法律文件按照紧密程度排列，方便读者对某一类问题的集中查找；重点法律附加条旨，指引读者快速找到目标条文；附录相关典型案例、文书范本，其中案例具有指引“同案同判”的作用。同时，本书采用可平摊使用的独特开本，避免因书籍太厚难以摊开使用的弊端。

3. **免费增补，动态更新**。为保持本书与新法的同步更新，避免读者因部分法律的修改而反复购买同类图书，我们为读者专门设置了以下服务：(1) 扫码添加书后“法规编辑部”公众号→点击菜单栏→进入资料下载栏→选择法律法规全书资料项→点击网址或扫码下载，即可获取本书每次改版修订内容的电子版文件；(2) 通过“法规编辑部”公众号，及时了解最新立法信息，并可线上留言，编辑团队会就图书相关疑问动态解答。

4. **目录赠送，配套使用**。赠送本书目录的电子版，与纸书配套，立体化、电子化使用，便于检索、快速定位；同时实现将本书装进电脑，随时随地查。

# 修订说明

《中华人民共和国行政法及司法解释全书》自出版以来，深受广大读者的欢迎和好评。本书在上一版的基础之上，根据国家法律、行政法规、部门规章、司法解释等相关文件的制定和修改情况，进行了相应的增删和修订。修订情况如下：

根据近年国家立法的变化，更新、新增法律法规文件：《中华人民共和国反垄断法》《中华人民共和国农产品质量安全法》《市场监督管理行政处罚程序规定》《市场监督管理行政许可程序暂行规定》《中央全面依法治国委员会印发〈关于进一步加强市县法治建设的意见〉》《国务院办公厅关于进一步规范行政裁量权基准制定和管理工作的意见》《公安机关反有组织犯罪工作规定》《娱乐场所管理办法》等。

# 总 目 录


**一、综合篇** ………………………………………… (1)

1. 综合 ………………………………………… (1)
2. 行政立法 ………………………………… (100)
3. 行政许可 ………………………………… (121)
4. 行政处罚 ………………………………… (139)
5. 行政强制 ………………………………… (157)

**二、行政管理篇** ……………………………… (173)

1. 人事 ……………………………………… (173)
2. 民政 ……………………………………… (188)
3. 公安 ……………………………………… (218)
4. 道路交通 ………………………………… (296)
5. 司法行政 ………………………………… (328)
6. 文化、旅游 ……………………………… (349)
7. 卫生健康 ………………………………… (372)
8. 市场监管 ………………………………… (433)
9. 自然资源 ………………………………… (536)
10. 城乡建设 ………………………………… (578)
11. 国防军事 ………………………………… (598)
12. 应急管理 ………………………………… (639)

**三、行政救济篇** ……………………………… (696)

1. 行政复议 ………………………………… (696)
2. 行政诉讼 ………………………………… (709)
3. 行政赔偿 ………………………………… (758)

# 目 录*

## 一、综合篇


### 1. 综合

中华人民共和国宪法 …………………………… (1)
（2018 年 3 月 11 日）
中华人民共和国监察法 ………………………… (13)
（2018 年 3 月 20 日）
中华人民共和国监察法实施条例 ……………… (18)
（2021 年 9 月 20 日）
中华人民共和国公职人员政务处分法 ………… (46)
（2020 年 6 月 20 日）
法治中国建设规划（2020—2025 年）（节录） … (51)
（2021 年 1 月 10 日）
法治政府建设实施纲要（2021—2025 年） ……… (59)
（2021 年 8 月 11 日）
中央全面依法治国委员会印发《关于进一步加强市县法治建设的意见》 …………………… (65)
（2022 年）
国务院办公厅关于进一步规范行政裁量权基准制定和管理工作的意见 ……………………… (69)
（2022 年 7 月 29 日）
重大行政决策程序暂行条例 …………………… (72)
（2019 年 4 月 20 日）
国务院办公厅关于全面推行行政规范性文件合法性审核机制的指导意见 …………………… (75)
（2018 年 12 月 4 日）
国务院办公厅关于全面推行行政执法公示制度执法全过程记录制度重大执法决定法制审核制度的指导意见 …………………………… (77)
（2018 年 12 月 5 日）
法治政府建设与责任落实督察工作规定 ………… (80)
（2019 年 4 月 15 日）
中华人民共和国政府信息公开条例 ……………… (84)
（2019 年 4 月 3 日）
中华人民共和国政府采购法 ……………………… (89)
（2014 年 8 月 31 日）
政府督查工作条例 ……………………………… (95)
（2020 年 12 月 26 日）
行政执法机关移送涉嫌犯罪案件的规定 ………… (96)
（2020 年 8 月 7 日）

·指导案例·

1. 李健雄诉广东省交通运输厅政府信息公开案 …………………………………… (98)
2. 罗元昌诉重庆市彭水苗族土家族自治县地方海事处政府信息公开案 ……………… (99)

### 2. 行政立法

中华人民共和国立法法 ………………………… (100)
（2015 年 3 月 15 日）
行政法规制定程序条例 ………………………… (110)
（2017 年 12 月 22 日）
规章制定程序条例 ……………………………… (112)
（2017 年 12 月 22 日）
法规规章备案条例 ……………………………… (116)
（2001 年 12 月 14 日）

·典型案例·

吉德仁等诉盐城市人民政府行政决定案 …… (117)

### 3. 行政许可

中华人民共和国行政许可法 …………………… (121)
（2019 年 4 月 23 日）


* 编者按：本目录中的时间为法律文件的公布时间或最后一次修正、修订公布时间。

最高人民法院关于审理行政许可案件若干问题的规定 ……………………（128）
（2009年12月14日）
·典型案例·
1. 念泗三村28幢楼居民35人诉扬州市规划局行政许可行为侵权案 ……………………（130）
2. 张道文、陶仁诉四川省简阳市人民政府侵犯客运人力三轮车经营权案 ……………………（134）
·文书范本·
1. 行政许可申请表 ……………………（135）
2. 受理申请决定书 ……………………（135）
3. 不予受理通知书 ……………………（136）
4. 收取行政许可申请材料凭证 ……………………（136）
5. 延长行政许可批准时限告知书 ……………………（137）
6. 准予行政许可决定书 ……………………（137）
7. 不予行政许可决定书 ……………………（137）
8. 撤销行政许可决定书 ……………………（138）
9. 注销行政许可决定书 ……………………（138）

**4. 行政处罚**

中华人民共和国行政处罚法 ……………………（139）
（2021年1月22日）
国务院关于进一步贯彻实施《中华人民共和国行政处罚法》的通知 ……………………（145）
（2021年11月15日）
罚款决定与罚款收缴分离实施办法 ……………………（148）
（1997年11月17日）
罚款代收代缴管理办法 ……………………（149）
（1998年5月28日）
·指导案例·
1. 盐城市奥康食品有限公司东台分公司诉盐城市东台工商行政管理局工商行政处罚案 ……………………（151）
2. 北海市乃志海洋科技有限公司诉北海市海洋与渔业局行政处罚案 ……………………（152）
·文书范本·
1. 行政处罚意见告知书 ……………………（154）
2. 行政处罚听证会通知书 ……………………（154）
3. 行政处罚听证会笔录 ……………………（155）
4. 行政处罚事先告知书 ……………………（155）
5. 行政处罚决定书 ……………………（156）
6. 当场行政处罚决定书 ……………………（156）

**5. 行政强制**

中华人民共和国行政强制法 ……………………（157）
（2011年6月30日）
最高人民法院关于行政机关申请法院强制执行处罚决定时效问题的答复 ……………………（163）
（2019年9月10日）
最高人民法院关于违法的建筑物、构筑物、设施等强制拆除问题的批复 ……………………（164）
（2013年3月27日）
最高人民法院关于办理申请人民法院强制执行国有土地上房屋征收补偿决定案件若干问题的规定 ……………………（164）
（2012年3月26日）
最高人民法院关于对林业行政机关依法作出具体行政行为申请人民法院强制执行问题的复函 ……………………（165）
（2020年12月23日）
·典型案例·
1. 彭某某等40人诉福建省福安市人民政府等四单位强制拆除行为案 ……………………（165）
2. 刘云务诉山西省太原市公安局交通警察支队晋源一大队道路交通管理行政强制案 ……………………（166）
3. 许水云诉金华市婺城区人民政府房屋行政强制及行政赔偿案 ……………………（166）

## 二、行政管理篇

**1. 人事**

中华人民共和国公务员法 ……………………（173）
（2018年12月29日）
公务员职务、职级与级别管理办法 ……………………（181）
（2020年3月3日）
行政机关公务员处分条例 ……………………（182）
（2007年4月22日）

事业单位人事管理条例 …………………………（186）
（2014年4月25日）

2. 民政

中华人民共和国村民委员会组织法 ……………（188）
（2018年12月29日）
中华人民共和国城市居民委员会组织法 ………（192）
（2018年12月29日）
民政部关于贯彻落实《中华人民共和国民法典》中有关婚姻登记规定的通知 …………………（194）
（2020年11月24日）
中国公民收养子女登记办法 ……………………（195）
（2019年3月2日）
收养评估办法（试行） …………………………（196）
（2020年12月30日）
养老机构管理办法 ………………………………（197）
（2020年9月1日）
最低生活保障审核确认办法 ……………………（201）
（2021年6月11日）
特困人员认定办法 ………………………………（204）
（2021年4月26日）
殡葬管理条例 ……………………………………（206）
（2012年11月9日）
社会团体登记管理条例 …………………………（207）
（2016年2月6日）
社会组织登记管理机关行政处罚程序规定 ……（210）
（2021年9月14日）
烈士褒扬条例 ……………………………………（214）
（2019年8月1日）
·典型案例·
林建国诉济南市住房保障和房产管理局房屋行政管理案 ………………………………（217）

3. 公安

中华人民共和国人民警察法 ……………………（218）
（2012年10月26日）
中华人民共和国反有组织犯罪法 ………………（222）
（2021年12月24日）
公安机关反有组织犯罪工作规定 ………………（227）
（2022年8月26日）
公安机关办理行政案件程序规定 ………………（232）
（2020年8月6日）
中华人民共和国居民身份证法 …………………（255）
（2011年10月29日）
中华人民共和国户口登记条例 …………………（257）
（1958年1月9日）
居住证暂行条例 …………………………………（259）
（2015年11月26日）
中华人民共和国海关法 …………………………（261）
（2021年4月29日）
中华人民共和国出境入境管理法 ………………（268）
（2012年6月30日）
中华人民共和国治安管理处罚法 ………………（276）
（2012年10月26日）
中华人民共和国禁毒法 …………………………（286）
（2007年12月29日）
戒毒条例 …………………………………………（291）
（2018年9月18日）
·典型案例·
1. 沈某、蔡某诉南通市公安局开发区分局行政不作为案 ……………………………（294）
2. 张美华等五人诉天水市公安局麦积分局行政不作为赔偿案 ………………………（295）

4. 道路交通

中华人民共和国道路交通安全法 ………………（296）
（2021年4月29日）
中华人民共和国道路交通安全法实施条例 ……（306）
（2017年10月7日）
道路交通事故处理程序规定 ……………………（316）
（2017年7月22日）
·指导案例·
贝汇丰诉海宁市公安局交通警察大队道路交通管理行政处罚案 ………………………（327）

5. 司法行政

中华人民共和国律师法 …………………………（328）
（2017年9月1日）
中华人民共和国法律援助法 ……………………（332）
（2021年8月20日）
中华人民共和国公证法 …………………………（337）
（2017年9月1日）
中华人民共和国监狱法 …………………………（340）
（2012年10月26日）
中华人民共和国社区矫正法 ……………………（344）
（2019年12月28日）

## 6. 文化、旅游


中华人民共和国公共文化服务保障法 …………（349）
（2016 年 12 月 25 日）
营业性演出管理条例 ……………………………（353）
（2020 年 11 月 29 日）
娱乐场所管理条例 ………………………………（358）
（2020 年 11 月 29 日）
娱乐场所管理办法 ………………………………（362）
（2022 年 5 月 13 日）
中华人民共和国旅游法 …………………………（364）
（2018 年 10 月 26 日）


## 7. 卫生健康


中华人民共和国基本医疗卫生与健康促进法 …（372）
（2019 年 12 月 28 日）
中华人民共和国医师法 …………………………（380）
（2021 年 8 月 20 日）
医疗纠纷预防和处理条例 ………………………（385）
（2018 年 7 月 31 日）
医疗保障行政处罚程序暂行规定 ………………（390）
（2021 年 6 月 11 日）
中华人民共和国传染病防治法 …………………（395）
（2013 年 6 月 29 日）
中华人民共和国职业病防治法 …………………（403）
（2018 年 12 月 29 日）
职业病诊断与鉴定管理办法 ……………………（412）
（2021 年 1 月 4 日）
中华人民共和国疫苗管理法 ……………………（417）
（2019 年 6 月 29 日）
中华人民共和国母婴保健法 ……………………（427）
（2017 年 11 月 4 日）
中华人民共和国人口与计划生育法 ……………（430）
（2021 年 8 月 20 日）
·典型案例·
艾立仁诉沈阳市卫生和计划生育委员会行政不作为案 ……………………………………（433）


## 8. 市场监管


中华人民共和国反垄断法 ………………………（433）
（2022 年 6 月 24 日）
中华人民共和国反不正当竞争法 ………………（439）
（2019 年 4 月 23 日）
中华人民共和国消费者权益保护法 ……………（442）
（2013 年 10 月 25 日）
中华人民共和国广告法 …………………………（447）
（2021 年 4 月 29 日）
中华人民共和国商标法 …………………………（454）
（2019 年 4 月 23 日）
中华人民共和国专利法 …………………………（461）
（2020 年 10 月 17 日）
中华人民共和国食品安全法 ……………………（468）
（2021 年 4 月 29 日）
中华人民共和国农产品质量安全法 ……………（486）
（2022 年 9 月 2 日）
食品生产许可管理办法 …………………………（494）
（2020 年 1 月 2 日）
网络餐饮服务食品安全监督管理办法 …………（499）
（2020 年 10 月 23 日）
中华人民共和国药品管理法 ……………………（502）
（2019 年 8 月 26 日）
中华人民共和国产品质量法 ……………………（514）
（2018 年 12 月 29 日）
市场监督管理行政处罚程序规定 ………………（519）
（2022 年 9 月 29 日）
市场监督管理行政许可程序暂行规定 …………（527）
（2022 年 3 月 24 日）
·指导案例·
迈克尔·杰弗里·乔丹与国家工商行政管理总局商标评审委员会、乔丹体育股份有限公司“乔丹”商标争议行政纠纷案 …（534）


## 9. 自然资源


中华人民共和国土地管理法 ……………………（536）
（2019 年 8 月 26 日）
中华人民共和国土地管理法实施条例 …………（544）
（2021 年 7 月 2 日）
不动产登记暂行条例 ……………………………（550）
（2019 年 3 月 24 日）
中华人民共和国草原法 …………………………（552）
（2021 年 4 月 29 日）
中华人民共和国森林法 …………………………（558）
（2019 年 12 月 28 日）
中华人民共和国矿产资源法 ……………………（564）
（2009 年 8 月 27 日）

中华人民共和国煤炭法 ……………………………… (568)
(2016 年 11 月 7 日)
自然资源执法监督规定 ……………………………… (571)
(2020 年 3 月 20 日)
自然资源行政处罚办法 ……………………………… (574)
(2020 年 3 月 20 日)
· 典型案例 ·
张风竹诉濮阳市国土资源局行政不作为案 … (577)

10. **城乡建设**
中华人民共和国城乡规划法 ……………………… (578)
(2019 年 4 月 23 日)
住房和城乡建设部关于规范城乡规划行政处罚裁量权的指导意见 ……………………………… (583)
(2012 年 6 月 25 日)
城乡规划违法违纪行为处分办法 ………………… (584)
(2016 年 1 月 18 日)
中华人民共和国城市房地产管理法 ……………… (587)
(2019 年 8 月 26 日)
城市房地产开发经营管理条例 …………………… (592)
(2020 年 11 月 29 日)
国有土地上房屋征收与补偿条例 ………………… (594)
(2011 年 1 月 21 日)
· 典型案例 ·
叶汉祥诉湖南省株洲市规划局、株洲市石峰区人民政府不履行拆除违法建筑法定职责案 ……………………………………… (597)

11. **国防军事**
中华人民共和国军事设施保护法 ………………… (598)
(2021 年 6 月 10 日)
中华人民共和国军人地位和权益保障法 ……… (604)
(2021 年 6 月 10 日)
中华人民共和国国防法 …………………………… (608)
(2020 年 12 月 26 日)
中华人民共和国国家情报法 ……………………… (613)
(2018 年 4 月 27 日)
中华人民共和国兵役法 …………………………… (615)
(2021 年 8 月 20 日)
中华人民共和国反间谍法 ………………………… (619)
(2014 年 11 月 1 日)
中华人民共和国反间谍法实施细则 ……………… (621)
(2017 年 11 月 22 日)
反间谍安全防范工作规定 ………………………… (623)
(2021 年 4 月 26 日)
中华人民共和国国家安全法 ……………………… (626)
(2015 年 7 月 1 日)
中华人民共和国反恐怖主义法 …………………… (630)
(2018 年 4 月 27 日)

12. **应急管理**
中华人民共和国突发事件应对法 ………………… (639)
(2007 年 8 月 30 日)
中华人民共和国防震减灾法 ……………………… (646)
(2008 年 12 月 27 日)
突发公共卫生事件应急条例 ……………………… (653)
(2011 年 1 月 8 日)
自然灾害救助条例 ………………………………… (657)
(2019 年 3 月 2 日)
中华人民共和国消防法 …………………………… (660)
(2021 年 4 月 29 日)
中华人民共和国安全生产法 ……………………… (667)
(2021 年 6 月 10 日)
生产安全事故应急条例 …………………………… (680)
(2019 年 2 月 17 日)
生产安全事故应急预案管理办法 ………………… (683)
(2019 年 7 月 11 日)
安全生产许可证条例 ……………………………… (687)
(2014 年 7 月 29 日)
安全生产违法行为行政处罚办法 ………………… (688)
(2015 年 4 月 2 日)

## 三、行政救济篇

1. **行政复议**
中华人民共和国行政复议法 ……………………… (696)
(2017 年 9 月 1 日)
中华人民共和国行政复议法实施条例 ………… (700)
(2007 年 5 月 29 日)

·典型案例·

1. 李国庆诉上海市静安区人民政府、上海市人民政府房屋征收补偿决定及行政复议决定一案 …………（705）
2. 冯书军诉河北省衡水市人民政府撤销国有土地使用证案 …………（706）
3. 杨吉全诉山东省人民政府行政复议案 ……（707）

·文书范本·

1. 行政复议申请书 …………（707）
2. 行政复议口头申请笔录 …………（708）
3. 行政复议决定书 …………（709）

**2. 行政诉讼**

中华人民共和国行政诉讼法 …………（709）
（2017年6月27日）

最高人民法院关于适用《中华人民共和国行政诉讼法》的解释 …………（717）
（2018年2月6日）

最高人民法院印发《关于行政案件案由的暂行规定》的通知 …………（733）
（2020年12月25日）

最高人民法院关于审理行政协议案件若干问题的规定 …………（737）
（2019年11月27日）

最高人民法院关于行政诉讼应诉若干问题的通知 …………（739）
（2016年7月28日）

最高人民法院关于行政诉讼证据若干问题的规定 …………（740）
（2002年7月24日）

最高人民法院关于行政诉讼撤诉若干问题的规定 …………（746）
（2008年1月14日）

最高人民法院关于行政机关负责人出庭应诉若干问题的规定 …………（747）
（2020年6月22日）

最高人民法院关于正确确定县级以上地方人民政府行政诉讼被告资格若干问题的规定 …（749）
（2021年3月25日）

·典型案例·

1. 魏永高、陈守志诉来安县人民政府收回土地使用权批复案 …………（750）
2. 田永诉北京科技大学拒绝颁发毕业证、学位证案 …………（750）
3. 王明德诉乐山市人力资源和社会保障局工伤认定案 …………（752）
4. 萍乡市亚鹏房地产开发有限公司诉萍乡市国土资源局不履行行政协议案 ………（753）
5. 英县永佳纸业有限公司诉四川省大英县人民政府不履行行政协议案 …………（754）
6. 北京富宁经贸有限责任公司宁夏特产连锁超市诉北京市东城区市场监督管理局行政处罚决定及北京市东城区人民政府行政复议案 …………（755）

·文书范本·

1. 行政起诉状 …………（756）
2. 行政答辩状 …………（756）
3. 行政上诉状 …………（757）
4. 行政申诉状 …………（757）
5. 行政撤诉申请书 …………（758）

**3. 行政赔偿**

中华人民共和国国家赔偿法 …………（758）
（2012年10月26日）

最高人民法院关于审理行政赔偿案件若干问题的规定 …………（763）
（2022年3月20日）

最高人民法院关于审理国家赔偿案件确定精神损害赔偿责任适用法律若干问题的解释 …（765）
（2021年3月24日）

最高人民法院关于适用《中华人民共和国国家赔偿法》若干问题的解释（一） …………（766）
（2011年2月28日）

最高人民法院关于审理民事、行政诉讼中司法赔偿案件适用法律若干问题的解释 ………（767）
（2016年9月7日）

·指导案例·

沙明保等诉马鞍山市花山区人民政府房屋强制拆除行政赔偿案 …………（770）

# 一、综合篇

## 1. 综　合

### 中华人民共和国宪法

· 1982 年 12 月 4 日第五届全国人民代表大会第五次会议通过
· 1982 年 12 月 4 日全国人民代表大会公告公布施行
· 根据 1988 年 4 月 12 日第七届全国人民代表大会第一次会议通过的《中华人民共和国宪法修正案》、1993 年 3 月 29 日第八届全国人民代表大会第一次会议通过的《中华人民共和国宪法修正案》、1999 年 3 月 15 日第九届全国人民代表大会第二次会议通过的《中华人民共和国宪法修正案》、2004 年 3 月 14 日第十届全国人民代表大会第二次会议通过的《中华人民共和国宪法修正案》和 2018 年 3 月 11 日第十三届全国人民代表大会第一次会议通过的《中华人民共和国宪法修正案》修正

#### 目　录

序　言
第一章　总　纲
第二章　公民的基本权利和义务
第三章　国家机构
　第一节　全国人民代表大会
　第二节　中华人民共和国主席
　第三节　国务院
　第四节　中央军事委员会
　第五节　地方各级人民代表大会和地方各级人民政府
　第六节　民族自治地方的自治机关
　第七节　监察委员会
　第八节　人民法院和人民检察院
第四章　国旗、国歌、国徽、首都

#### 序　言

中国是世界上历史最悠久的国家之一。中国各族人民共同创造了光辉灿烂的文化，具有光荣的革命传统。

一八四〇年以后，封建的中国逐渐变成半殖民地、半封建的国家。中国人民为国家独立、民族解放和民主自由进行了前仆后继的英勇奋斗。

二十世纪，中国发生了翻天覆地的伟大历史变革。

一九一一年孙中山先生领导的辛亥革命，废除了封建帝制，创立了中华民国。但是，中国人民反对帝国主义和封建主义的历史任务还没有完成。

一九四九年，以毛泽东主席为领袖的中国共产党领导中国各族人民，在经历了长期的艰难曲折的武装斗争和其他形式的斗争以后，终于推翻了帝国主义、封建主义和官僚资本主义的统治，取得了新民主主义革命的伟大胜利，建立了中华人民共和国。从此，中国人民掌握了国家的权力，成为国家的主人。

中华人民共和国成立以后，我国社会逐步实现了由新民主主义到社会主义的过渡。生产资料私有制的社会主义改造已经完成，人剥削人的制度已经消灭，社会主义制度已经确立。工人阶级领导的、以工农联盟为基础的人民民主专政，实质上即无产阶级专政，得到巩固和发展。中国人民和中国人民解放军战胜了帝国主义、霸权主义的侵略、破坏和武装挑衅，维护了国家的独立和安全，增强了国防。经济建设取得了重大的成就，独立的、比较完整的社会主义工业体系已经基本形成，农业生产显著提高。教育、科学、文化等事业有了很大的发展，社会主义思想教育取得了明显的成效。广大人民的生活有了较大的改善。

中国新民主主义革命的胜利和社会主义事业的成就，是中国共产党领导中国各族人民，在马克思列宁主义、毛泽东思想的指引下，坚持真理，修正错误，战胜许多艰难险阻而取得的。我国将长期处于社会主义初级阶段。国家的根本任务是，沿着中国特色社会主义道路，集中力量进行社会主义现代化建设。中国各族人民将继续在中国共产党领导下，在马克思列宁主义、毛泽东思想、邓小平理论、"三个代表"重要思想、科学发展观、习近平新时代中国特色社会主义思想指引下，坚持人民民主专政，坚持社会主义道路，坚持改革开放，不断完善社会主义的各项制度，发展社会主义市场经济，发展社会主义民主，健全社会主义法治，贯彻新发展理念，自力更生，艰苦奋斗，逐步实现工业、农业、国防和科学技术的现代化，推动物质文明、政治文明、精神文明、社会文明、生态文明协

调发展，把我国建设成为富强民主文明和谐美丽的社会主义现代化强国，实现中华民族伟大复兴。

在我国，剥削阶级作为阶级已经消灭，但是阶级斗争还将在一定范围内长期存在。中国人民对敌视和破坏我国社会主义制度的国内外的敌对势力和敌对分子，必须进行斗争。

台湾是中华人民共和国的神圣领土的一部分。完成统一祖国的大业是包括台湾同胞在内的全中国人民的神圣职责。

社会主义的建设事业必须依靠工人、农民和知识分子，团结一切可以团结的力量。在长期的革命、建设、改革过程中，已经结成由中国共产党领导的，有各民主党派和各人民团体参加的，包括全体社会主义劳动者、社会主义事业的建设者、拥护社会主义的爱国者、拥护祖国统一和致力于中华民族伟大复兴的爱国者的广泛的爱国统一战线，这个统一战线将继续巩固和发展。中国人民政治协商会议是有广泛代表性的统一战线组织，过去发挥了重要的历史作用，今后在国家政治生活、社会生活和对外友好活动中，在进行社会主义现代化建设、维护国家的统一和团结的斗争中，将进一步发挥它的重要作用。中国共产党领导的多党合作和政治协商制度将长期存在和发展。

中华人民共和国是全国各族人民共同缔造的统一的多民族国家。平等团结互助和谐的社会主义民族关系已经确立，并将继续加强。在维护民族团结的斗争中，要反对大民族主义，主要是大汉族主义，也要反对地方民族主义。国家尽一切努力，促进全国各民族的共同繁荣。

中国革命、建设、改革的成就是同世界人民的支持分不开的。中国的前途是同世界的前途紧密地联系在一起的。中国坚持独立自主的对外政策，坚持互相尊重主权和领土完整、互不侵犯、互不干涉内政、平等互利、和平共处的五项原则，坚持和平发展道路，坚持互利共赢开放战略，发展同各国的外交关系和经济、文化交流，推动构建人类命运共同体；坚持反对帝国主义、霸权主义、殖民主义，加强同世界各国人民的团结，支持被压迫民族和发展中国家争取和维护民族独立、发展民族经济的正义斗争，为维护世界和平和促进人类进步事业而努力。

本宪法以法律的形式确认了中国各族人民奋斗的成果，规定了国家的根本制度和根本任务，是国家的根本法，具有最高的法律效力。全国各族人民、一切国家机关和武装力量、各政党和各社会团体、各企业事业组织，都必须以宪法为根本的活动准则，并且负有维护宪法尊严、保证宪法实施的职责。

## 第一章　总　纲

**第一条　【国体】**[*] 中华人民共和国是工人阶级领导的、以工农联盟为基础的人民民主专政的社会主义国家。

社会主义制度是中华人民共和国的根本制度。中国共产党领导是中国特色社会主义最本质的特征。禁止任何组织或者个人破坏社会主义制度。

**第二条　【政体】** 中华人民共和国的一切权力属于人民。

人民行使国家权力的机关是全国人民代表大会和地方各级人民代表大会。

人民依照法律规定，通过各种途径和形式，管理国家事务，管理经济和文化事业，管理社会事务。

**第三条　【民主集中制原则】** 中华人民共和国的国家机构实行民主集中制的原则。

全国人民代表大会和地方各级人民代表大会都由民主选举产生，对人民负责，受人民监督。

国家行政机关、监察机关、审判机关、检察机关都由人民代表大会产生，对它负责，受它监督。

中央和地方的国家机构职权的划分，遵循在中央的统一领导下，充分发挥地方的主动性、积极性的原则。

**第四条　【民族政策】** 中华人民共和国各民族一律平等。国家保障各少数民族的合法的权利和利益，维护和发展各民族的平等团结互助和谐关系。禁止对任何民族的歧视和压迫，禁止破坏民族团结和制造民族分裂的行为。

国家根据各少数民族的特点和需要，帮助各少数民族地区加速经济和文化的发展。

各少数民族聚居的地方实行区域自治，设立自治机关，行使自治权。各民族自治地方都是中华人民共和国不可分离的部分。

各民族都有使用和发展自己的语言文字的自由，都有保持或者改革自己的风俗习惯的自由。

**第五条　【法制的统一和尊严】** 中华人民共和国实行依法治国，建设社会主义法治国家。

国家维护社会主义法制的统一和尊严。

一切法律、行政法规和地方性法规都不得同宪法相

---

* 条文主旨为编者所加，全书同。

抵触。

一切国家机关和武装力量、各政党和各社会团体、各企业事业组织都必须遵守宪法和法律。一切违反宪法和法律的行为,必须予以追究。

任何组织或者个人都不得有超越宪法和法律的特权。

**第六条　【公有制与分配原则】**中华人民共和国的社会主义经济制度的基础是生产资料的社会主义公有制,即全民所有制和劳动群众集体所有制。社会主义公有制消灭人剥削人的制度,实行各尽所能、按劳分配的原则。

国家在社会主义初级阶段,坚持公有制为主体、多种所有制经济共同发展的基本经济制度,坚持按劳分配为主体、多种分配方式并存的分配制度。

**第七条　【国有经济】**国有经济,即社会主义全民所有制经济,是国民经济中的主导力量。国家保障国有经济的巩固和发展。

**第八条　【集体经济】**农村集体经济组织实行家庭承包经营为基础、统分结合的双层经营体制。农村中的生产、供销、信用、消费等各种形式的合作经济,是社会主义劳动群众集体所有制经济。参加农村集体经济组织的劳动者,有权在法律规定的范围内经营自留地、自留山、家庭副业和饲养自留畜。

城镇中的手工业、工业、建筑业、运输业、商业、服务业等行业的各种形式的合作经济,都是社会主义劳动群众集体所有制经济。

国家保护城乡集体经济组织的合法的权利和利益,鼓励、指导和帮助集体经济的发展。

**第九条　【自然资源】**矿藏、水流、森林、山岭、草原、荒地、滩涂等自然资源,都属于国家所有,即全民所有;由法律规定属于集体所有的森林和山岭、草原、荒地、滩涂除外。

国家保障自然资源的合理利用,保护珍贵的动物和植物。禁止任何组织或者个人用任何手段侵占或者破坏自然资源。

**第十条　【土地制度】**城市的土地属于国家所有。

农村和城市郊区的土地,除由法律规定属于国家所有的以外,属于集体所有;宅基地和自留地、自留山,也属于集体所有。

国家为了公共利益的需要,可以依照法律规定对土地实行征收或者征用并给予补偿。

任何组织或者个人不得侵占、买卖或者以其他形式非法转让土地。土地的使用权可以依照法律的规定转让。

一切使用土地的组织和个人必须合理地利用土地。

**第十一条　【非公有经济】**在法律规定范围内的个体经济、私营经济等非公有制经济,是社会主义市场经济的重要组成部分。

国家保护个体经济、私营经济等非公有制经济的合法的权利和利益。国家鼓励、支持和引导非公有制经济的发展,并对非公有制经济依法实行监督和管理。

**第十二条　【公共财产不可侵犯】**社会主义的公共财产神圣不可侵犯。

国家保护社会主义的公共财产。禁止任何组织或者个人用任何手段侵占或者破坏国家的和集体的财产。

**第十三条　【保护私有财产】**公民的合法的私有财产不受侵犯。

国家依照法律规定保护公民的私有财产权和继承权。

国家为了公共利益的需要,可以依照法律规定对公民的私有财产实行征收或者征用并给予补偿。

**第十四条　【生产、积累与消费】**国家通过提高劳动者的积极性和技术水平,推广先进的科学技术,完善经济管理体制和企业经营管理制度,实行各种形式的社会主义责任制,改进劳动组织,以不断提高劳动生产率和经济效益,发展社会生产力。

国家厉行节约,反对浪费。

国家合理安排积累和消费,兼顾国家、集体和个人的利益,在发展生产的基础上,逐步改善人民的物质生活和文化生活。

国家建立健全同经济发展水平相适应的社会保障制度。

**第十五条　【市场经济】**国家实行社会主义市场经济。

国家加强经济立法,完善宏观调控。

国家依法禁止任何组织或者个人扰乱社会经济秩序。

**第十六条　【国有企业】**国有企业在法律规定的范围内有权自主经营。

国有企业依照法律规定,通过职工代表大会和其他形式,实行民主管理。

**第十七条　【集体企业】**集体经济组织在遵守有关法律的前提下,有独立进行经济活动的自主权。

集体经济组织实行民主管理,依照法律规定选举和罢免管理人员，决定经营管理的重大问题。

**第十八条 【外资企业】**中华人民共和国允许外国的企业和其他经济组织或者个人依照中华人民共和国法律的规定在中国投资，同中国的企业或者其他经济组织进行各种形式的经济合作。

在中国境内的外国企业和其他外国经济组织以及中外合资经营的企业，都必须遵守中华人民共和国的法律。它们的合法的权利和利益受中华人民共和国法律的保护。

**第十九条 【教育事业】**国家发展社会主义的教育事业，提高全国人民的科学文化水平。

国家举办各种学校，普及初等义务教育，发展中等教育、职业教育和高等教育，并且发展学前教育。

国家发展各种教育设施，扫除文盲，对工人、农民、国家工作人员和其他劳动者进行政治、文化、科学、技术、业务的教育，鼓励自学成才。

国家鼓励集体经济组织、国家企业事业组织和其他社会力量依照法律规定举办各种教育事业。

国家推广全国通用的普通话。

**第二十条 【科技事业】**国家发展自然科学和社会科学事业，普及科学和技术知识，奖励科学研究成果和技术发明创造。

**第二十一条 【医疗、卫生与体育事业】**国家发展医疗卫生事业，发展现代医药和我国传统医药，鼓励和支持农村集体经济组织、国家企业事业组织和街道组织举办各种医疗卫生设施，开展群众性的卫生活动，保护人民健康。

国家发展体育事业，开展群众性的体育活动，增强人民体质。

**第二十二条 【文化事业】**国家发展为人民服务、为社会主义服务的文学艺术事业、新闻广播电视事业、出版发行事业、图书馆博物馆文化馆和其他文化事业，开展群众性的文化活动。

国家保护名胜古迹、珍贵文物和其他重要历史文化遗产。

**第二十三条 【知识分子】**国家培养为社会主义服务的各种专业人才，扩大知识分子的队伍，创造条件，充分发挥他们在社会主义现代化建设中的作用。

**第二十四条 【精神文明建设】**国家通过普及理想教育、道德教育、文化教育、纪律和法制教育，通过在城乡不同范围的群众中制定和执行各种守则、公约，加强社会主义精神文明的建设。

国家倡导社会主义核心价值观，提倡爱祖国、爱人民、爱劳动、爱科学、爱社会主义的公德，在人民中进行爱国主义、集体主义和国际主义、共产主义的教育，进行辩证唯物主义和历史唯物主义的教育，反对资本主义的、封建主义的和其他的腐朽思想。

**第二十五条 【计划生育】**国家推行计划生育，使人口的增长同经济和社会发展计划相适应。

**第二十六条 【生活、生态环境】**国家保护和改善生活环境和生态环境，防治污染和其他公害。

国家组织和鼓励植树造林，保护林木。

**第二十七条 【机关及公务员制度】**一切国家机关实行精简的原则，实行工作责任制，实行工作人员的培训和考核制度，不断提高工作质量和工作效率，反对官僚主义。

一切国家机关和国家工作人员必须依靠人民的支持，经常保持同人民的密切联系，倾听人民的意见和建议，接受人民的监督，努力为人民服务。

国家工作人员就职时应当依照法律规定公开进行宪法宣誓。

**第二十八条 【维护社会秩序】**国家维护社会秩序，镇压叛国和其他危害国家安全的犯罪活动，制裁危害社会治安、破坏社会主义经济和其他犯罪的活动，惩办和改造犯罪分子。

**第二十九条 【武装力量】**中华人民共和国的武装力量属于人民。它的任务是巩固国防，抵抗侵略，保卫祖国，保卫人民的和平劳动，参加国家建设事业，努力为人民服务。

国家加强武装力量的革命化、现代化、正规化的建设，增强国防力量。

**第三十条 【行政区划】**中华人民共和国的行政区域划分如下：

（一）全国分为省、自治区、直辖市；

（二）省、自治区分为自治州、县、自治县、市；

（三）县、自治县分为乡、民族乡、镇。

直辖市和较大的市分为区、县。自治州分为县、自治县、市。

自治区、自治州、自治县都是民族自治地方。

**第三十一条 【特别行政区】**国家在必要时得设立特别行政区。在特别行政区内实行的制度按照具体情况由全国人民代表大会以法律规定。

**第三十二条 【对外国人的保护】**中华人民共和国保护在中国境内的外国人的合法权利和利益，在中国境内的外国人必须遵守中华人民共和国的法律。

中华人民共和国对于因为政治原因要求避难的外国人，可以给予受庇护的权利。

## 第二章 公民的基本权利和义务

**第三十三条 【公民资格、平等原则及人权】**凡具有中华人民共和国国籍的人都是中华人民共和国公民。

中华人民共和国公民在法律面前一律平等。

国家尊重和保障人权。

任何公民享有宪法和法律规定的权利，同时必须履行宪法和法律规定的义务。

**第三十四条 【选举权和被选举权】**中华人民共和国年满十八周岁的公民，不分民族、种族、性别、职业、家庭出身、宗教信仰、教育程度、财产状况、居住期限，都有选举权和被选举权；但是依照法律被剥夺政治权利的人除外。

**第三十五条 【基本政治自由】**中华人民共和国公民有言论、出版、集会、结社、游行、示威的自由。

**第三十六条 【信仰自由】**中华人民共和国公民有宗教信仰自由。

任何国家机关、社会团体和个人不得强制公民信仰宗教或者不信仰宗教，不得歧视信仰宗教的公民和不信仰宗教的公民。

国家保护正常的宗教活动。任何人不得利用宗教进行破坏社会秩序、损害公民身体健康、妨碍国家教育制度的活动。

宗教团体和宗教事务不受外国势力的支配。

**第三十七条 【人身自由】**中华人民共和国公民的人身自由不受侵犯。

任何公民，非经人民检察院批准或者决定或者人民法院决定，并由公安机关执行，不受逮捕。

禁止非法拘禁和以其他方法非法剥夺或者限制公民的人身自由，禁止非法搜查公民的身体。

**第三十八条 【人格尊严及其保护】**中华人民共和国公民的人格尊严不受侵犯。禁止用任何方法对公民进行侮辱、诽谤和诬告陷害。

**第三十九条 【住宅权】**中华人民共和国公民的住宅不受侵犯。禁止非法搜查或者非法侵入公民的住宅。

**第四十条 【通信自由和通信秘密】**中华人民共和国公民的通信自由和通信秘密受法律的保护。除因国家安全或者追查刑事犯罪的需要，由公安机关或者检察机关依照法律规定的程序对通信进行检查外，任何组织或者个人不得以任何理由侵犯公民的通信自由和通信秘密。

**第四十一条 【公民的监督权】**中华人民共和国公民对于任何国家机关和国家工作人员，有提出批评和建议的权利；对于任何国家机关和国家工作人员的违法失职行为，有向有关国家机关提出申诉、控告或者检举的权利，但是不得捏造或者歪曲事实进行诬告陷害。

对于公民的申诉、控告或者检举，有关国家机关必须查清事实，负责处理。任何人不得压制和打击报复。

由于国家机关和国家工作人员侵犯公民权利而受到损失的人，有依照法律规定取得赔偿的权利。

**第四十二条 【劳动的权利和义务】**中华人民共和国公民有劳动的权利和义务。

国家通过各种途径，创造劳动就业条件，加强劳动保护，改善劳动条件，并在发展生产的基础上，提高劳动报酬和福利待遇。

劳动是一切有劳动能力的公民的光荣职责。国有企业和城乡集体经济组织的劳动者都应当以国家主人翁的态度对待自己的劳动。国家提倡社会主义劳动竞赛，奖励劳动模范和先进工作者。国家提倡公民从事义务劳动。

国家对就业前的公民进行必要的劳动就业训练。

**第四十三条 【劳动者的休息权】**中华人民共和国劳动者有休息的权利。

国家发展劳动者休息和休养的设施，规定职工的工作时间和休假制度。

**第四十四条 【退休制度】**国家依照法律规定实行企业事业组织的职工和国家机关工作人员的退休制度。退休人员的生活受到国家和社会的保障。

**第四十五条 【社会保障】**中华人民共和国公民在年老、疾病或者丧失劳动能力的情况下，有从国家和社会获得物质帮助的权利。国家发展为公民享受这些权利所需要的社会保险、社会救济和医疗卫生事业。

国家和社会保障残废军人的生活，抚恤烈士家属，优待军人家属。

国家和社会帮助安排盲、聋、哑和其他有残疾的公民的劳动、生活和教育。

**第四十六条 【受教育的权利和义务】**中华人民共和国公民有受教育的权利和义务。

国家培养青年、少年、儿童在品德、智力、体质等方面全面发展。

**第四十七条 【文化活动自由】**中华人民共和国公民有进行科学研究、文学艺术创作和其他文化活动的自由。国家对于从事教育、科学、技术、文学、艺术和其他文化事业的公民的有益于人民的创造性工作，给以鼓励和帮助。

**第四十八条　【保护妇女平等权益】**中华人民共和国妇女在政治的、经济的、文化的、社会的和家庭的生活等各方面享有同男子平等的权利。

国家保护妇女的权利和利益，实行男女同工同酬，培养和选拔妇女干部。

**第四十九条　【婚姻家庭制度】**婚姻、家庭、母亲和儿童受国家的保护。

夫妻双方有实行计划生育的义务。

父母有抚养教育未成年子女的义务，成年子女有赡养扶助父母的义务。

禁止破坏婚姻自由，禁止虐待老人、妇女和儿童。

**第五十条　【华侨、归侨的权益保护】**中华人民共和国保护华侨的正当的权利和利益，保护归侨和侨眷的合法的权利和利益。

**第五十一条　【公民自由和权利的限度】**中华人民共和国公民在行使自由和权利的时候，不得损害国家的、社会的、集体的利益和其他公民的合法的自由和权利。

**第五十二条　【维护国家统一和民族团结的义务】**中华人民共和国公民有维护国家统一和全国各民族团结的义务。

**第五十三条　【遵纪守法的义务】**中华人民共和国公民必须遵守宪法和法律，保守国家秘密，爱护公共财产，遵守劳动纪律，遵守公共秩序，尊重社会公德。

**第五十四条　【维护国家安全、荣誉和利益的义务】**中华人民共和国公民有维护祖国的安全、荣誉和利益的义务，不得有危害祖国的安全、荣誉和利益的行为。

**第五十五条　【保卫国家和服兵役】**保卫祖国、抵抗侵略是中华人民共和国每一个公民的神圣职责。

依照法律服兵役和参加民兵组织是中华人民共和国公民的光荣义务。

**第五十六条　【纳税的义务】**中华人民共和国公民有依照法律纳税的义务。

## 第三章　国家机构

### 第一节　全国人民代表大会

**第五十七条　【全国人大的性质及其常设机关】**中华人民共和国全国人民代表大会是最高国家权力机关。它的常设机关是全国人民代表大会常务委员会。

**第五十八条　【国家立法权的行使主体】**全国人民代表大会和全国人民代表大会常务委员会行使国家立法权。

**第五十九条　【全国人大的组成及选举】**全国人民代表大会由省、自治区、直辖市、特别行政区和军队选出的代表组成。各少数民族都应当有适当名额的代表。

全国人民代表大会代表的选举由全国人民代表大会常务委员会主持。

全国人民代表大会代表名额和代表产生办法由法律规定。

**第六十条　【全国人大的任期】**全国人民代表大会每届任期五年。

全国人民代表大会任期届满的两个月以前，全国人民代表大会常务委员会必须完成下届全国人民代表大会代表的选举。如果遇到不能进行选举的非常情况，由全国人民代表大会常务委员会以全体组成人员的三分之二以上的多数通过，可以推迟选举，延长本届全国人民代表大会的任期。在非常情况结束后一年内，必须完成下届全国人民代表大会代表的选举。

**第六十一条　【全国人大的会议制度】**全国人民代表大会会议每年举行一次，由全国人民代表大会常务委员会召集。如果全国人民代表大会常务委员会认为必要，或者有五分之一以上的全国人民代表大会代表提议，可以临时召集全国人民代表大会会议。

全国人民代表大会举行会议的时候，选举主席团主持会议。

**第六十二条　【全国人大的职权】**全国人民代表大会行使下列职权：

（一）修改宪法；

（二）监督宪法的实施；

（三）制定和修改刑事、民事、国家机构的和其他的基本法律；

（四）选举中华人民共和国主席、副主席；

（五）根据中华人民共和国主席的提名，决定国务院总理的人选；根据国务院总理的提名，决定国务院副总理、国务委员、各部部长、各委员会主任、审计长、秘书长的人选；

（六）选举中央军事委员会主席；根据中央军事委员会主席的提名，决定中央军事委员会其他组成人员的人选；

（七）选举国家监察委员会主任；

（八）选举最高人民法院院长；

（九）选举最高人民检察院检察长；

（十）审查和批准国民经济和社会发展计划和计划执行情况的报告；

（十一）审查和批准国家的预算和预算执行情况的报告；

（十二）改变或者撤销全国人民代表大会常务委员会不适当的决定；

（十三）批准省、自治区和直辖市的建置；

（十四）决定特别行政区的设立及其制度；

（十五）决定战争和和平的问题；

（十六）应当由最高国家权力机关行使的其他职权。

**第六十三条 【全国人大的罢免权】**全国人民代表大会有权罢免下列人员：

（一）中华人民共和国主席、副主席；

（二）国务院总理、副总理、国务委员、各部部长、各委员会主任、审计长、秘书长；

（三）中央军事委员会主席和中央军事委员会其他组成人员；

（四）国家监察委员会主任；

（五）最高人民法院院长；

（六）最高人民检察院检察长。

**第六十四条 【宪法修改及法案的通过】**宪法的修改，由全国人民代表大会常务委员会或者五分之一以上的全国人民代表大会代表提议，并由全国人民代表大会以全体代表的三分之二以上的多数通过。

法律和其他议案由全国人民代表大会以全体代表的过半数通过。

**第六十五条 【全国人大常委会的组成】**全国人民代表大会常务委员会由下列人员组成：

委员长，

副委员长若干人，

秘书长，

委员若干人。

全国人民代表大会常务委员会组成人员中，应当有适当名额的少数民族代表。

全国人民代表大会选举并有权罢免全国人民代表大会常务委员会的组成人员。

全国人民代表大会常务委员会的组成人员不得担任国家行政机关、监察机关、审判机关和检察机关的职务。

**第六十六条 【全国人大常委会的任期】**全国人民代表大会常务委员会每届任期同全国人民代表大会每届任期相同，它行使职权到下届全国人民代表大会选出新的常务委员会为止。

委员长、副委员长连续任职不得超过两届。

**第六十七条 【全国人大常委会的职权】**全国人民代表大会常务委员会行使下列职权：

（一）解释宪法，监督宪法的实施；

（二）制定和修改除应当由全国人民代表大会制定的法律以外的其他法律；

（三）在全国人民代表大会闭会期间，对全国人民代表大会制定的法律进行部分补充和修改，但是不得同该法律的基本原则相抵触；

（四）解释法律；

（五）在全国人民代表大会闭会期间，审查和批准国民经济和社会发展计划、国家预算在执行过程中所必须作的部分调整方案；

（六）监督国务院、中央军事委员会、国家监察委员会、最高人民法院和最高人民检察院的工作；

（七）撤销国务院制定的同宪法、法律相抵触的行政法规、决定和命令；

（八）撤销省、自治区、直辖市国家权力机关制定的同宪法、法律和行政法规相抵触的地方性法规和决议；

（九）在全国人民代表大会闭会期间，根据国务院总理的提名，决定部长、委员会主任、审计长、秘书长的人选；

（十）在全国人民代表大会闭会期间，根据中央军事委员会主席的提名，决定中央军事委员会其他组成人员的人选；

（十一）根据国家监察委员会主任的提请，任免国家监察委员会副主任、委员；

（十二）根据最高人民法院院长的提请，任免最高人民法院副院长、审判员、审判委员会委员和军事法院院长；

（十三）根据最高人民检察院检察长的提请，任免最高人民检察院副检察长、检察员、检察委员会委员和军事检察院检察长，并且批准省、自治区、直辖市的人民检察院检察长的任免；

（十四）决定驻外全权代表的任免；

（十五）决定同外国缔结的条约和重要协定的批准和废除；

（十六）规定军人和外交人员的衔级制度和其他专门衔级制度；

（十七）规定和决定授予国家的勋章和荣誉称号；

（十八）决定特赦；

（十九）在全国人民代表大会闭会期间，如果遇到国家遭受武装侵犯或者必须履行国际间共同防止侵略的条约的情况，决定战争状态的宣布；

（二十）决定全国总动员或者局部动员；

（二十一）决定全国或者个别省、自治区、直辖市进入紧急状态；

（二十二）全国人民代表大会授予的其他职权。

**第六十八条　【全国人大常委会的工作分工】**全国人民代表大会常务委员会委员长主持全国人民代表大会常务委员会的工作，召集全国人民代表大会常务委员会会议。副委员长、秘书长协助委员长工作。

委员长、副委员长、秘书长组成委员长会议，处理全国人民代表大会常务委员会的重要日常工作。

**第六十九条　【全国人大与其常委会的关系】**全国人民代表大会常务委员会对全国人民代表大会负责并报告工作。

**第七十条　【全国人大专门委员会及其职责】**全国人民代表大会设立民族委员会、宪法和法律委员会、财政经济委员会、教育科学文化卫生委员会、外事委员会、华侨委员会和其他需要设立的专门委员会。在全国人民代表大会闭会期间，各专门委员会受全国人民代表大会常务委员会的领导。

各专门委员会在全国人民代表大会和全国人民代表大会常务委员会领导下，研究、审议和拟订有关议案。

**第七十一条　【特定问题调查委员会】**全国人民代表大会和全国人民代表大会常务委员会认为必要的时候，可以组织关于特定问题的调查委员会，并且根据调查委员会的报告，作出相应的决议。

调查委员会进行调查的时候，一切有关的国家机关、社会团体和公民都有义务向它提供必要的材料。

**第七十二条　【提案权】**全国人民代表大会代表和全国人民代表大会常务委员会组成人员，有权依照法律规定的程序分别提出属于全国人民代表大会和全国人民代表大会常务委员会职权范围内的议案。

**第七十三条　【质询权】**全国人民代表大会代表在全国人民代表大会开会期间，全国人民代表大会常务委员会组成人员在常务委员会开会期间，有权依照法律规定的程序提出对国务院或者国务院各部、各委员会的质询案。受质询的机关必须负责答复。

**第七十四条　【司法豁免权】**全国人民代表大会代表，非经全国人民代表大会会议主席团许可，在全国人民代表大会闭会期间非经全国人民代表大会常务委员会许可，不受逮捕或者刑事审判。

**第七十五条　【言论、表决豁免权】**全国人民代表大会代表在全国人民代表大会各种会议上的发言和表决，不受法律追究。

**第七十六条　【全国人大代表的义务】**全国人民代表大会代表必须模范地遵守宪法和法律，保守国家秘密，并且在自己参加的生产、工作和社会活动中，协助宪法和法律的实施。

全国人民代表大会代表应当同原选举单位和人民保持密切的联系，听取和反映人民的意见和要求，努力为人民服务。

**第七十七条　【对全国人大代表的监督和罢免】**全国人民代表大会代表受原选举单位的监督。原选举单位有权依照法律规定的程序罢免本单位选出的代表。

**第七十八条　【全国人大及其常委会的组织和工作程序】**全国人民代表大会和全国人民代表大会常务委员会的组织和工作程序由法律规定。

## 第二节　中华人民共和国主席

**第七十九条　【主席、副主席的选举及任期】**中华人民共和国主席、副主席由全国人民代表大会选举。

有选举权和被选举权的年满四十五周岁的中华人民共和国公民可以被选为中华人民共和国主席、副主席。

中华人民共和国主席、副主席每届任期同全国人民代表大会每届任期相同。

**第八十条　【主席的职权】**中华人民共和国主席根据全国人民代表大会的决定和全国人民代表大会常务委员会的决定，公布法律，任免国务院总理、副总理、国务委员、各部部长、各委员会主任、审计长、秘书长，授予国家的勋章和荣誉称号，发布特赦令，宣布进入紧急状态，宣布战争状态，发布动员令。

**第八十一条　【主席的外交职权】**中华人民共和国主席代表中华人民共和国，进行国事活动，接受外国使节；根据全国人民代表大会常务委员会的决定，派遣和召回驻外全权代表，批准和废除同外国缔结的条约和重要协定。

**第八十二条　【副主席的职权】**中华人民共和国副主席协助主席工作。

中华人民共和国副主席受主席的委托，可以代行主席的部分职权。

**第八十三条　【主席、副主席的换届时间】**中华人民共和国主席、副主席行使职权到下届全国人民代表大会选出的主席、副主席就职为止。

**第八十四条　【主席、副主席缺位的处理】**中华人民共和国主席缺位的时候，由副主席继任主席的职位。

中华人民共和国副主席缺位的时候，由全国人民代表大会补选。

中华人民共和国主席、副主席都缺位的时候，由全国人民代表大会补选；在补选以前，由全国人民代表大会常务委员会委员长暂时代理主席职位。

## 第三节　国务院

**第八十五条　【国务院的地位和性质】**中华人民共和国国务院，即中央人民政府，是最高国家权力机关的执行机关，是最高国家行政机关。

**第八十六条　【国务院的组织】**国务院由下列人员组成：

总理，

副总理若干人，

国务委员若干人，

各部部长，

各委员会主任，

审计长，

秘书长。

国务院实行总理负责制。各部、各委员会实行部长、主任负责制。

国务院的组织由法律规定。

**第八十七条　【国务院的任期】**国务院每届任期同全国人民代表大会每届任期相同。

总理、副总理、国务委员连续任职不得超过两届。

**第八十八条　【国务院的工作分工】**总理领导国务院的工作。副总理、国务委员协助总理工作。

总理、副总理、国务委员、秘书长组成国务院常务会议。

总理召集和主持国务院常务会议和国务院全体会议。

**第八十九条　【国务院的职权】**国务院行使下列职权：

（一）根据宪法和法律，规定行政措施，制定行政法规，发布决定和命令；

（二）向全国人民代表大会或者全国人民代表大会常务委员会提出议案；

（三）规定各部和各委员会的任务和职责，统一领导各部和各委员会的工作，并且领导不属于各部和各委员会的全国性的行政工作；

（四）统一领导全国地方各级国家行政机关的工作，规定中央和省、自治区、直辖市的国家行政机关的职权的具体划分；

（五）编制和执行国民经济和社会发展计划和国家预算；

（六）领导和管理经济工作和城乡建设、生态文明建设；

（七）领导和管理教育、科学、文化、卫生、体育和计划生育工作；

（八）领导和管理民政、公安、司法行政等工作；

（九）管理对外事务，同外国缔结条约和协定；

（十）领导和管理国防建设事业；

（十一）领导和管理民族事务，保障少数民族的平等权利和民族自治地方的自治权利；

（十二）保护华侨的正当的权利和利益，保护归侨和侨眷的合法的权利和利益；

（十三）改变或者撤销各部、各委员会发布的不适当的命令、指示和规章；

（十四）改变或者撤销地方各级国家行政机关的不适当的决定和命令；

（十五）批准省、自治区、直辖市的区域划分，批准自治州、县、自治县、市的建置和区域划分；

（十六）依照法律规定决定省、自治区、直辖市的范围内部分地区进入紧急状态；

（十七）审定行政机构的编制，依照法律规定任免、培训、考核和奖惩行政人员；

（十八）全国人民代表大会和全国人民代表大会常务委员会授予的其他职权。

**第九十条　【各部、委首长负责制】**国务院各部部长、各委员会主任负责本部门的工作；召集和主持部务会议或者委员会会议、委务会议，讨论决定本部门工作的重大问题。

各部、各委员会根据法律和国务院的行政法规、决定、命令，在本部门的权限内，发布命令、指示和规章。

**第九十一条　【审计机关及其职权】**国务院设立审计机关，对国务院各部门和地方各级政府的财政收支，对国家的财政金融机构和企业事业组织的财务收支，进行审计监督。

审计机关在国务院总理领导下，依照法律规定独立行使审计监督权，不受其他行政机关、社会团体和个人的干涉。

**第九十二条　【国务院与全国人大及其常委会的关系】**国务院对全国人民代表大会负责并报告工作；在全国人民代表大会闭会期间，对全国人民代表大会常务委员会负责并报告工作。

## 第四节　中央军事委员会

**第九十三条　【中央军委的组成、职责与任期】**中华人民共和国中央军事委员会领导全国武装力量。

中央军事委员会由下列人员组成：

主席，

副主席若干人，

委员若干人。

中央军事委员会实行主席负责制。

中央军事委员会每届任期同全国人民代表大会每届任期相同。

**第九十四条　【中央军委对全国人大及其常委会负责】**中央军事委员会主席对全国人民代表大会和全国人民代表大会常务委员会负责。

### 第五节　地方各级人民代表大会和地方各级人民政府

**第九十五条　【地方人大及政府的设置和组织】**省、直辖市、县、市、市辖区、乡、民族乡、镇设立人民代表大会和人民政府。

地方各级人民代表大会和地方各级人民政府的组织由法律规定。

自治区、自治州、自治县设立自治机关。自治机关的组织和工作根据宪法第三章第五节、第六节规定的基本原则由法律规定。

**第九十六条　【地方人大的性质及常委会的设置】**地方各级人民代表大会是地方国家权力机关。

县级以上的地方各级人民代表大会设立常务委员会。

**第九十七条　【地方人大代表的选举】**省、直辖市、设区的市的人民代表大会代表由下一级的人民代表大会选举；县、不设区的市、市辖区、乡、民族乡、镇的人民代表大会代表由选民直接选举。

地方各级人民代表大会代表名额和代表产生办法由法律规定。

**第九十八条　【地方人大代表的任期】**地方各级人民代表大会每届任期五年。

**第九十九条　【地方人大的职权】**地方各级人民代表大会在本行政区域内，保证宪法、法律、行政法规的遵守和执行；依照法律规定的权限，通过和发布决议，审查和决定地方的经济建设、文化建设和公共事业建设的计划。

县级以上的地方各级人民代表大会审查和批准本行政区域内的国民经济和社会发展计划、预算以及它们的执行情况的报告；有权改变或者撤销本级人民代表大会常务委员会不适当的决定。

民族乡的人民代表大会可以依照法律规定的权限采取适合民族特点的具体措施。

**第一百条　【地方性法规的制定】**省、直辖市的人民代表大会和它们的常务委员会，在不同宪法、法律、行政法规相抵触的前提下，可以制定地方性法规，报全国人民代表大会常务委员会备案。

设区的市的人民代表大会和它们的常务委员会，在不同宪法、法律、行政法规和本省、自治区的地方性法规相抵触的前提下，可以依照法律规定制定地方性法规，报本省、自治区人民代表大会常务委员会批准后施行。

**第一百零一条　【地方人大的选举权、罢免权】**地方各级人民代表大会分别选举并且有权罢免本级人民政府的省长和副省长、市长和副市长、县长和副县长、区长和副区长、乡长和副乡长、镇长和副镇长。

县级以上的地方各级人民代表大会选举并且有权罢免本级监察委员会主任、本级人民法院院长和本级人民检察院检察长。选出或者罢免人民检察院检察长，须报上级人民检察院检察长提请该级人民代表大会常务委员会批准。

**第一百零二条　【对地方人大代表的监督和罢免】**省、直辖市、设区的市的人民代表大会代表受原选举单位的监督；县、不设区的市、市辖区、乡、民族乡、镇的人民代表大会代表受选民的监督。

地方各级人民代表大会代表的选举单位和选民有权依照法律规定的程序罢免由他们选出的代表。

**第一百零三条　【地方人大常委会的组成、地位及产生】**县级以上的地方各级人民代表大会常务委员会由主任、副主任若干人和委员若干人组成，对本级人民代表大会负责并报告工作。

县级以上的地方各级人民代表大会选举并有权罢免本级人民代表大会常务委员会的组成人员。

县级以上的地方各级人民代表大会常务委员会的组成人员不得担任国家行政机关、监察机关、审判机关和检察机关的职务。

**第一百零四条　【地方人大常委会的职权】**县级以上的地方各级人民代表大会常务委员会讨论、决定本行政区域内各方面工作的重大事项；监督本级人民政府、监察委员会、人民法院和人民检察院的工作；撤销本级人民政府的不适当的决定和命令；撤销下一级人民代表大会的不适当的决议；依照法律规定的权限决定国家机关工作人员的任免；在本级人民代表大会闭会期间，罢免和补选上一级人民代表大会的个别代表。

**第一百零五条　【地方政府的性质、地位及其负责**

**制】**地方各级人民政府是地方各级国家权力机关的执行机关，是地方各级国家行政机关。

地方各级人民政府实行省长、市长、县长、区长、乡长、镇长负责制。

**第一百零六条　【地方政府的任期】**地方各级人民政府每届任期同本级人民代表大会每届任期相同。

**第一百零七条　【地方政府的职权】**县级以上地方各级人民政府依照法律规定的权限，管理本行政区域内的经济、教育、科学、文化、卫生、体育事业、城乡建设事业和财政、民政、公安、民族事务、司法行政、计划生育等行政工作，发布决定和命令，任免、培训、考核和奖惩行政工作人员。

乡、民族乡、镇的人民政府执行本级人民代表大会的决议和上级国家行政机关的决定和命令，管理本行政区域内的行政工作。

省、直辖市的人民政府决定乡、民族乡、镇的建置和区域划分。

**第一百零八条　【地方政府内部及各级政府之间的关系】**县级以上的地方各级人民政府领导所属各工作部门和下级人民政府的工作，有权改变或者撤销所属各工作部门和下级人民政府的不适当的决定。

**第一百零九条　【地方政府审计机关的地位和职权】**县级以上的地方各级人民政府设立审计机关。地方各级审计机关依照法律规定独立行使审计监督权，对本级人民政府和上一级审计机关负责。

**第一百一十条　【地方政府与同级人大、上级政府的关系】**地方各级人民政府对本级人民代表大会负责并报告工作。县级以上的地方各级人民政府在本级人民代表大会闭会期间，对本级人民代表大会常务委员会负责并报告工作。

地方各级人民政府对上一级国家行政机关负责并报告工作。全国地方各级人民政府都是国务院统一领导下的国家行政机关，都服从国务院。

**第一百一十一条　【居民委员会和村民委员会】**城市和农村按居民居住地区设立的居民委员会或者村民委员会是基层群众性自治组织。居民委员会、村民委员会的主任、副主任和委员由居民选举。居民委员会、村民委员会同基层政权的相互关系由法律规定。

居民委员会、村民委员会设人民调解、治安保卫、公共卫生等委员会，办理本居住地区的公共事务和公益事业，调解民间纠纷，协助维护社会治安，并且向人民政府反映群众的意见、要求和提出建议。

### 第六节　民族自治地方的自治机关

**第一百一十二条　【民族自治机关】**民族自治地方的自治机关是自治区、自治州、自治县的人民代表大会和人民政府。

**第一百一十三条　【自治地方的人大及其常委会设置】**自治区、自治州、自治县的人民代表大会中，除实行区域自治的民族的代表外，其他居住在本行政区域内的民族也应当有适当名额的代表。

自治区、自治州、自治县的人民代表大会常务委员会中应当有实行区域自治的民族的公民担任主任或者副主任。

**第一百一十四条　【自治地方的政府首长人选】**自治区主席、自治州州长、自治县县长由实行区域自治的民族的公民担任。

**第一百一十五条　【民族自治地方的自治权】**自治区、自治州、自治县的自治机关行使宪法第三章第五节规定的地方国家机关的职权，同时依照宪法、民族区域自治法和其他法律规定的权限行使自治权，根据本地方实际情况贯彻执行国家的法律、政策。

**第一百一十六条　【自治条例和单行条例】**民族自治地方的人民代表大会有权依照当地民族的政治、经济和文化的特点，制定自治条例和单行条例。自治区的自治条例和单行条例，报全国人民代表大会常务委员会批准后生效。自治州、自治县的自治条例和单行条例，报省或者自治区的人民代表大会常务委员会批准后生效，并报全国人民代表大会常务委员会备案。

**第一百一十七条　【财政自治权】**民族自治地方的自治机关有管理地方财政的自治权。凡是依照国家财政体制属于民族自治地方的财政收入，都应当由民族自治地方的自治机关自主地安排使用。

**第一百一十八条　【地方性经济的自主权】**民族自治地方的自治机关在国家计划的指导下，自主地安排和管理地方性的经济建设事业。

国家在民族自治地方开发资源、建设企业的时候，应当照顾民族自治地方的利益。

**第一百一十九条　【地方文化事业的自主权】**民族自治地方的自治机关自主地管理本地方的教育、科学、文化、卫生、体育事业，保护和整理民族的文化遗产，发展和繁荣民族文化。

**第一百二十条　【民族自治地方的公安部队】**民族自治地方的自治机关依照国家的军事制度和当地的实际需要，经国务院批准，可以组织本地方维护社会治安的公安部队。

**第一百二十一条　【自治机关的公务语言】**民族自治地方的自治机关在执行职务的时候，依照本民族自治地方自治条例的规定，使用当地通用的一种或者几种语言文字。

**第一百二十二条　【国家对民族自治地方的帮助、扶持】**国家从财政、物资、技术等方面帮助各少数民族加速发展经济建设和文化建设事业。

国家帮助民族自治地方从当地民族中大量培养各级干部、各种专业人才和技术工人。

### 第七节　监察委员会

**第一百二十三条　【监察机关】**中华人民共和国各级监察委员会是国家的监察机关。

**第一百二十四条　【监察委员会的级别、组织和任期】**中华人民共和国设立国家监察委员会和地方各级监察委员会。

监察委员会由下列人员组成：

主任，

副主任若干人，

委员若干人。

监察委员会主任每届任期同本级人民代表大会每届任期相同。国家监察委员会主任连续任职不得超过两届。

监察委员会的组织和职权由法律规定。

**第一百二十五条　【监察委员会之间的关系】**中华人民共和国国家监察委员会是最高监察机关。

国家监察委员会领导地方各级监察委员会的工作，上级监察委员会领导下级监察委员会的工作。

**第一百二十六条　【监察委员会与人大的关系】**国家监察委员会对全国人民代表大会和全国人民代表大会常务委员会负责。地方各级监察委员会对产生它的国家权力机关和上一级监察委员会负责。

**第一百二十七条　【独立行使监察权】**监察委员会依照法律规定独立行使监察权，不受行政机关、社会团体和个人的干涉。

监察机关办理职务违法和职务犯罪案件，应当与审判机关、检察机关、执法部门互相配合，互相制约。

### 第八节　人民法院和人民检察院

**第一百二十八条　【审判机关】**中华人民共和国人民法院是国家的审判机关。

**第一百二十九条　【人民法院的级别、组织和任期】**中华人民共和国设立最高人民法院、地方各级人民法院和军事法院等专门人民法院。

最高人民法院院长每届任期同全国人民代表大会每届任期相同，连续任职不得超过两届。

人民法院的组织由法律规定。

**第一百三十条　【审判公开原则、辩护原则】**人民法院审理案件，除法律规定的特别情况外，一律公开进行。被告人有权获得辩护。

**第一百三十一条　【独立行使审判权】**人民法院依照法律规定独立行使审判权，不受行政机关、社会团体和个人的干涉。

**第一百三十二条　【各级人民法院之间的关系】**最高人民法院是最高审判机关。

最高人民法院监督地方各级人民法院和专门人民法院的审判工作，上级人民法院监督下级人民法院的审判工作。

**第一百三十三条　【法院与人大的关系】**最高人民法院对全国人民代表大会和全国人民代表大会常务委员会负责。地方各级人民法院对产生它的国家权力机关负责。

**第一百三十四条　【法律监督机关】**中华人民共和国人民检察院是国家的法律监督机关。

**第一百三十五条　【检察院的级别、组织和任期】**中华人民共和国设立最高人民检察院、地方各级人民检察院和军事检察院等专门人民检察院。

最高人民检察院检察长每届任期同全国人民代表大会每届任期相同，连续任职不得超过两届。

人民检察院的组织由法律规定。

**第一百三十六条　【独立行政检察权】**人民检察院依照法律规定独立行使检察权，不受行政机关、社会团体和个人的干涉。

**第一百三十七条　【检察机关之间的关系】**最高人民检察院是最高检察机关。

最高人民检察院领导地方各级人民检察院和专门人民检察院的工作，上级人民检察院领导下级人民检察院的工作。

**第一百三十八条　【检察院与人大的关系】**最高人民检察院对全国人民代表大会和全国人民代表大会常务委员会负责。地方各级人民检察院对产生它的国家权力机关和上级人民检察院负责。

**第一百三十九条　【诉讼语言】**各民族公民都有用本民族语言文字进行诉讼的权利。人民法院和人民检察院对于不通晓当地通用的语言文字的诉讼参与人,应当为他们翻译。

在少数民族聚居或者多民族共同居住的地区,应当用当地通用的语言进行审理;起诉书、判决书、布告和其他文书应当根据实际需要使用当地通用的一种或者几种文字。

**第一百四十条** **【司法机关间的分工与制衡】**人民法院、人民检察院和公安机关办理刑事案件,应当分工负责,互相配合,互相制约,以保证准确有效地执行法律。

### 第四章 国旗、国歌、国徽、首都

**第一百四十一条** **【国旗、国歌】**中华人民共和国国旗是五星红旗。

中华人民共和国国歌是《义勇军进行曲》。

**第一百四十二条** **【国徽】**中华人民共和国国徽,中间是五星照耀下的天安门,周围是谷穗和齿轮。

**第一百四十三条** **【首都】**中华人民共和国首都是北京。

## 中华人民共和国监察法

- 2018 年 3 月 20 日第十三届全国人民代表大会第一次会议通过
- 2018 年 3 月 20 日中华人民共和国主席令第 3 号公布
- 自公布之日起施行

### 目 录

第一章 总 则
第二章 监察机关及其职责
第三章 监察范围和管辖
第四章 监察权限
第五章 监察程序
第六章 反腐败国际合作
第七章 对监察机关和监察人员的监督
第八章 法律责任
第九章 附 则

### 第一章 总 则

**第一条** 为了深化国家监察体制改革,加强对所有行使公权力的公职人员的监督,实现国家监察全面覆盖,深入开展反腐败工作,推进国家治理体系和治理能力现代化,根据宪法,制定本法。

**第二条** 坚持中国共产党对国家监察工作的领导,以马克思列宁主义、毛泽东思想、邓小平理论、“三个代表”重要思想、科学发展观、习近平新时代中国特色社会主义思想为指导,构建集中统一、权威高效的中国特色国家监察体制。

**第三条** 各级监察委员会是行使国家监察职能的专责机关,依照本法对所有行使公权力的公职人员(以下称公职人员)进行监察,调查职务违法和职务犯罪,开展廉政建设和反腐败工作,维护宪法和法律的尊严。

**第四条** 监察委员会依照法律规定独立行使监察权,不受行政机关、社会团体和个人的干涉。

监察机关办理职务违法和职务犯罪案件,应当与审判机关、检察机关、执法部门互相配合,互相制约。

监察机关在工作中需要协助的,有关机关和单位应当根据监察机关的要求依法予以协助。

**第五条** 国家监察工作严格遵照宪法和法律,以事实为根据,以法律为准绳;在适用法律上一律平等,保障当事人的合法权益;权责对等,严格监督;惩戒与教育相结合,宽严相济。

**第六条** 国家监察工作坚持标本兼治、综合治理,强化监督问责,严厉惩治腐败;深化改革、健全法治,有效制约和监督权力;加强法治教育和道德教育,弘扬中华优秀传统文化,构建不敢腐、不能腐、不想腐的长效机制。

### 第二章 监察机关及其职责

**第七条** 中华人民共和国国家监察委员会是最高监察机关。

省、自治区、直辖市、自治州、县、自治县、市、市辖区设立监察委员会。

**第八条** 国家监察委员会由全国人民代表大会产生,负责全国监察工作。

国家监察委员会由主任、副主任若干人、委员若干人组成,主任由全国人民代表大会选举,副主任、委员由国家监察委员会主任提请全国人民代表大会常务委员会任免。

国家监察委员会主任每届任期同全国人民代表大会每届任期相同,连续任职不得超过两届。

国家监察委员会对全国人民代表大会及其常务委员会负责,并接受其监督。

**第九条** 地方各级监察委员会由本级人民代表大会产生,负责本行政区域内的监察工作。

地方各级监察委员会由主任、副主任若干人、委员若干人组成,主任由本级人民代表大会选举,副主任、委员由监察委员会主任提请本级人民代表大会常务委员会任免。

地方各级监察委员会主任每届任期同本级人民代表

大会每届任期相同。

地方各级监察委员会对本级人民代表大会及其常务委员会和上一级监察委员会负责,并接受其监督。

**第十条**　国家监察委员会领导地方各级监察委员会的工作,上级监察委员会领导下级监察委员会的工作。

**第十一条**　监察委员会依照本法和有关法律规定履行监督、调查、处置职责:

(一)对公职人员开展廉政教育,对其依法履职、秉公用权、廉洁从政从业以及道德操守情况进行监督检查;

(二)对涉嫌贪污贿赂、滥用职权、玩忽职守、权力寻租、利益输送、徇私舞弊以及浪费国家资财等职务违法和职务犯罪进行调查;

(三)对违法的公职人员依法作出政务处分决定;对履行职责不力、失职失责的领导人员进行问责;对涉嫌职务犯罪的,将调查结果移送人民检察院依法审查、提起公诉;向监察对象所在单位提出监察建议。

**第十二条**　各级监察委员会可以向本级中国共产党机关、国家机关、法律法规授权或者委托管理公共事务的组织和单位以及所管辖的行政区域、国有企业等派驻或者派出监察机构、监察专员。

监察机构、监察专员对派驻或者派出它的监察委员会负责。

**第十三条**　派驻或者派出的监察机构、监察专员根据授权,按照管理权限依法对公职人员进行监督,提出监察建议,依法对公职人员进行调查、处置。

**第十四条**　国家实行监察官制度,依法确定监察官的等级设置、任免、考评和晋升等制度。

## 第三章　监察范围和管辖

**第十五条**　监察机关对下列公职人员和有关人员进行监察:

(一)中国共产党机关、人民代表大会及其常务委员会机关、人民政府、监察委员会、人民法院、人民检察院、中国人民政治协商会议各级委员会机关、民主党派机关和工商业联合会机关的公务员,以及参照《中华人民共和国公务员法》管理的人员;

(二)法律、法规授权或者受国家机关依法委托管理公共事务的组织中从事公务的人员;

(三)国有企业管理人员;

(四)公办的教育、科研、文化、医疗卫生、体育等单位中从事管理的人员;

(五)基层群众性自治组织中从事管理的人员;

(六)其他依法履行公职的人员。

**第十六条**　各级监察机关按照管理权限管辖本辖区内本法第十五条规定的人员所涉监察事项。

上级监察机关可以办理下一级监察机关管辖范围内的监察事项,必要时也可以办理所辖各级监察机关管辖范围内的监察事项。

监察机关之间对监察事项的管辖有争议的,由其共同的上级监察机关确定。

**第十七条**　上级监察机关可以将其所管辖的监察事项指定下级监察机关管辖,也可以将下级监察机关有管辖权的监察事项指定给其他监察机关管辖。

监察机关认为所管辖的监察事项重大、复杂,需要由上级监察机关管辖的,可以报请上级监察机关管辖。

## 第四章　监察权限

**第十八条**　监察机关行使监督、调查职权,有权依法向有关单位和个人了解情况,收集、调取证据。有关单位和个人应当如实提供。

监察机关及其工作人员对监督、调查过程中知悉的国家秘密、商业秘密、个人隐私,应当保密。

任何单位和个人不得伪造、隐匿或者毁灭证据。

**第十九条**　对可能发生职务违法的监察对象,监察机关按照管理权限,可以直接或者委托有关机关、人员进行谈话或者要求说明情况。

**第二十条**　在调查过程中,对涉嫌职务违法的被调查人,监察机关可以要求其就涉嫌违法行为作出陈述,必要时向被调查人出具书面通知。

对涉嫌贪污贿赂、失职渎职等职务犯罪的被调查人,监察机关可以进行讯问,要求其如实供述涉嫌犯罪的情况。

**第二十一条**　在调查过程中,监察机关可以询问证人等人员。

**第二十二条**　被调查人涉嫌贪污贿赂、失职渎职等严重职务违法或者职务犯罪,监察机关已经掌握其部分违法犯罪事实及证据,仍有重要问题需要进一步调查,并有下列情形之一的,经监察机关依法审批,可以将其留置在特定场所:

(一)涉及案情重大、复杂的;

(二)可能逃跑、自杀的;

(三)可能串供或者伪造、隐匿、毁灭证据的;

(四)可能有其他妨碍调查行为的。

对涉嫌行贿犯罪或者共同职务犯罪的涉案人员,监察机关可以依照前款规定采取留置措施。

留置场所的设置、管理和监督依照国家有关规定执行。

**第二十三条** 监察机关调查涉嫌贪污贿赂、失职渎职等严重职务违法或者职务犯罪,根据工作需要,可以依照规定查询、冻结涉案单位和个人的存款、汇款、债券、股票、基金份额等财产。有关单位和个人应当配合。

冻结的财产经查明与案件无关的,应当在查明后三日内解除冻结,予以退还。

**第二十四条** 监察机关可以对涉嫌职务犯罪的被调查人以及可能隐藏被调查人或者犯罪证据的人的身体、物品、住处和其他有关地方进行搜查。在搜查时,应当出示搜查证,并有被搜查人或者其家属等见证人在场。

搜查女性身体,应当由女性工作人员进行。

监察机关进行搜查时,可以根据工作需要提请公安机关配合。公安机关应当依法予以协助。

**第二十五条** 监察机关在调查过程中,可以调取、查封、扣押用以证明被调查人涉嫌违法犯罪的财物、文件和电子数据等信息。采取调取、查封、扣押措施,应当收集原物原件,会同持有人或者保管人、见证人,当面逐一拍照、登记、编号,开列清单,由在场人员当场核对、签名,并将清单副本交财物、文件的持有人或者保管人。

对调取、查封、扣押的财物、文件,监察机关应当设立专用账户、专门场所,确定专门人员妥善保管,严格履行交接、调取手续,定期对账核实,不得毁损或者用于其他目的。对价值不明物品应当及时鉴定,专门封存保管。

查封、扣押的财物、文件经查明与案件无关的,应当在查明后三日内解除查封、扣押,予以退还。

**第二十六条** 监察机关在调查过程中,可以直接或者指派、聘请具有专门知识、资格的人员在调查人员主持下进行勘验检查。勘验检查情况应当制作笔录,由参加勘验检查的人员和见证人签名或者盖章。

**第二十七条** 监察机关在调查过程中,对于案件中的专门性问题,可以指派、聘请有专门知识的人进行鉴定。鉴定人进行鉴定后,应当出具鉴定意见,并且签名。

**第二十八条** 监察机关调查涉嫌重大贪污贿赂等职务犯罪,根据需要,经过严格的批准手续,可以采取技术调查措施,按照规定交有关机关执行。

批准决定应当明确采取技术调查措施的种类和适用对象,自签发之日起三个月以内有效;对于复杂、疑难案件,期限届满仍有必要继续采取技术调查措施的,经过批准,有效期可以延长,每次不得超过三个月。对于不需要继续采取技术调查措施的,应当及时解除。

**第二十九条** 依法应当留置的被调查人如果在逃,监察机关可以决定在本行政区域内通缉,由公安机关发布通缉令,追捕归案。通缉范围超出本行政区域的,应当报请有权决定的上级监察机关决定。

**第三十条** 监察机关为防止被调查人及相关人员逃匿境外,经省级以上监察机关批准,可以对被调查人及相关人员采取限制出境措施,由公安机关依法执行。对于不需要继续采取限制出境措施的,应当及时解除。

**第三十一条** 涉嫌职务犯罪的被调查人主动认罪认罚,有下列情形之一的,监察机关经领导人员集体研究,并报上一级监察机关批准,可以在移送人民检察院时提出从宽处罚的建议:

(一)自动投案,真诚悔罪悔过的;

(二)积极配合调查工作,如实供述监察机关还未掌握的违法犯罪行为的;

(三)积极退赃,减少损失的;

(四)具有重大立功表现或者案件涉及国家重大利益等情形的。

**第三十二条** 职务违法犯罪的涉案人员揭发有关被调查人职务违法犯罪行为,查证属实的,或者提供重要线索,有助于调查其他案件的,监察机关经领导人员集体研究,并报上一级监察机关批准,可以在移送人民检察院时提出从宽处罚的建议。

**第三十三条** 监察机关依照本法规定收集的物证、书证、证人证言、被调查人供述和辩解、视听资料、电子数据等证据材料,在刑事诉讼中可以作为证据使用。

监察机关在收集、固定、审查、运用证据时,应当与刑事审判关于证据的要求和标准相一致。

以非法方法收集的证据应当依法予以排除,不得作为案件处置的依据。

**第三十四条** 人民法院、人民检察院、公安机关、审计机关等国家机关在工作中发现公职人员涉嫌贪污贿赂、失职渎职等职务违法或者职务犯罪的问题线索,应当移送监察机关,由监察机关依法调查处置。

被调查人既涉嫌严重职务违法或者职务犯罪,又涉嫌其他违法犯罪的,一般应当由监察机关为主调查,其他机关予以协助。

## 第五章 监察程序

**第三十五条** 监察机关对于报案或者举报,应当接受并按照有关规定处理。对于不属于本机关管辖的,应当移送主管机关处理。

**第三十六条** 监察机关应当严格按照程序开展工作,建立问题线索处置、调查、审理各部门相互协调、相互制约的工作机制。

监察机关应当加强对调查、处置工作全过程的监督管理，设立相应的工作部门履行线索管理、监督检查、督促办理、统计分析等管理协调职能。

**第三十七条** 监察机关对监察对象的问题线索，应当按照有关规定提出处置意见，履行审批手续，进行分类办理。线索处置情况应当定期汇总、通报，定期检查、抽查。

**第三十八条** 需要采取初步核实方式处置问题线索的，监察机关应当依法履行审批程序，成立核查组。初步核实工作结束后，核查组应当撰写初步核实情况报告，提出处理建议。承办部门应当提出分类处理意见。初步核实情况报告和分类处理意见报监察机关主要负责人审批。

**第三十九条** 经过初步核实，对监察对象涉嫌职务违法犯罪，需要追究法律责任的，监察机关应当按照规定的权限和程序办理立案手续。

监察机关主要负责人依法批准立案后，应当主持召开专题会议，研究确定调查方案，决定需要采取的调查措施。

立案调查决定应当向被调查人宣布，并通报相关组织。涉嫌严重职务违法或者职务犯罪的，应当通知被调查人家属，并向社会公开发布。

**第四十条** 监察机关对职务违法和职务犯罪案件，应当进行调查，收集被调查人有无违法犯罪以及情节轻重的证据，查明违法犯罪事实，形成相互印证、完整稳定的证据链。

严禁以威胁、引诱、欺骗及其他非法方式收集证据，严禁侮辱、打骂、虐待、体罚或者变相体罚被调查人和涉案人员。

**第四十一条** 调查人员采取讯问、询问、留置、搜查、调取、查封、扣押、勘验检查等调查措施，均应当依照规定出示证件，出具书面通知，由二人以上进行，形成笔录、报告等书面材料，并由相关人员签名、盖章。

调查人员进行讯问以及搜查、查封、扣押等重要取证工作，应当对全过程进行录音录像，留存备查。

**第四十二条** 调查人员应当严格执行调查方案，不得随意扩大调查范围、变更调查对象和事项。

对调查过程中的重要事项，应当集体研究后按程序请示报告。

**第四十三条** 监察机关采取留置措施，应当由监察机关领导人员集体研究决定。设区的市级以下监察机关采取留置措施，应当报上一级监察机关批准。省级监察机关采取留置措施，应当报国家监察委员会备案。

留置时间不得超过三个月。在特殊情况下，可以延长一次，延长时间不得超过三个月。省级以下监察机关采取留置措施的，延长留置时间应当报上一级监察机关批准。监察机关发现采取留置措施不当的，应当及时解除。

监察机关采取留置措施，可以根据工作需要提请公安机关配合。公安机关应当依法予以协助。

**第四十四条** 对被调查人采取留置措施后，应当在二十四小时以内，通知被留置人员所在单位和家属，但有可能毁灭、伪造证据，干扰证人作证或者串供等有碍调查情形的除外。有碍调查的情形消失后，应当立即通知被留置人员所在单位和家属。

监察机关应当保障被留置人员的饮食、休息和安全，提供医疗服务。讯问被留置人员应当合理安排讯问时间和时长，讯问笔录由被讯问人阅看后签名。

被留置人员涉嫌犯罪移送司法机关后，被依法判处管制、拘役和有期徒刑的，留置一日折抵管制二日，折抵拘役、有期徒刑一日。

**第四十五条** 监察机关根据监督、调查结果，依法作出如下处置：

（一）对有职务违法行为但情节较轻的公职人员，按照管理权限，直接或者委托有关机关、人员，进行谈话提醒、批评教育、责令检查，或者予以诫勉；

（二）对违法的公职人员依照法定程序作出警告、记过、记大过、降级、撤职、开除等政务处分决定；

（三）对不履行或者不正确履行职责负有责任的领导人员，按照管理权限对其直接作出问责决定，或者向有权作出问责决定的机关提出问责建议；

（四）对涉嫌职务犯罪的，监察机关经调查认为犯罪事实清楚，证据确实、充分的，制作起诉意见书，连同案卷材料、证据一并移送人民检察院依法审查、提起公诉；

（五）对监察对象所在单位廉政建设和履行职责存在的问题等提出监察建议。

监察机关经调查，对没有证据证明被调查人存在违法犯罪行为的，应当撤销案件，并通知被调查人所在单位。

**第四十六条** 监察机关经调查，对违法取得的财物，依法予以没收、追缴或者责令退赔；对涉嫌犯罪取得的财物，应当随案移送人民检察院。

**第四十七条** 对监察机关移送的案件，人民检察院依照《中华人民共和国刑事诉讼法》对被调查人采取强制措施。

人民检察院经审查,认为犯罪事实已经查清,证据确实、充分,依法应当追究刑事责任的,应当作出起诉决定。

人民检察院经审查,认为需要补充核实的,应当退回监察机关补充调查,必要时可以自行补充侦查。对于补充调查的案件,应当在一个月内补充调查完毕。补充调查以二次为限。

人民检察院对于有《中华人民共和国刑事诉讼法》规定的不起诉的情形的,经上一级人民检察院批准,依法作出不起诉的决定。监察机关认为不起诉的决定有错误的,可以向上一级人民检察院提请复议。

**第四十八条** 监察机关在调查贪污贿赂、失职渎职等职务犯罪案件过程中,被调查人逃匿或者死亡,有必要继续调查的,经省级以上监察机关批准,应当继续调查并作出结论。被调查人逃匿,在通缉一年后不能到案,或者死亡的,由监察机关提请人民检察院依照法定程序,向人民法院提出没收违法所得的申请。

**第四十九条** 监察对象对监察机关作出的涉及本人的处理决定不服的,可以在收到处理决定之日起一个月内,向作出决定的监察机关申请复审,复审机关应当在一个月内作出复审决定;监察对象对复审决定仍不服的,可以在收到复审决定之日起一个月内,向上一级监察机关申请复核,复核机关应当在二个月内作出复核决定。复审、复核期间,不停止原处理决定的执行。复核机关经审查,认定处理决定有错误的,原处理机关应当及时予以纠正。

## 第六章 反腐败国际合作

**第五十条** 国家监察委员会统筹协调与其他国家、地区、国际组织开展的反腐败国际交流、合作,组织反腐败国际条约实施工作。

**第五十一条** 国家监察委员会组织协调有关方面加强与有关国家、地区、国际组织在反腐败执法、引渡、司法协助、被判刑人的移管、资产追回和信息交流等领域的合作。

**第五十二条** 国家监察委员会加强对反腐败国际追逃追赃和防逃工作的组织协调,督促有关单位做好相关工作:

(一)对于重大贪污贿赂、失职渎职等职务犯罪案件,被调查人逃匿到国(境)外,掌握证据比较确凿的,通过开展境外追逃合作,追捕归案;

(二)向赃款赃物所在国请求查询、冻结、扣押、没收、追缴、返还涉案资产;

(三)查询、监控涉嫌职务犯罪的公职人员及其相关人员进出国(境)和跨境资金流动情况,在调查案件过程中设置防逃程序。

## 第七章 对监察机关和监察人员的监督

**第五十三条** 各级监察委员会应当接受本级人民代表大会及其常务委员会的监督。

各级人民代表大会常务委员会听取和审议本级监察委员会的专项工作报告,组织执法检查。

县级以上各级人民代表大会及其常务委员会举行会议时,人民代表大会代表或者常务委员会组成人员可以依照法律规定的程序,就监察工作中的有关问题提出询问或者质询。

**第五十四条** 监察机关应当依法公开监察工作信息,接受民主监督、社会监督、舆论监督。

**第五十五条** 监察机关通过设立内部专门的监督机构等方式,加强对监察人员执行职务和遵守法律情况的监督,建设忠诚、干净、担当的监察队伍。

**第五十六条** 监察人员必须模范遵守宪法和法律,忠于职守、秉公执法,清正廉洁、保守秘密;必须具有良好的政治素质,熟悉监察业务,具备运用法律、法规、政策和调查取证等能力,自觉接受监督。

**第五十七条** 对于监察人员打听案情、过问案件、说情干预的,办理监察事项的监察人员应当及时报告。有关情况应当登记备案。

发现办理监察事项的监察人员未经批准接触被调查人、涉案人员及其特定关系人,或者存在交往情形的,知情人应当及时报告。有关情况应当登记备案。

**第五十八条** 办理监察事项的监察人员有下列情形之一的,应当自行回避,监察对象、检举人及其他有关人员也有权要求其回避:

(一)是监察对象或者检举人的近亲属的;

(二)担任过本案的证人的;

(三)本人或者其近亲属与办理的监察事项有利害关系的;

(四)有可能影响监察事项公正处理的其他情形的。

**第五十九条** 监察机关涉密人员离岗离职后,应当遵守脱密期管理规定,严格履行保密义务,不得泄露相关秘密。

监察人员辞职、退休三年内,不得从事与监察和司法工作相关联且可能发生利益冲突的职业。

**第六十条** 监察机关及其工作人员有下列行为之一的,被调查人及其近亲属有权向该机关申诉:

（一）留置法定期限届满，不予以解除的；

（二）查封、扣押、冻结与案件无关的财物的；

（三）应当解除查封、扣押、冻结措施而不解除的；

（四）贪污、挪用、私分、调换以及违反规定使用查封、扣押、冻结的财物的；

（五）其他违反法律法规、侵害被调查人合法权益的行为。

受理申诉的监察机关应当在受理申诉之日起一个月内作出处理决定。申诉人对处理决定不服的，可以在收到处理决定之日起一个月内向上一级监察机关申请复查，上一级监察机关应当在收到复查申请之日起二个月内作出处理决定，情况属实的，及时予以纠正。

**第六十一条** 对调查工作结束后发现立案依据不充分或者失实，案件处置出现重大失误，监察人员严重违法的，应当追究负有责任的领导人员和直接责任人员的责任。

## 第八章 法律责任

**第六十二条** 有关单位拒不执行监察机关作出的处理决定，或者无正当理由拒不采纳监察建议的，由其主管部门、上级机关责令改正，对单位给予通报批评；对负有责任的领导人员和直接责任人员依法给予处理。

**第六十三条** 有关人员违反本法规定，有下列行为之一的，由其所在单位、主管部门、上级机关或者监察机关责令改正，依法给予处理：

（一）不按要求提供有关材料，拒绝、阻碍调查措施实施等拒不配合监察机关调查的；

（二）提供虚假情况，掩盖事实真相的；

（三）串供或者伪造、隐匿、毁灭证据的；

（四）阻止他人揭发检举、提供证据的；

（五）其他违反本法规定的行为，情节严重的。

**第六十四条** 监察对象对控告人、检举人、证人或者监察人员进行报复陷害的；控告人、检举人、证人捏造事实诬告陷害监察对象的，依法给予处理。

**第六十五条** 监察机关及其工作人员有下列行为之一的，对负有责任的领导人员和直接责任人员依法给予处理：

（一）未经批准、授权处置问题线索，发现重大案情隐瞒不报，或者私自留存、处理涉案材料的；

（二）利用职权或者职务上的影响干预调查工作、以案谋私的；

（三）违法窃取、泄露调查工作信息，或者泄露举报事项、举报受理情况以及举报人信息的；

（四）对被调查人或者涉案人员逼供、诱供，或者侮辱、打骂、虐待、体罚或者变相体罚的；

（五）违反规定处置查封、扣押、冻结的财物的；

（六）违反规定发生办案安全事故，或者发生安全事故后隐瞒不报、报告失实、处置不当的；

（七）违反规定采取留置措施的；

（八）违反规定限制他人出境，或者不按规定解除出境限制的；

（九）其他滥用职权、玩忽职守、徇私舞弊的行为。

**第六十六条** 违反本法规定，构成犯罪的，依法追究刑事责任。

**第六十七条** 监察机关及其工作人员行使职权，侵犯公民、法人和其他组织的合法权益造成损害的，依法给予国家赔偿。

## 第九章 附 则

**第六十八条** 中国人民解放军和中国人民武装警察部队开展监察工作，由中央军事委员会根据本法制定具体规定。

**第六十九条** 本法自公布之日起施行。《中华人民共和国行政监察法》同时废止。

# 中华人民共和国监察法实施条例

· 2021年7月20日国家监察委员会全体会议决定

· 2021年9月20日中华人民共和国国家监察委员会公告第1号公布

· 自2021年9月20日起施行

## 目 录

第一章 总 则
第二章 监察机关及其职责
第三章 监察范围和管辖
第四章 监察权限
第五章 监察程序
第六章 反腐败国际合作
第七章 对监察机关和监察人员的监督
第八章 法律责任
第九章 附 则

## 第一章 总 则

**第一条** 为了推动监察工作法治化、规范化，根据《中华人民共和国监察法》（以下简称监察法），结合工作实际，制定本条例。

**第二条** 坚持中国共产党对监察工作的全面领导，

增强政治意识、大局意识、核心意识、看齐意识，坚定中国特色社会主义道路自信、理论自信、制度自信、文化自信，坚决维护习近平总书记党中央的核心、全党的核心地位，坚决维护党中央权威和集中统一领导，把党的领导贯彻到监察工作各方面和全过程。

**第三条** 监察机关与党的纪律检查机关合署办公，坚持法治思维和法治方式，促进执纪执法贯通、有效衔接司法，实现依纪监督和依法监察、适用纪律和适用法律有机融合。

**第四条** 监察机关应当依法履行监督、调查、处置职责，坚持实事求是，坚持惩前毖后、治病救人，坚持惩戒与教育相结合，实现政治效果、法律效果和社会效果相统一。

**第五条** 监察机关应当坚定不移惩治腐败，推动深化改革、完善制度，规范权力运行，加强思想道德教育、法治教育、廉洁教育，引导公职人员提高觉悟、担当作为、依法履职，一体推进不敢腐、不能腐、不想腐体制机制建设。

**第六条** 监察机关坚持民主集中制，对于线索处置、立案调查、案件审理、处置执行、复审复核中的重要事项应当集体研究，严格按照权限履行请示报告程序。

**第七条** 监察机关应当在适用法律上一律平等，充分保障监察对象以及相关人员的人身权、知情权、财产权、申辩权、申诉权以及申请复审复核权等合法权益。

**第八条** 监察机关办理职务犯罪案件，应当与人民法院、人民检察院互相配合、互相制约，在案件管辖、证据审查、案件移送、涉案财物处置等方面加强沟通协调，对于人民法院、人民检察院提出的退回补充调查、排除非法证据、调取同步录音录像、要求调查人员出庭等意见依法办理。

**第九条** 监察机关开展监察工作，可以依法提请组织人事、公安、国家安全、审计、统计、市场监管、金融监管、财政、税务、自然资源、银行、证券、保险等有关部门、单位予以协助配合。

有关部门、单位应当根据监察机关的要求，依法协助采取有关措施、共享相关信息、提供相关资料和专业技术支持，配合开展监察工作。

## 第二章　监察机关及其职责

### 第一节　领导体制

**第十条** 国家监察委员会在党中央领导下开展工作。地方各级监察委员会在同级党委和上级监察委员会双重领导下工作，监督执法调查工作以上级监察委员会领导为主，线索处置和案件查办在向同级党委报告的同时应当一并向上一级监察委员会报告。

上级监察委员会应当加强对下级监察委员会的领导。下级监察委员会对上级监察委员会的决定必须执行，认为决定不当的，应当在执行的同时向上级监察委员会反映。上级监察委员会对下级监察委员会作出的错误决定，应当按程序予以纠正，或者要求下级监察委员会予以纠正。

**第十一条** 上级监察委员会可以依法统一调用所辖各级监察机关的监察人员办理监察事项。调用决定应当以书面形式作出。

监察机关办理监察事项应当加强互相协作和配合，对于重要、复杂事项可以提请上级监察机关予以协调。

**第十二条** 各级监察委员会依法向本级中国共产党机关、国家机关、法律法规授权或者受委托管理公共事务的组织和单位以及所管辖的国有企业事业单位等派驻或者派出监察机构、监察专员。

省级和设区的市级监察委员会依法向地区、盟、开发区等不设置人民代表大会的区域派出监察机构或者监察专员。县级监察委员会和直辖市所辖区(县)监察委员会可以向街道、乡镇等区域派出监察机构或者监察专员。

监察机构、监察专员开展监察工作，受派出机关领导。

**第十三条** 派驻或者派出的监察机构、监察专员根据派出机关授权，按照管理权限依法对派驻或者派出监督单位、区域等的公职人员开展监督，对职务违法和职务犯罪进行调查、处置。监察机构、监察专员可以按规定与地方监察委员会联合调查严重职务违法、职务犯罪，或者移交地方监察委员会调查。

未被授予职务犯罪调查权的监察机构、监察专员发现监察对象涉嫌职务犯罪线索的，应当及时向派出机关报告，由派出机关调查或者依法移交有关地方监察委员会调查。

### 第二节　监察监督

**第十四条** 监察机关依法履行监察监督职责，对公职人员政治品行、行使公权力和道德操守情况进行监督检查，督促有关机关、单位加强对所属公职人员的教育、管理、监督。

**第十五条** 监察机关应当坚决维护宪法确立的国家指导思想，加强对公职人员特别是领导人员坚持党的领导、坚持中国特色社会主义制度，贯彻落实党和国家路线方针政策、重大决策部署，履行从严管理监督职责，依法行使公权力等情况的监督。

**第十六条**　监察机关应当加强对公职人员理想教育、为人民服务教育、宪法法律法规教育、优秀传统文化教育，弘扬社会主义核心价值观，深入开展警示教育，教育引导公职人员树立正确的权力观、责任观、利益观，保持为民务实清廉本色。

**第十七条**　监察机关应当结合公职人员的职责加强日常监督，通过收集群众反映、座谈走访、查阅资料、召集或者列席会议、听取工作汇报和述责述廉、开展监督检查等方式，促进公职人员依法用权、秉公用权、廉洁用权。

**第十八条**　监察机关可以与公职人员进行谈心谈话，发现政治品行、行使公权力和道德操守方面有苗头性、倾向性问题的，及时进行教育提醒。

**第十九条**　监察机关对于发现的系统性、行业性的突出问题，以及群众反映强烈的问题，可以通过专项检查进行深入了解，督促有关机关、单位强化治理，促进公职人员履职尽责。

**第二十条**　监察机关应当以办案促进整改、以监督促进治理，在查清问题、依法处置的同时，剖析问题发生的原因，发现制度建设、权力配置、监督机制等方面存在的问题，向有关机关、单位提出改进工作的意见或者监察建议，促进完善制度，提高治理效能。

**第二十一条**　监察机关开展监察监督，应当与纪律监督、派驻监督、巡视监督统筹衔接，与人大监督、民主监督、行政监督、司法监督、审计监督、财会监督、统计监督、群众监督和舆论监督等贯通协调，健全信息、资源、成果共享等机制，形成监督合力。

### 第三节　监察调查

**第二十二条**　监察机关依法履行监察调查职责，依据监察法、《中华人民共和国公职人员政务处分法》（以下简称政务处分法）和《中华人民共和国刑法》（以下简称刑法）等规定对职务违法和职务犯罪进行调查。

**第二十三条**　监察机关负责调查的职务违法是指公职人员实施的与其职务相关联，虽不构成犯罪但依法应当承担法律责任的下列违法行为：

（一）利用职权实施的违法行为；

（二）利用职务上的影响实施的违法行为；

（三）履行职责不力、失职失责的违法行为；

（四）其他违反与公职人员职务相关的特定义务的违法行为。

**第二十四条**　监察机关发现公职人员存在其他违法行为，具有下列情形之一的，可以依法进行调查、处置：

（一）超过行政违法追究时效，或者超过犯罪追诉时效、未追究刑事责任，但需要依法给予政务处分的；

（二）被追究行政法律责任，需要依法给予政务处分的；

（三）监察机关调查职务违法或者职务犯罪时，对被调查人实施的事实简单、清楚，需要依法给予政务处分的其他违法行为一并查核的。

监察机关发现公职人员成为监察对象前有前款规定的违法行为的，依照前款规定办理。

**第二十五条**　监察机关依法对监察法第十一条第二项规定的职务犯罪进行调查。

**第二十六条**　监察机关依法调查涉嫌贪污贿赂犯罪，包括贪污罪，挪用公款罪，受贿罪，单位受贿罪，利用影响力受贿罪，行贿罪，对有影响力的人行贿罪，对单位行贿罪，介绍贿赂罪，单位行贿罪，巨额财产来源不明罪，隐瞒境外存款罪，私分国有资产罪，私分罚没财物罪，以及公职人员在行使公权力过程中实施的职务侵占罪，挪用资金罪，对外国公职人员、国际公共组织官员行贿罪，非国家工作人员受贿罪和相关联的对非国家工作人员行贿罪。

**第二十七条**　监察机关依法调查公职人员涉嫌滥用职权犯罪，包括滥用职权罪，国有公司、企业、事业单位人员滥用职权罪，滥用管理公司、证券职权罪，食品、药品监管渎职罪，故意泄露国家秘密罪，报复陷害罪，阻碍解救被拐卖、绑架妇女、儿童罪，帮助犯罪分子逃避处罚罪，违法发放林木采伐许可证罪，办理偷越国（边）境人员出入境证件罪，放行偷越国（边）境人员罪，挪用特定款物罪，非法剥夺公民宗教信仰自由罪，侵犯少数民族风俗习惯罪，打击报复会计、统计人员罪，以及司法工作人员以外的公职人员利用职权实施的非法拘禁罪、虐待被监管人罪、非法搜查罪。

**第二十八条**　监察机关依法调查公职人员涉嫌玩忽职守犯罪，包括玩忽职守罪，国有公司、企业、事业单位人员失职罪，签订、履行合同失职被骗罪，国家机关工作人员签订、履行合同失职被骗罪，环境监管失职罪，传染病防治失职罪，商检失职罪，动植物检疫失职罪，不解救被拐卖、绑架妇女、儿童罪，失职造成珍贵文物损毁、流失罪，过失泄露国家秘密罪。

**第二十九条**　监察机关依法调查公职人员涉嫌徇私舞弊犯罪，包括徇私舞弊低价折股、出售国有资产罪，非法批准征收、征用、占用土地罪，非法低价出让国有土地使用权罪，非法经营同类营业罪，为亲友非法牟利罪，枉法仲裁罪，徇私舞弊发售发票、抵扣税款、出口退税罪，商检徇私舞弊罪，动植物检疫徇私舞弊罪，放纵走私罪，放纵制售伪劣商品犯罪行为罪，招收公务员、学生徇私舞弊罪，徇私舞弊不移交刑事案件罪，违法提供出口退税凭证罪，徇私舞弊不征、少征税款罪。

**第三十条** 监察机关依法调查公职人员在行使公权力过程中涉及的重大责任事故犯罪，包括重大责任事故罪，教育设施重大安全事故罪，消防责任事故罪，重大劳动安全事故罪，强令、组织他人违章冒险作业罪，危险作业罪，不报、谎报安全事故罪，铁路运营安全事故罪，重大飞行事故罪，大型群众性活动重大安全事故罪，危险物品肇事罪，工程重大安全事故罪。

**第三十一条** 监察机关依法调查公职人员在行使公权力过程中涉及的其他犯罪，包括破坏选举罪，背信损害上市公司利益罪，金融工作人员购买假币、以假币换取货币罪，利用未公开信息交易罪，诱骗投资者买卖证券、期货合约罪，背信运用受托财产罪，违法运用资金罪，违法发放贷款罪，吸收客户资金不入账罪，违规出具金融票证罪，对违法票据承兑、付款、保证罪，非法转让、倒卖土地使用权罪，私自开拆、隐匿、毁弃邮件、电报罪，故意延误投递邮件罪，泄露不应公开的案件信息罪，披露、报道不应公开的案件信息罪，接送不合格兵员罪。

**第三十二条** 监察机关发现依法由其他机关管辖的违法犯罪线索，应当及时移送有管辖权的机关。

监察机关调查结束后，对于应当给予被调查人或者涉案人员行政处罚等其他处理的，依法移送有关机关。

### 第四节 监察处置

**第三十三条** 监察机关对违法的公职人员，依据监察法、政务处分法等规定作出政务处分决定。

**第三十四条** 监察机关在追究违法的公职人员直接责任的同时，依法对履行职责不力、失职失责，造成严重后果或者恶劣影响的领导人员予以问责。

监察机关应当组成调查组依法开展问责调查。调查结束后经集体讨论形成调查报告，需要进行问责的按照管理权限作出问责决定，或者向有权作出问责决定的机关、单位书面提出问责建议。

**第三十五条** 监察机关对涉嫌职务犯罪的人员，经调查认为犯罪事实清楚，证据确实、充分，需要追究刑事责任的，依法移送人民检察院审查起诉。

**第三十六条** 监察机关根据监督、调查结果，发现监察对象所在单位在廉政建设、权力制约、监督管理、制度执行以及履行职责等方面存在问题需要整改纠正的，依法提出监察建议。

监察机关应当跟踪了解监察建议的采纳情况，指导、督促有关单位限期整改，推动监察建议落实到位。

## 第三章 监察范围和管辖

### 第一节 监察对象

**第三十七条** 监察机关依法对所有行使公权力的公职人员进行监察，实现国家监察全面覆盖。

**第三十八条** 监察法第十五条第一项所称公务员范围，依据《中华人民共和国公务员法》（以下简称公务员法）确定。

监察法第十五条第一项所称参照公务员法管理的人员，是指有关单位中经批准参照公务员法进行管理的工作人员。

**第三十九条** 监察法第十五条第二项所称法律、法规授权或者受国家机关依法委托管理公共事务的组织中从事公务的人员，是指在上述组织中，除参照公务员法管理的人员外，对公共事务履行组织、领导、管理、监督等职责的人员，包括具有公共事务管理职能的行业协会等组织中从事公务的人员，以及法定检验检测、检疫等机构中从事公务的人员。

**第四十条** 监察法第十五条第三项所称国有企业管理人员，是指国家出资企业中的下列人员：

（一）在国有独资、全资公司、企业中履行组织、领导、管理、监督等职责的人员；

（二）经党组织或者国家机关，国有独资、全资公司、企业，事业单位提名、推荐、任命、批准等，在国有控股、参股公司及其分支机构中履行组织、领导、管理、监督等职责的人员；

（三）经国家出资企业中负有管理、监督国有资产职责的组织批准或者研究决定，代表其在国有控股、参股公司及其分支机构中从事组织、领导、管理、监督等工作的人员。

**第四十一条** 监察法第十五条第四项所称公办的教育、科研、文化、医疗卫生、体育等单位中从事管理的人员，是指国家为了社会公益目的，由国家机关举办或者其他组织利用国有资产举办的教育、科研、文化、医疗卫生、体育等事业单位中，从事组织、领导、管理、监督等工作的人员。

**第四十二条** 监察法第十五条第五项所称基层群众性自治组织中从事管理的人员，是指该组织中的下列人员：

（一）从事集体事务和公益事业管理的人员；

（二）从事集体资金、资产、资源管理的人员；

（三）协助人民政府从事行政管理工作的人员，包括从事救灾、防疫、抢险、防汛、优抚、帮扶、移民、救济款物的管理，社会捐助公益事业款物的管理，国有土地的经营和管理，土地征收、征用补偿费用的管理，代征、代缴税款，有关计划生育、户籍、征兵工作，协助人民政府等国家机关在基层群众性自治组织中从事的其他管理工作。

**第四十三条** 下列人员属于监察法第十五条第六项所称其他依法履行公职的人员：

（一）履行人民代表大会职责的各级人民代表大会代表，履行公职的中国人民政治协商会议各级委员会委员、人民陪审员、人民监督员；

（二）虽未列入党政机关人员编制，但在党政机关中从事公务的人员；

（三）在集体经济组织等单位、组织中，由党组织或者国家机关，国有独资、全资公司、企业，国家出资企业中负有管理监督国有和集体资产职责的组织，事业单位提名、推荐、任命、批准等，从事组织、领导、管理、监督等工作的人员；

（四）在依法组建的评标、谈判、询价等组织中代表国家机关，国有独资、全资公司、企业，事业单位，人民团体临时履行公共事务组织、领导、管理、监督等职责的人员；

（五）其他依法行使公权力的人员。

**第四十四条** 有关机关、单位、组织集体作出的决定违法或者实施违法行为的，监察机关应当对负有责任的领导人员和直接责任人员中的公职人员依法追究法律责任。

### 第二节 管　辖

**第四十五条** 监察机关开展监督、调查、处置，按照管理权限与属地管辖相结合的原则，实行分级负责制。

**第四十六条** 设区的市级以上监察委员会按照管理权限，依法管辖同级党委管理的公职人员涉嫌职务违法和职务犯罪案件。

县级监察委员会和直辖市所辖区（县）监察委员会按照管理权限，依法管辖本辖区内公职人员涉嫌职务违法和职务犯罪案件。

地方各级监察委员会按照本条例第十三条、第四十九条规定，可以依法管辖工作单位在本辖区内的有关公职人员涉嫌职务违法和职务犯罪案件。

监察机关调查公职人员涉嫌职务犯罪案件，可以依法对涉嫌行贿犯罪、介绍贿赂犯罪或者共同职务犯罪的涉案人员中的非公职人员一并管辖。非公职人员涉嫌利用影响力受贿罪的，按照其所利用的公职人员的管理权限确定管辖。

**第四十七条** 上级监察机关对于下一级监察机关管辖范围内的职务违法和职务犯罪案件，具有下列情形之一的，可以依法提级管辖：

（一）在本辖区有重大影响的；

（二）涉及多个下级监察机关管辖的监察对象，调查难度大的；

（三）其他需要提级管辖的重大、复杂案件。

上级监察机关对于所辖各级监察机关管辖范围内有重大影响的案件，必要时可以依法直接调查或者组织、指挥、参与调查。

地方各级监察机关所管辖的职务违法和职务犯罪案件，具有第一款规定情形的，可以依法报请上一级监察机关管辖。

**第四十八条** 上级监察机关可以依法将其所管辖的案件指定下级监察机关管辖。

设区的市级监察委员会将同级党委管理的公职人员涉嫌职务违法或者职务犯罪案件指定下级监察委员会管辖的，应当报省级监察委员会批准；省级监察委员会将同级党委管理的公职人员涉嫌职务违法或者职务犯罪案件指定下级监察委员会管辖的，应当报国家监察委员会相关监督检查部门备案。

上级监察机关对于下级监察机关管辖的职务违法和职务犯罪案件，具有下列情形之一，认为由其他下级监察机关管辖更为适宜的，可以依法指定给其他下级监察机关管辖：

（一）管辖有争议的；

（二）指定管辖有利于案件公正处理的；

（三）下级监察机关报请指定管辖的；

（四）其他有必要指定管辖的。

被指定的下级监察机关未经指定管辖的监察机关批准，不得将案件再行指定管辖。发现新的职务违法或者职务犯罪线索，以及其他重要情况、重大问题，应当及时向指定管辖的监察机关请示报告。

**第四十九条** 工作单位在地方、管理权限在主管部门的公职人员涉嫌职务违法和职务犯罪，一般由驻在主管部门、有管辖权的监察机构、监察专员管辖；经协商，监察机构、监察专员可以按规定移交公职人员工作单位所在地的地方监察委员会调查，或者与地方监察委员会联合调查。地方监察委员会在工作中发现上述公职人员有关问题线索，应当向驻在主管部门、有管辖权的监察机构、监察专员通报，并协商确定管辖。

前款规定单位的其他公职人员涉嫌职务违法和职务犯罪，可以由地方监察委员会管辖；驻在主管部门的监察机构、监察专员自行立案调查的，应当及时通报地方监察委员会。

地方监察委员会调查前两款规定案件，应当将立案、留置、移送审查起诉、撤销案件等重要情况向驻在主管部门的监察机构、监察专员通报。

**第五十条** 监察机关办理案件中涉及无隶属关系的其他监察机关的监察对象，认为需要立案调查的，应当商请有管理权限的监察机关依法立案调查。商请立案时，应当提供涉案人员基本情况、已经查明的涉嫌违法犯罪事实以及相关证据材料。

承办案件的监察机关认为由其一并调查更为适宜的，可以报请有权决定的上级监察机关指定管辖。

**第五十一条** 公职人员既涉嫌贪污贿赂、失职渎职等严重职务违法和职务犯罪，又涉嫌公安机关、人民检察院等机关管辖的犯罪，依法由监察机关为主调查的，应当由监察机关和其他机关分别依职权立案，监察机关承担组织协调职责，协调调查和侦查工作进度、重要调查和侦查措施使用等重要事项。

**第五十二条** 监察机关必要时可以依法调查司法工作人员利用职权实施的涉嫌非法拘禁、刑讯逼供、非法搜查等侵犯公民权利、损害司法公正的犯罪，并在立案后及时通报同级人民检察院。

监察机关在调查司法工作人员涉嫌贪污贿赂等职务犯罪中，可以对其涉嫌的前款规定的犯罪一并调查，并及时通报同级人民检察院。人民检察院在办理直接受理侦查的案件中，发现犯罪嫌疑人同时涉嫌监察机关管辖的其他职务犯罪，经沟通全案移送监察机关管辖的，监察机关应当依法进行调查。

**第五十三条** 监察机关对于退休公职人员在退休前或者退休后，或者离职、死亡的公职人员在履职期间实施的涉嫌职务违法或者职务犯罪行为，可以依法进行调查。

对前款规定人员，按照其原任职务的管辖规定确定管辖的监察机关；由其他监察机关管辖更为适宜的，可以依法指定或者交由其他监察机关管辖。

## 第四章 监察权限

### 第一节 一般要求

**第五十四条** 监察机关应当加强监督执法调查工作规范化建设，严格按规定对监察措施进行审批和监管，依照法定的范围、程序和期限采取相关措施，出具、送达法律文书。

**第五十五条** 监察机关在初步核实中，可以依法采取谈话、询问、查询、调取、勘验检查、鉴定措施；立案后可以采取讯问、留置、冻结、搜查、查封、扣押、通缉措施。需要采取技术调查、限制出境措施的，应当按照规定交有关机关依法执行。设区的市级以下监察机关在初步核实中不得采取技术调查措施。

开展问责调查，根据具体情况可以依法采取相关监察措施。

**第五十六条** 开展讯问、搜查、查封、扣押以及重要的谈话、询问等调查取证工作，应当全程同步录音录像，并保持录音录像资料的完整性。录音录像资料应当妥善保管、及时归档，留存备查。

人民检察院、人民法院需要调取同步录音录像的，监察机关应当予以配合，经审批依法予以提供。

**第五十七条** 需要商请其他监察机关协助收集证据材料的，应当依法出具《委托调查函》；商请其他监察机关对采取措施提供一般性协助的，应当依法出具《商请协助采取措施函》。商请协助事项涉及协助地监察机关管辖的监察对象的，应当由协助地监察机关按照所涉人员的管理权限报批。协助地监察机关对于协助请求，应当依法予以协助配合。

**第五十八条** 采取监察措施需要告知、通知相关人员的，应当依法办理。告知包括口头、书面两种方式，通知应当采取书面方式。采取口头方式告知的，应当将相关情况制作工作记录；采取书面方式告知、通知的，可以通过直接送交、邮寄、转交等途径送达，将有关回执或者凭证附卷。

无法告知、通知，或者相关人员拒绝接收的，调查人员应当在工作记录或者有关文书上记明。

### 第二节 证 据

**第五十九条** 可以用于证明案件事实的材料都是证据，包括：

（一）物证；

（二）书证；

（三）证人证言；

（四）被害人陈述；

（五）被调查人陈述、供述和辩解；

（六）鉴定意见；

（七）勘验检查、辨认、调查实验等笔录；

（八）视听资料、电子数据。

监察机关向有关单位和个人收集、调取证据时，应当告知其必须依法如实提供证据。对于不按要求提供有关材料，泄露相关信息，伪造、隐匿、毁灭证据，提供虚假情况或者阻止他人提供证据的，依法追究法律责任。

监察机关依照监察法和本条例规定收集的证据材料，经审查符合法定要求的，在刑事诉讼中可以作为证据使用。

**第六十条**　监察机关认定案件事实应当以证据为根据，全面、客观地收集、固定被调查人有无违法犯罪以及情节轻重的各种证据，形成相互印证、完整稳定的证据链。

只有被调查人陈述或者供述，没有其他证据的，不能认定案件事实；没有被调查人陈述或者供述，证据符合法定标准的，可以认定案件事实。

**第六十一条**　证据必须经过查证属实，才能作为定案的根据。审查认定证据，应当结合案件的具体情况，从证据与待证事实的关联程度、各证据之间的联系、是否依照法定程序收集等方面进行综合判断。

**第六十二条**　监察机关调查终结的职务违法案件，应当事实清楚、证据确凿。证据确凿，应当符合下列条件：

（一）定性处置的事实都有证据证实；

（二）定案证据真实、合法；

（三）据以定案的证据之间不存在无法排除的矛盾；

（四）综合全案证据，所认定事实清晰且令人信服。

**第六十三条**　监察机关调查终结的职务犯罪案件，应当事实清楚，证据确实、充分。证据确实、充分，应当符合下列条件：

（一）定罪量刑的事实都有证据证明；

（二）据以定案的证据均经法定程序查证属实；

（三）综合全案证据，对所认定事实已排除合理怀疑。

证据不足的，不得移送人民检察院审查起诉。

**第六十四条**　严禁以暴力、威胁、引诱、欺骗以及非法限制人身自由等非法方法收集证据，严禁侮辱、打骂、虐待、体罚或者变相体罚被调查人、涉案人员和证人。

**第六十五条**　对于调查人员采用暴力、威胁以及非法限制人身自由等非法方法收集的被调查人供述、证人证言、被害人陈述，应当依法予以排除。

前款所称暴力的方法，是指采用殴打、违法使用戒具等方法或者变相肉刑的恶劣手段，使人遭受难以忍受的痛苦而违背意愿作出供述、证言、陈述；威胁的方法，是指采用以暴力或者严重损害本人及其近亲属合法权益等进行威胁的方法，使人遭受难以忍受的痛苦而违背意愿作出供述、证言、陈述。

收集物证、书证不符合法定程序，可能严重影响案件公正处理的，应当予以补正或者作出合理解释；不能补正或者作出合理解释的，对该证据应当予以排除。

**第六十六条**　监察机关监督检查、调查、案件审理、案件监督管理等部门发现监察人员在办理案件中，可能存在以非法方法收集证据情形的，应当依据职责进行调查核实。对于被调查人控告、举报调查人员采用非法方法收集证据，并提供涉嫌非法取证的人员、时间、地点、方式和内容等材料或者线索的，应当受理并进行审核。根据现有材料无法证明证据收集合法性的，应当进行调查核实。

经调查核实，确认或者不能排除以非法方法收集证据的，对有关证据依法予以排除，不得作为案件定性处置、移送审查起诉的依据。认定调查人员非法取证的，应当依法处理，另行指派调查人员重新调查取证。

监察机关接到对下级监察机关调查人员采用非法方法收集证据的控告、举报，可以直接进行调查核实，也可以交由下级监察机关调查核实。交由下级监察机关调查核实的，下级监察机关应当及时将调查结果报告上级监察机关。

**第六十七条**　对收集的证据材料及扣押的财物应当妥善保管，严格履行交接、调用手续，定期对账核实，不得违规使用、调换、损毁或者自行处理。

**第六十八条**　监察机关对行政机关在行政执法和查办案件中收集的物证、书证、视听资料、电子数据，勘验、检查等笔录，以及鉴定意见等证据材料，经审查符合法定要求的，可以作为证据使用。

根据法律、行政法规规定行使国家行政管理职权的组织在行政执法和查办案件中收集的证据材料，视为行政机关收集的证据材料。

**第六十九条**　监察机关对人民法院、人民检察院、公安机关、国家安全机关等在刑事诉讼中收集的物证、书证、视听资料、电子数据，勘验、检查、辨认、侦查实验等笔录，以及鉴定意见等证据材料，经审查符合法定要求的，可以作为证据使用。

监察机关办理职务违法案件，对于人民法院生效刑事判决、裁定和人民检察院不起诉决定采信的证据材料，可以直接作为证据使用。

## 第三节　谈　话

**第七十条**　监察机关在问题线索处置、初步核实和立案调查中，可以依法对涉嫌职务违法的监察对象进行谈话，要求其如实说明情况或者作出陈述。

谈话应当个别进行。负责谈话的人员不得少于二人。

**第七十一条**　对一般性问题线索的处置，可以采取谈话方式进行，对监察对象给予警示、批评、教育。谈话应当在工作地点等场所进行，明确告知谈话事项，注重谈清问题、取得教育效果。

**第七十二条**　采取谈话方式处置问题线索的，经审批可以由监察人员或者委托被谈话人所在单位主要负责人等进行谈话。

监察机关谈话应当形成谈话笔录或者记录。谈话结束后，可以根据需要要求被谈话人在十五个工作日以内作出书面说明。被谈话人应当在书面说明每页签名，修改的地方也应当签名。

委托谈话的，受委托人应当在收到委托函后的十五个工作日以内进行谈话。谈话结束后及时形成谈话情况材料报送监察机关，必要时附被谈话人的书面说明。

**第七十三条**　监察机关开展初步核实工作，一般不与被核查人接触；确有需要与被核查人谈话的，应当按规定报批。

**第七十四条**　监察机关对涉嫌职务违法的被调查人立案后，可以依法进行谈话。

与被调查人首次谈话时，应当出示《被调查人权利义务告知书》，由其签名、捺指印。被调查人拒绝签名、捺指印的，调查人员应当在文书上记明。对于被调查人未被限制人身自由的，应当在首次谈话时出具《谈话通知书》。

与涉嫌严重职务违法的被调查人进行谈话的，应当全程同步录音录像，并告知被调查人。告知情况应当在录音录像中予以反映，并在笔录中记明。

**第七十五条**　立案后，与未被限制人身自由的被调查人谈话的，应当在具备安全保障条件的场所进行。

调查人员按规定通知被调查人所在单位派员或者被调查人家属陪同被调查人到指定场所的，应当与陪同人员办理交接手续，填写《陪送交接单》。

**第七十六条**　调查人员与被留置的被调查人谈话的，按照法定程序在留置场所进行。

与在押的犯罪嫌疑人、被告人谈话的，应当持以监察机关名义出具的介绍信、工作证件，商请有关案件主管机关依法协助办理。

与在看守所、监狱服刑的人员谈话的，应当持以监察机关名义出具的介绍信、工作证件办理。

**第七十七条**　与被调查人进行谈话，应当合理安排时间、控制时长，保证其饮食和必要的休息时间。

**第七十八条**　谈话笔录应当在谈话现场制作。笔录应当详细具体，如实反映谈话情况。笔录制作完成后，应当交给被调查人核对。被调查人没有阅读能力的，应当向其宣读。

笔录记载有遗漏或者差错的，应当补充或者更正，由被调查人在补充或者更正处捺指印。被调查人核对无误后，应当在笔录中逐页签名、捺指印。被调查人拒绝签名、捺指印的，调查人员应当在笔录中记明。调查人员也应当在笔录中签名。

**第七十九条**　被调查人请求自行书写说明材料的，应当准许。必要时，调查人员可以要求被调查人自行书写说明材料。

被调查人应当在说明材料上逐页签名、捺指印，在末页写明日期。对说明材料有修改的，在修改之处应当捺指印。说明材料应当由二名调查人员接收，在首页记明接收的日期并签名。

**第八十条**　本条例第七十四条至第七十九条的规定，也适用于在初步核实中开展的谈话。

## 第四节　讯　问

**第八十一条**　监察机关对涉嫌职务犯罪的被调查人，可以依法进行讯问，要求其如实供述涉嫌犯罪的情况。

**第八十二条**　讯问被留置的被调查人，应当在留置场所进行。

**第八十三条**　讯问应当个别进行，调查人员不得少于二人。

首次讯问时，应当向被讯问人出示《被调查人权利义务告知书》，由其签名、捺指印。被讯问人拒绝签名、捺指印的，调查人员应当在文书上记明。被讯问人未被限制人身自由的，应当在首次讯问时向其出具《讯问通知书》。

讯问一般按照下列顺序进行：

（一）核实被讯问人的基本情况，包括姓名、曾用名、出生年月日、户籍地、身份证件号码、民族、职业、政治面貌、文化程度、工作单位及职务、住所、家庭情况、社会经历，是否属于党代表大会代表、人大代表、政协委员，是否受到过党纪政务处分，是否受到过刑事处罚等；

（二）告知被讯问人如实供述自己罪行可以依法从宽处理和认罪认罚的法律规定；

（三）讯问被讯问人是否有犯罪行为，让其陈述有罪的事实或者无罪的辩解，应当允许其连贯陈述。

调查人员的提问应当与调查的案件相关。被讯问人对调查人员的提问应当如实回答。调查人员对被讯问人的辩解，应当如实记录，认真查核。

讯问时，应当告知被讯问人将进行全程同步录音录像。告知情况应当在录音录像中予以反映，并在笔录中记明。

**第八十四条** 本条例第七十五条至第七十九条的要求，也适用于讯问。

### 第五节 询 问

**第八十五条** 监察机关按规定报批后，可以依法对证人、被害人等人员进行询问，了解核实有关问题或者案件情况。

**第八十六条** 证人未被限制人身自由的，可以在其工作地点、住所或者其提出的地点进行询问，也可以通知其到指定地点接受询问。到证人提出的地点或者调查人员指定的地点进行询问的，应当在笔录中记明。

调查人员认为有必要或者证人提出需要由所在单位派员或者其家属陪同到询问地点的，应当办理交接手续并填写《陪送交接单》。

**第八十七条** 询问应当个别进行。负责询问的调查人员不得少于二人。

首次询问时，应当向证人出示《证人权利义务告知书》，由其签名、捺指印。证人拒绝签名、捺指印的，调查人员应当在文书上记明。证人未被限制人身自由的，应当在首次询问时向其出具《询问通知书》。

询问时，应当核实证人身份，问明证人的基本情况，告知证人应当如实提供证据、证言，以及作伪证或者隐匿证据应当承担的法律责任。不得向证人泄露案情，不得采用非法方法获取证言。

询问重大或者有社会影响案件的重要证人，应当对询问过程全程同步录音录像，并告知证人。告知情况应当在录音录像中予以反映，并在笔录中记明。

**第八十八条** 询问未成年人，应当通知其法定代理人到场。无法通知或者法定代理人不能到场的，应当通知未成年人的其他成年亲属或者所在学校、居住地基层组织的代表等有关人员到场。询问结束后，由法定代理人或者有关人员在笔录中签名。调查人员应当将到场情况记录在案。

询问聋、哑人，应当有通晓聋、哑手势的人员参加。调查人员应当在笔录中记明证人的聋、哑情况，以及翻译人员的姓名、工作单位和职业。询问不通晓当地通用语言、文字的证人，应当有翻译人员。询问结束后，由翻译人员在笔录中签名。

**第八十九条** 凡是知道案件情况的人，都有如实作证的义务。对故意提供虚假证言的证人，应当依法追究法律责任。

证人或者其他任何人不得帮助被调查人隐匿、毁灭、伪造证据或者串供，不得实施其他干扰调查活动的行为。

**第九十条** 证人、鉴定人、被害人因作证，本人或者近亲属人身安全面临危险，向监察机关请求保护的，监察机关应当受理并及时进行审查；对于确实存在人身安全危险的，监察机关应当采取必要的保护措施。监察机关发现存在上述情形的，应当主动采取保护措施。

监察机关可以采取下列一项或者多项保护措施：

（一）不公开真实姓名、住址和工作单位等个人信息；

（二）禁止特定的人员接触证人、鉴定人、被害人及其近亲属；

（三）对人身和住宅采取专门性保护措施；

（四）其他必要的保护措施。

依法决定不公开证人、鉴定人、被害人的真实姓名、住址和工作单位等个人信息的，可以在询问笔录等法律文书、证据材料中使用化名。但是应当另行书面说明使用化名的情况并标明密级，单独成卷。

监察机关采取保护措施需要协助的，可以提请公安机关等有关单位和要求有关个人依法予以协助。

**第九十一条** 本条例第七十六条至第七十九条的要求，也适用于询问。询问重要涉案人员，根据情况适用本条例第七十五条的规定。

询问被害人，适用询问证人的规定。

### 第六节 留 置

**第九十二条** 监察机关调查严重职务违法或者职务犯罪，对于符合监察法第二十二条第一款规定的，经依法审批，可以对被调查人采取留置措施。

监察法第二十二条第一款规定的严重职务违法，是指根据监察机关已经掌握的事实及证据，被调查人涉嫌的职务违法行为情节严重，可能被给予撤职以上政务处分；重要问题，是指对被调查人涉嫌的职务违法或者职务犯罪，在定性处置、定罪量刑等方面有重要影响的事实、情节及证据。

监察法第二十二条第一款规定的已经掌握其部分违法犯罪事实及证据，是指同时具备下列情形：

（一）有证据证明发生了违法犯罪事实；

（二）有证据证明该违法犯罪事实是被调查人实施；

（三）证明被调查人实施违法犯罪行为的证据已经查证属实。

部分违法犯罪事实，既可以是单一违法犯罪行为的事实，也可以是数个违法犯罪行为中任何一个违法犯罪行为的事实。

**第九十三条** 被调查人具有下列情形之一的，可以认定为监察法第二十二条第一款第二项所规定的可能逃跑、自杀：

（一）着手准备自杀、自残或者逃跑的；

（二）曾经有自杀、自残或者逃跑行为的；

（三）有自杀、自残或者逃跑意图的；

（四）其他可能逃跑、自杀的情形。

**第九十四条** 被调查人具有下列情形之一的，可以认定为监察法第二十二条第一款第三项所规定的可能串供或者伪造、隐匿、毁灭证据：

（一）曾经或者企图串供，伪造、隐匿、毁灭、转移证据的；

（二）曾经或者企图威逼、恐吓、利诱、收买证人，干扰证人作证的；

（三）有同案人或者与被调查人存在密切关联违法犯罪的涉案人员在逃，重要证据尚未收集完成的；

（四）其他可能串供或者伪造、隐匿、毁灭证据的情形。

**第九十五条** 被调查人具有下列情形之一的，可以认定为监察法第二十二条第一款第四项所规定的可能有其他妨碍调查行为：

（一）可能继续实施违法犯罪行为的；

（二）有危害国家安全、公共安全等现实危险的；

（三）可能对举报人、控告人、被害人、证人、鉴定人等相关人员实施打击报复的；

（四）无正当理由拒不到案，严重影响调查的；

（五）其他可能妨碍调查的行为。

**第九十六条** 对下列人员不得采取留置措施：

（一）患有严重疾病、生活不能自理的；

（二）怀孕或者正在哺乳自己婴儿的妇女；

（三）系生活不能自理的人的唯一扶养人。

上述情形消除后，根据调查需要可以对相关人员采取留置措施。

**第九十七条** 采取留置措施时，调查人员不得少于二人，应当向被留置人员宣布《留置决定书》，告知被留置人员权利义务，要求其在《留置决定书》上签名、捺指印。被留置人员拒绝签名、捺指印的，调查人员应当在文书上记明。

**第九十八条** 采取留置措施后，应当在二十四小时以内通知被留置人员所在单位和家属。当面通知的，由有关人员在《留置通知书》上签名。无法当面通知的，可以先以电话等方式通知，并通过邮寄、转交等方式送达《留置通知书》，要求有关人员在《留置通知书》上签名。

因可能毁灭、伪造证据，干扰证人作证或者串供等有碍调查情形而不宜通知的，应当按规定报批，记录在案。有碍调查的情形消失后，应当立即通知被留置人员所在单位和家属。

**第九十九条** 县级以上监察机关需要提请公安机关协助采取留置措施的，应当按规定报批，请同级公安机关依法予以协助。提请协助时，应当出具《提请协助采取留置措施函》，列明提请协助的具体事项和建议，协助采取措施的时间、地点等内容，附《留置决定书》复印件。

因保密需要，不适合在采取留置措施前向公安机关告知留置对象姓名的，可以作出说明，进行保密处理。

需要提请异地公安机关协助采取留置措施的，应当按规定报批，向协作地同级监察机关出具协作函件和相关文书，由协作地监察机关提请当地公安机关依法予以协助。

**第一百条** 留置过程中，应当保障被留置人员的合法权益，尊重其人格和民族习俗，保障饮食、休息和安全，提供医疗服务。

**第一百零一条** 留置时间不得超过三个月，自向被留置人员宣布之日起算。具有下列情形之一的，经审批可以延长一次，延长时间不得超过三个月：

（一）案情重大，严重危害国家利益或者公共利益的；

（二）案情复杂，涉案人员多、金额巨大，涉及范围广的；

（三）重要证据尚未收集完成，或者重要涉案人员尚未到案，导致违法犯罪的主要事实仍须继续调查的；

（四）其他需要延长留置时间的情形。

省级以下监察机关采取留置措施的，延长留置时间应当报上一级监察机关批准。

延长留置时间的，应当在留置期满前向被留置人员宣布延长留置时间的决定，要求其在《延长留置时间决定书》上签名、捺指印。被留置人员拒绝签名、捺指印的，调查人员应当在文书上记明。

延长留置时间的，应当通知被留置人员家属。

**第一百零二条** 对被留置人员不需要继续采取留置措施的，应当按规定报批，及时解除留置。

调查人员应当向被留置人员宣布解除留置措施的决定，由其在《解除留置决定书》上签名、捺指印。被留置人员拒绝签名、捺指印的，调查人员应当在文书上记明。

解除留置措施的，应当及时通知被留置人员所在单位或者家属。调查人员应当与交接人办理交接手续，并由其在《解除留置通知书》上签名。无法通知或者有关人员拒绝签名的，调查人员应当在文书上记明。

案件依法移送人民检察院审查起诉的，留置措施自犯罪嫌疑人被执行拘留时自动解除，不再办理解除法律手续。

**第一百零三条** 留置场所应当建立健全保密、消防、医疗、餐饮及安保等安全工作责任制，制定紧急突发事件处置预案，采取安全防范措施。

留置期间发生被留置人员死亡、伤残、脱逃等办案安全事故、事件的，应当及时做好处置工作。相关情况应当立即报告监察机关主要负责人，并在二十四小时以内逐级上报至国家监察委员会。

## 第七节 查询、冻结

**第一百零四条** 监察机关调查严重职务违法或者职务犯罪，根据工作需要，按规定报批后，可以依法查询、冻结涉案单位和个人的存款、汇款、债券、股票、基金份额等财产。

**第一百零五条** 查询、冻结财产时，调查人员不得少于二人。调查人员应当出具《协助查询财产通知书》或者《协助冻结财产通知书》，送交银行或者其他金融机构、邮政部门等单位执行。有关单位和个人应当予以配合，并严格保密。

查询财产应当在《协助查询财产通知书》中填写查询账号、查询内容等信息。没有具体账号的，应当填写足以确定账户或者权利人的自然人姓名、身份证件号码或者企业法人名称、统一社会信用代码等信息。

冻结财产应当在《协助冻结财产通知书》中填写冻结账户名称、冻结账号、冻结数额、冻结期限起止时间等信息。冻结数额应当具体、明确，暂时无法确定具体数额的，应当在《协助冻结财产通知书》上明确写明“只收不付”。冻结证券和交易结算资金时，应当明确冻结的范围是否及于孳息。

冻结财产，应当为被调查人及其所扶养的亲属保留必需的生活费用。

**第一百零六条** 调查人员可以根据需要对查询结果进行打印、抄录、复制、拍照，要求相关单位在有关材料上加盖证明印章。对查询结果有疑问的，可以要求相关单位进行书面解释并加盖印章。

**第一百零七条** 监察机关对查询信息应当加强管理，规范信息交接、调阅、使用程序和手续，防止滥用和泄露。

调查人员不得查询与案件调查工作无关的信息。

**第一百零八条** 冻结财产的期限不得超过六个月。冻结期限到期未办理续冻手续的，冻结自动解除。

有特殊原因需要延长冻结期限的，应当在到期前按原程序报批，办理续冻手续。每次续冻期限不得超过六个月。

**第一百零九条** 已被冻结的财产可以轮候冻结，不得重复冻结。轮候冻结的，监察机关应当要求有关银行或者其他金融机构等单位在解除冻结或者作出处理前予以通知。

监察机关接受司法机关、其他监察机关等国家机关移送的涉案财物后，该国家机关采取的冻结期限届满，监察机关续行冻结的顺位与该国家机关冻结的顺位相同。

**第一百一十条** 冻结财产应当通知权利人或者其法定代理人、委托代理人，要求其在《冻结财产告知书》上签名。冻结股票、债券、基金份额等财产，应当告知权利人或者其法定代理人、委托代理人有权申请出售。

对于被冻结的股票、债券、基金份额等财产，权利人或者其法定代理人、委托代理人申请出售，不损害国家利益、被害人利益，不影响调查正常进行的，经审批可以在案件办结前由相关机构依法出售或者变现。对于被冻结的汇票、本票、支票即将到期的，经审批可以在案件办结前由相关机构依法出售或者变现。出售上述财产的，应当出具《许可出售冻结财产通知书》。

出售或者变现所得价款应当继续冻结在其对应的银行账户中；没有对应的银行账户的，应当存入监察机关指定的专用账户保管，并将存款凭证送监察机关登记。监察机关应当及时向权利人或者其法定代理人、委托代理人出具《出售冻结财产通知书》，并要求其签名。拒绝签名的，调查人员应当在文书上记明。

**第一百一十一条** 对于冻结的财产，应当及时核查。经查明与案件无关的，经审批，应当在查明后三日以内将《解除冻结财产通知书》送交有关单位执行。解除情况应当告知被冻结财产的权利人或者其法定代理人、委托代理人。

### 第八节 搜 查

**第一百一十二条** 监察机关调查职务犯罪案件，为了收集犯罪证据、查获被调查人，按规定报批后，可以依法对被调查人以及可能隐藏被调查人或者犯罪证据的人的身体、物品、住处、工作地点和其他有关地方进行搜查。

**第一百一十三条** 搜查应当在调查人员主持下进行，调查人员不得少于二人。搜查女性的身体，由女性工作人员进行。

搜查时，应当有被搜查人或者其家属、其所在单位工作人员或者其他见证人在场。监察人员不得作为见证人。调查人员应当向被搜查人或者其家属、见证人出示《搜查证》，要求其签名。被搜查人或者其家属不在场，或者拒绝签名的，调查人员应当在文书上记明。

**第一百一十四条** 搜查时，应当要求在场人员予以配合，不得进行阻碍。对以暴力、威胁等方法阻碍搜查的，应当依法制止。对阻碍搜查构成违法犯罪的，依法追究法律责任。

**第一百一十五条** 县级以上监察机关需要提请公安机关依法协助采取搜查措施的，应当按规定报批，请同级公安机关予以协助。提请协助时，应当出具《提请协助采取搜查措施函》，列明提请协助的具体事项和建议，搜查时间、地点、目的等内容，附《搜查证》复印件。

需要提请异地公安机关协助采取搜查措施的，应当按规定报批，向协作地同级监察机关出具协作函件和相关文书，由协作地监察机关提请当地公安机关予以协助。

**第一百一十六条** 对搜查取证工作，应当全程同步录音录像。

对搜查情况应当制作《搜查笔录》，由调查人员和被搜查人或者其家属、见证人签名。被搜查人或者其家属不在场，或者拒绝签名的，调查人员应当在笔录中记明。

对于查获的重要物证、书证、视听资料、电子数据及其放置、存储位置应当拍照，并在《搜查笔录》中作出文字说明。

**第一百一十七条** 搜查时，应当避免未成年人或者其他不适宜在搜查现场的人在场。

搜查人员应当服从指挥、文明执法，不得擅自变更搜查对象和扩大搜查范围。搜查的具体时间、方法，在实施前应当严格保密。

**第一百一十八条** 在搜查过程中查封、扣押财物和文件的，按照查封、扣押的有关规定办理。

### 第九节 调 取

**第一百一十九条** 监察机关按规定报批后，可以依法向有关单位和个人调取用以证明案件事实的证据材料。

**第一百二十条** 调取证据材料时，调查人员不得少于二人。调查人员应当依法出具《调取证据通知书》，必要时附《调取证据清单》。

有关单位和个人配合监察机关调取证据，应当严格保密。

**第一百二十一条** 调取物证应当调取原物。原物不便搬运、保存，或者依法应当返还，或者因保密工作需要不能调取原物的，可以将原物封存，并拍照、录像。对原物拍照或者录像时，应当足以反映原物的外形、内容。

调取书证、视听资料应当调取原件。取得原件确有困难或者因保密工作需要不能调取原件的，可以调取副本或者复制件。

调取物证的照片、录像和书证、视听资料的副本、复制件的，应当书面记明不能调取原物、原件的原因，原物、原件存放地点，制作过程，是否与原物、原件相符，并由调查人员和物证、书证、视听资料原持有人签名或者盖章。持有人无法签名、盖章或者拒绝签名、盖章的，应当在笔录中记明，由见证人签名。

**第一百二十二条** 调取外文材料作为证据使用的，应当交由具有资质的机构和人员出具中文译本。中文译本应当加盖翻译机构公章。

**第一百二十三条** 收集、提取电子数据，能够扣押原始存储介质的，应当予以扣押、封存并在笔录中记录封存状态。无法扣押原始存储介质的，可以提取电子数据，但应当在笔录中记明不能扣押的原因、原始存储介质的存放地点或者电子数据的来源等情况。

由于客观原因无法或者不宜采取前款规定方式收集、提取电子数据的，可以采取打印、拍照或者录像等方式固定相关证据，并在笔录中说明原因。

收集、提取的电子数据，足以保证完整性，无删除、修改、增加等情形的，可以作为证据使用。

收集、提取电子数据，应当制作笔录，记录案由、对象、内容，收集、提取电子数据的时间、地点、方法、过程，并附电子数据清单，注明类别、文件格式、完整性校验值等，由调查人员、电子数据持有人（提供人）签名或者盖章；电子数据持有人（提供人）无法签名或者拒绝签名的，应当在笔录中记明，由见证人签名或者盖章。有条件的，应当对相关活动进行录像。

**第一百二十四条** 调取的物证、书证、视听资料等原件,经查明与案件无关的,经审批,应当在查明后三日以内退还,并办理交接手续。

### 第十节 查封、扣押

**第一百二十五条** 监察机关按规定报批后,可以依法查封、扣押用以证明被调查人涉嫌违法犯罪以及情节轻重的财物、文件、电子数据等证据材料。

对于被调查人到案时随身携带的物品,以及被调查人或者其他相关人员主动上交的财物和文件,依法需要扣押的,依照前款规定办理。对于被调查人随身携带的与案件无关的个人用品,应当逐件登记,随案移交或者退还。

**第一百二十六条** 查封、扣押时,应当出具《查封/扣押通知书》,调查人员不得少于二人。持有人拒绝交出应当查封、扣押的财物和文件的,可以依法强制查封、扣押。

调查人员对于查封、扣押的财物和文件,应当会同在场见证人和被查封、扣押财物持有人进行清点核对,开列《查封/扣押财物、文件清单》,由调查人员、见证人和持有人签名或者盖章。持有人不在场或者拒绝签名、盖章的,调查人员应当在清单上记明。

查封、扣押财物,应当为被调查人及其所扶养的亲属保留必需的生活费用和物品。

**第一百二十七条** 查封、扣押不动产和置于该不动产上不宜移动的设施、家具和其他相关财物,以及车辆、船舶、航空器和大型机械、设备等财物,必要时可以依法扣押其权利证书,经拍照或者录像后原地封存。调查人员应当在查封清单上记明相关财物的所在地址和特征,已经拍照或者录像及其权利证书被扣押的情况,由调查人员、见证人和持有人签名或者盖章。持有人不在场或者拒绝签名、盖章的,调查人员应当在清单上记明。

查封、扣押前款规定财物的,必要时可以将被查封财物交给持有人或者其近亲属保管。调查人员应当告知保管人妥善保管,不得对被查封财物进行转移、变卖、毁损、抵押、赠予等处理。

调查人员应当将《查封/扣押通知书》送达不动产、生产设备或者车辆、船舶、航空器等财物的登记、管理部门,告知其在查封期间禁止办理抵押、转让、出售等权属关系变更、转移登记手续。相关情况应当在查封清单上记明。被查封、扣押的财物已经办理抵押登记的,监察机关在执行没收、追缴、责令退赔等决定时应当及时通知抵押权人。

**第一百二十八条** 查封、扣押下列物品,应当依法进行相应的处理:

(一)查封、扣押外币、金银珠宝、文物、名贵字画以及其他不易辨别真伪的贵重物品,具备当场密封条件的,应当当场密封,由二名以上调查人员在密封材料上签名并记明密封时间。不具备当场密封条件的,应当在笔录中记明,以拍照、录像等方法加以保全后进行封存。查封、扣押的贵重物品需要鉴定的,应当及时鉴定。

(二)查封、扣押存折、银行卡、有价证券等支付凭证和具有一定特征能够证明案情的现金,应当记明特征、编号、种类、面值、张数、金额等,当场密封,由二名以上调查人员在密封材料上签名并记明密封时间。

(三)查封、扣押易损毁、灭失、变质等不宜长期保存的物品以及有消费期限的卡、券,应当在笔录中记明,以拍照、录像等方法加以保全后进行封存,或者经审批委托有关机构变卖、拍卖。变卖、拍卖的价款存入专用账户保管,待调查终结后一并处理。

(四)对于可以作为证据使用的录音录像、电子数据存储介质,应当记明案由、对象、内容,录制、复制的时间、地点、规格、类别、应用长度、文件格式及长度等,制作清单。具备查封、扣押条件的电子设备、存储介质应当密封保存。必要时,可以请有关机关协助。

(五)对被调查人使用违法犯罪所得与合法收入共同购置的不可分割的财产,可以先行查封、扣押。对无法分割退还的财产,涉及违法的,可以在结案后委托有关单位拍卖、变卖,退还不属于违法所得的部分及孳息;涉及职务犯罪的,依法移送司法机关处置。

(六)查封、扣押危险品、违禁品,应当及时送交有关部门,或者根据工作需要严格封存保管。

**第一百二十九条** 对于需要启封的财物和文件,应当由二名以上调查人员共同办理。重新密封时,由二名以上调查人员在密封材料上签名、记明时间。

**第一百三十条** 查封、扣押涉案财物,应当按规定将涉案财物详细信息、《查封/扣押财物、文件清单》录入并上传监察机关涉案财物信息管理系统。

对于涉案款项,应当在采取措施后十五日以内存入监察机关指定的专用账户。对于涉案物品,应当在采取措施后三十日以内移交涉案财物保管部门保管。因特殊原因不能按时存入专用账户或者移交保管的,应当按规定报批,将保管情况录入涉案财物信息管理系统,在原因消除后及时存入或者移交。

**第一百三十一条** 对于已移交涉案财物保管部门保管的涉案财物,根据调查工作需要,经审批可以临时调用,并应当确保完好。调用结束后,应当及时归还。调用和归还时,调查人员、保管人员应当当面清点查验。保管部门应当对调用和归还情况进行登记,全程录像并上传涉案财物信息管理系统。

**第一百三十二条** 对于被扣押的股票、债券、基金份额等财产,以及即将到期的汇票、本票、支票,依法需要出售或者变现的,按照本条例关于出售冻结财产的规定办理。

**第一百三十三条** 监察机关接受司法机关、其他监察机关等国家机关移送的涉案财物后,该国家机关采取的查封、扣押期限届满,监察机关续行查封、扣押的顺位与该国家机关查封、扣押的顺位相同。

**第一百三十四条** 对查封、扣押的财物和文件,应当及时进行核查。经查明与案件无关的,经审批,应当在查明后三日以内解除查封、扣押,予以退还。解除查封、扣押的,应当向有关单位、原持有人或者近亲属送达《解除查封/扣押通知书》,附《解除查封/扣押财物、文件清单》,要求其签名或者盖章。

**第一百三十五条** 在立案调查之前,对监察对象及相关人员主动上交的涉案财物,经审批可以接收。

接收时,应当由二名以上调查人员,会同持有人和见证人进行清点核对,当场填写《主动上交财物登记表》。调查人员、持有人和见证人应当在登记表上签名或者盖章。

对于主动上交的财物,应当根据立案及调查情况及时决定是否依法查封、扣押。

### 第十一节 勘验检查

**第一百三十六条** 监察机关按规定报批后,可以依法对与违法犯罪有关的场所、物品、人身、尸体、电子数据等进行勘验检查。

**第一百三十七条** 依法需要勘验检查的,应当制作《勘验检查证》;需要委托勘验检查的,应当出具《委托勘验检查书》,送具有专门知识、勘验检查资格的单位(人员)办理。

**第一百三十八条** 勘验检查应当由二名以上调查人员主持,邀请与案件无关的见证人在场。勘验检查情况应当制作笔录,并由参加勘验检查人员和见证人签名。

勘验检查现场、拆封电子数据存储介质应当全程同步录音录像。对现场情况应当拍摄现场照片、制作现场图,并由勘验检查人员签名。

**第一百三十九条** 为了确定被调查人或者相关人员的某些特征、伤害情况或者生理状态,可以依法对其人身进行检查。必要时可以聘请法医或者医师进行人身检查。检查女性身体,应当由女性工作人员或者医师进行。被调查人拒绝检查的,可以依法强制检查。

人身检查不得采用损害被检查人生命、健康或者贬低其名誉、人格的方法。对人身检查过程中知悉的个人隐私,应当严格保密。

对人身检查的情况应当制作笔录,由参加检查的调查人员、检查人员、被检查人员和见证人签名。被检查人员拒绝签名的,调查人员应当在笔录中记明。

**第一百四十条** 为查明案情,在必要的时候,经审批可以依法进行调查实验。调查实验,可以聘请有关专业人员参加,也可以要求被调查人、被害人、证人参加。

进行调查实验,应当全程同步录音录像,制作调查实验笔录,由参加实验的人签名。进行调查实验,禁止一切足以造成危险、侮辱人格的行为。

**第一百四十一条** 调查人员在必要时,可以依法让被害人、证人和被调查人对与违法犯罪有关的物品、文件、尸体或者场所进行辨认;也可以让被害人、证人对被调查人进行辨认,或者让被调查人对涉案人员进行辨认。

辨认工作应当由二名以上调查人员主持进行。在辨认前,应当向辨认人详细询问辨认对象的具体特征,避免辨认人见到辨认对象,并告知辨认人作虚假辨认应当承担的法律责任。几名辨认人对同一辨认对象进行辨认时,应当由辨认人个别进行。辨认应当形成笔录,并由调查人员、辨认人签名。

**第一百四十二条** 辨认人员时,被辨认的人数不得少于七人,照片不得少于十张。

辨认人不愿公开进行辨认时,应当在不暴露辨认人的情况下进行辨认,并为其保守秘密。

**第一百四十三条** 组织辨认物品时一般应当辨认实物。被辨认的物品系名贵字画等贵重物品或者存在不便搬运等情况的,可以对实物照片进行辨认。辨认人进行辨认时,应当在辨认出的实物照片与附纸骑缝上捺指印予以确认,在附纸上写明该实物涉案情况并签名、捺指印。

辨认物品时,同类物品不得少于五件,照片不得少于五张。

对于难以找到相似物品的特定物,可以将该物品照片交由辨认人进行确认后,在照片与附纸骑缝上捺指印,在附纸上写明该物品涉案情况并签名、捺指印。在辨认人确认前,应当向其详细询问物品的具体特征,并对确认过程和结果形成笔录。

**第一百四十四条**　辨认笔录具有下列情形之一的，不得作为认定案件的依据：

（一）辨认开始前使辨认人见到辨认对象的；

（二）辨认活动没有个别进行的；

（三）辨认对象没有混杂在具有类似特征的其他对象中，或者供辨认的对象数量不符合规定的，但特定辨认对象除外；

（四）辨认中给辨认人明显暗示或者明显有指认嫌疑的；

（五）辨认不是在调查人员主持下进行的；

（六）违反有关规定，不能确定辨认笔录真实性的其他情形。

辨认笔录存在其他瑕疵的，应当结合全案证据审查其真实性和关联性，作出综合判断。

## 第十二节　鉴　定

**第一百四十五条**　监察机关为解决案件中的专门性问题，按规定报批后，可以依法进行鉴定。

鉴定时应当出具《委托鉴定书》，由二名以上调查人员送交具有鉴定资格的鉴定机构、鉴定人进行鉴定。

**第一百四十六条**　监察机关可以依法开展下列鉴定：

（一）对笔迹、印刷文件、污损文件、制成时间不明的文件和以其他形式表现的文件等进行鉴定；

（二）对案件中涉及的财务会计资料及相关财物进行会计鉴定；

（三）对被调查人、证人的行为能力进行精神病鉴定；

（四）对人体造成的损害或者死因进行人身伤亡医学鉴定；

（五）对录音录像资料进行鉴定；

（六）对因电子信息技术应用而出现的材料及其派生物进行电子证据鉴定；

（七）其他可以依法进行的专业鉴定。

**第一百四十七条**　监察机关应当为鉴定提供必要条件，向鉴定人送交有关检材和对比样本等原始材料，介绍与鉴定有关的情况。调查人员应当明确提出要求鉴定事项，但不得暗示或者强迫鉴定人作出某种鉴定意见。

监察机关应当做好检材的保管和送检工作，记明检材送检环节的责任人，确保检材在流转环节的同一性和不被污染。

**第一百四十八条**　鉴定人应当在出具的鉴定意见上签名，并附鉴定机构和鉴定人的资质证明或者其他证明文件。多个鉴定人的鉴定意见不一致的，应当在鉴定意见上记明分歧的内容和理由，并且分别签名。

监察机关对于法庭审理中依法决定鉴定人出庭作证的，应当予以协调。

鉴定人故意作虚假鉴定的，应当依法追究法律责任。

**第一百四十九条**　调查人员应当对鉴定意见进行审查。对经审查作为证据使用的鉴定意见，应当告知被调查人及相关单位、人员，送达《鉴定意见告知书》。

被调查人或者相关单位、人员提出补充鉴定或者重新鉴定申请，经审查符合法定要求的，应当按规定报批，进行补充鉴定或者重新鉴定。

对鉴定意见告知情况可以制作笔录，载明告知内容和被告知人的意见等。

**第一百五十条**　经审查具有下列情形之一的，应当补充鉴定：

（一）鉴定内容有明显遗漏的；

（二）发现新的有鉴定意义的证物的；

（三）对鉴定证物有新的鉴定要求的；

（四）鉴定意见不完整，委托事项无法确定的；

（五）其他需要补充鉴定的情形。

**第一百五十一条**　经审查具有下列情形之一的，应当重新鉴定：

（一）鉴定程序违法或者违反相关专业技术要求的；

（二）鉴定机构、鉴定人不具备鉴定资质和条件的；

（三）鉴定人故意作出虚假鉴定或者违反回避规定的；

（四）鉴定意见依据明显不足的；

（五）检材虚假或者被损坏的；

（六）其他应当重新鉴定的情形。

决定重新鉴定的，应当另行确定鉴定机构和鉴定人。

**第一百五十二条**　因无鉴定机构，或者根据法律法规等规定，监察机关可以指派、聘请具有专门知识的人就案件的专门性问题出具报告。

## 第十三节　技术调查

**第一百五十三条**　监察机关根据调查涉嫌重大贪污贿赂等职务犯罪需要，依照规定的权限和程序报经批准，可以依法采取技术调查措施，按照规定交公安机关或者国家有关执法机关依法执行。

前款所称重大贪污贿赂等职务犯罪，是指具有下列情形之一：

（一）案情重大复杂，涉及国家利益或者重大公共利益的；

（二）被调查人可能被判处十年以上有期徒刑、无期徒刑或者死刑的；

（三）案件在全国或者本省、自治区、直辖市范围内有较大影响的。

**第一百五十四条** 依法采取技术调查措施的，监察机关应当出具《采取技术调查措施委托函》《采取技术调查措施决定书》和《采取技术调查措施适用对象情况表》，送交有关机关执行。其中，设区的市级以下监察机关委托有关执行机关采取技术调查措施，还应当提供《立案决定书》。

**第一百五十五条** 技术调查措施的期限按照监察法的规定执行，期限届满前未办理延期手续的，到期自动解除。

对于不需要继续采取技术调查措施的，监察机关应当按规定及时报批，将《解除技术调查措施决定书》送交有关机关执行。

需要依法变更技术调查措施种类或者增加适用对象的，监察机关应当重新办理报批和委托手续，依法送交有关机关执行。

**第一百五十六条** 对于采取技术调查措施收集的信息和材料，依法需要作为刑事诉讼证据使用的，监察机关应当按规定报批，出具《调取技术调查证据材料通知书》向有关执行机关调取。

对于采取技术调查措施收集的物证、书证及其他证据材料，监察机关应当制作书面说明，写明获取证据的时间、地点、数量、特征以及采取技术调查措施的批准机关、种类等。调查人员应当在书面说明上签名。

对于采取技术调查措施获取的证据材料，如果使用该证据材料可能危及有关人员的人身安全，或者可能产生其他严重后果的，应当采取不暴露有关人员身份、技术方法等保护措施。必要时，可以建议由审判人员在庭外进行核实。

**第一百五十七条** 调查人员对采取技术调查措施过程中知悉的国家秘密、商业秘密、个人隐私，应当严格保密。

采取技术调查措施获取的证据、线索及其他有关材料，只能用于对违法犯罪的调查、起诉和审判，不得用于其他用途。

对采取技术调查措施获取的与案件无关的材料，应当经审批及时销毁。对销毁情况应当制作记录，由调查人员签名。

## 第十四节 通 缉

**第一百五十八条** 县级以上监察机关对在逃的应当被留置人员，依法决定在本行政区域内通缉的，应当按规定报批，送交同级公安机关执行。送交执行时，应当出具《通缉决定书》，附《留置决定书》等法律文书和被通缉人员信息，以及承办单位、承办人员等有关情况。

通缉范围超出本行政区域的，应当报有决定权的上级监察机关出具《通缉决定书》，并附《留置决定书》及相关材料，送交同级公安机关执行。

**第一百五十九条** 国家监察委员会依法需要提请公安部对在逃人员发布公安部通缉令的，应当先提请公安部采取网上追逃措施。如情况紧急，可以向公安部同时出具《通缉决定书》和《提请采取网上追逃措施函》。

省级以下监察机关报请国家监察委员会提请公安部发布公安部通缉令的，应当先提请本地公安机关采取网上追逃措施。

**第一百六十条** 监察机关接到公安机关抓获被通缉人员的通知后，应当立即核实被抓获人员身份，并在接到通知后二十四小时以内派员办理交接手续。边远或者交通不便地区，至迟不得超过三日。

公安机关在移交前，将被抓获人员送往当地监察机关留置场所临时看管的，当地监察机关应当接收，并保障临时看管期间的安全，对工作信息严格保密。

监察机关需要提请公安机关协助将被抓获人员带回的，应当按规定报批，请本地同级公安机关依法予以协助。提请协助时，应当出具《提请协助采取留置措施函》，附《留置决定书》复印件及相关材料。

**第一百六十一条** 监察机关对于被通缉人员已经归案、死亡，或者依法撤销留置决定以及发现有其他不需要继续采取通缉措施情形的，应当经审批出具《撤销通缉通知书》，送交协助采取原措施的公安机关执行。

## 第十五节 限制出境

**第一百六十二条** 监察机关为防止被调查人及相关人员逃匿境外，按规定报批后，可以依法决定采取限制出境措施，交由移民管理机构依法执行。

**第一百六十三条** 监察机关采取限制出境措施应当出具有关函件，与《采取限制出境措施决定书》一并送交移民管理机构执行。其中，采取边控措施的，应当附《边控对象通知书》；采取法定不批准出境措施的，应当附《法定不准出境人员报备表》。

**第一百六十四条** 限制出境措施有效期不超过三个月，到期自动解除。

到期后仍有必要继续采取措施的，应当按原程序报批。承办部门应当出具有关函件，在到期前与《延长限制出境措施期限决定书》一并送交移民管理机构执行。延长期限每次不得超过三个月。

**第一百六十五条**　监察机关接到口岸移民管理机构查获被决定采取留置措施的边控对象的通知后，应当于二十四小时以内到达口岸办理移交手续。无法及时到达的，应当委托当地监察机关及时前往口岸办理移交手续。当地监察机关应当予以协助。

**第一百六十六条**　对于不需要继续采取限制出境措施的，应当按规定报批，及时予以解除。承办部门应当出具有关函件，与《解除限制出境措施决定书》一并送交移民管理机构执行。

**第一百六十七条**　县级以上监察机关在重要紧急情况下，经审批可以依法直接向口岸所在地口岸移民管理机构提请办理临时限制出境措施。

## 第五章　监察程序

### 第一节　线索处置

**第一百六十八条**　监察机关应当对问题线索归口受理、集中管理、分类处置、定期清理。

**第一百六十九条**　监察机关对于报案或者举报应当依法接受。属于本级监察机关管辖的，依法予以受理；属于其他监察机关管辖的，应当在五个工作日以内予以转送。

监察机关可以向下级监察机关发函交办检举控告，并进行督办，下级监察机关应当按期回复办理结果。

**第一百七十条**　对于涉嫌职务违法或者职务犯罪的公职人员主动投案的，应当依法接待和办理。

**第一百七十一条**　监察机关对于执法机关、司法机关等其他机关移送的问题线索，应当及时审核，并按照下列方式办理：

（一）本单位有管辖权的，及时研究提出处置意见；

（二）本单位没有管辖权但其他监察机关有管辖权的，在五个工作日以内转送有管辖权的监察机关；

（三）本单位对部分问题线索有管辖权的，对有管辖权的部分提出处置意见，并及时将其他问题线索转送有管辖权的机关；

（四）监察机关没有管辖权的，及时退回移送机关。

**第一百七十二条**　信访举报部门归口受理本机关管辖监察对象涉嫌职务违法和职务犯罪问题的检举控告，统一接收有关监察机关以及其他单位移送的相关检举控告，移交本机关监督检查部门或者相关部门，并将移交情况通报案件监督管理部门。

案件监督管理部门统一接收巡视巡察机构和审计机关、执法机关、司法机关等其他机关移送的职务违法和职务犯罪问题线索，按程序移交本机关监督检查部门或者相关部门办理。

监督检查部门、调查部门在工作中发现的相关问题线索，属于本部门受理范围的，应当报送案件监督管理部门备案；属于本机关其他部门受理范围的，经审批后移交案件监督管理部门分办。

**第一百七十三条**　案件监督管理部门应当对问题线索实行集中管理、动态更新，定期汇总、核对问题线索及处置情况，向监察机关主要负责人报告，并向相关部门通报。

问题线索承办部门应当指定专人负责管理线索，逐件编号登记、建立管理台账。线索管理处置各环节应当由经手人员签名，全程登记备查，及时与案件监督管理部门核对。

**第一百七十四条**　监督检查部门应当结合问题线索所涉及地区、部门、单位总体情况进行综合分析，提出处置意见并制定处置方案，经审批按照谈话、函询、初步核实、暂存待查、予以了结等方式进行处置，或者按照职责移送调查部门处置。

函询应当以监察机关办公厅（室）名义发函给被反映人，并抄送其所在单位和派驻监察机构主要负责人。被函询人应当在收到函件后十五个工作日以内写出说明材料，由其所在单位主要负责人签署意见后发函回复。被函询人为所在单位主要负责人的，或者被函询人所作说明涉及所在单位主要负责人的，应当直接发函回复监察机关。

被函询人已经退休的，按照第二款规定程序办理。

监察机关根据工作需要，经审批可以对谈话、函询情况进行核实。

**第一百七十五条**　检举控告人使用本人真实姓名或者本单位名称，有电话等具体联系方式的，属于实名检举控告。监察机关对实名检举控告应当优先办理、优先处置，依法给予答复。虽有署名但不是检举控告人真实姓名（单位名称）或者无法验证的检举控告，按照匿名检举控告处理。

信访举报部门对属于本机关受理的实名检举控告，应当在收到检举控告之日起十五个工作日以内按规定告知实名检举控告人受理情况，并做好记录。

调查人员应当将实名检举控告的处理结果在办结之日起十五个工作日以内向检举控告人反馈，并记录反馈情况。对检举控告人提出异议的应当如实记录，并向其进行说明；对提供新证据材料的，应当依法核查处理。

## 第二节　初步核实

**第一百七十六条**　监察机关对具有可查性的职务违法和职务犯罪问题线索，应当按规定报批后，依法开展初步核实工作。

**第一百七十七条**　采取初步核实方式处置问题线索，应当确定初步核实对象，制定工作方案，明确需要核实的问题和采取的措施，成立核查组。

在初步核实中应当注重收集客观性证据，确保真实性和准确性。

**第一百七十八条**　在初步核实中发现或者受理被核查人新的具有可查性的问题线索的，应当经审批纳入原初核方案开展核查。

**第一百七十九条**　核查组在初步核实工作结束后应当撰写初步核实情况报告，列明被核查人基本情况、反映的主要问题、办理依据、初步核实结果、存在疑点、处理建议，由全体人员签名。

承办部门应当综合分析初步核实情况，按照拟立案调查、予以了结、谈话提醒、暂存待查，或者移送有关部门、机关处理等方式提出处置建议，按照批准初步核实的程序报批。

## 第三节　立　案

**第一百八十条**　监察机关经过初步核实，对于已经掌握监察对象涉嫌职务违法或者职务犯罪的部分事实和证据，认为需要追究其法律责任的，应当按规定报批后，依法立案调查。

**第一百八十一条**　监察机关立案调查职务违法或者职务犯罪案件，需要对涉嫌行贿犯罪、介绍贿赂犯罪或者共同职务犯罪的涉案人员立案调查的，应当一并办理立案手续。需要交由下级监察机关立案的，经审批交由下级监察机关办理立案手续。

对单位涉嫌受贿、行贿等职务犯罪，需要追究法律责任的，依法对该单位办理立案调查手续。对事故（事件）中存在职务违法或者职务犯罪问题，需要追究法律责任，但相关责任人员尚不明确的，可以以事立案。对单位立案或者以事立案后，经调查确定相关责任人员的，按照管理权限报批确定被调查人。

监察机关根据人民法院生效刑事判决、裁定和人民检察院不起诉决定认定的事实，需要对监察对象给予政务处分的，可以由相关监督检查部门依据司法机关的生效判决、裁定、决定及其认定的事实、性质和情节，提出给予政务处分的意见，按程序移送审理。对依法被追究行政法律责任的监察对象，需要给予政务处分的，应当依法办理立案手续。

**第一百八十二条**　对案情简单、经过初步核实已查清主要职务违法事实，应当追究监察对象法律责任，不再需要开展调查的，立案和移送审理可以一并报批，履行立案程序后再移送审理。

**第一百八十三条**　上级监察机关需要指定下级监察机关立案调查的，应当按规定报批，向被指定管辖的监察机关出具《指定管辖决定书》，由其办理立案手续。

**第一百八十四条**　批准立案后，应当由二名以上调查人员出示证件，向被调查人宣布立案决定。宣布立案决定后，应当及时向被调查人所在单位等相关组织送达《立案通知书》，并向被调查人所在单位主要负责人通报。

对涉嫌严重职务违法或者职务犯罪的公职人员立案调查并采取留置措施的，应当按规定通知被调查人家属，并向社会公开发布。

## 第四节　调　查

**第一百八十五条**　监察机关对已经立案的职务违法或者职务犯罪案件应当依法进行调查，收集证据查明违法犯罪事实。

调查职务违法或者职务犯罪案件，对被调查人没有采取留置措施的，应当在立案后一年以内作出处理决定；对被调查人解除留置措施的，应当在解除留置措施后一年以内作出处理决定。案情重大复杂的案件，经上一级监察机关批准，可以适当延长，但延长期限不得超过六个月。

被调查人在监察机关立案调查以后逃匿的，调查期限自被调查人到案之日起重新计算。

**第一百八十六条**　案件立案后，监察机关主要负责人应当依照法定程序批准确定调查方案。

监察机关应当组成调查组依法开展调查。调查工作应当严格按照批准的方案执行，不得随意扩大调查范围、变更调查对象和事项，对重要事项应当及时请示报告。调查人员在调查工作期间，未经批准不得单独接触任何涉案人员及其特定关系人，不得擅自采取调查措施。

**第一百八十七条**　调查组应当将调查认定的涉嫌违法犯罪事实形成书面材料，交给被调查人核对，听取其意见。被调查人应当在书面材料上签署意见。对被调查人签署不同意见或者拒不签署意见的，调查组应当作出说明或者注明情况。对被调查人提出申辩的事实、理由和证据应当进行核实，成立的予以采纳。

调查组对于立案调查的涉嫌行贿犯罪、介绍贿赂犯罪或者共同职务犯罪的涉案人员，在查明其涉嫌犯罪问题后，依照前款规定办理。

对于按照本条例规定，对立案和移送审理一并报批的案件，应当在报批前履行本条第一款规定的程序。

**第一百八十八条**　调查组在调查工作结束后应当集体讨论，形成调查报告。调查报告应当列明被调查人基本情况、问题线索来源及调查依据、调查过程，涉嫌的主要职务违法或者职务犯罪事实，被调查人的态度和认识，处置建议及法律依据，并由调查组组长以及有关人员签名。

对调查过程中发现的重要问题和形成的意见建议，应当形成专题报告。

**第一百八十九条**　调查组对被调查人涉嫌职务犯罪拟依法移送人民检察院审查起诉的，应当起草《起诉建议书》。《起诉建议书》应当载明被调查人基本情况，调查简况，认罪认罚情况，采取留置措施的时间，涉嫌职务犯罪事实以及证据，对被调查人从重、从轻、减轻或者免除处罚等情节，提出对被调查人移送起诉的理由和法律依据，采取强制措施的建议，并注明移送案卷数及涉案财物等内容。

调查组应当形成被调查人到案经过及量刑情节方面的材料，包括案件来源、到案经过，自动投案、如实供述、立功等量刑情节，认罪悔罪态度、退赃、避免和减少损害结果发生等方面的情况说明及相关材料。被检举揭发的问题已被立案、查破，被检举揭发人已被采取调查措施或者刑事强制措施、起诉或者审判的，还应当附有关法律文书。

**第一百九十条**　经调查认为被调查人构成职务违法或者职务犯罪的，应当区分不同情况提出相应处理意见，经审批将调查报告、职务违法或者职务犯罪事实材料、涉案财物报告、涉案人员处理意见等材料，连同全部证据和文书手续移送审理。

对涉嫌职务犯罪的案件材料应当按照刑事诉讼要求单独立卷，与《起诉建议书》、涉案财物报告、同步录音录像资料及其自查报告等材料一并移送审理。

调查全过程形成的材料应当案结卷成、事毕归档。

### 第五节　审　理

**第一百九十一条**　案件审理部门收到移送审理的案件后，应当审核材料是否齐全、手续是否完备。对被调查人涉嫌职务犯罪的，还应当审核相关案卷材料是否符合职务犯罪案件立卷要求，是否在调查报告中单独表述已查明的涉嫌犯罪问题，是否形成《起诉建议书》。

经审核符合移送条件的，应当予以受理；不符合移送条件的，经审批可以暂缓受理或者不予受理，并要求调查部门补充完善材料。

**第一百九十二条**　案件审理部门受理案件后，应当成立由二人以上组成的审理组，全面审理案卷材料。

案件审理部门对于受理的案件，应当以监察法、政务处分法、刑法、《中华人民共和国刑事诉讼法》等法律法规为准绳，对案件事实证据、性质认定、程序手续、涉案财物等进行全面审理。

案件审理部门应当强化监督制约职能，对案件严格审核把关，坚持实事求是、独立审理，依法提出审理意见。坚持调查与审理相分离的原则，案件调查人员不得参与审理。

**第一百九十三条**　审理工作应当坚持民主集中制原则，经集体审议形成审理意见。

**第一百九十四条**　审理工作应当在受理之日起一个月以内完成，重大复杂案件经批准可以适当延长。

**第一百九十五条**　案件审理部门根据案件审理情况，经审批可以与被调查人谈话，告知其在审理阶段的权利义务，核对涉嫌违法犯罪事实，听取其辩解意见，了解有关情况。与被调查人谈话时，案件审理人员不得少于二人。

具有下列情形之一的，一般应当与被调查人谈话：

（一）对被调查人采取留置措施，拟移送起诉的；

（二）可能存在以非法方法收集证据情形的；

（三）被调查人对涉嫌违法犯罪事实材料签署不同意见或者拒不签署意见的；

（四）被调查人要求向案件审理人员当面陈述的；

（五）其他有必要与被调查人进行谈话的情形。

**第一百九十六条**　经审理认为主要违法犯罪事实不清、证据不足的，应当经审批将案件退回承办部门重新调查。

有下列情形之一，需要补充完善证据的，经审批可以退回补充调查：

（一）部分事实不清、证据不足的；

（二）遗漏违法犯罪事实的；

（三）其他需要进一步查清案件事实的情形。

案件审理部门将案件退回重新调查或者补充调查的，应当出具审核意见，写明调查事项、理由、调查方向、需要补充收集的证据及其证明作用等，连同案卷材料一并送交承办部门。

承办部门补充调查结束后，应当经审批将补证情况报告及相关证据材料,连同案卷材料一并移送案件审理部门;对确实无法查明的事项或者无法补充的证据,应当作出书面说明。重新调查终结后,应当重新形成调查报告,依法移送审理。

重新调查完毕移送审理的,审理期限重新计算。补充调查期间不计入审理期限。

**第一百九十七条** 审理工作结束后应当形成审理报告,载明被调查人基本情况、调查简况、涉嫌违法或者犯罪事实、被调查人态度和认识、涉案财物处置、承办部门意见、审理意见等内容,提请监察机关集体审议。

对被调查人涉嫌职务犯罪需要追究刑事责任的,应当形成《起诉意见书》,作为审理报告附件。《起诉意见书》应当忠实于事实真象,载明被调查人基本情况,调查简况,采取留置措施的时间,依法查明的犯罪事实和证据,从重、从轻、减轻或者免除处罚等情节,涉案财物情况,涉嫌罪名和法律依据,采取强制措施的建议,以及其他需要说明的情况。

案件审理部门经审理认为现有证据不足以证明被调查人存在违法犯罪行为,且通过退回补充调查仍无法达到证明标准的,应当提出撤销案件的建议。

**第一百九十八条** 上级监察机关办理下级监察机关管辖案件的,可以经审理后按程序直接进行处置,也可以经审理形成处置意见后,交由下级监察机关办理。

**第一百九十九条** 被指定管辖的监察机关在调查结束后应当将案件移送审理,提请监察机关集体审议。

上级监察机关将其所管辖的案件指定管辖的,被指定管辖的下级监察机关应当按照前款规定办理后,将案件报上级监察机关依法作出政务处分决定。上级监察机关在作出决定前,应当进行审理。

上级监察机关将下级监察机关管辖的案件指定其他下级监察机关管辖的,被指定管辖的监察机关应当按照第一款规定办理后,将案件送交有管理权限的监察机关依法作出政务处分决定。有管理权限的监察机关应当进行审理,审理意见与被指定管辖的监察机关意见不一致的,双方应当进行沟通;经沟通不能取得一致意见的,报请有权决定的上级监察机关决定。经协商,有管理权限的监察机关在被指定管辖的监察机关审理阶段可以提前阅卷,沟通了解情况。

对于前款规定的重大、复杂案件,被指定管辖的监察机关经集体审议后将处理意见报有权决定的上级监察机关审核同意的,有管理权限的监察机关可以经集体审议后依法处置。

### 第六节　处　置

**第二百条** 监察机关根据监督、调查结果,依据监察法、政务处分法等规定进行处置。

**第二百零一条** 监察机关对于公职人员有职务违法行为但情节较轻的,可以依法进行谈话提醒、批评教育、责令检查,或者予以诫勉。上述方式可以单独使用,也可以依据规定合并使用。

谈话提醒、批评教育应当由监察机关相关负责人或者承办部门负责人进行,可以由被谈话提醒、批评教育人所在单位有关负责人陪同;经批准也可以委托其所在单位主要负责人进行。对谈话提醒、批评教育情况应当制作记录。

被责令检查的公职人员应当作出书面检查并进行整改。整改情况在一定范围内通报。

诫勉由监察机关以谈话或者书面方式进行。以谈话方式进行的,应当制作记录。

**第二百零二条** 对违法的公职人员依法需要给予政务处分的,应当根据情节轻重作出警告、记过、记大过、降级、撤职、开除的政务处分决定,制作政务处分决定书。

**第二百零三条** 监察机关应当将政务处分决定书在作出后一个月以内送达被处分人和被处分人所在机关、单位,并依法履行宣布、书面告知程序。

政务处分决定自作出之日起生效。有关机关、单位、组织应当依法及时执行处分决定,并将执行情况向监察机关报告。处分决定应当在作出之日起一个月以内执行完毕,特殊情况下经监察机关批准可以适当延长办理期限,最迟不得超过六个月。

**第二百零四条** 监察机关对不履行或者不正确履行职责造成严重后果或者恶劣影响的领导人员,可以按照管理权限采取通报、诫勉、政务处分等方式进行问责;提出组织处理的建议。

**第二百零五条** 监察机关依法向监察对象所在单位提出监察建议的,应当经审批制作监察建议书。

监察建议书一般应当包括下列内容:

(一)监督调查情况;

(二)调查中发现的主要问题及其产生的原因;

(三)整改建议、要求和期限;

(四)向监察机关反馈整改情况的要求。

**第二百零六条** 监察机关经调查,对没有证据证明或者现有证据不足以证明被调查人存在违法犯罪行为的,应当依法撤销案件。省级以下监察机关撤销案件后,应当在七个工作日以内向上一级监察机关报送备案报告。上一级监察机关监督检查部门负责备案工作。

省级以下监察机关拟撤销上级监察机关指定管辖或者交办案件的，应当将《撤销案件意见书》连同案卷材料，在法定调查期限到期七个工作日前报指定管辖或者交办案件的监察机关审查。对于重大、复杂案件，在法定调查期限到期十个工作日前报指定管辖或者交办案件的监察机关审查。

指定管辖或者交办案件的监察机关由监督检查部门负责审查工作。指定管辖或者交办案件的监察机关同意撤销案件的，下级监察机关应当作出撤销案件决定，制作《撤销案件决定书》；指定管辖或者交办案件的监察机关不同意撤销案件的，下级监察机关应当执行该决定。

监察机关对于撤销案件的决定应当向被调查人宣布，由其在《撤销案件决定书》上签名、捺指印，立即解除留置措施，并通知其所在机关、单位。

撤销案件后又发现重要事实或者有充分证据，认为被调查人有违法犯罪事实需要追究法律责任的，应当重新立案调查。

**第二百零七条**　对于涉嫌行贿等犯罪的非监察对象，案件调查终结后依法移送起诉。综合考虑行为性质、手段、后果、时间节点、认罪悔罪态度等具体情况，对于情节较轻，经审批不予移送起诉的，应当采取批评教育、责令具结悔过等方式处置；应当给予行政处罚的，依法移送有关行政执法部门。

对于有行贿行为的涉案单位和人员，按规定记入相关信息记录，可以作为信用评价的依据。

对于涉案单位和人员通过行贿等非法手段取得的财物及孳息，应当依法予以没收、追缴或者责令退赔。对于违法取得的其他不正当利益，依照法律法规及有关规定予以纠正处理。

**第二百零八条**　对查封、扣押、冻结的涉嫌职务犯罪所得财物及孳息应当妥善保管，并制作《移送司法机关涉案财物清单》随案移送人民检察院。对作为证据使用的实物应当随案移送；对不宜移送的，应当将清单、照片和其他证明文件随案移送。

对于移送人民检察院的涉案财物，价值不明的，应当在移送起诉前委托进行价格认定。在价格认定过程中，需要对涉案财物先行作出真伪鉴定或者出具技术、质量检测报告的，应当委托有关鉴定机构或者检测机构进行真伪鉴定或者技术、质量检测。

对不属于犯罪所得但属于违法取得的财物及孳息，应当依法予以没收、追缴或者责令退赔，并出具有关法律文书。

对经认定不属于违法所得的财物及孳息，应当及时予以返还，并办理签收手续。

**第二百零九条**　监察机关经调查，对违法取得的财物及孳息决定追缴或者责令退赔的，可以依法要求公安、自然资源、住房城乡建设、市场监管、金融监管等部门以及银行等机构、单位予以协助。

追缴涉案财物以追缴原物为原则，原物已经转化为其他财物的，应当追缴转化后的财物；有证据证明依法应当追缴、没收的涉案财物无法找到、被他人善意取得、价值灭失减损或者与其他合法财产混合且不可分割的，可以依法追缴、没收其他等值财产。

追缴或者责令退赔应当自处置决定作出之日起一个月以内执行完毕。因被调查人的原因逾期执行的除外。

人民检察院、人民法院依法将不认定为犯罪所得的相关涉案财物退回监察机关的，监察机关应当依法处理。

**第二百一十条**　监察对象对监察机关作出的涉及本人的处理决定不服的，可以在收到处理决定之日起一个月以内，向作出决定的监察机关申请复审。复审机关应当依法受理，并在受理后一个月以内作出复审决定。监察对象对复审决定仍不服的，可以在收到复审决定之日起一个月以内，向上一级监察机关申请复核。复核机关应当依法受理，并在受理后二个月以内作出复核决定。

上一级监察机关的复核决定和国家监察委员会的复审、复核决定为最终决定。

**第二百一十一条**　复审、复核机关承办部门应当成立工作组，调阅原案卷宗，必要时可以进行调查取证。承办部门应当集体研究，提出办理意见，经审批作出复审、复核决定。决定应当送达申请人，抄送相关单位，并在一定范围内宣布。

复审、复核期间，不停止原处理决定的执行。复审、复核机关经审查认定处理决定有错误或者不当的，应当依法撤销、变更原处理决定，或者责令原处理机关及时予以纠正。复审、复核机关经审查认定处理决定事实清楚、适用法律正确的，应当予以维持。

坚持复审复核与调查审理分离，原案调查、审理人员不得参与复审复核。

### 第七节　移送审查起诉

**第二百一十二条**　监察机关决定对涉嫌职务犯罪的被调查人移送起诉的，应当出具《起诉意见书》，连同案卷材料、证据等，一并移送同级人民检察院。

监察机关案件审理部门负责与人民检察院审查起诉

的衔接工作，调查、案件监督管理等部门应当予以协助。

国家监察委员会派驻或者派出的监察机构、监察专员调查的职务犯罪案件，应当依法移送省级人民检察院审查起诉。

**第二百一十三条** 涉嫌职务犯罪的被调查人和涉案人员符合监察法第三十一条、第三十二条规定情形的，结合其案发前的一贯表现、违法犯罪行为的情节、后果和影响等因素，监察机关经综合研判和集体审议，报上一级监察机关批准，可以在移送人民检察院时依法提出从轻、减轻或者免除处罚等从宽处罚建议。报请批准时，应当一并提供主要证据材料、忏悔反思材料。

上级监察机关相关监督检查部门负责审查工作，重点审核拟认定的从宽处罚情形、提出的从宽处罚建议，经审批在十五个工作日以内作出批复。

**第二百一十四条** 涉嫌职务犯罪的被调查人有下列情形之一，如实交代自己主要犯罪事实的，可以认定为监察法第三十一条第一项规定的自动投案，真诚悔罪悔过：

（一）职务犯罪问题未被监察机关掌握，向监察机关投案的；

（二）在监察机关谈话、函询过程中，如实交代监察机关未掌握的涉嫌职务犯罪问题的；

（三）在初步核实阶段，尚未受到监察机关谈话时投案的；

（四）职务犯罪问题虽被监察机关立案，但尚未受到讯问或者采取留置措施，向监察机关投案的；

（五）因伤病等客观原因无法前往投案，先委托他人代为表达投案意愿，或者以书信、网络、电话、传真等方式表达投案意愿，后到监察机关接受处理的；

（六）涉嫌职务犯罪潜逃后又投案，包括在被通缉、抓捕过程中投案的；

（七）经查实确已准备去投案，或者正在投案途中被有关机关抓获的；

（八）经他人规劝或者在他人陪同下投案的；

（九）虽未向监察机关投案，但向其所在党组织、单位或者有关负责人员投案，向有关巡视巡察机构投案，以及向公安机关、人民检察院、人民法院投案的；

（十）具有其他应当视为自动投案的情形的。

被调查人自动投案后不能如实交代自己的主要犯罪事实，或者自动投案并如实供述自己的罪行后又翻供的，不能适用前款规定。

**第二百一十五条** 涉嫌职务犯罪的被调查人有下列情形之一的，可以认定为监察法第三十一条第二项规定的积极配合调查工作，如实供述监察机关还未掌握的违法犯罪行为：

（一）监察机关所掌握线索针对的犯罪事实不成立，在此范围外被调查人主动交代其他罪行的；

（二）主动交代监察机关尚未掌握的犯罪事实，与监察机关已掌握的犯罪事实属不同种罪行的；

（三）主动交代监察机关尚未掌握的犯罪事实，与监察机关已掌握的犯罪事实属同种罪行的；

（四）监察机关掌握的证据不充分，被调查人如实交代有助于收集定案证据的。

前款所称同种罪行和不同种罪行，一般以罪名区分。被调查人如实供述其他罪行的罪名与监察机关已掌握犯罪的罪名不同，但属选择性罪名或者在法律、事实上密切关联的，应当认定为同种罪行。

**第二百一十六条** 涉嫌职务犯罪的被调查人有下列情形之一的，可以认定为监察法第三十一条第三项规定的积极退赃，减少损失：

（一）全额退赃的；

（二）退赃能力不足，但被调查人及其亲友在监察机关追缴赃款赃物过程中积极配合，且大部分已追缴到位的；

（三）犯罪后主动采取措施避免损失发生，或者积极采取有效措施减少、挽回大部分损失的。

**第二百一十七条** 涉嫌职务犯罪的被调查人有下列情形之一的，可以认定为监察法第三十一条第四项规定的具有重大立功表现：

（一）检举揭发他人重大犯罪行为且经查证属实的；

（二）提供其他重大案件的重要线索且经查证属实的；

（三）阻止他人重大犯罪活动的；

（四）协助抓捕其他重大职务犯罪案件被调查人、重大犯罪嫌疑人（包括同案犯）的；

（五）为国家挽回重大损失等对国家和社会有其他重大贡献的。

前款所称重大犯罪一般是指依法可能被判处无期徒刑以上刑罚的犯罪行为；重大案件一般是指在本省、自治区、直辖市或者全国范围内有较大影响的案件；查证属实一般是指有关案件已被监察机关或者司法机关立案调查、侦查，被调查人、犯罪嫌疑人被监察机关采取留置措施或者被司法机关采取强制措施，或者被告人被人民法院作出有罪判决，并结合案件事实、证据进行判断。

监察法第三十一条第四项规定的案件涉及国家重大

利益，是指案件涉及国家主权和领土完整、国家安全、外交、社会稳定、经济发展等情形。

**第二百一十八条**　涉嫌行贿等犯罪的涉案人员有下列情形之一的，可以认定为监察法第三十二条规定的揭发有关被调查人职务违法犯罪行为，查证属实或者提供重要线索，有助于调查其他案件：

（一）揭发所涉案件以外的被调查人职务犯罪行为，经查证属实的；

（二）提供的重要线索指向具体的职务犯罪事实，对调查其他案件起到实质性推动作用的；

（三）提供的重要线索有助于加快其他案件办理进度，或者对其他案件固定关键证据、挽回损失、追逃追赃等起到积极作用的。

**第二百一十九条**　从宽处罚建议一般应当在移送起诉时作为《起诉意见书》内容一并提出，特殊情况下也可以在案件移送后、人民检察院提起公诉前，单独形成从宽处罚建议书移送人民检察院。对于从宽处罚建议所依据的证据材料，应当一并移送人民检察院。

监察机关对于被调查人在调查阶段认罪认罚，但不符合监察法规定的提出从宽处罚建议条件，在移送起诉时没有提出从宽处罚建议的，应当在《起诉意见书》中写明其自愿认罪认罚的情况。

**第二百二十条**　监察机关一般应当在正式移送起诉十日前，向拟移送的人民检察院采取书面通知等方式预告移送事宜。对于已采取留置措施的案件，发现被调查人因身体等原因存在不适宜羁押等可能影响刑事强制措施执行情形的，应当通报人民检察院。对于未采取留置措施的案件，可以根据案件具体情况，向人民检察院提出对被调查人采取刑事强制措施的建议。

**第二百二十一条**　监察机关办理的职务犯罪案件移送起诉，需要指定起诉、审判管辖的，应当与同级人民检察院协商有关程序事宜。需要由同级人民检察院的上级人民检察院指定管辖的，应当商请同级人民检察院办理指定管辖事宜。

监察机关一般应当在移送起诉二十日前，将商请指定管辖函送交同级人民检察院。商请指定管辖函应当附案件基本情况，对于被调查人已被其他机关立案侦查的犯罪认为需要并案审查起诉的，一并进行说明。

派驻或者派出的监察机构、监察专员调查的职务犯罪案件需要指定起诉、审判管辖的，应当报派出机关办理指定管辖手续。

**第二百二十二条**　上级监察机关指定下级监察机关进行调查，移送起诉时需要人民检察院依法指定管辖的，应当在移送起诉前由上级监察机关与同级人民检察院协商有关程序事宜。

**第二百二十三条**　监察机关对已经移送起诉的职务犯罪案件，发现遗漏被调查人罪行需要补充移送起诉的，应当经审批出具《补充起诉意见书》，连同相关案卷材料、证据等一并移送同级人民检察院。

对于经人民检察院指定管辖的案件需要补充移送起诉的，可以直接移送原受理移送起诉的人民检察院；需要追加犯罪嫌疑人、被告人的，应当再次商请人民检察院办理指定管辖手续。

**第二百二十四条**　对于涉嫌行贿犯罪、介绍贿赂犯罪或者共同职务犯罪等关联案件的涉案人员，移送起诉时一般应当随主案确定管辖。

主案与关联案件由不同监察机关立案调查的，调查关联案件的监察机关在移送起诉前，应当报告或者通报调查主案的监察机关，由其统一协调案件管辖事宜。因特殊原因，关联案件不宜随主案确定管辖的，调查主案的监察机关应当及时通报和协调有关事项。

**第二百二十五条**　监察机关对于人民检察院在审查起诉中书面提出的下列要求应当予以配合：

（一）认为可能存在以非法方法收集证据情形，要求监察机关对证据收集的合法性作出说明或者提供相关证明材料的；

（二）排除非法证据后，要求监察机关另行指派调查人员重新取证的；

（三）对物证、书证、视听资料、电子数据及勘验检查、辨认、调查实验等笔录存在疑问，要求调查人员提供获取、制作的有关情况的；

（四）要求监察机关对案件中某些专门性问题进行鉴定，或者对勘验检查进行复验、复查的；

（五）认为主要犯罪事实已经查清，仍有部分证据需要补充完善，要求监察机关补充提供证据的；

（六）人民检察院依法提出的其他工作要求。

**第二百二十六条**　监察机关对于人民检察院依法退回补充调查的案件，应当向主要负责人报告，并积极开展补充调查工作。

**第二百二十七条**　对人民检察院退回补充调查的案件，经审批分别作出下列处理：

（一）认定犯罪事实的证据不够充分的，应当在补充证据后，制作补充调查报告书，连同相关材料一并移送人民检察院审查，对无法补充完善的证据，应当作出书面情

况说明,并加盖监察机关或者承办部门公章;

(二)在补充调查中发现新的同案犯或者增加、变更犯罪事实,需要追究刑事责任的,应当重新提出处理意见,移送人民检察院审查;

(三)犯罪事实的认定出现重大变化,认为不应当追究被调查人刑事责任的,应当重新提出处理意见,将处理结果书面通知人民检察院并说明理由;

(四)认为移送起诉的犯罪事实清楚,证据确实、充分的,应当说明理由,移送人民检察院依法审查。

**第二百二十八条** 人民检察院在审查起诉过程中发现新的职务违法或者职务犯罪问题线索并移送监察机关的,监察机关应当依法处置。

**第二百二十九条** 在案件审判过程中,人民检察院书面要求监察机关补充提供证据,对证据进行补正、解释,或者协助人民检察院补充侦查的,监察机关应当予以配合。监察机关不能提供有关证据材料的,应当书面说明情况。

人民法院在审判过程中就证据收集合法性问题要求有关调查人员出庭说明情况时,监察机关应当依法予以配合。

**第二百三十条** 监察机关认为人民检察院不起诉决定有错误的,应当在收到不起诉决定书后三十日以内,依法向其上一级人民检察院提请复议。监察机关应当将上述情况及时向上一级监察机关书面报告。

**第二百三十一条** 对于监察机关移送起诉的案件,人民检察院作出不起诉决定,人民法院作出无罪判决,或者监察机关经人民检察院退回补充调查后不再移送起诉,涉及对被调查人已生效政务处分事实认定的,监察机关应当依法对政务处分决定进行审核。认为原政务处分决定认定事实清楚、适用法律正确的,不再改变;认为原政务处分决定确有错误或者不当的,依法予以撤销或者变更。

**第二百三十二条** 对于贪污贿赂、失职渎职等职务犯罪案件,被调查人逃匿,在通缉一年后不能到案,或者被调查人死亡,依法应当追缴其违法所得及其他涉案财产的,承办部门在调查终结后应当依法移送审理。

监察机关应当经集体审议,出具《没收违法所得意见书》,连同案卷材料、证据等,一并移送人民检察院依法提出没收违法所得的申请。

监察机关将《没收违法所得意见书》移送人民检察院后,在逃的被调查人自动投案或者被抓获的,监察机关应当及时通知人民检察院。

**第二百三十三条** 监察机关立案调查拟适用缺席审判程序的贪污贿赂犯罪案件,应当逐级报送国家监察委员会同意。

监察机关承办部门认为在境外的被调查人犯罪事实已经查清,证据确实、充分,依法应当追究刑事责任的,应当依法移送审理。

监察机关应当经集体审议,出具《起诉意见书》,连同案卷材料、证据等,一并移送人民检察院审查起诉。

在审查起诉或者缺席审判过程中,犯罪嫌疑人、被告人向监察机关自动投案或者被抓获的,监察机关应当立即通知人民检察院、人民法院。

## 第六章 反腐败国际合作

### 第一节 工作职责和领导体制

**第二百三十四条** 国家监察委员会统筹协调与其他国家、地区、国际组织开展反腐败国际交流、合作。

国家监察委员会组织《联合国反腐败公约》等反腐败国际条约的实施以及履约审议等工作,承担《联合国反腐败公约》司法协助中央机关有关工作。

国家监察委员会组织协调有关单位建立集中统一、高效顺畅的反腐败国际追逃追赃和防逃协调机制,统筹协调、督促指导各级监察机关反腐败国际追逃追赃等涉外案件办理工作,具体履行下列职责:

(一)制定反腐败国际追逃追赃和防逃工作计划,研究工作中的重要问题;

(二)组织协调反腐败国际追逃追赃等重大涉外案件办理工作;

(三)办理由国家监察委员会管辖的涉外案件;

(四)指导地方各级监察机关依法开展涉外案件办理工作;

(五)汇总和通报全国职务犯罪外逃案件信息和追逃追赃工作信息;

(六)建立健全反腐败国际追逃追赃和防逃合作网络;

(七)承担监察机关开展国际刑事司法协助的主管机关职责;

(八)承担其他与反腐败国际追逃追赃等涉外案件办理工作相关的职责。

**第二百三十五条** 地方各级监察机关在国家监察委员会领导下,统筹协调、督促指导本地区反腐败国际追逃追赃等涉外案件办理工作,具体履行下列职责:

(一)落实上级监察机关关于反腐败国际追逃追赃

和防逃工作部署,制定工作计划;

(二)按照管辖权限或者上级监察机关指定管辖,办理涉外案件;

(三)按照上级监察机关要求,协助配合其他监察机关开展涉外案件办理工作;

(四)汇总和通报本地区职务犯罪外逃案件信息和追逃追赃工作信息;

(五)承担本地区其他与反腐败国际追逃追赃等涉外案件办理工作相关的职责。

省级监察委员会应当会同有关单位,建立健全本地区反腐败国际追逃追赃和防逃协调机制。

国家监察委员会派驻或者派出的监察机构、监察专员统筹协调、督促指导本部门反腐败国际追逃追赃等涉外案件办理工作,参照第一款规定执行。

**第二百三十六条**　国家监察委员会国际合作局归口管理监察机关反腐败国际追逃追赃等涉外案件办理工作。地方各级监察委员会应当明确专责部门,归口管理本地区涉外案件办理工作。

国家监察委员会派驻或者派出的监察机构、监察专员和地方各级监察机关办理涉外案件中有关执法司法国际合作事项,应当逐级报送国家监察委员会审批。由国家监察委员会依法直接或者协调有关单位与有关国家(地区)相关机构沟通,以双方认可的方式实施。

**第二百三十七条**　监察机关应当建立追逃追赃和防逃工作内部联络机制。承办部门在调查过程中,发现被调查人或者重要涉案人员外逃、违法所得及其他涉案财产被转移到境外的,可以请追逃追赃部门提供工作协助。监察机关将案件移送人民检察院审查起诉后,仍有重要涉案人员外逃或者未追缴的违法所得及其他涉案财产的,应当由追逃追赃部门继续办理,或者由追逃追赃部门指定协调有关单位办理。

## 第二节　国(境)内工作

**第二百三十八条**　监察机关应当将防逃工作纳入日常监督内容,督促相关机关、单位建立健全防逃责任机制。

监察机关在监督、调查工作中,应当根据情况制定对监察对象、重要涉案人员的防逃方案,防范人员外逃和资金外流风险。监察机关应当会同同级组织人事、外事、公安、移民管理等单位健全防逃预警机制,对存在外逃风险的监察对象早发现、早报告、早处置。

**第二百三十九条**　监察机关应当加强与同级人民银行、公安等单位的沟通协作,推动预防、打击利用离岸公司和地下钱庄等向境外转移违法所得及其他涉案财产,对涉及职务违法和职务犯罪的行为依法进行调查。

**第二百四十条**　国家监察委员会派驻或者派出的监察机构、监察专员和地方各级监察委员会发现监察对象出逃、失踪、出走,或者违法所得及其他涉案财产被转移至境外的,应当在二十四小时以内将有关信息逐级报送至国家监察委员会国际合作局,并迅速开展相关工作。

**第二百四十一条**　监察机关追逃追赃部门统一接收巡视巡察机构、审计机关、行政执法部门、司法机关等单位移交的外逃信息。

监察机关对涉嫌职务违法和职务犯罪的外逃人员,应当明确承办部门,建立案件档案。

**第二百四十二条**　监察机关应当依法全面收集外逃人员涉嫌职务违法和职务犯罪证据。

**第二百四十三条**　开展反腐败国际追逃追赃等涉外案件办理工作,应当把思想教育贯穿始终,落实宽严相济刑事政策,依法适用认罪认罚从宽制度,促使外逃人员回国投案或者配合调查、主动退赃。开展相关工作,应当尊重所在国家(地区)的法律规定。

**第二百四十四条**　外逃人员归案、违法所得及其他涉案财产被追缴后,承办案件的监察机关应当将情况逐级报送国家监察委员会国际合作局。监察机关应当依法对涉案人员和违法所得及其他涉案财产作出处置,或者请有关单位依法处置。对不需要继续采取相关措施的,应当及时解除或者撤销。

## 第三节　对外合作

**第二百四十五条**　监察机关对依法应当留置或者已经决定留置的外逃人员,需要申请发布国际刑警组织红色通报的,应当逐级报送国家监察委员会审核。国家监察委员会审核后,依法通过公安部向国际刑警组织提出申请。

需要延期、暂停、撤销红色通报的,申请发布红色通报的监察机关应当逐级报送国家监察委员会审核,由国家监察委员会依法通过公安部联系国际刑警组织办理。

**第二百四十六条**　地方各级监察机关通过引渡方式办理相关涉外案件的,应当按照引渡法、相关双边及多边国际条约等规定准备引渡请求书及相关材料,逐级报送国家监察委员会审核。由国家监察委员会依法通过外交等渠道向外国提出引渡请求。

**第二百四十七条**　地方各级监察机关通过刑事司法协助方式办理相关涉外案件的,应当按照国际刑事司法协助法、相关双边及多边国际条约等规定准备刑事司法协助请求书及相关材料，逐级报送国家监察委员会审核。由国家监察委员会依法直接或者通过对外联系机关等渠道，向外国提出刑事司法协助请求。

国家监察委员会收到外国提出的刑事司法协助请求书及所附材料，经审查认为符合有关规定的，作出决定并交由省级监察机关执行，或者转交其他有关主管机关。省级监察机关应当立即执行，或者交由下级监察机关执行，并将执行结果或者妨碍执行的情形及时报送国家监察委员会。在执行过程中，需要依法采取查询、调取、查封、扣押、冻结等措施或者需要返还涉案财物的，根据我国法律规定和国家监察委员会的执行决定办理有关法律手续。

**第二百四十八条** 地方各级监察机关通过执法合作方式办理相关涉外案件的，应当将合作事项及相关材料逐级报送国家监察委员会审核。由国家监察委员会依法直接或者协调有关单位，向有关国家（地区）相关机构提交并开展合作。

**第二百四十九条** 地方各级监察机关通过境外追诉方式办理相关涉外案件的，应当提供外逃人员相关违法线索和证据，逐级报送国家监察委员会审核。由国家监察委员会依法直接或者协调有关单位向有关国家（地区）相关机构提交，请其依法对外逃人员调查、起诉和审判，并商有关国家（地区）遣返外逃人员。

**第二百五十条** 监察机关对依法应当追缴的境外违法所得及其他涉案财产，应当责令涉案人员以合法方式退赔。涉案人员拒不退赔的，可以依法通过下列方式追缴：

（一）在开展引渡等追逃合作时，随附请求有关国家（地区）移交相关违法所得及其他涉案财产；

（二）依法启动违法所得没收程序，由人民法院对相关违法所得及其他涉案财产作出冻结、没收裁定，请有关国家（地区）承认和执行，并予以返还；

（三）请有关国家（地区）依法追缴相关违法所得及其他涉案财产，并予以返还；

（四）通过其他合法方式追缴。

## 第七章 对监察机关和监察人员的监督

**第二百五十一条** 监察机关和监察人员必须自觉坚持党的领导，在党组织的管理、监督下开展工作，依法接受本级人民代表大会及其常务委员会的监督，接受民主监督、司法监督、社会监督、舆论监督，加强内部监督制约机制建设，确保权力受到严格的约束和监督。

**第二百五十二条** 各级监察委员会应当按照监察法第五十三条第二款规定，由主任在本级人民代表大会常务委员会全体会议上报告专项工作。

在报告专项工作前，应当与本级人民代表大会有关专门委员会沟通协商，并配合开展调查研究等工作。各级人民代表大会常务委员会审议专项工作报告时，本级监察委员会应当根据要求派出领导成员列席相关会议，听取意见。

各级监察委员会应当认真研究办理本级人民代表大会常务委员会反馈的审议意见，并按照要求书面报告办理情况。

**第二百五十三条** 各级监察委员会应当积极接受、配合本级人民代表大会常务委员会组织的执法检查。对本级人民代表大会常务委员会的执法检查报告，应当认真研究处理，并向其报告处理情况。

**第二百五十四条** 各级监察委员会在本级人民代表大会常务委员会会议审议与监察工作有关的议案和报告时，应当派相关负责人到会听取意见，回答询问。

监察机关对依法交由监察机关答复的质询案应当按照要求进行答复。口头答复的，由监察机关主要负责人或者委派相关负责人到会答复。书面答复的，由监察机关主要负责人签署。

**第二百五十五条** 各级监察机关应当通过互联网政务媒体、报刊、广播、电视等途径，向社会及时准确公开下列监察工作信息：

（一）监察法规；

（二）依法应当向社会公开的案件调查信息；

（三）检举控告地址、电话、网站等信息；

（四）其他依法应当公开的信息。

**第二百五十六条** 各级监察机关可以根据工作需要，按程序选聘特约监察员履行监督、咨询等职责。特约监察员名单应当向社会公布。

监察机关应当为特约监察员依法开展工作提供必要条件和便利。

**第二百五十七条** 监察机关实行严格的人员准入制度，严把政治关、品行关、能力关、作风关、廉洁关。监察人员必须忠诚坚定、担当尽责、遵纪守法、清正廉洁。

**第二百五十八条** 监察机关应当建立监督检查、调查、案件监督管理、案件审理等部门相互协调制约的工作机制。

监督检查和调查部门实行分工协作、相互制约。监督检查部门主要负责联系地区、部门、单位的日常监督检查和对涉嫌一般违法问题线索处置。调查部门主要负责对涉嫌严重职务违法和职务犯罪问题线索进行初步核实和立案调查。

案件监督管理部门负责对监督检查、调查工作全过程进行监督管理,做好线索管理、组织协调、监督检查、督促办理、统计分析等工作。案件监督管理部门发现监察人员在监督检查、调查中有违规办案行为的,及时督促整改;涉嫌违纪违法的,根据管理权限移交相关部门处理。

**第二百五十九条**　监察机关应当对监察权运行关键环节进行经常性监督检查,适时开展专项督查。案件监督管理、案件审理等部门应当按照各自职责,对问题线索处置、调查措施使用、涉案财物管理等进行监督检查,建立常态化、全覆盖的案件质量评查机制。

**第二百六十条**　监察机关应当加强对监察人员执行职务和遵纪守法情况的监督,按照管理权限依法对监察人员涉嫌违法犯罪问题进行调查处置。

**第二百六十一条**　监察机关及其监督检查、调查部门负责人应当定期检查调查期间的录音录像、谈话笔录、涉案财物登记资料,加强对调查全过程的监督,发现问题及时纠正并报告。

**第二百六十二条**　对监察人员打听案情、过问案件、说情干预的,办理监察事项的监察人员应当及时向上级负责人报告。有关情况应当登记备案。

发现办理监察事项的监察人员未经批准接触被调查人、涉案人员及其特定关系人,或者存在交往情形的,知情的监察人员应当及时向上级负责人报告。有关情况应当登记备案。

**第二百六十三条**　办理监察事项的监察人员有监察法第五十八条所列情形之一的,应当自行提出回避;没有自行提出回避的,监察机关应当依法决定其回避,监察对象、检举人及其他有关人员也有权要求其回避。

选用借调人员、看护人员、调查场所,应当严格执行回避制度。

**第二百六十四条**　监察人员自行提出回避,或者监察对象、检举人及其他有关人员要求监察人员回避的,应当书面或者口头提出,并说明理由。口头提出的,应当形成记录。

监察机关主要负责人的回避,由上级监察机关主要负责人决定;其他监察人员的回避,由本级监察机关主要负责人决定。

**第二百六十五条**　上级监察机关应当通过专项检查、业务考评、开展复查等方式,强化对下级监察机关及监察人员执行职务和遵纪守法情况的监督。

**第二百六十六条**　监察机关应当对监察人员有计划地进行政治、理论和业务培训。培训应当坚持理论联系实际、按需施教、讲求实效,突出政治机关特色,建设高素质专业化监察队伍。

**第二百六十七条**　监察机关应当严格执行保密制度,控制监察事项知悉范围和时间。监察人员不准私自留存、隐匿、查阅、摘抄、复制、携带问题线索和涉案资料,严禁泄露监察工作秘密。

监察机关应当建立健全检举控告保密制度,对检举控告人的姓名(单位名称)、工作单位、住址、电话和邮箱等有关情况以及检举控告内容必须严格保密。

**第二百六十八条**　监察机关涉密人员离岗离职后,应当遵守脱密期管理规定,严格履行保密义务,不得泄露相关秘密。

**第二百六十九条**　监察人员离任三年以内,不得从事与监察和司法工作相关联且可能发生利益冲突的职业。

监察人员离任后,不得担任原任职监察机关办理案件的诉讼代理人或者辩护人,但是作为当事人的监护人或者近亲属代理诉讼或者进行辩护的除外。

**第二百七十条**　监察人员应当严格遵守有关规范领导干部配偶、子女及其配偶经商办企业行为的规定。

**第二百七十一条**　监察机关在履行职责过程中应当依法保护企业产权和自主经营权,严禁利用职权非法干扰企业生产经营。需要企业经营者协助调查的,应当依法保障其合法的人身、财产等权益,避免或者减少对涉案企业正常生产、经营活动的影响。

查封企业厂房、机器设备等生产资料,企业继续使用对该财产价值无重大影响的,可以允许其使用。对于正在运营或者正在用于科技创新、产品研发的设备和技术资料等,一般不予查封、扣押,确需调取违法犯罪证据的,可以采取拍照、复制等方式。

**第二百七十二条**　被调查人及其近亲属认为监察机关及监察人员存在监察法第六十条第一款规定的有关情形,向监察机关提出申诉的,由监察机关案件监督管理部门依法受理,并按照法定的程序和时限办理。

**第二百七十三条**　监察机关在维护监督执法调查工作纪律方面失职失责的,依法追究责任。监察人员涉嫌严重职务违法、职务犯罪或者对案件处置出现重大失误的,既应当追究直接责任,还应当严肃追究负有责任的领导人员责任。

监察机关应当建立办案质量责任制,对滥用职权、失职失责造成严重后果的,实行终身责任追究。

## 第八章 法律责任

**第二百七十四条** 有关单位拒不执行监察机关依法作出的下列处理决定的，应当由其主管部门、上级机关责令改正，对单位给予通报批评，对负有责任的领导人员和直接责任人员依法给予处理：

（一）政务处分决定；

（二）问责决定；

（三）谈话提醒、批评教育、责令检查，或者予以诫勉的决定；

（四）采取调查措施的决定；

（五）复审、复核决定；

（六）监察机关依法作出的其他处理决定。

**第二百七十五条** 监察对象对控告人、申诉人、批评人、检举人、证人、监察人员进行打击、压制等报复陷害的，监察机关应当依法给予政务处分。构成犯罪的，依法追究刑事责任。

**第二百七十六条** 控告人、检举人、证人采取捏造事实、伪造材料等方式诬告陷害的，监察机关应当依法给予政务处分，或者移送有关机关处理。构成犯罪的，依法追究刑事责任。

监察人员因依法履行职责遭受不实举报、诬告陷害、侮辱诽谤，致使名誉受到损害的，监察机关应当会同有关部门及时澄清事实，消除不良影响，并依法追究相关单位或者个人的责任。

**第二百七十七条** 监察机关应当建立健全办案安全责任制。承办部门主要负责人和调查组组长是调查安全第一责任人。调查组应当指定专人担任安全员。

地方各级监察机关履行管理、监督职责不力发生严重办案安全事故的，或者办案中存在严重违规违纪违法行为的，省级监察机关主要负责人应当向国家监察委员会作出检讨，并予以通报、严肃追责问责。

案件监督管理部门应当对办案安全责任制落实情况组织经常性检查和不定期抽查，发现问题及时报告并督促整改。

**第二百七十八条** 监察人员在履行职责中有下列行为之一的，依法严肃处理；构成犯罪的，依法追究刑事责任：

（一）贪污贿赂、徇私舞弊的；

（二）不履行或者不正确履行监督职责，应当发现的问题没有发现，或者发现问题不报告、不处置，造成严重影响的；

（三）未经批准、授权处置问题线索，发现重大案情隐瞒不报，或者私自留存、处理涉案材料的；

（四）利用职权或者职务上的影响干预调查工作的；

（五）违法窃取、泄露调查工作信息，或者泄露举报事项、举报受理情况以及举报人信息的；

（六）对被调查人或者涉案人员逼供、诱供，或者侮辱、打骂、虐待、体罚或者变相体罚的；

（七）违反规定处置查封、扣押、冻结的财物的；

（八）违反规定导致发生办案安全事故，或者发生安全事故后隐瞒不报、报告失实、处置不当的；

（九）违反规定采取留置措施的；

（十）违反规定限制他人出境，或者不按规定解除出境限制的；

（十一）其他职务违法和职务犯罪行为。

**第二百七十九条** 对监察人员在履行职责中存在违法行为的，可以根据情节轻重，依法进行谈话提醒、批评教育、责令检查、诫勉，或者给予政务处分。构成犯罪的，依法追究刑事责任。

**第二百八十条** 监察机关及其工作人员在行使职权时，有下列情形之一的，受害人可以申请国家赔偿：

（一）采取留置措施后，决定撤销案件的；

（二）违法没收、追缴或者违法查封、扣押、冻结财物造成损害的；

（三）违法行使职权，造成被调查人、涉案人员或者证人身体伤害或者死亡的；

（四）非法剥夺他人人身自由的；

（五）其他侵犯公民、法人和其他组织合法权益造成损害的。

受害人死亡的，其继承人和其他有扶养关系的亲属有权要求赔偿；受害的法人或者其他组织终止的，其权利承受人有权要求赔偿。

**第二百八十一条** 监察机关及其工作人员违法行使职权侵犯公民、法人和其他组织的合法权益造成损害的，该机关为赔偿义务机关。申请赔偿应当向赔偿义务机关提出，由该机关负责复审复核工作的部门受理。

赔偿以支付赔偿金为主要方式。能够返还财产或者恢复原状的，予以返还财产或者恢复原状。

## 第九章 附 则

**第二百八十二条** 本条例所称监察机关，包括各级监察委员会及其派驻或者派出监察机构、监察专员。

**第二百八十三条** 本条例所称“近亲属”，是指夫、妻、父、母、子、女、同胞兄弟姊妹。

**第二百八十四条** 本条例所称以上、以下、以内，包括本级、本数。

**第二百八十五条** 期间以时、日、月、年计算，期间开始的时和日不算在期间以内。本条例另有规定的除外。

按照年、月计算期间的，到期月的对应日为期间的最后一日；没有对应日的，月末日为期间的最后一日。

期间的最后一日是法定休假日的，以法定休假日结束的次日为期间的最后一日。但被调查人留置期间应当至到期之日为止，不得因法定休假日而延长。

**第二百八十六条** 本条例由国家监察委员会负责解释。

**第二百八十七条** 本条例自发布之日起施行。

## 中华人民共和国公职人员政务处分法

· 2020年6月20日第十三届全国人民代表大会常务委员会第十九次会议通过

· 2020年6月20日中华人民共和国主席令第46号公布

· 自2020年7月1日起施行

### 目　录

第一章　总　则
第二章　政务处分的种类和适用
第三章　违法行为及其适用的政务处分
第四章　政务处分的程序
第五章　复审、复核
第六章　法律责任
第七章　附　则

### 第一章　总　则

**第一条** 为了规范政务处分，加强对所有行使公权力的公职人员的监督，促进公职人员依法履职、秉公用权、廉洁从政从业、坚持道德操守，根据《中华人民共和国监察法》，制定本法。

**第二条** 本法适用于监察机关对违法的公职人员给予政务处分的活动。

本法第二章、第三章适用于公职人员任免机关、单位对违法的公职人员给予处分。处分的程序、申诉等适用其他法律、行政法规、国务院部门规章和国家有关规定。

本法所称公职人员，是指《中华人民共和国监察法》第十五条规定的人员。

**第三条** 监察机关应当按照管理权限，加强对公职人员的监督，依法给予违法的公职人员政务处分。

公职人员任免机关、单位应当按照管理权限，加强对公职人员的教育、管理、监督，依法给予违法的公职人员处分。

监察机关发现公职人员任免机关、单位应当给予处分而未给予，或者给予的处分违法、不当的，应当及时提出监察建议。

**第四条** 给予公职人员政务处分，坚持党管干部原则，集体讨论决定；坚持法律面前一律平等，以事实为根据，以法律为准绳，给予的政务处分与违法行为的性质、情节、危害程度相当；坚持惩戒与教育相结合，宽严相济。

**第五条** 给予公职人员政务处分，应当事实清楚、证据确凿、定性准确、处理恰当、程序合法、手续完备。

**第六条** 公职人员依法履行职责受法律保护，非因法定事由、非经法定程序，不受政务处分。

### 第二章　政务处分的种类和适用

**第七条** 政务处分的种类为：

（一）警告；

（二）记过；

（三）记大过；

（四）降级；

（五）撤职；

（六）开除。

**第八条** 政务处分的期间为：

（一）警告，六个月；

（二）记过，十二个月；

（三）记大过，十八个月；

（四）降级、撤职，二十四个月。

政务处分决定自作出之日起生效，政务处分期自政务处分决定生效之日起计算。

**第九条** 公职人员二人以上共同违法，根据各自在违法行为中所起的作用和应当承担的法律责任，分别给予政务处分。

**第十条** 有关机关、单位、组织集体作出的决定违法或者实施违法行为的，对负有责任的领导人员和直接责任人员中的公职人员依法给予政务处分。

**第十一条** 公职人员有下列情形之一的，可以从轻或者减轻给予政务处分：

（一）主动交代本人应当受到政务处分的违法行为的；

（二）配合调查，如实说明本人违法事实的；

（三）检举他人违纪违法行为，经查证属实的；

（四）主动采取措施，有效避免、挽回损失或者消除不良影响的；

（五）在共同违法行为中起次要或者辅助作用的；

（六）主动上交或者退赔违法所得的；

（七）法律、法规规定的其他从轻或者减轻情节。

**第十二条**　公职人员违法行为情节轻微，且具有本法第十一条规定的情形之一的，可以对其进行谈话提醒、批评教育、责令检查或者予以诫勉，免予或者不予政务处分。

公职人员因不明真相被裹挟或者被胁迫参与违法活动，经批评教育后确有悔改表现的，可以减轻、免予或者不予政务处分。

**第十三条**　公职人员有下列情形之一的，应当从重给予政务处分：

（一）在政务处分期内再次故意违法，应当受到政务处分的；

（二）阻止他人检举、提供证据的；

（三）串供或者伪造、隐匿、毁灭证据的；

（四）包庇同案人员的；

（五）胁迫、唆使他人实施违法行为的；

（六）拒不上交或者退赔违法所得的；

（七）法律、法规规定的其他从重情节。

**第十四条**　公职人员犯罪，有下列情形之一的，予以开除：

（一）因故意犯罪被判处管制、拘役或者有期徒刑以上刑罚（含宣告缓刑）的；

（二）因过失犯罪被判处有期徒刑，刑期超过三年的；

（三）因犯罪被单处或者并处剥夺政治权利的。

因过失犯罪被判处管制、拘役或者三年以下有期徒刑的，一般应当予以开除；案件情况特殊，予以撤职更为适当的，可以不予开除，但是应当报请上一级机关批准。

公职人员因犯罪被单处罚金，或者犯罪情节轻微，人民检察院依法作出不起诉决定或者人民法院依法免予刑事处罚的，予以撤职；造成不良影响的，予以开除。

**第十五条**　公职人员有两个以上违法行为的，应当分别确定政务处分。应当给予两种以上政务处分的，执行其中最重的政务处分；应当给予撤职以下多个相同政务处分的，可以在一个政务处分期以上、多个政务处分期之和以下确定政务处分期，但是最长不得超过四十八个月。

**第十六条**　对公职人员的同一违法行为，监察机关和公职人员任免机关、单位不得重复给予政务处分和处分。

**第十七条**　公职人员有违法行为，有关机关依照规定给予组织处理的，监察机关可以同时给予政务处分。

**第十八条**　担任领导职务的公职人员有违法行为，被罢免、撤销、免去或者辞去领导职务的，监察机关可以同时给予政务处分。

**第十九条**　公务员以及参照《中华人民共和国公务员法》管理的人员在政务处分期内，不得晋升职务、职级、衔级和级别；其中，被记过、记大过、降级、撤职的，不得晋升工资档次。被撤职的，按照规定降低职务、职级、衔级和级别，同时降低工资和待遇。

**第二十条**　法律、法规授权或者受国家机关依法委托管理公共事务的组织中从事公务的人员，以及公办的教育、科研、文化、医疗卫生、体育等单位中从事管理的人员，在政务处分期内，不得晋升职务、岗位和职员等级、职称；其中，被记过、记大过、降级、撤职的，不得晋升薪酬待遇等级。被撤职的，降低职务、岗位或者职员等级，同时降低薪酬待遇。

**第二十一条**　国有企业管理人员在政务处分期内，不得晋升职务、岗位等级和职称；其中，被记过、记大过、降级、撤职的，不得晋升薪酬待遇等级。被撤职的，降低职务或者岗位等级，同时降低薪酬待遇。

**第二十二条**　基层群众性自治组织中从事管理的人员有违法行为的，监察机关可以予以警告、记过、记大过。

基层群众性自治组织中从事管理的人员受到政务处分的，应当由县级或者乡镇人民政府根据具体情况减发或者扣发补贴、奖金。

**第二十三条**　《中华人民共和国监察法》第十五条第六项规定的人员有违法行为的，监察机关可以予以警告、记过、记大过。情节严重的，由所在单位直接给予或者监察机关建议有关机关、单位给予降低薪酬待遇、调离岗位、解除人事关系或者劳动关系等处理。

《中华人民共和国监察法》第十五条第二项规定的人员，未担任公务员、参照《中华人民共和国公务员法》管理的人员、事业单位工作人员或者国有企业人员职务的，对其违法行为依照前款规定处理。

**第二十四条**　公职人员被开除，或者依照本法第二十三条规定，受到解除人事关系或者劳动关系处理的，不得录用为公务员以及参照《中华人民共和国公务员法》管理的人员。

**第二十五条**　公职人员违法取得的财物和用于违法行为的本人财物，除依法应当由其他机关没收、追缴或者责令退赔的，由监察机关没收、追缴或者责令退赔；应当退还原所有人或者原持有人的，依法予以退还；属于国家财产或者不应当退还以及无法退还的，上缴国库。

公职人员因违法行为获得的职务、职级、衔级、级别、岗位和职员等级、职称、待遇、资格、学历、学位、荣誉、奖励等其他利益，监察机关应当建议有关机关、单位、组织按规定予以纠正。

**第二十六条**　公职人员被开除的，自政务处分决定生效之日起，应当解除其与所在机关、单位的人事关系或者劳动关系。

公职人员受到开除以外的政务处分，在政务处分期内有悔改表现，并且没有再发生应当给予政务处分的违法行为的，政务处分期满后自动解除，晋升职务、职级、衔级、级别、岗位和职员等级、职称、薪酬待遇不再受原政务处分影响。但是，解除降级、撤职的，不恢复原职务、职级、衔级、级别、岗位和职员等级、职称、薪酬待遇。

**第二十七条**　已经退休的公职人员退休前或者退休后有违法行为的，不再给予政务处分，但是可以对其立案调查；依法应当予以降级、撤职、开除的，应当按照规定相应调整其享受的待遇，对其违法取得的财物和用于违法行为的本人财物依照本法第二十五条的规定处理。

已经离职或者死亡的公职人员在履职期间有违法行为的，依照前款规定处理。

## 第三章　违法行为及其适用的政务处分

**第二十八条**　有下列行为之一的，予以记过或者记大过；情节较重的，予以降级或者撤职；情节严重的，予以开除：

（一）散布有损宪法权威、中国共产党领导和国家声誉的言论的；

（二）参加旨在反对宪法、中国共产党领导和国家的集会、游行、示威等活动的；

（三）拒不执行或者变相不执行中国共产党和国家的路线方针政策、重大决策部署的；

（四）参加非法组织、非法活动的；

（五）挑拨、破坏民族关系，或者参加民族分裂活动的；

（六）利用宗教活动破坏民族团结和社会稳定的；

（七）在对外交往中损害国家荣誉和利益的。

有前款第二项、第四项、第五项和第六项行为之一的，对策划者、组织者和骨干分子，予以开除。

公开发表反对宪法确立的国家指导思想，反对中国共产党领导，反对社会主义制度，反对改革开放的文章、演说、宣言、声明等的，予以开除。

**第二十九条**　不按照规定请示、报告重大事项，情节较重的，予以警告、记过或者记大过；情节严重的，予以降级或者撤职。

违反个人有关事项报告规定，隐瞒不报，情节较重的，予以警告、记过或者记大过。

篡改、伪造本人档案资料的，予以记过或者记大过；情节严重的，予以降级或者撤职。

**第三十条**　有下列行为之一的，予以警告、记过或者记大过；情节严重的，予以降级或者撤职：

（一）违反民主集中制原则，个人或者少数人决定重大事项，或者拒不执行、擅自改变集体作出的重大决定的；

（二）拒不执行或者变相不执行、拖延执行上级依法作出的决定、命令的。

**第三十一条**　违反规定出境或者办理因私出境证件的，予以记过或者记大过；情节严重的，予以降级或者撤职。

违反规定取得外国国籍或者获取境外永久居留资格、长期居留许可的，予以撤职或者开除。

**第三十二条**　有下列行为之一的，予以警告、记过或者记大过；情节较重的，予以降级或者撤职；情节严重的，予以开除：

（一）在选拔任用、录用、聘用、考核、晋升、评选等干部人事工作中违反有关规定的；

（二）弄虚作假，骗取职务、职级、衔级、级别、岗位和职员等级、职称、待遇、资格、学历、学位、荣誉、奖励或者其他利益的；

（三）对依法行使批评、申诉、控告、检举等权利的行为进行压制或者打击报复的；

（四）诬告陷害，意图使他人受到名誉损害或者责任追究等不良影响的；

（五）以暴力、威胁、贿赂、欺骗等手段破坏选举的。

**第三十三条**　有下列行为之一的，予以警告、记过或者记大过；情节较重的，予以降级或者撤职；情节严重的，予以开除：

（一）贪污贿赂的；

（二）利用职权或者职务上的影响为本人或者他人谋取私利的；

（三）纵容、默许特定关系人利用本人职权或者职务上的影响谋取私利的。

拒不按照规定纠正特定关系人违规任职、兼职或者从事经营活动，且不服从职务调整的，予以撤职。

**第三十四条**　收受可能影响公正行使公权力的礼品、礼金、有价证券等财物的，予以警告、记过或者记大过;情节较重的,予以降级或者撤职;情节严重的,予以开除。

向公职人员及其特定关系人赠送可能影响公正行使公权力的礼品、礼金、有价证券等财物,或者接受、提供可能影响公正行使公权力的宴请、旅游、健身、娱乐等活动安排,情节较重的,予以警告、记过或者记大过;情节严重的,予以降级或者撤职。

**第三十五条** 有下列行为之一,情节较重的,予以警告、记过或者记大过;情节严重的,予以降级或者撤职:

(一)违反规定设定、发放薪酬或者津贴、补贴、奖金的;

(二)违反规定,在公务接待、公务交通、会议活动、办公用房以及其他工作生活保障等方面超标准、超范围的;

(三)违反规定公款消费的。

**第三十六条** 违反规定从事或者参与营利性活动,或者违反规定兼任职务、领取报酬的,予以警告、记过或者记大过;情节较重的,予以降级或者撤职;情节严重的,予以开除。

**第三十七条** 利用宗族或者黑恶势力等欺压群众,或者纵容、包庇黑恶势力活动的,予以撤职;情节严重的,予以开除。

**第三十八条** 有下列行为之一,情节较重的,予以警告、记过或者记大过;情节严重的,予以降级或者撤职:

(一)违反规定向管理服务对象收取、摊派财物的;

(二)在管理服务活动中故意刁难、吃拿卡要的;

(三)在管理服务活动中态度恶劣粗暴,造成不良后果或者影响的;

(四)不按照规定公开工作信息,侵犯管理服务对象知情权,造成不良后果或者影响的;

(五)其他侵犯管理服务对象利益的行为,造成不良后果或者影响的。

有前款第一项、第二项和第五项行为,情节特别严重的,予以开除。

**第三十九条** 有下列行为之一,造成不良后果或者影响的,予以警告、记过或者记大过;情节较重的,予以降级或者撤职;情节严重的,予以开除:

(一)滥用职权,危害国家利益、社会公共利益或者侵害公民、法人、其他组织合法权益的;

(二)不履行或者不正确履行职责,玩忽职守,贻误工作的;

(三)工作中有形式主义、官僚主义行为的;

(四)工作中有弄虚作假,误导、欺骗行为的;

(五)泄露国家秘密、工作秘密,或者泄露因履行职责掌握的商业秘密、个人隐私的。

**第四十条** 有下列行为之一的,予以警告、记过或者记大过;情节较重的,予以降级或者撤职;情节严重的,予以开除:

(一)违背社会公序良俗,在公共场所有不当行为,造成不良影响的;

(二)参与或者支持迷信活动,造成不良影响的;

(三)参与赌博的;

(四)拒不承担赡养、抚养、扶养义务的;

(五)实施家庭暴力,虐待、遗弃家庭成员的;

(六)其他严重违反家庭美德、社会公德的行为。

吸食、注射毒品,组织赌博,组织、支持、参与卖淫、嫖娼、色情淫乱活动的,予以撤职或者开除。

**第四十一条** 公职人员有其他违法行为,影响公职人员形象,损害国家和人民利益的,可以根据情节轻重给予相应政务处分。

## 第四章 政务处分的程序

**第四十二条** 监察机关对涉嫌违法的公职人员进行调查,应当由二名以上工作人员进行。监察机关进行调查时,有权依法向有关单位和个人了解情况,收集、调取证据。有关单位和个人应当如实提供情况。

严禁以威胁、引诱、欺骗及其他非法方式收集证据。以非法方式收集的证据不得作为给予政务处分的依据。

**第四十三条** 作出政务处分决定前,监察机关应当将调查认定的违法事实及拟给予政务处分的依据告知被调查人,听取被调查人的陈述和申辩,并对其陈述的事实、理由和证据进行核实,记录在案。被调查人提出的事实、理由和证据成立的,应予采纳。不得因被调查人的申辩而加重政务处分。

**第四十四条** 调查终结后,监察机关应当根据下列不同情况,分别作出处理:

(一)确有应受政务处分的违法行为的,根据情节轻重,按照政务处分决定权限,履行规定的审批手续后,作出政务处分决定;

(二)违法事实不能成立的,撤销案件;

(三)符合免予、不予政务处分条件的,作出免予、不予政务处分决定;

(四)被调查人涉嫌其他违法或者犯罪行为的,依法移送主管机关处理。

**第四十五条** 决定给予政务处分的,应当制作政务处分决定书。

政务处分决定书应当载明下列事项：

（一）被处分人的姓名、工作单位和职务；

（二）违法事实和证据；

（三）政务处分的种类和依据；

（四）不服政务处分决定，申请复审、复核的途径和期限；

（五）作出政务处分决定的机关名称和日期。

政务处分决定书应当盖有作出决定的监察机关的印章。

**第四十六条** 政务处分决定书应当及时送达被处分人和被处分人所在机关、单位，并在一定范围内宣布。

作出政务处分决定后，监察机关应当根据被处分人的具体身份书面告知相关的机关、单位。

**第四十七条** 参与公职人员违法案件调查、处理的人员有下列情形之一的，应当自行回避，被调查人、检举人及其他有关人员也有权要求其回避：

（一）是被调查人或者检举人的近亲属的；

（二）担任过本案的证人的；

（三）本人或者其近亲属与调查的案件有利害关系的；

（四）可能影响案件公正调查、处理的其他情形。

**第四十八条** 监察机关负责人的回避，由上级监察机关决定；其他参与违法案件调查、处理人员的回避，由监察机关负责人决定。

监察机关或者上级监察机关发现参与违法案件调查、处理人员有应当回避情形的，可以直接决定该人员回避。

**第四十九条** 公职人员依法受到刑事责任追究的，监察机关应当根据司法机关的生效判决、裁定、决定及其认定的事实和情节，依照本法规定给予政务处分。

公职人员依法受到行政处罚，应当给予政务处分的，监察机关可以根据行政处罚决定认定的事实和情节，经立案调查核实后，依照本法给予政务处分。

监察机关根据本条第一款、第二款的规定作出政务处分后，司法机关、行政机关依法改变原生效判决、裁定、决定等，对原政务处分决定产生影响的，监察机关应当根据改变后的判决、裁定、决定等重新作出相应处理。

**第五十条** 监察机关对经各级人民代表大会、县级以上各级人民代表大会常务委员会选举或者决定任命的公职人员予以撤职、开除的，应当先依法罢免、撤销或者免去其职务，再依法作出政务处分决定。

监察机关对经中国人民政治协商会议各级委员会全体会议或者其常务委员会选举或者决定任命的公职人员予以撤职、开除的，应当先依章程免去其职务，再依法作出政务处分决定。

监察机关对各级人民代表大会代表、中国人民政治协商会议各级委员会委员给予政务处分的，应当向有关的人民代表大会常务委员会，乡、民族乡、镇的人民代表大会主席团或者中国人民政治协商会议委员会常务委员会通报。

**第五十一条** 下级监察机关根据上级监察机关的指定管辖决定进行调查的案件，调查终结后，对不属于本监察机关管辖范围内的监察对象，应当交有管理权限的监察机关依法作出政务处分决定。

**第五十二条** 公职人员涉嫌违法，已经被立案调查，不宜继续履行职责的，公职人员任免机关、单位可以决定暂停其履行职务。

公职人员在被立案调查期间，未经监察机关同意，不得出境、辞去公职；被调查公职人员所在机关、单位及上级机关、单位不得对其交流、晋升、奖励、处分或者办理退休手续。

**第五十三条** 监察机关在调查中发现公职人员受到不实检举、控告或者诬告陷害，造成不良影响的，应当按照规定及时澄清事实，恢复名誉，消除不良影响。

**第五十四条** 公职人员受到政务处分的，应当将政务处分决定书存入其本人档案。对于受到降级以上政务处分的，应当由人事部门按照管理权限在作出政务处分决定后一个月内办理职务、工资及其他有关待遇等的变更手续；特殊情况下，经批准可以适当延长办理期限，但是最长不得超过六个月。

## 第五章 复审、复核

**第五十五条** 公职人员对监察机关作出的涉及本人的政务处分决定不服的，可以依法向作出决定的监察机关申请复审；公职人员对复审决定仍不服的，可以向上一级监察机关申请复核。

监察机关发现本机关或者下级监察机关作出的政务处分决定确有错误的，应当及时予以纠正或者责令下级监察机关及时予以纠正。

**第五十六条** 复审、复核期间，不停止原政务处分决定的执行。

公职人员不因提出复审、复核而被加重政务处分。

**第五十七条** 有下列情形之一的，复审、复核机关应当撤销原政务处分决定，重新作出决定或者责令原作出决定的监察机关重新作出决定：

(一)政务处分所依据的违法事实不清或者证据不足的；

(二)违反法定程序,影响案件公正处理的；

(三)超越职权或者滥用职权作出政务处分决定的。

**第五十八条**　有下列情形之一的,复审、复核机关应当变更原政务处分决定,或者责令原作出决定的监察机关予以变更：

(一)适用法律、法规确有错误的；

(二)对违法行为的情节认定确有错误的；

(三)政务处分不当的。

**第五十九条**　复审、复核机关认为政务处分决定认定事实清楚,适用法律正确的,应当予以维持。

**第六十条**　公职人员的政务处分决定被变更,需要调整该公职人员的职务、职级、衔级、级别、岗位和职员等级或者薪酬待遇等的,应当按照规定予以调整。政务处分决定被撤销的,应当恢复该公职人员的级别、薪酬待遇,按照原职务、职级、衔级、岗位和职员等级安排相应的职务、职级、衔级、岗位和职员等级,并在原政务处分决定公布范围内为其恢复名誉。没收、追缴财物错误的,应当依法予以返还、赔偿。

公职人员因有本法第五十七条、第五十八条规定的情形被撤销政务处分或者减轻政务处分的,应当对其薪酬待遇受到的损失予以补偿。

## 第六章　法律责任

**第六十一条**　有关机关、单位无正当理由拒不采纳监察建议的,由其上级机关、主管部门责令改正,对该机关、单位给予通报批评,对负有责任的领导人员和直接责任人员依法给予处理。

**第六十二条**　有关机关、单位、组织或者人员有下列情形之一的,由其上级机关,主管部门,任免机关、单位或者监察机关责令改正,依法给予处理：

(一)拒不执行政务处分决定的；

(二)拒不配合或者阻碍调查的；

(三)对检举人、证人或者调查人员进行打击报复的；

(四)诬告陷害公职人员的；

(五)其他违反本法规定的情形。

**第六十三条**　监察机关及其工作人员有下列情形之一的,对负有责任的领导人员和直接责任人员依法给予处理：

(一)违反规定处置问题线索的；

(二)窃取、泄露调查工作信息,或者泄露检举事项、检举受理情况以及检举人信息的；

(三)对被调查人或者涉案人员逼供、诱供,或者侮辱、打骂、虐待、体罚或者变相体罚的；

(四)收受被调查人或者涉案人员的财物以及其他利益的；

(五)违反规定处置涉案财物的；

(六)违反规定采取调查措施的；

(七)利用职权或者职务上的影响干预调查工作、以案谋私的；

(八)违反规定发生办案安全事故,或者发生安全事故后隐瞒不报、报告失实、处置不当的；

(九)违反回避等程序规定,造成不良影响的；

(十)不依法受理和处理公职人员复审、复核的；

(十一)其他滥用职权、玩忽职守、徇私舞弊的行为。

**第六十四条**　违反本法规定,构成犯罪的,依法追究刑事责任。

## 第七章　附　则

**第六十五条**　国务院及其相关主管部门根据本法的原则和精神,结合事业单位、国有企业等的实际情况,对事业单位、国有企业等的违法的公职人员处分事宜作出具体规定。

**第六十六条**　中央军事委员会可以根据本法制定相关具体规定。

**第六十七条**　本法施行前,已结案的案件如果需要复审、复核,适用当时的规定。尚未结案的案件,如果行为发生时的规定不认为是违法的,适用当时的规定;如果行为发生时的规定认为是违法的,依照当时的规定处理,但是如果本法不认为是违法或者根据本法处理较轻的,适用本法。

**第六十八条**　本法自2020年7月1日起施行。

# 法治中国建设规划(2020—2025年)(节录)

·2021年1月10日

法治是人类文明进步的重要标志,是治国理政的基本方式,是中国共产党和中国人民的不懈追求。法治兴则国兴,法治强则国强。为统筹推进法治中国建设各项工作,制定本规划。

**一、坚定不移走中国特色社会主义法治道路,奋力建设良法善治的法治中国**

党的十八大以来,以习近平同志为核心的党中央从坚持和发展中国特色社会主义的全局和战略高度定位法治、布局法治、厉行法治,将全面依法治国纳入"四个全面"战略布局,加强党对全面依法治国的集中统一领导,全面推进科学立法、严格执法、公正司法、全民守法,形成了习近平法治思想,开创了全面依法治国新局面,为在新的起点上建设法治中国奠定了坚实基础。

当今世界正经历百年未有之大变局,我国正处于实现中华民族伟大复兴关键时期,改革发展稳定任务艰巨繁重,全面对外开放深入推进,人民群众在民主、法治、公平、正义、安全、环境等方面的要求日益增长,需要更好发挥法治固根本、稳预期、利长远的保障作用。在统揽伟大斗争、伟大工程、伟大事业、伟大梦想,全面建设社会主义现代化国家新征程上,必须把全面依法治国摆在全局性、战略性、基础性、保障性位置,向着全面建成法治中国不断前进。

(一)指导思想

高举中国特色社会主义伟大旗帜,坚持以马克思列宁主义、毛泽东思想、邓小平理论、"三个代表"重要思想、科学发展观、习近平新时代中国特色社会主义思想为指导,全面贯彻党的十九大和十九届二中、三中、四中、五中全会精神,全面贯彻习近平法治思想,增强"四个意识"、坚定"四个自信"、做到"两个维护",坚持党的领导、人民当家作主、依法治国有机统一,坚定不移走中国特色社会主义法治道路,培育和践行社会主义核心价值观,以解决法治领域突出问题为着力点,建设中国特色社会主义法治体系,建设社会主义法治国家,在法治轨道上推进国家治理体系和治理能力现代化,提高党依法治国、依法执政能力,为全面建设社会主义现代化国家、实现中华民族伟大复兴的中国梦提供有力法治保障。

(二)主要原则

——坚持党的集中统一领导。牢牢把握党的领导是社会主义法治最根本的保证,坚持党领导立法、保证执法、支持司法、带头守法,充分发挥党总揽全局、协调各方的领导核心作用,确保法治中国建设的正确方向。

——坚持贯彻中国特色社会主义法治理论。深入贯彻习近平法治思想,系统总结运用新时代中国特色社会主义法治建设的鲜活经验,不断推进理论和实践创新发展。

——坚持以人民为中心。坚持法治建设为了人民、依靠人民,促进人的全面发展,努力让人民群众在每一项法律制度、每一个执法决定、每一宗司法案件中都感受到公平正义,加强人权法治保障,非因法定事由、非经法定程序不得限制、剥夺公民、法人和其他组织的财产和权利。

——坚持统筹推进。坚持依法治国、依法执政、依法行政共同推进,坚持法治国家、法治政府、法治社会一体建设,坚持依法治国和以德治国相结合,坚持依法治国和依规治党有机统一,全面推进科学立法、严格执法、公正司法、全民守法。

——坚持问题导向和目标导向。聚焦党中央关注、人民群众反映强烈的突出问题和法治建设薄弱环节,着眼推进国家治理体系和治理能力现代化,固根基、扬优势、补短板、强弱项,切实增强法治中国建设的时代性、针对性、实效性。

——坚持从中国实际出发。立足我国基本国情,统筹考虑经济社会发展状况、法治建设总体进程、人民群众需求变化等综合因素,汲取中华法律文化精华,借鉴国外法治有益经验,循序渐进、久久为功,确保各项制度设计行得通、真管用。

(三)总体目标

建设法治中国,应当实现法律规范科学完备统一,执法司法公正高效权威,权力运行受到有效制约监督,人民合法权益得到充分尊重保障,法治信仰普遍确立,法治国家、法治政府、法治社会全面建成。

到2025年,党领导全面依法治国体制机制更加健全,以宪法为核心的中国特色社会主义法律体系更加完备,职责明确、依法行政的政府治理体系日益健全,相互配合、相互制约的司法权运行机制更加科学有效,法治社会建设取得重大进展,党内法规体系更加完善,中国特色社会主义法治体系初步形成。

到2035年,法治国家、法治政府、法治社会基本建成,中国特色社会主义法治体系基本形成,人民平等参与、平等发展权利得到充分保障,国家治理体系和治理能力现代化基本实现。

**二、全面贯彻实施宪法,坚定维护宪法尊严和权威**

建设法治中国,必须高度重视宪法在治国理政中的重要地位和作用,坚持依宪治国、依宪执政,把全面贯彻实施宪法作为首要任务,健全保证宪法全面实施的体制机制,将宪法实施和监督提高到新水平。

(四)坚持把宪法作为根本活动准则。全国各族人民、一切国家机关和武装力量、各政党和各社会团体、各企业事业组织,都负有维护宪法尊严、保证宪法实施的职责,都不得有超越宪法法律的特权。坚持宪法法律至上,维护国家法制统一、尊严、权威,一切法律法规规章规范性文件都不得同宪法相抵触,一切违反宪法法律的行为都必须予以追究。党带头尊崇和执行宪法,把党领导人民制定和实施宪法法律同党坚持在宪法法律范围内活动统一起来,保障宪法法律的有效实施。

(五)加强宪法实施和监督。全国人大及其常委会要切实担负起宪法监督职责,加强宪法实施和监督,并将其作为全国人大常委会年度工作报告的重要事项。全国人大及其常委会通过的法律和作出的决定决议,应当确保符合宪法规定、宪法精神。推进合宪性审查工作,健全合宪性审查制度,明确合宪性审查的原则、内容、程序。建立健全涉及宪法问题的事先审查和咨询制度,有关方面拟出台的行政法规、军事法规、监察法规、地方性法规、经济特区法规、自治条例和单行条例、部门规章、地方政府规章、司法解释以及其他规范性文件和重要政策、重大举措,凡涉及宪法有关规定如何理解、实施、适用问题的,都应当依照有关规定向全国人大常委会书面提出合宪性审查请求。在备案审查工作中,应当注重审查是否存在不符合宪法规定和宪法精神的内容。加强宪法解释工作,落实宪法解释程序机制,回应涉及宪法有关问题的关切。

(六)推进宪法学习宣传教育。在全社会深入开展尊崇宪法、学习宪法、遵守宪法、维护宪法、运用宪法的宪法学习宣传教育活动,普及宪法知识,弘扬宪法精神。抓住领导干部这个"关键少数",把宪法法律学习列为党委(党组)理论学习中心组学习的重要内容,纳入党和国家工作人员培训教育体系。全面落实宪法宣誓制度。加强青少年宪法法律教育,增强青少年的规则意识、法治观念。在"五四宪法"历史资料陈列馆基础上建设国家宪法宣传教育馆。加强宪法理论研究和教材编写、修订、使用,凝练我国宪法的时代特色和实践特色,形成中国特色社会主义宪法理论和宪法话语体系。

**三、建设完备的法律规范体系,以良法促进发展、保障善治**

建设法治中国,必须加强和改进立法工作,深入推进科学立法、民主立法、依法立法,不断提高立法质量和效率,以高质量立法保障高质量发展、推动全面深化改革、维护社会大局稳定。

(七)完善立法工作格局。加强党对立法工作的领导,完善党委领导、人大主导、政府依托、各方参与的立法工作格局。党中央领导全国立法工作、研究决定国家立法工作中的重大问题,有立法权地方的党委按照党中央大政方针领导本地区立法工作。

完善人大主导立法工作的体制机制。加强人大对立法工作的组织协调,发挥人大及其常委会的审议把关作用。健全全国人大相关专门委员会、全国人大常委会工作机构牵头起草重要法律草案机制。更好发挥人大代表在起草和修改法律法规中的作用,人民代表大会会议一般都应当安排审议法律法规案。研究完善人大常委会会议制度,探索增加人大常委会审议法律法规案的会次安排。充分发挥人大常委会组成人员在立法中的作用,逐步提高人大常委会专职委员特别是有法治实践经验的专职委员比例。

注重发挥政府在立法工作中的重要作用。做好有关法律、地方性法规草案的起草工作,加强政府部门间立法协调。严格按照法定权限和程序制定行政法规、规章,保证行政法规、规章质量。

拓宽社会各方有序参与立法的途径和方式。加强立法协商,充分发挥政协委员、民主党派、工商联、无党派人士、人民团体、社会组织在立法协商中的作用。

(八)坚持立改废释并举。加强重点领域、新兴领域、涉外领域立法。推动贯彻新发展理念、构建新发展格局,加快完善深化供给侧结构性改革、促进创新驱动发展、防范化解金融风险等急需的法律法规。加强对权力运行的制约和监督,健全规范共同行政行为的法律法规,研究制定行政程序法。围绕加强社会主义文化建设,完善发展文化事业和文化产业、保护知识产权等方面的法律法规。加强保障和改善民生、创新社会治理方面的法律制度建设,为推进教育现代化、实施健康中国战略、维护社会治安等提供有力保障。加强疫情防控相关立法和配套制度建设,完善有关处罚程序,强化公共安全保障,构建系统完备、科学规范、运行有效的突发公共卫生事件应对法律体系。加强同民法典相关联、相配套的法律制度建设。加强国家安全领域立法。健全军民融合发展法律制度。加强信息技术领域立法,及时跟进研究数字经济、互联网金融、人工智能、大数据、云计算等相关法律制度,抓紧补齐短板。加强区域协调发展法律制度建设。制定和修改法律法规要着力解决违法成本过低、处罚力度不足问题。统筹解决食品药品、生态环境、安全生产等领域法律法规存在的该硬不硬、该严不严、该重不重问题。

针对法律规定之间不一致、不协调、不适应问题,及时组织清理。对某一领域有多部法律的,条件成熟时进行法典编纂。加强立法的协同配套工作,实行法律草案与配套规定同步研究、同步起草,增强法律规范整体功效。加强立法评估论证工作。加强法律法规解释工作。建设全国统一的法律、法规、规章、行政规范性文件、司法解释和党内法规信息平台。

坚持立法和改革相衔接相促进，做到重大改革于法有据，充分发挥立法的引领和推动作用。对改革急需、立法条件成熟的，抓紧出台；对立法条件还不成熟、需要先行先试的，依法及时作出授权决定或者改革决定。授权决定或者改革决定涉及的改革举措，实践证明可行的，及时按照程序制定修改相关法律法规。

完善弘扬社会主义核心价值观的法律政策体系，把社会主义核心价值观要求融入法治建设和社会治理。

加强京津冀协同发展、长江经济带发展、粤港澳大湾区建设、长三角一体化发展、黄河流域生态保护和高质量发展、推进海南全面深化改革开放等国家重大发展战略的法治保障。

（九）健全立法工作机制。健全立法立项、起草、论证、协调、审议机制，提高立法的针对性、及时性、系统性、可操作性。健全立法规划计划编制制度，充分发挥立法规划计划的统筹引领作用。健全立法征求意见机制，扩大公众参与的覆盖面和代表性，增强立法透明度。对与企业生产经营密切相关的立法项目，充分听取有关企业和行业协会商会意见。健全立法征求公众意见采纳反馈机制，对相对集中的意见未予采纳的，应当进行说明。充分利用大数据分析，为立法中的重大事项提供统计分析和决策依据。对立法涉及的重大利益调整事项加强论证咨询，推进对争议较大的重要立法事项引入第三方评估工作。建立健全重要立法争议事项协调机制，防止立法项目久拖不决。完善立法技术规范，加强立法指引。

（十）加强地方立法工作。有立法权的地方应当紧密结合本地发展需要和实际，突出地方特色和针对性、实效性，创造性做好地方立法工作。健全地方立法工作机制，提高立法质量，确保不与上位法相抵触，切实避免越权立法、重复立法、盲目立法。建立健全区域协同立法工作机制，加强全国人大常委会对跨区域地方立法的统一指导。2025 年年底前，完成对全国地方立法工作人员的轮训。

**四、建设高效的法治实施体系，深入推进严格执法、公正司法、全民守法**

建设法治中国，必须深入推进严格执法、公正司法、全民守法，健全社会公平正义法治保障制度，织密法治之网，强化法治之力，不断增强人民群众的获得感、幸福感、安全感。

（十一）构建职责明确、依法行政的政府治理体系。各级政府必须坚持依法行政，恪守法定职责必须为、法无授权不可为，把政府活动全面纳入法治轨道。

依法全面履行政府职能，着力厘清政府和市场、政府和社会的关系，更加注重用法律和制度遏制不当干预经济活动的行为。深入推进简政放权，持续整治变相设置行政许可事项的违法违规行为。大力推行清单制度并实行动态管理，编制完成并公布中央层面设定的行政许可事项清单、备案管理事项清单，国务院部门权责清单于 2022 年上半年前编制完成并公布。

严格落实重大行政决策程序制度，切实防止违法决策、不当决策、拖延决策。充分发挥法律顾问、公职律师在重大行政决策中的作用。建立健全重大行政决策跟踪反馈和评估制度。全面推行行政规范性文件合法性审核机制，凡涉及公民、法人或其他组织权利和义务的行政规范性文件均应经过合法性审核。

深化行政执法体制改革，统筹配置行政执法职能和执法资源，最大限度减少不必要的行政执法事项。进一步整合行政执法队伍，继续探索实行跨领域跨部门综合执法。推动执法重心向市县两级政府下移，加大执法人员、经费、资源、装备等向基层倾斜力度。健全事前事中事后监管有效衔接、信息互联互通共享、协同配合工作机制。完善行政执法权限协调机制。健全行政执法和刑事司法衔接机制，全面推进"两法衔接"信息平台建设和应用。完善行政强制执行体制机制。建立健全军地联合执法机制。

坚持严格规范公正文明执法，全面推行行政执法公示制度、执法全过程记录制度、重大执法决定法制审核制度。加大食品药品、公共卫生、生态环境、安全生产、劳动保障、野生动物保护等关系群众切身利益的重点领域执法力度。推进统一的行政执法人员资格和证件管理、行政执法文书基本标准、行政执法综合管理监督信息系统建设。全面推行行政裁量权基准制度，规范执法自由裁量权。改进和创新执法方式，加强行政指导、行政奖励、行政和解等非强制行政手段的运用。建立行政执法案例指导制度。建立健全行政执法风险防控机制。严格执行突发事件应对有关法律法规，依法实施应急处置措施，全面提高依法应对突发事件能力和水平。

加强和创新事中事后监管，推进"双随机、一公开"跨部门联合监管，强化重点领域重点监管，探索信用监管、大数据监管、包容审慎监管等新型监管方式，努力形成全覆盖、零容忍、更透明、重实效、保安全的事中事后监管体系。持续开展"减证便民"行动,推行证明事项告知承诺制。

持续营造法治化营商环境,实施统一的市场准入负面清单制度,清理破除隐性准入壁垒,普遍落实"非禁即入"。全面清理、废止对非公有制经济的各种形式不合理规定,坚决纠正滥用行政权力排除、限制竞争行为。全面清理违法违规的涉企收费、检查、摊派事项和评比达标表彰活动。加强政务诚信建设,重点治理政府失信行为,加大惩处和曝光力度。实行知识产权侵权惩罚性赔偿制度,激励和保护科技创新。

加快推进"互联网+政务服务",政务服务重点领域和高频事项基本实现"一网、一门、一次"。2022年年底前建成全国一体化政务服务平台,除法律法规另有规定或涉及国家秘密等外,政务服务事项全部纳入平台办理,全面实现"一网通办"。

(十二)建设公正高效权威的中国特色社会主义司法制度。紧紧抓住影响司法公正、制约司法能力的深层次问题,坚持符合国情和遵循司法规律相结合,坚持和加强党对司法工作的绝对领导。健全公安机关、检察机关、审判机关、司法行政机关各司其职,侦查权、检察权、审判权、执行权相互配合、相互制约的体制机制。深化司法体制综合配套改革,全面落实司法责任制。

明确四级法院职能定位,充分发挥审级监督功能。完善民事再审程序,探索将具有普遍法律适用指导意义、关乎社会公共利益的案件交由较高层级法院审理。完善最高人民法院巡回法庭工作机制,健全综合配套措施。完善知识产权、金融、海事等专门法院建设,加强互联网法院建设。深化与行政区划适当分离的司法管辖制度改革。健全未成年人司法保护体系。

坚持"让审理者裁判、由裁判者负责",依法赋权独任庭、合议庭。健全重大、疑难、复杂案件由院庭长直接审理机制。坚持"谁办案谁负责、谁决定谁负责",落实检察官办案主体地位。健全担任领导职务的检察官直接办案制度。加强办案团队建设,推动司法人员专业化分工、类案专业化办理。健全专业法官会议、检察官联席会议制度,切实发挥为办案组织提供法律咨询的功能。加强和完善指导性案例制度,确保法律适用统一。

深化以审判为中心的刑事诉讼制度改革。健全侦查机关调查收集证据制度,规范补充侦查、不起诉、撤回起诉制度。完善庭前会议、非法证据排除制度,规范法庭调查和庭审量刑程序,落实证人、鉴定人、侦查人员出庭作证制度,完善技术侦查证据的法庭调查和使用规则。完善认罪认罚从宽制度,落实宽严相济刑事政策。改革刑事申诉制度,对不服司法机关生效裁判和决定的申诉,逐步实行由律师代理制度。健全落实法律援助值班律师制度,实现刑事案件律师辩护、法律帮助全覆盖。健全有关工作机制,依法从严从快惩处妨碍突发事件应对的违法犯罪行为。

完善民事诉讼制度体系。探索扩大小额诉讼程序适用范围,完善其与简易程序、普通程序的转换适用机制。探索扩大独任制适用范围。优化司法确认程序适用。改革诉讼收费制度。全面建设集约高效、多元解纷、便民利民、智慧精准、开放互动、交融共享的现代化诉讼服务体系。加快推进跨域立案诉讼服务改革,2022年年底前实现诉讼服务就近能办、同城通办、异地可办。

深化执行体制改革,加强执行难综合治理、源头治理。深入推进审执分离,优化执行权配置,落实统一管理、统一指挥、统一协调的执行工作机制。完善刑罚执行制度,统一刑罚执行体制。深化监狱体制机制改革,实行罪犯分类、监狱分级制度。完善社区矫正制度。完善监狱、看守所与社区矫正和安置帮教机构之间的工作对接机制。

(十三)深入推进全民守法。全面依法治国需要全社会共同参与,必须大力弘扬社会主义法治精神,建设社会主义法治文化,引导全体人民做社会主义法治的忠实崇尚者、自觉遵守者、坚定捍卫者。

改进创新普法工作,加大全民普法力度,增强全民法治观念。建立健全立法工作宣传报道常态化机制,对立法热点问题主动发声、解疑释惑。全面落实"谁执法谁普法"普法责任制。深入开展法官、检察官、行政复议人员、行政执法人员、律师等以案释法活动。加强突发事件应对法治宣传教育和法律服务。

广泛推动人民群众参与社会治理,打造共建共治共享的社会治理格局。完善群众参与基层社会治理的制度化渠道。加快推进市域社会治理现代化。健全社会治理规范体系。发挥工会、共青团、妇联等群团组织引领联系群众参与社会治理的作用。加快推进社会信用立法,完善失信惩戒机制。规范失信惩戒对象名单制度,依法依规明确制定依据、适用范围、惩治标准和救济机制,在加强失信惩戒的同时保护公民、企业合法权益。加强对产权的执法司法保护,健全涉产权错案甄别纠正机制。完善对暴力袭警行为的刑事责任追究制度。加大对暴力伤害医务人员犯罪行为打击力度。

紧紧围绕人民日益增长的美好生活需要加强公共法

律服务,加快整合律师、公证、调解、仲裁、法律援助、司法鉴定等公共法律服务资源,到 2022 年基本形成覆盖城乡、便捷高效、均等普惠的现代公共法律服务体系。构建公共法律服务评价指标体系,以群众满意度来检验公共法律服务工作成效。推动建设一支高素质涉外法律服务队伍、建设一批高水平涉外法律服务机构。

积极引导人民群众依法维权和化解矛盾纠纷,坚持和发展新时代"枫桥经验"。充分发挥人民调解的第一道防线作用,完善人民调解、行政调解、司法调解联动工作体系。全面开展律师调解工作。完善调解、信访、仲裁、行政裁决、行政复议、诉讼等社会矛盾纠纷多元预防调处化解综合机制,整合基层矛盾纠纷化解资源和力量,充分发挥非诉纠纷解决机制作用。深化法律援助制度改革,扩大法律援助覆盖面。有序推进行政裁决工作,探索扩大行政裁决适用范围。

**五、建设严密的法治监督体系,切实加强对立法、执法、司法工作的监督**

建设法治中国,必须抓紧完善权力运行制约和监督机制,规范立法、执法、司法机关权力行使,构建党统一领导、全面覆盖、权威高效的法治监督体系。

(十四)推进对法治工作的全面监督。加强党对法治监督工作的集中统一领导,把法治监督作为党和国家监督体系的重要内容,保证行政权、监察权、审判权、检察权得到依法正确行使,保证公民、法人和其他组织合法权益得到切实保障。加强国家机关监督、民主监督、群众监督和舆论监督,形成法治监督合力,发挥整体监督效能。推进执纪执法贯通、有效衔接司法。完善人民监督员制度。坚持以公开为常态、不公开为例外,全面推进立法公开、执法公开、司法公开,逐步扩大公开范围,提升公开服务水平,主动接受新闻媒体舆论监督和社会监督。党委政法委应当指导、推动政法单位建立健全与执法司法权运行机制相适应的制约监督体系,构建权责清晰的执法司法责任体系,健全政治督察、综治督导、执法监督、纪律作风督查巡查等制度机制。

(十五)加强立法监督工作。建立健全立法监督工作机制,完善监督程序。推进法律法规规章起草征求人大代表、政协委员意见工作。依法处理国家机关和社会团体、企业事业组织、公民对法规规章等书面提出的审查要求或者审查建议。

加强备案审查制度和能力建设,实现有件必备、有备必审、有错必纠。完善备案审查程序,明确审查范围、标准和纠正措施。强化对地方各级政府和县级以上政府部门行政规范性文件、地方各级监察委员会监察规范性文件的备案审查。加强对司法解释的备案监督。将地方法院、检察院制定的规范性文件纳入本级人大常委会备案审查范围。加快建立全国统一的备案审查信息平台。建立健全党委、人大常委会、政府、军队等之间的备案审查衔接联动机制。建立健全备案审查工作年度报告制度。

(十六)加强对执法工作监督。加强省市县乡四级全覆盖的行政执法协调监督工作体系建设,强化全方位、全流程监督,提高执法质量。加大对执法不作为、乱作为、选择性执法、逐利执法等有关责任人的追责力度,落实行政执法责任制和责任追究制度。完善行政执法投诉举报和处理机制。

加强和改进行政复议工作,强化行政复议监督功能,加大对违法和不当行政行为的纠错力度。推进行政复议体制改革,整合行政复议职责,畅通行政复议渠道,2022 年前基本形成公正权威、统一高效的行政复议工作体制。健全行政复议案件审理机制,加强行政复议规范化、专业化、信息化建设。规范和加强行政应诉工作。

(十七)加强对司法活动监督。健全对法官、检察官办案的制约和监督制度,促进司法公正。全面推行法官、检察官办案责任制,统一规范法官、检察官办案权限。加强审判权、检察权运行监督管理,明确法院院长、庭长和检察院检察长、业务部门负责人监督管理权力和责任,健全审判人员、检察人员权责清单。完善对担任领导职务的法官、检察官办案情况的考核监督机制,配套建立内部公示、定期通报机制。健全落实司法机关内部人员过问案件记录追责、规范司法人员与律师和当事人等接触交往行为的制度。构建科学合理的司法责任认定和追究制度。完善司法人员惩戒制度,明确惩戒情形和程序。

完善民事、行政检察监督和检察公益诉讼案件办理机制。健全对最高人民法院巡回法庭、知识产权法院、金融法院、互联网法院等的法律监督机制。拓展公益诉讼案件范围,完善公益诉讼法律制度,探索建立民事公益诉讼惩罚性赔偿制度。完善检察建议制度。

完善刑事立案监督和侦查监督工作机制。健全刑事案件统一审核、统一出口工作机制,规范证据审查判断与运用。健全侦查机关办理重大案件听取检察机关意见建议制度。完善对查封、扣押、冻结等侦查措施的监督机制。健全刑事申诉案件受理、移送、复查机制。推动在市县公安机关建设执法办案管理中心。

加强人权司法保障。建立重大案件侦查终结前对讯问合法性进行核查制度。健全讯问犯罪嫌疑人、听取辩护人意见工作机制。建立对监狱、看守所的巡回检察制度。完善看守所管理制度。完善有效防范和及时发现、纠正冤假错案工作机制。健全辩护人、诉讼代理人行使诉讼权利保障机制。

**六、建设有力的法治保障体系,筑牢法治中国建设的坚实后盾**

建设法治中国,必须加强政治、组织、队伍、人才、科技、信息等保障,为全面依法治国提供重要支撑。

(十八)加强政治和组织保障。各级党委(党组)和领导干部要支持立法、执法、司法机关开展工作,支持司法机关依法独立公正行使职权。党的各级组织部门等要发挥职能作用,保障推进法治中国建设。中央和省级党政部门要明确负责本部门法治工作的机构。各级立法、执法、司法机关党组(党委)要加强领导、履职尽责,机关基层党组织和党员要充分发挥战斗堡垒和先锋模范作用,保障宪法法律实施。严格执行《领导干部干预司法活动、插手具体案件处理的记录、通报和责任追究规定》。

(十九)加强队伍和人才保障。牢牢把握忠于党、忠于国家、忠于人民、忠于法律的总要求,大力提高法治工作队伍思想政治素质、业务工作能力、职业道德水准,努力建设一支德才兼备的高素质法治工作队伍。

建设革命化、正规化、专业化、职业化的法治专门队伍。坚持把政治标准放在首位,加强科学理论武装,深入开展理想信念教育。完善法律职业准入、资格管理制度,建立法律职业人员统一职前培训制度和在职法官、检察官、警官、律师同堂培训制度。完善从符合条件的律师、法学专家中招录立法工作者、法官、检察官、行政复议人员制度。加强立法工作队伍建设。建立健全立法、执法、司法部门干部和人才常态化交流机制,加大法治专门队伍与其他部门具备条件的干部和人才交流力度。加强边疆地区、民族地区和基层法治专门队伍建设。健全法官、检察官员额管理制度,规范遴选标准、程序。加强执法司法辅助人员队伍建设。建立健全符合职业特点的法治工作人员管理制度,完善职业保障体系。健全执法司法人员依法履职免责、履行职务受侵害保障救济、不实举报澄清等制度。加强法治专门队伍教育培训。

加快发展律师、公证、司法鉴定、仲裁、调解等法律服务队伍。健全职业道德准则、执业行为规范,完善职业道德评价机制。把拥护中国共产党领导、拥护我国社会主义法治作为法律服务人员从业的基本要求。坚持和加强党对律师工作的领导,推动律师行业党的建设。完善律师执业权利保障制度机制。健全法官、检察官、律师等法律职业人员惩戒机制,建立律师不良执业信息记录披露和查询制度。发展公职律师、公司律师和党政机关、企事业单位、村(居)法律顾问队伍。

构建凸显时代特征、体现中国特色的法治人才培养体系。坚持以习近平新时代中国特色社会主义思想为指导,坚持立德树人、德法兼修,解决好为谁教、教什么、教给谁、怎样教的问题。推动以马克思主义为指导的法学学科体系、学术体系、教材体系、话语体系建设。深化高等法学教育改革,优化法学课程体系,强化法学实践教学,培养信念坚定、德法兼修、明法笃行的高素质法治人才。推进教师队伍法治教育培训。加强法学专业教师队伍建设。完善高等学校涉外法学专业学科设置。加大涉外法治人才培养力度,创新涉外法治人才培养模式。建立健全法学教育、法学研究工作者和法治实践工作者之间双向交流机制。

(二十)加强科技和信息化保障。充分运用大数据、云计算、人工智能等现代科技手段,全面建设"智慧法治",推进法治中国建设的数据化、网络化、智能化。优化整合法治领域各类信息、数据、网络平台,推进全国法治信息化工程建设。加快公共法律服务实体平台、热线平台、网络平台有机融合,建设覆盖全业务、全时空的公共法律服务网络。

**七、建设完善的党内法规体系,坚定不移推进依规治党**

建设法治中国,必须坚持依法治国和依规治党有机统一,加快形成覆盖党的领导和党的建设各方面的党内法规体系,增强党依法执政本领,提高管党治党水平,确保党始终成为中国特色社会主义事业的坚强领导核心。

(二十一)健全党内法规体系。坚持和加强党的全面领导,坚持党要管党、全面从严治党,以党章为根本,以民主集中制为核心,不断完善党的组织法规、党的领导法规、党的自身建设法规、党的监督保障法规,构建内容科学、程序严密、配套完备、运行有效的党内法规体系。坚持立改废释并举,与时俱进做好党内法规制定修订工作,完善清理工作机制,加大解释力度,提高党内法规质量。健全党内法规备案审查制度,坚持有件必备、有备必审、有错必纠,维护党内法规体系统一性和权威性。注重党内法规同国家法律的衔接和协调,努力形成国家法律和党内法规相辅相成、相互促进、相互保障的格局。

(二十二)抓好党内法规实施。把提高党内法规执行力摆在更加突出位置,把抓"关键少数"和管"绝大多数"统一起来,以各级领导机关和党员领导干部带头尊规学规守规用规,带动全党遵规守纪。加强学习教育,把重要党内法规列为党委(党组)理论学习中心组学习的重要内容,列为党校(行政学院)、干部学院重要教学内容,列入法治宣传教育规划重要任务。加大党内法规公开力度,提高党内法规的普及度和知晓率。落实党内法规执行责任制,做到有规必执、执规必严。开展党内法规实施评估工作,推动党内法规实施。强化监督检查和追责问责,将党内法规执行情况作为各级党委督促检查、巡视巡察重要内容,严肃查处违反党内法规的各种行为。

(二十三)强化党内法规制度建设保障。加强党内法规专门工作队伍建设,突出政治标准,加强专业化建设,充实各级党内法规工作机构人员力量。加快补齐党内法规理论研究方面短板,重点建设一批党内法规研究高端智库和研究教育基地,推动形成一批高质量研究成果,引领和聚集一批党内法规研究人才。健全后备人才培养机制,继续推进在部分高校开展党内法规研究方向的研究生教育,加强学科建设,为党内法规事业持续发展提供人才支撑。

**八、紧紧围绕新时代党和国家工作大局,依法维护国家主权、安全、发展利益**

建设法治中国,必须高度重视依法保障"一国两制"实践、巩固和深化两岸关系和平发展,运用法治思维和法治方式处理好国际经济、政治、社会事务,深入推进依法治军从严治军,更好维护和实现我国和平发展的战略目标。

(二十四)依法保障"一国两制"实践和推进祖国统一。坚持宪法的最高法律地位和最高法律效力,坚定不移并全面准确贯彻"一国两制"、"港人治港"、"澳人治澳"、高度自治的方针,坚持依法治港治澳,维护宪法和基本法确定的特别行政区宪制秩序,把维护中央对特别行政区全面管治权和保障特别行政区高度自治权有机统一起来,完善特别行政区同宪法和基本法实施相关的制度和机制。支持特别行政区行政长官和政府依法施政、积极作为,履行维护国家主权、安全、发展利益的宪制责任。健全落实特别行政区维护国家安全的法律制度和执行机制,确保"一国两制"行稳致远。防范和反对外部势力干预香港、澳门事务,保持香港、澳门长期繁荣稳定。

探索"一国两制"台湾方案,推进祖国和平统一进程。推动两岸就和平发展达成制度性安排,完善促进两岸交流合作、深化两岸融合发展、保障台湾同胞福祉的制度安排和政策措施。支持两岸法学法律界交流交往。运用法治方式捍卫一个中国原则、坚决反对"台独",坚定维护国家主权、安全、发展利益。

依法保护港澳同胞、台湾同胞权益。全面推进内地同香港、澳门互利合作,完善便利香港、澳门居民在内地发展的政策措施。加强内地同香港和澳门、大陆同台湾的执法合作和司法协助,共同打击跨境违法犯罪活动。

(二十五)加强涉外法治工作。适应高水平对外开放工作需要,完善涉外法律和规则体系,补齐短板,提高涉外工作法治化水平。

积极参与国际规则制定,推动形成公正合理的国际规则体系。加快推进我国法域外适用的法律体系建设。围绕促进共建"一带一路"国际合作,推进国际商事法庭建设与完善。推动我国仲裁机构与共建"一带一路"国家仲裁机构合作建立联合仲裁机制。强化涉外法律服务,维护我国公民、法人在海外及外国公民、法人在我国的正当权益。建立涉外工作法务制度。引导对外经贸合作企业加强合规管理,提高法律风险防范意识。建立健全域外法律查明机制。推进对外法治宣传,讲好中国法治故事。加强国际法研究和运用。

加强多双边法治对话,推进对外法治交流。深化国际司法交流合作。完善我国司法协助体制机制,推进引渡、遣返犯罪嫌疑人和被判刑人移管等司法协助领域国际合作。积极参与执法安全国际合作,共同打击暴力恐怖势力、民族分裂势力、宗教极端势力和贩毒走私、跨国有组织犯罪。加强反腐败国际合作,加大海外追逃追赃、遣返引渡力度。

(二十六)深入推进依法治军从严治军。深入贯彻习近平强军思想,坚持党对人民军队绝对领导,全面深入贯彻军委主席负责制,围绕实现党在新时代的强军目标,加快构建完善的中国特色军事法治体系,推动治军方式根本性转变。

加快推进改革急需、备战急用、官兵急盼重点立法项目。有力有序推进军事政策制度改革。完善军事立法计划管理制度。健全军事规范性文件审查和备案制度。完善军事法规制度定期清理机制。推动军事法制信息化建设,推进法规制度建设集成化、军事法规法典化。2020年年底前,完成国防和军队建设各系统各领域主干法规制度改革,构建起中国特色社会主义军事法规制度体系基本框架;到2022年,健全各领域配套法规制度,构建起比较完备的中国特色社会主义军事法规制度体系。

明确军事法规执行责任和程序,落实执法责任制。强化官兵法治信仰和法治思维,深化法治军营创建活动。持续实施军事法治理论研究工程,组织编写全军统一的军事法治理论教材。加强军事法治国际交流,积极参与国际军事规则创制。综合运用党内监督、层级监督、专门监督等方式,构建常态化规范化军事法治监督体系。

构建依法治军组织领导体系,成立军委依法治军组织领导机构及其办事机构。健全军事法制工作体制,建立和调整完善专门的军事法制工作机构。建立军事法律顾问制度。健全党领导军队政法工作机制,强化军委政法委功能作用。完善军事司法制度。

**九、加强党对法治中国建设的集中统一领导,充分发挥党总揽全局、协调各方的领导核心作用**

建设法治中国,必须始终把党的领导作为社会主义法治最根本的保证,把加强党的领导贯彻落实到全面依法治国全过程和各方面。

(二十七)深入学习宣传贯彻习近平法治思想。习近平法治思想是全面依法治国的根本遵循和行动指南。要加强部署安排,持续推动广大干部群众深入学习贯彻习近平法治思想,深刻领会蕴含其中的马克思主义立场观点方法,全面准确把握精神实质、丰富内涵和核心要义,增强学习贯彻的自觉性和坚定性。各级党委(党组)理论学习中心组要将习近平法治思想作为重点内容,党校(行政学院)和干部学院要作为重点课程。各地区各部门要组织党员、干部进行系统学习和培训。法治工作部门要开展全战线、全覆盖的培训轮训。要把习近平法治思想融入学校教育,纳入高校法治理论教学体系,做好进教材、进课堂、进头脑工作。要开展深入研究和宣传,拓展学习宣传的广度深度。运用新媒体新技术,加强网上宣讲。

(二十八)推进依法执政。健全党的全面领导制度。推进党的领导入法入规,着力实现党的领导制度化、法治化。完善党领导人大、政府、政协、监察机关、审判机关、检察机关、武装力量、人民团体、企事业单位、基层群众自治组织、社会组织等制度。将坚持党的全面领导的要求载入国家机构组织法,载入政协、民主党派、工商联、人民团体、国有企业、高等学校、有关社会组织等的章程。完善党委依法决策机制,健全议事规则和决策程序。

建立领导干部应知应会法律法规清单制度,推动领导干部做尊法学法守法用法的模范。把法治素养和依法履职情况纳入考核评价干部的重要内容。各级领导干部要全面提高运用法治思维和法治方式深化改革、推动发展、化解矛盾、维护稳定、应对风险能力,绝不允许以言代法、以权压法、逐利违法、徇私枉法。

(二十九)加强中国特色社会主义法治理论研究,加快中国特色社会主义法治体系建设。立足我国国情和实际,加强对社会主义法治建设的理论研究,尽快构建体现我国社会主义性质,具有鲜明中国特色、实践特色、时代特色的法治理论体系和话语体系。坚持和发展我国法律制度建设的显著优势,深入研究和总结我国法律制度体系建设的成功经验,推进中国特色社会主义法治体系创新发展。挖掘和传承中华优秀传统法律文化,研究、总结和提炼党领导人民推进法治建设实践和理论成果。组织和推动高等学校、科研院所以及法学专家学者加强中国特色社会主义法治理论研究,为建设法治中国提供学理支撑。

(三十)加强党对全面依法治国的统一领导、统一部署、统筹协调。健全党领导立法、保证执法、支持司法、带头守法的制度机制。党政主要负责人要切实履行推进法治建设第一责任人职责,将履行推进法治建设第一责任人职责情况列入年终述职内容。各级党委要将法治建设与经济社会发展同部署、同推进、同督促、同考核、同奖惩。研究制定法治建设指标体系和考核标准。加强对重大法治问题的法治督察。

中央全面依法治国委员会做好法治中国建设的顶层设计、总体布局、统筹协调、整体推进、督促落实,实现集中领导、高效决策、统一部署。地方各级党委法治建设议事协调机构要加强对本地区法治建设的牵头抓总、运筹谋划、督促落实等工作。

各地区各部门要全面准确贯彻落实本规划精神和要求,结合实际制定实施方案,明确分工、压实责任,狠抓落实、务求实效,力戒形式主义、官僚主义。中央依法治国办要强化统筹协调,加强督办、推进落实,确保规划各项任务措施落到实处。

## 法治政府建设实施纲要(2021—2025年)

·2021年8月11日

法治政府建设是全面依法治国的重点任务和主体工程,是推进国家治理体系和治理能力现代化的重要支撑。为在新发展阶段持续深入推进依法行政,全面建设法治政府,根据当前法治政府建设实际,制定本纲要。

**一、深入学习贯彻习近平法治思想,努力实现法治政府建设全面突破**

党的十八大以来,特别是《法治政府建设实施纲要(2015—2020年)》贯彻落实5年来,各地区各部门多措并举、改革创新,法治政府建设取得重大进展。党对法治政府建设的领导不断加强,责任督察和示范创建活动深入实施，法治政府建设推进机制基本形成；"放管服"改革纵深推进，营商环境大幅优化；依法行政制度体系日益健全，重大行政决策程序制度初步建立，行政决策公信力持续提升；行政执法体制机制改革大力推进，严格规范公正文明执法水平普遍提高；行政权力制约和监督全面加强，违法行政行为能够被及时纠正查处；社会矛盾纠纷依法及时有效化解，行政争议预防化解机制更加完善；各级公务员法治意识显著增强，依法行政能力明显提高。当前，我国已经开启全面建设社会主义现代化国家、向第二个百年奋斗目标进军的新征程，统筹中华民族伟大复兴战略全局和世界百年未有之大变局，推进国家治理体系和治理能力现代化，适应人民日益增长的美好生活需要，都对法治政府建设提出了新的更高要求，必须立足全局、着眼长远、补齐短板、开拓进取，推动新时代法治政府建设再上新台阶。

（一）指导思想。高举中国特色社会主义伟大旗帜，坚持以马克思列宁主义、毛泽东思想、邓小平理论、"三个代表"重要思想、科学发展观、习近平新时代中国特色社会主义思想为指导，全面贯彻党的十九大和十九届二中、三中、四中、五中全会精神，全面贯彻习近平法治思想，增强"四个意识"、坚定"四个自信"、做到"两个维护"，把法治政府建设放在党和国家事业发展全局中统筹谋划，加快构建职责明确、依法行政的政府治理体系，全面建设职能科学、权责法定、执法严明、公开公正、智能高效、廉洁诚信、人民满意的法治政府，为全面建设社会主义现代化国家、实现中华民族伟大复兴的中国梦提供有力法治保障。

（二）主要原则。坚持党的全面领导，确保法治政府建设正确方向；坚持以人民为中心，一切行政机关必须为人民服务、对人民负责、受人民监督；坚持问题导向，用法治给行政权力定规矩、划界限，切实解决制约法治政府建设的突出问题；坚持改革创新，积极探索具有中国特色的法治政府建设模式和路径；坚持统筹推进，强化法治政府建设的整体推动、协同发展。

（三）总体目标。到2025年，政府行为全面纳入法治轨道，职责明确、依法行政的政府治理体系日益健全，行政执法体制机制基本完善，行政执法质量和效能大幅提升，突发事件应对能力显著增强，各地区各层级法治政府建设协调并进，更多地区实现率先突破，为到2035年基本建成法治国家、法治政府、法治社会奠定坚实基础。

**二、健全政府机构职能体系，推动更好发挥政府作用**

坚持法定职责必须为、法无授权不可为，着力实现政府职能深刻转变，把该管的事务管好、管到位，基本形成边界清晰、分工合理、权责一致、运行高效、法治保障的政府机构职能体系。

（四）推进政府机构职能优化协同高效。坚持优化政府组织结构与促进政府职能转变、理顺部门职责关系统筹结合，使机构设置更加科学、职能更加优化、权责更加协同。完善经济调节、市场监管、社会管理、公共服务、生态环境保护等职能，厘清政府和市场、政府和社会关系，推动有效市场和有为政府更好结合。强化制定实施发展战略、规划、政策、标准等职能，更加注重运用法律和制度遏制不当干预微观经济活动的行为。构建简约高效的基层管理体制，实行扁平化和网格化管理。推进编制资源向基层倾斜，鼓励、支持从上往下跨层级调剂使用行政和事业编制。

全面实行政府权责清单制度，推动各级政府高效履职尽责。2022年上半年编制完成国务院部门权责清单，建立公开、动态调整、考核评估、衔接规范等配套机制和办法。调整完善地方各级政府部门权责清单，加强标准化建设，实现同一事项的规范统一。严格执行市场准入负面清单，普遍落实"非禁即入"。

（五）深入推进"放管服"改革。分级分类推进行政审批制度改革。依托全国一体化政务服务平台等渠道，全面推行审批服务"马上办、网上办、就近办、一次办、自助办"。坚决防止以备案、登记、行政确认、征求意见等方式变相设置行政许可事项。推行行政审批告知承诺制。大力归并减少各类资质资格许可事项，降低准入门槛。有序推进"证照分离"改革全覆盖，将更多涉企经营许可事项纳入改革。积极推进"一业一证"改革，探索实现"一证准营"、跨地互认通用。深化投资审批制度改革，推进投资领域行政执法监督，全面改善投资环境。全面落实证明事项告知承诺制，新设证明事项必须有法律法规或者国务院决定依据。

推动政府管理依法进行，把更多行政资源从事前审批转到事中事后监管上来。健全以"双随机、一公开"监管和"互联网+监管"为基本手段、以重点监管为补充、以信用监管为基础的新型监管机制，推进线上线下一体化监管，完善与创新创造相适应的包容审慎监管方式。根据不同领域特点和风险程度确定监管内容、方式和频次，提高监管精准化水平。分领域制定全国统一、简明易行的监管规则和标准，做到标准公开、规则公平、预期合理、各负其责。

加快建设服务型政府，提高政务服务效能。全面提升政务服务水平,完善首问负责、一次告知、一窗受理、自助办理等制度。加快推进政务服务“跨省通办”,到 2021 年年底前基本实现高频事项“跨省通办”。大力推行“一件事一次办”,提供更多套餐式、主题式集成服务。推进线上线下深度融合,增强全国一体化政务服务平台服务能力,优化整合提升各级政务大厅“一站式”功能,全面实现政务服务事项全城通办、就近能办、异地可办。坚持传统服务与智能创新相结合,充分保障老年人基本服务需要。

(六)持续优化法治化营商环境。紧紧围绕贯彻新发展理念、构建新发展格局,打造稳定公平透明、可预期的法治化营商环境。深入实施《优化营商环境条例》。及时总结各地优化营商环境可复制可推广的经验做法,适时上升为法律法规制度。依法平等保护各种所有制企业产权和自主经营权,切实防止滥用行政权力排除、限制竞争行为。健全外商投资准入前国民待遇加负面清单管理制度,推动规则、规制、管理、标准等制度型开放。加强政企沟通,在制定修改行政法规、规章、行政规范性文件过程中充分听取企业和行业协会商会意见。加强和改进反垄断与反不正当竞争执法。强化公平竞争审查制度刚性约束,及时清理废除妨碍统一市场和公平竞争的各种规定和做法,推动形成统一开放、竞争有序、制度完备、治理完善的高标准市场体系。

**三、健全依法行政制度体系,加快推进政府治理规范化程序化法治化**

坚持科学立法、民主立法、依法立法,着力实现政府立法质量和效率并重并进,增强针对性、及时性、系统性、可操作性,努力使政府治理各方面制度更加健全、更加完善。

(七)加强重要领域立法。积极推进国家安全、科技创新、公共卫生、文化教育、民族宗教、生物安全、生态文明、防范风险、反垄断、涉外法治等重要领域立法,健全国家治理急需的法律制度、满足人民日益增长的美好生活需要必备的法律制度。制定修改传染病防治法、突发公共卫生事件应对法、国境卫生检疫法等法律制度。及时跟进研究数字经济、互联网金融、人工智能、大数据、云计算等相关法律制度,抓紧补齐短板,以良法善治保障新业态新模式健康发展。

加强规范共同行政行为立法,推进机构、职能、权限、程序、责任法定化。修改国务院组织法、地方各级人民代表大会和地方各级人民政府组织法。修改行政复议法、行政许可法,完善行政程序法律制度。研究制定行政备案条例、行政执法监督条例。

(八)完善立法工作机制。增强政府立法与人大立法的协同性,统筹安排相关联相配套的法律法规规章的立改废释工作。聚焦实践问题和立法需求,提高立法精细化精准化水平。完善立法论证评估制度,加大立法前评估力度,认真论证评估立法项目必要性、可行性。建立健全立法风险防范机制,将风险评估贯穿立法全过程。丰富立法形式,注重解决实际问题。积极运用新媒体新技术拓宽立法公众参与渠道,完善立法听证、民意调查机制。修改法规规章备案条例,推进政府规章层级监督,强化省级政府备案审查职责。推进区域协同立法,强化计划安排衔接、信息资源共享、联合调研论证、同步制定修改。

(九)加强行政规范性文件制定监督管理。依法制定行政规范性文件,严禁越权发文、严控发文数量、严格制发程序。建立健全行政规范性文件制定协调机制,防止政出多门、政策效应相互抵消。健全行政规范性文件动态清理工作机制。加强对行政规范性文件制定和管理工作的指导监督,推动管理制度化规范化。全面落实行政规范性文件合法性审核机制,明确审核范围,统一审核标准。严格落实行政规范性文件备案审查制度。

**四、健全行政决策制度体系,不断提升行政决策公信力和执行力**

坚持科学决策、民主决策、依法决策,着力实现行政决策程序规定严格落实、决策质量和效率显著提高,切实避免因决策失误产生矛盾纠纷、引发社会风险、造成重大损失。

(十)强化依法决策意识。各级行政机关负责人要牢固树立依法决策意识,严格遵循法定权限和程序作出决策,确保决策内容符合法律法规规定。行政机关主要负责人作出重大决策前,应当听取合法性审查机构的意见,注重听取法律顾问、公职律师或者有关专家的意见。把是否遵守决策程序制度、做到依法决策作为对政府部门党组(党委)开展巡视巡察和对行政机关主要负责人开展考核督察、经济责任审计的重要内容,防止个人专断、搞“一言堂”。

(十一)严格落实重大行政决策程序。严格执行《重大行政决策程序暂行条例》,增强公众参与实效,提高专家论证质量,充分发挥风险评估功能,确保所有重大行政决策都严格履行合法性审查和集体讨论决定程序。推行重大行政决策事项年度目录公开制度。涉及社会公众切身利益的重要规划、重大公共政策和措施、重大公共建设项目等,应当通过举办听证会等形式加大公众参与力度,深入开展风险评估,认真听取和反映利益相关群体的意见建议。建立健全决策过程记录和材料归档制度。

(十二)加强行政决策执行和评估。完善行政决策执行机制,决策机关应当在决策中明确执行主体、执行时限、执行反馈等内容。建立健全重大行政决策跟踪反馈制度。依法推进决策后评估工作,将决策后评估结果作为调整重大行政决策的重要依据。重大行政决策一经作出,未经法定程序不得随意变更或者停止执行。严格落实重大行政决策终身责任追究制度和责任倒查机制。

**五、健全行政执法工作体系,全面推进严格规范公正文明执法**

着眼提高人民群众满意度,着力实现行政执法水平普遍提升,努力让人民群众在每一个执法行为中都能看到风清气正、从每一项执法决定中都能感受到公平正义。

(十三)深化行政执法体制改革。完善权责清晰、运转顺畅、保障有力、廉洁高效的行政执法体制机制,大力提高执法执行力和公信力。继续深化综合行政执法体制改革,坚持省(自治区)原则上不设行政执法队伍,设区市与市辖区原则上只设一个行政执法层级,县(市、区、旗)一般实行“局队合一”体制,乡镇(街道)逐步实现“一支队伍管执法”的改革原则和要求。加强综合执法、联合执法、协作执法的组织指挥和统筹协调。在行政许可权、行政处罚权改革中,健全审批、监管、处罚衔接机制,防止相互脱节。稳步将基层管理迫切需要且能有效承接的行政执法事项下放给基层,坚持依法下放、试点先行,坚持权随事转、编随事转、钱随事转,确保放得下、接得住、管得好、有监督。建立健全乡镇(街道)与上一级相关部门行政执法案件移送及协调协作机制。大力推进跨领域跨部门联合执法,实现违法线索互联、执法标准互通、处理结果互认。完善行政执法与刑事司法衔接机制,加强“两法衔接”信息平台建设,推进信息共享机制化、案件移送标准和程序规范化。加快制定不同层级行政执法装备配备标准。

(十四)加大重点领域执法力度。加大食品药品、公共卫生、自然资源、生态环境、安全生产、劳动保障、城市管理、交通运输、金融服务、教育培训等关系群众切身利益的重点领域执法力度。分领域梳理群众反映强烈的突出问题,开展集中专项整治。对潜在风险大、可能造成严重不良后果的,加强日常监管和执法巡查,从源头上预防和化解违法风险。建立完善严重违法惩罚性赔偿和巨额罚款制度、终身禁入机制,让严重违法者付出应有代价。畅通违法行为投诉举报渠道,对举报严重违法违规行为和重大风险隐患的有功人员依法予以奖励和严格保护。

(十五)完善行政执法程序。全面严格落实行政执法公示、执法全过程记录、重大执法决定法制审核制度。统一行政执法人员资格管理,除中央垂直管理部门外由省级政府统筹本地区行政执法人员资格考试、证件制发、在岗轮训等工作,国务院有关业务主管部门加强对本系统执法人员的专业培训,完善相关规范标准。统一行政执法案卷、文书基本标准,提高执法案卷、文书规范化水平。完善行政执法文书送达制度。全面落实行政裁量权基准制度,细化量化本地区各行政执法行为的裁量范围、种类、幅度等并对外公布。全面梳理、规范和精简执法事项,凡没有法律法规规章依据的一律取消。规范涉企行政检查,着力解决涉企现场检查事项多、频次高、随意检查等问题。按照行政执法类型,制定完善行政执法程序规范。全面严格落实告知制度,依法保障行政相对人陈述、申辩、提出听证申请等权利。除有法定依据外,严禁地方政府采取要求特定区域或者行业、领域的市场主体普遍停产停业的措施。行政机关内部会议纪要不得作为行政执法依据。

(十六)创新行政执法方式。广泛运用说服教育、劝导示范、警示告诫、指导约谈等方式,努力做到宽严相济、法理相融,让执法既有力度又有温度。全面推行轻微违法行为依法免予处罚清单。建立行政执法案例指导制度,国务院有关部门和省级政府要定期发布指导案例。全面落实“谁执法谁普法”普法责任制,加强以案释法。

**六、健全突发事件应对体系,依法预防处置重大突发事件**

坚持运用法治思维和法治方式应对突发事件,着力实现越是工作重要、事情紧急越要坚持依法行政,严格依法实施应急举措,在处置重大突发事件中推进法治政府建设。

(十七)完善突发事件应对制度。修改突发事件应对法,系统梳理和修改应急管理相关法律法规,提高突发事件应对法治化规范化水平。健全国家应急预案体系,完善国家突发公共事件总体和专项应急预案,以及与之相衔接配套的各级各类突发事件应急预案。加强突发事件监测预警、信息报告、应急响应、恢复重建、调查评估等机制建设。健全突发事件应对征收、征用、救助、补偿制度,规范相关审批、实施程序和救济途径。完善特大城市风险治理机制,增强风险管控能力。健全规范应急处置收集、使用个人信息机制制度,切实保护公民个人信息。加快推进突发事件行政手段应用的制度化规范化,规范行政权力边界。

(十八)提高突发事件依法处置能力。增强风险防范意识,强化各地区各部门防范化解本地区本领域重大风险责任。推进应急管理综合行政执法改革,强化执法能力建设。强化突发事件依法分级分类施策,增强应急处置的针对性实效性。按照平战结合原则,完善各类突发事件应急响应处置程序和协调联动机制。定期开展应急演练,注重提升依法预防突发事件、先期处置和快速反应能力。加强突发事件信息公开和危机沟通,完善公共舆情应对机制。依法严厉打击利用突发事件哄抬物价、囤积居奇、造谣滋事、制假售假等扰乱社会秩序行为。加强突发事件应急处置法律法规教育培训,增强应急处置法治意识。

(十九)引导、规范基层组织和社会力量参与突发事件应对。完善乡镇(街道)、村(社区)应急处置组织体系,推动村(社区)依法参与预防、应对突发事件。明确社会组织、慈善组织、社会工作者、志愿者等参与突发事件应对的法律地位及其权利义务,完善激励保障措施。健全社会应急力量备案登记、调用补偿、保险保障等方面制度。

**七、健全社会矛盾纠纷行政预防调处化解体系,不断促进社会公平正义**

坚持将矛盾纠纷化解在萌芽状态、化解在基层,着力实现人民群众权益受到公平对待、尊严获得应有尊重,推动完善信访、调解、仲裁、行政裁决、行政复议、诉讼等社会矛盾纠纷多元预防调处化解综合机制。

(二十)加强行政调解工作。依法加强消费者权益保护、交通损害赔偿、治安管理、环境污染、社会保障、房屋土地征收、知识产权等方面的行政调解,及时妥善推进矛盾纠纷化解。各职能部门要规范行政调解范围和程序,组织做好教育培训,提升行政调解工作水平。坚持"三调"联动,推进行政调解与人民调解、司法调解有效衔接。

(二十一)有序推进行政裁决工作。发挥行政裁决化解民事纠纷的"分流阀"作用,建立体系健全、渠道畅通、公正便捷、裁诉衔接的裁决机制。推行行政裁决权利告知制度,规范行政裁决程序,推动有关行政机关切实履行行政裁决职责。全面梳理行政裁决事项,明确行政裁决适用范围,稳妥推进行政裁决改革试点。强化案例指导和业务培训,提升行政裁决能力。研究推进行政裁决法律制度建设。

(二十二)发挥行政复议化解行政争议主渠道作用。全面深化行政复议体制改革,整合地方行政复议职责,按照事编匹配、优化节约、按需调剂的原则,合理调配编制资源,2022 年年底前基本形成公正权威、统一高效的行政复议体制。全面推进行政复议规范化、专业化、信息化建设,不断提高办案质量和效率。健全优化行政复议审理机制。县级以上各级政府建立行政复议委员会,为重大、疑难、复杂的案件提供咨询意见。建立行政复议决定书以及行政复议意见书、建议书执行监督机制,实现个案监督纠错与倒逼依法行政的有机结合。全面落实行政复议决定书网上公开制度。

(二十三)加强和规范行政应诉工作。认真执行行政机关负责人出庭应诉制度。健全行政争议实质性化解机制,推动诉源治理。支持法院依法受理和审理行政案件,切实履行生效裁判。支持检察院开展行政诉讼监督工作和行政公益诉讼,积极主动履行职责或者纠正违法行为。认真做好司法建议、检察建议落实和反馈工作。

**八、健全行政权力制约和监督体系,促进行政权力规范透明运行**

坚持有权必有责、有责要担当、失责必追究,着力实现行政决策、执行、组织、监督既相互制约又相互协调,确保对行政权力制约和监督全覆盖、无缝隙,使党和人民赋予的权力始终用来为人民谋幸福。

(二十四)形成监督合力。坚持将行政权力制约和监督体系纳入党和国家监督体系全局统筹谋划,突出党内监督主导地位。推动党内监督与人大监督、民主监督、行政监督、司法监督、群众监督、舆论监督等各类监督有机贯通、相互协调。积极发挥审计监督、财会监督、统计监督、执法监督、行政复议等监督作用。自觉接受纪检监察机关监督,对行政机关公职人员违法行为严格追究法律责任,依规依法给予处分。

坚持严管和厚爱结合、激励和约束并重,做到依规依纪依法严肃问责、规范问责、精准问责、慎重问责,既要防止问责不力,也要防止问责泛化、简单化。落实"三个区分开来"要求,建立健全担当作为的激励和保护机制,切实调动各级特别是基层政府工作人员的积极性,充分支持从实际出发担当作为、干事创业。

(二十五)加强和规范政府督查工作。县级以上政府依法组织开展政府督查工作,重点对党中央、国务院重大决策部署落实情况、上级和本级政府重要工作部署落实情况、督查对象法定职责履行情况、本级政府所属部门和下级政府的行政效能开展监督检查，保障政令畅通，督促提高行政效能、推进廉政建设、健全行政监督制度。积极发挥政府督查的激励鞭策作用，坚持奖惩并举，对成效明显的按规定加大表扬和政策激励力度，对不作为乱作为的依规依法严肃问责。进一步明确政府督查的职责、机构、程序和责任，增强政府督查工作的科学性、针对性、实效性。

（二十六）加强对行政执法制约和监督。加强行政执法监督机制和能力建设，充分发挥行政执法监督统筹协调、规范保障、督促指导作用，2024年年底前基本建成省市县乡全覆盖的比较完善的行政执法协调监督工作体系。全面落实行政执法责任，严格按照权责事项清单分解执法职权、确定执法责任。加强和完善行政执法案卷管理和评查、行政执法机关处理投诉举报、行政执法考核评议等制度建设。大力整治重点领域行政执法不作为乱作为、执法不严格不规范不文明不透明等突出问题，围绕中心工作部署开展行政执法监督专项行动。严禁下达或者变相下达罚没指标，严禁将罚没收入同作出行政处罚的行政机关及其工作人员的考核、考评直接或者变相挂钩。建立并实施行政执法监督员制度。

（二十七）全面主动落实政务公开。坚持以公开为常态、不公开为例外，用政府更加公开透明赢得人民群众更多理解、信任和支持。大力推进决策、执行、管理、服务和结果公开，做到法定主动公开内容全部公开到位。加强公开制度化、标准化、信息化建设，提高政务公开能力和水平。全面提升政府信息公开申请办理工作质量，依法保障人民群众合理信息需求。鼓励开展政府开放日、网络问政等主题活动，增进与公众的互动交流。加快构建具有中国特色的公共企事业单位信息公开制度。

（二十八）加快推进政务诚信建设。健全政府守信践诺机制。建立政务诚信监测治理机制，建立健全政务失信记录制度，将违约毁约、拖欠账款、拒不履行司法裁判等失信信息纳入全国信用信息共享平台并向社会公开。建立健全政府失信责任追究制度，加大失信惩戒力度，重点治理债务融资、政府采购、招标投标、招商引资等领域的政府失信行为。

**九、健全法治政府建设科技保障体系，全面建设数字法治政府**

坚持运用互联网、大数据、人工智能等技术手段促进依法行政，着力实现政府治理信息化与法治化深度融合，优化革新政府治理流程和方式，大力提升法治政府建设数字化水平。

（二十九）加快推进信息化平台建设。各省（自治区、直辖市）统筹建成本地区各级互联、协同联动的政务服务平台，实现从省（自治区、直辖市）到村（社区）网上政务全覆盖。加快推进政务服务向移动端延伸，实现更多政务服务事项"掌上办"。分级分类推进新型智慧城市建设，促进城市治理转型升级。加强政府信息平台建设的统筹规划，优化整合各类数据、网络平台，防止重复建设。

建设法规规章行政规范性文件统一公开查询平台，2022年年底前实现现行有效的行政法规、部门规章、国务院及其部门行政规范性文件的统一公开查询；2023年年底前各省（自治区、直辖市）实现本地区现行有效地方性法规、规章、行政规范性文件统一公开查询。

（三十）加快推进政务数据有序共享。建立健全政务数据共享协调机制，进一步明确政务数据提供、使用、管理等各相关方的权利和责任，推动数据共享和业务协同，形成高效运行的工作机制，构建全国一体化政务大数据体系，加强政务信息系统优化整合。加快推进身份认证、电子印章、电子证照等统一认定使用，优化政务服务流程。加强对大数据的分析、挖掘、处理和应用，善于运用大数据辅助行政决策、行政立法、行政执法工作。建立健全运用互联网、大数据、人工智能等技术手段进行行政管理的制度规则。在依法保护国家安全、商业秘密、自然人隐私和个人信息的同时，推进政府和公共服务机构数据开放共享，优先推动民生保障、公共服务、市场监管等领域政府数据向社会有序开放。

（三十一）深入推进"互联网+"监管执法。加强国家"互联网+监管"系统建设，2022年年底前实现各方面监管平台数据的联通汇聚。积极推进智慧执法，加强信息化技术、装备的配置和应用。推行行政执法APP掌上执法。探索推行以远程监管、移动监管、预警防控为特征的非现场监管，解决人少事多的难题。加快建设全国行政执法综合管理监督信息系统，将执法基础数据、执法程序流转、执法信息公开等汇聚一体，建立全国行政执法数据库。

**十、加强党的领导，完善法治政府建设推进机制**

党的领导是全面依法治国、建设法治政府的根本保证，必须坚持党总揽全局、协调各方，发挥各级党委的领导作用，把法治政府建设摆到工作全局更加突出的位置。

（三十二）加强党对法治政府建设的领导。各级党委和政府要深入学习领会习近平法治思想，把习近平法治思想贯彻落实到法治政府建设全过程和各方面。各级党委要切实履行推进法治建设领导职责，安排听取有关工作汇报，及时研究解决影响法治政府建设重大问题。各级政府要在党委统一领导下，履行法治政府建设主体责任，谋划落实好法治政府建设各项任务，主动向党委报告法治政府建设中的重大问题。各级政府及其部门主要负责人要切实履行推进本地区本部门法治政府建设第一责任人职责，作为重要工作定期部署推进、抓实抓好。各地区党委法治建设议事协调机构及其办事机构要加强法治政府建设的协调督促推动。

（三十三）完善法治政府建设推进机制。深入推进法治政府建设督察工作，2025年前实现对地方各级政府督察全覆盖。扎实做好法治政府建设示范创建活动，以创建促提升、以示范带发展，不断激发法治政府建设的内生动力。严格执行法治政府建设年度报告制度，按时向社会公开。建立健全法治政府建设指标体系，强化指标引领。加大考核力度，提升考核权重，将依法行政情况作为对地方政府、政府部门及其领导干部综合绩效考核的重要内容。

（三十四）全面加强依法行政能力建设。推动行政机关负责人带头遵守执行宪法法律，建立行政机关工作人员应知应会法律法规清单。坚持把民法典作为行政决策、行政管理、行政监督的重要标尺，不得违背法律法规随意作出减损公民、法人和其他组织合法权益或增加其义务的决定。健全领导干部学法用法机制，国务院各部门根据职能开展本部门本系统法治专题培训，县级以上地方各级政府负责本地区领导干部法治专题培训，地方各级政府领导班子每年应当举办两期以上法治专题讲座。市县政府承担行政执法职能的部门负责人任期内至少接受一次法治专题脱产培训。加强各部门和市县政府法治机构建设，优化基层司法所职能定位，保障人员力量、经费等与其职责任务相适应。把法治教育纳入各级政府工作人员初任培训、任职培训的必训内容。对在法治政府建设中作出突出贡献的单位和个人，按规定给予表彰奖励。

加强政府立法能力建设，有计划组织开展专题培训，做好政府立法人才培养和储备。加强行政执法队伍专业化职业化建设，在完成政治理论教育和党性教育学时的基础上，确保每人每年接受不少于60学时的业务知识和法律法规培训。加强行政复议工作队伍专业化职业化建设，完善管理办法。加强行政复议能力建设，制定行政复议执业规范。加强法律顾问和公职律师队伍建设，提升法律顾问和公职律师参与重大决策的能力水平。加强行政裁决工作队伍建设。

（三十五）加强理论研究和舆论宣传。加强中国特色社会主义法治政府理论研究。鼓励、推动高等法学院校成立法治政府建设高端智库和研究教育基地。建立法治政府建设评估专家库，提升评估专业化水平。加大法治政府建设成就经验宣传力度，传播中国政府法治建设的时代强音。

各地区各部门要全面准确贯彻本纲要精神和要求，压实责任、狠抓落实，力戒形式主义、官僚主义。中央依法治国办要抓好督促落实，确保纲要各项任务措施落到实处。

## 中央全面依法治国委员会印发《关于进一步加强市县法治建设的意见》

· 2022年

全面依法治国基础在基层，工作重点在基层。加强市县法治建设，是确保全面依法治国各项部署要求落地落实的关键，是推进基层治理体系和治理能力现代化的重要保障。为夯实全面依法治国基础，提升市县法治建设水平，制定如下意见。

**一、总体要求**

（一）指导思想。以习近平新时代中国特色社会主义思想为指导，深入学习贯彻习近平法治思想，全面贯彻落实党的十九大和十九届历次全会精神，深刻认识“两个确立”的决定性意义，增强“四个意识”、坚定“四个自信”、做到“两个维护”，坚持党的领导、人民当家作主、依法治国有机统一，大力弘扬社会主义核心价值观，坚持系统观念、法治思维、强基导向，以加强党对市县法治建设的领导为根本，以深化落实法治领域顶层设计为抓手，以解决当前市县法治建设存在的突出问题为重点，健全完善党领导市县法治建设体制机制，提升市县法治工作能力和保障水平，增强人民群众在法治领域的获得感幸福感安全感，为2035年法治国家、法治政府、法治社会基本建成奠定坚实基础。

（二）工作原则。坚持党的领导，牢牢把握市县法治建设正确方向，更好发挥法治建设对市县经济社会高质量发展的引领、规范和保障作用。坚持以人民为中心，把体现人民利益、反映人民愿望、维护人民权益、增进人民福祉落实到市县法治建设全过程和各方面。坚持强基导向，推动重心下移、力量下沉、保障下倾，实现基层法治建设协同推进。坚持改革创新，尊重基层首创精神，运用法治思维和法治方式促进提升基层治理体系和治理能力现代化水平。

（三）主要目标。力争通过5年时间的努力，党领导市县法治建设的制度和工作机制更加完善，市级立法质量明显提高，市县政府行为全面纳入法治轨道，执法司法公信力进一步提升，领导干部运用法治思维和法治方式深化改革、推动发展、化解矛盾、维护稳定、应对风险的意识和能力明显增强，市县法治工作队伍思想政治素质、业务工作能力、职业道德水准明显提高，群众法治素养和基层社会治理法治化水平显著提升，全社会尊法学法守法用法的浓厚氛围进一步形成。

**二、完善党领导市县法治建设制度和工作机制**

（四）牢牢把握市县法治建设正确方向。加强理论武装，把习近平法治思想作为市县党委理论学习中心组集体学习重点内容，作为市县党校（行政学院）和干部学院重点课程，开展市县法治工作部门全战线、全覆盖培训轮训，切实筑牢思想根基。市县党委要将法治建设纳入地区经济社会发展规划和重点工作，将党政主要负责人履行推进法治建设第一责任人职责情况纳入年终述职内容，将法治建设情况纳入市县党政领导班子和领导干部考核内容，在推进法治建设中切实发挥把方向、管大局、作决策、保落实作用。立足市县经济社会发展实际、区位优势特点、基层治理实践，找准法治建设服务构建新发展格局、推动高质量发展、促进共同富裕的切入点、着力点，将全面依法治国顶层设计转化为推进市县法治建设的制度规范、政策措施和实际行动，确保党中央关于全面依法治国的决策部署落实到“最后一公里”。

（五）进一步发挥依法治市、县委员会作用。依法治市（地、州、盟）委员会、依法治县（市、区、旗）委员会要在市县党委及其常委会领导下，履行对本地区法治建设牵头抓总、运筹谋划、督促落实的职能。及时研究制定本地区法治建设工作计划、实施意见、落实举措，统一部署法治建设重要工作任务，协调辖区内跨部门跨领域法治工作重大问题。建立健全统筹协调、法治督察、考核评价机制，加强对协调小组、部门法治工作指导，推进工作制度化、规范化、程序化，确保各项任务部署落到实处。

（六）规范依法治市、县委员会协调小组运行。依法治市（地、州、盟）委员会协调小组、依法治县（市、区、旗）委员会协调小组要立足专门领域法治工作协调职责，整合优化力量和资源，推动委员会决定事项和工作部署在本领域的落实，谋划本领域法治建设工作思路和重点任务，协调解决跨部门法治工作重要问题、协调推动相关法治措施制定和实施。强化协调小组成员单位职责，落实责任分工，加强信息沟通、工作联动、协调会商，形成工作合力。强化协调小组工作力量，立足专门领域主要协调职能，明确具体工作部门承担协调小组日常工作。建立健全协调小组定期会议、审议文件、工作协调、信息通报、请示报告、联络员等制度机制。优化协调小组运行，统筹考虑内部协调和工作指导需要，法治专门领域职责相近或交叉的协调小组、领导小组等工作机构可以合并，确保高效有序开展工作。

（七）加强依法治市、县委员会办公室建设。依法治市（地、州、盟）委员会办公室、依法治县（市、区、旗）委员会办公室要协调法治工作部门研究本地区法治建设重大问题，研究处理有关方面向委员会提出的重要法治工作事项及相关请示，组织推动法治政府建设，开展法治督察检查，统筹、协调、督促、推动有关方面落实委员会决定事项和工作部署。建立健全办公室工作运行、组织协调、请示报告、推动落实等制度机制。统筹法治工作部门编制，充实加强办公室专门工作力量，确保有专人干事、高效规范运转，切实发挥职能作用。

（八）建立乡镇（街道）法治建设领导体制和工作机制。乡镇（街道）党（工）委要加强组织领导和统筹协调，将乡镇（街道）法治建设作为重点任务纳入基层治理总体格局，建立健全推进工作任务落实的制度机制。依托乡镇（街道）司法所具体负责协调推进、督促检查乡镇（街道）法治建设工作。优化司法所职能定位，保障人员力量、经费等与其职责任务相适应，有效调动、整合相关部门力量和资源，确保乡镇（街道）依法治理各项工作有效开展。乡镇（街道）党政主要负责人要切实履行推进法治建设第一责任人职责，将法治建设与经济社会发展同部署、同推进、同督促、同考核、同奖惩，带头依法办事，带头推动形成办事依法、遇事找法、解决问题用法、化解矛盾靠法的法治环境。

**三、全面深化市县法治建设工作**

（九）着力服务市县经济高质量发展。围绕优化营商环境、推动“放管服”改革落地，全面实施市场准入负面清单制度，落实公平竞争审查制度，维护良好市场秩序和市场主体合法权益。落实“双随机、一公开”监管，加强和规范事前、事中、事后全链条监管，全面推行轻微违法行为依法免予处罚清单和告知承诺制度。鼓励有条件的民营企业探索设立公司律师，常态化开展企业“法治体检”服务，加强对中小企业创新发展的法律扶持。提高市县司法机关依法平等保护各类市场主体产权和知识产权能力，严格把握罪与非罪、经济纠纷与刑事犯罪的界限，完善刑事立案监督机制，依法审慎适用查封、扣押、冻结、拘留、逮捕等强制性措施，深化涉产权刑事申诉案件专项清理工作。依法严惩非法集资、电信网络诈骗、恶意逃废金融债务、破坏金融管理秩序、职务侵占等违法犯罪活动。加强乡村振兴法律服务和法治保障，规范涉农行政执法行为，依法妥善处理"三农"领域传统纠纷、乡村旅游等新业态纠纷，持续深入开展"乡村振兴 法治同行"活动。

（十）着力维护基层安全稳定。坚持和发展新时代"枫桥经验"，发挥公证、人民调解、法律顾问、特邀调解等制度机制作用，强化社会治理法律风险预警防范，在市县法治工作布局和力量调配上更多向引导和疏导端用力。依法建立健全基层调解组织网络，整合社区工作者、网格员、群防群治力量，发挥人民调解在化解基层矛盾纠纷中的主渠道作用，深化矛盾纠纷排查预警工作，主动开展心理疏导和干预。强化诉源治理，把非诉讼纠纷解决机制挺在前面，加快推进人民法院调解平台进乡村、进社区、进网格，推动将民事、行政案件万人起诉率纳入地方平安建设工作考核，依靠基层、发动群众实现矛盾纠纷就地发现、就地调处、就地化解。做好和解、调解、信访、仲裁、行政裁决、行政复议、诉讼有机衔接的多元纠纷化解工作。依法严厉打击危及社会公共安全和扰乱市场秩序的违法犯罪行为，常态化开展扫黑除恶斗争。依法加强基层禁毒工作。加强网络综合治理，网上网下一体排查调解矛盾纠纷，防范化解打击网络犯罪，营造清朗网络空间。

（十一）着力服务保障和改善民生。围绕群众在就业、教育、医疗、社保、养老、扶幼等民生领域的法治需求，市县执法司法部门要开通"绿色通道"，优先办（受）理，快速办结。推进基层政务服务、诉讼服务、检务服务、公共法律服务平台建设，制定完善适应基层实际的办事指南和工作规程，让群众寻求法律帮助更加方便快捷。推进公共法律服务网络全覆盖、公共法律服务流程全规范，更好满足群众多元化法律服务需求。加大对农民工、下岗失业人员、妇女、未成年人、老年人、残疾人、军人军属等群体法律援助和法律服务力度。充分发挥审判、检察职能作用，加强生态环境和资源保护、安全生产、食品药品安全、未成年人保护、个人信息保护等领域关系群众切身利益的案件办理工作。依法实施惩罚性赔偿制度，加大重点领域执法力度，让严重违法者付出应有代价。

（十二）提升地方立法和规范性文件制定科学化水平。坚持依法立法，严格遵守地方立法权限。按照有特色、可操作的要求，推进设区的市立法精细化建设，发挥地方立法实施性、补充性、探索性作用。依法治市（州）委员会做好对同级人大常委会立法计划、政府立法计划的审议工作。完善立法调研论证、意见征集、风险评估、立法听证等制度，发挥立法联系点作用，拓宽人大代表、政协委员、社会公众参与立法的渠道。立足地方特色和解决突出问题，灵活运用"小切口"、"小快灵"式立法。市县政府要加强行政规范性文件制定和监督管理，及时公布规范性文件制定主体清单、文件目录清单，完善评估论证、公开征求意见、合法性审核、集体审议决定程序，加强备案审查工作，坚决杜绝乱发文、发"奇葩文件"。

（十三）提高市县政府依法决策、依法行政水平。市县政府要根据《法治政府建设实施纲要（2021－2025年）》及省（区、市）实施方案，对照市县法治政府建设示范指标体系，制定细化法治政府建设目标任务、步骤安排和具体举措。全面落实重大行政决策程序，有效开展社会稳定风险评估，依法制定市县政府重大行政决策事项年度目录并予以公开。明确市县党政机关应当听取公职律师、法律顾问意见的决策事项，健全保障公职律师、法律顾问有效参与决策论证、提供法律意见的机制，"十四五"时期实现市县党政机关公职律师工作全覆盖。推进乡镇（街道）决策事项合法性审查全覆盖。健全守信践诺机制，深入治理债务融资、政府采购、招标投标、招商引资等领域的失信行为。市县执法部门制定执法细则和工作指南，推广"教科书式"执法案例，为一线执法人员提供健全完善、操作性强的执法指引。加强市县政府行政复议与行政应诉工作，通过严格依法办理行政复议案件、监督行政复议意见书和建议书落实情况，纠正违法或不当行政行为。将行政复议决定履行情况、行政机关负责人出庭应诉情况、行政裁判执行情况、司法建议和检察建议反馈与落实情况纳入法治政府建设考核范围，促进基层政府依法行政。

（十四）深化执法体制机制改革。持续推进综合行政执法体制改革，推进县（市、区、旗）"局队合一"体制改革，乡镇（街道）逐步实现"一支队伍管执法"。积极稳妥、因地制宜、科学合理地将基层治理迫切需要且能够有效承接的行政执法事项依法下放给乡镇（街道）。依法委托或授予乡镇（街道）行政执法权的同时，在编制、人员、资金、技术等方面同步予以配套保障，确保权力放得下、接得住、管得好、有监督。进一步明确综合行政执法部门与业务主管部门职责范围，完善审批、监管、处罚等衔接机制。推动具备条件的地区探索跨部门跨领域综合执法。强化乡镇（街道）在执法中统一指挥和统筹协调职责,赋予其在工作考核、人员管理等方面更大权限。加强行政执法协调监督,通过行政执法主体和人员资格管理、执法案卷评查、受理投诉举报、行政执法考核评议等方式,整治执法不严格不规范不公正不文明等突出问题。

(十五)深入推进公正司法。严格落实立案登记制度,对依法应当受理的案件,做到有案必立、有诉必理,从源头保障当事人诉权。深化司法公开,积极推进市县人民法院庭审直播、人民检察院公开听证工作。严格规范推进公开裁判文书工作,进一步规范市县人民法院、人民检察院司法文书制作。健全适应基层特点的有序放权与依法监督相结合的监督管理机制,完善法官、检察官办案责任清单,健全案件评查、司法责任认定和追究机制。加强人民法庭建设,探索符合人民法庭审判工作特点的审判团队组建和运行模式。加强市县人民法院执行工作,健全执行工作部门协作联动机制,强化督导考核和监督检查,确保执行联动责任落实落地、执行案件应执尽执、执行案款应发尽发。深化诉讼收费制度改革。深入推进跨行政区划检察工作,完善跨行政区划司法管辖制度。充分发挥检察一体化制度优势,完善统一调用检察人员办理案件机制。加强市县人民检察院监督能力建设,深入推进看守所、监狱巡回检察试点工作,健全完善侦查监督与协作配合机制。市县社区矫正委员会要依法统筹协调和指导本行政区域的社区矫正工作。有序扩大民事、行政法律援助范围,推进刑事案件律师辩护、值班律师法律帮助全覆盖。

(十六)深化普法和依法治理。将学习宣传习近平法治思想作为基层普法工作首要任务,推动习近平法治思想深入人心。持续深入开展宪法宣传教育活动,深入开展民法典、乡村振兴促进法等与群众生产生活密切相关法律法规普及工作,大力弘扬社会主义法治精神。广泛开展群众性法治文化活动,实现每个村(社区)至少有一个法治文化阵地,发挥好各类基层普法阵地作用,让法治文化有形呈现、生动表达。创新普法形式和载体,依托大数据等信息技术加强对群众法治需求分析,开展对象化、分众化普法宣传,推动普法工作由“大水漫灌”向“精准滴灌”转变。深化法治乡村建设,加强和规范村(居)法律顾问工作,实施农村学法用法示范户培育、乡村“法律明白人”培养工程,建设更高水平的“民主法治示范村(社区)”。深化基层依法治理,按照合法合规、贴近基层、发扬民主、便于执行的原则,乡镇(街道)指导村(社区)进一步规范村规民约、居民公约,推行村级重大事项“四议两公开”,完善基层群众诉求表达和利益协调机制。建立“两代表一委员”定期联系社区制度。

**四、加强组织保障**

(十七)加强市县法治建设组织领导。各级党委和政府要从推进基层治理体系和治理能力现代化高度,充分认识市县法治建设在全面依法治国中的基础性作用,切实扛起政治责任,研究解决法治建设重大问题。各级组织、编制、财政、人力资源社会保障等部门要健全完善人员保障、经费支持向基层一线倾斜的政策措施。加快制定不同层级行政执法装备配备标准,为基层严格规范公正文明执法提供保障条件。市县要制定并落实党政主要负责人履行推进法治建设第一责任人职责清单,乡镇(街道)参照制定职责清单。实现市县党政主要负责人述法全覆盖。建立健全基层党政干部学法用法制度。加大法治建设在政绩考核指标体系中的权重,制定细化考核评分标准,将考核结果作为干部奖惩、晋升、调整职务职级的重要依据。在相同条件下,优先提拔使用法治素养好、依法办事能力强的干部。开展市县法治建设考核评估工作,从法定职责履行、法定程序执行、法治实施效果等方面制定可量化、可操作的评估指标体系,加强对评估结果的运用。

(十八)强化市县法治建设力量保障。加强设区的市、自治州立法工作队伍建设,适当增加具有法治实践经验的专职常委比例,配齐配强必要的工作力量,通过全员轮训、跟班学习、工作交流等提升立法工作人员业务能力。结合本地区执法任务量、辖区范围、执法对象等实际情况,统筹调配执法人员和资源力量,推动人员编制向基层和一线倾斜。加强市县行政复议能力建设,确保行政复议机关人员配备与工作任务相适应。完善司法人员分类管理制度,探索实施员额、编制省级统筹和动态调配机制,确保员额配置向案多人少的办案一线倾斜。依法加强社区矫正、法律援助机构和队伍建设。优化人民法庭、检察室、公安派出所、司法所等派出机构建设,确保中央政法专项编制专编专用、用足用好。通过政府购买服务、公开招聘等方式,加强市县法治工作力量。完善执法司法人员依法履职免予追责机制,做好容错纠错工作。落实执法司法人员职业保障制度,完善人身安全保护机制。推进基层执法司法人员挂职工作,开展市县法治工作部门人员交流。加强市、县、乡法治工作人员培训轮训,开展适应基层特点的统一职前培训、执法司法人员同堂培训工作,统一执法司法理念和标准。

(十九)加大信息技术在市县法治建设中的应用。推动行政执法平台和执法监督平台应用向县乡延伸,服务功能向村（社区）拓展，实现执法事项网上运行、监管信息网上可查，促进乡镇（街道）与县级部门执法数据互联互通、信息共享、业务协同。推进市县人民法院、人民检察院、公安机关、司法行政机关工作运行网络化，逐步实现立案、侦查、审查起诉、庭审、判决、执行等全程网上运行。加强“微法院”、“微检务”、“微警务”、“微法律顾问”集群建设，加大远程视频、电子卷宗、智能辅助等科技创新手段的应用力度。整合执法司法数据资源，充分发挥大数据在精准把握群众需求、矛盾纠纷分析、社会风险评估、信息动态研判等方面的优势，提升市县法治建设质效。

（二十）强化法治工作统筹联动。统筹市县执法司法部门力量，建立健全部门工作联动机制。健全行政执法和刑事司法衔接机制，完善证据认定保全、信息共享和工作协助等机制，统筹解决涉案物品归口处置和检验鉴定等问题，推动“两法衔接”信息平台建设和应用向市县延伸。将普法宣传与立法、执法、司法、法律服务紧密融合，市县法治工作部门制定“谁执法谁普法”、“谁服务谁普法”普法责任清单，健全法官、检察官、行政复议人员、行政执法人员、律师等以案释法制度。有条件的市县探索建立法治建设综合平台，加强信息共享和工作互通。

各地区各有关部门贯彻落实中的重大情况及时报告。中央依法治国办要加强统筹协调，督促抓好市县法治建设各项任务落实。

## 国务院办公厅关于进一步规范行政裁量权基准制定和管理工作的意见

· 2022 年 7 月 29 日
· 国办发〔2022〕27 号

各省、自治区、直辖市人民政府，国务院各部委、各直属机构：

行政裁量权基准是行政机关结合本地区本部门行政管理实际，按照裁量涉及的不同事实和情节，对法律、法规、规章中的原则性规定或者具有一定弹性的执法权限、裁量幅度等内容进行细化量化，以特定形式向社会公布并施行的具体执法尺度和标准。规范行政裁量权基准制定和管理，对保障法律、法规、规章有效实施，规范行政执法行为，维护社会公平正义具有重要意义。近年来，各地区各部门不断加强制度建设，细化量化行政裁量权基准，执法能力和水平有了较大提高，但仍存在行政裁量权基准制定主体不明确、制定程序不规范、裁量幅度不合理等问题，导致行政执法该严不严、该宽不宽、畸轻畸重、类案不同罚等现象时有发生。为建立健全行政裁量权基准制度，规范行使行政裁量权，更好保护市场主体和人民群众合法权益，切实维护公平竞争市场秩序，稳定市场预期，经国务院同意，现提出以下意见。

### 一、总体要求

（一）指导思想。坚持以习近平新时代中国特色社会主义思想为指导，全面贯彻党的十九大和十九届历次全会精神，深入贯彻习近平法治思想，认真落实党中央、国务院决策部署，立足新发展阶段，完整、准确、全面贯彻新发展理念，构建新发展格局，切实转变政府职能，建立健全行政裁量权基准制度，规范行使行政裁量权，完善执法程序，强化执法监督，推动严格规范公正文明执法，提高依法行政水平，为推进政府治理体系和治理能力现代化提供有力法治保障。

（二）基本原则。

坚持法制统一。行政裁量权基准的设定要于法于规有据，符合法律、法规、规章有关行政执法事项、条件、程序、种类、幅度的规定，充分考虑调整共同行政行为的一般法与调整某种具体社会关系或者某一方面内容的单行法之间的关系，做到相互衔接，确保法制的统一性、系统性和完整性。

坚持程序公正。严格依照法定程序科学合理制定行政裁量权基准，广泛听取公民、法人和其他组织的意见，依法保障行政相对人、利害关系人的知情权和参与权。行政裁量权基准一律向社会公开，接受市场主体和人民群众监督。

坚持公平合理。制定行政裁量权基准要综合考虑行政职权的种类，以及行政执法行为的事实、性质、情节、法律要求和本地区经济社会发展状况等因素，应确属必要、适当，并符合社会公序良俗和公众合理期待。要平等对待公民、法人和其他组织，对类别、性质、情节相同或者相近事项处理结果要基本一致。

坚持高效便民。牢固树立执法为民理念，积极履行法定职责，简化流程、明确条件、优化服务，切实提高行政效能，避免滥用行政裁量权，防止执法扰民和执法简单粗暴“一刀切”，最大程度为市场主体和人民群众提供便利。

（三）工作目标。到 2023 年底前，行政裁量权基准制度普遍建立，基本实现行政裁量标准制度化、行为规范化、管理科学化，确保行政机关在具体行政执法过程中有细化量化的执法尺度，行政裁量权边界明晰，行政处罚、行政许可、行政征收征用、行政确认、行政给付、行政强制、行政检查等行为得到有效规范,行政执法质量和效能大幅提升,社会满意度显著提高。

**二、明确行政裁量权基准制定职责权限**

(四)严格履行行政裁量权基准制定职责。国务院有关部门可以依照法律、行政法规等制定本部门本系统的行政裁量权基准。制定过程中,要统筹考虑其他部门已制定的有关规定,确保衔接协调。省、自治区、直辖市和设区的市、自治州人民政府及其部门可以依照法律、法规、规章以及上级行政机关制定的行政裁量权基准,制定本行政区域内的行政裁量权基准。县级人民政府及其部门可以在法定范围内,对上级行政机关制定的行政裁量权基准适用的标准、条件、种类、幅度、方式、时限予以合理细化量化。地方人民政府及其部门在制定行政裁量权基准过程中,可以参考与本地区经济发展水平、人口规模等相近地方的有关规定。

(五)严格规范行政裁量权基准制定权限。行政机关可以根据工作需要依法制定行政裁量权基准。无法律、法规、规章依据,不得增加行政相对人的义务或者减损行政相对人的权益。对同一行政执法事项,上级行政机关已经制定行政裁量权基准的,下级行政机关原则上应直接适用;如下级行政机关不能直接适用,可以结合本地区经济社会发展状况,在法律、法规、规章规定的行政裁量权范围内进行合理细化量化,但不能超出上级行政机关划定的阶次或者幅度。下级行政机关制定的行政裁量权基准与上级行政机关制定的行政裁量权基准冲突的,应适用上级行政机关制定的行政裁量权基准。

**三、准确规定行政裁量权基准内容**

(六)推动行政处罚裁量适当。对同一种违法行为,法律、法规、规章规定可以选择处罚种类、幅度,或者法律、法规、规章对不予处罚、免予处罚、从轻处罚、减轻处罚、从重处罚的条件只有原则性规定的,要根据违法行为的事实、性质、情节以及社会危害程度细化量化行政处罚裁量权基准,防止过罚不相适应、重责轻罚、轻责重罚。行政处罚裁量权基准应当包括违法行为、法定依据、裁量阶次、适用条件和具体标准等内容。要严格依照《中华人民共和国行政处罚法》有关规定,明确不予处罚、免予处罚、从轻处罚、减轻处罚、从重处罚的裁量阶次,有处罚幅度的要明确情节轻微、情节较轻、情节较重、情节严重的具体情形。

要坚持过罚相当、宽严相济,避免畸轻畸重、显失公平。坚持处罚与教育相结合,发挥行政处罚教育引导公民、法人和其他组织自觉守法的作用。对违法行为依法不予行政处罚的,行政机关要加强对当事人的批评教育,防止违法行为再次发生。

要依法合理细化具体情节、量化罚款幅度,坚决避免乱罚款,严格禁止以罚款进行创收,严格禁止以罚款数额进行排名或者作为绩效考核的指标。罚款数额的从轻、一般、从重档次情形要明确具体,严格限定在法定幅度内,防止简单地一律就高或者就低处罚;罚款数额为一定金额的倍数的,要在最高倍数与最低倍数之间划分阶次;罚款数额有一定幅度的,要在最高额与最低额之间划分阶次,尽量压缩裁量空间。需要在法定处罚种类或幅度以下减轻处罚的,要严格进行评估,明确具体情节、适用条件和处罚标准。

(七)推动行政许可便捷高效。法律、法规、规章对行政许可的条件、程序、办理时限、不予受理以及行政许可的变更、撤回、撤销、注销只有原则性规定,或者对行政许可的申请材料没有明确规定的,有关行政机关可以对相关内容进行细化量化,但不得增加许可条件、环节,不得增加证明材料,不得设置或者变相设置歧视性、地域限制等不公平条款,防止行业垄断、地方保护、市场分割。拟在法律、法规、国务院决定中设定行政许可的,应当同时规定行政许可的具体条件;暂时没有规定的,原则上有关行政机关应以规章形式制定行政许可实施规范,进一步明确行政许可的具体条件。对法定的行政许可程序,有关行政机关要优化简化内部工作流程,合理压缩行政许可办理时限。

行政许可需要由不同层级行政机关分别实施的,要明确不同层级行政机关的具体权限、流程和办理时限,不得无故拖延办理、逾期办理;不同层级行政机关均有权实施同一行政许可的,有关行政机关不得推诿或者限制申请人的自主选择权。法律、法规、规章没有对行政许可规定数量限制的,不得以数量控制为由不予审批。实施行政许可需要申请人委托中介服务机构提供资信证明、检验检测、评估等中介服务的,行政机关不得指定中介服务机构。

(八)推动行政征收征用公平合理。制定行政征收征用裁量权基准要遵循征收征用法定、公平公开、尊重行政相对人财产权等原则,重点对行政征收征用的标准、程序和权限进行细化量化,合理确定征收征用财产和物品的范围、数量、数额、期限、补偿标准等。对行政征收项目的征收、停收、减收、缓收、免收情形,要明确具体情形、审批权限和程序。除法律、法规规定的征收征用项目外,一律不得增设新的征收征用项目。法律、法规规定可以委托实施征收征用事务的，要明确委托的具体事项、条件、权限、程序和责任。不得将法定职责范围内的征收征用事务通过购买服务的方式交由其他单位或者个人实施。

（九）规范行政确认、行政给付、行政强制和行政检查行为。法律、法规、规章对行政确认、行政给付、行政强制的条件、程序和办理时限只有原则性规定，对行政检查的职责和范围只有原则性规定，对行政确认的申请材料没有明确规定，对行政给付数额规定一定幅度的，有关行政机关可以依照法定权限和程序对相关内容进行细化量化。

**四、严格行政裁量权基准制定程序**

（十）明确制定程序。加强行政裁量权基准制发程序管理，健全工作机制，根据行政裁量权的类型确定行政裁量权基准的发布形式。以规章形式制定行政裁量权基准的，要按照《规章制定程序条例》规定，认真执行立项、起草、审查、决定、公布等程序。行政机关为实施法律、法规、规章需要对裁量的阶次、幅度、程序等作出具体规定的，可以在法定权限内以行政规范性文件形式作出规定。以行政规范性文件形式制定行政裁量权基准的，要按照《国务院办公厅关于加强行政规范性文件制定和监督管理工作的通知》（国办发〔2018〕37 号）要求，严格执行评估论证、公开征求意见、合法性审核、集体审议决定、公开发布等程序。

（十一）充分研究论证。制定行政裁量权基准，要根据管理需要，科学分析影响行政执法行为的裁量因素，充分考量行政裁量权基准的实施效果，做好裁量阶次与裁量因素的科学衔接、有效结合，实现各裁量阶次适当、均衡，确保行政执法适用的具体标准科学合理、管用好用。

**五、加强行政裁量权基准管理**

（十二）规范适用行政裁量权基准。行政机关在作出行政执法决定前，要告知行政相对人有关行政执法行为的依据、内容、事实、理由，有行政裁量权基准的，要在行政执法决定书中对行政裁量权基准的适用情况予以明确。适用本行政机关制定的行政裁量权基准可能出现明显不当、显失公平，或者行政裁量权基准适用的客观情况发生变化的，经本行政机关主要负责人批准或者集体讨论通过后可以调整适用，批准材料或者集体讨论记录应作为执法案卷的一部分归档保存。适用上级行政机关制定的行政裁量权基准可能出现明显不当、显失公平，或者行政裁量权基准适用的客观情况发生变化的，报请该基准制定机关批准后，可以调整适用。对调整适用的行政裁量权基准，制定机关要及时修改。因不规范适用行政裁量权基准造成严重后果的，要依规依纪依法严格追究有关人员责任。

（十三）强化日常监督管理。各地区各部门要通过行政执法情况检查、行政执法案卷评查、依法行政考核、行政执法评议考核、行政复议附带审查、行政执法投诉举报处理等方式，加强对行政裁量权基准制度执行情况的监督检查。要建立行政裁量权基准动态调整机制，行政裁量权基准所依据的法律、法规、规章作出修改，或者客观情况发生重大变化的，要及时进行调整。行政裁量权基准制定后，要按照规章和行政规范性文件备案制度确定的程序和时限报送备案，主动接受备案审查机关监督。备案审查机关发现行政裁量权基准与法律、法规、规章相抵触的，要依法予以纠正。

（十四）大力推进技术应用。要推进行政执法裁量规范化、标准化、信息化建设，充分运用人工智能、大数据、云计算、区块链等技术手段，将行政裁量权基准内容嵌入行政执法信息系统，为行政执法人员提供精准指引，有效规范行政裁量权行使。

六、加大实施保障力度

（十五）加强组织实施。各地区各部门要高度重视行政裁量权基准制定和管理工作，加强统筹协调，明确任务分工，落实责任。要将行政裁量权基准制定和管理工作纳入法治政府建设考评指标体系，列入法治政府建设督察内容。国务院有关部门要加强对本系统行政裁量权基准制定和管理工作的指导，推进相关标准统一，及时研究解决重点难点问题。司法行政部门要充分发挥组织协调、统筹推进、指导监督作用，总结推广典型经验，研究解决共性问题，督促做好贯彻落实工作。

（十六）强化宣传培训。各地区各部门要加大宣传力度，通过政府网站、新闻发布会以及报刊、广播、电视、新媒体等方式开展多种形式宣传，使广大公民、法人和其他组织充分了解建立健全行政裁量权基准制度的重要性、积极参与监督和评议行政执法活动。司法行政部门要结合实际，综合采取举办培训班和专题讲座等多种方式，组织开展业务培训。国务院部门和地方各级行政机关要加强对行政执法人员的培训，通过专业讲解、案例分析、情景模拟等方式，提高行政执法人员熟练运用行政裁量权基准解决执法问题的能力。

各地区各部门要按照本意见要求，及时做好行政裁量权基准制定和管理工作，并将本意见的贯彻落实情况和工作中遇到的重要事项及时报司法部。

## 重大行政决策程序暂行条例

· 2019年4月20日中华人民共和国国务院令第713号公布
· 自2019年9月1日起施行

### 第一章 总 则

**第一条** 为了健全科学、民主、依法决策机制，规范重大行政决策程序，提高决策质量和效率，明确决策责任，根据宪法、地方各级人民代表大会和地方各级人民政府组织法等规定，制定本条例。

**第二条** 县级以上地方人民政府（以下称决策机关）重大行政决策的作出和调整程序，适用本条例。

**第三条** 本条例所称重大行政决策事项（以下简称决策事项）包括：

（一）制定有关公共服务、市场监管、社会管理、环境保护等方面的重大公共政策和措施；

（二）制定经济和社会发展等方面的重要规划；

（三）制定开发利用、保护重要自然资源和文化资源的重大公共政策和措施；

（四）决定在本行政区域实施的重大公共建设项目；

（五）决定对经济社会发展有重大影响、涉及重大公共利益或者社会公众切身利益的其他重大事项。

法律、行政法规对本条第一款规定事项的决策程序另有规定的，依照其规定。财政政策、货币政策等宏观调控决策，政府立法决策以及突发事件应急处置决策不适用本条例。

决策机关可以根据本条第一款的规定，结合职责权限和本地实际，确定决策事项目录、标准，经同级党委同意后向社会公布，并根据实际情况调整。

**第四条** 重大行政决策必须坚持和加强党的全面领导，全面贯彻党的路线方针政策和决策部署，发挥党的领导核心作用，把党的领导贯彻到重大行政决策全过程。

**第五条** 作出重大行政决策应当遵循科学决策原则，贯彻创新、协调、绿色、开放、共享的发展理念，坚持从实际出发，运用科学技术和方法，尊重客观规律，适应经济社会发展和全面深化改革要求。

**第六条** 作出重大行政决策应当遵循民主决策原则，充分听取各方面意见，保障人民群众通过多种途径和形式参与决策。

**第七条** 作出重大行政决策应当遵循依法决策原则，严格遵守法定权限，依法履行法定程序，保证决策内容符合法律、法规和规章等规定。

**第八条** 重大行政决策依法接受本级人民代表大会及其常务委员会的监督，根据法律、法规规定属于本级人民代表大会及其常务委员会讨论决定的重大事项范围或者应当在出台前向本级人民代表大会常务委员会报告的，按照有关规定办理。

上级行政机关应当加强对下级行政机关重大行政决策的监督。审计机关按照规定对重大行政决策进行监督。

**第九条** 重大行政决策情况应当作为考核评价决策机关及其领导人员的重要内容。

### 第二章 决策草案的形成

#### 第一节 决策启动

**第十条** 对各方面提出的决策事项建议，按照下列规定进行研究论证后，报请决策机关决定是否启动决策程序：

（一）决策机关领导人员提出决策事项建议的，交有关单位研究论证；

（二）决策机关所属部门或者下一级人民政府提出决策事项建议的，应当论证拟解决的主要问题、建议理由和依据、解决问题的初步方案及其必要性、可行性等；

（三）人大代表、政协委员等通过建议、提案等方式提出决策事项建议，以及公民、法人或者其他组织提出书面决策事项建议的，交有关单位研究论证。

**第十一条** 决策机关决定启动决策程序的，应当明确决策事项的承办单位（以下简称决策承办单位），由决策承办单位负责重大行政决策草案的拟订等工作。决策事项需要两个以上单位承办的，应当明确牵头的决策承办单位。

**第十二条** 决策承办单位应当在广泛深入开展调查研究、全面准确掌握有关信息、充分协商协调的基础上，拟订决策草案。

决策承办单位应当全面梳理与决策事项有关的法律、法规、规章和政策，使决策草案合法合规、与有关政策相衔接。

决策承办单位根据需要对决策事项涉及的人财物投入、资源消耗、环境影响等成本和经济、社会、环境效益进行分析预测。

有关方面对决策事项存在较大分歧的，决策承办单位可以提出两个以上方案。

**第十三条** 决策事项涉及决策机关所属部门、下一级人民政府等单位的职责，或者与其关系紧密的，决策承办单位应当与其充分协商；不能取得一致意见的，应当向决策机关说明争议的主要问题,有关单位的意见,决策承办单位的意见、理由和依据。

### 第二节 公众参与

**第十四条** 决策承办单位应当采取便于社会公众参与的方式充分听取意见,依法不予公开的决策事项除外。

听取意见可以采取座谈会、听证会、实地走访、书面征求意见、向社会公开征求意见、问卷调查、民意调查等多种方式。

决策事项涉及特定群体利益的,决策承办单位应当与相关人民团体、社会组织以及群众代表进行沟通协商,充分听取相关群体的意见建议。

**第十五条** 决策事项向社会公开征求意见的,决策承办单位应当通过政府网站、政务新媒体以及报刊、广播、电视等便于社会公众知晓的途径,公布决策草案及其说明等材料,明确提出意见的方式和期限。公开征求意见的期限一般不少于 30 日;因情况紧急等原因需要缩短期限的,公开征求意见时应当予以说明。

对社会公众普遍关心或者专业性、技术性较强的问题,决策承办单位可以通过专家访谈等方式进行解释说明。

**第十六条** 决策事项直接涉及公民、法人、其他组织切身利益或者存在较大分歧的,可以召开听证会。法律、法规、规章对召开听证会另有规定的,依照其规定。

决策承办单位或者组织听证会的其他单位应当提前公布决策草案及其说明等材料,明确听证时间、地点等信息。

需要遴选听证参加人的,决策承办单位或者组织听证会的其他单位应当提前公布听证参加人遴选办法,公平公开组织遴选,保证相关各方都有代表参加听证会。听证参加人名单应当提前向社会公布。听证会材料应当于召开听证会 7 日前送达听证参加人。

**第十七条** 听证会应当按照下列程序公开举行:

(一)决策承办单位介绍决策草案、依据和有关情况;

(二)听证参加人陈述意见,进行询问、质证和辩论,必要时可以由决策承办单位或者有关专家进行解释说明;

(三)听证参加人确认听证会记录并签字。

**第十八条** 决策承办单位应当对社会各方面提出的意见进行归纳整理、研究论证,充分采纳合理意见,完善决策草案。

### 第三节 专家论证

**第十九条** 对专业性、技术性较强的决策事项,决策承办单位应当组织专家、专业机构论证其必要性、可行性、科学性等,并提供必要保障。

专家、专业机构应当独立开展论证工作,客观、公正、科学地提出论证意见,并对所知悉的国家秘密、商业秘密、个人隐私依法履行保密义务;提供书面论证意见的,应当署名、盖章。

**第二十条** 决策承办单位组织专家论证,可以采取论证会、书面咨询、委托咨询论证等方式。选择专家、专业机构参与论证,应当坚持专业性、代表性和中立性,注重选择持不同意见的专家、专业机构,不得选择与决策事项有直接利害关系的专家、专业机构。

**第二十一条** 省、自治区、直辖市人民政府应当建立决策咨询论证专家库,规范专家库运行管理制度,健全专家诚信考核和退出机制。

市、县级人民政府可以根据需要建立决策咨询论证专家库。

决策机关没有建立决策咨询论证专家库的,可以使用上级行政机关的专家库。

### 第四节 风险评估

**第二十二条** 重大行政决策的实施可能对社会稳定、公共安全等方面造成不利影响的,决策承办单位或者负责风险评估工作的其他单位应当组织评估决策草案的风险可控性。

按照有关规定已对有关风险进行评价、评估的,不作重复评估。

**第二十三条** 开展风险评估,可以通过舆情跟踪、重点走访、会商分析等方式,运用定性分析与定量分析等方法,对决策实施的风险进行科学预测、综合研判。

开展风险评估,应当听取有关部门的意见,形成风险评估报告,明确风险点,提出风险防范措施和处置预案。

开展风险评估,可以委托专业机构、社会组织等第三方进行。

**第二十四条** 风险评估结果应当作为重大行政决策的重要依据。决策机关认为风险可控的,可以作出决策;认为风险不可控的,在采取调整决策草案等措施确保风险可控后,可以作出决策。

## 第三章 合法性审查和集体讨论决定

### 第一节 合法性审查

**第二十五条** 决策草案提交决策机关讨论前,应当由负责合法性审查的部门进行合法性审查。不得以征求意见等方式代替合法性审查。

决策草案未经合法性审查或者经审查不合法的,不得提交决策机关讨论。对国家尚无明确规定的探索性改革决策事项，可以明示法律风险，提交决策机关讨论。

**第二十六条**　送请合法性审查，应当提供决策草案及相关材料，包括有关法律、法规、规章等依据和履行决策法定程序的说明等。提供的材料不符合要求的，负责合法性审查的部门可以退回，或者要求补充。

送请合法性审查，应当保证必要的审查时间，一般不少于7个工作日。

**第二十七条**　合法性审查的内容包括：

（一）决策事项是否符合法定权限；

（二）决策草案的形成是否履行相关法定程序；

（三）决策草案内容是否符合有关法律、法规、规章和国家政策的规定。

**第二十八条**　负责合法性审查的部门应当及时提出合法性审查意见，并对合法性审查意见负责。在合法性审查过程中，应当组织法律顾问、公职律师提出法律意见。决策承办单位根据合法性审查意见进行必要的调整或者补充。

### 第二节　集体讨论决定和决策公布

**第二十九条**　决策承办单位提交决策机关讨论决策草案，应当报送下列材料：

（一）决策草案及相关材料，决策草案涉及市场主体经济活动的，应当包含公平竞争审查的有关情况；

（二）履行公众参与程序的，同时报送社会公众提出的主要意见的研究采纳情况；

（三）履行专家论证程序的，同时报送专家论证意见的研究采纳情况；

（四）履行风险评估程序的，同时报送风险评估报告等有关材料；

（五）合法性审查意见；

（六）需要报送的其他材料。

**第三十条**　决策草案应当经决策机关常务会议或者全体会议讨论。决策机关行政首长在集体讨论的基础上作出决定。

讨论决策草案，会议组成人员应当充分发表意见，行政首长最后发表意见。行政首长拟作出的决定与会议组成人员多数人的意见不一致的，应当在会上说明理由。

集体讨论决定情况应当如实记录，不同意见应当如实载明。

**第三十一条**　重大行政决策出台前应当按照规定向同级党委请示报告。

**第三十二条**　决策机关应当通过本级人民政府公报和政府网站以及在本行政区域内发行的报纸等途径及时公布重大行政决策。对社会公众普遍关心或者专业性、技术性较强的重大行政决策，应当说明公众意见、专家论证意见的采纳情况，通过新闻发布会、接受访谈等方式进行宣传解读。依法不予公开的除外。

**第三十三条**　决策机关应当建立重大行政决策过程记录和材料归档制度，由有关单位将履行决策程序形成的记录、材料及时完整归档。

## 第四章　决策执行和调整

**第三十四条**　决策机关应当明确负责重大行政决策执行工作的单位（以下简称决策执行单位），并对决策执行情况进行督促检查。决策执行单位应当依法全面、及时、正确执行重大行政决策，并向决策机关报告决策执行情况。

**第三十五条**　决策执行单位发现重大行政决策存在问题、客观情况发生重大变化，或者决策执行中发生不可抗力等严重影响决策目标实现的，应当及时向决策机关报告。

公民、法人或者其他组织认为重大行政决策及其实施存在问题的，可以通过信件、电话、电子邮件等方式向决策机关或者决策执行单位提出意见建议。

**第三十六条**　有下列情形之一的，决策机关可以组织决策后评估，并确定承担评估具体工作的单位：

（一）重大行政决策实施后明显未达到预期效果；

（二）公民、法人或者其他组织提出较多意见；

（三）决策机关认为有必要。

开展决策后评估，可以委托专业机构、社会组织等第三方进行，决策作出前承担主要论证评估工作的单位除外。

开展决策后评估，应当注重听取社会公众的意见，吸收人大代表、政协委员、人民团体、基层组织、社会组织参与评估。

决策后评估结果应当作为调整重大行政决策的重要依据。

**第三十七条**　依法作出的重大行政决策，未经法定程序不得随意变更或者停止执行；执行中出现本条例第三十五条规定的情形、情况紧急的，决策机关行政首长可以先决定中止执行；需要作出重大调整的，应当依照本条例履行相关法定程序。

## 第五章　法律责任

**第三十八条**　决策机关违反本条例规定的，由上一级行政机关责令改正，对决策机关行政首长、负有责任的其他领导人员和直接责任人员依法追究责任。

决策机关违反本条例规定造成决策严重失误，或者依法应当及时作出决策而久拖不决，造成重大损失、恶劣影响的，应当倒查责任，实行终身责任追究，对决策机关行政首长、负有责任的其他领导人员和直接责任人员依法追究责任。

决策机关集体讨论决策草案时，有关人员对严重失误的决策表示不同意见的，按照规定减免责任。

**第三十九条** 决策承办单位或者承担决策有关工作的单位未按照本条例规定履行决策程序或者履行决策程序时失职渎职、弄虚作假的，由决策机关责令改正，对负有责任的领导人员和直接责任人员依法追究责任。

**第四十条** 决策执行单位拒不执行、推诿执行、拖延执行重大行政决策，或者对执行中发现的重大问题瞒报、谎报或者漏报的，由决策机关责令改正，对负有责任的领导人员和直接责任人员依法追究责任。

**第四十一条** 承担论证评估工作的专家、专业机构、社会组织等违反职业道德和本条例规定的，予以通报批评、责令限期整改；造成严重后果的，取消评估资格、承担相应责任。

### 第六章 附 则

**第四十二条** 县级以上人民政府部门和乡级人民政府重大行政决策的作出和调整程序，参照本条例规定执行。

**第四十三条** 省、自治区、直辖市人民政府根据本条例制定本行政区域重大行政决策程序的具体制度。

国务院有关部门参照本条例规定，制定本部门重大行政决策程序的具体制度。

**第四十四条** 本条例自 2019 年 9 月 1 日起施行。

## 国务院办公厅关于全面推行行政规范性文件合法性审核机制的指导意见

· 2018 年 12 月 4 日
· 国办发〔2018〕115 号

制定行政规范性文件（以下简称规范性文件）是行政机关或者经法律、法规授权的具有管理公共事务职能的组织（以下统称行政机关）依法履行职能的重要方式。对规范性文件进行合法性审核是确保行政机关出台的规范性文件合法有效的重要措施。全面推行规范性文件合法性审核机制，是推进依法行政、建设法治政府的必然要求，有利于维护国家法制统一、政令统一，有利于从源头上防止违法文件出台、促进行政机关严格规范公正文明执法，有利于保障公民、法人和其他组织的合法权益。《中共中央关于全面深化改革若干重大问题的决定》提出，要完善规范性文件合法性审核机制。中共中央、国务院印发的《法治政府建设实施纲要（2015—2020 年）》要求完善规范性文件制定程序，落实合法性审核制度。为全面推行规范性文件合法性审核机制，经党中央、国务院同意，现提出以下意见。

### 一、总体要求

（一）指导思想。以习近平新时代中国特色社会主义思想为指导，全面贯彻党的十九大和十九届二中、三中全会精神，认真落实党中央、国务院决策部署，按照依法治国、依法执政、依法行政共同推进，法治国家、法治政府、法治社会一体建设的要求，全面推行规范性文件合法性审核机制，维护国家法制统一、尊严、权威，加快建设法治政府，提高政府治理能力。

（二）主要目标。进一步明确规范性文件合法性审核的范围、主体、程序、职责和责任，建立健全程序完备、权责一致、相互衔接、运行高效的合法性审核机制，落实审核工作要求，加大组织保障力度，确保所有规范性文件均经过合法性审核，保证规范性文件合法有效。

### 二、严格落实工作措施

（三）明确审核范围。各地区、各部门要结合工作实际，从制定主体、公文种类、管理事项等方面，确定纳入规范性文件合法性审核的标准和范围，编制规范性文件制定主体清单，明确规范性文件的公文种类，列明规范性文件管理事项类别。凡涉及公民、法人和其他组织权利义务的规范性文件，均要纳入合法性审核范围，确保实现全覆盖，做到应审必审。行政机关内部执行的管理规范、工作制度、机构编制、会议纪要、工作方案、请示报告及表彰奖惩、人事任免等文件，不纳入规范性文件合法性审核范围。

（四）确定审核主体。各级人民政府及其部门要明确具体承担规范性文件合法性审核工作的部门或者机构（以下统称审核机构）。以县级以上人民政府或者其办公机构名义印发的规范性文件，或者由县级以上人民政府部门起草、报请本级人民政府批准后以部门名义印发的规范性文件，由同级人民政府审核机构进行审核；起草部门已明确专门审核机构的，应当先由起草部门审核机构进行审核。国务院部门制定的规范性文件，由本部门审核机构进行审核。省、自治区、直辖市和设区的市人民政府部门制定的规范性文件，由本部门审核机构进行审核，也可以根据实际需要由本级人民政府确定的审核机构进行审核。县（市、区）人民政府部门、乡镇人民政府及街道办事处制定的规范性文件，已明确专门审核机构或者专门审核人员的，由本单位审核机构或者审核人员进行审核；未明确专门审核机构或者专门审核人员的，统一由县（市、区）人民政府确定的审核机构进行审核。

（五）规范审核程序。各地区、各部门要根据实际情况确定规范性文件合法性审核程序，明确起草单位、制定机关办公机构及审核机构的职责权限，严格执行材料报送、程序衔接、审核时限等工作要求。起草单位报送的审核材料，应当包括文件送审稿及其说明，制定文件所依据的法律、法规、规章和国家政策规定，征求意见及意见采纳情况，本单位的合法性审核意见，以及针对不同审核内容需要的其他材料等。起草单位直接将文件送审稿及有关材料报送制定机关办公机构的，制定机关办公机构要对材料的完备性、规范性进行审查。符合要求的，转送审核机构进行审核；不符合要求的，可以退回，或者要求起草单位在规定时间内补充材料或说明情况后转送审核机构进行审核。起草单位直接将文件送审稿及有关材料报送审核机构进行审核的，审核机构要对材料的完备性、规范性进行审核，不符合要求的，可以退回，或者要求起草单位在规定时间内补充材料或说明情况。除为了预防、应对和处置突发事件，或者执行上级机关的紧急命令和决定需要立即制定实施规范性文件等外，合法性审核时间一般不少于5个工作日，最长不超过15个工作日。

（六）明确审核职责。审核机构要认真履行审核职责，防止重形式、轻内容、走过场，严格审核以下内容：制定主体是否合法；是否超越制定机关法定职权；内容是否符合宪法、法律、法规、规章和国家政策规定；是否违法设立行政许可、行政处罚、行政强制、行政征收、行政收费等事项；是否存在没有法律、法规依据作出减损公民、法人和其他组织合法权益或者增加其义务的情形；是否存在没有法律、法规依据作出增加本单位权力或者减少本单位法定职责的情形；是否违反规范性文件制定程序。审核机构要根据不同情形提出合法、不合法、应当予以修改的书面审核意见。起草单位应当根据合法性审核意见对规范性文件作必要的修改或者补充；特殊情况下，起草单位未完全采纳合法性审核意见的，应当在提请制定机关审议时详细说明理由和依据。

（七）强化审核责任。要充分发挥合法性审核机制对确保规范性文件合法有效的把关作用，不得以征求意见、会签、参加审议等方式代替合法性审核。未经合法性审核或者经审核不合法的文件，不得提交集体审议。审核机构未严格履行审核职责导致规范性文件违法，造成严重后果的，依纪依法追究有关责任人员的责任；未经合法性审核或者不采纳合法性审核意见导致规范性文件违法，造成严重后果的，依纪依法追究有关责任人员的责任。

**三、健全审核工作机制**

（八）完善审核工作方式。审核机构可以根据工作需要，采用多种方式进行合法性审核，提高质量和效率。对影响面广、情况复杂、社会关注度高的规范性文件，如审核过程中遇到疑难法律问题，要在书面征求意见的基础上，采取召开座谈会、论证会等方式听取有关方面意见。要建立健全专家协助审核机制，充分发挥政府法律顾问、公职律师和有关专家作用。

（九）发挥审核管理信息平台作用。要积极探索利用信息化手段推进规范性文件合法性审核机制建设，完善合法性审核管理信息平台，制定建设标准，统一格式、文本等各项管理要求，做好与公文管理系统和政务信息公开平台的衔接，实现电子审核一体化和平台互联互通。建立合法性审核台账，对已审核的规范性文件实行动态化、精细化管理。建立合法性审核信息共享机制，充分利用大数据技术和资源，加强对审核数据的统计分析，推动信息共享和整合，切实提高审核实效。

**四、加大组织保障力度**

（十）加强组织领导。各地区、各部门要充分认识全面推行规范性文件合法性审核机制的重要意义，主要负责同志作为本地区、本部门规范性文件合法性审核工作第一责任人，要切实加强对规范性文件合法性审核机制建设工作的领导，听取合法性审核工作情况汇报，及时研究解决工作中的重要问题。要结合本地区、本部门实际制定具体实施意见，进一步完善工作制度，明确责任分工和时间进度要求，细化具体措施，确保各项工作落实到位。

（十一）注重能力建设。各地区、各部门要高度重视规范性文件合法性审核能力建设，认真落实审核责任。要设立专门工作机构或者明确相关机构负责合法性审核工作，配齐配强审核工作力量，确保与审核工作任务相适应。要加强合法性审核人员正规化、专业化、职业化建设，建立健全定期培训和工作交流制度，多形式开展业务学习和经验交流，全面提升合法性审核人员的政治素质和业务能力。

（十二）强化指导监督。各地区、各部门要将规范性文件合法性审核机制建设情况纳入法治政府建设督察内容,将规范性文件合法性审核工作纳入法治政府建设考评指标体系,建立情况通报制度,对工作扎实、成效显著的予以表扬激励,对工作开展不力的及时督促整改,对工作中出现问题造成不良后果的依纪依法问责。各级人民政府对所属部门、上级人民政府对下级人民政府要加强指导监督,发现问题及时纠正。审核机构要建立健全统计分析、规范指导、沟通衔接、问题通报等机制,加强共性问题研究,定期向制定机关、起草单位通报本地区、本部门合法性审核情况和存在的问题,切实提高规范性文件质量。

司法部负责组织协调、统筹推进、督促指导本意见贯彻落实工作。要及时跟踪了解落实情况,督促检查指导规范性文件合法性审核机制建设,总结交流推广工作经验,研究协调解决共性问题。各地区、各部门要将本意见的贯彻落实情况和工作中遇到的重要事项及时报司法部。

## 国务院办公厅关于全面推行行政执法公示制度执法全过程记录制度重大执法决定法制审核制度的指导意见

· 2018年12月5日
· 国办发〔2018〕118号

行政执法是行政机关履行政府职能、管理经济社会事务的重要方式。近年来,各地区、各部门不断加强行政执法规范化建设,执法能力和水平有了较大提高,但执法中不严格、不规范、不文明、不透明等问题仍然较为突出,损害人民群众利益和政府公信力。《中共中央关于全面推进依法治国若干重大问题的决定》和《法治政府建设实施纲要(2015—2020年)》对全面推行行政执法公示制度、执法全过程记录制度、重大执法决定法制审核制度(以下统称“三项制度”)作出了具体部署、提出了明确要求。聚焦行政执法的源头、过程、结果等关键环节,全面推行“三项制度”,对促进严格规范公正文明执法具有基础性、整体性、突破性作用,对切实保障人民群众合法权益,维护政府公信力,营造更加公开透明、规范有序、公平高效的法治环境具有重要意义。为指导各地区、各部门全面推行“三项制度”,经党中央、国务院同意,现提出如下意见。

### 一、总体要求

(一)指导思想。

以习近平新时代中国特色社会主义思想为指导,全面贯彻党的十九大和十九届二中、三中全会精神,着力推进行政执法透明、规范、合法、公正,不断健全执法制度、完善执法程序、创新执法方式、加强执法监督,全面提高执法效能,推动形成权责统一、权威高效的行政执法体系和职责明确、依法行政的政府治理体系,确保行政机关依法履行法定职责,切实维护人民群众合法权益,为落实全面依法治国基本方略、推进法治政府建设奠定坚实基础。

(二)基本原则。

坚持依法规范。全面履行法定职责,规范办事流程,明确岗位责任,确保法律法规规章严格实施,保障公民、法人和其他组织依法行使权利,不得违法增加办事的条件、环节等负担,防止执法不作为、乱作为。

坚持执法为民。牢固树立以人民为中心的发展思想,贴近群众、服务群众,方便群众及时获取执法信息、便捷办理各种手续、有效监督执法活动,防止执法扰民、执法不公。

坚持务实高效。聚焦基层执法实践需要,着力解决实际问题,注重措施的有效性和针对性,便于执法人员操作,切实提高执法效率,防止程序繁琐、不切实际。

坚持改革创新。在确保统一、规范的基础上,鼓励、支持、指导各地区、各部门因地制宜、更新理念、大胆实践,不断探索创新工作机制,更好服务保障经济社会发展,防止因循守旧、照搬照抄。

坚持统筹协调。统筹推进行政执法各项制度建设,加强资源整合、信息共享,做到各项制度有机衔接、高度融合,防止各行其是、重复建设。

(三)工作目标。

“三项制度”在各级行政执法机关全面推行,行政处罚、行政强制、行政检查、行政征收征用、行政许可等行为得到有效规范,行政执法公示制度机制不断健全,做到执法行为过程信息全程记载、执法全过程可回溯管理、重大执法决定法制审核全覆盖,全面实现执法信息公开透明、执法全过程留痕、执法决定合法有效,行政执法能力和水平整体大幅提升,行政执法行为被纠错率明显下降,行政执法的社会满意度显著提高。

### 二、全面推行行政执法公示制度

行政执法公示是保障行政相对人和社会公众知情权、参与权、表达权、监督权的重要措施。行政执法机关要按照“谁执法谁公示”的原则,明确公示内容的采集、传递、审核、发布职责,规范信息公示内容的标准、格式。建立统一的执法信息公示平台,及时通过政府网站及政务新媒体、办事大厅公示栏、服务窗口等平台向社会公开行政执法基本信息、结果信息。涉及国家秘密、商业秘密、个人隐私等不宜公开的信息，依法确需公开的，要作适当处理后公开。发现公开的行政执法信息不准确的，要及时予以更正。

（四）强化事前公开。行政执法机关要统筹推进行政执法事前公开与政府信息公开、权责清单公布、"双随机、一公开"监管等工作。全面准确及时主动公开行政执法主体、人员、职责、权限、依据、程序、救济渠道和随机抽查事项清单等信息。根据有关法律法规，结合自身职权职责，编制并公开本机关的服务指南、执法流程图，明确执法事项名称、受理机构、审批机构、受理条件、办理时限等内容。公开的信息要简明扼要、通俗易懂，并及时根据法律法规及机构职能变化情况进行动态调整。

（五）规范事中公示。行政执法人员在进行监督检查、调查取证、采取强制措施和强制执行、送达执法文书等执法活动时，必须主动出示执法证件，向当事人和相关人员表明身份，鼓励采取佩戴执法证件的方式，执法全程公示执法身份；要出具行政执法文书，主动告知当事人执法事由、执法依据、权利义务等内容。国家规定统一着执法服装、佩戴执法标识的，执法时要按规定着装、佩戴标识。政务服务窗口要设置岗位信息公示牌，明示工作人员岗位职责、申请材料示范文本、办理进度查询、咨询服务、投诉举报等信息。

（六）加强事后公开。行政执法机关要在执法决定作出之日起20个工作日内，向社会公布执法机关、执法对象、执法类别、执法结论等信息，接受社会监督，行政许可、行政处罚的执法决定信息要在执法决定作出之日起7个工作日内公开，但法律、行政法规另有规定的除外。建立健全执法决定信息公开发布、撤销和更新机制。已公开的行政执法决定被依法撤销、确认违法或者要求重新作出的，应当及时从信息公示平台撤下原行政执法决定信息。建立行政执法统计年报制度，地方各级行政执法机关应当于每年1月31日前公开本机关上年度行政执法总体情况有关数据，并报本级人民政府和上级主管部门。

**三、全面推行执法全过程记录制度**

行政执法全过程记录是行政执法活动合法有效的重要保证。行政执法机关要通过文字、音像等记录形式，对行政执法的启动、调查取证、审核决定、送达执行等全部过程进行记录，并全面系统归档保存，做到执法全过程留痕和可回溯管理。

（七）完善文字记录。文字记录是以纸质文件或电子文件形式对行政执法活动进行全过程记录的方式。要研究制定执法规范用语和执法文书制作指引，规范行政执法的重要事项和关键环节，做到文字记录合法规范、客观全面、及时准确。司法部负责制定统一的行政执法文书基本格式标准，国务院有关部门可以参照该标准，结合本部门执法实际，制定本部门、本系统统一适用的行政执法文书格式文本。地方各级人民政府可以在行政执法文书基本格式标准基础上，参考国务院部门行政执法文书格式，结合本地实际，完善有关文书格式。

（八）规范音像记录。音像记录是通过照相机、录音机、摄像机、执法记录仪、视频监控等记录设备，实时对行政执法过程进行记录的方式。各级行政执法机关要根据行政执法行为的不同类别、阶段、环节，采用相应音像记录形式，充分发挥音像记录直观有力的证据作用、规范执法的监督作用、依法履职的保障作用。要做好音像记录与文字记录的衔接工作，充分考虑音像记录方式的必要性、适当性和实效性，对文字记录能够全面有效记录执法行为的，可以不进行音像记录；对查封扣押财产、强制拆除等直接涉及人身自由、生命健康、重大财产权益的现场执法活动和执法办案场所，要推行全程音像记录；对现场执法、调查取证、举行听证、留置送达和公告送达等容易引发争议的行政执法过程，要根据实际情况进行音像记录。要建立健全执法音像记录管理制度，明确执法音像记录的设备配备、使用规范、记录要素、存储应用、监督管理等要求。研究制定执法行为用语指引，指导执法人员规范文明开展音像记录。配备音像记录设备、建设询问室和听证室等音像记录场所，要按照工作必需、厉行节约、性能适度、安全稳定、适量够用的原则，结合本地区经济发展水平和本部门执法具体情况确定，不搞"一刀切"。

（九）严格记录归档。要完善执法案卷管理制度，加强对执法台账和法律文书的制作、使用、管理，按照有关法律法规和档案管理规定归档保存执法全过程记录资料，确保所有行政执法行为有据可查。对涉及国家秘密、商业秘密、个人隐私的记录资料，归档时要严格执行国家有关规定。积极探索成本低、效果好、易保存、防删改的信息化记录储存方式，通过技术手段对同一执法对象的文字记录、音像记录进行集中储存。建立健全基于互联网、电子认证、电子签章的行政执法全过程数据化记录工作机制，形成业务流程清晰、数据链条完整、数据安全有保障的数字化记录信息归档管理制度。

（十）发挥记录作用。要充分发挥全过程记录信息对案卷评查、执法监督、评议考核、舆情应对、行政决策和健全社会信用体系等工作的积极作用，善于通过统计分析记录资料信息，发现行政执法薄弱环节，改进行政执法工作,依法公正维护执法人员和行政相对人的合法权益。建立健全记录信息调阅监督制度,做到可实时调阅,切实加强监督,确保行政执法文字记录、音像记录规范、合法、有效。

**四、全面推行重大执法决定法制审核制度**

重大执法决定法制审核是确保行政执法机关作出的重大执法决定合法有效的关键环节。行政执法机关作出重大执法决定前,要严格进行法制审核,未经法制审核或者审核未通过的,不得作出决定。

(十一)明确审核机构。各级行政执法机关要明确具体负责本单位重大执法决定法制审核的工作机构,确保法制审核工作有机构承担、有专人负责。加强法制审核队伍的正规化、专业化、职业化建设,把政治素质高、业务能力强、具有法律专业背景的人员调整充实到法制审核岗位,配强工作力量,使法制审核人员的配置与形势任务相适应,原则上各级行政执法机关的法制审核人员不少于本单位执法人员总数的5%。要充分发挥法律顾问、公职律师在法制审核工作中的作用,特别是针对基层存在的法制审核专业人员数量不足、分布不均等问题,探索建立健全本系统内法律顾问、公职律师统筹调用机制,实现法律专业人才资源共享。

(十二)明确审核范围。凡涉及重大公共利益,可能造成重大社会影响或引发社会风险,直接关系行政相对人或第三人重大权益,经过听证程序作出行政执法决定,以及案件情况疑难复杂、涉及多个法律关系的,都要进行法制审核。各级行政执法机关要结合本机关行政执法行为的类别、执法层级、所属领域、涉案金额等因素,制定重大执法决定法制审核目录清单。上级行政执法机关要对下一级执法机关重大执法决定法制审核目录清单编制工作加强指导,明确重大执法决定事项的标准。

(十三)明确审核内容。要严格审核行政执法主体是否合法,行政执法人员是否具备执法资格;行政执法程序是否合法;案件事实是否清楚,证据是否合法充分;适用法律、法规、规章是否准确,裁量基准运用是否适当;执法是否超越执法机关法定权限;行政执法文书是否完备、规范;违法行为是否涉嫌犯罪、需要移送司法机关等。法制审核机构完成审核后,要根据不同情形,提出同意或者存在问题的书面审核意见。行政执法承办机构要对法制审核机构提出的存在问题的审核意见进行研究,作出相应处理后再次报送法制审核。

(十四)明确审核责任。行政执法机关主要负责人是推动落实本机关重大执法决定法制审核制度的第一责任人,对本机关作出的行政执法决定负责。要结合实际,确定法制审核流程,明确送审材料报送要求和审核的方式、时限、责任,建立健全法制审核机构与行政执法承办机构对审核意见不一致时的协调机制。行政执法承办机构对送审材料的真实性、准确性、完整性,以及执法的事实、证据、法律适用、程序的合法性负责。法制审核机构对重大执法决定的法制审核意见负责。因行政执法承办机构的承办人员、负责法制审核的人员和审批行政执法决定的负责人滥用职权、玩忽职守、徇私枉法等,导致行政执法决定错误,要依纪依法追究相关人员责任。

**五、全面推进行政执法信息化建设**

行政执法机关要加强执法信息管理,及时准确公示执法信息,实现行政执法全程留痕,法制审核流程规范有序。加快推进执法信息互联互通共享,有效整合执法数据资源,为行政执法更规范、群众办事更便捷、政府治理更高效、营商环境更优化奠定基础。

(十五)加强信息化平台建设。依托大数据、云计算等信息技术手段,大力推进行政执法综合管理监督信息系统建设,充分利用已有信息系统和数据资源,逐步构建操作信息化、文书数据化、过程痕迹化、责任明晰化、监督严密化、分析可量化的行政执法信息化体系,做到执法信息网上录入、执法程序网上流转、执法活动网上监督、执法决定实时推送、执法信息统一公示、执法信息网上查询,实现对行政执法活动的即时性、过程性、系统性管理。认真落实国务院关于加快全国一体化在线政务服务平台建设的决策部署,推动政务服务"一网通办",依托电子政务外网开展网上行政服务工作,全面推行网上受理、网上审批、网上办公,让数据多跑路、群众少跑腿。

(十六)推进信息共享。完善全国行政执法数据汇集和信息共享机制,制定全国统一规范的执法数据标准,明确执法信息共享的种类、范围、流程和使用方式,促进执法数据高效采集、有效整合。充分利用全国一体化在线政务服务平台,在确保信息安全的前提下,加快推进跨地区、跨部门执法信息系统互联互通,已建设并使用的有关执法信息系统要加强业务协同,打通信息壁垒,实现数据共享互通,解决"信息孤岛"等问题。认真梳理涉及各类行政执法的基础数据,建立以行政执法主体信息、权责清单信息、办案信息、监督信息和统计分析信息等为主要内容的全国行政执法信息资源库,逐步形成集数据储存、共享功能于一体的行政执法数据中心。

(十七)强化智能应用。要积极推进人工智能技术在行政执法实践中的运用,研究开发行政执法裁量智能辅助信息系统，利用语音识别、文本分析等技术对行政执法信息数据资源进行分析挖掘，发挥人工智能在证据收集、案例分析、法律文件阅读与分析中的作用，聚焦争议焦点，向执法人员精准推送办案规范、法律法规规定、相似案例等信息，提出处理意见建议，生成执法决定文书，有效约束规范行政自由裁量权，确保执法尺度统一。加强对行政执法大数据的关联分析、深化应用，通过提前预警、监测、研判，及时发现解决行政机关在履行政府职能、管理经济社会事务中遇到的新情况、新问题，提升行政立法、行政决策和风险防范水平，提高政府治理的精准性和有效性。

**六、加大组织保障力度**

（十八）加强组织领导。地方各级人民政府及其部门的主要负责同志作为本地区、本部门全面推行“三项制度”工作的第一责任人，要切实加强对本地区、本部门行政执法工作的领导，做好“三项制度”组织实施工作，定期听取有关工作情况汇报，及时研究解决工作中的重大问题，确保工作有方案、部署有进度、推进有标准、结果有考核。要建立健全工作机制，县级以上人民政府建立司法行政、编制管理、公务员管理、信息公开、电子政务、发展改革、财政、市场监管等单位参加的全面推行“三项制度”工作协调机制，指导协调、督促检查工作推进情况。国务院有关部门要加强对本系统全面推行“三项制度”工作的指导，强化行业规范和标准统一，及时研究解决本部门、本系统全面推行“三项制度”过程中遇到的问题。上级部门要切实做到率先推行、以上带下，充分发挥在行业系统中的带动引领作用，指导、督促下级部门严格规范实施“三项制度”。

（十九）健全制度体系。要根据本指导意见的要求和各地区、各部门实际情况，建立健全科学合理的“三项制度”体系。加强和完善行政执法案例指导、行政执法裁量基准、行政执法案卷管理和评查、行政执法投诉举报以及行政执法考核监督等制度建设，推进全国统一的行政执法资格和证件管理，积极做好相关制度衔接工作，形成统筹行政执法各个环节的制度体系。

（二十）开展培训宣传。要开展“三项制度”专题学习培训，加强业务交流。认真落实“谁执法谁普法”普法责任制的要求，加强对全面推行“三项制度”的宣传，通过政府网站、新闻发布会以及报刊、广播、电视、网络、新媒体等方式，全方位宣传全面推行“三项制度”的重要意义、主要做法、典型经验和实施效果，发挥示范带动作用，及时回应社会关切，合理引导社会预期，为全面推行“三项制度”营造良好的社会氛围。

（二十一）加强督促检查。要把“三项制度”推进情况纳入法治政府建设考评指标体系，纳入年底效能目标考核体系，建立督查情况通报制度，坚持鼓励先进与鞭策落后相结合，充分调动全面推行“三项制度”工作的积极性、主动性。对工作不力的要及时督促整改，对工作中出现问题造成不良后果的单位及人员要通报批评，依纪依法问责。

（二十二）保障经费投入。要建立责任明确、管理规范、投入稳定的执法经费保障机制，保障行政执法机关依法履职所需的执法装备、经费，严禁将收费、罚没收入同部门利益直接或者变相挂钩。省级人民政府要分类制定行政执法机关执法装备配备标准、装备配备规划、设施建设规划和年度实施计划。地方各级行政执法机关要结合执法实际，将执法装备需求报本级人民政府列入财政预算。

（二十三）加强队伍建设。高素质的执法人员是全面推行“三项制度”取得实效的关键。要重视执法人员能力素质建设，加强思想道德和素质教育，着力提升执法人员业务能力和执法素养，打造政治坚定、作风优良、纪律严明、廉洁务实的执法队伍。加强行政执法人员资格管理，统一行政执法证件样式，建立全国行政执法人员和法制审核人员数据库。健全行政执法人员和法制审核人员岗前培训和岗位培训制度。鼓励和支持行政执法人员参加国家统一法律职业资格考试，对取得法律职业资格的人员可以简化或免于执法资格考试。建立科学的考核评价体系和人员激励机制。保障执法人员待遇，完善基层执法人员工资政策，建立和实施执法人员人身意外伤害和工伤保险制度，落实国家抚恤政策，提高执法人员履职积极性，增强执法队伍稳定性。

各地区、各部门要于 2019 年 3 月底前制定本地区、本部门全面推行“三项制度”的实施方案，并报司法部备案。司法部要加强对全面推行“三项制度”的指导协调，会同有关部门进行监督检查和跟踪评估，重要情况及时报告国务院。

## 法治政府建设与责任落实督察工作规定

· 2019 年 4 月 15 日

### 第一章　总　则

**第一条**　为了加强党对法治政府建设的集中统一领导，充分发挥督察工作对法治政府建设与责任落实的督促推动作用，根据《中共中央关于全面推进依法治国若干重大问题的决定》、《法治政府建设实施纲要(2015—2020年)》和其他有关规定,制定本规定。

**第二条** 法治政府建设与责任落实督察工作(以下简称督察工作)坚持以习近平新时代中国特色社会主义思想为指导,增强"四个意识",坚定"四个自信",做到"两个维护",紧紧围绕建设中国特色社会主义法治体系、建设社会主义法治国家的总目标,坚持党的领导、人民当家作主、依法治国有机统一,坚持依宪施政、依法行政,坚持问题导向、真督实察、逐层传导、强化问责,努力形成从党政主要负责人到其他领导干部直至全体党政机关工作人员的闭环责任体系,保证党中央、国务院关于法治政府建设的决策部署落到实处,不断把法治政府建设向纵深推进。

**第三条** 本规定适用于对地方各级党委和政府、县级以上政府部门推进法治政府建设与责任落实情况的督察工作。

**第四条** 督察工作坚持以下原则:

(一)服务大局、突出重点。根据党和国家中心任务和重点工作部署督察工作,使法治政府建设始终在大局下推进、处处为大局服务。

(二)依法依规、实事求是。严格遵循有关规定开展督察,深入一线、聚焦问题,什么问题突出就督察什么问题,不做表面文章,对不同地区、不同层级的督察因地制宜,不搞上下一般粗。

(三)以督促干、注重实效。综合运用多种督察方式,既督任务、督进度、督成效,也察认识、察责任、察作风,把法治政府建设的任务落实、责任压实、效果抓实。

(四)控制总量、计划管理。贯彻落实党中央关于统筹规范督查检查考核工作的要求,增强督察工作的权威性、科学性、针对性、有效性,不搞层层加码、不增加基层不必要的工作负担。

**第五条** 中央全面依法治国委员会办公室组织开展对各省(自治区、直辖市)和国务院各部门法治政府建设与责任落实情况的督察工作。

地方各级党委法治建设议事协调机构的办事机构组织开展对本地区法治政府建设与责任落实情况的督察工作。

中央全面依法治国委员会办公室、地方各级党委法治建设议事协调机构的办事机构在本规定中统称"督察单位"。

## 第二章 督察对象和内容

**第六条** 地方各级党委履行推进本地区法治建设领导职责。地方各级政府和县级以上政府部门履行推进本地区、本部门法治政府建设主体职责。地方各级政府以及政府部门的党组织领导和监督本单位做好法治政府建设工作。

地方党政主要负责人履行推进法治建设第一责任人职责,将建设法治政府摆在工作全局的重要位置;地方各级党政领导班子其他成员在其分管工作范围内履行推进法治政府建设职责。

**第七条** 对地方各级党委履行推进本地区法治建设领导职责,加强法治政府建设,主要督察以下工作:

(一)认真学习贯彻习近平新时代中国特色社会主义思想,全面落实党中央、国务院关于法治政府建设的决策部署,充分发挥党委在推进本地区法治政府建设中的领导作用,及时研究解决有关重大问题,每年专题听取上一年度本地区法治政府建设情况汇报;

(二)将法治政府建设纳入本地区经济社会发展总体规划和年度工作计划,与经济社会发展同部署、同推进、同督促、同考核、同奖惩,把法治政府建设成效作为衡量下级党政领导班子及其主要负责人推进法治建设工作实绩的重要内容,纳入政绩考核指标体系;

(三)自觉运用法治思维和法治方式深化改革、推动发展、化解矛盾、维护稳定,指导本级政府推进法治政府建设工作,支持本级人大、政协、法院、检察院对政府依法行政工作加强监督;

(四)坚持重视法治素养和法治能力的用人导向,把遵守法律、依法办事情况作为考察干部的重要内容,相同条件下优先提拔使用法治素养好、依法办事能力强的干部,加强法治工作队伍建设;

(五)建立党委理论学习中心组集体学法制度,每年至少举办2次法治专题讲座,加强对党委工作人员的法治教育培训和法治能力考查测试;

(六)其他依法依规应当履行的法治政府建设有关职责。

对地方各级党委重点督察主要负责人履行推进法治建设第一责任人职责,加强法治政府建设的情况,以及党委其他负责人在其分管工作范围内履行相关职责情况。地方各级党委主要负责人应当坚持以身作则、以上率下,带头抓好推进本地区法治建设,加强法治政府建设的各项工作。

**第八条** 对地方各级政府履行推进本地区法治政府建设主体职责,主要督察以下工作:

(一)认真学习贯彻习近平新时代中国特色社会主义思想,全面落实党中央、国务院关于法治政府建设的决策部署，制订本地区法治政府建设实施规划、年度计划并组织实施，研究解决本地区法治政府建设有关重大问题并及时向本级党委请示汇报；

（二）全面正确履行政府职能，推进政府职能转变和简政放权、放管结合、优化服务，激发市场活力和社会创造力，推动经济社会持续健康发展；

（三）依法制定地方政府规章或者行政规范性文件，加强地方政府规章或者行政规范性文件备案审查和清理工作，全面推行行政规范性文件合法性审核机制；

（四）严格执行重大行政决策法定程序，认真落实政府法律顾问制度、公职律师制度，加强对重大行政决策的合法性审查，切实推进政务公开；

（五）深化行政执法体制改革，推进综合执法，全面推行行政执法公示制度、执法全过程记录制度、重大执法决定法制审核制度，严格执法责任，加强执法监督，支持执法机关依法公正行使职权，推进严格规范公正文明执法；

（六）自觉接受党内监督、人大监督、民主监督、司法监督、社会监督、舆论监督，推动完善政府内部层级监督和专门监督，加强行政复议和行政应诉工作，尊重并执行生效行政复议决定和法院生效裁判；

（七）建立政府常务会议定期学法制度，每年至少举办2次法治专题讲座，加强对政府工作人员的法治教育培训和法治能力考查测试；

（八）积极开展推进依法行政、建设法治政府宣传工作，大力培育法治政府建设先进典型，营造全社会关心、支持和参与法治政府建设的良好氛围；

（九）统筹推进对本地区法治政府建设情况的考核评价和督促检查，对工作不力、问题较多的部门或者下级政府，应当及时约谈、责令整改、通报批评；

（十）其他依法依规应当履行的法治政府建设有关职责。

对地方各级政府重点督察主要负责人履行推进法治政府建设第一责任人职责情况，以及政府其他负责人在其分管工作范围内履行相关职责情况。地方各级政府主要负责人应当坚持以身作则、以上率下，带头抓好推进本地区法治政府建设各项工作。

**第九条**　对县级以上政府部门履行推进本部门法治政府建设主体职责，主要督察以下工作：

（一）认真学习贯彻习近平新时代中国特色社会主义思想，全面落实党中央、国务院关于法治政府建设的决策部署，制订本部门法治政府建设实施规划、年度计划并组织实施，研究解决本部门法治政府建设重大问题并及时向本级党委和政府请示汇报；

（二）全面正确履行部门职能，推进政府职能转变和简政放权、放管结合、优化服务，激发市场活力和社会创造力，推动经济社会持续健康发展；

（三）依法制定部门规章或者行政规范性文件，加强部门规章或者行政规范性文件备案审查和清理工作，全面推行行政规范性文件合法性审核机制；

（四）严格执行重大行政决策法定程序，认真落实政府法律顾问制度、公职律师制度，加强对重大行政决策的合法性审查，依法依规履行信息发布和政策解读责任，切实推进政务公开；

（五）依法惩处各类违法行为，落实执法人员持证上岗和资格管理制度，全面推行行政执法公示制度、执法全过程记录制度、重大执法决定法制审核制度，完善执法程序，创新执法方式，严格执法责任，加强执法监督，推进严格规范公正文明执法；

（六）加强和改进行政复议工作，纠正违法、不当的行政行为，尊重并执行生效行政复议决定，努力将行政争议化解在基层、化解在行政机关内部；

（七）自觉接受党内监督、人大监督、民主监督、司法监督、社会监督、舆论监督，推动完善部门内部层级监督，加强对重点岗位的制约和监督；

（八）维护司法权威，支持法院依法受理和审理行政案件，落实行政机关负责人依法出庭应诉制度，严格执行法院生效裁判；

（九）建立部门领导班子定期学法制度，每年至少举办2次法治专题讲座，加强对部门工作人员的法治教育培训和法治能力考查测试；

（十）认真落实"谁执法谁普法"普法责任制，加强本部门法治政府建设宣传教育工作，积极总结宣传本部门法治政府建设成功经验和创新做法，大力培育法治政府建设先进典型；

（十一）统筹推进对本部门法治政府建设情况的考核评价和督促检查，对工作不力、问题较多的，应当及时约谈、责令整改、通报批评；

（十二）其他依法依规应当履行的法治政府建设有关职责。

对县级以上政府部门重点督察主要负责人履行推进法治政府建设第一责任人职责情况，以及部门其他负责人在其分管工作范围内履行相关职责情况。县级以上政府部门主要负责人应当坚持以身作则、以上率下，带头抓好本部门推进法治政府建设各项工作。

**第十条** 对国务院部门和地方各级党政机关工作人员履行推进法治政府建设职责，主要督察以下工作：

（一）认真学习贯彻习近平新时代中国特色社会主义思想，增强“四个意识”，坚定“四个自信”，做到“两个维护”，切实执行党中央、国务院关于法治政府建设的决策部署；

（二）认真学习以宪法为核心的中国特色社会主义法律体系，熟练掌握与本职工作密切相关的法律法规，积极参加法治教育培训；

（三）注重提高法治思维和依法行政能力，想问题、作决策、办事情必须守法律、重程序、受监督，不得以言代法、以权压法、逐利违法、徇私枉法；

（四）依法全面履行岗位职责，严守法定程序，无正当理由不得拖延或者拒绝履行法定职责，不得滥用职权侵犯公民、法人或者其他组织的合法权益；

（五）自觉尊法学法守法用法，大力弘扬社会主义法治精神，认真落实“谁执法谁普法”普法责任制，积极在工作中向人民群众普法，做法律法规的遵守者、执行者、宣传者；

（六）其他依法依规应当履行的法治政府建设有关职责。

## 第三章　督察组织实施

**第十一条** 督察单位应当制订督察工作年度计划并按照规定报批，建立督察任务台账，加强督察工作的统筹协调。

**第十二条** 督察工作主要采取书面督察、实地督察等方式进行。

督察单位组织开展书面督察，应当要求被督察单位进行全面自查，并限期书面报告情况。

督察单位组织开展实地督察，应当深入被督察单位，通过多种形式明察暗访，了解被督察单位实际情况。

**第十三条** 督察可以采取下列措施：

（一）听取被督察单位以及有关负责人情况汇报；

（二）查阅、复制有关制度文件、会议纪要、执法案卷等；

（三）询问、约谈有关单位和个人；

（四）实地走访、暗访；

（五）对收到的重大违法行政问题线索进行调查、核实或者转交有关部门，必要时可请有关部门予以协助；

（六）其他必要的措施。

**第十四条** 督察单位可以委托科研院校、专业机构、人民团体、社会组织等对被督察单位开展第三方评估，提出意见建议。

**第十五条** 督察单位可以就重要指示批示落实、重大行政决策事项、重点领域行政执法等某一方面情况开展专项督察。

专项督察可以根据具体情况选择相应的督察方式或者措施。

**第十六条** 督察单位开展实地督察，可以成立督察组。督察组进驻后，应当向被督察单位主要负责人通报开展督察工作的目的、安排和要求。

督察组可以邀请人大代表、政协委员、专家学者、新闻记者等方面的代表参加。

**第十七条** 督察结束后，督察组应当撰写督察报告，客观真实反映被督察单位法治政府建设的进展、成效、责任落实情况以及存在的问题和困难。对存在的问题和困难，应当分析原因、找出症结，提出有针对性的意见建议，并帮助推动解决。

**第十八条** 督察结束后，督察单位应当向被督察单位反馈督察结果，对存在的问题督促其限期整改。被督察单位应当按照要求整改并及时报告整改情况。

**第十九条** 督察单位可以通过简报、专报等形式向上级机关和本级纪检监察机关、组织人事等部门通报督察情况或者发现的问题，作为对被督察单位及其领导人员考核评价的重要参考或者监督问责的重要依据。

**第二十条** 督察单位应当充分运用大数据、云计算等现代信息技术手段，探索推进“互联网+督察”，提升督察工作精细化和信息化水平，提高督察工作效能。

**第二十一条** 督察工作人员应当严格履行职责，如实评价被督察单位，不得故意隐瞒或者夸大督察发现的问题；严格遵守中央八项规定及其实施细则精神和各项廉政规定，做到厉行节约、廉洁自律、公开透明，严防形式主义、官僚主义，自觉接受监督。

**第二十二条** 对在法治政府建设中工作成绩突出的地区、部门以及作出重要贡献的个人，可以按照国家有关规定给予表彰或者奖励。

## 第四章　年度报告

**第二十三条** 每年4月1日之前，各省（自治区、直辖市）党委和政府、国务院各部门应当向党中央、国务院报告上一年度法治政府建设情况，同时抄送中央全面依法治国委员会办公室。

每年3月1日之前，县级以上地方各级政府部门应当向本级党委和政府、上一级政府有关部门报告上一年度法治政府建设情况，同时抄送本级督察单位；县级以上地方各级政府应当向同级党委、人大常委会报告上一年度法治政府建设情况;省级以下地方各级党委和政府应当向上一级党委和政府报告上一年度法治政府建设情况,同时抄送上一级督察单位。

**第二十四条** 每年4月1日之前,地方各级政府和县级以上政府部门的法治政府建设年度报告,除涉及党和国家秘密的,应当通过报刊、网站等新闻媒体向社会公开,接受人民群众监督。

**第二十五条** 法治政府建设年度报告主要包括以下内容:

(一)上一年度推进法治政府建设的主要举措和成效;

(二)上一年度推进法治政府建设存在的不足和原因;

(三)上一年度党政主要负责人履行推进法治建设第一责任人职责,加强法治政府建设的有关情况;

(四)下一年度推进法治政府建设的主要安排;

(五)其他需要报告的情况。

**第二十六条** 督察单位应当督促下一级地方党委和政府、本级政府部门按时报送和公开年度报告,对未按照要求报送、公开的,应当通报批评。

**第二十七条** 督察单位可以邀请人大代表、政协委员、专家学者、新闻记者、政府法律顾问或者委托第三方机构对已公开的法治政府建设年度报告提出意见或者进行评议,有关意见、评议结果应当向被督察单位反馈,并可以向社会公开。

## 第五章 责任追究

**第二十八条** 法治政府建设责任追究应当根据《中国共产党问责条例》、《中华人民共和国监察法》、《行政机关公务员处分条例》以及相关党内法规、国家法律法规规定的权限和程序执行。

**第二十九条** 督察工作中发现被督察单位及其工作人员有下列情形之一的,督察单位应当移送有关单位依纪依法进行责任追究:

(一)对党中央、国务院的法治政府建设决策部署懈怠拖延、落实不力,影响中央政令畅通,造成严重后果的;

(二)制定的规章、行政规范性文件违反宪法、法律、行政法规,破坏国家法制统一的;

(三)违纪违法决策或者依法应当作出决策而久拖不决,造成重大损失或者恶劣影响的;

(四)执法不作为或者乱执法、执法牟利、粗暴执法等,侵犯公民、法人或者其他组织合法权益造成损害的;

(五)违纪违法干预监察工作、行政执法、行政复议或者司法活动,或者拒不执行生效行政复议决定、法院生效裁判的;

(六)在行政复议工作中失职渎职、徇私舞弊、违法违规的;

(七)其他不履行或者不正确履行法治政府建设职责,依法依规需要追责的情形。

**第三十条** 督察单位可以建立重大责任事项约谈制度、挂牌督办制度,对存在第二十九条规定情形的地方或者部门,督促其限期完成有关查处、整改任务。

**第三十一条** 督察单位可以建立典型案例通报、曝光制度,除涉及党和国家秘密的,在一定范围内进行通报或者向社会曝光。

**第三十二条** 被督察单位及其工作人员违反本规定,有下列行为之一的,依纪依法予以责任追究;涉嫌犯罪的,移送有关机关依法处理:

(一)以各种借口拒绝、阻碍或者干扰督察工作的;

(二)拖延或者拒绝提供与督察工作有关的资料,或者伪造相关情况、提供虚假资料的;

(三)未按照要求进行整改或者拖延、拒不整改的;

(四)打击、报复、陷害、刁难督察工作人员或者反映情况的单位和个人的;

(五)其他妨碍督察工作的行为。

**第三十三条** 督察工作人员违反廉洁自律规定,或者滥用职权、徇私舞弊、玩忽职守的,依纪依法给予处分;涉嫌犯罪的,移送有关机关依法处理。

## 第六章 附 则

**第三十四条** 本规定由中央全面依法治国委员会办公室负责解释。

**第三十五条** 本规定自2019年4月15日起施行。

# 中华人民共和国政府信息公开条例

· 2007年4月5日中华人民共和国国务院令第492号公布
· 2019年4月3日中华人民共和国国务院令第711号修订
· 自2019年5月15日起施行

## 第一章 总 则

**第一条** 为了保障公民、法人和其他组织依法获取政府信息,提高政府工作的透明度,建设法治政府,充分发挥政府信息对人民群众生产、生活和经济社会活动的服务作用,制定本条例。

**第二条** 本条例所称政府信息,是指行政机关在履行行政管理职能过程中制作或者获取的,以一定形式记录、保存的信息。

**第三条** 各级人民政府应当加强对政府信息公开工作的组织领导。

国务院办公厅是全国政府信息公开工作的主管部门，负责推进、指导、协调、监督全国的政府信息公开工作。

县级以上地方人民政府办公厅（室）是本行政区域的政府信息公开工作主管部门，负责推进、指导、协调、监督本行政区域的政府信息公开工作。

实行垂直领导的部门的办公厅（室）主管本系统的政府信息公开工作。

**第四条** 各级人民政府及县级以上人民政府部门应当建立健全本行政机关的政府信息公开工作制度，并指定机构（以下统称政府信息公开工作机构）负责本行政机关政府信息公开的日常工作。

政府信息公开工作机构的具体职能是：

（一）办理本行政机关的政府信息公开事宜；

（二）维护和更新本行政机关公开的政府信息；

（三）组织编制本行政机关的政府信息公开指南、政府信息公开目录和政府信息公开工作年度报告；

（四）组织开展对拟公开政府信息的审查；

（五）本行政机关规定的与政府信息公开有关的其他职能。

**第五条** 行政机关公开政府信息，应当坚持以公开为常态、不公开为例外，遵循公正、公平、合法、便民的原则。

**第六条** 行政机关应当及时、准确地公开政府信息。

行政机关发现影响或者可能影响社会稳定、扰乱社会和经济管理秩序的虚假或者不完整信息的，应当发布准确的政府信息予以澄清。

**第七条** 各级人民政府应当积极推进政府信息公开工作，逐步增加政府信息公开的内容。

**第八条** 各级人民政府应当加强政府信息资源的规范化、标准化、信息化管理，加强互联网政府信息公开平台建设，推进政府信息公开平台与政务服务平台融合，提高政府信息公开在线办理水平。

**第九条** 公民、法人和其他组织有权对行政机关的政府信息公开工作进行监督，并提出批评和建议。

## 第二章 公开的主体和范围

**第十条** 行政机关制作的政府信息，由制作该政府信息的行政机关负责公开。行政机关从公民、法人和其他组织获取的政府信息，由保存该政府信息的行政机关负责公开；行政机关获取的其他行政机关的政府信息，由制作或者最初获取该政府信息的行政机关负责公开。法律、法规对政府信息公开的权限另有规定的，从其规定。

行政机关设立的派出机构、内设机构依照法律、法规对外以自己名义履行行政管理职能的，可以由该派出机构、内设机构负责与所履行行政管理职能有关的政府信息公开工作。

两个以上行政机关共同制作的政府信息，由牵头制作的行政机关负责公开。

**第十一条** 行政机关应当建立健全政府信息公开协调机制。行政机关公开政府信息涉及其他机关的，应当与有关机关协商、确认，保证行政机关公开的政府信息准确一致。

行政机关公开政府信息依照法律、行政法规和国家有关规定需要批准的，经批准予以公开。

**第十二条** 行政机关编制、公布的政府信息公开指南和政府信息公开目录应当及时更新。

政府信息公开指南包括政府信息的分类、编排体系、获取方式和政府信息公开工作机构的名称、办公地址、办公时间、联系电话、传真号码、互联网联系方式等内容。

政府信息公开目录包括政府信息的索引、名称、内容概述、生成日期等内容。

**第十三条** 除本条例第十四条、第十五条、第十六条规定的政府信息外，政府信息应当公开。

行政机关公开政府信息，采取主动公开和依申请公开的方式。

**第十四条** 依法确定为国家秘密的政府信息，法律、行政法规禁止公开的政府信息，以及公开后可能危及国家安全、公共安全、经济安全、社会稳定的政府信息，不予公开。

**第十五条** 涉及商业秘密、个人隐私等公开会对第三方合法权益造成损害的政府信息，行政机关不得公开。但是，第三方同意公开或者行政机关认为不公开会对公共利益造成重大影响的，予以公开。

**第十六条** 行政机关的内部事务信息，包括人事管理、后勤管理、内部工作流程等方面的信息，可以不予公开。

行政机关在履行行政管理职能过程中形成的讨论记录、过程稿、磋商信函、请示报告等过程性信息以及行政执法案卷信息，可以不予公开。法律、法规、规章规定上述信息应当公开的，从其规定。

**第十七条** 行政机关应当建立健全政府信息公开审查机制，明确审查的程序和责任。

行政机关应当依照《中华人民共和国保守国家秘密法》以及其他法律、法规和国家有关规定对拟公开的政府信息进行审查。

行政机关不能确定政府信息是否可以公开的，应当依照法律、法规和国家有关规定报有关主管部门或者保密行政管理部门确定。

**第十八条**　行政机关应当建立健全政府信息管理动态调整机制，对本行政机关不予公开的政府信息进行定期评估审查，对因情势变化可以公开的政府信息应当公开。

## 第三章　主动公开

**第十九条**　对涉及公众利益调整、需要公众广泛知晓或者需要公众参与决策的政府信息，行政机关应当主动公开。

**第二十条**　行政机关应当依照本条例第十九条的规定，主动公开本行政机关的下列政府信息：

（一）行政法规、规章和规范性文件；

（二）机关职能、机构设置、办公地址、办公时间、联系方式、负责人姓名；

（三）国民经济和社会发展规划、专项规划、区域规划及相关政策；

（四）国民经济和社会发展统计信息；

（五）办理行政许可和其他对外管理服务事项的依据、条件、程序以及办理结果；

（六）实施行政处罚、行政强制的依据、条件、程序以及本行政机关认为具有一定社会影响的行政处罚决定；

（七）财政预算、决算信息；

（八）行政事业性收费项目及其依据、标准；

（九）政府集中采购项目的目录、标准及实施情况；

（十）重大建设项目的批准和实施情况；

（十一）扶贫、教育、医疗、社会保障、促进就业等方面的政策、措施及其实施情况；

（十二）突发公共事件的应急预案、预警信息及应对情况；

（十三）环境保护、公共卫生、安全生产、食品药品、产品质量的监督检查情况；

（十四）公务员招考的职位、名额、报考条件等事项以及录用结果；

（十五）法律、法规、规章和国家有关规定规定应当主动公开的其他政府信息。

**第二十一条**　除本条例第二十条规定的政府信息外，设区的市级、县级人民政府及其部门还应当根据本地方的具体情况，主动公开涉及市政建设、公共服务、公益事业、土地征收、房屋征收、治安管理、社会救助等方面的政府信息；乡（镇）人民政府还应当根据本地方的具体情况，主动公开贯彻落实农业农村政策、农田水利工程建设运营、农村土地承包经营权流转、宅基地使用情况审核、土地征收、房屋征收、筹资筹劳、社会救助等方面的政府信息。

**第二十二条**　行政机关应当依照本条例第二十条、第二十一条的规定，确定主动公开政府信息的具体内容，并按照上级行政机关的部署，不断增加主动公开的内容。

**第二十三条**　行政机关应当建立健全政府信息发布机制，将主动公开的政府信息通过政府公报、政府网站或者其他互联网政务媒体、新闻发布会以及报刊、广播、电视等途径予以公开。

**第二十四条**　各级人民政府应当加强依托政府门户网站公开政府信息的工作，利用统一的政府信息公开平台集中发布主动公开的政府信息。政府信息公开平台应当具备信息检索、查阅、下载等功能。

**第二十五条**　各级人民政府应当在国家档案馆、公共图书馆、政务服务场所设置政府信息查阅场所，并配备相应的设施、设备，为公民、法人和其他组织获取政府信息提供便利。

行政机关可以根据需要设立公共查阅室、资料索取点、信息公告栏、电子信息屏等场所、设施，公开政府信息。

行政机关应当及时向国家档案馆、公共图书馆提供主动公开的政府信息。

**第二十六条**　属于主动公开范围的政府信息，应当自该政府信息形成或者变更之日起20个工作日内及时公开。法律、法规对政府信息公开的期限另有规定的，从其规定。

## 第四章　依申请公开

**第二十七条**　除行政机关主动公开的政府信息外，公民、法人或者其他组织可以向地方各级人民政府、对外以自己名义履行行政管理职能的县级以上人民政府部门（含本条例第十条第二款规定的派出机构、内设机构）申请获取相关政府信息。

**第二十八条**　本条例第二十七条规定的行政机关应当建立完善政府信息公开申请渠道，为申请人依法申请获取政府信息提供便利。

**第二十九条**　公民、法人或者其他组织申请获取政府信息的，应当向行政机关的政府信息公开工作机构提出，并采用包括信件、数据电文在内的书面形式；采用书面形式确有困难的，申请人可以口头提出，由受理该申请的政府信息公开工作机构代为填写政府信息公开申请。

政府信息公开申请应当包括下列内容：

（一）申请人的姓名或者名称、身份证明、联系方式；

（二）申请公开的政府信息的名称、文号或者便于行政机关查询的其他特征性描述；

（三）申请公开的政府信息的形式要求，包括获取信息的方式、途径。

**第三十条** 政府信息公开申请内容不明确的，行政机关应当给予指导和释明，并自收到申请之日起7个工作日内一次性告知申请人作出补正，说明需要补正的事项和合理的补正期限。答复期限自行政机关收到补正的申请之日起计算。申请人无正当理由逾期不补正的，视为放弃申请，行政机关不再处理该政府信息公开申请。

**第三十一条** 行政机关收到政府信息公开申请的时间，按照下列规定确定：

（一）申请人当面提交政府信息公开申请的，以提交之日为收到申请之日；

（二）申请人以邮寄方式提交政府信息公开申请的，以行政机关签收之日为收到申请之日；以平常信函等无需签收的邮寄方式提交政府信息公开申请的，政府信息公开工作机构应当于收到申请的当日与申请人确认，确认之日为收到申请之日；

（三）申请人通过互联网渠道或者政府信息公开工作机构的传真提交政府信息公开申请的，以双方确认之日为收到申请之日。

**第三十二条** 依申请公开的政府信息公开会损害第三方合法权益的，行政机关应当书面征求第三方的意见。第三方应当自收到征求意见书之日起15个工作日内提出意见。第三方逾期未提出意见的，由行政机关依照本条例的规定决定是否公开。第三方不同意公开且有合理理由的，行政机关不予公开。行政机关认为不公开可能对公共利益造成重大影响的，可以决定予以公开，并将决定公开的政府信息内容和理由书面告知第三方。

**第三十三条** 行政机关收到政府信息公开申请，能够当场答复的，应当当场予以答复。

行政机关不能当场答复的，应当自收到申请之日起20个工作日内予以答复；需要延长答复期限的，应当经政府信息公开工作机构负责人同意并告知申请人，延长的期限最长不得超过20个工作日。

行政机关征求第三方和其他机关意见所需时间不计算在前款规定的期限内。

**第三十四条** 申请公开的政府信息由两个以上行政机关共同制作的，牵头制作的行政机关收到政府信息公开申请后可以征求相关行政机关的意见，被征求意见机关应当自收到征求意见书之日起15个工作日内提出意见，逾期未提出意见的视为同意公开。

**第三十五条** 申请人申请公开政府信息的数量、频次明显超过合理范围，行政机关可以要求申请人说明理由。行政机关认为申请理由不合理的，告知申请人不予处理；行政机关认为申请理由合理，但是无法在本条例第三十三条规定的期限内答复申请人的，可以确定延迟答复的合理期限并告知申请人。

**第三十六条** 对政府信息公开申请，行政机关根据下列情况分别作出答复：

（一）所申请公开信息已经主动公开的，告知申请人获取该政府信息的方式、途径；

（二）所申请公开信息可以公开的，向申请人提供该政府信息，或者告知申请人获取该政府信息的方式、途径和时间；

（三）行政机关依据本条例的规定决定不予公开的，告知申请人不予公开并说明理由；

（四）经检索没有所申请公开信息的，告知申请人该政府信息不存在；

（五）所申请公开信息不属于本行政机关负责公开的，告知申请人并说明理由；能够确定负责公开该政府信息的行政机关的，告知申请人该行政机关的名称、联系方式；

（六）行政机关已就申请人提出的政府信息公开申请作出答复、申请人重复申请公开相同政府信息的，告知申请人不予重复处理；

（七）所申请公开信息属于工商、不动产登记资料等信息，有关法律、行政法规对信息的获取有特别规定的，告知申请人依照有关法律、行政法规的规定办理。

**第三十七条** 申请公开的信息中含有不应当公开或者不属于政府信息的内容，但是能够作区分处理的，行政机关应当向申请人提供可以公开的政府信息内容，并对不予公开的内容说明理由。

**第三十八条** 行政机关向申请人提供的信息，应当是已制作或者获取的政府信息。除依照本条例第三十七条的规定能够作区分处理的外，需要行政机关对现有政府信息进行加工、分析的，行政机关可以不予提供。

**第三十九条** 申请人以政府信息公开申请的形式进行信访、投诉、举报等活动，行政机关应当告知申请人不作为政府信息公开申请处理并可以告知通过相应渠道提出。

申请人提出的申请内容为要求行政机关提供政府公报、报刊、书籍等公开出版物的，行政机关可以告知获取的途径。

**第四十条**　行政机关依申请公开政府信息，应当根据申请人的要求及行政机关保存政府信息的实际情况，确定提供政府信息的具体形式；按照申请人要求的形式提供政府信息，可能危及政府信息载体安全或者公开成本过高的，可以通过电子数据以及其他适当形式提供，或者安排申请人查阅、抄录相关政府信息。

**第四十一条**　公民、法人或者其他组织有证据证明行政机关提供的与其自身相关的政府信息记录不准确的，可以要求行政机关更正。有权更正的行政机关审核属实的，应当予以更正并告知申请人；不属于本行政机关职能范围的，行政机关可以转送有权更正的行政机关处理并告知申请人，或者告知申请人向有权更正的行政机关提出。

**第四十二条**　行政机关依申请提供政府信息，不收取费用。但是，申请人申请公开政府信息的数量、频次明显超过合理范围的，行政机关可以收取信息处理费。

行政机关收取信息处理费的具体办法由国务院价格主管部门会同国务院财政部门、全国政府信息公开工作主管部门制定。

**第四十三条**　申请公开政府信息的公民存在阅读困难或者视听障碍的，行政机关应当为其提供必要的帮助。

**第四十四条**　多个申请人就相同政府信息向同一行政机关提出公开申请，且该政府信息属于可以公开的，行政机关可以纳入主动公开的范围。

对行政机关依申请公开的政府信息，申请人认为涉及公众利益调整、需要公众广泛知晓或者需要公众参与决策的，可以建议行政机关将该信息纳入主动公开的范围。行政机关经审核认为属于主动公开范围的，应当及时主动公开。

**第四十五条**　行政机关应当建立健全政府信息公开申请登记、审核、办理、答复、归档的工作制度，加强工作规范。

## 第五章　监督和保障

**第四十六条**　各级人民政府应当建立健全政府信息公开工作考核制度、社会评议制度和责任追究制度，定期对政府信息公开工作进行考核、评议。

**第四十七条**　政府信息公开工作主管部门应当加强对政府信息公开工作的日常指导和监督检查，对行政机关未按照要求开展政府信息公开工作的，予以督促整改或者通报批评；需要对负有责任的领导人员和直接责任人员追究责任的，依法向有权机关提出处理建议。

公民、法人或者其他组织认为行政机关未按照要求主动公开政府信息或者对政府信息公开申请不依法答复处理的，可以向政府信息公开工作主管部门提出。政府信息公开工作主管部门查证属实的，应当予以督促整改或者通报批评。

**第四十八条**　政府信息公开工作主管部门应当对行政机关的政府信息公开工作人员定期进行培训。

**第四十九条**　县级以上人民政府部门应当在每年1月31日前向本级政府信息公开工作主管部门提交本行政机关上一年度政府信息公开工作年度报告并向社会公布。

县级以上地方人民政府的政府信息公开工作主管部门应当在每年3月31日前向社会公布本级政府上一年度政府信息公开工作年度报告。

**第五十条**　政府信息公开工作年度报告应当包括下列内容：

（一）行政机关主动公开政府信息的情况；

（二）行政机关收到和处理政府信息公开申请的情况；

（三）因政府信息公开工作被申请行政复议、提起行政诉讼的情况；

（四）政府信息公开工作存在的主要问题及改进情况，各级人民政府的政府信息公开工作年度报告还应当包括工作考核、社会评议和责任追究结果情况；

（五）其他需要报告的事项。

全国政府信息公开工作主管部门应当公布政府信息公开工作年度报告统一格式，并适时更新。

**第五十一条**　公民、法人或者其他组织认为行政机关在政府信息公开工作中侵犯其合法权益的，可以向上一级行政机关或者政府信息公开工作主管部门投诉、举报，也可以依法申请行政复议或者提起行政诉讼。

**第五十二条**　行政机关违反本条例的规定，未建立健全政府信息公开有关制度、机制的，由上一级行政机关责令改正；情节严重的，对负有责任的领导人员和直接责任人员依法给予处分。

**第五十三条**　行政机关违反本条例的规定，有下列情形之一的，由上一级行政机关责令改正；情节严重的，对负有责任的领导人员和直接责任人员依法给予处分；构成犯罪的，依法追究刑事责任：

（一）不依法履行政府信息公开职能；

（二）不及时更新公开的政府信息内容、政府信息公开指南和政府信息公开目录；

（三）违反本条例规定的其他情形。

## 第六章 附 则

**第五十四条** 法律、法规授权的具有管理公共事务职能的组织公开政府信息的活动，适用本条例。

**第五十五条** 教育、卫生健康、供水、供电、供气、供热、环境保护、公共交通等与人民群众利益密切相关的公共企事业单位，公开在提供社会公共服务过程中制作、获取的信息，依照相关法律、法规和国务院有关主管部门或者机构的规定执行。全国政府信息公开工作主管部门根据实际需要可以制定专门的规定。

前款规定的公共企事业单位未依照相关法律、法规和国务院有关主管部门或者机构的规定公开在提供社会公共服务过程中制作、获取的信息，公民、法人或者其他组织可以向有关主管部门或者机构申诉，接受申诉的部门或者机构应当及时调查处理并将处理结果告知申诉人。

**第五十六条** 本条例自2019年5月15日起施行。

# 中华人民共和国政府采购法

· 2002年6月29日第九届全国人民代表大会常务委员会第二十八次会议通过

· 根据2014年8月31日第十二届全国人民代表大会常务委员会第十次会议《关于修改〈中华人民共和国保险法〉等五部法律的决定》修正

## 目 录

第一章 总 则
第二章 政府采购当事人
第三章 政府采购方式
第四章 政府采购程序
第五章 政府采购合同
第六章 质疑与投诉
第七章 监督检查
第八章 法律责任
第九章 附 则

## 第一章 总 则

**第一条** 为了规范政府采购行为，提高政府采购资金的使用效益，维护国家利益和社会公共利益，保护政府采购当事人的合法权益，促进廉政建设，制定本法。

**第二条** 在中华人民共和国境内进行的政府采购适用本法。

本法所称政府采购，是指各级国家机关、事业单位和团体组织，使用财政性资金采购依法制定的集中采购目录以内的或者采购限额标准以上的货物、工程和服务的行为。

政府集中采购目录和采购限额标准依照本法规定的权限制定。

本法所称采购，是指以合同方式有偿取得货物、工程和服务的行为，包括购买、租赁、委托、雇用等。

本法所称货物，是指各种形态和种类的物品，包括原材料、燃料、设备、产品等。

本法所称工程，是指建设工程，包括建筑物和构筑物的新建、改建、扩建、装修、拆除、修缮等。

本法所称服务，是指除货物和工程以外的其他政府采购对象。

**第三条** 政府采购应当遵循公开透明原则、公平竞争原则、公正原则和诚实信用原则。

**第四条** 政府采购工程进行招标投标的，适用招标投标法。

**第五条** 任何单位和个人不得采用任何方式，阻挠和限制供应商自由进入本地区和本行业的政府采购市场。

**第六条** 政府采购应当严格按照批准的预算执行。

**第七条** 政府采购实行集中采购和分散采购相结合。集中采购的范围由省级以上人民政府公布的集中采购目录确定。

属于中央预算的政府采购项目，其集中采购目录由国务院确定并公布；属于地方预算的政府采购项目，其集中采购目录由省、自治区、直辖市人民政府或者其授权的机构确定并公布。

纳入集中采购目录的政府采购项目，应当实行集中采购。

**第八条** 政府采购限额标准，属于中央预算的政府采购项目，由国务院确定并公布；属于地方预算的政府采购项目，由省、自治区、直辖市人民政府或者其授权的机构确定并公布。

**第九条** 政府采购应当有助于实现国家的经济和社会发展政策目标，包括保护环境，扶持不发达地区和少数民族地区，促进中小企业发展等。

**第十条** 政府采购应当采购本国货物、工程和服务。但有下列情形之一的除外：

（一）需要采购的货物、工程或者服务在中国境内无

法获取或者无法以合理的商业条件获取的;

(二)为在中国境外使用而进行采购的;

(三)其他法律、行政法规另有规定的。

前款所称本国货物、工程和服务的界定,依照国务院有关规定执行。

**第十一条** 政府采购的信息应当在政府采购监督管理部门指定的媒体上及时向社会公开发布,但涉及商业秘密的除外。

**第十二条** 在政府采购活动中,采购人员及相关人员与供应商有利害关系的,必须回避。供应商认为采购人员及相关人员与其他供应商有利害关系的,可以申请其回避。

前款所称相关人员,包括招标采购中评标委员会的组成人员,竞争性谈判采购中谈判小组的组成人员,询价采购中询价小组的组成人员等。

**第十三条** 各级人民政府财政部门是负责政府采购监督管理的部门,依法履行对政府采购活动的监督管理职责。

各级人民政府其他有关部门依法履行与政府采购活动有关的监督管理职责。

## 第二章 政府采购当事人

**第十四条** 政府采购当事人是指在政府采购活动中享有权利和承担义务的各类主体,包括采购人、供应商和采购代理机构等。

**第十五条** 采购人是指依法进行政府采购的国家机关、事业单位、团体组织。

**第十六条** 集中采购机构为采购代理机构。设区的市、自治州以上人民政府根据本级政府采购项目组织集中采购的需要设立集中采购机构。

集中采购机构是非营利事业法人,根据采购人的委托办理采购事宜。

**第十七条** 集中采购机构进行政府采购活动,应当符合采购价格低于市场平均价格、采购效率更高、采购质量优良和服务良好的要求。

**第十八条** 采购人采购纳入集中采购目录的政府采购项目,必须委托集中采购机构代理采购;采购未纳入集中采购目录的政府采购项目,可以自行采购,也可以委托集中采购机构在委托的范围内代理采购。

纳入集中采购目录属于通用的政府采购项目的,应当委托集中采购机构代理采购;属于本部门、本系统有特殊要求的项目,应当实行部门集中采购;属于本单位有特殊要求的项目,经省级以上人民政府批准,可以自行采购。

**第十九条** 采购人可以委托集中采购机构以外的采购代理机构,在委托的范围内办理政府采购事宜。

采购人有权自行选择采购代理机构,任何单位和个人不得以任何方式为采购人指定采购代理机构。

**第二十条** 采购人依法委托采购代理机构办理采购事宜的,应当由采购人与采购代理机构签订委托代理协议,依法确定委托代理的事项,约定双方的权利义务。

**第二十一条** 供应商是指向采购人提供货物、工程或者服务的法人、其他组织或者自然人。

**第二十二条** 供应商参加政府采购活动应当具备下列条件:

(一)具有独立承担民事责任的能力;

(二)具有良好的商业信誉和健全的财务会计制度;

(三)具有履行合同所必需的设备和专业技术能力;

(四)有依法缴纳税收和社会保障资金的良好记录;

(五)参加政府采购活动前三年内,在经营活动中没有重大违法记录;

(六)法律、行政法规规定的其他条件。

采购人可以根据采购项目的特殊要求,规定供应商的特定条件,但不得以不合理的条件对供应商实行差别待遇或者歧视待遇。

**第二十三条** 采购人可以要求参加政府采购的供应商提供有关资质证明文件和业绩情况,并根据本法规定的供应商条件和采购项目对供应商的特定要求,对供应商的资格进行审查。

**第二十四条** 两个以上的自然人、法人或者其他组织可以组成一个联合体,以一个供应商的身份共同参加政府采购。

以联合体形式进行政府采购的,参加联合体的供应商均应当具备本法第二十二条规定的条件,并应当向采购人提交联合协议,载明联合体各方承担的工作和义务。联合体各方应当共同与采购人签订采购合同,就采购合同约定的事项对采购人承担连带责任。

**第二十五条** 政府采购当事人不得相互串通损害国家利益、社会公共利益和其他当事人的合法权益;不得以任何手段排斥其他供应商参与竞争。

供应商不得以向采购人、采购代理机构、评标委员会的组成人员、竞争性谈判小组的组成人员、询价小组的组成人员行贿或者采取其他不正当手段谋取中标或者成交。

采购代理机构不得以向采购人行贿或者采取其他不正当手段谋取非法利益。

## 第三章　政府采购方式

**第二十六条**　政府采购采用以下方式：

（一）公开招标；

（二）邀请招标；

（三）竞争性谈判；

（四）单一来源采购；

（五）询价；

（六）国务院政府采购监督管理部门认定的其他采购方式。

公开招标应作为政府采购的主要采购方式。

**第二十七条**　采购人采购货物或者服务应当采用公开招标方式的，其具体数额标准，属于中央预算的政府采购项目，由国务院规定；属于地方预算的政府采购项目，由省、自治区、直辖市人民政府规定；因特殊情况需要采用公开招标以外的采购方式的，应当在采购活动开始前获得设区的市、自治州以上人民政府采购监督管理部门的批准。

**第二十八条**　采购人不得将应当以公开招标方式采购的货物或者服务化整为零或者以其他任何方式规避公开招标采购。

**第二十九条**　符合下列情形之一的货物或者服务，可以依照本法采用邀请招标方式采购：

（一）具有特殊性，只能从有限范围的供应商处采购的；

（二）采用公开招标方式的费用占政府采购项目总价值的比例过大的。

**第三十条**　符合下列情形之一的货物或者服务，可以依照本法采用竞争性谈判方式采购：

（一）招标后没有供应商投标或者没有合格标的或者重新招标未能成立的；

（二）技术复杂或者性质特殊，不能确定详细规格或者具体要求的；

（三）采用招标所需时间不能满足用户紧急需要的；

（四）不能事先计算出价格总额的。

**第三十一条**　符合下列情形之一的货物或者服务，可以依照本法采用单一来源方式采购：

（一）只能从惟一供应商处采购的；

（二）发生了不可预见的紧急情况不能从其他供应商处采购的；

（三）必须保证原有采购项目一致性或者服务配套的要求，需要继续从原供应商处添购，且添购资金总额不超过原合同采购金额百分之十的。

**第三十二条**　采购的货物规格、标准统一、现货货源充足且价格变化幅度小的政府采购项目，可以依照本法采用询价方式采购。

## 第四章　政府采购程序

**第三十三条**　负有编制部门预算职责的部门在编制下一财政年度部门预算时，应当将该财政年度政府采购的项目及资金预算列出，报本级财政部门汇总。部门预算的审批，按预算管理权限和程序进行。

**第三十四条**　货物或者服务项目采取邀请招标方式采购的，采购人应当从符合相应资格条件的供应商中，通过随机方式选择三家以上的供应商，并向其发出投标邀请书。

**第三十五条**　货物和服务项目实行招标方式采购的，自招标文件开始发出之日起至投标人提交投标文件截止之日止，不得少于二十日。

**第三十六条**　在招标采购中，出现下列情形之一的，应予废标：

（一）符合专业条件的供应商或者对招标文件作实质响应的供应商不足三家的；

（二）出现影响采购公正的违法、违规行为的；

（三）投标人的报价均超过了采购预算，采购人不能支付的；

（四）因重大变故，采购任务取消的。

废标后，采购人应当将废标理由通知所有投标人。

**第三十七条**　废标后，除采购任务取消情形外，应当重新组织招标；需要采取其他方式采购的，应当在采购活动开始前获得设区的市、自治州以上人民政府采购监督管理部门或者政府有关部门批准。

**第三十八条**　采用竞争性谈判方式采购的，应当遵循下列程序：

（一）成立谈判小组。谈判小组由采购人的代表和有关专家共三人以上的单数组成，其中专家的人数不得少于成员总数的三分之二。

（二）制定谈判文件。谈判文件应当明确谈判程序、谈判内容、合同草案的条款以及评定成交的标准等事项。

（三）确定邀请参加谈判的供应商名单。谈判小组从符合相应资格条件的供应商名单中确定不少于三家的供应商参加谈判，并向其提供谈判文件。

（四）谈判。谈判小组所有成员集中与单一供应商分别进行谈判。在谈判中，谈判的任何一方不得透露与谈判有关的其他供应商的技术资料、价格和其他信息。谈判文件有实质性变动的，谈判小组应当以书面形式通知所有参加谈判的供应商。

（五）确定成交供应商。谈判结束后，谈判小组应当要求所有参加谈判的供应商在规定时间内进行最后报价，采购人从谈判小组提出的成交候选人中根据符合采购需求、质量和服务相等且报价最低的原则确定成交供应商，并将结果通知所有参加谈判的未成交的供应商。

**第三十九条**　采取单一来源方式采购的，采购人与供应商应当遵循本法规定的原则，在保证采购项目质量和双方商定合理价格的基础上进行采购。

**第四十条**　采取询价方式采购的，应当遵循下列程序：

（一）成立询价小组。询价小组由采购人的代表和有关专家共三人以上的单数组成，其中专家的人数不得少于成员总数的三分之二。询价小组应当对采购项目的价格构成和评定成交的标准等事项作出规定。

（二）确定被询价的供应商名单。询价小组根据采购需求，从符合相应资格条件的供应商名单中确定不少于三家的供应商，并向其发出询价通知书让其报价。

（三）询价。询价小组要求被询价的供应商一次报出不得更改的价格。

（四）确定成交供应商。采购人根据符合采购需求、质量和服务相等且报价最低的原则确定成交供应商，并将结果通知所有被询价的未成交的供应商。

**第四十一条**　采购人或者其委托的采购代理机构应当组织对供应商履约的验收。大型或者复杂的政府采购项目，应当邀请国家认可的质量检测机构参加验收工作。验收方成员应当在验收书上签字，并承担相应的法律责任。

**第四十二条**　采购人、采购代理机构对政府采购项目每项采购活动的采购文件应当妥善保存，不得伪造、变造、隐匿或者销毁。采购文件的保存期限为从采购结束之日起至少保存十五年。

采购文件包括采购活动记录、采购预算、招标文件、投标文件、评标标准、评估报告、定标文件、合同文本、验收证明、质疑答复、投诉处理决定及其他有关文件、资料。

采购活动记录至少应当包括下列内容：

（一）采购项目类别、名称；

（二）采购项目预算、资金构成和合同价格；

（三）采购方式，采用公开招标以外的采购方式的，应当载明原因；

（四）邀请和选择供应商的条件及原因；

（五）评标标准及确定中标人的原因；

（六）废标的原因；

（七）采用招标以外采购方式的相应记载。

## 第五章　政府采购合同

**第四十三条**　政府采购合同适用合同法。采购人和供应商之间的权利和义务，应当按照平等、自愿的原则以合同方式约定。

采购人可以委托采购代理机构代表其与供应商签订政府采购合同。由采购代理机构以采购人名义签订合同的，应当提交采购人的授权委托书，作为合同附件。

**第四十四条**　政府采购合同应当采用书面形式。

**第四十五条**　国务院政府采购监督管理部门应当会同国务院有关部门，规定政府采购合同必须具备的条款。

**第四十六条**　采购人与中标、成交供应商应当在中标、成交通知书发出之日起三十日内，按照采购文件确定的事项签订政府采购合同。

中标、成交通知书对采购人和中标、成交供应商均具有法律效力。中标、成交通知书发出后，采购人改变中标、成交结果的，或者中标、成交供应商放弃中标、成交项目的，应当依法承担法律责任。

**第四十七条**　政府采购项目的采购合同自签订之日起七个工作日内，采购人应当将合同副本报同级政府采购监督管理部门和有关部门备案。

**第四十八条**　经采购人同意，中标、成交供应商可以依法采取分包方式履行合同。

政府采购合同分包履行的，中标、成交供应商就采购项目和分包项目向采购人负责，分包供应商就分包项目承担责任。

**第四十九条**　政府采购合同履行中，采购人需追加与合同标的相同的货物、工程或者服务的，在不改变合同其他条款的前提下，可以与供应商协商签订补充合同，但所有补充合同的采购金额不得超过原合同采购金额的百分之十。

**第五十条**　政府采购合同的双方当事人不得擅自变更、中止或者终止合同。

政府采购合同继续履行将损害国家利益和社会公共利益的，双方当事人应当变更、中止或者终止合同。有过错的一方应当承担赔偿责任，双方都有过错的，各自承担相应的责任。

## 第六章　质疑与投诉

**第五十一条**　供应商对政府采购活动事项有疑问的，可以向采购人提出询问，采购人应当及时作出答复，但答复的内容不得涉及商业秘密。

**第五十二条**　供应商认为采购文件、采购过程和中标、成交结果使自己的权益受到损害的,可以在知道或者应知其权益受到损害之日起七个工作日内,以书面形式向采购人提出质疑。

**第五十三条** 采购人应当在收到供应商的书面质疑后七个工作日内作出答复,并以书面形式通知质疑供应商和其他有关供应商,但答复的内容不得涉及商业秘密。

**第五十四条** 采购人委托采购代理机构采购的,供应商可以向采购代理机构提出询问或者质疑,采购代理机构应当依照本法第五十一条、第五十三条的规定就采购人委托授权范围内的事项作出答复。

**第五十五条** 质疑供应商对采购人、采购代理机构的答复不满意或者采购人、采购代理机构未在规定的时间内作出答复的,可以在答复期满后十五个工作日内向同级政府采购监督管理部门投诉。

**第五十六条** 政府采购监督管理部门应当在收到投诉后三十个工作日内,对投诉事项作出处理决定,并以书面形式通知投诉人和与投诉事项有关的当事人。

**第五十七条** 政府采购监督管理部门在处理投诉事项期间,可以视具体情况书面通知采购人暂停采购活动,但暂停时间最长不得超过三十日。

**第五十八条** 投诉人对政府采购监督管理部门的投诉处理决定不服或者政府采购监督管理部门逾期未作处理的,可以依法申请行政复议或者向人民法院提起行政诉讼。

## 第七章 监督检查

**第五十九条** 政府采购监督管理部门应当加强对政府采购活动及集中采购机构的监督检查。

监督检查的主要内容是:

(一)有关政府采购的法律、行政法规和规章的执行情况;

(二)采购范围、采购方式和采购程序的执行情况;

(三)政府采购人员的职业素质和专业技能。

**第六十条** 政府采购监督管理部门不得设置集中采购机构,不得参与政府采购项目的采购活动。

采购代理机构与行政机关不得存在隶属关系或者其他利益关系。

**第六十一条** 集中采购机构应当建立健全内部监督管理制度。采购活动的决策和执行程序应当明确,并相互监督、相互制约。经办采购的人员与负责采购合同审核、验收人员的职责权限应当明确,并相互分离。

**第六十二条** 集中采购机构的采购人员应当具有相关职业素质和专业技能,符合政府采购监督管理部门规定的专业岗位任职要求。

集中采购机构对其工作人员应当加强教育和培训;对采购人员的专业水平、工作实绩和职业道德状况定期进行考核。采购人员经考核不合格的,不得继续任职。

**第六十三条** 政府采购项目的采购标准应当公开。

采用本法规定的采购方式的,采购人在采购活动完成后,应当将采购结果予以公布。

**第六十四条** 采购人必须按照本法规定的采购方式和采购程序进行采购。

任何单位和个人不得违反本法规定,要求采购人或者采购工作人员向其指定的供应商进行采购。

**第六十五条** 政府采购监督管理部门应当对政府采购项目的采购活动进行检查,政府采购当事人应当如实反映情况,提供有关材料。

**第六十六条** 政府采购监督管理部门应当对集中采购机构的采购价格、节约资金效果、服务质量、信誉状况、有无违法行为等事项进行考核,并定期如实公布考核结果。

**第六十七条** 依照法律、行政法规的规定对政府采购负有行政监督职责的政府有关部门,应当按照其职责分工,加强对政府采购活动的监督。

**第六十八条** 审计机关应当对政府采购进行审计监督。政府采购监督管理部门、政府采购各当事人有关政府采购活动,应当接受审计机关的审计监督。

**第六十九条** 监察机关应当加强对参与政府采购活动的国家机关、国家公务员和国家行政机关任命的其他人员实施监察。

**第七十条** 任何单位和个人对政府采购活动中的违法行为,有权控告和检举,有关部门、机关应当依照各自职责及时处理。

## 第八章 法律责任

**第七十一条** 采购人、采购代理机构有下列情形之一的,责令限期改正,给予警告,可以并处罚款,对直接负责的主管人员和其他直接责任人员,由其行政主管部门或者有关机关给予处分,并予通报:

(一)应当采用公开招标方式而擅自采用其他方式采购的;

(二)擅自提高采购标准的;

(三)以不合理的条件对供应商实行差别待遇或者歧视待遇的;

(四)在招标采购过程中与投标人进行协商谈判的;

(五)中标、成交通知书发出后不与中标、成交供应商签订采购合同的；

（六）拒绝有关部门依法实施监督检查的。

**第七十二条** 采购人、采购代理机构及其工作人员有下列情形之一，构成犯罪的，依法追究刑事责任；尚不构成犯罪的，处以罚款，有违法所得的，并处没收违法所得，属于国家机关工作人员的，依法给予行政处分：

（一）与供应商或者采购代理机构恶意串通的；

（二）在采购过程中接受贿赂或者获取其他不正当利益的；

（三）在有关部门依法实施的监督检查中提供虚假情况的；

（四）开标前泄露标底的。

**第七十三条** 有前两条违法行为之一影响中标、成交结果或者可能影响中标、成交结果的，按下列情况分别处理：

（一）未确定中标、成交供应商的，终止采购活动；

（二）中标、成交供应商已经确定但采购合同尚未履行的，撤销合同，从合格的中标、成交候选人中另行确定中标、成交供应商；

（三）采购合同已经履行的，给采购人、供应商造成损失的，由责任人承担赔偿责任。

**第七十四条** 采购人对应当实行集中采购的政府采购项目，不委托集中采购机构实行集中采购的，由政府采购监督管理部门责令改正；拒不改正的，停止按预算向其支付资金，由其上级行政主管部门或者有关机关依法给予其直接负责的主管人员和其他直接责任人员处分。

**第七十五条** 采购人未依法公布政府采购项目的采购标准和采购结果的，责令改正，对直接负责的主管人员依法给予处分。

**第七十六条** 采购人、采购代理机构违反本法规定隐匿、销毁应当保存的采购文件或者伪造、变造采购文件的，由政府采购监督管理部门处以二万元以上十万元以下的罚款，对其直接负责的主管人员和其他直接责任人员依法给予处分；构成犯罪的，依法追究刑事责任。

**第七十七条** 供应商有下列情形之一的，处以采购金额千分之五以上千分之十以下的罚款，列入不良行为记录名单，在一至三年内禁止参加政府采购活动，有违法所得的，并处没收违法所得，情节严重的，由工商行政管理机关吊销营业执照；构成犯罪的，依法追究刑事责任：

（一）提供虚假材料谋取中标、成交的；

（二）采取不正当手段诋毁、排挤其他供应商的；

（三）与采购人、其他供应商或者采购代理机构恶意串通的；

（四）向采购人、采购代理机构行贿或者提供其他不正当利益的；

（五）在招标采购过程中与采购人进行协商谈判的；

（六）拒绝有关部门监督检查或者提供虚假情况的。

供应商有前款第（一）至（五）项情形之一的，中标、成交无效。

**第七十八条** 采购代理机构在代理政府采购业务中有违法行为的，按照有关法律规定处以罚款，可以在一至三年内禁止其代理政府采购业务，构成犯罪的，依法追究刑事责任。

**第七十九条** 政府采购当事人有本法第七十一条、第七十二条、第七十七条违法行为之一，给他人造成损失的，并应依照有关民事法律规定承担民事责任。

**第八十条** 政府采购监督管理部门的工作人员在实施监督检查中违反本法规定滥用职权，玩忽职守，徇私舞弊的，依法给予行政处分；构成犯罪的，依法追究刑事责任。

**第八十一条** 政府采购监督管理部门对供应商的投诉逾期未作处理的，给予直接负责的主管人员和其他直接责任人员行政处分。

**第八十二条** 政府采购监督管理部门对集中采购机构业绩的考核，有虚假陈述，隐瞒真实情况的，或者不作定期考核和公布考核结果的，应当及时纠正，由其上级机关或者监察机关对其负责人进行通报，并对直接负责的人员依法给予行政处分。

集中采购机构在政府采购监督管理部门考核中，虚报业绩，隐瞒真实情况的，处以二万元以上二十万元以下的罚款，并予以通报；情节严重的，取消其代理采购的资格。

**第八十三条** 任何单位或者个人阻挠和限制供应商进入本地区或者本行业政府采购市场的，责令限期改正；拒不改正的，由该单位、个人的上级行政主管部门或者有关机关给予单位责任人或者个人处分。

## 第九章 附 则

**第八十四条** 使用国际组织和外国政府贷款进行的政府采购，贷款方、资金提供方与中方达成的协议对采购的具体条件另有规定的，可以适用其规定，但不得损害国家利益和社会公共利益。

**第八十五条** 对因严重自然灾害和其他不可抗力事件所实施的紧急采购和涉及国家安全和秘密的采购，不适用本法。

**第八十六条** 军事采购法规由中央军事委员会另行制定。

**第八十七条** 本法实施的具体步骤和办法由国务院规定。

**第八十八条** 本法自2003年1月1日起施行。

## 政府督查工作条例

·2020年12月1日国务院第116次常务会议通过
·2020年12月26日中华人民共和国国务院令第733号公布
·自2021年2月1日起施行

**第一条** 为了加强和规范政府督查工作,保障政令畅通,提高行政效能,推进廉政建设,健全行政监督制度,制定本条例。

**第二条** 本条例所称政府督查,是指县级以上人民政府在法定职权范围内根据工作需要组织开展的监督检查。

**第三条** 政府督查工作应当坚持和加强党的领导,以人民为中心,服务大局、实事求是,推进依法行政,推动政策落实和问题解决,力戒形式主义、官僚主义。

**第四条** 政府督查内容包括:

(一)党中央、国务院重大决策部署落实情况;

(二)上级和本级人民政府重要工作部署落实情况;

(三)督查对象法定职责履行情况;

(四)本级人民政府所属部门和下级人民政府的行政效能。

**第五条** 政府督查对象包括:

(一)本级人民政府所属部门;

(二)下级人民政府及其所属部门;

(三)法律、法规授权的具有管理公共事务职能的组织;

(四)受行政机关委托管理公共事务的组织。

上级人民政府可以对下一级人民政府及其所属部门开展督查,必要时可以对所辖各级人民政府及其所属部门开展督查。

**第六条** 国务院办公厅指导全国政府督查工作,组织实施国务院督查工作。国务院办公厅督查机构承担国务院督查有关具体工作。

县级以上地方人民政府督查机构组织实施本级人民政府督查工作。县级以上地方人民政府督查机构设置的形式和规格,按照机构编制管理有关规定办理。

国务院办公厅督查机构和县级以上地方人民政府督查机构统称政府督查机构。

**第七条** 县级以上人民政府可以指定所属部门按照指定的事项、范围、职责、期限开展政府督查。

县级以上人民政府所属部门未经本级人民政府指定,不得开展政府督查。

**第八条** 县级以上人民政府根据工作需要,可以派出督查组。督查组按照本级人民政府确定的督查事项、范围、职责、期限开展政府督查。督查组对本级人民政府负责。

督查组实行组长负责制,组长由本级人民政府确定。

可以邀请人大代表、政协委员、政府参事和专家学者等参加督查组。

**第九条** 督查人员应当具备与其从事的督查工作相适应的政治素质、工作作风、专业知识、业务能力和法律素养,遵守宪法和法律,忠于职守、秉公持正,清正廉洁、保守秘密,自觉接受监督。

政府督查机构应当对督查人员进行政治、理论和业务培训。

**第十条** 政府督查机构履行职责所必需的经费,应当列入本级预算。

**第十一条** 政府督查机构根据本级人民政府的决定或者本级人民政府行政首长在职权范围内作出的指令,确定督查事项。

政府督查机构根据党中央、国务院重大决策部署,上级和本级人民政府重要工作部署,以及掌握的线索,可以提出督查工作建议,经本级人民政府行政首长批准后,确定督查事项。

**第十二条** 政府督查可以采取以下方式:

(一)要求督查对象自查、说明情况;

(二)听取督查对象汇报;

(三)开展检查、访谈、暗访;

(四)组织座谈、听证、统计、评估;

(五)调阅、复制与督查事项有关的资料;

(六)通过信函、电话、媒体等渠道收集线索;

(七)约谈督查对象负责人或者相关责任人;

(八)运用现代信息技术手段开展“互联网+督查”。

**第十三条** 政府督查工作需要协助的,有关行政机关应当在职权范围内予以协助。

**第十四条** 县级以上人民政府可以组织开展综合督查、专项督查、事件调查、日常督办、线索核查等政府督查工作。

**第十五条** 开展政府督查工作应当制定督查方案,

明确督查内容、对象和范围；应当严格控制督查频次和时限，科学运用督查方式，严肃督查纪律，提前培训督查人员。

政府督查工作应当严格执行督查方案，不得随意扩大督查范围、变更督查对象和内容，不得干预督查对象的正常工作，严禁重复督查、多头督查、越权督查。

**第十六条**　县级以上人民政府在政府督查工作结束后应当作出督查结论。与督查对象有关的督查结论应当向督查对象反馈。

督查结论应当事实清楚，证据充分，客观公正。

**第十七条**　督查对象对督查结论有异议的，可以自收到该督查结论之日起30日内，向作出该督查结论的人民政府申请复核。收到申请的人民政府应当在30日内作出复核决定。参与作出督查结论的工作人员在复核中应当回避。

**第十八条**　对于督查结论中要求整改的事项，督查对象应当按要求整改。政府督查机构可以根据工作需要，对整改情况进行核查。

**第十九条**　政府督查机构可以根据督查结论，提出改变或者撤销本级或者下级人民政府及其所属部门不适当的决定、命令等规范性文件的建议，报本级人民政府或者本级人民政府行政首长。

**第二十条**　政府督查机构可以针对督查结论中反映的突出问题开展调查研究，真实准确地向本级人民政府或者本级人民政府行政首长报告调查研究情况。

**第二十一条**　政府督查机构可以根据督查结论或者整改核查结果，提出对督查对象依法依规进行表扬、激励、批评等建议，经本级人民政府或者本级人民政府行政首长批准后组织实施。

政府督查机构可以根据督查结论或者整改核查结果，提出对督查对象依法依规追究责任的建议，经本级人民政府或者本级人民政府行政首长批准后，交有权机关调查处理。

**第二十二条**　政府督查应当加强与行政执法监督、备案审查监督等的协调衔接。

**第二十三条**　督查工作中发现公职人员涉嫌贪污贿赂、失职渎职等职务违法或者职务犯罪的问题线索，政府督查机构应当移送监察机关，由监察机关依法调查处置；发现涉嫌其他犯罪的问题线索，移送司法机关依法处理。

**第二十四条**　政府督查机构及督查人员违反本条例规定，滥用职权、徇私舞弊、玩忽职守的，泄露督查过程中所知悉的国家秘密、商业秘密、个人隐私的，或者违反廉政规定的，对负有责任的领导人员和直接责任人员依法依规给予处理；构成犯罪的，依法追究刑事责任。

**第二十五条**　督查对象及其工作人员不得阻碍督查工作，不得隐瞒实情、弄虚作假，不得伪造、隐匿、毁灭证据。有上述情形的，由政府督查机构责令改正；情节严重的，依法依规追究责任。

**第二十六条**　对督查人员或者提供线索、反映情况的单位和个人进行威胁、打击、报复、陷害的，依法依规追究责任。

**第二十七条**　县级以上人民政府及其所属部门依照有关法律法规开展的其他监督检查，按照有关法律法规规定执行。

**第二十八条**　本条例自2021年2月1日起施行。

## 行政执法机关移送涉嫌犯罪案件的规定

· 2001年7月9日中华人民共和国国务院令第310号公布
· 根据2020年8月7日《国务院关于修改〈行政执法机关移送涉嫌犯罪案件的规定〉的决定》修订

**第一条**　为了保证行政执法机关向公安机关及时移送涉嫌犯罪案件，依法惩罚破坏社会主义市场经济秩序罪、妨害社会管理秩序罪以及其他罪，保障社会主义建设事业顺利进行，制定本规定。

**第二条**　本规定所称行政执法机关，是指依照法律、法规或者规章的规定，对破坏社会主义市场经济秩序、妨害社会管理秩序以及其他违法行为具有行政处罚权的行政机关，以及法律、法规授权的具有管理公共事务职能、在法定授权范围内实施行政处罚的组织。

**第三条**　行政执法机关在依法查处违法行为过程中，发现违法事实涉及的金额、违法事实的情节、违法事实造成的后果等，根据刑法关于破坏社会主义市场经济秩序罪、妨害社会管理秩序罪等罪的规定和最高人民法院、最高人民检察院关于破坏社会主义市场经济秩序罪、妨害社会管理秩序罪等罪的司法解释以及最高人民检察院、公安部关于经济犯罪案件的追诉标准等规定，涉嫌构成犯罪，依法需要追究刑事责任的，必须依照本规定向公安机关移送。

知识产权领域的违法案件，行政执法机关根据调查收集的证据和查明的案件事实，认为存在犯罪的合理嫌疑，需要公安机关采取措施进一步获取证据以判断是否达到刑事案件立案追诉标准的，应当向公安机关移送。

**第四条**　行政执法机关在查处违法行为过程中，必须妥善保存所收集的与违法行为有关的证据。

行政执法机关对查获的涉案物品，应当如实填写涉案物品清单，并按照国家有关规定予以处理。对易腐烂、变质等不宜或者不易保管的涉案物品，应当采取必要措施，留取证据；对需要进行检验、鉴定的涉案物品，应当由法定检验、鉴定机构进行检验、鉴定，并出具检验报告或者鉴定结论。

**第五条** 行政执法机关对应当向公安机关移送的涉嫌犯罪案件，应当立即指定 2 名或者 2 名以上行政执法人员组成专案组专门负责，核实情况后提出移送涉嫌犯罪案件的书面报告，报经本机关正职负责人或者主持工作的负责人审批。

行政执法机关正职负责人或者主持工作的负责人应当自接到报告之日起 3 日内作出批准移送或者不批准移送的决定。决定批准的，应当在 24 小时内向同级公安机关移送；决定不批准的，应当将不予批准的理由记录在案。

**第六条** 行政执法机关向公安机关移送涉嫌犯罪案件，应当附有下列材料：

（一）涉嫌犯罪案件移送书；

（二）涉嫌犯罪案件情况的调查报告；

（三）涉案物品清单；

（四）有关检验报告或者鉴定结论；

（五）其他有关涉嫌犯罪的材料。

**第七条** 公安机关对行政执法机关移送的涉嫌犯罪案件，应当在涉嫌犯罪案件移送书的回执上签字；其中，不属于本机关管辖的，应当在 24 小时内转送有管辖权的机关，并书面告知移送案件的行政执法机关。

**第八条** 公安机关应当自接受行政执法机关移送的涉嫌犯罪案件之日起 3 日内，依照刑法、刑事诉讼法以及最高人民法院、最高人民检察院关于立案标准和公安部关于公安机关办理刑事案件程序的规定，对所移送的案件进行审查。认为有犯罪事实，需要追究刑事责任，依法决定立案的，应当书面通知移送案件的行政执法机关；认为没有犯罪事实，或者犯罪事实显著轻微，不需要追究刑事责任，依法不予立案的，应当说明理由，并书面通知移送案件的行政执法机关，相应退回案卷材料。

**第九条** 行政执法机关接到公安机关不予立案的通知书后，认为依法应当由公安机关决定立案的，可以自接到不予立案通知书之日起 3 日内，提请作出不予立案决定的公安机关复议，也可以建议人民检察院依法进行立案监督。

作出不予立案决定的公安机关应当自收到行政执法机关提请复议的文件之日起 3 日内作出立案或者不予立案的决定，并书面通知移送案件的行政执法机关。移送案件的行政执法机关对公安机关不予立案的复议决定仍有异议的，应当自收到复议决定通知书之日起 3 日内建议人民检察院依法进行立案监督。

公安机关应当接受人民检察院依法进行的立案监督。

**第十条** 行政执法机关对公安机关决定不予立案的案件，应当依法作出处理；其中，依照有关法律、法规或者规章的规定应当给予行政处罚的，应当依法实施行政处罚。

**第十一条** 行政执法机关对应当向公安机关移送的涉嫌犯罪案件，不得以行政处罚代替移送。

行政执法机关向公安机关移送涉嫌犯罪案件前已经作出的警告，责令停产停业，暂扣或者吊销许可证、暂扣或者吊销执照的行政处罚决定，不停止执行。

依照行政处罚法的规定，行政执法机关向公安机关移送涉嫌犯罪案件前，已经依法给予当事人罚款的，人民法院判处罚金时，依法折抵相应罚金。

**第十二条** 行政执法机关对公安机关决定立案的案件，应当自接到立案通知书之日起 3 日内将涉案物品以及与案件有关的其他材料移交公安机关，并办结交接手续；法律、行政法规另有规定的，依照其规定。

**第十三条** 公安机关对发现的违法行为，经审查，没有犯罪事实，或者立案侦查后认为犯罪事实显著轻微，不需要追究刑事责任，但依法应当追究行政责任的，应当及时将案件移送同级行政执法机关，有关行政执法机关应当依法作出处理。

**第十四条** 行政执法机关移送涉嫌犯罪案件，应当接受人民检察院和监察机关依法实施的监督。

任何单位和个人对行政执法机关违反本规定，应当向公安机关移送涉嫌犯罪案件而不移送的，有权向人民检察院、监察机关或者上级行政执法机关举报。

**第十五条** 行政执法机关违反本规定，隐匿、私分、销毁涉案物品的，由本级或者上级人民政府，或者实行垂直管理的上级行政执法机关，对其正职负责人根据情节轻重，给予降级以上的处分；构成犯罪的，依法追究刑事责任。

对前款所列行为直接负责的主管人员和其他直接责任人员，比照前款的规定给予处分；构成犯罪的，依法追究刑事责任。

**第十六条** 行政执法机关违反本规定，逾期不将案件移送公安机关的，由本级或者上级人民政府，或者实行垂直管理的上级行政执法机关，责令限期移送，并对其正职负责人或者主持工作的负责人根据情节轻重，给予记过以上的处分；构成犯罪的，依法追究刑事责任。

行政执法机关违反本规定，对应当向公安机关移送的案件不移送，或者以行政处罚代替移送的，由本级或者上级人民政府，或者实行垂直管理的上级行政执法机关，责令改正，给予通报；拒不改正的，对其正职负责人或者主持工作的负责人给予记过以上的处分；构成犯罪的，依法追究刑事责任。

对本条第一款、第二款所列行为直接负责的主管人员和其他直接责任人员，分别比照前两款的规定给予处分；构成犯罪的，依法追究刑事责任。

**第十七条** 公安机关违反本规定，不接受行政执法机关移送的涉嫌犯罪案件，或者逾期不作出立案或者不予立案的决定的，除由人民检察院依法实施立案监督外，由本级或者上级人民政府责令改正，对其正职负责人根据情节轻重，给予记过以上的处分；构成犯罪的，依法追究刑事责任。

对前款所列行为直接负责的主管人员和其他直接责任人员，比照前款的规定给予处分；构成犯罪的，依法追究刑事责任。

**第十八条** 有关机关存在本规定第十五条、第十六条、第十七条所列违法行为，需要由监察机关依法给予违法的公职人员政务处分的，该机关及其上级主管机关或者有关人民政府应当依照有关规定将相关案件线索移送监察机关处理。

**第十九条** 行政执法机关在依法查处违法行为过程中，发现公职人员有贪污贿赂、失职渎职或者利用职权侵犯公民人身权利和民主权利等违法行为，涉嫌构成职务犯罪的，应当依照刑法、刑事诉讼法、监察法等法律规定及时将案件线索移送监察机关或者人民检察院处理。

**第二十条** 本规定自公布之日起施行。

## · *指导案例*

### 1. 李健雄诉广东省交通运输厅政府信息公开案①

【关键词】

行政　政府信息公开　网络申请逾期答复

【裁判要点】

公民、法人或者其他组织通过政府公众网络系统向行政机关提交政府信息公开申请的，如该网络系统未作例外说明，则系统确认申请提交成功的日期应当视为行政机关收到政府信息公开申请之日。行政机关对于该申请的内部处理流程，不能成为行政机关延期处理的理由，逾期作出答复的，应当确认为违法。

【相关法条】

《中华人民共和国政府信息公开条例》第二十四条

【基本案情】

原告李健雄诉称：其于2011年6月1日通过广东省人民政府公众网络系统向被告广东省交通运输厅提出政府信息公开申请，根据《中华人民共和国政府信息公开条例》（以下简称《政府信息公开条例》）第二十四条第二款的规定，被告应在当月23日前答复原告，但被告未在法定期限内答复及提供所申请的政府信息，故请求法院判决确认被告未在法定期限内答复的行为违法。

被告广东省交通运输厅辩称：原告申请政府信息公开通过的是广东省人民政府公众网络系统，即省政府政务外网（以下简称省外网），而非被告的内部局域网（以下简称厅内网）。按规定，被告将广东省人民政府“政府信息网上依申请公开系统”的后台办理设置在厅内网。由于被告的厅内网与互联网、省外网物理隔离，互联网、省外网数据都无法直接进入厅内网处理，需通过网闸以数据“摆渡”方式接入厅内网办理，因此被告工作人员未能立即发现原告在广东省人民政府公众网络系统中提交的申请，致使被告未能及时受理申请。根据《政府信息公开条例》第二十四条、《国务院办公厅关于做好施行〈中华人民共和国政府信息公开条例〉准备工作的通知》等规定，政府信息公开中的申请受理并非以申请人提交申请为准，而是以行政机关收到申请为准。原告称2011年6月1日向被告申请政府信息公开，但被告未收到该申请，被告正式收到并确认受理的日期是7月28日，并按规定向原告发出了《受理回执》。8月4日，被告向原告当场送达《关于政府信息公开的答复》和《政府信息公开答复书》，距离受理日仅5个工作日，并未超出法定答复期限。因原告在政府公众网络系统递交的申请未能被及时发现并被受理应视为不可抗力和客观原因造成，不应计算在答复期限内，故请求法院依法驳回原告的诉讼请求。

法院经审理查明：2011年6月1日，原告李健雄通过

① 案例来源：最高人民法院指导案例26号。

广东省人民政府公众网络系统向被告广东省交通运输厅递交了政府信息公开申请，申请获取广州广园客运站至佛冈的客运里程数等政府信息。政府公众网络系统以申请编号11xxx011予以确认，并通过短信通知原告确认该政府信息公开申请提交成功。7月28日，被告作出受理记录确认上述事实，并于8月4日向原告送达《关于政府信息公开的答复》和《政府信息公开答复书》。庭审中被告确认原告基于生活生产需要获取上述信息，原告确认8月4日收到被告作出的《关于政府信息公开的答复》和《政府信息公开答复书》。

【裁判结果】

广州市越秀区人民法院于2011年8月24日作出（2011）越法行初字第252号行政判决：确认被告广东省交通运输厅未依照《政府信息公开条例》第二十四条规定的期限对原告李健雄2011年6月1日申请其公开广州广园客运站至佛冈客运里程数的政府信息作出答复违法。

【裁判理由】

法院生效裁判认为：《政府信息公开条例》第二十四条规定："行政机关收到政府信息公开申请，能够当场答复的，应当当场予以答复。行政机关不能当场答复的，应当自收到申请之日起15个工作日内予以答复；如需延长答复期限的，应当经政府信息公开工作机构负责人同意，并告知申请人，延长答复的期限最长不得超过15个工作日。"本案原告于2011年6月1日通过广东省人民政府公众网络系统向被告提交了政府信息公开申请，申请公开广州广园客运站至佛冈的客运里程数。政府公众网络系统生成了相应的电子申请编号，并向原告手机发送了申请提交成功的短信。被告确认收到上述申请并认可原告是基于生活生产需要获取上述信息，却于2011年8月4日才向原告作出《关于政府信息公开的答复》和《政府信息公开答复书》，已超过了上述规定的答复期限。由于广东省人民政府"政府信息网上依申请公开系统"作为政府信息申请公开平台所应当具有的整合性与权威性，如未作例外说明，则从该平台上递交成功的申请应视为相关行政机关已收到原告通过互联网提出的政府信息公开申请。至于外网与内网、上下级行政机关之间对于该申请的流转，属于行政机关内部管理事务，不能成为行政机关延期处理的理由。被告认为原告是向政府公众网络系统提交的申请，因其厅内网与互联网、省外网物理隔离而无法及时发现原告申请，应以其2011年7月28日发现原告申请为收到申请日期而没有超过答复期限的理由不能成立。因此，原告通过政府公众网络系统提交政府信息公开申请的，该网络系统确认申请提交成功的日期应当视为被告收到申请之日，被告逾期作出答复的，应当确认为违法。

## 2. 罗元昌诉重庆市彭水苗族土家族自治县地方海事处政府信息公开案[①]

【关键词】

行政/政府信息公开/信息不存在/检索义务

【裁判要点】

在政府信息公开案件中，被告以政府信息不存在为由答复原告的，人民法院应审查被告是否已经尽到充分合理的查找、检索义务。原告提交了该政府信息系由被告制作或者保存的相关线索等初步证据后，若被告不能提供相反证据，并举证证明已尽到充分合理的查找、检索义务的，人民法院不予支持被告有关政府信息不存在的主张。

【相关法条】

《中华人民共和国政府信息公开条例》第2条、第13条

【基本案情】

原告罗元昌是兴运2号船的船主，在乌江流域从事航运、采砂等业务。2014年11月17日，罗元昌因诉重庆大唐国际彭水水电开发有限公司财产损害赔偿纠纷案需要，通过邮政特快专递向被告重庆市彭水苗族土家族自治县地方海事处（以下简称"彭水县地方海事处"）邮寄书面政府信息公开申请书，具体申请的内容为：1. 公开彭水苗族土家族自治县港航管理处（以下简称"彭水县港航处"）、彭水县地方海事处的设立、主要职责、内设机构和人员编制的文件。2. 公开下列事故的海事调查报告等所有事故材料：兴运2号在2008年5月18日、2008年9月30日的2起安全事故及鑫源306号、鑫源308号、高谷6号、荣华号等船舶在2008年至2010年发生的安全事故。

彭水县地方海事处于2014年11月19日签收后，未在法定期限内对罗元昌进行答复，罗元昌向彭水苗族土家族自治县人民法院（以下简称"彭水县法院"）提起行政诉讼。2015年1月23日，彭水县地方海事处作出（2015）彭海处告字第006号《政府信息告知书》，载明：一是对申请公开的彭水县港航处、彭水县地方海事处的内设机构名称等信息告知罗元昌获取的方式和途径；二是对申请公开的海事调查报告等所有事故材料经查该政府信息不存在。彭水县法院于2015年3月31日对该案作出（2015）彭法

① 案例来源：最高人民法院指导案例101号。

行初字第00008号行政判决，确认彭水县地方海事处在收到罗元昌的政府信息公开申请后未在法定期限内进行答复的行为违法。

2015年4月22日，罗元昌以彭水县地方海事处作出的(2015)彭海处告字第006号《政府信息告知书》不符合法律规定，且与事实不符为由，提起行政诉讼，请求撤销彭水县地方海事处作出的(2015)彭海处告字第006号《政府信息告知书》，并由彭水县地方海事处向罗元昌公开海事调查报告等涉及兴运2号船的所有事故材料。

另查明，罗元昌提交了涉及兴运2号船于2008年5月18日在彭水高谷长滩子发生整船搁浅事故以及于2008年9月30日在彭水高谷煤炭沟发生沉没事故的《乌江彭水水电站断航碍航问题调查评估报告》《彭水县地方海事处关于近两年因乌江彭水万足电站不定时蓄水造成船舶搁浅事故的情况报告》《重庆市发展和改革委员会关于委托开展乌江彭水水电站断航碍航问题调查评估的函(渝发改能函〔2009〕562号)》等材料。在案件二审审理期间，彭水县地方海事处主动撤销了其作出的(2015)彭海处告字第006号《政府信息告知书》，但罗元昌仍坚持诉讼。

**【裁判结果】**

重庆市彭水苗族土家族自治县人民法院于2015年6月5日作出(2015)彭法行初字第00039号行政判决，驳回罗元昌的诉讼请求。罗元昌不服一审判决，提起上诉。重庆市第四中级人民法院于2015年9月18日作出(2015)渝四中法行终字第00050号行政判决，撤销(2015)彭法行初字第00039号行政判决；确认彭水苗族土家族自治县地方海事处于2015年1月23日作出的(2015)彭海处告字第006号《政府信息告知书》行政行为违法。

**【裁判理由】**

法院生效裁判认为：《中华人民共和国政府信息公开条例》第十三条规定，除本条例第九条、第十条、第十一条、第十二条规定的行政机关主动公开的政府信息外，公民、法人或者其他组织还可以根据自身生产、生活、科研等特殊需要，向国务院部门、地方各级人民政府及县级以上地方人民政府部门申请获取相关政府信息。彭水县地方海事处作为行政机关，负有对罗元昌提出的政府信息公开申请作出答复和提供政府信息的法定职责。根据《中华人民共和国政府信息公开条例》第二条"本条例所称政府信息，是指行政机关在履行职责过程中制作或者获取的，以一定形式记录、保存的信息"的规定，罗元昌申请公开彭水县港航处、彭水县地方海事处的设立、主要职责、内设机构和人员编制的文件，属于彭水县地方海事处在履行职责过程中制作或者获取的，以一定形式记录、保存的信息，当属政府信息。彭水县地方海事处已为罗元昌提供了彭水编发(2008)11号《彭水苗族土家族自治县机构编制委员会关于对县港航管理机构编制进行调整的通知》的复制件，明确载明了彭水县港航处、彭水县地方海事处的机构性质、人员编制、主要职责、内设机构等事项，罗元昌已知晓，予以确认。

罗元昌申请公开涉及兴运2号船等船舶发生事故的海事调查报告等所有事故材料的信息，根据《中华人民共和国内河交通事故调查处理规定》的相关规定，船舶在内河发生事故的调查处理属于海事管理机构的职责，其在事故调查处理过程中制作或者获取的，以一定形式记录、保存的信息属于政府信息。彭水县地方海事处作为彭水县的海事管理机构，负有对彭水县行政区域内发生的内河交通事故进行立案调查处理的职责，其在事故调查处理过程中制作或者获取的，以一定形式记录、保存的信息属于政府信息。罗元昌提交了兴运2号船于2008年5月18日在彭水高谷长滩子发生整船搁浅事故以及于2008年9月30日在彭水高谷煤炭沟发生沉没事故的相关线索，而彭水县地方海事处作出的(2015)彭海处告字第006号《政府信息告知书》第二项告知罗元昌申请公开的该项政府信息不存在，仅有彭水县地方海事处的自述，没有提供印证证据证明其尽到了查询、翻阅和搜索的义务。故彭水县地方海事处作出的(2015)彭海处告字第006号《政府信息告知书》违法，应当予以撤销。在案件二审审理期间，彭水县地方海事处主动撤销了其作出的(2015)彭海处告字第006号《政府信息告知书》，罗元昌仍坚持诉讼。根据《中华人民共和国行政诉讼法》第七十四条第二款第二项之规定，判决确认彭水县地方海事处作出的政府信息告知行为违法。

## 2. 行政立法

### 中华人民共和国立法法

·2000年3月15日第九届全国人民代表大会第三次会议通过
·根据2015年3月15日第十二届全国人民代表大会第三次会议《关于修改〈中华人民共和国立法法〉的决定》修正

目　录

第一章　总　则
第二章　法　律
　第一节　立法权限
　第二节　全国人民代表大会立法程序
　第三节　全国人民代表大会常务委员会立法程序
　第四节　法律解释
　第五节　其他规定

第三章 行政法规
第四章 地方性法规、自治条例和单行条例、规章
第一节 地方性法规、自治条例和单行条例
第二节 规 章
第五章 适用与备案审查
第六章 附 则

## 第一章 总 则

**第一条 【立法宗旨和依据】**为了规范立法活动,健全国家立法制度,提高立法质量,完善中国特色社会主义法律体系,发挥立法的引领和推动作用,保障和发展社会主义民主,全面推进依法治国,建设社会主义法治国家,根据宪法,制定本法。

**第二条 【调整范围】**法律、行政法规、地方性法规、自治条例和单行条例的制定、修改和废止,适用本法。

国务院部门规章和地方政府规章的制定、修改和废止,依照本法的有关规定执行。

**第三条 【遵循宪法的基本原则】**立法应当遵循宪法的基本原则,以经济建设为中心,坚持社会主义道路、坚持人民民主专政、坚持中国共产党的领导、坚持马克思列宁主义毛泽东思想邓小平理论,坚持改革开放。

**第四条 【依法立法】**立法应当依照法定的权限和程序,从国家整体利益出发,维护社会主义法制的统一和尊严。

**第五条 【民主立法】**立法应当体现人民的意志,发扬社会主义民主,坚持立法公开,保障人民通过多种途径参与立法活动。

**第六条 【科学立法】**立法应当从实际出发,适应经济社会发展和全面深化改革的要求,科学合理地规定公民、法人和其他组织的权利与义务、国家机关的权力与责任。

法律规范应当明确、具体,具有针对性和可执行性。

## 第二章 法 律

### 第一节 立法权限

**第七条 【全国人大及其常委会立法权限】**全国人民代表大会和全国人民代表大会常务委员会行使国家立法权。

全国人民代表大会制定和修改刑事、民事、国家机构的和其他的基本法律。

全国人民代表大会常务委员会制定和修改除应当由全国人民代表大会制定的法律以外的其他法律;在全国人民代表大会闭会期间,对全国人民代表大会制定的法律进行部分补充和修改,但是不得同该法律的基本原则相抵触。

**第八条 【全国人大及其常委会专属立法权】**下列事项只能制定法律:

(一)国家主权的事项;

(二)各级人民代表大会、人民政府、人民法院和人民检察院的产生、组织和职权;

(三)民族区域自治制度、特别行政区制度、基层群众自治制度;

(四)犯罪和刑罚;

(五)对公民政治权利的剥夺、限制人身自由的强制措施和处罚;

(六)税种的设立、税率的确定和税收征收管理等税收基本制度;

(七)对非国有财产的征收、征用;

(八)民事基本制度;

(九)基本经济制度以及财政、海关、金融和外贸的基本制度;

(十)诉讼和仲裁制度;

(十一)必须由全国人民代表大会及其常务委员会制定法律的其他事项。

**第九条 【授权国务院制定行政法规】**本法第八条规定的事项尚未制定法律的,全国人民代表大会及其常务委员会有权作出决定,授权国务院可以根据实际需要,对其中的部分事项先制定行政法规,但是有关犯罪和刑罚、对公民政治权利的剥夺和限制人身自由的强制措施和处罚、司法制度等事项除外。

**第十条 【授权规则】**授权决定应当明确授权的目的、事项、范围、期限以及被授权机关实施授权决定应当遵循的原则等。

授权的期限不得超过五年,但是授权决定另有规定的除外。

被授权机关应当在授权期限届满的六个月以前,向授权机关报告授权决定实施的情况,并提出是否需要制定有关法律的意见;需要继续授权的,可以提出相关意见,由全国人民代表大会及其常务委员会决定。

**第十一条 【授权终止】**授权立法事项,经过实践检验,制定法律的条件成熟时,由全国人民代表大会及其常务委员会及时制定法律。法律制定后,相应立法事项的授权终止。

**第十二条 【行使被授予权力的规则】**被授权机关应当严格按照授权决定行使被授予的权力。

被授权机关不得将被授予的权力转授给其他机关。

**第十三条　【暂时调整或者暂时停止法律部分适用】**全国人民代表大会及其常务委员会可以根据改革发展的需要，决定就行政管理等领域的特定事项授权在一定期限内在部分地方暂时调整或者暂时停止适用法律的部分规定。

## 第二节　全国人民代表大会立法程序

**第十四条　【有关机关提出法律案】**全国人民代表大会主席团可以向全国人民代表大会提出法律案，由全国人民代表大会会议审议。

全国人民代表大会常务委员会、国务院、中央军事委员会、最高人民法院、最高人民检察院、全国人民代表大会各专门委员会，可以向全国人民代表大会提出法律案，由主席团决定列入会议议程。

**第十五条　【代表团或者代表联名提出法律案】**一个代表团或者三十名以上的代表联名，可以向全国人民代表大会提出法律案，由主席团决定是否列入会议议程，或者先交有关的专门委员会审议、提出是否列入会议议程的意见，再决定是否列入会议议程。

专门委员会审议的时候，可以邀请提案人列席会议，发表意见。

**第十六条　【常委会先行审议法律案】**向全国人民代表大会提出的法律案，在全国人民代表大会闭会期间，可以先向常务委员会提出，经常务委员会会议依照本法第二章第三节规定的有关程序审议后，决定提请全国人民代表大会审议，由常务委员会向大会全体会议作说明，或者由提案人向大会全体会议作说明。

常务委员会依照前款规定审议法律案，应当通过多种形式征求全国人民代表大会代表的意见，并将有关情况予以反馈；专门委员会和常务委员会工作机构进行立法调研，可以邀请有关的全国人民代表大会代表参加。

**第十七条　【法律草案提前印发代表】**常务委员会决定提请全国人民代表大会会议审议的法律案，应当在会议举行的一个月前将法律草案发给代表。

**第十八条　【代表团审议法律案】**列入全国人民代表大会会议议程的法律案，大会全体会议听取提案人的说明后，由各代表团进行审议。

各代表团审议法律案时，提案人应当派人听取意见，回答询问。

各代表团审议法律案时，根据代表团的要求，有关机关、组织应当派人介绍情况。

**第十九条　【专门委员会审议法律案】**列入全国人民代表大会会议议程的法律案，由有关的专门委员会进行审议，向主席团提出审议意见，并印发会议。

**第二十条　【法律委员会统一审议法律案】**列入全国人民代表大会会议议程的法律案，由法律委员会根据各代表团和有关的专门委员会的审议意见，对法律案进行统一审议，向主席团提出审议结果报告和法律草案修改稿，对重要的不同意见应当在审议结果报告中予以说明，经主席团会议审议通过后，印发会议。

**第二十一条　【主席团常务主席召开会议审议重大问题】**列入全国人民代表大会会议议程的法律案，必要时，主席团常务主席可以召开各代表团团长会议，就法律案中的重大问题听取各代表团的审议意见，进行讨论，并将讨论的情况和意见向主席团报告。

主席团常务主席也可以就法律案中的重大的专门性问题，召集代表团推选的有关代表进行讨论，并将讨论的情况和意见向主席团报告。

**第二十二条　【法律案的撤回】**列入全国人民代表大会会议议程的法律案，在交付表决前，提案人要求撤回的，应当说明理由，经主席团同意，并向大会报告，对该法律案的审议即行终止。

**第二十三条　【大会授权常委会审议大会的法律案】**法律案在审议中有重大问题需要进一步研究的，经主席团提出，由大会全体会议决定，可以授权常务委员会根据代表的意见进一步审议，作出决定，并将决定情况向全国人民代表大会下次会议报告；也可以授权常务委员会根据代表的意见进一步审议，提出修改方案，提请全国人民代表大会下次会议审议决定。

**第二十四条　【法律案的表决】**法律草案修改稿经各代表团审议，由法律委员会根据各代表团的审议意见进行修改，提出法律草案表决稿，由主席团提请大会全体会议表决，由全体代表的过半数通过。

**第二十五条　【大会通过的法律的公布】**全国人民代表大会通过的法律由国家主席签署主席令予以公布。

## 第三节　全国人民代表大会常务委员会立法程序

**第二十六条　【委员长会议及其他有关机构提出法律案】**委员长会议可以向常务委员会提出法律案，由常务委员会会议审议。

国务院、中央军事委员会、最高人民法院、最高人民检察院、全国人民代表大会各专门委员会，可以向常务委员会提出法律案，由委员长会议决定列入常务委员会会议议程，或者先交有关的专门委员会审议、提出报告，再决定列入常务委员会会议议程。如果委员长会议认为法律案有重大问题需要进一步研究，可以建议提案人修改完善后再向常务委员会提出。

**第二十七条 【常委会组成人员提出法律案】**常务委员会组成人员十人以上联名,可以向常务委员会提出法律案,由委员长会议决定是否列入常务委员会会议议程,或者先交有关的专门委员会审议、提出是否列入会议议程的意见,再决定是否列入常务委员会会议议程。不列入常务委员会会议议程的,应当向常务委员会会议报告或者向提案人说明。

专门委员会审议的时候,可以邀请提案人列席会议,发表意见。

**第二十八条 【提前印发法律草案和代表列席会议】**列入常务委员会会议议程的法律案,除特殊情况外,应当在会议举行的七日前将法律草案发给常务委员会组成人员。

常务委员会会议审议法律案时,应当邀请有关的全国人民代表大会代表列席会议。

**第二十九条 【三审制】**列入常务委员会会议议程的法律案,一般应当经三次常务委员会会议审议后再交付表决。

常务委员会会议第一次审议法律案,在全体会议上听取提案人的说明,由分组会议进行初步审议。

常务委员会会议第二次审议法律案,在全体会议上听取法律委员会关于法律草案修改情况和主要问题的汇报,由分组会议进一步审议。

常务委员会会议第三次审议法律案,在全体会议上听取法律委员会关于法律草案审议结果的报告,由分组会议对法律草案修改稿进行审议。

常务委员会审议法律案时,根据需要,可以召开联组会议或者全体会议,对法律草案中的主要问题进行讨论。

**第三十条 【三审制的例外情形】**列入常务委员会会议议程的法律案,各方面意见比较一致的,可以经两次常务委员会会议审议后交付表决;调整事项较为单一或者部分修改的法律案,各方面的意见比较一致的,也可以经一次常务委员会会议审议即交付表决。

**第三十一条 【分组审议】**常务委员会分组会议审议法律案时,提案人应当派人听取意见,回答询问。

常务委员会分组会议审议法律案时,根据小组的要求,有关机关、组织应当派人介绍情况。

**第三十二条 【专门委员会审议法律案】**列入常务委员会会议议程的法律案,由有关的专门委员会进行审议,提出审议意见,印发常务委员会会议。

有关的专门委员会审议法律案时,可以邀请其他专门委员会的成员列席会议,发表意见。

**第三十三条 【法律委员会统一审议法律案】**列入常务委员会会议议程的法律案,由法律委员会根据常务委员会组成人员、有关的专门委员会的审议意见和各方面提出的意见,对法律案进行统一审议,提出修改情况的汇报或者审议结果报告和法律草案修改稿,对重要的不同意见应当在汇报或者审议结果报告中予以说明。对有关的专门委员会的审议意见没有采纳的,应当向有关的专门委员会反馈。

法律委员会审议法律案时,应当邀请有关的专门委员会的成员列席会议,发表意见。

**第三十四条 【专委会审议法律案有关负责人说明情况】**专门委员会审议法律案时,应当召开全体会议审议,根据需要,可以要求有关机关、组织派有关负责人说明情况。

**第三十五条 【专委会重要问题意见不一致的处理】**专门委员会之间对法律草案的重要问题意见不一致时,应当向委员长会议报告。

**第三十六条 【法律案听取各方面意见】**列入常务委员会会议议程的法律案,法律委员会、有关的专门委员会和常务委员会工作机构应当听取各方面的意见。听取意见可以采取座谈会、论证会、听证会等多种形式。

法律案有关问题专业性较强,需要进行可行性评价的,应当召开论证会,听取有关专家、部门和全国人民代表大会代表等方面的意见。论证情况应当向常务委员会报告。

法律案有关问题存在重大意见分歧或者涉及利益关系重大调整,需要进行听证的,应当召开听证会,听取有关基层和群体代表、部门、人民团体、专家、全国人民代表大会代表和社会有关方面的意见。听证情况应当向常务委员会报告。

常务委员会工作机构应当将法律草案发送相关领域的全国人民代表大会代表、地方人民代表大会常务委员会以及有关部门、组织和专家征求意见。

**第三十七条 【法律案向社会公布征求意见】**列入常务委员会会议议程的法律案,应当在常务委员会会议后将法律草案及其起草、修改的说明等向社会公布,征求意见,但是经委员长会议决定不公布的除外。向社会公布征求意见的时间一般不少于三十日。征求意见的情况应当向社会通报。

**第三十八条 【常委会工作机构整理各方面意见】**列入常务委员会会议议程的法律案,常务委员会工作机构应当收集整理分组审议的意见和各方面提出的意见以及其他有关资料，分送法律委员会和有关的专门委员会，并根据需要，印发常务委员会会议。

**第三十九条　【法律案通过前评估】**拟提请常务委员会会议审议通过的法律案，在法律委员会提出审议结果报告前，常务委员会工作机构可以对法律草案中主要制度规范的可行性、法律出台时机、法律实施的社会效果和可能出现的问题等进行评估。评估情况由法律委员会在审议结果报告中予以说明。

**第四十条　【列入常委会议程的法律案的撤回】**列入常务委员会会议议程的法律案，在交付表决前，提案人要求撤回的，应当说明理由，经委员长会议同意，并向常务委员会报告，对该法律案的审议即行终止。

**第四十一条　【表决通过和单独表决】**法律草案修改稿经常务委员会会议审议，由法律委员会根据常务委员会组成人员的审议意见进行修改，提出法律草案表决稿，由委员长会议提请常务委员会全体会议表决，由常务委员会全体组成人员的过半数通过。

法律草案表决稿交付常务委员会会议表决前，委员长会议根据常务委员会会议审议的情况，可以决定将个别意见分歧较大的重要条款提请常务委员会会议单独表决。

单独表决的条款经常务委员会会议表决后，委员长会议根据单独表决的情况，可以决定将法律草案表决稿交付表决，也可以决定暂不付表决，交法律委员会和有关的专门委员会进一步审议。

**第四十二条　【法律案终止审议】**列入常务委员会会议审议的法律案，因各方面对制定该法律的必要性、可行性等重大问题存在较大意见分歧搁置审议满两年的，或者因暂不付表决经过两年没有再次列入常务委员会会议议程审议的，由委员长会议向常务委员会报告，该法律案终止审议。

**第四十三条　【分别表决】**对多部法律中涉及同类事项的个别条款进行修改，一并提出法律案的，经委员长会议决定，可以合并表决，也可以分别表决。

**第四十四条　【常委会通过的法律的公布】**常务委员会通过的法律由国家主席签署主席令予以公布。

### 第四节　法律解释

**第四十五条　【法律解释权和法律解释的范围】**法律解释权属于全国人民代表大会常务委员会。

法律有以下情况之一的，由全国人民代表大会常务委员会解释：

（一）法律的规定需要进一步明确具体含义的；

（二）法律制定后出现新的情况，需要明确适用法律依据的。

**第四十六条　【提出法律解释要求的机关】**国务院、中央军事委员会、最高人民法院、最高人民检察院和全国人民代表大会各专门委员会以及省、自治区、直辖市的人民代表大会常务委员会可以向全国人民代表大会常务委员会提出法律解释要求。

**第四十七条　【法律解释草案的研拟和列入议程】**常务委员会工作机构研究拟订法律解释草案，由委员长会议决定列入常务委员会会议议程。

**第四十八条　【法律解释草案审议程序】**法律解释草案经常务委员会会议审议，由法律委员会根据常务委员会组成人员的审议意见进行审议、修改，提出法律解释草案表决稿。

**第四十九条　【法律解释草案的表决和公布程序】**法律解释草案表决稿由常务委员会全体组成人员的过半数通过，由常务委员会发布公告予以公布。

**第五十条　【法律解释的效力】**全国人民代表大会常务委员会的法律解释同法律具有同等效力。

### 第五节　其他规定

**第五十一条　【发挥人大在立法工作中的主导作用】**全国人民代表大会及其常务委员会加强对立法工作的组织协调，发挥在立法工作中的主导作用。

**第五十二条　【全国人大常委会立法规划、年度立法计划】**全国人民代表大会常务委员会通过立法规划、年度立法计划等形式，加强对立法工作的统筹安排。编制立法规划和年度立法计划，应当认真研究代表议案和建议，广泛征集意见，科学论证评估，根据经济社会发展和民主法治建设的需要，确定立法项目，提高立法的及时性、针对性和系统性。立法规划和年度立法计划由委员长会议通过并向社会公布。

全国人民代表大会常务委员会工作机构负责编制立法规划和拟订年度立法计划，并按照全国人民代表大会常务委员会的要求，督促立法规划和年度立法计划的落实。

**第五十三条　【专委会、常委会工作机构起草法律草案】**全国人民代表大会有关的专门委员会、常务委员会工作机构应当提前参与有关方面的法律草案起草工作；综合性、全局性、基础性的重要法律草案，可以由有关的专门委员会或者常务委员会工作机构组织起草。

专业性较强的法律草案，可以吸收相关领域的专家参与起草工作，或者委托有关专家、教学科研单位、社会组织起草。

**第五十四条　【提出法律案配套的文件资料】**提出法律案，应当同时提出法律草案文本及其说明，并提供必要的参阅资料。修改法律的，还应当提交修改前后的对照文本。法律草案的说明应当包括制定或者修改法律的必要性、可行性和主要内容，以及起草过程中对重大分歧意见的协调处理情况。

**第五十五条　【法律案的撤回】**向全国人民代表大会及其常务委员会提出的法律案，在列入会议议程前，提案人有权撤回。

**第五十六条　【表决未获通过后的处理程序】**交付全国人民代表大会及其常务委员会全体会议表决未获得通过的法律案，如果提案人认为必须制定该法律，可以按照法律规定的程序重新提出，由主席团、委员长会议决定是否列入会议议程；其中，未获得全国人民代表大会通过的法律案，应当提请全国人民代表大会审议决定。

**第五十七条　【法律的施行日期】**法律应当明确规定施行日期。

**第五十八条　【主席令的内容和法律的刊载】**签署公布法律的主席令载明该法律的制定机关、通过和施行日期。

法律签署公布后，及时在全国人民代表大会常务委员会公报和中国人大网以及在全国范围内发行的报纸上刊载。

在常务委员会公报上刊登的法律文本为标准文本。

**第五十九条　【法律的修改和废止】**法律的修改和废止程序，适用本章的有关规定。

法律被修改的，应当公布新的法律文本。

法律被废止的，除由其他法律规定废止该法律的以外，由国家主席签署主席令予以公布。

**第六十条　【法律草案与其他法律的衔接】**法律草案与其他法律相关规定不一致的，提案人应当予以说明并提出处理意见，必要时应当同时提出修改或者废止其他法律相关规定的议案。

法律委员会和有关的专门委员会审议法律案时，认为需要修改或者废止其他法律相关规定的，应当提出处理意见。

**第六十一条　【法律文本标号形式】**法律根据内容需要，可以分编、章、节、条、款、项、目。

编、章、节、条的序号用中文数字依次表述，款不编序号，项的序号用中文数字加括号依次表述，目的序号用阿拉伯数字依次表述。

法律标题的题注应当载明制定机关、通过日期。经过修改的法律，应当依次载明修改机关、修改日期。

**第六十二条　【专门事项配套规定】**法律规定明确要求有关国家机关对专门事项作出配套的具体规定的，有关国家机关应当自法律施行之日起一年内作出规定，法律对配套的具体规定制定期限另有规定的，从其规定。有关国家机关未能在期限内作出配套的具体规定的，应当向全国人民代表大会常务委员会说明情况。

**第六十三条　【立法后评估】**全国人民代表大会有关的专门委员会、常务委员会工作机构可以组织对有关法律或者法律中有关规定进行立法后评估。评估情况应当向常务委员会报告。

**第六十四条　【法律询问答复】**全国人民代表大会常务委员会工作机构可以对有关具体问题的法律询问进行研究予以答复，并报常务委员会备案。

## 第三章　行政法规

**第六十五条　【制定行政法规的权限】**国务院根据宪法和法律，制定行政法规。

行政法规可以就下列事项作出规定：

（一）为执行法律的规定需要制定行政法规的事项；

（二）宪法第八十九条规定的国务院行政管理职权的事项。

应当由全国人民代表大会及其常务委员会制定法律的事项，国务院根据全国人民代表大会及其常务委员会的授权决定先制定的行政法规，经过实践检验，制定法律的条件成熟时，国务院应当及时提请全国人民代表大会及其常务委员会制定法律。

**第六十六条　【国务院年度立法计划和行政法规立项】**国务院法制机构应当根据国家总体工作部署拟订国务院年度立法计划，报国务院审批。国务院年度立法计划中的法律项目应当与全国人民代表大会常务委员会的立法规划和年度立法计划相衔接。国务院法制机构应当及时跟踪了解国务院各部门落实立法计划的情况，加强组织协调和督促指导。

国务院有关部门认为需要制定行政法规的，应当向国务院报请立项。

**第六十七条　【行政法规起草和听取意见】**行政法规由国务院有关部门或者国务院法制机构具体负责起草，重要行政管理的法律、行政法规草案由国务院法制机构组织起草。行政法规在起草过程中，应当广泛听取有关机关、组织、人民代表大会代表和社会公众的意见。听取意见可以采取座谈会、论证会、听证会等多种形式。

行政法规草案应当向社会公布，征求意见，但是经国务院决定不公布的除外。

**第六十八条　【行政法规草案的审查】**行政法规起草工作完成后，起草单位应当将草案及其说明、各方面对草案主要问题的不同意见和其他有关资料送国务院法制机构进行审查。

国务院法制机构应当向国务院提出审查报告和草案修改稿，审查报告应当对草案主要问题作出说明。

**第六十九条　【行政法规的决定程序】**行政法规的决定程序依照中华人民共和国国务院组织法的有关规定办理。

**第七十条　【行政法规公布的主体】**行政法规由总理签署国务院令公布。

有关国防建设的行政法规，可以由国务院总理、中央军事委员会主席共同签署国务院、中央军事委员会令公布。

**第七十一条　【行政法规公布的载体】**行政法规签署公布后，及时在国务院公报和中国政府法制信息网以及在全国范围内发行的报纸上刊载。

在国务院公报上刊登的行政法规文本为标准文本。

## 第四章　地方性法规、自治条例和单行条例、规章

### 第一节　地方性法规、自治条例和单行条例

**第七十二条　【地方性法规制定主体、原则】**省、自治区、直辖市的人民代表大会及其常务委员会根据本行政区域的具体情况和实际需要，在不同宪法、法律、行政法规相抵触的前提下，可以制定地方性法规。

设区的市的人民代表大会及其常务委员会根据本市的具体情况和实际需要，在不同宪法、法律、行政法规和本省、自治区的地方性法规相抵触的前提下，可以对城乡建设与管理、环境保护、历史文化保护等方面的事项制定地方性法规，法律对设区的市制定地方性法规的事项另有规定的，从其规定。设区的市的地方性法规须报省、自治区的人民代表大会常务委员会批准后施行。省、自治区的人民代表大会常务委员会对报请批准的地方性法规，应当对其合法性进行审查，同宪法、法律、行政法规和本省、自治区的地方性法规不抵触的，应当在四个月内予以批准。

省、自治区的人民代表大会常务委员会在对报请批准的设区的市的地方性法规进行审查时，发现其同本省、自治区的人民政府的规章相抵触的，应当作出处理决定。

除省、自治区的人民政府所在地的市，经济特区所在地的市和国务院已经批准的较大的市以外，其他设区的市开始制定地方性法规的具体步骤和时间，由省、自治区的人民代表大会常务委员会综合考虑本省、自治区所辖的设区的市的人口数量、地域面积、经济社会发展情况以及立法需求、立法能力等因素确定，并报全国人民代表大会常务委员会和国务院备案。

自治州的人民代表大会及其常务委员会可以依照本条第二款规定行使设区的市制定地方性法规的职权。自治州开始制定地方性法规的具体步骤和时间，依照前款规定确定。

省、自治区的人民政府所在地的市，经济特区所在地的市和国务院已经批准的较大的市已经制定的地方性法规，涉及本条第二款规定事项范围以外的，继续有效。

**第七十三条　【地方性法规权限】**地方性法规可以就下列事项作出规定：

（一）为执行法律、行政法规的规定，需要根据本行政区域的实际情况作具体规定的事项；

（二）属于地方性事务需要制定地方性法规的事项。

除本法第八条规定的事项外，其他事项国家尚未制定法律或者行政法规的，省、自治区、直辖市和设区的市、自治州根据本地方的具体情况和实际需要，可以先制定地方性法规。在国家制定的法律或者行政法规生效后，地方性法规同法律或者行政法规相抵触的规定无效，制定机关应当及时予以修改或者废止。

设区的市、自治州根据本条第一款、第二款制定地方性法规，限于本法第七十二条第二款规定的事项。

制定地方性法规，对上位法已经明确规定的内容，一般不作重复性规定。

**第七十四条　【经济特区法规】**经济特区所在地的省、市的人民代表大会及其常务委员会根据全国人民代表大会的授权决定，制定法规，在经济特区范围内实施。

**第七十五条　【自治条例和单行条例】**民族自治地方的人民代表大会有权依照当地民族的政治、经济和文化的特点，制定自治条例和单行条例。自治区的自治条例和单行条例，报全国人民代表大会常务委员会批准后生效。自治州、自治县的自治条例和单行条例，报省、自治区、直辖市的人民代表大会常务委员会批准后生效。

自治条例和单行条例可以依照当地民族的特点，对法律和行政法规的规定作出变通规定，但不得违背法律或者行政法规的基本原则，不得对宪法和民族区域自治法的规定以及其他有关法律、行政法规专门就民族自治地方所作的规定作出变通规定。

**第七十六条　【由大会通过的地方性法规】**规定本

行政区域特别重大事项的地方性法规，应当由人民代表大会通过。

**第七十七条 【地方性法规制定程序】**地方性法规案、自治条例和单行条例案的提出、审议和表决程序，根据中华人民共和国地方各级人民代表大会和地方各级人民政府组织法，参照本法第二章第二节、第三节、第五节的规定，由本级人民代表大会规定。

地方性法规草案由负责统一审议的机构提出审议结果的报告和草案修改稿。

**第七十八条 【地方性法规公布程序】**省、自治区、直辖市的人民代表大会制定的地方性法规由大会主席团发布公告予以公布。

省、自治区、直辖市的人民代表大会常务委员会制定的地方性法规由常务委员会发布公告予以公布。

设区的市、自治州的人民代表大会及其常务委员会制定的地方性法规报经批准后，由设区的市、自治州的人民代表大会常务委员会发布公告予以公布。

自治条例和单行条例报经批准后，分别由自治区、自治州、自治县的人民代表大会常务委员会发布公告予以公布。

**第七十九条 【地方性法规公布载体】**地方性法规、自治区的自治条例和单行条例公布后，及时在本级人民代表大会常务委员会公报和中国人大网、本地方人民代表大会网站以及在本行政区域范围内发行的报纸上刊载。

在常务委员会公报上刊登的地方性法规、自治条例和单行条例文本为标准文本。

## 第二节 规 章

**第八十条 【部门规章的制定主体、依据和权限范围】**国务院各部、委员会、中国人民银行、审计署和具有行政管理职能的直属机构，可以根据法律和国务院的行政法规、决定、命令，在本部门的权限范围内，制定规章。

部门规章规定的事项应当属于执行法律或者国务院的行政法规、决定、命令的事项。没有法律或者国务院的行政法规、决定、命令的依据，部门规章不得设定减损公民、法人和其他组织权利或者增加其义务的规范，不得增加本部门的权力或者减少本部门的法定职责。

**第八十一条 【联合制定部门规章】**涉及两个以上国务院部门职权范围的事项，应当提请国务院制定行政法规或者由国务院有关部门联合制定规章。

**第八十二条 【地方政府规章的制定主体、依据和权限范围】**省、自治区、直辖市和设区的市、自治州的人民政府，可以根据法律、行政法规和本省、自治区、直辖市的地方性法规，制定规章。

地方政府规章可以就下列事项作出规定：

（一）为执行法律、行政法规、地方性法规的规定需要制定规章的事项；

（二）属于本行政区域的具体行政管理事项。

设区的市、自治州的人民政府根据本条第一款、第二款制定地方政府规章，限于城乡建设与管理、环境保护、历史文化保护等方面的事项。已经制定的地方政府规章，涉及上述事项范围以外的，继续有效。

除省、自治区的人民政府所在地的市，经济特区所在地的市和国务院已经批准的较大的市以外，其他设区的市、自治州的人民政府开始制定规章的时间，与本省、自治区人民代表大会常务委员会确定的本市、自治州开始制定地方性法规的时间同步。

应当制定地方性法规但条件尚不成熟的，因行政管理迫切需要，可以先制定地方政府规章。规章实施满两年需要继续实施规章所规定的行政措施的，应当提请本级人民代表大会或者其常务委员会制定地方性法规。

没有法律、行政法规、地方性法规的依据，地方政府规章不得设定减损公民、法人和其他组织权利或者增加其义务的规范。

**第八十三条 【规章制定程序】**国务院部门规章和地方政府规章的制定程序，参照本法第三章的规定，由国务院规定。

**第八十四条 【规章决定程序】**部门规章应当经部务会议或者委员会会议决定。

地方政府规章应当经政府常务会议或者全体会议决定。

**第八十五条 【规章公布程序】**部门规章由部门首长签署命令予以公布。

地方政府规章由省长、自治区主席、市长或者自治州州长签署命令予以公布。

**第八十六条 【规章公布载体】**部门规章签署公布后，及时在国务院公报或者部门公报和中国政府法制信息网以及在全国范围内发行的报纸上刊载。

地方政府规章签署公布后，及时在本级人民政府公报和中国政府法制信息网以及在本行政区域范围内发行的报纸上刊载。

在国务院公报或者部门公报和地方人民政府公报上刊登的规章文本为标准文本。

# 第五章 适用与备案审查

**第八十七条 【宪法的法律效力】**宪法具有最高的法律效力，一切法律、行政法规、地方性法规、自治条例和单行条例、规章都不得同宪法相抵触。

**第八十八条 【法律、法规、规章的效力等级】**法律的效力高于行政法规、地方性法规、规章。

行政法规的效力高于地方性法规、规章。

**第八十九条 【地方性法规、地方政府规章效力等级】**地方性法规的效力高于本级和下级地方政府规章。

省、自治区的人民政府制定的规章的效力高于本行政区域内的设区的市、自治州的人民政府制定的规章。

**第九十条 【自治条例和单行条例、经济特区法规的效力】**自治条例和单行条例依法对法律、行政法规、地方性法规作变通规定的，在本自治地方适用自治条例和单行条例的规定。

经济特区法规根据授权对法律、行政法规、地方性法规作变通规定的，在本经济特区适用经济特区法规的规定。

**第九十一条 【部门规章、地方政府规章的效力】**部门规章之间、部门规章与地方政府规章之间具有同等效力，在各自的权限范围内施行。

**第九十二条 【特别法优于一般法和新法优于旧法】**同一机关制定的法律、行政法规、地方性法规、自治条例和单行条例、规章，特别规定与一般规定不一致的，适用特别规定；新的规定与旧的规定不一致的，适用新的规定。

**第九十三条 【法不溯及既往原则及其例外】**法律、行政法规、地方性法规、自治条例和单行条例、规章不溯及既往，但为了更好地保护公民、法人和其他组织的权利和利益而作的特别规定除外。

**第九十四条 【新的一般规定与旧的特别规定的冲突裁决】**法律之间对同一事项的新的一般规定与旧的特别规定不一致，不能确定如何适用时，由全国人民代表大会常务委员会裁决。

行政法规之间对同一事项的新的一般规定与旧的特别规定不一致，不能确定如何适用时，由国务院裁决。

**第九十五条 【地方性法规、规章之间的冲突裁决】**地方性法规、规章之间不一致时，由有关机关依照下列规定的权限作出裁决：

（一）同一机关制定的新的一般规定与旧的特别规定不一致时，由制定机关裁决；

（二）地方性法规与部门规章之间对同一事项的规定不一致，不能确定如何适用时，由国务院提出意见，国务院认为应当适用地方性法规的，应当决定在该地方适用地方性法规的规定；认为应当适用部门规章的，应当提请全国人民代表大会常务委员会裁决；

（三）部门规章之间、部门规章与地方政府规章之间对同一事项的规定不一致时，由国务院裁决。

根据授权制定的法规与法律规定不一致，不能确定如何适用时，由全国人民代表大会常务委员会裁决。

**第九十六条 【应予改变或撤销的情形】**法律、行政法规、地方性法规、自治条例和单行条例、规章有下列情形之一的，由有关机关依照本法第九十七条规定的权限予以改变或者撤销：

（一）超越权限的；

（二）下位法违反上位法规定的；

（三）规章之间对同一事项的规定不一致，经裁决应当改变或者撤销一方的规定的；

（四）规章的规定被认为不适当，应当予以改变或者撤销的；

（五）违背法定程序的。

**第九十七条 【改变或撤销的权限】**改变或者撤销法律、行政法规、地方性法规、自治条例和单行条例、规章的权限是：

（一）全国人民代表大会有权改变或者撤销它的常务委员会制定的不适当的法律，有权撤销全国人民代表大会常务委员会批准的违背宪法和本法第七十五条第二款规定的自治条例和单行条例；

（二）全国人民代表大会常务委员会有权撤销同宪法和法律相抵触的行政法规，有权撤销同宪法、法律和行政法规相抵触的地方性法规，有权撤销省、自治区、直辖市的人民代表大会常务委员会批准的违背宪法和本法第七十五条第二款规定的自治条例和单行条例；

（三）国务院有权改变或者撤销不适当的部门规章和地方政府规章；

（四）省、自治区、直辖市的人民代表大会有权改变或者撤销它的常务委员会制定的和批准的不适当的地方性法规；

（五）地方人民代表大会常务委员会有权撤销本级人民政府制定的不适当的规章；

（六）省、自治区的人民政府有权改变或者撤销下一级人民政府制定的不适当的规章；

（七）授权机关有权撤销被授权机关制定的超越授权范围或者违背授权目的的法规，必要时可以撤销授权。

**第九十八条 【报送备案】**行政法规、地方性法规、自治条例和单行条例、规章应当在公布后的三十日内依照下列规定报有关机关备案：

（一）行政法规报全国人民代表大会常务委员会备案；

（二）省、自治区、直辖市的人民代表大会及其常务委员会制定的地方性法规，报全国人民代表大会常务委员会和国务院备案；设区的市、自治州的人民代表大会及其常务委员会制定的地方性法规，由省、自治区的人民代表大会常务委员会报全国人民代表大会常务委员会和国务院备案；

（三）自治州、自治县的人民代表大会制定的自治条例和单行条例，由省、自治区、直辖市的人民代表大会常务委员会报全国人民代表大会常务委员会和国务院备案；自治条例、单行条例报送备案时，应当说明对法律、行政法规、地方性法规作出变通的情况；

（四）部门规章和地方政府规章报国务院备案；地方政府规章应当同时报本级人民代表大会常务委员会备案；设区的市、自治州的人民政府制定的规章应当同时报省、自治区的人民代表大会常务委员会和人民政府备案；

（五）根据授权制定的法规应当报授权决定规定的机关备案；经济特区法规报送备案时，应当说明对法律、行政法规、地方性法规作出变通的情况。

**第九十九条　【被动审查与主动审查】**国务院、中央军事委员会、最高人民法院、最高人民检察院和各省、自治区、直辖市的人民代表大会常务委员会认为行政法规、地方性法规、自治条例和单行条例同宪法或者法律相抵触的，可以向全国人民代表大会常务委员会书面提出进行审查的要求，由常务委员会工作机构分送有关的专门委员会进行审查、提出意见。

前款规定以外的其他国家机关和社会团体、企业事业组织以及公民认为行政法规、地方性法规、自治条例和单行条例同宪法或者法律相抵触的，可以向全国人民代表大会常务委员会书面提出进行审查的建议，由常务委员会工作机构进行研究，必要时，送有关的专门委员会进行审查、提出意见。

有关的专门委员会和常务委员会工作机构可以对报送备案的规范性文件进行主动审查。

**第一百条　【审查程序】**全国人民代表大会专门委员会、常务委员会工作机构在审查、研究中认为行政法规、地方性法规、自治条例和单行条例同宪法或者法律相抵触的，可以向制定机关提出书面审查意见、研究意见；也可以由法律委员会与有关的专门委员会、常务委员会工作机构召开联合审查会议，要求制定机关到会说明情况，再向制定机关提出书面审查意见。制定机关应当在两个月内研究提出是否修改的意见，并向全国人民代表大会法律委员会和有关的专门委员会或者常务委员会工作机构反馈。

全国人民代表大会法律委员会、有关的专门委员会、常务委员会工作机构根据前款规定，向制定机关提出审查意见、研究意见，制定机关按照所提意见对行政法规、地方性法规、自治条例和单行条例进行修改或者废止的，审查终止。

全国人民代表大会法律委员会、有关的专门委员会、常务委员会工作机构经审查、研究认为行政法规、地方性法规、自治条例和单行条例同宪法或者法律相抵触而制定机关不予修改的，应当向委员长会议提出予以撤销的议案、建议，由委员长会议决定提请常务委员会会议审议决定。

**第一百零一条　【审查情况的反馈与公开】**全国人民代表大会有关的专门委员会和常务委员会工作机构应当按照规定要求，将审查、研究情况向提出审查建议的国家机关、社会团体、企业事业组织以及公民反馈，并可以向社会公开。

**第一百零二条　【其他备案机关的审查程序】**其他接受备案的机关对报送备案的地方性法规、自治条例和单行条例、规章的审查程序，按照维护法制统一的原则，由接受备案的机关规定。

## 第六章　附　则

**第一百零三条　【军事法规、军事规章的制定】**中央军事委员会根据宪法和法律，制定军事法规。

中央军事委员会各总部、军兵种、军区、中国人民武装警察部队，可以根据法律和中央军事委员会的军事法规、决定、命令，在其权限范围内，制定军事规章。

军事法规、军事规章在武装力量内部实施。

军事法规、军事规章的制定、修改和废止办法，由中央军事委员会依照本法规定的原则规定。

**第一百零四条　【司法解释制定原则与备案】**最高人民法院、最高人民检察院作出的属于审判、检察工作中具体应用法律的解释，应当主要针对具体的法律条文，并符合立法的目的、原则和原意。遇有本法第四十五条第二款规定情况的，应当向全国人民代表大会常务委员会提出法律解释的要求或者提出制定、修改有关法律的议案。

最高人民法院、最高人民检察院作出的属于审判、检察工作中具体应用法律的解释，应当自公布之日起三十日内报全国人民代表大会常务委员会备案。

最高人民法院、最高人民检察院以外的审判机关和检察机关，不得作出具体应用法律的解释。

**第一百零五条　【施行日期】**本法自 2000 年 7 月 1 日起施行。

## 行政法规制定程序条例

· 2001 年 11 月 16 日中华人民共和国国务院令第 321 号公布
· 根据 2017 年 12 月 22 日《国务院关于修改〈行政法规制定程序条例〉的决定》修订

### 第一章　总　则

**第一条**　为了规范行政法规制定程序，保证行政法规质量，根据宪法、立法法和国务院组织法的有关规定，制定本条例。

**第二条**　行政法规的立项、起草、审查、决定、公布、解释，适用本条例。

**第三条**　制定行政法规，应当贯彻落实党的路线方针政策和决策部署，符合宪法和法律的规定，遵循立法法确定的立法原则。

**第四条**　制定政治方面法律的配套行政法规，应当按照有关规定及时报告党中央。

制定经济、文化、社会、生态文明等方面重大体制和重大政策调整的重要行政法规，应当将行政法规草案或者行政法规草案涉及的重大问题按照有关规定及时报告党中央。

**第五条**　行政法规的名称一般称“条例”，也可以称“规定”、“办法”等。国务院根据全国人民代表大会及其常务委员会的授权决定制定的行政法规，称“暂行条例”或者“暂行规定”。

国务院各部门和地方人民政府制定的规章不得称“条例”。

**第六条**　行政法规应当备而不繁，逻辑严密，条文明确、具体，用语准确、简洁，具有可操作性。

行政法规根据内容需要，可以分章、节、条、款、项、目。章、节、条的序号用中文数字依次表述，款不编序号，项的序号用中文数字加括号依次表述，目的序号用阿拉伯数字依次表述。

### 第二章　立　项

**第七条**　国务院于每年年初编制本年度的立法工作计划。

**第八条**　国务院有关部门认为需要制定行政法规的，应当于国务院编制年度立法工作计划前，向国务院报请立项。

国务院有关部门报送的行政法规立项申请，应当说明立法项目所要解决的主要问题、依据的党的路线方针政策和决策部署，以及拟确立的主要制度。

国务院法制机构应当向社会公开征集行政法规制定项目建议。

**第九条**　国务院法制机构应当根据国家总体工作部署，对行政法规立项申请和公开征集的行政法规制定项目建议进行评估论证，突出重点，统筹兼顾，拟订国务院年度立法工作计划，报党中央、国务院批准后向社会公布。

列入国务院年度立法工作计划的行政法规项目应当符合下列要求：

（一）贯彻落实党的路线方针政策和决策部署，适应改革、发展、稳定的需要；

（二）有关的改革实践经验基本成熟；

（三）所要解决的问题属于国务院职权范围并需要国务院制定行政法规的事项。

**第十条**　对列入国务院年度立法工作计划的行政法规项目，承担起草任务的部门应当抓紧工作，按照要求上报国务院；上报国务院前，应当与国务院法制机构沟通。

国务院法制机构应当及时跟踪了解国务院各部门落实国务院年度立法工作计划的情况，加强组织协调和督促指导。

国务院年度立法工作计划在执行中可以根据实际情况予以调整。

### 第三章　起　草

**第十一条**　行政法规由国务院组织起草。国务院年度立法工作计划确定行政法规由国务院的一个部门或者几个部门具体负责起草工作，也可以确定由国务院法制机构起草或者组织起草。

**第十二条**　起草行政法规，应当符合本条例第三条、第四条的规定，并符合下列要求：

（一）弘扬社会主义核心价值观；

（二）体现全面深化改革精神，科学规范行政行为，促进政府职能向宏观调控、市场监管、社会管理、公共服务、环境保护等方面转变；

（三）符合精简、统一、效能的原则，相同或者相近的职能规定由一个行政机关承担，简化行政管理手续；

（四）切实保障公民、法人和其他组织的合法权益，在规定其应当履行的义务的同时，应当规定其相应的权利和保障权利实现的途径；

（五）体现行政机关的职权与责任相统一的原则，在赋予有关行政机关必要的职权的同时，应当规定其行使职权的条件、程序和应承担的责任。

**第十三条**　起草行政法规，起草部门应当深入调查研究，总结实践经验，广泛听取有关机关、组织和公民的意见。涉及社会公众普遍关注的热点难点问题和经济社会发展遇到的突出矛盾,减损公民、法人和其他组织权利或者增加其义务,对社会公众有重要影响等重大利益调整事项的,应当进行论证咨询。听取意见可以采取召开座谈会、论证会、听证会等多种形式。

起草行政法规,起草部门应当将行政法规草案及其说明等向社会公布,征求意见,但是经国务院决定不公布的除外。向社会公布征求意见的期限一般不少于30日。

起草专业性较强的行政法规,起草部门可以吸收相关领域的专家参与起草工作,或者委托有关专家、教学科研单位、社会组织起草。

**第十四条**　起草行政法规,起草部门应当就涉及其他部门的职责或者与其他部门关系紧密的规定,与有关部门充分协商,涉及部门职责分工、行政许可、财政支持、税收优惠政策的,应当征得机构编制、财政、税务等相关部门同意。

**第十五条**　起草行政法规,起草部门应当对涉及有关管理体制、方针政策等需要国务院决策的重大问题提出解决方案,报国务院决定。

**第十六条**　起草部门向国务院报送的行政法规草案送审稿(以下简称行政法规送审稿),应当由起草部门主要负责人签署。

起草行政法规,涉及几个部门共同职责需要共同起草的,应当共同起草,达成一致意见后联合报送行政法规送审稿。几个部门共同起草的行政法规送审稿,应当由该几个部门主要负责人共同签署。

**第十七条**　起草部门将行政法规送审稿报送国务院审查时,应当一并报送行政法规送审稿的说明和有关材料。

行政法规送审稿的说明应当对立法的必要性,主要思路,确立的主要制度,征求有关机关、组织和公民意见的情况,各方面对送审稿主要问题的不同意见及其协调处理情况,拟设定、取消或者调整行政许可、行政强制的情况等作出说明。有关材料主要包括所规范领域的实际情况和相关数据、实践中存在的主要问题、国内外的有关立法资料、调研报告、考察报告等。

## 第四章　审　查

**第十八条**　报送国务院的行政法规送审稿,由国务院法制机构负责审查。

国务院法制机构主要从以下方面对行政法规送审稿进行审查:

(一)是否严格贯彻落实党的路线方针政策和决策部署,是否符合宪法和法律的规定,是否遵循立法法确定的立法原则;

(二)是否符合本条例第十二条的要求;

(三)是否与有关行政法规协调、衔接;

(四)是否正确处理有关机关、组织和公民对送审稿主要问题的意见;

(五)其他需要审查的内容。

**第十九条**　行政法规送审稿有下列情形之一的,国务院法制机构可以缓办或者退回起草部门:

(一)制定行政法规的基本条件尚不成熟或者发生重大变化的;

(二)有关部门对送审稿规定的主要制度存在较大争议,起草部门未征得机构编制、财政、税务等相关部门同意的;

(三)未按照本条例有关规定公开征求意见的;

(四)上报送审稿不符合本条例第十五条、第十六条、第十七条规定的。

**第二十条**　国务院法制机构应当将行政法规送审稿或者行政法规送审稿涉及的主要问题发送国务院有关部门、地方人民政府、有关组织和专家等各方面征求意见。国务院有关部门、地方人民政府应当在规定期限内反馈书面意见,并加盖本单位或者本单位办公厅(室)印章。

国务院法制机构可以将行政法规送审稿或者修改稿及其说明等向社会公布,征求意见。向社会公布征求意见的期限一般不少于30日。

**第二十一条**　国务院法制机构应当就行政法规送审稿涉及的主要问题,深入基层进行实地调查研究,听取基层有关机关、组织和公民的意见。

**第二十二条**　行政法规送审稿涉及重大利益调整的,国务院法制机构应当进行论证咨询,广泛听取有关方面的意见。论证咨询可以采取座谈会、论证会、听证会、委托研究等多种形式。

行政法规送审稿涉及重大利益调整或者存在重大意见分歧,对公民、法人或者其他组织的权利义务有较大影响,人民群众普遍关注的,国务院法制机构可以举行听证会,听取有关机关、组织和公民的意见。

**第二十三条**　国务院有关部门对行政法规送审稿涉及的主要制度、方针政策、管理体制、权限分工等有不同意见的,国务院法制机构应当进行协调,力求达成一致意见。对有较大争议的重要立法事项,国务院法制机构可以委托有关专家、教学科研单位、社会组织进行评估。

经过充分协调不能达成一致意见的,国务院法制机构、起草部门应当将争议的主要问题、有关部门的意见以及国务院法制机构的意见及时报国务院领导协调,或者报国务院决定。

**第二十四条** 国务院法制机构应当认真研究各方面的意见，与起草部门协商后，对行政法规送审稿进行修改，形成行政法规草案和对草案的说明。

**第二十五条** 行政法规草案由国务院法制机构主要负责人提出提请国务院常务会议审议的建议；对调整范围单一、各方面意见一致或者依据法律制定的配套行政法规草案，可以采取传批方式，由国务院法制机构直接提请国务院审批。

## 第五章 决定与公布

**第二十六条** 行政法规草案由国务院常务会议审议，或者由国务院审批。

国务院常务会议审议行政法规草案时，由国务院法制机构或者起草部门作说明。

**第二十七条** 国务院法制机构应当根据国务院对行政法规草案的审议意见，对行政法规草案进行修改，形成草案修改稿，报请总理签署国务院令公布施行。

签署公布行政法规的国务院令载明该行政法规的施行日期。

**第二十八条** 行政法规签署公布后，及时在国务院公报和中国政府法制信息网以及在全国范围内发行的报纸上刊载。国务院法制机构应当及时汇编出版行政法规的国家正式版本。

在国务院公报上刊登的行政法规文本为标准文本。

**第二十九条** 行政法规应当自公布之日起30日后施行；但是，涉及国家安全、外汇汇率、货币政策的确定以及公布后不立即施行将有碍行政法规施行的，可以自公布之日起施行。

**第三十条** 行政法规在公布后的30日内由国务院办公厅报全国人民代表大会常务委员会备案。

## 第六章 行政法规解释

**第三十一条** 行政法规有下列情形之一的，由国务院解释：

（一）行政法规的规定需要进一步明确具体含义的；

（二）行政法规制定后出现新的情况，需要明确适用行政法规依据的。

国务院法制机构研究拟订行政法规解释草案，报国务院同意后，由国务院公布或者由国务院授权国务院有关部门公布。

行政法规的解释与行政法规具有同等效力。

**第三十二条** 国务院各部门和省、自治区、直辖市人民政府可以向国务院提出行政法规解释要求。

**第三十三条** 对属于行政工作中具体应用行政法规的问题，省、自治区、直辖市人民政府法制机构以及国务院有关部门法制机构请求国务院法制机构解释的，国务院法制机构可以研究答复；其中涉及重大问题的，由国务院法制机构提出意见，报国务院同意后答复。

## 第七章 附 则

**第三十四条** 拟订国务院提请全国人民代表大会或者全国人民代表大会常务委员会审议的法律草案，参照本条例的有关规定办理。

**第三十五条** 国务院可以根据全面深化改革、经济社会发展需要，就行政管理等领域的特定事项，决定在一定期限内在部分地方暂时调整或者暂时停止适用行政法规的部分规定。

**第三十六条** 国务院法制机构或者国务院有关部门应当根据全面深化改革、经济社会发展需要以及上位法规定，及时组织开展行政法规清理工作。对不适应全面深化改革和经济社会发展要求、不符合上位法规定的行政法规，应当及时修改或者废止。

**第三十七条** 国务院法制机构或者国务院有关部门可以组织对有关行政法规或者行政法规中的有关规定进行立法后评估，并把评估结果作为修改、废止有关行政法规的重要参考。

**第三十八条** 行政法规的修改、废止程序适用本条例的有关规定。

行政法规修改、废止后，应当及时公布。

**第三十九条** 行政法规的外文正式译本和民族语言文本，由国务院法制机构审定。

**第四十条** 本条例自2002年1月1日起施行。1987年4月21日国务院批准、国务院办公厅发布的《行政法规制定程序暂行条例》同时废止。

# 规章制定程序条例

· 2001年11月16日中华人民共和国国务院令第322号公布

· 根据2017年12月22日《国务院关于修改〈规章制定程序条例〉的决定》修订

## 第一章 总 则

**第一条** 为了规范规章制定程序，保证规章质量，根据立法法的有关规定，制定本条例。

**第二条** 规章的立项、起草、审查、决定、公布、解释，适用本条例。

违反本条例规定制定的规章无效。

**第三条** 制定规章,应当贯彻落实党的路线方针政策和决策部署,遵循立法法确定的立法原则,符合宪法、法律、行政法规和其他上位法的规定。

没有法律或者国务院的行政法规、决定、命令的依据,部门规章不得设定减损公民、法人和其他组织权利或者增加其义务的规范,不得增加本部门的权力或者减少本部门的法定职责。没有法律、行政法规、地方性法规的依据,地方政府规章不得设定减损公民、法人和其他组织权利或者增加其义务的规范。

**第四条** 制定政治方面法律的配套规章,应当按照有关规定及时报告党中央或者同级党委(党组)。

制定重大经济社会方面的规章,应当按照有关规定及时报告同级党委(党组)。

**第五条** 制定规章,应当切实保障公民、法人和其他组织的合法权益,在规定其应当履行的义务的同时,应当规定其相应的权利和保障权利实现的途径。

制定规章,应当体现行政机关的职权与责任相统一的原则,在赋予有关行政机关必要的职权的同时,应当规定其行使职权的条件、程序和应承担的责任。

**第六条** 制定规章,应当体现全面深化改革精神,科学规范行政行为,促进政府职能向宏观调控、市场监管、社会管理、公共服务、环境保护等方面转变。

制定规章,应当符合精简、统一、效能的原则,相同或者相近的职能应当规定由一个行政机关承担,简化行政管理手续。

**第七条** 规章的名称一般称"规定"、"办法",但不得称"条例"。

**第八条** 规章用语应当准确、简洁,条文内容应当明确、具体,具有可操作性。

法律、法规已经明确规定的内容,规章原则上不作重复规定。

除内容复杂的外,规章一般不分章、节。

**第九条** 涉及国务院两个以上部门职权范围的事项,制定行政法规条件尚不成熟,需要制定规章的,国务院有关部门应当联合制定规章。

有前款规定情形的,国务院有关部门单独制定的规章无效。

## 第二章 立 项

**第十条** 国务院部门内设机构或者其他机构认为需要制定部门规章的,应当向该部门报请立项。

省、自治区、直辖市和设区的市、自治州的人民政府所属工作部门或者下级人民政府认为需要制定地方政府规章的,应当向该省、自治区、直辖市或者设区的市、自治州的人民政府报请立项。

国务院部门,省、自治区、直辖市和设区的市、自治州的人民政府,可以向社会公开征集规章制定项目建议。

**第十一条** 报送制定规章的立项申请,应当对制定规章的必要性、所要解决的主要问题、拟确立的主要制度等作出说明。

**第十二条** 国务院部门法制机构,省、自治区、直辖市和设区的市、自治州的人民政府法制机构(以下简称法制机构),应当对制定规章的立项申请和公开征集的规章制定项目建议进行评估论证,拟订本部门、本级人民政府年度规章制定工作计划,报本部门、本级人民政府批准后向社会公布。

年度规章制定工作计划应当明确规章的名称、起草单位、完成时间等。

**第十三条** 国务院部门,省、自治区、直辖市和设区的市、自治州的人民政府,应当加强对执行年度规章制定工作计划的领导。对列入年度规章制定工作计划的项目,承担起草工作的单位应当抓紧工作,按照要求上报本部门或者本级人民政府决定。

法制机构应当及时跟踪了解本部门、本级人民政府年度规章制定工作计划执行情况,加强组织协调和督促指导。

年度规章制定工作计划在执行中,可以根据实际情况予以调整,对拟增加的规章项目应当进行补充论证。

## 第三章 起 草

**第十四条** 部门规章由国务院部门组织起草,地方政府规章由省、自治区、直辖市和设区的市、自治州的人民政府组织起草。

国务院部门可以确定规章由其一个或者几个内设机构或者其他机构具体负责起草工作,也可以确定由其法制机构起草或者组织起草。

省、自治区、直辖市和设区的市、自治州的人民政府可以确定规章由其一个部门或者几个部门具体负责起草工作,也可以确定由其法制机构起草或者组织起草。

**第十五条** 起草规章,应当深入调查研究,总结实践经验,广泛听取有关机关、组织和公民的意见。听取意见可以采取书面征求意见、座谈会、论证会、听证会等多种形式。

起草规章,除依法需要保密的外,应当将规章草案及其说明等向社会公布,征求意见。向社会公布征求意见的期限一般不少于 30 日。

起草专业性较强的规章，可以吸收相关领域的专家参与起草工作，或者委托有关专家、教学科研单位、社会组织起草。

**第十六条**　起草规章，涉及社会公众普遍关注的热点难点问题和经济社会发展遇到的突出矛盾，减损公民、法人和其他组织权利或者增加其义务，对社会公众有重要影响等重大利益调整事项的，起草单位应当进行论证咨询，广泛听取有关方面的意见。

起草的规章涉及重大利益调整或者存在重大意见分歧，对公民、法人或者其他组织的权利义务有较大影响，人民群众普遍关注，需要进行听证的，起草单位应当举行听证会听取意见。听证会依照下列程序组织：

（一）听证会公开举行，起草单位应当在举行听证会的30日前公布听证会的时间、地点和内容；

（二）参加听证会的有关机关、组织和公民对起草的规章，有权提问和发表意见；

（三）听证会应当制作笔录，如实记录发言人的主要观点和理由；

（四）起草单位应当认真研究听证会反映的各种意见，起草的规章在报送审查时，应当说明对听证会意见的处理情况及其理由。

**第十七条**　起草部门规章，涉及国务院其他部门的职责或者与国务院其他部门关系紧密的，起草单位应当充分征求国务院其他部门的意见。

起草地方政府规章，涉及本级人民政府其他部门的职责或者与其他部门关系紧密的，起草单位应当充分征求其他部门的意见。起草单位与其他部门有不同意见的，应当充分协商；经过充分协商不能取得一致意见的，起草单位应当在上报规章草案送审稿（以下简称规章送审稿）时说明情况和理由。

**第十八条**　起草单位应当将规章送审稿及其说明、对规章送审稿主要问题的不同意见和其他有关材料按规定报送审查。

报送审查的规章送审稿，应当由起草单位主要负责人签署；几个起草单位共同起草的规章送审稿，应当由该几个起草单位主要负责人共同签署。

规章送审稿的说明应当对制定规章的必要性、规定的主要措施、有关方面的意见及其协调处理情况等作出说明。

有关材料主要包括所规范领域的实际情况和相关数据、实践中存在的主要问题、汇总的意见、听证会笔录、调研报告、国内外有关立法资料等。

## 第四章　审　查

**第十九条**　规章送审稿由法制机构负责统一审查。法制机构主要从以下方面对送审稿进行审查：

（一）是否符合本条例第三条、第四条、第五条、第六条的规定；

（二）是否符合社会主义核心价值观的要求；

（三）是否与有关规章协调、衔接；

（四）是否正确处理有关机关、组织和公民对规章送审稿主要问题的意见；

（五）是否符合立法技术要求；

（六）需要审查的其他内容。

**第二十条**　规章送审稿有下列情形之一的，法制机构可以缓办或者退回起草单位：

（一）制定规章的基本条件尚不成熟或者发生重大变化的；

（二）有关机构或者部门对规章送审稿规定的主要制度存在较大争议，起草单位未与有关机构或者部门充分协商的；

（三）未按照本条例有关规定公开征求意见的；

（四）上报送审稿不符合本条例第十八条规定的。

**第二十一条**　法制机构应当将规章送审稿或者规章送审稿涉及的主要问题发送有关机关、组织和专家征求意见。

法制机构可以将规章送审稿或者修改稿及其说明等向社会公布，征求意见。向社会公布征求意见的期限一般不少于30日。

**第二十二条**　法制机构应当就规章送审稿涉及的主要问题，深入基层进行实地调查研究，听取基层有关机关、组织和公民的意见。

**第二十三条**　规章送审稿涉及重大利益调整的，法制机构应当进行论证咨询，广泛听取有关方面的意见。论证咨询可以采取座谈会、论证会、听证会、委托研究等多种形式。

规章送审稿涉及重大利益调整或者存在重大意见分歧，对公民、法人或者其他组织的权利义务有较大影响，人民群众普遍关注，起草单位在起草过程中未举行听证会的，法制机构经本部门或者本级人民政府批准，可以举行听证会。举行听证会的，应当依照本条例第十六条规定的程序组织。

**第二十四条**　有关机构或者部门对规章送审稿涉及的主要措施、管理体制、权限分工等问题有不同意见的，法制机构应当进行协调，力求达成一致意见。对有较大争议的重要立法事项，法制机构可以委托有关专家、教学科研单位、社会组织进行评估。

经过充分协调不能达成一致意见的，法制机构应当将主要问题、有关机构或者部门的意见和法制机构的意见及时报本部门或者本级人民政府领导协调，或者报本部门或者本级人民政府决定。

**第二十五条** 法制机构应当认真研究各方面的意见，与起草单位协商后，对规章送审稿进行修改，形成规章草案和对草案的说明。说明应当包括制定规章拟解决的主要问题、确立的主要措施以及与有关部门的协调情况等。

规章草案和说明由法制机构主要负责人签署，提出提请本部门或者本级人民政府有关会议审议的建议。

**第二十六条** 法制机构起草或者组织起草的规章草案，由法制机构主要负责人签署，提出提请本部门或者本级人民政府有关会议审议的建议。

## 第五章 决定和公布

**第二十七条** 部门规章应当经部务会议或者委员会会议决定。

地方政府规章应当经政府常务会议或者全体会议决定。

**第二十八条** 审议规章草案时，由法制机构作说明，也可以由起草单位作说明。

**第二十九条** 法制机构应当根据有关会议审议意见对规章草案进行修改，形成草案修改稿，报请本部门首长或者省长、自治区主席、市长、自治州州长签署命令予以公布。

**第三十条** 公布规章的命令应当载明该规章的制定机关、序号、规章名称、通过日期、施行日期、部门首长或者省长、自治区主席、市长、自治州州长署名以及公布日期。

部门联合规章由联合制定的部门首长共同署名公布，使用主办机关的命令序号。

**第三十一条** 部门规章签署公布后，及时在国务院公报或者部门公报和中国政府法制信息网以及在全国范围内发行的报纸上刊载。

地方政府规章签署公布后，及时在本级人民政府公报和中国政府法制信息网以及在本行政区域范围内发行的报纸上刊载。

在国务院公报或者部门公报和地方人民政府公报上刊登的规章文本为标准文本。

**第三十二条** 规章应当自公布之日起30日后施行；但是，涉及国家安全、外汇汇率、货币政策的确定以及公布后不立即施行将有碍规章施行的，可以自公布之日起施行。

## 第六章 解释与备案

**第三十三条** 规章解释权属于规章制定机关。

规章有下列情形之一的，由制定机关解释：

（一）规章的规定需要进一步明确具体含义的；

（二）规章制定后出现新的情况，需要明确适用规章依据的。

规章解释由规章制定机关的法制机构参照规章送审稿审查程序提出意见，报请制定机关批准后公布。

规章的解释同规章具有同等效力。

**第三十四条** 规章应当自公布之日起30日内，由法制机构依照立法法和《法规规章备案条例》的规定向有关机关备案。

**第三十五条** 国家机关、社会团体、企业事业组织、公民认为规章同法律、行政法规相抵触的，可以向国务院书面提出审查的建议，由国务院法制机构研究并提出处理意见，按照规定程序处理。

国家机关、社会团体、企业事业组织、公民认为设区的市、自治州的人民政府规章同法律、行政法规相抵触或者违反其他上位法的规定的，也可以向本省、自治区人民政府书面提出审查的建议，由省、自治区人民政府法制机构研究并提出处理意见，按照规定程序处理。

## 第七章 附 则

**第三十六条** 依法不具有规章制定权的县级以上地方人民政府制定、发布具有普遍约束力的决定、命令，参照本条例规定的程序执行。

**第三十七条** 国务院部门，省、自治区、直辖市和设区的市、自治州的人民政府，应当根据全面深化改革、经济社会发展需要以及上位法规定，及时组织开展规章清理工作。对不适应全面深化改革和经济社会发展要求、不符合上位法规定的规章，应当及时修改或者废止。

**第三十八条** 国务院部门，省、自治区、直辖市和设区的市、自治州的人民政府，可以组织对有关规章或者规章中的有关规定进行立法后评估，并把评估结果作为修改、废止有关规章的重要参考。

**第三十九条** 规章的修改、废止程序适用本条例的有关规定。

规章修改、废止后，应当及时公布。

**第四十条** 编辑出版正式版本、民族文版、外文版本的规章汇编，由法制机构依照《法规汇编编辑出版管理规定》的有关规定执行。

**第四十一条** 本条例自 2002 年 1 月 1 日起施行。

## 法规规章备案条例

· 2001 年 12 月 14 日中华人民共和国国务院令第 337 号公布
· 自 2002 年 1 月 1 日起施行

**第一条** 为了维护社会主义法制的统一,加强对法规、规章的监督,根据立法法的有关规定,制定本条例。

**第二条** 本条例所称法规,是指省、自治区、直辖市和较大的市的人民代表大会及其常务委员会依照法定职权和程序制定的地方性法规,经济特区所在地的省、市的人民代表大会及其常务委员会依照法定职权和程序制定的经济特区法规,以及自治州、自治县的人民代表大会依照法定职权和程序制定的自治条例和单行条例。

本条例所称规章,包括部门规章和地方政府规章。部门规章,是指国务院各部、各委员会、中国人民银行、审计署和具有行政管理职能的直属机构(以下简称国务院部门)根据法律和国务院的行政法规、决定、命令,在本部门的职权范围内依照《规章制定程序条例》制定的规章。地方政府规章,是指省、自治区、直辖市和较大的市的人民政府根据法律、行政法规和本省、自治区、直辖市的地方性法规,依照《规章制定程序条例》制定的规章。

**第三条** 法规、规章公布后,应当自公布之日起 30 日内,依照下列规定报送备案:

(一) 地方性法规、自治州和自治县的自治条例和单行条例由省、自治区、直辖市的人民代表大会常务委员会报国务院备案;

(二) 部门规章由国务院部门报国务院备案,两个或者两个以上部门联合制定的规章,由主办的部门报国务院备案;

(三) 省、自治区、直辖市人民政府规章由省、自治区、直辖市人民政府报国务院备案;

(四) 较大的市的人民政府规章由较大的市的人民政府报国务院备案,同时报省、自治区人民政府备案;

(五) 经济特区法规由经济特区所在地的省、市的人民代表大会常务委员会报国务院备案。

**第四条** 国务院部门,省、自治区、直辖市和较大的市的人民政府应当依法履行规章备案职责,加强对规章备案工作的组织领导。

国务院部门法制机构,省、自治区、直辖市人民政府和较大的市的人民政府法制机构,具体负责本部门、本地方的规章备案工作。

**第五条** 国务院法制机构依照本条例的规定负责国务院的法规、规章备案工作,履行备案审查监督职责。

**第六条** 依照本条例报送国务院备案的法规、规章,径送国务院法制机构。

报送法规备案,按照全国人民代表大会常务委员会关于法规备案的有关规定执行。

报送规章备案,应当提交备案报告、规章文本和说明,并按照规定的格式装订成册,一式十份。

报送法规、规章备案,具备条件的,应当同时报送法规、规章的电子文本。

**第七条** 报送法规、规章备案,符合本条例第二条和第六条第二款、第三款规定的,国务院法制机构予以备案登记;不符合第二条规定的,不予备案登记;符合第二条规定但不符合第六条第二款、第三款规定的,暂缓办理备案登记。

暂缓办理备案登记的,由国务院法制机构通知制定机关补充报送备案或者重新报送备案;补充或者重新报送备案符合规定的,予以备案登记。

**第八条** 经备案登记的法规、规章,由国务院法制机构按月公布目录。

编辑出版法规、规章汇编的范围,应当以公布的法规、规章目录为准。

**第九条** 国家机关、社会团体、企业事业组织、公民认为地方性法规同行政法规相抵触的,或者认为规章以及国务院各部门、省、自治区、直辖市和较大的市的人民政府发布的其他具有普遍约束力的行政决定、命令同法律、行政法规相抵触的,可以向国务院书面提出审查建议,由国务院法制机构研究并提出处理意见,按照规定程序处理。

**第十条** 国务院法制机构对报送国务院备案的法规、规章,就下列事项进行审查:

(一) 是否超越权限;

(二) 下位法是否违反上位法的规定;

(三) 地方性法规与部门规章之间或者不同规章之间对同一事项的规定不一致,是否应当改变或者撤销一方的或者双方的规定;

(四) 规章的规定是否适当;

(五) 是否违背法定程序。

**第十一条** 国务院法制机构审查法规、规章时,认为需要有关的国务院部门或者地方人民政府提出意见的,有关的机关应当在规定期限内回复;认为需要法规、规章的制定机关说明有关情况的,有关的制定机关应当在规定期限内予以说明。

**第十二条**　经审查,地方性法规同行政法规相抵触的,由国务院提请全国人民代表大会常务委员会处理。

**第十三条**　地方性法规与部门规章之间对同一事项的规定不一致的,由国务院法制机构提出处理意见,报国务院依照立法法第八十六条第一款第(二)项的规定处理。

**第十四条**　经审查,规章超越权限,违反法律、行政法规的规定,或者其规定不适当的,由国务院法制机构建议制定机关自行纠正;或者由国务院法制机构提出处理意见报国务院决定,并通知制定机关。

**第十五条**　部门规章之间、部门规章与地方政府规章之间对同一事项的规定不一致的,由国务院法制机构进行协调;经协调不能取得一致意见的,由国务院法制机构提出处理意见报国务院决定,并通知制定机关。

**第十六条**　对《规章制定程序条例》第二条第二款、第八条第二款规定的无效规章,国务院法制机构不予备案,并通知制定机关。

规章在制定技术上存在问题的,国务院法制机构可以向制定机关提出处理意见,由制定机关自行处理。

**第十七条**　规章的制定机关应当自接到本条例第十四条、第十五条、第十六条规定的通知之日起30日内,将处理情况报国务院法制机构。

**第十八条**　根据本条例第十五条作出的处理结果,可以作为对最高人民法院依照行政诉讼法第五十三条送请国务院解释或者裁决的答复。

**第十九条**　法规、规章的制定机关应当于每年1月底前将上一年所制定的法规、规章目录报国务院法制机构。

**第二十条**　对于不报送规章备案或者不按时报送规章备案的,由国务院法制机构通知制定机关,限期报送;逾期仍不报送的,给予通报,并责令限期改正。

**第二十一条**　省、自治区、直辖市人民政府应当依法加强对下级行政机关发布的规章和其他具有普遍约束力的行政决定、命令的监督,依照本条例的有关规定,建立相关的备案审查制度,维护社会主义法制的统一,保证法律、法规的正确实施。

**第二十二条**　本条例自2002年1月1日起施行。1990年2月18日国务院发布的《法规、规章备案规定》同时废止。

· *典型案例*

## 吉德仁等诉盐城市人民政府行政决定案①

**【裁判要旨】**

盐城市人民政府《会议纪要》中"城市公交在规划内开通的若干线路,要保证正常营运,继续免交有关交通规费"的规定作为政府的一项行政决定,具有行政强制力,是可诉的具体行政行为。吉德仁等人作为与公交总公司所属公交车辆营运范围有重叠的经营者,有权以《会议纪要》的规定侵犯其公平竞争权为由提起行政诉讼。盐城市人民政府《会议纪要》中有关在规划区免征规费的规定,超越了法定职权。该项决定的内容缺乏法律、法规依据,且与前述国家有关部委的多个规定相抵触,依法应予以撤销。

**【案情】**

原告:吉德仁。

原告:蔡越华。

原告:蔡和平。

原告:丁书全。

被告:江苏省盐城市人民政府。

法定代表人:陶培荣,该市市长。

2002年8月20日,盐城市人民政府作出第13号《专题会议纪要》(以下简称《会议纪要》),主要内容包括:城市公交的范围界定在批准的城市规划区内,以城市规划区为界,建设和交通部门各负其责,各司其职;城市公交在规划区内开通的老干线路,要保证正常运营,继续免交有关交通规费;在规划范围内的城市公共客运上发生的矛盾,须经政府协调,不允许贸然行事,否则将追究有关方面的责任。吉德仁、蔡越华、蔡和平、丁书全认为《会议纪要》属于违法行政决定行为,向江苏省盐城市中级人民法院提起诉讼。

原告吉德仁、蔡越华、蔡和平、丁书全诉称:盐城市公共交通总公司(以下简称公交总公司)的5路和15路客运线路未经批准,擅自延伸出盐城市市区,与我们经批准经营的客运线路重叠,属于不正当竞争,损害我们的经营利益。为此我们多次向盐城市城区交通局(以下简称城区交

① 案例来源:《最高人民法院公报》2003年第4期。

通局)反映,要求其依法对公交总公司及5路和15路参加客运的车辆进行处罚并追缴非法所得。盐城市人民政府的《会议纪要》干预了城区交通局的查处,违反有关法律的规定,直接损害了我们的经济利益。

原告诉讼请求是:(1)确认被告盐城市人民政府强行中止城区交通局查处公交总公司违法行为的行为违法。(2)确认《会议纪要》的相关内容违反了国家道路运输管理的有关规定。

原告提交的主要证据有:

1. 交通管理部门颁发给吉德仁等人的道路运输证及其他相关材料以及吉德仁等人交纳有关交通规费的证明;

2. 吉德仁等人申请城区交通局依法履行法定义务的书面材料;

3. 城区交通局致公交总公司的通知、函告及公交总公司的复函;

4. 城区交通局城交〔2002〕66号《关于331省道客运经营业户请求我局依法履行管理运输市场法定义务申请的复函》。

原告提供的法规及规范性文件有:

1. 1998年建设部的三定方案;

2. 1998年交通部的三定方案;

3. 2000年江苏省建设厅的三定方案;

4. 2000年江苏省交通厅的三定方案;

5. 交通部办公厅公路字〔1999〕22号《关于明确交通客运行业管理主体的复函》;

6. 交通部交函公路〔1999〕189号《关于对〈关于明确我市交通客运行业管理主体的紧急请示〉的复函》;

7. 交通部公路司公运管字〔2000〕216号《关于请尽快理顺西华县道路客运管理体制等有关事宜的函》;

8. 交通部办公厅2000年《关于道路旅客运输行业管理主体的复函》;

9. 江苏省交通厅苏交运〔1999〕49号《关于对城市公交企业经营道路客运加强交通行业管理的通知》;

10.《江苏省实施中华人民共和国城市规划法办法》;

11. 1998年6月17日国家发展计划委员会、财政部、交通部计价管〔1998〕1104号《关于规范公路客货运附加费增加公路建设资金的通知》;

12. 交通部、国家计划委员会、财政部、国家物价局(91)交工字714号《关于发布〈公路养路费征收管理规定〉的联合通知》;

13.《江苏省公路养路费征收管理规定实施细则》;

14.《公路运输管理费征收和使用规定》。

被告辩称:《会议纪要》不属于行政诉讼受案范围。2002年8月20日,在盐城市南洋镇交管所开通农村公交、延伸城市公交,与公交总公司发生大规模冲突的背景下,市政府召集有关部门负责同志进行专题会议办公,并作出了《会议纪要》。该纪要依据有关法规、文件及城市规划规定,对城市公交的范围进行了界定,明确了建设、交通等部门对城市公交和道路运输管理的有关职责,对争议的矛盾提出了处理方案。该行为属于行政机关内部指导行为,且未超越有关法规文件的规定,也未作出具体的行政决定,不具有行政强制力。原告吉德仁等人不具备本案的诉讼主体资格,无权对城区交通局能否查处公交总公司以及是否合法查处提出诉讼请求,认为市政府非法干预交通局对公交总公司的查处亦无任何事实和法律依据。

被告盐城市人民政府提供的规范性文件有:

1. 城乡建设环境保护部城市建设管理局84城公交字第016号《关于城市公共交通经营范围问题的函复》;

2. 1980年(80)城发公字309号《关于加强城市公共交通工作的若干规定》;

3. 建设部建城函〔2001〕93号《关于城市公共交通营运中有关问题的函复》;

4.《地方各级人民代表大会和地方各级人民政府组织法》第五十九条之规定;

5.《江苏道路交通管理条例》第三条之规定;

6.《江苏省道路运输市场管理条例》;

7. 国务院国发〔2000〕23号《国家行政机关公文处理办法》。

经庭审举证质证,原、被告对对方提交的证据材料及规范性文件的真实性均未提出异议,对上述证据材料的真实性依法予以认定。依据以上证据,盐城市中级人民法院认定事实如下:

2002年8月20日,被告盐城市人民政府因农村公交延伸入城与城市公交发生矛盾后,召集相关部门进行协调后作出了《会议纪要》。该会议纪要对盐城市的城市公交的运营范围进行了界定,并明确城市公交在上述界定的规划区范围运营继续免交有关交通规费等问题。

另查明,原告吉德仁等人是经交通部门批准的道路交通运输经营户,经营的客运线路与市政府明确免交交通规费的公交总公司的5路、15路车在盐城市城区立交桥以东至盐城市城区南洋镇之间地段的运营线路重叠。2002年8月20日、21日,城区交通局分别向公交总公司发出通知、函告,要求该公司进入城区公路从事运营的车辆限期办理有关营运手续。公交总公司则于2002年8月20日复函城区交通局,认为根据建设部的文件及市政府《会议纪要》的精神,该公司不需要到交通主管部门办理有关批准手续。2002 年 9 月 10 日，吉德仁等人向城区交通局暨城区运政稽查大队和南洋中心交管所提出申请，请求依《江苏省道路运输市场管理条例》的规定对公交总公司的未经交通部门批准超出市区延伸到 331 省道进行运营的行为进行查处。2002 年 9 月 11 日，城区交通局对吉德仁等人的申请进行答复，对上述通知、函告公交总公司的情况进行了通报，并在答复中说明 2002 年 8 月 30 日市政府下发的《会议纪要》已明确“城市公交在规划区内开通的若干线路，要保证正常营运，继续免交有关交通规费”，因南洋镇域已列入市建设规划区范围内，故该局无法对城市公交车进入 331 省道南洋段的行为进行管理。

本案中原、被告的主要争议焦点是：(1)《会议纪要》是否为可诉行政行为。(2)《会议纪要》的相关内容是否合法。(3)盐城市政府是否有违法制止城区交通局查处的行为。

原告吉德仁等人认为：《会议纪要》包括两个具体行政行为及一个已外化的内部行政行为，这些行为对其合法权益造成了实际的影响，是可诉行政行为，并因为同一路段道路运输的公平竞争权被侵犯而具有本案的主体资格；《会议纪要》明确将延伸到公路经营的城市公交继续免交交通规费与现有法律法规及交通部的文件相违背，属于违法行政行为；被告的内部行为已经外化，客观上制止了城区交通局对公交总公司违法行为的查处，侵犯了其公平竞争权。

被告盐城市人民政府认为：《会议纪要》是政府的内部指导行为，没有特定的适用对象，是抽象的行政行为，《会议纪要》与原告之间没有直接的影响，不构成行政法上的利害关系，该行为不可诉；《会议纪要》明确的相关内容符合城建方面的法律、法规及文件的规定，不存在违法之处；不存在制止交通部门查处公交总公司行为的事实，是城区交通局自己认识到公交总公司的行为不违法自觉停止了查处行为。

**【审判】**

盐城市中级人民法院认为：

被告盐城市人民政府的《会议纪要》虽然形式上是发给下级政府及所属各部门的会议材料，但从该纪要的内容上看，它对本市城市公交的运营范围进行了界定，并明确在界定范围内继续免交交通规费，而且该行为已实际导致城区交通局对公交总公司的管理行为的中止，所以该《会议纪要》是一种行政决定行为，有具体的执行内容，是可诉行政行为。原告吉德仁等人作为与被告行政行为的受益方公交总公司所属的 5 路、15 路公交车在同一路段进行道路运输的经营户，认为市政府的行为侵犯了他们的公平竞争权提起诉讼，具有行政诉讼的原告主体资格。

被告盐城市人民政府根据《地方各级人民代表大会和地方各级人民政府组织法》规定，为解决矛盾召集其下属的有关部门进行协调，并作出《会议纪要》，将公交的运营范围界定为城市规划区内，并明确对在上述范围内运营的公交车辆继续免交规费，是对原来就已经客观存在事实的一种明确、重申，是在其法定权限之内作出的行政行为，不违背相关的法律、法规，原告吉德仁等人要求认定该行为违法没有法律依据。

虽然城区交通局客观上中止了对公交总公司超出市区运输行为的查处，但原告吉德仁等人在本案中并未能提交足够的证据证明被告违法干预了交通管理部门的查处工作，所以要求确认市政府强行中止城区交通局的查处行为违法没有事实依据。

综上所述，本案中吉德仁等人虽具有诉讼主体资格，但因其诉讼请求不能成立，依照《最高人民法院关于执行〈中华人民共和国行政诉讼法〉若干问题的解释》第五十六条第(四)项之规定，于 2002 年 12 月 22 日判决：

驳回原告吉德仁、蔡越华、蔡和平、丁书全的诉讼请求。

案件诉讼费 100 元，由原告吉德仁、蔡越华、蔡和平、丁书全负担。

一审宣判后，吉德仁等人向江苏省高级人民法院提出上诉。

上诉人诉称：一审判决认定盐城市政府的《会议纪要》相关内容不违法，是明显错误的。交通部的一系列规范性文件完全可以说明，城市公交的营运范围应“严格界定在城市市区”而非城市规划区。交通部、财政部等部委的三个规章均要求公交车辆出市区后，跨行公路的必须缴纳养路费、客运附加费和运输管理费。城区交通局是因为《会议纪要》的有关内容被迫停止对违法行为查处的。《会议纪要》中有关免交规费的规定，严重侵犯了我们的公平竞争权。请求确认盐城市政府强行中止城区交通局对公交总公司违法营运进行查处的行为违法；确认盐城市政府《会议纪要》的相关内容违反国家道路运输管理的有关规定。

被上诉人辩称：根据建设部有关规定，城市公交车营运的地域范围为城市规划区，《会议纪要》的相关规定，体现了从实际出发、实事求是、顾全大局的原则，完全符合法律规定。上诉人不具备行政诉讼的主体资格，无权提出诉讼请求。《会议纪要》属行政机关内部指导行为，不具有行政强制力。《会议纪要》中有关建设、交通部门职能划分及继续免交有关交通规费的规定是抽象的，本案不属行政诉讼受案范围。

由于双方当事人对一审判决认定的事实无异议，故江苏省高级人民法院予以确认。

本案中双方当事人的争议焦点是：(1)《会议纪要》中有关公交车辆在规划区内免交规费的规定是否可诉；(2)吉德仁等四人是否具备原告的主体资格；(3)《会议纪要》中有关公交车辆在规划区内免交规费的规定是否合法。

江苏省高级人民法院认为：

所谓行政指导行为，是指行政机关在进行行政管理的过程中，所作出的具有咨询、建议、训导等性质的行为，不具有行政强制执行力。而被上诉人盐城市人民政府《会议纪要》中有关公交车辆在规划区免交规费的规定，是明确要求必须执行的，因此，盐城市人民政府认为该行为属行政指导行为没有法律依据。该项免交规费的规定，是针对公交总公司这一特定的主体并就特定的事项即公交总公司在规划区内开通的线路是否要缴纳交通规费所作出的决定，《会议纪要》的上述内容实际上已直接给予了公交总公司在规划区内免交交通规费的利益，不应认定为抽象行政行为。同时，由于该《会议纪要》是赋予一方当事人权利的行为，公交总公司作为受益人也参加了会议，因此《会议纪要》虽未向利益相对方直接送达，但《会议纪要》的相关内容在其后已经得到执行，城区交通局已将无法对公交总公司进行行政管理的原因及《会议纪要》的内容书面告知了吉德仁等人，因此应当认定盐城市政府在《会议纪要》中作出的有关公交车辆在规划区免征规费的行为是一种可诉的具体行政行为。

由于公交总公司的5路、15路客运线路与吉德仁等人经营的客运线路存在重叠，双方在营运上的竞争是客观存在的。公交总公司营运中微利或者是亏损也不能否定双方的竞争关系。吉德仁等人认为《会议纪要》规定公交总公司免交有关交通规费，导致不平等竞争，因而提起行政诉讼，符合《最高人民法院关于执行〈中华人民共和国行政诉讼法〉若干问题的解释》第十三条第(一)项的规定，吉德仁等人作为领取了经营许可证的业主，其经济利益与车辆的营运效益密切相关，有权以盐城市人民政府的行政行为侵犯其公平竞争权为由提起行政诉讼。是否存在不公平竞争并不影响其行使诉权。一审判决对此认定合法，盐城市人民政府认为吉德仁等人不具有原告主体资格的理由不能成立。

我国现行的交通管理体制存在的双重管理、两元结构的现象是历史形成的，即建设行政主管部门管理城市公共交通，而交通行政主管部门管理道路运输。目前仍然存在部门之间、城乡之间分割客运市场的问题，此种管理体制虽不符合"统一、精简、效能"的原则，但在未经有权机关统一之前，应当予以认可，建设和交通行政主管部门均应依法履行职责。《公路法》第八条规定，国务院交通主管部门主管全国公路工作。县级以上地方人民政府交通主管部门主管本行政区域内的公路工作。根据国务院有关交通部职能的规定，交通部是公路交通运输行业的行政主管部门。因此，各级交通行政主管部门作为当地公路交通运输行业的行政主管部门，有权依据国家有关法律、法规、政策，负责公路交通运输业的行业管理；维护公路交通运输行业的平等竞争秩序；负责公路路政管理和交通规费的稽征管理。因此，在交通部门管理的公路上营运的一切车辆均应当接受交通部门依法进行的行政管理。随着城市化进程的加快和公众出行的需要，城市公共交通超出原有的城市市区进行营运已成为一种客观现实。因此，城市公交的营运范围与交通部门管理的范围并不必然不相容，不能认为城市公交营运范围内的道路就必然排除交通部门的行政管理，也不能认为交通部门所管理的道路就必然不能成为城市公交的营运范围。城市公交营运范围的界定，并不影响交通部门对所管辖道路的管理。城市公共汽车驶离《城市道路管理条例》中所确定的由城建部门修建、养护的城市道路，在交通部门修建、养护的道路上营运的，也应当接受交通部门依据公路法及相关道路运输规章所实施的管理，根据规定办理相应的手续。根据交通部、国家计划委员会、财政部、国家物价局联合制定的《公路养路费征收管理规定》第九条、第十条的规定，公共汽车在由城建部门修建和养护管理的市区道路上行驶的，免征养路费，但公共汽车跨行公路在十公里以内的按费额的三分之一计征养路费。而公交总公司的5路、15路公交车离开市区进入交通部门管理的331省道行使近十公里，应当依法缴纳养路费。根据国家发展计划委员会、财政部、交通部联合制定的《关于规范公路客货运附加费增加公路建设资金的通知》的规定，公共汽车不属于免交公路客货附加费的车辆，应当缴纳公路客货附加费。盐城市政府提供的国家发展计划委员会办公厅计办价格〔1998〕885号《关于公路客运附加费征收范围有关问题的复函》及建设部城建司建城交〔1996〕98号文《建设部城建司答承德市公用局再次重申城市公共交通界定》只能证明在市区运行的车辆，可以不缴纳该项费用，并不涉及出市区营运的公交车辆。同时，根据交通部、财政部联合制定的(86)交公路字633号《公路运输管理费征收和使用规定》的相关规定，在公路上营运的车辆还应当缴纳运输管理费。因此，城市公共汽车驶离由建设部门修建或养护的道路，进入交通部门管理的道路时，应当依法缴纳养路费、客货附加费及运输管理费。交通部门拥有征收上述费用和经法定程序免征费用的法定职权,其他任何行政机关均无征收或者免征的职权,无权决定应交纳规费的单位免交规费。

综上,盐城市人民政府《会议纪要》中“城市公交在规划内开通的若干线路,要保证正常营运,继续免交有关交通规费”的规定作为政府的一项行政决定,具有行政强制力,是可诉的具体行政行为。吉德仁等人作为与公交总公司所属公交车辆营运范围有重叠的经营者,有权以《会议纪要》的规定侵犯其公平竞争权为由提起行政诉讼。盐城市人民政府《会议纪要》中有关在规划区免征规费的规定,超越了法定职权。该项决定的内容缺乏法律、法规依据,且与前述国家有关部委的多个规定相抵触,依法应予以撤销。一审判决认定吉德仁等人具有原告主体资格及《会议纪要》相关内容为可诉的具体行政行为的认定正确,但对于《会议纪要》中有关在规划区免征规费的规定的合法性认定不当,依法应予以撤销。吉德仁等人的其他请求,因与其公平竞争权没有法律上的利害关系,故不予支持。

据此,依照《行政诉讼法》第六十一条第(二)项及《最高人民法院关于执行〈中华人民共和国行政诉讼法〉若干问题的解释》第五十六条第(四)项的规定,江苏省高级人民法院于 2003 年 5 月 19 日判决:

一、撤销江苏省盐城市中级人民法院(2002)盐行初字第 052 号行政判决;

二、撤销盐城市政府第 13 号《专题会议纪要》第五条中“城市公交在规划区内开通的若干线路,要保证正常营运,继续免交有关交通规费”的决定;

三、驳回上诉人的其他诉讼请求。

一、二审案件受理费共计人民币 200 元,由上诉人吉德仁等四人与被上诉人盐城市人民政府各负担 100 元。

## 3. 行政许可

## 中华人民共和国行政许可法

· 2003 年 8 月 27 日第十届全国人民代表大会常务委员会第四次会议通过

· 根据 2019 年 4 月 23 日第十三届全国人民代表大会常务委员会第十次会议《关于修改〈中华人民共和国建筑法〉等八部法律的决定》修正

### 目 录

第一章 总 则
第二章 行政许可的设定
第三章 行政许可的实施机关
第四章 行政许可的实施程序
　第一节 申请与受理
　第二节 审查与决定
　第三节 期 限
　第四节 听 证
　第五节 变更与延续
　第六节 特别规定
第五章 行政许可的费用
第六章 监督检查
第七章 法律责任
第八章 附 则

### 第一章 总 则

**第一条 【立法目的】**为了规范行政许可的设定和实施,保护公民、法人和其他组织的合法权益,维护公共利益和社会秩序,保障和监督行政机关有效实施行政管理,根据宪法,制定本法。

**第二条 【行政许可的含义】**本法所称行政许可,是指行政机关根据公民、法人或者其他组织的申请,经依法审查,准予其从事特定活动的行为。

**第三条 【适用范围】**行政许可的设定和实施,适用本法。

有关行政机关对其他机关或者对其直接管理的事业单位的人事、财务、外事等事项的审批,不适用本法。

**第四条 【合法原则】**设定和实施行政许可,应当依照法定的权限、范围、条件和程序。

**第五条 【公开、公平、公正、非歧视原则】**设定和实施行政许可,应当遵循公开、公平、公正、非歧视的原则。

有关行政许可的规定应当公布;未经公布的,不得作为实施行政许可的依据。行政许可的实施和结果,除涉及国家秘密、商业秘密或者个人隐私的外,应当公开。未经申请人同意,行政机关及其工作人员、参与专家评审等的人员不得披露申请人提交的商业秘密、未披露信息或者保密商务信息,法律另有规定或者涉及国家安全、重大社会公共利益的除外;行政机关依法公开申请人前述信息的,允许申请人在合理期限内提出异议。

符合法定条件、标准的,申请人有依法取得行政许可的平等权利,行政机关不得歧视任何人。

**第六条 【便民原则】**实施行政许可,应当遵循便民的原则,提高办事效率,提供优质服务。

**第七条 【陈述权、申辩权和救济权】**公民、法人或者其他组织对行政机关实施行政许可,享有陈述权、申辩权;有权依法申请行政复议或者提起行政诉讼;其合法权益因行政机关违法实施行政许可受到损害的,有权依法要求赔偿。

**第八条 【信赖保护原则】**公民、法人或者其他组织依法取得的行政许可受法律保护，行政机关不得擅自改变已经生效的行政许可。

行政许可所依据的法律、法规、规章修改或者废止，或者准予行政许可所依据的客观情况发生重大变化的，为了公共利益的需要，行政机关可以依法变更或者撤回已经生效的行政许可。由此给公民、法人或者其他组织造成财产损失的，行政机关应当依法给予补偿。

**第九条 【行政许可的转让】**依法取得的行政许可，除法律、法规规定依照法定条件和程序可以转让的外，不得转让。

**第十条 【行政许可监督】**县级以上人民政府应当建立健全对行政机关实施行政许可的监督制度，加强对行政机关实施行政许可的监督检查。

行政机关应当对公民、法人或者其他组织从事行政许可事项的活动实施有效监督。

## 第二章 行政许可的设定

**第十一条 【行政许可设定原则】**设定行政许可，应当遵循经济和社会发展规律，有利于发挥公民、法人或者其他组织的积极性、主动性，维护公共利益和社会秩序，促进经济、社会和生态环境协调发展。

**第十二条 【行政许可的设定事项】**下列事项可以设定行政许可：

（一）直接涉及国家安全、公共安全、经济宏观调控、生态环境保护以及直接关系人身健康、生命财产安全等特定活动，需要按照法定条件予以批准的事项；

（二）有限自然资源开发利用、公共资源配置以及直接关系公共利益的特定行业的市场准入等，需要赋予特定权利的事项；

（三）提供公众服务并且直接关系公共利益的职业、行业，需要确定具备特殊信誉、特殊条件或者特殊技能等资格、资质的事项；

（四）直接关系公共安全、人身健康、生命财产安全的重要设备、设施、产品、物品，需要按照技术标准、技术规范，通过检验、检测、检疫等方式进行审定的事项；

（五）企业或者其他组织的设立等，需要确定主体资格的事项；

（六）法律、行政法规规定可以设定行政许可的其他事项。

**第十三条 【不设定行政许可的事项】**本法第十二条所列事项，通过下列方式能够予以规范的，可以不设行政许可：

（一）公民、法人或者其他组织能够自主决定的；

（二）市场竞争机制能够有效调节的；

（三）行业组织或者中介机构能够自律管理的；

（四）行政机关采用事后监督等其他行政管理方式能够解决的。

**第十四条 【法律、行政法规、国务院决定的行政许可设定权】**本法第十二条所列事项，法律可以设定行政许可。尚未制定法律的，行政法规可以设定行政许可。

必要时，国务院可以采用发布决定的方式设定行政许可。实施后，除临时性行政许可事项外，国务院应当及时提请全国人民代表大会及其常务委员会制定法律，或者自行制定行政法规。

**第十五条 【地方性法规、省级政府规章的行政许可设定权】**本法第十二条所列事项，尚未制定法律、行政法规的，地方性法规可以设定行政许可；尚未制定法律、行政法规和地方性法规的，因行政管理的需要，确需立即实施行政许可的，省、自治区、直辖市人民政府规章可以设定临时性的行政许可。临时性的行政许可实施满一年需要继续实施的，应当提请本级人民代表大会及其常务委员会制定地方性法规。

地方性法规和省、自治区、直辖市人民政府规章，不得设定应当由国家统一确定的公民、法人或者其他组织的资格、资质的行政许可；不得设定企业或者其他组织的设立登记及其前置性行政许可。其设定的行政许可，不得限制其他地区的个人或者企业到本地区从事生产经营和提供服务，不得限制其他地区的商品进入本地区市场。

**第十六条 【行政许可规定权】**行政法规可以在法律设定的行政许可事项范围内，对实施该行政许可作出具体规定。

地方性法规可以在法律、行政法规设定的行政许可事项范围内，对实施该行政许可作出具体规定。

规章可以在上位法设定的行政许可事项范围内，对实施该行政许可作出具体规定。

法规、规章对实施上位法设定的行政许可作出的具体规定，不得增设行政许可；对行政许可条件作出的具体规定，不得增设违反上位法的其他条件。

**第十七条 【行政许可设立禁止】**除本法第十四条、第十五条规定的外，其他规范性文件一律不得设定行政许可。

**第十八条 【行政许可应当明确规定的事项】**设定行政许可，应当规定行政许可的实施机关、条件、程序、期限。

**第十九条 【设定行政许可应当听取意见、说明理由】**起草法律草案、法规草案和省、自治区、直辖市人民政府规章草案,拟设定行政许可的,起草单位应当采取听证会、论证会等形式听取意见,并向制定机关说明设定该行政许可的必要性、对经济和社会可能产生的影响以及听取和采纳意见的情况。

**第二十条 【行政许可评价制度】**行政许可的设定机关应当定期对其设定的行政许可进行评价;对已设定的行政许可,认为通过本法第十三条所列方式能够解决的,应当对设定该行政许可的规定及时予以修改或者废止。

行政许可的实施机关可以对已设定的行政许可的实施情况及存在的必要性适时进行评价,并将意见报告该行政许可的设定机关。

公民、法人或者其他组织可以向行政许可的设定机关和实施机关就行政许可的设定和实施提出意见和建议。

**第二十一条 【停止实施行政许可】**省、自治区、直辖市人民政府对行政法规设定的有关经济事务的行政许可,根据本行政区域经济和社会发展情况,认为通过本法第十三条所列方式能够解决的,报国务院批准后,可以在本行政区域内停止实施该行政许可。

## 第三章 行政许可的实施机关

**第二十二条 【行政许可实施主体的一般规定】**行政许可由具有行政许可权的行政机关在其法定职权范围内实施。

**第二十三条 【法律、法规授权组织实施行政许可】**法律、法规授权的具有管理公共事务职能的组织,在法定授权范围内,以自己的名义实施行政许可。被授权的组织适用本法有关行政机关的规定。

**第二十四条 【委托实施行政许可的主体】**行政机关在其法定职权范围内,依照法律、法规、规章的规定,可以委托其他行政机关实施行政许可。委托机关应当将受委托行政机关和受委托实施行政许可的内容予以公告。

委托行政机关对受委托行政机关实施行政许可的行为应当负责监督,并对该行为的后果承担法律责任。

受委托行政机关在委托范围内,以委托行政机关名义实施行政许可;不得再委托其他组织或者个人实施行政许可。

**第二十五条 【相对集中行政许可权】**经国务院批准,省、自治区、直辖市人民政府根据精简、统一、效能的原则,可以决定一个行政机关行使有关行政机关的行政许可权。

**第二十六条 【一个窗口对外、统一办理或者联合办理、集中办理】**行政许可需要行政机关内设的多个机构办理的,该行政机关应当确定一个机构统一受理行政许可申请,统一送达行政许可决定。

行政许可依法由地方人民政府两个以上部门分别实施的,本级人民政府可以确定一个部门受理行政许可申请并转告有关部门分别提出意见后统一办理,或者组织有关部门联合办理、集中办理。

**第二十七条 【行政机关及其工作人员的纪律约束】**行政机关实施行政许可,不得向申请人提出购买指定商品、接受有偿服务等不正当要求。

行政机关工作人员办理行政许可,不得索取或者收受申请人的财物,不得谋取其他利益。

**第二十八条 【授权专业组织实施的指导性规定】**对直接关系公共安全、人身健康、生命财产安全的设备、设施、产品、物品的检验、检测、检疫,除法律、行政法规规定由行政机关实施的外,应当逐步由符合法定条件的专业技术组织实施。专业技术组织及其有关人员对所实施的检验、检测、检疫结论承担法律责任。

## 第四章 行政许可的实施程序

### 第一节 申请与受理

**第二十九条 【行政许可申请】**公民、法人或者其他组织从事特定活动,依法需要取得行政许可的,应当向行政机关提出申请。申请书需要采用格式文本的,行政机关应当向申请人提供行政许可申请书格式文本。申请书格式文本中不得包含与申请行政许可事项没有直接关系的内容。

申请人可以委托代理人提出行政许可申请。但是,依法应当由申请人到行政机关办公场所提出行政许可申请的除外。

行政许可申请可以通过信函、电报、电传、传真、电子数据交换和电子邮件等方式提出。

**第三十条 【行政机关公示义务】**行政机关应当将法律、法规、规章规定的有关行政许可的事项、依据、条件、数量、程序、期限以及需要提交的全部材料的目录和申请书示范文本等在办公场所公示。

申请人要求行政机关对公示内容予以说明、解释的,行政机关应当说明、解释,提供准确、可靠的信息。

**第三十一条 【申请人提交有关材料、反映真实情况义务】**申请人申请行政许可,应当如实向行政机关提交有关材料和反映真实情况，并对其申请材料实质内容的真实性负责。行政机关不得要求申请人提交与其申请的行政许可事项无关的技术资料和其他材料。

行政机关及其工作人员不得以转让技术作为取得行政许可的条件；不得在实施行政许可的过程中，直接或者间接地要求转让技术。

**第三十二条　【行政许可申请的处理】**行政机关对申请人提出的行政许可申请，应当根据下列情况分别作出处理：

（一）申请事项依法不需要取得行政许可的，应当即时告知申请人不受理；

（二）申请事项依法不属于本行政机关职权范围的，应当即时作出不予受理的决定，并告知申请人向有关行政机关申请；

（三）申请材料存在可以当场更正的错误的，应当允许申请人当场更正；

（四）申请材料不齐全或者不符合法定形式的，应当当场或者在5日内一次告知申请人需要补正的全部内容，逾期不告知的，自收到申请材料之日起即为受理；

（五）申请事项属于本行政机关职权范围，申请材料齐全、符合法定形式，或者申请人按照本行政机关的要求提交全部补正申请材料的，应当受理行政许可申请。

行政机关受理或者不予受理行政许可申请，应当出具加盖本行政机关专用印章和注明日期的书面凭证。

**第三十三条　【鼓励行政机关发展电子政务实施行政许可】**行政机关应当建立和完善有关制度，推行电子政务，在行政机关的网站上公布行政许可事项，方便申请人采取数据电文等方式提出行政许可申请；应当与其他行政机关共享有关行政许可信息，提高办事效率。

## 第二节　审查与决定

**第三十四条　【审查行政许可材料】**行政机关应当对申请人提交的申请材料进行审查。

申请人提交的申请材料齐全、符合法定形式，行政机关能够当场作出决定的，应当当场作出书面的行政许可决定。

根据法定条件和程序，需要对申请材料的实质内容进行核实的，行政机关应当指派两名以上工作人员进行核查。

**第三十五条　【多层级行政机关实施行政许可的审查程序】**依法应当先经下级行政机关审查后报上级行政机关决定的行政许可，下级行政机关应当在法定期限内将初步审查意见和全部申请材料直接报送上级行政机关。上级行政机关不得要求申请人重复提供申请材料。

**第三十六条　【直接关系他人重大利益的行政许可审查程序】**行政机关对行政许可申请进行审查时，发现行政许可事项直接关系他人重大利益的，应当告知该利害关系人。申请人、利害关系人有权进行陈述和申辩。行政机关应当听取申请人、利害关系人的意见。

**第三十七条　【行政机关依法作出行政许可决定】**行政机关对行政许可申请进行审查后，除当场作出行政许可决定的外，应当在法定期限内按照规定程序作出行政许可决定。

**第三十八条　【行政机关许可和不予许可应当履行的义务】**申请人的申请符合法定条件、标准的，行政机关应当依法作出准予行政许可的书面决定。

行政机关依法作出不予行政许可的书面决定的，应当说明理由，并告知申请人享有依法申请行政复议或者提起行政诉讼的权利。

**第三十九条　【颁发行政许可证件】**行政机关作出准予行政许可的决定，需要颁发行政许可证件的，应当向申请人颁发加盖本行政机关印章的下列行政许可证件：

（一）许可证、执照或者其他许可证书；

（二）资格证、资质证或者其他合格证书；

（三）行政机关的批准文件或者证明文件；

（四）法律、法规规定的其他行政许可证件。

行政机关实施检验、检测、检疫的，可以在检验、检测、检疫合格的设备、设施、产品、物品上加贴标签或者加盖检验、检测、检疫印章。

**第四十条　【准予行政许可决定的公开义务】**行政机关作出的准予行政许可决定，应当予以公开，公众有权查阅。

**第四十一条　【行政许可的地域效力】**法律、行政法规设定的行政许可，其适用范围没有地域限制的，申请人取得的行政许可在全国范围内有效。

## 第三节　期　限

**第四十二条　【行政许可一般期限】**除可以当场作出行政许可决定的外，行政机关应当自受理行政许可申请之日起20日内作出行政许可决定。20日内不能作出决定的，经本行政机关负责人批准，可以延长10日，并应当将延长期限的理由告知申请人。但是，法律、法规另有规定的，依照其规定。

依照本法第二十六条的规定，行政许可采取统一办理或者联合办理、集中办理的，办理的时间不得超过45日；45日内不能办结的，经本级人民政府负责人批准，可以延长15日,并应当将延长期限的理由告知申请人。

**第四十三条 【多层级许可的审查期限】**依法应当先经下级行政机关审查后报上级行政机关决定的行政许可,下级行政机关应当自其受理行政许可申请之日起20日内审查完毕。但是,法律、法规另有规定的,依照其规定。

**第四十四条 【许可证章颁发期限】**行政机关作出准予行政许可的决定,应当自作出决定之日起10日内向申请人颁发、送达行政许可证件,或者加贴标签、加盖检验、检测、检疫印章。

**第四十五条 【不纳入许可期限的事项】**行政机关作出行政许可决定,依法需要听证、招标、拍卖、检验、检测、检疫、鉴定和专家评审的,所需时间不计算在本节规定的期限内。行政机关应当将所需时间书面告知申请人。

### 第四节 听 证

**第四十六条 【行政机关主动举行听证的行政许可事项】**法律、法规、规章规定实施行政许可应当听证的事项,或者行政机关认为需要听证的其他涉及公共利益的重大行政许可事项,行政机关应当向社会公告,并举行听证。

**第四十七条 【行政机关应申请举行听证的行政许可事项】**行政许可直接涉及申请人与他人之间重大利益关系的,行政机关在作出行政许可决定前,应当告知申请人、利害关系人享有要求听证的权利;申请人、利害关系人在被告知听证权利之日起5日内提出听证申请的,行政机关应当在20日内组织听证。

申请人、利害关系人不承担行政机关组织听证的费用。

**第四十八条 【行政许可听证程序规则】**听证按照下列程序进行:

(一)行政机关应当于举行听证的7日前将举行听证的时间、地点通知申请人、利害关系人,必要时予以公告;

(二)听证应当公开举行;

(三)行政机关应当指定审查该行政许可申请的工作人员以外的人员为听证主持人,申请人、利害关系人认为主持人与该行政许可事项有直接利害关系的,有权申请回避;

(四)举行听证时,审查该行政许可申请的工作人员应当提供审查意见的证据、理由,申请人、利害关系人可以提出证据,并进行申辩和质证;

(五)听证应当制作笔录,听证笔录应当交听证参加人确认无误后签字或者盖章。

行政机关应当根据听证笔录,作出行政许可决定。

### 第五节 变更与延续

**第四十九条 【变更行政许可的程序】**被许可人要求变更行政许可事项的,应当向作出行政许可决定的行政机关提出申请;符合法定条件、标准的,行政机关应当依法办理变更手续。

**第五十条 【延续行政许可的程序】**被许可人需要延续依法取得的行政许可的有效期的,应当在该行政许可有效期届满30日前向作出行政许可决定的行政机关提出申请。但是,法律、法规、规章另有规定的,依照其规定。

行政机关应当根据被许可人的申请,在该行政许可有效期届满前作出是否准予延续的决定;逾期未作决定的,视为准予延续。

### 第六节 特别规定

**第五十一条 【其他规定适用规则】**实施行政许可的程序,本节有规定的,适用本节规定;本节没有规定的,适用本章其他有关规定。

**第五十二条 【国务院实施行政许可程序】**国务院实施行政许可的程序,适用有关法律、行政法规的规定。

**第五十三条 【通过招标拍卖作出行政许可决定】**实施本法第十二条第二项所列事项的行政许可的,行政机关应当通过招标、拍卖等公平竞争的方式作出决定。但是,法律、行政法规另有规定的,依照其规定。

行政机关通过招标、拍卖等方式作出行政许可决定的具体程序,依照有关法律、行政法规的规定。

行政机关按照招标、拍卖程序确定中标人、买受人后,应当作出准予行政许可的决定,并依法向中标人、买受人颁发行政许可证件。

行政机关违反本条规定,不采用招标、拍卖方式,或者违反招标、拍卖程序,损害申请人合法权益的,申请人可以依法申请行政复议或者提起行政诉讼。

**第五十四条 【通过考试考核方式作出行政许可决定】**实施本法第十二条第三项所列事项的行政许可,赋予公民特定资格,依法应当举行国家考试的,行政机关根据考试成绩和其他法定条件作出行政许可决定;赋予法人或者其他组织特定的资格、资质的,行政机关根据申请人的专业人员构成、技术条件、经营业绩和管理水平等的考核结果作出行政许可决定。但是,法律、行政法规另有规定的,依照其规定。

公民特定资格的考试依法由行政机关或者行业组织实施，公开举行。行政机关或者行业组织应当事先公布资格考试的报名条件、报考办法、考试科目以及考试大纲。但是，不得组织强制性的资格考试的考前培训，不得指定教材或者其他助考材料。

**第五十五条 【根据技术标准、技术规范作出行政许可决定】**实施本法第十二条第四项所列事项的行政许可的，应当按照技术标准、技术规范依法进行检验、检测、检疫，行政机关根据检验、检测、检疫的结果作出行政许可决定。

行政机关实施检验、检测、检疫，应当自受理申请之日起5日内指派两名以上工作人员按照技术标准、技术规范进行检验、检测、检疫。不需要对检验、检测、检疫结果作进一步技术分析即可认定设备、设施、产品、物品是否符合技术标准、技术规范的，行政机关应当当场作出行政许可决定。

行政机关根据检验、检测、检疫结果，作出不予行政许可决定的，应当书面说明不予行政许可所依据的技术标准、技术规范。

**第五十六条 【当场许可的特别规定】**实施本法第十二条第五项所列事项的行政许可，申请人提交的申请材料齐全、符合法定形式的，行政机关应当当场予以登记。需要对申请材料的实质内容进行核实的，行政机关依照本法第三十四条第三款的规定办理。

**第五十七条 【有数量限制的行政许可】**有数量限制的行政许可，两个或者两个以上申请人的申请均符合法定条件、标准的，行政机关应当根据受理行政许可申请的先后顺序作出准予行政许可的决定。但是，法律、行政法规另有规定的，依照其规定。

## 第五章 行政许可的费用

**第五十八条 【收费原则和经费保障】**行政机关实施行政许可和对行政许可事项进行监督检查，不得收取任何费用。但是，法律、行政法规另有规定的，依照其规定。

行政机关提供行政许可申请书格式文本，不得收费。

行政机关实施行政许可所需经费应当列入本行政机关的预算，由本级财政予以保障，按照批准的预算予以核拨。

**第五十九条 【收费规则以及对收费所得款项的处理】**行政机关实施行政许可，依照法律、行政法规收取费用的，应当按照公布的法定项目和标准收费；所收取的费用必须全部上缴国库，任何机关或者个人不得以任何形式截留、挪用、私分或者变相私分。财政部门不得以任何形式向行政机关返还或者变相返还实施行政许可所收取的费用。

## 第六章 监督检查

**第六十条 【行政许可层级监督】**上级行政机关应当加强对下级行政机关实施行政许可的监督检查，及时纠正行政许可实施中的违法行为。

**第六十一条 【书面检查原则】**行政机关应当建立健全监督制度，通过核查反映被许可人从事行政许可事项活动情况的有关材料，履行监督责任。

行政机关依法对被许可人从事行政许可事项的活动进行监督检查时，应当将监督检查的情况和处理结果予以记录，由监督检查人员签字后归档。公众有权查阅行政机关监督检查记录。

行政机关应当创造条件，实现与被许可人、其他有关行政机关的计算机档案系统互联，核查被许可人从事行政许可事项活动情况。

**第六十二条 【抽样检查、检验、检测和实地检查、定期检验权适用的情形及程序】**行政机关可以对被许可人生产经营的产品依法进行抽样检查、检验、检测，对其生产经营场所依法进行实地检查。检查时，行政机关可以依法查阅或者要求被许可人报送有关材料；被许可人应当如实提供有关情况和材料。

行政机关根据法律、行政法规的规定，对直接关系公共安全、人身健康、生命财产安全的重要设备、设施进行定期检验。对检验合格的，行政机关应当发给相应的证明文件。

**第六十三条 【行政机关实施监督检查时应当遵守的纪律】**行政机关实施监督检查，不得妨碍被许可人正常的生产经营活动，不得索取或者收受被许可人的财物，不得谋取其他利益。

**第六十四条 【行政许可监督检查的属地管辖与协作】**被许可人在作出行政许可决定的行政机关管辖区域外违法从事行政许可事项活动的，违法行为发生地的行政机关应当依法将被许可人的违法事实、处理结果抄告作出行政许可决定的行政机关。

**第六十五条 【个人、组织对违法从事行政许可活动的监督】**个人和组织发现违法从事行政许可事项的活动，有权向行政机关举报，行政机关应当及时核实、处理。

**第六十六条 【依法开发利用资源】**被许可人未依法履行开发利用自然资源义务或者未依法履行利用公共资源义务的，行政机关应当责令限期改正；被许可人在规定期限内不改正的，行政机关应当依照有关法律、行政法规的规定予以处理。

**第六十七条 【特定行业市场准入被许可人的义务和法律责任】**取得直接关系公共利益的特定行业的市场准入行政许可的被许可人,应当按照国家规定的服务标准、资费标准和行政机关依法规定的条件,向用户提供安全、方便、稳定和价格合理的服务,并履行普遍服务的义务;未经作出行政许可决定的行政机关批准,不得擅自停业、歇业。

被许可人不履行前款规定的义务的,行政机关应当责令限期改正,或者依法采取有效措施督促其履行义务。

**第六十八条 【自检制度】**对直接关系公共安全、人身健康、生命财产安全的重要设备、设施,行政机关应当督促设计、建造、安装和使用单位建立相应的自检制度。

行政机关在监督检查时,发现直接关系公共安全、人身健康、生命财产安全的重要设备、设施存在安全隐患的,应当责令停止建造、安装和使用,并责令设计、建造、安装和使用单位立即改正。

**第六十九条 【撤销行政许可的情形】**有下列情形之一的,作出行政许可决定的行政机关或者其上级行政机关,根据利害关系人的请求或者依据职权,可以撤销行政许可:

(一)行政机关工作人员滥用职权、玩忽职守作出准予行政许可决定的;

(二)超越法定职权作出准予行政许可决定的;

(三)违反法定程序作出准予行政许可决定的;

(四)对不具备申请资格或者不符合法定条件的申请人准予行政许可的;

(五)依法可以撤销行政许可的其他情形。

被许可人以欺骗、贿赂等不正当手段取得行政许可的,应当予以撤销。

依照前两款的规定撤销行政许可,可能对公共利益造成重大损害的,不予撤销。

依照本条第一款的规定撤销行政许可,被许可人的合法权益受到损害的,行政机关应当依法给予赔偿。依照本条第二款的规定撤销行政许可的,被许可人基于行政许可取得的利益不受保护。

**第七十条 【注销行政许可的情形】**有下列情形之一的,行政机关应当依法办理有关行政许可的注销手续:

(一)行政许可有效期届满未延续的;

(二)赋予公民特定资格的行政许可,该公民死亡或者丧失行为能力的;

(三)法人或者其他组织依法终止的;

(四)行政许可依法被撤销、撤回,或者行政许可证件依法被吊销的;

(五)因不可抗力导致行政许可事项无法实施的;

(六)法律、法规规定的应当注销行政许可的其他情形。

## 第七章 法律责任

**第七十一条 【规范性文件违法设定行政许可的法律责任】**违反本法第十七条规定设定的行政许可,有关机关应当责令设定该行政许可的机关改正,或者依法予以撤销。

**第七十二条 【行政机关及其工作人员违反行政许可程序应当承担的法律责任】**行政机关及其工作人员违反本法的规定,有下列情形之一的,由其上级行政机关或者监察机关责令改正;情节严重的,对直接负责的主管人员和其他直接责任人员依法给予行政处分:

(一)对符合法定条件的行政许可申请不予受理的;

(二)不在办公场所公示依法应当公示的材料的;

(三)在受理、审查、决定行政许可过程中,未向申请人、利害关系人履行法定告知义务的;

(四)申请人提交的申请材料不齐全、不符合法定形式,不一次告知申请人必须补正的全部内容的;

(五)违法披露申请人提交的商业秘密、未披露信息或者保密商务信息的;

(六)以转让技术作为取得行政许可的条件,或者在实施行政许可的过程中直接或者间接地要求转让技术的;

(七)未依法说明不受理行政许可申请或者不予行政许可的理由的;

(八)依法应当举行听证而不举行听证的。

**第七十三条 【行政机关工作人员索取或者收受他人财物及利益应当承担的法律责任】**行政机关工作人员办理行政许可、实施监督检查,索取或者收受他人财物或者谋取其他利益,构成犯罪的,依法追究刑事责任;尚不构成犯罪的,依法给予行政处分。

**第七十四条 【行政机关及其工作人员实体违法的法律责任】**行政机关实施行政许可,有下列情形之一的,由其上级行政机关或者监察机关责令改正,对直接负责的主管人员和其他直接责任人员依法给予行政处分;构成犯罪的,依法追究刑事责任:

(一)对不符合法定条件的申请人准予行政许可或者超越法定职权作出准予行政许可决定的;

(二)对符合法定条件的申请人不予行政许可或者

不在法定期限内作出准予行政许可决定的；

（三）依法应当根据招标、拍卖结果或者考试成绩择优作出准予行政许可决定，未经招标、拍卖或者考试，或者不根据招标、拍卖结果或者考试成绩择优作出准予行政许可决定的。

**第七十五条　【行政机关及其工作人员违反收费规定的法律责任】**行政机关实施行政许可，擅自收费或者不按照法定项目和标准收费的，由其上级行政机关或者监察机关责令退还非法收取的费用；对直接负责的主管人员和其他直接责任人员依法给予行政处分。

截留、挪用、私分或者变相私分实施行政许可依法收取的费用的，予以追缴；对直接负责的主管人员和其他直接责任人员依法给予行政处分；构成犯罪的，依法追究刑事责任。

**第七十六条　【行政机关违法实施许可的赔偿责任】**行政机关违法实施行政许可，给当事人的合法权益造成损害的，应当依照国家赔偿法的规定给予赔偿。

**第七十七条　【行政机关不依法履行监督责任或者监督不力的法律责任】**行政机关不依法履行监督职责或者监督不力，造成严重后果的，由其上级行政机关或者监察机关责令改正，对直接负责的主管人员和其他直接责任人员依法给予行政处分；构成犯罪的，依法追究刑事责任。

**第七十八条　【申请人申请不实应承担的法律责任】**行政许可申请人隐瞒有关情况或者提供虚假材料申请行政许可的，行政机关不予受理或者不予行政许可，并给予警告；行政许可申请属于直接关系公共安全、人身健康、生命财产安全事项的，申请人在一年内不得再次申请该行政许可。

**第七十九条　【申请人以欺骗、贿赂等不正当手段取得行政许可应当承担的法律责任】**被许可人以欺骗、贿赂等不正当手段取得行政许可的，行政机关应当依法给予行政处罚；取得的行政许可属于直接关系公共安全、人身健康、生命财产安全事项的，申请人在3年内不得再次申请该行政许可；构成犯罪的，依法追究刑事责任。

**第八十条　【被许可人违法从事行政许可活动的法律责任】**被许可人有下列行为之一的，行政机关应当依法给予行政处罚；构成犯罪的，依法追究刑事责任：

（一）涂改、倒卖、出租、出借行政许可证件，或者以其他形式非法转让行政许可的；

（二）超越行政许可范围进行活动的；

（三）向负责监督检查的行政机关隐瞒有关情况、提供虚假材料或者拒绝提供反映其活动情况的真实材料的；

（四）法律、法规、规章规定的其他违法行为。

**第八十一条　【公民、法人或者其他组织未经行政许可从事应当取得行政许可活动的法律责任】**公民、法人或者其他组织未经行政许可，擅自从事依法应当取得行政许可的活动的，行政机关应当依法采取措施予以制止，并依法给予行政处罚；构成犯罪的，依法追究刑事责任。

### 第八章　附　则

**第八十二条　【行政许可的期限计算】**本法规定的行政机关实施行政许可的期限以工作日计算，不含法定节假日。

**第八十三条　【施行日期及对现行行政许可进行清理的规定】**本法自2004年7月1日起施行。

本法施行前有关行政许可的规定，制定机关应当依照本法规定予以清理；不符合本法规定的，自本法施行之日起停止执行。

## 最高人民法院关于审理行政许可案件若干问题的规定

· 2009年11月9日最高人民法院审判委员会第1476次会议通过
· 2009年12月14日最高人民法院公告公布
· 自2010年1月4日起施行
· 法释〔2009〕20号

为规范行政许可案件的审理，根据《中华人民共和国行政许可法》（以下简称行政许可法）、《中华人民共和国行政诉讼法》及其他有关法律规定，结合行政审判实际，对有关问题作如下规定：

**第一条**　公民、法人或者其他组织认为行政机关作出的行政许可决定以及相应的不作为，或者行政机关就行政许可的变更、延续、撤回、注销、撤销等事项作出的有关具体行政行为及其相应的不作为侵犯其合法权益，提起行政诉讼的，人民法院应当依法受理。

**第二条**　公民、法人或者其他组织认为行政机关未公开行政许可决定或者未提供行政许可监督检查记录侵犯其合法权益，提起行政诉讼的，人民法院应当依法受理。

**第三条**　公民、法人或者其他组织仅就行政许可过程中的告知补正申请材料、听证等通知行为提起行政诉讼的，人民法院不予受理，但导致许可程序对上述主体事实上终止的除外。

**第四条** 当事人不服行政许可决定提起诉讼的，以作出行政许可决定的机关为被告；行政许可依法须经上级行政机关批准，当事人对批准或者不批准行为不服一并提起诉讼的，以上级行政机关为共同被告；行政许可依法须经下级行政机关或者管理公共事务的组织初步审查并上报，当事人对不予初步审查或者不予上报不服提起诉讼的，以下级行政机关或者管理公共事务的组织为被告。

**第五条** 行政机关依据行政许可法第二十六条第二款规定统一办理行政许可的，当事人对行政许可行为不服提起诉讼，以对当事人作出具有实质影响的不利行为的机关为被告。

**第六条** 行政机关受理行政许可申请后，在法定期限内不予答复，公民、法人或者其他组织向人民法院起诉的，人民法院应当依法受理。

前款"法定期限"自行政许可申请受理之日起计算；以数据电文方式受理的，自数据电文进入行政机关指定的特定系统之日起计算；数据电文需要确认收讫的，自申请人收到行政机关的收讫确认之日起计算。

**第七条** 作为被诉行政许可行为基础的其他行政决定或者文书存在以下情形之一的，人民法院不予认可：

（一）明显缺乏事实根据；

（二）明显缺乏法律依据；

（三）超越职权；

（四）其他重大明显违法情形。

**第八条** 被告不提供或者无正当理由逾期提供证据的，与被诉行政许可行为有利害关系的第三人可以向人民法院提供；第三人对无法提供的证据，可以申请人民法院调取；人民法院在当事人无争议，但涉及国家利益、公共利益或者他人合法权益的情况下，也可以依职权调取证据。

第三人提供或者人民法院调取的证据能够证明行政许可行为合法的，人民法院应当判决驳回原告的诉讼请求。

**第九条** 人民法院审理行政许可案件，应当以申请人提出行政许可申请后实施的新的法律规范为依据；行政机关在旧的法律规范实施期间，无正当理由拖延审查行政许可申请至新的法律规范实施，适用新的法律规范不利于申请人的，以旧的法律规范为依据。

**第十条** 被诉准予行政许可决定违反当时的法律规范但符合新的法律规范的，判决确认该决定违法；准予行政许可决定不损害公共利益和利害关系人合法权益的，判决驳回原告的诉讼请求。

**第十一条** 人民法院审理不予行政许可决定案件，认为原告请求准予许可的理由成立，且被告没有裁量余地的，可以在判决理由写明，并判决撤销不予许可决定，责令被告重新作出决定。

**第十二条** 被告无正当理由拒绝原告查阅行政许可决定及有关档案材料或者监督检查记录的，人民法院可以判决被告在法定或者合理期限内准予原告查阅。

**第十三条** 被告在实施行政许可过程中，与他人恶意串通共同违法侵犯原告合法权益的，应当承担连带赔偿责任；被告与他人违法侵犯原告合法权益的，应当根据其违法行为在损害发生过程和结果中所起作用等因素，确定被告的行政赔偿责任；被告已经依照法定程序履行审慎合理的审查职责，因他人行为导致行政许可决定违法的，不承担赔偿责任。

在行政许可案件中，当事人请求一并解决有关民事赔偿问题的，人民法院可以合并审理。

**第十四条** 行政机关依据行政许可法第八条第二款规定变更或者撤回已经生效的行政许可，公民、法人或者其他组织仅主张行政补偿的，应当先向行政机关提出申请；行政机关在法定期限或者合理期限内不予答复或者对行政机关作出的补偿决定不服的，可以依法提起行政诉讼。

**第十五条** 法律、法规、规章或者规范性文件对变更或者撤回行政许可的补偿标准未作规定的，一般在实际损失范围内确定补偿数额；行政许可属于行政许可法第十二条第（二）项规定情形的，一般按照实际投入的损失确定补偿数额。

**第十六条** 行政许可补偿案件的调解，参照最高人民法院《关于审理行政赔偿案件若干问题的规定》的有关规定办理。

**第十七条** 最高人民法院以前所作的司法解释凡与本规定不一致的，按本规定执行。

· *典型案例*

## 1. 念泗三村28幢楼居民35人诉扬州市规划局行政许可行为侵权案①

【裁判要旨】

根据《城市规划法》第二十一条的规定②,编制分区规划城市的规划主管行政机关,依照法律和地方性法规的授权规划许可的建筑工程,虽然缩短了相邻人住宅的原日照时间,但符合国家和当地行政主管部门技术规范规定的最低日照标准,且不违反其他法律、法规规定的,应认定其许可行为合法。

【案情】

原告:江苏省扬州市念泗三村28幢楼居民35人(名单略)。

诉讼代表人:曹育新,江苏省扬州市司法局干部。

诉讼代表人:朱玉忠,江苏省扬州市开关厂职工。

被告:江苏省扬州市规划局,地址:江苏省扬州市文昌中路。

法定代表人:张杰,该局局长。

第三人:江苏省扬州市东方天宇置业有限公司,地址:江苏省扬州市扬子江北路。

法定代表人:禹振飞,该公司董事长。

2003年7月7日,被告江苏省扬州市规划局依照《城市规划法》(以下简称城市规划法)第三十二条的规定,向第三人扬州市东方天宇置业有限公司(以下简称东方天宇公司)核发了扬规建字2003076号《建设工程规划许可证》,许可该公司在扬州市百合园小区内建设"九层(局部十层)、住宅10 022.2平方米、阁楼753平方米、高度26.5米"的中心组团11-6号住宅楼。原告28幢楼曹育新等35名居民(以下简称28幢楼居民)认为该规划许可行为侵犯了他们的合法权益,遂向江苏省扬州市中级人民法院提起行政诉讼。

原告诉称:被告批准第三人在我们居住的楼前建设的11-6号高层住宅楼,与被告核发的扬规建字2003077号《建设工程规划许可证》许可第三人建设的11-4号、11-5号楼房形成一道屏障,破坏了瘦西湖景区的景观,不符合扬州市的城市规划,严重影响了我们的居住环境,侵犯了我们的合法权益,请求撤销被告颁发的2003076号《建设工程规划许可证》。

原告提交的主要证据有:

1. 扬州市念泗三村政文大院业主管理委员会《证明》,用以证明原告的诉讼主体资格。

2. 2003年1月10日《扬州日报》A4版"东方百合园"广告、2003年11月12日拍摄的扬州瘦西湖景区内照片6张、扬州市人民政府"瘦西湖"风光贺年片,用以证明被告批准建设的11-6号高层住宅楼将影响扬州瘦西湖景区的景观。

被告辩称:2003年5月6日,东方天宇公司持建设项目批准文件、建设用地证件等,申请核发东方百合园第十一组团二期工程的建设工程规划许可证。我局在履行提供规划设计条件、审查设计方案、审查施工图等程序后,于2003年7月7日分别核发了扬规建字2003076号、2003077号《建设工程规划许可证》,许可东方天宇公司建设三幢小高层住宅楼,该许可行为的主要证据和程序完全符合城市规划法和江苏省人大常委会颁布的《江苏省实施〈城市规划法〉办法》(以下简称江苏城市规划办法)。我局批准东方天宇公司建筑工程规划的具体行政行为,主要证据充分,符合法定程序,没有侵犯原告的相邻权。我局许可第三人建设的三幢小高层住宅楼与原告楼房的建筑间距,完全符合国家《城市居住区规划设计规范》以及《江苏省城市规划管理技术规定》的要求。其中,6号楼遮阳点高26.40米,减去1.20米高差,为25.20米。而现状6号楼与原告居住的28幢之间的距离为34.40米,日照间距达到1∶1.365。4号楼不直接与28幢楼相邻,5号楼与28幢楼间距达62.7米。因此,原告认为我局的行政许可行为严重影响其居住环境,侵犯其合法权益,没有任何事实和法律依据。

被告提供的主要证据有:

1.《扬州市规划委员会第十四次会议纪要》(部分);

2.《念泗二村地段控制性详细规划》;

3. 2001年1月5日扬州市规划局《关于在东方百合园放置气球测试建筑高度的情况汇报》;

4. 2001年1月15日扬州市规划局扬规用地设字(2001)006号《关于扩大东方百合园住宅小区规划范围及下达其建设用地规划设计条件的通知》;

5.《市规划委员会第十六次会议纪要》(部分);

6. 扬州市规划委员会专家组评审意见第十期《关于

① 案例来源:《最高人民法院公报》2004年第11期。

② 《城市规划法》已被2007年10月28日中华人民共和国主席令第74号公布的《中华人民共和国城乡规划法》废止。

东方百合园住宅小区规划等项目设计方案专家评审会纪要》;

7. 2002 年 8 月 30 日扬州市国土资源局扬国土资(2002)地郊字 12 号《关于为东方天宇置业有限公司建商品房征地并供地的批复》;

8. 2002 年 10 月 30 日扬州市规划局《关于对"东方百合园"项目再次放置气球并测试建筑高度的情况汇报》;

9. 2002 年 10 月 31 日扬州市发展计划委员会扬计(2002)字第 355 号《关于东方百合园三期工程中心广场商品房开发建设计划的通知》;

10. 2003 年 5 月 6 日东方天宇公司《关于申请办理"东方百合园"中心高层规划建设许可证的报告》;

11. 2003 年 7 月 2 日扬州市测绘研究院《工程定位测量记录》两份;

12. 2003 年 7 月 4 日扬州市测绘研究院《东方百合园待建住宅楼与北侧原有住宅楼高差测量》、扬州市测绘研究院《关于瘦西湖局部、平山堂局部与东方百合园局部距离的计算说明》;

13. 2003 年 7 月 7 日《扬州市规划局建设工程定位通知书》、《扬州市规划局建设工程验线核准单》、扬州市规划局扬规建字 2003076 号《建设工程规划许可证》;

14. 扬州市宏厦建筑设计院《6 号楼情况说明》、《6 号楼日照示意图》;

15. 1999 年 11 月 16 日江苏省人民政府苏政复〔1999〕128 号《省政府关于扬州市城市总体规划的批复》;

16.《扬州市城市总体规划(1996-2010)文本》;

17.《蜀冈——瘦西湖风景名胜区总体规划》(部分);

第三人述称:扬州市规划局许可我公司建设的三幢住宅楼不是一座封闭的整体建筑,而是各自独立的建筑,故"屏障"之说不能成立。这三幢楼与原告住宅楼之间组成的结构布局形式,在城市规划区内比比皆是。只要符合规划管理规范,就不存在影响居住环境,也不存在侵犯权益。"居住环境"、"合法权益"均为普通的概念,原告在诉状中并没有具体指明其"居住环境"、"合法权益"受到什么样的侵犯,要求撤销 2003076 号、2003077 号《建设工程规划许可证》于法无据。

第三人提供的证据有:

1. 东方天宇公司《关于对"东方百合园"中心小高层平面进行调整的报告》;

2. 扬州市规划局规管设(2002)字第 10 号《规划设计方案审批通知书》;

3. 扬州市发展计划委员会扬计(2002)字第 339 号《关于扬州东方百合园初步设计文件的批复》。

法庭质证中,原告 28 幢楼居民对被告扬州市规划局证据 2 的合法性和关联性提出异议,对被告其他证据没有从证据的真实性、合法性和关联性方面提出质证意见,而是对有关证据所证明的法律问题提出了不同的诉讼主张;第三人东方天宇公司没有对被告举出的证据提出异议。被告和第三人对原告的证据 1 没有提出异议,认为原告证据 2 与被告核发的《建设工程规划许可证》没有关联。第三人在诉讼中没有说明提供该证据的证明内容和证明目的,亦没有在庭审中将该证据举出并进行质证。

【审判】

扬州市中级人民法院认定的案件事实如下:

2000 年 11 月 14 日,扬州市规划委员会召开了第十四次会议,会议对东方天宇公司在东方百合园北侧,结合已批准的小区规划扩大用地范围,配套建设学校、农贸市场等设施的项目定点进行了审查,原则同意该项目定点,并同意按规划局初审意见,扩大用地范围东至扬子江北路、北至念泗河,统筹规划,分期实施。后扬州市规划局和扬州市城市规划设计院在此基础上编制并审查同意了《念泗二村地段控制性详细规划》。2000 年 12 月 25 日,扬州市规划局会同扬州市开发办、扬州市政府机关事务管理局、景区办对东方百合园的建筑高度进行了放置气球测试。2001 年 1 月 12 日,扬州市规划委员会召开第十六次会议,听取了对东方百合园工程项目小高层住宅建筑高度测试情况的汇报,原则同意规划局提出的"按已批准的小区详细规划实施,但小高层单体建筑的屋顶形式应借鉴传统手法适当调整"的审查意见,同时建议小高层单体设计要结合屋顶花园建设减少对景区景观的影响。2001 年 1 月 15 日,扬州市规划局向第三人下达了扬规用地设字(2001)006 号《关于扩大东方百合园住宅小区规划范围及下达其建设用地规划设计条件的通知》。2001 年 2 月 26 日,扬州市规划局召开了关于东方百合园住宅小区规划等项目设计方案的专家评审会,形成了《关于东方百合园住宅小区规划等项目设计方案专家评审会纪要》。2002 年 10 月 26 日,扬州市规划局会同园林局、文管会对东方百合园建筑高度再次进行了放置气球测试。

2003 年 5 月 6 日,第三人东方天宇公司向被告扬州市规划局提出《关于申请办理"东方百合园"中心高层规划建设许可证的报告》,同时向扬州市规划局提供了 2002 年 8 月 30 日扬州市国土资源局扬国土资(2002)地郊字 12 号《关于为东方天宇置业有限公司建商品房征地并供地的批复》、2002 年 10 月 31 日扬州市发展计划委员会扬计(2002)字第 355 号《关于东方百合园三期工程中心广场商品房开发建设计划的通知》和相关建筑设计图纸。2003

年7月1日,东方天宇公司办理了东方百合园中心组团11-6号住宅楼的相关交费手续。2003年7月2日,扬州市测绘研究院对该建设工程项目进行了工程定位测量;2003年7月4日,扬州市测绘研究院对东方百合园待建住宅楼与北侧原有住宅楼的高差进行了测量并对瘦西湖局部、平山堂局部与东方百合园局部距离进行了测量计算。另外,扬州市宏厦建筑设计院对11-6号住宅楼的相关数据和该楼与北邻28幢楼之间的日照间距比作出了说明。2003年7月7日,扬州市规划局对11-6号住宅楼建设工程项目进行了定位和验线,并作出了《扬州市规划局建设工程定位通知书》、《扬州市规划局建设工程验线核准单》。同日,扬州市规划局向东方天宇公司核发了2003076号《建设工程规划许可证》。

扬州市中级人民法院就下列问题进行了审理和确认:

一、关于被诉具体行政行为是否侵犯原告的相邻权问题

扬州市规划局在核发2003076号《建设工程规划许可证》时,通过审查建筑图纸、测算日照间距比、工程定位、核准验线等工作,较为充分地考虑了本案原告28幢楼居民的日照是否受到影响的问题。经测算,11-6号住宅楼与28幢楼的日照间距比为1∶1.365,符合《江苏省城市规划管理技术规定》第3.1条中规定的应当满足1∶1.2的最低限制,28幢楼居民在庭审中对被诉具体行政行为不影响其住宅楼日照一事也没有异议。11-6号住宅楼与2003077号《建设工程规划许可证》所许可建设的11-4号、11-5号住宅楼呈品字型布局,前后左右均有一定的间距,这种建筑方式不为建筑技术规范所禁止。28幢楼居民认为因11-4号、11-5号、11-6号三幢住宅楼形成170米的屏障而影响其住宅楼通风的观点,没有法律、法规或技术规范的支持。因此,28幢楼居民所诉通风相邻权受到被诉具体行政行为侵犯的理由不能成立;认为被诉具体行政行为影响了28幢楼原规划的实施,也没有事实和法律上的依据。

二、关于被诉具体行政行为是否合法的问题

第一,被诉具体行政行为的程序是否合法。本案被诉具体行政行为,发生于东方百合园小区整体建设工程项目中的一个阶段。被告扬州市规划局在该小区整体建设项目批准程序中,已经按城市规划法第三十二条、江苏城市规划办法第二十六条、《扬州市城市规划管理办法》第四十条规定的程序,履行了提出建设工程规划设计条件和审查建设项目设计方案的程序,其中包括核发2003076号《建设工程规划许可证》应当履行的一部分程序,从而出现了提出建设工程规划设计条件和审查建设项目设计方案的时间早于东方天宇公司申请核发《建设工程规划许可证》的时间。这种程序上的时间次序倒置,是由于该建设项目的特殊性造成的,不能因此认为被诉具体行政行为违反了法律、法规和行政规范的规定。

第二,《念泗二村地段控制性详细规划》有无得到合法有效的批准。对于城市详细规划的审批,城市规划法第二十一条第八款和江苏城市规划办法第十二条第八款的规定是一致的,即"城市详细规划由城市人民政府审批;编制分区规划的城市的详细规划,除重要的详细规划由城市人民政府审批外,由城市人民政府城市规划行政主管部门审批"。本案中,被告扬州市规划局提供了《念泗二村地段控制性详细规划》和扬州市规划委员会第十四次、第十六次会议纪要,以说明《念泗二村地段控制性详细规划》已经得到了扬州市规划委员会第十六次会议批准,其批准的形式为会议纪要。同时,扬州市规划局还提供了《扬州市城市规划管理办法》以说明扬州市规划委员会的权限和职能。该办法第三条规定,扬州市规划委员会受市政府委托,负责对城市规划工作进行研究决策、组织实施和管理,组织相应的规划编制和规划审批工作,并负责协调、督促落实重要的规划事项。由此,扬州市政府在执行城市规划法和江苏省实施办法所规定的详细规划的审批程序时,授权规划委员会负责此项工作,这种做法本身并不为法律、法规所禁止。一个城市详细规划是否得到合法有效的批准,应通过一定的批准形式表现出来。本案中,有关详细规划的批准是以市长签发的市规划委员会会议纪要的形式出现的,尽管市规划委员会第十六次会议纪要中的"按已批准的小区详细规划实施"的表述在本案的当事人之间产生了不同的理解,但综合分析扬州市规划委员会第十四次会议纪要、《念泗二村地段控制性详细规划》、扬州市规划委员会第十六次会议纪要等证据的全部内容,可以得出该详细规划是经过扬州市规划委员会审查同意后,由市长签字批准的结论。至于这种会议纪要是不是一种通常所见的批准形式,由于法律、法规只规定城市详细规划应当由城市人民政府或规划行政主管部门审批,没有规定审批形式,故不能否定扬州市规划委员会会议纪要对批准详细规划发挥的实际作用,应当认定《念泗二村地段控制性详细规划》经过合法有效的批准。因此,28幢楼居民认为《念泗二村地段控制性详细规划》没有得到合法有效批准的诉讼主张,不能成立。

第三,关于被诉具体行政行为是否违反了《蜀冈——瘦西湖风景名胜区规划》。在本案的审查中,没有发现被诉具体行政行为有违反《蜀冈——瘦西湖风景名胜区规划》的情形,故原告28幢楼居民认为在风景区可以看到拟

建设的住宅楼就应认定其影响风景区规划的理由不能成立。

综上，被诉具体行政行为证据充分、程序合法、适用法律正确，被告扬州市规划局核发的2003076号《建设工程规划许可证》是合法的，所批准第三人东方天宇公司在东方百合园建设的中心组团11-6号住宅楼没有侵犯原告28幢楼居民的通风等相邻权。

据此，扬州市中级人民法院依照最高人民法院《关于执行〈中华人民共和国行政诉讼法〉若干问题的解释》第五十六条第(四)项的规定，于2003年12月10日判决：

驳回原告28幢楼居民要求撤销被告扬州市规划局2003年7月7日核发的扬规建字2003076号《建设工程规划许可证》的诉讼请求。

宣判后，28幢楼居民不服，向江苏省高级人民法院提起上诉。

28幢楼居民的上诉理由是：(1)居住环境应包括通风、采光、日照、噪音、滴水等许多因素，但并非所有因素都有明确的可实际操作的技术规范。扬州市规划局许可东方天宇公司规划建设的11-6号楼，虽然满足住宅日照系数技术规范的要求，考虑了建筑间距，但该幢楼与其许可东方天宇公司规划建设的11-4、11-5号楼形成长达170米的建筑屏障，势必导致前后通风不畅，使得28幢楼居民的居住环境质量下降。故原审判决仅以达到日照间距为由，而不考虑其他因素，认定被诉具体行政行为不构成对上诉人居住环境的影响，没有法律依据；(2)本案所涉地段在扬州市没有分区规划，根据法律规定，该地段的详细规划应由扬州市人民政府审批。原审判决认定扬州市规划委员会有权代表扬州市人民政府对《念泗二村地段控制性详细规划》进行审批，无法律依据。同时，扬州市规划委员会第十四次和第十六次会议纪要的内容均不能证明是对详细规划的审批，原审法院以分析的方法推论该详细规划已经批准，证据不足；(3)扬州市规划局行政行为的次序颠倒，程序违法；(4)扬州市规划局的许可行为破坏了风景区的自然人文景观，违反了《蜀岗-瘦西湖风景名胜区规划》。请求撤销一审判决，撤销2003076号《建设工程规划许可证》。

江苏省高级人民法院经审理认为：

本案中的当事人不是具体行政行为的直接相对人，而是因相邻权受到侵害而提起行政诉讼。起诉所基于的相邻权，属于民法范畴。根据《民法通则》的规定，民事主体因建筑物相邻产生的日照、通风、采光、排水、通行等民事纠纷，应当通过民事诉讼的方式解决。但现实中，如果一方当事人实施的与其他当事人相邻权有关的行为是经行政机关批准、许可的，其他当事人就无法通过民事诉讼获得救济。为此，最高人民法院《关于执行〈中华人民共和国行政诉讼法〉若干问题的解释》第十三条第一款第(二)项规定相邻权人有对行政主体作出的涉及相邻权的具体行政行为提起行政诉讼的原告主体资格，其目的是保护民事主体享有的相邻权不受侵害。本案28幢楼居民因认为扬州市规划局核发给东方天宇公司的2003076号《建设工程规划许可证》侵犯其日照、通风、采光等相邻权而提起行政诉讼。因此，这类行政诉讼的审查重点，应当是被诉具体行政行为许可建设的建筑项目是否符合有关建筑管理的技术规范，是否侵犯了原告的相邻权。

《江苏省城市规划管理技术规定》根据居住建筑日照标准和当地实际情况，确定南京、镇江、扬州(除宝应、高邮外)等地住宅楼的日照间距系数为1：1.2。2003076号《建设工程规划许可证》涉及的百合园小区11-6号住宅楼与28幢楼之间的日照间距比，经测算已达1：1.365，超过了国家和江苏省有关部门规定的日照间距最低标准，上诉人对此没有异议。因此，虽然扬州市规划局许可东方天宇公司建造的百合园小区11-6号住宅楼缩短了28幢楼的原日照时间，但不构成对28幢楼居民日照权的侵犯。此外，11-6号住宅楼与扬州市规划局另外许可建设的11-4、11-5号住宅楼，在布局上呈由南向北的倒品字形，各楼之间均有一定间距。按照国家标准《城市居住区规划设计规范》的要求和说明，各住宅楼间距的设定，以满足日照要求为基础，并综合考虑采光、通风、消防、防灾、管线埋设、视觉卫生等因素。因此，原审判决认定扬州市规划局的行政许可行为并不影响上诉人享有的法定日照、采光、通风等相邻权，是有事实和法律依据的。28幢楼居民认为上述三幢楼房形成170米的屏障，影响其通风、小区管线埋设等，因无事实和法律依据，故不予采信。原审判决驳回28幢楼居民的诉讼请求，并无不当。

本案中，上诉人28幢楼居民在一审是以东方天宇公司依被上诉人扬州市规划局批准建设的两幢高层住宅楼侵犯其相邻权为由，提出撤销2003076号《建设工程规划许可证》的诉讼请求。故原审法院根据行政诉讼法的规定，对扬州市规划局核发的2003076号《建设工程规划许可证》的程序是否合法、所依据的《念泗二村地段详细规划》是否经过合法批准，以及是否违反《蜀岗-瘦西湖风景名胜区总体规划》，是否符合法律规定进行审查。查明东方天宇公司已按有关法律规定向扬州市规划局提交了建设申请、建设项目批准文件、建设用地证件、设计方案、施工图等材料，扬州市规划局在依法对上述材料进行审查的基础上，核发了2003076号《建设工程规划许可证》。由此认定扬州市规划局核发的2003076号《建设工程规划许可证》,符合有关法律规定,并未侵犯28幢楼居民的合法权益,并无不妥。

综上,江苏省高级人民法院依据《行政诉讼法》第六十一条第(一)项的规定,于2004年3月19日判决:

驳回上诉,维持原判。

### 2. 张道文、陶仁诉四川省简阳市人民政府侵犯客运人力三轮车经营权案①

（一）基本案情

1996年8月,四川省简阳市人民政府(以下简称市政府)对240辆人力客运老年车改型为人力客运三轮车的经营者每人收取了有偿使用费3500元。1996年11月,对原有的161辆客运人力三轮车经营者每人收取了有偿使用费2000元。从1996年11月开始,市政府开始实行经营权有偿使用,有关部门对限额的401辆客运人力三轮车收取了相关的规费。1999年7月15日、7月28日,市政府针对有偿使用期限已届满两年的客运人力三轮车,发布《关于整顿城区小型车辆营运秩序的公告》(以下简称《公告》)和《关于整顿城区小型车辆营运秩序的补充公告》(以下简称《补充公告》)。其中,《公告》要求"原已具有合法证照的客运人力三轮车经营者必须在1999年7月19日至7月20日到市交警大队办公室重新登记",《补充公告》要求"经审查,取得经营权的登记者,每辆车按8000元的标准(符合《公告》第六条规定的每辆车按7200元的标准)交纳经营权有偿使用费"。张道文等182名经营者认为市政府作出的《公告》和《补充公告》侵犯其经营自主权,向简阳市人民法院提起行政诉讼。

（二）裁判结果

简阳市人民法院经审理认为,市政府在行政法规、地方性法规、规章对经营权有偿使用期限未作明确规定的情况下,执行上级行政主管部门四川省交通厅《四川省小型车辆营运管理规定》中"有偿使用期限一次不得超过两年"的规定,对已实行经营权有偿使用期限超过两年的原告,以公告形式决定其重新登记并支付有偿使用费的行为,并无不当。判决维持市政府作出的《公告》和《补充公告》。张道文等不服,向四川省资阳地区(现为资阳市)中级人民法院提起上诉。四川省资阳地区中级人民法院以与一审基本相同的理由判决驳回上诉,维持原判。

后本案经最高人民法院裁定提审。最高人民法院认为,行政机关作出行政许可等授益性行政行为时,应当明确告知行政许可的期限。行政机关在作出行政许可时,行政相对人也有权知晓行政许可的期限。明确行政许可的期限,既是为了保障公共利益的需要,也是为了保障许可申请人的选择权利。市政府1996年的经营权许可在程序上存在明显不当,直接导致与其存在前后承继关系的本案被诉行政程序明显不当。本案中,四川省交通厅制定的规范性文件明确了许可期限。申请人关于本案行政许可没有期限限制的主张不能成立。虑及本案被诉行政行为作出之后,简阳市城区交通秩序得到好转,城市道路运行能力得到提高,城区市容市貌持续改善,以及通过两次"惠民"行动,绝大多数三轮车主已经分批次完成置换,如果判决撤销被诉行政行为,将会给行政管理秩序和社会公共利益带来不利影响。判决确认简阳市人民政府作出的《公告》和《补充公告》违法。

（三）典型意义

本案的典型意义在于,进一步明确行政机关应当遵循正当行政程序和人民法院审理行政案件要注意公私利益平衡的问题。一方面,程序正义是看得见的正义,行政机关在作出行政行为时应当履行正当的行政程序,履行特定的告知义务。程序正当是法治政府建设的核心要义之一。行政机关履行告知行政许可期限的义务,既有利于行政机关对许可事项实行监督管理,也有利于保障行政相对人的选择权,从源头上避免和减少行政纠纷的发生。本案中,正是由于行政机关怠于履行告知义务,导致行政相对人误以为行政许可没有期限,进而在二十年的时间内聚讼不息,引发多次群体性上访。本案通过对行政执法程序的司法监督,推动了严格规范公正文明执法,强化了对行政权力的制约和监督。另一方面,化解行政争议是行政诉讼的重要目标。本案中,法院为化解多年来形成的"官"民矛盾做了大量的协调工作,为本案妥善解决奠定了良好基础。市区环境和交通秩序明显改善,当事人实体权益亦得到弥补。本案中,市政府副市长出庭应诉,明确表示坚持依法行政,尊重法院裁判,凸显了责任政府意识。法院运用法律关于"情势"判决的规定,既对被诉行政行为的合法性进行了审查和确认,同时也注意到了业已形成的社会公共利益,确保了公共利益和个人利益的平衡,近二十年的行政纠纷得以彻底化解。本案在办理过程中实现了法律效果和社会效果的两相统一,也为解决历史形成的类似案件提供了良好范本。

① 案例来源:最高人民法院行政审判十大典型案例(第一批)。

· 文书范本①

## 1. 行政许可申请表

申请日期：　　年　　月　　日　　　　　　　编号：

<table>
<tr><td rowspan="8">申请人</td><td>姓名</td><td></td><td>身份证件</td><td></td></tr>
<tr><td>电话</td><td></td><td>邮政编码</td><td></td></tr>
<tr><td>住址</td><td colspan="3"></td></tr>
<tr><td>单位</td><td colspan="3"></td></tr>
<tr><td>邮政编码</td><td></td><td>电话</td><td></td></tr>
<tr><td>地址</td><td colspan="3"></td></tr>
<tr><td>委托代理人</td><td></td><td>身份证件</td><td></td></tr>
<tr><td>住址</td><td></td><td>电话</td><td></td></tr>
<tr><td>申请事项</td><td colspan="4"></td></tr>
</table>

## 2. 受理申请决定书

编号：

________：

你(单位)关于________的行政许可申请,材料齐全,符合法定形式,现决定予以受理。

本机关将于受理之日起______个工作日内作出行政许可决定。

联 系 人________

咨询电话________

行政许可专用章

年　　月　　日

申请人(或代理人):(签字)　　　　年　　月　　日　　时　　分

(本决定书一式两份,申请人、受理单位各执一份)

① 供参考,全书同。

### 3. 不予受理通知书

编号：

________________：

你(单位)关于____________________________的行政许可申请，本机关决定不予受理，不予受理的理由如下：

依据《中华人民共和国行政许可法》第三十二条的规定，你(单位)申请的事项依法不需要取得行政许可或者不属于本机关职权范围，请你(单位)到______________________提出行政许可申请。

如不服本决定，可以在收到本决定书之日起六十日内向(________________)申请行政复议，或者在六个月内依法向人民法院提起行政诉讼。

行政许可专用章
年　　月　　日

申请人(或代理人)：(签字)　　　　年　　月　　日　　时　　分

(本通知书一式两份，申请人、受理单位各执一份)

### 4. 收取行政许可申请材料凭证

编号：

________________：

你(单位)申请____________________________行政许可的下列材料已收悉，特此为证。

收到材料：

1. ________________________________________________
2. ________________________________________________
3. ________________________________________________
4. ________________________________________________
5. ________________________________________________
6. ________________________________________________

申请材料不齐全或者不符合法定形式的，你(单位)将在五日内收到《行政许可申请材料补正告知书》，一次性告知你(单位)需要补充的全部内容；如逾期未收到《行政许可申请材料补正告知书》的，自收到本凭证之日起即为受理。

行政许可专用章
年　　月　　日

受理人：(签字)
申请人(或代理人)：(签字)　　　　年　　月　　日　　时　　分

(本凭证一式两份，申请人、受理单位各执一份)

## 5. 延长行政许可批准时限告知书

编号：

________：

你(单位)申请的________________行政许可事项的决定时间，根据《中华人民共和国行政许可法》第四十二条的规定延长____个工作日。延长行政许可时限的理由如下：

行政许可专用章
年 月 日

申请人(或代理人)：(签字) 年 月 日 时 分

(本告知书一式两份，申请人、本机关各执一份)

## 6. 准予行政许可决定书

编号：

____(申请人)：

你(单位)于____年___月___日提出的________(项目名称)行政许可申请，我机关已经于____年____月____日受理。经审查，决定准予你(你单位)取得该项许可。

行政许可专用章
年 月 日

## 7. 不予行政许可决定书

编号：

____(申请人)：

你(单位)于____年___月___日提出的________(项目名称)行政许可申请，我机关已经于____年____月____日受理。

经审查，你单位提出的许可申请______(不予许可的理由)______，决定不批准你(你单位)取得该项许可。

如你(你单位)不服，请于收到本通知之日起六十日内向申请行政复议，或者在六个月内向______人民法院提起诉讼。

行政许可专用章
年 月 日

## 8. 撤销行政许可决定书

编号：

________：

本机关于________年_____月_____日准予你(单位)从事的__________________许可事项，有____________________情形，根据《中华人民共和国行政许可法》第六十九条第_______款第_______项之规定，现决定撤销该行政许可事项。现责令你(单位)从行政许可撤销之日起停止从事行政许可事项活动。

如不服本决定，可以在收到本决定书之日起六十日内向___(________)___申请行政复议，或者在六个月内向人民法院提起行政诉讼。

行政许可专用章
年　　月　　日

被许可人(或代理人)：(签字)　　　　年　　月　　日　　时　　分

(本决定书一式两份，被许可人、本机关各执一份)

## 9. 注销行政许可决定书

编号：

________：

本机关于________年_____月_____日准予你(单位)从事的____________________许可事项，有____________________情形，根据《中华人民共和国行政许可法》第七十条第_______项之规定，现决定注销该行政许可事项。

如不服本决定，可以在收到本决定书之日起六十日内向___(________)___申请行政复议，或者在六个月内向人民法院提起行政诉讼。

行政许可专用章
年　　月　　日

被许可人(或代理人)：(签字)　　　　年　　月　　日　　时　　分

(本决定书一式两份，被许可人、本机关各执一份)

## 4. 行政处罚

# 中华人民共和国行政处罚法

· 1996 年 3 月 17 日第八届全国人民代表大会第四次会议通过
· 根据 2009 年 8 月 27 日第十一届全国人民代表大会常务委员会第十次会议《关于修改部分法律的决定》第一次修正
· 根据 2017 年 9 月 1 日第十二届全国人民代表大会常务委员会第二十九次会议《关于修改〈中华人民共和国法官法〉等八部法律的决定》第二次修正
· 2021 年 1 月 22 日第十三届全国人民代表大会常务委员会第二十五次会议修订

## 目　录

第一章　总　则
第二章　行政处罚的种类和设定
第三章　行政处罚的实施机关
第四章　行政处罚的管辖和适用
第五章　行政处罚的决定
　第一节　一般规定
　第二节　简易程序
　第三节　普通程序
　第四节　听证程序
第六章　行政处罚的执行
第七章　法律责任
第八章　附　则

## 第一章　总　则

**第一条　【立法目的】**为了规范行政处罚的设定和实施，保障和监督行政机关有效实施行政管理，维护公共利益和社会秩序，保护公民、法人或者其他组织的合法权益，根据宪法，制定本法。

**第二条　【行政处罚的定义】**行政处罚是指行政机关依法对违反行政管理秩序的公民、法人或者其他组织，以减损权益或者增加义务的方式予以惩戒的行为。

**第三条　【适用范围】**行政处罚的设定和实施，适用本法。

**第四条　【适用对象】**公民、法人或者其他组织违反行政管理秩序的行为，应当给予行政处罚的，依照本法由法律、法规、规章规定，并由行政机关依照本法规定的程序实施。

**第五条　【适用原则】**行政处罚遵循公正、公开的原则。

设定和实施行政处罚必须以事实为依据，与违法行为的事实、性质、情节以及社会危害程度相当。

对违法行为给予行政处罚的规定必须公布；未经公布的，不得作为行政处罚的依据。

**第六条　【适用目的】**实施行政处罚，纠正违法行为，应当坚持处罚与教育相结合，教育公民、法人或者其他组织自觉守法。

**第七条　【被处罚者权利】**公民、法人或者其他组织对行政机关所给予的行政处罚，享有陈述权、申辩权；对行政处罚不服的，有权依法申请行政复议或者提起行政诉讼。

公民、法人或者其他组织因行政机关违法给予行政处罚受到损害的，有权依法提出赔偿要求。

**第八条　【被处罚者承担的其他法律责任】**公民、法人或者其他组织因违法行为受到行政处罚，其违法行为对他人造成损害的，应当依法承担民事责任。

违法行为构成犯罪，应当依法追究刑事责任的，不得以行政处罚代替刑事处罚。

## 第二章　行政处罚的种类和设定

**第九条　【处罚的种类】**行政处罚的种类：

（一）警告、通报批评；

（二）罚款、没收违法所得、没收非法财物；

（三）暂扣许可证件、降低资质等级、吊销许可证件；

（四）限制开展生产经营活动、责令停产停业、责令关闭、限制从业；

（五）行政拘留；

（六）法律、行政法规规定的其他行政处罚。

**第十条　【法律对处罚的设定】**法律可以设定各种行政处罚。

限制人身自由的行政处罚，只能由法律设定。

**第十一条　【行政法规对处罚的设定】**行政法规可以设定除限制人身自由以外的行政处罚。

法律对违法行为已经作出行政处罚规定，行政法规需要作出具体规定的，必须在法律规定的给予行政处罚的行为、种类和幅度的范围内规定。

法律对违法行为未作出行政处罚规定，行政法规为实施法律，可以补充设定行政处罚。拟补充设定行政处罚的，应当通过听证会、论证会等形式广泛听取意见，并向制定机关作出书面说明。行政法规报送备案时，应当说明补充设定行政处罚的情况。

**第十二条　【地方性法规对处罚的设定】**地方性法规可以设定除限制人身自由、吊销营业执照以外的行政处罚。

法律、行政法规对违法行为已经作出行政处罚规定，地方性法规需要作出具体规定的，必须在法律、行政法规规定的给予行政处罚的行为、种类和幅度的范围内规定。

法律、行政法规对违法行为未作出行政处罚规定，地方性法规为实施法律、行政法规，可以补充设定行政处罚。拟补充设定行政处罚的，应当通过听证会、论证会等形式广泛听取意见，并向制定机关作出书面说明。地方性法规报送备案时，应当说明补充设定行政处罚的情况。

**第十三条　【国务院部门规章对处罚的设定】**国务院部门规章可以在法律、行政法规规定的给予行政处罚的行为、种类和幅度的范围内作出具体规定。

尚未制定法律、行政法规的，国务院部门规章对违反行政管理秩序的行为，可以设定警告、通报批评或者一定数额罚款的行政处罚。罚款的限额由国务院规定。

**第十四条　【地方政府规章对处罚的设定】**地方政府规章可以在法律、法规规定的给予行政处罚的行为、种类和幅度的范围内作出具体规定。

尚未制定法律、法规的，地方政府规章对违反行政管理秩序的行为，可以设定警告、通报批评或者一定数额罚款的行政处罚。罚款的限额由省、自治区、直辖市人民代表大会常务委员会规定。

**第十五条　【对行政处罚定期评估】**国务院部门和省、自治区、直辖市人民政府及其有关部门应当定期组织评估行政处罚的实施情况和必要性，对不适当的行政处罚事项及种类、罚款数额等，应当提出修改或者废止的建议。

**第十六条　【其他规范性文件不得设定处罚】**除法律、法规、规章外，其他规范性文件不得设定行政处罚。

## 第三章　行政处罚的实施机关

**第十七条　【处罚的实施】**行政处罚由具有行政处罚权的行政机关在法定职权范围内实施。

**第十八条　【处罚的权限】**国家在城市管理、市场监管、生态环境、文化市场、交通运输、应急管理、农业等领域推行建立综合行政执法制度，相对集中行政处罚权。

国务院或者省、自治区、直辖市人民政府可以决定一个行政机关行使有关行政机关的行政处罚权。

限制人身自由的行政处罚权只能由公安机关和法律规定的其他机关行使。

**第十九条　【授权实施处罚】**法律、法规授权的具有管理公共事务职能的组织可以在法定授权范围内实施行政处罚。

**第二十条　【委托实施处罚】**行政机关依照法律、法规、规章的规定，可以在其法定权限内书面委托符合本法第二十一条规定条件的组织实施行政处罚。行政机关不得委托其他组织或者个人实施行政处罚。

委托书应当载明委托的具体事项、权限、期限等内容。委托行政机关和受委托组织应当将委托书向社会公布。

委托行政机关对受委托组织实施行政处罚的行为应当负责监督，并对该行为的后果承担法律责任。

受委托组织在委托范围内，以委托行政机关名义实施行政处罚；不得再委托其他组织或者个人实施行政处罚。

**第二十一条　【受托组织的条件】**受委托组织必须符合以下条件：

（一）依法成立并具有管理公共事务职能；

（二）有熟悉有关法律、法规、规章和业务并取得行政执法资格的工作人员；

（三）需要进行技术检查或者技术鉴定的，应当有条件组织进行相应的技术检查或者技术鉴定。

## 第四章　行政处罚的管辖和适用

**第二十二条　【地域管辖】**行政处罚由违法行为发生地的行政机关管辖。法律、行政法规、部门规章另有规定的，从其规定。

**第二十三条　【级别管辖】**行政处罚由县级以上地方人民政府具有行政处罚权的行政机关管辖。法律、行政法规另有规定的，从其规定。

**第二十四条　【行政处罚权的承接】**省、自治区、直辖市根据当地实际情况，可以决定将基层管理迫切需要的县级人民政府部门的行政处罚权交由能够有效承接的乡镇人民政府、街道办事处行使，并定期组织评估。决定应当公布。

承接行政处罚权的乡镇人民政府、街道办事处应当加强执法能力建设，按照规定范围、依照法定程序实施行政处罚。

有关地方人民政府及其部门应当加强组织协调、业务指导、执法监督，建立健全行政处罚协调配合机制，完善评议、考核制度。

**第二十五条　【共同管辖及指定管辖】**两个以上行政机关都有管辖权的，由最先立案的行政机关管辖。

对管辖发生争议的，应当协商解决，协商不成的，报请共同的上一级行政机关指定管辖；也可以直接由共同的上一级行政机关指定管辖。

**第二十六条　【行政协助】**行政机关因实施行政处

罚的需要,可以向有关机关提出协助请求。协助事项属于被请求机关职权范围内的,应当依法予以协助。

**第二十七条 【刑事责任优先】**违法行为涉嫌犯罪的,行政机关应当及时将案件移送司法机关,依法追究刑事责任。对依法不需要追究刑事责任或者免予刑事处罚,但应当给予行政处罚的,司法机关应当及时将案件移送有关行政机关。

行政处罚实施机关与司法机关之间应当加强协调配合,建立健全案件移送制度,加强证据材料移交、接收衔接,完善案件处理信息通报机制。

**第二十八条 【责令改正与责令退赔】**行政机关实施行政处罚时,应当责令当事人改正或者限期改正违法行为。

当事人有违法所得,除依法应当退赔的外,应当予以没收。违法所得是指实施违法行为所取得的款项。法律、行政法规、部门规章对违法所得的计算另有规定的,从其规定。

**第二十九条 【一事不二罚】**对当事人的同一个违法行为,不得给予两次以上罚款的行政处罚。同一个违法行为违反多个法律规范应当给予罚款处罚的,按照罚款数额高的规定处罚。

**第三十条 【未成年人处罚的限制】**不满十四周岁的未成年人有违法行为的,不予行政处罚,责令监护人加以管教;已满十四周岁不满十八周岁的未成年人有违法行为的,应当从轻或者减轻行政处罚。

**第三十一条 【精神病人及限制性精神病人处罚的限制】**精神病人、智力残疾人在不能辨认或者不能控制自己行为时有违法行为的,不予行政处罚,但应当责令其监护人严加看管和治疗。间歇性精神病人在精神正常时有违法行为的,应当给予行政处罚。尚未完全丧失辨认或者控制自己行为能力的精神病人、智力残疾人有违法行为的,可以从轻或者减轻行政处罚。

**第三十二条 【从轻、减轻处罚的情形】**当事人有下列情形之一,应当从轻或者减轻行政处罚:

(一)主动消除或者减轻违法行为危害后果的;

(二)受他人胁迫或者诱骗实施违法行为的;

(三)主动供述行政机关尚未掌握的违法行为的;

(四)配合行政机关查处违法行为有立功表现的;

(五)法律、法规、规章规定其他应当从轻或者减轻行政处罚的。

**第三十三条 【不予行政处罚的条件】**违法行为轻微并及时改正,没有造成危害后果的,不予行政处罚。初次违法且危害后果轻微并及时改正的,可以不予行政处罚。

当事人有证据足以证明没有主观过错的,不予行政处罚。法律、行政法规另有规定的,从其规定。

对当事人的违法行为依法不予行政处罚的,行政机关应当对当事人进行教育。

**第三十四条 【行政处罚裁量基准】**行政机关可以依法制定行政处罚裁量基准,规范行使行政处罚裁量权。行政处罚裁量基准应当向社会公布。

**第三十五条 【刑罚的折抵】**违法行为构成犯罪,人民法院判处拘役或者有期徒刑时,行政机关已经给予当事人行政拘留的,应当依法折抵相应刑期。

违法行为构成犯罪,人民法院判处罚金时,行政机关已经给予当事人罚款的,应当折抵相应罚金;行政机关尚未给予当事人罚款的,不再给予罚款。

**第三十六条 【处罚的时效】**违法行为在二年内未被发现的,不再给予行政处罚;涉及公民生命健康安全、金融安全且有危害后果的,上述期限延长至五年。法律另有规定的除外。

前款规定的期限,从违法行为发生之日起计算;违法行为有连续或者继续状态的,从行为终了之日起计算。

**第三十七条 【法不溯及既往】**实施行政处罚,适用违法行为发生时的法律、法规、规章的规定。但是,作出行政处罚决定时,法律、法规、规章已被修改或者废止,且新的规定处罚较轻或者不认为是违法的,适用新的规定。

**第三十八条 【行政处罚无效】**行政处罚没有依据或者实施主体不具有行政主体资格的,行政处罚无效。

违反法定程序构成重大且明显违法的,行政处罚无效。

## 第五章 行政处罚的决定

### 第一节 一般规定

**第三十九条 【信息公示】**行政处罚的实施机关、立案依据、实施程序和救济渠道等信息应当公示。

**第四十条 【处罚的前提】**公民、法人或者其他组织违反行政管理秩序的行为,依法应当给予行政处罚的,行政机关必须查明事实;违法事实不清、证据不足的,不得给予行政处罚。

**第四十一条 【信息化手段的运用】**行政机关依照法律、行政法规规定利用电子技术监控设备收集、固定违法事实的,应当经过法制和技术审核,确保电子技术监控设备符合标准、设置合理、标志明显,设置地点应当向社会公布。

电子技术监控设备记录违法事实应当真实、清晰、完整、准确。行政机关应当审核记录内容是否符合要求；未经审核或者经审核不符合要求的，不得作为行政处罚的证据。

行政机关应当及时告知当事人违法事实，并采取信息化手段或者其他措施，为当事人查询、陈述和申辩提供便利。不得限制或者变相限制当事人享有的陈述权、申辩权。

**第四十二条 【执法人员要求】**行政处罚应当由具有行政执法资格的执法人员实施。执法人员不得少于两人，法律另有规定的除外。

执法人员应当文明执法，尊重和保护当事人合法权益。

**第四十三条 【回避】**执法人员与案件有直接利害关系或者有其他关系可能影响公正执法的，应当回避。

当事人认为执法人员与案件有直接利害关系或者有其他关系可能影响公正执法的，有权申请回避。

当事人提出回避申请的，行政机关应当依法审查，由行政机关负责人决定。决定作出之前，不停止调查。

**第四十四条 【告知义务】**行政机关在作出行政处罚决定之前，应当告知当事人拟作出的行政处罚内容及事实、理由、依据，并告知当事人依法享有的陈述、申辩、要求听证等权利。

**第四十五条 【当事人的陈述权和申辩权】**当事人有权进行陈述和申辩。行政机关必须充分听取当事人的意见，对当事人提出的事实、理由和证据，应当进行复核；当事人提出的事实、理由或者证据成立的，行政机关应当采纳。

行政机关不得因当事人陈述、申辩而给予更重的处罚。

**第四十六条 【证据】**证据包括：

（一）书证；

（二）物证；

（三）视听资料；

（四）电子数据；

（五）证人证言；

（六）当事人的陈述；

（七）鉴定意见；

（八）勘验笔录、现场笔录。

证据必须经查证属实，方可作为认定案件事实的根据。

以非法手段取得的证据，不得作为认定案件事实的根据。

**第四十七条 【执法全过程记录制度】**行政机关应当依法以文字、音像等形式，对行政处罚的启动、调查取证、审核、决定、送达、执行等进行全过程记录，归档保存。

**第四十八条 【行政处罚决定公示制度】**具有一定社会影响的行政处罚决定应当依法公开。

公开的行政处罚决定被依法变更、撤销、确认违法或者确认无效的，行政机关应当在三日内撤回行政处罚决定信息并公开说明理由。

**第四十九条 【应急处罚】**发生重大传染病疫情等突发事件，为了控制、减轻和消除突发事件引起的社会危害，行政机关对违反突发事件应对措施的行为，依法快速、从重处罚。

**第五十条 【保密义务】**行政机关及其工作人员对实施行政处罚过程中知悉的国家秘密、商业秘密或者个人隐私，应当依法予以保密。

## 第二节 简易程序

**第五十一条 【当场处罚的情形】**违法事实确凿并有法定依据，对公民处以二百元以下、对法人或者其他组织处以三千元以下罚款或者警告的行政处罚的，可以当场作出行政处罚决定。法律另有规定的，从其规定。

**第五十二条 【当场处罚的程序】**执法人员当场作出行政处罚决定的，应当向当事人出示执法证件，填写预定格式、编有号码的行政处罚决定书，并当场交付当事人。当事人拒绝签收的，应当在行政处罚决定书上注明。

前款规定的行政处罚决定书应当载明当事人的违法行为，行政处罚的种类和依据、罚款数额、时间、地点，申请行政复议、提起行政诉讼的途径和期限以及行政机关名称，并由执法人员签名或者盖章。

执法人员当场作出的行政处罚决定，应当报所属行政机关备案。

**第五十三条 【当场处罚的履行】**对当场作出的行政处罚决定，当事人应当依照本法第六十七条至第六十九条的规定履行。

## 第三节 普通程序

**第五十四条 【调查取证与立案】**除本法第五十一条规定的可以当场作出的行政处罚外，行政机关发现公民、法人或者其他组织有依法应当给予行政处罚的行为的，必须全面、客观、公正地调查，收集有关证据；必要时，依照法律、法规的规定，可以进行检查。

符合立案标准的,行政机关应当及时立案。

**第五十五条** 【出示证件与协助调查】执法人员在调查或者进行检查时,应当主动向当事人或者有关人员出示执法证件。当事人或者有关人员有权要求执法人员出示执法证件。执法人员不出示执法证件的,当事人或者有关人员有权拒绝接受调查或者检查。

当事人或者有关人员应当如实回答询问,并协助调查或者检查,不得拒绝或者阻挠。询问或者检查应当制作笔录。

**第五十六条** 【证据的收集原则】行政机关在收集证据时,可以采取抽样取证的方法;在证据可能灭失或者以后难以取得的情况下,经行政机关负责人批准,可以先行登记保存,并应当在七日内及时作出处理决定,在此期间,当事人或者有关人员不得销毁或者转移证据。

**第五十七条** 【处罚决定】调查终结,行政机关负责人应当对调查结果进行审查,根据不同情况,分别作出如下决定:

(一)确有应受行政处罚的违法行为的,根据情节轻重及具体情况,作出行政处罚决定;

(二)违法行为轻微,依法可以不予行政处罚的,不予行政处罚;

(三)违法事实不能成立的,不予行政处罚;

(四)违法行为涉嫌犯罪的,移送司法机关。

对情节复杂或者重大违法行为给予行政处罚,行政机关负责人应当集体讨论决定。

**第五十八条** 【法制审核】有下列情形之一,在行政机关负责人作出行政处罚的决定之前,应当由从事行政处罚决定法制审核的人员进行法制审核;未经法制审核或者审核未通过的,不得作出决定:

(一)涉及重大公共利益的;

(二)直接关系当事人或者第三人重大权益,经过听证程序的;

(三)案件情况疑难复杂、涉及多个法律关系的;

(四)法律、法规规定应当进行法制审核的其他情形。

行政机关中初次从事行政处罚决定法制审核的人员,应当通过国家统一法律职业资格考试取得法律职业资格。

**第五十九条** 【行政处罚决定书的内容】行政机关依照本法第五十七条的规定给予行政处罚,应当制作行政处罚决定书。行政处罚决定书应当载明下列事项:

(一)当事人的姓名或者名称、地址;

(二)违反法律、法规、规章的事实和证据;

(三)行政处罚的种类和依据;

(四)行政处罚的履行方式和期限;

(五)申请行政复议、提起行政诉讼的途径和期限;

(六)作出行政处罚决定的行政机关名称和作出决定的日期。

行政处罚决定书必须盖有作出行政处罚决定的行政机关的印章。

**第六十条** 【决定期限】行政机关应当自行政处罚案件立案之日起九十日内作出行政处罚决定。法律、法规、规章另有规定的,从其规定。

**第六十一条** 【送达】行政处罚决定书应当在宣告后当场交付当事人;当事人不在场的,行政机关应当在七日内依照《中华人民共和国民事诉讼法》的有关规定,将行政处罚决定书送达当事人。

当事人同意并签订确认书的,行政机关可以采用传真、电子邮件等方式,将行政处罚决定书等送达当事人。

**第六十二条** 【处罚的成立条件】行政机关及其执法人员在作出行政处罚决定之前,未依照本法第四十四条、第四十五条的规定向当事人告知拟作出的行政处罚内容及事实、理由、依据,或者拒绝听取当事人的陈述、申辩,不得作出行政处罚决定;当事人明确放弃陈述或者申辩权利的除外。

### 第四节 听证程序

**第六十三条** 【听证权】行政机关拟作出下列行政处罚决定,应当告知当事人有要求听证的权利,当事人要求听证的,行政机关应当组织听证:

(一)较大数额罚款;

(二)没收较大数额违法所得、没收较大价值非法财物;

(三)降低资质等级、吊销许可证件;

(四)责令停产停业、责令关闭、限制从业;

(五)其他较重的行政处罚;

(六)法律、法规、规章规定的其他情形。

当事人不承担行政机关组织听证的费用。

**第六十四条** 【听证程序】听证应当依照以下程序组织:

(一)当事人要求听证的,应当在行政机关告知后五日内提出;

(二)行政机关应当在举行听证的七日前,通知当事人及有关人员听证的时间、地点;

(三)除涉及国家秘密、商业秘密或者个人隐私依法予以保密外,听证公开举行;

（四）听证由行政机关指定的非本案调查人员主持；当事人认为主持人与本案有直接利害关系的，有权申请回避；

（五）当事人可以亲自参加听证，也可以委托一至二人代理；

（六）当事人及其代理人无正当理由拒不出席听证或者未经许可中途退出听证的，视为放弃听证权利，行政机关终止听证；

（七）举行听证时，调查人员提出当事人违法的事实、证据和行政处罚建议，当事人进行申辩和质证；

（八）听证应当制作笔录。笔录应当交当事人或者其代理人核对无误后签字或者盖章。当事人或者其代理人拒绝签字或者盖章的，由听证主持人在笔录中注明。

**第六十五条　【听证笔录】**听证结束后，行政机关应当根据听证笔录，依照本法第五十七条的规定，作出决定。

## 第六章　行政处罚的执行

**第六十六条　【履行义务及分期履行】**行政处罚决定依法作出后，当事人应当在行政处罚决定书载明的期限内，予以履行。

当事人确有经济困难，需要延期或者分期缴纳罚款的，经当事人申请和行政机关批准，可以暂缓或者分期缴纳。

**第六十七条　【罚缴分离原则】**作出罚款决定的行政机关应当与收缴罚款的机构分离。

除依照本法第六十八条、第六十九条的规定当场收缴的罚款外，作出行政处罚决定的行政机关及其执法人员不得自行收缴罚款。

当事人应当自收到行政处罚决定书之日起十五日内，到指定的银行或者通过电子支付系统缴纳罚款。银行应当收受罚款，并将罚款直接上缴国库。

**第六十八条　【当场收缴罚款范围】**依照本法第五十一条的规定当场作出行政处罚决定，有下列情形之一，执法人员可以当场收缴罚款：

（一）依法给予一百元以下罚款的；

（二）不当场收缴事后难以执行的。

**第六十九条　【边远地区当场收缴罚款】**在边远、水上、交通不便地区，行政机关及其执法人员依照本法第五十一条、第五十七条的规定作出罚款决定后，当事人到指定的银行或者通过电子支付系统缴纳罚款确有困难，经当事人提出，行政机关及其执法人员可以当场收缴罚款。

**第七十条　【罚款票据】**行政机关及其执法人员当场收缴罚款的，必须向当事人出具国务院财政部门或者省、自治区、直辖市人民政府财政部门统一制发的专用票据；不出具财政部门统一制发的专用票据的，当事人有权拒绝缴纳罚款。

**第七十一条　【罚款交纳期】**执法人员当场收缴的罚款，应当自收缴罚款之日起二日内，交至行政机关；在水上当场收缴的罚款，应当自抵岸之日起二日内交至行政机关；行政机关应当在二日内将罚款缴付指定的银行。

**第七十二条　【执行措施】**当事人逾期不履行行政处罚决定的，作出行政处罚决定的行政机关可以采取下列措施：

（一）到期不缴纳罚款的，每日按罚款数额的百分之三加处罚款，加处罚款的数额不得超出罚款的数额；

（二）根据法律规定，将查封、扣押的财物拍卖、依法处理或者将冻结的存款、汇款划拨抵缴罚款；

（三）根据法律规定，采取其他行政强制执行方式；

（四）依照《中华人民共和国行政强制法》的规定申请人民法院强制执行。

行政机关批准延期、分期缴纳罚款的，申请人民法院强制执行的期限，自暂缓或者分期缴纳罚款期限结束之日起计算。

**第七十三条　【不停止执行及暂缓执行】**当事人对行政处罚决定不服，申请行政复议或者提起行政诉讼的，行政处罚不停止执行，法律另有规定的除外。

当事人对限制人身自由的行政处罚决定不服，申请行政复议或者提起行政诉讼的，可以向作出决定的机关提出暂缓执行申请。符合法律规定情形的，应当暂缓执行。

当事人申请行政复议或者提起行政诉讼的，加处罚款的数额在行政复议或者行政诉讼期间不予计算。

**第七十四条　【没收的非法财物的处理】**除依法应当予以销毁的物品外，依法没收的非法财物必须按照国家规定公开拍卖或者按照国家有关规定处理。

罚款、没收的违法所得或者没收非法财物拍卖的款项，必须全部上缴国库，任何行政机关或者个人不得以任何形式截留、私分或者变相私分。

罚款、没收的违法所得或者没收非法财物拍卖的款项，不得同作出行政处罚决定的行政机关及其工作人员的考核、考评直接或者变相挂钩。除依法应当退还、退赔的外，财政部门不得以任何形式向作出行政处罚决定的行政机关返还罚款、没收的违法所得或者没收非法财物拍卖的款项。

**第七十五条　【监督检查】**行政机关应当建立健全对行政处罚的监督制度。县级以上人民政府应当定期组织开展行政执法评议、考核，加强对行政处罚的监督检查，规范和保障行政处罚的实施。

行政机关实施行政处罚应当接受社会监督。公民、法人或者其他组织对行政机关实施行政处罚的行为，有权申诉或者检举；行政机关应当认真审查，发现有错误的，应当主动改正。

## 第七章　法律责任

**第七十六条　【上级行政机关的监督】**行政机关实施行政处罚，有下列情形之一，由上级行政机关或者有关机关责令改正，对直接负责的主管人员和其他直接责任人员依法给予处分：

（一）没有法定的行政处罚依据的；

（二）擅自改变行政处罚种类、幅度的；

（三）违反法定的行政处罚程序的；

（四）违反本法第二十条关于委托处罚的规定的；

（五）执法人员未取得执法证件的。

行政机关对符合立案标准的案件不及时立案的，依照前款规定予以处理。

**第七十七条　【当事人的拒绝处罚权及检举权】**行政机关对当事人进行处罚不使用罚款、没收财物单据或者使用非法定部门制发的罚款、没收财物单据的，当事人有权拒绝，并有权予以检举，由上级行政机关或者有关机关对使用的非法单据予以收缴销毁，对直接负责的主管人员和其他直接责任人员依法给予处分。

**第七十八条　【自行收缴罚款的处理】**行政机关违反本法第六十七条的规定自行收缴罚款的，财政部门违反本法第七十四条的规定向行政机关返还罚款、没收的违法所得或者拍卖款项的，由上级行政机关或者有关机关责令改正，对直接负责的主管人员和其他直接责任人员依法给予处分。

**第七十九条　【私分罚没财物的处理】**行政机关截留、私分或者变相私分罚款、没收的违法所得或者财物的，由财政部门或者有关机关予以追缴，对直接负责的主管人员和其他直接责任人员依法给予处分；情节严重构成犯罪的，依法追究刑事责任。

执法人员利用职务上的便利，索取或者收受他人财物、将收缴罚款据为己有，构成犯罪的，依法追究刑事责任；情节轻微不构成犯罪的，依法给予处分。

**第八十条　【行政机关的赔偿责任及对有关人员的处理】**行政机关使用或者损毁查封、扣押的财物，对当事人造成损失的，应当依法予以赔偿，对直接负责的主管人员和其他直接责任人员依法给予处分。

**第八十一条　【违法实行检查或执行措施的赔偿责任】**行政机关违法实施检查措施或者执行措施，给公民人身或者财产造成损害、给法人或者其他组织造成损失的，应当依法予以赔偿，对直接负责的主管人员和其他直接责任人员依法给予处分；情节严重构成犯罪的，依法追究刑事责任。

**第八十二条　【以行代刑的责任】**行政机关对应当依法移交司法机关追究刑事责任的案件不移交，以行政处罚代替刑事处罚，由上级行政机关或者有关机关责令改正，对直接负责的主管人员和其他直接责任人员依法给予处分；情节严重构成犯罪的，依法追究刑事责任。

**第八十三条　【失职责任】**行政机关对应当予以制止和处罚的违法行为不予制止、处罚，致使公民、法人或者其他组织的合法权益、公共利益和社会秩序遭受损害的，对直接负责的主管人员和其他直接责任人员依法给予处分；情节严重构成犯罪的，依法追究刑事责任。

## 第八章　附　则

**第八十四条　【属地原则】**外国人、无国籍人、外国组织在中华人民共和国领域内有违法行为，应当给予行政处罚的，适用本法，法律另有规定的除外。

**第八十五条　【工作日】**本法中“二日”“三日”“五日”“七日”的规定是指工作日，不含法定节假日。

**第八十六条　【施行日期】**本法自2021年7月15日起施行。

# 国务院关于进一步贯彻实施《中华人民共和国行政处罚法》的通知

·2021年11月15日

·国发〔2021〕26号

各省、自治区、直辖市人民政府，国务院各部委、各直属机构：

《中华人民共和国行政处罚法》（以下简称行政处罚法）已经十三届全国人大常委会第二十五次会议修订通过。为进一步贯彻实施行政处罚法，现就有关事项通知如下：

### 一、充分认识贯彻实施行政处罚法的重要意义

行政处罚法是规范政府行为的一部重要法律。贯彻实施好新修订的行政处罚法，对推进严格规范公正文明执法，保障和监督行政机关有效实施行政管理，优化法治化营商环境，保护公民、法人或者其他组织的合法权益，

加快法治政府建设，推进国家治理体系和治理能力现代化，具有重要意义。新修订的行政处罚法体现和巩固了近年来行政执法领域取得的重大改革成果，回应了当前的执法实践需要，明确了行政处罚的定义，扩充了行政处罚种类，完善了行政处罚程序，强化了行政执法责任。各地区、各部门要从深入学习贯彻习近平法治思想，加快建设法治国家、法治政府、法治社会的高度，充分认识新修订的行政处罚法施行的重要意义，采取有效措施，作出具体部署，扎实做好贯彻实施工作。

**二、加强学习、培训和宣传工作**

（一）开展制度化规范化常态化培训。行政机关工作人员特别是领导干部要带头认真学习行政处罚法，深刻领会精神实质和内在要求，做到依法行政并自觉接受监督。各地区、各部门要将行政处罚法纳入行政执法培训内容，作为行政执法人员的必修课，使行政执法人员全面理解和准确掌握行政处罚法的规定，依法全面正确履行行政处罚职能。各地区、各部门要于 2022 年 6 月前通过多种形式完成对现有行政执法人员的教育培训，并持续做好新上岗行政执法人员培训工作。

（二）加大宣传力度。各地区、各部门要将行政处罚法宣传纳入本地区、本部门的“八五”普法规划，面向社会广泛开展宣传，增强全民法治观念，提高全民守法意识，引导各方面监督行政处罚行为、维护自身合法权益。要按照“谁执法谁普法”普法责任制的要求，落实有关属地管理责任和部门主体责任，深入开展行政执法人员、行政复议人员等以案释法活动。

**三、依法规范行政处罚的设定**

（三）加强立法释法有关工作。起草法律、法规、规章草案时，对违反行政管理秩序的公民、法人或者其他组织，以减损权益或者增加义务的方式实施惩戒的，要依法设定行政处罚，不得以其他行政管理措施的名义变相设定，规避行政处罚设定的要求。对上位法设定的行政处罚作出具体规定的，不得通过增减违反行政管理秩序的行为和行政处罚种类、在法定幅度之外调整罚款上下限等方式层层加码或者“立法放水”。对现行法律、法规、规章中的行政管理措施是否属于行政处罚有争议的，要依法及时予以解释答复或者提请有权机关解释答复。

（四）依法合理设定罚款数额。根据行政处罚法规定，尚未制定法律、行政法规的，国务院部门规章对违反行政管理秩序的行为，可以按照国务院规定的限额设定一定数额的罚款。部门规章设定罚款，要坚持过罚相当，罚款数额要与违法行为的事实、性质、情节以及社会危害程度相当，该严的要严，该轻的要轻。法律、行政法规对违法行为已经作出罚款规定的，部门规章必须在法律、行政法规规定的给予行政处罚的行为、种类和幅度的范围内规定。尚未制定法律、行政法规，因行政管理迫切需要依法先以部门规章设定罚款的，设定的罚款数额最高不得超过 10 万元，且不得超过法律、行政法规对相似违法行为的罚款数额，涉及公民生命健康安全、金融安全且有危害后果的，设定的罚款数额最高不得超过 20 万元；超过上述限额的，要报国务院批准。上述情况下，部门规章实施一定时间后，需要继续实施其所设定的罚款且需要上升为法律、行政法规的，有关部门要及时报请国务院提请全国人大及其常委会制定法律，或者提请国务院制定行政法规。本通知印发后，修改部门规章时，要结合实际研究调整罚款数额的必要性，该降低的要降低，确需提高的要严格依照法定程序在限额范围内提高。地方政府规章设定罚款的限额，依法由省、自治区、直辖市人大常委会规定。

（五）强化定期评估和合法性审核。国务院部门和省、自治区、直辖市人民政府及其有关部门要认真落实行政处罚定期评估制度，结合立法计划规划每 5 年分类、分批组织一次评估。对评估发现有不符合上位法规定、不适应经济社会发展需要、明显过罚不当、缺乏针对性和实用性等情形的行政处罚规定，要及时按照立法权限和程序自行或者建议有权机关予以修改、废止。要加强行政规范性文件合法性审核，行政规范性文件不得设定行政处罚；违法规定行政处罚的，相关规定一律无效，不得作为行政处罚依据。

**四、进一步规范行政处罚的实施**

（六）依法全面正确履行行政处罚职能。行政机关要坚持执法为民，通过行政处罚预防、纠正和惩戒违反行政管理秩序的行为，维护公共利益和社会秩序，保护公民、法人或者其他组织的合法权益，不得违法实施行政处罚，不得为了处罚而处罚，坚决杜绝逐利执法，严禁下达罚没指标。财政部门要加强对罚缴分离、收支两条线等制度实施情况的监督，会同司法行政等部门按规定开展专项监督检查。要持续规范行政处罚行为，推进事中事后监管法治化、制度化、规范化，坚决避免运动式执法等执法乱象。

（七）细化管辖、立案、听证、执行等程序制度。各地区、各部门要严格遵守法定程序，结合实际制定、修改行政处罚配套制度，确保行政处罚法的有关程序要求落到实处。要进一步完善地域管辖、职能管辖等规定，建立健全管辖争议解决机制。两个以上行政机关属于同一主管部门，发生行政处罚管辖争议、协商不成的，由共同的上一级主管部门指定管辖；两个以上行政机关属于不同主管部门，发生行政处罚管辖争议、协商不成的，司法行政部门要会同有关单位进行协调，在本级人民政府领导下做好指定管辖工作。要建立健全立案制度、完善立案标准，对违反行政管理秩序的行为，按规定及时立案并严格遵守办案时限要求，确保案件得到及时有效查处。确需通过立法对办案期限作出特别规定的，要符合有利于及时查清案件事实、尽快纠正违法行为、迅速恢复正常行政管理秩序的要求。要建立健全行政处罚听证程序规则，细化听证范围和流程，严格落实根据听证笔录作出行政处罚决定的规定。要逐步提高送达地址确认书的利用率，细化电子送达工作流程，大力推进通过电子支付系统缴纳罚款，加强信息安全保障和技术支撑。

（八）规范电子技术监控设备的设置和使用。行政机关设置电子技术监控设备要确保符合标准、设置合理、标志明显，严禁违法要求当事人承担或者分摊设置电子技术监控设备的费用，严禁交由市场主体设置电子技术监控设备并由市场主体直接或者间接收取罚款。除有证据证明当事人存在破坏或者恶意干扰电子技术监控设备、伪造或者篡改数据等过错的，不得因设备不正常运行给予其行政处罚。要定期对利用电子技术监控设备取证的行政处罚决定进行数据分析；对同一区域内的高频违法行为，要综合分析研判原因，推动源头治理，需要改进行政管理行为的，及时采取相应措施，杜绝以罚代管。要严格限制电子技术监控设备收集信息的使用范围，不得泄露或者向他人非法提供。

（九）坚持行政处罚宽严相济。各地区、各部门要全面推行行政裁量基准制度，规范行政处罚裁量权，确保过罚相当，防止畸轻畸重。行政机关不得在未查明违法事实的情况下，对一定区域、领域的公民、法人或者其他组织“一刀切”实施责令停产停业、责令关闭等行政处罚。各地区、各部门要按照国务院关于复制推广自由贸易试验区改革试点经验的要求，全面落实“初次违法且危害后果轻微并及时改正的，可以不予行政处罚”的规定，根据实际制定发布多个领域的包容免罚清单；对当事人违法行为依法免予行政处罚的，采取签订承诺书等方式教育、引导、督促其自觉守法。要加大食品药品、公共卫生、自然资源、生态环境、安全生产、劳动保障等关系群众切身利益的重点领域执法力度。发生重大传染病疫情等突发事件，行政机关对违反突发事件应对措施的行为依法快速、从重处罚时，也要依法合理保护当事人的合法权益。

（十）健全法律责任衔接机制。各地区、各部门要细化责令退赔违法所得制度，依法合理保护利害关系人的合法权益；当事人主动退赔，消除或者减轻违法行为危害后果的，依法予以从轻或者减轻行政处罚。要全面贯彻落实《行政执法机关移送涉嫌犯罪案件的规定》，加强行政机关和司法机关协调配合，按规定畅通案件移送渠道，完善案件移送标准和证据认定保全、信息共享、工作协助等机制，统筹解决涉案物品归口处置和检验鉴定等问题。积极推进行政执法与刑事司法衔接信息平台建设。对有案不移等，情节严重构成犯罪的，依法追究刑事责任。

**五、持续改革行政处罚体制机制**

（十一）纵深推进综合行政执法体制改革。省、自治区、直辖市人民政府要统筹协调推进综合行政执法改革工作，建立健全配套制度，组织编制并公开本地区综合行政执法事项清单。有条件的地区可以在统筹考虑综合性、专业性以及防范风险的基础上，积极稳妥探索开展更大范围、更多领域集中行使行政处罚权以及与之相关的行政检查权、行政强制权。建立健全综合行政执法机关与业务主管部门、其他行政机关行政执法信息互联互通共享、协作配合工作机制。同时实施相对集中行政许可权和行政处罚权的，要建立健全相关制度机制，确保有序衔接，防止出现监管真空。

（十二）积极稳妥赋权乡镇街道实施行政处罚。省、自治区、直辖市根据当地实际情况，采取授权、委托、相对集中行政处罚权等方式向能够有效承接的乡镇人民政府、街道办事处赋权，要注重听取基层意见，关注基层需求，积极稳妥、科学合理下放行政处罚权，成熟一批、下放一批，确保放得下、接得住、管得好、有监督；要定期组织评估，需要调整的及时调整。有关市、县级人民政府及其部门要加强对乡镇人民政府、街道办事处行政处罚工作的组织协调、业务指导、执法监督，建立健全评议考核等配套制度，持续开展业务培训，研究解决实际问题。乡镇人民政府、街道办事处要不断加强执法能力建设，依法实施行政处罚。

（十三）规范委托行政处罚。委托行政处罚要有法律、法规、规章依据，严格依法采用书面委托形式，委托行政机关和受委托组织要将委托书向社会公布。对已经委托行政处罚，但是不符合行政处罚法要求的，要及时清理；不符合书面委托规定、确需继续实施的，要依法及时完善相关手续。委托行政机关要向本级人民政府或者实行垂直管理的上级行政机关备案委托书，司法行政等部门要加强指导、监督。

（十四）提升行政执法合力。逐步完善联合执法机制，复制推广"综合查一次"经验，探索推行多个行政机关同一时间、针对同一执法对象开展联合检查、调查，防止执法扰民。要健全行政处罚协助制度，明确协助的实施主体、时限要求、工作程序等内容。对其他行政机关请求协助、属于自身职权范围内的事项，要积极履行协助职责，不得无故拒绝、拖延；无正当理由拒绝、拖延的，由上级行政机关责令改正，对相关责任人员依法依规予以处理。要综合运用大数据、物联网、云计算、区块链、人工智能等技术，先行推进高频行政处罚事项协助，实现违法线索互联、监管标准互通、处理结果互认。有关地区可积极探索跨区域执法一体化合作的制度机制，建立健全行政处罚预警通报机制，完善管辖、调查、执行等方面的制度机制，为全国提供可复制推广的经验。

**六、加强对实施行政处罚的监督**

（十五）强化行政执法监督。要加快建设省市县乡四级全覆盖的行政执法协调监督工作体系，创新监督方式，强化全方位、全流程监督，提升行政执法质量。要完善执法人员资格管理、执法行为动态监测、行政处罚案卷评查、重大问题调查督办、责任追究等制度机制，更新行政处罚文书格式文本，完善办案信息系统，加大对行政处罚的层级监督力度，切实整治有案不立、有案不移、久查不结、过罚不当、怠于执行等顽瘴痼疾，发现问题及时整改；对行政处罚实施过程中出现的同类问题，及时研究规范。要完善评议考核、统计分析制度，不得以处罚数量、罚没数额等指标作为主要考核依据。要综合评估行政处罚对维护经济社会秩序，保护公民、法人或者其他组织合法权益，提高政府管理效能的作用，探索建立行政处罚绩效评估制度。各级人民政府要不断加强行政执法协调监督队伍建设，确保力量配备、工作条件、能力水平与工作任务相适应。

各地区、各部门要把贯彻实施好新修订的行政处罚法作为当前和今后一段时期加快建设法治政府的重要抓手，切实加强和改进相关行政立法，规范行政执法，强化行政执法监督，不断提高依法行政的能力和水平。要梳理总结贯彻实施行政处罚法的经验做法，及时将重要情况和问题报送司法部。司法部要加强统筹协调监督，指导各地区、各部门抓好贯彻实施工作，组织开展行政处罚法贯彻实施情况检查，重大情况及时报国务院。此前发布的国务院文件有关规定与本通知不一致的，以本通知为准。

## 罚款决定与罚款收缴分离实施办法

· 1997 年 11 月 17 日中华人民共和国国务院令第 235 号发布
· 自 1998 年 1 月 1 日起施行

**第一条**　为了实施罚款决定与罚款收缴分离，加强对罚款收缴活动的监督，保证罚款及时上缴国库，根据《中华人民共和国行政处罚法》（以下简称行政处罚法）的规定，制定本办法。

**第二条**　罚款的收取、缴纳及相关活动，适用本办法。

**第三条**　作出罚款决定的行政机关应当与收缴罚款的机构分离；但是，依照行政处罚法的规定可以当场收缴罚款的除外。

**第四条**　罚款必须全部上缴国库，任何行政机关、组织或者个人不得以任何形式截留、私分或者变相私分。

行政机关执法所需经费的拨付，按照国家有关规定执行。

**第五条**　经中国人民银行批准有代理收付款项业务的商业银行、信用合作社（以下简称代收机构），可以开办代收罚款的业务。

具体代收机构由县级以上地方人民政府组织本级财政部门、中国人民银行当地分支机构和依法具有行政处罚权的行政机关共同研究，统一确定。海关、外汇管理等实行垂直领导的依法具有行政处罚权的行政机关作出罚款决定的，具体代收机构由财政部、中国人民银行会同国务院有关部门确定。依法具有行政处罚权的国务院有关部门作出罚款决定的，具体代收机构由财政部、中国人民银行确定。

代收机构应当具备足够的代收网点，以方便当事人缴纳罚款。

**第六条**　行政机关应当依照本办法和国家有关规定，同代收机构签订代收罚款协议。

代收罚款协议应当包括下列事项：

（一）行政机关、代收机构名称；

（二）具体代收网点；

（三）代收机构上缴罚款的预算科目、预算级次；

（四）代收机构告知行政机关代收罚款情况的方式、期限；

（五）需要明确的其他事项。

自代收罚款协议签订之日起 15 日内，行政机关应当将代收罚款协议报上一级行政机关和同级财政部门备案；代收机构应当将代收罚款协议报中国人民银行或者其当地分支机构备案。

**第七条**　行政机关作出罚款决定的行政处罚决定书应当载明代收机构的名称、地址和当事人应当缴纳罚款的数额、期限等,并明确对当事人逾期缴纳罚款是否加处罚款。

当事人应当按照行政处罚决定书确定的罚款数额、期限,到指定的代收机构缴纳罚款。

**第八条**　代收机构代收罚款,应当向当事人出具罚款收据。

罚款收据的格式和印制,由财政部规定。

**第九条**　当事人逾期缴纳罚款,行政处罚决定书明确需要加处罚款的,代收机构应当按照行政处罚决定书加收罚款。

当事人对加收罚款有异议的,应当先缴纳罚款和加收的罚款,再依法向作出行政处罚决定的行政机关申请复议。

**第十条**　代收机构应当按照代收罚款协议规定的方式、期限,将当事人的姓名或者名称、缴纳罚款的数额、时间等情况书面告知作出行政处罚决定的行政机关。

**第十一条**　代收机构应当按照行政处罚法和国家有关规定,将代收的罚款直接上缴国库。

**第十二条**　国库应当按照《中华人民共和国国家金库条例》的规定,定期同财政部门和行政机关对账,以保证收受的罚款和上缴国库的罚款数额一致。

**第十三条**　代收机构应当在代收网点、营业时间、服务设施、缴款手续等方面为当事人缴纳罚款提供方便。

**第十四条**　财政部门应当向代收机构支付手续费,具体标准由财政部制定。

**第十五条**　法律、法规授权的具有管理公共事务职能的组织和依法受委托的组织依法作出的罚款决定与罚款收缴,适用本办法。

**第十六条**　本办法由财政部会同中国人民银行组织实施。

**第十七条**　本办法自1998年1月1日起施行。

## 罚款代收代缴管理办法

· 1998年5月28日

· 财预字〔1998〕201号

### 第一章　总　则

**第一条**　为了加强罚款收缴入库的管理,根据《中华人民共和国行政处罚法》、《罚款决定与罚款收缴分离实施办法》、《中华人民共和国国家金库条例》等有关法律、法规的规定,制定本办法。

**第二条**　具有行政处罚权的行政机关及法律、法规授权或依法受行政机关委托实施行政处罚的组织(以下简称行政机关),实行罚款决定与罚款收缴分离的,其罚款的收缴,适用本办法。

行政机关按法律规定实行当场收缴罚款的,其罚款的收缴,不适用本办法。

### 第二章　罚款代收机构

**第三条**　海关、外汇管理等实行垂直领导的依法具有行政处罚权的行政机关所处的罚款,由国有商业银行分支机构代收。国有商业银行代收有困难的,经财政部驻当地财政监察专员办事机构、中国人民银行当地分支机构协商确定,委托其他商业银行代收。

**第四条**　依法具有行政处罚权的国务院有关部门处以的罚款,由国有商业银行分支机构代收。

**第五条**　具有行政处罚权的地方行政机关所处的罚款,由县级以上地方人民政府组织本级财政部门、中国人民银行当地分支机构和依法具有行政处罚权的行政机关共同研究,统一确定代收机构。

### 第三章　罚款收据

**第六条**　代收机构代收罚款,必须使用全国统一格式的"代收罚款收据"。

**第七条**　"代收罚款收据"一式四联(每联规格:9.5公分×17.5公分,具体格式附后):

第一联,收据(白纸黑油墨),由代收机构收款盖章后退缴款人。

第二联,存根(白纸红油墨),由代收机构收款盖章后作收入凭证留存。

第三联,回执(白纸绿油墨),代收机构收款盖章后退作出处罚决定的行政机关。

第四联,报查(白纸紫油墨),代收机构收款盖章后,随一般缴款书的第五联(报查联)送国库,国库收款后送财政部门。

**第八条**　"代收罚款收据"由省级政府财政部门按统一格式指定企业印制,其他任何单位和个人不得印制。

"代收罚款收据"由省级财政部门负责组织发放。财政部门必须保证供应,并不得向领取收据的单位收取费用。

### 第四章　罚款收缴

**第九条**　代收机构应根据与行政机关签订的代收罚款协议,严格履行代收代缴罚款义务,加强对罚款代收工作的管理。经办人对单位和个人缴纳罚款，应认真办理，不得拒收罚款。

**第十条**　代收机构应根据行政机关的行政处罚决定书决定的罚款数额收取罚款。对逾期缴纳罚款的单位和个人，行政处罚决定书明确需要加处罚款的，根据逾期天数加收罚款。行政处罚决定书没有明确需要加处罚款的，代收机构不得自行加收罚款。

**第十一条**　代收机构代收的罚款，应统一使用"待结算财政款项"科目的"待报解预算收入（罚款收入）"专户核算，并于当日办理缴库；当日来不及办理的，应于次日（节假日顺延）办理，不得占压、挪用。

代收机构不参加票据交换、罚款不能直接缴入当地国库的，代收机构应于当日将代收的罚款（附"代收罚款收据"三、四联）上划管辖行。管辖行对上划的罚款，应于当日或次日（节假日顺延）办理缴库。

**第十二条**　代收机构代收的罚款和代收机构管辖行收到上划的罚款，应按行政机关的隶属关系和罚款收入的预算科目、预算级次就地缴入中央国库和地方国库。代收机构或管辖行在办理缴库时，应填写"一般缴款书"，其中，"缴款单位"一栏，"全称"按行政机关全称填写，其他各项，根据《中华人民共和国国家金库条例》及其实施细则的要求填写。

缴款书第一联，代收机构盖章后连同代收罚款收据第三联送作出处罚决定的行政机关；第二联，代收机构留作付款凭证。第三-五联（附"代收罚款收据"第四联），由代收机构或管辖行通过票据交换，送当地国库。国库收款盖章后，第三联留存作收入凭证；第四、五联（附代收罚款收据第四联）按预算级次分送财政部门：属于中央的罚款收入，退财政部驻当地财政监察专员办事机构；属于地方的罚款收入，退同级财政部门；属于中央与地方分成的罚款收入，代收罚款收据第四联和缴款书第五联退财政部驻当地财政监察专员办事机构，缴款书第四联退地方同级财政部门。

**第十三条**　代收机构只办理罚款的代收与缴库。凡错缴和多缴的罚款，以及经行政机关复议后不应处罚的罚款须办理退付的，应由作出处罚决定的行政机关提出申请，报经同级财政部门（缴入中央国库的，报财政部驻当地财政监察专员办事机构）审查批准后，由财政部门开具收入退还书，分别从中央国库和地方国库退付。代收机构不得从罚款收入中冲退。

## 第五章　代收手续费

**第十四条**　财政部门按代收机构管辖行缴入国库罚款总额0.5%的比例，按季支付手续费。其中，缴入中央国库的，手续费由各地财政监察专员办事机构支付，缴入地方国库的，由地方同级财政部门支付。

**第十五条**　代收机构应于每季终了后3日内，将上季代收并缴入中央和地方国库的各项罚款分别汇总，填写罚款汇总表（格式附后），分送财政部驻各地财政监察专员办事机构和地方财政部门、作出处罚决定的行政机关核对。财政监察专员办事机构和地方财政部门收到代收机构报送的罚款汇总表，应与国库转来的缴款书及所附"代收罚款收据"进行核对，审核完毕按实际入库数支付上季手续费。

## 第六章　监　督

**第十六条**　作出罚款决定的行政机关财务部门应按月与委托的代收机构就罚款收入的代收情况进行对账，对未到指定代收机构缴纳罚款的，应责成被处罚单位和个人缴纳并加处罚款。

**第十七条**　各级财政部门应按月与国库、作出罚款决定的行政机关就罚款收入的收缴情况进行对账检查，对账中发现的问题，应通知有关单位及时纠正。

**第十八条**　各级国库有权对代收机构代收罚款的情况进行监督检查。对违反规定，拒收和占压、挪用代收罚款收入的，应依法进行处理。

**第十九条**　各级财政部门对同级行政机关罚款的收缴情况，有权进行监督检查，对违反规定拒不执行罚款决定与罚款收缴分离规定，截留、挪用应缴罚款收入的，应按《国务院关于违反财政法规处罚的暂行规定》予以处理。

**第二十条**　代收机构、行政机关应按照国库和财政部门的要求，如实提供必要的资料，认真配合国库、财政机关的检查工作。

**第二十一条**　代收机构不履行代收协议所规定义务的，由确定代收机构的部门取消其代收罚款的资格，并按规定重新确定代收机构。

## 第七章　附　则

**第二十二条**　人民法院和人民检察院所处罚款的收缴，比照本办法的规定办理。

**第二十三条**　税务部门所处税收罚款的收缴，仍按现行办法办理。

**第二十四条**　各地财政监察专员办事机构支付罚款代收手续费以及其他相关费用，由财政部驻各省、自治区、直辖市、计划单列市财政监察专员办事处根据实际应付数按季汇总报财政部。经财政部与中央总金库核对无误后,由财政部下拨到各财政监察专员办事处,各专员办事处转拨到所属办事机构。

**第二十五条** 本办法由财政部会同中国人民银行解释。

**第二十六条** 本办法自颁布之日起实行。其他有关罚款收缴的规定与本办法不一致的,以本办法为准。

· *指导案例*

## 1. 盐城市奥康食品有限公司东台分公司诉盐城市东台工商行政管理局工商行政处罚案①

**【关键词】**

行政　行政处罚　食品安全标准　食品标签　食品说明书

**【裁判要点】**

1. 食品经营者在食品标签、食品说明书上特别强调添加、含有一种或多种有价值、有特性的配料、成分,应标示所强调配料、成分的添加量或含量,未标示的,属于违反《中华人民共和国食品安全法》的行为,工商行政管理部门依法对其实施行政处罚的,人民法院应予支持。

2. 所谓"强调",是指通过名称、色差、字体、字号、图形、排列顺序、文字说明、同一内容反复出现或多个内容都指向同一事物等形式进行着重标识。所谓"有价值、有特性的配料",是指不同于一般配料的特殊配料,对人体有较高的营养作用,其市场价格、营养成分往往高于其他配料。

**【相关法条】**

《中华人民共和国食品安全法》第20条、第42条第1款(该法于2015年4月24日修订,新法相关法条为第26条、第67条第1款)

**【基本案情】**

原告盐城市奥康食品有限公司东台分公司(以下简称奥康公司)诉称:2012年5月15日,被告盐城市东台工商行政管理局(以下简称东台工商局)作出东工商案字〔2012〕第00298号《行政处罚决定书》,认定原告销售的金龙鱼橄榄原香食用调和油没有标明橄榄油的含量,违反了GB7718-2004《预包装食品标签通则》的规定,责令其改正,并处以合计60000元的罚没款。原告认为,其经营的金龙鱼橄榄原香食用调和油标签上的"橄榄原香"是对产品物理属性的客观描述,并非对某种配料的强调,不需要标明含量或者添加量。橄榄油是和其他配料菜籽油、大豆油相同的普通食用油配料,并无特殊功效或价值,不是"有价值、有特性的配料"。本案应适用《中华人民共和国食品安全法》(以下简称《食品安全法》)规定的国务院卫生行政部门颁布的食品安全国家标准,而被告适用的GB7718-2004《预包装食品标签通则》并不是食品安全国家标准,适用法律错误。综上,请求法院判决撤销被告对其作出的涉案行政处罚决定书。

被告东台工商局辩称:原告奥康公司经营的金龙鱼牌橄榄原香食用调和油标签正面突出"橄榄"二字,配有橄榄图形,吊牌写明"添加了来自意大利的100%特级初榨橄榄油",但未注明添加量,这就属于食品标签上特别强调添加某种有价值、有特性配料而未标示添加量的情形。GB7718-2004《预包装食品标签通则》作为食品标签强制性标准,在《食品安全法》生效后,即被视为食品安全标准之一,直至被GB7718-2011《预包装食品标签管理通则》替代。因此,其所作出的行政处罚决定定性准确,合理适当,程序合法,请求法院予以维持。

法院经审理查明:2011年9月1日至2012年2月29日,奥康公司购进净含量5升的金龙鱼牌橄榄原香食用调和油290瓶,加价销售给千家惠超市,获得销售收入34800元,净利润2836.9元。2012年2月21日,东台工商局行政执法人员在千家惠超市检查时,发现上述金龙鱼牌橄榄原香食用调和油未标示橄榄油的添加量。上述金龙鱼牌橄榄原香食用调和油名称为"橄榄原香食用调和油",其标签上有"橄榄"二字,配有橄榄图形,标签侧面标示"配料:菜籽油、大豆油、橄榄油"等内容,吊牌上写明:"金龙鱼橄榄原香食用调和油,添加了来自意大利的100%特级初榨橄榄油,洋溢着淡淡的橄榄果清香。除富含多种维生素、单不饱和脂肪酸等健康物质外,其橄榄原生精华含有多本酚等天然抗氧化成分,满足自然健康的高品质生活追求。"

东台工商局于2012年2月27日立案调查,并于5月9日向原告奥康公司送达行政处罚听证告知书。原告在法

① 案例来源:最高人民法院指导案例60号。

定期限内未提出陈述和申辩，也未要求举行听证。5月15日被告向原告送达东工商案字〔2012〕第298号行政处罚决定书，认定原告经营标签不符合《食品安全法》规定的食品，属于食品标签上特别强调添加某种有价值、有特性配料而未标示添加量的情形，依照《中华人民共和国行政处罚法》《食品安全法》规定，作出责令改正、没收违法所得2836.9元和罚款57163.1元，合计罚没款60000元的行政处罚。原告不服，申请行政复议，盐城市工商行政管理局复议维持该处罚决定。

【裁判结果】

江苏省东台市人民法院于2012年12月15日作出（2012）东行初字第0068号行政判决：维持东台工商局2012年5月15日作出的东工商案字〔2012〕第00298号《行政处罚决定书》。宣判后，奥康公司向江苏省盐城市中级人民法院提起上诉。江苏省盐城市中级人民法院于2013年5月9日作出（2013）盐行终字第0032号行政判决，维持一审判决。

【裁判理由】

法院生效裁判认为：《食品安全法》第二十条第四项规定，食品安全标准应当包括对与食品安全、营养有关的标签、标识、说明书的要求。第二十二条规定，本法规定的食品安全国家标准公布前，食品生产经营者应当按照现行食用农产品质量安全标准、食品卫生标准、食品质量标准和有关食品的行业标准生产经营食品。GB7718-2004《预包装食品标签通则》由国家质量监督检验检疫总局和国家标准化管理委员会制定，于2005年10月1日实施；《食品安全法》于2009年6月1日实施，新版的GB7718-2011《预包装食品标签管理通则》是由国务院卫生行政部门制定，且明确是食品安全国家标准，于2012年4月20日实施。本案原告奥康公司违法行为发生在2011年9月至2012年2月，GB7718-2004《预包装食品标签通则》属于当时的食品安全国家标准之一。因此，被告东台工商局适用GB7718-2004《预包装食品标签通则》对原告作出行政处罚，并无不当。

GB7718-2004《预包装食品标签通则》规定："预包装食品标签的所有内容，不得以虚假、使消费者误解或欺骗性的文字、图形等方式介绍食品；也不得利用字号大小或色差误导消费者。""如果在食品标签或食品说明书上特别强调添加了某种或数种有价值、有特性的配料，应标示所强调配料的添加量。"这里所指的"强调"，是特别着重或着重提出，一般意义上，通过名称、色差、字体、字号、图形、排列顺序、文字说明、同一内容反复出现或多个内容都指向同一事物等形式表现，均可理解为对某事物的强调。"有价值、有特性的配料"，是指对人体有较高的营养作用，配料本身不同于一般配料的特殊配料。通常理解，此种配料的市场价格或营养成分应高于其他配料。本案中，原告奥康公司认为"橄榄原香"是对产品物理属性的客观描述，并非对某种配料的强调，但从原告销售的金龙鱼牌橄榄原香食用调和油的外包装来看，其标签上以图形、字体、文字说明等方式突出了"橄榄"二字，强调了该食用调和油添加了橄榄油的配料，且在吊牌（食品标签的组成部分）上有"添加了来自意大利的100%特级初榨橄榄油"等文字叙述，显而易见地向消费者强调该产品添加了橄榄油的配料，该做法本身实际上就是强调"橄榄"在该产品中的价值和特性。一般来说，橄榄油的市场价格或营养作用均高于一般的大豆油、菜籽油等，因此，如在食用调和油中添加了橄榄油，可以认定橄榄油是"有价值、有特性的配料"。因此，奥康公司未标示橄榄油的添加量，属于违反食品安全标准的行为。东台工商局所作行政处罚决定具有事实和法律依据，应予维持。

## 2. 北海市乃志海洋科技有限公司诉北海市海洋与渔业局行政处罚案①

【关键词】

行政/行政处罚/非法围海、填海/海岸线保护/海洋生态环境/共同违法认定/从轻或者减轻行政处罚

【裁判要点】

1. 行为人未依法取得海域使用权，在海岸线向海一侧以平整场地及围堰护岸等方式，实施筑堤围割海域，将海域填成土地并形成有效岸线，改变海域自然属性的用海活动可以认定为构成非法围海、填海。

2. 同一海域内，行为人在无共同违法意思联络的情形下，先后各自以其独立的行为进行围海、填海，并造成不同损害后果的，不属于共同违法的情形。行政机关认定各行为人的上述行为已构成独立的行政违法行为，并对各行为人进行相互独立的行政处罚，人民法院应予支持。对于同一海域内先后存在两个以上相互独立的非法围海、填海行为，行为人应各自承担相应的行政法律责任，在后的违法行为不因在先的违法行为适用从轻或者减轻行政处罚的有关规定。

① 案例来源：最高人民法院指导案例178号。

【相关法条】

《中华人民共和国行政处罚法》(2021年1月22日修订)第32条(本案适用的是2017年9月1日修订的《中华人民共和国行政处罚法》第27条)

《中华人民共和国海域使用管理法》第42条

【基本案情】

北海市乃志海洋科技有限公司(以下简称乃志公司)诉称:其未实施围海、填海行为,实施该行为的主体是北海市渔沣海水养殖有限公司(以下简称渔沣公司)。即使认定其存在非法围海、填海行为,因其与渔沣公司在同一海域内实施了占用海域行为,应由所有实施违法行为的主体共同承担责任,对其从轻或减轻处罚。北海市海洋与渔业局(以下简称海洋渔业局)以乃志公司非法占用并实施围海、填海0.38公顷海域,作出缴纳海域使用金十五倍罚款的行政处罚,缺乏事实和法律依据,属于从重处罚,请求撤销该行政处罚决定。

海洋渔业局辩称:现场调查笔录及照片等证据证实乃志公司实施了围海造地的行为,其分别对乃志公司和渔沣公司的违法行为进行了查处,确定乃志公司缴纳罚款数额符合法律规定。

法院经审理查明:2013年6月1日,渔沣公司与北海市铁山港区兴港镇石头埠村小组签订《农村土地租赁合同》,约定石头埠村小组将位于石头埠村海边的空地租给渔沣公司管理使用,该地块位于石头埠村海边左邻避风港右靠北林码头,与海堤公路平齐,沿街边100米,沿海上进深145米,共21.78亩,作为海产品冷冻场地。合同涉及租用的海边空地实际位置在海岸线之外。同年7至9月间,渔沣公司雇请他人抽取海沙填到涉案海域,形成沙堆。2016年5月12日,乃志公司与渔沣公司签订《土地承包合同转让协议》,乃志公司取得渔沣公司在原合同中的权利。同年7月至9月间,乃志公司在未依法取得海域使用权的情况下,对其租赁的海边空地(实为海滩涂)利用机械和车辆从外运来泥土、建筑废料进行场地平整,建设临时码头,形成陆域,准备建设冷冻厂。

2017年10月,海洋渔业局对该围海、填海施工行为进行立案查处,测定乃志公司填占海域面积为0.38公顷。经听取乃志公司陈述申辩意见,召开听证会,并经两次会审,海洋渔业局作出北海渔处罚〔2017〕09号行政处罚决定书,对乃志公司作出行政处罚:责令退还非法占用海域,恢复海域原状,并处非法占用海域期间内该海域面积应缴纳海域使用金十五倍计人民币256.77万元的罚款。乃志公司不服,提起行政诉讼,请求撤销该行政处罚决定。

【裁判结果】

北海海事法院于2018年9月17日作出(2018)桂72行初2号行政判决,驳回原告乃志公司的诉讼请求。宣判后,乃志公司提出上诉。广西壮族自治区高级人民法院于2019年6月26日作出(2018)桂行终1163号行政判决:驳回上诉,维持原判。

【裁判理由】

法院生效裁判认为:乃志公司占用的海边空地在海岸线(天然岸线)之外向海一侧,实为海滩涂。其公司使用自有铲车、勾机等机械,从外运来泥土和建筑废料对渔沣公司吹填形成的沙堆进行平整、充实,形成临时码头,并在临时码头西南面新填了部分海域,建造了临时码头北面靠海一侧的沙袋围堰和护岸设施。上述平整填充场地以及围堰护岸等行为,导致海域自然属性改变,形成有效岸线,属于围海、填海行为。乃志公司未取得案涉0.38公顷海域的合法使用权,在该区域内进行围海、填海,构成非法围海、填海。

渔沣公司与乃志公司均在案涉海域进行了一定的围海、填海活动,但二者的违法行为具有可分性和独立性,并非共同违法行为。首先,渔沣公司与乃志公司既无共同违法的意思联络,亦非共同实施违法行为。从时间上分析,渔沣公司系于2013年7月至9月间雇请他人抽取海沙填到涉案海域,形成沙堆。而乃志公司系于2016年5月12日通过签订转让协议的方式取得渔沣公司在原合同中的权利,并于2016年7月至9月期间对涉案海域进行场地平整,建设临时码头,形成陆域。二者进行围海、填海活动的时间间隔较远,相互独立,并无彼此配合的情形。其次,渔沣公司与乃志公司的违法性质不同。渔沣公司仅是抽取海沙填入涉案海域,形成沙堆,其行为违法程度较轻。而乃志公司已对涉案海域进行了围堰和场地平整,并建设临时码头,形成了陆域,其行为违法情节更严重,性质更为恶劣。再次,渔沣公司与乃志公司的行为所造成的损害后果不同。渔沣公司的行为尚未完全改变涉案海域的海洋环境,而乃志公司对涉案海域进行围堰及场地平整,设立临时码头,形成了陆域,其行为已完全改变了涉案海域的海洋生态环境,构成了非法围海、填海,损害后果更为严重。海洋渔业局认定乃志公司与渔沣公司的违法行为相互独立并分别立案查处,有事实及法律依据,并无不当。乃志公司主张海洋渔业局存在选择性执法,以及渔沣公司应当与其共同承担责任的抗辩意见不能成立。

乃志公司被查处后并未主动采取措施减轻或消除其围海、填海造地的危害后果,不存在从轻或减轻处罚的情形,故乃志公司主张从轻或减轻行政处罚,缺乏法律依据。

乃志公司平整和围填涉案海域，占填海域面积为0.38公顷，其行为改变了该海域的自然属性，形成陆域，对近海生态造成不利的影响。海洋渔业局依据海域使用管理法第四十二条规定的"处非法占用海域期间内该海域面积应缴纳的海域使用金十倍以上二十倍以下的罚款"，决定按十五倍处罚，未违反行政处罚法关于行政处罚适用的相关规定，符合中国海监总队《关于进一步规范海洋行政处罚裁量权行使的若干意见》对于行政处罚幅度中的一般处罚，并非从重处罚，作出罚款人民币256.77万元的处罚决定，认定事实清楚，适用法律并无不当。

· *文书范本*

## 1. 行政处罚意见告知书

字第　　号

你(单位)________________一案，经调查和研究，认为____________违法事实清楚，拟给予如下行政处罚：

1、________________________________

2、________________________________

3、________________________________

理由和依据是：________________________________

________________________________________

根据《中华人民共和国行政处罚法》第四十四条、第四十五条、第六十三条、第六十四条之规定，你(单位)可在收到通知书之日起5日内向本部门提出书面陈述、申辩材料或要求组织听证，逾期不陈述、申辩或不要求组织听证的，视为你(单位)放弃上述权利。

执法机关(印章)
年　　月　　日

执法机关地址：______________

联系人：　　　　　　　　联系电话：

(本通知书一式两份，一份用作备案存根)

## 2. 行政处罚听证会通知书

字第　　号

__________：

你(单位)关于____________一案，现定于______年______月______日______时______分在______________(公开、不公开)举行听证会。

听证会主持人姓名：__________职务：__________

记录人姓名：__________职务：__________

你(单位法定代表人)或委托代理人应准时出席，逾期不出席的，视为放弃听证要求。委托代理人出席的，应当提交当事人签名的授权委托书。

根据《中华人民共和国行政处罚法》第六十四条规定，你(单位)申请听证主持人回避的，应当在接到本通知书之日起____日内向我单位提出并说明理由。

特此通知。

执法机关(印章)
年 月 日

执法机关地址：________________________

联系人： 联系电话：

(本通知一式两份，一份作备案存根)

## 3. 行政处罚听证会笔录

(共 页)

听证时间：_______年_______月_______日_______分至_______时_______分
听证地点：________________________________________
听证主持人： 姓名______________职务______________
听证记录员： 姓名______________职务______________
案件调查人员：姓名______________职务______________
姓名______________职务______________
当事人：姓名__________性别__________年龄__________民族__________
文化程度__________职业__________工作单位__________
住址________________________________________
(或)单位名称：__________________法定代表人：__________________
单位地址：________________________________________
委托代理人：姓名______________________单位__________________
(听证会内容)：________________________________________
________________________________________

当事人签名或盖章

## 4. 行政处罚事先告知书

罚字( )号

(当事人姓名或名称：)
住址：______________

经调查，你单位(或个人)的以下行为：________________，违反了下列规定：《__________》第_____条第_____款________________________(处罚理由)。

根据《__________》第______条第______款，对你单位(或个人)拟作出如下行政处罚：

根据《中华人民共和国行政处罚法》第四十四条的规定，你单位(或个人)如对该处罚意见有异议，可在接到本通知之日起七日内向我机关提出陈述申辩；逾期未提出陈述或者申辩，视为你单位(或个人)放弃陈述和申辩的权利。

机关地址：　　　　　　　　　　邮政编码：

联 系 人：　　　　　　　　　　电　　话：

(印章)

年　　月　　日

## 5. 行政处罚决定书

罚字(　　)号

当事人基本情况(姓名、性别、年龄、住址或单位名称、单位地址、法定代表人等)

经查明，当事人于__________年______月______日(叙述案情、调查和听证经过、证据及认定的事实等内容)。上述事实清楚，证据充分，应予认定。根据(叙述行政处罚所依据的法律、法规、规章的名称、具体条款的序号)之规定，决定(叙述行政处罚的具体种类及幅度)。从本决定书送达之日起(叙述处罚单位要求当事人履行义务的期限及具体内容)。

当事人对本处罚决定不服的，可以在收到本处罚决定书之日起______日内向(写明复议机关)申请行政复议或者向人民法院提起行政诉讼。当事人逾期不申请复议或者提起诉讼，又不履行义务的，将申请人民法院强制执行。

执法机关印章

年　　月　　日

(本格式为参考格式，使用时因案而异，可根据需要打印若干份)

## 6. 当场行政处罚决定书

罚字(　　)号

当事人：____________________地址：

法定代表人(负责人)：____________________性别：__________年龄：__________职务：__________

经查，你(单位)有下列主要违法事实：________________________________________________

上述事实已经违反了________________________________________________

________________________________________________之规定。

依据________________________________________________

____________________的规定，给予以下行政处罚：________________________________

________________________________________________

请在接到本处罚决定书之日起15日内到________________银行缴纳罚款，地址：____________________，账号：______

________________________________。逾期每日按罚款数额的 加处罚款。

如不服本处罚决定，可在接到本处罚决定之日起60日内依法向____________________或____________________申请行政复议;或 6 个月内向 ____________ 法院起诉。逾期不申请复议,也不向人民法院起诉,又不履行处罚决定的,本机关将申请人民法院强制执行。

(印章)

年　月　日

当事人签字:____________　　年　月　日

注:一式两联,第一联存档,第二联交被处罚单位(人)。

## 5. 行政强制

### 中华人民共和国行政强制法

·2011 年 6 月 30 日第十一届全国人民代表大会常务委员会第二十一次会议通过
·2011 年 6 月 30 日中华人民共和国主席令第 49 号公布
·自 2012 年 1 月 1 日起施行

目　录


第一章　总　则
第二章　行政强制的种类和设定
第三章　行政强制措施实施程序
　第一节　一般规定
　第二节　查封、扣押
　第三节　冻　结
第四章　行政机关强制执行程序
　第一节　一般规定
　第二节　金钱给付义务的执行
　第三节　代履行
第五章　申请人民法院强制执行
第六章　法律责任
第七章　附　则


#### 第一章　总　则

**第一条　【立法目的】**为了规范行政强制的设定和实施,保障和监督行政机关依法履行职责,维护公共利益和社会秩序,保护公民、法人和其他组织的合法权益,根据宪法,制定本法。

**第二条　【行政强制的定义】**本法所称行政强制,包括行政强制措施和行政强制执行。

行政强制措施,是指行政机关在行政管理过程中,为制止违法行为、防止证据损毁、避免危害发生、控制危险扩大等情形,依法对公民的人身自由实施暂时性限制,或者对公民、法人或者其他组织的财物实施暂时性控制的行为。

行政强制执行,是指行政机关或者行政机关申请人民法院,对不履行行政决定的公民、法人或者其他组织,依法强制履行义务的行为。

**第三条　【适用范围】**行政强制的设定和实施,适用本法。

发生或者即将发生自然灾害、事故灾难、公共卫生事件或者社会安全事件等突发事件,行政机关采取应急措施或者临时措施,依照有关法律、行政法规的规定执行。

行政机关采取金融业审慎监管措施、进出境货物强制性技术监控措施,依照有关法律、行政法规的规定执行。

**第四条　【合法性原则】**行政强制的设定和实施,应当依照法定的权限、范围、条件和程序。

**第五条　【适当原则】**行政强制的设定和实施,应当适当。采用非强制手段可以达到行政管理目的的,不得设定和实施行政强制。

**第六条　【教育与强制相结合原则】**实施行政强制,应当坚持教育与强制相结合。

**第七条　【不得利用行政强制谋利】**行政机关及其工作人员不得利用行政强制权为单位或者个人谋取利益。

**第八条　【相对人的权利与救济】**公民、法人或者其他组织对行政机关实施行政强制,享有陈述权、申辩权;有权依法申请行政复议或者提起行政诉讼;因行政机关违法实施行政强制受到损害的,有权依法要求赔偿。

公民、法人或者其他组织因人民法院在强制执行中有违法行为或者扩大强制执行范围受到损害的,有权依法要求赔偿。

#### 第二章　行政强制的种类和设定

**第九条　【行政强制措施种类】**行政强制措施的种类:

（一）限制公民人身自由；

（二）查封场所、设施或者财物；

（三）扣押财物；

（四）冻结存款、汇款；

（五）其他行政强制措施。

**第十条　【行政强制措施设定权】**行政强制措施由法律设定。

尚未制定法律，且属于国务院行政管理职权事项的，行政法规可以设定除本法第九条第一项、第四项和应当由法律规定的行政强制措施以外的其他行政强制措施。

尚未制定法律、行政法规，且属于地方性事务的，地方性法规可以设定本法第九条第二项、第三项的行政强制措施。

法律、法规以外的其他规范性文件不得设定行政强制措施。

**第十一条　【行政强制措施设定的统一性】**法律对行政强制措施的对象、条件、种类作了规定的，行政法规、地方性法规不得作出扩大规定。

法律中未设定行政强制措施的，行政法规、地方性法规不得设定行政强制措施。但是，法律规定特定事项由行政法规规定具体管理措施的，行政法规可以设定除本法第九条第一项、第四项和应当由法律规定的行政强制措施以外的其他行政强制措施。

**第十二条　【行政强制执行方式】**行政强制执行的方式：

（一）加处罚款或者滞纳金；

（二）划拨存款、汇款；

（三）拍卖或者依法处理查封、扣押的场所、设施或者财物；

（四）排除妨碍、恢复原状；

（五）代履行；

（六）其他强制执行方式。

**第十三条　【行政强制执行设定权】**行政强制执行由法律设定。

法律没有规定行政机关强制执行的，作出行政决定的行政机关应当申请人民法院强制执行。

**第十四条　【听取社会意见、说明必要性及影响】**起草法律草案、法规草案，拟设定行政强制的，起草单位应当采取听证会、论证会等形式听取意见，并向制定机关说明设定该行政强制的必要性、可能产生的影响以及听取和采纳意见的情况。

**第十五条　【已设定的行政强制的评价制度】**行政强制的设定机关应当定期对其设定的行政强制进行评价，并对不适当的行政强制及时予以修改或者废止。

行政强制的实施机关可以对已设定的行政强制的实施情况及存在的必要性适时进行评价，并将意见报告该行政强制的设定机关。

公民、法人或者其他组织可以向行政强制的设定机关和实施机关就行政强制的设定和实施提出意见和建议。有关机关应当认真研究论证，并以适当方式予以反馈。

## 第三章　行政强制措施实施程序

### 第一节　一般规定

**第十六条　【实施行政强制措施的条件】**行政机关履行行政管理职责，依照法律、法规的规定，实施行政强制措施。

违法行为情节显著轻微或者没有明显社会危害的，可以不采取行政强制措施。

**第十七条　【行政强制措施的实施主体】**行政强制措施由法律、法规规定的行政机关在法定职权范围内实施。行政强制措施权不得委托。

依据《中华人民共和国行政处罚法》的规定行使相对集中行政处罚权的行政机关，可以实施法律、法规规定的与行政处罚权有关的行政强制措施。

行政强制措施应当由行政机关具备资格的行政执法人员实施，其他人员不得实施。

**第十八条　【一般程序】**行政机关实施行政强制措施应当遵守下列规定：

（一）实施前须向行政机关负责人报告并经批准；

（二）由两名以上行政执法人员实施；

（三）出示执法身份证件；

（四）通知当事人到场；

（五）当场告知当事人采取行政强制措施的理由、依据以及当事人依法享有的权利、救济途径；

（六）听取当事人的陈述和申辩；

（七）制作现场笔录；

（八）现场笔录由当事人和行政执法人员签名或者盖章，当事人拒绝的，在笔录中予以注明；

（九）当事人不到场的，邀请见证人到场，由见证人和行政执法人员在现场笔录上签名或者盖章；

（十）法律、法规规定的其他程序。

**第十九条　【情况紧急时的程序】**情况紧急，需要当场实施行政强制措施的，行政执法人员应当在二十四小时内向行政机关负责人报告，并补办批准手续。行政机关负责人认为不应当采取行政强制措施的，应当立即解除。

**第二十条 【限制人身自由行政强制措施的程序】**依照法律规定实施限制公民人身自由的行政强制措施，除应当履行本法第十八条规定的程序外，还应当遵守下列规定：

（一）当场告知或者实施行政强制措施后立即通知当事人家属实施行政强制措施的行政机关、地点和期限；

（二）在紧急情况下当场实施行政强制措施的，在返回行政机关后，立即向行政机关负责人报告并补办批准手续；

（三）法律规定的其他程序。

实施限制人身自由的行政强制措施不得超过法定期限。实施行政强制措施的目的已经达到或者条件已经消失，应当立即解除。

**第二十一条 【涉嫌犯罪案件的移送】**违法行为涉嫌犯罪应当移送司法机关的，行政机关应当将查封、扣押、冻结的财物一并移送，并书面告知当事人。

## 第二节 查封、扣押

**第二十二条 【查封、扣押实施主体】**查封、扣押应当由法律、法规规定的行政机关实施，其他任何行政机关或者组织不得实施。

**第二十三条 【查封、扣押对象】**查封、扣押限于涉案的场所、设施或者财物，不得查封、扣押与违法行为无关的场所、设施或者财物；不得查封、扣押公民个人及其所扶养家属的生活必需品。

当事人的场所、设施或者财物已被其他国家机关依法查封的，不得重复查封。

**第二十四条 【查封、扣押实施程序】**行政机关决定实施查封、扣押的，应当履行本法第十八条规定的程序，制作并当场交付查封、扣押决定书和清单。

查封、扣押决定书应当载明下列事项：

（一）当事人的姓名或者名称、地址；

（二）查封、扣押的理由、依据和期限；

（三）查封、扣押场所、设施或者财物的名称、数量等；

（四）申请行政复议或者提起行政诉讼的途径和期限；

（五）行政机关的名称、印章和日期。

查封、扣押清单一式二份，由当事人和行政机关分别保存。

**第二十五条 【查封、扣押期限】**查封、扣押的期限不得超过三十日；情况复杂的，经行政机关负责人批准，可以延长，但是延长期限不得超过三十日。法律、行政法规另有规定的除外。

延长查封、扣押的决定应当及时书面告知当事人，并说明理由。

对物品需要进行检测、检验、检疫或者技术鉴定的，查封、扣押的期间不包括检测、检验、检疫或者技术鉴定的期间。检测、检验、检疫或者技术鉴定的期间应当明确，并书面告知当事人。检测、检验、检疫或者技术鉴定的费用由行政机关承担。

**第二十六条 【对查封、扣押财产的保管】**对查封、扣押的场所、设施或者财物，行政机关应当妥善保管，不得使用或者损毁；造成损失的，应当承担赔偿责任。

对查封的场所、设施或者财物，行政机关可以委托第三人保管，第三人不得损毁或者擅自转移、处置。因第三人的原因造成的损失，行政机关先行赔付后，有权向第三人追偿。

因查封、扣押发生的保管费用由行政机关承担。

**第二十七条 【查封、扣押后的处理】**行政机关采取查封、扣押措施后，应当及时查清事实，在本法第二十五条规定的期限内作出处理决定。对违法事实清楚，依法应当没收的非法财物予以没收；法律、行政法规规定应当销毁的，依法销毁；应当解除查封、扣押的，作出解除查封、扣押的决定。

**第二十八条 【解除查封、扣押的情形】**有下列情形之一的，行政机关应当及时作出解除查封、扣押决定：

（一）当事人没有违法行为；

（二）查封、扣押的场所、设施或者财物与违法行为无关；

（三）行政机关对违法行为已经作出处理决定，不再需要查封、扣押；

（四）查封、扣押期限已经届满；

（五）其他不再需要采取查封、扣押措施的情形。

解除查封、扣押应当立即退还财物；已将鲜活物品或者其他不易保管的财物拍卖或者变卖的，退还拍卖或者变卖所得款项。变卖价格明显低于市场价格，给当事人造成损失的，应当给予补偿。

## 第三节 冻 结

**第二十九条 【冻结的实施主体、数额限制、不得重复冻结】**冻结存款、汇款应当由法律规定的行政机关实施，不得委托给其他行政机关或者组织；其他任何行政机关或者组织不得冻结存款、汇款。

冻结存款、汇款的数额应当与违法行为涉及的金额相当;已被其他国家机关依法冻结的,不得重复冻结。

**第三十条 【冻结的程序、金融机构的配合义务】**行政机关依照法律规定决定实施冻结存款、汇款的,应当履行本法第十八条第一项、第二项、第三项、第七项规定的程序,并向金融机构交付冻结通知书。

金融机构接到行政机关依法作出的冻结通知书后,应当立即予以冻结,不得拖延,不得在冻结前向当事人泄露信息。

法律规定以外的行政机关或者组织要求冻结当事人存款、汇款的,金融机构应当拒绝。

**第三十一条 【冻结决定书交付期限及内容】**依照法律规定冻结存款、汇款的,作出决定的行政机关应当在三日内向当事人交付冻结决定书。冻结决定书应当载明下列事项:

(一)当事人的姓名或者名称、地址;

(二)冻结的理由、依据和期限;

(三)冻结的账号和数额;

(四)申请行政复议或者提起行政诉讼的途径和期限;

(五)行政机关的名称、印章和日期。

**第三十二条 【冻结期限及其延长】**自冻结存款、汇款之日起三十日内,行政机关应当作出处理决定或者作出解除冻结决定;情况复杂的,经行政机关负责人批准,可以延长,但是延长期限不得超过三十日。法律另有规定的除外。

延长冻结的决定应当及时书面告知当事人,并说明理由。

**第三十三条 【解除冻结的情形】**有下列情形之一的,行政机关应当及时作出解除冻结决定:

(一)当事人没有违法行为;

(二)冻结的存款、汇款与违法行为无关;

(三)行政机关对违法行为已经作出处理决定,不再需要冻结;

(四)冻结期限已经届满;

(五)其他不再需要采取冻结措施的情形。

行政机关作出解除冻结决定的,应当及时通知金融机构和当事人。金融机构接到通知后,应当立即解除冻结。

行政机关逾期未作出处理决定或者解除冻结决定的,金融机构应当自冻结期满之日起解除冻结。

## 第四章 行政机关强制执行程序

### 第一节 一般规定

**第三十四条 【行政机关强制执行】**行政机关依法作出行政决定后,当事人在行政机关决定的期限内不履行义务的,具有行政强制执行权的行政机关依照本章规定强制执行。

**第三十五条 【催告】**行政机关作出强制执行决定前,应当事先催告当事人履行义务。催告应当以书面形式作出,并载明下列事项:

(一)履行义务的期限;

(二)履行义务的方式;

(三)涉及金钱给付的,应当有明确的金额和给付方式;

(四)当事人依法享有的陈述权和申辩权。

**第三十六条 【陈述、申辩权】**当事人收到催告书后有权进行陈述和申辩。行政机关应当充分听取当事人的意见,对当事人提出的事实、理由和证据,应当进行记录、复核。当事人提出的事实、理由或者证据成立的,行政机关应当采纳。

**第三十七条 【强制执行决定】**经催告,当事人逾期仍不履行行政决定,且无正当理由的,行政机关可以作出强制执行决定。

强制执行决定应当以书面形式作出,并载明下列事项:

(一)当事人的姓名或者名称、地址;

(二)强制执行的理由和依据;

(三)强制执行的方式和时间;

(四)申请行政复议或者提起行政诉讼的途径和期限;

(五)行政机关的名称、印章和日期。

在催告期间,对有证据证明有转移或者隐匿财物迹象的,行政机关可以作出立即强制执行决定。

**第三十八条 【催告书、行政强制决定书送达】**催告书、行政强制执行决定书应当直接送达当事人。当事人拒绝接收或者无法直接送达当事人的,应当依照《中华人民共和国民事诉讼法》的有关规定送达。

**第三十九条 【中止执行】**有下列情形之一的,中止执行:

(一)当事人履行行政决定确有困难或者暂无履行能力的;

(二)第三人对执行标的主张权利,确有理由的;

（三）执行可能造成难以弥补的损失，且中止执行不损害公共利益的；

（四）行政机关认为需要中止执行的其他情形。

中止执行的情形消失后，行政机关应当恢复执行。对没有明显社会危害，当事人确无能力履行，中止执行满三年未恢复执行的，行政机关不再执行。

**第四十条 【终结执行】**有下列情形之一的，终结执行：

（一）公民死亡，无遗产可供执行，又无义务承受人的；

（二）法人或者其他组织终止，无财产可供执行，又无义务承受人的；

（三）执行标的灭失的；

（四）据以执行的行政决定被撤销的；

（五）行政机关认为需要终结执行的其他情形。

**第四十一条 【执行回转】**在执行中或者执行完毕后，据以执行的行政决定被撤销、变更，或者执行错误的，应当恢复原状或者退还财物；不能恢复原状或者退还财物的，依法给予赔偿。

**第四十二条 【执行和解】**实施行政强制执行，行政机关可以在不损害公共利益和他人合法权益的情况下，与当事人达成执行协议。执行协议可以约定分阶段履行；当事人采取补救措施的，可以减免加处的罚款或者滞纳金。

执行协议应当履行。当事人不履行执行协议的，行政机关应当恢复强制执行。

**第四十三条 【文明执法】**行政机关不得在夜间或者法定节假日实施行政强制执行。但是，情况紧急的除外。

行政机关不得对居民生活采取停止供水、供电、供热、供燃气等方式迫使当事人履行相关行政决定。

**第四十四条 【强制拆除】**对违法的建筑物、构筑物、设施等需要强制拆除的，应当由行政机关予以公告，限期当事人自行拆除。当事人在法定期限内不申请行政复议或者提起行政诉讼，又不拆除的，行政机关可以依法强制拆除。

## 第二节 金钱给付义务的执行

**第四十五条 【加处罚款或滞纳金】**行政机关依法作出金钱给付义务的行政决定，当事人逾期不履行的，行政机关可以依法加处罚款或者滞纳金。加处罚款或者滞纳金的标准应当告知当事人。

加处罚款或者滞纳金的数额不得超出金钱给付义务的数额。

**第四十六条 【金钱给付义务的直接强制执行】**行政机关依照本法第四十五条规定实施加处罚款或者滞纳金超过三十日，经催告当事人仍不履行的，具有行政强制执行权的行政机关可以强制执行。

行政机关实施强制执行前，需要采取查封、扣押、冻结措施的，依照本法第三章规定办理。

没有行政强制执行权的行政机关应当申请人民法院强制执行。但是，当事人在法定期限内不申请行政复议或者提起行政诉讼，经催告仍不履行的，在实施行政管理过程中已经采取查封、扣押措施的行政机关，可以将查封、扣押的财物依法拍卖抵缴罚款。

**第四十七条 【划拨存款、汇款】**划拨存款、汇款应当由法律规定的行政机关决定，并书面通知金融机构。金融机构接到行政机关依法作出划拨存款、汇款的决定后，应当立即划拨。

法律规定以外的行政机关或者组织要求划拨当事人存款、汇款的，金融机构应当拒绝。

**第四十八条 【委托拍卖】**依法拍卖财物，由行政机关委托拍卖机构依照《中华人民共和国拍卖法》的规定办理。

**第四十九条 【划拨的存款、汇款的管理】**划拨的存款、汇款以及拍卖和依法处理所得的款项应当上缴国库或者划入财政专户。任何行政机关或者个人不得以任何形式截留、私分或者变相私分。

## 第三节 代履行

**第五十条 【代履行】**行政机关依法作出要求当事人履行排除妨碍、恢复原状等义务的行政决定，当事人逾期不履行，经催告仍不履行，其后果已经或者将危害交通安全、造成环境污染或者破坏自然资源的，行政机关可以代履行，或者委托没有利害关系的第三人代履行。

**第五十一条 【实施程序、费用、手段】**代履行应当遵守下列规定：

（一）代履行前送达决定书，代履行决定书应当载明当事人的姓名或者名称、地址，代履行的理由和依据、方式和时间、标的、费用预算以及代履行人；

（二）代履行三日前，催告当事人履行，当事人履行的，停止代履行；

（三）代履行时，作出决定的行政机关应当派员到场监督；

（四）代履行完毕，行政机关到场监督的工作人员、代履行人和当事人或者见证人应当在执行文书上签名或者盖章。

代履行的费用按照成本合理确定，由当事人承担。但是，法律另有规定的除外。

代履行不得采用暴力、胁迫以及其他非法方式。

**第五十二条** 【立即实施代履行】需要立即清除道路、河道、航道或者公共场所的遗洒物、障碍物或者污染物，当事人不能清除的，行政机关可以决定立即实施代履行；当事人不在场的，行政机关应当在事后立即通知当事人，并依法作出处理。

## 第五章 申请人民法院强制执行

**第五十三条** 【非诉行政执行】当事人在法定期限内不申请行政复议或者提起行政诉讼，又不履行行政决定的，没有行政强制执行权的行政机关可以自期限届满之日起三个月内，依照本章规定申请人民法院强制执行。

**第五十四条** 【催告与执行管辖】行政机关申请人民法院强制执行前，应当催告当事人履行义务。催告书送达十日后当事人仍未履行义务的，行政机关可以向所在地有管辖权的人民法院申请强制执行；执行对象是不动产的，向不动产所在地有管辖权的人民法院申请强制执行。

**第五十五条** 【申请执行的材料】行政机关向人民法院申请强制执行，应当提供下列材料：

（一）强制执行申请书；

（二）行政决定书及作出决定的事实、理由和依据；

（三）当事人的意见及行政机关催告情况；

（四）申请强制执行标的情况；

（五）法律、行政法规规定的其他材料。

强制执行申请书应当由行政机关负责人签名，加盖行政机关的印章，并注明日期。

**第五十六条** 【申请受理与救济】人民法院接到行政机关强制执行的申请，应当在五日内受理。

行政机关对人民法院不予受理的裁定有异议的，可以在十五日内向上一级人民法院申请复议，上一级人民法院应当自收到复议申请之日起十五日内作出是否受理的裁定。

**第五十七条** 【书面审查】人民法院对行政机关强制执行的申请进行书面审查，对符合本法第五十五条规定，且行政决定具备法定执行效力的，除本法第五十八条规定的情形外，人民法院应当自受理之日起七日内作出执行裁定。

**第五十八条** 【实质审查】人民法院发现有下列情形之一的，在作出裁定前可以听取被执行人和行政机关的意见：

（一）明显缺乏事实根据的；

（二）明显缺乏法律、法规依据的；

（三）其他明显违法并损害被执行人合法权益的。

人民法院应当自受理之日起三十日内作出是否执行的裁定。裁定不予执行的，应当说明理由，并在五日内将不予执行的裁定送达行政机关。

行政机关对人民法院不予执行的裁定有异议的，可以自收到裁定之日起十五日内向上一级人民法院申请复议，上一级人民法院应当自收到复议申请之日起三十日内作出是否执行的裁定。

**第五十九条** 【申请立即执行】因情况紧急，为保障公共安全，行政机关可以申请人民法院立即执行。经人民法院院长批准，人民法院应当自作出执行裁定之日起五日内执行。

**第六十条** 【执行费用】行政机关申请人民法院强制执行，不缴纳申请费。强制执行的费用由被执行人承担。

人民法院以划拨、拍卖方式强制执行的，可以在划拨、拍卖后将强制执行的费用扣除。

依法拍卖财物，由人民法院委托拍卖机构依照《中华人民共和国拍卖法》的规定办理。

划拨的存款、汇款以及拍卖和依法处理所得的款项应当上缴国库或者划入财政专户，不得以任何形式截留、私分或者变相私分。

## 第六章 法律责任

**第六十一条** 【实施行政强制违法责任】行政机关实施行政强制，有下列情形之一的，由上级行政机关或者有关部门责令改正，对直接负责的主管人员和其他直接责任人员依法给予处分：

（一）没有法律、法规依据的；

（二）改变行政强制对象、条件、方式的；

（三）违反法定程序实施行政强制的；

（四）违反本法规定，在夜间或者法定节假日实施行政强制执行的；

（五）对居民生活采取停止供水、供电、供热、供燃气等方式迫使当事人履行相关行政决定的；

（六）有其他违法实施行政强制情形的。

**第六十二条** 【违法查封、扣押、冻结的责任】违反本法规定，行政机关有下列情形之一的，由上级行政机关或者有关部门责令改正，对直接负责的主管人员和其他直接责任人员依法给予处分：

（一）扩大查封、扣押、冻结范围的；

（二）使用或者损毁查封、扣押场所、设施或者财物的；

（三）在查封、扣押法定期间不作出处理决定或者未依法及时解除查封、扣押的；

（四）在冻结存款、汇款法定期间不作出处理决定或者未依法及时解除冻结的。

**第六十三条　【截留、私分或变相私分查封、扣押的财物、划拨的存款、汇款和拍卖、依法处理所得款项的法律责任】**行政机关将查封、扣押的财物或者划拨的存款、汇款以及拍卖和依法处理所得的款项，截留、私分或者变相私分的，由财政部门或者有关部门予以追缴；对直接负责的主管人员和其他直接责任人员依法给予记大过、降级、撤职或者开除的处分。

行政机关工作人员利用职务上的便利，将查封、扣押的场所、设施或者财物据为己有的，由上级行政机关或者有关部门责令改正，依法给予记大过、降级、撤职或者开除的处分。

**第六十四条　【利用行政强制权谋利的法律责任】**行政机关及其工作人员利用行政强制权为单位或者个人谋取利益的，由上级行政机关或者有关部门责令改正，对直接负责的主管人员和其他直接责任人员依法给予处分。

**第六十五条　【金融机构违反冻结、划拨规定的法律责任】**违反本法规定，金融机构有下列行为之一的，由金融业监督管理机构责令改正，对直接负责的主管人员和其他直接责任人员依法给予处分：

（一）在冻结前向当事人泄露信息的；

（二）对应当立即冻结、划拨的存款、汇款不冻结或者不划拨，致使存款、汇款转移的；

（三）将不应当冻结、划拨的存款、汇款予以冻结或者划拨的；

（四）未及时解除冻结存款、汇款的。

**第六十六条　【执行款项未划入规定账户的法律责任】**违反本法规定，金融机构将款项划入国库或者财政专户以外的其他账户的，由金融业监督管理机构责令改正，并处以违法划拨款项二倍的罚款；对直接负责的主管人员和其他直接责任人员依法给予处分。

违反本法规定，行政机关、人民法院指令金融机构将款项划入国库或者财政专户以外的其他账户的，对直接负责的主管人员和其他直接责任人员依法给予处分。

**第六十七条　【人民法院及其工作人员强制执行违法的责任】**人民法院及其工作人员在强制执行中有违法行为或者扩大强制执行范围的，对直接负责的主管人员和其他直接责任人员依法给予处分。

**第六十八条　【赔偿和刑事责任】**违反本法规定，给公民、法人或者其他组织造成损失的，依法给予赔偿。

违反本法规定，构成犯罪的，依法追究刑事责任。

### 第七章　附　则

**第六十九条　【期限的界定】**本法中十日以内期限的规定是指工作日，不含法定节假日。

**第七十条　【法律、行政法规授权的组织实施行政强制受本法调整】**法律、行政法规授权的具有管理公共事务职能的组织在法定授权范围内，以自己的名义实施行政强制，适用本法有关行政机关的规定。

**第七十一条　【施行时间】**本法自 2012 年 1 月 1 日起施行。

## 最高人民法院关于行政机关申请法院强制执行处罚决定时效问题的答复

· 2019 年 9 月 10 日

李光：

您好！《关于行政机关申请法院强制执行处罚（罚款）时效问题的咨询》收悉。您提出的“行政机关对违法相对人作出行政处罚（罚款）后，当事人不履行处罚决定，行政机关应该采取何种程序执行罚款，在什么时候可以申请法院强制执行”等问题，涉及非诉强制执行的依据、程序和申请期限等法律规定。经研究，答复如下：

非诉强制执行涉及行政强制和法院执行等重要法律程序，应严格遵守《中华人民共和国行政强制法》和《中华人民共和国行政诉讼法》等法律规定的条件、程序和期限。

关于非诉强制执行的依据。《中华人民共和国行政强制法》第十三条规定：“行政强制执行由法律设定。法律没有规定行政机关强制执行的，作出行政决定的行政机关应当申请人民法院强制执行”。《中华人民共和国行政诉讼法》第九十七条规定：“公民、法人或者其他组织对行政行为在法定期限内不提起诉讼又不履行的，行政机关可以申请人民法院强制执行，或者依法强制执行”。上述规定对公民、法人或其他组织不履行未提起过行政诉讼的行政行为，规定了两种强制执行途径。一是有法律、法规授权的行政机关可以依法强制执行；二是没有法律、法规授权的行政机关可在法定期限内申请人民法院强制执行。您咨询的内容,属于第二种情况。

关于非诉强制执行程序和申请期限。《中华人民共和国行政强制法》第五十三条规定,当事人在法定期限内不申请行政复议或者提起行政诉讼,又不履行行政决定的,没有行政强制执行权的行政机关可以自期限届满之日起三个月内,申请人民法院强制执行。2018年《最高人民法院关于适用〈中华人民共和国行政诉讼法〉的解释》第一百五十六条规定:"没有强制执行权的行政机关申请人民法院强制执行其行政行为,应当自被执行人的法定起诉期限届满之日起三个月内提出。逾期申请的,除有正当理由外,人民法院不予受理"。法律之所以规定了较长的申请期限,是考虑到非诉强制执行对行政相对人权益影响大,需要通过司法的执行审查或充分保障当事人救济权利的期限利益,以最大限度地防止行政强制权的滥用。

感谢您对人民法院执行工作的关心和支持!

## 最高人民法院关于违法的建筑物、构筑物、设施等强制拆除问题的批复

· 2013年3月25日最高人民法院审判委员会第1572次会议通过
· 2013年3月27日最高人民法院公告公布
· 自2013年4月3日起施行
· 法释〔2013〕5号

北京市高级人民法院:

根据行政强制法和城乡规划法有关规定精神,对涉及违反城乡规划法的违法建筑物、构筑物、设施等的强制拆除,法律已经授予行政机关强制执行权,人民法院不受理行政机关提出的非诉行政执行申请。

## 最高人民法院关于办理申请人民法院强制执行国有土地上房屋征收补偿决定案件若干问题的规定

· 2012年2月27日最高人民法院审判委员会第1543次会议通过
· 2012年3月26日最高人民法院公告公布
· 自2012年4月10日起施行
· 法释〔2012〕4号

为依法正确办理市、县级人民政府申请人民法院强制执行国有土地上房屋征收补偿决定(以下简称征收补偿决定)案件,维护公共利益,保障被征收房屋所有权人的合法权益,根据《中华人民共和国行政诉讼法》、《中华人民共和国行政强制法》、《国有土地上房屋征收与补偿条例》(以下简称《条例》)等有关法律、行政法规规定,结合审判实际,制定本规定。

**第一条**　申请人民法院强制执行征收补偿决定案件,由房屋所在地基层人民法院管辖,高级人民法院可以根据本地实际情况决定管辖法院。

**第二条**　申请机关向人民法院申请强制执行,除提供《条例》第二十八条规定的强制执行申请书及附具材料外,还应当提供下列材料:

(一)征收补偿决定及相关证据和所依据的规范性文件;

(二)征收补偿决定送达凭证、催告情况及房屋被征收人、直接利害关系人的意见;

(三)社会稳定风险评估材料;

(四)申请强制执行的房屋状况;

(五)被执行人的姓名或者名称、住址及与强制执行相关的财产状况等具体情况;

(六)法律、行政法规规定应当提交的其他材料。

强制执行申请书应当由申请机关负责人签名,加盖申请机关印章,并注明日期。

强制执行的申请应当自被执行人的法定起诉期限届满之日起三个月内提出;逾期申请的,除有正当理由外,人民法院不予受理。

**第三条**　人民法院认为强制执行的申请符合形式要件且材料齐全的,应当在接到申请后五日内立案受理,并通知申请机关;不符合形式要件或者材料不全的应当限期补正,并在最终补正的材料提供后五日内立案受理;不符合形式要件或者逾期无正当理由不补正材料的,裁定不予受理。

申请机关对不予受理的裁定有异议的,可以自收到裁定之日起十五日内向上一级人民法院申请复议,上一级人民法院应当自收到复议申请之日起十五日内作出裁定。

**第四条**　人民法院应当自立案之日起三十日内作出是否准予执行的裁定;有特殊情况需要延长审查期限的,由高级人民法院批准。

**第五条**　人民法院在审查期间,可以根据需要调取相关证据、询问当事人、组织听证或者进行现场调查。

**第六条**　征收补偿决定存在下列情形之一的,人民法院应当裁定不准予执行:

(一)明显缺乏事实根据;

(二)明显缺乏法律、法规依据;

(三)明显不符合公平补偿原则,严重损害被执行人合法权益,或者使被执行人基本生活、生产经营条件没有保障;

(四)明显违反行政目的,严重损害公共利益;

(五)严重违反法定程序或者正当程序;

(六)超越职权;

(七)法律、法规、规章等规定的其他不宜强制执行的情形。

人民法院裁定不准予执行的,应当说明理由,并在五日内将裁定送达申请机关。

**第七条** 申请机关对不准予执行的裁定有异议的,可以自收到裁定之日起十五日内向上一级人民法院申请复议,上一级人民法院应当自收到复议申请之日起三十日内作出裁定。

**第八条** 人民法院裁定准予执行的,应当在五日内将裁定送达申请机关和被执行人,并可以根据实际情况建议申请机关依法采取必要措施,保障征收与补偿活动顺利实施。

**第九条** 人民法院裁定准予执行的,一般由作出征收补偿决定的市、县级人民政府组织实施,也可以由人民法院执行。

**第十条** 《条例》施行前已依法取得房屋拆迁许可证的项目,人民法院裁定准予执行房屋拆迁裁决的,参照本规定第九条精神办理。

**第十一条** 最高人民法院以前所作的司法解释与本规定不一致的,按本规定执行。

## 最高人民法院关于对林业行政机关依法作出具体行政行为申请人民法院强制执行问题的复函

· 根据2020年12月23日最高人民法院审判委员会第1823次会议通过的《最高人民法院关于修改〈最高人民法院关于人民法院扣押铁路运输货物若干问题的规定〉等十八件执行类司法解释的决定》修正

林业部:

你部林函策字(1993)308号函收悉,经研究,同意你部所提意见,即:林业主管部门依法作出的具体行政行为,自然人、法人或者非法人组织在法定期限内既不起诉又不履行的,林业主管部门依据行政诉讼法第九十七条的规定可以申请人民法院强制执行,人民法院应予受理。

· *典型案例*

### 1. 彭某某等40人诉福建省福安市人民政府等四单位强制拆除行为案①

**【基本案情】**

彭某某等40人未经规划行政主管部门审批在福建省福安市城北街道王基岭地块建设涉案建筑物。福建省福安市住房和城乡建设局(以下简称福安市住建局)对彭某某等40人作出《责令拆除通知书》。彭某某等40人在期限内未自行拆除,福安市住建局遂作出拆除公告,之后涉案建筑物已被拆除。彭某某等40人认为强制拆除时福建省福安市人民政府、福安市住建局、福安市城北街道办事处、福安市公安局均有领导在场,遂以该四单位为共同被告向福建省宁德市中级人民法院(以下简称宁德中院)提起行政诉讼,请求确认四被告强制拆除地上物的行为违法。宁德中院在查明福安市住建局作出被诉行政行为且未履行法定程序事实的基础上,判决确认福安市住建局的行为违法,并另行裁定驳回对其他三个行政机关的起诉。

**【出庭应诉情况】**

因本案人数众多,且涉及"两违"清理重点工作,当事人之间的矛盾较深且相对复杂,宁德中院依法受理案件后,决定由分管行政审判工作的副院长担任审判长,同时向四个被告发送行政机关负责人出庭应诉通知,并邀请人大代表、政协委员旁听案件审理。四被告均委派负责人出庭应诉,出庭负责人就"两违"清理工作的政策、安置等问题阐述意见,得到人大代表、政协委员及旁听群众的理解与认同。出庭的福安市副市长当庭表示,将依法保障行政相对人合法权益,积极化解与行政相对人之间的矛盾与纠纷。庭审结束后,宁德中院通过主动召开座谈会、"背靠背"协调等方式对行政争议进行协调,在协调工作确实难以进展的情形下,及时、依法作出判决,并在判后向福安市住建局发送司法建议,指出行政执法存在问题,建议完善执法程序,规范执法行为,依法保护行政相对人的合法权益。

① 案例来源:2021年7月29日最高人民法院发布十五起行政机关负责人出庭应诉典型案例。

【典型意义】

对于社会高度关注或者可能引发群体性事件的案件，人民法院应当通知行政机关负责人出庭应诉。本案中，原告人数多达40人，且涉及社会公众关注的"两违"清理重点工作，宁德中院通知被诉行政机关的负责人出庭，符合负责人出庭应诉制度的要求。宁德中院邀请人大代表、政协委员旁听案件审理工作，表明人民法院愿意主动接受监督，积极争取各方力量的支持，共同推进行政审判工作的健康发展。宁德中院多措并举促进案件协调化解，并就案件审理中反映出的行政执法问题发送司法建议，表明人民法院可以合理运用负责人出庭应诉制度，充分发挥行政审判职能，助推法治政府建设。

## 2. 刘云务诉山西省太原市公安局交通警察支队晋源一大队道路交通管理行政强制案①

【基本案情】

2001年7月，刘云务购买东风运输汽车一辆。2006年12月12日，刘云务雇佣的司机驾驶该车行驶至太原市和平路西峪乡路口时，山西省太原市公安局交通警察支队晋源一大队（以下简称晋源交警一大队）执勤民警以该车未经年审为由将该车扣留。2006年12月14日，刘云务携带审验手续前往处理。晋源交警一大队执勤民警在核实过程中又发现无法查验该车的发动机号码和车架号码，遂以涉嫌套牌为由继续扣留，并口头告知刘云务提供其他合法有效手续。刘云务虽多次托人交涉并提供更换发动机缸体、更换发动机缸体造成不显示发动机号码、车架用钢板铆钉加固致使车架号码被遮盖等证明材料，但晋源交警一大队一直以其不能提供车辆合法来历证明为由扣留。刘云务不服，提起行政诉讼。法院审理期间，组织当事人对加固车架的钢板铆钉进行了切割查验，显示该车车架号码为GAGJBDK0110××××2219，而该车行驶证载明的车架号码为LGAGJBDK0110××××2219。

【裁判结果】

山西省太原市中级人民法院一审判决驳回刘云务的诉讼请求。山西省高级人民法院二审判决撤销一审判决，责令晋源交警一大队在判决生效后三十日内对扣留涉案车辆依法作出处理并答复刘云务，驳回刘云务的其他诉讼请求。

最高人民法院认为，在刘云务提交合法年审手续后，晋源交警一大队又发现涉案车辆涉嫌套牌时，可依法继续扣留，但其违反法定程序，且始终未出具任何形式的书面扣留决定。涉案车辆确系我国生产的东风运输汽车，特定汽车生产厂家生产的特定汽车的车架号码最后8位字符组成的字符串具有唯一性，切割查验后显示的车架号码和行驶证所载车架号码的最后8位字符完全一致，可以认定被扣留车辆即为行驶证载明的车辆。晋源交警一大队认定涉案车辆涉嫌套牌而持续扣留，构成主要证据不足。在刘云务提交相关材料后，晋源交警一大队既不返还，又不积极调查核实，反复要求刘云务提供客观上已无法提供的其他合法来历证明，长期扣留涉案车辆不予处理，构成滥用职权。据此判决撤销一、二审判决，确认晋源交警一大队扣留涉案车辆违法，判令晋源交警一大队在判决生效后三十日内将涉案车辆返还刘云务。

【典型意义】

本案典型意义在于：深入推进依法行政，加快建设法治政府，要求必须坚持严格规范公正文明执法。行政机关既要严格执法以维护社会管理秩序，也要公正把握执法尺度，兼顾相对人合法权益的保护。为维护道路交通秩序，预防和减少交通事故，保护人身、财产安全，公安机关交通管理部门有权依法扣留违法车辆。存在裁量余地时，对违法车辆的扣留应以实现行政目的为限，尽可能选择对相对人合法权益损害最小的方式。违反法定程序，无正当理由长期扣留车辆，过度推诿卸责，严重突破实现行政目的的限度，且对相对人合法权益造成重大损害，显已违背严格规范公正文明的执法要求。人民法院依法予以纠正，救济相对人合法权益，监督行政机关依法行使职权，助推依法行政，促进法治政府如期建成。

## 3. 许水云诉金华市婺城区人民政府房屋行政强制及行政赔偿案②

【裁判摘要】

一、国有土地上房屋征收过程中，只有市、县级人民政府及其确定的房屋征收部门依法具有组织实施强制拆除被征收人合法房屋的行政职权。市、县级人民政府及房屋征收部门等不能举证证明被征收人合法房屋系其他主体拆除的，可以认定其为强制拆除的责任主体。市、县级人民政府及房屋征收部门等委托建设单位等民事主体实施强制拆除的，市、县级人民政府及房屋征收部门等对强制拆除后果承

① 案例来源：2017年6月13日最高人民法院行政审判十大典型案例（第一批）。

② 案例来源：中华人民共和国最高人民法院公报。

担法律责任。建设单位等民事主体以自己名义违法强拆，侵害物权的，除应承担民事责任外，违反行政管理规定的应依法承担行政责任，构成犯罪的应依法追究刑事责任。

二、市、县级人民政府在既未作出补偿决定又未通过补偿协议解决补偿问题的情况下，违法强制拆除被征收人房屋的，应当赔偿被征收人房屋价值损失、屋内物品损失、安置补偿等损失。人民法院在确定赔偿数额时，应当坚持全面赔偿原则，合理确定房屋等的评估时点，并综合协调适用《国家赔偿法》规定的赔偿方式、赔偿项目、赔偿标准与《国有土地上房屋征收与补偿条例》规定的补偿方式、补偿项目、补偿标准，确保被征收人得到的赔偿不低于其依照征收补偿方案可以获得的征收补偿。

**最高人民法院行政判决书**

(2017)最高法行再101号

再审申请人(一审原告、二审上诉人)：许水云，男，1954年9月23日出生，汉族，住浙江省金华市婺城区二七路工电巷32号368幢101室。

委托诉讼代理人：李金凤，女，1955年12月28日出生，汉族，住址同上，系再审申请人许水云妻子。

委托诉讼代理人：杨在明，北京在明律师事务所律师。

被申请人(一审被告、二审被上诉人)：金华市婺城区人民政府。住所地：浙江省金华市婺城区宾虹西路2666号。

法定代表人：郭慧强，区长。

委托诉讼代理人：吴见孙，金华市婺城区二七区块改造工程指挥部副指挥长。

委托诉讼代理人：卢颐丰，浙江丰畅律师事务所律师。

再审申请人许水云诉被申请人金华市婺城区人民政府(以下简称婺城区政府)房屋行政强制及行政赔偿一案，浙江省金华市中级人民法院于2016年12月27日作出(2015)浙金行初字第19号行政判决，确认婺城区政府强制拆除许水云位于金华市婺城区五一路迎宾巷8号、9号房屋的行政行为违法，责令婺城区政府于判决生效之日起60日内参照《婺城区二七区块旧城改造房屋征收补偿方案》(以下简称《征收补偿方案》)对许水云作出赔偿。许水云不服提起上诉后，浙江省高级人民法院于2017年5月2日作出(2017)浙行终154号行政判决，维持(2015)浙金行初字第19号行政判决第一项，撤销(2015)浙金行初字第19号行政判决第二项，驳回许水云的其他诉讼请求。许水云仍不服，在法定期限内向本院申请再审。本院于2017年12月27日作出(2017)最高法行申8183号行政裁定，提审本案，并依法组成合议庭对本案进行了审理，现已审理终结。

一、二审法院经审理查明，2014年8月31日，婺城区政府在《金华日报》上发布《婺城区人民政府关于二七区块旧城改造房屋征收范围的公告》，并公布了房屋征收范围图，明确对二七区块范围实施改造。2014年9月26日，案涉房屋由婺城区政府组织拆除。2014年10月25日，婺城区政府作出《金华市婺城区人民政府关于迎宾巷区块旧城改造建设项目房屋征收的决定》(以下简称《房屋征收决定》)，载明：因旧城区改建的需要，决定对迎宾巷区块范围内房屋实行征收；房屋征收部门为金华市婺城区住房和城乡建设局，房屋征收实施单位为金华市婺城区二七区块改造工程指挥部(以下简称改造工程指挥部)；签约期限为45天，搬迁期限为30日，具体起止日期在房屋征收评估机构选定后，由房屋征收部门另行公告；附件为《征收补偿方案》。2014年10月26日，《房屋征收决定》《征收补偿方案》在《金华日报》上公布。许水云位于金华市婺城区五一路迎宾巷8号、9号的房屋(以下简称案涉房屋)被纳入本次房屋征收范围。

另查明，包括许水云案涉房屋在内的金华市婺城区迎宾巷区块房屋曾于2001年因金华市后溪街西区地块改造及“两街”整合区块改造被纳入拆迁范围，金华市城建开发有限公司(以下简称金华开发公司)取得了房屋拆迁许可证，其载明的拆迁期限为2001年7月10日至2001年8月9日，后因故未实际完成拆迁。

一审法院认为，案涉房屋虽曾于2001年被纳入拆迁范围，但拆迁人金华开发公司在取得房屋拆迁许可证后，一直未能对案涉房屋实施拆迁。根据当时有效的《浙江省城市房屋拆迁管理条例》第十二条规定，拆迁人自取得房屋拆迁许可证之日起三个月内不实施拆迁的，房屋拆迁许可证自然失效。据此可以确认，案涉房屋已不能再按照2001年对金华市婺城区迎宾巷区块房屋进行拆迁时制定的规定和政策实施拆迁。婺城区政府在2014年10月26日公布的《房屋征收决定》将案涉房屋纳入征收范围后，即应按照《国有土地上房屋征收与补偿条例》(以下简称《征收与补偿条例》)及相关法律法规的规定依法进行征收并实施补偿。《征收与补偿条例》明确规定，实施房屋征收应当先补偿、后搬迁。房屋征收部门与被征收人在征收补偿方案确定的签约期限内达不成补偿协议的，由房屋征收部门报请作出房屋征收决定的市、县级人民政府依照条例的规定，按照征收补偿方案作出补偿决定。被征收人在法定期限内不申请行政复议或者不提起行政诉讼，在补偿决定规定的期限内又不搬迁的，由作出房屋征收决定的市、县级人民政府依法申请人民法院强制执行。许水云未与房屋征收部门达成补偿协议，也未明确同意将案涉房屋腾空并交付拆除。在此情形下，婺城区政府依法应对许水云作出补偿决定后，通过申请人民法院强制执行的方式强制执行，而不能直接将案涉房屋拆除。婺城区政府主张案涉房屋系案外人拆除缺乏充分的证据证明，且与查明的事实不符，对其该项主张不予采纳。婺城区政府将案涉房屋拆除的行为应确认为违法，并应对许水云因此受到的损失承担赔偿责任。鉴于案涉房屋已纳入金华市婺城区迎宾巷区块旧城改造范围内，房屋已无恢复原状的可能性和必要性，从维护许水云合法权益的角度出发，宜由婺城区政府参照《征收补偿方案》对许水云作出赔偿。因此，一审法院依照《中华人民共和国行政诉讼法》（以下简称《行政诉讼法》）第七十四条第二款第一项、第七十六条之规定，判决：一、确认婺城区政府强制拆除许水云位于金华市婺城区五一路迎宾巷8号、9号房屋的行政行为违法；二、责令婺城区政府于判决生效之日起60日内参照《征收补偿方案》对许水云作出赔偿。

二审法院认为，2001年7月，因金华市后溪街西区地块改造及“两街”整合区块改造项目建设需要，原金华市房地产管理局向金华开发公司颁发了拆许字（2001）第3号房屋拆迁许可证，案涉房屋被纳入上述拆迁许可证的拆迁红线范围，但拆迁人在拆迁许可证规定的期限内一直未实施拆迁。形成于2004年8月20日的金华市旧城改造办公室的会议纪要（金旧城办〔2004〕1号）第九点载明：关于迎宾巷被拆迁户、迎宾巷1-48号……至今未拆除旧房等遗留问题，会议同意上述问题纳入“二七”新村拆迁时一并解决补偿问题，拆除工作由原拆除公司负责。2014年10月26日，婺城区政府公布《房屋征收决定》，将案涉房屋纳入征收范围，但该房屋在《房屋征收决定》公布前的2014年9月26日即被拆除，不符合《征收与补偿条例》第二十七条规定的“先补偿、后搬迁”的原则。对案涉房屋实施拆除行为的法律责任，应当由作出《房屋征收决定》的婺城区政府承担。婺城区政府称其“未实施房屋强拆行为，造成案涉房屋被损毁的是案外第三人，属于民事侵权赔偿纠纷，不属于行政争议，亦与其无关”的理由缺乏相应的事实和法律依据。一审法院判决确认婺城区政府强制拆除行为违法并无不当。《中华人民共和国国家赔偿法》（以下简称《国家赔偿法》）第四条规定，行政机关及其工作人员在行使行政职权时，因违法行为造成财产损害的，受害人有取得赔偿的权利。第三十二条第二款规定，能够返还财产或者恢复原状的，予以返还财产或者恢复原状。许水云的房屋已被《房屋征收决定》纳入征收范围，案涉的征收决定虽被生效的（2015）浙行终字第74号行政判决确认违法，但并未被撤销，该征收决定及其附件仍然具有效力。因此，许水云要求恢复原状的理由不能成立。许水云在二审时提出如果不能恢复原状，则要求依据周边房地产市场价格对其进行赔偿。案涉房屋虽被婺城区政府违法拆除，但该房屋因征收所应获得的相关权益，仍可以通过征收补偿程序获得补偿，现许水云主张通过国家赔偿程序解决案涉房屋被违法拆除的损失，缺乏相应的法律依据。同理，一审法院直接责令婺城区政府参照《征收补偿方案》对许水云作出赔偿，也缺乏法律依据，且可能导致许水云对案涉房屋的补偿安置丧失救济权利。另，许水云提出要求赔偿每月2万元停产停业损失（截止到房屋恢复原状之日）的请求，属于房屋征收补偿范围，可通过征收补偿程序解决。至于许水云提出的赔偿财产损失6万元，因其并没有提供相关财产损失的证据，不予支持。因此，二审法院依照《行政诉讼法》第八十九条第一款第一项、第二项之规定，判决：一、维持浙江省金华市中级人民法院（2015）浙金行初字第19号行政判决第一项；二、撤销浙江省金华市中级人民法院（2015）浙金行初字第19号行政判决第二项；三、驳回许水云的其他诉讼请求。

许水云向本院申请再审，请求撤销浙江省高级人民法院作出的（2017）浙行终154号行政判决第二项与第三项，改判婺城区政府将案涉房屋恢复原状，如不能恢复原状，则判令婺城区政府依据周边房地产市场价格赔偿，并判令婺城区政府赔偿停产停业损失每月2万元、房屋内物品等财产损失6万元。其申请再审的主要事实与理由为：1. 二审法院判决未能正确区分行政赔偿与行政补偿之间的基本区别，认为赔偿问题可以通过征收补偿程序解决，主要证据不足，属于认定事实错误。2. 二审法院判决驳回再审申请人的赔偿请求，要求再审申请人另行通过征收补偿程序解决，缺乏法律依据，更不利于保护再审申请人的合法权益。3. 被申请人婺城区政府对违法强拆行为给再审申请人造成的物品损失，应当承担行政赔偿责任。4. 二审法院的判决使被申请人婺城区政府对违法行为免于承担法律责任，将使得再审申请人对由此产生的经济损失无从行使司法救济权利。综上，再审申请人认为被申请人婺城区政府应当对违法拆除案涉房屋的行为承担恢复原状或者参照市场价格进行赔偿的法律责任。

婺城区政府答辩称，尊重法院裁判。1. 案涉房屋系历史上形成的老房，作为拆迁遗留问题，被申请人同意作为合法建筑予以补偿。2. 被申请人没有组织人员对案涉房屋进行强制拆除，由于案涉房屋年代久远且与其他待拆除房屋毗邻，改造工程指挥部委托金华市婺城建筑工程有限公司（以下简称婺城建筑公司）对已达成补偿安置协议的案外人的房屋进行拆除时，由于施工不当导致案涉房屋坍塌，此属于婺城建筑公司民事侵权引发的民事纠纷，被申请人对此不应承担法律责任。3. 案涉房屋不能按照营业用房补偿。4. 被申请人先后多次与再审申请人许水云协商，也愿意合法合理补偿，维护其合法权益，希望再审申请人许水云理解并配合。

本院认为，本案的争议焦点主要包括四个方面：一、关于强制拆除主体的认定问题；二、关于本案拆除行为是否违法的问题；三、关于本案通过行政赔偿还是行政补偿程序进行救济的问题；四、关于赔偿方式、赔偿项目、赔偿标准与赔偿数额的确定问题。

一、关于强制拆除主体的认定问题

《征收与补偿条例》第四条第一款、第二款规定，市、县级人民政府负责本行政区域的房屋征收与补偿工作。市、县级人民政府确定的房屋征收部门组织实施本行政区域的房屋征收与补偿工作。第五条规定，房屋征收部门可以委托房屋征收实施单位，承担房屋征收与补偿的具体工作。房屋征收实施单位不得以营利为目的。房屋征收部门对房屋征收实施单位在委托范围内实施的房屋征收与补偿行为负责监督，并对其行为后果承担法律责任。第二十八条第一款规定，被征收人在法定期限内不申请行政复议或者不提起行政诉讼，在补偿决定规定的期限内又不搬迁的，由作出房屋征收决定的市、县级人民政府依法申请人民法院强制执行。根据上述规定，在国有土地上房屋征收过程中，有且仅有市、县级人民政府及其确定的房屋征收部门才具有依法强制拆除合法建筑的职权，建设单位、施工单位等民事主体并无实施强制拆除他人合法房屋的权力。民事主体自行违法强制拆除他人合法房屋，涉嫌构成故意毁坏财物罪的，权利人可以依法请求公安机关履行相应职责；人民法院经审查认为有犯罪行为的，应当依据《行政诉讼法》第六十六条第一款的规定，将有关材料移送公安、检察机关。因而，除非市、县级人民政府能举证证明房屋确系在其不知情的情况下由相关民事主体违法强拆的，则应推定强制拆除系市、县级人民政府委托实施，人民法院可以认定市、县级人民政府为实施强制拆除的行政主体，并应承担相应的赔偿责任。

本案中，婺城区政府主张 2014 年 9 月 26 日改造工程指挥部委托婺城建筑公司对已达成补偿安置协议的案外人的房屋进行拆除时，因操作不慎导致案涉房屋坍塌；婺城建筑公司于 2015 年 3 月 6 日出具的情况说明也作了类似陈述。婺城区政府据此否认强拆行为系由政府组织实施，认为造成案涉房屋损毁的是案外人婺城建筑公司，并主张本案系民事侵权赔偿纠纷，与婺城区政府无关，不属于行政争议。但案涉房屋被强制拆除系在婺城区政府作为征收主体进行征收过程中发生的。案涉房屋被拆除前的 2014 年 8 月 31 日，婺城区政府即发布旧城改造房屋征收公告，将案涉房屋纳入征收范围。因此，对于房屋征收过程中发生的合法房屋被强制拆除行为，首先应推定系婺城区政府及其确定的房屋征收部门实施的行政强制行为，并由其承担相应责任。本案虽然有婺城建筑公司主动承认“误拆”，但改造工程指挥部工作人员给许水云发送的短信记载有“我是金华市婺城区二七新村区块改造工程指挥部工作人员、将对房子进行公证检查、如不配合将破门进行安全检查及公证”等内容，且许水云提供的有行政执法人员在拆除现场的现场照片及当地有关新闻报道等，均能证实 2014 年 9 月 26 日强制拆除系政府主导下进行，故婺城区政府主张强拆系民事侵权的理由不能成立。婺城建筑公司拆除案涉房屋的行为，其法律责任应由委托其拆除的改造工程指挥部承担；改造工程指挥部系由婺城区政府组建并赋予行政管理职能但不具有独立承担法律责任能力的临时机构，婺城区政府应当作为被告，并承担相应的法律责任。

二、关于本案拆除行为是否违法的问题

《中华人民共和国物权法》第四条规定，国家、集体、私人的物权和其他权利人的物权受法律保护，任何单位和个人不得侵犯。第四十二条第一款规定，为了公共利益的需要，依照法律规定的权限和程序可以征收集体所有的土地和单位、个人的房屋及其他不动产；第三款规定，征收单位、个人的房屋及其他不动产，应当依法给予拆迁补偿，维护被征收人的合法权益；征收个人住宅的，还应当保障被征收人的居住条件。

许水云位于金华市婺城区迎宾巷 8 号、9 号的房屋未依法办理相关建设手续，也未取得房屋所有权证，但案涉房屋确系在 1990 年 4 月 1 日《中华人民共和国城市规划法》施行前建造的历史老房。对此类未经登记的房屋，应综合考虑建造历史、使用现状、当地土地利用规划以及有关用地政策等因素，依法进行调查、认定和处理。对认定为合法建筑和未超过批准期限的临时建筑的，应当给予补偿。改造工程指挥部与一审法院根据许水云提供的许宝贤、寿吉明缴纳土地登记费、房产登记费等相关收款收据以及寿吉明私有房屋所有权登记申请书等材料，已经认定案涉房屋为合法建筑，许水云通过继承和购买成为房屋所有权人，其对案涉房屋拥有所有权，任何单位和个人均不得侵犯。国家因公共利益需要确需征收的，应当根据《征收与补偿条例》规定，给予房屋所有权人公平补偿，并按照《征收与补偿条例》第二十七条的规定，先给予补偿，后实施搬迁。房屋所有权人在签订补偿协议或者收到补偿决定确定的补偿内容后，也有主动配合并支持房屋征收的义务和责任。《征收与补偿条例》和《最高人民法院关于办理申请人民法院强制执行国有土地上房屋征收补偿决定案件若干问题的规定》，对市、县级人民政府及房屋征收部门如何实施征收、如何进行补偿、如何强制搬迁以及如何保障被征收人获得以市场评估价格为基础的公平补偿的权利进行了系统、严密的规定。同时，为了确保因公共利益需要而进行的房屋征收顺利、高效实施，还专门规定对极少数不履行补偿决定、又不主动搬迁的被征收人可以依法进行强制搬迁。具体到本案中，根据《征收与补偿条例》的规定，婺城区政府应当先行作出房屋征收决定并公告，然后与许水云就补偿方式、补偿金额和支付期限等事项订立补偿协议；如双方在征收补偿方案确定的签约期限内达不成补偿协议的，市、县级人民政府则应当依法单方作出补偿决定。被征收人对补偿决定不服的，可以依法申请行政复议，也可以依法提起行政诉讼；被征收人在法定期限内不申请行政复议或者不提起行政诉讼，在补偿决定规定的期限内又不搬迁的，由作出房屋征收决定的市、县级人民政府依法申请人民法院强制执行。人民法院裁定准予执行后，一般由作出征收补偿决定的市、县级人民政府组织实施，也可以由人民法院执行。此即为一个合法的征收与补偿应当遵循的法定程序，也系法律对征收与补偿的基本要求。本院注意到，案涉房屋的征收拆迁，最早始于2001年7月金华开发公司取得拆迁许可证，在10多年时间内，如因房屋所有权人提出不合法的补偿请求，导致未能签署补偿安置协议，婺城区政府及其职能部门应当依法行使法律法规赋予的行政职权，及时作出拆迁安置裁决或者补偿决定，给予许水云公平补偿，并及时强制搬迁以保障公共利益的实现和拆迁征收工作的顺利进行。但婺城区政府及相应职能部门既未及时依法履职，又未能保障被征收人合法权益，也未能正确理解《征收与补偿条例》有关强制搬迁制度的立法目的，还未能实现旧城区改造项目顺利实施；而是久拖不决，并以所谓民事“误拆”的方式违法拆除被征收人房屋，最终不得不承担赔偿责任。一、二审法院判决确认婺城区政府强制拆除行为违法，符合法律规定，本院予以支持。

三、关于本案通过行政赔偿还是行政补偿程序进行救济的问题

行政补偿是指行政机关实施合法的行政行为，给行政相对人合法权益造成的损失，由国家依法予以补偿的制度。行政赔偿是指行政机关实施违法的行政行为，侵犯行政相对人合法权益，由国家依法予以赔偿的制度。在国有土地上房屋征收过程中，征收及与征收相关联的行政行为违法造成损失的赔偿问题，较为复杂。其中，既有因违法拆除给权利人物权造成损失的赔偿问题，也有因未依据《征收与补偿条例》第十七条和当地征收补偿政策进行征收补偿而给权利人造成的应补偿利益的损失问题，甚至还包括搬迁、临时安置以及应当给予的补助和奖励的损失问题。尤其是在因强制拆除引发的一并提起的行政赔偿诉讼中，人民法院应当结合违法行为类型与违法情节轻重，综合协调适用《国家赔偿法》规定的赔偿方式、赔偿项目、赔偿标准与《征收与补偿条例》规定的补偿方式、补偿项目、补偿标准，依法、科学地确定赔偿项目和赔偿数额，让被征收人得到的赔偿不低于其依照征收补偿方案可以获得的征收补偿，确保产权人得到公平合理的补偿。同时，人民法院在确定赔偿义务机关和赔偿数额时，要坚持有权必有责、违法须担责、侵权要赔偿、赔偿应全面的法治理念，对行政机关违法强制拆除被征收人房屋，侵犯房屋所有权人产权的，应当依法责令行政机关承担行政赔偿责任，而不能让产权人因侵权所得到的赔偿低于依法征收所应得到的补偿。

通常情况下，强制拆除被征收人房屋应当依据已经生效的补偿决定，而补偿决定应当已经解决了房屋本身的补偿问题。因此，即使强制拆除行为被认定为违法，通常也仅涉及对房屋内物品损失的赔偿问题，而不应涉及房屋本身的补偿或者赔偿问题。但本案在强制拆除前，既无征收决定，也无补偿决定，许水云也未同意先行拆除房屋，且至今双方仍未达成补偿安置协议，许水云至今未得到任何形式补偿，强制拆除已构成重大且明显违法，应当依法赔偿。对许水云房屋损失的赔偿，不应再依据《征收与补偿条例》第十九条所规定的《房屋征收决定》公告之日被征收房屋类似房地产的市场价格，即2014年10月26日的市场价格，为基准确定，而应按照有利于保障许水云房屋产权得到充分赔偿的原则，以婺城区政府在本判决生效后作出赔偿决定时点的案涉房屋类似房地产的市场价格为基准确定。同时，根据《国家赔偿法》第三十六条第八项有关对财产权造成其他损害的，按照直接损失给予赔偿的规定，许水云在正常征收补偿程序中依法和依据当地征收补偿政策应当得到的利益损失，属于其所受到的直接损失，也应由婺城区政府参照补偿方案依法予以赔偿。因此，本案存在行政赔偿项目、标准与行政补偿项目、标准相互融合的情形，一审法院判决第二项责令婺城区政府参照《征收补偿方案》对许水云进行赔偿；二审法院判决认为应当通过后续的征收补偿程序获得救济，并据此驳回许水云的行政赔偿请求，均属对《国家赔偿法》《征收与补偿条例》等相关规定的错误理解，应予纠正。

四、关于赔偿方式、赔偿项目、赔偿标准与赔偿数额的确定问题

具体到本案中，根据许水云的诉讼请求，其主张的损失

包括以下三个部分:一是房屋损失;二是停产停业损失;三是房屋内物品的损失。婺城区政府与许水云应就上述三项损失问题平等协商,并可通过签订和解协议的方式解决;如双方无法达成一致,婺城区政府应按照本判决确定的方法,及时作出行政赔偿决定。

(一)房屋损失的赔偿方式与赔偿标准问题

《国家赔偿法》第三十二条规定,国家赔偿以支付赔偿金为主要方式。能够返还财产或者恢复原状的,予以返还财产或者恢复原状。据此,返还财产、恢复原状是国家赔偿首选的赔偿方式,既符合赔偿请求人的要求也更为方便快捷;但其适用条件是原物未被处分或未发生毁损灭失,若相关财产客观上已无法返还或恢复原状时,则应支付相应的赔偿金或采取其他赔偿方式。本案中,案涉房屋已经被列入旧城区改造的征收范围,且已被婺城区政府拆除,因此,对许水云要求恢复房屋原状的赔偿请求,本院不予支持。案涉房屋系因旧城区改建而被拆除,如系依法进行的征收与拆除,许水云既可以选择按征收决定公告之日的市场评估价进行货币补偿,也有权要求在改建地段或者就近地段选择类似房屋予以产权调换。本案系因违法强制拆除引发的赔偿,《国家赔偿法》第四条第三项规定,行政机关违法征收,侵犯财产权的,受害人有取得赔偿的权利。因此,为体现对违法征收和违法拆除行为的惩诫,并有效维护许水云合法权益,对许水云房屋的赔偿不应低于因依法征收所应得到的补偿,即对许水云房屋的赔偿,不应低于赔偿时改建地段或者就近地段类似房屋的市场价值。结合《国家赔偿法》第三十六条诸项规定以及许水云申请再审的请求,婺城区政府既可以用在改建地段或者就近地段提供类似房屋的方式予以赔偿,也可以根据作出赔偿决定时点有效的房地产市场评估价格为基准计付赔偿款。婺城区政府与许水云可以按照《征收与补偿条例》第二十条规定的方式确定房地产价格评估机构。鉴于案涉房屋已被拆除,房地产评估机构可以参考《国有土地上房屋征收评估办法》第十三条所规定的方法,根据婺城区政府与许水云提供的原始资料,本着疑点利益归于产权人的原则,独立、客观、公正地出具评估报告。

(二)停产停业损失的赔偿标准问题

本案中,许水云主张因为房屋被拆除导致其停业,要求赔偿停产停业至今的损失每月2万元,婺城区政府对许水云存在经营行为的事实予以认可,但提出因为许水云的房屋属于无证建筑,只能按照一般住房进行补偿,不予计算停产停业的损失。本院认为,《征收与补偿条例》第二十三条规定,对因征收房屋造成停产停业损失的补偿,根据房屋被征收前的效益、停产停业期限等因素确定。具体办法由省、自治区、直辖市制定。《浙江省国有土地上房屋征收与补偿条例》第二十九条第一款规定,征收非住宅房屋造成停产停业损失的,应当根据房屋被征收前的效益、停产停业期限等因素给予补偿。补偿的标准不低于被征收房屋价值的百分之五,具体标准由设区的市、县(市)人民政府规定。《金华市区国有土地上房屋征收与补偿实施意见(试行)》第三十四条第一款规定,征收非住宅房屋造成停产停业损失的,按被征收房屋价值的百分之五计算。

《征收与补偿条例》第二十四条第二款规定,市、县级人民政府作出房屋征收决定前,应当组织有关部门依法对征收范围内未经登记的建筑进行调查、认定和处理。对认定为合法建筑和未超过批准期限的临时建筑的,应当给予补偿;对认定为违法建筑和超过批准期限的临时建筑的,不予补偿。既然案涉房屋已被认定为合法建筑,则其与已发放房屋所有权证的房屋在补偿问题上拥有同等法律地位。如果许水云提供的营业执照、纳税证明等证据,能够证明其符合《征收与补偿条例》《浙江省国有土地上房屋征收与补偿条例》《金华市区国有土地上房屋征收与补偿实施意见(试行)》所确定的经营用房(非住宅房屋)条件,则婺城区政府应当依据上述规定,合理确定停产停业损失的金额并予以赔偿。但由于征收过程中的停产停业损失,只是补偿因征收给房屋所有权人经营造成的临时性经营困难,具有过渡费用性质,因而只能计算适当期间或者按照房屋补偿金额的适当比例计付。同时,房屋所有权人在征收或者侵权行为发生后的适当期间,也应当及时寻找合适地址重新经营,不能将因自身原因未开展经营的损失,全部由行政机关来承担。因此许水云主张按每月停产停业损失2万元标准赔偿至房屋恢复原状时的再审请求,没有法律依据,本院不予支持。

(三)屋内物品损失的赔偿金额确定方式问题

《国家赔偿法》第十五条第一款规定,人民法院审理行政赔偿案件,赔偿请求人和赔偿义务机关对自己提出的主张,应当提供证据。《最高人民法院关于执行〈中华人民共和国行政诉讼法〉若干问题的解释》第二十七条第三项进一步规定,在一并提起的行政赔偿诉讼中,原告应当就因受被诉行为侵害而造成损失的事实承担举证责任。《最高人民法院关于行政诉讼证据若干问题的规定》第五条也规定,在行政赔偿诉讼中,原告应当对被诉具体行政行为造成损害的事实提供证据。

因此,许水云应就其房屋内物品损失事实、损害大小、损害金额承担举证责任,否则将承担不利后果。同时,《行政诉讼法》第三十八条第二款还规定,在行政赔偿案件中,原告应当对行政行为造成的损害提供证据。因被告的原因导致原告无法举证的，由被告承担举证责任。因此，因行政机关违反正当程序，不依法公证或者依法制作证据清单，给原告履行举证责任造成困难的，且被告也无法举证证明实际损失金额的，人民法院可在原告就损失金额所提供证据能够初步证明其主张的情况下，依法作出不利于行政机关的损失金额认定。许水云向一审法院提供的相关照片与清单，可以判断案涉房屋内有鸟笼等物品，与其实际经营花鸟生意的情形相符；在许水云已经初步证明存在损失的情况下，其合情合理的赔偿请求应当得到支持。婺城区政府可以根据市场行情，结合许水云经营的实际情况以及所提供的现场照片、物品损失清单等，按照有利于许水云的原则酌情确定赔偿数额，对房屋内财产损失依法赔偿。

综上，一、二审法院判决认定的基本事实清楚，一、二审法院判决确认婺城区政府强制拆除许水云房屋的行政行为违法的判项正确，本院予以维持。但一审判决责令婺城区政府参照《征收补偿方案》对许水云进行赔偿，未能考虑到作出赔偿决定时点的类似房地产市场价格已经比《征收补偿方案》确定的补偿时点的类似房地产市场价格有了较大上涨，仅参照《征收补偿方案》进行赔偿，无法让许水云有关赔偿房屋的诉讼请求得到支持；二审判决认为应通过征收补偿程序解决本案赔偿问题，未能考虑到案涉房屋并非依法定程序进行的征收和强制搬迁，而是违法实施的强制拆除，婺城区政府应当承担赔偿责任。一审判决第二项与二审判决第二项、第三项均属于适用法律错误，应予纠正。据此，依照《中华人民共和国行政诉讼法》第八十九条第一款第二项和《最高人民法院关于执行〈中华人民共和国行政诉讼法〉若干问题的解释》第七十六条第一款之规定，判决如下：

一、维持浙江省高级人民法院（2017）浙行终154号行政判决第一项与浙江省金华市中级人民法院（2015）浙金行初字第19号行政判决第一项，即确认金华市婺城区人民政府强制拆除许水云位于金华市婺城区五一路迎宾巷8号、9号房屋的行政行为违法。

二、撤销浙江省高级人民法院（2017）浙行终154号行政判决第二项、第三项与浙江省金华市中级人民法院（2015）浙金行初字第19号行政判决第二项。

三、责令金华市婺城区人民政府在本判决生效之日起九十日内按照本判决对许水云依法予以行政赔偿。

一、二审案件受理费共计100元，由被申请人金华市婺城区人民政府负担。

本判决为终审判决。

审 判 长　耿宝建
审 判 员　周伦军
审 判 员　白雅丽
二〇一八年一月二十五日
法官助理　殷　勤
书 记 员　于　露

# 二、行政管理篇

## 1. 人　事

### 中华人民共和国公务员法

· 2005 年 4 月 27 日第十届全国人民代表大会常务委员会第十五次会议通过
· 根据 2017 年 9 月 1 日第十二届全国人民代表大会常务委员会第二十九次会议《关于修改〈中华人民共和国法官法〉等八部法律的决定》修正
· 2018 年 12 月 29 日第十三届全国人民代表大会常务委员会第七次会议修订

目　录

第一章　总　则
第二章　公务员的条件、义务与权利
第三章　职务、职级与级别
第四章　录　用
第五章　考　核
第六章　职务、职级任免
第七章　职务、职级升降
第八章　奖　励
第九章　监督与惩戒
第十章　培　训
第十一章　交流与回避
第十二章　工资、福利与保险
第十三章　辞职与辞退
第十四章　退　休
第十五章　申诉与控告
第十六章　职位聘任
第十七章　法律责任
第十八章　附　则

#### 第一章　总　则

**第一条**　为了规范公务员的管理，保障公务员的合法权益，加强对公务员的监督，促进公务员正确履职尽责，建设信念坚定、为民服务、勤政务实、敢于担当、清正廉洁的高素质专业化公务员队伍，根据宪法，制定本法。

**第二条**　本法所称公务员，是指依法履行公职、纳入国家行政编制、由国家财政负担工资福利的工作人员。

公务员是干部队伍的重要组成部分，是社会主义事业的中坚力量，是人民的公仆。

**第三条**　公务员的义务、权利和管理，适用本法。

法律对公务员中领导成员的产生、任免、监督以及监察官、法官、检察官等的义务、权利和管理另有规定的，从其规定。

**第四条**　公务员制度坚持中国共产党领导，坚持以马克思列宁主义、毛泽东思想、邓小平理论、“三个代表”重要思想、科学发展观、习近平新时代中国特色社会主义思想为指导，贯彻社会主义初级阶段的基本路线，贯彻新时代中国共产党的组织路线，坚持党管干部原则。

**第五条**　公务员的管理，坚持公开、平等、竞争、择优的原则，依照法定的权限、条件、标准和程序进行。

**第六条**　公务员的管理，坚持监督约束与激励保障并重的原则。

**第七条**　公务员的任用，坚持德才兼备、以德为先，坚持五湖四海、任人唯贤，坚持事业为上、公道正派，突出政治标准，注重工作实绩。

**第八条**　国家对公务员实行分类管理，提高管理效能和科学化水平。

**第九条**　公务员就职时应当依照法律规定公开进行宪法宣誓。

**第十条**　公务员依法履行职责的行为，受法律保护。

**第十一条**　公务员工资、福利、保险以及录用、奖励、培训、辞退等所需经费，列入财政预算，予以保障。

**第十二条**　中央公务员主管部门负责全国公务员的综合管理工作。县级以上地方各级公务员主管部门负责本辖区内公务员的综合管理工作。上级公务员主管部门指导下级公务员主管部门的公务员管理工作。各级公务员主管部门指导同级各机关的公务员管理工作。

#### 第二章　公务员的条件、义务与权利

**第十三条**　公务员应当具备下列条件：

（一）具有中华人民共和国国籍；

（二）年满十八周岁；

（三）拥护中华人民共和国宪法，拥护中国共产党领

导和社会主义制度；

（四）具有良好的政治素质和道德品行；

（五）具有正常履行职责的身体条件和心理素质；

（六）具有符合职位要求的文化程度和工作能力；

（七）法律规定的其他条件。

**第十四条** 公务员应当履行下列义务：

（一）忠于宪法，模范遵守、自觉维护宪法和法律，自觉接受中国共产党领导；

（二）忠于国家，维护国家的安全、荣誉和利益；

（三）忠于人民，全心全意为人民服务，接受人民监督；

（四）忠于职守，勤勉尽责，服从和执行上级依法作出的决定和命令，按照规定的权限和程序履行职责，努力提高工作质量和效率；

（五）保守国家秘密和工作秘密；

（六）带头践行社会主义核心价值观，坚守法治，遵守纪律，恪守职业道德，模范遵守社会公德、家庭美德；

（七）清正廉洁，公道正派；

（八）法律规定的其他义务。

**第十五条** 公务员享有下列权利：

（一）获得履行职责应当具有的工作条件；

（二）非因法定事由、非经法定程序，不被免职、降职、辞退或者处分；

（三）获得工资报酬，享受福利、保险待遇；

（四）参加培训；

（五）对机关工作和领导人员提出批评和建议；

（六）提出申诉和控告；

（七）申请辞职；

（八）法律规定的其他权利。

## 第三章 职务、职级与级别

**第十六条** 国家实行公务员职位分类制度。

公务员职位类别按照公务员职位的性质、特点和管理需要，划分为综合管理类、专业技术类和行政执法类等类别。根据本法，对于具有职位特殊性，需要单独管理的，可以增设其他职位类别。各职位类别的适用范围由国家另行规定。

**第十七条** 国家实行公务员职务与职级并行制度，根据公务员职位类别和职责设置公务员领导职务、职级序列。

**第十八条** 公务员领导职务根据宪法、有关法律和机构规格设置。

领导职务层次分为：国家级正职、国家级副职、省部级正职、省部级副职、厅局级正职、厅局级副职、县处级正职、县处级副职、乡科级正职、乡科级副职。

**第十九条** 公务员职级在厅局级以下设置。

综合管理类公务员职级序列分为：一级巡视员、二级巡视员、一级调研员、二级调研员、三级调研员、四级调研员、一级主任科员、二级主任科员、三级主任科员、四级主任科员、一级科员、二级科员。

综合管理类以外其他职位类别公务员的职级序列，根据本法由国家另行规定。

**第二十条** 各机关依照确定的职能、规格、编制限额、职数以及结构比例，设置本机关公务员的具体职位，并确定各职位的工作职责和任职资格条件。

**第二十一条** 公务员的领导职务、职级应当对应相应的级别。公务员领导职务、职级与级别的对应关系，由国家规定。

根据工作需要和领导职务与职级的对应关系，公务员担任的领导职务和职级可以互相转任、兼任；符合规定资格条件的，可以晋升领导职务或者职级。

公务员的级别根据所任领导职务、职级及其德才表现、工作实绩和资历确定。公务员在同一领导职务、职级上，可以按照国家规定晋升级别。

公务员的领导职务、职级与级别是确定公务员工资以及其他待遇的依据。

**第二十二条** 国家根据人民警察、消防救援人员以及海关、驻外外交机构等公务员的工作特点，设置与其领导职务、职级相对应的衔级。

## 第四章 录 用

**第二十三条** 录用担任一级主任科员以下及其他相当职级层次的公务员，采取公开考试、严格考察、平等竞争、择优录取的办法。

民族自治地方依照前款规定录用公务员时，依照法律和有关规定对少数民族报考者予以适当照顾。

**第二十四条** 中央机关及其直属机构公务员的录用，由中央公务员主管部门负责组织。地方各级机关公务员的录用，由省级公务员主管部门负责组织，必要时省级公务员主管部门可以授权设区的市级公务员主管部门组织。

**第二十五条** 报考公务员，除应当具备本法第十三条规定的条件以外，还应当具备省级以上公务员主管部门规定的拟任职位所要求的资格条件。

国家对行政机关中初次从事行政处罚决定审核、行政复议、行政裁决、法律顾问的公务员实行统一法律职业资格考试制度，由国务院司法行政部门商有关部门组织实施。

**第二十六条** 下列人员不得录用为公务员：

（一）因犯罪受过刑事处罚的；

（二）被开除中国共产党党籍的；

（三）被开除公职的；

（四）被依法列为失信联合惩戒对象的；

（五）有法律规定不得录用为公务员的其他情形的。

**第二十七条** 录用公务员，应当在规定的编制限额内，并有相应的职位空缺。

**第二十八条** 录用公务员，应当发布招考公告。招考公告应当载明招考的职位、名额、报考资格条件、报考需要提交的申请材料以及其他报考须知事项。

招录机关应当采取措施，便利公民报考。

**第二十九条** 招录机关根据报考资格条件对报考申请进行审查。报考者提交的申请材料应当真实、准确。

**第三十条** 公务员录用考试采取笔试和面试等方式进行，考试内容根据公务员应当具备的基本能力和不同职位类别、不同层级机关分别设置。

**第三十一条** 招录机关根据考试成绩确定考察人选，并进行报考资格复审、考察和体检。

体检的项目和标准根据职位要求确定。具体办法由中央公务员主管部门会同国务院卫生健康行政部门规定。

**第三十二条** 招录机关根据考试成绩、考察情况和体检结果，提出拟录用人员名单，并予以公示。公示期不少于五个工作日。

公示期满，中央一级招录机关应当将拟录用人员名单报中央公务员主管部门备案；地方各级招录机关应当将拟录用人员名单报省级或者设区的市级公务员主管部门审批。

**第三十三条** 录用特殊职位的公务员，经省级以上公务员主管部门批准，可以简化程序或者采用其他测评办法。

**第三十四条** 新录用的公务员试用期为一年。试用期满合格的，予以任职；不合格的，取消录用。

## 第五章　考　核

**第三十五条** 公务员的考核应当按照管理权限，全面考核公务员的德、能、勤、绩、廉，重点考核政治素质和工作实绩。考核指标根据不同职位类别、不同层级机关分别设置。

**第三十六条** 公务员的考核分为平时考核、专项考核和定期考核等方式。定期考核以平时考核、专项考核为基础。

**第三十七条** 非领导成员公务员的定期考核采取年度考核的方式。先由个人按照职位职责和有关要求进行总结，主管领导在听取群众意见后，提出考核等次建议，由本机关负责人或者授权的考核委员会确定考核等次。

领导成员的考核由主管机关按照有关规定办理。

**第三十八条** 定期考核的结果分为优秀、称职、基本称职和不称职四个等次。

定期考核的结果应当以书面形式通知公务员本人。

**第三十九条** 定期考核的结果作为调整公务员职位、职务、职级、级别、工资以及公务员奖励、培训、辞退的依据。

## 第六章　职务、职级任免

**第四十条** 公务员领导职务实行选任制、委任制和聘任制。公务员职级实行委任制和聘任制。

领导成员职务按照国家规定实行任期制。

**第四十一条** 选任制公务员在选举结果生效时即任当选职务；任期届满不再连任或者任期内辞职、被罢免、被撤职的，其所任职务即终止。

**第四十二条** 委任制公务员试用期满考核合格，职务、职级发生变化，以及其他情形需要任免职务、职级的，应当按照管理权限和规定的程序任免。

**第四十三条** 公务员任职应当在规定的编制限额和职数内进行，并有相应的职位空缺。

**第四十四条** 公务员因工作需要在机关外兼职，应当经有关机关批准，并不得领取兼职报酬。

## 第七章　职务、职级升降

**第四十五条** 公务员晋升领导职务，应当具备拟任职务所要求的政治素质、工作能力、文化程度和任职经历等方面的条件和资格。

公务员领导职务应当逐级晋升。特别优秀的或者工作特殊需要的，可以按照规定破格或者越级晋升。

**第四十六条** 公务员晋升领导职务，按照下列程序办理：

（一）动议；

（二）民主推荐；

（三）确定考察对象，组织考察；

（四）按照管理权限讨论决定；

（五）履行任职手续。

**第四十七条** 厅局级正职以下领导职务出现空缺且

本机关没有合适人选的，可以通过适当方式面向社会选拔任职人选。

**第四十八条** 公务员晋升领导职务的，应当按照有关规定实行任职前公示制度和任职试用期制度。

**第四十九条** 公务员职级应当逐级晋升，根据个人德才表现、工作实绩和任职资历，参考民主推荐或者民主测评结果确定人选，经公示后，按照管理权限审批。

**第五十条** 公务员的职务、职级实行能上能下。对不适宜或者不胜任现任职务、职级的，应当进行调整。

公务员在年度考核中被确定为不称职的，按照规定程序降低一个职务或者职级层次任职。

## 第八章 奖 励

**第五十一条** 对工作表现突出，有显著成绩和贡献，或者有其他突出事迹的公务员或者公务员集体，给予奖励。奖励坚持定期奖励与及时奖励相结合，精神奖励与物质奖励相结合、以精神奖励为主的原则。

公务员集体的奖励适用于按照编制序列设置的机构或者为完成专项任务组成的工作集体。

**第五十二条** 公务员或者公务员集体有下列情形之一的，给予奖励：

（一）忠于职守，积极工作，勇于担当，工作实绩显著的；

（二）遵纪守法，廉洁奉公，作风正派，办事公道，模范作用突出的；

（三）在工作中有发明创造或者提出合理化建议，取得显著经济效益或者社会效益的；

（四）为增进民族团结，维护社会稳定做出突出贡献的；

（五）爱护公共财产，节约国家资财有突出成绩的；

（六）防止或者消除事故有功，使国家和人民群众利益免受或者减少损失的；

（七）在抢险、救灾等特定环境中做出突出贡献的；

（八）同违纪违法行为作斗争有功绩的；

（九）在对外交往中为国家争得荣誉和利益的；

（十）有其他突出功绩的。

**第五十三条** 奖励分为：嘉奖、记三等功、记二等功、记一等功、授予称号。

对受奖励的公务员或者公务员集体予以表彰，并对受奖励的个人给予一次性奖金或者其他待遇。

**第五十四条** 给予公务员或者公务员集体奖励，按照规定的权限和程序决定或者审批。

**第五十五条** 按照国家规定，可以向参与特定时期、特定领域重大工作的公务员颁发纪念证书或者纪念章。

**第五十六条** 公务员或者公务员集体有下列情形之一的，撤销奖励：

（一）弄虚作假，骗取奖励的；

（二）申报奖励时隐瞒严重错误或者严重违反规定程序的；

（三）有严重违纪违法等行为，影响称号声誉的；

（四）有法律、法规规定应当撤销奖励的其他情形的。

## 第九章 监督与惩戒

**第五十七条** 机关应当对公务员的思想政治、履行职责、作风表现、遵纪守法等情况进行监督，开展勤政廉政教育，建立日常管理监督制度。

对公务员监督发现问题的，应当区分不同情况，予以谈话提醒、批评教育、责令检查、诫勉、组织调整、处分。

对公务员涉嫌职务违法和职务犯罪的，应当依法移送监察机关处理。

**第五十八条** 公务员应当自觉接受监督，按照规定请示报告工作、报告个人有关事项。

**第五十九条** 公务员应当遵纪守法，不得有下列行为：

（一）散布有损宪法权威、中国共产党和国家声誉的言论，组织或者参加旨在反对宪法、中国共产党领导和国家的集会、游行、示威等活动；

（二）组织或者参加非法组织，组织或者参加罢工；

（三）挑拨、破坏民族关系，参加民族分裂活动或者组织、利用宗教活动破坏民族团结和社会稳定；

（四）不担当，不作为，玩忽职守，贻误工作；

（五）拒绝执行上级依法作出的决定和命令；

（六）对批评、申诉、控告、检举进行压制或者打击报复；

（七）弄虚作假，误导、欺骗领导和公众；

（八）贪污贿赂，利用职务之便为自己或者他人谋取私利；

（九）违反财经纪律，浪费国家资财；

（十）滥用职权，侵害公民、法人或者其他组织的合法权益；

（十一）泄露国家秘密或者工作秘密；

（十二）在对外交往中损害国家荣誉和利益；

（十三）参与或者支持色情、吸毒、赌博、迷信等活动；

（十四）违反职业道德、社会公德和家庭美德；

（十五）违反有关规定参与禁止的网络传播行为或

者网络活动；

（十六）违反有关规定从事或者参与营利性活动，在企业或者其他营利性组织中兼任职务；

（十七）旷工或者因公外出、请假期满无正当理由逾期不归；

（十八）违纪违法的其他行为。

**第六十条** 公务员执行公务时，认为上级的决定或者命令有错误的，可以向上级提出改正或者撤销该决定或者命令的意见；上级不改变该决定或者命令，或者要求立即执行的，公务员应当执行该决定或者命令，执行的后果由上级负责，公务员不承担责任；但是，公务员执行明显违法的决定或者命令的，应当依法承担相应的责任。

**第六十一条** 公务员因违纪违法应当承担纪律责任的，依照本法给予处分或者由监察机关依法给予政务处分；违纪违法行为情节轻微，经批评教育后改正的，可以免予处分。

对同一违纪违法行为，监察机关已经作出政务处分决定的，公务员所在机关不再给予处分。

**第六十二条** 处分分为：警告、记过、记大过、降级、撤职、开除。

**第六十三条** 对公务员的处分，应当事实清楚、证据确凿、定性准确、处理恰当、程序合法、手续完备。

公务员违纪违法的，应当由处分决定机关决定对公务员违纪违法的情况进行调查，并将调查认定的事实以及拟给予处分的依据告知公务员本人。公务员有权进行陈述和申辩；处分决定机关不得因公务员申辩而加重处分。

处分决定机关认为对公务员应当给予处分的，应当在规定的期限内，按照管理权限和规定的程序作出处分决定。处分决定应当以书面形式通知公务员本人。

**第六十四条** 公务员在受处分期间不得晋升职务、职级和级别，其中受记过、记大过、降级、撤职处分的，不得晋升工资档次。

受处分的期间为：警告，六个月；记过，十二个月；记大过，十八个月；降级、撤职，二十四个月。

受撤职处分的，按照规定降低级别。

**第六十五条** 公务员受开除以外的处分，在受处分期间有悔改表现，并且没有再发生违纪违法行为的，处分期满后自动解除。

解除处分后，晋升工资档次、级别和职务、职级不再受原处分的影响。但是，解除降级、撤职处分的，不视为恢复原级别、原职务、原职级。

## 第十章　培　训

**第六十六条** 机关根据公务员工作职责的要求和提高公务员素质的需要，对公务员进行分类分级培训。

国家建立专门的公务员培训机构。机关根据需要也可以委托其他培训机构承担公务员培训任务。

**第六十七条** 机关对新录用人员应当在试用期内进行初任培训；对晋升领导职务的公务员应当在任职前或者任职后一年内进行任职培训；对从事专项工作的公务员应当进行专门业务培训；对全体公务员应当进行提高政治素质和工作能力、更新知识的在职培训，其中对专业技术类公务员应当进行专业技术培训。

国家有计划地加强对优秀年轻公务员的培训。

**第六十八条** 公务员的培训实行登记管理。

公务员参加培训的时间由公务员主管部门按照本法第六十七条规定的培训要求予以确定。

公务员培训情况、学习成绩作为公务员考核的内容和任职、晋升的依据之一。

## 第十一章　交流与回避

**第六十九条** 国家实行公务员交流制度。

公务员可以在公务员和参照本法管理的工作人员队伍内部交流，也可以与国有企业和不参照本法管理的事业单位中从事公务的人员交流。

交流的方式包括调任、转任。

**第七十条** 国有企业、高等院校和科研院所以及其他不参照本法管理的事业单位中从事公务的人员，可以调入机关担任领导职务或者四级调研员以上及其他相当层次的职级。

调任人选应当具备本法第十三条规定的条件和拟任职位所要求的资格条件，并不得有本法第二十六条规定的情形。调任机关应当根据上述规定，对调任人选进行严格考察，并按照管理权限审批，必要时可以对调任人选进行考试。

**第七十一条** 公务员在不同职位之间转任应当具备拟任职位所要求的资格条件，在规定的编制限额和职数内进行。

对省部级正职以下的领导成员应当有计划、有重点地实行跨地区、跨部门转任。

对担任机关内设机构领导职务和其他工作性质特殊的公务员，应当有计划地在本机关内转任。

上级机关应当注重从基层机关公开遴选公务员。

**第七十二条** 根据工作需要，机关可以采取挂职方式选派公务员承担重大工程、重大项目、重点任务或者其他专项工作。

公务员在挂职期间,不改变与原机关的人事关系。

**第七十三条**　公务员应当服从机关的交流决定。

公务员本人申请交流的,按照管理权限审批。

**第七十四条**　公务员之间有夫妻关系、直系血亲关系、三代以内旁系血亲关系以及近姻亲关系的,不得在同一机关双方直接隶属于同一领导人员的职位或者有直接上下级领导关系的职位工作,也不得在其中一方担任领导职务的机关从事组织、人事、纪检、监察、审计和财务工作。

公务员不得在其配偶、子女及其配偶经营的企业、营利性组织的行业监管或者主管部门担任领导成员。

因地域或者工作性质特殊,需要变通执行任职回避的,由省级以上公务员主管部门规定。

**第七十五条**　公务员担任乡级机关、县级机关、设区的市级机关及其有关部门主要领导职务的,应当按照有关规定实行地域回避。

**第七十六条**　公务员执行公务时,有下列情形之一的,应当回避:

(一)涉及本人利害关系的;

(二)涉及与本人有本法第七十四条第一款所列亲属关系人员的利害关系的;

(三)其他可能影响公正执行公务的。

**第七十七条**　公务员有应当回避情形的,本人应当申请回避;利害关系人有权申请公务员回避。其他人员可以向机关提供公务员需要回避的情况。

机关根据公务员本人或者利害关系人的申请,经审查后作出是否回避的决定,也可以不经申请直接作出回避决定。

**第七十八条**　法律对公务员回避另有规定的,从其规定。

## 第十二章　工资、福利与保险

**第七十九条**　公务员实行国家统一规定的工资制度。

公务员工资制度贯彻按劳分配的原则,体现工作职责、工作能力、工作实绩、资历等因素,保持不同领导职务、职级、级别之间的合理工资差距。

国家建立公务员工资的正常增长机制。

**第八十条**　公务员工资包括基本工资、津贴、补贴和奖金。

公务员按照国家规定享受地区附加津贴、艰苦边远地区津贴、岗位津贴等津贴。

公务员按照国家规定享受住房、医疗等补贴、补助。

公务员在定期考核中被确定为优秀、称职的,按照国家规定享受年终奖金。

公务员工资应当按时足额发放。

**第八十一条**　公务员的工资水平应当与国民经济发展相协调、与社会进步相适应。

国家实行工资调查制度,定期进行公务员和企业相当人员工资水平的调查比较,并将工资调查比较结果作为调整公务员工资水平的依据。

**第八十二条**　公务员按照国家规定享受福利待遇。国家根据经济社会发展水平提高公务员的福利待遇。

公务员执行国家规定的工时制度,按照国家规定享受休假。公务员在法定工作日之外加班的,应当给予相应的补休,不能补休的按照国家规定给予补助。

**第八十三条**　公务员依法参加社会保险,按照国家规定享受保险待遇。

公务员因公牺牲或者病故的,其亲属享受国家规定的抚恤和优待。

**第八十四条**　任何机关不得违反国家规定自行更改公务员工资、福利、保险政策,擅自提高或者降低公务员的工资、福利、保险待遇。任何机关不得扣减或者拖欠公务员的工资。

## 第十三章　辞职与辞退

**第八十五条**　公务员辞去公职,应当向任免机关提出书面申请。任免机关应当自接到申请之日起三十日内予以审批,其中对领导成员辞去公职的申请,应当自接到申请之日起九十日内予以审批。

**第八十六条**　公务员有下列情形之一的,不得辞去公职:

(一)未满国家规定的最低服务年限的;

(二)在涉及国家秘密等特殊职位任职或者离开上述职位不满国家规定的脱密期限的;

(三)重要公务尚未处理完毕,且须由本人继续处理的;

(四)正在接受审计、纪律审查、监察调查,或者涉嫌犯罪,司法程序尚未终结的;

(五)法律、行政法规规定的其他不得辞去公职的情形。

**第八十七条**　担任领导职务的公务员,因工作变动依照法律规定需要辞去现任职务的,应当履行辞职手续。

担任领导职务的公务员,因个人或者其他原因,可以自愿提出辞去领导职务。

领导成员因工作严重失误、失职造成重大损失或者恶劣社会影响的,或者对重大事故负有领导责任的,应当引咎辞去领导职务。

领导成员因其他原因不再适合担任现任领导职务的,或者应当引咎辞职本人不提出辞职的,应当责令其辞去领导职务。

**第八十八条** 公务员有下列情形之一的,予以辞退:

(一)在年度考核中,连续两年被确定为不称职的;

(二)不胜任现职工作,又不接受其他安排的;

(三)因所在机关调整、撤销、合并或者缩减编制员额需要调整工作,本人拒绝合理安排的;

(四)不履行公务员义务,不遵守法律和公务员纪律,经教育仍无转变,不适合继续在机关工作,又不宜给予开除处分的;

(五)旷工或者因公外出、请假期满无正当理由逾期不归连续超过十五天,或者一年内累计超过三十天的。

**第八十九条** 对有下列情形之一的公务员,不得辞退:

(一)因公致残,被确认丧失或者部分丧失工作能力的;

(二)患病或者负伤,在规定的医疗期内的;

(三)女性公务员在孕期、产假、哺乳期内的;

(四)法律、行政法规规定的其他不得辞退的情形。

**第九十条** 辞退公务员,按照管理权限决定。辞退决定应当以书面形式通知被辞退的公务员,并应当告知辞退依据和理由。

被辞退的公务员,可以领取辞退费或者根据国家有关规定享受失业保险。

**第九十一条** 公务员辞职或者被辞退,离职前应当办理公务交接手续,必要时按照规定接受审计。

## 第十四章 退 休

**第九十二条** 公务员达到国家规定的退休年龄或者完全丧失工作能力的,应当退休。

**第九十三条** 公务员符合下列条件之一的,本人自愿提出申请,经任免机关批准,可以提前退休:

(一)工作年限满三十年的;

(二)距国家规定的退休年龄不足五年,且工作年限满二十年的;

(三)符合国家规定的可以提前退休的其他情形的。

**第九十四条** 公务员退休后,享受国家规定的养老金和其他待遇,国家为其生活和健康提供必要的服务和帮助,鼓励发挥个人专长,参与社会发展。

## 第十五章 申诉与控告

**第九十五条** 公务员对涉及本人的下列人事处理不服的,可以自知道该人事处理之日起三十日内向原处理机关申请复核;对复核结果不服的,可以自接到复核决定之日起十五日内,按照规定向同级公务员主管部门或者作出该人事处理的机关的上一级机关提出申诉;也可以不经复核,自知道该人事处理之日起三十日内直接提出申诉:

(一)处分;

(二)辞退或者取消录用;

(三)降职;

(四)定期考核定为不称职;

(五)免职;

(六)申请辞职、提前退休未予批准;

(七)不按照规定确定或者扣减工资、福利、保险待遇;

(八)法律、法规规定可以申诉的其他情形。

对省级以下机关作出的申诉处理决定不服的,可以向作出处理决定的上一级机关提出再申诉。

受理公务员申诉的机关应当组成公务员申诉公正委员会,负责受理和审理公务员的申诉案件。

公务员对监察机关作出的涉及本人的处理决定不服向监察机关申请复审、复核的,按照有关规定办理。

**第九十六条** 原处理机关应当自接到复核申请书后的三十日内作出复核决定,并以书面形式告知申请人。受理公务员申诉的机关应当自受理之日起六十日内作出处理决定;案情复杂的,可以适当延长,但是延长时间不得超过三十日。

复核、申诉期间不停止人事处理的执行。

公务员不因申请复核、提出申诉而被加重处理。

**第九十七条** 公务员申诉的受理机关审查认定人事处理有错误的,原处理机关应当及时予以纠正。

**第九十八条** 公务员认为机关及其领导人员侵犯其合法权益的,可以依法向上级机关或者监察机关提出控告。受理控告的机关应当按照规定及时处理。

**第九十九条** 公务员提出申诉、控告,应当尊重事实,不得捏造事实,诬告、陷害他人。对捏造事实,诬告、陷害他人的,依法追究法律责任。

## 第十六章 职位聘任

**第一百条** 机关根据工作需要,经省级以上公务员主管部门批准,可以对专业性较强的职位和辅助性职位实行聘任制。

前款所列职位涉及国家秘密的,不实行聘任制。

**第一百零一条** 机关聘任公务员可以参照公务员考试录用的程序进行公开招聘,也可以从符合条件的人员中直接选聘。

机关聘任公务员应当在规定的编制限额和工资经费限额内进行。

**第一百零二条** 机关聘任公务员,应当按照平等自愿、协商一致的原则,签订书面的聘任合同,确定机关与所聘公务员双方的权利、义务。聘任合同经双方协商一致可以变更或者解除。

聘任合同的签订、变更或者解除,应当报同级公务员主管部门备案。

**第一百零三条** 聘任合同应当具备合同期限,职位及其职责要求,工资、福利、保险待遇,违约责任等条款。

聘任合同期限为一年至五年。聘任合同可以约定试用期,试用期为一个月至十二个月。

聘任制公务员实行协议工资制,具体办法由中央公务员主管部门规定。

**第一百零四条** 机关依据本法和聘任合同对所聘公务员进行管理。

**第一百零五条** 聘任制公务员与所在机关之间因履行聘任合同发生争议的,可以自争议发生之日起六十日内申请仲裁。

省级以上公务员主管部门根据需要设立人事争议仲裁委员会,受理仲裁申请。人事争议仲裁委员会由公务员主管部门的代表、聘用机关的代表、聘任制公务员的代表以及法律专家组成。

当事人对仲裁裁决不服的,可以自接到仲裁裁决书之日起十五日内向人民法院提起诉讼。仲裁裁决生效后,一方当事人不履行的,另一方当事人可以申请人民法院执行。

## 第十七章 法律责任

**第一百零六条** 对有下列违反本法规定情形的,由县级以上领导机关或者公务员主管部门按照管理权限,区别不同情况,分别予以责令纠正或者宣布无效;对负有责任的领导人员和直接责任人员,根据情节轻重,给予批评教育、责令检查、诫勉、组织调整、处分;构成犯罪的,依法追究刑事责任:

(一)不按照编制限额、职数或者任职资格条件进行公务员录用、调任、转任、聘任和晋升的;

(二)不按照规定条件进行公务员奖惩、回避和办理退休的;

(三)不按照规定程序进行公务员录用、调任、转任、聘任、晋升以及考核、奖惩的;

(四)违反国家规定,更改公务员工资、福利、保险待遇标准的;

(五)在录用、公开遴选等工作中发生泄露试题、违反考场纪律以及其他严重影响公开、公正行为的;

(六)不按照规定受理和处理公务员申诉、控告的;

(七)违反本法规定的其他情形的。

**第一百零七条** 公务员辞去公职或者退休的,原系领导成员、县处级以上领导职务的公务员在离职三年内,其他公务员在离职两年内,不得到与原工作业务直接相关的企业或者其他营利性组织任职,不得从事与原工作业务直接相关的营利性活动。

公务员辞去公职或者退休后有违反前款规定行为的,由其原所在机关的同级公务员主管部门责令限期改正;逾期不改正的,由县级以上市场监管部门没收该人员从业期间的违法所得,责令接收单位将该人员予以清退,并根据情节轻重,对接收单位处以被处罚人员违法所得一倍以上五倍以下的罚款。

**第一百零八条** 公务员主管部门的工作人员,违反本法规定,滥用职权、玩忽职守、徇私舞弊,构成犯罪的,依法追究刑事责任;尚不构成犯罪的,给予处分或者由监察机关依法给予政务处分。

**第一百零九条** 在公务员录用、聘任等工作中,有隐瞒真实信息、弄虚作假、考试作弊、扰乱考试秩序等行为的,由公务员主管部门根据情节作出考试成绩无效、取消资格、限制报考等处理;情节严重的,依法追究法律责任。

**第一百一十条** 机关因错误的人事处理对公务员造成名誉损害的,应当赔礼道歉、恢复名誉、消除影响;造成经济损失的,应当依法给予赔偿。

## 第十八章 附 则

**第一百一十一条** 本法所称领导成员,是指机关的领导人员,不包括机关内设机构担任领导职务的人员。

**第一百一十二条** 法律、法规授权的具有公共事务管理职能的事业单位中除工勤人员以外的工作人员,经批准参照本法进行管理。

**第一百一十三条** 本法自 2019 年 6 月 1 日起施行。

## 公务员职务、职级与级别管理办法

·2019 年 12 月 23 日中共中央组织部制定
·2020 年 3 月 3 日发布

**第一条** 为了完善公务员领导职务、职级与级别设置和管理制度,健全公务员激励和保障机制,建设信念坚定、为民服务、勤政务实、敢于担当、清正廉洁的高素质专业化公务员队伍,根据《中华人民共和国公务员法》等有关法律法规和《公务员职务与职级并行规定》,制定本办法。

**第二条** 公务员领导职务、职级与级别设置和管理坚持以马克思列宁主义、毛泽东思想、邓小平理论、“三个代表”重要思想、科学发展观、习近平新时代中国特色社会主义思想为指导,贯彻新时代中国共产党的组织路线,坚持党管干部原则,加强党对公务员队伍的集中统一领导,遵循依法、科学、规范、效能的原则。

**第三条** 领导职务、职级与级别是实施公务员管理,确定公务员工资以及其他待遇的依据。

**第四条** 公务员级别由低至高依次为二十七级至一级。

**第五条** 公务员领导职务层次与级别的对应关系是:

(一)国家级正职:一级;
(二)国家级副职:四级至二级;
(三)省部级正职:八级至四级;
(四)省部级副职:十级至六级;
(五)厅局级正职:十三级至八级;
(六)厅局级副职:十五级至十级;
(七)县处级正职:十八级至十二级;
(八)县处级副职:二十级至十四级;
(九)乡科级正职:二十二级至十六级;
(十)乡科级副职:二十四级至十七级。

副部级机关内设机构、副省级城市机关的司局级正职对应十五级至十级;司局级副职对应十七级至十一级。

**第六条** 公务员领导职务与职级的设置、厅局级以下领导职务对应的最低职级、职级与级别的对应关系,按照有关规定执行。

**第七条** 确定公务员领导职务、职级,应当在规定的领导职务、职级序列和职数限额内,按照有关任职条件和程序进行。

**第八条** 晋升、降低领导职务、职级或者调任、转任以及因其他原因需要明确领导职务、职级的,按照拟任领导职务、职级任职条件等确定。

**第九条** 公务员晋升领导职务应当具备的资格条件,按照《党政领导干部选拔任用工作条例》和有关法律、法规、章程规定执行。其中,晋升乡科级领导职务的最低任职年限条件为:

(一)晋升乡科级正职领导职务的,应当任乡科级副职领导职务 2 年以上,或者任乡科级副职领导职务和三级、四级主任科员及相当层次职级累计 2 年以上,或者任三级、四级主任科员及相当层次职级累计 2 年以上,或者任四级主任科员及相当层次职级 2 年以上。

(二)晋升乡科级副职领导职务的,应当任一级科员及相当层次职级 3 年以上。

**第十条** 公务员级别应当根据其所任领导职务、职级及德才表现、工作实绩、资历确定。

**第十一条** 新录用的公务员试用期满考核合格后,职级、级别的确定按照有关规定执行。

**第十二条** 通过面向社会选拔、调任等方式进入机关的公务员,其级别按照新任领导职务、职级,结合本人原任职务、工作经历、文化程度等条件,参照机关同类人员确定。

**第十三条** 公务员晋升领导职务、职级后,原级别低于新任领导职务、职级对应最低级别的,晋升到新任领导职务、职级对应的最低级别;原级别已在新任领导职务、职级对应范围的,除晋升一级、三级调研员和一级、三级主任科员及相当层次职级外,在原级别的基础上晋升一个级别。

**第十四条** 公务员累计 5 年年度考核结果均为称职以上等次的,可以在领导职务、职级对应级别范围内晋升一个级别。

**第十五条** 担任领导职务的公务员辞去领导职务后的级别确定,以及公务员因年度考核被确定为不称职等次、受到组织调整或者组织处理、受到处分应当降低领导职务、职级与级别的,按照有关规定执行。

**第十六条** 公务员受到诫勉、组织调整或者组织处理、处分等,遇有影响期且影响期未满或者期满影响使用的,以及有法律法规规定的其他影响晋升的情形的,不晋升领导职务、职级与级别。

**第十七条** 公务员级别的确定、晋升,按照管理权限,由决定其领导职务、职级任免的机关批准。

**第十八条** 县级以上公务员主管部门负责领导职务、职级与级别设置、确定工作的组织实施和监督管理。

**第十九条** 对不按照规定的职数要求、资格条件及程序等设置、确定公务员领导职务、职级与级别的，不予批准或者备案；已经作出的决定一律无效，由公务员主管部门按照管理权限予以纠正。

**第二十条** 对违反规定进行公务员领导职务、职级与级别确定的，应当根据具体情况，依规依纪依法追究负有责任的领导人员和直接责任人员的责任。

**第二十一条** 监察官、法官、检察官等职务、职级的设置和管理另行规定。

**第二十二条** 本办法由中共中央组织部负责解释。

**第二十三条** 本办法自发布之日起施行，2006年4月9日中共中央、国务院印发的《〈中华人民共和国公务员法〉实施方案》附件三《公务员职务与级别管理规定》同时废止。

## 行政机关公务员处分条例

· 2007年4月4日国务院第173次常务会议通过
· 2007年4月22日中华人民共和国国务院令第495号公布
· 自2007年6月1日起施行

### 第一章 总 则

**第一条** 为了严肃行政机关纪律，规范行政机关公务员的行为，保证行政机关及其公务员依法履行职责，根据《中华人民共和国公务员法》和《中华人民共和国行政监察法》，制定本条例。

**第二条** 行政机关公务员违反法律、法规、规章以及行政机关的决定和命令，应当承担纪律责任的，依照本条例给予处分。

法律、其他行政法规、国务院决定对行政机关公务员处分有规定的，依照该法律、行政法规、国务院决定的规定执行；法律、其他行政法规、国务院决定对行政机关公务员应当受到处分的违法违纪行为做了规定，但是未对处分幅度做规定的，适用本条例第三章与其最相类似的条款有关处分幅度的规定。

地方性法规、部门规章、地方政府规章可以补充规定本条例第三章未作规定的应当给予处分的违法违纪行为以及相应的处分幅度。除国务院监察机关、国务院人事部门外，国务院其他部门制定处分规章，应当与国务院监察机关、国务院人事部门联合制定。

除法律、法规、规章以及国务院决定外，行政机关不得以其他形式设定行政机关公务员处分事项。

**第三条** 行政机关公务员依法履行职务的行为受法律保护，非因法定事由，非经法定程序，不受处分。

**第四条** 给予行政机关公务员处分，应当坚持公正、公平和教育与惩处相结合的原则。

给予行政机关公务员处分，应当与其违法违纪行为的性质、情节、危害程度相适应。

给予行政机关公务员处分，应当事实清楚、证据确凿、定性准确、处理恰当、程序合法、手续完备。

**第五条** 行政机关公务员违法违纪涉嫌犯罪的，应当移送司法机关依法追究刑事责任。

### 第二章 处分的种类和适用

**第六条** 行政机关公务员处分的种类为：

（一）警告；
（二）记过；
（三）记大过；
（四）降级；
（五）撤职；
（六）开除。

**第七条** 行政机关公务员受处分的期间为：

（一）警告，6个月；
（二）记过，12个月；
（三）记大过，18个月；
（四）降级、撤职，24个月。

**第八条** 行政机关公务员在受处分期间不得晋升职务和级别，其中，受记过、记大过、降级、撤职处分的，不得晋升工资档次；受撤职处分的，应当按照规定降低级别。

**第九条** 行政机关公务员受开除处分的，自处分决定生效之日起，解除其与单位的人事关系，不得再担任公务员职务。

行政机关公务员受开除以外的处分，在受处分期间有悔改表现，并且没有再发生违法违纪行为的，处分期满后，应当解除处分。解除处分后，晋升工资档次、级别和职务不再受原处分的影响。但是，解除降级、撤职处分的，不视为恢复原级别、原职务。

**第十条** 行政机关公务员同时有两种以上需要给予处分的行为的，应当分别确定其处分。应当给予的处分种类不同的，执行其中最重的处分；应当给予撤职以下多个相同种类处分的，执行该处分，并在一个处分期以上、多个处分期之和以下，决定处分期。

行政机关公务员在受处分期间受到新的处分的，其处分期为原处分期尚未执行的期限与新处分期限之和。

处分期最长不得超过48个月。

**第十一条** 行政机关公务员2人以上共同违法违纪，需要给予处分的，根据各自应当承担的纪律责任，分别给予处分。

**第十二条**　有下列情形之一的，应当从重处分：

（一）在2人以上的共同违法违纪行为中起主要作用的；

（二）隐匿、伪造、销毁证据的；

（三）串供或者阻止他人揭发检举、提供证据材料的；

（四）包庇同案人员的；

（五）法律、法规、规章规定的其他从重情节。

**第十三条**　有下列情形之一的，应当从轻处分：

（一）主动交代违法违纪行为的；

（二）主动采取措施，有效避免或者挽回损失的；

（三）检举他人重大违法违纪行为，情况属实的。

**第十四条**　行政机关公务员主动交代违法违纪行为，并主动采取措施有效避免或者挽回损失的，应当减轻处分。

行政机关公务员违纪行为情节轻微，经过批评教育后改正的，可以免予处分。

**第十五条**　行政机关公务员有本条例第十二条、第十三条规定情形之一的，应当在本条例第三章规定的处分幅度以内从重或者从轻给予处分。

行政机关公务员有本条例第十四条第一款规定情形的，应当在本条例第三章规定的处分幅度以外，减轻一个处分的档次给予处分。应当给予警告处分，又有减轻处分的情形的，免予处分。

**第十六条**　行政机关经人民法院、监察机关、行政复议机关或者上级行政机关依法认定有行政违法行为或者其他违法违纪行为，需要追究纪律责任的，对负有责任的领导人员和直接责任人员给予处分。

**第十七条**　违法违纪的行政机关公务员在行政机关对其作出处分决定前，已经依法被判处刑罚、罢免、免职或者已经辞去领导职务，依法应当给予处分的，由行政机关根据其违法违纪事实，给予处分。

行政机关公务员依法被判处刑罚的，给予开除处分。

## 第三章　违法违纪行为及其适用的处分

**第十八条**　有下列行为之一的，给予记大过处分；情节较重的，给予降级或者撤职处分；情节严重的，给予开除处分：

（一）散布有损国家声誉的言论，组织或者参加旨在反对国家的集会、游行、示威等活动的；

（二）组织或者参加非法组织，组织或者参加罢工的；

（三）违反国家的民族宗教政策，造成不良后果的；

（四）以暴力、威胁、贿赂、欺骗等手段，破坏选举的；

（五）在对外交往中损害国家荣誉和利益的；

（六）非法出境，或者违反规定滞留境外不归的；

（七）未经批准获取境外永久居留资格，或者取得外国国籍的；

（八）其他违反政治纪律的行为。

有前款第（六）项规定行为的，给予开除处分；有前款第（一）项、第（二）项或者第（三）项规定的行为，属于不明真相被裹挟参加，经批评教育后确有悔改表现的，可以减轻或者免予处分。

**第十九条**　有下列行为之一的，给予警告、记过或者记大过处分；情节较重的，给予降级或者撤职处分；情节严重的，给予开除处分：

（一）负有领导责任的公务员违反议事规则，个人或者少数人决定重大事项，或者改变集体作出的重大决定的；

（二）拒绝执行上级依法作出的决定、命令的；

（三）拒不执行机关的交流决定的；

（四）拒不执行人民法院对行政案件的判决、裁定或者监察机关、审计机关、行政复议机关作出的决定的；

（五）违反规定应当回避而不回避，影响公正执行公务，造成不良后果的；

（六）离任、辞职或者被辞退时，拒不办理公务交接手续或者拒不接受审计的；

（七）旷工或者因公外出、请假期满无正当理由逾期不归，造成不良影响的；

（八）其他违反组织纪律的行为。

**第二十条**　有下列行为之一的，给予记过、记大过处分；情节较重的，给予降级或者撤职处分；情节严重的，给予开除处分：

（一）不依法履行职责，致使可以避免的爆炸、火灾、传染病传播流行、严重环境污染、严重人员伤亡等重大事故或者群体性事件发生的；

（二）发生重大事故、灾害、事件或者重大刑事案件、治安案件，不按规定报告、处理的；

（三）对救灾、抢险、防汛、防疫、优抚、扶贫、移民、救济、社会保险、征地补偿等专项款物疏于管理，致使款物被贪污、挪用，或者毁损、灭失的；

（四）其他玩忽职守、贻误工作的行为。

**第二十一条**　有下列行为之一的，给予警告或者记过处分；情节较重的，给予记大过或者降级处分；情节严重的，给予撤职处分：

（一）在行政许可工作中违反法定权限、条件和程序设定或者实施行政许可的；

（二）违法设定或者实施行政强制措施的；

（三）违法设定或者实施行政处罚的；

（四）违反法律、法规规定进行行政委托的；

（五）对需要政府、政府部门决定的招标投标、征收征用、城市房屋拆迁、拍卖等事项违反规定办理的。

**第二十二条**　弄虚作假，误导、欺骗领导和公众，造成不良后果的，给予警告、记过或者记大过处分；情节较重的，给予降级或者撤职处分；情节严重的，给予开除处分。

**第二十三条**　有贪污、索贿、受贿、行贿、介绍贿赂、挪用公款、利用职务之便为自己或者他人谋取私利、巨额财产来源不明等违反廉政纪律行为的，给予记过或者记大过处分；情节较重的，给予降级或者撤职处分；情节严重的，给予开除处分。

**第二十四条**　违反财经纪律，挥霍浪费国家资财的，给予警告处分；情节较重的，给予记过或者记大过处分；情节严重的，给予降级或者撤职处分。

**第二十五条**　有下列行为之一的，给予记过或者记大过处分；情节较重的，给予降级或者撤职处分；情节严重的，给予开除处分：

（一）以殴打、体罚、非法拘禁等方式侵犯公民人身权利的；

（二）压制批评，打击报复，扣压、销毁举报信件，或者向被举报人透露举报情况的；

（三）违反规定向公民、法人或者其他组织摊派或者收取财物的；

（四）妨碍执行公务或者违反规定干预执行公务的；

（五）其他滥用职权，侵害公民、法人或者其他组织合法权益的行为。

**第二十六条**　泄露国家秘密、工作秘密，或者泄露因履行职责掌握的商业秘密、个人隐私，造成不良后果的，给予警告、记过或者记大过处分；情节较重的，给予降级或者撤职处分；情节严重的，给予开除处分。

**第二十七条**　从事或者参与营利性活动，在企业或者其他营利性组织中兼任职务的，给予记过或者记大过处分；情节较重的，给予降级或者撤职处分；情节严重的，给予开除处分。

**第二十八条**　严重违反公务员职业道德，工作作风懈怠、工作态度恶劣，造成不良影响的，给予警告、记过或者记大过处分。

**第二十九条**　有下列行为之一的，给予警告、记过或者记大过处分；情节较重的，给予降级或者撤职处分；情节严重的，给予开除处分：

（一）拒不承担赡养、抚养、扶养义务的；

（二）虐待、遗弃家庭成员的；

（三）包养情人的；

（四）严重违反社会公德的行为。

有前款第（三）项行为的，给予撤职或者开除处分。

**第三十条**　参与迷信活动，造成不良影响的，给予警告、记过或者记大过处分；组织迷信活动的，给予降级或者撤职处分，情节严重的，给予开除处分。

**第三十一条**　吸食、注射毒品或者组织、支持、参与卖淫、嫖娼、色情淫乱活动的，给予撤职或者开除处分。

**第三十二条**　参与赌博的，给予警告或者记过处分；情节较重的，给予记大过或者降级处分；情节严重的，给予撤职或者开除处分。

为赌博活动提供场所或者其他便利条件的，给予警告、记过或者记大过处分；情节严重的，给予撤职或者开除处分。

在工作时间赌博的，给予记过、记大过或者降级处分；屡教不改的，给予撤职或者开除处分。

挪用公款赌博的，给予撤职或者开除处分。

利用赌博索贿、受贿或者行贿的，依照本条例第二十三条的规定给予处分。

**第三十三条**　违反规定超计划生育的，给予降级或者撤职处分；情节严重的，给予开除处分。

## 第四章　处分的权限

**第三十四条**　对行政机关公务员给予处分，由任免机关或者监察机关（以下统称处分决定机关）按照管理权限决定。

**第三十五条**　对经全国人民代表大会及其常务委员会决定任命的国务院组成人员给予处分，由国务院决定。其中，拟给予撤职、开除处分的，由国务院向全国人民代表大会提出罢免建议，或者向全国人民代表大会常务委员会提出免职建议。罢免或者免职前，国务院可以决定暂停其履行职务。

**第三十六条**　对经地方各级人民代表大会及其常务委员会选举或者决定任命的地方各级人民政府领导人员给予处分，由上一级人民政府决定。

拟给予经县级以上地方人民代表大会及其常务委员会选举或者决定任命的县级以上地方人民政府领导人员撤职、开除处分的，应当先由本级人民政府向同级人民代表大会提出罢免建议。其中，拟给予县级以上地方人民政府副职领导人员撤职、开除处分的，也可以向同级人民代表大会常务委员会提出撤销职务的建议。拟给予乡镇人民政府领导人员撤职、开除处分的，应当先由本级人民政府向同级人民代表大会提出罢免建议。罢免或者撤销职务前，上级人民政府可以决定暂停其履行职务；遇有特殊紧急情况，省级以上人民政府认为必要时，也可以对其作出撤职或者开除的处分，同时报告同级人民代表大会常务委员会，并通报下级人民代表大会常务委员会。

**第三十七条** 对地方各级人民政府工作部门正职领导人员给予处分，由本级人民政府决定。其中，拟给予撤职、开除处分的，由本级人民政府向同级人民代表大会常务委员会提出免职建议。免去职务前，本级人民政府或者上级人民政府可以决定暂停其履行职务。

**第三十八条** 行政机关公务员违法违纪，已经被立案调查，不宜继续履行职责的，任免机关可以决定暂停其履行职务。

被调查的公务员在违法违纪案件立案调查期间，不得交流、出境、辞去公职或者办理退休手续。

## 第五章 处分的程序

**第三十九条** 任免机关对涉嫌违法违纪的行政机关公务员的调查、处理，按照下列程序办理：

（一）经任免机关负责人同意，由任免机关有关部门对需要调查处理的事项进行初步调查；

（二）任免机关有关部门经初步调查认为该公务员涉嫌违法违纪，需要进一步查证的，报任免机关负责人批准后立案；

（三）任免机关有关部门负责对该公务员违法违纪事实做进一步调查，包括收集、查证有关证据材料，听取被调查的公务员所在单位的领导成员、有关工作人员以及所在单位监察机构的意见，向其他有关单位和人员了解情况，并形成书面调查材料，向任免机关负责人报告；

（四）任免机关有关部门将调查认定的事实及拟给予处分的依据告知被调查的公务员本人，听取其陈述和申辩，并对其所提出的事实、理由和证据进行复核，记录在案。被调查的公务员提出的事实、理由和证据成立的，应予采信；

（五）经任免机关领导成员集体讨论，作出对该公务员给予处分、免予处分或者撤销案件的决定；

（六）任免机关应当将处分决定以书面形式通知受处分的公务员本人，并在一定范围内宣布；

（七）任免机关有关部门应当将处分决定归入受处分的公务员本人档案，同时汇集有关材料形成该处分案件的工作档案。

受处分的行政机关公务员处分期满解除处分的程序，参照前款第（五）项、第（六）项和第（七）项的规定办理。

任免机关应当按照管理权限，及时将处分决定或者解除处分决定报公务员主管部门备案。

**第四十条** 监察机关对违法违纪的行政机关公务员的调查、处理，依照《中华人民共和国行政监察法》规定的程序办理。

**第四十一条** 对行政机关公务员违法违纪案件进行调查，应当由2名以上办案人员进行；接受调查的单位和个人应当如实提供情况。

严禁以暴力、威胁、引诱、欺骗等非法方式收集证据；非法收集的证据不得作为定案的依据。

**第四十二条** 参与行政机关公务员违法违纪案件调查、处理的人员有下列情形之一的，应当提出回避申请；被调查的公务员以及与案件有利害关系的公民、法人或者其他组织有权要求其回避：

（一）与被调查的公务员是近亲属关系的；

（二）与被调查的案件有利害关系的；

（三）与被调查的公务员有其他关系，可能影响案件公正处理的。

**第四十三条** 处分决定机关负责人的回避，由处分决定机关的上一级行政机关负责人决定；其他违法违纪案件调查、处理人员的回避，由处分决定机关负责人决定。

处分决定机关或者处分决定机关的上一级行政机关，发现违法违纪案件调查、处理人员有应当回避的情形，可以直接决定该人员回避。

**第四十四条** 给予行政机关公务员处分，应当自批准立案之日起6个月内作出决定；案情复杂或者遇有其他特殊情形的，办案期限可以延长，但是最长不得超过12个月。

**第四十五条** 处分决定应当包括下列内容：

（一）被处分人员的姓名、职务、级别、工作单位等基本情况；

（二）经查证的违法违纪事实；

（三）处分的种类和依据；

（四）不服处分决定的申诉途径和期限；

（五）处分决定机关的名称、印章和作出决定的日期。

解除处分决定除包括前款第（一）项、第（二）项和第（五）项规定的内容外，还应当包括原处分的种类和解除处分的依据，以及受处分的行政机关公务员在受处分期间的表现情况。

**第四十六条**　处分决定、解除处分决定自作出之日起生效。

**第四十七条**　行政机关公务员受到开除处分后，有新工作单位的，其本人档案转由新工作单位管理；没有新工作单位的，其本人档案转由其户籍所在地人事部门所属的人才服务机构管理。

### 第六章　不服处分的申诉

**第四十八条**　受到处分的行政机关公务员对处分决定不服的，依照《中华人民共和国公务员法》和《中华人民共和国行政监察法》的有关规定，可以申请复核或者申诉。

复核、申诉期间不停止处分的执行。

行政机关公务员不因提出复核、申诉而被加重处分。

**第四十九条**　有下列情形之一的，受理公务员复核、申诉的机关应当撤销处分决定，重新作出决定或者责令原处分决定机关重新作出决定：

（一）处分所依据的违法违纪事实证据不足的；

（二）违反法定程序，影响案件公正处理的；

（三）作出处分决定超越职权或者滥用职权的。

**第五十条**　有下列情形之一的，受理公务员复核、申诉的机关应当变更处分决定，或者责令原处分决定机关变更处分决定：

（一）适用法律、法规、规章或者国务院决定错误的；

（二）对违法违纪行为的情节认定有误的；

（三）处分不当的。

**第五十一条**　行政机关公务员的处分决定被变更，需要调整该公务员的职务、级别或者工资档次的，应当按照规定予以调整；行政机关公务员的处分决定被撤销的，应当恢复该公务员的级别、工资档次，按照原职务安排相应的职务，并在适当范围内为其恢复名誉。

被撤销处分或者被减轻处分的行政机关公务员工资福利受到损失的，应当予以补偿。

### 第七章　附　则

**第五十二条**　有违法违纪行为应当受到处分的行政机关公务员，在处分决定机关作出处分决定前已经退休的，不再给予处分；但是，依法应当给予降级、撤职、开除处分的，应当按照规定相应降低或者取消其享受的待遇。

**第五十三条**　行政机关公务员违法违纪取得的财物和用于违法违纪的财物，除依法应当由其他机关没收、追缴或者责令退赔的，由处分决定机关没收、追缴或者责令退赔。违法违纪取得的财物应当退还原所有人或者原持有人的，退还原所有人或者原持有人；属于国家财产以及不应当退还或者无法退还原所有人或者原持有人的，上缴国库。

**第五十四条**　对法律、法规授权的具有公共事务管理职能的事业单位中经批准参照《中华人民共和国公务员法》管理的工作人员给予处分，参照本条例的有关规定办理。

**第五十五条**　本条例自 2007 年 6 月 1 日起施行。1988 年 9 月 13 日国务院发布的《国家行政机关工作人员贪污贿赂行政处分暂行规定》同时废止。

## 事业单位人事管理条例

· 2014 年 2 月 26 日国务院第 40 次常务会议通过

· 2014 年 4 月 25 日中华人民共和国国务院令第 652 号公布

· 自 2014 年 7 月 1 日起施行

### 第一章　总　则

**第一条**　为了规范事业单位的人事管理，保障事业单位工作人员的合法权益，建设高素质的事业单位工作人员队伍，促进公共服务发展，制定本条例。

**第二条**　事业单位人事管理，坚持党管干部、党管人才原则，全面准确贯彻民主、公开、竞争、择优方针。

国家对事业单位工作人员实行分级分类管理。

**第三条**　中央事业单位人事综合管理部门负责全国事业单位人事综合管理工作。

县级以上地方各级事业单位人事综合管理部门负责本辖区事业单位人事综合管理工作。

事业单位主管部门具体负责所属事业单位人事管理工作。

**第四条**　事业单位应当建立健全人事管理制度。

事业单位制定或者修改人事管理制度，应当通过职工代表大会或者其他形式听取工作人员意见。

### 第二章　岗位设置

**第五条**　国家建立事业单位岗位管理制度，明确岗位类别和等级。

**第六条**　事业单位根据职责任务和工作需要，按照国家有关规定设置岗位。

岗位应当具有明确的名称、职责任务、工作标准和任职条件。

**第七条** 事业单位拟订岗位设置方案,应当报人事综合管理部门备案。

## 第三章 公开招聘和竞聘上岗

**第八条** 事业单位新聘用工作人员,应当面向社会公开招聘。但是,国家政策性安置、按照人事管理权限由上级任命、涉密岗位等人员除外。

**第九条** 事业单位公开招聘工作人员按照下列程序进行:

(一)制定公开招聘方案;

(二)公布招聘岗位、资格条件等招聘信息;

(三)审查应聘人员资格条件;

(四)考试、考察;

(五)体检;

(六)公示拟聘人员名单;

(七)订立聘用合同,办理聘用手续。

**第十条** 事业单位内部产生岗位人选,需要竞聘上岗的,按照下列程序进行:

(一)制定竞聘上岗方案;

(二)在本单位公布竞聘岗位、资格条件、聘期等信息;

(三)审查竞聘人员资格条件;

(四)考评;

(五)在本单位公示拟聘人员名单;

(六)办理聘任手续。

**第十一条** 事业单位工作人员可以按照国家有关规定进行交流。

## 第四章 聘用合同

**第十二条** 事业单位与工作人员订立的聘用合同,期限一般不低于3年。

**第十三条** 初次就业的工作人员与事业单位订立的聘用合同期限3年以上的,试用期为12个月。

**第十四条** 事业单位工作人员在本单位连续工作满10年且距法定退休年龄不足10年,提出订立聘用至退休的合同的,事业单位应当与其订立聘用至退休的合同。

**第十五条** 事业单位工作人员连续旷工超过15个工作日,或者1年内累计旷工超过30个工作日的,事业单位可以解除聘用合同。

**第十六条** 事业单位工作人员年度考核不合格且不同意调整工作岗位,或者连续两年年度考核不合格的,事业单位提前30日书面通知,可以解除聘用合同。

**第十七条** 事业单位工作人员提前30日书面通知事业单位,可以解除聘用合同。但是,双方对解除聘用合同另有约定的除外。

**第十八条** 事业单位工作人员受到开除处分的,解除聘用合同。

**第十九条** 自聘用合同依法解除、终止之日起,事业单位与被解除、终止聘用合同人员的人事关系终止。

## 第五章 考核和培训

**第二十条** 事业单位应当根据聘用合同规定的岗位职责任务,全面考核工作人员的表现,重点考核工作绩效。考核应当听取服务对象的意见和评价。

**第二十一条** 考核分为平时考核、年度考核和聘期考核。

年度考核的结果可以分为优秀、合格、基本合格和不合格等档次,聘期考核的结果可以分为合格和不合格等档次。

**第二十二条** 考核结果作为调整事业单位工作人员岗位、工资以及续订聘用合同的依据。

**第二十三条** 事业单位应当根据不同岗位的要求,编制工作人员培训计划,对工作人员进行分级分类培训。

工作人员应当按照所在单位的要求,参加岗前培训、在岗培训、转岗培训和为完成特定任务的专项培训。

**第二十四条** 培训经费按照国家有关规定列支。

## 第六章 奖励和处分

**第二十五条** 事业单位工作人员或者集体有下列情形之一的,给予奖励:

(一)长期服务基层,爱岗敬业,表现突出的;

(二)在执行国家重要任务、应对重大突发事件中表现突出的;

(三)在工作中有重大发明创造、技术革新的;

(四)在培养人才、传播先进文化中作出突出贡献的;

(五)有其他突出贡献的。

**第二十六条** 奖励坚持精神奖励与物质奖励相结合、以精神奖励为主的原则。

**第二十七条** 奖励分为嘉奖、记功、记大功、授予荣誉称号。

**第二十八条** 事业单位工作人员有下列行为之一的,给予处分:

(一)损害国家声誉和利益的;

(二)失职渎职的;

（三）利用工作之便谋取不正当利益的；

（四）挥霍、浪费国家资财的；

（五）严重违反职业道德、社会公德的；

（六）其他严重违反纪律的。

**第二十九条** 处分分为警告、记过、降低岗位等级或者撤职、开除。

受处分的期间为：警告，6个月；记过，12个月；降低岗位等级或者撤职，24个月。

**第三十条** 给予工作人员处分，应当事实清楚、证据确凿、定性准确、处理恰当、程序合法、手续完备。

**第三十一条** 工作人员受开除以外的处分，在受处分期间没有再发生违纪行为的，处分期满后，由处分决定单位解除处分并以书面形式通知本人。

### 第七章 工资福利和社会保险

**第三十二条** 国家建立激励与约束相结合的事业单位工资制度。

事业单位工作人员工资包括基本工资、绩效工资和津贴补贴。

事业单位工资分配应当结合不同行业事业单位特点，体现岗位职责、工作业绩、实际贡献等因素。

**第三十三条** 国家建立事业单位工作人员工资的正常增长机制。

事业单位工作人员的工资水平应当与国民经济发展相协调、与社会进步相适应。

**第三十四条** 事业单位工作人员享受国家规定的福利待遇。

事业单位执行国家规定的工时制度和休假制度。

**第三十五条** 事业单位及其工作人员依法参加社会保险，工作人员依法享受社会保险待遇。

**第三十六条** 事业单位工作人员符合国家规定退休条件的，应当退休。

### 第八章 人事争议处理

**第三十七条** 事业单位工作人员与所在单位发生人事争议的，依照《中华人民共和国劳动争议调解仲裁法》等有关规定处理。

**第三十八条** 事业单位工作人员对涉及本人的考核结果、处分决定等不服的，可以按照国家有关规定申请复核、提出申诉。

**第三十九条** 负有事业单位聘用、考核、奖励、处分、人事争议处理等职责的人员履行职责，有下列情形之一的，应当回避：

（一）与本人有利害关系的；

（二）与本人近亲属有利害关系的；

（三）其他可能影响公正履行职责的。

**第四十条** 对事业单位人事管理工作中的违法违纪行为，任何单位或者个人可以向事业单位人事综合管理部门、主管部门或者监察机关投诉、举报，有关部门和机关应当及时调查处理。

### 第九章 法律责任

**第四十一条** 事业单位违反本条例规定的，由县级以上事业单位人事综合管理部门或者主管部门责令限期改正；逾期不改正的，对直接负责的主管人员和其他直接责任人员依法给予处分。

**第四十二条** 对事业单位工作人员的人事处理违反本条例规定给当事人造成名誉损害的，应当赔礼道歉、恢复名誉、消除影响；造成经济损失的，依法给予赔偿。

**第四十三条** 事业单位人事综合管理部门和主管部门的工作人员在事业单位人事管理工作中滥用职权、玩忽职守、徇私舞弊的，依法给予处分；构成犯罪的，依法追究刑事责任。

### 第十章 附 则

**第四十四条** 本条例自2014年7月1日起施行。

## 2. 民 政

## 中华人民共和国村民委员会组织法

· 1998年11月4日第九届全国人民代表大会常务委员会第五次会议通过

· 2010年10月28日第十一届全国人民代表大会常务委员会第十七次会议修订

· 根据2018年12月29日第十三届全国人民代表大会常务委员会第七次会议《关于修改〈中华人民共和国村民委员会组织法〉〈中华人民共和国城市居民委员会组织法〉的决定》修正

### 目 录

第一章 总 则
第二章 村民委员会的组成和职责
第三章 村民委员会的选举
第四章 村民会议和村民代表会议
第五章 民主管理和民主监督
第六章 附 则

### 第一章 总 则

**第一条** 为了保障农村村民实行自治，由村民依法办理自己的事情，发展农村基层民主，维护村民的合法权益，促进社会主义新农村建设，根据宪法，制定本法。

**第二条** 村民委员会是村民自我管理、自我教育、自我服务的基层群众性自治组织，实行民主选举、民主决策、民主管理、民主监督。

村民委员会办理本村的公共事务和公益事业，调解民间纠纷，协助维护社会治安，向人民政府反映村民的意见、要求和提出建议。

村民委员会向村民会议、村民代表会议负责并报告工作。

**第三条** 村民委员会根据村民居住状况、人口多少，按照便于群众自治，有利于经济发展和社会管理的原则设立。

村民委员会的设立、撤销、范围调整，由乡、民族乡、镇的人民政府提出，经村民会议讨论同意，报县级人民政府批准。

村民委员会可以根据村民居住状况、集体土地所有权关系等分设若干村民小组。

**第四条** 中国共产党在农村的基层组织，按照中国共产党章程进行工作，发挥领导核心作用，领导和支持村民委员会行使职权；依照宪法和法律，支持和保障村民开展自治活动、直接行使民主权利。

**第五条** 乡、民族乡、镇的人民政府对村民委员会的工作给予指导、支持和帮助，但是不得干预依法属于村民自治范围内的事项。

村民委员会协助乡、民族乡、镇的人民政府开展工作。

## 第二章 村民委员会的组成和职责

**第六条** 村民委员会由主任、副主任和委员共三至七人组成。

村民委员会成员中，应当有妇女成员，多民族村民居住的村应当有人数较少的民族的成员。

对村民委员会成员，根据工作情况，给予适当补贴。

**第七条** 村民委员会根据需要设人民调解、治安保卫、公共卫生与计划生育等委员会。村民委员会成员可以兼任下属委员会的成员。人口少的村的村民委员会可以不设下属委员会，由村民委员会成员分工负责人民调解、治安保卫、公共卫生与计划生育等工作。

**第八条** 村民委员会应当支持和组织村民依法发展各种形式的合作经济和其他经济，承担本村生产的服务和协调工作，促进农村生产建设和经济发展。

村民委员会依照法律规定，管理本村属于村农民集体所有的土地和其他财产，引导村民合理利用自然资源，保护和改善生态环境。

村民委员会应当尊重并支持集体经济组织依法独立进行经济活动的自主权，维护以家庭承包经营为基础、统分结合的双层经营体制，保障集体经济组织和村民、承包经营户、联户或者合伙的合法财产权和其他合法权益。

**第九条** 村民委员会应当宣传宪法、法律、法规和国家的政策，教育和推动村民履行法律规定的义务、爱护公共财产，维护村民的合法权益，发展文化教育，普及科技知识，促进男女平等，做好计划生育工作，促进村与村之间的团结、互助，开展多种形式的社会主义精神文明建设活动。

村民委员会应当支持服务性、公益性、互助性社会组织依法开展活动，推动农村社区建设。

多民族村民居住的村，村民委员会应当教育和引导各民族村民增进团结、互相尊重、互相帮助。

**第十条** 村民委员会及其成员应当遵守宪法、法律、法规和国家的政策，遵守并组织实施村民自治章程、村规民约，执行村民会议、村民代表会议的决定、决议，办事公道，廉洁奉公，热心为村民服务，接受村民监督。

## 第三章 村民委员会的选举

**第十一条** 村民委员会主任、副主任和委员，由村民直接选举产生。任何组织或者个人不得指定、委派或者撤换村民委员会成员。

村民委员会每届任期五年，届满应当及时举行换届选举。村民委员会成员可以连选连任。

**第十二条** 村民委员会的选举，由村民选举委员会主持。

村民选举委员会由主任和委员组成，由村民会议、村民代表会议或者各村民小组会议推选产生。

村民选举委员会成员被提名为村民委员会成员候选人，应当退出村民选举委员会。

村民选举委员会成员退出村民选举委员会或者因其他原因出缺的，按照原推选结果依次递补，也可以另行推选。

**第十三条** 年满十八周岁的村民，不分民族、种族、性别、职业、家庭出身、宗教信仰、教育程度、财产状况、居住期限，都有选举权和被选举权；但是，依照法律被剥夺政治权利的人除外。

村民委员会选举前，应当对下列人员进行登记，列入参加选举的村民名单：

（一）户籍在本村并且在本村居住的村民；

（二）户籍在本村，不在本村居住，本人表示参加选举的村民；

（三）户籍不在本村，在本村居住一年以上，本人申请参加选举，并且经村民会议或者村民代表会议同意参加选举的公民。

已在户籍所在村或者居住村登记参加选举的村民，不得再参加其他地方村民委员会的选举。

**第十四条**　登记参加选举的村民名单应当在选举日的二十日前由村民选举委员会公布。

对登记参加选举的村民名单有异议的，应当自名单公布之日起五日内向村民选举委员会申诉，村民选举委员会应当自收到申诉之日起三日内作出处理决定，并公布处理结果。

**第十五条**　选举村民委员会，由登记参加选举的村民直接提名候选人。村民提名候选人，应当从全体村民利益出发，推荐奉公守法、品行良好、公道正派、热心公益、具有一定文化水平和工作能力的村民为候选人。候选人的名额应当多于应选名额。村民选举委员会应当组织候选人与村民见面，由候选人介绍履行职责的设想，回答村民提出的问题。

选举村民委员会，有登记参加选举的村民过半数投票，选举有效；候选人获得参加投票的村民过半数的选票，始得当选。当选人数不足应选名额的，不足的名额另行选举。另行选举的，第一次投票未当选的人员得票多的为候选人，候选人以得票多的当选，但是所得票数不得少于已投选票总数的三分之一。

选举实行无记名投票、公开计票的方法，选举结果应当当场公布。选举时，应当设立秘密写票处。

登记参加选举的村民，选举期间外出不能参加投票的，可以书面委托本村有选举权的近亲属代为投票。村民选举委员会应当公布委托人和受委托人的名单。

具体选举办法由省、自治区、直辖市的人民代表大会常务委员会规定。

**第十六条**　本村五分之一以上有选举权的村民或者三分之一以上的村民代表联名，可以提出罢免村民委员会成员的要求，并说明要求罢免的理由。被提出罢免的村民委员会成员有权提出申辩意见。

罢免村民委员会成员，须有登记参加选举的村民过半数投票，并须经投票的村民过半数通过。

**第十七条**　以暴力、威胁、欺骗、贿赂、伪造选票、虚报选举票数等不正当手段当选村民委员会成员的，当选无效。

对以暴力、威胁、欺骗、贿赂、伪造选票、虚报选举票数等不正当手段，妨害村民行使选举权、被选举权，破坏村民委员会选举的行为，村民有权向乡、民族乡、镇的人民代表大会和人民政府或者县级人民代表大会常务委员会和人民政府及其有关主管部门举报，由乡级或者县级人民政府负责调查并依法处理。

**第十八条**　村民委员会成员丧失行为能力或者被判处刑罚的，其职务自行终止。

**第十九条**　村民委员会成员出缺，可以由村民会议或者村民代表会议进行补选。补选程序参照本法第十五条的规定办理。补选的村民委员会成员的任期到本届村民委员会任期届满时止。

**第二十条**　村民委员会应当自新一届村民委员会产生之日起十日内完成工作移交。工作移交由村民选举委员会主持，由乡、民族乡、镇的人民政府监督。

## 第四章　村民会议和村民代表会议

**第二十一条**　村民会议由本村十八周岁以上的村民组成。

村民会议由村民委员会召集。有十分之一以上的村民或者三分之一以上的村民代表提议，应当召集村民会议。召集村民会议，应当提前十天通知村民。

**第二十二条**　召开村民会议，应当有本村十八周岁以上村民的过半数，或者本村三分之二以上的户的代表参加，村民会议所作决定应当经到会人员的过半数通过。法律对召开村民会议及作出决定另有规定的，依照其规定。

召开村民会议，根据需要可以邀请驻本村的企业、事业单位和群众组织派代表列席。

**第二十三条**　村民会议审议村民委员会的年度工作报告，评议村民委员会成员的工作；有权撤销或者变更村民委员会不适当的决定；有权撤销或者变更村民代表会议不适当的决定。

村民会议可以授权村民代表会议审议村民委员会的年度工作报告，评议村民委员会成员的工作，撤销或者变更村民委员会不适当的决定。

**第二十四条**　涉及村民利益的下列事项，经村民会议讨论决定方可办理：

（一）本村享受误工补贴的人员及补贴标准；

（二）从村集体经济所得收益的使用；

（三）本村公益事业的兴办和筹资筹劳方案及建设承包方案；

（四）土地承包经营方案；

（五）村集体经济项目的立项、承包方案；

（六）宅基地的使用方案；

（七）征地补偿费的使用、分配方案；

（八）以借贷、租赁或者其他方式处分村集体财产；

（九）村民会议认为应当由村民会议讨论决定的涉及村民利益的其他事项。

村民会议可以授权村民代表会议讨论决定前款规定的事项。

法律对讨论决定村集体经济组织财产和成员权益的事项另有规定的，依照其规定。

**第二十五条** 人数较多或者居住分散的村，可以设立村民代表会议，讨论决定村民会议授权的事项。村民代表会议由村民委员会成员和村民代表组成，村民代表应当占村民代表会议组成人员的五分之四以上，妇女村民代表应当占村民代表会议组成人员的三分之一以上。

村民代表由村民按每五户至十五户推选一人，或者由各村民小组推选若干人。村民代表的任期与村民委员会的任期相同。村民代表可以连选连任。

村民代表应当向其推选户或者村民小组负责，接受村民监督。

**第二十六条** 村民代表会议由村民委员会召集。村民代表会议每季度召开一次。有五分之一以上的村民代表提议，应当召集村民代表会议。

村民代表会议有三分之二以上的组成人员参加方可召开，所作决定应当经到会人员的过半数同意。

**第二十七条** 村民会议可以制定和修改村民自治章程、村规民约，并报乡、民族乡、镇的人民政府备案。

村民自治章程、村规民约以及村民会议或者村民代表会议的决定不得与宪法、法律、法规和国家的政策相抵触，不得有侵犯村民的人身权利、民主权利和合法财产权利的内容。

村民自治章程、村规民约以及村民会议或者村民代表会议的决定违反前款规定的，由乡、民族乡、镇的人民政府责令改正。

**第二十八条** 召开村民小组会议，应当有本村民小组十八周岁以上的村民三分之二以上，或者本村民小组三分之二以上的户的代表参加，所作决定应当经到会人员的过半数同意。

村民小组组长由村民小组会议推选。村民小组组长任期与村民委员会的任期相同，可以连选连任。

属于村民小组的集体所有的土地、企业和其他财产的经营管理以及公益事项的办理，由村民小组会议依照有关法律的规定讨论决定，所作决定及实施情况应当及时向本村民小组的村民公布。

## 第五章 民主管理和民主监督

**第二十九条** 村民委员会应当实行少数服从多数的民主决策机制和公开透明的工作原则，建立健全各种工作制度。

**第三十条** 村民委员会实行村务公开制度。

村民委员会应当及时公布下列事项，接受村民的监督：

（一）本法第二十三条、第二十四条规定的由村民会议、村民代表会议讨论决定的事项及其实施情况；

（二）国家计划生育政策的落实方案；

（三）政府拨付和接受社会捐赠的救灾救助、补贴补助等资金、物资的管理使用情况；

（四）村民委员会协助人民政府开展工作的情况；

（五）涉及本村村民利益，村民普遍关心的其他事项。

前款规定事项中，一般事项至少每季度公布一次；集体财务往来较多的，财务收支情况应当每月公布一次；涉及村民利益的重大事项应当随时公布。

村民委员会应当保证所公布事项的真实性，并接受村民的查询。

**第三十一条** 村民委员会不及时公布应当公布的事项或者公布的事项不真实的，村民有权向乡、民族乡、镇的人民政府或者县级人民政府及其有关主管部门反映，有关人民政府或者主管部门应当负责调查核实，责令依法公布；经查证确有违法行为的，有关人员应当依法承担责任。

**第三十二条** 村应当建立村务监督委员会或者其他形式的村务监督机构，负责村民民主理财，监督村务公开等制度的落实，其成员由村民会议或者村民代表会议在村民中推选产生，其中应有具备财会、管理知识的人员。村民委员会成员及其近亲属不得担任村务监督机构成员。村务监督机构成员向村民会议和村民代表会议负责，可以列席村民委员会会议。

**第三十三条** 村民委员会成员以及由村民或者村集体承担误工补贴的聘用人员，应当接受村民会议或者村民代表会议对其履行职责情况的民主评议。民主评议每年至少进行一次，由村务监督机构主持。

村民委员会成员连续两次被评议不称职的，其职务终止。

**第三十四条** 村民委员会和村务监督机构应当建立村务档案。村务档案包括：选举文件和选票，会议记录，土地发包方案和承包合同，经济合同，集体财务账目，集体资产登记文件，公益设施基本资料，基本建设资料，宅基地使用方案，征地补偿费使用及分配方案等。村务档案应当真实、准确、完整、规范。

**第三十五条**　村民委员会成员实行任期和离任经济责任审计，审计包括下列事项：

（一）本村财务收支情况；

（二）本村债权债务情况；

（三）政府拨付和接受社会捐赠的资金、物资管理使用情况；

（四）本村生产经营和建设项目的发包管理以及公益事业建设项目招标投标情况；

（五）本村资金管理使用以及本村集体资产、资源的承包、租赁、担保、出让情况，征地补偿费的使用、分配情况；

（六）本村五分之一以上的村民要求审计的其他事项。

村民委员会成员的任期和离任经济责任审计，由县级人民政府农业部门、财政部门或者乡、民族乡、镇的人民政府负责组织，审计结果应当公布，其中离任经济责任审计结果应当在下一届村民委员会选举之前公布。

**第三十六条**　村民委员会或者村民委员会成员作出的决定侵害村民合法权益的，受侵害的村民可以申请人民法院予以撤销，责任人依法承担法律责任。

村民委员会不依照法律、法规的规定履行法定义务的，由乡、民族乡、镇的人民政府责令改正。

乡、民族乡、镇的人民政府干预依法属于村民自治范围事项的，由上一级人民政府责令改正。

### 第六章　附　则

**第三十七条**　人民政府对村民委员会协助政府开展工作应当提供必要的条件；人民政府有关部门委托村民委员会开展工作需要经费的，由委托部门承担。

村民委员会办理本村公益事业所需的经费，由村民会议通过筹资筹劳解决；经费确有困难的，由地方人民政府给予适当支持。

**第三十八条**　驻在农村的机关、团体、部队、国有及国有控股企业、事业单位及其人员不参加村民委员会组织，但应当通过多种形式参与农村社区建设，并遵守有关村规民约。

村民委员会、村民会议或者村民代表会议讨论决定与前款规定的单位有关的事项，应当与其协商。

**第三十九条**　地方各级人民代表大会和县级以上地方各级人民代表大会常务委员会在本行政区域内保证本法的实施，保障村民依法行使自治权利。

**第四十条**　省、自治区、直辖市的人民代表大会常务委员会根据本法，结合本行政区域的实际情况，制定实施办法。

**第四十一条**　本法自公布之日起施行。

## 中华人民共和国城市居民委员会组织法

· 1989年12月26日第七届全国人民代表大会常务委员会第十一次会议通过

· 根据2018年12月29日第十三届全国人民代表大会常务委员会第七次会议《关于修改〈中华人民共和国村民委员会组织法〉〈中华人民共和国城市居民委员会组织法〉的决定》修正

**第一条**　为了加强城市居民委员会的建设，由城市居民群众依法办理群众自己的事情，促进城市基层社会主义民主和城市社会主义物质文明、精神文明建设的发展，根据宪法，制定本法。

**第二条**　居民委员会是居民自我管理、自我教育、自我服务的基层群众性自治组织。

不设区的市、市辖区的人民政府或者它的派出机关对居民委员会的工作给予指导、支持和帮助。居民委员会协助不设区的市、市辖区的人民政府或者它的派出机关开展工作。

**第三条**　居民委员会的任务：

（一）宣传宪法、法律、法规和国家的政策，维护居民的合法权益，教育居民履行依法应尽的义务，爱护公共财产，开展多种形式的社会主义精神文明建设活动；

（二）办理本居住地区居民的公共事务和公益事业；

（三）调解民间纠纷；

（四）协助维护社会治安；

（五）协助人民政府或者它的派出机关做好与居民利益有关的公共卫生、计划生育、优抚救济、青少年教育等项工作；

（六）向人民政府或者它的派出机关反映居民的意见、要求和提出建议。

**第四条**　居民委员会应当开展便民利民的社区服务活动，可以兴办有关的服务事业。

居民委员会管理本居民委员会的财产，任何部门和单位不得侵犯居民委员会的财产所有权。

**第五条**　多民族居住地区的居民委员会，应当教育居民互相帮助，互相尊重，加强民族团结。

**第六条**　居民委员会根据居民居住状况，按照便于居民自治的原则，一般在一百户至七百户的范围内设立。

居民委员会的设立、撤销、规模调整，由不设区的市、市辖区的人民政府决定。

**第七条**　居民委员会由主任、副主任和委员共五至九人组成。多民族居住地区，居民委员会中应当有人数较少的民族的成员。

**第八条**　居民委员会主任、副主任和委员，由本居住地区全体有选举权的居民或者由每户派代表选举产生；根据居民意见，也可以由每个居民小组选举代表二至三人选举产生。居民委员会每届任期五年，其成员可以连选连任。

年满十八周岁的本居住地区居民，不分民族、种族、性别、职业、家庭出身、宗教信仰、教育程度、财产状况、居住期限，都有选举权和被选举权；但是，依照法律被剥夺政治权利的人除外。

**第九条**　居民会议由十八周岁以上的居民组成。

居民会议可以由全体十八周岁以上的居民或者每户派代表参加，也可以由每个居民小组选举代表二至三人参加。

居民会议必须有全体十八周岁以上的居民、户的代表或者居民小组选举的代表的过半数出席，才能举行。会议的决定，由出席人的过半数通过。

**第十条**　居民委员会向居民会议负责并报告工作。

居民会议由居民委员会召集和主持。有五分之一以上的十八周岁以上的居民、五分之一以上的户或者三分之一以上的居民小组提议，应当召集居民会议。涉及全体居民利益的重要问题，居民委员会必须提请居民会议讨论决定。

居民会议有权撤换和补选居民委员会成员。

**第十一条**　居民委员会决定问题，采取少数服从多数的原则。

居民委员会进行工作，应当采取民主的方法，不得强迫命令。

**第十二条**　居民委员会成员应当遵守宪法、法律、法规和国家的政策，办事公道，热心为居民服务。

**第十三条**　居民委员会根据需要设人民调解、治安保卫、公共卫生等委员会。居民委员会成员可以兼任下属的委员会的成员。居民较少的居民委员会可以不设下属的委员会，由居民委员会的成员分工负责有关工作。

**第十四条**　居民委员会可以分设若干居民小组，小组长由居民小组推选。

**第十五条**　居民公约由居民会议讨论制定，报不设区的市、市辖区的人民政府或者它的派出机关备案，由居民委员会监督执行。居民应当遵守居民会议的决议和居民公约。

居民公约的内容不得与宪法、法律、法规和国家的政策相抵触。

**第十六条**　居民委员会办理本居住地区公益事业所需的费用，经居民会议讨论决定，可以根据自愿原则向居民筹集，也可以向本居住地区的受益单位筹集，但是必须经受益单位同意；收支账目应当及时公布，接受居民监督。

**第十七条**　居民委员会的工作经费和来源，居民委员会成员的生活补贴费的范围、标准和来源，由不设区的市、市辖区的人民政府或者上级人民政府规定并拨付；经居民会议同意，可以从居民委员会的经济收入中给予适当补助。

居民委员会的办公用房，由当地人民政府统筹解决。

**第十八条**　依照法律被剥夺政治权利的人编入居民小组，居民委员会应当对他们进行监督和教育。

**第十九条**　机关、团体、部队、企业事业组织，不参加所在地的居民委员会，但是应当支持所在地的居民委员会的工作。所在地的居民委员会讨论同这些单位有关的问题，需要他们参加会议时，他们应当派代表参加，并且遵守居民委员会的有关决定和居民公约。

前款所列单位的职工及家属、军人及随军家属，参加居住地区的居民委员会；其家属聚居区可以单独成立家属委员会，承担居民委员会的工作，在不设区的市、市辖区的人民政府或者它的派出机关和本单位的指导下进行工作。家属委员会的工作经费和家属委员会成员的生活补贴费、办公用房，由所属单位解决。

**第二十条**　市、市辖区的人民政府有关部门，需要居民委员会或者它的下属委员会协助进行的工作，应当经市、市辖区的人民政府或者它的派出机关同意并统一安排。市、市辖区的人民政府的有关部门，可以对居民委员会有关的下属委员会进行业务指导。

**第二十一条**　本法适用于乡、民族乡、镇的人民政府所在地设立的居民委员会。

**第二十二条**　省、自治区、直辖市的人民代表大会常务委员会可以根据本法制定实施办法。

**第二十三条**　本法自1990年1月1日起施行。1954年12月31日全国人民代表大会常务委员会通过的《城市居民委员会组织条例》同时废止。

## 民政部关于贯彻落实《中华人民共和国民法典》中有关婚姻登记规定的通知

·2020年11月24日
·民发〔2020〕116号

各省、自治区、直辖市民政厅(局),各计划单列市民政局,新疆生产建设兵团民政局:

《中华人民共和国民法典》(以下简称《民法典》)将于2021年1月1日起施行。根据《民法典》规定,对婚姻登记有关程序等作出如下调整:

**一、婚姻登记机关不再受理因胁迫结婚请求撤销业务**

《民法典》第一千零五十二条第一款规定:"因胁迫结婚的,受胁迫的一方可以向人民法院请求撤销婚姻。"因此,婚姻登记机关不再受理因胁迫结婚的撤销婚姻申请,《婚姻登记工作规范》第四条第三款、第五章废止,删除第十四条第(五)项中"及可撤销婚姻"、第二十五条第(二)项中"撤销受胁迫婚姻"及第七十二条第(二)项中"撤销婚姻"表述。

**二、调整离婚登记程序**

根据《民法典》第一千零七十六条、第一千零七十七条和第一千零七十八条规定,离婚登记按如下程序办理:

(一)申请。夫妻双方自愿离婚的,应当签订书面离婚协议,共同到有管辖权的婚姻登记机关提出申请,并提供以下证件和证明材料:

1. 内地婚姻登记机关或者中国驻外使(领)馆颁发的结婚证;

2. 符合《婚姻登记工作规范》第二十九条至第三十五条规定的有效身份证件;

3. 在婚姻登记机关现场填写的《离婚登记申请书》。

(二)受理。婚姻登记机关按照《婚姻登记工作规范》有关规定对当事人提交的上述材料进行初审。

申请办理离婚登记的当事人有一本结婚证丢失的,当事人应当书面声明遗失,婚姻登记机关可以根据另一本结婚证受理离婚登记申请;申请办理离婚登记的当事人两本结婚证都丢失的,当事人应当书面声明结婚证遗失并提供加盖查档专用章的结婚登记档案复印件,婚姻登记机关可根据当事人提供的上述材料受理离婚登记申请。

婚姻登记机关对当事人提交的证件和证明材料初审无误后,发给《离婚登记申请受理回执单》。不符合离婚登记申请条件的,不予受理。当事人要求出具《不予受理离婚登记申请告知书》的,应当出具。

(三)冷静期。自婚姻登记机关收到离婚登记申请并向当事人发放《离婚登记申请受理回执单》之日起三十日内(自婚姻登记机关收到离婚登记申请之日的次日开始计算期间,期间的最后一日是法定休假日的,以法定休假日结束的次日为期间的最后一日),任何一方不愿意离婚的,可以持本人有效身份证件和《离婚登记申请受理回执单》(遗失的可不提供,但需书面说明情况),向受理离婚登记申请的婚姻登记机关撤回离婚登记申请,并亲自填写《撤回离婚登记申请书》。经婚姻登记机关核实无误后,发给《撤回离婚登记申请确认单》,并将《离婚登记申请书》、《撤回离婚登记申请书》与《撤回离婚登记申请确认单(存根联)》一并存档。

自离婚冷静期届满后三十日内(自冷静期届满日的次日开始计算期间,期间的最后一日是法定休假日的,以法定休假日结束的次日为期间的最后一日),双方未共同到婚姻登记机关申请发给离婚证的,视为撤回离婚登记申请。

(四)审查。自离婚冷静期届满后三十日内(自冷静期届满日的次日开始计算期间,期间的最后一日是法定休假日的,以法定休假日结束的次日为期间的最后一日),双方当事人应当持《婚姻登记工作规范》第五十五条第(四)至(七)项规定的证件和材料,共同到婚姻登记机关申请发给离婚证。

婚姻登记机关按照《婚姻登记工作规范》第五十六条和第五十七条规定的程序和条件执行和审查。婚姻登记机关对不符合离婚登记条件的,不予办理。当事人要求出具《不予办理离婚登记告知书》的,应当出具。

(五)登记(发证)。婚姻登记机关按照《婚姻登记工作规范》第五十八条至六十条规定,予以登记,发给离婚证。

离婚协议书一式三份,男女双方各一份并自行保存,婚姻登记机关存档一份。婚姻登记机关在当事人持有的两份离婚协议书上加盖"此件与存档件一致,涂改无效。××××婚姻登记处××××年××月××日"的长方形红色印章并填写日期。多页离婚协议书同时在骑缝处加盖此印章,骑缝处不填写日期。当事人亲自签订的离婚协议书原件存档。婚姻登记机关在存档的离婚协议书加盖"××××婚姻登记处存档件××××年××月××日"的长方形红色印章并填写日期。

**三、离婚登记档案归档**

婚姻登记机关应当按照《婚姻登记档案管理办法》规定建立离婚登记档案,形成电子档案。

归档材料应当增加离婚登记申请环节所有材料(包括撤回离婚登记申请和视为撤回离婚登记申请的所有材料)。

**四、工作要求**

(一)加强宣传培训。要将本《通知》纳入信息公开的范围,将更新后的婚姻登记相关规定和工作程序及时在相关网站、婚姻登记场所公开,让群众知悉婚姻登记的工作流程和工作要求,最大限度做到便民利民。要抓紧开展教育培训工作,使婚姻登记员及时掌握《通知》的各项规定和要求,确保婚姻登记工作依法依规开展。

(二)做好配套衔接。加快推进本地区相关配套制度的"废改立"工作,确保与本《通知》的规定相一致。做好婚姻登记信息系统的升级,及时将离婚登记的申请、撤回等环节纳入信息系统,确保与婚姻登记程序有效衔接。

(三)强化风险防控。要做好分析研判,对《通知》实施过程中可能出现的风险和问题要有应对措施,确保矛盾问题得到及时处置。要健全请示报告制度,在《通知》执行过程中遇到的重要问题和有关情况,及时报告民政部。

本通知自2021年1月1日起施行。《民政部关于印发〈婚姻登记工作规范〉的通知》(民发〔2015〕230号)中与本《通知》不一致的,以本《通知》为准。

## 中国公民收养子女登记办法

- 1999年5月12日国务院批准
- 1999年5月25日民政部令第14号发布
- 根据2019年3月2日《国务院关于修改部分行政法规的决定》修订

**第一条**　为了规范收养登记行为,根据《中华人民共和国收养法》(以下简称收养法),制定本办法。

**第二条**　中国公民在中国境内收养子女或者协议解除收养关系的,应当依照本办法的规定办理登记。

办理收养登记的机关是县级人民政府民政部门。

**第三条**　收养社会福利机构抚养的查找不到生父母的弃婴、儿童和孤儿的,在社会福利机构所在地的收养登记机关办理登记。

收养非社会福利机构抚养的查找不到生父母的弃婴和儿童的,在弃婴和儿童发现地的收养登记机关办理登记。

收养生父母有特殊困难无力抚养的子女或者由监护人监护的孤儿的,在被收养人生父母或者监护人常住户口所在地(组织作监护人的,在该组织所在地)的收养登记机关办理登记。

收养三代以内同辈旁系血亲的子女,以及继父或者继母收养继子女的,在被收养人生父或者生母常住户口所在地的收养登记机关办理登记。

**第四条**　收养关系当事人应当亲自到收养登记机关办理成立收养关系的登记手续。

夫妻共同收养子女的,应当共同到收养登记机关办理登记手续;一方因故不能亲自前往的,应当书面委托另一方办理登记手续,委托书应当经过村民委员会或者居民委员会证明或者经过公证。

**第五条**　收养人应当向收养登记机关提交收养申请书和下列证件、证明材料:

(一)收养人的居民户口簿和居民身份证;

(二)由收养人所在单位或者村民委员会、居民委员会出具的本人婚姻状况和抚养教育被收养人的能力等情况的证明,以及收养人出具的子女情况声明;

(三)县级以上医疗机构出具的未患有在医学上认为不应当收养子女的疾病的身体健康检查证明。

收养查找不到生父母的弃婴、儿童的,并应当提交收养人经常居住地计划生育部门出具的收养人生育情况证明;其中收养非社会福利机构抚养的查找不到生父母的弃婴、儿童的,收养人还应当提交下列证明材料:

(一)收养人经常居住地计划生育部门出具的收养人无子女的证明;

(二)公安机关出具的捡拾弃婴、儿童报案的证明。

收养继子女的,可以只提交居民户口簿、居民身份证和收养人与被收养人生父或者生母结婚的证明。

对收养人出具的子女情况声明,登记机关可以进行调查核实。

**第六条**　送养人应当向收养登记机关提交下列证件和证明材料:

(一)送养人的居民户口簿和居民身份证(组织作监护人的,提交其负责人的身份证件);

(二)收养法规定送养时应当征得其他有抚养义务的人同意的,并提交其他有抚养义务的人同意送养的书面意见。

社会福利机构为送养人的,并应当提交弃婴、儿童进入社会福利机构的原始记录,公安机关出具的捡拾弃婴、儿童报案的证明,或者孤儿的生父母死亡或者宣告死亡的证明。

监护人为送养人的,并应当提交实际承担监护责任的证明,孤儿的父母死亡或者宣告死亡的证明,或者被收养人生父母无完全民事行为能力并对被收养人有严重危害的证明。

生父母为送养人的，并应当提交与当地计划生育部门签订的不违反计划生育规定的协议；有特殊困难无力抚养子女的，还应当提交送养人有特殊困难的声明。其中，因丧偶或者一方下落不明由单方送养的，还应当提交配偶死亡或者下落不明的证明。对送养人有特殊困难的声明，登记机关可以进行调查核实；子女由三代以内同辈旁系血亲收养的，还应当提交公安机关出具的或者经过公证的与收养人有亲属关系的证明。

被收养人是残疾儿童的，并应当提交县级以上医疗机构出具的该儿童的残疾证明。

**第七条**　收养登记机关收到收养登记申请书及有关材料后，应当自次日起30日内进行审查。对符合收养法规定条件的，为当事人办理收养登记，发给收养登记证，收养关系自登记之日起成立；对不符合收养法规定条件的，不予登记，并对当事人说明理由。

收养查找不到生父母的弃婴、儿童的，收养登记机关应当在登记前公告查找其生父母；自公告之日起满60日，弃婴、儿童的生父母或者其他监护人未认领的，视为查找不到生父母的弃婴、儿童。公告期间不计算在登记办理期限内。

**第八条**　收养关系成立后，需要为被收养人办理户口登记或者迁移手续的，由收养人持收养登记证到户口登记机关按照国家有关规定办理。

**第九条**　收养关系当事人协议解除收养关系的，应当持居民户口簿、居民身份证、收养登记证和解除收养关系的书面协议，共同到被收养人常住户口所在地的收养登记机关办理解除收养关系登记。

**第十条**　收养登记机关收到解除收养关系登记申请书及有关材料后，应当自次日起30日内进行审查；对符合收养法规定的，为当事人办理解除收养关系的登记，收回收养登记证，发给解除收养关系证明。

**第十一条**　为收养关系当事人出具证明材料的组织，应当如实出具有关证明材料。出具虚假证明材料的，由收养登记机关没收虚假证明材料，并建议有关组织对直接责任人员给予批评教育，或者依法给予行政处分、纪律处分。

**第十二条**　收养关系当事人弄虚作假骗取收养登记的，收养关系无效，由收养登记机关撤销登记，收缴收养登记证。

**第十三条**　本办法规定的收养登记证、解除收养关系证明的式样，由国务院民政部门制订。

**第十四条**　华侨以及居住在香港、澳门、台湾地区的中国公民在内地收养子女的，申请办理收养登记的管辖以及所需要出具的证件和证明材料，按照国务院民政部门的有关规定执行。

**第十五条**　本办法自发布之日起施行。

## 收养评估办法（试行）

·2020年12月30日

·民发〔2020〕144号

**第一条**　为了加强收养登记管理，规范收养评估工作，保障被收养人的合法权益，根据《中华人民共和国民法典》，制定本办法。

**第二条**　中国内地居民在中国境内收养子女的，按照本办法进行收养评估。但是，收养继子女的除外。

**第三条**　本办法所称收养评估，是指民政部门对收养申请人是否具备抚养、教育和保护被收养人的能力进行调查、评估，并出具评估报告的专业服务行为。

**第四条**　收养评估应当遵循最有利于被收养人的原则，独立、客观、公正地对收养申请人进行评估，依法保护个人信息和隐私。

**第五条**　民政部门进行收养评估，可以自行组织，也可以委托第三方机构开展。

委托第三方机构开展收养评估的，民政部门应当与受委托的第三方机构签订委托协议。

**第六条**　民政部门自行组织开展收养评估的，应当组建收养评估小组。收养评估小组应有2名以上熟悉收养相关法律法规和政策的在编人员。

**第七条**　受委托的第三方机构应当同时具备下列条件：

（一）具有法人资格；

（二）组织机构健全，内部管理规范；

（三）业务范围包含社会调查或者评估，或者具备评估相关经验；

（四）有5名以上具有社会工作、医学、心理学等专业背景或者从事相关工作2年以上的专职工作人员；

（五）开展评估工作所需的其他条件。

**第八条**　收养评估内容包括收养申请人以下情况：收养动机、道德品行、受教育程度、健康状况、经济及住房条件、婚姻家庭关系、共同生活家庭成员意见、抚育计划、邻里关系、社区环境、与被收养人融合情况等。

收养申请人与被收养人融合的时间不少于30日。

**第九条** 收养评估流程包括书面告知、评估准备、实施评估、出具评估报告。

（一）书面告知。民政部门收到收养登记申请有关材料后，经初步审查收养申请人、送养人、被收养人符合《中华人民共和国民法典》、《中国公民收养子女登记办法》要求的，应当书面告知收养申请人将对其进行收养评估。委托第三方机构开展评估的，民政部门应当同时书面告知受委托的第三方机构。

（二）评估准备。收养申请人确认同意进行收养评估的，第三方机构应当选派2名以上具有社会工作、医学、心理学等专业背景或者从事相关工作2年以上的专职工作人员开展评估活动。

民政部门自行组织收养评估的，由收养评估小组开展评估活动。

（三）实施评估。评估人员根据评估需要，可以采取面谈、查阅资料、实地走访等多种方式进行评估，全面了解收养申请人的情况。

（四）出具报告。收养评估小组和受委托的第三方机构应当根据评估情况制作书面收养评估报告。收养评估报告包括正文和附件两部分：正文部分包括评估工作的基本情况、评估内容分析、评估结论等；附件部分包括记载评估过程的文字、语音、照片、影像等资料。委托第三方机构评估的，收养评估报告应当由参与评估人员签名，并加盖机构公章。民政部门自行组织评估的，收养评估报告应当由收养评估小组成员共同签名。

**第十条** 收养评估报告应当在收养申请人确认同意进行收养评估之日起60日内作出。收养评估期间不计入收养登记办理期限。

收养评估报告应当作为民政部门办理收养登记的参考依据。

**第十一条** 收养评估期间，收养评估小组或者受委托的第三方机构发现收养申请人及其共同生活家庭成员有下列情形之一的，应当向民政部门报告：

（一）弄虚作假，伪造、变造相关材料或者隐瞒相关事实的；

（二）参加非法组织、邪教组织的；

（三）买卖、性侵、虐待或者遗弃、非法送养未成年人，及其他侵犯未成年人身心健康的；

（四）有持续性、经常性的家庭暴力的；

（五）有故意犯罪行为，判处或者可能判处有期徒刑以上刑罚的；

（六）患有精神类疾病、传染性疾病、重度残疾或者智力残疾、重大疾病的；

（七）存在吸毒、酗酒、赌博、嫖娼等恶习的；

（八）故意或者过失导致正与其进行融合的未成年人受到侵害或者面临其他危险情形的；

（九）有其他不利于未成年人身心健康行为的。

存在前款规定第（八）项规定情形的，民政部门应当立即向公安机关报案。

**第十二条** 评估人员、受委托的第三方机构与收养申请人、送养人有利害关系的，应当回避。

**第十三条** 民政部门应当加强对收养评估小组的监督和管理。

委托第三方机构开展收养评估的，民政部门应当对受委托第三方履行协议情况进行监督。

**第十四条** 开展收养评估不得收取任何费用。地方收养评估工作所需经费应当纳入同级民政部门预算。

**第十五条** 华侨以及居住在香港、澳门、台湾地区的中国公民申请收养的，当地有权机构已经作出收养评估报告的，民政部门可以不再重复开展收养评估。没有收养评估报告的，民政部门可以依据当地有权机构出具的相关证明材料，对收养申请人进行收养评估。

外国人申请收养的，收养评估按照有关法律法规规定执行。

**第十六条** 省级民政部门可以结合当地情况细化、补充收养评估内容、流程，并报民政部备案。

**第十七条** 本办法自2021年1月1日起施行，《民政部关于印发〈收养能力评估工作指引〉的通知》（民发〔2015〕168号）同时废止。

## 养老机构管理办法

·2020年9月1日民政部令第66号公布

·自2020年11月1日起施行

### 第一章 总 则

**第一条** 为了规范对养老机构的管理，促进养老服务健康发展，根据《中华人民共和国老年人权益保障法》和有关法律、行政法规，制定本办法。

**第二条** 本办法所称养老机构是指依法办理登记，为老年人提供全日集中住宿和照料护理服务，床位数在10张以上的机构。

养老机构包括营利性养老机构和非营利性养老机构。

**第三条** 县级以上人民政府民政部门负责养老机构的指导、监督和管理。其他有关部门依照职责分工对养老机构实施监督。

**第四条**　养老机构应当按照建筑、消防、食品安全、医疗卫生、特种设备等法律、法规和强制性标准开展服务活动。

养老机构及其工作人员应当依法保障收住老年人的人身权、财产权等合法权益。

**第五条**　入住养老机构的老年人及其代理人应当遵守养老机构的规章制度，维护养老机构正常服务秩序。

**第六条**　政府投资兴办的养老机构在满足特困人员集中供养需求的前提下，优先保障经济困难的孤寡、失能、高龄、计划生育特殊家庭等老年人的服务需求。

政府投资兴办的养老机构，可以采取委托管理、租赁经营等方式，交由社会力量运营管理。

**第七条**　民政部门应当会同有关部门采取措施，鼓励、支持企业事业单位、社会组织或者个人兴办、运营养老机构。

鼓励自然人、法人或者其他组织依法为养老机构提供捐赠和志愿服务。

**第八条**　鼓励养老机构加入养老服务行业组织，加强行业自律和诚信建设，促进行业规范有序发展。

## 第二章　备案办理

**第九条**　设立营利性养老机构，应当在市场监督管理部门办理登记。设立非营利性养老机构，应当依法办理相应的登记。

养老机构登记后即可开展服务活动。

**第十条**　营利性养老机构办理备案，应当在收住老年人后10个工作日以内向服务场所所在地的县级人民政府民政部门提出。非营利性养老机构办理备案，应当在收住老年人后10个工作日以内向登记管理机关同级的人民政府民政部门提出。

**第十一条**　养老机构办理备案，应当向民政部门提交备案申请书、养老机构登记证书、符合本办法第四条要求的承诺书等材料，并对真实性负责。

备案申请书应当包括下列内容：

（一）养老机构基本情况，包括名称、住所、法定代表人或者主要负责人信息等；

（二）服务场所权属；

（三）养老床位数量；

（四）服务设施面积；

（五）联系人和联系方式。

民政部门应当加强信息化建设，逐步实现网上备案。

**第十二条**　民政部门收到养老机构备案材料后，对材料齐全的，应当出具备案回执；材料不齐全的，应当指导养老机构补正。

**第十三条**　已经备案的养老机构变更名称、法定代表人或者主要负责人等登记事项，或者变更服务场所权属、养老床位数量、服务设施面积等事项的，应当及时向原备案民政部门办理变更备案。

养老机构在原备案机关辖区内变更服务场所的，应当及时向原备案民政部门办理变更备案。营利性养老机构跨原备案机关辖区变更服务场所的，应当及时向变更后的服务场所所在地县级人民政府民政部门办理备案。

**第十四条**　民政部门应当通过政府网站、政务新媒体、办事大厅公示栏、服务窗口等途径向社会公开备案事项及流程、材料清单等信息。

民政部门应当依托全国一体化在线政务服务平台，推进登记管理机关、备案机关信息系统互联互通、数据共享。

## 第三章　服务规范

**第十五条**　养老机构应当建立入院评估制度，对老年人的身心状况进行评估，并根据评估结果确定照料护理等级。

老年人身心状况发生变化，需要变更照料护理等级的，养老机构应当重新进行评估。

养老机构确定或者变更老年人照料护理等级，应当经老年人或者其代理人同意。

**第十六条**　养老机构应当与老年人或者其代理人签订服务协议，明确当事人的权利和义务。

服务协议一般包括下列条款：

（一）养老机构的名称、住所、法定代表人或者主要负责人、联系方式；

（二）老年人或者其代理人和紧急联系人的姓名、住址、身份证明、联系方式；

（三）照料护理等级和服务内容、服务方式；

（四）收费标准和费用支付方式；

（五）服务期限和场所；

（六）协议变更、解除与终止的条件；

（七）暂停或者终止服务时老年人安置方式；

（八）违约责任和争议解决方式；

（九）当事人协商一致的其他内容。

**第十七条**　养老机构按照服务协议为老年人提供生活照料、康复护理、精神慰藉、文化娱乐等服务。

**第十八条**　养老机构应当为老年人提供饮食、起居、清洁、卫生等生活照料服务。

养老机构应当提供符合老年人住宿条件的居住用

房，并配备适合老年人安全保护要求的设施、设备及用具，定期对老年人的活动场所和物品进行消毒和清洗。

养老机构提供的饮食应当符合食品安全要求、适宜老年人食用、有利于老年人营养平衡、符合民族风俗习惯。

**第十九条** 养老机构应当为老年人建立健康档案，开展日常保健知识宣传，做好疾病预防工作。养老机构在老年人突发危重疾病时，应当及时转送医疗机构救治并通知其紧急联系人。

养老机构可以通过设立医疗机构或者采取与周边医疗机构合作的方式，为老年人提供医疗服务。养老机构设立医疗机构的，应当按照医疗机构管理相关法律法规进行管理。

**第二十条** 养老机构发现老年人为传染病病人或者疑似传染病病人的，应当及时向附近的疾病预防控制机构或者医疗机构报告，配合实施卫生处理、隔离等预防控制措施。

养老机构发现老年人为疑似精神障碍患者的，应当依照精神卫生相关法律法规的规定处理。

**第二十一条** 养老机构应当根据需要为老年人提供情绪疏导、心理咨询、危机干预等精神慰藉服务。

**第二十二条** 养老机构应当开展适合老年人的文化、教育、体育、娱乐活动，丰富老年人的精神文化生活。

养老机构开展文化、教育、体育、娱乐活动时，应当为老年人提供必要的安全防护措施。

**第二十三条** 养老机构应当为老年人家庭成员看望或者问候老年人提供便利，为老年人联系家庭成员提供帮助。

**第二十四条** 鼓励养老机构运营社区养老服务设施，或者上门为居家老年人提供助餐、助浴、助洁等服务。

## 第四章 运营管理

**第二十五条** 养老机构应当按照国家有关规定建立健全安全、消防、食品、卫生、财务、档案管理等规章制度，制定服务标准和工作流程，并予以公开。

**第二十六条** 养老机构应当配备与服务和运营相适应的工作人员，并依法与其签订聘用合同或者劳动合同，定期开展职业道德教育和业务培训。

养老机构中从事医疗、康复、消防等服务的人员，应当具备相应的职业资格。

养老机构应当加强对养老护理人员的职业技能培训，建立健全体现职业技能等级等因素的薪酬制度。

**第二十七条** 养老机构应当依照其登记类型、经营性质、运营方式、设施设备条件、管理水平、服务质量、照料护理等级等因素合理确定服务项目的收费标准，并遵守国家和地方政府价格管理有关规定。

养老机构应当在醒目位置公示各类服务项目收费标准和收费依据，接受社会监督。

**第二十八条** 养老机构应当实行24小时值班，做好老年人安全保障工作。

养老机构应当在各出入口、接待大厅、值班室、楼道、食堂等公共场所安装视频监控设施，并妥善保管视频监控记录。

**第二十九条** 养老机构内设食堂的，应当取得市场监督管理部门颁发的食品经营许可证，严格遵守相关法律、法规和食品安全标准，执行原料控制、餐具饮具清洗消毒、食品留样等制度，并依法开展食堂食品安全自查。

养老机构从供餐单位订餐的，应当从取得食品生产经营许可的供餐单位订购，并按照要求对订购的食品进行查验。

**第三十条** 养老机构应当依法履行消防安全职责，健全消防安全管理制度，实行消防工作责任制，配置消防设施、器材并定期检测、维修，开展日常防火巡查、检查，定期组织灭火和应急疏散消防安全培训。

养老机构的法定代表人或者主要负责人对本单位消防安全工作全面负责，属于消防安全重点单位的养老机构应当确定消防安全管理人，负责组织实施本单位消防安全管理工作，并报告当地消防救援机构。

**第三十一条** 养老机构应当依法制定自然灾害、事故灾难、公共卫生事件、社会安全事件等突发事件应急预案，在场所内配备报警装置和必要的应急救援设备、设施，定期开展突发事件应急演练。

突发事件发生后，养老机构应当立即启动应急预案，采取防止危害扩大的必要处置措施，同时根据突发事件应对管理职责分工向有关部门和民政部门报告。

**第三十二条** 养老机构应当建立老年人信息档案，收集和妥善保管服务协议等相关资料。档案的保管期限不少于服务协议期满后五年。

养老机构及其工作人员应当保护老年人的个人信息和隐私。

**第三十三条** 养老机构应当按照国家有关规定接受、使用捐赠、资助。

鼓励养老机构为社会工作者、志愿者在机构内开展服务提供便利。

**第三十四条** 鼓励养老机构投保责任保险，降低机构运营风险。

**第三十五条** 养老机构因变更或者终止等原因暂停、终止服务的，应当在合理期限内提前书面通知老年人或者其代理人，并书面告知民政部门。

老年人需要安置的，养老机构应当根据服务协议约定与老年人或者其代理人协商确定安置事宜。民政部门应当为养老机构妥善安置老年人提供帮助。

养老机构终止服务后，应当依法清算并办理注销登记。

## 第五章 监督检查

**第三十六条** 民政部门应当加强对养老机构服务和运营的监督检查，发现违反本办法规定的，及时依法予以处理并向社会公布。

民政部门在监督检查中发现养老机构存在应当由其他部门查处的违法违规行为的，及时通报有关部门处理。

**第三十七条** 民政部门依法履行监督检查职责，可以采取以下措施：

（一）向养老机构和个人了解情况；

（二）进入涉嫌违法的养老机构进行现场检查；

（三）查阅或者复制有关合同、票据、账簿及其他有关资料；

（四）发现养老机构存在可能危及人身健康和生命财产安全风险的，责令限期改正，逾期不改正的，责令停业整顿。

民政部门实施监督检查时，监督检查人员不得少于2人，应当出示执法证件。

对民政部门依法进行的监督检查，养老机构应当配合，如实提供相关资料和信息，不得隐瞒、拒绝、阻碍。

**第三十八条** 对已经备案的养老机构，备案民政部门应当自备案之日起20个工作日以内进行现场检查，并核实备案信息；对未备案的养老机构，服务场所所在地的县级人民政府民政部门应当自发现其收住老年人之日起20个工作日以内进行现场检查，并督促及时备案。

民政部门应当每年对养老机构服务安全和质量进行不少于一次的现场检查。

**第三十九条** 民政部门应当采取随机抽取检查对象、随机选派检查人员的方式对养老机构实施监督检查。抽查情况及查处结果应当及时向社会公布。

民政部门应当结合养老机构的服务规模、信用记录、风险程度等情况，确定抽查比例和频次。对违法失信、风险高的养老机构，适当提高抽查比例和频次，依法依规实施严管和惩戒。

**第四十条** 民政部门应当加强对养老机构非法集资的防范、监测和预警工作，发现养老机构涉嫌非法集资的，按照有关规定及时移交相关部门。

**第四十一条** 民政部门应当充分利用信息技术手段，加强对养老机构的监督检查，提高监管能力和水平。

**第四十二条** 民政部门应当定期开展养老服务行业统计工作，养老机构应当及时准确报送相关信息。

**第四十三条** 养老机构应当听取老年人或者其代理人的意见和建议，发挥其对养老机构服务和运营的监督促进作用。

**第四十四条** 民政部门应当畅通对养老机构的举报投诉渠道，依法及时处理有关举报投诉。

**第四十五条** 民政部门发现个人或者组织未经登记以养老机构名义开展活动的，应当书面通报相关登记管理机关，并配合做好查处工作。

## 第六章 法律责任

**第四十六条** 养老机构有下列行为之一的，由民政部门责令改正，给予警告；情节严重的，处以3万元以下的罚款：

（一）未建立入院评估制度或者未按照规定开展评估活动的；

（二）未与老年人或者其代理人签订服务协议，或者未按照协议约定提供服务的；

（三）未按照有关强制性国家标准提供服务的；

（四）工作人员的资格不符合规定的；

（五）利用养老机构的房屋、场地、设施开展与养老服务宗旨无关的活动的；

（六）未依照本办法规定预防和处置突发事件的；

（七）歧视、侮辱、虐待老年人以及其他侵害老年人人身和财产权益行为的；

（八）向负责监督检查的民政部门隐瞒有关情况、提供虚假材料或者拒绝提供反映其活动情况真实材料的；

（九）法律、法规、规章规定的其他违法行为。

养老机构及其工作人员违反本办法有关规定，构成违反治安管理行为的，依法给予治安管理处罚；构成犯罪的，依法追究刑事责任。

**第四十七条** 民政部门及其工作人员在监督管理工作中滥用职权、玩忽职守、徇私舞弊的，对直接负责的主管人员和其他责任人员依法依规给予处分；构成犯罪的，依法追究刑事责任。

## 第七章 附 则

**第四十八条** 国家对农村五保供养服务机构的管理有特别规定的，依照其规定办理。

**第四十九条** 本办法自2020年11月1日起施行。2013年6月28日民政部发布的《养老机构管理办法》同时废止。

## 最低生活保障审核确认办法

·2021年6月11日
·民发〔2021〕57号

### 第一章 总 则

**第一条** 为规范最低生活保障审核确认工作，根据《社会救助暂行办法》、《中共中央办公厅 国务院办公厅印发〈关于改革完善社会救助制度的意见〉的通知》及国家相关规定，制定本办法。

**第二条** 县级人民政府民政部门负责最低生活保障的审核确认工作，乡镇人民政府（街道办事处）负责最低生活保障的受理、初审工作。村（居）民委员会协助做好相关工作。

有条件的地方可按程序将最低生活保障审核确认权限下放至乡镇人民政府（街道办事处），县级民政部门加强监督指导。

**第三条** 县级以上地方人民政府民政部门应当加强本辖区内最低生活保障审核确认工作的规范管理和相关服务，促进最低生活保障工作公开、公平、公正。

### 第二章 申请和受理

**第四条** 申请最低生活保障以家庭为单位，由申请家庭确定一名共同生活的家庭成员作为申请人，向户籍所在地乡镇人民政府（街道办事处）提出书面申请；实施网上申请受理的地方，可以通过互联网提出申请。

**第五条** 共同生活的家庭成员户籍所在地不在同一省（自治区、直辖市）的，可以由其中一个户籍所在地与经常居住地一致的家庭成员向其户籍所在地提出申请；共同生活的家庭成员户籍所在地与经常居住地均不一致的，可由任一家庭成员向其户籍所在地提出申请。最低生活保障审核确认、资金发放等工作由申请受理地县级人民政府民政部门和乡镇人民政府（街道办事处）负责，其他有关县级人民政府民政部门和乡镇人民政府（街道办事处）应当配合做好相关工作。

共同生活的家庭成员户籍所在地在同一省（自治区、直辖市）但不在同一县（市、区、旗）的，最低生活保障的申请受理、审核确认等工作按照各省（自治区、直辖市）有关规定执行。

有条件的地区可以有序推进持有居住证人员在居住地申办最低生活保障。

**第六条** 共同生活的家庭成员申请有困难的，可以委托村（居）民委员会或者其他人代为提出申请。委托申请的，应当办理相应委托手续。

乡镇人民政府（街道办事处）、村（居）民委员会在工作中发现困难家庭可能符合条件，但是未申请最低生活保障的，应当主动告知其共同生活的家庭成员相关政策。

**第七条** 共同生活的家庭成员包括：

（一）配偶；

（二）未成年子女；

（三）已成年但不能独立生活的子女，包括在校接受全日制本科及以下学历教育的子女；

（四）其他具有法定赡养、扶养、抚养义务关系并长期共同居住的人员。

下列人员不计入共同生活的家庭成员：

（一）连续三年以上（含三年）脱离家庭独立生活的宗教教职人员；

（二）在监狱内服刑、在戒毒所强制隔离戒毒或者宣告失踪人员；

（三）省级人民政府民政部门根据本条原则和有关程序认定的其他人员。

**第八条** 符合下列情形之一的人员，可以单独提出申请：

（一）最低生活保障边缘家庭中持有中华人民共和国残疾人证的一级、二级重度残疾人和三级智力残疾人、三级精神残疾人；

（二）最低生活保障边缘家庭中患有当地有关部门认定的重特大疾病的人员；

（三）脱离家庭、在宗教场所居住三年以上（含三年）的生活困难的宗教教职人员；

（四）县级以上人民政府民政部门规定的其他特殊困难人员。

最低生活保障边缘家庭一般指不符合最低生活保障条件，家庭人均收入低于当地最低生活保障标准1.5倍，且财产状况符合相关规定的家庭。

**第九条** 申请最低生活保障，共同生活的家庭成员应当履行以下义务：

（一）按规定提交相关申请材料；

（二）承诺所提供的信息真实、完整；

（三）履行授权核对其家庭经济状况的相关手续；

（四）积极配合开展家庭经济状况调查。

**第十条** 乡镇人民政府（街道办事处）应当对提交的

材料进行审查,材料齐备的,予以受理;材料不齐备的,应当一次性告知补齐所有规定材料;可以通过国家或地方政务服务平台查询获取的相关材料,不再要求重复提交。

**第十一条** 对于已经受理的最低生活保障家庭申请,共同生活家庭成员与最低生活保障经办人员或者村(居)民委员会成员有近亲属关系的,乡镇人民政府(街道办事处)应当单独登记备案。

## 第三章 家庭经济状况调查

**第十二条** 家庭经济状况指共同生活家庭成员拥有的全部家庭收入和家庭财产。

**第十三条** 家庭收入指共同生活的家庭成员在规定期限内获得的全部现金及实物收入。主要包括:

(一)工资性收入。工资性收入指就业人员通过各种途径得到的全部劳动报酬和各种福利并扣除必要的就业成本,包括因任职或者受雇而取得的工资、薪金、奖金、劳动分红、津贴、补贴以及与任职或者受雇有关的其他所得等。

(二)经营净收入。经营净收入指从事生产经营及有偿服务活动所获得全部经营收入扣除经营费用、生产性固定资产折旧和生产税之后得到的收入。包括从事种植、养殖、采集及加工等农林牧渔业的生产收入,从事工业、建筑业、手工业、交通运输业、批发和零售贸易业、餐饮业、文教卫生业和社会服务业等经营及有偿服务活动的收入等。

(三)财产净收入。财产净收入指出让动产和不动产,或将动产和不动产交由其他机构、单位或个人使用并扣除相关费用之后得到的收入,包括储蓄存款利息、有价证券红利、储蓄性保险投资以及其他股息和红利等收入,集体财产收入分红和其他动产收入,以及转租承包土地经营权、出租或者出让房产以及其他不动产收入等。

(四)转移净收入。转移净收入指转移性收入扣减转移性支出之后的收入。其中,转移性收入指国家、机关企事业单位、社会组织对居民的各种经常性转移支付和居民之间的经常性收入转移,包括赡养(抚养、扶养)费、离退休金、失业保险金、遗属补助金、赔偿收入、接受捐赠(赠送)收入等;转移性支出指居民对国家、企事业单位、社会组织、居民的经常性转移支出,包括缴纳的税款、各项社会保障支出、赡养支出以及其他经常性转移支出等。

(五)其他应当计入家庭收入的项目。

下列收入不计入家庭收入:

(一)国家规定的优待抚恤金、计划生育奖励与扶助金、奖学金、见义勇为等奖励性补助;

(二)政府发放的各类社会救助款物;

(三)"十四五"期间,中央确定的城乡居民基本养老保险基础养老金;

(四)设区的市级以上地方人民政府规定的其他收入。

对于共同生活的家庭成员因残疾、患重病等增加的刚性支出、必要的就业成本等,在核算家庭收入时可按规定适当扣减。

**第十四条** 家庭财产指共同生活的家庭成员拥有的全部动产和不动产。动产主要包括银行存款、证券、基金、商业保险、债权、互联网金融资产以及车辆等。不动产主要包括房屋、林木等定着物。对于维持家庭生产生活的必需财产,可以在认定家庭财产状况时予以豁免。

**第十五条** 乡镇人民政府(街道办事处)应当自受理最低生活保障申请之日起3个工作日内,启动家庭经济状况调查工作。调查可以通过入户调查、邻里访问、信函索证或者提请县级人民政府民政部门开展家庭经济状况信息核对等方式进行。

共同生活家庭成员经常居住地与户籍所在地不一致的,经常居住地县级人民政府民政部门和乡镇人民政府(街道办事处)应当配合开展家庭经济状况调查、动态管理等相关工作。

**第十六条** 乡镇人民政府(街道办事处)可以在村(居)民委员会协助下,通过下列方式对申请家庭的经济状况和实际生活情况予以调查核实。每组调查人员不得少于2人。

(一)入户调查。调查人员到申请家庭中了解家庭收入、财产情况和吃、穿、住、用等实际生活情况。入户调查结束后,调查人员应当填写入户调查表,并由调查人员和在场的共同生活家庭成员分别签字。

(二)邻里访问。调查人员到申请家庭所在村(居)民委员会和社区,走访了解其家庭收入、财产和实际生活状况。

(三)信函索证。调查人员以信函等方式向相关单位和部门索取有关佐证材料。

(四)其他调查方式。

发生重大突发事件时,前款规定的入户调查、邻里访问程序可以采取电话、视频等非接触方式进行。

**第十七条** 县级人民政府民政部门应当在收到乡镇人民政府(街道办事处)对家庭经济状况进行信息核对提请后3个工作日内,启动信息核对程序,根据工作需要,依法依规查询共同生活家庭成员的户籍、纳税记录、社会保险缴纳、不动产登记、市场主体登记、住房公积金缴纳、车船登记，以及银行存款、商业保险、证券、互联网金融资产等信息。

县级人民政府民政部门可以根据当地实际情况，通过家庭用水、用电、燃气、通讯等日常生活费用支出，以及是否存在高收费学校就读（含入托、出国留学）、出国旅游等情况，对家庭经济状况进行辅助评估。

**第十八条**　经家庭经济状况信息核对，不符合条件的最低生活保障申请，乡镇人民政府（街道办事处）应当及时告知申请人。

申请人有异议的，应当提供相关佐证材料；乡镇人民政府（街道办事处）应当组织开展复查。

## 第四章　审核确认

**第十九条**　乡镇人民政府（街道办事处）应当根据家庭经济状况调查核实情况，提出初审意见，并在申请家庭所在村、社区进行公示。公示期为 7 天。公示期满无异议的，乡镇人民政府（街道办事处）应当及时将申请材料、家庭经济状况调查核实结果、初审意见等相关材料报送县级人民政府民政部门。

公示有异议的，乡镇人民政府（街道办事处）应当对申请家庭的经济状况重新组织调查或者开展民主评议。调查或者民主评议结束后，乡镇人民政府（街道办事处）应当重新提出初审意见，连同申请材料、家庭经济状况调查核实结果等相关材料报送县级人民政府民政部门。

**第二十条**　县级人民政府民政部门应当自收到乡镇人民政府（街道办事处）上报的申请材料、家庭经济状况调查核实结果和初审意见等材料后 10 个工作日内，提出审核确认意见。

对单独登记备案或者在审核确认阶段接到投诉、举报的最低生活保障申请，县级人民政府民政部门应当入户调查。

**第二十一条**　县级人民政府民政部门经审核，对符合条件的申请予以确认同意，同时确定救助金额，发放最低生活保障证或确认通知书，并从作出确认同意决定之日下月起发放最低生活保障金。对不符合条件的申请不予确认同意，并应当在作出决定 3 个工作日内，通过乡镇人民政府（街道办事处）书面告知申请人并说明理由。

**第二十二条**　最低生活保障审核确认工作应当自受理之日起 30 个工作日之内完成；特殊情况下，可以延长至 45 个工作日。

**第二十三条**　最低生活保障金可以按照审核确定的申请家庭人均收入与当地最低生活保障标准的实际差额计算；也可以根据申请家庭困难程度和人员情况，采取分档方式计算。

**第二十四条**　县级人民政府民政部门应当在最低生活保障家庭所在村、社区公布最低生活保障申请人姓名、家庭成员数量、保障金额等信息。

信息公布应当依法保护个人隐私，不得公开无关信息。

**第二十五条**　最低生活保障金原则上实行社会化发放，通过银行、信用社等代理金融机构，按月支付到最低生活保障家庭的账户。

**第二十六条**　乡镇人民政府（街道办事处）或者村（居）民委会相关工作人员代为保管用于领取最低生活保障金的银行存折或银行卡的，应当与最低生活保障家庭成员签订书面协议并报县级人民政府民政部门备案。

**第二十七条**　对获得最低生活保障后生活仍有困难的老年人、未成年人、重度残疾人和重病患者，县级以上地方人民政府应当采取必要措施给予生活保障。

**第二十八条**　未经申请受理、家庭经济状况调查、审核确认等程序，不得将任何家庭或者个人直接纳入最低生活保障范围。

## 第五章　管理和监督

**第二十九条**　共同生活的家庭成员无正当理由拒不配合最低生活保障审核确认工作的，县级人民政府民政部门和乡镇人民政府（街道办事处）可以终止审核确认程序。

**第三十条**　最低生活保障家庭的人口状况、收入状况和财产状况发生变化的，应当及时告知乡镇人民政府（街道办事处）。

**第三十一条**　乡镇人民政府（街道办事处）应当对最低生活保障家庭的经济状况定期核查，并根据核查情况及时报县级人民政府民政部门办理最低生活保障金增发、减发、停发手续。

对短期内经济状况变化不大的最低生活保障家庭，乡镇人民政府（街道办事处）每年核查一次；对收入来源不固定、家庭成员有劳动能力的最低生活保障家庭，每半年核查一次。核查期内最低生活保障家庭的经济状况没有明显变化的，不再调整最低生活保障金额度。

发生重大突发事件时，前款规定的核查期限可以适当延长。

**第三十二条**　县级人民政府民政部门作出增发、减发、停发最低生活保障金决定，应当符合法定事由和规定程序；决定减发、停发最低生活保障金的，应当告知最低生活保障家庭成员并说明理由。

**第三十三条**　鼓励具备就业能力的最低生活保障家

庭成员积极就业。对就业后家庭人均收入超过当地最低生活保障标准的最低生活保障家庭，县级人民政府民政部门可以给予一定时间的渐退期。

**第三十四条** 最低生活保障家庭中有就业能力但未就业的成员，应当接受人力资源社会保障等有关部门介绍的工作；无正当理由，连续3次拒绝接受介绍的与其健康状况、劳动能力等相适应的工作的，县级人民政府民政部门应当决定减发或者停发其本人的最低生活保障金。

**第三十五条** 县级以上人民政府民政部门应当加强对最低生活保障审核确认工作的监督检查，完善相关的监督检查制度。

**第三十六条** 县级以上地方人民政府民政部门和乡镇人民政府（街道办事处）应当公开社会救助服务热线，受理咨询、举报和投诉，接受社会和群众对最低生活保障审核确认工作的监督。

**第三十七条** 县级以上地方人民政府民政部门和乡镇人民政府（街道办事处）对接到的实名举报，应当逐一核查，并及时向举报人反馈核查处理结果。

**第三十八条** 申请或者已经获得最低生活保障的家庭成员对于民政部门作出的具体行政行为不服的，可以依法申请行政复议或者提起行政诉讼。

**第三十九条** 从事最低生活保障工作的人员存在滥用职权、玩忽职守、徇私舞弊、失职渎职等行为的，应当依法依规追究相关责任。对秉持公心、履职尽责但因客观原因出现失误偏差且能够及时纠正的，依法依规免于问责。

### 第六章 附 则

**第四十条** 省（自治区、直辖市）人民政府民政部门可以根据本办法，结合本地实际，制定实施细则，并报民政部备案。

**第四十一条** 本办法由民政部负责解释。

**第四十二条** 本办法自2021年7月1日起施行，2012年12月12日民政部印发的《最低生活保障审核审批办法（试行）》（民发〔2012〕220号）同时废止。

## 特困人员认定办法

· 2021年4月26日
· 民发〔2021〕43号

### 第一章 总 则

**第一条** 根据《社会救助暂行办法》、《国务院关于进一步健全特困人员救助供养制度的意见》、《中共中央办公厅 国务院办公厅印发〈关于改革完善社会救助制度的意见〉的通知》及国家相关规定，制定本办法。

**第二条** 特困人员认定工作应当遵循以下原则：

（一）应救尽救，应养尽养；

（二）属地管理，分级负责；

（三）严格规范，高效便民；

（四）公开、公平、公正。

**第三条** 县级以上地方人民政府民政部门统筹做好本行政区域内特困人员认定及救助供养工作。

县级人民政府民政部门负责特困人员认定的审核确认工作，乡镇人民政府（街道办事处）负责特困人员认定的受理、初审工作。村（居）民委员会协助做好相关工作。

### 第二章 认定条件

**第四条** 同时具备以下条件的老年人、残疾人和未成年人，应当依法纳入特困人员救助供养范围：

（一）无劳动能力；

（二）无生活来源；

（三）无法定赡养、抚养、扶养义务人或者其法定义务人无履行义务能力。

**第五条** 符合下列情形之一的，应当认定为本办法所称的无劳动能力：

（一）60周岁以上的老年人；

（二）未满16周岁的未成年人；

（三）残疾等级为一、二、三级的智力、精神残疾人，残疾等级为一、二级的肢体残疾人，残疾等级为一级的视力残疾人；

（四）省、自治区、直辖市人民政府规定的其他情形。

**第六条** 收入低于当地最低生活保障标准，且财产符合当地特困人员财产状况规定的，应当认定为本办法所称的无生活来源。

前款所称收入包括工资性收入、经营净收入、财产净收入、转移净收入等各类收入。中央确定的城乡居民基本养老保险基础养老金、基本医疗保险等社会保险和优待抚恤金、高龄津贴不计入在内。

**第七条** 特困人员财产状况认定标准由设区的市级以上地方人民政府民政部门制定，并报同级地方人民政府同意。

**第八条** 法定义务人符合下列情形之一的，应当认定为本办法所称的无履行义务能力：

（一）特困人员；

（二）60周岁以上的最低生活保障对象；

（三）70周岁以上的老年人，本人收入低于当地上年人均可支配收入，且其财产符合当地低收入家庭财产状况规定的；

（四）重度残疾人和残疾等级为三级的智力、精神残疾人，本人收入低于当地上年人均可支配收入，且其财产符合当地低收入家庭财产状况规定的；

（五）无民事行为能力、被宣告失踪或者在监狱服刑的人员，且其财产符合当地低收入家庭财产状况规定的；

（六）省、自治区、直辖市人民政府规定的其他情形。

**第九条** 同时符合特困人员救助供养条件和孤儿、事实无人抚养儿童认定条件的未成年人，选择申请纳入孤儿、事实无人抚养儿童基本生活保障范围的，不再认定为特困人员。

## 第三章 申请及受理

**第十条** 申请特困人员救助供养，应当由本人向户籍所在地乡镇人民政府（街道办事处）提出书面申请。本人申请有困难的，可以委托村（居）民委员会或者他人代为提出申请。

申请材料主要包括本人有效身份证明，劳动能力、生活来源、财产状况以及赡养、抚养、扶养情况的书面声明，承诺所提供信息真实、完整的承诺书，残疾人应当提供中华人民共和国残疾人证。

申请人及其法定义务人应当履行授权核查家庭经济状况的相关手续。

**第十一条** 乡镇人民政府（街道办事处）、村（居）民委员会应当及时了解掌握辖区内居民的生活情况，发现可能符合特困人员救助供养条件的，应当告知其救助供养政策，对因无民事行为能力或者限制民事行为能力等原因无法提出申请的，应当主动帮助其申请。

**第十二条** 乡镇人民政府（街道办事处）应当对申请人或者其代理人提交的材料进行审查，材料齐备的，予以受理；材料不齐备的，应当一次性告知申请人或者其代理人补齐所有规定材料。

## 第四章 审核确认

**第十三条** 乡镇人民政府（街道办事处）应当自受理申请之日起15个工作日内，通过入户调查、邻里访问、信函索证、信息核对等方式，对申请人的经济状况、实际生活状况以及赡养、抚养、扶养状况等进行调查核实，并提出初审意见。

申请人以及有关单位、组织或者个人应当配合调查，如实提供有关情况。村（居）民委员会应当协助乡镇人民政府（街道办事处）开展调查核实。

**第十四条** 调查核实过程中，乡镇人民政府（街道办事处）可视情组织民主评议，在村（居）民委员会协助下，对申请人书面声明内容的真实性、完整性及调查核实结果的客观性进行评议。

**第十五条** 乡镇人民政府（街道办事处）应当将初审意见及时在申请人所在村（社区）公示。公示期为7天。

公示期满无异议的，乡镇人民政府（街道办事处）应当将初审意见连同申请、调查核实等相关材料报送县级人民政府民政部门。对公示有异议的，乡镇人民政府（街道办事处）应当重新组织调查核实，在15个工作日内提出初审意见，并重新公示。

**第十六条** 县级人民政府民政部门应当全面审核乡镇人民政府（街道办事处）上报的申请材料、调查材料和初审意见，按照不低于30%的比例随机抽查核实，并在15个工作日内提出确认意见。

**第十七条** 对符合救助供养条件的申请，县级人民政府民政部门应当及时予以确认，建立救助供养档案，从确认之日下月起给予救助供养待遇，并通过乡镇人民政府（街道办事处）在申请人所在村（社区）公布。

**第十八条** 不符合条件、不予同意的，县级人民政府民政部门应当在作出决定3个工作日内，通过乡镇人民政府（街道办事处）书面告知申请人或者其代理人并说明理由。

**第十九条** 特困人员救助供养标准城乡不一致的地区，对于拥有承包土地或者参加农村集体经济收益分配的特困人员，一般给予农村特困人员救助供养待遇。实施易地扶贫搬迁至城镇地区的，给予城市特困人员救助供养待遇。

## 第五章 生活自理能力评估

**第二十条** 县级人民政府民政部门应当在乡镇人民政府（街道办事处）、村（居）民委员会协助下，对特困人员生活自理能力进行评估，并根据评估结果，确定特困人员应当享受的照料护理标准档次。

有条件的地方，可以委托第三方机构开展特困人员生活自理能力评估。

**第二十一条** 特困人员生活自理能力，一般依据以下6项指标综合评估：

（一）自主吃饭；

（二）自主穿衣；

（三）自主上下床；

（四）自主如厕；

（五）室内自主行走；

（六）自主洗澡。

**第二十二条** 根据本办法第二十一条规定内容，特困人员生活自理状况6项指标全部达到的，可以视为具备生活自理能力；有3项以下（含3项）指标不能达到的，可以视为部分丧失生活自理能力；有4项以上（含4项）指标不能达到的，可以视为完全丧失生活自理能力。

**第二十三条** 特困人员生活自理能力发生变化的，本人、照料服务人、村（居）民委员会或者供养服务机构应当通过乡镇人民政府（街道办事处）及时报告县级人民政府民政部门，县级人民政府民政部门应当自接到报告之日起10个工作日内组织复核评估，并根据评估结果及时调整特困人员生活自理能力认定类别。

## 第六章 终止救助供养

**第二十四条** 特困人员有下列情形之一的，应当及时终止救助供养：

（一）死亡或者被宣告死亡、被宣告失踪；

（二）具备或者恢复劳动能力；

（三）依法被判处刑罚，且在监狱服刑；

（四）收入和财产状况不再符合本办法第六条规定；

（五）法定义务人具有了履行义务能力或者新增具有履行义务能力的法定义务人；

（六）自愿申请退出救助供养。

特困人员中的未成年人，可继续享有救助供养待遇至18周岁；年满18周岁仍在接受义务教育或者在普通高中、中等职业学校就读的，可继续享有救助供养待遇。

**第二十五条** 特困人员不再符合救助供养条件的，本人、照料服务人、村（居）民委员会或者供养服务机构应当及时告知乡镇人民政府（街道办事处），由乡镇人民政府（街道办事处）调查核实并报县级人民政府民政部门核准。

县级人民政府民政部门、乡镇人民政府（街道办事处）在工作中发现特困人员不再符合救助供养条件的，应当及时办理终止救助供养手续。

**第二十六条** 对拟终止救助供养的特困人员，县级人民政府民政部门应当通过乡镇人民政府（街道办事处），在其所在村（社区）或者供养服务机构公示。公示期为7天。

公示期满无异议的，县级人民政府民政部门应当作出终止决定并从下月起终止救助供养。对公示有异议的，县级人民政府民政部门应当组织调查核实，在15个工作日内作出是否终止救助供养决定，并重新公示。对决定终止救助供养的，应当通过乡镇人民政府（街道办事处）将终止理由书面告知当事人、村（居）民委员会。

**第二十七条** 对终止救助供养的原特困人员，符合最低生活保障、临时救助等其他社会救助条件的，应当按规定及时纳入相应救助范围。

## 第七章 附 则

**第二十八条** 有条件的地方可将审核确认权限下放至乡镇人民政府（街道办事处），县级民政部门加强监督指导。

**第二十九条** 本办法自2021年7月1日起施行。2016年10月10日民政部印发的《特困人员认定办法》同时废止。

# 殡葬管理条例

- 1997年7月21日中华人民共和国国务院令第225号发布
- 根据2012年11月9日《国务院关于修改和废止部分行政法规的决定》修订

## 第一章 总 则

**第一条** 为了加强殡葬管理，推进殡葬改革，促进社会主义精神文明建设，制定本条例。

**第二条** 殡葬管理的方针是：积极地、有步骤地实行火葬，改革土葬，节约殡葬用地，革除丧葬陋俗，提倡文明节俭办丧事。

**第三条** 国务院民政部门负责全国的殡葬管理工作。县级以上地方人民政府民政部门负责本行政区域内的殡葬管理工作。

**第四条** 人口稠密、耕地较少、交通方便的地区，应当实行火葬；暂不具备条件实行火葬的地区，允许土葬。

实行火葬和允许土葬的地区，由省、自治区、直辖市人民政府划定，并由本级人民政府民政部门报国务院民政部门备案。

**第五条** 在实行火葬的地区，国家提倡以骨灰寄存的方式以及其他不占或者少占土地的方式处理骨灰。县级人民政府和设区的市、自治州人民政府应当制定实行火葬的具体规划，将新建和改造殡仪馆、火葬场、骨灰堂纳入城乡建设规划和基本建设计划。

在允许土葬的地区，县级人民政府和设区的市、自治州人民政府应当将公墓建设纳入城乡建设规划。

**第六条** 尊重少数民族的丧葬习俗；自愿改革丧葬习俗的，他人不得干涉。

## 第二章 殡葬设施管理

**第七条** 省、自治区、直辖市人民政府民政部门应当根据本行政区域的殡葬工作规划和殡葬需要，提出殡仪馆、火葬场、骨灰堂、公墓、殡仪服务站等殡葬设施的数量、布局规划，报本级人民政府审批。

**第八条** 建设殡仪馆、火葬场，由县级人民政府和设区的市、自治州人民政府的民政部门提出方案，报本级人民政府审批；建设殡仪服务站、骨灰堂，由县级人民政府和设区的市、自治州人民政府的民政部门审批；建设公墓，经县级人民政府和设区的市、自治州人民政府的民政部门审核同意后，报省、自治区、直辖市人民政府民政部门审批。

利用外资建设殡葬设施，经省、自治区、直辖市人民政府民政部门审核同意后，报国务院民政部门审批。

农村为村民设置公益性墓地，经乡级人民政府审核同意后，报县级人民政府民政部门审批。

**第九条** 任何单位和个人未经批准，不得擅自兴建殡葬设施。

农村的公益性墓地不得对村民以外的其他人员提供墓穴用地。

禁止建立或者恢复宗族墓地。

**第十条** 禁止在下列地区建造坟墓：

（一）耕地、林地；

（二）城市公园、风景名胜区和文物保护区；

（三）水库及河流堤坝附近和水源保护区；

（四）铁路、公路主干线两侧。

前款规定区域内现有的坟墓，除受国家保护的具有历史、艺术、科学价值的墓地予以保留外，应当限期迁移或者深埋，不留坟头。

**第十一条** 严格限制公墓墓穴占地面积和使用年限。按照规划允许土葬或者允许埋葬骨灰的，埋葬遗体或者埋葬骨灰的墓穴占地面积和使用年限，由省、自治区、直辖市人民政府按照节约土地、不占耕地的原则规定。

**第十二条** 殡葬服务单位应当加强对殡葬服务设施的管理，更新、改造陈旧的火化设备，防止污染环境。

殡仪服务人员应当遵守操作规程和职业道德，实行规范化的文明服务，不得利用工作之便索取财物。

## 第三章 遗体处理和丧事活动管理

**第十三条** 遗体处理必须遵守下列规定：

（一）运输遗体必须进行必要的技术处理，确保卫生，防止污染环境；

（二）火化遗体必须凭公安机关或者国务院卫生行政部门规定的医疗机构出具的死亡证明。

**第十四条** 办理丧事活动，不得妨害公共秩序、危害公共安全，不得侵害他人的合法权益。

**第十五条** 在允许土葬的地区，禁止在公墓和农村的公益性墓地以外的其他任何地方埋葬遗体、建造坟墓。

## 第四章 殡葬设备和殡葬用品管理

**第十六条** 火化机、运尸车、尸体冷藏柜等殡葬设备，必须符合国家规定的技术标准。禁止制造、销售不符合国家技术标准的殡葬设备。

**第十七条** 禁止制造、销售封建迷信的丧葬用品。禁止在实行火葬的地区出售棺材等土葬用品。

## 第五章 罚 则

**第十八条** 未经批准，擅自兴建殡葬设施的，由民政部门会同建设、土地行政管理部门予以取缔，责令恢复原状，没收违法所得，可以并处违法所得1倍以上3倍以下的罚款。

**第十九条** 墓穴占地面积超过省、自治区、直辖市人民政府规定的标准的，由民政部门责令限期改正，没收违法所得，可以并处违法所得1倍以上3倍以下的罚款。

**第二十条** 将应当火化的遗体土葬，或者在公墓和农村的公益性墓地以外的其他地方埋葬遗体、建造坟墓的，由民政部门责令限期改正。

**第二十一条** 办理丧事活动妨害公共秩序、危害公共安全、侵害他人合法权益的，由民政部门予以制止；构成违反治安管理行为的，由公安机关依法给予治安管理处罚；构成犯罪的，依法追究刑事责任。

**第二十二条** 制造、销售不符合国家技术标准的殡葬设备的，由民政部门会同工商行政管理部门责令停止制造、销售，可以并处制造、销售金额1倍以上3倍以下的罚款。

制造、销售封建迷信殡葬用品的，由民政部门会同工商行政管理部门予以没收，可以并处制造、销售金额1倍以上3倍以下的罚款。

**第二十三条** 殡仪服务人员利用工作之便索取财物的，由民政部门责令退赔；构成犯罪的，依法追究刑事责任。

## 第六章 附 则

**第二十四条** 本条例自发布之日起施行。1985年2月8日国务院发布的《国务院关于殡葬管理的暂行规定》同时废止。

# 社会团体登记管理条例

· 1998年10月25日中华人民共和国国务院令第250号发布
· 根据2016年2月6日《国务院关于修改部分行政法规的决定》修订

## 第一章 总 则

**第一条** 为了保障公民的结社自由，维护社会团体的合法权益,加强对社会团体的登记管理,促进社会主义物质文明、精神文明建设,制定本条例。

**第二条** 本条例所称社会团体,是指中国公民自愿组成,为实现会员共同意愿,按照其章程开展活动的非营利性社会组织。

国家机关以外的组织可以作为单位会员加入社会团体。

**第三条** 成立社会团体,应当经其业务主管单位审查同意,并依照本条例的规定进行登记。

社会团体应当具备法人条件。

下列团体不属于本条例规定登记的范围:

(一) 参加中国人民政治协商会议的人民团体;

(二) 由国务院机构编制管理机关核定,并经国务院批准免于登记的团体;

(三) 机关、团体、企业事业单位内部经本单位批准成立、在本单位内部活动的团体。

**第四条** 社会团体必须遵守宪法、法律、法规和国家政策,不得反对宪法确定的基本原则,不得危害国家的统一、安全和民族的团结,不得损害国家利益、社会公共利益以及其他组织和公民的合法权益,不得违背社会道德风尚。

社会团体不得从事营利性经营活动。

**第五条** 国家保护社会团体依照法律、法规及其章程开展活动,任何组织和个人不得非法干涉。

**第六条** 国务院民政部门和县级以上地方各级人民政府民政部门是本级人民政府的社会团体登记管理机关(以下简称登记管理机关)。

国务院有关部门和县级以上地方各级人民政府有关部门、国务院或者县级以上地方各级人民政府授权的组织,是有关行业、学科或者业务范围内社会团体的业务主管单位(以下简称业务主管单位)。

法律、行政法规对社会团体的监督管理另有规定的,依照有关法律、行政法规的规定执行。

## 第二章 管 辖

**第七条** 全国性的社会团体,由国务院的登记管理机关负责登记管理;地方性的社会团体,由所在地人民政府的登记管理机关负责登记管理;跨行政区域的社会团体,由所跨行政区域的共同上一级人民政府的登记管理机关负责登记管理。

**第八条** 登记管理机关、业务主管单位与其管辖的社会团体的住所不在一地的,可以委托社会团体住所地的登记管理机关、业务主管单位负责委托范围内的监督管理工作。

## 第三章 成立登记

**第九条** 申请成立社会团体,应当经其业务主管单位审查同意,由发起人向登记管理机关申请登记。

筹备期间不得开展筹备以外的活动。

**第十条** 成立社会团体,应当具备下列条件:

(一) 有50个以上的个人会员或者30个以上的单位会员;个人会员、单位会员混合组成的,会员总数不得少于50个;

(二) 有规范的名称和相应的组织机构;

(三) 有固定的住所;

(四) 有与其业务活动相适应的专职工作人员;

(五) 有合法的资产和经费来源,全国性的社会团体有10万元以上活动资金,地方性的社会团体和跨行政区域的社会团体有3万元以上活动资金;

(六) 有独立承担民事责任的能力。

社会团体的名称应当符合法律、法规的规定,不得违背社会道德风尚。社会团体的名称应当与其业务范围、成员分布、活动地域相一致,准确反映其特征。全国性的社会团体的名称冠以"中国"、"全国"、"中华"等字样的,应当按照国家有关规定经过批准,地方性的社会团体的名称不得冠以"中国"、"全国"、"中华"等字样。

**第十一条** 申请登记社会团体,发起人应当向登记管理机关提交下列文件:

(一) 登记申请书;

(二) 业务主管单位的批准文件;

(三) 验资报告、场所使用权证明;

(四) 发起人和拟任负责人的基本情况、身份证明;

(五) 章程草案。

**第十二条** 登记管理机关应当自收到本条例第十一条所列全部有效文件之日起60日内,作出准予或者不予登记的决定。准予登记的,发给《社会团体法人登记证书》;不予登记的,应当向发起人说明理由。

社会团体登记事项包括:名称、住所、宗旨、业务范围、活动地域、法定代表人、活动资金和业务主管单位。

社会团体的法定代表人,不得同时担任其他社会团体的法定代表人。

**第十三条** 有下列情形之一的,登记管理机关不予登记:

(一) 有根据证明申请登记的社会团体的宗旨、业务范围不符合本条例第四条的规定的;

(二) 在同一行政区域内已有业务范围相同或者相似的社会团体,没有必要成立的;

（三）发起人、拟任负责人正在或者曾经受到剥夺政治权利的刑事处罚，或者不具有完全民事行为能力的；

（四）在申请登记时弄虚作假的；

（五）有法律、行政法规禁止的其他情形的。

**第十四条** 社会团体的章程应当包括下列事项：

（一）名称、住所；

（二）宗旨、业务范围和活动地域；

（三）会员资格及其权利、义务；

（四）民主的组织管理制度，执行机构的产生程序；

（五）负责人的条件和产生、罢免的程序；

（六）资产管理和使用的原则；

（七）章程的修改程序；

（八）终止程序和终止后资产的处理；

（九）应当由章程规定的其他事项。

**第十五条** 依照法律规定，自批准成立之日起即具有法人资格的社会团体，应当自批准成立之日起60日内向登记管理机关提交批准文件，申领《社会团体法人登记证书》。登记管理机关自收到文件之日起30日内发给《社会团体法人登记证书》。

**第十六条** 社会团体凭《社会团体法人登记证书》申请刻制印章，开立银行账户。社会团体应当将印章式样和银行账号报登记管理机关备案。

**第十七条** 社会团体的分支机构、代表机构是社会团体的组成部分，不具有法人资格，应当按照其所属于的社会团体的章程所规定的宗旨和业务范围，在该社会团体授权的范围内开展活动、发展会员。社会团体的分支机构不得再设立分支机构。

社会团体不得设立地域性的分支机构。

## 第四章 变更登记、注销登记

**第十八条** 社会团体的登记事项需要变更的，应当自业务主管单位审查同意之日起30日内，向登记管理机关申请变更登记。

社会团体修改章程，应当自业务主管单位审查同意之日起30日内，报登记管理机关核准。

**第十九条** 社会团体有下列情形之一的，应当在业务主管单位审查同意后，向登记管理机关申请注销登记：

（一）完成社会团体章程规定的宗旨的；

（二）自行解散的；

（三）分立、合并的；

（四）由于其他原因终止的。

**第二十条** 社会团体在办理注销登记前，应当在业务主管单位及其他有关机关的指导下，成立清算组织，完成清算工作。清算期间，社会团体不得开展清算以外的活动。

**第二十一条** 社会团体应当自清算结束之日起15日内向登记管理机关办理注销登记。办理注销登记，应当提交法定代表人签署的注销登记申请书、业务主管单位的审查文件和清算报告书。

登记管理机关准予注销登记的，发给注销证明文件，收缴该社会团体的登记证书、印章和财务凭证。

**第二十二条** 社会团体处分注销后的剩余财产，按照国家有关规定办理。

**第二十三条** 社会团体成立、注销或者变更名称、住所、法定代表人，由登记管理机关予以公告。

## 第五章 监督管理

**第二十四条** 登记管理机关履行下列监督管理职责：

（一）负责社会团体的成立、变更、注销的登记；

（二）对社会团体实施年度检查；

（三）对社会团体违反本条例的问题进行监督检查，对社会团体违反本条例的行为给予行政处罚。

**第二十五条** 业务主管单位履行下列监督管理职责：

（一）负责社会团体成立登记、变更登记、注销登记前的审查；

（二）监督、指导社会团体遵守宪法、法律、法规和国家政策，依据其章程开展活动；

（三）负责社会团体年度检查的初审；

（四）协助登记管理机关和其他有关部门查处社会团体的违法行为；

（五）会同有关机关指导社会团体的清算事宜。

业务主管单位履行前款规定的职责，不得向社会团体收取费用。

**第二十六条** 社会团体的资产来源必须合法，任何单位和个人不得侵占、私分或者挪用社会团体的资产。

社会团体的经费，以及开展章程规定的活动按照国家有关规定所取得的合法收入，必须用于章程规定的业务活动，不得在会员中分配。

社会团体接受捐赠、资助，必须符合章程规定的宗旨和业务范围，必须根据与捐赠人、资助人约定的期限、方式和合法用途使用。社会团体应当向业务主管单位报告接受、使用捐赠、资助的有关情况，并应当将有关情况以适当方式向社会公布。

社会团体专职工作人员的工资和保险福利待遇，参照国家对事业单位的有关规定执行。

**第二十七条** 社会团体必须执行国家规定的财务管理制度，接受财政部门的监督；资产来源属于国家拨款或者社会捐赠、资助的，还应当接受审计机关的监督。

社会团体在换届或者更换法定代表人之前，登记管理机关、业务主管单位应当组织对其进行财务审计。

**第二十八条**　社会团体应当于每年3月31日前向业务主管单位报送上一年度的工作报告，经业务主管单位初审同意后，于5月31日前报送登记管理机关，接受年度检查。工作报告的内容包括：本社会团体遵守法律法规和国家政策的情况、依照本条例履行登记手续的情况、按照章程开展活动的情况、人员和机构变动的情况以及财务管理的情况。

对于依照本条例第十五条的规定发给《社会团体法人登记证书》的社会团体，登记管理机关对其应当简化年度检查的内容。

### 第六章　罚　则

**第二十九条**　社会团体在申请登记时弄虚作假，骗取登记的，或者自取得《社会团体法人登记证书》之日起1年未开展活动的，由登记管理机关予以撤销登记。

**第三十条**　社会团体有下列情形之一的，由登记管理机关给予警告，责令改正，可以限期停止活动，并可以责令撤换直接负责的主管人员；情节严重的，予以撤销登记；构成犯罪的，依法追究刑事责任：

（一）涂改、出租、出借《社会团体法人登记证书》，或者出租、出借社会团体印章的；

（二）超出章程规定的宗旨和业务范围进行活动的；

（三）拒不接受或者不按照规定接受监督检查的；

（四）不按照规定办理变更登记的；

（五）违反规定设立分支机构、代表机构，或者对分支机构、代表机构疏于管理，造成严重后果的；

（六）从事营利性的经营活动的；

（七）侵占、私分、挪用社会团体资产或者所接受的捐赠、资助的；

（八）违反国家有关规定收取费用、筹集资金或者接受、使用捐赠、资助的。

前款规定的行为有违法经营额或者违法所得的，予以没收，可以并处违法经营额1倍以上3倍以下或者违法所得3倍以上5倍以下的罚款。

**第三十一条**　社会团体的活动违反其他法律、法规的，由有关国家机关依法处理；有关国家机关认为应当撤销登记的，由登记管理机关撤销登记。

**第三十二条**　筹备期间开展筹备以外的活动，或者未经登记，擅自以社会团体名义进行活动，以及被撤销登记的社会团体继续以社会团体名义进行活动的，由登记管理机关予以取缔，没收非法财产；构成犯罪的，依法追究刑事责任；尚不构成犯罪的，依法给予治安管理处罚。

**第三十三条**　社会团体被责令限期停止活动的，由登记管理机关封存《社会团体法人登记证书》、印章和财务凭证。

社会团体被撤销登记的，由登记管理机关收缴《社会团体法人登记证书》和印章。

**第三十四条**　登记管理机关、业务主管单位的工作人员滥用职权、徇私舞弊、玩忽职守构成犯罪的，依法追究刑事责任；尚不构成犯罪的，依法给予行政处分。

### 第七章　附　则

**第三十五条**　《社会团体法人登记证书》的式样由国务院民政部门制定。

对社会团体进行年度检查不得收取费用。

**第三十六条**　本条例施行前已经成立的社会团体，应当自本条例施行之日起1年内依照本条例有关规定申请重新登记。

**第三十七条**　本条例自发布之日起施行。1989年10月25日国务院发布的《社会团体登记管理条例》同时废止。

## 社会组织登记管理机关行政处罚程序规定

·2021年9月14日中华人民共和国民政部令第68号公布
自2021年10月15日起施行

### 第一章　总　则

**第一条**　为规范社会组织登记管理机关（以下简称登记管理机关）行政处罚程序，保护公民、法人或者其他组织的合法权益，促进社会组织健康发展，根据《中华人民共和国行政处罚法》、《中华人民共和国行政强制法》以及社会组织登记管理等法律、行政法规，制定本规定。

**第二条**　登记管理机关实施行政处罚应当遵循公正、公开的原则，坚持处罚与教育相结合，做到事实清楚、证据确凿、适用依据正确、程序合法、处罚适当。

**第三条**　各级登记管理机关负责管辖在本机关登记的社会组织的行政处罚案件。

**第四条**　登记管理机关发现不属于本机关管辖的社会组织在本行政区域内有违法行为的，应当及时通报有管辖权的登记管理机关。

有管辖权的登记管理机关可以书面委托违法行为发生地的登记管理机关对社会组织违法案件进行调查。

有管辖权的登记管理机关跨行政区域调查社会组织

违法案件的，有关登记管理机关应当积极配合并协助调查。

**第五条** 登记管理机关发现所调查的案件不属于本机关管辖的，应当将案件移送有管辖权的机关处理。

**第六条** 登记管理机关应当依法以文字、音像等形式，对行政处罚的启动、调查取证、审核、决定、送达、执行等进行全过程记录，归档保存。

## 第二章 立案、调查取证

**第七条** 登记管理机关对同时符合以下条件的违法行为，应当及时立案：

（一）有违反社会组织登记管理规定的违法事实；

（二）属于登记管理机关行政处罚的范围；

（三）属于本机关管辖。

立案应当填写立案审批表，由登记管理机关负责人审批。

**第八条** 行政处罚应当由具有行政执法资格的执法人员实施，执法人员不得少于两人。

执法人员应当文明执法，尊重和保护当事人合法权益。

**第九条** 执法人员在调查或者进行检查时，应当主动向当事人或者有关人员出示执法证件。当事人或者有关人员有权要求执法人员出示执法证件。执法人员不出示执法证件的，当事人或者有关人员有权拒绝接受调查或者检查。

当事人或者有关人员应当如实回答询问，并协助调查或者检查，不得拒绝或者阻挠。询问或者检查应当制作笔录。

**第十条** 执法人员与案件有直接利害关系或者有其他关系可能影响公正执法的，应当回避。

当事人认为执法人员与案件有直接利害关系或者有其他关系可能影响公正执法的，有权申请回避。

当事人提出回避申请的，登记管理机关应当依法审查，由登记管理机关负责人决定。决定作出之前，不停止调查。

**第十一条** 执法人员调查和收集证据应当遵循全面、客观、公正原则。

证据包括：

（一）书证；

（二）物证；

（三）视听资料；

（四）电子数据；

（五）证人证言；

（六）当事人的陈述；

（七）鉴定意见；

（八）勘验笔录、现场笔录。

证据必须经查证属实，方可作为认定案件事实的根据。以非法手段取得的证据，不得作为认定案件事实的根据。

**第十二条** 执法人员应当收集与案件有关的原件、原物作为书证、物证。收集原件、原物确有困难的，可以提取复制品、照片、录像、副本、节录本，由证据提供人核对无误后注明与原件、原物一致，并注明出证日期、证据出处，同时签名或者盖章。

**第十三条** 执法人员收集视听资料、电子数据，应当收集有关资料、数据的原始载体，收集原始载体有困难的，可以提取复制件，注明制作方法、制作时间、制作人和证明对象等。声音资料应当附有该声音内容的文字记录。

**第十四条** 执法人员向当事人、证人或者其他有关人员调查了解情况时，应当单独询问，并制作询问笔录。

询问笔录应当交被询问人核对；对阅读有困难的，应当向其宣读。询问笔录如有错误、遗漏，应当允许被询问人更正或者补充，涂改部分应当由被询问人签名、盖章或者以其他方式确认。经核对无误后，由被询问人在询问笔录上逐页签名、盖章或者以其他方式确认。

执法人员应当在询问笔录上签名。

**第十五条** 执法人员可以要求当事人、证人或者其他有关人员提供证明材料，并要求其在提供的材料上签名或者盖章。

**第十六条** 对有违法嫌疑的物品或者场所进行检查时，应当通知当事人到场。当事人不到场的，邀请见证人到场。执法人员应当制作现场笔录，载明时间、地点、事件等内容，由执法人员、当事人或者见证人签名或者盖章。当事人拒绝签名、盖章或者不能签名、盖章的，应当注明原因。

**第十七条** 登记管理机关在收集证据时，在证据可能灭失或者以后难以取得的情况下，经登记管理机关负责人批准，可以采取先行登记保存措施。

**第十八条** 先行登记保存有关证据，执法人员应当通知当事人到场，送达先行登记保存通知书，当场告知当事人采取先行登记保存措施的理由、依据以及当事人依法享有的权利、救济途径，听取当事人的陈述和申辩，并按照本规定第十六条制作现场笔录。

执法人员应当当场清点证据，加封登记管理机关先行登记保存封条，并开具证据清单，由当事人和执法人员签名或者盖章，交当事人留存一份，归档一份。

登记保存证据期间，当事人或者有关人员不得损坏、销毁或者转移证据。

**第十九条** 先行登记保存证据后，登记管理机关应当在七个工作日内作出以下处理决定：

（一）对依法应予没收的物品，依照法定程序处理；

（二）对依法应当由有关部门处理的，移交有关部门；

（三）不需要继续登记保存的，解除登记保存，并根据情况及时对解除登记保存的证据采取记录、复制、拍照、录像等措施。

**第二十条** 执法人员应当围绕证据的真实性、关联性和合法性，针对有无证明效力对证据材料进行核实。

**第二十一条** 对收集到的证据材料，执法人员应当制作证据目录，并对证据材料的来源、证明对象和内容作简要说明。

## 第三章 行政处罚的决定

**第二十二条** 案件调查终结，执法人员应当制作案件调查终结报告。

案件调查终结报告的内容包括：社会组织的基本情况、案件来源、调查过程、案件事实、证据材料、法律依据、处理建议等。

**第二十三条** 登记管理机关在作出行政处罚决定之前，应当制作行政处罚事先告知书，告知当事人拟作出的行政处罚内容及事实、理由、依据，并告知当事人依法享有的陈述、申辩等权利。

当事人可以自收到行政处罚事先告知书之日起五个工作日内提出陈述和申辩。陈述和申辩可以书面或者口头形式提出。当事人口头提出的，执法人员应当制作陈述笔录，交由当事人核对无误后签字或者盖章。

**第二十四条** 登记管理机关应当充分听取当事人的意见，对当事人提出的事实、理由和证据，应当进行复核；当事人提出的事实、理由或者证据成立的，登记管理机关应当采纳。

登记管理机关不得因当事人陈述、申辩而给予更重的处罚。

**第二十五条** 登记管理机关作出较大数额罚款、没收较大数额违法所得、没收较大价值非法财物、限期停止活动、撤销登记、吊销登记证书的处罚决定前，应当在行政处罚事先告知书或者听证告知书中告知当事人有要求听证的权利。

当事人要求听证的，应当在登记管理机关告知后五个工作日内提出。登记管理机关应当在举行听证的七个工作日前，通知当事人以及有关人员听证的时间、地点。

听证应当制作笔录。笔录应当交当事人或者其代理人核对无误后签字或者盖章。当事人或者其代理人拒绝签字或者盖章的，由听证主持人在笔录中注明。听证结束后，登记管理机关应当根据听证笔录，依照本规定第二十七条作出决定。

**第二十六条** 当事人逾期未提出陈述、申辩或者要求听证的，视为放弃上述权利。

**第二十七条** 登记管理机关负责人应当对案件调查结果进行审查，根据不同情况分别作出如下决定：

（一）确有应受行政处罚的违法行为的，根据情节轻重及具体情况，作出行政处罚决定；

（二）违法行为轻微，依法可以不予行政处罚的，不予行政处罚；

（三）违法事实不能成立的，不予行政处罚；

（四）违法行为涉嫌犯罪的，移送司法机关。

**第二十八条** 对下列案件，登记管理机关负责人应当集体讨论决定：

（一）拟给予较大数额罚款、没收较大数额违法所得、没收较大价值非法财物的；

（二）拟限期停止活动的；

（三）拟撤销登记或吊销登记证书的；

（四）其他情节复杂或者有重大违法行为的。

**第二十九条** 有下列情形之一，在登记管理机关负责人作出行政处罚的决定之前，应当由从事行政处罚决定法制审核的人员进行法制审核；未经法制审核或者审核未通过的，不得作出决定：

（一）涉及重大公共利益的；

（二）直接关系当事人或者第三人重大权益，经过听证程序的；

（三）案件情况疑难复杂、涉及多个法律关系的；

（四）法律、法规规定应当进行法制审核的其他情形。

登记管理机关中初次从事行政处罚决定法制审核的人员，应当通过国家统一法律职业资格考试取得法律职业资格。

**第三十条** 登记管理机关决定对社会组织给予行政处罚的，应当制作行政处罚决定书。行政处罚决定书应当载明下列事项：

（一）当事人的姓名或者名称、地址；

（二）违反法律、法规、规章的事实和证据；

（三）行政处罚的种类和依据；

（四）行政处罚的履行方式和期限；

（五）申请行政复议、提起行政诉讼的途径和期限；

（六）作出行政处罚决定的登记管理机关名称和作出决定的日期。

行政处罚决定书应当加盖作出行政处罚决定的登记管理机关的印章。

**第三十一条**　登记管理机关应当自行政处罚案件立案之日起九十日内作出行政处罚决定。因案情复杂或者其他原因，不能在规定期限内作出处理决定的，经登记管理机关负责人批准，可以延长三十日。案情特别复杂或者有其他特殊情况，经延期仍不能作出处理决定的，应当由登记管理机关负责人集体讨论决定是否继续延期，决定继续延期的，应当同时确定延长的合理期限。

案件处理过程中，听证、公告、审计和检测、鉴定等时间不计入前款所指的案件办理期限。

**第三十二条**　具有一定社会影响的行政处罚决定应当依法公开。公开的行政处罚决定被依法变更、撤销、确认违法或者确认无效的，登记管理机关应当在三日内撤回行政处罚决定信息并公开说明理由。

**第三十三条**　登记管理机关及其工作人员对实施行政处罚过程中知悉的国家秘密、商业秘密或者个人隐私，应当依法予以保密。

## 第四章　行政处罚的执行

**第三十四条**　当事人对登记管理机关的行政处罚决定不服，申请行政复议或者提起行政诉讼的，行政处罚不停止执行，法律另有规定的除外。

**第三十五条**　登记管理机关对当事人作出罚没款处罚的，应当严格执行罚没款收缴分离制度。登记管理机关及其执法人员不得自行收缴罚没款。当事人应当自收到行政处罚决定书之日起十五日内到指定银行或者通过电子支付系统缴纳罚没款。

当事人确有经济困难，需要延期或者分期缴纳罚没款的，应当提出书面申请。经登记管理机关负责人批准，同意当事人延期或者分期缴纳的，登记管理机关应当书面告知当事人延期或者分期的期限、数额。

**第三十六条**　依法没收的非法财物，按照国家有关规定处理。

**第三十七条**　社会组织被限期停止活动的，由登记管理机关封存登记证书（含正本、副本）、印章和财务凭证。停止活动的期间届满，社会组织应当根据登记管理机关要求提交整改报告。

**第三十八条**　登记管理机关依法责令社会组织撤换直接负责的主管人员的，社会组织应当在登记管理机关规定的期限内执行。

**第三十九条**　登记管理机关对社会组织作出撤销登记或者吊销登记证书的处罚决定的，应当收缴登记证书（含正本、副本）和印章。

**第四十条**　当事人逾期不履行行政处罚决定的，登记管理机关可以采取下列措施：

（一）到期不缴纳罚款的，每日按罚款数额的百分之三加处罚款，加处罚款的标准应当告知当事人，加处罚款的数额不得超出原罚款数额；

（二）依照《中华人民共和国行政强制法》的规定申请人民法院强制执行；

（三）法律规定的其他措施。

登记管理机关批准延期、分期缴纳罚款的，申请人民法院强制执行的期限，自暂缓或者分期缴纳罚款期限结束之日起计算。

## 第五章　送　达

**第四十一条**　行政处罚决定书应当在宣告后当场交付当事人。当事人不在场的，应当在七个工作日内依照本规定将行政处罚决定书送达当事人。

**第四十二条**　执法人员送达法律文书应当有送达回证，由受送达人在送达回证上记明收到日期，签名或者盖章。

受送达人在送达回证上的签收日期为送达日期。

**第四十三条**　送达法律文书，应当直接送交受送达人。受送达人是自然人的，本人不在时交其同住成年家属签收；受送达人是法人或者其他组织的，应当由法人的法定代表人、其他组织的主要负责人或者该法人、其他组织负责收件的人签收；受送达人有委托代理人的，可以送交其代理人签收；受送达人已向登记管理机关指定代收人的，送交代收人签收。

**第四十四条**　受送达人拒绝签收法律文书的，送达人可以邀请有关基层组织或者所在单位的代表到场，说明情况，在送达回证上记明拒收事由和日期，由送达人、见证人签名或者盖章，把法律文书留在受送达人的住所；也可以把法律文书留在受送达人的住所，并采用拍照、录像等方式记录送达过程，即视为送达。

**第四十五条**　直接送达法律文书有困难的，有管辖权的登记管理机关可以委托其他登记管理机关代为送达，或者邮寄送达。邮寄送达的，以回执上注明的收件日期为送达日期。

**第四十六条** 当事人同意并签订确认书的，可以采用手机短信、传真、电子邮件、即时通讯账号等能够确认其收悉的电子方式向其送达法律文书，登记管理机关应当通过拍照、截屏、录音、录像等方式予以记录，手机短信、传真、电子邮件、即时通讯信息等到达受送达人特定系统的日期为送达日期。

**第四十七条** 本章规定的其他方式无法送达的，公告送达。可以在报纸或者登记管理机关门户网站等媒体刊登公告，自公告发布之日起，经过六十日，即视为送达，发出公告日期以刊登日期为准。公告送达，应当在案件材料中载明原因和经过。

## 第六章 结案、归档

**第四十八条** 有下列情形之一的，应予结案：

（一）行政处罚案件执行完毕的；

（二）作出不予行政处罚决定的；

（三）作出移送司法机关决定的。

**第四十九条** 结案后，登记管理机关应当按照下列要求及时将案件材料整理归档：

（一）案卷应当一案一卷，案卷可以分正卷、副卷；

（二）各类文书和证据材料齐全完整，不得损毁伪造；

（三）案卷材料书写时应当使用钢笔、毛笔或者签字笔。

**第五十条** 卷内材料应当按照处罚决定书和送达回证在前、其余材料按照办案时间顺序排列的原则排列。

内部审批件可以放入副卷。

卷内材料应当编制目录，并逐页标注页码。

**第五十一条** 案卷归档后，任何人不得私自增加或者抽取案卷材料。有关单位或者个人申请查阅案卷的，按照社会组织登记档案管理有关规定执行。

## 第七章 附 则

**第五十二条** 本规定有关期间的规定，除注明工作日外，按自然日计算。

期间开始之日不计算在内。期间不包括在途时间，期间届满的最后一日为法定节假日的，以节假日后的第一日为期间届满的日期。

**第五十三条** 本规定自2021年10月15日起施行。2012年8月3日民政部发布的《社会组织登记管理机关行政处罚程序规定》同时废止。

# 烈士褒扬条例

- 2011年7月26日中华人民共和国国务院令第601号公布
- 根据2019年3月2日《国务院关于修改部分行政法规的决定》第一次修订
- 根据2019年8月1日《国务院关于修改〈烈士褒扬条例〉的决定》第二次修订

## 第一章 总 则

**第一条** 为了弘扬烈士精神，抚恤优待烈士遗属，制定本条例。

**第二条** 公民在保卫祖国和社会主义建设事业中牺牲被评定为烈士的，依照本条例的规定予以褒扬。烈士的遗属，依照本条例的规定享受抚恤优待。

**第三条** 国家对烈士遗属给予的抚恤优待应当随经济社会的发展逐步提高，保障烈士遗属的生活不低于当地居民的平均生活水平。

全社会应当支持烈士褒扬工作，优待帮扶烈士遗属。

国家鼓励公民、法人和其他组织为烈士褒扬和烈士遗属抚恤优待提供捐助。

**第四条** 烈士褒扬和烈士遗属抚恤优待经费列入财政预算。

烈士褒扬和烈士遗属抚恤优待经费应当专款专用，接受财政部门、审计机关的监督。

**第五条** 县级以上人民政府应当加强对烈士纪念设施的保护和管理，为纪念烈士提供良好的场所。

各级人民政府应当把宣传烈士事迹作为社会主义精神文明建设的重要内容，培养公民的爱国主义、集体主义精神和社会主义道德风尚。机关、团体、企业事业单位应当采取多种形式纪念烈士，学习、宣传烈士事迹。

**第六条** 国务院退役军人事务部门负责全国的烈士褒扬工作。县级以上地方人民政府退役军人事务部门负责本行政区域的烈士褒扬工作。

**第七条** 对在烈士褒扬工作中做出显著成绩的单位和个人，按照国家有关规定给予表彰、奖励。

## 第二章 烈士的评定

**第八条** 公民牺牲符合下列情形之一的，评定为烈士：

（一）在依法查处违法犯罪行为、执行国家安全工作任务、执行反恐怖任务和处置突发事件中牺牲的；

（二）抢险救灾或者其他为了抢救、保护国家财产、集体财产、公民生命财产牺牲的；

（三）在执行外交任务或者国家派遣的对外援助、维持国际和平任务中牺牲的；

（四）在执行武器装备科研试验任务中牺牲的；

（五）其他牺牲情节特别突出，堪为楷模的。

现役军人牺牲，预备役人员、民兵、民工以及其他人员因参战、参加军事演习和军事训练、执行军事勤务牺牲应当评定烈士的，依照《军人抚恤优待条例》的有关规定评定。

**第九条** 申报烈士的，由死者生前所在工作单位、死者遗属或者事件发生地的组织、公民向死者生前工作单位所在地、死者遗属户口所在地或者事件发生地的县级人民政府退役军人事务部门提供有关死者牺牲情节的材料，由收到材料的县级人民政府退役军人事务部门调查核实后提出评定烈士的报告，报本级人民政府审核。

属于本条例第八条第一款第一项、第二项规定情形的，由县级人民政府提出评定烈士的报告并逐级上报至省、自治区、直辖市人民政府审查评定。评定为烈士的，由省、自治区、直辖市人民政府送国务院退役军人事务部门备案。

属于本条例第八条第一款第三项、第四项规定情形的，由国务院有关部门提出评定烈士的报告，送国务院退役军人事务部门审查评定。

属于本条例第八条第一款第五项规定情形的，由县级人民政府提出评定烈士的报告并逐级上报至省、自治区、直辖市人民政府，由省、自治区、直辖市人民政府审查后送国务院退役军人事务部门审查评定。

**第十条** 军队评定的烈士，由中央军事委员会政治工作部送国务院退役军人事务部门备案。

**第十一条** 按照本条例规定评定为烈士的，由国务院退役军人事务部门负责将烈士名单呈报党和国家功勋荣誉表彰工作委员会。

**第十二条** 烈士证书以党和国家功勋荣誉表彰工作委员会办公室名义制发。

**第十三条** 县级以上人民政府每年在烈士纪念日举行颁授仪式，向烈士遗属颁授烈士证书。

## 第三章 烈士褒扬金和烈士遗属的抚恤优待

**第十四条** 国家建立烈士褒扬金制度。烈士褒扬金标准为烈士牺牲时上一年度全国城镇居民人均可支配收入的30倍。战时，参战牺牲的烈士褒扬金标准可以适当提高。

烈士褒扬金由领取烈士证书的烈士遗属户口所在地县级人民政府退役军人事务部门发给烈士的父母或者抚养人、配偶、子女；没有父母或者抚养人、配偶、子女的，发给烈士未满18周岁的兄弟姐妹和已满18周岁但无生活来源且由烈士生前供养的兄弟姐妹。

**第十五条** 烈士遗属除享受本条例第十四条规定的烈士褒扬金外，属于《军人抚恤优待条例》以及相关规定适用范围的，还享受因公牺牲一次性抚恤金；属于《工伤保险条例》以及相关规定适用范围的，还享受一次性工亡补助金以及相当于烈士本人40个月工资的烈士遗属特别补助金。

不属于前款规定范围的烈士遗属，由县级人民政府退役军人事务部门发给一次性抚恤金，标准为烈士牺牲时上一年度全国城镇居民人均可支配收入的20倍加40个月的中国人民解放军排职少尉军官工资。

**第十六条** 符合下列条件之一的烈士遗属，享受定期抚恤金：

（一）烈士的父母或者抚养人、配偶无劳动能力、无生活来源，或者收入水平低于当地居民的平均生活水平的；

（二）烈士的子女未满18周岁，或者已满18周岁但因残疾或者正在上学而无生活来源的；

（三）由烈士生前供养的兄弟姐妹未满18周岁，或者已满18周岁但因正在上学而无生活来源的。

符合前款规定条件享受定期抚恤金的烈士遗属，由其户口所在地的县级人民政府退役军人事务部门发给定期抚恤金领取证，凭证领取定期抚恤金。

**第十七条** 烈士生前的配偶再婚后继续赡养烈士父母，继续抚养烈士未满18周岁或者已满18周岁但无劳动能力、无生活来源且由烈士生前供养的兄弟姐妹的，由其户口所在地的县级人民政府退役军人事务部门参照烈士遗属定期抚恤金的标准给予补助。

**第十八条** 定期抚恤金标准参照全国城乡居民家庭人均收入水平确定。定期抚恤金的标准及其调整办法，由国务院退役军人事务部门会同国务院财政部门规定。

烈士遗属享受定期抚恤金后仍达不到当地居民的平均生活水平的，由县级人民政府予以补助。

**第十九条** 享受定期抚恤金的烈士遗属户口迁移的，应当同时办理定期抚恤金转移手续。户口迁出地的县级人民政府退役军人事务部门发放当年的定期抚恤金；户口迁入地的县级人民政府退役军人事务部门凭定期抚恤金转移证明，从第二年1月起发放定期抚恤金。

**第二十条** 烈士遗属不再符合本条例规定的享受定期抚恤金条件的，应当注销其定期抚恤金领取证，停发定期抚恤金。

享受定期抚恤金的烈士遗属死亡的，增发6个月其原享受的定期抚恤金作为丧葬补助费，同时注销其定期抚恤金领取证，停发定期抚恤金。

**第二十一条** 烈士遗属享受相应的医疗优惠待遇，具体办法由省、自治区、直辖市人民政府规定。

**第二十二条** 烈士的子女、兄弟姐妹本人自愿，且符合征兵条件的，在同等条件下优先批准其服现役。烈士的子女符合公务员考录条件的，在同等条件下优先录用为公务员。

烈士子女接受学前教育和义务教育的，应当按照国家有关规定予以优待；在公办幼儿园接受学前教育的，免交保教费。烈士子女报考普通高中、中等职业学校、高等学校研究生的，在同等条件下优先录取；报考高等学校本、专科的，可以按照国家有关规定降低分数要求投档；在公办学校就读的，免交学费、杂费，并享受国家规定的各项助学政策。

烈士遗属符合就业条件的，由当地人民政府人力资源社会保障部门优先提供就业服务。烈士遗属已经就业，用人单位经济性裁员时，应当优先留用。烈士遗属从事个体经营的，市场监督管理、税务等部门应当优先办理证照，烈士遗属在经营期间享受国家和当地人民政府规定的优惠政策。

**第二十三条** 符合住房保障条件的烈士遗属承租廉租住房、购买经济适用住房的，县级以上地方人民政府有关部门应当给予优先、优惠照顾。家住农村的烈士遗属住房有困难的，由当地人民政府帮助解决。

**第二十四条** 男年满60周岁、女年满55周岁的孤老烈士遗属本人自愿的，可以在光荣院、敬老院集中供养。

各类社会福利机构应当优先接收烈士遗属。

**第二十五条** 烈士遗属因犯罪被判处有期徒刑、剥夺政治权利或者被司法机关通缉期间，中止其享受的抚恤和优待；被判处死刑、无期徒刑的，取消其烈士遗属抚恤和优待资格。

## 第四章 烈士纪念设施的保护和管理

**第二十六条** 按照国家有关规定修建的烈士陵园、纪念堂馆、纪念碑亭、纪念塔祠、纪念塑像、烈士骨灰堂、烈士墓等烈士纪念设施，受法律保护。

**第二十七条** 国家对烈士纪念设施实行分级保护。分级的具体标准由国务院退役军人事务部门规定。

国家级烈士纪念设施，由国务院退役军人事务部门报国务院批准后公布。地方各级烈士纪念设施，由县级以上地方人民政府退役军人事务部门报本级人民政府批准后公布，并报上一级人民政府退役军人事务部门备案。

各级人民政府应当确定烈士纪念设施保护单位，并划定烈士纪念设施保护范围。

**第二十八条** 烈士纪念设施应当免费向社会开放。

烈士纪念设施保护单位应当健全管理工作规范，维护纪念烈士活动的秩序，提高管理和服务水平。

**第二十九条** 各级人民政府应当组织收集、整理烈士史料，编纂烈士英名录。

烈士纪念设施保护单位应当搜集、整理、保管、陈列烈士遗物和事迹史料。属于文物的，依照有关法律、法规的规定予以保护。

**第三十条** 县级以上人民政府有关部门应当做好烈士纪念设施的保护和管理工作。未经批准，不得新建、改建、扩建或者迁移烈士纪念设施。

**第三十一条** 任何单位或者个人不得侵占烈士纪念设施保护范围内的土地和设施。禁止在烈士纪念设施保护范围内进行其他工程建设。

任何单位或者个人不得在烈士纪念设施保护范围内为烈士以外的其他人修建纪念设施或者安放骨灰、埋葬遗体。

**第三十二条** 在烈士纪念设施保护范围内不得从事与纪念烈士无关的活动。禁止以任何方式破坏、污损烈士纪念设施。

**第三十三条** 烈士在烈士陵园安葬。未在烈士陵园安葬的，县级以上人民政府征得烈士遗属同意，可以迁移到烈士陵园安葬，或者予以集中安葬。

**第三十四条** 烈士陵园所在地人民政府退役军人事务部门对前来烈士陵园祭扫的烈士遗属，应当做好接待服务工作；对自行前来祭扫经济上确有困难的，给予适当补助。

烈士遗属户口所在地人民政府退役军人事务部门组织烈士遗属前往烈士陵园祭扫的，应当妥善安排，确保安全。

## 第五章 法律责任

**第三十五条** 行政机关公务员在烈士褒扬和抚恤优待工作中有下列情形之一的，依法给予处分；构成犯罪的，依法追究刑事责任：

（一）违反本条例规定评定烈士或者审批抚恤优待的；

（二）未按照规定的标准、数额、对象审批或者发放烈士褒扬金或者抚恤金的；

（三）利用职务便利谋取私利的。

**第三十六条** 行政机关公务员、烈士纪念设施保护单位工作人员贪污、挪用烈士褒扬经费的，由上级人民政府退役军人事务部门责令退回、追回，依法给予处分；构成犯罪的，依法追究刑事责任。

**第三十七条** 未经批准迁移烈士纪念设施，非法侵占烈士纪念设施保护范围内的土地、设施，破坏、污损烈士纪念设施，或者在烈士纪念设施保护范围内为烈士以外的其他人修建纪念设施、安放骨灰、埋葬遗体的，由烈士纪念设施保护单位的上级主管部门责令改正，恢复原状、原貌；造成损失的，依法承担赔偿责任；构成犯罪的，依法追究刑事责任。

**第三十八条** 负有烈士遗属优待义务的单位不履行优待义务的，由县级人民政府退役军人事务部门责令限期改正；逾期不改正的，处2000元以上1万元以下的罚款；属于国有或者国有控股企业、财政拨款的事业单位的，对直接负责的主管人员和其他直接责任人员依法给予处分。

**第三十九条** 冒领烈士褒扬金、抚恤金，出具假证明或者伪造证件、印章骗取烈士褒扬金或者抚恤金的，由退役军人事务部门责令退回非法所得；构成犯罪的，依法追究刑事责任。

## 第六章 附 则

**第四十条** 本条例所称战时，是指国家宣布进入战争状态、部队受领作战任务或者遭敌突然袭击时。

**第四十一条** 烈士证书、烈士通知书由国务院退役军人事务部门印制。

**第四十二条** 位于境外的中国烈士纪念设施的保护，由国务院退役军人事务部门会同外交部等有关部门办理。

**第四十三条** 本条例自2011年8月1日起施行。1980年6月4日国务院发布的《革命烈士褒扬条例》同时废止。

· *典型案例*

## 林建国诉济南市住房保障和房产管理局房屋行政管理案①

**【基本案情】**

济南市退休工人林建国肢体重度残疾，行走存在严重障碍。2007年9月，其向济南市住房保障和房产管理局（以下简称市房管局）提出廉租房实物配租申请，通过摇号取得了该市槐荫区世纪中华城一套廉租房，签订了租赁合同。2010年5月，市房管局接他人实名举报后调查认定其存在取得廉租房后连续六个月未实际居住等情形。林建国主张因其肢体二级残疾，该住房位置偏远、地处山坡、交通不便，故居住不久后即搬出。同年7月13日，市房管局收回该房，并于同年9月给其办理了廉租房租金补贴。林建国又于2011年重新申请并取得廉租房实物配租资格，后以房源不适合自己居住为由放弃摇号选房。2011年4月，林建国将市房管局诉至法院，请求依法确认该局取消其实物配租资格的行政行为违法，判令该局赔偿其退房次日起至重新取得实物配租房之日止的相应租金损失。

**【裁判结果】**

济南市市中区人民法院一审认为，根据《济南市城市低收入家庭廉租住房管理办法》有关规定，房产行政主管部门应在作出取消当事人实物配租资格的书面处理决定生效情况下才能收回房屋。本案中，市房管局未作出书面处理决定而直接收回，造成林建国该次廉租住房实物配租资格被取消，影响其相关权利。遂判决确认市房管局收回房屋、取消林建国实物配租资格的行为违法，由该局按廉租房租金标准赔偿林建国从2010年7月13日次日起至2010年8月31日的租房损失，驳回林建国其他诉讼请求。双方当事人均提出上诉。

济南市中级人民法院二审认为，林建国存在连续六个月以上未实际居住情形，且在退房证明上签字履行了手续，市房管局依照有关规定取消其实物配租资格并收回廉租房的行为并无不当。同时，城市低收入家庭只能在租金补贴、实物配租等保障方式中享受一种，林建国已在当年9月取得租金补贴保障待遇，市房管局取消其实物配租资格结果正确，未作书面决定属程序瑕疵。遂撤销一审判决，改判驳回林建国的诉讼请求。

最高人民法院提审本案后，贺小荣庭长亲自担任审判长于2016年4月赴当地开庭审理并主持调解，市房管局局长到庭参加诉讼。双方当事人本着互谅互让原则达成协

① 案例来源：2017年6月13日最高人民法院行政审判十大典型案例（第一批）。

议，林建国获得按新政策调配的公租房及救助金 7 万元。本案最终通过行政调解书方式结案。

**【典型意义】**

本案典型意义在于，为残疾人提供公正、高效、便捷的司法服务，不仅是人民法院践行司法为民的内在要求，也是我国加入《残疾人权利公约》后的庄严承诺。习近平总书记多次强调要不断健全残疾人权益保障制度。本案系最高人民法院首次赴基层法院开庭审理残疾人权益案件，也是新行政诉讼法实施后首次依法以行政调解书方式结案。不仅充分照顾到残疾人权利行使方式与实现途径，也通过行政负责人积极出庭应诉配合调解等举措，凸显对依法行政的重视，是共同贯彻落实立法新精神的生动实践。包括媒体在内的社会各界对本案一致好评，现场旁听的全国人大代表、政协委员和残疾人联合会的代表对庭审活动给予高度评价，中国残联为此也向最高人民法院致信感谢。本案对健全残疾人权益司法保障制度，推进残疾人事业健康发展具有重要示范意义。

## 3. 公　安

### 中华人民共和国人民警察法

- 1995 年 2 月 28 日第八届全国人民代表大会常务委员会第十二次会议通过
- 根据 2012 年 10 月 26 日第十一届全国人民代表大会常务委员会第二十九次会议《关于修改〈中华人民共和国人民警察法〉的决定》修正

#### 目　录

第一章　总　则
第二章　职　权
第三章　义务和纪律
第四章　组织管理
第五章　警务保障
第六章　执法监督
第七章　法律责任
第八章　附　则

#### 第一章　总　则

**第一条　【立法目的】**为了维护国家安全和社会治安秩序，保护公民的合法权益，加强人民警察的队伍建设，从严治警，提高人民警察的素质，保障人民警察依法行使职权，保障改革开放和社会主义现代化建设的顺利进行，根据宪法，制定本法。

**第二条　【人民警察的任务和范围】**人民警察的任务是维护国家安全，维护社会治安秩序，保护公民的人身安全、人身自由和合法财产，保护公共财产，预防、制止和惩治违法犯罪活动。

人民警察包括公安机关、国家安全机关、监狱、劳动教养管理机关的人民警察和人民法院、人民检察院的司法警察。

**第三条　【基本要求和宗旨】**人民警察必须依靠人民的支持，保持同人民的密切联系，倾听人民的意见和建议，接受人民的监督，维护人民的利益，全心全意为人民服务。

**第四条　【活动准则】**人民警察必须以宪法和法律为活动准则，忠于职守，清正廉洁，纪律严明，服从命令，严格执法。

**第五条　【依法执行公务受法律保护】**人民警察依法执行职务，受法律保护。

#### 第二章　职　权

**第六条　【公安机关人民警察的职责】**公安机关的人民警察按照职责分工，依法履行下列职责：

（一）预防、制止和侦查违法犯罪活动；

（二）维护社会治安秩序，制止危害社会治安秩序的行为；

（三）维护交通安全和交通秩序，处理交通事故；

（四）组织、实施消防工作，实行消防监督；

（五）管理枪支弹药、管制刀具和易燃易爆、剧毒、放射性等危险物品；

（六）对法律、法规规定的特种行业进行管理；

（七）警卫国家规定的特定人员，守卫重要的场所和设施；

（八）管理集会、游行、示威活动；

（九）管理户政、国籍、入境出境事务和外国人在中国境内居留、旅行的有关事务；

（十）维护国（边）境地区的治安秩序；

（十一）对被判处拘役、剥夺政治权利的罪犯执行刑罚；

（十二）监督管理计算机信息系统的安全保护工作；

（十三）指导和监督国家机关、社会团体、企业事业组织和重点建设工程的治安保卫工作，指导治安保卫委员会等群众性组织的治安防范工作；

（十四）法律、法规规定的其他职责。

**第七条　【实施行政强制措施、行政处罚的权利】**公安机关的人民警察对违反治安管理或者其他公安行政管理法律、法规的个人或者组织，依法可以实施行政强制措施、行政处罚。

**第八条 【强行带离现场、依法予以拘留的权利】**公安机关的人民警察对严重危害社会治安秩序或者威胁公共安全的人员,可以强行带离现场、依法予以拘留或者采取法律规定的其他措施。

**第九条 【盘问、检查的权利】**为维护社会治安秩序,公安机关的人民警察对有违法犯罪嫌疑的人员,经出示相应证件,可以当场盘问、检查;经盘问、检查,有下列情形之一的,可以将其带至公安机关,经该公安机关批准,对其继续盘问:

(一)被指控有犯罪行为的;

(二)有现场作案嫌疑的;

(三)有作案嫌疑身份不明的;

(四)携带的物品有可能是赃物的。

对被盘问人的留置时间自带至公安机关之时起不超过24小时,在特殊情况下,经县级以上公安机关批准,可以延长至48小时,并应当留有盘问记录。对于批准继续盘问的,应当立即通知其家属或者其所在单位。对于不批准继续盘问的,应当立即释放被盘问人。

经继续盘问,公安机关认为对被盘问人需要依法采取拘留或者其他强制措施的,应当在前款规定的期间作出决定;在前款规定的期间不能作出上述决定的,应当立即释放被盘问人。

**第十条 【紧急情况下使用武器的权利】**遇有拒捕、暴乱、越狱、抢夺枪支或者其他暴力行为的紧急情况,公安机关的人民警察依照国家有关规定可以使用武器。

**第十一条 【对严重违法犯罪活动使用警械的权利】**为制止严重违法犯罪活动的需要,公安机关的人民警察依照国家有关规定可以使用警械。

**第十二条 【刑事强制措施】**为侦查犯罪活动的需要,公安机关的人民警察可以依法执行拘留、搜查、逮捕或者其他强制措施。

**第十三条 【优先通行权】**公安机关的人民警察因履行职责的紧急需要,经出示相应证件,可以优先乘坐公共交通工具,遇交通阻碍时,优先通行。

公安机关因侦查犯罪的需要,必要时,按照国家有关规定,可以优先使用机关、团体、企业事业组织和个人的交通工具、通信工具、场地和建筑物,用后应当及时归还,并支付适当费用;造成损失的,应当赔偿。

**第十四条 【对精神病人采取保护性约束措施的权利】**公安机关的人民警察对严重危害公共安全或者他人人身安全的精神病人,可以采取保护性约束措施。需要送往指定的单位、场所加以监护的,应当报请县级以上人民政府公安机关批准,并及时通知其监护人。

**第十五条 【交通管制权】**县级以上人民政府公安机关,为预防和制止严重危害社会治安秩序的行为,可以在一定的区域和时间,限制人员、车辆的通行或者停留,必要时可以实行交通管制。

公安机关的人民警察依照前款规定,可以采取相应的交通管制措施。

**第十六条 【公安机关采取技术侦察措施的职权】**公安机关因侦查犯罪的需要,根据国家有关规定,经过严格的批准手续,可以采取技术侦察措施。

**第十七条 【突发事件现场管制权】**县级以上人民政府公安机关,经上级公安机关和同级人民政府批准,对严重危害社会治安秩序的突发事件,可以根据情况实行现场管制。

公安机关的人民警察依照前款规定,可以采取必要手段强行驱散,并对拒不服从的人员强行带离现场或者立即予以拘留。

**第十八条 【其他机关警察的职权】**国家安全机关、监狱、劳动教养管理机关的人民警察和人民法院、人民检察院的司法警察,分别依照有关法律、行政法规的规定履行职权。

**第十九条 【非工作时间遇有紧急情况应履行职责】**人民警察在非工作时间,遇有其职责范围内的紧急情况,应当履行职责。

## 第三章 义务和纪律

**第二十条 【基本义务】**人民警察必须做到:

(一)秉公执法,办事公道;

(二)模范遵守社会公德;

(三)礼貌待人,文明执勤;

(四)尊重人民群众的风俗习惯。

**第二十一条 【救助义务】**人民警察遇到公民人身、财产安全受到侵犯或者处于其他危难情形,应当立即救助;对公民提出解决纠纷的要求,应当给予帮助;对公民的报警案件,应当及时查处。

人民警察应当积极参加抢险救灾和社会公益工作。

**第二十二条 【禁止行为】**人民警察不得有下列行为:

(一)散布有损国家声誉的言论,参加非法组织,参加旨在反对国家的集会、游行、示威等活动,参加罢工;

(二)泄露国家秘密、警务工作秘密;

(三)弄虚作假,隐瞒案情,包庇、纵容违法犯罪活动;

(四)刑讯逼供或者体罚、虐待人犯;

（五）非法剥夺、限制他人人身自由，非法搜查他人的身体、物品、住所或者场所；

（六）敲诈勒索或者索取、收受贿赂；

（七）殴打他人或者唆使他人打人；

（八）违法实施处罚或者收取费用；

（九）接受当事人及其代理人的请客送礼；

（十）从事营利性的经营活动或者受雇于任何个人或者组织；

（十一）玩忽职守，不履行法定义务；

（十二）其他违法乱纪的行为。

**第二十三条 【按照规定着装等义务】**人民警察必须按照规定着装，佩带人民警察标志或者持有人民警察证件，保持警容严整，举止端庄。

## 第四章 组织管理

**第二十四条 【组织机构设置和职务序列管理】**国家根据人民警察的工作性质、任务和特点，规定组织机构设置和职务序列。

**第二十五条 【警衔制度】**人民警察依法实行警衔制度。

**第二十六条 【任职条件】**担任人民警察应当具备下列条件：

（一）年满18岁的公民；

（二）拥护中华人民共和国宪法；

（三）有良好的政治、业务素质和良好的品行；

（四）身体健康；

（五）具有高中毕业以上文化程度；

（六）自愿从事人民警察工作。

有下列情形之一的，不得担任人民警察：

（一）曾因犯罪受过刑事处罚的；

（二）曾被开除公职的。

**第二十七条 【人民警察的录用】**录用人民警察，必须按照国家规定，公开考试，严格考核，择优选用。

**第二十八条 【领导职务任职条件】**担任人民警察领导职务的人员，应当具备下列条件：

（一）具有法律专业知识；

（二）具有政法工作经验和一定的组织管理、指挥能力；

（三）具有大学专科以上学历；

（四）经人民警察院校培训，考试合格。

**第二十九条 【教育培训】**国家发展人民警察教育事业，对人民警察有计划地进行政治思想、法制、警察业务等教育培训。

**第三十条 【服务年限和最高任职年龄】**国家根据人民警察的工作性质、任务和特点，分别规定不同岗位的服务年限和不同职务的最高任职年龄。

**第三十一条 【奖励制度】**人民警察个人或者集体在工作中表现突出，有显著成绩和特殊贡献的，给予奖励。奖励分为：嘉奖、三等功、二等功、一等功、授予荣誉称号。

对受奖励的人民警察，按照国家有关规定，可以提前晋升警衔，并给予一定的物质奖励。

## 第五章 警务保障

**第三十二条 【上级决定和命令的执行】**人民警察必须执行上级的决定和命令。

人民警察认为决定和命令有错误的，可以按照规定提出意见，但不得中止或者改变决定和命令的执行；提出的意见不被采纳时，必须服从决定和命令；执行决定和命令的后果由作出决定和命令的上级负责。

**第三十三条 【拒绝执行超越法定职责的指令】**人民警察对超越法律、法规规定的人民警察职责范围的指令，有权拒绝执行，并同时向上级机关报告。

**第三十四条 【公民和组织的支持和协助义务】**人民警察依法执行职务，公民和组织应当给予支持和协助。公民和组织协助人民警察依法执行职务的行为受法律保护。对协助人民警察执行职务有显著成绩的，给予表彰和奖励。

公民和组织因协助人民警察执行职务，造成人身伤亡或者财产损失的，应当按照国家有关规定给予抚恤或者补偿。

**第三十五条 【拒绝或阻碍人民警察依法执行职务应受处罚的行为】**拒绝或者阻碍人民警察依法执行职务，有下列行为之一的，给予治安管理处罚：

（一）公然侮辱正在执行职务的人民警察的；

（二）阻碍人民警察调查取证的；

（三）拒绝或者阻碍人民警察执行追捕、搜查、救险等任务进入有关住所、场所的；

（四）对执行救人、救险、追捕、警卫等紧急任务的警车故意设置障碍的；

（五）有拒绝或者阻碍人民警察执行职务的其他行为的。

以暴力、威胁方法实施前款规定的行为，构成犯罪的，依法追究刑事责任。

**第三十六条 【警用标志、制式服装和警械的管理】**人民警察的警用标志、制式服装和警械，由国务院公安部门统一监制，会同其他有关国家机关管理，其他个人和组织不得非法制造、贩卖。

人民警察的警用标志、制式服装、警械、证件为人民警察专用，其他个人和组织不得持有和使用。

违反前两款规定的，没收非法制造、贩卖、持有、使用的人民警察警用标志、制式服装、警械、证件，由公安机关处15日以下拘留或者警告，可以并处违法所得5倍以下的罚款；构成犯罪的，依法追究刑事责任。

**第三十七条 【经费来源】**国家保障人民警察的经费。人民警察的经费，按照事权划分的原则，分别列入中央和地方的财政预算。

**第三十八条 【警察工作所必需的通讯、训练设施和交通及基础设施的建设】**人民警察工作所必需的通讯、训练设施和交通、消防以及派出所、监管场所等基础设施建设，各级人民政府应当列入基本建设规划和城乡建设总体规划。

**第三十九条 【国家加强警察装备的现代化建设】**国家加强人民警察装备的现代化建设，努力推广、应用先进的科技成果。

**第四十条 【工资及其他福利待遇】**人民警察实行国家公务员的工资制度，并享受国家规定的警衔津贴和其他津贴、补贴以及保险福利待遇。

**第四十一条 【抚恤和优待】**人民警察因公致残的，与因公致残的现役军人享受国家同样的抚恤和优待。

人民警察因公牺牲或者病故的，其家属与因公牺牲或者病故的现役军人家属享受国家同样的抚恤和优待。

## 第六章 执法监督

**第四十二条 【接受人民检察院和行政监察机关的监督】**人民警察执行职务，依法接受人民检察院和行政监察机关的监督。

**第四十三条 【上级机关对下级机关执法活动的监督】**人民警察的上级机关对下级机关的执法活动进行监督，发现其作出的处理或者决定有错误的，应当予以撤销或者变更。

**第四十四条 【接受社会和公民的监督】**人民警察执行职务，必须自觉地接受社会和公民的监督。人民警察机关作出的与公众利益直接有关的规定，应当向公众公布。

**第四十五条 【办案过程中的回避】**人民警察在办理治安案件过程中，遇有下列情形之一的，应当回避，当事人或者其法定代理人也有权要求他们回避：

（一）是本案的当事人或者是当事人的近亲属的；

（二）本人或者其近亲属与本案有利害关系的；

（三）与本案当事人有其他关系，可能影响案件公正处理的。

前款规定的回避，由有关的公安机关决定。

人民警察在办理刑事案件过程中的回避，适用刑事诉讼法的规定。

**第四十六条 【公民或组织对违法违纪行为的检举、控告权】**公民或者组织对人民警察的违法、违纪行为，有权向人民警察机关或者人民检察院、行政监察机关检举、控告。受理检举、控告的机关应当及时查处，并将查处结果告知检举人、控告人。

对依法检举、控告的公民或者组织，任何人不得压制和打击报复。

**第四十七条 【内部督察制度】**公安机关建立督察制度，对公安机关的人民警察执行法律、法规、遵守纪律的情况进行监督。

## 第七章 法律责任

**第四十八条 【行政处分】**人民警察有本法第二十二条所列行为之一的，应当给予行政处分；构成犯罪的，依法追究刑事责任。

行政处分分为：警告、记过、记大过、降级、撤职、开除。对受行政处分的人民警察，按照国家有关规定，可以降低警衔、取消警衔。

对违反纪律的人民警察，必要时可以对其采取停止执行职务、禁闭的措施。

**第四十九条 【违规使用武器、警械的责任】**人民警察违反规定使用武器、警械，构成犯罪的，依法追究刑事责任；尚不构成犯罪的，应当依法给予行政处分。

**第五十条 【损害赔偿】**人民警察在执行职务中，侵犯公民或者组织的合法权益造成损害的，应当依照《中华人民共和国国家赔偿法》和其他有关法律、法规的规定给予赔偿。

## 第八章 附 则

**第五十一条 【武装警察部队的任务】**中国人民武装警察部队执行国家赋予的安全保卫任务。

**第五十二条 【施行日期】**本法自公布之日起施行。1957年6月25日公布的《中华人民共和国人民警察条例》同时废止。

## 中华人民共和国反有组织犯罪法

· 2021年12月24日第十三届全国人民代表大会常务委员会第三十二次会议通过
· 2021年12月24日中华人民共和国主席令第101号公布
· 自2022年5月1日起施行

### 第一章　总　则

**第一条**　为了预防和惩治有组织犯罪，加强和规范反有组织犯罪工作，维护国家安全、社会秩序、经济秩序，保护公民和组织的合法权益，根据宪法，制定本法。

**第二条**　本法所称有组织犯罪，是指《中华人民共和国刑法》第二百九十四条规定的组织、领导、参加黑社会性质组织犯罪，以及黑社会性质组织、恶势力组织实施的犯罪。

本法所称恶势力组织，是指经常纠集在一起，以暴力、威胁或者其他手段，在一定区域或者行业领域内多次实施违法犯罪活动，为非作恶，欺压群众，扰乱社会秩序、经济秩序，造成较为恶劣的社会影响，但尚未形成黑社会性质组织的犯罪组织。

境外的黑社会组织到中华人民共和国境内发展组织成员、实施犯罪，以及在境外对中华人民共和国国家或者公民犯罪的，适用本法。

**第三条**　反有组织犯罪工作应当坚持总体国家安全观，综合运用法律、经济、科技、文化、教育等手段，建立健全反有组织犯罪工作机制和有组织犯罪预防治理体系。

**第四条**　反有组织犯罪工作应当坚持专门工作与群众路线相结合，坚持专项治理与系统治理相结合，坚持与反腐败相结合，坚持与加强基层组织建设相结合，惩防并举、标本兼治。

**第五条**　反有组织犯罪工作应当依法进行，尊重和保障人权，维护公民和组织的合法权益。

**第六条**　监察机关、人民法院、人民检察院、公安机关、司法行政机关以及其他有关国家机关，应当根据分工，互相配合，互相制约，依法做好反有组织犯罪工作。

有关部门应当动员、依靠村民委员会、居民委员会、企业事业单位、社会组织，共同开展反有组织犯罪工作。

**第七条**　任何单位和个人都有协助、配合有关部门开展反有组织犯罪工作的义务。

国家依法对协助、配合反有组织犯罪工作的单位和个人给予保护。

**第八条**　国家鼓励单位和个人举报有组织犯罪。

对举报有组织犯罪或者在反有组织犯罪工作中作出突出贡献的单位和个人，按照国家有关规定给予表彰、奖励。

### 第二章　预防和治理

**第九条**　各级人民政府和有关部门应当依法组织开展有组织犯罪预防和治理工作，将有组织犯罪预防和治理工作纳入考评体系。

村民委员会、居民委员会应当协助人民政府以及有关部门开展有组织犯罪预防和治理工作。

**第十条**　承担有组织犯罪预防和治理职责的部门应当开展反有组织犯罪宣传教育，增强公民的反有组织犯罪意识和能力。

监察机关、人民法院、人民检察院、公安机关、司法行政机关应当通过普法宣传、以案释法等方式，开展反有组织犯罪宣传教育。

新闻、广播、电视、文化、互联网信息服务等单位，应当有针对性地面向社会开展反有组织犯罪宣传教育。

**第十一条**　教育行政部门、学校应当会同有关部门建立防范有组织犯罪侵害校园工作机制，加强反有组织犯罪宣传教育，增强学生防范有组织犯罪的意识，教育引导学生自觉抵制有组织犯罪，防范有组织犯罪的侵害。

学校发现有组织犯罪侵害学生人身、财产安全，妨害校园及周边秩序的，有组织犯罪组织在学生中发展成员的，或者学生参加有组织犯罪活动的，应当及时制止，采取防范措施，并向公安机关和教育行政部门报告。

**第十二条**　民政部门应当会同监察机关、公安机关等有关部门，对村民委员会、居民委员会成员候选人资格进行审查，发现因实施有组织犯罪受过刑事处罚的，应当依照有关规定及时作出处理；发现有组织犯罪线索的，应当及时向公安机关报告。

**第十三条**　市场监管、金融监管、自然资源、交通运输等行业主管部门应当会同公安机关，建立健全行业有组织犯罪预防和治理长效机制，对相关行业领域内有组织犯罪情况进行监测分析，对有组织犯罪易发的行业领域加强监督管理。

**第十四条**　监察机关、人民法院、人民检察院、公安机关在办理案件中发现行业主管部门有组织犯罪预防和治理工作存在问题的，可以书面向相关行业主管部门提出意见建议。相关行业主管部门应当及时处理并书面反馈。

**第十五条**　公安机关可以会同有关部门根据本地有组织犯罪情况，确定预防和治理的重点区域、行业领域或者场所。

重点区域、行业领域或者场所的管理单位应当采取有效措施，加强管理，并及时将工作情况向公安机关反馈。

**第十六条** 电信业务经营者、互联网服务提供者应当依法履行网络信息安全管理义务，采取安全技术防范措施，防止含有宣扬、诱导有组织犯罪内容的信息传播；发现含有宣扬、诱导有组织犯罪内容的信息的，应当立即停止传输，采取消除等处置措施，保存相关记录，并向公安机关或者有关部门报告，依法为公安机关侦查有组织犯罪提供技术支持和协助。

网信、电信、公安等主管部门对含有宣扬、诱导有组织犯罪内容的信息，应当按照职责分工，及时责令有关单位停止传输、采取消除等处置措施，或者下架相关应用、关闭相关网站、关停相关服务。有关单位应当立即执行，并保存相关记录，协助调查。对互联网上来源于境外的上述信息，电信主管部门应当采取技术措施，及时阻断传播。

**第十七条** 国务院反洗钱行政主管部门、国务院其他有关部门、机构应当督促金融机构和特定非金融机构履行反洗钱义务。发现与有组织犯罪有关的可疑交易活动的，有关主管部门可以依法进行调查，经调查不能排除洗钱嫌疑的，应当及时向公安机关报案。

**第十八条** 监狱、看守所、社区矫正机构对有组织犯罪的罪犯，应当采取有针对性的监管、教育、矫正措施。

有组织犯罪的罪犯刑满释放后，司法行政机关应当会同有关部门落实安置帮教等必要措施，促进其顺利融入社会。

**第十九条** 对因组织、领导黑社会性质组织被判处刑罚的人员，设区的市级以上公安机关可以决定其自刑罚执行完毕之日起，按照国家有关规定向公安机关报告个人财产及日常活动。报告期限不超过五年。

**第二十条** 曾被判处刑罚的黑社会性质组织的组织者、领导者或者恶势力组织的首要分子开办企业或者在企业中担任高级管理人员的，相关行业主管部门应当依法审查，对其经营活动加强监督管理。

**第二十一条** 移民管理、海关、海警等部门应当会同公安机关严密防范境外的黑社会组织入境渗透、发展、实施违法犯罪活动。

出入境证件签发机关、移民管理机构对境外的黑社会组织的人员，有权决定不准其入境、不予签发入境证件或者宣布其入境证件作废。

移民管理、海关、海警等部门发现境外的黑社会组织的人员入境的，应当及时通知公安机关。发现相关人员涉嫌违反我国法律或者发现涉嫌有组织犯罪物品的，应当依法扣留并及时处理。

## 第三章 案件办理

**第二十二条** 办理有组织犯罪案件，应当以事实为根据，以法律为准绳，坚持宽严相济。

对有组织犯罪的组织者、领导者和骨干成员，应当严格掌握取保候审、不起诉、缓刑、减刑、假释和暂予监外执行的适用条件，充分适用剥夺政治权利、没收财产、罚金等刑罚。

有组织犯罪的犯罪嫌疑人、被告人自愿如实供述自己的罪行，承认指控的犯罪事实，愿意接受处罚的，可以依法从宽处理。

**第二十三条** 利用网络实施的犯罪，符合本法第二条规定的，应当认定为有组织犯罪。

为谋取非法利益或者形成非法影响，有组织地进行滋扰、纠缠、哄闹、聚众造势等，对他人形成心理强制，足以限制人身自由、危及人身财产安全，影响正常社会秩序、经济秩序的，可以认定为有组织犯罪的犯罪手段。

**第二十四条** 公安机关应当依法运用现代信息技术，建立有组织犯罪线索收集和研判机制，分级分类进行处置。

公安机关接到对有组织犯罪的报案、控告、举报后，应当及时开展统计、分析、研判工作，组织核查或者移送有关主管机关依法处理。

**第二十五条** 有关国家机关在履行职责时发现有组织犯罪线索，或者接到对有组织犯罪的举报的，应当及时移送公安机关等主管机关依法处理。

**第二十六条** 公安机关核查有组织犯罪线索，可以按照国家有关规定采取调查措施。公安机关向有关单位和个人收集、调取相关信息和材料的，有关单位和个人应当如实提供。

**第二十七条** 公安机关核查有组织犯罪线索，经县级以上公安机关负责人批准，可以查询嫌疑人员的存款、汇款、债券、股票、基金份额等财产信息。

公安机关核查黑社会性质组织犯罪线索，发现涉案财产有灭失、转移的紧急风险的，经设区的市级以上公安机关负责人批准，可以对有关涉案财产采取紧急止付或者临时冻结、临时扣押的紧急措施，期限不得超过四十八小时。期限届满或者适用紧急措施的情形消失的，应当立即解除紧急措施。

**第二十八条** 公安机关核查有组织犯罪线索，发现犯罪事实或者犯罪嫌疑人的，应当依照《中华人民共和国刑事诉讼法》的规定立案侦查。

**第二十九条**　公安机关办理有组织犯罪案件，可以依照《中华人民共和国出境入境管理法》的规定，决定对犯罪嫌疑人采取限制出境措施，通知移民管理机构执行。

**第三十条**　对有组织犯罪案件的犯罪嫌疑人、被告人，根据办理案件和维护监管秩序的需要，可以采取异地羁押、分别羁押或者单独羁押等措施。采取异地羁押措施的，应当依法通知犯罪嫌疑人、被告人的家属和辩护人。

**第三十一条**　公安机关在立案后，根据侦查犯罪的需要，依照《中华人民共和国刑事诉讼法》的规定，可以采取技术侦查措施、实施控制下交付或者由有关人员隐匿身份进行侦查。

**第三十二条**　犯罪嫌疑人、被告人检举、揭发重大犯罪的其他共同犯罪人或者提供侦破重大案件的重要线索或者证据，同案处理可能导致其本人或者近亲属有人身危险的，可以分案处理。

**第三十三条**　犯罪嫌疑人、被告人积极配合有组织犯罪案件的侦查、起诉、审判等工作，有下列情形之一的，可以依法从宽处罚，但对有组织犯罪的组织者、领导者应当严格适用：

（一）为查明犯罪组织的组织结构及其组织者、领导者、首要分子的地位、作用提供重要线索或者证据的；

（二）为查明犯罪组织实施的重大犯罪提供重要线索或者证据的；

（三）为查处国家工作人员涉有组织犯罪提供重要线索或者证据的；

（四）协助追缴、没收尚未掌握的赃款赃物的；

（五）其他为查办有组织犯罪案件提供重要线索或者证据的情形。

对参加有组织犯罪组织的犯罪嫌疑人、被告人不起诉或者免予刑事处罚的，可以根据案件的不同情况，依法予以训诫、责令具结悔过、赔礼道歉、赔偿损失，或者由主管部门予以行政处罚或者处分。

**第三十四条**　对黑社会性质组织的组织者、领导者，应当依法并处没收财产。对其他组织成员，根据其在犯罪组织中的地位、作用以及所参与违法犯罪活动的次数、性质、违法所得数额、造成的损失等，可以依法并处罚金或者没收财产。

**第三十五条**　对有组织犯罪的罪犯，执行机关应当依法从严管理。

黑社会性质组织的组织者、领导者或者恶势力组织的首要分子被判处十年以上有期徒刑、无期徒刑、死刑缓期二年执行的，应当跨省、自治区、直辖市异地执行刑罚。

**第三十六条**　对被判处十年以上有期徒刑、无期徒刑、死刑缓期二年执行的黑社会性质组织的组织者、领导者或者恶势力组织的首要分子减刑的，执行机关应当依法提出减刑建议，报经省、自治区、直辖市监狱管理机关复核后，提请人民法院裁定。

对黑社会性质组织的组织者、领导者或者恶势力组织的首要分子假释的，适用前款规定的程序。

**第三十七条**　人民法院审理黑社会性质组织犯罪罪犯的减刑、假释案件，应当通知人民检察院、执行机关参加审理，并通知被报请减刑、假释的罪犯参加，听取其意见。

**第三十八条**　执行机关提出减刑、假释建议以及人民法院审理减刑、假释案件，应当充分考虑罪犯履行生效裁判中财产性判项、配合处置涉案财产等情况。

## 第四章　涉案财产认定和处置

**第三十九条**　办理有组织犯罪案件中发现的可用以证明犯罪嫌疑人、被告人有罪或者无罪的各种财物、文件，应当依法查封、扣押。

公安机关、人民检察院、人民法院可以依照《中华人民共和国刑事诉讼法》的规定查询、冻结犯罪嫌疑人、被告人的存款、汇款、债券、股票、基金份额等财产。有关单位和个人应当配合。

**第四十条**　公安机关、人民检察院、人民法院根据办理有组织犯罪案件的需要，可以全面调查涉嫌有组织犯罪的组织及其成员的财产状况。

**第四十一条**　查封、扣押、冻结、处置涉案财物，应当严格依照法定条件和程序进行，依法保护公民和组织的合法财产权益，严格区分违法所得与合法财产、本人财产与其家属的财产，减少对企业正常经营活动的不利影响。不得查封、扣押、冻结与案件无关的财物。经查明确实与案件无关的财物，应当在三日以内解除查封、扣押、冻结，予以退还。对被害人的合法财产，应当及时返还。

查封、扣押、冻结涉案财物，应当为犯罪嫌疑人、被告人及其扶养的家属保留必需的生活费用和物品。

**第四十二条**　公安机关可以向反洗钱行政主管部门查询与有组织犯罪相关的信息数据，提请协查与有组织犯罪相关的可疑交易活动，反洗钱行政主管部门应当予以配合并及时回复。

**第四十三条**　对下列财产，经县级以上公安机关、人民检察院或者人民法院主要负责人批准,可以依法先行出售、变现或者变卖、拍卖,所得价款由扣押、冻结机关保管,并及时告知犯罪嫌疑人、被告人或者其近亲属:

(一)易损毁、灭失、变质等不宜长期保存的物品;

(二)有效期即将届满的汇票、本票、支票等;

(三)债券、股票、基金份额等财产,经权利人申请,出售不损害国家利益、被害人利益,不影响诉讼正常进行的。

**第四十四条** 公安机关、人民检察院应当对涉案财产审查甄别。在移送审查起诉、提起公诉时,应当对涉案财产提出处理意见。

在审理有组织犯罪案件过程中,应当对与涉案财产的性质、权属有关的事实、证据进行法庭调查、辩论。人民法院应当依法作出判决,对涉案财产作出处理。

**第四十五条** 有组织犯罪组织及其成员违法所得的一切财物及其孳息、收益,违禁品和供犯罪所用的本人财物,应当依法予以追缴、没收或者责令退赔。

依法应当追缴、没收的涉案财产无法找到、灭失或者与其他合法财产混合且不可分割的,可以追缴、没收其他等值财产或者混合财产中的等值部分。

被告人实施黑社会性质组织犯罪的定罪量刑事实已经查清,有证据证明其在犯罪期间获得的财产高度可能属于黑社会性质组织犯罪的违法所得及其孳息、收益,被告人不能说明财产合法来源的,应当依法予以追缴、没收。

**第四十六条** 涉案财产符合下列情形之一的,应当依法予以追缴、没收:

(一)为支持或者资助有组织犯罪活动而提供给有组织犯罪组织及其成员的财产;

(二)有组织犯罪组织成员的家庭财产中实际用于支持有组织犯罪活动的部分;

(三)利用有组织犯罪组织及其成员的违法犯罪活动获得的财产及其孳息、收益。

**第四十七条** 黑社会性质组织犯罪案件的犯罪嫌疑人、被告人逃匿,在通缉一年后不能到案,或者犯罪嫌疑人、被告人死亡,依照《中华人民共和国刑法》规定应当追缴其违法所得及其他涉案财产的,依照《中华人民共和国刑事诉讼法》有关犯罪嫌疑人、被告人逃匿、死亡案件违法所得的没收程序的规定办理。

**第四十八条** 监察机关、公安机关、人民检察院发现与有组织犯罪相关的洗钱以及掩饰、隐瞒犯罪所得、犯罪所得收益等犯罪的,应当依法查处。

**第四十九条** 利害关系人对查封、扣押、冻结、处置涉案财物提出异议的,公安机关、人民检察院、人民法院应当及时予以核实,听取其意见,依法作出处理。

公安机关、人民检察院、人民法院对涉案财物作出处理后,利害关系人对处理不服的,可以提出申诉或者控告。

## 第五章 国家工作人员涉有组织犯罪的处理

**第五十条** 国家工作人员有下列行为的,应当全面调查,依法作出处理:

(一)组织、领导、参加有组织犯罪活动的;

(二)为有组织犯罪组织及其犯罪活动提供帮助的;

(三)包庇有组织犯罪组织、纵容有组织犯罪活动的;

(四)在查办有组织犯罪案件工作中失职渎职的;

(五)利用职权或者职务上的影响干预反有组织犯罪工作的;

(六)其他涉有组织犯罪的违法犯罪行为。

国家工作人员组织、领导、参加有组织犯罪的,应当依法从重处罚。

**第五十一条** 监察机关、人民法院、人民检察院、公安机关、司法行政机关应当加强协作配合,建立线索办理沟通机制,发现国家工作人员涉嫌本法第五十条规定的违法犯罪的线索,应当依法处理或者及时移送主管机关处理。

任何单位和个人发现国家工作人员与有组织犯罪有关的违法犯罪行为,有权向监察机关、人民检察院、公安机关等部门报案、控告、举报。有关部门接到报案、控告、举报后,应当及时处理。

**第五十二条** 依法查办有组织犯罪案件或者依照职责支持、协助查办有组织犯罪案件的国家工作人员,不得有下列行为:

(一)接到报案、控告、举报不受理,发现犯罪信息、线索隐瞒不报、不如实报告,或者未经批准、授权擅自处置、不移送犯罪线索、涉案材料;

(二)向违法犯罪人员通风报信,阻碍案件查处;

(三)违背事实和法律处理案件;

(四)违反规定查封、扣押、冻结、处置涉案财物;

(五)其他滥用职权、玩忽职守、徇私舞弊的行为。

**第五十三条** 有关机关接到对从事反有组织犯罪工作的执法、司法工作人员的举报后,应当依法处理,防止犯罪嫌疑人、被告人等利用举报干扰办案、打击报复。

对利用举报等方式歪曲捏造事实,诬告陷害从事反有组织犯罪工作的执法、司法工作人员的，应当依法追究责任；造成不良影响的，应当按照规定及时澄清事实，恢复名誉，消除不良影响。

## 第六章　国际合作

**第五十四条**　中华人民共和国根据缔结或者参加的国际条约，或者按照平等互惠原则，与其他国家、地区、国际组织开展反有组织犯罪合作。

**第五十五条**　国务院有关部门根据国务院授权，代表中国政府与外国政府和有关国际组织开展反有组织犯罪情报信息交流和执法合作。

国务院公安部门应当加强跨境反有组织犯罪警务合作，推动与有关国家和地区建立警务合作机制。经国务院公安部门批准，边境地区公安机关可以与相邻国家或者地区执法机构建立跨境有组织犯罪情报信息交流和警务合作机制。

**第五十六条**　涉及有组织犯罪的刑事司法协助、引渡，依照有关法律的规定办理。

**第五十七条**　通过反有组织犯罪国际合作取得的材料可以在行政处罚、刑事诉讼中作为证据使用，但依据条约规定或者我方承诺不作为证据使用的除外。

## 第七章　保障措施

**第五十八条**　国家为反有组织犯罪工作提供必要的组织保障、制度保障和物质保障。

**第五十九条**　公安机关和有关部门应当依照职责，建立健全反有组织犯罪专业力量，加强人才队伍建设和专业训练，提升反有组织犯罪工作能力。

**第六十条**　国务院和县级以上地方各级人民政府应当按照事权划分，将反有组织犯罪工作经费列入本级财政预算。

**第六十一条**　因举报、控告和制止有组织犯罪活动，在有组织犯罪案件中作证，本人或者其近亲属的人身安全面临危险的，公安机关、人民检察院、人民法院应当按照有关规定，采取下列一项或者多项保护措施：

（一）不公开真实姓名、住址和工作单位等个人信息；

（二）采取不暴露外貌、真实声音等出庭作证措施；

（三）禁止特定的人接触被保护人员；

（四）对人身和住宅采取专门性保护措施；

（五）变更被保护人员的身份，重新安排住所和工作单位；

（六）其他必要的保护措施。

**第六十二条**　采取本法第六十一条第三项、第四项规定的保护措施，由公安机关执行。根据本法第六十一条第五项规定，变更被保护人员身份的，由国务院公安部门批准和组织实施。

公安机关、人民检察院、人民法院依法采取保护措施，有关单位和个人应当配合。

**第六十三条**　实施有组织犯罪的人员配合侦查、起诉、审判等工作，对侦破案件或者查明案件事实起到重要作用的，可以参照证人保护的规定执行。

**第六十四条**　对办理有组织犯罪案件的执法、司法工作人员及其近亲属，可以采取人身保护、禁止特定的人接触等保护措施。

**第六十五条**　对因履行反有组织犯罪工作职责或者协助、配合有关部门开展反有组织犯罪工作导致伤残或者死亡的人员，按照国家有关规定给予相应的待遇。

## 第八章　法律责任

**第六十六条**　组织、领导、参加黑社会性质组织，国家机关工作人员包庇、纵容黑社会性质组织，以及黑社会性质组织、恶势力组织实施犯罪的，依法追究刑事责任。

境外的黑社会组织的人员到中华人民共和国境内发展组织成员、实施犯罪，以及在境外对中华人民共和国国家或者公民犯罪的，依法追究刑事责任。

**第六十七条**　发展未成年人参加黑社会性质组织、境外的黑社会组织，教唆、诱骗未成年人实施有组织犯罪，或者实施有组织犯罪侵害未成年人合法权益的，依法从重追究刑事责任。

**第六十八条**　对有组织犯罪的罪犯，人民法院可以依照《中华人民共和国刑法》有关从业禁止的规定，禁止其从事相关职业，并通报相关行业主管部门。

**第六十九条**　有下列情形之一，尚不构成犯罪的，由公安机关处五日以上十日以下拘留，可以并处一万元以下罚款；情节较重的，处十日以上十五日以下拘留，并处一万元以上三万元以下罚款；有违法所得的，除依法应当返还被害人的以外，应当予以没收：

（一）参加境外的黑社会组织的；

（二）积极参加恶势力组织的；

（三）教唆、诱骗他人参加有组织犯罪组织，或者阻止他人退出有组织犯罪组织的；

（四）为有组织犯罪活动提供资金、场所等支持、协助、便利的；

（五）阻止他人检举揭发有组织犯罪、提供有组织犯罪证据，或者明知他人有有组织犯罪行为，在司法机关向其调查有关情况、收集有关证据时拒绝提供的。

教唆、诱骗未成年人参加有组织犯罪组织或者阻止未成年人退出有组织犯罪组织，尚不构成犯罪的，依照前款规定从重处罚。

**第七十条**　违反本法第十九条规定，不按照公安机关的决定如实报告个人财产及日常活动的，由公安机关给予警告，并责令改正；拒不改正的，处五日以上十日以下拘留，并处三万元以下罚款。

**第七十一条**　金融机构等相关单位未依照本法第二十七条规定协助公安机关采取紧急止付、临时冻结措施的，由公安机关责令改正；拒不改正的，由公安机关处五万元以上二十万元以下罚款，并对直接负责的主管人员和其他直接责任人员处五万元以下罚款；情节严重的，公安机关可以建议有关主管部门对直接负责的主管人员和其他直接责任人员依法给予处分。

**第七十二条**　电信业务经营者、互联网服务提供者有下列情形之一的，由有关主管部门责令改正；拒不改正或者情节严重的，由有关主管部门依照《中华人民共和国网络安全法》的有关规定给予处罚：

（一）拒不为侦查有组织犯罪提供技术支持和协助的；

（二）不按照主管部门的要求对含有宣扬、诱导有组织犯罪内容的信息停止传输、采取消除等处置措施、保存相关记录的。

**第七十三条**　有关国家机关、行业主管部门拒不履行或者拖延履行反有组织犯罪法定职责，或者拒不配合反有组织犯罪调查取证，或者在其他工作中滥用反有组织犯罪工作有关措施的，由其上级机关责令改正；情节严重的，对负有责任的领导人员和直接责任人员，依法给予处分；构成犯罪的，依法追究刑事责任。

**第七十四条**　有关部门和单位、个人应当对在反有组织犯罪工作过程中知悉的国家秘密、商业秘密和个人隐私予以保密。违反规定泄露国家秘密、商业秘密和个人隐私的，依法追究法律责任。

**第七十五条**　国家工作人员有本法第五十条、第五十二条规定的行为，构成犯罪的，依法追究刑事责任；尚不构成犯罪的，依法给予处分。

**第七十六条**　有关单位和个人对依照本法作出的行政处罚和行政强制措施决定不服的，可以依法申请行政复议或者提起行政诉讼。

## 第九章　附　则

**第七十七条**　本法自2022年5月1日起施行。

# 公安机关反有组织犯罪工作规定

·2022年8月10日第9次公安部部务会议审议通过

·2022年8月26日中华人民共和国公安部令第165号公布

·自2022年10月1日起施行

## 目　录

第一章　总　则
第二章　预防和治理
第三章　线索核查处置
第四章　案件办理
第五章　涉案财产调查与处置
第六章　国家工作人员涉有组织犯罪的处理
第七章　国际合作
第八章　保障措施
第九章　法律责任
第十章　附　则

## 第一章　总　则

**第一条**　为了保障《中华人民共和国反有组织犯罪法》的贯彻实施，保证公安机关依法、规范、高效开展反有组织犯罪工作，保护公民和组织的合法权益，根据有关法律、行政法规，制定本规定。

**第二条**　公安机关反有组织犯罪的职责任务，是收集、研判有组织犯罪相关信息，核查有组织犯罪线索，侦查有组织犯罪案件，实施《中华人民共和国反有组织犯罪法》规定的相关行政处罚，在职权范围内落实有组织犯罪预防和治理工作。

**第三条**　公安机关开展反有组织犯罪工作，应当坚持专门工作与群众路线相结合，坚持专项治理与系统治理相结合，坚持与反腐败相结合，坚持与加强基层组织建设相结合，惩防并举、标本兼治。

**第四条**　公安机关开展反有组织犯罪工作，应当符合法律、行政法规和本规章的规定，做到严格规范执法，尊重保障人权。

**第五条**　公安机关应当不断加强反有组织犯罪工作的专业化、规范化、信息化建设，促进反有组织犯罪各项工作的科学、精准、高效开展。

**第六条**　公安机关应当发挥职能作用，加强与相关部门信息共享、工作联动，充分调动各种资源，促进对有组织犯罪的源头治理。

各地公安机关、各警种部门之间应当加强协作、配合，依法履行反有组织犯罪各项工作职责。

**第七条**　公安机关应当建立科学的反有组织犯罪工

作考评机制，全面考察基础工作、力量建设、预防治理、查处违法犯罪等各方面情况，综合评价反有组织犯罪工作质效。

## 第二章 预防和治理

**第八条** 公安机关应当结合公安工作职责，通过普法宣传、以案释法等方式，积极开展反有组织犯罪宣传教育，增强公民的反有组织犯罪意识和能力。

**第九条** 公安机关应当积极配合教育行政部门、学校建立防范有组织犯罪侵害校园工作机制，加强反有组织犯罪宣传教育，增强学生对有组织犯罪的识别能力和防范意识，教育引导学生自觉抵制有组织犯罪，防范有组织犯罪的侵害。

**第十条** 公安机关发现互联网上含有宣扬、诱导有组织犯罪内容的信息，应当及时责令电信业务经营者、互联网服务提供者停止传输、采取消除等处置措施，或者下架相关应用、关闭相关网站、关停相关服务，并保存相关记录，协助调查。

**第十一条** 公安机关应当建立有组织犯罪监测评估体系，根据辖区内警情、线索、案件及社会评价等情况，定期对本辖区有组织犯罪态势进行评估，并将评估结果报送上级公安机关。

**第十二条** 公安机关应当配合民政等有关部门，对村民委员会、居民委员会成员候选人资格依法进行审查，并及时处理有关有组织犯罪线索。

**第十三条** 公安机关应当配合市场监管、金融监管、自然资源、交通运输等行业主管部门，建立健全行业有组织犯罪预防和治理长效机制。

**第十四条** 公安机关在办理案件中发现相关行业主管部门有组织犯罪预防和治理工作存在问题，需要书面提出意见建议的，可以向相关行业主管部门发送公安提示函。

发函机关认为有必要的，可以抄送同级人民政府、人大、监察机关，或者被提示单位的上级机关。

**第十五条** 制发公安提示函，应当立足公安职能，结合侦查工作，坚持准确及时、必要审慎、注重实效的原则。

**第十六条** 公安机关可以直接向同级行业主管部门发送公安提示函。

需要向下级行业主管部门发送的，可以直接制发，也可以指令对应的下级公安机关制发。

需要向上级行业主管部门发送的，应当层报与其同级的公安机关转发，上级公安机关认为有必要的，也可以直接制发。

发现异地的行业主管部门有组织犯罪预防和治理工作存在问题的，应当书面通报其所在地同级公安机关处理。

**第十七条** 公安提示函应当写明具体问题、发现途径、理由和依据、意见和建议、反馈要求等。

**第十八条** 公安机关根据有组织犯罪态势评估结果、公安提示函反馈情况等，可以会同有关部门确定预防和治理的重点区域、行业领域或者场所。

**第十九条** 对有组织犯罪预防和治理的重点区域、行业领域或者场所，当地公安机关应当根据职权加强治安行政管理、会同或者配合有关部门加大监督检查力度、开展专项整治。

**第二十条** 对因组织、领导黑社会性质组织被判处刑罚的人员，其户籍地设区的市级公安机关可以决定其自刑罚执行完毕之日起向公安机关报告个人财产及日常活动，并制作责令报告个人财产及日常活动决定书。

前款规定的户籍地公安机关认为由原办案地公安机关作出决定更为适宜的，可以商请由其决定。协商不成的，由共同的上级公安机关指定。

认为无需报告的，应当报上一级公安机关同意；无需报告的情况发生变化，有报告必要的，依照本规定作出责令报告个人财产及日常活动决定。

**第二十一条** 责令报告个人财产及日常活动决定书应当载明报告期限、首次报告时间、后续报告间隔期间，报告内容、方式，接受报告的公安机关及地址、联系方式，以及不如实报告的法律责任等。

首次报告时间不迟于刑罚执行完毕后一个月，两次报告间隔期间为二至六个月。

责令报告个人财产及日常活动决定书应当在其刑罚执行完毕之日前三个月内作出并送达和宣告，可以委托刑罚执行机关代为送达和宣告。

依据本规定第二十条第三款作出责令报告个人财产及日常活动决定的，不受第二款首次报告期限和前款期限限制。

**第二十二条** 作出决定的公安机关负责接受个人财产及日常活动报告。必要时，也可以指定下一级公安机关接受报告。

报告期间，经报告义务人申请，接受报告的公安机关认为确有必要的，报决定机关批准，可以变更接受报告的公安机关。跨决定机关管辖区域变更的，层报共同的上级公安机关决定。

接受报告的公安机关变更的，应当做好工作交接。

**第二十三条** 报告义务人应当按照责令报告个人财产及日常活动决定书的要求，到公安机关报告个人财产及日常活动情况。

在报告间隔期间，报告义务人的个人财产及日常活动情况可能出现较大变动或者存在重大错报、漏报等情况的，接受报告的公安机关可以通知报告义务人书面或者口头补充报告有关情况。

报告义务人住址、工作单位、通讯方式、出入境证件、重大财产发生变动的，应当在变动后的二十四小时内向公安机关报告。

**第二十四条** 公安机关可以要求报告义务人报告下列个人财产及日常活动情况：

（一）住址、工作单位、通讯方式；

（二）动产、不动产、现金、存款、财产性权利等财产状况；

（三）经商办企业，从事职业及薪酬，投资收益、经营收益等非职业性经济收入，大额支出等财产变动情况；

（四）日常主要社会交往、婚姻状况，接触特定人员和出入特定场所情况，出境入境情况等；

（五）受到行政、刑事调查及处罚的情况，涉及民事诉讼情况。

报告义务人对前款第二、三、五项规定的报告情况，应当提供证明材料。

**第二十五条** 个人财产及日常活动报告期限不超过五年，期限届满或者报告义务人在报告期内死亡的，报告义务自动解除。

**第二十六条** 公安机关在工作中发现境外的黑社会组织的人员可能入境渗透、发展、实施违法犯罪活动的，根据工作需要，可以通知移民管理、海关、海警等部门并提出处置建议。

移民管理、海关、海警等部门发现境外的黑社会组织的人员入境并通知公安机关的，公安机关应当及时依法处理。

## 第三章 线索核查处置

**第二十七条** 公安机关应当依法运用现代信息技术，建立有组织犯罪线索收集和研判机制，分级分类进行处置。

公安机关对有组织犯罪线索应当及时开展统计、分析、研判工作，依法组织核查；对不属于公安机关职责范围的事项，移送有关主管机关依法处理。

**第二十八条** 有组织犯罪线索由县级公安机关负责核查，上级公安机关认为必要时可以提级核查或者指定其他公安机关核查。

上级公安机关应当加强对线索核查工作的监督指导，必要时可以组织抽查、复核。

**第二十九条** 对有组织犯罪线索，经县级以上公安机关负责人批准后启动核查。

核查有组织犯罪线索，可以依照有关法律和规定采取询问、查询、勘验、检查、鉴定和调取证据材料等不限制被调查对象人身、财产权利的调查措施。

采取前款规定的调查措施，依照《公安机关办理刑事案件程序规定》的有关规定进行审批，制作法律文书。

公安机关向有关单位和个人收集、调取相关信息和材料时，应当告知其必须如实提供。

**第三十条** 公安机关核查黑社会性质组织犯罪线索，发现涉案财产有灭失、转移的紧急风险的，经设区的市级以上公安机关负责人批准后，可以对有关涉案财产采取紧急止付或者临时冻结、临时扣押的紧急措施，期限不得超过四十八小时。

期限届满或者适用紧急措施的情形消失的，应当立即解除紧急措施；符合立案条件的，办案部门应当在紧急措施期限届满前依法立案侦查，并办理冻结、扣押手续。

**第三十一条** 有组织犯罪线索核查结论，应当经核查的公安机关负责人批准后作出。有明确举报人、报案人或者控告人的，除无法告知或者可能影响后续侦查工作的以外，应当告知核查结论。

对有控告人的有组织犯罪线索，决定对所控告的事实不予立案的，公安机关应当在核查结论作出后制作不予立案通知书，在三日以内送达控告人。

**第三十二条** 公安机关核查有组织犯罪线索，发现犯罪事实或者犯罪嫌疑人的，应当依照《中华人民共和国刑事诉讼法》的规定立案侦查。

## 第四章 案件办理

**第三十三条** 公安机关办理有组织犯罪案件，应当以事实为根据，以法律为准绳，依法全面收集证据，综合审查判断，准确认定有组织犯罪。

**第三十四条** 对有组织犯罪的组织者、领导者和骨干成员取保候审的，由办案的公安机关主要负责人组织集体讨论决定。

**第三十五条** 为谋取非法利益或者形成非法影响，有组织地进行滋扰、纠缠、哄闹、聚众造势等，对他人形成心理强制，足以限制人身自由、危及人身财产安全，影响正常社会秩序、经济秩序的，可以认定为有组织犯罪的犯罪手段。

**第三十六条**　对于利用信息网络实施的犯罪案件，符合有组织犯罪特征和认定标准的，应当按照有组织犯罪案件侦查、移送起诉。

**第三十七条**　根据有组织犯罪案件侦查需要，公安机关可以商请人民检察院派员参加案件会商，听取其关于案件定性、证据收集、法律适用等方面的意见。

**第三十八条**　公安机关办理有组织犯罪案件，可以依照《中华人民共和国出境入境管理法》的规定，决定对犯罪嫌疑人采取限制出境措施，按规定通知移民管理机构执行；对于不需要继续采取限制出境措施的，应当及时解除。

**第三十九条**　根据办理案件及维护监管秩序的需要，可以对有组织犯罪案件的犯罪嫌疑人、被告人采取异地羁押、分别羁押或者单独羁押等措施。采取异地羁押措施的，应当依法通知犯罪嫌疑人、被告人的家属和辩护人。

**第四十条**　公安机关在立案后，根据侦查犯罪的需要，依照《中华人民共和国刑事诉讼法》的规定，可以采取技术侦查措施、实施控制下交付或者由有关人员隐匿身份进行侦查。

公安机关实施控制下交付或者由有关人员隐匿身份进行侦查的，应当进行风险评估，制定预案，经县级以上公安机关负责人批准后实施。

采取技术侦查、控制下交付、隐匿身份侦查措施收集的与案件有关的材料，可以作为刑事诉讼证据使用。如果使用该证据可能危及有关人员的人身安全，或者可能产生其他严重后果的，应当采取不暴露有关人员身份和使用的技术设备、侦查方法等保护措施。无法采取保护措施或者采取保护措施不足以防止产生严重后果的，可以建议由审判人员在庭外对证据进行核实。

**第四十一条**　公安机关侦查有组织犯罪案件，应当依法履行认罪认罚从宽告知、教育义务，敦促犯罪嫌疑人如实供述自己的罪行。

犯罪嫌疑人认罪认罚的，应当在起诉意见书中写明自愿认罪认罚的情况和从宽处理意见，并随案移送相关证据材料。

**第四十二条**　公安机关对于罪行较轻、自愿认罪认罚、采用非羁押性强制措施足以防止发生《中华人民共和国刑事诉讼法》第八十一条第一款规定的社会危险性的犯罪嫌疑人，依法可不适用羁押性强制措施；已经被羁押的，可以依法变更强制措施。

**第四十三条**　犯罪嫌疑人检举、揭发重大犯罪的其他共同犯罪人或者提供侦破重大案件的重要线索或者证据，同案处理可能导致其本人或者近亲属有人身危险，经县级以上公安机关负责人批准，可以分案处理。

公安机关决定分案处理的，应当就案件管辖等问题书面征求人民法院、人民检察院意见并达成一致，防止分案处理出现证据灭失、证据链脱节或者影响有组织犯罪认定等情况。

**第四十四条**　犯罪嫌疑人、被告人有《中华人民共和国反有组织犯罪法》第三十三条第一款所列情形之一的，经县级以上公安机关主要负责人批准，公安机关可以向人民检察院提出从宽处理的意见，并说明理由。

对有组织犯罪的组织者、领导者，应当严格适用。

## 第五章　涉案财产调查与处置

**第四十五条**　公安机关根据办理有组织犯罪案件的需要，可以全面调查涉嫌有组织犯罪的组织及其成员财产的来源、性质、用途、权属及价值，依法采取查询、查封、扣押、冻结等措施。

全面调查的范围包括：有组织犯罪组织的财产；组织成员个人所有的财产；组织成员实际控制的财产；组织成员出资购买的财产；组织成员转移至他人名下的财产；组织成员涉嫌洗钱及掩饰、隐瞒犯罪所得、犯罪所得孳息、收益等犯罪涉及的财产；其他与有组织犯罪组织及其成员有关的财产。

**第四十六条**　公安机关根据反有组织犯罪工作需要，可以向反洗钱行政主管部门查询与有组织犯罪相关的信息数据、提请协查与有组织犯罪相关的可疑交易活动。

**第四十七条**　对下列财产，经县级以上公安机关主要负责人批准，可以依法先行处置，所得价款由扣押、冻结机关保管，并及时告知犯罪嫌疑人、被告人或者其近亲属：

（一）易损毁、灭失、变质等不宜长期保存的物品；

（二）有效期即将届满的汇票、本票、支票等；

（三）债券、股票、基金份额等财产，经权利人申请，出售不损害国家利益、被害人利益，不影响诉讼正常进行的。

**第四十八条**　有组织犯罪组织及其成员依法应当被追缴、没收的涉案财产无法找到、灭失或者与其他合法财产混合且不可分割的，公安机关应当积极调查、收集有关证据，并在起诉意见书中说明。

**第四十九条**　有证据证明犯罪嫌疑人在犯罪期间获得的财产高度可能属于黑社会性质组织犯罪的违法所得及其孳息、收益，公安机关应当要求犯罪嫌疑人说明财产来源并予以查证，对犯罪嫌疑人不能说明合法来源的，应当随案移送审查起诉，并对高度可能性作出说明。

**第五十条** 有组织犯罪案件移送审查起诉时，公安机关应当对涉案财产提出书面处理意见及理由、依据。

黑社会性质组织犯罪案件，一般应当对涉案财产材料单独立卷。

**第五十一条** 黑社会性质组织犯罪案件的犯罪嫌疑人逃匿，在通缉一年后不能到案，或者犯罪嫌疑人死亡，依照《中华人民共和国刑法》规定应当追缴其违法所得及其他涉案财产的，依照《中华人民共和国刑事诉讼法》及《公安机关办理刑事案件程序规定》有关犯罪嫌疑人逃匿、死亡案件违法所得的没收程序的规定办理。

**第五十二条** 对于不宜查封、扣押、冻结的经营性财产，经县级以上公安机关主要负责人批准，可以申请当地政府指定有关部门或者委托有关机构代管或者托管。

不宜查封、扣押、冻结情形消失的，公安机关可以依法对相关财产采取查封、扣押、冻结措施。

**第五十三条** 利害关系人对查封、扣押、冻结、处置涉案财物提出异议的，公安机关应当及时予以核实，听取其意见，依法作出处理，并书面告知利害关系人。经查明确实与案件无关的财物，应当在三日以内解除相关措施，并予以退还。

公安机关对涉案财物作出处理后，利害关系人对处理不服的，可以提出申诉或者控告。受理申诉或者控告的公安机关应当及时进行调查核实，在收到申诉、控告之日起三十日以内作出处理决定并书面回复。

## 第六章 国家工作人员涉有组织犯罪的处理

**第五十四条** 公安机关在反有组织犯罪工作中，发现国家工作人员涉嫌《中华人民共和国反有组织犯罪法》第五十条第一款所列情形之一的，应当按照职权进行初步核查。

经核查，属于公安机关管辖的，应当全面调查，依法作出处理；不属于公安机关管辖的，应当及时移送主管机关。

**第五十五条** 依法从事反有组织犯罪工作的民警，不得有下列行为：

（一）接到报案、控告、举报不受理，发现犯罪信息、线索隐瞒不报、不如实报告，或者未经批准、授权擅自处置、不移送犯罪线索、涉案材料；

（二）向违法犯罪人员通风报信，阻碍案件查处；

（三）违反规定泄露国家秘密、商业秘密和个人隐私；

（四）违背事实和法律处理案件；

（五）违反规定查封、扣押、冻结、处置涉案财物；

（六）其他滥用职权、玩忽职守、徇私舞弊的行为。

违反上述规定构成犯罪的，依法追究刑事责任；尚不构成犯罪的，依规依纪依法给予处分。

**第五十六条** 公安机关应当与监察机关、人民法院、人民检察院、司法行政机关加强协作配合，建立线索办理沟通机制。

对于重大疑难复杂的国家工作人员涉有组织犯罪案件，公安机关可以商监察机关、人民检察院同步立案、同步查处，根据案件办理需要，依法移送相关证据、共享有关信息，确保全面查清案件事实。

**第五十七条** 公安机关接到对从事反有组织犯罪工作民警的举报后，应当审慎对待，依规依纪依法处理，防止犯罪嫌疑人、被告人等利用举报干扰办案、打击报复。

对利用举报等方式歪曲捏造事实、诬告陷害从事反有组织犯罪工作民警的，应当依规依纪依法追究责任；造成不良影响的，应当按照规定及时澄清事实，恢复民警名誉，消除不良影响。

## 第七章 国际合作

**第五十八条** 公安部根据中华人民共和国缔结或者参加的国际条约，或者按照平等互惠原则，开展与其他国家、地区、国际组织的反有组织犯罪合作。

**第五十九条** 公安部根据国务院授权，代表中国政府与外国政府和有关国际组织开展反有组织犯罪情报信息交流和执法合作。

公安部依照有关法律规定，通过推动缔结条约、协定和签订警务合作文件等形式，加强跨境反有组织犯罪警务合作，推动与有关国家、地区、国际组织建立警务合作机制。

经公安部批准，边境地区公安机关可以与相邻国家或者地区执法机构建立跨境有组织犯罪情报信息交流和警务合作机制。

**第六十条** 通过跨境反有组织犯罪刑事司法协助和警务合作取得的材料可以在行政处罚、刑事诉讼中作为证据使用，但依据条约规定或者我方承诺不作为证据使用的除外。

**第六十一条** 公安机关开展跨境反有组织犯罪国际合作其他事宜及具体程序，依照有关法律和《公安机关办理刑事案件程序规定》等有关规定办理。

## 第八章 保障措施

**第六十二条** 公安机关应当为反有组织犯罪工作提供必要的组织保障、制度保障和物质保障。

**第六十三条**　公安机关应当建立健全反有组织犯罪专业力量,加强骨干人才培养使用,设立常态化反有组织犯罪专门队伍和情报线索处置平台,确保各级公安机关具备数量充足、配备精良、业务过硬的专门队伍开展反有组织犯罪工作。

**第六十四条**　公安机关应当加强反有组织犯罪专家人才队伍建设,建立健全选拔、培养、使用机制。

公安机关应当将反有组织犯罪专业训练工作纳入年度教育训练计划。

**第六十五条**　各级公安机关应当将反有组织犯罪工作经费列入本单位年度预算予以保障。

**第六十六条**　因举报、控告和制止有组织犯罪活动,在有组织犯罪案件中作证,本人或者其近亲属的人身安全面临危险的,公安机关应当按照有关规定,采取下列一项或者多项保护措施:

(一)不公开真实姓名、住址和工作单位等个人信息;

(二)禁止特定的人接触被保护人员;

(三)对人身和住宅采取专门性保护措施;

(四)变更被保护人员的身份,重新安排住所和工作单位;

(五)其他必要的保护措施。

采取前款第四项规定的保护措施的,由公安部批准和组织实施。

案件移送审查起诉时,应当将采取保护措施的相关情况一并移交人民检察院。

**第六十七条**　公安机关发现证人因作证,本人或者其近亲属的人身安全面临危险,或者证人向公安机关请求予以保护,公安机关经评估认为确有必要采取保护措施的,应当制作呈请证人保护报告书,报县级以上公安机关负责人批准实施。

人民法院、人民检察院决定对证人采取第六十六条第一款第二、三项保护措施的,由县级以上公安机关凭人民法院、人民检察院的决定文书执行,并将执行保护的情况及时通知决定机关。必要时,可以请人民法院、人民检察院协助执行。

**第六十八条**　实施有组织犯罪的人员配合侦查、起诉、审判等工作,有《中华人民共和国反有组织犯罪法》第三十三条第一款所列情形之一,对侦破案件或者查明案件事实起到重要作用的,或者有其他重大立功表现的,可以参照证人保护的规定执行。

**第六十九条**　对办理有组织犯罪案件的人民警察及其近亲属,可以采取人身保护、禁止特定的人接触等保护措施。

**第七十条**　公安机关实施证人保护的其他事项,适用《公安机关办理刑事案件证人保护工作规定》。

各级公安机关可以结合本地实际,组建专门的证人保护力量、设置证人保护安全场所。

## 第九章　法律责任

**第七十一条**　公安机关开展反有组织犯罪工作,对有关组织和个人违反《中华人民共和国反有组织犯罪法》的行为,依法追究其相应的法律责任。

**第七十二条**　实施《中华人民共和国反有组织犯罪法》第六十九条所列行为的,依照《公安机关办理行政案件程序规定》确定案件管辖。

实施《中华人民共和国反有组织犯罪法》第六十九条第一款第一项行为的,也可以由抓获地公安机关管辖。

相关违法行为系在侦查有组织犯罪过程中发现的,也可以由负责侦查有组织犯罪的公安机关管辖。

**第七十三条**　《中华人民共和国反有组织犯罪法》第七十条规定的行政处罚,由接受报告的公安机关管辖。

**第七十四条**　《中华人民共和国反有组织犯罪法》第七十一条规定的行政处罚,由金融机构等相关单位所在地公安机关管辖,也可以由负责侦查有组织犯罪的公安机关管辖。

**第七十五条**　公安机关调查有组织犯罪,要求有关国家机关、行业主管部门予以配合相关工作或者提供相关证据,有关国家机关、行业主管部门没有正当理由不予配合的,层报相应的上级公安机关书面通报其上级机关。

## 第十章　附　则

**第七十六条**　本规定自2022年10月1日起施行。

# 公安机关办理行政案件程序规定

· 2012年12月19日公安部令第125号修订发布
· 根据2014年6月29日公安部令第132号《公安部关于修改部分部门规章的决定》第一次修正
· 根据2018年11月25日公安部令第149号《公安部关于修改〈公安机关办理行政案件程序规定〉的决定》第二次修正
· 根据2020年8月6日公安部令第160号《公安部关于废止和修改部分规章的决定》第三次修正

## 目　录

第一章　总　则
第二章　管　辖
第三章　回　避

第四章 证 据
第五章 期间与送达
第六章 简易程序和快速办理
第一节 简易程序
第二节 快速办理
第七章 调查取证
第一节 一般规定
第二节 受 案
第三节 询 问
第四节 勘验、检查
第五节 鉴 定
第六节 辨 认
第七节 证据保全
第八节 办案协作
第八章 听证程序
第一节 一般规定
第二节 听证人员和听证参加人
第三节 听证的告知、申请和受理
第四节 听证的举行
第九章 行政处理决定
第一节 行政处罚的适用
第二节 行政处理的决定
第十章 治安调解
第十一章 涉案财物的管理和处理
第十二章 执 行
第一节 一般规定
第二节 罚款的执行
第三节 行政拘留的执行
第四节 其他处理决定的执行
第十三章 涉外行政案件的办理
第十四章 案件终结
第十五章 附 则

## 第一章 总 则

**第一条** 为了规范公安机关办理行政案件程序，保障公安机关在办理行政案件中正确履行职责，保护公民、法人和其他组织的合法权益，根据《中华人民共和国行政处罚法》《中华人民共和国行政强制法》《中华人民共和国治安管理处罚法》等有关法律、行政法规，制定本规定。

**第二条** 本规定所称行政案件，是指公安机关依照法律、法规和规章的规定对违法行为人决定行政处罚以及强制隔离戒毒等处理措施的案件。

本规定所称公安机关，是指县级以上公安机关、公安派出所、依法具有独立执法主体资格的公安机关业务部门以及出入境边防检查站。

**第三条** 办理行政案件应当以事实为根据，以法律为准绳。

**第四条** 办理行政案件应当遵循合法、公正、公开、及时的原则，尊重和保障人权，保护公民的人格尊严。

**第五条** 办理行政案件应当坚持教育与处罚相结合的原则，教育公民、法人和其他组织自觉守法。

**第六条** 办理未成年人的行政案件，应当根据未成年人的身心特点，保障其合法权益。

**第七条** 办理行政案件，在少数民族聚居或者多民族共同居住的地区，应当使用当地通用的语言进行询问。对不通晓当地通用语言文字的当事人，应当为他们提供翻译。

**第八条** 公安机关及其人民警察在办理行政案件时，对涉及的国家秘密、商业秘密或者个人隐私，应当保密。

**第九条** 公安机关人民警察在办案中玩忽职守、徇私舞弊、滥用职权、索取或者收受他人财物的，依法给予处分；构成犯罪的，依法追究刑事责任。

## 第二章 管 辖

**第十条** 行政案件由违法行为地的公安机关管辖。由违法行为人居住地公安机关管辖更为适宜的，可以由违法行为人居住地公安机关管辖，但是涉及卖淫、嫖娼、赌博、毒品的案件除外。

违法行为地包括违法行为发生地和违法结果发生地。违法行为发生地，包括违法行为的实施地以及开始地、途经地、结束地等与违法行为有关的地点；违法行为有连续、持续或者继续状态的，违法行为连续、持续或者继续实施的地方都属于违法行为发生地。违法结果发生地，包括违法对象被侵害地、违法所得的实际取得地、藏匿地、转移地、使用地、销售地。

居住地包括户籍所在地、经常居住地。经常居住地是指公民离开户籍所在地最后连续居住一年以上的地方，但在医院住院就医的除外。

移交违法行为人居住地公安机关管辖的行政案件，违法行为地公安机关在移交前应当及时收集证据，并配合违法行为人居住地公安机关开展调查取证工作。

**第十一条** 针对或者利用网络实施的违法行为，用于实施违法行为的网站服务器所在地、网络接入地以及网站建立者或者管理者所在地，被侵害的网络及其运营者所在地，违法过程中违法行为人、被侵害人使用的网络及其运营者所在地，被侵害人被侵害时所在地，以及被侵害人财产遭受损失地公安机关可以管辖。

**第十二条** 行驶中的客车上发生的行政案件，由案发后客车最初停靠地公安机关管辖；必要时，始发地、途经地、到达地公安机关也可以管辖。

**第十三条** 行政案件由县级公安机关及其公安派出所、依法具有独立执法主体资格的公安机关业务部门以及出入境边防检查站按照法律、行政法规、规章授权和管辖分工办理，但法律、行政法规、规章规定由设区的市级以上公安机关办理的除外。

**第十四条** 几个公安机关都有权管辖的行政案件，由最初受理的公安机关管辖。必要时，可以由主要违法行为地公安机关管辖。

**第十五条** 对管辖权发生争议的，报请共同的上级公安机关指定管辖。

对于重大、复杂的案件，上级公安机关可以直接办理或者指定管辖。

上级公安机关直接办理或者指定管辖的，应当书面通知被指定管辖的公安机关和其他有关的公安机关。

原受理案件的公安机关自收到上级公安机关书面通知之日起不再行使管辖权，并立即将案卷材料移送被指定管辖的公安机关或者办理的上级公安机关，及时书面通知当事人。

**第十六条** 铁路公安机关管辖列车上，火车站工作区域内，铁路系统的机关、厂、段、所、队等单位内发生的行政案件，以及在铁路线上放置障碍物或者损毁、移动铁路设施等可能影响铁路运输安全、盗窃铁路设施的行政案件。对倒卖、伪造、变造火车票案件，由最初受理的铁路或者地方公安机关管辖。必要时，可以移送主要违法行为发生地的铁路或者地方公安机关管辖。

交通公安机关管辖港航管理机构管理的轮船上、港口、码头工作区域内和港航系统的机关、厂、所、队等单位内发生的行政案件。

民航公安机关管辖民航管理机构管理的机场工作区域以及民航系统的机关、厂、所、队等单位内和民航飞机上发生的行政案件。

国有林区的森林公安机关管辖林区内发生的行政案件。

海关缉私机构管辖阻碍海关缉私警察依法执行职务的治安案件。

## 第三章 回 避

**第十七条** 公安机关负责人、办案人民警察有下列情形之一的，应当自行提出回避申请，案件当事人及其法定代理人有权要求他们回避：

（一）是本案的当事人或者当事人近亲属的；

（二）本人或者其近亲属与本案有利害关系的；

（三）与本案当事人有其他关系，可能影响案件公正处理的。

**第十八条** 公安机关负责人、办案人民警察提出回避申请的，应当说明理由。

**第十九条** 办案人民警察的回避，由其所属的公安机关决定；公安机关负责人的回避，由上一级公安机关决定。

**第二十条** 当事人及其法定代理人要求公安机关负责人、办案人民警察回避的，应当提出申请，并说明理由。口头提出申请的，公安机关应当记录在案。

**第二十一条** 对当事人及其法定代理人提出的回避申请，公安机关应当在收到申请之日起二日内作出决定并通知申请人。

**第二十二条** 公安机关负责人、办案人民警察具有应当回避的情形之一，本人没有申请回避，当事人及其法定代理人也没有申请其回避的，有权决定其回避的公安机关可以指令其回避。

**第二十三条** 在行政案件调查过程中，鉴定人和翻译人员需要回避的，适用本章的规定。

鉴定人、翻译人员的回避，由指派或者聘请的公安机关决定。

**第二十四条** 在公安机关作出回避决定前，办案人民警察不得停止对行政案件的调查。

作出回避决定后，公安机关负责人、办案人民警察不得再参与该行政案件的调查和审核、审批工作。

**第二十五条** 被决定回避的公安机关负责人、办案人民警察、鉴定人和翻译人员，在回避决定作出前所进行的与案件有关的活动是否有效，由作出回避决定的公安机关根据是否影响案件依法公正处理等情况决定。

## 第四章 证 据

**第二十六条** 可以用于证明案件事实的材料，都是证据。公安机关办理行政案件的证据包括：

（一）物证；

（二）书证；

（三）被侵害人陈述和其他证人证言；

（四）违法嫌疑人的陈述和申辩；

（五）鉴定意见；

（六）勘验、检查、辨认笔录，现场笔录；

（七）视听资料、电子数据。

证据必须经过查证属实，才能作为定案的根据。

**第二十七条** 公安机关必须依照法定程序，收集能够证实违法嫌疑人是否违法、违法情节轻重的证据。

严禁刑讯逼供和以威胁、欺骗等非法方法收集证据。采用刑讯逼供等非法方法收集的违法嫌疑人的陈述和申辩以及采用暴力、威胁等非法方法收集的被侵害人陈述、其他证人证言，不能作为定案的根据。收集物证、书证不符合法定程序，可能严重影响执法公正的，应当予以补正或者作出合理解释；不能补正或者作出合理解释的，不能作为定案的根据。

**第二十八条** 公安机关向有关单位和个人收集、调取证据时，应当告知其必须如实提供证据，并告知其伪造、隐匿、毁灭证据，提供虚假证词应当承担的法律责任。

需要向有关单位和个人调取证据的，经公安机关办案部门负责人批准，开具调取证据通知书，明确调取的证据和提供时限。被调取人应当在通知书上盖章或者签名，被调取人拒绝的，公安机关应当注明。必要时，公安机关应当采用录音、录像等方式固定证据内容及取证过程。

需要向有关单位紧急调取证据的，公安机关可以在电话告知人民警察身份的同时，将调取证据通知书连同办案人民警察的人民警察证复印件通过传真、互联网通讯工具等方式送达有关单位。

**第二十九条** 收集调取的物证应当是原物。在原物不便搬运、不易保存或者依法应当由有关部门保管、处理或者依法应当返还时，可以拍摄或者制作足以反映原物外形或者内容的照片、录像。

物证的照片、录像，经与原物核实无误或者经鉴定证明为真实的，可以作为证据使用。

**第三十条** 收集、调取的书证应当是原件。在取得原件确有困难时，可以使用副本或者复制件。

书证的副本、复制件，经与原件核实无误或者经鉴定证明为真实的，可以作为证据使用。书证有更改或者更改迹象不能作出合理解释的，或者书证的副本、复制件不能反映书证原件及其内容的，不能作为证据使用。

**第三十一条** 物证的照片、录像，书证的副本、复制件，视听资料的复制件，应当附有关制作过程及原件、原物存放处的文字说明，并由制作人和物品持有人或者持有单位有关人员签名。

**第三十二条** 收集电子数据，能够扣押电子数据原始存储介质的，应当扣押。

无法扣押原始存储介质的，可以提取电子数据。提取电子数据，应当制作笔录，并附电子数据清单，由办案人民警察、电子数据持有人签名。持有人无法或者拒绝签名的，应当在笔录中注明。

由于客观原因无法或者不宜依照前两款规定收集电子数据的，可以采取打印、拍照或者录像等方式固定相关证据，并附有关原因、过程等情况的文字说明，由办案人民警察、电子数据持有人签名。持有人无法或者拒绝签名的，应当注明情况。

**第三十三条** 刑事案件转为行政案件办理的，刑事案件办理过程中收集的证据材料，可以作为行政案件的证据使用。

**第三十四条** 凡知道案件情况的人，都有作证的义务。

生理上、精神上有缺陷或者年幼，不能辨别是非、不能正确表达的人，不能作为证人。

## 第五章 期间与送达

**第三十五条** 期间以时、日、月、年计算，期间开始之时或者日不计算在内。法律文书送达的期间不包括路途上的时间。期间的最后一日是节假日的，以节假日后的第一日为期满日期，但违法行为人被限制人身自由的期间，应当至期满之日为止，不得因节假日而延长。

**第三十六条** 送达法律文书，应当遵守下列规定：

（一）依照简易程序作出当场处罚决定的，应当将决定书当场交付被处罚人，并由被处罚人在备案的决定书上签名或者捺指印；被处罚人拒绝的，由办案人民警察在备案的决定书上注明；

（二）除本款第一项规定外，作出行政处罚决定和其他行政处理决定，应当在宣告后将决定书当场交付被处理人，并由被处理人在附卷的决定书上签名或者捺指印，即为送达；被处理人拒绝的，由办案人民警察在附卷的决定书上注明；被处理人不在场的，公安机关应当在作出决定的七日内将决定书送达被处理人，治安管理处罚决定应当在二日内送达。

送达法律文书应当首先采取直接送达方式，交给受送达人本人；受送达人不在的，可以交付其成年家属、所在单位的负责人员或者其居住地居（村）民委员会代收。受送达人本人或者代收人拒绝接收或者拒绝签名和捺指印的，送达人可以邀请其邻居或者其他见证人到场，说明情况，也可以对拒收情况进行录音录像，把文书留在受送达人处，在附卷的法律文书上注明拒绝的事由、送达日期，由送达人、见证人签名或者捺指印，即视为送达。

无法直接送达的，委托其他公安机关代为送达，或者邮寄送达。经受送达人同意,可以采用传真、互联网通讯工具等能够确认其收悉的方式送达。

经采取上述送达方式仍无法送达的,可以公告送达。公告的范围和方式应当便于公民知晓,公告期限不得少于六十日。

## 第六章 简易程序和快速办理

### 第一节 简易程序

**第三十七条** 违法事实确凿,且具有下列情形之一的,人民警察可以当场作出处罚决定,有违禁品的,可以当场收缴:

(一)对违反治安管理行为人或者道路交通违法行为人处二百元以下罚款或者警告的;

(二)出入境边防检查机关对违反出境入境管理行为人处五百元以下罚款或者警告的;

(三)对有其他违法行为的个人处五十元以下罚款或者警告、对单位处一千元以下罚款或者警告的;

(四)法律规定可以当场处罚的其他情形。

涉及卖淫、嫖娼、赌博、毒品的案件,不适用当场处罚。

**第三十八条** 当场处罚,应当按照下列程序实施:

(一)向违法行为人表明执法身份;

(二)收集证据;

(三)口头告知违法行为人拟作出行政处罚决定的事实、理由和依据,并告知违法行为人依法享有的陈述权和申辩权;

(四)充分听取违法行为人的陈述和申辩。违法行为人提出的事实、理由或者证据成立的,应当采纳;

(五)填写当场处罚决定书并当场交付被处罚人;

(六)当场收缴罚款的,同时填写罚款收据,交付被处罚人;未当场收缴罚款的,应当告知被处罚人在规定期限内到指定的银行缴纳罚款。

**第三十九条** 适用简易程序处罚的,可以由人民警察一人作出行政处罚决定。

人民警察当场作出行政处罚决定的,应当于作出决定后的二十四小时内将当场处罚决定书报所属公安机关备案,交通警察应当于作出决定后的二日内报所属公安机关交通管理部门备案。在旅客列车、民航飞机、水上作出行政处罚决定的,应当在返回后的二十四小时内报所属公安机关备案。

### 第二节 快速办理

**第四十条** 对不适用简易程序,但事实清楚,违法嫌疑人自愿认错认罚,且对违法事实和法律适用没有异议的行政案件,公安机关可以通过简化取证方式和审核审批手续等措施快速办理。

**第四十一条** 行政案件具有下列情形之一的,不适用快速办理:

(一)违法嫌疑人系盲、聋、哑人,未成年人或者疑似精神病人的;

(二)依法应当适用听证程序的;

(三)可能作出十日以上行政拘留处罚的;

(四)其他不宜快速办理的。

**第四十二条** 快速办理行政案件前,公安机关应当书面告知违法嫌疑人快速办理的相关规定,征得其同意,并由其签名确认。

**第四十三条** 对符合快速办理条件的行政案件,违法嫌疑人在自行书写材料或者询问笔录中承认违法事实、认错认罚,并有视音频记录、电子数据、检查笔录等关键证据能够相互印证的,公安机关可以不再开展其他调查取证工作。

**第四十四条** 对适用快速办理的行政案件,可以由专兼职法制员或者办案部门负责人审核后,报公安机关负责人审批。

**第四十五条** 对快速办理的行政案件,公安机关可以根据不同案件类型,使用简明扼要的格式询问笔录,尽量减少需要文字记录的内容。

被询问人自行书写材料的,办案单位可以提供样式供其参考。

使用执法记录仪等设备对询问过程录音录像的,可以替代书面询问笔录,必要时,对视听资料的关键内容和相应时间段等作文字说明。

**第四十六条** 对快速办理的行政案件,公安机关可以根据违法行为人认错悔改、纠正违法行为、赔偿损失以及被侵害人谅解情况等情节,依法对违法行为人从轻、减轻处罚或者不予行政处罚。

对快速办理的行政案件,公安机关可以采用口头方式履行处罚前告知程序,由办案人民警察在案卷材料中注明告知情况,并由被告知人签名确认。

**第四十七条** 对快速办理的行政案件,公安机关应当在违法嫌疑人到案后四十八小时内作出处理决定。

**第四十八条** 公安机关快速办理行政案件时,发现不适宜快速办理的,转为一般案件办理。快速办理阶段依法收集的证据,可以作为定案的根据。

## 第七章 调查取证

### 第一节 一般规定

**第四十九条** 对行政案件进行调查时，应当合法、及时、客观、全面地收集、调取证据材料，并予以审查、核实。

**第五十条** 需要调查的案件事实包括：

（一）违法嫌疑人的基本情况；

（二）违法行为是否存在；

（三）违法行为是否为违法嫌疑人实施；

（四）实施违法行为的时间、地点、手段、后果以及其他情节；

（五）违法嫌疑人有无法定从重、从轻、减轻以及不予行政处罚的情形；

（六）与案件有关的其他事实。

**第五十一条** 公安机关调查取证时，应当防止泄露工作秘密。

**第五十二条** 公安机关进行询问、辨认、检查、勘验，实施行政强制措施等调查取证工作时，人民警察不得少于二人，并表明执法身份。

接报案、受案登记、接受证据、信息采集、调解、送达文书等工作，可以由一名人民警察带领警务辅助人员进行，但应当全程录音录像。

**第五十三条** 对查获或者到案的违法嫌疑人应当进行安全检查，发现违禁品或者管制器具、武器、易燃易爆等危险品以及与案件有关的需要作为证据的物品的，应当立即扣押；对违法嫌疑人随身携带的与案件无关的物品，应当按照有关规定予以登记、保管、退还。安全检查不需要开具检查证。

前款规定的扣押适用本规定第五十五条和第五十六条以及本章第七节的规定。

**第五十四条** 办理行政案件时，可以依法采取下列行政强制措施：

（一）对物品、设施、场所采取扣押、扣留、查封、先行登记保存、抽样取证、封存文件资料等强制措施，对恐怖活动嫌疑人的存款、汇款、债券、股票、基金份额等财产还可以采取冻结措施；

（二）对违法嫌疑人采取保护性约束措施、继续盘问、强制传唤、强制检测、拘留审查、限制活动范围，对恐怖活动嫌疑人采取约束措施等强制措施。

**第五十五条** 实施行政强制措施应当遵守下列规定：

（一）实施前须依法向公安机关负责人报告并经批准；

（二）通知当事人到场，当场告知当事人采取行政强制措施的理由、依据以及当事人依法享有的权利、救济途径。当事人不到场的，邀请见证人到场，并在现场笔录中注明；

（三）听取当事人的陈述和申辩；

（四）制作现场笔录，由当事人和办案人民警察签名或者盖章，当事人拒绝的，在笔录中注明。当事人不在场的，由见证人和办案人民警察在笔录上签名或者盖章；

（五）实施限制公民人身自由的行政强制措施的，应当当场告知当事人家属实施强制措施的公安机关、理由、地点和期限；无法当场告知的，应当在实施强制措施后立即通过电话、短信、传真等方式通知；身份不明、拒不提供家属联系方式或者因自然灾害等不可抗力导致无法通知的，可以不予通知。告知、通知家属情况或者无法通知家属的原因应当在询问笔录中注明。

（六）法律、法规规定的其他程序。

勘验、检查时实施行政强制措施，制作勘验、检查笔录的，不再制作现场笔录。

实施行政强制措施的全程录音录像，已经具备本条第一款第二项、第三项规定的实质要素的，可以替代书面现场笔录，但应当对视听资料的关键内容和相应时间段等作文字说明。

**第五十六条** 情况紧急，当场实施行政强制措施的，办案人民警察应当在二十四小时内依法向其所属的公安机关负责人报告，并补办批准手续。当场实施限制公民人身自由的行政强制措施的，办案人民警察应当在返回单位后立即报告，并补办批准手续。公安机关负责人认为不应当采取行政强制措施的，应当立即解除。

**第五十七条** 为维护社会秩序，人民警察对有违法嫌疑的人员，经表明执法身份后，可以当场盘问、检查。对当场盘问、检查后，不能排除其违法嫌疑，依法可以适用继续盘问的，可以将其带至公安机关，经公安派出所负责人批准，对其继续盘问。对违反出境入境管理的嫌疑人依法适用继续盘问的，应当经县级以上公安机关或者出入境边防检查机关负责人批准。

继续盘问的时限一般为十二小时；对在十二小时以内确实难以证实或者排除其违法犯罪嫌疑的，可以延长至二十四小时；对不讲真实姓名、住址、身份，且在二十四小时以内仍不能证实或者排除其违法犯罪嫌疑的，可以延长至四十八小时。

**第五十八条** 违法嫌疑人在醉酒状态中，对本人有危险或者对他人的人身、财产或者公共安全有威胁的，可以对其采取保护性措施约束至酒醒，也可以通知其家属、亲友或者所属单位将其领回看管，必要时，应当送医院醒酒。对行为举止失控的醉酒人，可以使用约束带或者警绳等进行约束，但是不得使用手铐、脚镣等警械。

约束过程中，应当指定专人严加看护。确认醉酒人酒醒后，应当立即解除约束，并进行询问。约束时间不计算在询问查证时间内。

**第五十九条**　对恐怖活动嫌疑人实施约束措施，应当遵守下列规定：

（一）实施前须经县级以上公安机关负责人批准；

（二）告知嫌疑人采取约束措施的理由、依据以及其依法享有的权利、救济途径；

（三）听取嫌疑人的陈述和申辩；

（四）出具决定书。

公安机关可以采取电子监控、不定期检查等方式对被约束人遵守约束措施的情况进行监督。

约束措施的期限不得超过三个月。对不需要继续采取约束措施的，应当及时解除并通知被约束人。

## 第二节　受　案

**第六十条**　县级公安机关及其公安派出所、依法具有独立执法主体资格的公安机关业务部门以及出入境边防检查站对报案、控告、举报、群众扭送或者违法嫌疑人投案，以及其他国家机关移送的案件，应当及时受理并按照规定进行网上接报案登记。对重复报案、案件正在办理或者已经办结的，应当向报案人、控告人、举报人、扭送人、投案人作出解释，不再登记。

**第六十一条**　公安机关应当对报案、控告、举报、群众扭送或者违法嫌疑人投案分别作出下列处理，并将处理情况在接报案登记中注明：

（一）对属于本单位管辖范围内的案件，应当立即调查处理，制作受案登记表和受案回执，并将受案回执交报案人、控告人、举报人、扭送人；

（二）对属于公安机关职责范围，但不属于本单位管辖的，应当在二十四小时内移送有管辖权的单位处理，并告知报案人、控告人、举报人、扭送人、投案人；

（三）对不属于公安机关职责范围的事项，在接报案时能够当场判断的，应当立即口头告知报案人、控告人、举报人、扭送人、投案人向其他主管机关报案或者投案，报案人、控告人、举报人、扭送人、投案人对口头告知内容有异议或者不能当场判断的，应当书面告知，但因没有联系方式、身份不明等客观原因无法书面告知的除外。

在日常执法执勤中发现的违法行为，适用前款规定。

**第六十二条**　属于公安机关职责范围但不属于本单位管辖的案件，具有下列情形之一的，受理案件或者发现案件的公安机关及其人民警察应当依法先行采取必要的强制措施或者其他处置措施，再移送有管辖权的单位处理：

（一）违法嫌疑人正在实施危害行为的；

（二）正在实施违法行为或者违法后即时被发现的现行犯被扭送至公安机关的；

（三）在逃的违法嫌疑人已被抓获或者被发现的；

（四）有人员伤亡，需要立即采取救治措施的；

（五）其他应当采取紧急措施的情形。

行政案件移送管辖的，询问查证时间和扣押等措施的期限重新计算。

**第六十三条**　报案人不愿意公开自己的姓名和报案行为的，公安机关应当在受案登记时注明，并为其保密。

**第六十四条**　对报案人、控告人、举报人、扭送人、投案人提供的有关证据材料、物品等应当登记，出具接受证据清单，并妥善保管。必要时，应当拍照、录音、录像。移送案件时，应当将有关证据材料和物品一并移交。

**第六十五条**　对发现或者受理的案件暂时无法确定为刑事案件或者行政案件的，可以按照行政案件的程序办理。在办理过程中，认为涉嫌构成犯罪的，应当按照《公安机关办理刑事案件程序规定》办理。

## 第三节　询　问

**第六十六条**　询问违法嫌疑人，可以到违法嫌疑人住处或者单位进行，也可以将违法嫌疑人传唤到其所在市、县内的指定地点进行。

**第六十七条**　需要传唤违法嫌疑人接受调查的，经公安派出所、县级以上公安机关办案部门或者出入境边防检查机关负责人批准，使用传唤证传唤。对现场发现的违法嫌疑人，人民警察经出示人民警察证，可以口头传唤，并在询问笔录中注明违法嫌疑人到案经过、到案时间和离开时间。

单位违反公安行政管理规定，需要传唤其直接负责的主管人员和其他直接责任人员的，适用前款规定。

对无正当理由不接受传唤或者逃避传唤的违反治安管理、出境入境管理的嫌疑人以及法律规定可以强制传唤的其他违法嫌疑人，经公安派出所、县级以上公安机关办案部门或者出入境边防检查机关负责人批准，可以强制传唤。强制传唤时，可以依法使用手铐、警绳等约束性警械。

公安机关应当将传唤的原因和依据告知被传唤人，

并通知其家属。公安机关通知被传唤人家属适用本规定第五十五条第一款第五项的规定。

**第六十八条**　使用传唤证传唤的，违法嫌疑人被传唤到案后和询问查证结束后，应当由其在传唤证上填写到案和离开时间并签名。拒绝填写或者签名的，办案人民警察应当在传唤证上注明。

**第六十九条**　对被传唤的违法嫌疑人，应当及时询问查证，询问查证的时间不得超过八小时；案情复杂，违法行为依法可能适用行政拘留处罚的，询问查证的时间不得超过二十四小时。

不得以连续传唤的形式变相拘禁违法嫌疑人。

**第七十条**　对于投案自首或者群众扭送的违法嫌疑人，公安机关应当立即进行询问查证，并在询问笔录中记明违法嫌疑人到案经过、到案和离开时间。询问查证时间适用本规定第六十九条第一款的规定。

对于投案自首或者群众扭送的违法嫌疑人，公安机关应当适用本规定第五十五条第一款第五项的规定通知其家属。

**第七十一条**　在公安机关询问违法嫌疑人，应当在办案场所进行。

询问查证期间应当保证违法嫌疑人的饮食和必要的休息时间，并在询问笔录中注明。

在询问查证的间隙期间，可以将违法嫌疑人送入候问室，并按照候问室的管理规定执行。

**第七十二条**　询问违法嫌疑人、被侵害人或者其他证人，应当个别进行。

**第七十三条**　首次询问违法嫌疑人时，应当问明违法嫌疑人的姓名、出生日期、户籍所在地、现住址、身份证件种类及号码，是否为各级人民代表大会代表，是否受过刑事处罚或者行政拘留、强制隔离戒毒、社区戒毒、收容教养等情况。必要时，还应当问明其家庭主要成员、工作单位、文化程度、民族、身体状况等情况。

违法嫌疑人为外国人的，首次询问时还应当问明其国籍、出入境证件种类及号码、签证种类、入境时间、入境事由等情况。必要时，还应当问明其在华关系人等情况。

**第七十四条**　询问时，应当告知被询问人必须如实提供证据、证言和故意作伪证或者隐匿证据应负的法律责任，对与本案无关的问题有拒绝回答的权利。

**第七十五条**　询问未成年人时，应当通知其父母或者其他监护人到场，其父母或者其他监护人不能到场的，也可以通知未成年人的其他成年亲属，所在学校、单位、居住地基层组织或者未成年人保护组织的代表到场，并将有关情况记录在案。确实无法通知或者通知后未到场的，应当在询问笔录中注明。

**第七十六条**　询问聋哑人，应当有通晓手语的人提供帮助，并在询问笔录中注明被询问人的聋哑情况以及翻译人员的姓名、住址、工作单位和联系方式。

对不通晓当地通用的语言文字的被询问人，应当为其配备翻译人员，并在询问笔录中注明翻译人员的姓名、住址、工作单位和联系方式。

**第七十七条**　询问笔录应当交被询问人核对，对没有阅读能力的，应当向其宣读。记录有误或者遗漏的，应当允许被询问人更正或者补充，并要求其在修改处捺指印。被询问人确认笔录无误后，应当在询问笔录上逐页签名或者捺指印。拒绝签名和捺指印的，办案人民警察应当在询问笔录中注明。

办案人民警察应当在询问笔录上签名，翻译人员应当在询问笔录的结尾处签名。

询问时，可以全程录音、录像，并保持录音、录像资料的完整性。

**第七十八条**　询问违法嫌疑人时，应当听取违法嫌疑人的陈述和申辩。对违法嫌疑人的陈述和申辩，应当核查。

**第七十九条**　询问被侵害人或者其他证人，可以在现场进行，也可以到其单位、学校、住所、其居住地居(村)民委员会或者其提出的地点进行。必要时，也可以书面、电话或者当场通知其到公安机关提供证言。

在现场询问的，办案人民警察应当出示人民警察证。

询问前，应当了解被询问人的身份以及其与被侵害人、其他证人、违法嫌疑人之间的关系。

**第八十条**　违法嫌疑人、被侵害人或者其他证人请求自行提供书面材料的，应当准许。必要时，办案人民警察也可以要求违法嫌疑人、被侵害人或者其他证人自行书写。违法嫌疑人、被侵害人或者其他证人应当在其提供的书面材料的结尾处签名或者捺指印。对打印的书面材料，违法嫌疑人、被侵害人或者其他证人应当逐页签名或者捺指印。办案人民警察收到书面材料后，应当在首页注明收到日期，并签名。

### 第四节　勘验、检查

**第八十一条**　对于违法行为案发现场，必要时应当进行勘验，提取与案件有关的证据材料，判断案件性质，确定调查方向和范围。

现场勘验参照刑事案件现场勘验的有关规定执行。

**第八十二条**　对与违法行为有关的场所、物品、人身可以进行检查。检查时,人民警察不得少于二人,并应当出示人民警察证和县级以上公安机关开具的检查证。对确有必要立即进行检查的,人民警察经出示人民警察证,可以当场检查;但检查公民住所的,必须有证据表明或者有群众报警公民住所内正在发生危害公共安全或者公民人身安全的案(事)件,或者违法存放危险物质,不立即检查可能会对公共安全或者公民人身、财产安全造成重大危害。

对机关、团体、企业、事业单位或者公共场所进行日常执法监督检查,依照有关法律、法规和规章执行,不适用前款规定。

**第八十三条** 对违法嫌疑人,可以依法提取或者采集肖像、指纹等人体生物识别信息;涉嫌酒后驾驶机动车、吸毒、从事恐怖活动等违法行为的,可以依照《中华人民共和国道路交通安全法》《中华人民共和国禁毒法》《中华人民共和国反恐怖主义法》等规定提取或者采集血液、尿液、毛发、脱落细胞等生物样本。人身安全检查和当场检查时已经提取、采集的信息,不再提取、采集。

**第八十四条** 对违法嫌疑人进行检查时,应当尊重被检查人的人格尊严,不得以有损人格尊严的方式进行检查。

检查妇女的身体,应当由女性工作人员进行。

依法对卖淫、嫖娼人员进行性病检查,应当由医生进行。

**第八十五条** 检查场所或者物品时,应当注意避免对物品造成不必要的损坏。

检查场所时,应当有被检查人或者见证人在场。

**第八十六条** 检查情况应当制作检查笔录。检查笔录由检查人员、被检查人或者见证人签名;被检查人不在场或者拒绝签名的,办案人民警察应当在检查笔录中注明。

检查时的全程录音录像可以替代书面检查笔录,但应当对视听资料的关键内容和相应时间段等作文字说明。

## 第五节 鉴 定

**第八十七条** 为了查明案情,需要对专门性技术问题进行鉴定的,应当指派或者聘请具有专门知识的人员进行。

需要聘请本公安机关以外的人进行鉴定的,应当经公安机关办案部门负责人批准后,制作鉴定聘请书。

**第八十八条** 公安机关应当为鉴定提供必要的条件,及时送交有关检材和比对样本等原始材料,介绍与鉴定有关的情况,并且明确提出要求鉴定解决的问题。

办案人民警察应当做好检材的保管和送检工作,并注明检材送检环节的责任人,确保检材在流转环节中的同一性和不被污染。

禁止强迫或者暗示鉴定人作出某种鉴定意见。

**第八十九条** 对人身伤害的鉴定由法医进行。

卫生行政主管部门许可的医疗机构具有执业资格的医生出具的诊断证明,可以作为公安机关认定人身伤害程度的依据,但具有本规定第九十条规定情形的除外。

对精神病的鉴定,由有精神病鉴定资格的鉴定机构进行。

**第九十条** 人身伤害案件具有下列情形之一的,公安机关应当进行伤情鉴定:

(一)受伤程度较重,可能构成轻伤以上伤害程度的;

(二)被侵害人要求作伤情鉴定的;

(三)违法嫌疑人、被侵害人对伤害程度有争议的。

**第九十一条** 对需要进行伤情鉴定的案件,被侵害人拒绝提供诊断证明或者拒绝进行伤情鉴定的,公安机关应当将有关情况记录在案,并可以根据已认定的事实作出处理决定。

经公安机关通知,被侵害人无正当理由未在公安机关确定的时间内作伤情鉴定的,视为拒绝鉴定。

**第九十二条** 对电子数据涉及的专门性问题难以确定的,由司法鉴定机构出具鉴定意见,或者由公安部指定的机构出具报告。

**第九十三条** 涉案物品价值不明或者难以确定的,公安机关应当委托价格鉴证机构估价。

根据当事人提供的购买发票等票据能够认定价值的涉案物品,或者价值明显不够刑事立案标准的涉案物品,公安机关可以不进行价格鉴证。

**第九十四条** 对涉嫌吸毒的人员,应当进行吸毒检测,被检测人员应当配合;对拒绝接受检测的,经县级以上公安机关或者其派出机构负责人批准,可以强制检测。采集女性被检测人检测样本,应当由女性工作人员进行。

对涉嫌服用国家管制的精神药品、麻醉药品驾驶机动车的人员,可以对其进行体内国家管制的精神药品、麻醉药品含量检验。

**第九十五条** 对有酒后驾驶机动车嫌疑的人,应当对其进行呼气酒精测试,对具有下列情形之一的,应当立即提取血样,检验血液酒精含量:

(一)当事人对呼气酒精测试结果有异议的;

（二）当事人拒绝配合呼气酒精测试的；

（三）涉嫌醉酒驾驶机动车的；

（四）涉嫌饮酒后驾驶机动车发生交通事故的。

当事人对呼气酒精测试结果无异议的，应当签字确认。事后提出异议的，不予采纳。

**第九十六条** 鉴定人鉴定后，应当出具鉴定意见。鉴定意见应当载明委托人、委托鉴定的事项、提交鉴定的相关材料、鉴定的时间、依据和结论性意见等内容，并由鉴定人签名或者盖章。通过分析得出鉴定意见的，应当有分析过程的说明。鉴定意见应当附有鉴定机构和鉴定人的资质证明或者其他证明文件。

鉴定人对鉴定意见负责，不受任何机关、团体、企业、事业单位和个人的干涉。多人参加鉴定，对鉴定意见有不同意见的，应当注明。

鉴定人故意作虚假鉴定的，应当承担法律责任。

**第九十七条** 办案人民警察应当对鉴定意见进行审查。

对经审查作为证据使用的鉴定意见，公安机关应当在收到鉴定意见之日起五日内将鉴定意见复印件送达违法嫌疑人和被侵害人。

医疗机构出具的诊断证明作为公安机关认定人身伤害程度的依据的，应当将诊断证明结论书面告知违法嫌疑人和被侵害人。

违法嫌疑人或者被侵害人对鉴定意见有异议的，可以在收到鉴定意见复印件之日起三日内提出重新鉴定的申请，经县级以上公安机关批准后，进行重新鉴定。同一行政案件的同一事项重新鉴定以一次为限。

当事人是否申请重新鉴定，不影响案件的正常办理。

公安机关认为必要时，也可以直接决定重新鉴定。

**第九十八条** 具有下列情形之一的，应当进行重新鉴定：

（一）鉴定程序违法或者违反相关专业技术要求，可能影响鉴定意见正确性的；

（二）鉴定机构、鉴定人不具备鉴定资质和条件的；

（三）鉴定意见明显依据不足的；

（四）鉴定人故意作虚假鉴定的；

（五）鉴定人应当回避而没有回避的；

（六）检材虚假或者被损坏的；

（七）其他应当重新鉴定的。

不符合前款规定情形的，经县级以上公安机关负责人批准，作出不准予重新鉴定的决定，并在作出决定之日起的三日以内书面通知申请人。

**第九十九条** 重新鉴定，公安机关应当另行指派或者聘请鉴定人。

**第一百条** 鉴定费用由公安机关承担，但当事人自行鉴定的除外。

### 第六节 辨　认

**第一百零一条** 为了查明案情，办案人民警察可以让违法嫌疑人、被侵害人或者其他证人对与违法行为有关的物品、场所或者违法嫌疑人进行辨认。

**第一百零二条** 辨认由二名以上办案人民警察主持。

组织辨认前，应当向辨认人详细询问辨认对象的具体特征，并避免辨认人见到辨认对象。

**第一百零三条** 多名辨认人对同一辨认对象或者一名辨认人对多名辨认对象进行辨认时，应当个别进行。

**第一百零四条** 辨认时，应当将辨认对象混杂在特征相类似的其他对象中，不得给辨认人任何暗示。

辨认违法嫌疑人时，被辨认的人数不得少于七人；对违法嫌疑人照片进行辨认的，不得少于十人的照片。

辨认每一件物品时，混杂的同类物品不得少于五件。

同一辨认人对与同一案件有关的辨认对象进行多组辨认的，不得重复使用陪衬照片或者陪衬人。

**第一百零五条** 辨认人不愿意暴露身份的，对违法嫌疑人的辨认可以在不暴露辨认人的情况下进行，公安机关及其人民警察应当为其保守秘密。

**第一百零六条** 辨认经过和结果，应当制作辨认笔录，由办案人民警察和辨认人签名或者捺指印。必要时，应当对辨认过程进行录音、录像。

### 第七节 证据保全

**第一百零七条** 对下列物品，经公安机关负责人批准，可以依法扣押或者扣留：

（一）与治安案件、违反出境入境管理的案件有关的需要作为证据的物品；

（二）道路交通安全法律、法规规定适用扣留的车辆、机动车驾驶证；

（三）《中华人民共和国反恐怖主义法》等法律、法规规定适用扣押或者扣留的物品。

对下列物品，不得扣押或者扣留：

（一）与案件无关的物品；

（二）公民个人及其所扶养家属的生活必需品；

（三）被侵害人或者善意第三人合法占有的财产。

对具有本条第二款第二项、第三项情形的，应当予以登记，写明登记财物的名称、规格、数量、特征，并由占有人签名或者捺指印。必要时，可以进行拍照。但是，与案件有关必须鉴定的，可以依法扣押，结束后应当立即解除。

**第一百零八条**　办理下列行政案件时，对专门用于从事无证经营活动的场所、设施、物品，经公安机关负责人批准，可以依法查封。但对与违法行为无关的场所、设施，公民个人及其扶养家属的生活必需品不得查封：

（一）擅自经营按照国家规定需要由公安机关许可的行业的；

（二）依照《娱乐场所管理条例》可以由公安机关采取取缔措施的；

（三）《中华人民共和国反恐怖主义法》等法律、法规规定适用查封的其他公安行政案件。

场所、设施、物品已被其他国家机关依法查封的，不得重复查封。

**第一百零九条**　收集证据时，经公安机关办案部门负责人批准，可以采取抽样取证的方法。

抽样取证应当采取随机的方式，抽取样品的数量以能够认定本品的品质特征为限。

抽样取证时，应当对抽样取证的现场、被抽样物品及被抽取的样品进行拍照或者对抽样过程进行录像。

对抽取的样品应当及时进行检验。经检验，能够作为证据使用的，应当依法扣押、先行登记保存或者登记；不属于证据的，应当及时返还样品。样品有减损的，应当予以补偿。

**第一百一十条**　在证据可能灭失或者以后难以取得的情况下，经公安机关办案部门负责人批准，可以先行登记保存。

先行登记保存期间，证据持有人及其他人员不得损毁或者转移证据。

对先行登记保存的证据，应当在七日内作出处理决定。逾期不作出处理决定的，视为自动解除。

**第一百一十一条**　实施扣押、扣留、查封、抽样取证、先行登记保存等证据保全措施时，应当会同当事人查点清楚，制作并当场交付证据保全决定书。必要时，应当对采取证据保全措施的证据进行拍照或者对采取证据保全的过程进行录像。证据保全决定书应当载明下列事项：

（一）当事人的姓名或者名称、地址；

（二）抽样取证、先行登记保存、扣押、扣留、查封的理由、依据和期限；

（三）申请行政复议或者提起行政诉讼的途径和期限；

（四）作出决定的公安机关的名称、印章和日期。

证据保全决定书应当附清单，载明被采取证据保全措施的场所、设施、物品的名称、规格、数量、特征等，由办案人民警察和当事人签名后，一份交当事人，一份附卷。有见证人的，还应当由见证人签名。当事人或者见证人拒绝签名的，办案人民警察应当在证据保全清单上注明。

对可以作为证据使用的录音带、录像带，在扣押时应当予以检查，记明案由、内容以及录取和复制的时间、地点等，并妥为保管。

对扣押的电子数据原始存储介质，应当封存，保证在不解除封存状态的情况下，无法增加、删除、修改电子数据，并在证据保全清单中记录封存状态。

**第一百一十二条**　扣押、扣留、查封期限为三十日，情况复杂的，经县级以上公安机关负责人批准，可以延长三十日；法律、行政法规另有规定的除外。延长扣押、扣留、查封期限的，应当及时书面告知当事人，并说明理由。

对物品需要进行鉴定的，鉴定期间不计入扣押、扣留、查封期间，但应当将鉴定的期间书面告知当事人。

**第一百一十三条**　公安机关对恐怖活动嫌疑人的存款、汇款、债券、股票、基金份额等财产采取冻结措施的，应当经县级以上公安机关负责人批准，向金融机构交付冻结通知书。

作出冻结决定的公安机关应当在三日内向恐怖活动嫌疑人交付冻结决定书。冻结决定书应当载明下列事项：

（一）恐怖活动嫌疑人的姓名或者名称、地址；

（二）冻结的理由、依据和期限；

（三）冻结的账号和数额；

（四）申请行政复议或者提起行政诉讼的途径和期限；

（五）公安机关的名称、印章和日期。

**第一百一十四条**　自被冻结之日起二个月内，公安机关应当作出处理决定或者解除冻结；情况复杂的，经上一级公安机关负责人批准，可以延长一个月。

延长冻结的决定应当及时书面告知恐怖活动嫌疑人，并说明理由。

**第一百一十五条**　有下列情形之一的，公安机关应当立即退还财物，并由当事人签名确认；不涉及财物退还的，应当书面通知当事人解除证据保全：

（一）当事人没有违法行为的；

（二）被采取证据保全的场所、设施、物品、财产与违法行为无关的；

（三）已经作出处理决定，不再需要采取证据保全措施的；

（四）采取证据保全措施的期限已经届满的；

（五）其他不再需要采取证据保全措施的。

作出解除冻结决定的，应当及时通知金融机构。

**第一百一十六条** 行政案件变更管辖时，与案件有关的财物及其孳息应当随案移交，并书面告知当事人。移交时，由接收人、移交人当面查点清楚，并在交接单据上共同签名。

### 第八节 办案协作

**第一百一十七条** 办理行政案件需要异地公安机关协作的，应当制作办案协作函件。负责协作的公安机关接到请求协作的函件后，应当办理。

**第一百一十八条** 需要到异地执行传唤的，办案人民警察应当持传唤证、办案协作函件和人民警察证，与协作地公安机关联系，在协作地公安机关的协作下进行传唤。协作地公安机关应当协助将违法嫌疑人传唤到其所在市、县内的指定地点或者到其住处、单位进行询问。

**第一百一十九条** 需要异地办理检查、查询，查封、扣押或者冻结与案件有关的财物、文件的，应当持相关的法律文书、办案协作函件和人民警察证，与协作地公安机关联系，协作地公安机关应当协助执行。

在紧急情况下，可以将办案协作函件和相关的法律文书传真或者通过执法办案信息系统发送至协作地公安机关，协作地公安机关应当及时采取措施。办案地公安机关应当立即派员前往协作地办理。

**第一百二十条** 需要进行远程视频询问、处罚前告知的，应当由协作地公安机关事先核实被询问、告知人的身份。办案地公安机关应当制作询问、告知笔录并传输至协作地公安机关。询问、告知笔录经被询问、告知人确认并逐页签名或者捺指印后，由协作地公安机关协作人员签名或者盖章，并将原件或者电子签名笔录提供给办案地公安机关。办案地公安机关负责询问、告知的人民警察应当在首页注明收到日期，并签名或者盖章。询问、告知过程应当全程录音录像。

**第一百二十一条** 办案地公安机关可以委托异地公安机关代为询问、向有关单位和个人调取电子数据、接收自行书写材料、进行辨认、履行处罚前告知程序、送达法律文书等工作。

委托代为询问、辨认、处罚前告知的，办案地公安机关应当列出明确具体的询问、辨认、告知提纲，提供被辨认对象的照片和陪衬照片。

委托代为向有关单位和个人调取电子数据的，办案地公安机关应当将办案协作函件和相关法律文书传真或者通过执法办案信息系统发送至协作地公安机关，由协作地公安机关办案部门审核确认后办理。

**第一百二十二条** 协作地公安机关依照办案地公安机关的要求，依法履行办案协作职责所产生的法律责任，由办案地公安机关承担。

## 第八章 听证程序

### 第一节 一般规定

**第一百二十三条** 在作出下列行政处罚决定之前，应当告知违法嫌疑人有要求举行听证的权利：

（一）责令停产停业；

（二）吊销许可证或者执照；

（三）较大数额罚款；

（四）法律、法规和规章规定违法嫌疑人可以要求举行听证的其他情形。

前款第三项所称“较大数额罚款”，是指对个人处以二千元以上罚款，对单位处以一万元以上罚款，对违反边防出境入境管理法律、法规和规章的个人处以六千元以上罚款。对依据地方性法规或者地方政府规章作出的罚款处罚，适用听证的罚款数额按照地方规定执行。

**第一百二十四条** 听证由公安机关法制部门组织实施。

依法具有独立执法主体资格的公安机关业务部门以及出入境边防检查站依法作出行政处罚决定的，由其非本案调查人员组织听证。

**第一百二十五条** 公安机关不得因违法嫌疑人提出听证要求而加重处罚。

**第一百二十六条** 听证人员应当就行政案件的事实、证据、程序、适用法律等方面全面听取当事人陈述和申辩。

### 第二节 听证人员和听证参加人

**第一百二十七条** 听证设听证主持人一名，负责组织听证；记录员一名，负责制作听证笔录。必要时，可以设听证员一至二名，协助听证主持人进行听证。

本案调查人员不得担任听证主持人、听证员或者记录员。

**第一百二十八条** 听证主持人决定或者开展下列事项：

（一）举行听证的时间、地点；

（二）听证是否公开举行；

（三）要求听证参加人到场参加听证，提供或者补充证据；

（四）听证的延期、中止或者终止；

（五）主持听证，就案件的事实、理由、证据、程序、适用法律等组织质证和辩论；

（六）维持听证秩序，对违反听证纪律的行为予以制止；

（七）听证员、记录员的回避；

（八）其他有关事项。

**第一百二十九条**　听证参加人包括：

（一）当事人及其代理人；

（二）本案办案人民警察；

（三）证人、鉴定人、翻译人员；

（四）其他有关人员。

**第一百三十条**　当事人在听证活动中享有下列权利：

（一）申请回避；

（二）委托一至二人代理参加听证；

（三）进行陈述、申辩和质证；

（四）核对、补正听证笔录；

（五）依法享有的其他权利。

**第一百三十一条**　与听证案件处理结果有直接利害关系的其他公民、法人或者其他组织，作为第三人申请参加听证的，应当允许。为查明案情，必要时，听证主持人也可以通知其参加听证。

## 第三节　听证的告知、申请和受理

**第一百三十二条**　对适用听证程序的行政案件，办案部门在提出处罚意见后，应当告知违法嫌疑人拟作出的行政处罚和有要求举行听证的权利。

**第一百三十三条**　违法嫌疑人要求听证的，应当在公安机关告知后三日内提出申请。

**第一百三十四条**　违法嫌疑人放弃听证或者撤回听证要求后，处罚决定作出前，又提出听证要求的，只要在听证申请有效期限内，应当允许。

**第一百三十五条**　公安机关收到听证申请后，应当在二日内决定是否受理。认为听证申请人的要求不符合听证条件，决定不予受理的，应当制作不予受理听证通知书，告知听证申请人。逾期不通知听证申请人的，视为受理。

**第一百三十六条**　公安机关受理听证后，应当在举行听证的七日前将举行听证通知书送达听证申请人，并将举行听证的时间、地点通知其他听证参加人。

## 第四节　听证的举行

**第一百三十七条**　听证应当在公安机关收到听证申请之日起十日内举行。

除涉及国家秘密、商业秘密、个人隐私的行政案件外，听证应当公开举行。

**第一百三十八条**　听证申请人不能按期参加听证的，可以申请延期，是否准许，由听证主持人决定。

**第一百三十九条**　二个以上违法嫌疑人分别对同一行政案件提出听证要求的，可以合并举行。

**第一百四十条**　同一行政案件中有二个以上违法嫌疑人，其中部分违法嫌疑人提出听证申请的，应当在听证举行后一并作出处理决定。

**第一百四十一条**　听证开始时，听证主持人核对听证参加人；宣布案由；宣布听证员、记录员和翻译人员名单；告知当事人在听证中的权利和义务；询问当事人是否提出回避申请；对不公开听证的行政案件，宣布不公开听证的理由。

**第一百四十二条**　听证开始后，首先由办案人民警察提出听证申请人违法的事实、证据和法律依据及行政处罚意见。

**第一百四十三条**　办案人民警察提出证据时，应当向听证会出示。对证人证言、鉴定意见、勘验笔录和其他作为证据的文书，应当当场宣读。

**第一百四十四条**　听证申请人可以就办案人民警察提出的违法事实、证据和法律依据以及行政处罚意见进行陈述、申辩和质证，并可以提出新的证据。

第三人可以陈述事实，提出新的证据。

**第一百四十五条**　听证过程中，当事人及其代理人有权申请通知新的证人到会作证，调取新的证据。对上述申请，听证主持人应当当场作出是否同意的决定；申请重新鉴定的，按照本规定第七章第五节有关规定办理。

**第一百四十六条**　听证申请人、第三人和办案人民警察可以围绕案件的事实、证据、程序、适用法律、处罚种类和幅度等问题进行辩论。

**第一百四十七条**　辩论结束后，听证主持人应当听取听证申请人、第三人、办案人民警察各方最后陈述意见。

**第一百四十八条**　听证过程中，遇有下列情形之一，听证主持人可以中止听证：

（一）需要通知新的证人到会、调取新的证据或者需要重新鉴定或者勘验的；

（二）因回避致使听证不能继续进行的；

（三）其他需要中止听证的。

中止听证的情形消除后，听证主持人应当及时恢复听证。

**第一百四十九条** 听证过程中，遇有下列情形之一，应当终止听证：

（一）听证申请人撤回听证申请的；

（二）听证申请人及其代理人无正当理由拒不出席或者未经听证主持人许可中途退出听证的；

（三）听证申请人死亡或者作为听证申请人的法人或者其他组织被撤销、解散的；

（四）听证过程中，听证申请人或者其代理人扰乱听证秩序，不听劝阻，致使听证无法正常进行的；

（五）其他需要终止听证的。

**第一百五十条** 听证参加人和旁听人员应当遵守听证会场纪律。对违反听证会场纪律的，听证主持人应当警告制止；对不听制止，干扰听证正常进行的旁听人员，责令其退场。

**第一百五十一条** 记录员应当将举行听证的情况记入听证笔录。听证笔录应当载明下列内容：

（一）案由；

（二）听证的时间、地点和方式；

（三）听证人员和听证参加人的身份情况；

（四）办案人民警察陈述的事实、证据和法律依据以及行政处罚意见；

（五）听证申请人或者其代理人的陈述和申辩；

（六）第三人陈述的事实和理由；

（七）办案人民警察、听证申请人或者其代理人、第三人质证、辩论的内容；

（八）证人陈述的事实；

（九）听证申请人、第三人、办案人民警察的最后陈述意见；

（十）其他事项。

**第一百五十二条** 听证笔录应当交听证申请人阅读或者向其宣读。听证笔录中的证人陈述部分，应当交证人阅读或者向其宣读。听证申请人或者证人认为听证笔录有误的，可以请求补充或者改正。听证申请人或者证人审核无误后签名或者捺指印。听证申请人或者证人拒绝的，由记录员在听证笔录中记明情况。

听证笔录经听证主持人审阅后，由听证主持人、听证员和记录员签名。

**第一百五十三条** 听证结束后，听证主持人应当写出听证报告书，连同听证笔录一并报送公安机关负责人。

听证报告书应当包括下列内容：

（一）案由；

（二）听证人员和听证参加人的基本情况；

（三）听证的时间、地点和方式；

（四）听证会的基本情况；

（五）案件事实；

（六）处理意见和建议。

## 第九章 行政处理决定

### 第一节 行政处罚的适用

**第一百五十四条** 违反治安管理行为在六个月内没有被公安机关发现，其他违法行为在二年内没有被公安机关发现的，不再给予行政处罚。

前款规定的期限，从违法行为发生之日起计算，违法行为有连续、继续或者持续状态的，从行为终了之日起计算。

被侵害人在违法行为追究时效内向公安机关控告，公安机关应当受理而不受理的，不受本条第一款追究时效的限制。

**第一百五十五条** 实施行政处罚时，应当责令违法行为人当场或者限期改正违法行为。

**第一百五十六条** 对违法行为人的同一个违法行为，不得给予两次以上罚款的行政处罚。

**第一百五十七条** 不满十四周岁的人有违法行为的，不予行政处罚，但是应当责令其监护人严加管教，并在不予行政处罚决定书中载明。已满十四周岁不满十八周岁的人有违法行为的，从轻或者减轻行政处罚。

**第一百五十八条** 精神病人在不能辨认或者不能控制自己行为时有违法行为的，不予行政处罚，但应当责令其监护人严加看管和治疗，并在不予行政处罚决定书中载明。间歇性精神病人在精神正常时有违法行为的，应当给予行政处罚。尚未完全丧失辨认或者控制自己行为能力的精神病人有违法行为的，应当予以行政处罚，但可以从轻或者减轻行政处罚。

**第一百五十九条** 违法行为人有下列情形之一的，应当从轻、减轻处罚或者不予行政处罚：

（一）主动消除或者减轻违法行为危害后果，并取得被侵害人谅解的；

（二）受他人胁迫或者诱骗的；

（三）有立功表现的；

（四）主动投案，向公安机关如实陈述自己的违法行为的；

（五）其他依法应当从轻、减轻或者不予行政处罚的。

违法行为轻微并及时纠正，没有造成危害后果的，不予行政处罚。

盲人或者又聋又哑的人违反治安管理的，可以从轻、减轻或者不予行政处罚；醉酒的人违反治安管理的，应当给予处罚。

**第一百六十条** 违法行为人有下列情形之一的，应当从重处罚：

（一）有较严重后果的；

（二）教唆、胁迫、诱骗他人实施违法行为的；

（三）对报案人、控告人、举报人、证人等打击报复的；

（四）六个月内曾受过治安管理处罚或者一年内因同类违法行为受到两次以上公安行政处罚的；

（五）刑罚执行完毕三年内，或者在缓刑期间，违反治安管理的。

**第一百六十一条** 一人有两种以上违法行为的，分别决定，合并执行，可以制作一份决定书，分别写明对每种违法行为的处理内容和合并执行的内容。

一个案件有多个违法行为人的，分别决定，可以制作一式多份决定书，写明给予每个人的处理决定，分别送达每一个违法行为人。

**第一百六十二条** 行政拘留处罚合并执行的，最长不超过二十日。

行政拘留处罚执行完毕前，发现违法行为人有其他违法行为，公安机关依法作出行政拘留决定的，与正在执行的行政拘留合并执行。

**第一百六十三条** 对决定给予行政拘留处罚的人，在处罚前因同一行为已经被采取强制措施限制人身自由的时间应当折抵。限制人身自由一日，折抵执行行政拘留一日。询问查证、继续盘问和采取约束措施的时间不予折抵。

被采取强制措施限制人身自由的时间超过决定的行政拘留期限的，行政拘留决定不再执行。

**第一百六十四条** 违法行为人具有下列情形之一，依法应当给予行政拘留处罚的，应当作出处罚决定，但不送拘留所执行：

（一）已满十四周岁不满十六周岁的；

（二）已满十六周岁不满十八周岁，初次违反治安管理或者其他公安行政管理的。但是，曾被收容教养、被行政拘留依法不执行行政拘留或者曾因实施扰乱公共秩序，妨害公共安全，侵犯人身权利、财产权利，妨害社会管理的行为被人民法院判决有罪的除外；

（三）七十周岁以上的；

（四）孕妇或者正在哺乳自己婴儿的妇女。

## 第二节 行政处理的决定

**第一百六十五条** 公安机关办理治安案件的期限，自受理之日起不得超过三十日；案情重大、复杂的，经上一级公安机关批准，可以延长三十日。办理其他行政案件，有法定办案期限的，按照相关法律规定办理。

为了查明案情进行鉴定的期间，不计入办案期限。

对因违反治安管理行为人不明或者逃跑等客观原因造成案件在法定期限内无法作出行政处理决定的，公安机关应当继续进行调查取证，并向被侵害人说明情况，及时依法作出处理决定。

**第一百六十六条** 违法嫌疑人不讲真实姓名、住址，身份不明，但只要违法事实清楚、证据确实充分的，可以按其自报的姓名并贴附照片作出处理决定，并在相关法律文书中注明。

**第一百六十七条** 在作出行政处罚决定前，应当告知违法嫌疑人拟作出行政处罚决定的事实、理由及依据，并告知违法嫌疑人依法享有陈述权和申辩权。单位违法的，应当告知其法定代表人、主要负责人或者其授权的人员。

适用一般程序作出行政处罚决定的，采用书面形式或者笔录形式告知。

依照本规定第一百七十二条第一款第三项作出不予行政处罚决定的，可以不履行本条第一款规定的告知程序。

**第一百六十八条** 对违法行为事实清楚，证据确实充分，依法应当予以行政处罚，因违法行为人逃跑等原因无法履行告知义务的，公安机关可以采取公告方式予以告知。自公告之日起七日内，违法嫌疑人未提出申辩的，可以依法作出行政处罚决定。

**第一百六十九条** 违法嫌疑人有权进行陈述和申辩。对违法嫌疑人提出的新的事实、理由和证据，公安机关应当进行复核。

公安机关不得因违法嫌疑人申辩而加重处罚。

**第一百七十条** 对行政案件进行审核、审批时，应当审查下列内容：

（一）违法嫌疑人的基本情况；

（二）案件事实是否清楚，证据是否确实充分；

（三）案件定性是否准确；

（四）适用法律、法规和规章是否正确；

（五）办案程序是否合法；

（六）拟作出的处理决定是否适当。

**第一百七十一条** 法制员或者办案部门指定的人员、办案部门负责人、法制部门的人员可以作为行政案件审核人员。

初次从事行政处罚决定审核的人员，应当通过国家统一法律职业资格考试取得法律职业资格。

**第一百七十二条** 公安机关根据行政案件的不同情况分别作出下列处理决定：

（一）确有违法行为，应当给予行政处罚的，根据其情节和危害后果的轻重，作出行政处罚决定；

（二）确有违法行为，但有依法不予行政处罚情形的，作出不予行政处罚决定；有违法所得和非法财物、违禁品、管制器具的，应当予以追缴或者收缴；

（三）违法事实不能成立的，作出不予行政处罚决定；

（四）对需要给予社区戒毒、强制隔离戒毒、收容教养等处理的，依法作出决定；

（五）违法行为涉嫌构成犯罪的，转为刑事案件办理或者移送有权处理的主管机关、部门办理，无需撤销行政案件。公安机关已经作出行政处理决定的，应当附卷；

（六）发现违法行为人有其他违法行为的，在依法作出行政处理决定的同时，通知有关行政主管部门处理。

对已经依照前款第三项作出不予行政处罚决定的案件，又发现新的证据的，应当依法及时调查；违法行为能够认定的，依法重新作出处理决定，并撤销原不予行政处罚决定。

治安案件有被侵害人的，公安机关应当在作出不予行政处罚或者处罚决定之日起二日内将决定书复印件送达被侵害人。无法送达的，应当注明。

**第一百七十三条** 行政拘留处罚由县级以上公安机关或者出入境边防检查机关决定。依法应当对违法行为人予以行政拘留的，公安派出所、依法具有独立执法主体资格的公安机关业务部门应当报其所属的县级以上公安机关决定。

**第一百七十四条** 对县级以上的各级人民代表大会代表予以行政拘留的，作出处罚决定前应当经该级人民代表大会主席团或者人民代表大会常务委员会许可。

对乡、民族乡、镇的人民代表大会代表予以行政拘留的，作出决定的公安机关应当立即报告乡、民族乡、镇的人民代表大会。

**第一百七十五条** 作出行政处罚决定的，应当制作行政处罚决定书。决定书应当载明下列内容：

（一）被处罚人的姓名、性别、出生日期、身份证件种类及号码、户籍所在地、现住址、工作单位、违法经历以及被处罚单位的名称、地址和法定代表人；

（二）违法事实和证据以及从重、从轻、减轻等情节；

（三）处罚的种类、幅度和法律依据；

（四）处罚的执行方式和期限；

（五）对涉案财物的处理结果及对被处罚人的其他处理情况；

（六）对处罚决定不服，申请行政复议、提起行政诉讼的途径和期限；

（七）作出决定的公安机关的名称、印章和日期。

作出罚款处罚的，行政处罚决定书应当载明逾期不缴纳罚款依法加处罚款的标准和最高限额；对涉案财物作出处理的，行政处罚决定书应当附没收、收缴、追缴物品清单。

**第一百七十六条** 作出行政拘留处罚决定的，应当及时将处罚情况和执行场所或者依法不执行的情况通知被处罚人家属。

作出社区戒毒决定的，应当通知被决定人户籍所在地或者现居住地的城市街道办事处、乡镇人民政府。作出强制隔离戒毒、收容教养决定的，应当在法定期限内通知被决定人的家属、所在单位、户籍所在地公安派出所。

被处理人拒不提供家属联系方式或者不讲真实姓名、住址，身份不明的，可以不予通知，但应当在附卷的决定书中注明。

**第一百七十七条** 公安机关办理的刑事案件，尚不够刑事处罚，依法应当给予公安行政处理的，经县级以上公安机关负责人批准，依照本章规定作出处理决定。

## 第十章 治安调解

**第一百七十八条** 对于因民间纠纷引起的殴打他人、故意伤害、侮辱、诽谤、诬告陷害、故意损毁财物、干扰他人正常生活、侵犯隐私、非法侵入住宅等违反治安管理行为，情节较轻，且具有下列情形之一的，可以调解处理：

（一）亲友、邻里、同事、在校学生之间因琐事发生纠纷引起的；

（二）行为人的侵害行为系由被侵害人事前的过错行为引起的；

（三）其他适用调解处理更易化解矛盾的。

对不构成违反治安管理行为的民间纠纷，应当告知当事人向人民法院或者人民调解组织申请处理。

对情节轻微、事实清楚、因果关系明确,不涉及医疗费用、物品损失或者双方当事人对医疗费用和物品损失的赔付无争议,符合治安调解条件,双方当事人同意当场调解并当场履行的治安案件,可以当场调解,并制作调解协议书。当事人基本情况、主要违法事实和协议内容在现场录音录像中明确记录的,不再制作调解协议书。

**第一百七十九条**　具有下列情形之一的,不适用调解处理:

(一)雇凶伤害他人的;

(二)结伙斗殴或者其他寻衅滋事的;

(三)多次实施违反治安管理行为的;

(四)当事人明确表示不愿意调解处理的;

(五)当事人在治安调解过程中又针对对方实施违反治安管理行为的;

(六)调解过程中,违法嫌疑人逃跑的;

(七)其他不宜调解处理的。

**第一百八十条**　调解处理案件,应当查明事实,收集证据,并遵循合法、公正、自愿、及时的原则,注重教育和疏导,化解矛盾。

**第一百八十一条**　当事人中有未成年人的,调解时应当通知其父母或者其他监护人到场。但是,当事人为年满十六周岁以上的未成年人,以自己的劳动收入为主要生活来源,本人同意不通知的,可以不通知。

被侵害人委托其他人参加调解的,应当向公安机关提交委托书,并写明委托权限。违法嫌疑人不得委托他人参加调解。

**第一百八十二条**　对因邻里纠纷引起的治安案件进行调解时,可以邀请当事人居住地的居(村)民委员会的人员或者双方当事人熟悉的人员参加帮助调解。

**第一百八十三条**　调解一般为一次。对一次调解不成,公安机关认为有必要或者当事人申请的,可以再次调解,并应当在第一次调解后的七个工作日内完成。

**第一百八十四条**　调解达成协议的,在公安机关主持下制作调解协议书,双方当事人应当在调解协议书上签名,并履行调解协议。

调解协议书应当包括调解机关名称、主持人、双方当事人和其他在场人员的基本情况,案件发生时间、地点、人员、起因、经过、情节、结果等情况、协议内容、履行期限和方式等内容。

对调解达成协议的,应当保存案件证据材料,与其他文书材料和调解协议书一并归入案卷。

**第一百八十五条**　调解达成协议并履行的,公安机关不再处罚。对调解未达成协议或者达成协议后不履行的,应当对违反治安管理行为人依法予以处罚;对违法行为造成的损害赔偿纠纷,公安机关可以进行调解,调解不成的,应当告知当事人向人民法院提起民事诉讼。

调解案件的办案期限从调解未达成协议或者调解达成协议不履行之日起开始计算。

**第一百八十六条**　对符合本规定第一百七十八条规定的治安案件,当事人申请人民调解或者自行和解,达成协议并履行后,双方当事人书面申请并经公安机关认可的,公安机关不予治安管理处罚,但公安机关已依法作出处理决定的除外。

## 第十一章　涉案财物的管理和处理

**第一百八十七条**　对于依法扣押、扣留、查封、抽样取证、追缴、收缴的财物以及由公安机关负责保管的先行登记保存的财物,公安机关应当妥善保管,不得使用、挪用、调换或者损毁。造成损失的,应当承担赔偿责任。

涉案财物的保管费用由作出决定的公安机关承担。

**第一百八十八条**　县级以上公安机关应当指定一个内设部门作为涉案财物管理部门,负责对涉案财物实行统一管理,并设立或者指定专门保管场所,对涉案财物进行集中保管。涉案财物集中保管的范围,由地方公安机关根据本地区实际情况确定。

对价值较低、易于保管,或者需要作为证据继续使用,以及需要先行返还被侵害人的涉案财物,可以由办案部门设置专门的场所进行保管。办案部门应当指定不承担办案工作的民警负责本部门涉案财物的接收、保管、移交等管理工作;严禁由办案人员自行保管涉案财物。

对查封的场所、设施、财物,可以委托第三人保管,第三人不得损毁或者擅自转移、处置。因第三人的原因造成的损失,公安机关先行赔付后,有权向第三人追偿。

**第一百八十九条**　公安机关涉案财物管理部门和办案部门应当建立电子台账,对涉案财物逐一编号登记,载明案由、来源、保管状态、场所和去向。

**第一百九十条**　办案人民警察应当在依法提取涉案财物后的二十四小时内将财物移交涉案财物管理人员,并办理移交手续。对查封、冻结、先行登记保存的涉案财物,应当在采取措施后的二十四小时内,将法律文书复印件及涉案财物的情况送交涉案财物管理人员予以登记。

在异地或者在偏远、交通不便地区提取涉案财物的,办案人民警察应当在返回单位后的二十四小时内移交。

对情况紧急,需要在提取涉案财物后的二十四小时内进行鉴定、辨认、检验、检查等工作的,经办案部门负责人批准,可以在完成上述工作后的二十四小时内移交。

在提取涉案财物后的二十四小时内已将涉案财物处理完毕的,不再移交,但应当将处理涉案财物的相关手续附卷保存。

因询问、鉴定、辨认、检验、检查等办案需要,经办案部门负责人批准,办案人民警察可以调用涉案财物,并及时归还。

**第一百九十一条** 对容易腐烂变质及其他不易保管的物品、危险物品,经公安机关负责人批准,在拍照或者录像后依法变卖或者拍卖,变卖或者拍卖的价款暂予保存,待结案后按有关规定处理。

对易燃、易爆、毒害性、放射性等危险物品应当存放在符合危险物品存放条件的专门场所。

对属于被侵害人或者善意第三人合法占有的财物,应当在登记、拍照或者录像、估价后及时返还,并在案卷中注明返还的理由,将原物照片、清单和领取手续存卷备查。

对不宜入卷的物证,应当拍照入卷,原物在结案后按照有关规定处理。

**第一百九十二条** 有关违法行为查证属实后,对有证据证明权属明确且无争议的被侵害人合法财物及其孳息,凡返还不损害其他被侵害人或者利害关系人的利益,不影响案件正常办理的,应当在登记、拍照或者录像和估价后,及时发还被侵害人。办案人民警察应当在案卷材料中注明返还的理由,并将原物照片、清单和被侵害人的领取手续附卷。

**第一百九十三条** 在作出行政处理决定时,应当对涉案财物一并作出处理。

**第一百九十四条** 对在办理行政案件中查获的下列物品应当依法收缴:

(一)毒品、淫秽物品等违禁品;

(二)赌具和赌资;

(三)吸食、注射毒品的用具;

(四)伪造、变造的公文、证件、证明文件、票证、印章等;

(五)倒卖的车船票、文艺演出票、体育比赛入场券等有价票证;

(六)主要用于实施违法行为的本人所有的工具以及直接用于实施毒品违法行为的资金;

(七)法律、法规规定可以收缴的其他非法财物。

前款第六项所列的工具,除非有证据表明属于他人合法所有,可以直接认定为违法行为人本人所有。对明显无价值的,可以不作出收缴决定,但应当在证据保全文书中注明处理情况。

违法所得应当依法予以追缴或者没收。

多名违法行为人共同实施违法行为,违法所得或者非法财物无法分清所有人的,作为共同违法所得或者非法财物予以处理。

**第一百九十五条** 收缴由县级以上公安机关决定。但是,违禁品,管制器具,吸食、注射毒品的用具以及非法财物价值在五百元以下且当事人对财物价值无异议的,公安派出所可以收缴。

追缴由县级以上公安机关决定。但是,追缴的财物应当退还被侵害人的,公安派出所可以追缴。

**第一百九十六条** 对收缴和追缴的财物,经原决定机关负责人批准,按照下列规定分别处理:

(一)属于被侵害人或者善意第三人的合法财物,应当及时返还;

(二)没有被侵害人的,登记造册,按照规定上缴国库或者依法变卖、拍卖后,将所得款项上缴国库;

(三)违禁品、没有价值的物品,或者价值轻微,无法变卖、拍卖的物品,统一登记造册后销毁;

(四)对无法变卖或者拍卖的危险物品,由县级以上公安机关主管部门组织销毁或者交有关厂家回收。

**第一百九十七条** 对应当退还原主或者当事人的财物,通知原主或者当事人在六个月内来领取;原主不明确的,应当采取公告方式告知原主认领。在通知原主、当事人或者公告后六个月内,无人认领的,按无主财物处理,登记后上缴国库,或者依法变卖或者拍卖后,将所得款项上缴国库。遇有特殊情况的,可酌情延期处理,延长期限最长不超过三个月。

## 第十二章 执　行

### 第一节 一般规定

**第一百九十八条** 公安机关依法作出行政处理决定后,被处理人应当在行政处理决定的期限内予以履行。逾期不履行的,作出行政处理决定的公安机关可以依法强制执行或者申请人民法院强制执行。

**第一百九十九条** 被处理人对行政处理决定不服申请行政复议或者提起行政诉讼的,行政处理决定不停止执行,但法律另有规定的除外。

**第二百条** 公安机关在依法作出强制执行决定或者申请人民法院强制执行前,应当事先催告被处理人履行行政处理决定。催告以书面形式作出,并直接送达被处理人。被处理人拒绝接受或者无法直接送达被处理人的,依照本规定第五章的有关规定送达。

催告书应当载明下列事项:

(一)履行行政处理决定的期限和方式;

(二)涉及金钱给付的,应当有明确的金额和给付方式;

(三)被处理人依法享有的陈述权和申辩权。

**第二百零一条** 被处理人收到催告书后有权进行陈述和申辩。公安机关应当充分听取并记录、复核。被处理人提出的事实、理由或者证据成立的,公安机关应当采纳。

**第二百零二条** 经催告,被处理人无正当理由逾期仍不履行行政处理决定,法律规定由公安机关强制执行的,公安机关可以依法作出强制执行决定。

在催告期间,对有证据证明有转移或者隐匿财物迹象的,公安机关可以作出立即强制执行决定。

强制执行决定应当以书面形式作出,并载明下列事项:

(一)被处理人的姓名或者名称、地址;

(二)强制执行的理由和依据;

(三)强制执行的方式和时间;

(四)申请行政复议或者提起行政诉讼的途径和期限;

(五)作出决定的公安机关名称、印章和日期。

**第二百零三条** 依法作出要求被处理人履行排除妨碍、恢复原状等义务的行政处理决定,被处理人逾期不履行,经催告仍不履行,其后果已经或者将危害交通安全的,公安机关可以代履行,或者委托没有利害关系的第三人代履行。

代履行应当遵守下列规定:

(一)代履行前送达决定书,代履行决定书应当载明当事人的姓名或者名称、地址,代履行的理由和依据、方式和时间、标的、费用预算及代履行人;

(二)代履行三日前,催告当事人履行,当事人履行的,停止代履行;

(三)代履行时,作出决定的公安机关应当派员到场监督;

(四)代履行完毕,公安机关到场监督人员、代履行人和当事人或者见证人应当在执行文书上签名或者盖章。

代履行的费用由当事人承担。但是,法律另有规定的除外。

**第二百零四条** 需要立即清理道路的障碍物,当事人不能清除的,或者有其他紧急情况需要立即履行的,公安机关可以决定立即实施代履行。当事人不在场的,公安机关应当在事后立即通知当事人,并依法作出处理。

**第二百零五条** 实施行政强制执行,公安机关可以在不损害公共利益和他人合法权益的情况下,与当事人达成执行协议。执行协议可以约定分阶段履行;当事人采取补救措施的,可以减免加处的罚款。

执行协议应当履行。被处罚人不履行执行协议的,公安机关应当恢复强制执行。

**第二百零六条** 当事人在法定期限内不申请行政复议或者提起行政诉讼,又不履行行政处理决定的,法律没有规定公安机关强制执行的,作出行政处理决定的公安机关可以自期限届满之日起三个月内,向所在地有管辖权的人民法院申请强制执行。因情况紧急,为保障公共安全,公安机关可以申请人民法院立即执行。

强制执行的费用由被执行人承担。

**第二百零七条** 申请人民法院强制执行前,公安机关应当催告被处理人履行义务,催告书送达十日后被处理人仍未履行义务的,公安机关可以向人民法院申请强制执行。

**第二百零八条** 公安机关向人民法院申请强制执行,应当提供下列材料:

(一)强制执行申请书;

(二)行政处理决定书及作出决定的事实、理由和依据;

(三)当事人的意见及公安机关催告情况;

(四)申请强制执行标的情况;

(五)法律、法规规定的其他材料。

强制执行申请书应当由作出处理决定的公安机关负责人签名,加盖公安机关印章,并注明日期。

**第二百零九条** 公安机关对人民法院不予受理强制执行申请、不予强制执行的裁定有异议的,可以在十五日内向上一级人民法院申请复议。

**第二百一十条** 具有下列情形之一的,中止强制执行:

(一)当事人暂无履行能力的;

(二)第三人对执行标的主张权利,确有理由的;

(三)执行可能对他人或者公共利益造成难以弥补的重大损失的;

(四)其他需要中止执行的。

中止执行的情形消失后,公安机关应当恢复执行。对没有明显社会危害,当事人确无能力履行,中止执行满三年未恢复执行的,不再执行。

**第二百一十一条** 具有下列情形之一的,终结强制执行:

(一)公民死亡,无遗产可供执行,又无义务承受人的;

(二)法人或者其他组织终止,无财产可供执行,又无义务承受人的;

(三)执行标的灭失的;

(四)据以执行的行政处理决定被撤销的;

(五)其他需要终结执行的。

**第二百一十二条** 在执行中或者执行完毕后,据以执行的行政处理决定被撤销、变更,或者执行错误,应当恢复原状或者退还财物;不能恢复原状或者退还财物的,依法给予赔偿。

**第二百一十三条** 除依法应当销毁的物品外,公安机关依法没收或者收缴、追缴的违法所得和非法财物,必须按照国家有关规定处理或者上缴国库。

罚款、没收或者收缴的违法所得和非法财物拍卖或者变卖的款项和没收的保证金,必须全部上缴国库,不得以任何形式截留、私分或者变相私分。

## 第二节 罚款的执行

**第二百一十四条** 公安机关作出罚款决定,被处罚人应当自收到行政处罚决定书之日起十五日内,到指定的银行缴纳罚款。具有下列情形之一的,公安机关及其办案人民警察可以当场收缴罚款,法律另有规定的,从其规定:

(一)对违反治安管理行为人处五十元以下罚款和对违反交通管理的行人、乘车人和非机动车驾驶人处罚款,被处罚人没有异议的;

(二)对违反治安管理、交通管理以外的违法行为人当场处二十元以下罚款的;

(三)在边远、水上、交通不便地区、旅客列车上或者口岸,被处罚人向指定银行缴纳罚款确有困难,经被处罚人提出的;

(四)被处罚人在当地没有固定住所,不当场收缴事后难以执行的。

对具有前款第一项和第三项情形之一的,办案人民警察应当要求被处罚人签名确认。

**第二百一十五条** 公安机关及其人民警察当场收缴罚款的,应当出具省级或者国家财政部门统一制发的罚款收据。对不出具省级或者国家财政部门统一制发的罚款收据的,被处罚人有权拒绝缴纳罚款。

**第二百一十六条** 人民警察应当自收缴罚款之日起二日内,将当场收缴的罚款交至其所属公安机关;在水上当场收缴的罚款,应当自抵岸之日起二日内将当场收缴的罚款交至其所属公安机关;在旅客列车上当场收缴的罚款,应当自返回之日起二日内将当场收缴的罚款交至其所属公安机关。

公安机关应当自收到罚款之日起二日内将罚款缴付指定的银行。

**第二百一十七条** 被处罚人确有经济困难,经被处罚人申请和作出处罚决定的公安机关批准,可以暂缓或者分期缴纳罚款。

**第二百一十八条** 被处罚人未在本规定第二百一十四条规定的期限内缴纳罚款的,作出行政处罚决定的公安机关可以采取下列措施:

(一)将依法查封、扣押的被处罚人的财物拍卖或者变卖抵缴罚款。拍卖或者变卖的价款超过罚款数额的,余额部分应当及时退还被处罚人;

(二)不能采取第一项措施的,每日按罚款数额的百分之三加处罚款,加处罚款总额不得超出罚款数额。

拍卖财物,由公安机关委托拍卖机构依法办理。

**第二百一十九条** 依法加处罚款超过三十日,经催告被处罚人仍不履行的,作出行政处罚决定的公安机关可以按照本规定第二百零六条的规定向所在地有管辖权的人民法院申请强制执行。

## 第三节 行政拘留的执行

**第二百二十条** 对被决定行政拘留的人,由作出决定的公安机关送达拘留所执行。对抗拒执行的,可以使用约束性警械。

对被决定行政拘留的人,在异地被抓获或者具有其他有必要在异地拘留所执行情形的,经异地拘留所主管公安机关批准,可以在异地执行。

**第二百二十一条** 对同时被决定行政拘留和社区戒毒或者强制隔离戒毒的人员,应当先执行行政拘留,由拘留所给予必要的戒毒治疗,强制隔离戒毒期限连续计算。

拘留所不具备戒毒治疗条件的,行政拘留决定机关可以直接将被行政拘留人送公安机关管理的强制隔离戒毒所代为执行行政拘留,强制隔离戒毒期限连续计算。

**第二百二十二条** 被处罚人不服行政拘留处罚决定,申请行政复议或者提起行政诉讼的,可以向作出行政拘留决定的公安机关提出暂缓执行行政拘留的申请;口头提出申请的,公安机关人民警察应当予以记录,并由申请人签名或者捺指印。

被处罚人在行政拘留执行期间，提出暂缓执行行政拘留申请的，拘留所应当立即将申请转交作出行政拘留决定的公安机关。

**第二百二十三条** 公安机关应当在收到被处罚人提出暂缓执行行政拘留申请之时起二十四小时内作出决定。

公安机关认为暂缓执行行政拘留不致发生社会危险，且被处罚人或者其近亲属提出符合条件的担保人，或者按每日行政拘留二百元的标准交纳保证金的，应当作出暂缓执行行政拘留的决定。

对同一被处罚人，不得同时责令其提出保证人和交纳保证金。

被处罚人已送达拘留所执行的，公安机关应当立即将暂缓执行行政拘留决定送达拘留所，拘留所应当立即释放被处罚人。

**第二百二十四条** 被处罚人具有下列情形之一的，应当作出不暂缓执行行政拘留的决定，并告知申请人：

（一）暂缓执行行政拘留后可能逃跑的；

（二）有其他违法犯罪嫌疑，正在被调查或者侦查的；

（三）不宜暂缓执行行政拘留的其他情形。

**第二百二十五条** 行政拘留并处罚款的，罚款不因暂缓执行行政拘留而暂缓执行。

**第二百二十六条** 在暂缓执行行政拘留期间，被处罚人应当遵守下列规定：

（一）未经决定机关批准不得离开所居住的市、县；

（二）住址、工作单位和联系方式发生变动的，在二十四小时以内向决定机关报告；

（三）在行政复议和行政诉讼中不得干扰证人作证、伪造证据或者串供；

（四）不得逃避、拒绝或者阻碍处罚的执行。

在暂缓执行行政拘留期间，公安机关不得妨碍被处罚人依法行使行政复议和行政诉讼权利。

**第二百二十七条** 暂缓执行行政拘留的担保人应当符合下列条件：

（一）与本案无牵连；

（二）享有政治权利，人身自由未受到限制或者剥夺；

（三）在当地有常住户口和固定住所；

（四）有能力履行担保义务。

**第二百二十八条** 公安机关经过审查认为暂缓执行行政拘留的担保人符合条件的，由担保人出具保证书，并到公安机关将被担保人领回。

**第二百二十九条** 暂缓执行行政拘留的担保人应当履行下列义务：

（一）保证被担保人遵守本规定第二百二十六条的规定；

（二）发现被担保人伪造证据、串供或者逃跑的，及时向公安机关报告。

暂缓执行行政拘留的担保人不履行担保义务，致使被担保人逃避行政拘留处罚执行的，公安机关可以对担保人处以三千元以下罚款，并对被担保人恢复执行行政拘留。

暂缓执行行政拘留的担保人履行了担保义务，但被担保人仍逃避行政拘留处罚执行的，或者被处罚人逃跑后，担保人积极帮助公安机关抓获被处罚人的，可以从轻或者不予行政处罚。

**第二百三十条** 暂缓执行行政拘留的担保人在暂缓执行行政拘留期间，不愿继续担保或者丧失担保条件的，行政拘留的决定机关应当责令被处罚人重新提出担保人或者交纳保证金。不提出担保人又不交纳保证金的，行政拘留的决定机关应当将被处罚人送拘留所执行。

**第二百三十一条** 保证金应当由银行代收。在银行非营业时间，公安机关可以先行收取，并在收到保证金后的三日内存入指定的银行账户。

公安机关应当指定办案部门以外的法制、装备财务等部门负责管理保证金。严禁截留、坐支、挪用或者以其他任何形式侵吞保证金。

**第二百三十二条** 行政拘留处罚被撤销或者开始执行时，公安机关应当将保证金退还交纳人。

被决定行政拘留的人逃避行政拘留处罚执行的，由决定行政拘留的公安机关作出没收或者部分没收保证金的决定，行政拘留的决定机关应当将被处罚人送拘留所执行。

**第二百三十三条** 被处罚人对公安机关没收保证金的决定不服的，可以依法申请行政复议或者提起行政诉讼。

### 第四节 其他处理决定的执行

**第二百三十四条** 作出吊销公安机关发放的许可证或者执照处罚的，应当在被吊销的许可证或者执照上加盖吊销印章后收缴。被处罚人拒不缴销证件的，公安机关可以公告宣布作废。吊销许可证或者执照的机关不是发证机关的，作出决定的机关应当在处罚决定生效后及时通知发证机关。

**第二百三十五条** 作出取缔决定的，可以采取在经营场所张贴公告等方式予以公告，责令被取缔者立即停止经营活动；有违法所得的，依法予以没收或者追缴。拒不停止经营活动的，公安机关可以依法没收或者收缴其专门用于从事非法经营活动的工具、设备。已经取得营业执照的，公安机关应当通知工商行政管理部门依法撤销其营业执照。

**第二百三十六条** 对拒不执行公安机关依法作出的责令停产停业决定的，公安机关可以依法强制执行或者申请人民法院强制执行。

**第二百三十七条** 对被决定强制隔离戒毒、收容教养的人员，由作出决定的公安机关送强制隔离戒毒场所、收容教养场所执行。

对被决定社区戒毒的人员，公安机关应当责令其到户籍所在地接受社区戒毒，在户籍所在地以外的现居住地有固定住所的，可以责令其在现居住地接受社区戒毒。

## 第十三章 涉外行政案件的办理

**第二百三十八条** 办理涉外行政案件，应当维护国家主权和利益，坚持平等互利原则。

**第二百三十九条** 对外国人国籍的确认，以其入境时有效证件上所表明的国籍为准；国籍有疑问或者国籍不明的，由公安机关出入境管理部门协助查明。

对无法查明国籍、身份不明的外国人，按照其自报的国籍或者无国籍人对待。

**第二百四十条** 违法行为人为享有外交特权和豁免权的外国人的，办案公安机关应当将其身份、证件及违法行为等基本情况记录在案，保存有关证据，并尽快将有关情况层报省级公安机关，由省级公安机关商请同级人民政府外事部门通过外交途径处理。

对享有外交特权和豁免权的外国人，不得采取限制人身自由和查封、扣押的强制措施。

**第二百四十一条** 办理涉外行政案件，应当使用中华人民共和国通用的语言文字。对不通晓我国语言文字的，公安机关应当为其提供翻译；当事人通晓我国语言文字，不需要他人翻译的，应当出具书面声明。

经县级以上公安机关负责人批准，外国籍当事人可以自己聘请翻译，翻译费由其个人承担。

**第二百四十二条** 外国人具有下列情形之一，经当场盘问或者继续盘问后不能排除嫌疑，需要作进一步调查的，经县级以上公安机关或者出入境边防检查机关负责人批准，可以拘留审查：

（一）有非法出境入境嫌疑的；

（二）有协助他人非法出境入境嫌疑的；

（三）有非法居留、非法就业嫌疑的；

（四）有危害国家安全和利益，破坏社会公共秩序或者从事其他违法犯罪活动嫌疑的。

实施拘留审查，应当出示拘留审查决定书，并在二十四小时内进行询问。

拘留审查的期限不得超过三十日，案情复杂的，经上一级公安机关或者出入境边防检查机关批准可以延长至六十日。对国籍、身份不明的，拘留审查期限自查清其国籍、身份之日起计算。

**第二百四十三条** 具有下列情形之一的，应当解除拘留审查：

（一）被决定遣送出境、限期出境或者驱逐出境的；

（二）不应当拘留审查的；

（三）被采取限制活动范围措施的；

（四）案件移交其他部门处理的；

（五）其他应当解除拘留审查的。

**第二百四十四条** 外国人具有下列情形之一的，不适用拘留审查，经县级以上公安机关或者出入境边防检查机关负责人批准，可以限制其活动范围：

（一）患有严重疾病的；

（二）怀孕或者哺乳自己婴儿的；

（三）未满十六周岁或者已满七十周岁的；

（四）不宜适用拘留审查的其他情形。

被限制活动范围的外国人，应当按照要求接受审查，未经公安机关批准，不得离开限定的区域。限制活动范围的期限不得超过六十日。对国籍、身份不明的，限制活动范围期限自查清其国籍、身份之日起计算。

**第二百四十五条** 被限制活动范围的外国人应当遵守下列规定：

（一）未经决定机关批准，不得变更生活居所，超出指定的活动区域；

（二）在传唤的时候及时到案；

（三）不得以任何形式干扰证人作证；

（四）不得毁灭、伪造证据或者串供。

**第二百四十六条** 外国人具有下列情形之一的，经县级以上公安机关或者出入境边防检查机关负责人批准，可以遣送出境：

（一）被处限期出境，未在规定期限内离境的；

（二）有不准入境情形的；

（三）非法居留、非法就业的；

（四）违反法律、行政法规需要遣送出境的。

其他境外人员具有前款所列情形之一的，可以依法遣送出境。

被遣送出境的人员，自被遣送出境之日起一至五年内不准入境。

**第二百四十七条**　被遣送出境的外国人可以被遣送至下列国家或者地区：

（一）国籍国；

（二）入境前的居住国或者地区；

（三）出生地国或者地区；

（四）入境前的出境口岸的所属国或者地区；

（五）其他允许被遣送出境的外国人入境的国家或者地区。

**第二百四十八条**　具有下列情形之一的外国人，应当羁押在拘留所或者遣返场所：

（一）被拘留审查的；

（二）被决定遣送出境或者驱逐出境但因天气、交通运输工具班期、当事人健康状况等客观原因或者国籍、身份不明，不能立即执行的。

**第二百四十九条**　外国人对继续盘问、拘留审查、限制活动范围、遣送出境措施不服的，可以依法申请行政复议，该行政复议决定为最终决定。

其他境外人员对遣送出境措施不服，申请行政复议的，适用前款规定。

**第二百五十条**　外国人具有下列情形之一的，经县级以上公安机关或者出入境边防检查机关决定，可以限期出境：

（一）违反治安管理的；

（二）从事与停留居留事由不相符的活动的；

（三）违反中国法律、法规规定，不适宜在中国境内继续停留居留的。

对外国人决定限期出境的，应当规定外国人离境的期限，注销其有效签证或者停留居留证件。限期出境的期限不得超过三十日。

**第二百五十一条**　外国人违反治安管理或者出境入境管理，情节严重，尚不构成犯罪的，承办的公安机关可以层报公安部处以驱逐出境。公安部作出的驱逐出境决定为最终决定，由承办机关宣布并执行。

被驱逐出境的外国人，自被驱逐出境之日起十年内不准入境。

**第二百五十二条**　对外国人处以罚款或者行政拘留并处限期出境或者驱逐出境的，应当于罚款或者行政拘留执行完毕后执行限期出境或者驱逐出境。

**第二百五十三条**　办理涉外行政案件，应当按照国家有关办理涉外案件的规定，严格执行请示报告、内部通报、对外通知等各项制度。

**第二百五十四条**　对外国人作出行政拘留、拘留审查或者其他限制人身自由以及限制活动范围的决定后，决定机关应当在四十八小时内将外国人的姓名、性别、入境时间、护照或者其他身份证件号码，案件发生的时间、地点及有关情况，违法的主要事实，已采取的措施及其法律依据等情况报告省级公安机关；省级公安机关应当在规定期限内，将有关情况通知该外国人所属国家的驻华使馆、领馆，并通报同级人民政府外事部门。当事人要求不通知使馆、领馆，且我国与当事人国籍国未签署双边协议规定必须通知的，可以不通知，但应当由其本人提出书面请求。

**第二百五十五条**　外国人在被行政拘留、拘留审查或者其他限制人身自由以及限制活动范围期间死亡的，有关省级公安机关应当通知该外国人所属国家驻华使馆、领馆，同时报告公安部并通报同级人民政府外事部门。

**第二百五十六条**　外国人在被行政拘留、拘留审查或者其他限制人身自由以及限制活动范围期间，其所属国家驻华外交、领事官员要求探视的，决定机关应当及时安排。该外国人拒绝其所属国家驻华外交、领事官员探视的，公安机关可以不予安排，但应当由其本人出具书面声明。

**第二百五十七条**　办理涉外行政案件，本章未作规定的，适用其他各章的有关规定。

## 第十四章　案件终结

**第二百五十八条**　行政案件具有下列情形之一的，应当予以结案：

（一）作出不予行政处罚决定的；

（二）按照本规定第十章的规定达成调解、和解协议并已履行的；

（三）作出行政处罚等处理决定，且已执行的；

（四）违法行为涉嫌构成犯罪，转为刑事案件办理的；

（五）作出处理决定后，因执行对象灭失、死亡等客观原因导致无法执行或者无需执行的。

**第二百五十九条**　经过调查，发现行政案件具有下列情形之一的，经公安派出所、县级公安机关办案部门或者出入境边防检查机关以上负责人批准，终止调查：

（一）没有违法事实的；

（二）违法行为已过追究时效的；

（三）违法嫌疑人死亡的；

（四）其他需要终止调查的情形。

终止调查时，违法嫌疑人已被采取行政强制措施的，应当立即解除。

**第二百六十条**　对在办理行政案件过程中形成的文书材料，应当按照一案一卷原则建立案卷，并按照有关规定在结案或者终止案件调查后将案卷移交档案部门保管或者自行保管。

**第二百六十一条**　行政案件的案卷应当包括下列内容：

（一）受案登记表或者其他发现案件的记录；

（二）证据材料；

（三）决定文书；

（四）在办理案件中形成的其他法律文书。

**第二百六十二条**　行政案件的法律文书及定性依据材料应当齐全完整，不得损毁、伪造。

## 第十五章　附　则

**第二百六十三条**　省级公安机关应当建立并不断完善统一的执法办案信息系统。

办案部门应当按照有关规定将行政案件的受理、调查取证、采取强制措施、处理等情况以及相关文书材料录入执法办案信息系统，并进行网上审核审批。

公安机关可以使用电子签名、电子指纹捺印技术制作电子笔录等材料，可以使用电子印章制作法律文书。对案件当事人进行电子签名、电子指纹捺印的过程，公安机关应当同步录音录像。

**第二百六十四条**　执行本规定所需要的法律文书式样，由公安部制定。公安部没有制定式样，执法工作中需要的其他法律文书，省级公安机关可以制定式样。

**第二百六十五条**　本规定所称"以上"、"以下"、"内"皆包括本数或者本级。

**第二百六十六条**　本规定自2013年1月1日起施行，依照《中华人民共和国出境入境管理法》新设定的制度自2013年7月1日起施行。2006年8月24日发布的《公安机关办理行政案件程序规定》同时废止。

公安部其他规章对办理行政案件程序有特别规定的，按照特别规定办理；没有特别规定的，按照本规定办理。

# 中华人民共和国居民身份证法

· 2003年6月28日第十届全国人民代表大会常务委员会第三次会议通过

· 根据2011年10月29日第十一届全国人民代表大会常务委员会第二十三次会议《关于修改〈中华人民共和国居民身份证法〉的决定》修正

## 目　录

第一章　总　则

第二章　申领和发放

第三章　使用和查验

第四章　法律责任

第五章　附　则

## 第一章　总　则

**第一条**　为了证明居住在中华人民共和国境内的公民的身份，保障公民的合法权益，便利公民进行社会活动，维护社会秩序，制定本法。

**第二条**　居住在中华人民共和国境内的年满十六周岁的中国公民，应当依照本法的规定申请领取居民身份证；未满十六周岁的中国公民，可以依照本法的规定申请领取居民身份证。

**第三条**　居民身份证登记的项目包括：姓名、性别、民族、出生日期、常住户口所在地住址、公民身份号码、本人相片、指纹信息、证件的有效期和签发机关。

公民身份号码是每个公民唯一的、终身不变的身份代码，由公安机关按照公民身份号码国家标准编制。

公民申请领取、换领、补领居民身份证，应当登记指纹信息。

**第四条**　居民身份证使用规范汉字和符合国家标准的数字符号填写。

民族自治地方的自治机关根据本地区的实际情况，对居民身份证用汉字登记的内容，可以决定同时使用实行区域自治的民族的文字或者选用一种当地通用的文字。

**第五条**　十六周岁以上公民的居民身份证的有效期为十年、二十年、长期。十六周岁至二十五周岁的，发给有效期十年的居民身份证；二十六周岁至四十五周岁的，发给有效期二十年的居民身份证；四十六周岁以上的，发给长期有效的居民身份证。

未满十六周岁的公民，自愿申请领取居民身份证的，发给有效期五年的居民身份证。

**第六条**　居民身份证式样由国务院公安部门制定。

居民身份证由公安机关统一制作、发放。

居民身份证具备视读与机读两种功能，视读、机读的内容限于本法第三条第一款规定的项目。

公安机关及其人民警察对因制作、发放、查验、扣押居民身份证而知悉的公民的个人信息，应当予以保密。

## 第二章　申领和发放

**第七条**　公民应当自年满十六周岁之日起三个月内，向常住户口所在地的公安机关申请领取居民身份证。

未满十六周岁的公民，由监护人代为申请领取居民身份证。

**第八条**　居民身份证由居民常住户口所在地的县级人民政府公安机关签发。

**第九条**　香港同胞、澳门同胞、台湾同胞迁入内地定居的，华侨回国定居的，以及外国人、无国籍人在中华人民共和国境内定居并被批准加入或者恢复中华人民共和国国籍的，在办理常住户口登记时，应当依照本法规定申请领取居民身份证。

**第十条**　申请领取居民身份证，应当填写《居民身份证申领登记表》，交验居民户口簿。

**第十一条**　国家决定换发新一代居民身份证、居民身份证有效期满、公民姓名变更或者证件严重损坏不能辨认的，公民应当换领新证；居民身份证登记项目出现错误的，公安机关应当及时更正，换发新证；领取新证时，必须交回原证。居民身份证丢失的，应当申请补领。

未满十六周岁公民的居民身份证有前款情形的，可以申请换领、换发或者补领新证。

公民办理常住户口迁移手续时，公安机关应当在居民身份证的机读项目中记载公民常住户口所在地住址变动的情况，并告知本人。

**第十二条**　公民申请领取、换领、补领居民身份证，公安机关应当按照规定及时予以办理。公安机关应当自公民提交《居民身份证申领登记表》之日起六十日内发放居民身份证；交通不便的地区，办理时间可以适当延长，但延长的时间不得超过三十日。

公民在申请领取、换领、补领居民身份证期间，急需使用居民身份证的，可以申请领取临时居民身份证，公安机关应当按照规定及时予以办理。具体办法由国务院公安部门规定。

## 第三章　使用和查验

**第十三条**　公民从事有关活动，需要证明身份的，有权使用居民身份证证明身份，有关单位及其工作人员不得拒绝。

有关单位及其工作人员对履行职责或者提供服务过程中获得的居民身份证记载的公民个人信息，应当予以保密。

**第十四条**　有下列情形之一的，公民应当出示居民身份证证明身份：

（一）常住户口登记项目变更；

（二）兵役登记；

（三）婚姻登记、收养登记；

（四）申请办理出境手续；

（五）法律、行政法规规定需要用居民身份证证明身份的其他情形。

依照本法规定未取得居民身份证的公民，从事前款规定的有关活动，可以使用符合国家规定的其他证明方式证明身份。

**第十五条**　人民警察依法执行职务，遇有下列情形之一的，经出示执法证件，可以查验居民身份证：

（一）对有违法犯罪嫌疑的人员，需要查明身份的；

（二）依法实施现场管制时，需要查明有关人员身份的；

（三）发生严重危害社会治安突发事件时，需要查明现场有关人员身份的；

（四）在火车站、长途汽车站、港口、码头、机场或者在重大活动期间设区的市级人民政府规定的场所，需要查明有关人员身份的；

（五）法律规定需要查明身份的其他情形。

有前款所列情形之一，拒绝人民警察查验居民身份证的，依照有关法律规定，分别不同情形，采取措施予以处理。

任何组织或者个人不得扣押居民身份证。但是，公安机关依照《中华人民共和国刑事诉讼法》执行监视居住强制措施的情形除外。

## 第四章　法律责任

**第十六条**　有下列行为之一的，由公安机关给予警告，并处二百元以下罚款，有违法所得的，没收违法所得：

（一）使用虚假证明材料骗领居民身份证的；

（二）出租、出借、转让居民身份证的；

（三）非法扣押他人居民身份证的。

**第十七条**　有下列行为之一的，由公安机关处二百元以上一千元以下罚款，或者处十日以下拘留，有违法所得的，没收违法所得：

（一）冒用他人居民身份证或者使用骗领的居民身

份证的；

（二）购买、出售、使用伪造、变造的居民身份证的。

伪造、变造的居民身份证和骗领的居民身份证，由公安机关予以收缴。

**第十八条** 伪造、变造居民身份证的，依法追究刑事责任。

有本法第十六条、第十七条所列行为之一，从事犯罪活动的，依法追究刑事责任。

**第十九条** 国家机关或者金融、电信、交通、教育、医疗等单位的工作人员泄露在履行职责或者提供服务过程中获得的居民身份证记载的公民个人信息，构成犯罪的，依法追究刑事责任；尚不构成犯罪的，由公安机关处十日以上十五日以下拘留，并处五千元罚款，有违法所得的，没收违法所得。

单位有前款行为，构成犯罪的，依法追究刑事责任；尚不构成犯罪的，由公安机关对其直接负责的主管人员和其他直接责任人员，处十日以上十五日以下拘留，并处十万元以上五十万元以下罚款，有违法所得的，没收违法所得。

有前两款行为，对他人造成损害的，依法承担民事责任。

**第二十条** 人民警察有下列行为之一的，根据情节轻重，依法给予行政处分；构成犯罪的，依法追究刑事责任：

（一）利用制作、发放、查验居民身份证的便利，收受他人财物或者谋取其他利益的；

（二）非法变更公民身份号码，或者在居民身份证上登载本法第三条第一款规定项目以外的信息或者故意登载虚假信息的；

（三）无正当理由不在法定期限内发放居民身份证的；

（四）违反规定查验、扣押居民身份证，侵害公民合法权益的；

（五）泄露因制作、发放、查验、扣押居民身份证而知悉的公民个人信息，侵害公民合法权益的。

## 第五章 附 则

**第二十一条** 公民申请领取、换领、补领居民身份证，应当缴纳证件工本费。居民身份证工本费标准，由国务院价格主管部门会同国务院财政部门核定。

对城市中领取最低生活保障金的居民、农村中有特殊生活困难的居民，在其初次申请领取和换领居民身份证时，免收工本费。对其他生活确有困难的居民，在其初次申请领取和换领居民身份证时，可以减收工本费。免收和减收工本费的具体办法，由国务院财政部门会同国务院价格主管部门规定。

公安机关收取的居民身份证工本费，全部上缴国库。

**第二十二条** 现役的人民解放军军人、人民武装警察申请领取和发放居民身份证的具体办法，由国务院和中央军事委员会另行规定。

**第二十三条** 本法自2004年1月1日起施行，《中华人民共和国居民身份证条例》同时废止。

依照《中华人民共和国居民身份证条例》领取的居民身份证，自2013年1月1日起停止使用。依照本法在2012年1月1日以前领取的居民身份证，在其有效期内，继续有效。

国家决定换发新一代居民身份证后，原居民身份证的停止使用日期由国务院决定。

# 中华人民共和国户口登记条例

- 1958年1月9日全国人民代表大会常务委员会第九十一次会议通过
- 1958年1月9日中华人民共和国主席令公布 自公布之日起施行

**第一条** 为了维持社会秩序，保护公民的权利和利益，服务于社会主义建设，制定本条例。

**第二条** 中华人民共和国公民，都应当依照本条例的规定履行户口登记。

现役军人的户口登记，由军事机关按照管理现役军人的有关规定办理。

居留在中华人民共和国境内的外国人和无国籍的人的户口登记，除法令另有规定外，适用本条例。

**第三条** 户口登记工作，由各级公安机关主管。

城市和设有公安派出所的镇，以公安派出所管辖区为户口管辖区；乡和不设公安派出所的镇，以乡、镇管辖区为户口管辖区。乡、镇人民委员会和公安派出所为户口登记机关。

居住在机关、团体、学校、企业、事业等单位内部和公共宿舍的户口，由各单位指定专人，协助户口登记机关办理户口登记；分散居住的户口，由户口登记机关直接办理户口登记。

居住在军事机关和军人宿舍的非现役军人的户口，由各单位指定专人，协助户口登记机关办理户口登记。

农业、渔业、盐业、林业、牧畜业、手工业等生产合作社的户口,由合作社指定专人,协助户口登记机关办理户口登记。合作社以外的户口,由户口登记机关直接办理户口登记。

**第四条**　户口登记机关应当设立户口登记簿。

城市、水上和设有公安派出所的镇,应当每户发给一本户口簿。

农村以合作社为单位发给户口簿;合作社以外的户口不发给户口簿。

户口登记簿和户口簿登记的事项,具有证明公民身份的效力。

**第五条**　户口登记以户为单位。同主管人共同居住一处的立为一户,以主管人为户主。单身居住的自立一户,以本人为户主。居住在机关、团体、学校、企业、事业等单位内部和公共宿舍的户口共立一户或者分别立户。户主负责按照本条例的规定申报户口登记。

**第六条**　公民应当在经常居住的地方登记为常住人口,一个公民只能在一个地方登记为常住人口。

**第七条**　婴儿出生后1个月以内,由户主、亲属、抚养人或者邻居向婴儿常住地户口登记机关申报出生登记。

弃婴,由收养人或者育婴机关向户口登记机关申报出生登记。

**第八条**　公民死亡,城市在葬前,农村在1个月以内,由户主、亲属、抚养人或者邻居向户口登记机关申报死亡登记,注销户口。公民如果在暂住地死亡,由暂住地户口登记机关通知常住地户口登记机关注销户口。

公民因意外事故致死或者死因不明,户主、发现人应当立即报告当地公安派出所或者乡、镇人民委员会。

**第九条**　婴儿出生后,在申报出生登记前死亡的,应当同时申报出生、死亡两项登记。

**第十条**　公民迁出本户口管辖区,由本人或者户主在迁出前向户口登记机关申报迁出登记,领取迁移证件,注销户口。

公民由农村迁往城市,必须持有城市劳动部门的录用证明,学校的录取证明,或者城市户口登记机关的准予迁入的证明,向常住地户口登记机关申请办理迁出手续。

公民迁往边防地区,必须经过常住地县、市、市辖区公安机关批准。

**第十一条**　被征集服现役的公民,在入伍前,由本人或者户主持应征公民入伍通知书向常住地户口登记机关申报迁出登记,注销户口,不发迁移证件。

**第十二条**　被逮捕的人犯,由逮捕机关在通知人犯家属的同时,通知人犯常住地户口登记机关注销户口。

**第十三条**　公民迁移,从到达迁入地的时候起,城市在3日以内,农村在10日以内,由本人或者户主持迁移证件向户口登记机关申报迁入登记,缴销迁移证件。

没有迁移证件的公民,凭下列证件到迁入地的户口登记机关申报迁入登记:

(一)复员、转业和退伍的军人,凭县、市兵役机关或者团以上军事机关发给的证件;

(二)从国外回来的华侨和留学生,凭中华人民共和国护照或者入境证件;

(三)被人民法院、人民检察院或者公安机关释放的人,凭释放机关发给的证件。

**第十四条**　被假释、缓刑的犯人,被管制分子和其他依法被剥夺政治权利的人,在迁移的时候,必须经过户口登记机关转报县、市、市辖区人民法院或者公安机关批准,才可以办理迁出登记;到达迁入地后,应当立即向户口登记机关申报迁入登记。

**第十五条**　公民在常住地市、县范围以外的城市暂住3日以上的,由暂住地的户主或者本人在3日以内向户口登记机关申报暂住登记,离开前申报注销;暂住在旅店的,由旅店设置旅客登记簿随时登记。

公民在常住地市、县范围以内暂住,或者在常住地市、县范围以外的农村暂住,除暂住在旅店的由旅店设置旅客登记簿随时登记以外,不办理暂住登记。

**第十六条**　公民因私事离开常住地外出、暂住的时间超过3个月的,应当向户口登记机关申请延长时间或者办理迁移手续;既无理由延长时间又无迁移条件的,应当返回常住地。

**第十七条**　户口登记的内容需要变更或者更正的时候,由户主或者本人向户口登记机关申报;户口登记机关审查属实后予以变更或者更正。

户口登记机关认为必要的时候,可以向申请人索取有关变更或者更正的证明。

**第十八条**　公民变更姓名,依照下列规定办理:

(一)未满18周岁的人需要变更姓名的时候,由本人或者父母、收养人向户口登记机关申请变更登记;

(二)18周岁以上的人需要变更姓名的时候,由本人向户口登记机关申请变更登记。

**第十九条**　公民因结婚、离婚、收养、认领、分户、并户、失踪、寻回或者其他事由引起户口变动的时候,由户主或者本人向户口登记机关申报变更登记。

**第二十条**　有下列情形之一的,根据情节轻重,依法给予治安管理处罚或者追究刑事责任：

（一）不按照本条例的规定申报户口的；

（二）假报户口的；

（三）伪造、涂改、转让、出借、出卖户口证件的；

（四）冒名顶替他人户口的；

（五）旅店管理人不按照规定办理旅客登记的。

**第二十一条** 户口登记机关在户口登记工作中，如果发现有反革命分子和其他犯罪分子，应当提请司法机关依法追究刑事责任。

**第二十二条** 户口簿、册、表格、证件，由中华人民共和国公安部统一制定式样，由省、自治区、直辖市公安机关统筹印制。

公民领取户口簿和迁移证应当缴纳工本费。

**第二十三条** 民族自治地方的自治机关可以根据本条例的精神，结合当地具体情况，制定单行办法。

**第二十四条** 本条例自公布之日起施行。

## 居住证暂行条例

· 2015年10月21日国务院第109次常务会议通过
· 2015年11月26日中华人民共和国国务院令第663号公布
· 自2016年1月1日起施行

**第一条** 为了促进新型城镇化的健康发展，推进城镇基本公共服务和便利常住人口全覆盖，保障公民合法权益，促进社会公平正义，制定本条例。

**第二条** 公民离开常住户口所在地，到其他城市居住半年以上，符合有合法稳定就业、合法稳定住所、连续就读条件之一的，可以依照本条例的规定申领居住证。

**第三条** 居住证是持证人在居住地居住、作为常住人口享受基本公共服务和便利、申请登记常住户口的证明。

**第四条** 居住证登载的内容包括：姓名、性别、民族、出生日期、公民身份号码、本人相片、常住户口所在地住址、居住地住址、证件的签发机关和签发日期。

**第五条** 县级以上人民政府应当建立健全为居住证持有人提供基本公共服务和便利的机制。县级以上人民政府发展改革、教育、公安、民政、司法行政、人力资源社会保障、住房城乡建设、卫生计生等有关部门应当根据各自职责，做好居住证持有人的权益保障、服务和管理工作。

**第六条** 县级以上人民政府应当将为居住证持有人提供基本公共服务和便利的工作纳入国民经济和社会发展规划，完善财政转移支付制度，将提供基本公共服务和便利所需费用纳入财政预算。

**第七条** 县级以上人民政府有关部门应当建立和完善人口信息库，分类完善劳动就业、教育、社会保障、房产、信用、卫生计生、婚姻等信息系统以及居住证持有人信息的采集、登记工作，加强部门之间、地区之间居住证持有人信息的共享，为推进社会保险、住房公积金等转移接续制度，实现基本公共服务常住人口全覆盖提供信息支持，为居住证持有人在居住地居住提供便利。

**第八条** 公安机关负责居住证的申领受理、制作、发放、签注等证件管理工作。

居民委员会、村民委员会、用人单位、就读学校以及房屋出租人应当协助做好居住证的申领受理、发放等工作。

**第九条** 申领居住证，应当向居住地公安派出所或者受公安机关委托的社区服务机构提交本人居民身份证、本人相片以及居住地住址、就业、就读等证明材料。

居住地住址证明包括房屋租赁合同、房屋产权证明文件、购房合同或者房屋出租人、用人单位、就读学校出具的住宿证明等；就业证明包括工商营业执照、劳动合同、用人单位出具的劳动关系证明或者其他能够证明有合法稳定就业的材料等；就读证明包括学生证、就读学校出具的其他能够证明连续就读的材料等。

未满16周岁的未成年人和行动不便的老年人、残疾人等，可以由其监护人、近亲属代为申领居住证。监护人、近亲属代为办理的，应当提供委托人、代办人的合法有效身份证件。

申请人及相关证明材料出具人应当对本条规定的证明材料的真实性、合法性负责。

对申请材料不全的，公安派出所或者受公安机关委托的社区服务机构应当一次性告知申领人需要补充的材料。

对符合居住证办理条件的，公安机关应当自受理之日起15日内制作发放居住证；在偏远地区、交通不便的地区或者因特殊情况，不能按期制作发放居住证的，设区的市级以上地方人民政府在实施办法中可以对制作发放时限作出延长规定，但延长后最长不得超过30日。

**第十条** 居住证由县级人民政府公安机关签发，每年签注1次。

居住证持有人在居住地连续居住的，应当在居住每满1年之日前1个月内，到居住地公安派出所或者受公安机关委托的社区服务机构办理签注手续。

逾期未办理签注手续的，居住证使用功能中止；补办签注手续的，居住证的使用功能恢复，居住证持有人在居住地的居住年限自补办签注手续之日起连续计算。

**第十一条**　居住证损坏难以辨认或者丢失的，居住证持有人应当到居住地公安派出所或者受公安机关委托的社区服务机构办理换领、补领手续。

居住证持有人换领新证时，应当交回原证。

**第十二条**　居住证持有人在居住地依法享受劳动就业，参加社会保险，缴存、提取和使用住房公积金的权利。县级以上人民政府及其有关部门应当为居住证持有人提供下列基本公共服务：

（一）义务教育；

（二）基本公共就业服务；

（三）基本公共卫生服务和计划生育服务；

（四）公共文化体育服务；

（五）法律援助和其他法律服务；

（六）国家规定的其他基本公共服务。

**第十三条**　居住证持有人在居住地享受下列便利：

（一）按照国家有关规定办理出入境证件；

（二）按照国家有关规定换领、补领居民身份证；

（三）机动车登记；

（四）申领机动车驾驶证；

（五）报名参加职业资格考试、申请授予职业资格；

（六）办理生育服务登记和其他计划生育证明材料；

（七）国家规定的其他便利。

**第十四条**　国务院有关部门、地方各级人民政府及其有关部门应当积极创造条件，逐步扩大为居住证持有人提供公共服务和便利的范围，提高服务标准，并定期向社会公布居住证持有人享受的公共服务和便利的范围。

**第十五条**　居住证持有人符合居住地人民政府规定的落户条件的，可以根据本人意愿，将常住户口由原户口所在地迁入居住地。

**第十六条**　居住地人民政府应当根据下列规定确定落户条件：

（一）建制镇和城区人口50万以下的小城市的落户条件为在城市市区、县人民政府驻地镇或者其他建制镇有合法稳定住所。

（二）城区人口50万至100万的中等城市的落户条件为在城市有合法稳定就业并有合法稳定住所，同时按照国家规定参加城镇社会保险达到一定年限。其中，城市综合承载能力压力小的地方，可以参照建制镇和小城市标准，全面放开落户限制；城市综合承载能力压力大的地方，可以对合法稳定就业的范围、年限和合法稳定住所的范围、条件等作出规定，但对合法稳定住所不得设置住房面积、金额等要求，对参加城镇社会保险年限的要求不得超过3年。

（三）城区人口100万至500万的大城市的落户条件为在城市有合法稳定就业达到一定年限并有合法稳定住所，同时按照国家规定参加城镇社会保险达到一定年限，但对参加城镇社会保险年限的要求不得超过5年。其中，城区人口300万至500万的大城市可以对合法稳定就业的范围、年限和合法稳定住所的范围、条件等作出规定，也可结合本地实际，建立积分落户制度。

（四）城区人口500万以上的特大城市和超大城市应当根据城市综合承载能力和经济社会发展需要，以具有合法稳定就业和合法稳定住所、参加城镇社会保险年限、连续居住年限等为主要指标，建立完善积分落户制度。

**第十七条**　国家机关及其工作人员对在工作过程中知悉的居住证持有人个人信息，应当予以保密。

**第十八条**　有下列行为之一的，由公安机关给予警告、责令改正，处200元以下罚款，有违法所得的，没收违法所得：

（一）使用虚假证明材料骗领居住证；

（二）出租、出借、转让居住证；

（三）非法扣押他人居住证。

**第十九条**　有下列行为之一的，由公安机关处200元以上1000元以下罚款，有违法所得的，没收违法所得：

（一）冒用他人居住证或者使用骗领的居住证；

（二）购买、出售、使用伪造、变造的居住证。

伪造、变造的居住证和骗领的居住证，由公安机关予以收缴。

**第二十条**　国家机关及其工作人员有下列行为之一的，依法给予处分；构成犯罪的，依法追究刑事责任：

（一）符合居住证申领条件但拒绝受理、发放；

（二）违反有关规定收取费用；

（三）利用制作、发放居住证的便利，收受他人财物或者谋取其他利益；

（四）将在工作中知悉的居住证持有人个人信息出售或者非法提供给他人；

（五）篡改居住证信息。

**第二十一条**　首次申领居住证，免收证件工本费。换领、补领居住证，应当缴纳证件工本费。办理签注手续不得收取费用。

具体收费办法由国务院财政部门、价格主管部门制定。

**第二十二条**　设区的市级以上地方人民政府应当结

合本行政区域经济社会发展需要及落户条件等因素，根据本条例制定实施办法。

**第二十三条**　本条例自2016年1月1日起施行。本条例施行前各地已发放的居住证，在有效期内继续有效。

## 中华人民共和国海关法

- 1987年1月22日第六届全国人民代表大会常务委员会第十九次会议通过
- 根据2000年7月8日第九届全国人民代表大会常务委员会第十六次会议《关于修改〈中华人民共和国海关法〉的决定》第一次修正
- 根据2013年6月29日第十二届全国人民代表大会常务委员会第三次会议《关于修改〈中华人民共和国文物保护法〉等十二部法律的决定》第二次修正
- 根据2013年12月28日第十二届全国人民代表大会常务委员会第六次会议《关于修改〈中华人民共和国海洋环境保护法〉等七部法律的决定》第三次修正
- 根据2016年11月7日第十二届全国人民代表大会常务委员会第二十四次会议《关于修改〈中华人民共和国对外贸易法〉等十二部法律的决定》第四次修正
- 根据2017年11月4日第十二届全国人民代表大会常务委员会第三十次会议《关于修改〈中华人民共和国会计法〉等十一部法律的决定》第五次修正
- 根据2021年4月29日第十三届全国人民代表大会常务委员会第二十八次会议《关于修改〈中华人民共和国道路交通安全法〉等八部法律的决定》第六次修正

### 目　录

第一章　总　则
第二章　进出境运输工具
第三章　进出境货物
第四章　进出境物品
第五章　关　税
第六章　海关事务担保
第七章　执法监督
第八章　法律责任
第九章　附　则

### 第一章　总　则

**第一条**　为了维护国家的主权和利益，加强海关监督管理，促进对外经济贸易和科技文化交往，保障社会主义现代化建设，特制定本法。

**第二条**　中华人民共和国海关是国家的进出关境（以下简称进出境）监督管理机关。海关依照本法和其他有关法律、行政法规，监管进出境的运输工具、货物、行李物品、邮递物品和其他物品（以下简称进出境运输工具、货物、物品），征收关税和其他税、费，查缉走私，并编制海关统计和办理其他海关业务。

**第三条**　国务院设立海关总署，统一管理全国海关。

国家在对外开放的口岸和海关监管业务集中的地点设立海关。海关的隶属关系，不受行政区划的限制。

海关依法独立行使职权，向海关总署负责。

**第四条**　国家在海关总署设立专门侦查走私犯罪的公安机构，配备专职缉私警察，负责对其管辖的走私犯罪案件的侦查、拘留、执行逮捕、预审。

海关侦查走私犯罪公安机构履行侦查、拘留、执行逮捕、预审职责，应当按照《中华人民共和国刑事诉讼法》的规定办理。

海关侦查走私犯罪公安机构根据国家有关规定，可以设立分支机构。各分支机构办理其管辖的走私犯罪案件，应当依法向有管辖权的人民检察院移送起诉。

地方各级公安机关应当配合海关侦查走私犯罪公安机构依法履行职责。

**第五条**　国家实行联合缉私、统一处理、综合治理的缉私体制。海关负责组织、协调、管理查缉走私工作。有关规定由国务院另行制定。

各有关行政执法部门查获的走私案件，应当给予行政处罚的，移送海关依法处理；涉嫌犯罪的，应当移送海关侦查走私犯罪公安机构、地方公安机关依据案件管辖分工和法定程序办理。

**第六条**　海关可以行使下列权力：

（一）检查进出境运输工具，查验进出境货物、物品；对违反本法或者其他有关法律、行政法规的，可以扣留。

（二）查阅进出境人员的证件；查问违反本法或者其他有关法律、行政法规的嫌疑人，调查其违法行为。

（三）查阅、复制与进出境运输工具、货物、物品有关的合同、发票、帐册、单据、记录、文件、业务函电、录音录像制品和其他资料；对其中与违反本法或者其他有关法律、行政法规的进出境运输工具、货物、物品有牵连的，可以扣留。

（四）在海关监管区和海关附近沿海沿边规定地区，检查有走私嫌疑的运输工具和有藏匿走私货物、物品嫌疑的场所，检查走私嫌疑人的身体；对有走私嫌疑的运输工具、货物、物品和走私犯罪嫌疑人，经直属海关关长或者其授权的隶属海关关长批准，可以扣留；对走私犯罪嫌疑人，扣留时间不超过二十四小时，在特殊情况下可以延长至四十八小时。

在海关监管区和海关附近沿海沿边规定地区以外，海关在调查走私案件时，对有走私嫌疑的运输工具和除公民住处以外的有藏匿走私货物、物品嫌疑的场所，经直属海关关长或者其授权的隶属海关关长批准，可以进行检查，有关当事人应当到场；当事人未到场的，在有见证人在场的情况下，可以径行检查；对其中有证据证明有走私嫌疑的运输工具、货物、物品，可以扣留。

海关附近沿海沿边规定地区的范围，由海关总署和国务院公安部门会同有关省级人民政府确定。

（五）在调查走私案件时，经直属海关关长或者其授权的隶属海关关长批准，可以查询案件涉嫌单位和涉嫌人员在金融机构、邮政企业的存款、汇款。

（六）进出境运输工具或者个人违抗海关监管逃逸的，海关可以连续追至海关监管区和海关附近沿海沿边规定地区以外，将其带回处理。

（七）海关为履行职责，可以配备武器。海关工作人员佩带和使用武器的规则，由海关总署会同国务院公安部门制定，报国务院批准。

（八）法律、行政法规规定由海关行使的其他权力。

**第七条** 各地方、各部门应当支持海关依法行使职权，不得非法干预海关的执法活动。

**第八条** 进出境运输工具、货物、物品，必须通过设立海关的地点进境或者出境。在特殊情况下，需要经过未设立海关的地点临时进境或者出境的，必须经国务院或者国务院授权的机关批准，并依照本法规定办理海关手续。

**第九条** 进出口货物，除另有规定的外，可以由进出口货物收发货人自行办理报关纳税手续，也可以由进出口货物收发货人委托报关企业办理报关纳税手续。

进出境物品的所有人可以自行办理报关纳税手续，也可以委托他人办理报关纳税手续。

**第十条** 报关企业接受进出口货物收发货人的委托，以委托人的名义办理报关手续的，应当向海关提交由委托人签署的授权委托书，遵守本法对委托人的各项规定。

报关企业接受进出口货物收发货人的委托，以自己的名义办理报关手续的，应当承担与收发货人相同的法律责任。

委托人委托报关企业办理报关手续的，应当向报关企业提供所委托报关事项的真实情况；报关企业接受委托人的委托办理报关手续的，应当对委托人所提供情况的真实性进行合理审查。

**第十一条** 进出口货物收发货人、报关企业办理报关手续，应当依法向海关备案。

报关企业和报关人员不得非法代理他人报关。

**第十二条** 海关依法执行职务，有关单位和个人应当如实回答询问，并予以配合，任何单位和个人不得阻挠。

海关执行职务受到暴力抗拒时，执行有关任务的公安机关和人民武装警察部队应当予以协助。

**第十三条** 海关建立对违反本法规定逃避海关监管行为的举报制度。

任何单位和个人均有权对违反本法规定逃避海关监管的行为进行举报。

海关对举报或者协助查获违反本法案件的有功单位和个人，应当给予精神的或者物质的奖励。

海关应当为举报人保密。

## 第二章 进出境运输工具

**第十四条** 进出境运输工具到达或者驶离设立海关的地点时，运输工具负责人应当向海关如实申报，交验单证，并接受海关监管和检查。

停留在设立海关的地点的进出境运输工具，未经海关同意，不得擅自驶离。

进出境运输工具从一个设立海关的地点驶往另一个设立海关的地点的，应当符合海关监管要求，办理海关手续，未办结海关手续的，不得改驶境外。

**第十五条** 进境运输工具在进境以后向海关申报以前，出境运输工具在办结海关手续以后出境以前，应当按照交通主管机关规定的路线行进；交通主管机关没有规定的，由海关指定。

**第十六条** 进出境船舶、火车、航空器到达和驶离时间、停留地点、停留期间更换地点以及装卸货物、物品时间，运输工具负责人或者有关交通运输部门应当事先通知海关。

**第十七条** 运输工具装卸进出境货物、物品或者上下进出境旅客，应当接受海关监管。

货物、物品装卸完毕，运输工具负责人应当向海关递交反映实际装卸情况的交接单据和记录。

上下进出境运输工具的人员携带物品的，应当向海关如实申报，并接受海关检查。

**第十八条** 海关检查进出境运输工具时，运输工具负责人应当到场，并根据海关的要求开启舱室、房间、车门；有走私嫌疑的，并应当开拆可能藏匿走私货物、物品的部位,搬移货物、物料。

海关根据工作需要,可以派员随运输工具执行职务,运输工具负责人应当提供方便。

**第十九条** 进境的境外运输工具和出境的境内运输工具,未向海关办理手续并缴纳关税,不得转让或者移作他用。

**第二十条** 进出境船舶和航空器兼营境内客、货运输,应当符合海关监管要求。

进出境运输工具改营境内运输,需向海关办理手续。

**第二十一条** 沿海运输船舶、渔船和从事海上作业的特种船舶,未经海关同意,不得载运或者换取、买卖、转让进出境货物、物品。

**第二十二条** 进出境船舶和航空器,由于不可抗力的原因,被迫在未设立海关的地点停泊、降落或者抛掷、起卸货物、物品,运输工具负责人应当立即报告附近海关。

## 第三章 进出境货物

**第二十三条** 进口货物自进境起到办结海关手续止,出口货物自向海关申报起到出境止,过境、转运和通运货物自进境起到出境止,应当接受海关监管。

**第二十四条** 进口货物的收货人、出口货物的发货人应当向海关如实申报,交验进出口许可证件和有关单证。国家限制进出口的货物,没有进出口许可证件的,不予放行,具体处理办法由国务院规定。

进口货物的收货人应当自运输工具申报进境之日起十四日内,出口货物的发货人除海关特准的外应当在货物运抵海关监管区后、装货的二十四小时以前,向海关申报。

进口货物的收货人超过前款规定期限向海关申报的,由海关征收滞报金。

**第二十五条** 办理进出口货物的海关申报手续,应当采用纸质报关单和电子数据报关单的形式。

**第二十六条** 海关接受申报后,报关单证及其内容不得修改或者撤销,但符合海关规定情形的除外。

**第二十七条** 进口货物的收货人经海关同意,可以在申报前查看货物或者提取货样。需要依法检疫的货物,应当在检疫合格后提取货样。

**第二十八条** 进出口货物应当接受海关查验。海关查验货物时,进口货物的收货人、出口货物的发货人应当到场,并负责搬移货物,开拆和重封货物的包装。海关认为必要时,可以径行开验、复验或者提取货样。

海关在特殊情况下对进出口货物予以免验,具体办法由海关总署制定。

**第二十九条** 除海关特准的外,进出口货物在收发货人缴清税款或者提供担保后,由海关签印放行。

**第三十条** 进口货物的收货人自运输工具申报进境之日起超过三个月未向海关申报的,其进口货物由海关提取依法变卖处理,所得价款在扣除运输、装卸、储存等费用和税款后,尚有余款的,自货物依法变卖之日起一年内,经收货人申请,予以发还;其中属于国家对进口有限制性规定,应当提交许可证件而不能提供的,不予发还。逾期无人申请或者不予发还的,上缴国库。

确属误卸或者溢卸的进境货物,经海关审定,由原运输工具负责人或者货物的收发货人自该运输工具卸货之日起三个月内,办理退运或者进口手续;必要时,经海关批准,可以延期三个月。逾期未办手续的,由海关按前款规定处理。

前两款所列货物不宜长期保存的,海关可以根据实际情况提前处理。

收货人或者货物所有人声明放弃的进口货物,由海关提取依法变卖处理;所得价款在扣除运输、装卸、储存等费用后,上缴国库。

**第三十一条** 按照法律、行政法规、国务院或者海关总署规定暂时进口或者暂时出口的货物,应当在六个月内复运出境或者复运进境;需要延长复运出境或者复运进境期限的,应当根据海关总署的规定办理延期手续。

**第三十二条** 经营保税货物的储存、加工、装配、展示、运输、寄售业务和经营免税商店,应当符合海关监管要求,经海关批准,并办理注册手续。

保税货物的转让、转移以及进出保税场所,应当向海关办理有关手续,接受海关监管和查验。

**第三十三条** 企业从事加工贸易,应当按照海关总署的规定向海关备案。加工贸易制成品单位耗料量由海关按照有关规定核定。

加工贸易制成品应当在规定的期限内复出口。其中使用的进口料件,属于国家规定准予保税的,应当向海关办理核销手续;属于先征收税款的,依法向海关办理退税手续。

加工贸易保税进口料件或者制成品内销的,海关对保税的进口料件依法征税;属于国家对进口有限制性规定的,还应当向海关提交进口许可证件。

**第三十四条** 经国务院批准在中华人民共和国境内设立的保税区等海关特殊监管区域,由海关按照国家有关规定实施监管。

**第三十五条** 进口货物应当由收货人在货物的进境地海关办理海关手续,出口货物应当由发货人在货物的出境地海关办理海关手续。

经收发货人申请,海关同意,进口货物的收货人可以在设有海关的指运地、出口货物的发货人可以在设有海关的启运地办理海关手续。上述货物的转关运输,应当符合海关监管要求;必要时,海关可以派员押运。

经电缆、管道或者其他特殊方式输送进出境的货物,经营单位应当定期向指定的海关申报和办理海关手续。

**第三十六条** 过境、转运和通运货物,运输工具负责人应当向进境地海关如实申报,并应当在规定期限内运输出境。

海关认为必要时,可以查验过境、转运和通运货物。

**第三十七条** 海关监管货物,未经海关许可,不得开拆、提取、交付、发运、调换、改装、抵押、质押、留置、转让、更换标记、移作他用或者进行其他处置。

海关加施的封志,任何人不得擅自开启或者损毁。

人民法院判决、裁定或者有关行政执法部门决定处理海关监管货物的,应当责令当事人办结海关手续。

**第三十八条** 经营海关监管货物仓储业务的企业,应当经海关注册,并按照海关规定,办理收存、交付手续。

在海关监管区外存放海关监管货物,应当经海关同意,并接受海关监管。

违反前两款规定或者在保管海关监管货物期间造成海关监管货物损毁或者灭失的,除不可抗力外,对海关监管货物负有保管义务的人应当承担相应的纳税义务和法律责任。

**第三十九条** 进出境集装箱的监管办法、打捞进出境货物和沉船的监管办法、边境小额贸易进出口货物的监管办法,以及本法未具体列明的其他进出境货物的监管办法,由海关总署或者由海关总署会同国务院有关部门另行制定。

**第四十条** 国家对进出境货物、物品有禁止性或者限制性规定的,海关依据法律、行政法规、国务院的规定或者国务院有关部门依据法律、行政法规的授权作出的规定实施监管。具体监管办法由海关总署制定。

**第四十一条** 进出口货物的原产地按照国家有关原产地规则的规定确定。

**第四十二条** 进出口货物的商品归类按照国家有关商品归类的规定确定。

海关可以要求进出口货物的收发货人提供确定商品归类所需的有关资料;必要时,海关可以组织化验、检验,并将海关认定的化验、检验结果作为商品归类的依据。

**第四十三条** 海关可以根据对外贸易经营者提出的书面申请,对拟作进口或者出口的货物预先作出商品归类等行政裁定。

进口或者出口相同货物,应当适用相同的商品归类行政裁定。

海关对所作出的商品归类等行政裁定,应当予以公布。

**第四十四条** 海关依照法律、行政法规的规定,对与进出境货物有关的知识产权实施保护。

需要向海关申报知识产权状况的,进出口货物收发货人及其代理人应当按照国家规定向海关如实申报有关知识产权状况,并提交合法使用有关知识产权的证明文件。

**第四十五条** 自进出口货物放行之日起三年内或者在保税货物、减免税进口货物的海关监管期限内及其后的三年内,海关可以对与进出口货物直接有关的企业、单位的会计帐簿、会计凭证、报关单证以及其他有关资料和有关进出口货物实施稽查。具体办法由国务院规定。

## 第四章 进出境物品

**第四十六条** 个人携带进出境的行李物品、邮寄进出境的物品,应当以自用、合理数量为限,并接受海关监管。

**第四十七条** 进出境物品的所有人应当向海关如实申报,并接受海关查验。

海关加施的封志,任何人不得擅自开启或者损毁。

**第四十八条** 进出境邮袋的装卸、转运和过境,应当接受海关监管。邮政企业应当向海关递交邮件路单。

邮政企业应当将开拆及封发国际邮袋的时间事先通知海关,海关应当按时派员到场监管查验。

**第四十九条** 邮运进出境的物品,经海关查验放行后,有关经营单位方可投递或者交付。

**第五十条** 经海关登记准予暂时免税进境或者暂时免税出境的物品,应当由本人复带出境或者复带进境。

过境人员未经海关批准,不得将其所带物品留在境内。

**第五十一条** 进出境物品所有人声明放弃的物品、在海关规定期限内未办理海关手续或者无人认领的物品,以及无法投递又无法退回的进境邮递物品,由海关依照本法第三十条的规定处理。

**第五十二条** 享有外交特权和豁免的外国机构或者人员的公务用品或者自用物品进出境,依照有关法律、行政法规的规定办理。

## 第五章 关 税

**第五十三条** 准许进出口的货物、进出境物品，由海关依法征收关税。

**第五十四条** 进口货物的收货人、出口货物的发货人、进出境物品的所有人，是关税的纳税义务人。

**第五十五条** 进出口货物的完税价格，由海关以该货物的成交价格为基础审查确定。成交价格不能确定时，完税价格由海关依法估定。

进口货物的完税价格包括货物的货价、货物运抵中华人民共和国境内输入地点起卸前的运输及其相关费用、保险费；出口货物的完税价格包括货物的货价、货物运至中华人民共和国境内输出地点装载前的运输及其相关费用、保险费，但是其中包含的出口关税税额，应当予以扣除。

进出境物品的完税价格，由海关依法确定。

**第五十六条** 下列进出口货物、进出境物品，减征或者免征关税：

（一）无商业价值的广告品和货样；

（二）外国政府、国际组织无偿赠送的物资；

（三）在海关放行前遭受损坏或者损失的货物；

（四）规定数额以内的物品；

（五）法律规定减征、免征关税的其他货物、物品；

（六）中华人民共和国缔结或者参加的国际条约规定减征、免征关税的货物、物品。

**第五十七条** 特定地区、特定企业或者有特定用途的进出口货物，可以减征或者免征关税。特定减税或者免税的范围和办法由国务院规定。

依照前款规定减征或者免征关税进口的货物，只能用于特定地区、特定企业或者特定用途，未经海关核准并补缴关税，不得移作他用。

**第五十八条** 本法第五十六条、第五十七条第一款规定范围以外的临时减征或者免征关税，由国务院决定。

**第五十九条** 暂时进口或者暂时出口的货物，以及特准进口的保税货物，在货物收发货人向海关缴纳相当于税款的保证金或者提供担保后，准予暂时免纳关税。

**第六十条** 进出口货物的纳税义务人，应当自海关填发税款缴款书之日起十五日内缴纳税款；逾期缴纳的，由海关征收滞纳金。纳税义务人、担保人超过三个月仍未缴纳的，经直属海关关长或者其授权的隶属海关关长批准，海关可以采取下列强制措施：

（一）书面通知其开户银行或者其他金融机构从其存款中扣缴税款；

（二）将应税货物依法变卖，以变卖所得抵缴税款；

（三）扣留并依法变卖其价值相当于应纳税款的货物或者其他财产，以变卖所得抵缴税款。

海关采取强制措施时，对前款所列纳税义务人、担保人未缴纳的滞纳金同时强制执行。

进出境物品的纳税义务人，应当在物品放行前缴纳税款。

**第六十一条** 进出口货物的纳税义务人在规定的纳税期限内有明显的转移、藏匿其应税货物以及其他财产迹象的，海关可以责令纳税义务人提供担保；纳税义务人不能提供纳税担保的，经直属海关关长或者其授权的隶属海关关长批准，海关可以采取下列税收保全措施：

（一）书面通知纳税义务人开户银行或者其他金融机构暂停支付纳税义务人相当于应纳税款的存款；

（二）扣留纳税义务人价值相当于应纳税款的货物或者其他财产。

纳税义务人在规定的纳税期限内缴纳税款的，海关必须立即解除税收保全措施；期限届满仍未缴纳税款的，经直属海关关长或者其授权的隶属海关关长批准，海关可以书面通知纳税义务人开户银行或者其他金融机构从其暂停支付的存款中扣缴税款，或者依法变卖所扣留的货物或者其他财产，以变卖所得抵缴税款。

采取税收保全措施不当，或者纳税义务人在规定期限内已缴纳税款，海关未立即解除税收保全措施，致使纳税义务人的合法权益受到损失的，海关应当依法承担赔偿责任。

**第六十二条** 进出口货物、进出境物品放行后，海关发现少征或者漏征税款，应当自缴纳税款或者货物、物品放行之日起一年内，向纳税义务人补征。因纳税义务人违反规定而造成的少征或者漏征，海关在三年以内可以追征。

**第六十三条** 海关多征的税款，海关发现后应当立即退还；纳税义务人自缴纳税款之日起一年内，可以要求海关退还。

**第六十四条** 纳税义务人同海关发生纳税争议时，应当缴纳税款，并可以依法申请行政复议；对复议决定仍不服的，可以依法向人民法院提起诉讼。

**第六十五条** 进口环节海关代征税的征收管理，适用关税征收管理的规定。

## 第六章 海关事务担保

**第六十六条** 在确定货物的商品归类、估价和提供有效报关单证或者办结其他海关手续前，收发货人要求放行货物的,海关应当在其提供与其依法应当履行的法律义务相适应的担保后放行。法律、行政法规规定可以免除担保的除外。

法律、行政法规对履行海关义务的担保另有规定的,从其规定。

国家对进出境货物、物品有限制性规定,应当提供许可证件而不能提供的,以及法律、行政法规规定不得担保的其他情形,海关不得办理担保放行。

**第六十七条**　具有履行海关事务担保能力的法人、其他组织或者公民,可以成为担保人。法律规定不得为担保人的除外。

**第六十八条**　担保人可以以下列财产、权利提供担保:

(一) 人民币、可自由兑换货币;

(二) 汇票、本票、支票、债券、存单;

(三) 银行或者非银行金融机构的保函;

(四) 海关依法认可的其他财产、权利。

**第六十九条**　担保人应当在担保期限内承担担保责任。担保人履行担保责任的,不免除被担保人应当办理有关海关手续的义务。

**第七十条**　海关事务担保管理办法,由国务院规定。

## 第七章　执法监督

**第七十一条**　海关履行职责,必须遵守法律,维护国家利益,依照法定职权和法定程序严格执法,接受监督。

**第七十二条**　海关工作人员必须秉公执法,廉洁自律,忠于职守,文明服务,不得有下列行为:

(一) 包庇、纵容走私或者与他人串通进行走私;

(二) 非法限制他人人身自由,非法检查他人身体、住所或者场所,非法检查、扣留进出境运输工具、货物、物品;

(三) 利用职权为自己或者他人谋取私利;

(四) 索取、收受贿赂;

(五) 泄露国家秘密、商业秘密和海关工作秘密;

(六) 滥用职权,故意刁难,拖延监管、查验;

(七) 购买、私分、占用没收的走私货物、物品;

(八) 参与或者变相参与营利性经营活动;

(九) 违反法定程序或者超越权限执行职务;

(十) 其他违法行为。

**第七十三条**　海关应当根据依法履行职责的需要,加强队伍建设,使海关工作人员具有良好的政治、业务素质。

海关专业人员应当具有法律和相关专业知识,符合海关规定的专业岗位任职要求。

海关招收工作人员应当按照国家规定,公开考试,严格考核,择优录用。

海关应当有计划地对其工作人员进行政治思想、法制、海关业务培训和考核。海关工作人员必须定期接受培训和考核,经考核不合格的,不得继续上岗执行职务。

**第七十四条**　海关总署应当实行海关关长定期交流制度。

海关关长定期向上一级海关述职,如实陈述其执行职务情况。海关总署应当定期对直属海关关长进行考核,直属海关应当定期对隶属海关关长进行考核。

**第七十五条**　海关及其工作人员的行政执法活动,依法接受监察机关的监督;缉私警察进行侦查活动,依法接受人民检察院的监督。

**第七十六条**　审计机关依法对海关的财政收支进行审计监督,对海关办理的与国家财政收支有关的事项,有权进行专项审计调查。

**第七十七条**　上级海关应当对下级海关的执法活动依法进行监督。上级海关认为下级海关作出的处理或者决定不适当的,可以依法予以变更或者撤销。

**第七十八条**　海关应当依照本法和其他有关法律、行政法规的规定,建立健全内部监督制度,对其工作人员执行法律、行政法规和遵守纪律的情况,进行监督检查。

**第七十九条**　海关内部负责审单、查验、放行、稽查和调查等主要岗位的职责权限应当明确,并相互分离、相互制约。

**第八十条**　任何单位和个人均有权对海关及其工作人员的违法、违纪行为进行控告、检举。收到控告、检举的机关有权处理的,应当依法按照职责分工及时查处。收到控告、检举的机关和负责查处的机关应当为控告人、检举人保密。

**第八十一条**　海关工作人员在调查处理违法案件时,遇有下列情形之一的,应当回避:

(一)是本案的当事人或者是当事人的近亲属;

(二)本人或者其近亲属与本案有利害关系;

(三)与本案当事人有其他关系,可能影响案件公正处理的。

## 第八章　法律责任

**第八十二条**　违反本法及有关法律、行政法规,逃避海关监管,偷逃应纳税款、逃避国家有关进出境的禁止性或者限制性管理,有下列情形之一的,是走私行为:

(一) 运输、携带、邮寄国家禁止或者限制进出境货物、物品或者依法应当缴纳税款的货物、物品进出境的；

（二）未经海关许可并且未缴纳应纳税款、交验有关许可证件，擅自将保税货物、特定减免税货物以及其他海关监管货物、物品、进境的境外运输工具，在境内销售的；

（三）有逃避海关监管，构成走私的其他行为的。

有前款所列行为之一，尚不构成犯罪的，由海关没收走私货物、物品及违法所得，可以并处罚款；专门或者多次用于掩护走私的货物、物品，专门或者多次用于走私的运输工具，予以没收，藏匿走私货物、物品的特制设备，责令拆毁或者没收。

有第一款所列行为之一，构成犯罪的，依法追究刑事责任。

**第八十三条** 有下列行为之一的，按走私行为论处，依照本法第八十二条的规定处罚：

（一）直接向走私人非法收购走私进口的货物、物品的；

（二）在内海、领海、界河、界湖，船舶及所载人员运输、收购、贩卖国家禁止或者限制进出境的货物、物品，或者运输、收购、贩卖依法应当缴纳税款的货物，没有合法证明的。

**第八十四条** 伪造、变造、买卖海关单证，与走私人通谋为走私人提供贷款、资金、帐号、发票、证明、海关单证，与走私人通谋为走私人提供运输、保管、邮寄或者其他方便，构成犯罪的，依法追究刑事责任；尚不构成犯罪的，由海关没收违法所得，并处罚款。

**第八十五条** 个人携带、邮寄超过合理数量的自用物品进出境，未依法向海关申报的，责令补缴关税，可以处以罚款。

**第八十六条** 违反本法规定有下列行为之一的，可以处以罚款，有违法所得的，没收违法所得：

（一）运输工具不经设立海关的地点进出境的；

（二）不将进出境运输工具到达的时间、停留的地点或者更换的地点通知海关的；

（三）进出口货物、物品或者过境、转运、通运货物向海关申报不实的；

（四）不按照规定接受海关对进出境运输工具、货物、物品进行检查、查验的；

（五）进出境运输工具未经海关同意，擅自装卸进出境货物、物品或者上下进出境旅客的；

（六）在设立海关的地点停留的进出境运输工具未经海关同意，擅自驶离的；

（七）进出境运输工具从一个设立海关的地点驶往另一个设立海关的地点，尚未办结海关手续又未经海关批准，中途擅自改驶境外或者境内未设立海关的地点的；

（八）进出境运输工具，不符合海关监管要求或者未向海关办理手续，擅自兼营或者改营境内运输的；

（九）由于不可抗力的原因，进出境船舶和航空器被迫在未设立海关的地点停泊、降落或者在境内抛掷、起卸货物、物品，无正当理由，不向附近海关报告的；

（十）未经海关许可，擅自将海关监管货物开拆、提取、交付、发运、调换、改装、抵押、质押、留置、转让、更换标记、移作他用或者进行其他处置的；

（十一）擅自开启或者损毁海关封志的；

（十二）经营海关监管货物的运输、储存、加工等业务，有关货物灭失或者有关记录不真实，不能提供正当理由的；

（十三）有违反海关监管规定的其他行为的。

**第八十七条** 海关准予从事有关业务的企业，违反本法有关规定的，由海关责令改正，可以给予警告，暂停其从事有关业务，直至撤销注册。

**第八十八条** 未向海关备案从事报关业务的，海关可以处以罚款。

**第八十九条** 报关企业非法代理他人报关的，由海关责令改正，处以罚款；情节严重的，禁止其从事报关活动。

报关人员非法代理他人报关的，由海关责令改正，处以罚款。

**第九十条** 进出口货物收发货人、报关企业向海关工作人员行贿的，由海关禁止其从事报关活动，并处以罚款；构成犯罪的，依法追究刑事责任。

报关人员向海关工作人员行贿的，处以罚款；构成犯罪的，依法追究刑事责任。

**第九十一条** 违反本法规定进出口侵犯中华人民共和国法律、行政法规保护的知识产权的货物的，由海关依法没收侵权货物，并处以罚款；构成犯罪的，依法追究刑事责任。

**第九十二条** 海关依法扣留的货物、物品、运输工具，在人民法院判决或者海关处罚决定作出之前，不得处理。但是，危险品或者鲜活、易腐、易失效等不宜长期保存的货物、物品以及所有人申请先行变卖的货物、物品、运输工具，经直属海关关长或者其授权的隶属海关关长批准，可以先行依法变卖，变卖所得价款由海关保存，并通知其所有人。

人民法院判决没收或者海关决定没收的走私货物、

物品、违法所得、走私运输工具、特制设备，由海关依法统一处理，所得价款和海关决定处以的罚款，全部上缴中央国库。

**第九十三条** 当事人逾期不履行海关的处罚决定又不申请复议或者向人民法院提起诉讼的，作出处罚决定的海关可以将其保证金抵缴或者将其被扣留的货物、物品、运输工具依法变价抵缴，也可以申请人民法院强制执行。

**第九十四条** 海关在查验进出境货物、物品时，损坏被查验的货物、物品的，应当赔偿实际损失。

**第九十五条** 海关违法扣留货物、物品、运输工具，致使当事人的合法权益受到损失的，应当依法承担赔偿责任。

**第九十六条** 海关工作人员有本法第七十二条所列行为之一的，依法给予行政处分；有违法所得的，依法没收违法所得；构成犯罪的，依法追究刑事责任。

**第九十七条** 海关的财政收支违反法律、行政法规规定的，由审计机关以及有关部门依照法律、行政法规的规定作出处理；对直接负责的主管人员和其他直接责任人员，依法给予行政处分；构成犯罪的，依法追究刑事责任。

**第九十八条** 未按照本法规定为控告人、检举人、举报人保密的，对直接负责的主管人员和其他直接责任人员，由所在单位或者有关单位依法给予行政处分。

**第九十九条** 海关工作人员在调查处理违法案件时，未按照本法规定进行回避的，对直接负责的主管人员和其他直接责任人员，依法给予行政处分。

### 第九章　附　则

**第一百条** 本法下列用语的含义：

直属海关，是指直接由海关总署领导，负责管理一定区域范围内的海关业务的海关；隶属海关，是指由直属海关领导，负责办理具体海关业务的海关。

进出境运输工具，是指用以载运人员、货物、物品进出境的各种船舶、车辆、航空器和驮畜。

过境、转运和通运货物，是指由境外启运、通过中国境内继续运往境外的货物。其中，通过境内陆路运输的，称过境货物；在境内设立海关的地点换装运输工具，而不通过境内陆路运输的，称转运货物；由船舶、航空器载运进境并由原装运输工具载运出境的，称通运货物。

海关监管货物，是指本法第二十三条所列的进出口货物，过境、转运、通运货物，特定减免税货物，以及暂时进出口货物、保税货物和其他尚未办结海关手续的进出境货物。

保税货物，是指经海关批准未办理纳税手续进境，在境内储存、加工、装配后复运出境的货物。

海关监管区，是指设立海关的港口、车站、机场、国界孔道、国际邮件互换局（交换站）和其他有海关监管业务的场所，以及虽未设立海关，但是经国务院批准的进出境地点。

**第一百零一条** 经济特区等特定地区同境内其他地区之间往来的运输工具、货物、物品的监管办法，由国务院另行规定。

**第一百零二条** 本法自1987年7月1日起施行。1951年4月18日中央人民政府公布的《中华人民共和国暂行海关法》同时废止。

## 中华人民共和国出境入境管理法

· 2012年6月30日第十一届全国人民代表大会常务委员会第二十七次会议通过
· 2012年6月30日中华人民共和国主席令第57号公布
· 自2013年7月1日起施行

### 目　录

第一章　总　则
第二章　中国公民出境入境
第三章　外国人入境出境
　第一节　签　证
　第二节　入境出境
第四章　外国人停留居留
　第一节　停留居留
　第二节　永久居留
第五章　交通运输工具出境入境边防检查
第六章　调查和遣返
第七章　法律责任
第八章　附　则

### 第一章　总　则

**第一条** 为了规范出境入境管理，维护中华人民共和国的主权、安全和社会秩序，促进对外交往和对外开放，制定本法。

**第二条** 中国公民出境入境、外国人入境出境、外国人在中国境内停留居留的管理，以及交通运输工具出境入境的边防检查，适用本法。

**第三条** 国家保护中国公民出境入境合法权益。

在中国境内的外国人的合法权益受法律保护。在中国境内的外国人应当遵守中国法律，不得危害中国国家安全、损害社会公共利益、破坏社会公共秩序。

**第四条** 公安部、外交部按照各自职责负责有关出境入境事务的管理。

中华人民共和国驻外使馆、领馆或者外交部委托的其他驻外机构（以下称驻外签证机关）负责在境外签发外国人入境签证。出入境边防检查机关负责实施出境入境边防检查。县级以上地方人民政府公安机关及其出入境管理机构负责外国人停留居留管理。

公安部、外交部可以在各自职责范围内委托县级以上地方人民政府公安机关出入境管理机构、县级以上地方人民政府外事部门受理外国人入境、停留居留申请。

公安部、外交部在出境入境事务管理中，应当加强沟通配合，并与国务院有关部门密切合作，按照各自职责分工，依法行使职权，承担责任。

**第五条** 国家建立统一的出境入境管理信息平台，实现有关管理部门信息共享。

**第六条** 国家在对外开放的口岸设立出入境边防检查机关。

中国公民、外国人以及交通运输工具应当从对外开放的口岸出境入境，特殊情况下，可以从国务院或者国务院授权的部门批准的地点出境入境。出境入境人员和交通运输工具应当接受出境入境边防检查。

出入境边防检查机关负责对口岸限定区域实施管理。根据维护国家安全和出境入境管理秩序的需要，出入境边防检查机关可以对出境入境人员携带的物品实施边防检查。必要时，出入境边防检查机关可以对出境入境交通运输工具载运的货物实施边防检查，但是应当通知海关。

**第七条** 经国务院批准，公安部、外交部根据出境入境管理的需要，可以对留存出境入境人员的指纹等人体生物识别信息作出规定。

外国政府对中国公民签发签证、出境入境管理有特别规定的，中国政府可以根据情况采取相应的对等措施。

**第八条** 履行出境入境管理职责的部门和机构应当切实采取措施，不断提升服务和管理水平，公正执法，便民高效，维护安全、便捷的出境入境秩序。

## 第二章 中国公民出境入境

**第九条** 中国公民出境入境，应当依法申请办理护照或者其他旅行证件。

中国公民前往其他国家或者地区，还需要取得前往国签证或者其他入境许可证明。但是，中国政府与其他国家政府签订互免签证协议或者公安部、外交部另有规定的除外。

中国公民以海员身份出境入境和在国外船舶上从事工作的，应当依法申请办理海员证。

**第十条** 中国公民往来内地与香港特别行政区、澳门特别行政区，中国公民往来大陆与台湾地区，应当依法申请办理通行证件，并遵守本法有关规定。具体管理办法由国务院规定。

**第十一条** 中国公民出境入境，应当向出入境边防检查机关交验本人的护照或者其他旅行证件等出境入境证件，履行规定的手续，经查验准许，方可出境入境。

具备条件的口岸，出入境边防检查机关应当为中国公民出境入境提供专用通道等便利措施。

**第十二条** 中国公民有下列情形之一的，不准出境：

（一）未持有效出境入境证件或者拒绝、逃避接受边防检查的；

（二）被判处刑罚尚未执行完毕或者属于刑事案件被告人、犯罪嫌疑人的；

（三）有未了结的民事案件，人民法院决定不准出境的；

（四）因妨害国（边）境管理受到刑事处罚或者因非法出境、非法居留、非法就业被其他国家或者地区遣返，未满不准出境规定年限的；

（五）可能危害国家安全和利益，国务院有关主管部门决定不准出境的；

（六）法律、行政法规规定不准出境的其他情形。

**第十三条** 定居国外的中国公民要求回国定居的，应当在入境前向中华人民共和国驻外使馆、领馆或者外交部委托的其他驻外机构提出申请，也可以由本人或者经由国内亲属向拟定居地的县级以上地方人民政府侨务部门提出申请。

**第十四条** 定居国外的中国公民在中国境内办理金融、教育、医疗、交通、电信、社会保险、财产登记等事务需要提供身份证明的，可以凭本人的护照证明其身份。

## 第三章 外国人入境出境

### 第一节 签 证

**第十五条** 外国人入境，应当向驻外签证机关申请办理签证，但是本法另有规定的除外。

**第十六条** 签证分为外交签证、礼遇签证、公务签证、普通签证。

对因外交、公务事由入境的外国人，签发外交、公务签证；对因身份特殊需要给予礼遇的外国人，签发礼遇签证。外交签证、礼遇签证、公务签证的签发范围和签发办法由外交部规定。

对因工作、学习、探亲、旅游、商务活动、人才引进等非外交、公务事由入境的外国人，签发相应类别的普通签证。普通签证的类别和签发办法由国务院规定。

**第十七条**　签证的登记项目包括：签证种类，持有人姓名、性别、出生日期、入境次数、入境有效期、停留期限，签发日期、地点，护照或者其他国际旅行证件号码等。

**第十八条**　外国人申请办理签证，应当向驻外签证机关提交本人的护照或者其他国际旅行证件，以及申请事由的相关材料，按照驻外签证机关的要求办理相关手续、接受面谈。

**第十九条**　外国人申请办理签证需要提供中国境内的单位或者个人出具的邀请函件的，申请人应当按照驻外签证机关的要求提供。出具邀请函件的单位或者个人应当对邀请内容的真实性负责。

**第二十条**　出于人道原因需要紧急入境，应邀入境从事紧急商务、工程抢修或者具有其他紧急入境需要并持有有关主管部门同意在口岸申办签证的证明材料的外国人，可以在国务院批准办理口岸签证业务的口岸，向公安部委托的口岸签证机关（以下简称口岸签证机关）申请办理口岸签证。

旅行社按照国家有关规定组织入境旅游的，可以向口岸签证机关申请办理团体旅游签证。

外国人向口岸签证机关申请办理签证，应当提交本人的护照或者其他国际旅行证件，以及申请事由的相关材料，按照口岸签证机关的要求办理相关手续，并从申请签证的口岸入境。

口岸签证机关签发的签证一次入境有效，签证注明的停留期限不得超过三十日。

**第二十一条**　外国人有下列情形之一的，不予签发签证：

（一）被处驱逐出境或者被决定遣送出境，未满不准入境规定年限的；

（二）患有严重精神障碍、传染性肺结核病或者有可能对公共卫生造成重大危害的其他传染病的；

（三）可能危害中国国家安全和利益、破坏社会公共秩序或者从事其他违法犯罪活动的；

（四）在申请签证过程中弄虚作假或者不能保障在中国境内期间所需费用的；

（五）不能提交签证机关要求提交的相关材料的；

（六）签证机关认为不宜签发签证的其他情形。

对不予签发签证的，签证机关可以不说明理由。

**第二十二条**　外国人有下列情形之一的，可以免办签证：

（一）根据中国政府与其他国家政府签订的互免签证协议，属于免办签证人员的；

（二）持有效的外国人居留证件的；

（三）持联程客票搭乘国际航行的航空器、船舶、列车从中国过境前往第三国或者地区，在中国境内停留不超过二十四小时且不离开口岸，或者在国务院批准的特定区域内停留不超过规定时限的；

（四）国务院规定的可以免办签证的其他情形。

**第二十三条**　有下列情形之一的外国人需要临时入境的，应当向出入境边防检查机关申请办理临时入境手续：

（一）外国船员及其随行家属登陆港口所在城市的；

（二）本法第二十二条第三项规定的人员需要离开口岸的；

（三）因不可抗力或者其他紧急原因需要临时入境的。

临时入境的期限不得超过十五日。

对申请办理临时入境手续的外国人，出入境边防检查机关可以要求外国人本人、载运其入境的交通运输工具的负责人或者交通运输工具出境入境业务代理单位提供必要的保证措施。

### 第二节　入境出境

**第二十四条**　外国人入境，应当向出入境边防检查机关交验本人的护照或者其他国际旅行证件、签证或者其他入境许可证明，履行规定的手续，经查验准许，方可入境。

**第二十五条**　外国人有下列情形之一的，不准入境：

（一）未持有效出境入境证件或者拒绝、逃避接受边防检查的；

（二）具有本法第二十一条第一款第一项至第四项规定情形的；

（三）入境后可能从事与签证种类不符的活动的；

（四）法律、行政法规规定不准入境的其他情形。

对不准入境的，出入境边防检查机关可以不说明理由。

**第二十六条**　对未被准许入境的外国人，出入境边防检查机关应当责令其返回；对拒不返回的，强制其返回。外国人等待返回期间，不得离开限定的区域。

**第二十七条**　外国人出境，应当向出入境边防检查机关交验本人的护照或者其他国际旅行证件等出境入境证件,履行规定的手续,经查验准许,方可出境。

**第二十八条** 外国人有下列情形之一的,不准出境:

(一)被判处刑罚尚未执行完毕或者属于刑事案件被告人、犯罪嫌疑人的,但是按照中国与外国签订的有关协议,移管被判刑人的除外;

(二)有未了结的民事案件,人民法院决定不准出境的;

(三)拖欠劳动者的劳动报酬,经国务院有关部门或者省、自治区、直辖市人民政府决定不准出境的;

(四)法律、行政法规规定不准出境的其他情形。

## 第四章 外国人停留居留

### 第一节 停留居留

**第二十九条** 外国人所持签证注明的停留期限不超过一百八十日的,持证人凭签证并按照签证注明的停留期限在中国境内停留。

需要延长签证停留期限的,应当在签证注明的停留期限届满七日前向停留地县级以上地方人民政府公安机关出入境管理机构申请,按照要求提交申请事由的相关材料。经审查,延期理由合理、充分的,准予延长停留期限;不予延长停留期限的,应当按期离境。

延长签证停留期限,累计不得超过签证原注明的停留期限。

**第三十条** 外国人所持签证注明入境后需要办理居留证件的,应当自入境之日起三十日内,向拟居留地县级以上地方人民政府公安机关出入境管理机构申请办理外国人居留证件。

申请办理外国人居留证件,应当提交本人的护照或者其他国际旅行证件,以及申请事由的相关材料,并留存指纹等人体生物识别信息。公安机关出入境管理机构应当自收到申请材料之日起十五日内进行审查并作出审查决定,根据居留事由签发相应类别和期限的外国人居留证件。

外国人工作类居留证件的有效期最短为九十日,最长为五年;非工作类居留证件的有效期最短为一百八十日,最长为五年。

**第三十一条** 外国人有下列情形之一的,不予签发外国人居留证件:

(一)所持签证类别属于不应办理外国人居留证件的;

(二)在申请过程中弄虚作假的;

(三)不能按照规定提供相关证明材料的;

(四)违反中国有关法律、行政法规,不适合在中国境内居留的;

(五)签发机关认为不宜签发外国人居留证件的其他情形。

符合国家规定的专门人才、投资者或者出于人道等原因确需由停留变更为居留的外国人,经设区的市级以上地方人民政府公安机关出入境管理机构批准可以办理外国人居留证件。

**第三十二条** 在中国境内居留的外国人申请延长居留期限的,应当在居留证件有效期限届满三十日前向居留地县级以上地方人民政府公安机关出入境管理机构提出申请,按照要求提交申请事由的相关材料。经审查,延期理由合理、充分的,准予延长居留期限;不予延长居留期限的,应当按期离境。

**第三十三条** 外国人居留证件的登记项目包括:持有人姓名、性别、出生日期、居留事由、居留期限,签发日期、地点,护照或者其他国际旅行证件号码等。

外国人居留证件登记事项发生变更的,持证件人应当自登记事项发生变更之日起十日内向居留地县级以上地方人民政府公安机关出入境管理机构申请办理变更。

**第三十四条** 免办签证入境的外国人需要超过免签期限在中国境内停留的,外国船员及其随行家属在中国境内停留需要离开港口所在城市,或者具有需要办理外国人停留证件其他情形的,应当按照规定办理外国人停留证件。

外国人停留证件的有效期最长为一百八十日。

**第三十五条** 外国人入境后,所持的普通签证、停留居留证件损毁、遗失、被盗抢或者有符合国家规定的事由需要换发、补发的,应当按照规定向停留居留地县级以上地方人民政府公安机关出入境管理机构提出申请。

**第三十六条** 公安机关出入境管理机构作出的不予办理普通签证延期、换发、补发,不予办理外国人停留居留证件、不予延长居留期限的决定为最终决定。

**第三十七条** 外国人在中国境内停留居留,不得从事与停留居留事由不相符的活动,并应当在规定的停留居留期限届满前离境。

**第三十八条** 年满十六周岁的外国人在中国境内停留居留,应当随身携带本人的护照或者其他国际旅行证件,或者外国人停留居留证件,接受公安机关的查验。

在中国境内居留的外国人,应当在规定的时间内到居留地县级以上地方人民政府公安机关交验外国人居留证件。

**第三十九条**　外国人在中国境内旅馆住宿的，旅馆应当按照旅馆业治安管理的有关规定为其办理住宿登记，并向所在地公安机关报送外国人住宿登记信息。

外国人在旅馆以外的其他住所居住或者住宿的，应当在入住后二十四小时内由本人或者留宿人，向居住地的公安机关办理登记。

**第四十条**　在中国境内出生的外国婴儿，其父母或者代理人应当在婴儿出生六十日内，持该婴儿的出生证明到父母停留居留地县级以上地方人民政府公安机关出入境管理机构为其办理停留或者居留登记。

外国人在中国境内死亡的，其家属、监护人或者代理人，应当按照规定，持该外国人的死亡证明向县级以上地方人民政府公安机关出入境管理机构申报，注销外国人停留居留证件。

**第四十一条**　外国人在中国境内工作，应当按照规定取得工作许可和工作类居留证件。任何单位和个人不得聘用未取得工作许可和工作类居留证件的外国人。

外国人在中国境内工作管理办法由国务院规定。

**第四十二条**　国务院人力资源社会保障主管部门、外国专家主管部门会同国务院有关部门根据经济社会发展需要和人力资源供求状况制定并定期调整外国人在中国境内工作指导目录。

国务院教育主管部门会同国务院有关部门建立外国留学生勤工助学管理制度，对外国留学生勤工助学的岗位范围和时限作出规定。

**第四十三条**　外国人有下列行为之一的，属于非法就业：

（一）未按照规定取得工作许可和工作类居留证件在中国境内工作的；

（二）超出工作许可限定范围在中国境内工作的；

（三）外国留学生违反勤工助学管理规定，超出规定的岗位范围或者时限在中国境内工作的。

**第四十四条**　根据维护国家安全、公共安全的需要，公安机关、国家安全机关可以限制外国人、外国机构在某些地区设立居住或者办公场所；对已经设立的，可以限期迁离。

未经批准，外国人不得进入限制外国人进入的区域。

**第四十五条**　聘用外国人工作或者招收外国留学生的单位，应当按照规定向所在地公安机关报告有关信息。

公民、法人或者其他组织发现外国人有非法入境、非法居留、非法就业情形的，应当及时向所在地公安机关报告。

**第四十六条**　申请难民地位的外国人，在难民地位甄别期间，可以凭公安机关签发的临时身份证明在中国境内停留；被认定为难民的外国人，可以凭公安机关签发的难民身份证件在中国境内停留居留。

### 第二节　永久居留

**第四十七条**　对中国经济社会发展作出突出贡献或者符合其他在中国境内永久居留条件的外国人，经本人申请和公安部批准，取得永久居留资格。

外国人在中国境内永久居留的审批管理办法由公安部、外交部会同国务院有关部门规定。

**第四十八条**　取得永久居留资格的外国人，凭永久居留证件在中国境内居留和工作，凭本人的护照和永久居留证件出境入境。

**第四十九条**　外国人有下列情形之一的，由公安部决定取消其在中国境内永久居留资格：

（一）对中国国家安全和利益造成危害的；

（二）被处驱逐出境的；

（三）弄虚作假骗取在中国境内永久居留资格的；

（四）在中国境内居留未达到规定时限的；

（五）不适宜在中国境内永久居留的其他情形。

## 第五章　交通运输工具出境入境边防检查

**第五十条**　出境入境交通运输工具离开、抵达口岸时，应当接受边防检查。对交通运输工具的入境边防检查，在其最先抵达的口岸进行；对交通运输工具的出境边防检查，在其最后离开的口岸进行。特殊情况下，可以在有关主管机关指定的地点进行。

出境的交通运输工具自出境检查后至出境前，入境的交通运输工具自入境后至入境检查前，未经出入境边防检查机关按照规定程序许可，不得上下人员、装卸货物或者物品。

**第五十一条**　交通运输工具负责人或者交通运输工具出境入境业务代理单位应当按照规定提前向出入境边防检查机关报告入境、出境的交通运输工具抵达、离开口岸的时间和停留地点，如实申报员工、旅客、货物或者物品等信息。

**第五十二条**　交通运输工具负责人、交通运输工具出境入境业务代理单位应当配合出境入境边防检查，发现违反本法规定行为的，应当立即报告并协助调查处理。

入境交通运输工具载运不准入境人员的，交通运输工具负责人应当负责载离。

**第五十三条**　出入境边防检查机关按照规定对处于

下列情形之一的出境入境交通运输工具进行监护：

（一）出境的交通运输工具在出境边防检查开始后至出境前、入境的交通运输工具在入境后至入境边防检查完成前；

（二）外国船舶在中国内河航行期间；

（三）有必要进行监护的其他情形。

**第五十四条** 因装卸物品、维修作业、参观访问等事由需要上下外国船舶的人员，应当向出入境边防检查机关申请办理登轮证件。

中国船舶与外国船舶或者外国船舶之间需要搭靠作业的，应当由船长或者交通运输工具出境入境业务代理单位向出入境边防检查机关申请办理船舶搭靠手续。

**第五十五条** 外国船舶、航空器在中国境内应当按照规定的路线、航线行驶。

出境入境的船舶、航空器不得驶入对外开放口岸以外地区。因不可预见的紧急情况或者不可抗力驶入的，应当立即向就近的出入境边防检查机关或者当地公安机关报告，并接受监护和管理。

**第五十六条** 交通运输工具有下列情形之一的，不准出境入境；已经驶离口岸的，可以责令返回：

（一）离开、抵达口岸时，未经查验准许擅自出境入境的；

（二）未经批准擅自改变出境入境口岸的；

（三）涉嫌载有不准出境入境人员，需要查验核实的；

（四）涉嫌载有危害国家安全、利益和社会公共秩序的物品，需要查验核实的；

（五）拒绝接受出入境边防检查机关管理的其他情形。

前款所列情形消失后，出入境边防检查机关对有关交通运输工具应当立即放行。

**第五十七条** 从事交通运输工具出境入境业务代理的单位，应当向出入境边防检查机关备案。从事业务代理的人员，由所在单位向出入境边防检查机关办理备案手续。

## 第六章 调查和遣返

**第五十八条** 本章规定的当场盘问、继续盘问、拘留审查、限制活动范围、遣送出境措施，由县级以上地方人民政府公安机关或者出入境边防检查机关实施。

**第五十九条** 对涉嫌违反出境入境管理的人员，可以当场盘问；经当场盘问，有下列情形之一的，可以依法继续盘问：

（一）有非法出境入境嫌疑的；

（二）有协助他人非法出境入境嫌疑的；

（三）外国人有非法居留、非法就业嫌疑的；

（四）有危害国家安全和利益，破坏社会公共秩序或者从事其他违法犯罪活动嫌疑的。

当场盘问和继续盘问应当依据《中华人民共和国人民警察法》规定的程序进行。

县级以上地方人民政府公安机关或者出入境边防检查机关需要传唤涉嫌违反出境入境管理的人员的，依照《中华人民共和国治安管理处罚法》的有关规定执行。

**第六十条** 外国人有本法第五十九条第一款规定情形之一的，经当场盘问或者继续盘问后仍不能排除嫌疑，需要作进一步调查的，可以拘留审查。

实施拘留审查，应当出示拘留审查决定书，并在二十四小时内进行询问。发现不应当拘留审查的，应当立即解除拘留审查。

拘留审查的期限不得超过三十日；案情复杂的，经上一级地方人民政府公安机关或者出入境边防检查机关批准可以延长至六十日。对国籍、身份不明的外国人，拘留审查期限自查清其国籍、身份之日起计算。

**第六十一条** 外国人有下列情形之一的，不适用拘留审查，可以限制其活动范围：

（一）患有严重疾病的；

（二）怀孕或者哺乳自己不满一周岁婴儿的；

（三）未满十六周岁或者已满七十周岁的；

（四）不宜适用拘留审查的其他情形。

被限制活动范围的外国人，应当按照要求接受审查，未经公安机关批准，不得离开限定的区域。限制活动范围的期限不得超过六十日。对国籍、身份不明的外国人，限制活动范围期限自查清其国籍、身份之日起计算。

**第六十二条** 外国人有下列情形之一的，可以遣送出境：

（一）被处限期出境，未在规定期限内离境的；

（二）有不准入境情形的；

（三）非法居留、非法就业的；

（四）违反本法或者其他法律、行政法规需要遣送出境的。

其他境外人员有前款所列情形之一的，可以依法遣送出境。

被遣送出境的人员，自被遣送出境之日起一至五年内不准入境。

**第六十三条** 被拘留审查或者被决定遣送出境但不能立即执行的人员，应当羁押在拘留所或者遣返场所。

**第六十四条** 外国人对依照本法规定对其实施的继续盘问、拘留审查、限制活动范围、遣送出境措施不服的，可以依法申请行政复议，该行政复议决定为最终决定。

其他境外人员对依照本法规定对其实施的遣送出境措施不服，申请行政复议的，适用前款规定。

**第六十五条** 对依法决定不准出境或者不准入境的人员，决定机关应当按照规定及时通知出入境边防检查机关；不准出境、入境情形消失的，决定机关应当及时撤销不准出境、入境决定，并通知出入境边防检查机关。

**第六十六条** 根据维护国家安全和出境入境管理秩序的需要，必要时，出入境边防检查机关可以对出境入境的人员进行人身检查。人身检查应当由两名与受检查人同性别的边防检查人员进行。

**第六十七条** 签证、外国人停留居留证件等出境入境证件发生损毁、遗失、被盗抢或者签发后发现持证人不符合签发条件等情形的，由签发机关宣布该出境入境证件作废。

伪造、变造、骗取或者被证件签发机关宣布作废的出境入境证件无效。

公安机关可以对前款规定的或被他人冒用的出境入境证件予以注销或者收缴。

**第六十八条** 对用于组织、运送、协助他人非法出境入境的交通运输工具，以及需要作为办案证据的物品，公安机关可以扣押。

对查获的违禁物品，涉及国家秘密的文件、资料以及用于实施违反出境入境管理活动的工具等，公安机关应当予以扣押，并依照相关法律、行政法规规定处理。

**第六十九条** 出境入境证件的真伪由签发机关、出入境边防检查机关或者公安机关出入境管理机构认定。

## 第七章 法律责任

**第七十条** 本章规定的行政处罚，除本章另有规定外，由县级以上地方人民政府公安机关或者出入境边防检查机关决定；其中警告或者五千元以下罚款，可以由县级以上地方人民政府公安机关出入境管理机构决定。

**第七十一条** 有下列行为之一的，处一千元以上五千元以下罚款；情节严重的，处五日以上十日以下拘留，可以并处二千元以上一万元以下罚款：

（一）持用伪造、变造、骗取的出境入境证件出境入境的；

（二）冒用他人出境入境证件出境入境的；

（三）逃避出境入境边防检查的；

（四）以其他方式非法出境入境的。

**第七十二条** 协助他人非法出境入境的，处二千元以上一万元以下罚款；情节严重的，处十日以上十五日以下拘留，并处五千元以上二万元以下罚款，有违法所得的，没收违法所得。

单位有前款行为的，处一万元以上五万元以下罚款，有违法所得的，没收违法所得，并对其直接负责的主管人员和其他直接责任人员依照前款规定予以处罚。

**第七十三条** 弄虚作假骗取签证、停留居留证件等出境入境证件的，处二千元以上五千元以下罚款；情节严重的，处十日以上十五日以下拘留，并处五千元以上二万元以下罚款。

单位有前款行为的，处一万元以上五万元以下罚款，并对其直接负责的主管人员和其他直接责任人员依照前款规定予以处罚。

**第七十四条** 违反本法规定，为外国人出具邀请函件或者其他申请材料的，处五千元以上一万元以下罚款，有违法所得的，没收违法所得，并责令其承担所邀请外国人的出境费用。

单位有前款行为的，处一万元以上五万元以下罚款，有违法所得的，没收违法所得，并责令其承担所邀请外国人的出境费用，对其直接负责的主管人员和其他直接责任人员依照前款规定予以处罚。

**第七十五条** 中国公民出境后非法前往其他国家或者地区被遣返的，出入境边防检查机关应当收缴其出境入境证件，出境入境证件签发机关自其被遣返之日起六个月至三年以内不予签发出境入境证件。

**第七十六条** 有下列情形之一的，给予警告，可以并处二千元以下罚款：

（一）外国人拒不接受公安机关查验其出境入境证件的；

（二）外国人拒不交验居留证件的；

（三）未按照规定办理外国人出生登记、死亡申报的；

（四）外国人居留证件登记事项发生变更，未按照规定办理变更的；

（五）在中国境内的外国人冒用他人出境入境证件的；

（六）未按照本法第三十九条第二款规定办理登记的。

旅馆未按照规定办理外国人住宿登记的，依照《中华人民共和国治安管理处罚法》的有关规定予以处罚；未按照规定向公安机关报送外国人住宿登记信息的，给予警告;情节严重的,处一千元以上五千元以下罚款。

**第七十七条** 外国人未经批准,擅自进入限制外国人进入的区域,责令立即离开;情节严重的,处五日以上十日以下拘留。对外国人非法获取的文字记录、音像资料、电子数据和其他物品,予以收缴或者销毁,所用工具予以收缴。

外国人、外国机构违反本法规定,拒不执行公安机关、国家安全机关限期迁离决定的,给予警告并强制迁离;情节严重的,对有关责任人员处五日以上十五日以下拘留。

**第七十八条** 外国人非法居留的,给予警告;情节严重的,处每非法居留一日五百元,总额不超过一万元的罚款或者五日以上十五日以下拘留。

因监护人或者其他负有监护责任的人未尽到监护义务,致使未满十六周岁的外国人非法居留的,对监护人或者其他负有监护责任的人给予警告,可以并处一千元以下罚款。

**第七十九条** 容留、藏匿非法入境、非法居留的外国人,协助非法入境、非法居留的外国人逃避检查,或者为非法居留的外国人违法提供出境入境证件的,处二千元以上一万元以下罚款;情节严重的,处五日以上十五日以下拘留,并处五千元以上二万元以下罚款,有违法所得的,没收违法所得。

单位有前款行为的,处一万元以上五万元以下罚款,有违法所得的,没收违法所得,并对其直接负责的主管人员和其他直接责任人员依照前款规定予以处罚。

**第八十条** 外国人非法就业的,处五千元以上二万元以下罚款;情节严重的,处五日以上十五日以下拘留,并处五千元以上二万元以下罚款。

介绍外国人非法就业的,对个人处每非法介绍一人五千元,总额不超过五万元的罚款;对单位处每非法介绍一人五千元,总额不超过十万元的罚款;有违法所得的,没收违法所得。

非法聘用外国人的,处每非法聘用一人一万元,总额不超过十万元的罚款;有违法所得的,没收违法所得。

**第八十一条** 外国人从事与停留居留事由不相符的活动,或者有其他违反中国法律、法规规定,不适宜在中国境内继续停留居留情形的,可以处限期出境。

外国人违反本法规定,情节严重,尚不构成犯罪的,公安部可以处驱逐出境。公安部的处罚决定为最终决定。

被驱逐出境的外国人,自被驱逐出境之日起十年内不准入境。

**第八十二条** 有下列情形之一的,给予警告,可以并处二千元以下罚款:

(一)扰乱口岸限定区域管理秩序的;

(二)外国船员及其随行家属未办理临时入境手续登陆的;

(三)未办理登轮证件上下外国船舶的。

违反前款第一项规定,情节严重的,可以并处五日以上十日以下拘留。

**第八十三条** 交通运输工具有下列情形之一的,对其负责人处五千元以上五万元以下罚款:

(一)未经查验准许擅自出境入境或者未经批准擅自改变出境入境口岸的;

(二)未按照规定如实申报员工、旅客、货物或者物品等信息,或者拒绝协助出境入境边防检查的;

(三)违反出境入境边防检查规定上下人员、装卸货物或者物品的。

出境入境交通运输工具载运不准出境入境人员出境入境的,处每载运一人五千元以上一万元以下罚款。交通运输工具负责人证明其已经采取合理预防措施的,可以减轻或者免予处罚。

**第八十四条** 交通运输工具有下列情形之一的,对其负责人处二千元以上二万元以下罚款:

(一)中国或者外国船舶未经批准擅自搭靠外国船舶的;

(二)外国船舶、航空器在中国境内未按照规定的路线、航线行驶的;

(三)出境入境的船舶、航空器违反规定驶入对外开放口岸以外地区的。

**第八十五条** 履行出境入境管理职责的工作人员,有下列行为之一的,依法给予处分:

(一)违反法律、行政法规,为不符合规定条件的外国人签发签证、外国人停留居留证件等出境入境证件的;

(二)违反法律、行政法规,审核验放不符合规定条件的人员或者交通运输工具出境入境的;

(三)泄露在出境入境管理工作中知悉的个人信息,侵害当事人合法权益的;

(四)不按照规定将依法收取的费用、收缴的罚款及没收的违法所得、非法财物上缴国库的;

(五)私分、侵占、挪用罚没、扣押的款物或者收取的费用的;

(六)滥用职权、玩忽职守、徇私舞弊,不依法履行法定职责的其他行为。

**第八十六条** 对违反出境入境管理行为处五百元以下罚款的，出入境边防检查机关可以当场作出处罚决定。

**第八十七条** 对违反出境入境管理行为处罚款的，被处罚人应当自收到处罚决定书之日起十五日内，到指定的银行缴纳罚款。被处罚人在所在地没有固定住所，不当场收缴罚款事后难以执行或者在口岸向指定银行缴纳罚款确有困难的，可以当场收缴。

**第八十八条** 违反本法规定，构成犯罪的，依法追究刑事责任。

### 第八章 附 则

**第八十九条** 本法下列用语的含义：

出境，是指由中国内地前往其他国家或者地区，由中国内地前往香港特别行政区、澳门特别行政区，由中国大陆前往台湾地区。

入境，是指由其他国家或者地区进入中国内地，由香港特别行政区、澳门特别行政区进入中国内地，由台湾地区进入中国大陆。

外国人，是指不具有中国国籍的人。

**第九十条** 经国务院批准，同毗邻国家接壤的省、自治区可以根据中国与有关国家签订的边界管理协定制定地方性法规、地方政府规章，对两国边境接壤地区的居民往来作出规定。

**第九十一条** 外国驻中国的外交代表机构、领事机构成员以及享有特权和豁免的其他外国人，其入境出境及停留居留管理，其他法律另有规定的，依照其规定。

**第九十二条** 外国人申请办理签证、外国人停留居留证件等出境入境证件或者申请办理证件延期、变更的，应当按照规定缴纳签证费、证件费。

**第九十三条** 本法自2013年7月1日起施行。《中华人民共和国外国人入境出境管理法》和《中华人民共和国公民出境入境管理法》同时废止。

## 中华人民共和国治安管理处罚法

- 2005年8月28日第十届全国人民代表大会常务委员会第十七次会议通过
- 根据2012年10月26日第十一届全国人民代表大会常务委员会第二十九次会议《关于修改〈中华人民共和国治安管理处罚法〉的决定》修正

### 目 录

第一章 总 则
第二章 处罚的种类和适用
第三章 违反治安管理的行为和处罚
　第一节 扰乱公共秩序的行为和处罚
　第二节 妨害公共安全的行为和处罚
　第三节 侵犯人身权利、财产权利的行为和处罚
　第四节 妨害社会管理的行为和处罚
第四章 处罚程序
　第一节 调 查
　第二节 决 定
　第三节 执 行
第五章 执法监督
第六章 附 则

### 第一章 总 则

**第一条 【立法目的】**为维护社会治安秩序，保障公共安全，保护公民、法人和其他组织的合法权益，规范和保障公安机关及其人民警察依法履行治安管理职责，制定本法。

**第二条 【违反治安管理行为的性质和特征】**扰乱公共秩序，妨害公共安全，侵犯人身权利、财产权利，妨害社会管理，具有社会危害性，依照《中华人民共和国刑法》的规定构成犯罪的，依法追究刑事责任；尚不够刑事处罚的，由公安机关依照本法给予治安管理处罚。

**第三条 【处罚程序应适用的法律规范】**治安管理处罚的程序，适用本法的规定；本法没有规定的，适用《中华人民共和国行政处罚法》的有关规定。

**第四条 【适用范围】**在中华人民共和国领域内发生的违反治安管理行为，除法律有特别规定的外，适用本法。

在中华人民共和国船舶和航空器内发生的违反治安管理行为，除法律有特别规定的外，适用本法。

**第五条 【基本原则】**治安管理处罚必须以事实为依据，与违反治安管理行为的性质、情节以及社会危害程度相当。

实施治安管理处罚，应当公开、公正，尊重和保障人权，保护公民的人格尊严。

办理治安案件应当坚持教育与处罚相结合的原则。

**第六条 【社会治安综合治理】**各级人民政府应当加强社会治安综合治理，采取有效措施，化解社会矛盾，增进社会和谐，维护社会稳定。

**第七条 【主管和管辖】**国务院公安部门负责全国的治安管理工作。县级以上地方各级人民政府公安机关负责本行政区域内的治安管理工作。

治安案件的管辖由国务院公安部门规定。

**第八条 【民事责任】**违反治安管理的行为对他人造成损害的，行为人或者其监护人应当依法承担民事责任。

**第九条 【调解】**对于因民间纠纷引起的打架斗殴或者损毁他人财物等违反治安管理行为，情节较轻的，公安机关可以调解处理。经公安机关调解，当事人达成协议的，不予处罚。经调解未达成协议或者达成协议后不履行的，公安机关应当依照本法的规定对违反治安管理行为人给予处罚，并告知当事人可以就民事争议依法向人民法院提起民事诉讼。

## 第二章 处罚的种类和适用

**第十条 【处罚种类】**治安管理处罚的种类分为：

（一）警告；

（二）罚款；

（三）行政拘留；

（四）吊销公安机关发放的许可证。

对违反治安管理的外国人，可以附加适用限期出境或者驱逐出境。

**第十一条 【查获违禁品、工具和违法所得财物的处理】**办理治安案件所查获的毒品、淫秽物品等违禁品，赌具、赌资，吸食、注射毒品的用具以及直接用于实施违反治安管理行为的本人所有的工具，应当收缴，按照规定处理。

违反治安管理所得的财物，追缴退还被侵害人；没有被侵害人的，登记造册，公开拍卖或者按照国家有关规定处理，所得款项上缴国库。

**第十二条 【未成年人违法的处罚】**已满十四周岁不满十八周岁的人违反治安管理的，从轻或者减轻处罚；不满十四周岁的人违反治安管理的，不予处罚，但是应当责令其监护人严加管教。

**第十三条 【精神病人违法的处罚】**精神病人在不能辨认或者不能控制自己行为的时候违反治安管理的，不予处罚，但是应当责令其监护人严加看管和治疗。间歇性的精神病人在精神正常的时候违反治安管理的，应当给予处罚。

**第十四条 【盲人或聋哑人违法的处罚】**盲人或者又聋又哑的人违反治安管理的，可以从轻、减轻或者不予处罚。

**第十五条 【醉酒的人违法的处罚】**醉酒的人违反治安管理的，应当给予处罚。

醉酒的人在醉酒状态中，对本人有危险或者对他人的人身、财产或者公共安全有威胁的，应当对其采取保护性措施约束至酒醒。

**第十六条 【有两种以上违法行为的处罚】**有两种以上违反治安管理行为的，分别决定，合并执行。行政拘留处罚合并执行的，最长不超过二十日。

**第十七条 【共同违法行为的处罚】**共同违反治安管理的，根据违反治安管理行为人在违反治安管理行为中所起的作用，分别处罚。

教唆、胁迫、诱骗他人违反治安管理的，按照其教唆、胁迫、诱骗的行为处罚。

**第十八条 【单位违法行为的处罚】**单位违反治安管理的，对其直接负责的主管人员和其他直接责任人员依照本法的规定处罚。其他法律、行政法规对同一行为规定给予单位处罚的，依照其规定处罚。

**第十九条 【减轻处罚或不予处罚的情形】**违反治安管理有下列情形之一的，减轻处罚或者不予处罚：

（一）情节特别轻微的；

（二）主动消除或者减轻违法后果，并取得被侵害人谅解的；

（三）出于他人胁迫或者诱骗的；

（四）主动投案，向公安机关如实陈述自己的违法行为的；

（五）有立功表现的。

**第二十条 【从重处罚的情形】**违反治安管理有下列情形之一的，从重处罚：

（一）有较严重后果的；

（二）教唆、胁迫、诱骗他人违反治安管理的；

（三）对报案人、控告人、举报人、证人打击报复的；

（四）六个月内曾受过治安管理处罚的。

**第二十一条 【应给予行政拘留处罚而不予执行的情形】**违反治安管理行为人有下列情形之一，依照本法应当给予行政拘留处罚的，不执行行政拘留处罚：

（一）已满十四周岁不满十六周岁的；

（二）已满十六周岁不满十八周岁，初次违反治安管理的；

（三）七十周岁以上的；

（四）怀孕或者哺乳自己不满一周岁婴儿的。

**第二十二条 【追究时效】**违反治安管理行为在六个月内没有被公安机关发现的，不再处罚。

前款规定的期限，从违反治安管理行为发生之日起计算；违反治安管理行为有连续或者继续状态的，从行为终了之日起计算。

## 第三章 违反治安管理的行为和处罚

### 第一节 扰乱公共秩序的行为和处罚

**第二十三条 【对扰乱单位、公共场所、公共交通和选举秩序行为的处罚】**有下列行为之一的，处警告或者二百元以下罚款；情节较重的，处五日以上十日以下拘留，可以并处五百元以下罚款：

（一）扰乱机关、团体、企业、事业单位秩序，致使工作、生产、营业、医疗、教学、科研不能正常进行，尚未造成严重损失的；

（二）扰乱车站、港口、码头、机场、商场、公园、展览馆或者其他公共场所秩序的；

（三）扰乱公共汽车、电车、火车、船舶、航空器或者其他公共交通工具上的秩序的；

（四）非法拦截或者强登、扒乘机动车、船舶、航空器以及其他交通工具，影响交通工具正常行驶的；

（五）破坏依法进行的选举秩序的。

聚众实施前款行为的，对首要分子处十日以上十五日以下拘留，可以并处一千元以下罚款。

**第二十四条　【对扰乱文化、体育等大型群众性活动秩序行为的处罚】**有下列行为之一，扰乱文化、体育等大型群众性活动秩序的，处警告或者二百元以下罚款；情节严重的，处五日以上十日以下拘留，可以并处五百元以下罚款：

（一）强行进入场内的；

（二）违反规定，在场内燃放烟花爆竹或者其他物品的；

（三）展示侮辱性标语、条幅等物品的；

（四）围攻裁判员、运动员或者其他工作人员的；

（五）向场内投掷杂物，不听制止的；

（六）扰乱大型群众性活动秩序的其他行为。

因扰乱体育比赛秩序被处以拘留处罚的，可以同时责令其十二个月内不得进入体育场馆观看同类比赛；违反规定进入体育场馆的，强行带离现场。

**第二十五条　【对扰乱公共秩序行为的处罚】**有下列行为之一的，处五日以上十日以下拘留，可以并处五百元以下罚款；情节较轻的，处五日以下拘留或者五百元以下罚款：

（一）散布谣言，谎报险情、疫情、警情或者以其他方法故意扰乱公共秩序的；

（二）投放虚假的爆炸性、毒害性、放射性、腐蚀性物质或者传染病病原体等危险物质扰乱公共秩序的；

（三）扬言实施放火、爆炸、投放危险物质扰乱公共秩序的。

**第二十六条　【对寻衅滋事行为的处罚】**有下列行为之一的，处五日以上十日以下拘留，可以并处五百元以下罚款；情节较重的，处十日以上十五日以下拘留，可以并处一千元以下罚款：

（一）结伙斗殴的；

（二）追逐、拦截他人的；

（三）强拿硬要或者任意损毁、占用公私财物的；

（四）其他寻衅滋事行为。

**第二十七条　【对利用封建迷信、会道门进行非法活动行为的处罚】**有下列行为之一的，处十日以上十五日以下拘留，可以并处一千元以下罚款；情节较轻的，处五日以上十日以下拘留，可以并处五百元以下罚款：

（一）组织、教唆、胁迫、诱骗、煽动他人从事邪教、会道门活动或者利用邪教、会道门、迷信活动，扰乱社会秩序、损害他人身体健康的；

（二）冒用宗教、气功名义进行扰乱社会秩序、损害他人身体健康活动的。

**第二十八条　【对干扰无线电业务及无线电台（站）行为的处罚】**违反国家规定，故意干扰无线电业务正常进行的，或者对正常运行的无线电台（站）产生有害干扰，经有关主管部门指出后，拒不采取有效措施消除的，处五日以上十日以下拘留；情节严重的，处十日以上十五日以下拘留。

**第二十九条　【对侵入、破坏计算机信息系统行为的处罚】**有下列行为之一的，处五日以下拘留；情节较重的，处五日以上十日以下拘留：

（一）违反国家规定，侵入计算机信息系统，造成危害的；

（二）违反国家规定，对计算机信息系统功能进行删除、修改、增加、干扰，造成计算机信息系统不能正常运行的；

（三）违反国家规定，对计算机信息系统中存储、处理、传输的数据和应用程序进行删除、修改、增加的；

（四）故意制作、传播计算机病毒等破坏性程序，影响计算机信息系统正常运行的。

### 第二节　妨害公共安全的行为和处罚

**第三十条　【对违反危险物质管理行为的处罚】**违反国家规定，制造、买卖、储存、运输、邮寄、携带、使用、提供、处置爆炸性、毒害性、放射性、腐蚀性物质或者传染病病原体等危险物质的，处十日以上十五日以下拘留；情节较轻的，处五日以上十日以下拘留。

**第三十一条　【对危险物质被盗、被抢、丢失不报行为的处罚】**爆炸性、毒害性、放射性、腐蚀性物质或者传染病病原体等危险物质被盗、被抢或者丢失，未按规定报告的，处五日以下拘留；故意隐瞒不报的，处五日以上十日以下拘留。

**第三十二条 【对非法携带管制器具行为的处罚】**非法携带枪支、弹药或者弩、匕首等国家规定的管制器具的,处五日以下拘留,可以并处五百元以下罚款;情节较轻的,处警告或者二百元以下罚款。

非法携带枪支、弹药或者弩、匕首等国家规定的管制器具进入公共场所或者公共交通工具的,处五日以上十日以下拘留,可以并处五百元以下罚款。

**第三十三条 【对盗窃、损毁公共设施行为的处罚】**有下列行为之一的,处十日以上十五日以下拘留:

(一)盗窃、损毁油气管道设施、电力电信设施、广播电视设施、水利防汛工程设施或者水文监测、测量、气象测报、环境监测、地质监测、地震监测等公共设施的;

(二)移动、损毁国家边境的界碑、界桩以及其他边境标志、边境设施或者领土、领海标志设施的;

(三)非法进行影响国(边)界线走向的活动或者修建有碍国(边)境管理的设施的。

**第三十四条 【对妨害航空器飞行安全行为的处罚】**盗窃、损坏、擅自移动使用中的航空设施,或者强行进入航空器驾驶舱的,处十日以上十五日以下拘留。

在使用中的航空器上使用可能影响导航系统正常功能的器具、工具,不听劝阻的,处五日以下拘留或者五百元以下罚款。

**第三十五条 【对妨害铁路运行安全行为的处罚】**有下列行为之一的,处五日以上十日以下拘留,可以并处五百元以下罚款;情节较轻的,处五日以下拘留或者五百元以下罚款:

(一)盗窃、损毁或者擅自移动铁路设施、设备、机车车辆配件或者安全标志的;

(二)在铁路线路上放置障碍物,或者故意向列车投掷物品的;

(三)在铁路线路、桥梁、涵洞处挖掘坑穴、采石取沙的;

(四)在铁路线路上私设道口或者平交过道的。

**第三十六条 【对妨害列车行车安全行为的处罚】**擅自进入铁路防护网或者火车来临时在铁路线路上行走坐卧、抢越铁路,影响行车安全的,处警告或者二百元以下罚款。

**第三十七条 【对妨害公共道路安全行为的处罚】**有下列行为之一的,处五日以下拘留或者五百元以下罚款;情节严重的,处五日以上十日以下拘留,可以并处五百元以下罚款:

(一)未经批准,安装、使用电网的,或者安装、使用电网不符合安全规定的;

(二)在车辆、行人通行的地方施工,对沟井坎穴不设覆盖物、防围和警示标志的,或者故意损毁、移动覆盖物、防围和警示标志的;

(三)盗窃、损毁路面井盖、照明等公共设施的。

**第三十八条 【对违反规定举办大型活动行为的处罚】**举办文化、体育等大型群众性活动,违反有关规定,有发生安全事故危险的,责令停止活动,立即疏散;对组织者处五日以上十日以下拘留,并处二百元以上五百元以下罚款;情节较轻的,处五日以下拘留或者五百元以下罚款。

**第三十九条 【对违反公共场所安全规定行为的处罚】**旅馆、饭店、影剧院、娱乐场、运动场、展览馆或者其他供社会公众活动的场所的经营管理人员,违反安全规定,致使该场所有发生安全事故危险,经公安机关责令改正,拒不改正的,处五日以下拘留。

### 第三节 侵犯人身权利、财产权利的行为和处罚

**第四十条 【对恐怖表演、强迫劳动、限制人身自由行为的处罚】**有下列行为之一的,处十日以上十五日以下拘留,并处五百元以上一千元以下罚款;情节较轻的,处五日以上十日以下拘留,并处二百元以上五百元以下罚款:

(一)组织、胁迫、诱骗不满十六周岁的人或者残疾人进行恐怖、残忍表演的;

(二)以暴力、威胁或者其他手段强迫他人劳动的;

(三)非法限制他人人身自由、非法侵入他人住宅或者非法搜查他人身体的。

**第四十一条 【对胁迫利用他人乞讨和滋扰乞讨行为的处罚】**胁迫、诱骗或者利用他人乞讨的,处十日以上十五日以下拘留,可以并处一千元以下罚款。

反复纠缠、强行讨要或者以其他滋扰他人的方式乞讨的,处五日以下拘留或者警告。

**第四十二条 【对侵犯人身权利六项行为的处罚】**有下列行为之一的,处五日以下拘留或者五百元以下罚款;情节较重的,处五日以上十日以下拘留,可以并处五百元以下罚款:

(一)写恐吓信或者以其他方法威胁他人人身安全的;

(二)公然侮辱他人或者捏造事实诽谤他人的;

(三)捏造事实诬告陷害他人,企图使他人受到刑事追究或者受到治安管理处罚的;

(四)对证人及其近亲属进行威胁、侮辱、殴打或者

打击报复的；

（五）多次发送淫秽、侮辱、恐吓或者其他信息，干扰他人正常生活的；

（六）偷窥、偷拍、窃听、散布他人隐私的。

**第四十三条　【对殴打或故意伤害他人身体行为的处罚】**殴打他人的，或者故意伤害他人身体的，处五日以上十日以下拘留，并处二百元以上五百元以下罚款；情节较轻的，处五日以下拘留或者五百元以下罚款。

有下列情形之一的，处十日以上十五日以下拘留，并处五百元以上一千元以下罚款：

（一）结伙殴打、伤害他人的；

（二）殴打、伤害残疾人、孕妇、不满十四周岁的人或者六十周岁以上的人的；

（三）多次殴打、伤害他人或者一次殴打、伤害多人的。

**第四十四条　【对猥亵他人和在公共场所裸露身体行为的处罚】**猥亵他人的，或者在公共场所故意裸露身体，情节恶劣的，处五日以上十日以下拘留；猥亵智力残疾人、精神病人、不满十四周岁的人或者有其他严重情节的，处十日以上十五日以下拘留。

**第四十五条　【对虐待家庭成员、遗弃被扶养人行为的处罚】**有下列行为之一的，处五日以下拘留或者警告：

（一）虐待家庭成员，被虐待人要求处理的；

（二）遗弃没有独立生活能力的被扶养人的。

**第四十六条　【对强迫交易行为的处罚】**强买强卖商品，强迫他人提供服务或者强迫他人接受服务的，处五日以上十日以下拘留，并处二百元以上五百元以下罚款；情节较轻的，处五日以下拘留或者五百元以下罚款。

**第四十七条　【对煽动民族仇恨、民族歧视行为的处罚】**煽动民族仇恨、民族歧视，或者在出版物、计算机信息网络中刊载民族歧视、侮辱内容的，处十日以上十五日以下拘留，可以并处一千元以下罚款。

**第四十八条　【对侵犯通信自由行为的处罚】**冒领、隐匿、毁弃、私自开拆或者非法检查他人邮件的，处五日以下拘留或者五百元以下罚款。

**第四十九条　【对盗窃、诈骗、哄抢、抢夺、敲诈勒索、损毁公私财物行为的处罚】**盗窃、诈骗、哄抢、抢夺、敲诈勒索或者故意损毁公私财物的，处五日以上十日以下拘留，可以并处五百元以下罚款；情节较重的，处十日以上十五日以下拘留，可以并处一千元以下罚款。

### 第四节　妨害社会管理的行为和处罚

**第五十条　【对拒不执行紧急状态决定、命令和阻碍执行公务的处罚】**有下列行为之一的，处警告或者二百元以下罚款；情节严重的，处五日以上十日以下拘留，可以并处五百元以下罚款：

（一）拒不执行人民政府在紧急状态情况下依法发布的决定、命令的；

（二）阻碍国家机关工作人员依法执行职务的；

（三）阻碍执行紧急任务的消防车、救护车、工程抢险车、警车等车辆通行的；

（四）强行冲闯公安机关设置的警戒带、警戒区的。

阻碍人民警察依法执行职务的，从重处罚。

**第五十一条　【对招摇撞骗行为的处罚】**冒充国家机关工作人员或者以其他虚假身份招摇撞骗的，处五日以上十日以下拘留，可以并处五百元以下罚款；情节较轻的，处五日以下拘留或者五百元以下罚款。

冒充军警人员招摇撞骗的，从重处罚。

**第五十二条　【对伪造、变造、买卖公文、证件、票证行为的处罚】**有下列行为之一的，处十日以上十五日以下拘留，可以并处一千元以下罚款；情节较轻的，处五日以上十日以下拘留，可以并处五百元以下罚款：

（一）伪造、变造或者买卖国家机关、人民团体、企业、事业单位或者其他组织的公文、证件、证明文件、印章的；

（二）买卖或者使用伪造、变造的国家机关、人民团体、企业、事业单位或者其他组织的公文、证件、证明文件的；

（三）伪造、变造、倒卖车票、船票、航空客票、文艺演出票、体育比赛入场券或者其他有价票证、凭证的；

（四）伪造、变造船舶户牌，买卖或者使用伪造、变造的船舶户牌，或者涂改船舶发动机号码的。

**第五十三条　【对船舶擅自进入禁、限入水域或岛屿行为的处罚】**船舶擅自进入、停靠国家禁止、限制进入的水域或者岛屿的，对船舶负责人及有关责任人员处五百元以上一千元以下罚款；情节严重的，处五日以下拘留，并处五百元以上一千元以下罚款。

**第五十四条　【对违法设立社会团体行为的处罚】**有下列行为之一的，处十日以上十五日以下拘留，并处五百元以上一千元以下罚款；情节较轻的，处五日以下拘留或者五百元以下罚款：

（一）违反国家规定，未经注册登记，以社会团体名义进行活动，被取缔后，仍进行活动的；

（二）被依法撤销登记的社会团体，仍以社会团体名义进行活动的；

（三）未经许可，擅自经营按照国家规定需要由公安机关许可的行业的。

有前款第三项行为的，予以取缔。

取得公安机关许可的经营者，违反国家有关管理规定，情节严重的，公安机关可以吊销许可证。

**第五十五条 【对非法集会、游行、示威行为的处罚】**煽动、策划非法集会、游行、示威，不听劝阻的，处十日以上十五日以下拘留。

**第五十六条 【对旅馆工作人员违反规定行为的处罚】**旅馆业的工作人员对住宿的旅客不按规定登记姓名、身份证件种类和号码的，或者明知住宿的旅客将危险物质带入旅馆，不予制止的，处二百元以上五百元以下罚款。

旅馆业的工作人员明知住宿的旅客是犯罪嫌疑人员或者被公安机关通缉的人员，不向公安机关报告的，处二百元以上五百元以下罚款；情节严重的，处五日以下拘留，可以并处五百元以下罚款。

**第五十七条 【对违法出租房屋行为的处罚】**房屋出租人将房屋出租给无身份证件的人居住的，或者不按规定登记承租人姓名、身份证件种类和号码的，处二百元以上五百元以下罚款。

房屋出租人明知承租人利用出租房屋进行犯罪活动，不向公安机关报告的，处二百元以上五百元以下罚款；情节严重的，处五日以下拘留，可以并处五百元以下罚款。

**第五十八条 【对制造噪声干扰他人生活行为的处罚】**违反关于社会生活噪声污染防治的法律规定，制造噪声干扰他人正常生活的，处警告；警告后不改正的，处二百元以上五百元以下罚款。

**第五十九条 【对违法典当、收购行为的处罚】**有下列行为之一的，处五百元以上一千元以下罚款；情节严重的，处五日以上十日以下拘留，并处五百元以上一千元以下罚款：

（一）典当业工作人员承接典当的物品，不查验有关证明、不履行登记手续，或者明知是违法犯罪嫌疑人、赃物，不向公安机关报告的；

（二）违反国家规定，收购铁路、油田、供电、电信、矿山、水利、测量和城市公用设施等废旧专用器材的；

（三）收购公安机关通报寻查的赃物或者有赃物嫌疑的物品的；

（四）收购国家禁止收购的其他物品的。

**第六十条 【对妨害执法秩序行为的处罚】**有下列行为之一的，处五日以上十日以下拘留，并处二百元以上五百元以下罚款：

（一）隐藏、转移、变卖或者损毁行政执法机关依法扣押、查封、冻结的财物的；

（二）伪造、隐匿、毁灭证据或者提供虚假证言、谎报案情，影响行政执法机关依法办案的；

（三）明知是赃物而窝藏、转移或者代为销售的；

（四）被依法执行管制、剥夺政治权利或者在缓刑、暂予监外执行中的罪犯或者被依法采取刑事强制措施的人，有违反法律、行政法规或者国务院有关部门的监督管理规定的行为。

**第六十一条 【对协助组织、运送他人偷越国（边）境行为的处罚】**协助组织或者运送他人偷越国（边）境的，处十日以上十五日以下拘留，并处一千元以上五千元以下罚款。

**第六十二条 【对偷越国（边）境行为的处罚】**为偷越国（边）境人员提供条件的，处五日以上十日以下拘留，并处五百元以上二千元以下罚款。

偷越国（边）境的，处五日以下拘留或者五百元以下罚款。

**第六十三条 【对妨害文物管理行为的处罚】**有下列行为之一的，处警告或者二百元以下罚款；情节较重的，处五日以上十日以下拘留，并处二百元以上五百元以下罚款：

（一）刻划、涂污或者以其他方式故意损坏国家保护的文物、名胜古迹的；

（二）违反国家规定，在文物保护单位附近进行爆破、挖掘等活动，危及文物安全的。

**第六十四条 【对非法驾驶交通工具行为的处罚】**有下列行为之一的，处五百元以上一千元以下罚款；情节严重的，处十日以上十五日以下拘留，并处五百元以上一千元以下罚款：

（一）偷开他人机动车的；

（二）未取得驾驶证驾驶或者偷开他人航空器、机动船舶的。

**第六十五条 【对破坏他人坟墓、尸体和乱停放尸体行为的处罚】**有下列行为之一的，处五日以上十日以下拘留；情节严重的，处十日以上十五日以下拘留，可以并处一千元以下罚款：

（一）故意破坏、污损他人坟墓或者毁坏、丢弃他人尸骨、骨灰的；

（二）在公共场所停放尸体或者因停放尸体影响他人正常生活、工作秩序，不听劝阻的。

**第六十六条 【对卖淫、嫖娼行为的处罚】**卖淫、嫖娼的，处十日以上十五日以下拘留，可以并处五千元以下罚款；情节较轻的，处五日以下拘留或者五百元以下罚款。

在公共场所拉客招嫖的，处五日以下拘留或者五百元以下罚款。

**第六十七条　【对引诱、容留、介绍卖淫行为的处罚】**引诱、容留、介绍他人卖淫的，处十日以上十五日以下拘留，可以并处五千元以下罚款；情节较轻的，处五日以下拘留或者五百元以下罚款。

**第六十八条　【对传播淫秽信息行为的处罚】**制作、运输、复制、出售、出租淫秽的书刊、图片、影片、音像制品等淫秽物品或者利用计算机信息网络、电话以及其他通讯工具传播淫秽信息的，处十日以上十五日以下拘留，可以并处三千元以下罚款；情节较轻的，处五日以下拘留或者五百元以下罚款。

**第六十九条　【对组织、参与淫秽活动的处罚】**有下列行为之一的，处十日以上十五日以下拘留，并处五百元以上一千元以下罚款：

（一）组织播放淫秽音像的；

（二）组织或者进行淫秽表演的；

（三）参与聚众淫乱活动的。

明知他人从事前款活动，为其提供条件的，依照前款的规定处罚。

**第七十条　【对赌博行为的处罚】**以营利为目的，为赌博提供条件的，或者参与赌博赌资较大的，处五日以下拘留或者五百元以下罚款；情节严重的，处十日以上十五日以下拘留，并处五百元以上三千元以下罚款。

**第七十一条　【对涉及毒品原植物行为的处罚】**有下列行为之一的，处十日以上十五日以下拘留，可以并处三千元以下罚款；情节较轻的，处五日以下拘留或者五百元以下罚款：

（一）非法种植罂粟不满五百株或者其他少量毒品原植物的；

（二）非法买卖、运输、携带、持有少量未经灭活的罂粟等毒品原植物种子或者幼苗的；

（三）非法运输、买卖、储存、使用少量罂粟壳的。

有前款第一项行为，在成熟前自行铲除的，不予处罚。

**第七十二条　【对毒品违法行为的处罚】**有下列行为之一的，处十日以上十五日以下拘留，可以并处二千元以下罚款；情节较轻的，处五日以下拘留或者五百元以下罚款：

（一）非法持有鸦片不满二百克、海洛因或者甲基苯丙胺不满十克或者其他少量毒品的；

（二）向他人提供毒品的；

（三）吸食、注射毒品的；

（四）胁迫、欺骗医务人员开具麻醉药品、精神药品的。

**第七十三条　【对教唆、引诱、欺骗他人吸食、注射毒品行为的处罚】**教唆、引诱、欺骗他人吸食、注射毒品的，处十日以上十五日以下拘留，并处五百元以上二千元以下罚款。

**第七十四条　【对服务行业人员通风报信行为的处罚】**旅馆业、饮食服务业、文化娱乐业、出租汽车业等单位的人员，在公安机关查处吸毒、赌博、卖淫、嫖娼活动时，为违法犯罪行为人通风报信的，处十日以上十五日以下拘留。

**第七十五条　【对饲养动物违法行为的处罚】**饲养动物，干扰他人正常生活的，处警告；警告后不改正的，或者放任动物恐吓他人的，处二百元以上五百元以下罚款。

驱使动物伤害他人的，依照本法第四十三条第一款的规定处罚。

**第七十六条　【对屡教不改行为的处罚】**有本法第六十七条、第六十八条、第七十条的行为，屡教不改的，可以按照国家规定采取强制性教育措施。

## 第四章　处罚程序

### 第一节　调　查

**第七十七条　【受理治安案件须登记】**公安机关对报案、控告、举报或者违反治安管理行为人主动投案，以及其他行政主管部门、司法机关移送的违反治安管理案件，应当及时受理，并进行登记。

**第七十八条　【受理治安案件后的处理】**公安机关受理报案、控告、举报、投案后，认为属于违反治安管理行为的，应当立即进行调查；认为不属于违反治安管理行为的，应当告知报案人、控告人、举报人、投案人，并说明理由。

**第七十九条　【严禁非法取证】**公安机关及其人民警察对治安案件的调查，应当依法进行。严禁刑讯逼供或者采用威胁、引诱、欺骗等非法手段收集证据。

以非法手段收集的证据不得作为处罚的根据。

**第八十条　【公安机关的保密义务】**公安机关及其人民警察在办理治安案件时，对涉及的国家秘密、商业秘密或者个人隐私，应当予以保密。

**第八十一条　【关于回避的规定】**人民警察在办理

治安案件过程中，遇有下列情形之一的，应当回避；违反治安管理行为人、被侵害人或者其法定代理人也有权要求他们回避：

（一）是本案当事人或者当事人的近亲属的；

（二）本人或者其近亲属与本案有利害关系的；

（三）与本案当事人有其他关系，可能影响案件公正处理的。

人民警察的回避，由其所属的公安机关决定；公安机关负责人的回避，由上一级公安机关决定。

**第八十二条　【关于传唤的规定】**需要传唤违反治安管理行为人接受调查的，经公安机关办案部门负责人批准，使用传唤证传唤。对现场发现的违反治安管理行为人，人民警察经出示工作证件，可以口头传唤，但应当在询问笔录中注明。

公安机关应当将传唤的原因和依据告知被传唤人。对无正当理由不接受传唤或者逃避传唤的人，可以强制传唤。

**第八十三条　【传唤后的询问期限与通知义务】**对违反治安管理行为人，公安机关传唤后应当及时询问查证，询问查证的时间不得超过八小时；情况复杂，依照本法规定可能适用行政拘留处罚的，询问查证的时间不得超过二十四小时。

公安机关应当及时将传唤的原因和处所通知被传唤人家属。

**第八十四条　【询问笔录、书面材料与询问不满十六周岁人的规定】**询问笔录应当交被询问人核对；对没有阅读能力的，应当向其宣读。记载有遗漏或者差错的，被询问人可以提出补充或者更正。被询问人确认笔录无误后，应当签名或者盖章，询问的人民警察也应当在笔录上签名。

被询问人要求就被询问事项自行提供书面材料的，应当准许；必要时，人民警察也可以要求被询问人自行书写。

询问不满十六周岁的违反治安管理行为人，应当通知其父母或者其他监护人到场。

**第八十五条　【询问被侵害人和其他证人的规定】**人民警察询问被侵害人或者其他证人，可以到其所在单位或者住处进行；必要时，也可以通知其到公安机关提供证言。

人民警察在公安机关以外询问被侵害人或者其他证人，应当出示工作证件。

询问被侵害人或者其他证人，同时适用本法第八十四条的规定。

**第八十六条　【询问中的语言帮助】**询问聋哑的违反治安管理行为人、被侵害人或者其他证人，应当有通晓手语的人提供帮助，并在笔录上注明。

询问不通晓当地通用的语言文字的违反治安管理行为人、被侵害人或者其他证人，应当配备翻译人员，并在笔录上注明。

**第八十七条　【检查时应遵守的程序】**公安机关对与违反治安管理行为有关的场所、物品、人身可以进行检查。检查时，人民警察不得少于二人，并应当出示工作证件和县级以上人民政府公安机关开具的检查证明文件。对确有必要立即进行检查的，人民警察经出示工作证件，可以当场检查，但检查公民住所应当出示县级以上人民政府公安机关开具的检查证明文件。

检查妇女的身体，应当由女性工作人员进行。

**第八十八条　【检查笔录的制作】**检查的情况应当制作检查笔录，由检查人、被检查人和见证人签名或者盖章；被检查人拒绝签名的，人民警察应当在笔录上注明。

**第八十九条　【关于扣押物品的规定】**公安机关办理治安案件，对与案件有关的需要作为证据的物品，可以扣押；对被侵害人或者善意第三人合法占有的财产，不得扣押，应当予以登记。对与案件无关的物品，不得扣押。

对扣押的物品，应当会同在场见证人和被扣押物品持有人查点清楚，当场开列清单一式二份，由调查人员、见证人和持有人签名或者盖章，一份交给持有人，另一份附卷备查。

对扣押的物品，应当妥善保管，不得挪作他用；对不宜长期保存的物品，按照有关规定处理。经查明与案件无关的，应当及时退还；经核实属于他人合法财产的，应当登记后立即退还；满六个月无人对该财产主张权利或者无法查清权利人的，应当公开拍卖或者按照国家有关规定处理，所得款项上缴国库。

**第九十条　【关于鉴定的规定】**为了查明案情，需要解决案件中有争议的专门性问题的，应当指派或者聘请具有专门知识的人员进行鉴定；鉴定人鉴定后，应当写出鉴定意见，并且签名。

### 第二节　决　定

**第九十一条　【处罚的决定机关】**治安管理处罚由县级以上人民政府公安机关决定；其中警告、五百元以下的罚款可以由公安派出所决定。

**第九十二条　【行政拘留的折抵】**对决定给予行政拘留处罚的人，在处罚前已经采取强制措施限制人身自由的时间，应当折抵。限制人身自由一日，折抵行政拘留一日。

**第九十三条　【违反治安管理行为人的陈述与其他证据的关系】**公安机关查处治安案件，对没有本人陈述，但其他证据能够证明案件事实的，可以作出治安管理处罚决定。但是，只有本人陈述，没有其他证据证明的，不能作出治安管理处罚决定。

**第九十四条　【陈述与申辩权】**公安机关作出治安管理处罚决定前，应当告知违反治安管理行为人作出治安管理处罚的事实、理由及依据，并告知违反治安管理行为人依法享有的权利。

违反治安管理行为人有权陈述和申辩。公安机关必须充分听取违反治安管理行为人的意见，对违反治安管理行为人提出的事实、理由和证据，应当进行复核；违反治安管理行为人提出的事实、理由或者证据成立的，公安机关应当采纳。

公安机关不得因违反治安管理行为人的陈述、申辩而加重处罚。

**第九十五条　【治安案件的处理】**治安案件调查结束后，公安机关应当根据不同情况，分别作出以下处理：

（一）确有依法应当给予治安管理处罚的违法行为的，根据情节轻重及具体情况，作出处罚决定；

（二）依法不予处罚的，或者违法事实不能成立的，作出不予处罚决定；

（三）违法行为已涉嫌犯罪的，移送主管机关依法追究刑事责任；

（四）发现违反治安管理行为人有其他违法行为的，在对违反治安管理行为作出处罚决定的同时，通知有关行政主管部门处理。

**第九十六条　【治安管理处罚决定书的内容】**公安机关作出治安管理处罚决定的，应当制作治安管理处罚决定书。决定书应当载明下列内容：

（一）被处罚人的姓名、性别、年龄、身份证件的名称和号码、住址；

（二）违法事实和证据；

（三）处罚的种类和依据；

（四）处罚的执行方式和期限；

（五）对处罚决定不服，申请行政复议、提起行政诉讼的途径和期限；

（六）作出处罚决定的公安机关的名称和作出决定的日期。

决定书应当由作出处罚决定的公安机关加盖印章。

**第九十七条　【宣告、送达、抄送】**公安机关应当向被处罚人宣告治安管理处罚决定书，并当场交付被处罚人；无法当场向被处罚人宣告的，应当在二日内送达被处罚人。决定给予行政拘留处罚的，应当及时通知被处罚人的家属。

有被侵害人的，公安机关应当将决定书副本抄送被侵害人。

**第九十八条　【听证】**公安机关作出吊销许可证以及处二千元以上罚款的治安管理处罚决定前，应当告知违反治安管理行为人有权要求举行听证；违反治安管理行为人要求听证的，公安机关应当及时依法举行听证。

**第九十九条　【期限】**公安机关办理治安案件的期限，自受理之日起不得超过三十日；案情重大、复杂的，经上一级公安机关批准，可以延长三十日。

为了查明案情进行鉴定的期间，不计入办理治安案件的期限。

**第一百条　【当场处罚】**违反治安管理行为事实清楚，证据确凿，处警告或者二百元以下罚款的，可以当场作出治安管理处罚决定。

**第一百零一条　【当场处罚决定程序】**当场作出治安管理处罚决定的，人民警察应当向违反治安管理行为人出示工作证件，并填写处罚决定书。处罚决定书应当当场交付被处罚人；有被侵害人的，并将决定书副本抄送被侵害人。

前款规定的处罚决定书，应当载明被处罚人的姓名、违法行为、处罚依据、罚款数额、时间、地点以及公安机关名称，并由经办的人民警察签名或者盖章。

当场作出治安管理处罚决定的，经办的人民警察应当在二十四小时内报所属公安机关备案。

**第一百零二条　【不服处罚提起的复议或诉讼】**被处罚人对治安管理处罚决定不服的，可以依法申请行政复议或者提起行政诉讼。

### 第三节　执　行

**第一百零三条　【行政拘留处罚的执行】**对被决定给予行政拘留处罚的人，由作出决定的公安机关送达拘留所执行。

**第一百零四条　【当场收缴罚款范围】**受到罚款处罚的人应当自收到处罚决定书之日起十五日内，到指定的银行缴纳罚款。但是，有下列情形之一的，人民警察可以当场收缴罚款：

（一）被处五十元以下罚款，被处罚人对罚款无异议的；

（二）在边远、水上、交通不便地区，公安机关及其人民警察依照本法的规定作出罚款决定后，被处罚人向指定的银行缴纳罚款确有困难，经被处罚人提出的；

（三）被处罚人在当地没有固定住所，不当场收缴事后难以执行的。

**第一百零五条 【罚款交纳期限】**人民警察当场收缴的罚款，应当自收缴罚款之日起二日内，交至所属的公安机关；在水上、旅客列车上当场收缴的罚款，应当自抵岸或者到站之日起二日内，交至所属的公安机关；公安机关应当自收到罚款之日起二日内将罚款缴付指定的银行。

**第一百零六条 【罚款收据】**人民警察当场收缴罚款的，应当向被处罚人出具省、自治区、直辖市人民政府财政部门统一制发的罚款收据；不出具统一制发的罚款收据的，被处罚人有权拒绝缴纳罚款。

**第一百零七条 【暂缓执行行政拘留】**被处罚人不服行政拘留处罚决定，申请行政复议、提起行政诉讼的，可以向公安机关提出暂缓执行行政拘留的申请。公安机关认为暂缓执行行政拘留不致发生社会危险的，由被处罚人或者其近亲属提出符合本法第一百零八条规定条件的担保人，或者按每日行政拘留二百元的标准交纳保证金，行政拘留的处罚决定暂缓执行。

**第一百零八条 【担保人的条件】**担保人应当符合下列条件：

（一）与本案无牵连；

（二）享有政治权利，人身自由未受到限制；

（三）在当地有常住户口和固定住所；

（四）有能力履行担保义务。

**第一百零九条 【担保人的义务】**担保人应当保证被担保人不逃避行政拘留处罚的执行。

担保人不履行担保义务，致使被担保人逃避行政拘留处罚的执行的，由公安机关对其处三千元以下罚款。

**第一百一十条 【没收保证金】**被决定给予行政拘留处罚的人交纳保证金，暂缓行政拘留后，逃避行政拘留处罚的执行的，保证金予以没收并上缴国库，已经作出的行政拘留决定仍应执行。

**第一百一十一条 【退还保证金】**行政拘留的处罚决定被撤销，或者行政拘留处罚开始执行的，公安机关收取的保证金应当及时退还交纳人。

## 第五章 执法监督

**第一百一十二条 【执法原则】**公安机关及其人民警察应当依法、公正、严格、高效办理治安案件，文明执法，不得徇私舞弊。

**第一百一十三条 【禁止行为】**公安机关及其人民警察办理治安案件，禁止对违反治安管理行为人打骂、虐待或者侮辱。

**第一百一十四条 【社会监督】**公安机关及其人民警察办理治安案件，应当自觉接受社会和公民的监督。

公安机关及其人民警察办理治安案件，不严格执法或者有违法违纪行为的，任何单位和个人都有权向公安机关或者人民检察院、行政监察机关检举、控告；收到检举、控告的机关，应当依据职责及时处理。

**第一百一十五条 【罚缴分离原则】**公安机关依法实施罚款处罚，应当依照有关法律、行政法规的规定，实行罚款决定与罚款收缴分离；收缴的罚款应当全部上缴国库。

**第一百一十六条 【公安机关及其民警的行政责任和刑事责任】**人民警察办理治安案件，有下列行为之一的，依法给予行政处分；构成犯罪的，依法追究刑事责任：

（一）刑讯逼供、体罚、虐待、侮辱他人的；

（二）超过询问查证的时间限制人身自由的；

（三）不执行罚款决定与罚款收缴分离制度或者不按规定将罚没的财物上缴国库或者依法处理的；

（四）私分、侵占、挪用、故意损毁收缴、扣押的财物的；

（五）违反规定使用或者不及时返还被侵害人财物的；

（六）违反规定不及时退还保证金的；

（七）利用职务上的便利收受他人财物或者谋取其他利益的；

（八）当场收缴罚款不出具罚款收据或者不如实填写罚款数额的；

（九）接到要求制止违反治安管理行为的报警后，不及时出警的；

（十）在查处违反治安管理活动时，为违法犯罪行为人通风报信的；

（十一）有徇私舞弊、滥用职权，不依法履行法定职责的其他情形的。

办理治安案件的公安机关有前款所列行为的，对直接负责的主管人员和其他直接责任人员给予相应的行政处分。

**第一百一十七条 【赔偿责任】**公安机关及其人民警察违法行使职权，侵犯公民、法人和其他组织合法权益的，应当赔礼道歉；造成损害的，应当依法承担赔偿责任。

## 第六章 附 则

**第一百一十八条 【“以上、以下、以内”的含义】**本法所称以上、以下、以内，包括本数。

**第一百一十九条** 【生效日期】本法自2006年3月1日起施行。1986年9月5日公布、1994年5月12日修订公布的《中华人民共和国治安管理处罚条例》同时废止。

## 中华人民共和国禁毒法

· 2007年12月29日第十届全国人民代表大会常务委员会第三十一次会议通过
· 2007年12月29日中华人民共和国主席令第79号公布
· 自2008年6月1日起施行

### 目 录

第一章 总 则
第二章 禁毒宣传教育
第三章 毒品管制
第四章 戒毒措施
第五章 禁毒国际合作
第六章 法律责任
第七章 附 则

### 第一章 总 则

**第一条** 【立法宗旨】为了预防和惩治毒品违法犯罪行为，保护公民身心健康，维护社会秩序，制定本法。

**第二条** 【适用范围】本法所称毒品，是指鸦片、海洛因、甲基苯丙胺(冰毒)、吗啡、大麻、可卡因，以及国家规定管制的其他能够使人形成瘾癖的麻醉药品和精神药品。

根据医疗、教学、科研的需要，依法可以生产、经营、使用、储存、运输麻醉药品和精神药品。

**第三条** 【禁毒社会责任】禁毒是全社会的共同责任。国家机关、社会团体、企业事业单位以及其他组织和公民，应当依照本法和有关法律的规定，履行禁毒职责或者义务。

**第四条** 【禁毒工作方针和工作机制】禁毒工作实行预防为主，综合治理，禁种、禁制、禁贩、禁吸并举的方针。

禁毒工作实行政府统一领导，有关部门各负其责，社会广泛参与的工作机制。

**第五条** 【禁毒委员会的设立、职责】国务院设立国家禁毒委员会，负责组织、协调、指导全国的禁毒工作。

县级以上地方各级人民政府根据禁毒工作的需要，可以设立禁毒委员会，负责组织、协调、指导本行政区域内的禁毒工作。

**第六条** 【禁毒工作保障】县级以上各级人民政府应当将禁毒工作纳入国民经济和社会发展规划，并将禁毒经费列入本级财政预算。

**第七条** 【鼓励禁毒社会捐赠】国家鼓励对禁毒工作的社会捐赠，并依法给予税收优惠。

**第八条** 【鼓励禁毒科学技术研究】国家鼓励开展禁毒科学技术研究，推广先进的缉毒技术、装备和戒毒方法。

**第九条** 【鼓励举报毒品违法犯罪】国家鼓励公民举报毒品违法犯罪行为。各级人民政府和有关部门应当对举报人予以保护，对举报有功人员以及在禁毒工作中有突出贡献的单位和个人，给予表彰和奖励。

**第十条** 【鼓励禁毒志愿工作】国家鼓励志愿人员参与禁毒宣传教育和戒毒社会服务工作。地方各级人民政府应当对志愿人员进行指导、培训，并提供必要的工作条件。

### 第二章 禁毒宣传教育

**第十一条** 【国家禁毒宣传教育】国家采取各种形式开展全民禁毒宣传教育，普及毒品预防知识，增强公民的禁毒意识，提高公民自觉抵制毒品的能力。

国家鼓励公民、组织开展公益性的禁毒宣传活动。

**第十二条** 【各级政府和有关组织禁毒宣传教育】各级人民政府应当经常组织开展多种形式的禁毒宣传教育。

工会、共产主义青年团、妇女联合会应当结合各自工作对象的特点，组织开展禁毒宣传教育。

**第十三条** 【教育行政部门、学校禁毒宣传教育】教育行政部门、学校应当将禁毒知识纳入教育、教学内容，对学生进行禁毒宣传教育。公安机关、司法行政部门和卫生行政部门应当予以协助。

**第十四条** 【新闻媒体禁毒宣传教育】新闻、出版、文化、广播、电影、电视等有关单位，应当有针对性地面向社会进行禁毒宣传教育。

**第十五条** 【公共场所禁毒宣传教育】飞机场、火车站、长途汽车站、码头以及旅店、娱乐场所等公共场所的经营者、管理者，负责本场所的禁毒宣传教育，落实禁毒防范措施，预防毒品违法犯罪行为在本场所内发生。

**第十六条** 【单位内部禁毒宣传教育】国家机关、社会团体、企业事业单位以及其他组织，应当加强对本单位人员的禁毒宣传教育。

**第十七条** 【基层组织禁毒宣传教育】居民委员会、村民委员会应当协助人民政府以及公安机关等部门，加强禁毒宣传教育，落实禁毒防范措施。

**第十八条** 【监护人对未成年人的毒品危害教育】未成年人的父母或者其他监护人应当对未成年人进行毒

品危害的教育，防止其吸食、注射毒品或者进行其他毒品违法犯罪活动。

## 第三章 毒品管制

**第十九条 【麻醉药品药用原植物种植管制】**国家对麻醉药品药用原植物种植实行管制。禁止非法种植罂粟、古柯植物、大麻植物以及国家规定管制的可以用于提炼加工毒品的其他原植物。禁止走私或者非法买卖、运输、携带、持有未经灭活的毒品原植物种子或者幼苗。

地方各级人民政府发现非法种植毒品原植物的，应当立即采取措施予以制止、铲除。村民委员会、居民委员会发现非法种植毒品原植物的，应当及时予以制止、铲除，并向当地公安机关报告。

**第二十条 【麻醉药品提取、储存场所的警戒】**国家确定的麻醉药品药用原植物种植企业，必须按照国家有关规定种植麻醉药品药用原植物。

国家确定的麻醉药品药用原植物种植企业的提取加工场所，以及国家设立的麻醉药品储存仓库，列为国家重点警戒目标。

未经许可，擅自进入国家确定的麻醉药品药用原植物种植企业的提取加工场所或者国家设立的麻醉药品储存仓库等警戒区域的，由警戒人员责令其立即离开；拒不离开的，强行带离现场。

**第二十一条 【麻醉药品、精神药品、易制毒化学品管制】**国家对麻醉药品和精神药品实行管制，对麻醉药品和精神药品的实验研究、生产、经营、使用、储存、运输实行许可和查验制度。

国家对易制毒化学品的生产、经营、购买、运输实行许可制度。

禁止非法生产、买卖、运输、储存、提供、持有、使用麻醉药品、精神药品和易制毒化学品。

**第二十二条 【麻醉药品、精神药品、易制毒化学品进出口管理】**国家对麻醉药品、精神药品和易制毒化学品的进口、出口实行许可制度。国务院有关部门应当按照规定的职责，对进口、出口麻醉药品、精神药品和易制毒化学品依法进行管理。禁止走私麻醉药品、精神药品和易制毒化学品。

**第二十三条 【防止麻醉药品、精神药品、易制毒化学品流入非法渠道】**发生麻醉药品、精神药品和易制毒化学品被盗、被抢、丢失或者其他流入非法渠道的情形，案发单位应当立即采取必要的控制措施，并立即向公安机关报告，同时依照规定向有关主管部门报告。

公安机关接到报告后，或者有证据证明麻醉药品、精神药品和易制毒化学品可能流入非法渠道的，应当及时开展调查，并可以对相关单位采取必要的控制措施。药品监督管理部门、卫生行政部门以及其他有关部门应当配合公安机关开展工作。

**第二十四条 【禁止非法传授麻醉药品、精神药品、易制毒化学品的制造方法】**禁止非法传授麻醉药品、精神药品和易制毒化学品的制造方法。公安机关接到举报或者发现非法传授麻醉药品、精神药品和易制毒化学品制造方法的，应当及时依法查处。

**第二十五条 【麻醉药品、精神药品、易制毒化学品管理办法由国务院制定】**麻醉药品、精神药品和易制毒化学品管理的具体办法，由国务院规定。

**第二十六条 【毒品、易制毒化学品检查】**公安机关根据查缉毒品的需要，可以在边境地区、交通要道、口岸以及飞机场、火车站、长途汽车站、码头对来往人员、物品、货物以及交通工具进行毒品和易制毒化学品检查，民航、铁路、交通部门应当予以配合。

海关应当依法加强对进出口岸的人员、物品、货物和运输工具的检查，防止走私毒品和易制毒化学品。

邮政企业应当依法加强对邮件的检查，防止邮寄毒品和非法邮寄易制毒化学品。

**第二十七条 【娱乐场所巡查和报告毒品违法犯罪】**娱乐场所应当建立巡查制度，发现娱乐场所内有毒品违法犯罪活动的，应当立即向公安机关报告。

**第二十八条 【查获毒品和涉毒财物的收缴与处理】**对依法查获的毒品，吸食、注射毒品的用具，毒品违法犯罪的非法所得及其收益，以及直接用于实施毒品违法犯罪行为的本人所有的工具、设备、资金，应当收缴，依照规定处理。

**第二十九条 【可疑毒品犯罪资金监测】**反洗钱行政主管部门应当依法加强对可疑毒品犯罪资金的监测。反洗钱行政主管部门和其他依法负有反洗钱监督管理职责的部门、机构发现涉嫌毒品犯罪的资金流动情况，应当及时向侦查机关报告，并配合侦查机关做好侦查、调查工作。

**第三十条 【毒品监测和禁毒信息系统】**国家建立健全毒品监测和禁毒信息系统，开展毒品监测和禁毒信息的收集、分析、使用、交流工作。

## 第四章 戒毒措施

**第三十一条 【吸毒成瘾人员应当进行戒毒治疗】**国家采取各种措施帮助吸毒人员戒除毒瘾，教育和挽救吸毒人员。

吸毒成瘾人员应当进行戒毒治疗。

吸毒成瘾的认定办法，由国务院卫生行政部门、药品监督管理部门、公安部门规定。

**第三十二条 【对吸毒人员的检测和登记】**公安机关可以对涉嫌吸毒的人员进行必要的检测，被检测人员应当予以配合；对拒绝接受检测的，经县级以上人民政府公安机关或者其派出机构负责人批准，可以强制检测。

公安机关应当对吸毒人员进行登记。

**第三十三条 【社区戒毒】**对吸毒成瘾人员，公安机关可以责令其接受社区戒毒，同时通知吸毒人员户籍所在地或者现居住地的城市街道办事处、乡镇人民政府。社区戒毒的期限为三年。

戒毒人员应当在户籍所在地接受社区戒毒；在户籍所在地以外的现居住地有固定住所的，可以在现居住地接受社区戒毒。

**第三十四条 【社区戒毒的主管机构】**城市街道办事处、乡镇人民政府负责社区戒毒工作。城市街道办事处、乡镇人民政府可以指定有关基层组织，根据戒毒人员本人和家庭情况，与戒毒人员签订社区戒毒协议，落实有针对性的社区戒毒措施。公安机关和司法行政、卫生行政、民政等部门应当对社区戒毒工作提供指导和协助。

城市街道办事处、乡镇人民政府，以及县级人民政府劳动行政部门对无职业且缺乏就业能力的戒毒人员，应当提供必要的职业技能培训、就业指导和就业援助。

**第三十五条 【社区戒毒人员的义务】**接受社区戒毒的戒毒人员应当遵守法律、法规，自觉履行社区戒毒协议，并根据公安机关的要求，定期接受检测。

对违反社区戒毒协议的戒毒人员，参与社区戒毒的工作人员应当进行批评、教育；对严重违反社区戒毒协议或者在社区戒毒期间又吸食、注射毒品的，应当及时向公安机关报告。

**第三十六条 【戒毒医疗机构】**吸毒人员可以自行到具有戒毒治疗资质的医疗机构接受戒毒治疗。

设置戒毒医疗机构或者医疗机构从事戒毒治疗业务的，应当符合国务院卫生行政部门规定的条件，报所在地的省、自治区、直辖市人民政府卫生行政部门批准，并报同级公安机关备案。戒毒治疗应当遵守国务院卫生行政部门制定的戒毒治疗规范，接受卫生行政部门的监督检查。

戒毒治疗不得以营利为目的。戒毒治疗的药品、医疗器械和治疗方法不得做广告。戒毒治疗收取费用的，应当按照省、自治区、直辖市人民政府价格主管部门会同卫生行政部门制定的收费标准执行。

**第三十七条 【戒毒医疗机构职责】**医疗机构根据戒毒治疗的需要，可以对接受戒毒治疗的戒毒人员进行身体和所携带物品的检查；对在治疗期间有人身危险的，可以采取必要的临时保护性约束措施。

发现接受戒毒治疗的戒毒人员在治疗期间吸食、注射毒品的，医疗机构应当及时向公安机关报告。

**第三十八条 【强制隔离戒毒适用条件】**吸毒成瘾人员有下列情形之一的，由县级以上人民政府公安机关作出强制隔离戒毒的决定：

（一）拒绝接受社区戒毒的；

（二）在社区戒毒期间吸食、注射毒品的；

（三）严重违反社区戒毒协议的；

（四）经社区戒毒、强制隔离戒毒后再次吸食、注射毒品的。

对于吸毒成瘾严重，通过社区戒毒难以戒除毒瘾的人员，公安机关可以直接作出强制隔离戒毒的决定。

吸毒成瘾人员自愿接受强制隔离戒毒的，经公安机关同意，可以进入强制隔离戒毒场所戒毒。

**第三十九条 【不适用强制隔离戒毒的情形】**怀孕或者正在哺乳自己不满一周岁婴儿的妇女吸毒成瘾的，不适用强制隔离戒毒。不满十六周岁的未成年人吸毒成瘾的，可以不适用强制隔离戒毒。

对依照前款规定不适用强制隔离戒毒的吸毒成瘾人员，依照本法规定进行社区戒毒，由负责社区戒毒工作的城市街道办事处、乡镇人民政府加强帮助、教育和监督，督促落实社区戒毒措施。

**第四十条 【强制隔离戒毒的决定程序和救济措施】**公安机关对吸毒成瘾人员决定予以强制隔离戒毒的，应当制作强制隔离戒毒决定书，在执行强制隔离戒毒前送达被决定人，并在送达后二十四小时以内通知被决定人的家属、所在单位和户籍所在地公安派出所；被决定人不讲真实姓名、住址，身份不明的，公安机关应当自查清其身份后通知。

被决定人对公安机关作出的强制隔离戒毒决定不服的，可以依法申请行政复议或者提起行政诉讼。

**第四十一条 【强制隔离戒毒场所】**对被决定予以强制隔离戒毒的人员，由作出决定的公安机关送强制隔离戒毒场所执行。

强制隔离戒毒场所的设置、管理体制和经费保障，由国务院规定。

**第四十二条 【戒毒人员入所查检】**戒毒人员进入强制隔离戒毒场所戒毒时，应当接受对其身体和所携带物品的检查。

**第四十三条 【强制隔离戒毒的内容】**强制隔离戒毒场所应当根据戒毒人员吸食、注射毒品的种类及成瘾程度等,对戒毒人员进行有针对性的生理、心理治疗和身体康复训练。

根据戒毒的需要,强制隔离戒毒场所可以组织戒毒人员参加必要的生产劳动,对戒毒人员进行职业技能培训。组织戒毒人员参加生产劳动的,应当支付劳动报酬。

**第四十四条 【强制隔离戒毒场所的管理】**强制隔离戒毒场所应当根据戒毒人员的性别、年龄、患病等情况,对戒毒人员实行分别管理。

强制隔离戒毒场所对有严重残疾或者疾病的戒毒人员,应当给予必要的看护和治疗;对患有传染病的戒毒人员,应当依法采取必要的隔离、治疗措施;对可能发生自伤、自残等情形的戒毒人员,可以采取相应的保护性约束措施。

强制隔离戒毒场所管理人员不得体罚、虐待或者侮辱戒毒人员。

**第四十五条 【强制隔离戒毒场所配备执业医师】**强制隔离戒毒场所应当根据戒毒治疗的需要配备执业医师。强制隔离戒毒场所的执业医师具有麻醉药品和精神药品处方权的,可以按照有关技术规范对戒毒人员使用麻醉药品、精神药品。

卫生行政部门应当加强对强制隔离戒毒场所执业医师的业务指导和监督管理。

**第四十六条 【探访、探视和物品的检查】**戒毒人员的亲属和所在单位或者就读学校的工作人员,可以按照有关规定探访戒毒人员。戒毒人员经强制隔离戒毒场所批准,可以外出探视配偶、直系亲属。

强制隔离戒毒场所管理人员应当对强制隔离戒毒场所以外的人员交给戒毒人员的物品和邮件进行检查,防止夹带毒品。在检查邮件时,应当依法保护戒毒人员的通信自由和通信秘密。

**第四十七条 【强制隔离戒毒期限】**强制隔离戒毒的期限为二年。

执行强制隔离戒毒一年后,经诊断评估,对于戒毒情况良好的戒毒人员,强制隔离戒毒场所可以提出提前解除强制隔离戒毒的意见,报强制隔离戒毒的决定机关批准。

强制隔离戒毒期满前,经诊断评估,对于需要延长戒毒期限的戒毒人员,由强制隔离戒毒场所提出延长戒毒期限的意见,报强制隔离戒毒的决定机关批准。强制隔离戒毒的期限最长可以延长一年。

**第四十八条 【社区康复】**对于被解除强制隔离戒毒的人员,强制隔离戒毒的决定机关可以责令其接受不超过三年的社区康复。

社区康复参照本法关于社区戒毒的规定实施。

**第四十九条 【戒毒康复场所】**县级以上地方各级人民政府根据戒毒工作的需要,可以开办戒毒康复场所;对社会力量依法开办的公益性戒毒康复场所应当给予扶持,提供必要的便利和帮助。

戒毒人员可以自愿在戒毒康复场所生活、劳动。戒毒康复场所组织戒毒人员参加生产劳动的,应当参照国家劳动用工制度的规定支付劳动报酬。

**第五十条 【被限制人身自由的人员的戒毒治疗】**公安机关、司法行政部门对被依法拘留、逮捕、收监执行刑罚以及被依法采取强制性教育措施的吸毒人员,应当给予必要的戒毒治疗。

**第五十一条 【药物维持治疗】**省、自治区、直辖市人民政府卫生行政部门会同公安机关、药品监督管理部门依照国家有关规定,根据巩固戒毒成果的需要和本行政区域艾滋病流行情况,可以组织开展戒毒药物维持治疗工作。

**第五十二条 【戒毒人员不受歧视】**戒毒人员在入学、就业、享受社会保障等方面不受歧视。有关部门、组织和人员应当在入学、就业、享受社会保障等方面对戒毒人员给予必要的指导和帮助。

## 第五章 禁毒国际合作

**第五十三条 【禁毒国际合作的原则】**中华人民共和国根据缔结或者参加的国际条约或者按照对等原则,开展禁毒国际合作。

**第五十四条 【国家禁毒委员会的国际合作职责】**国家禁毒委员会根据国务院授权,负责组织开展禁毒国际合作,履行国际禁毒公约义务。

**第五十五条 【毒品犯罪的司法协助】**涉及追究毒品犯罪的司法协助,由司法机关依照有关法律的规定办理。

**第五十六条 【执法合作】**国务院有关部门应当按照各自职责,加强与有关国家或者地区执法机关以及国际组织的禁毒情报信息交流,依法开展禁毒执法合作。

经国务院公安部门批准,边境地区县级以上人民政府公安机关可以与有关国家或者地区的执法机关开展执法合作。

**第五十七条 【涉案财物分享】**通过禁毒国际合作破获毒品犯罪案件的,中华人民共和国政府可以与有关国家分享查获的非法所得、由非法所得获得的收益以及供毒品犯罪使用的财物或者财物变卖所得的款项。

**第五十八条 【对外援助】**国务院有关部门根据国

务院授权，可以通过对外援助等渠道，支持有关国家实施毒品原植物替代种植、发展替代产业。

## 第六章　法律责任

**第五十九条　【毒品违法犯罪行为的法律责任】**有下列行为之一，构成犯罪的，依法追究刑事责任；尚不构成犯罪的，依法给予治安管理处罚：

（一）走私、贩卖、运输、制造毒品的；

（二）非法持有毒品的；

（三）非法种植毒品原植物的；

（四）非法买卖、运输、携带、持有未经灭活的毒品原植物种子或者幼苗的；

（五）非法传授麻醉药品、精神药品或者易制毒化学品制造方法的；

（六）强迫、引诱、教唆、欺骗他人吸食、注射毒品的；

（七）向他人提供毒品的。

**第六十条　【妨害毒品查禁工作行为的法律责任】**有下列行为之一，构成犯罪的，依法追究刑事责任；尚不构成犯罪的，依法给予治安管理处罚：

（一）包庇走私、贩卖、运输、制造毒品的犯罪分子，以及为犯罪分子窝藏、转移、隐瞒毒品或者犯罪所得财物的；

（二）在公安机关查处毒品违法犯罪活动时为违法犯罪行为人通风报信的；

（三）阻碍依法进行毒品检查的；

（四）隐藏、转移、变卖或者损毁司法机关、行政执法机关依法扣押、查封、冻结的涉及毒品违法犯罪活动的财物的。

**第六十一条　【容留他人吸毒、介绍买卖毒品的法律责任】**容留他人吸食、注射毒品或者介绍买卖毒品，构成犯罪的，依法追究刑事责任；尚不构成犯罪的，由公安机关处十日以上十五日以下拘留，可以并处三千元以下罚款；情节较轻的，处五日以下拘留或者五百元以下罚款。

**第六十二条　【吸毒的法律责任】**吸食、注射毒品的，依法给予治安管理处罚。吸毒人员主动到公安机关登记或者到有资质的医疗机构接受戒毒治疗的，不予处罚。

**第六十三条　【违反麻醉药品、精神药品管制的法律责任】**在麻醉药品、精神药品的实验研究、生产、经营、使用、储存、运输、进口、出口以及麻醉药品药用原植物种植活动中，违反国家规定，致使麻醉药品、精神药品或者麻醉药品药用原植物流入非法渠道，构成犯罪的，依法追究刑事责任；尚不构成犯罪的，依照有关法律、行政法规的规定给予处罚。

**第六十四条　【违反易制毒化学品管制的法律责任】**在易制毒化学品的生产、经营、购买、运输或者进口、出口活动中，违反国家规定，致使易制毒化学品流入非法渠道，构成犯罪的，依法追究刑事责任；尚不构成犯罪的，依照有关法律、行政法规的规定给予处罚。

**第六十五条　【娱乐场所涉毒违法犯罪行为的法律责任】**娱乐场所及其从业人员实施毒品违法犯罪行为，或者为进入娱乐场所的人员实施毒品违法犯罪行为提供条件，构成犯罪的，依法追究刑事责任；尚不构成犯罪的，依照有关法律、行政法规的规定给予处罚。

娱乐场所经营管理人员明知场所内发生聚众吸食、注射毒品或者贩毒活动，不向公安机关报告的，依照前款的规定给予处罚。

**第六十六条　【非法从事戒毒治疗业务的法律责任】**未经批准，擅自从事戒毒治疗业务的，由卫生行政部门责令停止违法业务活动，没收违法所得和使用的药品、医疗器械等物品；构成犯罪的，依法追究刑事责任。

**第六十七条　【戒毒医疗机构发现吸毒不报告的法律责任】**戒毒医疗机构发现接受戒毒治疗的戒毒人员在治疗期间吸食、注射毒品，不向公安机关报告的，由卫生行政部门责令改正；情节严重的，责令停业整顿。

**第六十八条　【违反麻醉药品、精神药品使用规定的法律责任】**强制隔离戒毒场所、医疗机构、医师违反规定使用麻醉药品、精神药品，构成犯罪的，依法追究刑事责任；尚不构成犯罪的，依照有关法律、行政法规的规定给予处罚。

**第六十九条　【禁毒工作人员违法犯罪行为的法律责任】**公安机关、司法行政部门或者其他有关主管部门的工作人员在禁毒工作中有下列行为之一，构成犯罪的，依法追究刑事责任；尚不构成犯罪的，依法给予处分：

（一）包庇、纵容毒品违法犯罪人员的；

（二）对戒毒人员有体罚、虐待、侮辱等行为的；

（三）挪用、截留、克扣禁毒经费的；

（四）擅自处分查获的毒品和扣押、查封、冻结的涉及毒品违法犯罪活动的财物的。

**第七十条　【歧视戒毒人员的法律责任】**有关单位及其工作人员在入学、就业、享受社会保障等方面歧视戒毒人员的，由教育行政部门、劳动行政部门责令改正；给当事人造成损失的，依法承担赔偿责任。

## 第七章　附　则

**第七十一条　【关于法律效力的规定】**本法自2008年6月1日起施行。《全国人民代表大会常务委员会关于禁毒的决定》同时废止。

# 戒毒条例

· 2011 年 6 月 22 日国务院第 160 次常务会议通过
· 根据 2018 年 9 月 18 日《国务院关于修改部分行政法规的决定》修正

## 第一章 总 则

**第一条** 为了规范戒毒工作,帮助吸毒成瘾人员戒除毒瘾,维护社会秩序,根据《中华人民共和国禁毒法》,制定本条例。

**第二条** 县级以上人民政府应当建立政府统一领导,禁毒委员会组织、协调、指导,有关部门各负其责,社会力量广泛参与的戒毒工作体制。

戒毒工作坚持以人为本、科学戒毒、综合矫治、关怀救助的原则,采取自愿戒毒、社区戒毒、强制隔离戒毒、社区康复等多种措施,建立戒毒治疗、康复指导、救助服务兼备的工作体系。

**第三条** 县级以上人民政府应当按照国家有关规定将戒毒工作所需经费列入本级财政预算。

**第四条** 县级以上地方人民政府设立的禁毒委员会可以组织公安机关、卫生行政和负责药品监督管理的部门开展吸毒监测、调查,并向社会公开监测、调查结果。

县级以上地方人民政府公安机关负责对涉嫌吸毒人员进行检测,对吸毒人员进行登记并依法实行动态管控,依法责令社区戒毒、决定强制隔离戒毒、责令社区康复,管理公安机关的强制隔离戒毒场所、戒毒康复场所,对社区戒毒、社区康复工作提供指导和支持。

设区的市级以上地方人民政府司法行政部门负责管理司法行政部门的强制隔离戒毒场所、戒毒康复场所,对社区戒毒、社区康复工作提供指导和支持。

县级以上地方人民政府卫生行政部门负责戒毒医疗机构的监督管理,会同公安机关、司法行政等部门制定戒毒医疗机构设置规划,对戒毒医疗服务提供指导和支持。

县级以上地方人民政府民政、人力资源社会保障、教育等部门依据各自的职责,对社区戒毒、社区康复工作提供康复和职业技能培训等指导和支持。

**第五条** 乡(镇)人民政府、城市街道办事处负责社区戒毒、社区康复工作。

**第六条** 县级、设区的市级人民政府需要设置强制隔离戒毒场所、戒毒康复场所的,应当合理布局,报省、自治区、直辖市人民政府批准,并纳入当地国民经济和社会发展规划。

强制隔离戒毒场所、戒毒康复场所的建设标准,由国务院建设部门、发展改革部门会同国务院公安部门、司法行政部门制定。

**第七条** 戒毒人员在入学、就业、享受社会保障等方面不受歧视。

对戒毒人员戒毒的个人信息应当依法予以保密。对戒断 3 年未复吸的人员,不再实行动态管控。

**第八条** 国家鼓励、扶持社会组织、企业、事业单位和个人参与戒毒科研、戒毒社会服务和戒毒社会公益事业。

对在戒毒工作中有显著成绩和突出贡献的,按照国家有关规定给予表彰、奖励。

## 第二章 自愿戒毒

**第九条** 国家鼓励吸毒成瘾人员自行戒除毒瘾。吸毒人员可以自行到戒毒医疗机构接受戒毒治疗。对自愿接受戒毒治疗的吸毒人员,公安机关对其原吸毒行为不予处罚。

**第十条** 戒毒医疗机构应当与自愿戒毒人员或者其监护人签订自愿戒毒协议,就戒毒方法、戒毒期限、戒毒的个人信息保密、戒毒人员应当遵守的规章制度、终止戒毒治疗的情形等作出约定,并应当载明戒毒疗效、戒毒治疗风险。

**第十一条** 戒毒医疗机构应当履行下列义务:

(一)对自愿戒毒人员开展艾滋病等传染病的预防、咨询教育;

(二)对自愿戒毒人员采取脱毒治疗、心理康复、行为矫治等多种治疗措施,并应当符合国务院卫生行政部门制定的戒毒治疗规范;

(三)采用科学、规范的诊疗技术和方法,使用的药物、医院制剂、医疗器械应当符合国家有关规定;

(四)依法加强药品管理,防止麻醉药品、精神药品流失滥用。

**第十二条** 符合参加戒毒药物维持治疗条件的戒毒人员,由本人申请,并经登记,可以参加戒毒药物维持治疗。登记参加戒毒药物维持治疗的戒毒人员的信息应当及时报公安机关备案。

戒毒药物维持治疗的管理办法,由国务院卫生行政部门会同国务院公安部门、药品监督管理部门制定。

## 第三章 社区戒毒

**第十三条** 对吸毒成瘾人员,县级、设区的市级人民政府公安机关可以责令其接受社区戒毒,并出具责令社区戒毒决定书,送达本人及其家属,通知本人户籍所在地或者现居住地乡(镇)人民政府、城市街道办事处。

**第十四条** 社区戒毒人员应当自收到责令社区戒毒决定书之日起15日内到社区戒毒执行地乡(镇)人民政府、城市街道办事处报到,无正当理由逾期不报到的,视为拒绝接受社区戒毒。

社区戒毒的期限为3年,自报到之日起计算。

**第十五条** 乡(镇)人民政府、城市街道办事处应当根据工作需要成立社区戒毒工作领导小组,配备社区戒毒专职工作人员,制定社区戒毒工作计划,落实社区戒毒措施。

**第十六条** 乡(镇)人民政府、城市街道办事处,应当在社区戒毒人员报到后及时与其签订社区戒毒协议,明确社区戒毒的具体措施、社区戒毒人员应当遵守的规定以及违反社区戒毒协议应承担的责任。

**第十七条** 社区戒毒专职工作人员、社区民警、社区医务人员、社区戒毒人员的家庭成员以及禁毒志愿者共同组成社区戒毒工作小组具体实施社区戒毒。

**第十八条** 乡(镇)人民政府、城市街道办事处和社区戒毒工作小组应当采取下列措施管理、帮助社区戒毒人员:

(一)戒毒知识辅导;

(二)教育、劝诫;

(三)职业技能培训,职业指导,就学、就业、就医援助;

(四)帮助戒毒人员戒除毒瘾的其他措施。

**第十九条** 社区戒毒人员应当遵守下列规定:

(一)履行社区戒毒协议;

(二)根据公安机关的要求,定期接受检测;

(三)离开社区戒毒执行地所在县(市、区)3日以上的,须书面报告。

**第二十条** 社区戒毒人员在社区戒毒期间,逃避或者拒绝接受检测3次以上,擅自离开社区戒毒执行地所在县(市、区)3次以上或者累计超过30日的,属于《中华人民共和国禁毒法》规定的"严重违反社区戒毒协议"。

**第二十一条** 社区戒毒人员拒绝接受社区戒毒,在社区戒毒期间又吸食、注射毒品,以及严重违反社区戒毒协议的,社区戒毒专职工作人员应当及时向当地公安机关报告。

**第二十二条** 社区戒毒人员的户籍所在地或者现居住地发生变化,需要变更社区戒毒执行地的,社区戒毒执行地乡(镇)人民政府、城市街道办事处应当将有关材料转送至变更后的乡(镇)人民政府、城市街道办事处。

社区戒毒人员应当自社区戒毒执行地变更之日起15日内前往变更后的乡(镇)人民政府、城市街道办事处报到,社区戒毒时间自报到之日起连续计算。

变更后的乡(镇)人民政府、城市街道办事处,应当按照本条例第十六条的规定,与社区戒毒人员签订新的社区戒毒协议,继续执行社区戒毒。

**第二十三条** 社区戒毒自期满之日起解除。社区戒毒执行地公安机关应当出具解除社区戒毒通知书送达社区戒毒人员本人及其家属,并在7日内通知社区戒毒执行地乡(镇)人民政府、城市街道办事处。

**第二十四条** 社区戒毒人员被依法收监执行刑罚、采取强制性教育措施的,社区戒毒终止。

社区戒毒人员被依法拘留、逮捕的,社区戒毒中止,由羁押场所给予必要的戒毒治疗,释放后继续接受社区戒毒。

## 第四章 强制隔离戒毒

**第二十五条** 吸毒成瘾人员有《中华人民共和国禁毒法》第三十八条第一款所列情形之一的,由县级、设区的市级人民政府公安机关作出强制隔离戒毒的决定。

对于吸毒成瘾严重,通过社区戒毒难以戒除毒瘾的人员,县级、设区的市级人民政府公安机关可以直接作出强制隔离戒毒的决定。

吸毒成瘾人员自愿接受强制隔离戒毒的,经强制隔离戒毒场所所在地县级、设区的市级人民政府公安机关同意,可以进入强制隔离戒毒场所戒毒。强制隔离戒毒场所应当与其就戒毒治疗期限、戒毒治疗措施等作出约定。

**第二十六条** 对依照《中华人民共和国禁毒法》第三十九条第一款规定不适用强制隔离戒毒的吸毒成瘾人员,县级、设区的市级人民政府公安机关应当作出社区戒毒的决定,依照本条例第三章的规定进行社区戒毒。

**第二十七条** 强制隔离戒毒的期限为2年,自作出强制隔离戒毒决定之日起计算。

被强制隔离戒毒的人员在公安机关的强制隔离戒毒场所执行强制隔离戒毒3个月至6个月后,转至司法行政部门的强制隔离戒毒场所继续执行强制隔离戒毒。

执行前款规定不具备条件的省、自治区、直辖市,由公安机关和司法行政部门共同提出意见报省、自治区、直辖市人民政府决定具体执行方案,但在公安机关的强制隔离戒毒场所执行强制隔离戒毒的时间不得超过12个月。

**第二十八条** 强制隔离戒毒场所对强制隔离戒毒人员的身体和携带物品进行检查时发现的毒品等违禁品,应当依法处理;对生活必需品以外的其他物品,由强制隔离戒毒场所代为保管。

女性强制隔离戒毒人员的身体检查,应当由女性工作人员进行。

**第二十九条** 强制隔离戒毒场所设立戒毒医疗机构应当经所在地省、自治区、直辖市人民政府卫生行政部门批准。强制隔离戒毒场所应当配备设施设备及必要的管理人员,依法为强制隔离戒毒人员提供科学规范的戒毒治疗、心理治疗、身体康复训练和卫生、道德、法制教育,开展职业技能培训。

**第三十条** 强制隔离戒毒场所应当根据强制隔离戒毒人员的性别、年龄、患病等情况对强制隔离戒毒人员实行分别管理;对吸食不同种类毒品的,应当有针对性地采取必要的治疗措施;根据戒毒治疗的不同阶段和强制隔离戒毒人员的表现,实行逐步适应社会的分级管理。

**第三十一条** 强制隔离戒毒人员患严重疾病,不出所治疗可能危及生命的,经强制隔离戒毒场所主管机关批准,并报强制隔离戒毒决定机关备案,强制隔离戒毒场所可以允许其所外就医。所外就医的费用由强制隔离戒毒人员本人承担。

所外就医期间,强制隔离戒毒期限连续计算。对于健康状况不再适宜回所执行强制隔离戒毒的,强制隔离戒毒场所应当向强制隔离戒毒决定机关提出变更为社区戒毒的建议,强制隔离戒毒决定机关应当自收到建议之日起 7 日内,作出是否批准的决定。经批准变更为社区戒毒的,已执行的强制隔离戒毒期限折抵社区戒毒期限。

**第三十二条** 强制隔离戒毒人员脱逃的,强制隔离戒毒场所应当立即通知所在地县级人民政府公安机关,并配合公安机关追回脱逃人员。被追回的强制隔离戒毒人员应当继续执行强制隔离戒毒,脱逃期间不计入强制隔离戒毒期限。被追回的强制隔离戒毒人员不得提前解除强制隔离戒毒。

**第三十三条** 对强制隔离戒毒场所依照《中华人民共和国禁毒法》第四十七条第二款、第三款规定提出的提前解除强制隔离戒毒、延长戒毒期限的意见,强制隔离戒毒决定机关应当自收到意见之日起 7 日内,作出是否批准的决定。对提前解除强制隔离戒毒或者延长强制隔离戒毒期限的,批准机关应当出具提前解除强制隔离戒毒决定书或者延长强制隔离戒毒期限决定书,送达被决定人,并在送达后 24 小时以内通知被决定人的家属、所在单位以及其户籍所在地或者现居住地公安派出所。

**第三十四条** 解除强制隔离戒毒的,强制隔离戒毒场所应当在解除强制隔离戒毒 3 日前通知强制隔离戒毒决定机关,出具解除强制隔离戒毒证明书送达戒毒人员本人,并通知其家属、所在单位、其户籍所在地或者现居住地公安派出所将其领回。

**第三十五条** 强制隔离戒毒诊断评估办法由国务院公安部门、司法行政部门会同国务院卫生行政部门制定。

**第三十六条** 强制隔离戒毒人员被依法收监执行刑罚、采取强制性教育措施或者被依法拘留、逮捕的,由监管场所、羁押场所给予必要的戒毒治疗,强制隔离戒毒的时间连续计算;刑罚执行完毕时、解除强制性教育措施时或者释放时强制隔离戒毒尚未期满的,继续执行强制隔离戒毒。

## 第五章 社区康复

**第三十七条** 对解除强制隔离戒毒的人员,强制隔离戒毒的决定机关可以责令其接受不超过 3 年的社区康复。

社区康复在当事人户籍所在地或者现居住地乡(镇)人民政府、城市街道办事处执行,经当事人同意,也可以在戒毒康复场所中执行。

**第三十八条** 被责令接受社区康复的人员,应当自收到责令社区康复决定书之日起 15 日内到户籍所在地或者现居住地乡(镇)人民政府、城市街道办事处报到,签订社区康复协议。

被责令接受社区康复的人员拒绝接受社区康复或者严重违反社区康复协议,并再次吸食、注射毒品被决定强制隔离戒毒的,强制隔离戒毒不得提前解除。

**第三十九条** 负责社区康复工作的人员应当为社区康复人员提供必要的心理治疗和辅导、职业技能培训、职业指导以及就学、就业、就医援助。

**第四十条** 社区康复自期满之日起解除。社区康复执行地公安机关出具解除社区康复通知书送达社区康复人员本人及其家属,并在 7 日内通知社区康复执行地乡(镇)人民政府、城市街道办事处。

**第四十一条** 自愿戒毒人员、社区戒毒、社区康复的人员可以自愿与戒毒康复场所签订协议,到戒毒康复场所戒毒康复、生活和劳动。

戒毒康复场所应当配备必要的管理人员和医务人员,为戒毒人员提供戒毒康复、职业技能培训和生产劳动条件。

**第四十二条** 戒毒康复场所应当加强管理,严禁毒品流入,并建立戒毒康复人员自我管理、自我教育、自我服务的机制。

戒毒康复场所组织戒毒人员参加生产劳动,应当参照国家劳动用工制度的规定支付劳动报酬。

## 第六章　法律责任

**第四十三条**　公安、司法行政、卫生行政等有关部门工作人员泄露戒毒人员个人信息的，依法给予处分；构成犯罪的，依法追究刑事责任。

**第四十四条**　乡（镇）人民政府、城市街道办事处负责社区戒毒、社区康复工作的人员有下列行为之一的，依法给予处分：

（一）未与社区戒毒、社区康复人员签订社区戒毒、社区康复协议，不落实社区戒毒、社区康复措施的；

（二）不履行本条例第二十一条规定的报告义务的；

（三）其他不履行社区戒毒、社区康复监督职责的行为。

**第四十五条**　强制隔离戒毒场所的工作人员有下列行为之一的，依法给予处分；构成犯罪的，依法追究刑事责任：

（一）侮辱、虐待、体罚强制隔离戒毒人员的；

（二）收受、索要财物的；

（三）擅自使用、损毁、处理没收或者代为保管的财物的；

（四）为强制隔离戒毒人员提供麻醉药品、精神药品或者违反规定传递其他物品的；

（五）在强制隔离戒毒诊断评估工作中弄虚作假的；

（六）私放强制隔离戒毒人员的；

（七）其他徇私舞弊、玩忽职守、不履行法定职责的行为。

## 第七章　附　则

**第四十六条**　本条例自公布之日起施行。1995 年 1 月 12 日国务院发布的《强制戒毒办法》同时废止。

· *典型案例*

### 1. 沈某、蔡某诉南通市公安局开发区分局行政不作为案①

**【基本案情】**

2013 年 9 月 20 日 13 时 5 分左右，江苏省南通市开发区某小区内 1 号门面店主与 2 号门面店主因空油桶堆放问题引发纠纷，双方人员由争执进而引发殴打。南通市公安局开发区分局（以下简称开发区分局）接到报警后，指令民警出警并对涉案人员及证人调查取证。2013 年 9 月 22 日，开发区分局将该纠纷正式作为治安案件立案，并多次组织双方调解。10 月 9 日，沈某被传唤接受询问时明确表示不同意调解。12 月 2 日，沈某、蔡某以开发区分局不履行治安管理行政处罚法定职责为由，向法院提起行政诉讼，要求确认被告未在法律规定期限内作出治安处罚决定行为违法。在诉讼期间，被告于 12 月 9 日根据《中华人民共和国治安管理处罚法》的规定分别对涉案人员作出行政处罚决定。

**【裁判结果】**

南通市港闸区人民法院一审认为，被告开发区分局是否在法定期限内履行了法定职责，应当从法律、法规规定的办案期限及是否存在不计入办案期限的正当事由两个方面审查。根据《中华人民共和国治安管理处罚法》第九十九条的规定，公安机关办理治安案件的期限，自受理之日起不得超过三十日；案情重大、复杂的治安案件，经上一级公安机关的批准，可以再延长三十日。这就意味着公安机关办理治安案件的一般期限为三十日，最长期限不得超过六十日。被告于 2013 年 9 月 22 日立案，至 2013 年 12 月 9 日作出行政处罚决定，办案期限明显超过了法律规定的一般办案期限，也超过了最长六十日的办案期限。

调解亦应当坚持自愿原则，当事人明确表示不愿意调解的，则不应适用调解处理。即使存在调解的事实，那么从原告沈某 10 月 9 日拒绝调解之日起至被告于 12 月 9 日作出行政处罚决定，亦长达六十一天，仍然超过了最长六十日的办案期限。更何况被告未能在举证期限内提供经上一级公安机关批准延长办案期限的证据。据此，判决确认被告未在法律规定的期限内作出行政处罚决定行为违法。一审宣判后，双方当事人均未上诉。

**【典型意义】**

本案典型意义在于：通过行政审判职能的发挥，对公安机关在治安管理领域的履责要求作出规范，有利于治安纠纷的及时化解。《中华人民共和国治安管理处罚法》明确规定了公安机关办理治安案件的期限。根据公安部《公安机关办理行政案件程序规定》的相关规定，对于因民间纠纷引起的殴打他人等违反治安管理行为，情节较轻的，可以调解处理，调解案件的办案期限从调解未达成协议或

① 案例来源：2015 年 1 月 15 日最高人民法院发布的人民法院关于行政不作为十大案例。

者调解达成协议不履行之日起开始计算,但调解不能成为公安机关不及时履行职责的借口。本案中,在沈某已经明确表示不同意调解的情况下,公安机关就应在三十日内依法作出处罚决定。对超过三十日办案期限的,应提供证据证明经过上一级公安机关批准延长。而被告明显违反相关规定。当然,被告也认识到未及时履行职责的违法性,在原告起诉后一周内就作出处罚决定,体现了对法律的尊重和勇于纠错的诚意,并得到了原告谅解。在现代法治国家,一个明显违反法定期限的行政行为,即使实体内容完全合法,也会因为姗姗来迟而被贴上违法的标签。

### 2. 张美华等五人诉天水市公安局麦积分局行政不作为赔偿案①

【基本案情】

2006年3月3日凌晨3时许,被害人刘伟洲路过甘肃省天水市麦积区桥南伯阳路农行储蓄所门前时,遭到罪犯苏福堂、吴利强、佟彬的拦路抢劫。刘伟洲被刺伤后喊叫求救,个体司机胡某、美容中心经理梁某听到呼救后,先后用手机于4时02分、4时13分、4时20分三次拨打"110"电话报警,"110"值班人员让给"120"打电话,"120"让给"110"打电话。梁某于4时24分20秒(时长79秒)再次给"110"打电话报警后,"110"值班接警人员于6时23分35秒电话指令桥南派出所出警。此时被害人刘伟洲因失血过多已经死亡。经法医鉴定:被害人刘伟洲系被他人持锐器刺破股动脉,致失血性休克死亡。天水市麦积区人民法院于2007年3月23日作出(2007)麦刑初字第4号刑事判决,认定麦积分局"110"值班民警高某犯玩忽职守罪,免予刑事处罚。高某上诉后,二审维持原判。

天水市中级人民法院作出(2006)天刑一初字第24号刑事附带民事判决,判决被告人苏福堂、吴利强、佟彬赔偿刘伟洲相应的死亡赔偿金等。在民事判决执行中,因被告人苏福堂已被执行死刑,无财产可供执行;被告人吴利强、佟彬服刑前靠父母养活,暂无财产可供执行,天水市中级人民法院于2008年6月3日以(2008)天执字第29号民事裁定终结执行。被害人刘伟洲的近亲属张美华、刘宇、刘沛、刘忠议、张凤仙五人于2009年1月16日以公安机关行政不作为为由向天水市公安局麦积分局提出行政赔偿申请,该局作出不予行政赔偿的决定。张美华等五人遂以该局为被告,向法院提起行政赔偿诉讼,请求判令被告赔偿刘伟洲死亡赔偿金和丧葬费498640元,被扶养人生活费26959.95元。

【裁判结果】

天水市麦积区人民法院一审认为,《中华人民共和国国家赔偿法》第三十四条第一款第(三)项规定,侵犯公民生命健康权的,赔偿金按照下列规定计算:(三)造成死亡的,应当支付死亡赔偿金、丧葬费,总额为国家上年度职工年平均工资的二十倍。对死者生前扶养的无劳动能力的人,还应当支付生活费。本案天水市公安局麦积分局应当按国家规定支付死亡赔偿金、丧葬费总额的20%份额。故判决:一、由该局按照2008年全国在岗职工年平均工资29229元×20倍×20%的标准,在判决生效之日起十日内给张美华等五人赔偿刘伟洲死亡赔偿金和丧葬费116916元;二、驳回张美华等五人关于要求赔偿被扶养人生活费的诉讼请求。

一审宣判后,张美华等五人认为判决以20%承担赔偿责任太少、被告天水市公安局麦积分局则认为不应予以赔偿,双方均不服提出上诉。在天水市中级人民法院二审期间,经该院主持调解,双方当事人于2014年4月25日达成调解协议:一、天水市公安局麦积分局在2014年6月10日前一次性给张美华、刘宇、刘沛、刘忠议、张凤仙支付刘伟洲死亡赔偿金20万元。二、张美华、刘宇、刘沛、刘忠议、张凤仙放弃要求天水市公安局麦积分局支付被扶养人生活费及刘伟洲丧葬费的诉讼请求。

【典型意义】

本案典型意义在于:明确了公安机关因未及时出警而应承担的相应责任,并通过调解方式妥善化解争议。有权必有责,用权受监督,失职要问责,侵权要赔偿,是把权力关进制度笼子的基本要求。《中华人民共和国人民警察法》明确规定,人民警察的任务是维护国家安全,维护社会治安秩序,保护公民人身安全、人身自由和合法财产,保护公共财产,预防、制止和惩治违法犯罪活动。因此,不仅违法实施行政处罚、行政强制等侵权行为可能承担赔偿责任,因不依法履行职责、不及时救助群众,造成人身、财产损害的,同样可能承担赔偿责任。本案中,被害人刘伟洲的不幸死亡系因他人犯罪所导致,但公安机关也存在违法拖延出警、未及时履行保护公民人身安全的义务,应当承担相应的赔偿责任。同时,行政诉讼法规定了行政赔偿案件可以调解,本案二审法院在查明事实、分清责任的基础上,主持达成调解协议并制作了行政赔偿调解书,既维护了法律的权威,也有利于切实保障当事人的合法权益。

① 案例来源:2015年1月15日最高人民法院发布的人民法院关于行政不作为十大案例。

## 4. 道路交通

# 中华人民共和国道路交通安全法

· 2003 年 10 月 28 日第十届全国人民代表大会常务委员会第五次会议通过
· 根据 2007 年 12 月 29 日第十届全国人民代表大会常务委员会第三十一次会议《关于修改〈中华人民共和国道路交通安全法〉的决定》第一次修正
· 根据 2011 年 4 月 22 日第十一届全国人民代表大会常务委员会第二十次会议《关于修改〈中华人民共和国道路交通安全法〉的决定》第二次修正
· 根据 2021 年 4 月 29 日第十三届全国人民代表大会常务委员会第二十八次会议《关于修改〈中华人民共和国道路交通安全法〉等八部法律的决定》第三次修正

## 目　录

第一章　总　则
第二章　车辆和驾驶人
　第一节　机动车、非机动车
　第二节　机动车驾驶人
第三章　道路通行条件
第四章　道路通行规定
　第一节　一般规定
　第二节　机动车通行规定
　第三节　非机动车通行规定
　第四节　行人和乘车人通行规定
　第五节　高速公路的特别规定
第五章　交通事故处理
第六章　执法监督
第七章　法律责任
第八章　附　则

## 第一章　总　则

**第一条　【立法宗旨】**为了维护道路交通秩序，预防和减少交通事故，保护人身安全，保护公民、法人和其他组织的财产安全及其他合法权益，提高通行效率，制定本法。

**第二条　【适用范围】**中华人民共和国境内的车辆驾驶人、行人、乘车人以及与道路交通活动有关的单位和个人，都应当遵守本法。

**第三条　【基本原则】**道路交通安全工作，应当遵循依法管理、方便群众的原则，保障道路交通有序、安全、畅通。

**第四条　【道路交通安全管理规划及实施】**各级人民政府应当保障道路交通安全管理工作与经济建设和社会发展相适应。

县级以上地方各级人民政府应当适应道路交通发展的需要，依据道路交通安全法律、法规和国家有关政策，制定道路交通安全管理规划，并组织实施。

**第五条　【道路交通安全工作的管辖】**国务院公安部门负责全国道路交通安全管理工作。县级以上地方各级人民政府公安机关交通管理部门负责本行政区域内的道路交通安全管理工作。

县级以上各级人民政府交通、建设管理部门依据各自职责，负责有关的道路交通工作。

**第六条　【道路交通安全宣传】**各级人民政府应当经常进行道路交通安全教育，提高公民的道路交通安全意识。

公安机关交通管理部门及其交通警察执行职务时，应当加强道路交通安全法律、法规的宣传，并模范遵守道路交通安全法律、法规。

机关、部队、企业事业单位、社会团体以及其他组织，应当对本单位的人员进行道路交通安全教育。

教育行政部门、学校应当将道路交通安全教育纳入法制教育的内容。

新闻、出版、广播、电视等有关单位，有进行道路交通安全教育的义务。

**第七条　【道路交通安全管理的发展要求】**对道路交通安全管理工作，应当加强科学研究，推广、使用先进的管理方法、技术、设备。

## 第二章　车辆和驾驶人

### 第一节　机动车、非机动车

**第八条　【机动车登记制度】**国家对机动车实行登记制度。机动车经公安机关交通管理部门登记后，方可上道路行驶。尚未登记的机动车，需要临时上道路行驶的，应当取得临时通行牌证。

**第九条　【注册登记】**申请机动车登记，应当提交以下证明、凭证：

（一）机动车所有人的身份证明；

（二）机动车来历证明；

（三）机动车整车出厂合格证明或者进口机动车进口凭证；

（四）车辆购置税的完税证明或者免税凭证；

（五）法律、行政法规规定应当在机动车登记时提交的其他证明、凭证。

公安机关交通管理部门应当自受理申请之日起五个

工作日内完成机动车登记审查工作,对符合前款规定条件的,应当发放机动车登记证书、号牌和行驶证;对不符合前款规定条件的,应当向申请人说明不予登记的理由。

公安机关交通管理部门以外的任何单位或者个人不得发放机动车号牌或者要求机动车悬挂其他号牌,本法另有规定的除外。

机动车登记证书、号牌、行驶证的式样由国务院公安部门规定并监制。

**第十条 【机动车应符合国家安全技术标准】**准予登记的机动车应当符合机动车国家安全技术标准。申请机动车登记时,应当接受对该机动车的安全技术检验。但是,经国家机动车产品主管部门依据机动车国家安全技术标准认定的企业生产的机动车型,该车型的新车在出厂时经检验符合机动车国家安全技术标准,获得检验合格证的,免予安全技术检验。

**第十一条 【机动车上道行驶手续和号牌悬挂】**驾驶机动车上道路行驶,应当悬挂机动车号牌,放置检验合格标志、保险标志,并随车携带机动车行驶证。

机动车号牌应当按照规定悬挂并保持清晰、完整,不得故意遮挡、污损。

任何单位和个人不得收缴、扣留机动车号牌。

**第十二条 【变更登记】**有下列情形之一的,应当办理相应的登记:

(一)机动车所有权发生转移的;

(二)机动车登记内容变更的;

(三)机动车用作抵押的;

(四)机动车报废的。

**第十三条 【机动车安检】**对登记后上道路行驶的机动车,应当依照法律、行政法规的规定,根据车辆用途、载客载货数量、使用年限等不同情况,定期进行安全技术检验。对提供机动车行驶证和机动车第三者责任强制保险单的,机动车安全技术检验机构应当予以检验,任何单位不得附加其他条件。对符合机动车国家安全技术标准的,公安机关交通管理部门应当发给检验合格标志。

对机动车的安全技术检验实行社会化。具体办法由国务院规定。

机动车安全技术检验实行社会化的地方,任何单位不得要求机动车到指定的场所进行检验。

公安机关交通管理部门、机动车安全技术检验机构不得要求机动车到指定的场所进行维修、保养。

机动车安全技术检验机构对机动车检验收取费用,应当严格执行国务院价格主管部门核定的收费标准。

**第十四条 【强制报废制度】**国家实行机动车强制报废制度,根据机动车的安全技术状况和不同用途,规定不同的报废标准。

应当报废的机动车必须及时办理注销登记。

达到报废标准的机动车不得上道路行驶。报废的大型客、货车及其他营运车辆应当在公安机关交通管理部门的监督下解体。

**第十五条 【特种车辆标志图案的喷涂和警报器、标志灯具的安装、使用】**警车、消防车、救护车、工程救险车应当按照规定喷涂标志图案,安装警报器、标志灯具。其他机动车不得喷涂、安装、使用上述车辆专用的或者与其相类似的标志图案、警报器或者标志灯具。

警车、消防车、救护车、工程救险车应当严格按照规定的用途和条件使用。

公路监督检查的专用车辆,应当依照公路法的规定,设置统一的标志和示警灯。

**第十六条 【禁止拼装、改变、伪造、变造等违法行为】**任何单位或者个人不得有下列行为:

(一)拼装机动车或者擅自改变机动车已登记的结构、构造或者特征;

(二)改变机动车型号、发动机号、车架号或者车辆识别代号;

(三)伪造、变造或者使用伪造、变造的机动车登记证书、号牌、行驶证、检验合格标志、保险标志;

(四)使用其他机动车的登记证书、号牌、行驶证、检验合格标志、保险标志。

**第十七条 【机动车第三者责任强制保险制度和道路交通事故社会救助基金】**国家实行机动车第三者责任强制保险制度,设立道路交通事故社会救助基金。具体办法由国务院规定。

**第十八条 【非机动车的管理】**依法应当登记的非机动车,经公安机关交通管理部门登记后,方可上道路行驶。

依法应当登记的非机动车的种类,由省、自治区、直辖市人民政府根据当地实际情况规定。

非机动车的外形尺寸、质量、制动器、车铃和夜间反光装置,应当符合非机动车安全技术标准。

### 第二节 机动车驾驶人

**第十九条 【驾驶证】**驾驶机动车,应当依法取得机动车驾驶证。

申请机动车驾驶证,应当符合国务院公安部门规定的驾驶许可条件;经考试合格后,由公安机关交通管理部门发给相应类别的机动车驾驶证。

持有境外机动车驾驶证的人，符合国务院公安部门规定的驾驶许可条件，经公安机关交通管理部门考核合格的，可以发给中国的机动车驾驶证。

驾驶人应当按照驾驶证载明的准驾车型驾驶机动车；驾驶机动车时，应当随身携带机动车驾驶证。

公安机关交通管理部门以外的任何单位或者个人，不得收缴、扣留机动车驾驶证。

**第二十条 【驾驶培训】**机动车的驾驶培训实行社会化，由交通运输主管部门对驾驶培训学校、驾驶培训班实行备案管理，并对驾驶培训活动加强监督，其中专门的拖拉机驾驶培训学校、驾驶培训班由农业（农业机械）主管部门实行监督管理。

驾驶培训学校、驾驶培训班应当严格按照国家有关规定，对学员进行道路交通安全法律、法规、驾驶技能的培训，确保培训质量。

任何国家机关以及驾驶培训和考试主管部门不得举办或者参与举办驾驶培训学校、驾驶培训班。

**第二十一条 【上路行驶前的安全检查】**驾驶人驾驶机动车上道路行驶前，应当对机动车的安全技术性能进行认真检查；不得驾驶安全设施不全或者机件不符合技术标准等具有安全隐患的机动车。

**第二十二条 【机动车驾驶人应当安全驾驶】**机动车驾驶人应当遵守道路交通安全法律、法规的规定，按照操作规范安全驾驶、文明驾驶。

饮酒、服用国家管制的精神药品或者麻醉药品，或者患有妨碍安全驾驶机动车的疾病，或者过度疲劳影响安全驾驶的，不得驾驶机动车。

任何人不得强迫、指使、纵容驾驶人违反道路交通安全法律、法规和机动车安全驾驶要求驾驶机动车。

**第二十三条 【机动车驾驶证定期审验】**公安机关交通管理部门依照法律、行政法规的规定，定期对机动车驾驶证实施审验。

**第二十四条 【累积记分制度】**公安机关交通管理部门对机动车驾驶人违反道路交通安全法律、法规的行为，除依法给予行政处罚外，实行累积记分制度。公安机关交通管理部门对累积记分达到规定分值的机动车驾驶人，扣留机动车驾驶证，对其进行道路交通安全法律、法规教育，重新考试；考试合格的，发还其机动车驾驶证。

对遵守道路交通安全法律、法规，在一年内无累积记分的机动车驾驶人，可以延长机动车驾驶证的审验期。具体办法由国务院公安部门规定。

## 第三章 道路通行条件

**第二十五条 【道路交通信号和分类】**全国实行统一的道路交通信号。

交通信号包括交通信号灯、交通标志、交通标线和交通警察的指挥。

交通信号灯、交通标志、交通标线的设置应当符合道路交通安全、畅通的要求和国家标准，并保持清晰、醒目、准确、完好。

根据通行需要，应当及时增设、调换、更新道路交通信号。增设、调换、更新限制性的道路交通信号，应当提前向社会公告，广泛进行宣传。

**第二十六条 【交通信号灯分类和示义】**交通信号灯由红灯、绿灯、黄灯组成。红灯表示禁止通行，绿灯表示准许通行，黄灯表示警示。

**第二十七条 【铁路道口的警示标志】**铁路与道路平面交叉的道口，应当设置警示灯、警示标志或者安全防护设施。无人看守的铁路道口，应当在距道口一定距离处设置警示标志。

**第二十八条 【道路交通信号的保护】**任何单位和个人不得擅自设置、移动、占用、损毁交通信号灯、交通标志、交通标线。

道路两侧及隔离带上种植的树木或者其他植物，设置的广告牌、管线等，应当与交通设施保持必要的距离，不得遮挡路灯、交通信号灯、交通标志，不得妨碍安全视距，不得影响通行。

**第二十九条 【公共交通的规划、设计、建设和对交通安全隐患的防范】**道路、停车场和道路配套设施的规划、设计、建设，应当符合道路交通安全、畅通的要求，并根据交通需求及时调整。

公安机关交通管理部门发现已经投入使用的道路存在交通事故频发路段，或者停车场、道路配套设施存在交通安全严重隐患的，应当及时向当地人民政府报告，并提出防范交通事故、消除隐患的建议，当地人民政府应当及时作出处理决定。

**第三十条 【道路或交通信号毁损的处置措施】**道路出现坍塌、坑漕、水毁、隆起等损毁或者交通信号灯、交通标志、交通标线等交通设施损毁、灭失的，道路、交通设施的养护部门或者管理部门应当设置警示标志并及时修复。

公安机关交通管理部门发现前款情形，危及交通安全，尚未设置警示标志的，应当及时采取安全措施，疏导交通，并通知道路、交通设施的养护部门或者管理部门。

**第三十一条 【未经许可不得占道从事非交通活动】**未经许可，任何单位和个人不得占用道路从事非交通活动。

**第三十二条 【占用道路施工的处置措施】**因工程建设需要占用、挖掘道路，或者跨越、穿越道路架设、增设管线设施，应当事先征得道路主管部门的同意；影响交通安全的，还应当征得公安机关交通管理部门的同意。

施工作业单位应当在经批准的路段和时间内施工作业，并在距离施工作业地点来车方向安全距离处设置明显的安全警示标志，采取防护措施；施工作业完毕，应当迅速清除道路上的障碍物，消除安全隐患，经道路主管部门和公安机关交通管理部门验收合格，符合通行要求后，方可恢复通行。

对未中断交通的施工作业道路，公安机关交通管理部门应当加强交通安全监督检查，维护道路交通秩序。

**第三十三条 【停车场、停车泊位的设置】**新建、改建、扩建的公共建筑、商业街区、居住区、大(中)型建筑等，应当配建、增建停车场；停车泊位不足的，应当及时改建或者扩建；投入使用的停车场不得擅自停止使用或者改作他用。

在城市道路范围内，在不影响行人、车辆通行的情况下，政府有关部门可以施划停车泊位。

**第三十四条 【行人过街设施、盲道的设置】**学校、幼儿园、医院、养老院门前的道路没有行人过街设施的，应当施划人行横道线，设置提示标志。

城市主要道路的人行道，应当按照规划设置盲道。盲道的设置应当符合国家标准。

## 第四章 道路通行规定

### 第一节 一般规定

**第三十五条 【右侧通行】**机动车、非机动车实行右侧通行。

**第三十六条 【车道划分和通行规则】**根据道路条件和通行需要，道路划分为机动车道、非机动车道和人行道的，机动车、非机动车、行人实行分道通行。没有划分机动车道、非机动车道和人行道的，机动车在道路中间通行，非机动车和行人在道路两侧通行。

**第三十七条 【专用车道只准许规定车辆通行】**道路划设专用车道的，在专用车道内，只准许规定的车辆通行，其他车辆不得进入专用车道内行驶。

**第三十八条 【遵守交通信号】**车辆、行人应当按照交通信号通行；遇有交通警察现场指挥时，应当按照交通警察的指挥通行；在没有交通信号的道路上，应当在确保安全、畅通的原则下通行。

**第三十九条 【交通管理部门可根据情况采取管理措施并提前公告】**公安机关交通管理部门根据道路和交通流量的具体情况，可以对机动车、非机动车、行人采取疏导、限制通行、禁止通行等措施。遇有大型群众性活动、大范围施工等情况，需要采取限制交通的措施，或者作出与公众的道路交通活动直接有关的决定，应当提前向社会公告。

**第四十条 【交通管制】**遇有自然灾害、恶劣气象条件或者重大交通事故等严重影响交通安全的情形，采取其他措施难以保证交通安全时，公安机关交通管理部门可以实行交通管制。

**第四十一条 【授权国务院规定道路通行的其他具体规定】**有关道路通行的其他具体规定，由国务院规定。

### 第二节 机动车通行规定

**第四十二条 【机动车行驶速度】**机动车上道路行驶，不得超过限速标志标明的最高时速。在没有限速标志的路段，应当保持安全车速。

夜间行驶或者在容易发生危险的路段行驶，以及遇有沙尘、冰雹、雨、雪、雾、结冰等气象条件时，应当降低行驶速度。

**第四十三条 【不得超车的情形】**同车道行驶的机动车，后车应当与前车保持足以采取紧急制动措施的安全距离。有下列情形之一的，不得超车：

(一)前车正在左转弯、掉头、超车的；

(二)与对面来车有会车可能的；

(三)前车为执行紧急任务的警车、消防车、救护车、工程救险车的；

(四)行经铁路道口、交叉路口、窄桥、弯道、陡坡、隧道、人行横道、市区交通流量大的路段等没有超车条件的。

**第四十四条 【交叉路口通行规则】**机动车通过交叉路口，应当按照交通信号灯、交通标志、交通标线或者交通警察的指挥通过；通过没有交通信号灯、交通标志、交通标线或者交通警察指挥的交叉路口时，应当减速慢行，并让行人和优先通行的车辆先行。

**第四十五条 【交通不畅条件下的行驶】**机动车遇有前方车辆停车排队等候或者缓慢行驶时，不得借道超车或者占用对面车道，不得穿插等候的车辆。

在车道减少的路段、路口，或者在没有交通信号灯、交通标志、交通标线或者交通警察指挥的交叉路口遇到停车排队等候或者缓慢行驶时，机动车应当依次交替通行。

**第四十六条　【铁路道口通行规则】**机动车通过铁路道口时，应当按照交通信号或者管理人员的指挥通行；没有交通信号或者管理人员的，应当减速或者停车，在确认安全后通过。

**第四十七条　【避让行人】**机动车行经人行横道时，应当减速行驶；遇行人正在通过人行横道，应当停车让行。

机动车行经没有交通信号的道路时，遇行人横过道路，应当避让。

**第四十八条　【机动车载物】**机动车载物应当符合核定的载质量，严禁超载；载物的长、宽、高不得违反装载要求，不得遗洒、飘散载运物。

机动车运载超限的不可解体的物品，影响交通安全的，应当按照公安机关交通管理部门指定的时间、路线、速度行驶，悬挂明显标志。在公路上运载超限的不可解体的物品，并应当依照公路法的规定执行。

机动车载运爆炸物品、易燃易爆化学物品以及剧毒、放射性等危险物品，应当经公安机关批准后，按指定的时间、路线、速度行驶，悬挂警示标志并采取必要的安全措施。

**第四十九条　【机动车载人】**机动车载人不得超过核定的人数，客运机动车不得违反规定载货。

**第五十条　【货运车运营规则】**禁止货运机动车载客。

货运机动车需要附载作业人员的，应当设置保护作业人员的安全措施。

**第五十一条　【安全带及安全头盔的使用】**机动车行驶时，驾驶人、乘坐人员应当按规定使用安全带，摩托车驾驶人及乘坐人员应当按规定戴安全头盔。

**第五十二条　【机动车故障处置】**机动车在道路上发生故障，需要停车排除故障时，驾驶人应当立即开启危险报警闪光灯，将机动车移至不妨碍交通的地方停放；难以移动的，应当持续开启危险报警闪光灯，并在来车方向设置警告标志等措施扩大示警距离，必要时迅速报警。

**第五十三条　【特种车辆的优先通行权】**警车、消防车、救护车、工程救险车执行紧急任务时，可以使用警报器、标志灯具；在确保安全的前提下，不受行驶路线、行驶方向、行驶速度和信号灯的限制，其他车辆和行人应当让行。

警车、消防车、救护车、工程救险车非执行紧急任务时，不得使用警报器、标志灯具，不享有前款规定的道路优先通行权。

**第五十四条　【养护、工程作业等车辆的作业通行权】**道路养护车辆、工程作业车进行作业时，在不影响过往车辆通行的前提下，其行驶路线和方向不受交通标志、标线限制，过往车辆和人员应当注意避让。

洒水车、清扫车等机动车应当按照安全作业标准作业；在不影响其他车辆通行的情况下，可以不受车辆分道行驶的限制，但是不得逆向行驶。

**第五十五条　【拖拉机的通行和营运】**高速公路、大中城市中心城区内的道路，禁止拖拉机通行。其他禁止拖拉机通行的道路，由省、自治区、直辖市人民政府根据当地实际情况规定。

在允许拖拉机通行的道路上，拖拉机可以从事货运，但是不得用于载人。

**第五十六条　【机动车的停泊】**机动车应当在规定地点停放。禁止在人行道上停放机动车；但是，依照本法第三十三条规定施划的停车泊位除外。

在道路上临时停车的，不得妨碍其他车辆和行人通行。

### 第三节　非机动车通行规定

**第五十七条　【非机动车通行规则】**驾驶非机动车在道路上行驶应当遵守有关交通安全的规定。非机动车应当在非机动车道内行驶；在没有非机动车道的道路上，应当靠车行道的右侧行驶。

**第五十八条　【非机动车行驶速度限制】**残疾人机动轮椅车、电动自行车在非机动车道内行驶时，最高时速不得超过十五公里。

**第五十九条　【非机动车的停放】**非机动车应当在规定地点停放。未设停放地点的，非机动车停放不得妨碍其他车辆和行人通行。

**第六十条　【畜力车使用规则】**驾驭畜力车，应当使用驯服的牲畜；驾驭畜力车横过道路时，驾驭人应当下车牵引牲畜；驾驭人离开车辆时，应当拴系牲畜。

### 第四节　行人和乘车人通行规定

**第六十一条　【行人通行规则】**行人应当在人行道内行走，没有人行道的靠路边行走。

**第六十二条　【行人横过道路规则】**行人通过路口或者横过道路，应当走人行横道或者过街设施；通过有交通信号灯的人行横道，应当按照交通信号灯指示通行；通过没有交通信号灯、人行横道的路口，或者在没有过街设施的路段横过道路，应当在确认安全后通过。

**第六十三条　【行人禁止行为】**行人不得跨越、倚坐道路隔离设施，不得扒车、强行拦车或者实施妨碍道路交通安全的其他行为。

**第六十四条　【特殊行人通行规则】**学龄前儿童以及不能辨认或者不能控制自己行为的精神疾病患者、智力障碍者在道路上通行，应当由其监护人、监护人委托的人或者对其负有管理、保护职责的人带领。

盲人在道路上通行，应当使用盲杖或者采取其他导盲手段，车辆应当避让盲人。

**第六十五条　【行人通过铁路道口规则】**行人通过铁路道口时，应当按照交通信号或者管理人员的指挥通行；没有交通信号和管理人员的，应当在确认无火车驶临后，迅速通过。

**第六十六条　【乘车规则】**乘车人不得携带易燃易爆等危险物品，不得向车外抛洒物品，不得有影响驾驶人安全驾驶的行为。

### 第五节　高速公路的特别规定

**第六十七条　【高速公路通行规则、时速限制】**行人、非机动车、拖拉机、轮式专用机械车、铰接式客车、全挂拖斗车以及其他设计最高时速低于七十公里的机动车，不得进入高速公路。高速公路限速标志标明的最高时速不得超过一百二十公里。

**第六十八条　【故障处理】**机动车在高速公路上发生故障时，应当依照本法第五十二条的有关规定办理；但是，警告标志应当设置在故障车来车方向一百五十米以外，车上人员应当迅速转移到右侧路肩上或者应急车道内，并且迅速报警。

机动车在高速公路上发生故障或者交通事故，无法正常行驶的，应当由救援车、清障车拖曳、牵引。

**第六十九条　【不得在高速公路上拦截车辆】**任何单位、个人不得在高速公路上拦截检查行驶的车辆，公安机关的人民警察依法执行紧急公务除外。

## 第五章　交通事故处理

**第七十条　【交通事故处理及报警】**在道路上发生交通事故，车辆驾驶人应当立即停车，保护现场；造成人身伤亡的，车辆驾驶人应当立即抢救受伤人员，并迅速报告执勤的交通警察或者公安机关交通管理部门。因抢救受伤人员变动现场的，应当标明位置。乘车人、过往车辆驾驶人、过往行人应当予以协助。

在道路上发生交通事故，未造成人身伤亡，当事人对事实及成因无争议的，可以即行撤离现场，恢复交通，自行协商处理损害赔偿事宜；不即行撤离现场的，应当迅速报告执勤的交通警察或者公安机关交通管理部门。

在道路上发生交通事故，仅造成轻微财产损失，并且基本事实清楚的，当事人应当先撤离现场再进行协商处理。

**第七十一条　【交通事故逃逸的处理】**车辆发生交通事故后逃逸的，事故现场目击人员和其他知情人员应当向公安机关交通管理部门或者交通警察举报。举报属实的，公安机关交通管理部门应当给予奖励。

**第七十二条　【交警处理交通事故程序】**公安机关交通管理部门接到交通事故报警后，应当立即派交通警察赶赴现场，先组织抢救受伤人员，并采取措施，尽快恢复交通。

交通警察应当对交通事故现场进行勘验、检查，收集证据；因收集证据的需要，可以扣留事故车辆，但是应当妥善保管，以备核查。

对当事人的生理、精神状况等专业性较强的检验，公安机关交通管理部门应当委托专门机构进行鉴定。鉴定结论应当由鉴定人签名。

**第七十三条　【交通事故认定书】**公安机关交通管理部门应当根据交通事故现场勘验、检查、调查情况和有关的检验、鉴定结论，及时制作交通事故认定书，作为处理交通事故的证据。交通事故认定书应当载明交通事故的基本事实、成因和当事人的责任，并送达当事人。

**第七十四条　【交通事故的调解或起诉】**对交通事故损害赔偿的争议，当事人可以请求公安机关交通管理部门调解，也可以直接向人民法院提起民事诉讼。

经公安机关交通管理部门调解，当事人未达成协议或者调解书生效后不履行的，当事人可以向人民法院提起民事诉讼。

**第七十五条　【受伤人员的抢救及费用承担】**医疗机构对交通事故中的受伤人员应当及时抢救，不得因抢救费用未及时支付而拖延救治。肇事车辆参加机动车第三者责任强制保险的，由保险公司在责任限额范围内支付抢救费用；抢救费用超过责任限额的，未参加机动车第三者责任强制保险或者肇事后逃逸的，由道路交通事故社会救助基金先行垫付部分或者全部抢救费用，道路交通事故社会救助基金管理机构有权向交通事故责任人追偿。

**第七十六条　【交通事故赔偿责任】**机动车发生交通事故造成人身伤亡、财产损失的，由保险公司在机动车第三者责任强制保险责任限额范围内予以赔偿；不足的部分，按照下列规定承担赔偿责任：

（一）机动车之间发生交通事故的，由有过错的一方承担赔偿责任；双方都有过错的，按照各自过错的比例分担责任。

（二）机动车与非机动车驾驶人、行人之间发生交通事故，非机动车驾驶人、行人没有过错的，由机动车一方承担赔偿责任；有证据证明非机动车驾驶人、行人有过错的，根据过错程度适当减轻机动车一方的赔偿责任；机动车一方没有过错的，承担不超过百分之十的赔偿责任。

交通事故的损失是由非机动车驾驶人、行人故意碰撞机动车造成的，机动车一方不承担赔偿责任。

**第七十七条　【道路外交通事故处理】**车辆在道路以外通行时发生的事故，公安机关交通管理部门接到报案的，参照本法有关规定办理。

## 第六章　执法监督

**第七十八条　【交警管理及考核上岗】**公安机关交通管理部门应当加强对交通警察的管理，提高交通警察的素质和管理道路交通的水平。

公安机关交通管理部门应当对交通警察进行法制和交通安全管理业务培训、考核。交通警察经考核不合格的，不得上岗执行职务。

**第七十九条　【依法履行法定职责】**公安机关交通管理部门及其交通警察实施道路交通安全管理，应当依据法定的职权和程序，简化办事手续，做到公正、严格、文明、高效。

**第八十条　【执行职务要求】**交通警察执行职务时，应当按照规定着装，佩带人民警察标志，持有人民警察证件，保持警容严整，举止端庄，指挥规范。

**第八十一条　【收费标准】**依照本法发放牌证等收取工本费，应当严格执行国务院价格主管部门核定的收费标准，并全部上缴国库。

**第八十二条　【处罚和收缴分离原则】**公安机关交通管理部门依法实施罚款的行政处罚，应当依照有关法律、行政法规的规定，实施罚款决定与罚款收缴分离；收缴的罚款以及依法没收的违法所得，应当全部上缴国库。

**第八十三条　【回避制度】**交通警察调查处理道路交通安全违法行为和交通事故，有下列情形之一的，应当回避：

（一）是本案的当事人或者当事人的近亲属；

（二）本人或者其近亲属与本案有利害关系；

（三）与本案当事人有其他关系，可能影响案件的公正处理。

**第八十四条　【执法监督】**公安机关交通管理部门及其交通警察的行政执法活动，应当接受行政监察机关依法实施的监督。

公安机关督察部门应当对公安机关交通管理部门及其交通警察执行法律、法规和遵守纪律的情况依法进行监督。

上级公安机关交通管理部门应当对下级公安机关交通管理部门的执法活动进行监督。

**第八十五条　【举报、投诉制度】**公安机关交通管理部门及其交通警察执行职务，应当自觉接受社会和公民的监督。

任何单位和个人都有权对公安机关交通管理部门及其交通警察不严格执法以及违法违纪行为进行检举、控告。收到检举、控告的机关，应当依据职责及时查处。

**第八十六条　【交警执法保障】**任何单位不得给公安机关交通管理部门下达或者变相下达罚款指标；公安机关交通管理部门不得以罚款数额作为考核交通警察的标准。

公安机关交通管理部门及其交通警察对超越法律、法规规定的指令，有权拒绝执行，并同时向上级机关报告。

## 第七章　法律责任

**第八十七条　【交通管理部门的职权】**公安机关交通管理部门及其交通警察对道路交通安全违法行为，应当及时纠正。

公安机关交通管理部门及其交通警察应当依据事实和本法的有关规定对道路交通安全违法行为予以处罚。对于情节轻微，未影响道路通行的，指出违法行为，给予口头警告后放行。

**第八十八条　【处罚种类】**对道路交通安全违法行为的处罚种类包括：警告、罚款、暂扣或者吊销机动车驾驶证、拘留。

**第八十九条　【对违法行人、乘车人、非机动车驾驶人的处罚】**行人、乘车人、非机动车驾驶人违反道路交通安全法律、法规关于道路通行规定的，处警告或者五元以上五十元以下罚款；非机动车驾驶人拒绝接受罚款处罚的，可以扣留其非机动车。

**第九十条　【对违法机动车驾驶人的处罚】**机动车驾驶人违反道路交通安全法律、法规关于道路通行规定的，处警告或者二十元以上二百元以下罚款。本法另有规定的，依照规定处罚。

**第九十一条　【饮酒、醉酒驾车处罚】**饮酒后驾驶机动车的，处暂扣六个月机动车驾驶证，并处一千元以上二千元以下罚款。因饮酒后驾驶机动车被处罚,再次饮酒后驾驶机动车的,处十日以下拘留,并处一千元以上二千元以下罚款,吊销机动车驾驶证。

醉酒驾驶机动车的,由公安机关交通管理部门约束至酒醒,吊销机动车驾驶证,依法追究刑事责任;五年内不得重新取得机动车驾驶证。

饮酒后驾驶营运机动车的,处十五日拘留,并处五千元罚款,吊销机动车驾驶证,五年内不得重新取得机动车驾驶证。

醉酒驾驶营运机动车的,由公安机关交通管理部门约束至酒醒,吊销机动车驾驶证,依法追究刑事责任;十年内不得重新取得机动车驾驶证,重新取得机动车驾驶证后,不得驾驶营运机动车。

饮酒后或者醉酒驾驶机动车发生重大交通事故,构成犯罪的,依法追究刑事责任,并由公安机关交通管理部门吊销机动车驾驶证,终生不得重新取得机动车驾驶证。

**第九十二条 【超载行为处罚】**公路客运车辆载客超过额定乘员的,处二百元以上五百元以下罚款;超过额定乘员百分之二十或者违反规定载货的,处五百元以上二千元以下罚款。

货运机动车超过核定载质量的,处二百元以上五百元以下罚款;超过核定载质量百分之三十或者违反规定载客的,处五百元以上二千元以下罚款。

有前两款行为的,由公安机关交通管理部门扣留机动车至违法状态消除。

运输单位的车辆有本条第一款、第二款规定的情形,经处罚不改的,对直接负责的主管人员处二千元以上五千元以下罚款。

**第九十三条 【对违法泊车的处理及拖车规则】**对违反道路交通安全法律、法规关于机动车停放、临时停车规定的,可以指出违法行为,并予以口头警告,令其立即驶离。

机动车驾驶人不在现场或者虽在现场但拒绝立即驶离,妨碍其他车辆、行人通行的,处二十元以上二百元以下罚款,并可以将该机动车拖移至不妨碍交通的地点或者公安机关交通管理部门指定的地点停放。公安机关交通管理部门拖车不得向当事人收取费用,并应当及时告知当事人停放地点。

因采取不正确的方法拖车造成机动车损坏的,应当依法承担补偿责任。

**第九十四条 【对机动车安检机构的管理】**机动车安全技术检验机构实施机动车安全技术检验超过国务院价格主管部门核定的收费标准收取费用的,退还多收取的费用,并由价格主管部门依照《中华人民共和国价格法》的有关规定给予处罚。

机动车安全技术检验机构不按照机动车国家安全技术标准进行检验,出具虚假检验结果的,由公安机关交通管理部门处所收检验费用五倍以上十倍以下罚款,并依法撤销其检验资格;构成犯罪的,依法追究刑事责任。

**第九十五条 【未悬挂号牌、未放置标志、未携带证件、未合理安放号牌的处理】**上道路行驶的机动车未悬挂机动车号牌,未放置检验合格标志、保险标志,或者未随车携带行驶证、驾驶证的,公安机关交通管理部门应当扣留机动车,通知当事人提供相应的牌证、标志或者补办相应手续,并可以依照本法第九十条的规定予以处罚。当事人提供相应的牌证、标志或者补办相应手续的,应当及时退还机动车。

故意遮挡、污损或者不按规定安装机动车号牌的,依照本法第九十条的规定予以处罚。

**第九十六条 【对伪造、变造行为的处罚】**伪造、变造或者使用伪造、变造的机动车登记证书、号牌、行驶证、驾驶证的,由公安机关交通管理部门予以收缴,扣留该机动车,处十五日以下拘留,并处二千元以上五千元以下罚款;构成犯罪的,依法追究刑事责任。

伪造、变造或者使用伪造、变造的检验合格标志、保险标志的,由公安机关交通管理部门予以收缴,扣留该机动车,处十日以下拘留,并处一千元以上三千元以下罚款;构成犯罪的,依法追究刑事责任。

使用其他车辆的机动车登记证书、号牌、行驶证、检验合格标志、保险标志的,由公安机关交通管理部门予以收缴,扣留该机动车,处二千元以上五千元以下罚款。

当事人提供相应的合法证明或者补办相应手续的,应当及时退还机动车。

**第九十七条 【对非法安装警报器、标志灯具的处罚】**非法安装警报器、标志灯具的,由公安机关交通管理部门强制拆除,予以收缴,并处二百元以上二千元以下罚款。

**第九十八条 【对未投保交强险的处罚】**机动车所有人、管理人未按照国家规定投保机动车第三者责任强制保险的,由公安机关交通管理部门扣留车辆至依照规定投保后,并处依照规定投保最低责任限额应缴纳的保险费的二倍罚款。

依照前款缴纳的罚款全部纳入道路交通事故社会救助基金。具体办法由国务院规定。

**第九十九条 【其他违法行为的处罚】**有下列行为之一的，由公安机关交通管理部门处二百元以上二千元以下罚款：

（一）未取得机动车驾驶证、机动车驾驶证被吊销或者机动车驾驶证被暂扣期间驾驶机动车的；

（二）将机动车交由未取得机动车驾驶证或者机动车驾驶证被吊销、暂扣的人驾驶的；

（三）造成交通事故后逃逸，尚不构成犯罪的；

（四）机动车行驶超过规定时速百分之五十的；

（五）强迫机动车驾驶人违反道路交通安全法律、法规和机动车安全驾驶要求驾驶机动车，造成交通事故，尚不构成犯罪的；

（六）违反交通管制的规定强行通行，不听劝阻的；

（七）故意损毁、移动、涂改交通设施，造成危害后果，尚不构成犯罪的；

（八）非法拦截、扣留机动车辆，不听劝阻，造成交通严重阻塞或者较大财产损失的。

行为人有前款第二项、第四项情形之一的，可以并处吊销机动车驾驶证；有第一项、第三项、第五项至第八项情形之一的，可以并处十五日以下拘留。

**第一百条 【驾驶拼装及应报废机动车的处理】**驾驶拼装的机动车或者已达到报废标准的机动车上道路行驶的，公安机关交通管理部门应当予以收缴，强制报废。

对驾驶前款所列机动车上道路行驶的驾驶人，处二百元以上二千元以下罚款，并吊销机动车驾驶证。

出售已达到报废标准的机动车的，没收违法所得，处销售金额等额的罚款，对该机动车依照本条第一款的规定处理。

**第一百零一条 【交通事故刑事责任及终生禁驾规定】**违反道路交通安全法律、法规的规定，发生重大交通事故，构成犯罪的，依法追究刑事责任，并由公安机关交通管理部门吊销机动车驾驶证。

造成交通事故后逃逸的，由公安机关交通管理部门吊销机动车驾驶证，且终生不得重新取得机动车驾驶证。

**第一百零二条 【对专业运输单位的管理】**对六个月内发生二次以上特大交通事故负有主要责任或者全部责任的专业运输单位，由公安机关交通管理部门责令消除安全隐患，未消除安全隐患的机动车，禁止上道路行驶。

**第一百零三条 【机动车的生产和销售管理】**国家机动车产品主管部门未按照机动车国家安全技术标准严格审查，许可不合格机动车型投入生产的，对负有责任的主管人员和其他直接责任人员给予降级或者撤职的行政处分。

机动车生产企业经国家机动车产品主管部门许可生产的机动车型，不执行机动车国家安全技术标准或者不严格进行机动车成品质量检验，致使质量不合格的机动车出厂销售的，由质量技术监督部门依照《中华人民共和国产品质量法》的有关规定给予处罚。

擅自生产、销售未经国家机动车产品主管部门许可生产的机动车型的，没收非法生产、销售的机动车成品及配件，可以并处非法产品价值三倍以上五倍以下罚款；有营业执照的，由工商行政管理部门吊销营业执照，没有营业执照的，予以查封。

生产、销售拼装的机动车或者生产、销售擅自改装的机动车的，依照本条第三款的规定处罚。

有本条第二款、第三款、第四款所列违法行为，生产或者销售不符合机动车国家安全技术标准的机动车，构成犯罪的，依法追究刑事责任。

**第一百零四条 【擅自挖掘、占用道路的处理】**未经批准，擅自挖掘道路、占用道路施工或者从事其他影响道路交通安全活动的，由道路主管部门责令停止违法行为，并恢复原状，可以依法给予罚款；致使通行的人员、车辆及其他财产遭受损失的，依法承担赔偿责任。

有前款行为，影响道路交通安全活动的，公安机关交通管理部门可以责令停止违法行为，迅速恢复交通。

**第一百零五条 【道路施工、管理单位未履行职责的责任】**道路施工作业或者道路出现损毁，未及时设置警示标志、未采取防护措施，或者应当设置交通信号灯、交通标志、交通标线而没有设置或者应当及时变更交通信号灯、交通标志、交通标线而没有及时变更，致使通行的人员、车辆及其他财产遭受损失的，负有相关职责的单位应当依法承担赔偿责任。

**第一百零六条 【对妨碍交通标志行为的管理】**在道路两侧及隔离带上种植树木、其他植物或者设置广告牌、管线等，遮挡路灯、交通信号灯、交通标志，妨碍安全视距的，由公安机关交通管理部门责令行为人排除妨碍；拒不执行的，处二百元以上二千元以下罚款，并强制排除妨碍，所需费用由行为人负担。

**第一百零七条 【当场处罚】**对道路交通违法行为人予以警告、二百元以下罚款，交通警察可以当场作出行政处罚决定，并出具行政处罚决定书。

行政处罚决定书应当载明当事人的违法事实、行政处罚的依据、处罚内容、时间、地点以及处罚机关名称，并由执法人员签名或者盖章。

**第一百零八条 【罚款的缴纳】**当事人应当自收到罚款的行政处罚决定书之日起十五日内，到指定的银行缴纳罚款。

对行人、乘车人和非机动车驾驶人的罚款，当事人无异议的，可以当场予以收缴罚款。

罚款应当开具省、自治区、直辖市财政部门统一制发的罚款收据；不出具财政部门统一制发的罚款收据的，当事人有权拒绝缴纳罚款。

**第一百零九条 【逾期不缴纳罚款的处理】**当事人逾期不履行行政处罚决定的，作出行政处罚决定的行政机关可以采取下列措施：

（一）到期不缴纳罚款的，每日按罚款数额的百分之三加处罚款；

（二）申请人民法院强制执行。

**第一百一十条 【扣留机动车驾驶证的规则】**执行职务的交通警察认为应当对道路交通违法行为人给予暂扣或者吊销机动车驾驶证处罚的，可以先予扣留机动车驾驶证，并在二十四小时内将案件移交公安机关交通管理部门处理。

道路交通违法行为人应当在十五日内到公安机关交通管理部门接受处理。无正当理由逾期未接受处理的，吊销机动车驾驶证。

公安机关交通管理部门暂扣或者吊销机动车驾驶证的，应当出具行政处罚决定书。

**第一百一十一条 【有权作出拘留裁决的机关】**对违反本法规定予以拘留的行政处罚，由县、市公安局、公安分局或者相当于县一级的公安机关裁决。

**第一百一十二条 【扣留车辆的规则】**公安机关交通管理部门扣留机动车、非机动车，应当当场出具凭证，并告知当事人在规定期限内到公安机关交通管理部门接受处理。

公安机关交通管理部门对被扣留的车辆应当妥善保管，不得使用。

逾期不来接受处理，并且经公告三个月仍不来接受处理的，对扣留的车辆依法处理。

**第一百一十三条 【暂扣、吊销的期限】**暂扣机动车驾驶证的期限从处罚决定生效之日起计算；处罚决定生效前先予扣留机动车驾驶证的，扣留一日折抵暂扣期限一日。

吊销机动车驾驶证后重新申请领取机动车驾驶证的期限，按照机动车驾驶证管理规定办理。

**第一百一十四条 【根据技术监控记录进行的处罚】**公安机关交通管理部门根据交通技术监控记录资料，可以对违法的机动车所有人或者管理人依法予以处罚。对能够确定驾驶人的，可以依照本法的规定依法予以处罚。

**第一百一十五条 【对交警及交管部门违法行为的处理】**交通警察有下列行为之一的，依法给予行政处分：

（一）为不符合法定条件的机动车发放机动车登记证书、号牌、行驶证、检验合格标志的；

（二）批准不符合法定条件的机动车安装、使用警车、消防车、救护车、工程救险车的警报器、标志灯具，喷涂标志图案的；

（三）为不符合驾驶许可条件、未经考试或者考试不合格人员发放机动车驾驶证的；

（四）不执行罚款决定与罚款收缴分离制度或者不按规定将依法收取的费用、收缴的罚款及没收的违法所得全部上缴国库的；

（五）举办或者参与举办驾驶学校或者驾驶培训班、机动车修理厂或者收费停车场等经营活动的；

（六）利用职务上的便利收受他人财物或者谋取其他利益的；

（七）违法扣留车辆、机动车行驶证、驾驶证、车辆号牌的；

（八）使用依法扣留的车辆的；

（九）当场收取罚款不开具罚款收据或者不如实填写罚款额的；

（十）徇私舞弊，不公正处理交通事故的；

（十一）故意刁难，拖延办理机动车牌证的；

（十二）非执行紧急任务时使用警报器、标志灯具的；

（十三）违反规定拦截、检查正常行驶的车辆的；

（十四）非执行紧急公务时拦截搭乘机动车的；

（十五）不履行法定职责的。

公安机关交通管理部门有前款所列行为之一的，对直接负责的主管人员和其他直接责任人员给予相应的行政处分。

**第一百一十六条 【对违规交警的处分】**依照本法第一百一十五条的规定，给予交通警察行政处分的，在作出行政处分决定前，可以停止其执行职务；必要时，可以予以禁闭。

依照本法第一百一十五条的规定，交通警察受到降级或者撤职行政处分的，可以予以辞退。

交通警察受到开除处分或者被辞退的，应当取消警衔；受到撤职以下行政处分的交通警察，应当降低警衔。

**第一百一十七条　【对构成犯罪的交警追究刑事责任】**交通警察利用职权非法占有公共财物，索取、收受贿赂，或者滥用职权、玩忽职守，构成犯罪的，依法追究刑事责任。

**第一百一十八条　【公安交管部门、交警违法赔偿责任】**公安机关交通管理部门及其交通警察有本法第一百一十五条所列行为之一，给当事人造成损失的，应当依法承担赔偿责任。

## 第八章　附　则

**第一百一十九条　【本法用语含义】**本法中下列用语的含义：

（一）“道路”，是指公路、城市道路和虽在单位管辖范围但允许社会机动车通行的地方，包括广场、公共停车场等用于公众通行的场所。

（二）“车辆”，是指机动车和非机动车。

（三）“机动车”，是指以动力装置驱动或者牵引，上道路行驶的供人员乘用或者用于运送物品以及进行工程专项作业的轮式车辆。

（四）“非机动车”，是指以人力或者畜力驱动，上道路行驶的交通工具，以及虽有动力装置驱动但设计最高时速、空车质量、外形尺寸符合有关国家标准的残疾人机动轮椅车、电动自行车等交通工具。

（五）“交通事故”，是指车辆在道路上因过错或者意外造成的人身伤亡或者财产损失的事件。

**第一百二十条　【军警机动车管理】**中国人民解放军和中国人民武装警察部队在编机动车牌证、在编机动车检验以及机动车驾驶人考核工作，由中国人民解放军、中国人民武装警察部队有关部门负责。

**第一百二十一条　【拖拉机管理】**对上道路行驶的拖拉机，由农业（农业机械）主管部门行使本法第八条、第九条、第十三条、第十九条、第二十三条规定的公安机关交通管理部门的管理职权。

农业（农业机械）主管部门依照前款规定行使职权，应当遵守本法有关规定，并接受公安机关交通管理部门的监督；对违反规定的，依照本法有关规定追究法律责任。

本法施行前由农业（农业机械）主管部门发放的机动车牌证，在本法施行后继续有效。

**第一百二十二条　【境外车辆入境管理】**国家对入境的境外机动车的道路交通安全实施统一管理。

**第一百二十三条　【授权制定执行具体标准】**省、自治区、直辖市人民代表大会常务委员会可以根据本地区的实际情况，在本法规定的罚款幅度内，规定具体的执行标准。

**第一百二十四条　【生效日期】**本法自2004年5月1日起施行。

# 中华人民共和国道路交通安全法实施条例

· 2004年4月30日中华人民共和国国务院令第405号公布

· 根据2017年10月7日《国务院关于修改部分行政法规的决定》修订

## 第一章　总　则

**第一条**　根据《中华人民共和国道路交通安全法》（以下简称道路交通安全法）的规定，制定本条例。

**第二条**　中华人民共和国境内的车辆驾驶人、行人、乘车人以及与道路交通活动有关的单位和个人，应当遵守道路交通安全法和本条例。

**第三条**　县级以上地方各级人民政府应当建立、健全道路交通安全工作协调机制，组织有关部门对城市建设项目进行交通影响评价，制定道路交通安全管理规划，确定管理目标，制定实施方案。

## 第二章　车辆和驾驶人

### 第一节　机动车

**第四条**　机动车的登记，分为注册登记、变更登记、转移登记、抵押登记和注销登记。

**第五条**　初次申领机动车号牌、行驶证的，应当向机动车所有人住所地的公安机关交通管理部门申请注册登记。

申请机动车注册登记，应当交验机动车，并提交以下证明、凭证：

（一）机动车所有人的身份证明；

（二）购车发票等机动车来历证明；

（三）机动车整车出厂合格证明或者进口机动车进口凭证；

（四）车辆购置税完税证明或者免税凭证；

（五）机动车第三者责任强制保险凭证；

（六）法律、行政法规规定应当在机动车注册登记时提交的其他证明、凭证。

不属于国务院机动车产品主管部门规定免予安全技术检验的车型的，还应当提供机动车安全技术检验合格证明。

**第六条** 已注册登记的机动车有下列情形之一的，机动车所有人应当向登记该机动车的公安机关交通管理部门申请变更登记：

（一）改变机动车车身颜色的；

（二）更换发动机的；

（三）更换车身或者车架的；

（四）因质量有问题，制造厂更换整车的；

（五）营运机动车改为非营运机动车或者非营运机动车改为营运机动车的；

（六）机动车所有人的住所迁出或者迁入公安机关交通管理部门管辖区域的。

申请机动车变更登记，应当提交下列证明、凭证，属于前款第（一）项、第（二）项、第（三）项、第（四）项、第（五）项情形之一的，还应当交验机动车；属于前款第（二）项、第（三）项情形之一的，还应当同时提交机动车安全技术检验合格证明：

（一）机动车所有人的身份证明；

（二）机动车登记证书；

（三）机动车行驶证。

机动车所有人的住所在公安机关交通管理部门管辖区域内迁移、机动车所有人的姓名（单位名称）或者联系方式变更的，应当向登记该机动车的公安机关交通管理部门备案。

**第七条** 已注册登记的机动车所有权发生转移的，应当及时办理转移登记。

申请机动车转移登记，当事人应当向登记该机动车的公安机关交通管理部门交验机动车，并提交以下证明、凭证：

（一）当事人的身份证明；

（二）机动车所有权转移的证明、凭证；

（三）机动车登记证书；

（四）机动车行驶证。

**第八条** 机动车所有人将机动车作为抵押物抵押的，机动车所有人应当向登记该机动车的公安机关交通管理部门申请抵押登记。

**第九条** 已注册登记的机动车达到国家规定的强制报废标准的，公安机关交通管理部门应当在报废期满的2个月前通知机动车所有人办理注销登记。机动车所有人应当在报废期满前将机动车交售给机动车回收企业，由机动车回收企业将报废的机动车登记证书、号牌、行驶证交公安机关交通管理部门注销。机动车所有人逾期不办理注销登记的，公安机关交通管理部门应当公告该机动车登记证书、号牌、行驶证作废。

因机动车灭失申请注销登记的，机动车所有人应当向公安机关交通管理部门提交本人身份证明，交回机动车登记证书。

**第十条** 办理机动车登记的申请人提交的证明、凭证齐全、有效的，公安机关交通管理部门应当当场办理登记手续。

人民法院、人民检察院以及行政执法部门依法查封、扣押的机动车，公安机关交通管理部门不予办理机动车登记。

**第十一条** 机动车登记证书、号牌、行驶证丢失或者损毁，机动车所有人申请补发的，应当向公安机关交通管理部门提交本人身份证明和申请材料。公安机关交通管理部门经与机动车登记档案核实后，在收到申请之日起15日内补发。

**第十二条** 税务部门、保险机构可以在公安机关交通管理部门的办公场所集中办理与机动车有关的税费缴纳、保险合同订立等事项。

**第十三条** 机动车号牌应当悬挂在车前、车后指定位置，保持清晰、完整。重型、中型载货汽车及其挂车、拖拉机及其挂车的车身或者车厢后部应当喷涂放大的牌号，字样应当端正并保持清晰。

机动车检验合格标志、保险标志应当粘贴在机动车前窗右上角。

机动车喷涂、粘贴标识或者车身广告的，不得影响安全驾驶。

**第十四条** 用于公路营运的载客汽车、重型载货汽车、半挂牵引车应当安装、使用符合国家标准的行驶记录仪。交通警察可以对机动车行驶速度、连续驾驶时间以及其他行驶状态信息进行检查。安装行驶记录仪可以分步实施，实施步骤由国务院机动车产品主管部门会同有关部门规定。

**第十五条** 机动车安全技术检验由机动车安全技术检验机构实施。机动车安全技术检验机构应当按照国家机动车安全技术检验标准对机动车进行检验，对检验结果承担法律责任。

质量技术监督部门负责对机动车安全技术检验机构实行计量认证管理，对机动车安全技术检验设备进行检定，对执行国家机动车安全技术检验标准的情况进行监督。

机动车安全技术检验项目由国务院公安部门会同国务院质量技术监督部门规定。

**第十六条**　机动车应当从注册登记之日起，按照下列期限进行安全技术检验：

（一）营运载客汽车5年以内每年检验1次；超过5年的，每6个月检验1次；

（二）载货汽车和大型、中型非营运载客汽车10年以内每年检验1次；超过10年的，每6个月检验1次；

（三）小型、微型非营运载客汽车6年以内每2年检验1次；超过6年的，每年检验1次；超过15年的，每6个月检验1次；

（四）摩托车4年以内每2年检验1次；超过4年的，每年检验1次；

（五）拖拉机和其他机动车每年检验1次。

营运机动车在规定检验期限内经安全技术检验合格的，不再重复进行安全技术检验。

**第十七条**　已注册登记的机动车进行安全技术检验时，机动车行驶证记载的登记内容与该机动车的有关情况不符，或者未按照规定提供机动车第三者责任强制保险凭证的，不予通过检验。

**第十八条**　警车、消防车、救护车、工程救险车标志图案的喷涂以及警报器、标志灯具的安装、使用规定，由国务院公安部门制定。

### 第二节　机动车驾驶人

**第十九条**　符合国务院公安部门规定的驾驶许可条件的人，可以向公安机关交通管理部门申请机动车驾驶证。

机动车驾驶证由国务院公安部门规定式样并监制。

**第二十条**　学习机动车驾驶，应当先学习道路交通安全法律、法规和相关知识，考试合格后，再学习机动车驾驶技能。

在道路上学习驾驶，应当按照公安机关交通管理部门指定的路线、时间进行。在道路上学习机动车驾驶技能应当使用教练车，在教练员随车指导下进行，与教学无关的人员不得乘坐教练车。学员在学习驾驶中有道路交通安全违法行为或者造成交通事故的，由教练员承担责任。

**第二十一条**　公安机关交通管理部门应当对申请机动车驾驶证的人进行考试，对考试合格的，在5日内核发机动车驾驶证；对考试不合格的，书面说明理由。

**第二十二条**　机动车驾驶证的有效期为6年，本条例另有规定的除外。

机动车驾驶人初次申领机动车驾驶证后的12个月为实习期。在实习期内驾驶机动车的，应当在车身后部粘贴或者悬挂统一式样的实习标志。

机动车驾驶人在实习期内不得驾驶公共汽车、营运客车或者执行任务的警车、消防车、救护车、工程救险车以及载有爆炸物品、易燃易爆化学物品、剧毒或者放射性等危险物品的机动车；驾驶的机动车不得牵引挂车。

**第二十三条**　公安机关交通管理部门对机动车驾驶人的道路交通安全违法行为除给予行政处罚外，实行道路交通安全违法行为累积记分（以下简称记分）制度，记分周期为12个月。对在一个记分周期内记分达到12分的，由公安机关交通管理部门扣留其机动车驾驶证，该机动车驾驶人应当按照规定参加道路交通安全法律、法规的学习并接受考试。考试合格的，记分予以清除，发还机动车驾驶证；考试不合格的，继续参加学习和考试。

应当给予记分的道路交通安全违法行为及其分值，由国务院公安部门根据道路交通安全违法行为的危害程度规定。

公安机关交通管理部门应当提供记分查询方式供机动车驾驶人查询。

**第二十四条**　机动车驾驶人在一个记分周期内记分未达到12分，所处罚款已经缴纳的，记分予以清除；记分虽未达到12分，但尚有罚款未缴纳的，记分转入下一记分周期。

机动车驾驶人在一个记分周期内记分2次以上达到12分的，除按照第二十三条的规定扣留机动车驾驶证、参加学习、接受考试外，还应当接受驾驶技能考试。考试合格的，记分予以清除，发还机动车驾驶证；考试不合格的，继续参加学习和考试。

接受驾驶技能考试的，按照本人机动车驾驶证载明的最高准驾车型考试。

**第二十五条**　机动车驾驶人记分达到12分，拒不参加公安机关交通管理部门通知的学习，也不接受考试的，由公安机关交通管理部门公告其机动车驾驶证停止使用。

**第二十六条**　机动车驾驶人在机动车驾驶证的6年有效期内，每个记分周期均未达到12分的，换发10年有效期的机动车驾驶证；在机动车驾驶证的10年有效期内，每个记分周期均未达到12分的，换发长期有效的机动车驾驶证。

换发机动车驾驶证时，公安机关交通管理部门应当对机动车驾驶证进行审验。

**第二十七条**　机动车驾驶证丢失、损毁，机动车驾驶人申请补发的，应当向公安机关交通管理部门提交本人身份证明和申请材料。公安机关交通管理部门经与机动车驾驶证档案核实后，在收到申请之日起3日内补发。

**第二十八条**　机动车驾驶人在机动车驾驶证丢失、损毁、超过有效期或者被依法扣留、暂扣期间以及记分达到12分的，不得驾驶机动车。

## 第三章　道路通行条件

**第二十九条**　交通信号灯分为：机动车信号灯、非机动车信号灯、人行横道信号灯、车道信号灯、方向指示信号灯、闪光警告信号灯、道路与铁路平面交叉道口信号灯。

**第三十条**　交通标志分为：指示标志、警告标志、禁令标志、指路标志、旅游区标志、道路施工安全标志和辅助标志。

道路交通标线分为：指示标线、警告标线、禁止标线。

**第三十一条**　交通警察的指挥分为：手势信号和使用器具的交通指挥信号。

**第三十二条**　道路交叉路口和行人横过道路较为集中的路段应当设置人行横道、过街天桥或者过街地下通道。

在盲人通行较为集中的路段，人行横道信号灯应当设置声响提示装置。

**第三十三条**　城市人民政府有关部门可以在不影响行人、车辆通行的情况下，在城市道路上施划停车泊位，并规定停车泊位的使用时间。

**第三十四条**　开辟或者调整公共汽车、长途汽车的行驶路线或者车站，应当符合交通规划和安全、畅通的要求。

**第三十五条**　道路养护施工单位在道路上进行养护、维修时，应当按照规定设置规范的安全警示标志和安全防护设施。道路养护施工作业车辆、机械应当安装示警灯，喷涂明显的标志图案，作业时应当开启示警灯和危险报警闪光灯。对未中断交通的施工作业道路，公安机关交通管理部门应当加强交通安全监督检查。发生交通阻塞时，及时做好分流、疏导，维护交通秩序。

道路施工需要车辆绕行的，施工单位应当在绕行处设置标志；不能绕行的，应当修建临时通道，保证车辆和行人通行。需要封闭道路中断交通的，除紧急情况外，应当提前5日向社会公告。

**第三十六条**　道路或者交通设施养护部门、管理部门应当在急弯、陡坡、临崖、临水等危险路段，按照国家标准设置警告标志和安全防护设施。

**第三十七条**　道路交通标志、标线不规范，机动车驾驶人容易发生辨认错误的，交通标志、标线的主管部门应当及时予以改善。

道路照明设施应当符合道路建设技术规范，保持照明功能完好。

## 第四章　道路通行规定

### 第一节　一般规定

**第三十八条**　机动车信号灯和非机动车信号灯表示：

（一）绿灯亮时，准许车辆通行，但转弯的车辆不得妨碍被放行的直行车辆、行人通行；

（二）黄灯亮时，已越过停止线的车辆可以继续通行；

（三）红灯亮时，禁止车辆通行。

在未设置非机动车信号灯和人行横道信号灯的路口，非机动车和行人应当按照机动车信号灯的表示通行。

红灯亮时，右转弯的车辆在不妨碍被放行的车辆、行人通行的情况下，可以通行。

**第三十九条**　人行横道信号灯表示：

（一）绿灯亮时，准许行人通过人行横道；

（二）红灯亮时，禁止行人进入人行横道，但是已经进入人行横道的，可以继续通过或者在道路中心线处停留等候。

**第四十条**　车道信号灯表示：

（一）绿色箭头灯亮时，准许本车道车辆按指示方向通行；

（二）红色叉形灯或者箭头灯亮时，禁止本车道车辆通行。

**第四十一条**　方向指示信号灯的箭头方向向左、向上、向右分别表示左转、直行、右转。

**第四十二条**　闪光警告信号灯为持续闪烁的黄灯，提示车辆、行人通行时注意瞭望，确认安全后通过。

**第四十三条**　道路与铁路平面交叉道口有两个红灯交替闪烁或者一个红灯亮时，表示禁止车辆、行人通行；红灯熄灭时，表示允许车辆、行人通行。

### 第二节　机动车通行规定

**第四十四条**　在道路同方向划有2条以上机动车道的，左侧为快速车道，右侧为慢速车道。在快速车道行驶的机动车应当按照快速车道规定的速度行驶，未达到快速车道规定的行驶速度的，应当在慢速车道行驶。摩托车应当在最右侧车道行驶。有交通标志标明行驶速度的，按照标明的行驶速度行驶。慢速车道内的机动车超越前车时，可以借用快速车道行驶。

在道路同方向划有2条以上机动车道的，变更车道的机动车不得影响相关车道内行驶的机动车的正常行驶。

**第四十五条**　机动车在道路上行驶不得超过限速标志、标线标明的速度。在没有限速标志、标线的道路上，机动车不得超过下列最高行驶速度：

（一）没有道路中心线的道路，城市道路为每小时30公里，公路为每小时40公里；

（二）同方向只有1条机动车道的道路，城市道路为每小时50公里，公路为每小时70公里。

**第四十六条**　机动车行驶中遇有下列情形之一的，最高行驶速度不得超过每小时30公里，其中拖拉机、电瓶车、轮式专用机械车不得超过每小时15公里：

（一）进出非机动车道，通过铁路道口、急弯路、窄路、窄桥时；

（二）掉头、转弯、下陡坡时；

（三）遇雾、雨、雪、沙尘、冰雹，能见度在50米以内时；

（四）在冰雪、泥泞的道路上行驶时；

（五）牵引发生故障的机动车时。

**第四十七条**　机动车超车时，应当提前开启左转向灯、变换使用远、近光灯或者鸣喇叭。在没有道路中心线或者同方向只有1条机动车道的道路上，前车遇后车发出超车信号时，在条件许可的情况下，应当降低速度、靠右让路。后车应当在确认有充足的安全距离后，从前车的左侧超越，在与被超车辆拉开必要的安全距离后，开启右转向灯，驶回原车道。

**第四十八条**　在没有中心隔离设施或者没有中心线的道路上，机动车遇相对方向来车时应当遵守下列规定：

（一）减速靠右行驶，并与其他车辆、行人保持必要的安全距离；

（二）在有障碍的路段，无障碍的一方先行；但有障碍的一方已驶入障碍路段而无障碍的一方未驶入时，有障碍的一方先行；

（三）在狭窄的坡路，上坡的一方先行；但下坡的一方已行至中途而上坡的一方未上坡时，下坡的一方先行；

（四）在狭窄的山路，不靠山体的一方先行；

（五）夜间会车应当在距相对方向来车150米以外改用近光灯，在窄路、窄桥与非机动车会车时应当使用近光灯。

**第四十九条**　机动车在有禁止掉头或者禁止左转弯标志、标线的地点以及在铁路道口、人行横道、桥梁、急弯、陡坡、隧道或者容易发生危险的路段，不得掉头。

机动车在没有禁止掉头或者没有禁止左转弯标志、标线的地点可以掉头，但不得妨碍正常行驶的其他车辆和行人的通行。

**第五十条**　机动车倒车时，应当察明车后情况，确认安全后倒车。不得在铁路道口、交叉路口、单行路、桥梁、急弯、陡坡或者隧道中倒车。

**第五十一条**　机动车通过有交通信号灯控制的交叉路口，应当按照下列规定通行：

（一）在划有导向车道的路口，按所需行进方向驶入导向车道；

（二）准备进入环形路口的让已在路口内的机动车先行；

（三）向左转弯时，靠路口中心点左侧转弯。转弯时开启转向灯，夜间行驶开启近光灯；

（四）遇放行信号时，依次通过；

（五）遇停止信号时，依次停在停止线以外。没有停止线的，停在路口以外；

（六）向右转弯遇有同车道前车正在等候放行信号时，依次停车等候；

（七）在没有方向指示信号灯的交叉路口，转弯的机动车让直行的车辆、行人先行。相对方向行驶的右转弯机动车让左转弯车辆先行。

**第五十二条**　机动车通过没有交通信号灯控制也没有交通警察指挥的交叉路口，除应当遵守第五十一条第（二）项、第（三）项的规定外，还应当遵守下列规定：

（一）有交通标志、标线控制的，让优先通行的一方先行；

（二）没有交通标志、标线控制的，在进入路口前停车瞭望，让右方道路的来车先行；

（三）转弯的机动车让直行的车辆先行；

（四）相对方向行驶的右转弯的机动车让左转弯的车辆先行。

**第五十三条**　机动车遇有前方交叉路口交通阻塞时，应当依次停在路口以外等候，不得进入路口。

机动车在遇有前方机动车停车排队等候或者缓慢行驶时，应当依次排队，不得从前方车辆两侧穿插或者超越行驶，不得在人行横道、网状线区域内停车等候。

机动车在车道减少的路口、路段，遇有前方机动车停车排队等候或者缓慢行驶的，应当每车道一辆依次交替驶入车道减少后的路口、路段。

**第五十四条**　机动车载物不得超过机动车行驶证上核定的载质量，装载长度、宽度不得超出车厢，并应当遵守下列规定：

（一）重型、中型载货汽车，半挂车载物，高度从地面起不得超过4米，载运集装箱的车辆不得超过4.2米；

（二）其他载货的机动车载物，高度从地面起不得超过2.5米；

（三）摩托车载物，高度从地面起不得超过1.5米，长度不得超出车身0.2米。两轮摩托车载物宽度左右各不得超出车把0.15米；三轮摩托车载物宽度不得超过车身。

载客汽车除车身外部的行李架和内置的行李箱外，不得载货。载客汽车行李架载货，从车顶起高度不得超过0.5米，从地面起高度不得超过4米。

**第五十五条** 机动车载人应当遵守下列规定：

（一）公路载客汽车不得超过核定的载客人数，但按照规定免票的儿童除外，在载客人数已满的情况下，按照规定免票的儿童不得超过核定载客人数的10%；

（二）载货汽车车厢不得载客。在城市道路上，货运机动车在留有安全位置的情况下，车厢内可以附载临时作业人员1人至5人；载物高度超过车厢栏板时，货物上不得载人；

（三）摩托车后座不得乘坐未满12周岁的未成年人，轻便摩托车不得载人。

**第五十六条** 机动车牵引挂车应当符合下列规定：

（一）载货汽车、半挂牵引车、拖拉机只允许牵引1辆挂车。挂车的灯光信号、制动、连接、安全防护等装置应当符合国家标准；

（二）小型载客汽车只允许牵引旅居挂车或者总质量700千克以下的挂车。挂车不得载人；

（三）载货汽车所牵引挂车的载质量不得超过载货汽车本身的载质量。

大型、中型载客汽车，低速载货汽车，三轮汽车以及其他机动车不得牵引挂车。

**第五十七条** 机动车应当按照下列规定使用转向灯：

（一）向左转弯、向左变更车道、准备超车、驶离停车地点或者掉头时，应当提前开启左转向灯；

（二）向右转弯、向右变更车道、超车完毕驶回原车道、靠路边停车时，应当提前开启右转向灯。

**第五十八条** 机动车在夜间没有路灯、照明不良或者遇有雾、雨、雪、沙尘、冰雹等低能见度情况下行驶时，应当开启前照灯、示廓灯和后位灯，但同方向行驶的后车与前车近距离行驶时，不得使用远光灯。机动车雾天行驶应当开启雾灯和危险报警闪光灯。

**第五十九条** 机动车在夜间通过急弯、坡路、拱桥、人行横道或者没有交通信号灯控制的路口时，应当交替使用远近光灯示意。

机动车驶近急弯、坡道顶端等影响安全视距的路段以及超车或者遇有紧急情况时，应当减速慢行，并鸣喇叭示意。

**第六十条** 机动车在道路上发生故障或者发生交通事故，妨碍交通又难以移动的，应当按照规定开启危险报警闪光灯并在车后50米至100米处设置警告标志，夜间还应当同时开启示廓灯和后位灯。

**第六十一条** 牵引故障机动车应当遵守下列规定：

（一）被牵引的机动车除驾驶人外不得载人，不得拖带挂车；

（二）被牵引的机动车宽度不得大于牵引机动车的宽度；

（三）使用软连接牵引装置时，牵引车与被牵引车之间的距离应当大于4米小于10米；

（四）对制动失效的被牵引车，应当使用硬连接牵引装置牵引；

（五）牵引车和被牵引车均应当开启危险报警闪光灯。

汽车吊车和轮式专用机械车不得牵引车辆。摩托车不得牵引车辆或者被其他车辆牵引。

转向或者照明、信号装置失效的故障机动车，应当使用专用清障车拖曳。

**第六十二条** 驾驶机动车不得有下列行为：

（一）在车门、车厢没有关好时行车；

（二）在机动车驾驶室的前后窗范围内悬挂、放置妨碍驾驶人视线的物品；

（三）拨打接听手持电话、观看电视等妨碍安全驾驶的行为；

（四）下陡坡时熄火或者空挡滑行；

（五）向道路上抛撒物品；

（六）驾驶摩托车手离车把或者在车把上悬挂物品；

（七）连续驾驶机动车超过4小时未停车休息或者停车休息时间少于20分钟；

（八）在禁止鸣喇叭的区域或者路段鸣喇叭。

**第六十三条** 机动车在道路上临时停车，应当遵守下列规定：

（一）在设有禁停标志、标线的路段，在机动车道与非机动车道、人行道之间设有隔离设施的路段以及人行

横道、施工地段,不得停车;

(二)交叉路口、铁路道口、急弯路、宽度不足4米的窄路、桥梁、陡坡、隧道以及距离上述地点50米以内的路段,不得停车;

(三)公共汽车站、急救站、加油站、消防栓或者消防队(站)门前以及距离上述地点30米以内的路段,除使用上述设施的以外,不得停车;

(四)车辆停稳前不得开车门和上下人员,开关车门不得妨碍其他车辆和行人通行;

(五)路边停车应当紧靠道路右侧,机动车驾驶人不得离车,上下人员或者装卸物品后,立即驶离;

(六)城市公共汽车不得在站点以外的路段停车上下乘客。

**第六十四条** 机动车行经漫水路或者漫水桥时,应当停车察明水情,确认安全后,低速通过。

**第六十五条** 机动车载运超限物品行经铁路道口的,应当按照当地铁路部门指定的铁路道口、时间通过。

机动车行经渡口,应当服从渡口管理人员指挥,按照指定地点依次待渡。机动车上下渡船时,应当低速慢行。

**第六十六条** 警车、消防车、救护车、工程救险车在执行紧急任务遇交通受阻时,可以断续使用警报器,并遵守下列规定:

(一)不得在禁止使用警报器的区域或者路段使用警报器;

(二)夜间在市区不得使用警报器;

(三)列队行驶时,前车已经使用警报器的,后车不再使用警报器。

**第六十七条** 在单位院内、居民居住区内,机动车应当低速行驶,避让行人;有限速标志的,按照限速标志行驶。

### 第三节 非机动车通行规定

**第六十八条** 非机动车通过有交通信号灯控制的交叉路口,应当按照下列规定通行:

(一)转弯的非机动车让直行的车辆、行人优先通行;

(二)遇有前方路口交通阻塞时,不得进入路口;

(三)向左转弯时,靠路口中心点的右侧转弯;

(四)遇有停止信号时,应当依次停在路口停止线以外。没有停止线的,停在路口以外;

(五)向右转弯遇有同方向前车正在等候放行信号时,在本车道内能够转弯的,可以通行;不能转弯的,依次等候。

**第六十九条** 非机动车通过没有交通信号灯控制也没有交通警察指挥的交叉路口,除应当遵守第六十八条第(一)项、第(二)项和第(三)项的规定外,还应当遵守下列规定:

(一)有交通标志、标线控制的,让优先通行的一方先行;

(二)没有交通标志、标线控制的,在路口外慢行或者停车瞭望,让右方道路的来车先行;

(三)相对方向行驶的右转弯的非机动车让左转弯的车辆先行。

**第七十条** 驾驶自行车、电动自行车、三轮车在路段上横过机动车道,应当下车推行,有人行横道或者行人过街设施的,应当从人行横道或者行人过街设施通过;没有人行横道、没有行人过街设施或者不便使用行人过街设施的,在确认安全后直行通过。

因非机动车道被占用无法在本车道内行驶的非机动车,可以在受阻的路段借用相邻的机动车道行驶,并在驶过被占用路段后迅速驶回非机动车道。机动车遇此情况应当减速让行。

**第七十一条** 非机动车载物,应当遵守下列规定:

(一)自行车、电动自行车、残疾人机动轮椅车载物,高度从地面起不得超过1.5米,宽度左右各不得超出车把0.15米,长度前端不得超出车轮,后端不得超出车身0.3米;

(二)三轮车、人力车载物,高度从地面起不得超过2米,宽度左右各不得超出车身0.2米,长度不得超出车身1米;

(三)畜力车载物,高度从地面起不得超过2.5米,宽度左右各不得超出车身0.2米,长度前端不得超出车辕,后端不得超出车身1米。

自行车载人的规定,由省、自治区、直辖市人民政府根据当地实际情况制定。

**第七十二条** 在道路上驾驶自行车、三轮车、电动自行车、残疾人机动轮椅车应当遵守下列规定:

(一)驾驶自行车、三轮车必须年满12周岁;

(二)驾驶电动自行车和残疾人机动轮椅车必须年满16周岁;

(三)不得醉酒驾驶;

(四)转弯前应当减速慢行,伸手示意,不得突然猛拐,超越前车时不得妨碍被超越的车辆行驶;

(五)不得牵引、攀扶车辆或者被其他车辆牵引,不得双手离把或者手中持物;

（六）不得扶身并行、互相追逐或者曲折竞驶；

（七）不得在道路上骑独轮自行车或者2人以上骑行的自行车；

（八）非下肢残疾的人不得驾驶残疾人机动轮椅车；

（九）自行车、三轮车不得加装动力装置；

（十）不得在道路上学习驾驶非机动车。

**第七十三条** 在道路上驾驭畜力车应当年满16周岁，并遵守下列规定：

（一）不得醉酒驾驭；

（二）不得并行，驾驭人不得离开车辆；

（三）行经繁华路段、交叉路口、铁路道口、人行横道、急弯路、宽度不足4米的窄路或者窄桥、陡坡、隧道或者容易发生危险的路段，不得超车。驾驭两轮畜力车应当下车牵引牲畜；

（四）不得使用未经驯服的牲畜驾车，随车幼畜须拴系；

（五）停放车辆应当拉紧车闸，拴系牲畜。

### 第四节 行人和乘车人通行规定

**第七十四条** 行人不得有下列行为：

（一）在道路上使用滑板、旱冰鞋等滑行工具；

（二）在车行道内坐卧、停留、嬉闹；

（三）追车、抛物击车等妨碍道路交通安全的行为。

**第七十五条** 行人横过机动车道，应当从行人过街设施通过；没有行人过街设施的，应当从人行横道通过；没有人行横道的，应当观察来往车辆的情况，确认安全后直行通过，不得在车辆临近时突然加速横穿或者中途倒退、折返。

**第七十六条** 行人列队在道路上通行，每横列不得超过2人，但在已经实行交通管制的路段不受限制。

**第七十七条** 乘坐机动车应当遵守下列规定：

（一）不得在机动车道上拦乘机动车；

（二）在机动车道上不得从机动车左侧上下车；

（三）开关车门不得妨碍其他车辆和行人通行；

（四）机动车行驶中，不得干扰驾驶，不得将身体任何部分伸出车外，不得跳车；

（五）乘坐两轮摩托车应当正向骑坐。

### 第五节 高速公路的特别规定

**第七十八条** 高速公路应当标明车道的行驶速度，最高车速不得超过每小时120公里，最低车速不得低于每小时60公里。

在高速公路上行驶的小型载客汽车最高车速不得超过每小时120公里，其他机动车不得超过每小时100公里，摩托车不得超过每小时80公里。

同方向有2条车道的，左侧车道的最低车速为每小时100公里；同方向有3条以上车道的，最左侧车道的最低车速为每小时110公里，中间车道的最低车速为每小时90公里。道路限速标志标明的车速与上述车道行驶车速的规定不一致的，按照道路限速标志标明的车速行驶。

**第七十九条** 机动车从匝道驶入高速公路，应当开启左转向灯，在不妨碍已在高速公路内的机动车正常行驶的情况下驶入车道。

机动车驶离高速公路时，应当开启右转向灯，驶入减速车道，降低车速后驶离。

**第八十条** 机动车在高速公路上行驶，车速超过每小时100公里时，应当与同车道前车保持100米以上的距离，车速低于每小时100公里时，与同车道前车距离可以适当缩短，但最小距离不得少于50米。

**第八十一条** 机动车在高速公路上行驶，遇有雾、雨、雪、沙尘、冰雹等低能见度气象条件时，应当遵守下列规定：

（一）能见度小于200米时，开启雾灯、近光灯、示廓灯和前后位灯，车速不得超过每小时60公里，与同车道前车保持100米以上的距离；

（二）能见度小于100米时，开启雾灯、近光灯、示廓灯、前后位灯和危险报警闪光灯，车速不得超过每小时40公里，与同车道前车保持50米以上的距离；

（三）能见度小于50米时，开启雾灯、近光灯、示廓灯、前后位灯和危险报警闪光灯，车速不得超过每小时20公里，并从最近的出口尽快驶离高速公路。

遇有前款规定情形时，高速公路管理部门应当通过显示屏等方式发布速度限制、保持车距等提示信息。

**第八十二条** 机动车在高速公路上行驶，不得有下列行为：

（一）倒车、逆行、穿越中央分隔带掉头或者在车道内停车；

（二）在匝道、加速车道或者减速车道上超车；

（三）骑、轧车行道分界线或者在路肩上行驶；

（四）非紧急情况时在应急车道行驶或者停车；

（五）试车或者学习驾驶机动车。

**第八十三条** 在高速公路上行驶的载货汽车车厢不得载人。两轮摩托车在高速公路行驶时不得载人。

**第八十四条** 机动车通过施工作业路段时，应当注意警示标志，减速行驶。

**第八十五条**　城市快速路的道路交通安全管理，参照本节的规定执行。

高速公路、城市快速路的道路交通安全管理工作，省、自治区、直辖市人民政府公安机关交通管理部门可以指定设区的市人民政府公安机关交通管理部门或者相当于同级的公安机关交通管理部门承担。

## 第五章　交通事故处理

**第八十六条**　机动车与机动车、机动车与非机动车在道路上发生未造成人身伤亡的交通事故，当事人对事实及成因无争议的，在记录交通事故的时间、地点、对方当事人的姓名和联系方式、机动车牌号、驾驶证号、保险凭证号、碰撞部位，并共同签名后，撤离现场，自行协商损害赔偿事宜。当事人对交通事故事实及成因有争议的，应当迅速报警。

**第八十七条**　非机动车与非机动车或者行人在道路上发生交通事故，未造成人身伤亡，且基本事实及成因清楚的，当事人应当先撤离现场，再自行协商处理损害赔偿事宜。当事人对交通事故事实及成因有争议的，应当迅速报警。

**第八十八条**　机动车发生交通事故，造成道路、供电、通讯等设施损毁的，驾驶人应当报警等候处理，不得驶离。机动车可以移动的，应当将机动车移至不妨碍交通的地点。公安机关交通管理部门应当将事故有关情况通知有关部门。

**第八十九条**　公安机关交通管理部门或者交通警察接到交通事故报警，应当及时赶赴现场，对未造成人身伤亡，事实清楚，并且机动车可以移动的，应当在记录事故情况后责令当事人撤离现场，恢复交通。对拒不撤离现场的，予以强制撤离。

对属于前款规定情况的道路交通事故，交通警察可以适用简易程序处理，并当场出具事故认定书。当事人共同请求调解的，交通警察可以当场对损害赔偿争议进行调解。

对道路交通事故造成人员伤亡和财产损失需要勘验、检查现场的，公安机关交通管理部门应当按照勘查现场工作规范进行。现场勘查完毕，应当组织清理现场，恢复交通。

**第九十条**　投保机动车第三者责任强制保险的机动车发生交通事故，因抢救受伤人员需要保险公司支付抢救费用的，由公安机关交通管理部门通知保险公司。

抢救受伤人员需要道路交通事故救助基金垫付费用的，由公安机关交通管理部门通知道路交通事故社会救助基金管理机构。

**第九十一条**　公安机关交通管理部门应当根据交通事故当事人的行为对发生交通事故所起的作用以及过错的严重程度，确定当事人的责任。

**第九十二条**　发生交通事故后当事人逃逸的，逃逸的当事人承担全部责任。但是，有证据证明对方当事人也有过错的，可以减轻责任。

当事人故意破坏、伪造现场、毁灭证据的，承担全部责任。

**第九十三条**　公安机关交通管理部门对经过勘验、检查现场的交通事故应当在勘查现场之日起10日内制作交通事故认定书。对需要进行检验、鉴定的，应当在检验、鉴定结果确定之日起5日内制作交通事故认定书。

**第九十四条**　当事人对交通事故损害赔偿有争议，各方当事人一致请求公安机关交通管理部门调解的，应当在收到交通事故认定书之日起10日内提出书面调解申请。

对交通事故致死的，调解从办理丧葬事宜结束之日起开始；对交通事故致伤的，调解从治疗终结或者定残之日起开始；对交通事故造成财产损失的，调解从确定损失之日起开始。

**第九十五条**　公安机关交通管理部门调解交通事故损害赔偿争议的期限为10日。调解达成协议的，公安机关交通管理部门应当制作调解书送交各方当事人，调解书经各方当事人共同签字后生效；调解未达成协议的，公安机关交通管理部门应当制作调解终结书送交各方当事人。

交通事故损害赔偿项目和标准依照有关法律的规定执行。

**第九十六条**　对交通事故损害赔偿的争议，当事人向人民法院提起民事诉讼的，公安机关交通管理部门不再受理调解申请。

公安机关交通管理部门调解期间，当事人向人民法院提起民事诉讼的，调解终止。

**第九十七条**　车辆在道路以外发生交通事故，公安机关交通管理部门接到报案的，参照道路交通安全法和本条例的规定处理。

车辆、行人与火车发生的交通事故以及在渡口发生的交通事故，依照国家有关规定处理。

## 第六章　执法监督

**第九十八条**　公安机关交通管理部门应当公开办事制度、办事程序，建立警风警纪监督员制度，自觉接受社会和群众的监督。

**第九十九条** 公安机关交通管理部门及其交通警察办理机动车登记，发放号牌，对驾驶人考试、发证，处理道路交通安全违法行为，处理道路交通事故，应当严格遵守有关规定，不得越权执法，不得延迟履行职责，不得擅自改变处罚的种类和幅度。

**第一百条** 公安机关交通管理部门应当公布举报电话，受理群众举报投诉，并及时调查核实，反馈查处结果。

**第一百零一条** 公安机关交通管理部门应当建立执法质量考核评议、执法责任制和执法过错追究制度，防止和纠正道路交通安全执法中的错误或者不当行为。

## 第七章 法律责任

**第一百零二条** 违反本条例规定的行为，依照道路交通安全法和本条例的规定处罚。

**第一百零三条** 以欺骗、贿赂等不正当手段取得机动车登记或者驾驶许可的，收缴机动车登记证书、号牌、行驶证或者机动车驾驶证，撤销机动车登记或者机动车驾驶许可；申请人在3年内不得申请机动车登记或者机动车驾驶许可。

**第一百零四条** 机动车驾驶人有下列行为之一，又无其他机动车驾驶人即时替代驾驶的，公安机关交通管理部门除依法给予处罚外，可以将其驾驶的机动车移至不妨碍交通的地点或者有关部门指定的地点停放：

（一）不能出示本人有效驾驶证的；

（二）驾驶的机动车与驾驶证载明的准驾车型不符的；

（三）饮酒、服用国家管制的精神药品或者麻醉药品、患有妨碍安全驾驶的疾病，或者过度疲劳仍继续驾驶的；

（四）学习驾驶人员没有教练人员随车指导单独驾驶的。

**第一百零五条** 机动车驾驶人有饮酒、醉酒、服用国家管制的精神药品或者麻醉药品嫌疑的，应当接受测试、检验。

**第一百零六条** 公路客运载客汽车超过核定乘员、载货汽车超过核定载质量的，公安机关交通管理部门依法扣留机动车后，驾驶人应当将超载的乘车人转运、将超载的货物卸载，费用由超载机动车的驾驶人或者所有人承担。

**第一百零七条** 依照道路交通安全法第九十二条、第九十五条、第九十六条、第九十八条的规定被扣留的机动车，驾驶人或者所有人、管理人30日内没有提供被扣留机动车的合法证明，没有补办相应手续，或者不前来接受处理，经公安机关交通管理部门通知并且经公告3个月仍不前来接受处理的，由公安机关交通管理部门将该机动车送交有资格的拍卖机构拍卖，所得价款上缴国库；非法拼装的机动车予以拆除；达到报废标准的机动车予以报废；机动车涉及其他违法犯罪行为的，移交有关部门处理。

**第一百零八条** 交通警察按照简易程序当场作出行政处罚的，应当告知当事人道路交通安全违法行为的事实、处罚的理由和依据，并将行政处罚决定书当场交付被处罚人。

**第一百零九条** 对道路交通安全违法行为人处以罚款或者暂扣驾驶证处罚的，由违法行为发生地的县级以上人民政府公安机关交通管理部门或者相当于同级的公安机关交通管理部门作出决定；对处以吊销机动车驾驶证处罚的，由设区的市人民政府公安机关交通管理部门或者相当于同级的公安机关交通管理部门作出决定。

公安机关交通管理部门对非本辖区机动车的道路交通安全违法行为没有当场处罚的，可以由机动车登记地的公安机关交通管理部门处罚。

**第一百一十条** 当事人对公安机关交通管理部门及其交通警察的处罚有权进行陈述和申辩，交通警察应当充分听取当事人的陈述和申辩，不得因当事人陈述、申辩而加重其处罚。

## 第八章 附 则

**第一百一十一条** 本条例所称上道路行驶的拖拉机，是指手扶拖拉机等最高设计行驶速度不超过每小时20公里的轮式拖拉机和最高设计行驶速度不超过每小时40公里、牵引挂车方可从事道路运输的轮式拖拉机。

**第一百一十二条** 农业（农业机械）主管部门应当定期向公安机关交通管理部门提供拖拉机登记、安全技术检验以及拖拉机驾驶证发放的资料、数据。公安机关交通管理部门对拖拉机驾驶人作出暂扣、吊销驾驶证处罚或者记分处理的，应当定期将处罚决定书和记分情况通报有关的农业（农业机械）主管部门。吊销驾驶证的，还应当将驾驶证送交有关的农业（农业机械）主管部门。

**第一百一十三条** 境外机动车入境行驶，应当向入境地的公安机关交通管理部门申请临时通行号牌、行驶证。临时通行号牌、行驶证应当根据行驶需要，载明有效日期和允许行驶的区域。

入境的境外机动车申请临时通行号牌、行驶证以及境外人员申请机动车驾驶许可的条件、考试办法由国务院公安部门规定。

**第一百一十四条**　机动车驾驶许可考试的收费标准，由国务院价格主管部门规定。

**第一百一十五条**　本条例自2004年5月1日起施行。1960年2月11日国务院批准、交通部发布的《机动车管理办法》，1988年3月9日国务院发布的《中华人民共和国道路交通管理条例》，1991年9月22日国务院发布的《道路交通事故处理办法》，同时废止。

## 道路交通事故处理程序规定

·2017年7月22日公安部令第146号公布

·自2018年5月1日起施行

### 目　录

第一章　总　则
第二章　管　辖
第三章　报警和受案
第四章　自行协商
第五章　简易程序
第六章　调　查
　第一节　一般规定
　第二节　现场处置和调查
　第三节　交通肇事逃逸查缉
　第四节　检验、鉴定
第七章　认定与复核
　第一节　道路交通事故认定
　第二节　复　核
第八章　处罚执行
第九章　损害赔偿调解
第十章　涉外道路交通事故处理
第十一章　执法监督
第十二章　附　则

### 第一章　总　则

**第一条**　为了规范道路交通事故处理程序，保障公安机关交通管理部门依法履行职责，保护道路交通事故当事人的合法权益，根据《中华人民共和国道路交通安全法》及其实施条例等有关法律、行政法规，制定本规定。

**第二条**　处理道路交通事故，应当遵循合法、公正、公开、便民、效率的原则，尊重和保障人权，保护公民的人格尊严。

**第三条**　道路交通事故分为财产损失事故、伤人事故和死亡事故。

财产损失事故是指造成财产损失，尚未造成人员伤亡的道路交通事故。

伤人事故是指造成人员受伤，尚未造成人员死亡的道路交通事故。

死亡事故是指造成人员死亡的道路交通事故。

**第四条**　道路交通事故的调查处理应当由公安机关交通管理部门负责。

财产损失事故可以由当事人自行协商处理，但法律法规及本规定另有规定的除外。

**第五条**　交通警察经过培训并考试合格，可以处理适用简易程序的道路交通事故。

处理伤人事故，应当由具有道路交通事故处理初级以上资格的交通警察主办。

处理死亡事故，应当由具有道路交通事故处理中级以上资格的交通警察主办。

**第六条**　公安机关交通管理部门处理道路交通事故应当使用全国统一的交通管理信息系统。

鼓励应用先进的科技装备和先进技术处理道路交通事故。

**第七条**　交通警察处理道路交通事故，应当按照规定使用执法记录设备。

**第八条**　公安机关交通管理部门应当建立与司法机关、保险机构等有关部门间的数据信息共享机制，提高道路交通事故处理工作信息化水平。

### 第二章　管　辖

**第九条**　道路交通事故由事故发生地的县级公安机关交通管理部门管辖。未设立县级公安机关交通管理部门的，由设区的市公安机关交通管理部门管辖。

**第十条**　道路交通事故发生在两个以上管辖区域的，由事故起始点所在地公安机关交通管理部门管辖。

对管辖权有争议的，由共同的上一级公安机关交通管理部门指定管辖。指定管辖前，最先发现或者最先接到报警的公安机关交通管理部门应当先行处理。

**第十一条**　上级公安机关交通管理部门在必要的时候，可以处理下级公安机关交通管理部门管辖的道路交通事故，或者指定下级公安机关交通管理部门限时将案件移送其他下级公安机关交通管理部门处理。

案件管辖权发生转移的，处理时限从案件接收之日起计算。

**第十二条**　中国人民解放军、中国人民武装警察部队人员、车辆发生道路交通事故的，按照本规定处理。依法应当吊销、注销中国人民解放军、中国人民武装警察部队核发的机动车驾驶证以及对现役军人实施行政拘留或者追究刑事责任的，移送中国人民解放军、中国人民武装警察部队有关部门处理。

上道路行驶的拖拉机发生道路交通事故的，按照本规定处理。公安机关交通管理部门对拖拉机驾驶人依法暂扣、吊销、注销驾驶证或者记分处理的，应当将决定书和记分情况通报有关的农业（农业机械）主管部门。吊销、注销驾驶证的，还应当将驾驶证送交有关的农业（农业机械）主管部门。

## 第三章　报警和受案

**第十三条**　发生死亡事故、伤人事故的，或者发生财产损失事故且有下列情形之一的，当事人应当保护现场并立即报警：

（一）驾驶人无有效机动车驾驶证或者驾驶的机动车与驾驶证载明的准驾车型不符的；

（二）驾驶人有饮酒、服用国家管制的精神药品或者麻醉药品嫌疑的；

（三）驾驶人有从事校车业务或者旅客运输，严重超过额定乘员载客，或者严重超过规定时速行驶嫌疑的；

（四）机动车无号牌或者使用伪造、变造的号牌的；

（五）当事人不能自行移动车辆的；

（六）一方当事人离开现场的；

（七）有证据证明事故是由一方故意造成的。

驾驶人必须在确保安全的原则下，立即组织车上人员疏散到路外安全地点，避免发生次生事故。驾驶人已因道路交通事故死亡或者受伤无法行动的，车上其他人员应当自行组织疏散。

**第十四条**　发生财产损失事故且有下列情形之一，车辆可以移动的，当事人应当组织车上人员疏散到路外安全地点，在确保安全的原则下，采取现场拍照或者标划事故车辆现场位置等方式固定证据，将车辆移至不妨碍交通的地点后报警：

（一）机动车无检验合格标志或者无保险标志的；

（二）碰撞建筑物、公共设施或者其他设施的。

**第十五条**　载运爆炸性、易燃性、毒害性、放射性、腐蚀性、传染病病原体等危险物品车辆发生事故的，当事人应当立即报警，危险物品车辆驾驶人、押运人应当按照危险物品安全管理法律、法规、规章以及有关操作规程的规定，采取相应的应急处置措施。

**第十六条**　公安机关及其交通管理部门接到报警的，应当受理，制作受案登记表并记录下列内容：

（一）报警方式、时间，报警人姓名、联系方式，电话报警的，还应当记录报警电话；

（二）发生或者发现道路交通事故的时间、地点；

（三）人员伤亡情况；

（四）车辆类型、车辆号牌号码，是否载有危险物品以及危险物品的种类、是否发生泄漏等；

（五）涉嫌交通肇事逃逸的，还应当询问并记录肇事车辆的车型、颜色、特征及其逃逸方向、逃逸驾驶人的体貌特征等有关情况。

报警人不报姓名的，应当记录在案。报警人不愿意公开姓名的，应当为其保密。

**第十七条**　接到道路交通事故报警后，需要派员到现场处置，或者接到出警指令的，公安机关交通管理部门应当立即派交通警察赶赴现场。

**第十八条**　发生道路交通事故后当事人未报警，在事故现场撤除后，当事人又报警请求公安机关交通管理部门处理的，公安机关交通管理部门应当按照本规定第十六条规定的记录内容予以记录，并在三日内作出是否接受案件的决定。

经核查道路交通事故事实存在的，公安机关交通管理部门应当受理，制作受案登记表；经核查无法证明道路交通事故事实存在，或者不属于公安机关交通管理部门管辖的，应当书面告知当事人，并说明理由。

## 第四章　自行协商

**第十九条**　机动车与机动车、机动车与非机动车发生财产损失事故，当事人应当在确保安全的原则下，采取现场拍照或者标划事故车辆现场位置等方式固定证据后，立即撤离现场，将车辆移至不妨碍交通的地点，再协商处理损害赔偿事宜，但有本规定第十三条第一款情形的除外。

非机动车与非机动车或者行人发生财产损失事故，当事人应当先撤离现场，再协商处理损害赔偿事宜。

对应当自行撤离现场而未撤离的，交通警察应当责令当事人撤离现场；造成交通堵塞的，对驾驶人处以200元罚款。

**第二十条**　发生可以自行协商处理的财产损失事故，当事人可以通过互联网在线自行协商处理；当事人对事实及成因有争议的，可以通过互联网共同申请公安机关交通管理部门在线确定当事人的责任。

当事人报警的，交通警察、警务辅助人员可以指导当事人自行协商处理。当事人要求交通警察到场处理的，应当指派交通警察到现场调查处理。

**第二十一条**　当事人自行协商达成协议的，制作道路交通事故自行协商协议书，并共同签名。道路交通事故自行协商协议书应当载明事故发生的时间、地点、天气、当事人姓名、驾驶证号或者身份证号、联系方式、机动车种类和号牌号码、保险公司、保险凭证号、事故形态、碰撞部位、当事人的责任等内容。

**第二十二条**　当事人自行协商达成协议的，可以按照下列方式履行道路交通事故损害赔偿：

（一）当事人自行赔偿；

（二）到投保的保险公司或者道路交通事故保险理赔服务场所办理损害赔偿事宜。

当事人自行协商达成协议后未履行的，可以申请人民调解委员会调解或者向人民法院提起民事诉讼。

## 第五章　简易程序

**第二十三条**　公安机关交通管理部门可以适用简易程序处理以下道路交通事故，但有交通肇事、危险驾驶犯罪嫌疑的除外：

（一）财产损失事故；

（二）受伤当事人伤势轻微，各方当事人一致同意适用简易程序处理的伤人事故。

适用简易程序的，可以由一名交通警察处理。

**第二十四条**　交通警察适用简易程序处理道路交通事故时，应当在固定现场证据后，责令当事人撤离现场，恢复交通。拒不撤离现场的，予以强制撤离。当事人无法及时移动车辆影响通行和交通安全的，交通警察应当将车辆移至不妨碍交通的地点。具有本规定第十三条第一款第一项、第二项情形之一的，按照《中华人民共和国道路交通安全法实施条例》第一百零四条规定处理。

撤离现场后，交通警察应当根据现场固定的证据和当事人、证人陈述等，认定并记录道路交通事故发生的时间、地点、天气、当事人姓名、驾驶证号或者身份证号、联系方式、机动车种类和号牌号码、保险公司、保险凭证号、道路交通事故形态、碰撞部位等，并根据本规定第六十条确定当事人的责任，当场制作道路交通事故认定书。不具备当场制作条件的，交通警察应当在三日内制作道路交通事故认定书。

道路交通事故认定书应当由当事人签名，并现场送达当事人。当事人拒绝签名或者接收的，交通警察应当在道路交通事故认定书上注明情况。

**第二十五条**　当事人共同请求调解的，交通警察应当当场进行调解，并在道路交通事故认定书上记录调解结果，由当事人签名，送达当事人。

**第二十六条**　有下列情形之一的，不适用调解，交通警察可以在道路交通事故认定书上载明有关情况后，将道路交通事故认定书送达当事人：

（一）当事人对道路交通事故认定有异议的；

（二）当事人拒绝在道路交通事故认定书上签名的；

（三）当事人不同意调解的。

## 第六章　调　查

### 第一节　一般规定

**第二十七条**　除简易程序外，公安机关交通管理部门对道路交通事故进行调查时，交通警察不得少于二人。

交通警察调查时应当向被调查人员出示《人民警察证》，告知被调查人依法享有的权利和义务，向当事人发送联系卡。联系卡载明交通警察姓名、办公地址、联系方式、监督电话等内容。

**第二十八条**　交通警察调查道路交通事故时，应当合法、及时、客观、全面地收集证据。

**第二十九条**　对发生一次死亡三人以上道路交通事故的，公安机关交通管理部门应当开展深度调查；对造成其他严重后果或者存在严重安全问题的道路交通事故，可以开展深度调查。具体程序另行规定。

### 第二节　现场处置和调查

**第三十条**　交通警察到达事故现场后，应当立即进行下列工作：

（一）按照事故现场安全防护有关标准和规范的要求划定警戒区域，在安全距离位置放置发光或者反光锥筒和警告标志，确定专人负责现场交通指挥和疏导。因道路交通事故导致交通中断或者现场处置、勘查需要采取封闭道路等交通管制措施的，还应当视情在事故现场来车方向提前组织分流，放置绕行提示标志；

（二）组织抢救受伤人员；

（三）指挥救护、勘查等车辆停放在安全和便于抢救、勘查的位置，开启警灯，夜间还应当开启危险报警闪光灯和示廓灯；

（四）查找道路交通事故当事人和证人，控制肇事嫌疑人；

（五）其他需要立即开展的工作。

**第三十一条**　道路交通事故造成人员死亡的，应当经急救、医疗人员或者法医确认，并由具备资质的医疗机构出具死亡证明。尸体应当存放在殡葬服务单位或者医疗机构等有停尸条件的场所。

**第三十二条**　交通警察应当对事故现场开展下列调查工作：

(一)勘查事故现场,查明事故车辆、当事人、道路及其空间关系和事故发生时的天气情况;

(二)固定、提取或者保全现场证据材料;

(三)询问当事人、证人并制作询问笔录;现场不具备制作询问笔录条件的,可以通过录音、录像记录询问过程;

(四)其他调查工作。

**第三十三条** 交通警察勘查道路交通事故现场,应当按照有关法规和标准的规定,拍摄现场照片,绘制现场图,及时提取、采集与案件有关的痕迹、物证等,制作现场勘查笔录。现场勘查过程中发现当事人涉嫌利用交通工具实施其他犯罪的,应当妥善保护犯罪现场和证据,控制犯罪嫌疑人,并立即报告公安机关主管部门。

发生一次死亡三人以上事故的,应当进行现场摄像,必要时可以聘请具有专门知识的人参加现场勘验、检查。

现场图、现场勘查笔录应当由参加勘查的交通警察、当事人和见证人签名。当事人、见证人拒绝签名或者无法签名以及无见证人的,应当记录在案。

**第三十四条** 痕迹、物证等证据可能因时间、地点、气象等原因导致改变、毁损、灭失的,交通警察应当及时固定、提取或者保全。

对涉嫌饮酒或者服用国家管制的精神药品、麻醉药品驾驶车辆的人员,公安机关交通管理部门应当按照《道路交通安全违法行为处理程序规定》及时抽血或者提取尿样等检材,送交有检验鉴定资质的机构进行检验。

车辆驾驶人员当场死亡的,应当及时抽血检验。不具备抽血条件的,应当由医疗机构或者鉴定机构出具证明。

**第三十五条** 交通警察应当核查当事人的身份证件、机动车驾驶证、机动车行驶证、检验合格标志、保险标志等。

对交通肇事嫌疑人可以依法传唤。对在现场发现的交通肇事嫌疑人,经出示《人民警察证》,可以口头传唤,并在询问笔录中注明嫌疑人到案经过、到案时间和离开时间。

**第三十六条** 勘查事故现场完毕后,交通警察应当清点并登记现场遗留物品,迅速组织清理现场,尽快恢复交通。

现场遗留物品能够当场发还的,应当当场发还并做记录;当场无法确定所有人的,应当登记,并妥善保管,待所有人确定后,及时发还。

**第三十七条** 因调查需要,公安机关交通管理部门可以向有关单位、个人调取汽车行驶记录仪、卫星定位装置、技术监控设备的记录资料以及其他与事故有关的证据材料。

**第三十八条** 因调查需要,公安机关交通管理部门可以组织道路交通事故当事人、证人对肇事嫌疑人、嫌疑车辆等进行辨认。

辨认应当在交通警察的主持下进行。主持辨认的交通警察不得少于二人。多名辨认人对同一辨认对象进行辨认时,应当由辨认人个别进行。

辨认时,应当将辨认对象混杂在特征相类似的其他对象中,不得给辨认人任何暗示。辨认肇事嫌疑人时,被辨认的人数不得少于七人;对肇事嫌疑人照片进行辨认的,不得少于十人的照片。辨认嫌疑车辆时,同类车辆不得少于五辆;对肇事嫌疑车辆照片进行辨认时,不得少于十辆的照片。

对尸体等特定辨认对象进行辨认,或者辨认人能够准确描述肇事嫌疑人、嫌疑车辆独有特征的,不受数量的限制。

对肇事嫌疑人的辨认,辨认人不愿意公开进行时,可以在不暴露辨认人的情况下进行,并应当为其保守秘密。

对辨认经过和结果,应当制作辨认笔录,由交通警察、辨认人、见证人签名。必要时,应当对辨认过程进行录音或者录像。

**第三十九条** 因收集证据的需要,公安机关交通管理部门可以扣留事故车辆,并开具行政强制措施凭证。扣留的车辆应当妥善保管。

公安机关交通管理部门不得扣留事故车辆所载货物。对所载货物在核实重量、体积及货物损失后,通知机动车驾驶人或者货物所有人自行处理。无法通知当事人或者当事人不自行处理的,按照《公安机关办理行政案件程序规定》的有关规定办理。

严禁公安机关交通管理部门指定停车场停放扣留的事故车辆。

**第四十条** 当事人涉嫌犯罪的,因收集证据的需要,公安机关交通管理部门可以依据《中华人民共和国刑事诉讼法》《公安机关办理刑事案件程序规定》,扣押机动车驾驶证等与事故有关的物品、证件,并按照规定出具扣押法律文书。扣押的物品应当妥善保管。

对扣押的机动车驾驶证等物品、证件,作为证据使用的,应当随案移送,并制作随案移送清单一式两份,一份留存,一份交人民检察院。对于实物不宜移送的,应当将其清单、照片或者其他证明文件随案移送。待人民法院作出生效判决后，按照人民法院的通知，依法作出处理。

**第四十一条** 经过调查，不属于公安机关交通管理部门管辖的，应当将案件移送有关部门并书面通知当事人，或者告知当事人处理途径。

公安机关交通管理部门在调查过程中，发现当事人涉嫌交通肇事、危险驾驶犯罪的，应当按照《中华人民共和国刑事诉讼法》《公安机关办理刑事案件程序规定》立案侦查。发现当事人有其他违法犯罪嫌疑的，应当及时移送有关部门，移送不影响事故的调查和处理。

**第四十二条** 投保机动车交通事故责任强制保险的车辆发生道路交通事故，因抢救受伤人员需要保险公司支付抢救费用的，公安机关交通管理部门应当书面通知保险公司。

抢救受伤人员需要道路交通事故社会救助基金垫付费用的，公安机关交通管理部门应当书面通知道路交通事故社会救助基金管理机构。

道路交通事故造成人员死亡需要救助基金垫付丧葬费用的，公安机关交通管理部门应当在送达尸体处理通知书的同时，告知受害人亲属向道路交通事故社会救助基金管理机构提出书面垫付申请。

### 第三节 交通肇事逃逸查缉

**第四十三条** 公安机关交通管理部门应当根据管辖区域和道路情况，制定交通肇事逃逸案件查缉预案，并组织专门力量办理交通肇事逃逸案件。

发生交通肇事逃逸案件后，公安机关交通管理部门应当立即启动查缉预案，布置警力堵截，并通过全国机动车缉查布控系统查缉。

**第四十四条** 案发地公安机关交通管理部门可以通过发协查通报、向社会公告等方式要求协查、举报交通肇事逃逸车辆或者侦破线索。发出协查通报或者向社会公告时，应当提供交通肇事逃逸案件基本事实、交通肇事逃逸车辆情况、特征及逃逸方向等有关情况。

中国人民解放军和中国人民武装警察部队车辆涉嫌交通肇事逃逸的，公安机关交通管理部门应当通报中国人民解放军、中国人民武装警察部队有关部门。

**第四十五条** 接到协查通报的公安机关交通管理部门，应当立即布置堵截或者排查。发现交通肇事逃逸车辆或者嫌疑车辆的，应当予以扣留，依法传唤交通肇事逃逸人或者与协查通报相符的嫌疑人，并及时将有关情况通知案发地公安机关交通管理部门。案发地公安机关交通管理部门应当立即派交通警察前往办理移交。

**第四十六条** 公安机关交通管理部门查获交通肇事逃逸车辆或者交通肇事逃逸嫌疑人后，应当按原范围撤销协查通报，并通过全国机动车缉查布控系统撤销布控。

**第四十七条** 公安机关交通管理部门侦办交通肇事逃逸案件期间，交通肇事逃逸案件的受害人及其家属向公安机关交通管理部门询问案件侦办情况的，除依法不应当公开的内容外，公安机关交通管理部门应当告知并做好记录。

**第四十八条** 道路交通事故社会救助基金管理机构已经为受害人垫付抢救费用或者丧葬费用的，公安机关交通管理部门应当在交通肇事逃逸案件侦破后及时书面告知道路交通事故社会救助基金管理机构交通肇事逃逸驾驶人的有关情况。

### 第四节 检验、鉴定

**第四十九条** 需要进行检验、鉴定的，公安机关交通管理部门应当按照有关规定，自事故现场调查结束之日起三日内委托具备资质的鉴定机构进行检验、鉴定。

尸体检验应当在死亡之日起三日内委托。对交通肇事逃逸车辆的检验、鉴定自查获肇事嫌疑车辆之日起三日内委托。

对现场调查结束之日起三日后需要检验、鉴定的，应当报经上一级公安机关交通管理部门批准。

对精神疾病的鉴定，由具有精神病鉴定资质的鉴定机构进行。

**第五十条** 检验、鉴定费用由公安机关交通管理部门承担，但法律法规另有规定或者当事人自行委托伤残评定、财产损失评估的除外。

**第五十一条** 公安机关交通管理部门应当与鉴定机构确定检验、鉴定完成的期限，确定的期限不得超过三十日。超过三十日的，应当报经上一级公安机关交通管理部门批准，但最长不得超过六十日。

**第五十二条** 尸体检验不得在公众场合进行。为了确定死因需要解剖尸体的，应当征得死者家属同意。死者家属不同意解剖尸体的，经县级以上公安机关或者上一级公安机关交通管理部门负责人批准，可以解剖尸体，并且通知死者家属到场，由其在解剖尸体通知书上签名。

死者家属无正当理由拒不到场或者拒绝签名的，交通警察应当在解剖尸体通知书上注明。对身份不明的尸体，无法通知死者家属的，应当记录在案。

**第五十三条** 尸体检验报告确定后，应当书面通知死者家属在十日内办理丧葬事宜。无正当理由逾期不办理的应记录在案，并经县级以上公安机关或者上一级公安机关交通管理部门负责人批准，由公安机关或者上一级公安机关交通管理部门处理尸体，逾期存放的费用由死者家属承担。

对于没有家属、家属不明或者因自然灾害等不可抗力导致无法通知或者通知后家属拒绝领回的，经县级以上公安机关或者上一级公安机关交通管理部门负责人批准，可以及时处理。

对身份不明的尸体，由法医提取人身识别检材，并对尸体拍照、采集相关信息后，由公安机关交通管理部门填写身份不明尸体信息登记表，并在设区的市级以上报纸刊登认尸启事。登报后三十日仍无人认领的，经县级以上公安机关或者上一级公安机关交通管理部门负责人批准，可以及时处理。

因宗教习俗等原因对尸体处理期限有特殊需要的，经县级以上公安机关或者上一级公安机关交通管理部门负责人批准，可以紧急处理。

**第五十四条** 鉴定机构应当在规定的期限内完成检验、鉴定，并出具书面检验报告、鉴定意见，由鉴定人签名，鉴定意见还应当加盖机构印章。检验报告、鉴定意见应当载明以下事项：

（一）委托人；

（二）委托日期和事项；

（三）提交的相关材料；

（四）检验、鉴定的时间；

（五）依据和结论性意见，通过分析得出结论性意见的，应当有分析证明过程。

检验报告、鉴定意见应当附有鉴定机构、鉴定人的资质证明或者其他证明文件。

**第五十五条** 公安机关交通管理部门应当对检验报告、鉴定意见进行审核，并在收到检验报告、鉴定意见之日起五日内，将检验报告、鉴定意见复印件送达当事人，但有下列情形之一的除外：

（一）检验、鉴定程序违法或者违反相关专业技术要求，可能影响检验报告、鉴定意见公正、客观的；

（二）鉴定机构、鉴定人不具备鉴定资质和条件的；

（三）检验报告、鉴定意见明显依据不足的；

（四）故意作虚假鉴定的；

（五）鉴定人应当回避而没有回避的；

（六）检材虚假或者检材被损坏、不具备鉴定条件的；

（七）其他可能影响检验报告、鉴定意见公正、客观的情形。

检验报告、鉴定意见有前款规定情形之一的，经县级以上公安机关交通管理部门负责人批准，应当在收到检验报告、鉴定意见之日起三日内重新委托检验、鉴定。

**第五十六条** 当事人对检验报告、鉴定意见有异议，申请重新检验、鉴定的，应当自公安机关交通管理部门送达之日起三日内提出书面申请，经县级以上公安机关交通管理部门负责人批准，原办案单位应当重新委托检验、鉴定。检验报告、鉴定意见不具有本规定第五十五条第一款情形的，经县级以上公安机关交通管理部门负责人批准，由原办案单位作出不准予重新检验、鉴定的决定，并在作出决定之日起三日内书面通知申请人。

同一交通事故的同一检验、鉴定事项，重新检验、鉴定以一次为限。

**第五十七条** 重新检验、鉴定应当另行委托鉴定机构。

**第五十八条** 自检验报告、鉴定意见确定之日起五日内，公安机关交通管理部门应当通知当事人领取扣留的事故车辆。

因扣留车辆发生的费用由作出决定的公安机关交通管理部门承担，但公安机关交通管理部门通知当事人领取，当事人逾期未领取产生的停车费用由当事人自行承担。

经通知当事人三十日后不领取的车辆，经公告三个月仍不领取的，对扣留的车辆依法处理。

## 第七章 认定与复核

### 第一节 道路交通事故认定

**第五十九条** 道路交通事故认定应当做到事实清楚、证据确实充分、适用法律正确、责任划分公正、程序合法。

**第六十条** 公安机关交通管理部门应当根据当事人的行为对发生道路交通事故所起的作用以及过错的严重程度，确定当事人的责任。

（一）因一方当事人的过错导致道路交通事故的，承担全部责任；

（二）因两方或者两方以上当事人的过错发生道路交通事故的，根据其行为对事故发生的作用以及过错的严重程度，分别承担主要责任、同等责任和次要责任；

（三）各方均无导致道路交通事故的过错，属于交通意外事故的，各方均无责任。

一方当事人故意造成道路交通事故的，他方无责任。

**第六十一条** 当事人有下列情形之一的，承担全部责任：

（一）发生道路交通事故后逃逸的；

（二）故意破坏、伪造现场、毁灭证据的。

为逃避法律责任追究，当事人弃车逃逸以及潜逃藏匿的，如有证据证明其他当事人也有过错，可以适当减轻责任，但同时有证据证明逃逸当事人有第一款第二项情形的，不予减轻。

**第六十二条**　公安机关交通管理部门应当自现场调查之日起十日内制作道路交通事故认定书。交通肇事逃逸案件在查获交通肇事车辆和驾驶人后十日内制作道路交通事故认定书。对需要进行检验、鉴定的，应当在检验报告、鉴定意见确定之日起五日内制作道路交通事故认定书。

有条件的地方公安机关交通管理部门可以试行在互联网公布道路交通事故认定书，但对涉及的国家秘密、商业秘密或者个人隐私，应当保密。

**第六十三条**　发生死亡事故以及复杂、疑难的伤人事故后，公安机关交通管理部门应当在制作道路交通事故认定书或者道路交通事故证明前，召集各方当事人到场，公开调查取得的证据。

证人要求保密或者涉及国家秘密、商业秘密以及个人隐私的，按照有关法律法规的规定执行。

当事人不到场的，公安机关交通管理部门应当予以记录。

**第六十四条**　道路交通事故认定书应当载明以下内容：

（一）道路交通事故当事人、车辆、道路和交通环境等基本情况；

（二）道路交通事故发生经过；

（三）道路交通事故证据及事故形成原因分析；

（四）当事人导致道路交通事故的过错及责任或者意外原因；

（五）作出道路交通事故认定的公安机关交通管理部门名称和日期。

道路交通事故认定书应当由交通警察签名或者盖章，加盖公安机关交通管理部门道路交通事故处理专用章。

**第六十五条**　道路交通事故认定书应当在制作后三日内分别送达当事人，并告知申请复核、调解和提起民事诉讼的权利、期限。

当事人收到道路交通事故认定书后，可以查阅、复制、摘录公安机关交通管理部门处理道路交通事故的证据材料，但证人要求保密或者涉及国家秘密、商业秘密以及个人隐私的，按照有关法律法规的规定执行。公安机关交通管理部门对当事人复制的证据材料应当加盖公安机关交通管理部门事故处理专用章。

**第六十六条**　交通肇事逃逸案件尚未侦破，受害一方当事人要求出具道路交通事故认定书的，公安机关交通管理部门应当在接到当事人书面申请后十日内，根据本规定第六十一条确定各方当事人责任，制作道路交通事故认定书，并送达受害方当事人。道路交通事故认定书应当载明事故发生的时间、地点、受害人情况及调查得到的事实，以及受害方当事人的责任。

交通肇事逃逸案件侦破后，已经按照前款规定制作道路交通事故认定书的，应当按照本规定第六十一条重新确定责任，制作道路交通事故认定书，分别送达当事人。重新制作的道路交通事故认定书除应当载明本规定第六十四条规定的内容外，还应当注明撤销原道路交通事故认定书。

**第六十七条**　道路交通事故基本事实无法查清、成因无法判定的，公安机关交通管理部门应当出具道路交通事故证明，载明道路交通事故发生的时间、地点、当事人情况及调查得到的事实，分别送达当事人，并告知申请复核、调解和提起民事诉讼的权利、期限。

**第六十八条**　由于事故当事人、关键证人处于抢救状态或者因其他客观原因导致无法及时取证，现有证据不足以认定案件基本事实的，经上一级公安机关交通管理部门批准，道路交通事故认定的时限可中止计算，并书面告知各方当事人或者其代理人，但中止的时间最长不得超过六十日。

当中止认定的原因消失，或者中止期满受伤人员仍然无法接受调查的，公安机关交通管理部门应当在五日内，根据已经调查取得的证据制作道路交通事故认定书或者出具道路交通事故证明。

**第六十九条**　伤人事故符合下列条件，各方当事人一致书面申请快速处理的，经县级以上公安机关交通管理部门负责人批准，可以根据已经取得的证据，自当事人申请之日起五日内制作道路交通事故认定书：

（一）当事人不涉嫌交通肇事、危险驾驶犯罪的；

（二）道路交通事故基本事实及成因清楚，当事人无异议的。

**第七十条**　对尚未查明身份的当事人，公安机关交通管理部门应当在道路交通事故认定书或者道路交通事故证明中予以注明，待身份信息查明以后，制作书面补充说明送达各方当事人。

### 第二节 复 核

**第七十一条** 当事人对道路交通事故认定或者出具道路交通事故证明有异议的，可以自道路交通事故认定书或者道路交通事故证明送达之日起三日内提出书面复核申请。当事人逾期提交复核申请的，不予受理，并书面通知申请人。

复核申请应当载明复核请求及其理由和主要证据。同一事故的复核以一次为限。

**第七十二条** 复核申请人通过作出道路交通事故认定的公安机关交通管理部门提出复核申请的，作出道路交通事故认定的公安机关交通管理部门应当自收到复核申请之日起二日内将复核申请连同道路交通事故有关材料移送上一级公安机关交通管理部门。

复核申请人直接向上一级公安机关交通管理部门提出复核申请的，上一级公安机关交通管理部门应当通知作出道路交通事故认定的公安机关交通管理部门自收到通知之日起五日内提交案卷材料。

**第七十三条** 除当事人逾期提交复核申请的情形外，上一级公安机关交通管理部门收到复核申请之日即为受理之日。

**第七十四条** 上一级公安机关交通管理部门自受理复核申请之日起三十日内，对下列内容进行审查，并作出复核结论：

（一）道路交通事故认定的事实是否清楚、证据是否确实充分、适用法律是否正确、责任划分是否公正；

（二）道路交通事故调查及认定程序是否合法；

（三）出具道路交通事故证明是否符合规定。

复核原则上采取书面审查的形式，但当事人提出要求或者公安机关交通管理部门认为有必要时，可以召集各方当事人到场，听取各方意见。

办理复核案件的交通警察不得少于二人。

**第七十五条** 复核审查期间，申请人提出撤销复核申请的，公安机关交通管理部门应当终止复核，并书面通知各方当事人。

受理复核申请后，任何一方当事人就该事故向人民法院提起诉讼并经人民法院受理的，公安机关交通管理部门应当将受理当事人复核申请的有关情况告知相关人民法院。

受理复核申请后，人民检察院对交通肇事犯罪嫌疑人作出批准逮捕决定的，公安机关交通管理部门应当将受理当事人复核申请的有关情况告知相关人民检察院。

**第七十六条** 上一级公安机关交通管理部门认为原道路交通事故认定事实清楚、证据确实充分、适用法律正确、责任划分公正、程序合法的，应当作出维持原道路交通事故认定的复核结论。

上一级公安机关交通管理部门认为调查及认定程序存在瑕疵，但不影响道路交通事故认定的，在责令原办案单位补正或者作出合理解释后，可以作出维持原道路交通事故认定的复核结论。

上一级公安机关交通管理部门认为原道路交通事故认定有下列情形之一的，应当作出责令原办案单位重新调查、认定的复核结论：

（一）事实不清的；

（二）主要证据不足的；

（三）适用法律错误的；

（四）责任划分不公正的；

（五）调查及认定违反法定程序可能影响道路交通事故认定的。

**第七十七条** 上一级公安机关交通管理部门审查原道路交通事故证明后，按下列规定处理：

（一）认为事故成因确属无法查清，应当作出维持原道路交通事故证明的复核结论；

（二）认为事故成因仍需进一步调查的，应当作出责令原办案单位重新调查、认定的复核结论。

**第七十八条** 上一级公安机关交通管理部门应当在作出复核结论后三日内将复核结论送达各方当事人。公安机关交通管理部门认为必要的，应当召集各方当事人，当场宣布复核结论。

**第七十九条** 上一级公安机关交通管理部门作出责令重新调查、认定的复核结论后，原办案单位应当在十日内依照本规定重新调查，重新作出道路交通事故认定，撤销原道路交通事故认定书或者原道路交通事故证明。

重新调查需要检验、鉴定的，原办案单位应当在检验报告、鉴定意见确定之日起五日内，重新作出道路交通事故认定。

重新作出道路交通事故认定的，原办案单位应当送达各方当事人，并报上一级公安机关交通管理部门备案。

**第八十条** 上一级公安机关交通管理部门可以设立道路交通事故复核委员会，由办理复核案件的交通警察会同相关行业代表、社会专家学者等人员共同组成，负责案件复核，并以上一级公安机关交通管理部门的名义作出复核结论。

## 第八章 处罚执行

**第八十一条** 公安机关交通管理部门应当按照《道

路交通安全违法行为处理程序规定》，对当事人的道路交通安全违法行为依法作出处罚。

**第八十二条**　对发生道路交通事故构成犯罪，依法应当吊销驾驶人机动车驾驶证的，应当在人民法院作出有罪判决后，由设区的市公安机关交通管理部门依法吊销机动车驾驶证。同时具有逃逸情形的，公安机关交通管理部门应当同时依法作出终生不得重新取得机动车驾驶证的决定。

**第八十三条**　专业运输单位六个月内两次发生一次死亡三人以上事故，且单位或者车辆驾驶人对事故承担全部责任或者主要责任的，专业运输单位所在地的公安机关交通管理部门应当报经设区的市公安机关交通管理部门批准后，作出责令限期消除安全隐患的决定，禁止未消除安全隐患的机动车上道路行驶，并通报道路交通事故发生地及运输单位所在地的人民政府有关行政管理部门。

## 第九章　损害赔偿调解

**第八十四条**　当事人可以采取以下方式解决道路交通事故损害赔偿争议：

（一）申请人民调解委员会调解；

（二）申请公安机关交通管理部门调解；

（三）向人民法院提起民事诉讼。

**第八十五条**　当事人申请人民调解委员会调解，达成调解协议后，双方当事人认为有必要的，可以根据《中华人民共和国人民调解法》共同向人民法院申请司法确认。

当事人申请人民调解委员会调解，调解未达成协议的，当事人可以直接向人民法院提起民事诉讼，或者自人民调解委员会作出终止调解之日起三日内，一致书面申请公安机关交通管理部门进行调解。

**第八十六条**　当事人申请公安机关交通管理部门调解的，应当在收到道路交通事故认定书、道路交通事故证明或者上一级公安机关交通管理部门维持原道路交通事故认定的复核结论之日起十日内一致书面申请。

当事人申请公安机关交通管理部门调解，调解未达成协议的，当事人可以依法向人民法院提起民事诉讼，或者申请人民调解委员会进行调解。

**第八十七条**　公安机关交通管理部门应当按照合法、公正、自愿、及时的原则进行道路交通事故损害赔偿调解。

道路交通事故损害赔偿调解应当公开进行，但当事人申请不予公开的除外。

**第八十八条**　公安机关交通管理部门应当与当事人约定调解的时间、地点，并于调解时间三日前通知当事人。口头通知的，应当记入调解记录。

调解参加人因故不能按期参加调解的，应当在预定调解时间一日前通知承办的交通警察，请求变更调解时间。

**第八十九条**　参加损害赔偿调解的人员包括：

（一）道路交通事故当事人及其代理人；

（二）道路交通事故车辆所有人或者管理人；

（三）承保机动车保险的保险公司人员；

（四）公安机关交通管理部门认为有必要参加的其他人员。

委托代理人应当出具由委托人签名或者盖章的授权委托书。授权委托书应当载明委托事项和权限。

参加损害赔偿调解的人员每方不得超过三人。

**第九十条**　公安机关交通管理部门受理调解申请后，应当按照下列规定日期开始调解：

（一）造成人员死亡的，从规定的办理丧葬事宜时间结束之日起；

（二）造成人员受伤的，从治疗终结之日起；

（三）因伤致残的，从定残之日起；

（四）造成财产损失的，从确定损失之日起。

公安机关交通管理部门受理调解申请时已超过前款规定的时间，调解自受理调解申请之日起开始。

公安机关交通管理部门应当自调解开始之日起十日内制作道路交通事故损害赔偿调解书或者道路交通事故损害赔偿调解终结书。

**第九十一条**　交通警察调解道路交通事故损害赔偿，按照下列程序实施：

（一）告知各方当事人权利、义务；

（二）听取各方当事人的请求及理由；

（三）根据道路交通事故认定书认定的事实以及《中华人民共和国道路交通安全法》第七十六条的规定，确定当事人承担的损害赔偿责任；

（四）计算损害赔偿的数额，确定各方当事人承担的比例，人身损害赔偿的标准按照《中华人民共和国侵权责任法》《最高人民法院关于审理人身损害赔偿案件适用法律若干问题的解释》《最高人民法院关于审理道路交通事故损害赔偿案件适用法律若干问题的解释》等有关规定执行，财产损失的修复费用、折价赔偿费用按照实际价值或者评估机构的评估结论计算；

（五）确定赔偿履行方式及期限。

**第九十二条** 因确定损害赔偿的数额，需要进行伤残评定、财产损失评估的，由各方当事人协商确定有资质的机构进行，但财产损失数额巨大涉嫌刑事犯罪的，由公安机关交通管理部门委托。

当事人委托伤残评定、财产损失评估的费用，由当事人承担。

**第九十三条** 经调解达成协议的，公安机关交通管理部门应当当场制作道路交通事故损害赔偿调解书，由各方当事人签字，分别送达各方当事人。

调解书应当载明以下内容：

（一）调解依据；

（二）道路交通事故认定书认定的基本事实和损失情况；

（三）损害赔偿的项目和数额；

（四）各方的损害赔偿责任及比例；

（五）赔偿履行方式和期限；

（六）调解日期。

经调解各方当事人未达成协议的，公安机关交通管理部门应当终止调解，制作道路交通事故损害赔偿调解终结书，送达各方当事人。

**第九十四条** 有下列情形之一的，公安机关交通管理部门应当终止调解，并记录在案：

（一）调解期间有一方当事人向人民法院提起民事诉讼的；

（二）一方当事人无正当理由不参加调解的；

（三）一方当事人调解过程中退出调解的。

**第九十五条** 有条件的地方公安机关交通管理部门可以联合有关部门，设置道路交通事故保险理赔服务场所。

## 第十章 涉外道路交通事故处理

**第九十六条** 外国人在中华人民共和国境内发生道路交通事故的，除按照本规定执行外，还应当按照办理涉外案件的有关法律、法规、规章的规定执行。

公安机关交通管理部门处理外国人发生的道路交通事故，应当告知当事人我国法律、法规、规章规定的当事人在处理道路交通事故中的权利和义务。

**第九十七条** 外国人发生道路交通事故有下列情形之一的，不准其出境：

（一）涉嫌犯罪的；

（二）有未了结的道路交通事故损害赔偿案件，人民法院决定不准出境的；

（三）法律、行政法规规定不准出境的其他情形。

**第九十八条** 外国人发生道路交通事故并承担全部责任或者主要责任的，公安机关交通管理部门应当告知道路交通事故损害赔偿权利人可以向人民法院提出采取诉前保全措施的请求。

**第九十九条** 公安机关交通管理部门在处理道路交通事故过程中，使用中华人民共和国通用的语言文字。对不通晓我国语言文字的，应当为其提供翻译；当事人通晓我国语言文字而不需要他人翻译的，应当出具书面声明。

经公安机关交通管理部门批准，外国人可以自行聘请翻译，翻译费由当事人承担。

**第一百条** 享有外交特权与豁免的人员发生道路交通事故时，应当主动出示有效身份证件，交通警察认为应当给予暂扣或者吊销机动车驾驶证处罚的，可以扣留其机动车驾驶证。需要对享有外交特权与豁免的人员进行调查的，可以约谈，谈话时仅限于与道路交通事故有关的内容。需要检验、鉴定车辆的，公安机关交通管理部门应当征得其同意，并在检验、鉴定后立即发还。

公安机关交通管理部门应当根据收集的证据，制作道路交通事故认定书送达当事人，当事人拒绝接收的，送达至其所在机构；没有所在机构或者所在机构不明确的，由当事人所属国家的驻华使领馆转交送达。

享有外交特权与豁免的人员应当配合公安机关交通管理部门的调查和检验、鉴定。对于经核查确实享有外交特权与豁免但不同意接受调查或者检验、鉴定的，公安机关交通管理部门应当将有关情况记录在案，损害赔偿事宜通过外交途径解决。

**第一百零一条** 公安机关交通管理部门处理享有外交特权与豁免的外国人发生人员死亡事故的，应当将其身份、证件及事故经过、损害后果等基本情况记录在案，并将有关情况迅速通报省级人民政府外事部门和该外国人所属国家的驻华使馆或者领馆。

**第一百零二条** 外国驻华领事机构、国际组织、国际组织驻华代表机构享有特权与豁免的人员发生道路交通事故的，公安机关交通管理部门参照本规定第一百条、第一百零一条规定办理，但《中华人民共和国领事特权与豁免条例》、中国已参加的国际公约以及我国与有关国家或者国际组织缔结的协议有不同规定的除外。

## 第十一章 执法监督

**第一百零三条** 公安机关警务督察部门可以依法对公安机关交通管理部门及其交通警察处理道路交通事故工作进行现场督察，查处违纪违法行为。

上级公安机关交通管理部门对下级公安机关交通管

理部门处理道路交通事故工作进行监督，发现错误应当及时纠正，造成严重后果的，依纪依法追究有关人员的责任。

**第一百零四条** 公安机关交通管理部门及其交通警察处理道路交通事故，应当公开办事制度、办事程序，建立警风警纪监督员制度，并自觉接受社会和群众的监督。

任何单位和个人都有权对公安机关交通管理部门及其交通警察不依法严格公正处理道路交通事故、利用职务上的便利收受他人财物或者谋取其他利益、徇私舞弊、滥用职权、玩忽职守以及其他违纪违法行为进行检举、控告。收到检举、控告的机关，应当依据职责及时查处。

**第一百零五条** 在调查处理道路交通事故时，交通警察或者公安机关检验、鉴定人员有下列情形之一的，应当回避：

（一）是本案的当事人或者是当事人的近亲属的；

（二）本人或者其近亲属与本案有利害关系的；

（三）与本案当事人有其他关系，可能影响案件公正处理的。

交通警察或者公安机关检验、鉴定人员需要回避的，由本级公安机关交通管理部门负责人或者检验、鉴定人员所属的公安机关决定。公安机关交通管理部门负责人需要回避的，由公安机关或者上一级公安机关交通管理部门负责人决定。

对当事人提出的回避申请，公安机关交通管理部门应当在二日内作出决定，并通知申请人。

**第一百零六条** 人民法院、人民检察院审理、审查道路交通事故案件，需要公安机关交通管理部门提供有关证据的，公安机关交通管理部门应当在接到调卷公函之日起三日内，或者按照其时限要求，将道路交通事故案件调查材料正本移送人民法院或者人民检察院。

**第一百零七条** 公安机关交通管理部门对查获交通肇事逃逸车辆及人员提供有效线索或者协助的人员、单位，应当给予表彰和奖励。

公安机关交通管理部门及其交通警察接到协查通报不配合协查并造成严重后果的，由公安机关或者上级公安机关交通管理部门追究有关人员和单位主管领导的责任。

## 第十二章 附 则

**第一百零八条** 道路交通事故处理资格等级管理规定由公安部另行制定，资格证书式样全国统一。

**第一百零九条** 公安机关交通管理部门应当在邻省、市（地）、县交界的国、省、县道上，以及辖区内交通流量集中的路段，设置标有管辖地公安机关交通管理部门名称及道路交通事故报警电话号码的提示牌。

**第一百一十条** 车辆在道路以外通行时发生的事故，公安机关交通管理部门接到报案的，参照本规定处理。涉嫌犯罪的，及时移送有关部门。

**第一百一十一条** 执行本规定所需要的法律文书式样，由公安部制定。公安部没有制定式样，执法工作中需要的其他法律文书，省级公安机关可以制定式样。

当事人自行协商处理损害赔偿事宜的，可以自行制作协议书，但应当符合本规定第二十一条关于协议书内容的规定。

**第一百一十二条** 本规定中下列用语的含义是：

（一）“交通肇事逃逸”，是指发生道路交通事故后，当事人为逃避法律责任，驾驶或者遗弃车辆逃离道路交通事故现场以及潜逃藏匿的行为。

（二）“深度调查”，是指以有效防范道路交通事故为目的，对道路交通事故发生的深层次原因以及道路交通安全相关因素开展延伸调查，分析查找安全隐患及管理漏洞，并提出从源头解决问题的意见和建议的活动。

（三）“检验报告、鉴定意见确定”，是指检验报告、鉴定意见复印件送达当事人之日起三日内，当事人未申请重新检验、鉴定的，以及公安机关交通管理部门批准重新检验、鉴定，鉴定机构出具检验报告、鉴定意见的。

（四）“外国人”，是指不具有中国国籍的人。

（五）本规定所称的“一日”、“二日”、“三日”、“五日”、“十日”，是指工作日，不包括节假日。

（六）本规定所称的“以上”、“以下”均包括本数在内。

（七）“县级以上公安机关交通管理部门”，是指县级以上人民政府公安机关交通管理部门或者相当于同级的公安机关交通管理部门。

（八）“设区的市公安机关交通管理部门”，是指设区的市人民政府公安机关交通管理部门或者相当于同级的公安机关交通管理部门。

（九）“设区的市公安机关”，是指设区的市人民政府公安机关或者相当于同级的公安机关。

**第一百一十三条** 本规定没有规定的道路交通事故案件办理程序，依照《公安机关办理行政案件程序规定》《公安机关办理刑事案件程序规定》的有关规定执行。

**第一百一十四条** 本规定自2018年5月1日起施行。2008年8月17日发布的《道路交通事故处理程序规定》（公安部令第104号）同时废止。

· 指导案例

## 贝汇丰诉海宁市公安局交通警察大队道路交通管理行政处罚案[①]

【关键词】

行政/行政处罚/机动车让行/正在通过人行横道

【裁判要点】

礼让行人是文明安全驾驶的基本要求。机动车驾驶人驾驶车辆行经人行横道，遇行人正在人行横道通行或者停留时，应当主动停车让行，除非行人明确示意机动车先通过。公安机关交通管理部门对不礼让行人的机动车驾驶人依法作出行政处罚的，人民法院应予支持。

【相关法条】

《中华人民共和国道路交通安全法》第47条第1款

【基本案情】

原告贝汇丰诉称：其驾驶浙F1158J汽车（以下简称"案涉车辆"）靠近人行横道时，行人已经停在了人行横道上，故不属于"正在通过人行横道"。而且，案涉车辆经过的西山路系海宁市主干道路，案发路段车流很大，路口也没有红绿灯，如果只要人行横道上有人，机动车就停车让行，会在很大程度上影响通行效率。所以，其可以在确保通行安全的情况下不停车让行而直接通过人行横道，故不应该被处罚。海宁市公安局交通警察大队（以下简称"海宁交警大队"）作出的编号为3304811102542425的公安交通管理简易程序处罚决定违法。贝汇丰请求：撤销海宁交警大队作出的行政处罚决定。

被告海宁交警大队辩称：行人已经先于原告驾驶的案涉车辆进入人行横道，而且正在通过，案涉车辆应当停车让行；如果行人已经停在人行横道上，机动车驾驶人可以示意行人快速通过，行人不走，机动车才可以通过；否则，构成违法。对贝汇丰作出的行政处罚决定事实清楚，证据确实充分，适用法律正确，程序合法，请求判决驳回贝汇丰的诉讼请求。

法院经审理查明：2015年1月31日，贝汇丰驾驶案涉车辆沿海宁市西山路行驶，遇行人正在通过人行横道，未停车让行。海宁交警大队执法交警当场将案涉车辆截停，核实了贝汇丰的驾驶员身份，适用简易程序向贝汇丰口头告知了违法行为的基本事实、拟作出的行政处罚、依据及其享有的权利等，并在听取贝汇丰的陈述和申辩后，当场制作并送达了公安交通管理简易程序处罚决定书，给予贝汇丰罚款100元，记3分。贝汇丰不服，于2015年2月13日向海宁市人民政府申请行政复议。3月27日，海宁市人民政府作出行政复议决定书，维持了海宁交警大队作出的处罚决定。贝汇丰收到行政复议决定书后于2015年4月14日起诉至海宁市人民法院。

【裁判结果】

浙江省海宁市人民法院于2015年6月11日作出（2015）嘉海行初字第6号行政判决：驳回贝汇丰的诉讼请求。宣判后，贝汇丰不服，提起上诉。浙江省嘉兴市中级人民法院于2015年9月10日作出（2015）浙嘉行终字第52号行政判决：驳回上诉，维持原判。

【裁判理由】

法院生效裁判认为：首先，人行横道是行车道上专供行人横过的通道，是法律为行人横过道路时设置的保护线，在没有设置红绿灯的道路路口，行人有从人行横道上优先通过的权利。机动车作为一种快速交通运输工具，在道路上行驶具有高度的危险性，与行人相比处于强势地位，因此必须对机动车在道路上行驶时给予一定的权利限制，以保护行人。其次，认定行人是否"正在通过人行横道"应当以特定时间段内行人一系列连续行为为标准，而不能以某个时间点行人的某个特定动作为标准，特别是在该特定动作不是行人在自由状态下自由地做出，而是由于外部的强力原因迫使其不得不做出的情况下。案发时，行人以较快的步频走上人行横道线，并以较快的速度接近案发路口的中央位置，当看到贝汇丰驾驶案涉车辆朝自己行走的方向驶来，行人放慢了脚步，以确认案涉车辆是否停下来，但并没有停止脚步，当看到案涉车辆没有明显减速且没有停下来的趋势时，才为了自身安全不得不停下脚步。如果此时案涉车辆有明显减速并停止行驶，则行人肯定会连续不停止地通过路口。可见，在案发时间段内行人的一系列连续行为充分说明行人"正在通过人行横道"。再次，机动车和行人穿过没有设置红绿灯的道路路口属于一个互动的过程，任何一方都无法事先准确判断对方是否会停止让行，因此处于强势地位的机动车在行经人行横道遇行人通过时应当主动停车让行，而不应利用自己的强势迫使行人停步让行，除非行人明确示意机动车先通过，这既是法律的明确规定，也是保障作为弱势一方的行人安全通过马路、减少交通事故、保障生命安全的现代文明社会

① 案例来源：最高人民法院指导案例90号。

的内在要求。综上,贝汇丰驾驶机动车行经人行横道时遇行人正在通过而未停车让行,违反了《中华人民共和国道路交通安全法》第四十七条的规定。海宁交警大队根据贝汇丰的违法事实,依据法律规定的程序在法定的处罚范围内给予相应的行政处罚,事实清楚,程序合法,处罚适当。

## 5. 司法行政

### 中华人民共和国律师法

- 1996年5月15日第八届全国人民代表大会常务委员会第十九次会议通过
- 根据2001年12月29日第九届全国人民代表大会常务委员会第二十五次会议《关于修改〈中华人民共和国律师法〉的决定》第一次修正
- 2007年10月28日第十届全国人民代表大会常务委员会第三十次会议修订
- 根据2012年10月26日第十一届全国人民代表大会常务委员会第二十九次会议《关于修改〈中华人民共和国律师法〉的决定》第二次修正
- 根据2017年9月1日第十二届全国人民代表大会常务委员会第二十九次会议《关于修改〈中华人民共和国法官法〉等八部法律的决定》第三次修正

#### 目 录

第一章 总 则
第二章 律师执业许可
第三章 律师事务所
第四章 律师的业务和权利、义务
第五章 律师协会
第六章 法律责任
第七章 附 则

#### 第一章 总 则

**第一条** 为了完善律师制度,规范律师执业行为,保障律师依法执业,发挥律师在社会主义法制建设中的作用,制定本法。

**第二条** 本法所称律师,是指依法取得律师执业证书,接受委托或者指定,为当事人提供法律服务的执业人员。

律师应当维护当事人合法权益,维护法律正确实施,维护社会公平和正义。

**第三条** 律师执业必须遵守宪法和法律,恪守律师职业道德和执业纪律。

律师执业必须以事实为根据,以法律为准绳。

律师执业应当接受国家、社会和当事人的监督。

律师依法执业受法律保护,任何组织和个人不得侵害律师的合法权益。

**第四条** 司法行政部门依照本法对律师、律师事务所和律师协会进行监督、指导。

#### 第二章 律师执业许可

**第五条** 申请律师执业,应当具备下列条件:

(一)拥护中华人民共和国宪法;

(二)通过国家统一法律职业资格考试取得法律职业资格;

(三)在律师事务所实习满一年;

(四)品行良好。

实行国家统一法律职业资格考试前取得的国家统一司法考试合格证书、律师资格凭证,与国家统一法律职业资格证书具有同等效力。

**第六条** 申请律师执业,应当向设区的市级或者直辖市的区人民政府司法行政部门提出申请,并提交下列材料:

(一)国家统一法律职业资格证书;

(二)律师协会出具的申请人实习考核合格的材料;

(三)申请人的身份证明;

(四)律师事务所出具的同意接收申请人的证明。

申请兼职律师执业的,还应当提交所在单位同意申请人兼职从事律师职业的证明。

受理申请的部门应当自受理之日起二十日内予以审查,并将审查意见和全部申请材料报送省、自治区、直辖市人民政府司法行政部门。省、自治区、直辖市人民政府司法行政部门应当自收到报送材料之日起十日内予以审核,作出是否准予执业的决定。准予执业的,向申请人颁发律师执业证书;不准予执业的,向申请人书面说明理由。

**第七条** 申请人有下列情形之一的,不予颁发律师执业证书:

(一)无民事行为能力或者限制民事行为能力的;

(二)受过刑事处罚的,但过失犯罪的除外;

(三)被开除公职或者被吊销律师、公证员执业证书的。

**第八条** 具有高等院校本科以上学历,在法律服务人员紧缺领域从事专业工作满十五年,具有高级职称或者同等专业水平并具有相应的专业法律知识的人员,申请专职律师执业的,经国务院司法行政部门考核合格,准予执业。具体办法由国务院规定。

**第九条** 有下列情形之一的，由省、自治区、直辖市人民政府司法行政部门撤销准予执业的决定，并注销被准予执业人员的律师执业证书：

（一）申请人以欺诈、贿赂等不正当手段取得律师执业证书的；

（二）对不符合本法规定条件的申请人准予执业的。

**第十条** 律师只能在一个律师事务所执业。律师变更执业机构的，应当申请换发律师执业证书。

律师执业不受地域限制。

**第十一条** 公务员不得兼任执业律师。

律师担任各级人民代表大会常务委员会组成人员的，任职期间不得从事诉讼代理或者辩护业务。

**第十二条** 高等院校、科研机构中从事法学教育、研究工作的人员，符合本法第五条规定条件的，经所在单位同意，依照本法第六条规定的程序，可以申请兼职律师执业。

**第十三条** 没有取得律师执业证书的人员，不得以律师名义从事法律服务业务；除法律另有规定外，不得从事诉讼代理或者辩护业务。

## 第三章 律师事务所

**第十四条** 律师事务所是律师的执业机构。设立律师事务所应当具备下列条件：

（一）有自己的名称、住所和章程；

（二）有符合本法规定的律师；

（三）设立人应当是具有一定的执业经历，且三年内未受过停止执业处罚的律师；

（四）有符合国务院司法行政部门规定数额的资产。

**第十五条** 设立合伙律师事务所，除应当符合本法第十四条规定的条件外，还应当有三名以上合伙人，设立人应当是具有三年以上执业经历的律师。

合伙律师事务所可以采用普通合伙或者特殊的普通合伙形式设立。合伙律师事务所的合伙人按照合伙形式对该律师事务所的债务依法承担责任。

**第十六条** 设立个人律师事务所，除应当符合本法第十四条规定的条件外，设立人还应当是具有五年以上执业经历的律师。设立人对律师事务所的债务承担无限责任。

**第十七条** 申请设立律师事务所，应当提交下列材料：

（一）申请书；

（二）律师事务所的名称、章程；

（三）律师的名单、简历、身份证明、律师执业证书；

（四）住所证明；

（五）资产证明。

设立合伙律师事务所，还应当提交合伙协议。

**第十八条** 设立律师事务所，应当向设区的市级或者直辖市的区人民政府司法行政部门提出申请，受理申请的部门应当自受理之日起二十日内予以审查，并将审查意见和全部申请材料报送省、自治区、直辖市人民政府司法行政部门。省、自治区、直辖市人民政府司法行政部门应当自收到报送材料之日起十日内予以审核，作出是否准予设立的决定。准予设立的，向申请人颁发律师事务所执业证书；不准予设立的，向申请人书面说明理由。

**第十九条** 成立三年以上并具有二十名以上执业律师的合伙律师事务所，可以设立分所。设立分所，须经拟设立分所所在地的省、自治区、直辖市人民政府司法行政部门审核。申请设立分所的，依照本法第十八条规定的程序办理。

合伙律师事务所对其分所的债务承担责任。

**第二十条** 国家出资设立的律师事务所，依法自主开展律师业务，以该律师事务所的全部资产对其债务承担责任。

**第二十一条** 律师事务所变更名称、负责人、章程、合伙协议的，应当报原审核部门批准。

律师事务所变更住所、合伙人的，应当自变更之日起十五日内报原审核部门备案。

**第二十二条** 律师事务所有下列情形之一的，应当终止：

（一）不能保持法定设立条件，经限期整改仍不符合条件的；

（二）律师事务所执业证书被依法吊销的；

（三）自行决定解散的；

（四）法律、行政法规规定应当终止的其他情形。

律师事务所终止的，由颁发执业证书的部门注销该律师事务所的执业证书。

**第二十三条** 律师事务所应当建立健全执业管理、利益冲突审查、收费与财务管理、投诉查处、年度考核、档案管理等制度，对律师在执业活动中遵守职业道德、执业纪律的情况进行监督。

**第二十四条** 律师事务所应当于每年的年度考核后，向设区的市级或者直辖市的区人民政府司法行政部门提交本所的年度执业情况报告和律师执业考核结果。

**第二十五条** 律师承办业务，由律师事务所统一接受委托，与委托人签订书面委托合同，按照国家规定统一收取费用并如实入账。

律师事务所和律师应当依法纳税。

**第二十六条**　律师事务所和律师不得以诋毁其他律师事务所、律师或者支付介绍费等不正当手段承揽业务。

**第二十七条**　律师事务所不得从事法律服务以外的经营活动。

## 第四章　律师的业务和权利、义务

**第二十八条**　律师可以从事下列业务：

（一）接受自然人、法人或者其他组织的委托，担任法律顾问；

（二）接受民事案件、行政案件当事人的委托，担任代理人，参加诉讼；

（三）接受刑事案件犯罪嫌疑人、被告人的委托或者依法接受法律援助机构的指派，担任辩护人，接受自诉案件自诉人、公诉案件被害人或者其近亲属的委托，担任代理人，参加诉讼；

（四）接受委托，代理各类诉讼案件的申诉；

（五）接受委托，参加调解、仲裁活动；

（六）接受委托，提供非诉讼法律服务；

（七）解答有关法律的询问、代写诉讼文书和有关法律事务的其他文书。

**第二十九条**　律师担任法律顾问的，应当按照约定为委托人就有关法律问题提供意见，草拟、审查法律文书，代理参加诉讼、调解或者仲裁活动，办理委托的其他法律事务，维护委托人的合法权益。

**第三十条**　律师担任诉讼法律事务代理人或者非诉讼法律事务代理人的，应当在受委托的权限内，维护委托人的合法权益。

**第三十一条**　律师担任辩护人的，应当根据事实和法律，提出犯罪嫌疑人、被告人无罪、罪轻或者减轻、免除其刑事责任的材料和意见，维护犯罪嫌疑人、被告人的诉讼权利和其他合法权益。

**第三十二条**　委托人可以拒绝已委托的律师为其继续辩护或者代理，同时可以另行委托律师担任辩护人或者代理人。

律师接受委托后，无正当理由的，不得拒绝辩护或者代理。但是，委托事项违法、委托人利用律师提供的服务从事违法活动或者委托人故意隐瞒与案件有关的重要事实的，律师有权拒绝辩护或者代理。

**第三十三条**　律师担任辩护人的，有权持律师执业证书、律师事务所证明和委托书或者法律援助公函，依照刑事诉讼法的规定会见在押或者被监视居住的犯罪嫌疑人、被告人。辩护律师会见犯罪嫌疑人、被告人时不被监听。

**第三十四条**　律师担任辩护人的，自人民检察院对案件审查起诉之日起，有权查阅、摘抄、复制本案的案卷材料。

**第三十五条**　受委托的律师根据案情的需要，可以申请人民检察院、人民法院收集、调取证据或者申请人民法院通知证人出庭作证。

律师自行调查取证的，凭律师执业证书和律师事务所证明，可以向有关单位或者个人调查与承办法律事务有关的情况。

**第三十六条**　律师担任诉讼代理人或者辩护人的，其辩论或者辩护的权利依法受到保障。

**第三十七条**　律师在执业活动中的人身权利不受侵犯。

律师在法庭上发表的代理、辩护意见不受法律追究。但是，发表危害国家安全、恶意诽谤他人、严重扰乱法庭秩序的言论除外。

律师在参与诉讼活动中涉嫌犯罪的，侦查机关应当及时通知其所在的律师事务所或者所属的律师协会；被依法拘留、逮捕的，侦查机关应当依照刑事诉讼法的规定通知该律师的家属。

**第三十八条**　律师应当保守在执业活动中知悉的国家秘密、商业秘密，不得泄露当事人的隐私。

律师对在执业活动中知悉的委托人和其他人不愿泄露的有关情况和信息，应当予以保密。但是，委托人或者其他人准备或者正在实施危害国家安全、公共安全以及严重危害他人人身安全的犯罪事实和信息除外。

**第三十九条**　律师不得在同一案件中为双方当事人担任代理人，不得代理与本人或者其近亲属有利益冲突的法律事务。

**第四十条**　律师在执业活动中不得有下列行为：

（一）私自接受委托、收取费用，接受委托人的财物或者其他利益；

（二）利用提供法律服务的便利牟取当事人争议的权益；

（三）接受对方当事人的财物或者其他利益，与对方当事人或者第三人恶意串通，侵害委托人的权益；

（四）违反规定会见法官、检察官、仲裁员以及其他有关工作人员；

（五）向法官、检察官、仲裁员以及其他有关工作人员行贿，介绍贿赂或者指使、诱导当事人行贿，或者以其他不正当方式影响法官、检察官、仲裁员以及其他有关工作人员依法办理案件；

（六）故意提供虚假证据或者威胁、利诱他人提供虚假证据，妨碍对方当事人合法取得证据；

（七）煽动、教唆当事人采取扰乱公共秩序、危害公共安全等非法手段解决争议；

（八）扰乱法庭、仲裁庭秩序，干扰诉讼、仲裁活动的正常进行。

**第四十一条** 曾经担任法官、检察官的律师，从人民法院、人民检察院离任后二年内，不得担任诉讼代理人或者辩护人。

**第四十二条** 律师、律师事务所应当按照国家规定履行法律援助义务，为受援人提供符合标准的法律服务，维护受援人的合法权益。

## 第五章 律师协会

**第四十三条** 律师协会是社会团体法人，是律师的自律性组织。

全国设立中华全国律师协会，省、自治区、直辖市设立地方律师协会，设区的市根据需要可以设立地方律师协会。

**第四十四条** 全国律师协会章程由全国会员代表大会制定，报国务院司法行政部门备案。

地方律师协会章程由地方会员代表大会制定，报同级司法行政部门备案。地方律师协会章程不得与全国律师协会章程相抵触。

**第四十五条** 律师、律师事务所应当加入所在地的地方律师协会。加入地方律师协会的律师、律师事务所，同时是全国律师协会的会员。

律师协会会员享有律师协会章程规定的权利，履行律师协会章程规定的义务。

**第四十六条** 律师协会应当履行下列职责：

（一）保障律师依法执业，维护律师的合法权益；

（二）总结、交流律师工作经验；

（三）制定行业规范和惩戒规则；

（四）组织律师业务培训和职业道德、执业纪律教育，对律师的执业活动进行考核；

（五）组织管理申请律师执业人员的实习活动，对实习人员进行考核；

（六）对律师、律师事务所实施奖励和惩戒；

（七）受理对律师的投诉或者举报，调解律师执业活动中发生的纠纷，受理律师的申诉；

（八）法律、行政法规、规章以及律师协会章程规定的其他职责。

律师协会制定的行业规范和惩戒规则，不得与有关法律、行政法规、规章相抵触。

## 第六章 法律责任

**第四十七条** 律师有下列行为之一的，由设区的市级或者直辖市的区人民政府司法行政部门给予警告，可以处五千元以下的罚款；有违法所得的，没收违法所得；情节严重的，给予停止执业三个月以下的处罚：

（一）同时在两个以上律师事务所执业的；

（二）以不正当手段承揽业务的；

（三）在同一案件中为双方当事人担任代理人，或者代理与本人及其近亲属有利益冲突的法律事务的；

（四）从人民法院、人民检察院离任后二年内担任诉讼代理人或者辩护人的；

（五）拒绝履行法律援助义务的。

**第四十八条** 律师有下列行为之一的，由设区的市级或者直辖市的区人民政府司法行政部门给予警告，可以处一万元以下的罚款；有违法所得的，没收违法所得；情节严重的，给予停止执业三个月以上六个月以下的处罚：

（一）私自接受委托、收取费用，接受委托人财物或者其他利益的；

（二）接受委托后，无正当理由，拒绝辩护或者代理，不按时出庭参加诉讼或者仲裁的；

（三）利用提供法律服务的便利牟取当事人争议的权益的；

（四）泄露商业秘密或者个人隐私的。

**第四十九条** 律师有下列行为之一的，由设区的市级或者直辖市的区人民政府司法行政部门给予停止执业六个月以上一年以下的处罚，可以处五万元以下的罚款；有违法所得的，没收违法所得；情节严重的，由省、自治区、直辖市人民政府司法行政部门吊销其律师执业证书；构成犯罪的，依法追究刑事责任：

（一）违反规定会见法官、检察官、仲裁员以及其他有关工作人员，或者以其他不正当方式影响依法办理案件的；

（二）向法官、检察官、仲裁员以及其他有关工作人员行贿，介绍贿赂或者指使、诱导当事人行贿的；

（三）向司法行政部门提供虚假材料或者有其他弄虚作假行为的；

（四）故意提供虚假证据或者威胁、利诱他人提供虚假证据，妨碍对方当事人合法取得证据的；

（五）接受对方当事人财物或者其他利益，与对方当事人或者第三人恶意串通，侵害委托人权益的；

（六）扰乱法庭、仲裁庭秩序，干扰诉讼、仲裁活动的正常进行的；

（七）煽动、教唆当事人采取扰乱公共秩序、危害公共安全等非法手段解决争议的；

（八）发表危害国家安全、恶意诽谤他人、严重扰乱法庭秩序的言论的；

（九）泄露国家秘密的。

律师因故意犯罪受到刑事处罚的，由省、自治区、直辖市人民政府司法行政部门吊销其律师执业证书。

**第五十条**　律师事务所有下列行为之一的，由设区的市级或者直辖市的区人民政府司法行政部门视其情节给予警告、停业整顿一个月以上六个月以下的处罚，可以处十万元以下的罚款；有违法所得的，没收违法所得；情节特别严重的，由省、自治区、直辖市人民政府司法行政部门吊销律师事务所执业证书：

（一）违反规定接受委托、收取费用的；

（二）违反法定程序办理变更名称、负责人、章程、合伙协议、住所、合伙人等重大事项的；

（三）从事法律服务以外的经营活动的；

（四）以诋毁其他律师事务所、律师或者支付介绍费等不正当手段承揽业务的；

（五）违反规定接受有利益冲突的案件的；

（六）拒绝履行法律援助义务的；

（七）向司法行政部门提供虚假材料或者有其他弄虚作假行为的；

（八）对本所律师疏于管理，造成严重后果的。

律师事务所因前款违法行为受到处罚的，对其负责人视情节轻重，给予警告或者处二万元以下的罚款。

**第五十一条**　律师因违反本法规定，在受到警告处罚后一年内又发生应当给予警告处罚情形的，由设区的市级或者直辖市的区人民政府司法行政部门给予停止执业三个月以上一年以下的处罚；在受到停止执业处罚期满后二年内又发生应当给予停止执业处罚情形的，由省、自治区、直辖市人民政府司法行政部门吊销其律师执业证书。

律师事务所因违反本法规定，在受到停业整顿处罚期满后二年内又发生应当给予停业整顿处罚情形的，由省、自治区、直辖市人民政府司法行政部门吊销律师事务所执业证书。

**第五十二条**　县级人民政府司法行政部门对律师和律师事务所的执业活动实施日常监督管理，对检查发现的问题，责令改正；对当事人的投诉，应当及时进行调查。县级人民政府司法行政部门认为律师和律师事务所的违法行为应当给予行政处罚的，应当向上级司法行政部门提出处罚建议。

**第五十三条**　受到六个月以上停止执业处罚的律师，处罚期满未逾三年的，不得担任合伙人。

被吊销律师执业证书的，不得担任辩护人、诉讼代理人，但系刑事诉讼、民事诉讼、行政诉讼当事人的监护人、近亲属的除外。

**第五十四条**　律师违法执业或者因过错给当事人造成损失的，由其所在的律师事务所承担赔偿责任。律师事务所赔偿后，可以向有故意或者重大过失行为的律师追偿。

**第五十五条**　没有取得律师执业证书的人员以律师名义从事法律服务业务的，由所在地的县级以上地方人民政府司法行政部门责令停止非法执业，没收违法所得，处违法所得一倍以上五倍以下的罚款。

**第五十六条**　司法行政部门工作人员违反本法规定，滥用职权、玩忽职守，构成犯罪的，依法追究刑事责任；尚不构成犯罪的，依法给予处分。

## 第七章　附　则

**第五十七条**　为军队提供法律服务的军队律师，其律师资格的取得和权利、义务及行为准则，适用本法规定。军队律师的具体管理办法，由国务院和中央军事委员会制定。

**第五十八条**　外国律师事务所在中华人民共和国境内设立机构从事法律服务活动的管理办法，由国务院制定。

**第五十九条**　律师收费办法，由国务院价格主管部门会同国务院司法行政部门制定。

**第六十条**　本法自2008年6月1日起施行。

# 中华人民共和国法律援助法

- 2021年8月20日第十三届全国人民代表大会常务委员会第三十次会议通过
- 2021年8月20日中华人民共和国主席令第93号公布
- 自2022年1月1日起施行

## 目　录

第一章　总　则
第二章　机构和人员
第三章　形式和范围

第四章　程序和实施
第五章　保障和监督
第六章　法律责任
第七章　附　则

## 第一章　总　则

**第一条**　为了规范和促进法律援助工作，保障公民和有关当事人的合法权益，保障法律正确实施，维护社会公平正义，制定本法。

**第二条**　本法所称法律援助，是国家建立的为经济困难公民和符合法定条件的其他当事人无偿提供法律咨询、代理、刑事辩护等法律服务的制度，是公共法律服务体系的组成部分。

**第三条**　法律援助工作坚持中国共产党领导，坚持以人民为中心，尊重和保障人权，遵循公开、公平、公正的原则，实行国家保障与社会参与相结合。

**第四条**　县级以上人民政府应当将法律援助工作纳入国民经济和社会发展规划、基本公共服务体系，保障法律援助事业与经济社会协调发展。

县级以上人民政府应当健全法律援助保障体系，将法律援助相关经费列入本级政府预算，建立动态调整机制，保障法律援助工作需要，促进法律援助均衡发展。

**第五条**　国务院司法行政部门指导、监督全国的法律援助工作。县级以上地方人民政府司法行政部门指导、监督本行政区域的法律援助工作。

县级以上人民政府其他有关部门依照各自职责，为法律援助工作提供支持和保障。

**第六条**　人民法院、人民检察院、公安机关应当在各自职责范围内保障当事人依法获得法律援助，为法律援助人员开展工作提供便利。

**第七条**　律师协会应当指导和支持律师事务所、律师参与法律援助工作。

**第八条**　国家鼓励和支持群团组织、事业单位、社会组织在司法行政部门指导下，依法提供法律援助。

**第九条**　国家鼓励和支持企业事业单位、社会组织和个人等社会力量，依法通过捐赠等方式为法律援助事业提供支持；对符合条件的，给予税收优惠。

**第十条**　司法行政部门应当开展经常性的法律援助宣传教育，普及法律援助知识。

新闻媒体应当积极开展法律援助公益宣传，并加强舆论监督。

**第十一条**　国家对在法律援助工作中做出突出贡献的组织和个人，按照有关规定给予表彰、奖励。

## 第二章　机构和人员

**第十二条**　县级以上人民政府司法行政部门应当设立法律援助机构。法律援助机构负责组织实施法律援助工作，受理、审查法律援助申请，指派律师、基层法律服务工作者、法律援助志愿者等法律援助人员提供法律援助，支付法律援助补贴。

**第十三条**　法律援助机构根据工作需要，可以安排本机构具有律师资格或者法律职业资格的工作人员提供法律援助；可以设置法律援助工作站或者联络点，就近受理法律援助申请。

**第十四条**　法律援助机构可以在人民法院、人民检察院和看守所等场所派驻值班律师，依法为没有辩护人的犯罪嫌疑人、被告人提供法律援助。

**第十五条**　司法行政部门可以通过政府采购等方式，择优选择律师事务所等法律服务机构为受援人提供法律援助。

**第十六条**　律师事务所、基层法律服务所、律师、基层法律服务工作者负有依法提供法律援助的义务。

律师事务所、基层法律服务所应当支持和保障本所律师、基层法律服务工作者履行法律援助义务。

**第十七条**　国家鼓励和规范法律援助志愿服务；支持符合条件的个人作为法律援助志愿者，依法提供法律援助。

高等院校、科研机构可以组织从事法学教育、研究工作的人员和法学专业学生作为法律援助志愿者，在司法行政部门指导下，为当事人提供法律咨询、代拟法律文书等法律援助。

法律援助志愿者具体管理办法由国务院有关部门规定。

**第十八条**　国家建立健全法律服务资源依法跨区域流动机制，鼓励和支持律师事务所、律师、法律援助志愿者等在法律服务资源相对短缺地区提供法律援助。

**第十九条**　法律援助人员应当依法履行职责，及时为受援人提供符合标准的法律援助服务，维护受援人的合法权益。

**第二十条**　法律援助人员应当恪守职业道德和执业纪律，不得向受援人收取任何财物。

**第二十一条**　法律援助机构、法律援助人员对提供法律援助过程中知悉的国家秘密、商业秘密和个人隐私应当予以保密。

## 第三章　形式和范围

**第二十二条**　法律援助机构可以组织法律援助人员

依法提供下列形式的法律援助服务：

（一）法律咨询；

（二）代拟法律文书；

（三）刑事辩护与代理；

（四）民事案件、行政案件、国家赔偿案件的诉讼代理及非诉讼代理；

（五）值班律师法律帮助；

（六）劳动争议调解与仲裁代理；

（七）法律、法规、规章规定的其他形式。

**第二十三条**　法律援助机构应当通过服务窗口、电话、网络等多种方式提供法律咨询服务；提示当事人享有依法申请法律援助的权利，并告知申请法律援助的条件和程序。

**第二十四条**　刑事案件的犯罪嫌疑人、被告人因经济困难或者其他原因没有委托辩护人的，本人及其近亲属可以向法律援助机构申请法律援助。

**第二十五条**　刑事案件的犯罪嫌疑人、被告人属于下列人员之一，没有委托辩护人的，人民法院、人民检察院、公安机关应当通知法律援助机构指派律师担任辩护人：

（一）未成年人；

（二）视力、听力、言语残疾人；

（三）不能完全辨认自己行为的成年人；

（四）可能被判处无期徒刑、死刑的人；

（五）申请法律援助的死刑复核案件被告人；

（六）缺席审判案件的被告人；

（七）法律法规规定的其他人员。

其他适用普通程序审理的刑事案件，被告人没有委托辩护人的，人民法院可以通知法律援助机构指派律师担任辩护人。

**第二十六条**　对可能被判处无期徒刑、死刑的人，以及死刑复核案件的被告人，法律援助机构收到人民法院、人民检察院、公安机关通知后，应当指派具有三年以上相关执业经历的律师担任辩护人。

**第二十七条**　人民法院、人民检察院、公安机关通知法律援助机构指派律师担任辩护人时，不得限制或者损害犯罪嫌疑人、被告人委托辩护人的权利。

**第二十八条**　强制医疗案件的被申请人或者被告人没有委托诉讼代理人的，人民法院应当通知法律援助机构指派律师为其提供法律援助。

**第二十九条**　刑事公诉案件的被害人及其法定代理人或者近亲属，刑事自诉案件的自诉人及其法定代理人，刑事附带民事诉讼案件的原告人及其法定代理人，因经济困难没有委托诉讼代理人的，可以向法律援助机构申请法律援助。

**第三十条**　值班律师应当依法为没有辩护人的犯罪嫌疑人、被告人提供法律咨询、程序选择建议、申请变更强制措施、对案件处理提出意见等法律帮助。

**第三十一条**　下列事项的当事人，因经济困难没有委托代理人的，可以向法律援助机构申请法律援助：

（一）依法请求国家赔偿；

（二）请求给予社会保险待遇或者社会救助；

（三）请求发给抚恤金；

（四）请求给付赡养费、抚养费、扶养费；

（五）请求确认劳动关系或者支付劳动报酬；

（六）请求认定公民无民事行为能力或者限制民事行为能力；

（七）请求工伤事故、交通事故、食品药品安全事故、医疗事故人身损害赔偿；

（八）请求环境污染、生态破坏损害赔偿；

（九）法律、法规、规章规定的其他情形。

**第三十二条**　有下列情形之一，当事人申请法律援助的，不受经济困难条件的限制：

（一）英雄烈士近亲属为维护英雄烈士的人格权益；

（二）因见义勇为行为主张相关民事权益；

（三）再审改判无罪请求国家赔偿；

（四）遭受虐待、遗弃或者家庭暴力的受害人主张相关权益；

（五）法律、法规、规章规定的其他情形。

**第三十三条**　当事人不服司法机关生效裁判或者决定提出申诉或者申请再审，人民法院决定、裁定再审或者人民检察院提出抗诉，因经济困难没有委托辩护人或者诉讼代理人的，本人及其近亲属可以向法律援助机构申请法律援助。

**第三十四条**　经济困难的标准，由省、自治区、直辖市人民政府根据本行政区域经济发展状况和法律援助工作需要确定，并实行动态调整。

## 第四章　程序和实施

**第三十五条**　人民法院、人民检察院、公安机关和有关部门在办理案件或者相关事务中，应当及时告知有关当事人有权依法申请法律援助。

**第三十六条**　人民法院、人民检察院、公安机关办理刑事案件，发现有本法第二十五条第一款、第二十八条规定情形的，应当在三日内通知法律援助机构指派律师。法律援助机构收到通知后，应当在三日内指派律师并通知人民法院、人民检察院、公安机关。

**第三十七条** 人民法院、人民检察院、公安机关应当保障值班律师依法提供法律帮助，告知没有辩护人的犯罪嫌疑人、被告人有权约见值班律师，并依法为值班律师了解案件有关情况、阅卷、会见等提供便利。

**第三十八条** 对诉讼事项的法律援助，由申请人向办案机关所在地的法律援助机构提出申请；对非诉讼事项的法律援助，由申请人向争议处理机关所在地或者事由发生地的法律援助机构提出申请。

**第三十九条** 被羁押的犯罪嫌疑人、被告人、服刑人员，以及强制隔离戒毒人员等提出法律援助申请的，办案机关、监管场所应当在二十四小时内将申请转交法律援助机构。

犯罪嫌疑人、被告人通过值班律师提出代理、刑事辩护等法律援助申请的，值班律师应当在二十四小时内将申请转交法律援助机构。

**第四十条** 无民事行为能力人或者限制民事行为能力人需要法律援助的，可以由其法定代理人代为提出申请。法定代理人侵犯无民事行为能力人、限制民事行为能力人合法权益的，其他法定代理人或者近亲属可以代为提出法律援助申请。

被羁押的犯罪嫌疑人、被告人、服刑人员，以及强制隔离戒毒人员，可以由其法定代理人或者近亲属代为提出法律援助申请。

**第四十一条** 因经济困难申请法律援助的，申请人应当如实说明经济困难状况。

法律援助机构核查申请人的经济困难状况，可以通过信息共享查询，或者由申请人进行个人诚信承诺。

法律援助机构开展核查工作，有关部门、单位、村民委员会、居民委员会和个人应当予以配合。

**第四十二条** 法律援助申请人有材料证明属于下列人员之一的，免予核查经济困难状况：

（一）无固定生活来源的未成年人、老年人、残疾人等特定群体；

（二）社会救助、司法救助或者优抚对象；

（三）申请支付劳动报酬或者请求工伤事故人身损害赔偿的进城务工人员；

（四）法律、法规、规章规定的其他人员。

**第四十三条** 法律援助机构应当自收到法律援助申请之日起七日内进行审查，作出是否给予法律援助的决定。决定给予法律援助的，应当自作出决定之日起三日内指派法律援助人员为受援人提供法律援助；决定不给予法律援助的，应当书面告知申请人，并说明理由。

申请人提交的申请材料不齐全的，法律援助机构应当一次性告知申请人需要补充的材料或者要求申请人作出说明。申请人未按要求补充材料或者作出说明的，视为撤回申请。

**第四十四条** 法律援助机构收到法律援助申请后，发现有下列情形之一的，可以决定先行提供法律援助：

（一）距法定时效或者期限届满不足七日，需要及时提起诉讼或者申请仲裁、行政复议；

（二）需要立即申请财产保全、证据保全或者先予执行；

（三）法律、法规、规章规定的其他情形。

法律援助机构先行提供法律援助的，受援人应当及时补办有关手续，补充有关材料。

**第四十五条** 法律援助机构为老年人、残疾人提供法律援助服务的，应当根据实际情况提供无障碍设施设备和服务。

法律法规对向特定群体提供法律援助有其他特别规定的，依照其规定。

**第四十六条** 法律援助人员接受指派后，无正当理由不得拒绝、拖延或者终止提供法律援助服务。

法律援助人员应当按照规定向受援人通报法律援助事项办理情况，不得损害受援人合法权益。

**第四十七条** 受援人应当向法律援助人员如实陈述与法律援助事项有关的情况，及时提供证据材料，协助、配合办理法律援助事项。

**第四十八条** 有下列情形之一的，法律援助机构应当作出终止法律援助的决定：

（一）受援人以欺骗或者其他不正当手段获得法律援助；

（二）受援人故意隐瞒与案件有关的重要事实或者提供虚假证据；

（三）受援人利用法律援助从事违法活动；

（四）受援人的经济状况发生变化，不再符合法律援助条件；

（五）案件终止审理或者已经被撤销；

（六）受援人自行委托律师或者其他代理人；

（七）受援人有正当理由要求终止法律援助；

（八）法律法规规定的其他情形。

法律援助人员发现有前款规定情形的，应当及时向法律援助机构报告。

**第四十九条** 申请人、受援人对法律援助机构不予法律援助、终止法律援助的决定有异议的，可以向设立该法律援助机构的司法行政部门提出。

司法行政部门应当自收到异议之日起五日内进行审查，作出维持法律援助机构决定或者责令法律援助机构改正的决定。

申请人、受援人对司法行政部门维持法律援助机构决定不服的，可以依法申请行政复议或者提起行政诉讼。

**第五十条**　法律援助事项办理结束后，法律援助人员应当及时向法律援助机构报告，提交有关法律文书的副本或者复印件、办理情况报告等材料。

## 第五章　保障和监督

**第五十一条**　国家加强法律援助信息化建设，促进司法行政部门与司法机关及其他有关部门实现信息共享和工作协同。

**第五十二条**　法律援助机构应当依照有关规定及时向法律援助人员支付法律援助补贴。

法律援助补贴的标准，由省、自治区、直辖市人民政府司法行政部门会同同级财政部门，根据当地经济发展水平和法律援助的服务类型、承办成本、基本劳务费用等确定，并实行动态调整。

法律援助补贴免征增值税和个人所得税。

**第五十三条**　人民法院应当根据情况对受援人缓收、减收或者免收诉讼费用；对法律援助人员复制相关材料等费用予以免收或者减收。

公证机构、司法鉴定机构应当对受援人减收或者免收公证费、鉴定费。

**第五十四条**　县级以上人民政府司法行政部门应当有计划地对法律援助人员进行培训，提高法律援助人员的专业素质和服务能力。

**第五十五条**　受援人有权向法律援助机构、法律援助人员了解法律援助事项办理情况；法律援助机构、法律援助人员未依法履行职责的，受援人可以向司法行政部门投诉，并可以请求法律援助机构更换法律援助人员。

**第五十六条**　司法行政部门应当建立法律援助工作投诉查处制度；接到投诉后，应当依照有关规定受理和调查处理，并及时向投诉人告知处理结果。

**第五十七条**　司法行政部门应当加强对法律援助服务的监督，制定法律援助服务质量标准，通过第三方评估等方式定期进行质量考核。

**第五十八条**　司法行政部门、法律援助机构应当建立法律援助信息公开制度，定期向社会公布法律援助资金使用、案件办理、质量考核结果等情况，接受社会监督。

**第五十九条**　法律援助机构应当综合运用庭审旁听、案卷检查、征询司法机关意见和回访受援人等措施，督促法律援助人员提升服务质量。

**第六十条**　律师协会应当将律师事务所、律师履行法律援助义务的情况纳入年度考核内容，对拒不履行或者怠于履行法律援助义务的律师事务所、律师，依照有关规定进行惩戒。

## 第六章　法律责任

**第六十一条**　法律援助机构及其工作人员有下列情形之一的，由设立该法律援助机构的司法行政部门责令限期改正；有违法所得的，责令退还或者没收违法所得；对直接负责的主管人员和其他直接责任人员，依法给予处分：

（一）拒绝为符合法律援助条件的人员提供法律援助，或者故意为不符合法律援助条件的人员提供法律援助；

（二）指派不符合本法规定的人员提供法律援助；

（三）收取受援人财物；

（四）从事有偿法律服务；

（五）侵占、私分、挪用法律援助经费；

（六）泄露法律援助过程中知悉的国家秘密、商业秘密和个人隐私；

（七）法律法规规定的其他情形。

**第六十二条**　律师事务所、基层法律服务所有下列情形之一的，由司法行政部门依法给予处罚：

（一）无正当理由拒绝接受法律援助机构指派；

（二）接受指派后，不及时安排本所律师、基层法律服务工作者办理法律援助事项或者拒绝为本所律师、基层法律服务工作者办理法律援助事项提供支持和保障；

（三）纵容或者放任本所律师、基层法律服务工作者怠于履行法律援助义务或者擅自终止提供法律援助；

（四）法律法规规定的其他情形。

**第六十三条**　律师、基层法律服务工作者有下列情形之一的，由司法行政部门依法给予处罚：

（一）无正当理由拒绝履行法律援助义务或者怠于履行法律援助义务；

（二）擅自终止提供法律援助；

（三）收取受援人财物；

（四）泄露法律援助过程中知悉的国家秘密、商业秘密和个人隐私；

（五）法律法规规定的其他情形。

**第六十四条**　受援人以欺骗或者其他不正当手段获得法律援助的，由司法行政部门责令其支付已实施法律援助的费用,并处三千元以下罚款。

**第六十五条** 违反本法规定,冒用法律援助名义提供法律服务并谋取利益的,由司法行政部门责令改正,没收违法所得,并处违法所得一倍以上三倍以下罚款。

**第六十六条** 国家机关及其工作人员在法律援助工作中滥用职权、玩忽职守、徇私舞弊的,对直接负责的主管人员和其他直接责任人员,依法给予处分。

**第六十七条** 违反本法规定,构成犯罪的,依法追究刑事责任。

### 第七章 附 则

**第六十八条** 工会、共产主义青年团、妇女联合会、残疾人联合会等群团组织开展法律援助工作,参照适用本法的相关规定。

**第六十九条** 对外国人和无国籍人提供法律援助,我国法律有规定的,适用法律规定;我国法律没有规定的,可以根据我国缔结或者参加的国际条约,或者按照互惠原则,参照适用本法的相关规定。

**第七十条** 对军人军属提供法律援助的具体办法,由国务院和中央军事委员会有关部门制定。

**第七十一条** 本法自2022年1月1日起施行。

## 中华人民共和国公证法

- 2005年8月28日第十届全国人民代表大会常务委员会第十七次会议通过
- 根据2015年4月24日第十二届全国人民代表大会常务委员会第十四次会议《关于修改〈中华人民共和国义务教育法〉等五部法律的决定》第一次修正
- 根据2017年9月1日第十二届全国人民代表大会常务委员会第二十九次会议《关于修改〈中华人民共和国法官法〉等八部法律的决定》第二次修正

### 目 录

第一章 总 则
第二章 公证机构
第三章 公 证 员
第四章 公证程序
第五章 公证效力
第六章 法律责任
第七章 附 则

### 第一章 总 则

**第一条** 为规范公证活动,保障公证机构和公证员依法履行职责,预防纠纷,保障自然人、法人或者其他组织的合法权益,制定本法。

**第二条** 公证是公证机构根据自然人、法人或者其他组织的申请,依照法定程序对民事法律行为、有法律意义的事实和文书的真实性、合法性予以证明的活动。

**第三条** 公证机构办理公证,应当遵守法律,坚持客观、公正的原则。

**第四条** 全国设立中国公证协会,省、自治区、直辖市设立地方公证协会。中国公证协会和地方公证协会是社会团体法人。中国公证协会章程由会员代表大会制定,报国务院司法行政部门备案。

公证协会是公证业的自律性组织,依据章程开展活动,对公证机构、公证员的执业活动进行监督。

**第五条** 司法行政部门依照本法规定对公证机构、公证员和公证协会进行监督、指导。

### 第二章 公证机构

**第六条** 公证机构是依法设立,不以营利为目的,依法独立行使公证职能、承担民事责任的证明机构。

**第七条** 公证机构按照统筹规划、合理布局的原则,可以在县、不设区的市、设区的市、直辖市或者市辖区设立;在设区的市、直辖市可以设立一个或者若干个公证机构。公证机构不按行政区划层层设立。

**第八条** 设立公证机构,应当具备下列条件:

(一)有自己的名称;

(二)有固定的场所;

(三)有二名以上公证员;

(四)有开展公证业务所必需的资金。

**第九条** 设立公证机构,由所在地的司法行政部门报省、自治区、直辖市人民政府司法行政部门按照规定程序批准后,颁发公证机构执业证书。

**第十条** 公证机构的负责人应当在有三年以上执业经历的公证员中推选产生,由所在地的司法行政部门核准,报省、自治区、直辖市人民政府司法行政部门备案。

**第十一条** 根据自然人、法人或者其他组织的申请,公证机构办理下列公证事项:

(一)合同;

(二)继承;

(三)委托、声明、赠与、遗嘱;

(四)财产分割;

(五)招标投标、拍卖;

(六)婚姻状况、亲属关系、收养关系;

(七)出生、生存、死亡、身份、经历、学历、学位、职务、职称、有无违法犯罪记录;

（八）公司章程；

（九）保全证据；

（十）文书上的签名、印鉴、日期，文书的副本、影印本与原本相符；

（十一）自然人、法人或者其他组织自愿申请办理的其他公证事项。

法律、行政法规规定应当公证的事项，有关自然人、法人或者其他组织应当向公证机构申请办理公证。

**第十二条** 根据自然人、法人或者其他组织的申请，公证机构可以办理下列事务：

（一）法律、行政法规规定由公证机构登记的事务；

（二）提存；

（三）保管遗嘱、遗产或者其他与公证事项有关的财产、物品、文书；

（四）代写与公证事项有关的法律事务文书；

（五）提供公证法律咨询。

**第十三条** 公证机构不得有下列行为：

（一）为不真实、不合法的事项出具公证书；

（二）毁损、篡改公证文书或者公证档案；

（三）以诋毁其他公证机构、公证员或者支付回扣、佣金等不正当手段争揽公证业务；

（四）泄露在执业活动中知悉的国家秘密、商业秘密或者个人隐私；

（五）违反规定的收费标准收取公证费；

（六）法律、法规、国务院司法行政部门规定禁止的其他行为。

**第十四条** 公证机构应当建立业务、财务、资产等管理制度，对公证员的执业行为进行监督，建立执业过错责任追究制度。

**第十五条** 公证机构应当参加公证执业责任保险。

## 第三章 公证员

**第十六条** 公证员是符合本法规定的条件，在公证机构从事公证业务的执业人员。

**第十七条** 公证员的数量根据公证业务需要确定。省、自治区、直辖市人民政府司法行政部门应当根据公证机构的设置情况和公证业务的需要核定公证员配备方案，报国务院司法行政部门备案。

**第十八条** 担任公证员，应当具备下列条件：

（一）具有中华人民共和国国籍；

（二）年龄二十五周岁以上六十五周岁以下；

（三）公道正派，遵纪守法，品行良好；

（四）通过国家统一法律职业资格考试取得法律职业资格；

（五）在公证机构实习二年以上或者具有三年以上其他法律职业经历并在公证机构实习一年以上，经考核合格。

**第十九条** 从事法学教学、研究工作，具有高级职称的人员，或者具有本科以上学历，从事审判、检察、法制工作、法律服务满十年的公务员、律师，已经离开原工作岗位，经考核合格的，可以担任公证员。

**第二十条** 有下列情形之一的，不得担任公证员：

（一）无民事行为能力或者限制民事行为能力的；

（二）因故意犯罪或者职务过失犯罪受过刑事处罚的；

（三）被开除公职的；

（四）被吊销公证员、律师执业证书的。

**第二十一条** 担任公证员，应当由符合公证员条件的人员提出申请，经公证机构推荐，由所在地的司法行政部门报省、自治区、直辖市人民政府司法行政部门审核同意后，报请国务院司法行政部门任命，并由省、自治区、直辖市人民政府司法行政部门颁发公证员执业证书。

**第二十二条** 公证员应当遵纪守法，恪守职业道德，依法履行公证职责，保守执业秘密。

公证员有权获得劳动报酬，享受保险和福利待遇；有权提出辞职、申诉或者控告；非因法定事由和非经法定程序，不被免职或者处罚。

**第二十三条** 公证员不得有下列行为：

（一）同时在二个以上公证机构执业；

（二）从事有报酬的其他职业；

（三）为本人及近亲属办理公证或者办理与本人及近亲属有利害关系的公证；

（四）私自出具公证书；

（五）为不真实、不合法的事项出具公证书；

（六）侵占、挪用公证费或者侵占、盗窃公证专用物品；

（七）毁损、篡改公证文书或者公证档案；

（八）泄露在执业活动中知悉的国家秘密、商业秘密或者个人隐私；

（九）法律、法规、国务院司法行政部门规定禁止的其他行为。

**第二十四条** 公证员有下列情形之一的，由所在地的司法行政部门报省、自治区、直辖市人民政府司法行政部门提请国务院司法行政部门予以免职：

（一）丧失中华人民共和国国籍的；

（二）年满六十五周岁或者因健康原因不能继续履行职务的；

（三）自愿辞去公证员职务的；

（四）被吊销公证员执业证书的。

## 第四章 公证程序

**第二十五条** 自然人、法人或者其他组织申请办理公证，可以向住所地、经常居住地、行为地或者事实发生地的公证机构提出。

申请办理涉及不动产的公证，应当向不动产所在地的公证机构提出；申请办理涉及不动产的委托、声明、赠与、遗嘱的公证，可以适用前款规定。

**第二十六条** 自然人、法人或者其他组织可以委托他人办理公证，但遗嘱、生存、收养关系等应当由本人办理公证的除外。

**第二十七条** 申请办理公证的当事人应当向公证机构如实说明申请公证事项的有关情况，提供真实、合法、充分的证明材料；提供的证明材料不充分的，公证机构可以要求补充。

公证机构受理公证申请后，应当告知当事人申请公证事项的法律意义和可能产生的法律后果，并将告知内容记录存档。

**第二十八条** 公证机构办理公证，应当根据不同公证事项的办证规则，分别审查下列事项：

（一）当事人的身份、申请办理该项公证的资格以及相应的权利；

（二）提供的文书内容是否完备，含义是否清晰，签名、印鉴是否齐全；

（三）提供的证明材料是否真实、合法、充分；

（四）申请公证的事项是否真实、合法。

**第二十九条** 公证机构对申请公证的事项以及当事人提供的证明材料，按照有关办证规则需要核实或者对其有疑义的，应当进行核实，或者委托异地公证机构代为核实，有关单位或者个人应当依法予以协助。

**第三十条** 公证机构经审查，认为申请提供的证明材料真实、合法、充分，申请公证的事项真实、合法的，应当自受理公证申请之日起十五个工作日内向当事人出具公证书。但是，因不可抗力、补充证明材料或者需要核实有关情况的，所需时间不计算在期限内。

**第三十一条** 有下列情形之一的，公证机构不予办理公证：

（一）无民事行为能力人或者限制民事行为能力人没有监护人代理申请办理公证的；

（二）当事人与申请公证的事项没有利害关系的；

（三）申请公证的事项属专业技术鉴定、评估事项的；

（四）当事人之间对申请公证的事项有争议的；

（五）当事人虚构、隐瞒事实，或者提供虚假证明材料的；

（六）当事人提供的证明材料不充分或者拒绝补充证明材料的；

（七）申请公证的事项不真实、不合法的；

（八）申请公证的事项违背社会公德的；

（九）当事人拒绝按照规定支付公证费的。

**第三十二条** 公证书应当按照国务院司法行政部门规定的格式制作，由公证员签名或者加盖签名章并加盖公证机构印章。公证书自出具之日起生效。

公证书应当使用全国通用的文字；在民族自治地方，根据当事人的要求，可以制作当地通用的民族文字文本。

**第三十三条** 公证书需要在国外使用，使用国要求先认证的，应当经中华人民共和国外交部或者外交部授权的机构和有关国家驻中华人民共和国使（领）馆认证。

**第三十四条** 当事人应当按照规定支付公证费。

对符合法律援助条件的当事人，公证机构应当按照规定减免公证费。

**第三十五条** 公证机构应当将公证文书分类立卷，归档保存。法律、行政法规规定应当公证的事项等重要的公证档案在公证机构保存期满，应当按照规定移交地方档案馆保管。

## 第五章 公证效力

**第三十六条** 经公证的民事法律行为、有法律意义的事实和文书，应当作为认定事实的根据，但有相反证据足以推翻该项公证的除外。

**第三十七条** 对经公证的以给付为内容并载明债务人愿意接受强制执行承诺的债权文书，债务人不履行或者履行不适当的，债权人可以依法向有管辖权的人民法院申请执行。

前款规定的债权文书确有错误的，人民法院裁定不予执行，并将裁定书送达双方当事人和公证机构。

**第三十八条** 法律、行政法规规定未经公证的事项不具有法律效力的，依照其规定。

**第三十九条** 当事人、公证事项的利害关系人认为公证书有错误的，可以向出具该公证书的公证机构提出复查。公证书的内容违法或者与事实不符的，公证机构应当撤销该公证书并予以公告，该公证书自始无效；公证书有其他错误的，公证机构应当予以更正。

**第四十条** 当事人、公证事项的利害关系人对公证书的内容有争议的，可以就该争议向人民法院提起民事诉讼。

## 第六章 法律责任

**第四十一条** 公证机构及其公证员有下列行为之一的，由省、自治区、直辖市或者设区的市人民政府司法行政部门给予警告；情节严重的，对公证机构处一万元以上五万元以下罚款，对公证员处一千元以上五千元以下罚款，并可以给予三个月以上六个月以下停止执业的处罚；有违法所得的，没收违法所得：

（一）以诋毁其他公证机构、公证员或者支付回扣、佣金等不正当手段争揽公证业务的；

（二）违反规定的收费标准收取公证费的；

（三）同时在二个以上公证机构执业的；

（四）从事有报酬的其他职业的；

（五）为本人及近亲属办理公证或者办理与本人及近亲属有利害关系的公证的；

（六）依照法律、行政法规的规定，应当给予处罚的其他行为。

**第四十二条** 公证机构及其公证员有下列行为之一的，由省、自治区、直辖市或者设区的市人民政府司法行政部门对公证机构给予警告，并处二万元以上十万元以下罚款，并可以给予一个月以上三个月以下停业整顿的处罚；对公证员给予警告，并处二千元以上一万元以下罚款，并可以给予三个月以上十二个月以下停止执业的处罚；有违法所得的，没收违法所得；情节严重的，由省、自治区、直辖市人民政府司法行政部门吊销公证员执业证书；构成犯罪的，依法追究刑事责任：

（一）私自出具公证书的；

（二）为不真实、不合法的事项出具公证书的；

（三）侵占、挪用公证费或者侵占、盗窃公证专用物品的；

（四）毁损、篡改公证文书或者公证档案的；

（五）泄露在执业活动中知悉的国家秘密、商业秘密或者个人隐私的；

（六）依照法律、行政法规的规定，应当给予处罚的其他行为。

因故意犯罪或者职务过失犯罪受刑事处罚的，应当吊销公证员执业证书。

被吊销公证员执业证书的，不得担任辩护人、诉讼代理人，但系刑事诉讼、民事诉讼、行政诉讼当事人的监护人、近亲属的除外。

**第四十三条** 公证机构及其公证员因过错给当事人、公证事项的利害关系人造成损失的，由公证机构承担相应的赔偿责任；公证机构赔偿后，可以向有故意或者重大过失的公证员追偿。

当事人、公证事项的利害关系人与公证机构因赔偿发生争议的，可以向人民法院提起民事诉讼。

**第四十四条** 当事人以及其他个人或者组织有下列行为之一，给他人造成损失的，依法承担民事责任；违反治安管理的，依法给予治安管理处罚；构成犯罪的，依法追究刑事责任：

（一）提供虚假证明材料，骗取公证书的；

（二）利用虚假公证书从事欺诈活动的；

（三）伪造、变造或者买卖伪造、变造的公证书、公证机构印章的。

## 第七章 附 则

**第四十五条** 中华人民共和国驻外使（领）馆可以依照本法的规定或者中华人民共和国缔结或者参加的国际条约的规定，办理公证。

**第四十六条** 公证费的收费标准由省、自治区、直辖市人民政府价格主管部门会同同级司法行政部门制定。

**第四十七条** 本法自 2006 年 3 月 1 日起施行。

# 中华人民共和国监狱法

- 1994 年 12 月 29 日第八届全国人民代表大会常务委员会第十一次会议通过
- 根据 2012 年 10 月 26 日第十一届全国人民代表大会常务委员会第二十九次会议《关于修改〈中华人民共和国监狱法〉的决定》修正

## 目 录

第一章 总 则
第二章 监 狱
第三章 刑罚的执行
　第一节 收 监
　第二节 对罪犯提出的申诉、控告、检举的处理
　第三节 监外执行
　第四节 减刑、假释
　第五节 释放和安置
第四章 狱政管理
　第一节 分押分管
　第二节 警 戒
　第三节 戒具和武器的使用

第四节 通信、会见
第五节 生活、卫生
第六节 奖 惩
第七节 对罪犯服刑期间犯罪的处理
第五章 对罪犯的教育改造
第六章 对未成年犯的教育改造
第七章 附 则

## 第一章 总 则

**第一条** 为了正确执行刑罚,惩罚和改造罪犯,预防和减少犯罪,根据宪法,制定本法。

**第二条** 监狱是国家的刑罚执行机关。

依照刑法和刑事诉讼法的规定,被判处死刑缓期二年执行、无期徒刑、有期徒刑的罪犯,在监狱内执行刑罚。

**第三条** 监狱对罪犯实行惩罚和改造相结合、教育和劳动相结合的原则,将罪犯改造成为守法公民。

**第四条** 监狱对罪犯应当依法监管,根据改造罪犯的需要,组织罪犯从事生产劳动,对罪犯进行思想教育、文化教育、技术教育。

**第五条** 监狱的人民警察依法管理监狱、执行刑罚、对罪犯进行教育改造等活动,受法律保护。

**第六条** 人民检察院对监狱执行刑罚的活动是否合法,依法实行监督。

**第七条** 罪犯的人格不受侮辱,其人身安全、合法财产和辩护、申诉、控告、检举以及其他未被依法剥夺或者限制的权利不受侵犯。

罪犯必须严格遵守法律、法规和监规纪律,服从管理,接受教育,参加劳动。

**第八条** 国家保障监狱改造罪犯所需经费。监狱的人民警察经费、罪犯改造经费、罪犯生活费、狱政设施经费及其他专项经费,列入国家预算。

国家提供罪犯劳动必需的生产设施和生产经费。

**第九条** 监狱依法使用的土地、矿产资源和其他自然资源以及监狱的财产,受法律保护,任何组织或者个人不得侵占、破坏。

**第十条** 国务院司法行政部门主管全国的监狱工作。

## 第二章 监 狱

**第十一条** 监狱的设置、撤销、迁移,由国务院司法行政部门批准。

**第十二条** 监狱设监狱长一人、副监狱长若干人,并根据实际需要设置必要的工作机构和配备其他监狱管理人员。

监狱的管理人员是人民警察。

**第十三条** 监狱的人民警察应当严格遵守宪法和法律,忠于职守,秉公执法,严守纪律,清正廉洁。

**第十四条** 监狱的人民警察不得有下列行为:

(一) 索要、收受、侵占罪犯及其亲属的财物;

(二) 私放罪犯或者玩忽职守造成罪犯脱逃;

(三) 刑讯逼供或者体罚、虐待罪犯;

(四) 侮辱罪犯的人格;

(五) 殴打或者纵容他人殴打罪犯;

(六) 为谋取私利,利用罪犯提供劳务;

(七) 违反规定,私自为罪犯传递信件或者物品;

(八) 非法将监管罪犯的职权交予他人行使;

(九) 其他违法行为。

监狱的人民警察有前款所列行为,构成犯罪的,依法追究刑事责任;尚未构成犯罪的,应当予以行政处分。

## 第三章 刑罚的执行

### 第一节 收 监

**第十五条** 人民法院对被判处死刑缓期二年执行、无期徒刑、有期徒刑的罪犯,应当将执行通知书、判决书送达羁押该罪犯的公安机关,公安机关应当自收到执行通知书、判决书之日起一个月内将该罪犯送交监狱执行刑罚。

罪犯在被交付执行刑罚前,剩余刑期在三个月以下的,由看守所代为执行。

**第十六条** 罪犯被交付执行刑罚时,交付执行的人民法院应当将人民检察院的起诉书副本、人民法院的判决书、执行通知书、结案登记表同时送达监狱。监狱没有收到上述文件的,不得收监;上述文件不齐全或者记载有误的,作出生效判决的人民法院应当及时补充齐全或者作出更正;对其中可能导致错误收监的,不予收监。

**第十七条** 罪犯被交付执行刑罚,符合本法第十六条规定的,应当予以收监。罪犯收监后,监狱应当对其进行身体检查。经检查,对于具有暂予监外执行情形的,监狱可以提出书面意见,报省级以上监狱管理机关批准。

**第十八条** 罪犯收监,应当严格检查其人身和所携带的物品。非生活必需品,由监狱代为保管或者征得罪犯同意退回其家属,违禁品予以没收。

女犯由女性人民警察检查。

**第十九条** 罪犯不得携带子女在监内服刑。

**第二十条** 罪犯收监后,监狱应当通知罪犯家属。通知书应当自收监之日起五日内发出。

### 第二节　对罪犯提出的申诉、控告、检举的处理

**第二十一条**　罪犯对生效的判决不服的，可以提出申诉。

对于罪犯的申诉，人民检察院或者人民法院应当及时处理。

**第二十二条**　对罪犯提出的控告、检举材料，监狱应当及时处理或者转送公安机关或者人民检察院处理，公安机关或者人民检察院应当将处理结果通知监狱。

**第二十三条**　罪犯的申诉、控告、检举材料，监狱应当及时转递，不得扣压。

**第二十四条**　监狱在执行刑罚过程中，根据罪犯的申诉，认为判决可能有错误的，应当提请人民检察院或者人民法院处理，人民检察院或者人民法院应当自收到监狱提请处理意见书之日起六个月内将处理结果通知监狱。

### 第三节　监外执行

**第二十五条**　对于被判处无期徒刑、有期徒刑在监内服刑的罪犯，符合刑事诉讼法规定的监外执行条件的，可以暂予监外执行。

**第二十六条**　暂予监外执行，由监狱提出书面意见，报省、自治区、直辖市监狱管理机关批准。批准机关应当将批准的暂予监外执行决定通知公安机关和原判人民法院，并抄送人民检察院。

人民检察院认为对罪犯适用暂予监外执行不当的，应当自接到通知之日起一个月内将书面意见送交批准暂予监外执行的机关，批准暂予监外执行的机关接到人民检察院的书面意见后，应当立即对该决定进行重新核查。

**第二十七条**　对暂予监外执行的罪犯，依法实行社区矫正，由社区矫正机构负责执行。原关押监狱应当及时将罪犯在监内改造情况通报负责执行的社区矫正机构。

**第二十八条**　暂予监外执行的罪犯具有刑事诉讼法规定的应当收监的情形的，社区矫正机构应当及时通知监狱收监；刑期届满的，由原关押监狱办理释放手续。罪犯在暂予监外执行期间死亡的，社区矫正机构应当及时通知原关押监狱。

### 第四节　减刑、假释

**第二十九条**　被判处无期徒刑、有期徒刑的罪犯，在服刑期间确有悔改或者立功表现的，根据监狱考核的结果，可以减刑。有下列重大立功表现之一的，应当减刑：

（一）阻止他人重大犯罪活动的；

（二）检举监狱内外重大犯罪活动，经查证属实的；

（三）有发明创造或者重大技术革新的；

（四）在日常生产、生活中舍己救人的；

（五）在抗御自然灾害或者排除重大事故中，有突出表现的；

（六）对国家和社会有其他重大贡献的。

**第三十条**　减刑建议由监狱向人民法院提出，人民法院应当自收到减刑建议书之日起一个月内予以审核裁定；案情复杂或者情况特殊的，可以延长一个月。减刑裁定的副本应当抄送人民检察院。

**第三十一条**　被判处死刑缓期二年执行的罪犯，在死刑缓期执行期间，符合法律规定的减为无期徒刑、有期徒刑条件的，二年期满时，所在监狱应当及时提出减刑建议，报经省、自治区、直辖市监狱管理机关审核后，提请高级人民法院裁定。

**第三十二条**　被判处无期徒刑、有期徒刑的罪犯，符合法律规定的假释条件的，由监狱根据考核结果向人民法院提出假释建议，人民法院应当自收到假释建议书之日起一个月内予以审核裁定；案情复杂或者情况特殊的，可以延长一个月。假释裁定的副本应当抄送人民检察院。

**第三十三条**　人民法院裁定假释的，监狱应当按期假释并发给假释证明书。

对被假释的罪犯，依法实行社区矫正，由社区矫正机构负责执行。被假释的罪犯，在假释考验期限内有违反法律、行政法规或者国务院有关部门关于假释的监督管理规定的行为，尚未构成新的犯罪的，社区矫正机构应当向人民法院提出撤销假释的建议，人民法院应当自收到撤销假释建议书之日起一个月内予以审核裁定。人民法院裁定撤销假释的，由公安机关将罪犯送交监狱收监。

**第三十四条**　对不符合法律规定的减刑、假释条件的罪犯，不得以任何理由将其减刑、假释。

人民检察院认为人民法院减刑、假释的裁定不当，应当依照刑事诉讼法规定的期间向人民法院提出书面纠正意见。对于人民检察院提出书面纠正意见的案件，人民法院应当重新审理。

### 第五节　释放和安置

**第三十五条**　罪犯服刑期满，监狱应当按期释放并发给释放证明书。

**第三十六条**　罪犯释放后，公安机关凭释放证明书办理户籍登记。

**第三十七条**　对刑满释放人员，当地人民政府帮助

其安置生活。

刑满释放人员丧失劳动能力又无法定赡养人、扶养人和基本生活来源的，由当地人民政府予以救济。

**第三十八条** 刑满释放人员依法享有与其他公民平等的权利。

## 第四章 狱政管理

### 第一节 分押分管

**第三十九条** 监狱对成年男犯、女犯和未成年犯实行分开关押和管理，对未成年犯和女犯的改造，应当照顾其生理、心理特点。

监狱根据罪犯的犯罪类型、刑罚种类、刑期、改造表现等情况，对罪犯实行分别关押，采取不同方式管理。

**第四十条** 女犯由女性人民警察直接管理。

### 第二节 警 戒

**第四十一条** 监狱的武装警戒由人民武装警察部队负责，具体办法由国务院、中央军事委员会规定。

**第四十二条** 监狱发现在押罪犯脱逃，应当即时将其抓获，不能即时抓获的，应当立即通知公安机关，由公安机关负责追捕，监狱密切配合。

**第四十三条** 监狱根据监管需要，设立警戒设施。监狱周围设警戒隔离带，未经准许，任何人不得进入。

**第四十四条** 监区、作业区周围的机关、团体、企业事业单位和基层组织，应当协助监狱做好安全警戒工作。

### 第三节 戒具和武器的使用

**第四十五条** 监狱遇有下列情形之一的，可以使用戒具：

（一）罪犯有脱逃行为的；

（二）罪犯有使用暴力行为的；

（三）罪犯正在押解途中的；

（四）罪犯有其他危险行为需要采取防范措施的。

前款所列情形消失后，应当停止使用戒具。

**第四十六条** 人民警察和人民武装警察部队的执勤人员遇有下列情形之一，非使用武器不能制止的，按照国家有关规定，可以使用武器：

（一）罪犯聚众骚乱、暴乱的；

（二）罪犯脱逃或者拒捕的；

（三）罪犯持有凶器或者其他危险物，正在行凶或者破坏，危及他人生命、财产安全的；

（四）劫夺罪犯的；

（五）罪犯抢夺武器的。

使用武器的人员，应当按照国家有关规定报告情况。

### 第四节 通信、会见

**第四十七条** 罪犯在服刑期间可以与他人通信，但是来往信件应当经过监狱检查。监狱发现有碍罪犯改造内容的信件，可以扣留。罪犯写给监狱的上级机关和司法机关的信件，不受检查。

**第四十八条** 罪犯在监狱服刑期间，按照规定，可以会见亲属、监护人。

**第四十九条** 罪犯收受物品和钱款，应当经监狱批准、检查。

### 第五节 生活、卫生

**第五十条** 罪犯的生活标准按实物量计算，由国家规定。

**第五十一条** 罪犯的被服由监狱统一配发。

**第五十二条** 对少数民族罪犯的特殊生活习惯，应当予以照顾。

**第五十三条** 罪犯居住的监舍应当坚固、通风、透光、清洁、保暖。

**第五十四条** 监狱应当设立医疗机构和生活、卫生设施，建立罪犯生活、卫生制度。罪犯的医疗保健列入监狱所在地区的卫生、防疫计划。

**第五十五条** 罪犯在服刑期间死亡的，监狱应当立即通知罪犯家属和人民检察院、人民法院。罪犯因病死亡的，由监狱作出医疗鉴定。人民检察院对监狱的医疗鉴定有疑义的，可以重新对死亡原因作出鉴定。罪犯家属有疑义的，可以向人民检察院提出。罪犯非正常死亡的，人民检察院应当立即检验，对死亡原因作出鉴定。

### 第六节 奖 惩

**第五十六条** 监狱应当建立罪犯的日常考核制度，考核的结果作为对罪犯奖励和处罚的依据。

**第五十七条** 罪犯有下列情形之一的，监狱可以给予表扬、物质奖励或者记功：

（一）遵守监规纪律，努力学习，积极劳动，有认罪服法表现的；

（二）阻止违法犯罪活动的；

（三）超额完成生产任务的；

（四）节约原材料或者爱护公物，有成绩的；

（五）进行技术革新或者传授生产技术，有一定成效的；

（六）在防止或者消除灾害事故中作出一定贡献的；

（七）对国家和社会有其他贡献的。

被判处有期徒刑的罪犯有前款所列情形之一，执行原判刑期二分之一以上，在服刑期间一贯表现好，离开监狱不致再危害社会的，监狱可以根据情况准其离监探亲。

**第五十八条**　罪犯有下列破坏监管秩序情形之一的，监狱可以给予警告、记过或者禁闭：

（一）聚众哄闹监狱，扰乱正常秩序的；

（二）辱骂或者殴打人民警察的；

（三）欺压其他罪犯的；

（四）偷窃、赌博、打架斗殴、寻衅滋事的；

（五）有劳动能力拒不参加劳动或者消极怠工，经教育不改的；

（六）以自伤、自残手段逃避劳动的；

（七）在生产劳动中故意违反操作规程，或者有意损坏生产工具的；

（八）有违反监规纪律的其他行为的。

依照前款规定对罪犯实行禁闭的期限为七天至十五天。

罪犯在服刑期间有第一款所列行为，构成犯罪的，依法追究刑事责任。

### 第七节　对罪犯服刑期间犯罪的处理

**第五十九条**　罪犯在服刑期间故意犯罪的，依法从重处罚。

**第六十条**　对罪犯在监狱内犯罪的案件，由监狱进行侦查。侦查终结后，写出起诉意见书，连同案卷材料、证据一并移送人民检察院。

## 第五章　对罪犯的教育改造

**第六十一条**　教育改造罪犯，实行因人施教、分类教育、以理服人的原则，采取集体教育与个别教育相结合、狱内教育与社会教育相结合的方法。

**第六十二条**　监狱应当对罪犯进行法制、道德、形势、政策、前途等内容的思想教育。

**第六十三条**　监狱应当根据不同情况，对罪犯进行扫盲教育、初等教育和初级中等教育，经考试合格的，由教育部门发给相应的学业证书。

**第六十四条**　监狱应当根据监狱生产和罪犯释放后就业的需要，对罪犯进行职业技术教育，经考核合格的，由劳动部门发给相应的技术等级证书。

**第六十五条**　监狱鼓励罪犯自学，经考试合格的，由有关部门发给相应的证书。

**第六十六条**　罪犯的文化和职业技术教育，应当列入所在地区教育规划。监狱应当设立教室、图书阅览室等必要的教育设施。

**第六十七条**　监狱应当组织罪犯开展适当的体育活动和文化娱乐活动。

**第六十八条**　国家机关、社会团体、部队、企业事业单位和社会各界人士以及罪犯的亲属，应当协助监狱做好对罪犯的教育改造工作。

**第六十九条**　有劳动能力的罪犯，必须参加劳动。

**第七十条**　监狱根据罪犯的个人情况，合理组织劳动，使其矫正恶习，养成劳动习惯，学会生产技能，并为释放后就业创造条件。

**第七十一条**　监狱对罪犯的劳动时间，参照国家有关劳动工时的规定执行；在季节性生产等特殊情况下，可以调整劳动时间。

罪犯有在法定节日和休息日休息的权利。

**第七十二条**　监狱对参加劳动的罪犯，应当按照有关规定给予报酬并执行国家有关劳动保护的规定。

**第七十三条**　罪犯在劳动中致伤、致残或者死亡的，由监狱参照国家劳动保险的有关规定处理。

## 第六章　对未成年犯的教育改造

**第七十四条**　对未成年犯应当在未成年犯管教所执行刑罚。

**第七十五条**　对未成年犯执行刑罚应当以教育改造为主。未成年犯的劳动，应当符合未成年人的特点，以学习文化和生产技能为主。

监狱应当配合国家、社会、学校等教育机构，为未成年犯接受义务教育提供必要的条件。

**第七十六条**　未成年犯年满十八周岁时，剩余刑期不超过二年的，仍可以留在未成年犯管教所执行剩余刑期。

**第七十七条**　对未成年犯的管理和教育改造，本章未作规定的，适用本法的有关规定。

## 第七章　附　则

**第七十八条**　本法自公布之日起施行。

# 中华人民共和国社区矫正法

·2019 年 12 月 28 日第十三届全国人民代表大会常务委员会第十五次会议通过

·2019 年 12 月 28 日中华人民共和国主席令第 40 号公布

·自 2020 年 7 月 1 日起施行

## 目　录

第一章　总　则

第二章　机构、人员和职责

第三章 决定和接收
第四章 监督管理
第五章 教育帮扶
第六章 解除和终止
第七章 未成年人社区矫正特别规定
第八章 法律责任
第九章 附 则

## 第一章 总 则

**第一条** 为了推进和规范社区矫正工作,保障刑事判决、刑事裁定和暂予监外执行决定的正确执行,提高教育矫正质量,促进社区矫正对象顺利融入社会,预防和减少犯罪,根据宪法,制定本法。

**第二条** 对被判处管制、宣告缓刑、假释和暂予监外执行的罪犯,依法实行社区矫正。

对社区矫正对象的监督管理、教育帮扶等活动,适用本法。

**第三条** 社区矫正工作坚持监督管理与教育帮扶相结合,专门机关与社会力量相结合,采取分类管理、个别化矫正,有针对性地消除社区矫正对象可能重新犯罪的因素,帮助其成为守法公民。

**第四条** 社区矫正对象应当依法接受社区矫正,服从监督管理。

社区矫正工作应当依法进行,尊重和保障人权。社区矫正对象依法享有的人身权利、财产权利和其他权利不受侵犯,在就业、就学和享受社会保障等方面不受歧视。

**第五条** 国家支持社区矫正机构提高信息化水平,运用现代信息技术开展监督管理和教育帮扶。社区矫正工作相关部门之间依法进行信息共享。

**第六条** 各级人民政府应当将社区矫正经费列入本级政府预算。

居民委员会、村民委员会和其他社会组织依法协助社区矫正机构开展工作所需的经费应当按照规定列入社区矫正机构本级政府预算。

**第七条** 对在社区矫正工作中做出突出贡献的组织、个人,按照国家有关规定给予表彰、奖励。

## 第二章 机构、人员和职责

**第八条** 国务院司法行政部门主管全国的社区矫正工作。县级以上地方人民政府司法行政部门主管本行政区域内的社区矫正工作。

人民法院、人民检察院、公安机关和其他有关部门依照各自职责,依法做好社区矫正工作。人民检察院依法对社区矫正工作实行法律监督。

地方人民政府根据需要设立社区矫正委员会,负责统筹协调和指导本行政区域内的社区矫正工作。

**第九条** 县级以上地方人民政府根据需要设置社区矫正机构,负责社区矫正工作的具体实施。社区矫正机构的设置和撤销,由县级以上地方人民政府司法行政部门提出意见,按照规定的权限和程序审批。

司法所根据社区矫正机构的委托,承担社区矫正相关工作。

**第十条** 社区矫正机构应当配备具有法律等专业知识的专门国家工作人员(以下称社区矫正机构工作人员),履行监督管理、教育帮扶等执法职责。

**第十一条** 社区矫正机构根据需要,组织具有法律、教育、心理、社会工作等专业知识或者实践经验的社会工作者开展社区矫正相关工作。

**第十二条** 居民委员会、村民委员会依法协助社区矫正机构做好社区矫正工作。

社区矫正对象的监护人、家庭成员,所在单位或者就读学校应当协助社区矫正机构做好社区矫正工作。

**第十三条** 国家鼓励、支持企业事业单位、社会组织、志愿者等社会力量依法参与社区矫正工作。

**第十四条** 社区矫正机构工作人员应当严格遵守宪法和法律,忠于职守,严守纪律,清正廉洁。

**第十五条** 社区矫正机构工作人员和其他参与社区矫正工作的人员依法开展社区矫正工作,受法律保护。

**第十六条** 国家推进高素质的社区矫正工作队伍建设。社区矫正机构应当加强对社区矫正工作人员的管理、监督、培训和职业保障,不断提高社区矫正工作的规范化、专业化水平。

## 第三章 决定和接收

**第十七条** 社区矫正决定机关判处管制、宣告缓刑、裁定假释、决定或者批准暂予监外执行时应当确定社区矫正执行地。

社区矫正执行地为社区矫正对象的居住地。社区矫正对象在多个地方居住的,可以确定经常居住地为执行地。

社区矫正对象的居住地、经常居住地无法确定或者不适宜执行社区矫正的,社区矫正决定机关应当根据有利于社区矫正对象接受矫正、更好地融入社会的原则,确定执行地。

本法所称社区矫正决定机关,是指依法判处管制、宣告缓刑、裁定假释、决定暂予监外执行的人民法院和依法批准暂予监外执行的监狱管理机关、公安机关。

**第十八条**　社区矫正决定机关根据需要,可以委托社区矫正机构或者有关社会组织对被告人或者罪犯的社会危险性和对所居住社区的影响,进行调查评估,提出意见,供决定社区矫正时参考。居民委员会、村民委员会等组织应当提供必要的协助。

**第十九条**　社区矫正决定机关判处管制、宣告缓刑、裁定假释、决定或者批准暂予监外执行,应当按照刑法、刑事诉讼法等法律规定的条件和程序进行。

社区矫正决定机关应当对社区矫正对象进行教育,告知其在社区矫正期间应当遵守的规定以及违反规定的法律后果,责令其按时报到。

**第二十条**　社区矫正决定机关应当自判决、裁定或者决定生效之日起五日内通知执行地社区矫正机构,并在十日内送达有关法律文书,同时抄送人民检察院和执行地公安机关。社区矫正决定地与执行地不在同一地方的,由执行地社区矫正机构将法律文书转送所在地的人民检察院、公安机关。

**第二十一条**　人民法院判处管制、宣告缓刑、裁定假释的社区矫正对象,应当自判决、裁定生效之日起十日内到执行地社区矫正机构报到。

人民法院决定暂予监外执行的社区矫正对象,由看守所或者执行取保候审、监视居住的公安机关自收到决定之日起十日内将社区矫正对象移送社区矫正机构。

监狱管理机关、公安机关批准暂予监外执行的社区矫正对象,由监狱或者看守所自收到批准决定之日起十日内将社区矫正对象移送社区矫正机构。

**第二十二条**　社区矫正机构应当依法接收社区矫正对象,核对法律文书、核实身份、办理接收登记、建立档案,并宣告社区矫正对象的犯罪事实、执行社区矫正的期限以及应当遵守的规定。

## 第四章　监督管理

**第二十三条**　社区矫正对象在社区矫正期间应当遵守法律、行政法规,履行判决、裁定、暂予监外执行决定等法律文书确定的义务,遵守国务院司法行政部门关于报告、会客、外出、迁居、保外就医等监督管理规定,服从社区矫正机构的管理。

**第二十四条**　社区矫正机构应当根据裁判内容和社区矫正对象的性别、年龄、心理特点、健康状况、犯罪原因、犯罪类型、犯罪情节、悔罪表现等情况,制定有针对性的矫正方案,实现分类管理、个别化矫正。矫正方案应当根据社区矫正对象的表现等情况相应调整。

**第二十五条**　社区矫正机构应当根据社区矫正对象的情况,为其确定矫正小组,负责落实相应的矫正方案。

根据需要,矫正小组可以由司法所、居民委员会、村民委员会的人员,社区矫正对象的监护人、家庭成员,所在单位或者就读学校的人员以及社会工作者、志愿者等组成。社区矫正对象为女性的,矫正小组中应有女性成员。

**第二十六条**　社区矫正机构应当了解掌握社区矫正对象的活动情况和行为表现。社区矫正机构可以通过通信联络、信息化核查、实地查访等方式核实有关情况,有关单位和个人应当予以配合。

社区矫正机构开展实地查访等工作时,应当保护社区矫正对象的身份信息和个人隐私。

**第二十七条**　社区矫正对象离开所居住的市、县或者迁居,应当报经社区矫正机构批准。社区矫正机构对于有正当理由的,应当批准;对于因正常工作和生活需要经常性跨市、县活动的,可以根据情况,简化批准程序和方式。

因社区矫正对象迁居等原因需要变更执行地的,社区矫正机构应当按照有关规定作出变更决定。社区矫正机构作出变更决定后,应当通知社区矫正决定机关和变更后的社区矫正机构,并将有关法律文书抄送变更后的社区矫正机构。变更后的社区矫正机构应当将法律文书转送所在地的人民检察院、公安机关。

**第二十八条**　社区矫正机构根据社区矫正对象的表现,依照有关规定对其实施考核奖惩。社区矫正对象认罪悔罪、遵守法律法规、服从监督管理、接受教育表现突出的,应当给予表扬。社区矫正对象违反法律法规或者监督管理规定的,应当视情节依法给予训诫、警告、提请公安机关予以治安管理处罚,或者依法提请撤销缓刑、撤销假释、对暂予监外执行的收监执行。

对社区矫正对象的考核结果,可以作为认定其是否确有悔改表现或者是否严重违反监督管理规定的依据。

**第二十九条**　社区矫正对象有下列情形之一的,经县级司法行政部门负责人批准,可以使用电子定位装置,加强监督管理:

(一)违反人民法院禁止令的;

(二)无正当理由,未经批准离开所居住的市、县的;

(三)拒不按照规定报告自己的活动情况,被给予警告的;

(四)违反监督管理规定,被给予治安管理处罚的;

(五)拟提请撤销缓刑、假释或者暂予监外执行收监执行的。

前款规定的使用电子定位装置的期限不得超过三个月。对于不需要继续使用的,应当及时解除;对于期限届满后,经评估仍有必要继续使用的,经过批准,期限可以延长,每次不得超过三个月。

社区矫正机构对通过电子定位装置获得的信息应当严格保密,有关信息只能用于社区矫正工作,不得用于其他用途。

**第三十条** 社区矫正对象失去联系的,社区矫正机构应当立即组织查找,公安机关等有关单位和人员应当予以配合协助。查找到社区矫正对象后,应当区别情形依法作出处理。

**第三十一条** 社区矫正机构发现社区矫正对象正在实施违反监督管理规定的行为或者违反人民法院禁止令等违法行为的,应当立即制止;制止无效的,应当立即通知公安机关到场处置。

**第三十二条** 社区矫正对象有被依法决定拘留、强制隔离戒毒、采取刑事强制措施等限制人身自由情形的,有关机关应当及时通知社区矫正机构。

**第三十三条** 社区矫正对象符合刑法规定的减刑条件的,社区矫正机构应当向社区矫正执行地的中级以上人民法院提出减刑建议,并将减刑建议书抄送同级人民检察院。

人民法院应当在收到社区矫正机构的减刑建议书后三十日内作出裁定,并将裁定书送达社区矫正机构,同时抄送人民检察院、公安机关。

**第三十四条** 开展社区矫正工作,应当保障社区矫正对象的合法权益。社区矫正的措施和方法应当避免对社区矫正对象的正常工作和生活造成不必要的影响;非依法律规定,不得限制或者变相限制社区矫正对象的人身自由。

社区矫正对象认为其合法权益受到侵害的,有权向人民检察院或者有关机关申诉、控告和检举。受理机关应当及时办理,并将办理结果告知申诉人、控告人和检举人。

## 第五章 教育帮扶

**第三十五条** 县级以上地方人民政府及其有关部门应当通过多种形式为教育帮扶社区矫正对象提供必要的场所和条件,组织动员社会力量参与教育帮扶工作。

有关人民团体应当依法协助社区矫正机构做好教育帮扶工作。

**第三十六条** 社区矫正机构根据需要,对社区矫正对象进行法治、道德等教育,增强其法治观念,提高其道德素质和悔罪意识。

对社区矫正对象的教育应当根据其个体特征、日常表现等实际情况,充分考虑其工作和生活情况,因人施教。

**第三十七条** 社区矫正机构可以协调有关部门和单位,依法对就业困难的社区矫正对象开展职业技能培训、就业指导,帮助社区矫正对象中的在校学生完成学业。

**第三十八条** 居民委员会、村民委员会可以引导志愿者和社区群众,利用社区资源,采取多种形式,对有特殊困难的社区矫正对象进行必要的教育帮扶。

**第三十九条** 社区矫正对象的监护人、家庭成员,所在单位或者就读学校应当协助社区矫正机构做好对社区矫正对象的教育。

**第四十条** 社区矫正机构可以通过公开择优购买社区矫正社会工作服务或者其他社会服务,为社区矫正对象在教育、心理辅导、职业技能培训、社会关系改善等方面提供必要的帮扶。

社区矫正机构也可以通过项目委托社会组织等方式开展上述帮扶活动。国家鼓励有经验和资源的社会组织跨地区开展帮扶交流和示范活动。

**第四十一条** 国家鼓励企业事业单位、社会组织为社区矫正对象提供就业岗位和职业技能培训。招用符合条件的社区矫正对象的企业,按照规定享受国家优惠政策。

**第四十二条** 社区矫正机构可以根据社区矫正对象的个人特长,组织其参加公益活动,修复社会关系,培养社会责任感。

**第四十三条** 社区矫正对象可以按照国家有关规定申请社会救助、参加社会保险、获得法律援助,社区矫正机构应当给予必要的协助。

## 第六章 解除和终止

**第四十四条** 社区矫正对象矫正期满或者被赦免的,社区矫正机构应当向社区矫正对象发放解除社区矫正证明书,并通知社区矫正决定机关、所在地的人民检察院、公安机关。

**第四十五条** 社区矫正对象被裁定撤销缓刑、假释,被决定收监执行,或者社区矫正对象死亡的,社区矫正终止。

**第四十六条** 社区矫正对象具有刑法规定的撤销缓刑、假释情形的,应当由人民法院撤销缓刑、假释。

对于在考验期限内犯新罪或者发现判决宣告以前还有其他罪没有判决的，应当由审理该案件的人民法院撤销缓刑、假释，并书面通知原审人民法院和执行地社区矫正机构。

对于有第二款规定以外的其他需要撤销缓刑、假释情形的，社区矫正机构应当向原审人民法院或者执行地人民法院提出撤销缓刑、假释建议，并将建议书抄送人民检察院。社区矫正机构提出撤销缓刑、假释建议时，应当说明理由，并提供有关证据材料。

**第四十七条** 被提请撤销缓刑、假释的社区矫正对象可能逃跑或者可能发生社会危险的，社区矫正机构可以在提出撤销缓刑、假释建议的同时，提请人民法院决定对其予以逮捕。

人民法院应当在四十八小时内作出是否逮捕的决定。决定逮捕的，由公安机关执行。逮捕后的羁押期限不得超过三十日。

**第四十八条** 人民法院应当在收到社区矫正机构撤销缓刑、假释建议书后三十日内作出裁定，将裁定书送达社区矫正机构和公安机关，并抄送人民检察院。

人民法院拟撤销缓刑、假释的，应当听取社区矫正对象的申辩及其委托的律师的意见。

人民法院裁定撤销缓刑、假释的，公安机关应当及时将社区矫正对象送交监狱或者看守所执行。执行以前被逮捕的，羁押一日折抵刑期一日。

人民法院裁定不予撤销缓刑、假释的，对被逮捕的社区矫正对象，公安机关应当立即予以释放。

**第四十九条** 暂予监外执行的社区矫正对象具有刑事诉讼法规定的应当予以收监情形的，社区矫正机构应当向执行地或者原社区矫正决定机关提出收监执行建议，并将建议书抄送人民检察院。

社区矫正决定机关应当在收到建议书后三十日内作出决定，将决定书送达社区矫正机构和公安机关，并抄送人民检察院。

人民法院、公安机关对暂予监外执行的社区矫正对象决定收监执行的，由公安机关立即将社区矫正对象送交监狱或者看守所收监执行。

监狱管理机关对暂予监外执行的社区矫正对象决定收监执行的，监狱应当立即将社区矫正对象收监执行。

**第五十条** 被裁定撤销缓刑、假释和被决定收监执行的社区矫正对象逃跑的，由公安机关追捕，社区矫正机构、有关单位和个人予以协助。

**第五十一条** 社区矫正对象在社区矫正期间死亡的，其监护人、家庭成员应当及时向社区矫正机构报告。社区矫正机构应当及时通知社区矫正决定机关、所在地的人民检察院、公安机关。

## 第七章 未成年人社区矫正特别规定

**第五十二条** 社区矫正机构应当根据未成年社区矫正对象的年龄、心理特点、发育需要、成长经历、犯罪原因、家庭监护教育条件等情况，采取针对性的矫正措施。

社区矫正机构为未成年社区矫正对象确定矫正小组，应当吸收熟悉未成年人身心特点的人员参加。

对未成年人的社区矫正，应当与成年人分别进行。

**第五十三条** 未成年社区矫正对象的监护人应当履行监护责任，承担抚养、管教等义务。

监护人怠于履行监护职责的，社区矫正机构应当督促、教育其履行监护责任。监护人拒不履行监护职责的，通知有关部门依法作出处理。

**第五十四条** 社区矫正机构工作人员和其他依法参与社区矫正工作的人员对履行职责过程中获得的未成年人身份信息应当予以保密。

除司法机关办案需要或者有关单位根据国家规定查询外，未成年社区矫正对象的档案信息不得提供给任何单位或者个人。依法进行查询的单位，应当对获得的信息予以保密。

**第五十五条** 对未完成义务教育的未成年社区矫正对象，社区矫正机构应当通知并配合教育部门为其完成义务教育提供条件。未成年社区矫正对象的监护人应当依法保证其按时入学接受并完成义务教育。

年满十六周岁的社区矫正对象有就业意愿的，社区矫正机构可以协调有关部门和单位为其提供职业技能培训，给予就业指导和帮助。

**第五十六条** 共产主义青年团、妇女联合会、未成年人保护组织应当依法协助社区矫正机构做好未成年人社区矫正工作。

国家鼓励其他未成年人相关社会组织参与未成年人社区矫正工作，依法给予政策支持。

**第五十七条** 未成年社区矫正对象在复学、升学、就业等方面依法享有与其他未成年人同等的权利，任何单位和个人不得歧视。有歧视行为的，应当由教育、人力资源和社会保障等部门依法作出处理。

**第五十八条** 未成年社区矫正对象在社区矫正期间年满十八周岁的，继续按照未成年人社区矫正有关规定执行。

### 第八章 法律责任

**第五十九条** 社区矫正对象在社区矫正期间有违反监督管理规定行为的，由公安机关依照《中华人民共和国治安管理处罚法》的规定给予处罚；具有撤销缓刑、假释或者暂予监外执行收监情形的，应当依法作出处理。

**第六十条** 社区矫正对象殴打、威胁、侮辱、骚扰、报复社区矫正机构工作人员和其他依法参与社区矫正工作的人员及其近亲属，构成犯罪的，依法追究刑事责任；尚不构成犯罪的，由公安机关依法给予治安管理处罚。

**第六十一条** 社区矫正机构工作人员和其他国家工作人员有下列行为之一的，应当给予处分；构成犯罪的，依法追究刑事责任：

（一）利用职务或者工作便利索取、收受贿赂的；

（二）不履行法定职责的；

（三）体罚、虐待社区矫正对象，或者违反法律规定限制或者变相限制社区矫正对象的人身自由的；

（四）泄露社区矫正工作秘密或者其他依法应当保密的信息的；

（五）对依法申诉、控告或者检举的社区矫正对象进行打击报复的；

（六）有其他违纪违法行为的。

**第六十二条** 人民检察院发现社区矫正工作违反法律规定的，应当依法提出纠正意见、检察建议。有关单位应当将采纳纠正意见、检察建议的情况书面回复人民检察院，没有采纳的应当说明理由。

### 第九章 附 则

**第六十三条** 本法自2020年7月1日起施行。

## 6. 文化、旅游

## 中华人民共和国公共文化服务保障法

· 2016年12月25日第十二届全国人民代表大会常务委员会第二十五次会议通过
· 2016年12月25日中华人民共和国主席令第60号公布
· 自2017年3月1日起施行

### 目 录

第一章 总 则
第二章 公共文化设施建设与管理
第三章 公共文化服务提供
第四章 保障措施
第五章 法律责任
第六章 附 则

### 第一章 总 则

**第一条** 为了加强公共文化服务体系建设，丰富人民群众精神文化生活，传承中华优秀传统文化，弘扬社会主义核心价值观，增强文化自信，促进中国特色社会主义文化繁荣发展，提高全民族文明素质，制定本法。

**第二条** 本法所称公共文化服务，是指由政府主导、社会力量参与，以满足公民基本文化需求为主要目的而提供的公共文化设施、文化产品、文化活动以及其他相关服务。

**第三条** 公共文化服务应当坚持社会主义先进文化前进方向，坚持以人民为中心，坚持以社会主义核心价值观为引领；应当按照“百花齐放、百家争鸣”的方针，支持优秀公共文化产品的创作生产，丰富公共文化服务内容。

**第四条** 县级以上人民政府应当将公共文化服务纳入本级国民经济和社会发展规划，按照公益性、基本性、均等性、便利性的要求，加强公共文化设施建设，完善公共文化服务体系，提高公共文化服务效能。

**第五条** 国务院根据公民基本文化需求和经济社会发展水平，制定并调整国家基本公共文化服务指导标准。

省、自治区、直辖市人民政府根据国家基本公共文化服务指导标准，结合当地实际需求、财政能力和文化特色，制定并调整本行政区域的基本公共文化服务实施标准。

**第六条** 国务院建立公共文化服务综合协调机制，指导、协调、推动全国公共文化服务工作。国务院文化主管部门承担综合协调具体职责。

地方各级人民政府应当加强对公共文化服务的统筹协调，推动实现共建共享。

**第七条** 国务院文化主管部门、新闻出版广电主管部门依照本法和国务院规定的职责负责全国的公共文化服务工作；国务院其他有关部门在各自职责范围内负责相关公共文化服务工作。

县级以上地方人民政府文化、新闻出版广电主管部门根据其职责负责本行政区域内的公共文化服务工作；县级以上地方人民政府其他有关部门在各自职责范围内负责相关公共文化服务工作。

**第八条** 国家扶助革命老区、民族地区、边疆地区、贫困地区的公共文化服务，促进公共文化服务均衡协调发展。

**第九条** 各级人民政府应当根据未成年人、老年人、残疾人和流动人口等群体的特点与需求，提供相应的公共文化服务。

**第十条**　国家鼓励和支持公共文化服务与学校教育相结合，充分发挥公共文化服务的社会教育功能，提高青少年思想道德和科学文化素质。

**第十一条**　国家鼓励和支持发挥科技在公共文化服务中的作用，推动运用现代信息技术和传播技术，提高公众的科学素养和公共文化服务水平。

**第十二条**　国家鼓励和支持在公共文化服务领域开展国际合作与交流。

**第十三条**　国家鼓励和支持公民、法人和其他组织参与公共文化服务。

对在公共文化服务中作出突出贡献的公民、法人和其他组织，依法给予表彰和奖励。

## 第二章　公共文化设施建设与管理

**第十四条**　本法所称公共文化设施是指用于提供公共文化服务的建筑物、场地和设备，主要包括图书馆、博物馆、文化馆（站）、美术馆、科技馆、纪念馆、体育场馆、工人文化宫、青少年宫、妇女儿童活动中心、老年人活动中心、乡镇（街道）和村（社区）基层综合性文化服务中心、农家（职工）书屋、公共阅报栏（屏）、广播电视播出传输覆盖设施、公共数字文化服务点等。

县级以上地方人民政府应当将本行政区域内的公共文化设施目录及有关信息予以公布。

**第十五条**　县级以上地方人民政府应当将公共文化设施建设纳入本级城乡规划，根据国家基本公共文化服务指导标准、省级基本公共文化服务实施标准，结合当地经济社会发展水平、人口状况、环境条件、文化特色，合理确定公共文化设施的种类、数量、规模以及布局，形成场馆服务、流动服务和数字服务相结合的公共文化设施网络。

公共文化设施的选址，应当征求公众意见，符合公共文化设施的功能和特点，有利于发挥其作用。

**第十六条**　公共文化设施的建设用地，应当符合土地利用总体规划和城乡规划，并依照法定程序审批。

任何单位和个人不得侵占公共文化设施建设用地或者擅自改变其用途。因特殊情况需要调整公共文化设施建设用地的，应当重新确定建设用地。调整后的公共文化设施建设用地不得少于原有面积。

新建、改建、扩建居民住宅区，应当按照有关规定、标准，规划和建设配套的公共文化设施。

**第十七条**　公共文化设施的设计和建设，应当符合实用、安全、科学、美观、环保、节约的要求和国家规定的标准，并配置无障碍设施设备。

**第十八条**　地方各级人民政府可以采取新建、改建、扩建、合建、租赁、利用现有公共设施等多种方式，加强乡镇（街道）、村（社区）基层综合性文化服务中心建设，推动基层有关公共设施的统一管理、综合利用，并保障其正常运行。

**第十九条**　任何单位和个人不得擅自拆除公共文化设施，不得擅自改变公共文化设施的功能、用途或者妨碍其正常运行，不得侵占、挪用公共文化设施，不得将公共文化设施用于与公共文化服务无关的商业经营活动。

因城乡建设确需拆除公共文化设施，或者改变其功能、用途的，应当依照有关法律、行政法规的规定重建、改建，并坚持先建设后拆除或者建设拆除同时进行的原则。重建、改建的公共文化设施的设施配置标准、建筑面积等不得降低。

**第二十条**　公共文化设施管理单位应当按照国家规定的标准，配置和更新必需的服务内容和设备，加强公共文化设施经常性维护管理工作，保障公共文化设施的正常使用和运转。

**第二十一条**　公共文化设施管理单位应当建立健全管理制度和服务规范，建立公共文化设施资产统计报告制度和公共文化服务开展情况的年报制度。

**第二十二条**　公共文化设施管理单位应当建立健全安全管理制度，开展公共文化设施及公众活动的安全评价，依法配备安全保护设备和人员，保障公共文化设施和公众活动安全。

**第二十三条**　各级人民政府应当建立有公众参与的公共文化设施使用效能考核评价制度，公共文化设施管理单位应当根据评价结果改进工作，提高服务质量。

**第二十四条**　国家推动公共图书馆、博物馆、文化馆等公共文化设施管理单位根据其功能定位建立健全法人治理结构，吸收有关方面代表、专业人士和公众参与管理。

**第二十五条**　国家鼓励和支持公民、法人和其他组织兴建、捐建或者与政府部门合作建设公共文化设施，鼓励公民、法人和其他组织依法参与公共文化设施的运营和管理。

**第二十六条**　公众在使用公共文化设施时，应当遵守公共秩序，爱护公共设施，不得损坏公共设施设备和物品。

## 第三章　公共文化服务提供

**第二十七条**　各级人民政府应当充分利用公共文化设施，促进优秀公共文化产品的提供和传播，支持开展全民阅读、全民普法、全民健身、全民科普和艺术普及、优秀传统文化传承活动。

**第二十八条** 设区的市级、县级地方人民政府应当根据国家基本公共文化服务指导标准和省、自治区、直辖市基本公共文化服务实施标准,结合当地实际,制定公布本行政区域公共文化服务目录并组织实施。

**第二十九条** 公益性文化单位应当完善服务项目、丰富服务内容,创造条件向公众提供免费或者优惠的文艺演出、陈列展览、电影放映、广播电视节目收听收看、阅读服务、艺术培训等,并为公众开展文化活动提供支持和帮助。

国家鼓励经营性文化单位提供免费或者优惠的公共文化产品和文化活动。

**第三十条** 基层综合性文化服务中心应当加强资源整合,建立完善公共文化服务网络,充分发挥统筹服务功能,为公众提供书报阅读、影视观赏、戏曲表演、普法教育、艺术普及、科学普及、广播播送、互联网上网和群众性文化体育活动等公共文化服务,并根据其功能特点,因地制宜提供其他公共服务。

**第三十一条** 公共文化设施应当根据其功能、特点,按照国家有关规定,向公众免费或者优惠开放。

公共文化设施开放收取费用的,应当每月定期向中小学生免费开放。

公共文化设施开放或者提供培训服务等收取费用的,应当报经县级以上人民政府有关部门批准;收取的费用,应当用于公共文化设施的维护、管理和事业发展,不得挪作他用。

公共文化设施管理单位应当公示服务项目和开放时间;临时停止开放的,应当及时公告。

**第三十二条** 国家鼓励和支持机关、学校、企业事业单位的文化体育设施向公众开放。

**第三十三条** 国家统筹规划公共数字文化建设,构建标准统一、互联互通的公共数字文化服务网络,建设公共文化信息资源库,实现基层网络服务共建共享。

国家支持开发数字文化产品,推动利用宽带互联网、移动互联网、广播电视网和卫星网络提供公共文化服务。

地方各级人民政府应当加强基层公共文化设施的数字化和网络建设,提高数字化和网络服务能力。

**第三十四条** 地方各级人民政府应当采取多种方式,因地制宜提供流动文化服务。

**第三十五条** 国家重点增加农村地区图书、报刊、戏曲、电影、广播电视节目、网络信息内容、节庆活动、体育健身活动等公共文化产品供给,促进城乡公共文化服务均等化。

面向农村提供的图书、报刊、电影等公共文化产品应当符合农村特点和需求,提高针对性和时效性。

**第三十六条** 地方各级人民政府应当根据当地实际情况,在人员流动量较大的公共场所、务工人员较为集中的区域以及留守妇女儿童较为集中的农村地区,配备必要的设施,采取多种形式,提供便利可及的公共文化服务。

**第三十七条** 国家鼓励公民主动参与公共文化服务,自主开展健康文明的群众性文化体育活动;地方各级人民政府应当给予必要的指导、支持和帮助。

居民委员会、村民委员会应当根据居民的需求开展群众性文化体育活动,并协助当地人民政府有关部门开展公共文化服务相关工作。

国家机关、社会组织、企业事业单位应当结合自身特点和需要,组织开展群众性文化体育活动,丰富职工文化生活。

**第三十八条** 地方各级人民政府应当加强面向在校学生的公共文化服务,支持学校开展适合在校学生特点的文化体育活动,促进德智体美教育。

**第三十九条** 地方各级人民政府应当支持军队基层文化建设,丰富军营文化体育活动,加强军民文化融合。

**第四十条** 国家加强民族语言文字文化产品的供给,加强优秀公共文化产品的民族语言文字译制及其在民族地区的传播,鼓励和扶助民族文化产品的创作生产,支持开展具有民族特色的群众性文化体育活动。

**第四十一条** 国务院和省、自治区、直辖市人民政府制定政府购买公共文化服务的指导性意见和目录。国务院有关部门和县级以上地方人民政府应当根据指导性意见和目录,结合实际情况,确定购买的具体项目和内容,及时向社会公布。

**第四十二条** 国家鼓励和支持公民、法人和其他组织通过兴办实体、资助项目、赞助活动、提供设施、捐赠产品等方式,参与提供公共文化服务。

**第四十三条** 国家倡导和鼓励公民、法人和其他组织参与文化志愿服务。

公共文化设施管理单位应当建立文化志愿服务机制,组织开展文化志愿服务活动。

县级以上地方人民政府有关部门应当对文化志愿活动给予必要的指导和支持,并建立管理评价、教育培训和激励保障机制。

**第四十四条**　任何组织和个人不得利用公共文化设施、文化产品、文化活动以及其他相关服务，从事危害国家安全、损害社会公共利益和其他违反法律法规的活动。

## 第四章　保障措施

**第四十五条**　国务院和地方各级人民政府应当根据公共文化服务的事权和支出责任，将公共文化服务经费纳入本级预算，安排公共文化服务所需资金。

**第四十六条**　国务院和省、自治区、直辖市人民政府应当增加投入，通过转移支付等方式，重点扶助革命老区、民族地区、边疆地区、贫困地区开展公共文化服务。

国家鼓励和支持经济发达地区对革命老区、民族地区、边疆地区、贫困地区的公共文化服务提供援助。

**第四十七条**　免费或者优惠开放的公共文化设施，按照国家规定享受补助。

**第四十八条**　国家鼓励社会资本依法投入公共文化服务，拓宽公共文化服务资金来源渠道。

**第四十九条**　国家采取政府购买服务等措施，支持公民、法人和其他组织参与提供公共文化服务。

**第五十条**　公民、法人和其他组织通过公益性社会团体或者县级以上人民政府及其部门，捐赠财产用于公共文化服务的，依法享受税收优惠。

国家鼓励通过捐赠等方式设立公共文化服务基金，专门用于公共文化服务。

**第五十一条**　地方各级人民政府应当按照公共文化设施的功能、任务和服务人口规模，合理设置公共文化服务岗位，配备相应专业人员。

**第五十二条**　国家鼓励和支持文化专业人员、高校毕业生和志愿者到基层从事公共文化服务工作。

**第五十三条**　国家鼓励和支持公民、法人和其他组织依法成立公共文化服务领域的社会组织，推动公共文化服务社会化、专业化发展。

**第五十四条**　国家支持公共文化服务理论研究，加强多层次专业人才教育和培训。

**第五十五条**　县级以上人民政府应当建立健全公共文化服务资金使用的监督和统计公告制度，加强绩效考评，确保资金用于公共文化服务。任何单位和个人不得侵占、挪用公共文化服务资金。

审计机关应当依法加强对公共文化服务资金的审计监督。

**第五十六条**　各级人民政府应当加强对公共文化服务工作的监督检查，建立反映公众文化需求的征询反馈制度和有公众参与的公共文化服务考核评价制度，并将考核评价结果作为确定补贴或者奖励的依据。

**第五十七条**　各级人民政府及有关部门应当及时公开公共文化服务信息，主动接受社会监督。

新闻媒体应当积极开展公共文化服务的宣传报道，并加强舆论监督。

## 第五章　法律责任

**第五十八条**　违反本法规定，地方各级人民政府和县级以上人民政府有关部门未履行公共文化服务保障职责的，由其上级机关或者监察机关责令限期改正；情节严重的，对直接负责的主管人员和其他直接责任人员依法给予处分。

**第五十九条**　违反本法规定，地方各级人民政府和县级以上人民政府有关部门，有下列行为之一的，由其上级机关或者监察机关责令限期改正；情节严重的，对直接负责的主管人员和其他直接责任人员依法给予处分：

（一）侵占、挪用公共文化服务资金的；

（二）擅自拆除、侵占、挪用公共文化设施，或者改变其功能、用途，或者妨碍其正常运行的；

（三）未依照本法规定重建公共文化设施的；

（四）滥用职权、玩忽职守、徇私舞弊的。

**第六十条**　违反本法规定，侵占公共文化设施的建设用地或者擅自改变其用途的，由县级以上地方人民政府土地主管部门、城乡规划主管部门依据各自职责责令限期改正；逾期不改正的，由作出决定的机关依法强制执行，或者依法申请人民法院强制执行。

**第六十一条**　违反本法规定，公共文化设施管理单位有下列情形之一的，由其主管部门责令限期改正；造成严重后果的，对直接负责的主管人员和其他直接责任人员，依法给予处分：

（一）未按照规定对公众开放的；

（二）未公示服务项目、开放时间等事项的；

（三）未建立安全管理制度的；

（四）因管理不善造成损失的。

**第六十二条**　违反本法规定，公共文化设施管理单位有下列行为之一的，由其主管部门或者价格主管部门责令限期改正，没收违法所得，违法所得五千元以上的，并处违法所得两倍以上五倍以下罚款；没有违法所得或者违法所得五千元以下的，可以处一万元以下的罚款；对直接负责的主管人员和其他直接责任人员，依法给予处分：

（一）开展与公共文化设施功能、用途不符的服务活动的；

（二）对应当免费开放的公共文化设施收费或者变

相收费的；

（三）收取费用未用于公共文化设施的维护、管理和事业发展，挪作他用的。

**第六十三条**　违反本法规定，损害他人民事权益的，依法承担民事责任；构成违反治安管理行为的，由公安机关依法给予治安管理处罚；构成犯罪的，依法追究刑事责任。

### 第六章　附　则

**第六十四条**　境外自然人、法人和其他组织在中国境内从事公共文化服务的，应当符合相关法律、行政法规的规定。

**第六十五条**　本法自 2017 年 3 月 1 日起施行。

## 营业性演出管理条例

- 2005 年 7 月 7 日中华人民共和国国务院令第 439 号公布
- 根据 2008 年 7 月 22 日《国务院关于修改〈营业性演出管理条例〉的决定》第一次修订
- 根据 2013 年 7 月 18 日《国务院关于废止和修改部分行政法规的决定》第二次修订
- 根据 2016 年 2 月 6 日《国务院关于修改部分行政法规的决定》第三次修订
- 根据 2020 年 11 月 29 日《国务院关于修改和废止部分行政法规的决定》第四次修订

### 第一章　总　则

**第一条**　为了加强对营业性演出的管理，促进文化产业的发展，繁荣社会主义文艺事业，满足人民群众文化生活的需要，促进社会主义精神文明建设，制定本条例。

**第二条**　本条例所称营业性演出，是指以营利为目的为公众举办的现场文艺表演活动。

**第三条**　营业性演出必须坚持为人民服务、为社会主义服务的方向，把社会效益放在首位、实现社会效益和经济效益的统一，丰富人民群众的文化生活。

**第四条**　国家鼓励文艺表演团体、演员创作和演出思想性艺术性统一、体现民族优秀文化传统、受人民群众欢迎的优秀节目，鼓励到农村、工矿企业演出和为少年儿童提供免费或者优惠的演出。

**第五条**　国务院文化主管部门主管全国营业性演出的监督管理工作。国务院公安部门、工商行政管理部门在各自职责范围内，主管营业性演出的监督管理工作。

县级以上地方人民政府文化主管部门负责本行政区域内营业性演出的监督管理工作。县级以上地方人民政府公安部门、工商行政管理部门在各自职责范围内，负责本行政区域内营业性演出的监督管理工作。

### 第二章　营业性演出经营主体的设立

**第六条**　文艺表演团体申请从事营业性演出活动，应当有与其业务相适应的专职演员和器材设备，并向县级人民政府文化主管部门提出申请；演出经纪机构申请从事营业性演出经营活动，应当有 3 名以上专职演出经纪人员和与其业务相适应的资金，并向省、自治区、直辖市人民政府文化主管部门提出申请。文化主管部门应当自受理申请之日起 20 日内作出决定。批准的，颁发营业性演出许可证；不批准的，应当书面通知申请人并说明理由。

**第七条**　设立演出场所经营单位，应当依法到工商行政管理部门办理注册登记，领取营业执照，并依照有关消防、卫生管理等法律、行政法规的规定办理审批手续。

演出场所经营单位应当自领取营业执照之日起 20 日内向所在地县级人民政府文化主管部门备案。

**第八条**　文艺表演团体变更名称、住所、法定代表人或者主要负责人、营业性演出经营项目，应当向原发证机关申请换发营业性演出许可证，并依法到工商行政管理部门办理变更登记。

演出场所经营单位变更名称、住所、法定代表人或者主要负责人，应当依法到工商行政管理部门办理变更登记，并向原备案机关重新备案。

**第九条**　以从事营业性演出为职业的个体演员（以下简称个体演员）和以从事营业性演出的居间、代理活动为职业的个体演出经纪人（以下简称个体演出经纪人），应当依法到工商行政管理部门办理注册登记，领取营业执照。

个体演员、个体演出经纪人应当自领取营业执照之日起 20 日内向所在地县级人民政府文化主管部门备案。

**第十条**　外国投资者可以依法在中国境内设立演出经纪机构、演出场所经营单位；不得设立文艺表演团体。

外商投资的演出经纪机构申请从事营业性演出经营活动、外商投资的演出场所经营单位申请从事演出场所经营活动，应当向国务院文化主管部门提出申请。国务院文化主管部门应当自收到申请之日起 20 日内作出决定。批准的，颁发营业性演出许可证；不批准的，应当书面通知申请人并说明理由。

**第十一条**　香港特别行政区、澳门特别行政区的投资者可以在内地投资设立演出经纪机构、演出场所经营单位以及由内地方控股的文艺表演团体；香港特别行政区、澳门特别行政区的演出经纪机构可以在内地设立分支机构。

台湾地区的投资者可以在大陆投资设立演出经纪机构、演出场所经营单位，不得设立文艺表演团体。

依照本条规定设立的演出经纪机构、文艺表演团体申请从事营业性演出经营活动，依照本条规定设立的演出场所经营单位申请从事演出场所经营活动，应当向省、自治区、直辖市人民政府文化主管部门提出申请。省、自治区、直辖市人民政府文化主管部门应当自收到申请之日起20日内作出决定。批准的，颁发营业性演出许可证；不批准的，应当书面通知申请人并说明理由。

依照本条规定设立演出经纪机构、演出场所经营单位的，还应当遵守我国其他法律、法规的规定。

## 第三章　营业性演出规范

**第十二条**　文艺表演团体、个体演员可以自行举办营业性演出，也可以参加营业性组台演出。

营业性组台演出应当由演出经纪机构举办；但是，演出场所经营单位可以在本单位经营的场所内举办营业性组台演出。

演出经纪机构可以从事营业性演出的居间、代理、行纪活动；个体演出经纪人只能从事营业性演出的居间、代理活动。

**第十三条**　举办营业性演出，应当向演出所在地县级人民政府文化主管部门提出申请。县级人民政府文化主管部门应当自受理申请之日起3日内作出决定。对符合本条例第二十五条规定的，发给批准文件；对不符合本条例第二十五条规定的，不予批准，书面通知申请人并说明理由。

**第十四条**　除演出经纪机构外，其他任何单位或者个人不得举办外国的或者香港特别行政区、澳门特别行政区、台湾地区的文艺表演团体、个人参加的营业性演出。但是，文艺表演团体自行举办营业性演出，可以邀请外国的或者香港特别行政区、澳门特别行政区、台湾地区的文艺表演团体、个人参加。

举办外国的或者香港特别行政区、澳门特别行政区、台湾地区的文艺表演团体、个人参加的营业性演出，应当符合下列条件：

（一）有与其举办的营业性演出相适应的资金；

（二）有2年以上举办营业性演出的经历；

（三）举办营业性演出前2年内无违反本条例规定的记录。

**第十五条**　举办外国的文艺表演团体、个人参加的营业性演出，演出举办单位应当向演出所在地省、自治区、直辖市人民政府文化主管部门提出申请。

举办香港特别行政区、澳门特别行政区的文艺表演团体、个人参加的营业性演出，演出举办单位应当向演出所在地省、自治区、直辖市人民政府文化主管部门提出申请；举办台湾地区的文艺表演团体、个人参加的营业性演出，演出举办单位应当向国务院文化主管部门会同国务院有关部门规定的审批机关提出申请。

国务院文化主管部门或者省、自治区、直辖市人民政府文化主管部门应当自受理申请之日起20日内作出决定。对符合本条例第二十五条规定的，发给批准文件；对不符合本条例第二十五条规定的，不予批准，书面通知申请人并说明理由。

**第十六条**　申请举办营业性演出，提交的申请材料应当包括下列内容：

（一）演出名称、演出举办单位和参加演出的文艺表演团体、演员；

（二）演出时间、地点、场次；

（三）节目及其视听资料。

申请举办营业性组台演出，还应当提交文艺表演团体、演员同意参加演出的书面函件。

营业性演出需要变更申请材料所列事项的，应当分别依照本条例第十三条、第十五条规定重新报批。

**第十七条**　演出场所经营单位提供演出场地，应当核验演出举办单位取得的批准文件；不得为未经批准的营业性演出提供演出场地。

**第十八条**　演出场所经营单位应当确保演出场所的建筑、设施符合国家安全标准和消防安全规范，定期检查消防安全设施状况，并及时维护、更新。

演出场所经营单位应当制定安全保卫工作方案和灭火、应急疏散预案。

演出举办单位在演出场所进行营业性演出，应当核验演出场所经营单位的消防安全设施检查记录、安全保卫工作方案和灭火、应急疏散预案，并与演出场所经营单位就演出活动中突发安全事件的防范、处理等事项签订安全责任协议。

**第十九条**　在公共场所举办营业性演出，演出举办单位应当依照有关安全、消防的法律、行政法规和国家有关规定办理审批手续，并制定安全保卫工作方案和灭火、应急疏散预案。演出场所应当配备应急广播、照明设施，在安全出入口设置明显标识，保证安全出入口畅通；需要临时搭建舞台、看台的，演出举办单位应当按照国家有关安全标准搭建舞台、看台，确保安全。

**第二十条**　审批临时搭建舞台、看台的营业性演出时，文化主管部门应当核验演出举办单位的下列文件：

（一）依法验收后取得的演出场所合格证明；

（二）安全保卫工作方案和灭火、应急疏散预案；

（三）依法取得的安全、消防批准文件。

**第二十一条**　演出场所容纳的观众数量应当报公安部门核准；观众区域与缓冲区域应当由公安部门划定，缓冲区域应当有明显标识。

演出举办单位应当按照公安部门核准的观众数量、划定的观众区域印制和出售门票。

验票时，发现进入演出场所的观众达到核准数量仍有观众等待入场的，应当立即终止验票并同时向演出所在地县级人民政府公安部门报告；发现观众持有观众区域以外的门票或者假票的，应当拒绝其入场并同时向演出所在地县级人民政府公安部门报告。

**第二十二条**　任何人不得携带传染病病原体和爆炸性、易燃性、放射性、腐蚀性等危险物质或者非法携带枪支、弹药、管制器具进入营业性演出现场。

演出场所经营单位应当根据公安部门的要求，配备安全检查设施，并对进入营业性演出现场的观众进行必要的安全检查；观众不接受安全检查或者有前款禁止行为的，演出场所经营单位有权拒绝其进入。

**第二十三条**　演出举办单位应当组织人员落实营业性演出时的安全、消防措施，维护营业性演出现场秩序。

演出举办单位和演出场所经营单位发现营业性演出现场秩序混乱，应当立即采取措施并同时向演出所在地县级人民政府公安部门报告。

**第二十四条**　演出举办单位不得以政府或者政府部门的名义举办营业性演出。

营业性演出不得冠以“中国”、“中华”、“全国”、“国际”等字样。

营业性演出广告内容必须真实、合法，不得误导、欺骗公众。

**第二十五条**　营业性演出不得有下列情形：

（一）反对宪法确定的基本原则的；

（二）危害国家统一、主权和领土完整，危害国家安全，或者损害国家荣誉和利益的；

（三）煽动民族仇恨、民族歧视，侵害民族风俗习惯，伤害民族感情，破坏民族团结，违反宗教政策的；

（四）扰乱社会秩序，破坏社会稳定的；

（五）危害社会公德或者民族优秀文化传统的；

（六）宣扬淫秽、色情、邪教、迷信或者渲染暴力的；

（七）侮辱或者诽谤他人，侵害他人合法权益的；

（八）表演方式恐怖、残忍，摧残演员身心健康的；

（九）利用人体缺陷或者以展示人体变异等方式招徕观众的；

（十）法律、行政法规禁止的其他情形。

**第二十六条**　演出场所经营单位、演出举办单位发现营业性演出有本条例第二十五条禁止情形的，应当立即采取措施予以制止并同时向演出所在地县级人民政府文化主管部门、公安部门报告。

**第二十七条**　参加营业性演出的文艺表演团体、主要演员或者主要节目内容等发生变更的，演出举办单位应当及时告知观众并说明理由。观众有权退票。

演出过程中，除因不可抗力不能演出的外，演出举办单位不得中止或者停止演出，演员不得退出演出。

**第二十八条**　演员不得以假唱欺骗观众，演出举办单位不得组织演员假唱。任何单位或者个人不得为假唱提供条件。

演出举办单位应当派专人对演出进行监督，防止假唱行为的发生。

**第二十九条**　营业性演出经营主体应当对其营业性演出的经营收入依法纳税。

演出举办单位在支付演员、职员的演出报酬时应当依法履行税款代扣代缴义务。

**第三十条**　募捐义演的演出收入，除必要的成本开支外，必须全部交付受捐单位；演出举办单位、参加演出的文艺表演团体和演员、职员，不得获取经济利益。

**第三十一条**　任何单位或者个人不得伪造、变造、出租、出借或者买卖营业性演出许可证、批准文件或者营业执照，不得伪造、变造营业性演出门票或者倒卖伪造、变造的营业性演出门票。

## 第四章　监督管理

**第三十二条**　除文化主管部门依照国家有关规定对体现民族特色和国家水准的演出给予补助外，各级人民政府和政府部门不得资助、赞助或者变相资助、赞助营业性演出，不得用公款购买营业性演出门票用于个人消费。

**第三十三条**　文化主管部门应当加强对营业性演出的监督管理。

演出所在地县级人民政府文化主管部门对外国的或者香港特别行政区、澳门特别行政区、台湾地区的文艺表演团体、个人参加的营业性演出和临时搭建舞台、看台的营业性演出，应当进行实地检查；对其他营业性演出，应当进行实地抽样检查。

**第三十四条** 县级以上地方人民政府文化主管部门应当充分发挥文化执法机构的作用，并可以聘请社会义务监督员对营业性演出进行监督。

任何单位或者个人可以采取电话、手机短信等方式举报违反本条例规定的行为。县级以上地方人民政府文化主管部门应当向社会公布举报电话，并保证随时有人接听。

县级以上地方人民政府文化主管部门接到社会义务监督员的报告或者公众的举报，应当作出记录，立即赶赴现场进行调查、处理，并自处理完毕之日起7日内公布结果。

县级以上地方人民政府文化主管部门对作出突出贡献的社会义务监督员应当给予表彰；公众举报经调查核实的，应当对举报人给予奖励。

**第三十五条** 文化主管部门应当建立营业性演出经营主体的经营活动信用监管制度，建立健全信用约束机制，并及时公布行政处罚信息。

**第三十六条** 公安部门对其依照有关法律、行政法规和国家有关规定批准的营业性演出，应当在演出举办前对营业性演出现场的安全状况进行实地检查；发现安全隐患的，在消除安全隐患后方可允许进行营业性演出。

公安部门可以对进入营业性演出现场的观众进行必要的安全检查；发现观众有本条例第二十二条第一款禁止行为的，在消除安全隐患后方可允许其进入。

公安部门可以组织警力协助演出举办单位维持营业性演出现场秩序。

**第三十七条** 公安部门接到观众达到核准数量仍有观众等待入场或者演出秩序混乱的报告后，应当立即组织采取措施消除安全隐患。

**第三十八条** 承担现场管理检查任务的公安部门和文化主管部门的工作人员进入营业性演出现场，应当出示值勤证件。

**第三十九条** 文化主管部门依法对营业性演出进行监督检查时，应当将监督检查的情况和处理结果予以记录，由监督检查人员签字后归档。公众有权查阅监督检查记录。

**第四十条** 文化主管部门、公安部门和其他有关部门及其工作人员不得向演出举办单位、演出场所经营单位索取演出门票。

**第四十一条** 国务院文化主管部门和省、自治区、直辖市人民政府文化主管部门，对在农村、工矿企业进行演出以及为少年儿童提供免费或者优惠演出表现突出的文艺表演团体、演员，应当给予表彰，并采取多种形式予以宣传。

国务院文化主管部门对适合在农村、工矿企业演出的节目，可以在依法取得著作权人许可后，提供给文艺表演团体、演员在农村、工矿企业演出时使用。

文化主管部门实施文艺评奖，应当适当考虑参评对象在农村、工矿企业的演出场次。

县级以上地方人民政府应当对在农村、工矿企业演出的文艺表演团体、演员给予支持。

**第四十二条** 演出行业协会应当依照章程的规定，制定行业自律规范，指导、监督会员的经营活动，促进公平竞争。

## 第五章 法律责任

**第四十三条** 有下列行为之一的，由县级人民政府文化主管部门予以取缔，没收演出器材和违法所得，并处违法所得8倍以上10倍以下的罚款；没有违法所得或者违法所得不足1万元的，并处5万元以上10万元以下的罚款；构成犯罪的，依法追究刑事责任：

（一）违反本条例第六条、第十条、第十一条规定，擅自从事营业性演出经营活动的；

（二）违反本条例第十二条、第十四条规定，超范围从事营业性演出经营活动的；

（三）违反本条例第八条第一款规定，变更营业性演出经营项目未向原发证机关申请换发营业性演出许可证的。

违反本条例第七条、第九条规定，擅自设立演出场所经营单位或者擅自从事营业性演出经营活动的，由工商行政管理部门依法予以取缔、处罚；构成犯罪的，依法追究刑事责任。

**第四十四条** 违反本条例第十三条、第十五条规定，未经批准举办营业性演出的，由县级人民政府文化主管部门责令停止演出，没收违法所得，并处违法所得8倍以上10倍以下的罚款；没有违法所得或者违法所得不足1万元的，并处5万元以上10万元以下的罚款；情节严重的，由原发证机关吊销营业性演出许可证。

违反本条例第十六条第三款规定，变更演出举办单位、参加演出的文艺表演团体、演员或者节目未重新报批的，依照前款规定处罚；变更演出的名称、时间、地点、场次未重新报批的，由县级人民政府文化主管部门责令改正，给予警告，可以并处3万元以下的罚款。

演出场所经营单位为未经批准的营业性演出提供场地的，由县级人民政府文化主管部门责令改正，没收违法所得，并处违法所得3倍以上5倍以下的罚款；没有违法所得或者违法所得不足1万元的，并处3万元以上5万元以下的罚款。

**第四十五条** 违反本条例第三十一条规定，伪造、变造、出租、出借、买卖营业性演出许可证、批准文件，或者以非法手段取得营业性演出许可证、批准文件的，由县级人民政府文化主管部门没收违法所得，并处违法所得8倍以上10倍以下的罚款；没有违法所得或者违法所得不足1万元的，并处5万元以上10万元以下的罚款；对原取得的营业性演出许可证、批准文件，予以吊销、撤销；构成犯罪的，依法追究刑事责任。

**第四十六条** 营业性演出有本条例第二十五条禁止情形的，由县级人民政府文化主管部门责令停止演出，没收违法所得，并处违法所得8倍以上10倍以下的罚款；没有违法所得或者违法所得不足1万元的，并处5万元以上10万元以下的罚款；情节严重的，由原发证机关吊销营业性演出许可证；违反治安管理规定的，由公安部门依法予以处罚；构成犯罪的，依法追究刑事责任。

演出场所经营单位、演出举办单位发现营业性演出有本条例第二十五条禁止情形未采取措施予以制止的，由县级人民政府文化主管部门、公安部门依据法定职权给予警告，并处5万元以上10万元以下的罚款；未依照本条例第二十六条规定报告的，由县级人民政府文化主管部门、公安部门依据法定职权给予警告，并处5000元以上1万元以下的罚款。

**第四十七条** 有下列行为之一的，对演出举办单位、文艺表演团体、演员，由国务院文化主管部门或者省、自治区、直辖市人民政府文化主管部门向社会公布；演出举办单位、文艺表演团体在2年内再次被公布的，由原发证机关吊销营业性演出许可证；个体演员在2年内再次被公布的，由工商行政管理部门吊销营业执照：

（一）非因不可抗力中止、停止或者退出演出的；

（二）文艺表演团体、主要演员或者主要节目内容等发生变更未及时告知观众的；

（三）以假唱欺骗观众的；

（四）为演员假唱提供条件的。

有前款第（一）项、第（二）项和第（三）项所列行为之一的，观众有权在退场后依照有关消费者权益保护的法律规定要求演出举办单位赔偿损失；演出举办单位可以依法向负有责任的文艺表演团体、演员追偿。

有本条第一款第（一）项、第（二）项和第（三）项所列行为之一的，由县级人民政府文化主管部门处5万元以上10万元以下的罚款；有本条第一款第（四）项所列行为的，由县级人民政府文化主管部门处5000元以上1万元以下的罚款。

**第四十八条** 以政府或者政府部门的名义举办营业性演出，或者营业性演出冠以“中国”、“中华”、“全国”、“国际”等字样的，由县级人民政府文化主管部门责令改正，没收违法所得，并处违法所得3倍以上5倍以下的罚款；没有违法所得或者违法所得不足1万元的，并处3万元以上5万元以下的罚款；拒不改正或者造成严重后果的，由原发证机关吊销营业性演出许可证。

营业性演出广告的内容误导、欺骗公众或者含有其他违法内容的，由工商行政管理部门责令停止发布，并依法予以处罚。

**第四十九条** 演出举办单位或者其法定代表人、主要负责人及其他直接责任人员在募捐义演中获取经济利益的，由县级以上人民政府文化主管部门依据各自职权责令其退回并交付受捐单位；构成犯罪的，依法追究刑事责任；尚不构成犯罪的，由县级以上人民政府文化主管部门依据各自职权处违法所得3倍以上5倍以下的罚款，并由国务院文化主管部门或者省、自治区、直辖市人民政府文化主管部门向社会公布违法行为人的名称或者姓名，直至由原发证机关吊销演出举办单位的营业性演出许可证。

文艺表演团体或者演员、职员在募捐义演中获取经济利益的，由县级以上人民政府文化主管部门依据各自职权责令其退回并交付受捐单位。

**第五十条** 违反本条例第八条第一款规定，变更名称、住所、法定代表人或者主要负责人未向原发证机关申请换发营业性演出许可证的，由县级人民政府文化主管部门责令改正，给予警告，并处1万元以上3万元以下的罚款。

违反本条例第七条第二款、第八条第二款、第九条第二款规定，未办理备案手续的，由县级人民政府文化主管部门责令改正，给予警告，并处5000元以上1万元以下的罚款。

**第五十一条** 有下列行为之一的，由公安部门或者公安消防机构依据法定职权依法予以处罚；构成犯罪的，依法追究刑事责任：

（一）违反本条例安全、消防管理规定的；

（二）伪造、变造营业性演出门票或者倒卖伪造、变造的营业性演出门票的。

演出举办单位印制、出售超过核准观众数量的或者观众区域以外的营业性演出门票的，由县级以上人民政府公安部门依据各自职权责令改正，没收违法所得，并处违法所得3倍以上5倍以下的罚款；没有违法所得或者违法所得不足1万元的，并处3万元以上5万元以下的罚款；造成严重后果的，由原发证机关吊销营业性演出许可证；构成犯罪的，依法追究刑事责任。

**第五十二条** 演出场所经营单位、个体演出经纪人、个体演员违反本条例规定，情节严重的，由县级以上人民政府文化主管部门依据各自职权责令其停止营业性演出经营活动，并通知工商行政管理部门，由工商行政管理部门依法吊销营业执照。其中，演出场所经营单位有其他经营业务的，由工商行政管理部门责令其办理变更登记，逾期不办理的，吊销营业执照。

**第五十三条** 因违反本条例规定被文化主管部门吊销营业性演出许可证，或者被工商行政管理部门吊销营业执照或者责令变更登记的，自受到行政处罚之日起，当事人为单位的，其法定代表人、主要负责人5年内不得担任文艺表演团体、演出经纪机构或者演出场所经营单位的法定代表人、主要负责人；当事人为个人的，个体演员1年内不得从事营业性演出，个体演出经纪人5年内不得从事营业性演出的居间、代理活动。

因营业性演出有本条例第二十五条禁止情形被文化主管部门吊销营业性演出许可证，或者被工商行政管理部门吊销营业执照或者责令变更登记的，不得再次从事营业性演出或者营业性演出的居间、代理、行纪活动。

因违反本条例规定2年内2次受到行政处罚又有应受本条例处罚的违法行为的，应当从重处罚。

**第五十四条** 各级人民政府或者政府部门非法资助、赞助，或者非法变相资助、赞助营业性演出，或者用公款购买营业性演出门票用于个人消费的，依照有关财政违法行为处罚处分的行政法规的规定责令改正。对单位给予警告或者通报批评。对直接负责的主管人员和其他直接责任人员给予记大过处分；情节较重的，给予降级或者撤职处分；情节严重的，给予开除处分。

**第五十五条** 文化主管部门、公安部门、工商行政管理部门的工作人员滥用职权、玩忽职守、徇私舞弊或者未依照本条例规定履行职责的，依法给予行政处分；构成犯罪的，依法追究刑事责任。

### 第六章 附 则

**第五十六条** 民间游散艺人的营业性演出，省、自治区、直辖市人民政府可以参照本条例的规定制定具体管理办法。

**第五十七条** 本条例自2005年9月1日起施行。1997年8月11日国务院发布的《营业性演出管理条例》同时废止。

## 娱乐场所管理条例

- 2006年1月29日中华人民共和国国务院令第458号公布
- 根据2016年2月6日《国务院关于修改部分行政法规的决定》第一次修订
- 根据2020年11月29日《国务院关于修改和废止部分行政法规的决定》第一次修订

### 第一章 总 则

**第一条** 为了加强对娱乐场所的管理，保障娱乐场所的健康发展，制定本条例。

**第二条** 本条例所称娱乐场所，是指以营利为目的，并向公众开放、消费者自娱自乐的歌舞、游艺等场所。

**第三条** 县级以上人民政府文化主管部门负责对娱乐场所日常经营活动的监督管理；县级以上公安部门负责对娱乐场所消防、治安状况的监督管理。

**第四条** 国家机关及其工作人员不得开办娱乐场所，不得参与或者变相参与娱乐场所的经营活动。

与文化主管部门、公安部门的工作人员有夫妻关系、直系血亲关系、三代以内旁系血亲关系以及近姻亲关系的亲属，不得开办娱乐场所，不得参与或者变相参与娱乐场所的经营活动。

### 第二章 设 立

**第五条** 有下列情形之一的人员，不得开办娱乐场所或者在娱乐场所内从业：

（一）曾犯有组织、强迫、引诱、容留、介绍卖淫罪，制作、贩卖、传播淫秽物品罪，走私、贩卖、运输、制造毒品罪，强奸罪，强制猥亵、侮辱妇女罪，赌博罪，洗钱罪，组织、领导、参加黑社会性质组织罪的；

（二）因犯罪曾被剥夺政治权利的；

（三）因吸食、注射毒品曾被强制戒毒的；

（四）因卖淫、嫖娼曾被处以行政拘留的。

**第六条** 外国投资者可以依法在中国境内设立娱乐场所。

**第七条** 娱乐场所不得设在下列地点：

（一）居民楼、博物馆、图书馆和被核定为文物保护单位的建筑物内；

（二）居民住宅区和学校、医院、机关周围；

（三）车站、机场等人群密集的场所；

（四）建筑物地下一层以下；

（五）与危险化学品仓库毗连的区域。

娱乐场所的边界噪声，应当符合国家规定的环境噪声标准。

**第八条** 娱乐场所的使用面积，不得低于国务院文化主管部门规定的最低标准；设立含有电子游戏机的游艺娱乐场所，应当符合国务院文化主管部门关于总量和布局的要求。

**第九条** 娱乐场所申请从事娱乐场所经营活动，应当向所在地县级人民政府文化主管部门提出申请；外商投资的娱乐场所申请从事娱乐场所经营活动，应当向所在地省、自治区、直辖市人民政府文化主管部门提出申请。

娱乐场所申请从事娱乐场所经营活动，应当提交投资人员、拟任的法定代表人和其他负责人没有本条例第五条规定情形的书面声明。申请人应当对书面声明内容的真实性负责。

受理申请的文化主管部门应当就书面声明向公安部门或者其他有关单位核查，公安部门或者其他有关单位应当予以配合；经核查属实的，文化主管部门应当依据本条例第七条、第八条的规定进行实地检查，作出决定。予以批准的，颁发娱乐经营许可证，并根据国务院文化主管部门的规定核定娱乐场所容纳的消费者数量；不予批准的，应当书面通知申请人并说明理由。

有关法律、行政法规规定需要办理消防、卫生、环境保护等审批手续的，从其规定。

**第十条** 文化主管部门审批娱乐场所应当举行听证。有关听证的程序，依照《中华人民共和国行政许可法》的规定执行。

**第十一条** 娱乐场所依法取得营业执照和相关批准文件、许可证后，应当在15日内向所在地县级公安部门备案。

**第十二条** 娱乐场所改建、扩建营业场所或者变更场地、主要设施设备、投资人员，或者变更娱乐经营许可证载明的事项的，应当向原发证机关申请重新核发娱乐经营许可证，并向公安部门备案；需要办理变更登记的，应当依法向工商行政管理部门办理变更登记。

## 第三章 经 营

**第十三条** 国家倡导弘扬民族优秀文化，禁止娱乐场所内的娱乐活动含有下列内容：

（一）违反宪法确定的基本原则的；

（二）危害国家统一、主权或者领土完整的；

（三）危害国家安全，或者损害国家荣誉、利益的；

（四）煽动民族仇恨、民族歧视，伤害民族感情或者侵害民族风俗、习惯，破坏民族团结的；

（五）违反国家宗教政策，宣扬邪教、迷信的；

（六）宣扬淫秽、赌博、暴力以及与毒品有关的违法犯罪活动，或者教唆犯罪的；

（七）违背社会公德或者民族优秀文化传统的；

（八）侮辱、诽谤他人，侵害他人合法权益的；

（九）法律、行政法规禁止的其他内容。

**第十四条** 娱乐场所及其从业人员不得实施下列行为，不得为进入娱乐场所的人员实施下列行为提供条件：

（一）贩卖、提供毒品，或者组织、强迫、教唆、引诱、欺骗、容留他人吸食、注射毒品；

（二）组织、强迫、引诱、容留、介绍他人卖淫、嫖娼；

（三）制作、贩卖、传播淫秽物品；

（四）提供或者从事以营利为目的的陪侍；

（五）赌博；

（六）从事邪教、迷信活动；

（七）其他违法犯罪行为。

娱乐场所的从业人员不得吸食、注射毒品，不得卖淫、嫖娼；娱乐场所及其从业人员不得为进入娱乐场所的人员实施上述行为提供条件。

**第十五条** 歌舞娱乐场所应当按照国务院公安部门的规定在营业场所的出入口、主要通道安装闭路电视监控设备，并应当保证闭路电视监控设备在营业期间正常运行，不得中断。

歌舞娱乐场所应当将闭路电视监控录像资料留存30日备查，不得删改或者挪作他用。

**第十六条** 歌舞娱乐场所的包厢、包间内不得设置隔断，并应当安装展现室内整体环境的透明门窗。包厢、包间的门不得有内锁装置。

**第十七条** 营业期间，歌舞娱乐场所内亮度不得低于国家规定的标准。

**第十八条** 娱乐场所使用的音像制品或者电子游戏应当是依法出版、生产或者进口的产品。

歌舞娱乐场所播放的曲目和屏幕画面以及游艺娱乐场所的电子游戏机内的游戏项目，不得含有本条例第十三条禁止的内容；歌舞娱乐场所使用的歌曲点播系统不得与境外的曲库联接。

**第十九条** 游艺娱乐场所不得设置具有赌博功能的电子游戏机机型、机种、电路板等游戏设施设备，不得以现金或者有价证券作为奖品，不得回购奖品。

**第二十条**　娱乐场所的法定代表人或者主要负责人应当对娱乐场所的消防安全和其他安全负责。

娱乐场所应当确保其建筑、设施符合国家安全标准和消防技术规范,定期检查消防设施状况,并及时维护、更新。

娱乐场所应当制定安全工作方案和应急疏散预案。

**第二十一条**　营业期间,娱乐场所应当保证疏散通道和安全出口畅通,不得封堵、锁闭疏散通道和安全出口,不得在疏散通道和安全出口设置栅栏等影响疏散的障碍物。

娱乐场所应当在疏散通道和安全出口设置明显指示标志,不得遮挡、覆盖指示标志。

**第二十二条**　任何人不得非法携带枪支、弹药、管制器具或者携带爆炸性、易燃性、毒害性、放射性、腐蚀性等危险物品和传染病病原体进入娱乐场所。

迪斯科舞厅应当配备安全检查设备,对进入营业场所的人员进行安全检查。

**第二十三条**　歌舞娱乐场所不得接纳未成年人。除国家法定节假日外,游艺娱乐场所设置的电子游戏机不得向未成年人提供。

**第二十四条**　娱乐场所不得招用未成年人;招用外国人的,应当按照国家有关规定为其办理外国人就业许可证。

**第二十五条**　娱乐场所应当与从业人员签订文明服务责任书,并建立从业人员名簿;从业人员名簿应当包括从业人员的真实姓名、居民身份证复印件、外国人就业许可证复印件等内容。

娱乐场所应当建立营业日志,记载营业期间从业人员的工作职责、工作时间、工作地点;营业日志不得删改,并应当留存60日备查。

**第二十六条**　娱乐场所应当与保安服务企业签订保安服务合同,配备专业保安人员;不得聘用其他人员从事保安工作。

**第二十七条**　营业期间,娱乐场所的从业人员应当统一着工作服,佩带工作标志并携带居民身份证或者外国人就业许可证。

从业人员应当遵守职业道德和卫生规范,诚实守信,礼貌待人,不得侵害消费者的人身和财产权利。

**第二十八条**　每日凌晨2时至上午8时,娱乐场所不得营业。

**第二十九条**　娱乐场所提供娱乐服务项目和出售商品,应当明码标价,并向消费者出示价目表;不得强迫、欺骗消费者接受服务、购买商品。

**第三十条**　娱乐场所应当在营业场所的大厅、包厢、包间内的显著位置悬挂含有禁毒、禁赌、禁止卖淫嫖娼等内容的警示标志、未成年人禁入或者限入标志。标志应当注明公安部门、文化主管部门的举报电话。

**第三十一条**　娱乐场所应当建立巡查制度,发现娱乐场所内有违法犯罪活动的,应当立即向所在地县级公安部门、县级人民政府文化主管部门报告。

## 第四章　监督管理

**第三十二条**　文化主管部门、公安部门和其他有关部门的工作人员依法履行监督检查职责时,有权进入娱乐场所。娱乐场所应当予以配合,不得拒绝、阻挠。

文化主管部门、公安部门和其他有关部门的工作人员依法履行监督检查职责时,需要查阅闭路电视监控录像资料、从业人员名簿、营业日志等资料的,娱乐场所应当及时提供。

**第三十三条**　文化主管部门、公安部门和其他有关部门应当记录监督检查的情况和处理结果。监督检查记录由监督检查人员签字归档。公众有权查阅监督检查记录。

**第三十四条**　文化主管部门、公安部门和其他有关部门应当建立娱乐场所违法行为警示记录系统;对列入警示记录的娱乐场所,应当及时向社会公布,并加大监督检查力度。

**第三十五条**　文化主管部门应当建立娱乐场所的经营活动信用监管制度,建立健全信用约束机制,并及时公布行政处罚信息。

**第三十六条**　文化主管部门、公安部门和其他有关部门应当建立相互间的信息通报制度,及时通报监督检查情况和处理结果。

**第三十七条**　任何单位或者个人发现娱乐场所内有违反本条例行为的,有权向文化主管部门、公安部门等有关部门举报。

文化主管部门、公安部门等有关部门接到举报,应当记录,并及时依法调查、处理;对不属于本部门职责范围的,应当及时移送有关部门。

**第三十八条**　上级人民政府文化主管部门、公安部门在必要时,可以依照本条例的规定调查、处理由下级人民政府文化主管部门、公安部门调查、处理的案件。

下级人民政府文化主管部门、公安部门认为案件重大、复杂的,可以请求移送上级人民政府文化主管部门、公安部门调查、处理。

**第三十九条** 文化主管部门、公安部门和其他有关部门及其工作人员违反本条例规定的，任何单位或者个人可以向依法有权处理的本级或者上一级机关举报。接到举报的机关应当依法及时调查、处理。

**第四十条** 娱乐场所行业协会应当依照章程的规定，制定行业自律规范，加强对会员经营活动的指导、监督。

## 第五章 法律责任

**第四十一条** 违反本条例规定，擅自从事娱乐场所经营活动的，由文化主管部门依法予以取缔；公安部门在查处治安、刑事案件时，发现擅自从事娱乐场所经营活动的，应当依法予以取缔。

**第四十二条** 违反本条例规定，以欺骗等不正当手段取得娱乐经营许可证的，由原发证机关撤销娱乐经营许可证。

**第四十三条** 娱乐场所实施本条例第十四条禁止行为的，由县级公安部门没收违法所得和非法财物，责令停业整顿3个月至6个月；情节严重的，由原发证机关吊销娱乐经营许可证，对直接负责的主管人员和其他直接责任人员处1万元以上2万元以下的罚款。

**第四十四条** 娱乐场所违反本条例规定，有下列情形之一的，由县级公安部门责令改正，给予警告；情节严重的，责令停业整顿1个月至3个月：

（一）照明设施、包厢、包间的设置以及门窗的使用不符合本条例规定的；

（二）未按照本条例规定安装闭路电视监控设备或者中断使用的；

（三）未按照本条例规定留存监控录像资料或者删改监控录像资料的；

（四）未按照本条例规定配备安全检查设备或者未对进入营业场所的人员进行安全检查的；

（五）未按照本条例规定配备保安人员的。

**第四十五条** 娱乐场所违反本条例规定，有下列情形之一的，由县级公安部门没收违法所得和非法财物，并处违法所得2倍以上5倍以下的罚款；没有违法所得或者违法所得不足1万元的，并处2万元以上5万元以下的罚款；情节严重的，责令停业整顿1个月至3个月：

（一）设置具有赌博功能的电子游戏机机型、机种、电路板等游戏设施设备的；

（二）以现金、有价证券作为奖品，或者回购奖品的。

**第四十六条** 娱乐场所指使、纵容从业人员侵害消费者人身权利的，应当依法承担民事责任，并由县级公安部门责令停业整顿1个月至3个月；造成严重后果的，由原发证机关吊销娱乐经营许可证。

**第四十七条** 娱乐场所取得营业执照后，未按照本条例规定向公安部门备案的，由县级公安部门责令改正，给予警告。

**第四十八条** 违反本条例规定，有下列情形之一的，由县级人民政府文化主管部门没收违法所得和非法财物，并处违法所得1倍以上3倍以下的罚款；没有违法所得或者违法所得不足1万元的，并处1万元以上3万元以下的罚款；情节严重的，责令停业整顿1个月至6个月：

（一）歌舞娱乐场所的歌曲点播系统与境外的曲库联接的；

（二）歌舞娱乐场所播放的曲目、屏幕画面或者游艺娱乐场所电子游戏机内的游戏项目含有本条例第十三条禁止内容的；

（三）歌舞娱乐场所接纳未成年人的；

（四）游艺娱乐场所设置的电子游戏机在国家法定节假日外向未成年人提供的；

（五）娱乐场所容纳的消费者超过核定人数的。

**第四十九条** 娱乐场所违反本条例规定，有下列情形之一的，由县级人民政府文化主管部门责令改正，给予警告；情节严重的，责令停业整顿1个月至3个月：

（一）变更有关事项，未按照本条例规定申请重新核发娱乐经营许可证的；

（二）在本条例规定的禁止营业时间内营业的；

（三）从业人员在营业期间未统一着装并佩带工作标志的。

**第五十条** 娱乐场所未按照本条例规定建立从业人员名簿、营业日志，或者发现违法犯罪行为未按照本条例规定报告的，由县级人民政府文化主管部门、县级公安部门依据法定职权责令改正，给予警告；情节严重的，责令停业整顿1个月至3个月。

**第五十一条** 娱乐场所未按照本条例规定悬挂警示标志、未成年人禁入或者限入标志的，由县级人民政府文化主管部门、县级公安部门依据法定职权责令改正，给予警告。

**第五十二条** 娱乐场所招用未成年人的，由劳动保障行政部门责令改正，并按照每招用一名未成年人每月处5000元罚款的标准给予处罚。

**第五十三条** 因擅自从事娱乐场所经营活动被依法取缔的，其投资人员和负责人终身不得投资开办娱乐场所或者担任娱乐场所的法定代表人、负责人。

娱乐场所因违反本条例规定，被吊销或者撤销娱乐经营许可证的，自被吊销或者撤销之日起，其法定代表人、负责人5年内不得担任娱乐场所的法定代表人、负责人。

娱乐场所因违反本条例规定，2年内被处以3次警告或者罚款又有违反本条例的行为应受行政处罚的，由县级人民政府文化主管部门、县级公安部门依据法定职权责令停业整顿3个月至6个月；2年内被2次责令停业整顿又有违反本条例的行为应受行政处罚的，由原发证机关吊销娱乐经营许可证。

**第五十四条**　娱乐场所违反有关治安管理或者消防管理法律、行政法规规定的，由公安部门依法予以处罚；构成犯罪的，依法追究刑事责任。

娱乐场所违反有关卫生、环境保护、价格、劳动等法律、行政法规规定的，由有关部门依法予以处罚；构成犯罪的，依法追究刑事责任。

娱乐场所及其从业人员与消费者发生争议的，应当依照消费者权益保护的法律规定解决；造成消费者人身、财产损害的，由娱乐场所依法予以赔偿。

**第五十五条**　国家机关及其工作人员开办娱乐场所，参与或者变相参与娱乐场所经营活动的，对直接负责的主管人员和其他直接责任人员依法给予撤职或者开除的行政处分。

文化主管部门、公安部门的工作人员明知其亲属开办娱乐场所或者发现其亲属参与、变相参与娱乐场所的经营活动，不予制止或者制止不力的，依法给予行政处分；情节严重的，依法给予撤职或者开除的行政处分。

**第五十六条**　文化主管部门、公安部门、工商行政管理部门和其他有关部门的工作人员有下列行为之一的，对直接负责的主管人员和其他直接责任人员依法给予行政处分；构成犯罪的，依法追究刑事责任：

（一）向不符合法定设立条件的单位颁发许可证、批准文件、营业执照的；

（二）不履行监督管理职责，或者发现擅自从事娱乐场所经营活动不依法取缔，或者发现违法行为不依法查处的；

（三）接到对违法行为的举报、通报后不依法查处的；

（四）利用职务之便，索取、收受他人财物或者谋取其他利益的；

（五）利用职务之便，参与、包庇违法行为，或者向有关单位、个人通风报信的；

（六）有其他滥用职权、玩忽职守、徇私舞弊行为的。

## 第六章　附　则

**第五十七条**　本条例所称从业人员，包括娱乐场所的管理人员、服务人员、保安人员和在娱乐场所工作的其他人员。

**第五十八条**　本条例自2006年3月1日起施行。1999年3月26日国务院发布的《娱乐场所管理条例》同时废止。

# 娱乐场所管理办法

- 2013年2月4日文化部令第55号发布
- 根据2017年12月15日《文化部关于废止和修改部分部门规章的决定》第一次修订
- 根据2022年5月13日《文化和旅游部关于修改〈娱乐场所管理办法〉的决定》第二次修订

**第一条**　为了加强娱乐场所经营活动管理，维护娱乐场所健康发展，满足人民群众文化娱乐消费需求，根据《娱乐场所管理条例》（以下简称《条例》），制定本办法。

**第二条**　《条例》所称娱乐场所，是指以营利为目的，向公众开放、消费者自娱自乐的歌舞、游艺等场所。歌舞娱乐场所是指提供伴奏音乐、歌曲点播服务或者提供舞蹈音乐、跳舞场地服务的经营场所；游艺娱乐场所是指通过游戏游艺设备提供游戏游艺服务的经营场所。

其他场所兼营以上娱乐服务的，适用本办法。

**第三条**　国家鼓励娱乐场所传播民族优秀文化艺术，提供面向大众的、健康有益的文化娱乐内容和服务；鼓励娱乐场所实行连锁化、品牌化经营。

**第四条**　县级以上人民政府文化和旅游主管部门负责所在地娱乐场所经营活动的监管，负责娱乐场所提供的文化产品的内容监管，负责指导所在地娱乐场所行业协会工作。

**第五条**　娱乐场所行业协会应当依照国家有关法规和协会章程的规定，制定行业规范，加强行业自律，维护行业合法权益。

**第六条**　娱乐场所不得设立在下列地点：

（一）房屋用途中含有住宅的建筑内；

（二）博物馆、图书馆和被核定为文物保护单位的建筑物内；

（三）居民住宅区；

（四）《中华人民共和国未成年人保护法》规定的学校、幼儿园周围；

（五）依照《医疗机构管理条例》及实施细则规定取

得《医疗机构执业许可证》的医院周围；

（六）各级中国共产党委员会及其所属各工作部门、各级人民代表大会机关、各级人民政府及其所属各工作部门、各级政治协商会议机关、各级人民法院、检察院机关、各级民主党派机关周围；

（七）车站、机场等人群密集的场所；

（八）建筑物地下一层以下（不含地下一层）；

（九）与危险化学品仓库毗连的区域，与危险化学品仓库的距离必须符合《危险化学品安全管理条例》的有关规定。

娱乐场所与学校、幼儿园、医院、机关距离及其测量方法由省级人民政府文化和旅游主管部门规定。

**第七条** 依法登记的娱乐场所申请从事娱乐场所经营活动，应当符合以下条件：

（一）有与其经营活动相适应的设施设备，提供的文化产品内容应当符合文化产品生产、出版、进口的规定；

（二）符合国家治安管理、消防安全、噪声污染防治等相关规定；

（三）法律、法规和规章规定的其他条件。

**第八条** 省级人民政府文化和旅游主管部门可以结合本地区实际，制定本行政区域内娱乐场所使用面积和消费者人均占有使用面积的最低标准。

**第九条** 依法登记的娱乐场所申请从事娱乐场所经营活动，应当向所在地县级人民政府文化和旅游主管部门提出申请；依法登记的外商投资娱乐场所申请从事娱乐场所经营活动，应当向所在地省级人民政府文化和旅游主管部门提出申请，省级人民政府文化和旅游主管部门可以委托所在地县级以上文化和旅游主管部门进行实地检查。

**第十条** 依法登记的娱乐场所申请从事娱乐场所经营活动前，可以向负责审批的文化和旅游主管部门提交咨询申请，文化和旅游主管部门应当提供行政指导。

**第十一条** 依法登记的娱乐场所申请从事娱乐场所经营活动，应当提交以下文件：

（一）申请书；

（二）营业执照；

（三）投资人、法定代表人、主要负责人的有效身份证件以及无《条例》第四条、第五条、第五十三条规定情况的书面声明；

（四）房产权属证书，租赁场地经营的，还应当提交租赁合同或者租赁意向书；

（五）经营场所地理位置图和场所内部结构平面图。

有关法律、行政法规规定需要办理消防、卫生、环境保护等审批手续的，从其规定。

**第十二条** 文化和旅游主管部门受理申请后，应当对设立场所的位置、周边环境、面积等进行实地检查。符合条件的，应当在设立场所、文化和旅游主管部门办公场所显著位置向社会公示 10 日，并依法组织听证。

**第十三条** 文化和旅游主管部门应当对歌舞娱乐场所使用的歌曲点播系统和游艺娱乐场所使用的游戏游艺设备进行内容核查。

**第十四条** 文化和旅游主管部门应当根据听证和文化产品内容核查结果作出行政许可决定。予以批准的，核发娱乐经营许可证；不予批准的，应当书面告知申请人并说明理由。

**第十五条** 娱乐场所改建、扩建营业场所或者变更场地的，变更投资人员以及娱乐经营许可证载明事项的，应当向原发证机关申请重新核发娱乐经营许可证。

**第十六条** 歌舞娱乐场所新增、变更歌曲点播系统，游艺娱乐场所新增、变更游戏游艺设备的，应当符合本办法第七条第（一）项规定。

**第十七条** 娱乐经营许可证有效期 2 年。娱乐经营许可证有效期届满 30 日前，娱乐场所经营者应当持许可证、营业执照副本以及营业情况报告到原发证机关申请换发许可证。原发证机关应当在有效期届满前做出是否准予延续的决定，逾期未做决定的，视为准予延续。

**第十八条** 娱乐经营许可证有效期届满未延续的，由原发证机关向社会公告注销娱乐经营许可证，并函告公安机关、市场监督管理部门。

**第十九条** 娱乐场所法定代表人或者主要负责人是维护本场所经营秩序的第一责任人，是本场所安全生产的第一责任人。

**第二十条** 歌舞娱乐场所经营应当符合以下规定：

（一）播放、表演的节目不得含有《条例》第十三条禁止内容；

（二）不得将场所使用的歌曲点播系统连接至境外曲库。

**第二十一条** 游艺娱乐场所经营应当符合以下规定：

（一）不得设置未经文化和旅游主管部门内容核查的游戏游艺设备；

（二）进行有奖经营活动的，奖品目录应当报所在地县级文化和旅游主管部门备案；

（三）除国家法定节假日外，设置的电子游戏机不得向未成年人提供。

**第二十二条** 娱乐场所不得为未经文化和旅游主管部门批准的营业性演出活动提供场地。

娱乐场所招用外国人从事演出活动的,应当符合《营业性演出管理条例》及《营业性演出管理条例实施细则》的规定。

**第二十三条** 娱乐场所应当建立文化产品内容自审和巡查制度,确定专人负责管理在场所内提供的文化产品和服务。巡查情况应当记入营业日志。

消费者利用娱乐场所从事违法违规活动的,娱乐场所应当制止,制止无效的应当及时报告文化和旅游主管部门或者公安机关。

**第二十四条** 娱乐场所应当在显著位置悬挂娱乐经营许可证、未成年人禁入或者限入标志,标志应当注明举报电话。

**第二十五条** 娱乐场所应当配合文化和旅游主管部门的日常检查和技术监管措施。

**第二十六条** 文化和旅游主管部门应当建立娱乐场所信用管理档案,记录被文化和旅游主管部门、公安机关、市场监督管理部门、消防救援机构、负有噪声污染防治监督管理职责的部门实施处罚的情况以及娱乐场所法定代表人、主要负责人、投资人等信息。

**第二十七条** 文化和旅游主管部门应当定期组织文化和旅游主管部门工作人员、娱乐场所第一责任人和内容管理专职人员进行政策法规培训。

**第二十八条** 违反《条例》规定,擅自从事娱乐场所经营活动的,由县级以上人民政府文化和旅游主管部门依照《条例》第四十一条采取责令关闭等方式予以取缔,有违法所得的,依照《中华人民共和国行政处罚法》第二十八条予以没收;符合严重失信主体情形的,依照有关规定予以认定并实施相应信用管理措施。

**第二十九条** 歌舞娱乐场所违反本办法第二十条规定的,由县级以上人民政府文化和旅游主管部门依照《条例》第四十八条予以处罚。

**第三十条** 游艺娱乐场所违反本办法第二十一条第(一)项、第(二)项规定的,由县级以上人民政府文化和旅游主管部门责令改正,并处5000元以上1万元以下的罚款;违反本办法第二十一条第(三)项规定的,由县级以上人民政府文化和旅游主管部门依照《条例》第四十八条予以处罚。

**第三十一条** 娱乐场所违反本办法第二十二条第一款规定的,由县级以上人民政府文化和旅游主管部门责令改正,并处5000元以上1万元以下罚款。

**第三十二条** 娱乐场所违反本办法第二十三条规定对违法违规行为未及时采取措施制止并依法报告的,由县级以上人民政府文化和旅游主管部门依照《条例》第五十条予以处罚。

**第三十三条** 娱乐场所违反本办法第二十四条规定的,由县级以上人民政府文化和旅游主管部门责令改正,予以警告。

**第三十四条** 娱乐场所违反本办法第二十五条规定的,由县级以上人民政府文化和旅游主管部门予以警告,并处5000元以上1万元以下罚款。

**第三十五条** 本办法自2013年3月11日起施行。

## 中华人民共和国旅游法

· 2013年4月25日第十二届全国人民代表大会常务委员会第二次会议通过

· 根据2016年11月7日第十二届全国人民代表大会常务委员会第二十四次会议《关于修改〈中华人民共和国对外贸易法〉等十二部法律的决定》第一次修正

· 根据2018年10月26日第十三届全国人民代表大会常务委员会第六次会议《关于修改〈中华人民共和国野生动物保护法〉等十五部法律的决定》第二次修正

### 目　录

第一章　总　则
第二章　旅 游 者
第三章　旅游规划和促进
第四章　旅游经营
第五章　旅游服务合同
第六章　旅游安全
第七章　旅游监督管理
第八章　旅游纠纷处理
第九章　法律责任
第十章　附　则

### 第一章　总　则

**第一条** 为保障旅游者和旅游经营者的合法权益,规范旅游市场秩序,保护和合理利用旅游资源,促进旅游业持续健康发展,制定本法。

**第二条** 在中华人民共和国境内的和在中华人民共和国境内组织到境外的游览、度假、休闲等形式的旅游活动以及为旅游活动提供相关服务的经营活动,适用本法。

**第三条** 国家发展旅游事业,完善旅游公共服务,依法保护旅游者在旅游活动中的权利。

**第四条** 旅游业发展应当遵循社会效益、经济效益和生态效益相统一的原则。国家鼓励各类市场主体在有效保护旅游资源的前提下,依法合理利用旅游资源。利用公共资源建设的游览场所应当体现公益性质。

**第五条** 国家倡导健康、文明、环保的旅游方式,支持和鼓励各类社会机构开展旅游公益宣传,对促进旅游业发展做出突出贡献的单位和个人给予奖励。

**第六条** 国家建立健全旅游服务标准和市场规则,禁止行业垄断和地区垄断。旅游经营者应当诚信经营,公平竞争,承担社会责任,为旅游者提供安全、健康、卫生、方便的旅游服务。

**第七条** 国务院建立健全旅游综合协调机制,对旅游业发展进行综合协调。

县级以上地方人民政府应当加强对旅游工作的组织和领导,明确相关部门或者机构,对本行政区域的旅游业发展和监督管理进行统筹协调。

**第八条** 依法成立的旅游行业组织,实行自律管理。

## 第二章 旅游者

**第九条** 旅游者有权自主选择旅游产品和服务,有权拒绝旅游经营者的强制交易行为。

旅游者有权知悉其购买的旅游产品和服务的真实情况。

旅游者有权要求旅游经营者按照约定提供产品和服务。

**第十条** 旅游者的人格尊严、民族风俗习惯和宗教信仰应当得到尊重。

**第十一条** 残疾人、老年人、未成年人等旅游者在旅游活动中依照法律、法规和有关规定享受便利和优惠。

**第十二条** 旅游者在人身、财产安全遇有危险时,有请求救助和保护的权利。

旅游者人身、财产受到侵害的,有依法获得赔偿的权利。

**第十三条** 旅游者在旅游活动中应当遵守社会公共秩序和社会公德,尊重当地的风俗习惯、文化传统和宗教信仰,爱护旅游资源,保护生态环境,遵守旅游文明行为规范。

**第十四条** 旅游者在旅游活动中或者在解决纠纷时,不得损害当地居民的合法权益,不得干扰他人的旅游活动,不得损害旅游经营者和旅游从业人员的合法权益。

**第十五条** 旅游者购买、接受旅游服务时,应当向旅游经营者如实告知与旅游活动相关的个人健康信息,遵守旅游活动中的安全警示规定。

旅游者对国家应对重大突发事件暂时限制旅游活动的措施以及有关部门、机构或者旅游经营者采取的安全防范和应急处置措施,应当予以配合。

旅游者违反安全警示规定,或者对国家应对重大突发事件暂时限制旅游活动的措施、安全防范和应急处置措施不予配合的,依法承担相应责任。

**第十六条** 出境旅游者不得在境外非法滞留,随团出境的旅游者不得擅自分团、脱团。

入境旅游者不得在境内非法滞留,随团入境的旅游者不得擅自分团、脱团。

## 第三章 旅游规划和促进

**第十七条** 国务院和县级以上地方人民政府应当将旅游业发展纳入国民经济和社会发展规划。

国务院和省、自治区、直辖市人民政府以及旅游资源丰富的设区的市和县级人民政府,应当按照国民经济和社会发展规划的要求,组织编制旅游发展规划。对跨行政区域且适宜进行整体利用的旅游资源进行利用时,应当由上级人民政府组织编制或者由相关地方人民政府协商编制统一的旅游发展规划。

**第十八条** 旅游发展规划应当包括旅游业发展的总体要求和发展目标,旅游资源保护和利用的要求和措施,以及旅游产品开发、旅游服务质量提升、旅游文化建设、旅游形象推广、旅游基础设施和公共服务设施建设的要求和促进措施等内容。

根据旅游发展规划,县级以上地方人民政府可以编制重点旅游资源开发利用的专项规划,对特定区域内的旅游项目、设施和服务功能配套提出专门要求。

**第十九条** 旅游发展规划应当与土地利用总体规划、城乡规划、环境保护规划以及其他自然资源和文物等人文资源的保护和利用规划相衔接。

**第二十条** 各级人民政府编制土地利用总体规划、城乡规划,应当充分考虑相关旅游项目、设施的空间布局和建设用地要求。规划和建设交通、通信、供水、供电、环保等基础设施和公共服务设施,应当兼顾旅游业发展的需要。

**第二十一条** 对自然资源和文物等人文资源进行旅游利用,必须严格遵守有关法律、法规的规定,符合资源、生态保护和文物安全的要求,尊重和维护当地传统文化和习俗,维护资源的区域整体性、文化代表性和地域特殊性,并考虑军事设施保护的需要。有关主管部门应当加强对资源保护和旅游利用状况的监督检查。

**第二十二条** 各级人民政府应当组织对本级政府编

制的旅游发展规划的执行情况进行评估，并向社会公布。

**第二十三条** 国务院和县级以上地方人民政府应当制定并组织实施有利于旅游业持续健康发展的产业政策，推进旅游休闲体系建设，采取措施推动区域旅游合作，鼓励跨区域旅游线路和产品开发，促进旅游与工业、农业、商业、文化、卫生、体育、科教等领域的融合，扶持少数民族地区、革命老区、边远地区和贫困地区旅游业发展。

**第二十四条** 国务院和县级以上地方人民政府应当根据实际情况安排资金，加强旅游基础设施建设、旅游公共服务和旅游形象推广。

**第二十五条** 国家制定并实施旅游形象推广战略。国务院旅游主管部门统筹组织国家旅游形象的境外推广工作，建立旅游形象推广机构和网络，开展旅游国际合作与交流。

县级以上地方人民政府统筹组织本地的旅游形象推广工作。

**第二十六条** 国务院旅游主管部门和县级以上地方人民政府应当根据需要建立旅游公共信息和咨询平台，无偿向旅游者提供旅游景区、线路、交通、气象、住宿、安全、医疗急救等必要信息和咨询服务。设区的市和县级人民政府有关部门应当根据需要在交通枢纽、商业中心和旅游者集中场所设置旅游咨询中心，在景区和通往主要景区的道路设置旅游指示标识。

旅游资源丰富的设区的市和县级人民政府可以根据本地的实际情况，建立旅游客运专线或者游客中转站，为旅游者在城市及周边旅游提供服务。

**第二十七条** 国家鼓励和支持发展旅游职业教育和培训，提高旅游从业人员素质。

## 第四章 旅游经营

**第二十八条** 设立旅行社，招徕、组织、接待旅游者，为其提供旅游服务，应当具备下列条件，取得旅游主管部门的许可，依法办理工商登记：

（一）有固定的经营场所；

（二）有必要的营业设施；

（三）有符合规定的注册资本；

（四）有必要的经营管理人员和导游；

（五）法律、行政法规规定的其他条件。

**第二十九条** 旅行社可以经营下列业务：

（一）境内旅游；

（二）出境旅游；

（三）边境旅游；

（四）入境旅游；

（五）其他旅游业务。

旅行社经营前款第二项和第三项业务，应当取得相应的业务经营许可，具体条件由国务院规定。

**第三十条** 旅行社不得出租、出借旅行社业务经营许可证，或者以其他形式非法转让旅行社业务经营许可。

**第三十一条** 旅行社应当按照规定交纳旅游服务质量保证金，用于旅游者权益损害赔偿和垫付旅游者人身安全遇有危险时紧急救助的费用。

**第三十二条** 旅行社为招徕、组织旅游者发布信息，必须真实、准确，不得进行虚假宣传，误导旅游者。

**第三十三条** 旅行社及其从业人员组织、接待旅游者，不得安排参观或者参与违反我国法律、法规和社会公德的项目或者活动。

**第三十四条** 旅行社组织旅游活动应当向合格的供应商订购产品和服务。

**第三十五条** 旅行社不得以不合理的低价组织旅游活动，诱骗旅游者，并通过安排购物或者另行付费旅游项目获取回扣等不正当利益。

旅行社组织、接待旅游者，不得指定具体购物场所，不得安排另行付费旅游项目。但是，经双方协商一致或者旅游者要求，且不影响其他旅游者行程安排的除外。

发生违反前两款规定情形的，旅游者有权在旅游行程结束后三十日内，要求旅行社为其办理退货并先行垫付退货货款，或者退还另行付费旅游项目的费用。

**第三十六条** 旅行社组织团队出境旅游或者组织、接待团队入境旅游，应当按照规定安排领队或者导游全程陪同。

**第三十七条** 参加导游资格考试成绩合格，与旅行社订立劳动合同或者在相关旅游行业组织注册的人员，可以申请取得导游证。

**第三十八条** 旅行社应当与其聘用的导游依法订立劳动合同，支付劳动报酬，缴纳社会保险费用。

旅行社临时聘用导游为旅游者提供服务的，应当全额向导游支付本法第六十条第三款规定的导游服务费用。

旅行社安排导游为团队旅游提供服务的，不得要求导游垫付或者向导游收取任何费用。

**第三十九条** 从事领队业务，应当取得导游证，具有相应的学历、语言能力和旅游从业经历，并与委派其从事领队业务的取得出境旅游业务经营许可的旅行社订立劳动合同。

**第四十条** 导游和领队为旅游者提供服务必须接受

旅行社委派，不得私自承揽导游和领队业务。

**第四十一条** 导游和领队从事业务活动，应当佩戴导游证，遵守职业道德，尊重旅游者的风俗习惯和宗教信仰，应当向旅游者告知和解释旅游文明行为规范，引导旅游者健康、文明旅游，劝阻旅游者违反社会公德的行为。

导游和领队应当严格执行旅游行程安排，不得擅自变更旅游行程或者中止服务活动，不得向旅游者索取小费，不得诱导、欺骗、强迫或者变相强迫旅游者购物或者参加另行付费旅游项目。

**第四十二条** 景区开放应当具备下列条件，并听取旅游主管部门的意见：

（一）有必要的旅游配套服务和辅助设施；

（二）有必要的安全设施及制度，经过安全风险评估，满足安全条件；

（三）有必要的环境保护设施和生态保护措施；

（四）法律、行政法规规定的其他条件。

**第四十三条** 利用公共资源建设的景区的门票以及景区内的游览场所、交通工具等另行收费项目，实行政府定价或者政府指导价，严格控制价格上涨。拟收费或者提高价格的，应当举行听证会，征求旅游者、经营者和有关方面的意见，论证其必要性、可行性。

利用公共资源建设的景区，不得通过增加另行收费项目等方式变相涨价；另行收费项目已收回投资成本的，应当相应降低价格或者取消收费。

公益性的城市公园、博物馆、纪念馆等，除重点文物保护单位和珍贵文物收藏单位外，应当逐步免费开放。

**第四十四条** 景区应当在醒目位置公示门票价格、另行收费项目的价格及团体收费价格。景区提高门票价格应当提前六个月公布。

将不同景区的门票或者同一景区内不同游览场所的门票合并出售的，合并后的价格不得高于各单项门票的价格之和，且旅游者有权选择购买其中的单项票。

景区内的核心游览项目因故暂停向旅游者开放或者停止提供服务的，应当公示并相应减少收费。

**第四十五条** 景区接待旅游者不得超过景区主管部门核定的最大承载量。景区应当公布景区主管部门核定的最大承载量，制定和实施旅游者流量控制方案，并可以采取门票预约等方式，对景区接待旅游者的数量进行控制。

旅游者数量可能达到最大承载量时，景区应当提前公告并同时向当地人民政府报告，景区和当地人民政府应当及时采取疏导、分流等措施。

**第四十六条** 城镇和乡村居民利用自有住宅或者其他条件依法从事旅游经营，其管理办法由省、自治区、直辖市制定。

**第四十七条** 经营高空、高速、水上、潜水、探险等高风险旅游项目，应当按照国家有关规定取得经营许可。

**第四十八条** 通过网络经营旅行社业务的，应当依法取得旅行社业务经营许可，并在其网站主页的显著位置标明其业务经营许可证信息。

发布旅游经营信息的网站，应当保证其信息真实、准确。

**第四十九条** 为旅游者提供交通、住宿、餐饮、娱乐等服务的经营者，应当符合法律、法规规定的要求，按照合同约定履行义务。

**第五十条** 旅游经营者应当保证其提供的商品和服务符合保障人身、财产安全的要求。

旅游经营者取得相关质量标准等级的，其设施和服务不得低于相应标准；未取得质量标准等级的，不得使用相关质量等级的称谓和标识。

**第五十一条** 旅游经营者销售、购买商品或者服务，不得给予或者收受贿赂。

**第五十二条** 旅游经营者对其在经营活动中知悉的旅游者个人信息，应当予以保密。

**第五十三条** 从事道路旅游客运的经营者应当遵守道路客运安全管理的各项制度，并在车辆显著位置明示道路旅游客运专用标识，在车厢内显著位置公示经营者和驾驶人信息、道路运输管理机构监督电话等事项。

**第五十四条** 景区、住宿经营者将其部分经营项目或者场地交由他人从事住宿、餐饮、购物、游览、娱乐、旅游交通等经营的，应当对实际经营者的经营行为给旅游者造成的损害承担连带责任。

**第五十五条** 旅游经营者组织、接待出入境旅游，发现旅游者从事违法活动或者有违反本法第十六条规定情形的，应当及时向公安机关、旅游主管部门或者我国驻外机构报告。

**第五十六条** 国家根据旅游活动的风险程度，对旅行社、住宿、旅游交通以及本法第四十七条规定的高风险旅游项目等经营者实施责任保险制度。

## 第五章 旅游服务合同

**第五十七条** 旅行社组织和安排旅游活动，应当与旅游者订立合同。

**第五十八条** 包价旅游合同应当采用书面形式，包括下列内容：

（一）旅行社、旅游者的基本信息；

（二）旅游行程安排；

（三）旅游团成团的最低人数；

（四）交通、住宿、餐饮等旅游服务安排和标准；

（五）游览、娱乐等项目的具体内容和时间；

（六）自由活动时间安排；

（七）旅游费用及其交纳的期限和方式；

（八）违约责任和解决纠纷的方式；

（九）法律、法规规定和双方约定的其他事项。

订立包价旅游合同时，旅行社应当向旅游者详细说明前款第二项至第八项所载内容。

**第五十九条**　旅行社应当在旅游行程开始前向旅游者提供旅游行程单。旅游行程单是包价旅游合同的组成部分。

**第六十条**　旅行社委托其他旅行社代理销售包价旅游产品并与旅游者订立包价旅游合同的，应当在包价旅游合同中载明委托社和代理社的基本信息。

旅行社依照本法规定将包价旅游合同中的接待业务委托给地接社履行的，应当在包价旅游合同中载明地接社的基本信息。

安排导游为旅游者提供服务的，应当在包价旅游合同中载明导游服务费用。

**第六十一条**　旅行社应当提示参加团队旅游的旅游者按照规定投保人身意外伤害保险。

**第六十二条**　订立包价旅游合同时，旅行社应当向旅游者告知下列事项：

（一）旅游者不适合参加旅游活动的情形；

（二）旅游活动中的安全注意事项；

（三）旅行社依法可以减免责任的信息；

（四）旅游者应当注意的旅游目的地相关法律、法规和风俗习惯、宗教禁忌，依照中国法律不宜参加的活动等；

（五）法律、法规规定的其他应当告知的事项。

在包价旅游合同履行中，遇有前款规定事项的，旅行社也应当告知旅游者。

**第六十三条**　旅行社招徕旅游者组团旅游，因未达到约定人数不能出团的，组团社可以解除合同。但是，境内旅游应当至少提前七日通知旅游者，出境旅游应当至少提前三十日通知旅游者。

因未达到约定人数不能出团的，组团社经征得旅游者书面同意，可以委托其他旅行社履行合同。组团社对旅游者承担责任，受委托的旅行社对组团社承担责任。旅游者不同意的，可以解除合同。

因未达到约定的成团人数解除合同的，组团社应当向旅游者退还已收取的全部费用。

**第六十四条**　旅游行程开始前，旅游者可以将包价旅游合同中自身的权利义务转让给第三人，旅行社没有正当理由的不得拒绝，因此增加的费用由旅游者和第三人承担。

**第六十五条**　旅游行程结束前，旅游者解除合同的，组团社应当在扣除必要的费用后，将余款退还旅游者。

**第六十六条**　旅游者有下列情形之一的，旅行社可以解除合同：

（一）患有传染病等疾病，可能危害其他旅游者健康和安全的；

（二）携带危害公共安全的物品且不同意交有关部门处理的；

（三）从事违法或者违反社会公德的活动的；

（四）从事严重影响其他旅游者权益的活动，且不听劝阻、不能制止的；

（五）法律规定的其他情形。

因前款规定情形解除合同的，组团社应当在扣除必要的费用后，将余款退还旅游者；给旅行社造成损失的，旅游者应当依法承担赔偿责任。

**第六十七条**　因不可抗力或者旅行社、履行辅助人已尽合理注意义务仍不能避免的事件，影响旅游行程的，按照下列情形处理：

（一）合同不能继续履行的，旅行社和旅游者均可以解除合同。合同不能完全履行的，旅行社经向旅游者作出说明，可以在合理范围内变更合同；旅游者不同意变更的，可以解除合同。

（二）合同解除的，组团社应当在扣除已向地接社或者履行辅助人支付且不可退还的费用后，将余款退还旅游者；合同变更的，因此增加的费用由旅游者承担，减少的费用退还旅游者。

（三）危及旅游者人身、财产安全的，旅行社应当采取相应的安全措施，因此支出的费用，由旅行社与旅游者分担。

（四）造成旅游者滞留的，旅行社应当采取相应的安置措施。因此增加的食宿费用，由旅游者承担；增加的返程费用，由旅行社与旅游者分担。

**第六十八条**　旅游行程中解除合同的，旅行社应当协助旅游者返回出发地或者旅游者指定的合理地点。由于旅行社或者履行辅助人的原因导致合同解除的，返程费用由旅行社承担。

**第六十九条**　旅行社应当按照包价旅游合同的约定

履行义务,不得擅自变更旅游行程安排。

经旅游者同意,旅行社将包价旅游合同中的接待业务委托给其他具有相应资质的地接社履行的,应当与地接社订立书面委托合同,约定双方的权利和义务,向地接社提供与旅游者订立的包价旅游合同的副本,并向地接社支付不低于接待和服务成本的费用。地接社应当按照包价旅游合同和委托合同提供服务。

**第七十条** 旅行社不履行包价旅游合同义务或者履行合同义务不符合约定的,应当依法承担继续履行、采取补救措施或者赔偿损失等违约责任;造成旅游者人身损害、财产损失的,应当依法承担赔偿责任。旅行社具备履行条件,经旅游者要求仍拒绝履行合同,造成旅游者人身损害、滞留等严重后果的,旅游者还可以要求旅行社支付旅游费用一倍以上三倍以下的赔偿金。

由于旅游者自身原因导致包价旅游合同不能履行或者不能按照约定履行,或者造成旅游者人身损害、财产损失的,旅行社不承担责任。

在旅游者自行安排活动期间,旅行社未尽到安全提示、救助义务的,应当对旅游者的人身损害、财产损失承担相应责任。

**第七十一条** 由于地接社、履行辅助人的原因导致违约的,由组团社承担责任;组团社承担责任后可以向地接社、履行辅助人追偿。

由于地接社、履行辅助人的原因造成旅游者人身损害、财产损失的,旅游者可以要求地接社、履行辅助人承担赔偿责任,也可以要求组团社承担赔偿责任;组团社承担责任后可以向地接社、履行辅助人追偿。但是,由于公共交通经营者的原因造成旅游者人身损害、财产损失的,由公共交通经营者依法承担赔偿责任,旅行社应当协助旅游者向公共交通经营者索赔。

**第七十二条** 旅游者在旅游活动中或者在解决纠纷时,损害旅行社、履行辅助人、旅游从业人员或者其他旅游者的合法权益的,依法承担赔偿责任。

**第七十三条** 旅行社根据旅游者的具体要求安排旅游行程,与旅游者订立包价旅游合同的,旅游者请求变更旅游行程安排,因此增加的费用由旅游者承担,减少的费用退还旅游者。

**第七十四条** 旅行社接受旅游者的委托,为其代订交通、住宿、餐饮、游览、娱乐等旅游服务,收取代办费用的,应当亲自处理委托事务。因旅行社的过错给旅游者造成损失的,旅行社应当承担赔偿责任。

旅行社接受旅游者的委托,为其提供旅游行程设计、旅游信息咨询等服务的,应当保证设计合理、可行,信息及时、准确。

**第七十五条** 住宿经营者应当按照旅游服务合同的约定为团队旅游者提供住宿服务。住宿经营者未能按照旅游服务合同提供服务的,应当为旅游者提供不低于原定标准的住宿服务,因此增加的费用由住宿经营者承担;但由于不可抗力、政府因公共利益需要采取措施造成不能提供服务的,住宿经营者应当协助安排旅游者住宿。

## 第六章 旅游安全

**第七十六条** 县级以上人民政府统一负责旅游安全工作。县级以上人民政府有关部门依照法律、法规履行旅游安全监管职责。

**第七十七条** 国家建立旅游目的地安全风险提示制度。旅游目的地安全风险提示的级别划分和实施程序,由国务院旅游主管部门会同有关部门制定。

县级以上人民政府及其有关部门应当将旅游安全作为突发事件监测和评估的重要内容。

**第七十八条** 县级以上人民政府应当依法将旅游应急管理纳入政府应急管理体系,制定应急预案,建立旅游突发事件应对机制。

突发事件发生后,当地人民政府及其有关部门和机构应当采取措施开展救援,并协助旅游者返回出发地或者旅游者指定的合理地点。

**第七十九条** 旅游经营者应当严格执行安全生产管理和消防安全管理的法律、法规和国家标准、行业标准,具备相应的安全生产条件,制定旅游者安全保护制度和应急预案。

旅游经营者应当对直接为旅游者提供服务的从业人员开展经常性应急救助技能培训,对提供的产品和服务进行安全检验、监测和评估,采取必要措施防止危害发生。

旅游经营者组织、接待老年人、未成年人、残疾人等旅游者,应当采取相应的安全保障措施。

**第八十条** 旅游经营者应当就旅游活动中的下列事项,以明示的方式事先向旅游者作出说明或者警示:

(一)正确使用相关设施、设备的方法;

(二)必要的安全防范和应急措施;

(三)未向旅游者开放的经营、服务场所和设施、设备;

(四)不适宜参加相关活动的群体;

(五)可能危及旅游者人身、财产安全的其他情形。

**第八十一条** 突发事件或者旅游安全事故发生后,旅游经营者应当立即采取必要的救助和处置措施,依法履行报告义务,并对旅游者作出妥善安排。

**第八十二条** 旅游者在人身、财产安全遇有危险时，有权请求旅游经营者、当地政府和相关机构进行及时救助。

中国出境旅游者在境外陷于困境时，有权请求我国驻当地机构在其职责范围内给予协助和保护。

旅游者接受相关组织或者机构的救助后，应当支付应由个人承担的费用。

## 第七章 旅游监督管理

**第八十三条** 县级以上人民政府旅游主管部门和有关部门依照本法和有关法律、法规的规定，在各自职责范围内对旅游市场实施监督管理。

县级以上人民政府应当组织旅游主管部门、有关主管部门和市场监督管理、交通等执法部门对相关旅游经营行为实施监督检查。

**第八十四条** 旅游主管部门履行监督管理职责，不得违反法律、行政法规的规定向监督管理对象收取费用。

旅游主管部门及其工作人员不得参与任何形式的旅游经营活动。

**第八十五条** 县级以上人民政府旅游主管部门有权对下列事项实施监督检查：

（一）经营旅行社业务以及从事导游、领队服务是否取得经营、执业许可；

（二）旅行社的经营行为；

（三）导游和领队等旅游从业人员的服务行为；

（四）法律、法规规定的其他事项。

旅游主管部门依照前款规定实施监督检查，可以对涉嫌违法的合同、票据、账簿以及其他资料进行查阅、复制。

**第八十六条** 旅游主管部门和有关部门依法实施监督检查，其监督检查人员不得少于二人，并应当出示合法证件。监督检查人员少于二人或者未出示合法证件的，被检查单位和个人有权拒绝。

监督检查人员对在监督检查中知悉的被检查单位的商业秘密和个人信息应当依法保密。

**第八十七条** 对依法实施的监督检查，有关单位和个人应当配合，如实说明情况并提供文件、资料，不得拒绝、阻碍和隐瞒。

**第八十八条** 县级以上人民政府旅游主管部门和有关部门，在履行监督检查职责中或者在处理举报、投诉时，发现违反本法规定行为的，应当依法及时作出处理；对不属于本部门职责范围的事项，应当及时书面通知并移交有关部门查处。

**第八十九条** 县级以上地方人民政府建立旅游违法行为查处信息的共享机制，对需要跨部门、跨地区联合查处的违法行为，应当进行督办。

旅游主管部门和有关部门应当按照各自职责，及时向社会公布监督检查的情况。

**第九十条** 依法成立的旅游行业组织依照法律、行政法规和章程的规定，制定行业经营规范和服务标准，对其会员的经营行为和服务质量进行自律管理，组织开展职业道德教育和业务培训，提高从业人员素质。

## 第八章 旅游纠纷处理

**第九十一条** 县级以上人民政府应当指定或者设立统一的旅游投诉受理机构。受理机构接到投诉，应当及时进行处理或者移交有关部门处理，并告知投诉者。

**第九十二条** 旅游者与旅游经营者发生纠纷，可以通过下列途径解决：

（一）双方协商；

（二）向消费者协会、旅游投诉受理机构或者有关调解组织申请调解；

（三）根据与旅游经营者达成的仲裁协议提请仲裁机构仲裁；

（四）向人民法院提起诉讼。

**第九十三条** 消费者协会、旅游投诉受理机构和有关调解组织在双方自愿的基础上，依法对旅游者与旅游经营者之间的纠纷进行调解。

**第九十四条** 旅游者与旅游经营者发生纠纷，旅游者一方人数众多并有共同请求的，可以推选代表人参加协商、调解、仲裁、诉讼活动。

## 第九章 法律责任

**第九十五条** 违反本法规定，未经许可经营旅行社业务的，由旅游主管部门或者市场监督管理部门责令改正，没收违法所得，并处一万元以上十万元以下罚款；违法所得十万元以上的，并处违法所得一倍以上五倍以下罚款；对有关责任人员，处二千元以上二万元以下罚款。

旅行社违反本法规定，未经许可经营本法第二十九条第一款第二项、第三项业务，或者出租、出借旅行社业务经营许可证，或者以其他方式非法转让旅行社业务经营许可的，除依照前款规定处罚外，并责令停业整顿；情节严重的，吊销旅行社业务经营许可证；对直接负责的主管人员，处二千元以上二万元以下罚款。

**第九十六条** 旅行社违反本法规定，有下列行为之一的，由旅游主管部门责令改正，没收违法所得，并处五千元以上五万元以下罚款；情节严重的，责令停业整顿或者吊销旅行社业务经营许可证；对直接负责的主管人员和其他直接责任人员，处二千元以上二万元以下罚款：

（一）未按照规定为出境或者入境团队旅游安排领队或者导游全程陪同的；

（二）安排未取得导游证的人员提供导游服务或者安排不具备领队条件的人员提供领队服务的；

（三）未向临时聘用的导游支付导游服务费用的；

（四）要求导游垫付或者向导游收取费用的。

**第九十七条**　旅行社违反本法规定，有下列行为之一的，由旅游主管部门或者有关部门责令改正，没收违法所得，并处五千元以上五万元以下罚款；违法所得五万元以上的，并处违法所得一倍以上五倍以下罚款；情节严重的，责令停业整顿或者吊销旅行社业务经营许可证；对直接负责的主管人员和其他直接责任人员，处二千元以上二万元以下罚款：

（一）进行虚假宣传，误导旅游者的；

（二）向不合格的供应商订购产品和服务的；

（三）未按照规定投保旅行社责任保险的。

**第九十八条**　旅行社违反本法第三十五条规定的，由旅游主管部门责令改正，没收违法所得，责令停业整顿，并处三万元以上三十万元以下罚款；违法所得三十万元以上的，并处违法所得一倍以上五倍以下罚款；情节严重的，吊销旅行社业务经营许可证；对直接负责的主管人员和其他直接责任人员，没收违法所得，处二千元以上二万元以下罚款，并暂扣或者吊销导游证。

**第九十九条**　旅行社未履行本法第五十五条规定的报告义务的，由旅游主管部门处五千元以上五万元以下罚款；情节严重的，责令停业整顿或者吊销旅行社业务经营许可证；对直接负责的主管人员和其他直接责任人员，处二千元以上二万元以下罚款，并暂扣或者吊销导游证。

**第一百条**　旅行社违反本法规定，有下列行为之一的，由旅游主管部门责令改正，处三万元以上三十万元以下罚款，并责令停业整顿；造成旅游者滞留等严重后果的，吊销旅行社业务经营许可证；对直接负责的主管人员和其他直接责任人员，处二千元以上二万元以下罚款，并暂扣或者吊销导游证：

（一）在旅游行程中擅自变更旅游行程安排，严重损害旅游者权益的；

（二）拒绝履行合同的；

（三）未征得旅游者书面同意，委托其他旅行社履行包价旅游合同的。

**第一百零一条**　旅行社违反本法规定，安排旅游者参观或者参与违反我国法律、法规和社会公德的项目或者活动的，由旅游主管部门责令改正，没收违法所得，责令停业整顿，并处二万元以上二十万元以下罚款；情节严重的，吊销旅行社业务经营许可证；对直接负责的主管人员和其他直接责任人员，处二千元以上二万元以下罚款，并暂扣或者吊销导游证。

**第一百零二条**　违反本法规定，未取得导游证或者不具备领队条件而从事导游、领队活动的，由旅游主管部门责令改正，没收违法所得，并处一千元以上一万元以下罚款，予以公告。

导游、领队违反本法规定，私自承揽业务的，由旅游主管部门责令改正，没收违法所得，处一千元以上一万元以下罚款，并暂扣或者吊销导游证。

导游、领队违反本法规定，向旅游者索取小费的，由旅游主管部门责令退还，处一千元以上一万元以下罚款；情节严重的，并暂扣或者吊销导游证。

**第一百零三条**　违反本法规定被吊销导游证的导游、领队和受到吊销旅行社业务经营许可证处罚的旅行社的有关管理人员，自处罚之日起未逾三年的，不得重新申请导游证或者从事旅行社业务。

**第一百零四条**　旅游经营者违反本法规定，给予或者收受贿赂的，由市场监督管理部门依照有关法律、法规的规定处罚；情节严重的，并由旅游主管部门吊销旅行社业务经营许可证。

**第一百零五条**　景区不符合本法规定的开放条件而接待旅游者的，由景区主管部门责令停业整顿直至符合开放条件，并处二万元以上二十万元以下罚款。

景区在旅游者数量可能达到最大承载量时，未依照本法规定公告或者未向当地人民政府报告，未及时采取疏导、分流等措施，或者超过最大承载量接待旅游者的，由景区主管部门责令改正，情节严重的，责令停业整顿一个月至六个月。

**第一百零六条**　景区违反本法规定，擅自提高门票或者另行收费项目的价格，或者有其他价格违法行为的，由有关主管部门依照有关法律、法规的规定处罚。

**第一百零七条**　旅游经营者违反有关安全生产管理和消防安全管理的法律、法规或者国家标准、行业标准的，由有关主管部门依照有关法律、法规的规定处罚。

**第一百零八条**　对违反本法规定的旅游经营者及其从业人员，旅游主管部门和有关部门应当记入信用档案，向社会公布。

**第一百零九条**　旅游主管部门和有关部门的工作人

员在履行监督管理职责中，滥用职权、玩忽职守、徇私舞弊，尚不构成犯罪的，依法给予处分。

**第一百一十条**　违反本法规定，构成犯罪的，依法追究刑事责任。

## 第十章　附　则

**第一百一十一条**　本法下列用语的含义：

（一）旅游经营者，是指旅行社、景区以及为旅游者提供交通、住宿、餐饮、购物、娱乐等服务的经营者。

（二）景区，是指为旅游者提供游览服务、有明确的管理界限的场所或者区域。

（三）包价旅游合同，是指旅行社预先安排行程，提供或者通过履行辅助人提供交通、住宿、餐饮、游览、导游或者领队等两项以上旅游服务，旅游者以总价支付旅游费用的合同。

（四）组团社，是指与旅游者订立包价旅游合同的旅行社。

（五）地接社，是指接受组团社委托，在目的地接待旅游者的旅行社。

（六）履行辅助人，是指与旅行社存在合同关系，协助其履行包价旅游合同义务，实际提供相关服务的法人或者自然人。

**第一百一十二条**　本法自 2013 年 10 月 1 日起施行。

# 7. 卫生健康

## 中华人民共和国基本医疗卫生与健康促进法

· 2019 年 12 月 28 日第十三届全国人民代表大会常务委员会第十五次会议通过
· 2019 年 12 月 28 日中华人民共和国主席令第 38 号公布
· 自 2020 年 6 月 1 日起施行

### 目　录

第一章　总　则
第二章　基本医疗卫生服务
第三章　医疗卫生机构
第四章　医疗卫生人员
第五章　药品供应保障
第六章　健康促进
第七章　资金保障
第八章　监督管理
第九章　法律责任
第十章　附　则

### 第一章　总　则

**第一条**　为了发展医疗卫生与健康事业，保障公民享有基本医疗卫生服务，提高公民健康水平，推进健康中国建设，根据宪法，制定本法。

**第二条**　从事医疗卫生、健康促进及其监督管理活动，适用本法。

**第三条**　医疗卫生与健康事业应当坚持以人民为中心，为人民健康服务。

医疗卫生事业应当坚持公益性原则。

**第四条**　国家和社会尊重、保护公民的健康权。

国家实施健康中国战略，普及健康生活，优化健康服务，完善健康保障，建设健康环境，发展健康产业，提升公民全生命周期健康水平。

国家建立健康教育制度，保障公民获得健康教育的权利，提高公民的健康素养。

**第五条**　公民依法享有从国家和社会获得基本医疗卫生服务的权利。

国家建立基本医疗卫生制度，建立健全医疗卫生服务体系，保护和实现公民获得基本医疗卫生服务的权利。

**第六条**　各级人民政府应当把人民健康放在优先发展的战略地位，将健康理念融入各项政策，坚持预防为主，完善健康促进工作体系，组织实施健康促进的规划和行动，推进全民健身，建立健康影响评估制度，将公民主要健康指标改善情况纳入政府目标责任考核。

全社会应当共同关心和支持医疗卫生与健康事业的发展。

**第七条**　国务院和地方各级人民政府领导医疗卫生与健康促进工作。

国务院卫生健康主管部门负责统筹协调全国医疗卫生与健康促进工作。国务院其他有关部门在各自职责范围内负责有关的医疗卫生与健康促进工作。

县级以上地方人民政府卫生健康主管部门负责统筹协调本行政区域医疗卫生与健康促进工作。县级以上地方人民政府其他有关部门在各自职责范围内负责有关的医疗卫生与健康促进工作。

**第八条**　国家加强医学基础科学研究，鼓励医学科学技术创新，支持临床医学发展，促进医学科技成果的转化和应用，推进医疗卫生与信息技术融合发展，推广医疗卫生适宜技术，提高医疗卫生服务质量。

国家发展医学教育，完善适应医疗卫生事业发展需要的医学教育体系，大力培养医疗卫生人才。

**第九条**　国家大力发展中医药事业，坚持中西医并重、传承与创新相结合，发挥中医药在医疗卫生与健康事业中的独特作用。

**第十条** 国家合理规划和配置医疗卫生资源，以基层为重点，采取多种措施优先支持县级以下医疗卫生机构发展，提高其医疗卫生服务能力。

**第十一条** 国家加大对医疗卫生与健康事业的财政投入，通过增加转移支付等方式重点扶持革命老区、民族地区、边疆地区和经济欠发达地区发展医疗卫生与健康事业。

**第十二条** 国家鼓励和支持公民、法人和其他组织通过依法举办机构和捐赠、资助等方式，参与医疗卫生与健康事业，满足公民多样化、差异化、个性化健康需求。

公民、法人和其他组织捐赠财产用于医疗卫生与健康事业的，依法享受税收优惠。

**第十三条** 对在医疗卫生与健康事业中做出突出贡献的组织和个人，按照国家规定给予表彰、奖励。

**第十四条** 国家鼓励和支持医疗卫生与健康促进领域的对外交流合作。

开展医疗卫生与健康促进对外交流合作活动，应当遵守法律、法规，维护国家主权、安全和社会公共利益。

## 第二章 基本医疗卫生服务

**第十五条** 基本医疗卫生服务，是指维护人体健康所必需、与经济社会发展水平相适应、公民可公平获得的，采用适宜药物、适宜技术、适宜设备提供的疾病预防、诊断、治疗、护理和康复等服务。

基本医疗卫生服务包括基本公共卫生服务和基本医疗服务。基本公共卫生服务由国家免费提供。

**第十六条** 国家采取措施，保障公民享有安全有效的基本公共卫生服务，控制影响健康的危险因素，提高疾病的预防控制水平。

国家基本公共卫生服务项目由国务院卫生健康主管部门会同国务院财政部门、中医药主管部门等共同确定。

省、自治区、直辖市人民政府可以在国家基本公共卫生服务项目基础上，补充确定本行政区域的基本公共卫生服务项目，并报国务院卫生健康主管部门备案。

**第十七条** 国务院和省、自治区、直辖市人民政府可以将针对重点地区、重点疾病和特定人群的服务内容纳入基本公共卫生服务项目并组织实施。

县级以上地方人民政府针对本行政区域重大疾病和主要健康危险因素，开展专项防控工作。

**第十八条** 县级以上人民政府通过举办专业公共卫生机构、基层医疗卫生机构和医院，或者从其他医疗卫生机构购买服务的方式提供基本公共卫生服务。

**第十九条** 国家建立健全突发事件卫生应急体系，制定和完善应急预案，组织开展突发事件的医疗救治、卫生学调查处置和心理援助等卫生应急工作，有效控制和消除危害。

**第二十条** 国家建立传染病防控制度，制定传染病防治规划并组织实施，加强传染病监测预警，坚持预防为主、防治结合，联防联控、群防群控、源头防控、综合治理，阻断传播途径，保护易感人群，降低传染病的危害。

任何组织和个人应当接受、配合医疗卫生机构为预防、控制、消除传染病危害依法采取的调查、检验、采集样本、隔离治疗、医学观察等措施。

**第二十一条** 国家实行预防接种制度，加强免疫规划工作。居民有依法接种免疫规划疫苗的权利和义务。政府向居民免费提供免疫规划疫苗。

**第二十二条** 国家建立慢性非传染性疾病防控与管理制度，对慢性非传染性疾病及其致病危险因素开展监测、调查和综合防控干预，及时发现高危人群，为患者和高危人群提供诊疗、早期干预、随访管理和健康教育等服务。

**第二十三条** 国家加强职业健康保护。县级以上人民政府应当制定职业病防治规划，建立健全职业健康工作机制，加强职业健康监督管理，提高职业病综合防治能力和水平。

用人单位应当控制职业病危害因素，采取工程技术、个体防护和健康管理等综合治理措施，改善工作环境和劳动条件。

**第二十四条** 国家发展妇幼保健事业，建立健全妇幼健康服务体系，为妇女、儿童提供保健及常见病防治服务，保障妇女、儿童健康。

国家采取措施，为公民提供婚前保健、孕产期保健等服务，促进生殖健康，预防出生缺陷。

**第二十五条** 国家发展老年人保健事业。国务院和省、自治区、直辖市人民政府应当将老年人健康管理和常见病预防等纳入基本公共卫生服务项目。

**第二十六条** 国家发展残疾预防和残疾人康复事业，完善残疾预防和残疾人康复及其保障体系，采取措施为残疾人提供基本康复服务。

县级以上人民政府应当优先开展残疾儿童康复工作，实行康复与教育相结合。

**第二十七条** 国家建立健全院前急救体系，为急危重症患者提供及时、规范、有效的急救服务。

卫生健康主管部门、红十字会等有关部门、组织应当积极开展急救培训，普及急救知识，鼓励医疗卫生人员、经过急救培训的人员积极参与公共场所急救服务。公共场所应当按照规定配备必要的急救设备、设施。

急救中心（站）不得以未付费为由拒绝或者拖延为急危重症患者提供急救服务。

**第二十八条**　国家发展精神卫生事业，建设完善精神卫生服务体系，维护和增进公民心理健康，预防、治疗精神障碍。

国家采取措施，加强心理健康服务体系和人才队伍建设，促进心理健康教育、心理评估、心理咨询与心理治疗服务的有效衔接，设立为公众提供公益服务的心理援助热线，加强未成年人、残疾人和老年人等重点人群心理健康服务。

**第二十九条**　基本医疗服务主要由政府举办的医疗卫生机构提供。鼓励社会力量举办的医疗卫生机构提供基本医疗服务。

**第三十条**　国家推进基本医疗服务实行分级诊疗制度，引导非急诊患者首先到基层医疗卫生机构就诊，实行首诊负责制和转诊审核责任制，逐步建立基层首诊、双向转诊、急慢分治、上下联动的机制，并与基本医疗保险制度相衔接。

县级以上地方人民政府根据本行政区域医疗卫生需求，整合区域内政府举办的医疗卫生资源，因地制宜建立医疗联合体等协同联动的医疗服务合作机制。鼓励社会力量举办的医疗卫生机构参与医疗服务合作机制。

**第三十一条**　国家推进基层医疗卫生机构实行家庭医生签约服务，建立家庭医生服务团队，与居民签订协议，根据居民健康状况和医疗需求提供基本医疗卫生服务。

**第三十二条**　公民接受医疗卫生服务，对病情、诊疗方案、医疗风险、医疗费用等事项依法享有知情同意的权利。

需要实施手术、特殊检查、特殊治疗的，医疗卫生人员应当及时向患者说明医疗风险、替代医疗方案等情况，并取得其同意；不能或者不宜向患者说明的，应当向患者的近亲属说明，并取得其同意。法律另有规定的，依照其规定。

开展药物、医疗器械临床试验和其他医学研究应当遵守医学伦理规范，依法通过伦理审查，取得知情同意。

**第三十三条**　公民接受医疗卫生服务，应当受到尊重。医疗卫生机构、医疗卫生人员应当关心爱护、平等对待患者，尊重患者人格尊严，保护患者隐私。

公民接受医疗卫生服务，应当遵守诊疗制度和医疗卫生服务秩序，尊重医疗卫生人员。

## 第三章　医疗卫生机构

**第三十四条**　国家建立健全由基层医疗卫生机构、医院、专业公共卫生机构等组成的城乡全覆盖、功能互补、连续协同的医疗卫生服务体系。

国家加强县级医院、乡镇卫生院、村卫生室、社区卫生服务中心（站）和专业公共卫生机构等的建设，建立健全农村医疗卫生服务网络和城市社区卫生服务网络。

**第三十五条**　基层医疗卫生机构主要提供预防、保健、健康教育、疾病管理，为居民建立健康档案，常见病、多发病的诊疗以及部分疾病的康复、护理，接收医院转诊患者，向医院转诊超出自身服务能力的患者等基本医疗卫生服务。

医院主要提供疾病诊治，特别是急危重症和疑难病症的诊疗，突发事件医疗处置和救援以及健康教育等医疗卫生服务，并开展医学教育、医疗卫生人员培训、医学科学研究和对基层医疗卫生机构的业务指导等工作。

专业公共卫生机构主要提供传染病、慢性非传染性疾病、职业病、地方病等疾病预防控制和健康教育、妇幼保健、精神卫生、院前急救、采供血、食品安全风险监测评估、出生缺陷防治等公共卫生服务。

**第三十六条**　各级各类医疗卫生机构应当分工合作，为公民提供预防、保健、治疗、护理、康复、安宁疗护等全方位全周期的医疗卫生服务。

各级人民政府采取措施支持医疗卫生机构与养老机构、儿童福利机构、社区组织建立协作机制，为老年人、孤残儿童提供安全、便捷的医疗和健康服务。

**第三十七条**　县级以上人民政府应当制定并落实医疗卫生服务体系规划，科学配置医疗卫生资源，举办医疗卫生机构，为公民获得基本医疗卫生服务提供保障。

政府举办医疗卫生机构，应当考虑本行政区域人口、经济社会发展状况、医疗卫生资源、健康危险因素、发病率、患病率以及紧急救治需求等情况。

**第三十八条**　举办医疗机构，应当具备下列条件，按照国家有关规定办理审批或者备案手续：

（一）有符合规定的名称、组织机构和场所；

（二）有与其开展的业务相适应的经费、设施、设备和医疗卫生人员；

（三）有相应的规章制度；

（四）能够独立承担民事责任；

（五）法律、行政法规规定的其他条件。

医疗机构依法取得执业许可证。禁止伪造、变造、买卖、出租、出借医疗机构执业许可证。

各级各类医疗卫生机构的具体条件和配置应当符合国务院卫生健康主管部门制定的医疗卫生机构标准。

**第三十九条** 国家对医疗卫生机构实行分类管理。

医疗卫生服务体系坚持以非营利性医疗卫生机构为主体、营利性医疗卫生机构为补充。政府举办非营利性医疗卫生机构，在基本医疗卫生事业中发挥主导作用，保障基本医疗卫生服务公平可及。

以政府资金、捐赠资产举办或者参与举办的医疗卫生机构不得设立为营利性医疗卫生机构。

医疗卫生机构不得对外出租、承包医疗科室。非营利性医疗卫生机构不得向出资人、举办者分配或者变相分配收益。

**第四十条** 政府举办的医疗卫生机构应当坚持公益性质，所有收支均纳入预算管理，按照医疗卫生服务体系规划合理设置并控制规模。

国家鼓励政府举办的医疗卫生机构与社会力量合作举办非营利性医疗卫生机构。

政府举办的医疗卫生机构不得与其他组织投资设立非独立法人资格的医疗卫生机构，不得与社会资本合作举办营利性医疗卫生机构。

**第四十一条** 国家采取多种措施，鼓励和引导社会力量依法举办医疗卫生机构，支持和规范社会力量举办的医疗卫生机构与政府举办的医疗卫生机构开展多种类型的医疗业务、学科建设、人才培养等合作。

社会力量举办的医疗卫生机构在基本医疗保险定点、重点专科建设、科研教学、等级评审、特定医疗技术准入、医疗卫生人员职称评定等方面享有与政府举办的医疗卫生机构同等的权利。

社会力量可以选择设立非营利性或者营利性医疗卫生机构。社会力量举办的非营利性医疗卫生机构按照规定享受与政府举办的医疗卫生机构同等的税收、财政补助、用地、用水、用电、用气、用热等政策，并依法接受监督管理。

**第四十二条** 国家以建成的医疗卫生机构为基础，合理规划与设置国家医学中心和国家、省级区域性医疗中心，诊治疑难重症，研究攻克重大医学难题，培养高层次医疗卫生人才。

**第四十三条** 医疗卫生机构应当遵守法律、法规、规章，建立健全内部质量管理和控制制度，对医疗卫生服务质量负责。

医疗卫生机构应当按照临床诊疗指南、临床技术操作规范和行业标准以及医学伦理规范等有关要求，合理进行检查、用药、诊疗，加强医疗卫生安全风险防范，优化服务流程，持续改进医疗卫生服务质量。

**第四十四条** 国家对医疗卫生技术的临床应用进行分类管理，对技术难度大、医疗风险高，服务能力、人员专业技术水平要求较高的医疗卫生技术实行严格管理。

医疗卫生机构开展医疗卫生技术临床应用，应当与其功能任务相适应，遵循科学、安全、规范、有效、经济的原则，并符合伦理。

**第四十五条** 国家建立权责清晰、管理科学、治理完善、运行高效、监督有力的现代医院管理制度。

医院应当制定章程，建立和完善法人治理结构，提高医疗卫生服务能力和运行效率。

**第四十六条** 医疗卫生机构执业场所是提供医疗卫生服务的公共场所，任何组织或者个人不得扰乱其秩序。

**第四十七条** 国家完善医疗风险分担机制，鼓励医疗机构参加医疗责任保险或者建立医疗风险基金，鼓励患者参加医疗意外保险。

**第四十八条** 国家鼓励医疗卫生机构不断改进预防、保健、诊断、治疗、护理和康复的技术、设备与服务，支持开发适合基层和边远地区应用的医疗卫生技术。

**第四十九条** 国家推进全民健康信息化，推动健康医疗大数据、人工智能等的应用发展，加快医疗卫生信息基础设施建设，制定健康医疗数据采集、存储、分析和应用的技术标准，运用信息技术促进优质医疗卫生资源的普及与共享。

县级以上人民政府及其有关部门应当采取措施，推进信息技术在医疗卫生领域和医学教育中的应用，支持探索发展医疗卫生服务新模式、新业态。

国家采取措施，推进医疗卫生机构建立健全医疗卫生信息交流和信息安全制度，应用信息技术开展远程医疗服务，构建线上线下一体化医疗服务模式。

**第五十条** 发生自然灾害、事故灾难、公共卫生事件和社会安全事件等严重威胁人民群众生命健康的突发事件时，医疗卫生机构、医疗卫生人员应当服从政府部门的调遣，参与卫生应急处置和医疗救治。对致病、致残、死亡的参与人员，按照规定给予工伤或者抚恤、烈士褒扬等相关待遇。

## 第四章 医疗卫生人员

**第五十一条** 医疗卫生人员应当弘扬敬佑生命、救死扶伤、甘于奉献、大爱无疆的崇高职业精神，遵守行业规范，恪守医德，努力提高专业水平和服务质量。

医疗卫生行业组织、医疗卫生机构、医学院校应当加强对医疗卫生人员的医德医风教育。

**第五十二条** 国家制定医疗卫生人员培养规划，建立适应行业特点和社会需求的医疗卫生人员培养机制和供需平衡机制，完善医学院校教育、毕业后教育和继续教育体系，建立健全住院医师、专科医师规范化培训制度，建立规模适宜、结构合理、分布均衡的医疗卫生队伍。

国家加强全科医生的培养和使用。全科医生主要提供常见病、多发病的诊疗和转诊、预防、保健、康复，以及慢性病管理、健康管理等服务。

**第五十三条** 国家对医师、护士等医疗卫生人员依法实行执业注册制度。医疗卫生人员应当依法取得相应的职业资格。

**第五十四条** 医疗卫生人员应当遵循医学科学规律，遵守有关临床诊疗技术规范和各项操作规范以及医学伦理规范，使用适宜技术和药物，合理诊疗，因病施治，不得对患者实施过度医疗。

医疗卫生人员不得利用职务之便索要、非法收受财物或者牟取其他不正当利益。

**第五十五条** 国家建立健全符合医疗卫生行业特点的人事、薪酬、奖励制度，体现医疗卫生人员职业特点和技术劳动价值。

对从事传染病防治、放射医学和精神卫生工作以及其他在特殊岗位工作的医疗卫生人员，应当按照国家规定给予适当的津贴。津贴标准应当定期调整。

**第五十六条** 国家建立医疗卫生人员定期到基层和艰苦边远地区从事医疗卫生工作制度。

国家采取定向免费培养、对口支援、退休返聘等措施，加强基层和艰苦边远地区医疗卫生队伍建设。

执业医师晋升为副高级技术职称的，应当有累计一年以上在县级以下或者对口支援的医疗卫生机构提供医疗卫生服务的经历。

对在基层和艰苦边远地区工作的医疗卫生人员，在薪酬津贴、职称评定、职业发展、教育培训和表彰奖励等方面实行优惠待遇。

国家加强乡村医疗卫生队伍建设，建立县乡村上下贯通的职业发展机制，完善对乡村医疗卫生人员的服务收入多渠道补助机制和养老政策。

**第五十七条** 全社会应当关心、尊重医疗卫生人员，维护良好安全的医疗卫生服务秩序，共同构建和谐医患关系。

医疗卫生人员的人身安全、人格尊严不受侵犯，其合法权益受法律保护。禁止任何组织或者个人威胁、危害医疗卫生人员人身安全，侵犯医疗卫生人员人格尊严。

国家采取措施，保障医疗卫生人员执业环境。

## 第五章 药品供应保障

**第五十八条** 国家完善药品供应保障制度，建立工作协调机制，保障药品的安全、有效、可及。

**第五十九条** 国家实施基本药物制度，遴选适当数量的基本药物品种，满足疾病防治基本用药需求。

国家公布基本药物目录，根据药品临床应用实践、药品标准变化、药品新上市情况等，对基本药物目录进行动态调整。

基本药物按照规定优先纳入基本医疗保险药品目录。

国家提高基本药物的供给能力，强化基本药物质量监管，确保基本药物公平可及、合理使用。

**第六十条** 国家建立健全以临床需求为导向的药品审评审批制度，支持临床急需药品、儿童用药品和防治罕见病、重大疾病等药品的研制、生产，满足疾病防治需求。

**第六十一条** 国家建立健全药品研制、生产、流通、使用全过程追溯制度，加强药品管理，保证药品质量。

**第六十二条** 国家建立健全药品价格监测体系，开展成本价格调查，加强药品价格监督检查，依法查处价格垄断、价格欺诈、不正当竞争等违法行为，维护药品价格秩序。

国家加强药品分类采购管理和指导。参加药品采购投标的投标人不得以低于成本的报价竞标，不得以欺诈、串通投标、滥用市场支配地位等方式竞标。

**第六十三条** 国家建立中央与地方两级医药储备，用于保障重大灾情、疫情及其他突发事件等应急需要。

**第六十四条** 国家建立健全药品供求监测体系，及时收集和汇总分析药品供求信息，定期公布药品生产、流通、使用等情况。

**第六十五条** 国家加强对医疗器械的管理，完善医疗器械的标准和规范，提高医疗器械的安全有效水平。

国务院卫生健康主管部门和省、自治区、直辖市人民政府卫生健康主管部门应当根据技术的先进性、适宜性和可及性，编制大型医用设备配置规划，促进区域内医用设备合理配置、充分共享。

**第六十六条** 国家加强中药的保护与发展，充分体现中药的特色和优势，发挥其在预防、保健、医疗、康复中的作用。

## 第六章 健康促进

**第六十七条** 各级人民政府应当加强健康教育工作及其专业人才培养，建立健康知识和技能核心信息发布制度，普及健康科学知识，向公众提供科学、准确的健康信息。

医疗卫生、教育、体育、宣传等机构、基层群众性自治组织和社会组织应当开展健康知识的宣传和普及。医疗卫生人员在提供医疗卫生服务时，应当对患者开展健康教育。新闻媒体应当开展健康知识的公益宣传。健康知识的宣传应当科学、准确。

**第六十八条** 国家将健康教育纳入国民教育体系。学校应当利用多种形式实施健康教育，普及健康知识、科学健身知识、急救知识和技能，提高学生主动防病的意识，培养学生良好的卫生习惯和健康的行为习惯，减少、改善学生近视、肥胖等不良健康状况。

学校应当按照规定开设体育与健康课程，组织学生开展广播体操、眼保健操、体能锻炼等活动。

学校按照规定配备校医，建立和完善卫生室、保健室等。

县级以上人民政府教育主管部门应当按照规定将学生体质健康水平纳入学校考核体系。

**第六十九条** 公民是自己健康的第一责任人，树立和践行对自己健康负责的健康管理理念，主动学习健康知识，提高健康素养，加强健康管理。倡导家庭成员相互关爱，形成符合自身和家庭特点的健康生活方式。

公民应当尊重他人的健康权利和利益，不得损害他人健康和社会公共利益。

**第七十条** 国家组织居民健康状况调查和统计，开展体质监测，对健康绩效进行评估，并根据评估结果制定、完善与健康相关的法律、法规、政策和规划。

**第七十一条** 国家建立疾病和健康危险因素监测、调查和风险评估制度。县级以上人民政府及其有关部门针对影响健康的主要问题，组织开展健康危险因素研究，制定综合防治措施。

国家加强影响健康的环境问题预防和治理，组织开展环境质量对健康影响的研究，采取措施预防和控制与环境问题有关的疾病。

**第七十二条** 国家大力开展爱国卫生运动，鼓励和支持开展爱国卫生月等群众性卫生与健康活动，依靠和动员群众控制和消除健康危险因素，改善环境卫生状况，建设健康城市、健康村镇、健康社区。

**第七十三条** 国家建立科学、严格的食品、饮用水安全监督管理制度，提高安全水平。

**第七十四条** 国家建立营养状况监测制度，实施经济欠发达地区、重点人群营养干预计划，开展未成年人和老年人营养改善行动，倡导健康饮食习惯，减少不健康饮食引起的疾病风险。

**第七十五条** 国家发展全民健身事业，完善覆盖城乡的全民健身公共服务体系，加强公共体育设施建设，组织开展和支持全民健身活动，加强全民健身指导服务，普及科学健身知识和方法。

国家鼓励单位的体育场地设施向公众开放。

**第七十六条** 国家制定并实施未成年人、妇女、老年人、残疾人等的健康工作计划，加强重点人群健康服务。

国家推动长期护理保障工作，鼓励发展长期护理保险。

**第七十七条** 国家完善公共场所卫生管理制度。县级以上人民政府卫生健康等主管部门应当加强对公共场所的卫生监督。公共场所卫生监督信息应当依法向社会公开。

公共场所经营单位应当建立健全并严格实施卫生管理制度，保证其经营活动持续符合国家对公共场所的卫生要求。

**第七十八条** 国家采取措施，减少吸烟对公民健康的危害。

公共场所控制吸烟，强化监督执法。

烟草制品包装应当印制带有说明吸烟危害的警示。

禁止向未成年人出售烟酒。

**第七十九条** 用人单位应当为职工创造有益于健康的环境和条件，严格执行劳动安全卫生等相关规定，积极组织职工开展健身活动，保护职工健康。

国家鼓励用人单位开展职工健康指导工作。

国家提倡用人单位为职工定期开展健康检查。法律、法规对健康检查有规定的，依照其规定。

## 第七章 资金保障

**第八十条** 各级人民政府应当切实履行发展医疗卫生与健康事业的职责，建立与经济社会发展、财政状况和健康指标相适应的医疗卫生与健康事业投入机制，将医疗卫生与健康促进经费纳入本级政府预算，按照规定主要用于保障基本医疗服务、公共卫生服务、基本医疗保障和政府举办的医疗卫生机构建设和运行发展。

**第八十一条** 县级以上人民政府通过预算、审计、监督执法、社会监督等方式，加强资金的监督管理。

**第八十二条** 基本医疗服务费用主要由基本医疗保

险基金和个人支付。国家依法多渠道筹集基本医疗保险基金,逐步完善基本医疗保险可持续筹资和保障水平调整机制。

公民有依法参加基本医疗保险的权利和义务。用人单位和职工按照国家规定缴纳职工基本医疗保险费。城乡居民按照规定缴纳城乡居民基本医疗保险费。

**第八十三条** 国家建立以基本医疗保险为主体,商业健康保险、医疗救助、职工互助医疗和医疗慈善服务等为补充的、多层次的医疗保障体系。

国家鼓励发展商业健康保险,满足人民群众多样化健康保障需求。

国家完善医疗救助制度,保障符合条件的困难群众获得基本医疗服务。

**第八十四条** 国家建立健全基本医疗保险经办机构与协议定点医疗卫生机构之间的协商谈判机制,科学合理确定基本医疗保险基金支付标准和支付方式,引导医疗卫生机构合理诊疗,促进患者有序流动,提高基本医疗保险基金使用效益。

**第八十五条** 基本医疗保险基金支付范围由国务院医疗保障主管部门组织制定,并应当听取国务院卫生健康主管部门、中医药主管部门、药品监督管理部门、财政部门等的意见。

省、自治区、直辖市人民政府可以按照国家有关规定,补充确定本行政区域基本医疗保险基金支付的具体项目和标准,并报国务院医疗保障主管部门备案。

国务院医疗保障主管部门应当对纳入支付范围的基本医疗保险药品目录、诊疗项目、医疗服务设施标准等组织开展循证医学和经济性评价,并应当听取国务院卫生健康主管部门、中医药主管部门、药品监督管理部门、财政部门等有关方面的意见。评价结果应当作为调整基本医疗保险基金支付范围的依据。

## 第八章 监督管理

**第八十六条** 国家建立健全机构自治、行业自律、政府监管、社会监督相结合的医疗卫生综合监督管理体系。

县级以上人民政府卫生健康主管部门对医疗卫生行业实行属地化、全行业监督管理。

**第八十七条** 县级以上人民政府医疗保障主管部门应当提高医疗保障监管能力和水平,对纳入基本医疗保险基金支付范围的医疗服务行为和医疗费用加强监督管理,确保基本医疗保险基金合理使用、安全可控。

**第八十八条** 县级以上人民政府应当组织卫生健康、医疗保障、药品监督管理、发展改革、财政等部门建立沟通协商机制,加强制度衔接和工作配合,提高医疗卫生资源使用效率和保障水平。

**第八十九条** 县级以上人民政府应当定期向本级人民代表大会或者其常务委员会报告基本医疗卫生与健康促进工作,依法接受监督。

**第九十条** 县级以上人民政府有关部门未履行医疗卫生与健康促进工作相关职责的,本级人民政府或者上级人民政府有关部门应当对其主要负责人进行约谈。

地方人民政府未履行医疗卫生与健康促进工作相关职责的,上级人民政府应当对其主要负责人进行约谈。

被约谈的部门和地方人民政府应当立即采取措施,进行整改。

约谈情况和整改情况应当纳入有关部门和地方人民政府工作评议、考核记录。

**第九十一条** 县级以上地方人民政府卫生健康主管部门应当建立医疗卫生机构绩效评估制度,组织对医疗卫生机构的服务质量、医疗技术、药品和医用设备使用等情况进行评估。评估应当吸收行业组织和公众参与。评估结果应当以适当方式向社会公开,作为评价医疗卫生机构和卫生监管的重要依据。

**第九十二条** 国家保护公民个人健康信息,确保公民个人健康信息安全。任何组织或者个人不得非法收集、使用、加工、传输公民个人健康信息,不得非法买卖、提供或者公开公民个人健康信息。

**第九十三条** 县级以上人民政府卫生健康主管部门、医疗保障主管部门应当建立医疗卫生机构、人员等信用记录制度,纳入全国信用信息共享平台,按照国家规定实施联合惩戒。

**第九十四条** 县级以上地方人民政府卫生健康主管部门及其委托的卫生健康监督机构,依法开展本行政区域医疗卫生等行政执法工作。

**第九十五条** 县级以上人民政府卫生健康主管部门应当积极培育医疗卫生行业组织,发挥其在医疗卫生与健康促进工作中的作用,支持其参与行业管理规范、技术标准制定和医疗卫生评价、评估、评审等工作。

**第九十六条** 国家建立医疗纠纷预防和处理机制,妥善处理医疗纠纷,维护医疗秩序。

**第九十七条** 国家鼓励公民、法人和其他组织对医疗卫生与健康促进工作进行社会监督。

任何组织和个人对违反本法规定的行为,有权向县级以上人民政府卫生健康主管部门和其他有关部门投诉、举报。

## 第九章　法律责任

**第九十八条**　违反本法规定，地方各级人民政府、县级以上人民政府卫生健康主管部门和其他有关部门，滥用职权、玩忽职守、徇私舞弊的，对直接负责的主管人员和其他直接责任人员依法给予处分。

**第九十九条**　违反本法规定，未取得医疗机构执业许可证擅自执业的，由县级以上人民政府卫生健康主管部门责令停止执业活动，没收违法所得和药品、医疗器械，并处违法所得五倍以上二十倍以下的罚款，违法所得不足一万元的，按一万元计算。

违反本法规定，伪造、变造、买卖、出租、出借医疗机构执业许可证的，由县级以上人民政府卫生健康主管部门责令改正，没收违法所得，并处违法所得五倍以上十五倍以下的罚款，违法所得不足一万元的，按一万元计算；情节严重的，吊销医疗机构执业许可证。

**第一百条**　违反本法规定，有下列行为之一的，由县级以上人民政府卫生健康主管部门责令改正，没收违法所得，并处违法所得二倍以上十倍以下的罚款，违法所得不足一万元的，按一万元计算；对直接负责的主管人员和其他直接责任人员依法给予处分：

（一）政府举办的医疗卫生机构与其他组织投资设立非独立法人资格的医疗卫生机构；

（二）医疗卫生机构对外出租、承包医疗科室；

（三）非营利性医疗卫生机构向出资人、举办者分配或者变相分配收益。

**第一百零一条**　违反本法规定，医疗卫生机构等的医疗信息安全制度、保障措施不健全，导致医疗信息泄露，或者医疗质量管理和医疗技术管理制度、安全措施不健全的，由县级以上人民政府卫生健康等主管部门责令改正，给予警告，并处一万元以上五万元以下的罚款；情节严重的，可以责令停止相应执业活动，对直接负责的主管人员和其他直接责任人员依法追究法律责任。

**第一百零二条**　违反本法规定，医疗卫生人员有下列行为之一的，由县级以上人民政府卫生健康主管部门依照有关执业医师、护士管理和医疗纠纷预防处理等法律、行政法规的规定给予行政处罚：

（一）利用职务之便索要、非法收受财物或者牟取其他不正当利益；

（二）泄露公民个人健康信息；

（三）在开展医学研究或提供医疗卫生服务过程中未按照规定履行告知义务或者违反医学伦理规范。

前款规定的人员属于政府举办的医疗卫生机构中的人员的，依法给予处分。

**第一百零三条**　违反本法规定，参加药品采购投标的投标人以低于成本的报价竞标，或者以欺诈、串通投标、滥用市场支配地位等方式竞标的，由县级以上人民政府医疗保障主管部门责令改正，没收违法所得；中标的，中标无效，处中标项目金额千分之五以上千分之十以下的罚款，对法定代表人、主要负责人、直接负责的主管人员和其他责任人员处对单位罚款数额百分之五以上百分之十以下的罚款；情节严重的，取消其二年至五年内参加药品采购投标的资格并予以公告。

**第一百零四条**　违反本法规定，以欺诈、伪造证明材料或者其他手段骗取基本医疗保险待遇，或者基本医疗保险经办机构以及医疗机构、药品经营单位等以欺诈、伪造证明材料或者其他手段骗取基本医疗保险基金支出的，由县级以上人民政府医疗保障主管部门依照有关社会保险的法律、行政法规规定给予行政处罚。

**第一百零五条**　违反本法规定，扰乱医疗卫生机构执业场所秩序，威胁、危害医疗卫生人员人身安全，侵犯医疗卫生人员人格尊严，非法收集、使用、加工、传输公民个人健康信息，非法买卖、提供或者公开公民个人健康信息等，构成违反治安管理行为的，依法给予治安管理处罚。

**第一百零六条**　违反本法规定，构成犯罪的，依法追究刑事责任；造成人身、财产损害的，依法承担民事责任。

## 第十章　附　则

**第一百零七条**　本法中下列用语的含义：

（一）主要健康指标，是指人均预期寿命、孕产妇死亡率、婴儿死亡率、五岁以下儿童死亡率等。

（二）医疗卫生机构，是指基层医疗卫生机构、医院和专业公共卫生机构等。

（三）基层医疗卫生机构，是指乡镇卫生院、社区卫生服务中心（站）、村卫生室、医务室、门诊部和诊所等。

（四）专业公共卫生机构，是指疾病预防控制中心、专科疾病防治机构、健康教育机构、急救中心（站）和血站等。

（五）医疗卫生人员，是指执业医师、执业助理医师、注册护士、药师（士）、检验技师（士）、影像技师（士）和乡村医生等卫生专业人员。

（六）基本药物，是指满足疾病防治基本用药需求，适应现阶段基本国情和保障能力，剂型适宜，价格合理，能够保障供应，可公平获得的药品。

**第一百零八条**　省、自治区、直辖市和设区的市、自治州可以结合实际，制定本地方发展医疗卫生与健康事业的具体办法。

**第一百零九条** 中国人民解放军和中国人民武装警察部队的医疗卫生与健康促进工作，由国务院和中央军事委员会依照本法制定管理办法。

**第一百一十条** 本法自2020年6月1日起施行。

## 中华人民共和国医师法

· 2021年8月20日第十三届全国人民代表大会常务委员会第三十次会议通过
· 2021年8月20日中华人民共和国主席令第94号公布
· 自2022年3月1日起施行

### 目　录

第一章　总　则
第二章　考试和注册
第三章　执业规则
第四章　培训和考核
第五章　保障措施
第六章　法律责任
第七章　附　则

### 第一章　总　则

**第一条** 为了保障医师合法权益，规范医师执业行为，加强医师队伍建设，保护人民健康，推进健康中国建设，制定本法。

**第二条** 本法所称医师，是指依法取得医师资格，经注册在医疗卫生机构中执业的专业医务人员，包括执业医师和执业助理医师。

**第三条** 医师应当坚持人民至上、生命至上，发扬人道主义精神，弘扬敬佑生命、救死扶伤、甘于奉献、大爱无疆的崇高职业精神，恪守职业道德，遵守执业规范，提高执业水平，履行防病治病、保护人民健康的神圣职责。

医师依法执业，受法律保护。医师的人格尊严、人身安全不受侵犯。

**第四条** 国务院卫生健康主管部门负责全国的医师管理工作。国务院教育、人力资源社会保障、中医药等有关部门在各自职责范围内负责有关的医师管理工作。

县级以上地方人民政府卫生健康主管部门负责本行政区域内的医师管理工作。县级以上地方人民政府教育、人力资源社会保障、中医药等有关部门在各自职责范围内负责有关的医师管理工作。

**第五条** 每年8月19日为中国医师节。

对在医疗卫生服务工作中做出突出贡献的医师，按照国家有关规定给予表彰、奖励。

全社会应当尊重医师。各级人民政府应当关心爱护医师，弘扬先进事迹，加强业务培训，支持开拓创新，帮助解决困难，推动在全社会广泛形成尊医重卫的良好氛围。

**第六条** 国家建立健全医师医学专业技术职称设置、评定和岗位聘任制度，将职业道德、专业实践能力和工作业绩作为重要条件，科学设置有关评定、聘任标准。

**第七条** 医师可以依法组织和参加医师协会等有关行业组织、专业学术团体。

医师协会等有关行业组织应当加强行业自律和医师执业规范，维护医师合法权益，协助卫生健康主管部门和其他有关部门开展相关工作。

### 第二章　考试和注册

**第八条** 国家实行医师资格考试制度。

医师资格考试分为执业医师资格考试和执业助理医师资格考试。医师资格考试由省级以上人民政府卫生健康主管部门组织实施。

医师资格考试的类别和具体办法，由国务院卫生健康主管部门制定。

**第九条** 具有下列条件之一的，可以参加执业医师资格考试：

（一）具有高等学校相关医学专业本科以上学历，在执业医师指导下，在医疗卫生机构中参加医学专业工作实践满一年；

（二）具有高等学校相关医学专业专科学历，取得执业助理医师执业证书后，在医疗卫生机构中执业满二年。

**第十条** 具有高等学校相关医学专业专科以上学历，在执业医师指导下，在医疗卫生机构中参加医学专业工作实践满一年的，可以参加执业助理医师资格考试。

**第十一条** 以师承方式学习中医满三年，或者经多年实践医术确有专长的，经县级以上人民政府卫生健康主管部门委托的中医药专业组织或者医疗卫生机构考核合格并推荐，可以参加中医医师资格考试。

以师承方式学习中医或者经多年实践，医术确有专长的，由至少二名中医医师推荐，经省级人民政府中医药主管部门组织实践技能和效果考核合格后，即可取得中医医师资格及相应的资格证书。

本条规定的相关考试、考核办法，由国务院中医药主管部门拟订，报国务院卫生健康主管部门审核、发布。

**第十二条** 医师资格考试成绩合格，取得执业医师资格或者执业助理医师资格，发给医师资格证书。

**第十三条** 国家实行医师执业注册制度。

取得医师资格的，可以向所在地县级以上地方人民政府卫生健康主管部门申请注册。医疗卫生机构可以为本机构中的申请人集体办理注册手续。

除有本法规定不予注册的情形外，卫生健康主管部门应当自受理申请之日起二十个工作日内准予注册，将注册信息录入国家信息平台，并发给医师执业证书。

未注册取得医师执业证书，不得从事医师执业活动。

医师执业注册管理的具体办法，由国务院卫生健康主管部门制定。

**第十四条** 医师经注册后，可以在医疗卫生机构中按照注册的执业地点、执业类别、执业范围执业，从事相应的医疗卫生服务。

中医、中西医结合医师可以在医疗机构中的中医科、中西医结合科或者其他临床科室按照注册的执业类别、执业范围执业。

医师经相关专业培训和考核合格，可以增加执业范围。法律、行政法规对医师从事特定范围执业活动的资质条件有规定的，从其规定。

经考试取得医师资格的中医医师按照国家有关规定，经培训和考核合格，在执业活动中可以采用与其专业相关的西医药技术方法。西医医师按照国家有关规定，经培训和考核合格，在执业活动中可以采用与其专业相关的中医药技术方法。

**第十五条** 医师在二个以上医疗卫生机构定期执业的，应当以一个医疗卫生机构为主，并按照国家有关规定办理相关手续。国家鼓励医师定期定点到县级以下医疗卫生机构，包括乡镇卫生院、村卫生室、社区卫生服务中心等，提供医疗卫生服务，主执业机构应当支持并提供便利。

卫生健康主管部门、医疗卫生机构应当加强对有关医师的监督管理，规范其执业行为，保证医疗卫生服务质量。

**第十六条** 有下列情形之一的，不予注册：

（一）无民事行为能力或者限制民事行为能力；

（二）受刑事处罚，刑罚执行完毕不满二年或者被依法禁止从事医师职业的期限未满；

（三）被吊销医师执业证书不满二年；

（四）因医师定期考核不合格被注销注册不满一年；

（五）法律、行政法规规定不得从事医疗卫生服务的其他情形。

受理申请的卫生健康主管部门对不予注册的，应当自受理申请之日起二十个工作日内书面通知申请人和其所在医疗卫生机构，并说明理由。

**第十七条** 医师注册后有下列情形之一的，注销注册，废止医师执业证书：

（一）死亡；

（二）受刑事处罚；

（三）被吊销医师执业证书；

（四）医师定期考核不合格，暂停执业活动期满，再次考核仍不合格；

（五）中止医师执业活动满二年；

（六）法律、行政法规规定不得从事医疗卫生服务或者应当办理注销手续的其他情形。

有前款规定情形的，医师所在医疗卫生机构应当在三十日内报告准予注册的卫生健康主管部门；卫生健康主管部门依职权发现医师有前款规定情形的，应当及时通报准予注册的卫生健康主管部门。准予注册的卫生健康主管部门应当及时注销注册，废止医师执业证书。

**第十八条** 医师变更执业地点、执业类别、执业范围等注册事项的，应当依照本法规定到准予注册的卫生健康主管部门办理变更注册手续。

医师从事下列活动的，可以不办理相关变更注册手续：

（一）参加规范化培训、进修、对口支援、会诊、突发事件医疗救援、慈善或者其他公益性医疗、义诊；

（二）承担国家任务或者参加政府组织的重要活动等；

（三）在医疗联合体内的医疗机构中执业。

**第十九条** 中止医师执业活动二年以上或者本法规定不予注册的情形消失，申请重新执业的，应当由县级以上人民政府卫生健康主管部门或者其委托的医疗卫生机构、行业组织考核合格，并依照本法规定重新注册。

**第二十条** 医师个体行医应当依法办理审批或者备案手续。

执业医师个体行医，须经注册后在医疗卫生机构中执业满五年；但是，依照本法第十一条第二款规定取得中医医师资格的人员，按照考核内容进行执业注册后，即可在注册的执业范围内个体行医。

县级以上地方人民政府卫生健康主管部门对个体行医的医师，应当按照国家有关规定实施监督检查，发现有本法规定注销注册的情形的，应当及时注销注册，废止医师执业证书。

**第二十一条** 县级以上地方人民政府卫生健康主管部门应当将准予注册和注销注册的人员名单及时予以公

告，由省级人民政府卫生健康主管部门汇总，报国务院卫生健康主管部门备案，并按照规定通过网站提供医师注册信息查询服务。

## 第三章 执业规则

**第二十二条** 医师在执业活动中享有下列权利：

（一）在注册的执业范围内，按照有关规范进行医学诊查、疾病调查、医学处置、出具相应的医学证明文件，选择合理的医疗、预防、保健方案；

（二）获取劳动报酬，享受国家规定的福利待遇，按照规定参加社会保险并享受相应待遇；

（三）获得符合国家规定标准的执业基本条件和职业防护装备；

（四）从事医学教育、研究、学术交流；

（五）参加专业培训，接受继续医学教育；

（六）对所在医疗卫生机构和卫生健康主管部门的工作提出意见和建议，依法参与所在机构的民主管理；

（七）法律、法规规定的其他权利。

**第二十三条** 医师在执业活动中履行下列义务：

（一）树立敬业精神，恪守职业道德，履行医师职责，尽职尽责救治患者，执行疫情防控等公共卫生措施；

（二）遵循临床诊疗指南，遵守临床技术操作规范和医学伦理规范等；

（三）尊重、关心、爱护患者，依法保护患者隐私和个人信息；

（四）努力钻研业务，更新知识，提高医学专业技术能力和水平，提升医疗卫生服务质量；

（五）宣传推广与岗位相适应的健康科普知识，对患者及公众进行健康教育和健康指导；

（六）法律、法规规定的其他义务。

**第二十四条** 医师实施医疗、预防、保健措施，签署有关医学证明文件，必须亲自诊查、调查，并按照规定及时填写病历等医学文书，不得隐匿、伪造、篡改或者擅自销毁病历等医学文书及有关资料。

医师不得出具虚假医学证明文件以及与自己执业范围无关或者与执业类别不相符的医学证明文件。

**第二十五条** 医师在诊疗活动中应当向患者说明病情、医疗措施和其他需要告知的事项。需要实施手术、特殊检查、特殊治疗的，医师应当及时向患者具体说明医疗风险、替代医疗方案等情况，并取得其明确同意；不能或者不宜向患者说明的，应当向患者的近亲属说明，并取得其明确同意。

**第二十六条** 医师开展药物、医疗器械临床试验和其他医学临床研究应当符合国家有关规定，遵守医学伦理规范，依法通过伦理审查，取得书面知情同意。

**第二十七条** 对需要紧急救治的患者，医师应当采取紧急措施进行诊治，不得拒绝急救处置。

因抢救生命垂危的患者等紧急情况，不能取得患者或者其近亲属意见的，经医疗机构负责人或者授权的负责人批准，可以立即实施相应的医疗措施。

国家鼓励医师积极参与公共交通工具等公共场所急救服务；医师因自愿实施急救造成受助人损害的，不承担民事责任。

**第二十八条** 医师应当使用经依法批准或者备案的药品、消毒药剂、医疗器械，采用合法、合规、科学的诊疗方法。

除按照规范用于诊断治疗外，不得使用麻醉药品、医疗用毒性药品、精神药品、放射性药品等。

**第二十九条** 医师应当坚持安全有效、经济合理的用药原则，遵循药品临床应用指导原则、临床诊疗指南和药品说明书等合理用药。

在尚无有效或者更好治疗手段等特殊情况下，医师取得患者明确知情同意后，可以采用药品说明书中未明确但具有循证医学证据的药品用法实施治疗。医疗机构应当建立管理制度，对医师处方、用药医嘱的适宜性进行审核，严格规范医师用药行为。

**第三十条** 执业医师按照国家有关规定，经所在医疗卫生机构同意，可以通过互联网等信息技术提供部分常见病、慢性病复诊等适宜的医疗卫生服务。国家支持医疗卫生机构之间利用互联网等信息技术开展远程医疗合作。

**第三十一条** 医师不得利用职务之便，索要、非法收受财物或者牟取其他不正当利益；不得对患者实施不必要的检查、治疗。

**第三十二条** 遇有自然灾害、事故灾难、公共卫生事件和社会安全事件等严重威胁人民生命健康的突发事件时，县级以上人民政府卫生健康主管部门根据需要组织医师参与卫生应急处置和医疗救治，医师应当服从调遣。

**第三十三条** 在执业活动中有下列情形之一的，医师应当按照有关规定及时向所在医疗卫生机构或者有关部门、机构报告：

（一）发现传染病、突发不明原因疾病或者异常健康事件；

（二）发生或者发现医疗事故；

（三）发现可能与药品、医疗器械有关的不良反应或者不良事件；

（四）发现假药或者劣药；

（五）发现患者涉嫌伤害事件或者非正常死亡；

（六）法律、法规规定的其他情形。

**第三十四条** 执业助理医师应当在执业医师的指导下，在医疗卫生机构中按照注册的执业类别、执业范围执业。

在乡、民族乡、镇和村医疗卫生机构以及艰苦边远地区县级医疗卫生机构中执业的执业助理医师，可以根据医疗卫生服务情况和本人实践经验，独立从事一般的执业活动。

**第三十五条** 参加临床教学实践的医学生和尚未取得医师执业证书、在医疗卫生机构中参加医学专业工作实践的医学毕业生，应当在执业医师监督、指导下参与临床诊疗活动。医疗卫生机构应当为有关医学生、医学毕业生参与临床诊疗活动提供必要的条件。

**第三十六条** 有关行业组织、医疗卫生机构、医学院校应当加强对医师的医德医风教育。

医疗卫生机构应当建立健全医师岗位责任、内部监督、投诉处理等制度，加强对医师的管理。

## 第四章 培训和考核

**第三十七条** 国家制定医师培养规划，建立适应行业特点和社会需求的医师培养和供需平衡机制，统筹各类医学人才需求，加强全科、儿科、精神科、老年医学等紧缺专业人才培养。

国家采取措施，加强医教协同，完善医学院校教育、毕业后教育和继续教育体系。

国家通过多种途径，加强以全科医生为重点的基层医疗卫生人才培养和配备。

国家采取措施，完善中医西医相互学习的教育制度，培养高层次中西医结合人才和能够提供中西医结合服务的全科医生。

**第三十八条** 国家建立健全住院医师规范化培训制度，健全临床带教激励机制，保障住院医师培训期间待遇，严格培训过程管理和结业考核。

国家建立健全专科医师规范化培训制度，不断提高临床医师专科诊疗水平。

**第三十九条** 县级以上人民政府卫生健康主管部门和其他有关部门应当制定医师培训计划，采取多种形式对医师进行分级分类培训，为医师接受继续医学教育提供条件。

县级以上人民政府应当采取有力措施，优先保障基层、欠发达地区和民族地区的医疗卫生人员接受继续医学教育。

**第四十条** 医疗卫生机构应当合理调配人力资源，按照规定和计划保证本机构医师接受继续医学教育。

县级以上人民政府卫生健康主管部门应当有计划地组织协调县级以上医疗卫生机构对乡镇卫生院、村卫生室、社区卫生服务中心等基层医疗卫生机构中的医疗卫生人员开展培训，提高其医学专业技术能力和水平。

有关行业组织应当为医师接受继续医学教育提供服务和创造条件，加强继续医学教育的组织、管理。

**第四十一条** 国家在每年的医学专业招生计划和教育培训计划中，核定一定比例用于定向培养、委托培训，加强基层和艰苦边远地区医师队伍建设。

有关部门、医疗卫生机构与接受定向培养、委托培训的人员签订协议，约定相关待遇、服务年限、违约责任等事项，有关人员应当履行协议约定的义务。县级以上人民政府有关部门应当采取措施，加强履约管理。协议各方违反约定的，应当承担违约责任。

**第四十二条** 国家实行医师定期考核制度。

县级以上人民政府卫生健康主管部门或者其委托的医疗卫生机构、行业组织应当按照医师执业标准，对医师的业务水平、工作业绩和职业道德状况进行考核，考核周期为三年。对具有较长年限执业经历、无不良行为记录的医师，可以简化考核程序。

受委托的机构或者组织应当将医师考核结果报准予注册的卫生健康主管部门备案。

对考核不合格的医师，县级以上人民政府卫生健康主管部门应当责令其暂停执业活动三个月至六个月，并接受相关专业培训。暂停执业活动期满，再次进行考核，对考核合格的，允许其继续执业。

**第四十三条** 省级以上人民政府卫生健康主管部门负责指导、检查和监督医师考核工作。

## 第五章 保障措施

**第四十四条** 国家建立健全体现医师职业特点和技术劳动价值的人事、薪酬、职称、奖励制度。

对从事传染病防治、放射医学和精神卫生工作以及其他特殊岗位工作的医师，应当按照国家有关规定给予适当的津贴。津贴标准应当定期调整。

在基层和艰苦边远地区工作的医师，按照国家有关规定享受津贴、补贴政策，并在职称评定、职业发展、教育培训和表彰奖励等方面享受优惠待遇。

**第四十五条** 国家加强疾病预防控制人才队伍建

设，建立适应现代化疾病预防控制体系的医师培养和使用机制。

疾病预防控制机构、二级以上医疗机构以及乡镇卫生院、社区卫生服务中心等基层医疗卫生机构应当配备一定数量的公共卫生医师，从事人群疾病及危害因素监测、风险评估研判、监测预警、流行病学调查、免疫规划管理、职业健康管理等公共卫生工作。医疗机构应当建立健全管理制度，严格执行院内感染防控措施。

国家建立公共卫生与临床医学相结合的人才培养机制，通过多种途径对临床医师进行疾病预防控制、突发公共卫生事件应对等方面业务培训，对公共卫生医师进行临床医学业务培训，完善医防结合和中西医协同防治的体制机制。

**第四十六条**　国家采取措施，统筹城乡资源，加强基层医疗卫生队伍和服务能力建设，对乡村医疗卫生人员建立县乡村上下贯通的职业发展机制，通过县管乡用、乡聘村用等方式，将乡村医疗卫生人员纳入县域医疗卫生人员管理。

执业医师晋升为副高级技术职称的，应当有累计一年以上在县级以下或者对口支援的医疗卫生机构提供医疗卫生服务的经历；晋升副高级技术职称后，在县级以下或者对口支援的医疗卫生机构提供医疗卫生服务，累计一年以上的，同等条件下优先晋升正高级技术职称。

国家采取措施，鼓励取得执业医师资格或者执业助理医师资格的人员依法开办村医疗卫生机构，或者在村医疗卫生机构提供医疗卫生服务。

**第四十七条**　国家鼓励在村医疗卫生机构中向村民提供预防、保健和一般医疗服务的乡村医生通过医学教育取得医学专业学历；鼓励符合条件的乡村医生参加医师资格考试，依法取得医师资格。

国家采取措施，通过信息化、智能化手段帮助乡村医生提高医学技术能力和水平，进一步完善对乡村医生的服务收入多渠道补助机制和养老等政策。

乡村医生的具体管理办法，由国务院制定。

**第四十八条**　医师有下列情形之一的，按照国家有关规定给予表彰、奖励：

（一）在执业活动中，医德高尚，事迹突出；

（二）在医学研究、教育中开拓创新，对医学专业技术有重大突破，做出显著贡献；

（三）遇有突发事件时，在预防预警、救死扶伤等工作中表现突出；

（四）长期在艰苦边远地区的县级以下医疗卫生机构努力工作；

（五）在疾病预防控制、健康促进工作中做出突出贡献；

（六）法律、法规规定的其他情形。

**第四十九条**　县级以上人民政府及其有关部门应当将医疗纠纷预防和处理工作纳入社会治安综合治理体系，加强医疗卫生机构及周边治安综合治理，维护医疗卫生机构良好的执业环境，有效防范和依法打击涉医违法犯罪行为，保护医患双方合法权益。

医疗卫生机构应当完善安全保卫措施，维护良好的医疗秩序，及时主动化解医疗纠纷，保障医师执业安全。

禁止任何组织或者个人阻碍医师依法执业，干扰医师正常工作、生活；禁止通过侮辱、诽谤、威胁、殴打等方式，侵犯医师的人格尊严、人身安全。

**第五十条**　医疗卫生机构应当为医师提供职业安全和卫生防护用品，并采取有效的卫生防护和医疗保健措施。

医师受到事故伤害或者在职业活动中因接触有毒、有害因素而引起疾病、死亡的，依照有关法律、行政法规的规定享受工伤保险待遇。

**第五十一条**　医疗卫生机构应当为医师合理安排工作时间，落实带薪休假制度，定期开展健康检查。

**第五十二条**　国家建立完善医疗风险分担机制。医疗机构应当参加医疗责任保险或者建立、参加医疗风险基金。鼓励患者参加医疗意外保险。

**第五十三条**　新闻媒体应当开展医疗卫生法律、法规和医疗卫生知识的公益宣传，弘扬医师先进事迹，引导公众尊重医师、理性对待医疗卫生风险。

## 第六章　法律责任

**第五十四条**　在医师资格考试中有违反考试纪律等行为，情节严重的，一年至三年内禁止参加医师资格考试。

以不正当手段取得医师资格证书或者医师执业证书的，由发给证书的卫生健康主管部门予以撤销，三年内不受理其相应申请。

伪造、变造、买卖、出租、出借医师执业证书的，由县级以上人民政府卫生健康主管部门责令改正，没收违法所得，并处违法所得二倍以上五倍以下的罚款，违法所得不足一万元的，按一万元计算；情节严重的，吊销医师执业证书。

**第五十五条**　违反本法规定，医师在执业活动中有下列行为之一的，由县级以上人民政府卫生健康主管部门门责令改正，给予警告；情节严重的，责令暂停六个月以上一年以下执业活动直至吊销医师执业证书：

（一）在提供医疗卫生服务或者开展医学临床研究中，未按照规定履行告知义务或者取得知情同意；

（二）对需要紧急救治的患者，拒绝急救处置，或者由于不负责任延误诊治；

（三）遇有自然灾害、事故灾难、公共卫生事件和社会安全事件等严重威胁人民生命健康的突发事件时，不服从卫生健康主管部门调遣；

（四）未按照规定报告有关情形；

（五）违反法律、法规、规章或者执业规范，造成医疗事故或者其他严重后果。

**第五十六条** 违反本法规定，医师在执业活动中有下列行为之一的，由县级以上人民政府卫生健康主管部门责令改正，给予警告，没收违法所得，并处一万元以上三万元以下的罚款；情节严重的，责令暂停六个月以上一年以下执业活动直至吊销医师执业证书：

（一）泄露患者隐私或者个人信息；

（二）出具虚假医学证明文件，或者未经亲自诊查、调查，签署诊断、治疗、流行病学等证明文件或者有关出生、死亡等证明文件；

（三）隐匿、伪造、篡改或者擅自销毁病历等医学文书及有关资料；

（四）未按照规定使用麻醉药品、医疗用毒性药品、精神药品、放射性药品等；

（五）利用职务之便，索要、非法收受财物或者牟取其他不正当利益，或者违反诊疗规范，对患者实施不必要的检查、治疗造成不良后果；

（六）开展禁止类医疗技术临床应用。

**第五十七条** 违反本法规定，医师未按照注册的执业地点、执业类别、执业范围执业的，由县级以上人民政府卫生健康主管部门或者中医药主管部门责令改正，给予警告，没收违法所得，并处一万元以上三万元以下的罚款；情节严重的，责令暂停六个月以上一年以下执业活动直至吊销医师执业证书。

**第五十八条** 严重违反医师职业道德、医学伦理规范，造成恶劣社会影响的，由省级以上人民政府卫生健康主管部门吊销医师执业证书或者责令停止非法执业活动，五年直至终身禁止从事医疗卫生服务或者医学临床研究。

**第五十九条** 违反本法规定，非医师行医的，由县级以上人民政府卫生健康主管部门责令停止非法执业活动，没收违法所得和药品、医疗器械，并处违法所得二倍以上十倍以下的罚款，违法所得不足一万元的，按一万元计算。

**第六十条** 违反本法规定，阻碍医师依法执业，干扰医师正常工作、生活，或者通过侮辱、诽谤、威胁、殴打等方式，侵犯医师人格尊严、人身安全，构成违反治安管理行为的，依法给予治安管理处罚。

**第六十一条** 违反本法规定，医疗卫生机构未履行报告职责，造成严重后果的，由县级以上人民政府卫生健康主管部门给予警告，对直接负责的主管人员和其他直接责任人员依法给予处分。

**第六十二条** 违反本法规定，卫生健康主管部门和其他有关部门工作人员或者医疗卫生机构工作人员弄虚作假、滥用职权、玩忽职守、徇私舞弊的，依法给予处分。

**第六十三条** 违反本法规定，构成犯罪的，依法追究刑事责任；造成人身、财产损害的，依法承担民事责任。

### 第七章 附 则

**第六十四条** 国家采取措施，鼓励具有中等专业学校医学专业学历的人员通过参加更高层次学历教育等方式，提高医学技术能力和水平。

在本法施行前以及在本法施行后一定期限内取得中等专业学校相关医学专业学历的人员，可以参加医师资格考试。具体办法由国务院卫生健康主管部门会同国务院教育、中医药等有关部门制定。

**第六十五条** 中国人民解放军和中国人民武装警察部队执行本法的具体办法，由国务院、中央军事委员会依据本法制定。

**第六十六条** 境外人员参加医师资格考试、申请注册、执业或者从事临床示教、临床研究、临床学术交流等活动的具体管理办法，由国务院卫生健康主管部门制定。

**第六十七条** 本法自 2022 年 3 月 1 日起施行。《中华人民共和国执业医师法》同时废止。

## 医疗纠纷预防和处理条例

· 2018 年 6 月 20 日国务院第 13 次常务会议通过
· 2018 年 7 月 31 日中华人民共和国国务院令第 701 号公布
· 自 2018 年 10 月 1 日起施行

### 第一章 总 则

**第一条** 为了预防和妥善处理医疗纠纷，保护医患双方的合法权益，维护医疗秩序，保障医疗安全，制定本条例。

**第二条** 本条例所称医疗纠纷，是指医患双方因诊疗活动引发的争议。

**第三条** 国家建立医疗质量安全管理体系，深化医药卫生体制改革，规范诊疗活动，改善医疗服务，提高医疗质量，预防、减少医疗纠纷。

在诊疗活动中，医患双方应当互相尊重，维护自身权益应当遵守有关法律、法规的规定。

**第四条** 处理医疗纠纷，应当遵循公平、公正、及时的原则，实事求是，依法处理。

**第五条** 县级以上人民政府应当加强对医疗纠纷预防和处理工作的领导、协调，将其纳入社会治安综合治理体系，建立部门分工协作机制，督促部门依法履行职责。

**第六条** 卫生主管部门负责指导、监督医疗机构做好医疗纠纷的预防和处理工作，引导医患双方依法解决医疗纠纷。

司法行政部门负责指导医疗纠纷人民调解工作。

公安机关依法维护医疗机构治安秩序，查处、打击侵害患者和医务人员合法权益以及扰乱医疗秩序等违法犯罪行为。

财政、民政、保险监督管理等部门和机构按照各自职责做好医疗纠纷预防和处理的有关工作。

**第七条** 国家建立完善医疗风险分担机制，发挥保险机制在医疗纠纷处理中的第三方赔付和医疗风险社会化分担的作用，鼓励医疗机构参加医疗责任保险，鼓励患者参加医疗意外保险。

**第八条** 新闻媒体应当加强医疗卫生法律、法规和医疗卫生常识的宣传，引导公众理性对待医疗风险；报道医疗纠纷，应当遵守有关法律、法规的规定，恪守职业道德，做到真实、客观、公正。

## 第二章 医疗纠纷预防

**第九条** 医疗机构及其医务人员在诊疗活动中应当以患者为中心，加强人文关怀，严格遵守医疗卫生法律、法规、规章和诊疗相关规范、常规，恪守职业道德。

医疗机构应当对其医务人员进行医疗卫生法律、法规、规章和诊疗相关规范、常规的培训，并加强职业道德教育。

**第十条** 医疗机构应当制定并实施医疗质量安全管理制度，设置医疗服务质量监控部门或者配备专（兼）职人员，加强对诊断、治疗、护理、药事、检查等工作的规范化管理，优化服务流程，提高服务水平。

医疗机构应当加强医疗风险管理，完善医疗风险的识别、评估和防控措施，定期检查措施落实情况，及时消除隐患。

**第十一条** 医疗机构应当按照国务院卫生主管部门制定的医疗技术临床应用管理规定，开展与其技术能力相适应的医疗技术服务，保障临床应用安全，降低医疗风险；采用医疗新技术的，应当开展技术评估和伦理审查，确保安全有效、符合伦理。

**第十二条** 医疗机构应当依照有关法律、法规的规定，严格执行药品、医疗器械、消毒药剂、血液等的进货查验、保管等制度。禁止使用无合格证明文件、过期等不合格的药品、医疗器械、消毒药剂、血液等。

**第十三条** 医务人员在诊疗活动中应当向患者说明病情和医疗措施。需要实施手术，或者开展临床试验等存在一定危险性、可能产生不良后果的特殊检查、特殊治疗的，医务人员应当及时向患者说明医疗风险、替代医疗方案等情况，并取得其书面同意；在患者处于昏迷等无法自主作出决定的状态或者病情不宜向患者说明等情形下，应当向患者的近亲属说明，并取得其书面同意。

紧急情况下不能取得患者或者其近亲属意见的，经医疗机构负责人或者授权的负责人批准，可以立即实施相应的医疗措施。

**第十四条** 开展手术、特殊检查、特殊治疗等具有较高医疗风险的诊疗活动，医疗机构应当提前预备应对方案，主动防范突发风险。

**第十五条** 医疗机构及其医务人员应当按照国务院卫生主管部门的规定，填写并妥善保管病历资料。

因紧急抢救未能及时填写病历的，医务人员应当在抢救结束后6小时内据实补记，并加以注明。

任何单位和个人不得篡改、伪造、隐匿、毁灭或者抢夺病历资料。

**第十六条** 患者有权查阅、复制其门诊病历、住院志、体温单、医嘱单、化验单（检验报告）、医学影像检查资料、特殊检查同意书、手术同意书、手术及麻醉记录、病理资料、护理记录、医疗费用以及国务院卫生主管部门规定的其他属于病历的全部资料。

患者要求复制病历资料的，医疗机构应当提供复制服务，并在复制的病历资料上加盖证明印记。复制病历资料时，应当有患者或者其近亲属在场。医疗机构应患者的要求为其复制病历资料，可以收取工本费，收费标准应当公开。

患者死亡的，其近亲属可以依照本条例的规定，查阅、复制病历资料。

**第十七条** 医疗机构应当建立健全医患沟通机制，

对患者在诊疗过程中提出的咨询、意见和建议，应当耐心解释、说明，并按照规定进行处理；对患者就诊疗行为提出的疑问，应当及时予以核实、自查，并指定有关人员与患者或者其近亲属沟通，如实说明情况。

**第十八条** 医疗机构应当建立健全投诉接待制度，设置统一的投诉管理部门或者配备专(兼)职人员，在医疗机构显著位置公布医疗纠纷解决途径、程序和联系方式等，方便患者投诉或者咨询。

**第十九条** 卫生主管部门应当督促医疗机构落实医疗质量安全管理制度，组织开展医疗质量安全评估，分析医疗质量安全信息，针对发现的风险制定防范措施。

**第二十条** 患者应当遵守医疗秩序和医疗机构有关就诊、治疗、检查的规定，如实提供与病情有关的信息，配合医务人员开展诊疗活动。

**第二十一条** 各级人民政府应当加强健康促进与教育工作，普及健康科学知识，提高公众对疾病治疗等医学科学知识的认知水平。

## 第三章 医疗纠纷处理

**第二十二条** 发生医疗纠纷，医患双方可以通过下列途径解决：

(一)双方自愿协商；

(二)申请人民调解；

(三)申请行政调解；

(四)向人民法院提起诉讼；

(五)法律、法规规定的其他途径。

**第二十三条** 发生医疗纠纷，医疗机构应当告知患者或者其近亲属下列事项：

(一)解决医疗纠纷的合法途径；

(二)有关病历资料、现场实物封存和启封的规定；

(三)有关病历资料查阅、复制的规定。

患者死亡的，还应当告知其近亲属有关尸检的规定。

**第二十四条** 发生医疗纠纷需要封存、启封病历资料的，应当在医患双方在场的情况下进行。封存的病历资料可以是原件，也可以是复制件，由医疗机构保管。病历尚未完成需要封存的，对已完成病历先行封存；病历按照规定完成后，再对后续完成部分进行封存。医疗机构应当对封存的病历开列封存清单，由医患双方签字或者盖章，各执一份。

病历资料封存后医疗纠纷已经解决，或者患者在病历资料封存满3年未再提出解决医疗纠纷要求的，医疗机构可以自行启封。

**第二十五条** 疑似输液、输血、注射、用药等引起不良后果的，医患双方应当共同对现场实物进行封存、启封，封存的现场实物由医疗机构保管。需要检验的，应当由双方共同委托依法具有检验资格的检验机构进行检验；双方无法共同委托的，由医疗机构所在地县级人民政府卫生主管部门指定。

疑似输血引起不良后果，需要对血液进行封存保留的，医疗机构应当通知提供该血液的血站派员到场。

现场实物封存后医疗纠纷已经解决，或者患者在现场实物封存满3年未再提出解决医疗纠纷要求的，医疗机构可以自行启封。

**第二十六条** 患者死亡，医患双方对死因有异议的，应当在患者死亡后48小时内进行尸检；具备尸体冻存条件的，可以延长至7日。尸检应当经死者近亲属同意并签字，拒绝签字的，视为死者近亲属不同意进行尸检。不同意或者拖延尸检，超过规定时间，影响对死因判定的，由不同意或者拖延的一方承担责任。

尸检应当由按照国家有关规定取得相应资格的机构和专业技术人员进行。

医患双方可以委派代表观察尸检过程。

**第二十七条** 患者在医疗机构内死亡的，尸体应当立即移放太平间或者指定的场所，死者尸体存放时间一般不得超过14日。逾期不处理的尸体，由医疗机构在向所在地县级人民政府卫生主管部门和公安机关报告后，按照规定处理。

**第二十八条** 发生重大医疗纠纷的，医疗机构应当按照规定向所在地县级以上地方人民政府卫生主管部门报告。卫生主管部门接到报告后，应当及时了解掌握情况，引导医患双方通过合法途径解决纠纷。

**第二十九条** 医患双方应当依法维护医疗秩序。任何单位和个人不得实施危害患者和医务人员人身安全、扰乱医疗秩序的行为。

医疗纠纷中发生涉嫌违反治安管理行为或者犯罪行为的，医疗机构应当立即向所在地公安机关报案。公安机关应当及时采取措施，依法处置，维护医疗秩序。

**第三十条** 医患双方选择协商解决医疗纠纷的，应当在专门场所协商，不得影响正常医疗秩序。医患双方人数较多的，应当推举代表进行协商，每方代表人数不超过5人。

协商解决医疗纠纷应当坚持自愿、合法、平等的原则，尊重当事人的权利，尊重客观事实。医患双方应当文明、理性表达意见和要求，不得有违法行为。

协商确定赔付金额应当以事实为依据，防止畸高或者畸低。对分歧较大或者索赔数额较高的医疗纠纷，鼓励医患双方通过人民调解的途径解决。

医患双方经协商达成一致的，应当签署书面和解协议书。

**第三十一条**　申请医疗纠纷人民调解的，由医患双方共同向医疗纠纷人民调解委员会提出申请；一方申请调解的，医疗纠纷人民调解委员会在征得另一方同意后进行调解。

申请人可以以书面或者口头形式申请调解。书面申请的，申请书应当载明申请人的基本情况、申请调解的争议事项和理由等；口头申请的，医疗纠纷人民调解员应当当场记录申请人的基本情况、申请调解的争议事项和理由等，并经申请人签字确认。

医疗纠纷人民调解委员会获悉医疗机构内发生重大医疗纠纷，可以主动开展工作，引导医患双方申请调解。

当事人已经向人民法院提起诉讼并且已被受理，或者已经申请卫生主管部门调解并且已被受理的，医疗纠纷人民调解委员会不予受理；已经受理的，终止调解。

**第三十二条**　设立医疗纠纷人民调解委员会，应当遵守《中华人民共和国人民调解法》的规定，并符合本地区实际需要。医疗纠纷人民调解委员会应当自设立之日起30个工作日内向所在地县级以上地方人民政府司法行政部门备案。

医疗纠纷人民调解委员会应当根据具体情况，聘任一定数量的具有医学、法学等专业知识且热心调解工作的人员担任专（兼）职医疗纠纷人民调解员。

医疗纠纷人民调解委员会调解医疗纠纷，不得收取费用。医疗纠纷人民调解工作所需经费按照国务院财政、司法行政部门的有关规定执行。

**第三十三条**　医疗纠纷人民调解委员会调解医疗纠纷时，可以根据需要咨询专家，并可以从本条例第三十五条规定的专家库中选取专家。

**第三十四条**　医疗纠纷人民调解委员会调解医疗纠纷，需要进行医疗损害鉴定以明确责任的，由医患双方共同委托医学会或者司法鉴定机构进行鉴定，也可以经医患双方同意，由医疗纠纷人民调解委员会委托鉴定。

医学会或者司法鉴定机构接受委托从事医疗损害鉴定，应当由鉴定事项所涉专业的临床医学、法医学等专业人员进行鉴定；医学会或者司法鉴定机构没有相关专业人员的，应当从本条例第三十五条规定的专家库中抽取相关专业专家进行鉴定。

医学会或者司法鉴定机构开展医疗损害鉴定，应当执行规定的标准和程序，尊重科学，恪守职业道德，对出具的医疗损害鉴定意见负责，不得出具虚假鉴定意见。医疗损害鉴定的具体管理办法由国务院卫生、司法行政部门共同制定。

鉴定费预先向医患双方收取，最终按照责任比例承担。

**第三十五条**　医疗损害鉴定专家库由设区的市级以上人民政府卫生、司法行政部门共同设立。专家库应当包含医学、法学、法医学等领域的专家。聘请专家进入专家库，不受行政区域的限制。

**第三十六条**　医学会、司法鉴定机构作出的医疗损害鉴定意见应当载明并详细论述下列内容：

（一）是否存在医疗损害以及损害程度；

（二）是否存在医疗过错；

（三）医疗过错与医疗损害是否存在因果关系；

（四）医疗过错在医疗损害中的责任程度。

**第三十七条**　咨询专家、鉴定人员有下列情形之一的，应当回避，当事人也可以以口头或者书面形式申请其回避：

（一）是医疗纠纷当事人或者当事人的近亲属；

（二）与医疗纠纷有利害关系；

（三）与医疗纠纷当事人有其他关系，可能影响医疗纠纷公正处理。

**第三十八条**　医疗纠纷人民调解委员会应当自受理之日起30个工作日内完成调解。需要鉴定的，鉴定时间不计入调解期限。因特殊情况需要延长调解期限的，医疗纠纷人民调解委员会和医患双方可以约定延长调解期限。超过调解期限未达成调解协议的，视为调解不成。

**第三十九条**　医患双方经人民调解达成一致的，医疗纠纷人民调解委员会应当制作调解协议书。调解协议书经医患双方签字或者盖章，人民调解员签字并加盖医疗纠纷人民调解委员会印章后生效。

达成调解协议的，医疗纠纷人民调解委员会应当告知医患双方可以依法向人民法院申请司法确认。

**第四十条**　医患双方申请医疗纠纷行政调解的，应当参照本条例第三十一条第一款、第二款的规定向医疗纠纷发生地县级人民政府卫生主管部门提出申请。

卫生主管部门应当自收到申请之日起5个工作日内作出是否受理的决定。当事人已经向人民法院提起诉讼并且已被受理，或者已经申请医疗纠纷人民调解委员会调解并且已被受理的，卫生主管部门不予受理；已经受理的，终止调解。

卫生主管部门应当自受理之日起30个工作日内完成调解。需要鉴定的,鉴定时间不计入调解期限。超过调解期限未达成调解协议的,视为调解不成。

**第四十一条**　卫生主管部门调解医疗纠纷需要进行专家咨询的,可以从本条例第三十五条规定的专家库中抽取专家;医患双方认为需要进行医疗损害鉴定以明确责任的,参照本条例第三十四条的规定进行鉴定。

医患双方经卫生主管部门调解达成一致的,应当签署调解协议书。

**第四十二条**　医疗纠纷人民调解委员会及其人民调解员、卫生主管部门及其工作人员应当对医患双方的个人隐私等事项予以保密。

未经医患双方同意,医疗纠纷人民调解委员会、卫生主管部门不得公开进行调解,也不得公开调解协议的内容。

**第四十三条**　发生医疗纠纷,当事人协商、调解不成的,可以依法向人民法院提起诉讼。当事人也可以直接向人民法院提起诉讼。

**第四十四条**　发生医疗纠纷,需要赔偿的,赔付金额依照法律的规定确定。

## 第四章　法律责任

**第四十五条**　医疗机构篡改、伪造、隐匿、毁灭病历资料的,对直接负责的主管人员和其他直接责任人员,由县级以上人民政府卫生主管部门给予或者责令给予降低岗位等级或者撤职的处分,对有关医务人员责令暂停6个月以上1年以下执业活动;造成严重后果的,对直接负责的主管人员和其他直接责任人员给予或者责令给予开除的处分,对有关医务人员由原发证部门吊销执业证书;构成犯罪的,依法追究刑事责任。

**第四十六条**　医疗机构将未通过技术评估和伦理审查的医疗新技术应用于临床的,由县级以上人民政府卫生主管部门没收违法所得,并处5万元以上10万元以下罚款,对直接负责的主管人员和其他直接责任人员给予或者责令给予降低岗位等级或者撤职的处分,对有关医务人员责令暂停6个月以上1年以下执业活动;情节严重的,对直接负责的主管人员和其他直接责任人员给予或者责令给予开除的处分,对有关医务人员由原发证部门吊销执业证书;构成犯罪的,依法追究刑事责任。

**第四十七条**　医疗机构及其医务人员有下列情形之一的,由县级以上人民政府卫生主管部门责令改正,给予警告,并处1万元以上5万元以下罚款;情节严重的,对直接负责的主管人员和其他直接责任人员给予或者责令给予降低岗位等级或者撤职的处分,对有关医务人员可以责令暂停1个月以上6个月以下执业活动;构成犯罪的,依法追究刑事责任:

(一)未按规定制定和实施医疗质量安全管理制度;

(二)未按规定告知患者病情、医疗措施、医疗风险、替代医疗方案等;

(三)开展具有较高医疗风险的诊疗活动,未提前预备应对方案防范突发风险;

(四)未按规定填写、保管病历资料,或者未按规定补记抢救病历;

(五)拒绝为患者提供查阅、复制病历资料服务;

(六)未建立投诉接待制度、设置统一投诉管理部门或者配备专(兼)职人员;

(七)未按规定封存、保管、启封病历资料和现场实物;

(八)未按规定向卫生主管部门报告重大医疗纠纷;

(九)其他未履行本条例规定义务的情形。

**第四十八条**　医学会、司法鉴定机构出具虚假医疗损害鉴定意见的,由县级以上人民政府卫生、司法行政部门依据职责没收违法所得,并处5万元以上10万元以下罚款,对该医学会、司法鉴定机构和有关鉴定人员责令暂停3个月以上1年以下医疗损害鉴定业务,对直接负责的主管人员和其他直接责任人员给予或者责令给予降低岗位等级或者撤职的处分;情节严重的,该医学会、司法鉴定机构和有关鉴定人员5年内不得从事医疗损害鉴定业务或者撤销登记,对直接负责的主管人员和其他直接责任人员给予或者责令给予开除的处分;构成犯罪的,依法追究刑事责任。

**第四十九条**　尸检机构出具虚假尸检报告的,由县级以上人民政府卫生、司法行政部门依据职责没收违法所得,并处5万元以上10万元以下罚款,对该尸检机构和有关尸检专业技术人员责令暂停3个月以上1年以下尸检业务,对直接负责的主管人员和其他直接责任人员给予或者责令给予降低岗位等级或者撤职的处分;情节严重的,撤销该尸检机构和有关尸检专业技术人员的尸检资格,对直接负责的主管人员和其他直接责任人员给予或者责令给予开除的处分;构成犯罪的,依法追究刑事责任。

**第五十条**　医疗纠纷人民调解员有下列行为之一的,由医疗纠纷人民调解委员会给予批评教育、责令改正;情节严重的,依法予以解聘:

(一)偏袒一方当事人;

（二）侮辱当事人；

（三）索取、收受财物或者牟取其他不正当利益；

（四）泄露医患双方个人隐私等事项。

**第五十一条** 新闻媒体编造、散布虚假医疗纠纷信息的，由有关主管部门依法给予处罚；给公民、法人或者其他组织的合法权益造成损害的，依法承担消除影响、恢复名誉、赔偿损失、赔礼道歉等民事责任。

**第五十二条** 县级以上人民政府卫生主管部门和其他有关部门及其工作人员在医疗纠纷预防和处理工作中，不履行职责或者滥用职权、玩忽职守、徇私舞弊的，由上级人民政府卫生等有关部门或者监察机关责令改正；依法对直接负责的主管人员和其他直接责任人员给予处分；构成犯罪的，依法追究刑事责任。

**第五十三条** 医患双方在医疗纠纷处理中，造成人身、财产或者其他损害的，依法承担民事责任；构成违反治安管理行为的，由公安机关依法给予治安管理处罚；构成犯罪的，依法追究刑事责任。

### 第五章 附 则

**第五十四条** 军队医疗机构的医疗纠纷预防和处理办法，由中央军委机关有关部门会同国务院卫生主管部门依据本条例制定。

**第五十五条** 对诊疗活动中医疗事故的行政调查处理，依照《医疗事故处理条例》的相关规定执行。

**第五十六条** 本条例自2018年10月1日起施行。

## 医疗保障行政处罚程序暂行规定

·2021年6月11日国家医疗保障局令第4号公布

·自2021年7月15日起施行

### 第一章 总 则

**第一条** 为了规范医疗保障领域行政处罚程序，确保医疗保障行政部门依法实施行政处罚，维护医疗保障基金安全，保护公民、法人和其他组织的合法权益，根据《中华人民共和国行政处罚法》《中华人民共和国行政强制法》等法律、行政法规，制定本规定。

**第二条** 医疗保障领域行政处罚，适用本规定。

**第三条** 医疗保障行政部门实施行政处罚遵循公正、公开的原则。坚持以事实为依据，与违法行为的事实、性质、情节以及社会危害程度相当。坚持处罚与教育相结合，做到事实清楚、证据确凿、依据正确、程序合法、处罚适当。

**第四条** 医疗保障行政部门应当全面落实行政执法公示制度、执法全过程记录制度、重大执法决定法制审核制度。

**第五条** 执法人员与案件有直接利害关系或者有其他关系可能影响公正执法的，应当回避。

当事人认为执法人员与案件有直接利害关系或者有其他关系可能影响公正执法的，有权申请回避。

当事人提出回避申请的，医疗保障行政部门应当依法审查。医疗保障行政部门主要负责人的回避，由医疗保障行政部门负责人集体讨论决定；医疗保障行政部门其他负责人的回避，由医疗保障行政部门主要负责人决定；其他有关人员的回避，由医疗保障行政部门负责人决定。决定作出前，不停止调查。

**第六条** 违法行为在二年内未被发现的，不再给予行政处罚；涉及公民生命健康安全且有危害后果的，上述期限延长至五年。

前款规定的期限，从违法行为发生之日起计算；违法行为有连续或者继续状态的，从行为终了之日起计算。

**第七条** 上级医疗保障行政部门对下级医疗保障行政部门实施的行政处罚，应当加强监督。

医疗保障行政部门法制机构对本部门实施的行政处罚，应当加强监督。

**第八条** 各级医疗保障行政部门可以依法委托符合法定条件的组织开展行政执法工作。行政强制措施权不得委托。

受委托组织在委托范围内，以委托行政机关的名义实施行政处罚，不得再委托其他组织或者个人实施行政处罚。

委托书应当载明委托的具体事项、权限、期限等内容。委托行政机关和受委托组织应当将委托书向社会公布。

委托行政机关对受委托组织实施行政处罚的行为应当负责监督，并对该行为的后果承担法律责任。

### 第二章 管辖和适用

**第九条** 医疗保障领域行政处罚由违法行为发生地的县级以上医疗保障行政部门管辖。法律、行政法规、部门规章另有规定的，从其规定。

医疗保障异地就医的违法行为，由就医地医疗保障行政部门调查处理。仅参保人员违法的，由参保地医疗保障行政部门调查处理。

**第十条** 两个以上医疗保障行政部门因管辖权发生争议的，应当自发生争议之日起七个工作日内协商解决；协商不成的，报请共同的上一级医疗保障行政部门指定管辖;也可以直接由共同的上一级医疗保障行政部门指定管辖。

**第十一条** 上级医疗保障行政部门认为有必要时,可以直接管辖下级医疗保障行政部门管辖的案件,也可以将本部门管辖的案件交由下级医疗保障行政部门管辖。法律、法规、规章明确规定案件应当由上级医疗保障行政部门管辖的,上级医疗保障部门不得将案件交由下级医疗保障行政部门管辖。

下级医疗保障行政部门认为依法应由其管辖的案件存在特殊原因,难以办理的,可以报请上一级医疗保障行政部门管辖或者指定管辖。上一级医疗保障行政部门应当自收到报送材料之日起七个工作日内作出书面决定。

**第十二条** 医疗保障行政部门发现所查处的案件属于其他医疗保障行政部门或其他行政管理部门管辖的,应当依法移送。

受移送的医疗保障行政部门对管辖权有异议的,应当报请共同的上一级医疗保障行政部门指定管辖,不得再自行移送。

**第十三条** 医疗保障行政部门实施行政处罚时,应当责令当事人改正或者限期改正违法行为。

## 第三章 行政处罚的普通程序

**第十四条** 医疗保障行政部门对依据监督检查职权或者通过投诉、举报、其他部门移送、上级交办等途径发现的违法行为线索,应当自发现线索或者收到材料之日起十五个工作日内予以核查,并决定是否立案;特殊情况下,经医疗保障行政部门主要负责人批准后,可以延长十五个工作日。

**第十五条** 立案应当符合下列标准:

(一)有明确的违法嫌疑人;

(二)经核查认为存在涉嫌违反医疗保障监督管理法律、法规、规章规定,应当给予行政处罚的行为;

(三)属于本部门管辖。

符合立案标准的,应当及时立案。

**第十六条** 行政处罚应当由具有医疗保障行政执法资格的执法人员实施,执法人员不得少于两人。

执法人员应当文明执法,尊重和保护当事人合法权益。

**第十七条** 除依据《行政处罚法》第五十一条规定的可以当场作出的行政处罚外,医疗保障行政部门发现公民、法人或者其他组织有依法应当给予行政处罚的行为的,必须全面、客观、公正地调查,收集有关证据;必要时,依照法律、法规的规定,可以进行检查。

医疗保障行政部门及参与案件办理的有关单位和人员对调查或者检查过程中知悉的国家秘密、商业秘密和个人隐私应当依法保密。不得将调查或者检查过程中获取、知悉的被调查或者被检查对象的资料或者相关信息用于医疗保障基金使用监管管理以外的其他目的,不得泄露、篡改、毁损、非法向他人提供当事人的个人信息和商业秘密。

**第十八条** 医疗保障行政部门开展行政执法,可以采取下列措施:

(一)进入被调查对象有关的场所进行检查,询问与调查事项有关的单位和个人,要求其对有关问题作出解释说明、提供有关材料;

(二)采取记录、录音、录像、照相或者复制等方式收集有关情况和资料;

(三)从相关信息系统中调取数据,要求被检查对象对疑点数据作出解释和说明;

(四)对可能被转移、隐匿或者灭失的资料等予以封存;

(五)聘请符合条件的会计师事务所等第三方机构和专业人员协助开展检查;

(六)法律、法规规定的其他措施。

**第十九条** 办案人员应当依法收集证据。证据包括:

(一)书证;

(二)物证;

(三)视听资料;

(四)电子数据;

(五)证人证言;

(六)当事人的陈述;

(七)鉴定意见;

(八)勘验笔录、现场笔录。

立案前核查或者监督检查过程中依法取得的证据材料,可以作为案件的证据使用。

对于移送的案件,移送机关依职权调查收集的证据材料,可以作为案件的证据使用。

证据经查证属实,作为认定案件事实的根据。

**第二十条** 办案人员在进入现场检查时,应当通知当事人或者有关人员到场,并按照有关规定采取拍照、录音、录像等方式记录现场情况。现场检查应当制作现场笔录,并由当事人或者有关人员以逐页签名或盖章等方式确认。

无法通知当事人或者有关人员到场,当事人或者有关人员拒绝接受调查及签名、盖章或者拒绝以其他方式确认的，办案人员应当在笔录或者其他材料上注明情况。

**第二十一条** 收集、调取的书证、物证应当是原件、原物。调取原件、原物有困难的，可以提取复制件、影印件或者抄录件，也可以拍摄或者制作足以反映原件、原物外形或者内容的照片、录像。复制件、影印件、抄录件和照片、录像由证据提供人核对无误后注明与原件、原物一致，并注明取证日期、证据出处，同时由证据提供人签名或者盖章。

**第二十二条** 收集、调取的视听资料应当是有关资料的原始载体。调取视听资料原始载体有困难的，可以提取复制件，并注明制作方法、制作时间、制作人等。声音资料应当附有该声音内容的文字记录。视听资料制作记录、声音文字记录同时由证据提供人核对无误后签名或者盖章。

**第二十三条** 医疗保障行政部门可以利用网络信息系统或者设备收集、固定违法行为证据。用来收集、固定违法行为证据的网络信息系统或者设备应当符合相关规定，保证所收集、固定电子数据的真实性、完整性。

医疗保障行政部门可以指派或者聘请具有专门知识的人员，辅助办案人员对案件关联的电子数据进行调取。

收集、调取的电子数据应当是有关数据的原始载体。收集电子数据原始载体有困难的，可以采用拷贝复制、委托分析、书式固定、拍照录像等方式取证，并注明制作方法、制作时间、制作人等。

医疗保障行政部门利用电子技术监控设备收集、固定违法事实的，证据记录内容应符合法律、法规的规定。

**第二十四条** 办案人员可以询问当事人及其他有关单位和个人。询问应当个别进行。询问应当制作笔录，笔录应当交被询问人核对；对阅读有困难的，应当向其宣读。笔录如有差错、遗漏，应当允许其更正或者补充。涂改部分应当由被询问人签名、盖章或者以其他方式确认。经核对无误后，由被询问人在笔录上逐页签名、盖章或者以其他方式确认。办案人员应当在笔录上签名。

**第二十五条** 为查明案情，需要对案件相关医疗文书、医疗证明等内容进行评审的，医疗保障行政部门可以组织有关专家进行评审。

**第二十六条** 医疗保障行政部门在收集证据时，在证据可能灭失或者以后难以取得的情况下，经医疗保障行政部门负责人批准，可以先行登记保存，并应当在七个工作日内及时作出处理决定。

情况紧急，需要当场采取先行登记保存措施的，执法人员应当在二十四小时内向医疗保障行政部门负责人报告，并补办批准手续。医疗保障行政部门负责人认为不应当采取先行登记保存措施的，应当立即解除。

**第二十七条** 先行登记保存有关证据，应当当场清点，开具清单，由当事人和办案人员签名或者盖章。清单交当事人一份，并当场交付先行登记保存证据通知书。

先行登记保存期间，当事人或者有关人员不得损毁、销毁或者转移证据。

**第二十八条** 对于先行登记保存的证据，医疗保障行政部门可以根据案件需要采取以下处理措施：

（一）根据情况及时采取记录、复制、拍照、录像等证据保全措施；

（二）可依法采取封存措施的，决定予以封存；

（三）违法事实不成立，或者违法事实成立但不予行政处罚的，决定解除先行登记保存措施。

逾期未采取相关措施的，先行登记保存措施自动解除。

**第二十九条** 医疗保障行政部门对可能被转移、隐匿或者灭失的资料，无法以先行登记保存措施加以证据保全，采取封存措施；采取或者解除封存措施的，应当经医疗保障行政部门负责人批准。

情况紧急，需要当场采取封存等行政强制措施的，执法人员应当在二十四小时内向医疗保障行政部门负责人报告，并补办批准手续。医疗保障行政部门负责人认为不应当采取行政强制措施的，应当立即解除。

**第三十条** 医疗保障行政部门实施封存等行政强制措施应当依照《中华人民共和国行政强制法》规定的程序进行，并当场交付实施行政强制措施决定书和清单。

**第三十一条** 封存的期限不得超过三十日；情况复杂的，经医疗保障行政部门负责人批准，可以延长，但是延长期限不得超过三十日。延长封存的决定应当及时书面告知当事人，并说明理由。

**第三十二条** 封存的资料应妥善保管，防止丢失、损毁、篡改和非法借阅；医疗保障行政部门可以委托第三人保管，第三人不得损毁、篡改或者擅自转移、处置。

**第三十三条** 有下列情形之一的，医疗保障行政部门应当及时作出解除封存决定：

（一）当事人没有违法行为；

（二）封存的资料与违法行为无关；

（三）对违法行为已经作出处理决定，不再需要封存；

（四）封存期限已经届满；

（五）其他不再需要采取封存措施的情形。

解除封存应当立即退还资料，并由办案人员和当事人在资料清单上签名或者盖章。

**第三十四条** 医疗保障行政部门在案件办理过程中需要其他行政区域医疗保障行政部门协助调查取证的，应当出具书面协助调查函。被请求协助的医疗保障行政部门在接到协助调查函之日起十五日内完成相关协查工作。需要延期完成或者无法协助的，应当在期限届满前告知提出协查请求的医疗保障行政部门。

**第三十五条** 医疗保障行政部门应当依法以文字、音像等形式，对行政处罚的立案、调查取证、审核决定、送达执行等进行全过程记录，归档保存。

**第三十六条** 案件调查终结，办案机构应当撰写案件调查终结报告，案件调查终结报告包括以下内容：

（一）当事人的基本情况；

（二）案件来源、调查经过及采取行政强制措施的情况；

（三）调查认定的事实及主要证据；

（四）违法行为性质；

（五）处理意见及依据；

（六）其他需要说明的事项。

**第三十七条** 有下列情形之一，在医疗保障行政部门负责人作出决定之前，应当进行法制审核，未经法制审核或者审核未通过的，不得作出决定：

（一）责令追回医保基金或者罚款数额较大的；

（二）责令解除医保服务协议等直接关系到当事人或第三人重大权益，经过听证程序的；

（三）案件情况疑难复杂、涉及多个法律关系的；

（四）涉及重大公共利益的；

（五）法律、法规规定的其他需要审核的重大行政执法情形。

法制审核由医疗保障行政部门法制机构负责实施，同一案件的办案人员不得作为审核人员。

**第三十八条** 法制审核的主要内容包括：

（一）行政执法主体是否合法，行政执法人员是否具备执法资格；

（二）是否具有管辖权；

（三）案件事实是否清楚、证据是否充分；

（四）定性是否准确；

（五）适用依据是否正确；

（六）程序是否合法；

（七）处理是否适当；

（八）行政执法文书是否完备、规范；

（九）违法行为是否涉嫌犯罪、需要移送司法机关；

（十）其他需要合法性审核的内容。

**第三十九条** 法制机构经对案件进行审核，区别不同情况提出书面意见和建议：

（一）事实清楚、证据确凿充分、定性准确、适用法律正确、处罚适当、程序合法的，提出同意的意见；

（二）主要事实不清、证据不足的，提出继续调查或不予作出行政执法决定的意见；

（三）定性不准、适用法律不准确和执行裁量基准不当的，提出变更意见；

（四）超越执法权限或程序不合法的，提出纠正意见；

（五）认为有必要提出的其他意见和建议。

行政执法机构或办案人员应根据法制机构提出的上述第二项至第四项意见作出相应处理后再次进行法制审核。

**第四十条** 法制机构收到相关资料后，于十个工作日内审核完毕。因特殊情况需要延长的，经法制机构负责人批准后可延长十个工作日，但不得超过法定时限要求。

行政执法机构或办案人员与法制机构对审核意见不一致时，法制机构可以组织有关专家、法律顾问或者委托第三方专业机构论证，将论证意见等相关材料提交医疗保障行政部门负责人，由医疗保障行政部门负责人组织集体讨论决定。

**第四十一条** 根据调查情况，拟给予行政处罚的案件，医疗保障行政部门在作出行政处罚决定之前应当书面告知当事人拟作出行政处罚决定的事实、理由及依据，并告知当事人依法享有陈述权、申辩权。

医疗保障行政部门应当充分听取当事人陈述、申辩意见，对当事人提出的事实、理由和证据进行复核。

拟作出的行政处罚属于听证范围的，应当告知当事人有要求举行听证的权利，当事人要求听证的，医疗保障行政部门应当依法组织听证。

当事人提出的事实、理由或者证据成立的，医疗保障行政部门应当予以采纳，不得因当事人陈述、申辩或者申请听证而加重行政处罚。

**第四十二条** 有下列情形之一的，经医疗保障行政部门负责人批准，中止案件调查，并制作案件中止调查决定书：

（一）行政处罚决定必须以相关案件的裁判结果或

者其他行政决定为依据，而相关案件尚未审结或者其他行政决定尚未作出；

（二）涉及法律适用等问题，需要送请有权机关作出解释或者确认；

（三）因不可抗力致使案件暂时无法调查；

（四）因当事人下落不明致使案件暂时无法调查；

（五）其他应当中止调查的情形。

中止调查的原因消除后，应当立即恢复案件调查。

**第四十三条**　医疗保障行政部门负责人经对案件调查终结报告、法制审核意见、当事人陈述和申辩意见或者听证报告等进行审查，根据不同情况，分别作出以下决定：

（一）确有依法应当给予行政处罚的违法行为的，根据情节轻重及具体情况，作出行政处罚决定；

（二）确有违法行为，但有依法不予行政处罚情形的，不予行政处罚；

（三）违法事实不能成立的，不得给予行政处罚；

（四）依法应移送其他行政管理部门或者医疗保障经办机构处理的，作出移送决定；

（五）违法行为涉嫌犯罪的，移送司法机关。

**第四十四条**　对下列情节复杂或者重大违法行为给予行政处罚的案件，应当由医疗保障行政部门负责人集体讨论决定：

（一）涉及重大安全问题或者有重大社会影响的案件；

（二）调查处理意见与法制审核意见存在重大分歧的案件；

（三）医疗保障行政部门负责人认为应当提交集体讨论的其他案件。

集体讨论应当形成讨论记录，集体讨论中有不同意见的，应当如实记录。讨论记录经参加讨论人员确认签字，存入案卷。

**第四十五条**　适用普通程序办理的案件应当自立案之日起九十日内作出处理决定。

因案情复杂或者其他原因，不能在规定期限内作出处理决定的，经医疗保障行政部门负责人批准，可以延长三十日。

案情特别复杂或者有其他特殊情况，经延期仍不能作出处理决定的，应当由医疗保障行政部门负责人集体讨论决定是否继续延期，决定继续延期的，应当同时确定延长的合理期限，但最长不得超过六十日。

案件处理过程中，检测检验、鉴定、听证、公告和专家评审时间不计入前款所指的案件办理期限。

**第四十六条**　医疗保障行政部门作出的行政处罚决定应当按照政府信息公开及行政执法公示制度等有关规定予以公开。公开的行政处罚决定被依法变更、撤销、确认违法或者确认无效的，医疗保障行政部门应在三日内变更行政处罚决定相关信息并说明理由。

**第四十七条**　具有下列情形之一的，经医疗保障行政部门负责人批准，终止案件调查：

（一）涉嫌违法的公民死亡（或者下落不明长期无法调查的）或者法人、其他组织终止，并且无权利义务承受人等原因，致使案件调查无法继续进行的；

（二）移送司法机关追究刑事责任的；

（三）其他依法应当终止调查的。

对于终止调查的案件，已经采取强制措施的应当同时解除。

## 第四章　行政处罚的简易程序

**第四十八条**　违法事实确凿并有法定依据，对公民处以二百元以下、对法人或者其他组织处以三千元以下罚款或者警告的行政处罚的，可以当场作出行政处罚决定。

**第四十九条**　适用简易程序当场查处违法行为，办案人员应当向当事人出示执法证件，填写预定格式、编有号码的行政处罚决定书，并当场交付当事人。当事人拒绝签收的，应当在行政处罚决定书上注明。

**第五十条**　办案人员在行政处罚决定作出前，应当告知当事人拟作出的行政处罚内容及事实、理由、依据，并告知当事人有权进行陈述和申辩。当事人进行陈述和申辩的，办案人员应当记入笔录。

**第五十一条**　适用简易程序当场作出行政处罚决定的，办案人员应当在作出行政处罚决定之日起七个工作日内将处罚决定及相关材料报所属医疗保障行政部门备案。

## 第五章　执行与结案

**第五十二条**　依照本法规定当场作出行政处罚决定，有下列情形之一的，办案人员可以当场收缴罚款：

（一）依法给予一百元以下的罚款的；

（二）不当场收缴事后难以执行的。

办案人员当场收缴罚款的，必须向当事人出具国务院财政部门或者省、自治区、直辖市人民政府财政部门统一制发的专用票据；不出具财政部门统一制发的专用票据的，当事人有权拒绝缴纳罚款。

办案人员当场收缴的罚款，应当自收缴罚款之日起二个工作日内，交至医疗保障行政部门；医疗保障行政部门应当在二个工作日内将罚款缴付指定的银行。

**第五十三条** 退回的基金退回原医疗保障基金财政专户；罚款、没收的违法所得依法上缴国库。

行政处罚决定依法作出后，当事人应当在行政处罚决定规定的期限内予以履行。

当事人对行政处罚决定不服申请行政复议或者提起行政诉讼的，行政处罚决定不停止执行。法律另有规定的除外。

**第五十四条** 当事人确有经济困难，需要暂缓或者分期缴纳罚款的，应当提出申请。经医疗保障行政部门负责人批准，同意当事人暂缓或者分期缴纳罚款的，医疗保障行政部门应当书面告知当事人暂缓或者分期的期限以及罚款金额。

**第五十五条** 当事人逾期不履行行政处罚决定的，作出行政处罚决定的医疗保障行政部门可以采取下列措施：

（一）到期不缴纳罚款的，每日按罚款数额的百分之三加处罚款，加处罚款的数额不得超出罚款的数额；

（二）依照《中华人民共和国行政强制法》的规定申请人民法院强制执行。

医疗保障行政部门批准暂缓、分期缴纳罚款的，申请人民法院强制执行的期限，自暂缓或者分期缴纳罚款期限结束之日起计算。

**第五十六条** 有下列情形之一的，医疗保障行政部门可以结案：

（一）行政处罚决定执行完毕的；

（二）医疗保障行政部门依法申请人民法院强制执行行政处罚决定，人民法院依法受理的；

（三）不予行政处罚等无须执行的；

（四）医疗保障行政部门认为可以结案的其他情形。

办案人员应当填写行政处罚结案报告，经医疗保障行政部门负责人批准后，予以结案。

**第五十七条** 医疗保障行政部门应当按照下列要求及时将案件材料立卷归档：

（一）一案一卷；

（二）文书齐全，手续完备；

（三）案卷应当按顺序装订。

### 第六章 期间、送达

**第五十八条** 期间以时、日、月计算，期间开始的时或者日不计算在内。期间不包括在途时间。期间届满的最后一日为法定节假日的，以法定节假日后的第一日为期间届满的日期。

**第五十九条** 行政处罚决定书应当在宣告后当场交付当事人；当事人不在场的，医疗保障行政部门应当在七个工作日内依照《中华人民共和国民事诉讼法》的有关规定，将行政处罚决定书送达当事人。

当事人同意并签订确认书的，医疗保障行政部门可以采用传真、电子邮件等方式，将行政处罚决定书等送达当事人。

### 第七章 附 则

**第六十条** 本规定中的“以上”“以下”“内”均包括本数。

**第六十一条** 外国人、无国籍人、外国组织在中华人民共和国领域内有医疗保障违法行为，应当给予行政处罚的，适用本规定，法律、法规另有规定的除外。

**第六十二条** 本规定自2021年7月15日起施行。

## 中华人民共和国传染病防治法

- 1989年2月21日第七届全国人民代表大会常务委员会第六次会议通过
- 2004年8月28日第十届全国人民代表大会常务委员会第十一次会议修订
- 根据2013年6月29日第十二届全国人民代表大会常务委员会第三次会议《关于修改〈中华人民共和国文物保护法〉等十二部法律的决定》修正

### 目 录

第一章 总 则
第二章 传染病预防
第三章 疫情报告、通报和公布
第四章 疫情控制
第五章 医疗救治
第六章 监督管理
第七章 保障措施
第八章 法律责任
第九章 附 则

### 第一章 总 则

**第一条** 为了预防、控制和消除传染病的发生与流行，保障人体健康和公共卫生，制定本法。

**第二条** 国家对传染病防治实行预防为主的方针，防治结合、分类管理、依靠科学、依靠群众。

**第三条** 本法规定的传染病分为甲类、乙类和丙类。

甲类传染病是指：鼠疫、霍乱。

乙类传染病是指：传染性非典型肺炎、艾滋病、病毒性肝炎、脊髓灰质炎、人感染高致病性禽流感、麻疹、流行性出血热、狂犬病、流行性乙型脑炎、登革热、炭疽、细菌性和阿米巴性痢疾、肺结核、伤寒和副伤寒、流行性脑脊髓膜炎、百日咳、白喉、新生儿破伤风、猩红热、布鲁氏菌病、淋病、梅毒、钩端螺旋体病、血吸虫病、疟疾。

丙类传染病是指：流行性感冒、流行性腮腺炎、风疹、急性出血性结膜炎、麻风病、流行性和地方性斑疹伤寒、黑热病、包虫病、丝虫病，除霍乱、细菌性和阿米巴性痢疾、伤寒和副伤寒以外的感染性腹泻病。

国务院卫生行政部门根据传染病暴发、流行情况和危害程度，可以决定增加、减少或者调整乙类、丙类传染病病种并予以公布。

**第四条**　对乙类传染病中传染性非典型肺炎、炭疽中的肺炭疽和人感染高致病性禽流感，采取本法所称甲类传染病的预防、控制措施。其他乙类传染病和突发原因不明的传染病需要采取本法所称甲类传染病的预防、控制措施的，由国务院卫生行政部门及时报经国务院批准后予以公布、实施。

需要解除依照前款规定采取的甲类传染病预防、控制措施的，由国务院卫生行政部门报经国务院批准后予以公布。

省、自治区、直辖市人民政府对本行政区域内常见、多发的其他地方性传染病，可以根据情况决定按照乙类或者丙类传染病管理并予以公布，报国务院卫生行政部门备案。

**第五条**　各级人民政府领导传染病防治工作。

县级以上人民政府制定传染病防治规划并组织实施，建立健全传染病防治的疾病预防控制、医疗救治和监督管理体系。

**第六条**　国务院卫生行政部门主管全国传染病防治及其监督管理工作。县级以上地方人民政府卫生行政部门负责本行政区域内的传染病防治及其监督管理工作。

县级以上人民政府其他部门在各自的职责范围内负责传染病防治工作。

军队的传染病防治工作，依照本法和国家有关规定办理，由中国人民解放军卫生主管部门实施监督管理。

**第七条**　各级疾病预防控制机构承担传染病监测、预测、流行病学调查、疫情报告以及其他预防、控制工作。

医疗机构承担与医疗救治有关的传染病防治工作和责任区域内的传染病预防工作。城市社区和农村基层医疗机构在疾病预防控制机构的指导下，承担城市社区、农村基层相应的传染病防治工作。

**第八条**　国家发展现代医学和中医药等传统医学，支持和鼓励开展传染病防治的科学研究，提高传染病防治的科学技术水平。

国家支持和鼓励开展传染病防治的国际合作。

**第九条**　国家支持和鼓励单位和个人参与传染病防治工作。各级人民政府应当完善有关制度，方便单位和个人参与防治传染病的宣传教育、疫情报告、志愿服务和捐赠活动。

居民委员会、村民委员会应当组织居民、村民参与社区、农村的传染病预防与控制活动。

**第十条**　国家开展预防传染病的健康教育。新闻媒体应当无偿开展传染病防治和公共卫生教育的公益宣传。

各级各类学校应当对学生进行健康知识和传染病预防知识的教育。

医学院校应当加强预防医学教育和科学研究，对在校学生以及其他与传染病防治相关人员进行预防医学教育和培训，为传染病防治工作提供技术支持。

疾病预防控制机构、医疗机构应当定期对其工作人员进行传染病防治知识、技能的培训。

**第十一条**　对在传染病防治工作中做出显著成绩和贡献的单位和个人，给予表彰和奖励。

对因参与传染病防治工作致病、致残、死亡的人员，按照有关规定给予补助、抚恤。

**第十二条**　在中华人民共和国领域内的一切单位和个人，必须接受疾病预防控制机构、医疗机构有关传染病的调查、检验、采集样本、隔离治疗等预防、控制措施，如实提供有关情况。疾病预防控制机构、医疗机构不得泄露涉及个人隐私的有关信息、资料。

卫生行政部门以及其他有关部门、疾病预防控制机构和医疗机构因违法实施行政管理或者预防、控制措施，侵犯单位和个人合法权益的，有关单位和个人可以依法申请行政复议或者提起诉讼。

## 第二章　传染病预防

**第十三条**　各级人民政府组织开展群众性卫生活动，进行预防传染病的健康教育，倡导文明健康的生活方式，提高公众对传染病的防治意识和应对能力，加强环境卫生建设，消除鼠害和蚊、蝇等病媒生物的危害。

各级人民政府农业、水利、林业行政部门按照职责分工负责指导和组织消除农田、湖区、河流、牧场、林区的鼠害与血吸虫危害，以及其他传播传染病的动物和病媒生物的危害。

铁路、交通、民用航空行政部门负责组织消除交通工具以及相关场所的鼠害和蚊、蝇等病媒生物的危害。

**第十四条** 地方各级人民政府应当有计划地建设和改造公共卫生设施，改善饮用水卫生条件，对污水、污物、粪便进行无害化处置。

**第十五条** 国家实行有计划的预防接种制度。国务院卫生行政部门和省、自治区、直辖市人民政府卫生行政部门，根据传染病预防、控制的需要，制定传染病预防接种规划并组织实施。用于预防接种的疫苗必须符合国家质量标准。

国家对儿童实行预防接种证制度。国家免疫规划项目的预防接种实行免费。医疗机构、疾病预防控制机构与儿童的监护人应当相互配合，保证儿童及时接受预防接种。具体办法由国务院制定。

**第十六条** 国家和社会应当关心、帮助传染病病人、病原携带者和疑似传染病病人，使其得到及时救治。任何单位和个人不得歧视传染病病人、病原携带者和疑似传染病病人。

传染病病人、病原携带者和疑似传染病病人，在治愈前或者在排除传染病嫌疑前，不得从事法律、行政法规和国务院卫生行政部门规定禁止从事的易使该传染病扩散的工作。

**第十七条** 国家建立传染病监测制度。

国务院卫生行政部门制定国家传染病监测规划和方案。省、自治区、直辖市人民政府卫生行政部门根据国家传染病监测规划和方案，制定本行政区域的传染病监测计划和工作方案。

各级疾病预防控制机构对传染病的发生、流行以及影响其发生、流行的因素，进行监测；对国外发生、国内尚未发生的传染病或者国内新发生的传染病，进行监测。

**第十八条** 各级疾病预防控制机构在传染病预防控制中履行下列职责：

（一）实施传染病预防控制规划、计划和方案；

（二）收集、分析和报告传染病监测信息，预测传染病的发生、流行趋势；

（三）开展对传染病疫情和突发公共卫生事件的流行病学调查、现场处理及其效果评价；

（四）开展传染病实验室检测、诊断、病原学鉴定；

（五）实施免疫规划，负责预防性生物制品的使用管理；

（六）开展健康教育、咨询，普及传染病防治知识；

（七）指导、培训下级疾病预防控制机构及其工作人员开展传染病监测工作；

（八）开展传染病防治应用性研究和卫生评价，提供技术咨询。

国家、省级疾病预防控制机构负责对传染病发生、流行以及分布进行监测，对重大传染病流行趋势进行预测，提出预防控制对策，参与并指导对暴发的疫情进行调查处理，开展传染病病原学鉴定，建立检测质量控制体系，开展应用性研究和卫生评价。

设区的市和县级疾病预防控制机构负责传染病预防控制规划、方案的落实，组织实施免疫、消毒、控制病媒生物的危害，普及传染病防治知识，负责本地区疫情和突发公共卫生事件监测、报告，开展流行病学调查和常见病原微生物检测。

**第十九条** 国家建立传染病预警制度。

国务院卫生行政部门和省、自治区、直辖市人民政府根据传染病发生、流行趋势的预测，及时发出传染病预警，根据情况予以公布。

**第二十条** 县级以上地方人民政府应当制定传染病预防、控制预案，报上一级人民政府备案。

传染病预防、控制预案应当包括以下主要内容：

（一）传染病预防控制指挥部的组成和相关部门的职责；

（二）传染病的监测、信息收集、分析、报告、通报制度；

（三）疾病预防控制机构、医疗机构在发生传染病疫情时的任务与职责；

（四）传染病暴发、流行情况的分级以及相应的应急工作方案；

（五）传染病预防、疫点疫区现场控制，应急设施、设备、救治药品和医疗器械以及其他物资和技术的储备与调用。

地方人民政府和疾病预防控制机构接到国务院卫生行政部门或者省、自治区、直辖市人民政府发出的传染病预警后，应当按照传染病预防、控制预案，采取相应的预防、控制措施。

**第二十一条** 医疗机构必须严格执行国务院卫生行政部门规定的管理制度、操作规范，防止传染病的医源性感染和医院感染。

医疗机构应当确定专门的部门或者人员，承担传染病疫情报告、本单位的传染病预防、控制以及责任区域内的传染病预防工作；承担医疗活动中与医院感染有关的危险因素监测、安全防护、消毒、隔离和医疗废物处置工作。

疾病预防控制机构应当指定专门人员负责对医疗机构内传染病预防工作进行指导、考核，开展流行病学调查。

**第二十二条** 疾病预防控制机构、医疗机构的实验室和从事病原微生物实验的单位，应当符合国家规定的条件和技术标准，建立严格的监督管理制度，对传染病病原体样本按照规定的措施实行严格监督管理，严防传染病病原体的实验室感染和病原微生物的扩散。

**第二十三条** 采供血机构、生物制品生产单位必须严格执行国家有关规定，保证血液、血液制品的质量。禁止非法采集血液或者组织他人出卖血液。

疾病预防控制机构、医疗机构使用血液和血液制品，必须遵守国家有关规定，防止因输入血液、使用血液制品引起经血液传播疾病的发生。

**第二十四条** 各级人民政府应当加强艾滋病的防治工作，采取预防、控制措施，防止艾滋病的传播。具体办法由国务院制定。

**第二十五条** 县级以上人民政府农业、林业行政部门以及其他有关部门，依据各自的职责负责与人畜共患传染病有关的动物传染病的防治管理工作。

与人畜共患传染病有关的野生动物、家畜家禽，经检疫合格后，方可出售、运输。

**第二十六条** 国家建立传染病菌种、毒种库。

对传染病菌种、毒种和传染病检测样本的采集、保藏、携带、运输和使用实行分类管理，建立健全严格的管理制度。

对可能导致甲类传染病传播的以及国务院卫生行政部门规定的菌种、毒种和传染病检测样本，确需采集、保藏、携带、运输和使用的，须经省级以上人民政府卫生行政部门批准。具体办法由国务院制定。

**第二十七条** 对被传染病病原体污染的污水、污物、场所和物品，有关单位和个人必须在疾病预防控制机构的指导下或者按照其提出的卫生要求，进行严格消毒处理；拒绝消毒处理的，由当地卫生行政部门或者疾病预防控制机构进行强制消毒处理。

**第二十八条** 在国家确认的自然疫源地计划兴建水利、交通、旅游、能源等大型建设项目的，应当事先由省级以上疾病预防控制机构对施工环境进行卫生调查。建设单位应当根据疾病预防控制机构的意见，采取必要的传染病预防、控制措施。施工期间，建设单位应当设专人负责工地上的卫生防疫工作。工程竣工后，疾病预防控制机构应当对可能发生的传染病进行监测。

**第二十九条** 用于传染病防治的消毒产品、饮用水供水单位供应的饮用水和涉及饮用水卫生安全的产品，应当符合国家卫生标准和卫生规范。

饮用水供水单位从事生产或者供应活动，应当依法取得卫生许可证。

生产用于传染病防治的消毒产品的单位和生产用于传染病防治的消毒产品，应当经省级以上人民政府卫生行政部门审批。具体办法由国务院制定。

## 第三章 疫情报告、通报和公布

**第三十条** 疾病预防控制机构、医疗机构和采供血机构及其执行职务的人员发现本法规定的传染病疫情或者发现其他传染病暴发、流行以及突发原因不明的传染病时，应当遵循疫情报告属地管理原则，按照国务院规定的或者国务院卫生行政部门规定的内容、程序、方式和时限报告。

军队医疗机构向社会公众提供医疗服务，发现前款规定的传染病疫情时，应当按照国务院卫生行政部门的规定报告。

**第三十一条** 任何单位和个人发现传染病病人或者疑似传染病病人时，应当及时向附近的疾病预防控制机构或者医疗机构报告。

**第三十二条** 港口、机场、铁路疾病预防控制机构以及国境卫生检疫机关发现甲类传染病病人、病原携带者、疑似传染病病人时，应当按照国家有关规定立即向国境口岸所在地的疾病预防控制机构或者所在地县级以上地方人民政府卫生行政部门报告并互相通报。

**第三十三条** 疾病预防控制机构应当主动收集、分析、调查、核实传染病疫情信息。接到甲类、乙类传染病疫情报告或者发现传染病暴发、流行时，应当立即报告当地卫生行政部门，由当地卫生行政部门立即报告当地人民政府，同时报告上级卫生行政部门和国务院卫生行政部门。

疾病预防控制机构应当设立或者指定专门的部门、人员负责传染病疫情信息管理工作，及时对疫情报告进行核实、分析。

**第三十四条** 县级以上地方人民政府卫生行政部门应当及时向本行政区域内的疾病预防控制机构和医疗机构通报传染病疫情以及监测、预警的相关信息。接到通报的疾病预防控制机构和医疗机构应当及时告知本单位的有关人员。

**第三十五条** 国务院卫生行政部门应当及时向国务院其他有关部门和各省、自治区、直辖市人民政府卫生行政部门通报全国传染病疫情以及监测、预警的相关信息。

毗邻的以及相关的地方人民政府卫生行政部门，应当及时互相通报本行政区域的传染病疫情以及监测、预警的相关信息。

县级以上人民政府有关部门发现传染病疫情时，应当及时向同级人民政府卫生行政部门通报。

中国人民解放军卫生主管部门发现传染病疫情时，应当向国务院卫生行政部门通报。

**第三十六条** 动物防疫机构和疾病预防控制机构，应当及时互相通报动物间和人间发生的人畜共患传染病疫情以及相关信息。

**第三十七条** 依照本法的规定负有传染病疫情报告职责的人民政府有关部门、疾病预防控制机构、医疗机构、采供血机构及其工作人员，不得隐瞒、谎报、缓报传染病疫情。

**第三十八条** 国家建立传染病疫情信息公布制度。

国务院卫生行政部门定期公布全国传染病疫情信息。省、自治区、直辖市人民政府卫生行政部门定期公布本行政区域的传染病疫情信息。

传染病暴发、流行时，国务院卫生行政部门负责向社会公布传染病疫情信息，并可以授权省、自治区、直辖市人民政府卫生行政部门向社会公布本行政区域的传染病疫情信息。

公布传染病疫情信息应当及时、准确。

## 第四章 疫情控制

**第三十九条** 医疗机构发现甲类传染病时，应当及时采取下列措施：

（一）对病人、病原携带者，予以隔离治疗，隔离期限根据医学检查结果确定；

（二）对疑似病人，确诊前在指定场所单独隔离治疗；

（三）对医疗机构内的病人、病原携带者、疑似病人的密切接触者，在指定场所进行医学观察和采取其他必要的预防措施。

拒绝隔离治疗或者隔离期未满擅自脱离隔离治疗的，可以由公安机关协助医疗机构采取强制隔离治疗措施。

医疗机构发现乙类或者丙类传染病病人，应当根据病情采取必要的治疗和控制传播措施。

医疗机构对本单位内被传染病病原体污染的场所、物品以及医疗废物，必须依照法律、法规的规定实施消毒和无害化处置。

**第四十条** 疾病预防控制机构发现传染病疫情或者接到传染病疫情报告时，应当及时采取下列措施：

（一）对传染病疫情进行流行病学调查，根据调查情况提出划定疫点、疫区的建议，对被污染的场所进行卫生处理，对密切接触者，在指定场所进行医学观察和采取其他必要的预防措施，并向卫生行政部门提出疫情控制方案；

（二）传染病暴发、流行时，对疫点、疫区进行卫生处理，向卫生行政部门提出疫情控制方案，并按照卫生行政部门的要求采取措施；

（三）指导下级疾病预防控制机构实施传染病预防、控制措施，组织、指导有关单位对传染病疫情的处理。

**第四十一条** 对已经发生甲类传染病病例的场所或者该场所内的特定区域的人员，所在地的县级以上地方人民政府可以实施隔离措施，并同时向上一级人民政府报告；接到报告的上级人民政府应当即时作出是否批准的决定。上级人民政府作出不予批准决定的，实施隔离措施的人民政府应当立即解除隔离措施。

在隔离期间，实施隔离措施的人民政府应当对被隔离人员提供生活保障；被隔离人员有工作单位的，所在单位不得停止支付其隔离期间的工作报酬。

隔离措施的解除，由原决定机关决定并宣布。

**第四十二条** 传染病暴发、流行时，县级以上地方人民政府应当立即组织力量，按照预防、控制预案进行防治，切断传染病的传播途径，必要时，报经上一级人民政府决定，可以采取下列紧急措施并予以公告：

（一）限制或者停止集市、影剧院演出或者其他人群聚集的活动；

（二）停工、停业、停课；

（三）封闭或者封存被传染病病原体污染的公共饮用水源、食品以及相关物品；

（四）控制或者扑杀染疫野生动物、家畜家禽；

（五）封闭可能造成传染病扩散的场所。

上级人民政府接到下级人民政府关于采取前款所列紧急措施的报告时，应当即时作出决定。

紧急措施的解除，由原决定机关决定并宣布。

**第四十三条** 甲类、乙类传染病暴发、流行时，县级以上地方人民政府报经上一级人民政府决定，可以宣布本行政区域部分或者全部为疫区；国务院可以决定并宣布跨省、自治区、直辖市的疫区。县级以上地方人民政府可以在疫区内采取本法第四十二条规定的紧急措施，并可以对出入疫区的人员、物资和交通工具实施卫生检疫。

省、自治区、直辖市人民政府可以决定对本行政区域内的甲类传染病疫区实施封锁；但是，封锁大、中城市的疫区或者封锁跨省、自治区、直辖市的疫区，以及封锁疫区导致中断干线交通或者封锁国境的，由国务院决定。

疫区封锁的解除，由原决定机关决定并宣布。

**第四十四条** 发生甲类传染病时，为了防止该传染病通过交通工具及其乘运的人员、物资传播，可以实施交通卫生检疫。具体办法由国务院制定。

**第四十五条** 传染病暴发、流行时，根据传染病疫情控制的需要，国务院有权在全国范围或者跨省、自治区、直辖市范围内，县级以上地方人民政府有权在本行政区域内紧急调集人员或者调用储备物资，临时征用房屋、交通工具以及相关设施、设备。

紧急调集人员的，应当按照规定给予合理报酬。临时征用房屋、交通工具以及相关设施、设备的，应当依法给予补偿；能返还的，应当及时返还。

**第四十六条** 患甲类传染病、炭疽死亡的，应当将尸体立即进行卫生处理，就近火化。患其他传染病死亡的，必要时，应当将尸体进行卫生处理后火化或者按照规定深埋。

为了查找传染病病因，医疗机构在必要时可以按照国务院卫生行政部门的规定，对传染病病人尸体或者疑似传染病病人尸体进行解剖查验，并应当告知死者家属。

**第四十七条** 疫区中被传染病病原体污染或者可能被传染病病原体污染的物品，经消毒可以使用的，应当在当地疾病预防控制机构的指导下，进行消毒处理后，方可使用、出售和运输。

**第四十八条** 发生传染病疫情时，疾病预防控制机构和省级以上人民政府卫生行政部门指派的其他与传染病有关的专业技术机构，可以进入传染病疫点、疫区进行调查、采集样本、技术分析和检验。

**第四十九条** 传染病暴发、流行时，药品和医疗器械生产、供应单位应当及时生产、供应防治传染病的药品和医疗器械。铁路、交通、民用航空经营单位必须优先运送处理传染病疫情的人员以及防治传染病的药品和医疗器械。县级以上人民政府有关部门应当做好组织协调工作。

## 第五章 医疗救治

**第五十条** 县级以上人民政府应当加强和完善传染病医疗救治服务网络的建设，指定具备传染病救治条件和能力的医疗机构承担传染病救治任务，或者根据传染病救治需要设置传染病医院。

**第五十一条** 医疗机构的基本标准、建筑设计和服务流程，应当符合预防传染病医院感染的要求。

医疗机构应当按照规定对使用的医疗器械进行消毒；对按照规定一次使用的医疗器具，应当在使用后予以销毁。

医疗机构应当按照国务院卫生行政部门规定的传染病诊断标准和治疗要求，采取相应措施，提高传染病医疗救治能力。

**第五十二条** 医疗机构应当对传染病病人或者疑似传染病病人提供医疗救护、现场救援和接诊治疗，书写病历记录以及其他有关资料，并妥善保管。

医疗机构应当实行传染病预检、分诊制度；对传染病病人、疑似传染病病人，应当引导至相对隔离的分诊点进行初诊。医疗机构不具备相应救治能力的，应当将患者及其病历记录复印件一并转至具备相应救治能力的医疗机构。具体办法由国务院卫生行政部门规定。

## 第六章 监督管理

**第五十三条** 县级以上人民政府卫生行政部门对传染病防治工作履行下列监督检查职责：

（一）对下级人民政府卫生行政部门履行本法规定的传染病防治职责进行监督检查；

（二）对疾病预防控制机构、医疗机构的传染病防治工作进行监督检查；

（三）对采供血机构的采供血活动进行监督检查；

（四）对用于传染病防治的消毒产品及其生产单位进行监督检查，并对饮用水供水单位从事生产或者供应活动以及涉及饮用水卫生安全的产品进行监督检查；

（五）对传染病菌种、毒种和传染病检测样本的采集、保藏、携带、运输、使用进行监督检查；

（六）对公共场所和有关单位的卫生条件和传染病预防、控制措施进行监督检查。

省级以上人民政府卫生行政部门负责组织对传染病防治重大事项的处理。

**第五十四条** 县级以上人民政府卫生行政部门在履行监督检查职责时，有权进入被检查单位和传染病疫情发生现场调查取证，查阅或者复制有关的资料和采集样本。被检查单位应当予以配合，不得拒绝、阻挠。

**第五十五条** 县级以上地方人民政府卫生行政部门在履行监督检查职责时，发现被传染病病原体污染的公共饮用水源、食品以及相关物品，如不及时采取控制措施可能导致传染病传播、流行的,可以采取封闭公共饮用水源、封存食品以及相关物品或者暂停销售的临时控制措施,并予以检验或者进行消毒。经检验,属于被污染的食品,应当予以销毁;对未被污染的食品或者经消毒后可以使用的物品,应当解除控制措施。

**第五十六条** 卫生行政部门工作人员依法执行职务时,应当不少于两人,并出示执法证件,填写卫生执法文书。

卫生执法文书经核对无误后,应当由卫生执法人员和当事人签名。当事人拒绝签名的,卫生执法人员应当注明情况。

**第五十七条** 卫生行政部门应当依法建立健全内部监督制度,对其工作人员依据法定职权和程序履行职责的情况进行监督。

上级卫生行政部门发现下级卫生行政部门不及时处理职责范围内的事项或者不履行职责的,应当责令纠正或者直接予以处理。

**第五十八条** 卫生行政部门及其工作人员履行职责,应当自觉接受社会和公民的监督。单位和个人有权向上级人民政府及其卫生行政部门举报违反本法的行为。接到举报的有关人民政府或者其卫生行政部门,应当及时调查处理。

## 第七章 保障措施

**第五十九条** 国家将传染病防治工作纳入国民经济和社会发展计划,县级以上地方人民政府将传染病防治工作纳入本行政区域的国民经济和社会发展计划。

**第六十条** 县级以上地方人民政府按照本级政府职责负责本行政区域内传染病预防、控制、监督工作的日常经费。

国务院卫生行政部门会同国务院有关部门,根据传染病流行趋势,确定全国传染病预防、控制、救治、监测、预测、预警、监督检查等项目。中央财政对困难地区实施重大传染病防治项目给予补助。

省、自治区、直辖市人民政府根据本行政区域内传染病流行趋势,在国务院卫生行政部门确定的项目范围内,确定传染病预防、控制、监督等项目,并保障项目的实施经费。

**第六十一条** 国家加强基层传染病防治体系建设,扶持贫困地区和少数民族地区的传染病防治工作。

地方各级人民政府应当保障城市社区、农村基层传染病预防工作的经费。

**第六十二条** 国家对患有特定传染病的困难人群实行医疗救助,减免医疗费用。具体办法由国务院卫生行政部门会同国务院财政部门等部门制定。

**第六十三条** 县级以上人民政府负责储备防治传染病的药品、医疗器械和其他物资,以备调用。

**第六十四条** 对从事传染病预防、医疗、科研、教学、现场处理疫情的人员,以及在生产、工作中接触传染病病原体的其他人员,有关单位应当按照国家规定,采取有效的卫生防护措施和医疗保健措施,并给予适当的津贴。

## 第八章 法律责任

**第六十五条** 地方各级人民政府未依照本法的规定履行报告职责,或者隐瞒、谎报、缓报传染病疫情,或者在传染病暴发、流行时,未及时组织救治、采取控制措施的,由上级人民政府责令改正,通报批评;造成传染病传播、流行或者其他严重后果的,对负有责任的主管人员,依法给予行政处分;构成犯罪的,依法追究刑事责任。

**第六十六条** 县级以上人民政府卫生行政部门违反本法规定,有下列情形之一的,由本级人民政府、上级人民政府卫生行政部门责令改正,通报批评;造成传染病传播、流行或者其他严重后果的,对负有责任的主管人员和其他直接责任人员,依法给予行政处分;构成犯罪的,依法追究刑事责任:

(一)未依法履行传染病疫情通报、报告或者公布职责,或者隐瞒、谎报、缓报传染病疫情的;

(二)发生或者可能发生传染病传播时未及时采取预防、控制措施的;

(三)未依法履行监督检查职责,或者发现违法行为不及时查处的;

(四)未及时调查、处理单位和个人对下级卫生行政部门不履行传染病防治职责的举报的;

(五)违反本法的其他失职、渎职行为。

**第六十七条** 县级以上人民政府有关部门未依照本法的规定履行传染病防治和保障职责的,由本级人民政府或者上级人民政府有关部门责令改正,通报批评;造成传染病传播、流行或者其他严重后果的,对负有责任的主管人员和其他直接责任人员,依法给予行政处分;构成犯罪的,依法追究刑事责任。

**第六十八条** 疾病预防控制机构违反本法规定,有下列情形之一的,由县级以上人民政府卫生行政部门责令限期改正,通报批评,给予警告;对负有责任的主管人员和其他直接责任人员,依法给予降级、撤职、开除的处分,并可以依法吊销有关责任人员的执业证书;构成犯罪的,依法追究刑事责任:

（一）未依法履行传染病监测职责的；

（二）未依法履行传染病疫情报告、通报职责，或者隐瞒、谎报、缓报传染病疫情的；

（三）未主动收集传染病疫情信息，或者对传染病疫情信息和疫情报告未及时进行分析、调查、核实的；

（四）发现传染病疫情时，未依据职责及时采取本法规定的措施的；

（五）故意泄露传染病病人、病原携带者、疑似传染病病人、密切接触者涉及个人隐私的有关信息、资料的。

**第六十九条**　医疗机构违反本法规定，有下列情形之一的，由县级以上人民政府卫生行政部门责令改正，通报批评，给予警告；造成传染病传播、流行或者其他严重后果的，对负有责任的主管人员和其他直接责任人员，依法给予降级、撤职、开除的处分，并可以依法吊销有关责任人员的执业证书；构成犯罪的，依法追究刑事责任：

（一）未按照规定承担本单位的传染病预防、控制工作、医院感染控制任务和责任区域内的传染病预防工作的；

（二）未按照规定报告传染病疫情，或者隐瞒、谎报、缓报传染病疫情的；

（三）发现传染病疫情时，未按照规定对传染病病人、疑似传染病病人提供医疗救护、现场救援、接诊、转诊的，或者拒绝接受转诊的；

（四）未按照规定对本单位内被传染病病原体污染的场所、物品以及医疗废物实施消毒或者无害化处置的；

（五）未按照规定对医疗器械进行消毒，或者对按照规定一次使用的医疗器具未予销毁，再次使用的；

（六）在医疗救治过程中未按照规定保管医学记录资料的；

（七）故意泄露传染病病人、病原携带者、疑似传染病病人、密切接触者涉及个人隐私的有关信息、资料的。

**第七十条**　采供血机构未按照规定报告传染病疫情，或者隐瞒、谎报、缓报传染病疫情，或者未执行国家有关规定，导致因输入血液引起经血液传播疾病发生的，由县级以上人民政府卫生行政部门责令改正，通报批评，给予警告；造成传染病传播、流行或者其他严重后果的，对负有责任的主管人员和其他直接责任人员，依法给予降级、撤职、开除的处分，并可以依法吊销采供血机构的执业许可证；构成犯罪的，依法追究刑事责任。

非法采集血液或者组织他人出卖血液的，由县级以上人民政府卫生行政部门予以取缔，没收违法所得，可以并处十万元以下的罚款；构成犯罪的，依法追究刑事责任。

**第七十一条**　国境卫生检疫机关、动物防疫机构未依法履行传染病疫情通报职责的，由有关部门在各自职责范围内责令改正，通报批评；造成传染病传播、流行或者其他严重后果的，对负有责任的主管人员和其他直接责任人员，依法给予降级、撤职、开除的处分；构成犯罪的，依法追究刑事责任。

**第七十二条**　铁路、交通、民用航空经营单位未依照本法的规定优先运送处理传染病疫情的人员以及防治传染病的药品和医疗器械的，由有关部门责令限期改正，给予警告；造成严重后果的，对负有责任的主管人员和其他直接责任人员，依法给予降级、撤职、开除的处分。

**第七十三条**　违反本法规定，有下列情形之一，导致或者可能导致传染病传播、流行的，由县级以上人民政府卫生行政部门责令限期改正，没收违法所得，可以并处五万元以下的罚款；已取得许可证的，原发证部门可以依法暂扣或者吊销许可证；构成犯罪的，依法追究刑事责任：

（一）饮用水供水单位供应的饮用水不符合国家卫生标准和卫生规范的；

（二）涉及饮用水卫生安全的产品不符合国家卫生标准和卫生规范的；

（三）用于传染病防治的消毒产品不符合国家卫生标准和卫生规范的；

（四）出售、运输疫区中被传染病病原体污染或者可能被传染病病原体污染的物品，未进行消毒处理的；

（五）生物制品生产单位生产的血液制品不符合国家质量标准的。

**第七十四条**　违反本法规定，有下列情形之一的，由县级以上地方人民政府卫生行政部门责令改正，通报批评，给予警告，已取得许可证的，可以依法暂扣或者吊销许可证；造成传染病传播、流行以及其他严重后果的，对负有责任的主管人员和其他直接责任人员，依法给予降级、撤职、开除的处分，并可以依法吊销有关责任人员的执业证书；构成犯罪的，依法追究刑事责任：

（一）疾病预防控制机构、医疗机构和从事病原微生物实验的单位，不符合国家规定的条件和技术标准，对传染病病原体样本未按照规定进行严格管理，造成实验室感染和病原微生物扩散的；

（二）违反国家有关规定，采集、保藏、携带、运输和使用传染病菌种、毒种和传染病检测样本的；

（三）疾病预防控制机构、医疗机构未执行国家有关规定，导致因输入血液、使用血液制品引起经血液传播疾病发生的。

**第七十五条** 未经检疫出售、运输与人畜共患传染病有关的野生动物、家畜家禽的，由县级以上地方人民政府畜牧兽医行政部门责令停止违法行为，并依法给予行政处罚。

**第七十六条** 在国家确认的自然疫源地兴建水利、交通、旅游、能源等大型建设项目，未经卫生调查进行施工的，或者未按照疾病预防控制机构的意见采取必要的传染病预防、控制措施的，由县级以上人民政府卫生行政部门责令限期改正，给予警告，处五千元以上三万元以下的罚款；逾期不改正的，处三万元以上十万元以下的罚款，并可以提请有关人民政府依据职责权限，责令停建、关闭。

**第七十七条** 单位和个人违反本法规定，导致传染病传播、流行，给他人人身、财产造成损害的，应当依法承担民事责任。

## 第九章　附　则

**第七十八条** 本法中下列用语的含义：

（一）传染病病人、疑似传染病病人：指根据国务院卫生行政部门发布的《中华人民共和国传染病防治法规定管理的传染病诊断标准》，符合传染病病人和疑似传染病病人诊断标准的人。

（二）病原携带者：指感染病原体无临床症状但能排出病原体的人。

（三）流行病学调查：指对人群中疾病或者健康状况的分布及其决定因素进行调查研究，提出疾病预防控制措施及保健对策。

（四）疫点：指病原体从传染源向周围播散的范围较小或者单个疫源地。

（五）疫区：指传染病在人群中暴发、流行，其病原体向周围播散时所能波及的地区。

（六）人畜共患传染病：指人与脊椎动物共同罹患的传染病，如鼠疫、狂犬病、血吸虫病等。

（七）自然疫源地：指某些可引起人类传染病的病原体在自然界的野生动物中长期存在和循环的地区。

（八）病媒生物：指能够将病原体从人或者其他动物传播给人的生物，如蚊、蝇、蚤类等。

（九）医源性感染：指在医学服务中，因病原体传播引起的感染。

（十）医院感染：指住院病人在医院内获得的感染，包括在住院期间发生的感染和在医院内获得出院后发生的感染，但不包括入院前已开始或者入院时已处于潜伏期的感染。医院工作人员在医院内获得的感染也属医院感染。

（十一）实验室感染：指从事实验室工作时，因接触病原体所致的感染。

（十二）菌种、毒种：指可能引起本法规定的传染病发生的细菌菌种、病毒毒种。

（十三）消毒：指用化学、物理、生物的方法杀灭或者消除环境中的病原微生物。

（十四）疾病预防控制机构：指从事疾病预防控制活动的疾病预防控制中心以及与上述机构业务活动相同的单位。

（十五）医疗机构：指按照《医疗机构管理条例》取得医疗机构执业许可证，从事疾病诊断、治疗活动的机构。

**第七十九条** 传染病防治中有关食品、药品、血液、水、医疗废物和病原微生物的管理以及动物防疫和国境卫生检疫，本法未规定的，分别适用其他有关法律、行政法规的规定。

**第八十条** 本法自2004年12月1日起施行。

# 中华人民共和国职业病防治法

· 2001年10月27日第九届全国人民代表大会常务委员会第二十四次会议通过
· 根据2011年12月31日第十一届全国人民代表大会常务委员会第二十四次会议《关于修改〈中华人民共和国职业病防治法〉的决定》第一次修正
· 根据2016年7月2日第十二届全国人民代表大会常务委员会第二十一次会议《关于修改〈中华人民共和国节约能源法〉等六部法律的决定》第二次修正
· 根据2017年11月4日第十二届全国人民代表大会常务委员会第三十次会议《关于修改〈中华人民共和国会计法〉等十一部法律的决定》第三次修正
· 根据2018年12月29日第十三届全国人民代表大会常务委员会第七次会议《关于修改〈中华人民共和国劳动法〉等七部法律的决定》第四次修正

## 目　录

第一章　总　则
第二章　前期预防
第三章　劳动过程中的防护与管理
第四章　职业病诊断与职业病病人保障
第五章　监督检查
第六章　法律责任
第七章　附　则

## 第一章　总　则

**第一条**　为了预防、控制和消除职业病危害，防治职业病，保护劳动者健康及其相关权益，促进经济社会发展，根据宪法，制定本法。

**第二条**　本法适用于中华人民共和国领域内的职业病防治活动。

本法所称职业病，是指企业、事业单位和个体经济组织等用人单位的劳动者在职业活动中，因接触粉尘、放射性物质和其他有毒、有害因素而引起的疾病。

职业病的分类和目录由国务院卫生行政部门会同国务院劳动保障行政部门制定、调整并公布。

**第三条**　职业病防治工作坚持预防为主、防治结合的方针，建立用人单位负责、行政机关监管、行业自律、职工参与和社会监督的机制，实行分类管理、综合治理。

**第四条**　劳动者依法享有职业卫生保护的权利。

用人单位应当为劳动者创造符合国家职业卫生标准和卫生要求的工作环境和条件，并采取措施保障劳动者获得职业卫生保护。

工会组织依法对职业病防治工作进行监督，维护劳动者的合法权益。用人单位制定或者修改有关职业病防治的规章制度，应当听取工会组织的意见。

**第五条**　用人单位应当建立、健全职业病防治责任制，加强对职业病防治的管理，提高职业病防治水平，对本单位产生的职业病危害承担责任。

**第六条**　用人单位的主要负责人对本单位的职业病防治工作全面负责。

**第七条**　用人单位必须依法参加工伤保险。

国务院和县级以上地方人民政府劳动保障行政部门应当加强对工伤保险的监督管理，确保劳动者依法享受工伤保险待遇。

**第八条**　国家鼓励和支持研制、开发、推广、应用有利于职业病防治和保护劳动者健康的新技术、新工艺、新设备、新材料，加强对职业病的机理和发生规律的基础研究，提高职业病防治科学技术水平；积极采用有效的职业病防治技术、工艺、设备、材料；限制使用或者淘汰职业病危害严重的技术、工艺、设备、材料。

国家鼓励和支持职业病医疗康复机构的建设。

**第九条**　国家实行职业卫生监督制度。

国务院卫生行政部门、劳动保障行政部门依照本法和国务院确定的职责，负责全国职业病防治的监督管理工作。国务院有关部门在各自的职责范围内负责职业病防治的有关监督管理工作。

县级以上地方人民政府卫生行政部门、劳动保障行政部门依据各自职责，负责本行政区域内职业病防治的监督管理工作。县级以上地方人民政府有关部门在各自的职责范围内负责职业病防治的有关监督管理工作。

县级以上人民政府卫生行政部门、劳动保障行政部门（以下统称职业卫生监督管理部门）应当加强沟通，密切配合，按照各自职责分工，依法行使职权，承担责任。

**第十条**　国务院和县级以上地方人民政府应当制定职业病防治规划，将其纳入国民经济和社会发展计划，并组织实施。

县级以上地方人民政府统一负责、领导、组织、协调本行政区域的职业病防治工作，建立健全职业病防治工作体制、机制，统一领导、指挥职业卫生突发事件应对工作；加强职业病防治能力建设和服务体系建设，完善、落实职业病防治工作责任制。

乡、民族乡、镇的人民政府应当认真执行本法，支持职业卫生监督管理部门依法履行职责。

**第十一条**　县级以上人民政府职业卫生监督管理部门应当加强对职业病防治的宣传教育，普及职业病防治的知识，增强用人单位的职业病防治观念，提高劳动者的职业健康意识、自我保护意识和行使职业卫生保护权利的能力。

**第十二条**　有关防治职业病的国家职业卫生标准，由国务院卫生行政部门组织制定并公布。

国务院卫生行政部门应当组织开展重点职业病监测和专项调查，对职业健康风险进行评估，为制定职业卫生标准和职业病防治政策提供科学依据。

县级以上地方人民政府卫生行政部门应当定期对本行政区域的职业病防治情况进行统计和调查分析。

**第十三条**　任何单位和个人有权对违反本法的行为进行检举和控告。有关部门收到相关的检举和控告后，应当及时处理。

对防治职业病成绩显著的单位和个人，给予奖励。

## 第二章　前期预防

**第十四条**　用人单位应当依照法律、法规要求，严格遵守国家职业卫生标准，落实职业病预防措施，从源头上控制和消除职业病危害。

**第十五条**　产生职业病危害的用人单位的设立除应当符合法律、行政法规规定的设立条件外，其工作场所还应当符合下列职业卫生要求：

（一）职业病危害因素的强度或者浓度符合国家职业卫生标准；

（二）有与职业病危害防护相适应的设施；

（三）生产布局合理，符合有害与无害作业分开的原则；

（四）有配套的更衣间、洗浴间、孕妇休息间等卫生设施；

（五）设备、工具、用具等设施符合保护劳动者生理、心理健康的要求；

（六）法律、行政法规和国务院卫生行政部门关于保护劳动者健康的其他要求。

**第十六条** 国家建立职业病危害项目申报制度。

用人单位工作场所存在职业病目录所列职业病的危害因素的，应当及时、如实向所在地卫生行政部门申报危害项目，接受监督。

职业病危害因素分类目录由国务院卫生行政部门制定、调整并公布。职业病危害项目申报的具体办法由国务院卫生行政部门制定。

**第十七条** 新建、扩建、改建建设项目和技术改造、技术引进项目（以下统称建设项目）可能产生职业病危害的，建设单位在可行性论证阶段应当进行职业病危害预评价。

医疗机构建设项目可能产生放射性职业病危害的，建设单位应当向卫生行政部门提交放射性职业病危害预评价报告。卫生行政部门应当自收到预评价报告之日起三十日内，作出审核决定并书面通知建设单位。未提交预评价报告或者预评价报告未经卫生行政部门审核同意的，不得开工建设。

职业病危害预评价报告应当对建设项目可能产生的职业病危害因素及其对工作场所和劳动者健康的影响作出评价，确定危害类别和职业病防护措施。

建设项目职业病危害分类管理办法由国务院卫生行政部门制定。

**第十八条** 建设项目的职业病防护设施所需费用应当纳入建设项目工程预算，并与主体工程同时设计，同时施工，同时投入生产和使用。

建设项目的职业病防护设施设计应当符合国家职业卫生标准和卫生要求；其中，医疗机构放射性职业病危害严重的建设项目的防护设施设计，应当经卫生行政部门审查同意后，方可施工。

建设项目在竣工验收前，建设单位应当进行职业病危害控制效果评价。

医疗机构可能产生放射性职业病危害的建设项目竣工验收时，其放射性职业病防护设施经卫生行政部门验收合格后，方可投入使用；其他建设项目的职业病防护设施应当由建设单位负责依法组织验收，验收合格后，方可投入生产和使用。卫生行政部门应当加强对建设单位组织的验收活动和验收结果的监督核查。

**第十九条** 国家对从事放射性、高毒、高危粉尘等作业实行特殊管理。具体管理办法由国务院制定。

## 第三章 劳动过程中的防护与管理

**第二十条** 用人单位应当采取下列职业病防治管理措施：

（一）设置或者指定职业卫生管理机构或者组织，配备专职或者兼职的职业卫生管理人员，负责本单位的职业病防治工作；

（二）制定职业病防治计划和实施方案；

（三）建立、健全职业卫生管理制度和操作规程；

（四）建立、健全职业卫生档案和劳动者健康监护档案；

（五）建立、健全工作场所职业病危害因素监测及评价制度；

（六）建立、健全职业病危害事故应急救援预案。

**第二十一条** 用人单位应当保障职业病防治所需的资金投入，不得挤占、挪用，并对因资金投入不足导致的后果承担责任。

**第二十二条** 用人单位必须采用有效的职业病防护设施，并为劳动者提供个人使用的职业病防护用品。

用人单位为劳动者个人提供的职业病防护用品必须符合防治职业病的要求；不符合要求的，不得使用。

**第二十三条** 用人单位应当优先采用有利于防治职业病和保护劳动者健康的新技术、新工艺、新设备、新材料，逐步替代职业病危害严重的技术、工艺、设备、材料。

**第二十四条** 产生职业病危害的用人单位，应当在醒目位置设置公告栏，公布有关职业病防治的规章制度、操作规程、职业病危害事故应急救援措施和工作场所职业病危害因素检测结果。

对产生严重职业病危害的作业岗位，应当在其醒目位置，设置警示标识和中文警示说明。警示说明应当载明产生职业病危害的种类、后果、预防以及应急救治措施等内容。

**第二十五条** 对可能发生急性职业损伤的有毒、有害工作场所，用人单位应当设置报警装置，配置现场急救用品、冲洗设备、应急撤离通道和必要的泄险区。

对放射工作场所和放射性同位素的运输、贮存，用人单位必须配置防护设备和报警装置，保证接触放射线的工作人员佩戴个人剂量计。

对职业病防护设备、应急救援设施和个人使用的职业病防护用品,用人单位应当进行经常性的维护、检修,定期检测其性能和效果,确保其处于正常状态,不得擅自拆除或者停止使用。

**第二十六条** 用人单位应当实施由专人负责的职业病危害因素日常监测,并确保监测系统处于正常运行状态。

用人单位应当按照国务院卫生行政部门的规定,定期对工作场所进行职业病危害因素检测、评价。检测、评价结果存入用人单位职业卫生档案,定期向所在地卫生行政部门报告并向劳动者公布。

职业病危害因素检测、评价由依法设立的取得国务院卫生行政部门或者设区的市级以上地方人民政府卫生行政部门按照职责分工给予资质认可的职业卫生技术服务机构进行。职业卫生技术服务机构所作检测、评价应当客观、真实。

发现工作场所职业病危害因素不符合国家职业卫生标准和卫生要求时,用人单位应当立即采取相应治理措施,仍然达不到国家职业卫生标准和卫生要求的,必须停止存在职业病危害因素的作业;职业病危害因素经治理后,符合国家职业卫生标准和卫生要求的,方可重新作业。

**第二十七条** 职业卫生技术服务机构依法从事职业病危害因素检测、评价工作,接受卫生行政部门的监督检查。卫生行政部门应当依法履行监督职责。

**第二十八条** 向用人单位提供可能产生职业病危害的设备的,应当提供中文说明书,并在设备的醒目位置设置警示标识和中文警示说明。警示说明应当载明设备性能、可能产生的职业病危害、安全操作和维护注意事项、职业病防护以及应急救治措施等内容。

**第二十九条** 向用人单位提供可能产生职业病危害的化学品、放射性同位素和含有放射性物质的材料的,应当提供中文说明书。说明书应当载明产品特性、主要成份、存在的有害因素、可能产生的危害后果、安全使用注意事项、职业病防护以及应急救治措施等内容。产品包装应当有醒目的警示标识和中文警示说明。贮存上述材料的场所应当在规定的部位设置危险物品标识或者放射性警示标识。

国内首次使用或者首次进口与职业病危害有关的化学材料,使用单位或者进口单位按照国家规定经国务院有关部门批准后,应当向国务院卫生行政部门报送该化学材料的毒性鉴定以及经有关部门登记注册或者批准进口的文件等资料。

进口放射性同位素、射线装置和含有放射性物质的物品的,按照国家有关规定办理。

**第三十条** 任何单位和个人不得生产、经营、进口和使用国家明令禁止使用的可能产生职业病危害的设备或者材料。

**第三十一条** 任何单位和个人不得将产生职业病危害的作业转移给不具备职业病防护条件的单位和个人。不具备职业病防护条件的单位和个人不得接受产生职业病危害的作业。

**第三十二条** 用人单位对采用的技术、工艺、设备、材料,应当知悉其产生的职业病危害,对有职业病危害的技术、工艺、设备、材料隐瞒其危害而采用的,对所造成的职业病危害后果承担责任。

**第三十三条** 用人单位与劳动者订立劳动合同(含聘用合同,下同)时,应当将工作过程中可能产生的职业病危害及其后果、职业病防护措施和待遇等如实告知劳动者,并在劳动合同中写明,不得隐瞒或者欺骗。

劳动者在已订立劳动合同期间因工作岗位或者工作内容变更,从事与所订立劳动合同中未告知的存在职业病危害的作业时,用人单位应当依照前款规定,向劳动者履行如实告知的义务,并协商变更原劳动合同相关条款。

用人单位违反前两款规定的,劳动者有权拒绝从事存在职业病危害的作业,用人单位不得因此解除与劳动者所订立的劳动合同。

**第三十四条** 用人单位的主要负责人和职业卫生管理人员应当接受职业卫生培训,遵守职业病防治法律、法规,依法组织本单位的职业病防治工作。

用人单位应当对劳动者进行上岗前的职业卫生培训和在岗期间的定期职业卫生培训,普及职业卫生知识,督促劳动者遵守职业病防治法律、法规、规章和操作规程,指导劳动者正确使用职业病防护设备和个人使用的职业病防护用品。

劳动者应当学习和掌握相关的职业卫生知识,增强职业病防范意识,遵守职业病防治法律、法规、规章和操作规程,正确使用、维护职业病防护设备和个人使用的职业病防护用品,发现职业病危害事故隐患应当及时报告。

劳动者不履行前款规定义务的,用人单位应当对其进行教育。

**第三十五条** 对从事接触职业病危害的作业的劳动者,用人单位应当按照国务院卫生行政部门的规定组织上岗前、在岗期间和离岗时的职业健康检查,并将检查结果书面告知劳动者。职业健康检查费用由用人单位承担。

用人单位不得安排未经上岗前职业健康检查的劳动者从事接触职业病危害的作业;不得安排有职业禁忌的劳动者从事其所禁忌的作业;对在职业健康检查中发现有与所从事的职业相关的健康损害的劳动者,应当调离原工作岗位,并妥善安置;对未进行离岗前职业健康检查的劳动者不得解除或者终止与其订立的劳动合同。

职业健康检查应当由取得《医疗机构执业许可证》的医疗卫生机构承担。卫生行政部门应当加强对职业健康检查工作的规范管理,具体管理办法由国务院卫生行政部门制定。

**第三十六条** 用人单位应当为劳动者建立职业健康监护档案,并按照规定的期限妥善保存。

职业健康监护档案应当包括劳动者的职业史、职业病危害接触史、职业健康检查结果和职业病诊疗等有关个人健康资料。

劳动者离开用人单位时,有权索取本人职业健康监护档案复印件,用人单位应当如实、无偿提供,并在所提供的复印件上签章。

**第三十七条** 发生或者可能发生急性职业病危害事故时,用人单位应当立即采取应急救援和控制措施,并及时报告所在地卫生行政部门和有关部门。卫生行政部门接到报告后,应当及时会同有关部门组织调查处理;必要时,可以采取临时控制措施。卫生行政部门应当组织做好医疗救治工作。

对遭受或者可能遭受急性职业病危害的劳动者,用人单位应当及时组织救治、进行健康检查和医学观察,所需费用由用人单位承担。

**第三十八条** 用人单位不得安排未成年工从事接触职业病危害的作业;不得安排孕期、哺乳期的女职工从事对本人和胎儿、婴儿有危害的作业。

**第三十九条** 劳动者享有下列职业卫生保护权利:

(一)获得职业卫生教育、培训;

(二)获得职业健康检查、职业病诊疗、康复等职业病防治服务;

(三)了解工作场所产生或者可能产生的职业病危害因素、危害后果和应当采取的职业病防护措施;

(四)要求用人单位提供符合防治职业病要求的职业病防护设施和个人使用的职业病防护用品,改善工作条件;

(五)对违反职业病防治法律、法规以及危及生命健康的行为提出批评、检举和控告;

(六)拒绝违章指挥和强令进行没有职业病防护措施的作业;

(七)参与用人单位职业卫生工作的民主管理,对职业病防治工作提出意见和建议。

用人单位应当保障劳动者行使前款所列权利。因劳动者依法行使正当权利而降低其工资、福利等待遇或者解除、终止与其订立的劳动合同的,其行为无效。

**第四十条** 工会组织应当督促并协助用人单位开展职业卫生宣传教育和培训,有权对用人单位的职业病防治工作提出意见和建议,依法代表劳动者与用人单位签订劳动安全卫生专项集体合同,与用人单位就劳动者反映的有关职业病防治的问题进行协调并督促解决。

工会组织对用人单位违反职业病防治法律、法规,侵犯劳动者合法权益的行为,有权要求纠正;产生严重职业病危害时,有权要求采取防护措施,或者向政府有关部门建议采取强制性措施;发生职业病危害事故时,有权参与事故调查处理;发现危及劳动者生命健康的情形时,有权向用人单位建议组织劳动者撤离危险现场,用人单位应当立即作出处理。

**第四十一条** 用人单位按照职业病防治要求,用于预防和治理职业病危害、工作场所卫生检测、健康监护和职业卫生培训等费用,按照国家有关规定,在生产成本中据实列支。

**第四十二条** 职业卫生监督管理部门应当按照职责分工,加强对用人单位落实职业病防护管理措施情况的监督检查,依法行使职权,承担责任。

## 第四章 职业病诊断与职业病病人保障

**第四十三条** 职业病诊断应当由取得《医疗机构执业许可证》的医疗卫生机构承担。卫生行政部门应当加强对职业病诊断工作的规范管理,具体管理办法由国务院卫生行政部门制定。

承担职业病诊断的医疗卫生机构还应当具备下列条件:

(一)具有与开展职业病诊断相适应的医疗卫生技术人员;

(二)具有与开展职业病诊断相适应的仪器、设备;

(三)具有健全的职业病诊断质量管理制度。

承担职业病诊断的医疗卫生机构不得拒绝劳动者进行职业病诊断的要求。

**第四十四条** 劳动者可以在用人单位所在地、本人户籍所在地或者经常居住地依法承担职业病诊断的医疗卫生机构进行职业病诊断。

**第四十五条** 职业病诊断标准和职业病诊断、鉴定办法由国务院卫生行政部门制定。职业病伤残等级的鉴定办法由国务院劳动保障行政部门会同国务院卫生行政部门制定。

**第四十六条** 职业病诊断,应当综合分析下列因素:

(一)病人的职业史;

(二)职业病危害接触史和工作场所职业病危害因素情况;

(三)临床表现以及辅助检查结果等。

没有证据否定职业病危害因素与病人临床表现之间的必然联系的,应当诊断为职业病。

职业病诊断证明书应当由参与诊断的取得职业病诊断资格的执业医师签署,并经承担职业病诊断的医疗卫生机构审核盖章。

**第四十七条** 用人单位应当如实提供职业病诊断、鉴定所需的劳动者职业史和职业病危害接触史、工作场所职业病危害因素检测结果等资料;卫生行政部门应当监督检查和督促用人单位提供上述资料;劳动者和有关机构也应当提供与职业病诊断、鉴定有关的资料。

职业病诊断、鉴定机构需要了解工作场所职业病危害因素情况时,可以对工作场所进行现场调查,也可以向卫生行政部门提出,卫生行政部门应当在十日内组织现场调查。用人单位不得拒绝、阻挠。

**第四十八条** 职业病诊断、鉴定过程中,用人单位不提供工作场所职业病危害因素检测结果等资料的,诊断、鉴定机构应当结合劳动者的临床表现、辅助检查结果和劳动者的职业史、职业病危害接触史,并参考劳动者的自述、卫生行政部门提供的日常监督检查信息等,作出职业病诊断、鉴定结论。

劳动者对用人单位提供的工作场所职业病危害因素检测结果等资料有异议,或者因劳动者的用人单位解散、破产,无用人单位提供上述资料的,诊断、鉴定机构应当提请卫生行政部门进行调查,卫生行政部门应当自接到申请之日起三十日内对存在异议的资料或者工作场所职业病危害因素情况作出判定;有关部门应当配合。

**第四十九条** 职业病诊断、鉴定过程中,在确认劳动者职业史、职业病危害接触史时,当事人对劳动关系、工种、工作岗位或者在岗时间有争议的,可以向当地的劳动人事争议仲裁委员会申请仲裁;接到申请的劳动人事争议仲裁委员会应当受理,并在三十日内作出裁决。

当事人在仲裁过程中对自己提出的主张,有责任提供证据。劳动者无法提供由用人单位掌握管理的与仲裁主张有关的证据的,仲裁庭应当要求用人单位在指定期限内提供;用人单位在指定期限内不提供的,应当承担不利后果。

劳动者对仲裁裁决不服的,可以依法向人民法院提起诉讼。

用人单位对仲裁裁决不服的,可以在职业病诊断、鉴定程序结束之日起十五日内依法向人民法院提起诉讼;诉讼期间,劳动者的治疗费用按照职业病待遇规定的途径支付。

**第五十条** 用人单位和医疗卫生机构发现职业病病人或者疑似职业病病人时,应当及时向所在地卫生行政部门报告。确诊为职业病的,用人单位还应当向所在地劳动保障行政部门报告。接到报告的部门应当依法作出处理。

**第五十一条** 县级以上地方人民政府卫生行政部门负责本行政区域内的职业病统计报告的管理工作,并按照规定上报。

**第五十二条** 当事人对职业病诊断有异议的,可以向作出诊断的医疗卫生机构所在地地方人民政府卫生行政部门申请鉴定。

职业病诊断争议由设区的市级以上地方人民政府卫生行政部门根据当事人的申请,组织职业病诊断鉴定委员会进行鉴定。

当事人对设区的市级职业病诊断鉴定委员会的鉴定结论不服的,可以向省、自治区、直辖市人民政府卫生行政部门申请再鉴定。

**第五十三条** 职业病诊断鉴定委员会由相关专业的专家组成。

省、自治区、直辖市人民政府卫生行政部门应当设立相关的专家库,需要对职业病争议作出诊断鉴定时,由当事人或者当事人委托有关卫生行政部门从专家库中以随机抽取的方式确定参加诊断鉴定委员会的专家。

职业病诊断鉴定委员会应当按照国务院卫生行政部门颁布的职业病诊断标准和职业病诊断、鉴定办法进行职业病诊断鉴定,向当事人出具职业病诊断鉴定书。职业病诊断、鉴定费用由用人单位承担。

**第五十四条** 职业病诊断鉴定委员会组成人员应当遵守职业道德,客观、公正地进行诊断鉴定,并承担相应的责任。职业病诊断鉴定委员会组成人员不得私下接触当事人,不得收受当事人的财物或者其他好处,与当事人有利害关系的,应当回避。

人民法院受理有关案件需要进行职业病鉴定时，应当从省、自治区、直辖市人民政府卫生行政部门依法设立的相关的专家库中选取参加鉴定的专家。

**第五十五条** 医疗卫生机构发现疑似职业病病人时，应当告知劳动者本人并及时通知用人单位。

用人单位应当及时安排对疑似职业病病人进行诊断；在疑似职业病病人诊断或者医学观察期间，不得解除或者终止与其订立的劳动合同。

疑似职业病病人在诊断、医学观察期间的费用，由用人单位承担。

**第五十六条** 用人单位应当保障职业病病人依法享受国家规定的职业病待遇。

用人单位应当按照国家有关规定，安排职业病病人进行治疗、康复和定期检查。

用人单位对不适宜继续从事原工作的职业病病人，应当调离原岗位，并妥善安置。

用人单位对从事接触职业病危害的作业的劳动者，应当给予适当岗位津贴。

**第五十七条** 职业病病人的诊疗、康复费用，伤残以及丧失劳动能力的职业病病人的社会保障，按照国家有关工伤保险的规定执行。

**第五十八条** 职业病病人除依法享有工伤保险外，依照有关民事法律，尚有获得赔偿的权利的，有权向用人单位提出赔偿要求。

**第五十九条** 劳动者被诊断患有职业病，但用人单位没有依法参加工伤保险的，其医疗和生活保障由该用人单位承担。

**第六十条** 职业病病人变动工作单位，其依法享有的待遇不变。

用人单位在发生分立、合并、解散、破产等情形时，应当对从事接触职业病危害的作业的劳动者进行健康检查，并按照国家有关规定妥善安置职业病病人。

**第六十一条** 用人单位已经不存在或者无法确认劳动关系的职业病病人，可以向地方人民政府医疗保障、民政部门申请医疗救助和生活等方面的救助。

地方各级人民政府应当根据本地区的实际情况，采取其他措施，使前款规定的职业病病人获得医疗救治。

## 第五章 监督检查

**第六十二条** 县级以上人民政府职业卫生监督管理部门依照职业病防治法律、法规、国家职业卫生标准和卫生要求，依据职责划分，对职业病防治工作进行监督检查。

**第六十三条** 卫生行政部门履行监督检查职责时，有权采取下列措施：

（一）进入被检查单位和职业病危害现场，了解情况，调查取证；

（二）查阅或者复制与违反职业病防治法律、法规的行为有关的资料和采集样品；

（三）责令违反职业病防治法律、法规的单位和个人停止违法行为。

**第六十四条** 发生职业病危害事故或者有证据证明危害状态可能导致职业病危害事故发生时，卫生行政部门可以采取下列临时控制措施：

（一）责令暂停导致职业病危害事故的作业；

（二）封存造成职业病危害事故或者可能导致职业病危害事故发生的材料和设备；

（三）组织控制职业病危害事故现场。

在职业病危害事故或者危害状态得到有效控制后，卫生行政部门应当及时解除控制措施。

**第六十五条** 职业卫生监督执法人员依法执行职务时，应当出示监督执法证件。

职业卫生监督执法人员应当忠于职守，秉公执法，严格遵守执法规范；涉及用人单位的秘密的，应当为其保密。

**第六十六条** 职业卫生监督执法人员依法执行职务时，被检查单位应当接受检查并予以支持配合，不得拒绝和阻碍。

**第六十七条** 卫生行政部门及其职业卫生监督执法人员履行职责时，不得有下列行为：

（一）对不符合法定条件的，发给建设项目有关证明文件、资质证明文件或者予以批准；

（二）对已经取得有关证明文件的，不履行监督检查职责；

（三）发现用人单位存在职业病危害的，可能造成职业病危害事故，不及时依法采取控制措施；

（四）其他违反本法的行为。

**第六十八条** 职业卫生监督执法人员应当依法经过资格认定。

职业卫生监督管理部门应当加强队伍建设，提高职业卫生监督执法人员的政治、业务素质，依照本法和其他有关法律、法规的规定，建立、健全内部监督制度，对其工作人员执行法律、法规和遵守纪律的情况，进行监督检查。

## 第六章 法律责任

**第六十九条** 建设单位违反本法规定，有下列行为之一的，由卫生行政部门给予警告，责令限期改正；逾期不改正的，处十万元以上五十万元以下的罚款；情节严重的，责令停止产生职业病危害的作业，或者提请有关人民政府按照国务院规定的权限责令停建、关闭：

（一）未按照规定进行职业病危害预评价的；

（二）医疗机构可能产生放射性职业病危害的建设项目未按照规定提交放射性职业病危害预评价报告，或者放射性职业病危害预评价报告未经卫生行政部门审核同意，开工建设的；

（三）建设项目的职业病防护设施未按照规定与主体工程同时设计、同时施工、同时投入生产和使用的；

（四）建设项目的职业病防护设施设计不符合国家职业卫生标准和卫生要求，或者医疗机构放射性职业病危害严重的建设项目的防护设施设计未经卫生行政部门审查同意擅自施工的；

（五）未按照规定对职业病防护设施进行职业病危害控制效果评价的；

（六）建设项目竣工投入生产和使用前，职业病防护设施未按照规定验收合格的。

**第七十条**　违反本法规定，有下列行为之一的，由卫生行政部门给予警告，责令限期改正；逾期不改正的，处十万元以下的罚款：

（一）工作场所职业病危害因素检测、评价结果没有存档、上报、公布的；

（二）未采取本法第二十条规定的职业病防治管理措施的；

（三）未按照规定公布有关职业病防治的规章制度、操作规程、职业病危害事故应急救援措施的；

（四）未按照规定组织劳动者进行职业卫生培训，或者未对劳动者个人职业病防护采取指导、督促措施的；

（五）国内首次使用或者首次进口与职业病危害有关的化学材料，未按照规定报送毒性鉴定资料以及经有关部门登记注册或者批准进口的文件的。

**第七十一条**　用人单位违反本法规定，有下列行为之一的，由卫生行政部门责令限期改正，给予警告，可以并处五万元以上十万元以下的罚款：

（一）未按照规定及时、如实向卫生行政部门申报产生职业病危害的项目的；

（二）未实施由专人负责的职业病危害因素日常监测，或者监测系统不能正常监测的；

（三）订立或者变更劳动合同时，未告知劳动者职业病危害真实情况的；

（四）未按照规定组织职业健康检查、建立职业健康监护档案或者未将检查结果书面告知劳动者的；

（五）未依照本法规定在劳动者离开用人单位时提供职业健康监护档案复印件的。

**第七十二条**　用人单位违反本法规定，有下列行为之一的，由卫生行政部门给予警告，责令限期改正，逾期不改正的，处五万元以上二十万元以下的罚款；情节严重的，责令停止产生职业病危害的作业，或者提请有关人民政府按照国务院规定的权限责令关闭：

（一）工作场所职业病危害因素的强度或者浓度超过国家职业卫生标准的；

（二）未提供职业病防护设施和个人使用的职业病防护用品，或者提供的职业病防护设施和个人使用的职业病防护用品不符合国家职业卫生标准和卫生要求的；

（三）对职业病防护设备、应急救援设施和个人使用的职业病防护用品未按照规定进行维护、检修、检测，或者不能保持正常运行、使用状态的；

（四）未按照规定对工作场所职业病危害因素进行检测、评价的；

（五）工作场所职业病危害因素经治理仍然达不到国家职业卫生标准和卫生要求时，未停止存在职业病危害因素的作业的；

（六）未按照规定安排职业病病人、疑似职业病病人进行诊治的；

（七）发生或者可能发生急性职业病危害事故时，未立即采取应急救援和控制措施或者未按照规定及时报告的；

（八）未按照规定在产生严重职业病危害的作业岗位醒目位置设置警示标识和中文警示说明的；

（九）拒绝职业卫生监督管理部门监督检查的；

（十）隐瞒、伪造、篡改、毁损职业健康监护档案、工作场所职业病危害因素检测评价结果等相关资料，或者拒不提供职业病诊断、鉴定所需资料的；

（十一）未按照规定承担职业病诊断、鉴定费用和职业病病人的医疗、生活保障费用的。

**第七十三条**　向用人单位提供可能产生职业病危害的设备、材料，未按照规定提供中文说明书或者设置警示标识和中文警示说明的，由卫生行政部门责令限期改正，给予警告，并处五万元以上二十万元以下的罚款。

**第七十四条**　用人单位和医疗卫生机构未按照规定报告职业病、疑似职业病的，由有关主管部门依据职责分工责令限期改正，给予警告，可以并处一万元以下的罚款；弄虚作假的，并处二万元以上五万元以下的罚款；对直接负责的主管人员和其他直接责任人员，可以依法给予降级或者撤职的处分。

**第七十五条**　违反本法规定，有下列情形之一的，由卫生行政部门责令限期治理，并处五万元以上三十万元以下的罚款；情节严重的，责令停止产生职业病危害的作业，或者提请有关人民政府按照国务院规定的权限责令关闭：

（一）隐瞒技术、工艺、设备、材料所产生的职业病危害而采用的；

（二）隐瞒本单位职业卫生真实情况的；

（三）可能发生急性职业损伤的有毒、有害工作场所、放射工作场所或者放射性同位素的运输、贮存不符合本法第二十五条规定的；

（四）使用国家明令禁止使用的可能产生职业病危害的设备或者材料的；

（五）将产生职业病危害的作业转移给没有职业病防护条件的单位和个人，或者没有职业病防护条件的单位和个人接受产生职业病危害的作业的；

（六）擅自拆除、停止使用职业病防护设备或者应急救援设施的；

（七）安排未经职业健康检查的劳动者、有职业禁忌的劳动者、未成年工或者孕期、哺乳期女职工从事接触职业病危害的作业或者禁忌作业的；

（八）违章指挥和强令劳动者进行没有职业病防护措施的作业的。

**第七十六条**　生产、经营或者进口国家明令禁止使用的可能产生职业病危害的设备或者材料的，依照有关法律、行政法规的规定给予处罚。

**第七十七条**　用人单位违反本法规定，已经对劳动者生命健康造成严重损害的，由卫生行政部门责令停止产生职业病危害的作业，或者提请有关人民政府按照国务院规定的权限责令关闭，并处十万元以上五十万元以下的罚款。

**第七十八条**　用人单位违反本法规定，造成重大职业病危害事故或者其他严重后果，构成犯罪的，对直接负责的主管人员和其他直接责任人员，依法追究刑事责任。

**第七十九条**　未取得职业卫生技术服务资质认可擅自从事职业卫生技术服务的，由卫生行政部门责令立即停止违法行为，没收违法所得；违法所得五千元以上的，并处违法所得二倍以上十倍以下的罚款；没有违法所得或者违法所得不足五千元的，并处五千元以上五万元以下的罚款；情节严重的，对直接负责的主管人员和其他直接责任人员，依法给予降级、撤职或者开除的处分。

**第八十条**　从事职业卫生技术服务的机构和承担职业病诊断的医疗卫生机构违反本法规定，有下列行为之一的，由卫生行政部门责令立即停止违法行为，给予警告，没收违法所得；违法所得五千元以上的，并处违法所得二倍以上五倍以下的罚款；没有违法所得或者违法所得不足五千元的，并处五千元以上二万元以下的罚款；情节严重的，由原认可或者登记机关取消其相应的资格；对直接负责的主管人员和其他直接责任人员，依法给予降级、撤职或者开除的处分；构成犯罪的，依法追究刑事责任：

（一）超出资质认可或者诊疗项目登记范围从事职业卫生技术服务或者职业病诊断的；

（二）不按照本法规定履行法定职责的；

（三）出具虚假证明文件的。

**第八十一条**　职业病诊断鉴定委员会组成人员收受职业病诊断争议当事人的财物或者其他好处的，给予警告，没收收受的财物，可以并处三千元以上五万元以下的罚款，取消其担任职业病诊断鉴定委员会组成人员的资格，并从省、自治区、直辖市人民政府卫生行政部门设立的专家库中予以除名。

**第八十二条**　卫生行政部门不按照规定报告职业病和职业病危害事故的，由上一级行政部门责令改正，通报批评，给予警告；虚报、瞒报的，对单位负责人、直接负责的主管人员和其他直接责任人员依法给予降级、撤职或者开除的处分。

**第八十三条**　县级以上地方人民政府在职业病防治工作中未依照本法履行职责，本行政区域出现重大职业病危害事故、造成严重社会影响的，依法对直接负责的主管人员和其他直接责任人员给予记大过直至开除的处分。

县级以上人民政府职业卫生监督管理部门不履行本法规定的职责，滥用职权、玩忽职守、徇私舞弊，依法对直接负责的主管人员和其他直接责任人员给予记大过或者降级的处分；造成职业病危害事故或者其他严重后果的，依法给予撤职或者开除的处分。

**第八十四条**　违反本法规定，构成犯罪的，依法追究刑事责任。

## 第七章　附　则

**第八十五条**　本法下列用语的含义：

职业病危害，是指对从事职业活动的劳动者可能导致职业病的各种危害。职业病危害因素包括：职业活动中存在的各种有害的化学、物理、生物因素以及在作业过程中产生的其他职业有害因素。

职业禁忌，是指劳动者从事特定职业或者接触特定职业病危害因素时，比一般职业人群更易于遭受职业病危害和罹患职业病或者可能导致原有自身疾病病情加重，或者在从事作业过程中诱发可能导致对他人生命健康构成危险的疾病的个人特殊生理或者病理状态。

**第八十六条**　本法第二条规定的用人单位以外的单位，产生职业病危害的，其职业病防治活动可以参照本法执行。

劳务派遣用工单位应当履行本法规定的用人单位的义务。

中国人民解放军参照执行本法的办法，由国务院、中央军事委员会制定。

**第八十七条**　对医疗机构放射性职业病危害控制的监督管理，由卫生行政部门依照本法的规定实施。

**第八十八条**　本法自2002年5月1日起施行。

## 职业病诊断与鉴定管理办法

·2021年1月4日国家卫生健康委员会令第6号公布

·自公布之日起施行

### 第一章　总　则

**第一条**　为了规范职业病诊断与鉴定工作，加强职业病诊断与鉴定管理，根据《中华人民共和国职业病防治法》（以下简称《职业病防治法》），制定本办法。

**第二条**　职业病诊断与鉴定工作应当按照《职业病防治法》、本办法的有关规定及《职业病分类和目录》、国家职业病诊断标准进行，遵循科学、公正、及时、便捷的原则。

**第三条**　国家卫生健康委负责全国范围内职业病诊断与鉴定的监督管理工作，县级以上地方卫生健康主管部门依据职责负责本行政区域内职业病诊断与鉴定的监督管理工作。

省、自治区、直辖市卫生健康主管部门（以下简称省级卫生健康主管部门）应当结合本行政区域职业病防治工作实际和医疗卫生服务体系规划，充分利用现有医疗卫生资源，实现职业病诊断机构区域覆盖。

**第四条**　各地要加强职业病诊断机构能力建设，提供必要的保障条件，配备相关的人员、设备和工作经费，以满足职业病诊断工作的需要。

**第五条**　各地要加强职业病诊断与鉴定信息化建设，建立健全劳动者接触职业病危害、开展职业健康检查、进行职业病诊断与鉴定等全过程的信息化系统，不断提高职业病诊断与鉴定信息报告的准确性、及时性和有效性。

**第六条**　用人单位应当依法履行职业病诊断、鉴定的相关义务：

（一）及时安排职业病病人、疑似职业病病人进行诊治；

（二）如实提供职业病诊断、鉴定所需的资料；

（三）承担职业病诊断、鉴定的费用和疑似职业病病人在诊断、医学观察期间的费用；

（四）报告职业病和疑似职业病；

（五）《职业病防治法》规定的其他相关义务。

### 第二章　诊断机构

**第七条**　医疗卫生机构开展职业病诊断工作，应当在开展之日起十五个工作日内向省级卫生健康主管部门备案。

省级卫生健康主管部门应当自收到完整备案材料之日起十五个工作日内向社会公布备案的医疗卫生机构名单、地址、诊断项目（即《职业病分类和目录》中的职业病类别和病种）等相关信息。

**第八条**　医疗卫生机构开展职业病诊断工作应当具备下列条件：

（一）持有《医疗机构执业许可证》；

（二）具有相应的诊疗科目及与备案开展的诊断项目相适应的职业病诊断医师及相关医疗卫生技术人员；

（三）具有与备案开展的诊断项目相适应的场所和仪器、设备；

（四）具有健全的职业病诊断质量管理制度。

**第九条**　医疗卫生机构进行职业病诊断备案时，应当提交以下证明其符合本办法第八条规定条件的有关资料：

（一）《医疗机构执业许可证》原件、副本及复印件；

（二）职业病诊断医师资格等相关资料；

（三）相关的仪器设备清单；

（四）负责职业病信息报告人员名单；

（五）职业病诊断质量管理制度等相关资料。

**第十条**　职业病诊断机构对备案信息的真实性、准确性、合法性负责。

当备案信息发生变化时，应当自信息发生变化之日起十个工作日内向省级卫生健康主管部门提交变更信息。

**第十一条** 设区的市没有医疗卫生机构备案开展职业病诊断的，省级卫生健康主管部门应当根据职业病诊断工作的需要，指定符合本办法第八条规定条件的医疗卫生机构承担职业病诊断工作。

**第十二条** 职业病诊断机构的职责是：

（一）在备案的诊断项目范围内开展职业病诊断；

（二）及时向所在地卫生健康主管部门报告职业病；

（三）按照卫生健康主管部门要求报告职业病诊断工作情况；

（四）承担《职业病防治法》中规定的其他职责。

**第十三条** 职业病诊断机构依法独立行使诊断权，并对其作出的职业病诊断结论负责。

**第十四条** 职业病诊断机构应当建立和健全职业病诊断管理制度，加强职业病诊断医师等有关医疗卫生人员技术培训和政策、法律培训，并采取措施改善职业病诊断工作条件，提高职业病诊断服务质量和水平。

**第十五条** 职业病诊断机构应当公开职业病诊断程序和诊断项目范围，方便劳动者进行职业病诊断。

职业病诊断机构及其相关工作人员应当尊重、关心、爱护劳动者，保护劳动者的隐私。

**第十六条** 从事职业病诊断的医师应当具备下列条件，并取得省级卫生健康主管部门颁发的职业病诊断资格证书：

（一）具有医师执业证书；

（二）具有中级以上卫生专业技术职务任职资格；

（三）熟悉职业病防治法律法规和职业病诊断标准；

（四）从事职业病诊断、鉴定相关工作三年以上；

（五）按规定参加职业病诊断医师相应专业的培训，并考核合格。

省级卫生健康主管部门应当依据本办法的规定和国家卫生健康委制定的职业病诊断医师培训大纲，制定本行政区域职业病诊断医师培训考核办法并组织实施。

**第十七条** 职业病诊断医师应当依法在职业病诊断机构备案的诊断项目范围内从事职业病诊断工作，不得从事超出其职业病诊断资格范围的职业病诊断工作；职业病诊断医师应当按照有关规定参加职业卫生、放射卫生、职业医学等领域的继续医学教育。

**第十八条** 省级卫生健康主管部门应当加强本行政区域内职业病诊断机构的质量控制管理工作，组织开展职业病诊断机构质量控制评估。

职业病诊断质量控制规范和医疗卫生机构职业病报告规范另行制定。

## 第三章 诊 断

**第十九条** 劳动者可以在用人单位所在地、本人户籍所在地或者经常居住地的职业病诊断机构进行职业病诊断。

**第二十条** 职业病诊断应当按照《职业病防治法》、本办法的有关规定及《职业病分类和目录》、国家职业病诊断标准，依据劳动者的职业史、职业病危害接触史和工作场所职业病危害因素情况、临床表现以及辅助检查结果等，进行综合分析。材料齐全的情况下，职业病诊断机构应当在收齐材料之日起三十日内作出诊断结论。

没有证据否定职业病危害因素与病人临床表现之间的必然联系的，应当诊断为职业病。

**第二十一条** 职业病诊断需要以下资料：

（一）劳动者职业史和职业病危害接触史（包括在岗时间、工种、岗位、接触的职业病危害因素名称等）；

（二）劳动者职业健康检查结果；

（三）工作场所职业病危害因素检测结果；

（四）职业性放射性疾病诊断还需要个人剂量监测档案等资料。

**第二十二条** 劳动者依法要求进行职业病诊断的，职业病诊断机构不得拒绝劳动者进行职业病诊断的要求，并告知劳动者职业病诊断的程序和所需材料。劳动者应当填写《职业病诊断就诊登记表》，并提供本人掌握的职业病诊断有关资料。

**第二十三条** 职业病诊断机构进行职业病诊断时，应当书面通知劳动者所在的用人单位提供本办法第二十一条规定的职业病诊断资料，用人单位应当在接到通知后的十日内如实提供。

**第二十四条** 用人单位未在规定时间内提供职业病诊断所需要资料的，职业病诊断机构可以依法提请卫生健康主管部门督促用人单位提供。

**第二十五条** 劳动者对用人单位提供的工作场所职业病危害因素检测结果等资料有异议，或者因劳动者的用人单位解散、破产，无用人单位提供上述资料的，职业病诊断机构应当依法提请用人单位所在地卫生健康主管部门进行调查。

卫生健康主管部门应当自接到申请之日起三十日内对存在异议的资料或者工作场所职业病危害因素情况作出判定。

职业病诊断机构在卫生健康主管部门作出调查结论或者判定前应当中止职业病诊断。

**第二十六条** 职业病诊断机构需要了解工作场所职

业病危害因素情况时，可以对工作场所进行现场调查，也可以依法提请卫生健康主管部门组织现场调查。卫生健康主管部门应当在接到申请之日起三十日内完成现场调查。

**第二十七条**　在确认劳动者职业史、职业病危害接触史时，当事人对劳动关系、工种、工作岗位或者在岗时间有争议的，职业病诊断机构应当告知当事人依法向用人单位所在地的劳动人事争议仲裁委员会申请仲裁。

**第二十八条**　经卫生健康主管部门督促，用人单位仍不提供工作场所职业病危害因素检测结果、职业健康监护档案等资料或者提供资料不全的，职业病诊断机构应当结合劳动者的临床表现、辅助检查结果和劳动者的职业史、职业病危害接触史，并参考劳动者自述或工友旁证资料、卫生健康等有关部门提供的日常监督检查信息等，作出职业病诊断结论。对于作出无职业病诊断结论的病人，可依据病人的临床表现以及辅助检查结果，作出疾病的诊断，提出相关医学意见或者建议。

**第二十九条**　职业病诊断机构可以根据诊断需要，聘请其他单位职业病诊断医师参加诊断。必要时，可以邀请相关专业专家提供咨询意见。

**第三十条**　职业病诊断机构作出职业病诊断结论后，应当出具职业病诊断证明书。职业病诊断证明书应当由参与诊断的取得职业病诊断资格的执业医师签署。

职业病诊断机构应当对职业病诊断医师签署的职业病诊断证明书进行审核，确认诊断的依据与结论符合有关法律法规、标准的要求，并在职业病诊断证明书上盖章。

职业病诊断证明书的书写应当符合相关标准的要求。

职业病诊断证明书一式五份，劳动者一份，用人单位所在地县级卫生健康主管部门一份，用人单位两份，诊断机构存档一份。

职业病诊断证明书应当于出具之日起十五日内由职业病诊断机构送达劳动者、用人单位及用人单位所在地县级卫生健康主管部门。

**第三十一条**　职业病诊断机构应当建立职业病诊断档案并永久保存，档案应当包括：

（一）职业病诊断证明书；

（二）职业病诊断记录；

（三）用人单位、劳动者和相关部门、机构提交的有关资料；

（四）临床检查与实验室检验等资料。

职业病诊断机构拟不再开展职业病诊断工作的，应当在拟停止开展职业病诊断工作的十五个工作日之前告知省级卫生健康主管部门和所在地县级卫生健康主管部门，妥善处理职业病诊断档案。

**第三十二条**　职业病诊断机构发现职业病病人或者疑似职业病病人时，应当及时向所在地县级卫生健康主管部门报告。职业病诊断机构应当在作出职业病诊断之日起十五日内通过职业病及健康危害因素监测信息系统进行信息报告，并确保报告信息的完整、真实和准确。

确诊为职业病的，职业病诊断机构可以根据需要，向卫生健康主管部门、用人单位提出专业建议；告知职业病病人依法享有的职业健康权益。

**第三十三条**　未承担职业病诊断工作的医疗卫生机构，在诊疗活动中发现劳动者的健康损害可能与其所从事的职业有关时，应及时告知劳动者到职业病诊断机构进行职业病诊断。

## 第四章　鉴　定

**第三十四条**　当事人对职业病诊断机构作出的职业病诊断有异议的，可以在接到职业病诊断证明书之日起三十日内，向作出诊断的职业病诊断机构所在地设区的市级卫生健康主管部门申请鉴定。

职业病诊断争议由设区的市级以上地方卫生健康主管部门根据当事人的申请组织职业病诊断鉴定委员会进行鉴定。

**第三十五条**　职业病鉴定实行两级鉴定制，设区的市级职业病诊断鉴定委员会负责职业病诊断争议的首次鉴定。

当事人对设区的市级职业病鉴定结论不服的，可以在接到诊断鉴定书之日起十五日内，向原鉴定组织所在地省级卫生健康主管部门申请再鉴定，省级鉴定为最终鉴定。

**第三十六条**　设区的市级以上地方卫生健康主管部门可以指定办事机构，具体承担职业病诊断鉴定的组织和日常性工作。职业病鉴定办事机构的职责是：

（一）接受当事人申请；

（二）组织当事人或者接受当事人委托抽取职业病诊断鉴定专家；

（三）组织职业病诊断鉴定会议，负责会议记录、职业病诊断鉴定相关文书的收发及其他事务性工作；

（四）建立并管理职业病诊断鉴定档案；

（五）报告职业病诊断鉴定相关信息；

（六）承担卫生健康主管部门委托的有关职业病诊

断鉴定的工作。

职业病诊断机构不能作为职业病鉴定办事机构。

**第三十七条** 设区的市级以上地方卫生健康主管部门应当向社会公布本行政区域内依法承担职业病诊断鉴定工作的办事机构的名称、工作时间、地点、联系人、联系电话和鉴定工作程序。

**第三十八条** 省级卫生健康主管部门应当设立职业病诊断鉴定专家库(以下简称专家库),并根据实际工作需要及时调整其成员。专家库可以按照专业类别进行分组。

**第三十九条** 专家库应当以取得职业病诊断资格的不同专业类别的医师为主要成员,吸收临床相关学科、职业卫生、放射卫生、法律等相关专业的专家组成。专家应当具备下列条件:

(一)具有良好的业务素质和职业道德;

(二)具有相关专业的高级专业技术职务任职资格;

(三)熟悉职业病防治法律法规和职业病诊断标准;

(四)身体健康,能够胜任职业病诊断鉴定工作。

**第四十条** 参加职业病诊断鉴定的专家,应当由当事人或者由其委托的职业病鉴定办事机构从专家库中按照专业类别以随机抽取的方式确定。抽取的专家组成职业病诊断鉴定委员会(以下简称鉴定委员会)。

经当事人同意,职业病鉴定办事机构可以根据鉴定需要聘请本省、自治区、直辖市以外的相关专业专家作为鉴定委员会成员,并有表决权。

**第四十一条** 鉴定委员会人数为五人以上单数,其中相关专业职业病诊断医师应当为本次鉴定专家人数的半数以上。疑难病例应当增加鉴定委员会人数,充分听取意见。鉴定委员会设主任委员一名,由鉴定委员会成员推举产生。

职业病诊断鉴定会议由鉴定委员会主任委员主持。

**第四十二条** 参加职业病诊断鉴定的专家有下列情形之一的,应当回避:

(一)是职业病诊断鉴定当事人或者当事人近亲属的;

(二)已参加当事人职业病诊断或者首次鉴定的;

(三)与职业病诊断鉴定当事人有利害关系的;

(四)与职业病诊断鉴定当事人有其他关系,可能影响鉴定公正的。

**第四十三条** 当事人申请职业病诊断鉴定时,应当提供以下资料:

(一)职业病诊断鉴定申请书;

(二)职业病诊断证明书;

(三)申请省级鉴定的还应当提交市级职业病诊断鉴定书。

**第四十四条** 职业病鉴定办事机构应当自收到申请资料之日起五个工作日内完成资料审核,对资料齐全的发给受理通知书;资料不全的,应当当场或者在五个工作日内一次性告知当事人补充。资料补充齐全的,应当受理申请并组织鉴定。

职业病鉴定办事机构收到当事人鉴定申请之后,根据需要可以向原职业病诊断机构或者组织首次鉴定的办事机构调阅有关的诊断、鉴定资料。原职业病诊断机构或者组织首次鉴定的办事机构应当在接到通知之日起十日内提交。

职业病鉴定办事机构应当在受理鉴定申请之日起四十日内组织鉴定、形成鉴定结论,并出具职业病诊断鉴定书。

**第四十五条** 根据职业病诊断鉴定工作需要,职业病鉴定办事机构可以向有关单位调取与职业病诊断、鉴定有关的资料,有关单位应当如实、及时提供。

鉴定委员会应当听取当事人的陈述和申辩,必要时可以组织进行医学检查,医学检查应当在三十日内完成。

需要了解被鉴定人的工作场所职业病危害因素情况时,职业病鉴定办事机构根据鉴定委员会的意见可以组织对工作场所进行现场调查,或者依法提请卫生健康主管部门组织现场调查。现场调查应当在三十日内完成。

医学检查和现场调查时间不计算在职业病鉴定规定的期限内。

职业病诊断鉴定应当遵循客观、公正的原则,鉴定委员会进行职业病诊断鉴定时,可以邀请有关单位人员旁听职业病诊断鉴定会议。所有参与职业病诊断鉴定的人员应当依法保护当事人的个人隐私、商业秘密。

**第四十六条** 鉴定委员会应当认真审阅鉴定资料,依照有关规定和职业病诊断标准,经充分合议后,根据专业知识独立进行鉴定。在事实清楚的基础上,进行综合分析,作出鉴定结论,并制作职业病诊断鉴定书。

鉴定结论应当经鉴定委员会半数以上成员通过。

**第四十七条** 职业病诊断鉴定书应当包括以下内容:

(一)劳动者、用人单位的基本信息及鉴定事由;

(二)鉴定结论及其依据,鉴定为职业病的,应当注明职业病名称、程度(期别);

(三)鉴定时间。

诊断鉴定书加盖职业病鉴定委员会印章。

首次鉴定的职业病诊断鉴定书一式五份，劳动者、用人单位、用人单位所在地市级卫生健康主管部门、原诊断机构各一份，职业病鉴定办事机构存档一份；省级鉴定的职业病诊断鉴定书一式六份，劳动者、用人单位、用人单位所在地省级卫生健康主管部门、原诊断机构、首次职业病鉴定办事机构各一份，省级职业病鉴定办事机构存档一份。

职业病诊断鉴定书的格式由国家卫生健康委员会统一规定。

**第四十八条**　职业病鉴定办事机构出具职业病诊断鉴定书后，应当于出具之日起十日内送达当事人，并在出具职业病诊断鉴定书后的十日内将职业病诊断鉴定书等有关信息告知原职业病诊断机构或者首次职业病鉴定办事机构，并通过职业病及健康危害因素监测信息系统报告职业病鉴定相关信息。

**第四十九条**　职业病鉴定结论与职业病诊断结论或者首次职业病鉴定结论不一致的，职业病鉴定办事机构应当在出具职业病诊断鉴定书后十日内向相关卫生健康主管部门报告。

**第五十条**　职业病鉴定办事机构应当如实记录职业病诊断鉴定过程，内容应当包括：

（一）鉴定委员会的专家组成；

（二）鉴定时间；

（三）鉴定所用资料；

（四）鉴定专家的发言及其鉴定意见；

（五）表决情况；

（六）经鉴定专家签字的鉴定结论。

有当事人陈述和申辩的，应当如实记录。

鉴定结束后，鉴定记录应当随同职业病诊断鉴定书一并由职业病鉴定办事机构存档，永久保存。

## 第五章　监督管理

**第五十一条**　县级以上地方卫生健康主管部门应当定期对职业病诊断机构进行监督检查，检查内容包括：

（一）法律法规、标准的执行情况；

（二）规章制度建立情况；

（三）备案的职业病诊断信息真实性情况；

（四）按照备案的诊断项目开展职业病诊断工作情况；

（五）开展职业病诊断质量控制、参加质量控制评估及整改情况；

（六）人员、岗位职责落实和培训情况；

（七）职业病报告情况。

**第五十二条**　设区的市级以上地方卫生健康主管部门应当加强对职业病鉴定办事机构的监督管理，对职业病鉴定工作程序、制度落实情况及职业病报告等相关工作情况进行监督检查。

**第五十三条**　县级以上地方卫生健康主管部门监督检查时，有权查阅或者复制有关资料，职业病诊断机构应当予以配合。

## 第六章　法律责任

**第五十四条**　医疗卫生机构未按照规定备案开展职业病诊断的，由县级以上地方卫生健康主管部门责令改正，给予警告，可以并处三万元以下罚款。

**第五十五条**　职业病诊断机构有下列行为之一的，其作出的职业病诊断无效，由县级以上地方卫生健康主管部门按照《职业病防治法》的第八十条的规定进行处理：

（一）超出诊疗项目登记范围从事职业病诊断的；

（二）不按照《职业病防治法》规定履行法定职责的；

（三）出具虚假证明文件的。

**第五十六条**　职业病诊断机构未按照规定报告职业病、疑似职业病的，由县级以上地方卫生健康主管部门按照《职业病防治法》第七十四条的规定进行处理。

**第五十七条**　职业病诊断机构违反本办法规定，有下列情形之一的，由县级以上地方卫生健康主管部门责令限期改正；逾期不改的，给予警告，并可以根据情节轻重处以三万元以下罚款：

（一）未建立职业病诊断管理制度的；

（二）未按照规定向劳动者公开职业病诊断程序的；

（三）泄露劳动者涉及个人隐私的有关信息、资料的；

（四）未按照规定参加质量控制评估，或者质量控制评估不合格且未按要求整改的；

（五）拒不配合卫生健康主管部门监督检查的。

**第五十八条**　职业病诊断鉴定委员会组成人员收受职业病诊断争议当事人的财物或者其他好处的，由省级卫生健康主管部门按照《职业病防治法》第八十一条的规定进行处理。

**第五十九条**　县级以上地方卫生健康主管部门及其工作人员未依法履行职责，按照《职业病防治法》第八十三条第二款规定进行处理。

**第六十条**　用人单位有下列行为之一的，由县级以上地方卫生健康主管部门按照《职业病防治法》第七十二条规定进行处理：

（一）未按照规定安排职业病病人、疑似职业病病人进行诊治的；

（二）拒不提供职业病诊断、鉴定所需资料的；

（三）未按照规定承担职业病诊断、鉴定费用。

**第六十一条** 用人单位未按照规定报告职业病、疑似职业病的，由县级以上地方卫生健康主管部门按照《职业病防治法》第七十四条规定进行处理。

### 第七章 附 则

**第六十二条** 本办法所称"证据"，包括疾病的证据、接触职业病危害因素的证据，以及用于判定疾病与接触职业病危害因素之间因果关系的证据。

**第六十三条** 本办法自公布之日起施行。原卫生部2013年2月19日公布的《职业病诊断与鉴定管理办法》同时废止。

## 中华人民共和国疫苗管理法

- 2019年6月29日第十三届全国人民代表大会常务委员会第十一次会议通过
- 2019年6月29日中华人民共和国主席令第30号公布
- 自2019年12月1日起施行

### 目 录

第一章 总 则
第二章 疫苗研制和注册
第三章 疫苗生产和批签发
第四章 疫苗流通
第五章 预防接种
第六章 异常反应监测和处理
第七章 疫苗上市后管理
第八章 保障措施
第九章 监督管理
第十章 法律责任第十一章 附 则

### 第一章 总 则

**第一条** 为了加强疫苗管理，保证疫苗质量和供应，规范预防接种，促进疫苗行业发展，保障公众健康，维护公共卫生安全，制定本法。

**第二条** 在中华人民共和国境内从事疫苗研制、生产、流通和预防接种及其监督管理活动，适用本法。本法未作规定的，适用《中华人民共和国药品管理法》、《中华人民共和国传染病防治法》等法律、行政法规的规定。

本法所称疫苗，是指为预防、控制疾病的发生、流行，用于人体免疫接种的预防性生物制品，包括免疫规划疫苗和非免疫规划疫苗。

**第三条** 国家对疫苗实行最严格的管理制度，坚持安全第一、风险管理、全程管控、科学监管、社会共治。

**第四条** 国家坚持疫苗产品的战略性和公益性。

国家支持疫苗基础研究和应用研究，促进疫苗研制和创新，将预防、控制重大疾病的疫苗研制、生产和储备纳入国家战略。

国家制定疫苗行业发展规划和产业政策，支持疫苗产业发展和结构优化，鼓励疫苗生产规模化、集约化，不断提升疫苗生产工艺和质量水平。

**第五条** 疫苗上市许可持有人应当加强疫苗全生命周期质量管理，对疫苗的安全性、有效性和质量可控性负责。

从事疫苗研制、生产、流通和预防接种活动的单位和个人，应当遵守法律、法规、规章、标准和规范，保证全过程信息真实、准确、完整和可追溯，依法承担责任，接受社会监督。

**第六条** 国家实行免疫规划制度。

居住在中国境内的居民，依法享有接种免疫规划疫苗的权利，履行接种免疫规划疫苗的义务。政府免费向居民提供免疫规划疫苗。

县级以上人民政府及其有关部门应当保障适龄儿童接种免疫规划疫苗。监护人应当依法保证适龄儿童按时接种免疫规划疫苗。

**第七条** 县级以上人民政府应当将疫苗安全工作和预防接种工作纳入本级国民经济和社会发展规划，加强疫苗监督管理能力建设，建立健全疫苗监督管理工作机制。

县级以上地方人民政府对本行政区域疫苗监督管理工作负责，统一领导、组织、协调本行政区域疫苗监督管理工作。

**第八条** 国务院药品监督管理部门负责全国疫苗监督管理工作。国务院卫生健康主管部门负责全国预防接种监督管理工作。国务院其他有关部门在各自职责范围内负责与疫苗有关的监督管理工作。

省、自治区、直辖市人民政府药品监督管理部门负责本行政区域疫苗监督管理工作。设区的市级、县级人民政府承担药品监督管理职责的部门（以下称药品监督管理部门）负责本行政区域疫苗监督管理工作。县级以上地方人民政府卫生健康主管部门负责本行政区域预防接种监督管理工作。县级以上地方人民政府其他有关部门在各自职责范围内负责与疫苗有关的监督管理工作。

**第九条** 国务院和省、自治区、直辖市人民政府建立部门协调机制，统筹协调疫苗监督管理有关工作，定期分析疫苗安全形势，加强疫苗监督管理，保障疫苗供应。

**第十条** 国家实行疫苗全程电子追溯制度。

国务院药品监督管理部门会同国务院卫生健康主管部门制定统一的疫苗追溯标准和规范，建立全国疫苗电子追溯协同平台，整合疫苗生产、流通和预防接种全过程追溯信息，实现疫苗可追溯。

疫苗上市许可持有人应当建立疫苗电子追溯系统，与全国疫苗电子追溯协同平台相衔接，实现生产、流通和预防接种全过程最小包装单位疫苗可追溯、可核查。

疾病预防控制机构、接种单位应当依法如实记录疫苗流通、预防接种等情况，并按照规定向全国疫苗电子追溯协同平台提供追溯信息。

**第十一条** 疫苗研制、生产、检验等过程中应当建立健全生物安全管理制度，严格控制生物安全风险，加强菌毒株等病原微生物的生物安全管理，保护操作人员和公众的健康，保证菌毒株等病原微生物用途合法、正当。

疫苗研制、生产、检验等使用的菌毒株和细胞株，应当明确历史、生物学特征、代次，建立详细档案，保证来源合法、清晰、可追溯；来源不明的，不得使用。

**第十二条** 各级人民政府及其有关部门、疾病预防控制机构、接种单位、疫苗上市许可持有人和疫苗行业协会等应当通过全国儿童预防接种日等活动定期开展疫苗安全法律、法规以及预防接种知识等的宣传教育、普及工作。

新闻媒体应当开展疫苗安全法律、法规以及预防接种知识等的公益宣传，并对疫苗违法行为进行舆论监督。有关疫苗的宣传报道应当全面、科学、客观、公正。

**第十三条** 疫苗行业协会应当加强行业自律，建立健全行业规范，推动行业诚信体系建设，引导和督促会员依法开展生产经营等活动。

## 第二章 疫苗研制和注册

**第十四条** 国家根据疾病流行情况、人群免疫状况等因素，制定相关研制规划，安排必要资金，支持多联多价等新型疫苗的研制。

国家组织疫苗上市许可持有人、科研单位、医疗卫生机构联合攻关，研制疾病预防、控制急需的疫苗。

**第十五条** 国家鼓励疫苗上市许可持有人加大研制和创新资金投入，优化生产工艺，提升质量控制水平，推动疫苗技术进步。

**第十六条** 开展疫苗临床试验，应当经国务院药品监督管理部门依法批准。

疫苗临床试验应当由符合国务院药品监督管理部门和国务院卫生健康主管部门规定条件的三级医疗机构或者省级以上疾病预防控制机构实施或者组织实施。

国家鼓励符合条件的医疗机构、疾病预防控制机构等依法开展疫苗临床试验。

**第十七条** 疫苗临床试验申办者应当制定临床试验方案，建立临床试验安全监测与评价制度，审慎选择受试者，合理设置受试者群体和年龄组，并根据风险程度采取有效措施，保护受试者合法权益。

**第十八条** 开展疫苗临床试验，应当取得受试者的书面知情同意；受试者为无民事行为能力人的，应当取得其监护人的书面知情同意；受试者为限制民事行为能力人的，应当取得本人及其监护人的书面知情同意。

**第十九条** 在中国境内上市的疫苗应当经国务院药品监督管理部门批准，取得药品注册证书；申请疫苗注册，应当提供真实、充分、可靠的数据、资料和样品。

对疾病预防、控制急需的疫苗和创新疫苗，国务院药品监督管理部门应当予以优先审评审批。

**第二十条** 应对重大突发公共卫生事件急需的疫苗或者国务院卫生健康主管部门认定急需的其他疫苗，经评估获益大于风险的，国务院药品监督管理部门可以附条件批准疫苗注册申请。

出现特别重大突发公共卫生事件或者其他严重威胁公众健康的紧急事件，国务院卫生健康主管部门根据传染病预防、控制需要提出紧急使用疫苗的建议，经国务院药品监督管理部门组织论证同意后可以在一定范围和期限内紧急使用。

**第二十一条** 国务院药品监督管理部门在批准疫苗注册申请时，对疫苗的生产工艺、质量控制标准和说明书、标签予以核准。

国务院药品监督管理部门应当在其网站上及时公布疫苗说明书、标签内容。

## 第三章 疫苗生产和批签发

**第二十二条** 国家对疫苗生产实行严格准入制度。

从事疫苗生产活动，应当经省级以上人民政府药品监督管理部门批准，取得药品生产许可证。

从事疫苗生产活动，除符合《中华人民共和国药品管理法》规定的从事药品生产活动的条件外，还应当具备下列条件：

（一）具备适度规模和足够的产能储备；

（二）具有保证生物安全的制度和设施、设备；

（三）符合疾病预防、控制需要。

疫苗上市许可持有人应当具备疫苗生产能力；超出疫苗生产能力确需委托生产的，应当经国务院药品监督管理部门批准。接受委托生产的，应当遵守本法规定和国家有关规定，保证疫苗质量。

**第二十三条**　疫苗上市许可持有人的法定代表人、主要负责人应当具有良好的信用记录，生产管理负责人、质量管理负责人、质量受权人等关键岗位人员应当具有相关专业背景和从业经历。

疫苗上市许可持有人应当加强对前款规定人员的培训和考核，及时将其任职和变更情况向省、自治区、直辖市人民政府药品监督管理部门报告。

**第二十四条**　疫苗应当按照经核准的生产工艺和质量控制标准进行生产和检验，生产全过程应当符合药品生产质量管理规范的要求。

疫苗上市许可持有人应当按照规定对疫苗生产全过程和疫苗质量进行审核、检验。

**第二十五条**　疫苗上市许可持有人应当建立完整的生产质量管理体系，持续加强偏差管理，采用信息化手段如实记录生产、检验过程中形成的所有数据，确保生产全过程持续符合法定要求。

**第二十六条**　国家实行疫苗批签发制度。

每批疫苗销售前或者进口时，应当经国务院药品监督管理部门指定的批签发机构按照相关技术要求进行审核、检验。符合要求的，发给批签发证明；不符合要求的，发给不予批签发通知书。

不予批签发的疫苗不得销售，并应当由省、自治区、直辖市人民政府药品监督管理部门监督销毁；不予批签发的进口疫苗应当由口岸所在地药品监督管理部门监督销毁或者依法进行其他处理。

国务院药品监督管理部门、批签发机构应当及时公布上市疫苗批签发结果，供公众查询。

**第二十七条**　申请疫苗批签发应当按照规定向批签发机构提供批生产及检验记录摘要等资料和同批号产品等样品。进口疫苗还应当提供原产地证明、批签发证明；在原产地免予批签发的，应当提供免予批签发证明。

**第二十八条**　预防、控制传染病疫情或者应对突发事件急需的疫苗，经国务院药品监督管理部门批准，免予批签发。

**第二十九条**　疫苗批签发应当逐批进行资料审核和抽样检验。疫苗批签发检验项目和检验频次应当根据疫苗质量风险评估情况进行动态调整。

对疫苗批签发申请资料或者样品的真实性有疑问，或者存在其他需要进一步核实的情况的，批签发机构应当予以核实，必要时应当采用现场抽样检验等方式组织开展现场核实。

**第三十条**　批签发机构在批签发过程中发现疫苗存在重大质量风险的，应当及时向国务院药品监督管理部门和省、自治区、直辖市人民政府药品监督管理部门报告。

接到报告的部门应当立即对疫苗上市许可持有人进行现场检查，根据检查结果通知批签发机构对疫苗上市许可持有人的相关产品或者所有产品不予批签发或者暂停批签发，并责令疫苗上市许可持有人整改。疫苗上市许可持有人应当立即整改，并及时将整改情况向责令其整改的部门报告。

**第三十一条**　对生产工艺偏差、质量差异、生产过程中的故障和事故以及采取的措施，疫苗上市许可持有人应当如实记录，并在相应批产品申请批签发的文件中载明；可能影响疫苗质量的，疫苗上市许可持有人应当立即采取措施，并向省、自治区、直辖市人民政府药品监督管理部门报告。

## 第四章　疫苗流通

**第三十二条**　国家免疫规划疫苗由国务院卫生健康主管部门会同国务院财政部门等组织集中招标或者统一谈判，形成并公布中标价格或者成交价格，各省、自治区、直辖市实行统一采购。

国家免疫规划疫苗以外的其他免疫规划疫苗、非免疫规划疫苗由各省、自治区、直辖市通过省级公共资源交易平台组织采购。

**第三十三条**　疫苗的价格由疫苗上市许可持有人依法自主合理制定。疫苗的价格水平、差价率、利润率应当保持在合理幅度。

**第三十四条**　省级疾病预防控制机构应当根据国家免疫规划和本行政区域疾病预防、控制需要，制定本行政区域免疫规划疫苗使用计划，并按照国家有关规定向组织采购疫苗的部门报告，同时报省、自治区、直辖市人民政府卫生健康主管部门备案。

**第三十五条**　疫苗上市许可持有人应当按照采购合同约定，向疾病预防控制机构供应疫苗。

疾病预防控制机构应当按照规定向接种单位供应疫苗。

疾病预防控制机构以外的单位和个人不得向接种单

位供应疫苗，接种单位不得接收该疫苗。

**第三十六条** 疫苗上市许可持有人应当按照采购合同约定，向疾病预防控制机构或者疾病预防控制机构指定的接种单位配送疫苗。

疫苗上市许可持有人、疾病预防控制机构自行配送疫苗应当具备疫苗冷链储存、运输条件，也可以委托符合条件的疫苗配送单位配送疫苗。

疾病预防控制机构配送非免疫规划疫苗可以收取储存、运输费用，具体办法由国务院财政部门会同国务院价格主管部门制定，收费标准由省、自治区、直辖市人民政府价格主管部门会同财政部门制定。

**第三十七条** 疾病预防控制机构、接种单位、疫苗上市许可持有人、疫苗配送单位应当遵守疫苗储存、运输管理规范，保证疫苗质量。

疫苗在储存、运输全过程中应当处于规定的温度环境，冷链储存、运输应当符合要求，并定时监测、记录温度。

疫苗储存、运输管理规范由国务院药品监督管理部门、国务院卫生健康主管部门共同制定。

**第三十八条** 疫苗上市许可持有人在销售疫苗时，应当提供加盖其印章的批签发证明复印件或者电子文件；销售进口疫苗的，还应当提供加盖其印章的进口药品通关单复印件或者电子文件。

疾病预防控制机构、接种单位在接收或者购进疫苗时，应当索取前款规定的证明文件，并保存至疫苗有效期满后不少于五年备查。

**第三十九条** 疫苗上市许可持有人应当按照规定，建立真实、准确、完整的销售记录，并保存至疫苗有效期满后不少于五年备查。

疾病预防控制机构、接种单位、疫苗配送单位应当按照规定，建立真实、准确、完整的接收、购进、储存、配送、供应记录，并保存至疫苗有效期满后不少于五年备查。

疾病预防控制机构、接种单位接收或者购进疫苗时，应当索取本次运输、储存全过程温度监测记录，并保存至疫苗有效期满后不少于五年备查；对不能提供本次运输、储存全过程温度监测记录或者温度控制不符合要求的，不得接收或者购进，并应当立即向县级以上地方人民政府药品监督管理部门、卫生健康主管部门报告。

**第四十条** 疾病预防控制机构、接种单位应当建立疫苗定期检查制度，对存在包装无法识别、储存温度不符合要求、超过有效期等问题的疫苗，采取隔离存放、设置警示标志等措施，并按照国务院药品监督管理部门、卫生健康主管部门、生态环境主管部门的规定处置。疾病预防控制机构、接种单位应当如实记录处置情况，处置记录应当保存至疫苗有效期满后不少于五年备查。

## 第五章 预防接种

**第四十一条** 国务院卫生健康主管部门制定国家免疫规划；国家免疫规划疫苗种类由国务院卫生健康主管部门会同国务院财政部门拟订，报国务院批准后公布。

国务院卫生健康主管部门建立国家免疫规划专家咨询委员会，并会同国务院财政部门建立国家免疫规划疫苗种类动态调整机制。

省、自治区、直辖市人民政府在执行国家免疫规划时，可以根据本行政区域疾病预防、控制需要，增加免疫规划疫苗种类，报国务院卫生健康主管部门备案并公布。

**第四十二条** 国务院卫生健康主管部门应当制定、公布预防接种工作规范，强化预防接种规范化管理。

国务院卫生健康主管部门应当制定、公布国家免疫规划疫苗的免疫程序和非免疫规划疫苗的使用指导原则。

省、自治区、直辖市人民政府卫生健康主管部门应当结合本行政区域实际情况制定接种方案，并报国务院卫生健康主管部门备案。

**第四十三条** 各级疾病预防控制机构应当按照各自职责，开展与预防接种相关的宣传、培训、技术指导、监测、评价、流行病学调查、应急处置等工作。

**第四十四条** 接种单位应当具备下列条件：

（一）取得医疗机构执业许可证；

（二）具有经过县级人民政府卫生健康主管部门组织的预防接种专业培训并考核合格的医师、护士或者乡村医生；

（三）具有符合疫苗储存、运输管理规范的冷藏设施、设备和冷藏保管制度。

县级以上地方人民政府卫生健康主管部门指定符合条件的医疗机构承担责任区域内免疫规划疫苗接种工作。符合条件的医疗机构可以承担非免疫规划疫苗接种工作，并应当报颁发其医疗机构执业许可证的卫生健康主管部门备案。

接种单位应当加强内部管理，开展预防接种工作应当遵守预防接种工作规范、免疫程序、疫苗使用指导原则和接种方案。

各级疾病预防控制机构应当加强对接种单位预防接种工作的技术指导和疫苗使用的管理。

**第四十五条** 医疗卫生人员实施接种，应当告知受种者或者其监护人所接种疫苗的品种、作用、禁忌、不良反应以及现场留观等注意事项，询问受种者的健康状况以及是否有接种禁忌等情况，并如实记录告知和询问情况。受种者或者其监护人应当如实提供受种者的健康状况和接种禁忌等情况。有接种禁忌不能接种的，医疗卫生人员应当向受种者或者其监护人提出医学建议，并如实记录提出医学建议情况。

医疗卫生人员在实施接种前，应当按照预防接种工作规范的要求，检查受种者健康状况、核查接种禁忌，查对预防接种证，检查疫苗、注射器的外观、批号、有效期，核对受种者的姓名、年龄和疫苗的品名、规格、剂量、接种部位、接种途径，做到受种者、预防接种证和疫苗信息相一致，确认无误后方可实施接种。

医疗卫生人员应当对符合接种条件的受种者实施接种。受种者在现场留观期间出现不良反应的，医疗卫生人员应当按照预防接种工作规范的要求，及时采取救治等措施。

**第四十六条** 医疗卫生人员应当按照国务院卫生健康主管部门的规定，真实、准确、完整记录疫苗的品种、上市许可持有人、最小包装单位的识别信息、有效期、接种时间、实施接种的医疗卫生人员、受种者等接种信息，确保接种信息可追溯、可查询。接种记录应当保存至疫苗有效期满后不少于五年备查。

**第四十七条** 国家对儿童实行预防接种证制度。在儿童出生后一个月内，其监护人应当到儿童居住地承担预防接种工作的接种单位或者出生医院为其办理预防接种证。接种单位或者出生医院不得拒绝办理。监护人应当妥善保管预防接种证。

预防接种实行居住地管理，儿童离开原居住地期间，由现居住地承担预防接种工作的接种单位负责对其实施接种。

预防接种证的格式由国务院卫生健康主管部门规定。

**第四十八条** 儿童入托、入学时，托幼机构、学校应当查验预防接种证，发现未按照规定接种免疫规划疫苗的，应当向儿童居住地或者托幼机构、学校所在地承担预防接种工作的接种单位报告，并配合接种单位督促其监护人按照规定补种。疾病预防控制机构应当为托幼机构、学校查验预防接种证等提供技术指导。

儿童入托、入学预防接种证查验办法由国务院卫生健康主管部门会同国务院教育行政部门制定。

**第四十九条** 接种单位接种免疫规划疫苗不得收取任何费用。

接种单位接种非免疫规划疫苗，除收取疫苗费用外，还可以收取接种服务费。接种服务费的收费标准由省、自治区、直辖市人民政府价格主管部门会同财政部门制定。

**第五十条** 县级以上地方人民政府卫生健康主管部门根据传染病监测和预警信息，为预防、控制传染病暴发、流行，报经本级人民政府决定，并报省级以上人民政府卫生健康主管部门备案，可以在本行政区域进行群体性预防接种。

需要在全国范围或者跨省、自治区、直辖市范围内进行群体性预防接种的，应当由国务院卫生健康主管部门决定。

作出群体性预防接种决定的县级以上地方人民政府或者国务院卫生健康主管部门应当组织有关部门做好人员培训、宣传教育、物资调用等工作。

任何单位和个人不得擅自进行群体性预防接种。

**第五十一条** 传染病暴发、流行时，县级以上地方人民政府或者其卫生健康主管部门需要采取应急接种措施的，依照法律、行政法规的规定执行。

## 第六章 异常反应监测和处理

**第五十二条** 预防接种异常反应，是指合格的疫苗在实施规范接种过程中或者实施规范接种后造成受种者机体组织器官、功能损害，相关各方均无过错的药品不良反应。

下列情形不属于预防接种异常反应：

（一）因疫苗本身特性引起的接种后一般反应；

（二）因疫苗质量问题给受种者造成的损害；

（三）因接种单位违反预防接种工作规范、免疫程序、疫苗使用指导原则、接种方案给受种者造成的损害；

（四）受种者在接种时正处于某种疾病的潜伏期或者前驱期，接种后偶合发病；

（五）受种者有疫苗说明书规定的接种禁忌，在接种前受种者或者其监护人未如实提供受种者的健康状况和接种禁忌等情况，接种后受种者原有疾病急性复发或者病情加重；

（六）因心理因素发生的个体或者群体的心因性反应。

**第五十三条** 国家加强预防接种异常反应监测。预防接种异常反应监测方案由国务院卫生健康主管部门会同国务院药品监督管理部门制定。

**第五十四条** 接种单位、医疗机构等发现疑似预防接种异常反应的，应当按照规定向疾病预防控制机构报告。

疫苗上市许可持有人应当设立专门机构，配备专职人员，主动收集、跟踪分析疑似预防接种异常反应，及时采取风险控制措施，将疑似预防接种异常反应向疾病预防控制机构报告，将质量分析报告提交省、自治区、直辖市人民政府药品监督管理部门。

**第五十五条**　对疑似预防接种异常反应，疾病预防控制机构应当按照规定及时报告，组织调查、诊断，并将调查、诊断结论告知受种者或者其监护人。对调查、诊断结论有争议的，可以根据国务院卫生健康主管部门制定的鉴定办法申请鉴定。

因预防接种导致受种者死亡、严重残疾，或者群体性疑似预防接种异常反应等对社会有重大影响的疑似预防接种异常反应，由设区的市级以上人民政府卫生健康主管部门、药品监督管理部门按照各自职责组织调查、处理。

**第五十六条**　国家实行预防接种异常反应补偿制度。实施接种过程中或者实施接种后出现受种者死亡、严重残疾、器官组织损伤等损害，属于预防接种异常反应或者不能排除的，应当给予补偿。补偿范围实行目录管理，并根据实际情况进行动态调整。

接种免疫规划疫苗所需的补偿费用，由省、自治区、直辖市人民政府财政部门在预防接种经费中安排；接种非免疫规划疫苗所需的补偿费用，由相关疫苗上市许可持有人承担。国家鼓励通过商业保险等多种形式对预防接种异常反应受种者予以补偿。

预防接种异常反应补偿应当及时、便民、合理。预防接种异常反应补偿范围、标准、程序由国务院规定，省、自治区、直辖市制定具体实施办法。

## 第七章　疫苗上市后管理

**第五十七条**　疫苗上市许可持有人应当建立健全疫苗全生命周期质量管理体系，制定并实施疫苗上市后风险管理计划，开展疫苗上市后研究，对疫苗的安全性、有效性和质量可控性进行进一步确证。

对批准疫苗注册申请时提出进一步研究要求的疫苗，疫苗上市许可持有人应当在规定期限内完成研究；逾期未完成研究或者不能证明其获益大于风险的，国务院药品监督管理部门应当依法处理，直至注销该疫苗的药品注册证书。

**第五十八条**　疫苗上市许可持有人应当对疫苗进行质量跟踪分析，持续提升质量控制标准，改进生产工艺，提高生产工艺稳定性。

生产工艺、生产场地、关键设备等发生变更的，应当进行评估、验证，按照国务院药品监督管理部门有关变更管理的规定备案或者报告；变更可能影响疫苗安全性、有效性和质量可控性的，应当经国务院药品监督管理部门批准。

**第五十九条**　疫苗上市许可持有人应当根据疫苗上市后研究、预防接种异常反应等情况持续更新说明书、标签，并按照规定申请核准或者备案。

国务院药品监督管理部门应当在其网站上及时公布更新后的疫苗说明书、标签内容。

**第六十条**　疫苗上市许可持有人应当建立疫苗质量回顾分析和风险报告制度，每年将疫苗生产流通、上市后研究、风险管理等情况按照规定如实向国务院药品监督管理部门报告。

**第六十一条**　国务院药品监督管理部门可以根据实际情况，责令疫苗上市许可持有人开展上市后评价或者直接组织开展上市后评价。

对预防接种异常反应严重或者其他原因危害人体健康的疫苗，国务院药品监督管理部门应当注销该疫苗的药品注册证书。

**第六十二条**　国务院药品监督管理部门可以根据疾病预防、控制需要和疫苗行业发展情况，组织对疫苗品种开展上市后评价，发现该疫苗品种的产品设计、生产工艺、安全性、有效性或者质量可控性明显劣于预防、控制同种疾病的其他疫苗品种的，应当注销该品种所有疫苗的药品注册证书并废止相应的国家药品标准。

## 第八章　保障措施

**第六十三条**　县级以上人民政府应当将疫苗安全工作、购买免疫规划疫苗和预防接种工作以及信息化建设等所需经费纳入本级政府预算，保证免疫规划制度的实施。

县级人民政府按照国家有关规定对从事预防接种工作的乡村医生和其他基层医疗卫生人员给予补助。

国家根据需要对经济欠发达地区的预防接种工作给予支持。省、自治区、直辖市人民政府和设区的市级人民政府应当对经济欠发达地区的县级人民政府开展与预防接种相关的工作给予必要的经费补助。

**第六十四条**　省、自治区、直辖市人民政府根据本行政区域传染病流行趋势，在国务院卫生健康主管部门确定的传染病预防、控制项目范围内，确定本行政区域与预防接种相关的项目，并保证项目的实施。

**第六十五条**　国务院卫生健康主管部门根据各省、自治区、直辖市国家免疫规划疫苗使用计划，向疫苗上市许可持有人提供国家免疫规划疫苗需求信息，疫苗上市许可持有人根据疫苗需求信息合理安排生产。

疫苗存在供应短缺风险时，国务院卫生健康主管部门、国务院药品监督管理部门提出建议，国务院工业和信息化主管部门、国务院财政部门应当采取有效措施，保障疫苗生产、供应。

疫苗上市许可持有人应当依法组织生产，保障疫苗供应；疫苗上市许可持有人停止疫苗生产的，应当及时向国务院药品监督管理部门或者省、自治区、直辖市人民政府药品监督管理部门报告。

**第六十六条**　国家将疫苗纳入战略物资储备，实行中央和省级两级储备。

国务院工业和信息化主管部门、财政部门会同国务院卫生健康主管部门、公安部门、市场监督管理部门和药品监督管理部门，根据疾病预防、控制和公共卫生应急准备的需要，加强储备疫苗的产能、产品管理，建立动态调整机制。

**第六十七条**　各级财政安排用于预防接种的经费应当专款专用，任何单位和个人不得挪用、挤占。

有关单位和个人使用预防接种的经费应当依法接受审计机关的审计监督。

**第六十八条**　国家实行疫苗责任强制保险制度。

疫苗上市许可持有人应当按照规定投保疫苗责任强制保险。因疫苗质量问题造成受种者损害的，保险公司在承保的责任限额内予以赔付。

疫苗责任强制保险制度的具体实施办法，由国务院药品监督管理部门会同国务院卫生健康主管部门、保险监督管理机构等制定。

**第六十九条**　传染病暴发、流行时，相关疫苗上市许可持有人应当及时生产和供应预防、控制传染病的疫苗。交通运输单位应当优先运输预防、控制传染病的疫苗。县级以上人民政府及其有关部门应当做好组织、协调、保障工作。

## 第九章　监督管理

**第七十条**　药品监督管理部门、卫生健康主管部门按照各自职责对疫苗研制、生产、流通和预防接种全过程进行监督管理，监督疫苗上市许可持有人、疾病预防控制机构、接种单位等依法履行义务。

药品监督管理部门依法对疫苗研制、生产、储存、运输以及预防接种中的疫苗质量进行监督检查。卫生健康主管部门依法对免疫规划制度的实施、预防接种活动进行监督检查。

药品监督管理部门应当加强对疫苗上市许可持有人的现场检查；必要时，可以对为疫苗研制、生产、流通等活动提供产品或者服务的单位和个人进行延伸检查；有关单位和个人应当予以配合，不得拒绝和隐瞒。

**第七十一条**　国家建设中央和省级两级职业化、专业化药品检查员队伍，加强对疫苗的监督检查。

省、自治区、直辖市人民政府药品监督管理部门选派检查员入驻疫苗上市许可持有人。检查员负责监督检查药品生产质量管理规范执行情况，收集疫苗质量风险和违法违规线索，向省、自治区、直辖市人民政府药品监督管理部门报告情况并提出建议，对派驻期间的行为负责。

**第七十二条**　疫苗质量管理存在安全隐患，疫苗上市许可持有人等未及时采取措施消除的，药品监督管理部门可以采取责任约谈、限期整改等措施。

严重违反药品相关质量管理规范的，药品监督管理部门应当责令暂停疫苗生产、销售、配送，立即整改；整改完成后，经药品监督管理部门检查符合要求的，方可恢复生产、销售、配送。

药品监督管理部门应当建立疫苗上市许可持有人及其相关人员信用记录制度，纳入全国信用信息共享平台，按照规定公示其严重失信信息，实施联合惩戒。

**第七十三条**　疫苗存在或者疑似存在质量问题的，疫苗上市许可持有人、疾病预防控制机构、接种单位应当立即停止销售、配送、使用，必要时立即停止生产，按照规定向县级以上人民政府药品监督管理部门、卫生健康主管部门报告。卫生健康主管部门应当立即组织疾病预防控制机构和接种单位采取必要的应急处置措施，同时向上级人民政府卫生健康主管部门报告。药品监督管理部门应当依法采取查封、扣押等措施。对已经销售的疫苗，疫苗上市许可持有人应当及时通知相关疾病预防控制机构、疫苗配送单位、接种单位，按照规定召回，如实记录召回和通知情况，疾病预防控制机构、疫苗配送单位、接种单位应当予以配合。

未依照前款规定停止生产、销售、配送、使用或者召回疫苗的，县级以上人民政府药品监督管理部门、卫生健康主管部门应当按照各自职责责令停止生产、销售、配送、使用或者召回疫苗。

疫苗上市许可持有人、疾病预防控制机构、接种单位发现存在或者疑似存在质量问题的疫苗，不得瞒报、谎报、缓报、漏报，不得隐匿、伪造、毁灭有关证据。

**第七十四条**　疫苗上市许可持有人应当建立信息公开制度，按照规定在其网站上及时公开疫苗产品信息、说明书和标签、药品相关质量管理规范执行情况、批签发情况、召回情况、接受检查和处罚情况以及投保疫苗责任强制保险情况等信息。

**第七十五条**　国务院药品监督管理部门会同国务院卫生健康主管部门等建立疫苗质量、预防接种等信息共享机制。

省级以上人民政府药品监督管理部门、卫生健康主管部门等应当按照科学、客观、及时、公开的原则，组织疫苗上市许可持有人、疾病预防控制机构、接种单位、新闻媒体、科研单位等，就疫苗质量和预防接种等信息进行交流沟通。

**第七十六条**　国家实行疫苗安全信息统一公布制度。

疫苗安全风险警示信息、重大疫苗安全事故及其调查处理信息和国务院确定需要统一公布的其他疫苗安全信息，由国务院药品监督管理部门会同有关部门公布。全国预防接种异常反应报告情况，由国务院卫生健康主管部门会同国务院药品监督管理部门统一公布。未经授权不得发布上述信息。公布重大疫苗安全信息，应当及时、准确、全面，并按照规定进行科学评估，作出必要的解释说明。

县级以上人民政府药品监督管理部门发现可能误导公众和社会舆论的疫苗安全信息，应当立即会同卫生健康主管部门及其他有关部门、专业机构、相关疫苗上市许可持有人等进行核实、分析，并及时公布结果。

任何单位和个人不得编造、散布虚假疫苗安全信息。

**第七十七条**　任何单位和个人有权依法了解疫苗信息，对疫苗监督管理工作提出意见、建议。

任何单位和个人有权向卫生健康主管部门、药品监督管理部门等部门举报疫苗违法行为，对卫生健康主管部门、药品监督管理部门等部门及其工作人员未依法履行监督管理职责的情况有权向本级或者上级人民政府及其有关部门、监察机关举报。有关部门、机关应当及时核实、处理；对查证属实的举报，按照规定给予举报人奖励；举报人举报所在单位严重违法行为，查证属实的，给予重奖。

**第七十八条**　县级以上人民政府应当制定疫苗安全事件应急预案，对疫苗安全事件分级、处置组织指挥体系与职责、预防预警机制、处置程序、应急保障措施等作出规定。

疫苗上市许可持有人应当制定疫苗安全事件处置方案，定期检查各项防范措施的落实情况，及时消除安全隐患。

发生疫苗安全事件，疫苗上市许可持有人应当立即向国务院药品监督管理部门或者省、自治区、直辖市人民政府药品监督管理部门报告；疾病预防控制机构、接种单位、医疗机构应当立即向县级以上人民政府卫生健康主管部门、药品监督管理部门报告。药品监督管理部门应当会同卫生健康主管部门按照应急预案的规定，成立疫苗安全事件处置指挥机构，开展医疗救治、风险控制、调查处理、信息发布、解释说明等工作，做好补种等善后处置工作。因质量问题造成的疫苗安全事件的补种费用由疫苗上市许可持有人承担。

有关单位和个人不得瞒报、谎报、缓报、漏报疫苗安全事件，不得隐匿、伪造、毁灭有关证据。

## 第十章　法律责任

**第七十九条**　违反本法规定，构成犯罪的，依法从重追究刑事责任。

**第八十条**　生产、销售的疫苗属于假药的，由省级以上人民政府药品监督管理部门没收违法所得和违法生产、销售的疫苗以及专门用于违法生产疫苗的原料、辅料、包装材料、设备等物品，责令停产停业整顿，吊销药品注册证书，直至吊销药品生产许可证等，并处违法生产、销售疫苗货值金额十五倍以上五十倍以下的罚款，货值金额不足五十万元的，按五十万元计算。

生产、销售的疫苗属于劣药的，由省级以上人民政府药品监督管理部门没收违法所得和违法生产、销售的疫苗以及专门用于违法生产疫苗的原料、辅料、包装材料、设备等物品，责令停产停业整顿，并处违法生产、销售疫苗货值金额十倍以上三十倍以下的罚款，货值金额不足五十万元的，按五十万元计算；情节严重的，吊销药品注册证书，直至吊销药品生产许可证等。

生产、销售的疫苗属于假药，或者生产、销售的疫苗属于劣药且情节严重的，由省级以上人民政府药品监督管理部门对法定代表人、主要负责人、直接负责的主管人员和关键岗位人员以及其他责任人员，没收违法行为发生期间自本单位所获收入，并处所获收入一倍以上十倍以下的罚款，终身禁止从事药品生产经营活动，由公安机关处五日以上十五日以下拘留。

**第八十一条**　有下列情形之一的，由省级以上人民政府药品监督管理部门没收违法所得和违法生产、销售的疫苗以及专门用于违法生产疫苗的原料、辅料、包装材料、设备等物品，责令停产停业整顿，并处违法生产、销售疫苗货值金额十五倍以上五十倍以下的罚款，货值金额不足五十万元的，按五十万元计算；情节严重的，吊销药品相关批准证明文件，直至吊销药品生产许可证等，对法定代表人、主要负责人、直接负责的主管人员和关键岗位人员以及其他责任人员，没收违法行为发生期间自本单位所获收入，并处所获收入百分之五十以上十倍以下的罚款，十年内直至终身禁止从事药品生产经营活动，由公安机关处五日以上十五日以下拘留：

（一）申请疫苗临床试验、注册、批签发提供虚假数据、资料、样品或者有其他欺骗行为；

（二）编造生产、检验记录或者更改产品批号；

（三）疾病预防控制机构以外的单位或者个人向接种单位供应疫苗；

（四）委托生产疫苗未经批准；

（五）生产工艺、生产场地、关键设备等发生变更按照规定应当经批准而未经批准；

（六）更新疫苗说明书、标签按照规定应当经核准而未经核准。

**第八十二条**　除本法另有规定的情形外，疫苗上市许可持有人或者其他单位违反药品相关质量管理规范的，由县级以上人民政府药品监督管理部门责令改正，给予警告；拒不改正的，处二十万元以上五十万元以下的罚款；情节严重的，处五十万元以上三百万元以下的罚款，责令停产停业整顿，直至吊销药品相关批准证明文件、药品生产许可证等，对法定代表人、主要负责人、直接负责的主管人员和关键岗位人员以及其他责任人员，没收违法行为发生期间自本单位所获收入，并处所获收入百分之五十以上五倍以下的罚款，十年内直至终身禁止从事药品生产经营活动。

**第八十三条**　违反本法规定，疫苗上市许可持有人有下列情形之一的，由省级以上人民政府药品监督管理部门责令改正，给予警告；拒不改正的，处二十万元以上五十万元以下的罚款；情节严重的，责令停产停业整顿，并处五十万元以上二百万元以下的罚款：

（一）未按照规定建立疫苗电子追溯系统；

（二）法定代表人、主要负责人和生产管理负责人、质量管理负责人、质量受权人等关键岗位人员不符合规定条件或者未按照规定对其进行培训、考核；

（三）未按照规定报告或者备案；

（四）未按照规定开展上市后研究，或者未按照规定设立机构、配备人员主动收集、跟踪分析疑似预防接种异常反应；

（五）未按照规定投保疫苗责任强制保险；

（六）未按照规定建立信息公开制度。

**第八十四条**　违反本法规定，批签发机构有下列情形之一的，由国务院药品监督管理部门责令改正，给予警告，对主要负责人、直接负责的主管人员和其他直接责任人员依法给予警告直至降级处分：

（一）未按照规定进行审核和检验；

（二）未及时公布上市疫苗批签发结果；

（三）未按照规定进行核实；

（四）发现疫苗存在重大质量风险未按照规定报告。

违反本法规定，批签发机构未按照规定发给批签发证明或者不予批签发通知书的，由国务院药品监督管理部门责令改正，给予警告，对主要负责人、直接负责的主管人员和其他直接责任人员依法给予降级或者撤职处分；情节严重的，对主要负责人、直接负责的主管人员和其他直接责任人员依法给予开除处分。

**第八十五条**　疾病预防控制机构、接种单位、疫苗上市许可持有人、疫苗配送单位违反疫苗储存、运输管理规范有关冷链储存、运输要求的，由县级以上人民政府药品监督管理部门责令改正，给予警告，对违法储存、运输的疫苗予以销毁，没收违法所得；拒不改正的，对接种单位、疫苗上市许可持有人、疫苗配送单位处二十万元以上一百万元以下的罚款；情节严重的，对接种单位、疫苗上市许可持有人、疫苗配送单位处违法储存、运输疫苗货值金额十倍以上三十倍以下的罚款，货值金额不足十万元的，按十万元计算，责令疫苗上市许可持有人、疫苗配送单位停产停业整顿，直至吊销药品相关批准证明文件、药品生产许可证等，对疫苗上市许可持有人、疫苗配送单位的法定代表人、主要负责人、直接负责的主管人员和关键岗位人员以及其他责任人员依照本法第八十二条规定给予处罚。

疾病预防控制机构、接种单位有前款规定违法行为的，由县级以上人民政府卫生健康主管部门对主要负责人、直接负责的主管人员和其他直接责任人员依法给予警告直至撤职处分，责令负有责任的医疗卫生人员暂停一年以上十八个月以下执业活动；造成严重后果的，对主要负责人、直接负责的主管人员和其他直接责任人员依法给予开除处分，并可以吊销接种单位的接种资格，由原发证部门吊销负有责任的医疗卫生人员的执业证书。

**第八十六条**　疾病预防控制机构、接种单位、疫苗上市许可持有人、疫苗配送单位有本法第八十五条规定以外的违反疫苗储存、运输管理规范行为的，由县级以上人民政府药品监督管理部门责令改正，给予警告，没收违法所得；拒不改正的，对接种单位、疫苗上市许可持有人、疫苗配送单位处十万元以上三十万元以下的罚款；情节严重的，对接种单位、疫苗上市许可持有人、疫苗配送单位处违法储存、运输疫苗货值金额三倍以上十倍以下的罚款，货值金额不足十万元的，按十万元计算。

疾病预防控制机构、接种单位有前款规定违法行为的，县级以上人民政府卫生健康主管部门可以对主要负责人、直接负责的主管人员和其他直接责任人员依法给予警告直至撤职处分，责令负有责任的医疗卫生人员暂停六个月以上一年以下执业活动；造成严重后果的，对主要负责人、直接负责的主管人员和其他直接责任人员依法给予开除处分，由原发证部门吊销负有责任的医疗卫生人员的执业证书。

**第八十七条**　违反本法规定，疾病预防控制机构、接种单位有下列情形之一的，由县级以上人民政府卫生健康主管部门责令改正，给予警告，没收违法所得；情节严重的，对主要负责人、直接负责的主管人员和其他直接责任人员依法给予警告直至撤职处分，责令负有责任的医疗卫生人员暂停一年以上十八个月以下执业活动；造成严重后果的，对主要负责人、直接负责的主管人员和其他直接责任人员依法给予开除处分，由原发证部门吊销负有责任的医疗卫生人员的执业证书：

（一）未按照规定供应、接收、采购疫苗；

（二）接种疫苗未遵守预防接种工作规范、免疫程序、疫苗使用指导原则、接种方案；

（三）擅自进行群体性预防接种。

**第八十八条**　违反本法规定，疾病预防控制机构、接种单位有下列情形之一的，由县级以上人民政府卫生健康主管部门责令改正，给予警告；情节严重的，对主要负责人、直接负责的主管人员和其他直接责任人员依法给予警告直至撤职处分，责令负有责任的医疗卫生人员暂停六个月以上一年以下执业活动；造成严重后果的，对主要负责人、直接负责的主管人员和其他直接责任人员依法给予开除处分，由原发证部门吊销负有责任的医疗卫生人员的执业证书：

（一）未按照规定提供追溯信息；

（二）接收或者购进疫苗时未按照规定索取并保存相关证明文件、温度监测记录；

（三）未按照规定建立并保存疫苗接收、购进、储存、配送、供应、接种、处置记录；

（四）未按照规定告知、询问受种者或者其监护人有关情况。

**第八十九条**　疾病预防控制机构、接种单位、医疗机构未按照规定报告疑似预防接种异常反应、疫苗安全事件等，或者未按照规定对疑似预防接种异常反应组织调查、诊断等的，由县级以上人民政府卫生健康主管部门责令改正，给予警告；情节严重的，对接种单位、医疗机构处五万元以上五十万元以下的罚款，对疾病预防控制机构、接种单位、医疗机构的主要负责人、直接负责的主管人员和其他直接责任人员依法给予警告直至撤职处分；造成严重后果的，对主要负责人、直接负责的主管人员和其他直接责任人员依法给予开除处分，由原发证部门吊销负有责任的医疗卫生人员的执业证书。

**第九十条**　疾病预防控制机构、接种单位违反本法规定收取费用的，由县级以上人民政府卫生健康主管部门监督其将违法收取的费用退还给原缴费的单位或者个人，并由县级以上人民政府市场监督管理部门依法给予处罚。

**第九十一条**　违反本法规定，未经县级以上地方人民政府卫生健康主管部门指定擅自从事免疫规划疫苗接种工作、从事非免疫规划疫苗接种工作不符合条件或者未备案的，由县级以上人民政府卫生健康主管部门责令改正，给予警告，没收违法所得和违法持有的疫苗，责令停业整顿，并处十万元以上一百万元以下的罚款，对主要负责人、直接负责的主管人员和其他直接责任人员依法给予处分。

违反本法规定，疾病预防控制机构、接种单位以外的单位或者个人擅自进行群体性预防接种的，由县级以上人民政府卫生健康主管部门责令改正，没收违法所得和违法持有的疫苗，并处违法持有的疫苗货值金额十倍以上三十倍以下的罚款，货值金额不足五万元的，按五万元计算。

**第九十二条**　监护人未依法保证适龄儿童按时接种免疫规划疫苗的，由县级人民政府卫生健康主管部门批评教育，责令改正。

托幼机构、学校在儿童入托、入学时未按照规定查验预防接种证，或者发现未按照规定接种的儿童后未向接种单位报告的，由县级以上地方人民政府教育行政部门责令改正，给予警告，对主要负责人、直接负责的主管人员和其他直接责任人员依法给予处分。

**第九十三条**　编造、散布虚假疫苗安全信息，或者在接种单位寻衅滋事，构成违反治安管理行为的，由公安机关依法给予治安管理处罚。

报纸、期刊、广播、电视、互联网站等传播媒介编造、散布虚假疫苗安全信息的,由有关部门依法给予处罚,对主要负责人、直接负责的主管人员和其他直接责任人员依法给予处分。

**第九十四条** 县级以上地方人民政府在疫苗监督管理工作中有下列情形之一的,对直接负责的主管人员和其他直接责任人员依法给予降级或者撤职处分;情节严重的,依法给予开除处分;造成严重后果的,其主要负责人应当引咎辞职:

(一)履行职责不力,造成严重不良影响或者重大损失;

(二)瞒报、谎报、缓报、漏报疫苗安全事件;

(三)干扰、阻碍对疫苗违法行为或者疫苗安全事件的调查;

(四)本行政区域发生特别重大疫苗安全事故,或者连续发生重大疫苗安全事故。

**第九十五条** 药品监督管理部门、卫生健康主管部门等部门在疫苗监督管理工作中有下列情形之一的,对直接负责的主管人员和其他直接责任人员依法给予降级或者撤职处分;情节严重的,依法给予开除处分;造成严重后果的,其主要负责人应当引咎辞职:

(一)未履行监督检查职责,或者发现违法行为不及时查处;

(二)擅自进行群体性预防接种;

(三)瞒报、谎报、缓报、漏报疫苗安全事件;

(四)干扰、阻碍对疫苗违法行为或者疫苗安全事件的调查;

(五)泄露举报人的信息;

(六)接到疑似预防接种异常反应相关报告,未按照规定组织调查、处理;

(七)其他未履行疫苗监督管理职责的行为,造成严重不良影响或者重大损失。

**第九十六条** 因疫苗质量问题造成受种者损害的,疫苗上市许可持有人应当依法承担赔偿责任。

疾病预防控制机构、接种单位因违反预防接种工作规范、免疫程序、疫苗使用指导原则、接种方案,造成受种者损害的,应当依法承担赔偿责任。

### 第十一章 附 则

**第九十七条** 本法下列用语的含义是:

免疫规划疫苗,是指居民应当按照政府的规定接种的疫苗,包括国家免疫规划确定的疫苗,省、自治区、直辖市人民政府在执行国家免疫规划时增加的疫苗,以及县级以上人民政府或者其卫生健康主管部门组织的应急接种或者群体性预防接种所使用的疫苗。

非免疫规划疫苗,是指由居民自愿接种的其他疫苗。

疫苗上市许可持有人,是指依法取得疫苗药品注册证书和药品生产许可证的企业。

**第九十八条** 国家鼓励疫苗生产企业按照国际采购要求生产、出口疫苗。

出口的疫苗应当符合进口国(地区)的标准或者合同要求。

**第九十九条** 出入境预防接种及所需疫苗的采购,由国境卫生检疫机关商国务院财政部门另行规定。

**第一百条** 本法自 2019 年 12 月 1 日起施行。

## 中华人民共和国母婴保健法

· 1994 年 10 月 27 日第八届全国人民代表大会常务委员会第十次会议通过

· 根据 2009 年 8 月 27 日第十一届全国人民代表大会常务委员会第十次会议《关于修改部分法律的决定》第一次修正

· 根据 2017 年 11 月 4 日第十二届全国人民代表大会常务委员会第三十次会议《关于修改〈中华人民共和国会计法〉等十一部法律的决定》第二次修正

### 目 录

第一章 总 则
第二章 婚前保健
第三章 孕产期保健
第四章 技术鉴定
第五章 行政管理
第六章 法律责任
第七章 附 则

### 第一章 总 则

**第一条** 为了保障母亲和婴儿健康,提高出生人口素质,根据宪法,制定本法。

**第二条** 国家发展母婴保健事业,提供必要条件和物质帮助,使母亲和婴儿获得医疗保健服务。

国家对边远贫困地区的母婴保健事业给予扶持。

**第三条** 各级人民政府领导母婴保健工作。

母婴保健事业应当纳入国民经济和社会发展计划。

**第四条** 国务院卫生行政部门主管全国母婴保健工作,根据不同地区情况提出分级分类指导原则,并对全国母婴保健工作实施监督管理。

国务院其他有关部门在各自职责范围内，配合卫生行政部门做好母婴保健工作。

**第五条** 国家鼓励、支持母婴保健领域的教育和科学研究，推广先进、实用的母婴保健技术，普及母婴保健科学知识。

**第六条** 对在母婴保健工作中做出显著成绩和在母婴保健科学研究中取得显著成果的组织和个人，应当给予奖励。

## 第二章 婚前保健

**第七条** 医疗保健机构应当为公民提供婚前保健服务。

婚前保健服务包括下列内容：

（一）婚前卫生指导：关于性卫生知识、生育知识和遗传病知识的教育；

（二）婚前卫生咨询：对有关婚配、生育保健等问题提供医学意见；

（三）婚前医学检查：对准备结婚的男女双方可能患影响结婚和生育的疾病进行医学检查。

**第八条** 婚前医学检查包括对下列疾病的检查：

（一）严重遗传性疾病；

（二）指定传染病；

（三）有关精神病。

经婚前医学检查，医疗保健机构应当出具婚前医学检查证明。

**第九条** 经婚前医学检查，对患指定传染病在传染期内或者有关精神病在发病期内的，医师应当提出医学意见；准备结婚的男女双方应当暂缓结婚。

**第十条** 经婚前医学检查，对诊断患有医学上认为不宜生育的严重遗传性疾病的，医师应当向男女双方说明情况，提出医学意见；经男女双方同意，采取长效避孕措施或者施行结扎手术后不生育的，可以结婚。但《中华人民共和国婚姻法》规定禁止结婚的除外。

**第十一条** 接受婚前医学检查的人员对检查结果持有异议的，可以申请医学技术鉴定，取得医学鉴定证明。

**第十二条** 男女双方在结婚登记时，应当持有婚前医学检查证明或者医学鉴定证明。

**第十三条** 省、自治区、直辖市人民政府根据本地区的实际情况，制定婚前医学检查制度实施办法。

省、自治区、直辖市人民政府对婚前医学检查应当规定合理的收费标准，对边远贫困地区或者交费确有困难的人员应当给予减免。

## 第三章 孕产期保健

**第十四条** 医疗保健机构应当为育龄妇女和孕产妇提供孕产期保健服务。

孕产期保健服务包括下列内容：

（一）母婴保健指导：对孕育健康后代以及严重遗传性疾病和碘缺乏病等地方病的发病原因、治疗和预防方法提供医学意见；

（二）孕妇、产妇保健：为孕妇、产妇提供卫生、营养、心理等方面的咨询和指导以及产前定期检查等医疗保健服务；

（三）胎儿保健：为胎儿生长发育进行监护，提供咨询和医学指导；

（四）新生儿保健：为新生儿生长发育、哺乳和护理提供医疗保健服务。

**第十五条** 对患严重疾病或者接触致畸物质，妊娠可能危及孕妇生命安全或者可能严重影响孕妇健康和胎儿正常发育的，医疗保健机构应当予以医学指导。

**第十六条** 医师发现或者怀疑患严重遗传性疾病的育龄夫妻，应当提出医学意见。育龄夫妻应当根据医师的医学意见采取相应的措施。

**第十七条** 经产前检查，医师发现或者怀疑胎儿异常的，应当对孕妇进行产前诊断。

**第十八条** 经产前诊断，有下列情形之一的，医师应当向夫妻双方说明情况，并提出终止妊娠的医学意见：

（一）胎儿患严重遗传性疾病的；

（二）胎儿有严重缺陷的；

（三）因患严重疾病，继续妊娠可能危及孕妇生命安全或者严重危害孕妇健康的。

**第十九条** 依照本法规定施行终止妊娠或者结扎手术，应当经本人同意，并签署意见。本人无行为能力的，应当经其监护人同意，并签署意见。

依照本法规定施行终止妊娠或者结扎手术的，接受免费服务。

**第二十条** 生育过严重缺陷患儿的妇女再次妊娠前，夫妻双方应当到县级以上医疗保健机构接受医学检查。

**第二十一条** 医师和助产人员应当严格遵守有关操作规程，提高助产技术和服务质量，预防和减少产伤。

**第二十二条** 不能住院分娩的孕妇应当由经过培训、具备相应接生能力的接生人员实行消毒接生。

**第二十三条** 医疗保健机构和从事家庭接生的人员按照国务院卫生行政部门的规定，出具统一制发的新生儿出生医学证明;有产妇和婴儿死亡以及新生儿出生缺陷情况的,应当向卫生行政部门报告。

**第二十四条** 医疗保健机构为产妇提供科学育儿、合理营养和母乳喂养的指导。

医疗保健机构对婴儿进行体格检查和预防接种,逐步开展新生儿疾病筛查、婴儿多发病和常见病防治等医疗保健服务。

## 第四章 技术鉴定

**第二十五条** 县级以上地方人民政府可以设立医学技术鉴定组织,负责对婚前医学检查、遗传病诊断和产前诊断结果有异议的进行医学技术鉴定。

**第二十六条** 从事医学技术鉴定的人员,必须具有临床经验和医学遗传学知识,并具有主治医师以上的专业技术职务。

医学技术鉴定组织的组成人员,由卫生行政部门提名,同级人民政府聘任。

**第二十七条** 医学技术鉴定实行回避制度。凡与当事人有利害关系,可能影响公正鉴定的人员,应当回避。

## 第五章 行政管理

**第二十八条** 各级人民政府应当采取措施,加强母婴保健工作,提高医疗保健服务水平,积极防治由环境因素所致严重危害母亲和婴儿健康的地方性高发性疾病,促进母婴保健事业的发展。

**第二十九条** 县级以上地方人民政府卫生行政部门管理本行政区域内的母婴保健工作。

**第三十条** 省、自治区、直辖市人民政府卫生行政部门指定的医疗保健机构负责本行政区域内的母婴保健监测和技术指导。

**第三十一条** 医疗保健机构按照国务院卫生行政部门的规定,负责其职责范围内的母婴保健工作,建立医疗保健工作规范,提高医学技术水平,采取各种措施方便人民群众,做好母婴保健服务工作。

**第三十二条** 医疗保健机构依照本法规定开展婚前医学检查、遗传病诊断、产前诊断以及施行结扎手术和终止妊娠手术的,必须符合国务院卫生行政部门规定的条件和技术标准,并经县级以上地方人民政府卫生行政部门许可。

严禁采用技术手段对胎儿进行性别鉴定,但医学上确有需要的除外。

**第三十三条** 从事本法规定的遗传病诊断、产前诊断的人员,必须经过省、自治区、直辖市人民政府卫生行政部门的考核,并取得相应的合格证书。

从事本法规定的婚前医学检查、施行结扎手术和终止妊娠手术的人员,必须经过县级以上地方人民政府卫生行政部门的考核,并取得相应的合格证书。

**第三十四条** 从事母婴保健工作的人员应当严格遵守职业道德,为当事人保守秘密。

## 第六章 法律责任

**第三十五条** 未取得国家颁发的有关合格证书的,有下列行为之一,县级以上地方人民政府卫生行政部门应当予以制止,并可以根据情节给予警告或者处以罚款:

(一) 从事婚前医学检查、遗传病诊断、产前诊断或者医学技术鉴定的;

(二) 施行终止妊娠手术的;

(三) 出具本法规定的有关医学证明的。

上款第(三)项出具的有关医学证明无效。

**第三十六条** 未取得国家颁发的有关合格证书,施行终止妊娠手术或者采取其他方法终止妊娠,致人死亡、残疾、丧失或者基本丧失劳动能力的,依照刑法有关规定追究刑事责任。

**第三十七条** 从事母婴保健工作的人员违反本法规定,出具有关虚假医学证明或者进行胎儿性别鉴定的,由医疗保健机构或者卫生行政部门根据情节给予行政处分;情节严重的,依法取消执业资格。

## 第七章 附 则

**第三十八条** 本法下列用语的含义:

指定传染病,是指《中华人民共和国传染病防治法》中规定的艾滋病、淋病、梅毒、麻风病以及医学上认为影响结婚和生育的其他传染病。

严重遗传性疾病,是指由于遗传因素先天形成,患者全部或者部分丧失自主生活能力,后代再现风险高,医学上认为不宜生育的遗传性疾病。

有关精神病,是指精神分裂症、躁狂抑郁型精神病以及其他重型精神病。

产前诊断,是指对胎儿进行先天性缺陷和遗传性疾病的诊断。

**第三十九条** 本法自 1995 年 6 月 1 日起施行。

## 中华人民共和国人口与计划生育法

·2001年12月29日第九届全国人民代表大会常务委员会第二十五次会议通过
·根据2015年12月27日第十二届全国人民代表大会常务委员会第十八次会议《关于修改〈中华人民共和国人口与计划生育法〉的决定》第一次修正
·根据2021年8月20日第十三届全国人民代表大会常务委员会第三十次会议《关于修改〈中华人民共和国人口与计划生育法〉的决定》第二次修正

### 目 录

第一章 总 则
第二章 人口发展规划的制定与实施
第三章 生育调节
第四章 奖励与社会保障
第五章 计划生育服务
第六章 法律责任
第七章 附 则

### 第一章 总 则

**第一条** 为了实现人口与经济、社会、资源、环境的协调发展,推行计划生育,维护公民的合法权益,促进家庭幸福、民族繁荣与社会进步,根据宪法,制定本法。

**第二条** 我国是人口众多的国家,实行计划生育是国家的基本国策。

国家采取综合措施,调控人口数量,提高人口素质,推动实现适度生育水平,优化人口结构,促进人口长期均衡发展。

国家依靠宣传教育、科学技术进步、综合服务、建立健全奖励和社会保障制度,开展人口与计划生育工作。

**第三条** 开展人口与计划生育工作,应当与增加妇女受教育和就业机会、增进妇女健康、提高妇女地位相结合。

**第四条** 各级人民政府及其工作人员在推行计划生育工作中应当严格依法行政,文明执法,不得侵犯公民的合法权益。

卫生健康主管部门及其工作人员依法执行公务受法律保护。

**第五条** 国务院领导全国的人口与计划生育工作。

地方各级人民政府领导本行政区域内的人口与计划生育工作。

**第六条** 国务院卫生健康主管部门负责全国计划生育工作和与计划生育有关的人口工作。

县级以上地方各级人民政府卫生健康主管部门负责本行政区域内的计划生育工作和与计划生育有关的人口工作。

县级以上各级人民政府其他有关部门在各自的职责范围内,负责有关的人口与计划生育工作。

**第七条** 工会、共产主义青年团、妇女联合会及计划生育协会等社会团体、企业事业组织和公民应当协助人民政府开展人口与计划生育工作。

**第八条** 国家对在人口与计划生育工作中作出显著成绩的组织和个人,给予奖励。

### 第二章 人口发展规划的制定与实施

**第九条** 国务院编制人口发展规划,并将其纳入国民经济和社会发展计划。

县级以上地方各级人民政府根据全国人口发展规划以及上一级人民政府人口发展规划,结合当地实际情况编制本行政区域的人口发展规划,并将其纳入国民经济和社会发展计划。

**第十条** 县级以上各级人民政府根据人口发展规划,制定人口与计划生育实施方案并组织实施。

县级以上各级人民政府卫生健康主管部门负责实施人口与计划生育实施方案的日常工作。

乡、民族乡、镇的人民政府和城市街道办事处负责本管辖区域内的人口与计划生育工作,贯彻落实人口与计划生育实施方案。

**第十一条** 人口与计划生育实施方案应当规定调控人口数量,提高人口素质,推动实现适度生育水平,优化人口结构,加强母婴保健和婴幼儿照护服务,促进家庭发展的措施。

**第十二条** 村民委员会、居民委员会应当依法做好计划生育工作。

机关、部队、社会团体、企业事业组织应当做好本单位的计划生育工作。

**第十三条** 卫生健康、教育、科技、文化、民政、新闻出版、广播电视等部门应当组织开展人口与计划生育宣传教育。

大众传媒负有开展人口与计划生育的社会公益性宣传的义务。

学校应当在学生中,以符合受教育者特征的适当方式,有计划地开展生理卫生教育、青春期教育或者性健康教育。

**第十四条** 流动人口的计划生育工作由其户籍所在地和现居住地的人民政府共同负责管理,以现居住地为主。

**第十五条** 国家根据国民经济和社会发展状况逐步提高人口与计划生育经费投入的总体水平。各级人民政府应当保障人口与计划生育工作必要的经费。

各级人民政府应当对欠发达地区、少数民族地区开展人口与计划生育工作给予重点扶持。

国家鼓励社会团体、企业事业组织和个人为人口与计划生育工作提供捐助。

任何单位和个人不得截留、克扣、挪用人口与计划生育工作费用。

**第十六条** 国家鼓励开展人口与计划生育领域的科学研究和对外交流与合作。

## 第三章 生育调节

**第十七条** 公民有生育的权利,也有依法实行计划生育的义务,夫妻双方在实行计划生育中负有共同的责任。

**第十八条** 国家提倡适龄婚育、优生优育。一对夫妻可以生育三个子女。

符合法律、法规规定条件的,可以要求安排再生育子女。具体办法由省、自治区、直辖市人民代表大会或者其常务委员会规定。

少数民族也要实行计划生育,具体办法由省、自治区、直辖市人民代表大会或者其常务委员会规定。

夫妻双方户籍所在地的省、自治区、直辖市之间关于再生育子女的规定不一致的,按照有利于当事人的原则适用。

**第十九条** 国家创造条件,保障公民知情选择安全、有效、适宜的避孕节育措施。实施避孕节育手术,应当保证受术者的安全。

**第二十条** 育龄夫妻自主选择计划生育避孕节育措施,预防和减少非意愿妊娠。

**第二十一条** 实行计划生育的育龄夫妻免费享受国家规定的基本项目的计划生育技术服务。

前款规定所需经费,按照国家有关规定列入财政预算或者由社会保险予以保障。

**第二十二条** 禁止歧视、虐待生育女婴的妇女和不育的妇女。

禁止歧视、虐待、遗弃女婴。

## 第四章 奖励与社会保障

**第二十三条** 国家对实行计划生育的夫妻,按照规定给予奖励。

**第二十四条** 国家建立、健全基本养老保险、基本医疗保险、生育保险和社会福利等社会保障制度,促进计划生育。

国家鼓励保险公司举办有利于计划生育的保险项目。

**第二十五条** 符合法律、法规规定生育子女的夫妻,可以获得延长生育假的奖励或者其他福利待遇。

国家支持有条件的地方设立父母育儿假。

**第二十六条** 妇女怀孕、生育和哺乳期间,按照国家有关规定享受特殊劳动保护并可以获得帮助和补偿。国家保障妇女就业合法权益,为因生育影响就业的妇女提供就业服务。

公民实行计划生育手术,享受国家规定的休假。

**第二十七条** 国家采取财政、税收、保险、教育、住房、就业等支持措施,减轻家庭生育、养育、教育负担。

**第二十八条** 县级以上各级人民政府综合采取规划、土地、住房、财政、金融、人才等措施,推动建立普惠托育服务体系,提高婴幼儿家庭获得服务的可及性和公平性。

国家鼓励和引导社会力量兴办托育机构,支持幼儿园和机关、企业事业单位、社区提供托育服务。

托育机构的设置和服务应当符合托育服务相关标准和规范。托育机构应当向县级人民政府卫生健康主管部门备案。

**第二十九条** 县级以上地方各级人民政府应当在城乡社区建设改造中,建设与常住人口规模相适应的婴幼儿活动场所及配套服务设施。

公共场所和女职工比较多的用人单位应当配置母婴设施,为婴幼儿照护、哺乳提供便利条件。

**第三十条** 县级以上各级人民政府应当加强对家庭婴幼儿照护的支持和指导,增强家庭的科学育儿能力。

医疗卫生机构应当按照规定为婴幼儿家庭开展预防接种、疾病防控等服务,提供膳食营养、生长发育等健康指导。

**第三十一条** 在国家提倡一对夫妻生育一个子女期间,自愿终身只生育一个子女的夫妻,国家发给《独生子女父母光荣证》。

获得《独生子女父母光荣证》的夫妻,按照国家和省、自治区、直辖市有关规定享受独生子女父母奖励。

法律、法规或者规章规定给予获得《独生子女父母光荣证》的夫妻奖励的措施中由其所在单位落实的,有关单位应当执行。

在国家提倡一对夫妻生育一个子女期间，按照规定应当享受计划生育家庭老年人奖励扶助的，继续享受相关奖励扶助，并在老年人福利、养老服务等方面给予必要的优先和照顾。

**第三十二条**　获得《独生子女父母光荣证》的夫妻，独生子女发生意外伤残、死亡的，按照规定获得扶助。县级以上各级人民政府建立、健全对上述人群的生活、养老、医疗、精神慰藉等全方位帮扶保障制度。

**第三十三条**　地方各级人民政府对农村实行计划生育的家庭发展经济，给予资金、技术、培训等方面的支持、优惠；对实行计划生育的贫困家庭，在扶贫贷款、以工代赈、扶贫项目和社会救济等方面给予优先照顾。

**第三十四条**　本章规定的奖励和社会保障措施，省、自治区、直辖市和设区的市、自治州的人民代表大会及其常务委员会或者人民政府可以依据本法和有关法律、行政法规的规定，结合当地实际情况，制定具体实施办法。

## 第五章　计划生育服务

**第三十五条**　国家建立婚前保健、孕产期保健制度，防止或者减少出生缺陷，提高出生婴儿健康水平。

**第三十六条**　各级人民政府应当采取措施，保障公民享有计划生育服务，提高公民的生殖健康水平。

**第三十七条**　医疗卫生机构应当针对育龄人群开展优生优育知识宣传教育，对育龄妇女开展围孕期、孕产期保健服务，承担计划生育、优生优育、生殖保健的咨询、指导和技术服务，规范开展不孕不育症诊疗。

**第三十八条**　计划生育技术服务人员应当指导实行计划生育的公民选择安全、有效、适宜的避孕措施。

国家鼓励计划生育新技术、新药具的研究、应用和推广。

**第三十九条**　严禁利用超声技术和其他技术手段进行非医学需要的胎儿性别鉴定；严禁非医学需要的选择性别的人工终止妊娠。

## 第六章　法律责任

**第四十条**　违反本法规定，有下列行为之一的，由卫生健康主管部门责令改正，给予警告，没收违法所得；违法所得一万元以上的，处违法所得二倍以上六倍以下的罚款；没有违法所得或者违法所得不足一万元的，处一万元以上三万元以下的罚款；情节严重的，由原发证机关吊销执业证书；构成犯罪的，依法追究刑事责任：

（一）非法为他人施行计划生育手术的；

（二）利用超声技术和其他技术手段为他人进行非医学需要的胎儿性别鉴定或者选择性别的人工终止妊娠的。

**第四十一条**　托育机构违反托育服务相关标准和规范的，由卫生健康主管部门责令改正，给予警告；拒不改正的，处五千元以上五万元以下的罚款；情节严重的，责令停止托育服务，并处五万元以上十万元以下的罚款。

托育机构有虐待婴幼儿行为的，其直接负责的主管人员和其他直接责任人员终身不得从事婴幼儿照护服务；构成犯罪的，依法追究刑事责任。

**第四十二条**　计划生育技术服务人员违章操作或者延误抢救、诊治，造成严重后果的，依照有关法律、行政法规的规定承担相应的法律责任。

**第四十三条**　国家机关工作人员在计划生育工作中，有下列行为之一，构成犯罪的，依法追究刑事责任；尚不构成犯罪的，依法给予处分；有违法所得的，没收违法所得：

（一）侵犯公民人身权、财产权和其他合法权益的；

（二）滥用职权、玩忽职守、徇私舞弊的；

（三）索取、收受贿赂的；

（四）截留、克扣、挪用、贪污计划生育经费的；

（五）虚报、瞒报、伪造、篡改或者拒报人口与计划生育统计数据的。

**第四十四条**　违反本法规定，不履行协助计划生育管理义务的，由有关地方人民政府责令改正，并给予通报批评；对直接负责的主管人员和其他直接责任人员依法给予处分。

**第四十五条**　拒绝、阻碍卫生健康主管部门及其工作人员依法执行公务的，由卫生健康主管部门给予批评教育并予以制止；构成违反治安管理行为的，依法给予治安管理处罚；构成犯罪的，依法追究刑事责任。

**第四十六条**　公民、法人或者其他组织认为行政机关在实施计划生育管理过程中侵犯其合法权益，可以依法申请行政复议或者提起行政诉讼。

## 第七章　附　则

**第四十七条**　中国人民解放军和中国人民武装警察部队执行本法的具体办法，由中央军事委员会依据本法制定。

**第四十八条**　本法自2002年9月1日起施行。

· *典型案例*

## 艾立仁诉沈阳市卫生和计划生育委员会行政不作为案①

【基本案情】

2013 年 3 月 2 日,艾立仁因右小腿闭合骨折就诊于沈阳中大骨科医院(以下简称中大骨科),术后不仅骨折未予治愈,其闭合骨折还引发成骨外露、骨感染,后经十次手术未能治愈,现腿部残疾。艾立仁认为治疗中存在医疗损害,参加第一次手术的医师吴某存在越级手术这一违法事实。自 2013 年 5 月至 12 月间,艾立仁多次向辽宁省沈阳市卫生局(现更名为沈阳市卫生和计划生育委员会,以下简称市卫计委)就中大骨科越级手术等多项问题提出举报与投诉,市卫计委未给予回复。2013 年 12 月 24 日中央电视台新闻频道将此事报导后,艾立仁得到市卫计委医政处的接待,并承诺调查处理。2014 年 2 月 19 日下午,市卫计委医政工作人员张某通过电话回复说“吴某不是越级手术”。艾立仁对该答复不服,以市卫计委为被告提出行政诉讼,请求判令被告对手术医院及手术医生进行行政处罚。

【裁判结果】

沈阳市和平区人民法院一审认为,原告艾立仁未提供证据证明其曾向被告市卫计委提出过对手术医院及医生进行行政处罚的申请,故原告认为被告不履行法定职责的观点不存在事实根据,对原告的诉讼请求不予支持,应予驳回。遂判决驳回原告的诉讼请求。艾立仁上诉后,市卫计委辩称,中大骨科是一个二级专科医院,具有为艾立仁手术的医疗资质,手术医生吴某系高年资住院医,该医院授权其从事一、二级手术,并且在上级医师指导下可组织部分三级手术;《医疗技术临床应用管理办法》规定手术分级是由医疗机构自行组织实施,中大骨科现在没有相关的分级,故吴某不存在越级手术问题。

沈阳市中级人民法院二审认为,根据相关证据及市卫计委的庭审陈述,可以认定艾立仁提出过举报且市卫计委已口头答复,故原审认定艾立仁没有提出过申请系认定事实不清。根据《医疗机构管理条例》第五条第二款、《外科手术分级制度管理》第五条第二款的规定,艾立仁申请的事项属于市卫计委的职权范围。市卫计委对艾立仁举报事项已进行了调查,并作出了相关事实的认定,但针对该部分事实没有向法院提交相应的证据,应认定其证据不足;且根据其现有的调查事实,市卫计委亦应当按照相关法律规定予以处理,而不需要艾立仁针对如何处理违法行为再次提出申请,故市卫计委存在不履行职责的情形,判决撤销一审判决,责令市卫计委对艾立仁的举报申请重新作出具体行政行为。

【典型意义】

本案典型意义在于:通过对卫生行政主管部门处理医患纠纷的法定职责进行司法审查,对依法保障患者权益有积极作用。医患纠纷已日益成为社会热点,卫生行政主管部门应强化对医疗机构的监管,对患者提出的医疗机构违法违规情况,积极调查,依法履责,既要保护患者合法权益,又要尽快明晰责任,促进医患之间的信任。由于医疗手术的高度专业性和高风险性,加之患者医疗知识的局限性,卫生行政主管部门作为医患关系的桥梁,在调查处理医患纠纷时,必须坚持公开、公平与公正,依法中立地履行职责,而不应偏袒任何一方。本案中,市卫计委经过调查发现涉案的医院没有建立分级制度,就应当责令涉案医院改正,并采取相应的补救措施,但却对当事人的申请作出涉案医院未建立分级制度故不存在违规越级手术问题的答复,明显违反相关法律规范的规定,人民法院因此判决其重新作出具体行政行为,于法有据。本案二审判决对法院处理类似案件有示范作用。

# 8. 市场监管

## 中华人民共和国反垄断法

· 2007 年 8 月 30 日第十届全国人民代表大会常务委员会第二十九次会议通过

· 根据 2022 年 6 月 24 日第十三届全国人民代表大会常务委员会第三十五次会议《关于修改〈中华人民共和国反垄断法〉的决定》修正

目　录

第一章　总　则
第二章　垄断协议
第三章　滥用市场支配地位
第四章　经营者集中
第五章　滥用行政权力排除、限制竞争
第六章　对涉嫌垄断行为的调查
第七章　法律责任
第八章　附　则

① 案例来源:2015 年 1 月 15 日最高人民法院发布的人民法院关于行政不作为十大案例。

## 第一章　总　则

**第一条**　为了预防和制止垄断行为，保护市场公平竞争，鼓励创新，提高经济运行效率，维护消费者利益和社会公共利益，促进社会主义市场经济健康发展，制定本法。

**第二条**　中华人民共和国境内经济活动中的垄断行为，适用本法；中华人民共和国境外的垄断行为，对境内市场竞争产生排除、限制影响的，适用本法。

**第三条**　本法规定的垄断行为包括：

（一）经营者达成垄断协议；

（二）经营者滥用市场支配地位；

（三）具有或者可能具有排除、限制竞争效果的经营者集中。

**第四条**　反垄断工作坚持中国共产党的领导。

国家坚持市场化、法治化原则，强化竞争政策基础地位，制定和实施与社会主义市场经济相适应的竞争规则，完善宏观调控，健全统一、开放、竞争、有序的市场体系。

**第五条**　国家建立健全公平竞争审查制度。

行政机关和法律、法规授权的具有管理公共事务职能的组织在制定涉及市场主体经济活动的规定时，应当进行公平竞争审查。

**第六条**　经营者可以通过公平竞争、自愿联合，依法实施集中，扩大经营规模，提高市场竞争能力。

**第七条**　具有市场支配地位的经营者，不得滥用市场支配地位，排除、限制竞争。

**第八条**　国有经济占控制地位的关系国民经济命脉和国家安全的行业以及依法实行专营专卖的行业，国家对其经营者的合法经营活动予以保护，并对经营者的经营行为及其商品和服务的价格依法实施监管和调控，维护消费者利益，促进技术进步。

前款规定行业的经营者应当依法经营，诚实守信，严格自律，接受社会公众的监督，不得利用其控制地位或者专营专卖地位损害消费者利益。

**第九条**　经营者不得利用数据和算法、技术、资本优势以及平台规则等从事本法禁止的垄断行为。

**第十条**　行政机关和法律、法规授权的具有管理公共事务职能的组织不得滥用行政权力，排除、限制竞争。

**第十一条**　国家健全完善反垄断规则制度，强化反垄断监管力量，提高监管能力和监管体系现代化水平，加强反垄断执法司法，依法公正高效审理垄断案件，健全行政执法和司法衔接机制，维护公平竞争秩序。

**第十二条**　国务院设立反垄断委员会，负责组织、协调、指导反垄断工作，履行下列职责：

（一）研究拟订有关竞争政策；

（二）组织调查、评估市场总体竞争状况，发布评估报告；

（三）制定、发布反垄断指南；

（四）协调反垄断行政执法工作；

（五）国务院规定的其他职责。

国务院反垄断委员会的组成和工作规则由国务院规定。

**第十三条**　国务院反垄断执法机构负责反垄断统一执法工作。

国务院反垄断执法机构根据工作需要，可以授权省、自治区、直辖市人民政府相应的机构，依照本法规定负责有关反垄断执法工作。

**第十四条**　行业协会应当加强行业自律，引导本行业的经营者依法竞争，合规经营，维护市场竞争秩序。

**第十五条**　本法所称经营者，是指从事商品生产、经营或者提供服务的自然人、法人和非法人组织。

本法所称相关市场，是指经营者在一定时期内就特定商品或者服务（以下统称商品）进行竞争的商品范围和地域范围。

## 第二章　垄断协议

**第十六条**　本法所称垄断协议，是指排除、限制竞争的协议、决定或者其他协同行为。

**第十七条**　禁止具有竞争关系的经营者达成下列垄断协议：

（一）固定或者变更商品价格；

（二）限制商品的生产数量或者销售数量；

（三）分割销售市场或者原材料采购市场；

（四）限制购买新技术、新设备或者限制开发新技术、新产品；

（五）联合抵制交易；

（六）国务院反垄断执法机构认定的其他垄断协议。

**第十八条**　禁止经营者与交易相对人达成下列垄断协议：

（一）固定向第三人转售商品的价格；

（二）限定向第三人转售商品的最低价格；

（三）国务院反垄断执法机构认定的其他垄断协议。

对前款第一项和第二项规定的协议，经营者能够证明其不具有排除、限制竞争效果的，不予禁止。

经营者能够证明其在相关市场的市场份额低于国务院反垄断执法机构规定的标准，并符合国务院反垄断执法机构规定的其他条件的，不予禁止。

**第十九条**　经营者不得组织其他经营者达成垄断协议或者为其他经营者达成垄断协议提供实质性帮助。

**第二十条**　经营者能够证明所达成的协议属于下列情形之一的，不适用本法第十七条、第十八条第一款、第十九条的规定：

（一）为改进技术、研究开发新产品的；

（二）为提高产品质量、降低成本、增进效率，统一产品规格、标准或者实行专业化分工的；

（三）为提高中小经营者经营效率，增强中小经营者竞争力的；

（四）为实现节约能源、保护环境、救灾救助等社会公共利益的；

（五）因经济不景气，为缓解销售量严重下降或者生产明显过剩的；

（六）为保障对外贸易和对外经济合作中的正当利益的；

（七）法律和国务院规定的其他情形。

属于前款第一项至第五项情形，不适用本法第十七条、第十八条第一款、第十九条规定的，经营者还应当证明所达成的协议不会严重限制相关市场的竞争，并且能够使消费者分享由此产生的利益。

**第二十一条**　行业协会不得组织本行业的经营者从事本章禁止的垄断行为。

## 第三章　滥用市场支配地位

**第二十二条**　禁止具有市场支配地位的经营者从事下列滥用市场支配地位的行为：

（一）以不公平的高价销售商品或者以不公平的低价购买商品；

（二）没有正当理由，以低于成本的价格销售商品；

（三）没有正当理由，拒绝与交易相对人进行交易；

（四）没有正当理由，限定交易相对人只能与其进行交易或者只能与其指定的经营者进行交易；

（五）没有正当理由搭售商品，或者在交易时附加其他不合理的交易条件；

（六）没有正当理由，对条件相同的交易相对人在交易价格等交易条件上实行差别待遇；

（七）国务院反垄断执法机构认定的其他滥用市场支配地位的行为。

具有市场支配地位的经营者不得利用数据和算法、技术以及平台规则等从事前款规定的滥用市场支配地位的行为。

本法所称市场支配地位，是指经营者在相关市场内具有能够控制商品价格、数量或者其他交易条件，或者能够阻碍、影响其他经营者进入相关市场能力的市场地位。

**第二十三条**　认定经营者具有市场支配地位，应当依据下列因素：

（一）该经营者在相关市场的市场份额，以及相关市场的竞争状况；

（二）该经营者控制销售市场或者原材料采购市场的能力；

（三）该经营者的财力和技术条件；

（四）其他经营者对该经营者在交易上的依赖程度；

（五）其他经营者进入相关市场的难易程度；

（六）与认定该经营者市场支配地位有关的其他因素。

**第二十四条**　有下列情形之一的，可以推定经营者具有市场支配地位：

（一）一个经营者在相关市场的市场份额达到二分之一的；

（二）两个经营者在相关市场的市场份额合计达到三分之二的；

（三）三个经营者在相关市场的市场份额合计达到四分之三的。

有前款第二项、第三项规定的情形，其中有的经营者市场份额不足十分之一的，不应当推定该经营者具有市场支配地位。

被推定具有市场支配地位的经营者，有证据证明不具有市场支配地位的，不应当认定其具有市场支配地位。

## 第四章　经营者集中

**第二十五条**　经营者集中是指下列情形：

（一）经营者合并；

（二）经营者通过取得股权或者资产的方式取得对其他经营者的控制权；

（三）经营者通过合同等方式取得对其他经营者的控制权或者能够对其他经营者施加决定性影响。

**第二十六条**　经营者集中达到国务院规定的申报标准的，经营者应当事先向国务院反垄断执法机构申报，未申报的不得实施集中。

经营者集中未达到国务院规定的申报标准，但有证据证明该经营者集中具有或者可能具有排除、限制竞争效果的，国务院反垄断执法机构可以要求经营者申报。

经营者未依照前两款规定进行申报的，国务院反垄断执法机构应当依法进行调查。

**第二十七条**　经营者集中有下列情形之一的，可以不向国务院反垄断执法机构申报：

（一）参与集中的一个经营者拥有其他每个经营者百分之五十以上有表决权的股份或者资产的；

（二）参与集中的每个经营者百分之五十以上有表决权的股份或者资产被同一个未参与集中的经营者拥有的。

**第二十八条**　经营者向国务院反垄断执法机构申报集中，应当提交下列文件、资料：

（一）申报书；

（二）集中对相关市场竞争状况影响的说明；

（三）集中协议；

（四）参与集中的经营者经会计师事务所审计的上一会计年度财务会计报告；

（五）国务院反垄断执法机构规定的其他文件、资料。

申报书应当载明参与集中的经营者的名称、住所、经营范围、预定实施集中的日期和国务院反垄断执法机构规定的其他事项。

**第二十九条**　经营者提交的文件、资料不完备的，应当在国务院反垄断执法机构规定的期限内补交文件、资料。经营者逾期未补交文件、资料的，视为未申报。

**第三十条**　国务院反垄断执法机构应当自收到经营者提交的符合本法第二十八条规定的文件、资料之日起三十日内，对申报的经营者集中进行初步审查，作出是否实施进一步审查的决定，并书面通知经营者。国务院反垄断执法机构作出决定前，经营者不得实施集中。

国务院反垄断执法机构作出不实施进一步审查的决定或者逾期未作出决定的，经营者可以实施集中。

**第三十一条**　国务院反垄断执法机构决定实施进一步审查的，应当自决定之日起九十日内审查完毕，作出是否禁止经营者集中的决定，并书面通知经营者。作出禁止经营者集中的决定，应当说明理由。审查期间，经营者不得实施集中。

有下列情形之一的，国务院反垄断执法机构经书面通知经营者，可以延长前款规定的审查期限，但最长不得超过六十日：

（一）经营者同意延长审查期限的；

（二）经营者提交的文件、资料不准确，需要进一步核实的；

（三）经营者申报后有关情况发生重大变化的。

国务院反垄断执法机构逾期未作出决定的，经营者可以实施集中。

**第三十二条**　有下列情形之一的，国务院反垄断执法机构可以决定中止计算经营者集中的审查期限，并书面通知经营者：

（一）经营者未按照规定提交文件、资料，导致审查工作无法进行；

（二）出现对经营者集中审查具有重大影响的新情况、新事实，不经核实将导致审查工作无法进行；

（三）需要对经营者集中附加的限制性条件进一步评估，且经营者提出中止请求。

自中止计算审查期限的情形消除之日起，审查期限继续计算，国务院反垄断执法机构应当书面通知经营者。

**第三十三条**　审查经营者集中，应当考虑下列因素：

（一）参与集中的经营者在相关市场的市场份额及其对市场的控制力；

（二）相关市场的市场集中度；

（三）经营者集中对市场进入、技术进步的影响；

（四）经营者集中对消费者和其他有关经营者的影响；

（五）经营者集中对国民经济发展的影响；

（六）国务院反垄断执法机构认为应当考虑的影响市场竞争的其他因素。

**第三十四条**　经营者集中具有或者可能具有排除、限制竞争效果的，国务院反垄断执法机构应当作出禁止经营者集中的决定。但是，经营者能够证明该集中对竞争产生的有利影响明显大于不利影响，或者符合社会公共利益的，国务院反垄断执法机构可以作出对经营者集中不予禁止的决定。

**第三十五条**　对不予禁止的经营者集中，国务院反垄断执法机构可以决定附加减少集中对竞争产生不利影响的限制性条件。

**第三十六条**　国务院反垄断执法机构应当将禁止经营者集中的决定或者对经营者集中附加限制性条件的决定，及时向社会公布。

**第三十七条**　国务院反垄断执法机构应当健全经营者集中分类分级审查制度，依法加强对涉及国计民生等重要领域的经营者集中的审查，提高审查质量和效率。

**第三十八条**　对外资并购境内企业或者以其他方式参与经营者集中，涉及国家安全的，除依照本法规定进行经营者集中审查外，还应当按照国家有关规定进行国家安全审查。

## 第五章　滥用行政权力排除、限制竞争

**第三十九条**　行政机关和法律、法规授权的具有管

理公共事务职能的组织不得滥用行政权力，限定或者变相限定单位或者个人经营、购买、使用其指定的经营者提供的商品。

**第四十条** 行政机关和法律、法规授权的具有管理公共事务职能的组织不得滥用行政权力，通过与经营者签订合作协议、备忘录等方式，妨碍其他经营者进入相关市场或者对其他经营者实行不平等待遇，排除、限制竞争。

**第四十一条** 行政机关和法律、法规授权的具有管理公共事务职能的组织不得滥用行政权力，实施下列行为，妨碍商品在地区之间的自由流通：

（一）对外地商品设定歧视性收费项目、实行歧视性收费标准，或者规定歧视性价格；

（二）对外地商品规定与本地同类商品不同的技术要求、检验标准，或者对外地商品采取重复检验、重复认证等歧视性技术措施，限制外地商品进入本地市场；

（三）采取专门针对外地商品的行政许可，限制外地商品进入本地市场；

（四）设置关卡或者采取其他手段，阻碍外地商品进入或者本地商品运出；

（五）妨碍商品在地区之间自由流通的其他行为。

**第四十二条** 行政机关和法律、法规授权的具有管理公共事务职能的组织不得滥用行政权力，以设定歧视性资质要求、评审标准或者不依法发布信息等方式，排斥或者限制经营者参加招标投标以及其他经营活动。

**第四十三条** 行政机关和法律、法规授权的具有管理公共事务职能的组织不得滥用行政权力，采取与本地经营者不平等待遇等方式，排斥、限制、强制或者变相强制外地经营者在本地投资或者设立分支机构。

**第四十四条** 行政机关和法律、法规授权的具有管理公共事务职能的组织不得滥用行政权力，强制或者变相强制经营者从事本法规定的垄断行为。

**第四十五条** 行政机关和法律、法规授权的具有管理公共事务职能的组织不得滥用行政权力，制定含有排除、限制竞争内容的规定。

## 第六章 对涉嫌垄断行为的调查

**第四十六条** 反垄断执法机构依法对涉嫌垄断行为进行调查。

对涉嫌垄断行为，任何单位和个人有权向反垄断执法机构举报。反垄断执法机构应当为举报人保密。

举报采用书面形式并提供相关事实和证据的，反垄断执法机构应当进行必要的调查。

**第四十七条** 反垄断执法机构调查涉嫌垄断行为，可以采取下列措施：

（一）进入被调查的经营者的营业场所或者其他有关场所进行检查；

（二）询问被调查的经营者、利害关系人或者其他有关单位或者个人，要求其说明有关情况；

（三）查阅、复制被调查的经营者、利害关系人或者其他有关单位或者个人的有关单证、协议、会计账簿、业务函电、电子数据等文件、资料；

（四）查封、扣押相关证据；

（五）查询经营者的银行账户。

采取前款规定的措施，应当向反垄断执法机构主要负责人书面报告，并经批准。

**第四十八条** 反垄断执法机构调查涉嫌垄断行为，执法人员不得少于二人，并应当出示执法证件。

执法人员进行询问和调查，应当制作笔录，并由被询问人或者被调查人签字。

**第四十九条** 反垄断执法机构及其工作人员对执法过程中知悉的商业秘密、个人隐私和个人信息依法负有保密义务。

**第五十条** 被调查的经营者、利害关系人或者其他有关单位或者个人应当配合反垄断执法机构依法履行职责，不得拒绝、阻碍反垄断执法机构的调查。

**第五十一条** 被调查的经营者、利害关系人有权陈述意见。反垄断执法机构应当对被调查的经营者、利害关系人提出的事实、理由和证据进行核实。

**第五十二条** 反垄断执法机构对涉嫌垄断行为调查核实后，认为构成垄断行为的，应当依法作出处理决定，并可以向社会公布。

**第五十三条** 对反垄断执法机构调查的涉嫌垄断行为，被调查的经营者承诺在反垄断执法机构认可的期限内采取具体措施消除该行为后果的，反垄断执法机构可以决定中止调查。中止调查的决定应当载明被调查的经营者承诺的具体内容。

反垄断执法机构决定中止调查的，应当对经营者履行承诺的情况进行监督。经营者履行承诺的，反垄断执法机构可以决定终止调查。

有下列情形之一的，反垄断执法机构应当恢复调查：

（一）经营者未履行承诺的；

（二）作出中止调查决定所依据的事实发生重大变化的；

（三）中止调查的决定是基于经营者提供的不完整

或者不真实的信息作出的。

**第五十四条** 反垄断执法机构依法对涉嫌滥用行政权力排除、限制竞争的行为进行调查,有关单位或者个人应当配合。

**第五十五条** 经营者、行政机关和法律、法规授权的具有管理公共事务职能的组织,涉嫌违反本法规定的,反垄断执法机构可以对其法定代表人或者负责人进行约谈,要求其提出改进措施。

## 第七章 法律责任

**第五十六条** 经营者违反本法规定,达成并实施垄断协议的,由反垄断执法机构责令停止违法行为,没收违法所得,并处上一年度销售额百分之一以上百分之十以下的罚款,上一年度没有销售额的,处五百万元以下的罚款;尚未实施所达成的垄断协议的,可以处三百万元以下的罚款。经营者的法定代表人、主要负责人和直接责任人员对达成垄断协议负有个人责任的,可以处一百万元以下的罚款。

经营者组织其他经营者达成垄断协议或者为其他经营者达成垄断协议提供实质性帮助的,适用前款规定。

经营者主动向反垄断执法机构报告达成垄断协议的有关情况并提供重要证据的,反垄断执法机构可以酌情减轻或者免除对该经营者的处罚。

行业协会违反本法规定,组织本行业的经营者达成垄断协议的,由反垄断执法机构责令改正,可以处三百万元以下的罚款;情节严重的,社会团体登记管理机关可以依法撤销登记。

**第五十七条** 经营者违反本法规定,滥用市场支配地位的,由反垄断执法机构责令停止违法行为,没收违法所得,并处上一年度销售额百分之一以上百分之十以下的罚款。

**第五十八条** 经营者违反本法规定实施集中,且具有或者可能具有排除、限制竞争效果的,由国务院反垄断执法机构责令停止实施集中、限期处分股份或者资产、限期转让营业以及采取其他必要措施恢复到集中前的状态,处上一年度销售额百分之十以下的罚款;不具有排除、限制竞争效果的,处五百万元以下的罚款。

**第五十九条** 对本法第五十六条、第五十七条、第五十八条规定的罚款,反垄断执法机构确定具体罚款数额时,应当考虑违法行为的性质、程度、持续时间和消除违法行为后果的情况等因素。

**第六十条** 经营者实施垄断行为,给他人造成损失的,依法承担民事责任。

经营者实施垄断行为,损害社会公共利益的,设区的市级以上人民检察院可以依法向人民法院提起民事公益诉讼。

**第六十一条** 行政机关和法律、法规授权的具有管理公共事务职能的组织滥用行政权力,实施排除、限制竞争行为的,由上级机关责令改正;对直接负责的主管人员和其他直接责任人员依法给予处分。反垄断执法机构可以向有关上级机关提出依法处理的建议。行政机关和法律、法规授权的具有管理公共事务职能的组织应当将有关改正情况书面报告上级机关和反垄断执法机构。

法律、行政法规对行政机关和法律、法规授权的具有管理公共事务职能的组织滥用行政权力实施排除、限制竞争行为的处理另有规定的,依照其规定。

**第六十二条** 对反垄断执法机构依法实施的审查和调查,拒绝提供有关材料、信息,或者提供虚假材料、信息,或者隐匿、销毁、转移证据,或者有其他拒绝、阻碍调查行为的,由反垄断执法机构责令改正,对单位处上一年度销售额百分之一以下的罚款,上一年度没有销售额或者销售额难以计算的,处五百万元以下的罚款;对个人处五十万元以下的罚款。

**第六十三条** 违反本法规定,情节特别严重、影响特别恶劣、造成特别严重后果的,国务院反垄断执法机构可以在本法第五十六条、第五十七条、第五十八条、第六十二条规定的罚款数额的二倍以上五倍以下确定具体罚款数额。

**第六十四条** 经营者因违反本法规定受到行政处罚的,按照国家有关规定记入信用记录,并向社会公示。

**第六十五条** 对反垄断执法机构依据本法第三十四条、第三十五条作出的决定不服的,可以先依法申请行政复议;对行政复议决定不服的,可以依法提起行政诉讼。

对反垄断执法机构作出的前款规定以外的决定不服的,可以依法申请行政复议或者提起行政诉讼。

**第六十六条** 反垄断执法机构工作人员滥用职权、玩忽职守、徇私舞弊或者泄露执法过程中知悉的商业秘密、个人隐私和个人信息的,依法给予处分。

**第六十七条** 违反本法规定,构成犯罪的,依法追究刑事责任。

## 第八章 附 则

**第六十八条** 经营者依照有关知识产权的法律、行政法规规定行使知识产权的行为,不适用本法;但是,经营者滥用知识产权,排除、限制竞争的行为,适用本法。

**第六十九条** 农业生产者及农村经济组织在农产品

生产、加工、销售、运输、储存等经营活动中实施的联合或者协同行为，不适用本法。

**第七十条**　本法自2008年8月1日起施行。

## 中华人民共和国反不正当竞争法

· 1993年9月2日第八届全国人民代表大会常务委员会第三次会议通过
· 2017年11月4日第十二届全国人民代表大会常务委员会第三十次会议修订
· 根据2019年4月23日第十三届全国人民代表大会常务委员会第十次会议《关于修改〈中华人民共和国建筑法〉等八部法律的决定》修正

### 目　录

第一章　总　则
第二章　不正当竞争行为
第三章　对涉嫌不正当竞争行为的调查
第四章　法律责任
第五章　附　则

### 第一章　总　则

**第一条　【立法目的】**为了促进社会主义市场经济健康发展，鼓励和保护公平竞争，制止不正当竞争行为，保护经营者和消费者的合法权益，制定本法。

**第二条　【经营原则】**经营者在生产经营活动中，应当遵循自愿、平等、公平、诚信的原则，遵守法律和商业道德。

本法所称的不正当竞争行为，是指经营者在生产经营活动中，违反本法规定，扰乱市场竞争秩序，损害其他经营者或者消费者的合法权益的行为。

本法所称的经营者，是指从事商品生产、经营或者提供服务（以下所称商品包括服务）的自然人、法人和非法人组织。

**第三条　【政府管理】**各级人民政府应当采取措施，制止不正当竞争行为，为公平竞争创造良好的环境和条件。

国务院建立反不正当竞争工作协调机制，研究决定反不正当竞争重大政策，协调处理维护市场竞争秩序的重大问题。

**第四条　【查处部门】**县级以上人民政府履行工商行政管理职责的部门对不正当竞争行为进行查处；法律、行政法规规定由其他部门查处的，依照其规定。

**第五条　【社会监督】**国家鼓励、支持和保护一切组织和个人对不正当竞争行为进行社会监督。

国家机关及其工作人员不得支持、包庇不正当竞争行为。

行业组织应当加强行业自律，引导、规范会员依法竞争，维护市场竞争秩序。

### 第二章　不正当竞争行为

**第六条　【混淆行为】**经营者不得实施下列混淆行为，引人误认为是他人商品或者与他人存在特定联系：

（一）擅自使用与他人有一定影响的商品名称、包装、装潢等相同或者近似的标识；

（二）擅自使用他人有一定影响的企业名称（包括简称、字号等）、社会组织名称（包括简称等）、姓名（包括笔名、艺名、译名等）；

（三）擅自使用他人有一定影响的域名主体部分、网站名称、网页等；

（四）其他足以引人误认为是他人商品或者与他人存在特定联系的混淆行为。

**第七条　【商业贿赂与正当回扣】**经营者不得采用财物或者其他手段贿赂下列单位或者个人，以谋取交易机会或者竞争优势：

（一）交易相对方的工作人员；

（二）受交易相对方委托办理相关事务的单位或者个人；

（三）利用职权或者影响力影响交易的单位或者个人。

经营者在交易活动中，可以以明示方式向交易相对方支付折扣，或者向中间人支付佣金。经营者向交易相对方支付折扣、向中间人支付佣金的，应当如实入账。接受折扣、佣金的经营者也应当如实入账。

经营者的工作人员进行贿赂的，应当认定为经营者的行为；但是，经营者有证据证明该工作人员的行为与为经营者谋取交易机会或者竞争优势无关的除外。

**第八条　【禁止虚假或误解宣传】**经营者不得对其商品的性能、功能、质量、销售状况、用户评价、曾获荣誉等作虚假或者引人误解的商业宣传，欺骗、误导消费者。

经营者不得通过组织虚假交易等方式，帮助其他经营者进行虚假或者引人误解的商业宣传。

**第九条　【不得侵犯商业秘密】**经营者不得实施下列侵犯商业秘密的行为：

（一）以盗窃、贿赂、欺诈、胁迫、电子侵入或者其他不正当手段获取权利人的商业秘密；

（二）披露、使用或者允许他人使用以前项手段获取的权利人的商业秘密；

（三）违反保密义务或者违反权利人有关保守商业秘密的要求，披露、使用或者允许他人使用其所掌握的商业秘密；

（四）教唆、引诱、帮助他人违反保密义务或者违反权利人有关保守商业秘密的要求，获取、披露、使用或者允许他人使用权利人的商业秘密。

经营者以外的其他自然人、法人和非法人组织实施前款所列违法行为的，视为侵犯商业秘密。

第三人明知或者应知商业秘密权利人的员工、前员工或者其他单位、个人实施本条第一款所列违法行为，仍获取、披露、使用或者允许他人使用该商业秘密的，视为侵犯商业秘密。

本法所称的商业秘密，是指不为公众所知悉、具有商业价值并经权利人采取相应保密措施的技术信息、经营信息等商业信息。

**第十条　【有奖销售禁止情形】**经营者进行有奖销售不得存在下列情形：

（一）所设奖的种类、兑奖条件、奖金金额或者奖品等有奖销售信息不明确，影响兑奖；

（二）采用谎称有奖或者故意让内定人员中奖的欺骗方式进行有奖销售；

（三）抽奖式的有奖销售，最高奖的金额超过五万元。

**第十一条　【不得损害商誉】**经营者不得编造、传播虚假信息或者误导性信息，损害竞争对手的商业信誉、商品声誉。

**第十二条　【互联网不正当竞争行为】**经营者利用网络从事生产经营活动，应当遵守本法的各项规定。

经营者不得利用技术手段，通过影响用户选择或者其他方式，实施下列妨碍、破坏其他经营者合法提供的网络产品或者服务正常运行的行为：

（一）未经其他经营者同意，在其合法提供的网络产品或者服务中，插入链接、强制进行目标跳转；

（二）误导、欺骗、强迫用户修改、关闭、卸载其他经营者合法提供的网络产品或者服务；

（三）恶意对其他经营者合法提供的网络产品或者服务实施不兼容；

（四）其他妨碍、破坏其他经营者合法提供的网络产品或者服务正常运行的行为。

## 第三章　对涉嫌不正当竞争行为的调查

**第十三条　【监督检查措施】**监督检查部门调查涉嫌不正当竞争行为，可以采取下列措施：

（一）进入涉嫌不正当竞争行为的经营场所进行检查；

（二）询问被调查的经营者、利害关系人及其他有关单位、个人，要求其说明有关情况或者提供与被调查行为有关的其他资料；

（三）查询、复制与涉嫌不正当竞争行为有关的协议、账簿、单据、文件、记录、业务函电和其他资料；

（四）查封、扣押与涉嫌不正当竞争行为有关的财物；

（五）查询涉嫌不正当竞争行为的经营者的银行账户。

采取前款规定的措施，应当向监督检查部门主要负责人书面报告，并经批准。采取前款第四项、第五项规定的措施，应当向设区的市级以上人民政府监督检查部门主要负责人书面报告，并经批准。

监督检查部门调查涉嫌不正当竞争行为，应当遵守《中华人民共和国行政强制法》和其他有关法律、行政法规的规定，并应当将查处结果及时向社会公开。

**第十四条　【被调查者义务】**监督检查部门调查涉嫌不正当竞争行为，被调查的经营者、利害关系人及其他有关单位、个人应当如实提供有关资料或者情况。

**第十五条　【检查人员部门及保密义务】**监督检查部门及其工作人员对调查过程中知悉的商业秘密负有保密义务。

**第十六条　【举报制度】**对涉嫌不正当竞争行为，任何单位和个人有权向监督检查部门举报，监督检查部门接到举报后应当依法及时处理。

监督检查部门应当向社会公开受理举报的电话、信箱或者电子邮件地址，并为举报人保密。对实名举报并提供相关事实和证据的，监督检查部门应当将处理结果告知举报人。

## 第四章　法律责任

**第十七条　【民事赔偿及范围】**经营者违反本法规定，给他人造成损害的，应当依法承担民事责任。

经营者的合法权益受到不正当竞争行为损害的，可以向人民法院提起诉讼。

因不正当竞争行为受到损害的经营者的赔偿数额，按照其因被侵权所受到的实际损失确定；实际损失难以计算的，按照侵权人因侵权所获得的利益确定。经营者恶意实施侵犯商业秘密行为，情节严重的，可以在按照上述方法确定数额的一倍以上五倍以下确定赔偿数额。赔偿数额还应当包括经营者为制止侵权行为所支付的合理开支。

经营者违反本法第六条、第九条规定，权利人因被侵权所受到的实际损失、侵权人因侵权所获得的利益难以确定的，由人民法院根据侵权行为的情节判决给予权利人五百万元以下的赔偿。

**第十八条　【混淆行为的责任】**经营者违反本法第六条规定实施混淆行为的，由监督检查部门责令停止违法行为，没收违法商品。违法经营额五万元以上的，可以并处违法经营额五倍以下的罚款；没有违法经营额或者违法经营额不足五万元的，可以并处二十五万元以下的罚款。情节严重的，吊销营业执照。

经营者登记的企业名称违反本法第六条规定的，应当及时办理名称变更登记；名称变更前，由原企业登记机关以统一社会信用代码代替其名称。

**第十九条　【商业贿赂的责任】**经营者违反本法第七条规定贿赂他人的，由监督检查部门没收违法所得，处十万元以上三百万元以下的罚款。情节严重的，吊销营业执照。

**第二十条　【虚假或误解宣传的责任】**经营者违反本法第八条规定对其商品作虚假或者引人误解的商业宣传，或者通过组织虚假交易等方式帮助其他经营者进行虚假或者引人误解的商业宣传的，由监督检查部门责令停止违法行为，处二十万元以上一百万元以下的罚款；情节严重的，处一百万元以上二百万元以下的罚款，可以吊销营业执照。

经营者违反本法第八条规定，属于发布虚假广告的，依照《中华人民共和国广告法》的规定处罚。

**第二十一条　【侵犯商业秘密的责任】**经营者以及其他自然人、法人和非法人组织违反本法第九条规定侵犯商业秘密的，由监督检查部门责令停止违法行为，没收违法所得，处十万元以上一百万元以下的罚款；情节严重的，处五十万元以上五百万元以下的罚款。

**第二十二条　【违法有奖销售的责任】**经营者违反本法第十条规定进行有奖销售的，由监督检查部门责令停止违法行为，处五万元以上五十万元以下的罚款。

**第二十三条　【损害商誉的责任】**经营者违反本法第十一条规定损害竞争对手商业信誉、商品声誉的，由监督检查部门责令停止违法行为、消除影响，处十万元以上五十万元以下的罚款；情节严重的，处五十万元以上三百万元以下的罚款。

**第二十四条　【互联网不正当竞争行为的责任】**经营者违反本法第十二条规定妨碍、破坏其他经营者合法提供的网络产品或者服务正常运行的，由监督检查部门责令停止违法行为，处十万元以上五十万元以下的罚款；情节严重的，处五十万元以上三百万元以下的罚款。

**第二十五条　【从轻、减轻或免除处罚】**经营者违反本法规定从事不正当竞争，有主动消除或者减轻违法行为危害后果等法定情形的，依法从轻或者减轻行政处罚；违法行为轻微并及时纠正，没有造成危害后果的，不予行政处罚。

**第二十六条　【信用记录及公示】**经营者违反本法规定从事不正当竞争，受到行政处罚的，由监督检查部门记入信用记录，并依照有关法律、行政法规的规定予以公示。

**第二十七条　【民事责任优先】**经营者违反本法规定，应当承担民事责任、行政责任和刑事责任，其财产不足以支付的，优先用于承担民事责任。

**第二十八条　【妨害监督检查的责任】**妨害监督检查部门依照本法履行职责，拒绝、阻碍调查的，由监督检查部门责令改正，对个人可以处五千元以下的罚款，对单位可以处五万元以下的罚款，并可以由公安机关依法给予治安管理处罚。

**第二十九条　【被处罚者的法律救济】**当事人对监督检查部门作出的决定不服的，可以依法申请行政复议或者提起行政诉讼。

**第三十条　【检查人员违法的责任】**监督检查部门的工作人员滥用职权、玩忽职守、徇私舞弊或者泄露调查过程中知悉的商业秘密的，依法给予处分。

**第三十一条　【刑事责任】**违反本法规定，构成犯罪的，依法追究刑事责任。

**第三十二条　【举证责任】**在侵犯商业秘密的民事审判程序中，商业秘密权利人提供初步证据，证明其已经对所主张的商业秘密采取保密措施，且合理表明商业秘密被侵犯，涉嫌侵权人应当证明权利人所主张的商业秘密不属于本法规定的商业秘密。

商业秘密权利人提供初步证据合理表明商业秘密被侵犯，且提供以下证据之一的，涉嫌侵权人应当证明其不存在侵犯商业秘密的行为：

（一）有证据表明涉嫌侵权人有渠道或者机会获取商业秘密，且其使用的信息与该商业秘密实质上相同；

（二）有证据表明商业秘密已经被涉嫌侵权人披露、使用或者有被披露、使用的风险；

（三）有其他证据表明商业秘密被涉嫌侵权人侵犯。

### 第五章 附 则

**第三十三条 【实施日期】**本法自 2018 年 1 月 1 日起施行。

## 中华人民共和国消费者权益保护法

- 1993 年 10 月 31 日第八届全国人民代表大会常务委员会第四次会议通过
- 根据 2009 年 8 月 27 日第十一届全国人民代表大会常务委员会第十次会议《关于修改部分法律的决定》第一次修正
- 根据 2013 年 10 月 25 日第十二届全国人民代表大会常务委员会第五次会议《关于修改〈中华人民共和国消费者权益保护法〉的决定》第二次修正

### 第一章 总 则

**第一条 【立法宗旨】**为保护消费者的合法权益,维护社会经济秩序,促进社会主义市场经济健康发展,制定本法。

**第二条 【本法调整对象——消费者】**消费者为生活消费需要购买、使用商品或者接受服务,其权益受本法保护;本法未作规定的,受其他有关法律、法规保护。

**第三条 【本法调整对象——经营者】**经营者为消费者提供其生产、销售的商品或者提供服务,应当遵守本法;本法未作规定的,应当遵守其他有关法律、法规。

**第四条 【交易原则】**经营者与消费者进行交易,应当遵循自愿、平等、公平、诚实信用的原则。

**第五条 【国家保护消费者合法权益的职能】**国家保护消费者的合法权益不受侵害。

国家采取措施,保障消费者依法行使权利,维护消费者的合法权益。

国家倡导文明、健康、节约资源和保护环境的消费方式,反对浪费。

**第六条 【全社会共同保护消费者合法权益原则】**保护消费者的合法权益是全社会的共同责任。

国家鼓励、支持一切组织和个人对损害消费者合法权益的行为进行社会监督。

大众传播媒介应当做好维护消费者合法权益的宣传,对损害消费者合法权益的行为进行舆论监督。

### 第二章 消费者的权利

**第七条 【安全保障权】**消费者在购买、使用商品和接受服务时享有人身、财产安全不受损害的权利。

消费者有权要求经营者提供的商品和服务,符合保障人身、财产安全的要求。

**第八条 【知情权】**消费者享有知悉其购买、使用的商品或者接受的服务的真实情况的权利。

消费者有权根据商品或者服务的不同情况,要求经营者提供商品的价格、产地、生产者、用途、性能、规格、等级、主要成份、生产日期、有效期限、检验合格证明、使用方法说明书、售后服务,或者服务的内容、规格、费用等有关情况。

**第九条 【选择权】**消费者享有自主选择商品或者服务的权利。

消费者有权自主选择提供商品或者服务的经营者,自主选择商品品种或者服务方式,自主决定购买或者不购买任何一种商品、接受或者不接受任何一项服务。

消费者在自主选择商品或者服务时,有权进行比较、鉴别和挑选。

**第十条 【公平交易权】**消费者享有公平交易的权利。

消费者在购买商品或者接受服务时,有权获得质量保障、价格合理、计量正确等公平交易条件,有权拒绝经营者的强制交易行为。

**第十一条 【获得赔偿权】**消费者因购买、使用商品或者接受服务受到人身、财产损害的,享有依法获得赔偿的权利。

**第十二条 【成立维权组织权】**消费者享有依法成立维护自身合法权益的社会组织的权利。

**第十三条 【获得知识权】**消费者享有获得有关消费和消费者权益保护方面的知识的权利。

消费者应当努力掌握所需商品或者服务的知识和使用技能,正确使用商品,提高自我保护意识。

**第十四条 【受尊重权及信息得到保护权】**消费者在购买、使用商品和接受服务时,享有人格尊严、民族风俗习惯得到尊重的权利,享有个人信息依法得到保护的权利。

**第十五条 【监督权】**消费者享有对商品和服务以及保护消费者权益工作进行监督的权利。

消费者有权检举、控告侵害消费者权益的行为和国家机关及其工作人员在保护消费者权益工作中的违法失职行为,有权对保护消费者权益工作提出批评、建议。

### 第三章 经营者的义务

**第十六条 【经营者义务】**经营者向消费者提供商品或者服务,应当依照本法和其他有关法律、法规的规定履行义务。

经营者和消费者有约定的,应当按照约定履行义务,但双方的约定不得违背法律、法规的规定。

经营者向消费者提供商品或者服务，应当恪守社会公德，诚信经营，保障消费者的合法权益；不得设定不公平、不合理的交易条件，不得强制交易。

**第十七条　【听取意见、接受监督的义务】**经营者应当听取消费者对其提供的商品或者服务的意见，接受消费者的监督。

**第十八条　【安全保障义务】**经营者应当保证其提供的商品或者服务符合保障人身、财产安全的要求。对可能危及人身、财产安全的商品和服务，应当向消费者作出真实的说明和明确的警示，并说明和标明正确使用商品或者接受服务的方法以及防止危害发生的方法。

宾馆、商场、餐馆、银行、机场、车站、港口、影剧院等经营场所的经营者，应当对消费者尽到安全保障义务。

**第十九条　【对存在缺陷的产品和服务及时采取措施的义务】**经营者发现其提供的商品或者服务存在缺陷，有危及人身、财产安全危险的，应当立即向有关行政部门报告和告知消费者，并采取停止销售、警示、召回、无害化处理、销毁、停止生产或者服务等措施。采取召回措施的，经营者应当承担消费者因商品被召回支出的必要费用。

**第二十条　【提供真实、全面信息的义务】**经营者向消费者提供有关商品或者服务的质量、性能、用途、有效期限等信息，应当真实、全面，不得作虚假或者引人误解的宣传。

经营者对消费者就其提供的商品或者服务的质量和使用方法等问题提出的询问，应当作出真实、明确的答复。

经营者提供商品或者服务应当明码标价。

**第二十一条　【标明真实名称和标记的义务】**经营者应当标明其真实名称和标记。

租赁他人柜台或者场地的经营者，应当标明其真实名称和标记。

**第二十二条　【出具发票的义务】**经营者提供商品或者服务，应当按照国家有关规定或者商业惯例向消费者出具发票等购货凭证或者服务单据；消费者索要发票等购货凭证或者服务单据的，经营者必须出具。

**第二十三条　【质量担保义务、瑕疵举证责任】**经营者应当保证在正常使用商品或者接受服务的情况下其提供的商品或者服务应当具有的质量、性能、用途和有效期限；但消费者在购买该商品或者接受该服务前已经知道其存在瑕疵，且存在该瑕疵不违反法律强制性规定的除外。

经营者以广告、产品说明、实物样品或者其他方式表明商品或者服务的质量状况的，应当保证其提供的商品或者服务的实际质量与表明的质量状况相符。

经营者提供的机动车、计算机、电视机、电冰箱、空调器、洗衣机等耐用商品或者装饰装修等服务，消费者自接受商品或者服务之日起六个月内发现瑕疵，发生争议的，由经营者承担有关瑕疵的举证责任。

**第二十四条　【退货、更换、修理义务】**经营者提供的商品或者服务不符合质量要求的，消费者可以依照国家规定、当事人约定退货，或者要求经营者履行更换、修理等义务。没有国家规定和当事人约定的，消费者可以自收到商品之日起七日内退货；七日后符合法定解除合同条件的，消费者可以及时退货，不符合法定解除合同条件的，可以要求经营者履行更换、修理等义务。

依照前款规定进行退货、更换、修理的，经营者应当承担运输等必要费用。

**第二十五条　【无理由退货制度】**经营者采用网络、电视、电话、邮购等方式销售商品，消费者有权自收到商品之日起七日内退货，且无需说明理由，但下列商品除外：

（一）消费者定作的；

（二）鲜活易腐的；

（三）在线下载或者消费者拆封的音像制品、计算机软件等数字化商品；

（四）交付的报纸、期刊。

除前款所列商品外，其他根据商品性质并经消费者在购买时确认不宜退货的商品，不适用无理由退货。

消费者退货的商品应当完好。经营者应当自收到退回商品之日起七日内返还消费者支付的商品价款。退回商品的运费由消费者承担；经营者和消费者另有约定的，按照约定。

**第二十六条　【格式条款的限制】**经营者在经营活动中使用格式条款的，应当以显著方式提请消费者注意商品或者服务的数量和质量、价款或者费用、履行期限和方式、安全注意事项和风险警示、售后服务、民事责任等与消费者有重大利害关系的内容，并按照消费者的要求予以说明。

经营者不得以格式条款、通知、声明、店堂告示等方式，作出排除或者限制消费者权利、减轻或者免除经营者责任、加重消费者责任等对消费者不公平、不合理的规定，不得利用格式条款并借助技术手段强制交易。

格式条款、通知、声明、店堂告示等含有前款所列内容的,其内容无效。

**第二十七条　【不得侵犯人格尊严和人身自由的义务】**经营者不得对消费者进行侮辱、诽谤,不得搜查消费者的身体及其携带的物品,不得侵犯消费者的人身自由。

**第二十八条　【特定领域经营者的信息披露义务】**采用网络、电视、电话、邮购等方式提供商品或者服务的经营者,以及提供证券、保险、银行等金融服务的经营者,应当向消费者提供经营地址、联系方式、商品或者服务的数量和质量、价款或者费用、履行期限和方式、安全注意事项和风险警示、售后服务、民事责任等信息。

**第二十九条　【收集、使用消费者个人信息】**经营者收集、使用消费者个人信息,应当遵循合法、正当、必要的原则,明示收集、使用信息的目的、方式和范围,并经消费者同意。经营者收集、使用消费者个人信息,应当公开其收集、使用规则,不得违反法律、法规的规定和双方的约定收集、使用信息。

经营者及其工作人员对收集的消费者个人信息必须严格保密,不得泄露、出售或者非法向他人提供。经营者应当采取技术措施和其他必要措施,确保信息安全,防止消费者个人信息泄露、丢失。在发生或者可能发生信息泄露、丢失的情况时,应当立即采取补救措施。

经营者未经消费者同意或者请求,或者消费者明确表示拒绝的,不得向其发送商业性信息。

## 第四章　国家对消费者合法权益的保护

**第三十条　【听取消费者的意见】**国家制定有关消费者权益的法律、法规、规章和强制性标准,应当听取消费者和消费者协会等组织的意见。

**第三十一条　【各级政府的职责】**各级人民政府应当加强领导,组织、协调、督促有关行政部门做好保护消费者合法权益的工作,落实保护消费者合法权益的职责。

各级人民政府应当加强监督,预防危害消费者人身、财产安全行为的发生,及时制止危害消费者人身、财产安全的行为。

**第三十二条　【工商部门的职责】**各级人民政府工商行政管理部门和其他有关行政部门应当依照法律、法规的规定,在各自的职责范围内,采取措施,保护消费者的合法权益。

有关行政部门应当听取消费者和消费者协会等组织对经营者交易行为、商品和服务质量问题的意见,及时调查处理。

**第三十三条　【抽查检验的职责】**有关行政部门在各自的职责范围内,应当定期或者不定期对经营者提供的商品和服务进行抽查检验,并及时向社会公布抽查检验结果。

有关行政部门发现并认定经营者提供的商品或者服务存在缺陷,有危及人身、财产安全危险的,应当立即责令经营者采取停止销售、警示、召回、无害化处理、销毁、停止生产或者服务等措施。

**第三十四条　【行政部门的职责】**有关国家机关应当依照法律、法规的规定,惩处经营者在提供商品和服务中侵害消费者合法权益的违法犯罪行为。

**第三十五条　【人民法院的职责】**人民法院应当采取措施,方便消费者提起诉讼。对符合《中华人民共和国民事诉讼法》起诉条件的消费者权益争议,必须受理,及时审理。

## 第五章　消费者组织

**第三十六条　【消费者协会】**消费者协会和其他消费者组织是依法成立的对商品和服务进行社会监督的保护消费者合法权益的社会组织。

**第三十七条　【消费者协会的公益性职责】**消费者协会履行下列公益性职责:

(一)向消费者提供消费信息和咨询服务,提高消费者维护自身合法权益的能力,引导文明、健康、节约资源和保护环境的消费方式;

(二)参与制定有关消费者权益的法律、法规、规章和强制性标准;

(三)参与有关行政部门对商品和服务的监督、检查;

(四)就有关消费者合法权益的问题,向有关部门反映、查询,提出建议;

(五)受理消费者的投诉,并对投诉事项进行调查、调解;

(六)投诉事项涉及商品和服务质量问题的,可以委托具备资格的鉴定人鉴定,鉴定人应当告知鉴定意见;

(七)就损害消费者合法权益的行为,支持受损害的消费者提起诉讼或者依照本法提起诉讼;

(八)对损害消费者合法权益的行为,通过大众传播媒介予以揭露、批评。

各级人民政府对消费者协会履行职责应当予以必要的经费等支持。

消费者协会应当认真履行保护消费者合法权益的职责,听取消费者的意见和建议,接受社会监督。

依法成立的其他消费者组织依照法律、法规及其章程的规定,开展保护消费者合法权益的活动。

**第三十八条 【消费者组织的禁止行为】**消费者组织不得从事商品经营和营利性服务,不得以收取费用或者其他牟取利益的方式向消费者推荐商品和服务。

## 第六章 争议的解决

**第三十九条 【争议解决的途径】**消费者和经营者发生消费者权益争议的,可以通过下列途径解决:

(一)与经营者协商和解;

(二)请求消费者协会或者依法成立的其他调解组织调解;

(三)向有关行政部门投诉;

(四)根据与经营者达成的仲裁协议提请仲裁机构仲裁;

(五)向人民法院提起诉讼。

**第四十条 【消费者索赔的权利】**消费者在购买、使用商品时,其合法权益受到损害的,可以向销售者要求赔偿。销售者赔偿后,属于生产者的责任或者属于向销售者提供商品的其他销售者的责任的,销售者有权向生产者或者其他销售者追偿。

消费者或者其他受害人因商品缺陷造成人身、财产损害的,可以向销售者要求赔偿,也可以向生产者要求赔偿。属于生产者责任的,销售者赔偿后,有权向生产者追偿。属于销售者责任的,生产者赔偿后,有权向销售者追偿。

消费者在接受服务时,其合法权益受到损害的,可以向服务者要求赔偿。

**第四十一条 【企业变更后的索赔】**消费者在购买、使用商品或者接受服务时,其合法权益受到损害,因原企业分立、合并的,可以向变更后承受其权利义务的企业要求赔偿。

**第四十二条 【营业执照出借人或借用人的连带责任】**使用他人营业执照的违法经营者提供商品或者服务,损害消费者合法权益的,消费者可以向其要求赔偿,也可以向营业执照的持有人要求赔偿。

**第四十三条 【展销会、租赁柜台的责任】**消费者在展销会、租赁柜台购买商品或者接受服务,其合法权益受到损害的,可以向销售者或者服务者要求赔偿。展销会结束或者柜台租赁期满后,也可以向展销会的举办者、柜台的出租者要求赔偿。展销会的举办者、柜台的出租者赔偿后,有权向销售者或者服务者追偿。

**第四十四条 【网络交易平台提供者的责任】**消费者通过网络交易平台购买商品或者接受服务,其合法权益受到损害的,可以向销售者或者服务者要求赔偿。网络交易平台提供者不能提供销售者或者服务者的真实名称、地址和有效联系方式的,消费者也可以向网络交易平台提供者要求赔偿;网络交易平台提供者作出更有利于消费者的承诺的,应当履行承诺。网络交易平台提供者赔偿后,有权向销售者或者服务者追偿。

网络交易平台提供者明知或者应知销售者或者服务者利用其平台侵害消费者合法权益,未采取必要措施的,依法与该销售者或者服务者承担连带责任。

**第四十五条 【虚假广告相关责任人的责任】**消费者因经营者利用虚假广告或者其他虚假宣传方式提供商品或者服务,其合法权益受到损害的,可以向经营者要求赔偿。广告经营者、发布者发布虚假广告的,消费者可以请求行政主管部门予以惩处。广告经营者、发布者不能提供经营者的真实名称、地址和有效联系方式的,应当承担赔偿责任。

广告经营者、发布者设计、制作、发布关系消费者生命健康商品或者服务的虚假广告,造成消费者损害的,应当与提供该商品或者服务的经营者承担连带责任。

社会团体或者其他组织、个人在关系消费者生命健康商品或者服务的虚假广告或者其他虚假宣传中向消费者推荐商品或者服务,造成消费者损害的,应当与提供该商品或者服务的经营者承担连带责任。

**第四十六条 【投诉】**消费者向有关行政部门投诉的,该部门应当自收到投诉之日起七个工作日内,予以处理并告知消费者。

**第四十七条 【消费者协会的诉权】**对侵害众多消费者合法权益的行为,中国消费者协会以及在省、自治区、直辖市设立的消费者协会,可以向人民法院提起诉讼。

## 第七章 法律责任

**第四十八条 【经营者承担责任的情形】**经营者提供商品或者服务有下列情形之一的,除本法另有规定外,应当依照其他有关法律、法规的规定,承担民事责任:

(一)商品或者服务存在缺陷的;

(二)不具备商品应当具备的使用性能而出售时未作说明的;

(三)不符合在商品或者其包装上注明采用的商品标准的;

(四)不符合商品说明、实物样品等方式表明的质量状况的;

(五)生产国家明令淘汰的商品或者销售失效、变质的商品的;

（六）销售的商品数量不足的；

（七）服务的内容和费用违反约定的；

（八）对消费者提出的修理、重作、更换、退货、补足商品数量、退还货款和服务费用或者赔偿损失的要求，故意拖延或者无理拒绝的；

（九）法律、法规规定的其他损害消费者权益的情形。

经营者对消费者未尽到安全保障义务，造成消费者损害的，应当承担侵权责任。

**第四十九条 【造成人身损害的赔偿责任】**经营者提供商品或者服务，造成消费者或者其他受害人人身伤害的，应当赔偿医疗费、护理费、交通费等为治疗和康复支出的合理费用，以及因误工减少的收入。造成残疾的，还应当赔偿残疾生活辅助具费和残疾赔偿金。造成死亡的，还应当赔偿丧葬费和死亡赔偿金。

**第五十条 【侵犯人格尊严的弥补】**经营者侵害消费者的人格尊严、侵犯消费者人身自由或者侵害消费者个人信息依法得到保护的权利的，应当停止侵害、恢复名誉、消除影响、赔礼道歉，并赔偿损失。

**第五十一条 【精神损害赔偿责任】**经营者有侮辱诽谤、搜查身体、侵犯人身自由等侵害消费者或者其他受害人人身权益的行为，造成严重精神损害的，受害人可以要求精神损害赔偿。

**第五十二条 【造成财产损害的民事责任】**经营者提供商品或者服务，造成消费者财产损害的，应当依照法律规定或者当事人约定承担修理、重作、更换、退货、补足商品数量、退还货款和服务费用或者赔偿损失等民事责任。

**第五十三条 【预付款后未履约的责任】**经营者以预收款方式提供商品或者服务的，应当按照约定提供。未按照约定提供的，应当按照消费者的要求履行约定或者退回预付款；并应当承担预付款的利息、消费者必须支付的合理费用。

**第五十四条 【退货责任】**依法经有关行政部门认定为不合格的商品，消费者要求退货的，经营者应当负责退货。

**第五十五条 【惩罚性赔偿】**经营者提供商品或者服务有欺诈行为的，应当按照消费者的要求增加赔偿其受到的损失，增加赔偿的金额为消费者购买商品的价款或者接受服务的费用的三倍；增加赔偿的金额不足五百元的，为五百元。法律另有规定的，依照其规定。

经营者明知商品或者服务存在缺陷，仍然向消费者提供，造成消费者或者其他受害人死亡或者健康严重损害的，受害人有权要求经营者依照本法第四十九条、第五十一条等法律规定赔偿损失，并有权要求所受损失二倍以下的惩罚性赔偿。

**第五十六条 【严重处罚的情形】**经营者有下列情形之一，除承担相应的民事责任外，其他有关法律、法规对处罚机关和处罚方式有规定的，依照法律、法规的规定执行；法律、法规未作规定的，由工商行政管理部门或者其他有关行政部门责令改正，可以根据情节单处或者并处警告、没收违法所得、处以违法所得一倍以上十倍以下的罚款，没有违法所得的，处以五十万元以下的罚款；情节严重的，责令停业整顿、吊销营业执照：

（一）提供的商品或者服务不符合保障人身、财产安全要求的；

（二）在商品中掺杂、掺假，以假充真，以次充好，或者以不合格商品冒充合格商品的；

（三）生产国家明令淘汰的商品或者销售失效、变质的商品的；

（四）伪造商品的产地，伪造或者冒用他人的厂名、厂址，篡改生产日期，伪造或者冒用认证标志等质量标志的；

（五）销售的商品应当检验、检疫而未检验、检疫或者伪造检验、检疫结果的；

（六）对商品或者服务作虚假或者引人误解的宣传的；

（七）拒绝或者拖延有关行政部门责令对缺陷商品或者服务采取停止销售、警示、召回、无害化处理、销毁、停止生产或者服务等措施的；

（八）对消费者提出的修理、重作、更换、退货、补足商品数量、退还货款和服务费用或者赔偿损失的要求，故意拖延或者无理拒绝的；

（九）侵害消费者人格尊严、侵犯消费者人身自由或者侵害消费者个人信息依法得到保护的权利的；

（十）法律、法规规定的对损害消费者权益应当予以处罚的其他情形。

经营者有前款规定情形的，除依照法律、法规规定予以处罚外，处罚机关应当记入信用档案，向社会公布。

**第五十七条 【经营者的刑事责任】**经营者违反本法规定提供商品或者服务，侵害消费者合法权益，构成犯罪的，依法追究刑事责任。

**第五十八条 【民事赔偿责任优先原则】**经营者违反本法规定，应当承担民事赔偿责任和缴纳罚款、罚金，其财产不足以同时支付的，先承担民事赔偿责任。

**第五十九条 【经营者的权利】**经营者对行政处罚决定不服的，可以依法申请行政复议或者提起行政诉讼。

**第六十条 【暴力抗法的责任】**以暴力、威胁等方法阻碍有关行政部门工作人员依法执行职务的，依法追究刑事责任；拒绝、阻碍有关行政部门工作人员依法执行职务，未使用暴力、威胁方法的，由公安机关依照《中华人民共和国治安管理处罚法》的规定处罚。

**第六十一条 【国家机关工作人员的责任】**国家机关工作人员玩忽职守或者包庇经营者侵害消费者合法权益的行为的，由其所在单位或者上级机关给予行政处分；情节严重，构成犯罪的，依法追究刑事责任。

### 第八章 附 则

**第六十二条 【购买农业生产资料的参照执行】**农民购买、使用直接用于农业生产的生产资料，参照本法执行。

**第六十三条 【实施日期】**本法自 1994 年 1 月 1 日起施行。

# 中华人民共和国广告法


- 1994 年 10 月 27 日第八届全国人民代表大会常务委员会第十次会议通过
- 2015 年 4 月 24 日第十二届全国人民代表大会常务委员会第十四次会议修订
- 根据 2018 年 10 月 26 日第十三届全国人民代表大会常务委员会第六次会议《关于修改〈中华人民共和国野生动物保护法〉等十五部法律的决定》第一次修正
- 根据 2021 年 4 月 29 日第十三届全国人民代表大会常务委员会第二十八次会议《关于修改〈中华人民共和国道路交通安全法〉等八部法律的决定》第二次修正


### 目 录


第一章 总 则

第二章 广告内容准则

第三章 广告行为规范

第四章 监督管理

第五章 法律责任

第六章 附 则


### 第一章 总 则

**第一条 【立法目的】**为了规范广告活动，保护消费者的合法权益，促进广告业的健康发展，维护社会经济秩序，制定本法。

**第二条 【调整范围及定义】**在中华人民共和国境内，商品经营者或者服务提供者通过一定媒介和形式直接或者间接地介绍自己所推销的商品或者服务的商业广告活动，适用本法。

本法所称广告主，是指为推销商品或者服务，自行或者委托他人设计、制作、发布广告的自然人、法人或者其他组织。

本法所称广告经营者，是指接受委托提供广告设计、制作、代理服务的自然人、法人或者其他组织。

本法所称广告发布者，是指为广告主或者广告主委托的广告经营者发布广告的自然人、法人或者其他组织。

本法所称广告代言人，是指广告主以外的，在广告中以自己的名义或者形象对商品、服务作推荐、证明的自然人、法人或者其他组织。

**第三条 【内容和形式要求】**广告应当真实、合法，以健康的表现形式表达广告内容，符合社会主义精神文明建设和弘扬中华民族优秀传统文化的要求。

**第四条 【真实性原则】**广告不得含有虚假或者引人误解的内容，不得欺骗、误导消费者。

广告主应当对广告内容的真实性负责。

**第五条 【基本行为规范】**广告主、广告经营者、广告发布者从事广告活动，应当遵守法律、法规，诚实信用，公平竞争。

**第六条 【监督管理体制】**国务院市场监督管理部门主管全国的广告监督管理工作，国务院有关部门在各自的职责范围内负责广告管理相关工作。

县级以上地方市场监督管理部门主管本行政区域的广告监督管理工作，县级以上地方人民政府有关部门在各自的职责范围内负责广告管理相关工作。

**第七条 【行业组织】**广告行业组织依照法律、法规和章程的规定，制定行业规范，加强行业自律，促进行业发展，引导会员依法从事广告活动，推动广告行业诚信建设。

### 第二章 广告内容准则

**第八条 【广告表述】**广告中对商品的性能、功能、产地、用途、质量、成分、价格、生产者、有效期限、允诺等或者对服务的内容、提供者、形式、质量、价格、允诺等有表示的，应当准确、清楚、明白。

广告中表明推销的商品或者服务附带赠送的，应当明示所附带赠送商品或者服务的品种、规格、数量、期限和方式。

法律、行政法规规定广告中应当明示的内容，应当显著、清晰表示。

**第九条　【一般禁止情形】**广告不得有下列情形：

（一）使用或者变相使用中华人民共和国的国旗、国歌、国徽，军旗、军歌、军徽；

（二）使用或者变相使用国家机关、国家机关工作人员的名义或者形象；

（三）使用"国家级"、"最高级"、"最佳"等用语；

（四）损害国家的尊严或者利益，泄露国家秘密；

（五）妨碍社会安定，损害社会公共利益；

（六）危害人身、财产安全，泄露个人隐私；

（七）妨碍社会公共秩序或者违背社会良好风尚；

（八）含有淫秽、色情、赌博、迷信、恐怖、暴力的内容；

（九）含有民族、种族、宗教、性别歧视的内容；

（十）妨碍环境、自然资源或者文化遗产保护；

（十一）法律、行政法规规定禁止的其他情形。

**第十条　【保护未成年人和残疾人】**广告不得损害未成年人和残疾人的身心健康。

**第十一条　【涉及行政许可和引证内容的广告】**广告内容涉及的事项需要取得行政许可的，应当与许可的内容相符合。

广告使用数据、统计资料、调查结果、文摘、引用语等引证内容的，应当真实、准确，并表明出处。引证内容有适用范围和有效期限的，应当明确表示。

**第十二条　【涉及专利的广告】**广告中涉及专利产品或者专利方法的，应当标明专利号和专利种类。

未取得专利权的，不得在广告中谎称取得专利权。

禁止使用未授予专利权的专利申请和已经终止、撤销、无效的专利作广告。

**第十三条　【广告不得含有贬低内容】**广告不得贬低其他生产经营者的商品或者服务。

**第十四条　【广告可识别性以及发布要求】**广告应当具有可识别性，能够使消费者辨明其为广告。

大众传播媒介不得以新闻报道形式变相发布广告。通过大众传播媒介发布的广告应当显著标明"广告"，与其他非广告信息相区别，不得使消费者产生误解。

广播电台、电视台发布广告，应当遵守国务院有关部门关于时长、方式的规定，并应当对广告时长作出明显提示。

**第十五条　【处方药、易制毒化学品、戒毒等广告】**麻醉药品、精神药品、医疗用毒性药品、放射性药品等特殊药品，药品类易制毒化学品，以及戒毒治疗的药品、医疗器械和治疗方法，不得作广告。

前款规定以外的处方药，只能在国务院卫生行政部门和国务院药品监督管理部门共同指定的医学、药学专业刊物上作广告。

**第十六条　【医疗、药品、医疗器械广告】**医疗、药品、医疗器械广告不得含有下列内容：

（一）表示功效、安全性的断言或者保证；

（二）说明治愈率或者有效率；

（三）与其他药品、医疗器械的功效和安全性或者其他医疗机构比较；

（四）利用广告代言人作推荐、证明；

（五）法律、行政法规规定禁止的其他内容。

药品广告的内容不得与国务院药品监督管理部门批准的说明书不一致，并应当显著标明禁忌、不良反应。处方药广告应当显著标明"本广告仅供医学药学专业人士阅读"，非处方药广告应当显著标明"请按药品说明书或者在药师指导下购买和使用"。

推荐给个人自用的医疗器械的广告，应当显著标明"请仔细阅读产品说明书或者在医务人员的指导下购买和使用"。医疗器械产品注册证明文件中有禁忌内容、注意事项的，广告中应当显著标明"禁忌内容或者注意事项详见说明书"。

**第十七条　【禁止使用医药用语】**除医疗、药品、医疗器械广告外，禁止其他任何广告涉及疾病治疗功能，并不得使用医疗用语或者易使推销的商品与药品、医疗器械相混淆的用语。

**第十八条　【保健食品广告】**保健食品广告不得含有下列内容：

（一）表示功效、安全性的断言或者保证；

（二）涉及疾病预防、治疗功能；

（三）声称或者暗示广告商品为保障健康所必需；

（四）与药品、其他保健食品进行比较；

（五）利用广告代言人作推荐、证明；

（六）法律、行政法规规定禁止的其他内容。

保健食品广告应当显著标明"本品不能代替药物"。

**第十九条　【禁止变相发布广告】**广播电台、电视台、报刊音像出版单位、互联网信息服务提供者不得以介绍健康、养生知识等形式变相发布医疗、药品、医疗器械、保健食品广告。

**第二十条　【母乳代用品广告】**禁止在大众传播媒介或者公共场所发布声称全部或者部分替代母乳的婴儿乳制品、饮料和其他食品广告。

**第二十一条 【农药、兽药、饲料和饲料添加剂广告】**农药、兽药、饲料和饲料添加剂广告不得含有下列内容：

（一）表示功效、安全性的断言或者保证；

（二）利用科研单位、学术机构、技术推广机构、行业协会或者专业人士、用户的名义或者形象作推荐、证明；

（三）说明有效率；

（四）违反安全使用规程的文字、语言或者画面；

（五）法律、行政法规规定禁止的其他内容。

**第二十二条 【烟草广告】**禁止在大众传播媒介或者公共场所、公共交通工具、户外发布烟草广告。禁止向未成年人发送任何形式的烟草广告。

禁止利用其他商品或者服务的广告、公益广告，宣传烟草制品名称、商标、包装、装潢以及类似内容。

烟草制品生产者或者销售者发布的迁址、更名、招聘等启事中，不得含有烟草制品名称、商标、包装、装潢以及类似内容。

**第二十三条 【酒类广告】**酒类广告不得含有下列内容：

（一）诱导、怂恿饮酒或者宣传无节制饮酒；

（二）出现饮酒的动作；

（三）表现驾驶车、船、飞机等活动；

（四）明示或者暗示饮酒有消除紧张和焦虑、增加体力等功效。

**第二十四条 【教育、培训广告】**教育、培训广告不得含有下列内容：

（一）对升学、通过考试、获得学位学历或者合格证书，或者对教育、培训的效果作出明示或者暗示的保证性承诺；

（二）明示或者暗示有相关考试机构或者其工作人员、考试命题人员参与教育、培训；

（三）利用科研单位、学术机构、教育机构、行业协会、专业人士、受益者的名义或者形象作推荐、证明。

**第二十五条 【有投资回报预期的商品或者服务广告】**招商等有投资回报预期的商品或者服务广告，应当对可能存在的风险以及风险责任承担有合理提示或者警示，并不得含有下列内容：

（一）对未来效果、收益或者与其相关的情况作出保证性承诺，明示或者暗示保本、无风险或者保收益等，国家另有规定的除外；

（二）利用学术机构、行业协会、专业人士、受益者的名义或者形象作推荐、证明。

**第二十六条 【房地产广告】**房地产广告，房源信息应当真实，面积应当表明为建筑面积或者套内建筑面积，并不得含有下列内容：

（一）升值或者投资回报的承诺；

（二）以项目到达某一具体参照物的所需时间表示项目位置；

（三）违反国家有关价格管理的规定；

（四）对规划或者建设中的交通、商业、文化教育设施以及其他市政条件作误导宣传。

**第二十七条 【种养殖广告】**农作物种子、林木种子、草种子、种畜禽、水产苗种和种养殖广告关于品种名称、生产性能、生长量或者产量、品质、抗性、特殊使用价值、经济价值、适宜种植或者养殖的范围和条件等方面的表述应当真实、清楚、明白，并不得含有下列内容：

（一）作科学上无法验证的断言；

（二）表示功效的断言或者保证；

（三）对经济效益进行分析、预测或者作保证性承诺；

（四）利用科研单位、学术机构、技术推广机构、行业协会或者专业人士、用户的名义或者形象作推荐、证明。

**第二十八条 【虚假广告】**广告以虚假或者引人误解的内容欺骗、误导消费者的，构成虚假广告。

广告有下列情形之一的，为虚假广告：

（一）商品或者服务不存在的；

（二）商品的性能、功能、产地、用途、质量、规格、成分、价格、生产者、有效期限、销售状况、曾获荣誉等信息，或者服务的内容、提供者、形式、质量、价格、销售状况、曾获荣誉等信息，以及与商品或者服务有关的允诺等信息与实际情况不符，对购买行为有实质性影响的；

（三）使用虚构、伪造或者无法验证的科研成果、统计资料、调查结果、文摘、引用语等信息作证明材料的；

（四）虚构使用商品或者接受服务的效果的；

（五）以虚假或者引人误解的内容欺骗、误导消费者的其他情形。

## 第三章 广告行为规范

**第二十九条 【从事广告发布业务的条件】**广播电台、电视台、报刊出版单位从事广告发布业务的，应当设有专门从事广告业务的机构，配备必要的人员，具有与发布广告相适应的场所、设备。

**第三十条 【广告合同】**广告主、广告经营者、广告发布者之间在广告活动中应当依法订立书面合同。

**第三十一条 【禁止不正当竞争】**广告主、广告经营者、广告发布者不得在广告活动中进行任何形式的不正当竞争。

**第三十二条 【受委托方的合法经营资格】**广告主委托设计、制作、发布广告,应当委托具有合法经营资格的广告经营者、广告发布者。

**第三十三条 【广告涉及他人人身权利时的义务】**广告主或者广告经营者在广告中使用他人名义或者形象的,应当事先取得其书面同意;使用无民事行为能力人、限制民事行为能力人的名义或者形象的,应当事先取得其监护人的书面同意。

**第三十四条 【广告业务管理制度和查验、核对义务】**广告经营者、广告发布者应当按照国家有关规定,建立、健全广告业务的承接登记、审核、档案管理制度。

广告经营者、广告发布者依据法律、行政法规查验有关证明文件,核对广告内容。对内容不符或者证明文件不全的广告,广告经营者不得提供设计、制作、代理服务,广告发布者不得发布。

**第三十五条 【广告收费标准和办法】**广告经营者、广告发布者应当公布其收费标准和收费办法。

**第三十六条 【媒介传播效果资料真实】**广告发布者向广告主、广告经营者提供的覆盖率、收视率、点击率、发行量等资料应当真实。

**第三十七条 【不得提供广告服务的情形】**法律、行政法规规定禁止生产、销售的产品或者提供的服务,以及禁止发布广告的商品或者服务,任何单位或者个人不得设计、制作、代理、发布广告。

**第三十八条 【广告代言人的义务】**广告代言人在广告中对商品、服务作推荐、证明,应当依据事实,符合本法和有关法律、行政法规规定,并不得为其未使用过的商品或者未接受过的服务作推荐、证明。

不得利用不满十周岁的未成年人作为广告代言人。

对在虚假广告中作推荐、证明受到行政处罚未满三年的自然人、法人或者其他组织,不得利用其作为广告代言人。

**第三十九条 【广告不得侵扰中小学生、幼儿】**不得在中小学校、幼儿园内开展广告活动,不得利用中小学生和幼儿的教材、教辅材料、练习册、文具、教具、校服、校车等发布或者变相发布广告,但公益广告除外。

**第四十条 【针对未成年人的广告】**在针对未成年人的大众传播媒介上不得发布医疗、药品、保健食品、医疗器械、化妆品、酒类、美容广告,以及不利于未成年人身心健康的网络游戏广告。

针对不满十四周岁的未成年人的商品或者服务的广告不得含有下列内容:

(一)劝诱其要求家长购买广告商品或者服务;

(二)可能引发其模仿不安全行为。

**第四十一条 【户外广告的监管】**县级以上地方人民政府应当组织有关部门加强对利用户外场所、空间、设施等发布户外广告的监督管理,制定户外广告设置规划和安全要求。

户外广告的管理办法,由地方性法规、地方政府规章规定。

**第四十二条 【禁止设置户外广告的情形】**有下列情形之一的,不得设置户外广告:

(一)利用交通安全设施、交通标志的;

(二)影响市政公共设施、交通安全设施、交通标志、消防设施、消防安全标志使用的;

(三)妨碍生产或者人民生活,损害市容市貌的;

(四)在国家机关、文物保护单位、风景名胜区等的建筑控制地带,或者县级以上地方人民政府禁止设置户外广告的区域设置的。

**第四十三条 【垃圾广告】**任何单位或者个人未经当事人同意或者请求,不得向其住宅、交通工具等发送广告,也不得以电子信息方式向其发送广告。

以电子信息方式发送广告的,应当明示发送者的真实身份和联系方式,并向接收者提供拒绝继续接收的方式。

**第四十四条 【互联网广告】**利用互联网从事广告活动,适用本法的各项规定。

利用互联网发布、发送广告,不得影响用户正常使用网络。在互联网页面以弹出等形式发布的广告,应当显著标明关闭标志,确保一键关闭。

**第四十五条 【"第三方平台"义务】**公共场所的管理者或者电信业务经营者、互联网信息服务提供者对其明知或者应知的利用其场所或者信息传输、发布平台发送、发布违法广告的,应当予以制止。

## 第四章 监督管理

**第四十六条 【特殊商品和服务广告发布前审查】**发布医疗、药品、医疗器械、农药、兽药和保健食品广告,以及法律、行政法规规定应当进行审查的其他广告,应当在发布前由有关部门(以下称广告审查机关)对广告内容进行审查;未经审查,不得发布。

**第四十七条 【广告发布前审查程序】**广告主申请广告审查,应当依照法律、行政法规向广告审查机关提交有关证明文件。

广告审查机关应当依照法律、行政法规规定作出审查决定，并应当将审查批准文件抄送同级市场监督管理部门。广告审查机关应当及时向社会公布批准的广告。

**第四十八条 【广告审查批准文件不得伪造、变造或者转让】**任何单位或者个人不得伪造、变造或者转让广告审查批准文件。

**第四十九条 【市场监督管理部门的职权和义务】**市场监督管理部门履行广告监督管理职责，可以行使下列职权：

（一）对涉嫌从事违法广告活动的场所实施现场检查；

（二）询问涉嫌违法当事人或者其法定代表人、主要负责人和其他有关人员，对有关单位或者个人进行调查；

（三）要求涉嫌违法当事人限期提供有关证明文件；

（四）查阅、复制与涉嫌违法广告有关的合同、票据、账簿、广告作品和其他有关资料；

（五）查封、扣押与涉嫌违法广告直接相关的广告物品、经营工具、设备等财物；

（六）责令暂停发布可能造成严重后果的涉嫌违法广告；

（七）法律、行政法规规定的其他职权。

市场监督管理部门应当建立健全广告监测制度，完善监测措施，及时发现和依法查处违法广告行为。

**第五十条 【授权制定利用大众传播媒介发布广告的行为规范】**国务院市场监督管理部门会同国务院有关部门，制定大众传播媒介广告发布行为规范。

**第五十一条 【配合监管义务】**市场监督管理部门依照本法规定行使职权，当事人应当协助、配合，不得拒绝、阻挠。

**第五十二条 【保密义务】**市场监督管理部门和有关部门及其工作人员对其在广告监督管理活动中知悉的商业秘密负有保密义务。

**第五十三条 【投诉和举报】**任何单位或者个人有权向市场监督管理部门和有关部门投诉、举报违反本法的行为。市场监督管理部门和有关部门应当向社会公开受理投诉、举报的电话、信箱或者电子邮件地址，接到投诉、举报的部门应当自收到投诉之日起七个工作日内，予以处理并告知投诉、举报人。

市场监督管理部门和有关部门不依法履行职责的，任何单位或者个人有权向其上级机关或者监察机关举报。接到举报的机关应当依法作出处理，并将处理结果及时告知举报人。

有关部门应当为投诉、举报人保密。

**第五十四条 【社会监督】**消费者协会和其他消费者组织对违反本法规定，发布虚假广告侵害消费者合法权益，以及其他损害社会公共利益的行为，依法进行社会监督。

## 第五章 法律责任

**第五十五条 【虚假广告行政、刑事责任】**违反本法规定，发布虚假广告的，由市场监督管理部门责令停止发布广告，责令广告主在相应范围内消除影响，处广告费用三倍以上五倍以下的罚款，广告费用无法计算或者明显偏低的，处二十万元以上一百万元以下的罚款；两年内有三次以上违法行为或者有其他严重情节的，处广告费用五倍以上十倍以下的罚款，广告费用无法计算或者明显偏低的，处一百万元以上二百万元以下的罚款，可以吊销营业执照，并由广告审查机关撤销广告审查批准文件、一年内不受理其广告审查申请。

医疗机构有前款规定违法行为，情节严重的，除由市场监督管理部门依照本法处罚外，卫生行政部门可以吊销诊疗科目或者吊销医疗机构执业许可证。

广告经营者、广告发布者明知或者应知广告虚假仍设计、制作、代理、发布的，由市场监督管理部门没收广告费用，并处广告费用三倍以上五倍以下的罚款，广告费用无法计算或者明显偏低的，处二十万元以上一百万元以下的罚款；两年内有三次以上违法行为或者有其他严重情节的，处广告费用五倍以上十倍以下的罚款，广告费用无法计算或者明显偏低的，处一百万元以上二百万元以下的罚款，并可以由有关部门暂停广告发布业务、吊销营业执照。

广告主、广告经营者、广告发布者有本条第一款、第三款规定行为，构成犯罪的，依法追究刑事责任。

**第五十六条 【虚假广告民事责任】**违反本法规定，发布虚假广告，欺骗、误导消费者，使购买商品或者接受服务的消费者的合法权益受到损害的，由广告主依法承担民事责任。广告经营者、广告发布者不能提供广告主的真实名称、地址和有效联系方式的，消费者可以要求广告经营者、广告发布者先行赔偿。

关系消费者生命健康的商品或者服务的虚假广告，造成消费者损害的，其广告经营者、广告发布者、广告代言人应当与广告主承担连带责任。

前款规定以外的商品或者服务的虚假广告，造成消费者损害的，其广告经营者、广告发布者、广告代言人，明知或者应知广告虚假仍设计、制作、代理、发布或者作推荐、证明的,应当与广告主承担连带责任。

**第五十七条　【发布违反基本准则或者本法禁止发布的广告的责任】**有下列行为之一的,由市场监督管理部门责令停止发布广告,对广告主处二十万元以上一百万元以下的罚款,情节严重的,并可以吊销营业执照,由广告审查机关撤销广告审查批准文件、一年内不受理其广告审查申请;对广告经营者、广告发布者,由市场监督管理部门没收广告费用,处二十万元以上一百万元以下的罚款,情节严重的,并可以吊销营业执照:

(一)发布有本法第九条、第十条规定的禁止情形的广告的;

(二)违反本法第十五条规定发布处方药广告、药品类易制毒化学品广告、戒毒治疗的医疗器械和治疗方法广告的;

(三)违反本法第二十条规定,发布声称全部或者部分替代母乳的婴儿乳制品、饮料和其他食品广告的;

(四)违反本法第二十二条规定发布烟草广告的;

(五)违反本法第三十七条规定,利用广告推销禁止生产、销售的产品或者提供的服务,或者禁止发布广告的商品或者服务的;

(六)违反本法第四十条第一款规定,在针对未成年人的大众传播媒介上发布医疗、药品、保健食品、医疗器械、化妆品、酒类、美容广告,以及不利于未成年人身心健康的网络游戏广告的。

**第五十八条　【发布违反特殊准则、违法使用广告代言人或者未经依法审查的广告的责任】**有下列行为之一的,由市场监督管理部门责令停止发布广告,责令广告主在相应范围内消除影响,处广告费用一倍以上三倍以下的罚款,广告费用无法计算或者明显偏低的,处十万元以上二十万元以下的罚款;情节严重的,处广告费用三倍以上五倍以下的罚款,广告费用无法计算或者明显偏低的,处二十万元以上一百万元以下的罚款,可以吊销营业执照,并由广告审查机关撤销广告审查批准文件、一年内不受理其广告审查申请:

(一)违反本法第十六条规定发布医疗、药品、医疗器械广告的;

(二)违反本法第十七条规定,在广告中涉及疾病治疗功能,以及使用医疗用语或者易使推销的商品与药品、医疗器械相混淆的用语的;

(三)违反本法第十八条规定发布保健食品广告的;

(四)违反本法第二十一条规定发布农药、兽药、饲料和饲料添加剂广告的;

(五)违反本法第二十三条规定发布酒类广告的;

(六)违反本法第二十四条规定发布教育、培训广告的;

(七)违反本法第二十五条规定发布招商等有投资回报预期的商品或者服务广告的;

(八)违反本法第二十六条规定发布房地产广告的;

(九)违反本法第二十七条规定发布农作物种子、林木种子、草种子、种畜禽、水产苗种和种养殖广告的;

(十)违反本法第三十八条第二款规定,利用不满十周岁的未成年人作为广告代言人的;

(十一)违反本法第三十八条第三款规定,利用自然人、法人或者其他组织作为广告代言人的;

(十二)违反本法第三十九条规定,在中小学校、幼儿园内或者利用与中小学生、幼儿有关的物品发布广告的;

(十三)违反本法第四十条第二款规定,发布针对不满十四周岁的未成年人的商品或者服务的广告的;

(十四)违反本法第四十六条规定,未经审查发布广告的。

医疗机构有前款规定违法行为,情节严重的,除由市场监督管理部门依照本法处罚外,卫生行政部门可以吊销诊疗科目或者吊销医疗机构执业许可证。

广告经营者、广告发布者明知或者应知有本条第一款规定违法行为仍设计、制作、代理、发布的,由市场监督管理部门没收广告费用,并处广告费用一倍以上三倍以下的罚款,广告费用无法计算或者明显偏低的,处十万元以上二十万元以下的罚款;情节严重的,处广告费用三倍以上五倍以下的罚款,广告费用无法计算或者明显偏低的,处二十万元以上一百万元以下的罚款,并可以由有关部门暂停广告发布业务、吊销营业执照。

**第五十九条　【发布违反一般准则或者贬低他人商品或服务的广告的责任】**有下列行为之一的,由市场监督管理部门责令停止发布广告,对广告主处十万元以下的罚款:

(一)广告内容违反本法第八条规定的;

(二)广告引证内容违反本法第十一条规定的;

(三)涉及专利的广告违反本法第十二条规定的;

(四)违反本法第十三条规定,广告贬低其他生产经营者的商品或者服务的。

广告经营者、广告发布者明知或者应知有前款规定违法行为仍设计、制作、代理、发布的,由市场监督管理部门处十万元以下的罚款。

广告违反本法第十四条规定,不具有可识别性的,或者违反本法第十九条规定，变相发布医疗、药品、医疗器械、保健食品广告的，由市场监督管理部门责令改正，对广告发布者处十万元以下的罚款。

**第六十条 【广告经营者、广告发布者未依法进行广告业务管理的责任】**违反本法第三十四条规定，广告经营者、广告发布者未按照国家有关规定建立、健全广告业务管理制度的，或者未对广告内容进行核对的，由市场监督管理部门责令改正，可以处五万元以下的罚款。

违反本法第三十五条规定，广告经营者、广告发布者未公布其收费标准和收费办法的，由价格主管部门责令改正，可以处五万元以下的罚款。

**第六十一条 【广告代言人的责任】**广告代言人有下列情形之一的，由市场监督管理部门没收违法所得，并处违法所得一倍以上二倍以下的罚款：

（一）违反本法第十六条第一款第四项规定，在医疗、药品、医疗器械广告中作推荐、证明的；

（二）违反本法第十八条第一款第五项规定，在保健食品广告中作推荐、证明的；

（三）违反本法第三十八条第一款规定，为其未使用过的商品或者未接受过的服务作推荐、证明的；

（四）明知或者应知广告虚假仍在广告中对商品、服务作推荐、证明的。

**第六十二条 【未经同意或者请求向他人发送广告、违法利用互联网发布广告的责任】**违反本法第四十三条规定发送广告的，由有关部门责令停止违法行为，对广告主处五千元以上三万元以下的罚款。

违反本法第四十四条第二款规定，利用互联网发布广告，未显著标明关闭标志，确保一键关闭的，由市场监督管理部门责令改正，对广告主处五千元以上三万元以下的罚款。

**第六十三条 【公共场所的管理者和电信业务经营者、互联网信息服务提供者未依法制止违法广告活动的责任】**违反本法第四十五条规定，公共场所的管理者和电信业务经营者、互联网信息服务提供者，明知或者应知广告活动违法不予制止的，由市场监督管理部门没收违法所得，违法所得五万元以上的，并处违法所得一倍以上三倍以下的罚款，违法所得不足五万元的，并处一万元以上五万元以下的罚款；情节严重的，由有关部门依法停止相关业务。

**第六十四条 【隐瞒真实情况或者提供虚假材料申请广告审查的责任】**违反本法规定，隐瞒真实情况或者提供虚假材料申请广告审查的，广告审查机关不予受理或者不予批准，予以警告，一年内不受理该申请人的广告审查申请；以欺骗、贿赂等不正当手段取得广告审查批准的，广告审查机关予以撤销，处十万元以上二十万元以下的罚款，三年内不受理该申请人的广告审查申请。

**第六十五条 【伪造、变造或者转让广告审查批准文件的责任】**违反本法规定，伪造、变造或者转让广告审查批准文件的，由市场监督管理部门没收违法所得，并处一万元以上十万元以下的罚款。

**第六十六条 【信用档案制度】**有本法规定的违法行为的，由市场监督管理部门记入信用档案，并依照有关法律、行政法规规定予以公示。

**第六十七条 【广播电台、电视台、报刊音像出版单位及其主管部门的责任】**广播电台、电视台、报刊音像出版单位发布违法广告，或者以新闻报道形式变相发布广告，或者以介绍健康、养生知识等形式变相发布医疗、药品、医疗器械、保健食品广告，市场监督管理部门依照本法给予处罚的，应当通报新闻出版、广播电视主管部门以及其他有关部门。新闻出版、广播电视主管部门以及其他有关部门应当依法对负有责任的主管人员和直接责任人员给予处分；情节严重的，并可以暂停媒体的广告发布业务。

新闻出版、广播电视主管部门以及其他有关部门未依照前款规定对广播电台、电视台、报刊音像出版单位进行处理的，对负有责任的主管人员和直接责任人员，依法给予处分。

**第六十八条 【民事责任】**广告主、广告经营者、广告发布者违反本法规定，有下列侵权行为之一的，依法承担民事责任：

（一）在广告中损害未成年人或者残疾人的身心健康的；

（二）假冒他人专利的；

（三）贬低其他生产经营者的商品、服务的；

（四）在广告中未经同意使用他人名义或者形象的；

（五）其他侵犯他人合法民事权益的。

**第六十九条 【对公司、企业广告违法行为负有个人责任的法定代表人的责任】**因发布虚假广告，或者有其他本法规定的违法行为，被吊销营业执照的公司、企业的法定代表人，对违法行为负有个人责任的，自该公司、企业被吊销营业执照之日起三年内不得担任公司、企业的董事、监事、高级管理人员。

**第七十条 【拒绝、阻挠工商部门监督检查等违反治安管理行为的责任】**违反本法规定，拒绝、阻挠市场监督管理部门监督检查，或者有其他构成违反治安管理行为的，依法给予治安管理处罚；构成犯罪的，依法追究刑事责任。

**第七十一条　【广告审查机关的责任】**广告审查机关对违法的广告内容作出审查批准决定的，对负有责任的主管人员和直接责任人员，由任免机关或者监察机关依法给予处分；构成犯罪的，依法追究刑事责任。

**第七十二条　【广告管理部门及其工作人员的责任】**市场监督管理部门对在履行广告监测职责中发现的违法广告行为或者对经投诉、举报的违法广告行为，不依法予以查处的，对负有责任的主管人员和直接责任人员，依法给予处分。

市场监督管理部门和负责广告管理相关工作的有关部门的工作人员玩忽职守、滥用职权、徇私舞弊的，依法给予处分。

有前两款行为，构成犯罪的，依法追究刑事责任。

### 第六章　附　则

**第七十三条　【公益广告】**国家鼓励、支持开展公益广告宣传活动，传播社会主义核心价值观，倡导文明风尚。

大众传播媒介有义务发布公益广告。广播电台、电视台、报刊出版单位应当按照规定的版面、时段、时长发布公益广告。公益广告的管理办法，由国务院市场监督管理部门会同有关部门制定。

**第七十四条　【实施日期】**本法自 2015 年 9 月 1 日起施行。

## 中华人民共和国商标法

- 1982 年 8 月 23 日第五届全国人民代表大会常务委员会第二十四次会议通过
- 根据 1993 年 2 月 22 日第七届全国人民代表大会常务委员会第三十次会议《关于修改〈中华人民共和国商标法〉的决定》第一次修正
- 根据 2001 年 10 月 27 日第九届全国人民代表大会常务委员会第二十四次会议《关于修改〈中华人民共和国商标法〉的决定》第二次修正
- 根据 2013 年 8 月 30 日第十二届全国人民代表大会常务委员会第四次会议《关于修改〈中华人民共和国商标法〉的决定》第三次修正
- 根据 2019 年 4 月 23 日第十三届全国人民代表大会常务委员会第十次会议《关于修改〈中华人民共和国建筑法〉等八部法律的决定》第四次修正

### 目　录

第一章　总　则
第二章　商标注册的申请
第三章　商标注册的审查和核准
第四章　注册商标的续展、变更、转让和使用许可
第五章　注册商标的无效宣告
第六章　商标使用的管理
第七章　注册商标专用权的保护
第八章　附　则

### 第一章　总　则

**第一条　【立法宗旨】**为了加强商标管理，保护商标专用权，促使生产、经营者保证商品和服务质量，维护商标信誉，以保障消费者和生产、经营者的利益，促进社会主义市场经济的发展，特制定本法。

**第二条　【行政主管部门】**国务院工商行政管理部门商标局主管全国商标注册和管理的工作。

国务院工商行政管理部门设立商标评审委员会，负责处理商标争议事宜。

**第三条　【注册商标及其分类与保护】**经商标局核准注册的商标为注册商标，包括商品商标、服务商标和集体商标、证明商标；商标注册人享有商标专用权，受法律保护。

本法所称集体商标，是指以团体、协会或者其他组织名义注册，供该组织成员在商事活动中使用，以表明使用者在该组织中的成员资格的标志。

本法所称证明商标，是指由对某种商品或者服务具有监督能力的组织所控制，而由该组织以外的单位或者个人使用于其商品或者服务，用以证明该商品或者服务的原产地、原料、制造方法、质量或者其他特定品质的标志。

集体商标、证明商标注册和管理的特殊事项，由国务院工商行政管理部门规定。

**第四条　【商标注册申请】**自然人、法人或者其他组织在生产经营活动中，对其商品或者服务需要取得商标专用权的，应当向商标局申请商标注册。不以使用为目的的恶意商标注册申请，应当予以驳回。

本法有关商品商标的规定，适用于服务商标。

**第五条　【注册商标共有】**两个以上的自然人、法人或者其他组织可以共同向商标局申请注册同一商标，共同享有和行使该商标专用权。

**第六条　【商标强制注册】**法律、行政法规规定必须使用注册商标的商品，必须申请商标注册，未经核准注册的，不得在市场销售。

**第七条　【诚实信用原则和商品质量】**申请注册和

使用商标,应当遵循诚实信用原则。

商标使用人应当对其使用商标的商品质量负责。各级工商行政管理部门应当通过商标管理,制止欺骗消费者的行为。

**第八条 【商标的构成要素】**任何能够将自然人、法人或者其他组织的商品与他人的商品区别开的标志,包括文字、图形、字母、数字、三维标志、颜色组合和声音等,以及上述要素的组合,均可以作为商标申请注册。

**第九条 【申请注册的商标应具备的条件】**申请注册的商标,应当有显著特征,便于识别,并不得与他人在先取得的合法权利相冲突。

商标注册人有权标明“注册商标”或者注册标记。

**第十条 【禁止作为商标使用的标志】**下列标志不得作为商标使用:

(一) 同中华人民共和国的国家名称、国旗、国徽、国歌、军旗、军徽、军歌、勋章等相同或者近似的,以及同中央国家机关的名称、标志、所在地特定地点的名称或者标志性建筑物的名称、图形相同的;

(二) 同外国的国家名称、国旗、国徽、军旗等相同或者近似的,但经该国政府同意的除外;

(三) 同政府间国际组织的名称、旗帜、徽记等相同或者近似的,但经该组织同意或者不易误导公众的除外;

(四) 与表明实施控制、予以保证的官方标志、检验印记相同或者近似的,但经授权的除外;

(五) 同“红十字”、“红新月”的名称、标志相同或者近似的;

(六) 带有民族歧视性的;

(七) 带有欺骗性,容易使公众对商品的质量等特点或者产地产生误认的;

(八) 有害于社会主义道德风尚或者有其他不良影响的。

县级以上行政区划的地名或者公众知晓的外国地名,不得作为商标。但是,地名具有其他含义或者作为集体商标、证明商标组成部分的除外;已经注册的使用地名的商标继续有效。

**第十一条 【不得作为商标注册的标志】**下列标志不得作为商标注册:

(一) 仅有本商品的通用名称、图形、型号的;

(二) 仅直接表示商品的质量、主要原料、功能、用途、重量、数量及其他特点的;

(三) 其他缺乏显著特征的。

前款所列标志经过使用取得显著特征,并便于识别的,可以作为商标注册。

**第十二条 【三维标志申请注册商标的限制条件】**以三维标志申请注册商标的,仅由商品自身的性质产生的形状、为获得技术效果而需有的商品形状或者使商品具有实质性价值的形状,不得注册。

**第十三条 【驰名商标的保护】**为相关公众所熟知的商标,持有人认为其权利受到侵害时,可以依照本法规定请求驰名商标保护。

就相同或者类似商品申请注册的商标是复制、摹仿或者翻译他人未在中国注册的驰名商标,容易导致混淆的,不予注册并禁止使用。

就不相同或者不相类似商品申请注册的商标是复制、摹仿或者翻译他人已经在中国注册的驰名商标,误导公众,致使该驰名商标注册人的利益可能受到损害的,不予注册并禁止使用。

**第十四条 【驰名商标的认定】**驰名商标应当根据当事人的请求,作为处理涉及商标案件需要认定的事实进行认定。认定驰名商标应当考虑下列因素:

(一) 相关公众对该商标的知晓程度;

(二) 该商标使用的持续时间;

(三) 该商标的任何宣传工作的持续时间、程度和地理范围;

(四) 该商标作为驰名商标受保护的记录;

(五) 该商标驰名的其他因素。

在商标注册审查、工商行政管理部门查处商标违法案件过程中,当事人依照本法第十三条规定主张权利的,商标局根据审查、处理案件的需要,可以对商标驰名情况作出认定。

在商标争议处理过程中,当事人依照本法第十三条规定主张权利的,商标评审委员会根据处理案件的需要,可以对商标驰名情况作出认定。

在商标民事、行政案件审理过程中,当事人依照本法第十三条规定主张权利的,最高人民法院指定的人民法院根据审理案件的需要,可以对商标驰名情况作出认定。

生产、经营者不得将“驰名商标”字样用于商品、商品包装或者容器上,或者用于广告宣传、展览以及其他商业活动中。

**第十五条 【恶意注册他人商标】**未经授权,代理人或者代表人以自己的名义将被代理人或者被代表人的商标进行注册,被代理人或者被代表人提出异议的,不予注册并禁止使用。

就同一种商品或者类似商品申请注册的商标与他人

在先使用的未注册商标相同或者近似,申请人与该他人具有前款规定以外的合同、业务往来关系或者其他关系而明知该他人商标存在,该他人提出异议的,不予注册。

**第十六条 【地理标志】**商标中有商品的地理标志,而该商品并非来源于该标志所标示的地区,误导公众的,不予注册并禁止使用;但是,已经善意取得注册的继续有效。

前款所称地理标志,是指标示某商品来源于某地区,该商品的特定质量、信誉或者其他特征,主要由该地区的自然因素或者人文因素所决定的标志。

**第十七条 【外国人在中国申请商标注册】**外国人或者外国企业在中国申请商标注册的,应当按其所属国和中华人民共和国签订的协议或者共同参加的国际条约办理,或者按对等原则办理。

**第十八条 【商标代理机构】**申请商标注册或者办理其他商标事宜,可以自行办理,也可以委托依法设立的商标代理机构办理。

外国人或者外国企业在中国申请商标注册和办理其他商标事宜的,应当委托依法设立的商标代理机构办理。

**第十九条 【商标代理机构的行为规范】**商标代理机构应当遵循诚实信用原则,遵守法律、行政法规,按照被代理人的委托办理商标注册申请或者其他商标事宜;对在代理过程中知悉的被代理人的商业秘密,负有保密义务。

委托人申请注册的商标可能存在本法规定不得注册情形的,商标代理机构应当明确告知委托人。

商标代理机构知道或者应当知道委托人申请注册的商标属于本法第四条、第十五条和第三十二条规定情形的,不得接受其委托。

商标代理机构除对其代理服务申请商标注册外,不得申请注册其他商标。

**第二十条 【商标代理行业组织对会员的管理】**商标代理行业组织应当按照章程规定,严格执行吸纳会员的条件,对违反行业自律规范的会员实行惩戒。商标代理行业组织对其吸纳的会员和对会员的惩戒情况,应当及时向社会公布。

**第二十一条 【商标国际注册】**商标国际注册遵循中华人民共和国缔结或者参加的有关国际条约确立的制度,具体办法由国务院规定。

## 第二章 商标注册的申请

**第二十二条 【商标注册申请的提出】**商标注册申请人应当按规定的商品分类表填报使用商标的商品类别和商品名称,提出注册申请。

商标注册申请人可以通过一份申请就多个类别的商品申请注册同一商标。

商标注册申请等有关文件,可以以书面方式或者数据电文方式提出。

**第二十三条 【注册申请的另行提出】**注册商标需要在核定使用范围之外的商品上取得商标专用权的,应当另行提出注册申请。

**第二十四条 【注册申请的重新提出】**注册商标需要改变其标志的,应当重新提出注册申请。

**第二十五条 【优先权及其手续】**商标注册申请人自其商标在外国第一次提出商标注册申请之日起六个月内,又在中国就相同商品以同一商标提出商标注册申请的,依照该外国同中国签订的协议或者共同参加的国际条约,或者按照相互承认优先权的原则,可以享有优先权。

依照前款要求优先权的,应当在提出商标注册申请的时候提出书面声明,并且在三个月内提交第一次提出的商标注册申请文件的副本;未提出书面声明或者逾期未提交商标注册申请文件副本的,视为未要求优先权。

**第二十六条 【国际展览会中的临时保护】**商标在中国政府主办的或者承认的国际展览会展出的商品上首次使用的,自该商品展出之日起六个月内,该商标的注册申请人可以享有优先权。

依照前款要求优先权的,应当在提出商标注册申请的时候提出书面声明,并且在三个月内提交展出其商品的展览会名称、在展出商品上使用该商标的证据、展出日期等证明文件;未提出书面声明或者逾期未提交证明文件的,视为未要求优先权。

**第二十七条 【申报事项和材料的真实、准确、完整】**为申请商标注册所申报的事项和所提供的材料应当真实、准确、完整。

## 第三章 商标注册的审查和核准

**第二十八条 【初步审定并公告】**对申请注册的商标,商标局应当自收到商标注册申请文件之日起九个月内审查完毕,符合本法有关规定的,予以初步审定公告。

**第二十九条 【商标注册申请内容的说明和修正】**在审查过程中,商标局认为商标注册申请内容需要说明或者修正的,可以要求申请人做出说明或者修正。申请人未做出说明或者修正的,不影响商标局做出审查决定。

**第三十条 【商标注册申请的驳回】**申请注册的商标,凡不符合本法有关规定或者同他人在同一种商品或者类似商品上已经注册的或者初步审定的商标相同或者近似的，由商标局驳回申请，不予公告。

**第三十一条 【申请在先原则】**两个或者两个以上的商标注册申请人，在同一种商品或者类似商品上，以相同或者近似的商标申请注册的，初步审定并公告申请在先的商标；同一天申请的，初步审定并公告使用在先的商标，驳回其他人的申请，不予公告。

**第三十二条 【在先权利与恶意抢注】**申请商标注册不得损害他人现有的在先权利，也不得以不正当手段抢先注册他人已经使用并有一定影响的商标。

**第三十三条 【商标异议和核准注册】**对初步审定公告的商标，自公告之日起三个月内，在先权利人、利害关系人认为违反本法第十三条第二款和第三款、第十五条、第十六条第一款、第三十条、第三十一条、第三十二条规定的，或者任何人认为违反本法第四条、第十条、第十一条、第十二条、第十九条第四款规定的，可以向商标局提出异议。公告期满无异议的，予以核准注册，发给商标注册证，并予公告。

**第三十四条 【驳回商标申请的处理】**对驳回申请、不予公告的商标，商标局应当书面通知商标注册申请人。商标注册申请人不服的，可以自收到通知之日起十五日内向商标评审委员会申请复审。商标评审委员会应当自收到申请之日起九个月内做出决定，并书面通知申请人。有特殊情况需要延长的，经国务院工商行政管理部门批准，可以延长三个月。当事人对商标评审委员会的决定不服的，可以自收到通知之日起三十日内向人民法院起诉。

**第三十五条 【商标异议的处理】**对初步审定公告的商标提出异议的，商标局应当听取异议人和被异议人陈述事实和理由，经调查核实后，自公告期满之日起十二个月内做出是否准予注册的决定，并书面通知异议人和被异议人。有特殊情况需要延长的，经国务院工商行政管理部门批准，可以延长六个月。

商标局做出准予注册决定的，发给商标注册证，并予公告。异议人不服的，可以依照本法第四十四条、第四十五条的规定向商标评审委员会请求宣告该注册商标无效。

商标局做出不予注册决定，被异议人不服的，可以自收到通知之日起十五日内向商标评审委员会申请复审。商标评审委员会应当自收到申请之日起十二个月内做出复审决定，并书面通知异议人和被异议人。有特殊情况需要延长的，经国务院工商行政管理部门批准，可以延长六个月。被异议人对商标评审委员会的决定不服的，可以自收到通知之日起三十日内向人民法院起诉。人民法院应当通知异议人作为第三人参加诉讼。

商标评审委员会在依照前款规定进行复审的过程中，所涉及的在先权利的确定必须以人民法院正在审理或者行政机关正在处理的另一案件的结果为依据的，可以中止审查。中止原因消除后，应当恢复审查程序。

**第三十六条 【有关决定的生效及效力】**法定期限届满，当事人对商标局做出的驳回申请决定、不予注册决定不申请复审或者对商标评审委员会做出的复审决定不向人民法院起诉的，驳回申请决定、不予注册决定或者复审决定生效。

经审查异议不成立而准予注册的商标，商标注册申请人取得商标专用权的时间自初步审定公告三个月期满之日起计算。自该商标公告期满之日起至准予注册决定做出前，对他人在同一种或者类似商品上使用与该商标相同或者近似的标志的行为不具有追溯力；但是，因该使用人的恶意给商标注册人造成的损失，应当给予赔偿。

**第三十七条 【及时审查原则】**对商标注册申请和商标复审申请应当及时进行审查。

**第三十八条 【商标申请文件或注册文件错误的更正】**商标注册申请人或者注册人发现商标申请文件或者注册文件有明显错误的，可以申请更正。商标局依法在其职权范围内作出更正，并通知当事人。

前款所称更正错误不涉及商标申请文件或者注册文件的实质性内容。

## 第四章 注册商标的续展、变更、转让和使用许可

**第三十九条 【注册商标的有效期限】**注册商标的有效期为十年，自核准注册之日起计算。

**第四十条 【续展手续的办理】**注册商标有效期满，需要继续使用的，商标注册人应当在期满前十二个月内按照规定办理续展手续；在此期间未能办理的，可以给予六个月的宽展期。每次续展注册的有效期为十年，自该商标上一届有效期满次日起计算。期满未办理续展手续的，注销其注册商标。

商标局应当对续展注册的商标予以公告。

**第四十一条 【注册商标的变更】**注册商标需要变更注册人的名义、地址或者其他注册事项的，应当提出变更申请。

**第四十二条 【注册商标的转让】**转让注册商标的，转让人和受让人应当签订转让协议，并共同向商标局提出申请。受让人应当保证使用该注册商标的商品质量。

转让注册商标的，商标注册人对其在同一种商品上注册的近似的商标，或者在类似商品上注册的相同或者近似的商标，应当一并转让。

对容易导致混淆或者有其他不良影响的转让，商标局不予核准，书面通知申请人并说明理由。

转让注册商标经核准后，予以公告。受让人自公告之日起享有商标专用权。

**第四十三条　【注册商标的使用许可】**商标注册人可以通过签订商标使用许可合同，许可他人使用其注册商标。许可人应当监督被许可人使用其注册商标的商品质量。被许可人应当保证使用该注册商标的商品质量。

经许可使用他人注册商标的，必须在使用该注册商标的商品上标明被许可人的名称和商品产地。

许可他人使用其注册商标的，许可人应当将其商标使用许可报商标局备案，由商标局公告。商标使用许可未经备案不得对抗善意第三人。

## 第五章　注册商标的无效宣告

**第四十四条　【注册不当商标的处理】**已经注册的商标，违反本法第四条、第十条、第十一条、第十二条、第十九条第四款规定的，或者是以欺骗手段或者其他不正当手段取得注册的，由商标局宣告该注册商标无效；其他单位或者个人可以请求商标评审委员会宣告该注册商标无效。

商标局做出宣告注册商标无效的决定，应当书面通知当事人。当事人对商标局的决定不服的，可以自收到通知之日起十五日内向商标评审委员会申请复审。商标评审委员会应当自收到申请之日起九个月内做出决定，并书面通知当事人。有特殊情况需要延长的，经国务院工商行政管理部门批准，可以延长三个月。当事人对商标评审委员会的决定不服的，可以自收到通知之日起三十日内向人民法院起诉。

其他单位或者个人请求商标评审委员会宣告注册商标无效的，商标评审委员会收到申请后，应当书面通知有关当事人，并限期提出答辩。商标评审委员会应当自收到申请之日起九个月内做出维持注册商标或者宣告注册商标无效的裁定，并书面通知当事人。有特殊情况需要延长的，经国务院工商行政管理部门批准，可以延长三个月。当事人对商标评审委员会的裁定不服的，可以自收到通知之日起三十日内向人民法院起诉。人民法院应当通知商标裁定程序的对方当事人作为第三人参加诉讼。

**第四十五条　【对与他人在先权利相冲突的注册商标的处理】**已经注册的商标，违反本法第十三条第二款和第三款、第十五条、第十六条第一款、第三十条、第三十一条、第三十二条规定的，自商标注册之日起五年内，在先权利人或者利害关系人可以请求商标评审委员会宣告该注册商标无效。对恶意注册的，驰名商标所有人不受五年的时间限制。

商标评审委员会收到宣告注册商标无效的申请后，应当书面通知有关当事人，并限期提出答辩。商标评审委员会应当自收到申请之日起十二个月内做出维持注册商标或者宣告注册商标无效的裁定，并书面通知当事人。有特殊情况需要延长的，经国务院工商行政管理部门批准，可以延长六个月。当事人对商标评审委员会的裁定不服的，可以自收到通知之日起三十日内向人民法院起诉。人民法院应当通知商标裁定程序的对方当事人作为第三人参加诉讼。

商标评审委员会在依照前款规定对无效宣告请求进行审查的过程中，所涉及的在先权利的确定必须以人民法院正在审理或者行政机关正在处理的另一案件的结果为依据的，可以中止审查。中止原因消除后，应当恢复审查程序。

**第四十六条　【有关宣告注册商标无效或维持的决定、裁定生效】**法定期限届满，当事人对商标局宣告注册商标无效的决定不申请复审或者对商标评审委员会的复审决定、维持注册商标或者宣告注册商标无效的裁定不向人民法院起诉的，商标局的决定或者商标评审委员会的复审决定、裁定生效。

**第四十七条　【宣告注册商标无效的法律效力】**依照本法第四十四条、第四十五条的规定宣告无效的注册商标，由商标局予以公告，该注册商标专用权视为自始即不存在。

宣告注册商标无效的决定或者裁定，对宣告无效前人民法院做出并已执行的商标侵权案件的判决、裁定、调解书和工商行政管理部门做出并已执行的商标侵权案件的处理决定以及已经履行的商标转让或者使用许可合同不具有追溯力。但是，因商标注册人的恶意给他人造成的损失，应当给予赔偿。

依照前款规定不返还商标侵权赔偿金、商标转让费、商标使用费，明显违反公平原则的，应当全部或者部分返还。

## 第六章　商标使用的管理

**第四十八条　【商标的使用】**本法所称商标的使用，是指将商标用于商品、商品包装或者容器以及商品交易文书上，或者将商标用于广告宣传、展览以及其他商业活动中,用于识别商品来源的行为。

**第四十九条 【违法使用注册商标】**商标注册人在使用注册商标的过程中,自行改变注册商标、注册人名义、地址或者其他注册事项的,由地方工商行政管理部门责令限期改正;期满不改正的,由商标局撤销其注册商标。

注册商标成为其核定使用的商品的通用名称或者没有正当理由连续三年不使用的,任何单位或者个人可以向商标局申请撤销该注册商标。商标局应当自收到申请之日起九个月内做出决定。有特殊情况需要延长的,经国务院工商行政管理部门批准,可以延长三个月。

**第五十条 【对被撤销、宣告无效或者注销的商标的管理】**注册商标被撤销、被宣告无效或者期满不再续展的,自撤销、宣告无效或者注销之日起一年内,商标局对与该商标相同或者近似的商标注册申请,不予核准。

**第五十一条 【对强制注册商标的管理】**违反本法第六条规定的,由地方工商行政管理部门责令限期申请注册,违法经营额五万元以上的,可以处违法经营额百分之二十以下的罚款,没有违法经营额或者违法经营额不足五万元的,可以处一万元以下的罚款。

**第五十二条 【对未注册商标的管理】**将未注册商标冒充注册商标使用的,或者使用未注册商标违反本法第十条规定的,由地方工商行政管理部门予以制止,限期改正,并可以予以通报,违法经营额五万元以上的,可以处违法经营额百分之二十以下的罚款,没有违法经营额或者违法经营额不足五万元的,可以处一万元以下的罚款。

**第五十三条 【违法使用驰名商标的责任】**违反本法第十四条第五款规定的,由地方工商行政管理部门责令改正,处十万元罚款。

**第五十四条 【对撤销或不予撤销注册商标决定的复审】**对商标局撤销或者不予撤销注册商标的决定,当事人不服的,可以自收到通知之日起十五日内向商标评审委员会申请复审。商标评审委员会应当自收到申请之日起九个月内做出决定,并书面通知当事人。有特殊情况需要延长的,经国务院工商行政管理部门批准,可以延长三个月。当事人对商标评审委员会的决定不服的,可以自收到通知之日起三十日内向人民法院起诉。

**第五十五条 【撤销注册商标决定的生效】**法定期限届满,当事人对商标局做出的撤销注册商标的决定不申请复审或者对商标评审委员会做出的复审决定不向人民法院起诉的,撤销注册商标的决定、复审决定生效。

被撤销的注册商标,由商标局予以公告,该注册商标专用权自公告之日起终止。

## 第七章 注册商标专用权的保护

**第五十六条 【注册商标专用权的保护范围】**注册商标的专用权,以核准注册的商标和核定使用的商品为限。

**第五十七条 【商标侵权行为】**有下列行为之一的,均属侵犯注册商标专用权:

(一)未经商标注册人的许可,在同一种商品上使用与其注册商标相同的商标的;

(二)未经商标注册人的许可,在同一种商品上使用与其注册商标近似的商标,或者在类似商品上使用与其注册商标相同或者近似的商标,容易导致混淆的;

(三)销售侵犯注册商标专用权的商品的;

(四)伪造、擅自制造他人注册商标标识或者销售伪造、擅自制造的注册商标标识的;

(五)未经商标注册人同意,更换其注册商标并将该更换商标的商品又投入市场的;

(六)故意为侵犯他人商标专用权行为提供便利条件,帮助他人实施侵犯商标专用权行为的;

(七)给他人的注册商标专用权造成其他损害的。

**第五十八条 【不正当竞争】**将他人注册商标、未注册的驰名商标作为企业名称中的字号使用,误导公众,构成不正当竞争行为的,依照《中华人民共和国反不正当竞争法》处理。

**第五十九条 【注册商标专用权行使限制】**注册商标中含有的本商品的通用名称、图形、型号,或者直接表示商品的质量、主要原料、功能、用途、重量、数量及其他特点,或者含有的地名,注册商标专用权人无权禁止他人正当使用。

三维标志注册商标中含有的商品自身的性质产生的形状、为获得技术效果而需有的商品形状或者使商品具有实质性价值的形状,注册商标专用权人无权禁止他人正当使用。

商标注册人申请商标注册前,他人已经在同一种商品或者类似商品上先于商标注册人使用与注册商标相同或者近似并有一定影响的商标的,注册商标专用权人无权禁止该使用人在原使用范围内继续使用该商标,但可以要求其附加适当区别标识。

**第六十条 【侵犯注册商标专用权的责任】**有本法第五十七条所列侵犯注册商标专用权行为之一,引起纠纷的,由当事人协商解决;不愿协商或者协商不成的,商标注册人或者利害关系人可以向人民法院起诉，也可以请求工商行政管理部门处理。

工商行政管理部门处理时，认定侵权行为成立的，责令立即停止侵权行为，没收、销毁侵权商品和主要用于制造侵权商品、伪造注册商标标识的工具，违法经营额五万元以上的，可以处违法经营额五倍以下的罚款，没有违法经营额或者违法经营额不足五万元的，可以处二十五万元以下的罚款。对五年内实施两次以上商标侵权行为或者有其他严重情节的，应当从重处罚。销售不知道是侵犯注册商标专用权的商品，能证明该商品是自己合法取得并说明提供者的，由工商行政管理部门责令停止销售。

对侵犯商标专用权的赔偿数额的争议，当事人可以请求进行处理的工商行政管理部门调解，也可以依照《中华人民共和国民事诉讼法》向人民法院起诉。经工商行政管理部门调解，当事人未达成协议或者调解书生效后不履行的，当事人可以依照《中华人民共和国民事诉讼法》向人民法院起诉。

**第六十一条　【对侵犯注册商标专用权的处理】**对侵犯注册商标专用权的行为，工商行政管理部门有权依法查处；涉嫌犯罪的，应当及时移送司法机关依法处理。

**第六十二条　【商标侵权行为的查处】**县级以上工商行政管理部门根据已经取得的违法嫌疑证据或者举报，对涉嫌侵犯他人注册商标专用权的行为进行查处时，可以行使下列职权：

（一）询问有关当事人，调查与侵犯他人注册商标专用权有关的情况；

（二）查阅、复制当事人与侵权活动有关的合同、发票、账簿以及其他有关资料；

（三）对当事人涉嫌从事侵犯他人注册商标专用权活动的场所实施现场检查；

（四）检查与侵权活动有关的物品；对有证据证明是侵犯他人注册商标专用权的物品，可以查封或者扣押。

工商行政管理部门依法行使前款规定的职权时，当事人应当予以协助、配合，不得拒绝、阻挠。

在查处商标侵权案件过程中，对商标权属存在争议或者权利人同时向人民法院提起商标侵权诉讼的，工商行政管理部门可以中止案件的查处。中止原因消除后，应当恢复或者终结案件查处程序。

**第六十三条　【侵犯商标专用权的赔偿数额的确定】**侵犯商标专用权的赔偿数额，按照权利人因被侵权所受到的实际损失确定；实际损失难以确定的，可以按照侵权人因侵权所获得的利益确定；权利人的损失或者侵权人获得的利益难以确定的，参照该商标许可使用费的倍数合理确定。对恶意侵犯商标专用权，情节严重的，可以在按照上述方法确定数额的一倍以上五倍以下确定赔偿数额。赔偿数额应当包括权利人为制止侵权行为所支付的合理开支。

人民法院为确定赔偿数额，在权利人已经尽力举证，而与侵权行为相关的账簿、资料主要由侵权人掌握的情况下，可以责令侵权人提供与侵权行为相关的账簿、资料；侵权人不提供或者提供虚假的账簿、资料的，人民法院可以参考权利人的主张和提供的证据判定赔偿数额。

权利人因被侵权所受到的实际损失、侵权人因侵权所获得的利益、注册商标许可使用费难以确定的，由人民法院根据侵权行为的情节判决给予五百万元以下的赔偿。

人民法院审理商标纠纷案件，应权利人请求，对属于假冒注册商标的商品，除特殊情况外，责令销毁；对主要用于制造假冒注册商标的商品的材料、工具，责令销毁，且不予补偿；或者在特殊情况下，责令禁止前述材料、工具进入商业渠道，且不予补偿。

假冒注册商标的商品不得在仅去除假冒注册商标后进入商业渠道。

**第六十四条　【商标侵权纠纷中的免责情形】**注册商标专用权人请求赔偿，被控侵权人以注册商标专用权人未使用注册商标提出抗辩的，人民法院可以要求注册商标专用权人提供此前三年内实际使用该注册商标的证据。注册商标专用权人不能证明此前三年内实际使用过该注册商标，也不能证明因侵权行为受到其他损失的，被控侵权人不承担赔偿责任。

销售不知道是侵犯注册商标专用权的商品，能证明该商品是自己合法取得并说明提供者的，不承担赔偿责任。

**第六十五条　【诉前临时保护措施】**商标注册人或者利害关系人有证据证明他人正在实施或者即将实施侵犯其注册商标专用权的行为，如不及时制止将会使其合法权益受到难以弥补的损害的，可以依法在起诉前向人民法院申请采取责令停止有关行为和财产保全的措施。

**第六十六条　【诉前证据保全】**为制止侵权行为，在证据可能灭失或者以后难以取得的情况下，商标注册人或者利害关系人可以依法在起诉前向人民法院申请保全证据。

**第六十七条　【刑事责任】**未经商标注册人许可，在同一种商品上使用与其注册商标相同的商标，构成犯罪的，除赔偿被侵权人的损失外，依法追究刑事责任。

伪造、擅自制造他人注册商标标识或者销售伪造、擅自制造的注册商标标识,构成犯罪的,除赔偿被侵权人的损失外,依法追究刑事责任。

销售明知是假冒注册商标的商品,构成犯罪的,除赔偿被侵权人的损失外,依法追究刑事责任。

**第六十八条 【商标代理机构的法律责任】**商标代理机构有下列行为之一的,由工商行政管理部门责令限期改正,给予警告,处一万元以上十万元以下的罚款;对直接负责的主管人员和其他直接责任人员给予警告,处五千元以上五万元以下的罚款;构成犯罪的,依法追究刑事责任:

(一)办理商标事宜过程中,伪造、变造或者使用伪造、变造的法律文件、印章、签名的;

(二)以诋毁其他商标代理机构等手段招徕商标代理业务或者以其他不正当手段扰乱商标代理市场秩序的;

(三)违反本法第四条、第十九条第三款和第四款规定的。

商标代理机构有前款规定行为的,由工商行政管理部门记入信用档案;情节严重的,商标局、商标评审委员会并可以决定停止受理其办理商标代理业务,予以公告。

商标代理机构违反诚实信用原则,侵害委托人合法利益的,应当依法承担民事责任,并由商标代理行业组织按照章程规定予以惩戒。

对恶意申请商标注册的,根据情节给予警告、罚款等行政处罚;对恶意提起商标诉讼的,由人民法院依法给予处罚。

**第六十九条 【商标监管机构及其人员的行为要求】**从事商标注册、管理和复审工作的国家机关工作人员必须秉公执法,廉洁自律,忠于职守,文明服务。

商标局、商标评审委员会以及从事商标注册、管理和复审工作的国家机关工作人员不得从事商标代理业务和商品生产经营活动。

**第七十条 【工商行政管理部门的内部监督】**工商行政管理部门应当建立健全内部监督制度,对负责商标注册、管理和复审工作的国家机关工作人员执行法律、行政法规和遵守纪律的情况,进行监督检查。

**第七十一条 【相关工作人员的法律责任】**从事商标注册、管理和复审工作的国家机关工作人员玩忽职守、滥用职权、徇私舞弊,违法办理商标注册、管理和复审事项,收受当事人财物,牟取不正当利益,构成犯罪的,依法追究刑事责任;尚不构成犯罪的,依法给予处分。

### 第八章 附 则

**第七十二条 【商标规费】**申请商标注册和办理其他商标事宜的,应当缴纳费用,具体收费标准另定。

**第七十三条 【时间效力】**本法自 1983 年 3 月 1 日起施行。1963 年 4 月 10 日国务院公布的《商标管理条例》同时废止;其他有关商标管理的规定,凡与本法抵触的,同时失效。

本法施行前已经注册的商标继续有效。

## 中华人民共和国专利法

· 1984 年 3 月 12 日第六届全国人民代表大会常务委员会第四次会议通过
· 根据 1992 年 9 月 4 日第七届全国人民代表大会常务委员会第二十七次会议《关于修改〈中华人民共和国专利法〉的决定》第一次修正
· 根据 2000 年 8 月 25 日第九届全国人民代表大会常务委员会第十七次会议《关于修改〈中华人民共和国专利法〉的决定》第二次修正
· 根据 2008 年 12 月 27 日第十一届全国人民代表大会常务委员会第六次会议《关于修改〈中华人民共和国专利法〉的决定》第三次修正
· 根据 2020 年 10 月 17 日第十三届全国人民代表大会常务委员会第二十二次会议《关于修改〈中华人民共和国专利法〉的决定》第四次修正

### 目 录

第一章 总 则
第二章 授予专利权的条件
第三章 专利的申请
第四章 专利申请的审查和批准
第五章 专利权的期限、终止和无效
第六章 专利实施的特别许可
第七章 专利权的保护
第八章 附 则

### 第一章 总 则

**第一条** 为了保护专利权人的合法权益,鼓励发明创造,推动发明创造的应用,提高创新能力,促进科学技术进步和经济社会发展,制定本法。

**第二条** 本法所称的发明创造是指发明、实用新型和外观设计。

发明,是指对产品、方法或者其改进所提出的新的技术方案。

实用新型,是指对产品的形状、构造或者其结合所提出的适于实用的新的技术方案。

外观设计,是指对产品的整体或者局部的形状、图案或者其结合以及色彩与形状、图案的结合所作出的富有美感并适于工业应用的新设计。

**第三条** 国务院专利行政部门负责管理全国的专利工作;统一受理和审查专利申请,依法授予专利权。

省、自治区、直辖市人民政府管理专利工作的部门负责本行政区域内的专利管理工作。

**第四条** 申请专利的发明创造涉及国家安全或者重大利益需要保密的,按照国家有关规定办理。

**第五条** 对违反法律、社会公德或者妨害公共利益的发明创造,不授予专利权。

对违反法律、行政法规的规定获取或者利用遗传资源,并依赖该遗传资源完成的发明创造,不授予专利权。

**第六条** 执行本单位的任务或者主要是利用本单位的物质技术条件所完成的发明创造为职务发明创造。职务发明创造申请专利的权利属于该单位,申请被批准后,该单位为专利权人。该单位可以依法处置其职务发明创造申请专利的权利和专利权,促进相关发明创造的实施和运用。

非职务发明创造,申请专利的权利属于发明人或者设计人;申请被批准后,该发明人或者设计人为专利权人。

利用本单位的物质技术条件所完成的发明创造,单位与发明人或者设计人订有合同,对申请专利的权利和专利权的归属作出约定的,从其约定。

**第七条** 对发明人或者设计人的非职务发明创造专利申请,任何单位或者个人不得压制。

**第八条** 两个以上单位或者个人合作完成的发明创造、一个单位或者个人接受其他单位或者个人委托所完成的发明创造,除另有协议的以外,申请专利的权利属于完成或者共同完成的单位或者个人;申请被批准后,申请的单位或者个人为专利权人。

**第九条** 同样的发明创造只能授予一项专利权。但是,同一申请人同日对同样的发明创造既申请实用新型专利又申请发明专利,先获得的实用新型专利权尚未终止,且申请人声明放弃该实用新型专利权的,可以授予发明专利权。

两个以上的申请人分别就同样的发明创造申请专利的,专利权授予最先申请的人。

**第十条** 专利申请权和专利权可以转让。

中国单位或者个人向外国人、外国企业或者外国其他组织转让专利申请权或者专利权的,应当依照有关法律、行政法规的规定办理手续。

转让专利申请权或者专利权的,当事人应当订立书面合同,并向国务院专利行政部门登记,由国务院专利行政部门予以公告。专利申请权或者专利权的转让自登记之日起生效。

**第十一条** 发明和实用新型专利权被授予后,除本法另有规定的以外,任何单位或者个人未经专利权人许可,都不得实施其专利,即不得为生产经营目的制造、使用、许诺销售、销售、进口其专利产品,或者使用其专利方法以及使用、许诺销售、销售、进口依照该专利方法直接获得的产品。

外观设计专利权被授予后,任何单位或者个人未经专利权人许可,都不得实施其专利,即不得为生产经营目的制造、许诺销售、销售、进口其外观设计专利产品。

**第十二条** 任何单位或者个人实施他人专利的,应当与专利权人订立实施许可合同,向专利权人支付专利使用费。被许可人无权允许合同规定以外的任何单位或者个人实施该专利。

**第十三条** 发明专利申请公布后,申请人可以要求实施其发明的单位或者个人支付适当的费用。

**第十四条** 专利申请权或者专利权的共有人对权利的行使有约定的,从其约定。没有约定的,共有人可以单独实施或者以普通许可方式许可他人实施该专利;许可他人实施该专利的,收取的使用费应当在共有人之间分配。

除前款规定的情形外,行使共有的专利申请权或者专利权应当取得全体共有人的同意。

**第十五条** 被授予专利权的单位应当对职务发明创造的发明人或者设计人给予奖励;发明创造专利实施后,根据其推广应用的范围和取得的经济效益,对发明人或者设计人给予合理的报酬。

国家鼓励被授予专利权的单位实行产权激励,采取股权、期权、分红等方式,使发明人或者设计人合理分享创新收益。

**第十六条** 发明人或者设计人有权在专利文件中写明自己是发明人或者设计人。

专利权人有权在其专利产品或者该产品的包装上标明专利标识。

**第十七条** 在中国没有经常居所或者营业所的外国人、外国企业或者外国其他组织在中国申请专利的,依照其所属国同中国签订的协议或者共同参加的国际条约，或者依照互惠原则，根据本法办理。

**第十八条** 在中国没有经常居所或者营业所的外国人、外国企业或者外国其他组织在中国申请专利和办理其他专利事务的，应当委托依法设立的专利代理机构办理。

中国单位或者个人在国内申请专利和办理其他专利事务的，可以委托依法设立的专利代理机构办理。

专利代理机构应当遵守法律、行政法规，按照被代理人的委托办理专利申请或者其他专利事务；对被代理人发明创造的内容，除专利申请已经公布或者公告的以外，负有保密责任。专利代理机构的具体管理办法由国务院规定。

**第十九条** 任何单位或者个人将在中国完成的发明或者实用新型向外国申请专利的，应当事先报经国务院专利行政部门进行保密审查。保密审查的程序、期限等按照国务院的规定执行。

中国单位或者个人可以根据中华人民共和国参加的有关国际条约提出专利国际申请。申请人提出专利国际申请的，应当遵守前款规定。

国务院专利行政部门依照中华人民共和国参加的有关国际条约、本法和国务院有关规定处理专利国际申请。

对违反本条第一款规定向外国申请专利的发明或者实用新型，在中国申请专利的，不授予专利权。

**第二十条** 申请专利和行使专利权应当遵循诚实信用原则。不得滥用专利权损害公共利益或者他人合法权益。

滥用专利权，排除或者限制竞争，构成垄断行为的，依照《中华人民共和国反垄断法》处理。

**第二十一条** 国务院专利行政部门应当按照客观、公正、准确、及时的要求，依法处理有关专利的申请和请求。

国务院专利行政部门应当加强专利信息公共服务体系建设，完整、准确、及时发布专利信息，提供专利基础数据，定期出版专利公报，促进专利信息传播与利用。

在专利申请公布或者公告前，国务院专利行政部门的工作人员及有关人员对其内容负有保密责任。

## 第二章 授予专利权的条件

**第二十二条** 授予专利权的发明和实用新型，应当具备新颖性、创造性和实用性。

新颖性，是指该发明或者实用新型不属于现有技术；也没有任何单位或者个人就同样的发明或者实用新型在申请日以前向国务院专利行政部门提出过申请，并记载在申请日以后公布的专利申请文件或者公告的专利文件中。

创造性，是指与现有技术相比，该发明具有突出的实质性特点和显著的进步，该实用新型具有实质性特点和进步。

实用性，是指该发明或者实用新型能够制造或者使用，并且能够产生积极效果。

本法所称现有技术，是指申请日以前在国内外为公众所知的技术。

**第二十三条** 授予专利权的外观设计，应当不属于现有设计；也没有任何单位或者个人就同样的外观设计在申请日以前向国务院专利行政部门提出过申请，并记载在申请日以后公告的专利文件中。

授予专利权的外观设计与现有设计或者现有设计特征的组合相比，应当具有明显区别。

授予专利权的外观设计不得与他人在申请日以前已经取得的合法权利相冲突。

本法所称现有设计，是指申请日以前在国内外为公众所知的设计。

**第二十四条** 申请专利的发明创造在申请日以前六个月内，有下列情形之一的，不丧失新颖性：

（一）在国家出现紧急状态或者非常情况时，为公共利益目的首次公开的；

（二）在中国政府主办或者承认的国际展览会上首次展出的；

（三）在规定的学术会议或者技术会议上首次发表的；

（四）他人未经申请人同意而泄露其内容的。

**第二十五条** 对下列各项，不授予专利权：

（一）科学发现；

（二）智力活动的规则和方法；

（三）疾病的诊断和治疗方法；

（四）动物和植物品种；

（五）原子核变换方法以及用原子核变换方法获得的物质；

（六）对平面印刷品的图案、色彩或者二者的结合作出的主要起标识作用的设计。

对前款第（四）项所列产品的生产方法，可以依照本法规定授予专利权。

## 第三章 专利的申请

**第二十六条** 申请发明或者实用新型专利的，应当提交请求书、说明书及其摘要和权利要求书等文件。

请求书应当写明发明或者实用新型的名称，发明人的姓名，申请人姓名或者名称、地址，以及其他事项。

说明书应当对发明或者实用新型作出清楚、完整的说明，以所属技术领域的技术人员能够实现为准；必要的时候，应当有附图。摘要应当简要说明发明或者实用新型的技术要点。

权利要求书应当以说明书为依据，清楚、简要地限定要求专利保护的范围。

依赖遗传资源完成的发明创造，申请人应当在专利申请文件中说明该遗传资源的直接来源和原始来源；申请人无法说明原始来源的，应当陈述理由。

**第二十七条**　申请外观设计专利的，应当提交请求书、该外观设计的图片或者照片以及对该外观设计的简要说明等文件。

申请人提交的有关图片或者照片应当清楚地显示要求专利保护的产品的外观设计。

**第二十八条**　国务院专利行政部门收到专利申请文件之日为申请日。如果申请文件是邮寄的，以寄出的邮戳日为申请日。

**第二十九条**　申请人自发明或者实用新型在外国第一次提出专利申请之日起十二个月内，或者自外观设计在外国第一次提出专利申请之日起六个月内，又在中国就相同主题提出专利申请的，依照该外国同中国签订的协议或者共同参加的国际条约，或者依照相互承认优先权的原则，可以享有优先权。

申请人自发明或者实用新型在中国第一次提出专利申请之日起十二个月内，或者自外观设计在中国第一次提出专利申请之日起六个月内，又向国务院专利行政部门就相同主题提出专利申请的，可以享有优先权。

**第三十条**　申请人要求发明、实用新型专利优先权的，应当在申请的时候提出书面声明，并且在第一次提出申请之日起十六个月内，提交第一次提出的专利申请文件的副本。

申请人要求外观设计专利优先权的，应当在申请的时候提出书面声明，并且在三个月内提交第一次提出的专利申请文件的副本。

申请人未提出书面声明或者逾期未提交专利申请文件副本的，视为未要求优先权。

**第三十一条**　一件发明或者实用新型专利申请应当限于一项发明或者实用新型。属于一个总的发明构思的两项以上的发明或者实用新型，可以作为一件申请提出。

一件外观设计专利申请应当限于一项外观设计。同一产品两项以上的相似外观设计，或者用于同一类别并且成套出售或者使用的产品的两项以上外观设计，可以作为一件申请提出。

**第三十二条**　申请人可以在被授予专利权之前随时撤回其专利申请。

**第三十三条**　申请人可以对其专利申请文件进行修改，但是，对发明和实用新型专利申请文件的修改不得超出原说明书和权利要求书记载的范围，对外观设计专利申请文件的修改不得超出原图片或者照片表示的范围。

## 第四章　专利申请的审查和批准

**第三十四条**　国务院专利行政部门收到发明专利申请后，经初步审查认为符合本法要求的，自申请日起满十八个月，即行公布。国务院专利行政部门可以根据申请人的请求早日公布其申请。

**第三十五条**　发明专利申请自申请日起三年内，国务院专利行政部门可以根据申请人随时提出的请求，对其申请进行实质审查；申请人无正当理由逾期不请求实质审查的，该申请即被视为撤回。

国务院专利行政部门认为必要的时候，可以自行对发明专利申请进行实质审查。

**第三十六条**　发明专利的申请人请求实质审查的时候，应当提交在申请日前与其发明有关的参考资料。

发明专利已经在外国提出过申请的，国务院专利行政部门可以要求申请人在指定期限内提交该国为审查其申请进行检索的资料或者审查结果的资料；无正当理由逾期不提交的，该申请即被视为撤回。

**第三十七条**　国务院专利行政部门对发明专利申请进行实质审查后，认为不符合本法规定的，应当通知申请人，要求其在指定的期限内陈述意见，或者对其申请进行修改；无正当理由逾期不答复的，该申请即被视为撤回。

**第三十八条**　发明专利申请经申请人陈述意见或者进行修改后，国务院专利行政部门仍然认为不符合本法规定的，应当予以驳回。

**第三十九条**　发明专利申请经实质审查没有发现驳回理由的，由国务院专利行政部门作出授予发明专利权的决定，发给发明专利证书，同时予以登记和公告。发明专利权自公告之日起生效。

**第四十条**　实用新型和外观设计专利申请经初步审查没有发现驳回理由的，由国务院专利行政部门作出授予实用新型专利权或者外观设计专利权的决定，发给相应的专利证书，同时予以登记和公告。实用新型专利权和外观设计专利权自公告之日起生效。

**第四十一条** 专利申请人对国务院专利行政部门驳回申请的决定不服的,可以自收到通知之日起三个月内向国务院专利行政部门请求复审。国务院专利行政部门复审后,作出决定,并通知专利申请人。

专利申请人对国务院专利行政部门的复审决定不服的,可以自收到通知之日起三个月内向人民法院起诉。

## 第五章 专利权的期限、终止和无效

**第四十二条** 发明专利权的期限为二十年,实用新型专利权的期限为十年,外观设计专利权的期限为十五年,均自申请日起计算。

自发明专利申请日起满四年,且自实质审查请求之日起满三年后授予发明专利权的,国务院专利行政部门应专利权人的请求,就发明专利在授权过程中的不合理延迟给予专利权期限补偿,但由申请人引起的不合理延迟除外。

为补偿新药上市审评审批占用的时间,对在中国获得上市许可的新药相关发明专利,国务院专利行政部门应专利权人的请求给予专利权期限补偿。补偿期限不超过五年,新药批准上市后总有效专利权期限不超过十四年。

**第四十三条** 专利权人应当自被授予专利权的当年开始缴纳年费。

**第四十四条** 有下列情形之一的,专利权在期限届满前终止:

(一)没有按照规定缴纳年费的;

(二)专利权人以书面声明放弃其专利权的。

专利权在期限届满前终止的,由国务院专利行政部门登记和公告。

**第四十五条** 自国务院专利行政部门公告授予专利权之日起,任何单位或者个人认为该专利权的授予不符合本法有关规定的,可以请求国务院专利行政部门宣告该专利权无效。

**第四十六条** 国务院专利行政部门对宣告专利权无效的请求应当及时审查和作出决定,并通知请求人和专利权人。宣告专利权无效的决定,由国务院专利行政部门登记和公告。

对国务院专利行政部门宣告专利权无效或者维持专利权的决定不服的,可以自收到通知之日起三个月内向人民法院起诉。人民法院应当通知无效宣告请求程序的对方当事人作为第三人参加诉讼。

**第四十七条** 宣告无效的专利权视为自始即不存在。

宣告专利权无效的决定,对在宣告专利权无效前人民法院作出并已执行的专利侵权的判决、调解书,已经履行或者强制执行的专利侵权纠纷处理决定,以及已经履行的专利实施许可合同和专利权转让合同,不具有追溯力。但是因专利权人的恶意给他人造成的损失,应当给予赔偿。

依照前款规定不返还专利侵权赔偿金、专利使用费、专利权转让费,明显违反公平原则的,应当全部或者部分返还。

## 第六章 专利实施的特别许可

**第四十八条** 国务院专利行政部门、地方人民政府管理专利工作的部门应当会同同级相关部门采取措施,加强专利公共服务,促进专利实施和运用。

**第四十九条** 国有企业事业单位的发明专利,对国家利益或者公共利益具有重大意义的,国务院有关主管部门和省、自治区、直辖市人民政府报经国务院批准,可以决定在批准的范围内推广应用,允许指定的单位实施,由实施单位按照国家规定向专利权人支付使用费。

**第五十条** 专利权人自愿以书面方式向国务院专利行政部门声明愿意许可任何单位或者个人实施其专利,并明确许可使用费支付方式、标准的,由国务院专利行政部门予以公告,实行开放许可。就实用新型、外观设计专利提出开放许可声明的,应当提供专利权评价报告。

专利权人撤回开放许可声明的,应当以书面方式提出,并由国务院专利行政部门予以公告。开放许可声明被公告撤回的,不影响在先给予的开放许可的效力。

**第五十一条** 任何单位或者个人有意愿实施开放许可的专利的,以书面方式通知专利权人,并依照公告的许可使用费支付方式、标准支付许可使用费后,即获得专利实施许可。

开放许可实施期间,对专利权人缴纳专利年费相应给予减免。

实行开放许可的专利权人可以与被许可人就许可使用费进行协商后给予普通许可,但不得就该专利给予独占或者排他许可。

**第五十二条** 当事人就实施开放许可发生纠纷的,由当事人协商解决;不愿协商或者协商不成的,可以请求国务院专利行政部门进行调解,也可以向人民法院起诉。

**第五十三条** 有下列情形之一的,国务院专利行政部门根据具备实施条件的单位或者个人的申请,可以给予实施发明专利或者实用新型专利的强制许可:

(一)专利权人自专利权被授予之日起满三年,且自提出专利申请之日起满四年，无正当理由未实施或者未充分实施其专利的；

（二）专利权人行使专利权的行为被依法认定为垄断行为，为消除或者减少该行为对竞争产生的不利影响的。

**第五十四条** 在国家出现紧急状态或者非常情况时，或者为了公共利益的目的，国务院专利行政部门可以给予实施发明专利或者实用新型专利的强制许可。

**第五十五条** 为了公共健康目的，对取得专利权的药品，国务院专利行政部门可以给予制造并将其出口到符合中华人民共和国参加的有关国际条约规定的国家或者地区的强制许可。

**第五十六条** 一项取得专利权的发明或者实用新型比前已经取得专利权的发明或者实用新型具有显著经济意义的重大技术进步，其实施又有赖于前一发明或者实用新型的实施的，国务院专利行政部门根据后一专利权人的申请，可以给予实施前一发明或者实用新型的强制许可。

在依照前款规定给予实施强制许可的情形下，国务院专利行政部门根据前一专利权人的申请，也可以给予实施后一发明或者实用新型的强制许可。

**第五十七条** 强制许可涉及的发明创造为半导体技术的，其实施限于公共利益的目的和本法第五十三条第（二）项规定的情形。

**第五十八条** 除依照本法第五十三条第（二）项、第五十五条规定给予的强制许可外，强制许可的实施应当主要为了供应国内市场。

**第五十九条** 依照本法第五十三条第（一）项、第五十六条规定申请强制许可的单位或者个人应当提供证据，证明其以合理的条件请求专利权人许可其实施专利，但未能在合理的时间内获得许可。

**第六十条** 国务院专利行政部门作出的给予实施强制许可的决定，应当及时通知专利权人，并予以登记和公告。

给予实施强制许可的决定，应当根据强制许可的理由规定实施的范围和时间。强制许可的理由消除并不再发生时，国务院专利行政部门应当根据专利权人的请求，经审查后作出终止实施强制许可的决定。

**第六十一条** 取得实施强制许可的单位或者个人不享有独占的实施权，并且无权允许他人实施。

**第六十二条** 取得实施强制许可的单位或者个人应当付给专利权人合理的使用费，或者依照中华人民共和国参加的有关国际条约的规定处理使用费问题。付给使用费的，其数额由双方协商；双方不能达成协议的，由国务院专利行政部门裁决。

**第六十三条** 专利权人对国务院专利行政部门关于实施强制许可的决定不服的，专利权人和取得实施强制许可的单位或者个人对国务院专利行政部门关于实施强制许可的使用费的裁决不服的，可以自收到通知之日起三个月内向人民法院起诉。

## 第七章 专利权的保护

**第六十四条** 发明或者实用新型专利权的保护范围以其权利要求的内容为准，说明书及附图可以用于解释权利要求的内容。

外观设计专利权的保护范围以表示在图片或者照片中的该产品的外观设计为准，简要说明可以用于解释图片或者照片所表示的该产品的外观设计。

**第六十五条** 未经专利权人许可，实施其专利，即侵犯其专利权，引起纠纷的，由当事人协商解决；不愿协商或者协商不成的，专利权人或者利害关系人可以向人民法院起诉，也可以请求管理专利工作的部门处理。管理专利工作的部门处理时，认定侵权行为成立的，可以责令侵权人立即停止侵权行为，当事人不服的，可以自收到处理通知之日起十五日内依照《中华人民共和国行政诉讼法》向人民法院起诉；侵权人期满不起诉又不停止侵权行为的，管理专利工作的部门可以申请人民法院强制执行。进行处理的管理专利工作的部门应当事人的请求，可以就侵犯专利权的赔偿数额进行调解；调解不成的，当事人可以依照《中华人民共和国民事诉讼法》向人民法院起诉。

**第六十六条** 专利侵权纠纷涉及新产品制造方法的发明专利的，制造同样产品的单位或者个人应当提供其产品制造方法不同于专利方法的证明。

专利侵权纠纷涉及实用新型专利或者外观设计专利的，人民法院或者管理专利工作的部门可以要求专利权人或者利害关系人出具由国务院专利行政部门对相关实用新型或者外观设计进行检索、分析和评价后作出的专利权评价报告，作为审理、处理专利侵权纠纷的证据；专利权人、利害关系人或者被控侵权人也可以主动出具专利权评价报告。

**第六十七条** 在专利侵权纠纷中，被控侵权人有证据证明其实施的技术或者设计属于现有技术或者现有设计的，不构成侵犯专利权。

**第六十八条** 假冒专利的，除依法承担民事责任外，由负责专利执法的部门责令改正并予公告，没收违法所得，可以处违法所得五倍以下的罚款；没有违法所得或者违法所得在五万元以下的，可以处二十五万元以下的罚款；构成犯罪的，依法追究刑事责任。

**第六十九条**　负责专利执法的部门根据已经取得的证据，对涉嫌假冒专利行为进行查处时，有权采取下列措施：

（一）询问有关当事人，调查与涉嫌违法行为有关的情况；

（二）对当事人涉嫌违法行为的场所实施现场检查；

（三）查阅、复制与涉嫌违法行为有关的合同、发票、账簿以及其他有关资料；

（四）检查与涉嫌违法行为有关的产品；

（五）对有证据证明是假冒专利的产品，可以查封或者扣押。

管理专利工作的部门应专利权人或者利害关系人的请求处理专利侵权纠纷时，可以采取前款第（一）项、第（二）项、第（四）项所列措施。

负责专利执法的部门、管理专利工作的部门依法行使前两款规定的职权时，当事人应当予以协助、配合，不得拒绝、阻挠。

**第七十条**　国务院专利行政部门可以应专利权人或者利害关系人的请求处理在全国有重大影响的专利侵权纠纷。

地方人民政府管理专利工作的部门应专利权人或者利害关系人请求处理专利侵权纠纷，对在本行政区域内侵犯其同一专利权的案件可以合并处理；对跨区域侵犯其同一专利权的案件可以请求上级地方人民政府管理专利工作的部门处理。

**第七十一条**　侵犯专利权的赔偿数额按照权利人因被侵权所受到的实际损失或者侵权人因侵权所获得的利益确定；权利人的损失或者侵权人获得的利益难以确定的，参照该专利许可使用费的倍数合理确定。对故意侵犯专利权，情节严重的，可以在按照上述方法确定数额的一倍以上五倍以下确定赔偿数额。

权利人的损失、侵权人获得的利益和专利许可使用费均难以确定的，人民法院可以根据专利权的类型、侵权行为的性质和情节等因素，确定给予三万元以上五百万元以下的赔偿。

赔偿数额还应当包括权利人为制止侵权行为所支付的合理开支。

人民法院为确定赔偿数额，在权利人已经尽力举证，而与侵权行为相关的账簿、资料主要由侵权人掌握的情况下，可以责令侵权人提供与侵权行为相关的账簿、资料；侵权人不提供或者提供虚假的账簿、资料的，人民法院可以参考权利人的主张和提供的证据判定赔偿数额。

**第七十二条**　专利权人或者利害关系人有证据证明他人正在实施或者即将实施侵犯专利权、妨碍其实现权利的行为，如不及时制止将会使其合法权益受到难以弥补的损害的，可以在起诉前依法向人民法院申请采取财产保全、责令作出一定行为或者禁止作出一定行为的措施。

**第七十三条**　为了制止专利侵权行为，在证据可能灭失或者以后难以取得的情况下，专利权人或者利害关系人可以在起诉前依法向人民法院申请保全证据。

**第七十四条**　侵犯专利权的诉讼时效为三年，自专利权人或者利害关系人知道或者应当知道侵权行为以及侵权人之日起计算。

发明专利申请公布后至专利权授予前使用该发明未支付适当使用费的，专利权人要求支付使用费的诉讼时效为三年，自专利权人知道或者应当知道他人使用其发明之日起计算，但是，专利权人于专利权授予之日前即已知道或者应当知道的，自专利权授予之日起计算。

**第七十五条**　有下列情形之一的，不视为侵犯专利权：

（一）专利产品或者依照专利方法直接获得的产品，由专利权人或者经其许可的单位、个人售出后，使用、许诺销售、销售、进口该产品的；

（二）在专利申请日前已经制造相同产品、使用相同方法或者已经作好制造、使用的必要准备，并且仅在原有范围内继续制造、使用的；

（三）临时通过中国领陆、领水、领空的外国运输工具，依照其所属国同中国签订的协议或者共同参加的国际条约，或者依照互惠原则，为运输工具自身需要而在其装置和设备中使用有关专利的；

（四）专为科学研究和实验而使用有关专利的；

（五）为提供行政审批所需要的信息，制造、使用、进口专利药品或者专利医疗器械的，以及专门为其制造、进口专利药品或者专利医疗器械的。

**第七十六条**　药品上市审评审批过程中，药品上市许可申请人与有关专利权人或者利害关系人，因申请注册的药品相关的专利权产生纠纷的，相关当事人可以向人民法院起诉，请求就申请注册的药品相关技术方案是否落入他人药品专利权保护范围作出判决。国务院药品监督管理部门在规定的期限内，可以根据人民法院生效裁判作出是否暂停批准相关药品上市的决定。

药品上市许可申请人与有关专利权人或者利害关系人也可以就申请注册的药品相关的专利权纠纷，向国务院专利行政部门请求行政裁决。

国务院药品监督管理部门会同国务院专利行政部门制定药品上市许可审批与药品上市许可申请阶段专利权纠纷解决的具体衔接办法，报国务院同意后实施。

**第七十七条** 为生产经营目的使用、许诺销售或者销售不知道是未经专利权人许可而制造并售出的专利侵权产品，能证明该产品合法来源的，不承担赔偿责任。

**第七十八条** 违反本法第十九条规定向外国申请专利，泄露国家秘密的，由所在单位或者上级主管机关给予行政处分；构成犯罪的，依法追究刑事责任。

**第七十九条** 管理专利工作的部门不得参与向社会推荐专利产品等经营活动。

管理专利工作的部门违反前款规定的，由其上级机关或者监察机关责令改正，消除影响，有违法收入的予以没收；情节严重的，对直接负责的主管人员和其他直接责任人员依法给予处分。

**第八十条** 从事专利管理工作的国家机关工作人员以及其他有关国家机关工作人员玩忽职守、滥用职权、徇私舞弊，构成犯罪的，依法追究刑事责任；尚不构成犯罪的，依法给予处分。

## 第八章 附 则

**第八十一条** 向国务院专利行政部门申请专利和办理其他手续，应当按照规定缴纳费用。

**第八十二条** 本法自1985年4月1日起施行。

# 中华人民共和国食品安全法

· 2009年2月28日第十一届全国人民代表大会常务委员会第七次会议通过
· 2015年4月24日第十二届全国人民代表大会常务委员会第十四次会议修订
· 根据2018年12月29日第十三届全国人民代表大会常务委员会第七次会议《关于修改〈中华人民共和国产品质量法〉等五部法律的决定》第一次修正
· 根据2021年4月29日第十三届全国人民代表大会常务委员会第二十八次会议《关于修改〈中华人民共和国道路交通安全法〉等八部法律的决定》第二次修正

## 目 录

第一章 总 则
第二章 食品安全风险监测和评估
第三章 食品安全标准
第四章 食品生产经营
　第一节 一般规定
　第二节 生产经营过程控制
　第三节 标签、说明书和广告
　第四节 特殊食品
第五章 食品检验
第六章 食品进出口
第七章 食品安全事故处置
第八章 监督管理
第九章 法律责任
第十章 附 则

## 第一章 总 则

**第一条 【立法目的】** 为了保证食品安全，保障公众身体健康和生命安全，制定本法。

**第二条 【适用范围】** 在中华人民共和国境内从事下列活动，应当遵守本法：

（一）食品生产和加工（以下称食品生产），食品销售和餐饮服务（以下称食品经营）；

（二）食品添加剂的生产经营；

（三）用于食品的包装材料、容器、洗涤剂、消毒剂和用于食品生产经营的工具、设备（以下称食品相关产品）的生产经营；

（四）食品生产经营者使用食品添加剂、食品相关产品；

（五）食品的贮存和运输；

（六）对食品、食品添加剂、食品相关产品的安全管理。

供食用的源于农业的初级产品（以下称食用农产品）的质量安全管理，遵守《中华人民共和国农产品质量安全法》的规定。但是，食用农产品的市场销售、有关质量安全标准的制定、有关安全信息的公布和本法对农业投入品作出规定的，应当遵守本法的规定。

**第三条 【食品安全工作原则】** 食品安全工作实行预防为主、风险管理、全程控制、社会共治，建立科学、严格的监督管理制度。

**第四条 【食品生产经营者的责任】** 食品生产经营者对其生产经营食品的安全负责。

食品生产经营者应当依照法律、法规和食品安全标准从事生产经营活动，保证食品安全，诚信自律，对社会和公众负责，接受社会监督，承担社会责任。

**第五条 【食品安全管理体制】**国务院设立食品安全委员会,其职责由国务院规定。

国务院食品安全监督管理部门依照本法和国务院规定的职责,对食品生产经营活动实施监督管理。

国务院卫生行政部门依照本法和国务院规定的职责,组织开展食品安全风险监测和风险评估,会同国务院食品安全监督管理部门制定并公布食品安全国家标准。

国务院其他有关部门依照本法和国务院规定的职责,承担有关食品安全工作。

**第六条 【地方政府食品安全监督管理职责】**县级以上地方人民政府对本行政区域的食品安全监督管理工作负责,统一领导、组织、协调本行政区域的食品安全监督管理工作以及食品安全突发事件应对工作,建立健全食品安全全程监督管理工作机制和信息共享机制。

县级以上地方人民政府依照本法和国务院的规定,确定本级食品安全监督管理、卫生行政部门和其他有关部门的职责。有关部门在各自职责范围内负责本行政区域的食品安全监督管理工作。

县级人民政府食品安全监督管理部门可以在乡镇或者特定区域设立派出机构。

**第七条 【地方政府食品安全责任制】**县级以上地方人民政府实行食品安全监督管理责任制。上级人民政府负责对下一级人民政府的食品安全监督管理工作进行评议、考核。县级以上地方人民政府负责对本级食品安全监督管理部门和其他有关部门的食品安全监督管理工作进行评议、考核。

**第八条 【政府对食品安全工作的财政保障和监管职责】**县级以上人民政府应当将食品安全工作纳入本级国民经济和社会发展规划,将食品安全工作经费列入本级政府财政预算,加强食品安全监督管理能力建设,为食品安全工作提供保障。

县级以上人民政府食品安全监督管理部门和其他有关部门应当加强沟通、密切配合,按照各自职责分工,依法行使职权,承担责任。

**第九条 【食品行业协会和消费者协会的责任】**食品行业协会应当加强行业自律,按照章程建立健全行业规范和奖惩机制,提供食品安全信息、技术等服务,引导和督促食品生产经营者依法生产经营,推动行业诚信建设,宣传、普及食品安全知识。

消费者协会和其他消费者组织对违反本法规定,损害消费者合法权益的行为,依法进行社会监督。

**第十条 【食品安全宣传教育和舆论监督】**各级人民政府应当加强食品安全的宣传教育,普及食品安全知识,鼓励社会组织、基层群众性自治组织、食品生产经营者开展食品安全法律、法规以及食品安全标准和知识的普及工作,倡导健康的饮食方式,增强消费者食品安全意识和自我保护能力。

新闻媒体应当开展食品安全法律、法规以及食品安全标准和知识的公益宣传,并对食品安全违法行为进行舆论监督。有关食品安全的宣传报道应当真实、公正。

**第十一条 【食品安全研究和农药管理】**国家鼓励和支持开展与食品安全有关的基础研究、应用研究,鼓励和支持食品生产经营者为提高食品安全水平采用先进技术和先进管理规范。

国家对农药的使用实行严格的管理制度,加快淘汰剧毒、高毒、高残留农药,推动替代产品的研发和应用,鼓励使用高效低毒低残留农药。

**第十二条 【社会监督】**任何组织或者个人有权举报食品安全违法行为,依法向有关部门了解食品安全信息,对食品安全监督管理工作提出意见和建议。

**第十三条 【表彰、奖励有突出贡献的单位和个人】**对在食品安全工作中做出突出贡献的单位和个人,按照国家有关规定给予表彰、奖励。

## 第二章 食品安全风险监测和评估

**第十四条 【食品安全风险监测制度】**国家建立食品安全风险监测制度,对食源性疾病、食品污染以及食品中的有害因素进行监测。

国务院卫生行政部门会同国务院食品安全监督管理等部门,制定、实施国家食品安全风险监测计划。

国务院食品安全监督管理部门和其他有关部门获知有关食品安全风险信息后,应当立即核实并向国务院卫生行政部门通报。对有关部门通报的食品安全风险信息以及医疗机构报告的食源性疾病等有关疾病信息,国务院卫生行政部门应当会同国务院有关部门分析研究,认为必要的,及时调整国家食品安全风险监测计划。

省、自治区、直辖市人民政府卫生行政部门会同同级食品安全监督管理等部门,根据国家食品安全风险监测计划,结合本行政区域的具体情况,制定、调整本行政区域的食品安全风险监测方案,报国务院卫生行政部门备案并实施。

**第十五条 【食品安全风险监测工作】**承担食品安全风险监测工作的技术机构应当根据食品安全风险监测计划和监测方案开展监测工作,保证监测数据真实、准确,并按照食品安全风险监测计划和监测方案的要求报送监测数据和分析结果。

食品安全风险监测工作人员有权进入相关食用农产品种植养殖、食品生产经营场所采集样品、收集相关数据。采集样品应当按照市场价格支付费用。

**第十六条 【及时通报食品安全风险监测结果】**食品安全风险监测结果表明可能存在食品安全隐患的，县级以上人民政府卫生行政部门应当及时将相关信息通报同级食品安全监督管理等部门，并报告本级人民政府和上级人民政府卫生行政部门。食品安全监督管理等部门应当组织开展进一步调查。

**第十七条 【食品安全风险评估制度】**国家建立食品安全风险评估制度，运用科学方法，根据食品安全风险监测信息、科学数据以及有关信息，对食品、食品添加剂、食品相关产品中生物性、化学性和物理性危害因素进行风险评估。

国务院卫生行政部门负责组织食品安全风险评估工作，成立由医学、农业、食品、营养、生物、环境等方面的专家组成的食品安全风险评估专家委员会进行食品安全风险评估。食品安全风险评估结果由国务院卫生行政部门公布。

对农药、肥料、兽药、饲料和饲料添加剂等的安全性评估，应当有食品安全风险评估专家委员会的专家参加。

食品安全风险评估不得向生产经营者收取费用，采集样品应当按照市场价格支付费用。

**第十八条 【食品安全风险评估法定情形】**有下列情形之一的，应当进行食品安全风险评估：

（一）通过食品安全风险监测或者接到举报发现食品、食品添加剂、食品相关产品可能存在安全隐患的；

（二）为制定或者修订食品安全国家标准提供科学依据需要进行风险评估的；

（三）为确定监督管理的重点领域、重点品种需要进行风险评估的；

（四）发现新的可能危害食品安全因素的；

（五）需要判断某一因素是否构成食品安全隐患的；

（六）国务院卫生行政部门认为需要进行风险评估的其他情形。

**第十九条 【监管部门在食品安全风险评估中的配合协作义务】**国务院食品安全监督管理、农业行政等部门在监督管理工作中发现需要进行食品安全风险评估的，应当向国务院卫生行政部门提出食品安全风险评估的建议，并提供风险来源、相关检验数据和结论等信息、资料。属于本法第十八条规定情形的，国务院卫生行政部门应当及时进行食品安全风险评估，并向国务院有关部门通报评估结果。

**第二十条 【卫生行政、农业行政部门相互通报有关信息】**省级以上人民政府卫生行政、农业行政部门应当及时相互通报食品、食用农产品安全风险监测信息。

国务院卫生行政、农业行政部门应当及时相互通报食品、食用农产品安全风险评估结果等信息。

**第二十一条 【食品安全风险评估结果】**食品安全风险评估结果是制定、修订食品安全标准和实施食品安全监督管理的科学依据。

经食品安全风险评估，得出食品、食品添加剂、食品相关产品不安全结论的，国务院食品安全监督管理等部门应当依据各自职责立即向社会公告，告知消费者停止食用或者使用，并采取相应措施，确保该食品、食品添加剂、食品相关产品停止生产经营；需要制定、修订相关食品安全国家标准的，国务院卫生行政部门应当会同国务院食品安全监督管理部门立即制定、修订。

**第二十二条 【综合分析食品安全状况并公布警示】**国务院食品安全监督管理部门应当会同国务院有关部门，根据食品安全风险评估结果、食品安全监督管理信息，对食品安全状况进行综合分析。对经综合分析表明可能具有较高程度安全风险的食品，国务院食品安全监督管理部门应当及时提出食品安全风险警示，并向社会公布。

**第二十三条 【食品安全风险交流】**县级以上人民政府食品安全监督管理部门和其他有关部门、食品安全风险评估专家委员会及其技术机构，应当按照科学、客观、及时、公开的原则，组织食品生产经营者、食品检验机构、认证机构、食品行业协会、消费者协会以及新闻媒体等，就食品安全风险评估信息和食品安全监督管理信息进行交流沟通。

## 第三章 食品安全标准

**第二十四条 【食品安全标准制定原则】**制定食品安全标准，应当以保障公众身体健康为宗旨，做到科学合理、安全可靠。

**第二十五条 【食品安全标准强制性】**食品安全标准是强制执行的标准。除食品安全标准外，不得制定其他食品强制性标准。

**第二十六条 【食品安全标准的内容】**食品安全标准应当包括下列内容：

（一）食品、食品添加剂、食品相关产品中的致病性微生物，农药残留、兽药残留、生物毒素、重金属等污染物质以及其他危害人体健康物质的限量规定；

（二）食品添加剂的品种、使用范围、用量；

（三）专供婴幼儿和其他特定人群的主辅食品的营养成分要求；

（四）对与卫生、营养等食品安全要求有关的标签、标志、说明书的要求；

（五）食品生产经营过程的卫生要求；

（六）与食品安全有关的质量要求；

（七）与食品安全有关的食品检验方法与规程；

（八）其他需要制定为食品安全标准的内容。

**第二十七条 【食品安全国家标准制定、公布主体】**食品安全国家标准由国务院卫生行政部门会同国务院食品安全监督管理部门制定、公布，国务院标准化行政部门提供国家标准编号。

食品中农药残留、兽药残留的限量规定及其检验方法与规程由国务院卫生行政部门、国务院农业行政部门会同国务院食品安全监督管理部门制定。

屠宰畜、禽的检验规程由国务院农业行政部门会同国务院卫生行政部门制定。

**第二十八条 【制定食品安全国家标准要求和程序】**制定食品安全国家标准，应当依据食品安全风险评估结果并充分考虑食用农产品安全风险评估结果，参照相关的国际标准和国际食品安全风险评估结果，并将食品安全国家标准草案向社会公布，广泛听取食品生产经营者、消费者、有关部门等方面的意见。

食品安全国家标准应当经国务院卫生行政部门组织的食品安全国家标准审评委员会审查通过。食品安全国家标准审评委员会由医学、农业、食品、营养、生物、环境等方面的专家以及国务院有关部门、食品行业协会、消费者协会的代表组成，对食品安全国家标准草案的科学性和实用性等进行审查。

**第二十九条 【食品安全地方标准】**对地方特色食品，没有食品安全国家标准的，省、自治区、直辖市人民政府卫生行政部门可以制定并公布食品安全地方标准，报国务院卫生行政部门备案。食品安全国家标准制定后，该地方标准即行废止。

**第三十条 【食品安全企业标准】**国家鼓励食品生产企业制定严于食品安全国家标准或者地方标准的企业标准，在本企业适用，并报省、自治区、直辖市人民政府卫生行政部门备案。

**第三十一条 【食品安全标准公布和有关问题解答】**省级以上人民政府卫生行政部门应当在其网站上公布制定和备案的食品安全国家标准、地方标准和企业标准，供公众免费查阅、下载。

对食品安全标准执行过程中的问题，县级以上人民政府卫生行政部门应当会同有关部门及时给予指导、解答。

**第三十二条 【食品安全标准跟踪评价和执行】**省级以上人民政府卫生行政部门应当会同同级食品安全监督管理、农业行政等部门，分别对食品安全国家标准和地方标准的执行情况进行跟踪评价，并根据评价结果及时修订食品安全标准。

省级以上人民政府食品安全监督管理、农业行政等部门应当对食品安全标准执行中存在的问题进行收集、汇总，并及时向同级卫生行政部门通报。

食品生产经营者、食品行业协会发现食品安全标准在执行中存在问题的，应当立即向卫生行政部门报告。

## 第四章 食品生产经营

### 第一节 一般规定

**第三十三条 【食品生产经营要求】**食品生产经营应当符合食品安全标准，并符合下列要求：

（一）具有与生产经营的食品品种、数量相适应的食品原料处理和食品加工、包装、贮存等场所，保持该场所环境整洁，并与有毒、有害场所以及其他污染源保持规定的距离；

（二）具有与生产经营的食品品种、数量相适应的生产经营设备或者设施，有相应的消毒、更衣、盥洗、采光、照明、通风、防腐、防尘、防蝇、防鼠、防虫、洗涤以及处理废水、存放垃圾和废弃物的设备或者设施；

（三）有专职或者兼职的食品安全专业技术人员、食品安全管理人员和保证食品安全的规章制度；

（四）具有合理的设备布局和工艺流程，防止待加工食品与直接入口食品、原料与成品交叉污染，避免食品接触有毒物、不洁物；

（五）餐具、饮具和盛放直接入口食品的容器，使用前应当洗净、消毒，炊具、用具用后应当洗净，保持清洁；

（六）贮存、运输和装卸食品的容器、工具和设备应当安全、无害，保持清洁，防止食品污染，并符合保证食品安全所需的温度、湿度等特殊要求，不得将食品与有毒、有害物品一同贮存、运输；

（七）直接入口的食品应当使用无毒、清洁的包装材料、餐具、饮具和容器；

（八）食品生产经营人员应当保持个人卫生，生产经营食品时，应当将手洗净，穿戴清洁的工作衣、帽等；销售无包装的直接入口食品时，应当使用无毒、清洁的容器、售货工具和设备；

（九）用水应当符合国家规定的生活饮用水卫生标准；

（十）使用的洗涤剂、消毒剂应当对人体安全、无害；

（十一）法律、法规规定的其他要求。

非食品生产经营者从事食品贮存、运输和装卸的，应当符合前款第六项的规定。

**第三十四条 【禁止生产经营的食品、食品添加剂、食品相关产品】**禁止生产经营下列食品、食品添加剂、食品相关产品：

（一）用非食品原料生产的食品或者添加食品添加剂以外的化学物质和其他可能危害人体健康物质的食品，或者用回收食品作为原料生产的食品；

（二）致病性微生物，农药残留、兽药残留、生物毒素、重金属等污染物质以及其他危害人体健康的物质含量超过食品安全标准限量的食品、食品添加剂、食品相关产品；

（三）用超过保质期的食品原料、食品添加剂生产的食品、食品添加剂；

（四）超范围、超限量使用食品添加剂的食品；

（五）营养成分不符合食品安全标准的专供婴幼儿和其他特定人群的主辅食品；

（六）腐败变质、油脂酸败、霉变生虫、污秽不洁、混有异物、掺假掺杂或者感官性状异常的食品、食品添加剂；

（七）病死、毒死或者死因不明的禽、畜、兽、水产动物肉类及其制品；

（八）未按规定进行检疫或者检疫不合格的肉类，或者未经检验或者检验不合格的肉类制品；

（九）被包装材料、容器、运输工具等污染的食品、食品添加剂；

（十）标注虚假生产日期、保质期或者超过保质期的食品、食品添加剂；

（十一）无标签的预包装食品、食品添加剂；

（十二）国家为防病等特殊需要明令禁止生产经营的食品；

（十三）其他不符合法律、法规或者食品安全标准的食品、食品添加剂、食品相关产品。

**第三十五条 【食品生产经营许可】**国家对食品生产经营实行许可制度。从事食品生产、食品销售、餐饮服务，应当依法取得许可。但是，销售食用农产品和仅销售预包装食品的，不需要取得许可。仅销售预包装食品的，应当报所在地县级以上地方人民政府食品安全监督管理部门备案。

县级以上地方人民政府食品安全监督管理部门应当依照《中华人民共和国行政许可法》的规定，审核申请人提交的本法第三十三条第一款第一项至第四项规定要求的相关资料，必要时对申请人的生产经营场所进行现场核查；对符合规定条件的，准予许可；对不符合规定条件的，不予许可并书面说明理由。

**第三十六条 【对食品生产加工小作坊和食品摊贩等的管理】**食品生产加工小作坊和食品摊贩等从事食品生产经营活动，应当符合本法规定的与其生产经营规模、条件相适应的食品安全要求，保证所生产经营的食品卫生、无毒、无害，食品安全监督管理部门应当对其加强监督管理。

县级以上地方人民政府应当对食品生产加工小作坊、食品摊贩等进行综合治理，加强服务和统一规划，改善其生产经营环境，鼓励和支持其改进生产经营条件，进入集中交易市场、店铺等固定场所经营，或者在指定的临时经营区域、时段经营。

食品生产加工小作坊和食品摊贩等的具体管理办法由省、自治区、直辖市制定。

**第三十七条 【利用新的食品原料从事食品生产等的安全性评估】**利用新的食品原料生产食品，或者生产食品添加剂新品种、食品相关产品新品种，应当向国务院卫生行政部门提交相关产品的安全性评估材料。国务院卫生行政部门应当自收到申请之日起六十日内组织审查；对符合食品安全要求的，准予许可并公布；对不符合食品安全要求的，不予许可并书面说明理由。

**第三十八条 【食品中不得添加药品】**生产经营的食品中不得添加药品，但是可以添加按照传统既是食品又是中药材的物质。按照传统既是食品又是中药材的物质目录由国务院卫生行政部门会同国务院食品安全监督管理部门制定、公布。

**第三十九条 【食品添加剂生产许可】**国家对食品添加剂生产实行许可制度。从事食品添加剂生产，应当具有与所生产食品添加剂品种相适应的场所、生产设备或者设施、专业技术人员和管理制度，并依照本法第三十五条第二款规定的程序，取得食品添加剂生产许可。

生产食品添加剂应当符合法律、法规和食品安全国家标准。

**第四十条　【食品添加剂允许使用的条件和使用要求】**食品添加剂应当在技术上确有必要且经过风险评估证明安全可靠，方可列入允许使用的范围；有关食品安全国家标准应当根据技术必要性和食品安全风险评估结果及时修订。

食品生产经营者应当按照食品安全国家标准使用食品添加剂。

**第四十一条　【食品相关产品的生产要求】**生产食品相关产品应当符合法律、法规和食品安全国家标准。对直接接触食品的包装材料等具有较高风险的食品相关产品，按照国家有关工业产品生产许可证管理的规定实施生产许可。食品安全监督管理部门应当加强对食品相关产品生产活动的监督管理。

**第四十二条　【食品安全全程追溯制度】**国家建立食品安全全程追溯制度。

食品生产经营者应当依照本法的规定，建立食品安全追溯体系，保证食品可追溯。国家鼓励食品生产经营者采用信息化手段采集、留存生产经营信息，建立食品安全追溯体系。

国务院食品安全监督管理部门会同国务院农业行政等有关部门建立食品安全全程追溯协作机制。

**第四十三条　【鼓励食品企业规模化生产、连锁经营、配送，参加食品安全责任保险】**地方各级人民政府应当采取措施鼓励食品规模化生产和连锁经营、配送。

国家鼓励食品生产经营企业参加食品安全责任保险。

## 第二节　生产经营过程控制

**第四十四条　【食品生产经营企业食品安全管理】**食品生产经营企业应当建立健全食品安全管理制度，对职工进行食品安全知识培训，加强食品检验工作，依法从事生产经营活动。

食品生产经营企业的主要负责人应当落实企业食品安全管理制度，对本企业的食品安全工作全面负责。

食品生产经营企业应当配备食品安全管理人员，加强对其培训和考核。经考核不具备食品安全管理能力的，不得上岗。食品安全监督管理部门应当对企业食品安全管理人员随机进行监督抽查考核并公布考核情况。监督抽查考核不得收取费用。

**第四十五条　【食品从业人员健康管理】**食品生产经营者应当建立并执行从业人员健康管理制度。患有国务院卫生行政部门规定的有碍食品安全疾病的人员，不得从事接触直接入口食品的工作。

从事接触直接入口食品工作的食品生产经营人员应当每年进行健康检查，取得健康证明后方可上岗工作。

**第四十六条　【食品生产企业制定并实施食品安全管理控制要求】**食品生产企业应当就下列事项制定并实施控制要求，保证所生产的食品符合食品安全标准：

（一）原料采购、原料验收、投料等原料控制；

（二）生产工序、设备、贮存、包装等生产关键环节控制；

（三）原料检验、半成品检验、成品出厂检验等检验控制；

（四）运输和交付控制。

**第四十七条　【食品生产经营者建立食品安全自查制度】**食品生产经营者应当建立食品安全自查制度，定期对食品安全状况进行检查评价。生产经营条件发生变化，不再符合食品安全要求的，食品生产经营者应当立即采取整改措施；有发生食品安全事故潜在风险的，应当立即停止食品生产经营活动，并向所在地县级人民政府食品安全监督管理部门报告。

**第四十八条　【鼓励食品企业提高食品安全管理水平】**国家鼓励食品生产经营企业符合良好生产规范要求，实施危害分析与关键控制点体系，提高食品安全管理水平。

对通过良好生产规范、危害分析与关键控制点体系认证的食品生产经营企业，认证机构应当依法实施跟踪调查；对不再符合认证要求的企业，应当依法撤销认证，及时向县级以上人民政府食品安全监督管理部门通报，并向社会公布。认证机构实施跟踪调查不得收取费用。

**第四十九条　【农业投入品使用管理】**食用农产品生产者应当按照食品安全标准和国家有关规定使用农药、肥料、兽药、饲料和饲料添加剂等农业投入品，严格执行农业投入品使用安全间隔期或者休药期的规定，不得使用国家明令禁止的农业投入品。禁止将剧毒、高毒农药用于蔬菜、瓜果、茶叶和中草药材等国家规定的农作物。

食用农产品的生产企业和农民专业合作经济组织应当建立农业投入品使用记录制度。

县级以上人民政府农业行政部门应当加强对农业投入品使用的监督管理和指导，建立健全农业投入品安全使用制度。

**第五十条　【食品生产者进货查验记录制度】**食品生产者采购食品原料、食品添加剂、食品相关产品，应当查验供货者的许可证和产品合格证明；对无法提供合格证明的食品原料,应当按照食品安全标准进行检验;不得采购或者使用不符合食品安全标准的食品原料、食品添加剂、食品相关产品。

食品生产企业应当建立食品原料、食品添加剂、食品相关产品进货查验记录制度,如实记录食品原料、食品添加剂、食品相关产品的名称、规格、数量、生产日期或者生产批号、保质期、进货日期以及供货者名称、地址、联系方式等内容,并保存相关凭证。记录和凭证保存期限不得少于产品保质期满后六个月;没有明确保质期的,保存期限不得少于二年。

**第五十一条　【食品出厂检验记录制度】**食品生产企业应当建立食品出厂检验记录制度,查验出厂食品的检验合格证和安全状况,如实记录食品的名称、规格、数量、生产日期或者生产批号、保质期、检验合格证号、销售日期以及购货者名称、地址、联系方式等内容,并保存相关凭证。记录和凭证保存期限应当符合本法第五十条第二款的规定。

**第五十二条　【食品安全检验】**食品、食品添加剂、食品相关产品的生产者,应当按照食品安全标准对所生产的食品、食品添加剂、食品相关产品进行检验,检验合格后方可出厂或者销售。

**第五十三条　【食品经营者进货查验记录制度】**食品经营者采购食品,应当查验供货者的许可证和食品出厂检验合格证或者其他合格证明(以下称合格证明文件)。

食品经营企业应当建立食品进货查验记录制度,如实记录食品的名称、规格、数量、生产日期或者生产批号、保质期、进货日期以及供货者名称、地址、联系方式等内容,并保存相关凭证。记录和凭证保存期限应当符合本法第五十条第二款的规定。

实行统一配送经营方式的食品经营企业,可以由企业总部统一查验供货者的许可证和食品合格证明文件,进行食品进货查验记录。

从事食品批发业务的经营企业应当建立食品销售记录制度,如实记录批发食品的名称、规格、数量、生产日期或者生产批号、保质期、销售日期以及购货者名称、地址、联系方式等内容,并保存相关凭证。记录和凭证保存期限应当符合本法第五十条第二款的规定。

**第五十四条　【食品经营者贮存食品的要求】**食品经营者应当按照保证食品安全的要求贮存食品,定期检查库存食品,及时清理变质或者超过保质期的食品。

食品经营者贮存散装食品,应当在贮存位置标明食品的名称、生产日期或者生产批号、保质期、生产者名称及联系方式等内容。

**第五十五条　【餐饮服务提供者制定并实施原料采购控制要求以及加工检查措施】**餐饮服务提供者应当制定并实施原料控制要求,不得采购不符合食品安全标准的食品原料。倡导餐饮服务提供者公开加工过程,公示食品原料及其来源等信息。

餐饮服务提供者在加工过程中应当检查待加工的食品及原料,发现有本法第三十四条第六项规定情形的,不得加工或者使用。

**第五十六条　【餐饮服务提供者确保餐饮设施、用具安全卫生】**餐饮服务提供者应当定期维护食品加工、贮存、陈列等设施、设备;定期清洗、校验保温设施及冷藏、冷冻设施。

餐饮服务提供者应当按照要求对餐具、饮具进行清洗消毒,不得使用未经清洗消毒的餐具、饮具;餐饮服务提供者委托清洗消毒餐具、饮具的,应当委托符合本法规定条件的餐具、饮具集中消毒服务单位。

**第五十七条　【集中用餐单位食品安全管理】**学校、托幼机构、养老机构、建筑工地等集中用餐单位的食堂应当严格遵守法律、法规和食品安全标准;从供餐单位订餐的,应当从取得食品生产经营许可的企业订购,并按照要求对订购的食品进行查验。供餐单位应当严格遵守法律、法规和食品安全标准,当餐加工,确保食品安全。

学校、托幼机构、养老机构、建筑工地等集中用餐单位的主管部门应当加强对集中用餐单位的食品安全教育和日常管理,降低食品安全风险,及时消除食品安全隐患。

**第五十八条　【餐饮具集中消毒服务单位食品安全责任】**餐具、饮具集中消毒服务单位应当具备相应的作业场所、清洗消毒设备或者设施,用水和使用的洗涤剂、消毒剂应当符合相关食品安全国家标准和其他国家标准、卫生规范。

餐具、饮具集中消毒服务单位应当对消毒餐具、饮具进行逐批检验,检验合格后方可出厂,并应当随附消毒合格证明。消毒后的餐具、饮具应当在独立包装上标注单位名称、地址、联系方式、消毒日期以及使用期限等内容。

**第五十九条　【食品添加剂生产者出厂检验记录制度】**食品添加剂生产者应当建立食品添加剂出厂检验记录制度,查验出厂产品的检验合格证和安全状况,如实记录食品添加剂的名称、规格、数量、生产日期或者生产批号、保质期、检验合格证号、销售日期以及购货者名称、地址、联系方式等相关内容,并保存相关凭证。记录和凭证保存期限应当符合本法第五十条第二款的规定。

**第六十条 【食品添加剂经营者进货查验记录制度】**食品添加剂经营者采购食品添加剂,应当依法查验供货者的许可证和产品合格证明文件,如实记录食品添加剂的名称、规格、数量、生产日期或者生产批号、保质期、进货日期以及供货者名称、地址、联系方式等内容,并保存相关凭证。记录和凭证保存期限应当符合本法第五十条第二款的规定。

**第六十一条 【集中交易市场的开办者、柜台出租者和展销会举办者食品安全责任】**集中交易市场的开办者、柜台出租者和展销会举办者,应当依法审查入场食品经营者的许可证,明确其食品安全管理责任,定期对其经营环境和条件进行检查,发现其有违反本法规定行为的,应当及时制止并立即报告所在地县级人民政府食品安全监督管理部门。

**第六十二条 【网络食品交易第三方平台提供者的义务】**网络食品交易第三方平台提供者应当对入网食品经营者进行实名登记,明确其食品安全管理责任;依法应当取得许可证的,还应当审查其许可证。

网络食品交易第三方平台提供者发现入网食品经营者有违反本法规定行为的,应当及时制止并立即报告所在地县级人民政府食品安全监督管理部门;发现严重违法行为的,应当立即停止提供网络交易平台服务。

**第六十三条 【食品召回制度】**国家建立食品召回制度。食品生产者发现其生产的食品不符合食品安全标准或者有证据证明可能危害人体健康的,应当立即停止生产,召回已经上市销售的食品,通知相关生产经营者和消费者,并记录召回和通知情况。

食品经营者发现其经营的食品有前款规定情形的,应当立即停止经营,通知相关生产经营者和消费者,并记录停止经营和通知情况。食品生产者认为应当召回的,应当立即召回。由于食品经营者的原因造成其经营的食品有前款规定情形的,食品经营者应当召回。

食品生产经营者应当对召回的食品采取无害化处理、销毁等措施,防止其再次流入市场。但是,对因标签、标志或者说明书不符合食品安全标准而被召回的食品,食品生产者在采取补救措施且能保证食品安全的情况下可以继续销售;销售时应当向消费者明示补救措施。

食品生产经营者应当将食品召回和处理情况向所在地县级人民政府食品安全监督管理部门报告;需要对召回的食品进行无害化处理、销毁的,应当提前报告时间、地点。食品安全监督管理部门认为必要的,可以实施现场监督。

食品生产经营者未依照本条规定召回或者停止经营的,县级以上人民政府食品安全监督管理部门可以责令其召回或者停止经营。

**第六十四条 【食用农产品批发市场对进场销售的食用农产品抽样检验】**食用农产品批发市场应当配备检验设备和检验人员或者委托符合本法规定的食品检验机构,对进入该批发市场销售的食用农产品进行抽样检验;发现不符合食品安全标准的,应当要求销售者立即停止销售,并向食品安全监督管理部门报告。

**第六十五条 【食用农产品进货查验记录制度】**食用农产品销售者应当建立食用农产品进货查验记录制度,如实记录食用农产品的名称、数量、进货日期以及供货者名称、地址、联系方式等内容,并保存相关凭证。记录和凭证保存期限不得少于六个月。

**第六十六条 【食用农产品使用食品添加剂和食品相关产品应当符合食品安全国家标准】**进入市场销售的食用农产品在包装、保鲜、贮存、运输中使用保鲜剂、防腐剂等食品添加剂和包装材料等食品相关产品,应当符合食品安全国家标准。

### 第三节 标签、说明书和广告

**第六十七条 【预包装食品标签】**预包装食品的包装上应当有标签。标签应当标明下列事项:

(一)名称、规格、净含量、生产日期;

(二)成分或者配料表;

(三)生产者的名称、地址、联系方式;

(四)保质期;

(五)产品标准代号;

(六)贮存条件;

(七)所使用的食品添加剂在国家标准中的通用名称;

(八)生产许可证编号;

(九)法律、法规或者食品安全标准规定应当标明的其他事项。

专供婴幼儿和其他特定人群的主辅食品,其标签还应当标明主要营养成分及其含量。

食品安全国家标准对标签标注事项另有规定的,从其规定。

**第六十八条 【食品经营者销售散装食品的标注要求】**食品经营者销售散装食品,应当在散装食品的容器、外包装上标明食品的名称、生产日期或者生产批号、保质期以及生产经营者名称、地址、联系方式等内容。

**第六十九条 【转基因食品显著标示】**生产经营转基因食品应当按照规定显著标示。

**第七十条 【食品添加剂的标签、说明书和包装】**食品添加剂应当有标签、说明书和包装。标签、说明书应当载明本法第六十七条第一款第一项至第六项、第八项、第九项规定的事项，以及食品添加剂的使用范围、用量、使用方法，并在标签上载明“食品添加剂”字样。

**第七十一条 【标签、说明书的基本要求】**食品和食品添加剂的标签、说明书，不得含有虚假内容，不得涉及疾病预防、治疗功能。生产经营者对其提供的标签、说明书的内容负责。

食品和食品添加剂的标签、说明书应当清楚、明显，生产日期、保质期等事项应当显著标注，容易辨识。

食品和食品添加剂与其标签、说明书的内容不符的，不得上市销售。

**第七十二条 【按照食品标签的警示要求销售食品】**食品经营者应当按照食品标签标示的警示标志、警示说明或者注意事项的要求销售食品。

**第七十三条 【食品广告】**食品广告的内容应当真实合法，不得含有虚假内容，不得涉及疾病预防、治疗功能。食品生产经营者对食品广告内容的真实性、合法性负责。

县级以上人民政府食品安全监督管理部门和其他有关部门以及食品检验机构、食品行业协会不得以广告或者其他形式向消费者推荐食品。消费者组织不得以收取费用或者其他牟取利益的方式向消费者推荐食品。

## 第四节 特殊食品

**第七十四条 【特殊食品严格监督管理】**国家对保健食品、特殊医学用途配方食品和婴幼儿配方食品等特殊食品实行严格监督管理。

**第七十五条 【保健食品原料和功能声称】**保健食品声称保健功能，应当具有科学依据，不得对人体产生急性、亚急性或者慢性危害。

保健食品原料目录和允许保健食品声称的保健功能目录，由国务院食品安全监督管理部门会同国务院卫生行政部门、国家中医药管理部门制定、调整并公布。

保健食品原料目录应当包括原料名称、用量及其对应的功效；列入保健食品原料目录的原料只能用于保健食品生产，不得用于其他食品生产。

**第七十六条 【保健食品的注册和备案管理】**使用保健食品原料目录以外原料的保健食品和首次进口的保健食品应当经国务院食品安全监督管理部门注册。但是，首次进口的保健食品中属于补充维生素、矿物质等营养物质的，应当报国务院食品安全监督管理部门备案。其他保健食品应当报省、自治区、直辖市人民政府食品安全监督管理部门备案。

进口的保健食品应当是出口国（地区）主管部门准许上市销售的产品。

**第七十七条 【保健食品注册和备案的具体要求】**依法应当注册的保健食品，注册时应当提交保健食品的研发报告、产品配方、生产工艺、安全性和保健功能评价、标签、说明书等材料及样品，并提供相关证明文件。国务院食品安全监督管理部门经组织技术审评，对符合安全和功能声称要求的，准予注册；对不符合要求的，不予注册并书面说明理由。对使用保健食品原料目录以外原料的保健食品作出准予注册决定的，应当及时将该原料纳入保健食品原料目录。

依法应当备案的保健食品，备案时应当提交产品配方、生产工艺、标签、说明书以及表明产品安全性和保健功能的材料。

**第七十八条 【保健食品的标签、说明书】**保健食品的标签、说明书不得涉及疾病预防、治疗功能，内容应当真实，与注册或者备案的内容相一致，载明适宜人群、不适宜人群、功效成分或者标志性成分及其含量等，并声明“本品不能代替药物”。保健食品的功能和成分应当与标签、说明书相一致。

**第七十九条 【保健食品广告】**保健食品广告除应当符合本法第七十三条第一款的规定外，还应当声明“本品不能代替药物”；其内容应当经生产企业所在地省、自治区、直辖市人民政府食品安全监督管理部门审查批准，取得保健食品广告批准文件。省、自治区、直辖市人民政府食品安全监督管理部门应当公布并及时更新已经批准的保健食品广告目录以及批准的广告内容。

**第八十条 【特殊医学用途配方食品】**特殊医学用途配方食品应当经国务院食品安全监督管理部门注册。注册时，应当提交产品配方、生产工艺、标签、说明书以及表明产品安全性、营养充足性和特殊医学用途临床效果的材料。

特殊医学用途配方食品广告适用《中华人民共和国广告法》和其他法律、行政法规关于药品广告管理的规定。

**第八十一条 【婴幼儿配方食品的管理】**婴幼儿配方食品生产企业应当实施从原料进厂到成品出厂的全过

程质量控制，对出厂的婴幼儿配方食品实施逐批检验，保证食品安全。

生产婴幼儿配方食品使用的生鲜乳、辅料等食品原料、食品添加剂等，应当符合法律、行政法规的规定和食品安全国家标准，保证婴幼儿生长发育所需的营养成分。

婴幼儿配方食品生产企业应当将食品原料、食品添加剂、产品配方及标签等事项向省、自治区、直辖市人民政府食品安全监督管理部门备案。

婴幼儿配方乳粉的产品配方应当经国务院食品安全监督管理部门注册。注册时，应当提交配方研发报告和其他表明配方科学性、安全性的材料。

不得以分装方式生产婴幼儿配方乳粉，同一企业不得用同一配方生产不同品牌的婴幼儿配方乳粉。

**第八十二条　【注册、备案材料确保真实】**保健食品、特殊医学用途配方食品、婴幼儿配方乳粉的注册人或者备案人应当对其提交材料的真实性负责。

省级以上人民政府食品安全监督管理部门应当及时公布注册或者备案的保健食品、特殊医学用途配方食品、婴幼儿配方乳粉目录，并对注册或者备案中获知的企业商业秘密予以保密。

保健食品、特殊医学用途配方食品、婴幼儿配方乳粉生产企业应当按照注册或者备案的产品配方、生产工艺等技术要求组织生产。

**第八十三条　【特殊食品生产质量管理体系】**生产保健食品，特殊医学用途配方食品、婴幼儿配方食品和其他专供特定人群的主辅食品的企业，应当按照良好生产规范的要求建立与所生产食品相适应的生产质量管理体系，定期对该体系的运行情况进行自查，保证其有效运行，并向所在地县级人民政府食品安全监督管理部门提交自查报告。

## 第五章　食品检验

**第八十四条　【食品检验机构】**食品检验机构按照国家有关认证认可的规定取得资质认定后，方可从事食品检验活动。但是，法律另有规定的除外。

食品检验机构的资质认定条件和检验规范，由国务院食品安全监督管理部门规定。

符合本法规定的食品检验机构出具的检验报告具有同等效力。

县级以上人民政府应当整合食品检验资源，实现资源共享。

**第八十五条　【食品检验机构检验人】**食品检验由食品检验机构指定的检验人独立进行。

检验人应当依照有关法律、法规的规定，并按照食品安全标准和检验规范对食品进行检验，尊重科学，恪守职业道德，保证出具的检验数据和结论客观、公正，不得出具虚假检验报告。

**第八十六条　【食品检验机构与检验人共同负责制】**食品检验实行食品检验机构与检验人负责制。食品检验报告应当加盖食品检验机构公章，并有检验人的签名或者盖章。食品检验机构和检验人对出具的食品检验报告负责。

**第八十七条　【监督抽检】**县级以上人民政府食品安全监督管理部门应当对食品进行定期或者不定期的抽样检验，并依据有关规定公布检验结果，不得免检。进行抽样检验，应当购买抽取的样品，委托符合本法规定的食品检验机构进行检验，并支付相关费用；不得向食品生产经营者收取检验费和其他费用。

**第八十八条　【复检】**对依照本法规定实施的检验结论有异议的，食品生产经营者可以自收到检验结论之日起七个工作日内向实施抽样检验的食品安全监督管理部门或者其上一级食品安全监督管理部门提出复检申请，由受理复检申请的食品安全监督管理部门在公布的复检机构名录中随机确定复检机构进行复检。复检机构出具的复检结论为最终检验结论。复检机构与初检机构不得为同一机构。复检机构名录由国务院认证认可监督管理、食品安全监督管理、卫生行政、农业行政等部门共同公布。

采用国家规定的快速检测方法对食用农产品进行抽查检测，被抽查人对检测结果有异议的，可以自收到检测结果时起四小时内申请复检。复检不得采用快速检测方法。

**第八十九条　【自行检验和委托检验】**食品生产企业可以自行对所生产的食品进行检验，也可以委托符合本法规定的食品检验机构进行检验。

食品行业协会和消费者协会等组织、消费者需要委托食品检验机构对食品进行检验的，应当委托符合本法规定的食品检验机构进行。

**第九十条　【对食品添加剂的检验】**食品添加剂的检验，适用本法有关食品检验的规定。

## 第六章　食品进出口

**第九十一条　【食品进出口监督管理部门】**国家出入境检验检疫部门对进出口食品安全实施监督管理。

**第九十二条　【进口食品、食品添加剂和相关产品的要求】**进口的食品、食品添加剂、食品相关产品应当符合我国食品安全国家标准。

进口的食品、食品添加剂应当经出入境检验检疫机构依照进出口商品检验相关法律、行政法规的规定检验合格。

进口的食品、食品添加剂应当按照国家出入境检验检疫部门的要求随附合格证明材料。

**第九十三条 【进口尚无食品安全国家标准的食品及“三新”产品的要求】**进口尚无食品安全国家标准的食品，由境外出口商、境外生产企业或者其委托的进口商向国务院卫生行政部门提交所执行的相关国家（地区）标准或者国际标准。国务院卫生行政部门对相关标准进行审查，认为符合食品安全要求的，决定暂予适用，并及时制定相应的食品安全国家标准。进口利用新的食品原料生产的食品或者进口食品添加剂新品种、食品相关产品新品种，依照本法第三十七条的规定办理。

出入境检验检疫机构按照国务院卫生行政部门的要求，对前款规定的食品、食品添加剂、食品相关产品进行检验。检验结果应当公开。

**第九十四条 【境外出口商、生产企业、进口商食品安全义务】**境外出口商、境外生产企业应当保证向我国出口的食品、食品添加剂、食品相关产品符合本法以及我国其他有关法律、行政法规的规定和食品安全国家标准的要求，并对标签、说明书的内容负责。

进口商应当建立境外出口商、境外生产企业审核制度，重点审核前款规定的内容；审核不合格的，不得进口。

发现进口食品不符合我国食品安全国家标准或者有证据证明可能危害人体健康的，进口商应当立即停止进口，并依照本法第六十三条的规定召回。

**第九十五条 【进口食品等出现严重食品安全问题的应对】**境外发生的食品安全事件可能对我国境内造成影响，或者在进口食品、食品添加剂、食品相关产品中发现严重食品安全问题的，国家出入境检验检疫部门应当及时采取风险预警或者控制措施，并向国务院食品安全监督管理、卫生行政、农业行政部门通报。接到通报的部门应当及时采取相应措施。

县级以上人民政府食品安全监督管理部门对国内市场上销售的进口食品、食品添加剂实施监督管理。发现存在严重食品安全问题的，国务院食品安全监督管理部门应当及时向国家出入境检验检疫部门通报。国家出入境检验检疫部门应当及时采取相应措施。

**第九十六条 【对进出口食品商、代理商、境外食品生产企业的管理】**向我国境内出口食品的境外出口商或者代理商、进口食品的进口商应当向国家出入境检验检疫部门备案。向我国境内出口食品的境外食品生产企业应当经国家出入境检验检疫部门注册。已经注册的境外食品生产企业提供虚假材料，或者因其自身的原因致使进口食品发生重大食品安全事故的，国家出入境检验检疫部门应当撤销注册并公告。

国家出入境检验检疫部门应当定期公布已经备案的境外出口商、代理商、进口商和已经注册的境外食品生产企业名单。

**第九十七条 【进口的预包装食品、食品添加剂标签、说明书】**进口的预包装食品、食品添加剂应当有中文标签；依法应当有说明书的，还应当有中文说明书。标签、说明书应当符合本法以及我国其他有关法律、行政法规的规定和食品安全国家标准的要求，并载明食品的原产地以及境内代理商的名称、地址、联系方式。预包装食品没有中文标签、中文说明书或者标签、说明书不符合本条规定的，不得进口。

**第九十八条 【食品、食品添加剂进口和销售记录制度】**进口商应当建立食品、食品添加剂进口和销售记录制度，如实记录食品、食品添加剂的名称、规格、数量、生产日期、生产或者进口批号、保质期、境外出口商和购货者名称、地址及联系方式、交货日期等内容，并保存相关凭证。记录和凭证保存期限应当符合本法第五十条第二款的规定。

**第九十九条 【对出口食品和出口食品企业的要求】**出口食品生产企业应当保证其出口食品符合进口国（地区）的标准或者合同要求。

出口食品生产企业和出口食品原料种植、养殖场应当向国家出入境检验检疫部门备案。

**第一百条 【国家出入境检验检疫部门收集信息及实施信用管理】**国家出入境检验检疫部门应当收集、汇总下列进出口食品安全信息，并及时通报相关部门、机构和企业：

（一）出入境检验检疫机构对进出口食品实施检验检疫发现的食品安全信息；

（二）食品行业协会和消费者协会等组织、消费者反映的进口食品安全信息；

（三）国际组织、境外政府机构发布的风险预警信息及其他食品安全信息，以及境外食品行业协会等组织、消费者反映的食品安全信息；

（四）其他食品安全信息。

国家出入境检验检疫部门应当对进出口食品的进口

商、出口商和出口食品生产企业实施信用管理，建立信用记录，并依法向社会公布。对有不良记录的进口商、出口商和出口食品生产企业，应当加强对其进出口食品的检验检疫。

**第一百零一条 【国家出入境检验检疫部门的职责】**国家出入境检验检疫部门可以对向我国境内出口食品的国家（地区）的食品安全管理体系和食品安全状况进行评估和审查，并根据评估和审查结果，确定相应检验检疫要求。

## 第七章 食品安全事故处置

**第一百零二条 【食品安全事故应急预案】**国务院组织制定国家食品安全事故应急预案。

县级以上地方人民政府应当根据有关法律、法规的规定和上级人民政府的食品安全事故应急预案以及本行政区域的实际情况，制定本行政区域的食品安全事故应急预案，并报上一级人民政府备案。

食品安全事故应急预案应当对食品安全事故分级、事故处置组织指挥体系与职责、预防预警机制、处置程序、应急保障措施等作出规定。

食品生产经营企业应当制定食品安全事故处置方案，定期检查本企业各项食品安全防范措施的落实情况，及时消除事故隐患。

**第一百零三条 【食品安全事故应急处置、报告、通报】**发生食品安全事故的单位应当立即采取措施，防止事故扩大。事故单位和接收病人进行治疗的单位应当及时向事故发生地县级人民政府食品安全监督管理、卫生行政部门报告。

县级以上人民政府农业行政等部门在日常监督管理中发现食品安全事故或者接到事故举报，应当立即向同级食品安全监督管理部门通报。

发生食品安全事故，接到报告的县级人民政府食品安全监督管理部门应当按照应急预案的规定向本级人民政府和上级人民政府食品安全监督管理部门报告。县级人民政府和上级人民政府食品安全监督管理部门应当按照应急预案的规定上报。

任何单位和个人不得对食品安全事故隐瞒、谎报、缓报，不得隐匿、伪造、毁灭有关证据。

**第一百零四条 【食源性疾病的报告和通报】**医疗机构发现其接收的病人属于食源性疾病病人或者疑似病人的，应当按照规定及时将相关信息向所在地县级人民政府卫生行政部门报告。县级人民政府卫生行政部门认为与食品安全有关的，应当及时通报同级食品安全监督管理部门。

县级以上人民政府卫生行政部门在调查处理传染病或者其他突发公共卫生事件中发现与食品安全相关的信息，应当及时通报同级食品安全监督管理部门。

**第一百零五条 【食品安全事故发生后应采取的措施】**县级以上人民政府食品安全监督管理部门接到食品安全事故的报告后，应当立即会同同级卫生行政、农业行政等部门进行调查处理，并采取下列措施，防止或者减轻社会危害：

（一）开展应急救援工作，组织救治因食品安全事故导致人身伤害的人员；

（二）封存可能导致食品安全事故的食品及其原料，并立即进行检验；对确认属于被污染的食品及其原料，责令食品生产经营者依照本法第六十三条的规定召回或者停止经营；

（三）封存被污染的食品相关产品，并责令进行清洗消毒；

（四）做好信息发布工作，依法对食品安全事故及其处理情况进行发布，并对可能产生的危害加以解释、说明。

发生食品安全事故需要启动应急预案的，县级以上人民政府应当立即成立事故处置指挥机构，启动应急预案，依照前款和应急预案的规定进行处置。

发生食品安全事故，县级以上疾病预防控制机构应当对事故现场进行卫生处理，并对与事故有关的因素开展流行病学调查，有关部门应当予以协助。县级以上疾病预防控制机构应当向同级食品安全监督管理、卫生行政部门提交流行病学调查报告。

**第一百零六条 【食品安全事故责任调查】**发生食品安全事故，设区的市级以上人民政府食品安全监督管理部门应当立即会同有关部门进行事故责任调查，督促有关部门履行职责，向本级人民政府和上一级人民政府食品安全监督管理部门提出事故责任调查处理报告。

涉及两个以上省、自治区、直辖市的重大食品安全事故由国务院食品安全监督管理部门依照前款规定组织事故责任调查。

**第一百零七条 【食品安全事故调查要求】**调查食品安全事故，应当坚持实事求是、尊重科学的原则，及时、准确查清事故性质和原因，认定事故责任，提出整改措施。

调查食品安全事故，除了查明事故单位的责任，还应当查明有关监督管理部门、食品检验机构、认证机构及其工作人员的责任。

**第一百零八条 【食品安全事故调查部门的职权】** 食品安全事故调查部门有权向有关单位和个人了解与事故有关的情况，并要求提供相关资料和样品。有关单位和个人应当予以配合，按照要求提供相关资料和样品，不得拒绝。

任何单位和个人不得阻挠、干涉食品安全事故的调查处理。

## 第八章 监督管理

**第一百零九条 【食品安全风险分级管理和年度监督管理计划】** 县级以上人民政府食品安全监督管理部门根据食品安全风险监测、风险评估结果和食品安全状况等，确定监督管理的重点、方式和频次，实施风险分级管理。

县级以上地方人民政府组织本级食品安全监督管理、农业行政等部门制定本行政区域的食品安全年度监督管理计划，向社会公布并组织实施。

食品安全年度监督管理计划应当将下列事项作为监督管理的重点：

（一）专供婴幼儿和其他特定人群的主辅食品；

（二）保健食品生产过程中的添加行为和按照注册或者备案的技术要求组织生产的情况，保健食品标签、说明书以及宣传材料中有关功能宣传的情况；

（三）发生食品安全事故风险较高的食品生产经营者；

（四）食品安全风险监测结果表明可能存在食品安全隐患的事项。

**第一百一十条 【食品安全监督检查措施】** 县级以上人民政府食品安全监督管理部门履行食品安全监督管理职责，有权采取下列措施，对生产经营者遵守本法的情况进行监督检查：

（一）进入生产经营场所实施现场检查；

（二）对生产经营的食品、食品添加剂、食品相关产品进行抽样检验；

（三）查阅、复制有关合同、票据、账簿以及其他有关资料；

（四）查封、扣押有证据证明不符合食品安全标准或者有证据证明存在安全隐患以及用于违法生产经营的食品、食品添加剂、食品相关产品；

（五）查封违法从事生产经营活动的场所。

**第一百一十一条 【有害物质的临时限量值和临时检验方法】** 对食品安全风险评估结果证明食品存在安全隐患，需要制定、修订食品安全标准的，在制定、修订食品安全标准前，国务院卫生行政部门应当及时会同国务院有关部门规定食品中有害物质的临时限量值和临时检验方法，作为生产经营和监督管理的依据。

**第一百一十二条 【快速检测】** 县级以上人民政府食品安全监督管理部门在食品安全监督管理工作中可以采用国家规定的快速检测方法对食品进行抽查检测。

对抽查检测结果表明可能不符合食品安全标准的食品，应当依照本法第八十七条的规定进行检验。抽查检测结果确定有关食品不符合食品安全标准的，可以作为行政处罚的依据。

**第一百一十三条 【食品安全信用档案】** 县级以上人民政府食品安全监督管理部门应当建立食品生产经营者食品安全信用档案，记录许可颁发、日常监督检查结果、违法行为查处等情况，依法向社会公布并实时更新；对有不良信用记录的食品生产经营者增加监督检查频次，对违法行为情节严重的食品生产经营者，可以通报投资主管部门、证券监督管理机构和有关的金融机构。

**第一百一十四条 【对食品生产经营者进行责任约谈】** 食品生产经营过程中存在食品安全隐患，未及时采取措施消除的，县级以上人民政府食品安全监督管理部门可以对食品生产经营者的法定代表人或者主要负责人进行责任约谈。食品生产经营者应当立即采取措施，进行整改，消除隐患。责任约谈情况和整改情况应当纳入食品生产经营者食品安全信用档案。

**第一百一十五条 【有奖举报和保护举报人合法权益】** 县级以上人民政府食品安全监督管理等部门应当公布本部门的电子邮件地址或者电话，接受咨询、投诉、举报。接到咨询、投诉、举报，对属于本部门职责的，应当受理并在法定期限内及时答复、核实、处理；对不属于本部门职责的，应当移交有权处理的部门并书面通知咨询、投诉、举报人。有权处理的部门应当在法定期限内及时处理，不得推诿。对查证属实的举报，给予举报人奖励。

有关部门应当对举报人的信息予以保密，保护举报人的合法权益。举报人举报所在企业的，该企业不得以解除、变更劳动合同或者其他方式对举报人进行打击报复。

**第一百一十六条 【加强食品安全执法人员管理】** 县级以上人民政府食品安全监督管理等部门应当加强对执法人员食品安全法律、法规、标准和专业知识与执法能力等的培训，并组织考核。不具备相应知识和能力的，不得从事食品安全执法工作。

食品生产经营者、食品行业协会、消费者协会等发现食品安全执法人员在执法过程中有违反法律、法规规定的行为以及不规范执法行为的，可以向本级或者上级人民政府食品安全监督管理等部门或者监察机关投诉、举报。接到投诉、举报的部门或者机关应当进行核实，并将经核实的情况向食品安全执法人员所在部门通报；涉嫌违法违纪的，按照本法和有关规定处理。

**第一百一十七条 【对所属食品安全监管部门或下级地方人民政府进行责任约谈】**县级以上人民政府食品安全监督管理等部门未及时发现食品安全系统性风险，未及时消除监督管理区域内的食品安全隐患的，本级人民政府可以对其主要负责人进行责任约谈。

地方人民政府未履行食品安全职责，未及时消除区域性重大食品安全隐患的，上级人民政府可以对其主要负责人进行责任约谈。

被约谈的食品安全监督管理等部门、地方人民政府应当立即采取措施，对食品安全监督管理工作进行整改。

责任约谈情况和整改情况应当纳入地方人民政府和有关部门食品安全监督管理工作评议、考核记录。

**第一百一十八条 【食品安全信息统一公布制度】**国家建立统一的食品安全信息平台，实行食品安全信息统一公布制度。国家食品安全总体情况、食品安全风险警示信息、重大食品安全事故及其调查处理信息和国务院确定需要统一公布的其他信息由国务院食品安全监督管理部门统一公布。食品安全风险警示信息和重大食品安全事故及其调查处理信息的影响限于特定区域的，也可以由有关省、自治区、直辖市人民政府食品安全监督管理部门公布。未经授权不得发布上述信息。

县级以上人民政府食品安全监督管理、农业行政部门依据各自职责公布食品安全日常监督管理信息。

公布食品安全信息，应当做到准确、及时，并进行必要的解释说明，避免误导消费者和社会舆论。

**第一百一十九条 【食品安全信息的报告、通报制度】**县级以上地方人民政府食品安全监督管理、卫生行政、农业行政部门获知本法规定需要统一公布的信息，应当向上级主管部门报告，由上级主管部门立即报告国务院食品安全监督管理部门；必要时，可以直接向国务院食品安全监督管理部门报告。

县级以上人民政府食品安全监督管理、卫生行政、农业行政部门应当相互通报获知的食品安全信息。

**第一百二十条 【不得编造、散布虚假食品安全信息】**任何单位和个人不得编造、散布虚假食品安全信息。

县级以上人民政府食品安全监督管理部门发现可能误导消费者和社会舆论的食品安全信息，应当立即组织有关部门、专业机构、相关食品生产经营者等进行核实、分析，并及时公布结果。

**第一百二十一条 【涉嫌食品安全犯罪案件的处理】**县级以上人民政府食品安全监督管理等部门发现涉嫌食品安全犯罪的，应当按照有关规定及时将案件移送公安机关。对移送的案件，公安机关应当及时审查；认为有犯罪事实需要追究刑事责任的，应当立案侦查。

公安机关在食品安全犯罪案件侦查过程中认为没有犯罪事实，或者犯罪事实显著轻微，不需要追究刑事责任，但依法应当追究行政责任的，应当及时将案件移送食品安全监督管理等部门和监察机关，有关部门应当依法处理。

公安机关商请食品安全监督管理、生态环境等部门提供检验结论、认定意见以及对涉案物品进行无害化处理等协助的，有关部门应当及时提供，予以协助。

## 第九章 法律责任

**第一百二十二条 【未经许可从事食品生产经营活动等的法律责任】**违反本法规定，未取得食品生产经营许可从事食品生产经营活动，或者未取得食品添加剂生产许可从事食品添加剂生产活动的，由县级以上人民政府食品安全监督管理部门没收违法所得和违法生产经营的食品、食品添加剂以及用于违法生产经营的工具、设备、原料等物品；违法生产经营的食品、食品添加剂货值金额不足一万元的，并处五万元以上十万元以下罚款；货值金额一万元以上的，并处货值金额十倍以上二十倍以下罚款。

明知从事前款规定的违法行为，仍为其提供生产经营场所或者其他条件的，由县级以上人民政府食品安全监督管理部门责令停止违法行为，没收违法所得，并处五万元以上十万元以下罚款；使消费者的合法权益受到损害的，应当与食品、食品添加剂生产经营者承担连带责任。

**第一百二十三条 【八类最严重违法食品生产经营行为的法律责任】**违反本法规定，有下列情形之一，尚不构成犯罪的，由县级以上人民政府食品安全监督管理部门没收违法所得和违法生产经营的食品，并可以没收用于违法生产经营的工具、设备、原料等物品；违法生产经营的食品货值金额不足一万元的，并处十万元以上十五万元以下罚款；货值金额一万元以上的，并处货值金额十五倍以上三十倍以下罚款；情节严重的，吊销许可证，并可以由公安机关对其直接负责的主管人员和其他直接责任人员处五日以上十五日以下拘留：

（一）用非食品原料生产食品、在食品中添加食品添加剂以外的化学物质和其他可能危害人体健康的物质，或者用回收食品作为原料生产食品，或者经营上述食品；

（二）生产经营营养成分不符合食品安全标准的专供婴幼儿和其他特定人群的主辅食品；

（三）经营病死、毒死或者死因不明的禽、畜、兽、水产动物肉类，或者生产经营其制品；

（四）经营未按规定进行检疫或者检疫不合格的肉类，或者生产经营未经检验或者检验不合格的肉类制品；

（五）生产经营国家为防病等特殊需要明令禁止生产经营的食品；

（六）生产经营添加药品的食品。

明知从事前款规定的违法行为，仍为其提供生产经营场所或者其他条件的，由县级以上人民政府食品安全监督管理部门责令停止违法行为，没收违法所得，并处十万元以上二十万元以下罚款；使消费者的合法权益受到损害的，应当与食品生产经营者承担连带责任。

违法使用剧毒、高毒农药的，除依照有关法律、法规规定给予处罚外，可以由公安机关依照第一款规定给予拘留。

**第一百二十四条　【十一类违法生产经营行为的法律责任】**违反本法规定，有下列情形之一，尚不构成犯罪的，由县级以上人民政府食品安全监督管理部门没收违法所得和违法生产经营的食品、食品添加剂，并可以没收用于违法生产经营的工具、设备、原料等物品；违法生产经营的食品、食品添加剂货值金额不足一万元的，并处五万元以上十万元以下罚款；货值金额一万元以上的，并处货值金额十倍以上二十倍以下罚款；情节严重的，吊销许可证：

（一）生产经营致病性微生物，农药残留、兽药残留、生物毒素、重金属等污染物质以及其他危害人体健康的物质含量超过食品安全标准限量的食品、食品添加剂；

（二）用超过保质期的食品原料、食品添加剂生产食品、食品添加剂，或者经营上述食品、食品添加剂；

（三）生产经营超范围、超限量使用食品添加剂的食品；

（四）生产经营腐败变质、油脂酸败、霉变生虫、污秽不洁、混有异物、掺假掺杂或者感官性状异常的食品、食品添加剂；

（五）生产经营标注虚假生产日期、保质期或者超过保质期的食品、食品添加剂；

（六）生产经营未按规定注册的保健食品、特殊医学用途配方食品、婴幼儿配方乳粉，或者未按注册的产品配方、生产工艺等技术要求组织生产；

（七）以分装方式生产婴幼儿配方乳粉，或者同一企业以同一配方生产不同品牌的婴幼儿配方乳粉；

（八）利用新的食品原料生产食品，或者生产食品添加剂新品种，未通过安全性评估；

（九）食品生产经营者在食品安全监督管理部门责令其召回或者停止经营后，仍拒不召回或者停止经营。

除前款和本法第一百二十三条、第一百二十五条规定的情形外，生产经营不符合法律、法规或者食品安全标准的食品、食品添加剂的，依照前款规定给予处罚。

生产食品相关产品新品种，未通过安全性评估，或者生产不符合食品安全标准的食品相关产品的，由县级以上人民政府食品安全监督管理部门依照第一款规定给予处罚。

**第一百二十五条　【四类违法生产经营行为的法律责任】**违反本法规定，有下列情形之一的，由县级以上人民政府食品安全监督管理部门没收违法所得和违法生产经营的食品、食品添加剂，并可以没收用于违法生产经营的工具、设备、原料等物品；违法生产经营的食品、食品添加剂货值金额不足一万元的，并处五千元以上五万元以下罚款；货值金额一万元以上的，并处货值金额五倍以上十倍以下罚款；情节严重的，责令停产停业，直至吊销许可证：

（一）生产经营被包装材料、容器、运输工具等污染的食品、食品添加剂；

（二）生产经营无标签的预包装食品、食品添加剂或者标签、说明书不符合本法规定的食品、食品添加剂；

（三）生产经营转基因食品未按规定进行标示；

（四）食品生产经营者采购或者使用不符合食品安全标准的食品原料、食品添加剂、食品相关产品。

生产经营的食品、食品添加剂的标签、说明书存在瑕疵但不影响食品安全且不会对消费者造成误导的，由县级以上人民政府食品安全监督管理部门责令改正；拒不改正的，处二千元以下罚款。

**第一百二十六条　【十六类生产经营过程违法行为所应承担的法律责任】**违反本法规定，有下列情形之一的，由县级以上人民政府食品安全监督管理部门责令改正，给予警告；拒不改正的，处五千元以上五万元以下罚款；情节严重的，责令停产停业，直至吊销许可证：

（一）食品、食品添加剂生产者未按规定对采购的食品原料和生产的食品、食品添加剂进行检验；

（二）食品生产经营企业未按规定建立食品安全管理制度，或者未按规定配备或者培训、考核食品安全管理人员；

（三）食品、食品添加剂生产经营者进货时未查验许可证和相关证明文件，或者未按规定建立并遵守进货查验记录、出厂检验记录和销售记录制度；

（四）食品生产经营企业未制定食品安全事故处置方案；

（五）餐具、饮具和盛放直接入口食品的容器，使用前未经洗净、消毒或者清洗消毒不合格，或者餐饮服务设施、设备未按规定定期维护、清洗、校验；

（六）食品生产经营者安排未取得健康证明或者患有国务院卫生行政部门规定的有碍食品安全疾病的人员从事接触直接入口食品的工作；

（七）食品经营者未按规定要求销售食品；

（八）保健食品生产企业未按规定向食品安全监督管理部门备案，或者未按备案的产品配方、生产工艺等技术要求组织生产；

（九）婴幼儿配方食品生产企业未将食品原料、食品添加剂、产品配方、标签等向食品安全监督管理部门备案；

（十）特殊食品生产企业未按规定建立生产质量管理体系并有效运行，或者未定期提交自查报告；

（十一）食品生产经营者未定期对食品安全状况进行检查评价，或者生产经营条件发生变化，未按规定处理；

（十二）学校、托幼机构、养老机构、建筑工地等集中用餐单位未按规定履行食品安全管理责任；

（十三）食品生产企业、餐饮服务提供者未按规定制定、实施生产经营过程控制要求。

餐具、饮具集中消毒服务单位违反本法规定用水，使用洗涤剂、消毒剂，或者出厂的餐具、饮具未按规定检验合格并随附消毒合格证明，或者未按规定在独立包装上标注相关内容的，由县级以上人民政府卫生行政部门依照前款规定给予处罚。

食品相关产品生产者未按规定对生产的食品相关产品进行检验的，由县级以上人民政府食品安全监督管理部门依照第一款规定给予处罚。

食用农产品销售者违反本法第六十五条规定的，由县级以上人民政府食品安全监督管理部门依照第一款规定给予处罚。

**第一百二十七条　【对食品生产加工小作坊、食品摊贩等的违法行为的处罚】**对食品生产加工小作坊、食品摊贩等的违法行为的处罚，依照省、自治区、直辖市制定的具体管理办法执行。

**第一百二十八条　【事故单位违法行为所应承担的法律责任】**违反本法规定，事故单位在发生食品安全事故后未进行处置、报告的，由有关主管部门按照各自职责分工责令改正，给予警告；隐匿、伪造、毁灭有关证据的，责令停产停业，没收违法所得，并处十万元以上五十万元以下罚款；造成严重后果的，吊销许可证。

**第一百二十九条　【进出口违法行为所应承担的法律责任】**违反本法规定，有下列情形之一的，由出入境检验检疫机构依照本法第一百二十四条的规定给予处罚：

（一）提供虚假材料，进口不符合我国食品安全国家标准的食品、食品添加剂、食品相关产品；

（二）进口尚无食品安全国家标准的食品，未提交所执行的标准并经国务院卫生行政部门审查，或者进口利用新的食品原料生产的食品或者进口食品添加剂新品种、食品相关产品新品种，未通过安全性评估；

（三）未遵守本法的规定出口食品；

（四）进口商在有关主管部门责令其依照本法规定召回进口的食品后，仍拒不召回。

违反本法规定，进口商未建立并遵守食品、食品添加剂进口和销售记录制度、境外出口商或者生产企业审核制度的，由出入境检验检疫机构依照本法第一百二十六条的规定给予处罚。

**第一百三十条　【集中交易市场违法行为所应承担的法律责任】**违反本法规定，集中交易市场的开办者、柜台出租者、展销会的举办者允许未依法取得许可的食品经营者进入市场销售食品，或者未履行检查、报告等义务的，由县级以上人民政府食品安全监督管理部门责令改正，没收违法所得，并处五万元以上二十万元以下罚款；造成严重后果的，责令停业，直至由原发证部门吊销许可证；使消费者的合法权益受到损害的，应当与食品经营者承担连带责任。

食用农产品批发市场违反本法第六十四条规定的，依照前款规定承担责任。

**第一百三十一条　【网络食品交易违法行为所应承担的法律责任】**违反本法规定，网络食品交易第三方平台提供者未对入网食品经营者进行实名登记、审查许可证，或者未履行报告、停止提供网络交易平台服务等义务的，由县级以上人民政府食品安全监督管理部门责令改正，没收违法所得，并处五万元以上二十万元以下罚款；造成严重后果的，责令停业，直至由原发证部门吊销许可证；使消费者的合法权益受到损害的，应当与食品经营者承担连带责任。

消费者通过网络食品交易第三方平台购买食品，其合法权益受到损害的，可以向入网食品经营者或者食品生产者要求赔偿。网络食品交易第三方平台提供者不能提供入网食品经营者的真实名称、地址和有效联系方式的，由网络食品交易第三方平台提供者赔偿。网络食品交易第三方平台提供者赔偿后，有权向入网食品经营者或者食品生产者追偿。网络食品交易第三方平台提供者作出更有利于消费者承诺的，应当履行其承诺。

**第一百三十二条　【进行食品贮存、运输和装卸违法行为所应承担的法律责任】**违反本法规定，未按要求进行食品贮存、运输和装卸的，由县级以上人民政府食品安全监督管理等部门按照各自职责分工责令改正，给予警告；拒不改正的，责令停产停业，并处一万元以上五万元以下罚款；情节严重的，吊销许可证。

**第一百三十三条　【拒绝、阻挠、干涉依法开展食品安全工作、打击报复举报人的法律责任】**违反本法规定，拒绝、阻挠、干涉有关部门、机构及其工作人员依法开展食品安全监督检查、事故调查处理、风险监测和风险评估的，由有关主管部门按照各自职责分工责令停产停业，并处二千元以上五万元以下罚款；情节严重的，吊销许可证；构成违反治安管理行为的，由公安机关依法给予治安管理处罚。

违反本法规定，对举报人以解除、变更劳动合同或者其他方式打击报复的，应当依照有关法律的规定承担责任。

**第一百三十四条　【食品生产经营者屡次违法可以增加处罚】**食品生产经营者在一年内累计三次因违反本法规定受到责令停产停业、吊销许可证以外处罚的，由食品安全监督管理部门责令停产停业，直至吊销许可证。

**第一百三十五条　【严重违法犯罪者一定期限内禁止从事食品生产经营相关活动】**被吊销许可证的食品生产经营者及其法定代表人、直接负责的主管人员和其他直接责任人员自处罚决定作出之日起五年内不得申请食品生产经营许可，或者从事食品生产经营管理工作、担任食品生产经营企业食品安全管理人员。

因食品安全犯罪被判处有期徒刑以上刑罚的，终身不得从事食品生产经营管理工作，也不得担任食品生产经营企业食品安全管理人员。

食品生产经营者聘用人员违反前两款规定的，由县级以上人民政府食品安全监督管理部门吊销许可证。

**第一百三十六条　【食品经营者履行了本法规定的义务可以免予处罚】**食品经营者履行了本法规定的进货查验等义务，有充分证据证明其不知道所采购的食品不符合食品安全标准，并能如实说明其进货来源的，可以免予处罚，但应当依法没收其不符合食品安全标准的食品；造成人身、财产或者其他损害的，依法承担赔偿责任。

**第一百三十七条　【提供虚假监测、评估信息的法律责任】**违反本法规定，承担食品安全风险监测、风险评估工作的技术机构、技术人员提供虚假监测、评估信息的，依法对技术机构直接负责的主管人员和技术人员给予撤职、开除处分；有执业资格的，由授予其资格的主管部门吊销执业证书。

**第一百三十八条　【出具虚假检验报告以及食品检验机构聘用不得从事食品检验工作的人员等的法律责任】**违反本法规定，食品检验机构、食品检验人员出具虚假检验报告的，由授予其资质的主管部门或者机构撤销该食品检验机构的检验资质，没收所收取的检验费用，并处检验费用五倍以上十倍以下罚款，检验费用不足一万元的，并处五万元以上十万元以下罚款；依法对食品检验机构直接负责的主管人员和食品检验人员给予撤职或者开除处分；导致发生重大食品安全事故的，对直接负责的主管人员和食品检验人员给予开除处分。

违反本法规定，受到开除处分的食品检验机构人员，自处分决定作出之日起十年内不得从事食品检验工作；因食品安全违法行为受到刑事处罚或者因出具虚假检验报告导致发生重大食品安全事故受到开除处分的食品检验机构人员，终身不得从事食品检验工作。食品检验机构聘用不得从事食品检验工作的人员的，由授予其资质的主管部门或者机构撤销该食品检验机构的检验资质。

食品检验机构出具虚假检验报告，使消费者的合法权益受到损害的，应当与食品生产经营者承担连带责任。

**第一百三十九条　【虚假认证的法律责任】**违反本法规定，认证机构出具虚假认证结论，由认证认可监督管理部门没收所收取的认证费用，并处认证费用五倍以上十倍以下罚款，认证费用不足一万元的，并处五万元以上十万元以下罚款；情节严重的，责令停业，直至撤销认证机构批准文件，并向社会公布；对直接负责的主管人员和负有直接责任的认证人员，撤销其执业资格。

认证机构出具虚假认证结论，使消费者的合法权益受到损害的，应当与食品生产经营者承担连带责任。

**第一百四十条　【违法发布食品广告和违法推荐食品的法律责任】**违反本法规定，在广告中对食品作虚假宣传，欺骗消费者，或者发布未取得批准文件、广告内容与批准文件不一致的保健食品广告的，依照《中华人民共和国广告法》的规定给予处罚。

广告经营者、发布者设计、制作、发布虚假食品广告，使消费者的合法权益受到损害的，应当与食品生产经营者承担连带责任。

社会团体或者其他组织、个人在虚假广告或者其他虚假宣传中向消费者推荐食品，使消费者的合法权益受到损害的，应当与食品生产经营者承担连带责任。

违反本法规定，食品安全监督管理等部门、食品检验机构、食品行业协会以广告或者其他形式向消费者推荐食品，消费者组织以收取费用或者其他牟取利益的方式向消费者推荐食品的，由有关主管部门没收违法所得，依法对直接负责的主管人员和其他直接责任人员给予记大过、降级或者撤职处分；情节严重的，给予开除处分。

对食品作虚假宣传且情节严重的，由省级以上人民政府食品安全监督管理部门决定暂停销售该食品，并向社会公布；仍然销售该食品的，由县级以上人民政府食品安全监督管理部门没收违法所得和违法销售的食品，并处二万元以上五万元以下罚款。

**第一百四十一条　【编造、散布虚假食品安全信息的法律责任】**违反本法规定，编造、散布虚假食品安全信息，构成违反治安管理行为的，由公安机关依法给予治安管理处罚。

媒体编造、散布虚假食品安全信息的，由有关主管部门依法给予处罚，并对直接负责的主管人员和其他直接责任人员给予处分；使公民、法人或者其他组织的合法权益受到损害的，依法承担消除影响、恢复名誉、赔偿损失、赔礼道歉等民事责任。

**第一百四十二条　【地方人民政府有关食品安全事故应对不当的法律责任】**违反本法规定，县级以上地方人民政府有下列行为之一的，对直接负责的主管人员和其他直接责任人员给予记大过处分；情节较重的，给予降级或者撤职处分；情节严重的，给予开除处分；造成严重后果的，其主要负责人还应当引咎辞职：

（一）对发生在本行政区域内的食品安全事故，未及时组织协调有关部门开展有效处置，造成不良影响或者损失；

（二）对本行政区域内涉及多环节的区域性食品安全问题，未及时组织整治，造成不良影响或者损失；

（三）隐瞒、谎报、缓报食品安全事故；

（四）本行政区域内发生特别重大食品安全事故，或者连续发生重大食品安全事故。

**第一百四十三条　【政府未落实有关法定职责的法律责任】**违反本法规定，县级以上地方人民政府有下列行为之一的，对直接负责的主管人员和其他直接责任人员给予警告、记过或者记大过处分；造成严重后果的，给予降级或者撤职处分：

（一）未确定有关部门的食品安全监督管理职责，未建立健全食品安全全程监督管理工作机制和信息共享机制，未落实食品安全监督管理责任制；

（二）未制定本行政区域的食品安全事故应急预案，或者发生食品安全事故后未按规定立即成立事故处置指挥机构、启动应急预案。

**第一百四十四条　【食品安全监管部门的法律责任一】**违反本法规定，县级以上人民政府食品安全监督管理、卫生行政、农业行政等部门有下列行为之一的，对直接负责的主管人员和其他直接责任人员给予记大过处分；情节较重的，给予降级或者撤职处分；情节严重的，给予开除处分；造成严重后果的，其主要负责人还应当引咎辞职：

（一）隐瞒、谎报、缓报食品安全事故；

（二）未按规定查处食品安全事故，或者接到食品安全事故报告未及时处理，造成事故扩大或者蔓延；

（三）经食品安全风险评估得出食品、食品添加剂、食品相关产品不安全结论后，未及时采取相应措施，造成食品安全事故或者不良社会影响；

（四）对不符合条件的申请人准予许可，或者超越法定职权准予许可；

（五）不履行食品安全监督管理职责，导致发生食品安全事故。

**第一百四十五条　【食品安全监管部门的法律责任二】**违反本法规定，县级以上人民政府食品安全监督管理、卫生行政、农业行政等部门有下列行为之一，造成不良后果的，对直接负责的主管人员和其他直接责任人员给予警告、记过或者记大过处分；情节较重的，给予降级或者撤职处分；情节严重的，给予开除处分：

（一）在获知有关食品安全信息后，未按规定向上级主管部门和本级人民政府报告，或者未按规定相互通报；

（二）未按规定公布食品安全信息；

（三）不履行法定职责，对查处食品安全违法行为不配合，或者滥用职权、玩忽职守、徇私舞弊。

**第一百四十六条　【违法实施检查、强制等行政行为的法律责任】**食品安全监督管理等部门在履行食品安全监督管理职责过程中，违法实施检查、强制等执法措施，给生产经营者造成损失的，应当依法予以赔偿，对直接负责的主管人员和其他直接责任人员依法给予处分。

**第一百四十七条 【赔偿责任及民事赔偿责任优先原则】**违反本法规定，造成人身、财产或者其他损害的，依法承担赔偿责任。生产经营者财产不足以同时承担民事赔偿责任和缴纳罚款、罚金时，先承担民事赔偿责任。

**第一百四十八条 【首负责任制和惩罚性赔偿】**消费者因不符合食品安全标准的食品受到损害的，可以向经营者要求赔偿损失，也可以向生产者要求赔偿损失。接到消费者赔偿要求的生产经营者，应当实行首负责任制，先行赔付，不得推诿；属于生产者责任的，经营者赔偿后有权向生产者追偿；属于经营者责任的，生产者赔偿后有权向经营者追偿。

生产不符合食品安全标准的食品或者经营明知是不符合食品安全标准的食品，消费者除要求赔偿损失外，还可以向生产者或者经营者要求支付价款十倍或者损失三倍的赔偿金；增加赔偿的金额不足一千元的，为一千元。但是，食品的标签、说明书存在不影响食品安全且不会对消费者造成误导的瑕疵的除外。

**第一百四十九条 【违反本法所应承担的刑事责任】**违反本法规定，构成犯罪的，依法追究刑事责任。

## 第十章 附 则

**第一百五十条 【本法中部分用语含义】**本法下列用语的含义：

食品，指各种供人食用或者饮用的成品和原料以及按照传统既是食品又是中药材的物品，但是不包括以治疗为目的的物品。

食品安全，指食品无毒、无害，符合应当有的营养要求，对人体健康不造成任何急性、亚急性或者慢性危害。

预包装食品，指预先定量包装或者制作在包装材料、容器中的食品。

食品添加剂，指为改善食品品质和色、香、味以及为防腐、保鲜和加工工艺的需要而加入食品中的人工合成或者天然物质，包括营养强化剂。

用于食品的包装材料和容器，指包装、盛放食品或者食品添加剂用的纸、竹、木、金属、搪瓷、陶瓷、塑料、橡胶、天然纤维、化学纤维、玻璃等制品和直接接触食品或者食品添加剂的涂料。

用于食品生产经营的工具、设备，指在食品或者食品添加剂生产、销售、使用过程中直接接触食品或者食品添加剂的机械、管道、传送带、容器、用具、餐具等。

用于食品的洗涤剂、消毒剂，指直接用于洗涤或者消毒食品、餐具、饮具以及直接接触食品的工具、设备或者食品包装材料和容器的物质。

食品保质期，指食品在标明的贮存条件下保持品质的期限。

食源性疾病，指食品中致病因素进入人体引起的感染性、中毒性等疾病，包括食物中毒。

食品安全事故，指食源性疾病、食品污染等源于食品，对人体健康有危害或者可能有危害的事故。

**第一百五十一条 【转基因食品和食盐的食品安全管理】**转基因食品和食盐的食品安全管理，本法未作规定的，适用其他法律、行政法规的规定。

**第一百五十二条 【对铁路、民航、国境口岸、军队等有关食品安全管理】**铁路、民航运营中食品安全的管理办法由国务院食品安全监督管理部门会同国务院有关部门依照本法制定。

保健食品的具体管理办法由国务院食品安全监督管理部门依照本法制定。

食品相关产品生产活动的具体管理办法由国务院食品安全监督管理部门依照本法制定。

国境口岸食品的监督管理由出入境检验检疫机构依照本法以及有关法律、行政法规的规定实施。

军队专用食品和自供食品的食品安全管理办法由中央军事委员会依照本法制定。

**第一百五十三条 【国务院可以调整食品安全监管体制】**国务院根据实际需要，可以对食品安全监督管理体制作出调整。

**第一百五十四条 【法律施行日期】**本法自2015年10月1日起施行。

# 中华人民共和国农产品质量安全法

- 2006年4月29日第十届全国人民代表大会常务委员会第二十一次会议通过
- 根据2018年10月26日第十三届全国人民代表大会常务委员会第六次会议《关于修改〈中华人民共和国野生动物保护法〉等十五部法律的决定》修正
- 2022年9月2日第十三届全国人民代表大会常务委员会第三十六次会议修订
- 2022年9月2日中华人民共和国主席令第120号公布
- 自2023年1月1日起施行

## 目 录

第一章 总 则
第二章 农产品质量安全风险管理和标准制定

第三章 农产品产地
第四章 农产品生产
第五章 农产品销售
第六章 监督管理
第七章 法律责任
第八章 附 则

## 第一章 总 则

**第一条** 为了保障农产品质量安全，维护公众健康，促进农业和农村经济发展，制定本法。

**第二条** 本法所称农产品，是指来源于种植业、林业、畜牧业和渔业等的初级产品，即在农业活动中获得的植物、动物、微生物及其产品。

本法所称农产品质量安全，是指农产品质量达到农产品质量安全标准，符合保障人的健康、安全的要求。

**第三条** 与农产品质量安全有关的农产品生产经营及其监督管理活动，适用本法。

《中华人民共和国食品安全法》对食用农产品的市场销售、有关质量安全标准的制定、有关安全信息的公布和农业投入品已经作出规定的，应当遵守其规定。

**第四条** 国家加强农产品质量安全工作，实行源头治理、风险管理、全程控制，建立科学、严格的监督管理制度，构建协同、高效的社会共治体系。

**第五条** 国务院农业农村主管部门、市场监督管理部门依照本法和规定的职责，对农产品质量安全实施监督管理。

国务院其他有关部门依照本法和规定的职责承担农产品质量安全的有关工作。

**第六条** 县级以上地方人民政府对本行政区域的农产品质量安全工作负责，统一领导、组织、协调本行政区域的农产品质量安全工作，建立健全农产品质量安全工作机制，提高农产品质量安全水平。

县级以上地方人民政府应当依照本法和有关规定，确定本级农业农村主管部门、市场监督管理部门和其他有关部门的农产品质量安全监督管理工作职责。各有关部门在职责范围内负责本行政区域的农产品质量安全监督管理工作。

乡镇人民政府应当落实农产品质量安全监督管理责任，协助上级人民政府及其有关部门做好农产品质量安全监督管理工作。

**第七条** 农产品生产经营者应当对其生产经营的农产品质量安全负责。

农产品生产经营者应当依照法律、法规和农产品质量安全标准从事生产经营活动，诚信自律，接受社会监督，承担社会责任。

**第八条** 县级以上人民政府应当将农产品质量安全管理工作纳入本级国民经济和社会发展规划，所需经费列入本级预算，加强农产品质量安全监督管理能力建设。

**第九条** 国家引导、推广农产品标准化生产，鼓励和支持生产绿色优质农产品，禁止生产、销售不符合国家规定的农产品质量安全标准的农产品。

**第十条** 国家支持农产品质量安全科学技术研究，推行科学的质量安全管理方法，推广先进安全的生产技术。国家加强农产品质量安全科学技术国际交流与合作。

**第十一条** 各级人民政府及有关部门应当加强农产品质量安全知识的宣传，发挥基层群众性自治组织、农村集体经济组织的优势和作用，指导农产品生产经营者加强质量安全管理，保障农产品消费安全。

新闻媒体应当开展农产品质量安全法律、法规和农产品质量安全知识的公益宣传，对违法行为进行舆论监督。有关农产品质量安全的宣传报道应当真实、公正。

**第十二条** 农民专业合作社和农产品行业协会等应当及时为其成员提供生产技术服务，建立农产品质量安全管理制度，健全农产品质量安全控制体系，加强自律管理。

## 第二章 农产品质量安全风险管理和标准制定

**第十三条** 国家建立农产品质量安全风险监测制度。

国务院农业农村主管部门应当制定国家农产品质量安全风险监测计划，并对重点区域、重点农产品品种进行质量安全风险监测。省、自治区、直辖市人民政府农业农村主管部门应当根据国家农产品质量安全风险监测计划，结合本行政区域农产品生产经营实际，制定本行政区域的农产品质量安全风险监测实施方案，并报国务院农业农村主管部门备案。县级以上地方人民政府农业农村主管部门负责组织实施本行政区域的农产品质量安全风险监测。

县级以上人民政府市场监督管理部门和其他有关部门获知有关农产品质量安全风险信息后，应当立即核实并向同级农业农村主管部门通报。接到通报的农业农村主管部门应当及时上报。制定农产品质量安全风险监测计划、实施方案的部门应当及时研究分析，必要时进行调整。

**第十四条** 国家建立农产品质量安全风险评估制度。

国务院农业农村主管部门应当设立农产品质量安全风险评估专家委员会，对可能影响农产品质量安全的潜在危害进行风险分析和评估。国务院卫生健康、市场监督管理等部门发现需要对农产品进行质量安全风险评估的，应当向国务院农业农村主管部门提出风险评估建议。

农产品质量安全风险评估专家委员会由农业、食品、营养、生物、环境、医学、化工等方面的专家组成。

**第十五条** 国务院农业农村主管部门应当根据农产品质量安全风险监测、风险评估结果采取相应的管理措施，并将农产品质量安全风险监测、风险评估结果及时通报国务院市场监督管理、卫生健康等部门和有关省、自治区、直辖市人民政府农业农村主管部门。

县级以上人民政府农业农村主管部门开展农产品质量安全风险监测和风险评估工作时，可以根据需要进入农产品产地、储存场所及批发、零售市场。采集样品应当按照市场价格支付费用。

**第十六条** 国家建立健全农产品质量安全标准体系，确保严格实施。农产品质量安全标准是强制执行的标准，包括以下与农产品质量安全有关的要求：

（一）农业投入品质量要求、使用范围、用法、用量、安全间隔期和休药期规定；

（二）农产品产地环境、生产过程管控、储存、运输要求；

（三）农产品关键成分指标等要求；

（四）与屠宰畜禽有关的检验规程；

（五）其他与农产品质量安全有关的强制性要求。

《中华人民共和国食品安全法》对食用农产品的有关质量安全标准作出规定的，依照其规定执行。

**第十七条** 农产品质量安全标准的制定和发布，依照法律、行政法规的规定执行。

制定农产品质量安全标准应当充分考虑农产品质量安全风险评估结果，并听取农产品生产经营者、消费者、有关部门、行业协会等的意见，保障农产品消费安全。

**第十八条** 农产品质量安全标准应当根据科学技术发展水平以及农产品质量安全的需要，及时修订。

**第十九条** 农产品质量安全标准由农业农村主管部门商有关部门推进实施。

## 第三章 农产品产地

**第二十条** 国家建立健全农产品产地监测制度。

县级以上地方人民政府农业农村主管部门应当会同同级生态环境、自然资源等部门制定农产品产地监测计划，加强农产品产地安全调查、监测和评价工作。

**第二十一条** 县级以上地方人民政府农业农村主管部门应当会同同级生态环境、自然资源等部门按照保障农产品质量安全的要求，根据农产品品种特性和产地安全调查、监测、评价结果，依照土壤污染防治等法律、法规的规定提出划定特定农产品禁止生产区域的建议，报本级人民政府批准后实施。

任何单位和个人不得在特定农产品禁止生产区域种植、养殖、捕捞、采集特定农产品和建立特定农产品生产基地。

特定农产品禁止生产区域划定和管理的具体办法由国务院农业农村主管部门商国务院生态环境、自然资源等部门制定。

**第二十二条** 任何单位和个人不得违反有关环境保护法律、法规的规定向农产品产地排放或者倾倒废水、废气、固体废物或者其他有毒有害物质。

农业生产用水和用作肥料的固体废物，应当符合法律、法规和国家有关强制性标准的要求。

**第二十三条** 农产品生产者应当科学合理使用农药、兽药、肥料、农用薄膜等农业投入品，防止对农产品产地造成污染。

农药、肥料、农用薄膜等农业投入品的生产者、经营者、使用者应当按照国家有关规定回收并妥善处置包装物和废弃物。

**第二十四条** 县级以上人民政府应当采取措施，加强农产品基地建设，推进农业标准化示范建设，改善农产品的生产条件。

## 第四章 农产品生产

**第二十五条** 县级以上地方人民政府农业农村主管部门应当根据本地区的实际情况，制定保障农产品质量安全的生产技术要求和操作规程，并加强对农产品生产经营者的培训和指导。

农业技术推广机构应当加强对农产品生产经营者质量安全知识和技能的培训。国家鼓励科研教育机构开展农产品质量安全培训。

**第二十六条** 农产品生产企业、农民专业合作社、农业社会化服务组织应当加强农产品质量安全管理。

农产品生产企业应当建立农产品质量安全管理制度，配备相应的技术人员；不具备配备条件的，应当委托具有专业技术知识的人员进行农产品质量安全指导。

国家鼓励和支持农产品生产企业、农民专业合作社、农业社会化服务组织建立和实施危害分析和关键控制点体系，实施良好农业规范，提高农产品质量安全管理水平。

**第二十七条** 农产品生产企业、农民专业合作社、农

业社会化服务组织应当建立农产品生产记录,如实记载下列事项:

(一)使用农业投入品的名称、来源、用法、用量和使用、停用的日期;

(二)动物疫病、农作物病虫害的发生和防治情况;

(三)收获、屠宰或者捕捞的日期。

农产品生产记录应当至少保存二年。禁止伪造、变造农产品生产记录。

国家鼓励其他农产品生产者建立农产品生产记录。

**第二十八条** 对可能影响农产品质量安全的农药、兽药、饲料和饲料添加剂、肥料、兽医器械,依照有关法律、行政法规的规定实行许可制度。

省级以上人民政府农业农村主管部门应当定期或者不定期组织对可能危及农产品质量安全的农药、兽药、饲料和饲料添加剂、肥料等农业投入品进行监督抽查,并公布抽查结果。

农药、兽药经营者应当依照有关法律、行政法规的规定建立销售台账,记录购买者、销售日期和药品施用范围等内容。

**第二十九条** 农产品生产经营者应当依照有关法律、行政法规和国家有关强制性标准、国务院农业农村主管部门的规定,科学合理使用农药、兽药、饲料和饲料添加剂、肥料等农业投入品,严格执行农业投入品使用安全间隔期或者休药期的规定;不得超范围、超剂量使用农业投入品危及农产品质量安全。

禁止在农产品生产经营过程中使用国家禁止使用的农业投入品以及其他有毒有害物质。

**第三十条** 农产品生产场所以及生产活动中使用的设施、设备、消毒剂、洗涤剂等应当符合国家有关质量安全规定,防止污染农产品。

**第三十一条** 县级以上人民政府农业农村主管部门应当加强对农业投入品使用的监督管理和指导,建立健全农业投入品的安全使用制度,推广农业投入品科学使用技术,普及安全、环保农业投入品的使用。

**第三十二条** 国家鼓励和支持农产品生产经营者选用优质特色农产品品种,采用绿色生产技术和全程质量控制技术,生产绿色优质农产品,实施分等分级,提高农产品品质,打造农产品品牌。

**第三十三条** 国家支持农产品产地冷链物流基础设施建设,健全有关农产品冷链物流标准、服务规范和监管保障机制,保障冷链物流农产品畅通高效、安全便捷,扩大高品质市场供给。

从事农产品冷链物流的生产经营者应当依照法律、法规和有关农产品质量安全标准,加强冷链技术创新与应用、质量安全控制,执行对冷链物流农产品及其包装、运输工具、作业环境等的检验检测检疫要求,保证冷链农产品质量安全。

## 第五章 农产品销售

**第三十四条** 销售的农产品应当符合农产品质量安全标准。

农产品生产企业、农民专业合作社应当根据质量安全控制要求自行或者委托检测机构对农产品质量安全进行检测;经检测不符合农产品质量安全标准的农产品,应当及时采取管控措施,且不得销售。

农业技术推广等机构应当为农户等农产品生产经营者提供农产品检测技术服务。

**第三十五条** 农产品在包装、保鲜、储存、运输中所使用的保鲜剂、防腐剂、添加剂、包装材料等,应当符合国家有关强制性标准以及其他农产品质量安全规定。

储存、运输农产品的容器、工具和设备应当安全、无害。禁止将农产品与有毒有害物质一同储存、运输,防止污染农产品。

**第三十六条** 有下列情形之一的农产品,不得销售:

(一)含有国家禁止使用的农药、兽药或者其他化合物;

(二)农药、兽药等化学物质残留或者含有的重金属等有毒有害物质不符合农产品质量安全标准;

(三)含有的致病性寄生虫、微生物或者生物毒素不符合农产品质量安全标准;

(四)未按照国家有关强制性标准以及其他农产品质量安全规定使用保鲜剂、防腐剂、添加剂、包装材料等,或者使用的保鲜剂、防腐剂、添加剂、包装材料等不符合国家有关强制性标准以及其他质量安全规定;

(五)病死、毒死或者死因不明的动物及其产品;

(六)其他不符合农产品质量安全标准的情形。

对前款规定不得销售的农产品,应当依照法律、法规的规定进行处置。

**第三十七条** 农产品批发市场应当按照规定设立或者委托检测机构,对进场销售的农产品质量安全状况进行抽查检测;发现不符合农产品质量安全标准的,应当要求销售者立即停止销售,并向所在地市场监督管理、农业农村等部门报告。

农产品销售企业对其销售的农产品,应当建立健全进货检查验收制度;经查验不符合农产品质量安全标准的，不得销售。

食品生产者采购农产品等食品原料，应当依照《中华人民共和国食品安全法》的规定查验许可证和合格证明，对无法提供合格证明的，应当按照规定进行检验。

**第三十八条** 农产品生产企业、农民专业合作社以及从事农产品收购的单位或者个人销售的农产品，按照规定应当包装或者附加承诺达标合格证等标识的，须经包装或者附加标识后方可销售。包装物或者标识上应当按照规定标明产品的品名、产地、生产者、生产日期、保质期、产品质量等级等内容；使用添加剂的，还应当按照规定标明添加剂的名称。具体办法由国务院农业农村主管部门制定。

**第三十九条** 农产品生产企业、农民专业合作社应当执行法律、法规的规定和国家有关强制性标准，保证其销售的农产品符合农产品质量安全标准，并根据质量安全控制、检测结果等开具承诺达标合格证，承诺不使用禁用的农药、兽药及其他化合物且使用的常规农药、兽药残留不超标等。鼓励和支持农户销售农产品时开具承诺达标合格证。法律、行政法规对畜禽产品的质量安全合格证明有特别规定的，应当遵守其规定。

从事农产品收购的单位或者个人应当按照规定收取、保存承诺达标合格证或者其他质量安全合格证明，对其收购的农产品进行混装或者分装后销售的，应当按照规定开具承诺达标合格证。

农产品批发市场应当建立健全农产品承诺达标合格证查验等制度。

县级以上人民政府农业农村主管部门应当做好承诺达标合格证有关工作的指导服务，加强日常监督检查。

农产品质量安全承诺达标合格证管理办法由国务院农业农村主管部门会同国务院有关部门制定。

**第四十条** 农产品生产经营者通过网络平台销售农产品的，应当依照本法和《中华人民共和国电子商务法》、《中华人民共和国食品安全法》等法律、法规的规定，严格落实质量安全责任，保证其销售的农产品符合质量安全标准。网络平台经营者应当依法加强对农产品生产经营者的管理。

**第四十一条** 国家对列入农产品质量安全追溯目录的农产品实施追溯管理。国务院农业农村主管部门应当会同国务院市场监督管理等部门建立农产品质量安全追溯协作机制。农产品质量安全追溯管理办法和追溯目录由国务院农业农村主管部门会同国务院市场监督管理等部门制定。

国家鼓励具备信息化条件的农产品生产经营者采用现代信息技术手段采集、留存生产记录、购销记录等生产经营信息。

**第四十二条** 农产品质量符合国家规定的有关优质农产品标准的，农产品生产经营者可以申请使用农产品质量标志。禁止冒用农产品质量标志。

国家加强地理标志农产品保护和管理。

**第四十三条** 属于农业转基因生物的农产品，应当按照农业转基因生物安全管理的有关规定进行标识。

**第四十四条** 依法需要实施检疫的动植物及其产品，应当附具检疫标志、检疫证明。

## 第六章 监督管理

**第四十五条** 县级以上人民政府农业农村主管部门和市场监督管理等部门应当建立健全农产品质量安全全程监督管理协作机制，确保农产品从生产到消费各环节的质量安全。

县级以上人民政府农业农村主管部门和市场监督管理部门应当加强收购、储存、运输过程中农产品质量安全监督管理的协调配合和执法衔接，及时通报和共享农产品质量安全监督管理信息，并按照职责权限，发布有关农产品质量安全日常监督管理信息。

**第四十六条** 县级以上人民政府农业农村主管部门应当根据农产品质量安全风险监测、风险评估结果和农产品质量安全状况等，制定监督抽查计划，确定农产品质量安全监督抽查的重点、方式和频次，并实施农产品质量安全风险分级管理。

**第四十七条** 县级以上人民政府农业农村主管部门应当建立健全随机抽查机制，按照监督抽查计划，组织开展农产品质量安全监督抽查。

农产品质量安全监督抽查检测应当委托符合本法规定条件的农产品质量安全检测机构进行。监督抽查不得向被抽查人收取费用，抽取的样品应当按照市场价格支付费用，并不得超过国务院农业农村主管部门规定的数量。

上级农业农村主管部门监督抽查的同批次农产品，下级农业农村主管部门不得另行重复抽查。

**第四十八条** 农产品质量安全检测应当充分利用现有的符合条件的检测机构。

从事农产品质量安全检测的机构，应当具备相应的检测条件和能力，由省级以上人民政府农业农村主管部门或者其授权的部门考核合格。具体办法由国务院农业农村主管部门制定。

农产品质量安全检测机构应当依法经资质认定。

**第四十九条** 从事农产品质量安全检测工作的人员,应当具备相应的专业知识和实际操作技能,遵纪守法,恪守职业道德。

农产品质量安全检测机构对出具的检测报告负责。检测报告应当客观公正,检测数据应当真实可靠,禁止出具虚假检测报告。

**第五十条** 县级以上地方人民政府农业农村主管部门可以采用国务院农业农村主管部门会同国务院市场监督管理等部门认定的快速检测方法,开展农产品质量安全监督抽查检测。抽查检测结果确定有关农产品不符合农产品质量安全标准的,可以作为行政处罚的证据。

**第五十一条** 农产品生产经营者对监督抽查检测结果有异议的,可以自收到检测结果之日起五个工作日内,向实施农产品质量安全监督抽查的农业农村主管部门或者其上一级农业农村主管部门申请复检。复检机构与初检机构不得为同一机构。

采用快速检测方法进行农产品质量安全监督抽查检测,被抽查人对检测结果有异议的,可以自收到检测结果时起四小时内申请复检。复检不得采用快速检测方法。

复检机构应当自收到复检样品之日起七个工作日内出具检测报告。

因检测结果错误给当事人造成损害的,依法承担赔偿责任。

**第五十二条** 县级以上地方人民政府农业农村主管部门应当加强对农产品生产的监督管理,开展日常检查,重点检查农产品产地环境、农业投入品购买和使用、农产品生产记录、承诺达标合格证开具等情况。

国家鼓励和支持基层群众性自治组织建立农产品质量安全信息员工作制度,协助开展有关工作。

**第五十三条** 开展农产品质量安全监督检查,有权采取下列措施:

(一)进入生产经营场所进行现场检查,调查了解农产品质量安全的有关情况;

(二)查阅、复制农产品生产记录、购销台账等与农产品质量安全有关的资料;

(三)抽样检测生产经营的农产品和使用的农业投入品以及其他有关产品;

(四)查封、扣押有证据证明存在农产品质量安全隐患或者经检测不符合农产品质量安全标准的农产品;

(五)查封、扣押有证据证明可能危及农产品质量安全或者经检测不符合产品质量标准的农业投入品以及其他有毒有害物质;

(六)查封、扣押用于违法生产经营农产品的设施、设备、场所以及运输工具;

(七)收缴伪造的农产品质量标志。

农产品生产经营者应当协助、配合农产品质量安全监督检查,不得拒绝、阻挠。

**第五十四条** 县级以上人民政府农业农村等部门应当加强农产品质量安全信用体系建设,建立农产品生产经营者信用记录,记载行政处罚等信息,推进农产品质量安全信用信息的应用和管理。

**第五十五条** 农产品生产经营过程中存在质量安全隐患,未及时采取措施消除的,县级以上地方人民政府农业农村主管部门可以对农产品生产经营者的法定代表人或者主要负责人进行责任约谈。农产品生产经营者应当立即采取措施,进行整改,消除隐患。

**第五十六条** 国家鼓励消费者协会和其他单位或者个人对农产品质量安全进行社会监督,对农产品质量安全监督管理工作提出意见和建议。任何单位和个人有权对违反本法的行为进行检举控告、投诉举报。

县级以上人民政府农业农村主管部门应当建立农产品质量安全投诉举报制度,公开投诉举报渠道,收到投诉举报后,应当及时处理。对不属于本部门职责的,应当移交有权处理的部门并书面通知投诉举报人。

**第五十七条** 县级以上地方人民政府农业农村主管部门应当加强对农产品质量安全执法人员的专业技术培训并组织考核。不具备相应知识和能力的,不得从事农产品质量安全执法工作。

**第五十八条** 上级人民政府应当督促下级人民政府履行农产品质量安全职责。对农产品质量安全责任落实不力、问题突出的地方人民政府,上级人民政府可以对其主要负责人进行责任约谈。被约谈的地方人民政府应当立即采取整改措施。

**第五十九条** 国务院农业农村主管部门应当会同国务院有关部门制定国家农产品质量安全突发事件应急预案,并与国家食品安全事故应急预案相衔接。

县级以上地方人民政府应当根据有关法律、行政法规的规定和上级人民政府的农产品质量安全突发事件应急预案,制定本行政区域的农产品质量安全突发事件应急预案。

发生农产品质量安全事故时,有关单位和个人应当采取控制措施,及时向所在地乡镇人民政府和县级人民政府农业农村等部门报告;收到报告的机关应当按照农产品质量安全突发事件应急预案及时处理并报本级人民政府、上级人民政府有关部门。发生重大农产品质量安全事故时，按照规定上报国务院及其有关部门。

任何单位和个人不得隐瞒、谎报、缓报农产品质量安全事故，不得隐匿、伪造、毁灭有关证据。

**第六十条**　县级以上地方人民政府市场监督管理部门依照本法和《中华人民共和国食品安全法》等法律、法规的规定，对农产品进入批发、零售市场或者生产加工企业后的生产经营活动进行监督检查。

**第六十一条**　县级以上人民政府农业农村、市场监督管理等部门发现农产品质量安全违法行为涉嫌犯罪的，应当及时将案件移送公安机关。对移送的案件，公安机关应当及时审查；认为有犯罪事实需要追究刑事责任的，应当立案侦查。

公安机关对依法不需要追究刑事责任但应当给予行政处罚的，应当及时将案件移送农业农村、市场监督管理等部门，有关部门应当依法处理。

公安机关商请农业农村、市场监督管理、生态环境等部门提供检验结论、认定意见以及对涉案农产品进行无害化处理等协助的，有关部门应当及时提供、予以协助。

## 第七章　法律责任

**第六十二条**　违反本法规定，地方各级人民政府有下列情形之一的，对直接负责的主管人员和其他直接责任人员给予警告、记过、记大过处分；造成严重后果的，给予降级或者撤职处分：

（一）未确定有关部门的农产品质量安全监督管理工作职责，未建立健全农产品质量安全工作机制，或者未落实农产品质量安全监督管理责任；

（二）未制定本行政区域的农产品质量安全突发事件应急预案，或者发生农产品质量安全事故后未按照规定启动应急预案。

**第六十三条**　违反本法规定，县级以上人民政府农业农村等部门有下列行为之一的，对直接负责的主管人员和其他直接责任人员给予记大过处分；情节较重的，给予降级或者撤职处分；情节严重的，给予开除处分；造成严重后果的，其主要负责人还应当引咎辞职：

（一）隐瞒、谎报、缓报农产品质量安全事故或者隐匿、伪造、毁灭有关证据；

（二）未按照规定查处农产品质量安全事故，或者接到农产品质量安全事故报告未及时处理，造成事故扩大或者蔓延；

（三）发现农产品质量安全重大风险隐患后，未及时采取相应措施，造成农产品质量安全事故或者不良社会影响；

（四）不履行农产品质量安全监督管理职责，导致发生农产品质量安全事故。

**第六十四条**　县级以上地方人民政府农业农村、市场监督管理等部门在履行农产品质量安全监督管理职责过程中，违法实施检查、强制等执法措施，给农产品生产经营者造成损失的，应当依法予以赔偿，对直接负责的主管人员和其他直接责任人员依法给予处分。

**第六十五条**　农产品质量安全检测机构、检测人员出具虚假检测报告的，由县级以上人民政府农业农村主管部门没收所收取的检测费用，检测费用不足一万元的，并处五万元以上十万元以下罚款，检测费用一万元以上的，并处检测费用五倍以上十倍以下罚款；对直接负责的主管人员和其他直接责任人员处一万元以上五万元以下罚款；使消费者的合法权益受到损害的，农产品质量安全检测机构应当与农产品生产经营者承担连带责任。

因农产品质量安全违法行为受到刑事处罚或者因出具虚假检测报告导致发生重大农产品质量安全事故的检测人员，终身不得从事农产品质量安全检测工作。农产品质量安全检测机构不得聘用上述人员。

农产品质量安全检测机构有前两款违法行为的，由授予其资质的主管部门或者机构吊销该农产品质量安全检测机构的资质证书。

**第六十六条**　违反本法规定，在特定农产品禁止生产区域种植、养殖、捕捞、采集特定农产品或者建立特定农产品生产基地的，由县级以上地方人民政府农业农村主管部门责令停止违法行为，没收农产品和违法所得，并处违法所得一倍以上三倍以下罚款。

违反法律、法规规定，向农产品产地排放或者倾倒废水、废气、固体废物或者其他有毒有害物质的，依照有关环境保护法律、法规的规定处理、处罚；造成损害的，依法承担赔偿责任。

**第六十七条**　农药、肥料、农用薄膜等农业投入品的生产者、经营者、使用者未按照规定回收并妥善处置包装物或者废弃物的，由县级以上地方人民政府农业农村主管部门依照有关法律、法规的规定处理、处罚。

**第六十八条**　违反本法规定，农产品生产企业有下列情形之一的，由县级以上地方人民政府农业农村主管部门责令限期改正；逾期不改正的，处五千元以上五万元以下罚款：

（一）未建立农产品质量安全管理制度；

（二）未配备相应的农产品质量安全管理技术人员，且未委托具有专业技术知识的人员进行农产品质量安全指导。

**第六十九条** 农产品生产企业、农民专业合作社、农业社会化服务组织未依照本法规定建立、保存农产品生产记录，或者伪造、变造农产品生产记录的，由县级以上地方人民政府农业农村主管部门责令限期改正；逾期不改正的，处二千元以上二万元以下罚款。

**第七十条** 违反本法规定，农产品生产经营者有下列行为之一，尚不构成犯罪的，由县级以上地方人民政府农业农村主管部门责令停止生产经营、追回已经销售的农产品，对违法生产经营的农产品进行无害化处理或者予以监督销毁，没收违法所得，并可以没收用于违法生产经营的工具、设备、原料等物品；违法生产经营的农产品货值金额不足一万元的，并处十万元以上十五万元以下罚款，货值金额一万元以上的，并处货值金额十五倍以上三十倍以下罚款；对农户，并处一千元以上一万元以下罚款；情节严重的，有许可证的吊销许可证，并可以由公安机关对其直接负责的主管人员和其他直接责任人员处五日以上十五日以下拘留：

（一）在农产品生产经营过程中使用国家禁止使用的农业投入品或者其他有毒有害物质；

（二）销售含有国家禁止使用的农药、兽药或者其他化合物的农产品；

（三）销售病死、毒死或者死因不明的动物及其产品。

明知农产品生产经营者从事前款规定的违法行为，仍为其提供生产经营场所或者其他条件的，由县级以上地方人民政府农业农村主管部门责令停止违法行为，没收违法所得，并处十万元以上二十万元以下罚款；使消费者的合法权益受到损害的，应当与农产品生产经营者承担连带责任。

**第七十一条** 违反本法规定，农产品生产经营者有下列行为之一，尚不构成犯罪的，由县级以上地方人民政府农业农村主管部门责令停止生产经营、追回已经销售的农产品，对违法生产经营的农产品进行无害化处理或者予以监督销毁，没收违法所得，并可以没收用于违法生产经营的工具、设备、原料等物品；违法生产经营的农产品货值金额不足一万元的，并处五万元以上十万元以下罚款，货值金额一万元以上的，并处货值金额十倍以上二十倍以下罚款；对农户，并处五百元以上五千元以下罚款：

（一）销售农药、兽药等化学物质残留或者含有的重金属等有毒有害物质不符合农产品质量安全标准的农产品；

（二）销售含有的致病性寄生虫、微生物或者生物毒素不符合农产品质量安全标准的农产品；

（三）销售其他不符合农产品质量安全标准的农产品。

**第七十二条** 违反本法规定，农产品生产经营者有下列行为之一的，由县级以上地方人民政府农业农村主管部门责令停止生产经营、追回已经销售的农产品，对违法生产经营的农产品进行无害化处理或者予以监督销毁，没收违法所得，并可以没收用于违法生产经营的工具、设备、原料等物品；违法生产经营的农产品货值金额不足一万元的，并处五千元以上五万元以下罚款，货值金额一万元以上的，并处货值金额五倍以上十倍以下罚款；对农户，并处三百元以上三千元以下罚款：

（一）在农产品生产场所以及生产活动中使用的设施、设备、消毒剂、洗涤剂等不符合国家有关质量安全规定；

（二）未按照国家有关强制性标准或者其他农产品质量安全规定使用保鲜剂、防腐剂、添加剂、包装材料等，或者使用的保鲜剂、防腐剂、添加剂、包装材料等不符合国家有关强制性标准或者其他质量安全规定；

（三）将农产品与有毒有害物质一同储存、运输。

**第七十三条** 违反本法规定，有下列行为之一的，由县级以上地方人民政府农业农村主管部门按照职责给予批评教育，责令限期改正；逾期不改正的，处一百元以上一千元以下罚款：

（一）农产品生产企业、农民专业合作社、从事农产品收购的单位或者个人未按照规定开具承诺达标合格证；

（二）从事农产品收购的单位或者个人未按照规定收取、保存承诺达标合格证或者其他合格证明。

**第七十四条** 农产品生产经营者冒用农产品质量标志，或者销售冒用农产品质量标志的农产品的，由县级以上地方人民政府农业农村主管部门按照职责责令改正，没收违法所得；违法生产经营的农产品货值金额不足五千元的，并处五千元以上五万元以下罚款，货值金额五千元以上的，并处货值金额十倍以上二十倍以下罚款。

**第七十五条** 违反本法关于农产品质量安全追溯规定的，由县级以上地方人民政府农业农村主管部门按照职责责令限期改正；逾期不改正的，可以处一万元以下罚款。

**第七十六条** 违反本法规定，拒绝、阻挠依法开展的农产品质量安全监督检查、事故调查处理、抽样检测和风险评估的，由有关主管部门按照职责责令停产停业，并处二千元以上五万元以下罚款；构成违反治安管理行为的，由公安机关依法给予治安管理处罚。

**第七十七条** 《中华人民共和国食品安全法》对食用农产品进入批发、零售市场或者生产加工企业后的违法行为和法律责任有规定的，由县级以上地方人民政府市场监督管理部门依照其规定进行处罚。

**第七十八条** 违反本法规定，构成犯罪的，依法追究刑事责任。

**第七十九条** 违反本法规定，给消费者造成人身、财产或者其他损害的，依法承担民事赔偿责任。生产经营者财产不足以同时承担民事赔偿责任和缴纳罚款、罚金时，先承担民事赔偿责任。

食用农产品生产经营者违反本法规定，污染环境、侵害众多消费者合法权益，损害社会公共利益的，人民检察院可以依照《中华人民共和国民事诉讼法》、《中华人民共和国行政诉讼法》等法律的规定向人民法院提起诉讼。

### 第八章 附 则

**第八十条** 粮食收购、储存、运输环节的质量安全管理，依照有关粮食管理的法律、行政法规执行。

**第八十一条** 本法自2023年1月1日起施行。

## 食品生产许可管理办法

· 2020年1月2日国家市场监督管理总局令第24号公布
· 自2020年3月1日起施行

### 第一章 总 则

**第一条** 为规范食品、食品添加剂生产许可活动，加强食品生产监督管理，保障食品安全，根据《中华人民共和国行政许可法》《中华人民共和国食品安全法》《中华人民共和国食品安全法实施条例》等法律法规，制定本办法。

**第二条** 在中华人民共和国境内，从事食品生产活动，应当依法取得食品生产许可。

食品生产许可的申请、受理、审查、决定及其监督检查，适用本办法。

**第三条** 食品生产许可应当遵循依法、公开、公平、公正、便民、高效的原则。

**第四条** 食品生产许可实行一企一证原则，即同一个食品生产者从事食品生产活动，应当取得一个食品生产许可证。

**第五条** 市场监督管理部门按照食品的风险程度，结合食品原料、生产工艺等因素，对食品生产实施分类许可。

**第六条** 国家市场监督管理总局负责监督指导全国食品生产许可管理工作。

县级以上地方市场监督管理部门负责本行政区域内的食品生产许可监督管理工作。

**第七条** 省、自治区、直辖市市场监督管理部门可以根据食品类别和食品安全风险状况，确定市、县级市场监督管理部门的食品生产许可管理权限。

保健食品、特殊医学用途配方食品、婴幼儿配方食品、婴幼儿辅助食品、食盐等食品的生产许可，由省、自治区、直辖市市场监督管理部门负责。

**第八条** 国家市场监督管理总局负责制定食品生产许可审查通则和细则。

省、自治区、直辖市市场监督管理部门可以根据本行政区域食品生产许可审查工作的需要，对地方特色食品制定食品生产许可审查细则，在本行政区域内实施，并向国家市场监督管理总局报告。国家市场监督管理总局制定公布相关食品生产许可审查细则后，地方特色食品生产许可审查细则自行废止。

县级以上地方市场监督管理部门实施食品生产许可审查，应当遵守食品生产许可审查通则和细则。

**第九条** 县级以上地方市场监督管理部门应当加快信息化建设，推进许可申请、受理、审查、发证、查询等全流程网上办理，并在行政机关的网站上公布生产许可事项，提高办事效率。

### 第二章 申请与受理

**第十条** 申请食品生产许可，应当先行取得营业执照等合法主体资格。

企业法人、合伙企业、个人独资企业、个体工商户、农民专业合作组织等，以营业执照载明的主体作为申请人。

**第十一条** 申请食品生产许可，应当按照以下食品类别提出：粮食加工品，食用油、油脂及其制品，调味品，肉制品，乳制品，饮料，方便食品，饼干，罐头，冷冻饮品，速冻食品，薯类和膨化食品，糖果制品，茶叶及相关制品，酒类，蔬菜制品，水果制品，炒货食品及坚果制品，蛋制品，可可及焙烤咖啡产品，食糖，水产制品，淀粉及淀粉制品，糕点，豆制品，蜂产品，保健食品，特殊医学用途配方食品，婴幼儿配方食品，特殊膳食食品，其他食品等。

国家市场监督管理总局可以根据监督管理工作需要

对食品类别进行调整。

**第十二条**　申请食品生产许可，应当符合下列条件：

（一）具有与生产的食品品种、数量相适应的食品原料处理和食品加工、包装、贮存等场所，保持该场所环境整洁，并与有毒、有害场所以及其他污染源保持规定的距离；

（二）具有与生产的食品品种、数量相适应的生产设备或者设施，有相应的消毒、更衣、盥洗、采光、照明、通风、防腐、防尘、防蝇、防鼠、防虫、洗涤以及处理废水、存放垃圾和废弃物的设备或者设施；保健食品生产工艺有原料提取、纯化等前处理工序的，需要具备与生产的品种、数量相适应的原料前处理设备或者设施；

（三）有专职或者兼职的食品安全专业技术人员、食品安全管理人员和保证食品安全的规章制度；

（四）具有合理的设备布局和工艺流程，防止待加工食品与直接入口食品、原料与成品交叉污染，避免食品接触有毒物、不洁物；

（五）法律、法规规定的其他条件。

**第十三条**　申请食品生产许可，应当向申请人所在地县级以上地方市场监督管理部门提交下列材料：

（一）食品生产许可申请书；

（二）食品生产设备布局图和食品生产工艺流程图；

（三）食品生产主要设备、设施清单；

（四）专职或者兼职的食品安全专业技术人员、食品安全管理人员信息和食品安全管理制度。

**第十四条**　申请保健食品、特殊医学用途配方食品、婴幼儿配方食品等特殊食品的生产许可，还应当提交与所生产食品相适应的生产质量管理体系文件以及相关注册和备案文件。

**第十五条**　从事食品添加剂生产活动，应当依法取得食品添加剂生产许可。

申请食品添加剂生产许可，应当具备与所生产食品添加剂品种相适应的场所、生产设备或者设施、食品安全管理人员、专业技术人员和管理制度。

**第十六条**　申请食品添加剂生产许可，应当向申请人所在地县级以上地方市场监督管理部门提交下列材料：

（一）食品添加剂生产许可申请书；

（二）食品添加剂生产设备布局图和生产工艺流程图；

（三）食品添加剂生产主要设备、设施清单；

（四）专职或者兼职的食品安全专业技术人员、食品安全管理人员信息和食品安全管理制度。

**第十七条**　申请人应当如实向市场监督管理部门提交有关材料和反映真实情况，对申请材料的真实性负责，并在申请书等材料上签名或者盖章。

**第十八条**　申请人申请生产多个类别食品的，由申请人按照省级市场监督管理部门确定的食品生产许可管理权限，自主选择其中一个受理部门提交申请材料。受理部门应当及时告知有相应审批权限的市场监督管理部门，组织联合审查。

**第十九条**　县级以上地方市场监督管理部门对申请人提出的食品生产许可申请，应当根据下列情况分别作出处理：

（一）申请事项依法不需要取得食品生产许可的，应当即时告知申请人不受理；

（二）申请事项依法不属于市场监督管理部门职权范围的，应当即时作出不予受理的决定，并告知申请人向有关行政机关申请；

（三）申请材料存在可以当场更正的错误的，应当允许申请人当场更正，由申请人在更正处签名或者盖章，注明更正日期；

（四）申请材料不齐全或者不符合法定形式的，应当当场或者在5个工作日内一次告知申请人需要补正的全部内容。当场告知的，应当将申请材料退回申请人；在5个工作日内告知的，应当收取申请材料并出具收到申请材料的凭据。逾期不告知的，自收到申请材料之日起即为受理；

（五）申请材料齐全、符合法定形式，或者申请人按照要求提交全部补正材料的，应当受理食品生产许可申请。

**第二十条**　县级以上地方市场监督管理部门对申请人提出的申请决定予以受理的，应当出具受理通知书；决定不予受理的，应当出具不予受理通知书，说明不予受理的理由，并告知申请人依法享有申请行政复议或者提起行政诉讼的权利。

## 第三章　审查与决定

**第二十一条**　县级以上地方市场监督管理部门应当对申请人提交的申请材料进行审查。需要对申请材料的实质内容进行核实的，应当进行现场核查。

市场监督管理部门开展食品生产许可现场核查时，应当按照申请材料进行核查。对首次申请许可或者增加食品类别的变更许可的，根据食品生产工艺流程等要求，核查试制食品的检验报告。开展食品添加剂生产许可现场核查时,可以根据食品添加剂品种特点,核查试制食品添加剂的检验报告和复配食品添加剂配方等。试制食品检验可以由生产者自行检验,或者委托有资质的食品检验机构检验。

现场核查应当由食品安全监管人员进行,根据需要可以聘请专业技术人员作为核查人员参加现场核查。核查人员不得少于2人。核查人员应当出示有效证件,填写食品生产许可现场核查表,制作现场核查记录,经申请人核对无误后,由核查人员和申请人在核查表和记录上签名或者盖章。申请人拒绝签名或者盖章的,核查人员应当注明情况。

申请保健食品、特殊医学用途配方食品、婴幼儿配方乳粉生产许可,在产品注册或者产品配方注册时经过现场核查的项目,可以不再重复进行现场核查。

市场监督管理部门可以委托下级市场监督管理部门,对受理的食品生产许可申请进行现场核查。特殊食品生产许可的现场核查原则上不得委托下级市场监督管理部门实施。

核查人员应当自接受现场核查任务之日起5个工作日内,完成对生产场所的现场核查。

**第二十二条** 除可以当场作出行政许可决定的外,县级以上地方市场监督管理部门应当自受理申请之日起10个工作日内作出是否准予行政许可的决定。因特殊原因需要延长期限的,经本行政机关负责人批准,可以延长5个工作日,并应当将延长期限的理由告知申请人。

**第二十三条** 县级以上地方市场监督管理部门应当根据申请材料审查和现场核查等情况,对符合条件的,作出准予生产许可的决定,并自作出决定之日起5个工作日内向申请人颁发食品生产许可证;对不符合条件的,应当及时作出不予许可的书面决定并说明理由,同时告知申请人依法享有申请行政复议或者提起行政诉讼的权利。

**第二十四条** 食品添加剂生产许可申请符合条件的,由申请人所在地县级以上地方市场监督管理部门依法颁发食品生产许可证,并标注食品添加剂。

**第二十五条** 食品生产许可证发证日期为许可决定作出的日期,有效期为5年。

**第二十六条** 县级以上地方市场监督管理部门认为食品生产许可申请涉及公共利益的重大事项,需要听证的,应当向社会公告并举行听证。

**第二十七条** 食品生产许可直接涉及申请人与他人之间重大利益关系的,县级以上地方市场监督管理部门在作出行政许可决定前,应当告知申请人、利害关系人享有要求听证的权利。

申请人、利害关系人在被告知听证权利之日起5个工作日内提出听证申请的,市场监督管理部门应当在20个工作日内组织听证。听证期限不计算在行政许可审查期限之内。

## 第四章 许可证管理

**第二十八条** 食品生产许可证分为正本、副本。正本、副本具有同等法律效力。

国家市场监督管理总局负责制定食品生产许可证式样。省、自治区、直辖市市场监督管理部门负责本行政区域食品生产许可证的印制、发放等管理工作。

**第二十九条** 食品生产许可证应当载明:生产者名称、社会信用代码、法定代表人(负责人)、住所、生产地址、食品类别、许可证编号、有效期、发证机关、发证日期和二维码。

副本还应当载明食品明细。生产保健食品、特殊医学用途配方食品、婴幼儿配方食品的,还应当载明产品或者产品配方的注册号或者备案登记号;接受委托生产保健食品的,还应当载明委托企业名称及住所等相关信息。

**第三十条** 食品生产许可证编号由SC("生产"的汉语拼音字母缩写)和14位阿拉伯数字组成。数字从左至右依次为:3位食品类别编码、2位省(自治区、直辖市)代码、2位市(地)代码、2位县(区)代码、4位顺序码、1位校验码。

**第三十一条** 食品生产者应当妥善保管食品生产许可证,不得伪造、涂改、倒卖、出租、出借、转让。

食品生产者应当在生产场所的显著位置悬挂或者摆放食品生产许可证正本。

## 第五章 变更、延续与注销

**第三十二条** 食品生产许可证有效期内,食品生产者名称、现有设备布局和工艺流程、主要生产设备设施、食品类别等事项发生变化,需要变更食品生产许可证载明的许可事项的,食品生产者应当在变化后10个工作日内向原发证的市场监督管理部门提出变更申请。

食品生产者的生产场所迁址的,应当重新申请食品生产许可。

食品生产许可证副本载明的同一食品类别内的事项发生变化的,食品生产者应当在变化后10个工作日内向原发证的市场监督管理部门报告。

食品生产者的生产条件发生变化,不再符合食品生产要求,需要重新办理许可手续的,应当依法办理。

**第三十三条** 申请变更食品生产许可的,应当提交下列申请材料:

(一)食品生产许可变更申请书;

(二)与变更食品生产许可事项有关的其他材料。

**第三十四条** 食品生产者需要延续依法取得的食品生产许可的有效期的,应当在该食品生产许可有效期届满30个工作日前,向原发证的市场监督管理部门提出申请。

**第三十五条** 食品生产者申请延续食品生产许可,应当提交下列材料:

(一)食品生产许可延续申请书;

(二)与延续食品生产许可事项有关的其他材料。

保健食品、特殊医学用途配方食品、婴幼儿配方食品的生产企业申请延续食品生产许可的,还应当提供生产质量管理体系运行情况的自查报告。

**第三十六条** 县级以上地方市场监督管理部门应当根据被许可人的延续申请,在该食品生产许可有效期届满前作出是否准予延续的决定。

**第三十七条** 县级以上地方市场监督管理部门应当对变更或者延续食品生产许可的申请材料进行审查,并按照本办法第二十一条的规定实施现场核查。

申请人声明生产条件未发生变化的,县级以上地方市场监督管理部门可以不再进行现场核查。

申请人的生产条件及周边环境发生变化,可能影响食品安全的,市场监督管理部门应当就变化情况进行现场核查。

保健食品、特殊医学用途配方食品、婴幼儿配方食品注册或者备案的生产工艺发生变化的,应当先办理注册或者备案变更手续。

**第三十八条** 市场监督管理部门决定准予变更的,应当向申请人颁发新的食品生产许可证。食品生产许可证编号不变,发证日期为市场监督管理部门作出变更许可决定的日期,有效期与原证书一致。但是,对因迁址等原因而进行全面现场核查的,其换发的食品生产许可证有效期自发证之日起计算。

因食品安全国家标准发生重大变化,国家和省级市场监督管理部门决定组织重新核查而换发的食品生产许可证,其发证日期以重新批准日期为准,有效期自重新发证之日起计算。

**第三十九条** 市场监督管理部门决定准予延续的,应当向申请人颁发新的食品生产许可证,许可证编号不变,有效期自市场监督管理部门作出延续许可决定之日起计算。

不符合许可条件的,市场监督管理部门应当作出不予延续食品生产许可的书面决定,并说明理由。

**第四十条** 食品生产者终止食品生产,食品生产许可被撤回、撤销,应当在20个工作日内向原发证的市场监督管理部门申请办理注销手续。

食品生产者申请注销食品生产许可的,应当向原发证的市场监督管理部门提交食品生产许可注销申请书。

食品生产许可被注销的,许可证编号不得再次使用。

**第四十一条** 有下列情形之一,食品生产者未按规定申请办理注销手续的,原发证的市场监督管理部门应当依法办理食品生产许可注销手续,并在网站进行公示:

(一)食品生产许可有效期届满未申请延续的;

(二)食品生产者主体资格依法终止的;

(三)食品生产许可依法被撤回、撤销或者食品生产许可证依法被吊销的;

(四)因不可抗力导致食品生产许可事项无法实施的;

(五)法律法规规定的应当注销食品生产许可的其他情形。

**第四十二条** 食品生产许可证变更、延续与注销的有关程序参照本办法第二章、第三章的有关规定执行。

## 第六章 监督检查

**第四十三条** 县级以上地方市场监督管理部门应当依据法律法规规定的职责,对食品生产者的许可事项进行监督检查。

**第四十四条** 县级以上地方市场监督管理部门应当建立食品许可管理信息平台,便于公民、法人和其他社会组织查询。

县级以上地方市场监督管理部门应当将食品生产许可颁发、许可事项检查、日常监督检查、许可违法行为查处等情况记入食品生产者食品安全信用档案,并通过国家企业信用信息公示系统向社会公示;对有不良信用记录的食品生产者应当增加监督检查频次。

**第四十五条** 县级以上地方市场监督管理部门及其工作人员履行食品生产许可管理职责,应当自觉接受食品生产者和社会监督。

接到有关工作人员在食品生产许可管理过程中存在违法行为的举报,市场监督管理部门应当及时进行调查核实。情况属实的,应当立即纠正。

**第四十六条** 县级以上地方市场监督管理部门应当建立食品生产许可档案管理制度,将办理食品生产许可的有关材料、发证情况及时归档。

**第四十七条**　国家市场监督管理总局可以定期或者不定期组织对全国食品生产许可工作进行监督检查；省、自治区、直辖市市场监督管理部门可以定期或者不定期组织对本行政区域内的食品生产许可工作进行监督检查。

**第四十八条**　未经申请人同意，行政机关及其工作人员、参加现场核查的人员不得披露申请人提交的商业秘密、未披露信息或者保密商务信息，法律另有规定或者涉及国家安全、重大社会公共利益的除外。

## 第七章　法律责任

**第四十九条**　未取得食品生产许可从事食品生产活动的，由县级以上地方市场监督管理部门依照《中华人民共和国食品安全法》第一百二十二条的规定给予处罚。

食品生产者生产的食品不属于食品生产许可证上载明的食品类别的，视为未取得食品生产许可从事食品生产活动。

**第五十条**　许可申请人隐瞒真实情况或者提供虚假材料申请食品生产许可的，由县级以上地方市场监督管理部门给予警告。申请人在1年内不得再次申请食品生产许可。

**第五十一条**　被许可人以欺骗、贿赂等不正当手段取得食品生产许可的，由原发证的市场监督管理部门撤销许可，并处1万元以上3万元以下罚款。被许可人在3年内不得再次申请食品生产许可。

**第五十二条**　违反本办法第三十一条第一款规定，食品生产者伪造、涂改、倒卖、出租、出借、转让食品生产许可证的，由县级以上地方市场监督管理部门责令改正，给予警告，并处1万元以下罚款；情节严重的，处1万元以上3万元以下罚款。

违反本办法第三十一条第二款规定，食品生产者未按规定在生产场所的显著位置悬挂或者摆放食品生产许可证的，由县级以上地方市场监督管理部门责令改正；拒不改正的，给予警告。

**第五十三条**　违反本办法第三十二条第一款规定，食品生产许可证有效期内，食品生产者名称、现有设备布局和工艺流程、主要生产设备设施等事项发生变化，需要变更食品生产许可证载明的许可事项，未按规定申请变更的，由原发证的市场监督管理部门责令改正，给予警告；拒不改正的，处1万元以上3万元以下罚款。

违反本办法第三十二条第二款规定，食品生产者的生产场所迁址后未重新申请取得食品生产许可从事食品生产活动的，由县级以上地方市场监督管理部门依照《中华人民共和国食品安全法》第一百二十二条的规定给予处罚。

违反本办法第三十二条第三款、第四十条第一款规定，食品生产许可证副本载明的同一食品类别内的事项发生变化，食品生产者未按规定报告的，食品生产者终止食品生产，食品生产许可被撤回、撤销或者食品生产许可证被吊销，未按规定申请办理注销手续的，由原发证的市场监督管理部门责令改正；拒不改正的，给予警告，并处5000元以下罚款。

**第五十四条**　食品生产者违反本办法规定，有《中华人民共和国食品安全法实施条例》第七十五条第一款规定的情形的，依法对单位的法定代表人、主要负责人、直接负责的主管人员和其他直接责任人员给予处罚。

被吊销生产许可证的食品生产者及其法定代表人、直接负责的主管人员和其他直接责任人员自处罚决定作出之日起5年内不得申请食品生产经营许可，或者从事食品生产经营管理工作、担任食品生产经营企业食品安全管理人员。

**第五十五条**　市场监督管理部门对不符合条件的申请人准予许可，或者超越法定职权准予许可的，依照《中华人民共和国食品安全法》第一百四十四条的规定给予处分。

## 第八章　附　则

**第五十六条**　取得食品经营许可的餐饮服务提供者在其餐饮服务场所制作加工食品，不需要取得本办法规定的食品生产许可。

**第五十七条**　食品添加剂的生产许可管理原则、程序、监督检查和法律责任，适用本办法有关食品生产许可的规定。

**第五十八条**　对食品生产加工小作坊的监督管理，按照省、自治区、直辖市制定的具体管理办法执行。

**第五十九条**　各省、自治区、直辖市市场监督管理部门可以根据本行政区域实际情况，制定有关食品生产许可管理的具体实施办法。

**第六十条**　市场监督管理部门制作的食品生产许可电子证书与印制的食品生产许可证书具有同等法律效力。

**第六十一条**　本办法自2020年3月1日起施行。原国家食品药品监督管理总局2015年8月31日公布，根据2017年11月7日原国家食品药品监督管理总局《关于修改部分规章的决定》修正的《食品生产许可管理办法》同时废止。

## 网络餐饮服务食品安全监督管理办法

·2017年11月6日国家食品药品监督管理总局令第36号公布

·根据2020年10月23日《国家市场监督管理总局关于修改部分规章的决定》修订

**第一条** 为加强网络餐饮服务食品安全监督管理，规范网络餐饮服务经营行为，保证餐饮食品安全，保障公众身体健康，根据《中华人民共和国食品安全法》等法律法规，制定本办法。

**第二条** 在中华人民共和国境内，网络餐饮服务第三方平台提供者、通过第三方平台和自建网站提供餐饮服务的餐饮服务提供者（以下简称入网餐饮服务提供者），利用互联网提供餐饮服务及其监督管理，适用本办法。

**第三条** 国家市场监督管理总局负责指导全国网络餐饮服务食品安全监督管理工作，并组织开展网络餐饮服务食品安全监测。

县级以上地方市场监督管理部门负责本行政区域内网络餐饮服务食品安全监督管理工作。

**第四条** 入网餐饮服务提供者应当具有实体经营门店并依法取得食品经营许可证，并按照食品经营许可证载明的主体业态、经营项目从事经营活动，不得超范围经营。

**第五条** 网络餐饮服务第三方平台提供者应当在通信主管部门批准后30个工作日内，向所在地省级市场监督管理部门备案。自建网站餐饮服务提供者应当在通信主管部门备案后30个工作日内，向所在地县级市场监督管理部门备案。备案内容包括域名、IP地址、电信业务经营许可证或者备案号、企业名称、地址、法定代表人或者负责人姓名等。

网络餐饮服务第三方平台提供者设立从事网络餐饮服务分支机构的，应当在设立后30个工作日内，向所在地县级市场监督管理部门备案。备案内容包括分支机构名称、地址、法定代表人或者负责人姓名等。

市场监督管理部门应当及时向社会公开相关备案信息。

**第六条** 网络餐饮服务第三方平台提供者应当建立并执行入网餐饮服务提供者审查登记、食品安全违法行为制止及报告、严重违法行为平台服务停止、食品安全事故处置等制度，并在网络平台上公开相关制度。

**第七条** 网络餐饮服务第三方平台提供者应当设置专门的食品安全管理机构，配备专职食品安全管理人员，每年对食品安全管理人员进行培训和考核。培训和考核记录保存期限不得少于2年。经考核不具备食品安全管理能力的，不得上岗。

**第八条** 网络餐饮服务第三方平台提供者应当对入网餐饮服务提供者的食品经营许可证进行审查，登记入网餐饮服务提供者的名称、地址、法定代表人或者负责人及联系方式等信息，保证入网餐饮服务提供者食品经营许可证载明的经营场所等许可信息真实。

网络餐饮服务第三方平台提供者应当与入网餐饮服务提供者签订食品安全协议，明确食品安全责任。

**第九条** 网络餐饮服务第三方平台提供者和入网餐饮服务提供者应当在餐饮服务经营活动主页面公示餐饮服务提供者的食品经营许可证。食品经营许可等信息发生变更的，应当及时更新。

**第十条** 网络餐饮服务第三方平台提供者和入网餐饮服务提供者应当在网上公示餐饮服务提供者的名称、地址、量化分级信息，公示的信息应当真实。

**第十一条** 入网餐饮服务提供者应当在网上公示菜品名称和主要原料名称，公示的信息应当真实。

**第十二条** 网络餐饮服务第三方平台提供者提供食品容器、餐具和包装材料的，所提供的食品容器、餐具和包装材料应当无毒、清洁。

鼓励网络餐饮服务第三方平台提供者提供可降解的食品容器、餐具和包装材料。

**第十三条** 网络餐饮服务第三方平台提供者和入网餐饮服务提供者应当加强对送餐人员的食品安全培训和管理。委托送餐单位送餐的，送餐单位应当加强对送餐人员的食品安全培训和管理。培训记录保存期限不得少于2年。

**第十四条** 送餐人员应当保持个人卫生，使用安全、无害的配送容器，保持容器清洁，并定期进行清洗消毒。送餐人员应当核对配送食品，保证配送过程食品不受污染。

**第十五条** 网络餐饮服务第三方平台提供者和自建网站餐饮服务提供者应当履行记录义务，如实记录网络订餐的订单信息，包括食品的名称、下单时间、送餐人员、送达时间以及收货地址，信息保存时间不得少于6个月。

**第十六条** 网络餐饮服务第三方平台提供者应当对入网餐饮服务提供者的经营行为进行抽查和监测。

网络餐饮服务第三方平台提供者发现入网餐饮服务提供者存在违法行为的，应当及时制止并立即报告入网餐饮服务提供者所在地县级市场监督管理部门;发现严重违法行为的,应当立即停止提供网络交易平台服务。

**第十七条** 网络餐饮服务第三方平台提供者应当建立投诉举报处理制度,公开投诉举报方式,对涉及消费者食品安全的投诉举报及时进行处理。

**第十八条** 入网餐饮服务提供者加工制作餐饮食品应当符合下列要求:

(一)制定并实施原料控制要求,选择资质合法、保证原料质量安全的供货商,或者从原料生产基地、超市采购原料,做好食品原料索证索票和进货查验记录,不得采购不符合食品安全标准的食品及原料;

(二)在加工过程中应当检查待加工的食品及原料,发现有腐败变质、油脂酸败、霉变生虫、污秽不洁、混有异物、掺假掺杂或者感官性状异常的,不得加工使用;

(三)定期维护食品贮存、加工、清洗消毒等设施、设备,定期清洗和校验保温、冷藏和冷冻等设施、设备,保证设施、设备运转正常;

(四)在自己的加工操作区内加工食品,不得将订单委托其他食品经营者加工制作;

(五)网络销售的餐饮食品应当与实体店销售的餐饮食品质量安全保持一致。

**第十九条** 入网餐饮服务提供者应当使用无毒、清洁的食品容器、餐具和包装材料,并对餐饮食品进行包装,避免送餐人员直接接触食品,确保送餐过程中食品不受污染。

**第二十条** 入网餐饮服务提供者配送有保鲜、保温、冷藏或者冷冻等特殊要求食品的,应当采取能保证食品安全的保存、配送措施。

**第二十一条** 国家市场监督管理总局组织监测发现网络餐饮服务第三方平台提供者和入网餐饮服务提供者存在违法行为的,通知有关省级市场监督管理部门依法组织查处。

**第二十二条** 县级以上地方市场监督管理部门接到网络餐饮服务第三方平台提供者报告入网餐饮服务提供者存在违法行为的,应当及时依法查处。

**第二十三条** 县级以上地方市场监督管理部门应当加强对网络餐饮服务食品安全的监督检查,发现网络餐饮服务第三方平台提供者和入网餐饮服务提供者存在违法行为的,依法进行查处。

**第二十四条** 县级以上地方市场监督管理部门对网络餐饮服务交易活动的技术监测记录资料,可以依法作为认定相关事实的依据。

**第二十五条** 县级以上地方市场监督管理部门对于消费者投诉举报反映的线索,应当及时进行核查,被投诉举报人涉嫌违法的,依法进行查处。

**第二十六条** 县级以上地方市场监督管理部门查处的入网餐饮服务提供者有严重违法行为的,应当通知网络餐饮服务第三方平台提供者,要求其立即停止对入网餐饮服务提供者提供网络交易平台服务。

**第二十七条** 违反本办法第四条规定,入网餐饮服务提供者不具备实体经营门店,未依法取得食品经营许可证的,由县级以上地方市场监督管理部门依照食品安全法第一百二十二条的规定处罚。

**第二十八条** 违反本办法第五条规定,网络餐饮服务第三方平台提供者以及分支机构或者自建网站餐饮服务提供者未履行相应备案义务的,由县级以上地方市场监督管理部门责令改正,给予警告;拒不改正的,处5000元以上3万元以下罚款。

**第二十九条** 违反本办法第六条规定,网络餐饮服务第三方平台提供者未按要求建立、执行并公开相关制度的,由县级以上地方市场监督管理部门责令改正,给予警告;拒不改正的,处5000元以上3万元以下罚款。

**第三十条** 违反本办法第七条规定,网络餐饮服务第三方平台提供者未设置专门的食品安全管理机构,配备专职食品安全管理人员,或者未按要求对食品安全管理人员进行培训、考核并保存记录的,由县级以上地方市场监督管理部门责令改正,给予警告;拒不改正的,处5000元以上3万元以下罚款。

**第三十一条** 违反本办法第八条第一款规定,网络餐饮服务第三方平台提供者未对入网餐饮服务提供者的食品经营许可证进行审查,未登记入网餐饮服务提供者的名称、地址、法定代表人或者负责人及联系方式等信息,或者入网餐饮服务提供者食品经营许可证载明的经营场所等许可信息不真实的,由县级以上地方市场监督管理部门依照食品安全法第一百三十一条的规定处罚。

违反本办法第八条第二款规定,网络餐饮服务第三方平台提供者未与入网餐饮服务提供者签订食品安全协议的,由县级以上地方市场监督管理部门责令改正,给予警告;拒不改正的,处5000元以上3万元以下罚款。

**第三十二条** 违反本办法第九条、第十条、第十一条规定,网络餐饮服务第三方平台提供者和入网餐饮服务提供者未按要求进行信息公示和更新的,由县级以上地方市场监督管理部门责令改正,给予警告;拒不改正的,处5000元以上3万元以下罚款。

**第三十三条** 违反本办法第十二条规定，网络餐饮服务第三方平台提供者提供的食品配送容器、餐具和包装材料不符合规定的，由县级以上地方市场监督管理部门按照食品安全法第一百三十二条的规定处罚。

**第三十四条** 违反本办法第十三条规定，网络餐饮服务第三方平台提供者和入网餐饮服务提供者未对送餐人员进行食品安全培训和管理，或者送餐单位未对送餐人员进行食品安全培训和管理，或者未按要求保存培训记录的，由县级以上地方市场监督管理部门责令改正，给予警告；拒不改正的，处5000元以上3万元以下罚款。

**第三十五条** 违反本办法第十四条规定，送餐人员未履行使用安全、无害的配送容器等义务的，由县级以上地方市场监督管理部门对送餐人员所在单位按照食品安全法第一百三十二条的规定处罚。

**第三十六条** 违反本办法第十五条规定，网络餐饮服务第三方平台提供者和自建网站餐饮服务提供者未按要求记录、保存网络订餐信息的，由县级以上地方市场监督管理部门责令改正，给予警告；拒不改正的，处5000元以上3万元以下罚款。

**第三十七条** 违反本办法第十六条第一款规定，网络餐饮服务第三方平台提供者未对入网餐饮服务提供者的经营行为进行抽查和监测的，由县级以上地方市场监督管理部门责令改正，给予警告；拒不改正的，处5000元以上3万元以下罚款。

违反本办法第十六条第二款规定，网络餐饮服务第三方平台提供者发现入网餐饮服务提供者存在违法行为，未及时制止并立即报告入网餐饮服务提供者所在地县级市场监督管理部门的，或者发现入网餐饮服务提供者存在严重违法行为，未立即停止提供网络交易平台服务的，由县级以上地方市场监督管理部门依照食品安全法第一百三十一条的规定处罚。

**第三十八条** 违反本办法第十七条规定，网络餐饮服务第三方平台提供者未按要求建立消费者投诉举报处理制度，公开投诉举报方式，或者未对涉及消费者食品安全的投诉举报及时进行处理的，由县级以上地方市场监督管理部门责令改正，给予警告；拒不改正的，处5000元以上3万元以下罚款。

**第三十九条** 违反本办法第十八条第（一）项规定，入网餐饮服务提供者未履行制定实施原料控制要求等义务的，由县级以上地方市场监督管理部门依照食品安全法第一百二十六条第一款的规定处罚。

违反本办法第十八条第（二）项规定，入网餐饮服务提供者使用腐败变质、油脂酸败、霉变生虫、污秽不洁、混有异物、掺假掺杂或者感官性状异常等原料加工食品的，由县级以上地方市场监督管理部门依照食品安全法第一百二十四条第一款的规定处罚。

违反本办法第十八条第（三）项规定，入网餐饮服务提供者未定期维护食品贮存、加工、清洗消毒等设施、设备，或者未定期清洗和校验保温、冷藏和冷冻等设施、设备的，由县级以上地方市场监督管理部门依照食品安全法第一百二十六条第一款的规定处罚。

违反本办法第十八条第（四）项、第（五）项规定，入网餐饮服务提供者将订单委托其他食品经营者加工制作，或者网络销售的餐饮食品未与实体店销售的餐饮食品质量安全保持一致的，由县级以上地方市场监督管理部门责令改正，给予警告；拒不改正的，处5000元以上3万元以下罚款。

**第四十条** 违反本办法第十九条规定，入网餐饮服务提供者未履行相应的包装义务的，由县级以上地方市场监督管理部门责令改正，给予警告；拒不改正的，处5000元以上3万元以下罚款。

**第四十一条** 违反本办法第二十条规定，入网餐饮服务提供者配送有保鲜、保温、冷藏或者冷冻等特殊要求食品，未采取能保证食品安全的保存、配送措施的，由县级以上地方市场监督管理部门依照食品安全法第一百三十二条的规定处罚。

**第四十二条** 县级以上地方市场监督管理部门应当自对网络餐饮服务第三方平台提供者和入网餐饮服务提供者违法行为作出处罚决定之日起20个工作日内在网上公开行政处罚决定书。

**第四十三条** 省、自治区、直辖市的地方性法规和政府规章对小餐饮网络经营作出规定的，按照其规定执行。

本办法对网络餐饮服务食品安全违法行为的查处未作规定的，按照《网络食品安全违法行为查处办法》执行。

**第四十四条** 网络餐饮服务第三方平台提供者和入网餐饮服务提供者违反食品安全法规定，构成犯罪的，依法追究刑事责任。

**第四十五条** 餐饮服务连锁公司总部建立网站为其门店提供网络交易服务的，参照本办法关于网络餐饮服务第三方平台提供者的规定执行。

**第四十六条** 本办法自2018年1月1日起施行。

## 中华人民共和国药品管理法

· 1984 年 9 月 20 日第六届全国人民代表大会常务委员会第七次会议通过
· 2001 年 2 月 28 日第九届全国人民代表大会常务委员会第二十次会议第一次修订
· 根据 2013 年 12 月 28 日第十二届全国人民代表大会常务委员会第六次会议《关于修改〈中华人民共和国海洋环境保护法〉等七部法律的决定》第一次修正
· 根据 2015 年 4 月 24 日第十二届全国人民代表大会常务委员会第十四次会议《关于修改〈中华人民共和国药品管理法〉的决定》第二次修正
· 2019 年 8 月 26 日第十三届全国人民代表大会常务委员会第十二次会议第二次修订
· 2019 年 8 月 26 日中华人民共和国主席令第 31 号公布
· 自 2019 年 12 月 1 日起施行

### 目　录

第一章　总　则
第二章　药品研制和注册
第三章　药品上市许可持有人
第四章　药品生产
第五章　药品经营
第六章　医疗机构药事管理
第七章　药品上市后管理
第八章　药品价格和广告
第九章　药品储备和供应
第十章　监督管理
第十一章　法律责任
第十二章　附　则

### 第一章　总　则

**第一条**　为了加强药品管理,保证药品质量,保障公众用药安全和合法权益,保护和促进公众健康,制定本法。

**第二条**　在中华人民共和国境内从事药品研制、生产、经营、使用和监督管理活动,适用本法。

本法所称药品,是指用于预防、治疗、诊断人的疾病,有目的地调节人的生理机能并规定有适应症或者功能主治、用法和用量的物质,包括中药、化学药和生物制品等。

**第三条**　药品管理应当以人民健康为中心,坚持风险管理、全程管控、社会共治的原则,建立科学、严格的监督管理制度,全面提升药品质量,保障药品的安全、有效、可及。

**第四条**　国家发展现代药和传统药,充分发挥其在预防、医疗和保健中的作用。

国家保护野生药材资源和中药品种,鼓励培育道地中药材。

**第五条**　国家鼓励研究和创制新药,保护公民、法人和其他组织研究、开发新药的合法权益。

**第六条**　国家对药品管理实行药品上市许可持有人制度。药品上市许可持有人依法对药品研制、生产、经营、使用全过程中药品的安全性、有效性和质量可控性负责。

**第七条**　从事药品研制、生产、经营、使用活动,应当遵守法律、法规、规章、标准和规范,保证全过程信息真实、准确、完整和可追溯。

**第八条**　国务院药品监督管理部门主管全国药品监督管理工作。国务院有关部门在各自职责范围内负责与药品有关的监督管理工作。国务院药品监督管理部门配合国务院有关部门,执行国家药品行业发展规划和产业政策。

省、自治区、直辖市人民政府药品监督管理部门负责本行政区域内的药品监督管理工作。设区的市级、县级人民政府承担药品监督管理职责的部门(以下称药品监督管理部门)负责本行政区域内的药品监督管理工作。县级以上地方人民政府有关部门在各自职责范围内负责与药品有关的监督管理工作。

**第九条**　县级以上地方人民政府对本行政区域内的药品监督管理工作负责,统一领导、组织、协调本行政区域内的药品监督管理工作以及药品安全突发事件应对工作,建立健全药品监督管理工作机制和信息共享机制。

**第十条**　县级以上人民政府应当将药品安全工作纳入本级国民经济和社会发展规划,将药品安全工作经费列入本级政府预算,加强药品监督管理能力建设,为药品安全工作提供保障。

**第十一条**　药品监督管理部门设置或者指定的药品专业技术机构,承担依法实施药品监督管理所需的审评、检验、核查、监测与评价等工作。

**第十二条**　国家建立健全药品追溯制度。国务院药品监督管理部门应当制定统一的药品追溯标准和规范,推进药品追溯信息互通互享,实现药品可追溯。

国家建立药物警戒制度,对药品不良反应及其他与用药有关的有害反应进行监测、识别、评估和控制。

**第十三条**　各级人民政府及其有关部门、药品行业协会等应当加强药品安全宣传教育,开展药品安全法律法规等知识的普及工作。

新闻媒体应当开展药品安全法律法规等知识的公益宣传,并对药品违法行为进行舆论监督。有关药品的宣传报道应当全面、科学、客观、公正。

**第十四条** 药品行业协会应当加强行业自律,建立健全行业规范,推动行业诚信体系建设,引导和督促会员依法开展药品生产经营等活动。

**第十五条** 县级以上人民政府及其有关部门对在药品研制、生产、经营、使用和监督管理工作中做出突出贡献的单位和个人,按照国家有关规定给予表彰、奖励。

## 第二章 药品研制和注册

**第十六条** 国家支持以临床价值为导向、对人的疾病具有明确或者特殊疗效的药物创新,鼓励具有新的治疗机理、治疗严重危及生命的疾病或者罕见病、对人体具有多靶向系统性调节干预功能等的新药研制,推动药品技术进步。

国家鼓励运用现代科学技术和传统中药研究方法开展中药科学技术研究和药物开发,建立和完善符合中药特点的技术评价体系,促进中药传承创新。

国家采取有效措施,鼓励儿童用药品的研制和创新,支持开发符合儿童生理特征的儿童用药品新品种、剂型和规格,对儿童用药品予以优先审评审批。

**第十七条** 从事药品研制活动,应当遵守药物非临床研究质量管理规范、药物临床试验质量管理规范,保证药品研制全过程持续符合法定要求。

药物非临床研究质量管理规范、药物临床试验质量管理规范由国务院药品监督管理部门会同国务院有关部门制定。

**第十八条** 开展药物非临床研究,应当符合国家有关规定,有与研究项目相适应的人员、场地、设备、仪器和管理制度,保证有关数据、资料和样品的真实性。

**第十九条** 开展药物临床试验,应当按照国务院药品监督管理部门的规定如实报送研制方法、质量指标、药理及毒理试验结果等有关数据、资料和样品,经国务院药品监督管理部门批准。国务院药品监督管理部门应当自受理临床试验申请之日起六十个工作日内决定是否同意并通知临床试验申办者,逾期未通知的,视为同意。其中,开展生物等效性试验的,报国务院药品监督管理部门备案。

开展药物临床试验,应当在具备相应条件的临床试验机构进行。药物临床试验机构实行备案管理,具体办法由国务院药品监督管理部门、国务院卫生健康主管部门共同制定。

**第二十条** 开展药物临床试验,应当符合伦理原则,制定临床试验方案,经伦理委员会审查同意。

伦理委员会应当建立伦理审查工作制度,保证伦理审查过程独立、客观、公正,监督规范开展药物临床试验,保障受试者合法权益,维护社会公共利益。

**第二十一条** 实施药物临床试验,应当向受试者或者其监护人如实说明和解释临床试验的目的和风险等详细情况,取得受试者或者其监护人自愿签署的知情同意书,并采取有效措施保护受试者合法权益。

**第二十二条** 药物临床试验期间,发现存在安全性问题或者其他风险的,临床试验申办者应当及时调整临床试验方案、暂停或者终止临床试验,并向国务院药品监督管理部门报告。必要时,国务院药品监督管理部门可以责令调整临床试验方案、暂停或者终止临床试验。

**第二十三条** 对正在开展临床试验的用于治疗严重危及生命且尚无有效治疗手段的疾病的药物,经医学观察可能获益,并且符合伦理原则的,经审查、知情同意后可以在开展临床试验的机构内用于其他病情相同的患者。

**第二十四条** 在中国境内上市的药品,应当经国务院药品监督管理部门批准,取得药品注册证书;但是,未实施审批管理的中药材和中药饮片除外。实施审批管理的中药材、中药饮片品种目录由国务院药品监督管理部门会同国务院中医药主管部门制定。

申请药品注册,应当提供真实、充分、可靠的数据、资料和样品,证明药品的安全性、有效性和质量可控性。

**第二十五条** 对申请注册的药品,国务院药品监督管理部门应当组织药学、医学和其他技术人员进行审评,对药品的安全性、有效性和质量可控性以及申请人的质量管理、风险防控和责任赔偿等能力进行审查;符合条件的,颁发药品注册证书。

国务院药品监督管理部门在审批药品时,对化学原料药一并审评审批,对相关辅料、直接接触药品的包装材料和容器一并审评,对药品的质量标准、生产工艺、标签和说明书一并核准。

本法所称辅料,是指生产药品和调配处方时所用的赋形剂和附加剂。

**第二十六条** 对治疗严重危及生命且尚无有效治疗手段的疾病以及公共卫生方面急需的药品,药物临床试验已有数据显示疗效并能预测其临床价值的,可以附条件批准,并在药品注册证书中载明相关事项。

**第二十七条** 国务院药品监督管理部门应当完善药

品审评审批工作制度，加强能力建设，建立健全沟通交流、专家咨询等机制，优化审评审批流程，提高审评审批效率。

批准上市药品的审评结论和依据应当依法公开，接受社会监督。对审评审批中知悉的商业秘密应当保密。

**第二十八条**　药品应当符合国家药品标准。经国务院药品监督管理部门核准的药品质量标准高于国家药品标准的，按照经核准的药品质量标准执行；没有国家药品标准的，应当符合经核准的药品质量标准。

国务院药品监督管理部门颁布的《中华人民共和国药典》和药品标准为国家药品标准。

国务院药品监督管理部门会同国务院卫生健康主管部门组织药典委员会，负责国家药品标准的制定和修订。

国务院药品监督管理部门设置或者指定的药品检验机构负责标定国家药品标准品、对照品。

**第二十九条**　列入国家药品标准的药品名称为药品通用名称。已经作为药品通用名称的，该名称不得作为药品商标使用。

## 第三章　药品上市许可持有人

**第三十条**　药品上市许可持有人是指取得药品注册证书的企业或者药品研制机构等。

药品上市许可持有人应当依照本法规定，对药品的非临床研究、临床试验、生产经营、上市后研究、不良反应监测及报告与处理等承担责任。其他从事药品研制、生产、经营、储存、运输、使用等活动的单位和个人依法承担相应责任。

药品上市许可持有人的法定代表人、主要负责人对药品质量全面负责。

**第三十一条**　药品上市许可持有人应当建立药品质量保证体系，配备专门人员独立负责药品质量管理。

药品上市许可持有人应当对受托药品生产企业、药品经营企业的质量管理体系进行定期审核，监督其持续具备质量保证和控制能力。

**第三十二条**　药品上市许可持有人可以自行生产药品，也可以委托药品生产企业生产。

药品上市许可持有人自行生产药品的，应当依照本法规定取得药品生产许可证；委托生产的，应当委托符合条件的药品生产企业。药品上市许可持有人和受托生产企业应当签订委托协议和质量协议，并严格履行协议约定的义务。

国务院药品监督管理部门制定药品委托生产质量协议指南，指导、监督药品上市许可持有人和受托生产企业履行药品质量保证义务。

血液制品、麻醉药品、精神药品、医疗用毒性药品、药品类易制毒化学品不得委托生产；但是，国务院药品监督管理部门另有规定的除外。

**第三十三条**　药品上市许可持有人应当建立药品上市放行规程，对药品生产企业出厂放行的药品进行审核，经质量受权人签字后方可放行。不符合国家药品标准的，不得放行。

**第三十四条**　药品上市许可持有人可以自行销售其取得药品注册证书的药品，也可以委托药品经营企业销售。药品上市许可持有人从事药品零售活动的，应当取得药品经营许可证。

药品上市许可持有人自行销售药品的，应当具备本法第五十二条规定的条件；委托销售的，应当委托符合条件的药品经营企业。药品上市许可持有人和受托经营企业应当签订委托协议，并严格履行协议约定的义务。

**第三十五条**　药品上市许可持有人、药品生产企业、药品经营企业委托储存、运输药品的，应当对受托方的质量保证能力和风险管理能力进行评估，与其签订委托协议，约定药品质量责任、操作规程等内容，并对受托方进行监督。

**第三十六条**　药品上市许可持有人、药品生产企业、药品经营企业和医疗机构应当建立并实施药品追溯制度，按照规定提供追溯信息，保证药品可追溯。

**第三十七条**　药品上市许可持有人应当建立年度报告制度，每年将药品生产销售、上市后研究、风险管理等情况按照规定向省、自治区、直辖市人民政府药品监督管理部门报告。

**第三十八条**　药品上市许可持有人为境外企业的，应当由其指定的在中国境内的企业法人履行药品上市许可持有人义务，与药品上市许可持有人承担连带责任。

**第三十九条**　中药饮片生产企业履行药品上市许可持有人的相关义务，对中药饮片生产、销售实行全过程管理，建立中药饮片追溯体系，保证中药饮片安全、有效、可追溯。

**第四十条**　经国务院药品监督管理部门批准，药品上市许可持有人可以转让药品上市许可。受让方应当具备保障药品安全性、有效性和质量可控性的质量管理、风险防控和责任赔偿等能力，履行药品上市许可持有人义务。

## 第四章　药品生产

**第四十一条**　从事药品生产活动，应当经所在地省、自治区、直辖市人民政府药品监督管理部门批准，取得药品生产许可证。无药品生产许可证的，不得生产药品。

药品生产许可证应当标明有效期和生产范围，到期重新审查发证。

**第四十二条** 从事药品生产活动，应当具备以下条件：

（一）有依法经过资格认定的药学技术人员、工程技术人员及相应的技术工人；

（二）有与药品生产相适应的厂房、设施和卫生环境；

（三）有能对所生产药品进行质量管理和质量检验的机构、人员及必要的仪器设备；

（四）有保证药品质量的规章制度，并符合国务院药品监督管理部门依据本法制定的药品生产质量管理规范要求。

**第四十三条** 从事药品生产活动，应当遵守药品生产质量管理规范，建立健全药品生产质量管理体系，保证药品生产全过程持续符合法定要求。

药品生产企业的法定代表人、主要负责人对本企业的药品生产活动全面负责。

**第四十四条** 药品应当按照国家药品标准和经药品监督管理部门核准的生产工艺进行生产。生产、检验记录应当完整准确，不得编造。

中药饮片应当按照国家药品标准炮制；国家药品标准没有规定的，应当按照省、自治区、直辖市人民政府药品监督管理部门制定的炮制规范炮制。省、自治区、直辖市人民政府药品监督管理部门制定的炮制规范应当报国务院药品监督管理部门备案。不符合国家药品标准或者不按照省、自治区、直辖市人民政府药品监督管理部门制定的炮制规范炮制的，不得出厂、销售。

**第四十五条** 生产药品所需的原料、辅料，应当符合药用要求、药品生产质量管理规范的有关要求。

生产药品，应当按照规定对供应原料、辅料等的供应商进行审核，保证购进、使用的原料、辅料等符合前款规定要求。

**第四十六条** 直接接触药品的包装材料和容器，应当符合药用要求，符合保障人体健康、安全的标准。

对不合格的直接接触药品的包装材料和容器，由药品监督管理部门责令停止使用。

**第四十七条** 药品生产企业应当对药品进行质量检验。不符合国家药品标准的，不得出厂。

药品生产企业应当建立药品出厂放行规程，明确出厂放行的标准、条件。符合标准、条件的，经质量受权人签字后方可放行。

**第四十八条** 药品包装应当适合药品质量的要求，方便储存、运输和医疗使用。

发运中药材应当有包装。在每件包装上，应当注明品名、产地、日期、供货单位，并附有质量合格的标志。

**第四十九条** 药品包装应当按照规定印有或者贴有标签并附有说明书。

标签或者说明书应当注明药品的通用名称、成份、规格、上市许可持有人及其地址、生产企业及其地址、批准文号、产品批号、生产日期、有效期、适应症或者功能主治、用法、用量、禁忌、不良反应和注意事项。标签、说明书中的文字应当清晰，生产日期、有效期等事项应当显著标注，容易辨识。

麻醉药品、精神药品、医疗用毒性药品、放射性药品、外用药品和非处方药的标签、说明书，应当印有规定的标志。

**第五十条** 药品上市许可持有人、药品生产企业、药品经营企业和医疗机构中直接接触药品的工作人员，应当每年进行健康检查。患有传染病或者其他可能污染药品的疾病的，不得从事直接接触药品的工作。

## 第五章 药品经营

**第五十一条** 从事药品批发活动，应当经所在地省、自治区、直辖市人民政府药品监督管理部门批准，取得药品经营许可证。从事药品零售活动，应当经所在地县级以上地方人民政府药品监督管理部门批准，取得药品经营许可证。无药品经营许可证的，不得经营药品。

药品经营许可证应当标明有效期和经营范围，到期重新审查发证。

药品监督管理部门实施药品经营许可，除依据本法第五十二条规定的条件外，还应当遵循方便群众购药的原则。

**第五十二条** 从事药品经营活动应当具备以下条件：

（一）有依法经过资格认定的药师或者其他药学技术人员；

（二）有与所经营药品相适应的营业场所、设备、仓储设施和卫生环境；

（三）有与所经营药品相适应的质量管理机构或者人员；

（四）有保证药品质量的规章制度，并符合国务院药品监督管理部门依据本法制定的药品经营质量管理规范要求。

**第五十三条** 从事药品经营活动，应当遵守药品经营质量管理规范，建立健全药品经营质量管理体系，保证药品经营全过程持续符合法定要求。

国家鼓励、引导药品零售连锁经营。从事药品零售连锁经营活动的企业总部，应当建立统一的质量管理制度，对所属零售企业的经营活动履行管理责任。

药品经营企业的法定代表人、主要负责人对本企业的药品经营活动全面负责。

**第五十四条** 国家对药品实行处方药与非处方药分类管理制度。具体办法由国务院药品监督管理部门会同国务院卫生健康主管部门制定。

**第五十五条** 药品上市许可持有人、药品生产企业、药品经营企业和医疗机构应当从药品上市许可持有人或者具有药品生产、经营资格的企业购进药品；但是，购进未实施审批管理的中药材除外。

**第五十六条** 药品经营企业购进药品，应当建立并执行进货检查验收制度，验明药品合格证明和其他标识；不符合规定要求的，不得购进和销售。

**第五十七条** 药品经营企业购销药品，应当有真实、完整的购销记录。购销记录应当注明药品的通用名称、剂型、规格、产品批号、有效期、上市许可持有人、生产企业、购销单位、购销数量、购销价格、购销日期及国务院药品监督管理部门规定的其他内容。

**第五十八条** 药品经营企业零售药品应当准确无误，并正确说明用法、用量和注意事项；调配处方应当经过核对，对处方所列药品不得擅自更改或者代用。对有配伍禁忌或者超剂量的处方，应当拒绝调配；必要时，经处方医师更正或者重新签字，方可调配。

药品经营企业销售中药材，应当标明产地。

依法经过资格认定的药师或者其他药学技术人员负责本企业的药品管理、处方审核和调配、合理用药指导等工作。

**第五十九条** 药品经营企业应当制定和执行药品保管制度，采取必要的冷藏、防冻、防潮、防虫、防鼠等措施，保证药品质量。

药品入库和出库应当执行检查制度。

**第六十条** 城乡集市贸易市场可以出售中药材，国务院另有规定的除外。

**第六十一条** 药品上市许可持有人、药品经营企业通过网络销售药品，应当遵守本法药品经营的有关规定。具体管理办法由国务院药品监督管理部门会同国务院卫生健康主管部门等部门制定。

疫苗、血液制品、麻醉药品、精神药品、医疗用毒性药品、放射性药品、药品类易制毒化学品等国家实行特殊管理的药品不得在网络上销售。

**第六十二条** 药品网络交易第三方平台提供者应当按照国务院药品监督管理部门的规定，向所在地省、自治区、直辖市人民政府药品监督管理部门备案。

第三方平台提供者应当依法对申请进入平台经营的药品上市许可持有人、药品经营企业的资质等进行审核，保证其符合法定要求，并对发生在平台的药品经营行为进行管理。

第三方平台提供者发现进入平台经营的药品上市许可持有人、药品经营企业有违反本法规定行为的，应当及时制止并立即报告所在地县级人民政府药品监督管理部门；发现严重违法行为的，应当立即停止提供网络交易平台服务。

**第六十三条** 新发现和从境外引种的药材，经国务院药品监督管理部门批准后，方可销售。

**第六十四条** 药品应当从允许药品进口的口岸进口，并由进口药品的企业向口岸所在地药品监督管理部门备案。海关凭药品监督管理部门出具的进口药品通关单办理通关手续。无进口药品通关单的，海关不得放行。

口岸所在地药品监督管理部门应当通知药品检验机构按照国务院药品监督管理部门的规定对进口药品进行抽查检验。

允许药品进口的口岸由国务院药品监督管理部门会同海关总署提出，报国务院批准。

**第六十五条** 医疗机构因临床急需进口少量药品的，经国务院药品监督管理部门或者国务院授权的省、自治区、直辖市人民政府批准，可以进口。进口的药品应当在指定医疗机构内用于特定医疗目的。

个人自用携带入境少量药品，按照国家有关规定办理。

**第六十六条** 进口、出口麻醉药品和国家规定范围内的精神药品，应当持有国务院药品监督管理部门颁发的进口准许证、出口准许证。

**第六十七条** 禁止进口疗效不确切、不良反应大或者因其他原因危害人体健康的药品。

**第六十八条** 国务院药品监督管理部门对下列药品在销售前或者进口时，应当指定药品检验机构进行检验；未经检验或者检验不合格的，不得销售或者进口：

（一）首次在中国境内销售的药品；

（二）国务院药品监督管理部门规定的生物制品；

（三）国务院规定的其他药品。

## 第六章 医疗机构药事管理

**第六十九条** 医疗机构应当配备依法经过资格认定的药师或者其他药学技术人员，负责本单位的药品管理、处方审核和调配、合理用药指导等工作。非药学技术人员不得直接从事药剂技术工作。

**第七十条** 医疗机构购进药品，应当建立并执行进货检查验收制度，验明药品合格证明和其他标识；不符合规定要求的，不得购进和使用。

**第七十一条** 医疗机构应当有与所使用药品相适应的场所、设备、仓储设施和卫生环境，制定和执行药品保管制度，采取必要的冷藏、防冻、防潮、防虫、防鼠等措施，保证药品质量。

**第七十二条** 医疗机构应当坚持安全有效、经济合理的用药原则，遵循药品临床应用指导原则、临床诊疗指南和药品说明书等合理用药，对医师处方、用药医嘱的适宜性进行审核。

医疗机构以外的其他药品使用单位，应当遵守本法有关医疗机构使用药品的规定。

**第七十三条** 依法经过资格认定的药师或者其他药学技术人员调配处方，应当进行核对，对处方所列药品不得擅自更改或者代用。对有配伍禁忌或者超剂量的处方，应当拒绝调配；必要时，经处方医师更正或者重新签字，方可调配。

**第七十四条** 医疗机构配制制剂，应当经所在地省、自治区、直辖市人民政府药品监督管理部门批准，取得医疗机构制剂许可证。无医疗机构制剂许可证的，不得配制制剂。

医疗机构制剂许可证应当标明有效期，到期重新审查发证。

**第七十五条** 医疗机构配制制剂，应当有能够保证制剂质量的设施、管理制度、检验仪器和卫生环境。

医疗机构配制制剂，应当按照经核准的工艺进行，所需的原料、辅料和包装材料等应当符合药用要求。

**第七十六条** 医疗机构配制的制剂，应当是本单位临床需要而市场上没有供应的品种，并应当经所在地省、自治区、直辖市人民政府药品监督管理部门批准；但是，法律对配制中药制剂另有规定的除外。

医疗机构配制的制剂应当按照规定进行质量检验；合格的，凭医师处方在本单位使用。经国务院药品监督管理部门或者省、自治区、直辖市人民政府药品监督管理部门批准，医疗机构配制的制剂可以在指定的医疗机构之间调剂使用。

医疗机构配制的制剂不得在市场上销售。

## 第七章 药品上市后管理

**第七十七条** 药品上市许可持有人应当制定药品上市后风险管理计划，主动开展药品上市后研究，对药品的安全性、有效性和质量可控性进行进一步确证，加强对已上市药品的持续管理。

**第七十八条** 对附条件批准的药品，药品上市许可持有人应当采取相应风险管理措施，并在规定期限内按照要求完成相关研究；逾期未按照要求完成研究或者不能证明其获益大于风险的，国务院药品监督管理部门应当依法处理，直至注销药品注册证书。

**第七十九条** 对药品生产过程中的变更，按照其对药品安全性、有效性和质量可控性的风险和产生影响的程度，实行分类管理。属于重大变更的，应当经国务院药品监督管理部门批准，其他变更应当按照国务院药品监督管理部门的规定备案或者报告。

药品上市许可持有人应当按照国务院药品监督管理部门的规定，全面评估、验证变更事项对药品安全性、有效性和质量可控性的影响。

**第八十条** 药品上市许可持有人应当开展药品上市后不良反应监测，主动收集、跟踪分析疑似药品不良反应信息，对已识别风险的药品及时采取风险控制措施。

**第八十一条** 药品上市许可持有人、药品生产企业、药品经营企业和医疗机构应当经常考察本单位所生产、经营、使用的药品质量、疗效和不良反应。发现疑似不良反应的，应当及时向药品监督管理部门和卫生健康主管部门报告。具体办法由国务院药品监督管理部门会同国务院卫生健康主管部门制定。

对已确认发生严重不良反应的药品，由国务院药品监督管理部门或者省、自治区、直辖市人民政府药品监督管理部门根据实际情况采取停止生产、销售、使用等紧急控制措施，并应当在五日内组织鉴定，自鉴定结论作出之日起十五日内依法作出行政处理决定。

**第八十二条** 药品存在质量问题或者其他安全隐患的，药品上市许可持有人应当立即停止销售，告知相关药品经营企业和医疗机构停止销售和使用，召回已销售的药品，及时公开召回信息，必要时应当立即停止生产，并将药品召回和处理情况向省、自治区、直辖市人民政府药品监督管理部门和卫生健康主管部门报告。药品生产企业、药品经营企业和医疗机构应当配合。

药品上市许可持有人依法应当召回药品而未召回的，省、自治区、直辖市人民政府药品监督管理部门应当责令其召回。

**第八十三条**　药品上市许可持有人应当对已上市药品的安全性、有效性和质量可控性定期开展上市后评价。必要时，国务院药品监督管理部门可以责令药品上市许可持有人开展上市后评价或者直接组织开展上市后评价。

经评价，对疗效不确切、不良反应大或者因其他原因危害人体健康的药品，应当注销药品注册证书。

已被注销药品注册证书的药品，不得生产或者进口、销售和使用。

已被注销药品注册证书、超过有效期等的药品，应当由药品监督管理部门监督销毁或者依法采取其他无害化处理等措施。

## 第八章　药品价格和广告

**第八十四条**　国家完善药品采购管理制度，对药品价格进行监测，开展成本价格调查，加强药品价格监督检查，依法查处价格垄断、哄抬价格等药品价格违法行为，维护药品价格秩序。

**第八十五条**　依法实行市场调节价的药品，药品上市许可持有人、药品生产企业、药品经营企业和医疗机构应当按照公平、合理和诚实信用、质价相符的原则制定价格，为用药者提供价格合理的药品。

药品上市许可持有人、药品生产企业、药品经营企业和医疗机构应当遵守国务院药品价格主管部门关于药品价格管理的规定，制定和标明药品零售价格，禁止暴利、价格垄断和价格欺诈等行为。

**第八十六条**　药品上市许可持有人、药品生产企业、药品经营企业和医疗机构应当依法向药品价格主管部门提供其药品的实际购销价格和购销数量等资料。

**第八十七条**　医疗机构应当向患者提供所用药品的价格清单，按照规定如实公布其常用药品的价格，加强合理用药管理。具体办法由国务院卫生健康主管部门制定。

**第八十八条**　禁止药品上市许可持有人、药品生产企业、药品经营企业和医疗机构在药品购销中给予、收受回扣或者其他不正当利益。

禁止药品上市许可持有人、药品生产企业、药品经营企业或者代理人以任何名义给予使用其药品的医疗机构的负责人、药品采购人员、医师、药师等有关人员财物或者其他不正当利益。禁止医疗机构的负责人、药品采购人员、医师、药师等有关人员以任何名义收受药品上市许可持有人、药品生产企业、药品经营企业或者代理人给予的财物或者其他不正当利益。

**第八十九条**　药品广告应当经广告主所在地省、自治区、直辖市人民政府确定的广告审查机关批准；未经批准的，不得发布。

**第九十条**　药品广告的内容应当真实、合法，以国务院药品监督管理部门核准的药品说明书为准，不得含有虚假的内容。

药品广告不得含有表示功效、安全性的断言或者保证；不得利用国家机关、科研单位、学术机构、行业协会或者专家、学者、医师、药师、患者等的名义或者形象作推荐、证明。

非药品广告不得有涉及药品的宣传。

**第九十一条**　药品价格和广告，本法未作规定的，适用《中华人民共和国价格法》、《中华人民共和国反垄断法》、《中华人民共和国反不正当竞争法》、《中华人民共和国广告法》等的规定。

## 第九章　药品储备和供应

**第九十二条**　国家实行药品储备制度，建立中央和地方两级药品储备。

发生重大灾情、疫情或者其他突发事件时，依照《中华人民共和国突发事件应对法》的规定，可以紧急调用药品。

**第九十三条**　国家实行基本药物制度，遴选适当数量的基本药物品种，加强组织生产和储备，提高基本药物的供给能力，满足疾病防治基本用药需求。

**第九十四条**　国家建立药品供求监测体系，及时收集和汇总分析短缺药品供求信息，对短缺药品实行预警，采取应对措施。

**第九十五条**　国家实行短缺药品清单管理制度。具体办法由国务院卫生健康主管部门会同国务院药品监督管理部门等部门制定。

药品上市许可持有人停止生产短缺药品的，应当按照规定向国务院药品监督管理部门或者省、自治区、直辖市人民政府药品监督管理部门报告。

**第九十六条**　国家鼓励短缺药品的研制和生产，对临床急需的短缺药品、防治重大传染病和罕见病等疾病的新药予以优先审评审批。

**第九十七条**　对短缺药品，国务院可以限制或者禁止出口。必要时，国务院有关部门可以采取组织生产、价格干预和扩大进口等措施，保障药品供应。

药品上市许可持有人、药品生产企业、药品经营企业应当按照规定保障药品的生产和供应。

## 第十章 监督管理

**第九十八条** 禁止生产(包括配制,下同)、销售、使用假药、劣药。

有下列情形之一的,为假药:

(一)药品所含成份与国家药品标准规定的成份不符;

(二)以非药品冒充药品或者以他种药品冒充此种药品;

(三)变质的药品;

(四)药品所标明的适应症或者功能主治超出规定范围。

有下列情形之一的,为劣药:

(一)药品成份的含量不符合国家药品标准;

(二)被污染的药品;

(三)未标明或者更改有效期的药品;

(四)未注明或者更改产品批号的药品;

(五)超过有效期的药品;

(六)擅自添加防腐剂、辅料的药品;

(七)其他不符合药品标准的药品。

禁止未取得药品批准证明文件生产、进口药品;禁止使用未按照规定审评、审批的原料药、包装材料和容器生产药品。

**第九十九条** 药品监督管理部门应当依照法律、法规的规定对药品研制、生产、经营和药品使用单位使用药品等活动进行监督检查,必要时可以对为药品研制、生产、经营、使用提供产品或者服务的单位和个人进行延伸检查,有关单位和个人应当予以配合,不得拒绝和隐瞒。

药品监督管理部门应当对高风险的药品实施重点监督检查。

对有证据证明可能存在安全隐患的,药品监督管理部门根据监督检查情况,应当采取告诫、约谈、限期整改以及暂停生产、销售、使用、进口等措施,并及时公布检查处理结果。

药品监督管理部门进行监督检查时,应当出示证明文件,对监督检查中知悉的商业秘密应当保密。

**第一百条** 药品监督管理部门根据监督管理的需要,可以对药品质量进行抽查检验。抽查检验应当按照规定抽样,并不得收取任何费用;抽样应当购买样品。所需费用按照国务院规定列支。

对有证据证明可能危害人体健康的药品及其有关材料,药品监督管理部门可以查封、扣押,并在七日内作出行政处理决定;药品需要检验的,应当自检验报告书发出之日起十五日内作出行政处理决定。

**第一百零一条** 国务院和省、自治区、直辖市人民政府的药品监督管理部门应当定期公告药品质量抽查检验结果;公告不当的,应当在原公告范围内予以更正。

**第一百零二条** 当事人对药品检验结果有异议的,可以自收到药品检验结果之日起七日内向原药品检验机构或者上一级药品监督管理部门设置或者指定的药品检验机构申请复验,也可以直接向国务院药品监督管理部门设置或者指定的药品检验机构申请复验。受理复验的药品检验机构应当在国务院药品监督管理部门规定的时间内作出复验结论。

**第一百零三条** 药品监督管理部门应当对药品上市许可持有人、药品生产企业、药品经营企业和药物非临床安全性评价研究机构、药物临床试验机构等遵守药品生产质量管理规范、药品经营质量管理规范、药物非临床研究质量管理规范、药物临床试验质量管理规范等情况进行检查,监督其持续符合法定要求。

**第一百零四条** 国家建立职业化、专业化药品检查员队伍。检查员应当熟悉药品法律法规,具备药品专业知识。

**第一百零五条** 药品监督管理部门建立药品上市许可持有人、药品生产企业、药品经营企业、药物非临床安全性评价研究机构、药物临床试验机构和医疗机构药品安全信用档案,记录许可颁发、日常监督检查结果、违法行为查处等情况,依法向社会公布并及时更新;对有不良信用记录的,增加监督检查频次,并可以按照国家规定实施联合惩戒。

**第一百零六条** 药品监督管理部门应当公布本部门的电子邮件地址、电话,接受咨询、投诉、举报,并依法及时答复、核实、处理。对查证属实的举报,按照有关规定给予举报人奖励。

药品监督管理部门应当对举报人的信息予以保密,保护举报人的合法权益。举报人举报所在单位的,该单位不得以解除、变更劳动合同或者其他方式对举报人进行打击报复。

**第一百零七条** 国家实行药品安全信息统一公布制度。国家药品安全总体情况、药品安全风险警示信息、重大药品安全事件及其调查处理信息和国务院确定需要统一公布的其他信息由国务院药品监督管理部门统一公布。药品安全风险警示信息和重大药品安全事件及其调查处理信息的影响限于特定区域的，也可以由有关省、自治区、直辖市人民政府药品监督管理部门公布。未经授权不得发布上述信息。

公布药品安全信息，应当及时、准确、全面，并进行必要的说明，避免误导。

任何单位和个人不得编造、散布虚假药品安全信息。

**第一百零八条** 县级以上人民政府应当制定药品安全事件应急预案。药品上市许可持有人、药品生产企业、药品经营企业和医疗机构等应当制定本单位的药品安全事件处置方案，并组织开展培训和应急演练。

发生药品安全事件，县级以上人民政府应当按照应急预案立即组织开展应对工作；有关单位应当立即采取有效措施进行处置，防止危害扩大。

**第一百零九条** 药品监督管理部门未及时发现药品安全系统性风险，未及时消除监督管理区域内药品安全隐患的，本级人民政府或者上级人民政府药品监督管理部门应当对其主要负责人进行约谈。

地方人民政府未履行药品安全职责，未及时消除区域性重大药品安全隐患的，上级人民政府或者上级人民政府药品监督管理部门应当对其主要负责人进行约谈。

被约谈的部门和地方人民政府应当立即采取措施，对药品监督管理工作进行整改。

约谈情况和整改情况应当纳入有关部门和地方人民政府药品监督管理工作评议、考核记录。

**第一百一十条** 地方人民政府及其药品监督管理部门不得以要求实施药品检验、审批等手段限制或者排斥非本地区药品上市许可持有人、药品生产企业生产的药品进入本地区。

**第一百一十一条** 药品监督管理部门及其设置或者指定的药品专业技术机构不得参与药品生产经营活动，不得以其名义推荐或者监制、监销药品。

药品监督管理部门及其设置或者指定的药品专业技术机构的工作人员不得参与药品生产经营活动。

**第一百一十二条** 国务院对麻醉药品、精神药品、医疗用毒性药品、放射性药品、药品类易制毒化学品等有其他特殊管理规定的，依照其规定。

**第一百一十三条** 药品监督管理部门发现药品违法行为涉嫌犯罪的，应当及时将案件移送公安机关。

对依法不需要追究刑事责任或者免予刑事处罚，但应当追究行政责任的，公安机关、人民检察院、人民法院应当及时将案件移送药品监督管理部门。

公安机关、人民检察院、人民法院商请药品监督管理部门、生态环境主管部门等部门提供检验结论、认定意见以及对涉案药品进行无害化处理等协助的，有关部门应当及时提供，予以协助。

## 第十一章 法律责任

**第一百一十四条** 违反本法规定，构成犯罪的，依法追究刑事责任。

**第一百一十五条** 未取得药品生产许可证、药品经营许可证或者医疗机构制剂许可证生产、销售药品的，责令关闭，没收违法生产、销售的药品和违法所得，并处违法生产、销售的药品（包括已售出和未售出的药品，下同）货值金额十五倍以上三十倍以下的罚款；货值金额不足十万元的，按十万元计算。

**第一百一十六条** 生产、销售假药的，没收违法生产、销售的药品和违法所得，责令停产停业整顿，吊销药品批准证明文件，并处违法生产、销售的药品货值金额十五倍以上三十倍以下的罚款；货值金额不足十万元的，按十万元计算；情节严重的，吊销药品生产许可证、药品经营许可证或者医疗机构制剂许可证，十年内不受理其相应申请；药品上市许可持有人为境外企业的，十年内禁止其药品进口。

**第一百一十七条** 生产、销售劣药的，没收违法生产、销售的药品和违法所得，并处违法生产、销售的药品货值金额十倍以上二十倍以下的罚款；违法生产、批发的药品货值金额不足十万元的，按十万元计算，违法零售的药品货值金额不足一万元的，按一万元计算；情节严重的，责令停产停业整顿直至吊销药品批准证明文件、药品生产许可证、药品经营许可证或者医疗机构制剂许可证。

生产、销售的中药饮片不符合药品标准，尚不影响安全性、有效性的，责令限期改正，给予警告；可以处十万元以上五十万元以下的罚款。

**第一百一十八条** 生产、销售假药，或者生产、销售劣药且情节严重的，对法定代表人、主要负责人、直接负责的主管人员和其他责任人员，没收违法行为发生期间自本单位所获收入，并处所获收入百分之三十以上三倍以下的罚款，终身禁止从事药品生产经营活动，并可以由公安机关处五日以上十五日以下的拘留。

对生产者专门用于生产假药、劣药的原料、辅料、包装材料、生产设备予以没收。

**第一百一十九条** 药品使用单位使用假药、劣药的，按照销售假药、零售劣药的规定处罚；情节严重的，法定代表人、主要负责人、直接负责的主管人员和其他责任人员有医疗卫生人员执业证书的，还应当吊销执业证书。

**第一百二十条** 知道或者应当知道属于假药、劣药或者本法第一百二十四条第一款第一项至第五项规定的药品,而为其提供储存、运输等便利条件的,没收全部储存、运输收入,并处违法收入一倍以上五倍以下的罚款;情节严重的,并处违法收入五倍以上十五倍以下的罚款;违法收入不足五万元的,按五万元计算。

**第一百二十一条** 对假药、劣药的处罚决定,应当依法载明药品检验机构的质量检验结论。

**第一百二十二条** 伪造、变造、出租、出借、非法买卖许可证或者药品批准证明文件的,没收违法所得,并处违法所得一倍以上五倍以下的罚款;情节严重的,并处违法所得五倍以上十五倍以下的罚款,吊销药品生产许可证、药品经营许可证、医疗机构制剂许可证或者药品批准证明文件,对法定代表人、主要负责人、直接负责的主管人员和其他责任人员,处二万元以上二十万元以下的罚款,十年内禁止从事药品生产经营活动,并可以由公安机关处五日以上十五日以下的拘留;违法所得不足十万元的,按十万元计算。

**第一百二十三条** 提供虚假的证明、数据、资料、样品或者采取其他手段骗取临床试验许可、药品生产许可、药品经营许可、医疗机构制剂许可或者药品注册等许可的,撤销相关许可,十年内不受理其相应申请,并处五十万元以上五百万元以下的罚款;情节严重的,对法定代表人、主要负责人、直接负责的主管人员和其他责任人员,处二万元以上二十万元以下的罚款,十年内禁止从事药品生产经营活动,并可以由公安机关处五日以上十五日以下的拘留。

**第一百二十四条** 违反本法规定,有下列行为之一的,没收违法生产、进口、销售的药品和违法所得以及专门用于违法生产的原料、辅料、包装材料和生产设备,责令停产停业整顿,并处违法生产、进口、销售的药品货值金额十五倍以上三十倍以下的罚款;货值金额不足十万元的,按十万元计算;情节严重的,吊销药品批准证明文件直至吊销药品生产许可证、药品经营许可证或者医疗机构制剂许可证,对法定代表人、主要负责人、直接负责的主管人员和其他责任人员,没收违法行为发生期间自本单位所获收入,并处所获收入百分之三十以上三倍以下的罚款,十年直至终身禁止从事药品生产经营活动,并可以由公安机关处五日以上十五日以下的拘留:

(一)未取得药品批准证明文件生产、进口药品;

(二)使用采取欺骗手段取得的药品批准证明文件生产、进口药品;

(三)使用未经审评审批的原料药生产药品;

(四)应当检验而未经检验即销售药品;

(五)生产、销售国务院药品监督管理部门禁止使用的药品;

(六)编造生产、检验记录;

(七)未经批准在药品生产过程中进行重大变更。

销售前款第一项至第三项规定的药品,或者药品使用单位使用前款第一项至第五项规定的药品的,依照前款规定处罚;情节严重的,药品使用单位的法定代表人、主要负责人、直接负责的主管人员和其他责任人员有医疗卫生人员执业证书的,还应当吊销执业证书。

未经批准进口少量境外已合法上市的药品,情节较轻的,可以依法减轻或者免予处罚。

**第一百二十五条** 违反本法规定,有下列行为之一的,没收违法生产、销售的药品和违法所得以及包装材料、容器,责令停产停业整顿,并处五十万元以上五百万元以下的罚款;情节严重的,吊销药品批准证明文件、药品生产许可证、药品经营许可证,对法定代表人、主要负责人、直接负责的主管人员和其他责任人员处二万元以上二十万元以下的罚款,十年直至终身禁止从事药品生产经营活动:

(一)未经批准开展药物临床试验;

(二)使用未经审评的直接接触药品的包装材料或者容器生产药品,或者销售该类药品;

(三)使用未经核准的标签、说明书。

**第一百二十六条** 除本法另有规定的情形外,药品上市许可持有人、药品生产企业、药品经营企业、药物非临床安全性评价研究机构、药物临床试验机构等未遵守药品生产质量管理规范、药品经营质量管理规范、药物非临床研究质量管理规范、药物临床试验质量管理规范等的,责令限期改正,给予警告;逾期不改正的,处十万元以上五十万元以下的罚款;情节严重的,处五十万元以上二百万元以下的罚款,责令停产停业整顿直至吊销药品批准证明文件、药品生产许可证、药品经营许可证等,药物非临床安全性评价研究机构、药物临床试验机构等五年内不得开展药物非临床安全性评价研究、药物临床试验,对法定代表人、主要负责人、直接负责的主管人员和其他责任人员,没收违法行为发生期间自本单位所获收入,并处所获收入百分之十以上百分之五十以下的罚款,十年直至终身禁止从事药品生产经营等活动。

**第一百二十七条** 违反本法规定,有下列行为之一的,责令限期改正,给予警告;逾期不改正的,处十万元以上五十万元以下的罚款：

（一）开展生物等效性试验未备案；

（二）药物临床试验期间，发现存在安全性问题或者其他风险，临床试验申办者未及时调整临床试验方案、暂停或者终止临床试验，或者未向国务院药品监督管理部门报告；

（三）未按照规定建立并实施药品追溯制度；

（四）未按照规定提交年度报告；

（五）未按照规定对药品生产过程中的变更进行备案或者报告；

（六）未制定药品上市后风险管理计划；

（七）未按照规定开展药品上市后研究或者上市后评价。

**第一百二十八条** 除依法应当按照假药、劣药处罚的外，药品包装未按照规定印有、贴有标签或者附有说明书，标签、说明书未按照规定注明相关信息或者印有规定标志的，责令改正，给予警告；情节严重的，吊销药品注册证书。

**第一百二十九条** 违反本法规定，药品上市许可持有人、药品生产企业、药品经营企业或者医疗机构未从药品上市许可持有人或者具有药品生产、经营资格的企业购进药品的，责令改正，没收违法购进的药品和违法所得，并处违法购进药品货值金额二倍以上十倍以下的罚款；情节严重的，并处货值金额十倍以上三十倍以下的罚款，吊销药品批准证明文件、药品生产许可证、药品经营许可证或者医疗机构执业许可证；货值金额不足五万元的，按五万元计算。

**第一百三十条** 违反本法规定，药品经营企业购销药品未按照规定进行记录，零售药品未正确说明用法、用量等事项，或者未按照规定调配处方的，责令改正，给予警告；情节严重的，吊销药品经营许可证。

**第一百三十一条** 违反本法规定，药品网络交易第三方平台提供者未履行资质审核、报告、停止提供网络交易平台服务等义务的，责令改正，没收违法所得，并处二十万元以上二百万元以下的罚款；情节严重的，责令停业整顿，并处二百万元以上五百万元以下的罚款。

**第一百三十二条** 进口已获得药品注册证书的药品，未按照规定向允许药品进口的口岸所在地药品监督管理部门备案的，责令限期改正，给予警告；逾期不改正的，吊销药品注册证书。

**第一百三十三条** 违反本法规定，医疗机构将其配制的制剂在市场上销售的，责令改正，没收违法销售的制剂和违法所得，并处违法销售制剂货值金额二倍以上五倍以下的罚款；情节严重的，并处货值金额五倍以上十五倍以下的罚款；货值金额不足五万元的，按五万元计算。

**第一百三十四条** 药品上市许可持有人未按照规定开展药品不良反应监测或者报告疑似药品不良反应的，责令限期改正，给予警告；逾期不改正的，责令停产停业整顿，并处十万元以上一百万元以下的罚款。

药品经营企业未按照规定报告疑似药品不良反应的，责令限期改正，给予警告；逾期不改正的，责令停产停业整顿，并处五万元以上五十万元以下的罚款。

医疗机构未按照规定报告疑似药品不良反应的，责令限期改正，给予警告；逾期不改正的，处五万元以上五十万元以下的罚款。

**第一百三十五条** 药品上市许可持有人在省、自治区、直辖市人民政府药品监督管理部门责令其召回后，拒不召回的，处应召回药品货值金额五倍以上十倍以下的罚款；货值金额不足十万元的，按十万元计算；情节严重的，吊销药品批准证明文件、药品生产许可证、药品经营许可证，对法定代表人、主要负责人、直接负责的主管人员和其他责任人员，处二万元以上二十万元以下的罚款。药品生产企业、药品经营企业、医疗机构拒不配合召回的，处十万元以上五十万元以下的罚款。

**第一百三十六条** 药品上市许可持有人为境外企业的，其指定的在中国境内的企业法人未依照本法规定履行相关义务的，适用本法有关药品上市许可持有人法律责任的规定。

**第一百三十七条** 有下列行为之一的，在本法规定的处罚幅度内从重处罚：

（一）以麻醉药品、精神药品、医疗用毒性药品、放射性药品、药品类易制毒化学品冒充其他药品，或者以其他药品冒充上述药品；

（二）生产、销售以孕产妇、儿童为主要使用对象的假药、劣药；

（三）生产、销售的生物制品属于假药、劣药；

（四）生产、销售假药、劣药，造成人身伤害后果；

（五）生产、销售假药、劣药，经处理后再犯；

（六）拒绝、逃避监督检查，伪造、销毁、隐匿有关证据材料，或者擅自动用查封、扣押物品。

**第一百三十八条** 药品检验机构出具虚假检验报告的，责令改正，给予警告，对单位并处二十万元以上一百万元以下的罚款；对直接负责的主管人员和其他直接责任人员依法给予降级、撤职、开除处分，没收违法所得，并处五万元以下的罚款；情节严重的，撤销其检验资格。药品检验机构出具的检验结果不实，造成损失的，应当承担相应的赔偿责任。

**第一百三十九条** 本法第一百一十五条至第一百三十八条规定的行政处罚，由县级以上人民政府药品监督管理部门按照职责分工决定；撤销许可、吊销许可证件的，由原批准、发证的部门决定。

**第一百四十条** 药品上市许可持有人、药品生产企业、药品经营企业或者医疗机构违反本法规定聘用人员的，由药品监督管理部门或者卫生健康主管部门责令解聘，处五万元以上二十万元以下的罚款。

**第一百四十一条** 药品上市许可持有人、药品生产企业、药品经营企业或者医疗机构在药品购销中给予、收受回扣或者其他不正当利益的，药品上市许可持有人、药品生产企业、药品经营企业或者代理人给予使用其药品的医疗机构的负责人、药品采购人员、医师、药师等有关人员财物或者其他不正当利益的，由市场监督管理部门没收违法所得，并处三十万元以上三百万元以下的罚款；情节严重的，吊销药品上市许可持有人、药品生产企业、药品经营企业营业执照，并由药品监督管理部门吊销药品批准证明文件、药品生产许可证、药品经营许可证。

药品上市许可持有人、药品生产企业、药品经营企业在药品研制、生产、经营中向国家工作人员行贿的，对法定代表人、主要负责人、直接负责的主管人员和其他责任人员终身禁止从事药品生产经营活动。

**第一百四十二条** 药品上市许可持有人、药品生产企业、药品经营企业的负责人、采购人员等有关人员在药品购销中收受其他药品上市许可持有人、药品生产企业、药品经营企业或者代理人给予的财物或者其他不正当利益的，没收违法所得，依法给予处罚；情节严重的，五年内禁止从事药品生产经营活动。

医疗机构的负责人、药品采购人员、医师、药师等有关人员收受药品上市许可持有人、药品生产企业、药品经营企业或者代理人给予的财物或者其他不正当利益的，由卫生健康主管部门或者本单位给予处分，没收违法所得；情节严重的，还应当吊销其执业证书。

**第一百四十三条** 违反本法规定，编造、散布虚假药品安全信息，构成违反治安管理行为的，由公安机关依法给予治安管理处罚。

**第一百四十四条** 药品上市许可持有人、药品生产企业、药品经营企业或者医疗机构违反本法规定，给用药者造成损害的，依法承担赔偿责任。

因药品质量问题受到损害的，受害人可以向药品上市许可持有人、药品生产企业请求赔偿损失，也可以向药品经营企业、医疗机构请求赔偿损失。接到受害人赔偿请求的，应当实行首负责任制，先行赔付；先行赔付后，可以依法追偿。

生产假药、劣药或者明知是假药、劣药仍然销售、使用的，受害人或者其近亲属除请求赔偿损失外，还可以请求支付价款十倍或者损失三倍的赔偿金；增加赔偿的金额不足一千元的，为一千元。

**第一百四十五条** 药品监督管理部门或者其设置、指定的药品专业技术机构参与药品生产经营活动的，由其上级主管机关责令改正，没收违法收入；情节严重的，对直接负责的主管人员和其他直接责任人员依法给予处分。

药品监督管理部门或者其设置、指定的药品专业技术机构的工作人员参与药品生产经营活动的，依法给予处分。

**第一百四十六条** 药品监督管理部门或者其设置、指定的药品检验机构在药品监督检验中违法收取检验费用的，由政府有关部门责令退还，对直接负责的主管人员和其他直接责任人员依法给予处分；情节严重的，撤销其检验资格。

**第一百四十七条** 违反本法规定，药品监督管理部门有下列行为之一的，应当撤销相关许可，对直接负责的主管人员和其他直接责任人员依法给予处分：

（一）不符合条件而批准进行药物临床试验；

（二）对不符合条件的药品颁发药品注册证书；

（三）对不符合条件的单位颁发药品生产许可证、药品经营许可证或者医疗机构制剂许可证。

**第一百四十八条** 违反本法规定，县级以上地方人民政府有下列行为之一的，对直接负责的主管人员和其他直接责任人员给予记过或者记大过处分；情节严重的，给予降级、撤职或者开除处分：

（一）瞒报、谎报、缓报、漏报药品安全事件；

（二）未及时消除区域性重大药品安全隐患，造成本行政区域内发生特别重大药品安全事件，或者连续发生重大药品安全事件；

（三）履行职责不力，造成严重不良影响或者重大损失。

**第一百四十九条** 违反本法规定，药品监督管理等部门有下列行为之一的，对直接负责的主管人员和其他直接责任人员给予记过或者记大过处分；情节较重的，给予降级或者撤职处分；情节严重的，给予开除处分：

（一）瞒报、谎报、缓报、漏报药品安全事件；

（二）对发现的药品安全违法行为未及时查处；

（三）未及时发现药品安全系统性风险，或者未及时消除监督管理区域内药品安全隐患，造成严重影响；

（四）其他不履行药品监督管理职责，造成严重不良影响或者重大损失。

**第一百五十条**　药品监督管理人员滥用职权、徇私舞弊、玩忽职守的，依法给予处分。

查处假药、劣药违法行为有失职、渎职行为的，对药品监督管理部门直接负责的主管人员和其他直接责任人员依法从重给予处分。

**第一百五十一条**　本章规定的货值金额以违法生产、销售药品的标价计算；没有标价的，按照同类药品的市场价格计算。

### 第十二章　附　则

**第一百五十二条**　中药材种植、采集和饲养的管理，依照有关法律、法规的规定执行。

**第一百五十三条**　地区性民间习用药材的管理办法，由国务院药品监督管理部门会同国务院中医药主管部门制定。

**第一百五十四条**　中国人民解放军和中国人民武装警察部队执行本法的具体办法，由国务院、中央军事委员会依据本法制定。

**第一百五十五条**　本法自2019年12月1日起施行。

## 中华人民共和国产品质量法

- 1993年2月22日第七届全国人民代表大会常务委员会第三十次会议通过
- 根据2000年7月8日第九届全国人民代表大会常务委员会第十六次会议《关于修改〈中华人民共和国产品质量法〉的决定》第一次修正
- 根据2009年8月27日第十一届全国人民代表大会常务委员会第十次会议《关于修改部分法律的决定》第二次修正
- 根据2018年12月29日第十三届全国人民代表大会常务委员会第七次会议《关于修改〈中华人民共和国产品质量法〉等五部法律的决定》第三次修正

### 目　录

第一章　总　则
第二章　产品质量的监督
第三章　生产者、销售者的产品质量责任和义务
　第一节　生产者的产品质量责任和义务
　第二节　销售者的产品质量责任和义务
第四章　损害赔偿
第五章　罚　则
第六章　附　则

### 第一章　总　则

**第一条　【立法目的】**为了加强对产品质量的监督管理，提高产品质量水平，明确产品质量责任，保护消费者的合法权益，维护社会经济秩序，制定本法。

**第二条　【适用范围】**在中华人民共和国境内从事产品生产、销售活动，必须遵守本法。

本法所称产品是指经过加工、制作，用于销售的产品。

建设工程不适用本法规定；但是，建设工程使用的建筑材料、建筑构配件和设备，属于前款规定的产品范围的，适用本法规定。

**第三条　【建立健全内部产品质量管理制度】**生产者、销售者应当建立健全内部产品质量管理制度，严格实施岗位质量规范、质量责任以及相应的考核办法。

**第四条　【依法承担产品质量责任】**生产者、销售者依照本法规定承担产品质量责任。

**第五条　【禁止行为】**禁止伪造或者冒用认证标志等质量标志；禁止伪造产品的产地，伪造或者冒用他人的厂名、厂址；禁止在生产、销售的产品中掺杂、掺假，以假充真，以次充好。

**第六条　【鼓励推行先进科学技术】**国家鼓励推行科学的质量管理方法，采用先进的科学技术，鼓励企业产品质量达到并且超过行业标准、国家标准和国际标准。

对产品质量管理先进和产品质量达到国际先进水平、成绩显著的单位和个人，给予奖励。

**第七条　【各级人民政府保障本法的施行】**各级人民政府应当把提高产品质量纳入国民经济和社会发展规划，加强对产品质量工作的统筹规划和组织领导，引导、督促生产者、销售者加强产品质量管理，提高产品质量，组织各有关部门依法采取措施，制止产品生产、销售中违反本法规定的行为，保障本法的施行。

**第八条　【监管部门的监管权限】**国务院市场监督管理部门主管全国产品质量监督工作。国务院有关部门在各自的职责范围内负责产品质量监督工作。

县级以上地方市场监督管理部门主管本行政区域内的产品质量监督工作。县级以上地方人民政府有关部门在各自的职责范围内负责产品质量监督工作。

法律对产品质量的监督部门另有规定的，依照有关法律的规定执行。

**第九条 【各级政府的禁止行为】**各级人民政府工作人员和其他国家机关工作人员不得滥用职权、玩忽职守或者徇私舞弊，包庇、放纵本地区、本系统发生的产品生产、销售中违反本法规定的行为，或者阻挠、干预依法对产品生产、销售中违反本法规定的行为进行查处。

各级地方人民政府和其他国家机关有包庇、放纵产品生产、销售中违反本法规定的行为的，依法追究其主要负责人的法律责任。

**第十条 【公众检举权】**任何单位和个人有权对违反本法规定的行为，向市场监督管理部门或者其他有关部门检举。

市场监督管理部门和有关部门应当为检举人保密，并按照省、自治区、直辖市人民政府的规定给予奖励。

**第十一条 【禁止产品垄断经营】**任何单位和个人不得排斥非本地区或者非本系统企业生产的质量合格产品进入本地区、本系统。

## 第二章 产品质量的监督

**第十二条 【产品质量要求】**产品质量应当检验合格，不得以不合格产品冒充合格产品。

**第十三条 【工业产品质量标准要求】**可能危及人体健康和人身、财产安全的工业产品，必须符合保障人体健康和人身、财产安全的国家标准、行业标准；未制定国家标准、行业标准的，必须符合保障人体健康和人身、财产安全的要求。

禁止生产、销售不符合保障人体健康和人身、财产安全的标准和要求的工业产品。具体管理办法由国务院规定。

**第十四条 【企业质量体系认证制度】**国家根据国际通用的质量管理标准，推行企业质量体系认证制度。企业根据自愿原则可以向国务院市场监督管理部门认可的或者国务院市场监督管理部门授权的部门认可的认证机构申请企业质量体系认证。经认证合格的，由认证机构颁发企业质量体系认证证书。

国家参照国际先进的产品标准和技术要求，推行产品质量认证制度。企业根据自愿原则可以向国务院市场监督管理部门认可的或者国务院市场监督管理部门授权的部门认可的认证机构申请产品质量认证。经认证合格的，由认证机构颁发产品质量认证证书，准许企业在产品或者其包装上使用产品质量认证标志。

**第十五条 【以抽查为主要方式的组织领导监督检查制度】**国家对产品质量实行以抽查为主要方式的监督检查制度，对可能危及人体健康和人身、财产安全的产品，影响国计民生的重要工业产品以及消费者、有关组织反映有质量问题的产品进行抽查。抽查的样品应当在市场上或者企业成品仓库内的待销产品中随机抽取。监督抽查工作由国务院市场监督管理部门规划和组织。县级以上地方市场监督管理部门在本行政区域内也可以组织监督抽查。法律对产品质量的监督检查另有规定的，依照有关法律的规定执行。

国家监督抽查的产品，地方不得另行重复抽查；上级监督抽查的产品，下级不得另行重复抽查。

根据监督抽查的需要，可以对产品进行检验。检验抽取样品的数量不得超过检验的合理需要，并不得向被检查人收取检验费用。监督抽查所需检验费用按照国务院规定列支。

生产者、销售者对抽查检验的结果有异议的，可以自收到检验结果之日起十五日内向实施监督抽查的市场监督管理部门或者其上级市场监督管理部门申请复检，由受理复检的市场监督管理部门作出复检结论。

**第十六条 【质量监督检查】**对依法进行的产品质量监督检查，生产者、销售者不得拒绝。

**第十七条 【违反监督抽查规定的行政责任】**依照本法规定进行监督抽查的产品质量不合格的，由实施监督抽查的市场监督管理部门责令其生产者、销售者限期改正。逾期不改正的，由省级以上人民政府市场监督管理部门予以公告；公告后经复查仍不合格的，责令停业，限期整顿；整顿期满后经复查产品质量仍不合格的，吊销营业执照。

监督抽查的产品有严重质量问题的，依照本法第五章的有关规定处罚。

**第十八条 【县级以上市场监督管理部门查违职权】**县级以上市场监督管理部门根据已经取得的违法嫌疑证据或者举报，对涉嫌违反本法规定的行为进行查处时，可以行使下列职权：

（一）对当事人涉嫌从事违反本法的生产、销售活动的场所实施现场检查；

（二）向当事人的法定代表人、主要负责人和其他有关人员调查、了解与涉嫌从事违反本法的生产、销售活动有关的情况；

（三）查阅、复制当事人有关的合同、发票、账簿以及其他有关资料；

（四）对有根据认为不符合保障人体健康和人身、财产安全的国家标准、行业标准的产品或者有其他严重质量问题的产品，以及直接用于生产、销售该项产品的原辅材料、包装物、生产工具，予以查封或者扣押。

**第十九条　【产品质量检验机构设立条件】**产品质量检验机构必须具备相应的检测条件和能力，经省级以上人民政府市场监督管理部门或者其授权的部门考核合格后，方可承担产品质量检验工作。法律、行政法规对产品质量检验机构另有规定的，依照有关法律、行政法规的规定执行。

**第二十条　【产品质量检验、认证中介机构依法设立】**从事产品质量检验、认证的社会中介机构必须依法设立，不得与行政机关和其他国家机关存在隶属关系或者其他利益关系。

**第二十一条　【产品质量检验、认证机构必须依法出具检验结果、认证证明】**产品质量检验机构、认证机构必须依法按照有关标准，客观、公正地出具检验结果或者认证证明。

产品质量认证机构应当依照国家规定对准许使用认证标志的产品进行认证后的跟踪检查；对不符合认证标准而使用认证标志的，要求其改正；情节严重的，取消其使用认证标志的资格。

**第二十二条　【消费者的查询、申诉权】**消费者有权就产品质量问题，向产品的生产者、销售者查询；向市场监督管理部门及有关部门申诉，接受申诉的部门应当负责处理。

**第二十三条　【消费者权益组织的职能】**保护消费者权益的社会组织可以就消费者反映的产品质量问题建议有关部门负责处理，支持消费者对因产品质量造成的损害向人民法院起诉。

**第二十四条　【抽查产品质量状况定期公告】**国务院和省、自治区、直辖市人民政府的市场监督管理部门应当定期发布其监督抽查的产品的质量状况公告。

**第二十五条　【监管机构的禁止行为】**市场监督管理部门或者其他国家机关以及产品质量检验机构不得向社会推荐生产者的产品；不得以对产品进行监制、监销等方式参与产品经营活动。

## 第三章　生产者、销售者的产品质量责任和义务

### 第一节　生产者的产品质量责任和义务

**第二十六条　【生产者的产品质量要求】**生产者应当对其生产的产品质量负责。

产品质量应当符合下列要求：

（一）不存在危及人身、财产安全的不合理的危险，有保障人体健康和人身、财产安全的国家标准、行业标准的，应当符合该标准；

（二）具备产品应当具备的使用性能，但是，对产品存在使用性能的瑕疵作出说明的除外；

（三）符合在产品或者其包装上注明采用的产品标准，符合以产品说明、实物样品等方式表明的质量状况。

**第二十七条　【产品及其包装上的标识要求】**产品或者其包装上的标识必须真实，并符合下列要求：

（一）有产品质量检验合格证明；

（二）有中文标明的产品名称、生产厂厂名和厂址；

（三）根据产品的特点和使用要求，需要标明产品规格、等级、所含主要成份的名称和含量的，用中文相应予以标明；需要事先让消费者知晓的，应当在外包装上标明，或者预先向消费者提供有关资料；

（四）限期使用的产品，应当在显著位置清晰地标明生产日期和安全使用期或者失效日期；

（五）使用不当，容易造成产品本身损坏或者可能危及人身、财产安全的产品，应当有警示标志或者中文警示说明。

裸装的食品和其他根据产品的特点难以附加标识的裸装产品，可以不附加产品标识。

**第二十八条　【危险物品包装质量要求】**易碎、易燃、易爆、有毒、有腐蚀性、有放射性等危险物品以及储运中不能倒置和其他有特殊要求的产品，其包装质量必须符合相应要求，依照国家有关规定作出警示标志或者中文警示说明，标明储运注意事项。

**第二十九条　【禁止生产国家明令淘汰的产品】**生产者不得生产国家明令淘汰的产品。

**第三十条　【禁止伪造产地、伪造或者冒用他人的厂名、厂址】**生产者不得伪造产地，不得伪造或者冒用他人的厂名、厂址。

**第三十一条　【禁止伪造或者冒用认证标志等质量标志】**生产者不得伪造或者冒用认证标志等质量标志。

**第三十二条　【生产者的禁止行为】**生产者生产产品，不得掺杂、掺假，不得以假充真、以次充好，不得以不合格产品冒充合格产品。

### 第二节　销售者的产品质量责任和义务

**第三十三条　【进货检查验收制度】**销售者应当建立并执行进货检查验收制度，验明产品合格证明和其他标识。

**第三十四条　【保持销售产品质量的义务】**销售者

应当采取措施，保持销售产品的质量。

**第三十五条 【禁止销售的产品范围】**销售者不得销售国家明令淘汰并停止销售的产品和失效、变质的产品。

**第三十六条 【销售产品的标识要求】**销售者销售的产品的标识应当符合本法第二十七条的规定。

**第三十七条 【禁止伪造产地、伪造或者冒用他人的厂名、厂址】**销售者不得伪造产地，不得伪造或者冒用他人的厂名、厂址。

**第三十八条 【禁止伪造或者冒用认证标志等质量标志】**销售者不得伪造或者冒用认证标志等质量标志。

**第三十九条 【销售者的禁止行为】**销售者销售产品，不得掺杂、掺假，不得以假充真、以次充好，不得以不合格产品冒充合格产品。

## 第四章 损害赔偿

**第四十条 【销售者的损害赔偿责任】**售出的产品有下列情形之一的，销售者应当负责修理、更换、退货；给购买产品的消费者造成损失的，销售者应当赔偿损失：

（一）不具备产品应当具备的使用性能而事先未作说明的；

（二）不符合在产品或者其包装上注明采用的产品标准的；

（三）不符合以产品说明、实物样品等方式表明的质量状况的。

销售者依照前款规定负责修理、更换、退货、赔偿损失后，属于生产者的责任或者属于向销售者提供产品的其他销售者（以下简称供货者）的责任的，销售者有权向生产者、供货者追偿。

销售者未按照第一款规定给予修理、更换、退货或者赔偿损失的，由市场监督管理部门责令改正。

生产者之间，销售者之间，生产者与销售者之间订立的买卖合同、承揽合同有不同约定的，合同当事人按照合同约定执行。

**第四十一条 【人身、他人财产的损害赔偿责任】**因产品存在缺陷造成人身、缺陷产品以外的其他财产（以下简称他人财产）损害的，生产者应当承担赔偿责任。

生产者能够证明有下列情形之一的，不承担赔偿责任：

（一）未将产品投入流通的；

（二）产品投入流通时，引起损害的缺陷尚不存在的；

（三）将产品投入流通时的科学技术水平尚不能发现缺陷的存在的。

**第四十二条 【销售者的过错赔偿责任】**由于销售者的过错使产品存在缺陷，造成人身、他人财产损害的，销售者应当承担赔偿责任。

销售者不能指明缺陷产品的生产者也不能指明缺陷产品的供货者的，销售者应当承担赔偿责任。

**第四十三条 【受害者的选择赔偿权】**因产品存在缺陷造成人身、他人财产损害的，受害人可以向产品的生产者要求赔偿，也可以向产品的销售者要求赔偿。属于产品的生产者的责任，产品的销售者赔偿的，产品的销售者有权向产品的生产者追偿。属于产品的销售者的责任，产品的生产者赔偿的，产品的生产者有权向产品的销售者追偿。

**第四十四条 【人身伤害的赔偿范围】**因产品存在缺陷造成受害人人身伤害的，侵害人应当赔偿医疗费、治疗期间的护理费、因误工减少的收入等费用；造成残疾的，还应当支付残疾者生活自助具费、生活补助费、残疾赔偿金以及由其扶养的人所必需的生活费等费用；造成受害人死亡的，并应当支付丧葬费、死亡赔偿金以及由死者生前扶养的人所必需的生活费等费用。

因产品存在缺陷造成受害人财产损失的，侵害人应当恢复原状或者折价赔偿。受害人因此遭受其他重大损失的，侵害人应当赔偿损失。

**第四十五条 【诉讼时效期间】**因产品存在缺陷造成损害要求赔偿的诉讼时效期间为二年，自当事人知道或者应当知道其权益受到损害时起计算。

因产品存在缺陷造成损害要求赔偿的请求权，在造成损害的缺陷产品交付最初消费者满十年丧失；但是，尚未超过明示的安全使用期的除外。

**第四十六条 【缺陷的含义】**本法所称缺陷，是指产品存在危及人身、他人财产安全的不合理的危险；产品有保障人体健康和人身、财产安全的国家标准、行业标准的，是指不符合该标准。

**第四十七条 【纠纷解决方式】**因产品质量发生民事纠纷时，当事人可以通过协商或者调解解决。当事人不愿通过协商、调解解决或者协商、调解不成的，可以根据当事人各方的协议向仲裁机构申请仲裁；当事人各方没有达成仲裁协议或者仲裁协议无效的，可以直接向人民法院起诉。

**第四十八条 【仲裁机构或者人民法院对产品质量检验的规定】**仲裁机构或者人民法院可以委托本法第十九条规定的产品质量检验机构，对有关产品质量进行检验。

## 第五章 罚 则

**第四十九条 【生产、销售不符合安全标准的产品的行政处罚、刑事责任】**生产、销售不符合保障人体健康和人身、财产安全的国家标准、行业标准的产品的，责令停止生产、销售，没收违法生产、销售的产品，并处违法生产、销售产品（包括已售出和未售出的产品，下同）货值金额等值以上三倍以下的罚款；有违法所得的，并处没收违法所得；情节严重的，吊销营业执照；构成犯罪的，依法追究刑事责任。

**第五十条 【假冒产品的行政处罚、刑事责任】**在产品中掺杂、掺假，以假充真，以次充好，或者以不合格产品冒充合格产品的，责令停止生产、销售，没收违法生产、销售的产品，并处违法生产、销售产品货值金额百分之五十以上三倍以下的罚款；有违法所得的，并处没收违法所得；情节严重的，吊销营业执照；构成犯罪的，依法追究刑事责任。

**第五十一条 【生产、销售淘汰产品的行政处罚规定】**生产国家明令淘汰的产品的，销售国家明令淘汰并停止销售的产品的，责令停止生产、销售，没收违法生产、销售的产品，并处违法生产、销售产品货值金额等值以下的罚款；有违法所得的，并处没收违法所得；情节严重的，吊销营业执照。

**第五十二条 【销售失效、变质的产品的行政处罚、刑事责任】**销售失效、变质的产品的，责令停止销售，没收违法销售的产品，并处违法销售产品货值金额二倍以下的罚款；有违法所得的，并处没收违法所得；情节严重的，吊销营业执照；构成犯罪的，依法追究刑事责任。

**第五十三条 【伪造、冒用产品产地、厂名、厂址、标志的行政处罚规定】**伪造产品产地的，伪造或者冒用他人厂名、厂址的，伪造或者冒用认证标志等质量标志的，责令改正，没收违法生产、销售的产品，并处违法生产、销售产品货值金额等值以下的罚款；有违法所得的，并处没收违法所得；情节严重的，吊销营业执照。

**第五十四条 【不符合产品包装、标识要求的行政处罚规定】**产品标识不符合本法第二十七条规定的，责令改正；有包装的产品标识不符合本法第二十七条第（四）项、第（五）项规定，情节严重的，责令停止生产、销售，并处违法生产、销售产品货值金额百分之三十以下的罚款；有违法所得的，并处没收违法所得。

**第五十五条 【销售者的从轻或者减轻处罚情节】**销售者销售本法第四十九条至第五十三条规定禁止销售的产品，有充分证据证明其不知道该产品为禁止销售的产品并如实说明其进货来源的，可以从轻或者减轻处罚。

**第五十六条 【违反依法接受产品质量监督检查义务的行政处罚规定】**拒绝接受依法进行的产品质量监督检查的，给予警告，责令改正；拒不改正的，责令停业整顿；情节特别严重的，吊销营业执照。

**第五十七条 【产品质量中介机构的行政处罚、刑事责任规定】**产品质量检验机构、认证机构伪造检验结果或者出具虚假证明的，责令改正，对单位处五万元以上十万元以下的罚款，对直接负责的主管人员和其他直接责任人员处一万元以上五万元以下的罚款；有违法所得的，并处没收违法所得；情节严重的，取消其检验资格、认证资格；构成犯罪的，依法追究刑事责任。

产品质量检验机构、认证机构出具的检验结果或者证明不实，造成损失的，应当承担相应的赔偿责任；造成重大损失的，撤销其检验资格、认证资格。

产品质量认证机构违反本法第二十一条第二款的规定，对不符合认证标准而使用认证标志的产品，未依法要求其改正或者取消其使用认证标志资格的，对因产品不符合认证标准给消费者造成的损失，与产品的生产者、销售者承担连带责任；情节严重的，撤销其认证资格。

**第五十八条 【社会团体、社会中介机构的连带赔偿责任】**社会团体、社会中介机构对产品质量作出承诺、保证，而该产品又不符合其承诺、保证的质量要求，给消费者造成损失的，与产品的生产者、销售者承担连带责任。

**第五十九条 【虚假广告的责任承担】**在广告中对产品质量作虚假宣传，欺骗和误导消费者的，依照《中华人民共和国广告法》的规定追究法律责任。

**第六十条 【生产伪劣产品的材料、包装、工具的没收】**对生产者专门用于生产本法第四十九条、第五十一条所列的产品或者以假充真的产品的原辅材料、包装物、生产工具，应当予以没收。

**第六十一条 【运输、保管、仓储部门的责任承担】**知道或者应当知道属于本法规定禁止生产、销售的产品而为其提供运输、保管、仓储等便利条件的，或者为以假充真的产品提供制假生产技术的，没收全部运输、保管、仓储或者提供制假生产技术的收入，并处违法收入百分之五十以上三倍以下的罚款；构成犯罪的，依法追究刑事责任。

**第六十二条 【服务业经营者的责任承担】**服务业的经营者将本法第四十九条至第五十二条规定禁止销售的产品用于经营性服务的，责令停止使用；对知道或者应当知道所使用的产品属于本法规定禁止销售的产品的，按照违法使用的产品（包括已使用和尚未使用的产品）的货值金额，依照本法对销售者的处罚规定处罚。

**第六十三条　【隐匿、转移、变卖、损毁被依法查封、扣押的物品的行政责任】**隐匿、转移、变卖、损毁被市场监督管理部门查封、扣押的物品的，处被隐匿、转移、变卖、损毁物品货值金额等值以上三倍以下的罚款；有违法所得的，并处没收违法所得。

**第六十四条　【民事赔偿责任优先原则】**违反本法规定，应当承担民事赔偿责任和缴纳罚款、罚金，其财产不足以同时支付时，先承担民事赔偿责任。

**第六十五条　【国家工作人员的责任承担】**各级人民政府工作人员和其他国家机关工作人员有下列情形之一的，依法给予行政处分；构成犯罪的，依法追究刑事责任：

（一）包庇、放纵产品生产、销售中违反本法规定行为的；

（二）向从事违反本法规定的生产、销售活动的当事人通风报信，帮助其逃避查处的；

（三）阻挠、干预市场监督管理部门依法对产品生产、销售中违反本法规定的行为进行查处，造成严重后果的。

**第六十六条　【质检部门的检验责任承担】**市场监督管理部门在产品质量监督抽查中超过规定的数量索取样品或者向被检查人收取检验费用的，由上级市场监督管理部门或者监察机关责令退还；情节严重的，对直接负责的主管人员和其他直接责任人员依法给予行政处分。

**第六十七条　【国家机关推荐产品的责任承担】**市场监督管理部门或者其他国家机关违反本法第二十五条的规定，向社会推荐生产者的产品或者以监制、监销等方式参与产品经营活动的，由其上级机关或者监察机关责令改正，消除影响，有违法收入的予以没收；情节严重的，对直接负责的主管人员和其他直接责任人员依法给予行政处分。

产品质量检验机构有前款所列违法行为的，由市场监督管理部门责令改正，消除影响，有违法收入的予以没收，可以并处违法收入一倍以下的罚款；情节严重的，撤销其质量检验资格。

**第六十八条　【监管部门工作人员违法行为的责任承担】**市场监督管理部门的工作人员滥用职权、玩忽职守、徇私舞弊，构成犯罪的，依法追究刑事责任；尚不构成犯罪的，依法给予行政处分。

**第六十九条　【妨碍监管公务的行政责任】**以暴力、威胁方法阻碍市场监督管理部门的工作人员依法执行职务的，依法追究刑事责任；拒绝、阻碍未使用暴力、威胁方法的，由公安机关依照治安管理处罚法的规定处罚。

**第七十条　【监管部门的行政处罚权限】**本法第四十九条至第五十七条、第六十条至第六十三条规定的行政处罚由市场监督管理部门决定。法律、行政法规对行使行政处罚权的机关另有规定的，依照有关法律、行政法规的规定执行。

**第七十一条　【没收产品的处理】**对依照本法规定没收的产品，依照国家有关规定进行销毁或者采取其他方式处理。

**第七十二条　【货值金额的计算】**本法第四十九条至第五十四条、第六十二条、第六十三条所规定的货值金额以违法生产、销售产品的标价计算；没有标价的，按照同类产品的市场价格计算。

### 第六章　附　则

**第七十三条　【军工产品质量监督管理办法另行制定】**军工产品质量监督管理办法，由国务院、中央军事委员会另行制定。

因核设施、核产品造成损害的赔偿责任，法律、行政法规另有规定的，依照其规定。

**第七十四条　【施行日期】**本法自1993年9月1日起施行。

## 市场监督管理行政处罚程序规定

· 2018年12月21日国家市场监督管理总局令第2号公布
· 根据2021年7月2日国家市场监督管理总局令第42号第一次修正
· 根据2022年9月29日国家市场监督管理总局令第61号第二次修正

### 第一章　总　则

**第一条**　为了规范市场监督管理行政处罚程序，保障市场监督管理部门依法实施行政处罚，保护自然人、法人和其他组织的合法权益，根据《中华人民共和国行政处罚法》《中华人民共和国行政强制法》等法律、行政法规，制定本规定。

**第二条**　市场监督管理部门实施行政处罚，适用本规定。

**第三条**　市场监督管理部门实施行政处罚，应当遵循公正、公开的原则，坚持处罚与教育相结合，做到事实清楚、证据确凿、适用依据正确、程序合法、处罚适当。

**第四条**　市场监督管理部门实施行政处罚实行回避

制度。参与案件办理的有关人员与案件有直接利害关系或者有其他关系可能影响公正执法的，应当回避。市场监督管理部门主要负责人的回避，由市场监督管理部门负责人集体讨论决定；市场监督管理部门其他负责人的回避，由市场监督管理部门主要负责人决定；其他有关人员的回避，由市场监督管理部门负责人决定。

回避决定作出之前，不停止案件调查。

**第五条** 市场监督管理部门及参与案件办理的有关人员对实施行政处罚过程中知悉的国家秘密、商业秘密和个人隐私应当依法予以保密。

**第六条** 上级市场监督管理部门对下级市场监督管理部门实施行政处罚，应当加强监督。

各级市场监督管理部门对本部门内设机构及其派出机构、受委托组织实施行政处罚，应当加强监督。

## 第二章 管 辖

**第七条** 行政处罚由违法行为发生地的县级以上市场监督管理部门管辖。法律、行政法规、部门规章另有规定的，从其规定。

**第八条** 县级、设区的市级市场监督管理部门依职权管辖本辖区内发生的行政处罚案件。法律、法规、规章规定由省级以上市场监督管理部门管辖的，从其规定。

**第九条** 市场监督管理部门派出机构在本部门确定的权限范围内以本部门的名义实施行政处罚，法律、法规授权以派出机构名义实施行政处罚的除外。

县级以上市场监督管理部门可以在法定权限内书面委托符合《中华人民共和国行政处罚法》规定条件的组织实施行政处罚。受委托组织在委托范围内，以委托行政机关名义实施行政处罚；不得再委托其他任何组织或者个人实施行政处罚。

委托书应当载明委托的具体事项、权限、期限等内容。委托行政机关和受委托组织应当将委托书向社会公布。

**第十条** 网络交易平台经营者和通过自建网站、其他网络服务销售商品或者提供服务的网络交易经营者的违法行为由其住所地县级以上市场监督管理部门管辖。

平台内经营者的违法行为由其实际经营地县级以上市场监督管理部门管辖。网络交易平台经营者住所地县级以上市场监督管理部门先行发现违法线索或者收到投诉、举报的，也可以进行管辖。

**第十一条** 对利用广播、电影、电视、报纸、期刊、互联网等大众传播媒介发布违法广告的行为实施行政处罚，由广告发布者所在地市场监督管理部门管辖。广告发布者所在地市场监督管理部门管辖异地广告主、广告经营者有困难的，可以将广告主、广告经营者的违法情况移送广告主、广告经营者所在地市场监督管理部门处理。

对于互联网广告违法行为，广告主所在地、广告经营者所在地市场监督管理部门先行发现违法线索或者收到投诉、举报的，也可以进行管辖。

对广告主自行发布违法互联网广告的行为实施行政处罚，由广告主所在地市场监督管理部门管辖。

**第十二条** 对当事人的同一违法行为，两个以上市场监督管理部门都有管辖权的，由最先立案的市场监督管理部门管辖。

**第十三条** 两个以上市场监督管理部门因管辖权发生争议的，应当自发生争议之日起七个工作日内协商解决，协商不成的，报请共同的上一级市场监督管理部门指定管辖；也可以直接由共同的上一级市场监督管理部门指定管辖。

**第十四条** 市场监督管理部门发现立案查处的案件不属于本部门管辖的，应当将案件移送有管辖权的市场监督管理部门。受移送的市场监督管理部门对管辖权有异议的，应当报请共同的上一级市场监督管理部门指定管辖，不得再自行移送。

**第十五条** 上级市场监督管理部门认为必要时，可以将本部门管辖的案件交由下级市场监督管理部门管辖。法律、法规、规章明确规定案件应当由上级市场监督管理部门管辖的，上级市场监督管理部门不得将案件交由下级市场监督管理部门管辖。

上级市场监督管理部门认为必要时，可以直接查处下级市场监督管理部门管辖的案件，也可以将下级市场监督管理部门管辖的案件指定其他下级市场监督管理部门管辖。

下级市场监督管理部门认为依法由其管辖的案件存在特殊原因，难以办理的，可以报请上一级市场监督管理部门管辖或者指定管辖。

**第十六条** 报请上一级市场监督管理部门管辖或者指定管辖的，上一级市场监督管理部门应当在收到报送材料之日起七个工作日内确定案件的管辖部门。

**第十七条** 市场监督管理部门发现立案查处的案件属于其他行政管理部门管辖的，应当及时依法移送其他有关部门。

市场监督管理部门发现违法行为涉嫌犯罪的，应当及时将案件移送司法机关，并对涉案物品以及与案件有关的其他材料依照有关规定办理交接手续。

## 第三章　行政处罚的普通程序

**第十八条**　市场监督管理部门对依据监督检查职权或者通过投诉、举报、其他部门移送、上级交办等途径发现的违法行为线索，应当自发现线索或者收到材料之日起十五个工作日内予以核查，由市场监督管理部门负责人决定是否立案；特殊情况下，经市场监督管理部门负责人批准，可以延长十五个工作日。法律、法规、规章另有规定的除外。

检测、检验、检疫、鉴定以及权利人辨认或者鉴别等所需时间，不计入前款规定期限。

**第十九条**　经核查，符合下列条件的，应当立案：

（一）有证据初步证明存在违反市场监督管理法律、法规、规章的行为；

（二）依据市场监督管理法律、法规、规章应当给予行政处罚；

（三）属于本部门管辖；

（四）在给予行政处罚的法定期限内。

决定立案的，应当填写立案审批表，由办案机构负责人指定两名以上具有行政执法资格的办案人员负责调查处理。

**第二十条**　经核查，有下列情形之一的，可以不予立案：

（一）违法行为轻微并及时改正，没有造成危害后果；

（二）初次违法且危害后果轻微并及时改正；

（三）当事人有证据足以证明没有主观过错，但法律、行政法规另有规定的除外；

（四）依法可以不予立案的其他情形。

决定不予立案的，应当填写不予立案审批表。

**第二十一条**　办案人员应当全面、客观、公正、及时进行案件调查，收集、调取证据，并依照法律、法规、规章的规定进行检查。

首次向当事人收集、调取证据的，应当告知其享有陈述权、申辩权以及申请回避的权利。

**第二十二条**　办案人员调查或者进行检查时不得少于两人，并应当主动向当事人或者有关人员出示执法证件。

**第二十三条**　办案人员应当依法收集证据。证据包括：

（一）书证；

（二）物证；

（三）视听资料；

（四）电子数据；

（五）证人证言；

（六）当事人的陈述；

（七）鉴定意见；

（八）勘验笔录、现场笔录。

立案前核查或者监督检查过程中依法取得的证据材料，可以作为案件的证据使用。

对于移送的案件，移送机关依职权调查收集的证据材料，可以作为案件的证据使用。

上述证据，应当符合法律、法规、规章关于证据的规定，并经查证属实，才能作为认定案件事实的根据。以非法手段取得的证据，不得作为认定案件事实的根据。

**第二十四条**　收集、调取的书证、物证应当是原件、原物。调取原件、原物有困难的，可以提取复制件、影印件或者抄录件，也可以拍摄或者制作足以反映原件、原物外形或者内容的照片、录像。复制件、影印件、抄录件和照片、录像由证据提供人核对无误后注明与原件、原物一致，并注明出证日期、证据出处，同时签名或者盖章。

**第二十五条**　收集、调取的视听资料应当是有关资料的原始载体。调取视听资料原始载体有困难的，可以提取复制件，并注明制作方法、制作时间、制作人等。声音资料应当附有该声音内容的文字记录。

**第二十六条**　收集、调取的电子数据应当是有关数据的原始载体。收集电子数据原始载体有困难的，可以采用拷贝复制、委托分析、书式固定、拍照录像等方式取证，并注明制作方法、制作时间、制作人等。

市场监督管理部门可以利用互联网信息系统或者设备收集、固定违法行为证据。用来收集、固定违法行为证据的互联网信息系统或者设备应当符合相关规定，保证所收集、固定电子数据的真实性、完整性。

市场监督管理部门可以指派或者聘请具有专门知识的人员，辅助办案人员对案件关联的电子数据进行调查取证。

市场监督管理部门依照法律、行政法规规定利用电子技术监控设备收集、固定违法事实的，依照《中华人民共和国行政处罚法》有关规定执行。

**第二十七条**　在中华人民共和国领域外形成的公文书证，应当经所在国公证机关证明，或者履行中华人民共和国与该所在国订立的有关条约中规定的证明手续。涉及身份关系的证据，应当经所在国公证机关证明，并经中华人民共和国驻该国使领馆认证，或者履行中华人民共和国与该所在国订立的有关条约中规定的证明手续。

在中华人民共和国香港特别行政区、澳门特别行政区和台湾地区形成的证据，应当履行相关的证明手续。

外文书证或者外国语视听资料等证据应当附有由具有翻译资质的机构翻译的或者其他翻译准确的中文译本，由翻译机构盖章或者翻译人员签名。

**第二十八条** 对有违法嫌疑的物品或者场所进行检查时，应当通知当事人到场。办案人员应当制作现场笔录，载明时间、地点、事件等内容，由办案人员、当事人签名或者盖章。

**第二十九条** 办案人员可以询问当事人及其他有关单位和个人。询问应当个别进行。询问应当制作笔录，询问笔录应当交被询问人核对；对阅读有困难的，应当向其宣读。笔录如有差错、遗漏，应当允许其更正或者补充。涂改部分应当由被询问人签名、盖章或者以其他方式确认。经核对无误后，由被询问人在笔录上逐页签名、盖章或者以其他方式确认。办案人员应当在笔录上签名。

**第三十条** 办案人员可以要求当事人及其他有关单位和个人在一定期限内提供证明材料或者与涉嫌违法行为有关的其他材料，并由材料提供人在有关材料上签名或者盖章。

市场监督管理部门在查处侵权假冒等案件过程中，可以要求权利人对涉案产品是否为权利人生产或者其许可生产的产品进行辨认，也可以要求其对有关事项进行鉴别。

**第三十一条** 市场监督管理部门抽样取证时，应当通知当事人到场。办案人员应当制作抽样记录，对样品加贴封条，开具清单，由办案人员、当事人在封条和相关记录上签名或者盖章。

通过网络、电话购买等方式抽样取证的，应当采取拍照、截屏、录音、录像等方式对交易过程、商品拆包查验及封样等过程进行记录。

法律、法规、规章或者国家有关规定对实施抽样机构的资质或者抽样方式有明确要求的，市场监督管理部门应当委托相关机构或者按照规定方式抽取样品。

**第三十二条** 为查明案情，需要对案件中专门事项进行检测、检验、检疫、鉴定的，市场监督管理部门应当委托具有法定资质的机构进行；没有法定资质机构的，可以委托其他具备条件的机构进行。检测、检验、检疫、鉴定结果应当告知当事人。

**第三十三条** 在证据可能灭失或者以后难以取得的情况下，市场监督管理部门可以对与涉嫌违法行为有关的证据采取先行登记保存措施。采取或者解除先行登记保存措施，应当经市场监督管理部门负责人批准。

情况紧急，需要当场采取先行登记保存措施的，办案人员应当在二十四小时内向市场监督管理部门负责人报告，并补办批准手续。市场监督管理部门负责人认为不应当采取先行登记保存措施的，应当立即解除。

**第三十四条** 先行登记保存有关证据，应当当场清点，开具清单，由当事人和办案人员签名或者盖章，交当事人一份，并当场交付先行登记保存证据通知书。

先行登记保存期间，当事人或者有关人员不得损毁、销毁或者转移证据。

**第三十五条** 对于先行登记保存的证据，应当在七个工作日内采取以下措施：

（一）根据情况及时采取记录、复制、拍照、录像等证据保全措施；

（二）需要检测、检验、检疫、鉴定的，送交检测、检验、检疫、鉴定；

（三）依据有关法律、法规规定可以采取查封、扣押等行政强制措施的，决定采取行政强制措施；

（四）违法事实成立，应当予以没收的，作出行政处罚决定，没收违法物品；

（五）违法事实不成立，或者违法事实成立但依法不应当予以查封、扣押或者没收的，决定解除先行登记保存措施。

逾期未采取相关措施的，先行登记保存措施自动解除。

**第三十六条** 市场监督管理部门可以依据法律、法规的规定采取查封、扣押等行政强制措施。采取或者解除行政强制措施，应当经市场监督管理部门负责人批准。

情况紧急，需要当场采取行政强制措施的，办案人员应当在二十四小时内向市场监督管理部门负责人报告，并补办批准手续。市场监督管理部门负责人认为不应当采取行政强制措施的，应当立即解除。

**第三十七条** 市场监督管理部门实施行政强制措施应当依照《中华人民共和国行政强制法》规定的程序进行，并当场交付实施行政强制措施决定书和清单。

**第三十八条** 查封、扣押的期限不得超过三十日；情况复杂的，经市场监督管理部门负责人批准，可以延长，但是延长期限不得超过三十日。法律、行政法规另有规定的除外。

延长查封、扣押的决定应当及时书面告知当事人，并说明理由。

对物品需要进行检测、检验、检疫、鉴定的，查封、扣押的期间不包括检测、检验、检疫、鉴定的期间。检测、检验、检疫、鉴定的期间应当明确，并书面告知当事人。

**第三十九条** 扣押当事人托运的物品，应当制作协助扣押通知书，通知有关单位协助办理，并书面通知当事人。

**第四十条** 对当事人家存或者寄存的涉嫌违法物品，需要扣押的，责令当事人取出；当事人拒绝取出的，应当会同当地有关部门或者单位将其取出，并办理扣押手续。

**第四十一条** 查封、扣押的场所、设施或者财物应当妥善保管，不得使用或者损毁；市场监督管理部门可以委托第三人保管，第三人不得损毁或者擅自转移、处置。

查封的场所、设施或者财物，应当加贴市场监督管理部门封条，任何人不得随意动用。

除法律、法规另有规定外，容易损毁、灭失、变质、保管困难或者保管费用过高、季节性商品等不宜长期保存的物品，在确定为罚没财物前，经权利人同意或者申请，并经市场监督管理部门负责人批准，在采取相关措施留存证据后，可以依法先行处置；权利人不明确的，可以依法公告，公告期满后仍没有权利人同意或者申请的，可以依法先行处置。先行处置所得款项按照涉案现金管理。

**第四十二条** 有下列情形之一的，市场监督管理部门应当及时作出解除查封、扣押决定：

（一）当事人没有违法行为；

（二）查封、扣押的场所、设施或者财物与违法行为无关；

（三）对违法行为已经作出处理决定，不再需要查封、扣押；

（四）查封、扣押期限已经届满；

（五）其他不再需要采取查封、扣押措施的情形。

解除查封、扣押应当立即退还财物，并由办案人员和当事人在财物清单上签名或者盖章。市场监督管理部门已将财物依法先行处置并有所得款项的，应当退还所得款项。先行处置明显不当，给当事人造成损失的，应当给予补偿。

当事人下落不明或者无法确定涉案物品所有人的，应当按照本规定第八十二条第五项规定的公告送达方式告知领取。公告期满仍无人领取的，经市场监督管理部门负责人批准，将涉案物品上缴或者依法拍卖后将所得款项上缴国库。

**第四十三条** 办案人员在调查取证过程中，无法通知当事人，当事人不到场或者拒绝接受调查，当事人拒绝签名、盖章或者以其他方式确认的，办案人员应当在笔录或者其他材料上注明情况，并采取录音、录像等方式记录，必要时可以邀请有关人员作为见证人。

**第四十四条** 进行现场检查、询问当事人及其他有关单位和个人、抽样取证、采取先行登记保存措施、实施查封或者扣押等行政强制措施时，按照有关规定采取拍照、录音、录像等方式记录现场情况。

**第四十五条** 市场监督管理部门在办理行政处罚案件时，确需有关机关或者其他市场监督管理部门协助调查取证的，应当出具协助调查函。

收到协助调查函的市场监督管理部门对属于本部门职权范围的协助事项应当予以协助，在接到协助调查函之日起十五个工作日内完成相关工作。需要延期完成的，应当在期限届满前告知提出协查请求的市场监督管理部门。

**第四十六条** 有下列情形之一的，经市场监督管理部门负责人批准，中止案件调查：

（一）行政处罚决定须以相关案件的裁判结果或者其他行政决定为依据，而相关案件尚未审结或者其他行政决定尚未作出的；

（二）涉及法律适用等问题，需要送请有权机关作出解释或者确认的；

（三）因不可抗力致使案件暂时无法调查的；

（四）因当事人下落不明致使案件暂时无法调查的；

（五）其他应当中止调查的情形。

中止调查的原因消除后，应当立即恢复案件调查。

**第四十七条** 因涉嫌违法的自然人死亡或者法人、其他组织终止，并且无权利义务承受人等原因，致使案件调查无法继续进行的，经市场监督管理部门负责人批准，案件终止调查。

**第四十八条** 案件调查终结，办案机构应当撰写调查终结报告。案件调查终结报告包括以下内容：

（一）当事人的基本情况；

（二）案件来源、调查经过及采取行政强制措施的情况；

（三）调查认定的事实及主要证据；

（四）违法行为性质；

（五）处理意见及依据；

（六）自由裁量的理由等其他需要说明的事项。

**第四十九条** 办案机构应当将调查终结报告连同案件材料，交由市场监督管理部门审核机构进行审核。

审核分为法制审核和案件审核。

办案人员不得作为审核人员。

**第五十条** 对情节复杂或者重大违法行为给予行政处罚的下列案件，在市场监督管理部门负责人作出行政处罚的决定之前，应当由从事行政处罚决定法制审核的人员进行法制审核；未经法制审核或者审核未通过的，不得作出决定：

（一）涉及重大公共利益的；

（二）直接关系当事人或者第三人重大权益，经过听证程序的；

（三）案件情况疑难复杂、涉及多个法律关系的；

（四）法律、法规规定应当进行法制审核的其他情形。

前款第二项规定的案件，在听证程序结束后进行法制审核。

县级以上市场监督管理部门可以对第一款的法制审核案件范围作出具体规定。

**第五十一条** 法制审核由市场监督管理部门法制机构或者其他机构负责实施。

市场监督管理部门中初次从事行政处罚决定法制审核的人员，应当通过国家统一法律职业资格考试取得法律职业资格。

**第五十二条** 除本规定第五十条第一款规定以外适用普通程序的案件，应当进行案件审核。

案件审核由市场监督管理部门办案机构或者其他机构负责实施。

市场监督管理部门派出机构以自己的名义实施行政处罚的案件，由派出机构负责案件审核。

**第五十三条** 审核的主要内容包括：

（一）是否具有管辖权；

（二）当事人的基本情况是否清楚；

（三）案件事实是否清楚、证据是否充分；

（四）定性是否准确；

（五）适用依据是否正确；

（六）程序是否合法；

（七）处理是否适当。

**第五十四条** 审核机构对案件进行审核，区别不同情况提出书面意见和建议：

（一）对事实清楚、证据充分、定性准确、适用依据正确、程序合法、处理适当的案件，同意案件处理意见；

（二）对定性不准、适用依据错误、程序不合法、处理不当的案件，建议纠正；

（三）对事实不清、证据不足的案件，建议补充调查；

（四）认为有必要提出的其他意见和建议。

**第五十五条** 审核机构应当自接到审核材料之日起十个工作日内完成审核。特殊情况下，经市场监督管理部门负责人批准可以延长。

**第五十六条** 审核机构完成审核并退回案件材料后，对于拟给予行政处罚的案件，办案机构应当将案件材料、行政处罚建议及审核意见报市场监督管理部门负责人批准，并依法履行告知等程序；对于建议给予其他行政处理的案件，办案机构应当将案件材料、审核意见报市场监督管理部门负责人审查决定。

**第五十七条** 拟给予行政处罚的案件，市场监督管理部门在作出行政处罚决定之前，应当书面告知当事人拟作出的行政处罚内容及事实、理由、依据，并告知当事人依法享有陈述权、申辩权。拟作出的行政处罚属于听证范围的，还应当告知当事人有要求听证的权利。法律、法规规定在行政处罚决定作出前需责令当事人退还多收价款的，一并告知拟责令退还的数额。

当事人自告知书送达之日起五个工作日内，未行使陈述、申辩权，未要求听证的，视为放弃此权利。

**第五十八条** 市场监督管理部门在告知当事人拟作出的行政处罚决定后，应当充分听取当事人的意见，对当事人提出的事实、理由和证据进行复核。当事人提出的事实、理由或者证据成立的，市场监督管理部门应当予以采纳，不得因当事人陈述、申辩或者要求听证而给予更重的行政处罚。

**第五十九条** 法律、法规要求责令当事人退还多收价款的，市场监督管理部门应当在听取当事人意见后作出行政处罚决定前，向当事人发出责令退款通知书，责令当事人限期退还。难以查找多付价款的消费者或者其他经营者的，责令公告查找。

**第六十条** 市场监督管理部门负责人经对案件调查终结报告、审核意见、当事人陈述和申辩意见或者听证报告等进行审查，根据不同情况，分别作出以下决定：

（一）确有依法应当给予行政处罚的违法行为的，根据情节轻重及具体情况，作出行政处罚决定；

（二）确有违法行为，但有依法不予行政处罚情形的，不予行政处罚；

（三）违法事实不能成立的，不予行政处罚；

（四）不属于市场监督管理部门管辖的，移送其他行政管理部门处理；

（五）违法行为涉嫌犯罪的，移送司法机关。

对本规定第五十条第一款规定的案件，拟给予行政处罚的，应当由市场监督管理部门负责人集体讨论决定。

**第六十一条** 对当事人的违法行为依法不予行政处罚的，市场监督管理部门应当对当事人进行教育。

**第六十二条** 市场监督管理部门作出行政处罚决定，应当制作行政处罚决定书，并加盖本部门印章。行政处罚决定书的内容包括：

（一）当事人的姓名或者名称、地址等基本情况；

（二）违反法律、法规、规章的事实和证据；

（三）当事人陈述、申辩的采纳情况及理由；

（四）行政处罚的内容和依据；

（五）行政处罚的履行方式和期限；

（六）申请行政复议、提起行政诉讼的途径和期限；

（七）作出行政处罚决定的市场监督管理部门的名称和作出决定的日期。

**第六十三条** 市场监督管理部门作出的具有一定社会影响的行政处罚决定应当按照有关规定向社会公开。

公开的行政处罚决定被依法变更、撤销、确认违法或者确认无效的，市场监督管理部门应当在三个工作日内撤回行政处罚决定信息并公开说明理由。

**第六十四条** 适用普通程序办理的案件应当自立案之日起九十日内作出处理决定。因案情复杂或者其他原因，不能在规定期限内作出处理决定的，经市场监督管理部门负责人批准，可以延长三十日。案情特别复杂或者有其他特殊情况，经延期仍不能作出处理决定的，应当由市场监督管理部门负责人集体讨论决定是否继续延期，决定继续延期的，应当同时确定延长的合理期限。

案件处理过程中，中止、听证、公告和检测、检验、检疫、鉴定、权利人辨认或者鉴别、责令退还多收价款等时间不计入前款所指的案件办理期限。

**第六十五条** 发生重大传染病疫情等突发事件，为了控制、减轻和消除突发事件引起的社会危害，市场监督管理部门对违反突发事件应对措施的行为，依法快速、从重处罚。

## 第四章 行政处罚的简易程序

**第六十六条** 违法事实确凿并有法定依据，对自然人处以二百元以下、对法人或者其他组织处以三千元以下罚款或者警告的行政处罚的，可以当场作出行政处罚决定。法律另有规定的，从其规定。

**第六十七条** 适用简易程序当场查处违法行为，办案人员应当向当事人出示执法证件，当场调查违法事实，收集必要的证据，填写预定格式、编有号码的行政处罚决定书。

行政处罚决定书应当由办案人员签名或者盖章，并当场交付当事人。当事人拒绝签收的，应当在行政处罚决定书上注明。

**第六十八条** 当场制作的行政处罚决定书应当载明当事人的基本情况、违法行为、行政处罚依据、处罚种类、罚款数额、缴款途径和期限、救济途径和期限、部门名称、时间、地点，并加盖市场监督管理部门印章。

**第六十九条** 办案人员在行政处罚决定作出前，应当告知当事人拟作出的行政处罚内容及事实、理由、依据，并告知当事人有权进行陈述和申辩。当事人进行陈述和申辩的，办案人员应当记入笔录。

**第七十条** 适用简易程序查处案件的有关材料，办案人员应当在作出行政处罚决定之日起七个工作日内交至所在的市场监督管理部门归档保存。

## 第五章 执行与结案

**第七十一条** 行政处罚决定依法作出后，当事人应当在行政处罚决定书载明的期限内予以履行。

当事人对行政处罚决定不服申请行政复议或者提起行政诉讼的，行政处罚不停止执行，法律另有规定的除外。

**第七十二条** 市场监督管理部门对当事人作出罚款、没收违法所得行政处罚的，当事人应当自收到行政处罚决定书之日起十五日内，通过指定银行或者电子支付系统缴纳罚没款。有下列情形之一的，可以由办案人员当场收缴罚款：

（一）当场处以一百元以下罚款的；

（二）当场对自然人处以二百元以下、对法人或者其他组织处以三千元以下罚款，不当场收缴事后难以执行的；

（三）在边远、水上、交通不便地区，当事人向指定银行或者通过电子支付系统缴纳罚款确有困难，经当事人提出的。

办案人员当场收缴罚款的，必须向当事人出具国务院财政部门或者省、自治区、直辖市财政部门统一制发的专用票据。

**第七十三条** 办案人员当场收缴的罚款，应当自收缴罚款之日起二个工作日内交至所在市场监督管理部门。在水上当场收缴的罚款，应当自抵岸之日起二个工作日内交至所在市场监督管理部门。市场监督管理部门应当在二个工作日内将罚款缴付指定银行。

**第七十四条** 当事人确有经济困难，需要延期或者分期缴纳罚款的，应当提出书面申请。经市场监督管理部门负责人批准，同意当事人暂缓或者分期缴纳罚款的，市场监督管理部门应当书面告知当事人暂缓或者分期的期限。

**第七十五条**　当事人逾期不缴纳罚款的，市场监督管理部门可以每日按罚款数额的百分之三加处罚款，加处罚款的数额不得超出罚款的数额。

**第七十六条**　当事人在法定期限内不申请行政复议或者提起行政诉讼，又不履行行政处罚决定，且在收到催告书十个工作日后仍不履行行政处罚决定的，市场监督管理部门可以在期限届满之日起三个月内依法申请人民法院强制执行。

市场监督管理部门批准延期、分期缴纳罚款的，申请人民法院强制执行的期限，自暂缓或者分期缴纳罚款期限结束之日起计算。

**第七十七条**　适用普通程序的案件有以下情形之一的，办案机构应当在十五个工作日内填写结案审批表，经市场监督管理部门负责人批准后，予以结案：

（一）行政处罚决定执行完毕的；

（二）人民法院裁定终结执行的；

（三）案件终止调查的；

（四）作出本规定第六十条第一款第二项至五项决定的；

（五）其他应予结案的情形。

**第七十八条**　结案后，办案人员应当将案件材料按照档案管理的有关规定立卷归档。案卷归档应当一案一卷、材料齐全、规范有序。

案卷可以分正卷、副卷。正卷按照下列顺序归档：

（一）立案审批表；

（二）行政处罚决定书及送达回证；

（三）对当事人制发的其他法律文书及送达回证；

（四）证据材料；

（五）听证笔录；

（六）财物处理单据；

（七）其他有关材料。

副卷按照下列顺序归档：

（一）案源材料；

（二）调查终结报告；

（三）审核意见；

（四）听证报告；

（五）结案审批表；

（六）其他有关材料。

案卷的保管和查阅，按照档案管理的有关规定执行。

**第七十九条**　市场监督管理部门应当依法以文字、音像等形式，对行政处罚的启动、调查取证、审核、决定、送达、执行等进行全过程记录，依照本规定第七十八条的规定归档保存。

## 第六章　期间、送达

**第八十条**　期间以时、日、月计算，期间开始的时或者日不计算在内。期间不包括在途时间。期间届满的最后一日为法定节假日的，以法定节假日后的第一日为期间届满的日期。

**第八十一条**　市场监督管理部门送达行政处罚决定书，应当在宣告后当场交付当事人。当事人不在场的，应当在七个工作日内按照本规定第八十二条、第八十三条的规定，将行政处罚决定书送达当事人。

**第八十二条**　市场监督管理部门送达执法文书，应当按照下列方式进行：

（一）直接送达的，由受送达人在送达回证上注明签收日期，并签名或者盖章，受送达人在送达回证上注明的签收日期为送达日期。受送达人是自然人的，本人不在时交其同住成年家属签收；受送达人是法人或者其他组织的，应当由法人的法定代表人、其他组织的主要负责人或者该法人、其他组织负责收件的人签收；受送达人有代理人的，可以送交其代理人签收；受送达人已向市场监督管理部门指定代收人的，送交代收人签收。受送达人的同住成年家属，法人或者其他组织负责收件的人，代理人或者代收人在送达回证上签收的日期为送达日期。

（二）受送达人或者其同住成年家属拒绝签收的，市场监督管理部门可以邀请有关基层组织或者所在单位的代表到场，说明情况，在送达回证上载明拒收事由和日期，由送达人、见证人签名或者以其他方式确认，将执法文书留在受送达人的住所；也可以将执法文书留在受送达人的住所，并采取拍照、录像等方式记录送达过程，即视为送达。

（三）经受送达人同意并签订送达地址确认书，可以采用手机短信、传真、电子邮件、即时通讯账号等能够确认其收悉的电子方式送达执法文书，市场监督管理部门应当通过拍照、截屏、录音、录像等方式予以记录，手机短信、传真、电子邮件、即时通讯信息等到达受送达人特定系统的日期为送达日期。

（四）直接送达有困难的，可以邮寄送达或者委托当地市场监督管理部门、转交其他部门代为送达。邮寄送达的，以回执上注明的收件日期为送达日期；委托、转交送达的,受送达人的签收日期为送达日期。

(五)受送达人下落不明或者采取上述方式无法送达的,可以在市场监督管理部门公告栏和受送达人住所地张贴公告,也可以在报纸或者市场监督管理部门门户网站等刊登公告。自公告发布之日起经过三十日,即视为送达。公告送达,应当在案件材料中载明原因和经过。在市场监督管理部门公告栏和受送达人住所地张贴公告的,应当采取拍照、录像等方式记录张贴过程。

**第八十三条** 市场监督管理部门可以要求受送达人签署送达地址确认书,送达至受送达人确认的地址,即视为送达。受送达人送达地址发生变更的,应当及时书面告知市场监督管理部门;未及时告知的,市场监督管理部门按原地址送达,视为依法送达。

因受送达人提供的送达地址不准确、送达地址变更未书面告知市场监督管理部门,导致执法文书未能被受送达人实际接收的,直接送达的,执法文书留在该地址之日为送达之日;邮寄送达的,执法文书被退回之日为送达之日。

## 第七章 附 则

**第八十四条** 本规定中的"以上""以下""内"均包括本数。

**第八十五条** 国务院药品监督管理部门和省级药品监督管理部门实施行政处罚,适用本规定。

法律、法规授权的履行市场监督管理职能的组织实施行政处罚,适用本规定。

对违反《中华人民共和国反垄断法》规定的行为实施行政处罚的程序,按照国务院市场监督管理部门专项规定执行。专项规定未作规定的,参照本规定执行。

**第八十六条** 行政处罚文书格式范本,由国务院市场监督管理部门统一制定。各省级市场监督管理部门可以参照文书格式范本,制定本行政区域适用的行政处罚文书格式并自行印制。

**第八十七条** 本规定自 2019 年 4 月 1 日起施行。1996 年 9 月 18 日原国家技术监督局令第 45 号公布的《技术监督行政处罚委托实施办法》、2001 年 4 月 9 日原国家质量技术监督局令第 16 号公布的《质量技术监督罚没物品管理和处置办法》、2007 年 9 月 4 日原国家工商行政管理总局令第 28 号公布的《工商行政管理机关行政处罚程序规定》、2011 年 3 月 2 日原国家质量监督检验检疫总局令第 137 号公布的《质量技术监督行政处罚程序规定》、2011 年 3 月 2 日原国家质量监督检验检疫总局令第 138 号公布的《质量技术监督行政处罚案件审理规定》、2014 年 4 月 28 日原国家食品药品监督管理总局令第 3 号公布的《食品药品行政处罚程序规定》同时废止。

# 市场监督管理行政许可程序暂行规定

· 2019 年 8 月 21 日国家市场监督管理总局令第 16 号公布
· 根据 2022 年 3 月 24 日《国家市场监督管理总局关于修改和废止有关规章的决定》修改

## 第一章 总 则

**第一条** 为了规范市场监督管理行政许可程序,根据《中华人民共和国行政许可法》等法律、行政法规,制定本规定。

**第二条** 市场监督管理部门实施行政许可,适用本规定。

**第三条** 市场监督管理部门应当遵循公开、公平、公正、非歧视和便民原则,依照法定的权限、范围、条件和程序实施行政许可。

**第四条** 市场监督管理部门应当按照规定公示行政许可的事项、依据、条件、数量、实施主体、程序、期限(包括检验、检测、检疫、鉴定、专家评审期限)、收费依据(包括收费项目及标准)以及申请书示范文本、申请材料目录等内容。

**第五条** 符合法定要求的电子申请材料、电子证照、电子印章、电子签名、电子档案与纸质申请材料、纸质证照、实物印章、手写签名或者盖章、纸质档案具有同等法律效力。

## 第二章 实施机关

**第六条** 市场监督管理部门应当在法律、法规、规章规定的职权范围内实施行政许可。

**第七条** 上级市场监督管理部门可以将其法定职权范围内的行政许可,依照法律、法规、规章的规定,委托下级市场监督管理部门实施。

委托机关对受委托机关实施行政许可的后果承担法律责任。

受委托机关应当在委托权限范围内以委托机关的名义实施行政许可,不得再委托其他组织或者个人实施。

**第八条** 委托实施行政许可的,委托机关可以将行政许可的受理、审查、决定、变更、延续、撤回、撤销、注销等权限全部或者部分委托给受委托机关。

委托实施行政许可,委托机关和受委托机关应当签订委托书。委托书应当包含以下内容:

(一)委托机关名称;

（二）受委托机关名称；

（三）委托实施行政许可的事项以及委托权限；

（四）委托机关与受委托机关的权利和义务；

（五）委托期限。

需要延续委托期限的，委托机关应当在委托期限届满十五日前与受委托机关重新签订委托书。不再延续委托期限的，期限届满前已经受理或者启动撤回、撤销程序的行政许可，按照原委托权限实施。

**第九条** 委托机关应当向社会公告受委托机关和委托实施行政许可的事项、委托依据、委托权限、委托期限等内容。受委托机关应当按照本规定第四条规定公示委托实施的行政许可有关内容。

委托机关变更、中止或者终止行政许可委托的，应当在变更、中止或者终止行政许可委托十日前向社会公告。

**第十条** 市场监督管理部门实施行政许可，依法需要对设备、设施、产品、物品等进行检验、检测、检疫或者鉴定、专家评审的，可以委托专业技术组织实施。法律、法规、规章对专业技术组织的条件有要求的，应当委托符合法定条件的专业技术组织。

专业技术组织接受委托实施检验、检测、检疫或者鉴定、专家评审的费用由市场监督管理部门承担。法律、法规另有规定的，依照其规定。

专业技术组织及其有关人员对所实施的检验、检测、检疫或者鉴定、评审结论承担法律责任。

## 第三章 准入程序

### 第一节 申请与受理

**第十一条** 自然人、法人或者其他组织申请行政许可需要采用申请书格式文本的，市场监督管理部门应当向申请人提供格式文本。申请书格式文本不得包含与申请行政许可事项没有直接关系的内容。

**第十二条** 申请人可以委托代理人提出行政许可申请。但是，依法应当由申请人本人到市场监督管理部门行政许可受理窗口提出行政许可申请的除外。

委托他人代为提出行政许可申请的，应当向市场监督管理部门提交由委托人签字或者盖章的授权委托书以及委托人、委托代理人的身份证明文件。

**第十三条** 申请人可以到市场监督管理部门行政许可受理窗口提出申请，也可以通过信函、传真、电子邮件或者电子政务平台提出申请，并对其提交的申请材料真实性负责。

**第十四条** 申请人到市场监督管理部门行政许可受理窗口提出申请的，以申请人提交申请材料的时间为收到申请材料的时间。

申请人通过信函提出申请的，以市场监督管理部门收讫信函的时间为收到申请材料的时间。

申请人通过传真、电子邮件或者电子政务平台提出申请的，以申请材料到达市场监督管理部门指定的传真号码、电子邮件地址或者电子政务平台的时间为收到申请材料的时间。

**第十五条** 市场监督管理部门对申请人提出的行政许可申请，应当根据下列情况分别作出处理：

（一）申请事项依法不需要取得行政许可的，应当即时作出不予受理的决定，并说明理由。

（二）申请事项依法不属于本行政机关职权范围的，应当即时作出不予受理的决定，并告知申请人向有关行政机关申请。

（三）申请材料存在可以当场更正的错误的，应当允许申请人当场更正，由申请人在更正处签字或者盖章，并注明更正日期。更正后申请材料齐全、符合法定形式的，应当予以受理。

（四）申请材料不齐全或者不符合法定形式的，应当即时或者自收到申请材料之日起五日内一次告知申请人需要补正的全部内容和合理的补正期限。按照规定需要在告知时一并退回申请材料的，应当予以退回。申请人无正当理由逾期不予补正的，视为放弃行政许可申请，市场监督管理部门无需作出不予受理的决定。市场监督管理部门逾期未告知申请人补正的，自收到申请材料之日起即为受理。

（五）申请事项属于本行政机关职权范围，申请材料齐全、符合法定形式，或者申请人按照本行政机关的要求提交全部补正申请材料的，应当受理行政许可申请。

**第十六条** 市场监督管理部门受理或者不予受理行政许可申请，或者告知申请人补正申请材料的，应当出具加盖本行政机关行政许可专用印章并注明日期的纸质或者电子凭证。

**第十七条** 能够即时作出行政许可决定的，可以不出具受理凭证。

### 第二节 审查与决定

**第十八条** 市场监督管理部门应当对申请人提交的申请材料进行审查。

申请人提交的申请材料齐全、符合法定形式，能够即时作出行政许可决定的，市场监督管理部门应当即时作出行政许可决定。

按照法律、法规、规章规定，需要核对申请材料原件的，市场监督管理部门应当核对原件并注明核对情况。申请人不能提供申请材料原件或者核对发现申请材料与原件不符，属于行政许可申请不符合法定条件、标准的，市场监督管理部门应当直接作出不予行政许可的决定。

根据法定条件和程序，需要对申请材料的实质内容进行核实的，市场监督管理部门应当指派两名以上工作人员进行核查。

法律、法规、规章对经营者集中、药品经营等行政许可审查程序另有规定的，依照其规定。

**第十九条** 市场监督管理部门对行政许可申请进行审查时，发现行政许可事项直接关系他人重大利益的，应当告知该利害关系人，并告知申请人、利害关系人依法享有陈述、申辩和要求举行听证的权利。

申请人、利害关系人陈述、申辩的，市场监督管理部门应当记录。申请人、利害关系人申请听证的，市场监督管理部门应当按照本规定第五章规定组织听证。

**第二十条** 实施检验、检测、检疫或者鉴定、专家评审的组织及其有关人员应当按照法律、法规、规章以及有关技术要求的规定开展工作。

法律、法规、规章以及有关技术要求对检验、检测、检疫或者鉴定、专家评审的时限有规定的，应当遵守其规定；没有规定的，实施行政许可的市场监督管理部门应当确定合理时限。

**第二十一条** 经审查需要整改的，申请人应当按照规定的时限和要求予以整改。除法律、法规、规章另有规定外，逾期未予整改或者整改不合格的，市场监督管理部门应当认定行政许可申请不符合法定条件、标准。

**第二十二条** 行政许可申请符合法定条件、标准的，市场监督管理部门应当作出准予行政许可的决定。

行政许可申请不符合法定条件、标准的，市场监督管理部门应当作出不予行政许可的决定，说明理由并告知申请人享有申请行政复议或者提起行政诉讼的权利。

市场监督管理部门作出准予或者不予行政许可决定的，应当出具加盖本行政机关印章并注明日期的纸质或者电子凭证。

**第二十三条** 法律、法规、规章和国务院文件规定市场监督管理部门作出不实施进一步审查决定，以及逾期未作出进一步审查决定或者不予行政许可决定，视为准予行政许可的，依照其规定。

**第二十四条** 行政许可的实施和结果，除涉及国家秘密、商业秘密或者个人隐私的外，应当公开。

### 第三节 变更与延续

**第二十五条** 被许可人要求变更行政许可事项的，应当向作出行政许可决定的市场监督管理部门提出变更申请。变更申请符合法定条件、标准的，市场监督管理部门应当予以变更。

法律、法规、规章对变更跨辖区住所登记的市场监督管理部门、变更或者解除经营者集中限制性条件的程序另有规定的，依照其规定。

**第二十六条** 行政许可所依据的法律、法规、规章修改或者废止，或者准予行政许可所依据的客观情况发生重大变化的，为了公共利益的需要，市场监督管理部门可以依法变更已经生效的行政许可。由此给自然人、法人或者其他组织造成财产损失的，作出变更行政许可决定的市场监督管理部门应当依法给予补偿。

依据前款规定实施的行政许可变更，参照行政许可撤回程序执行。

**第二十七条** 被许可人需要延续行政许可有效期的，应当在行政许可有效期届满三十日前向作出行政许可决定的市场监督管理部门提出延续申请。法律、法规、规章对被许可人的延续方式或者提出延续申请的期限等另有规定的，依照其规定。

市场监督管理部门应当根据被许可人的申请，在该行政许可有效期届满前作出是否准予延续的决定；逾期未作决定的，视为准予延续。

延续后的行政许可有效期自原行政许可有效期届满次日起算。

**第二十八条** 因纸质行政许可证件遗失或者损毁，被许可人申请补办的，作出行政许可决定的市场监督管理部门应当予以补办。法律、法规、规章对补办工业产品生产许可证等行政许可证件的市场监督管理部门另有规定的，依照其规定。

补办的行政许可证件实质内容与原行政许可证件一致。

**第二十九条** 行政许可证件记载的事项存在文字错误，被许可人向作出行政许可决定的市场监督管理部门申请更正的，市场监督管理部门应当予以更正。

作出行政许可决定的市场监督管理部门发现行政许可证件记载的事项存在文字错误的，应当予以更正。

除更正事项外，更正后的行政许可证件实质内容与原行政许可证件一致。

市场监督管理部门应当收回原行政许可证件或者公告原行政许可证件作废，并将更正后的行政许可证件依法送达被许可人。

### 第四节 终止与期限

**第三十条** 行政许可申请受理后行政许可决定作出前，有下列情形之一的，市场监督管理部门应当终止实施行政许可：

（一）申请人申请终止实施行政许可的；

（二）赋予自然人、法人或者其他组织特定资格的行政许可，该自然人死亡或者丧失行为能力，法人或者其他组织依法终止的；

（三）因法律、法规、规章修改或者废止，或者根据有关改革决定，申请事项不再需要取得行政许可的；

（四）按照法律、行政法规规定需要缴纳费用，但申请人未在规定期限内予以缴纳的；

（五）因不可抗力需要终止实施行政许可的；

（六）法律、法规、规章规定的应当终止实施行政许可的其他情形。

**第三十一条** 市场监督管理部门终止实施行政许可的，应当出具加盖本行政机关行政许可专用印章并注明日期的纸质或者电子凭证。

**第三十二条** 市场监督管理部门终止实施行政许可，申请人已经缴纳费用的，应当将费用退还申请人，但收费项目涉及的行政许可环节已经完成的除外。

**第三十三条** 除即时作出行政许可决定外，市场监督管理部门应当在《中华人民共和国行政许可法》规定期限内作出行政许可决定。但是，法律、法规另有规定的，依照其规定。

**第三十四条** 市场监督管理部门作出行政许可决定，依法需要听证、检验、检测、检疫、鉴定、专家评审的，所需时间不计算在本节规定的期限内。市场监督管理部门应当将所需时间书面告知申请人。

**第三十五条** 市场监督管理部门作出准予行政许可决定，需要颁发行政许可证件或者加贴标签、加盖检验、检测、检疫印章的，应当自作出决定之日起十日内向申请人颁发、送达行政许可证件或者加贴标签、加盖检验、检测、检疫印章。

## 第四章 退出程序

### 第一节 撤 回

**第三十六条** 有下列情形之一的，市场监督管理部门为了公共利益的需要，可以依法撤回已经生效的行政许可：

（一）行政许可依据的法律、法规、规章修改或者废止的；

（二）准予行政许可所依据的客观情况发生重大变化的。

**第三十七条** 行政许可所依据的法律、行政法规修改或者废止的，国家市场监督管理总局认为需要撤回行政许可的，应当向社会公告撤回行政许可的事实、理由和依据。

行政许可所依据的地方性法规、地方政府规章修改或者废止的，地方性法规、地方政府规章制定机关所在地市场监督管理部门认为需要撤回行政许可的，参照前款执行。

作出行政许可决定的市场监督管理部门应当按照公告要求撤回行政许可，向被许可人出具加盖本行政机关印章并注明日期的纸质或者电子凭证，或者向社会统一公告撤回行政许可的决定。

**第三十八条** 准予行政许可所依据的客观情况发生重大变化的，作出行政许可决定的市场监督管理部门可以根据被许可人、利害关系人的申请或者依据职权，对可能需要撤回的行政许可进行审查。

作出行政许可撤回决定前，市场监督管理部门应当将拟撤回行政许可的事实、理由和依据书面告知被许可人，并告知被许可人依法享有陈述、申辩和要求举行听证的权利。市场监督管理部门发现行政许可事项直接关系他人重大利益的，还应当同时告知该利害关系人。

被许可人、利害关系人陈述、申辩的，市场监督管理部门应当记录。被许可人、利害关系人自被告知之日起五日内未行使陈述权、申辩权的，视为放弃此权利。被许可人、利害关系人申请听证的，市场监督管理部门应当按照本规定第五章规定组织听证。

市场监督管理部门作出撤回行政许可决定的，应当出具加盖本行政机关印章并注明日期的纸质或者电子凭证。

**第三十九条** 撤回行政许可给自然人、法人或者其他组织造成财产损失的，作出撤回行政许可决定的市场监督管理部门应当依法给予补偿。

### 第二节 撤 销

**第四十条** 有下列情形之一的，作出行政许可决定的市场监督管理部门或者其上级市场监督管理部门，根据利害关系人的申请或者依据职权，可以撤销行政许可：

（一）滥用职权、玩忽职守作出准予行政许可决定的；

（二）超越法定职权作出准予行政许可决定的；

（三）违反法定程序作出准予行政许可决定的；

（四）对不具备申请资格或者不符合法定条件的申请人准予行政许可的；

（五）依法可以撤销行政许可的其他情形。

**第四十一条** 被许可人以欺骗、贿赂等不正当手段取得行政许可的，作出行政许可决定的市场监督管理部门或者其上级市场监督管理部门应当予以撤销。

**第四十二条** 市场监督管理部门发现其作出的行政许可决定可能存在本规定第四十条、第四十一条规定情形的，参照《市场监督管理行政处罚程序规定》有关规定进行调查核实。

发现其他市场监督管理部门作出的行政许可决定可能存在本规定第四十条、第四十一条规定情形的，应当将有关材料和证据移送作出行政许可决定的市场监督管理部门。

上级市场监督管理部门发现下级市场监督管理部门作出的行政许可决定可能存在本规定第四十条、第四十一条规定情形的，可以自行调查核实，也可以责令作出行政许可决定的市场监督管理部门调查核实。

**第四十三条** 作出撤销行政许可决定前，市场监督管理部门应当将拟撤销行政许可的事实、理由和依据书面告知被许可人，并告知被许可人依法享有陈述、申辩和要求举行听证的权利。市场监督管理部门发现行政许可事项直接关系他人重大利益的，还应当同时告知该利害关系人。

**第四十四条** 被许可人、利害关系人陈述、申辩的，市场监督管理部门应当记录。被许可人、利害关系人自被告知之日起五日内未行使陈述权、申辩权的，视为放弃此权利。

被许可人、利害关系人申请听证的，市场监督管理部门应当按照本规定第五章规定组织听证。

**第四十五条** 市场监督管理部门应当自本行政机关发现行政许可决定存在本规定第四十条、第四十一条规定情形之日起六十日内作出是否撤销的决定。不能在规定期限内作出决定的，经本行政机关负责人批准，可以延长二十日。

需要听证、检验、检测、检疫、鉴定、专家评审的，所需时间不计算在前款规定的期限内。

**第四十六条** 市场监督管理部门作出撤销行政许可决定的，应当出具加盖本行政机关印章并注明日期的纸质或者电子凭证。

**第四十七条** 撤销行政许可，可能对公共利益造成重大损害的，不予撤销。

依照本规定第四十条规定撤销行政许可，被许可人的合法权益受到损害的，作出被撤销的行政许可决定的市场监督管理部门应当依法给予赔偿。依照本规定第四十一条规定撤销行政许可的，被许可人基于行政许可取得的利益不受保护。

### 第三节 注 销

**第四十八条** 有下列情形之一的，作出行政许可决定的市场监督管理部门依据申请办理行政许可注销手续：

（一）被许可人不再从事行政许可活动，并且不存在因涉嫌违法正在被市场监督管理部门或者司法机关调查的情形，申请办理注销手续的；

（二）被许可人或者清算人申请办理涉及主体资格的行政许可注销手续的；

（三）赋予自然人特定资格的行政许可，该自然人死亡或者丧失行为能力，其近亲属申请办理注销手续的；

（四）因不可抗力导致行政许可事项无法实施，被许可人申请办理注销手续的；

（五）法律、法规规定的依据申请办理行政许可注销手续的其他情形。

**第四十九条** 有下列情形之一的，作出行政许可决定的市场监督管理部门依据职权办理行政许可注销手续：

（一）行政许可有效期届满未延续的，但涉及主体资格的行政许可除外；

（二）赋予自然人特定资格的行政许可，市场监督管理部门发现该自然人死亡或者丧失行为能力，并且其近亲属未在其死亡或者丧失行为能力之日起六十日内申请办理注销手续的；

（三）法人或者其他组织依法终止的；

（四）行政许可依法被撤销、撤回，或者行政许可证件依法被吊销的，但涉及主体资格的行政许可除外；

（五）法律、法规规定的依据职权办理行政许可注销手续的其他情形。

**第五十条** 法律、法规、规章对办理食品生产、食品经营等行政许可注销手续另有规定的，依照其规定。

**第五十一条** 市场监督管理部门发现本行政区域内存在有本规定第四十九条规定的情形但尚未被注销的行政许可的，应当逐级上报或者通报作出行政许可决定的市场监督管理部门。收到报告或者通报的市场监督管理部门依法办理注销手续。

**第五十二条** 注销行政许可的，作出行政许可决定的市场监督管理部门应当收回行政许可证件或者公告行政许可证件作废。

## 第五章 听证程序

**第五十三条** 法律、法规、规章规定实施行政许可应当听证的事项，或者市场监督管理部门认为需要听证的其他涉及公共利益的重大行政许可事项，市场监督管理部门应当向社会公告，并举行听证。

行政许可直接涉及行政许可申请人与他人之间重大利益关系，行政许可申请人、利害关系人申请听证的，应当自被告知听证权利之日起五日内提出听证申请。市场监督管理部门应当自收到听证申请之日起二十日内组织听证。行政许可申请人、利害关系人未在被告知听证权利之日起五日内提出听证申请的，视为放弃此权利。

行政许可因存在本规定第三十六条第二项、第四十条、第四十一条规定情形可能被撤回、撤销，被许可人、利害关系人申请听证的，参照本条第二款规定执行。

**第五十四条** 市场监督管理部门应当自依据职权决定组织听证之日起三日内或者自收到听证申请之日起三日内确定听证主持人。必要时，可以设一至二名听证员，协助听证主持人进行听证。记录员由听证主持人指定，具体承担听证准备和听证记录工作。

与听证的行政许可相关的工作人员不得担任听证主持人、听证员和记录员。

**第五十五条** 行政许可申请人或者被许可人、申请听证的利害关系人是听证当事人。

与行政许可有利害关系的其他组织或者个人，可以作为第三人申请参加听证，或者由听证主持人通知其参加听证。

与行政许可有关的证人、鉴定人等经听证主持人同意，可以参加听证。

听证当事人、第三人以及与行政许可有关的证人、鉴定人等，不承担市场监督管理部门组织听证的费用。

**第五十六条** 听证当事人、第三人可以委托一至二人代为参加听证。

委托他人代为参加听证的，应当向市场监督管理部门提交由委托人签字或者盖章的授权委托书以及委托人、委托代理人的身份证明文件。

授权委托书应当载明委托事项及权限。委托代理人代为撤回听证申请或者明确放弃听证权利的，应当具有委托人的明确授权。

**第五十七条** 听证准备及听证参照《市场监督管理行政处罚听证办法》有关规定执行。

**第五十八条** 记录员应当如实记录听证情况。听证当事人、第三人以及与行政许可有关的证人、鉴定人等应当在听证会结束后核对听证笔录，经核对无误后当场签字或者盖章。听证当事人、第三人拒绝签字或者盖章的，应当予以记录。

**第五十九条** 市场监督管理部门应当根据听证笔录，作出有关行政许可决定。

## 第六章 送达程序

**第六十条** 市场监督管理部门按照本规定作出的行政许可相关凭证或者行政许可证件，应当依法送达行政许可申请人或者被许可人。

**第六十一条** 行政许可申请人、被许可人应当提供有效的联系电话和通讯地址，配合市场监督管理部门送达行政许可相关凭证或者行政许可证件。

**第六十二条** 市场监督管理部门参照《市场监督管理行政处罚程序规定》有关规定进行送达。

## 第七章 监督管理

**第六十三条** 国家市场监督管理总局以及地方性法规、地方政府规章制定机关所在地市场监督管理部门可以根据工作需要对本行政机关以及下级市场监督管理部门行政许可的实施情况及其必要性进行评价。

自然人、法人或者其他组织可以向市场监督管理部门就行政许可的实施提出意见和建议。

**第六十四条** 市场监督管理部门可以自行评价，也可以委托第三方机构进行评价。评价可以采取问卷调查、听证会、论证会、座谈会等方式进行。

**第六十五条** 行政许可评价的内容应当包括：

（一）实施行政许可的总体状况；

（二）实施行政许可的社会效益和社会成本；

（三）实施行政许可是否达到预期的管理目标；

（四）行政许可在实施过程中遇到的问题和原因；

（五）行政许可继续实施的必要性和合理性；

（六）其他需要评价的内容。

**第六十六条** 国家市场监督管理总局完成评价后，应当对法律、行政法规设定的行政许可提出取消、保留、合并或者调整行政许可实施层级等意见建议，并形成评价报告，报送行政许可设定机关。

地方性法规、地方政府规章制定机关所在地市场监督管理部门完成评价后，对法律、行政法规设定的行政许可，应当将评价报告报送国家市场监督管理总局；对地方性法规、地方政府规章设定的行政许可，应当将评价报告报送行政许可设定机关。

**第六十七条**　市场监督管理部门发现本行政机关实施的行政许可存在违法或者不当的，应当及时予以纠正。

上级市场监督管理部门应当加强对下级市场监督管理部门实施行政许可的监督检查，及时发现和纠正行政许可实施中的违法或者不当行为。

**第六十八条**　委托实施行政许可的，委托机关应当通过定期或者不定期检查等方式，加强对受委托机关实施行政许可的监督检查，及时发现和纠正行政许可实施中的违法或者不当行为。

**第六十九条**　行政许可依法需要实施检验、检测、检疫或者鉴定、专家评审的，市场监督管理部门应当加强对有关组织和人员的监督检查，及时发现和纠正检验、检测、检疫或者鉴定、专家评审活动中的违法或者不当行为。

## 第八章　法律责任

**第七十条**　行政许可申请人隐瞒有关情况或者提供虚假材料申请行政许可的，市场监督管理部门不予受理或者不予行政许可，并给予警告；行政许可申请属于直接关系公共安全、人身健康、生命财产安全事项的，行政许可申请人在一年内不得再次申请该行政许可。

**第七十一条**　被许可人以欺骗、贿赂等不正当手段取得行政许可的，市场监督管理部门应当依法给予行政处罚；取得的行政许可属于直接关系公共安全、人身健康、生命财产安全事项的，被许可人在三年内不得再次申请该行政许可；涉嫌构成犯罪，依法需要追究刑事责任的，按照有关规定移送公安机关。

**第七十二条**　受委托机关超越委托权限或者再委托其他组织和个人实施行政许可的，由委托机关责令改正，予以通报。

**第七十三条**　市场监督管理部门及其工作人员有下列情形之一的，由其上级市场监督管理部门责令改正；情节严重的，对直接负责的主管人员和其他直接责任人员依法给予行政处分：

（一）对符合法定条件的行政许可申请不予受理的；

（二）未按照规定公示依法应当公示的内容的；

（三）未向行政许可申请人、利害关系人履行法定告知义务的；

（四）申请人提交的申请材料不齐全或者不符合法定形式，未一次告知申请人需要补正的全部内容的；

（五）未依法说明不予受理行政许可申请或者不予行政许可的理由的；

（六）依法应当举行听证而未举行的。

## 第九章　附　则

**第七十四条**　本规定下列用语的含义：

行政许可撤回，指因存在法定事由，为了公共利益的需要，市场监督管理部门依法确认已经生效的行政许可失效的行为。

行政许可撤销，指因市场监督管理部门与被许可人一方或者双方在作出行政许可决定前存在法定过错，由市场监督管理部门对已经生效的行政许可依法确认无效的行为。

行政许可注销，指因存在导致行政许可效力终结的法定事由，市场监督管理部门依据法定程序收回行政许可证件或者确认行政许可证件作废的行为。

**第七十五条**　市场监督管理部门在履行职责过程中产生的行政许可准予、变更、延续、撤回、撤销、注销等信息，按照有关规定予以公示。

**第七十六条**　除法律、行政法规另有规定外，市场监督管理部门实施行政许可，不得收取费用。

**第七十七条**　本规定规定的期限以工作日计算，不含法定节假日。按照日计算期限的，开始的当日不计入，自下一日开始计算。

本规定所称“以上”，包含本数。

**第七十八条**　药品监督管理部门和知识产权行政部门实施行政许可，适用本规定。

**第七十九条**　本规定自2019年10月1日起施行。2012年10月26日原国家质量监督检验检疫总局令第149号公布的《质量监督检验检疫行政许可实施办法》同时废止。

· *指导案例*

## 迈克尔·杰弗里·乔丹与国家工商行政管理总局商标评审委员会、乔丹体育股份有限公司"乔丹"商标争议行政纠纷案①

**【关键词】**

行政/商标争议/姓名权/诚实信用

**【裁判要点】**

1. 姓名权是自然人对其姓名享有的人身权,姓名权可以构成商标法规定的在先权利。外国自然人外文姓名的中文译名符合条件的,可以依法主张作为特定名称按照姓名权的有关规定予以保护。

2. 外国自然人就特定名称主张姓名权保护的,该特定名称应当符合以下三项条件:(1)该特定名称在我国具有一定的知名度,为相关公众所知悉;(2)相关公众使用该特定名称指代该自然人;(3)该特定名称已经与该自然人之间建立了稳定的对应关系。

3. 使用是姓名权人享有的权利内容之一,并非姓名权人主张保护其姓名权的法定前提条件。特定名称按照姓名权受法律保护的,即使自然人并未主动使用,也不影响姓名权人按照商标法关于在先权利的规定主张权利。

4. 违反诚实信用原则,恶意申请注册商标,侵犯他人现有在先权利的"商标权人",以该商标的宣传、使用、获奖、被保护等情况形成了"市场秩序"或者"商业成功"为由,主张该注册商标合法有效的,人民法院不予支持。

**【相关法条】**

1.《中华人民共和国商标法》(2013年修正)第32条(本案适用的是2001年修正的《中华人民共和国商标法》第31条)

2.《中华人民共和国民法通则》第4条、第99条第1款

3.《中华人民共和国民法总则》第7条、第110条

4.《中华人民共和国侵权责任法》第2条第2款

**【基本案情】**

再审申请人迈克尔·杰弗里·乔丹(以下简称迈克尔·乔丹)与被申请人国家工商行政管理总局商标评审委员会(以下简称商标评审委员会)、一审第三人乔丹体育股份有限公司(以下简称乔丹公司)商标争议行政纠纷案中,涉及乔丹公司的第6020569号"乔丹"商标(即涉案商标),核定使用在国际分类第28类的体育活动器械、游泳池(娱乐用)、旱冰鞋、圣诞树装饰品(灯饰和糖果除外)。再审申请人主张该商标含有其英文姓名的中文译名"乔丹",属于2001年修正的商标法第三十一条规定的"损害他人现有的在先权利"的情形,故向商标评审委员会提出撤销申请。

商标评审委员会认为,涉案商标"乔丹"与"Michael Jordan"及其中文译名"迈克尔·乔丹"存在一定区别,并且"乔丹"为英美普通姓氏,难以认定这一姓氏与迈克尔·乔丹之间存在当然的对应关系,故裁定维持涉案商标。再审申请人不服,向北京市第一中级人民法院提起行政诉讼。

**【裁判结果】**

北京市第一中级人民法院于2015年4月1日作出(2014)一中行(知)初字第9163号行政判决,驳回迈克尔·杰弗里·乔丹的诉讼请求。迈克尔·杰弗里·乔丹不服一审判决,提起上诉。北京市高级人民法院于2015年8月17日作出(2015)高行(知)终字第1915号行政判决,驳回迈克尔·杰弗里·乔丹上诉,维持原判。迈克尔·杰弗里·乔丹仍不服,向最高人民法院申请再审。最高人民法院提审后,于2016年12月7日作出(2016)最高法行再27号行政判决:一、撤销北京市第一中级人民法院(2014)一中行(知)初字第9163号行政判决;二、撤销北京市高级人民法院(2015)高行(知)终字第1915号行政判决;三、撤销国家工商行政管理总局商标评审委员会商评字〔2014〕第052058号关于第6020569号"乔丹"商标争议裁定;四、国家工商行政管理总局商标评审委员会对第6020569号"乔丹"商标重新作出裁定。

**【裁判理由】**

最高人民法院认为,本案争议焦点为争议商标的注册是否损害了再审申请人就"乔丹"主张的姓名权,违反2001年修正的商标法第三十一条关于"申请商标注册不得损害他人现有的在先权利"的规定。判决主要认定如下:

一、关于再审申请人主张保护姓名权的法律依据

商标法第三十一条规定:"申请商标注册不得损害他人现有的在先权利"。对于商标法已有特别规定的在先权利,应当根据商标法的特别规定予以保护。对于商标法虽

① 案例来源:最高人民法院指导案例113号。

无特别规定，但根据民法通则、侵权责任法和其他法律的规定应予保护，并且在争议商标申请日之前已由民事主体依法享有的民事权利或者民事权益，应当根据该概括性规定给予保护。《中华人民共和国民法通则》第九十九条第一款、《中华人民共和国侵权责任法》第二条第二款均明确规定，自然人依法享有姓名权。故姓名权可以构成商标法第三十一条规定的"在先权利"。争议商标的注册损害他人在先姓名权的，应当认定该争议商标的注册违反商标法第三十一条的规定。

姓名被用于指代、称呼、区分特定的自然人，姓名权是自然人对其姓名享有的重要人身权。随着我国社会主义市场经济不断发展，具有一定知名度的自然人将其姓名进行商业化利用，通过合同等方式为特定商品、服务代言并获得经济利益的现象已经日益普遍。在适用商标法第三十一条的规定对他人的在先姓名权予以保护时，不仅涉及对自然人人格尊严的保护，而且涉及对自然人姓名，尤其是知名人物姓名所蕴含的经济利益的保护。未经许可擅自将他人享有在先姓名权的姓名注册为商标，容易导致相关公众误认为标记有该商标的商品或者服务与该自然人存在代言、许可等特定联系的，应当认定该商标的注册损害他人的在先姓名权，违反商标法第三十一条的规定。

二、关于再审申请人主张的姓名权所保护的具体内容

自然人依据商标法第三十一条的规定，就特定名称主张姓名权保护时，应当满足必要的条件。

其一，该特定名称应具有一定知名度、为相关公众所知悉，并用于指代该自然人。《最高人民法院关于审理不正当竞争民事案件应用法律若干问题的解释》第六条第二款是针对"擅自使用他人的姓名，引人误认为是他人的商品"的不正当竞争行为的认定作出的司法解释，该不正当竞争行为本质上也是损害他人姓名权的侵权行为。认定该行为时所涉及的"引人误认为是他人的商品"，与本案中认定争议商标的注册是否容易导致相关公众误认为存在代言、许可等特定联系是密切相关的。因此，在本案中可参照适用上述司法解释的规定，确定自然人姓名权保护的条件。

其二，该特定名称应与该自然人之间已建立稳定的对应关系。在解决本案涉及的在先姓名权与注册商标权的权利冲突时，应合理确定在先姓名权的保护标准，平衡在先姓名权人与商标权人的利益。既不能由于争议商标标志中使用或包含有仅为部分人所知悉或临时性使用的自然人"姓名"，即认定争议商标的注册损害该自然人的姓名权；也不能如商标评审委员会所主张的那样，以自然人主张的"姓名"与该自然人形成"唯一"对应为前提，对自然人主张姓名权的保护提出过苛的标准。自然人所主张的特定名称与该自然人已经建立稳定的对应关系时，即使该对应关系达不到"唯一"的程度，也可以依法获得姓名权的保护。综上，在适用商标法第三十一条关于"不得损害他人现有的在先权利"的规定时，自然人就特定名称主张姓名权保护的，该特定名称应当符合以下三项条件：一是该特定名称在我国具有一定的知名度、为相关公众所知悉；二是相关公众使用该特定名称指代该自然人；三是该特定名称已经与该自然人之间建立了稳定的对应关系。

在判断外国人能否就其外文姓名的部分中文译名主张姓名权保护时，需要考虑我国相关公众对外国人的称谓习惯。中文译名符合前述三项条件的，可以依法主张姓名权的保护。本案现有证据足以证明"乔丹"在我国具有较高的知名度、为相关公众所知悉，我国相关公众通常以"乔丹"指代再审申请人，并且"乔丹"已经与再审申请人之间形成了稳定的对应关系，故再审申请人就"乔丹"享有姓名权。

三、关于再审申请人及其授权的耐克公司是否主动使用"乔丹"，其是否主动使用的事实对于再审申请人在本案中主张的姓名权有何影响

首先，根据《中华人民共和国民法通则》第九十九条第一款的规定，"使用"是姓名权人享有的权利内容之一，并非其承担的义务，更不是姓名权人"禁止他人干涉、盗用、假冒"，主张保护其姓名权的法定前提条件。

其次，在适用商标法第三十一条的规定保护他人在先姓名权时，相关公众是否容易误认为标记有争议商标的商品或者服务与该自然人存在代言、许可等特定联系，是认定争议商标的注册是否损害该自然人姓名权的重要因素。因此，在符合前述有关姓名权保护的三项条件的情况下，自然人有权根据商标法第三十一条的规定，就其并未主动使用的特定名称获得姓名权的保护。

最后，对于在我国具有一定知名度的外国人，其本人或者利害关系人可能并未在我国境内主动使用其姓名；或者由于便于称呼、语言习惯、文化差异等原因，我国相关公众、新闻媒体所熟悉和使用的"姓名"与其主动使用的姓名并不完全相同。例如在本案中，我国相关公众、新闻媒体普遍以"乔丹"指代再审申请人，而再审申请人、耐克公司则主要使用"迈克尔·乔丹"。但不论是"迈克尔·乔丹"还是"乔丹"，在相关公众中均具有较高的知名度，均被相关公众普遍用于指代再审申请人，且再审申请人并未提出异议或者反对。故商标评审委员会、乔丹公司关于再审申请人、耐克公司未主动使用"乔丹"，再审申请人对"乔丹"不享有姓名权的主张，不予支持。

四、关于乔丹公司对于争议商标的注册是否存在明显的主观恶意

本案中，乔丹公司申请注册争议商标时是否存在主观恶意，是认定争议商标的注册是否损害再审申请人姓名权的重要考量因素。本案证据足以证明乔丹公司是在明知再审申请人及其姓名“乔丹”具有较高知名度的情况下，并未与再审申请人协商、谈判以获得其许可或授权，而是擅自注册了包括争议商标在内的大量与再审申请人密切相关的商标，放任相关公众误认为标记有争议商标的商品与再审申请人存在特定联系的损害结果，使得乔丹公司无需付出过多成本，即可实现由再审申请人为其“代言”等效果。乔丹公司的行为有违《中华人民共和国民法通则》第四条规定的诚实信用原则，其对于争议商标的注册具有明显的主观恶意。

五、关于乔丹公司的经营状况，以及乔丹公司对其企业名称、有关商标的宣传、使用、获奖、被保护等情况，对本案具有何种影响

乔丹公司的经营状况，以及乔丹公司对其企业名称、有关商标的宣传、使用、获奖、被保护等情况，均不足以使争议商标的注册具有合法性。

其一，从权利的性质以及损害在先姓名权的构成要件来看，姓名被用于指代、称呼、区分特定的自然人，姓名权是自然人对其姓名享有的人身权。而商标的主要作用在于区分商品或者服务来源，属于财产权，与姓名权是性质不同的权利。在认定争议商标的注册是否损害他人在先姓名权时，关键在于是否容易导致相关公众误认为标记有争议商标的商品或者服务与姓名权人之间存在代言、许可等特定联系，其构成要件与侵害商标权的认定不同。因此，即使乔丹公司经过多年的经营、宣传和使用，使得乔丹公司及其“乔丹”商标在特定商品类别上具有较高知名度，相关公众能够认识到标记有“乔丹”商标的商品来源于乔丹公司，也不足以据此认定相关公众不容易误认为标记有“乔丹”商标的商品与再审申请人之间存在代言、许可等特定联系。

其二，乔丹公司恶意申请注册争议商标，损害再审申请人的在先姓名权，明显有悖于诚实信用原则。商标评审委员会、乔丹公司主张的市场秩序或者商业成功并不完全是乔丹公司诚信经营的合法成果，而是一定程度上建立于相关公众误认的基础之上。维护此种市场秩序或者商业成功，不仅不利于保护姓名权人的合法权益，而且不利于保障消费者的利益，更不利于净化商标注册和使用环境。

## 9. 自然资源

### 中华人民共和国土地管理法

· 1986年6月25日第六届全国人民代表大会常务委员会第十六次会议通过
· 根据1988年12月29日第七届全国人民代表大会常务委员会第五次会议《关于修改〈中华人民共和国土地管理法〉的决定》第一次修正
· 1998年8月29日第九届全国人民代表大会常务委员会第四次会议修订
· 根据2004年8月28日第十届全国人民代表大会常务委员会第十一次会议《关于修改〈中华人民共和国土地管理法〉的决定》第二次修正
· 根据2019年8月26日第十三届全国人民代表大会常务委员会第十二次会议《关于修改〈中华人民共和国土地管理法〉、〈中华人民共和国城市房地产管理法〉的决定》第三次修正

**目　录**

第一章　总　则
第二章　土地的所有权和使用权
第三章　土地利用总体规划
第四章　耕地保护
第五章　建设用地
第六章　监督检查
第七章　法律责任
第八章　附　则

#### 第一章　总　则

**第一条**　为了加强土地管理，维护土地的社会主义公有制，保护、开发土地资源，合理利用土地，切实保护耕地，促进社会经济的可持续发展，根据宪法，制定本法。

**第二条**　中华人民共和国实行土地的社会主义公有制，即全民所有制和劳动群众集体所有制。

全民所有，即国家所有土地的所有权由国务院代表国家行使。

任何单位和个人不得侵占、买卖或者以其他形式非法转让土地。土地使用权可以依法转让。

国家为了公共利益的需要，可以依法对土地实行征收或者征用并给予补偿。

国家依法实行国有土地有偿使用制度。但是，国家在法律规定的范围内划拨国有土地使用权的除外。

**第三条**　十分珍惜、合理利用土地和切实保护耕地是我国的基本国策。各级人民政府应当采取措施，全面

规划，严格管理，保护、开发土地资源，制止非法占用土地的行为。

**第四条** 国家实行土地用途管制制度。

国家编制土地利用总体规划，规定土地用途，将土地分为农用地、建设用地和未利用地。严格限制农用地转为建设用地，控制建设用地总量，对耕地实行特殊保护。

前款所称农用地是指直接用于农业生产的土地，包括耕地、林地、草地、农田水利用地、养殖水面等；建设用地是指建造建筑物、构筑物的土地，包括城乡住宅和公共设施用地、工矿用地、交通水利设施用地、旅游用地、军事设施用地等；未利用地是指农用地和建设用地以外的土地。

使用土地的单位和个人必须严格按照土地利用总体规划确定的用途使用土地。

**第五条** 国务院自然资源主管部门统一负责全国土地的管理和监督工作。

县级以上地方人民政府自然资源主管部门的设置及其职责，由省、自治区、直辖市人民政府根据国务院有关规定确定。

**第六条** 国务院授权的机构对省、自治区、直辖市人民政府以及国务院确定的城市人民政府土地利用和土地管理情况进行督察。

**第七条** 任何单位和个人都有遵守土地管理法律、法规的义务，并有权对违反土地管理法律、法规的行为提出检举和控告。

**第八条** 在保护和开发土地资源、合理利用土地以及进行有关的科学研究等方面成绩显著的单位和个人，由人民政府给予奖励。

## 第二章 土地的所有权和使用权

**第九条** 城市市区的土地属于国家所有。

农村和城市郊区的土地，除由法律规定属于国家所有的以外，属于农民集体所有；宅基地和自留地、自留山，属于农民集体所有。

**第十条** 国有土地和农民集体所有的土地，可以依法确定给单位或者个人使用。使用土地的单位和个人，有保护、管理和合理利用土地的义务。

**第十一条** 农民集体所有的土地依法属于村农民集体所有的，由村集体经济组织或者村民委员会经营、管理；已经分别属于村内两个以上农村集体经济组织的农民集体所有的，由村内各该农村集体经济组织或者村民小组经营、管理；已经属于乡（镇）农民集体所有的，由乡（镇）农村集体经济组织经营、管理。

**第十二条** 土地的所有权和使用权的登记，依照有关不动产登记的法律、行政法规执行。

依法登记的土地的所有权和使用权受法律保护，任何单位和个人不得侵犯。

**第十三条** 农民集体所有和国家所有依法由农民集体使用的耕地、林地、草地，以及其他依法用于农业的土地，采取农村集体经济组织内部的家庭承包方式承包，不宜采取家庭承包方式的荒山、荒沟、荒丘、荒滩等，可以采取招标、拍卖、公开协商等方式承包，从事种植业、林业、畜牧业、渔业生产。家庭承包的耕地的承包期为三十年，草地的承包期为三十年至五十年，林地的承包期为三十年至七十年；耕地承包期届满后再延长三十年，草地、林地承包期届满后依法相应延长。

国家所有依法用于农业的土地可以由单位或者个人承包经营，从事种植业、林业、畜牧业、渔业生产。

发包方和承包方应当依法订立承包合同，约定双方的权利和义务。承包经营土地的单位和个人，有保护和按照承包合同约定的用途合理利用土地的义务。

**第十四条** 土地所有权和使用权争议，由当事人协商解决；协商不成的，由人民政府处理。

单位之间的争议，由县级以上人民政府处理；个人之间、个人与单位之间的争议，由乡级人民政府或者县级以上人民政府处理。

当事人对有关人民政府的处理决定不服的，可以自接到处理决定通知之日起三十日内，向人民法院起诉。

在土地所有权和使用权争议解决前，任何一方不得改变土地利用现状。

## 第三章 土地利用总体规划

**第十五条** 各级人民政府应当依据国民经济和社会发展规划、国土整治和资源环境保护的要求、土地供给能力以及各项建设对土地的需求，组织编制土地利用总体规划。

土地利用总体规划的规划期限由国务院规定。

**第十六条** 下级土地利用总体规划应当依据上一级土地利用总体规划编制。

地方各级人民政府编制的土地利用总体规划中的建设用地总量不得超过上一级土地利用总体规划确定的控制指标，耕地保有量不得低于上一级土地利用总体规划确定的控制指标。

省、自治区、直辖市人民政府编制的土地利用总体规划，应当确保本行政区域内耕地总量不减少。

**第十七条** 土地利用总体规划按照下列原则编制：

（一）落实国土空间开发保护要求，严格土地用途管制；

（二）严格保护永久基本农田，严格控制非农业建设占用农用地；

（三）提高土地节约集约利用水平；

（四）统筹安排城乡生产、生活、生态用地，满足乡村产业和基础设施用地合理需求，促进城乡融合发展；

（五）保护和改善生态环境，保障土地的可持续利用；

（六）占用耕地与开发复垦耕地数量平衡、质量相当。

**第十八条**　国家建立国土空间规划体系。编制国土空间规划应当坚持生态优先，绿色、可持续发展，科学有序统筹安排生态、农业、城镇等功能空间，优化国土空间结构和布局，提升国土空间开发、保护的质量和效率。

经依法批准的国土空间规划是各类开发、保护、建设活动的基本依据。已经编制国土空间规划的，不再编制土地利用总体规划和城乡规划。

**第十九条**　县级土地利用总体规划应当划分土地利用区，明确土地用途。

乡（镇）土地利用总体规划应当划分土地利用区，根据土地使用条件，确定每一块土地的用途，并予以公告。

**第二十条**　土地利用总体规划实行分级审批。

省、自治区、直辖市的土地利用总体规划，报国务院批准。

省、自治区人民政府所在地的市、人口在一百万以上的城市以及国务院指定的城市的土地利用总体规划，经省、自治区人民政府审查同意后，报国务院批准。

本条第二款、第三款规定以外的土地利用总体规划，逐级上报省、自治区、直辖市人民政府批准；其中，乡（镇）土地利用总体规划可以由省级人民政府授权的设区的市、自治州人民政府批准。

土地利用总体规划一经批准，必须严格执行。

**第二十一条**　城市建设用地规模应当符合国家规定的标准，充分利用现有建设用地，不占或者尽量少占农用地。

城市总体规划、村庄和集镇规划，应当与土地利用总体规划相衔接，城市总体规划、村庄和集镇规划中建设用地规模不得超过土地利用总体规划确定的城市和村庄、集镇建设用地规模。

在城市规划区内、村庄和集镇规划区内，城市和村庄、集镇建设用地应当符合城市规划、村庄和集镇规划。

**第二十二条**　江河、湖泊综合治理和开发利用规划，应当与土地利用总体规划相衔接。在江河、湖泊、水库的管理和保护范围以及蓄洪滞洪区内，土地利用应当符合江河、湖泊综合治理和开发利用规划，符合河道、湖泊行洪、蓄洪和输水的要求。

**第二十三条**　各级人民政府应当加强土地利用计划管理，实行建设用地总量控制。

土地利用年度计划，根据国民经济和社会发展计划、国家产业政策、土地利用总体规划以及建设用地和土地利用的实际状况编制。土地利用年度计划应当对本法第六十三条规定的集体经营性建设用地作出合理安排。土地利用年度计划的编制审批程序与土地利用总体规划的编制审批程序相同，一经审批下达，必须严格执行。

**第二十四条**　省、自治区、直辖市人民政府应当将土地利用年度计划的执行情况列为国民经济和社会发展计划执行情况的内容，向同级人民代表大会报告。

**第二十五条**　经批准的土地利用总体规划的修改，须经原批准机关批准；未经批准，不得改变土地利用总体规划确定的土地用途。

经国务院批准的大型能源、交通、水利等基础设施建设用地，需要改变土地利用总体规划的，根据国务院的批准文件修改土地利用总体规划。

经省、自治区、直辖市人民政府批准的能源、交通、水利等基础设施建设用地，需要改变土地利用总体规划的，属于省级人民政府土地利用总体规划批准权限内的，根据省级人民政府的批准文件修改土地利用总体规划。

**第二十六条**　国家建立土地调查制度。

县级以上人民政府自然资源主管部门会同同级有关部门进行土地调查。土地所有者或者使用者应当配合调查，并提供有关资料。

**第二十七条**　县级以上人民政府自然资源主管部门会同同级有关部门根据土地调查成果、规划土地用途和国家制定的统一标准，评定土地等级。

**第二十八条**　国家建立土地统计制度。

县级以上人民政府统计机构和自然资源主管部门依法进行土地统计调查，定期发布土地统计资料。土地所有者或者使用者应当提供有关资料，不得拒报、迟报，不得提供不真实、不完整的资料。

统计机构和自然资源主管部门共同发布的土地面积统计资料是各级人民政府编制土地利用总体规划的依据。

**第二十九条**　国家建立全国土地管理信息系统，对土地利用状况进行动态监测。

## 第四章　耕地保护

**第三十条**　国家保护耕地，严格控制耕地转为非耕地。

国家实行占用耕地补偿制度。非农业建设经批准占用耕地的,按照"占多少,垦多少"的原则,由占用耕地的单位负责开垦与所占用耕地的数量和质量相当的耕地;没有条件开垦或者开垦的耕地不符合要求的,应当按照省、自治区、直辖市的规定缴纳耕地开垦费,专款用于开垦新的耕地。

省、自治区、直辖市人民政府应当制定开垦耕地计划,监督占用耕地的单位按照计划开垦耕地或者按照计划组织开垦耕地,并进行验收。

**第三十一条** 县级以上地方人民政府可以要求占用耕地的单位将所占用耕地耕作层的土壤用于新开垦耕地、劣质地或者其他耕地的土壤改良。

**第三十二条** 省、自治区、直辖市人民政府应当严格执行土地利用总体规划和土地利用年度计划,采取措施,确保本行政区域内耕地总量不减少、质量不降低。耕地总量减少的,由国务院责令在规定期限内组织开垦与所减少耕地的数量与质量相当的耕地;耕地质量降低的,由国务院责令在规定期限内组织整治。新开垦和整治的耕地由国务院自然资源主管部门会同农业农村主管部门验收。

个别省、直辖市确因土地后备资源匮乏,新增建设用地后,新开垦耕地的数量不足以补偿所占用耕地的数量的,必须报经国务院批准减免本行政区域内开垦耕地的数量,易地开垦数量和质量相当的耕地。

**第三十三条** 国家实行永久基本农田保护制度。下列耕地应当根据土地利用总体规划划为永久基本农田,实行严格保护:

(一)经国务院农业农村主管部门或者县级以上地方人民政府批准确定的粮、棉、油、糖等重要农产品生产基地内的耕地;

(二)有良好的水利与水土保持设施的耕地,正在实施改造计划以及可以改造的中、低产田和已建成的高标准农田;

(三)蔬菜生产基地;

(四)农业科研、教学试验田;

(五)国务院规定应当划为永久基本农田的其他耕地。

各省、自治区、直辖市划定的永久基本农田一般应当占本行政区域内耕地的百分之八十以上,具体比例由国务院根据各省、自治区、直辖市耕地实际情况规定。

**第三十四条** 永久基本农田划定以乡(镇)为单位进行,由县级人民政府自然资源主管部门会同同级农业农村主管部门组织实施。永久基本农田应当落实到地块,纳入国家永久基本农田数据库严格管理。

乡(镇)人民政府应当将永久基本农田的位置、范围向社会公告,并设立保护标志。

**第三十五条** 永久基本农田经依法划定后,任何单位和个人不得擅自占用或者改变其用途。国家能源、交通、水利、军事设施等重点建设项目选址确实难以避让永久基本农田,涉及农用地转用或者土地征收的,必须经国务院批准。

禁止通过擅自调整县级土地利用总体规划、乡(镇)土地利用总体规划等方式规避永久基本农田农用地转用或者土地征收的审批。

**第三十六条** 各级人民政府应当采取措施,引导因地制宜轮作休耕,改良土壤,提高地力,维护排灌工程设施,防止土地荒漠化、盐渍化、水土流失和土壤污染。

**第三十七条** 非农业建设必须节约使用土地,可以利用荒地的,不得占用耕地;可以利用劣地的,不得占用好地。

禁止占用耕地建窑、建坟或者擅自在耕地上建房、挖砂、采石、采矿、取土等。

禁止占用永久基本农田发展林果业和挖塘养鱼。

**第三十八条** 禁止任何单位和个人闲置、荒芜耕地。已经办理审批手续的非农业建设占用耕地,一年内不用而又可以耕种并收获的,应当由原耕种该幅耕地的集体或者个人恢复耕种,也可以由用地单位组织耕种;一年以上未动工建设的,应当按照省、自治区、直辖市的规定缴纳闲置费;连续二年未使用的,经原批准机关批准,由县级以上人民政府无偿收回用地单位的土地使用权;该幅土地原为农民集体所有的,应当交由原农村集体经济组织恢复耕种。

在城市规划区范围内,以出让方式取得土地使用权进行房地产开发的闲置土地,依照《中华人民共和国城市房地产管理法》的有关规定办理。

**第三十九条** 国家鼓励单位和个人按照土地利用总体规划,在保护和改善生态环境、防止水土流失和土地荒漠化的前提下,开发未利用的土地;适宜开发为农用地的,应当优先开发成农用地。

国家依法保护开发者的合法权益。

**第四十条** 开垦未利用的土地,必须经过科学论证和评估,在土地利用总体规划划定的可开垦的区域内,经依法批准后进行。禁止毁坏森林、草原开垦耕地,禁止围湖造田和侵占江河滩地。

根据土地利用总体规划,对破坏生态环境开垦、围垦的土地，有计划有步骤地退耕还林、还牧、还湖。

**第四十一条** 开发未确定使用权的国有荒山、荒地、荒滩从事种植业、林业、畜牧业、渔业生产的，经县级以上人民政府依法批准，可以确定给开发单位或者个人长期使用。

**第四十二条** 国家鼓励土地整理。县、乡（镇）人民政府应当组织农村集体经济组织，按照土地利用总体规划，对田、水、路、林、村综合整治，提高耕地质量，增加有效耕地面积，改善农业生产条件和生态环境。

地方各级人民政府应当采取措施，改造中、低产田，整治闲散地和废弃地。

**第四十三条** 因挖损、塌陷、压占等造成土地破坏，用地单位和个人应当按照国家有关规定负责复垦；没有条件复垦或者复垦不符合要求的，应当缴纳土地复垦费，专项用于土地复垦。复垦的土地应当优先用于农业。

## 第五章 建设用地

**第四十四条** 建设占用土地，涉及农用地转为建设用地的，应当办理农用地转用审批手续。

永久基本农田转为建设用地的，由国务院批准。

在土地利用总体规划确定的城市和村庄、集镇建设用地规模范围内，为实施该规划而将永久基本农田以外的农用地转为建设用地的，按土地利用年度计划分批次按照国务院规定由原批准土地利用总体规划的机关或者其授权的机关批准。在已批准的农用地转用范围内，具体建设项目用地可以由市、县人民政府批准。

在土地利用总体规划确定的城市和村庄、集镇建设用地规模范围外，将永久基本农田以外的农用地转为建设用地的，由国务院或者国务院授权的省、自治区、直辖市人民政府批准。

**第四十五条** 为了公共利益的需要，有下列情形之一，确需征收农民集体所有的土地的，可以依法实施征收：

（一）军事和外交需要用地的；

（二）由政府组织实施的能源、交通、水利、通信、邮政等基础设施建设需要用地的；

（三）由政府组织实施的科技、教育、文化、卫生、体育、生态环境和资源保护、防灾减灾、文物保护、社区综合服务、社会福利、市政公用、优抚安置、英烈保护等公共事业需要用地的；

（四）由政府组织实施的扶贫搬迁、保障性安居工程建设需要用地的；

（五）在土地利用总体规划确定的城镇建设用地范围内，经省级以上人民政府批准由县级以上地方人民政府组织实施的成片开发建设需要用地的；

（六）法律规定为公共利益需要可以征收农民集体所有的土地的其他情形。

前款规定的建设活动，应当符合国民经济和社会发展规划、土地利用总体规划、城乡规划和专项规划；第（四）项、第（五）项规定的建设活动，还应当纳入国民经济和社会发展年度计划；第（五）项规定的成片开发并应当符合国务院自然资源主管部门规定的标准。

**第四十六条** 征收下列土地的，由国务院批准：

（一）永久基本农田；

（二）永久基本农田以外的耕地超过三十五公顷的；

（三）其他土地超过七十公顷的。

征收前款规定以外的土地的，由省、自治区、直辖市人民政府批准。

征收农用地的，应当依照本法第四十四条的规定先行办理农用地转用审批。其中，经国务院批准农用地转用的，同时办理征地审批手续，不再另行办理征地审批；经省、自治区、直辖市人民政府在征地批准权限内批准农用地转用的，同时办理征地审批手续，不再另行办理征地审批，超过征地批准权限的，应当依照本条第一款的规定另行办理征地审批。

**第四十七条** 国家征收土地的，依照法定程序批准后，由县级以上地方人民政府予以公告并组织实施。

县级以上地方人民政府拟申请征收土地的，应当开展拟征收土地现状调查和社会稳定风险评估，并将征收范围、土地现状、征收目的、补偿标准、安置方式和社会保障等在拟征收土地所在的乡（镇）和村、村民小组范围内公告至少三十日，听取被征地的农村集体经济组织及其成员、村民委员会和其他利害关系人的意见。

多数被征地的农村集体经济组织成员认为征地补偿安置方案不符合法律、法规规定的，县级以上地方人民政府应当组织召开听证会，并根据法律、法规的规定和听证会情况修改方案。

拟征收土地的所有权人、使用权人应当在公告规定期限内，持不动产权属证明材料办理补偿登记。县级以上地方人民政府应当组织有关部门测算并落实有关费用，保证足额到位，与拟征收土地的所有权人、使用权人就补偿、安置等签订协议；个别确实难以达成协议的，应当在申请征收土地时如实说明。

相关前期工作完成后，县级以上地方人民政府方可申请征收土地。

**第四十八条** 征收土地应当给予公平、合理的补偿，保障被征地农民原有生活水平不降低、长远生计有保障。

征收土地应当依法及时足额支付土地补偿费、安置补助费以及农村村民住宅、其他地上附着物和青苗等的补偿费用，并安排被征地农民的社会保障费用。

征收农用地的土地补偿费、安置补助费标准由省、自治区、直辖市通过制定公布区片综合地价确定。制定区片综合地价应当综合考虑土地原用途、土地资源条件、土地产值、土地区位、土地供求关系、人口以及经济社会发展水平等因素，并至少每三年调整或者重新公布一次。

征收农用地以外的其他土地、地上附着物和青苗等的补偿标准，由省、自治区、直辖市制定。对其中的农村村民住宅，应当按照先补偿后搬迁、居住条件有改善的原则，尊重农村村民意愿，采取重新安排宅基地建房、提供安置房或者货币补偿等方式给予公平、合理的补偿，并对因征收造成的搬迁、临时安置等费用予以补偿，保障农村村民居住的权利和合法的住房财产权益。

县级以上地方人民政府应当将被征地农民纳入相应的养老等社会保障体系。被征地农民的社会保障费用主要用于符合条件的被征地农民的养老保险等社会保险缴费补贴。被征地农民社会保障费用的筹集、管理和使用办法，由省、自治区、直辖市制定。

**第四十九条** 被征地的农村集体经济组织应当将征收土地的补偿费用的收支状况向本集体经济组织的成员公布，接受监督。

禁止侵占、挪用被征收土地单位的征地补偿费用和其他有关费用。

**第五十条** 地方各级人民政府应当支持被征地的农村集体经济组织和农民从事开发经营，兴办企业。

**第五十一条** 大中型水利、水电工程建设征收土地的补偿费标准和移民安置办法，由国务院另行规定。

**第五十二条** 建设项目可行性研究论证时，自然资源主管部门可以根据土地利用总体规划、土地利用年度计划和建设用地标准，对建设用地有关事项进行审查，并提出意见。

**第五十三条** 经批准的建设项目需要使用国有建设用地的，建设单位应当持法律、行政法规规定的有关文件，向有批准权的县级以上人民政府自然资源主管部门提出建设用地申请，经自然资源主管部门审查，报本级人民政府批准。

**第五十四条** 建设单位使用国有土地，应当以出让等有偿使用方式取得；但是，下列建设用地，经县级以上人民政府依法批准，可以以划拨方式取得：

（一）国家机关用地和军事用地；

（二）城市基础设施用地和公益事业用地；

（三）国家重点扶持的能源、交通、水利等基础设施用地；

（四）法律、行政法规规定的其他用地。

**第五十五条** 以出让等有偿使用方式取得国有土地使用权的建设单位，按照国务院规定的标准和办法，缴纳土地使用权出让金等土地有偿使用费和其他费用后，方可使用土地。

自本法施行之日起，新增建设用地的土地有偿使用费，百分之三十上缴中央财政，百分之七十留给有关地方人民政府。具体使用管理办法由国务院财政部门会同有关部门制定，并报国务院批准。

**第五十六条** 建设单位使用国有土地的，应当按照土地使用权出让等有偿使用合同的约定或者土地使用权划拨批准文件的规定使用土地；确需改变该幅土地建设用途的，应当经有关人民政府自然资源主管部门同意，报原批准用地的人民政府批准。其中，在城市规划区内改变土地用途的，在报批前，应当先经有关城市规划行政主管部门同意。

**第五十七条** 建设项目施工和地质勘查需要临时使用国有土地或者农民集体所有的土地的，由县级以上人民政府自然资源主管部门批准。其中，在城市规划区内的临时用地，在报批前，应当先经有关城市规划行政主管部门同意。土地使用者应当根据土地权属，与有关自然资源主管部门或者农村集体经济组织、村民委员会签订临时使用土地合同，并按照合同的约定支付临时使用土地补偿费。

临时使用土地的使用者应当按照临时使用土地合同约定的用途使用土地，并不得修建永久性建筑物。

临时使用土地期限一般不超过二年。

**第五十八条** 有下列情形之一的，由有关人民政府自然资源主管部门报经原批准用地的人民政府或者有批准权的人民政府批准，可以收回国有土地使用权：

（一）为实施城市规划进行旧城区改建以及其他公共利益需要，确需使用土地的；

（二）土地出让等有偿使用合同约定的使用期限届满，土地使用者未申请续期或者申请续期未获批准的；

（三）因单位撤销、迁移等原因，停止使用原划拨的国有土地的；

（四）公路、铁路、机场、矿场等经核准报废的。

依照前款第(一)项的规定收回国有土地使用权的,对土地使用权人应当给予适当补偿。

**第五十九条** 乡镇企业、乡(镇)村公共设施、公益事业、农村村民住宅等乡(镇)村建设,应当按照村庄和集镇规划,合理布局,综合开发,配套建设;建设用地,应当符合乡(镇)土地利用总体规划和土地利用年度计划,并依照本法第四十四条、第六十条、第六十一条、第六十二条的规定办理审批手续。

**第六十条** 农村集体经济组织使用乡(镇)土地利用总体规划确定的建设用地兴办企业或者与其他单位、个人以土地使用权入股、联营等形式共同举办企业的,应当持有关批准文件,向县级以上地方人民政府自然资源主管部门提出申请,按照省、自治区、直辖市规定的批准权限,由县级以上地方人民政府批准;其中,涉及占用农用地的,依照本法第四十四条的规定办理审批手续。

按照前款规定兴办企业的建设用地,必须严格控制。省、自治区、直辖市可以按照乡镇企业的不同行业和经营规模,分别规定用地标准。

**第六十一条** 乡(镇)村公共设施、公益事业建设,需要使用土地的,经乡(镇)人民政府审核,向县级以上地方人民政府自然资源主管部门提出申请,按照省、自治区、直辖市规定的批准权限,由县级以上地方人民政府批准;其中,涉及占用农用地的,依照本法第四十四条的规定办理审批手续。

**第六十二条** 农村村民一户只能拥有一处宅基地,其宅基地的面积不得超过省、自治区、直辖市规定的标准。

人均土地少、不能保障一户拥有一处宅基地的地区,县级人民政府在充分尊重农村村民意愿的基础上,可以采取措施,按照省、自治区、直辖市规定的标准保障农村村民实现户有所居。

农村村民建住宅,应当符合乡(镇)土地利用总体规划、村庄规划,不得占用永久基本农田,并尽量使用原有的宅基地和村内空闲地。编制乡(镇)土地利用总体规划、村庄规划应当统筹并合理安排宅基地用地,改善农村村民居住环境和条件。

农村村民住宅用地,由乡(镇)人民政府审核批准;其中,涉及占用农用地的,依照本法第四十四条的规定办理审批手续。

农村村民出卖、出租、赠与住宅后,再申请宅基地的,不予批准。

国家允许进城落户的农村村民依法自愿有偿退出宅基地,鼓励农村集体经济组织及其成员盘活利用闲置宅基地和闲置住宅。

国务院农业农村主管部门负责全国农村宅基地改革和管理有关工作。

**第六十三条** 土地利用总体规划、城乡规划确定为工业、商业等经营性用途,并经依法登记的集体经营性建设用地,土地所有权人可以通过出让、出租等方式交由单位或者个人使用,并应当签订书面合同,载明土地界址、面积、动工期限、使用期限、土地用途、规划条件和双方其他权利义务。

前款规定的集体经营性建设用地出让、出租等,应当经本集体经济组织成员的村民会议三分之二以上成员或者三分之二以上村民代表的同意。

通过出让等方式取得的集体经营性建设用地使用权可以转让、互换、出资、赠与或者抵押,但法律、行政法规另有规定或者土地所有权人、土地使用权人签订的书面合同另有约定的除外。

集体经营性建设用地的出租,集体建设用地使用权的出让及其最高年限、转让、互换、出资、赠与、抵押等,参照同类用途的国有建设用地执行。具体办法由国务院制定。

**第六十四条** 集体建设用地的使用者应当严格按照土地利用总体规划、城乡规划确定的用途使用土地。

**第六十五条** 在土地利用总体规划制定前已建的不符合土地利用总体规划确定的用途的建筑物、构筑物,不得重建、扩建。

**第六十六条** 有下列情形之一的,农村集体经济组织报经原批准用地的人民政府批准,可以收回土地使用权:

(一)为乡(镇)村公共设施和公益事业建设,需要使用土地的;

(二)不按照批准的用途使用土地的;

(三)因撤销、迁移等原因而停止使用土地的。

依照前款第(一)项规定收回农民集体所有的土地的,对土地使用权人应当给予适当补偿。

收回集体经营性建设用地使用权,依照双方签订的书面合同办理,法律、行政法规另有规定的除外。

## 第六章 监督检查

**第六十七条** 县级以上人民政府自然资源主管部门对违反土地管理法律、法规的行为进行监督检查。

县级以上人民政府农业农村主管部门对违反农村宅基地管理法律、法规的行为进行监督检查的,适用本法关于自然资源主管部门监督检查的规定。

土地管理监督检查人员应当熟悉土地管理法律、法规，忠于职守、秉公执法。

**第六十八条** 县级以上人民政府自然资源主管部门履行监督检查职责时，有权采取下列措施：

（一）要求被检查的单位或者个人提供有关土地权利的文件和资料，进行查阅或者予以复制；

（二）要求被检查的单位或者个人就有关土地权利的问题作出说明；

（三）进入被检查单位或者个人非法占用的土地现场进行勘测；

（四）责令非法占用土地的单位或者个人停止违反土地管理法律、法规的行为。

**第六十九条** 土地管理监督检查人员履行职责，需要进入现场进行勘测、要求有关单位或者个人提供文件、资料和作出说明的，应当出示土地管理监督检查证件。

**第七十条** 有关单位和个人对县级以上人民政府自然资源主管部门就土地违法行为进行的监督检查应当支持与配合，并提供工作方便，不得拒绝与阻碍土地管理监督检查人员依法执行职务。

**第七十一条** 县级以上人民政府自然资源主管部门在监督检查工作中发现国家工作人员的违法行为，依法应当给予处分的，应当依法予以处理；自己无权处理的，应当依法移送监察机关或者有关机关处理。

**第七十二条** 县级以上人民政府自然资源主管部门在监督检查工作中发现土地违法行为构成犯罪的，应当将案件移送有关机关，依法追究刑事责任；尚不构成犯罪的，应当依法给予行政处罚。

**第七十三条** 依照本法规定应当给予行政处罚，而有关自然资源主管部门不给予行政处罚的，上级人民政府自然资源主管部门有权责令有关自然资源主管部门作出行政处罚决定或者直接给予行政处罚，并给予有关自然资源主管部门的负责人处分。

## 第七章 法律责任

**第七十四条** 买卖或者以其他形式非法转让土地的，由县级以上人民政府自然资源主管部门没收违法所得；对违反土地利用总体规划擅自将农用地改为建设用地的，限期拆除在非法转让的土地上新建的建筑物和其他设施，恢复土地原状，对符合土地利用总体规划的，没收在非法转让的土地上新建的建筑物和其他设施；可以并处罚款；对直接负责的主管人员和其他直接责任人员，依法给予处分；构成犯罪的，依法追究刑事责任。

**第七十五条** 违反本法规定，占用耕地建窑、建坟或者擅自在耕地上建房、挖砂、采石、采矿、取土等，破坏种植条件的，或者因开发土地造成土地荒漠化、盐渍化的，由县级以上人民政府自然资源主管部门、农业农村主管部门等按照职责责令限期改正或者治理，可以并处罚款；构成犯罪的，依法追究刑事责任。

**第七十六条** 违反本法规定，拒不履行土地复垦义务的，由县级以上人民政府自然资源主管部门责令限期改正；逾期不改正的，责令缴纳复垦费，专项用于土地复垦，可以处以罚款。

**第七十七条** 未经批准或者采取欺骗手段骗取批准，非法占用土地的，由县级以上人民政府自然资源主管部门责令退还非法占用的土地，对违反土地利用总体规划擅自将农用地改为建设用地的，限期拆除在非法占用的土地上新建的建筑物和其他设施，恢复土地原状，对符合土地利用总体规划的，没收在非法占用的土地上新建的建筑物和其他设施，可以并处罚款；对非法占用土地单位的直接负责的主管人员和其他直接责任人员，依法给予处分；构成犯罪的，依法追究刑事责任。

超过批准的数量占用土地，多占的土地以非法占用土地论处。

**第七十八条** 农村村民未经批准或者采取欺骗手段骗取批准，非法占用土地建住宅的，由县级以上人民政府农业农村主管部门责令退还非法占用的土地，限期拆除在非法占用的土地上新建的房屋。

超过省、自治区、直辖市规定的标准，多占的土地以非法占用土地论处。

**第七十九条** 无权批准征收、使用土地的单位或者个人非法批准占用土地的，超越批准权限非法批准占用土地的，不按照土地利用总体规划确定的用途批准用地的，或者违反法律规定的程序批准占用、征收土地的，其批准文件无效，对非法批准征收、使用土地的直接负责的主管人员和其他直接责任人员，依法给予处分；构成犯罪的，依法追究刑事责任。非法批准、使用的土地应当收回，有关当事人拒不归还的，以非法占用土地论处。

非法批准征收、使用土地，对当事人造成损失的，依法应当承担赔偿责任。

**第八十条** 侵占、挪用被征收土地单位的征地补偿费用和其他有关费用，构成犯罪的，依法追究刑事责任；尚不构成犯罪的，依法给予处分。

**第八十一条** 依法收回国有土地使用权当事人拒不交出土地的，临时使用土地期满拒不归还的，或者不按照批准的用途使用国有土地的，由县级以上人民政府自然资源主管部门责令交还土地，处以罚款。

**第八十二条** 擅自将农民集体所有的土地通过出让、转让使用权或者出租等方式用于非农业建设，或者违反本法规定，将集体经营性建设用地通过出让、出租等方式交由单位或者个人使用的，由县级以上人民政府自然资源主管部门责令限期改正，没收违法所得，并处罚款。

**第八十三条** 依照本法规定，责令限期拆除在非法占用的土地上新建的建筑物和其他设施的，建设单位或者个人必须立即停止施工，自行拆除；对继续施工的，作出处罚决定的机关有权制止。建设单位或者个人对责令限期拆除的行政处罚决定不服的，可以在接到责令限期拆除决定之日起十五日内，向人民法院起诉；期满不起诉又不自行拆除的，由作出处罚决定的机关依法申请人民法院强制执行，费用由违法者承担。

**第八十四条** 自然资源主管部门、农业农村主管部门的工作人员玩忽职守、滥用职权、徇私舞弊，构成犯罪的，依法追究刑事责任；尚不构成犯罪的，依法给予处分。

### 第八章 附 则

**第八十五条** 外商投资企业使用土地的，适用本法；法律另有规定的，从其规定。

**第八十六条** 在根据本法第十八条的规定编制国土空间规划前，经依法批准的土地利用总体规划和城乡规划继续执行。

**第八十七条** 本法自 1999 年 1 月 1 日起施行。

## 中华人民共和国土地管理法实施条例

- 1998 年 12 月 27 日中华人民共和国国务院令第 256 号发布
- 根据 2011 年 1 月 8 日《国务院关于废止和修改部分行政法规的决定》第一次修订
- 根据 2014 年 7 月 29 日《国务院关于修改部分行政法规的决定》第二次修订
- 2021 年 7 月 2 日中华人民共和国国务院令第 743 号第三次修订

### 第一章 总 则

**第一条** 根据《中华人民共和国土地管理法》（以下简称《土地管理法》），制定本条例。

### 第二章 国土空间规划

**第二条** 国家建立国土空间规划体系。

土地开发、保护、建设活动应当坚持规划先行。经依法批准的国土空间规划是各类开发、保护、建设活动的基本依据。

已经编制国土空间规划的，不再编制土地利用总体规划和城乡规划。在编制国土空间规划前，经依法批准的土地利用总体规划和城乡规划继续执行。

**第三条** 国土空间规划应当细化落实国家发展规划提出的国土空间开发保护要求，统筹布局农业、生态、城镇等功能空间，划定落实永久基本农田、生态保护红线和城镇开发边界。

国土空间规划应当包括国土空间开发保护格局和规划用地布局、结构、用途管制要求等内容，明确耕地保有量、建设用地规模、禁止开垦的范围等要求，统筹基础设施和公共设施用地布局，综合利用地上地下空间，合理确定并严格控制新增建设用地规模，提高土地节约集约利用水平，保障土地的可持续利用。

**第四条** 土地调查应当包括下列内容：

（一）土地权属以及变化情况；

（二）土地利用现状以及变化情况；

（三）土地条件。

全国土地调查成果，报国务院批准后向社会公布。地方土地调查成果，经本级人民政府审核，报上一级人民政府批准后向社会公布。全国土地调查成果公布后，县级以上地方人民政府方可自上而下逐级依次公布本行政区域的土地调查成果。

土地调查成果是编制国土空间规划以及自然资源管理、保护和利用的重要依据。

土地调查技术规程由国务院自然资源主管部门会同有关部门制定。

**第五条** 国务院自然资源主管部门会同有关部门制定土地等级评定标准。

县级以上人民政府自然资源主管部门应当会同有关部门根据土地等级评定标准，对土地等级进行评定。地方土地等级评定结果经本级人民政府审核，报上一级人民政府自然资源主管部门批准后向社会公布。

根据国民经济和社会发展状况，土地等级每五年重新评定一次。

**第六条** 县级以上人民政府自然资源主管部门应当加强信息化建设，建立统一的国土空间基础信息平台，实行土地管理全流程信息化管理，对土地利用状况进行动态监测，与发展改革、住房和城乡建设等有关部门建立土地管理信息共享机制，依法公开土地管理信息。

**第七条** 县级以上人民政府自然资源主管部门应当加强地籍管理，建立健全地籍数据库。

## 第三章 耕地保护

**第八条** 国家实行占用耕地补偿制度。在国土空间规划确定的城市和村庄、集镇建设用地范围内经依法批准占用耕地,以及在国土空间规划确定的城市和村庄、集镇建设用地范围外的能源、交通、水利、矿山、军事设施等建设项目经依法批准占用耕地的,分别由县级人民政府、农村集体经济组织和建设单位负责开垦与所占用耕地的数量和质量相当的耕地;没有条件开垦或者开垦的耕地不符合要求的,应当按照省、自治区、直辖市的规定缴纳耕地开垦费,专款用于开垦新的耕地。

省、自治区、直辖市人民政府应当组织自然资源主管部门、农业农村主管部门对开垦的耕地进行验收,确保开垦的耕地落实到地块。划入永久基本农田的还应当纳入国家永久基本农田数据库严格管理。占用耕地补充情况应当按照国家有关规定向社会公布。

个别省、直辖市需要易地开垦耕地的,依照《土地管理法》第三十二条的规定执行。

**第九条** 禁止任何单位和个人在国土空间规划确定的禁止开垦的范围内从事土地开发活动。

按照国土空间规划,开发未确定土地使用权的国有荒山、荒地、荒滩从事种植业、林业、畜牧业、渔业生产的,应当向土地所在地的县级以上地方人民政府自然资源主管部门提出申请,按照省、自治区、直辖市规定的权限,由县级以上地方人民政府批准。

**第十条** 县级人民政府应当按照国土空间规划关于统筹布局农业、生态、城镇等功能空间的要求,制定土地整理方案,促进耕地保护和土地节约集约利用。

县、乡(镇)人民政府应当组织农村集体经济组织,实施土地整理方案,对闲散地和废弃地有计划地整治、改造。土地整理新增耕地,可以用作建设所占用耕地的补充。

鼓励社会主体依法参与土地整理。

**第十一条** 县级以上地方人民政府应当采取措施,预防和治理耕地土壤流失、污染,有计划地改造中低产田,建设高标准农田,提高耕地质量,保护黑土地等优质耕地,并依法对建设所占用耕地耕作层的土壤利用作出合理安排。

非农业建设依法占用永久基本农田的,建设单位应当按照省、自治区、直辖市的规定,将所占用耕地耕作层的土壤用于新开垦耕地、劣质地或者其他耕地的土壤改良。

县级以上地方人民政府应当加强对农业结构调整的引导和管理,防止破坏耕地耕作层;设施农业用地不再使用的,应当及时组织恢复种植条件。

**第十二条** 国家对耕地实行特殊保护,严守耕地保护红线,严格控制耕地转为林地、草地、园地等其他农用地,并建立耕地保护补偿制度,具体办法和耕地保护补偿实施步骤由国务院自然资源主管部门会同有关部门规定。

非农业建设必须节约使用土地,可以利用荒地的,不得占用耕地;可以利用劣地的,不得占用好地。禁止占用耕地建窑、建坟或者擅自在耕地上建房、挖砂、采石、采矿、取土等。禁止占用永久基本农田发展林果业和挖塘养鱼。

耕地应当优先用于粮食和棉、油、糖、蔬菜等农产品生产。按照国家有关规定需要将耕地转为林地、草地、园地等其他农用地的,应当优先使用难以长期稳定利用的耕地。

**第十三条** 省、自治区、直辖市人民政府对本行政区域耕地保护负总责,其主要负责人是本行政区域耕地保护的第一责任人。

省、自治区、直辖市人民政府应当将国务院确定的耕地保有量和永久基本农田保护任务分解下达,落实到具体地块。

国务院对省、自治区、直辖市人民政府耕地保护责任目标落实情况进行考核。

## 第四章 建设用地

### 第一节 一般规定

**第十四条** 建设项目需要使用土地的,应当符合国土空间规划、土地利用年度计划和用途管制以及节约资源、保护生态环境的要求,并严格执行建设用地标准,优先使用存量建设用地,提高建设用地使用效率。

从事土地开发利用活动,应当采取有效措施,防止、减少土壤污染,并确保建设用地符合土壤环境质量要求。

**第十五条** 各级人民政府应当依据国民经济和社会发展规划及年度计划、国土空间规划、国家产业政策以及城乡建设、土地利用的实际状况等,加强土地利用计划管理,实行建设用地总量控制,推动城乡存量建设用地开发利用,引导城镇低效用地再开发,落实建设用地标准控制制度,开展节约集约用地评价,推广应用节地技术和节地模式。

**第十六条** 县级以上地方人民政府自然资源主管部门应当将本级人民政府确定的年度建设用地供应总量、

结构、时序、地块、用途等在政府网站上向社会公布，供社会公众查阅。

**第十七条**　建设单位使用国有土地，应当以有偿使用方式取得；但是，法律、行政法规规定可以以划拨方式取得的除外。

国有土地有偿使用的方式包括：

（一）国有土地使用权出让；

（二）国有土地租赁；

（三）国有土地使用权作价出资或者入股。

**第十八条**　国有土地使用权出让、国有土地租赁等应当依照国家有关规定通过公开的交易平台进行交易，并纳入统一的公共资源交易平台体系。除依法可以采取协议方式外，应当采取招标、拍卖、挂牌等竞争性方式确定土地使用者。

**第十九条**　《土地管理法》第五十五条规定的新增建设用地的土地有偿使用费，是指国家在新增建设用地中应取得的平均土地纯收益。

**第二十条**　建设项目施工、地质勘查需要临时使用土地的，应当尽量不占或者少占耕地。

临时用地由县级以上人民政府自然资源主管部门批准，期限一般不超过二年；建设周期较长的能源、交通、水利等基础设施建设使用的临时用地，期限不超过四年；法律、行政法规另有规定的除外。

土地使用者应当自临时用地期满之日起一年内完成土地复垦，使其达到可供利用状态，其中占用耕地的应当恢复种植条件。

**第二十一条**　抢险救灾、疫情防控等急需使用土地的，可以先行使用土地。其中，属于临时用地的，用后应当恢复原状并交还原土地使用者使用，不再办理用地审批手续；属于永久性建设用地的，建设单位应当在不晚于应急处置工作结束六个月内申请补办建设用地审批手续。

**第二十二条**　具有重要生态功能的未利用地应当依法划入生态保护红线，实施严格保护。

建设项目占用国土空间规划确定的未利用地的，按照省、自治区、直辖市的规定办理。

## 第二节　农用地转用

**第二十三条**　在国土空间规划确定的城市和村庄、集镇建设用地范围内，为实施该规划而将农用地转为建设用地的，由市、县人民政府组织自然资源等部门拟订农用地转用方案，分批次报有批准权的人民政府批准。

农用地转用方案应当重点对建设项目安排、是否符合国土空间规划和土地利用年度计划以及补充耕地情况作出说明。

农用地转用方案经批准后，由市、县人民政府组织实施。

**第二十四条**　建设项目确需占用国土空间规划确定的城市和村庄、集镇建设用地范围外的农用地，涉及占用永久基本农田的，由国务院批准；不涉及占用永久基本农田的，由国务院或者国务院授权的省、自治区、直辖市人民政府批准。具体按照下列规定办理：

（一）建设项目批准、核准前或者备案前后，由自然资源主管部门对建设项目用地事项进行审查，提出建设项目用地预审意见。建设项目需要申请核发选址意见书的，应当合并办理建设项目用地预审与选址意见书，核发建设项目用地预审与选址意见书。

（二）建设单位持建设项目的批准、核准或者备案文件，向市、县人民政府提出建设用地申请。市、县人民政府组织自然资源等部门拟订农用地转用方案，报有批准权的人民政府批准；依法应当由国务院批准的，由省、自治区、直辖市人民政府审核后上报。农用地转用方案应当重点对是否符合国土空间规划和土地利用年度计划以及补充耕地情况作出说明，涉及占用永久基本农田的，还应当对占用永久基本农田的必要性、合理性和补划可行性作出说明。

（三）农用地转用方案经批准后，由市、县人民政府组织实施。

**第二十五条**　建设项目需要使用土地的，建设单位原则上应当一次申请，办理建设用地审批手续，确需分期建设的项目，可以根据可行性研究报告确定的方案，分期申请建设用地，分期办理建设用地审批手续。建设过程中用地范围确需调整的，应当依法办理建设用地审批手续。

农用地转用涉及征收土地的，还应当依法办理征收土地手续。

## 第三节　土地征收

**第二十六条**　需要征收土地，县级以上地方人民政府认为符合《土地管理法》第四十五条规定的，应当发布征收土地预公告，并开展拟征收土地现状调查和社会稳定风险评估。

征收土地预公告应当包括征收范围、征收目的、开展土地现状调查的安排等内容。征收土地预公告应当采用有利于社会公众知晓的方式，在拟征收土地所在的乡（镇）和村、村民小组范围内发布，预公告时间不少于十个工作日。自征收土地预公告发布之日起,任何单位和个人不得在拟征收范围内抢栽抢建;违反规定抢栽抢建的,对抢栽抢建部分不予补偿。

土地现状调查应当查明土地的位置、权属、地类、面积,以及农村村民住宅、其他地上附着物和青苗等的权属、种类、数量等情况。

社会稳定风险评估应当对征收土地的社会稳定风险状况进行综合研判,确定风险点,提出风险防范措施和处置预案。社会稳定风险评估应当有被征地的农村集体经济组织及其成员、村民委员会和其他利害关系人参加,评估结果是申请征收土地的重要依据。

**第二十七条** 县级以上地方人民政府应当依据社会稳定风险评估结果,结合土地现状调查情况,组织自然资源、财政、农业农村、人力资源和社会保障等有关部门拟定征地补偿安置方案。

征地补偿安置方案应当包括征收范围、土地现状、征收目的、补偿方式和标准、安置对象、安置方式、社会保障等内容。

**第二十八条** 征地补偿安置方案拟定后,县级以上地方人民政府应当在拟征收土地所在的乡(镇)和村、村民小组范围内公告,公告时间不少于三十日。

征地补偿安置公告应当同时载明办理补偿登记的方式和期限、异议反馈渠道等内容。

多数被征地的农村集体经济组织成员认为拟定的征地补偿安置方案不符合法律、法规规定的,县级以上地方人民政府应当组织听证。

**第二十九条** 县级以上地方人民政府根据法律、法规规定和听证会等情况确定征地补偿安置方案后,应当组织有关部门与拟征收土地的所有权人、使用权人签订征地补偿安置协议。征地补偿安置协议示范文本由省、自治区、直辖市人民政府制定。

对个别确实难以达成征地补偿安置协议的,县级以上地方人民政府应当在申请征收土地时如实说明。

**第三十条** 县级以上地方人民政府完成本条例规定的征地前期工作后,方可提出征收土地申请,依照《土地管理法》第四十六条的规定报有批准权的人民政府批准。

有批准权的人民政府应当对征收土地的必要性、合理性、是否符合《土地管理法》第四十五条规定的为了公共利益确需征收土地的情形以及是否符合法定程序进行审查。

**第三十一条** 征收土地申请经依法批准后,县级以上地方人民政府应当自收到批准文件之日起十五个工作日内在拟征收土地所在的乡(镇)和村、村民小组范围内发布征收土地公告,公布征收范围、征收时间等具体工作安排,对个别未达成征地补偿安置协议的应当作出征地补偿安置决定,并依法组织实施。

**第三十二条** 省、自治区、直辖市应当制定公布区片综合地价,确定征收农用地的土地补偿费、安置补助费标准,并制定土地补偿费、安置补助费分配办法。

地上附着物和青苗等的补偿费用,归其所有权人所有。

社会保障费用主要用于符合条件的被征地农民的养老保险等社会保险缴费补贴,按照省、自治区、直辖市的规定单独列支。

申请征收土地的县级以上地方人民政府应当及时落实土地补偿费、安置补助费、农村村民住宅以及其他地上附着物和青苗等的补偿费用、社会保障费用等,并保证足额到位,专款专用。有关费用未足额到位的,不得批准征收土地。

### 第四节 宅基地管理

**第三十三条** 农村居民点布局和建设用地规模应当遵循节约集约、因地制宜的原则合理规划。县级以上地方人民政府应当按照国家规定安排建设用地指标,合理保障本行政区域农村村民宅基地需求。

乡(镇)、县、市国土空间规划和村庄规划应当统筹考虑农村村民生产、生活需求,突出节约集约用地导向,科学划定宅基地范围。

**第三十四条** 农村村民申请宅基地的,应当以户为单位向农村集体经济组织提出申请;没有设立农村集体经济组织的,应当向所在的村民小组或者村民委员会提出申请。宅基地申请依法经农村村民集体讨论通过并在本集体范围内公示后,报乡(镇)人民政府审核批准。

涉及占用农用地的,应当依法办理农用地转用审批手续。

**第三十五条** 国家允许进城落户的农村村民依法自愿有偿退出宅基地。乡(镇)人民政府和农村集体经济组织、村民委员会等应当将退出的宅基地优先用于保障该农村集体经济组织成员的宅基地需求。

**第三十六条** 依法取得的宅基地和宅基地上的农村村民住宅及其附属设施受法律保护。

禁止违背农村村民意愿强制流转宅基地,禁止违法收回农村村民依法取得的宅基地,禁止以退出宅基地作为农村村民进城落户的条件,禁止强迫农村村民搬迁退出宅基地。

### 第五节　集体经营性建设用地管理

**第三十七条**　国土空间规划应当统筹并合理安排集体经营性建设用地布局和用途，依法控制集体经营性建设用地规模，促进集体经营性建设用地的节约集约利用。

鼓励乡村重点产业和项目使用集体经营性建设用地。

**第三十八条**　国土空间规划确定为工业、商业等经营性用途，且已依法办理土地所有权登记的集体经营性建设用地，土地所有权人可以通过出让、出租等方式交由单位或者个人在一定年限内有偿使用。

**第三十九条**　土地所有权人拟出让、出租集体经营性建设用地的，市、县人民政府自然资源主管部门应当依据国土空间规划提出拟出让、出租的集体经营性建设用地的规划条件，明确土地界址、面积、用途和开发建设强度等。

市、县人民政府自然资源主管部门应当会同有关部门提出产业准入和生态环境保护要求。

**第四十条**　土地所有权人应当依据规划条件、产业准入和生态环境保护要求等，编制集体经营性建设用地出让、出租等方案，并依照《土地管理法》第六十三条的规定，由本集体经济组织形成书面意见，在出让、出租前不少于十个工作日报市、县人民政府。市、县人民政府认为该方案不符合规划条件或者产业准入和生态环境保护要求等的，应当在收到方案后五个工作日内提出修改意见。土地所有权人应当按照市、县人民政府的意见进行修改。

集体经营性建设用地出让、出租等方案应当载明宗地的土地界址、面积、用途、规划条件、产业准入和生态环境保护要求、使用期限、交易方式、入市价格、集体收益分配安排等内容。

**第四十一条**　土地所有权人应当依据集体经营性建设用地出让、出租等方案，以招标、拍卖、挂牌或者协议等方式确定土地使用者，双方应当签订书面合同，载明土地界址、面积、用途、规划条件、使用期限、交易价款支付、交地时间和开工竣工期限、产业准入和生态环境保护要求，约定提前收回的条件、补偿方式、土地使用权届满续期和地上建筑物、构筑物等附着物处理方式，以及违约责任和解决争议的方法等，并报市、县人民政府自然资源主管部门备案。未依法将规划条件、产业准入和生态环境保护要求纳入合同的，合同无效；造成损失的，依法承担民事责任。合同示范文本由国务院自然资源主管部门制定。

**第四十二条**　集体经营性建设用地使用者应当按照约定及时支付集体经营性建设用地价款，并依法缴纳相关税费，对集体经营性建设用地使用权以及依法利用集体经营性建设用地建造的建筑物、构筑物及其附属设施的所有权，依法申请办理不动产登记。

**第四十三条**　通过出让等方式取得的集体经营性建设用地使用权依法转让、互换、出资、赠与或者抵押的，双方应当签订书面合同，并书面通知土地所有权人。

集体经营性建设用地的出租，集体建设用地使用权的出让及其最高年限、转让、互换、出资、赠与、抵押等，参照同类用途的国有建设用地执行，法律、行政法规另有规定的除外。

## 第五章　监督检查

**第四十四条**　国家自然资源督察机构根据授权对省、自治区、直辖市人民政府以及国务院确定的城市人民政府下列土地利用和土地管理情况进行督察：

（一）耕地保护情况；

（二）土地节约集约利用情况；

（三）国土空间规划编制和实施情况；

（四）国家有关土地管理重大决策落实情况；

（五）土地管理法律、行政法规执行情况；

（六）其他土地利用和土地管理情况。

**第四十五条**　国家自然资源督察机构进行督察时，有权向有关单位和个人了解督察事项有关情况，有关单位和个人应当支持、协助督察机构工作，如实反映情况，并提供有关材料。

**第四十六条**　被督察的地方人民政府违反土地管理法律、行政法规，或者落实国家有关土地管理重大决策不力的，国家自然资源督察机构可以向被督察的地方人民政府下达督察意见书，地方人民政府应当认真组织整改，并及时报告整改情况；国家自然资源督察机构可以约谈被督察的地方人民政府有关负责人，并可以依法向监察机关、任免机关等有关机关提出追究相关责任人责任的建议。

**第四十七条**　土地管理监督检查人员应当经过培训，经考核合格，取得行政执法证件后，方可从事土地管理监督检查工作。

**第四十八条**　自然资源主管部门、农业农村主管部门按照职责分工进行监督检查时，可以采取下列措施：

（一）询问违法案件涉及的单位或者个人；

（二）进入被检查单位或者个人涉嫌土地违法的现场进行拍照、摄像；

（三）责令当事人停止正在进行的土地违法行为；

（四）对涉嫌土地违法的单位或者个人，在调查期间暂停办理与该违法案件相关的土地审批、登记等手续；

（五）对可能被转移、销毁、隐匿或者篡改的文件、资料予以封存，责令涉嫌土地违法的单位或者个人在调查期间不得变卖、转移与案件有关的财物；

（六）《土地管理法》第六十八条规定的其他监督检查措施。

**第四十九条** 依照《土地管理法》第七十三条的规定给予处分的，应当按照管理权限由责令作出行政处罚决定或者直接给予行政处罚的上级人民政府自然资源主管部门或者其他任免机关、单位作出。

**第五十条** 县级以上人民政府自然资源主管部门应当会同有关部门建立信用监管、动态巡查等机制，加强对建设用地供应交易和供后开发利用的监管，对建设用地市场重大失信行为依法实施惩戒，并依法公开相关信息。

## 第六章 法律责任

**第五十一条** 违反《土地管理法》第三十七条的规定，非法占用永久基本农田发展林果业或者挖塘养鱼的，由县级以上人民政府自然资源主管部门责令限期改正；逾期不改正的，按占用面积处耕地开垦费2倍以上5倍以下的罚款；破坏种植条件的，依照《土地管理法》第七十五条的规定处罚。

**第五十二条** 违反《土地管理法》第五十七条的规定，在临时使用的土地上修建永久性建筑物的，由县级以上人民政府自然资源主管部门责令限期拆除，按占用面积处土地复垦费5倍以上10倍以下的罚款；逾期不拆除的，由作出行政决定的机关依法申请人民法院强制执行。

**第五十三条** 违反《土地管理法》第六十五条的规定，对建筑物、构筑物进行重建、扩建的，由县级以上人民政府自然资源主管部门责令限期拆除；逾期不拆除的，由作出行政决定的机关依法申请人民法院强制执行。

**第五十四条** 依照《土地管理法》第七十四条的规定处以罚款的，罚款额为违法所得的10%以上50%以下。

**第五十五条** 依照《土地管理法》第七十五条的规定处以罚款的，罚款额为耕地开垦费的5倍以上10倍以下；破坏黑土地等优质耕地的，从重处罚。

**第五十六条** 依照《土地管理法》第七十六条的规定处以罚款的，罚款额为土地复垦费的2倍以上5倍以下。

违反本条例规定，临时用地期满之日起一年内未完成复垦或者未恢复种植条件的，由县级以上人民政府自然资源主管部门责令限期改正，依照《土地管理法》第七十六条的规定处罚，并由县级以上人民政府自然资源主管部门会同农业农村主管部门代为完成复垦或者恢复种植条件。

**第五十七条** 依照《土地管理法》第七十七条的规定处以罚款的，罚款额为非法占用土地每平方米100元以上1000元以下。

违反本条例规定，在国土空间规划确定的禁止开垦的范围内从事土地开发活动的，由县级以上人民政府自然资源主管部门责令限期改正，并依照《土地管理法》第七十七条的规定处罚。

**第五十八条** 依照《土地管理法》第七十四条、第七十七条的规定，县级以上人民政府自然资源主管部门没收在非法转让或者非法占用的土地上新建的建筑物和其他设施的，应当于九十日内交由本级人民政府或者其指定的部门依法管理和处置。

**第五十九条** 依照《土地管理法》第八十一条的规定处以罚款的，罚款额为非法占用土地每平方米100元以上500元以下。

**第六十条** 依照《土地管理法》第八十二条的规定处以罚款的，罚款额为违法所得的10%以上30%以下。

**第六十一条** 阻碍自然资源主管部门、农业农村主管部门的工作人员依法执行职务，构成违反治安管理行为的，依法给予治安管理处罚。

**第六十二条** 违反土地管理法律、法规规定，阻挠国家建设征收土地的，由县级以上地方人民政府责令交出土地；拒不交出土地的，依法申请人民法院强制执行。

**第六十三条** 违反本条例规定，侵犯农村村民依法取得的宅基地权益的，责令限期改正，对有关责任单位通报批评、给予警告；造成损失的，依法承担赔偿责任；对直接负责的主管人员和其他直接责任人员，依法给予处分。

**第六十四条** 贪污、侵占、挪用、私分、截留、拖欠征地补偿安置费用和其他有关费用的，责令改正，追回有关款项，限期退还违法所得，对有关责任单位通报批评、给予警告；造成损失的，依法承担赔偿责任；对直接负责的主管人员和其他直接责任人员，依法给予处分。

**第六十五条** 各级人民政府及自然资源主管部门、农业农村主管部门工作人员玩忽职守、滥用职权、徇私舞弊的，依法给予处分。

**第六十六条** 违反本条例规定，构成犯罪的，依法追究刑事责任。

## 第七章 附 则

**第六十七条** 本条例自2021年9月1日起施行。

## 不动产登记暂行条例

· 2014年11月24日中华人民共和国国务院令第656号公布
· 根据2019年3月24日《国务院关于修改部分行政法规的决定》修订

### 第一章 总 则

**第一条** 为整合不动产登记职责，规范登记行为，方便群众申请登记，保护权利人合法权益，根据《中华人民共和国物权法》等法律，制定本条例。

**第二条** 本条例所称不动产登记，是指不动产登记机构依法将不动产权利归属和其他法定事项记载于不动产登记簿的行为。

本条例所称不动产，是指土地、海域以及房屋、林木等定着物。

**第三条** 不动产首次登记、变更登记、转移登记、注销登记、更正登记、异议登记、预告登记、查封登记等，适用本条例。

**第四条** 国家实行不动产统一登记制度。

不动产登记遵循严格管理、稳定连续、方便群众的原则。

不动产权利人已经依法享有的不动产权利，不因登记机构和登记程序的改变而受到影响。

**第五条** 下列不动产权利，依照本条例的规定办理登记：

（一）集体土地所有权；
（二）房屋等建筑物、构筑物所有权；
（三）森林、林木所有权；
（四）耕地、林地、草地等土地承包经营权；
（五）建设用地使用权；
（六）宅基地使用权；
（七）海域使用权；
（八）地役权；
（九）抵押权；
（十）法律规定需要登记的其他不动产权利。

**第六条** 国务院国土资源主管部门负责指导、监督全国不动产登记工作。

县级以上地方人民政府应当确定一个部门为本行政区域的不动产登记机构，负责不动产登记工作，并接受上级人民政府不动产登记主管部门的指导、监督。

**第七条** 不动产登记由不动产所在地的县级人民政府不动产登记机构办理；直辖市、设区的市人民政府可以确定本级不动产登记机构统一办理所属各区的不动产登记。

跨县级行政区域的不动产登记，由所跨县级行政区域的不动产登记机构分别办理。不能分别办理的，由所跨县级行政区域的不动产登记机构协商办理；协商不成的，由共同的上一级人民政府不动产登记主管部门指定办理。

国务院确定的重点国有林区的森林、林木和林地，国务院批准项目用海、用岛，中央国家机关使用的国有土地等不动产登记，由国务院国土资源主管部门会同有关部门规定。

### 第二章 不动产登记簿

**第八条** 不动产以不动产单元为基本单位进行登记。不动产单元具有唯一编码。

不动产登记机构应当按照国务院国土资源主管部门的规定设立统一的不动产登记簿。

不动产登记簿应当记载以下事项：

（一）不动产的坐落、界址、空间界限、面积、用途等自然状况；

（二）不动产权利的主体、类型、内容、来源、期限、权利变化等权属状况；

（三）涉及不动产权利限制、提示的事项；

（四）其他相关事项。

**第九条** 不动产登记簿应当采用电子介质，暂不具备条件的，可以采用纸质介质。不动产登记机构应当明确不动产登记簿唯一、合法的介质形式。

不动产登记簿采用电子介质的，应当定期进行异地备份，并具有唯一、确定的纸质转化形式。

**第十条** 不动产登记机构应当依法将各类登记事项准确、完整、清晰地记载于不动产登记簿。任何人不得损毁不动产登记簿，除依法予以更正外不得修改登记事项。

**第十一条** 不动产登记工作人员应当具备与不动产登记工作相适应的专业知识和业务能力。

不动产登记机构应当加强对不动产登记工作人员的管理和专业技术培训。

**第十二条** 不动产登记机构应当指定专人负责不动产登记簿的保管，并建立健全相应的安全责任制度。

采用纸质介质不动产登记簿的，应当配备必要的防盗、防火、防渍、防有害生物等安全保护设施。

采用电子介质不动产登记簿的，应当配备专门的存储设施，并采取信息网络安全防护措施。

**第十三条** 不动产登记簿由不动产登记机构永久保存。不动产登记簿损毁、灭失的，不动产登记机构应当依据原有登记资料予以重建。

行政区域变更或者不动产登记机构职能调整的，应当及时将不动产登记簿移交相应的不动产登记机构。

## 第三章 登记程序

**第十四条** 因买卖、设定抵押权等申请不动产登记的，应当由当事人双方共同申请。

属于下列情形之一的，可以由当事人单方申请：

（一）尚未登记的不动产首次申请登记的；

（二）继承、接受遗赠取得不动产权利的；

（三）人民法院、仲裁委员会生效的法律文书或者人民政府生效的决定等设立、变更、转让、消灭不动产权利的；

（四）权利人姓名、名称或者自然状况发生变化，申请变更登记的；

（五）不动产灭失或者权利人放弃不动产权利，申请注销登记的；

（六）申请更正登记或者异议登记的；

（七）法律、行政法规规定可以由当事人单方申请的其他情形。

**第十五条** 当事人或者其代理人应当向不动产登记机构申请不动产登记。

不动产登记机构将申请登记事项记载于不动产登记簿前，申请人可以撤回登记申请。

**第十六条** 申请人应当提交下列材料，并对申请材料的真实性负责：

（一）登记申请书；

（二）申请人、代理人身份证明材料、授权委托书；

（三）相关的不动产权属来源证明材料、登记原因证明文件、不动产权属证书；

（四）不动产界址、空间界限、面积等材料；

（五）与他人利害关系的说明材料；

（六）法律、行政法规以及本条例实施细则规定的其他材料。

不动产登记机构应当在办公场所和门户网站公开申请登记所需材料目录和示范文本等信息。

**第十七条** 不动产登记机构收到不动产登记申请材料，应当分别按照下列情况办理：

（一）属于登记职责范围，申请材料齐全、符合法定形式，或者申请人按照要求提交全部补正申请材料的，应当受理并书面告知申请人；

（二）申请材料存在可以当场更正的错误的，应当告知申请人当场更正，申请人当场更正后，应当受理并书面告知申请人；

（三）申请材料不齐全或者不符合法定形式的，应当当场书面告知申请人不予受理并一次性告知需要补正的全部内容；

（四）申请登记的不动产不属于本机构登记范围的，应当当场书面告知申请人不予受理并告知申请人向有登记权的机构申请。

不动产登记机构未当场书面告知申请人不予受理的，视为受理。

**第十八条** 不动产登记机构受理不动产登记申请的，应当按照下列要求进行查验：

（一）不动产界址、空间界限、面积等材料与申请登记的不 动产状况是否一致；

（二）有关证明材料、文件与申请登记的内容是否一致；

（三）登记申请是否违反法律、行政法规规定。

**第十九条** 属于下列情形之一的，不动产登记机构可以对申请登记的不动产进行实地查看：

（一）房屋等建筑物、构筑物所有权首次登记；

（二）在建建筑物抵押权登记；

（三）因不动产灭失导致的注销登记；

（四）不动产登记机构认为需要实地查看的其他情形。

对可能存在权属争议，或者可能涉及他人利害关系的登记申请，不动产登记机构可以向申请人、利害关系人或者有关单位进行调查。

不动产登记机构进行实地查看或者调查时，申请人、被调查人应当予以配合。

**第二十条** 不动产登记机构应当自受理登记申请之日起30个工作日内办结不动产登记手续，法律另有规定的除外。

**第二十一条** 登记事项自记载于不动产登记簿时完成登记。

不动产登记机构完成登记，应当依法向申请人核发不动产权属证书或者登记证明。

**第二十二条** 登记申请有下列情形之一的，不动产登记机构应当不予登记，并书面告知申请人：

（一）违反法律、行政法规规定的；

（二）存在尚未解决的权属争议的；

（三）申请登记的不动产权利超过规定期限的；

（四）法律、行政法规规定不予登记的其他情形。

## 第四章 登记信息共享与保护

**第二十三条** 国务院国土资源主管部门应当会同有

关部门建立统一的不动产登记信息管理基础平台。

各级不动产登记机构登记的信息应当纳入统一的不动产登记信息管理基础平台，确保国家、省、市、县四级登记信息的实时共享。

**第二十四条**　不动产登记有关信息与住房城乡建设、农业、林业、海洋等部门审批信息、交易信息等应当实时互通共享。

不动产登记机构能够通过实时互通共享取得的信息，不得要求不动产登记申请人重复提交。

**第二十五条**　国土资源、公安、民政、财政、税务、工商、金融、审计、统计等部门应当加强不动产登记有关信息互通共享。

**第二十六条**　不动产登记机构、不动产登记信息共享单位及其工作人员应当对不动产登记信息保密；涉及国家秘密的不动产登记信息，应当依法采取必要的安全保密措施。

**第二十七条**　权利人、利害关系人可以依法查询、复制不动产登记资料，不动产登记机构应当提供。

有关国家机关可以依照法律、行政法规的规定查询、复制与调查处理事项有关的不动产登记资料。

**第二十八条**　查询不动产登记资料的单位、个人应当向不动产登记机构说明查询目的，不得将查询获得的不动产登记资料用于其他目的；未经权利人同意，不得泄露查询获得的不动产登记资料。

## 第五章　法律责任

**第二十九条**　不动产登记机构登记错误给他人造成损害，或者当事人提供虚假材料申请登记给他人造成损害的，依照《中华人民共和国物权法》的规定承担赔偿责任。

**第三十条**　不动产登记机构工作人员进行虚假登记，损毁、伪造不动产登记簿，擅自修改登记事项，或者有其他滥用职权、玩忽职守行为的，依法给予处分；给他人造成损害的，依法承担赔偿责任；构成犯罪的，依法追究刑事责任。

**第三十一条**　伪造、变造不动产权属证书、不动产登记证明，或者买卖、使用伪造、变造的不动产权属证书、不动产登记证明的，由不动产登记机构或者公安机关依法予以收缴；有违法所得的，没收违法所得；给他人造成损害的，依法承担赔偿责任；构成违反治安管理行为的，依法给予治安管理处罚；构成犯罪的，依法追究刑事责任。

**第三十二条**　不动产登记机构、不动产登记信息共享单位及其工作人员，查询不动产登记资料的单位或者个人违反国家规定，泄露不动产登记资料、登记信息，或者利用不动产登记资料、登记信息进行不正当活动，给他人造成损害的，依法承担赔偿责任；对有关责任人员依法给予处分；有关责任人员构成犯罪的，依法追究刑事责任。

## 第六章　附　则

**第三十三条**　本条例施行前依法颁发的各类不动产权属证书和制作的不动产登记簿继续有效。

不动产统一登记过渡期内，农村土地承包经营权的登记按照国家有关规定执行。

**第三十四条**　本条例实施细则由国务院国土资源主管部门会同有关部门制定。

**第三十五条**　本条例自2015年3月1日起施行。本条例施行前公布的行政法规有关不动产登记的规定与本条例规定不一致的，以本条例规定为准。

# 中华人民共和国草原法

· 1985年6月18日第六届全国人民代表大会常务委员会第十一次会议通过
· 2002年12月28日第九届全国人民代表大会常务委员会第三十一次会议修订
· 根据2009年8月27日第十一届全国人民代表大会常务委员会第十次会议《关于修改部分法律的决定》第一次修正
· 根据2013年6月29日第十二届全国人民代表大会常务委员会第三次会议《关于修改〈中华人民共和国文物保护法〉等十二部法律的决定》第二次修正
· 根据2021年4月29日第十三届全国人民代表大会常务委员会第二十八次会议《关于修改〈中华人民共和国道路交通安全法〉等八部法律的决定》第三次修正

## 目　录

第一章　总　则
第二章　草原权属
第三章　规　划
第四章　建　设
第五章　利　用
第六章　保　护
第七章　监督检查
第八章　法律责任
第九章　附　则

## 第一章　总　则

**第一条**　为了保护、建设和合理利用草原，改善生态环境，维护生物多样性，发展现代畜牧业，促进经济和社会的可持续发展，制定本法。

**第二条** 在中华人民共和国领域内从事草原规划、保护、建设、利用和管理活动，适用本法。

本法所称草原，是指天然草原和人工草地。

**第三条** 国家对草原实行科学规划、全面保护、重点建设、合理利用的方针，促进草原的可持续利用和生态、经济、社会的协调发展。

**第四条** 各级人民政府应当加强对草原保护、建设和利用的管理，将草原的保护、建设和利用纳入国民经济和社会发展计划。

各级人民政府应当加强保护、建设和合理利用草原的宣传教育。

**第五条** 任何单位和个人都有遵守草原法律法规、保护草原的义务，同时享有对违反草原法律法规、破坏草原的行为进行监督、检举和控告的权利。

**第六条** 国家鼓励与支持开展草原保护、建设、利用和监测方面的科学研究，推广先进技术和先进成果，培养科学技术人才。

**第七条** 国家对在草原管理、保护、建设、合理利用和科学研究等工作中做出显著成绩的单位和个人，给予奖励。

**第八条** 国务院草原行政主管部门主管全国草原监督管理工作。

县级以上地方人民政府草原行政主管部门主管本行政区域内草原监督管理工作。

乡（镇）人民政府应当加强对本行政区域内草原保护、建设和利用情况的监督检查，根据需要可以设专职或者兼职人员负责具体监督检查工作。

## 第二章 草原权属

**第九条** 草原属于国家所有，由法律规定属于集体所有的除外。国家所有的草原，由国务院代表国家行使所有权。

任何单位或者个人不得侵占、买卖或者以其他形式非法转让草原。

**第十条** 国家所有的草原，可以依法确定给全民所有制单位、集体经济组织等使用。

使用草原的单位，应当履行保护、建设和合理利用草原的义务。

**第十一条** 依法确定给全民所有制单位、集体经济组织等使用的国家所有的草原，由县级以上人民政府登记，核发使用权证，确认草原使用权。

未确定使用权的国家所有的草原，由县级以上人民政府登记造册，并负责保护管理。

集体所有的草原，由县级人民政府登记，核发所有权证，确认草原所有权。

依法改变草原权属的，应当办理草原权属变更登记手续。

**第十二条** 依法登记的草原所有权和使用权受法律保护，任何单位或者个人不得侵犯。

**第十三条** 集体所有的草原或者依法确定给集体经济组织使用的国家所有的草原，可以由本集体经济组织内的家庭或者联户承包经营。

在草原承包经营期内，不得对承包经营者使用的草原进行调整；个别确需适当调整的，必须经本集体经济组织成员的村（牧）民会议三分之二以上成员或者三分之二以上村（牧）民代表的同意，并报乡（镇）人民政府和县级人民政府草原行政主管部门批准。

集体所有的草原或者依法确定给集体经济组织使用的国家所有的草原由本集体经济组织以外的单位或者个人承包经营的，必须经本集体经济组织成员的村（牧）民会议三分之二以上成员或者三分之二以上村（牧）民代表的同意，并报乡（镇）人民政府批准。

**第十四条** 承包经营草原，发包方和承包方应当签订书面合同。草原承包合同的内容应当包括双方的权利和义务、承包草原四至界限、面积和等级、承包期和起止日期、承包草原用途和违约责任等。承包期届满，原承包经营者在同等条件下享有优先承包权。

承包经营草原的单位和个人，应当履行保护、建设和按照承包合同约定的用途合理利用草原的义务。

**第十五条** 草原承包经营权受法律保护，可以按照自愿、有偿的原则依法转让。

草原承包经营权转让的受让方必须具有从事畜牧业生产的能力，并应当履行保护、建设和按照承包合同约定的用途合理利用草原的义务。

草原承包经营权转让应当经发包方同意。承包方与受让方在转让合同中约定的转让期限，不得超过原承包合同剩余的期限。

**第十六条** 草原所有权、使用权的争议，由当事人协商解决；协商不成的，由有关人民政府处理。

单位之间的争议，由县级以上人民政府处理；个人之间、个人与单位之间的争议，由乡（镇）人民政府或者县级以上人民政府处理。

当事人对有关人民政府的处理决定不服的，可以依法向人民法院起诉。

在草原权属争议解决前,任何一方不得改变草原利用现状,不得破坏草原和草原上的设施。

## 第三章 规 划

**第十七条** 国家对草原保护、建设、利用实行统一规划制度。国务院草原行政主管部门会同国务院有关部门编制全国草原保护、建设、利用规划,报国务院批准后实施。

县级以上地方人民政府草原行政主管部门会同同级有关部门依据上一级草原保护、建设、利用规划编制本行政区域的草原保护、建设、利用规划,报本级人民政府批准后实施。

经批准的草原保护、建设、利用规划确需调整或者修改时,须经原批准机关批准。

**第十八条** 编制草原保护、建设、利用规划,应当依据国民经济和社会发展规划并遵循下列原则:

(一)改善生态环境,维护生物多样性,促进草原的可持续利用;

(二)以现有草原为基础,因地制宜,统筹规划,分类指导;

(三)保护为主、加强建设、分批改良、合理利用;

(四)生态效益、经济效益、社会效益相结合。

**第十九条** 草原保护、建设、利用规划应当包括:草原保护、建设、利用的目标和措施,草原功能分区和各项建设的总体部署,各项专业规划等。

**第二十条** 草原保护、建设、利用规划应当与土地利用总体规划相衔接,与环境保护规划、水土保持规划、防沙治沙规划、水资源规划、林业长远规划、城市总体规划、村庄和集镇规划以及其他有关规划相协调。

**第二十一条** 草原保护、建设、利用规划一经批准,必须严格执行。

**第二十二条** 国家建立草原调查制度。

县级以上人民政府草原行政主管部门会同同级有关部门定期进行草原调查;草原所有者或者使用者应当支持、配合调查,并提供有关资料。

**第二十三条** 国务院草原行政主管部门会同国务院有关部门制定全国草原等级评定标准。

县级以上人民政府草原行政主管部门根据草原调查结果、草原的质量,依据草原等级评定标准,对草原进行评等定级。

**第二十四条** 国家建立草原统计制度。

县级以上人民政府草原行政主管部门和同级统计部门共同制定草原统计调查办法,依法对草原的面积、等级、产草量、载畜量等进行统计,定期发布草原统计资料。

草原统计资料是各级人民政府编制草原保护、建设、利用规划的依据。

**第二十五条** 国家建立草原生产、生态监测预警系统。

县级以上人民政府草原行政主管部门对草原的面积、等级、植被构成、生产能力、自然灾害、生物灾害等草原基本状况实行动态监测,及时为本级政府和有关部门提供动态监测和预警信息服务。

## 第四章 建 设

**第二十六条** 县级以上人民政府应当增加草原建设的投入,支持草原建设。

国家鼓励单位和个人投资建设草原,按照谁投资、谁受益的原则保护草原投资建设者的合法权益。

**第二十七条** 国家鼓励与支持人工草地建设、天然草原改良和饲草饲料基地建设,稳定和提高草原生产能力。

**第二十八条** 县级以上人民政府应当支持、鼓励和引导农牧民开展草原围栏、饲草饲料储备、牲畜圈舍、牧民定居点等生产生活设施的建设。

县级以上地方人民政府应当支持草原水利设施建设,发展草原节水灌溉,改善人畜饮水条件。

**第二十九条** 县级以上人民政府应当按照草原保护、建设、利用规划加强草种基地建设,鼓励选育、引进、推广优良草品种。

新草品种必须经全国草品种审定委员会审定,由国务院草原行政主管部门公告后方可推广。从境外引进草种必须依法进行审批。

县级以上人民政府草原行政主管部门应当依法加强对草种生产、加工、检疫、检验的监督管理,保证草种质量。

**第三十条** 县级以上人民政府应当有计划地进行火情监测、防火物资储备、防火隔离带等草原防火设施的建设,确保防火需要。

**第三十一条** 对退化、沙化、盐碱化、石漠化和水土流失的草原,地方各级人民政府应当按照草原保护、建设、利用规划,划定治理区,组织专项治理。

大规模的草原综合治理,列入国家国土整治计划。

**第三十二条** 县级以上人民政府应当根据草原保护、建设、利用规划,在本级国民经济和社会发展计划中安排资金用于草原改良、人工种草和草种生产,任何单位或者个人不得截留、挪用;县级以上人民政府财政部门和审计部门应当加强监督管理。

## 第五章　利　用

**第三十三条**　草原承包经营者应当合理利用草原，不得超过草原行政主管部门核定的载畜量；草原承包经营者应当采取种植和储备饲草饲料、增加饲草饲料供应量、调剂处理牲畜、优化畜群结构、提高出栏率等措施，保持草畜平衡。

草原载畜量标准和草畜平衡管理办法由国务院草原行政主管部门规定。

**第三十四条**　牧区的草原承包经营者应当实行划区轮牧，合理配置畜群，均衡利用草原。

**第三十五条**　国家提倡在农区、半农半牧区和有条件的牧区实行牲畜圈养。草原承包经营者应当按照饲养牲畜的种类和数量，调剂、储备饲草饲料，采用青贮和饲草饲料加工等新技术，逐步改变依赖天然草地放牧的生产方式。

在草原禁牧、休牧、轮牧区，国家对实行舍饲圈养的给予粮食和资金补助，具体办法由国务院或者国务院授权的有关部门规定。

**第三十六条**　县级以上地方人民政府草原行政主管部门对割草场和野生草种基地应当规定合理的割草期、采种期以及留茬高度和采割强度，实行轮割轮采。

**第三十七条**　遇到自然灾害等特殊情况，需要临时调剂使用草原的，按照自愿互利的原则，由双方协商解决；需要跨县临时调剂使用草原的，由有关县级人民政府或者共同的上级人民政府组织协商解决。

**第三十八条**　进行矿藏开采和工程建设，应当不占或者少占草原；确需征收、征用或者使用草原的，必须经省级以上人民政府草原行政主管部门审核同意后，依照有关土地管理的法律、行政法规办理建设用地审批手续。

**第三十九条**　因建设征收、征用集体所有的草原的，应当依照《中华人民共和国土地管理法》的规定给予补偿；因建设使用国家所有的草原的，应当依照国务院有关规定对草原承包经营者给予补偿。

因建设征收、征用或者使用草原的，应当交纳草原植被恢复费。草原植被恢复费专款专用，由草原行政主管部门按照规定用于恢复草原植被，任何单位和个人不得截留、挪用。草原植被恢复费的征收、使用和管理办法，由国务院价格主管部门和国务院财政部门会同国务院草原行政主管部门制定。

**第四十条**　需要临时占用草原的，应当经县级以上地方人民政府草原行政主管部门审核同意。

临时占用草原的期限不得超过二年，并不得在临时占用的草原上修建永久性建筑物、构筑物；占用期满，用地单位必须恢复草原植被并及时退还。

**第四十一条**　在草原上修建直接为草原保护和畜牧业生产服务的工程设施，需要使用草原的，由县级以上人民政府草原行政主管部门批准；修筑其他工程，需要将草原转为非畜牧业生产用地的，必须依法办理建设用地审批手续。

前款所称直接为草原保护和畜牧业生产服务的工程设施，是指：

（一）生产、贮存草种和饲草饲料的设施；

（二）牲畜圈舍、配种点、剪毛点、药浴池、人畜饮水设施；

（三）科研、试验、示范基地；

（四）草原防火和灌溉设施。

## 第六章　保　护

**第四十二条**　国家实行基本草原保护制度。下列草原应当划为基本草原，实施严格管理：

（一）重要放牧场；

（二）割草地；

（三）用于畜牧业生产的人工草地、退耕还草地以及改良草地、草种基地；

（四）对调节气候、涵养水源、保持水土、防风固沙具有特殊作用的草原；

（五）作为国家重点保护野生动植物生存环境的草原；

（六）草原科研、教学试验基地；

（七）国务院规定应当划为基本草原的其他草原。

基本草原的保护管理办法，由国务院制定。

**第四十三条**　国务院草原行政主管部门或者省、自治区、直辖市人民政府可以按照自然保护区管理的有关规定在下列地区建立草原自然保护区：

（一）具有代表性的草原类型；

（二）珍稀濒危野生动植物分布区；

（三）具有重要生态功能和经济科研价值的草原。

**第四十四条**　县级以上人民政府应当依法加强对草原珍稀濒危野生植物和种质资源的保护、管理。

**第四十五条**　国家对草原实行以草定畜、草畜平衡制度。县级以上地方人民政府草原行政主管部门应当按照国务院草原行政主管部门制定的草原载畜量标准，结合当地实际情况，定期核定草原载畜量。各级人民政府应当采取有效措施，防止超载过牧。

**第四十六条**　禁止开垦草原。对水土流失严重、有沙化趋势、需要改善生态环境的已垦草原，应当有计划、有步骤地退耕还草；已造成沙化、盐碱化、石漠化的，应当限期治理。

**第四十七条**　对严重退化、沙化、盐碱化、石漠化的草原和生态脆弱区的草原，实行禁牧、休牧制度。

**第四十八条**　国家支持依法实行退耕还草和禁牧、休牧。具体办法由国务院或者省、自治区、直辖市人民政府制定。

对在国务院批准规划范围内实施退耕还草的农牧民，按照国家规定给予粮食、现金、草种费补助。退耕还草完成后，由县级以上人民政府草原行政主管部门核实登记，依法履行土地用途变更手续，发放草原权属证书。

**第四十九条**　禁止在荒漠、半荒漠和严重退化、沙化、盐碱化、石漠化、水土流失的草原以及生态脆弱区的草原上采挖植物和从事破坏草原植被的其他活动。

**第五十条**　在草原上从事采土、采砂、采石等作业活动，应当报县级人民政府草原行政主管部门批准；开采矿产资源的，并应当依法办理有关手续。

经批准在草原上从事本条第一款所列活动的，应当在规定的时间、区域内，按照准许的采挖方式作业，并采取保护草原植被的措施。

在他人使用的草原上从事本条第一款所列活动的，还应当事先征得草原使用者的同意。

**第五十一条**　在草原上种植牧草或者饲料作物，应当符合草原保护、建设、利用规划；县级以上地方人民政府草原行政主管部门应当加强监督管理，防止草原沙化和水土流失。

**第五十二条**　在草原上开展经营性旅游活动，应当符合有关草原保护、建设、利用规划，并不得侵犯草原所有者、使用者和承包经营者的合法权益，不得破坏草原植被。

**第五十三条**　草原防火工作贯彻预防为主、防消结合的方针。

各级人民政府应当建立草原防火责任制，规定草原防火期，制定草原防火扑火预案，切实做好草原火灾的预防和扑救工作。

**第五十四条**　县级以上地方人民政府应当做好草原鼠害、病虫害和毒害草防治的组织管理工作。县级以上地方人民政府草原行政主管部门应当采取措施，加强草原鼠害、病虫害和毒害草监测预警、调查以及防治工作，组织研究和推广综合防治的办法。

禁止在草原上使用剧毒、高残留以及可能导致二次中毒的农药。

**第五十五条**　除抢险救灾和牧民搬迁的机动车辆外，禁止机动车辆离开道路在草原上行驶，破坏草原植被；因从事地质勘探、科学考察等活动确需离开道路在草原上行驶的，应当事先向所在地县级人民政府草原行政主管部门报告行驶区域和行驶路线，并按照报告的行驶区域和行驶路线在草原上行驶。

## 第七章　监督检查

**第五十六条**　国务院草原行政主管部门和草原面积较大的省、自治区的县级以上地方人民政府草原行政主管部门设立草原监督管理机构，负责草原法律、法规执行情况的监督检查，对违反草原法律、法规的行为进行查处。

草原行政主管部门和草原监督管理机构应当加强执法队伍建设，提高草原监督检查人员的政治、业务素质。草原监督检查人员应当忠于职守，秉公执法。

**第五十七条**　草原监督检查人员履行监督检查职责时，有权采取下列措施：

（一）要求被检查单位或者个人提供有关草原权属的文件和资料，进行查阅或者复制；

（二）要求被检查单位或者个人对草原权属等问题作出说明；

（三）进入违法现场进行拍照、摄像和勘测；

（四）责令被检查单位或者个人停止违反草原法律、法规的行为，履行法定义务。

**第五十八条**　国务院草原行政主管部门和省、自治区、直辖市人民政府草原行政主管部门，应当加强对草原监督检查人员的培训和考核。

**第五十九条**　有关单位和个人对草原监督检查人员的监督检查工作应当给予支持、配合，不得拒绝或者阻碍草原监督检查人员依法执行职务。

草原监督检查人员在履行监督检查职责时，应当向被检查单位和个人出示执法证件。

**第六十条**　对违反草原法律、法规的行为，应当依法作出行政处理，有关草原行政主管部门不作出行政处理决定的，上级草原行政主管部门有权责令有关草原行政主管部门作出行政处理决定或者直接作出行政处理决定。

## 第八章　法律责任

**第六十一条**　草原行政主管部门工作人员及其他国家机关有关工作人员玩忽职守、滥用职权，不依法履行监督管理职责，或者发现违法行为不予查处，造成严重后果，构成犯罪的，依法追究刑事责任；尚不够刑事处罚的，依法给予行政处分。

**第六十二条** 截留、挪用草原改良、人工种草和草种生产资金或者草原植被恢复费，构成犯罪的，依法追究刑事责任；尚不够刑事处罚的，依法给予行政处分。

**第六十三条** 无权批准征收、征用、使用草原的单位或者个人非法批准征收、征用、使用草原的，超越批准权限非法批准征收、征用、使用草原的，或者违反法律规定的程序批准征收、征用、使用草原，构成犯罪的，依法追究刑事责任；尚不够刑事处罚的，依法给予行政处分。非法批准征收、征用、使用草原的文件无效。非法批准征收、征用、使用的草原应当收回，当事人拒不归还的，以非法使用草原论处。

非法批准征收、征用、使用草原，给当事人造成损失的，依法承担赔偿责任。

**第六十四条** 买卖或者以其他形式非法转让草原，构成犯罪的，依法追究刑事责任；尚不够刑事处罚的，由县级以上人民政府草原行政主管部门依据职权责令限期改正，没收违法所得，并处违法所得一倍以上五倍以下的罚款。

**第六十五条** 未经批准或者采取欺骗手段骗取批准，非法使用草原，构成犯罪的，依法追究刑事责任；尚不够刑事处罚的，由县级以上人民政府草原行政主管部门依据职权责令退还非法使用的草原，对违反草原保护、建设、利用规划擅自将草原改为建设用地的，限期拆除在非法使用的草原上新建的建筑物和其他设施，恢复草原植被，并处草原被非法使用前三年平均产值六倍以上十二倍以下的罚款。

**第六十六条** 非法开垦草原，构成犯罪的，依法追究刑事责任；尚不够刑事处罚的，由县级以上人民政府草原行政主管部门依据职权责令停止违法行为，限期恢复植被，没收非法财物和违法所得，并处违法所得一倍以上五倍以下的罚款；没有违法所得的，并处五万元以下的罚款；给草原所有者或者使用者造成损失的，依法承担赔偿责任。

**第六十七条** 在荒漠、半荒漠和严重退化、沙化、盐碱化、石漠化、水土流失的草原，以及生态脆弱区的草原上采挖植物或者从事破坏草原植被的其他活动的，由县级以上地方人民政府草原行政主管部门依据职权责令停止违法行为，没收非法财物和违法所得，可以并处违法所得一倍以上五倍以下的罚款；没有违法所得的，可以并处五万元以下的罚款；给草原所有者或者使用者造成损失的，依法承担赔偿责任。

**第六十八条** 未经批准或者未按照规定的时间、区域和采挖方式在草原上进行采土、采砂、采石等活动的，由县级人民政府草原行政主管部门责令停止违法行为，限期恢复植被，没收非法财物和违法所得，可以并处违法所得一倍以上二倍以下的罚款；没有违法所得的，可以并处二万元以下的罚款；给草原所有者或者使用者造成损失的，依法承担赔偿责任。

**第六十九条** 违反本法第五十二条规定，在草原上开展经营性旅游活动，破坏草原植被的，由县级以上地方人民政府草原行政主管部门依据职权责令停止违法行为，限期恢复植被，没收违法所得，可以并处违法所得一倍以上二倍以下的罚款；没有违法所得的，可以并处草原被破坏前三年平均产值六倍以上十二倍以下的罚款；给草原所有者或者使用者造成损失的，依法承担赔偿责任。

**第七十条** 非抢险救灾和牧民搬迁的机动车辆离开道路在草原上行驶，或者从事地质勘探、科学考察等活动，未事先向所在地县级人民政府草原行政主管部门报告或者未按照报告的行驶区域和行驶路线在草原上行驶，破坏草原植被的，由县级人民政府草原行政主管部门责令停止违法行为，限期恢复植被，可以并处草原被破坏前三年平均产值三倍以上九倍以下的罚款；给草原所有者或者使用者造成损失的，依法承担赔偿责任。

**第七十一条** 在临时占用的草原上修建永久性建筑物、构筑物的，由县级以上地方人民政府草原行政主管部门依据职权责令限期拆除；逾期不拆除的，依法强制拆除，所需费用由违法者承担。

临时占用草原，占用期届满，用地单位不予恢复草原植被的，由县级以上地方人民政府草原行政主管部门依据职权责令限期恢复；逾期不恢复的，由县级以上地方人民政府草原行政主管部门代为恢复，所需费用由违法者承担。

**第七十二条** 未经批准，擅自改变草原保护、建设、利用规划的，由县级以上人民政府责令限期改正；对直接负责的主管人员和其他直接责任人员，依法给予行政处分。

**第七十三条** 对违反本法有关草畜平衡制度的规定，牲畜饲养量超过县级以上地方人民政府草原行政主管部门核定的草原载畜量标准的纠正或者处罚措施，由省、自治区、直辖市人民代表大会或者其常务委员会规定。

## 第九章　附　则

**第七十四条**　本法第二条第二款中所称的天然草原包括草地、草山和草坡，人工草地包括改良草地和退耕还草地，不包括城镇草地。

**第七十五条**　本法自2003年3月1日起施行。

# 中华人民共和国森林法

· 1984年9月20日第六届全国人民代表大会常务委员会第七次会议通过
· 根据1998年4月29日第九届全国人民代表大会常务委员会第二次会议《关于修改〈中华人民共和国森林法〉的决定》第一次修正
· 根据2009年8月27日第十一届全国人民代表大会常务委员会第十次会议《关于修改部分法律的决定》第二次修正
· 2019年12月28日第十三届全国人民代表大会常务委员会第十五次会议修订
· 2019年12月28日中华人民共和国主席令第39号公布
· 自2020年7月1日起施行

## 目　录

第一章　总　则
第二章　森林权属
第三章　发展规划
第四章　森林保护
第五章　造林绿化
第六章　经营管理
第七章　监督检查
第八章　法律责任
第九章　附　则

## 第一章　总　则

**第一条**　为了践行绿水青山就是金山银山理念，保护、培育和合理利用森林资源，加快国土绿化，保障森林生态安全，建设生态文明，实现人与自然和谐共生，制定本法。

**第二条**　在中华人民共和国领域内从事森林、林木的保护、培育、利用和森林、林木、林地的经营管理活动，适用本法。

**第三条**　保护、培育、利用森林资源应当尊重自然、顺应自然，坚持生态优先、保护优先、保育结合、可持续发展的原则。

**第四条**　国家实行森林资源保护发展目标责任制和考核评价制度。上级人民政府对下级人民政府完成森林资源保护发展目标和森林防火、重大林业有害生物防治工作的情况进行考核，并公开考核结果。

地方人民政府可以根据本行政区域森林资源保护发展的需要，建立林长制。

**第五条**　国家采取财政、税收、金融等方面的措施，支持森林资源保护发展。各级人民政府应当保障森林生态保护修复的投入，促进林业发展。

**第六条**　国家以培育稳定、健康、优质、高效的森林生态系统为目标，对公益林和商品林实行分类经营管理，突出主导功能，发挥多种功能，实现森林资源永续利用。

**第七条**　国家建立森林生态效益补偿制度，加大公益林保护支持力度，完善重点生态功能区转移支付政策，指导受益地区和森林生态保护地区人民政府通过协商等方式进行生态效益补偿。

**第八条**　国务院和省、自治区、直辖市人民政府可以依照国家对民族自治地方自治权的规定，对民族自治地方的森林保护和林业发展实行更加优惠的政策。

**第九条**　国务院林业主管部门主管全国林业工作。县级以上地方人民政府林业主管部门，主管本行政区域的林业工作。

乡镇人民政府可以确定相关机构或者设置专职、兼职人员承担林业相关工作。

**第十条**　植树造林、保护森林，是公民应尽的义务。各级人民政府应当组织开展全民义务植树活动。

每年三月十二日为植树节。

**第十一条**　国家采取措施，鼓励和支持林业科学研究，推广先进适用的林业技术，提高林业科学技术水平。

**第十二条**　各级人民政府应当加强森林资源保护的宣传教育和知识普及工作，鼓励和支持基层群众性自治组织、新闻媒体、林业企业事业单位、志愿者等开展森林资源保护宣传活动。

教育行政部门、学校应当对学生进行森林资源保护教育。

**第十三条**　对在造林绿化、森林保护、森林经营管理以及林业科学研究等方面成绩显著的组织或者个人，按照国家有关规定给予表彰、奖励。

## 第二章　森林权属

**第十四条**　森林资源属于国家所有，由法律规定属于集体所有的除外。

国家所有的森林资源的所有权由国务院代表国家行使。国务院可以授权国务院自然资源主管部门统一履行国有森林资源所有者职责。

**第十五条** 林地和林地上的森林、林木的所有权、使用权,由不动产登记机构统一登记造册,核发证书。国务院确定的国家重点林区(以下简称重点林区)的森林、林木和林地,由国务院自然资源主管部门负责登记。

森林、林木、林地的所有者和使用者的合法权益受法律保护,任何组织和个人不得侵犯。

森林、林木、林地的所有者和使用者应当依法保护和合理利用森林、林木、林地,不得非法改变林地用途和毁坏森林、林木、林地。

**第十六条** 国家所有的林地和林地上的森林、林木可以依法确定给林业经营者使用。林业经营者依法取得的国有林地和林地上的森林、林木的使用权,经批准可以转让、出租、作价出资等。具体办法由国务院制定。

林业经营者应当履行保护、培育森林资源的义务,保证国有森林资源稳定增长,提高森林生态功能。

**第十七条** 集体所有和国家所有依法由农民集体使用的林地(以下简称集体林地)实行承包经营的,承包方享有林地承包经营权和承包林地上的林木所有权,合同另有约定的从其约定。承包方可以依法采取出租(转包)、入股、转让等方式流转林地经营权、林木所有权和使用权。

**第十八条** 未实行承包经营的集体林地以及林地上的林木,由农村集体经济组织统一经营。经本集体经济组织成员的村民会议三分之二以上成员或者三分之二以上村民代表同意并公示,可以通过招标、拍卖、公开协商等方式依法流转林地经营权、林木所有权和使用权。

**第十九条** 集体林地经营权流转应当签订书面合同。林地经营权流转合同一般包括流转双方的权利义务、流转期限、流转价款及支付方式、流转期限届满林地上的林木和固定生产设施的处置、违约责任等内容。

受让方违反法律规定或者合同约定造成森林、林木、林地严重毁坏的,发包方或者承包方有权收回林地经营权。

**第二十条** 国有企业事业单位、机关、团体、部队营造的林木,由营造单位管护并按照国家规定支配林木收益。

农村居民在房前屋后、自留地、自留山种植的林木,归个人所有。城镇居民在自有房屋的庭院内种植的林木,归个人所有。

集体或者个人承包国家所有和集体所有的宜林荒山荒地荒滩营造的林木,归承包的集体或者个人所有;合同另有约定的从其约定。

其他组织或者个人营造的林木,依法由营造者所有并享有林木收益;合同另有约定的从其约定。

**第二十一条** 为了生态保护、基础设施建设等公共利益的需要,确需征收、征用林地、林木的,应当依照《中华人民共和国土地管理法》等法律、行政法规的规定办理审批手续,并给予公平、合理的补偿。

**第二十二条** 单位之间发生的林木、林地所有权和使用权争议,由县级以上人民政府依法处理。

个人之间、个人与单位之间发生的林木所有权和林地使用权争议,由乡镇人民政府或者县级以上人民政府依法处理。

当事人对有关人民政府的处理决定不服的,可以自接到处理决定通知之日起三十日内,向人民法院起诉。

在林木、林地权属争议解决前,除因森林防火、林业有害生物防治、国家重大基础设施建设等需要外,当事人任何一方不得砍伐有争议的林木或者改变林地现状。

## 第三章 发展规划

**第二十三条** 县级以上人民政府应当将森林资源保护和林业发展纳入国民经济和社会发展规划。

**第二十四条** 县级以上人民政府应当落实国土空间开发保护要求,合理规划森林资源保护利用结构和布局,制定森林资源保护发展目标,提高森林覆盖率、森林蓄积量,提升森林生态系统质量和稳定性。

**第二十五条** 县级以上人民政府林业主管部门应当根据森林资源保护发展目标,编制林业发展规划。下级林业发展规划依据上级林业发展规划编制。

**第二十六条** 县级以上人民政府林业主管部门可以结合本地实际,编制林地保护利用、造林绿化、森林经营、天然林保护等相关专项规划。

**第二十七条** 国家建立森林资源调查监测制度,对全国森林资源现状及变化情况进行调查、监测和评价,并定期公布。

## 第四章 森林保护

**第二十八条** 国家加强森林资源保护,发挥森林蓄水保土、调节气候、改善环境、维护生物多样性和提供林产品等多种功能。

**第二十九条** 中央和地方财政分别安排资金,用于公益林的营造、抚育、保护、管理和非国有公益林权利人的经济补偿等,实行专款专用。具体办法由国务院财政部门会同林业主管部门制定。

**第三十条** 国家支持重点林区的转型发展和森林资

源保护修复，改善生产生活条件，促进所在地区经济社会发展。重点林区按照规定享受国家重点生态功能区转移支付等政策。

**第三十一条** 国家在不同自然地带的典型森林生态地区、珍贵动物和植物生长繁殖的林区、天然热带雨林区和具有特殊保护价值的其他天然林区，建立以国家公园为主体的自然保护地体系，加强保护管理。

国家支持生态脆弱地区森林资源的保护修复。

县级以上人民政府应当采取措施对具有特殊价值的野生植物资源予以保护。

**第三十二条** 国家实行天然林全面保护制度，严格限制天然林采伐，加强天然林管护能力建设，保护和修复天然林资源，逐步提高天然林生态功能。具体办法由国务院规定。

**第三十三条** 地方各级人民政府应当组织有关部门建立护林组织，负责护林工作；根据实际需要建设护林设施，加强森林资源保护；督促相关组织订立护林公约、组织群众护林、划定护林责任区、配备专职或者兼职护林员。

县级或者乡镇人民政府可以聘用护林员，其主要职责是巡护森林，发现火情、林业有害生物以及破坏森林资源的行为，应当及时处理并向当地林业等有关部门报告。

**第三十四条** 地方各级人民政府负责本行政区域的森林防火工作，发挥群防作用；县级以上人民政府组织领导应急管理、林业、公安等部门按照职责分工密切配合做好森林火灾的科学预防、扑救和处置工作：

（一）组织开展森林防火宣传活动，普及森林防火知识；

（二）划定森林防火区，规定森林防火期；

（三）设置防火设施，配备防灭火装备和物资；

（四）建立森林火灾监测预警体系，及时消除隐患；

（五）制定森林火灾应急预案，发生森林火灾，立即组织扑救；

（六）保障预防和扑救森林火灾所需费用。

国家综合性消防救援队伍承担国家规定的森林火灾扑救任务和预防相关工作。

**第三十五条** 县级以上人民政府林业主管部门负责本行政区域的林业有害生物的监测、检疫和防治。

省级以上人民政府林业主管部门负责确定林业植物及其产品的检疫性有害生物，划定疫区和保护区。

重大林业有害生物灾害防治实行地方人民政府负责制。发生暴发性、危险性等重大林业有害生物灾害时，当地人民政府应当及时组织除治。

林业经营者在政府支持引导下，对其经营管理范围内的林业有害生物进行防治。

**第三十六条** 国家保护林地，严格控制林地转为非林地，实行占用林地总量控制，确保林地保有量不减少。各类建设项目占用林地不得超过本行政区域的占用林地总量控制指标。

**第三十七条** 矿藏勘查、开采以及其他各类工程建设，应当不占或者少占林地；确需占用林地的，应当经县级以上人民政府林业主管部门审核同意，依法办理建设用地审批手续。

占用林地的单位应当缴纳森林植被恢复费。森林植被恢复费征收使用管理办法由国务院财政部门会同林业主管部门制定。

县级以上人民政府林业主管部门应当按照规定安排植树造林，恢复森林植被，植树造林面积不得少于因占用林地而减少的森林植被面积。上级林业主管部门应当定期督促下级林业主管部门组织植树造林、恢复森林植被，并进行检查。

**第三十八条** 需要临时使用林地的，应当经县级以上人民政府林业主管部门批准；临时使用林地的期限一般不超过二年，并不得在临时使用的林地上修建永久性建筑物。

临时使用林地期满后一年内，用地单位或者个人应当恢复植被和林业生产条件。

**第三十九条** 禁止毁林开垦、采石、采砂、采土以及其他毁坏林木和林地的行为。

禁止向林地排放重金属或者其他有毒有害物质含量超标的污水、污泥，以及可能造成林地污染的清淤底泥、尾矿、矿渣等。

禁止在幼林地砍柴、毁苗、放牧。

禁止擅自移动或者损坏森林保护标志。

**第四十条** 国家保护古树名木和珍贵树木。禁止破坏古树名木和珍贵树木及其生存的自然环境。

**第四十一条** 各级人民政府应当加强林业基础设施建设，应用先进适用的科技手段，提高森林防火、林业有害生物防治等森林管护能力。

各有关单位应当加强森林管护。国有林业企业事业单位应当加大投入，加强森林防火、林业有害生物防治，预防和制止破坏森林资源的行为。

## 第五章　造林绿化

**第四十二条** 国家统筹城乡造林绿化，开展大规模国土绿化行动,绿化美化城乡,推动森林城市建设,促进乡村振兴,建设美丽家园。

**第四十三条** 各级人民政府应当组织各行各业和城乡居民造林绿化。

宜林荒山荒地荒滩,属于国家所有的,由县级以上人民政府林业主管部门和其他有关主管部门组织开展造林绿化;属于集体所有的,由集体经济组织组织开展造林绿化。

城市规划区内、铁路公路两侧、江河两侧、湖泊水库周围,由各有关主管部门按照有关规定因地制宜组织开展造林绿化;工矿区、工业园区、机关、学校用地,部队营区以及农场、牧场、渔场经营地区,由各该单位负责造林绿化。组织开展城市造林绿化的具体办法由国务院制定。

国家所有和集体所有的宜林荒山荒地荒滩可以由单位或者个人承包造林绿化。

**第四十四条** 国家鼓励公民通过植树造林、抚育管护、认建认养等方式参与造林绿化。

**第四十五条** 各级人民政府组织造林绿化,应当科学规划、因地制宜,优化林种、树种结构,鼓励使用乡土树种和林木良种、营造混交林,提高造林绿化质量。

国家投资或者以国家投资为主的造林绿化项目,应当按照国家规定使用林木良种。

**第四十六条** 各级人民政府应当采取以自然恢复为主、自然恢复和人工修复相结合的措施,科学保护修复森林生态系统。新造幼林地和其他应当封山育林的地方,由当地人民政府组织封山育林。

各级人民政府应当对国务院确定的坡耕地、严重沙化耕地、严重石漠化耕地、严重污染耕地等需要生态修复的耕地,有计划地组织实施退耕还林还草。

各级人民政府应当对自然因素等导致的荒废和受损山体、退化林地以及宜林荒山荒地荒滩,因地制宜实施森林生态修复工程,恢复植被。

## 第六章 经营管理

**第四十七条** 国家根据生态保护的需要,将森林生态区位重要或者生态状况脆弱,以发挥生态效益为主要目的的林地和林地上的森林划定为公益林。未划定为公益林的林地和林地上的森林属于商品林。

**第四十八条** 公益林由国务院和省、自治区、直辖市人民政府划定并公布。

下列区域的林地和林地上的森林,应当划定为公益林:

(一)重要江河源头汇水区域;

(二)重要江河干流及支流两岸、饮用水水源地保护区;

(三)重要湿地和重要水库周围;

(四)森林和陆生野生动物类型的自然保护区;

(五)荒漠化和水土流失严重地区的防风固沙林基干林带;

(六)沿海防护林基干林带;

(七)未开发利用的原始林地区;

(八)需要划定的其他区域。

公益林划定涉及非国有林地的,应当与权利人签订书面协议,并给予合理补偿。

公益林进行调整的,应当经原划定机关同意,并予以公布。

国家级公益林划定和管理的办法由国务院制定;地方级公益林划定和管理的办法由省、自治区、直辖市人民政府制定。

**第四十九条** 国家对公益林实施严格保护。

县级以上人民政府林业主管部门应当有计划地组织公益林经营者对公益林中生态功能低下的疏林、残次林等低质低效林,采取林分改造、森林抚育等措施,提高公益林的质量和生态保护功能。

在符合公益林生态区位保护要求和不影响公益林生态功能的前提下,经科学论证,可以合理利用公益林林地资源和森林景观资源,适度开展林下经济、森林旅游等。利用公益林开展上述活动应当严格遵守国家有关规定。

**第五十条** 国家鼓励发展下列商品林:

(一)以生产木材为主要目的的森林;

(二)以生产果品、油料、饮料、调料、工业原料和药材等林产品为主要目的的森林;

(三)以生产燃料和其他生物质能源为主要目的的森林;

(四)其他以发挥经济效益为主要目的的森林。

在保障生态安全的前提下,国家鼓励建设速生丰产、珍贵树种和大径级用材林,增加林木储备,保障木材供给安全。

**第五十一条** 商品林由林业经营者依法自主经营。在不破坏生态的前提下,可以采取集约化经营措施,合理利用森林、林木、林地,提高商品林经济效益。

**第五十二条** 在林地上修筑下列直接为林业生产经营服务的工程设施,符合国家有关部门规定的标准的,由县级以上人民政府林业主管部门批准,不需要办理建设用地审批手续；超出标准需要占用林地的，应当依法办理建设用地审批手续：

（一）培育、生产种子、苗木的设施；

（二）贮存种子、苗木、木材的设施；

（三）集材道、运材道、防火巡护道、森林步道；

（四）林业科研、科普教育设施；

（五）野生动植物保护、护林、林业有害生物防治、森林防火、木材检疫的设施；

（六）供水、供电、供热、供气、通讯基础设施；

（七）其他直接为林业生产服务的工程设施。

**第五十三条** 国有林业企业事业单位应当编制森林经营方案，明确森林培育和管护的经营措施，报县级以上人民政府林业主管部门批准后实施。重点林区的森林经营方案由国务院林业主管部门批准后实施。

国家支持、引导其他林业经营者编制森林经营方案。

编制森林经营方案的具体办法由国务院林业主管部门制定。

**第五十四条** 国家严格控制森林年采伐量。省、自治区、直辖市人民政府林业主管部门根据消耗量低于生长量和森林分类经营管理的原则，编制本行政区域的年采伐限额，经征求国务院林业主管部门意见，报本级人民政府批准后公布实施，并报国务院备案。重点林区的年采伐限额，由国务院林业主管部门编制，报国务院批准后公布实施。

**第五十五条** 采伐森林、林木应当遵守下列规定：

（一）公益林只能进行抚育、更新和低质低效林改造性质的采伐。但是，因科研或者实验、防治林业有害生物、建设护林防火设施、营造生物防火隔离带、遭受自然灾害等需要采伐的除外。

（二）商品林应当根据不同情况，采取不同采伐方式，严格控制皆伐面积，伐育同步规划实施。

（三）自然保护区的林木，禁止采伐。但是，因防治林业有害生物、森林防火、维护主要保护对象生存环境、遭受自然灾害等特殊情况必须采伐的和实验区的竹林除外。

省级以上人民政府林业主管部门应当根据前款规定，按照森林分类经营管理、保护优先、注重效率和效益等原则，制定相应的林木采伐技术规程。

**第五十六条** 采伐林地上的林木应当申请采伐许可证，并按照采伐许可证的规定进行采伐；采伐自然保护区以外的竹林，不需要申请采伐许可证，但应当符合林木采伐技术规程。

农村居民采伐自留地和房前屋后个人所有的零星林木，不需要申请采伐许可证。

非林地上的农田防护林、防风固沙林、护路林、护岸护堤林和城镇林木等的更新采伐，由有关主管部门按照有关规定管理。

采挖移植林木按照采伐林木管理。具体办法由国务院林业主管部门制定。

禁止伪造、变造、买卖、租借采伐许可证。

**第五十七条** 采伐许可证由县级以上人民政府林业主管部门核发。

县级以上人民政府林业主管部门应当采取措施，方便申请人办理采伐许可证。

农村居民采伐自留山和个人承包集体林地上的林木，由县级人民政府林业主管部门或者其委托的乡镇人民政府核发采伐许可证。

**第五十八条** 申请采伐许可证，应当提交有关采伐的地点、林种、树种、面积、蓄积、方式、更新措施和林木权属等内容的材料。超过省级以上人民政府林业主管部门规定面积或者蓄积量的，还应当提交伐区调查设计材料。

**第五十九条** 符合林木采伐技术规程的，审核发放采伐许可证的部门应当及时核发采伐许可证。但是，审核发放采伐许可证的部门不得超过年采伐限额发放采伐许可证。

**第六十条** 有下列情形之一的，不得核发采伐许可证：

（一）采伐封山育林期、封山育林区内的林木；

（二）上年度采伐后未按照规定完成更新造林任务；

（三）上年度发生重大滥伐案件、森林火灾或者林业有害生物灾害，未采取预防和改进措施；

（四）法律法规和国务院林业主管部门规定的禁止采伐的其他情形。

**第六十一条** 采伐林木的组织和个人应当按照有关规定完成更新造林。更新造林的面积不得少于采伐的面积，更新造林应当达到相关技术规程规定的标准。

**第六十二条** 国家通过贴息、林权收储担保补助等措施，鼓励和引导金融机构开展涉林抵押贷款、林农信用贷款等符合林业特点的信贷业务，扶持林权收储机构进行市场化收储担保。

**第六十三条** 国家支持发展森林保险。县级以上人民政府依法对森林保险提供保险费补贴。

**第六十四条** 林业经营者可以自愿申请森林认证，促进森林经营水平提高和可持续经营。

**第六十五条** 木材经营加工企业应当建立原料和产品出入库台账。任何单位和个人不得收购、加工、运输明知是盗伐、滥伐等非法来源的林木。

## 第七章 监督检查

**第六十六条** 县级以上人民政府林业主管部门依照本法规定,对森林资源的保护、修复、利用、更新等进行监督检查,依法查处破坏森林资源等违法行为。

**第六十七条** 县级以上人民政府林业主管部门履行森林资源保护监督检查职责,有权采取下列措施:

(一)进入生产经营场所进行现场检查;

(二)查阅、复制有关文件、资料,对可能被转移、销毁、隐匿或者篡改的文件、资料予以封存;

(三)查封、扣押有证据证明来源非法的林木以及从事破坏森林资源活动的工具、设备或者财物;

(四)查封与破坏森林资源活动有关的场所。

省级以上人民政府林业主管部门对森林资源保护发展工作不力、问题突出、群众反映强烈的地区,可以约谈所在地区县级以上地方人民政府及其有关部门主要负责人,要求其采取措施及时整改。约谈整改情况应当向社会公开。

**第六十八条** 破坏森林资源造成生态环境损害的,县级以上人民政府自然资源主管部门、林业主管部门可以依法向人民法院提起诉讼,对侵权人提出损害赔偿要求。

**第六十九条** 审计机关按照国家有关规定对国有森林资源资产进行审计监督。

## 第八章 法律责任

**第七十条** 县级以上人民政府林业主管部门或者其他有关国家机关未依照本法规定履行职责的,对直接负责的主管人员和其他直接责任人员依法给予处分。

依照本法规定应当作出行政处罚决定而未作出的,上级主管部门有权责令下级主管部门作出行政处罚决定或者直接给予行政处罚。

**第七十一条** 违反本法规定,侵害森林、林木、林地的所有者或者使用者的合法权益的,依法承担侵权责任。

**第七十二条** 违反本法规定,国有林业企业事业单位未履行保护培育森林资源义务、未编制森林经营方案或者未按照批准的森林经营方案开展森林经营活动的,由县级以上人民政府林业主管部门责令限期改正,对直接负责的主管人员和其他直接责任人员依法给予处分。

**第七十三条** 违反本法规定,未经县级以上人民政府林业主管部门审核同意,擅自改变林地用途的,由县级以上人民政府林业主管部门责令限期恢复植被和林业生产条件,可以处恢复植被和林业生产条件所需费用三倍以下的罚款。

虽经县级以上人民政府林业主管部门审核同意,但未办理建设用地审批手续擅自占用林地的,依照《中华人民共和国土地管理法》的有关规定处罚。

在临时使用的林地上修建永久性建筑物,或者临时使用林地期满后一年内未恢复植被或者林业生产条件的,依照本条第一款规定处罚。

**第七十四条** 违反本法规定,进行开垦、采石、采砂、采土或者其他活动,造成林木毁坏的,由县级以上人民政府林业主管部门责令停止违法行为,限期在原地或者异地补种毁坏株数一倍以上三倍以下的树木,可以处毁坏林木价值五倍以下的罚款;造成林地毁坏的,由县级以上人民政府林业主管部门责令停止违法行为,限期恢复植被和林业生产条件,可以处恢复植被和林业生产条件所需费用三倍以下的罚款。

违反本法规定,在幼林地砍柴、毁苗、放牧造成林木毁坏的,由县级以上人民政府林业主管部门责令停止违法行为,限期在原地或者异地补种毁坏株数一倍以上三倍以下的树木。

向林地排放重金属或者其他有毒有害物质含量超标的污水、污泥,以及可能造成林地污染的清淤底泥、尾矿、矿渣等的,依照《中华人民共和国土壤污染防治法》的有关规定处罚。

**第七十五条** 违反本法规定,擅自移动或者毁坏森林保护标志的,由县级以上人民政府林业主管部门恢复森林保护标志,所需费用由违法者承担。

**第七十六条** 盗伐林木的,由县级以上人民政府林业主管部门责令限期在原地或者异地补种盗伐株数一倍以上五倍以下的树木,并处盗伐林木价值五倍以上十倍以下的罚款。

滥伐林木的,由县级以上人民政府林业主管部门责令限期在原地或者异地补种滥伐株数一倍以上三倍以下的树木,可以处滥伐林木价值三倍以上五倍以下的罚款。

**第七十七条** 违反本法规定,伪造、变造、买卖、租借采伐许可证的,由县级以上人民政府林业主管部门没收证件和违法所得,并处违法所得一倍以上三倍以下的罚款;没有违法所得的,可以处二万元以下的罚款。

**第七十八条** 违反本法规定,收购、加工、运输明知是盗伐、滥伐等非法来源的林木的，由县级以上人民政府林业主管部门责令停止违法行为，没收违法收购、加工、运输的林木或者变卖所得，可以处违法收购、加工、运输林木价款三倍以下的罚款。

**第七十九条**　违反本法规定，未完成更新造林任务的，由县级以上人民政府林业主管部门责令限期完成；逾期未完成的，可以处未完成造林任务所需费用二倍以下的罚款；对直接负责的主管人员和其他直接责任人员，依法给予处分。

**第八十条**　违反本法规定，拒绝、阻碍县级以上人民政府林业主管部门依法实施监督检查的，可以处五万元以下的罚款，情节严重的，可以责令停产停业整顿。

**第八十一条**　违反本法规定，有下列情形之一的，由县级以上人民政府林业主管部门依法组织代为履行，代为履行所需费用由违法者承担：

（一）拒不恢复植被和林业生产条件，或者恢复植被和林业生产条件不符合国家有关规定；

（二）拒不补种树木，或者补种不符合国家有关规定。

恢复植被和林业生产条件、树木补种的标准，由省级以上人民政府林业主管部门制定。

**第八十二条**　公安机关按照国家有关规定，可以依法行使本法第七十四条第一款、第七十六条、第七十七条、第七十八条规定的行政处罚权。

违反本法规定，构成违反治安管理行为的，依法给予治安管理处罚；构成犯罪的，依法追究刑事责任。

## 第九章　附　则

**第八十三条**　本法下列用语的含义是：

（一）森林，包括乔木林、竹林和国家特别规定的灌木林。按照用途可以分为防护林、特种用途林、用材林、经济林和能源林。

（二）林木，包括树木和竹子。

（三）林地，是指县级以上人民政府规划确定的用于发展林业的土地。包括郁闭度0.2以上的乔木林地以及竹林地、灌木林地、疏林地、采伐迹地、火烧迹地、未成林造林地、苗圃地等。

**第八十四条**　本法自2020年7月1日起施行。

# 中华人民共和国矿产资源法

- 1986年3月19日第六届全国人民代表大会常务委员会第十五次会议通过
- 根据1996年8月29日第八届全国人民代表大会常务委员会第二十一次会议《关于修改〈中华人民共和国矿产资源法〉的决定》第一次修正
- 根据2009年8月27日第十一届全国人民代表大会常务委员会第十次会议《关于修改部分法律的决定》第二次修正

## 目　录

第一章　总　则
第二章　矿产资源勘查的登记和开采的审批
第三章　矿产资源的勘查
第四章　矿产资源的开采
第五章　集体矿山企业和个体采矿
第六章　法律责任
第七章　附　则

## 第一章　总　则

**第一条**　为了发展矿业，加强矿产资源的勘查、开发利用和保护工作，保障社会主义现代化建设的当前和长远的需要，根据中华人民共和国宪法，特制定本法。

**第二条**　在中华人民共和国领域及管辖海域勘查、开采矿产资源，必须遵守本法。

**第三条**　矿产资源属于国家所有，由国务院行使国家对矿产资源的所有权。地表或者地下的矿产资源的国家所有权，不因其所依附的土地的所有权或者使用权的不同而改变。

国家保障矿产资源的合理开发利用。禁止任何组织或者个人用任何手段侵占或者破坏矿产资源。各级人民政府必须加强矿产资源的保护工作。

勘查、开采矿产资源，必须依法分别申请、经批准取得探矿权、采矿权，并办理登记；但是，已经依法申请取得采矿权的矿山企业在划定的矿区范围内为本企业的生产而进行的勘查除外。国家保护探矿权和采矿权不受侵犯，保障矿区和勘查作业区的生产秩序、工作秩序不受影响和破坏。

从事矿产资源勘查和开采的，必须符合规定的资质条件。

**第四条**　国家保障依法设立的矿山企业开采矿产资源的合法权益。

国有矿山企业是开采矿产资源的主体。国家保障国有矿业经济的巩固和发展。

**第五条** 国家实行探矿权、采矿权有偿取得的制度；但是，国家对探矿权、采矿权有偿取得的费用，可以根据不同情况规定予以减缴、免缴。具体办法和实施步骤由国务院规定。

开采矿产资源，必须按照国家有关规定缴纳资源税和资源补偿费。

**第六条** 除按下列规定可以转让外，探矿权、采矿权不得转让：

（一）探矿权人有权在划定的勘查作业区内进行规定的勘查作业，有权优先取得勘查作业区内矿产资源的采矿权。探矿权人在完成规定的最低勘查投入后，经依法批准，可以将探矿权转让他人。

（二）已取得采矿权的矿山企业，因企业合并、分立，与他人合资、合作经营，或者因企业资产出售以及有其他变更企业资产产权的情形而需要变更采矿权主体的，经依法批准可以将采矿权转让他人采矿。

前款规定的具体办法和实施步骤由国务院规定。

禁止将探矿权、采矿权倒卖牟利。

**第七条** 国家对矿产资源的勘查、开发实行统一规划、合理布局、综合勘查、合理开采和综合利用的方针。

**第八条** 国家鼓励矿产资源勘查、开发的科学技术研究，推广先进技术，提高矿产资源勘查、开发的科学技术水平。

**第九条** 在勘查、开发、保护矿产资源和进行科学技术研究等方面成绩显著的单位和个人，由各级人民政府给予奖励。

**第十条** 国家在民族自治地方开采矿产资源，应当照顾民族自治地方的利益，作出有利于民族自治地方经济建设的安排，照顾当地少数民族群众的生产和生活。

民族自治地方的自治机关根据法律规定和国家的统一规划，对可以由本地方开发的矿产资源，优先合理开发利用。

**第十一条** 国务院地质矿产主管部门主管全国矿产资源勘查、开采的监督管理工作。国务院有关主管部门协助国务院地质矿产主管部门进行矿产资源勘查、开采的监督管理工作。

省、自治区、直辖市人民政府地质矿产主管部门主管本行政区域内矿产资源勘查、开采的监督管理工作。省、自治区、直辖市人民政府有关主管部门协助同级地质矿产主管部门进行矿产资源勘查、开采的监督管理工作。

## 第二章 矿产资源勘查的登记和开采的审批

**第十二条** 国家对矿产资源勘查实行统一的区块登记管理制度。矿产资源勘查登记工作，由国务院地质矿产主管部门负责；特定矿种的矿产资源勘查登记工作，可以由国务院授权有关主管部门负责。矿产资源勘查区块登记管理办法由国务院制定。

**第十三条** 国务院矿产储量审批机构或者省、自治区、直辖市矿产储量审批机构负责审查批准供矿山建设设计使用的勘探报告，并在规定的期限内批复报送单位。勘探报告未经批准，不得作为矿山建设设计的依据。

**第十四条** 矿产资源勘查成果档案资料和各类矿产储量的统计资料，实行统一的管理制度，按照国务院规定汇交或者填报。

**第十五条** 设立矿山企业，必须符合国家规定的资质条件，并依照法律和国家有关规定，由审批机关对其矿区范围、矿山设计或者开采方案、生产技术条件、安全措施和环境保护措施等进行审查；审查合格的，方予批准。

**第十六条** 开采下列矿产资源的，由国务院地质矿产主管部门审批，并颁发采矿许可证：

（一）国家规划矿区和对国民经济具有重要价值的矿区内的矿产资源；

（二）前项规定区域以外可供开采的矿产储量规模在大型以上的矿产资源；

（三）国家规定实行保护性开采的特定矿种；

（四）领海及中国管辖的其他海域的矿产资源；

（五）国务院规定的其他矿产资源。

开采石油、天然气、放射性矿产等特定矿种的，可以由国务院授权的有关主管部门审批，并颁发采矿许可证。

开采第一款、第二款规定以外的矿产资源，其可供开采的矿产的储量规模为中型的，由省、自治区、直辖市人民政府地质矿产主管部门审批和颁发采矿许可证。

开采第一款、第二款和第三款规定以外的矿产资源的管理办法，由省、自治区、直辖市人民代表大会常务委员会依法制定。

依照第三款、第四款的规定审批和颁发采矿许可证的，由省、自治区、直辖市人民政府地质矿产主管部门汇总向国务院地质矿产主管部门备案。

矿产储量规模的大型、中型的划分标准，由国务院矿产储量审批机构规定。

**第十七条** 国家对国家规划矿区、对国民经济具有重要价值的矿区和国家规定实行保护性开采的特定矿种，实行有计划的开采；未经国务院有关主管部门批准，任何单位和个人不得开采。

**第十八条**　国家规划矿区的范围、对国民经济具有重要价值的矿区的范围、矿山企业矿区的范围依法划定后，由划定矿区范围的主管机关通知有关县级人民政府予以公告。

矿山企业变更矿区范围，必须报请原审批机关批准，并报请原颁发采矿许可证的机关重新核发采矿许可证。

**第十九条**　地方各级人民政府应当采取措施，维护本行政区域内的国有矿山企业和其他矿山企业矿区范围内的正常秩序。

禁止任何单位和个人进入他人依法设立的国有矿山企业和其他矿山企业矿区范围内采矿。

**第二十条**　非经国务院授权的有关主管部门同意，不得在下列地区开采矿产资源：

（一）港口、机场、国防工程设施圈定地区以内；

（二）重要工业区、大型水利工程设施、城镇市政工程设施附近一定距离以内；

（三）铁路、重要公路两侧一定距离以内；

（四）重要河流、堤坝两侧一定距离以内；

（五）国家划定的自然保护区、重要风景区，国家重点保护的不能移动的历史文物和名胜古迹所在地；

（六）国家规定不得开采矿产资源的其他地区。

**第二十一条**　关闭矿山，必须提出矿山闭坑报告及有关采掘工程、不安全隐患、土地复垦利用、环境保护的资料，并按照国家规定报请审查批准。

**第二十二条**　勘查、开采矿产资源时，发现具有重大科学文化价值的罕见地质现象以及文化古迹，应当加以保护并及时报告有关部门。

## 第三章　矿产资源的勘查

**第二十三条**　区域地质调查按照国家统一规划进行。区域地质调查的报告和图件按照国家规定验收，提供有关部门使用。

**第二十四条**　矿产资源普查在完成主要矿种普查任务的同时，应当对工作区内包括共生或者伴生矿产的成矿地质条件和矿床工业远景作出初步综合评价。

**第二十五条**　矿床勘探必须对矿区内具有工业价值的共生和伴生矿产进行综合评价，并计算其储量。未作综合评价的勘探报告不予批准。但是，国务院计划部门另有规定的矿床勘探项目除外。

**第二十六条**　普查、勘探易损坏的特种非金属矿产、流体矿产、易燃易爆易溶矿产和含有放射性元素的矿产，必须采用省级以上人民政府有关主管部门规定的普查、勘探方法，并有必要的技术装备和安全措施。

**第二十七条**　矿产资源勘查的原始地质编录和图件，岩矿心、测试样品和其他实物标本资料，各种勘查标志，应当按照有关规定保护和保存。

**第二十八条**　矿床勘探报告及其他有价值的勘查资料，按照国务院规定实行有偿使用。

## 第四章　矿产资源的开采

**第二十九条**　开采矿产资源，必须采取合理的开采顺序、开采方法和选矿工艺。矿山企业的开采回采率、采矿贫化率和选矿回收率应当达到设计要求。

**第三十条**　在开采主要矿产的同时，对具有工业价值的共生和伴生矿产应当统一规划，综合开采，综合利用，防止浪费；对暂时不能综合开采或者必须同时采出而暂时还不能综合利用的矿产以及含有有用组分的尾矿，应当采取有效的保护措施，防止损失破坏。

**第三十一条**　开采矿产资源，必须遵守国家劳动安全卫生规定，具备保障安全生产的必要条件。

**第三十二条**　开采矿产资源，必须遵守有关环境保护的法律规定，防止污染环境。

开采矿产资源，应当节约用地。耕地、草原、林地因采矿受到破坏的，矿山企业应当因地制宜地采取复垦利用、植树种草或者其他利用措施。

开采矿产资源给他人生产、生活造成损失的，应当负责赔偿，并采取必要的补救措施。

**第三十三条**　在建设铁路、工厂、水库、输油管道、输电线路和各种大型建筑物或者建筑群之前，建设单位必须向所在省、自治区、直辖市地质矿产主管部门了解拟建工程所在地区的矿产资源分布和开采情况。非经国务院授权的部门批准，不得压覆重要矿床。

**第三十四条**　国务院规定由指定的单位统一收购的矿产品，任何其他单位或者个人不得收购；开采者不得向非指定单位销售。

## 第五章　集体矿山企业和个体采矿

**第三十五条**　国家对集体矿山企业和个体采矿实行积极扶持、合理规划、正确引导、加强管理的方针，鼓励集体矿山企业开采国家指定范围内的矿产资源，允许个人采挖零星分散资源和只能用作普通建筑材料的砂、石、粘土以及为生活自用采挖少量矿产。

矿产储量规模适宜由矿山企业开采的矿产资源、国家规定实行保护性开采的特定矿种和国家规定禁止个人开采的其他矿产资源，个人不得开采。

国家指导、帮助集体矿山企业和个体采矿不断提高技术水平、资源利用率和经济效益。

地质矿产主管部门、地质工作单位和国有矿山企业应当按照积极支持、有偿互惠的原则向集体矿山企业和个体采矿提供地质资料和技术服务。

**第三十六条**　国务院和国务院有关主管部门批准开办的矿山企业矿区范围内已有的集体矿山企业，应当关闭或者到指定的其他地点开采，由矿山建设单位给予合理的补偿，并妥善安置群众生活；也可以按照该矿山企业的统筹安排，实行联合经营。

**第三十七条**　集体矿山企业和个体采矿应当提高技术水平，提高矿产资源回收率。禁止乱挖滥采，破坏矿产资源。

集体矿山企业必须测绘井上、井下工程对照图。

**第三十八条**　县级以上人民政府应当指导、帮助集体矿山企业和个体采矿进行技术改造，改善经营管理，加强安全生产。

## 第六章　法律责任

**第三十九条**　违反本法规定，未取得采矿许可证擅自采矿的，擅自进入国家规划矿区、对国民经济具有重要价值的矿区范围采矿的，擅自开采国家规定实行保护性开采的特定矿种的，责令停止开采、赔偿损失，没收采出的矿产品和违法所得，可以并处罚款；拒不停止开采，造成矿产资源破坏的，依照刑法有关规定对直接责任人员追究刑事责任。

单位和个人进入他人依法设立的国有矿山企业和其他矿山企业矿区范围内采矿的，依照前款规定处罚。

**第四十条**　超越批准的矿区范围采矿的，责令退回本矿区范围内开采、赔偿损失，没收越界开采的矿产品和违法所得，可以并处罚款；拒不退回本矿区范围内开采，造成矿产资源破坏的，吊销采矿许可证，依照刑法有关规定对直接责任人员追究刑事责任。

**第四十一条**　盗窃、抢夺矿山企业和勘查单位的矿产品和其他财物的，破坏采矿、勘查设施的，扰乱矿区和勘查作业区的生产秩序、工作秩序的，分别依照刑法有关规定追究刑事责任；情节显著轻微的，依照治安管理处罚法有关规定予以处罚。

**第四十二条**　买卖、出租或者以其他形式转让矿产资源的，没收违法所得，处以罚款。

违反本法第六条的规定将探矿权、采矿权倒卖牟利的，吊销勘查许可证、采矿许可证，没收违法所得，处以罚款。

**第四十三条**　违反本法规定收购和销售国家统一收购的矿产品的，没收矿产品和违法所得，可以并处罚款；情节严重的，依照刑法有关规定，追究刑事责任。

**第四十四条**　违反本法规定，采取破坏性的开采方法开采矿产资源的，处以罚款，可以吊销采矿许可证；造成矿产资源严重破坏的，依照刑法有关规定对直接责任人员追究刑事责任。

**第四十五条**　本法第三十九条、第四十条、第四十二条规定的行政处罚，由县级以上人民政府负责地质矿产管理工作的部门按照国务院地质矿产主管部门规定的权限决定。第四十三条规定的行政处罚，由县级以上人民政府工商行政管理部门决定。第四十四条规定的行政处罚，由省、自治区、直辖市人民政府地质矿产主管部门决定。给予吊销勘查许可证或者采矿许可证处罚的，须由原发证机关决定。

依照第三十九条、第四十条、第四十二条、第四十四条规定应当给予行政处罚而不给予行政处罚的，上级人民政府地质矿产主管部门有权责令改正或者直接给予行政处罚。

**第四十六条**　当事人对行政处罚决定不服的，可以依法申请复议，也可以依法直接向人民法院起诉。

当事人逾期不申请复议也不向人民法院起诉，又不履行处罚决定的，由作出处罚决定的机关申请人民法院强制执行。

**第四十七条**　负责矿产资源勘查、开采监督管理工作的国家工作人员和其他有关国家工作人员徇私舞弊、滥用职权或者玩忽职守，违反本法规定批准勘查、开采矿产资源和颁发勘查许可证、采矿许可证，或者对违法采矿行为不依法予以制止、处罚，构成犯罪的，依法追究刑事责任；不构成犯罪的，给予行政处分。违法颁发的勘查许可证、采矿许可证，上级人民政府地质矿产主管部门有权予以撤销。

**第四十八条**　以暴力、威胁方法阻碍从事矿产资源勘查、开采监督管理工作的国家工作人员依法执行职务的，依照刑法有关规定追究刑事责任；拒绝、阻碍从事矿产资源勘查、开采监督管理工作的国家工作人员依法执行职务未使用暴力、威胁方法的，由公安机关依照治安管理处罚法的规定处罚。

**第四十九条**　矿山企业之间的矿区范围的争议，由当事人协商解决，协商不成的，由有关县级以上地方人民政府根据依法核定的矿区范围处理；跨省、自治区、直辖市的矿区范围的争议，由有关省、自治区、直辖市人民政府协商解决，协商不成的，由国务院处理。

### 第七章 附 则

**第五十条** 外商投资勘查、开采矿产资源，法律、行政法规另有规定的，从其规定。

**第五十一条** 本法施行以前，未办理批准手续、未划定矿区范围、未取得采矿许可证开采矿产资源的，应当依照本法有关规定申请补办手续。

**第五十二条** 本法实施细则由国务院制定。

**第五十三条** 本法自1986年10月1日起施行。

## 中华人民共和国煤炭法

· 1996年8月29日第八届全国人民代表大会常务委员会第二十一次会议通过
· 根据2009年8月27日第十一届全国人民代表大会常务委员会第十次会议《关于修改部分法律的决定》第一次修正
· 根据2011年4月22日第十一届全国人民代表大会常务委员会第二十次会议《关于修改〈中华人民共和国煤炭法〉的决定》第二次修正
· 根据2013年6月29日第十二届全国人民代表大会常务委员会第三次会议《关于修改〈中华人民共和国文物保护法〉等十二部法律的决定》第三次修正
· 根据2016年11月7日第十二届全国人民代表大会常务委员会第二十四次会议《关于修改〈中华人民共和国对外贸易法〉等十二部法律的决定》第四次修正

### 目 录

第一章 总 则
第二章 煤炭生产开发规划与煤矿建设
第三章 煤炭生产与煤矿安全
第四章 煤炭经营
第五章 煤矿矿区保护
第六章 监督检查
第七章 法律责任
第八章 附 则

### 第一章 总 则

**第一条** 为了合理开发利用和保护煤炭资源，规范煤炭生产、经营活动，促进和保障煤炭行业的发展，制定本法。

**第二条** 在中华人民共和国领域和中华人民共和国管辖的其他海域从事煤炭生产、经营活动，适用本法。

**第三条** 煤炭资源属于国家所有。地表或者地下的煤炭资源的国家所有权，不因其依附的土地的所有权或者使用权的不同而改变。

**第四条** 国家对煤炭开发实行统一规划、合理布局、综合利用的方针。

**第五条** 国家依法保护煤炭资源，禁止任何乱采、滥挖破坏煤炭资源的行为。

**第六条** 国家保护依法投资开发煤炭资源的投资者的合法权益。

国家保障国有煤矿的健康发展。

国家对乡镇煤矿采取扶持、改造、整顿、联合、提高的方针，实行正规合理开发和有序发展。

**第七条** 煤矿企业必须坚持安全第一、预防为主的安全生产方针，建立健全安全生产的责任制度和群防群治制度。

**第八条** 各级人民政府及其有关部门和煤矿企业必须采取措施加强劳动保护，保障煤矿职工的安全和健康。

国家对煤矿井下作业的职工采取特殊保护措施。

**第九条** 国家鼓励和支持在开发利用煤炭资源过程中采用先进的科学技术和管理方法。

煤矿企业应当加强和改善经营管理，提高劳动生产率和经济效益。

**第十条** 国家维护煤矿矿区的生产秩序、工作秩序，保护煤矿企业设施。

**第十一条** 开发利用煤炭资源，应当遵守有关环境保护的法律、法规，防治污染和其他公害，保护生态环境。

**第十二条** 国务院煤炭管理部门依法负责全国煤炭行业的监督管理。国务院有关部门在各自的职责范围内负责煤炭行业的监督管理。

县级以上地方人民政府煤炭管理部门和有关部门依法负责本行政区域内煤炭行业的监督管理。

**第十三条** 煤炭矿务局是国有煤矿企业，具有独立法人资格。

矿务局和其他具有独立法人资格的煤矿企业、煤炭经营企业依法实行自主经营、自负盈亏、自我约束、自我发展。

### 第二章 煤炭生产开发规划与煤矿建设

**第十四条** 国务院煤炭管理部门根据全国矿产资源勘查规划编制全国煤炭资源勘查规划。

**第十五条** 国务院煤炭管理部门根据全国矿产资源规划规定的煤炭资源，组织编制和实施煤炭生产开发规划。

省、自治区、直辖市人民政府煤炭管理部门根据全国矿产资源规划规定的煤炭资源，组织编制和实施本地区煤炭生产开发规划，并报国务院煤炭管理部门备案。

**第十六条** 煤炭生产开发规划应当根据国民经济和社会发展的需要制定,并纳入国民经济和社会发展计划。

**第十七条** 国家制定优惠政策,支持煤炭工业发展,促进煤矿建设。

煤矿建设项目应当符合煤炭生产开发规划和煤炭产业政策。

**第十八条** 煤矿建设使用土地,应当依照有关法律、行政法规的规定办理。征收土地的,应当依法支付土地补偿费和安置补偿费,做好迁移居民的安置工作。

煤矿建设应当贯彻保护耕地、合理利用土地的原则。

地方人民政府对煤矿建设依法使用土地和迁移居民,应当给予支持和协助。

**第十九条** 煤矿建设应当坚持煤炭开发与环境治理同步进行。煤矿建设项目的环境保护设施必须与主体工程同时设计、同时施工、同时验收、同时投入使用。

## 第三章 煤炭生产与煤矿安全

**第二十条** 煤矿投入生产前,煤矿企业应当依照有关安全生产的法律、行政法规的规定取得安全生产许可证。未取得安全生产许可证的,不得从事煤炭生产。

**第二十一条** 对国民经济具有重要价值的特殊煤种或者稀缺煤种,国家实行保护性开采。

**第二十二条** 开采煤炭资源必须符合煤矿开采规程,遵守合理的开采顺序,达到规定的煤炭资源回采率。

煤炭资源回采率由国务院煤炭管理部门根据不同的资源和开采条件确定。

国家鼓励煤矿企业进行复采或者开采边角残煤和极薄煤。

**第二十三条** 煤矿企业应当加强煤炭产品质量的监督检查和管理。煤炭产品质量应当按照国家标准或者行业标准分等论级。

**第二十四条** 煤炭生产应当依法在批准的开采范围内进行,不得超越批准的开采范围越界、越层开采。

采矿作业不得擅自开采保安煤柱,不得采用可能危及相邻煤矿生产安全的决水、爆破、贯通巷道等危险方法。

**第二十五条** 因开采煤炭压占土地或者造成地表土地塌陷、挖损,由采矿者负责进行复垦,恢复到可供利用的状态;造成他人损失的,应当依法给予补偿。

**第二十六条** 关闭煤矿和报废矿井,应当依照有关法律、法规和国务院煤炭管理部门的规定办理。

**第二十七条** 国家建立煤矿企业积累煤矿衰老期转产资金的制度。

国家鼓励和扶持煤矿企业发展多种经营。

**第二十八条** 国家提倡和支持煤矿企业和其他企业发展煤电联产、炼焦、煤化工、煤建材等,进行煤炭的深加工和精加工。

国家鼓励煤矿企业发展煤炭洗选加工,综合开发利用煤层气、煤矸石、煤泥、石煤和泥炭。

**第二十九条** 国家发展和推广洁净煤技术。

国家采取措施取缔土法炼焦。禁止新建土法炼焦窑炉;现有的土法炼焦限期改造。

**第三十条** 县级以上各级人民政府及其煤炭管理部门和其他有关部门,应当加强对煤矿安全生产工作的监督管理。

**第三十一条** 煤矿企业的安全生产管理,实行矿务局长、矿长负责制。

**第三十二条** 矿务局长、矿长及煤矿企业的其他主要负责人必须遵守有关矿山安全的法律、法规和煤炭行业安全规章、规程,加强对煤矿安全生产工作的管理,执行安全生产责任制度,采取有效措施,防止伤亡和其他安全生产事故的发生。

**第三十三条** 煤矿企业应当对职工进行安全生产教育、培训;未经安全生产教育、培训的,不得上岗作业。

煤矿企业职工必须遵守有关安全生产的法律、法规、煤炭行业规章、规程和企业规章制度。

**第三十四条** 在煤矿井下作业中,出现危及职工生命安全并无法排除的紧急情况时,作业现场负责人或者安全管理人员应当立即组织职工撤离危险现场,并及时报告有关方面负责人。

**第三十五条** 煤矿企业工会发现企业行政方面违章指挥、强令职工冒险作业或者生产过程中发现明显重大事故隐患,可能危及职工生命安全的情况,有权提出解决问题的建议,煤矿企业行政方面必须及时作出处理决定。企业行政方面拒不处理的,工会有权提出批评、检举和控告。

**第三十六条** 煤矿企业必须为职工提供保障安全生产所需的劳动保护用品。

**第三十七条** 煤矿企业应当依法为职工参加工伤保险缴纳工伤保险费。鼓励企业为井下作业职工办理意外伤害保险,支付保险费。

**第三十八条** 煤矿企业使用的设备、器材、火工产品和安全仪器,必须符合国家标准或者行业标准。

## 第四章 煤炭经营

**第三十九条** 煤炭经营企业从事煤炭经营,应当遵守有关法律、法规的规定,改善服务,保障供应。禁止一切非法经营活动。

**第四十条** 煤炭经营应当减少中间环节和取消不合理的中间环节,提倡有条件的煤矿企业直销。

煤炭用户和煤炭销区的煤炭经营企业有权直接从煤矿企业购进煤炭。在煤炭产区可以组成煤炭销售、运输服务机构,为中小煤矿办理经销、运输业务。

禁止行政机关违反国家规定擅自设立煤炭供应的中间环节和额外加收费用。

**第四十一条** 从事煤炭运输的车站、港口及其他运输企业不得利用其掌握的运力作为参与煤炭经营、谋取不正当利益的手段。

**第四十二条** 国务院物价行政主管部门会同国务院煤炭管理部门和有关部门对煤炭的销售价格进行监督管理。

**第四十三条** 煤矿企业和煤炭经营企业供应用户的煤炭质量应当符合国家标准或者行业标准,质级相符,质价相符。用户对煤炭质量有特殊要求的,由供需双方在煤炭购销合同中约定。

煤矿企业和煤炭经营企业不得在煤炭中掺杂、掺假,以次充好。

**第四十四条** 煤矿企业和煤炭经营企业供应用户的煤炭质量不符合国家标准或者行业标准,或者不符合合同约定,或者质级不符、质价不符,给用户造成损失的,应当依法给予赔偿。

**第四十五条** 煤矿企业、煤炭经营企业、运输企业和煤炭用户应当依照法律、国务院有关规定或者合同约定供应、运输和接卸煤炭。

运输企业应当将承运的不同质量的煤炭分装、分堆。

**第四十六条** 煤炭的进出口依照国务院的规定,实行统一管理。

具备条件的大型煤矿企业经国务院对外经济贸易主管部门依法许可,有权从事煤炭出口经营。

**第四十七条** 煤炭经营管理办法,由国务院依照本法制定。

## 第五章 煤矿矿区保护

**第四十八条** 任何单位或者个人不得危害煤矿矿区的电力、通讯、水源、交通及其他生产设施。

禁止任何单位和个人扰乱煤矿矿区的生产秩序和工作秩序。

**第四十九条** 对盗窃或者破坏煤矿矿区设施、器材及其他危及煤矿矿区安全的行为,一切单位和个人都有权检举、控告。

**第五十条** 未经煤矿企业同意,任何单位或者个人不得在煤矿企业依法取得土地使用权的有效期间内在该土地上种植、养殖、取土或者修建建筑物、构筑物。

**第五十一条** 未经煤矿企业同意,任何单位或者个人不得占用煤矿企业的铁路专用线、专用道路、专用航道、专用码头、电力专用线、专用供水管路。

**第五十二条** 任何单位或者个人需要在煤矿采区范围内进行可能危及煤矿安全的作业时,应当经煤矿企业同意,报煤炭管理部门批准,并采取安全措施后,方可进行作业。

在煤矿矿区范围内需要建设公用工程或者其他工程的,有关单位应当事先与煤矿企业协商并达成协议后,方可施工。

## 第六章 监督检查

**第五十三条** 煤炭管理部门和有关部门依法对煤矿企业和煤炭经营企业执行煤炭法律、法规的情况进行监督检查。

**第五十四条** 煤炭管理部门和有关部门的监督检查人员应当熟悉煤炭法律、法规,掌握有关煤炭专业技术,公正廉洁,秉公执法。

**第五十五条** 煤炭管理部门和有关部门的监督检查人员进行监督检查时,有权向煤矿企业、煤炭经营企业或者用户了解有关执行煤炭法律、法规的情况,查阅有关资料,并有权进入现场进行检查。

煤矿企业、煤炭经营企业和用户对依法执行监督检查任务的煤炭管理部门和有关部门的监督检查人员应当提供方便。

**第五十六条** 煤炭管理部门和有关部门的监督检查人员对煤矿企业和煤炭经营企业违反煤炭法律、法规的行为,有权要求其依法改正。

煤炭管理部门和有关部门的监督检查人员进行监督检查时,应当出示证件。

## 第七章 法律责任

**第五十七条** 违反本法第二十二条的规定,开采煤炭资源未达到国务院煤炭管理部门规定的煤炭资源回采率的,由煤炭管理部门责令限期改正;逾期仍达不到规定的回采率的,责令停止生产。

**第五十八条** 违反本法第二十四条的规定,擅自开采保安煤柱或者采用危及相邻煤矿生产安全的危险方法进行采矿作业的,由劳动行政主管部门会同煤炭管理部门责令停止作业;由煤炭管理部门没收违法所得,并处违法所得一倍以上五倍以下的罚款;构成犯罪的,由司法机关依法追究刑事责任;造成损失的,依法承担赔偿责任。

**第五十九条** 违反本法第四十三条的规定,在煤炭产品中掺杂、掺假,以次充好的,责令停止销售,没收违法所得,并处违法所得一倍以上五倍以下的罚款;构成犯罪的,由司法机关依法追究刑事责任。

**第六十条** 违反本法第五十条的规定,未经煤矿企业同意,在煤矿企业依法取得土地使用权的有效期间内在该土地上修建建筑物、构筑物的,由当地人民政府动员拆除;拒不拆除的,责令拆除。

**第六十一条** 违反本法第五十一条的规定,未经煤矿企业同意,占用煤矿企业的铁路专用线、专用道路、专用航道、专用码头、电力专用线、专用供水管路的,由县级以上地方人民政府责令限期改正;逾期不改正的,强制清除,可以并处五万元以下的罚款;造成损失的,依法承担赔偿责任。

**第六十二条** 违反本法第五十二条的规定,未经批准或者未采取安全措施,在煤矿采区范围内进行危及煤矿安全作业的,由煤炭管理部门责令停止作业,可以并处五万元以下的罚款;造成损失的,依法承担赔偿责任。

**第六十三条** 有下列行为之一的,由公安机关依照治安管理处罚法的有关规定处罚;构成犯罪的,由司法机关依法追究刑事责任:

(一)阻碍煤矿建设,致使煤矿建设不能正常进行的;

(二)故意损坏煤矿矿区的电力、通讯、水源、交通及其他生产设施的;

(三)扰乱煤矿矿区秩序,致使生产、工作不能正常进行的;

(四)拒绝、阻碍监督检查人员依法执行职务的。

**第六十四条** 煤矿企业的管理人员违章指挥、强令职工冒险作业,发生重大伤亡事故的,依照刑法有关规定追究刑事责任。

**第六十五条** 煤矿企业的管理人员对煤矿事故隐患不采取措施予以消除,发生重大伤亡事故的,依照刑法有关规定追究刑事责任。

**第六十六条** 煤炭管理部门和有关部门的工作人员玩忽职守、徇私舞弊、滥用职权的,依法给予行政处分;构成犯罪的,由司法机关依法追究刑事责任。

## 第八章 附 则

**第六十七条** 本法自1996年12月1日起施行。

# 自然资源执法监督规定

·2017年12月27日国土资源部令第79号公布

·根据2020年3月20日《自然资源部关于第二批废止和修改的部门规章的决定》修订

**第一条** 为了规范自然资源执法监督行为,依法履行自然资源执法监督职责,切实保护自然资源,维护公民、法人和其他组织的合法权益,根据《中华人民共和国土地管理法》《中华人民共和国矿产资源法》等法律法规,制定本规定。

**第二条** 本规定所称自然资源执法监督,是指县级以上自然资源主管部门依照法定职权和程序,对公民、法人和其他组织违反自然资源法律法规的行为进行检查、制止和查处的行政执法活动。

**第三条** 自然资源执法监督,遵循依法、规范、严格、公正、文明的原则。

**第四条** 县级以上自然资源主管部门应当强化遥感监测、视频监控等科技和信息化手段的应用,明确执法工作技术支撑机构。可以通过购买社会服务等方式提升执法监督效能。

**第五条** 对在执法监督工作中认真履行职责,依法执行公务成绩显著的自然资源主管部门及其执法人员,由上级自然资源主管部门给予通报表扬。

**第六条** 任何单位和个人发现自然资源违法行为,有权向县级以上自然资源主管部门举报。接到举报的自然资源主管部门应当依法依规处理。

**第七条** 县级以上自然资源主管部门依照法律法规规定,履行下列执法监督职责:

(一)对执行和遵守自然资源法律法规的情况进行检查;

(二)对发现的违反自然资源法律法规的行为进行制止,责令限期改正;

(三)对涉嫌违反自然资源法律法规的行为进行调查;

(四)对违反自然资源法律法规的行为依法实施行政处罚和行政处理;

(五)对违反自然资源法律法规依法应当追究国家工作人员责任的,依照有关规定移送监察机关或者有关机关处理;

(六)对违反自然资源法律法规涉嫌犯罪的,将案件移送有关机关;

(七)法律法规规定的其他职责。

**第八条** 县级以上地方自然资源主管部门根据工作需要,可以委托自然资源执法监督队伍行使执法监督职权。具体职权范围由委托机关决定。

上级自然资源主管部门应当加强对下级自然资源主管部门行政执法行为的监督和指导。

**第九条** 县级以上地方自然资源主管部门应当加强与人民法院、人民检察院和公安机关的沟通和协作,依法配合有关机关查处涉嫌自然资源犯罪的行为。

**第十条** 从事自然资源执法监督的工作人员应当具备下列条件:

(一)具有较高的政治素质,忠于职守、秉公执法、清正廉明;

(二)熟悉自然资源法律法规和相关专业知识;

(三)取得执法证件。

**第十一条** 自然资源执法人员依法履行执法监督职责时,应当主动出示执法证件,并且不得少于2人。

**第十二条** 县级以上自然资源主管部门可以组织特邀自然资源监察专员参与自然资源执法监督活动,为自然资源执法监督工作提供意见和建议。

**第十三条** 市、县自然资源主管部门可以根据工作需要,聘任信息员、协管员,收集自然资源违法行为信息,协助及时发现自然资源违法行为。

**第十四条** 县级以上自然资源主管部门履行执法监督职责,依法可以采取下列措施:

(一)要求被检查的单位或者个人提供有关文件和资料,进行查阅或者予以复制;

(二)要求被检查的单位或者个人就有关问题作出说明,询问违法案件的当事人、嫌疑人和证人;

(三)进入被检查单位或者个人违法现场进行勘测、拍照、录音和摄像等;

(四)责令当事人停止正在实施的违法行为,限期改正;

(五)对当事人拒不停止违法行为的,应当将违法事实书面报告本级人民政府和上一级自然资源主管部门,也可以提请本级人民政府协调有关部门和单位采取相关措施;

(六)对涉嫌违反自然资源法律法规的单位和个人,依法暂停办理其与该行为有关的审批或者登记发证手续;

(七)对执法监督中发现有严重违反自然资源法律法规,自然资源管理秩序混乱,未积极采取措施消除违法状态的地区,其上级自然资源主管部门可以建议本级人民政府约谈该地区人民政府主要负责人;

(八)执法监督中发现有地区存在违反自然资源法律法规的苗头性或者倾向性问题,可以向该地区的人民政府或者自然资源主管部门进行反馈,提出执法监督建议;

(九)法律法规规定的其他措施。

**第十五条** 县级以上地方自然资源主管部门应当按照有关规定保障自然资源执法监督工作的经费、车辆、装备等必要条件,并为执法人员提供人身意外伤害保险等职业风险保障。

**第十六条** 市、县自然资源主管部门应当建立执法巡查、抽查制度,组织开展巡查、抽查活动,发现、报告和依法制止自然资源违法行为。

**第十七条** 自然资源部在全国部署开展自然资源卫片执法监督。

省级自然资源主管部门按照自然资源部的统一部署,组织所辖行政区域内的市、县自然资源主管部门开展自然资源卫片执法监督,并向自然资源部报告结果。

**第十八条** 省级以上自然资源主管部门实行自然资源违法案件挂牌督办和公开通报制度。

**第十九条** 对上级自然资源主管部门交办的自然资源违法案件,下级自然资源主管部门拖延办理的,上级自然资源主管部门可以发出督办通知,责令限期办理;必要时,可以派员督办或者挂牌督办。

**第二十条** 县级以上自然资源主管部门实行行政执法全过程记录制度。根据情况可以采取下列记录方式,实现全过程留痕和可回溯管理:

(一)将行政执法文书作为全过程记录的基本形式;

(二)对现场检查、随机抽查、调查取证、听证、行政强制、送达等容易引发争议的行政执法过程,进行音像记录;

(三)对直接涉及重大财产权益的现场执法活动和执法场所,进行音像记录;

(四)对重大、复杂、疑难的行政执法案件,进行音像记录;

(五)其他对当事人权利义务有重大影响的,进行音像记录。

**第二十一条** 县级以上自然资源主管部门实行重大行政执法决定法制审核制度。在作出重大行政处罚决定前,由该部门的法制工作机构对拟作出决定的合法性、适当性进行审核。未经法制审核或者审核未通过的,不得作出决定。

重大行政处罚决定，包括没收违法采出的矿产品，没收违法所得，没收违法建筑物，限期拆除违法建筑物，吊销勘查许可证或者采矿许可证，地质灾害防治单位资质，测绘资质等。

**第二十二条** 县级以上自然资源主管部门的执法监督机构提请法制审核的，应当提交以下材料：

（一）拟作出的处罚决定情况说明；

（二）案件调查报告；

（三）法律法规规章依据；

（四）相关的证据材料；

（五）需要提供的其他相关材料。

**第二十三条** 法制审核原则上采取书面审核的方式，审核以下内容：

（一）执法主体是否合法；

（二）是否超越本机关执法权限；

（三）违法定性是否准确；

（四）法律适用是否正确；

（五）程序是否合法；

（六）行政裁量权行使是否适当；

（七）行政执法文书是否完备规范；

（八）违法行为是否涉嫌犯罪、需要移送司法机关等；

（九）其他需要审核的内容。

**第二十四条** 县级以上自然资源主管部门的法制工作机构自收到送审材料之日起5个工作日内完成审核。情况复杂需要进一步调查研究的，可以适当延长，但延长期限不超过10个工作日。

经过审核，对拟作出的重大行政处罚决定符合本规定第二十八条的，法制工作机构出具通过法制审核的书面意见；对不符合规定的，不予通过法制审核。

**第二十五条** 县级以上自然资源主管部门实行行政执法公示制度。县级以上自然资源主管部门建立行政执法公示平台，依法及时向社会公开下列信息，接受社会公众监督：

（一）本部门执法查处的法律依据、管辖范围、工作流程、救济方式等相关规定；

（二）本部门自然资源执法证件持有人姓名、编号等信息；

（三）本部门作出的生效行政处罚决定和行政处理决定；

（四）本部门公开挂牌督办案件处理结果；

（五）本部门认为需要公开的其他执法监督事项。

**第二十六条** 有下列情形之一的，县级以上自然资源主管部门及其执法人员，应当采取相应处置措施，履行执法监督职责：

（一）对于下达《责令停止违法行为通知书》后制止无效的，及时报告本级人民政府和上一级自然资源主管部门；

（二）依法没收建筑物或者其他设施，没收后应当及时向有关部门移交；

（三）发现违法线索需要追究刑事责任的，应当依法向有关部门移送违法犯罪线索”

（四）依法申请人民法院强制执行，人民法院不予受理的，应当作出明确记录。

**第二十七条** 上级自然资源主管部门应当通过检查、抽查等方式，评议考核下级自然资源主管部门执法监督工作。

评议考核结果应当在适当范围内予以通报，并作为年度责任目标考核、评优、奖惩的重要依据，以及干部任用的重要参考。

评议考核不合格的，上级自然资源主管部门可以对其主要负责人进行约谈，责令限期整改。

**第二十八条** 县级以上自然资源主管部门实行错案责任追究制度。自然资源执法人员在查办自然资源违法案件过程中，因过错造成损害后果的，所在的自然资源主管部门应当予以纠正，并依照有关规定追究相关人员的过错责任。

**第二十九条** 县级以上自然资源主管部门及其执法人员有下列情形之一，致使公共利益或者公民、法人和其他组织的合法权益遭受重大损害的，应当依法给予处分：

（一）对发现的自然资源违法行为未依法制止的；

（二）应当依法立案查处，无正当理由，未依法立案查处的；

（三）已经立案查处，依法应当申请强制执行、移送有关机关追究责任，无正当理由，未依法申请强制执行、移送有关机关的。

**第三十条** 县级以上自然资源主管部门及其执法人员有下列情形之一的，应当依法给予处分；构成犯罪的，依法追究刑事责任：

（一）伪造、销毁、藏匿证据，造成严重后果的；

（二）篡改案件材料，造成严重后果的；

（三）不依法履行职责，致使案件调查、审核出现重大失误的；

（四）违反保密规定，向案件当事人泄露案情，造成严重后果的；

（五）越权干预案件调查处理，造成严重后果的；

（六）有其他徇私舞弊、玩忽职守、滥用职权行为的。

**第三十一条**　阻碍自然资源主管部门依法履行执法监督职责，对自然资源执法人员进行威胁、侮辱、殴打或者故意伤害，构成违反治安管理行为的，依法给予治安管理处罚；构成犯罪的，依法追究刑事责任。

**第三十二条**　本规定自2018年3月1日起施行。原国家土地管理局1995年6月12日发布的《土地监察暂行规定》同时废止。

## 自然资源行政处罚办法

·2014年4月10日国土资源部令第60号公布

·根据2020年3月20日《自然资源部关于第二批废止和修改的部门规章的决定》修订

### 第一章　总　则

**第一条**　为规范自然资源行政处罚的实施，保障和监督自然资源主管部门依法履行职责，保护自然人、法人或者其他组织的合法权益，根据《中华人民共和国行政处罚法》以及《中华人民共和国土地管理法》、《中华人民共和国矿产资源法》等自然资源管理法律法规，制定本办法。

**第二条**　县级以上自然资源主管部门依照法定职权和程序，对自然人、法人或者其他组织违反自然资源管理法律法规的行为实施行政处罚，适用本办法。

**第三条**　自然资源主管部门实施行政处罚，遵循公正、公开的原则，做到事实清楚，证据确凿，定性准确，依据正确，程序合法，处罚适当。

**第四条**　自然资源行政处罚包括：

（一）警告；

（二）罚款；

（三）没收违法所得、没收非法财物；

（四）限期拆除；

（五）吊销勘查许可证和采矿许可证；

（六）法律法规规定的其他行政处罚。

### 第二章　管　辖

**第五条**　自然资源违法案件由土地、矿产资源所在地的县级自然资源主管部门管辖，但法律法规以及本办法另有规定的除外。

**第六条**　省级、市级自然资源主管部门管辖本行政区域内重大、复杂和法律法规规定应当由其管辖的自然资源违法案件。

**第七条**　自然资源部管辖全国范围内重大、复杂和法律法规规定应当由其管辖的自然资源违法案件。

全国范围内重大、复杂的自然资源违法案件是指：

（一）国务院要求自然资源部管辖的自然资源违法案件；

（二）跨省级行政区域的自然资源违法案件；

（三）自然资源部认为应当由其管辖的其他自然资源违法案件。

**第八条**　有下列情形之一的，上级自然资源主管部门有权管辖下级自然资源主管部门管辖的案件：

（一）下级自然资源主管部门应当立案调查而不予立案调查的；

（二）案情复杂，情节恶劣，有重大影响的。

上级自然资源主管部门可以将本级管辖的案件交由下级自然资源主管部门管辖，但是法律法规规定应当由其管辖的除外。

**第九条**　有管辖权的自然资源主管部门由于特殊原因不能行使管辖权的，可以报请上一级自然资源主管部门指定管辖。

自然资源主管部门之间因管辖权发生争议的，报请共同的上一级自然资源主管部门指定管辖。

上一级自然资源主管部门应当在接到指定管辖申请之日起7个工作日内，作出管辖决定。

**第十条**　自然资源主管部门发现违法案件不属于本部门管辖的，应当移送有管辖权的自然资源主管部门或者其他部门。受移送的自然资源主管部门对管辖权有异议的，应当报请上一级自然资源主管部门指定管辖，不得再自行移送。

### 第三章　立案、调查和审理

**第十一条**　自然资源主管部门发现自然人、法人或者其他组织行为涉嫌违法的，应当及时核查。对正在实施的违法行为，应当依法及时下达《责令停止违法行为通知书》予以制止。

《责令停止违法行为通知书》应当记载下列内容：

（一）违法行为人的姓名或者名称；

（二）违法事实和依据；

（三）其他应当记载的事项。

**第十二条**　符合下列条件的，自然资源主管部门应当在10个工作日内予以立案：

（一）有明确的行为人；

（二）有违反自然资源管理法律法规的事实；

（三）依照自然资源管理法律法规应当追究法律责任；

（四）属于本部门管辖；

（五）违法行为没有超过追诉时效。

违法行为轻微并及时纠正，没有造成危害后果的，可以不予立案。

**第十三条**　立案后，自然资源主管部门应当指定案件承办人员，及时组织调查取证。调查取证时，案件调查人员应当不少于2人，并应当向被调查人出示执法证件。

**第十四条**　调查人员与案件有直接利害关系的，应当回避。

**第十五条**　自然资源主管部门进行调查取证，有权采取下列措施：

（一）要求被调查的单位或者个人提供有关文件和资料，并就与案件有关的问题作出说明；

（二）询问当事人以及相关人员，进入违法现场进行检查、勘测、拍照、录音、摄像，查阅和复印相关材料；

（三）依法可以采取的其他措施。

**第十六条**　当事人拒绝调查取证或者采取暴力、威胁的方式阻碍自然资源主管部门调查取证的，自然资源主管部门可以提请公安机关、检察机关、监察机关或者相关部门协助，并向本级人民政府或者上一级自然资源主管部门报告。

**第十七条**　依法取得并能够证明案件事实情况的书证、物证、视听资料、计算机数据、证人证言、当事人陈述、询问笔录、现场勘测笔录、鉴定结论、认定结论等，作为自然资源行政处罚的证据。

**第十八条**　调查人员应当收集、调取与案件有关的书证、物证、视听资料、计算机数据的原件、原物、原始载体；收集、调取原件、原物、原始载体确有困难的，可以收集、调取复印件、复制件、节录本、照片、录像等。声音资料应当附有该声音内容的文字记录。

**第十九条**　证人证言应当符合下列要求：

（一）注明证人的姓名、年龄、性别、职业、住址、联系方式等基本情况；

（二）有证人的签名，不能签名的，应当按手印或者盖章；

（三）注明出具日期；

（四）附有居民身份证复印件等证明证人身份的文件。

**第二十条**　当事人请求自行提供陈述材料的，应当准许。必要时，调查人员也可以要求当事人自行书写。当事人应当在其提供的陈述材料上签名、按手印或者盖章。

**第二十一条**　询问应当个别进行，并制作询问笔录。询问笔录应当记载询问的时间、地点和询问情况等。

**第二十二条**　现场勘测一般由案件调查人实施，也可以委托有资质的单位实施。现场勘测应当制作现场勘测笔录。

**第二十三条**　为查明事实，需要对案件中的有关问题进行检验鉴定的，自然资源主管部门可以委托具有相应资质的机构进行。

**第二十四条**　案件调查终结，案件承办人员应当提交调查报告。调查报告应当包括当事人的基本情况、违法事实以及法律依据、相关证据、违法性质、违法情节、违法后果，并提出依法是否应当给予行政处罚以及给予何种行政处罚的处理意见。

涉及需要追究党纪、政纪或者刑事责任的，应当提出移送有权机关的建议。

**第二十五条**　自然资源主管部门在审理案件调查报告时，应当就下列事项进行审理：

（一）事实是否清楚、证据是否确凿；

（二）定性是否准确；

（三）适用法律是否正确；

（四）程序是否合法；

（五）拟定的处理意见是否适当。

经审理发现调查报告存在问题的，可以要求调查人员重新调查或者补充调查。

## 第四章　决　定

**第二十六条**　审理结束后，自然资源主管部门根据不同情况，分别作出下列决定：

（一）违法事实清楚、证据确凿、依据正确、调查审理符合法定程序的，作出行政处罚决定；

（二）违法情节轻微、依法可以不给予行政处罚的，不予行政处罚；

（三）违法事实不成立的，不得给予行政处罚；

（四）违法行为涉及需要追究党纪、政纪或者刑事责任的，移送有权机关。

**第二十七条**　违法行为依法需要给予行政处罚的，自然资源主管部门应当制作《行政处罚告知书》，按照法律规定的方式，送达当事人。当事人有权进行陈述和申辩。陈述和申辩应当在收到《行政处罚告知书》后3个工作日内提出。口头形式提出的，案件承办人员应当制作笔录。

**第二十八条** 对拟给予较大数额罚款或者吊销勘查许可证、采矿许可证等行政处罚的，自然资源主管部门应当制作《行政处罚听证告知书》，按照法律规定的方式，送达当事人。当事人要求听证的，应当在收到《行政处罚听证告知书》后3个工作日内提出。

自然资源行政处罚听证适用《自然资源听证规定》。

**第二十九条** 当事人未在规定时间内陈述、申辩或者要求听证的，以及陈述、申辩或者听证中提出的事实、理由或者证据不成立的，自然资源主管部门应当依法制作《行政处罚决定书》，并按照法律规定的方式，送达当事人。

《行政处罚决定书》中应当包括行政处罚告知、当事人陈述、申辩或者听证的情况。

《行政处罚决定书》一经送达，即发生法律效力。当事人对行政处罚决定不服申请行政复议或者提起行政诉讼的，在行政复议或者行政诉讼期间，行政处罚决定不停止执行；法律另有规定的除外。

《行政处罚决定书》应当加盖作出处罚决定的自然资源主管部门的印章。

**第三十条** 法律法规规定的责令改正或者责令限期改正，可以与行政处罚决定一并作出，也可以在作出行政处罚决定之前单独作出。

**第三十一条** 当事人有两个以上自然资源违法行为的，自然资源主管部门可以制作一份《行政处罚决定书》，合并执行。《行政处罚决定书》应当明确对每个违法行为的处罚内容和合并执行的内容。

违法行为有两个以上当事人的，可以分别作出行政处罚决定，制作一式多份《行政处罚决定书》，分别送达当事人。《行政处罚决定书》应当明确给予每个当事人的处罚内容。

**第三十二条** 自然资源主管部门应当自立案之日起60日内作出行政处罚决定。

案情复杂，不能在规定期限内作出行政处罚决定的，经本级自然资源主管部门负责人批准，可以适当延长，但延长期限不得超过30日，案情特别复杂的除外。

## 第五章 执 行

**第三十三条** 行政处罚决定生效后，当事人逾期不履行的，自然资源主管部门除采取法律法规规定的措施外，还可以采取以下措施：

（一）向本级人民政府和上一级自然资源主管部门报告；

（二）向当事人所在单位或者其上级主管部门通报；

（三）向社会公开通报；

（四）停止办理或者告知相关部门停止办理当事人与本案有关的许可、审批、登记等手续。

**第三十四条** 自然资源主管部门申请人民法院强制执行前，有充分理由认为被执行人可能逃避执行的，可以申请人民法院采取财产保全措施。

**第三十五条** 自然资源主管部门作出没收矿产品、建筑物或者其他设施的行政处罚决定后，应当在行政处罚决定生效后90日内移交同级财政部门处理，或者拟订处置方案报本级人民政府批准后实施。法律法规另有规定的，从其规定。

**第三十六条** 自然资源主管部门申请人民法院强制执行前，应当催告当事人履行义务。

当事人在法定期限内不申请行政复议或者提起行政诉讼，又不履行的，自然资源主管部门可以自期限届满之日起3个月内，向土地、矿产资源所在地有管辖权的人民法院申请强制执行。

**第三十七条** 自然资源主管部门向人民法院申请强制执行，应当提供下列材料：

（一）《强制执行申请书》；

（二）《行政处罚决定书》及作出决定的事实、理由和依据；

（三）当事人的意见以及催告情况；

（四）申请强制执行标的情况；

（五）法律法规规定的其他材料。

《强制执行申请书》应当加盖自然资源主管部门的印章。

**第三十八条** 符合下列条件之一的，经自然资源主管部门负责人批准，案件结案：

（一）执行完毕的；

（二）终结执行的；

（三）已经依法申请人民法院强制执行的；

（四）其他应当结案的情形。

涉及需要移送有关部门追究党纪、政纪或者刑事责任的，应当在结案前移送。

## 第六章 监督管理

**第三十九条** 自然资源主管部门应当通过定期或者不定期检查等方式，加强对下级自然资源主管部门实施行政处罚工作的监督，并将发现和制止违法行为、依法实施行政处罚等情况作为监督检查的重点内容。

**第四十条** 自然资源主管部门应当建立重大违法案件公开通报制度，将案情和处理结果向社会公开通报并接受社会监督。

**第四十一条**　自然资源主管部门应当建立重大违法案件挂牌督办制度，明确提出办理要求，公开督促下级自然资源主管部门限期办理并接受社会监督。

**第四十二条**　自然资源主管部门应当建立违法案件统计制度。下级自然资源主管部门应当定期将本行政区域内的违法形势分析、案件发生情况、查处情况等逐级上报。

**第四十三条**　自然资源主管部门应当建立自然资源违法案件错案追究制度。行政处罚决定错误并造成严重后果的，作出处罚决定的机关应当承担相应的责任。

**第四十四条**　自然资源主管部门应当配合有关部门加强对行政处罚实施过程中的社会稳定风险防控。

## 第七章　法律责任

**第四十五条**　县级以上自然资源主管部门直接负责的主管人员和其他直接责任人员，违反本办法规定，有下列情形之一，致使自然人、法人或者其他组织的合法权益、公共利益和社会秩序遭受损害的，应当依法给予处分：

（一）对违法行为未依法制止的；

（二）应当依法立案查处，无正当理由未依法立案查处的；

（三）在制止以及查处违法案件中受阻，依照有关规定应当向本级人民政府或者上级自然资源主管部门报告而未报告的；

（四）应当依法给予行政处罚而未依法处罚的；

（五）应当依法申请强制执行、移送有关机关追究责任，而未依法申请强制执行、移送有关机关的；

（六）其他徇私枉法、滥用职权、玩忽职守的情形。

## 第八章　附　则

**第四十六条**　自然资源行政处罚法律文书格式，由自然资源部统一制定。

**第四十七条**　本办法自2014年7月1日起施行。原地质矿产部1993年7月19日发布的《违反矿产资源法规行政处罚办法》和原国家土地管理局1995年12月18日发布的《土地违法案件查处办法》同时废止。

· *典型案例*

### 张风竹诉濮阳市国土资源局行政不作为案①

**【基本案情】**

2013年10月16日，张风竹向河南省濮阳市国土资源局（以下简称市国土局）书面提出申请，请求该局依法查处其所在村的耕地被有关工程项目违法强行占用的行为，并向该局寄送了申请书。市国土局于2013年10月17日收到申请后，没有受理、立案、处理，也未告知张风竹，张风竹遂以市国土局不履行法定职责为由诉至法院，请求确认被告不履行法定职责的具体行政行为违法，并要求被告对土地违法行为进行查处。

**【裁判结果】**

濮阳市华龙区人民法院一审认为，土地管理部门对上级交办、其他部门移送和群众举报的土地违法案件，应当受理。土地管理部门受理土地违法案件后，应当进行审查，凡符合立案条件的，应当及时立案查处；不符合立案条件的，应当告知交办、移送案件的单位或者举报人。本案原告张风竹向被告市国土局提出查处违法占地申请后，被告应当受理，被告既没有受理，也没有告知原告是否立案，故原告要求确认被告不履行法定职责违法，并限期履行法定职责的请求，有事实根据和法律依据，本院予以支持。遂判决：一、确认被告对原告要求查处违法占地申请未予受理的行为违法。二、限被告于本判决生效之日起按《土地违法案件查处办法》的规定履行法定职责。

市国土局不服，提出上诉，濮阳市中级人民法院二审认为，根据《土地违法案件查处办法》规定，县级以上地方人民政府土地行政主管部门对违反土地管理法律、法规的行为进行监督检查。上诉人市国土局上诉称2013年10月17日收到对土地违法行为监督的申请后，已进行了受理核查，但上诉人未及时将审查结果告知申请人，上诉人的行为未完全履行工作职责，违反了《土地违法案件查处办法》第十六条的规定。二审判决驳回上诉，维持原判。

**【典型意义】**

本案典型意义在于：通过行政审判职能的发挥，督促土地管理部门及时处理群众举报，切实履行查处违法占地相关法定职责，以回应群众关切、保障土地资源的合法利用。土地资源稀缺、人多地少的现状决定了我国必须实行最严格的土地管理制度，但长期以来土地资源浪费严重，违法违规用地层出不穷，既有土地管理保护不力的原因，

① 案例来源：2015年1月25日最高人民法院发布人民法院关于行政不作为十大案例。

也有人民群众难以有效参与保护的因素。公众参与，是及时发现和纠正土地违法行为的重要渠道，也是确保最严格的土地管理制度得以实施的有效手段。依法受理并及时查处人民群众对违法用地行为的举报，是土地管理部门的权力更是义务。《土地违法案件查处办法》第十三条规定了“土地管理部门对上级交办、其他部门移送和群众举报的土地违法案件，应当受理。”第十六条又对受理后的立案查处等程序作出明确规定。经了解，市国土局不仅在本案中对张风竹的申请未依法履行职责，对另外九人的申请也存在同样问题而被法院判决败诉。本案的裁决对确保最严格的土地管理制度的正确实施和公众参与具有积极意义。

## 10. 城乡建设

### 中华人民共和国城乡规划法

·2007 年 10 月 28 日第十届全国人民代表大会常务委员会第三十次会议通过

·根据 2015 年 4 月 24 日第十二届全国人民代表大会常务委员会第十四次会议《关于修改〈中华人民共和国港口法〉等七部法律的决定》第一次修正

·根据 2019 年 4 月 23 日第十三届全国人民代表大会常务委员会第十次会议《关于修改〈中华人民共和国建筑法〉等八部法律的决定》第二次修正

目 录

第一章 总 则
第二章 城乡规划的制定
第三章 城乡规划的实施
第四章 城乡规划的修改
第五章 监督检查
第六章 法律责任
第七章 附 则

#### 第一章 总 则

**第一条** 为了加强城乡规划管理，协调城乡空间布局，改善人居环境，促进城乡经济社会全面协调可持续发展，制定本法。

**第二条** 制定和实施城乡规划，在规划区内进行建设活动，必须遵守本法。

本法所称城乡规划，包括城镇体系规划、城市规划、镇规划、乡规划和村庄规划。城市规划、镇规划分为总体规划和详细规划。详细规划分为控制性详细规划和修建性详细规划。

本法所称规划区，是指城市、镇和村庄的建成区以及因城乡建设和发展需要，必须实行规划控制的区域。规划区的具体范围由有关人民政府在组织编制的城市总体规划、镇总体规划、乡规划和村庄规划中，根据城乡经济社会发展水平和统筹城乡发展的需要划定。

**第三条** 城市和镇应当依照本法制定城市规划和镇规划。城市、镇规划区内的建设活动应当符合规划要求。

县级以上地方人民政府根据本地农村经济社会发展水平，按照因地制宜、切实可行的原则，确定应当制定乡规划、村庄规划的区域。在确定区域内的乡、村庄，应当依照本法制定规划，规划区内的乡、村庄建设应当符合规划要求。

县级以上地方人民政府鼓励、指导前款规定以外的区域的乡、村庄制定和实施乡规划、村庄规划。

**第四条** 制定和实施城乡规划，应当遵循城乡统筹、合理布局、节约土地、集约发展和先规划后建设的原则，改善生态环境，促进资源、能源节约和综合利用，保护耕地等自然资源和历史文化遗产，保持地方特色、民族特色和传统风貌，防止污染和其他公害，并符合区域人口发展、国防建设、防灾减灾和公共卫生、公共安全的需要。

在规划区内进行建设活动，应当遵守土地管理、自然资源和环境保护等法律、法规的规定。

县级以上地方人民政府应当根据当地经济社会发展的实际，在城市总体规划、镇总体规划中合理确定城市、镇的发展规模、步骤和建设标准。

**第五条** 城市总体规划、镇总体规划以及乡规划和村庄规划的编制，应当依据国民经济和社会发展规划，并与土地利用总体规划相衔接。

**第六条** 各级人民政府应当将城乡规划的编制和管理经费纳入本级财政预算。

**第七条** 经依法批准的城乡规划，是城乡建设和规划管理的依据，未经法定程序不得修改。

**第八条** 城乡规划组织编制机关应当及时公布经依法批准的城乡规划。但是，法律、行政法规规定不得公开的内容除外。

**第九条** 任何单位和个人都应当遵守经依法批准并公布的城乡规划，服从规划管理，并有权就涉及其利害关系的建设活动是否符合规划的要求向城乡规划主管部门查询。

任何单位和个人都有权向城乡规划主管部门或者其他有关部门举报或者控告违反城乡规划的行为。城乡规划主管部门或者其他有关部门对举报或者控告，应当及时受理并组织核查、处理。

**第十条** 国家鼓励采用先进的科学技术,增强城乡规划的科学性,提高城乡规划实施及监督管理的效能。

**第十一条** 国务院城乡规划主管部门负责全国的城乡规划管理工作。

县级以上地方人民政府城乡规划主管部门负责本行政区域内的城乡规划管理工作。

## 第二章 城乡规划的制定

**第十二条** 国务院城乡规划主管部门会同国务院有关部门组织编制全国城镇体系规划,用于指导省域城镇体系规划、城市总体规划的编制。

全国城镇体系规划由国务院城乡规划主管部门报国务院审批。

**第十三条** 省、自治区人民政府组织编制省域城镇体系规划,报国务院审批。

省域城镇体系规划的内容应当包括:城镇空间布局和规模控制,重大基础设施的布局,为保护生态环境、资源等需要严格控制的区域。

**第十四条** 城市人民政府组织编制城市总体规划。

直辖市的城市总体规划由直辖市人民政府报国务院审批。省、自治区人民政府所在地的城市以及国务院确定的城市的总体规划,由省、自治区人民政府审查同意后,报国务院审批。其他城市的总体规划,由城市人民政府报省、自治区人民政府审批。

**第十五条** 县人民政府组织编制县人民政府所在地镇的总体规划,报上一级人民政府审批。其他镇的总体规划由镇人民政府组织编制,报上一级人民政府审批。

**第十六条** 省、自治区人民政府组织编制的省域城镇体系规划,城市、县人民政府组织编制的总体规划,在报上一级人民政府审批前,应当先经本级人民代表大会常务委员会审议,常务委员会组成人员的审议意见交由本级人民政府研究处理。

镇人民政府组织编制的镇总体规划,在报上一级人民政府审批前,应当先经镇人民代表大会审议,代表的审议意见交由本级人民政府研究处理。

规划的组织编制机关报送审批省域城镇体系规划、城市总体规划或者镇总体规划,应当将本级人民代表大会常务委员会组成人员或者镇人民代表大会代表的审议意见和根据审议意见修改规划的情况一并报送。

**第十七条** 城市总体规划、镇总体规划的内容应当包括:城市、镇的发展布局,功能分区,用地布局,综合交通体系,禁止、限制和适宜建设的地域范围,各类专项规划等。

规划区范围、规划区内建设用地规模、基础设施和公共服务设施用地、水源地和水系、基本农田和绿化用地、环境保护、自然与历史文化遗产保护以及防灾减灾等内容,应当作为城市总体规划、镇总体规划的强制性内容。

城市总体规划、镇总体规划的规划期限一般为二十年。城市总体规划还应当对城市更长远的发展作出预测性安排。

**第十八条** 乡规划、村庄规划应当从农村实际出发,尊重村民意愿,体现地方和农村特色。

乡规划、村庄规划的内容应当包括:规划区范围,住宅、道路、供水、排水、供电、垃圾收集、畜禽养殖场所等农村生产、生活服务设施、公益事业等各项建设的用地布局、建设要求,以及对耕地等自然资源和历史文化遗产保护、防灾减灾等的具体安排。乡规划还应当包括本行政区域内的村庄发展布局。

**第十九条** 城市人民政府城乡规划主管部门根据城市总体规划的要求,组织编制城市的控制性详细规划,经本级人民政府批准后,报本级人民代表大会常务委员会和上一级人民政府备案。

**第二十条** 镇人民政府根据镇总体规划的要求,组织编制镇的控制性详细规划,报上一级人民政府审批。县人民政府所在地镇的控制性详细规划,由县人民政府城乡规划主管部门根据镇总体规划的要求组织编制,经县人民政府批准后,报本级人民代表大会常务委员会和上一级人民政府备案。

**第二十一条** 城市、县人民政府城乡规划主管部门和镇人民政府可以组织编制重要地块的修建性详细规划。修建性详细规划应当符合控制性详细规划。

**第二十二条** 乡、镇人民政府组织编制乡规划、村庄规划,报上一级人民政府审批。村庄规划在报送审批前,应当经村民会议或者村民代表会议讨论同意。

**第二十三条** 首都的总体规划、详细规划应当统筹考虑中央国家机关用地布局和空间安排的需要。

**第二十四条** 城乡规划组织编制机关应当委托具有相应资质等级的单位承担城乡规划的具体编制工作。

从事城乡规划编制工作应当具备下列条件,并经国务院城乡规划主管部门或者省、自治区、直辖市人民政府城乡规划主管部门依法审查合格,取得相应等级的资质证书后,方可在资质等级许可的范围内从事城乡规划编制工作:

(一)有法人资格;

（二）有规定数量的经相关行业协会注册的规划师；

（三）有规定数量的相关专业技术人员；

（四）有相应的技术装备；

（五）有健全的技术、质量、财务管理制度。

编制城乡规划必须遵守国家有关标准。

**第二十五条** 编制城乡规划，应当具备国家规定的勘察、测绘、气象、地震、水文、环境等基础资料。

县级以上地方人民政府有关主管部门应当根据编制城乡规划的需要，及时提供有关基础资料。

**第二十六条** 城乡规划报送审批前，组织编制机关应当依法将城乡规划草案予以公告，并采取论证会、听证会或者其他方式征求专家和公众的意见。公告的时间不得少于三十日。

组织编制机关应当充分考虑专家和公众的意见，并在报送审批的材料中附具意见采纳情况及理由。

**第二十七条** 省域城镇体系规划、城市总体规划、镇总体规划批准前，审批机关应当组织专家和有关部门进行审查。

## 第三章 城乡规划的实施

**第二十八条** 地方各级人民政府应当根据当地经济社会发展水平，量力而行，尊重群众意愿，有计划、分步骤地组织实施城乡规划。

**第二十九条** 城市的建设和发展，应当优先安排基础设施以及公共服务设施的建设，妥善处理新区开发与旧区改建的关系，统筹兼顾进城务工人员生活和周边农村经济社会发展、村民生产与生活的需要。

镇的建设和发展，应当结合农村经济社会发展和产业结构调整，优先安排供水、排水、供电、供气、道路、通信、广播电视等基础设施和学校、卫生院、文化站、幼儿园、福利院等公共服务设施的建设，为周边农村提供服务。

乡、村庄的建设和发展，应当因地制宜、节约用地，发挥村民自治组织的作用，引导村民合理进行建设，改善农村生产、生活条件。

**第三十条** 城市新区的开发和建设，应当合理确定建设规模和时序，充分利用现有市政基础设施和公共服务设施，严格保护自然资源和生态环境，体现地方特色。

在城市总体规划、镇总体规划确定的建设用地范围以外，不得设立各类开发区和城市新区。

**第三十一条** 旧城区的改建，应当保护历史文化遗产和传统风貌，合理确定拆迁和建设规模，有计划地对危房集中、基础设施落后等地段进行改建。

历史文化名城、名镇、名村的保护以及受保护建筑物的维护和使用，应当遵守有关法律、行政法规和国务院的规定。

**第三十二条** 城乡建设和发展，应当依法保护和合理利用风景名胜资源，统筹安排风景名胜区及周边乡、镇、村庄的建设。

风景名胜区的规划、建设和管理，应当遵守有关法律、行政法规和国务院的规定。

**第三十三条** 城市地下空间的开发和利用，应当与经济和技术发展水平相适应，遵循统筹安排、综合开发、合理利用的原则，充分考虑防灾减灾、人民防空和通信等需要，并符合城市规划，履行规划审批手续。

**第三十四条** 城市、县、镇人民政府应当根据城市总体规划、镇总体规划、土地利用总体规划和年度计划以及国民经济和社会发展规划，制定近期建设规划，报总体规划审批机关备案。

近期建设规划应当以重要基础设施、公共服务设施和中低收入居民住房建设以及生态环境保护为重点内容，明确近期建设的时序、发展方向和空间布局。近期建设规划的规划期限为五年。

**第三十五条** 城乡规划确定的铁路、公路、港口、机场、道路、绿地、输配电设施及输电线路走廊、通信设施、广播电视设施、管道设施、河道、水库、水源地、自然保护区、防汛通道、消防通道、核电站、垃圾填埋场及焚烧厂、污水处理厂和公共服务设施的用地以及其他需要依法保护的用地，禁止擅自改变用途。

**第三十六条** 按照国家规定需要有关部门批准或者核准的建设项目，以划拨方式提供国有土地使用权的，建设单位在报送有关部门批准或者核准前，应当向城乡规划主管部门申请核发选址意见书。

前款规定以外的建设项目不需要申请选址意见书。

**第三十七条** 在城市、镇规划区内以划拨方式提供国有土地使用权的建设项目，经有关部门批准、核准、备案后，建设单位应当向城市、县人民政府城乡规划主管部门提出建设用地规划许可申请，由城市、县人民政府城乡规划主管部门依据控制性详细规划核定建设用地的位置、面积、允许建设的范围，核发建设用地规划许可证。

建设单位在取得建设用地规划许可证后，方可向县级以上地方人民政府土地主管部门申请用地，经县级以上人民政府审批后，由土地主管部门划拨土地。

**第三十八条** 在城市、镇规划区内以出让方式提供国有土地使用权的，在国有土地使用权出让前，城市、县人民政府城乡规划主管部门应当依据控制性详细规划，提出出让地块的位置、使用性质、开发强度等规划条件，作为国有土地使用权出让合同的组成部分。未确定规划条件的地块，不得出让国有土地使用权。

以出让方式取得国有土地使用权的建设项目，建设单位在取得建设项目的批准、核准、备案文件和签订国有土地使用权出让合同后，向城市、县人民政府城乡规划主管部门领取建设用地规划许可证。

城市、县人民政府城乡规划主管部门不得在建设用地规划许可证中，擅自改变作为国有土地使用权出让合同组成部分的规划条件。

**第三十九条** 规划条件未纳入国有土地使用权出让合同的，该国有土地使用权出让合同无效；对未取得建设用地规划许可证的建设单位批准用地的，由县级以上人民政府撤销有关批准文件；占用土地的，应当及时退回；给当事人造成损失的，应当依法给予赔偿。

**第四十条** 在城市、镇规划区内进行建筑物、构筑物、道路、管线和其他工程建设的，建设单位或者个人应当向城市、县人民政府城乡规划主管部门或者省、自治区、直辖市人民政府确定的镇人民政府申请办理建设工程规划许可证。

申请办理建设工程规划许可证，应当提交使用土地的有关证明文件、建设工程设计方案等材料。需要建设单位编制修建性详细规划的建设项目，还应当提交修建性详细规划。对符合控制性详细规划和规划条件的，由城市、县人民政府城乡规划主管部门或者省、自治区、直辖市人民政府确定的镇人民政府核发建设工程规划许可证。

城市、县人民政府城乡规划主管部门或者省、自治区、直辖市人民政府确定的镇人民政府应当依法将经审定的修建性详细规划、建设工程设计方案的总平面图予以公布。

**第四十一条** 在乡、村庄规划区内进行乡镇企业、乡村公共设施和公益事业建设的，建设单位或者个人应当向乡、镇人民政府提出申请，由乡、镇人民政府报城市、县人民政府城乡规划主管部门核发乡村建设规划许可证。

在乡、村庄规划区内使用原有宅基地进行农村村民住宅建设的规划管理办法，由省、自治区、直辖市制定。

在乡、村庄规划区内进行乡镇企业、乡村公共设施和公益事业建设以及农村村民住宅建设，不得占用农用地；确需占用农用地的，应当依照《中华人民共和国土地管理法》有关规定办理农用地转用审批手续后，由城市、县人民政府城乡规划主管部门核发乡村建设规划许可证。

建设单位或者个人在取得乡村建设规划许可证后，方可办理用地审批手续。

**第四十二条** 城乡规划主管部门不得在城乡规划确定的建设用地范围以外作出规划许可。

**第四十三条** 建设单位应当按照规划条件进行建设；确需变更的，必须向城市、县人民政府城乡规划主管部门提出申请。变更内容不符合控制性详细规划的，城乡规划主管部门不得批准。城市、县人民政府城乡规划主管部门应当及时将依法变更后的规划条件通报同级土地主管部门并公示。

建设单位应当及时将依法变更后的规划条件报有关人民政府土地主管部门备案。

**第四十四条** 在城市、镇规划区内进行临时建设的，应当经城市、县人民政府城乡规划主管部门批准。临时建设影响近期建设规划或者控制性详细规划的实施以及交通、市容、安全等的，不得批准。

临时建设应当在批准的使用期限内自行拆除。

临时建设和临时用地规划管理的具体办法，由省、自治区、直辖市人民政府制定。

**第四十五条** 县级以上地方人民政府城乡规划主管部门按照国务院规定对建设工程是否符合规划条件予以核实。未经核实或者经核实不符合规划条件的，建设单位不得组织竣工验收。

建设单位应当在竣工验收后六个月内向城乡规划主管部门报送有关竣工验收资料。

## 第四章 城乡规划的修改

**第四十六条** 省域城镇体系规划、城市总体规划、镇总体规划的组织编制机关，应当组织有关部门和专家定期对规划实施情况进行评估，并采取论证会、听证会或者其他方式征求公众意见。组织编制机关应当向本级人民代表大会常务委员会、镇人民代表大会和原审批机关提出评估报告并附具征求意见的情况。

**第四十七条** 有下列情形之一的，组织编制机关方可按照规定的权限和程序修改省域城镇体系规划、城市总体规划、镇总体规划：

（一）上级人民政府制定的城乡规划发生变更，提出修改规划要求的；

（二）行政区划调整确需修改规划的；

（三）因国务院批准重大建设工程确需修改规划的；

（四）经评估确需修改规划的；

（五）城乡规划的审批机关认为应当修改规划的其

他情形。

修改省域城镇体系规划、城市总体规划、镇总体规划前,组织编制机关应当对原规划的实施情况进行总结,并向原审批机关报告;修改涉及城市总体规划、镇总体规划强制性内容的,应当先向原审批机关提出专题报告,经同意后,方可编制修改方案。

修改后的省域城镇体系规划、城市总体规划、镇总体规划,应当依照本法第十三条、第十四条、第十五条和第十六条规定的审批程序报批。

**第四十八条** 修改控制性详细规划的,组织编制机关应当对修改的必要性进行论证,征求规划地段内利害关系人的意见,并向原审批机关提出专题报告,经原审批机关同意后,方可编制修改方案。修改后的控制性详细规划,应当依照本法第十九条、第二十条规定的审批程序报批。控制性详细规划修改涉及城市总体规划、镇总体规划的强制性内容的,应当先修改总体规划。

修改乡规划、村庄规划的,应当依照本法第二十二条规定的审批程序报批。

**第四十九条** 城市、县、镇人民政府修改近期建设规划的,应当将修改后的近期建设规划报总体规划审批机关备案。

**第五十条** 在选址意见书、建设用地规划许可证、建设工程规划许可证或者乡村建设规划许可证发放后,因依法修改城乡规划给被许可人合法权益造成损失的,应当依法给予补偿。

经依法审定的修建性详细规划、建设工程设计方案的总平面图不得随意修改;确需修改的,城乡规划主管部门应当采取听证会等形式,听取利害关系人的意见;因修改给利害关系人合法权益造成损失的,应当依法给予补偿。

## 第五章 监督检查

**第五十一条** 县级以上人民政府及其城乡规划主管部门应当加强对城乡规划编制、审批、实施、修改的监督检查。

**第五十二条** 地方各级人民政府应当向本级人民代表大会常务委员会或者乡、镇人民代表大会报告城乡规划的实施情况,并接受监督。

**第五十三条** 县级以上人民政府城乡规划主管部门对城乡规划的实施情况进行监督检查,有权采取以下措施:

(一)要求有关单位和人员提供与监督事项有关的文件、资料,并进行复制;

(二)要求有关单位和人员就监督事项涉及的问题作出解释和说明,并根据需要进入现场进行勘测;

(三)责令有关单位和人员停止违反有关城乡规划的法律、法规的行为。

城乡规划主管部门的工作人员履行前款规定的监督检查职责,应当出示执法证件。被监督检查的单位和人员应当予以配合,不得妨碍和阻挠依法进行的监督检查活动。

**第五十四条** 监督检查情况和处理结果应当依法公开,供公众查阅和监督。

**第五十五条** 城乡规划主管部门在查处违反本法规定的行为时,发现国家机关工作人员依法应当给予行政处分的,应当向其任免机关或者监察机关提出处分建议。

**第五十六条** 依照本法规定应当给予行政处罚,而有关城乡规划主管部门不给予行政处罚的,上级人民政府城乡规划主管部门有权责令其作出行政处罚决定或者建议有关人民政府责令其给予行政处罚。

**第五十七条** 城乡规划主管部门违反本法规定作出行政许可的,上级人民政府城乡规划主管部门有权责令其撤销或者直接撤销该行政许可。因撤销行政许可给当事人合法权益造成损失的,应当依法给予赔偿。

## 第六章 法律责任

**第五十八条** 对依法应当编制城乡规划而未组织编制,或者未按法定程序编制、审批、修改城乡规划的,由上级人民政府责令改正,通报批评;对有关人民政府负责人和其他直接责任人员依法给予处分。

**第五十九条** 城乡规划组织编制机关委托不具有相应资质等级的单位编制城乡规划的,由上级人民政府责令改正,通报批评;对有关人民政府负责人和其他直接责任人员依法给予处分。

**第六十条** 镇人民政府或者县级以上人民政府城乡规划主管部门有下列行为之一的,由本级人民政府、上级人民政府城乡规划主管部门或者监察机关依据职权责令改正,通报批评;对直接负责的主管人员和其他直接责任人员依法给予处分:

(一)未依法组织编制城市的控制性详细规划、县人民政府所在地镇的控制性详细规划的;

(二)超越职权或者对不符合法定条件的申请人核发选址意见书、建设用地规划许可证、建设工程规划许可证、乡村建设规划许可证的;

(三)对符合法定条件的申请人未在法定期限内核发选址意见书、建设用地规划许可证、建设工程规划许可证、乡村建设规划许可证的；

（四）未依法对经审定的修建性详细规划、建设工程设计方案的总平面图予以公布的；

（五）同意修改修建性详细规划、建设工程设计方案的总平面图前未采取听证会等形式听取利害关系人的意见的；

（六）发现未依法取得规划许可或者违反规划许可的规定在规划区内进行建设的行为，而不予查处或者接到举报后不依法处理的。

**第六十一条** 县级以上人民政府有关部门有下列行为之一的，由本级人民政府或者上级人民政府有关部门责令改正，通报批评；对直接负责的主管人员和其他直接责任人员依法给予处分：

（一）对未依法取得选址意见书的建设项目核发建设项目批准文件的；

（二）未依法在国有土地使用权出让合同中确定规划条件或者改变国有土地使用权出让合同中依法确定的规划条件的；

（三）对未依法取得建设用地规划许可证的建设单位划拨国有土地使用权的。

**第六十二条** 城乡规划编制单位有下列行为之一的，由所在地城市、县人民政府城乡规划主管部门责令限期改正，处合同约定的规划编制费一倍以上二倍以下的罚款；情节严重的，责令停业整顿，由原发证机关降低资质等级或者吊销资质证书；造成损失的，依法承担赔偿责任：

（一）超越资质等级许可的范围承揽城乡规划编制工作的；

（二）违反国家有关标准编制城乡规划的。

未依法取得资质证书承揽城乡规划编制工作的，由县级以上地方人民政府城乡规划主管部门责令停止违法行为，依照前款规定处以罚款；造成损失的，依法承担赔偿责任。

以欺骗手段取得资质证书承揽城乡规划编制工作的，由原发证机关吊销资质证书，依照本条第一款规定处以罚款；造成损失的，依法承担赔偿责任。

**第六十三条** 城乡规划编制单位取得资质证书后，不再符合相应的资质条件的，由原发证机关责令限期改正；逾期不改正的，降低资质等级或者吊销资质证书。

**第六十四条** 未取得建设工程规划许可证或者未按照建设工程规划许可证的规定进行建设的，由县级以上地方人民政府城乡规划主管部门责令停止建设；尚可采取改正措施消除对规划实施的影响的，限期改正，处建设工程造价百分之五以上百分之十以下的罚款；无法采取改正措施消除影响的，限期拆除，不能拆除的，没收实物或者违法收入，可以并处建设工程造价百分之十以下的罚款。

**第六十五条** 在乡、村庄规划区内未依法取得乡村建设规划许可证或者未按照乡村建设规划许可证的规定进行建设的，由乡、镇人民政府责令停止建设、限期改正；逾期不改正的，可以拆除。

**第六十六条** 建设单位或者个人有下列行为之一的，由所在地城市、县人民政府城乡规划主管部门责令限期拆除，可以并处临时建设工程造价一倍以下的罚款：

（一）未经批准进行临时建设的；

（二）未按照批准内容进行临时建设的；

（三）临时建筑物、构筑物超过批准期限不拆除的。

**第六十七条** 建设单位未在建设工程竣工验收后六个月内向城乡规划主管部门报送有关竣工验收资料的，由所在地城市、县人民政府城乡规划主管部门责令限期补报；逾期不补报的，处一万元以上五万元以下的罚款。

**第六十八条** 城乡规划主管部门作出责令停止建设或者限期拆除的决定后，当事人不停止建设或者逾期不拆除的，建设工程所在地县级以上地方人民政府可以责成有关部门采取查封施工现场、强制拆除等措施。

**第六十九条** 违反本法规定，构成犯罪的，依法追究刑事责任。

### 第七章 附 则

**第七十条** 本法自2008年1月1日起施行。《中华人民共和国城市规划法》同时废止。

## 住房和城乡建设部关于规范城乡规划行政处罚裁量权的指导意见

·2012年6月25日
·建法〔2012〕99号

**第一条** 为了规范城乡规划行政处罚裁量权，维护城乡规划的严肃性和权威性，促进依法行政，根据《中华人民共和国城乡规划法》、《中华人民共和国行政处罚法》和《中华人民共和国行政强制法》，制定本意见。

**第二条** 本意见所称城乡规划行政处罚裁量权，是指城乡规划主管部门或者其他依法实施城乡规划行政处罚的部门（以下简称处罚机关），依据《中华人民共和国城乡规划法》第六十四条规定，对违法建设行为实施行政处罚时享有的自主决定权。

本意见所称违法建设行为，是指未取得建设工程规划许可证或者未按照建设工程规划许可证的规定进行建设的行为。

**第三条**　对违法建设行为实施行政处罚时，应当区分尚可采取改正措施消除对规划实施影响的情形和无法采取改正措施消除对规划实施影响的情形。

**第四条**　违法建设行为有下列情形之一的，属于尚可采取改正措施消除对规划实施影响的情形：

（一）取得建设工程规划许可证，但未按建设工程规划许可证的规定进行建设，在限期内采取局部拆除等整改措施，能够使建设工程符合建设工程规划许可证要求的。

（二）未取得建设工程规划许可证即开工建设，但已取得城乡规划主管部门的建设工程设计方案审查文件，且建设内容符合或采取局部拆除等整改措施后能够符合审查文件要求的。

**第五条**　对尚可采取改正措施消除对规划实施影响的情形，按以下规定处理：

（一）以书面形式责令停止建设；不停止建设的，依法查封施工现场；

（二）以书面形式责令限期改正；对尚未取得建设工程规划许可证即开工建设的，同时责令其及时取得建设工程规划许可证；

（三）对按期改正违法建设部分的，处建设工程造价5%的罚款；对逾期不改正的，依法采取强制拆除等措施，并处建设工程造价10%的罚款。

违法行为轻微并及时自行纠正，没有造成危害后果的，不予行政处罚。

**第六条**　处罚机关按照第五条规定处以罚款，应当在违法建设行为改正后实施，不得仅处罚款而不监督改正。

**第七条**　第四条规定以外的违法建设行为，均为无法采取改正措施消除对规划实施影响的情形。

**第八条**　对无法采取改正措施消除对规划实施影响的情形，按以下规定处理：

（一）以书面形式责令停止建设；不停止建设的，依法查封施工现场；

（二）对存在违反城乡规划事实的建筑物、构筑物单体，依法下发限期拆除决定书；

（三）对按期拆除的，不予罚款；对逾期不拆除的，依法强制拆除，并处建设工程造价10%的罚款；

（四）对不能拆除的，没收实物或者违法收入，可以并处建设工程造价10%以下的罚款。

**第九条**　第八条所称不能拆除的情形，是指拆除违法建设可能影响相邻建筑安全、损害无过错利害关系人合法权益或者对公共利益造成重大损害的情形。

**第十条**　第八条所称没收实物，是指没收新建、扩建、改建的存在违反城乡规划事实的建筑物、构筑物单体。

**第十一条**　第八条所称违法收入，按照新建、扩建、改建的存在违反城乡规划事实的建筑物、构筑物单体出售所得价款计算；出售所得价款明显低于同类房地产市场价格的，处罚机关应当委托有资质的房地产评估机构评估确定。

**第十二条**　对违法建设行为处以罚款，应当以新建、扩建、改建的存在违反城乡规划事实的建筑物、构筑物单体造价作为罚款基数。

已经完成竣工结算的违法建设，应当以竣工结算价作为罚款基数；尚未完成竣工结算的违法建设，可以根据工程已完工部分的施工合同价确定罚款基数；未依法签订施工合同或者当事人提供的施工合同价明显低于市场价格的，处罚机关应当委托有资质的造价咨询机构评估确定。

**第十三条**　处罚机关按照第八条规定处以罚款，应当在依法强制拆除或者没收实物或者没收违法收入后实施，不得仅处罚款而不强制拆除或者没收。

**第十四条**　对违法建设行为进行行政处罚，应当在违反城乡规划事实存续期间和违法行为得到纠正之日起两年内实施。

**第十五条**　本意见自2012年9月1日起施行。

## 城乡规划违法违纪行为处分办法

- 2012年12月3日监察部、人力资源和社会保障部、住房和城乡建设部令第29号公布
- 根据2016年1月18日监察部、人力资源和社会保障部、住房和城乡建设部《关于修改〈城乡规划违法违纪行为处分办法〉的决定》修订

**第一条**　为了加强城乡规划管理，惩处城乡规划违法违纪行为，根据《中华人民共和国城乡规划法》、《中华人民共和国行政监察法》、《中华人民共和国公务员法》、《行政机关公务员处分条例》及其他有关法律、行政法

规,制定本办法。

**第二条** 有城乡规划违法违纪行为的单位中负有责任的领导人员和直接责任人员,以及有城乡规划违法违纪行为的个人,应当承担纪律责任。属于下列人员的(以下统称有关责任人员),由任免机关或者监察机关按照管理权限依法给予处分:

(一)行政机关公务员;

(二)法律、法规授权的具有公共事务管理职能的组织中从事公务的人员;

(三)国家行政机关依法委托从事公共事务管理活动的组织中从事公务的人员;

(四)企业、人民团体中由行政机关任命的人员。

事业单位工作人员有本办法规定的城乡规划违法违纪行为的,依照《事业单位工作人员处分暂行规定》执行。

法律、行政法规、国务院决定及国务院监察机关、国务院人力资源社会保障部门制定的处分规章对城乡规划违法违纪行为的处分另有规定的,从其规定。

**第三条** 地方人民政府有下列行为之一的,对有关责任人员给予记过或者记大过处分;情节较重的,给予降级或者撤职处分;情节严重的,给予开除处分:

(一)依法应当编制城乡规划而未组织编制的;

(二)未按法定程序编制、审批、修改城乡规划的。

**第四条** 地方人民政府有下列行为之一的,对有关责任人员给予警告、记过或者记大过处分;情节较重的,给予降级或者撤职处分;情节严重的,给予开除处分:

(一)制定或者作出与城乡规划法律、法规、规章和国家有关文件相抵触的规定或者决定,造成不良后果或者经上级机关、有关部门指出仍不改正的;

(二)在城市总体规划、镇总体规划确定的建设用地范围以外设立各类开发区和城市新区的;

(三)违反风景名胜区规划,在风景名胜区内设立各类开发区的;

(四)违反规定以会议或者集体讨论决定方式要求城乡规划主管部门对不符合城乡规划的建设项目发放规划许可的。

**第五条** 地方人民政府及城乡规划主管部门委托不具有相应资质等级的单位编制城乡规划的,对有关责任人员给予警告或者记过处分;情节较重的,给予记大过或者降级处分;情节严重的,给予撤职处分。

**第六条** 地方人民政府及其有关主管部门工作人员,利用职权或者职务上的便利,为自己或者他人谋取私利,有下列行为之一的,给予记过或者记大过处分;情节较重的,给予降级或者撤职处分;情节严重的,给予开除处分:

(一)违反法定程序干预控制性详细规划的编制和修改,或者擅自修改控制性详细规划的;

(二)违反规定调整土地用途、容积率等规划条件核发规划许可,或者擅自改变规划许可内容的;

(三)违反规定对违法建设降低标准进行处罚,或者对应当依法拆除的违法建设不予拆除的。

**第七条** 乡、镇人民政府或者地方人民政府承担城乡规划监督检查职能的部门及其工作人员有下列行为之一的,对有关责任人员给予记过或者记大过处分;情节较重的,给予降级或者撤职处分;情节严重的,给予开除处分:

(一)发现未依法取得规划许可或者违反规划许可的规定在规划区内进行建设的行为不予查处,或者接到举报后不依法处理的;

(二)在规划管理过程中,因严重不负责任致使国家利益遭受损失的。

**第八条** 地方人民政府城乡规划主管部门及其工作人员在国有建设用地使用权出让合同签订后,违反规定调整土地用途、容积率等规划条件的,对有关责任人员给予警告或者记过处分;情节较重的,给予记大过或者降级处分;情节严重的,给予撤职处分。

**第九条** 地方人民政府城乡规划主管部门及其工作人员有下列行为之一的,对有关责任人员给予警告处分;情节较重的,给予记过或者记大过处分;情节严重的,给予降级处分:

(一)未依法对经审定的修建性详细规划、建设工程设计方案总平面图予以公布的;

(二)未征求规划地段内利害关系人意见,同意修改修建性详细规划、建设工程设计方案总平面图的。

**第十条** 县级以上地方人民政府城乡规划主管部门及其工作人员或者由省、自治区、直辖市人民政府确定的镇人民政府及其工作人员有下列行为之一的,对有关责任人员给予警告或者记过处分;情节较重的,给予记大过或者降级处分;情节严重的,给予撤职处分:

(一)违反规划条件核发建设用地规划许可证、建设工程规划许可证的;

(二)超越职权或者对不符合法定条件的申请人核发选址意见书、建设用地规划许可证、建设工程规划许可证、乡村建设规划许可证的;

(三)对符合法定条件的申请人不予核发或者未在

法定期限内核发选址意见书、建设用地规划许可证、建设工程规划许可证、乡村建设规划许可证的；

（四）违反规划批准在历史文化街区、名镇、名村核心保护范围内进行新建、扩建活动或者违反规定批准对历史建筑进行迁移、拆除的；

（五）违反基础设施用地的控制界限（黄线）、各类绿地范围的控制线（绿线）、历史文化街区和历史建筑的保护范围界限（紫线）、地表水体保护和控制的地域界限（蓝线）等城乡规划强制性内容的规定核发规划许可的。

**第十一条**　县人民政府城乡规划主管部门未依法组织编制或者未按照县人民政府所在地镇总体规划的要求编制县人民政府所在地镇的控制性详细规划的，对有关责任人员给予记过或者记大过处分；情节较重的，给予降级或者撤职处分；情节严重的，给予开除处分。

**第十二条**　城市人民政府城乡规划主管部门未依法组织编制或者未按照城市总体规划的要求编制城市的控制性详细规划的，对有关责任人员给予记过或者记大过处分；情节较重的，给予降级或者撤职处分；情节严重的，给予开除处分。

**第十三条**　县级以上人民政府有关部门及其工作人员有下列行为之一的，对有关责任人员给予警告或者记过处分；情节较重的，给予记大过或者降级处分；情节严重的，给予撤职处分：

（一）对未依法取得选址意见书的建设项目核发建设项目批准文件的；

（二）未依法在国有土地使用权出让合同中确定规划条件或者改变国有土地使用权出让合同中依法确定的规划条件的；

（三）对未依法取得建设用地规划许可证的建设单位划拨国有土地使用权的；

（四）对未在乡、村庄规划区建设用地范围内取得乡村建设规划许可证的建设单位或者个人办理用地审批手续，造成不良影响的。

**第十四条**　县级以上地方人民政府及其有关主管部门违反风景名胜区规划，批准在风景名胜区的核心景区内建设宾馆、培训中心、招待所、疗养院以及别墅、住宅等与风景名胜资源保护无关的其他建筑物的，对有关责任人员给予降级或者撤职处分。

**第十五条**　在国家级风景名胜区内修建缆车、索道等重大建设工程，项目的选址方案未经省级人民政府住房城乡建设主管部门或者直辖市风景名胜区主管部门核准，县级以上地方人民政府有关主管部门擅自核发选址意见书的，对有关责任人员给予警告或者记过处分；情节较重的，给予记大过或者降级处分；情节严重的，给予撤职处分。

**第十六条**　建设单位及其工作人员有下列行为之一的，对有关责任人员给予警告、记过或者记大过处分；情节较重的，给予降级或者撤职处分；情节严重的，给予开除处分：

（一）未依法取得建设项目规划许可，擅自开工建设的；

（二）未经城乡规划主管部门许可，擅自改变规划条件、设计方案，或者不按照规划要求配建公共设施及配套工程的；

（三）以伪造、欺骗等非法手段获取建设项目规划许可手续的；

（四）未经批准或者未按照批准内容进行临时建设，或者临时建筑物、构筑物超过批准期限不拆除的；

（五）违反历史文化名城、名镇、名村保护规划在历史文化街区、名镇、名村核心保护范围内，破坏传统格局、历史风貌，或者擅自新建、扩建、拆除建筑物、构筑物或者其他设施的；

（六）违反风景名胜区规划在风景名胜区核心景区内建设宾馆、培训中心、招待所、疗养院以及别墅、住宅等与风景名胜资源保护无关的其他建筑物的。

**第十七条**　受到处分的人员对处分决定不服的，可以依照《中华人民共和国行政监察法》、《中华人民共和国公务员法》、《行政机关公务员处分条例》等有关规定，申请复核或者申诉。

**第十八条**　任免机关、监察机关和城乡规划主管部门建立案件移送制度。

任免机关或者监察机关查处城乡规划违法违纪案件，认为应当由城乡规划主管部门给予行政处罚的，应当将有关案件材料移送城乡规划主管部门。城乡规划主管部门应当依法及时查处，并将处理结果书面告知任免机关或者监察机关。

城乡规划主管部门查处城乡规划违法案件，认为应当由任免机关或者监察机关给予处分的，应当在作出行政处罚决定或者其他处理决定后，及时将有关案件材料移送任免机关或者监察机关。任免机关或者监察机关应当依法及时查处，并将处理结果书面告知城乡规划主管部门。

**第十九条**　有城乡规划违法违纪行为，应当给予党纪处分的，移送党的纪律检查机关处理；涉嫌犯罪的，移送司法机关依法追究刑事责任。

**第二十条**　本办法由监察部、人力资源社会保障部、住房城乡建设部负责解释。

**第二十一条**　本办法自2013年1月1日起施行。

## 中华人民共和国城市房地产管理法

· 1994年7月5日第八届全国人民代表大会常务委员会第八次会议通过
· 根据2007年8月30日第十届全国人民代表大会常务委员会第二十九次会议《关于修改〈中华人民共和国城市房地产管理法〉的决定》第一次修正
· 根据2009年8月27日第十一届全国人民代表大会常务委员会第十次会议《关于修改部分法律的决定》第二次修正
· 根据2019年8月26日第十三届全国人民代表大会常务委员会第十二次会议《关于修改〈中华人民共和国土地管理法〉、〈中华人民共和国城市房地产管理法〉的决定》第三次修正

### 目　录

第一章　总　则
第二章　房地产开发用地
　第一节　土地使用权出让
　第二节　土地使用权划拨
第三章　房地产开发
第四章　房地产交易
　第一节　一般规定
　第二节　房地产转让
　第三节　房地产抵押
　第四节　房屋租赁
　第五节　中介服务机构
第五章　房地产权属登记管理
第六章　法律责任
第七章　附　则

### 第一章　总　则

**第一条　【立法宗旨】**为了加强对城市房地产的管理，维护房地产市场秩序，保障房地产权利人的合法权益，促进房地产业的健康发展，制定本法。

**第二条　【适用范围】**在中华人民共和国城市规划区国有土地（以下简称国有土地）范围内取得房地产开发用地的土地使用权，从事房地产开发、房地产交易，实施房地产管理，应当遵守本法。

本法所称房屋，是指土地上的房屋等建筑物及构筑物。

本法所称房地产开发，是指在依据本法取得国有土地使用权的土地上进行基础设施、房屋建设的行为。

本法所称房地产交易，包括房地产转让、房地产抵押和房屋租赁。

**第三条　【国有土地有偿、有限期使用制度】**国家依法实行国有土地有偿、有限期使用制度。但是，国家在本法规定的范围内划拨国有土地使用权的除外。

**第四条　【国家扶持居民住宅建设】**国家根据社会、经济发展水平，扶持发展居民住宅建设，逐步改善居民的居住条件。

**第五条　【房地产权利人的义务和权益】**房地产权利人应当遵守法律和行政法规，依法纳税。房地产权利人的合法权益受法律保护，任何单位和个人不得侵犯。

**第六条　【房屋征收】**为了公共利益的需要，国家可以征收国有土地上单位和个人的房屋，并依法给予拆迁补偿，维护被征收人的合法权益；征收个人住宅的，还应当保障被征收人的居住条件。具体办法由国务院规定。

**第七条　【房地产管理机构设置】**国务院建设行政主管部门、土地管理部门依照国务院规定的职权划分，各司其职，密切配合，管理全国房地产工作。

县级以上地方人民政府房产管理、土地管理部门的机构设置及其职权由省、自治区、直辖市人民政府确定。

### 第二章　房地产开发用地

#### 第一节　土地使用权出让

**第八条　【土地使用权出让的定义】**土地使用权出让，是指国家将国有土地使用权（以下简称土地使用权）在一定年限内出让给土地使用者，由土地使用者向国家支付土地使用权出让金的行为。

**第九条　【集体所有土地征收与出让】**城市规划区内的集体所有的土地，经依法征收转为国有土地后，该幅国有土地的使用权方可有偿出让，但法律另有规定的除外。

**第十条　【土地使用权出让宏观管理】**土地使用权出让，必须符合土地利用总体规划、城市规划和年度建设用地计划。

**第十一条　【年度出让土地使用权总量控制】**县级以上地方人民政府出让土地使用权用于房地产开发的，须根据省级以上人民政府下达的控制指标拟订年度出让土地使用权总面积方案，按照国务院规定，报国务院或者省级人民政府批准。

**第十二条　【土地使用权出让主体】**土地使用权出

让,由市、县人民政府有计划、有步骤地进行。出让的每幅地块、用途、年限和其他条件,由市、县人民政府土地管理部门会同城市规划、建设、房产管理部门共同拟定方案,按照国务院规定,报经有批准权的人民政府批准后,由市、县人民政府土地管理部门实施。

直辖市的县人民政府及其有关部门行使前款规定的权限,由直辖市人民政府规定。

**第十三条 【土地使用权出让方式】**土地使用权出让,可以采取拍卖、招标或者双方协议的方式。

商业、旅游、娱乐和豪华住宅用地,有条件的,必须采取拍卖、招标方式;没有条件,不能采取拍卖、招标方式的,可以采取双方协议的方式。

采取双方协议方式出让土地使用权的出让金不得低于按国家规定所确定的最低价。

**第十四条 【土地使用权出让最高年限】**土地使用权出让最高年限由国务院规定。

**第十五条 【土地使用权出让合同】**土地使用权出让,应当签订书面出让合同。

土地使用权出让合同由市、县人民政府土地管理部门与土地使用者签订。

**第十六条 【支付出让金】**土地使用者必须按照出让合同约定,支付土地使用权出让金;未按照出让合同约定支付土地使用权出让金的,土地管理部门有权解除合同,并可以请求违约赔偿。

**第十七条 【提供出让土地】**土地使用者按照出让合同约定支付土地使用权出让金的,市、县人民政府土地管理部门必须按照出让合同约定,提供出让的土地;未按照出让合同约定提供出让的土地的,土地使用者有权解除合同,由土地管理部门返还土地使用权出让金,土地使用者并可以请求违约赔偿。

**第十八条 【土地用途的变更】**土地使用者需要改变土地使用权出让合同约定的土地用途的,必须取得出让方和市、县人民政府城市规划行政主管部门的同意,签订土地使用权出让合同变更协议或者重新签订土地使用权出让合同,相应调整土地使用权出让金。

**第十九条 【土地使用权出让金的管理】**土地使用权出让金应当全部上缴财政,列入预算,用于城市基础设施建设和土地开发。土地使用权出让金上缴和使用的具体办法由国务院规定。

**第二十条 【出让土地使用权的提前收回】**国家对土地使用者依法取得的土地使用权,在出让合同约定的使用年限届满前不收回;在特殊情况下,根据社会公共利益的需要,可以依照法律程序提前收回,并根据土地使用者使用土地的实际年限和开发土地的实际情况给予相应的补偿。

**第二十一条 【土地使用权终止】**土地使用权因土地灭失而终止。

**第二十二条 【土地使用权出让年限届满】**土地使用权出让合同约定的使用年限届满,土地使用者需要继续使用土地的,应当至迟于届满前一年申请续期,除根据社会公共利益需要收回该幅土地的,应当予以批准。经批准准予续期的,应当重新签订土地使用权出让合同,依照规定支付土地使用权出让金。

土地使用权出让合同约定的使用年限届满,土地使用者未申请续期或者虽申请续期但依照前款规定未获批准的,土地使用权由国家无偿收回。

### 第二节 土地使用权划拨

**第二十三条 【土地使用权划拨的定义】**土地使用权划拨,是指县级以上人民政府依法批准,在土地使用者缴纳补偿、安置等费用后将该幅土地交付其使用,或者将土地使用权无偿交付给土地使用者使用的行为。

依照本法规定以划拨方式取得土地使用权的,除法律、行政法规另有规定外,没有使用期限的限制。

**第二十四条 【土地使用权划拨范围】**下列建设用地的土地使用权,确属必需的,可以由县级以上人民政府依法批准划拨:

(一)国家机关用地和军事用地;

(二)城市基础设施用地和公益事业用地;

(三)国家重点扶持的能源、交通、水利等项目用地;

(四)法律、行政法规规定的其他用地。

## 第三章 房地产开发

**第二十五条 【房地产开发基本原则】**房地产开发必须严格执行城市规划,按照经济效益、社会效益、环境效益相统一的原则,实行全面规划、合理布局、综合开发、配套建设。

**第二十六条 【开发土地期限】**以出让方式取得土地使用权进行房地产开发的,必须按照土地使用权出让合同约定的土地用途、动工开发期限开发土地。超过出让合同约定的动工开发日期满一年未动工开发的,可以征收相当于土地使用权出让金百分之二十以下的土地闲置费;满二年未动工开发的,可以无偿收回土地使用权;但是,因不可抗力或者政府、政府有关部门的行为或者动工开发必需的前期工作造成动工开发迟延的除外。

**第二十七条 【房地产开发项目设计、施工和竣工】** 房地产开发项目的设计、施工,必须符合国家的有关标准和规范。

房地产开发项目竣工,经验收合格后,方可交付使用。

**第二十八条 【土地使用权作价】** 依法取得的土地使用权,可以依照本法和有关法律、行政法规的规定,作价入股,合资、合作开发经营房地产。

**第二十九条 【开发居民住宅的鼓励和扶持】** 国家采取税收等方面的优惠措施鼓励和扶持房地产开发企业开发建设居民住宅。

**第三十条 【房地产开发企业的设立】** 房地产开发企业是以营利为目的,从事房地产开发和经营的企业。设立房地产开发企业,应当具备下列条件:

(一)有自己的名称和组织机构;

(二)有固定的经营场所;

(三)有符合国务院规定的注册资本;

(四)有足够的专业技术人员;

(五)法律、行政法规规定的其他条件。

设立房地产开发企业,应当向工商行政管理部门申请设立登记。工商行政管理部门对符合本法规定条件的,应当予以登记,发给营业执照;对不符合本法规定条件的,不予登记。

设立有限责任公司、股份有限公司,从事房地产开发经营的,还应当执行公司法的有关规定。

房地产开发企业在领取营业执照后的一个月内,应当到登记机关所在地的县级以上地方人民政府规定的部门备案。

**第三十一条 【房地产开发企业注册资本与投资总额的比例】** 房地产开发企业的注册资本与投资总额的比例应当符合国家有关规定。

房地产开发企业分期开发房地产的,分期投资额应当与项目规模相适应,并按照土地使用权出让合同的约定,按期投入资金,用于项目建设。

## 第四章 房地产交易

### 第一节 一般规定

**第三十二条 【房地产权利主体一致原则】** 房地产转让、抵押时,房屋的所有权和该房屋占用范围内的土地使用权同时转让、抵押。

**第三十三条 【房地产价格管理】** 基准地价、标定地价和各类房屋的重置价格应当定期确定并公布。具体办法由国务院规定。

**第三十四条 【房地产价格评估】** 国家实行房地产价格评估制度。

房地产价格评估,应当遵循公正、公平、公开的原则,按照国家规定的技术标准和评估程序,以基准地价、标定地价和各类房屋的重置价格为基础,参照当地的市场价格进行评估。

**第三十五条 【房地产成交价格申报】** 国家实行房地产成交价格申报制度。

房地产权利人转让房地产,应当向县级以上地方人民政府规定的部门如实申报成交价,不得瞒报或者作不实的申报。

**第三十六条 【房地产权属登记】** 房地产转让、抵押,当事人应当依照本法第五章的规定办理权属登记。

### 第二节 房地产转让

**第三十七条 【房地产转让的定义】** 房地产转让,是指房地产权利人通过买卖、赠与或者其他合法方式将其房地产转移给他人的行为。

**第三十八条 【房地产不得转让的情形】** 下列房地产,不得转让:

(一)以出让方式取得土地使用权的,不符合本法第三十九条规定的条件的;

(二)司法机关和行政机关依法裁定、决定查封或者以其他形式限制房地产权利的;

(三)依法收回土地使用权的;

(四)共有房地产,未经其他共有人书面同意的;

(五)权属有争议的;

(六)未依法登记领取权属证书的;

(七)法律、行政法规规定禁止转让的其他情形。

**第三十九条 【以出让方式取得土地使用权的房地产转让】** 以出让方式取得土地使用权的,转让房地产时,应当符合下列条件:

(一)按照出让合同约定已经支付全部土地使用权出让金,并取得土地使用权证书;

(二)按照出让合同约定进行投资开发,属于房屋建设工程的,完成开发投资总额的百分之二十五以上,属于成片开发土地的,形成工业用地或者其他建设用地条件。

转让房地产时房屋已经建成的,还应当持有房屋所有权证书。

**第四十条 【以划拨方式取得土地使用权的房地产转让】** 以划拨方式取得土地使用权的,转让房地产时,应当按照国务院规定,报有批准权的人民政府审批。有批准权的人民政府准予转让的,应当由受让方办理土地使用权出让手续,并依照国家有关规定缴纳土地使用权出让金。

以划拨方式取得土地使用权的,转让房地产报批时,有批准权的人民政府按照国务院规定决定可以不办理土地使用权出让手续的,转让方应当按照国务院规定将转让房地产所获收益中的土地收益上缴国家或者作其他处理。

**第四十一条 【房地产转让合同】**房地产转让,应当签订书面转让合同,合同中应当载明土地使用权取得的方式。

**第四十二条 【房地产转让合同与土地使用权出让合同的关系】**房地产转让时,土地使用权出让合同载明的权利、义务随之转移。

**第四十三条 【房地产转让后土地使用权的使用年限】**以出让方式取得土地使用权的,转让房地产后,其土地使用权的使用年限为原土地使用权出让合同约定的使用年限减去原土地使用者已经使用年限后的剩余年限。

**第四十四条 【房地产转让后土地用途变更】**以出让方式取得土地使用权的,转让房地产后,受让人改变原土地使用权出让合同约定的土地用途的,必须取得原出让方和市、县人民政府城市规划行政主管部门的同意,签订土地使用权出让合同变更协议或者重新签订土地使用权出让合同,相应调整土地使用权出让金。

**第四十五条 【商品房预售的条件】**商品房预售,应当符合下列条件:

(一)已交付全部土地使用权出让金,取得土地使用权证书;

(二)持有建设工程规划许可证;

(三)按提供预售的商品房计算,投入开发建设的资金达到工程建设总投资的百分之二十五以上,并已经确定施工进度和竣工交付日期;

(四)向县级以上人民政府房产管理部门办理预售登记,取得商品房预售许可证明。

商品房预售人应当按照国家有关规定将预售合同报县级以上人民政府房产管理部门和土地管理部门登记备案。

商品房预售所得款项,必须用于有关的工程建设。

**第四十六条 【商品房预售后的再行转让】**商品房预售的,商品房预购人将购买的未竣工的预售商品房再行转让的问题,由国务院规定。

## 第三节 房地产抵押

**第四十七条 【房地产抵押的定义】**房地产抵押,是指抵押人以其合法的房地产以不转移占有的方式向抵押权人提供债务履行担保的行为。债务人不履行债务时,抵押权人有权依法以抵押的房地产拍卖所得的价款优先受偿。

**第四十八条 【房地产抵押物的范围】**依法取得的房屋所有权连同该房屋占用范围内的土地使用权,可以设定抵押权。

以出让方式取得的土地使用权,可以设定抵押权。

**第四十九条 【抵押办理凭证】**房地产抵押,应当凭土地使用权证书、房屋所有权证书办理。

**第五十条 【房地产抵押合同】**房地产抵押,抵押人和抵押权人应当签订书面抵押合同。

**第五十一条 【以划拨土地使用权设定的房地产抵押权的实现】**设定房地产抵押权的土地使用权是以划拨方式取得的,依法拍卖该房地产后,应当从拍卖所得的价款中缴纳相当于应缴纳的土地使用权出让金的款额后,抵押权人方可优先受偿。

**第五十二条 【房地产抵押后土地上的新增房屋问题】**房地产抵押合同签订后,土地上新增的房屋不属于抵押财产。需要拍卖该抵押的房地产时,可以依法将土地上新增的房屋与抵押财产一同拍卖,但对拍卖新增房屋所得,抵押权人无权优先受偿。

## 第四节 房屋租赁

**第五十三条 【房屋租赁的定义】**房屋租赁,是指房屋所有权人作为出租人将其房屋出租给承租人使用,由承租人向出租人支付租金的行为。

**第五十四条 【房屋租赁合同的签订】**房屋租赁,出租人和承租人应当签订书面租赁合同,约定租赁期限、租赁用途、租赁价格、修缮责任等条款,以及双方的其他权利和义务,并向房产管理部门登记备案。

**第五十五条 【住宅用房和非住宅用房的租赁】**住宅用房的租赁,应当执行国家和房屋所在城市人民政府规定的租赁政策。租用房屋从事生产、经营活动的,由租赁双方协商议定租金和其他租赁条款。

**第五十六条 【以划拨方式取得的国有土地上的房屋出租的特别规定】**以营利为目的,房屋所有权人将以划拨方式取得使用权的国有土地上建成的房屋出租的,应当将租金中所含土地收益上缴国家。具体办法由国务院规定。

## 第五节 中介服务机构

**第五十七条 【房地产中介服务机构】**房地产中介服务机构包括房地产咨询机构、房地产价格评估机构、房地产经纪机构等。

**第五十八条 【房地产中介服务机构的设立】**房地产中介服务机构应当具备下列条件：

（一）有自己的名称和组织机构；

（二）有固定的服务场所；

（三）有必要的财产和经费；

（四）有足够数量的专业人员；

（五）法律、行政法规规定的其他条件。

设立房地产中介服务机构，应当向工商行政管理部门申请设立登记，领取营业执照后，方可开业。

**第五十九条 【房地产估价人员资格认证】**国家实行房地产价格评估人员资格认证制度。

## 第五章 房地产权属登记管理

**第六十条 【房地产登记发证制度】**国家实行土地使用权和房屋所有权登记发证制度。

**第六十一条 【房地产权属登记】**以出让或者划拨方式取得土地使用权，应当向县级以上地方人民政府土地管理部门申请登记，经县级以上地方人民政府土地管理部门核实，由同级人民政府颁发土地使用权证书。

在依法取得的房地产开发用地上建成房屋的，应当凭土地使用权证书向县级以上地方人民政府房产管理部门申请登记，由县级以上地方人民政府房产管理部门核实并颁发房屋所有权证书。

房地产转让或者变更时，应当向县级以上地方人民政府房产管理部门申请房产变更登记，并凭变更后的房屋所有权证书向同级人民政府土地管理部门申请土地使用权变更登记，经同级人民政府土地管理部门核实，由同级人民政府更换或者更改土地使用权证书。

法律另有规定的，依照有关法律的规定办理。

**第六十二条 【房地产抵押登记】**房地产抵押时，应当向县级以上地方人民政府规定的部门办理抵押登记。

因处分抵押房地产而取得土地使用权和房屋所有权的，应当依照本章规定办理过户登记。

**第六十三条 【房地产权属证书】**经省、自治区、直辖市人民政府确定，县级以上地方人民政府由一个部门统一负责房产管理和土地管理工作的，可以制作、颁发统一的房地产权证书，依照本法第六十一条的规定，将房屋的所有权和该房屋占用范围内的土地使用权的确认和变更，分别载入房地产权证书。

## 第六章 法律责任

**第六十四条 【擅自出让或擅自批准出让土地使用权用于房地产开发的法律责任】**违反本法第十一条、第十二条的规定，擅自批准出让或者擅自出让土地使用权用于房地产开发的，由上级机关或者所在单位给予有关责任人员行政处分。

**第六十五条 【擅自从事房地产开发的法律责任】**违反本法第三十条的规定，未取得营业执照擅自从事房地产开发业务的，由县级以上人民政府工商行政管理部门责令停止房地产开发业务活动，没收违法所得，可以并处罚款。

**第六十六条 【非法转让土地使用权的法律责任】**违反本法第三十九条第一款的规定转让土地使用权的，由县级以上人民政府土地管理部门没收违法所得，可以并处罚款。

**第六十七条 【非法转让划拨土地使用权的房地产的法律责任】**违反本法第四十条第一款的规定转让房地产的，由县级以上人民政府土地管理部门责令缴纳土地使用权出让金，没收违法所得，可以并处罚款。

**第六十八条 【非法预售商品房的法律责任】**违反本法第四十五条第一款的规定预售商品房的，由县级以上人民政府房产管理部门责令停止预售活动，没收违法所得，可以并处罚款。

**第六十九条 【擅自从事房地产中介服务业务的法律责任】**违反本法第五十八条的规定，未取得营业执照擅自从事房地产中介服务业务的，由县级以上人民政府工商行政管理部门责令停止房地产中介服务业务活动，没收违法所得，可以并处罚款。

**第七十条 【向房地产开发企业非法收费的法律责任】**没有法律、法规的依据，向房地产开发企业收费的，上级机关应当责令退回所收取的钱款；情节严重的，由上级机关或者所在单位给予直接责任人员行政处分。

**第七十一条 【管理部门工作人员玩忽职守、滥用职权、索贿、受贿的法律责任】**房产管理部门、土地管理部门工作人员玩忽职守、滥用职权，构成犯罪的，依法追究刑事责任；不构成犯罪的，给予行政处分。

房产管理部门、土地管理部门工作人员利用职务上的便利，索取他人财物，或者非法收受他人财物为他人谋取利益，构成犯罪的，依法追究刑事责任；不构成犯罪的，给予行政处分。

## 第七章 附 则

**第七十二条 【参照本法适用的情形】**在城市规划区外的国有土地范围内取得房地产开发用地的土地使用权，从事房地产开发、交易活动以及实施房地产管理，参照本法执行。

**第七十三条　【施行时间】**本法自 1995 年 1 月 1 日起施行。

## 城市房地产开发经营管理条例

· 1998 年 7 月 20 日中华人民共和国国务院令第 248 号发布
· 根据 2011 年 1 月 8 日《国务院关于废止和修改部分行政法规的决定》第一次修订
· 根据 2018 年 3 月 19 日《国务院关于修改和废止部分行政法规的决定》第二次修订
· 根据 2019 年 3 月 24 日《国务院关于修改部分行政法规的决定》第三次修订
· 根据 2020 年 3 月 27 日《国务院关于修改和废止部分行政法规的决定》第四次修订
· 根据 2020 年 11 月 29 日《国务院关于修改和废止部分行政法规的决定》第五次修订

### 第一章　总　则

**第一条**　为了规范房地产开发经营行为，加强对城市房地产开发经营活动的监督管理，促进和保障房地产业的健康发展，根据《中华人民共和国城市房地产管理法》的有关规定，制定本条例。

**第二条**　本条例所称房地产开发经营，是指房地产开发企业在城市规划区内国有土地上进行基础设施建设、房屋建设，并转让房地产开发项目或者销售、出租商品房的行为。

**第三条**　房地产开发经营应当按照经济效益、社会效益、环境效益相统一的原则，实行全面规划、合理布局、综合开发、配套建设。

**第四条**　国务院建设行政主管部门负责全国房地产开发经营活动的监督管理工作。

县级以上地方人民政府房地产开发主管部门负责本行政区域内房地产开发经营活动的监督管理工作。

县级以上人民政府负责土地管理工作的部门依照有关法律、行政法规的规定，负责与房地产开发经营有关的土地管理工作。

### 第二章　房地产开发企业

**第五条**　设立房地产开发企业，除应当符合有关法律、行政法规规定的企业设立条件外，还应当具备下列条件：

（一）有 100 万元以上的注册资本；

（二）有 4 名以上持有资格证书的房地产专业、建筑工程专业的专职技术人员，2 名以上持有资格证书的专职会计人员。

省、自治区、直辖市人民政府可以根据本地方的实际情况，对设立房地产开发企业的注册资本和专业技术人员的条件作出高于前款的规定。

**第六条**　外商投资设立房地产开发企业的，除应当符合本条例第五条的规定外，还应当符合外商投资法律、行政法规的规定。

**第七条**　设立房地产开发企业，应当向县级以上人民政府工商行政管理部门申请登记。工商行政管理部门对符合本条例第五条规定条件的，应当自收到申请之日起 30 日内予以登记；对不符合条件不予登记的，应当说明理由。

工商行政管理部门在对设立房地产开发企业申请登记进行审查时，应当听取同级房地产开发主管部门的意见。

**第八条**　房地产开发企业应当自领取营业执照之日起 30 日内，提交下列纸质或者电子材料，向登记机关所在地的房地产开发主管部门备案：

（一）营业执照复印件；

（二）企业章程；

（三）专业技术人员的资格证书和聘用合同。

**第九条**　房地产开发主管部门应当根据房地产开发企业的资产、专业技术人员和开发经营业绩等，对备案的房地产开发企业核定资质等级。房地产开发企业应当按照核定的资质等级，承担相应的房地产开发项目。具体办法由国务院建设行政主管部门制定。

### 第三章　房地产开发建设

**第十条**　确定房地产开发项目，应当符合土地利用总体规划、年度建设用地计划和城市规划、房地产开发年度计划的要求；按照国家有关规定需要经计划主管部门批准的，还应当报计划主管部门批准，并纳入年度固定资产投资计划。

**第十一条**　确定房地产开发项目，应当坚持旧区改建和新区建设相结合的原则，注重开发基础设施薄弱、交通拥挤、环境污染严重以及危旧房屋集中的区域，保护和改善城市生态环境，保护历史文化遗产。

**第十二条**　房地产开发用地应当以出让方式取得；但是，法律和国务院规定可以采用划拨方式的除外。

土地使用权出让或者划拨前，县级以上地方人民政府城市规划行政主管部门和房地产开发主管部门应当对下列事项提出书面意见，作为土地使用权出让或者划拨的依据之一：

（一）房地产开发项目的性质、规模和开发期限；

（二）城市规划设计条件；

（三）基础设施和公共设施的建设要求；

（四）基础设施建成后的产权界定；

（五）项目拆迁补偿、安置要求。

**第十三条** 房地产开发项目应当建立资本金制度，资本金占项目总投资的比例不得低于20%。

**第十四条** 房地产开发项目的开发建设应当统筹安排配套基础设施，并根据先地下、后地上的原则实施。

**第十五条** 房地产开发企业应当按照土地使用权出让合同约定的土地用途、动工开发期限进行项目开发建设。出让合同约定的动工开发期限满1年未动工开发的，可以征收相当于土地使用权出让金20%以下的土地闲置费；满2年未动工开发的，可以无偿收回土地使用权。但是，因不可抗力或者政府、政府有关部门的行为或者动工开发必需的前期工作造成动工迟延的除外。

**第十六条** 房地产开发企业开发建设的房地产项目，应当符合有关法律、法规的规定和建筑工程质量、安全标准、建筑工程勘察、设计、施工的技术规范以及合同的约定。

房地产开发企业应当对其开发建设的房地产开发项目的质量承担责任。

勘察、设计、施工、监理等单位应当依照有关法律、法规的规定或者合同的约定，承担相应的责任。

**第十七条** 房地产开发项目竣工，依照《建设工程质量管理条例》的规定验收合格后，方可交付使用。

**第十八条** 房地产开发企业应当将房地产开发项目建设过程中的主要事项记录在房地产开发项目手册中，并定期送房地产开发主管部门备案。

## 第四章 房地产经营

**第十九条** 转让房地产开发项目，应当符合《中华人民共和国城市房地产管理法》第三十九条、第四十条规定的条件。

**第二十条** 转让房地产开发项目，转让人和受让人应当自土地使用权变更登记手续办理完毕之日起30日内，持房地产开发项目转让合同到房地产开发主管部门备案。

**第二十一条** 房地产开发企业转让房地产开发项目时，尚未完成拆迁补偿安置的，原拆迁补偿安置合同中有关的权利、义务随之转移给受让人。项目转让人应当书面通知被拆迁人。

**第二十二条** 房地产开发企业预售商品房，应当符合下列条件：

（一）已交付全部土地使用权出让金，取得土地使用权证书；

（二）持有建设工程规划许可证和施工许可证；

（三）按提供的预售商品房计算，投入开发建设的资金达到工程建设总投资的25%以上，并已确定施工进度和竣工交付日期；

（四）已办理预售登记，取得商品房预售许可证明。

**第二十三条** 房地产开发企业申请办理商品房预售登记，应当提交下列文件：

（一）本条例第二十二条第（一）项至第（三）项规定的证明材料；

（二）营业执照和资质等级证书；

（三）工程施工合同；

（四）预售商品房分层平面图；

（五）商品房预售方案。

**第二十四条** 房地产开发主管部门应当自收到商品房预售申请之日起10日内，作出同意预售或者不同意预售的答复。同意预售的，应当核发商品房预售许可证明；不同意预售的，应当说明理由。

**第二十五条** 房地产开发企业不得进行虚假广告宣传，商品房预售广告中应当载明商品房预售许可证明的文号。

**第二十六条** 房地产开发企业预售商品房时，应当向预购人出示商品房预售许可证明。

房地产开发企业应当自商品房预售合同签订之日起30日内，到商品房所在地的县级以上人民政府房地产开发主管部门和负责土地管理工作的部门备案。

**第二十七条** 商品房销售，当事人双方应当签订书面合同。合同应当载明商品房的建筑面积和使用面积、价格、交付日期、质量要求、物业管理方式以及双方的违约责任。

**第二十八条** 房地产开发企业委托中介机构代理销售商品房的，应当向中介机构出具委托书。中介机构销售商品房时，应当向商品房购买人出示商品房的有关证明文件和商品房销售委托书。

**第二十九条** 房地产开发项目转让和商品房销售价格，由当事人协商议定；但是，享受国家优惠政策的居民住宅价格，应当实行政府指导价或者政府定价。

**第三十条** 房地产开发企业应当在商品房交付使用时，向购买人提供住宅质量保证书和住宅使用说明书。

住宅质量保证书应当列明工程质量监督单位核验的质量等级、保修范围、保修期和保修单位等内容。房地产开发企业应当按照住宅质量保证书的约定，承担商品房保修责任。

保修期内，因房地产开发企业对商品房进行维修，致使房屋原使用功能受到影响，给购买人造成损失的，应当依法承担赔偿责任。

**第三十一条**　商品房交付使用后，购买人认为主体结构质量不合格的，可以向工程质量监督单位申请重新核验。经核验，确属主体结构质量不合格的，购买人有权退房；给购买人造成损失的，房地产开发企业应当依法承担赔偿责任。

**第三十二条**　预售商品房的购买人应当自商品房交付使用之日起90日内，办理土地使用权变更和房屋所有权登记手续；现售商品房的购买人应当自销售合同签订之日起90日内，办理土地使用权变更和房屋所有权登记手续。房地产开发企业应当协助商品房购买人办理土地使用权变更和房屋所有权登记手续，并提供必要的证明文件。

## 第五章　法律责任

**第三十三条**　违反本条例规定，未取得营业执照，擅自从事房地产开发经营的，由县级以上人民政府工商行政管理部门责令停止房地产开发经营活动，没收违法所得，可以并处违法所得5倍以下的罚款。

**第三十四条**　违反本条例规定，未取得资质等级证书或者超越资质等级从事房地产开发经营的，由县级以上人民政府房地产开发主管部门责令限期改正，处5万元以上10万元以下的罚款；逾期不改正的，由工商行政管理部门吊销营业执照。

**第三十五条**　违反本条例规定，擅自转让房地产开发项目的，由县级以上人民政府负责土地管理工作的部门责令停止违法行为，没收违法所得，可以并处违法所得5倍以下的罚款。

**第三十六条**　违反本条例规定，擅自预售商品房的，由县级以上人民政府房地产开发主管部门责令停止违法行为，没收违法所得，可以并处已收取的预付款1%以下的罚款。

**第三十七条**　国家机关工作人员在房地产开发经营监督管理工作中玩忽职守、徇私舞弊、滥用职权，构成犯罪的，依法追究刑事责任；尚不构成犯罪的，依法给予行政处分。

## 第六章　附　则

**第三十八条**　在城市规划区外国有土地上从事房地产开发经营，实施房地产开发经营监督管理，参照本条例执行。

**第三十九条**　城市规划区内集体所有的土地，经依法征收转为国有土地后，方可用于房地产开发经营。

**第四十条**　本条例自发布之日起施行。

# 国有土地上房屋征收与补偿条例

·2011年1月19日国务院第141次常务会议通过

·2011年1月21日中华人民共和国国务院令第590号公布　自公布之日起施行

## 第一章　总　则

**第一条**　**【立法目的】**为了规范国有土地上房屋征收与补偿活动，维护公共利益，保障被征收房屋所有权人的合法权益，制定本条例。

**第二条**　**【适用范围】**为了公共利益的需要，征收国有土地上单位、个人的房屋，应当对被征收房屋所有权人（以下称被征收人）给予公平补偿。

**第三条**　**【基本原则】**房屋征收与补偿应当遵循决策民主、程序正当、结果公开的原则。

**第四条**　**【行政管辖】**市、县级人民政府负责本行政区域的房屋征收与补偿工作。

市、县级人民政府确定的房屋征收部门（以下称房屋征收部门）组织实施本行政区域的房屋征收与补偿工作。

市、县级人民政府有关部门应当依照本条例的规定和本级人民政府规定的职责分工，互相配合，保障房屋征收与补偿工作的顺利进行。

**第五条**　**【房屋征收实施单位】**房屋征收部门可以委托房屋征收实施单位，承担房屋征收与补偿的具体工作。房屋征收实施单位不得以营利为目的。

房屋征收部门对房屋征收实施单位在委托范围内实施的房屋征收与补偿行为负责监督，并对其行为后果承担法律责任。

**第六条**　**【主管部门】**上级人民政府应当加强对下级人民政府房屋征收与补偿工作的监督。

国务院住房城乡建设主管部门和省、自治区、直辖市人民政府住房城乡建设主管部门应当会同同级财政、国土资源、发展改革等有关部门，加强对房屋征收与补偿实施工作的指导。

**第七条**　**【举报与监察】**任何组织和个人对违反本条例规定的行为，都有权向有关人民政府、房屋征收部门和其他有关部门举报。接到举报的有关人民政府、房屋征收部门和其他有关部门对举报应当及时核实、处理。

监察机关应当加强对参与房屋征收与补偿工作的政府和有关部门或者单位及其工作人员的监察。

## 第二章 征收决定

**第八条 【征收情形】**为了保障国家安全、促进国民经济和社会发展等公共利益的需要,有下列情形之一,确需征收房屋的,由市、县级人民政府作出房屋征收决定:

(一)国防和外交的需要;

(二)由政府组织实施的能源、交通、水利等基础设施建设的需要;

(三)由政府组织实施的科技、教育、文化、卫生、体育、环境和资源保护、防灾减灾、文物保护、社会福利、市政公用等公共事业的需要;

(四)由政府组织实施的保障性安居工程建设的需要;

(五)由政府依照城乡规划法有关规定组织实施的对危房集中、基础设施落后等地段进行旧城区改建的需要;

(六)法律、行政法规规定的其他公共利益的需要。

**第九条 【征收相关建设的要求】**依照本条例第八条规定,确需征收房屋的各项建设活动,应当符合国民经济和社会发展规划、土地利用总体规划、城乡规划和专项规划。保障性安居工程建设、旧城区改建,应当纳入市、县级国民经济和社会发展年度计划。

制定国民经济和社会发展规划、土地利用总体规划、城乡规划和专项规划,应当广泛征求社会公众意见,经过科学论证。

**第十条 【征收补偿方案】**房屋征收部门拟定征收补偿方案,报市、县级人民政府。

市、县级人民政府应当组织有关部门对征收补偿方案进行论证并予以公布,征求公众意见。征求意见期限不得少于30日。

**第十一条 【旧城区改建】**市、县级人民政府应当将征求意见情况和根据公众意见修改的情况及时公布。

因旧城区改建需要征收房屋,多数被征收人认为征收补偿方案不符合本条例规定的,市、县级人民政府应当组织由被征收人和公众代表参加的听证会,并根据听证会情况修改方案。

**第十二条 【社会稳定风险评估】**市、县级人民政府作出房屋征收决定前,应当按照有关规定进行社会稳定风险评估;房屋征收决定涉及被征收人数量较多的,应当经政府常务会议讨论决定。

作出房屋征收决定前,征收补偿费用应当足额到位、专户存储、专款专用。

**第十三条 【征收公告】**市、县级人民政府作出房屋征收决定后应当及时公告。公告应当载明征收补偿方案和行政复议、行政诉讼权利等事项。

市、县级人民政府及房屋征收部门应当做好房屋征收与补偿的宣传、解释工作。

房屋被依法征收的,国有土地使用权同时收回。

**第十四条 【征收复议与诉讼】**被征收人对市、县级人民政府作出的房屋征收决定不服的,可以依法申请行政复议,也可以依法提起行政诉讼。

**第十五条 【征收调查登记】**房屋征收部门应当对房屋征收范围内房屋的权属、区位、用途、建筑面积等情况组织调查登记,被征收人应当予以配合。调查结果应当在房屋征收范围内向被征收人公布。

**第十六条 【房屋征收范围确定】**房屋征收范围确定后,不得在房屋征收范围内实施新建、扩建、改建房屋和改变房屋用途等不当增加补偿费用的行为;违反规定实施的,不予补偿。

房屋征收部门应当将前款所列事项书面通知有关部门暂停办理相关手续。暂停办理相关手续的书面通知应当载明暂停期限。暂停期限最长不得超过1年。

## 第三章 补 偿

**第十七条 【征收补偿范围】**作出房屋征收决定的市、县级人民政府对被征收人给予的补偿包括:

(一)被征收房屋价值的补偿;

(二)因征收房屋造成的搬迁、临时安置的补偿;

(三)因征收房屋造成的停产停业损失的补偿。

市、县级人民政府应当制定补助和奖励办法,对被征收人给予补助和奖励。

**第十八条 【涉及住房保障情形的征收】**征收个人住宅,被征收人符合住房保障条件的,作出房屋征收决定的市、县级人民政府应当优先给予住房保障。具体办法由省、自治区、直辖市制定。

**第十九条 【被征收房屋价值的补偿】**对被征收房屋价值的补偿,不得低于房屋征收决定公告之日被征收房屋类似房地产的市场价格。被征收房屋的价值,由具有相应资质的房地产价格评估机构按照房屋征收评估办法评估确定。

对评估确定的被征收房屋价值有异议的,可以向房地产价格评估机构申请复核评估。对复核结果有异议的,可以向房地产价格评估专家委员会申请鉴定。

房屋征收评估办法由国务院住房城乡建设主管部门

制定，制定过程中，应当向社会公开征求意见。

**第二十条 【房地产价格评估机构】**房地产价格评估机构由被征收人协商选定；协商不成的，通过多数决定、随机选定等方式确定，具体办法由省、自治区、直辖市制定。

房地产价格评估机构应当独立、客观、公正地开展房屋征收评估工作，任何单位和个人不得干预。

**第二十一条 【产权调换】**被征收人可以选择货币补偿，也可以选择房屋产权调换。

被征收人选择房屋产权调换的，市、县级人民政府应当提供用于产权调换的房屋，并与被征收人计算、结清被征收房屋价值与用于产权调换房屋价值的差价。

因旧城区改建征收个人住宅，被征收人选择在改建地段进行房屋产权调换的，作出房屋征收决定的市、县级人民政府应当提供改建地段或者就近地段的房屋。

**第二十二条 【搬迁与临时安置】**因征收房屋造成搬迁的，房屋征收部门应当向被征收人支付搬迁费；选择房屋产权调换的，产权调换房屋交付前，房屋征收部门应当向被征收人支付临时安置费或者提供周转用房。

**第二十三条 【停产停业损失的补偿】**对因征收房屋造成停产停业损失的补偿，根据房屋被征收前的效益、停产停业期限等因素确定。具体办法由省、自治区、直辖市制定。

**第二十四条 【临时建筑】**市、县级人民政府及其有关部门应当依法加强对建设活动的监督管理，对违反城乡规划进行建设的，依法予以处理。

市、县级人民政府作出房屋征收决定前，应当组织有关部门依法对征收范围内未经登记的建筑进行调查、认定和处理。对认定为合法建筑和未超过批准期限的临时建筑的，应当给予补偿；对认定为违法建筑和超过批准期限的临时建筑的，不予补偿。

**第二十五条 【补偿协议】**房屋征收部门与被征收人依照本条例的规定，就补偿方式、补偿金额和支付期限、用于产权调换房屋的地点和面积、搬迁费、临时安置费或者周转用房、停产停业损失、搬迁期限、过渡方式和过渡期限等事项，订立补偿协议。

补偿协议订立后，一方当事人不履行补偿协议约定的义务的，另一方当事人可以依法提起诉讼。

**第二十六条 【补偿决定】**房屋征收部门与被征收人在征收补偿方案确定的签约期限内达不成补偿协议，或者被征收房屋所有权人不明确的，由房屋征收部门报请作出房屋征收决定的市、县级人民政府依照本条例的规定，按照征收补偿方案作出补偿决定，并在房屋征收范围内予以公告。

补偿决定应当公平，包括本条例第二十五条第一款规定的有关补偿协议的事项。

被征收人对补偿决定不服的，可以依法申请行政复议，也可以依法提起行政诉讼。

**第二十七条 【先补偿后搬迁】**实施房屋征收应当先补偿、后搬迁。

作出房屋征收决定的市、县级人民政府对被征收人给予补偿后，被征收人应当在补偿协议约定或者补偿决定确定的搬迁期限内完成搬迁。

任何单位和个人不得采取暴力、威胁或者违反规定中断供水、供热、供气、供电和道路通行等非法方式迫使被征收人搬迁。禁止建设单位参与搬迁活动。

**第二十八条 【依法申请法院强制执行】**被征收人在法定期限内不申请行政复议或者不提起行政诉讼，在补偿决定规定的期限内又不搬迁的，由作出房屋征收决定的市、县级人民政府依法申请人民法院强制执行。

强制执行申请书应当附具补偿金额和专户存储账号、产权调换房屋和周转用房的地点和面积等材料。

**第二十九条 【征收补偿档案与审计监督】**房屋征收部门应当依法建立房屋征收补偿档案，并将分户补偿情况在房屋征收范围内向被征收人公布。

审计机关应当加强对征收补偿费用管理和使用情况的监督，并公布审计结果。

## 第四章 法律责任

**第三十条 【玩忽职守等法律责任】**市、县级人民政府及房屋征收部门的工作人员在房屋征收与补偿工作中不履行本条例规定的职责，或者滥用职权、玩忽职守、徇私舞弊的，由上级人民政府或者本级人民政府责令改正，通报批评；造成损失的，依法承担赔偿责任；对直接负责的主管人员和其他直接责任人员，依法给予处分；构成犯罪的，依法追究刑事责任。

**第三十一条 【暴力等非法搬迁法律责任】**采取暴力、威胁或者违反规定中断供水、供热、供气、供电和道路通行等非法方式迫使被征收人搬迁，造成损失的，依法承担赔偿责任；对直接负责的主管人员和其他直接责任人员，构成犯罪的，依法追究刑事责任；尚不构成犯罪的，依法给予处分；构成违反治安管理行为的，依法给予治安管理处罚。

**第三十二条 【非法阻碍征收与补偿工作法律责任】**采取暴力、威胁等方法阻碍依法进行的房屋征收与补偿工作,构成犯罪的,依法追究刑事责任;构成违反治安管理行为的,依法给予治安管理处罚。

**第三十三条 【贪污、挪用等法律责任】**贪污、挪用、私分、截留、拖欠征收补偿费用的,责令改正,追回有关款项,限期退还违法所得,对有关责任单位通报批评、给予警告;造成损失的,依法承担赔偿责任;对直接负责的主管人员和其他直接责任人员,构成犯罪的,依法追究刑事责任;尚不构成犯罪的,依法给予处分。

**第三十四条 【违法评估法律责任】**房地产价格评估机构或者房地产估价师出具虚假或者有重大差错的评估报告的,由发证机关责令限期改正,给予警告,对房地产价格评估机构并处5万元以上20万元以下罚款,对房地产估价师并处1万元以上3万元以下罚款,并记入信用档案;情节严重的,吊销资质证书、注册证书;造成损失的,依法承担赔偿责任;构成犯罪的,依法追究刑事责任。

## 第五章 附 则

**第三十五条 【施行日期】**本条例自公布之日起施行。2001年6月13日国务院公布的《城市房屋拆迁管理条例》同时废止。本条例施行前已依法取得房屋拆迁许可证的项目,继续沿用原有的规定办理,但政府不得责成有关部门强制拆迁。

· *典型案例*

### 叶汉祥诉湖南省株洲市规划局、株洲市石峰区人民政府不履行拆除违法建筑法定职责案①

【基本案情】

2010年7月,湖南省株洲市石峰区田心街道东门社区民主村小东门散户111号户主沈富湘,在未经被告株洲市规划局等有关单位批准的情况下,将其父沈汉如遗留旧房拆除,新建和扩建房屋,严重影响了原告叶汉祥的通行和采光。原告于2010年7月9日向被告株洲市规划局举报。该局于2010年10月对沈富湘新建扩建房屋进行调查、勘验,于2010年10月23日,对沈富湘作出了株规罚告(石峰)字(2010)第(462)行政处罚告知书,告知其建房行为违反《中华人民共和国城乡规划法》第四十条,属违法建设。依据《中华人民共和国城乡规划法》第六十八条之规定,限接到告知书之日起,五天内自行无偿拆除,限期不拆除的,将由株洲市石峰区人民政府组织拆除。该告知书送达沈富湘本人,其未能拆除。原告叶汉祥于2010年至2013年通过向株洲市石峰区田心街道东门社区委员会、株洲市规划局、株洲市石峰区人民政府举报和请求依法履行强制拆除沈富湘违法建筑行政义务,采取申请书等请求形式未能及时解决。2013年3月8日,被告株洲市规划局以株规罚字(石2013)字第6021号对沈富湘作出行政处罚决定书。认定沈富湘的建房行为违反《中华人民共和国城乡规划法》第四十条和《湖南省实施〈中华人民共和国城乡规划法〉办法》第二十五条之规定,属违法建设。依据《中华人民共和国城乡规划法》第六十四条和《湖南省实施〈中华人民共和国城乡规划法〉办法》第五十一条之规定,限沈富湘接到决定书之日起,三日内自行无偿拆除。如限期不自行履行本决定,依据《中华人民共和国城乡规划法》第六十八条和《湖南省实施〈中华人民共和国城乡规划法〉办法》第五十四条及株政发(2008)36号文件规定,将由石峰区人民政府组织实施强制拆除。由于被告株洲市规划局、株洲市石峰区人民政府未能完全履行拆除违法建筑的法定职责,原告于2013年6月5日向法院提起行政诉讼。

【裁判结果】

株洲市荷塘区人民法院认为,被告株洲市石峰区人民政府于2010年12月接到株洲市规划局对沈富湘株规罚告字(2010)第004号行政处罚告知书和株规罚字(石2013)第0021号行政处罚决定书后,应按照株洲市规划局的授权积极履行法定职责,组织实施强制拆除违法建设。虽然被告株洲市石峰区人民政府在履行职责中对沈富湘违法建设进行协调等工作,但未积极采取措施,其拆除违法建设工作未到位,属于不完全履行拆除违法建筑的法定职责。根据《中华人民共和国城乡规划法》第六十八条、《中华人民共和国行政诉讼法》第五十四条第三款的规定,判决被告株洲市石峰区人民政府在三个月内履行拆除沈富湘违法建设法定职责的行政行为。宣判后,各方当事人均未提出上诉。

【典型意义】

本案典型意义在于:以违法建设相邻权人提起的行政不作为诉讼为载体,有效发挥司法能动性,督促行政机关

① 案例来源:2014年8月30日最高人民法院公布人民法院征收拆迁十大案例。

切实充分地履行拆除违建、保障民生的法定职责。针对各地违法建设数量庞大,局部地区有所蔓延的态势,虽然《中华人民共和国城乡规划法》规定了县级以上人民政府对违反城市规划、乡镇人民政府对违反乡村规划的违法建设有权强制拆除,但实际情况不甚理想。违法建设侵犯相邻权人合法权益难以救济成为一种普遍现象和薄弱环节,本案判决在这一问题上表明法院应有态度:即使行政机关对违建采取过一定的查处措施,但如果履行不到位仍构成不完全履行法定职责,法院有权要求行政机关进一步履行到位。这方面审判力度需要不断加强。

## 11. 国防军事

### 中华人民共和国军事设施保护法

· 1990 年 2 月 23 日第七届全国人民代表大会常务委员会第十二次会议通过
· 根据 2009 年 8 月 27 日第十一届全国人民代表大会常务委员会第十次会议《关于修改部分法律的决定》第一次修正
· 根据 2014 年 6 月 27 日第十二届全国人民代表大会常务委员会第九次会议《关于修改〈中华人民共和国军事设施保护法〉的决定》第二次修正
· 2021 年 6 月 10 日第十三届全国人民代表大会常务委员会第二十九次会议修订
· 2021 年 6 月 10 日中华人民共和国主席令第 87 号公布
· 自 2021 年 8 月 1 日起施行

**目　录**

第一章　总　则
第二章　军事禁区、军事管理区的划定
第三章　军事禁区的保护
第四章　军事管理区的保护
第五章　没有划入军事禁区、军事管理区的军事设施的保护
第六章　管理职责
第七章　法律责任
第八章　附　则

#### 第一章　总　则

**第一条**　为了保护军事设施的安全,保障军事设施的使用效能和军事活动的正常进行,加强国防现代化建设,巩固国防,抵御侵略,根据宪法,制定本法。

**第二条**　本法所称军事设施,是指国家直接用于军事目的的下列建筑、场地和设备:

(一)指挥机关,地上和地下的指挥工程、作战工程;

(二)军用机场、港口、码头;

(三)营区、训练场、试验场;

(四)军用洞库、仓库;

(五)军用信息基础设施,军用侦察、导航、观测台站,军用测量、导航、助航标志;

(六)军用公路、铁路专用线,军用输电线路,军用输油、输水、输气管道;

(七)边防、海防管控设施;

(八)国务院和中央军事委员会规定的其他军事设施。

前款规定的军事设施,包括军队为执行任务必需设置的临时设施。

**第三条**　军事设施保护工作坚持中国共产党的领导。各级人民政府和军事机关应当共同保护军事设施,维护国防利益。

国务院、中央军事委员会按照职责分工,管理全国的军事设施保护工作。地方各级人民政府会同有关军事机关,管理本行政区域内的军事设施保护工作。

有关军事机关应当按照规定的权限和程序,提出需要地方人民政府落实的军事设施保护需求,地方人民政府应当会同有关军事机关制定具体保护措施并予以落实。

设有军事设施的地方,有关军事机关和县级以上地方人民政府应当建立军地军事设施保护协调机制,相互配合,监督、检查军事设施的保护工作,协调解决军事设施保护工作中的问题。

**第四条**　中华人民共和国的组织和公民都有保护军事设施的义务。

禁止任何组织或者个人破坏、危害军事设施。

任何组织或者个人对破坏、危害军事设施的行为,都有权检举、控告。

**第五条**　国家统筹兼顾经济建设、社会发展和军事设施保护,促进经济社会发展和军事设施保护相协调。

**第六条**　国家对军事设施实行分类保护、确保重点的方针。军事设施的分类和保护标准,由国务院和中央军事委员会规定。

**第七条**　国家对因设有军事设施、经济建设受到较大影响的地方,采取相应扶持政策和措施。具体办法由国务院和中央军事委员会规定。

**第八条**　对在军事设施保护工作中做出突出贡献的组织和个人,依照有关法律、法规的规定给予表彰和奖励。

## 第二章　军事禁区、军事管理区的划定

**第九条**　军事禁区、军事管理区根据军事设施的性质、作用、安全保密的需要和使用效能的要求划定,具体划定标准和确定程序,由国务院和中央军事委员会规定。

本法所称军事禁区,是指设有重要军事设施或者军事设施安全保密要求高、具有重大危险因素,需要国家采取特殊措施加以重点保护,依照法定程序和标准划定的军事区域。

本法所称军事管理区,是指设有较重要军事设施或者军事设施安全保密要求较高、具有较大危险因素,需要国家采取特殊措施加以保护,依照法定程序和标准划定的军事区域。

**第十条**　军事禁区、军事管理区由国务院和中央军事委员会确定,或者由有关军事机关根据国务院和中央军事委员会的规定确定。

军事禁区、军事管理区的撤销或者变更,依照前款规定办理。

**第十一条**　陆地和水域的军事禁区、军事管理区的范围,由省、自治区、直辖市人民政府和有关军级以上军事机关共同划定,或者由省、自治区、直辖市人民政府、国务院有关部门和有关军级以上军事机关共同划定。空中军事禁区和特别重要的陆地、水域军事禁区的范围,由国务院和中央军事委员会划定。

军事禁区、军事管理区的范围调整,依照前款规定办理。

**第十二条**　军事禁区、军事管理区应当由县级以上地方人民政府按照国家统一规定的样式设置标志牌。

**第十三条**　军事禁区、军事管理区范围的划定或者调整,应当在确保军事设施安全保密和使用效能的前提下,兼顾经济建设、生态环境保护和当地居民的生产生活。

因军事设施建设需要划定或者调整军事禁区、军事管理区范围的,应当在军事设施建设项目开工建设前完成。但是,经战区级以上军事机关批准的除外。

**第十四条**　军事禁区、军事管理区范围的划定或者调整,需要征收、征用土地、房屋等不动产,压覆矿产资源,或者使用海域、空域等的,依照有关法律、法规的规定办理。

**第十五条**　军队为执行任务设置的临时军事设施需要划定陆地、水域临时军事禁区、临时军事管理区范围的,由县级以上地方人民政府和有关团级以上军事机关共同划定,并各自向上一级机关备案。其中,涉及有关海事管理机构职权的,应当在划定前征求其意见。划定之后,由县级以上地方人民政府或者有关海事管理机构予以公告。

军队执行任务结束后,应当依照前款规定的程序及时撤销划定的陆地、水域临时军事禁区、临时军事管理区。

## 第三章　军事禁区的保护

**第十六条**　军事禁区管理单位应当根据具体条件,按照划定的范围,为陆地军事禁区修筑围墙、设置铁丝网等障碍物,为水域军事禁区设置障碍物或者界线标志。

水域军事禁区的范围难以在实际水域设置障碍物或者界线标志的,有关海事管理机构应当向社会公告水域军事禁区的位置和边界。海域的军事禁区应当在海图上标明。

**第十七条**　禁止陆地、水域军事禁区管理单位以外的人员、车辆、船舶等进入军事禁区,禁止航空器在陆地、水域军事禁区上空进行低空飞行,禁止对军事禁区进行摄影、摄像、录音、勘察、测量、定位、描绘和记述。但是,经有关军事机关批准的除外。

禁止航空器进入空中军事禁区,但依照国家有关规定获得批准的除外。

使用军事禁区的摄影、摄像、录音、勘察、测量、定位、描绘和记述资料,应当经有关军事机关批准。

**第十八条**　在陆地军事禁区内,禁止建造、设置非军事设施,禁止开发利用地下空间。但是,经战区级以上军事机关批准的除外。

在水域军事禁区内,禁止建造、设置非军事设施,禁止从事水产养殖、捕捞以及其他妨碍军用舰船行动、危害军事设施安全和使用效能的活动。

**第十九条**　在陆地、水域军事禁区内采取的防护措施不足以保证军事设施安全保密和使用效能,或者陆地、水域军事禁区内的军事设施具有重大危险因素的,省、自治区、直辖市人民政府和有关军事机关,或者省、自治区、直辖市人民政府、国务院有关部门和有关军事机关根据军事设施性质、地形和当地经济建设、社会发展情况,可以在共同划定陆地、水域军事禁区范围的同时,在禁区外围共同划定安全控制范围,并在其外沿设置安全警戒标志。

安全警戒标志由县级以上地方人民政府按照国家统一规定的样式设置,地点由军事禁区管理单位和当地县级以上地方人民政府共同确定。

水域军事禁区外围安全控制范围难以在实际水域设

置安全警戒标志的，依照本法第十六条第二款的规定执行。

**第二十条**　划定陆地、水域军事禁区外围安全控制范围，不改变原土地及土地附着物、水域的所有权。在陆地、水域军事禁区外围安全控制范围内，当地居民可以照常生产生活，但是不得进行爆破、射击以及其他危害军事设施安全和使用效能的活动。

因划定军事禁区外围安全控制范围影响不动产所有权人或者用益物权人行使权利的，依照有关法律、法规的规定予以补偿。

## 第四章　军事管理区的保护

**第二十一条**　军事管理区管理单位应当根据具体条件，按照划定的范围，为军事管理区修筑围墙、设置铁丝网或者界线标志。

**第二十二条**　军事管理区管理单位以外的人员、车辆、船舶等进入军事管理区，或者对军事管理区进行摄影、摄像、录音、勘察、测量、定位、描绘和记述，必须经军事管理区管理单位批准。

**第二十三条**　在陆地军事管理区内，禁止建造、设置非军事设施，禁止开发利用地下空间。但是，经军级以上军事机关批准的除外。

在水域军事管理区内，禁止从事水产养殖；未经军级以上军事机关批准，不得建造、设置非军事设施；从事捕捞或者其他活动，不得影响军用舰船的战备、训练、执勤等行动。

**第二十四条**　划为军事管理区的军民合用港口的水域，实行军地分区管理；在地方管理的水域内需要新建非军事设施的，必须事先征得军事设施管理单位的同意。

划为军事管理区的军民合用机场、港口、码头的管理办法，由国务院和中央军事委员会规定。

## 第五章　没有划入军事禁区、军事管理区的军事设施的保护

**第二十五条**　没有划入军事禁区、军事管理区的军事设施，军事设施管理单位应当采取措施予以保护；军队团级以上管理单位也可以委托当地人民政府予以保护。

**第二十六条**　在没有划入军事禁区、军事管理区的军事设施一定距离内进行采石、取土、爆破等活动，不得危害军事设施的安全和使用效能。

**第二十七条**　没有划入军事禁区、军事管理区的作战工程外围应当划定安全保护范围。作战工程的安全保护范围，应当根据作战工程性质、地形和当地经济建设、社会发展情况，由省、自治区、直辖市人民政府和有关军事机关共同划定，或者由省、自治区、直辖市人民政府、国务院有关部门和有关军事机关共同划定。在作战工程布局相对集中的地区，作战工程安全保护范围可以连片划定。县级以上地方人民政府应当按照有关规定为作战工程安全保护范围设置界线标志。

作战工程安全保护范围的撤销或者调整，依照前款规定办理。

**第二十八条**　划定作战工程安全保护范围，不改变原土地及土地附着物的所有权。在作战工程安全保护范围内，当地居民可以照常生产生活，但是不得进行开山采石、采矿、爆破；从事修筑建筑物、构筑物、道路和进行农田水利基本建设、采伐林木等活动，不得危害作战工程安全和使用效能。

因划定作战工程安全保护范围影响不动产所有权人或者用益物权人行使权利的，依照有关法律、法规的规定予以补偿。

禁止私自开启封闭的作战工程，禁止破坏作战工程的伪装，禁止阻断进出作战工程的通道。未经作战工程管理单位师级以上的上级主管军事机关批准，不得对作战工程进行摄影、摄像、录音、勘察、测量、定位、描绘和记述，不得在作战工程内存放非军用物资器材或者从事种植、养殖等生产活动。

新建工程和建设项目，确实难以避开作战工程的，应当按照国家有关规定提出拆除或者迁建、改建作战工程的申请；申请未获批准的，不得拆除或者迁建、改建作战工程。

**第二十九条**　在军用机场净空保护区域内，禁止修建超出机场净空标准的建筑物、构筑物或者其他设施，不得从事影响飞行安全和机场助航设施使用效能的活动。

军用机场管理单位应当定期检查机场净空保护情况，发现修建的建筑物、构筑物或者其他设施超过军用机场净空保护标准的，应当及时向有关军事机关和当地人民政府主管部门报告。有关军事机关和当地人民政府主管部门应当依照本法规定及时处理。

**第三十条**　有关军事机关应当向地方人民政府通报当地军用机场净空保护有关情况和需求。

地方人民政府应当向有关军事机关通报可能影响军用机场净空保护的当地有关国土空间规划和高大建筑项目建设计划。

地方人民政府应当制定保护措施，督促有关单位对军用机场净空保护区域内的高大建筑物、构筑物或者其

他设施设置飞行障碍标志。

**第三十一条** 军民合用机场以及由军队管理的保留旧机场、直升机起落坪的净空保护工作,适用军用机场净空保护的有关规定。

公路飞机跑道的净空保护工作,参照军用机场净空保护的有关规定执行。

**第三十二条** 地方各级人民政府和有关军事机关采取委托看管、分段负责等方式,实行军民联防,保护军用管线安全。

地下军用管线应当设立路由标石或者永久性标志,易遭损坏的路段、部位应当设置标志牌。已经公布具体位置、边界和路由的海域水下军用管线应当在海图上标明。

**第三十三条** 在军用无线电固定设施电磁环境保护范围内,禁止建造、设置影响军用无线电固定设施使用效能的设备和电磁障碍物体,不得从事影响军用无线电固定设施电磁环境的活动。

军用无线电固定设施电磁环境的保护措施,由军地无线电管理机构按照国家无线电管理相关规定和标准共同确定。

军事禁区、军事管理区内无线电固定设施电磁环境的保护,适用前两款规定。

军用无线电固定设施电磁环境保护涉及军事系统与非军事系统间的无线电管理事宜的,按照国家无线电管理的有关规定执行。

**第三十四条** 未经国务院和中央军事委员会批准或者国务院和中央军事委员会授权的机关批准,不得拆除、移动边防、海防管控设施,不得在边防、海防管控设施上搭建、设置民用设施。在边防、海防管控设施周边安排建设项目,不得危害边防、海防管控设施安全和使用效能。

**第三十五条** 任何组织和个人不得损毁或者擅自移动军用测量标志。在军用测量标志周边安排建设项目,不得危害军用测量标志安全和使用效能。

军用测量标志的保护,依照有关法律、法规的规定执行。

## 第六章 管理职责

**第三十六条** 县级以上地方人民政府编制国民经济和社会发展规划、安排可能影响军事设施保护的建设项目,国务院有关部门、地方人民政府编制国土空间规划等规划,应当兼顾军事设施保护的需要,并按照规定书面征求有关军事机关的意见。必要时,可以由地方人民政府会同有关部门、有关军事机关对建设项目进行评估。

国务院有关部门或者县级以上地方人民政府有关部门审批前款规定的建设项目,应当审查征求军事机关意见的情况;对未按规定征求军事机关意见的,应当要求补充征求意见;建设项目内容在审批过程中发生的改变可能影响军事设施保护的,应当再次征求有关军事机关的意见。

有关军事机关应当自收到征求意见函之日起三十日内提出书面答复意见;需要请示上级军事机关或者需要勘察、测量、测试的,答复时间可以适当延长,但通常不得超过九十日。

**第三十七条** 军队编制军事设施建设规划、组织军事设施项目建设,应当考虑地方经济建设、生态环境保护和社会发展的需要,符合国土空间规划等规划的总体要求,并进行安全保密环境评估和环境影响评价。涉及国土空间规划等规划的,应当征求国务院有关部门、地方人民政府的意见,尽量避开生态保护红线、自然保护地、地方经济建设热点区域和民用设施密集区域。确实不能避开,需要将生产生活设施拆除或者迁建的,应当依法进行。

**第三十八条** 县级以上地方人民政府安排建设项目或者开辟旅游景点,应当避开军事设施。确实不能避开,需要将军事设施拆除、迁建或者改作民用的,由省、自治区、直辖市人民政府或者国务院有关部门和战区级军事机关商定,并报国务院和中央军事委员会批准或者国务院和中央军事委员会授权的机关批准;需要将军事设施改建的,由有关军事机关批准。

因前款原因将军事设施拆除、迁建、改建或者改作民用的,由提出需求的地方人民政府依照有关规定给予有关军事机关政策支持或者经费补助。将军事设施迁建、改建涉及用地用海用岛的,地方人民政府应当依法及时办理相关手续。

**第三十九条** 军事设施因军事任务调整、周边环境变化和自然损毁等原因,失去使用效能并无需恢复重建的,军事设施管理单位应当按照规定程序及时报国务院和中央军事委员会批准或者国务院和中央军事委员会授权的机关批准,予以拆除或者改作民用。

军队执行任务结束后,应当及时将设置的临时军事设施拆除。

**第四十条** 军用机场、港口实行军民合用的,需经国务院和中央军事委员会批准。军用码头实行军民合用的,需经省、自治区、直辖市人民政府或者国务院有关部门会同战区级军事机关批准。

**第四十一条** 军事禁区、军事管理区和没有划入军事禁区、军事管理区的军事设施,县级以上地方人民政府应当会同军事设施管理单位制定具体保护措施,可以公告施行。

划入军事禁区、军事管理区的军事设施的具体保护措施,应当随军事禁区、军事管理区范围划定方案一并报批。

**第四十二条** 各级军事机关应当严格履行保护军事设施的职责,教育军队人员爱护军事设施,保守军事设施秘密,建立健全保护军事设施的规章制度,监督、检查、解决军事设施保护工作中的问题。

有关军事机关应当支持配合军事设施保护执法、司法活动。

**第四十三条** 军事设施管理单位应当认真执行有关保护军事设施的规章制度,建立军事设施档案,对军事设施进行检查、维护。

军事设施管理单位对军事设施的重要部位应当采取安全监控和技术防范措施,并及时根据军事设施保护需要和科技进步升级完善。

军事设施管理单位不得将军事设施用于非军事目的,但因执行应急救援等紧急任务的除外。

**第四十四条** 军事设施管理单位应当了解掌握军事设施周边建设项目等情况,发现可能危害军事设施安全和使用效能的,应当及时向有关军事机关和当地人民政府主管部门报告,并配合有关部门依法处理。

**第四十五条** 军事禁区、军事管理区的管理单位应当依照有关法律、法规的规定,保护军事禁区、军事管理区内的生态环境、自然资源和文物。

**第四十六条** 军事设施管理单位必要时应当向县级以上地方人民政府提供地下、水下军用管线的位置资料。地方进行建设时,当地人民政府应当对地下、水下军用管线予以保护。

**第四十七条** 各级人民政府应当加强国防和军事设施保护教育,使全体公民增强国防观念,保护军事设施,保守军事设施秘密,制止破坏、危害军事设施的行为。

**第四十八条** 县级以上地方人民政府应当会同有关军事机关,定期组织检查和评估本行政区域内军事设施保护情况,督促限期整改影响军事设施保护的隐患和问题,完善军事设施保护措施。

**第四十九条** 国家实行军事设施保护目标责任制和考核评价制度,将军事设施保护目标完成情况作为对地方人民政府、有关军事机关和军事设施管理单位及其负责人考核评价的内容。

**第五十条** 军事禁区、军事管理区需要公安机关协助维护治安管理秩序的,经国务院和中央军事委员会决定或者由有关军事机关提请省、自治区、直辖市公安机关批准,可以设立公安机构。

**第五十一条** 违反本法规定,有下列情形之一的,军事设施管理单位的执勤人员应当予以制止:

(一)非法进入军事禁区、军事管理区或者在陆地、水域军事禁区上空低空飞行的;

(二)对军事禁区、军事管理区非法进行摄影、摄像、录音、勘察、测量、定位、描绘和记述的;

(三)进行破坏、危害军事设施的活动的。

**第五十二条** 有本法第五十一条所列情形之一,不听制止的,军事设施管理单位依照国家有关规定,可以采取下列措施:

(一)强制带离、控制非法进入军事禁区、军事管理区或者驾驶、操控航空器在陆地、水域军事禁区上空低空飞行的人员,对违法情节严重的人员予以扣留并立即移送公安、国家安全等有管辖权的机关;

(二)立即制止信息传输等行为,扣押用于实施违法行为的器材、工具或者其他物品,并移送公安、国家安全等有管辖权的机关;

(三)在紧急情况下,清除严重危害军事设施安全和使用效能的障碍物;

(四)在危及军事设施安全或者执勤人员生命安全等紧急情况下依法使用武器。

军人、军队文职人员和军队其他人员有本法第五十一条所列情形之一的,依照军队有关规定处理。

## 第七章 法律责任

**第五十三条** 违反本法第十七条、第十八条、第二十三条规定,擅自进入水域军事禁区,在水域军事禁区内从事水产养殖、捕捞,在水域军事管理区内从事水产养殖,或者在水域军事管理区内从事捕捞等活动影响军用舰船行动的,由交通运输、渔业等主管部门给予警告,责令离开,没收渔具、渔获物。

**第五十四条** 违反本法第十八条、第二十三条、第二十四条规定,在陆地、水域军事禁区、军事管理区内建造、设置非军事设施,擅自开发利用陆地军事禁区、军事管理区地下空间,或者在划为军事管理区的军民合用港口地方管理的水域未征得军事设施管理单位同意建造、设置非军事设施的,由住房和城乡建设、自然资源、交通运输、渔业等主管部门责令停止兴建活动,对已建成的责令限期拆除。

**第五十五条** 违反本法第二十八条第一款规定，在作战工程安全保护范围内开山采石、采矿、爆破的，由自然资源、生态环境等主管部门以及公安机关责令停止违法行为，没收采出的产品和违法所得；修筑建筑物、构筑物、道路或者进行农田水利基本建设影响作战工程安全和使用效能的，由自然资源、生态环境、交通运输、农业农村、住房和城乡建设等主管部门给予警告，责令限期改正。

**第五十六条** 违反本法第二十八条第三款规定，私自开启封闭的作战工程，破坏作战工程伪装，阻断作战工程通道，将作战工程用于存放非军用物资器材或者种植、养殖等生产活动的，由公安机关以及自然资源等主管部门责令停止违法行为，限期恢复原状。

**第五十七条** 违反本法第二十八条第四款、第三十四条规定，擅自拆除、迁建、改建作战工程，或者擅自拆除、移动边防、海防管控设施的，由住房和城乡建设主管部门、公安机关等责令停止违法行为，限期恢复原状。

**第五十八条** 违反本法第二十九条第一款规定，在军用机场净空保护区域内修建超出军用机场净空保护标准的建筑物、构筑物或者其他设施的，由住房和城乡建设、自然资源主管部门责令限期拆除超高部分。

**第五十九条** 违反本法第三十三条规定，在军用无线电固定设施电磁环境保护范围内建造、设置影响军用无线电固定设施使用效能的设备和电磁障碍物体，或者从事影响军用无线电固定设施电磁环境的活动的，由自然资源、生态环境等主管部门以及无线电管理机构给予警告，责令限期改正；逾期不改正的，查封干扰设备或者强制拆除障碍物。

**第六十条** 有下列行为之一的，适用《中华人民共和国治安管理处罚法》第二十三条的处罚规定：

（一）非法进入军事禁区、军事管理区或者驾驶、操控航空器在陆地、水域军事禁区上空低空飞行，不听制止的；

（二）在军事禁区外围安全控制范围内，或者在没有划入军事禁区、军事管理区的军事设施一定距离内，进行危害军事设施安全和使用效能的活动，不听制止的；

（三）在军用机场净空保护区域内，进行影响飞行安全和机场助航设施使用效能的活动，不听制止的；

（四）对军事禁区、军事管理区非法进行摄影、摄像、录音、勘察、测量、定位、描绘和记述，不听制止的；

（五）其他扰乱军事禁区、军事管理区管理秩序和危害军事设施安全的行为，情节轻微，尚不够刑事处罚的。

**第六十一条** 违反国家规定，故意干扰军用无线电设施正常工作的，或者对军用无线电设施产生有害干扰，拒不按照有关主管部门的要求改正的，依照《中华人民共和国治安管理处罚法》第二十八条的规定处罚。

**第六十二条** 毁坏边防、海防管控设施以及军事禁区、军事管理区的围墙、铁丝网、界线标志或者其他军事设施的，依照《中华人民共和国治安管理处罚法》第三十三条的规定处罚。

**第六十三条** 有下列行为之一，构成犯罪的，依法追究刑事责任：

（一）破坏军事设施的；

（二）过失损坏军事设施，造成严重后果的；

（三）盗窃、抢夺、抢劫军事设施的装备、物资、器材的；

（四）泄露军事设施秘密，或者为境外的机构、组织、人员窃取、刺探、收买、非法提供军事设施秘密的；

（五）破坏军用无线电固定设施电磁环境，干扰军用无线电通讯，情节严重的；

（六）其他扰乱军事禁区、军事管理区管理秩序和危害军事设施安全的行为，情节严重的。

**第六十四条** 军人、军队文职人员和军队其他人员有下列行为之一，按照军队有关规定给予处分；构成犯罪的，依法追究刑事责任：

（一）有本法第五十三条至第六十三条规定行为的；

（二）擅自将军事设施用于非军事目的，或者有其他滥用职权行为的；

（三）擅离职守或者玩忽职守的。

**第六十五条** 公职人员在军事设施保护工作中有玩忽职守、滥用职权、徇私舞弊等行为的，依法给予处分；构成犯罪的，依法追究刑事责任。

**第六十六条** 违反本法规定，破坏、危害军事设施的，属海警机构职权范围的，由海警机构依法处理。

违反本法规定，有其他破坏、危害军事设施行为的，由有关主管部门依法处理。

**第六十七条** 违反本法规定，造成军事设施损失的，依法承担赔偿责任。

**第六十八条** 战时违反本法的，依法从重追究法律责任。

## 第八章 附 则

**第六十九条** 中国人民武装警察部队所属军事设施的保护，适用本法。

**第七十条**　国防科技工业重要武器装备的科研、生产、试验、存储等设施的保护，参照本法有关规定执行。具体办法和设施目录由国务院和中央军事委员会规定。

**第七十一条**　国务院和中央军事委员会根据本法制定实施办法。

**第七十二条**　本法自2021年8月1日起施行。

## 中华人民共和国军人地位和权益保障法

· 2021年6月10日第十三届全国人民代表大会常务委员会第二十九次会议通过

· 2021年6月10日中华人民共和国主席令第86号公布

· 自2021年8月1日起施行

### 目　录

第一章　总　则
第二章　军人地位
第三章　荣誉维护
第四章　待遇保障
第五章　抚恤优待
第六章　法律责任
第七章　附　则

### 第一章　总　则

**第一条**　为了保障军人地位和合法权益，激励军人履行职责使命，让军人成为全社会尊崇的职业，促进国防和军队现代化建设，根据宪法，制定本法。

**第二条**　本法所称军人，是指在中国人民解放军服现役的军官、军士、义务兵等人员。

**第三条**　军人肩负捍卫国家主权、安全、发展利益和保卫人民的和平劳动的神圣职责和崇高使命。

**第四条**　军人是全社会尊崇的职业。国家和社会尊重、优待军人，保障军人享有与其职业特点、担负职责使命和所做贡献相称的地位和权益，经常开展各种形式的拥军优属活动。

一切国家机关和武装力量、各政党和群团组织、企业事业单位、社会组织和其他组织都有依法保障军人地位和权益的责任，全体公民都应当依法维护军人合法权益。

**第五条**　军人地位和权益保障工作，坚持中国共产党的领导，以服务军队战斗力建设为根本目的，遵循权利与义务相统一、物质保障与精神激励相结合、保障水平与国民经济和社会发展相适应的原则。

**第六条**　中央军事委员会政治工作部门、国务院退役军人工作主管部门以及中央和国家有关机关、中央军事委员会有关部门按照职责分工做好军人地位和权益保障工作。

县级以上地方各级人民政府负责本行政区域内有关军人地位和权益保障工作。军队团级以上单位政治工作部门负责本单位的军人地位和权益保障工作。

省军区（卫戍区、警备区）、军分区（警备区）和县、自治县、市、市辖区的人民武装部，负责所在行政区域人民政府与军队单位之间军人地位和权益保障方面的联系协调工作，并根据需要建立工作协调机制。

乡镇人民政府、街道办事处、基层群众性自治组织应当按照职责做好军人地位和权益保障工作。

**第七条**　军人地位和权益保障所需经费，由中央和地方按照事权和支出责任相适应的原则列入预算。

**第八条**　中央和国家有关机关、县级以上地方人民政府及其有关部门、军队各级机关，应当将军人地位和权益保障工作情况作为拥军优属、拥政爱民等工作评比和有关单位负责人以及工作人员考核评价的重要内容。

**第九条**　国家鼓励和引导群团组织、企业事业单位、社会组织、个人等社会力量依法通过捐赠、志愿服务等方式为军人权益保障提供支持，符合规定条件的，依法享受税收优惠等政策。

**第十条**　每年8月1日为中国人民解放军建军节。各级人民政府和军队单位应当在建军节组织开展庆祝、纪念等活动。

**第十一条**　对在军人地位和权益保障工作中做出突出贡献的单位和个人，按照国家有关规定给予表彰、奖励。

### 第二章　军人地位

**第十二条**　军人是中国共产党领导的国家武装力量基本成员，必须忠于祖国，忠于中国共产党，听党指挥，坚决服从命令，认真履行巩固中国共产党的领导和社会主义制度的重要职责使命。

**第十三条**　军人是人民子弟兵，应当热爱人民，全心全意为人民服务，保卫人民生命财产安全，当遇到人民群众生命财产受到严重威胁时，挺身而出、积极救助。

**第十四条**　军人是捍卫国家主权、统一、领土完整的坚强力量，应当具备巩固国防、抵抗侵略、保卫祖国所需的战斗精神和能力素质，按照实战要求始终保持戒备状态，苦练杀敌本领，不怕牺牲，能打胜仗，坚决完成任务。

**第十五条**　军人是中国特色社会主义现代化建设的重要力量，应当积极投身全面建设社会主义现代化国家的事业，依法参加突发事件的应急救援和处置工作。

**第十六条** 军人享有宪法和法律规定的政治权利，依法参加国家权力机关组成人员选举，依法参加管理国家事务、管理经济和文化事业、管理社会事务。

**第十七条** 军队实行官兵一致，军人之间在政治和人格上一律平等，应当互相尊重、平等对待。

军队建立健全军人代表会议、军人委员会等民主制度，保障军人知情权、参与权、建议权和监督权。

**第十八条** 军人必须模范遵守宪法和法律，认真履行宪法和法律规定的公民义务，严格遵守军事法规、军队纪律，作风优良，带头践行社会主义核心价值观。

**第十九条** 国家为军人履行职责提供保障，军人依法履行职责的行为受法律保护。

军人因执行任务给公民、法人或者其他组织的合法权益造成损害的，按照有关规定由国家予以赔偿或者补偿。

公民、法人和其他组织应当为军人依法履行职责提供必要的支持和协助。

**第二十条** 军人因履行职责享有的特定权益、承担的特定义务，由本法和有关法律法规规定。

## 第三章 荣誉维护

**第二十一条** 军人荣誉是国家、社会对军人献身国防和军队建设、社会主义现代化建设的褒扬和激励，是鼓舞军人士气、提升军队战斗力的精神力量。

国家维护军人荣誉，激励军人崇尚和珍惜荣誉。

**第二十二条** 军队加强爱国主义、集体主义、革命英雄主义教育，强化军人的荣誉意识，培育有灵魂、有本事、有血性、有品德的新时代革命军人，锻造具有铁一般信仰、铁一般信念、铁一般纪律、铁一般担当的过硬部队。

**第二十三条** 国家采取多种形式的宣传教育、奖励激励和保障措施，培育军人的职业使命感、自豪感和荣誉感，激发军人建功立业、报效国家的积极性、主动性、创造性。

**第二十四条** 全社会应当学习中国人民解放军光荣历史，宣传军人功绩和牺牲奉献精神，营造维护军人荣誉的良好氛围。

各级各类学校设置的国防教育课程中，应当包括中国人民解放军光荣历史、军人英雄模范事迹等内容。

**第二十五条** 国家建立健全军人荣誉体系，通过授予勋章、荣誉称号和记功、嘉奖、表彰、颁发纪念章等方式，对做出突出成绩和贡献的军人给予功勋荣誉表彰，褒扬军人为国家和人民做出的奉献和牺牲。

**第二十六条** 军人经军队单位批准可以接受地方人民政府、群团组织和社会组织等授予的荣誉，以及国际组织和其他国家、军队等授予的荣誉。

**第二十七条** 获得功勋荣誉表彰的军人享受相应礼遇和待遇。军人执行作战任务获得功勋荣誉表彰的，按照高于平时的原则享受礼遇和待遇。

获得功勋荣誉表彰和执行作战任务的军人的姓名和功绩，按照规定载入功勋簿、荣誉册、地方志等史志。

**第二十八条** 中央和国家有关机关、地方和军队各级有关机关，以及广播、电视、报刊、互联网等媒体，应当积极宣传军人的先进典型和英勇事迹。

**第二十九条** 国家和社会尊崇、铭记为国家、人民、民族牺牲的军人，尊敬、礼遇其遗属。

国家建立英雄烈士纪念设施供公众瞻仰，悼念缅怀英雄烈士，开展纪念和教育活动。

国家推进军人公墓建设。军人去世后，符合规定条件的可以安葬在军人公墓。

**第三十条** 国家建立军人礼遇仪式制度。在公民入伍、军人退出现役等时机，应当举行相应仪式；在烈士和因公牺牲军人安葬等场合，应当举行悼念仪式。

各级人民政府应当在重大节日和纪念日组织开展走访慰问军队单位、军人家庭和烈士、因公牺牲军人、病故军人的遗属等活动，在举行重要庆典、纪念活动时邀请军人、军人家属和烈士、因公牺牲军人、病故军人的遗属代表参加。

**第三十一条** 地方人民政府应当为军人和烈士、因公牺牲军人、病故军人的遗属的家庭悬挂光荣牌。军人获得功勋荣誉表彰，由当地人民政府有关部门和军事机关给其家庭送喜报，并组织做好宣传工作。

**第三十二条** 军人的荣誉和名誉受法律保护。

军人获得的荣誉由其终身享有，非因法定事由、非经法定程序不得撤销。

任何组织和个人不得以任何方式诋毁、贬损军人的荣誉，侮辱、诽谤军人的名誉，不得故意毁损、玷污军人的荣誉标识。

## 第四章 待遇保障

**第三十三条** 国家建立军人待遇保障制度，保证军人履行职责使命，保障军人及其家庭的生活水平。

对执行作战任务和重大非战争军事行动任务的军人，以及在艰苦边远地区、特殊岗位工作的军人，待遇保障从优。

**第三十四条** 国家建立相对独立、特色鲜明、具有比较优势的军人工资待遇制度。军官和军士实行工资制度，义务兵实行供给制生活待遇制度。军人享受个人所得税优惠政策。

国家建立军人工资待遇正常增长机制。

军人工资待遇的结构、标准及其调整办法，由中央军事委员会规定。

**第三十五条** 国家采取军队保障、政府保障与市场配置相结合，实物保障与货币补贴相结合的方式，保障军人住房待遇。

军人符合规定条件的，享受军队公寓住房或者安置住房保障。

国家建立健全军人住房公积金制度和住房补贴制度。军人符合规定条件购买住房的，国家给予优惠政策支持。

**第三十六条** 国家保障军人按照规定享受免费医疗和疾病预防、疗养、康复等待遇。

军人在地方医疗机构就医所需费用，符合规定条件的，由军队保障。

**第三十七条** 国家实行体现军人职业特点、与社会保险制度相衔接的军人保险制度，适时补充军人保险项目，保障军人的保险待遇。

国家鼓励和支持商业保险机构为军人及其家庭成员提供专属保险产品。

**第三十八条** 军人享有年休假、探亲假等休息休假的权利。对确因工作需要未休假或者未休满假的，给予经济补偿。

军人配偶、子女与军人两地分居的，可以前往军人所在部队探亲。军人配偶前往部队探亲的，其所在单位应当按照规定安排假期并保障相应的薪酬待遇，不得因其享受探亲假期而辞退、解聘或者解除劳动关系。符合规定条件的军人配偶、未成年子女和不能独立生活的成年子女的探亲路费，由军人所在部队保障。

**第三十九条** 国家建立健全军人教育培训体系，保障军人的受教育权利，组织和支持军人参加专业和文化学习培训，提高军人履行职责的能力和退出现役后的就业创业能力。

**第四十条** 女军人的合法权益受法律保护。军队应当根据女军人的特点，合理安排女军人的工作任务和休息休假，在生育、健康等方面为女军人提供特别保护。

**第四十一条** 国家对军人的婚姻给予特别保护，禁止任何破坏军人婚姻的行为。

**第四十二条** 军官和符合规定条件的军士，其配偶、未成年子女和不能独立生活的成年子女可以办理随军落户；符合规定条件的军人父母可以按照规定办理随子女落户。夫妻双方均为军人的，其子女可以选择父母中的一方随军落户。

军人服现役所在地发生变动的，已随军的家属可以随迁落户，或者选择将户口迁至军人、军人配偶原户籍所在地或者军人父母、军人配偶父母户籍所在地。

地方人民政府有关部门、军队有关单位应当及时高效地为军人家属随军落户办理相关手续。

**第四十三条** 国家保障军人、军人家属的户籍管理和相关权益。

公民入伍时保留户籍。

符合规定条件的军人，可以享受服现役所在地户籍人口在教育、养老、医疗、住房保障等方面的相关权益。

军人户籍管理和相关权益保障办法，由国务院和中央军事委员会规定。

**第四十四条** 国家对依法退出现役的军人，依照退役军人保障法律法规的有关规定，给予妥善安置和相应优待保障。

## 第五章 抚恤优待

**第四十五条** 国家和社会尊重军人、军人家庭为国防和军队建设做出的奉献和牺牲，优待军人、军人家属，抚恤优待烈士、因公牺牲军人、病故军人的遗属，保障残疾军人的生活。

国家建立抚恤优待保障体系，合理确定抚恤优待标准，逐步提高抚恤优待水平。

**第四十六条** 军人家属凭有关部门制发的证件享受法律法规规定的优待保障。具体办法由国务院和中央军事委员会有关部门制定。

**第四十七条** 各级人民政府应当保障抚恤优待对象享受公民普惠待遇，同时享受相应的抚恤优待待遇。

**第四十八条** 国家实行军人死亡抚恤制度。

军人死亡后被评定为烈士的，国家向烈士遗属颁发烈士证书，保障烈士遗属享受规定的烈士褒扬金、抚恤金和其他待遇。

军人因公牺牲、病故的，国家向其遗属颁发证书，保障其遗属享受规定的抚恤金和其他待遇。

**第四十九条** 国家实行军人残疾抚恤制度。

军人因战、因公、因病致残的，按照国家有关规定评定残疾等级并颁发证件，享受残疾抚恤金和其他待遇，符合规定条件的以安排工作、供养、退休等方式妥善安置。

**第五十条** 国家对军人家属和烈士、因公牺牲军人、病故军人的遗属予以住房优待。

军人家属和烈士、因公牺牲军人、病故军人的遗属，符合规定条件申请保障性住房的，或者居住农村且住房困难的，由当地人民政府优先解决。

烈士、因公牺牲军人、病故军人的遗属符合前款规定情形的，当地人民政府给予优惠。

**第五十一条** 公立医疗机构应当为军人就医提供优待服务。军人家属和烈士、因公牺牲军人、病故军人的遗属，在军队医疗机构和公立医疗机构就医享受医疗优待。

国家鼓励民营医疗机构为军人、军人家属和烈士、因公牺牲军人、病故军人的遗属就医提供优待服务。

国家和社会对残疾军人的医疗依法给予特别保障。

**第五十二条** 国家依法保障军人配偶就业安置权益。机关、群团组织、企业事业单位、社会组织和其他组织，应当依法履行接收军人配偶就业安置的义务。

军人配偶随军前在机关或者事业单位工作的，由安置地人民政府按照有关规定安排到相应的工作单位；在其他单位工作或者无工作单位的，由安置地人民政府提供就业指导和就业培训，优先协助就业。烈士、因公牺牲军人的遗属和符合规定条件的军人配偶，当地人民政府应当优先安排就业。

**第五十三条** 国家鼓励有用工需求的用人单位优先安排随军家属就业。国有企业在新招录职工时，应当按照用工需求的适当比例聘用随军家属；有条件的民营企业在新招录职工时，可以按照用工需求的适当比例聘用随军家属。

**第五十四条** 国家鼓励和扶持军人配偶自主就业、自主创业。军人配偶从事个体经营的，按照国家有关优惠政策给予支持。

**第五十五条** 国家对军人子女予以教育优待。地方各级人民政府及其有关部门应当为军人子女提供当地优质教育资源，创造接受良好教育的条件。

军人子女入读公办义务教育阶段学校和普惠性幼儿园，可以在本人、父母、祖父母、外祖父母或者其他法定监护人户籍所在地，或者父母居住地、部队驻地入学，享受当地军人子女教育优待政策。

军人子女报考普通高中、中等职业学校，同等条件下优先录取；烈士、因公牺牲军人的子女和符合规定条件的军人子女，按照当地军人子女教育优待政策享受录取等方面的优待。

因公牺牲军人的子女和符合规定条件的军人子女报考高等学校，按照国家有关规定优先录取；烈士子女享受加分等优待。

烈士子女和符合规定条件的军人子女按照规定享受奖学金、助学金和有关费用免除等学生资助政策。

国家鼓励和扶持具备条件的民办学校，为军人子女和烈士、因公牺牲军人的子女提供教育优待。

**第五十六条** 军人家属和烈士、因公牺牲军人、病故军人的遗属，符合规定条件申请在国家兴办的光荣院、优抚医院集中供养、住院治疗、短期疗养的，享受优先、优惠待遇；申请到公办养老机构养老的，同等条件下优先安排。

**第五十七条** 军人、军人家属和烈士、因公牺牲军人、病故军人的遗属，享受参观游览公园、博物馆、纪念馆、展览馆、名胜古迹以及文化和旅游等方面的优先、优惠服务。

军人免费乘坐市内公共汽车、电车、轮渡和轨道交通工具。军人和烈士、因公牺牲军人、病故军人的遗属，以及与其随同出行的家属，乘坐境内运行的火车、轮船、长途公共汽车以及民航班机享受优先购票、优先乘车（船、机）等服务，残疾军人享受票价优惠。

**第五十八条** 地方人民政府和军队单位对因自然灾害、意外事故、重大疾病等原因，基本生活出现严重困难的军人家庭，应当给予救助和慰问。

**第五十九条** 地方人民政府和军队单位对在未成年子女入学入托、老年人养老等方面遇到困难的军人家庭，应当给予必要的帮扶。

国家鼓励和支持企业事业单位、社会组织和其他组织以及个人为困难军人家庭提供援助服务。

**第六十条** 军人、军人家属和烈士、因公牺牲军人、病故军人遗属的合法权益受到侵害的，有权向有关国家机关和军队单位提出申诉、控告。负责受理的国家机关和军队单位，应当依法及时处理，不得推诿、拖延。依法向人民法院提起诉讼的，人民法院应当优先立案、审理和执行，人民检察院可以支持起诉。

**第六十一条** 军人、军人家属和烈士、因公牺牲军人、病故军人的遗属维护合法权益遇到困难的，法律援助机构应当依法优先提供法律援助，司法机关应当依法优先提供司法救助。

**第六十二条** 侵害军人荣誉、名誉和其他相关合法权益，严重影响军人有效履行职责使命，致使社会公共利益受到损害的，人民检察院可以根据民事诉讼法、行政诉讼法的相关规定提起公益诉讼。

## 第六章 法律责任

**第六十三条** 国家机关及其工作人员、军队单位及其工作人员违反本法规定，在军人地位和权益保障工作中滥用职权、玩忽职守、徇私舞弊的，由其所在单位、主管部门或者上级机关责令改正；对负有责任的领导人员和直接责任人员，依法给予处分。

**第六十四条**　群团组织、企业事业单位、社会组织和其他组织违反本法规定，不履行优待义务的，由有关部门责令改正；对直接负责的主管人员和其他直接责任人员，依法给予处分。

**第六十五条**　违反本法规定，通过大众传播媒介或者其他方式，诋毁、贬损军人荣誉，侮辱、诽谤军人名誉，或者故意毁损、玷污军人的荣誉标识的，由公安、文化和旅游、新闻出版、电影、广播电视、网信或者其他有关主管部门依据各自的职权责令改正，并依法予以处理；造成精神损害的，受害人有权请求精神损害赔偿。

**第六十六条**　冒领或者以欺诈、伪造证明材料等手段骗取本法规定的相关荣誉、待遇或者抚恤优待的，由有关部门予以取消，依法给予没收违法所得等行政处罚。

**第六十七条**　违反本法规定，侵害军人的合法权益，造成财产损失或者其他损害的，依法承担民事责任。

违反本法规定，构成违反治安管理行为的，依法给予治安管理处罚；构成犯罪的，依法追究刑事责任。

### 第七章　附　则

**第六十八条**　本法所称军人家属，是指军人的配偶、父母（扶养人）、未成年子女、不能独立生活的成年子女。

本法所称烈士、因公牺牲军人、病故军人的遗属，是指烈士、因公牺牲军人、病故军人的配偶、父母（扶养人）、子女，以及由其承担抚养义务的兄弟姐妹。

**第六十九条**　中国人民武装警察部队服现役的警官、警士和义务兵等人员，适用本法。

**第七十条**　省、自治区、直辖市可以结合本地实际情况，根据本法制定保障军人地位和权益的具体办法。

**第七十一条**　本法自2021年8月1日起施行。

## 中华人民共和国国防法

- 1997年3月14日第八届全国人民代表大会第五次会议通过
- 根据2009年8月27日第十一届全国人民代表大会常务委员会第十次会议《关于修改部分法律的决定》修正
- 2020年12月26日第十三届全国人民代表大会常务委员会第二十四次会议修订

### 目　录

第一章　总　则
第二章　国家机构的国防职权
第三章　武装力量
第四章　边防、海防、空防和其他重大安全领域防卫
第五章　国防科研生产和军事采购
第六章　国防经费和国防资产
第七章　国防教育
第八章　国防动员和战争状态
第九章　公民、组织的国防义务和权利
第十章　军人的义务和权益
第十一章　对外军事关系
第十二章　附　则

### 第一章　总　则

**第一条**　为了建设和巩固国防，保障改革开放和社会主义现代化建设的顺利进行，实现中华民族伟大复兴，根据宪法，制定本法。

**第二条**　国家为防备和抵抗侵略，制止武装颠覆和分裂，保卫国家主权、统一、领土完整、安全和发展利益所进行的军事活动，以及与军事有关的政治、经济、外交、科技、教育等方面的活动，适用本法。

**第三条**　国防是国家生存与发展的安全保障。

国家加强武装力量建设，加强边防、海防、空防和其他重大安全领域防卫建设，发展国防科研生产，普及全民国防教育，完善国防动员体系，实现国防现代化。

**第四条**　国防活动坚持以马克思列宁主义、毛泽东思想、邓小平理论、“三个代表”重要思想、科学发展观、习近平新时代中国特色社会主义思想为指导，贯彻习近平强军思想，坚持总体国家安全观，贯彻新时代军事战略方针，建设与我国国际地位相称、与国家安全和发展利益相适应的巩固国防和强大武装力量。

**第五条**　国家对国防活动实行统一的领导。

**第六条**　中华人民共和国奉行防御性国防政策，独立自主、自力更生地建设和巩固国防，实行积极防御，坚持全民国防。

国家坚持经济建设和国防建设协调、平衡、兼容发展，依法开展国防活动，加快国防和军队现代化，实现富国和强军相统一。

**第七条**　保卫祖国、抵抗侵略是中华人民共和国每一个公民的神圣职责。

中华人民共和国公民应当依法履行国防义务。

一切国家机关和武装力量、各政党和各人民团体、企业事业组织、社会组织和其他组织，都应当支持和依法参与国防建设，履行国防职责，完成国防任务。

**第八条**　国家和社会尊重、优待军人，保障军人的地

位和合法权益，开展各种形式的拥军优属活动，让军人成为全社会尊崇的职业。

中国人民解放军和中国人民武装警察部队开展拥政爱民活动，巩固军政军民团结。

**第九条** 中华人民共和国积极推进国际军事交流与合作，维护世界和平，反对侵略扩张行为。

**第十条** 对在国防活动中作出贡献的组织和个人，依照有关法律、法规的规定给予表彰和奖励。

**第十一条** 任何组织和个人违反本法和有关法律，拒绝履行国防义务或者危害国防利益的，依法追究法律责任。

公职人员在国防活动中，滥用职权、玩忽职守、徇私舞弊的，依法追究法律责任。

## 第二章 国家机构的国防职权

**第十二条** 全国人民代表大会依照宪法规定，决定战争和和平的问题，并行使宪法规定的国防方面的其他职权。

全国人民代表大会常务委员会依照宪法规定，决定战争状态的宣布，决定全国总动员或者局部动员，并行使宪法规定的国防方面的其他职权。

**第十三条** 中华人民共和国主席根据全国人民代表大会的决定和全国人民代表大会常务委员会的决定，宣布战争状态，发布动员令，并行使宪法规定的国防方面的其他职权。

**第十四条** 国务院领导和管理国防建设事业，行使下列职权：

（一）编制国防建设的有关发展规划和计划；

（二）制定国防建设方面的有关政策和行政法规；

（三）领导和管理国防科研生产；

（四）管理国防经费和国防资产；

（五）领导和管理国民经济动员工作和人民防空、国防交通等方面的建设和组织实施工作；

（六）领导和管理拥军优属工作和退役军人保障工作；

（七）与中央军事委员会共同领导民兵的建设，征兵工作，边防、海防、空防和其他重大安全领域防卫的管理工作；

（八）法律规定的与国防建设事业有关的其他职权。

**第十五条** 中央军事委员会领导全国武装力量，行使下列职权：

（一）统一指挥全国武装力量；

（二）决定军事战略和武装力量的作战方针；

（三）领导和管理中国人民解放军、中国人民武装警察部队的建设，制定规划、计划并组织实施；

（四）向全国人民代表大会或者全国人民代表大会常务委员会提出议案；

（五）根据宪法和法律，制定军事法规，发布决定和命令；

（六）决定中国人民解放军、中国人民武装警察部队的体制和编制，规定中央军事委员会机关部门、战区、军兵种和中国人民武装警察部队等单位的任务和职责；

（七）依照法律、军事法规的规定，任免、培训、考核和奖惩武装力量成员；

（八）决定武装力量的武器装备体制，制定武器装备发展规划、计划，协同国务院领导和管理国防科研生产；

（九）会同国务院管理国防经费和国防资产；

（十）领导和管理人民武装动员、预备役工作；

（十一）组织开展国际军事交流与合作；

（十二）法律规定的其他职权。

**第十六条** 中央军事委员会实行主席负责制。

**第十七条** 国务院和中央军事委员会建立协调机制，解决国防事务的重大问题。

中央国家机关与中央军事委员会机关有关部门可以根据情况召开会议，协调解决有关国防事务的问题。

**第十八条** 地方各级人民代表大会和县级以上地方各级人民代表大会常务委员会在本行政区域内，保证有关国防事务的法律、法规的遵守和执行。

地方各级人民政府依照法律规定的权限，管理本行政区域内的征兵、民兵、国民经济动员、人民防空、国防交通、国防设施保护，以及退役军人保障和拥军优属等工作。

**第十九条** 地方各级人民政府和驻地军事机关根据需要召开军地联席会议，协调解决本行政区域内有关国防事务的问题。

军地联席会议由地方人民政府的负责人和驻地军事机关的负责人共同召集。军地联席会议的参加人员由会议召集人确定。

军地联席会议议定的事项，由地方人民政府和驻地军事机关根据各自职责和任务分工办理，重大事项应当分别向上级报告。

## 第三章 武装力量

**第二十条** 中华人民共和国的武装力量属于人民。它的任务是巩固国防，抵抗侵略，保卫祖国，保卫人民的和平劳动，参加国家建设事业，全心全意为人民服务。

**第二十一条** 中华人民共和国的武装力量受中国共产党领导。武装力量中的中国共产党组织依照中国共产党章程进行活动。

**第二十二条** 中华人民共和国的武装力量,由中国人民解放军、中国人民武装警察部队、民兵组成。

中国人民解放军由现役部队和预备役部队组成,在新时代的使命任务是为巩固中国共产党领导和社会主义制度,为捍卫国家主权、统一、领土完整,为维护国家海外利益,为促进世界和平与发展,提供战略支撑。现役部队是国家的常备军,主要担负防卫作战任务,按照规定执行非战争军事行动任务。预备役部队按照规定进行军事训练、执行防卫作战任务和非战争军事行动任务;根据国家发布的动员令,由中央军事委员会下达命令转为现役部队。

中国人民武装警察部队担负执勤、处置突发社会安全事件、防范和处置恐怖活动、海上维权执法、抢险救援和防卫作战以及中央军事委员会赋予的其他任务。

民兵在军事机关的指挥下,担负战备勤务、执行非战争军事行动任务和防卫作战任务。

**第二十三条** 中华人民共和国的武装力量必须遵守宪法和法律。

**第二十四条** 中华人民共和国武装力量建设坚持走中国特色强军之路,坚持政治建军、改革强军、科技强军、人才强军、依法治军,加强军事训练,开展政治工作,提高保障水平,全面推进军事理论、军队组织形态、军事人员和武器装备现代化,构建中国特色现代作战体系,全面提高战斗力,努力实现党在新时代的强军目标。

**第二十五条** 中华人民共和国武装力量的规模应当与保卫国家主权、安全、发展利益的需要相适应。

**第二十六条** 中华人民共和国的兵役分为现役和预备役。军人和预备役人员的服役制度由法律规定。

中国人民解放军、中国人民武装警察部队依照法律规定实行衔级制度。

**第二十七条** 中国人民解放军、中国人民武装警察部队在规定岗位实行文职人员制度。

**第二十八条** 中国人民解放军军旗、军徽是中国人民解放军的象征和标志。中国人民武装警察部队旗、徽是中国人民武装警察部队的象征和标志。

公民和组织应当尊重中国人民解放军军旗、军徽和中国人民武装警察部队旗、徽。

中国人民解放军军旗、军徽和中国人民武装警察部队旗、徽的图案、样式以及使用管理办法由中央军事委员会规定。

**第二十九条** 国家禁止任何组织或者个人非法建立武装组织,禁止非法武装活动,禁止冒充军人或者武装力量组织。

## 第四章 边防、海防、空防和其他重大安全领域防卫

**第三十条** 中华人民共和国的领陆、领水、领空神圣不可侵犯。国家建设强大稳固的现代边防、海防和空防,采取有效的防卫和管理措施,保卫领陆、领水、领空的安全,维护国家海洋权益。

国家采取必要的措施,维护在太空、电磁、网络空间等其他重大安全领域的活动、资产和其他利益的安全。

**第三十一条** 中央军事委员会统一领导边防、海防、空防和其他重大安全领域的防卫工作。

中央国家机关、地方各级人民政府和有关军事机关,按照规定的职权范围,分工负责边防、海防、空防和其他重大安全领域的管理和防卫工作,共同维护国家的安全和利益。

**第三十二条** 国家根据边防、海防、空防和其他重大安全领域防卫的需要,加强防卫力量建设,建设作战、指挥、通信、测控、导航、防护、交通、保障等国防设施。各级人民政府和军事机关应当依照法律、法规的规定,保障国防设施的建设,保护国防设施的安全。

## 第五章 国防科研生产和军事采购

**第三十三条** 国家建立和完善国防科技工业体系,发展国防科研生产,为武装力量提供性能先进、质量可靠、配套完善、便于操作和维修的武器装备以及其他适用的军用物资,满足国防需要。

**第三十四条** 国防科技工业实行军民结合、平战结合、军品优先、创新驱动、自主可控的方针。

国家统筹规划国防科技工业建设,坚持国家主导、分工协作、专业配套、开放融合,保持规模适度、布局合理的国防科研生产能力。

**第三十五条** 国家充分利用全社会优势资源,促进国防科学技术进步,加快技术自主研发,发挥高新技术在武器装备发展中的先导作用,增加技术储备,完善国防知识产权制度,促进国防科技成果转化,推进科技资源共享和协同创新,提高国防科研能力和武器装备技术水平。

**第三十六条** 国家创造有利的环境和条件,加强国防科学技术人才培养,鼓励和吸引优秀人才进入国防科研生产领域,激发人才创新活力。

国防科学技术工作者应当受到全社会的尊重。国家

逐步提高国防科学技术工作者的待遇，保护其合法权益。

**第三十七条** 国家依法实行军事采购制度，保障武装力量所需武器装备和物资、工程、服务的采购供应。

**第三十八条** 国家对国防科研生产实行统一领导和计划调控；注重发挥市场机制作用，推进国防科研生产和军事采购活动公平竞争。

国家为承担国防科研生产任务和接受军事采购的组织和个人依法提供必要的保障条件和优惠政策。地方各级人民政府应当依法对承担国防科研生产任务和接受军事采购的组织和个人给予协助和支持。

承担国防科研生产任务和接受军事采购的组织和个人应当保守秘密，及时高效完成任务，保证质量，提供相应的服务保障。

国家对供应武装力量的武器装备和物资、工程、服务，依法实行质量责任追究制度。

## 第六章 国防经费和国防资产

**第三十九条** 国家保障国防事业的必要经费。国防经费的增长应当与国防需求和国民经济发展水平相适应。

国防经费依法实行预算管理。

**第四十条** 国家为武装力量建设、国防科研生产和其他国防建设直接投入的资金、划拨使用的土地等资源，以及由此形成的用于国防目的的武器装备和设备设施、物资器材、技术成果等属于国防资产。

国防资产属于国家所有。

**第四十一条** 国家根据国防建设和经济建设的需要，确定国防资产的规模、结构和布局，调整和处分国防资产。

国防资产的管理机构和占有、使用单位，应当依法管理国防资产，充分发挥国防资产的效能。

**第四十二条** 国家保护国防资产不受侵害，保障国防资产的安全、完整和有效。

禁止任何组织或者个人破坏、损害和侵占国防资产。未经国务院、中央军事委员会或者国务院、中央军事委员会授权的机构批准，国防资产的占有、使用单位不得改变国防资产用于国防的目的。国防资产中的技术成果，在坚持国防优先、确保安全的前提下，可以根据国家有关规定用于其他用途。

国防资产的管理机构或者占有、使用单位对不再用于国防目的的国防资产，应当按照规定报批，依法改作其他用途或者进行处置。

## 第七章 国防教育

**第四十三条** 国家通过开展国防教育，使全体公民增强国防观念、强化忧患意识、掌握国防知识、提高国防技能、发扬爱国主义精神，依法履行国防义务。

普及和加强国防教育是全社会的共同责任。

**第四十四条** 国防教育贯彻全民参与、长期坚持、讲求实效的方针，实行经常教育与集中教育相结合、普及教育与重点教育相结合、理论教育与行为教育相结合的原则。

**第四十五条** 国防教育主管部门应当加强国防教育的组织管理，其他有关部门应当按照规定的职责做好国防教育工作。

军事机关应当支持有关机关和组织开展国防教育工作，依法提供有关便利条件。

一切国家机关和武装力量、各政党和各人民团体、企业事业组织、社会组织和其他组织，都应当组织本地区、本部门、本单位开展国防教育。

学校的国防教育是全民国防教育的基础。各级各类学校应当设置适当的国防教育课程，或者在有关课程中增加国防教育的内容。普通高等学校和高中阶段学校应当按照规定组织学生军事训练。

公职人员应当积极参加国防教育，提升国防素养，发挥在全民国防教育中的模范带头作用。

**第四十六条** 各级人民政府应当将国防教育纳入国民经济和社会发展计划，保障国防教育所需的经费。

## 第八章 国防动员和战争状态

**第四十七条** 中华人民共和国的主权、统一、领土完整、安全和发展利益遭受威胁时，国家依照宪法和法律规定，进行全国总动员或者局部动员。

**第四十八条** 国家将国防动员准备纳入国家总体发展规划和计划，完善国防动员体制，增强国防动员潜力，提高国防动员能力。

**第四十九条** 国家建立战略物资储备制度。战略物资储备应当规模适度、储存安全、调用方便、定期更换，保障战时的需要。

**第五十条** 国家国防动员领导机构、中央国家机关、中央军事委员会机关有关部门按照职责分工，组织国防动员准备和实施工作。

一切国家机关和武装力量、各政党和各人民团体、企业事业组织、社会组织、其他组织和公民，都必须依照法律规定完成国防动员准备工作；在国家发布动员令后，必须完成规定的国防动员任务。

**第五十一条** 国家根据国防动员需要，可以依法征收、征用组织和个人的设备设施、交通工具、场所和其他财产。

县级以上人民政府对被征收、征用者因征收、征用所造成的直接经济损失，按照国家有关规定给予公平、合理的补偿。

**第五十二条** 国家依照宪法规定宣布战争状态，采取各种措施集中人力、物力和财力，领导全体公民保卫祖国、抵抗侵略。

## 第九章 公民、组织的国防义务和权利

**第五十三条** 依照法律服兵役和参加民兵组织是中华人民共和国公民的光荣义务。

各级兵役机关和基层人民武装机构应当依法办理兵役工作，按照国务院和中央军事委员会的命令完成征兵任务，保证兵员质量。有关国家机关、人民团体、企业事业组织、社会组织和其他组织，应当依法完成民兵和预备役工作，协助完成征兵任务。

**第五十四条** 企业事业组织和个人承担国防科研生产任务或者接受军事采购，应当按照要求提供符合质量标准的武器装备或者物资、工程、服务。

企业事业组织和个人应当按照国家规定在与国防密切相关的建设项目中贯彻国防要求，依法保障国防建设和军事行动的需要。车站、港口、机场、道路等交通设施的管理、运营单位应当为军人和军用车辆、船舶的通行提供优先服务，按照规定给予优待。

**第五十五条** 公民应当接受国防教育。

公民和组织应当保护国防设施，不得破坏、危害国防设施。

公民和组织应当遵守保密规定，不得泄露国防方面的国家秘密，不得非法持有国防方面的秘密文件、资料和其他秘密物品。

**第五十六条** 公民和组织应当支持国防建设，为武装力量的军事训练、战备勤务、防卫作战、非战争军事行动等活动提供便利条件或者其他协助。

国家鼓励和支持符合条件的公民和企业投资国防事业，保障投资者的合法权益并依法给予政策优惠。

**第五十七条** 公民和组织有对国防建设提出建议的权利，有对危害国防利益的行为进行制止或者检举的权利。

**第五十八条** 民兵、预备役人员和其他公民依法参加军事训练，担负战备勤务、防卫作战、非战争军事行动等任务时，应当履行自己的职责和义务；国家和社会保障其享有相应的待遇，按照有关规定对其实行抚恤优待。

公民和组织因国防建设和军事活动在经济上受到直接损失的，可以依照国家有关规定获得补偿。

## 第十章 军人的义务和权益

**第五十九条** 军人必须忠于祖国，忠于中国共产党，履行职责，英勇战斗，不怕牺牲，捍卫祖国的安全、荣誉和利益。

**第六十条** 军人必须模范地遵守宪法和法律，遵守军事法规，执行命令，严守纪律。

**第六十一条** 军人应当发扬人民军队的优良传统，热爱人民，保护人民，积极参加社会主义现代化建设，完成抢险救灾等任务。

**第六十二条** 军人应当受到全社会的尊崇。

国家建立军人功勋荣誉表彰制度。

国家采取有效措施保护军人的荣誉、人格尊严，依照法律规定对军人的婚姻实行特别保护。

军人依法履行职责的行为受法律保护。

**第六十三条** 国家和社会优待军人。

国家建立与军事职业相适应、与国民经济发展相协调的军人待遇保障制度。

**第六十四条** 国家建立退役军人保障制度，妥善安置退役军人，维护退役军人的合法权益。

**第六十五条** 国家和社会抚恤优待残疾军人，对残疾军人的生活和医疗依法给予特别保障。

因战、因公致残或者致病的残疾军人退出现役后，县级以上人民政府应当及时接收安置，并保障其生活不低于当地的平均生活水平。

**第六十六条** 国家和社会优待军人家属，抚恤优待烈士家属和因公牺牲、病故军人的家属。

## 第十一章 对外军事关系

**第六十七条** 中华人民共和国坚持互相尊重主权和领土完整、互不侵犯、互不干涉内政、平等互利、和平共处五项原则，维护以联合国为核心的国际体系和以国际法为基础的国际秩序，坚持共同、综合、合作、可持续的安全观，推动构建人类命运共同体，独立自主地处理对外军事关系，开展军事交流与合作。

**第六十八条** 中华人民共和国遵循以联合国宪章宗旨和原则为基础的国际关系基本准则，依照国家有关法律运用武装力量，保护海外中国公民、组织、机构和设施的安全，参加联合国维和、国际救援、海上护航、联演联

训、打击恐怖主义等活动,履行国际安全义务,维护国家海外利益。

**第六十九条** 中华人民共和国支持国际社会实施的有利于维护世界和地区和平、安全、稳定的与军事有关的活动,支持国际社会为公正合理地解决国际争端以及国际军备控制、裁军和防扩散所做的努力,参与安全领域多边对话谈判,推动制定普遍接受、公正合理的国际规则。

**第七十条** 中华人民共和国在对外军事关系中遵守同外国、国际组织缔结或者参加的有关条约和协定。

### 第十二章 附 则

**第七十一条** 本法所称军人,是指在中国人民解放军服现役的军官、军士、义务兵等人员。

本法关于军人的规定,适用于人民武装警察。

**第七十二条** 中华人民共和国特别行政区的防务,由特别行政区基本法和有关法律规定。

**第七十三条** 本法自 2021 年 1 月 1 日起施行。

## 中华人民共和国国家情报法

· 2017 年 6 月 27 日第十二届全国人民代表大会常务委员会第二十八次会议通过

· 根据 2018 年 4 月 27 日第十三届全国人民代表大会常务委员会第二次会议《关于修改〈中华人民共和国国境卫生检疫法〉等六部法律的决定》修正

### 目 录

第一章 总 则
第二章 国家情报工作机构职权
第三章 国家情报工作保障
第四章 法律责任
第五章 附 则

### 第一章 总 则

**第一条** 为了加强和保障国家情报工作,维护国家安全和利益,根据宪法,制定本法。

**第二条** 国家情报工作坚持总体国家安全观,为国家重大决策提供情报参考,为防范和化解危害国家安全的风险提供情报支持,维护国家政权、主权、统一和领土完整、人民福祉、经济社会可持续发展和国家其他重大利益。

**第三条** 国家建立健全集中统一、分工协作、科学高效的国家情报体制。

中央国家安全领导机构对国家情报工作实行统一领导,制定国家情报工作方针政策,规划国家情报工作整体发展,建立健全国家情报工作协调机制,统筹协调各领域国家情报工作,研究决定国家情报工作中的重大事项。

中央军事委员会统一领导和组织军队情报工作。

**第四条** 国家情报工作坚持公开工作与秘密工作相结合、专门工作与群众路线相结合、分工负责与协作配合相结合的原则。

**第五条** 国家安全机关和公安机关情报机构、军队情报机构(以下统称国家情报工作机构)按照职责分工,相互配合,做好情报工作、开展情报行动。

各有关国家机关应当根据各自职能和任务分工,与国家情报工作机构密切配合。

**第六条** 国家情报工作机构及其工作人员应当忠于国家和人民,遵守宪法和法律,忠于职守,纪律严明,清正廉洁,无私奉献,坚决维护国家安全和利益。

**第七条** 任何组织和公民都应当依法支持、协助和配合国家情报工作,保守所知悉的国家情报工作秘密。

国家对支持、协助和配合国家情报工作的个人和组织给予保护。

**第八条** 国家情报工作应当依法进行,尊重和保障人权,维护个人和组织的合法权益。

**第九条** 国家对在国家情报工作中作出重大贡献的个人和组织给予表彰和奖励。

### 第二章 国家情报工作机构职权

**第十条** 国家情报工作机构根据工作需要,依法使用必要的方式、手段和渠道,在境内外开展情报工作。

**第十一条** 国家情报工作机构应当依法搜集和处理境外机构、组织、个人实施或者指使、资助他人实施的,或者境内外机构、组织、个人相勾结实施的危害中华人民共和国国家安全和利益行为的相关情报,为防范、制止和惩治上述行为提供情报依据或者参考。

**第十二条** 国家情报工作机构可以按照国家有关规定,与有关个人和组织建立合作关系,委托开展相关工作。

**第十三条** 国家情报工作机构可以按照国家有关规定,开展对外交流与合作。

**第十四条** 国家情报工作机构依法开展情报工作,可以要求有关机关、组织和公民提供必要的支持、协助和配合。

**第十五条** 国家情报工作机构根据工作需要,按照国家有关规定,经过严格的批准手续,可以采取技术侦察措施和身份保护措施。

**第十六条**　国家情报工作机构工作人员依法执行任务时，按照国家有关规定，经过批准，出示相应证件，可以进入限制进入的有关区域、场所，可以向有关机关、组织和个人了解、询问有关情况，可以查阅或者调取有关的档案、资料、物品。

**第十七条**　国家情报工作机构工作人员因执行紧急任务需要，经出示相应证件，可以享受通行便利。

国家情报工作机构工作人员根据工作需要，按照国家有关规定，可以优先使用或者依法征用有关机关、组织和个人的交通工具、通信工具、场地和建筑物，必要时，可以设置相关工作场所和设备、设施，任务完成后应当及时归还或者恢复原状，并依照规定支付相应费用；造成损失的，应当补偿。

**第十八条**　国家情报工作机构根据工作需要，按照国家有关规定，可以提请海关、出入境边防检查等机关提供免检等便利。

**第十九条**　国家情报工作机构及其工作人员应当严格依法办事，不得超越职权、滥用职权，不得侵犯公民和组织的合法权益，不得利用职务便利为自己或者他人谋取私利，不得泄露国家秘密、商业秘密和个人信息。

## 第三章　国家情报工作保障

**第二十条**　国家情报工作机构及其工作人员依法开展情报工作，受法律保护。

**第二十一条**　国家加强国家情报工作机构建设，对其机构设置、人员、编制、经费、资产实行特殊管理，给予特殊保障。

国家建立适应情报工作需要的人员录用、选调、考核、培训、待遇、退出等管理制度。

**第二十二条**　国家情报工作机构应当适应情报工作需要，提高开展情报工作的能力。

国家情报工作机构应当运用科学技术手段，提高对情报信息的鉴别、筛选、综合和研判分析水平。

**第二十三条**　国家情报工作机构工作人员因执行任务，或者与国家情报工作机构建立合作关系的人员因协助国家情报工作，其本人或者近亲属人身安全受到威胁时，国家有关部门应当采取必要措施，予以保护、营救。

**第二十四条**　对为国家情报工作作出贡献并需要安置的人员，国家给予妥善安置。

公安、民政、财政、卫生、教育、人力资源社会保障、退役军人事务、医疗保障等有关部门以及国有企业事业单位应当协助国家情报工作机构做好安置工作。

**第二十五条**　对因开展国家情报工作或者支持、协助和配合国家情报工作导致伤残或者牺牲、死亡的人员，按照国家有关规定给予相应的抚恤优待。

个人和组织因支持、协助和配合国家情报工作导致财产损失的，按照国家有关规定给予补偿。

**第二十六条**　国家情报工作机构应当建立健全严格的监督和安全审查制度，对其工作人员遵守法律和纪律等情况进行监督，并依法采取必要措施，定期或者不定期进行安全审查。

**第二十七条**　任何个人和组织对国家情报工作机构及其工作人员超越职权、滥用职权和其他违法违纪行为，有权检举、控告。受理检举、控告的有关机关应当及时查处，并将查处结果告知检举人、控告人。

对依法检举、控告国家情报工作机构及其工作人员的个人和组织，任何个人和组织不得压制和打击报复。

国家情报工作机构应当为个人和组织检举、控告、反映情况提供便利渠道，并为检举人、控告人保密。

## 第四章　法律责任

**第二十八条**　违反本法规定，阻碍国家情报工作机构及其工作人员依法开展情报工作的，由国家情报工作机构建议相关单位给予处分或者由国家安全机关、公安机关处警告或者十五日以下拘留；构成犯罪的，依法追究刑事责任。

**第二十九条**　泄露与国家情报工作有关的国家秘密的，由国家情报工作机构建议相关单位给予处分或者由国家安全机关、公安机关处警告或者十五日以下拘留；构成犯罪的，依法追究刑事责任。

**第三十条**　冒充国家情报工作机构工作人员或者其他相关人员实施招摇撞骗、诈骗、敲诈勒索等行为的，依照《中华人民共和国治安管理处罚法》的规定处罚；构成犯罪的，依法追究刑事责任。

**第三十一条**　国家情报工作机构及其工作人员有超越职权、滥用职权，侵犯公民和组织的合法权益，利用职务便利为自己或者他人谋取私利，泄露国家秘密、商业秘密和个人信息等违法违纪行为的，依法给予处分；构成犯罪的，依法追究刑事责任。

## 第五章　附　则

**第三十二条**　本法自2017年6月28日起施行。

## 中华人民共和国兵役法

· 1984 年 5 月 31 日第六届全国人民代表大会第二次会议通过
· 根据 1998 年 12 月 29 日第九届全国人民代表大会常务委员会第六次会议《关于修改〈中华人民共和国兵役法〉的决定》第一次修正
· 根据 2009 年 8 月 27 日第十一届全国人民代表大会常务委员会第十次会议《关于修改部分法律的决定》第二次修正
· 根据 2011 年 10 月 29 日第十一届全国人民代表大会常务委员会第二十三次会议《关于修改〈中华人民共和国兵役法〉的决定》第三次修正
· 2021 年 8 月 20 日第十三届全国人民代表大会常务委员会第三十次会议修订
· 2021 年 8 月 20 日中华人民共和国主席令第 95 号公布
· 自 2021 年 10 月 1 日起施行

### 目 录

第一章 总 则
第二章 兵役登记
第三章 平时征集
第四章 士兵的现役和预备役
第五章 军官的现役和预备役
第六章 军队院校从青年学生中招收的学员
第七章 战时兵员动员
第八章 服役待遇和抚恤优待
第九章 退役军人的安置
第十章 法律责任
第十一章 附 则

### 第一章 总 则

**第一条** 为了规范和加强国家兵役工作,保证公民依法服兵役,保障军队兵员补充和储备,建设巩固国防和强大军队,根据宪法,制定本法。

**第二条** 保卫祖国、抵抗侵略是中华人民共和国每一个公民的神圣职责。

**第三条** 中华人民共和国实行以志愿兵役为主体的志愿兵役与义务兵役相结合的兵役制度。

**第四条** 兵役工作坚持中国共产党的领导,贯彻习近平强军思想,贯彻新时代军事战略方针,坚持与国家经济社会发展相协调,坚持与国防和军队建设相适应,遵循服从国防需要、聚焦备战打仗、彰显服役光荣、体现权利和义务一致的原则。

**第五条** 中华人民共和国公民,不分民族、种族、职业、家庭出身、宗教信仰和教育程度,都有义务依照本法的规定服兵役。

有严重生理缺陷或者严重残疾不适合服兵役的公民,免服兵役。

依照法律被剥夺政治权利的公民,不得服兵役。

**第六条** 兵役分为现役和预备役。在中国人民解放军服现役的称军人;预编到现役部队或者编入预备役部队服预备役的,称预备役人员。

**第七条** 军人和预备役人员,必须遵守宪法和法律,履行公民的义务,同时享有公民的权利;由于服兵役而产生的权利和义务,由本法和其他相关法律法规规定。

**第八条** 军人必须遵守军队的条令和条例,忠于职守,随时为保卫祖国而战斗。

预备役人员必须按照规定参加军事训练、担负战备勤务、执行非战争军事行动任务,随时准备应召参战,保卫祖国。

军人和预备役人员入役时应当依法进行服役宣誓。

**第九条** 全国的兵役工作,在国务院、中央军事委员会领导下,由国防部负责。

省军区(卫戍区、警备区)、军分区(警备区)和县、自治县、不设区的市、市辖区的人民武装部,兼各该级人民政府的兵役机关,在上级军事机关和同级人民政府领导下,负责办理本行政区域的兵役工作。

机关、团体、企业事业组织和乡、民族乡、镇的人民政府,依照本法的规定完成兵役工作任务。兵役工作业务,在设有人民武装部的单位,由人民武装部办理;不设人民武装部的单位,确定一个部门办理。普通高等学校应当有负责兵役工作的机构。

**第十条** 县级以上地方人民政府兵役机关应当会同相关部门,加强对本行政区域内兵役工作的组织协调和监督检查。

县级以上地方人民政府和同级军事机关应当将兵役工作情况作为拥军优属、拥政爱民评比和有关单位及其负责人考核评价的内容。

**第十一条** 国家加强兵役工作信息化建设,采取有效措施实现有关部门之间信息共享,推进兵役信息收集、处理、传输、存储等技术的现代化,为提高兵役工作质量效益提供支持。

兵役工作有关部门及其工作人员应当对收集的个人信息严格保密,不得泄露或者向他人非法提供。

**第十二条** 国家采取措施,加强兵役宣传教育,增强公民依法服兵役意识,营造服役光荣的良好社会氛围。

**第十三条** 军人和预备役人员建立功勋的,按照国家和军队关于功勋荣誉表彰的规定予以褒奖。

组织和个人在兵役工作中作出突出贡献的，按照国家和军队有关规定予以表彰和奖励。

## 第二章 兵役登记

**第十四条** 国家实行兵役登记制度。兵役登记包括初次兵役登记和预备役登记。

**第十五条** 每年十二月三十一日以前年满十八周岁的男性公民，都应当按照兵役机关的安排在当年进行初次兵役登记。

机关、团体、企业事业组织和乡、民族乡、镇的人民政府，应当根据县、自治县、不设区的市、市辖区人民政府兵役机关的安排，负责组织本单位和本行政区域的适龄男性公民进行初次兵役登记。

初次兵役登记可以采取网络登记的方式进行，也可以到兵役登记站（点）现场登记。进行兵役登记，应当如实填写个人信息。

**第十六条** 经过初次兵役登记的未服现役的公民，符合预备役条件的，县、自治县、不设区的市、市辖区人民政府兵役机关可以根据需要，对其进行预备役登记。

**第十七条** 退出现役的士兵自退出现役之日起四十日内，退出现役的军官自确定安置地之日起三十日内，到安置地县、自治县、不设区的市、市辖区人民政府兵役机关进行兵役登记信息变更；其中，符合预备役条件，经部队确定需要办理预备役登记的，还应当办理预备役登记。

**第十八条** 县级以上地方人民政府兵役机关负责本行政区域兵役登记工作。

县、自治县、不设区的市、市辖区人民政府兵役机关每年组织兵役登记信息核验，会同有关部门对公民兵役登记情况进行查验，确保兵役登记及时，信息准确完整。

## 第三章 平时征集

**第十九条** 全国每年征集服现役的士兵的人数、次数、时间和要求，由国务院和中央军事委员会的命令规定。

县级以上地方各级人民政府组织兵役机关和有关部门组成征集工作机构，负责组织实施征集工作。

**第二十条** 年满十八周岁的男性公民，应当被征集服现役；当年未被征集的，在二十二周岁以前仍可以被征集服现役。普通高等学校毕业生的征集年龄可以放宽至二十四周岁，研究生的征集年龄可以放宽至二十六周岁。

根据军队需要，可以按照前款规定征集女性公民服现役。

根据军队需要和本人自愿，可以征集年满十七周岁未满十八周岁的公民服现役。

**第二十一条** 经初次兵役登记并初步审查符合征集条件的公民，称应征公民。

在征集期间，应征公民应当按照县、自治县、不设区的市、市辖区征集工作机构的通知，按时参加体格检查等征集活动。

应征公民符合服现役条件，并经县、自治县、不设区的市、市辖区征集工作机构批准的，被征集服现役。

**第二十二条** 在征集期间，应征公民被征集服现役，同时被机关、团体、企业事业组织招录或者聘用的，应当优先履行服兵役义务；有关机关、团体、企业事业组织应当服从国防和军队建设的需要，支持兵员征集工作。

**第二十三条** 应征公民是维持家庭生活唯一劳动力的，可以缓征。

**第二十四条** 应征公民因涉嫌犯罪正在被依法监察调查、侦查、起诉、审判或者被判处徒刑、拘役、管制正在服刑的，不征集。

## 第四章 士兵的现役和预备役

**第二十五条** 现役士兵包括义务兵役制士兵和志愿兵役制士兵，义务兵役制士兵称义务兵，志愿兵役制士兵称军士。

**第二十六条** 义务兵服现役的期限为二年。

**第二十七条** 义务兵服现役期满，根据军队需要和本人自愿，经批准可以选改为军士；服现役期间表现特别优秀的，经批准可以提前选改为军士。根据军队需要，可以直接从非军事部门具有专业技能的公民中招收军士。

军士实行分级服现役制度。军士服现役的期限一般不超过三十年，年龄不超过五十五周岁。

军士分级服现役的办法和直接从非军事部门招收军士的办法，按照国家和军队有关规定执行。

**第二十八条** 士兵服现役期满，应当退出现役。

士兵因国家建设或者军队编制调整需要退出现役的，经军队医院诊断证明本人健康状况不适合继续服现役的，或者因其他特殊原因需要退出现役的，经批准可以提前退出现役。

**第二十九条** 士兵服现役的时间自征集工作机构批准入伍之日起算。

士兵退出现役的时间为部队下达退出现役命令之日。

**第三十条** 依照本法第十七条规定经过预备役登记的退出现役的士兵，由部队会同兵役机关根据军队需要，遴选确定服士兵预备役；经过考核，适合担任预备役军官职务的，服军官预备役。

**第三十一条** 依照本法第十六条规定经过预备役登记的公民，符合士兵预备役条件的，由部队会同兵役机关根据军队需要，遴选确定服士兵预备役。

**第三十二条** 预备役士兵服预备役的最高年龄，依照其他有关法律规定执行。

预备役士兵达到服预备役最高年龄的，退出预备役。

## 第五章 军官的现役和预备役

**第三十三条** 现役军官从下列人员中选拔、招收：

（一）军队院校毕业学员；

（二）普通高等学校应届毕业生；

（三）表现优秀的现役士兵；

（四）军队需要的专业技术人员和其他人员。

战时根据需要，可以从现役士兵、军队院校学员、征召的预备役军官和其他人员中直接任命军官。

**第三十四条** 预备役军官包括下列人员：

（一）确定服军官预备役的退出现役的军官；

（二）确定服军官预备役的退出现役的士兵；

（三）确定服军官预备役的专业技术人员和其他人员。

**第三十五条** 军官服现役和服预备役的最高年龄，依照其他有关法律规定执行。

**第三十六条** 现役军官按照规定服现役已满最高年龄或者衔级最高年限的，退出现役；需要延长服现役或者暂缓退出现役的，依照有关法律规定执行。

现役军官按照规定服现役未满最高年龄或者衔级最高年限，因特殊情况需要退出现役的，经批准可以退出现役。

**第三十七条** 依照本法第十七条规定经过预备役登记的退出现役的军官、依照本法第十六条规定经过预备役登记的公民，符合军官预备役条件的，由部队会同兵役机关根据军队需要，遴选确定服军官预备役。

预备役军官按照规定服预备役已满最高年龄的，退出预备役。

## 第六章 军队院校从青年学生中招收的学员

**第三十八条** 根据军队建设的需要，军队院校可以从青年学生中招收学员。招收学员的年龄，不受征集服现役年龄的限制。

**第三十九条** 学员完成学业达到军队培养目标的，由院校发给毕业证书；按照规定任命为现役军官或者军士。

**第四十条** 学员未达到军队培养目标或者不符合军队培养要求的，由院校按照国家和军队有关规定发给相应证书，并采取多种方式分流；其中，回入学前户口所在地的学员，就读期间其父母已办理户口迁移手续的，可以回父母现户口所在地，由县、自治县、不设区的市、市辖区的人民政府按照国家有关规定接收安置。

**第四十一条** 学员被开除学籍的，回入学前户口所在地；就读期间其父母已办理户口迁移手续的，可以回父母现户口所在地，由县、自治县、不设区的市、市辖区的人民政府按照国家有关规定办理。

**第四十二条** 军队院校从现役士兵中招收的学员，适用本法第三十九条、第四十条、第四十一条的规定。

## 第七章 战时兵员动员

**第四十三条** 为了应对国家主权、统一、领土完整、安全和发展利益遭受的威胁，抵抗侵略，各级人民政府、各级军事机关，在平时必须做好战时兵员动员的准备工作。

**第四十四条** 在国家发布动员令或者国务院、中央军事委员会依照《中华人民共和国国防动员法》采取必要的国防动员措施后，各级人民政府、各级军事机关必须依法迅速实施动员，军人停止退出现役，休假、探亲的军人立即归队，预备役人员随时准备应召服现役，经过预备役登记的公民做好服预备役被征召的准备。

**第四十五条** 战时根据需要，国务院和中央军事委员会可以决定适当放宽征召男性公民服现役的年龄上限，可以决定延长公民服现役的期限。

**第四十六条** 战争结束后，需要复员的军人，根据国务院和中央军事委员会的复员命令，分期分批地退出现役，由各级人民政府妥善安置。

## 第八章 服役待遇和抚恤优待

**第四十七条** 国家保障军人享有符合军事职业特点、与其履行职责相适应的工资、津贴、住房、医疗、保险、休假、疗养等待遇。军人的待遇应当与国民经济发展相协调，与社会进步相适应。

女军人的合法权益受法律保护。军队应当根据女军人的特点，合理安排女军人的工作任务和休息休假，在生育、健康等方面为女军人提供特别保护。

**第四十八条** 预备役人员参战、参加军事训练、担负战备勤务、执行非战争军事行动任务，享受国家规定的伙食、交通等补助。预备役人员是机关、团体、企业事业组织工作人员的，参战、参加军事训练、担负战备勤务、执行非战争军事行动任务期间，所在单位应当保持其原有的工资、奖金和福利待遇。预备役人员的其他待遇保障依照有关法律法规和国家有关规定执行。

**第四十九条**　军人按照国家有关规定，在医疗、金融、交通、参观游览、法律服务、文化体育设施服务、邮政服务等方面享受优待政策。公民入伍时保留户籍。

军人因战、因公、因病致残的，按照国家规定评定残疾等级，发给残疾军人证，享受国家规定的待遇、优待和残疾抚恤金。因工作需要继续服现役的残疾军人，由所在部队按照规定发给残疾抚恤金。

军人牺牲、病故，国家按照规定发给其遗属抚恤金。

**第五十条**　国家建立义务兵家庭优待金制度。义务兵家庭优待金标准由地方人民政府制定，中央财政给予定额补助。具体补助办法由国务院退役军人工作主管部门、财政部门会同中央军事委员会机关有关部门制定。

义务兵和军士入伍前是机关、团体、事业单位或者国有企业工作人员的，退出现役后可以选择复职复工。

义务兵和军士入伍前依法取得的农村土地承包经营权，服现役期间应当保留。

**第五十一条**　现役军官和军士的子女教育，家属的随军、就业创业以及工作调动，享受国家和社会的优待。

符合条件的军人家属，其住房、医疗、养老按照有关规定享受优待。

军人配偶随军未就业期间，按照国家有关规定享受相应的保障待遇。

**第五十二条**　预备役人员因参战、参加军事训练、担负战备勤务、执行非战争军事行动任务致残、牺牲的，由当地人民政府依照有关规定给予抚恤优待。

## 第九章　退役军人的安置

**第五十三条**　对退出现役的义务兵，国家采取自主就业、安排工作、供养等方式妥善安置。

义务兵退出现役自主就业的，按照国家规定发给一次性退役金，由安置地的县级以上地方人民政府接收，根据当地的实际情况，可以发给经济补助。国家根据经济社会发展，适时调整退役金的标准。

服现役期间平时获得二等功以上荣誉或者战时获得三等功以上荣誉以及属于烈士子女的义务兵退出现役，由安置地的县级以上地方人民政府安排工作；待安排工作期间由当地人民政府按照国家有关规定发给生活补助费；根据本人自愿，也可以选择自主就业。

因战、因公、因病致残的义务兵退出现役，按照国家规定的评定残疾等级采取安排工作、供养等方式予以妥善安置；符合安排工作条件的，根据本人自愿，也可以选择自主就业。

**第五十四条**　对退出现役的军士，国家采取逐月领取退役金、自主就业、安排工作、退休、供养等方式妥善安置。

军士退出现役，服现役满规定年限的，采取逐月领取退役金方式予以妥善安置。

军士退出现役，服现役满十二年或者符合国家规定的其他条件的，由安置地的县级以上地方人民政府安排工作；待安排工作期间由当地人民政府按照国家有关规定发给生活补助费；根据本人自愿，也可以选择自主就业。

军士服现役满三十年或者年满五十五周岁或者符合国家规定的其他条件的，作退休安置。

因战、因公、因病致残的军士退出现役，按照国家规定的评定残疾等级采取安排工作、退休、供养等方式予以妥善安置；符合安排工作条件的，根据本人自愿，也可以选择自主就业。

军士退出现役，不符合本条第二款至第五款规定条件的，依照本法第五十三条规定的自主就业方式予以妥善安置。

**第五十五条**　对退出现役的军官，国家采取退休、转业、逐月领取退役金、复员等方式妥善安置；其安置方式的适用条件，依照有关法律法规的规定执行。

**第五十六条**　残疾军人、患慢性病的军人退出现役后，由安置地的县级以上地方人民政府按照国务院、中央军事委员会的有关规定负责接收安置；其中，患过慢性病旧病复发需要治疗的，由当地医疗机构负责给予治疗，所需医疗和生活费用，本人经济困难的，按照国家规定给予补助。

## 第十章　法律责任

**第五十七条**　有服兵役义务的公民有下列行为之一的，由县级人民政府责令限期改正；逾期不改正的，由县级人民政府强制其履行兵役义务，并处以罚款：

（一）拒绝、逃避兵役登记的；

（二）应征公民拒绝、逃避征集服现役的；

（三）预备役人员拒绝、逃避参加军事训练、担负战备勤务、执行非战争军事行动任务和征召的。

有前款第二项行为，拒不改正的，不得录用为公务员或者参照《中华人民共和国公务员法》管理的工作人员，不得招录、聘用为国有企业和事业单位工作人员，两年内不准出境或者升学复学，纳入履行国防义务严重失信主体名单实施联合惩戒。

**第五十八条**　军人以逃避服兵役为目的，拒绝履行职责或者逃离部队的，按照中央军事委员会的规定给予处分。

军人有前款行为被军队除名、开除军籍或者被依法追究刑事责任的，依照本法第五十七条第二款的规定处罚；其中，被军队除名的，并处以罚款。

明知是逃离部队的军人而招录、聘用的，由县级人民政府责令改正，并处以罚款。

**第五十九条** 机关、团体、企业事业组织拒绝完成本法规定的兵役工作任务的，阻挠公民履行兵役义务的，或者有其他妨害兵役工作行为的，由县级以上地方人民政府责令改正，并可以处以罚款；对单位负有责任的领导人员、直接负责的主管人员和其他直接责任人员，依法予以处罚。

**第六十条** 扰乱兵役工作秩序，或者阻碍兵役工作人员依法执行职务的，依照《中华人民共和国治安管理处罚法》的规定处罚。

**第六十一条** 国家工作人员和军人在兵役工作中，有下列行为之一的，依法给予处分：

（一）贪污贿赂的；

（二）滥用职权或者玩忽职守的；

（三）徇私舞弊，接送不合格兵员的；

（四）泄露或者向他人非法提供兵役个人信息的。

**第六十二条** 违反本法规定，构成犯罪的，依法追究刑事责任。

**第六十三条** 本法第五十七条、第五十八条、第五十九条规定的处罚，由县级以上地方人民政府兵役机关会同有关部门查明事实，经同级地方人民政府作出处罚决定后，由县级以上地方人民政府兵役机关、发展改革、公安、退役军人工作、卫生健康、教育、人力资源和社会保障等部门按照职责分工具体执行。

### 第十一章 附 则

**第六十四条** 本法适用于中国人民武装警察部队。

**第六十五条** 本法自 2021 年 10 月 1 日起施行。

## 中华人民共和国反间谍法

· 2014 年 11 月 1 日第十二届全国人民代表大会常务委员会第十一次会议通过

· 2014 年 11 月 1 日中华人民共和国主席令第 16 号公布 自公布之日起施行

### 第一章 总 则

**第一条** 为了防范、制止和惩治间谍行为，维护国家安全，根据宪法，制定本法。

**第二条** 反间谍工作坚持中央统一领导，坚持公开工作与秘密工作相结合、专门工作与群众路线相结合、积极防御、依法惩治的原则。

**第三条** 国家安全机关是反间谍工作的主管机关。

公安、保密行政管理等其他有关部门和军队有关部门按照职责分工，密切配合，加强协调，依法做好有关工作。

**第四条** 中华人民共和国公民有维护国家的安全、荣誉和利益的义务，不得有危害国家的安全、荣誉和利益的行为。

一切国家机关和武装力量、各政党和各社会团体及各企业事业组织，都有防范、制止间谍行为，维护国家安全的义务。

国家安全机关在反间谍工作中必须依靠人民的支持，动员、组织人民防范、制止危害国家安全的间谍行为。

**第五条** 反间谍工作应当依法进行，尊重和保障人权，保障公民和组织的合法权益。

**第六条** 境外机构、组织、个人实施或者指使、资助他人实施的，或者境内机构、组织、个人与境外机构、组织、个人相勾结实施的危害中华人民共和国国家安全的间谍行为，都必须受到法律追究。

**第七条** 国家对支持、协助反间谍工作的组织和个人给予保护，对有重大贡献的给予奖励。

### 第二章 国家安全机关在反间谍工作中的职权

**第八条** 国家安全机关在反间谍工作中依法行使侦查、拘留、预审和执行逮捕以及法律规定的其他职权。

**第九条** 国家安全机关的工作人员依法执行任务时，依照规定出示相应证件，有权查验中国公民或者境外人员的身份证明，向有关组织和人员调查、询问有关情况。

**第十条** 国家安全机关的工作人员依法执行任务时，依照规定出示相应证件，可以进入有关场所、单位；根据国家有关规定，经过批准，出示相应证件，可以进入限制进入的有关地区、场所、单位，查阅或者调取有关的档案、资料、物品。

**第十一条** 国家安全机关的工作人员在依法执行紧急任务的情况下，经出示相应证件，可以优先乘坐公共交通工具，遇交通阻碍时，优先通行。

国家安全机关因反间谍工作需要，按照国家有关规定，可以优先使用或者依法征用机关、团体、企业事业组织和个人的交通工具、通信工具、场地和建筑物，必要时，可以设置相关工作场所和设备、设施，任务完成后应当及时归还或者恢复原状，并依照规定支付相应费用；造成损失的，应当补偿。

**第十二条**　国家安全机关因侦察间谍行为的需要，根据国家有关规定，经过严格的批准手续，可以采取技术侦察措施。

**第十三条**　国家安全机关因反间谍工作需要，可以依照规定查验有关组织和个人的电子通信工具、器材等设备、设施。查验中发现存在危害国家安全情形的，国家安全机关应当责令其整改；拒绝整改或者整改后仍不符合要求的，可以予以查封、扣押。

对依照前款规定查封、扣押的设备、设施，在危害国家安全的情形消除后，国家安全机关应当及时解除查封、扣押。

**第十四条**　国家安全机关因反间谍工作需要，根据国家有关规定，可以提请海关、边防等检查机关对有关人员和资料、器材免检。有关检查机关应当予以协助。

**第十五条**　国家安全机关对用于间谍行为的工具和其他财物，以及用于资助间谍行为的资金、场所、物资，经设区的市级以上国家安全机关负责人批准，可以依法查封、扣押、冻结。

**第十六条**　国家安全机关根据反间谍工作需要，可以会同有关部门制定反间谍技术防范标准，指导有关部门落实反间谍技术防范措施，对存在隐患的部门，经过严格的批准手续，可以进行反间谍技术防范检查和检测。

**第十七条**　国家安全机关及其工作人员在工作中，应当严格依法办事，不得超越职权、滥用职权，不得侵犯组织和个人的合法权益。

国家安全机关及其工作人员依法履行反间谍工作职责获取的组织和个人的信息、材料，只能用于反间谍工作。对属于国家秘密、商业秘密和个人隐私的，应当保密。

**第十八条**　国家安全机关工作人员依法执行职务受法律保护。

## 第三章　公民和组织的义务和权利

**第十九条**　机关、团体和其他组织应当对本单位的人员进行维护国家安全的教育，动员、组织本单位的人员防范、制止间谍行为。

**第二十条**　公民和组织应当为反间谍工作提供便利或者其他协助。

因协助反间谍工作，本人或者其近亲属的人身安全面临危险的，可以向国家安全机关请求予以保护。国家安全机关应当会同有关部门依法采取保护措施。

**第二十一条**　公民和组织发现间谍行为，应当及时向国家安全机关报告；向公安机关等其他国家机关、组织报告的，相关国家机关、组织应当立即移送国家安全机关处理。

**第二十二条**　在国家安全机关调查了解有关间谍行为的情况、收集有关证据时，有关组织和个人应当如实提供，不得拒绝。

**第二十三条**　任何公民和组织都应当保守所知悉的有关反间谍工作的国家秘密。

**第二十四条**　任何个人和组织都不得非法持有属于国家秘密的文件、资料和其他物品。

**第二十五条**　任何个人和组织都不得非法持有、使用间谍活动特殊需要的专用间谍器材。专用间谍器材由国务院国家安全主管部门依照国家有关规定确认。

**第二十六条**　任何个人和组织对国家安全机关及其工作人员超越职权、滥用职权和其他违法行为，都有权向上级国家安全机关或者有关部门检举、控告。受理检举、控告的国家安全机关或者有关部门应当及时查清事实，负责处理，并将处理结果及时告知检举人、控告人。

对协助国家安全机关工作或者依法检举、控告的个人和组织，任何个人和组织不得压制和打击报复。

## 第四章　法律责任

**第二十七条**　境外机构、组织、个人实施或者指使、资助他人实施，或者境内机构、组织、个人与境外机构、组织、个人相勾结实施间谍行为，构成犯罪的，依法追究刑事责任。

实施间谍行为，有自首或者立功表现的，可以从轻、减轻或者免除处罚；有重大立功表现的，给予奖励。

**第二十八条**　在境外受胁迫或者受诱骗参加敌对组织、间谍组织，从事危害中华人民共和国国家安全的活动，及时向中华人民共和国驻外机构如实说明情况，或者入境后直接或者通过所在单位及时向国家安全机关、公安机关如实说明情况，并有悔改表现的，可以不予追究。

**第二十九条**　明知他人有间谍犯罪行为，在国家安全机关向其调查有关情况、收集有关证据时，拒绝提供的，由其所在单位或者上级主管部门予以处分，或者由国家安全机关处十五日以下行政拘留；构成犯罪的，依法追究刑事责任。

**第三十条**　以暴力、威胁方法阻碍国家安全机关依法执行任务的，依法追究刑事责任。

故意阻碍国家安全机关依法执行任务，未使用暴力、威胁方法，造成严重后果的，依法追究刑事责任；情节较轻的，由国家安全机关处十五日以下行政拘留。

**第三十一条**　泄露有关反间谍工作的国家秘密的,由国家安全机关处十五日以下行政拘留;构成犯罪的,依法追究刑事责任。

**第三十二条**　对非法持有属于国家秘密的文件、资料和其他物品的,以及非法持有、使用专用间谍器材的,国家安全机关可以依法对其人身、物品、住处和其他有关的地方进行搜查;对其非法持有的属于国家秘密的文件、资料和其他物品,以及非法持有、使用的专用间谍器材予以没收。非法持有属于国家秘密的文件、资料和其他物品,构成犯罪的,依法追究刑事责任;尚不构成犯罪的,由国家安全机关予以警告或者处十五日以下行政拘留。

**第三十三条**　隐藏、转移、变卖、损毁国家安全机关依法查封、扣押、冻结的财物的,或者明知是间谍活动的涉案财物而窝藏、转移、收购、代为销售或者以其他方法掩饰、隐瞒的,由国家安全机关追回。构成犯罪的,依法追究刑事责任。

**第三十四条**　境外人员违反本法的,可以限期离境或者驱逐出境。

**第三十五条**　当事人对行政处罚决定、行政强制措施决定不服的,可以自接到决定书之日起六十日内,向作出决定的上一级机关申请复议;对复议决定不服的,可以自接到复议决定书之日起十五日内向人民法院提起诉讼。

**第三十六条**　国家安全机关对依照本法查封、扣押、冻结的财物,应当妥善保管,并按照下列情形分别处理:

(一)涉嫌犯罪的,依照刑事诉讼法的规定处理;

(二)尚不构成犯罪,有违法事实的,对依法应当没收的予以没收,依法应当销毁的予以销毁;

(三)没有违法事实的,或者与案件无关的,应当解除查封、扣押、冻结,并及时返还相关财物;造成损失的,应当依法赔偿。

国家安全机关没收的财物,一律上缴国库。

**第三十七条**　国家安全机关工作人员滥用职权、玩忽职守、徇私舞弊,构成犯罪的,或者有非法拘禁、刑讯逼供、暴力取证、违反规定泄露国家秘密、商业秘密和个人隐私等行为,构成犯罪的,依法追究刑事责任。

### 第五章　附　则

**第三十八条**　本法所称间谍行为,是指下列行为:

(一)间谍组织及其代理人实施或者指使、资助他人实施,或者境内外机构、组织、个人与其相勾结实施的危害中华人民共和国国家安全的活动;

(二)参加间谍组织或者接受间谍组织及其代理人的任务的;

(三)间谍组织及其代理人以外的其他境外机构、组织、个人实施或者指使、资助他人实施,或者境内机构、组织、个人与其相勾结实施的窃取、刺探、收买或者非法提供国家秘密或者情报,或者策动、引诱、收买国家工作人员叛变的活动;

(四)为敌人指示攻击目标的;

(五)进行其他间谍活动的。

**第三十九条**　国家安全机关、公安机关依照法律、行政法规和国家有关规定,履行防范、制止和惩治间谍行为以外的其他危害国家安全行为的职责,适用本法的有关规定。

**第四十条**　本法自公布之日起施行。1993 年 2 月 22 日第七届全国人民代表大会常务委员会第三十次会议通过的《中华人民共和国国家安全法》同时废止。

## 中华人民共和国反间谍法实施细则

·2017 年 11 月 22 日中华人民共和国国务院令第 692 号公布

·自公布之日起施行

### 第一章　总　则

**第一条**　根据《中华人民共和国反间谍法》(以下简称《反间谍法》),制定本实施细则。

**第二条**　国家安全机关负责本细则的实施。

公安、保密行政管理等其他有关部门和军队有关部门按照职责分工,密切配合,加强协调,依法做好有关工作。

**第三条**　《反间谍法》所称"境外机构、组织"包括境外机构、组织在中华人民共和国境内设立的分支(代表)机构和分支组织;所称"境外个人"包括居住在中华人民共和国境内不具有中华人民共和国国籍的人。

**第四条**　《反间谍法》所称"间谍组织代理人",是指受间谍组织或者其成员的指使、委托、资助,进行或者授意、指使他人进行危害中华人民共和国国家安全活动的人。

间谍组织和间谍组织代理人由国务院国家安全主管部门确认。

**第五条**　《反间谍法》所称"敌对组织",是指敌视中华人民共和国人民民主专政的政权和社会主义制度,危害国家安全的组织。

敌对组织由国务院国家安全主管部门或者国务院公安部门确认。

**第六条**　《反间谍法》所称"资助"实施危害中华人民共和国国家安全的间谍行为，是指境内外机构、组织、个人的下列行为：

（一）向实施间谍行为的组织、个人提供经费、场所和物资的；

（二）向组织、个人提供用于实施间谍行为的经费、场所和物资的。

**第七条**　《反间谍法》所称"勾结"实施危害中华人民共和国国家安全的间谍行为，是指境内外组织、个人的下列行为：

（一）与境外机构、组织、个人共同策划或者进行危害国家安全的间谍活动的；

（二）接受境外机构、组织、个人的资助或者指使，进行危害国家安全的间谍活动的；

（三）与境外机构、组织、个人建立联系，取得支持、帮助，进行危害国家安全的间谍活动的。

**第八条**　下列行为属于《反间谍法》第三十九条所称"间谍行为以外的其他危害国家安全行为"：

（一）组织、策划、实施分裂国家、破坏国家统一，颠覆国家政权、推翻社会主义制度的；

（二）组织、策划、实施危害国家安全的恐怖活动的；

（三）捏造、歪曲事实，发表、散布危害国家安全的文字或者信息，或者制作、传播、出版危害国家安全的音像制品或者其他出版物的；

（四）利用设立社会团体或者企业事业组织，进行危害国家安全活动的；

（五）利用宗教进行危害国家安全活动的；

（六）组织、利用邪教进行危害国家安全活动的；

（七）制造民族纠纷，煽动民族分裂，危害国家安全的；

（八）境外个人违反有关规定，不听劝阻，擅自会见境内有危害国家安全行为或者有危害国家安全行为重大嫌疑的人员的。

## 第二章　国家安全机关在反间谍工作中的职权

**第九条**　境外个人被认为入境后可能进行危害中华人民共和国国家安全活动的，国务院国家安全主管部门可以决定其在一定时期内不得入境。

**第十条**　对背叛祖国、危害国家安全的犯罪嫌疑人，依据《反间谍法》第八条的规定，国家安全机关可以通缉、追捕。

**第十一条**　国家安全机关依法执行反间谍工作任务时，有权向有关组织和人员调查询问有关情况。

**第十二条**　国家安全机关工作人员依法执行反间谍工作任务时，对发现身份不明、有危害国家安全行为的嫌疑人员，可以检查其随带物品。

**第十三条**　国家安全机关执行反间谍工作紧急任务的车辆，可以配置特别通行标志和警灯、警报器。

**第十四条**　国家安全机关工作人员依法执行反间谍工作任务的行为，不受其他组织和个人的非法干涉。

国家安全机关工作人员依法执行反间谍工作任务时，应当出示国家安全部侦察证或者其他相应证件。

国家安全机关及其工作人员在工作中，应当严格依法办事，不得超越职权、滥用职权，不得侵犯组织和个人的合法权益。

## 第三章　公民和组织维护国家安全的义务和权利

**第十五条**　机关、团体和其他组织对本单位的人员进行维护国家安全的教育，动员、组织本单位的人员防范、制止间谍行为的工作，应当接受国家安全机关的协调和指导。

机关、团体和其他组织不履行《反间谍法》和本细则规定的安全防范义务，未按照要求整改或者未达到整改要求的，国家安全机关可以约谈相关负责人，将约谈情况通报该单位上级主管部门，推动落实防范间谍行为和其他危害国家安全行为的责任。

**第十六条**　下列情形属于《反间谍法》第七条所称"重大贡献"：

（一）为国家安全机关提供重要线索，发现、破获严重危害国家安全的犯罪案件的；

（二）为国家安全机关提供重要情况，防范、制止严重危害国家安全的行为发生的；

（三）密切配合国家安全机关执行国家安全工作任务，表现突出的；

（四）为维护国家安全，与危害国家安全的犯罪分子进行斗争，表现突出的；

（五）在教育、动员、组织本单位的人员防范、制止危害国家安全行为的工作中，成绩显著的。

**第十七条**　《反间谍法》第二十四条所称"非法持有属于国家秘密的文件、资料和其他物品"是指：

（一）不应知悉某项国家秘密的人员携带、存放属于该项国家秘密的文件、资料和其他物品的；

（二）可以知悉某项国家秘密的人员，未经办理手续，私自携带、留存属于该项国家秘密的文件、资料和其他物品的。

**第十八条**　《反间谍法》第二十五条所称"专用间谍

器材”，是指进行间谍活动特殊需要的下列器材：

（一）暗藏式窃听、窃照器材；

（二）突发式收发报机、一次性密码本、密写工具；

（三）用于获取情报的电子监听、截收器材；

（四）其他专用间谍器材。

专用间谍器材的确认，由国务院国家安全主管部门负责。

## 第四章 法律责任

**第十九条** 实施危害国家安全的行为，由有关部门依法予以处分，国家安全机关也可以予以警告；构成犯罪的，依法追究刑事责任。

**第二十条** 下列情形属于《反间谍法》第二十七条所称“立功表现”：

（一）揭发、检举危害国家安全的其他犯罪分子，情况属实的；

（二）提供重要线索、证据，使危害国家安全的行为得以发现和制止的；

（三）协助国家安全机关、司法机关捕获其他危害国家安全的犯罪分子的；

（四）对协助国家安全机关维护国家安全有重要作用的其他行为。

“重大立功表现”，是指在前款所列立功表现的范围内对国家安全工作有特别重要作用的。

**第二十一条** 有证据证明知道他人有间谍行为，或者经国家安全机关明确告知他人有危害国家安全的犯罪行为，在国家安全机关向其调查有关情况、收集有关证据时，拒绝提供的，依照《反间谍法》第二十九条的规定处理。

**第二十二条** 国家安全机关依法执行反间谍工作任务时，公民和组织依法有义务提供便利条件或者其他协助，拒不提供或者拒不协助，构成故意阻碍国家安全机关依法执行反间谍工作任务的，依照《反间谍法》第三十条的规定处罚。

**第二十三条** 故意阻碍国家安全机关依法执行反间谍工作任务，造成国家安全机关工作人员人身伤害或者财物损失的，应当依法承担赔偿责任，并由司法机关或者国家安全机关依照《反间谍法》第三十条的规定予以处罚。

**第二十四条** 对涉嫌间谍行为的人员，国家安全机关可以决定其在一定期限内不得出境。对违反《反间谍法》的境外个人，国务院国家安全主管部门可以决定限期离境或者驱逐出境，并决定其不得入境的期限。被驱逐出境的境外个人，自被驱逐出境之日起10年内不得入境。

## 第五章 附 则

**第二十五条** 国家安全机关、公安机关依照法律、行政法规和国家有关规定，履行防范、制止和惩治间谍行为以外的其他危害国家安全行为的职责，适用本细则的有关规定。

**第二十六条** 本细则自公布之日起施行。1994年6月4日国务院发布的《中华人民共和国国家安全法实施细则》同时废止。

# 反间谍安全防范工作规定

· 2021年4月26日中华人民共和国国家安全部令2021年第1号公布
· 自公布之日起施行

## 第一章 总 则

**第一条** 为了加强和规范反间谍安全防范工作，督促机关、团体、企业事业组织和其他社会组织落实反间谍安全防范责任，根据《中华人民共和国国家安全法》、《中华人民共和国反间谍法》、《中华人民共和国反间谍法实施细则》等有关法律法规，制定本规定。

**第二条** 机关、团体、企业事业组织和其他社会组织在国家安全机关的协调和指导下开展反间谍安全防范工作，适用本规定。

**第三条** 开展反间谍安全防范工作，应当坚持中央统一领导，坚持总体国家安全观，坚持专门工作与群众路线相结合，坚持人防物防技防相结合，严格遵守法定权限和程序，尊重和保障人权，保护公民、组织的合法权益。

**第四条** 机关、团体、企业事业组织和其他社会组织承担本单位反间谍安全防范工作的主体责任，应当对本单位的人员进行维护国家安全的教育，动员、组织本单位的人员防范、制止间谍行为和其他危害国家安全的行为。

行业主管部门在其职权范围内，监督管理本行业反间谍安全防范工作。

**第五条** 各级国家安全机关按照管理权限，依法对机关、团体、企业事业组织和其他社会组织开展反间谍安全防范工作进行业务指导和督促检查。

**第六条** 国家安全机关及其工作人员对履行反间谍安全防范指导和检查工作职责中知悉的国家秘密、工作秘密、商业秘密、个人隐私和个人信息，应当严格保密，不得泄露或者向他人非法提供。

## 第二章　反间谍安全防范责任

**第七条**　行业主管部门应当履行下列反间谍安全防范监督管理责任：

（一）根据主管行业特点，明确本行业反间谍安全防范工作要求；

（二）配合国家安全机关制定主管行业反间谍安全防范重点单位名录、开展反间谍安全防范工作；

（三）指导、督促主管行业所属重点单位履行反间谍安全防范义务；

（四）其他应当履行的反间谍安全防范行业管理责任。

有关行业主管部门应当与国家安全机关建立健全反间谍安全防范协作机制，加强信息互通、情况会商、协同指导、联合督查，共同做好反间谍安全防范工作。

**第八条**　机关、团体、企业事业组织和其他社会组织应当落实反间谍安全防范主体责任，履行下列义务：

（一）开展反间谍安全防范教育、培训，提高本单位人员的安全防范意识和应对能力；

（二）加强本单位反间谍安全防范管理，落实有关安全防范措施；

（三）及时向国家安全机关报告涉及间谍行为和其他危害国家安全行为的可疑情况；

（四）为国家安全机关依法执行任务提供便利或者其他协助；

（五）妥善应对和处置涉及本单位和本单位人员的反间谍安全防范突发情况；

（六）其他应当履行的反间谍安全防范义务。

**第九条**　国家安全机关根据单位性质、所属行业、涉密等级、涉外程度以及是否发生过危害国家安全案事件等因素，会同有关部门制定并定期调整反间谍安全防范重点单位名录，以书面形式告知重点单位。反间谍安全防范重点单位除履行本规定第八条规定的义务外，还应当履行下列义务：

（一）建立健全反间谍安全防范工作制度；

（二）明确本单位相关机构和人员承担反间谍安全防范职责；

（三）加强对涉密事项、场所、载体、数据、岗位和人员的日常安全防范管理，对涉密人员实行上岗前反间谍安全防范审查，与涉密人员签订安全防范承诺书；

（四）组织涉密、涉外人员向本单位报告涉及国家安全事项，并做好数据信息动态管理；

（五）做好涉外交流合作中的反间谍安全防范工作，制定并落实有关预案措施；

（六）做好本单位出国（境）团组、人员和长期驻外人员的反间谍安全防范行前教育、境外管理和回国（境）访谈工作；

（七）定期对涉密、涉外人员开展反间谍安全防范教育、培训；

（八）按照反间谍技术安全防范标准，配备必要的设备、设施，落实有关技术安全防范措施；

（九）定期对本单位反间谍安全防范工作进行自查，及时发现和消除安全隐患。

**第十条**　关键信息基础设施运营者除履行本规定第八条规定的义务外，还应当履行下列义务：

（一）对本单位安全管理机构负责人和关键岗位人员进行反间谍安全防范审查；

（二）定期对从业人员进行反间谍安全防范教育、培训；

（三）采取反间谍技术安全防范措施，防范、制止境外网络攻击、网络入侵、网络窃密等间谍行为，保障网络和信息核心技术、关键基础设施和重要领域信息系统及数据的安全。

列入反间谍安全防范重点单位名录的关键信息基础设施运营者，还应当履行本规定第九条规定的义务。

## 第三章　反间谍安全防范指导

**第十一条**　国家安全机关可以通过下列方式，对机关、团体、企业事业组织和其他社会组织落实反间谍安全防范责任进行指导：

（一）提供工作手册、指南等宣传教育材料；

（二）印发书面指导意见；

（三）举办工作培训；

（四）召开工作会议；

（五）提醒、劝告；

（六）其他指导方式。

**第十二条**　国家安全机关定期分析反间谍安全防范形势，开展风险评估，通报有关单位，向有关单位提出加强和改进反间谍安全防范工作的意见和建议。

**第十三条**　国家安全机关运用网络、媒体平台、国家安全教育基地（馆）等，开展反间谍安全防范宣传教育。

**第十四条**　国家安全机关会同教育主管部门，指导学校向全体师生开展反间谍安全防范教育，对参加出国（境）学习、交流的师生加强反间谍安全防范行前教育和回国（境）访谈。

**第十五条**　国家安全机关会同科技主管部门，指导各类科研机构向科研人员开展反间谍安全防范教育，对参加出国（境）学习、交流的科研人员加强反间谍安全防范行前教育和回国（境）访谈。

**第十六条**　国家安全机关会同有关部门，组织、动员居（村）民委员会结合本地实际配合开展群众性反间谍安全防范宣传教育。

**第十七条**　国家安全机关会同宣传主管部门，协调和指导广播、电视、报刊、互联网等媒体开展反间谍安全防范宣传活动，制作、刊登、播放反间谍安全防范公益广告、典型案例、宣传教育节目或者其他宣传品，提高公众反间谍安全防范意识。

**第十八条**　公民、组织可以通过国家安全机关12339举报受理电话、网络举报受理平台或者国家安全机关公布的其他举报方式，举报间谍行为和其他危害国家安全的行为，以及各类反间谍安全防范问题线索。

**第十九条**　国家安全机关应当严格为举报人保密，保护举报人的人身财产安全。未经举报人同意，不得以任何方式公开或者泄露其个人信息。

公民因举报间谍行为或者其他危害国家安全行为，本人或者其近亲属的人身安全面临危险的，可以向国家安全机关请求予以保护。国家安全机关应当会同有关部门依法采取保护措施。

**第二十条**　对反间谍安全防范工作中取得显著成绩或者做出重大贡献的单位和个人，符合下列条件之一的，国家安全机关可以按照国家有关规定，会同有关部门、单位给予表彰、奖励：

（一）提供重要情况或者线索，为国家安全机关发现、破获间谍案件或者其他危害国家安全案件，或者为有关单位防范、消除涉及国家安全的重大风险隐患或者现实危害发挥重要作用的；

（二）密切配合国家安全机关执行任务，表现突出的；

（三）防范、制止间谍行为或者其他危害国家安全行为，表现突出的；

（四）主动采取措施，及时消除本单位涉及国家安全的重大风险隐患或者现实危害，挽回重大损失的；

（五）在反间谍安全防范工作中，有重大创新或者成效特别显著的；

（六）在反间谍安全防范工作中做出其他重大贡献的。

## 第四章　反间谍安全防范检查

**第二十一条**　国家安全机关对有下列情形之一的，经设区的市级以上国家安全机关负责人批准，并出具法律文书，可以对机关、团体、企业事业组织和其他社会组织开展反间谍安全防范检查：

（一）发现反间谍安全防范风险隐患；

（二）接到反间谍安全防范问题线索举报；

（三）依据有关单位的申请；

（四）因其他反间谍安全防范工作需要。

**第二十二条**　国家安全机关可以通过下列方式对机关、团体、企业事业组织和其他社会组织的反间谍安全防范工作进行检查：

（一）向有关单位和人员了解情况；

（二）调阅有关资料；

（三）听取有关工作说明；

（四）进入有关单位、场所实地查看；

（五）查验电子通信工具、器材等设备、设施；

（六）反间谍技术防范检查和检测；

（七）其他法律、法规、规章授权的检查方式。

**第二十三条**　经设区的市级以上国家安全机关负责人批准，国家安全机关可以对存在风险隐患的机关、团体、企业事业组织和其他社会组织的相关部位、场所和建筑物、内部设备设施、强弱电系统、计算机网络及信息系统、关键信息基础设施等开展反间谍技术防范检查检测，防范、发现和处置危害国家安全的情况。

**第二十四条**　国家安全机关可以采取下列方式开展反间谍技术防范检查检测：

（一）进入有关单位、场所，进行现场技术检查；

（二）使用专用设备，对有关部位、场所、链路、网络进行技术检测；

（三）对有关设备设施、网络、系统进行远程技术检测。

**第二十五条**　国家安全机关开展反间谍技术防范现场检查检测时，检查人员不得少于两人，并应当出示相应证件。

国家安全机关开展远程技术检测，应当事先告知被检测对象检测时间、检测范围等事项。

检查检测人员应当制作检查检测记录，如实记录检查检测情况。

**第二十六条**　国家安全机关在开展反间谍技术防范检查检测中，为防止危害发生或者扩大，可以依法责令被检查对象采取技术屏蔽、隔离、拆除或者停止使用相关设备设施、网络、系统等整改措施，指导和督促有关措施的落实，并在检查检测记录中注明。

**第二十七条**　国家安全机关可以根据反间谍安全防范检查情况，向被检查单位提出加强和改进反间谍安全防范工作的意见和建议，督促有关单位落实反间谍安全防范责任和义务。

## 第五章　法律责任

**第二十八条**　机关、团体、企业事业组织和其他社会组织违反本规定，有下列情形之一的，国家安全机关可以依法责令限期整改；被责令整改单位应当于整改期限届满前向国家安全机关提交整改报告，国家安全机关应当自收到整改报告之日起十五个工作日内对整改情况进行检查：

（一）不认真履行反间谍安全防范责任和义务，安全防范工作措施不落实或者落实不到位，存在明显问题隐患的；

（二）不接受国家安全机关反间谍安全防范指导和检查的；

（三）发生间谍案件，叛逃案件，为境外窃取、刺探、收买、非法提供国家秘密、情报案件，以及其他危害国家安全案事件的；

（四）发现涉及间谍行为和其他危害国家安全行为的可疑情况，迟报、漏报、瞒报，造成不良后果或者影响的；

（五）不配合或者阻碍国家安全机关依法执行任务的。

对未按照要求整改或者未达到整改要求的，国家安全机关可以依法约谈相关负责人，并将约谈情况通报该单位上级主管部门。

**第二十九条**　机关、团体、企业事业组织和其他社会组织及其工作人员未履行或者未按照规定履行反间谍安全防范责任和义务，造成不良后果或者影响的，国家安全机关可以向有关机关、单位移送问题线索，建议有关机关、单位按照管理权限对负有责任的领导人员和直接责任人员依规依纪依法予以处理；构成犯罪的，依法追究刑事责任。

**第三十条**　国家安全机关及其工作人员在反间谍安全防范指导和检查工作中，滥用职权、玩忽职守、徇私舞弊的，对负有责任的领导人员和直接责任人员依规依纪依法予以处理；构成犯罪的，依法追究刑事责任。

## 第六章　附　则

**第三十一条**　本规定自公布之日起施行。

# 中华人民共和国国家安全法

· 2015 年 7 月 1 日第十二届全国人民代表大会常务委员会第十五次会议通过
· 2015 年 7 月 1 日中华人民共和国主席令第 29 号公布
· 自公布之日起施行

## 目　录

第一章　总　则
第二章　维护国家安全的任务
第三章　维护国家安全的职责
第四章　国家安全制度
　第一节　一般规定
　第二节　情报信息
　第三节　风险预防、评估和预警
　第四节　审查监管
　第五节　危机管控
第五章　国家安全保障
第六章　公民、组织的义务和权利
第七章　附　则

## 第一章　总　则

**第一条**　为了维护国家安全，保卫人民民主专政的政权和中国特色社会主义制度，保护人民的根本利益，保障改革开放和社会主义现代化建设的顺利进行，实现中华民族伟大复兴，根据宪法，制定本法。

**第二条**　国家安全是指国家政权、主权、统一和领土完整、人民福祉、经济社会可持续发展和国家其他重大利益相对处于没有危险和不受内外威胁的状态，以及保障持续安全状态的能力。

**第三条**　国家安全工作应当坚持总体国家安全观，以人民安全为宗旨，以政治安全为根本，以经济安全为基础，以军事、文化、社会安全为保障，以促进国际安全为依托，维护各领域国家安全，构建国家安全体系，走中国特色国家安全道路。

**第四条**　坚持中国共产党对国家安全工作的领导，建立集中统一、高效权威的国家安全领导体制。

**第五条**　中央国家安全领导机构负责国家安全工作的决策和议事协调，研究制定、指导实施国家安全战略和有关重大方针政策，统筹协调国家安全重大事项和重要工作，推动国家安全法治建设。

**第六条**　国家制定并不断完善国家安全战略，全面评估国际、国内安全形势，明确国家安全战略的指导方针、中长期目标、重点领域的国家安全政策、工作任务和措施。

**第七条** 维护国家安全，应当遵守宪法和法律，坚持社会主义法治原则，尊重和保障人权，依法保护公民的权利和自由。

**第八条** 维护国家安全，应当与经济社会发展相协调。

国家安全工作应当统筹内部安全和外部安全、国土安全和国民安全、传统安全和非传统安全、自身安全和共同安全。

**第九条** 维护国家安全，应当坚持预防为主、标本兼治，专门工作与群众路线相结合，充分发挥专门机关和其他有关机关维护国家安全的职能作用，广泛动员公民和组织，防范、制止和依法惩治危害国家安全的行为。

**第十条** 维护国家安全，应当坚持互信、互利、平等、协作，积极同外国政府和国际组织开展安全交流合作，履行国际安全义务，促进共同安全，维护世界和平。

**第十一条** 中华人民共和国公民、一切国家机关和武装力量、各政党和各人民团体、企业事业组织和其他社会组织，都有维护国家安全的责任和义务。

中国的主权和领土完整不容侵犯和分割。维护国家主权、统一和领土完整是包括港澳同胞和台湾同胞在内的全中国人民的共同义务。

**第十二条** 国家对在维护国家安全工作中作出突出贡献的个人和组织给予表彰和奖励。

**第十三条** 国家机关工作人员在国家安全工作和涉及国家安全活动中，滥用职权、玩忽职守、徇私舞弊的，依法追究法律责任。

任何个人和组织违反本法和有关法律，不履行维护国家安全义务或者从事危害国家安全活动的，依法追究法律责任。

**第十四条** 每年4月15日为全民国家安全教育日。

## 第二章 维护国家安全的任务

**第十五条** 国家坚持中国共产党的领导，维护中国特色社会主义制度，发展社会主义民主政治，健全社会主义法治，强化权力运行制约和监督机制，保障人民当家作主的各项权利。

国家防范、制止和依法惩治任何叛国、分裂国家、煽动叛乱、颠覆或者煽动颠覆人民民主专政政权的行为；防范、制止和依法惩治窃取、泄露国家秘密等危害国家安全的行为；防范、制止和依法惩治境外势力的渗透、破坏、颠覆、分裂活动。

**第十六条** 国家维护和发展最广大人民的根本利益，保卫人民安全，创造良好生存发展条件和安定工作生活环境，保障公民的生命财产安全和其他合法权益。

**第十七条** 国家加强边防、海防和空防建设，采取一切必要的防卫和管控措施，保卫领陆、内水、领海和领空安全，维护国家领土主权和海洋权益。

**第十八条** 国家加强武装力量革命化、现代化、正规化建设，建设与保卫国家安全和发展利益需要相适应的武装力量；实施积极防御军事战略方针，防备和抵御侵略，制止武装颠覆和分裂；开展国际军事安全合作，实施联合国维和、国际救援、海上护航和维护国家海外利益的军事行动，维护国家主权、安全、领土完整、发展利益和世界和平。

**第十九条** 国家维护国家基本经济制度和社会主义市场经济秩序，健全预防和化解经济安全风险的制度机制，保障关系国民经济命脉的重要行业和关键领域、重点产业、重大基础设施和重大建设项目以及其他重大经济利益安全。

**第二十条** 国家健全金融宏观审慎管理和金融风险防范、处置机制，加强金融基础设施和基础能力建设，防范和化解系统性、区域性金融风险，防范和抵御外部金融风险的冲击。

**第二十一条** 国家合理利用和保护资源能源，有效管控战略资源能源的开发，加强战略资源能源储备，完善资源能源运输战略通道建设和安全保护措施，加强国际资源能源合作，全面提升应急保障能力，保障经济社会发展所需的资源能源持续、可靠和有效供给。

**第二十二条** 国家健全粮食安全保障体系，保护和提高粮食综合生产能力，完善粮食储备制度、流通体系和市场调控机制，健全粮食安全预警制度，保障粮食供给和质量安全。

**第二十三条** 国家坚持社会主义先进文化前进方向，继承和弘扬中华民族优秀传统文化，培育和践行社会主义核心价值观，防范和抵制不良文化的影响，掌握意识形态领域主导权，增强文化整体实力和竞争力。

**第二十四条** 国家加强自主创新能力建设，加快发展自主可控的战略高新技术和重要领域核心关键技术，加强知识产权的运用、保护和科技保密能力建设，保障重大技术和工程的安全。

**第二十五条** 国家建设网络与信息安全保障体系，提升网络与信息安全保护能力，加强网络和信息技术的创新研究和开发应用，实现网络和信息核心技术、关键基础设施和重要领域信息系统及数据的安全可控；加强网络管理,防范、制止和依法惩治网络攻击、网络入侵、网络窃密、散布违法有害信息等网络违法犯罪行为,维护国家网络空间主权、安全和发展利益。

**第二十六条** 国家坚持和完善民族区域自治制度,巩固和发展平等团结互助和谐的社会主义民族关系。坚持各民族一律平等,加强民族交往、交流、交融,防范、制止和依法惩治民族分裂活动,维护国家统一、民族团结和社会和谐,实现各民族共同团结奋斗、共同繁荣发展。

**第二十七条** 国家依法保护公民宗教信仰自由和正常宗教活动,坚持宗教独立自主自办的原则,防范、制止和依法惩治利用宗教名义进行危害国家安全的违法犯罪活动,反对境外势力干涉境内宗教事务,维护正常宗教活动秩序。

国家依法取缔邪教组织,防范、制止和依法惩治邪教违法犯罪活动。

**第二十八条** 国家反对一切形式的恐怖主义和极端主义,加强防范和处置恐怖主义的能力建设,依法开展情报、调查、防范、处置以及资金监管等工作,依法取缔恐怖活动组织和严厉惩治暴力恐怖活动。

**第二十九条** 国家健全有效预防和化解社会矛盾的体制机制,健全公共安全体系,积极预防、减少和化解社会矛盾,妥善处置公共卫生、社会安全等影响国家安全和社会稳定的突发事件,促进社会和谐,维护公共安全和社会安定。

**第三十条** 国家完善生态环境保护制度体系,加大生态建设和环境保护力度,划定生态保护红线,强化生态风险的预警和防控,妥善处置突发环境事件,保障人民赖以生存发展的大气、水、土壤等自然环境和条件不受威胁和破坏,促进人与自然和谐发展。

**第三十一条** 国家坚持和平利用核能和核技术,加强国际合作,防止核扩散,完善防扩散机制,加强对核设施、核材料、核活动和核废料处置的安全管理、监管和保护,加强核事故应急体系和应急能力建设,防止、控制和消除核事故对公民生命健康和生态环境的危害,不断增强有效应对和防范核威胁、核攻击的能力。

**第三十二条** 国家坚持和平探索和利用外层空间、国际海底区域和极地,增强安全进出、科学考察、开发利用的能力,加强国际合作,维护我国在外层空间、国际海底区域和极地的活动、资产和其他利益的安全。

**第三十三条** 国家依法采取必要措施,保护海外中国公民、组织和机构的安全和正当权益,保护国家的海外利益不受威胁和侵害。

**第三十四条** 国家根据经济社会发展和国家发展利益的需要,不断完善维护国家安全的任务。

## 第三章 维护国家安全的职责

**第三十五条** 全国人民代表大会依照宪法规定,决定战争和和平的问题,行使宪法规定的涉及国家安全的其他职权。

全国人民代表大会常务委员会依照宪法规定,决定战争状态的宣布,决定全国总动员或者局部动员,决定全国或者个别省、自治区、直辖市进入紧急状态,行使宪法规定的和全国人民代表大会授予的涉及国家安全的其他职权。

**第三十六条** 中华人民共和国主席根据全国人民代表大会的决定和全国人民代表大会常务委员会的决定,宣布进入紧急状态,宣布战争状态,发布动员令,行使宪法规定的涉及国家安全的其他职权。

**第三十七条** 国务院根据宪法和法律,制定涉及国家安全的行政法规,规定有关行政措施,发布有关决定和命令;实施国家安全法律法规和政策;依照法律规定决定省、自治区、直辖市的范围内部分地区进入紧急状态;行使宪法法律规定的和全国人民代表大会及其常务委员会授予的涉及国家安全的其他职权。

**第三十八条** 中央军事委员会领导全国武装力量,决定军事战略和武装力量的作战方针,统一指挥维护国家安全的军事行动,制定涉及国家安全的军事法规,发布有关决定和命令。

**第三十九条** 中央国家机关各部门按照职责分工,贯彻执行国家安全方针政策和法律法规,管理指导本系统、本领域国家安全工作。

**第四十条** 地方各级人民代表大会和县级以上地方各级人民代表大会常务委员会在本行政区域内,保证国家安全法律法规的遵守和执行。

地方各级人民政府依照法律法规规定管理本行政区域内的国家安全工作。

香港特别行政区、澳门特别行政区应当履行维护国家安全的责任。

**第四十一条** 人民法院依照法律规定行使审判权,人民检察院依照法律规定行使检察权,惩治危害国家安全的犯罪。

**第四十二条** 国家安全机关、公安机关依法搜集涉及国家安全的情报信息,在国家安全工作中依法行使侦查、拘留、预审和执行逮捕以及法律规定的其他职权。

有关军事机关在国家安全工作中依法行使相关职权。

**第四十三条** 国家机关及其工作人员在履行职责时，应当贯彻维护国家安全的原则。

国家机关及其工作人员在国家安全工作和涉及国家安全活动中，应当严格依法履行职责，不得超越职权、滥用职权，不得侵犯个人和组织的合法权益。

## 第四章 国家安全制度

### 第一节 一般规定

**第四十四条** 中央国家安全领导机构实行统分结合、协调高效的国家安全制度与工作机制。

**第四十五条** 国家建立国家安全重点领域工作协调机制，统筹协调中央有关职能部门推进相关工作。

**第四十六条** 国家建立国家安全工作督促检查和责任追究机制，确保国家安全战略和重大部署贯彻落实。

**第四十七条** 各部门、各地区应当采取有效措施，贯彻实施国家安全战略。

**第四十八条** 国家根据维护国家安全工作需要，建立跨部门会商工作机制，就维护国家安全工作的重大事项进行会商研判，提出意见和建议。

**第四十九条** 国家建立中央与地方之间、部门之间、军地之间以及地区之间关于国家安全的协同联动机制。

**第五十条** 国家建立国家安全决策咨询机制，组织专家和有关方面开展对国家安全形势的分析研判，推进国家安全的科学决策。

### 第二节 情报信息

**第五十一条** 国家健全统一归口、反应灵敏、准确高效、运转顺畅的情报信息收集、研判和使用制度，建立情报信息工作协调机制，实现情报信息的及时收集、准确研判、有效使用和共享。

**第五十二条** 国家安全机关、公安机关、有关军事机关根据职责分工，依法搜集涉及国家安全的情报信息。

国家机关各部门在履行职责过程中，对于获取的涉及国家安全的有关信息应当及时上报。

**第五十三条** 开展情报信息工作，应当充分运用现代科学技术手段，加强对情报信息的鉴别、筛选、综合和研判分析。

**第五十四条** 情报信息的报送应当及时、准确、客观，不得迟报、漏报、瞒报和谎报。

### 第三节 风险预防、评估和预警

**第五十五条** 国家制定完善应对各领域国家安全风险预案。

**第五十六条** 国家建立国家安全风险评估机制，定期开展各领域国家安全风险调查评估。

有关部门应当定期向中央国家安全领导机构提交国家安全风险评估报告。

**第五十七条** 国家健全国家安全风险监测预警制度，根据国家安全风险程度，及时发布相应风险预警。

**第五十八条** 对可能即将发生或者已经发生的危害国家安全的事件，县级以上地方人民政府及其有关主管部门应当立即按照规定向上一级人民政府及其有关主管部门报告，必要时可以越级上报。

### 第四节 审查监管

**第五十九条** 国家建立国家安全审查和监管的制度和机制，对影响或者可能影响国家安全的外商投资、特定物项和关键技术、网络信息技术产品和服务、涉及国家安全事项的建设项目，以及其他重大事项和活动，进行国家安全审查，有效预防和化解国家安全风险。

**第六十条** 中央国家机关各部门依照法律、行政法规行使国家安全审查职责，依法作出国家安全审查决定或者提出安全审查意见并监督执行。

**第六十一条** 省、自治区、直辖市依法负责本行政区域内有关国家安全审查和监管工作。

### 第五节 危机管控

**第六十二条** 国家建立统一领导、协同联动、有序高效的国家安全危机管控制度。

**第六十三条** 发生危及国家安全的重大事件，中央有关部门和有关地方根据中央国家安全领导机构的统一部署，依法启动应急预案，采取管控处置措施。

**第六十四条** 发生危及国家安全的特别重大事件，需要进入紧急状态、战争状态或者进行全国总动员、局部动员的，由全国人民代表大会、全国人民代表大会常务委员会或者国务院依照宪法和有关法律规定的权限和程序决定。

**第六十五条** 国家决定进入紧急状态、战争状态或者实施国防动员后，履行国家安全危机管控职责的有关机关依照法律规定或者全国人民代表大会常务委员会规定，有权采取限制公民和组织权利、增加公民和组织义务的特别措施。

**第六十六条** 履行国家安全危机管控职责的有关机关依法采取处置国家安全危机的管控措施，应当与国家安全危机可能造成的危害的性质、程度和范围相适应；有多种措施可供选择的，应当选择有利于最大程度保护公民、组织权益的措施。

**第六十七条**　国家健全国家安全危机的信息报告和发布机制。

国家安全危机事件发生后，履行国家安全危机管控职责的有关机关，应当按照规定准确、及时报告，并依法将有关国家安全危机事件发生、发展、管控处置及善后情况统一向社会发布。

**第六十八条**　国家安全威胁和危害得到控制或者消除后，应当及时解除管控处置措施，做好善后工作。

## 第五章　国家安全保障

**第六十九条**　国家健全国家安全保障体系，增强维护国家安全的能力。

**第七十条**　国家健全国家安全法律制度体系，推动国家安全法治建设。

**第七十一条**　国家加大对国家安全各项建设的投入，保障国家安全工作所需经费和装备。

**第七十二条**　承担国家安全战略物资储备任务的单位，应当按照国家有关规定和标准对国家安全物资进行收储、保管和维护，定期调整更换，保证储备物资的使用效能和安全。

**第七十三条**　鼓励国家安全领域科技创新，发挥科技在维护国家安全中的作用。

**第七十四条**　国家采取必要措施，招录、培养和管理国家安全工作专门人才和特殊人才。

根据维护国家安全工作的需要，国家依法保护有关机关专门从事国家安全工作人员的身份和合法权益，加大人身保护和安置保障力度。

**第七十五条**　国家安全机关、公安机关、有关军事机关开展国家安全专门工作，可以依法采取必要手段和方式，有关部门和地方应当在职责范围内提供支持和配合。

**第七十六条**　国家加强国家安全新闻宣传和舆论引导，通过多种形式开展国家安全宣传教育活动，将国家安全教育纳入国民教育体系和公务员教育培训体系，增强全民国家安全意识。

## 第六章　公民、组织的义务和权利

**第七十七条**　公民和组织应当履行下列维护国家安全的义务：

（一）遵守宪法、法律法规关于国家安全的有关规定；

（二）及时报告危害国家安全活动的线索；

（三）如实提供所知悉的涉及危害国家安全活动的证据；

（四）为国家安全工作提供便利条件或者其他协助；

（五）向国家安全机关、公安机关和有关军事机关提供必要的支持和协助；

（六）保守所知悉的国家秘密；

（七）法律、行政法规规定的其他义务。

任何个人和组织不得有危害国家安全的行为，不得向危害国家安全的个人或者组织提供任何资助或者协助。

**第七十八条**　机关、人民团体、企业事业组织和其他社会组织应当对本单位的人员进行维护国家安全的教育，动员、组织本单位的人员防范、制止危害国家安全的行为。

**第七十九条**　企业事业组织根据国家安全工作的要求，应当配合有关部门采取相关安全措施。

**第八十条**　公民和组织支持、协助国家安全工作的行为受法律保护。

因支持、协助国家安全工作，本人或者其近亲属的人身安全面临危险的，可以向公安机关、国家安全机关请求予以保护。公安机关、国家安全机关应当会同有关部门依法采取保护措施。

**第八十一条**　公民和组织因支持、协助国家安全工作导致财产损失的，按照国家有关规定给予补偿；造成人身伤害或者死亡的，按照国家有关规定给予抚恤优待。

**第八十二条**　公民和组织对国家安全工作有向国家机关提出批评建议的权利，对国家机关及其工作人员在国家安全工作中的违法失职行为有提出申诉、控告和检举的权利。

**第八十三条**　在国家安全工作中，需要采取限制公民权利和自由的特别措施时，应当依法进行，并以维护国家安全的实际需要为限度。

## 第七章　附　则

**第八十四条**　本法自公布之日起施行。

# 中华人民共和国反恐怖主义法

· 2015 年 12 月 27 日第十二届全国人民代表大会常务委员会第十八次会议通过

· 根据 2018 年 4 月 27 日第十三届全国人民代表大会常务委员会第二次会议《关于修改〈中华人民共和国国境卫生检疫法〉等六部法律的决定》修正

## 目　录

第一章　总　则

第二章　恐怖活动组织和人员的认定

第三章 安全防范
第四章 情报信息
第五章 调 查
第六章 应对处置
第七章 国际合作
第八章 保障措施
第九章 法律责任
第十章 附 则

## 第一章 总 则

**第一条** 为了防范和惩治恐怖活动，加强反恐怖主义工作，维护国家安全、公共安全和人民生命财产安全，根据宪法，制定本法。

**第二条** 国家反对一切形式的恐怖主义，依法取缔恐怖活动组织，对任何组织、策划、准备实施、实施恐怖活动，宣扬恐怖主义，煽动实施恐怖活动，组织、领导、参加恐怖活动组织，为恐怖活动提供帮助的，依法追究法律责任。

国家不向任何恐怖活动组织和人员作出妥协，不向任何恐怖活动人员提供庇护或者给予难民地位。

**第三条** 本法所称恐怖主义，是指通过暴力、破坏、恐吓等手段，制造社会恐慌、危害公共安全、侵犯人身财产，或者胁迫国家机关、国际组织，以实现其政治、意识形态等目的的主张和行为。

本法所称恐怖活动，是指恐怖主义性质的下列行为：

（一）组织、策划、准备实施、实施造成或者意图造成人员伤亡、重大财产损失、公共设施损坏、社会秩序混乱等严重社会危害的活动的；

（二）宣扬恐怖主义，煽动实施恐怖活动，或者非法持有宣扬恐怖主义的物品，强制他人在公共场所穿戴宣扬恐怖主义的服饰、标志的；

（三）组织、领导、参加恐怖活动组织的；

（四）为恐怖活动组织、恐怖活动人员、实施恐怖活动或者恐怖活动培训提供信息、资金、物资、劳务、技术、场所等支持、协助、便利的；

（五）其他恐怖活动。

本法所称恐怖活动组织，是指三人以上为实施恐怖活动而组成的犯罪组织。

本法所称恐怖活动人员，是指实施恐怖活动的人和恐怖活动组织的成员。

本法所称恐怖事件，是指正在发生或者已经发生的造成或者可能造成重大社会危害的恐怖活动。

**第四条** 国家将反恐怖主义纳入国家安全战略，综合施策，标本兼治，加强反恐怖主义的能力建设，运用政治、经济、法律、文化、教育、外交、军事等手段，开展反恐怖主义工作。

国家反对一切形式的以歪曲宗教教义或者其他方法煽动仇恨、煽动歧视、鼓吹暴力等极端主义，消除恐怖主义的思想基础。

**第五条** 反恐怖主义工作坚持专门工作与群众路线相结合，防范为主、惩防结合和先发制敌、保持主动的原则。

**第六条** 反恐怖主义工作应当依法进行，尊重和保障人权，维护公民和组织的合法权益。

在反恐怖主义工作中，应当尊重公民的宗教信仰自由和民族风俗习惯，禁止任何基于地域、民族、宗教等理由的歧视性做法。

**第七条** 国家设立反恐怖主义工作领导机构，统一领导和指挥全国反恐怖主义工作。

设区的市级以上地方人民政府设立反恐怖主义工作领导机构，县级人民政府根据需要设立反恐怖主义工作领导机构，在上级反恐怖主义工作领导机构的领导和指挥下，负责本地区反恐怖主义工作。

**第八条** 公安机关、国家安全机关和人民检察院、人民法院、司法行政机关以及其他有关国家机关，应当根据分工，实行工作责任制，依法做好反恐怖主义工作。

中国人民解放军、中国人民武装警察部队和民兵组织依照本法和其他有关法律、行政法规、军事法规以及国务院、中央军事委员会的命令，并根据反恐怖主义工作领导机构的部署，防范和处置恐怖活动。

有关部门应当建立联动配合机制，依靠、动员村民委员会、居民委员会、企业事业单位、社会组织，共同开展反恐怖主义工作。

**第九条** 任何单位和个人都有协助、配合有关部门开展反恐怖主义工作的义务，发现恐怖活动嫌疑或者恐怖活动嫌疑人员的，应当及时向公安机关或者有关部门报告。

**第十条** 对举报恐怖活动或者协助防范、制止恐怖活动有突出贡献的单位和个人，以及在反恐怖主义工作中作出其他突出贡献的单位和个人，按照国家有关规定给予表彰、奖励。

**第十一条** 对在中华人民共和国领域外对中华人民共和国国家、公民或者机构实施的恐怖活动犯罪，或者实施的中华人民共和国缔结、参加的国际条约所规定的恐怖活动犯罪，中华人民共和国行使刑事管辖权，依法追究刑事责任。

## 第二章　恐怖活动组织和人员的认定

**第十二条**　国家反恐怖主义工作领导机构根据本法第三条的规定，认定恐怖活动组织和人员，由国家反恐怖主义工作领导机构的办事机构予以公告。

**第十三条**　国务院公安部门、国家安全部门、外交部门和省级反恐怖主义工作领导机构对于需要认定恐怖活动组织和人员的，应当向国家反恐怖主义工作领导机构提出申请。

**第十四条**　金融机构和特定非金融机构对国家反恐怖主义工作领导机构的办事机构公告的恐怖活动组织和人员的资金或者其他资产，应当立即予以冻结，并按照规定及时向国务院公安部门、国家安全部门和反洗钱行政主管部门报告。

**第十五条**　被认定的恐怖活动组织和人员对认定不服的，可以通过国家反恐怖主义工作领导机构的办事机构申请复核。国家反恐怖主义工作领导机构应当及时进行复核，作出维持或者撤销认定的决定。复核决定为最终决定。

国家反恐怖主义工作领导机构作出撤销认定的决定的，由国家反恐怖主义工作领导机构的办事机构予以公告；资金、资产已被冻结的，应当解除冻结。

**第十六条**　根据刑事诉讼法的规定，有管辖权的中级以上人民法院在审判刑事案件的过程中，可以依法认定恐怖活动组织和人员。对于在判决生效后需要由国家反恐怖主义工作领导机构的办事机构予以公告的，适用本章的有关规定。

## 第三章　安全防范

**第十七条**　各级人民政府和有关部门应当组织开展反恐怖主义宣传教育，提高公民的反恐怖主义意识。

教育、人力资源行政主管部门和学校、有关职业培训机构应当将恐怖活动预防、应急知识纳入教育、教学、培训的内容。

新闻、广播、电视、文化、宗教、互联网等有关单位，应当有针对性地面向社会进行反恐怖主义宣传教育。

村民委员会、居民委员会应当协助人民政府以及有关部门，加强反恐怖主义宣传教育。

**第十八条**　电信业务经营者、互联网服务提供者应当为公安机关、国家安全机关依法进行防范、调查恐怖活动提供技术接口和解密等技术支持和协助。

**第十九条**　电信业务经营者、互联网服务提供者应当依照法律、行政法规规定，落实网络安全、信息内容监督制度和安全技术防范措施，防止含有恐怖主义、极端主义内容的信息传播；发现含有恐怖主义、极端主义内容的信息的，应当立即停止传输，保存相关记录，删除相关信息，并向公安机关或者有关部门报告。

网信、电信、公安、国家安全等主管部门对含有恐怖主义、极端主义内容的信息，应当按照职责分工，及时责令有关单位停止传输、删除相关信息，或者关闭相关网站、关停相关服务。有关单位应当立即执行，并保存相关记录，协助进行调查。对互联网上跨境传输的含有恐怖主义、极端主义内容的信息，电信主管部门应当采取技术措施，阻断传播。

**第二十条**　铁路、公路、水上、航空的货运和邮政、快递等物流运营单位应当实行安全查验制度，对客户身份进行查验，依照规定对运输、寄递物品进行安全检查或者开封验视。对禁止运输、寄递，存在重大安全隐患，或者客户拒绝安全查验的物品，不得运输、寄递。

前款规定的物流运营单位，应当实行运输、寄递客户身份、物品信息登记制度。

**第二十一条**　电信、互联网、金融、住宿、长途客运、机动车租赁等业务经营者、服务提供者，应当对客户身份进行查验。对身份不明或者拒绝身份查验的，不得提供服务。

**第二十二条**　生产和进口单位应当依照规定对枪支等武器、弹药、管制器具、危险化学品、民用爆炸物品、核与放射物品作出电子追踪标识，对民用爆炸物品添加安检示踪标识物。

运输单位应当依照规定对运营中的危险化学品、民用爆炸物品、核与放射物品的运输工具通过定位系统实行监控。

有关单位应当依照规定对传染病病原体等物质实行严格的监督管理，严密防范传染病病原体等物质扩散或者流入非法渠道。

对管制器具、危险化学品、民用爆炸物品，国务院有关主管部门或者省级人民政府根据需要，在特定区域、特定时间，可以决定对生产、进出口、运输、销售、使用、报废实施管制，可以禁止使用现金、实物进行交易或者对交易活动作出其他限制。

**第二十三条**　发生枪支等武器、弹药、危险化学品、民用爆炸物品、核与放射物品、传染病病原体等物质被盗、被抢、丢失或者其他流失的情形，案发单位应当立即采取必要的控制措施，并立即向公安机关报告，同时依照规定向有关主管部门报告。公安机关接到报告后，应当及时开展调查。有关主管部门应当配合公安机关开展工作。

任何单位和个人不得非法制作、生产、储存、运输、进出口、销售、提供、购买、使用、持有、报废、销毁前款规定的物品。公安机关发现的，应当予以扣押；其他主管部门发现的，应当予以扣押，并立即通报公安机关；其他单位、个人发现的，应当立即向公安机关报告。

**第二十四条** 国务院反洗钱行政主管部门、国务院有关部门、机构依法对金融机构和特定非金融机构履行反恐怖主义融资义务的情况进行监督管理。

国务院反洗钱行政主管部门发现涉嫌恐怖主义融资的，可以依法进行调查，采取临时冻结措施。

**第二十五条** 审计、财政、税务等部门在依照法律、行政法规的规定对有关单位实施监督检查的过程中，发现资金流入流出涉嫌恐怖主义融资的，应当及时通报公安机关。

**第二十六条** 海关在对进出境人员携带现金和无记名有价证券实施监管的过程中，发现涉嫌恐怖主义融资的，应当立即通报国务院反洗钱行政主管部门和有管辖权的公安机关。

**第二十七条** 地方各级人民政府制定、组织实施城乡规划，应当符合反恐怖主义工作的需要。

地方各级人民政府应当根据需要，组织、督促有关建设单位在主要道路、交通枢纽、城市公共区域的重点部位，配备、安装公共安全视频图像信息系统等防范恐怖袭击的技防、物防设备、设施。

**第二十八条** 公安机关和有关部门对宣扬极端主义，利用极端主义危害公共安全、扰乱公共秩序、侵犯人身财产、妨害社会管理的，应当及时予以制止，依法追究法律责任。

公安机关发现极端主义活动的，应当责令立即停止，将有关人员强行带离现场并登记身份信息，对有关物品、资料予以收缴，对非法活动场所予以查封。

任何单位和个人发现宣扬极端主义的物品、资料、信息的，应当立即向公安机关报告。

**第二十九条** 对被教唆、胁迫、引诱参与恐怖活动、极端主义活动，或者参与恐怖活动、极端主义活动情节轻微，尚不构成犯罪的人员，公安机关应当组织有关部门、村民委员会、居民委员会、所在单位、就读学校、家庭和监护人对其进行帮教。

监狱、看守所、社区矫正机构应当加强对服刑的恐怖活动罪犯和极端主义罪犯的管理、教育、矫正等工作。监狱、看守所对恐怖活动罪犯和极端主义罪犯，根据教育改造和维护监管秩序的需要，可以与普通刑事罪犯混合关押，也可以个别关押。

**第三十条** 对恐怖活动罪犯和极端主义罪犯被判处徒刑以上刑罚的，监狱、看守所应当在刑满释放前根据其犯罪性质、情节和社会危害程度，服刑期间的表现，释放后对所居住社区的影响等进行社会危险性评估。进行社会危险性评估，应当听取有关基层组织和原办案机关的意见。经评估具有社会危险性的，监狱、看守所应当向罪犯服刑地的中级人民法院提出安置教育建议，并将建议书副本抄送同级人民检察院。

罪犯服刑地的中级人民法院对于确有社会危险性的，应当在罪犯刑满释放前作出责令其在刑满释放后接受安置教育的决定。决定书副本应当抄送同级人民检察院。被决定安置教育的人员对决定不服的，可以向上一级人民法院申请复议。

安置教育由省级人民政府组织实施。安置教育机构应当每年对被安置教育人员进行评估，对于确有悔改表现，不致再危害社会的，应当及时提出解除安置教育的意见，报决定安置教育的中级人民法院作出决定。被安置教育人员有权申请解除安置教育。

人民检察院对安置教育的决定和执行实行监督。

**第三十一条** 公安机关应当会同有关部门，将遭受恐怖袭击的可能性较大以及遭受恐怖袭击可能造成重大的人身伤亡、财产损失或者社会影响的单位、场所、活动、设施等确定为防范恐怖袭击的重点目标，报本级反恐怖主义工作领导机构备案。

**第三十二条** 重点目标的管理单位应当履行下列职责：

（一）制定防范和应对处置恐怖活动的预案、措施，定期进行培训和演练；

（二）建立反恐怖主义工作专项经费保障制度，配备、更新防范和处置设备、设施；

（三）指定相关机构或者落实责任人员，明确岗位职责；

（四）实行风险评估，实时监测安全威胁，完善内部安全管理；

（五）定期向公安机关和有关部门报告防范措施落实情况。

重点目标的管理单位应当根据城乡规划、相关标准和实际需要，对重点目标同步设计、同步建设、同步运行符合本法第二十七条规定的技防、物防设备、设施。

重点目标的管理单位应当建立公共安全视频图像信息系统值班监看、信息保存使用、运行维护等管理制度，保障相关系统正常运行。采集的视频图像信息保存期限不得少于九十日。

对重点目标以外的涉及公共安全的其他单位、场所、活动、设施，其主管部门和管理单位应当依照法律、行政法规规定，建立健全安全管理制度，落实安全责任。

**第三十三条**　重点目标的管理单位应当对重要岗位人员进行安全背景审查。对有不适合情形的人员，应当调整工作岗位，并将有关情况通报公安机关。

**第三十四条**　大型活动承办单位以及重点目标的管理单位应当依照规定，对进入大型活动场所、机场、火车站、码头、城市轨道交通站、公路长途客运站、口岸等重点目标的人员、物品和交通工具进行安全检查。发现违禁品和管制物品，应当予以扣留并立即向公安机关报告；发现涉嫌违法犯罪人员，应当立即向公安机关报告。

**第三十五条**　对航空器、列车、船舶、城市轨道车辆、公共电汽车等公共交通运输工具，营运单位应当依照规定配备安保人员和相应设备、设施，加强安全检查和保卫工作。

**第三十六条**　公安机关和有关部门应当掌握重点目标的基础信息和重要动态，指导、监督重点目标的管理单位履行防范恐怖袭击的各项职责。

公安机关、中国人民武装警察部队应当依照有关规定对重点目标进行警戒、巡逻、检查。

**第三十七条**　飞行管制、民用航空、公安等主管部门应当按照职责分工，加强空域、航空器和飞行活动管理，严密防范针对航空器或者利用飞行活动实施的恐怖活动。

**第三十八条**　各级人民政府和军事机关应当在重点国（边）境地段和口岸设置拦阻隔离网、视频图像采集和防越境报警设施。

公安机关和中国人民解放军应当严密组织国（边）境巡逻，依照规定对抵离国（边）境前沿、进出国（边）境管理区和国（边）境通道、口岸的人员、交通运输工具、物品，以及沿海沿边地区的船舶进行查验。

**第三十九条**　出入境证件签发机关、出入境边防检查机关对恐怖活动人员和恐怖活动嫌疑人员，有权决定不准其出境入境、不予签发出境入境证件或者宣布其出境入境证件作废。

**第四十条**　海关、出入境边防检查机关发现恐怖活动嫌疑人员或者涉嫌恐怖活动物品的，应当依法扣留，并立即移送公安机关或者国家安全机关。

**第四十一条**　国务院外交、公安、国家安全、发展改革、工业和信息化、商务、旅游等主管部门应当建立境外投资合作、旅游等安全风险评估制度，对中国在境外的公民以及驻外机构、设施、财产加强安全保护，防范和应对恐怖袭击。

**第四十二条**　驻外机构应当建立健全安全防范制度和应对处置预案，加强对有关人员、设施、财产的安全保护。

## 第四章　情报信息

**第四十三条**　国家反恐怖主义工作领导机构建立国家反恐怖主义情报中心，实行跨部门、跨地区情报信息工作机制，统筹反恐怖主义情报信息工作。

有关部门应当加强反恐怖主义情报信息搜集工作，对搜集的有关线索、人员、行动类情报信息，应当依照规定及时统一归口报送国家反恐怖主义情报中心。

地方反恐怖主义工作领导机构应当建立跨部门情报信息工作机制，组织开展反恐怖主义情报信息工作，对重要的情报信息，应当及时向上级反恐怖主义工作领导机构报告，对涉及其他地方的紧急情报信息，应当及时通报相关地方。

**第四十四条**　公安机关、国家安全机关和有关部门应当依靠群众，加强基层基础工作，建立基层情报信息工作力量，提高反恐怖主义情报信息工作能力。

**第四十五条**　公安机关、国家安全机关、军事机关在其职责范围内，因反恐怖主义情报信息工作的需要，根据国家有关规定，经过严格的批准手续，可以采取技术侦察措施。

依照前款规定获取的材料，只能用于反恐怖主义应对处置和对恐怖活动犯罪、极端主义犯罪的侦查、起诉和审判，不得用于其他用途。

**第四十六条**　有关部门对于在本法第三章规定的安全防范工作中获取的信息，应当根据国家反恐怖主义情报中心的要求，及时提供。

**第四十七条**　国家反恐怖主义情报中心、地方反恐怖主义工作领导机构以及公安机关等有关部门应当对有关情报信息进行筛查、研判、核查、监控，认为有发生恐怖事件危险，需要采取相应的安全防范、应对处置措施的，应当及时通报有关部门和单位，并可以根据情况发出预警。有关部门和单位应当根据通报做好安全防范、应对处置工作。

**第四十八条**　反恐怖主义工作领导机构、有关部门和单位、个人应当对履行反恐怖主义工作职责、义务过程中知悉的国家秘密、商业秘密和个人隐私予以保密。

违反规定泄露国家秘密、商业秘密和个人隐私的，依法追究法律责任。

## 第五章　调　查

**第四十九条**　公安机关接到恐怖活动嫌疑的报告或者发现恐怖活动嫌疑，需要调查核实的，应当迅速进行调查。

**第五十条**　公安机关调查恐怖活动嫌疑，可以依照有关法律规定对嫌疑人员进行盘问、检查、传唤，可以提取或者采集肖像、指纹、虹膜图像等人体生物识别信息和血液、尿液、脱落细胞等生物样本，并留存其签名。

公安机关调查恐怖活动嫌疑，可以通知了解有关情况的人员到公安机关或者其他地点接受询问。

**第五十一条**　公安机关调查恐怖活动嫌疑，有权向有关单位和个人收集、调取相关信息和材料。有关单位和个人应当如实提供。

**第五十二条**　公安机关调查恐怖活动嫌疑，经县级以上公安机关负责人批准，可以查询嫌疑人员的存款、汇款、债券、股票、基金份额等财产，可以采取查封、扣押、冻结措施。查封、扣押、冻结的期限不得超过二个月，情况复杂的，可以经上一级公安机关负责人批准延长一个月。

**第五十三条**　公安机关调查恐怖活动嫌疑，经县级以上公安机关负责人批准，可以根据其危险程度，责令恐怖活动嫌疑人员遵守下列一项或者多项约束措施：

（一）未经公安机关批准不得离开所居住的市、县或者指定的处所；

（二）不得参加大型群众性活动或者从事特定的活动；

（三）未经公安机关批准不得乘坐公共交通工具或者进入特定的场所；

（四）不得与特定的人员会见或者通信；

（五）定期向公安机关报告活动情况；

（六）将护照等出入境证件、身份证件、驾驶证件交公安机关保存。

公安机关可以采取电子监控、不定期检查等方式对其遵守约束措施的情况进行监督。

采取前两款规定的约束措施的期限不得超过三个月。对不需要继续采取约束措施的，应当及时解除。

**第五十四条**　公安机关经调查，发现犯罪事实或者犯罪嫌疑人的，应当依照刑事诉讼法的规定立案侦查。本章规定的有关期限届满，公安机关未立案侦查的，应当解除有关措施。

## 第六章　应对处置

**第五十五条**　国家建立健全恐怖事件应对处置预案体系。

国家反恐怖主义工作领导机构应当针对恐怖事件的规律、特点和可能造成的社会危害，分级、分类制定国家应对处置预案，具体规定恐怖事件应对处置的组织指挥体系和恐怖事件安全防范、应对处置程序以及事后社会秩序恢复等内容。

有关部门、地方反恐怖主义工作领导机构应当制定相应的应对处置预案。

**第五十六条**　应对处置恐怖事件，各级反恐怖主义工作领导机构应当成立由有关部门参加的指挥机构，实行指挥长负责制。反恐怖主义工作领导机构负责人可以担任指挥长，也可以确定公安机关负责人或者反恐怖主义工作领导机构的其他成员单位负责人担任指挥长。

跨省、自治区、直辖市发生的恐怖事件或者特别重大恐怖事件的应对处置，由国家反恐怖主义工作领导机构负责指挥；在省、自治区、直辖市范围内发生的涉及多个行政区域的恐怖事件或者重大恐怖事件的应对处置，由省级反恐怖主义工作领导机构负责指挥。

**第五十七条**　恐怖事件发生后，发生地反恐怖主义工作领导机构应当立即启动恐怖事件应对处置预案，确定指挥长。有关部门和中国人民解放军、中国人民武装警察部队、民兵组织，按照反恐怖主义工作领导机构和指挥长的统一领导、指挥，协同开展打击、控制、救援、救护等现场应对处置工作。

上级反恐怖主义工作领导机构可以对应对处置工作进行指导，必要时调动有关反恐怖主义力量进行支援。

需要进入紧急状态的，由全国人民代表大会常务委员会或者国务院依照宪法和其他有关法律规定的权限和程序决定。

**第五十八条**　发现恐怖事件或者疑似恐怖事件后，公安机关应当立即进行处置，并向反恐怖主义工作领导机构报告；中国人民解放军、中国人民武装警察部队发现正在实施恐怖活动的，应当立即予以控制并将案件及时移交公安机关。

反恐怖主义工作领导机构尚未确定指挥长的，由在场处置的公安机关职级最高的人员担任现场指挥员。公安机关未能到达现场的，由在场处置的中国人民解放军或者中国人民武装警察部队职级最高的人员担任现场指挥员。现场应对处置人员无论是否属于同一单位、系统，均应当服从现场指挥员的指挥。

指挥长确定后，现场指挥员应当向其请示、报告工作或者有关情况。

**第五十九条**　中华人民共和国在境外的机构、人员、重要设施遭受或者可能遭受恐怖袭击的，国务院外交、公安、国家安全、商务、金融、国有资产监督管理、旅游、交通运输等主管部门应当及时启动应对处置预案。国务院外交部门应当协调有关国家采取相应措施。

中华人民共和国在境外的机构、人员、重要设施遭受严重恐怖袭击后，经与有关国家协商同意，国家反恐怖主义工作领导机构可以组织外交、公安、国家安全等部门派出工作人员赴境外开展应对处置工作。

**第六十条**　应对处置恐怖事件，应当优先保护直接受到恐怖活动危害、威胁人员的人身安全。

**第六十一条**　恐怖事件发生后，负责应对处置的反恐怖主义工作领导机构可以决定由有关部门和单位采取下列一项或者多项应对处置措施：

（一）组织营救和救治受害人员，疏散、撤离并妥善安置受到威胁的人员以及采取其他救助措施；

（二）封锁现场和周边道路，查验现场人员的身份证件，在有关场所附近设置临时警戒线；

（三）在特定区域内实施空域、海（水）域管制，对特定区域内的交通运输工具进行检查；

（四）在特定区域内实施互联网、无线电、通讯管制；

（五）在特定区域内或者针对特定人员实施出境入境管制；

（六）禁止或者限制使用有关设备、设施，关闭或者限制使用有关场所，中止人员密集的活动或者可能导致危害扩大的生产经营活动；

（七）抢修被损坏的交通、电信、互联网、广播电视、供水、排水、供电、供气、供热等公共设施；

（八）组织志愿人员参加反恐怖主义救援工作，要求具有特定专长的人员提供服务；

（九）其他必要的应对处置措施。

采取前款第三项至第五项规定的应对处置措施，由省级以上反恐怖主义工作领导机构决定或者批准；采取前款第六项规定的应对处置措施，由设区的市级以上反恐怖主义工作领导机构决定。应对处置措施应当明确适用的时间和空间范围，并向社会公布。

**第六十二条**　人民警察、人民武装警察以及其他依法配备、携带武器的应对处置人员，对在现场持枪支、刀具等凶器或者使用其他危险方法，正在或者准备实施暴力行为的人员，经警告无效的，可以使用武器；紧急情况下或者警告后可能导致更为严重危害后果的，可以直接使用武器。

**第六十三条**　恐怖事件发生、发展和应对处置信息，由恐怖事件发生地的省级反恐怖主义工作领导机构统一发布；跨省、自治区、直辖市发生的恐怖事件，由指定的省级反恐怖主义工作领导机构统一发布。

任何单位和个人不得编造、传播虚假恐怖事件信息；不得报道、传播可能引起模仿的恐怖活动的实施细节；不得发布恐怖事件中残忍、不人道的场景；在恐怖事件的应对处置过程中，除新闻媒体经负责发布信息的反恐怖主义工作领导机构批准外，不得报道、传播现场应对处置的工作人员、人质身份信息和应对处置行动情况。

**第六十四条**　恐怖事件应对处置结束后，各级人民政府应当组织有关部门帮助受影响的单位和个人尽快恢复生活、生产，稳定受影响地区的社会秩序和公众情绪。

**第六十五条**　当地人民政府应当及时给予恐怖事件受害人员及其近亲属适当的救助，并向失去基本生活条件的受害人员及其近亲属及时提供基本生活保障。卫生、医疗保障等主管部门应当为恐怖事件受害人员及其近亲属提供心理、医疗等方面的援助。

**第六十六条**　公安机关应当及时对恐怖事件立案侦查，查明事件发生的原因、经过和结果，依法追究恐怖活动组织、人员的刑事责任。

**第六十七条**　反恐怖主义工作领导机构应当对恐怖事件的发生和应对处置工作进行全面分析、总结评估，提出防范和应对处置改进措施，向上一级反恐怖主义工作领导机构报告。

## 第七章　国际合作

**第六十八条**　中华人民共和国根据缔结或者参加的国际条约，或者按照平等互惠原则，与其他国家、地区、国际组织开展反恐怖主义合作。

**第六十九条**　国务院有关部门根据国务院授权，代表中国政府与外国政府和有关国际组织开展反恐怖主义政策对话、情报信息交流、执法合作和国际资金监管合作。

在不违背我国法律的前提下，边境地区的县级以上地方人民政府及其主管部门，经国务院或者中央有关部门批准，可以与相邻国家或者地区开展反恐怖主义情报信息交流、执法合作和国际资金监管合作。

**第七十条**　涉及恐怖活动犯罪的刑事司法协助、引渡和被判刑人移管，依照有关法律规定执行。

**第七十一条** 经与有关国家达成协议，并报国务院批准，国务院公安部门、国家安全部门可以派员出境执行反恐怖主义任务。

中国人民解放军、中国人民武装警察部队派员出境执行反恐怖主义任务，由中央军事委员会批准。

**第七十二条** 通过反恐怖主义国际合作取得的材料可以在行政处罚、刑事诉讼中作为证据使用，但我方承诺不作为证据使用的除外。

## 第八章 保障措施

**第七十三条** 国务院和县级以上地方各级人民政府应当按照事权划分，将反恐怖主义工作经费分别列入同级财政预算。

国家对反恐怖主义重点地区给予必要的经费支持，对应对处置大规模恐怖事件给予经费保障。

**第七十四条** 公安机关、国家安全机关和有关部门，以及中国人民解放军、中国人民武装警察部队，应当依照法律规定的职责，建立反恐怖主义专业力量，加强专业训练，配备必要的反恐怖主义专业设备、设施。

县级、乡级人民政府根据需要，指导有关单位、村民委员会、居民委员会建立反恐怖主义工作力量、志愿者队伍，协助、配合有关部门开展反恐怖主义工作。

**第七十五条** 对因履行反恐怖主义工作职责或者协助、配合有关部门开展反恐怖主义工作导致伤残或者死亡的人员，按照国家有关规定给予相应的待遇。

**第七十六条** 因报告和制止恐怖活动，在恐怖活动犯罪案件中作证，或者从事反恐怖主义工作，本人或者其近亲属的人身安全面临危险的，经本人或者其近亲属提出申请，公安机关、有关部门应当采取下列一项或者多项保护措施：

（一）不公开真实姓名、住址和工作单位等个人信息；

（二）禁止特定的人接触被保护人员；

（三）对人身和住宅采取专门性保护措施；

（四）变更被保护人员的姓名，重新安排住所和工作单位；

（五）其他必要的保护措施。

公安机关、有关部门应当依照前款规定，采取不公开被保护单位的真实名称、地址，禁止特定的人接近被保护单位，对被保护单位办公、经营场所采取专门性保护措施，以及其他必要的保护措施。

**第七十七条** 国家鼓励、支持反恐怖主义科学研究和技术创新，开发和推广使用先进的反恐怖主义技术、设备。

**第七十八条** 公安机关、国家安全机关、中国人民解放军、中国人民武装警察部队因履行反恐怖主义职责的紧急需要，根据国家有关规定，可以征用单位和个人的财产。任务完成后应当及时归还或者恢复原状，并依照规定支付相应费用；造成损失的，应当补偿。

因开展反恐怖主义工作对有关单位和个人的合法权益造成损害的，应当依法给予赔偿、补偿。有关单位和个人有权依法请求赔偿、补偿。

## 第九章 法律责任

**第七十九条** 组织、策划、准备实施、实施恐怖活动，宣扬恐怖主义，煽动实施恐怖活动，非法持有宣扬恐怖主义的物品，强制他人在公共场所穿戴宣扬恐怖主义的服饰、标志，组织、领导、参加恐怖活动组织，为恐怖活动组织、恐怖活动人员、实施恐怖活动或者恐怖活动培训提供帮助的，依法追究刑事责任。

**第八十条** 参与下列活动之一，情节轻微，尚不构成犯罪的，由公安机关处十日以上十五日以下拘留，可以并处一万元以下罚款：

（一）宣扬恐怖主义、极端主义或者煽动实施恐怖活动、极端主义活动的；

（二）制作、传播、非法持有宣扬恐怖主义、极端主义的物品的；

（三）强制他人在公共场所穿戴宣扬恐怖主义、极端主义的服饰、标志的；

（四）为宣扬恐怖主义、极端主义或者实施恐怖主义、极端主义活动提供信息、资金、物资、劳务、技术、场所等支持、协助、便利的。

**第八十一条** 利用极端主义，实施下列行为之一，情节轻微，尚不构成犯罪的，由公安机关处五日以上十五日以下拘留，可以并处一万元以下罚款：

（一）强迫他人参加宗教活动，或者强迫他人向宗教活动场所、宗教教职人员提供财物或者劳务的；

（二）以恐吓、骚扰等方式驱赶其他民族或者有其他信仰的人员离开居住地的；

（三）以恐吓、骚扰等方式干涉他人与其他民族或者有其他信仰的人员交往、共同生活的；

（四）以恐吓、骚扰等方式干涉他人生活习俗、方式和生产经营的；

（五）阻碍国家机关工作人员依法执行职务的；

（六）歪曲、诋毁国家政策、法律、行政法规，煽动、教唆抵制人民政府依法管理的；

（七）煽动、胁迫群众损毁或者故意损毁居民身份证、户口簿等国家法定证件以及人民币的；

（八）煽动、胁迫他人以宗教仪式取代结婚、离婚登记的；

（九）煽动、胁迫未成年人不接受义务教育的；

（十）其他利用极端主义破坏国家法律制度实施的。

**第八十二条** 明知他人有恐怖活动犯罪、极端主义犯罪行为，窝藏、包庇，情节轻微，尚不构成犯罪的，或者在司法机关向其调查有关情况、收集有关证据时，拒绝提供的，由公安机关处十日以上十五日以下拘留，可以并处一万元以下罚款。

**第八十三条** 金融机构和特定非金融机构对国家反恐怖主义工作领导机构的办事机构公告的恐怖活动组织及恐怖活动人员的资金或者其他资产，未立即予以冻结的，由公安机关处二十万元以上五十万元以下罚款，并对直接负责的董事、高级管理人员和其他直接责任人员处十万元以下罚款；情节严重的，处五十万元以上罚款，并对直接负责的董事、高级管理人员和其他直接责任人员，处十万元以上五十万元以下罚款，可以并处五日以上十五日以下拘留。

**第八十四条** 电信业务经营者、互联网服务提供者有下列情形之一的，由主管部门处二十万元以上五十万元以下罚款，并对其直接负责的主管人员和其他直接责任人员处十万元以下罚款；情节严重的，处五十万元以上罚款，并对其直接负责的主管人员和其他直接责任人员，处十万元以上五十万元以下罚款，可以由公安机关对其直接负责的主管人员和其他直接责任人员，处五日以上十五日以下拘留：

（一）未依照规定为公安机关、国家安全机关依法进行防范、调查恐怖活动提供技术接口和解密等技术支持和协助的；

（二）未按照主管部门的要求，停止传输、删除含有恐怖主义、极端主义内容的信息，保存相关记录，关闭相关网站或者关停相关服务的；

（三）未落实网络安全、信息内容监督制度和安全技术防范措施，造成含有恐怖主义、极端主义内容的信息传播，情节严重的。

**第八十五条** 铁路、公路、水上、航空的货运和邮政、快递等物流运营单位有下列情形之一的，由主管部门处十万元以上五十万元以下罚款，并对其直接负责的主管人员和其他直接责任人员处十万元以下罚款：

（一）未实行安全查验制度，对客户身份进行查验，或者未依照规定对运输、寄递物品进行安全检查或者开封验视的；

（二）对禁止运输、寄递，存在重大安全隐患，或者客户拒绝安全查验的物品予以运输、寄递的；

（三）未实行运输、寄递客户身份、物品信息登记制度的。

**第八十六条** 电信、互联网、金融业务经营者、服务提供者未按规定对客户身份进行查验，或者对身份不明、拒绝身份查验的客户提供服务的，主管部门应当责令改正；拒不改正的，处二十万元以上五十万元以下罚款，并对其直接负责的主管人员和其他直接责任人员处十万元以下罚款；情节严重的，处五十万元以上罚款，并对其直接负责的主管人员和其他直接责任人员，处十万元以上五十万元以下罚款。

住宿、长途客运、机动车租赁等业务经营者、服务提供者有前款规定情形的，由主管部门处十万元以上五十万元以下罚款，并对其直接负责的主管人员和其他直接责任人员处十万元以下罚款。

**第八十七条** 违反本法规定，有下列情形之一的，由主管部门给予警告，并责令改正；拒不改正的，处十万元以下罚款，并对其直接负责的主管人员和其他直接责任人员处一万元以下罚款：

（一）未依照规定对枪支等武器、弹药、管制器具、危险化学品、民用爆炸物品、核与放射物品作出电子追踪标识，对民用爆炸物品添加安检示踪标识物的；

（二）未依照规定对运营中的危险化学品、民用爆炸物品、核与放射物品的运输工具通过定位系统实行监控的；

（三）未依照规定对传染病病原体等物质实行严格的监督管理，情节严重的；

（四）违反国务院有关主管部门或者省级人民政府对管制器具、危险化学品、民用爆炸物品决定的管制或者限制交易措施的。

**第八十八条** 防范恐怖袭击重点目标的管理、营运单位违反本法规定，有下列情形之一的，由公安机关给予警告，并责令改正；拒不改正的，处十万元以下罚款，并对其直接负责的主管人员和其他直接责任人员处一万元以下罚款：

（一）未制定防范和应对处置恐怖活动的预案、措施的；

（二）未建立反恐怖主义工作专项经费保障制度，或者未配备防范和处置设备、设施的；

（三）未落实工作机构或者责任人员的；

（四）未对重要岗位人员进行安全背景审查，或者未将有不适合情形的人员调整工作岗位的；

（五）对公共交通运输工具未依照规定配备安保人员和相应设备、设施的；

（六）未建立公共安全视频图像信息系统值班监看、信息保存使用、运行维护等管理制度的。

大型活动承办单位以及重点目标的管理单位未依照规定对进入大型活动场所、机场、火车站、码头、城市轨道交通站、公路长途客运站、口岸等重点目标的人员、物品和交通工具进行安全检查的，公安机关应当责令改正；拒不改正的，处十万元以下罚款，并对其直接负责的主管人员和其他直接责任人员处一万元以下罚款。

**第八十九条** 恐怖活动嫌疑人员违反公安机关责令其遵守的约束措施的，由公安机关给予警告，并责令改正；拒不改正的，处五日以上十五日以下拘留。

**第九十条** 新闻媒体等单位编造、传播虚假恐怖事件信息，报道、传播可能引起模仿的恐怖活动的实施细节，发布恐怖事件中残忍、不人道的场景，或者未经批准，报道、传播现场应对处置的工作人员、人质身份信息和应对处置行动情况的，由公安机关处二十万元以下罚款，并对其直接负责的主管人员和其他直接责任人员，处五日以上十五日以下拘留，可以并处五万元以下罚款。

个人有前款规定行为的，由公安机关处五日以上十五日以下拘留，可以并处一万元以下罚款。

**第九十一条** 拒不配合有关部门开展反恐怖主义安全防范、情报信息、调查、应对处置工作的，由主管部门处二千元以下罚款；造成严重后果的，处五日以上十五日以下拘留，可以并处一万元以下罚款。

单位有前款规定行为的，由主管部门处五万元以下罚款；造成严重后果的，处十万元以下罚款；并对其直接负责的主管人员和其他直接责任人员依照前款规定处罚。

**第九十二条** 阻碍有关部门开展反恐怖主义工作的，由公安机关处五日以上十五日以下拘留，可以并处五万元以下罚款。

单位有前款规定行为的，由公安机关处二十万元以下罚款，并对其直接负责的主管人员和其他直接责任人员依照前款规定处罚。

阻碍人民警察、人民解放军、人民武装警察依法执行职务的，从重处罚。

**第九十三条** 单位违反本法规定，情节严重的，由主管部门责令停止从事相关业务、提供相关服务或者责令停产停业；造成严重后果的，吊销有关证照或者撤销登记。

**第九十四条** 反恐怖主义工作领导机构、有关部门的工作人员在反恐怖主义工作中滥用职权、玩忽职守、徇私舞弊，或者有违反规定泄露国家秘密、商业秘密和个人隐私等行为，构成犯罪的，依法追究刑事责任；尚不构成犯罪的，依法给予处分。

反恐怖主义工作领导机构、有关部门及其工作人员在反恐怖主义工作中滥用职权、玩忽职守、徇私舞弊或者有其他违法违纪行为的，任何单位和个人有权向有关部门检举、控告。有关部门接到检举、控告后，应当及时处理并回复检举、控告人。

**第九十五条** 对依照本法规定查封、扣押、冻结、扣留、收缴的物品、资金等，经审查发现与恐怖主义无关的，应当及时解除有关措施，予以退还。

**第九十六条** 有关单位和个人对依照本法作出的行政处罚和行政强制措施决定不服的，可以依法申请行政复议或者提起行政诉讼。

### 第十章 附 则

**第九十七条** 本法自 2016 年 1 月 1 日起施行。2011 年 10 月 29 日第十一届全国人民代表大会常务委员会第二十三次会议通过的《全国人民代表大会常务委员会关于加强反恐怖工作有关问题的决定》同时废止。

## 12. 应急管理

# 中华人民共和国突发事件应对法

· 2007 年 8 月 30 日第十届全国人民代表大会常务委员会第二十九次会议通过
· 2007 年 8 月 30 日中华人民共和国主席令第 69 号公布
· 自 2007 年 11 月 1 日起施行

### 目 录

第一章 总 则
第二章 预防与应急准备
第三章 监测与预警
第四章 应急处置与救援
第五章 事后恢复与重建
第六章 法律责任
第七章 附 则

## 第一章 总 则

**第一条 【立法目的】**为了预防和减少突发事件的发生，控制、减轻和消除突发事件引起的严重社会危害，规范突发事件应对活动，保护人民生命财产安全，维护国家安全、公共安全、环境安全和社会秩序，制定本法。

**第二条 【适用范围】**突发事件的预防与应急准备、监测与预警、应急处置与救援、事后恢复与重建等应对活动，适用本法。

**第三条 【突发事件含义及分级标准】**本法所称突发事件，是指突然发生，造成或者可能造成严重社会危害，需要采取应急处置措施予以应对的自然灾害、事故灾难、公共卫生事件和社会安全事件。

按照社会危害程度、影响范围等因素，自然灾害、事故灾难、公共卫生事件分为特别重大、重大、较大和一般四级。法律、行政法规或者国务院另有规定的，从其规定。

突发事件的分级标准由国务院或者国务院确定的部门制定。

**第四条 【应急管理体制】**国家建立统一领导、综合协调、分类管理、分级负责、属地管理为主的应急管理体制。

**第五条 【风险评估】**突发事件应对工作实行预防为主、预防与应急相结合的原则。国家建立重大突发事件风险评估体系，对可能发生的突发事件进行综合性评估，减少重大突发事件的发生，最大限度地减轻重大突发事件的影响。

**第六条 【社会动员机制】**国家建立有效的社会动员机制，增强全民的公共安全和防范风险的意识，提高全社会的避险救助能力。

**第七条 【负责机关】**县级人民政府对本行政区域内突发事件的应对工作负责；涉及两个以上行政区域的，由有关行政区域共同的上一级人民政府负责，或者由各有关行政区域的上一级人民政府共同负责。

突发事件发生后，发生地县级人民政府应当立即采取措施控制事态发展，组织开展应急救援和处置工作，并立即向上一级人民政府报告，必要时可以越级上报。

突发事件发生地县级人民政府不能消除或者不能有效控制突发事件引起的严重社会危害的，应当及时向上级人民政府报告。上级人民政府应当及时采取措施，统一领导应急处置工作。

法律、行政法规规定由国务院有关部门对突发事件的应对工作负责的，从其规定；地方人民政府应当积极配合并提供必要的支持。

**第八条 【应急管理机构】**国务院在总理领导下研究、决定和部署特别重大突发事件的应对工作；根据实际需要，设立国家突发事件应急指挥机构，负责突发事件应对工作；必要时，国务院可以派出工作组指导有关工作。

县级以上地方各级人民政府设立由本级人民政府主要负责人、相关部门负责人、驻当地中国人民解放军和中国人民武装警察部队有关负责人组成的突发事件应急指挥机构，统一领导、协调本级人民政府各有关部门和下级人民政府开展突发事件应对工作；根据实际需要，设立相关类别突发事件应急指挥机构，组织、协调、指挥突发事件应对工作。

上级人民政府主管部门应当在各自职责范围内，指导、协助下级人民政府及其相应部门做好有关突发事件的应对工作。

**第九条 【行政领导机关】**国务院和县级以上地方各级人民政府是突发事件应对工作的行政领导机关，其办事机构及具体职责由国务院规定。

**第十条 【及时公布决定、命令】**有关人民政府及其部门作出的应对突发事件的决定、命令，应当及时公布。

**第十一条 【合理措施原则】**有关人民政府及其部门采取的应对突发事件的措施，应当与突发事件可能造成的社会危害的性质、程度和范围相适应；有多种措施可供选择的，应当选择有利于最大程度地保护公民、法人和其他组织权益的措施。

公民、法人和其他组织有义务参与突发事件应对工作。

**第十二条 【财产征用】**有关人民政府及其部门为应对突发事件，可以征用单位和个人的财产。被征用的财产在使用完毕或者突发事件应急处置工作结束后，应当及时返还。财产被征用或者征用后毁损、灭失的，应当给予补偿。

**第十三条 【时效中止、程序中止】**因采取突发事件应对措施，诉讼、行政复议、仲裁活动不能正常进行的，适用有关时效中止和程序中止的规定，但法律另有规定的除外。

**第十四条 【武装力量参与应急】**中国人民解放军、中国人民武装警察部队和民兵组织依照本法和其他有关法律、行政法规、军事法规的规定以及国务院、中央军事委员会的命令，参加突发事件的应急救援和处置工作。

**第十五条 【国际交流与合作】**中华人民共和国政府在突发事件的预防、监测与预警、应急处置与救援、事后恢复与重建等方面,同外国政府和有关国际组织开展合作与交流。

**第十六条 【同级人大监督】**县级以上人民政府作出应对突发事件的决定、命令,应当报本级人民代表大会常务委员会备案;突发事件应急处置工作结束后,应当向本级人民代表大会常务委员会作出专项工作报告。

## 第二章 预防与应急准备

**第十七条 【应急预案体系】**国家建立健全突发事件应急预案体系。

国务院制定国家突发事件总体应急预案,组织制定国家突发事件专项应急预案;国务院有关部门根据各自的职责和国务院相关应急预案,制定国家突发事件部门应急预案。

地方各级人民政府和县级以上地方各级人民政府有关部门根据有关法律、法规、规章、上级人民政府及其有关部门的应急预案以及本地区的实际情况,制定相应的突发事件应急预案。

应急预案制定机关应当根据实际需要和情势变化,适时修订应急预案。应急预案的制定、修订程序由国务院规定。

**第十八条 【应急预案制定依据与内容】**应急预案应当根据本法和其他有关法律、法规的规定,针对突发事件的性质、特点和可能造成的社会危害,具体规定突发事件应急管理工作的组织指挥体系与职责和突发事件的预防与预警机制、处置程序、应急保障措施以及事后恢复与重建措施等内容。

**第十九条 【城乡规划】**城乡规划应当符合预防、处置突发事件的需要,统筹安排应对突发事件所必需的设备和基础设施建设,合理确定应急避难场所。

**第二十条 【安全防范】**县级人民政府应当对本行政区域内容易引发自然灾害、事故灾难和公共卫生事件的危险源、危险区域进行调查、登记、风险评估,定期进行检查、监控,并责令有关单位采取安全防范措施。

省级和设区的市级人民政府应当对本行政区域内容易引发特别重大、重大突发事件的危险源、危险区域进行调查、登记、风险评估,组织进行检查、监控,并责令有关单位采取安全防范措施。

县级以上地方各级人民政府按照本法规定登记的危险源、危险区域,应当按照国家规定及时向社会公布。

**第二十一条 【及时调解处理矛盾纠纷】**县级人民政府及其有关部门、乡级人民政府、街道办事处、居民委员会、村民委员会应当及时调解处理可能引发社会安全事件的矛盾纠纷。

**第二十二条 【安全管理】**所有单位应当建立健全安全管理制度,定期检查本单位各项安全防范措施的落实情况,及时消除事故隐患;掌握并及时处理本单位存在的可能引发社会安全事件的问题,防止矛盾激化和事态扩大;对本单位可能发生的突发事件和采取安全防范措施的情况,应当按照规定及时向所在地人民政府或者人民政府有关部门报告。

**第二十三条 【矿山、建筑施工单位和危险物品生产、经营、储运、使用单位的预防义务】**矿山、建筑施工单位和易燃易爆物品、危险化学品、放射性物品等危险物品的生产、经营、储运、使用单位,应当制定具体应急预案,并对生产经营场所、有危险物品的建筑物、构筑物及周边环境开展隐患排查,及时采取措施消除隐患,防止发生突发事件。

**第二十四条 【人员密集场所的经营单位或者管理单位的预防义务】**公共交通工具、公共场所和其他人员密集场所的经营单位或者管理单位应当制定具体应急预案,为交通工具和有关场所配备报警装置和必要的应急救援设备、设施,注明其使用方法,并显著标明安全撤离的通道、路线,保证安全通道、出口的畅通。

有关单位应当定期检测、维护其报警装置和应急救援设备、设施,使其处于良好状态,确保正常使用。

**第二十五条 【应急管理培训制度】**县级以上人民政府应当建立健全突发事件应急管理培训制度,对人民政府及其有关部门负有处置突发事件职责的工作人员定期进行培训。

**第二十六条 【应急救援队伍】**县级以上人民政府应当整合应急资源,建立或者确定综合性应急救援队伍。人民政府有关部门可以根据实际需要设立专业应急救援队伍。

县级以上人民政府及其有关部门可以建立由成年志愿者组成的应急救援队伍。单位应当建立由本单位职工组成的专职或者兼职应急救援队伍。

县级以上人民政府应当加强专业应急救援队伍与非专业应急救援队伍的合作,联合培训、联合演练,提高合成应急、协同应急的能力。

**第二十七条 【应急救援人员人身保险】**国务院有关部门、县级以上地方各级人民政府及其有关部门、有关单位应当为专业应急救援人员购买人身意外伤害保险,配备必要的防护装备和器材,减少应急救援人员的人身风险。

**第二十八条　【军队和民兵组织的专门训练】**中国人民解放军、中国人民武装警察部队和民兵组织应当有计划地组织开展应急救援的专门训练。

**第二十九条　【应急知识宣传普及和应急演练】**县级人民政府及其有关部门、乡级人民政府、街道办事处应当组织开展应急知识的宣传普及活动和必要的应急演练。

居民委员会、村民委员会、企业事业单位应当根据所在地人民政府的要求，结合各自的实际情况，开展有关突发事件应急知识的宣传普及活动和必要的应急演练。

新闻媒体应当无偿开展突发事件预防与应急、自救与互救知识的公益宣传。

**第三十条　【学校的应急知识教育义务】**各级各类学校应当把应急知识教育纳入教学内容，对学生进行应急知识教育，培养学生的安全意识和自救与互救能力。

教育主管部门应当对学校开展应急知识教育进行指导和监督。

**第三十一条　【经费保障】**国务院和县级以上地方各级人民政府应当采取财政措施，保障突发事件应对工作所需经费。

**第三十二条　【应急物资储备保障】**国家建立健全应急物资储备保障制度，完善重要应急物资的监管、生产、储备、调拨和紧急配送体系。

设区的市级以上人民政府和突发事件易发、多发地区的县级人民政府应当建立应急救援物资、生活必需品和应急处置装备的储备制度。

县级以上地方各级人民政府应当根据本地区的实际情况，与有关企业签订协议，保障应急救援物资、生活必需品和应急处置装备的生产、供给。

**第三十三条　【应急通信保障】**国家建立健全应急通信保障体系，完善公用通信网，建立有线与无线相结合、基础电信网络与机动通信系统相配套的应急通信系统，确保突发事件应对工作的通信畅通。

**第三十四条　【鼓励捐赠】**国家鼓励公民、法人和其他组织为人民政府应对突发事件工作提供物资、资金、技术支持和捐赠。

**第三十五条　【巨灾风险保险】**国家发展保险事业，建立国家财政支持的巨灾风险保险体系，并鼓励单位和公民参加保险。

**第三十六条　【人才培养和研究开发】**国家鼓励、扶持具备相应条件的教学科研机构培养应急管理专门人才，鼓励、扶持教学科研机构和有关企业研究开发用于突发事件预防、监测、预警、应急处置与救援的新技术、新设备和新工具。

## 第三章　监测与预警

**第三十七条　【突发事件信息系统】**国务院建立全国统一的突发事件信息系统。

县级以上地方各级人民政府应当建立或者确定本地区统一的突发事件信息系统，汇集、储存、分析、传输有关突发事件的信息，并与上级人民政府及其有关部门、下级人民政府及其有关部门、专业机构和监测网点的突发事件信息系统实现互联互通，加强跨部门、跨地区的信息交流与情报合作。

**第三十八条　【突发事件信息收集】**县级以上人民政府及其有关部门、专业机构应当通过多种途径收集突发事件信息。

县级人民政府应当在居民委员会、村民委员会和有关单位建立专职或者兼职信息报告员制度。

获悉突发事件信息的公民、法人或者其他组织，应当立即向所在地人民政府、有关主管部门或者指定的专业机构报告。

**第三十九条　【突发事件信息报送和报告】**地方各级人民政府应当按照国家有关规定向上级人民政府报送突发事件信息。县级以上人民政府有关主管部门应当向本级人民政府相关部门通报突发事件信息。专业机构、监测网点和信息报告员应当及时向所在地人民政府及其有关主管部门报告突发事件信息。

有关单位和人员报送、报告突发事件信息，应当做到及时、客观、真实，不得迟报、谎报、瞒报、漏报。

**第四十条　【汇总分析突发事件隐患和预警信息】**县级以上地方各级人民政府应当及时汇总分析突发事件隐患和预警信息，必要时组织相关部门、专业技术人员、专家学者进行会商，对发生突发事件的可能性及其可能造成的影响进行评估；认为可能发生重大或者特别重大突发事件的，应当立即向上级人民政府报告，并向上级人民政府有关部门、当地驻军和可能受到危害的毗邻或者相关地区的人民政府通报。

**第四十一条　【突发事件监测】**国家建立健全突发事件监测制度。

县级以上人民政府及其有关部门应当根据自然灾害、事故灾难和公共卫生事件的种类和特点，建立健全基础信息数据库，完善监测网络，划分监测区域，确定监测点，明确监测项目，提供必要的设备、设施，配备专职或者兼职人员，对可能发生的突发事件进行监测。

**第四十二条 【突发事件预警】**国家建立健全突发事件预警制度。

可以预警的自然灾害、事故灾难和公共卫生事件的预警级别,按照突发事件发生的紧急程度、发展势态和可能造成的危害程度分为一级、二级、三级和四级,分别用红色、橙色、黄色和蓝色标示,一级为最高级别。

预警级别的划分标准由国务院或者国务院确定的部门制定。

**第四十三条 【发布预警】**可以预警的自然灾害、事故灾难或者公共卫生事件即将发生或者发生的可能性增大时,县级以上地方各级人民政府应当根据有关法律、行政法规和国务院规定的权限和程序,发布相应级别的警报,决定并宣布有关地区进入预警期,同时向上一级人民政府报告,必要时可以越级上报,并向当地驻军和可能受到危害的毗邻或者相关地区的人民政府通报。

**第四十四条 【三、四级预警应当采取的措施】**发布三级、四级警报,宣布进入预警期后,县级以上地方各级人民政府应当根据即将发生的突发事件的特点和可能造成的危害,采取下列措施:

(一)启动应急预案;

(二)责令有关部门、专业机构、监测网点和负有特定职责的人员及时收集、报告有关信息,向社会公布反映突发事件信息的渠道,加强对突发事件发生、发展情况的监测、预报和预警工作;

(三)组织有关部门和机构、专业技术人员、有关专家学者,随时对突发事件信息进行分析评估,预测发生突发事件可能性的大小、影响范围和强度以及可能发生的突发事件的级别;

(四)定时向社会发布与公众有关的突发事件预测信息和分析评估结果,并对相关信息的报道工作进行管理;

(五)及时按照有关规定向社会发布可能受到突发事件危害的警告,宣传避免、减轻危害的常识,公布咨询电话。

**第四十五条 【一、二级预警应当采取的措施】**发布一级、二级警报,宣布进入预警期后,县级以上地方各级人民政府除采取本法第四十四条规定的措施外,还应当针对即将发生的突发事件的特点和可能造成的危害,采取下列一项或者多项措施:

(一)责令应急救援队伍、负有特定职责的人员进入待命状态,并动员后备人员做好参加应急救援和处置工作的准备;

(二)调集应急救援所需物资、设备、工具,准备应急设施和避难场所,并确保其处于良好状态、随时可以投入正常使用;

(三)加强对重点单位、重要部位和重要基础设施的安全保卫,维护社会治安秩序;

(四)采取必要措施,确保交通、通信、供水、排水、供电、供气、供热等公共设施的安全和正常运行;

(五)及时向社会发布有关采取特定措施避免或者减轻危害的建议、劝告;

(六)转移、疏散或者撤离易受突发事件危害的人员并予以妥善安置,转移重要财产;

(七)关闭或者限制使用易受突发事件危害的场所,控制或者限制容易导致危害扩大的公共场所的活动;

(八)法律、法规、规章规定的其他必要的防范性、保护性措施。

**第四十六条 【社会安全事件报告制度】**对即将发生或者已经发生的社会安全事件,县级以上地方各级人民政府及其有关主管部门应当按照规定向上一级人民政府及其有关主管部门报告,必要时可以越级上报。

**第四十七条 【预警调整和解除】**发布突发事件警报的人民政府应当根据事态的发展,按照有关规定适时调整预警级别并重新发布。

有事实证明不可能发生突发事件或者危险已经解除的,发布警报的人民政府应当立即宣布解除警报,终止预警期,并解除已经采取的有关措施。

## 第四章 应急处置与救援

**第四十八条 【突发事件发生后政府应履行的职责】**突发事件发生后,履行统一领导职责或者组织处置突发事件的人民政府应当针对其性质、特点和危害程度,立即组织有关部门,调动应急救援队伍和社会力量,依照本章的规定和有关法律、法规、规章的规定采取应急处置措施。

**第四十九条 【应对自然灾害、事故灾难或者公共卫生事件的处置措施】**自然灾害、事故灾难或者公共卫生事件发生后,履行统一领导职责的人民政府可以采取下列一项或者多项应急处置措施:

(一)组织营救和救治受害人员,疏散、撤离并妥善安置受到威胁的人员以及采取其他救助措施;

(二)迅速控制危险源,标明危险区域,封锁危险场所,划定警戒区,实行交通管制以及其他控制措施;

(三)立即抢修被损坏的交通、通信、供水、排水、供电、供气、供热等公共设施,向受到危害的人员提供避难场所和生活必需品，实施医疗救护和卫生防疫以及其他保障措施；

（四）禁止或者限制使用有关设备、设施，关闭或者限制使用有关场所，中止人员密集的活动或者可能导致危害扩大的生产经营活动以及采取其他保护措施；

（五）启用本级人民政府设置的财政预备费和储备的应急救援物资，必要时调用其他急需物资、设备、设施、工具；

（六）组织公民参加应急救援和处置工作，要求具有特定专长的人员提供服务；

（七）保障食品、饮用水、燃料等基本生活必需品的供应；

（八）依法从严惩处囤积居奇、哄抬物价、制假售假等扰乱市场秩序的行为，稳定市场价格，维护市场秩序；

（九）依法从严惩处哄抢财物、干扰破坏应急处置工作等扰乱社会秩序的行为，维护社会治安；

（十）采取防止发生次生、衍生事件的必要措施。

**第五十条 【应对社会安全事件的处置措施】**社会安全事件发生后，组织处置工作的人民政府应当立即组织有关部门并由公安机关针对事件的性质和特点，依照有关法律、行政法规和国家其他有关规定，采取下列一项或者多项应急处置措施：

（一）强制隔离使用器械相互对抗或者以暴力行为参与冲突的当事人，妥善解决现场纠纷和争端，控制事态发展；

（二）对特定区域内的建筑物、交通工具、设备、设施以及燃料、燃气、电力、水的供应进行控制；

（三）封锁有关场所、道路，查验现场人员的身份证件，限制有关公共场所内的活动；

（四）加强对易受冲击的核心机关和单位的警卫，在国家机关、军事机关、国家通讯社、广播电台、电视台、外国驻华使领馆等单位附近设置临时警戒线；

（五）法律、行政法规和国务院规定的其他必要措施。

严重危害社会治安秩序的事件发生时，公安机关应当立即依法出动警力，根据现场情况依法采取相应的强制性措施，尽快使社会秩序恢复正常。

**第五十一条 【突发事件严重影响国民经济运行时的应急处置措施】**发生突发事件，严重影响国民经济正常运行时，国务院或者国务院授权的有关主管部门可以采取保障、控制等必要的应急措施，保障人民群众的基本生活需要，最大限度地减轻突发事件的影响。

**第五十二条 【征用财产权、请求支援权及相应义务】**履行统一领导职责或者组织处置突发事件的人民政府，必要时可以向单位和个人征用应急救援所需设备、设施、场地、交通工具和其他物资，请求其他地方人民政府提供人力、物力、财力或者技术支援，要求生产、供应生活必需品和应急救援物资的企业组织生产、保证供给，要求提供医疗、交通等公共服务的组织提供相应的服务。

履行统一领导职责或者组织处置突发事件的人民政府，应当组织协调运输经营单位，优先运送处置突发事件所需物资、设备、工具、应急救援人员和受到突发事件危害的人员。

**第五十三条 【发布相关信息的义务】**履行统一领导职责或者组织处置突发事件的人民政府，应当按照有关规定统一、准确、及时发布有关突发事件事态发展和应急处置工作的信息。

**第五十四条 【禁止编造、传播虚假信息】**任何单位和个人不得编造、传播有关突发事件事态发展或者应急处置工作的虚假信息。

**第五十五条 【相关组织的协助义务】**突发事件发生地的居民委员会、村民委员会和其他组织应当按照当地人民政府的决定、命令，进行宣传动员，组织群众开展自救和互救，协助维护社会秩序。

**第五十六条 【受突发事件影响或辐射突发事件的单位的应急处置措施】**受到自然灾害危害或者发生事故灾难、公共卫生事件的单位，应当立即组织本单位应急救援队伍和工作人员营救受害人员，疏散、撤离、安置受到威胁的人员，控制危险源，标明危险区域，封锁危险场所，并采取其他防止危害扩大的必要措施，同时向所在地县级人民政府报告；对因本单位的问题引发的或者主体是本单位人员的社会安全事件，有关单位应当按照规定上报情况，并迅速派出负责人赶赴现场开展劝解、疏导工作。

突发事件发生地的其他单位应当服从人民政府发布的决定、命令，配合人民政府采取的应急处置措施，做好本单位的应急救援工作，并积极组织人员参加所在地的应急救援和处置工作。

**第五十七条 【突发事件发生地的公民应当履行的义务】**突发事件发生地的公民应当服从人民政府、居民委员会、村民委员会或者所属单位的指挥和安排，配合人民政府采取的应急处置措施，积极参加应急救援工作，协助维护社会秩序。

## 第五章　事后恢复与重建

**第五十八条　【停止执行应急处置措施并继续实施必要措施】**突发事件的威胁和危害得到控制或者消除后，履行统一领导职责或者组织处置突发事件的人民政府应当停止执行依照本法规定采取的应急处置措施，同时采取或者继续实施必要措施，防止发生自然灾害、事故灾难、公共卫生事件的次生、衍生事件或者重新引发社会安全事件。

**第五十九条　【损失评估和组织恢复重建】**突发事件应急处置工作结束后，履行统一领导职责的人民政府应当立即组织对突发事件造成的损失进行评估，组织受影响地区尽快恢复生产、生活、工作和社会秩序，制定恢复重建计划，并向上一级人民政府报告。

受突发事件影响地区的人民政府应当及时组织和协调公安、交通、铁路、民航、邮电、建设等有关部门恢复社会治安秩序，尽快修复被损坏的交通、通信、供水、排水、供电、供气、供热等公共设施。

**第六十条　【支援恢复重建】**受突发事件影响地区的人民政府开展恢复重建工作需要上一级人民政府支持的，可以向上一级人民政府提出请求。上一级人民政府应当根据受影响地区遭受的损失和实际情况，提供资金、物资支持和技术指导，组织其他地区提供资金、物资和人力支援。

**第六十一条　【善后工作计划】**国务院根据受突发事件影响地区遭受损失的情况，制定扶持该地区有关行业发展的优惠政策。

受突发事件影响地区的人民政府应当根据本地区遭受损失的情况，制定救助、补偿、抚慰、抚恤、安置等善后工作计划并组织实施，妥善解决因处置突发事件引发的矛盾和纠纷。

公民参加应急救援工作或者协助维护社会秩序期间，其在本单位的工资待遇和福利不变；表现突出、成绩显著的，由县级以上人民政府给予表彰或者奖励。

县级以上人民政府对在应急救援工作中伤亡的人员依法给予抚恤。

**第六十二条　【查明原因并总结经验教训】**履行统一领导职责的人民政府应当及时查明突发事件的发生经过和原因，总结突发事件应急处置工作的经验教训，制定改进措施，并向上一级人民政府提出报告。

## 第六章　法律责任

**第六十三条　【政府及其有关部门不履行法定职责的法律责任】**地方各级人民政府和县级以上各级人民政府有关部门违反本法规定，不履行法定职责的，由其上级行政机关或者监察机关责令改正；有下列情形之一的，根据情节对直接负责的主管人员和其他直接责任人员依法给予处分：

（一）未按规定采取预防措施，导致发生突发事件，或者未采取必要的防范措施，导致发生次生、衍生事件的；

（二）迟报、谎报、瞒报、漏报有关突发事件的信息，或者通报、报送、公布虚假信息，造成后果的；

（三）未按规定及时发布突发事件警报、采取预警期的措施，导致损害发生的；

（四）未按规定及时采取措施处置突发事件或者处置不当，造成后果的；

（五）不服从上级人民政府对突发事件应急处置工作的统一领导、指挥和协调的；

（六）未及时组织开展生产自救、恢复重建等善后工作的；

（七）截留、挪用、私分或者变相私分应急救援资金、物资的；

（八）不及时归还征用的单位和个人的财产，或者对被征用财产的单位和个人不按规定给予补偿的。

**第六十四条　【突发事件发生地的单位不履行法定义务的法律责任】**有关单位有下列情形之一的，由所在地履行统一领导职责的人民政府责令停产停业，暂扣或者吊销许可证或者营业执照，并处五万元以上二十万元以下的罚款；构成违反治安管理行为的，由公安机关依法给予处罚：

（一）未按规定采取预防措施，导致发生严重突发事件的；

（二）未及时消除已发现的可能引发突发事件的隐患，导致发生严重突发事件的；

（三）未做好应急设备、设施日常维护、检测工作，导致发生严重突发事件或者突发事件危害扩大的；

（四）突发事件发生后，不及时组织开展应急救援工作，造成严重后果的。

前款规定的行为，其他法律、行政法规规定由人民政府有关部门依法决定处罚的，从其规定。

**第六十五条　【编造、传播虚假信息的法律责任】**违反本法规定，编造并传播有关突发事件事态发展或者应急处置工作的虚假信息，或者明知是有关突发事件事态发展或者应急处置工作的虚假信息而进行传播的，责令改正，给予警告；造成严重后果的，依法暂停其业务活动或者吊销其执业许可证；负有直接责任的人员是国家工作人员的，还应当对其依法给予处分；构成违反治安管理行为的，由公安机关依法给予处罚。

**第六十六条 【治安管理处罚】**单位或者个人违反本法规定，不服从所在地人民政府及其有关部门发布的决定、命令或者不配合其依法采取的措施，构成违反治安管理行为的，由公安机关依法给予处罚。

**第六十七条 【民事责任】**单位或者个人违反本法规定，导致突发事件发生或者危害扩大，给他人人身、财产造成损害的，应当依法承担民事责任。

**第六十八条 【刑事责任】**违反本法规定，构成犯罪的，依法追究刑事责任。

### 第七章 附 则

**第六十九条 【紧急状态】**发生特别重大突发事件，对人民生命财产安全、国家安全、公共安全、环境安全或者社会秩序构成重大威胁，采取本法和其他有关法律、法规、规章规定的应急处置措施不能消除或者有效控制、减轻其严重社会危害，需要进入紧急状态的，由全国人民代表大会常务委员会或者国务院依照宪法和其他有关法律规定的权限和程序决定。

紧急状态期间采取的非常措施，依照有关法律规定执行或者由全国人民代表大会常务委员会另行规定。

**第七十条 【施行日期】**本法自2007年11月1日起施行。

## 中华人民共和国防震减灾法

· 1997年12月29日第八届全国人民代表大会常务委员会第二十九次会议通过
· 2008年12月27日第十一届全国人民代表大会常务委员会第六次会议修订通过
· 2008年12月27日中华人民共和国主席令第7号公布
· 自2009年5月1日起施行

### 目 录

第一章 总 则
第二章 防震减灾规划
第三章 地震监测预报
第四章 地震灾害预防
第五章 地震应急救援
第六章 地震灾后过渡性安置和恢复重建
第七章 监督管理
第八章 法律责任
第九章 附 则

### 第一章 总 则

**第一条** 为了防御和减轻地震灾害，保护人民生命和财产安全，促进经济社会的可持续发展，制定本法。

**第二条** 在中华人民共和国领域和中华人民共和国管辖的其他海域从事地震监测预报、地震灾害预防、地震应急救援、地震灾后过渡性安置和恢复重建等防震减灾活动，适用本法。

**第三条** 防震减灾工作，实行预防为主、防御与救助相结合的方针。

**第四条** 县级以上人民政府应当加强对防震减灾工作的领导，将防震减灾工作纳入本级国民经济和社会发展规划，所需经费列入财政预算。

**第五条** 在国务院的领导下，国务院地震工作主管部门和国务院经济综合宏观调控、建设、民政、卫生、公安以及其他有关部门，按照职责分工，各负其责，密切配合，共同做好防震减灾工作。

县级以上地方人民政府负责管理地震工作的部门或者机构和其他有关部门在本级人民政府领导下，按照职责分工，各负其责，密切配合，共同做好本行政区域的防震减灾工作。

**第六条** 国务院抗震救灾指挥机构负责统一领导、指挥和协调全国抗震救灾工作。县级以上地方人民政府抗震救灾指挥机构负责统一领导、指挥和协调本行政区域的抗震救灾工作。

国务院地震工作主管部门和县级以上地方人民政府负责管理地震工作的部门或者机构，承担本级人民政府抗震救灾指挥机构的日常工作。

**第七条** 各级人民政府应当组织开展防震减灾知识的宣传教育，增强公民的防震减灾意识，提高全社会的防震减灾能力。

**第八条** 任何单位和个人都有依法参加防震减灾活动的义务。

国家鼓励、引导社会组织和个人开展地震群测群防活动，对地震进行监测和预防。

国家鼓励、引导志愿者参加防震减灾活动。

**第九条** 中国人民解放军、中国人民武装警察部队和民兵组织，依照本法以及其他有关法律、行政法规、军事法规的规定和国务院、中央军事委员会的命令，执行抗震救灾任务，保护人民生命和财产安全。

**第十条** 从事防震减灾活动，应当遵守国家有关防震减灾标准。

**第十一条** 国家鼓励、支持防震减灾的科学技术研究,逐步提高防震减灾科学技术研究经费投入,推广先进的科学研究成果,加强国际合作与交流,提高防震减灾工作水平。

对在防震减灾工作中做出突出贡献的单位和个人,按照国家有关规定给予表彰和奖励。

## 第二章 防震减灾规划

**第十二条** 国务院地震工作主管部门会同国务院有关部门组织编制国家防震减灾规划,报国务院批准后组织实施。

县级以上地方人民政府负责管理地震工作的部门或者机构会同同级有关部门,根据上一级防震减灾规划和本行政区域的实际情况,组织编制本行政区域的防震减灾规划,报本级人民政府批准后组织实施,并报上一级人民政府负责管理地震工作的部门或者机构备案。

**第十三条** 编制防震减灾规划,应当遵循统筹安排、突出重点、合理布局、全面预防的原则,以震情和震害预测结果为依据,并充分考虑人民生命和财产安全及经济社会发展、资源环境保护等需要。

县级以上地方人民政府有关部门应当根据编制防震减灾规划的需要,及时提供有关资料。

**第十四条** 防震减灾规划的内容应当包括:震情形势和防震减灾总体目标,地震监测台网建设布局,地震灾害预防措施,地震应急救援措施,以及防震减灾技术、信息、资金、物资等保障措施。

编制防震减灾规划,应当对地震重点监视防御区的地震监测台网建设、震情跟踪、地震灾害预防措施、地震应急准备、防震减灾知识宣传教育等作出具体安排。

**第十五条** 防震减灾规划报送审批前,组织编制机关应当征求有关部门、单位、专家和公众的意见。

防震减灾规划报送审批文件中应当附具意见采纳情况及理由。

**第十六条** 防震减灾规划一经批准公布,应当严格执行;因震情形势变化和经济社会发展的需要确需修改的,应当按照原审批程序报送审批。

## 第三章 地震监测预报

**第十七条** 国家加强地震监测预报工作,建立多学科地震监测系统,逐步提高地震监测预报水平。

**第十八条** 国家对地震监测台网实行统一规划,分级、分类管理。

国务院地震工作主管部门和县级以上地方人民政府负责管理地震工作的部门或者机构,按照国务院有关规定,制定地震监测台网规划。

全国地震监测台网由国家级地震监测台网、省级地震监测台网和市、县级地震监测台网组成,其建设资金和运行经费列入财政预算。

**第十九条** 水库、油田、核电站等重大建设工程的建设单位,应当按照国务院有关规定,建设专用地震监测台网或者强震动监测设施,其建设资金和运行经费由建设单位承担。

**第二十条** 地震监测台网的建设,应当遵守法律、法规和国家有关标准,保证建设质量。

**第二十一条** 地震监测台网不得擅自中止或者终止运行。

检测、传递、分析、处理、存贮、报送地震监测信息的单位,应当保证地震监测信息的质量和安全。

县级以上地方人民政府应当组织相关单位为地震监测台网的运行提供通信、交通、电力等保障条件。

**第二十二条** 沿海县级以上地方人民政府负责管理地震工作的部门或者机构,应当加强海域地震活动监测预测工作。海域地震发生后,县级以上地方人民政府负责管理地震工作的部门或者机构,应当及时向海洋主管部门和当地海事管理机构等通报情况。

火山所在地的县级以上地方人民政府负责管理地震工作的部门或者机构,应当利用地震监测设施和技术手段,加强火山活动监测预测工作。

**第二十三条** 国家依法保护地震监测设施和地震观测环境。

任何单位和个人不得侵占、毁损、拆除或者擅自移动地震监测设施。地震监测设施遭到破坏的,县级以上地方人民政府负责管理地震工作的部门或者机构应当采取紧急措施组织修复,确保地震监测设施正常运行。

任何单位和个人不得危害地震观测环境。国务院地震工作主管部门和县级以上地方人民政府负责管理地震工作的部门或者机构会同同级有关部门,按照国务院有关规定划定地震观测环境保护范围,并纳入土地利用总体规划和城乡规划。

**第二十四条** 新建、扩建、改建建设工程,应当避免对地震监测设施和地震观测环境造成危害。建设国家重点工程,确实无法避免对地震监测设施和地震观测环境造成危害的,建设单位应当按照县级以上地方人民政府负责管理地震工作的部门或者机构的要求,增建抗干扰设施；不能增建抗干扰设施的，应当新建地震监测设施。

对地震观测环境保护范围内的建设工程项目，城乡规划主管部门在依法核发选址意见书时，应当征求负责管理地震工作的部门或者机构的意见；不需要核发选址意见书的，城乡规划主管部门在依法核发建设用地规划许可证或者乡村建设规划许可证时，应当征求负责管理地震工作的部门或者机构的意见。

**第二十五条** 国务院地震工作主管部门建立健全地震监测信息共享平台，为社会提供服务。

县级以上地方人民政府负责管理地震工作的部门或者机构，应当将地震监测信息及时报送上一级人民政府负责管理地震工作的部门或者机构。

专用地震监测台网和强震动监测设施的管理单位，应当将地震监测信息及时报送所在地省、自治区、直辖市人民政府负责管理地震工作的部门或者机构。

**第二十六条** 国务院地震工作主管部门和县级以上地方人民政府负责管理地震工作的部门或者机构，根据地震监测信息研究结果，对可能发生地震的地点、时间和震级作出预测。

其他单位和个人通过研究提出的地震预测意见，应当向所在地或者所预测地的县级以上地方人民政府负责管理地震工作的部门或者机构书面报告，或者直接向国务院地震工作主管部门书面报告。收到书面报告的部门或者机构应当进行登记并出具接收凭证。

**第二十七条** 观测到可能与地震有关的异常现象的单位和个人，可以向所在地县级以上地方人民政府负责管理地震工作的部门或者机构报告，也可以直接向国务院地震工作主管部门报告。

国务院地震工作主管部门和县级以上地方人民政府负责管理地震工作的部门或者机构接到报告后，应当进行登记并及时组织调查核实。

**第二十八条** 国务院地震工作主管部门和省、自治区、直辖市人民政府负责管理地震工作的部门或者机构，应当组织召开震情会商会，必要时邀请有关部门、专家和其他有关人员参加，对地震预测意见和可能与地震有关的异常现象进行综合分析研究，形成震情会商意见，报本级人民政府；经震情会商形成地震预报意见的，在报本级人民政府前，应当进行评审，作出评审结果，并提出对策建议。

**第二十九条** 国家对地震预报意见实行统一发布制度。

全国范围内的地震长期和中期预报意见，由国务院发布。省、自治区、直辖市行政区域内的地震预报意见，由省、自治区、直辖市人民政府按照国务院规定的程序发布。

除发表本人或者本单位对长期、中期地震活动趋势的研究成果及进行相关学术交流外，任何单位和个人不得向社会散布地震预测意见。任何单位和个人不得向社会散布地震预报意见及其评审结果。

**第三十条** 国务院地震工作主管部门根据地震活动趋势和震害预测结果，提出确定地震重点监视防御区的意见，报国务院批准。

国务院地震工作主管部门应当加强地震重点监视防御区的震情跟踪，对地震活动趋势进行分析评估，提出年度防震减灾工作意见，报国务院批准后实施。

地震重点监视防御区的县级以上地方人民政府应当根据年度防震减灾工作意见和当地的地震活动趋势，组织有关部门加强防震减灾工作。

地震重点监视防御区的县级以上地方人民政府负责管理地震工作的部门或者机构，应当增加地震监测台网密度，组织做好震情跟踪、流动观测和可能与地震有关的异常现象观测以及群测群防工作，并及时将有关情况报上一级人民政府负责管理地震工作的部门或者机构。

**第三十一条** 国家支持全国地震烈度速报系统的建设。

地震灾害发生后，国务院地震工作主管部门应当通过全国地震烈度速报系统快速判断致灾程度，为指挥抗震救灾工作提供依据。

**第三十二条** 国务院地震工作主管部门和县级以上地方人民政府负责管理地震工作的部门或者机构，应当对发生地震灾害的区域加强地震监测，在地震现场设立流动观测点，根据震情的发展变化，及时对地震活动趋势作出分析、判定，为余震防范工作提供依据。

国务院地震工作主管部门和县级以上地方人民政府负责管理地震工作的部门或者机构、地震监测台网的管理单位，应当及时收集、保存有关地震的资料和信息，并建立完整的档案。

**第三十三条** 外国的组织或者个人在中华人民共和国领域和中华人民共和国管辖的其他海域从事地震监测活动，必须经国务院地震工作主管部门会同有关部门批准，并采取与中华人民共和国有关部门或者单位合作的形式进行。

## 第四章 地震灾害预防

**第三十四条** 国务院地震工作主管部门负责制定全

国地震烈度区划图或者地震动参数区划图。

国务院地震工作主管部门和省、自治区、直辖市人民政府负责管理地震工作的部门或者机构，负责审定建设工程的地震安全性评价报告，确定抗震设防要求。

**第三十五条** 新建、扩建、改建建设工程，应当达到抗震设防要求。

重大建设工程和可能发生严重次生灾害的建设工程，应当按照国务院有关规定进行地震安全性评价，并按照经审定的地震安全性评价报告所确定的抗震设防要求进行抗震设防。建设工程的地震安全性评价单位应当按照国家有关标准进行地震安全性评价，并对地震安全性评价报告的质量负责。

前款规定以外的建设工程，应当按照地震烈度区划图或者地震动参数区划图所确定的抗震设防要求进行抗震设防；对学校、医院等人员密集场所的建设工程，应当按照高于当地房屋建筑的抗震设防要求进行设计和施工，采取有效措施，增强抗震设防能力。

**第三十六条** 有关建设工程的强制性标准，应当与抗震设防要求相衔接。

**第三十七条** 国家鼓励城市人民政府组织制定地震小区划图。地震小区划图由国务院地震工作主管部门负责审定。

**第三十八条** 建设单位对建设工程的抗震设计、施工的全过程负责。

设计单位应当按照抗震设防要求和工程建设强制性标准进行抗震设计，并对抗震设计的质量以及出具的施工图设计文件的准确性负责。

施工单位应当按照施工图设计文件和工程建设强制性标准进行施工，并对施工质量负责。

建设单位、施工单位应当选用符合施工图设计文件和国家有关标准规定的材料、构配件和设备。

工程监理单位应当按照施工图设计文件和工程建设强制性标准实施监理，并对施工质量承担监理责任。

**第三十九条** 已经建成的下列建设工程，未采取抗震设防措施或者抗震设防措施未达到抗震设防要求的，应当按照国家有关规定进行抗震性能鉴定，并采取必要的抗震加固措施：

（一）重大建设工程；

（二）可能发生严重次生灾害的建设工程；

（三）具有重大历史、科学、艺术价值或者重要纪念意义的建设工程；

（四）学校、医院等人员密集场所的建设工程；

（五）地震重点监视防御区内的建设工程。

**第四十条** 县级以上地方人民政府应当加强对农村村民住宅和乡村公共设施抗震设防的管理，组织开展农村实用抗震技术的研究和开发，推广达到抗震设防要求、经济适用、具有当地特色的建筑设计和施工技术，培训相关技术人员，建设示范工程，逐步提高农村村民住宅和乡村公共设施的抗震设防水平。

国家对需要抗震设防的农村村民住宅和乡村公共设施给予必要支持。

**第四十一条** 城乡规划应当根据地震应急避难的需要，合理确定应急疏散通道和应急避难场所，统筹安排地震应急避难所必需的交通、供水、供电、排污等基础设施建设。

**第四十二条** 地震重点监视防御区的县级以上地方人民政府应当根据实际需要，在本级财政预算和物资储备中安排抗震救灾资金、物资。

**第四十三条** 国家鼓励、支持研究开发和推广使用符合抗震设防要求、经济实用的新技术、新工艺、新材料。

**第四十四条** 县级人民政府及其有关部门和乡、镇人民政府、城市街道办事处等基层组织，应当组织开展地震应急知识的宣传普及活动和必要的地震应急救援演练，提高公民在地震灾害中自救互救的能力。

机关、团体、企业、事业等单位，应当按照所在地人民政府的要求，结合各自实际情况，加强对本单位人员的地震应急知识宣传教育，开展地震应急救援演练。

学校应当进行地震应急知识教育，组织开展必要的地震应急救援演练，培养学生的安全意识和自救互救能力。

新闻媒体应当开展地震灾害预防和应急、自救互救知识的公益宣传。

国务院地震工作主管部门和县级以上地方人民政府负责管理地震工作的部门或者机构，应当指导、协助、督促有关单位做好防震减灾知识的宣传教育和地震应急救援演练等工作。

**第四十五条** 国家发展有财政支持的地震灾害保险事业，鼓励单位和个人参加地震灾害保险。

## 第五章 地震应急救援

**第四十六条** 国务院地震工作主管部门会同国务院有关部门制定国家地震应急预案，报国务院批准。国务院有关部门根据国家地震应急预案，制定本部门的地震应急预案，报国务院地震工作主管部门备案。

县级以上地方人民政府及其有关部门和乡、镇人民政府，应当根据有关法律、法规、规章、上级人民政府及其有关部门的地震应急预案和本行政区域的实际情况，制定本行政区域的地震应急预案和本部门的地震应急预案。省、自治区、直辖市和较大的市的地震应急预案，应当报国务院地震工作主管部门备案。

交通、铁路、水利、电力、通信等基础设施和学校、医院等人员密集场所的经营管理单位，以及可能发生次生灾害的核电、矿山、危险物品等生产经营单位，应当制定地震应急预案，并报所在地的县级人民政府负责管理地震工作的部门或者机构备案。

**第四十七条** 地震应急预案的内容应当包括：组织指挥体系及其职责，预防和预警机制，处置程序，应急响应和应急保障措施等。

地震应急预案应当根据实际情况适时修订。

**第四十八条** 地震预报意见发布后，有关省、自治区、直辖市人民政府根据预报的震情可以宣布有关区域进入临震应急期；有关地方人民政府应当按照地震应急预案，组织有关部门做好应急防范和抗震救灾准备工作。

**第四十九条** 按照社会危害程度、影响范围等因素，地震灾害分为一般、较大、重大和特别重大四级。具体分级标准按照国务院规定执行。

一般或者较大地震灾害发生后，地震发生地的市、县人民政府负责组织有关部门启动地震应急预案；重大地震灾害发生后，地震发生地的省、自治区、直辖市人民政府负责组织有关部门启动地震应急预案；特别重大地震灾害发生后，国务院负责组织有关部门启动地震应急预案。

**第五十条** 地震灾害发生后，抗震救灾指挥机构应当立即组织有关部门和单位迅速查清受灾情况，提出地震应急救援力量的配置方案，并采取以下紧急措施：

（一）迅速组织抢救被压埋人员，并组织有关单位和人员开展自救互救；

（二）迅速组织实施紧急医疗救护，协调伤员转移和接收与救治；

（三）迅速组织抢修毁损的交通、铁路、水利、电力、通信等基础设施；

（四）启用应急避难场所或者设置临时避难场所，设置救济物资供应点，提供救济物品、简易住所和临时住所，及时转移和安置受灾群众，确保饮用水消毒和水质安全，积极开展卫生防疫，妥善安排受灾群众生活；

（五）迅速控制危险源，封锁危险场所，做好次生灾害的排查与监测预警工作，防范地震可能引发的火灾、水灾、爆炸、山体滑坡和崩塌、泥石流、地面塌陷，或者剧毒、强腐蚀性、放射性物质大量泄漏等次生灾害以及传染病疫情的发生；

（六）依法采取维持社会秩序、维护社会治安的必要措施。

**第五十一条** 特别重大地震灾害发生后，国务院抗震救灾指挥机构在地震灾区成立现场指挥机构，并根据需要设立相应的工作组，统一组织领导、指挥和协调抗震救灾工作。

各级人民政府及有关部门和单位、中国人民解放军、中国人民武装警察部队和民兵组织，应当按照统一部署，分工负责，密切配合，共同做好地震应急救援工作。

**第五十二条** 地震灾区的县级以上地方人民政府应当及时将地震震情和灾情等信息向上一级人民政府报告，必要时可以越级上报，不得迟报、谎报、瞒报。

地震震情、灾情和抗震救灾等信息按照国务院有关规定实行归口管理，统一、准确、及时发布。

**第五十三条** 国家鼓励、扶持地震应急救援新技术和装备的研究开发，调运和储备必要的应急救援设施、装备，提高应急救援水平。

**第五十四条** 国务院建立国家地震灾害紧急救援队伍。

省、自治区、直辖市人民政府和地震重点监视防御区的市、县人民政府可以根据实际需要，充分利用消防等现有队伍，按照一队多用、专职与兼职相结合的原则，建立地震灾害紧急救援队伍。

地震灾害紧急救援队伍应当配备相应的装备、器材，开展培训和演练，提高地震灾害紧急救援能力。

地震灾害紧急救援队伍在实施救援时，应当首先对倒塌建筑物、构筑物压埋人员进行紧急救援。

**第五十五条** 县级以上人民政府有关部门应当按照职责分工，协调配合，采取有效措施，保障地震灾害紧急救援队伍和医疗救治队伍快速、高效地开展地震灾害紧急救援活动。

**第五十六条** 县级以上地方人民政府及其有关部门可以建立地震灾害救援志愿者队伍，并组织开展地震应急救援知识培训和演练，使志愿者掌握必要的地震应急救援技能，增强地震灾害应急救援能力。

**第五十七条** 国务院地震工作主管部门会同有关部门和单位，组织协调外国救援队和医疗队在中华人民共和国开展地震灾害紧急救援活动。

国务院抗震救灾指挥机构负责外国救援队和医疗队的统筹调度，并根据其专业特长，科学、合理地安排紧急救援任务。

地震灾区的地方各级人民政府，应当对外国救援队和医疗队开展紧急救援活动予以支持和配合。

## 第六章 地震灾后过渡性安置和恢复重建

**第五十八条** 国务院或者地震灾区的省、自治区、直辖市人民政府应当及时组织对地震灾害损失进行调查评估，为地震应急救援、灾后过渡性安置和恢复重建提供依据。

地震灾害损失调查评估的具体工作，由国务院地震工作主管部门或者地震灾区的省、自治区、直辖市人民政府负责管理地震工作的部门或者机构和财政、建设、民政等有关部门按照国务院的规定承担。

**第五十九条** 地震灾区受灾群众需要过渡性安置的，应当根据地震灾区的实际情况，在确保安全的前提下，采取灵活多样的方式进行安置。

**第六十条** 过渡性安置点应当设置在交通条件便利、方便受灾群众恢复生产和生活的区域，并避开地震活动断层和可能发生严重次生灾害的区域。

过渡性安置点的规模应当适度，并采取相应的防灾、防疫措施，配套建设必要的基础设施和公共服务设施，确保受灾群众的安全和基本生活需要。

**第六十一条** 实施过渡性安置应当尽量保护农用地，并避免对自然保护区、饮用水水源保护区以及生态脆弱区域造成破坏。

过渡性安置用地按照临时用地安排，可以先行使用，事后依法办理有关用地手续；到期未转为永久性用地的，应当复垦后交还原土地使用者。

**第六十二条** 过渡性安置点所在地的县级人民政府，应当组织有关部门加强对次生灾害、饮用水水质、食品卫生、疫情等的监测，开展流行病学调查，整治环境卫生，避免对土壤、水环境等造成污染。

过渡性安置点所在地的公安机关，应当加强治安管理，依法打击各种违法犯罪行为，维护正常的社会秩序。

**第六十三条** 地震灾区的县级以上地方人民政府及其有关部门和乡、镇人民政府，应当及时组织修复毁损的农业生产设施，提供农业生产技术指导，尽快恢复农业生产；优先恢复供电、供水、供气等企业的生产，并对大型骨干企业恢复生产提供支持，为全面恢复农业、工业、服务业生产经营提供条件。

**第六十四条** 各级人民政府应当加强对地震灾后恢复重建工作的领导、组织和协调。

县级以上人民政府有关部门应当在本级人民政府领导下，按照职责分工，密切配合，采取有效措施，共同做好地震灾后恢复重建工作。

**第六十五条** 国务院有关部门应当组织有关专家开展地震活动对相关建设工程破坏机理的调查评估，为修订完善有关建设工程的强制性标准、采取抗震设防措施提供科学依据。

**第六十六条** 特别重大地震灾害发生后，国务院经济综合宏观调控部门会同国务院有关部门与地震灾区的省、自治区、直辖市人民政府共同组织编制地震灾后恢复重建规划，报国务院批准后组织实施；重大、较大、一般地震灾害发生后，由地震灾区的省、自治区、直辖市人民政府根据实际需要组织编制地震灾后恢复重建规划。

地震灾害损失调查评估获得的地质、勘察、测绘、土地、气象、水文、环境等基础资料和经国务院地震工作主管部门复核的地震动参数区划图，应当作为编制地震灾后恢复重建规划的依据。

编制地震灾后恢复重建规划，应当征求有关部门、单位、专家和公众特别是地震灾区受灾群众的意见；重大事项应当组织有关专家进行专题论证。

**第六十七条** 地震灾后恢复重建规划应当根据地质条件和地震活动断层分布以及资源环境承载能力，重点对城镇和乡村的布局、基础设施和公共服务设施的建设、防灾减灾和生态环境以及自然资源和历史文化遗产保护等作出安排。

地震灾区内需要异地新建的城镇和乡村的选址以及地震灾后重建工程的选址，应当符合地震灾后恢复重建规划和抗震设防、防灾减灾要求，避开地震活动断层或者生态脆弱和可能发生洪水、山体滑坡和崩塌、泥石流、地面塌陷等灾害的区域以及传染病自然疫源地。

**第六十八条** 地震灾区的地方各级人民政府应当根据地震灾后恢复重建规划和当地经济社会发展水平，有计划、分步骤地组织实施地震灾后恢复重建。

**第六十九条** 地震灾区的县级以上地方人民政府应当组织有关部门和专家，根据地震灾害损失调查评估结果，制定清理保护方案，明确典型地震遗址、遗迹和文物保护单位以及具有历史价值与民族特色的建筑物、构筑物的保护范围和措施。

对地震灾害现场的清理，按照清理保护方案分区、分类进行，并依照法律、行政法规和国家有关规定，妥善清理、转运和处置有关放射性物质、危险废物和有毒化学品，开展防疫工作，防止传染病和重大动物疫情的发生。

**第七十条** 地震灾后恢复重建，应当统筹安排交通、铁路、水利、电力、通信、供水、供电等基础设施和市政公用设施，学校、医院、文化、商贸服务、防灾减灾、环境保护等公共服务设施，以及住房和无障碍设施的建设，合理确定建设规模和时序。

乡村的地震灾后恢复重建，应当尊重村民意愿，发挥村民自治组织的作用，以群众自建为主，政府补助、社会帮扶、对口支援，因地制宜，节约和集约利用土地，保护耕地。

少数民族聚居的地方的地震灾后恢复重建，应当尊重当地群众的意愿。

**第七十一条**　地震灾区的县级以上地方人民政府应当组织有关部门和单位，抢救、保护与收集整理有关档案、资料，对因地震灾害遗失、毁损的档案、资料，及时补充和恢复。

**第七十二条**　地震灾后恢复重建应当坚持政府主导、社会参与和市场运作相结合的原则。

地震灾区的地方各级人民政府应当组织受灾群众和企业开展生产自救，自力更生、艰苦奋斗、勤俭节约，尽快恢复生产。

国家对地震灾后恢复重建给予财政支持、税收优惠和金融扶持，并提供物资、技术和人力等支持。

**第七十三条**　地震灾区的地方各级人民政府应当组织做好救助、救治、康复、补偿、抚慰、抚恤、安置、心理援助、法律服务、公共文化服务等工作。

各级人民政府及有关部门应当做好受灾群众的就业工作，鼓励企业、事业单位优先吸纳符合条件的受灾群众就业。

**第七十四条**　对地震灾后恢复重建中需要办理行政审批手续的事项，有审批权的人民政府及有关部门应当按照方便群众、简化手续、提高效率的原则，依法及时予以办理。

## 第七章　监督管理

**第七十五条**　县级以上人民政府依法加强对防震减灾规划和地震应急预案的编制与实施、地震应急避难场所的设置与管理、地震灾害紧急救援队伍的培训、防震减灾知识宣传教育和地震应急救援演练等工作的监督检查。

县级以上人民政府有关部门应当加强对地震应急救援、地震灾后过渡性安置和恢复重建的物资的质量安全的监督检查。

**第七十六条**　县级以上人民政府建设、交通、铁路、水利、电力、地震等有关部门应当按照职责分工，加强对工程建设强制性标准、抗震设防要求执行情况和地震安全性评价工作的监督检查。

**第七十七条**　禁止侵占、截留、挪用地震应急救援、地震灾后过渡性安置和恢复重建的资金、物资。

县级以上人民政府有关部门对地震应急救援、地震灾后过渡性安置和恢复重建的资金、物资以及社会捐赠款物的使用情况，依法加强管理和监督，予以公布，并对资金、物资的筹集、分配、拨付、使用情况登记造册，建立健全档案。

**第七十八条**　地震灾区的地方人民政府应当定期公布地震应急救援、地震灾后过渡性安置和恢复重建的资金、物资以及社会捐赠款物的来源、数量、发放和使用情况，接受社会监督。

**第七十九条**　审计机关应当加强对地震应急救援、地震灾后过渡性安置和恢复重建的资金、物资的筹集、分配、拨付、使用的审计，并及时公布审计结果。

**第八十条**　监察机关应当加强对参与防震减灾工作的国家行政机关和法律、法规授权的具有管理公共事务职能的组织及其工作人员的监察。

**第八十一条**　任何单位和个人对防震减灾活动中的违法行为，有权进行举报。

接到举报的人民政府或者有关部门应当进行调查，依法处理，并为举报人保密。

## 第八章　法律责任

**第八十二条**　国务院地震工作主管部门、县级以上地方人民政府负责管理地震工作的部门或者机构，以及其他依照本法规定行使监督管理权的部门，不依法作出行政许可或者办理批准文件的，发现违法行为或者接到对违法行为的举报后不予查处的，或者有其他未依照本法规定履行职责的行为的，对直接负责的主管人员和其他直接责任人员，依法给予处分。

**第八十三条**　未按照法律、法规和国家有关标准进行地震监测台网建设的，由国务院地震工作主管部门或者县级以上地方人民政府负责管理地震工作的部门或者机构责令改正，采取相应的补救措施；对直接负责的主管人员和其他直接责任人员，依法给予处分。

**第八十四条**　违反本法规定，有下列行为之一的，由国务院地震工作主管部门或者县级以上地方人民政府负责管理地震工作的部门或者机构责令停止违法行为，恢复原状或者采取其他补救措施；造成损失的，依法承担赔偿责任：

（一）侵占、毁损、拆除或者擅自移动地震监测设施的；

（二）危害地震观测环境的；

（三）破坏典型地震遗址、遗迹的。

单位有前款所列违法行为，情节严重的，处二万元以上二十万元以下的罚款；个人有前款所列违法行为，情节严重的，处二千元以下的罚款。构成违反治安管理行为的，由公安机关依法给予处罚。

**第八十五条** 违反本法规定，未按照要求增建抗干扰设施或者新建地震监测设施的，由国务院地震工作主管部门或者县级以上地方人民政府负责管理地震工作的部门或者机构责令限期改正；逾期不改正的，处二万元以上二十万元以下的罚款；造成损失的，依法承担赔偿责任。

**第八十六条** 违反本法规定，外国的组织或者个人未经批准，在中华人民共和国领域和中华人民共和国管辖的其他海域从事地震监测活动的，由国务院地震工作主管部门责令停止违法行为，没收监测成果和监测设施，并处一万元以上十万元以下的罚款；情节严重的，并处十万元以上五十万元以下的罚款。

外国人有前款规定行为的，除依照前款规定处罚外，还应当依照外国人入境出境管理法律的规定缩短其在中华人民共和国停留的期限或者取消其在中华人民共和国居留的资格；情节严重的，限期出境或者驱逐出境。

**第八十七条** 未依法进行地震安全性评价，或者未按照地震安全性评价报告所确定的抗震设防要求进行抗震设防的，由国务院地震工作主管部门或者县级以上地方人民政府负责管理地震工作的部门或者机构责令限期改正；逾期不改正的，处三万元以上三十万元以下的罚款。

**第八十八条** 违反本法规定，向社会散布地震预测意见、地震预报意见及其评审结果，或者在地震灾后过渡性安置、地震灾后恢复重建中扰乱社会秩序，构成违反治安管理行为的，由公安机关依法给予处罚。

**第八十九条** 地震灾区的县级以上地方人民政府迟报、谎报、瞒报地震震情、灾情等信息的，由上级人民政府责令改正；对直接负责的主管人员和其他直接责任人员，依法给予处分。

**第九十条** 侵占、截留、挪用地震应急救援、地震灾后过渡性安置或者地震灾后恢复重建的资金、物资的，由财政部门、审计机关在各自职责范围内，责令改正，追回被侵占、截留、挪用的资金、物资；有违法所得的，没收违法所得；对单位给予警告或者通报批评；对直接负责的主管人员和其他直接责任人员，依法给予处分。

**第九十一条** 违反本法规定，构成犯罪的，依法追究刑事责任。

### 第九章 附 则

**第九十二条** 本法下列用语的含义：

（一）地震监测设施，是指用于地震信息检测、传输和处理的设备、仪器和装置以及配套的监测场地。

（二）地震观测环境，是指按照国家有关标准划定的保障地震监测设施不受干扰、能够正常发挥工作效能的空间范围。

（三）重大建设工程，是指对社会有重大价值或者有重大影响的工程。

（四）可能发生严重次生灾害的建设工程，是指受地震破坏后可能引发水灾、火灾、爆炸，或者剧毒、强腐蚀性、放射性物质大量泄漏，以及其他严重次生灾害的建设工程，包括水库大坝和贮油、贮气设施，贮存易燃易爆或者剧毒、强腐蚀性、放射性物质的设施，以及其他可能发生严重次生灾害的建设工程。

（五）地震烈度区划图，是指以地震烈度（以等级表示的地震影响强弱程度）为指标，将全国划分为不同抗震设防要求区域的图件。

（六）地震动参数区划图，是指以地震动参数（以加速度表示地震作用强弱程度）为指标，将全国划分为不同抗震设防要求区域的图件。

（七）地震小区划图，是指根据某一区域的具体场地条件，对该区域的抗震设防要求进行详细划分的图件。

**第九十三条** 本法自 2009 年 5 月 1 日起施行。

## 突发公共卫生事件应急条例

· 2003 年 5 月 9 日中华人民共和国国务院令第 376 号公布

· 根据 2011 年 1 月 8 日《国务院关于废止和修改部分行政法规的决定》修订

### 第一章 总 则

**第一条** 为了有效预防、及时控制和消除突发公共卫生事件的危害，保障公众身体健康与生命安全，维护正常的社会秩序，制定本条例。

**第二条** 本条例所称突发公共卫生事件（以下简称突发事件），是指突然发生，造成或者可能造成社会公众健康严重损害的重大传染病疫情、群体性不明原因疾病、重大食物和职业中毒以及其他严重影响公众健康的事件。

**第三条** 突发事件发生后，国务院设立全国突发事件应急处理指挥部，由国务院有关部门和军队有关部门组成，国务院主管领导人担任总指挥，负责对全国突发事件应急处理的统一领导、统一指挥。

国务院卫生行政主管部门和其他有关部门，在各自的职责范围内做好突发事件应急处理的有关工作。

**第四条**　突发事件发生后，省、自治区、直辖市人民政府成立地方突发事件应急处理指挥部，省、自治区、直辖市人民政府主要领导人担任总指挥，负责领导、指挥本行政区域内突发事件应急处理工作。

县级以上地方人民政府卫生行政主管部门，具体负责组织突发事件的调查、控制和医疗救治工作。

县级以上地方人民政府有关部门，在各自的职责范围内做好突发事件应急处理的有关工作。

**第五条**　突发事件应急工作，应当遵循预防为主、常备不懈的方针，贯彻统一领导、分级负责、反应及时、措施果断、依靠科学、加强合作的原则。

**第六条**　县级以上各级人民政府应当组织开展防治突发事件相关科学研究，建立突发事件应急流行病学调查、传染源隔离、医疗救护、现场处置、监督检查、监测检验、卫生防护等有关物资、设备、设施、技术与人才资源储备，所需经费列入本级政府财政预算。

国家对边远贫困地区突发事件应急工作给予财政支持。

**第七条**　国家鼓励、支持开展突发事件监测、预警、反应处理有关技术的国际交流与合作。

**第八条**　国务院有关部门和县级以上地方人民政府及其有关部门，应当建立严格的突发事件防范和应急处理责任制，切实履行各自的职责，保证突发事件应急处理工作的正常进行。

**第九条**　县级以上各级人民政府及其卫生行政主管部门，应当对参加突发事件应急处理的医疗卫生人员，给予适当补助和保健津贴；对参加突发事件应急处理作出贡献的人员，给予表彰和奖励；对因参与应急处理工作致病、致残、死亡的人员，按照国家有关规定，给予相应的补助和抚恤。

## 第二章　预防与应急准备

**第十条**　国务院卫生行政主管部门按照分类指导、快速反应的要求，制定全国突发事件应急预案，报请国务院批准。

省、自治区、直辖市人民政府根据全国突发事件应急预案，结合本地实际情况，制定本行政区域的突发事件应急预案。

**第十一条**　全国突发事件应急预案应当包括以下主要内容：

（一）突发事件应急处理指挥部的组成和相关部门的职责；

（二）突发事件的监测与预警；

（三）突发事件信息的收集、分析、报告、通报制度；

（四）突发事件应急处理技术和监测机构及其任务；

（五）突发事件的分级和应急处理工作方案；

（六）突发事件预防、现场控制，应急设施、设备、救治药品和医疗器械以及其他物资和技术的储备与调度；

（七）突发事件应急处理专业队伍的建设和培训。

**第十二条**　突发事件应急预案应当根据突发事件的变化和实施中发现的问题及时进行修订、补充。

**第十三条**　地方各级人民政府应当依照法律、行政法规的规定，做好传染病预防和其他公共卫生工作，防范突发事件的发生。

县级以上各级人民政府卫生行政主管部门和其他有关部门，应当对公众开展突发事件应急知识的专门教育，增强全社会对突发事件的防范意识和应对能力。

**第十四条**　国家建立统一的突发事件预防控制体系。

县级以上地方人民政府应当建立和完善突发事件监测与预警系统。

县级以上各级人民政府卫生行政主管部门，应当指定机构负责开展突发事件的日常监测，并确保监测与预警系统的正常运行。

**第十五条**　监测与预警工作应当根据突发事件的类别，制定监测计划，科学分析、综合评价监测数据。对早期发现的潜在隐患以及可能发生的突发事件，应当依照本条例规定的报告程序和时限及时报告。

**第十六条**　国务院有关部门和县级以上地方人民政府及其有关部门，应当根据突发事件应急预案的要求，保证应急设施、设备、救治药品和医疗器械等物资储备。

**第十七条**　县级以上各级人民政府应当加强急救医疗服务网络的建设，配备相应的医疗救治药物、技术、设备和人员，提高医疗卫生机构应对各类突发事件的救治能力。

设区的市级以上地方人民政府应当设置与传染病防治工作需要相适应的传染病专科医院，或者指定具备传染病防治条件和能力的医疗机构承担传染病防治任务。

**第十八条**　县级以上地方人民政府卫生行政主管部门，应当定期对医疗卫生机构和人员开展突发事件应急处理相关知识、技能的培训，定期组织医疗卫生机构进行突发事件应急演练，推广最新知识和先进技术。

## 第三章　报告与信息发布

**第十九条**　国家建立突发事件应急报告制度。

国务院卫生行政主管部门制定突发事件应急报告规范，建立重大、紧急疫情信息报告系统。

有下列情形之一的，省、自治区、直辖市人民政府应当在接到报告1小时内，向国务院卫生行政主管部门报告：

（一）发生或者可能发生传染病暴发、流行的；

（二）发生或者发现不明原因的群体性疾病的；

（三）发生传染病菌种、毒种丢失的；

（四）发生或者可能发生重大食物和职业中毒事件的。

国务院卫生行政主管部门对可能造成重大社会影响的突发事件，应当立即向国务院报告。

**第二十条**　突发事件监测机构、医疗卫生机构和有关单位发现有本条例第十九条规定情形之一的，应当在2小时内向所在地县级人民政府卫生行政主管部门报告；接到报告的卫生行政主管部门应当在2小时内向本级人民政府报告，并同时向上级人民政府卫生行政主管部门和国务院卫生行政主管部门报告。

县级人民政府应当在接到报告后2小时内向设区的市级人民政府或者上一级人民政府报告；设区的市级人民政府应当在接到报告后2小时内向省、自治区、直辖市人民政府报告。

**第二十一条**　任何单位和个人对突发事件，不得隐瞒、缓报、谎报或者授意他人隐瞒、缓报、谎报。

**第二十二条**　接到报告的地方人民政府、卫生行政主管部门依照本条例规定报告的同时，应当立即组织力量对报告事项调查核实、确证，采取必要的控制措施，并及时报告调查情况。

**第二十三条**　国务院卫生行政主管部门应当根据发生突发事件的情况，及时向国务院有关部门和各省、自治区、直辖市人民政府卫生行政主管部门以及军队有关部门通报。

突发事件发生地的省、自治区、直辖市人民政府卫生行政主管部门，应当及时向毗邻省、自治区、直辖市人民政府卫生行政主管部门通报。

接到通报的省、自治区、直辖市人民政府卫生行政主管部门，必要时应当及时通知本行政区域内的医疗卫生机构。

县级以上地方人民政府有关部门，已经发生或者发现可能引起突发事件的情形时，应当及时向同级人民政府卫生行政主管部门通报。

**第二十四条**　国家建立突发事件举报制度，公布统一的突发事件报告、举报电话。

任何单位和个人有权向人民政府及其有关部门报告突发事件隐患，有权向上级人民政府及其有关部门举报地方人民政府及其有关部门不履行突发事件应急处理职责，或者不按照规定履行职责的情况。接到报告、举报的有关人民政府及其有关部门，应当立即组织对突发事件隐患、不履行或者不按照规定履行突发事件应急处理职责的情况进行调查处理。

对举报突发事件有功的单位和个人，县级以上各级人民政府及其有关部门应当予以奖励。

**第二十五条**　国家建立突发事件的信息发布制度。

国务院卫生行政主管部门负责向社会发布突发事件的信息。必要时，可以授权省、自治区、直辖市人民政府卫生行政主管部门向社会发布本行政区域内突发事件的信息。

信息发布应当及时、准确、全面。

## 第四章　应急处理

**第二十六条**　突发事件发生后，卫生行政主管部门应当组织专家对突发事件进行综合评估，初步判断突发事件的类型，提出是否启动突发事件应急预案的建议。

**第二十七条**　在全国范围内或者跨省、自治区、直辖市范围内启动全国突发事件应急预案，由国务院卫生行政主管部门报国务院批准后实施。省、自治区、直辖市启动突发事件应急预案，由省、自治区、直辖市人民政府决定，并向国务院报告。

**第二十八条**　全国突发事件应急处理指挥部对突发事件应急处理工作进行督察和指导，地方各级人民政府及其有关部门应当予以配合。

省、自治区、直辖市突发事件应急处理指挥部对本行政区域内突发事件应急处理工作进行督察和指导。

**第二十九条**　省级以上人民政府卫生行政主管部门或者其他有关部门指定的突发事件应急处理专业技术机构，负责突发事件的技术调查、确证、处置、控制和评价工作。

**第三十条**　国务院卫生行政主管部门对新发现的突发传染病，根据危害程度、流行强度，依照《中华人民共和国传染病防治法》的规定及时宣布为法定传染病；宣布为甲类传染病的，由国务院决定。

**第三十一条**　应急预案启动前，县级以上各级人民政府有关部门应当根据突发事件的实际情况，做好应急处理准备，采取必要的应急措施。

应急预案启动后,突发事件发生地的人民政府有关部门,应当根据预案规定的职责要求,服从突发事件应急处理指挥部的统一指挥,立即到达规定岗位,采取有关的控制措施。

医疗卫生机构、监测机构和科学研究机构,应当服从突发事件应急处理指挥部的统一指挥,相互配合、协作,集中力量开展相关的科学研究工作。

**第三十二条** 突发事件发生后,国务院有关部门和县级以上地方人民政府及其有关部门,应当保证突发事件应急处理所需的医疗救护设备、救治药品、医疗器械等物资的生产、供应;铁路、交通、民用航空行政主管部门应当保证及时运送。

**第三十三条** 根据突发事件应急处理的需要,突发事件应急处理指挥部有权紧急调集人员、储备的物资、交通工具以及相关设施、设备;必要时,对人员进行疏散或者隔离,并可以依法对传染病疫区实行封锁。

**第三十四条** 突发事件应急处理指挥部根据突发事件应急处理的需要,可以对食物和水源采取控制措施。

县级以上地方人民政府卫生行政主管部门应当对突发事件现场等采取控制措施,宣传突发事件防治知识,及时对易受感染的人群和其他易受损害的人群采取应急接种、预防性投药、群体防护等措施。

**第三十五条** 参加突发事件应急处理的工作人员,应当按照预案的规定,采取卫生防护措施,并在专业人员的指导下进行工作。

**第三十六条** 国务院卫生行政主管部门或者其他有关部门指定的专业技术机构,有权进入突发事件现场进行调查、采样、技术分析和检验,对地方突发事件的应急处理工作进行技术指导,有关单位和个人应当予以配合;任何单位和个人不得以任何理由予以拒绝。

**第三十七条** 对新发现的突发传染病、不明原因的群体性疾病、重大食物和职业中毒事件,国务院卫生行政主管部门应当尽快组织力量制定相关的技术标准、规范和控制措施。

**第三十八条** 交通工具上发现根据国务院卫生行政主管部门的规定需要采取应急控制措施的传染病病人、疑似传染病病人,其负责人应当以最快的方式通知前方停靠点,并向交通工具的营运单位报告。交通工具的前方停靠点和营运单位应当立即向交通工具营运单位行政主管部门和县级以上地方人民政府卫生行政主管部门报告。卫生行政主管部门接到报告后,应当立即组织有关人员采取相应的医学处置措施。

交通工具上的传染病病人密切接触者,由交通工具停靠点的县级以上各级人民政府卫生行政主管部门或者铁路、交通、民用航空行政主管部门,根据各自的职责,依照传染病防治法律、行政法规的规定,采取控制措施。

涉及国境口岸和入出境的人员、交通工具、货物、集装箱、行李、邮包等需要采取传染病应急控制措施的,依照国境卫生检疫法律、行政法规的规定办理。

**第三十九条** 医疗卫生机构应当对因突发事件致病的人员提供医疗救护和现场救援,对就诊病人必须接诊治疗,并书写详细、完整的病历记录;对需要转送的病人,应当按照规定将病人及其病历记录的复印件转送至接诊的或者指定的医疗机构。

医疗卫生机构内应当采取卫生防护措施,防止交叉感染和污染。

医疗卫生机构应当对传染病病人密切接触者采取医学观察措施,传染病病人密切接触者应当予以配合。

医疗机构收治传染病病人、疑似传染病病人,应当依法报告所在地的疾病预防控制机构。接到报告的疾病预防控制机构应当立即对可能受到危害的人员进行调查,根据需要采取必要的控制措施。

**第四十条** 传染病暴发、流行时,街道、乡镇以及居民委员会、村民委员会应当组织力量,团结协作,群防群治,协助卫生行政主管部门和其他有关部门、医疗卫生机构做好疫情信息的收集和报告、人员的分散隔离、公共卫生措施的落实工作,向居民、村民宣传传染病防治的相关知识。

**第四十一条** 对传染病暴发、流行区域内流动人口,突发事件发生地的县级以上地方人民政府应当做好预防工作,落实有关卫生控制措施;对传染病病人和疑似传染病病人,应当采取就地隔离、就地观察、就地治疗的措施。对需要治疗和转诊的,应当依照本条例第三十九条第一款的规定执行。

**第四十二条** 有关部门、医疗卫生机构应当对传染病做到早发现、早报告、早隔离、早治疗,切断传播途径,防止扩散。

**第四十三条** 县级以上各级人民政府应当提供必要资金,保障因突发事件致病、致残的人员得到及时、有效的救治。具体办法由国务院财政部门、卫生行政主管部门和劳动保障行政主管部门制定。

**第四十四条** 在突发事件中需要接受隔离治疗、医学观察措施的病人、疑似病人和传染病病人密切接触者在卫生行政主管部门或者有关机构采取医学措施时应当予以配合;拒绝配合的,由公安机关依法协助强制执行。

## 第五章 法律责任

**第四十五条** 县级以上地方人民政府及其卫生行政主管部门未依照本条例的规定履行报告职责，对突发事件隐瞒、缓报、谎报或者授意他人隐瞒、缓报、谎报的，对政府主要领导人及其卫生行政主管部门主要负责人，依法给予降级或者撤职的行政处分；造成传染病传播、流行或者对社会公众健康造成其他严重危害后果的，依法给予开除的行政处分；构成犯罪的，依法追究刑事责任。

**第四十六条** 国务院有关部门、县级以上地方人民政府及其有关部门未依照本条例的规定，完成突发事件应急处理所需要的设施、设备、药品和医疗器械等物资的生产、供应、运输和储备的，对政府主要领导人和政府部门主要负责人依法给予降级或者撤职的行政处分；造成传染病传播、流行或者对社会公众健康造成其他严重危害后果的，依法给予开除的行政处分；构成犯罪的，依法追究刑事责任。

**第四十七条** 突发事件发生后，县级以上地方人民政府及其有关部门对上级人民政府有关部门的调查不予配合，或者采取其他方式阻碍、干涉调查的，对政府主要领导人和政府部门主要负责人依法给予降级或者撤职的行政处分；构成犯罪的，依法追究刑事责任。

**第四十八条** 县级以上各级人民政府卫生行政主管部门和其他有关部门在突发事件调查、控制、医疗救治工作中玩忽职守、失职、渎职的，由本级人民政府或者上级人民政府有关部门责令改正、通报批评、给予警告；对主要负责人、负有责任的主管人员和其他责任人员依法给予降级、撤职的行政处分；造成传染病传播、流行或者对社会公众健康造成其他严重危害后果的，依法给予开除的行政处分；构成犯罪的，依法追究刑事责任。

**第四十九条** 县级以上各级人民政府有关部门拒不履行应急处理职责的，由同级人民政府或者上级人民政府有关部门责令改正、通报批评、给予警告；对主要负责人、负有责任的主管人员和其他责任人员依法给予降级、撤职的行政处分；造成传染病传播、流行或者对社会公众健康造成其他严重危害后果的，依法给予开除的行政处分；构成犯罪的，依法追究刑事责任。

**第五十条** 医疗卫生机构有下列行为之一的，由卫生行政主管部门责令改正、通报批评、给予警告；情节严重的，吊销《医疗机构执业许可证》；对主要负责人、负有责任的主管人员和其他直接责任人员依法给予降级或者撤职的纪律处分；造成传染病传播、流行或者对社会公众健康造成其他严重危害后果，构成犯罪的，依法追究刑事责任：

（一）未依照本条例的规定履行报告职责，隐瞒、缓报或者谎报的；

（二）未依照本条例的规定及时采取控制措施的；

（三）未依照本条例的规定履行突发事件监测职责的；

（四）拒绝接诊病人的；

（五）拒不服从突发事件应急处理指挥部调度的。

**第五十一条** 在突发事件应急处理工作中，有关单位和个人未依照本条例的规定履行报告职责，隐瞒、缓报或者谎报，阻碍突发事件应急处理工作人员执行职务，拒绝国务院卫生行政主管部门或者其他有关部门指定的专业技术机构进入突发事件现场，或者不配合调查、采样、技术分析和检验的，对有关责任人员依法给予行政处分或者纪律处分；触犯《中华人民共和国治安管理处罚法》，构成违反治安管理行为的，由公安机关依法予以处罚；构成犯罪的，依法追究刑事责任。

**第五十二条** 在突发事件发生期间，散布谣言、哄抬物价、欺骗消费者，扰乱社会秩序、市场秩序的，由公安机关或者工商行政管理部门依法给予行政处罚；构成犯罪的，依法追究刑事责任。

## 第六章 附 则

**第五十三条** 中国人民解放军、武装警察部队医疗卫生机构参与突发事件应急处理的，依照本条例的规定和军队的相关规定执行。

**第五十四条** 本条例自公布之日起施行。

# 自然灾害救助条例

· 2010 年 7 月 8 日中华人民共和国国务院令第 577 号公布

· 根据 2019 年 3 月 2 日《国务院关于修改部分行政法规的决定》修订

## 第一章 总 则

**第一条** 为了规范自然灾害救助工作，保障受灾人员基本生活，制定本条例。

**第二条** 自然灾害救助工作遵循以人为本、政府主导、分级管理、社会互助、灾民自救的原则。

**第三条** 自然灾害救助工作实行各级人民政府行政领导负责制。

国家减灾委员会负责组织、领导全国的自然灾害救助工作，协调开展重大自然灾害救助活动。国务院应急管理部门负责全国的自然灾害救助工作，承担国家减灾委员会的具体工作。国务院有关部门按照各自职责做好全国的自然灾害救助相关工作。

县级以上地方人民政府或者人民政府的自然灾害救助应急综合协调机构，组织、协调本行政区域的自然灾害救助工作。县级以上地方人民政府应急管理部门负责本行政区域的自然灾害救助工作。县级以上地方人民政府有关部门按照各自职责做好本行政区域的自然灾害救助相关工作。

**第四条**　县级以上人民政府应当将自然灾害救助工作纳入国民经济和社会发展规划，建立健全与自然灾害救助需求相适应的资金、物资保障机制，将人民政府安排的自然灾害救助资金和自然灾害救助工作经费纳入财政预算。

**第五条**　村民委员会、居民委员会以及红十字会、慈善会和公募基金会等社会组织，依法协助人民政府开展自然灾害救助工作。

国家鼓励和引导单位和个人参与自然灾害救助捐赠、志愿服务等活动。

**第六条**　各级人民政府应当加强防灾减灾宣传教育，提高公民的防灾避险意识和自救互救能力。

村民委员会、居民委员会、企业事业单位应当根据所在地人民政府的要求，结合各自的实际情况，开展防灾减灾应急知识的宣传普及活动。

**第七条**　对在自然灾害救助中作出突出贡献的单位和个人，按照国家有关规定给予表彰和奖励。

## 第二章　救助准备

**第八条**　县级以上地方人民政府及其有关部门应当根据有关法律、法规、规章，上级人民政府及其有关部门的应急预案以及本行政区域的自然灾害风险调查情况，制定相应的自然灾害救助应急预案。

自然灾害救助应急预案应当包括下列内容：

（一）自然灾害救助应急组织指挥体系及其职责；

（二）自然灾害救助应急队伍；

（三）自然灾害救助应急资金、物资、设备；

（四）自然灾害的预警预报和灾情信息的报告、处理；

（五）自然灾害救助应急响应的等级和相应措施；

（六）灾后应急救助和居民住房恢复重建措施。

**第九条**　县级以上人民政府应当建立健全自然灾害救助应急指挥技术支撑系统，并为自然灾害救助工作提供必要的交通、通信等装备。

**第十条**　国家建立自然灾害救助物资储备制度，由国务院应急管理部门分别会同国务院财政部门、发展改革部门、工业和信息化部门、粮食和物资储备部门制定全国自然灾害救助物资储备规划和储备库规划，并组织实施。其中，由国务院粮食和物资储备部门会同相关部门制定中央救灾物资储备库规划，并组织实施。

设区的市级以上人民政府和自然灾害多发、易发地区的县级人民政府应当根据自然灾害特点、居民人口数量和分布等情况，按照布局合理、规模适度的原则，设立自然灾害救助物资储备库。

**第十一条**　县级以上地方人民政府应当根据当地居民人口数量和分布等情况，利用公园、广场、体育场馆等公共设施，统筹规划设立应急避难场所，并设置明显标志。

启动自然灾害预警响应或者应急响应，需要告知居民前往应急避难场所的，县级以上地方人民政府或者人民政府的自然灾害救助应急综合协调机构应当通过广播、电视、手机短信、电子显示屏、互联网等方式，及时公告应急避难场所的具体地址和到达路径。

**第十二条**　县级以上地方人民政府应当加强自然灾害救助人员的队伍建设和业务培训，村民委员会、居民委员会和企业事业单位应当设立专职或者兼职的自然灾害信息员。

## 第三章　应急救助

**第十三条**　县级以上人民政府或者人民政府的自然灾害救助应急综合协调机构应当根据自然灾害预警预报启动预警响应，采取下列一项或者多项措施：

（一）向社会发布规避自然灾害风险的警告，宣传避险常识和技能，提示公众做好自救互救准备；

（二）开放应急避难场所，疏散、转移易受自然灾害危害的人员和财产，情况紧急时，实行有组织的避险转移；

（三）加强对易受自然灾害危害的乡村、社区以及公共场所的安全保障；

（四）责成应急管理等部门做好基本生活救助的准备。

**第十四条**　自然灾害发生并达到自然灾害救助应急预案启动条件的，县级以上人民政府或者人民政府的自然灾害救助应急综合协调机构应当及时启动自然灾害救助应急响应，采取下列一项或者多项措施：

（一）立即向社会发布政府应对措施和公众防范措施；

（二）紧急转移安置受灾人员；

（三）紧急调拨、运输自然灾害救助应急资金和物资，及时向受灾人员提供食品、饮用水、衣被、取暖、临时住所、医疗防疫等应急救助，保障受灾人员基本生活；

（四）抚慰受灾人员，处理遇难人员善后事宜；

（五）组织受灾人员开展自救互救；

（六）分析评估灾情趋势和灾区需求，采取相应的自然灾害救助措施；

（七）组织自然灾害救助捐赠活动。

对应急救助物资，各交通运输主管部门应当组织优先运输。

**第十五条** 在自然灾害救助应急期间，县级以上地方人民政府或者人民政府的自然灾害救助应急综合协调机构可以在本行政区域内紧急征用物资、设备、交通运输工具和场地，自然灾害救助应急工作结束后应当及时归还，并按照国家有关规定给予补偿。

**第十六条** 自然灾害造成人员伤亡或者较大财产损失的，受灾地区县级人民政府应急管理部门应当立即向本级人民政府和上一级人民政府应急管理部门报告。

自然灾害造成特别重大或者重大人员伤亡、财产损失的，受灾地区县级人民政府应急管理部门应当按照有关法律、行政法规和国务院应急预案规定的程序及时报告，必要时可以直接报告国务院。

**第十七条** 灾情稳定前，受灾地区人民政府应急管理部门应当每日逐级上报自然灾害造成的人员伤亡、财产损失和自然灾害救助工作动态等情况，并及时向社会发布。

灾情稳定后，受灾地区县级以上人民政府或者人民政府的自然灾害救助应急综合协调机构应当评估、核定并发布自然灾害损失情况。

## 第四章　灾后救助

**第十八条** 受灾地区人民政府应当在确保安全的前提下，采取就地安置与异地安置、政府安置与自行安置相结合的方式，对受灾人员进行过渡性安置。

就地安置应当选择在交通便利、便于恢复生产和生活的地点，并避开可能发生次生自然灾害的区域，尽量不占用或者少占用耕地。

受灾地区人民政府应当鼓励并组织受灾群众自救互救，恢复重建。

**第十九条** 自然灾害危险消除后，受灾地区人民政府应当统筹研究制订居民住房恢复重建规划和优惠政策，组织重建或者修缮因灾损毁的居民住房，对恢复重建确有困难的家庭予以重点帮扶。

居民住房恢复重建应当因地制宜、经济实用，确保房屋建设质量符合防灾减灾要求。

受灾地区人民政府应急管理等部门应当向经审核确认的居民住房恢复重建补助对象发放补助资金和物资，住房城乡建设等部门应当为受灾人员重建或者修缮因灾损毁的居民住房提供必要的技术支持。

**第二十条** 居民住房恢复重建补助对象由受灾人员本人申请或者由村民小组、居民小组提名。经村民委员会、居民委员会民主评议，符合救助条件的，在自然村、社区范围内公示；无异议或者经村民委员会、居民委员会民主评议异议不成立的，由村民委员会、居民委员会将评议意见和有关材料提交乡镇人民政府、街道办事处审核，报县级人民政府应急管理等部门审批。

**第二十一条** 自然灾害发生后的当年冬季、次年春季，受灾地区人民政府应当为生活困难的受灾人员提供基本生活救助。

受灾地区县级人民政府应急管理部门应当在每年10月底前统计、评估本行政区域受灾人员当年冬季、次年春季的基本生活困难和需求，核实救助对象，编制工作台账，制定救助工作方案，经本级人民政府批准后组织实施，并报上一级人民政府应急管理部门备案。

## 第五章　救助款物管理

**第二十二条** 县级以上人民政府财政部门、应急管理部门负责自然灾害救助资金的分配、管理并监督使用情况。

县级以上人民政府应急管理部门负责调拨、分配、管理自然灾害救助物资。

**第二十三条** 人民政府采购用于自然灾害救助准备和灾后恢复重建的货物、工程和服务，依照有关政府采购和招标投标的法律规定组织实施。自然灾害应急救助和灾后恢复重建中涉及紧急抢救、紧急转移安置和临时性救助的紧急采购活动，按照国家有关规定执行。

**第二十四条** 自然灾害救助款物专款（物）专用，无偿使用。

定向捐赠的款物，应当按照捐赠人的意愿使用。政府部门接受的捐赠人无指定意向的款物，由县级以上人民政府应急管理部门统筹安排用于自然灾害救助；社会组织接受的捐赠人无指定意向的款物，由社会组织按照有关规定用于自然灾害救助。

**第二十五条** 自然灾害救助款物应当用于受灾人员的紧急转移安置，基本生活救助，医疗救助，教育、医疗等公共服务设施和住房的恢复重建，自然灾害救助物资的采购、储存和运输，以及因灾遇难人员亲属的抚慰等项支出。

**第二十六条** 受灾地区人民政府应急管理、财政等部门和有关社会组织应当通过报刊、广播、电视、互联网，主动向社会公开所接受的自然灾害救助款物和捐赠款物的来源、数量及其使用情况。

受灾地区村民委员会、居民委员会应当公布救助对象及其接受救助款物数额和使用情况。

**第二十七条** 各级人民政府应当建立健全自然灾害救助款物和捐赠款物的监督检查制度，并及时受理投诉和举报。

**第二十八条** 县级以上人民政府监察机关、审计机关应当依法对自然灾害救助款物和捐赠款物的管理使用情况进行监督检查，应急管理、财政等部门和有关社会组织应当予以配合。

## 第六章 法律责任

**第二十九条** 行政机关工作人员违反本条例规定，有下列行为之一的，由任免机关或者监察机关依照法律法规给予处分；构成犯罪的，依法追究刑事责任：

（一）迟报、谎报、瞒报自然灾害损失情况，造成后果的；

（二）未及时组织受灾人员转移安置，或者在提供基本生活救助、组织恢复重建过程中工作不力，造成后果的；

（三）截留、挪用、私分自然灾害救助款物或者捐赠款物的；

（四）不及时归还征用的财产，或者不按照规定给予补偿的；

（五）有滥用职权、玩忽职守、徇私舞弊的其他行为的。

**第三十条** 采取虚报、隐瞒、伪造等手段，骗取自然灾害救助款物或者捐赠款物的，由县级以上人民政府应急管理部门责令限期退回违法所得的款物；构成犯罪的，依法追究刑事责任。

**第三十一条** 抢夺或者聚众哄抢自然灾害救助款物或者捐赠款物的，由县级以上人民政府应急管理部门责令停止违法行为；构成违反治安管理行为的，由公安机关依法给予治安管理处罚；构成犯罪的，依法追究刑事责任。

**第三十二条** 以暴力、威胁方法阻碍自然灾害救助工作人员依法执行职务，构成违反治安管理行为的，由公安机关依法给予治安管理处罚；构成犯罪的，依法追究刑事责任。

## 第七章 附 则

**第三十三条** 发生事故灾难、公共卫生事件、社会安全事件等突发事件，需要由县级以上人民政府应急管理部门开展生活救助的，参照本条例执行。

**第三十四条** 法律、行政法规对防灾、抗灾、救灾另有规定的，从其规定。

**第三十五条** 本条例自2010年9月1日起施行。

# 中华人民共和国消防法

- 1998年4月29日第九届全国人民代表大会常务委员会第二次会议通过
- 2008年10月28日第十一届全国人民代表大会常务委员会第五次会议修订
- 根据2019年4月23日第十三届全国人民代表大会常务委员会第十次会议《关于修改〈中华人民共和国建筑法〉等八部法律的决定》第一次修正
- 根据2021年4月29日第十三届全国人民代表大会常务委员会第二十八次会议《关于修改〈中华人民共和国道路交通安全法〉等八部法律的决定》第二次修正

## 目 录

第一章 总 则
第二章 火灾预防
第三章 消防组织
第四章 灭火救援
第五章 监督检查
第六章 法律责任
第七章 附 则

## 第一章 总 则

**第一条 【立法目的】**为了预防火灾和减少火灾危害，加强应急救援工作，保护人身、财产安全，维护公共安全，制定本法。

**第二条 【消防工作的方针、原则】**消防工作贯彻预防为主、防消结合的方针，按照政府统一领导、部门依法监管、单位全面负责、公民积极参与的原则，实行消防安全责任制，建立健全社会化的消防工作网络。

**第三条 【各级人民政府的消防工作职责】**国务院领导全国的消防工作。地方各级人民政府负责本行政区域内的消防工作。

各级人民政府应当将消防工作纳入国民经济和社会发展计划，保障消防工作与经济社会发展相适应。

**第四条 【消防工作监督管理体制】**国务院应急管理部门对全国的消防工作实施监督管理。县级以上地方人民政府应急管理部门对本行政区域内的消防工作实施监督管理，并由本级人民政府消防救援机构负责实施。

军事设施的消防工作，由其主管单位监督管理，消防救援机构协助；矿井地下部分、核电厂、海上石油天然气设施的消防工作，由其主管单位监督管理。

县级以上人民政府其他有关部门在各自的职责范围内，依照本法和其他相关法律、法规的规定做好消防工作。

法律、行政法规对森林、草原的消防工作另有规定的，从其规定。

**第五条 【单位、个人的消防义务】**任何单位和个人都有维护消防安全、保护消防设施、预防火灾、报告火警的义务。任何单位和成年人都有参加有组织的灭火工作的义务。

**第六条 【消防宣传教育义务】**各级人民政府应当组织开展经常性的消防宣传教育，提高公民的消防安全意识。

机关、团体、企业、事业等单位，应当加强对本单位人员的消防宣传教育。

应急管理部门及消防救援机构应当加强消防法律、法规的宣传，并督促、指导、协助有关单位做好消防宣传教育工作。

教育、人力资源行政主管部门和学校、有关职业培训机构应当将消防知识纳入教育、教学、培训的内容。

新闻、广播、电视等有关单位，应当有针对性地面向社会进行消防宣传教育。

工会、共产主义青年团、妇女联合会等团体应当结合各自工作对象的特点，组织开展消防宣传教育。

村民委员会、居民委员会应当协助人民政府以及公安机关、应急管理等部门，加强消防宣传教育。

**第七条 【鼓励支持消防事业，表彰奖励有突出贡献的单位、个人】**国家鼓励、支持消防科学研究和技术创新，推广使用先进的消防和应急救援技术、设备；鼓励、支持社会力量开展消防公益活动。

对在消防工作中有突出贡献的单位和个人，应当按照国家有关规定给予表彰和奖励。

## 第二章 火灾预防

**第八条 【消防规划】**地方各级人民政府应当将包括消防安全布局、消防站、消防供水、消防通信、消防车通道、消防装备等内容的消防规划纳入城乡规划，并负责组织实施。

城乡消防安全布局不符合消防安全要求的，应当调整、完善；公共消防设施、消防装备不足或者不适应实际需要的，应当增建、改建、配置或者进行技术改造。

**第九条 【消防设计施工的要求】**建设工程的消防设计、施工必须符合国家工程建设消防技术标准。建设、设计、施工、工程监理等单位依法对建设工程的消防设计、施工质量负责。

**第十条 【消防设计审查验收制度】**对按照国家工程建设消防技术标准需要进行消防设计的建设工程，实行建设工程消防设计审查验收制度。

**第十一条 【消防设计审查】**国务院住房和城乡建设主管部门规定的特殊建设工程，建设单位应当将消防设计文件报送住房和城乡建设主管部门审查，住房和城乡建设主管部门依法对审查的结果负责。

前款规定以外的其他建设工程，建设单位申请领取施工许可证或者申请批准开工报告时应当提供满足施工需要的消防设计图纸及技术资料。

**第十二条 【消防设计未经审查或者不合格的法律后果】**特殊建设工程未经消防设计审查或者审查不合格的，建设单位、施工单位不得施工；其他建设工程，建设单位未提供满足施工需要的消防设计图纸及技术资料的，有关部门不得发放施工许可证或者批准开工报告。

**第十三条 【消防验收和备案、抽查】**国务院住房和城乡建设主管部门规定应当申请消防验收的建设工程竣工，建设单位应当向住房和城乡建设主管部门申请消防验收。

前款规定以外的其他建设工程，建设单位在验收后应当报住房和城乡建设主管部门备案，住房和城乡建设主管部门应当进行抽查。

依法应当进行消防验收的建设工程，未经消防验收或者消防验收不合格的，禁止投入使用；其他建设工程经依法抽查不合格的，应当停止使用。

**第十四条 【消防设计审查、消防验收、备案和抽查的具体办法】**建设工程消防设计审查、消防验收、备案和抽查的具体办法，由国务院住房和城乡建设主管部门规定。

**第十五条 【公众聚集场所的消防安全检查】**公众聚集场所投入使用、营业前消防安全检查实行告知承诺管理。公众聚集场所在投入使用、营业前，建设单位或者使用单位应当向场所所在地的县级以上地方人民政府消防救援机构申请消防安全检查，作出场所符合消防技术标准和管理规定的承诺，提交规定的材料，并对其承诺和材料的真实性负责。

消防救援机构对申请人提交的材料进行审查；申请材料齐全、符合法定形式的，应当予以许可。消防救援机构应当根据消防技术标准和管理规定，及时对作出承诺的公众聚集场所进行核查。

申请人选择不采用告知承诺方式办理的，消防救援机构应当自受理申请之日起十个工作日内，根据消防技术标准和管理规定，对该场所进行检查。经检查符合消防安全要求的，应当予以许可。

公众聚集场所未经消防救援机构许可的，不得投入使用、营业。消防安全检查的具体办法，由国务院应急管理部门制定。

**第十六条 【单位的消防安全职责】**机关、团体、企业、事业等单位应当履行下列消防安全职责：

（一）落实消防安全责任制，制定本单位的消防安全制度、消防安全操作规程，制定灭火和应急疏散预案；

（二）按照国家标准、行业标准配置消防设施、器材，设置消防安全标志，并定期组织检验、维修，确保完好有效；

（三）对建筑消防设施每年至少进行一次全面检测，确保完好有效，检测记录应当完整准确，存档备查；

（四）保障疏散通道、安全出口、消防车通道畅通，保证防火防烟分区、防火间距符合消防技术标准；

（五）组织防火检查，及时消除火灾隐患；

（六）组织进行有针对性的消防演练；

（七）法律、法规规定的其他消防安全职责。

单位的主要负责人是本单位的消防安全责任人。

**第十七条 【消防安全重点单位的消防安全职责】**县级以上地方人民政府消防救援机构应当将发生火灾可能性较大以及发生火灾可能造成重大的人身伤亡或者财产损失的单位，确定为本行政区域内的消防安全重点单位，并由应急管理部门报本级人民政府备案。

消防安全重点单位除应当履行本法第十六条规定的职责外，还应当履行下列消防安全职责：

（一）确定消防安全管理人，组织实施本单位的消防安全管理工作；

（二）建立消防档案，确定消防安全重点部位，设置防火标志，实行严格管理；

（三）实行每日防火巡查，并建立巡查记录；

（四）对职工进行岗前消防安全培训，定期组织消防安全培训和消防演练。

**第十八条 【共用建筑物的消防安全责任】**同一建筑物由两个以上单位管理或者使用的，应当明确各方的消防安全责任，并确定责任人对共用的疏散通道、安全出口、建筑消防设施和消防车通道进行统一管理。

住宅区的物业服务企业应当对管理区域内的共用消防设施进行维护管理，提供消防安全防范服务。

**第十九条 【易燃易爆危险品生产经营场所的设置要求】**生产、储存、经营易燃易爆危险品的场所不得与居住场所设置在同一建筑物内，并应当与居住场所保持安全距离。

生产、储存、经营其他物品的场所与居住场所设置在同一建筑物内的，应当符合国家工程建设消防技术标准。

**第二十条 【大型群众性活动的消防安全】**举办大型群众性活动，承办人应当依法向公安机关申请安全许可，制定灭火和应急疏散预案并组织演练，明确消防安全责任分工，确定消防安全管理人员，保持消防设施和消防器材配置齐全、完好有效，保证疏散通道、安全出口、疏散指示标志、应急照明和消防车通道符合消防技术标准和管理规定。

**第二十一条 【特殊场所和特种作业防火要求】**禁止在具有火灾、爆炸危险的场所吸烟、使用明火。因施工等特殊情况需要使用明火作业的，应当按照规定事先办理审批手续，采取相应的消防安全措施；作业人员应当遵守消防安全规定。

进行电焊、气焊等具有火灾危险作业的人员和自动消防系统的操作人员，必须持证上岗，并遵守消防安全操作规程。

**第二十二条 【危险物品生产经营单位设置的消防安全要求】**生产、储存、装卸易燃易爆危险品的工厂、仓库和专用车站、码头的设置，应当符合消防技术标准。易燃易爆气体和液体的充装站、供应站、调压站，应当设置在符合消防安全要求的位置，并符合防火防爆要求。

已经设置的生产、储存、装卸易燃易爆危险品的工厂、仓库和专用车站、码头，易燃易爆气体和液体的充装站、供应站、调压站，不再符合前款规定的，地方人民政府应当组织、协调有关部门、单位限期解决，消除安全隐患。

**第二十三条 【易燃易爆危险品和可燃物资仓库管理】**生产、储存、运输、销售、使用、销毁易燃易爆危险品，必须执行消防技术标准和管理规定。

进入生产、储存易燃易爆危险品的场所，必须执行消防安全规定。禁止非法携带易燃易爆危险品进入公共场所或者乘坐公共交通工具。

储存可燃物资仓库的管理，必须执行消防技术标准和管理规定。

**第二十四条 【消防产品标准、强制性产品认证和技术鉴定制度】**消防产品必须符合国家标准；没有国家标准的，必须符合行业标准。禁止生产、销售或者使用不合格的消防产品以及国家明令淘汰的消防产品。

依法实行强制性产品认证的消防产品，由具有法定资质的认证机构按照国家标准、行业标准的强制性要求认证合格后，方可生产、销售、使用。实行强制性产品认证的消防产品目录，由国务院产品质量监督部门会同国务院应急管理部门制定并公布。

新研制的尚未制定国家标准、行业标准的消防产品，应当按照国务院产品质量监督部门会同国务院应急管理部门规定的办法，经技术鉴定符合消防安全要求的，方可生产、销售、使用。

依照本条规定经强制性产品认证合格或者技术鉴定合格的消防产品，国务院应急管理部门应当予以公布。

**第二十五条 【对消防产品质量的监督检查】**产品质量监督部门、工商行政管理部门、消防救援机构应当按照各自职责加强对消防产品质量的监督检查。

**第二十六条 【建筑构件、建筑材料和室内装修、装饰材料的防火要求】**建筑构件、建筑材料和室内装修、装饰材料的防火性能必须符合国家标准；没有国家标准的，必须符合行业标准。

人员密集场所室内装修、装饰，应当按照消防技术标准的要求，使用不燃、难燃材料。

**第二十七条 【电器产品、燃气用具产品标准及其安装、使用的消防安全要求】**电器产品、燃气用具的产品标准，应当符合消防安全的要求。

电器产品、燃气用具的安装、使用及其线路、管路的设计、敷设、维护保养、检测，必须符合消防技术标准和管理规定。

**第二十八条 【保护消防设施、器材，保障消防通道畅通】**任何单位、个人不得损坏、挪用或者擅自拆除、停用消防设施、器材，不得埋压、圈占、遮挡消火栓或者占用防火间距，不得占用、堵塞、封闭疏散通道、安全出口、消防车通道。人员密集场所的门窗不得设置影响逃生和灭火救援的障碍物。

**第二十九条 【公共消防设施的维护】**负责公共消防设施维护管理的单位，应当保持消防供水、消防通信、消防车通道等公共消防设施的完好有效。在修建道路以及停电、停水、截断通信线路时有可能影响消防队灭火救援的，有关单位必须事先通知当地消防救援机构。

**第三十条 【加强农村消防工作】**地方各级人民政府应当加强对农村消防工作的领导，采取措施加强公共消防设施建设，组织建立和督促落实消防安全责任制。

**第三十一条 【重要防火时期的消防工作】**在农业收获季节、森林和草原防火期间、重大节假日期间以及火灾多发季节，地方各级人民政府应当组织开展有针对性的消防宣传教育，采取防火措施，进行消防安全检查。

**第三十二条 【基层组织的群众性消防工作】**乡镇人民政府、城市街道办事处应当指导、支持和帮助村民委员会、居民委员会开展群众性的消防工作。村民委员会、居民委员会应当确定消防安全管理人，组织制定防火安全公约，进行防火安全检查。

**第三十三条 【火灾公众责任保险】**国家鼓励、引导公众聚集场所和生产、储存、运输、销售易燃易爆危险品的企业投保火灾公众责任保险；鼓励保险公司承保火灾公众责任保险。

**第三十四条 【消防技术服务机构从业规范】**消防设施维护保养检测、消防安全评估等消防技术服务机构应当符合从业条件，执业人员应当依法获得相应的资格；依照法律、行政法规、国家标准、行业标准和执业准则，接受委托提供消防技术服务，并对服务质量负责。

## 第三章 消防组织

**第三十五条 【消防组织建设】**各级人民政府应当加强消防组织建设，根据经济社会发展的需要，建立多种形式的消防组织，加强消防技术人才培养，增强火灾预防、扑救和应急救援的能力。

**第三十六条 【政府建立消防队】**县级以上地方人民政府应当按照国家规定建立国家综合性消防救援队、专职消防队，并按照国家标准配备消防装备，承担火灾扑救工作。

乡镇人民政府应当根据当地经济发展和消防工作的需要，建立专职消防队、志愿消防队，承担火灾扑救工作。

**第三十七条 【应急救援职责】**国家综合性消防救援队、专职消防队按照国家规定承担重大灾害事故和其他以抢救人员生命为主的应急救援工作。

**第三十八条 【消防队的能力建设】**国家综合性消防救援队、专职消防队应当充分发挥火灾扑救和应急救援专业力量的骨干作用；按照国家规定，组织实施专业技能训练，配备并维护保养装备器材，提高火灾扑救和应急救援的能力。

**第三十九条 【单位建立专职消防队】**下列单位应当建立单位专职消防队，承担本单位的火灾扑救工作：

（一）大型核设施单位、大型发电厂、民用机场、主要港口；

（二）生产、储存易燃易爆危险品的大型企业；

（三）储备可燃的重要物资的大型仓库、基地；

（四）第一项、第二项、第三项规定以外的火灾危险性较大、距离国家综合性消防救援队较远的其他大型企业；

（五）距离国家综合性消防救援队较远、被列为全国重点文物保护单位的古建筑群的管理单位。

**第四十条　【专职消防队的验收及队员福利待遇】**专职消防队的建立，应当符合国家有关规定，并报当地消防救援机构验收。

专职消防队的队员依法享受社会保险和福利待遇。

**第四十一条　【群众性消防组织】**机关、团体、企业、事业等单位以及村民委员会、居民委员会根据需要，建立志愿消防队等多种形式的消防组织，开展群众性自防自救工作。

**第四十二条　【消防救援机构与专职消防队、志愿消防队等消防组织的关系】**消防救援机构应当对专职消防队、志愿消防队等消防组织进行业务指导；根据扑救火灾的需要，可以调动指挥专职消防队参加火灾扑救工作。

## 第四章　灭火救援

**第四十三条　【火灾应急预案、应急反应和处置机制】**县级以上地方人民政府应当组织有关部门针对本行政区域内的火灾特点制定应急预案，建立应急反应和处置机制，为火灾扑救和应急救援工作提供人员、装备等保障。

**第四十四条　【火灾报警；现场疏散、扑救；消防队接警出动】**任何人发现火灾都应当立即报警。任何单位、个人都应当无偿为报警提供便利，不得阻拦报警。严禁谎报火警。

人员密集场所发生火灾，该场所的现场工作人员应当立即组织、引导在场人员疏散。

任何单位发生火灾，必须立即组织力量扑救。邻近单位应当给予支援。

消防队接到火警，必须立即赶赴火灾现场，救助遇险人员，排除险情，扑灭火灾。

**第四十五条　【组织火灾现场扑救及火灾现场总指挥的权限】**消防救援机构统一组织和指挥火灾现场扑救，应当优先保障遇险人员的生命安全。

火灾现场总指挥根据扑救火灾的需要，有权决定下列事项：

（一）使用各种水源；

（二）截断电力、可燃气体和可燃液体的输送，限制用火用电；

（三）划定警戒区，实行局部交通管制；

（四）利用临近建筑物和有关设施；

（五）为了抢救人员和重要物资，防止火势蔓延，拆除或者破损毗邻火灾现场的建筑物、构筑物或者设施等；

（六）调动供水、供电、供气、通信、医疗救护、交通运输、环境保护等有关单位协助灭火救援。

根据扑救火灾的紧急需要，有关地方人民政府应当组织人员、调集所需物资支援灭火。

**第四十六条　【重大灾害事故应急救援实行统一领导】**国家综合性消防救援队、专职消防队参加火灾以外的其他重大灾害事故的应急救援工作，由县级以上人民政府统一领导。

**第四十七条　【消防交通优先】**消防车、消防艇前往执行火灾扑救或者应急救援任务，在确保安全的前提下，不受行驶速度、行驶路线、行驶方向和指挥信号的限制，其他车辆、船舶以及行人应当让行，不得穿插超越；收费公路、桥梁免收车辆通行费。交通管理指挥人员应当保证消防车、消防艇迅速通行。

赶赴火灾现场或者应急救援现场的消防人员和调集的消防装备、物资，需要铁路、水路或者航空运输的，有关单位应当优先运输。

**第四十八条　【消防设施、器材严禁挪作他用】**消防车、消防艇以及消防器材、装备和设施，不得用于与消防和应急救援工作无关的事项。

**第四十九条　【扑救火灾、应急救援免收费用】**国家综合性消防救援队、专职消防队扑救火灾、应急救援，不得收取任何费用。

单位专职消防队、志愿消防队参加扑救外单位火灾所损耗的燃料、灭火剂和器材、装备等，由火灾发生地的人民政府给予补偿。

**第五十条　【医疗抚恤】**对因参加扑救火灾或者应急救援受伤、致残或者死亡的人员，按照国家有关规定给予医疗、抚恤。

**第五十一条　【火灾事故调查】**消防救援机构有权根据需要封闭火灾现场，负责调查火灾原因，统计火灾损失。

火灾扑灭后，发生火灾的单位和相关人员应当按照消防救援机构的要求保护现场，接受事故调查，如实提供与火灾有关的情况。

消防救援机构根据火灾现场勘验、调查情况和有关的检验、鉴定意见，及时制作火灾事故认定书，作为处理火灾事故的证据。

## 第五章 监督检查

**第五十二条 【人民政府的监督检查】**地方各级人民政府应当落实消防工作责任制，对本级人民政府有关部门履行消防安全职责的情况进行监督检查。

县级以上地方人民政府有关部门应当根据本系统的特点，有针对性地开展消防安全检查，及时督促整改火灾隐患。

**第五十三条 【消防救援机构的监督检查】**消防救援机构应当对机关、团体、企业、事业等单位遵守消防法律、法规的情况依法进行监督检查。公安派出所可以负责日常消防监督检查、开展消防宣传教育，具体办法由国务院公安部门规定。

消防救援机构、公安派出所的工作人员进行消防监督检查，应当出示证件。

**第五十四条 【消除火灾隐患】**消防救援机构在消防监督检查中发现火灾隐患的，应当通知有关单位或者个人立即采取措施消除隐患；不及时消除隐患可能严重威胁公共安全的，消防救援机构应当依照规定对危险部位或者场所采取临时查封措施。

**第五十五条 【重大消防隐患的发现及处理】**消防救援机构在消防监督检查中发现城乡消防安全布局、公共消防设施不符合消防安全要求，或者发现本地区存在影响公共安全的重大火灾隐患的，应当由应急管理部门书面报告本级人民政府。

接到报告的人民政府应当及时核实情况，组织或者责成有关部门、单位采取措施，予以整改。

**第五十六条 【住房和城乡建设主管部门、消防救援机构及其工作人员应当遵循的执法原则】**住房和城乡建设主管部门、消防救援机构及其工作人员应当按照法定的职权和程序进行消防设计审查、消防验收、备案抽查和消防安全检查，做到公正、严格、文明、高效。

住房和城乡建设主管部门、消防救援机构及其工作人员进行消防设计审查、消防验收、备案抽查和消防安全检查等，不得收取费用，不得利用职务谋取利益；不得利用职务为用户、建设单位指定或者变相指定消防产品的品牌、销售单位或者消防技术服务机构、消防设施施工单位。

**第五十七条 【对负消防救援职责的机构及其工作人员的社会监督】**住房和城乡建设主管部门、消防救援机构及其工作人员执行职务，应当自觉接受社会和公民的监督。

任何单位和个人都有权对住房和城乡建设主管部门、消防救援机构及其工作人员在执法中的违法行为进行检举、控告。收到检举、控告的机关，应当按照职责及时查处。

## 第六章 法律责任

**第五十八条 【对不符合消防设计审查、消防验收、消防安全检查要求的行为的处罚】**违反本法规定，有下列行为之一的，由住房和城乡建设主管部门、消防救援机构按照各自职权责令停止施工、停止使用或者停产停业，并处三万元以上三十万元以下罚款：

（一）依法应当进行消防设计审查的建设工程，未经依法审查或者审查不合格，擅自施工的；

（二）依法应当进行消防验收的建设工程，未经消防验收或者消防验收不合格，擅自投入使用的；

（三）本法第十三条规定的其他建设工程验收后经依法抽查不合格，不停止使用的；

（四）公众聚集场所未经消防救援机构许可，擅自投入使用、营业的，或者经核查发现场所使用、营业情况与承诺内容不符的。

核查发现公众聚集场所使用、营业情况与承诺内容不符，经责令限期改正，逾期不整改或者整改后仍达不到要求的，依法撤销相应许可。

建设单位未依照本法规定在验收后报住房和城乡建设主管部门备案的，由住房和城乡建设主管部门责令改正，处五千元以下罚款。

**第五十九条 【对不按消防技术标准设计、施工的行为的处罚】**违反本法规定，有下列行为之一的，由住房和城乡建设主管部门责令改正或者停止施工，并处一万元以上十万元以下罚款：

（一）建设单位要求建筑设计单位或者建筑施工企业降低消防技术标准设计、施工的；

（二）建筑设计单位不按照消防技术标准强制性要求进行消防设计的；

（三）建筑施工企业不按照消防设计文件和消防技术标准施工，降低消防施工质量的；

（四）工程监理单位与建设单位或者建筑施工企业串通，弄虚作假，降低消防施工质量的。

**第六十条 【对违背消防安全职责行为的处罚】**单位违反本法规定，有下列行为之一的，责令改正，处五千元以上五万元以下罚款：

（一）消防设施、器材或者消防安全标志的配置、设置不符合国家标准、行业标准，或者未保持完好有效的；

（二）损坏、挪用或者擅自拆除、停用消防设施、器材的；

（三）占用、堵塞、封闭疏散通道、安全出口或者有其他妨碍安全疏散行为的；

（四）埋压、圈占、遮挡消火栓或者占用防火间距的；

（五）占用、堵塞、封闭消防车通道，妨碍消防车通行的；

（六）人员密集场所在门窗上设置影响逃生和灭火救援的障碍物的；

（七）对火灾隐患经消防救援机构通知后不及时采取措施消除的。

个人有前款第二项、第三项、第四项、第五项行为之一的，处警告或者五百元以下罚款。

有本条第一款第三项、第四项、第五项、第六项行为，经责令改正拒不改正的，强制执行，所需费用由违法行为人承担。

**第六十一条 【对易燃易爆危险品生产经营场所设置不符合规定的处罚】**生产、储存、经营易燃易爆危险品的场所与居住场所设置在同一建筑物内，或者未与居住场所保持安全距离的，责令停产停业，并处五千元以上五万元以下罚款。

生产、储存、经营其他物品的场所与居住场所设置在同一建筑物内，不符合消防技术标准的，依照前款规定处罚。

**第六十二条 【对涉及消防的违反治安管理行为的处罚】**有下列行为之一的，依照《中华人民共和国治安管理处罚法》的规定处罚：

（一）违反有关消防技术标准和管理规定生产、储存、运输、销售、使用、销毁易燃易爆危险品的；

（二）非法携带易燃易爆危险品进入公共场所或者乘坐公共交通工具的；

（三）谎报火警的；

（四）阻碍消防车、消防艇执行任务的；

（五）阻碍消防救援机构的工作人员依法执行职务的。

**第六十三条 【对违反危险场所消防管理规定行为的处罚】**违反本法规定，有下列行为之一的，处警告或者五百元以下罚款；情节严重的，处五日以下拘留：

（一）违反消防安全规定进入生产、储存易燃易爆危险品场所的；

（二）违反规定使用明火作业或者在具有火灾、爆炸危险的场所吸烟、使用明火的。

**第六十四条 【对过失引起火灾、阻拦报火警等行为的处罚】**违反本法规定，有下列行为之一，尚不构成犯罪的，处十日以上十五日以下拘留，可以并处五百元以下罚款；情节较轻的，处警告或者五百元以下罚款：

（一）指使或者强令他人违反消防安全规定，冒险作业的；

（二）过失引起火灾的；

（三）在火灾发生后阻拦报警，或者负有报告职责的人员不及时报警的；

（四）扰乱火灾现场秩序，或者拒不执行火灾现场指挥员指挥，影响灭火救援的；

（五）故意破坏或者伪造火灾现场的；

（六）擅自拆封或者使用被消防救援机构查封的场所、部位的。

**第六十五条 【对生产、销售、使用不合格或国家明令淘汰的消防产品行为的处理】**违反本法规定，生产、销售不合格的消防产品或者国家明令淘汰的消防产品的，由产品质量监督部门或者工商行政管理部门依照《中华人民共和国产品质量法》的规定从重处罚。

人员密集场所使用不合格的消防产品或者国家明令淘汰的消防产品的，责令限期改正；逾期不改正的，处五千元以上五万元以下罚款，并对其直接负责的主管人员和其他直接责任人员处五百元以上二千元以下罚款；情节严重的，责令停产停业。

消防救援机构对于本条第二款规定的情形，除依法对使用者予以处罚外，应当将发现不合格的消防产品和国家明令淘汰的消防产品的情况通报产品质量监督部门、工商行政管理部门。产品质量监督部门、工商行政管理部门应当对生产者、销售者依法及时查处。

**第六十六条 【对电器产品、燃气用具的安装、使用等不符合消防技术标准和管理规定的处罚】**电器产品、燃气用具的安装、使用及其线路、管路的设计、敷设、维护保养、检测不符合消防技术标准和管理规定的，责令限期改正；逾期不改正的，责令停止使用，可以并处一千元以上五千元以下罚款。

**第六十七条 【单位未履行消防安全职责的法律责任】**机关、团体、企业、事业等单位违反本法第十六条、第十七条、第十八条、第二十一条第二款规定的，责令限期改正；逾期不改正的，对其直接负责的主管人员和其他直接责任人员依法给予处分或者给予警告处罚。

**第六十八条 【人员密集场所现场工作人员不履行职责的法律责任】**人员密集场所发生火灾，该场所的现场工作人员不履行组织、引导在场人员疏散的义务，情节严重，尚不构成犯罪的，处五日以上十日以下拘留。

**第六十九条 【消防技术服务机构失职的法律责

**任】**消防设施维护保养检测、消防安全评估等消防技术服务机构，不具备从业条件从事消防技术服务活动或者出具虚假文件的，由消防救援机构责令改正，处五万元以上十万元以下罚款，并对直接负责的主管人员和其他直接责任人员处一万元以上五万元以下罚款；不按照国家标准、行业标准开展消防技术服务活动的，责令改正，处五万元以下罚款，并对直接负责的主管人员和其他直接责任人员处一万元以下罚款；有违法所得的，并处没收违法所得；给他人造成损失的，依法承担赔偿责任；情节严重的，依法责令停止执业或者吊销相应资格；造成重大损失的，由相关部门吊销营业执照，并对有关责任人员采取终身市场禁入措施。

前款规定的机构出具失实文件，给他人造成损失的，依法承担赔偿责任；造成重大损失的，由消防救援机构依法责令停止执业或者吊销相应资格，由相关部门吊销营业执照，并对有关责任人员采取终身市场禁入措施。

**第七十条 【对违反消防法行为的处罚程序】**本法规定的行政处罚，除应当由公安机关依照《中华人民共和国治安管理处罚法》的有关规定决定的外，由住房和城乡建设主管部门、消防救援机构按照各自职权决定。

被责令停止施工、停止使用、停产停业的，应当在整改后向作出决定的部门或者机构报告，经检查合格，方可恢复施工、使用、生产、经营。

当事人逾期不执行停产停业、停止使用、停止施工决定的，由作出决定的部门或者机构强制执行。

责令停产停业，对经济和社会生活影响较大的，由住房和城乡建设主管部门或者应急管理部门报请本级人民政府依法决定。

**第七十一条 【有关主管部门的工作人员滥用职权、玩忽职守、徇私舞弊的法律责任】**住房和城乡建设主管部门、消防救援机构的工作人员滥用职权、玩忽职守、徇私舞弊，有下列行为之一，尚不构成犯罪的，依法给予处分：

（一）对不符合消防安全要求的消防设计文件、建设工程、场所准予审查合格、消防验收合格、消防安全检查合格的；

（二）无故拖延消防设计审查、消防验收、消防安全检查，不在法定期限内履行职责的；

（三）发现火灾隐患不及时通知有关单位或者个人整改的；

（四）利用职务为用户、建设单位指定或者变相指定消防产品的品牌、销售单位或者消防技术服务机构、消防设施施工单位的；

（五）将消防车、消防艇以及消防器材、装备和设施用于与消防和应急救援无关的事项的；

（六）其他滥用职权、玩忽职守、徇私舞弊的行为。

产品质量监督、工商行政管理等其他有关行政主管部门的工作人员在消防工作中滥用职权、玩忽职守、徇私舞弊，尚不构成犯罪的，依法给予处分。

**第七十二条 【违反消防法构成犯罪的刑事责任】**违反本法规定，构成犯罪的，依法追究刑事责任。

## 第七章 附 则

**第七十三条 【专门用语的含义】**本法下列用语的含义：

（一）消防设施，是指火灾自动报警系统、自动灭火系统、消火栓系统、防烟排烟系统以及应急广播和应急照明、安全疏散设施等。

（二）消防产品，是指专门用于火灾预防、灭火救援和火灾防护、避难、逃生的产品。

（三）公众聚集场所，是指宾馆、饭店、商场、集贸市场、客运车站候车室、客运码头候船厅、民用机场航站楼、体育场馆、会堂以及公共娱乐场所等。

（四）人员密集场所，是指公众聚集场所，医院的门诊楼、病房楼，学校的教学楼、图书馆、食堂和集体宿舍，养老院，福利院，托儿所，幼儿园，公共图书馆的阅览室，公共展览馆、博物馆的展示厅，劳动密集型企业的生产加工车间和员工集体宿舍，旅游、宗教活动场所等。

**第七十四条 【生效日期】**本法自 2009 年 5 月 1 日起施行。

# 中华人民共和国安全生产法

· 2002 年 6 月 29 日第九届全国人民代表大会常务委员会第二十八次会议通过

· 根据 2009 年 8 月 27 日第十一届全国人民代表大会常务委员会第十次会议《关于修改部分法律的决定》第一次修正

· 根据 2014 年 8 月 31 日第十二届全国人民代表大会常务委员会第十次会议《关于修改〈中华人民共和国安全生产法〉的决定》第二次修正

· 根据 2021 年 6 月 10 日第十三届全国人民代表大会常务委员会第二十九次会议《关于修改〈中华人民共和国安全生产法〉的决定》第三次修正

## 目 录

第一章 总 则
第二章 生产经营单位的安全生产保障

第三章　从业人员的安全生产权利义务
第四章　安全生产的监督管理
第五章　生产安全事故的应急救援与调查处理
第六章　法律责任
第七章　附　则

## 第一章　总　则

**第一条　【立法目的】**为了加强安全生产工作，防止和减少生产安全事故，保障人民群众生命和财产安全，促进经济社会持续健康发展，制定本法。

**第二条　【适用范围】**在中华人民共和国领域内从事生产经营活动的单位（以下统称生产经营单位）的安全生产，适用本法；有关法律、行政法规对消防安全和道路交通安全、铁路交通安全、水上交通安全、民用航空安全以及核与辐射安全、特种设备安全另有规定的，适用其规定。

**第三条　【工作方针】**安全生产工作坚持中国共产党的领导。

安全生产工作应当以人为本，坚持人民至上、生命至上，把保护人民生命安全摆在首位，树牢安全发展理念，坚持安全第一、预防为主、综合治理的方针，从源头上防范化解重大安全风险。

安全生产工作实行管行业必须管安全、管业务必须管安全、管生产经营必须管安全，强化和落实生产经营单位主体责任与政府监管责任，建立生产经营单位负责、职工参与、政府监管、行业自律和社会监督的机制。

**第四条　【生产经营单位基本义务】**生产经营单位必须遵守本法和其他有关安全生产的法律、法规，加强安全生产管理，建立健全全员安全生产责任制和安全生产规章制度，加大对安全生产资金、物资、技术、人员的投入保障力度，改善安全生产条件，加强安全生产标准化、信息化建设，构建安全风险分级管控和隐患排查治理双重预防机制，健全风险防范化解机制，提高安全生产水平，确保安全生产。

平台经济等新兴行业、领域的生产经营单位应当根据本行业、领域的特点，建立健全并落实全员安全生产责任制，加强从业人员安全生产教育和培训，履行本法和其他法律、法规规定的有关安全生产义务。

**第五条　【单位主要负责人主体责任】**生产经营单位的主要负责人是本单位安全生产第一责任人，对本单位的安全生产工作全面负责。其他负责人对职责范围内的安全生产工作负责。

**第六条　【从业人员安全生产权利义务】**生产经营单位的从业人员有依法获得安全生产保障的权利，并应当依法履行安全生产方面的义务。

**第七条　【工会职责】**工会依法对安全生产工作进行监督。

生产经营单位的工会依法组织职工参加本单位安全生产工作的民主管理和民主监督，维护职工在安全生产方面的合法权益。生产经营单位制定或者修改有关安全生产的规章制度，应当听取工会的意见。

**第八条　【各级人民政府安全生产职责】**国务院和县级以上地方各级人民政府应当根据国民经济和社会发展规划制定安全生产规划，并组织实施。安全生产规划应当与国土空间规划等相关规划相衔接。

各级人民政府应当加强安全生产基础设施建设和安全生产监管能力建设，所需经费列入本级预算。

县级以上地方各级人民政府应当组织有关部门建立完善安全风险评估与论证机制，按照安全风险管控要求，进行产业规划和空间布局，并对位置相邻、行业相近、业态相似的生产经营单位实施重大安全风险联防联控。

**第九条　【安全生产监督管理职责】**国务院和县级以上地方各级人民政府应当加强对安全生产工作的领导，建立健全安全生产工作协调机制，支持、督促各有关部门依法履行安全生产监督管理职责，及时协调、解决安全生产监督管理中存在的重大问题。

乡镇人民政府和街道办事处，以及开发区、工业园区、港区、风景区等应当明确负责安全生产监督管理的有关工作机构及其职责，加强安全生产监管力量建设，按照职责对本行政区域或者管理区域内生产经营单位安全生产状况进行监督检查，协助人民政府有关部门或者按照授权依法履行安全生产监督管理职责。

**第十条　【安全生产监督管理体制】**国务院应急管理部门依照本法，对全国安全生产工作实施综合监督管理；县级以上地方各级人民政府应急管理部门依照本法，对本行政区域内安全生产工作实施综合监督管理。

国务院交通运输、住房和城乡建设、水利、民航等有关部门依照本法和其他有关法律、行政法规的规定，在各自的职责范围内对有关行业、领域的安全生产工作实施监督管理；县级以上地方各级人民政府有关部门依照本法和其他有关法律、法规的规定，在各自的职责范围内对有关行业、领域的安全生产工作实施监督管理。对新兴行业、领域的安全生产监督管理职责不明确的，由县级以上地方各级人民政府按照业务相近的原则确定监督管理部门。

应急管理部门和对有关行业、领域的安全生产工作实施监督管理的部门,统称负有安全生产监督管理职责的部门。负有安全生产监督管理职责的部门应当相互配合、齐抓共管、信息共享、资源共用,依法加强安全生产监督管理工作。

**第十一条 【安全生产有关标准】**国务院有关部门应当按照保障安全生产的要求,依法及时制定有关的国家标准或者行业标准,并根据科技进步和经济发展适时修订。

生产经营单位必须执行依法制定的保障安全生产的国家标准或者行业标准。

**第十二条 【安全生产强制性国家标准的制定】**国务院有关部门按照职责分工负责安全生产强制性国家标准的项目提出、组织起草、征求意见、技术审查。国务院应急管理部门统筹提出安全生产强制性国家标准的立项计划。国务院标准化行政主管部门负责安全生产强制性国家标准的立项、编号、对外通报和授权批准发布工作。国务院标准化行政主管部门、有关部门依据法定职责对安全生产强制性国家标准的实施进行监督检查。

**第十三条 【安全生产宣传教育】**各级人民政府及其有关部门应当采取多种形式,加强对有关安全生产的法律、法规和安全生产知识的宣传,增强全社会的安全生产意识。

**第十四条 【协会组织职责】**有关协会组织依照法律、行政法规和章程,为生产经营单位提供安全生产方面的信息、培训等服务,发挥自律作用,促进生产经营单位加强安全生产管理。

**第十五条 【安全生产技术、管理服务中介机构】**依法设立的为安全生产提供技术、管理服务的机构,依照法律、行政法规和执业准则,接受生产经营单位的委托为其安全生产工作提供技术、管理服务。

生产经营单位委托前款规定的机构提供安全生产技术、管理服务的,保证安全生产的责任仍由本单位负责。

**第十六条 【事故责任追究制度】**国家实行生产安全事故责任追究制度,依照本法和有关法律、法规的规定,追究生产安全事故责任单位和责任人员的法律责任。

**第十七条 【安全生产权力和责任清单】**县级以上各级人民政府应当组织负有安全生产监督管理职责的部门依法编制安全生产权力和责任清单,公开并接受社会监督。

**第十八条 【安全生产科学技术研究】**国家鼓励和支持安全生产科学技术研究和安全生产先进技术的推广应用,提高安全生产水平。

**第十九条 【奖励】**国家对在改善安全生产条件、防止生产安全事故、参加抢险救护等方面取得显著成绩的单位和个人,给予奖励。

## 第二章 生产经营单位的安全生产保障

**第二十条 【安全生产条件】**生产经营单位应当具备本法和有关法律、行政法规和国家标准或者行业标准规定的安全生产条件;不具备安全生产条件的,不得从事生产经营活动。

**第二十一条 【单位主要负责人安全生产职责】**生产经营单位的主要负责人对本单位安全生产工作负有下列职责:

(一)建立健全并落实本单位全员安全生产责任制,加强安全生产标准化建设;

(二)组织制定并实施本单位安全生产规章制度和操作规程;

(三)组织制定并实施本单位安全生产教育和培训计划;

(四)保证本单位安全生产投入的有效实施;

(五)组织建立并落实安全风险分级管控和隐患排查治理双重预防工作机制,督促、检查本单位的安全生产工作,及时消除生产安全事故隐患;

(六)组织制定并实施本单位的生产安全事故应急救援预案;

(七)及时、如实报告生产安全事故。

**第二十二条 【全员安全生产责任制】**生产经营单位的全员安全生产责任制应当明确各岗位的责任人员、责任范围和考核标准等内容。

生产经营单位应当建立相应的机制,加强对全员安全生产责任制落实情况的监督考核,保证全员安全生产责任制的落实。

**第二十三条 【保证安全生产资金投入】**生产经营单位应当具备的安全生产条件所必需的资金投入,由生产经营单位的决策机构、主要负责人或者个人经营的投资人予以保证,并对由于安全生产所必需的资金投入不足导致的后果承担责任。

有关生产经营单位应当按照规定提取和使用安全生产费用,专门用于改善安全生产条件。安全生产费用在成本中据实列支。安全生产费用提取、使用和监督管理的具体办法由国务院财政部门会同国务院应急管理部门征求国务院有关部门意见后制定。

**第二十四条 【安全生产管理机构及人员】**矿山、金属冶炼、建筑施工、运输单位和危险物品的生产、经营、储存、装卸单位，应当设置安全生产管理机构或者配备专职安全生产管理人员。

前款规定以外的其他生产经营单位，从业人员超过一百人的，应当设置安全生产管理机构或者配备专职安全生产管理人员；从业人员在一百人以下的，应当配备专职或者兼职的安全生产管理人员。

**第二十五条　【安全生产管理机构及人员的职责】**生产经营单位的安全生产管理机构以及安全生产管理人员履行下列职责：

（一）组织或者参与拟订本单位安全生产规章制度、操作规程和生产安全事故应急救援预案；

（二）组织或者参与本单位安全生产教育和培训，如实记录安全生产教育和培训情况；

（三）组织开展危险源辨识和评估，督促落实本单位重大危险源的安全管理措施；

（四）组织或者参与本单位应急救援演练；

（五）检查本单位的安全生产状况，及时排查生产安全事故隐患，提出改进安全生产管理的建议；

（六）制止和纠正违章指挥、强令冒险作业、违反操作规程的行为；

（七）督促落实本单位安全生产整改措施。

生产经营单位可以设置专职安全生产分管负责人，协助本单位主要负责人履行安全生产管理职责。

**第二十六条　【履职要求与履职保障】**生产经营单位的安全生产管理机构以及安全生产管理人员应当恪尽职守，依法履行职责。

生产经营单位作出涉及安全生产的经营决策，应当听取安全生产管理机构以及安全生产管理人员的意见。

生产经营单位不得因安全生产管理人员依法履行职责而降低其工资、福利等待遇或者解除与其订立的劳动合同。

危险物品的生产、储存单位以及矿山、金属冶炼单位的安全生产管理人员的任免，应当告知主管的负有安全生产监督管理职责的部门。

**第二十七条　【安全生产知识与管理能力】**生产经营单位的主要负责人和安全生产管理人员必须具备与本单位所从事的生产经营活动相应的安全生产知识和管理能力。

危险物品的生产、经营、储存、装卸单位以及矿山、金属冶炼、建筑施工、运输单位的主要负责人和安全生产管理人员，应当由主管的负有安全生产监督管理职责的部门对其安全生产知识和管理能力考核合格。考核不得收费。

危险物品的生产、储存、装卸单位以及矿山、金属冶炼单位应当有注册安全工程师从事安全生产管理工作。鼓励其他生产经营单位聘用注册安全工程师从事安全生产管理工作。注册安全工程师按专业分类管理，具体办法由国务院人力资源和社会保障部门、国务院应急管理部门会同国务院有关部门制定。

**第二十八条　【安全生产教育和培训】**生产经营单位应当对从业人员进行安全生产教育和培训，保证从业人员具备必要的安全生产知识，熟悉有关的安全生产规章制度和安全操作规程，掌握本岗位的安全操作技能，了解事故应急处理措施，知悉自身在安全生产方面的权利和义务。未经安全生产教育和培训合格的从业人员，不得上岗作业。

生产经营单位使用被派遣劳动者的，应当将被派遣劳动者纳入本单位从业人员统一管理，对被派遣劳动者进行岗位安全操作规程和安全操作技能的教育和培训。劳务派遣单位应当对被派遣劳动者进行必要的安全生产教育和培训。

生产经营单位接收中等职业学校、高等学校学生实习的，应当对实习学生进行相应的安全生产教育和培训，提供必要的劳动防护用品。学校应当协助生产经营单位对实习学生进行安全生产教育和培训。

生产经营单位应当建立安全生产教育和培训档案，如实记录安全生产教育和培训的时间、内容、参加人员以及考核结果等情况。

**第二十九条　【技术更新的教育和培训】**生产经营单位采用新工艺、新技术、新材料或者使用新设备，必须了解、掌握其安全技术特性，采取有效的安全防护措施，并对从业人员进行专门的安全生产教育和培训。

**第三十条　【特种作业人员从业资格】**生产经营单位的特种作业人员必须按照国家有关规定经专门的安全作业培训，取得相应资格，方可上岗作业。

特种作业人员的范围由国务院应急管理部门会同国务院有关部门确定。

**第三十一条　【建设项目安全设施“三同时”】**生产经营单位新建、改建、扩建工程项目（以下统称建设项目）的安全设施，必须与主体工程同时设计、同时施工、同时投入生产和使用。安全设施投资应当纳入建设项目概算。

**第三十二条　【特殊建设项目安全评价】**矿山、金属冶炼建设项目和用于生产、储存、装卸危险物品的建设项目,应当按照国家有关规定进行安全评价。

**第三十三条 【特殊建设项目安全设计审查】**建设项目安全设施的设计人、设计单位应当对安全设施设计负责。

矿山、金属冶炼建设项目和用于生产、储存、装卸危险物品的建设项目的安全设施设计应当按照国家有关规定报经有关部门审查,审查部门及其负责审查的人员对审查结果负责。

**第三十四条 【特殊建设项目安全设施验收】**矿山、金属冶炼建设项目和用于生产、储存、装卸危险物品的建设项目的施工单位必须按照批准的安全设施设计施工,并对安全设施的工程质量负责。

矿山、金属冶炼建设项目和用于生产、储存、装卸危险物品的建设项目竣工投入生产或者使用前,应当由建设单位负责组织对安全设施进行验收;验收合格后,方可投入生产和使用。负有安全生产监督管理职责的部门应当加强对建设单位验收活动和验收结果的监督核查。

**第三十五条 【安全警示标志】**生产经营单位应当在有较大危险因素的生产经营场所和有关设施、设备上,设置明显的安全警示标志。

**第三十六条 【安全设备管理】**安全设备的设计、制造、安装、使用、检测、维修、改造和报废,应当符合国家标准或者行业标准。

生产经营单位必须对安全设备进行经常性维护、保养,并定期检测,保证正常运转。维护、保养、检测应当作好记录,并由有关人员签字。

生产经营单位不得关闭、破坏直接关系生产安全的监控、报警、防护、救生设备、设施,或者篡改、隐瞒、销毁其相关数据、信息。

餐饮等行业的生产经营单位使用燃气的,应当安装可燃气体报警装置,并保障其正常使用。

**第三十七条 【特殊特种设备的管理】**生产经营单位使用的危险物品的容器、运输工具,以及涉及人身安全、危险性较大的海洋石油开采特种设备和矿山井下特种设备,必须按照国家有关规定,由专业生产单位生产,并经具有专业资质的检测、检验机构检测、检验合格,取得安全使用证或者安全标志,方可投入使用。检测、检验机构对检测、检验结果负责。

**第三十八条 【淘汰制度】**国家对严重危及生产安全的工艺、设备实行淘汰制度,具体目录由国务院应急管理部门会同国务院有关部门制定并公布。法律、行政法规对目录的制定另有规定的,适用其规定。

省、自治区、直辖市人民政府可以根据本地区实际情况制定并公布具体目录,对前款规定以外的危及生产安全的工艺、设备予以淘汰。

生产经营单位不得使用应当淘汰的危及生产安全的工艺、设备。

**第三十九条 【危险物品的监管】**生产、经营、运输、储存、使用危险物品或者处置废弃危险物品的,由有关主管部门依照有关法律、法规的规定和国家标准或者行业标准审批并实施监督管理。

生产经营单位生产、经营、运输、储存、使用危险物品或者处置废弃危险物品,必须执行有关法律、法规和国家标准或者行业标准,建立专门的安全管理制度,采取可靠的安全措施,接受有关主管部门依法实施的监督管理。

**第四十条 【重大危险源的管理和备案】**生产经营单位对重大危险源应当登记建档,进行定期检测、评估、监控,并制定应急预案,告知从业人员和相关人员在紧急情况下应当采取的应急措施。

生产经营单位应当按照国家有关规定将本单位重大危险源及有关安全措施、应急措施报有关地方人民政府应急管理部门和有关部门备案。有关地方人民政府应急管理部门和有关部门应当通过相关信息系统实现信息共享。

**第四十一条 【安全风险管控制度和事故隐患治理制度】**生产经营单位应当建立安全风险分级管控制度,按照安全风险分级采取相应的管控措施。

生产经营单位应当建立健全并落实生产安全事故隐患排查治理制度,采取技术、管理措施,及时发现并消除事故隐患。事故隐患排查治理情况应当如实记录,并通过职工大会或者职工代表大会、信息公示栏等方式向从业人员通报。其中,重大事故隐患排查治理情况应当及时向负有安全生产监督管理职责的部门和职工大会或者职工代表大会报告。

县级以上地方各级人民政府负有安全生产监督管理职责的部门应当将重大事故隐患纳入相关信息系统,建立健全重大事故隐患治理督办制度,督促生产经营单位消除重大事故隐患。

**第四十二条 【生产经营场所和员工宿舍安全要求】**生产、经营、储存、使用危险物品的车间、商店、仓库不得与员工宿舍在同一座建筑物内,并应当与员工宿舍保持安全距离。

生产经营场所和员工宿舍应当设有符合紧急疏散要

求、标志明显、保持畅通的出口、疏散通道。禁止占用、锁闭、封堵生产经营场所或者员工宿舍的出口、疏散通道。

**第四十三条 【危险作业的现场安全管理】**生产经营单位进行爆破、吊装、动火、临时用电以及国务院应急管理部门会同国务院有关部门规定的其他危险作业，应当安排专门人员进行现场安全管理，确保操作规程的遵守和安全措施的落实。

**第四十四条 【从业人员的安全管理】**生产经营单位应当教育和督促从业人员严格执行本单位的安全生产规章制度和安全操作规程；并向从业人员如实告知作业场所和工作岗位存在的危险因素、防范措施以及事故应急措施。

生产经营单位应当关注从业人员的身体、心理状况和行为习惯，加强对从业人员的心理疏导、精神慰藉，严格落实岗位安全生产责任，防范从业人员行为异常导致事故发生。

**第四十五条 【劳动防护用品】**生产经营单位必须为从业人员提供符合国家标准或者行业标准的劳动防护用品，并监督、教育从业人员按照使用规则佩戴、使用。

**第四十六条 【安全检查和报告义务】**生产经营单位的安全生产管理人员应当根据本单位的生产经营特点，对安全生产状况进行经常性检查；对检查中发现的安全问题，应当立即处理；不能处理的，应当及时报告本单位有关负责人，有关负责人应当及时处理。检查及处理情况应当如实记录在案。

生产经营单位的安全生产管理人员在检查中发现重大事故隐患，依照前款规定向本单位有关负责人报告，有关负责人不及时处理的，安全生产管理人员可以向主管的负有安全生产监督管理职责的部门报告，接到报告的部门应当依法及时处理。

**第四十七条 【安全生产经费保障】**生产经营单位应当安排用于配备劳动防护用品、进行安全生产培训的经费。

**第四十八条 【安全生产协作】**两个以上生产经营单位在同一作业区域内进行生产经营活动，可能危及对方生产安全的，应当签订安全生产管理协议，明确各自的安全生产管理职责和应当采取的安全措施，并指定专职安全生产管理人员进行安全检查与协调。

**第四十九条 【生产经营项目、施工项目的安全管理】**生产经营单位不得将生产经营项目、场所、设备发包或者出租给不具备安全生产条件或者相应资质的单位或者个人。

生产经营项目、场所发包或者出租给其他单位的，生产经营单位应当与承包单位、承租单位签订专门的安全生产管理协议，或者在承包合同、租赁合同中约定各自的安全生产管理职责；生产经营单位对承包单位、承租单位的安全生产工作统一协调、管理，定期进行安全检查，发现安全问题的，应当及时督促整改。

矿山、金属冶炼建设项目和用于生产、储存、装卸危险物品的建设项目的施工单位应当加强对施工项目的安全管理，不得倒卖、出租、出借、挂靠或者以其他形式非法转让施工资质，不得将其承包的全部建设工程转包给第三人或者将其承包的全部建设工程支解以后以分包的名义分别转包给第三人，不得将工程分包给不具备相应资质条件的单位。

**第五十条 【单位主要负责人组织事故抢救职责】**生产经营单位发生生产安全事故时，单位的主要负责人应当立即组织抢救，并不得在事故调查处理期间擅离职守。

**第五十一条 【工伤保险和安全生产责任保险】**生产经营单位必须依法参加工伤保险，为从业人员缴纳保险费。

国家鼓励生产经营单位投保安全生产责任保险；属于国家规定的高危行业、领域的生产经营单位，应当投保安全生产责任保险。具体范围和实施办法由国务院应急管理部门会同国务院财政部门、国务院保险监督管理机构和相关行业主管部门制定。

## 第三章 从业人员的安全生产权利义务

**第五十二条 【劳动合同的安全条款】**生产经营单位与从业人员订立的劳动合同，应当载明有关保障从业人员劳动安全、防止职业危害的事项，以及依法为从业人员办理工伤保险的事项。

生产经营单位不得以任何形式与从业人员订立协议，免除或者减轻其对从业人员因生产安全事故伤亡依法应承担的责任。

**第五十三条 【知情权和建议权】**生产经营单位的从业人员有权了解其作业场所和工作岗位存在的危险因素、防范措施及事故应急措施，有权对本单位的安全生产工作提出建议。

**第五十四条 【批评、检举、控告、拒绝权】**从业人员有权对本单位安全生产工作中存在的问题提出批评、检举、控告；有权拒绝违章指挥和强令冒险作业。

生产经营单位不得因从业人员对本单位安全生产工作提出批评、检举、控告或者拒绝违章指挥、强令冒险作业而降低其工资、福利等待遇或者解除与其订立的劳动合同。

**第五十五条 【紧急处置权】**从业人员发现直接危及人身安全的紧急情况时，有权停止作业或者在采取可能的应急措施后撤离作业场所。

生产经营单位不得因从业人员在前款紧急情况下停止作业或者采取紧急撤离措施而降低其工资、福利等待遇或者解除与其订立的劳动合同。

**第五十六条 【事故后的人员救治和赔偿】**生产经营单位发生生产安全事故后，应当及时采取措施救治有关人员。

因生产安全事故受到损害的从业人员，除依法享有工伤保险外，依照有关民事法律尚有获得赔偿的权利的，有权提出赔偿要求。

**第五十七条 【落实岗位安全责任和服从安全管理】**从业人员在作业过程中，应当严格落实岗位安全责任，遵守本单位的安全生产规章制度和操作规程，服从管理，正确佩戴和使用劳动防护用品。

**第五十八条 【接受安全生产教育和培训义务】**从业人员应当接受安全生产教育和培训，掌握本职工作所需的安全生产知识，提高安全生产技能，增强事故预防和应急处理能力。

**第五十九条 【事故隐患和不安全因素的报告义务】**从业人员发现事故隐患或者其他不安全因素，应当立即向现场安全生产管理人员或者本单位负责人报告；接到报告的人员应当及时予以处理。

**第六十条 【工会监督】**工会有权对建设项目的安全设施与主体工程同时设计、同时施工、同时投入生产和使用进行监督，提出意见。

工会对生产经营单位违反安全生产法律、法规，侵犯从业人员合法权益的行为，有权要求纠正；发现生产经营单位违章指挥、强令冒险作业或者发现事故隐患时，有权提出解决的建议，生产经营单位应当及时研究答复；发现危及从业人员生命安全的情况时，有权向生产经营单位建议组织从业人员撤离危险场所，生产经营单位必须立即作出处理。

工会有权依法参加事故调查，向有关部门提出处理意见，并要求追究有关人员的责任。

**第六十一条 【被派遣劳动者的权利义务】**生产经营单位使用被派遣劳动者的，被派遣劳动者享有本法规定的从业人员的权利，并应当履行本法规定的从业人员的义务。

## 第四章 安全生产的监督管理

**第六十二条 【安全生产监督检查】**县级以上地方各级人民政府应当根据本行政区域内的安全生产状况，组织有关部门按照职责分工，对本行政区域内容易发生重大生产安全事故的生产经营单位进行严格检查。

应急管理部门应当按照分类分级监督管理的要求，制定安全生产年度监督检查计划，并按照年度监督检查计划进行监督检查，发现事故隐患，应当及时处理。

**第六十三条 【安全生产事项的审批、验收】**负有安全生产监督管理职责的部门依照有关法律、法规的规定，对涉及安全生产的事项需要审查批准（包括批准、核准、许可、注册、认证、颁发证照等，下同）或者验收的，必须严格依照有关法律、法规和国家标准或者行业标准规定的安全生产条件和程序进行审查；不符合有关法律、法规和国家标准或者行业标准规定的安全生产条件的，不得批准或者验收通过。对未依法取得批准或者验收合格的单位擅自从事有关活动的，负责行政审批的部门发现或者接到举报后应当立即予以取缔，并依法予以处理。对已经依法取得批准的单位，负责行政审批的部门发现其不再具备安全生产条件的，应当撤销原批准。

**第六十四条 【审批、验收的禁止性规定】**负有安全生产监督管理职责的部门对涉及安全生产的事项进行审查、验收，不得收取费用；不得要求接受审查、验收的单位购买其指定品牌或者指定生产、销售单位的安全设备、器材或者其他产品。

**第六十五条 【监督检查的职权范围】**应急管理部门和其他负有安全生产监督管理职责的部门依法开展安全生产行政执法工作，对生产经营单位执行有关安全生产的法律、法规和国家标准或者行业标准的情况进行监督检查，行使以下职权：

（一）进入生产经营单位进行检查，调阅有关资料，向有关单位和人员了解情况；

（二）对检查中发现的安全生产违法行为，当场予以纠正或者要求限期改正；对依法应当给予行政处罚的行为，依照本法和其他有关法律、行政法规的规定作出行政处罚决定；

（三）对检查中发现的事故隐患，应当责令立即排除；重大事故隐患排除前或者排除过程中无法保证安全的，应当责令从危险区域内撤出作业人员，责令暂时停产停业或者停止使用相关设施、设备；重大事故隐患排除后，经审查同意，方可恢复生产经营和使用；

（四）对有根据认为不符合保障安全生产的国家标

准或者行业标准的设施、设备、器材以及违法生产、储存、使用、经营、运输的危险物品予以查封或者扣押，对违法生产、储存、使用、经营危险物品的作业场所予以查封，并依法作出处理决定。

监督检查不得影响被检查单位的正常生产经营活动。

**第六十六条　【生产经营单位的配合义务】**生产经营单位对负有安全生产监督管理职责的部门的监督检查人员(以下统称安全生产监督检查人员)依法履行监督检查职责，应当予以配合，不得拒绝、阻挠。

**第六十七条　【监督检查的要求】**安全生产监督检查人员应当忠于职守，坚持原则，秉公执法。

安全生产监督检查人员执行监督检查任务时，必须出示有效的行政执法证件；对涉及被检查单位的技术秘密和业务秘密，应当为其保密。

**第六十八条　【监督检查的记录与报告】**安全生产监督检查人员应当将检查的时间、地点、内容、发现的问题及其处理情况，作出书面记录，并由检查人员和被检查单位的负责人签字；被检查单位的负责人拒绝签字的，检查人员应当将情况记录在案，并向负有安全生产监督管理职责的部门报告。

**第六十九条　【监督检查的配合】**负有安全生产监督管理职责的部门在监督检查中，应当互相配合，实行联合检查；确需分别进行检查的，应当互通情况，发现存在的安全问题应当由其他有关部门进行处理的，应当及时移送其他有关部门并形成记录备查，接受移送的部门应当及时进行处理。

**第七十条　【强制停止生产经营活动】**负有安全生产监督管理职责的部门依法对存在重大事故隐患的生产经营单位作出停产停业、停止施工、停止使用相关设施或者设备的决定，生产经营单位应当依法执行，及时消除事故隐患。生产经营单位拒不执行，有发生生产安全事故的现实危险的，在保证安全的前提下，经本部门主要负责人批准，负有安全生产监督管理职责的部门可以采取通知有关单位停止供电、停止供应民用爆炸物品等措施，强制生产经营单位履行决定。通知应当采用书面形式，有关单位应当予以配合。

负有安全生产监督管理职责的部门依照前款规定采取停止供电措施，除有危及生产安全的紧急情形外，应当提前二十四小时通知生产经营单位。生产经营单位依法履行行政决定、采取相应措施消除事故隐患的，负有安全生产监督管理职责的部门应当及时解除前款规定的措施。

**第七十一条　【安全生产监察】**监察机关依照监察法的规定，对负有安全生产监督管理职责的部门及其工作人员履行安全生产监督管理职责实施监察。

**第七十二条　【中介机构的条件和责任】**承担安全评价、认证、检测、检验职责的机构应当具备国家规定的资质条件，并对其作出的安全评价、认证、检测、检验结果的合法性、真实性负责。资质条件由国务院应急管理部门会同国务院有关部门制定。

承担安全评价、认证、检测、检验职责的机构应当建立并实施服务公开和报告公开制度，不得租借资质、挂靠、出具虚假报告。

**第七十三条　【安全生产举报制度】**负有安全生产监督管理职责的部门应当建立举报制度，公开举报电话、信箱或者电子邮件地址等网络举报平台，受理有关安全生产的举报；受理的举报事项经调查核实后，应当形成书面材料；需要落实整改措施的，报经有关负责人签字并督促落实。对不属于本部门职责，需要由其他有关部门进行调查处理的，转交其他有关部门处理。

涉及人员死亡的举报事项，应当由县级以上人民政府组织核查处理。

**第七十四条　【违法举报和公益诉讼】**任何单位或者个人对事故隐患或者安全生产违法行为，均有权向负有安全生产监督管理职责的部门报告或者举报。

因安全生产违法行为造成重大事故隐患或者导致重大事故，致使国家利益或者社会公共利益受到侵害的，人民检察院可以根据民事诉讼法、行政诉讼法的相关规定提起公益诉讼。

**第七十五条　【居委会、村委会的监督】**居民委员会、村民委员会发现其所在区域内的生产经营单位存在事故隐患或者安全生产违法行为时，应当向当地人民政府或者有关部门报告。

**第七十六条　【举报奖励】**县级以上各级人民政府及其有关部门对报告重大事故隐患或者举报安全生产违法行为的有功人员，给予奖励。具体奖励办法由国务院应急管理部门会同国务院财政部门制定。

**第七十七条　【舆论监督】**新闻、出版、广播、电影、电视等单位有进行安全生产公益宣传教育的义务，有对违反安全生产法律、法规的行为进行舆论监督的权利。

**第七十八条　【安全生产违法行为信息库】**负有安全生产监督管理职责的部门应当建立安全生产违法行为信息库，如实记录生产经营单位及其有关从业人员的安全生产违法行为信息；对违法行为情节严重的生产经营单位及其有关从业人员，应当及时向社会公告，并通报行业主管部门、投资主管部门、自然资源主管部门、生态环境主管部门、证券监督管理机构以及有关金融机构。有关部门和机构应当对存在失信行为的生产经营单位及其有关从业人员采取加大执法检查频次、暂停项目审批、上调有关保险费率、行业或者职业禁入等联合惩戒措施，并向社会公示。

负有安全生产监督管理职责的部门应当加强对生产经营单位行政处罚信息的及时归集、共享、应用和公开，对生产经营单位作出处罚决定后七个工作日内在监督管理部门公示系统予以公开曝光，强化对违法失信生产经营单位及其有关从业人员的社会监督，提高全社会安全生产诚信水平。

## 第五章　生产安全事故的应急救援与调查处理

**第七十九条　【事故应急救援队伍与信息系统】**国家加强生产安全事故应急能力建设，在重点行业、领域建立应急救援基地和应急救援队伍，并由国家安全生产应急救援机构统一协调指挥；鼓励生产经营单位和其他社会力量建立应急救援队伍，配备相应的应急救援装备和物资，提高应急救援的专业化水平。

国务院应急管理部门牵头建立全国统一的生产安全事故应急救援信息系统，国务院交通运输、住房和城乡建设、水利、民航等有关部门和县级以上地方人民政府建立健全相关行业、领域、地区的生产安全事故应急救援信息系统，实现互联互通、信息共享，通过推行网上安全信息采集、安全监管和监测预警，提升监管的精准化、智能化水平。

**第八十条　【事故应急救援预案与体系】**县级以上地方各级人民政府应当组织有关部门制定本行政区域内生产安全事故应急救援预案，建立应急救援体系。

乡镇人民政府和街道办事处，以及开发区、工业园区、港区、风景区等应当制定相应的生产安全事故应急救援预案，协助人民政府有关部门或者按照授权依法履行生产安全事故应急救援工作职责。

**第八十一条　【事故应急救援预案的制定与演练】**生产经营单位应当制定本单位生产安全事故应急救援预案，与所在地县级以上地方人民政府组织制定的生产安全事故应急救援预案相衔接，并定期组织演练。

**第八十二条　【高危行业的应急救援要求】**危险物品的生产、经营、储存单位以及矿山、金属冶炼、城市轨道交通运营、建筑施工单位应当建立应急救援组织；生产经营规模较小的，可以不建立应急救援组织，但应当指定兼职的应急救援人员。

危险物品的生产、经营、储存、运输单位以及矿山、金属冶炼、城市轨道交通运营、建筑施工单位应当配备必要的应急救援器材、设备和物资，并进行经常性维护、保养，保证正常运转。

**第八十三条　【单位报告和组织抢救义务】**生产经营单位发生生产安全事故后，事故现场有关人员应当立即报告本单位负责人。

单位负责人接到事故报告后，应当迅速采取有效措施，组织抢救，防止事故扩大，减少人员伤亡和财产损失，并按照国家有关规定立即如实报告当地负有安全生产监督管理职责的部门，不得隐瞒不报、谎报或者迟报，不得故意破坏事故现场、毁灭有关证据。

**第八十四条　【安全监管部门的事故报告】**负有安全生产监督管理职责的部门接到事故报告后，应当立即按照国家有关规定上报事故情况。负有安全生产监督管理职责的部门和有关地方人民政府对事故情况不得隐瞒不报、谎报或者迟报。

**第八十五条　【事故抢救】**有关地方人民政府和负有安全生产监督管理职责的部门的负责人接到生产安全事故报告后，应当按照生产安全事故应急救援预案的要求立即赶到事故现场，组织事故抢救。

参与事故抢救的部门和单位应当服从统一指挥，加强协同联动，采取有效的应急救援措施，并根据事故救援的需要采取警戒、疏散等措施，防止事故扩大和次生灾害的发生，减少人员伤亡和财产损失。

事故抢救过程中应当采取必要措施，避免或者减少对环境造成的危害。

任何单位和个人都应当支持、配合事故抢救，并提供一切便利条件。

**第八十六条　【事故调查处理】**事故调查处理应当按照科学严谨、依法依规、实事求是、注重实效的原则，及时、准确地查清事故原因，查明事故性质和责任，评估应急处置工作，总结事故教训，提出整改措施，并对事故责任单位和人员提出处理建议。事故调查报告应当依法及时向社会公布。事故调查和处理的具体办法由国务院制定。

事故发生单位应当及时全面落实整改措施，负有安全生产监督管理职责的部门应当加强监督检查。

负责事故调查处理的国务院有关部门和地方人民政府应当在批复事故调查报告后一年内，组织有关部门对事故整改和防范措施落实情况进行评估，并及时向社会公开评估结果；对不履行职责导致事故整改和防范措施没有落实的有关单位和人员，应当按照有关规定追究责任。

**第八十七条　【责任追究】**生产经营单位发生生产安全事故，经调查确定为责任事故的，除了应当查明事故单位的责任并依法予以追究外，还应当查明对安全生产的有关事项负有审查批准和监督职责的行政部门的责任，对有失职、渎职行为的，依照本法第九十条的规定追究法律责任。

**第八十八条　【事故调查处理不得干涉】**任何单位和个人不得阻挠和干涉对事故的依法调查处理。

**第八十九条　【事故定期统计分析和定期公布制度】**县级以上地方各级人民政府应急管理部门应当定期统计分析本行政区域内发生生产安全事故的情况，并定期向社会公布。

## 第六章　法律责任

**第九十条　【监管部门工作人员违法责任】**负有安全生产监督管理职责的部门的工作人员，有下列行为之一的，给予降级或者撤职的处分；构成犯罪的，依照刑法有关规定追究刑事责任：

（一）对不符合法定安全生产条件的涉及安全生产的事项予以批准或者验收通过的；

（二）发现未依法取得批准、验收的单位擅自从事有关活动或者接到举报后不予取缔或者不依法予以处理的；

（三）对已经依法取得批准的单位不履行监督管理职责，发现其不再具备安全生产条件而不撤销原批准或者发现安全生产违法行为不予查处的；

（四）在监督检查中发现重大事故隐患，不依法及时处理的。

负有安全生产监督管理职责的部门的工作人员有前款规定以外的滥用职权、玩忽职守、徇私舞弊行为的，依法给予处分；构成犯罪的，依照刑法有关规定追究刑事责任。

**第九十一条　【监管部门违法责任】**负有安全生产监督管理职责的部门，要求被审查、验收的单位购买其指定的安全设备、器材或者其他产品的，在对安全生产事项的审查、验收中收取费用的，由其上级机关或者监察机关责令改正，责令退还收取的费用；情节严重的，对直接负责的主管人员和其他直接责任人员依法给予处分。

**第九十二条　【中介机构违法责任】**承担安全评价、认证、检测、检验职责的机构出具失实报告的，责令停业整顿，并处三万元以上十万元以下的罚款；给他人造成损害的，依法承担赔偿责任。

承担安全评价、认证、检测、检验职责的机构租借资质、挂靠、出具虚假报告的，没收违法所得；违法所得在十万元以上的，并处违法所得二倍以上五倍以下的罚款，没有违法所得或者违法所得不足十万元的，单处或者并处十万元以上二十万元以下的罚款；对其直接负责的主管人员和其他直接责任人员处五万元以上十万元以下的罚款；给他人造成损害的，与生产经营单位承担连带赔偿责任；构成犯罪的，依照刑法有关规定追究刑事责任。

对有前款违法行为的机构及其直接责任人员，吊销其相应资质和资格，五年内不得从事安全评价、认证、检测、检验等工作；情节严重的，实行终身行业和职业禁入。

**第九十三条　【资金投入违法责任】**生产经营单位的决策机构、主要负责人或者个人经营的投资人不依照本法规定保证安全生产所必需的资金投入，致使生产经营单位不具备安全生产条件的，责令限期改正，提供必需的资金；逾期未改正的，责令生产经营单位停产停业整顿。

有前款违法行为，导致发生生产安全事故的，对生产经营单位的主要负责人给予撤职处分，对个人经营的投资人处二万元以上二十万元以下的罚款；构成犯罪的，依照刑法有关规定追究刑事责任。

**第九十四条　【单位主要负责人违法责任】**生产经营单位的主要负责人未履行本法规定的安全生产管理职责的，责令限期改正，处二万元以上五万元以下的罚款；逾期未改正的，处五万元以上十万元以下的罚款，责令生产经营单位停产停业整顿。

生产经营单位的主要负责人有前款违法行为，导致发生生产安全事故的，给予撤职处分；构成犯罪的，依照刑法有关规定追究刑事责任。

生产经营单位的主要负责人依照前款规定受刑事处罚或者撤职处分的，自刑罚执行完毕或者受处分之日起，五年内不得担任任何生产经营单位的主要负责人；对重大、特别重大生产安全事故负有责任的，终身不得担任本行业生产经营单位的主要负责人。

**第九十五条　【对单位主要负责人罚款】**生产经营单位的主要负责人未履行本法规定的安全生产管理职责，导致发生生产安全事故的，由应急管理部门依照下列规定处以罚款：

（一）发生一般事故的，处上一年年收入百分之四十的罚款；

（二）发生较大事故的，处上一年年收入百分之六十的罚款；

（三）发生重大事故的，处上一年年收入百分之八十的罚款；

（四）发生特别重大事故的，处上一年年收入百分之一百的罚款。

**第九十六条　【单位安全生产管理人员违法责任】**生产经营单位的其他负责人和安全生产管理人员未履行本法规定的安全生产管理职责的，责令限期改正，处一万元以上三万元以下的罚款；导致发生生产安全事故的，暂停或者吊销其与安全生产有关的资格，并处上一年年收入百分之二十以上百分之五十以下的罚款；构成犯罪的，依照刑法有关规定追究刑事责任。

**第九十七条　【生产经营单位安全管理违法责任（一）】**生产经营单位有下列行为之一的，责令限期改正，处十万元以下的罚款；逾期未改正的，责令停产停业整顿，并处十万元以上二十万元以下的罚款，对其直接负责的主管人员和其他直接责任人员处二万元以上五万元以下的罚款：

（一）未按照规定设置安全生产管理机构或者配备安全生产管理人员、注册安全工程师的；

（二）危险物品的生产、经营、储存、装卸单位以及矿山、金属冶炼、建筑施工、运输单位的主要负责人和安全生产管理人员未按照规定经考核合格的；

（三）未按照规定对从业人员、被派遣劳动者、实习学生进行安全生产教育和培训，或者未按照规定如实告知有关的安全生产事项的；

（四）未如实记录安全生产教育和培训情况的；

（五）未将事故隐患排查治理情况如实记录或者未向从业人员通报的；

（六）未按照规定制定生产安全事故应急救援预案或者未定期组织演练的；

（七）特种作业人员未按照规定经专门的安全作业培训并取得相应资格，上岗作业的。

**第九十八条　【建设项目违法责任】**生产经营单位有下列行为之一的，责令停止建设或者停产停业整顿，限期改正，并处十万元以上五十万元以下的罚款，对其直接负责的主管人员和其他直接责任人员处二万元以上五万元以下的罚款；逾期未改正的，处五十万元以上一百万元以下的罚款，对其直接负责的主管人员和其他直接责任人员处五万元以上十万元以下的罚款；构成犯罪的，依照刑法有关规定追究刑事责任：

（一）未按照规定对矿山、金属冶炼建设项目或者用于生产、储存、装卸危险物品的建设项目进行安全评价的；

（二）矿山、金属冶炼建设项目或者用于生产、储存、装卸危险物品的建设项目没有安全设施设计或者安全设施设计未按照规定报经有关部门审查同意的；

（三）矿山、金属冶炼建设项目或者用于生产、储存、装卸危险物品的建设项目的施工单位未按照批准的安全设施设计施工的；

（四）矿山、金属冶炼建设项目或者用于生产、储存、装卸危险物品的建设项目竣工投入生产或者使用前，安全设施未经验收合格的。

**第九十九条　【生产经营单位安全管理违法责任（二）】**生产经营单位有下列行为之一的，责令限期改正，处五万元以下的罚款；逾期未改正的，处五万元以上二十万元以下的罚款，对其直接负责的主管人员和其他直接责任人员处一万元以上二万元以下的罚款；情节严重的，责令停产停业整顿；构成犯罪的，依照刑法有关规定追究刑事责任：

（一）未在有较大危险因素的生产经营场所和有关设施、设备上设置明显的安全警示标志的；

（二）安全设备的安装、使用、检测、改造和报废不符合国家标准或者行业标准的；

（三）未对安全设备进行经常性维护、保养和定期检测的；

（四）关闭、破坏直接关系生产安全的监控、报警、防护、救生设备、设施，或者篡改、隐瞒、销毁其相关数据、信息的；

（五）未为从业人员提供符合国家标准或者行业标准的劳动防护用品的；

（六）危险物品的容器、运输工具，以及涉及人身安全、危险性较大的海洋石油开采特种设备和矿山井下特种设备未经具有专业资质的机构检测、检验合格，取得安全使用证或者安全标志，投入使用的；

（七）使用应当淘汰的危及生产安全的工艺、设备的；

（八）餐饮等行业的生产经营单位使用燃气未安装可燃气体报警装置的。

**第一百条　【违法经营危险物品】**未经依法批准，擅自生产、经营、运输、储存、使用危险物品或者处置废弃危险物品的，依照有关危险物品安全管理的法律、行政法规的规定予以处罚;构成犯罪的,依照刑法有关规定追究刑事责任。

**第一百零一条 【生产经营单位安全管理违法责任(三)】**生产经营单位有下列行为之一的,责令限期改正,处十万元以下的罚款;逾期未改正的,责令停产停业整顿,并处十万元以上二十万元以下的罚款,对其直接负责的主管人员和其他直接责任人员处二万元以上五万元以下的罚款;构成犯罪的,依照刑法有关规定追究刑事责任:

(一)生产、经营、运输、储存、使用危险物品或者处置废弃危险物品,未建立专门安全管理制度、未采取可靠的安全措施的;

(二)对重大危险源未登记建档,未进行定期检测、评估、监控,未制定应急预案,或者未告知应急措施的;

(三)进行爆破、吊装、动火、临时用电以及国务院应急管理部门会同国务院有关部门规定的其他危险作业,未安排专门人员进行现场安全管理的;

(四)未建立安全风险分级管控制度或者未按照安全风险分级采取相应管控措施的;

(五)未建立事故隐患排查治理制度,或者重大事故隐患排查治理情况未按照规定报告的。

**第一百零二条 【未采取措施消除事故隐患违法责任】**生产经营单位未采取措施消除事故隐患的,责令立即消除或者限期消除,处五万元以下的罚款;生产经营单位拒不执行的,责令停产停业整顿,对其直接负责的主管人员和其他直接责任人员处五万元以上十万元以下的罚款;构成犯罪的,依照刑法有关规定追究刑事责任。

**第一百零三条 【违法发包、出租和违反项目安全管理的法律责任】**生产经营单位将生产经营项目、场所、设备发包或者出租给不具备安全生产条件或者相应资质的单位或者个人的,责令限期改正,没收违法所得;违法所得十万元以上的,并处违法所得二倍以上五倍以下的罚款;没有违法所得或者违法所得不足十万元的,单处或者并处十万元以上二十万元以下的罚款;对其直接负责的主管人员和其他直接责任人员处一万元以上二万元以下的罚款;导致发生生产安全事故给他人造成损害的,与承包方、承租方承担连带赔偿责任。

生产经营单位未与承包单位、承租单位签订专门的安全生产管理协议或者未在承包合同、租赁合同中明确各自的安全生产管理职责,或者未对承包单位、承租单位的安全生产统一协调、管理的,责令限期改正,处五万元以下的罚款,对其直接负责的主管人员和其他直接责任人员处一万元以下的罚款;逾期未改正的,责令停产停业整顿。

矿山、金属冶炼建设项目和用于生产、储存、装卸危险物品的建设项目的施工单位未按照规定对施工项目进行安全管理的,责令限期改正,处十万元以下的罚款,对其直接负责的主管人员和其他直接责任人员处二万元以下的罚款;逾期未改正的,责令停产停业整顿。以上施工单位倒卖、出租、出借、挂靠或者以其他形式非法转让施工资质的,责令停产停业整顿,吊销资质证书,没收违法所得;违法所得十万元以上的,并处违法所得二倍以上五倍以下的罚款,没有违法所得或者违法所得不足十万元的,单处或者并处十万元以上二十万元以下的罚款;对其直接负责的主管人员和其他直接责任人员处五万元以上十万元以下的罚款;构成犯罪的,依照刑法有关规定追究刑事责任。

**第一百零四条 【同一作业区域安全管理违法责任】**两个以上生产经营单位在同一作业区域内进行可能危及对方安全生产的生产经营活动,未签订安全生产管理协议或者未指定专职安全生产管理人员进行安全检查与协调的,责令限期改正,处五万元以下的罚款,对其直接负责的主管人员和其他直接责任人员处一万元以下的罚款;逾期未改正的,责令停产停业。

**第一百零五条 【生产经营场所和员工宿舍违法责任】**生产经营单位有下列行为之一的,责令限期改正,处五万元以下的罚款,对其直接负责的主管人员和其他直接责任人员处一万元以下的罚款;逾期未改正的,责令停产停业整顿;构成犯罪的,依照刑法有关规定追究刑事责任:

(一)生产、经营、储存、使用危险物品的车间、商店、仓库与员工宿舍在同一座建筑内,或者与员工宿舍的距离不符合安全要求的;

(二)生产经营场所和员工宿舍未设有符合紧急疏散需要、标志明显、保持畅通的出口、疏散通道,或者占用、锁闭、封堵生产经营场所或者员工宿舍出口、疏散通道的。

**第一百零六条 【免责协议违法责任】**生产经营单位与从业人员订立协议,免除或者减轻其对从业人员因生产安全事故伤亡依法应承担的责任的,该协议无效;对生产经营单位的主要负责人、个人经营的投资人处二万元以上十万元以下的罚款。

**第一百零七条 【从业人员违章操作的法律责任】**生产经营单位的从业人员不落实岗位安全责任,不服从管理,违反安全生产规章制度或者操作规程的,由生产经营单位给予批评教育，依照有关规章制度给予处分；构成犯罪的，依照刑法有关规定追究刑事责任。

**第一百零八条 【生产经营单位不服从监督检查违法责任】**违反本法规定，生产经营单位拒绝、阻碍负有安全生产监督管理职责的部门依法实施监督检查的，责令改正；拒不改正的，处二万元以上二十万元以下的罚款；对其直接负责的主管人员和其他直接责任人员处一万元以上二万元以下的罚款；构成犯罪的，依照刑法有关规定追究刑事责任。

**第一百零九条 【未投保安全生产责任保险的违法责任】**高危行业、领域的生产经营单位未按照国家规定投保安全生产责任保险的，责令限期改正，处五万元以上十万元以下的罚款；逾期未改正的，处十万元以上二十万元以下的罚款。

**第一百一十条 【单位主要负责人事故处理违法责任】**生产经营单位的主要负责人在本单位发生生产安全事故时，不立即组织抢救或者在事故调查处理期间擅离职守或者逃匿的，给予降级、撤职的处分，并由应急管理部门处上一年年收入百分之六十至百分之一百的罚款；对逃匿的处十五日以下拘留；构成犯罪的，依照刑法有关规定追究刑事责任。

生产经营单位的主要负责人对生产安全事故隐瞒不报、谎报或者迟报的，依照前款规定处罚。

**第一百一十一条 【政府部门未按规定报告事故违法责任】**有关地方人民政府、负有安全生产监督管理职责的部门，对生产安全事故隐瞒不报、谎报或者迟报的，对直接负责的主管人员和其他直接责任人员依法给予处分；构成犯罪的，依照刑法有关规定追究刑事责任。

**第一百一十二条 【按日连续处罚】**生产经营单位违反本法规定，被责令改正且受到罚款处罚，拒不改正的，负有安全生产监督管理职责的部门可以自作出责令改正之日的次日起，按照原处罚数额按日连续处罚。

**第一百一十三条 【生产经营单位安全管理违法责任（四）】**生产经营单位存在下列情形之一的，负有安全生产监督管理职责的部门应当提请地方人民政府予以关闭，有关部门应当依法吊销其有关证照。生产经营单位主要负责人五年内不得担任任何生产经营单位的主要负责人；情节严重的，终身不得担任本行业生产经营单位的主要负责人：

（一）存在重大事故隐患，一百八十日内三次或者一年内四次受到本法规定的行政处罚的；

（二）经停产停业整顿，仍不具备法律、行政法规和国家标准或者行业标准规定的安全生产条件的；

（三）不具备法律、行政法规和国家标准或者行业标准规定的安全生产条件，导致发生重大、特别重大生产安全事故的；

（四）拒不执行负有安全生产监督管理职责的部门作出的停产停业整顿决定的。

**第一百一十四条 【对事故责任单位罚款】**发生生产安全事故，对负有责任的生产经营单位除要求其依法承担相应的赔偿等责任外，由应急管理部门依照下列规定处以罚款：

（一）发生一般事故的，处三十万元以上一百万元以下的罚款；

（二）发生较大事故的，处一百万元以上二百万元以下的罚款；

（三）发生重大事故的，处二百万元以上一千万元以下的罚款；

（四）发生特别重大事故的，处一千万元以上二千万元以下的罚款。

发生生产安全事故，情节特别严重、影响特别恶劣的，应急管理部门可以按照前款罚款数额的二倍以上五倍以下对负有责任的生产经营单位处以罚款。

**第一百一十五条 【行政处罚决定机关】**本法规定的行政处罚，由应急管理部门和其他负有安全生产监督管理职责的部门按照职责分工决定；其中，根据本法第九十五条、第一百一十条、第一百一十四条的规定应当给予民航、铁路、电力行业的生产经营单位及其主要负责人行政处罚的，也可以由主管的负有安全生产监督管理职责的部门进行处罚。予以关闭的行政处罚，由负有安全生产监督管理职责的部门报请县级以上人民政府按照国务院规定的权限决定；给予拘留的行政处罚，由公安机关依照治安管理处罚的规定决定。

**第一百一十六条 【生产经营单位赔偿责任】**生产经营单位发生生产安全事故造成人员伤亡、他人财产损失的，应当依法承担赔偿责任；拒不承担或者其负责人逃匿的，由人民法院依法强制执行。

生产安全事故的责任人未依法承担赔偿责任，经人民法院依法采取执行措施后，仍不能对受害人给予足额赔偿的，应当继续履行赔偿义务；受害人发现责任人有其他财产的，可以随时请求人民法院执行。

## 第七章 附 则

**第一百一十七条 【用语解释】**本法下列用语的含义：

危险物品，是指易燃易爆物品、危险化学品、放射性物品等能够危及人身安全和财产安全的物品。

重大危险源，是指长期地或者临时地生产、搬运、使用或者储存危险物品，且危险物品的数量等于或者超过临界量的单元（包括场所和设施）。

**第一百一十八条　【事故、隐患分类判定标准的制定】**本法规定的生产安全一般事故、较大事故、重大事故、特别重大事故的划分标准由国务院规定。

国务院应急管理部门和其他负有安全生产监督管理职责的部门应当根据各自的职责分工，制定相关行业、领域重大危险源的辨识标准和重大事故隐患的判定标准。

**第一百一十九条　【生效日期】**本法自2002年11月1日起施行。

## 生产安全事故应急条例

· 2018年12月5日国务院第33次常务会议通过
· 2019年2月17日中华人民共和国国务院令第708号公布
· 自2019年4月1日起施行

### 第一章　总　则

**第一条**　为了规范生产安全事故应急工作，保障人民群众生命和财产安全，根据《中华人民共和国安全生产法》和《中华人民共和国突发事件应对法》，制定本条例。

**第二条**　本条例适用于生产安全事故应急工作；法律、行政法规另有规定的，适用其规定。

**第三条**　国务院统一领导全国的生产安全事故应急工作，县级以上地方人民政府统一领导本行政区域内的生产安全事故应急工作。生产安全事故应急工作涉及两个以上行政区域的，由有关行政区域共同的上一级人民政府负责，或者由各有关行政区域的上一级人民政府共同负责。

县级以上人民政府应急管理部门和其他对有关行业、领域的安全生产工作实施监督管理的部门（以下统称负有安全生产监督管理职责的部门）在各自职责范围内，做好有关行业、领域的生产安全事故应急工作。

县级以上人民政府应急管理部门指导、协调本级人民政府其他负有安全生产监督管理职责的部门和下级人民政府的生产安全事故应急工作。

乡、镇人民政府以及街道办事处等地方人民政府派出机关应当协助上级人民政府有关部门依法履行生产安全事故应急工作职责。

**第四条**　生产经营单位应当加强生产安全事故应急工作，建立、健全生产安全事故应急工作责任制，其主要负责人对本单位的生产安全事故应急工作全面负责。

### 第二章　应急准备

**第五条**　县级以上人民政府及其负有安全生产监督管理职责的部门和乡、镇人民政府以及街道办事处等地方人民政府派出机关，应当针对可能发生的生产安全事故的特点和危害，进行风险辨识和评估，制定相应的生产安全事故应急救援预案，并依法向社会公布。

生产经营单位应当针对本单位可能发生的生产安全事故的特点和危害，进行风险辨识和评估，制定相应的生产安全事故应急救援预案，并向本单位从业人员公布。

**第六条**　生产安全事故应急救援预案应当符合有关法律、法规、规章和标准的规定，具有科学性、针对性和可操作性，明确规定应急组织体系、职责分工以及应急救援程序和措施。

有下列情形之一的，生产安全事故应急救援预案制定单位应当及时修订相关预案：

（一）制定预案所依据的法律、法规、规章、标准发生重大变化；

（二）应急指挥机构及其职责发生调整；

（三）安全生产面临的风险发生重大变化；

（四）重要应急资源发生重大变化；

（五）在预案演练或者应急救援中发现需要修订预案的重大问题；

（六）其他应当修订的情形。

**第七条**　县级以上人民政府负有安全生产监督管理职责的部门应当将其制定的生产安全事故应急救援预案报送本级人民政府备案；易燃易爆物品、危险化学品等危险物品的生产、经营、储存、运输单位，矿山、金属冶炼、城市轨道交通运营、建筑施工单位，以及宾馆、商场、娱乐场所、旅游景区等人员密集场所经营单位，应当将其制定的生产安全事故应急救援预案按照国家有关规定报送县级以上人民政府负有安全生产监督管理职责的部门备案，并依法向社会公布。

**第八条**　县级以上地方人民政府以及县级以上人民政府负有安全生产监督管理职责的部门，乡、镇人民政府以及街道办事处等地方人民政府派出机关，应当至少每2年组织1次生产安全事故应急救援预案演练。

易燃易爆物品、危险化学品等危险物品的生产、经营、储存、运输单位，矿山、金属冶炼、城市轨道交通运营、建筑施工单位，以及宾馆、商场、娱乐场所、旅游景区等人员密集场所经营单位，应当至少每半年组织1次生产安全事故应急救援预案演练，并将演练情况报送所在地县级以上地方人民政府负有安全生产监督管理职责的部门。

县级以上地方人民政府负有安全生产监督管理职责的部门应当对本行政区域内前款规定的重点生产经营单位的生产安全事故应急救援预案演练进行抽查；发现演练不符合要求的，应当责令限期改正。

**第九条** 县级以上人民政府应当加强对生产安全事故应急救援队伍建设的统一规划、组织和指导。

县级以上人民政府负有安全生产监督管理职责的部门根据生产安全事故应急工作的实际需要，在重点行业、领域单独建立或者依托有条件的生产经营单位、社会组织共同建立应急救援队伍。

国家鼓励和支持生产经营单位和其他社会力量建立提供社会化应急救援服务的应急救援队伍。

**第十条** 易燃易爆物品、危险化学品等危险物品的生产、经营、储存、运输单位，矿山、金属冶炼、城市轨道交通运营、建筑施工单位，以及宾馆、商场、娱乐场所、旅游景区等人员密集场所经营单位，应当建立应急救援队伍；其中，小型企业或者微型企业等规模较小的生产经营单位，可以不建立应急救援队伍，但应当指定兼职的应急救援人员，并且可以与邻近的应急救援队伍签订应急救援协议。

工业园区、开发区等产业聚集区域内的生产经营单位，可以联合建立应急救援队伍。

**第十一条** 应急救援队伍的应急救援人员应当具备必要的专业知识、技能、身体素质和心理素质。

应急救援队伍建立单位或者兼职应急救援人员所在单位应当按照国家有关规定对应急救援人员进行培训；应急救援人员经培训合格后，方可参加应急救援工作。

应急救援队伍应当配备必要的应急救援装备和物资，并定期组织训练。

**第十二条** 生产经营单位应当及时将本单位应急救援队伍建立情况按照国家有关规定报送县级以上人民政府负有安全生产监督管理职责的部门，并依法向社会公布。

县级以上人民政府负有安全生产监督管理职责的部门应当定期将本行业、本领域的应急救援队伍建立情况报送本级人民政府，并依法向社会公布。

**第十三条** 县级以上地方人民政府应当根据本行政区域内可能发生的生产安全事故的特点和危害，储备必要的应急救援装备和物资，并及时更新和补充。

易燃易爆物品、危险化学品等危险物品的生产、经营、储存、运输单位，矿山、金属冶炼、城市轨道交通运营、建筑施工单位，以及宾馆、商场、娱乐场所、旅游景区等人员密集场所经营单位，应当根据本单位可能发生的生产安全事故的特点和危害，配备必要的灭火、排水、通风以及危险物品稀释、掩埋、收集等应急救援器材、设备和物资，并进行经常性维护、保养，保证正常运转。

**第十四条** 下列单位应当建立应急值班制度，配备应急值班人员：

（一）县级以上人民政府及其负有安全生产监督管理职责的部门；

（二）危险物品的生产、经营、储存、运输单位以及矿山、金属冶炼、城市轨道交通运营、建筑施工单位；

（三）应急救援队伍。

规模较大、危险性较高的易燃易爆物品、危险化学品等危险物品的生产、经营、储存、运输单位应当成立应急处置技术组，实行24小时应急值班。

**第十五条** 生产经营单位应当对从业人员进行应急教育和培训，保证从业人员具备必要的应急知识，掌握风险防范技能和事故应急措施。

**第十六条** 国务院负有安全生产监督管理职责的部门应当按照国家有关规定建立生产安全事故应急救援信息系统，并采取有效措施，实现数据互联互通、信息共享。

生产经营单位可以通过生产安全事故应急救援信息系统办理生产安全事故应急救援预案备案手续，报送应急救援预案演练情况和应急救援队伍建设情况；但依法需要保密的除外。

## 第三章 应急救援

**第十七条** 发生生产安全事故后，生产经营单位应当立即启动生产安全事故应急救援预案，采取下列一项或者多项应急救援措施，并按照国家有关规定报告事故情况：

（一）迅速控制危险源，组织抢救遇险人员；

（二）根据事故危害程度，组织现场人员撤离或者采取可能的应急措施后撤离；

（三）及时通知可能受到事故影响的单位和人员；

（四）采取必要措施，防止事故危害扩大和次生、衍生灾害发生；

（五）根据需要请求邻近的应急救援队伍参加救援，并向参加救援的应急救援队伍提供相关技术资料、信息和处置方法；

（六）维护事故现场秩序，保护事故现场和相关证据；

（七）法律、法规规定的其他应急救援措施。

**第十八条**　有关地方人民政府及其部门接到生产安全事故报告后，应当按照国家有关规定上报事故情况，启动相应的生产安全事故应急救援预案，并按照应急救援预案的规定采取下列一项或者多项应急救援措施：

（一）组织抢救遇险人员，救治受伤人员，研判事故发展趋势以及可能造成的危害；

（二）通知可能受到事故影响的单位和人员，隔离事故现场，划定警戒区域，疏散受到威胁的人员，实施交通管制；

（三）采取必要措施，防止事故危害扩大和次生、衍生灾害发生，避免或者减少事故对环境造成的危害；

（四）依法发布调用和征用应急资源的决定；

（五）依法向应急救援队伍下达救援命令；

（六）维护事故现场秩序，组织安抚遇险人员和遇险遇难人员亲属；

（七）依法发布有关事故情况和应急救援工作的信息；

（八）法律、法规规定的其他应急救援措施。

有关地方人民政府不能有效控制生产安全事故的，应当及时向上级人民政府报告。上级人民政府应当及时采取措施，统一指挥应急救援。

**第十九条**　应急救援队伍接到有关人民政府及其部门的救援命令或者签有应急救援协议的生产经营单位的救援请求后，应当立即参加生产安全事故应急救援。

应急救援队伍根据救援命令参加生产安全事故应急救援所耗费用，由事故责任单位承担；事故责任单位无力承担的，由有关人民政府协调解决。

**第二十条**　发生生产安全事故后，有关人民政府认为有必要的，可以设立由本级人民政府及其有关部门负责人、应急救援专家、应急救援队伍负责人、事故发生单位负责人等人员组成的应急救援现场指挥部，并指定现场指挥部总指挥。

**第二十一条**　现场指挥部实行总指挥负责制，按照本级人民政府的授权组织制定并实施生产安全事故现场应急救援方案，协调、指挥有关单位和个人参加现场应急救援。

参加生产安全事故现场应急救援的单位和个人应当服从现场指挥部的统一指挥。

**第二十二条**　在生产安全事故应急救援过程中，发现可能直接危及应急救援人员生命安全的紧急情况时，现场指挥部或者统一指挥应急救援的人民政府应当立即采取相应措施消除隐患，降低或者化解风险，必要时可以暂时撤离应急救援人员。

**第二十三条**　生产安全事故发生地人民政府应当为应急救援人员提供必需的后勤保障，并组织通信、交通运输、医疗卫生、气象、水文、地质、电力、供水等单位协助应急救援。

**第二十四条**　现场指挥部或者统一指挥生产安全事故应急救援的人民政府及其有关部门应当完整、准确地记录应急救援的重要事项，妥善保存相关原始资料和证据。

**第二十五条**　生产安全事故的威胁和危害得到控制或者消除后，有关人民政府应当决定停止执行依照本条例和有关法律、法规采取的全部或者部分应急救援措施。

**第二十六条**　有关人民政府及其部门根据生产安全事故应急救援需要依法调用和征用的财产，在使用完毕或者应急救援结束后，应当及时归还。财产被调用、征用或者调用、征用后毁损、灭失的，有关人民政府及其部门应当按照国家有关规定给予补偿。

**第二十七条**　按照国家有关规定成立的生产安全事故调查组应当对应急救援工作进行评估，并在事故调查报告中作出评估结论。

**第二十八条**　县级以上地方人民政府应当按照国家有关规定，对在生产安全事故应急救援中伤亡的人员及时给予救治和抚恤；符合烈士评定条件的，按照国家有关规定评定为烈士。

## 第四章　法律责任

**第二十九条**　地方各级人民政府和街道办事处等地方人民政府派出机关以及县级以上人民政府有关部门违反本条例规定的，由其上级行政机关责令改正；情节严重的，对直接负责的主管人员和其他直接责任人员依法给予处分。

**第三十条**　生产经营单位未制定生产安全事故应急救援预案、未定期组织应急救援预案演练、未对从业人员进行应急教育和培训，生产经营单位的主要负责人在本单位发生生产安全事故时不立即组织抢救的，由县级以上人民政府负有安全生产监督管理职责的部门依照《中华人民共和国安全生产法》有关规定追究法律责任。

**第三十一条**　生产经营单位未对应急救援器材、设备和物资进行经常性维护、保养，导致发生严重生产安全事故或者生产安全事故危害扩大，或者在本单位发生生产安全事故后未立即采取相应的应急救援措施，造成严重后果的，由县级以上人民政府负有安全生产监督管理职责的部门依照《中华人民共和国突发事件应对法》有关规定追究法律责任。

**第三十二条**　生产经营单位未将生产安全事故应急救援预案报送备案、未建立应急值班制度或者配备应急值班人员的，由县级以上人民政府负有安全生产监督管理职责的部门责令限期改正；逾期未改正的，处 3 万元以上 5 万元以下的罚款，对直接负责的主管人员和其他直接责任人员处 1 万元以上 2 万元以下的罚款。

**第三十三条**　违反本条例规定，构成违反治安管理行为的，由公安机关依法给予处罚；构成犯罪的，依法追究刑事责任。

### 第五章　附　则

**第三十四条**　储存、使用易燃易爆物品、危险化学品等危险物品的科研机构、学校、医院等单位的安全事故应急工作，参照本条例有关规定执行。

**第三十五条**　本条例自 2019 年 4 月 1 日起施行。

## 生产安全事故应急预案管理办法

· 2016 年 6 月 3 日国家安全生产监督管理总局令第 88 号公布

· 根据 2019 年 7 月 11 日《应急管理部关于修改〈生产安全事故应急预案管理办法〉的决定》修订

### 第一章　总　则

**第一条**　为规范生产安全事故应急预案管理工作，迅速有效处置生产安全事故，依据《中华人民共和国突发事件应对法》《中华人民共和国安全生产法》《生产安全事故应急条例》等法律、行政法规和《突发事件应急预案管理办法》（国办发〔2013〕101 号），制定本办法。

**第二条**　生产安全事故应急预案（以下简称应急预案）的编制、评审、公布、备案、实施及监督管理工作，适用本办法。

**第三条**　应急预案的管理实行属地为主、分级负责、分类指导、综合协调、动态管理的原则。

**第四条**　应急管理部负责全国应急预案的综合协调管理工作。国务院其他负有安全生产监督管理职责的部门在各自职责范围内，负责相关行业、领域应急预案的管理工作。

县级以上地方各级人民政府应急管理部门负责本行政区域内应急预案的综合协调管理工作。县级以上地方各级人民政府其他负有安全生产监督管理职责的部门按照各自的职责负责有关行业、领域应急预案的管理工作。

**第五条**　生产经营单位主要负责人负责组织编制和实施本单位的应急预案，并对应急预案的真实性和实用性负责；各分管负责人应当按照职责分工落实应急预案规定的职责。

**第六条**　生产经营单位应急预案分为综合应急预案、专项应急预案和现场处置方案。

综合应急预案，是指生产经营单位为应对各种生产安全事故而制定的综合性工作方案，是本单位应对生产安全事故的总体工作程序、措施和应急预案体系的总纲。

专项应急预案，是指生产经营单位为应对某一种或者多种类型生产安全事故，或者针对重要生产设施、重大危险源、重大活动防止生产安全事故而制定的专项性工作方案。

现场处置方案，是指生产经营单位根据不同生产安全事故类型，针对具体场所、装置或者设施所制定的应急处置措施。

### 第二章　应急预案的编制

**第七条**　应急预案的编制应当遵循以人为本、依法依规、符合实际、注重实效的原则，以应急处置为核心，明确应急职责、规范应急程序、细化保障措施。

**第八条**　应急预案的编制应当符合下列基本要求：

（一）有关法律、法规、规章和标准的规定；

（二）本地区、本部门、本单位的安全生产实际情况；

（三）本地区、本部门、本单位的危险性分析情况；

（四）应急组织和人员的职责分工明确，并有具体的落实措施；

（五）有明确、具体的应急程序和处置措施，并与其应急能力相适应；

（六）有明确的应急保障措施，满足本地区、本部门、本单位的应急工作需要；

（七）应急预案基本要素齐全、完整，应急预案附件提供的信息准确；

（八）应急预案内容与相关应急预案相互衔接。

**第九条**　编制应急预案应当成立编制工作小组，由本单位有关负责人任组长，吸收与应急预案有关的职能部门和单位的人员，以及有现场处置经验的人员参加。

**第十条**　编制应急预案前，编制单位应当进行事故风险辨识、评估和应急资源调查。

事故风险辨识、评估，是指针对不同事故种类及特点，识别存在的危险危害因素，分析事故可能产生的直接后果以及次生、衍生后果，评估各种后果的危害程度和影响范围，提出防范和控制事故风险措施的过程。

应急资源调查，是指全面调查本地区、本单位第一时间可以调用的应急资源状况和合作区域内可以请求援助的应急资源状况，并结合事故风险辨识评估结论制定应急措施的过程。

**第十一条** 地方各级人民政府应急管理部门和其他负有安全生产监督管理职责的部门应当根据法律、法规、规章和同级人民政府以及上一级人民政府应急管理部门和其他负有安全生产监督管理职责的部门的应急预案，结合工作实际，组织编制相应的部门应急预案。

部门应急预案应当根据本地区、本部门的实际情况，明确信息报告、响应分级、指挥权移交、警戒疏散等内容。

**第十二条** 生产经营单位应当根据有关法律、法规、规章和相关标准，结合本单位组织管理体系、生产规模和可能发生的事故特点，与相关预案保持衔接，确立本单位的应急预案体系，编制相应的应急预案，并体现自救互救和先期处置等特点。

**第十三条** 生产经营单位风险种类多、可能发生多种类型事故的，应当组织编制综合应急预案。

综合应急预案应当规定应急组织机构及其职责、应急预案体系、事故风险描述、预警及信息报告、应急响应、保障措施、应急预案管理等内容。

**第十四条** 对于某一种或者多种类型的事故风险，生产经营单位可以编制相应的专项应急预案，或将专项应急预案并入综合应急预案。

专项应急预案应当规定应急指挥机构与职责、处置程序和措施等内容。

**第十五条** 对于危险性较大的场所、装置或者设施，生产经营单位应当编制现场处置方案。

现场处置方案应当规定应急工作职责、应急处置措施和注意事项等内容。

事故风险单一、危险性小的生产经营单位，可以只编制现场处置方案。

**第十六条** 生产经营单位应急预案应当包括向上级应急管理机构报告的内容、应急组织机构和人员的联系方式、应急物资储备清单等附件信息。附件信息发生变化时，应当及时更新，确保准确有效。

**第十七条** 生产经营单位组织应急预案编制过程中，应当根据法律、法规、规章的规定或者实际需要，征求相关应急救援队伍、公民、法人或者其他组织的意见。

**第十八条** 生产经营单位编制的各类应急预案之间应当相互衔接，并与相关人民政府及其部门、应急救援队伍和涉及的其他单位的应急预案相衔接。

**第十九条** 生产经营单位应当在编制应急预案的基础上，针对工作场所、岗位的特点，编制简明、实用、有效的应急处置卡。

应急处置卡应当规定重点岗位、人员的应急处置程序和措施，以及相关联络人员和联系方式，便于从业人员携带。

## 第三章 应急预案的评审、公布和备案

**第二十条** 地方各级人民政府应急管理部门应当组织有关专家对本部门编制的部门应急预案进行审定；必要时，可以召开听证会，听取社会有关方面的意见。

**第二十一条** 矿山、金属冶炼企业和易燃易爆物品、危险化学品的生产、经营（带储存设施的，下同）、储存、运输企业，以及使用危险化学品达到国家规定数量的化工企业、烟花爆竹生产、批发经营企业和中型规模以上的其他生产经营单位，应当对本单位编制的应急预案进行评审，并形成书面评审纪要。

前款规定以外的其他生产经营单位可以根据自身需要，对本单位编制的应急预案进行论证。

**第二十二条** 参加应急预案评审的人员应当包括有关安全生产及应急管理方面的专家。

评审人员与所评审应急预案的生产经营单位有利害关系的，应当回避。

**第二十三条** 应急预案的评审或者论证应当注重基本要素的完整性、组织体系的合理性、应急处置程序和措施的针对性、应急保障措施的可行性、应急预案的衔接性等内容。

**第二十四条** 生产经营单位的应急预案经评审或者论证后，由本单位主要负责人签署，向本单位从业人员公布，并及时发放到本单位有关部门、岗位和相关应急救援队伍。

事故风险可能影响周边其他单位、人员的，生产经营单位应当将有关事故风险的性质、影响范围和应急防范措施告知周边的其他单位和人员。

**第二十五条** 地方各级人民政府应急管理部门的应急预案，应当报同级人民政府备案，同时抄送上一级人民政府应急管理部门，并依法向社会公布。

地方各级人民政府其他负有安全生产监督管理职责的部门的应急预案，应当抄送同级人民政府应急管理部门。

**第二十六条** 易燃易爆物品、危险化学品等危险物品的生产、经营、储存、运输单位，矿山、金属冶炼、城市轨道交通运营、建筑施工单位，以及宾馆、商场、娱乐场所、

旅游景区等人员密集场所经营单位，应当在应急预案公布之日起20个工作日内，按照分级属地原则，向县级以上人民政府应急管理部门和其他负有安全生产监督管理职责的部门进行备案，并依法向社会公布。

前款所列单位属于中央企业的，其总部（上市公司）的应急预案，报国务院主管的负有安全生产监督管理职责的部门备案，并抄送应急管理部；其所属单位的应急预案报所在地的省、自治区、直辖市或者设区的市级人民政府主管的负有安全生产监督管理职责的部门备案，并抄送同级人民政府应急管理部门。

本条第一款所列单位不属于中央企业的，其中非煤矿山、金属冶炼和危险化学品生产、经营、储存、运输企业，以及使用危险化学品达到国家规定数量的化工企业、烟花爆竹生产、批发经营企业的应急预案，按照隶属关系报所在地县级以上地方人民政府应急管理部门备案；本款前述单位以外的其他生产经营单位应急预案的备案，由省、自治区、直辖市人民政府负有安全生产监督管理职责的部门确定。

油气输送管道运营单位的应急预案，除按照本条第一款、第二款的规定备案外，还应当抄送所经行政区域的县级人民政府应急管理部门。

海洋石油开采企业的应急预案，除按照本条第一款、第二款的规定备案外，还应当抄送所经行政区域的县级人民政府应急管理部门和海洋石油安全监管机构。

煤矿企业的应急预案除按照本条第一款、第二款的规定备案外，还应当抄送所在地的煤矿安全监察机构。

**第二十七条** 生产经营单位申报应急预案备案，应当提交下列材料：

（一）应急预案备案申报表；

（二）本办法第二十一条所列单位，应当提供应急预案评审意见；

（三）应急预案电子文档；

（四）风险评估结果和应急资源调查清单。

**第二十八条** 受理备案登记的负有安全生产监督管理职责的部门应当在5个工作日内对应急预案材料进行核对，材料齐全的，应当予以备案并出具应急预案备案登记表；材料不齐全的，不予备案并一次性告知需要补齐的材料。逾期不予备案又不说明理由的，视为已经备案。

对于实行安全生产许可的生产经营单位，已经进行应急预案备案的，在申请安全生产许可证时，可以不提供相应的应急预案，仅提供应急预案备案登记表。

**第二十九条** 各级人民政府负有安全生产监督管理职责的部门应当建立应急预案备案登记建档制度，指导、督促生产经营单位做好应急预案的备案登记工作。

## 第四章 应急预案的实施

**第三十条** 各级人民政府应急管理部门、各类生产经营单位应当采取多种形式开展应急预案的宣传教育，普及生产安全事故避险、自救和互救知识，提高从业人员和社会公众的安全意识与应急处置技能。

**第三十一条** 各级人民政府应急管理部门应当将本部门应急预案的培训纳入安全生产培训工作计划，并组织实施本行政区域内重点生产经营单位的应急预案培训工作。

生产经营单位应当组织开展本单位的应急预案、应急知识、自救互救和避险逃生技能的培训活动，使有关人员了解应急预案内容，熟悉应急职责、应急处置程序和措施。

应急培训的时间、地点、内容、师资、参加人员和考核结果等情况应当如实记入本单位的安全生产教育和培训档案。

**第三十二条** 各级人民政府应急管理部门应当至少每两年组织一次应急预案演练，提高本部门、本地区生产安全事故应急处置能力。

**第三十三条** 生产经营单位应当制定本单位的应急预案演练计划，根据本单位的事故风险特点，每年至少组织一次综合应急预案演练或者专项应急预案演练，每半年至少组织一次现场处置方案演练。

易燃易爆物品、危险化学品等危险物品的生产、经营、储存、运输单位，矿山、金属冶炼、城市轨道交通运营、建筑施工单位，以及宾馆、商场、娱乐场所、旅游景区等人员密集场所经营单位，应当至少每半年组织一次生产安全事故应急预案演练，并将演练情况报送所在地县级以上地方人民政府负有安全生产监督管理职责的部门。

县级以上地方人民政府负有安全生产监督管理职责的部门应当对本行政区域内前款规定的重点生产经营单位的生产安全事故应急救援预案演练进行抽查；发现演练不符合要求的，应当责令限期改正。

**第三十四条** 应急预案演练结束后，应急预案演练组织单位应当对应急预案演练效果进行评估，撰写应急预案演练评估报告，分析存在的问题，并对应急预案提出修订意见。

**第三十五条** 应急预案编制单位应当建立应急预案定期评估制度，对预案内容的针对性和实用性进行分析，并对应急预案是否需要修订作出结论。

矿山、金属冶炼、建筑施工企业和易燃易爆物品、危险化学品等危险物品的生产、经营、储存、运输企业、使用危险化学品达到国家规定数量的化工企业、烟花爆竹生产、批发经营企业和中型规模以上的其他生产经营单位，应当每三年进行一次应急预案评估。

应急预案评估可以邀请相关专业机构或者有关专家、有实际应急救援工作经验的人员参加，必要时可以委托安全生产技术服务机构实施。

**第三十六条**　有下列情形之一的，应急预案应当及时修订并归档：

（一）依据的法律、法规、规章、标准及上位预案中的有关规定发生重大变化的；

（二）应急指挥机构及其职责发生调整的；

（三）安全生产面临的风险发生重大变化的；

（四）重要应急资源发生重大变化的；

（五）在应急演练和事故应急救援中发现需要修订预案的重大问题的；

（六）编制单位认为应当修订的其他情况。

**第三十七条**　应急预案修订涉及组织指挥体系与职责、应急处置程序、主要处置措施、应急响应分级等内容变更的，修订工作应当参照本办法规定的应急预案编制程序进行，并按照有关应急预案报备程序重新备案。

**第三十八条**　生产经营单位应当按照应急预案的规定，落实应急指挥体系、应急救援队伍、应急物资及装备，建立应急物资、装备配备及其使用档案，并对应急物资、装备进行定期检测和维护，使其处于适用状态。

**第三十九条**　生产经营单位发生事故时，应当第一时间启动应急响应，组织有关力量进行救援，并按照规定将事故信息及应急响应启动情况报告事故发生地县级以上人民政府应急管理部门和其他负有安全生产监督管理职责的部门。

**第四十条**　生产安全事故应急处置和应急救援结束后，事故发生单位应当对应急预案实施情况进行总结评估。

## 第五章　监督管理

**第四十一条**　各级人民政府应急管理部门和煤矿安全监察机构应当将生产经营单位应急预案工作纳入年度监督检查计划，明确检查的重点内容和标准，并严格按照计划开展执法检查。

**第四十二条**　地方各级人民政府应急管理部门应当每年对应急预案的监督管理工作情况进行总结，并报上一级人民政府应急管理部门。

**第四十三条**　对于在应急预案管理工作中做出显著成绩的单位和人员，各级人民政府应急管理部门、生产经营单位可以给予表彰和奖励。

## 第六章　法律责任

**第四十四条**　生产经营单位有下列情形之一的，由县级以上人民政府应急管理等部门依照《中华人民共和国安全生产法》第九十四条的规定，责令限期改正，可以处5万元以下罚款；逾期未改正的，责令停产停业整顿，并处5万元以上10万元以下的罚款，对直接负责的主管人员和其他直接责任人员处1万元以上2万元以下的罚款：

（一）未按照规定编制应急预案的；

（二）未按照规定定期组织应急预案演练的。

**第四十五条**　生产经营单位有下列情形之一的，由县级以上人民政府应急管理部门责令限期改正，可以处1万元以上3万元以下的罚款：

（一）在应急预案编制前未按照规定开展风险辨识、评估和应急资源调查的；

（二）未按照规定开展应急预案评审的；

（三）事故风险可能影响周边单位、人员的，未将事故风险的性质、影响范围和应急防范措施告知周边单位和人员的；

（四）未按照规定开展应急预案评估的；

（五）未按照规定进行应急预案修订的；

（六）未落实应急预案规定的应急物资及装备的。

生产经营单位未按照规定进行应急预案备案的，由县级以上人民政府应急管理等部门依照职责责令限期改正；逾期未改正的，处3万元以上5万元以下的罚款，对直接负责的主管人员和其他直接责任人员处1万元以上2万元以下的罚款。

## 第七章　附　则

**第四十六条**　《生产经营单位生产安全事故应急预案备案申报表》和《生产经营单位生产安全事故应急预案备案登记表》由应急管理部统一制定。

**第四十七条**　各省、自治区、直辖市应急管理部门可以依据本办法的规定，结合本地区实际制定实施细则。

**第四十八条**　对储存、使用易燃易爆物品、危险化学品等危险物品的科研机构、学校、医院等单位的安全事故应急预案的管理，参照本办法的有关规定执行。

**第四十九条**　本办法自2016年7月1日起施行。

# 安全生产许可证条例

· 2004 年 1 月 13 日中华人民共和国国务院令第 397 号公布
· 根据 2013 年 7 月 18 日《国务院关于废止和修改部分行政法规的决定》第一次修订
· 根据 2014 年 7 月 29 日《国务院关于修改部分行政法规的决定》第二次修订

**第一条**　为了严格规范安全生产条件，进一步加强安全生产监督管理，防止和减少生产安全事故，根据《中华人民共和国安全生产法》的有关规定，制定本条例。

**第二条**　国家对矿山企业、建筑施工企业和危险化学品、烟花爆竹、民用爆炸物品生产企业（以下统称企业）实行安全生产许可制度。

企业未取得安全生产许可证的，不得从事生产活动。

**第三条**　国务院安全生产监督管理部门负责中央管理的非煤矿矿山企业和危险化学品、烟花爆竹生产企业安全生产许可证的颁发和管理。

省、自治区、直辖市人民政府安全生产监督管理部门负责前款规定以外的非煤矿矿山企业和危险化学品、烟花爆竹生产企业安全生产许可证的颁发和管理，并接受国务院安全生产监督管理部门的指导和监督。

国家煤矿安全监察机构负责中央管理的煤矿企业安全生产许可证的颁发和管理。

在省、自治区、直辖市设立的煤矿安全监察机构负责前款规定以外的其他煤矿企业安全生产许可证的颁发和管理，并接受国家煤矿安全监察机构的指导和监督。

**第四条**　省、自治区、直辖市人民政府建设主管部门负责建筑施工企业安全生产许可证的颁发和管理，并接受国务院建设主管部门的指导和监督。

**第五条**　省、自治区、直辖市人民政府民用爆炸物品行业主管部门负责民用爆炸物品生产企业安全生产许可证的颁发和管理，并接受国务院民用爆炸物品行业主管部门的指导和监督。

**第六条**　企业取得安全生产许可证，应当具备下列安全生产条件：

（一）建立、健全安全生产责任制，制定完备的安全生产规章制度和操作规程；

（二）安全投入符合安全生产要求；

（三）设置安全生产管理机构，配备专职安全生产管理人员；

（四）主要负责人和安全生产管理人员经考核合格；

（五）特种作业人员经有关业务主管部门考核合格，取得特种作业操作资格证书；

（六）从业人员经安全生产教育和培训合格；

（七）依法参加工伤保险，为从业人员缴纳保险费；

（八）厂房、作业场所和安全设施、设备、工艺符合有关安全生产法律、法规、标准和规程的要求；

（九）有职业危害防治措施，并为从业人员配备符合国家标准或者行业标准的劳动防护用品；

（十）依法进行安全评价；

（十一）有重大危险源检测、评估、监控措施和应急预案；

（十二）有生产安全事故应急救援预案、应急救援组织或者应急救援人员，配备必要的应急救援器材、设备；

（十三）法律、法规规定的其他条件。

**第七条**　企业进行生产前，应当依照本条例的规定向安全生产许可证颁发管理机关申请领取安全生产许可证，并提供本条例第六条规定的相关文件、资料。安全生产许可证颁发管理机关应当自收到申请之日起 45 日内审查完毕，经审查符合本条例规定的安全生产条件的，颁发安全生产许可证；不符合本条例规定的安全生产条件的，不予颁发安全生产许可证，书面通知企业并说明理由。

煤矿企业应当以矿（井）为单位，依照本条例的规定取得安全生产许可证。

**第八条**　安全生产许可证由国务院安全生产监督管理部门规定统一的式样。

**第九条**　安全生产许可证的有效期为 3 年。安全生产许可证有效期满需要延期的，企业应当于期满前 3 个月向原安全生产许可证颁发管理机关办理延期手续。

企业在安全生产许可证有效期内，严格遵守有关安全生产的法律法规，未发生死亡事故的，安全生产许可证有效期届满时，经原安全生产许可证颁发管理机关同意，不再审查，安全生产许可证有效期延期 3 年。

**第十条**　安全生产许可证颁发管理机关应当建立、健全安全生产许可证档案管理制度，并定期向社会公布企业取得安全生产许可证的情况。

**第十一条**　煤矿企业安全生产许可证颁发管理机关、建筑施工企业安全生产许可证颁发管理机关、民用爆炸物品生产企业安全生产许可证颁发管理机关，应当每年向同级安全生产监督管理部门通报其安全生产许可证颁发和管理情况。

**第十二条**　国务院安全生产监督管理部门和省、自治区、直辖市人民政府安全生产监督管理部门对建筑施工企业、民用爆炸物品生产企业、煤矿企业取得安全生产许可证的情况进行监督。

**第十三条**　企业不得转让、冒用安全生产许可证或者使用伪造的安全生产许可证。

**第十四条**　企业取得安全生产许可证后，不得降低安全生产条件，并应当加强日常安全生产管理，接受安全生产许可证颁发管理机关的监督检查。

安全生产许可证颁发管理机关应当加强对取得安全生产许可证的企业的监督检查，发现其不再具备本条例规定的安全生产条件的，应当暂扣或者吊销安全生产许可证。

**第十五条**　安全生产许可证颁发管理机关工作人员在安全生产许可证颁发、管理和监督检查工作中，不得索取或者接受企业的财物，不得谋取其他利益。

**第十六条**　监察机关依照《中华人民共和国行政监察法》的规定，对安全生产许可证颁发管理机关及其工作人员履行本条例规定的职责实施监察。

**第十七条**　任何单位或者个人对违反本条例规定的行为，有权向安全生产许可证颁发管理机关或者监察机关等有关部门举报。

**第十八条**　安全生产许可证颁发管理机关工作人员有下列行为之一的，给予降级或者撤职的行政处分；构成犯罪的，依法追究刑事责任：

（一）向不符合本条例规定的安全生产条件的企业颁发安全生产许可证的；

（二）发现企业未依法取得安全生产许可证擅自从事生产活动，不依法处理的；

（三）发现取得安全生产许可证的企业不再具备本条例规定的安全生产条件，不依法处理的；

（四）接到对违反本条例规定行为的举报后，不及时处理的；

（五）在安全生产许可证颁发、管理和监督检查工作中，索取或者接受企业的财物，或者谋取其他利益的。

**第十九条**　违反本条例规定，未取得安全生产许可证擅自进行生产的，责令停止生产，没收违法所得，并处10万元以上50万元以下的罚款；造成重大事故或者其他严重后果，构成犯罪的，依法追究刑事责任。

**第二十条**　违反本条例规定，安全生产许可证有效期满未办理延期手续，继续进行生产的，责令停止生产，限期补办延期手续，没收违法所得，并处5万元以上10万元以下的罚款；逾期仍不办理延期手续，继续进行生产的，依照本条例第十九条的规定处罚。

**第二十一条**　违反本条例规定，转让安全生产许可证的，没收违法所得，处10万元以上50万元以下的罚款，并吊销其安全生产许可证；构成犯罪的，依法追究刑事责任；接受转让的，依照本条例第十九条的规定处罚。

冒用安全生产许可证或者使用伪造的安全生产许可证的，依照本条例第十九条的规定处罚。

**第二十二条**　本条例施行前已经进行生产的企业，应当自本条例施行之日起1年内，依照本条例的规定向安全生产许可证颁发管理机关申请办理安全生产许可证；逾期不办理安全生产许可证，或者经审查不符合本条例规定的安全生产条件，未取得安全生产许可证，继续进行生产的，依照本条例第十九条的规定处罚。

**第二十三条**　本条例规定的行政处罚，由安全生产许可证颁发管理机关决定。

**第二十四条**　本条例自公布之日起施行。

## 安全生产违法行为行政处罚办法

· 2007年11月30日国家安全生产监管总局令第15号公布
· 根据2015年4月2日《国家安全监管总局关于修改〈《生产安全事故报告和调查处理条例》罚款处罚暂行规定〉等四部规章的决定》修订

### 第一章　总　则

**第一条**　为了制裁安全生产违法行为，规范安全生产行政处罚工作，依照行政处罚法、安全生产法及其他有关法律、行政法规的规定，制定本办法。

**第二条**　县级以上人民政府安全生产监督管理部门对生产经营单位及其有关人员在生产经营活动中违反有关安全生产的法律、行政法规、部门规章、国家标准、行业标准和规程的违法行为（以下统称安全生产违法行为）实施行政处罚，适用本办法。

煤矿安全监察机构依照本办法和煤矿安全监察行政处罚办法，对煤矿、煤矿安全生产中介机构等生产经营单位及其有关人员的安全生产违法行为实施行政处罚。

有关法律、行政法规对安全生产违法行为行政处罚的种类、幅度或者决定机关另有规定的，依照其规定。

**第三条**　对安全生产违法行为实施行政处罚，应当遵循公平、公正、公开的原则。

安全生产监督管理部门或者煤矿安全监察机构（以下统称安全监管监察部门）及其行政执法人员实施行政处罚，必须以事实为依据。行政处罚应当与安全生产违法行为的事实、性质、情节以及社会危害程度相当。

**第四条**　生产经营单位及其有关人员对安全监管监

察部门给予的行政处罚,依法享有陈述权、申辩权和听证权;对行政处罚不服的,有权依法申请行政复议或者提起行政诉讼;因违法给予行政处罚受到损害的,有权依法申请国家赔偿。

## 第二章　行政处罚的种类、管辖

**第五条**　安全生产违法行为行政处罚的种类:

(一)警告;

(二)罚款;

(三)没收违法所得、没收非法开采的煤炭产品、采掘设备;

(四)责令停产停业整顿、责令停产停业、责令停止建设、责令停止施工;

(五)暂扣或者吊销有关许可证,暂停或者撤销有关执业资格、岗位证书;

(六)关闭;

(七)拘留;

(八)安全生产法律、行政法规规定的其他行政处罚。

**第六条**　县级以上安全监管监察部门应当按照本章的规定,在各自的职责范围内对安全生产违法行为行政处罚行使管辖权。

安全生产违法行为的行政处罚,由安全生产违法行为发生地的县级以上安全监管监察部门管辖。中央企业及其所属企业、有关人员的安全生产违法行为的行政处罚,由安全生产违法行为发生地的设区的市级以上安全监管监察部门管辖。

暂扣、吊销有关许可证和暂停、撤销有关执业资格、岗位证书的行政处罚,由发证机关决定。其中,暂扣有关许可证和暂停有关执业资格、岗位证书的期限一般不得超过6个月;法律、行政法规另有规定的,依照其规定。

给予关闭的行政处罚,由县级以上安全监管监察部门报请县级以上人民政府按照国务院规定的权限决定。

给予拘留的行政处罚,由县级以上安全监管监察部门建议公安机关依照治安管理处罚法的规定决定。

**第七条**　两个以上安全监管监察部门因行政处罚管辖权发生争议的,由其共同的上一级安全监管监察部门指定管辖。

**第八条**　对报告或者举报的安全生产违法行为,安全监管监察部门应当受理;发现不属于自己管辖的,应当及时移送有管辖权的部门。

受移送的安全监管监察部门对管辖权有异议的,应当报请共同的上一级安全监管监察部门指定管辖。

**第九条**　安全生产违法行为涉嫌犯罪的,安全监管监察部门应当将案件移送司法机关,依法追究刑事责任;尚不够刑事处罚但依法应当给予行政处罚的,由安全监管监察部门管辖。

**第十条**　上级安全监管监察部门可以直接查处下级安全监管监察部门管辖的案件,也可以将自己管辖的案件交由下级安全监管监察部门管辖。

下级安全监管监察部门可以将重大、疑难案件报请上级安全监管监察部门管辖。

**第十一条**　上级安全监管监察部门有权对下级安全监管监察部门违法或者不适当的行政处罚予以纠正或者撤销。

**第十二条**　安全监管监察部门根据需要,可以在其法定职权范围内委托符合《行政处罚法》第十九条规定条件的组织或者乡、镇人民政府以及街道办事处、开发区管理机构等地方人民政府的派出机构实施行政处罚。受委托的单位在委托范围内,以委托的安全监管监察部门名义实施行政处罚。

委托的安全监管监察部门应当监督检查受委托的单位实施行政处罚,并对其实施行政处罚的后果承担法律责任。

## 第三章　行政处罚的程序

**第十三条**　安全生产行政执法人员在执行公务时,必须出示省级以上安全生产监督管理部门或者县级以上地方人民政府统一制作的有效行政执法证件。其中对煤矿进行安全监察,必须出示国家安全生产监督管理总局统一制作的煤矿安全监察员证。

**第十四条**　安全监管监察部门及其行政执法人员在监督检查时发现生产经营单位存在事故隐患的,应当按照下列规定采取现场处理措施:

(一)能够立即排除的,应当责令立即排除;

(二)重大事故隐患排除前或者排除过程中无法保证安全的,应当责令从危险区域撤出作业人员,并责令暂时停产停业、停止建设、停止施工或者停止使用相关设施、设备,限期排除隐患。

隐患排除后,经安全监管监察部门审查同意,方可恢复生产经营和使用。

本条第一款第(二)项规定的责令暂时停产停业、停止建设、停止施工或者停止使用相关设施、设备的期限一般不超过6个月;法律、行政法规另有规定的,依照其规定。

**第十五条**　对有根据认为不符合安全生产的国家标

准或者行业标准的在用设施、设备、器材，违法生产、储存、使用、经营、运输的危险物品，以及违法生产、储存、使用、经营危险物品的作业场所，安全监管监察部门应当依照《行政强制法》的规定予以查封或者扣押。查封或者扣押的期限不得超过30日，情况复杂的，经安全监管监察部门负责人批准，最多可以延长30日，并在查封或者扣押期限内作出处理决定：

（一）对违法事实清楚、依法应当没收的非法财物予以没收；

（二）法律、行政法规规定应当销毁的，依法销毁；

（三）法律、行政法规规定应当解除查封、扣押的，作出解除查封、扣押的决定。

实施查封、扣押，应当制作并当场交付查封、扣押决定书和清单。

**第十六条** 安全监管监察部门依法对存在重大事故隐患的生产经营单位作出停产停业、停止施工、停止使用相关设施、设备的决定，生产经营单位应当依法执行，及时消除事故隐患。生产经营单位拒不执行，有发生生产安全事故的现实危险的，在保证安全的前提下，经本部门主要负责人批准，安全监管监察部门可以采取通知有关单位停止供电、停止供应民用爆炸物品等措施，强制生产经营单位履行决定。通知应当采用书面形式，有关单位应当予以配合。

安全监管监察部门依照前款规定采取停止供电措施，除有危及生产安全的紧急情形外，应当提前24小时通知生产经营单位。生产经营单位依法履行行政决定、采取相应措施消除事故隐患的，安全监管监察部门应当及时解除前款规定的措施。

**第十七条** 生产经营单位被责令限期改正或者限期进行隐患排除治理的，应当在规定限期内完成。因不可抗力无法在规定限期内完成的，应当在进行整改或者治理的同时，于限期届满前10日内提出书面延期申请，安全监管监察部门应当在收到申请之日起5日内书面答复是否准予延期。

生产经营单位提出复查申请或者整改、治理限期届满的，安全监管监察部门应当自申请或者限期届满之日起10日内进行复查，填写复查意见书，由被复查单位和安全监管监察部门复查人员签名后存档。逾期未整改、未治理或者整改、治理不合格的，安全监管监察部门应当依法给予行政处罚。

**第十八条** 安全监管监察部门在作出行政处罚决定前，应当填写行政处罚告知书，告知当事人作出行政处罚决定的事实、理由、依据，以及当事人依法享有的权利，并送达当事人。当事人应当在收到行政处罚告知书之日起3日内进行陈述、申辩，或者依法提出听证要求，逾期视为放弃上述权利。

**第十九条** 安全监管监察部门应当充分听取当事人的陈述和申辩，对当事人提出的事实、理由和证据，应当进行复核；当事人提出的事实、理由和证据成立的，安全监管监察部门应当采纳。

安全监管监察部门不得因当事人陈述或者申辩而加重处罚。

**第二十条** 安全监管监察部门对安全生产违法行为实施行政处罚，应当符合法定程序，制作行政执法文书。

## 第一节 简易程序

**第二十一条** 违法事实确凿并有法定依据，对个人处以50元以下罚款、对生产经营单位处以1000元以下罚款或者警告的行政处罚的，安全生产行政执法人员可以当场作出行政处罚决定。

**第二十二条** 安全生产行政执法人员当场作出行政处罚决定，应当填写预定格式、编有号码的行政处罚决定书并当场交付当事人。

安全生产行政执法人员当场作出行政处罚决定后应当及时报告，并在5日内报所属安全监管监察部门备案。

## 第二节 一般程序

**第二十三条** 除依照简易程序当场作出的行政处罚外，安全监管监察部门发现生产经营单位及其有关人员有应当给予行政处罚的行为的，应当予以立案，填写立案审批表，并全面、客观、公正地进行调查，收集有关证据。对确需立即查处的安全生产违法行为，可以先行调查取证，并在5日内补办立案手续。

**第二十四条** 对已经立案的案件，由立案审批人指定两名或者两名以上安全生产行政执法人员进行调查。

有下列情形之一的，承办案件的安全生产行政执法人员应当回避：

（一）本人是本案的当事人或者当事人的近亲属的；

（二）本人或者其近亲属与本案有利害关系的；

（三）与本人有其他利害关系，可能影响案件的公正处理的。

安全生产行政执法人员的回避，由派出其进行调查的安全监管监察部门的负责人决定。进行调查的安全监管监察部门负责人的回避，由该部门负责人集体讨论决定。回避决定作出之前，承办案件的安全生产行政执法人员不得擅自停止对案件的调查。

**第二十五条**　进行案件调查时，安全生产行政执法人员不得少于两名。当事人或者有关人员应当如实回答安全生产行政执法人员的询问，并协助调查或者检查，不得拒绝、阻挠或者提供虚假情况。

询问或者检查应当制作笔录。笔录应当记载时间、地点、询问和检查情况，并由被询问人、被检查单位和安全生产行政执法人员签名或者盖章；被询问人、被检查单位要求补正的，应当允许。被询问人或者被检查单位拒绝签名或者盖章的，安全生产行政执法人员应当在笔录上注明原因并签名。

**第二十六条**　安全生产行政执法人员应当收集、调取与案件有关的原始凭证作为证据。调取原始凭证确有困难的，可以复制，复制件应当注明“经核对与原件无异”的字样和原始凭证存放的单位及其处所，并由出具证据的人员签名或者单位盖章。

**第二十七条**　安全生产行政执法人员在收集证据时，可以采取抽样取证的方法；在证据可能灭失或者以后难以取得的情况下，经本单位负责人批准，可以先行登记保存，并应当在7日内作出处理决定：

（一）违法事实成立依法应当没收的，作出行政处罚决定，予以没收；依法应当扣留或者封存的，予以扣留或者封存；

（二）违法事实不成立，或者依法不应当予以没收、扣留、封存的，解除登记保存。

**第二十八条**　安全生产行政执法人员对与案件有关的物品、场所进行勘验检查时，应当通知当事人到场，制作勘验笔录，并由当事人核对无误后签名或者盖章。当事人拒绝到场的，可以邀请在场的其他人员作证，并在勘验笔录中注明原因并签名；也可以采用录音、录像等方式记录有关物品、场所的情况后，再进行勘验检查。

**第二十九条**　案件调查终结后，负责承办案件的安全生产行政执法人员应当填写案件处理呈批表，连同有关证据材料一并报本部门负责人审批。

安全监管监察部门负责人应当及时对案件调查结果进行审查，根据不同情况，分别作出以下决定：

（一）确有应受行政处罚的违法行为的，根据情节轻重及具体情况，作出行政处罚决定；

（二）违法行为轻微，依法可以不予行政处罚的，不予行政处罚；

（三）违法事实不能成立，不得给予行政处罚；

（四）违法行为涉嫌犯罪的，移送司法机关处理。

对严重安全生产违法行为给予责令停产停业整顿、责令停产停业、责令停止建设、责令停止施工、吊销有关许可证、撤销有关执业资格或者岗位证书、5万元以上罚款、没收违法所得、没收非法开采的煤炭产品或者采掘设备价值5万元以上的行政处罚的，应当由安全监管监察部门的负责人集体讨论决定。

**第三十条**　安全监管监察部门依照本办法第二十九条的规定给予行政处罚，应当制作行政处罚决定书。行政处罚决定书应当载明下列事项：

（一）当事人的姓名或者名称、地址或者住址；

（二）违法事实和证据；

（三）行政处罚的种类和依据；

（四）行政处罚的履行方式和期限；

（五）不服行政处罚决定，申请行政复议或者提起行政诉讼的途径和期限；

（六）作出行政处罚决定的安全监管监察部门的名称和作出决定的日期。

行政处罚决定书必须盖有作出行政处罚决定的安全监管监察部门的印章。

**第三十一条**　行政处罚决定书应当在宣告后当场交付当事人；当事人不在场的，安全监管监察部门应当在7日内依照民事诉讼法的有关规定，将行政处罚决定书送达当事人或者其他的法定受送达人：

（一）送达必须有送达回执，由受送达人在送达回执上注明收到日期，签名或者盖章；

（二）送达应当直接送交受送达人。受送达人是个人的，本人不在交他的同住成年家属签收，并在行政处罚决定书送达回执的备注栏内注明与受送达人的关系；

（三）受送达人是法人或者其他组织的，应当由法人的法定代表人、其他组织的主要负责人或者该法人、组织负责收件的人签收；

（四）受送达人指定代收人的，交代收人签收并注明受当事人委托的情况；

（五）直接送达确有困难的，可以挂号邮寄送达，也可以委托当地安全监管监察部门代为送达，代为送达的安全监管监察部门收到文书后，必须立即交受送达人签收；

（六）当事人或者他的同住成年家属拒绝接收的，送达人应当邀请有关基层组织或者所在单位的代表到场，说明情况，在行政处罚决定书送达回执上记明拒收的事由和日期，由送达人、见证人签名或者盖章，将行政处罚决定书留在当事人的住所；也可以把行政处罚决定书留

在受送达人的住所,并采用拍照、录像等方式记录送达过程,即视为送达;

(七)受送达人下落不明,或者用以上方式无法送达的,可以公告送达,自公告发布之日起经过60日,即视为送达。公告送达,应当在案卷中注明原因和经过。

安全监管监察部门送达其他行政处罚执法文书,按照前款规定办理。

**第三十二条**　行政处罚案件应当自立案之日起30日内作出行政处罚决定;由于客观原因不能完成的,经安全监管监察部门负责人同意,可以延长,但不得超过90日;特殊情况需进一步延长的,应当经上一级安全监管监察部门批准,可延长至180日。

### 第三节　听证程序

**第三十三条**　安全监管监察部门作出责令停产停业整顿、责令停产停业、吊销有关许可证、撤销有关执业资格、岗位证书或者较大数额罚款的行政处罚决定之前,应当告知当事人有要求举行听证的权利;当事人要求听证的,安全监管监察部门应当组织听证,不得向当事人收取听证费用。

前款所称较大数额罚款,为省、自治区、直辖市人大常委会或者人民政府规定的数额;没有规定数额的,其数额对个人罚款为2万元以上,对生产经营单位罚款为5万元以上。

**第三十四条**　当事人要求听证的,应当在安全监管监察部门依照本办法第十八条规定告知后3日内以书面方式提出。

**第三十五条**　当事人提出听证要求后,安全监管监察部门应当在收到书面申请之日起15日内举行听证会,并在举行听证会的7日前,通知当事人举行听证的时间、地点。

当事人应当按期参加听证。当事人有正当理由要求延期的,经组织听证的安全监管监察部门负责人批准可以延期1次;当事人未按期参加听证,并且未事先说明理由的,视为放弃听证权利。

**第三十六条**　听证参加人由听证主持人、听证员、案件调查人员、当事人及其委托代理人、书记员组成。

听证主持人、听证员、书记员应当由组织听证的安全监管监察部门负责人指定的非本案调查人员担任。

当事人可以委托1至2名代理人参加听证,并提交委托书。

**第三十七条**　除涉及国家秘密、商业秘密或者个人隐私外,听证应当公开举行。

**第三十八条**　当事人在听证中的权利和义务:

(一)有权对案件涉及的事实、适用法律及有关情况进行陈述和申辩;

(二)有权对案件调查人员提出的证据质证并提出新的证据;

(三)如实回答主持人的提问;

(四)遵守听证会场纪律,服从听证主持人指挥。

**第三十九条**　听证按照下列程序进行:

(一)书记员宣布听证会场纪律、当事人的权利和义务。听证主持人宣布案由,核实听证参加人名单,宣布听证开始;

(二)案件调查人员提出当事人的违法事实、出示证据,说明拟作出的行政处罚的内容及法律依据;

(三)当事人或者其委托代理人对案件的事实、证据、适用的法律等进行陈述和申辩,提交新的证据材料;

(四)听证主持人就案件的有关问题向当事人、案件调查人员、证人询问;

(五)案件调查人员、当事人或者其委托代理人相互辩论;

(六)当事人或者其委托代理人作最后陈述;

(七)听证主持人宣布听证结束。

听证笔录应当当场交当事人核对无误后签名或者盖章。

**第四十条**　有下列情形之一的,应当中止听证:

(一)需要重新调查取证的;

(二)需要通知新证人到场作证的;

(三)因不可抗力无法继续进行听证的。

**第四十一条**　有下列情形之一的,应当终止听证:

(一)当事人撤回听证要求的;

(二)当事人无正当理由不按时参加听证的;

(三)拟作出的行政处罚决定已经变更,不适用听证程序的。

**第四十二条**　听证结束后,听证主持人应当依据听证情况,填写听证会报告书,提出处理意见并附听证笔录报安全监管监察部门负责人审查。安全监管监察部门依照本办法第二十九条的规定作出决定。

## 第四章　行政处罚的适用

**第四十三条**　生产经营单位的决策机构、主要负责人、个人经营的投资人(包括实际控制人,下同)未依法保证下列安全生产所必需的资金投入之一,致使生产经营单位不具备安全生产条件的,责令限期改正,提供必需的资金,可以对生产经营单位处1万元以上3万元以下罚款，对生产经营单位的主要负责人、个人经营的投资人处5000元以上1万元以下罚款；逾期未改正的，责令生产经营单位停产停业整顿：

（一）提取或者使用安全生产费用；

（二）用于配备劳动防护用品的经费；

（三）用于安全生产教育和培训的经费。

（四）国家规定的其他安全生产所必须的资金投入。

生产经营单位主要负责人、个人经营的投资人有前款违法行为，导致发生生产安全事故的，依照《生产安全事故罚款处罚规定（试行）》的规定给予处罚。

**第四十四条** 生产经营单位的主要负责人未依法履行安全生产管理职责，导致生产安全事故发生的，依照《生产安全事故罚款处罚规定（试行）》的规定给予处罚。

**第四十五条** 生产经营单位及其主要负责人或者其他人员有下列行为之一的，给予警告，并可以对生产经营单位处1万元以上3万元以下罚款，对其主要负责人、其他有关人员处1000元以上1万元以下的罚款：

（一）违反操作规程或者安全管理规定作业的；

（二）违章指挥从业人员或者强令从业人员违章、冒险作业的；

（三）发现从业人员违章作业不加制止的；

（四）超过核定的生产能力、强度或者定员进行生产的；

（五）对被查封或者扣押的设施、设备、器材、危险物品和作业场所，擅自启封或者使用的；

（六）故意提供虚假情况或者隐瞒存在的事故隐患以及其他安全问题的；

（七）拒不执行安全监管监察部门依法下达的安全监管监察指令的。

**第四十六条** 危险物品的生产、经营、储存单位以及矿山、金属冶炼单位有下列行为之一的，责令改正，并可以处1万元以上3万元以下的罚款：

（一）未建立应急救援组织或者生产经营规模较小、未指定兼职应急救援人员的；

（二）未配备必要的应急救援器材、设备和物资，并进行经常性维护、保养，保证正常运转的。

**第四十七条** 生产经营单位与从业人员订立协议，免除或者减轻其对从业人员因生产安全事故伤亡依法应承担的责任的，该协议无效；对生产经营单位的主要负责人、个人经营的投资人按照下列规定处以罚款：

（一）在协议中减轻因生产安全事故伤亡对从业人员依法应承担的责任的，处2万元以上5万元以下的罚款；

（二）在协议中免除因生产安全事故伤亡对从业人员依法应承担的责任的，处5万元以上10万元以下的罚款。

**第四十八条** 生产经营单位不具备法律、行政法规和国家标准、行业标准规定的安全生产条件，经责令停产停业整顿仍不具备安全生产条件的，安全监管监察部门应当提请有管辖权的人民政府予以关闭；人民政府决定关闭的，安全监管监察部门应当依法吊销其有关许可证。

**第四十九条** 生产经营单位转让安全生产许可证的，没收违法所得，吊销安全生产许可证，并按照下列规定处以罚款：

（一）接受转让的单位和个人未发生生产安全事故的，处10万元以上30万元以下的罚款；

（二）接受转让的单位和个人发生生产安全事故但没有造成人员死亡的，处30万元以上40万元以下的罚款；

（三）接受转让的单位和个人发生人员死亡生产安全事故的，处40万元以上50万元以下的罚款。

**第五十条** 知道或者应当知道生产经营单位未取得安全生产许可证或者其他批准文件擅自从事生产经营活动，仍为其提供生产经营场所、运输、保管、仓储等条件的，责令立即停止违法行为，有违法所得的，没收违法所得，并处违法所得1倍以上3倍以下的罚款，但是最高不得超过3万元；没有违法所得的，并处5000元以上1万元以下的罚款。

**第五十一条** 生产经营单位及其有关人员弄虚作假，骗取或者勾结、串通行政审批工作人员取得安全生产许可证书及其他批准文件的，撤销许可及批准文件，并按照下列规定处以罚款：

（一）生产经营单位有违法所得的，没收违法所得，并处违法所得1倍以上3倍以下的罚款，但是最高不得超过3万元；没有违法所得的，并处5000元以上1万元以下的罚款；

（二）对有关人员处1000元以上1万元以下的罚款。

有前款规定违法行为的生产经营单位及其有关人员在3年内不得再次申请该行政许可。

生产经营单位及其有关人员未依法办理安全生产许可证书变更手续的，责令限期改正，并对生产经营单位处1万元以上3万元以下的罚款，对有关人员处1000元以上5000元以下的罚款。

**第五十二条** 未取得相应资格、资质证书的机构及其有关人员从事安全评价、认证、检测、检验工作，责令停止违法行为，并按照下列规定处以罚款：

（一）机构有违法所得的，没收违法所得，并处违法所得1倍以上3倍以下的罚款，但是最高不得超过3万元；没有违法所得的，并处5000元以上1万元以下的罚款；

（二）有关人员处5000元以上1万元以下的罚款。

**第五十三条**　生产经营单位及其有关人员触犯不同的法律规定，有两个以上应当给予行政处罚的安全生产违法行为的，安全监管监察部门应当适用不同的法律规定，分别裁量，合并处罚。

**第五十四条**　对同一生产经营单位及其有关人员的同一安全生产违法行为，不得给予两次以上罚款的行政处罚。

**第五十五条**　生产经营单位及其有关人员有下列情形之一的，应当从重处罚：

（一）危及公共安全或者其他生产经营单位安全的，经责令限期改正，逾期未改正的；

（二）一年内因同一违法行为受到两次以上行政处罚的；

（三）拒不整改或者整改不力，其违法行为呈持续状态的；

（四）拒绝、阻碍或者以暴力威胁行政执法人员的。

**第五十六条**　生产经营单位及其有关人员有下列情形之一的，应当依法从轻或者减轻行政处罚：

（一）已满14周岁不满18周岁的公民实施安全生产违法行为的；

（二）主动消除或者减轻安全生产违法行为危害后果的；

（三）受他人胁迫实施安全生产违法行为的；

（四）配合安全监管监察部门查处安全生产违法行为，有立功表现的；

（五）主动投案，向安全监管监察部门如实交待自己的违法行为的；

（六）具有法律、行政法规规定的其他从轻或者减轻处罚情形的。

有从轻处罚情节的，应当在法定处罚幅度的中档以下确定行政处罚标准，但不得低于法定处罚幅度的下限。

本条第一款第（四）项所称的立功表现，是指当事人有揭发他人安全生产违法行为，并经查证属实；或者提供查处其他安全生产违法行为的重要线索，并经查证属实；或者阻止他人实施安全生产违法行为；或者协助司法机关抓捕其他违法犯罪嫌疑人的行为。

安全生产违法行为轻微并及时纠正，没有造成危害后果的，不予行政处罚。

## 第五章　行政处罚的执行和备案

**第五十七条**　安全监管监察部门实施行政处罚时，应当同时责令生产经营单位及其有关人员停止、改正或者限期改正违法行为。

**第五十八条**　本办法所称的违法所得，按照下列规定计算：

（一）生产、加工产品的，以生产、加工产品的销售收入作为违法所得；

（二）销售商品的，以销售收入作为违法所得；

（三）提供安全生产中介、租赁等服务的，以服务收入或者报酬作为违法所得；

（四）销售收入无法计算的，按当地同类同等规模的生产经营单位的平均销售收入计算；

（五）服务收入、报酬无法计算的，按照当地同行业同种服务的平均收入或者报酬计算。

**第五十九条**　行政处罚决定依法作出后，当事人应当在行政处罚决定的期限内，予以履行；当事人逾期不履的，作出行政处罚决定的安全监管监察部门可以采取下列措施：

（一）到期不缴纳罚款的，每日按罚款数额的3%加处罚款，但不得超过罚款数额；

（二）根据法律规定，将查封、扣押的设施、设备、器材和危险物品拍卖所得价款抵缴罚款；

（三）申请人民法院强制执行。

当事人对行政处罚决定不服申请行政复议或者提起行政诉讼的，行政处罚不停止执行，法律另有规定的除外。

**第六十条**　安全生产行政执法人员当场收缴罚款的，应当出具省、自治区、直辖市财政部门统一制发的罚款收据；当场收缴的罚款，应当自收缴罚款之日起2日内，交至所属安全监管监察部门；安全监管监察部门应当在2日内将罚款缴付指定的银行。

**第六十一条**　除依法应当予以销毁的物品外，需要将查封、扣押的设施、设备、器材和危险物品拍卖抵缴罚款的，依照法律或者国家有关规定处理。销毁物品，依照国家有关规定处理；没有规定的，经县级以上安全监管监察部门负责人批准，由两名以上安全生产行政执法人员监督销毁，并制作销毁记录。处理物品，应当制作清单。

**第六十二条**　罚款、没收违法所得的款项和没收非法开采的煤炭产品、采掘设备，必须按照有关规定上缴，任何单位和个人不得截留、私分或者变相私分。

**第六十三条** 县级安全生产监督管理部门处以5万元以上罚款、没收违法所得、没收非法生产的煤炭产品或者采掘设备价值5万元以上、责令停产停业、停止建设、停止施工、停产停业整顿、吊销有关资格、岗位证书或者许可证的行政处罚的，应当自作出行政处罚决定之日起10日内报设区的市级安全生产监督管理部门备案。

**第六十四条** 设区的市级安全生产监管监察部门处以10万元以上罚款、没收违法所得、没收非法生产的煤炭产品或者采掘设备价值10万元以上、责令停产停业、停止建设、停止施工、停产停业整顿、吊销有关资格、岗位证书或者许可证的行政处罚的，应当自作出行政处罚决定之日起10日内报省级安全监管监察部门备案。

**第六十五条** 省级安全监管监察部门处以50万元以上罚款、没收违法所得、没收非法生产的煤炭产品或者采掘设备价值50万元以上、责令停产停业、停止建设、停止施工、停产停业整顿、吊销有关资格、岗位证书或者许可证的行政处罚的，应当自作出行政处罚决定之日起10日内报国家安全生产监督管理总局或者国家煤矿安全监察局备案。

对上级安全监管监察部门交办案件给予行政处罚的，由决定行政处罚的安全监管监察部门自作出行政处罚决定之日起10日内报上级安全监管监察部门备案。

**第六十六条** 行政处罚执行完毕后，案件材料应当按照有关规定立卷归档。

案卷立案归档后，任何单位和个人不得擅自增加、抽取、涂改和销毁案卷材料。未经安全监管监察部门负责人批准，任何单位和个人不得借阅案卷。

## 第六章 附 则

**第六十七条** 安全生产监督管理部门所用的行政处罚文书式样，由国家安全生产监督管理总局统一制定。

煤矿安全监察机构所用的行政处罚文书式样，由国家煤矿安全监察局统一制定。

**第六十八条** 本办法所称的生产经营单位，是指合法和非法从事生产或者经营活动的基本单元，包括企业法人、不具备企业法人资格的合伙组织、个体工商户和自然人等生产经营主体。

**第六十九条** 本办法自2008年1月1日起施行。原国家安全生产监督管理局（国家煤矿安全监察局）2003年5月19日公布的《安全生产违法行为行政处罚办法》、2001年4月27日公布的《煤矿安全监察程序暂行规定》同时废止。

# 三、行政救济篇

## 1. 行政复议

### 中华人民共和国行政复议法

· 1999年4月29日第九届全国人民代表大会常务委员会第九次会议通过
· 根据2009年8月27日第十一届全国人民代表大会常务委员会第十次会议《关于修改部分法律的决定》第一次修正
· 根据2017年9月1日第十二届全国人民代表大会常务委员会第二十九次会议《关于修改〈中华人民共和国法官法〉等八部法律的决定》第二次修正

目　录

第一章　总　则
第二章　行政复议范围
第三章　行政复议申请
第四章　行政复议受理
第五章　行政复议决定
第六章　法律责任
第七章　附　则

#### 第一章　总　则

**第一条　【立法目的】**为了防止和纠正违法的或者不当的具体行政行为,保护公民、法人和其他组织的合法权益,保障和监督行政机关依法行使职权,根据宪法,制定本法。

**第二条　【适用范围】**公民、法人或者其他组织认为具体行政行为侵犯其合法权益,向行政机关提出行政复议申请,行政机关受理行政复议申请、作出行政复议决定,适用本法。

**第三条　【复议机关及其职责】**依照本法履行行政复议职责的行政机关是行政复议机关。行政复议机关负责法制工作的机构具体办理行政复议事项,履行下列职责:

(一)受理行政复议申请;

(二)向有关组织和人员调查取证,查阅文件和资料;

(三)审查申请行政复议的具体行政行为是否合法与适当,拟订行政复议决定;

(四)处理或者转送对本法第七条所列有关规定的审查申请;

(五)对行政机关违反本法规定的行为依照规定的权限和程序提出处理建议;

(六)办理因不服行政复议决定提起行政诉讼的应诉事项;

(七)法律、法规规定的其他职责。

行政机关中初次从事行政复议的人员,应当通过国家统一法律职业资格考试取得法律职业资格。

**第四条　【复议原则】**行政复议机关履行行政复议职责,应当遵循合法、公正、公开、及时、便民的原则,坚持有错必纠,保障法律、法规的正确实施。

**第五条　【对复议不服的诉讼】**公民、法人或者其他组织对行政复议决定不服的,可以依照行政诉讼法的规定向人民法院提起行政诉讼,但是法律规定行政复议决定为最终裁决的除外。

#### 第二章　行政复议范围

**第六条　【复议范围】**有下列情形之一的,公民、法人或者其他组织可以依照本法申请行政复议:

(一)对行政机关作出的警告、罚款、没收违法所得、没收非法财物、责令停产停业、暂扣或者吊销许可证、暂扣或者吊销执照、行政拘留等行政处罚决定不服的;

(二)对行政机关作出的限制人身自由或者查封、扣押、冻结财产等行政强制措施决定不服的;

(三)对行政机关作出的有关许可证、执照、资质证、资格证等证书变更、中止、撤销的决定不服的;

(四)对行政机关作出的关于确认土地、矿藏、水流、森林、山岭、草原、荒地、滩涂、海域等自然资源的所有权或者使用权的决定不服的;

(五)认为行政机关侵犯合法的经营自主权的;

(六)认为行政机关变更或者废止农业承包合同,侵犯其合法权益的;

(七)认为行政机关违法集资、征收财物、摊派费用或者违法要求履行其他义务的;

(八)认为符合法定条件,申请行政机关颁发许可证、执照、资质证、资格证等证书，或者申请行政机关审批、登记有关事项，行政机关没有依法办理的；

（九）申请行政机关履行保护人身权利、财产权利、受教育权利的法定职责，行政机关没有依法履行的；

（十）申请行政机关依法发放抚恤金、社会保险金或者最低生活保障费，行政机关没有依法发放的；

（十一）认为行政机关的其他具体行政行为侵犯其合法权益的。

**第七条 【规定的审查】**公民、法人或者其他组织认为行政机关的具体行政行为所依据的下列规定不合法，在对具体行政行为申请行政复议时，可以一并向行政复议机关提出对该规定的审查申请：

（一）国务院部门的规定；

（二）县级以上地方各级人民政府及其工作部门的规定；

（三）乡、镇人民政府的规定。

前款所列规定不含国务院部、委员会规章和地方人民政府规章。规章的审查依照法律、行政法规办理。

**第八条 【不能提起复议的事项】**不服行政机关作出的行政处分或者其他人事处理决定的，依照有关法律、行政法规的规定提出申诉。

不服行政机关对民事纠纷作出的调解或者其他处理，依法申请仲裁或者向人民法院提起诉讼。

## 第三章 行政复议申请

**第九条 【申请复议的期限】**公民、法人或者其他组织认为具体行政行为侵犯其合法权益的，可以自知道该具体行政行为之日起60日内提出行政复议申请；但是法律规定的申请期限超过60日的除外。

因不可抗力或者其他正当理由耽误法定申请期限的，申请期限自障碍消除之日起继续计算。

**第十条 【复议申请人】**依照本法申请行政复议的公民、法人或者其他组织是申请人。

有权申请行政复议的公民死亡的，其近亲属可以申请行政复议。有权申请行政复议的公民为无民事行为能力人或者限制民事行为能力人的，其法定代理人可以代为申请行政复议。有权申请行政复议的法人或者其他组织终止的，承受其权利的法人或者其他组织可以申请行政复议。

同申请行政复议的具体行政行为有利害关系的其他公民、法人或者其他组织，可以作为第三人参加行政复议。

公民、法人或者其他组织对行政机关的具体行政行为不服申请行政复议的，作出具体行政行为的行政机关是被申请人。

申请人、第三人可以委托代理人代为参加行政复议。

**第十一条 【复议申请】**申请人申请行政复议，可以书面申请，也可以口头申请；口头申请的，行政复议机关应当当场记录申请人的基本情况、行政复议请求、申请行政复议的主要事实、理由和时间。

**第十二条 【部门具体行政行为的复议机关】**对县级以上地方各级人民政府工作部门的具体行政行为不服的，由申请人选择，可以向该部门的本级人民政府申请行政复议，也可以向上一级主管部门申请行政复议。

对海关、金融、国税、外汇管理等实行垂直领导的行政机关和国家安全机关的具体行政行为不服的，向上一级主管部门申请行政复议。

**第十三条 【对其他行政机关具体行政行为不服的复议申请】**对地方各级人民政府的具体行政行为不服的，向上一级地方人民政府申请行政复议。

对省、自治区人民政府依法设立的派出机关所属的县级地方人民政府的具体行政行为不服的，向该派出机关申请行政复议。

**第十四条 【对国务院部门或省、自治区、直辖市政府具体行政行为不服的复议】**对国务院部门或者省、自治区、直辖市人民政府的具体行政行为不服的，向作出该具体行政行为的国务院部门或者省、自治区、直辖市人民政府申请行政复议。对行政复议决定不服的，可以向人民法院提起行政诉讼；也可以向国务院申请裁决，国务院依照本法的规定作出最终裁决。

**第十五条 【其他机关具体行政行为的复议机关】**对本法第十二条、第十三条、第十四条规定以外的其他行政机关、组织的具体行政行为不服的，按照下列规定申请行政复议：

（一）对县级以上地方人民政府依法设立的派出机关的具体行政行为不服的，向设立该派出机关的人民政府申请行政复议；

（二）对政府工作部门依法设立的派出机构依照法律、法规或者规章规定，以自己的名义作出的具体行政行为不服的，向设立该派出机构的部门或者该部门的本级地方人民政府申请行政复议；

（三）对法律、法规授权的组织的具体行政行为不服的，分别向直接管理该组织的地方人民政府、地方人民政府工作部门或者国务院部门申请行政复议；

（四）对两个或者两个以上行政机关以共同的名义

作出的具体行政行为不服的，向其共同上一级行政机关申请行政复议；

(五)对被撤销的行政机关在撤销前所作出的具体行政行为不服的，向继续行使其职权的行政机关的上一级行政机关申请行政复议。

有前款所列情形之一的，申请人也可以向具体行政行为发生地的县级地方人民政府提出行政复议申请，由接受申请的县级地方人民政府依照本法第十八条的规定办理。

**第十六条　【复议与诉讼的选择】**公民、法人或者其他组织申请行政复议，行政复议机关已经依法受理的，或者法律、法规规定应当先向行政复议机关申请行政复议、对行政复议决定不服再向人民法院提起行政诉讼的，在法定行政复议期限内不得向人民法院提起行政诉讼。

公民、法人或者其他组织向人民法院提起行政诉讼，人民法院已经依法受理的，不得申请行政复议。

## 第四章　行政复议受理

**第十七条　【复议的受理】**行政复议机关收到行政复议申请后，应当在 5 日内进行审查，对不符合本法规定的行政复议申请，决定不予受理，并书面告知申请人；对符合本法规定，但是不属于本机关受理的行政复议申请，应当告知申请人向有关行政复议机关提出。

除前款规定外，行政复议申请自行政复议机关负责法制工作的机构收到之日起即为受理。

**第十八条　【复议申请的转送】**依照本法第十五条第二款的规定接受行政复议申请的县级地方人民政府，对依照本法第十五条第一款的规定属于其他行政复议机关受理的行政复议申请，应当自接到该行政复议申请之日起 7 日内，转送有关行政复议机关，并告知申请人。接受转送的行政复议机关应当依照本法第十七条的规定办理。

**第十九条　【复议前置的规定】**法律、法规规定应当先向行政复议机关申请行政复议、对行政复议决定不服再向人民法院提起行政诉讼的，行政复议机关决定不予受理或者受理后超过行政复议期限不作答复的，公民、法人或者其他组织可以自收到不予受理决定书之日起或者行政复议期满之日起 15 日内，依法向人民法院提起行政诉讼。

**第二十条　【上级机关责令受理及直接受理】**公民、法人或者其他组织依法提出行政复议申请，行政复议机关无正当理由不予受理的，上级行政机关应当责令其受理；必要时，上级行政机关也可以直接受理。

**第二十一条　【复议停止执行的情形】**行政复议期间具体行政行为不停止执行；但是，有下列情形之一的，可以停止执行：

(一)被申请人认为需要停止执行的；

(二)行政复议机关认为需要停止执行的；

(三)申请人申请停止执行，行政复议机关认为其要求合理，决定停止执行的；

(四)法律规定停止执行的。

## 第五章　行政复议决定

**第二十二条　【书面审查原则及例外】**行政复议原则上采取书面审查的办法，但是申请人提出要求或者行政复议机关负责法制工作的机构认为有必要时，可以向有关组织和人员调查情况，听取申请人、被申请人和第三人的意见。

**第二十三条　【复议程序事项】**行政复议机关负责法制工作的机构应当自行政复议申请受理之日起 7 日内，将行政复议申请书副本或者行政复议申请笔录复印件发送被申请人。被申请人应当自收到申请书副本或者申请笔录复印件之日起 10 日内，提出书面答复，并提交当初作出具体行政行为的证据、依据和其他有关材料。

申请人、第三人可以查阅被申请人提出的书面答复、作出具体行政行为的证据、依据和其他有关材料，除涉及国家秘密、商业秘密或者个人隐私外，行政复议机关不得拒绝。

**第二十四条　【被申请人不得自行取证】**在行政复议过程中，被申请人不得自行向申请人和其他有关组织或者个人收集证据。

**第二十五条　【申请的撤回】**行政复议决定作出前，申请人要求撤回行政复议申请的，经说明理由，可以撤回；撤回行政复议申请的，行政复议终止。

**第二十六条　【复议机关对规定的处理】**申请人在申请行政复议时，一并提出对本法第七条所列有关规定的审查申请的，行政复议机关对该规定有权处理的，应当在 30 日内依法处理；无权处理的，应当在 7 日内按照法定程序转送有权处理的行政机关依法处理，有权处理的行政机关应当在60 日内依法处理。处理期间，中止对具体行政行为的审查。

**第二十七条　【对具体行政行为依据的审查】**行政复议机关在对被申请人作出的具体行政行为进行审查时，认为其依据不合法，本机关有权处理的，应当在 30 日内依法处理；无权处理的，应当在 7 日内按照法定程序转送有权处理的国家机关依法处理。处理期间，中止对具体行政行为的审查。

**第二十八条　【复议决定的作出】**行政复议机关负责法制工作的机构应当对被申请人作出的具体行政行为进行审查，提出意见，经行政复议机关的负责人同意或者集体讨论通过后，按照下列规定作出行政复议决定：

（一）具体行政行为认定事实清楚，证据确凿，适用依据正确，程序合法，内容适当的，决定维持；

（二）被申请人不履行法定职责的，决定其在一定期限内履行；

（三）具体行政行为有下列情形之一的，决定撤销、变更或者确认该具体行政行为违法；决定撤销或者确认该具体行政行为违法的，可以责令被申请人在一定期限内重新作出具体行政行为：

1. 主要事实不清、证据不足的；
2. 适用依据错误的；
3. 违反法定程序的；
4. 超越或者滥用职权的；
5. 具体行政行为明显不当的。

（四）被申请人不按照本法第二十三条的规定提出书面答复、提交当初作出具体行政行为的证据、依据和其他有关材料的，视为该具体行政行为没有证据、依据，决定撤销该具体行政行为。

行政复议机关责令被申请人重新作出具体行政行为的，被申请人不得以同一的事实和理由作出与原具体行政行为相同或者基本相同的具体行政行为。

**第二十九条　【行政赔偿】**申请人在申请行政复议时可以一并提出行政赔偿请求，行政复议机关对符合国家赔偿法的有关规定应当给予赔偿的，在决定撤销、变更具体行政行为或者确认具体行政行为违法时，应当同时决定被申请人依法给予赔偿。

申请人在申请行政复议时没有提出行政赔偿请求的，行政复议机关在依法决定撤销或者变更罚款，撤销违法集资、没收财物、征收财物、摊派费用以及对财产的查封、扣押、冻结等具体行政行为时，应当同时责令被申请人返还财产，解除对财产的查封、扣押、冻结措施，或者赔偿相应的价款。

**第三十条　【对侵犯自然资源所有权或使用权行为的先行复议原则】**公民、法人或者其他组织认为行政机关的具体行政行为侵犯其已经依法取得的土地、矿藏、水流、森林、山岭、草原、荒地、滩涂、海域等自然资源的所有权或者使用权的，应当先申请行政复议；对行政复议决定不服的，可以依法向人民法院提起行政诉讼。

根据国务院或者省、自治区、直辖市人民政府对行政区划的勘定、调整或者征收土地的决定，省、自治区、直辖市人民政府确认土地、矿藏、水流、森林、山岭、草原、荒地、滩涂、海域等自然资源的所有权或者使用权的行政复议决定为最终裁决。

**第三十一条　【复议决定期限】**行政复议机关应当自受理申请之日起60日内作出行政复议决定；但是法律规定的行政复议期限少于60日的除外。情况复杂，不能在规定期限内作出行政复议决定的，经行政复议机关的负责人批准，可以适当延长，并告知申请人和被申请人；但是延长期限最多不超过30日。

行政复议机关作出行政复议决定，应当制作行政复议决定书，并加盖印章。

行政复议决定书一经送达，即发生法律效力。

**第三十二条　【复议决定的履行】**被申请人应当履行行政复议决定。

被申请人不履行或者无正当理由拖延履行行政复议决定的，行政复议机关或者有关上级行政机关应当责令其限期履行。

**第三十三条　【不履行复议决定的处理】**申请人逾期不起诉又不履行行政复议决定的，或者不履行最终裁决的行政复议决定的，按照下列规定分别处理：

（一）维持具体行政行为的行政复议决定，由作出具体行政行为的行政机关依法强制执行，或者申请人民法院强制执行；

（二）变更具体行政行为的行政复议决定，由行政复议机关依法强制执行，或者申请人民法院强制执行。

## 第六章　法律责任

**第三十四条　【复议机关不依法履行职责的处罚】**行政复议机关违反本法规定，无正当理由不予受理依法提出的行政复议申请或者不按照规定转送行政复议申请的，或者在法定期限内不作出行政复议决定的，对直接负责的主管人员和其他直接责任人员依法给予警告、记过、记大过的行政处分；经责令受理仍不受理或者不按照规定转送行政复议申请，造成严重后果的，依法给予降级、撤职、开除的行政处分。

**第三十五条　【渎职处罚】**行政复议机关工作人员在行政复议活动中，徇私舞弊或者有其他渎职、失职行为的，依法给予警告、记过、记大过的行政处分；情节严重的，依法给予降级、撤职、开除的行政处分；构成犯罪的，依法追究刑事责任。

**第三十六条　【被申请人不提交答复、资料和阻碍他人复议申请的处罚】**被申请人违反本法规定，不提出书面答复或者不提交作出具体行政行为的证据、依据和其他有关材料，或者阻挠、变相阻挠公民、法人或者其他组织依法申请行政复议的，对直接负责的主管人员和其他直接责任人员依法给予警告、记过、记大过的行政处分；进行报复陷害的，依法给予降级、撤职、开除的行政处分；构成犯罪的，依法追究刑事责任。

**第三十七条　【不履行、迟延履行复议决定的处罚】**被申请人不履行或者无正当理由拖延履行行政复议决定的，对直接负责的主管人员和其他直接责任人员依法给予警告、记过、记大过的行政处分；经责令履行仍拒不履行的，依法给予降级、撤职、开除的行政处分。

**第三十八条　【复议机关的建议权】**行政复议机关负责法制工作的机构发现有无正当理由不予受理行政复议申请、不按照规定期限作出行政复议决定、徇私舞弊、对申请人打击报复或者不履行行政复议决定等情形的，应当向有关行政机关提出建议，有关行政机关应当依照本法和有关法律、行政法规的规定作出处理。

## 第七章　附　则

**第三十九条　【复议费用】**行政复议机关受理行政复议申请，不得向申请人收取任何费用。行政复议活动所需经费，应当列入本机关的行政经费，由本级财政予以保障。

**第四十条　【期间计算和文书送达】**行政复议期间的计算和行政复议文书的送达，依照民事诉讼法关于期间、送达的规定执行。

本法关于行政复议期间有关“5 日”、“7 日”的规定是指工作日，不含节假日。

**第四十一条　【适用范围补充规定】**外国人、无国籍人、外国组织在中华人民共和国境内申请行政复议，适用本法。

**第四十二条　【法律冲突的解决】**本法施行前公布的法律有关行政复议的规定与本法的规定不一致的，以本法的规定为准。

**第四十三条　【生效日期】**本法自 1999 年 10 月 1 日起施行。1990 年 12 月 24 日国务院发布、1994 年 10 月 9 日国务院修订发布的《行政复议条例》同时废止。

# 中华人民共和国行政复议法实施条例

· 2007 年 5 月 23 日国务院第 177 次常务会议通过
· 2007 年 5 月 29 日中华人民共和国国务院令第 499 号公布
· 自 2007 年 8 月 1 日起施行

## 第一章　总　则

**第一条**　为了进一步发挥行政复议制度在解决行政争议、建设法治政府、构建社会主义和谐社会中的作用，根据《中华人民共和国行政复议法》（以下简称行政复议法），制定本条例。

**第二条**　各级行政复议机关应当认真履行行政复议职责，领导并支持本机关负责法制工作的机构（以下简称行政复议机构）依法办理行政复议事项，并依照有关规定配备、充实、调剂专职行政复议人员，保证行政复议机构的办案能力与工作任务相适应。

**第三条**　行政复议机构除应当依照行政复议法第三条的规定履行职责外，还应当履行下列职责：

（一）依照行政复议法第十八条的规定转送有关行政复议申请；

（二）办理行政复议法第二十九条规定的行政赔偿等事项；

（三）按照职责权限，督促行政复议申请的受理和行政复议决定的履行；

（四）办理行政复议、行政应诉案件统计和重大行政复议决定备案事项；

（五）办理或者组织办理未经行政复议直接提起行政诉讼的行政应诉事项；

（六）研究行政复议工作中发现的问题，及时向有关机关提出改进建议，重大问题及时向行政复议机关报告。

**第四条**　专职行政复议人员应当具备与履行行政复议职责相适应的品行、专业知识和业务能力，并取得相应资格。具体办法由国务院法制机构会同国务院有关部门规定。

## 第二章　行政复议申请

### 第一节　申请人

**第五条**　依照行政复议法和本条例的规定申请行政复议的公民、法人或者其他组织为申请人。

**第六条**　合伙企业申请行政复议的，应当以核准登记的企业为申请人，由执行合伙事务的合伙人代表该企业参加行政复议；其他合伙组织申请行政复议的，由合伙人共同申请行政复议。

前款规定以外的不具备法人资格的其他组织申请行

政复议的，由该组织的主要负责人代表该组织参加行政复议；没有主要负责人的，由共同推选的其他成员代表该组织参加行政复议。

**第七条** 股份制企业的股东大会、股东代表大会、董事会认为行政机关作出的具体行政行为侵犯企业合法权益的，可以以企业的名义申请行政复议。

**第八条** 同一行政复议案件申请人超过 5 人的，推选 1 至 5 名代表参加行政复议。

**第九条** 行政复议期间，行政复议机构认为申请人以外的公民、法人或者其他组织与被审查的具体行政行为有利害关系的，可以通知其作为第三人参加行政复议。

行政复议期间，申请人以外的公民、法人或者其他组织与被审查的具体行政行为有利害关系的，可以向行政复议机构申请作为第三人参加行政复议。

第三人不参加行政复议，不影响行政复议案件的审理。

**第十条** 申请人、第三人可以委托 1 至 2 名代理人参加行政复议。申请人、第三人委托代理人的，应当向行政复议机构提交授权委托书。授权委托书应当载明委托事项、权限和期限。公民在特殊情况下无法书面委托的，可以口头委托。口头委托的，行政复议机构应当核实并记录在卷。申请人、第三人解除或者变更委托的，应当书面报告行政复议机构。

## 第二节 被申请人

**第十一条** 公民、法人或者其他组织对行政机关的具体行政行为不服，依照行政复议法和本条例的规定申请行政复议的，作出该具体行政行为的行政机关为被申请人。

**第十二条** 行政机关与法律、法规授权的组织以共同的名义作出具体行政行为的，行政机关和法律、法规授权的组织为共同被申请人。

行政机关与其他组织以共同名义作出具体行政行为的，行政机关为被申请人。

**第十三条** 下级行政机关依照法律、法规、规章规定，经上级行政机关批准作出具体行政行为的，批准机关为被申请人。

**第十四条** 行政机关设立的派出机构、内设机构或者其他组织，未经法律、法规授权，对外以自己名义作出具体行政行为的，该行政机关为被申请人。

## 第三节 行政复议申请期限

**第十五条** 行政复议法第九条第一款规定的行政复议申请期限的计算，依照下列规定办理：

（一）当场作出具体行政行为的，自具体行政行为作出之日起计算；

（二）载明具体行政行为的法律文书直接送达的，自受送达人签收之日起计算；

（三）载明具体行政行为的法律文书邮寄送达的，自受送达人在邮件签收单上签收之日起计算；没有邮件签收单的，自受送达人在送达回执上签名之日起计算；

（四）具体行政行为依法通过公告形式告知受送达人的，自公告规定的期限届满之日起计算；

（五）行政机关作出具体行政行为时未告知公民、法人或者其他组织，事后补充告知的，自该公民、法人或者其他组织收到行政机关补充告知的通知之日起计算；

（六）被申请人能够证明公民、法人或者其他组织知道具体行政行为的，自证据材料证明其知道具体行政行为之日起计算。

行政机关作出具体行政行为，依法应当向有关公民、法人或者其他组织送达法律文书而未送达的，视为该公民、法人或者其他组织不知道该具体行政行为。

**第十六条** 公民、法人或者其他组织依照行政复议法第六条第（八）项、第（九）项、第（十）项的规定申请行政机关履行法定职责，行政机关未履行的，行政复议申请期限依照下列规定计算：

（一）有履行期限规定的，自履行期限届满之日起计算；

（二）没有履行期限规定的，自行政机关收到申请满 60 日起计算。

公民、法人或者其他组织在紧急情况下请求行政机关履行保护人身权、财产权的法定职责，行政机关不履行的，行政复议申请期限不受前款规定的限制。

**第十七条** 行政机关作出的具体行政行为对公民、法人或者其他组织的权利、义务可能产生不利影响的，应当告知其申请行政复议的权利、行政复议机关和行政复议申请期限。

## 第四节 行政复议申请的提出

**第十八条** 申请人书面申请行政复议的，可以采取当面递交、邮寄或者传真等方式提出行政复议申请。

有条件的行政复议机构可以接受以电子邮件形式提出的行政复议申请。

**第十九条** 申请人书面申请行政复议的，应当在行政复议申请书中载明下列事项：

（一）申请人的基本情况，包括：公民的姓名、性别、年龄、身份证号码、工作单位、住所、邮政编码；法人或者其他组织的名称、住所、邮政编码和法定代表人或者主要负责人的姓名、职务；

（二）被申请人的名称；

（三）行政复议请求、申请行政复议的主要事实和理由；

（四）申请人的签名或者盖章；

（五）申请行政复议的日期。

**第二十条** 申请人口头申请行政复议的，行政复议机构应当依照本条例第十九条规定的事项，当场制作行政复议申请笔录交申请人核对或者向申请人宣读，并由申请人签字确认。

**第二十一条** 有下列情形之一的，申请人应当提供证明材料：

（一）认为被申请人不履行法定职责的，提供曾经要求被申请人履行法定职责而被申请人未履行的证明材料；

（二）申请行政复议时一并提出行政赔偿请求的，提供受具体行政行为侵害而造成损害的证明材料；

（三）法律、法规规定需要申请人提供证据材料的其他情形。

**第二十二条** 申请人提出行政复议申请时错列被申请人的，行政复议机构应当告知申请人变更被申请人。

**第二十三条** 申请人对两个以上国务院部门共同作出的具体行政行为不服的，依照行政复议法第十四条的规定，可以向其中任何一个国务院部门提出行政复议申请，由作出具体行政行为的国务院部门共同作出行政复议决定。

**第二十四条** 申请人对经国务院批准实行省以下垂直领导的部门作出的具体行政行为不服的，可以选择向该部门的本级人民政府或者上一级主管部门申请行政复议；省、自治区、直辖市另有规定的，依照省、自治区、直辖市的规定办理。

**第二十五条** 申请人依照行政复议法第三十条第二款的规定申请行政复议的，应当向省、自治区、直辖市人民政府提出行政复议申请。

**第二十六条** 依照行政复议法第七条的规定，申请人认为具体行政行为所依据的规定不合法的，可以在对具体行政行为申请行政复议的同时一并提出对该规定的审查申请；申请人在对具体行政行为提出行政复议申请时尚不知道该具体行政行为所依据的规定的，可以在行政复议机关作出行政复议决定前向行政复议机关提出对该规定的审查申请。

## 第三章 行政复议受理

**第二十七条** 公民、法人或者其他组织认为行政机关的具体行政行为侵犯其合法权益提出行政复议申请，除不符合行政复议法和本条例规定的申请条件的，行政复议机关必须受理。

**第二十八条** 行政复议申请符合下列规定的，应当予以受理：

（一）有明确的申请人和符合规定的被申请人；

（二）申请人与具体行政行为有利害关系；

（三）有具体的行政复议请求和理由；

（四）在法定申请期限内提出；

（五）属于行政复议法规定的行政复议范围；

（六）属于收到行政复议申请的行政复议机构的职责范围；

（七）其他行政复议机关尚未受理同一行政复议申请，人民法院尚未受理同一主体就同一事实提起的行政诉讼。

**第二十九条** 行政复议申请材料不齐全或者表述不清楚的，行政复议机构可以自收到该行政复议申请之日起5日内书面通知申请人补正。补正通知应当载明需要补正的事项和合理的补正期限。无正当理由逾期不补正的，视为申请人放弃行政复议申请。补正申请材料所用时间不计入行政复议审理期限。

**第三十条** 申请人就同一事项向两个或者两个以上有权受理的行政机关申请行政复议的，由最先收到行政复议申请的行政机关受理；同时收到行政复议申请的，由收到行政复议申请的行政机关在10日内协商确定；协商不成的，由其共同上一级行政机关在10日内指定受理机关。协商确定或者指定受理机关所用时间不计入行政复议审理期限。

**第三十一条** 依照行政复议法第二十条的规定，上级行政机关认为行政复议机关不予受理行政复议申请的理由不成立的，可以先行督促其受理；经督促仍不受理的，应当责令其限期受理，必要时也可以直接受理；认为行政复议申请不符合法定受理条件的，应当告知申请人。

## 第四章 行政复议决定

**第三十二条** 行政复议机构审理行政复议案件，应当由2名以上行政复议人员参加。

**第三十三条** 行政复议机构认为必要时，可以实地调查核实证据；对重大、复杂的案件，申请人提出要求或者行政复议机构认为必要时，可以采取听证的方式审理。

**第三十四条**　行政复议人员向有关组织和人员调查取证时，可以查阅、复制、调取有关文件和资料，向有关人员进行询问。

调查取证时，行政复议人员不得少于2人，并应当向当事人或者有关人员出示证件。被调查单位和人员应当配合行政复议人员的工作，不得拒绝或者阻挠。

需要现场勘验的，现场勘验所用时间不计入行政复议审理期限。

**第三十五条**　行政复议机关应当为申请人、第三人查阅有关材料提供必要条件。

**第三十六条**　依照行政复议法第十四条的规定申请原级行政复议的案件，由原承办具体行政行为有关事项的部门或者机构提出书面答复，并提交作出具体行政行为的证据、依据和其他有关材料。

**第三十七条**　行政复议期间涉及专门事项需要鉴定的，当事人可以自行委托鉴定机构进行鉴定，也可以申请行政复议机构委托鉴定机构进行鉴定。鉴定费用由当事人承担。鉴定所用时间不计入行政复议审理期限。

**第三十八条**　申请人在行政复议决定作出前自愿撤回行政复议申请的，经行政复议机构同意，可以撤回。

申请人撤回行政复议申请的，不得再以同一事实和理由提出行政复议申请。但是，申请人能够证明撤回行政复议申请违背其真实意思表示的除外。

**第三十九条**　行政复议期间被申请人改变原具体行政行为的，不影响行政复议案件的审理。但是，申请人依法撤回行政复议申请的除外。

**第四十条**　公民、法人或者其他组织对行政机关行使法律、法规规定的自由裁量权作出的具体行政行为不服申请行政复议，申请人与被申请人在行政复议决定作出前自愿达成和解的，应当向行政复议机构提交书面和解协议；和解内容不损害社会公共利益和他人合法权益的，行政复议机构应当准许。

**第四十一条**　行政复议期间有下列情形之一，影响行政复议案件审理的，行政复议中止：

（一）作为申请人的自然人死亡，其近亲属尚未确定是否参加行政复议的；

（二）作为申请人的自然人丧失参加行政复议的能力，尚未确定法定代理人参加行政复议的；

（三）作为申请人的法人或者其他组织终止，尚未确定权利义务承受人的；

（四）作为申请人的自然人下落不明或者被宣告失踪的；

（五）申请人、被申请人因不可抗力，不能参加行政复议的；

（六）案件涉及法律适用问题，需要有权机关作出解释或者确认的；

（七）案件审理需要以其他案件的审理结果为依据，而其他案件尚未审结的；

（八）其他需要中止行政复议的情形。

行政复议中止的原因消除后，应当及时恢复行政复议案件的审理。

行政复议机构中止、恢复行政复议案件的审理，应当告知有关当事人。

**第四十二条**　行政复议期间有下列情形之一的，行政复议终止：

（一）申请人要求撤回行政复议申请，行政复议机构准予撤回的；

（二）作为申请人的自然人死亡，没有近亲属或者其近亲属放弃行政复议权利的；

（三）作为申请人的法人或者其他组织终止，其权利义务的承受人放弃行政复议权利的；

（四）申请人与被申请人依照本条例第四十条的规定，经行政复议机构准许达成和解的；

（五）申请人对行政拘留或者限制人身自由的行政强制措施不服申请行政复议后，因申请人同一违法行为涉嫌犯罪，该行政拘留或者限制人身自由的行政强制措施变更为刑事拘留的。

依照本条例第四十一条第一款第（一）项、第（二）项、第（三）项规定中止行政复议，满60日行政复议中止的原因仍未消除的，行政复议终止。

**第四十三条**　依照行政复议法第二十八条第一款第（一）项规定，具体行政行为认定事实清楚，证据确凿，适用依据正确，程序合法，内容适当的，行政复议机关应当决定维持。

**第四十四条**　依照行政复议法第二十八条第一款第（二）项规定，被申请人不履行法定职责的，行政复议机关应当决定其在一定期限内履行法定职责。

**第四十五条**　具体行政行为有行政复议法第二十八条第一款第（三）项规定情形之一的，行政复议机关应当决定撤销、变更该具体行政行为或者确认该具体行政行为违法；决定撤销该具体行政行为或者确认该具体行政行为违法的，可以责令被申请人在一定期限内重新作出具体行政行为。

**第四十六条**　被申请人未依照行政复议法第二十三条的规定提出书面答复、提交当初作出具体行政行为的证据、依据和其他有关材料的，视为该具体行政行为没有证据、依据，行政复议机关应当决定撤销该具体行政行为。

**第四十七条**　具体行政行为有下列情形之一，行政复议机关可以决定变更：

（一）认定事实清楚，证据确凿，程序合法，但是明显不当或者适用依据错误的；

（二）认定事实不清，证据不足，但是经行政复议机关审理查明事实清楚，证据确凿的。

**第四十八条**　有下列情形之一的，行政复议机关应当决定驳回行政复议申请：

（一）申请人认为行政机关不履行法定职责申请行政复议，行政复议机关受理后发现该行政机关没有相应法定职责或者在受理前已经履行法定职责的；

（二）受理行政复议申请后，发现该行政复议申请不符合行政复议法和本条例规定的受理条件的。

上级行政机关认为行政复议机关驳回行政复议申请的理由不成立的，应当责令其恢复审理。

**第四十九条**　行政复议机关依照行政复议法第二十八条的规定责令被申请人重新作出具体行政行为的，被申请人应当在法律、法规、规章规定的期限内重新作出具体行政行为；法律、法规、规章未规定期限的，重新作出具体行政行为的期限为60日。

公民、法人或者其他组织对被申请人重新作出的具体行政行为不服，可以依法申请行政复议或者提起行政诉讼。

**第五十条**　有下列情形之一的，行政复议机关可以按照自愿、合法的原则进行调解：

（一）公民、法人或者其他组织对行政机关行使法律、法规规定的自由裁量权作出的具体行政行为不服申请行政复议的；

（二）当事人之间的行政赔偿或者行政补偿纠纷。

当事人经调解达成协议的，行政复议机关应当制作行政复议调解书。调解书应当载明行政复议请求、事实、理由和调解结果，并加盖行政复议机关印章。行政复议调解书经双方当事人签字，即具有法律效力。

调解未达成协议或者调解书生效前一方反悔的，行政复议机关应当及时作出行政复议决定。

**第五十一条**　行政复议机关在申请人的行政复议请求范围内，不得作出对申请人更为不利的行政复议决定。

**第五十二条**　第三人逾期不起诉又不履行行政复议决定的，依照行政复议法第三十三条的规定处理。

## 第五章　行政复议指导和监督

**第五十三条**　行政复议机关应当加强对行政复议工作的领导。

行政复议机构在本级行政复议机关的领导下，按照职责权限对行政复议工作进行督促、指导。

**第五十四条**　县级以上各级人民政府应当加强对所属工作部门和下级人民政府履行行政复议职责的监督。

行政复议机关应当加强对其行政复议机构履行行政复议职责的监督。

**第五十五条**　县级以上地方各级人民政府应当建立健全行政复议工作责任制，将行政复议工作纳入本级政府目标责任制。

**第五十六条**　县级以上地方各级人民政府应当按照职责权限，通过定期组织检查、抽查等方式，对所属工作部门和下级人民政府行政复议工作进行检查，并及时向有关方面反馈检查结果。

**第五十七条**　行政复议期间行政复议机关发现被申请人或者其他下级行政机关的相关行政行为违法或者需要做好善后工作的，可以制作行政复议意见书。有关机关应当自收到行政复议意见书之日起60日内将纠正相关行政违法行为或者做好善后工作的情况通报行政复议机构。

行政复议期间行政复议机构发现法律、法规、规章实施中带有普遍性的问题，可以制作行政复议建议书，向有关机关提出完善制度和改进行政执法的建议。

**第五十八条**　县级以上各级人民政府行政复议机构应当定期向本级人民政府提交行政复议工作状况分析报告。

**第五十九条**　下级行政复议机关应当及时将重大行政复议决定报上级行政复议机关备案。

**第六十条**　各级行政复议机构应当定期组织对行政复议人员进行业务培训，提高行政复议人员的专业素质。

**第六十一条**　各级行政复议机关应当定期总结行政复议工作，对在行政复议工作中做出显著成绩的单位和个人，依照有关规定给予表彰和奖励。

## 第六章　法律责任

**第六十二条**　被申请人在规定期限内未按照行政复

议决定的要求重新作出具体行政行为,或者违反规定重新作出具体行政行为的,依照行政复议法第三十七条的规定追究法律责任。

**第六十三条** 拒绝或者阻挠行政复议人员调查取证、查阅、复制、调取有关文件和资料的,对有关责任人员依法给予处分或者治安处罚;构成犯罪的,依法追究刑事责任。

**第六十四条** 行政复议机关或者行政复议机构不履行行政复议法和本条例规定的行政复议职责,经有权监督的行政机关督促仍不改正的,对直接负责的主管人员和其他直接责任人员依法给予警告、记过、记大过的处分;造成严重后果的,依法给予降级、撤职、开除的处分。

**第六十五条** 行政机关及其工作人员违反行政复议法和本条例规定的,行政复议机构可以向人事、监察部门提出对有关责任人员的处分建议,也可以将有关人员违法的事实材料直接转送人事、监察部门处理;接受转送的人事、监察部门应当依法处理,并将处理结果通报转送的行政复议机构。

## 第七章 附 则

**第六十六条** 本条例自2007年8月1日起施行。

· *典型案例*

### 1. 李国庆诉上海市静安区人民政府、上海市人民政府房屋征收补偿决定及行政复议决定一案①

**【基本案情】**

上海市静安区人民政府(以下简称静安区政府)于2012年10月19日作出房屋征收决定,李国庆户承租的公房在征收范围内。安置补偿协商过程中,静安区住房保障和房屋管理局(以下简称静安房管局)向李国庆户提供货币补偿和房屋产权调换两种方式选择,因李国庆不认可《补偿方案》,双方在签约期限内未达成补偿协议。静安房管局于2015年1月19日报请静安区政府作房屋征收补偿决定。静安区政府受理后,组织双方进行调查和调解,李国庆出席但调解未成。静安区政府经审查,认定静安房管局提出的以结算差价的房屋产权调换方式补偿李国庆户的方案合法、适当,遂于2015年2月5日作出房屋征收补偿决定,并将决定书依法送达李国庆及静安房管局,同时在基地张贴公示。李国庆不服,于2015年4月3日向上海市人民政府(以下简称上海市政府)提出行政复议。上海市政府受理后,经审查作出行政复议决定,维持静安区政府所作征收补偿决定。李国庆仍不服,遂提起本案诉讼。

**【裁判结果】**

上海市第二中级人民法院认为,根据《国有土地上房屋征收与补偿条例》(以下简称《征补条例》)和《上海市国有土地上房屋征收与补偿实施细则》(以下简称《实施细则》)的规定,静安区政府具有作出房屋征收补偿决定的行政职权。其于法定期限内作出被诉房屋征收补偿决定,行政程序并无不当。被诉房屋征收补偿决定认定事实清楚,法律适用准确。上海市政府在规定的期限内作出行政复议决定,程序合法。遂判决驳回李国庆的诉讼请求。上海市高级人民法院以与一审基本相同的理由判决驳回上诉,维持原判。

最高人民法院认为,静安房管局因与李国庆在征收补偿方案确定的签约期限内达不成补偿协议,报请静安区政府作出补偿决定。静安区政府受理后,核实相关材料,组织召开调解会,并在调解未成的情况下,在法定期限内作出被诉房屋征收补偿决定,程序合法。静安区政府依据租用公房凭证记载的居住面积乘以相应系数计算被征收房屋建筑面积,结合房屋评估单价等确定货币补偿金额及补贴款等,并以上海市土地储备中心安排的用于征收地块安置的房源安置给李国庆户,未侵犯李国庆户的合法利益,安置方案并无不当。此外,经上海房地产估价师事务所有限公司评估,被征收房屋于征收决定公告之日的房地产市场评估单价为29233元/平方米,该地块评估均价为29200元。李国庆在规定的期限内未申请复核。后静安房管局向李国庆征询是否需要专家鉴定,李国庆明确表示拒绝。在协商过程中,静安房管局向李国庆户提供货币补偿和房屋产权调换两种方式选择,因李国庆不认可《补偿方案》,双方在签约期限内未达成补偿协议。据此,李国庆提出的评估报告违法及剥夺其安置补偿方式选择权的异议缺乏依据。上海市政府在规定的期限内作出行政复议决定,适用法律正确,程序合法。遂裁定驳回李国庆的再

① 本部分案例来源:2017年6月13日最高人民法院行政审判十大典型案例(第一批)。

审申请。

【典型意义】

本案的典型意义在于：一方面，人民法院在行政审判中要按照严格司法的要求，坚持被诉行政行为合法性审查的标准，监督和促进行政机关全面履行政府职能，助力法治政府尽快建成。另一方面，在被诉行政行为达到合法性要求的情况下，人民法院应当作出明确的认定，既彰显依法行政的规则，使后续的行政执法活动有所遵循，又明晰权利保护的界限，为人民群众依法维权提供规范和指引。本案中，人民法院通过对被诉征收补偿决定和行政复议决定的全面审查，特别是从被诉行政行为职权合法性、程序合法性、实体认定合法性等多个方面进行了审查，同时对相对人的实体权益保护问题作了认定，在确认行政行为合法和相对人权益得到保障的前提下，裁定驳回相对人的再审申请。

## 2. 冯书军诉河北省衡水市人民政府撤销国有土地使用证案

【基本案情】

1995年6月3日，河北省景县商业局食品加工厂为了解决职工住房问题，申请征收涉案土地。1995年10月，原景县土地管理局将该土地征收，并出让给景县商业局食品加工厂，并在办理土地登记过程中将土地使用者变为冯玉章(冯书军之父)。1995年11月，河北省景县人民政府(以下简称景县政府)为冯玉章颁发了国有土地使用证。冯玉章办证后一直未建房。2003年3月1日，第三人张天安以3000元的价格将该地卖给赵文彬，双方签订转让协议。2004年赵文彬在该地上建房并居住至今，但一直未办理土地使用证。2009年6月，冯玉章将赵文彬诉至景县人民法院，赵文彬得知冯玉章已办证，遂提起行政复议。复议机关以程序违法为由撤销景县政府为冯玉章颁发的国有土地使用证，并注销其土地登记。冯玉章不服该复议决定，诉至法院。

【裁判结果】

河北省冀州市人民法院一审认为，第三人赵文彬在本案争议土地上建房，并居住多年，赵文彬与景县政府为冯玉章发放土地使用证的行政行为存在利害关系，因而被告受理赵文彬提起的行政复议申请并无不当。被告认定景县土地管理局未依法办理土地权属变更，直接为冯玉章办理土地登记程序违法，并认定依据该土地登记办理的土地使用证程序违法，事实清楚，判决维持被诉行政行为。冯玉章不服，提起上诉。

河北省衡水市中级人民法院二审认为，虽然赵文彬在涉案土地上建有房屋，但是景县政府的颁证行为在先，赵文彬的利益在后，以后来的利益否定在先的行政行为，不符合客观实际情况，也没有法律依据。二审法院判决撤销一审判决和被诉的行政复议决定。本案经再审，判决撤销二审判决，维持一审判决。

后本案经最高人民法院裁定提审。最高人民法院认为，本案的焦点问题是，赵文彬对于1995年11月景县政府颁发国有土地使用证的行政行为是否具有申请行政复议的主体资格。赵文彬对涉案土地的占有源于张天安2003年的转让行为，而颁证行为则发生在此次转让之前的1995年。因此，赵文彬要获得申请复议的资格只有通过转让承继的方式。而转让承继的前提则是颁证行为作出时张天安具有申请复议的资格。1995年10月，原景县土地管理局将该土地征收后，该幅土地的性质已经转变为国有。张天安未对土地征收行为提起行政复议或者行政诉讼。此后，原景县土地管理局在办理土地登记过程中将土地使用者变为冯玉章，景县政府也为冯玉章颁发了国有土地使用证。该颁证行为是在该幅土地通过征收转为国有土地的基础上作出的。即，在颁证行为作出之前，即使不考虑张天安在1990年就已经将涉案土地使用权有价转让给冯玉章一节，其亦因该土地被征收而不享有土地使用权，故其与该颁证行为之间并无法律意义上的利害关系，不足以获得申请复议的资格。据此，赵文彬不具备申请行政复议的权利基础。判决撤销再审判决，维持二审判决。

【典型意义】

本案的典型意义在于进一步确定行政复议资格和权利的承继问题。行政复议制度是我国重要的行政救济制度。行政救济制度的核心理念在于“有权利必有救济”。根据行政复议法的规定，行政相对人认为行政行为侵犯其合法权益的，可以向行政机关提出行政复议申请。根据行政复议法实施条例的规定，申请需与被申请的行政行为有利害关系，复议申请才予以受理。本案中，赵文彬对涉案土地的占有来源于张天安在2003年的转让。本案中被申请复议的颁证行为发生在1995年。行政机关作出颁证行为时，张天安已经丧失对涉案土地的使用权，与该颁证行为之间已无法律意义上的利害关系，亦无申请行政复议的资格。罗马法谚“后手的权利不得优于前手”也体现了权利继受规则。本案中，作为前手的张天安已经丧失行政复议的资格，作为后手的赵文彬则丧失了权利继受的基础。本案颁证之后，行政机关与行政相对人之间业已形成稳定的行政法律关系，除非存在法定事由，法院和行政复议机关亦有义务维持行政法律关系的有序存在。公民、法人或者其他组织只有在符合行政复议法和行政诉讼法的关于利害关系人的规定的前提下，才能对既存法律关系发起复议或者诉讼“挑战”，这也正是维护法律安定性和行政秩序稳定性的需要。该案对于明确行政复议资格条件及其承继具有一定的示范意义。

### 3. 杨吉全诉山东省人民政府行政复议案

**【基本案情】**

杨吉全不服山东省青岛市市南区法律援助中心作出的不予法律援助决定，向青岛市市南区司法局提出异议。该局作出答复意见，认为该不予法律援助决定内容适当。杨吉全对该答复意见不服，向青岛市司法局申请行政复议。该局于2013年10月23日告知其所提复议申请已超过法定申请期限。杨吉全不服，向青岛市人民政府申请行政复议。该府于2013年10月30日告知其所提行政复议申请不符合行政复议受案条件。杨吉全不服，向山东省人民政府申请行政复议。山东省人民政府于2013年11月18日对其作出不予受理行政复议申请决定。杨吉全不服，提起行政诉讼，请求撤销该不予受理决定，判令山东省人民政府赔偿损失。

**【裁判结果】**

山东省济南市中级人民法院一审判决驳回杨吉全的诉讼请求。山东省高级人民法院二审判决驳回上诉，维持一审判决。杨吉全向最高人民法院申请再审，最高人民法院裁定予以驳回。

最高人民法院认为，申请行政复议和提起行政诉讼是法律赋予公民、法人或者其他组织的权利，其可以在申请行政复议之后再行提起行政诉讼。但杨吉全在提起行政诉讼之前，针对同一事由连续申请了三级行政复议，明显且一再违反一级行政复议制度。对于明显违反复议制度的复议申请，行政复议机关不予受理后，申请人对此不服提起行政诉讼的，人民法院可以不予立案，或者在立案之后裁定驳回起诉。鉴于本案已经实际走完诉讼程序，原审法院经实体审理后亦未支持杨吉全的诉讼请求，故无必要通过审判监督程序提起再审后再行裁定驳回起诉。

**【典型意义】**

本案典型意义在于：当事人申请行政复议和提起行政诉讼应当具有利用复议制度和诉讼制度解决行政争议的正当性。行政诉讼是解决行政争议，保护公民、法人和其他组织合法权益，监督行政机关依法行使职权的法律救济途径。人民法院既要充分保障当事人正当诉权的行使，又要引导、规范当事人行使诉权。人民法院有义务识别、判断当事人的请求是否具有足以利用行政复议制度和行政诉讼制度加以解决的必要性，避免因缺乏诉的利益而不当行使诉权的情形发生，坚决抵制滥用诉权的行为。对于明显违背行政复议制度、明显具有任性恣意色彩的反复申请，即使行政复议机关予以拒绝，当事人不服提起诉讼的，人民法院也可以不予立案，或者在立案之后裁定驳回起诉。

## · 文书范本①

### 1. 行政复议申请书

申请人：姓名________________年龄________________
性别________________住址________________
（法人或者其他组织名称________________
________________住址________________
法定代表人或者主要负责人姓名________________）。
委托代理人：姓名________________住址________________。
联系电话________________。
被申请人：名称________________住址________________。
联系电话________________。

---

① 供参考，全书同。

行政复议请求：

____________________________________________________________

____________________________________________________________

____________________________________________________________

____________________________________________________________。

事实和理由：

____________________________________________________________

____________________________________________________________

____________________________________________________________

____________________________________________________________。

此致

________________（行政复议机关）

申请人：(签名或盖章)

年　　月　　日

## 2. 行政复议口头申请笔录

申请人：姓名__________；性别__________；年龄__________；文化程度__________；

职业__________；住址__________；联系电话__________。

被申请人：名称______________________________________________。

地址______________________________________________。

申请行政复议时间：______________________________________________。

记录人：姓名______________；单位______________。

问：（问明申请行政复议事项、行政复议请求及其理由等情况）

答：____________________________________________________________

____________________________________________________________

____________________________________________________________

____________________________________________________________

____________________________________________________________

____________________________________________________________

____________________________________________________________

（由申请人写明“以上记录本人看过，符合口述。”）

申请人：（签名或盖章）

年　　月　　日

附：有关材料________份。

### 3. (行政复议机关名称)<br>行政复议决定书

__________[　　　　]号

申请人:姓名______________年龄______________性别______________住址______________

(法人或者其他组织名称______________住址______________法定代表人或者主要负责人姓名)。

委托代理人:姓名______________住址______________

被申请人:名称______________住址______________

第三人:名称______________住址(地址)______________

委托代理人:姓名______________住址______________

申请人不服被申请人的(具体行政行为),于________年________月________日提起行政复议申请,本机关依法已予受理。

申请人请求______________________________________________________

申请人称______________________________________________________

被申请人称______________________________________________________

经查______________________________________________________

本机关认为:具体行政行为事实是否清楚,证据是否确凿,适用法律依据是否正确,程序是否合法,内容是否适当。根据《中华人民共和国行政复议法》第二十八条规定,本机关决定如下:____________。

(符合行政诉讼受案范围的,写明:对本决定不服,可以自接到本决定之日起 15 日内向____________人民法院提起行政诉讼。)

(法律规定行政复议决定为最终裁决的,写明:本决定为最终裁决,申请人、被申请人或者第三人应于__________年__________月__________日前履行。)

(行政复议机构印章)

年　　月　　日

## 2. 行政诉讼

### 中华人民共和国行政诉讼法

- 1989 年 4 月 4 日第七届全国人民代表大会第二次会议通过
- 根据 2014 年 11 月 1 日第十二届全国人民代表大会常务委员会第十一次会议《关于修改〈中华人民共和国行政诉讼法〉的决定》第一次修正
- 根据 2017 年 6 月 27 日第十二届全国人民代表大会常务委员会第二十八次会议《关于修改〈中华人民共和国民事诉讼法〉和〈中华人民共和国行政诉讼法〉的决定》第二次修正

目　录

第一章　总　则
第二章　受案范围
第三章　管　辖
第四章　诉讼参加人
第五章　证　据
第六章　起诉和受理
第七章　审理和判决
　第一节　一般规定
　第二节　第一审普通程序
　第三节　简易程序
　第四节　第二审程序
　第五节　审判监督程序
第八章　执　行
第九章　涉外行政诉讼
第十章　附　则

#### 第一章　总　则

**第一条　【立法目的】**为保证人民法院公正、及时审理行政案件,解决行政争议,保护公民、法人和其他组织的合法权益,监督行政机关依法行使职权,根据宪法,制定本法。

**第二条 【诉权】**公民、法人或者其他组织认为行政机关和行政机关工作人员的行政行为侵犯其合法权益，有权依照本法向人民法院提起诉讼。

前款所称行政行为，包括法律、法规、规章授权的组织作出的行政行为。

**第三条 【行政机关负责人出庭应诉】**人民法院应当保障公民、法人和其他组织的起诉权利，对应当受理的行政案件依法受理。

行政机关及其工作人员不得干预、阻碍人民法院受理行政案件。

被诉行政机关负责人应当出庭应诉。不能出庭的，应当委托行政机关相应的工作人员出庭。

**第四条 【独立行使审判权】**人民法院依法对行政案件独立行使审判权，不受行政机关、社会团体和个人的干涉。

人民法院设行政审判庭，审理行政案件。

**第五条 【以事实为根据，以法律为准绳原则】**人民法院审理行政案件，以事实为根据，以法律为准绳。

**第六条 【合法性审查原则】**人民法院审理行政案件，对行政行为是否合法进行审查。

**第七条 【合议、回避、公开审判和两审终审原则】**人民法院审理行政案件，依法实行合议、回避、公开审判和两审终审制度。

**第八条 【法律地位平等原则】**当事人在行政诉讼中的法律地位平等。

**第九条 【本民族语言文字原则】**各民族公民都有用本民族语言、文字进行行政诉讼的权利。

在少数民族聚居或者多民族共同居住的地区，人民法院应当用当地民族通用的语言、文字进行审理和发布法律文书。

人民法院应当对不通晓当地民族通用的语言、文字的诉讼参与人提供翻译。

**第十条 【辩论原则】**当事人在行政诉讼中有权进行辩论。

**第十一条 【法律监督原则】**人民检察院有权对行政诉讼实行法律监督。

## 第二章 受案范围

**第十二条 【行政诉讼受案范围】**人民法院受理公民、法人或者其他组织提起的下列诉讼：

（一）对行政拘留、暂扣或者吊销许可证和执照、责令停产停业、没收违法所得、没收非法财物、罚款、警告等行政处罚不服的；

（二）对限制人身自由或者对财产的查封、扣押、冻结等行政强制措施和行政强制执行不服的；

（三）申请行政许可，行政机关拒绝或者在法定期限内不予答复，或者对行政机关作出的有关行政许可的其他决定不服的；

（四）对行政机关作出的关于确认土地、矿藏、水流、森林、山岭、草原、荒地、滩涂、海域等自然资源的所有权或者使用权的决定不服的；

（五）对征收、征用决定及其补偿决定不服的；

（六）申请行政机关履行保护人身权、财产权等合法权益的法定职责，行政机关拒绝履行或者不予答复的；

（七）认为行政机关侵犯其经营自主权或者农村土地承包经营权、农村土地经营权的；

（八）认为行政机关滥用行政权力排除或者限制竞争的；

（九）认为行政机关违法集资、摊派费用或者违法要求履行其他义务的；

（十）认为行政机关没有依法支付抚恤金、最低生活保障待遇或者社会保险待遇的；

（十一）认为行政机关不依法履行、未按照约定履行或者违法变更、解除政府特许经营协议、土地房屋征收补偿协议等协议的；

（十二）认为行政机关侵犯其他人身权、财产权等合法权益的。

除前款规定外，人民法院受理法律、法规规定可以提起诉讼的其他行政案件。

**第十三条 【受案范围的排除】**人民法院不受理公民、法人或者其他组织对下列事项提起的诉讼：

（一）国防、外交等国家行为；

（二）行政法规、规章或者行政机关制定、发布的具有普遍约束力的决定、命令；

（三）行政机关对行政机关工作人员的奖惩、任免等决定；

（四）法律规定由行政机关最终裁决的行政行为。

## 第三章 管 辖

**第十四条 【基层人民法院管辖第一审行政案件】**基层人民法院管辖第一审行政案件。

**第十五条 【中级人民法院管辖的第一审行政案件】**中级人民法院管辖下列第一审行政案件：

（一）对国务院部门或者县级以上地方人民政府所作的行政行为提起诉讼的案件；

（二）海关处理的案件；

（三）本辖区内重大、复杂的案件；

（四）其他法律规定由中级人民法院管辖的案件。

**第十六条 【高级人民法院管辖的第一审行政案件】**高级人民法院管辖本辖区内重大、复杂的第一审行政案件。

**第十七条 【最高人民法院管辖的第一审行政案件】**最高人民法院管辖全国范围内重大、复杂的第一审行政案件。

**第十八条 【一般地域管辖和法院跨行政区域管辖】**行政案件由最初作出行政行为的行政机关所在地人民法院管辖。经复议的案件，也可以由复议机关所在地人民法院管辖。

经最高人民法院批准，高级人民法院可以根据审判工作的实际情况，确定若干人民法院跨行政区域管辖行政案件。

**第十九条 【限制人身自由行政案件的管辖】**对限制人身自由的行政强制措施不服提起的诉讼，由被告所在地或者原告所在地人民法院管辖。

**第二十条 【不动产行政案件的管辖】**因不动产提起的行政诉讼，由不动产所在地人民法院管辖。

**第二十一条 【选择管辖】**两个以上人民法院都有管辖权的案件，原告可以选择其中一个人民法院提起诉讼。原告向两个以上有管辖权的人民法院提起诉讼的，由最先立案的人民法院管辖。

**第二十二条 【移送管辖】**人民法院发现受理的案件不属于本院管辖的，应当移送有管辖权的人民法院，受移送的人民法院应当受理。受移送的人民法院认为受移送的案件按照规定不属于本院管辖的，应当报请上级人民法院指定管辖，不得再自行移送。

**第二十三条 【指定管辖】**有管辖权的人民法院由于特殊原因不能行使管辖权的，由上级人民法院指定管辖。

人民法院对管辖权发生争议，由争议双方协商解决。协商不成的，报它们的共同上级人民法院指定管辖。

**第二十四条 【管辖权转移】**上级人民法院有权审理下级人民法院管辖的第一审行政案件。

下级人民法院对其管辖的第一审行政案件，认为需要由上级人民法院审理或者指定管辖的，可以报请上级人民法院决定。

## 第四章 诉讼参加人

**第二十五条 【原告资格】**行政行为的相对人以及其他与行政行为有利害关系的公民、法人或者其他组织，有权提起诉讼。

有权提起诉讼的公民死亡，其近亲属可以提起诉讼。

有权提起诉讼的法人或者其他组织终止，承受其权利的法人或者其他组织可以提起诉讼。

人民检察院在履行职责中发现生态环境和资源保护、食品药品安全、国有财产保护、国有土地使用权出让等领域负有监督管理职责的行政机关违法行使职权或者不作为，致使国家利益或者社会公共利益受到侵害的，应当向行政机关提出检察建议，督促其依法履行职责。行政机关不依法履行职责的，人民检察院依法向人民法院提起诉讼。

**第二十六条 【被告资格】**公民、法人或者其他组织直接向人民法院提起诉讼的，作出行政行为的行政机关是被告。

经复议的案件，复议机关决定维持原行政行为的，作出原行政行为的行政机关和复议机关是共同被告；复议机关改变原行政行为的，复议机关是被告。

复议机关在法定期限内未作出复议决定，公民、法人或者其他组织起诉原行政行为的，作出原行政行为的行政机关是被告；起诉复议机关不作为的，复议机关是被告。

两个以上行政机关作出同一行政行为的，共同作出行政行为的行政机关是共同被告。

行政机关委托的组织所作的行政行为，委托的行政机关是被告。

行政机关被撤销或者职权变更的，继续行使其职权的行政机关是被告。

**第二十七条 【共同诉讼】**当事人一方或者双方为二人以上，因同一行政行为发生的行政案件，或者因同类行政行为发生的行政案件、人民法院认为可以合并审理并经当事人同意的，为共同诉讼。

**第二十八条 【代表人诉讼】**当事人一方人数众多的共同诉讼，可以由当事人推选代表人进行诉讼。代表人的诉讼行为对其所代表的当事人发生效力，但代表人变更、放弃诉讼请求或者承认对方当事人的诉讼请求，应当经被代表的当事人同意。

**第二十九条 【诉讼第三人】**公民、法人或者其他组织同被诉行政行为有利害关系但没有提起诉讼，或者同案件处理结果有利害关系的，可以作为第三人申请参加诉讼，或者由人民法院通知参加诉讼。

人民法院判决第三人承担义务或者减损第三人权益的，第三人有权依法提起上诉。

**第三十条 【法定代理人】**没有诉讼行为能力的公民，由其法定代理人代为诉讼。法定代理人互相推诿代理责任的，由人民法院指定其中一人代为诉讼。

**第三十一条 【委托代理人】**当事人、法定代理人，可以委托一至二人作为诉讼代理人。

下列人员可以被委托为诉讼代理人：

（一）律师、基层法律服务工作者；

（二）当事人的近亲属或者工作人员；

（三）当事人所在社区、单位以及有关社会团体推荐的公民。

**第三十二条 【当事人及诉讼代理人权利】**代理诉讼的律师，有权按照规定查阅、复制本案有关材料，有权向有关组织和公民调查，收集与本案有关的证据。对涉及国家秘密、商业秘密和个人隐私的材料，应当依照法律规定保密。

当事人和其他诉讼代理人有权按照规定查阅、复制本案庭审材料，但涉及国家秘密、商业秘密和个人隐私的内容除外。

## 第五章 证 据

**第三十三条 【证据种类】**证据包括：

（一）书证；

（二）物证；

（三）视听资料；

（四）电子数据；

（五）证人证言；

（六）当事人的陈述；

（七）鉴定意见；

（八）勘验笔录、现场笔录。

以上证据经法庭审查属实，才能作为认定案件事实的根据。

**第三十四条 【被告举证责任】**被告对作出的行政行为负有举证责任，应当提供作出该行政行为的证据和所依据的规范性文件。

被告不提供或者无正当理由逾期提供证据，视为没有相应证据。但是，被诉行政行为涉及第三人合法权益，第三人提供证据的除外。

**第三十五条 【行政机关收集证据的限制】**在诉讼过程中，被告及其诉讼代理人不得自行向原告、第三人和证人收集证据。

**第三十六条 【被告延期提供证据和补充证据】**被告在作出行政行为时已经收集了证据，但因不可抗力等正当事由不能提供的，经人民法院准许，可以延期提供。

原告或者第三人提出了其在行政处理程序中没有提出的理由或者证据的，经人民法院准许，被告可以补充证据。

**第三十七条 【原告可以提供证据】**原告可以提供证明行政行为违法的证据。原告提供的证据不成立的，不免除被告的举证责任。

**第三十八条 【原告举证责任】**在起诉被告不履行法定职责的案件中，原告应当提供其向被告提出申请的证据。但有下列情形之一的除外：

（一）被告应当依职权主动履行法定职责的；

（二）原告因正当理由不能提供证据的。

在行政赔偿、补偿的案件中，原告应当对行政行为造成的损害提供证据。因被告的原因导致原告无法举证的，由被告承担举证责任。

**第三十九条 【法院要求当事人提供或者补充证据】**人民法院有权要求当事人提供或者补充证据。

**第四十条 【法院调取证据】**人民法院有权向有关行政机关以及其他组织、公民调取证据。但是，不得为证明行政行为的合法性调取被告作出行政行为时未收集的证据。

**第四十一条 【申请法院调取证据】**与本案有关的下列证据，原告或者第三人不能自行收集的，可以申请人民法院调取：

（一）由国家机关保存而须由人民法院调取的证据；

（二）涉及国家秘密、商业秘密和个人隐私的证据；

（三）确因客观原因不能自行收集的其他证据。

**第四十二条 【证据保全】**在证据可能灭失或者以后难以取得的情况下，诉讼参加人可以向人民法院申请保全证据，人民法院也可以主动采取保全措施。

**第四十三条 【证据适用规则】**证据应当在法庭上出示，并由当事人互相质证。对涉及国家秘密、商业秘密和个人隐私的证据，不得在公开开庭时出示。

人民法院应当按照法定程序，全面、客观地审查核实证据。对未采纳的证据应当在裁判文书中说明理由。

以非法手段取得的证据，不得作为认定案件事实的根据。

## 第六章 起诉和受理

**第四十四条 【行政复议与行政诉讼的关系】**对属于人民法院受案范围的行政案件，公民、法人或者其他组织可以先向行政机关申请复议，对复议决定不服的，再向人民法院提起诉讼；也可以直接向人民法院提起诉讼。

法律、法规规定应当先向行政机关申请复议，对复议决定不服再向人民法院提起诉讼的,依照法律、法规的规定。

**第四十五条　【经行政复议的起诉期限】**公民、法人或者其他组织不服复议决定的,可以在收到复议决定书之日起十五日内向人民法院提起诉讼。复议机关逾期不作决定的,申请人可以在复议期满之日起十五日内向人民法院提起诉讼。法律另有规定的除外。

**第四十六条　【起诉期限】**公民、法人或者其他组织直接向人民法院提起诉讼的,应当自知道或者应当知道作出行政行为之日起六个月内提出。法律另有规定的除外。

因不动产提起诉讼的案件自行政行为作出之日起超过二十年,其他案件自行政行为作出之日起超过五年提起诉讼的,人民法院不予受理。

**第四十七条　【行政机关不履行法定职责的起诉期限】**公民、法人或者其他组织申请行政机关履行保护其人身权、财产权等合法权益的法定职责,行政机关在接到申请之日起两个月内不履行的,公民、法人或者其他组织可以向人民法院提起诉讼。法律、法规对行政机关履行职责的期限另有规定的,从其规定。

公民、法人或者其他组织在紧急情况下请求行政机关履行保护其人身权、财产权等合法权益的法定职责,行政机关不履行的,提起诉讼不受前款规定期限的限制。

**第四十八条　【起诉期限的扣除和延长】**公民、法人或者其他组织因不可抗力或者其他不属于其自身的原因耽误起诉期限的,被耽误的时间不计算在起诉期限内。

公民、法人或者其他组织因前款规定以外的其他特殊情况耽误起诉期限的,在障碍消除后十日内,可以申请延长期限,是否准许由人民法院决定。

**第四十九条　【起诉条件】**提起诉讼应当符合下列条件:

(一)原告是符合本法第二十五条规定的公民、法人或者其他组织;

(二)有明确的被告;

(三)有具体的诉讼请求和事实根据;

(四)属于人民法院受案范围和受诉人民法院管辖。

**第五十条　【起诉方式】**起诉应当向人民法院递交起诉状,并按照被告人数提出副本。

书写起诉状确有困难的,可以口头起诉,由人民法院记入笔录,出具注明日期的书面凭证,并告知对方当事人。

**第五十一条　【登记立案】**人民法院在接到起诉状时对符合本法规定的起诉条件的,应当登记立案。

对当场不能判定是否符合本法规定的起诉条件的,应当接收起诉状,出具注明收到日期的书面凭证,并在七日内决定是否立案。不符合起诉条件的,作出不予立案的裁定。裁定书应当载明不予立案的理由。原告对裁定不服的,可以提起上诉。

起诉状内容欠缺或者有其他错误的,应当给予指导和释明,并一次性告知当事人需要补正的内容。不得未经指导和释明即以起诉不符合条件为由不接收起诉状。

对于不接收起诉状、接收起诉状后不出具书面凭证,以及不一次性告知当事人需要补正的起诉状内容的,当事人可以向上级人民法院投诉,上级人民法院应当责令改正,并对直接负责的主管人员和其他直接责任人员依法给予处分。

**第五十二条　【法院不立案的救济】**人民法院既不立案,又不作出不予立案裁定的,当事人可以向上一级人民法院起诉。上一级人民法院认为符合起诉条件的,应当立案、审理,也可以指定其他下级人民法院立案、审理。

**第五十三条　【规范性文件的附带审查】**公民、法人或者其他组织认为行政行为所依据的国务院部门和地方人民政府及其部门制定的规范性文件不合法,在对行政行为提起诉讼时,可以一并请求对该规范性文件进行审查。

前款规定的规范性文件不含规章。

## 第七章　审理和判决

### 第一节　一般规定

**第五十四条　【公开审理原则】**人民法院公开审理行政案件,但涉及国家秘密、个人隐私和法律另有规定的除外。

涉及商业秘密的案件,当事人申请不公开审理的,可以不公开审理。

**第五十五条　【回避】**当事人认为审判人员与本案有利害关系或者有其他关系可能影响公正审判,有权申请审判人员回避。

审判人员认为自己与本案有利害关系或者有其他关系,应当申请回避。

前两款规定,适用于书记员、翻译人员、鉴定人、勘验人。

院长担任审判长时的回避,由审判委员会决定;审判人员的回避,由院长决定;其他人员的回避,由审判长决定。当事人对决定不服的,可以申请复议一次。

**第五十六条 【诉讼不停止执行】**诉讼期间，不停止行政行为的执行。但有下列情形之一的，裁定停止执行：

（一）被告认为需要停止执行的；

（二）原告或者利害关系人申请停止执行，人民法院认为该行政行为的执行会造成难以弥补的损失，并且停止执行不损害国家利益、社会公共利益的；

（三）人民法院认为该行政行为的执行会给国家利益、社会公共利益造成重大损害的；

（四）法律、法规规定停止执行的。

当事人对停止执行或者不停止执行的裁定不服的，可以申请复议一次。

**第五十七条 【先予执行】**人民法院对起诉行政机关没有依法支付抚恤金、最低生活保障金和工伤、医疗社会保险金的案件，权利义务关系明确、不先予执行将严重影响原告生活的，可以根据原告的申请，裁定先予执行。

当事人对先予执行裁定不服的，可以申请复议一次。复议期间不停止裁定的执行。

**第五十八条 【拒不到庭或中途退庭的法律后果】**经人民法院传票传唤，原告无正当理由拒不到庭，或者未经法庭许可中途退庭的，可以按照撤诉处理；被告无正当理由拒不到庭，或者未经法庭许可中途退庭的，可以缺席判决。

**第五十九条 【妨害行政诉讼强制措施】**诉讼参与人或者其他人有下列行为之一的，人民法院可以根据情节轻重，予以训诫、责令具结悔过或者处一万元以下的罚款、十五日以下的拘留；构成犯罪的，依法追究刑事责任：

（一）有义务协助调查、执行的人，对人民法院的协助调查决定、协助执行通知书，无故推拖、拒绝或者妨碍调查、执行的；

（二）伪造、隐藏、毁灭证据或者提供虚假证明材料，妨碍人民法院审理案件的；

（三）指使、贿买、胁迫他人作伪证或者威胁、阻止证人作证的；

（四）隐藏、转移、变卖、毁损已被查封、扣押、冻结的财产的；

（五）以欺骗、胁迫等非法手段使原告撤诉的；

（六）以暴力、威胁或者其他方法阻碍人民法院工作人员执行职务，或者以哄闹、冲击法庭等方法扰乱人民法院工作秩序的；

（七）对人民法院审判人员或者其他工作人员、诉讼参与人、协助调查和执行的人员恐吓、侮辱、诽谤、诬陷、殴打、围攻或者打击报复的。

人民法院对有前款规定的行为之一的单位，可以对其主要负责人或者直接责任人员依照前款规定予以罚款、拘留；构成犯罪的，依法追究刑事责任。

罚款、拘留须经人民法院院长批准。当事人不服的，可以向上一级人民法院申请复议一次。复议期间不停止执行。

**第六十条 【调解】**人民法院审理行政案件，不适用调解。但是，行政赔偿、补偿以及行政机关行使法律、法规规定的自由裁量权的案件可以调解。

调解应当遵循自愿、合法原则，不得损害国家利益、社会公共利益和他人合法权益。

**第六十一条 【民事争议和行政争议交叉】**在涉及行政许可、登记、征收、征用和行政机关对民事争议所作的裁决的行政诉讼中，当事人申请一并解决相关民事争议的，人民法院可以一并审理。

在行政诉讼中，人民法院认为行政案件的审理需以民事诉讼的裁判为依据的，可以裁定中止行政诉讼。

**第六十二条 【撤诉】**人民法院对行政案件宣告判决或者裁定前，原告申请撤诉的，或者被告改变其所作的行政行为，原告同意并申请撤诉的，是否准许，由人民法院裁定。

**第六十三条 【撤诉】**人民法院审理行政案件，以法律和行政法规、地方性法规为依据。地方性法规适用于本行政区域内发生的行政案件。

人民法院审理民族自治地方的行政案件，并以该民族自治地方的自治条例和单行条例为依据。

人民法院审理行政案件，参照规章。

**第六十四条 【规范性文件审查和处理】**人民法院在审理行政案件中，经审查认为本法第五十三条规定的规范性文件不合法的，不作为认定行政行为合法的依据，并向制定机关提出处理建议。

**第六十五条 【裁判文书公开】**人民法院应当公开发生法律效力的判决书、裁定书，供公众查阅，但涉及国家秘密、商业秘密和个人隐私的内容除外。

**第六十六条 【有关行政机关工作人员和被告的处理】**人民法院在审理行政案件中，认为行政机关的主管人员、直接责任人员违法违纪的，应当将有关材料移送监察机关、该行政机关或者其上一级行政机关；认为有犯罪行为的，应当将有关材料移送公安、检察机关。

人民法院对被告经传票传唤无正当理由拒不到庭，或者未经法庭许可中途退庭的，可以将被告拒不到庭或者中途退庭的情况予以公告，并可以向监察机关或者被告的上一级行政机关提出依法给予其主要负责人或者直接责任人员处分的司法建议。

## 第二节 第一审普通程序

**第六十七条 【发送起诉状和提出答辩状】**人民法院应当在立案之日起五日内,将起诉状副本发送被告。被告应当在收到起诉状副本之日起十五日内向人民法院提交作出行政行为的证据和所依据的规范性文件,并提出答辩状。人民法院应当在收到答辩状之日起五日内,将答辩状副本发送原告。

被告不提出答辩状的,不影响人民法院审理。

**第六十八条 【审判组织形式】**人民法院审理行政案件,由审判员组成合议庭,或者由审判员、陪审员组成合议庭。合议庭的成员,应当是三人以上的单数。

**第六十九条 【驳回原告诉讼请求判决】**行政行为证据确凿,适用法律、法规正确,符合法定程序的,或者原告申请被告履行法定职责或者给付义务理由不成立的,人民法院判决驳回原告的诉讼请求。

**第七十条 【撤销判决和重作判决】**行政行为有下列情形之一的,人民法院判决撤销或者部分撤销,并可以判决被告重新作出行政行为:

(一)主要证据不足的;

(二)适用法律、法规错误的;

(三)违反法定程序的;

(四)超越职权的;

(五)滥用职权的;

(六)明显不当的。

**第七十一条 【重作判决对被告的限制】**人民法院判决被告重新作出行政行为的,被告不得以同一的事实和理由作出与原行政行为基本相同的行政行为。

**第七十二条 【履行判决】**人民法院经过审理,查明被告不履行法定职责的,判决被告在一定期限内履行。

**第七十三条 【给付判决】**人民法院经过审理,查明被告依法负有给付义务的,判决被告履行给付义务。

**第七十四条 【确认违法判决】**行政行为有下列情形之一的,人民法院判决确认违法,但不撤销行政行为:

(一)行政行为依法应当撤销,但撤销会给国家利益、社会公共利益造成重大损害的;

(二)行政行为程序轻微违法,但对原告权利不产生实际影响的。

行政行为有下列情形之一,不需要撤销或者判决履行的,人民法院判决确认违法:

(一)行政行为违法,但不具有可撤销内容的;

(二)被告改变原违法行政行为,原告仍要求确认原行政行为违法的;

(三)被告不履行或者拖延履行法定职责,判决履行没有意义的。

**第七十五条 【确认无效判决】**行政行为有实施主体不具有行政主体资格或者没有依据等重大且明显违法情形,原告申请确认行政行为无效的,人民法院判决确认无效。

**第七十六条 【确认违法和无效判决的补充规定】**人民法院判决确认违法或者无效的,可以同时判决责令被告采取补救措施;给原告造成损失的,依法判决被告承担赔偿责任。

**第七十七条 【变更判决】**行政处罚明显不当,或者其他行政行为涉及对款额的确定、认定确有错误的,人民法院可以判决变更。

人民法院判决变更,不得加重原告的义务或者减损原告的权益。但利害关系人同为原告,且诉讼请求相反的除外。

**第七十八条 【行政协议履行及补偿判决】**被告不依法履行、未按照约定履行或者违法变更、解除本法第十二条第一款第十一项规定的协议的,人民法院判决被告承担继续履行、采取补救措施或者赔偿损失等责任。

被告变更、解除本法第十二条第一款第十一项规定的协议合法,但未依法给予补偿的,人民法院判决给予补偿。

**第七十九条 【复议决定和原行政行为一并裁判】**复议机关与作出原行政行为的行政机关为共同被告的案件,人民法院应当对复议决定和原行政行为一并作出裁判。

**第八十条 【公开宣判】**人民法院对公开审理和不公开审理的案件,一律公开宣告判决。

当庭宣判的,应当在十日内发送判决书;定期宣判的,宣判后立即发给判决书。

宣告判决时,必须告知当事人上诉权利、上诉期限和上诉的人民法院。

**第八十一条 【第一审审限】**人民法院应当在立案之日起六个月内作出第一审判决。有特殊情况需要延长的,由高级人民法院批准,高级人民法院审理第一审案件需要延长的,由最高人民法院批准。

## 第三节 简易程序

**第八十二条 【简易程序适用情形】**人民法院审理下列第一审行政案件,认为事实清楚、权利义务关系明确、争议不大的，可以适用简易程序：

（一）被诉行政行为是依法当场作出的；

（二）案件涉及款额二千元以下的；

（三）属于政府信息公开案件的。

除前款规定以外的第一审行政案件，当事人各方同意适用简易程序的，可以适用简易程序。

发回重审、按照审判监督程序再审的案件不适用简易程序。

**第八十三条 【简易程序的审判组织形式和审限】**适用简易程序审理的行政案件，由审判员一人独任审理，并应当在立案之日起四十五日内审结。

**第八十四条 【简易程序与普通程序的转换】**人民法院在审理过程中，发现案件不宜适用简易程序的，裁定转为普通程序。

## 第四节 第二审程序

**第八十五条 【上诉】**当事人不服人民法院第一审判决的，有权在判决书送达之日起十五日内向上一级人民法院提起上诉。当事人不服人民法院第一审裁定的，有权在裁定书送达之日起十日内向上一级人民法院提起上诉。逾期不提起上诉的，人民法院的第一审判决或者裁定发生法律效力。

**第八十六条 【二审审理方式】**人民法院对上诉案件，应当组成合议庭，开庭审理。经过阅卷、调查和询问当事人，对没有提出新的事实、证据或者理由，合议庭认为不需要开庭审理的，也可以不开庭审理。

**第八十七条 【二审审查范围】**人民法院审理上诉案件，应当对原审人民法院的判决、裁定和被诉行政行为进行全面审查。

**第八十八条 【二审审限】**人民法院审理上诉案件，应当在收到上诉状之日起三个月内作出终审判决。有特殊情况需要延长的，由高级人民法院批准，高级人民法院审理上诉案件需要延长的，由最高人民法院批准。

**第八十九条 【二审裁判】**人民法院审理上诉案件，按照下列情形，分别处理：

（一）原判决、裁定认定事实清楚，适用法律、法规正确的，判决或者裁定驳回上诉，维持原判决、裁定；

（二）原判决、裁定认定事实错误或者适用法律、法规错误的，依法改判、撤销或者变更；

（三）原判决认定基本事实不清、证据不足的，发回原审人民法院重审，或者查清事实后改判；

（四）原判决遗漏当事人或者违法缺席判决等严重违反法定程序的，裁定撤销原判决，发回原审人民法院重审。

原审人民法院对发回重审的案件作出判决后，当事人提起上诉的，第二审人民法院不得再次发回重审。

人民法院审理上诉案件，需要改变原审判决的，应当同时对被诉行政行为作出判决。

## 第五节 审判监督程序

**第九十条 【当事人申请再审】**当事人对已经发生法律效力的判决、裁定，认为确有错误的，可以向上一级人民法院申请再审，但判决、裁定不停止执行。

**第九十一条 【再审事由】**当事人的申请符合下列情形之一的，人民法院应当再审：

（一）不予立案或者驳回起诉确有错误的；

（二）有新的证据，足以推翻原判决、裁定的；

（三）原判决、裁定认定事实的主要证据不足、未经质证或者系伪造的；

（四）原判决、裁定适用法律、法规确有错误的；

（五）违反法律规定的诉讼程序，可能影响公正审判的；

（六）原判决、裁定遗漏诉讼请求的；

（七）据以作出原判决、裁定的法律文书被撤销或者变更的；

（八）审判人员在审理该案件时有贪污受贿、徇私舞弊、枉法裁判行为的。

**第九十二条 【人民法院依职权再审】**各级人民法院院长对本院已经发生法律效力的判决、裁定，发现有本法第九十一条规定情形之一，或者发现调解违反自愿原则或者调解书内容违法，认为需要再审的，应当提交审判委员会讨论决定。

最高人民法院对地方各级人民法院已经发生法律效力的判决、裁定，上级人民法院对下级人民法院已经发生法律效力的判决、裁定，发现有本法第九十一条规定情形之一，或者发现调解违反自愿原则或者调解书内容违法的，有权提审或者指令下级人民法院再审。

**第九十三条 【抗诉和检察建议】**最高人民检察院对各级人民法院已经发生法律效力的判决、裁定，上级人民检察院对下级人民法院已经发生法律效力的判决、裁定，发现有本法第九十一条规定情形之一，或者发现调解书损害国家利益、社会公共利益的，应当提出抗诉。

地方各级人民检察院对同级人民法院已经发生法律效力的判决、裁定，发现有本法第九十一条规定情形之一，或者发现调解书损害国家利益、社会公共利益的，可以向同级人民法院提出检察建议，并报上级人民检察院备案；也可以提请上级人民检察院向同级人民法院提出抗诉。

各级人民检察院对审判监督程序以外的其他审判程序中审判人员的违法行为，有权向同级人民法院提出检察建议。

## 第八章 执 行

**第九十四条 【生效裁判和调解书的执行】**当事人必须履行人民法院发生法律效力的判决、裁定、调解书。

**第九十五条 【申请强制执行和执行管辖】**公民、法人或者其他组织拒绝履行判决、裁定、调解书的，行政机关或者第三人可以向第一审人民法院申请强制执行，或者由行政机关依法强制执行。

**第九十六条 【对行政机关拒绝履行的执行措施】**行政机关拒绝履行判决、裁定、调解书的，第一审人民法院可以采取下列措施：

（一）对应当归还的罚款或者应当给付的款额，通知银行从该行政机关的账户内划拨；

（二）在规定期限内不履行的，从期满之日起，对该行政机关负责人按日处五十元至一百元的罚款；

（三）将行政机关拒绝履行的情况予以公告；

（四）向监察机关或者该行政机关的上一级行政机关提出司法建议。接受司法建议的机关，根据有关规定进行处理，并将处理情况告知人民法院；

（五）拒不履行判决、裁定、调解书，社会影响恶劣的，可以对该行政机关直接负责的主管人员和其他直接责任人员予以拘留；情节严重，构成犯罪的，依法追究刑事责任。

**第九十七条 【非诉执行】**公民、法人或者其他组织对行政行为在法定期限内不提起诉讼又不履行的，行政机关可以申请人民法院强制执行，或者依法强制执行。

## 第九章 涉外行政诉讼

**第九十八条 【涉外行政诉讼的法律适用原则】**外国人、无国籍人、外国组织在中华人民共和国进行行政诉讼，适用本法。法律另有规定的除外。

**第九十九条 【同等与对等原则】**外国人、无国籍人、外国组织在中华人民共和国进行行政诉讼，同中华人民共和国公民、组织有同等的诉讼权利和义务。

外国法院对中华人民共和国公民、组织的行政诉讼权利加以限制的，人民法院对该国公民、组织的行政诉讼权利，实行对等原则。

**第一百条 【中国律师代理】**外国人、无国籍人、外国组织在中华人民共和国进行行政诉讼，委托律师代理诉讼的，应当委托中华人民共和国律师机构的律师。

## 第十章 附 则

**第一百零一条 【适用民事诉讼法规定】**人民法院审理行政案件，关于期间、送达、财产保全、开庭审理、调解、中止诉讼、终结诉讼、简易程序、执行等，以及人民检察院对行政案件受理、审理、裁判、执行的监督，本法没有规定的，适用《中华人民共和国民事诉讼法》的相关规定。

**第一百零二条 【诉讼费用】**人民法院审理行政案件，应当收取诉讼费用。诉讼费用由败诉方承担，双方都有责任的由双方分担。收取诉讼费用的具体办法另行规定。

**第一百零三条 【施行日期】**本法自 1990 年 10 月 1 日起施行。

# 最高人民法院关于适用《中华人民共和国行政诉讼法》的解释

· 2017 年 11 月 13 日最高人民法院审判委员会第 1726 次会议通过
· 2018 年 2 月 6 日最高人民法院公告公布
· 自 2018 年 2 月 8 日起施行
· 法释〔2018〕1 号

为正确适用《中华人民共和国行政诉讼法》（以下简称行政诉讼法），结合人民法院行政审判工作实际，制定本解释。

## 一、受案范围

**第一条** 公民、法人或者其他组织对行政机关及其工作人员的行政行为不服，依法提起诉讼的，属于人民法院行政诉讼的受案范围。

下列行为不属于人民法院行政诉讼的受案范围：

（一）公安、国家安全等机关依照刑事诉讼法的明确授权实施的行为；

（二）调解行为以及法律规定的仲裁行为；

（三）行政指导行为；

（四）驳回当事人对行政行为提起申诉的重复处理行为；

（五）行政机关作出的不产生外部法律效力的行为；

（六）行政机关为作出行政行为而实施的准备、论证、研究、层报、咨询等过程性行为；

（七）行政机关根据人民法院的生效裁判、协助执行通知书作出的执行行为，但行政机关扩大执行范围或者采取违法方式实施的除外；

（八）上级行政机关基于内部层级监督关系对下级行政机关作出的听取报告、执法检查、督促履责等行为；

（九）行政机关针对信访事项作出的登记、受理、交办、转送、复查、复核意见等行为；

（十）对公民、法人或者其他组织权利义务不产生实际影响的行为。

**第二条** 行政诉讼法第十三条第一项规定的"国家行为"，是指国务院、中央军事委员会、国防部、外交部等根据宪法和法律的授权，以国家的名义实施的有关国防和外交事务的行为，以及经宪法和法律授权的国家机关宣布紧急状态等行为。

行政诉讼法第十三条第二项规定的"具有普遍约束力的决定、命令"，是指行政机关针对不特定对象发布的能反复适用的规范性文件。

行政诉讼法第十三条第三项规定的"对行政机关工作人员的奖惩、任免等决定"，是指行政机关作出的涉及行政机关工作人员公务员权利义务的决定。

行政诉讼法第十三条第四项规定的"法律规定由行政机关最终裁决的行政行为"中的"法律"，是指全国人民代表大会及其常务委员会制定、通过的规范性文件。

## 二、管　辖

**第三条** 各级人民法院行政审判庭审理行政案件和审查行政机关申请执行其行政行为的案件。

专门人民法院、人民法庭不审理行政案件，也不审查和执行行政机关申请执行其行政行为的案件。铁路运输法院等专门人民法院审理行政案件，应当执行行政诉讼法第十八条第二款的规定。

**第四条** 立案后，受诉人民法院的管辖权不受当事人住所地改变、追加被告等事实和法律状态变更的影响。

**第五条** 有下列情形之一的，属于行政诉讼法第十五条第三项规定的"本辖区内重大、复杂的案件"：

（一）社会影响重大的共同诉讼案件；

（二）涉外或者涉及香港特别行政区、澳门特别行政区、台湾地区的案件；

（三）其他重大、复杂案件。

**第六条** 当事人以案件重大复杂为由，认为有管辖权的基层人民法院不宜行使管辖权或者根据行政诉讼法第五十二条的规定，向中级人民法院起诉，中级人民法院应当根据不同情况在七日内分别作出以下处理：

（一）决定自行审理；

（二）指定本辖区其他基层人民法院管辖；

（三）书面告知当事人向有管辖权的基层人民法院起诉。

**第七条** 基层人民法院对其管辖的第一审行政案件，认为需要由中级人民法院审理或者指定管辖的，可以报请中级人民法院决定。中级人民法院应当根据不同情况在七日内分别作出以下处理：

（一）决定自行审理；

（二）指定本辖区其他基层人民法院管辖；

（三）决定由报请的人民法院审理。

**第八条** 行政诉讼法第十九条规定的"原告所在地"，包括原告的户籍所在地、经常居住地和被限制人身自由地。

对行政机关基于同一事实，既采取限制公民人身自由的行政强制措施，又采取其他行政强制措施或者行政处罚不服的，由被告所在地或者原告所在地的人民法院管辖。

**第九条** 行政诉讼法第二十条规定的"因不动产提起的行政诉讼"是指因行政行为导致不动产物权变动而提起的诉讼。

不动产已登记的，以不动产登记簿记载的所在地为不动产所在地；不动产未登记的，以不动产实际所在地为不动产所在地。

**第十条** 人民法院受理案件后，被告提出管辖异议的，应当在收到起诉状副本之日起十五日内提出。

对当事人提出的管辖异议，人民法院应当进行审查。异议成立的，裁定将案件移送有管辖权的人民法院；异议不成立的，裁定驳回。

人民法院对管辖异议审查后确定有管辖权的，不因当事人增加或者变更诉讼请求等改变管辖，但违反级别管辖、专属管辖规定的除外。

**第十一条** 有下列情形之一的，人民法院不予审查：

（一）人民法院发回重审或者按第一审程序再审的案件，当事人提出管辖异议的；

（二）当事人在第一审程序中未按照法律规定的期限和形式提出管辖异议，在第二审程序中提出的。

## 三、诉讼参加人

**第十二条** 有下列情形之一的，属于行政诉讼法第二十五条第一款规定的"与行政行为有利害关系"：

（一）被诉的行政行为涉及其相邻权或者公平竞争权的；

（二）在行政复议等行政程序中被追加为第三人的；

（三）要求行政机关依法追究加害人法律责任的；

（四）撤销或者变更行政行为涉及其合法权益的；

（五）为维护自身合法权益向行政机关投诉，具有处理投诉职责的行政机关作出或者未作出处理的；

（六）其他与行政行为有利害关系的情形。

**第十三条**　债权人以行政机关对债务人所作的行政行为损害债权实现为由提起行政诉讼的，人民法院应当告知其就民事争议提起民事诉讼，但行政机关作出行政行为时依法应予保护或者应予考虑的除外。

**第十四条**　行政诉讼法第二十五条第二款规定的"近亲属"，包括配偶、父母、子女、兄弟姐妹、祖父母、外祖父母、孙子女、外孙子女和其他具有扶养、赡养关系的亲属。

公民因被限制人身自由而不能提起诉讼的，其近亲属可以依其口头或者书面委托以该公民的名义提起诉讼。近亲属起诉时无法与被限制人身自由的公民取得联系，近亲属可以先行起诉，并在诉讼中补充提交委托证明。

**第十五条**　合伙企业向人民法院提起诉讼的，应当以核准登记的字号为原告。未依法登记领取营业执照的个人合伙的全体合伙人为共同原告；全体合伙人可以推选代表人，被推选的代表人，应当由全体合伙人出具推选书。

个体工商户向人民法院提起诉讼的，以营业执照上登记的经营者为原告。有字号的，以营业执照上登记的字号为原告，并应当注明该字号经营者的基本信息。

**第十六条**　股份制企业的股东大会、股东会、董事会等认为行政机关作出的行政行为侵犯企业经营自主权的，可以企业名义提起诉讼。

联营企业、中外合资或者合作企业的联营、合资、合作各方，认为联营、合资、合作企业权益或者自己一方合法权益受行政行为侵害的，可以自己的名义提起诉讼。

非国有企业被行政机关注销、撤销、合并、强令兼并、出售、分立或者改变企业隶属关系的，该企业或者其法定代表人可以提起诉讼。

**第十七条**　事业单位、社会团体、基金会、社会服务机构等非营利法人的出资人、设立人认为行政行为损害法人合法权益的，可以自己的名义提起诉讼。

**第十八条**　业主委员会对于行政机关作出的涉及业主共有利益的行政行为，可以自己的名义提起诉讼。

业主委员会不起诉的，专有部分占建筑物总面积过半数或者占总户数过半数的业主可以提起诉讼。

**第十九条**　当事人不服经上级行政机关批准的行政行为，向人民法院提起诉讼的，以在对外发生法律效力的文书上署名的机关为被告。

**第二十条**　行政机关组建并赋予行政管理职能但不具有独立承担法律责任能力的机构，以自己的名义作出行政行为，当事人不服提起诉讼的，应当以组建该机构的行政机关为被告。

法律、法规或者规章授权行使行政职权的行政机关内设机构、派出机构或者其他组织，超出法定授权范围实施行政行为，当事人不服提起诉讼的，应当以实施该行为的机构或者组织为被告。

没有法律、法规或者规章规定，行政机关授权其内设机构、派出机构或者其他组织行使行政职权的，属于行政诉讼法第二十六条规定的委托。当事人不服提起诉讼的，应当以该行政机关为被告。

**第二十一条**　当事人对由国务院、省级人民政府批准设立的开发区管理机构作出的行政行为不服提起诉讼的，以该开发区管理机构为被告；对由国务院、省级人民政府批准设立的开发区管理机构所属职能部门作出的行政行为不服提起诉讼的，以其职能部门为被告；对其他开发区管理机构所属职能部门作出的行政行为不服提起诉讼的，以开发区管理机构为被告；开发区管理机构没有行政主体资格的，以设立该机构的地方人民政府为被告。

**第二十二条**　行政诉讼法第二十六条第二款规定的"复议机关改变原行政行为"，是指复议机关改变原行政行为的处理结果。复议机关改变原行政行为所认定的主要事实和证据、改变原行政行为所适用的规范依据，但未改变原行政行为处理结果的，视为复议机关维持原行政行为。

复议机关确认原行政行为无效，属于改变原行政行为。

复议机关确认原行政行为违法，属于改变原行政行为，但复议机关以违反法定程序为由确认原行政行为违法的除外。

**第二十三条**　行政机关被撤销或者职权变更，没有继续行使其职权的行政机关的，以其所属的人民政府为被告；实行垂直领导的，以垂直领导的上一级行政机关为被告。

**第二十四条**　当事人对村民委员会或者居民委员会依据法律、法规、规章的授权履行行政管理职责的行为不服提起诉讼的，以村民委员会或者居民委员会为被告。

当事人对村民委员会、居民委员会受行政机关委托作出的行为不服提起诉讼的，以委托的行政机关为被告。

当事人对高等学校等事业单位以及律师协会、注册会计师协会等行业协会依据法律、法规、规章的授权实施的行政行为不服提起诉讼的，以该事业单位、行业协会为被告。

当事人对高等学校等事业单位以及律师协会、注册会计师协会等行业协会受行政机关委托作出的行为不服提起诉讼的，以委托的行政机关为被告。

**第二十五条**　市、县级人民政府确定的房屋征收部门组织实施房屋征收与补偿工作过程中作出行政行为，被征收人不服提起诉讼的，以房屋征收部门为被告。

征收实施单位受房屋征收部门委托，在委托范围内从事的行为，被征收人不服提起诉讼的，应当以房屋征收部门为被告。

**第二十六条**　原告所起诉的被告不适格，人民法院应当告知原告变更被告；原告不同意变更的，裁定驳回起诉。

应当追加被告而原告不同意追加的，人民法院应当通知其以第三人的身份参加诉讼，但行政复议机关作共同被告的除外。

**第二十七条**　必须共同进行诉讼的当事人没有参加诉讼的，人民法院应当依法通知其参加；当事人也可以向人民法院申请参加。

人民法院应当对当事人提出的申请进行审查，申请理由不成立的，裁定驳回；申请理由成立的，书面通知其参加诉讼。

前款所称的必须共同进行诉讼，是指按照行政诉讼法第二十七条的规定，当事人一方或者双方为两人以上，因同一行政行为发生行政争议，人民法院必须合并审理的诉讼。

**第二十八条**　人民法院追加共同诉讼的当事人时，应当通知其他当事人。应当追加的原告，已明确表示放弃实体权利的，可不予追加；既不愿意参加诉讼，又不放弃实体权利的，应追加为第三人，其不参加诉讼，不能阻碍人民法院对案件的审理和裁判。

**第二十九条**　行政诉讼法第二十八条规定的"人数众多"，一般指十人以上。

根据行政诉讼法第二十八条的规定，当事人一方人数众多的，由当事人推选代表人。当事人推选不出的，可以由人民法院在起诉的当事人中指定代表人。

行政诉讼法第二十八条规定的代表人为二至五人。代表人可以委托一至二人作为诉讼代理人。

**第三十条**　行政机关的同一行政行为涉及两个以上利害关系人，其中一部分利害关系人对行政行为不服提起诉讼，人民法院应当通知没有起诉的其他利害关系人作为第三人参加诉讼。

与行政案件处理结果有利害关系的第三人，可以申请参加诉讼，或者由人民法院通知其参加诉讼。人民法院判决其承担义务或者减损其权益的第三人，有权提出上诉或者申请再审。

行政诉讼法第二十九条规定的第三人，因不能归责于本人的事由未参加诉讼，但有证据证明发生法律效力的判决、裁定、调解书损害其合法权益的，可以依照行政诉讼法第九十条的规定，自知道或者应当知道其合法权益受到损害之日起六个月内，向上一级人民法院申请再审。

**第三十一条**　当事人委托诉讼代理人，应当向人民法院提交由委托人签名或者盖章的授权委托书。委托书应当载明委托事项和具体权限。公民在特殊情况下无法书面委托的，也可以由他人代书，并由自己捺印等方式确认，人民法院应当核实并记录在卷；被诉行政机关或者其他有义务协助的机关拒绝人民法院向被限制人身自由的公民核实的，视为委托成立。当事人解除或者变更委托的，应当书面报告人民法院。

**第三十二条**　依照行政诉讼法第三十一条第二款第二项规定，与当事人有合法劳动人事关系的职工，可以当事人工作人员的名义作为诉讼代理人。以当事人的工作人员身份参加诉讼活动，应当提交以下证据之一加以证明：

（一）缴纳社会保险记录凭证；

（二）领取工资凭证；

（三）其他能够证明其为当事人工作人员身份的证据。

**第三十三条**　根据行政诉讼法第三十一条第二款第三项规定，有关社会团体推荐公民担任诉讼代理人的，应当符合下列条件：

（一）社会团体属于依法登记设立或者依法免予登记设立的非营利性法人组织；

（二）被代理人属于该社会团体的成员，或者当事人一方住所地位于该社会团体的活动地域；

（三）代理事务属于该社会团体章程载明的业务范围；

（四）被推荐的公民是该社会团体的负责人或者与该社会团体有合法劳动人事关系的工作人员。

专利代理人经中华全国专利代理人协会推荐，可以在专利行政案件中担任诉讼代理人。

## 四、证　据

**第三十四条**　根据行政诉讼法第三十六条第一款的规定，被告申请延期提供证据的，应当在收到起诉状副本之日起十五日内以书面方式向人民法院提出。人民法院准许延期提供的，被告应当在正当事由消除后十五日内提供证据。逾期提供的，视为被诉行政行为没有相应的证据。

**第三十五条**　原告或者第三人应当在开庭审理前或者人民法院指定的交换证据清单之日提供证据。因正当事由申请延期提供证据的，经人民法院准许，可以在法庭调查中提供。逾期提供证据的，人民法院应当责令其说明理由；拒不说明理由或者理由不成立的，视为放弃举证权利。

原告或者第三人在第一审程序中无正当事由未提供而在第二审程序中提供的证据，人民法院不予接纳。

**第三十六条**　当事人申请延长举证期限，应当在举证期限届满前向人民法院提出书面申请。

申请理由成立的，人民法院应当准许，适当延长举证期限，并通知其他当事人。申请理由不成立的，人民法院不予准许，并通知申请人。

**第三十七条**　根据行政诉讼法第三十九条的规定，对当事人无争议，但涉及国家利益、公共利益或者他人合法权益的事实，人民法院可以责令当事人提供或者补充有关证据。

**第三十八条**　对于案情比较复杂或者证据数量较多的案件，人民法院可以组织当事人在开庭前向对方出示或者交换证据，并将交换证据清单的情况记录在卷。

当事人在庭前证据交换过程中没有争议并记录在卷的证据，经审判人员在庭审中说明后，可以作为认定案件事实的依据。

**第三十九条**　当事人申请调查收集证据，但该证据与待证事实无关联、对证明待证事实无意义或者其他无调查收集必要的，人民法院不予准许。

**第四十条**　人民法院在证人出庭作证前应当告知其如实作证的义务以及作伪证的法律后果。

证人因履行出庭作证义务而支出的交通、住宿、就餐等必要费用以及误工损失，由败诉一方当事人承担。

**第四十一条**　有下列情形之一，原告或者第三人要求相关行政执法人员出庭说明的，人民法院可以准许：

（一）对现场笔录的合法性或者真实性有异议的；

（二）对扣押财产的品种或者数量有异议的；

（三）对检验的物品取样或者保管有异议的；

（四）对行政执法人员身份的合法性有异议的；

（五）需要出庭说明的其他情形。

**第四十二条**　能够反映案件真实情况、与待证事实相关联、来源和形式符合法律规定的证据，应当作为认定案件事实的根据。

**第四十三条**　有下列情形之一的，属于行政诉讼法第四十三条第三款规定的“以非法手段取得的证据”：

（一）严重违反法定程序收集的证据材料；

（二）以违反法律强制性规定的手段获取且侵害他人合法权益的证据材料；

（三）以利诱、欺诈、胁迫、暴力等手段获取的证据材料。

**第四十四条**　人民法院认为有必要的，可以要求当事人本人或者行政机关执法人员到庭，就案件有关事实接受询问。在询问之前，可以要求其签署保证书。

保证书应当载明据实陈述、如有虚假陈述愿意接受处罚等内容。当事人或者行政机关执法人员应当在保证书上签名或者捺印。

负有举证责任的当事人拒绝到庭、拒绝接受询问或者拒绝签署保证书，待证事实又欠缺其他证据加以佐证的，人民法院对其主张的事实不予认定。

**第四十五条**　被告有证据证明其在行政程序中依照法定程序要求原告或者第三人提供证据，原告或者第三人依法应当提供而没有提供，在诉讼程序中提供的证据，人民法院一般不予采纳。

**第四十六条**　原告或者第三人确有证据证明被告持有的证据对原告或者第三人有利的，可以在开庭审理前书面申请人民法院责令行政机关提交。

申请理由成立的，人民法院应当责令行政机关提交，因提交证据所产生的费用，由申请人预付。行政机关无正当理由拒不提交的，人民法院可以推定原告或者第三人基于该证据主张的事实成立。

持有证据的当事人以妨碍对方当事人使用为目的，毁灭有关证据或者实施其他致使证据不能使用行为的，人民法院可以推定对方当事人基于该证据主张的事实成立，并可依照行政诉讼法第五十九条规定处理。

**第四十七条**　根据行政诉讼法第三十八条第二款的规定，在行政赔偿、补偿案件中，因被告的原因导致原告无法就损害情况举证的，应当由被告就该损害情况承担举证责任。

对于各方主张损失的价值无法认定的，应当由负有举证责任的一方当事人申请鉴定，但法律、法规、规章规定行政机关在作出行政行为时依法应当评估或者鉴定的除外；负有举证责任的当事人拒绝申请鉴定的，由其承担不利的法律后果。

当事人的损失因客观原因无法鉴定的，人民法院应当结合当事人的主张和在案证据，遵循法官职业道德，运用逻辑推理和生活经验、生活常识等，酌情确定赔偿数额。

## 五、期间、送达

**第四十八条**　期间包括法定期间和人民法院指定的期间。

期间以时、日、月、年计算。期间开始的时和日，不计算在期间内。

期间届满的最后一日是节假日的，以节假日后的第一日为期间届满的日期。

期间不包括在途时间，诉讼文书在期满前交邮的，视为在期限内发送。

**第四十九条**　行政诉讼法第五十一条第二款规定的立案期限，因起诉状内容欠缺或者有其他错误通知原告限期补正的，从补正后递交人民法院的次日起算。由上级人民法院转交下级人民法院立案的案件，从受诉人民法院收到起诉状的次日起算。

**第五十条**　行政诉讼法第八十一条、第八十三条、第八十八条规定的审理期限，是指从立案之日起至裁判宣告、调解书送达之日止的期间，但公告期间、鉴定期间、调解期间、中止诉讼期间、审理当事人提出的管辖异议以及处理人民法院之间的管辖争议期间不应计算在内。

再审案件按照第一审程序或者第二审程序审理的，适用行政诉讼法第八十一条、第八十八条规定的审理期限。审理期限自再审立案的次日起算。

基层人民法院申请延长审理期限，应当直接报请高级人民法院批准，同时报中级人民法院备案。

**第五十一条**　人民法院可以要求当事人签署送达地址确认书，当事人确认的送达地址为人民法院法律文书的送达地址。

当事人同意电子送达的，应当提供并确认传真号、电子信箱等电子送达地址。

当事人送达地址发生变更的，应当及时书面告知受理案件的人民法院；未及时告知的，人民法院按原地址送达，视为依法送达。

人民法院可以通过国家邮政机构以法院专递方式进行送达。

**第五十二条**　人民法院可以在当事人住所地以外向当事人直接送达诉讼文书。当事人拒绝签署送达回证的，采用拍照、录像等方式记录送达过程即视为送达。审判人员、书记员应当在送达回证上注明送达情况并签名。

## 六、起诉与受理

**第五十三条**　人民法院对符合起诉条件的案件应当立案，依法保障当事人行使诉讼权利。

对当事人依法提起的诉讼，人民法院应当根据行政诉讼法第五十一条的规定接收起诉状。能够判断符合起诉条件的，应当当场登记立案；当场不能判断是否符合起诉条件的，应当在接收起诉状后七日内决定是否立案；七日内仍不能作出判断的，应当先予立案。

**第五十四条**　依照行政诉讼法第四十九条的规定，公民、法人或者其他组织提起诉讼时应当提交以下起诉材料：

（一）原告的身份证明材料以及有效联系方式；

（二）被诉行政行为或者不作为存在的材料；

（三）原告与被诉行政行为具有利害关系的材料；

（四）人民法院认为需要提交的其他材料。

由法定代理人或者委托代理人代为起诉的，还应当在起诉状中写明或者在口头起诉时向人民法院说明法定代理人或者委托代理人的基本情况，并提交法定代理人或者委托代理人的身份证明和代理权限证明等材料。

**第五十五条**　依照行政诉讼法第五十一条的规定，人民法院应当就起诉状内容和材料是否完备以及是否符合行政诉讼法规定的起诉条件进行审查。

起诉状内容或者材料欠缺的，人民法院应当给予指导和释明，并一次性全面告知当事人需要补正的内容、补充的材料及期限。在指定期限内补正并符合起诉条件的，应当登记立案。当事人拒绝补正或者经补正仍不符合起诉条件的，退回诉状并记录在册；坚持起诉的，裁定不予立案，并载明不予立案的理由。

**第五十六条**　法律、法规规定应当先申请复议，公民、法人或者其他组织未申请复议直接提起诉讼的，人民法院裁定不予立案。

依照行政诉讼法第四十五条的规定，复议机关不受理复议申请或者在法定期限内不作出复议决定，公民、法人或者其他组织不服，依法向人民法院提起诉讼的，人民法院应当依法立案。

**第五十七条**　法律、法规未规定行政复议为提起行政诉讼必经程序，公民、法人或者其他组织既提起诉讼又申请行政复议的，由先立案的机关管辖；同时立案的，由公民、法人或者其他组织选择。公民、法人或者其他组织已经申请行政复议，在法定复议期间内又向人民法院提起诉讼的，人民法院裁定不予立案。

**第五十八条**　法律、法规未规定行政复议为提起行政诉讼必经程序，公民、法人或者其他组织向复议机关申请行政复议后，又经复议机关同意撤回复议申请，在法定起诉期限内对原行政行为提起诉讼的，人民法院应当依法立案。

**第五十九条**　公民、法人或者其他组织向复议机关申请行政复议后，复议机关作出维持决定的，应当以复议机关和原行为机关为共同被告，并以复议决定送达时间确定起诉期限。

**第六十条**　人民法院裁定准许原告撤诉后，原告以同一事实和理由重新起诉的，人民法院不予立案。

准予撤诉的裁定确有错误，原告申请再审的，人民法院应当通过审判监督程序撤销原准予撤诉的裁定，重新对案件进行审理。

**第六十一条**　原告或者上诉人未按规定的期限预交案件受理费，又不提出缓交、减交、免交申请，或者提出申请未获批准的，按自动撤诉处理。在按撤诉处理后，原告或者上诉人在法定期限内再次起诉或者上诉，并依法解决诉讼费预交问题的，人民法院应予立案。

**第六十二条**　人民法院判决撤销行政机关的行政行为后，公民、法人或者其他组织对行政机关重新作出的行政行为不服向人民法院起诉的，人民法院应当依法立案。

**第六十三条**　行政机关作出行政行为时，没有制作或者没有送达法律文书，公民、法人或者其他组织只要能证明行政行为存在，并在法定期限内起诉的，人民法院应当依法立案。

**第六十四条**　行政机关作出行政行为时，未告知公民、法人或者其他组织起诉期限的，起诉期限从公民、法人或者其他组织知道或者应当知道起诉期限之日起计算，但从知道或者应当知道行政行为内容之日起最长不得超过一年。

复议决定未告知公民、法人或者其他组织起诉期限的，适用前款规定。

**第六十五条**　公民、法人或者其他组织不知道行政机关作出的行政行为内容的，其起诉期限从知道或者应当知道该行政行为内容之日起计算，但最长不得超过行政诉讼法第四十六条第二款规定的起诉期限。

**第六十六条**　公民、法人或者其他组织依照行政诉讼法第四十七条第一款的规定，对行政机关不履行法定职责提起诉讼的，应当在行政机关履行法定职责期限届满之日起六个月内提出。

**第六十七条**　原告提供被告的名称等信息足以使被告与其他行政机关相区别的，可以认定为行政诉讼法第四十九条第二项规定的“有明确的被告”。

起诉状列写被告信息不足以认定明确的被告的，人民法院可以告知原告补正；原告补正后仍不能确定明确的被告的，人民法院裁定不予立案。

**第六十八条**　行政诉讼法第四十九条第三项规定的“有具体的诉讼请求”是指：

（一）请求判决撤销或者变更行政行为；

（二）请求判决行政机关履行特定法定职责或者给付义务；

（三）请求判决确认行政行为违法；

（四）请求判决确认行政行为无效；

（五）请求判决行政机关予以赔偿或者补偿；

（六）请求解决行政协议争议；

（七）请求一并审查规章以下规范性文件；

（八）请求一并解决相关民事争议；

（九）其他诉讼请求。

当事人单独或者一并提起行政赔偿、补偿诉讼的，应当有具体的赔偿、补偿事项以及数额；请求一并审查规章以下规范性文件的，应当提供明确的文件名称或者审查对象；请求一并解决相关民事争议的，应当有具体的民事诉讼请求。

当事人未能正确表达诉讼请求的，人民法院应当要求其明确诉讼请求。

**第六十九条**　有下列情形之一，已经立案的，应当裁定驳回起诉：

（一）不符合行政诉讼法第四十九条规定的；

（二）超过法定起诉期限且无行政诉讼法第四十八条规定情形的；

（三）错列被告且拒绝变更的；

（四）未按照法律规定由法定代理人、指定代理人、代表人为诉讼行为的；

（五）未按照法律、法规规定先向行政机关申请复议的；

（六）重复起诉的；

（七）撤回起诉后无正当理由再行起诉的；

（八）行政行为对其合法权益明显不产生实际影响的；

（九）诉讼标的已为生效裁判或者调解书所羁束的；

（十）其他不符合法定起诉条件的情形。

前款所列情形可以补正或者更正的，人民法院应当指定期间责令补正或者更正；在指定期间已经补正或者更正的，应当依法审理。

人民法院经过阅卷、调查或者询问当事人，认为不需要开庭审理的，可以迳行裁定驳回起诉。

**第七十条**　起诉状副本送达被告后，原告提出新的诉讼请求的，人民法院不予准许，但有正当理由的除外。

## 七、审理与判决

**第七十一条**　人民法院适用普通程序审理案件，应当在开庭三日前用传票传唤当事人。对证人、鉴定人、勘验人、翻译人员，应当用通知书通知其到庭。当事人或者其他诉讼参与人在外地的，应当留有必要的在途时间。

**第七十二条**　有下列情形之一的，可以延期开庭审理：

（一）应当到庭的当事人和其他诉讼参与人有正当理由没有到庭的；

（二）当事人临时提出回避申请且无法及时作出决定的；

（三）需要通知新的证人到庭，调取新的证据，重新鉴定、勘验，或者需要补充调查的；

（四）其他应当延期的情形。

**第七十三条**　根据行政诉讼法第二十七条的规定，有下列情形之一的，人民法院可以决定合并审理：

（一）两个以上行政机关分别对同一事实作出行政行为，公民、法人或者其他组织不服向同一人民法院起诉的；

（二）行政机关就同一事实对若干公民、法人或者其他组织分别作出行政行为，公民、法人或者其他组织不服分别向同一人民法院起诉的；

（三）在诉讼过程中，被告对原告作出新的行政行为，原告不服向同一人民法院起诉的；

（四）人民法院认为可以合并审理的其他情形。

**第七十四条**　当事人申请回避，应当说明理由，在案件开始审理时提出；回避事由在案件开始审理后知道的，应当在法庭辩论终结前提出。

被申请回避的人员，在人民法院作出是否回避的决定前，应当暂停参与本案的工作，但案件需要采取紧急措施的除外。

对当事人提出的回避申请，人民法院应当在三日内以口头或者书面形式作出决定。对当事人提出的明显不属于法定回避事由的申请，法庭可以依法当庭驳回。

申请人对驳回回避申请决定不服的，可以向作出决定的人民法院申请复议一次。复议期间，被申请回避的人员不停止参与本案的工作。对申请人的复议申请，人民法院应当在三日内作出复议决定，并通知复议申请人。

**第七十五条**　在一个审判程序中参与过本案审判工作的审判人员，不得再参与该案其他程序的审判。

发回重审的案件，在一审法院作出裁判后又进入第二审程序的，原第二审程序中合议庭组成人员不受前款规定的限制。

**第七十六条**　人民法院对于因一方当事人的行为或者其他原因，可能使行政行为或者人民法院生效裁判不能或者难以执行的案件，根据对方当事人的申请，可以裁定对其财产进行保全、责令其作出一定行为或者禁止其作出一定行为；当事人没有提出申请的，人民法院在必要时也可以裁定采取上述保全措施。

人民法院采取保全措施，可以责令申请人提供担保；申请人不提供担保的，裁定驳回申请。

人民法院接受申请后，对情况紧急的，必须在四十八小时内作出裁定；裁定采取保全措施的，应当立即开始执行。

当事人对保全的裁定不服的，可以申请复议；复议期间不停止裁定的执行。

**第七十七条**　利害关系人因情况紧急，不立即申请保全将会使其合法权益受到难以弥补的损害的，可以在提起诉讼前向被保全财产所在地、被申请人住所地或者对案件有管辖权的人民法院申请采取保全措施。申请人应当提供担保，不提供担保的，裁定驳回申请。

人民法院接受申请后，必须在四十八小时内作出裁定；裁定采取保全措施的，应当立即开始执行。

申请人在人民法院采取保全措施后三十日内不依法提起诉讼的，人民法院应当解除保全。

当事人对保全的裁定不服的，可以申请复议；复议期间不停止裁定的执行。

**第七十八条**　保全限于请求的范围，或者与本案有关的财物。

财产保全采取查封、扣押、冻结或者法律规定的其他方法。人民法院保全财产后，应当立即通知被保全人。

财产已被查封、冻结的，不得重复查封、冻结。

涉及财产的案件，被申请人提供担保的，人民法院应当裁定解除保全。

申请有错误的，申请人应当赔偿被申请人因保全所遭受的损失。

**第七十九条**　原告或者上诉人申请撤诉，人民法院裁定不予准许的，原告或者上诉人经传票传唤无正当理由拒不到庭，或者未经法庭许可中途退庭的，人民法院可以缺席判决。

第三人经传票传唤无正当理由拒不到庭，或者未经法庭许可中途退庭的，不发生阻止案件审理的效果。

根据行政诉讼法第五十八条的规定，被告经传票传唤无正当理由拒不到庭，或者未经法庭许可中途退庭的，人民法院可以按期开庭或者继续开庭审理，对到庭的当事人诉讼请求、双方的诉辩理由以及已经提交的证据及其他诉讼材料进行审理后，依法缺席判决。

**第八十条**　原告或者上诉人在庭审中明确拒绝陈述或者以其他方式拒绝陈述，导致庭审无法进行，经法庭释明法律后果后仍不陈述意见的，视为放弃陈述权利，由其承担不利的法律后果。

当事人申请撤诉或者依法可以按撤诉处理的案件，当事人有违反法律的行为需要依法处理的，人民法院可以不准许撤诉或者不按撤诉处理。

法庭辩论终结后原告申请撤诉，人民法院可以准许，但涉及到国家利益和社会公共利益的除外。

**第八十一条**　被告在一审期间改变被诉行政行为的，应当书面告知人民法院。

原告或者第三人对改变后的行政行为不服提起诉讼的，人民法院应当就改变后的行政行为进行审理。

被告改变原违法行政行为，原告仍要求确认原行政行为违法的，人民法院应当依法作出确认判决。

原告起诉被告不作为，在诉讼中被告作出行政行为，原告不撤诉的，人民法院应当就不作为依法作出确认判决。

**第八十二条**　当事人之间恶意串通，企图通过诉讼等方式侵害国家利益、社会公共利益或者他人合法权益的，人民法院应当裁定驳回起诉或者判决驳回其请求，并根据情节轻重予以罚款、拘留；构成犯罪的，依法追究刑事责任。

**第八十三条**　行政诉讼法第五十九条规定的罚款、拘留可以单独适用，也可以合并适用。

对同一妨害行政诉讼行为的罚款、拘留不得连续适用。发生新的妨害行政诉讼行为的，人民法院可以重新予以罚款、拘留。

**第八十四条**　人民法院审理行政诉讼法第六十条第一款规定的行政案件，认为法律关系明确、事实清楚，在征得当事人双方同意后，可以迳行调解。

**第八十五条**　调解达成协议，人民法院应当制作调解书。调解书应当写明诉讼请求、案件的事实和调解结果。

调解书由审判人员、书记员署名，加盖人民法院印章，送达双方当事人。

调解书经双方当事人签收后，即具有法律效力。调解书生效日期根据最后收到调解书的当事人签收的日期确定。

**第八十六条**　人民法院审理行政案件，调解过程不公开，但当事人同意公开的除外。

经人民法院准许，第三人可以参加调解。人民法院认为有必要的，可以通知第三人参加调解。

调解协议内容不公开，但为保护国家利益、社会公共利益、他人合法权益，人民法院认为确有必要公开的除外。

当事人一方或者双方不愿调解、调解未达成协议的，人民法院应当及时判决。

当事人自行和解或者调解达成协议后，请求人民法院按照和解协议或者调解协议的内容制作判决书的，人民法院不予准许。

**第八十七条**　在诉讼过程中，有下列情形之一的，中止诉讼：

（一）原告死亡，须等待其近亲属表明是否参加诉讼的；

（二）原告丧失诉讼行为能力，尚未确定法定代理人的；

（三）作为一方当事人的行政机关、法人或者其他组织终止，尚未确定权利义务承受人的；

（四）一方当事人因不可抗力的事由不能参加诉讼的；

（五）案件涉及法律适用问题，需要送请有权机关作出解释或者确认的；

（六）案件的审判须以相关民事、刑事或者其他行政案件的审理结果为依据，而相关案件尚未审结的；

（七）其他应当中止诉讼的情形。

中止诉讼的原因消除后，恢复诉讼。

**第八十八条**　在诉讼过程中，有下列情形之一的，终结诉讼：

（一）原告死亡，没有近亲属或者近亲属放弃诉讼权利的；

（二）作为原告的法人或者其他组织终止后，其权利义务的承受人放弃诉讼权利的。

因本解释第八十七条第一款第一、二、三项原因中止诉讼满九十日仍无人继续诉讼的，裁定终结诉讼，但有特殊情况的除外。

**第八十九条** 复议决定改变原行政行为错误，人民法院判决撤销复议决定时，可以一并责令复议机关重新作出复议决定或者判决恢复原行政行为的法律效力。

**第九十条** 人民法院判决被告重新作出行政行为，被告重新作出的行政行为与原行政行为的结果相同，但主要事实或者主要理由有改变的，不属于行政诉讼法第七十一条规定的情形。

人民法院以违反法定程序为由，判决撤销被诉行政行为的，行政机关重新作出行政行为不受行政诉讼法第七十一条规定的限制。

行政机关以同一事实和理由重新作出与原行政行为基本相同的行政行为，人民法院应当根据行政诉讼法第七十条、第七十一条的规定判决撤销或者部分撤销，并根据行政诉讼法第九十六条的规定处理。

**第九十一条** 原告请求被告履行法定职责的理由成立，被告违法拒绝履行或者无正当理由逾期不予答复的，人民法院可以根据行政诉讼法第七十二条的规定，判决被告在一定期限内依法履行原告请求的法定职责；尚需被告调查或者裁量的，应当判决被告针对原告的请求重新作出处理。

**第九十二条** 原告申请被告依法履行支付抚恤金、最低生活保障待遇或者社会保险待遇等给付义务的理由成立，被告依法负有给付义务而拒绝或者拖延履行义务的，人民法院可以根据行政诉讼法第七十三条的规定，判决被告在一定期限内履行相应的给付义务。

**第九十三条** 原告请求被告履行法定职责或者依法履行支付抚恤金、最低生活保障待遇或者社会保险待遇等给付义务，原告未先向行政机关提出申请的，人民法院裁定驳回起诉。

人民法院经审理认为原告所请求履行的法定职责或者给付义务明显不属于行政机关权限范围的，可以裁定驳回起诉。

**第九十四条** 公民、法人或者其他组织起诉请求撤销行政行为，人民法院经审查认为行政行为无效的，应当作出确认无效的判决。

公民、法人或者其他组织起诉请求确认行政行为无效，人民法院审查认为行政行为不属于无效情形，经释明，原告请求撤销行政行为的，应当继续审理并依法作出相应判决；原告请求撤销行政行为但超过法定起诉期限的，裁定驳回起诉；原告拒绝变更诉讼请求的，判决驳回其诉讼请求。

**第九十五条** 人民法院经审理认为被诉行政行为违法或者无效，可能给原告造成损失，经释明，原告请求一并解决行政赔偿争议的，人民法院可以就赔偿事项进行调解；调解不成的，应当一并判决。人民法院也可以告知其就赔偿事项另行提起诉讼。

**第九十六条** 有下列情形之一，且对原告依法享有的听证、陈述、申辩等重要程序性权利不产生实质损害的，属于行政诉讼法第七十四条第一款第二项规定的"程序轻微违法"：

（一）处理期限轻微违法；

（二）通知、送达等程序轻微违法；

（三）其他程序轻微违法的情形。

**第九十七条** 原告或者第三人的损失系由其自身过错和行政机关的违法行政行为共同造成的，人民法院应当依据各方行为与损害结果之间有无因果关系以及在损害发生和结果中作用力的大小，确定行政机关相应的赔偿责任。

**第九十八条** 因行政机关不履行、拖延履行法定职责，致使公民、法人或者其他组织的合法权益遭受损害的，人民法院应当判决行政机关承担行政赔偿责任。在确定赔偿数额时，应当考虑该不履行、拖延履行法定职责的行为在损害发生过程和结果中所起的作用等因素。

**第九十九条** 有下列情形之一的，属于行政诉讼法第七十五条规定的"重大且明显违法"：

（一）行政行为实施主体不具有行政主体资格；

（二）减损权利或者增加义务的行政行为没有法律规范依据；

（三）行政行为的内容客观上不可能实施；

（四）其他重大且明显违法的情形。

**第一百条** 人民法院审理行政案件，适用最高人民法院司法解释的，应当在裁判文书中援引。

人民法院审理行政案件，可以在裁判文书中引用合法有效的规章及其他规范性文件。

**第一百零一条** 裁定适用于下列范围：

（一）不予立案；

（二）驳回起诉；

（三）管辖异议；

（四）终结诉讼；

（五）中止诉讼；

（六）移送或者指定管辖；

（七）诉讼期间停止行政行为的执行或者驳回停止

执行的申请；

（八）财产保全；

（九）先予执行；

（十）准许或者不准许撤诉；

（十一）补正裁判文书中的笔误；

（十二）中止或者终结执行；

（十三）提审、指令再审或者发回重审；

（十四）准许或者不准许执行行政机关的行政行为；

（十五）其他需要裁定的事项。

对第一、二、三项裁定，当事人可以上诉。

裁定书应当写明裁定结果和作出该裁定的理由。裁定书由审判人员、书记员署名，加盖人民法院印章。口头裁定的，记入笔录。

**第一百零二条** 行政诉讼法第八十二条规定的行政案件中的“事实清楚”，是指当事人对争议的事实陈述基本一致，并能提供相应的证据，无须人民法院调查收集证据即可查明事实；“权利义务关系明确”，是指行政法律关系中权利和义务能够明确区分；“争议不大”，是指当事人对行政行为的合法性、责任承担等没有实质分歧。

**第一百零三条** 适用简易程序审理的行政案件，人民法院可以用口头通知、电话、短信、传真、电子邮件等简便方式传唤当事人、通知证人、送达裁判文书以外的诉讼文书。

以简便方式送达的开庭通知，未经当事人确认或者没有其他证据证明当事人已经收到的，人民法院不得缺席判决。

**第一百零四条** 适用简易程序案件的举证期限由人民法院确定，也可以由当事人协商一致并经人民法院准许，但不得超过十五日。被告要求书面答辩的，人民法院可以确定合理的答辩期间。

人民法院应当将举证期限和开庭日期告知双方当事人，并向当事人说明逾期举证以及拒不到庭的法律后果，由双方当事人在笔录和开庭传票的送达回证上签名或者捺印。

当事人双方均表示同意立即开庭或者缩短举证期限、答辩期间的，人民法院可以立即开庭审理或者确定近期开庭。

**第一百零五条** 人民法院发现案情复杂，需要转为普通程序审理的，应当在审理期限届满前作出裁定并将合议庭组成人员及相关事项书面通知双方当事人。

案件转为普通程序审理的，审理期限自人民法院立案之日起计算。

**第一百零六条** 当事人就已经提起诉讼的事项在诉讼过程中或者裁判生效后再次起诉，同时具有下列情形的，构成重复起诉：

（一）后诉与前诉的当事人相同；

（二）后诉与前诉的诉讼标的相同；

（三）后诉与前诉的诉讼请求相同，或者后诉的诉讼请求被前诉裁判所包含。

**第一百零七条** 第一审人民法院作出判决和裁定后，当事人均提起上诉的，上诉各方均为上诉人。

诉讼当事人中的一部分人提出上诉，没有提出上诉的对方当事人为被上诉人，其他当事人依原审诉讼地位列明。

**第一百零八条** 当事人提出上诉，应当按照其他当事人或者诉讼代表人的人数提出上诉状副本。

原审人民法院收到上诉状，应当在五日内将上诉状副本发送其他当事人，对方当事人应当在收到上诉状副本之日起十五日内提出答辩状。

原审人民法院应当在收到答辩状之日起五日内将副本发送上诉人。对方当事人不提出答辩状的，不影响人民法院审理。

原审人民法院收到上诉状、答辩状，应当在五日内连同全部案卷和证据，报送第二审人民法院；已经预收的诉讼费用，一并报送。

**第一百零九条** 第二审人民法院经审理认为原审人民法院不予立案或者驳回起诉的裁定确有错误且当事人的起诉符合起诉条件的，应当裁定撤销原审人民法院的裁定，指令原审人民法院依法立案或者继续审理。

第二审人民法院裁定发回原审人民法院重新审理的行政案件，原审人民法院应当另行组成合议庭进行审理。

原审判决遗漏了必须参加诉讼的当事人或者诉讼请求的，第二审人民法院应当裁定撤销原审判决，发回重审。

原审判决遗漏行政赔偿请求，第二审人民法院经审查认为依法不应当予以赔偿的，应当判决驳回行政赔偿请求。

原审判决遗漏行政赔偿请求，第二审人民法院经审理认为依法应当予以赔偿的，在确认被诉行政行为违法的同时，可以就行政赔偿问题进行调解；调解不成的，应当就行政赔偿部分发回重审。

当事人在第二审期间提出行政赔偿请求的，第二审人民法院可以进行调解；调解不成的，应当告知当事人另行起诉。

**第一百一十条** 当事人向上一级人民法院申请再审，应当在判决、裁定或者调解书发生法律效力后六个月内提出。有下列情形之一的，自知道或者应当知道之日起六个月内提出：

（一）有新的证据，足以推翻原判决、裁定的；

（二）原判决、裁定认定事实的主要证据是伪造的；

（三）据以作出原判决、裁定的法律文书被撤销或者变更的；

（四）审判人员审理该案件时有贪污受贿、徇私舞弊、枉法裁判行为的。

**第一百一十一条** 当事人申请再审的，应当提交再审申请书等材料。人民法院认为有必要的，可以自收到再审申请书之日起五日内将再审申请书副本发送对方当事人。对方当事人应当自收到再审申请书副本之日起十五日内提交书面意见。人民法院可以要求申请人和对方当事人补充有关材料，询问有关事项。

**第一百一十二条** 人民法院应当自再审申请案件立案之日起六个月内审查，有特殊情况需要延长的，由本院院长批准。

**第一百一十三条** 人民法院根据审查再审申请案件的需要决定是否询问当事人；新的证据可能推翻原判决、裁定的，人民法院应当询问当事人。

**第一百一十四条** 审查再审申请期间，被申请人及原审其他当事人依法提出再审申请的，人民法院应当将其列为再审申请人，对其再审事由一并审查，审查期限重新计算。经审查，其中一方再审申请人主张的再审事由成立的，应当裁定再审。各方再审申请人主张的再审事由均不成立的，一并裁定驳回再审申请。

**第一百一十五条** 审查再审申请期间，再审申请人申请人民法院委托鉴定、勘验的，人民法院不予准许。

审查再审申请期间，再审申请人撤回再审申请的，是否准许，由人民法院裁定。

再审申请人经传票传唤，无正当理由拒不接受询问的，按撤回再审申请处理。

人民法院准许撤回再审申请或者按撤回再审申请处理后，再审申请人再次申请再审的，不予立案，但有行政诉讼法第九十一条第二项、第三项、第七项、第八项规定情形，自知道或者应当知道之日起六个月内提出的除外。

**第一百一十六条** 当事人主张的再审事由成立，且符合行政诉讼法和本解释规定的申请再审条件的，人民法院应当裁定再审。

当事人主张的再审事由不成立，或者当事人申请再审超过法定申请再审期限、超出法定再审事由范围等不符合行政诉讼法和本解释规定的申请再审条件的，人民法院应当裁定驳回再审申请。

**第一百一十七条** 有下列情形之一的，当事人可以向人民检察院申请抗诉或者检察建议：

（一）人民法院驳回再审申请的；

（二）人民法院逾期未对再审申请作出裁定的；

（三）再审判决、裁定有明显错误的。

人民法院基于抗诉或者检察建议作出再审判决、裁定后，当事人申请再审的，人民法院不予立案。

**第一百一十八条** 按照审判监督程序决定再审的案件，裁定中止原判决、裁定、调解书的执行，但支付抚恤金、最低生活保障费或者社会保险待遇的案件，可以不中止执行。

上级人民法院决定提审或者指令下级人民法院再审的，应当作出裁定，裁定应当写明中止原判决的执行；情况紧急的，可以将中止执行的裁定口头通知负责执行的人民法院或者作出生效判决、裁定的人民法院，但应当在口头通知后十日内发出裁定书。

**第一百一十九条** 人民法院按照审判监督程序再审的案件，发生法律效力的判决、裁定是由第一审法院作出的，按照第一审程序审理，所作的判决、裁定，当事人可以上诉；发生法律效力的判决、裁定是由第二审法院作出的，按照第二审程序审理，所作的判决、裁定，是发生法律效力的判决、裁定；上级人民法院按照审判监督程序提审的，按照第二审程序审理，所作的判决、裁定是发生法律效力的判决、裁定。

人民法院审理再审案件，应当另行组成合议庭。

**第一百二十条** 人民法院审理再审案件应当围绕再审请求和被诉行政行为合法性进行。当事人的再审请求超出原审诉讼请求，符合另案诉讼条件的，告知当事人可以另行起诉。

被申请人及原审其他当事人在庭审辩论结束前提出的再审请求，符合本解释规定的申请期限的，人民法院应当一并审理。

人民法院经再审，发现已经发生法律效力的判决、裁定损害国家利益、社会公共利益、他人合法权益的，应当一并审理。

**第一百二十一条** 再审审理期间，有下列情形之一的，裁定终结再审程序：

（一）再审申请人在再审期间撤回再审请求，人民法院准许的；

（二）再审申请人经传票传唤，无正当理由拒不到庭的，或者未经法庭许可中途退庭，按撤回再审请求处理的；

（三）人民检察院撤回抗诉的；

（四）其他应当终结再审程序的情形。

因人民检察院提出抗诉裁定再审的案件，申请抗诉的当事人有前款规定的情形，且不损害国家利益、社会公共利益或者他人合法权益的，人民法院裁定终结再审程序。

再审程序终结后，人民法院裁定中止执行的原生效判决自动恢复执行。

**第一百二十二条** 人民法院审理再审案件，认为原生效判决、裁定确有错误，在撤销原生效判决或者裁定的同时，可以对生效判决、裁定的内容作出相应裁判，也可以裁定撤销生效判决或者裁定，发回作出生效判决、裁定的人民法院重新审理。

**第一百二十三条** 人民法院审理二审案件和再审案件，对原审法院立案、不予立案或者驳回起诉错误的，应当分别情况作如下处理：

（一）第一审人民法院作出实体判决后，第二审人民法院认为不应当立案的，在撤销第一审人民法院判决的同时，可以迳行驳回起诉；

（二）第二审人民法院维持第一审人民法院不予立案裁定错误的，再审法院应当撤销第一审、第二审人民法院裁定，指令第一审人民法院受理；

（三）第二审人民法院维持第一审人民法院驳回起诉裁定错误的，再审法院应当撤销第一审、第二审人民法院裁定，指令第一审人民法院审理。

**第一百二十四条** 人民检察院提出抗诉的案件，接受抗诉的人民法院应当自收到抗诉书之日起三十日内作出再审的裁定；有行政诉讼法第九十一条第二、三项规定情形之一的，可以指令下一级人民法院再审，但经该下一级人民法院再审过的除外。

人民法院在审查抗诉材料期间，当事人之间已经达成和解协议的，人民法院可以建议人民检察院撤回抗诉。

**第一百二十五条** 人民检察院提出抗诉的案件，人民法院再审开庭时，应当在开庭三日前通知人民检察院派员出庭。

**第一百二十六条** 人民法院收到再审检察建议后，应当组成合议庭，在三个月内进行审查，发现原判决、裁定、调解书确有错误，需要再审的，依照行政诉讼法第九十二条规定裁定再审，并通知当事人；经审查，决定不予再审的，应当书面回复人民检察院。

**第一百二十七条** 人民法院审理因人民检察院抗诉或者检察建议裁定再审的案件，不受此前已经作出的驳回当事人再审申请裁定的限制。

## 八、行政机关负责人出庭应诉

**第一百二十八条** 行政诉讼法第三条第三款规定的行政机关负责人，包括行政机关的正职、副职负责人以及其他参与分管的负责人。

行政机关负责人出庭应诉的，可以另行委托一至二名诉讼代理人。行政机关负责人不能出庭的，应当委托行政机关相应的工作人员出庭，不得仅委托律师出庭。

**第一百二十九条** 涉及重大公共利益、社会高度关注或者可能引发群体性事件等案件以及人民法院书面建议行政机关负责人出庭的案件，被诉行政机关负责人应当出庭。

被诉行政机关负责人出庭应诉的，应当在当事人及其诉讼代理人基本情况、案件由来部分予以列明。

行政机关负责人有正当理由不能出庭应诉的，应当向人民法院提交情况说明，并加盖行政机关印章或者由该机关主要负责人签字认可。

行政机关拒绝说明理由的，不发生阻止案件审理的效果，人民法院可以向监察机关、上一级行政机关提出司法建议。

**第一百三十条** 行政诉讼法第三条第三款规定的“行政机关相应的工作人员”，包括该行政机关具有国家行政编制身份的工作人员以及其他依法履行公职的人员。

被诉行政行为是地方人民政府作出的，地方人民政府法制工作机构的工作人员，以及被诉行政行为具体承办机关工作人员，可以视为被诉人民政府相应的工作人员。

**第一百三十一条** 行政机关负责人出庭应诉的，应当向人民法院提交能够证明该行政机关负责人职务的材料。

行政机关委托相应的工作人员出庭应诉的，应当向人民法院提交加盖行政机关印章的授权委托书，并载明工作人员的姓名、职务和代理权限。

**第一百三十二条** 行政机关负责人和行政机关相应的工作人员均不出庭，仅委托律师出庭的或者人民法院书面建议行政机关负责人出庭应诉，行政机关负责人不出庭应诉的，人民法院应当记录在案和在裁判文书中载明，并可以建议有关机关依法作出处理。

## 九、复议机关作共同被告

**第一百三十三条** 行政诉讼法第二十六条第二款规定的“复议机关决定维持原行政行为”,包括复议机关驳回复议申请或者复议请求的情形,但以复议申请不符合受理条件为由驳回的除外。

**第一百三十四条** 复议机关决定维持原行政行为的,作出原行政行为的行政机关和复议机关是共同被告。原告只起诉作出原行政行为的行政机关或者复议机关的,人民法院应当告知原告追加被告。原告不同意追加的,人民法院应当将另一机关列为共同被告。

行政复议决定既有维持原行政行为内容,又有改变原行政行为内容或者不予受理申请内容的,作出原行政行为的行政机关和复议机关为共同被告。

复议机关作共同被告的案件,以作出原行政行为的行政机关确定案件的级别管辖。

**第一百三十五条** 复议机关决定维持原行政行为的,人民法院应当在审查原行政行为合法性的同时,一并审查复议决定的合法性。

作出原行政行为的行政机关和复议机关对原行政行为合法性共同承担举证责任,可以由其中一个机关实施举证行为。复议机关对复议决定的合法性承担举证责任。

复议机关作共同被告的案件,复议机关在复议程序中依法收集和补充的证据,可以作为人民法院认定复议决定和原行政行为合法的依据。

**第一百三十六条** 人民法院对原行政行为作出判决的同时,应当对复议决定一并作出相应判决。

人民法院依职权追加作出原行政行为的行政机关或者复议机关为共同被告的,对原行政行为或者复议决定可以作出相应判决。

人民法院判决撤销原行政行为和复议决定的,可以判决作出原行政行为的行政机关重新作出行政行为。

人民法院判决作出原行政行为的行政机关履行法定职责或者给付义务的,应当同时判决撤销复议决定。

原行政行为合法、复议决定违法的,人民法院可以判决撤销复议决定或者确认复议决定违法,同时判决驳回原告针对原行政行为的诉讼请求。

原行政行为被撤销、确认违法或者无效,给原告造成损失的,应当由作出原行政行为的行政机关承担赔偿责任;因复议决定加重损害的,由复议机关对加重部分承担赔偿责任。

原行政行为不符合复议或者诉讼受案范围等受理条件,复议机关作出维持决定的,人民法院应当裁定一并驳回对原行政行为和复议决定的起诉。

## 十、相关民事争议的一并审理

**第一百三十七条** 公民、法人或者其他组织请求一并审理行政诉讼法第六十一条规定的相关民事争议,应当在第一审开庭审理前提出;有正当理由的,也可以在法庭调查中提出。

**第一百三十八条** 人民法院决定在行政诉讼中一并审理相关民事争议,或者案件当事人一致同意相关民事争议在行政诉讼中一并解决,人民法院准许的,由受理行政案件的人民法院管辖。

公民、法人或者其他组织请求一并审理相关民事争议,人民法院经审查发现行政案件已经超过起诉期限,民事案件尚未立案的,告知当事人另行提起民事诉讼;民事案件已经立案的,由原审判组织继续审理。

人民法院在审理行政案件中发现民事争议为解决行政争议的基础,当事人没有请求人民法院一并审理相关民事争议的,人民法院应当告知当事人依法申请一并解决民事争议。当事人就民事争议另行提起民事诉讼并已立案的,人民法院应当中止行政诉讼的审理。民事争议处理期间不计算在行政诉讼审理期限内。

**第一百三十九条** 有下列情形之一的,人民法院应当作出不予准许一并审理民事争议的决定,并告知当事人可以依法通过其他渠道主张权利:

(一)法律规定应当由行政机关先行处理的;

(二)违反民事诉讼法专属管辖规定或者协议管辖约定的;

(三)约定仲裁或者已经提起民事诉讼的;

(四)其他不宜一并审理民事争议的情形。

对不予准许的决定可以申请复议一次。

**第一百四十条** 人民法院在行政诉讼中一并审理相关民事争议的,民事争议应当单独立案,由同一审判组织审理。

人民法院审理行政机关对民事争议所作裁决的案件,一并审理民事争议的,不另行立案。

**第一百四十一条** 人民法院一并审理相关民事争议,适用民事法律规范的相关规定,法律另有规定的除外。

当事人在调解中对民事权益的处分,不能作为审查被诉行政行为合法性的根据。

**第一百四十二条** 对行政争议和民事争议应当分别裁判。

当事人仅对行政裁判或者民事裁判提出上诉的，未上诉的裁判在上诉期满后即发生法律效力。第一审人民法院应当将全部案卷一并移送第二审人民法院，由行政审判庭审理。第二审人民法院发现未上诉的生效裁判确有错误的，应当按照审判监督程序再审。

**第一百四十三条** 行政诉讼原告在宣判前申请撤诉的，是否准许由人民法院裁定。人民法院裁定准许行政诉讼原告撤诉，但其对已经提起的一并审理相关民事争议不撤诉的，人民法院应当继续审理。

**第一百四十四条** 人民法院一并审理相关民事争议，应当按行政案件、民事案件的标准分别收取诉讼费用。

## 十一、规范性文件的一并审查

**第一百四十五条** 公民、法人或者其他组织在对行政行为提起诉讼时一并请求对所依据的规范性文件审查的，由行政行为案件管辖法院一并审查。

**第一百四十六条** 公民、法人或者其他组织请求人民法院一并审查行政诉讼法第五十三条规定的规范性文件，应当在第一审开庭审理前提出；有正当理由的，也可以在法庭调查中提出。

**第一百四十七条** 人民法院在对规范性文件审查过程中，发现规范性文件可能不合法的，应当听取规范性文件制定机关的意见。

制定机关申请出庭陈述意见的，人民法院应当准许。

行政机关未陈述意见或者未提供相关证明材料的，不能阻止人民法院对规范性文件进行审查。

**第一百四十八条** 人民法院对规范性文件进行一并审查时，可以从规范性文件制定机关是否超越权限或者违反法定程序、作出行政行为所依据的条款以及相关条款等方面进行。

有下列情形之一的，属于行政诉讼法第六十四条规定的“规范性文件不合法”：

（一）超越制定机关的法定职权或者超越法律、法规、规章的授权范围的；

（二）与法律、法规、规章等上位法的规定相抵触的；

（三）没有法律、法规、规章依据，违法增加公民、法人和其他组织义务或者减损公民、法人和其他组织合法权益的；

（四）未履行法定批准程序、公开发布程序，严重违反制定程序的；

（五）其他违反法律、法规以及规章规定的情形。

**第一百四十九条** 人民法院经审查认为行政行为所依据的规范性文件合法的，应当作为认定行政行为合法的依据；经审查认为规范性文件不合法的，不作为人民法院认定行政行为合法的依据，并在裁判理由中予以阐明。作出生效裁判的人民法院应当向规范性文件的制定机关提出处理建议，并可以抄送制定机关的同级人民政府、上一级行政机关、监察机关以及规范性文件的备案机关。

规范性文件不合法的，人民法院可以在裁判生效之日起三个月内，向规范性文件制定机关提出修改或者废止该规范性文件的司法建议。

规范性文件由多个部门联合制定的，人民法院可以向该规范性文件的主办机关或者共同上一级行政机关发送司法建议。

接收司法建议的行政机关应当在收到司法建议之日起六十日内予以书面答复。情况紧急的，人民法院可以建议制定机关或者其上一级行政机关立即停止执行该规范性文件。

**第一百五十条** 人民法院认为规范性文件不合法的，应当在裁判生效后报送上一级人民法院进行备案。涉及国务院部门、省级行政机关制定的规范性文件，司法建议还应当分别层报最高人民法院、高级人民法院备案。

**第一百五十一条** 各级人民法院院长对本院已经发生法律效力的判决、裁定，发现规范性文件合法性认定错误，认为需要再审的，应当提交审判委员会讨论。

最高人民法院对地方各级人民法院已经发生法律效力的判决、裁定，上级人民法院对下级人民法院已经发生法律效力的判决、裁定，发现规范性文件合法性认定错误的，有权提审或者指令下级人民法院再审。

## 十二、执　行

**第一百五十二条** 对发生法律效力的行政判决书、行政裁定书、行政赔偿判决书和行政调解书，负有义务的一方当事人拒绝履行的，对方当事人可以依法申请人民法院强制执行。

人民法院判决行政机关履行行政赔偿、行政补偿或者其他行政给付义务，行政机关拒不履行的，对方当事人可以依法向法院申请强制执行。

**第一百五十三条** 申请执行的期限为二年。申请执行时效的中止、中断，适用法律有关规定。

申请执行的期限从法律文书规定的履行期间最后一日起计算；法律文书规定分期履行的，从规定的每次履行期间的最后一日起计算；法律文书中没有规定履行期限的，从该法律文书送达当事人之日起计算。

逾期申请的，除有正当理由外，人民法院不予受理。

**第一百五十四条** 发生法律效力的行政判决书、行政裁定书、行政赔偿判决书和行政调解书，由第一审人民法院执行。

第一审人民法院认为情况特殊，需要由第二审人民法院执行的，可以报请第二审人民法院执行；第二审人民法院可以决定由其执行，也可以决定由第一审人民法院执行。

**第一百五十五条** 行政机关根据行政诉讼法第九十七条的规定申请执行其行政行为，应当具备以下条件：

（一）行政行为依法可以由人民法院执行；

（二）行政行为已经生效并具有可执行内容；

（三）申请人是作出该行政行为的行政机关或者法律、法规、规章授权的组织；

（四）被申请人是该行政行为所确定的义务人；

（五）被申请人在行政行为确定的期限内或者行政机关催告期限内未履行义务；

（六）申请人在法定期限内提出申请；

（七）被申请执行的行政案件属于受理执行申请的人民法院管辖。

行政机关申请人民法院执行，应当提交行政强制法第五十五条规定的相关材料。

人民法院对符合条件的申请，应当在五日内立案受理，并通知申请人；对不符合条件的申请，应当裁定不予受理。行政机关对不予受理裁定有异议，在十五日内向上一级人民法院申请复议的，上一级人民法院应当在收到复议申请之日起十五日内作出裁定。

**第一百五十六条** 没有强制执行权的行政机关申请人民法院强制执行其行政行为，应当自被执行人的法定起诉期限届满之日起三个月内提出。逾期申请的，除有正当理由外，人民法院不予受理。

**第一百五十七条** 行政机关申请人民法院强制执行其行政行为的，由申请人所在地的基层人民法院受理；执行对象为不动产的，由不动产所在地的基层人民法院受理。

基层人民法院认为执行确有困难的，可以报请上级人民法院执行；上级人民法院可以决定由其执行，也可以决定由下级人民法院执行。

**第一百五十八条** 行政机关根据法律的授权对平等主体之间民事争议作出裁决后，当事人在法定期限内不起诉又不履行，作出裁决的行政机关在申请执行的期限内未申请人民法院强制执行的，生效行政裁决确定的权利人或者其继承人、权利承受人在六个月内可以申请人民法院强制执行。

享有权利的公民、法人或者其他组织申请人民法院强制执行生效行政裁决，参照行政机关申请人民法院强制执行行政行为的规定。

**第一百五十九条** 行政机关或者行政行为确定的权利人申请人民法院强制执行前，有充分理由认为被执行人可能逃避执行的，可以申请人民法院采取财产保全措施。后者申请强制执行的，应当提供相应的财产担保。

**第一百六十条** 人民法院受理行政机关申请执行其行政行为的案件后，应当在七日内由行政审判庭对行政行为的合法性进行审查，并作出是否准予执行的裁定。

人民法院在作出裁定前发现行政行为明显违法并损害被执行人合法权益的，应当听取被执行人和行政机关的意见，并自受理之日起三十日内作出是否准予执行的裁定。

需要采取强制执行措施的，由本院负责强制执行非诉行政行为的机构执行。

**第一百六十一条** 被申请执行的行政行为有下列情形之一的，人民法院应当裁定不准予执行：

（一）实施主体不具有行政主体资格的；

（二）明显缺乏事实根据的；

（三）明显缺乏法律、法规依据的；

（四）其他明显违法并损害被执行人合法权益的情形。

行政机关对不准予执行的裁定有异议，在十五日内向上一级人民法院申请复议的，上一级人民法院应当在收到复议申请之日起三十日内作出裁定。

## 十三、附　则

**第一百六十二条** 公民、法人或者其他组织对2015年5月1日之前作出的行政行为提起诉讼，请求确认行政行为无效的，人民法院不予立案。

**第一百六十三条** 本解释自2018年2月8日起施行。

本解释施行后，《最高人民法院关于执行〈中华人民共和国行政诉讼法〉若干问题的解释》（法释〔2000〕8号）、《最高人民法院关于适用〈中华人民共和国行政诉讼法〉若干问题的解释》（法释〔2015〕9号）同时废止。最高人民法院以前发布的司法解释与本解释不一致的，不再适用。

## 最高人民法院印发《关于行政案件案由的暂行规定》的通知

·2020年12月25日
·法发〔2020〕44号

各省、自治区、直辖市高级人民法院，解放军军事法院，新疆维吾尔自治区高级人民法院生产建设兵团分院：

《最高人民法院关于行政案件案由的暂行规定》已于2020年12月7日由最高人民法院审判委员会第1820次会议讨论通过，自2021年1月1日起施行，《最高人民法院关于规范行政案件案由的通知》（法发〔2004〕2号，以下简称2004年案由通知）同时废止。现将《最高人民法院关于行政案件案由的暂行规定》（以下简称《暂行规定》）印发给你们，并将适用《暂行规定》的有关问题通知如下。

**一、认真学习和准确适用《暂行规定》**

行政案件案由是行政案件名称的核心组成部分，起到明确被诉对象、区分案件性质、提示法律适用、引导当事人正确行使诉讼权利等作用。准确确定行政案件案由，有利于人民法院在行政立案、审判中准确确定被诉行政行为、正确适用法律，有利于提高行政审判工作的规范化程度，有利于提高行政案件司法统计的准确性和科学性，有利于为人民法院司法决策提供更有价值的参考，有利于提升人民法院服务大局、司法为民的能力和水平。各级人民法院要认真组织学习《暂行规定》，全面准确领会，确保该规定得到正确实施。

**二、准确把握案由的基本结构**

根据行政诉讼法和相关行政法律规范的规定，遵循简洁、明确、规范、开放的原则，行政案件案由按照被诉行政行为确定，表述为“××（行政行为）”。例如，不服行政机关作出的行政拘留处罚提起的行政诉讼，案件案由表述为“行政拘留”。

此次起草《暂行规定》时，案由基本结构中删除了2004年案由通知规定的“行政管理范围”。司法统计时，可以通过提取被告行政机关要素，确定和掌握相关行政管理领域某类行政案件的基本情况。

**三、准确把握案由的适用范围**

《暂行规定》适用于行政案件的立案、审理、裁判、执行的各阶段，也适用于一审、二审、申请再审和再审等诉讼程序。在立案阶段，人民法院可以根据起诉状所列被诉行政行为确定初步案由。在审理、裁判阶段，人民法院发现初步确定的案由不准确时，可以重新确定案由。二审、申请再审、再审程序中发现原审案由不准确的，人民法院应当重新确定案由。在执行阶段，人民法院应当采用据以执行的生效法律文书确定的结案案由。

案件卷宗封面、开庭传票、送达回证等材料上应当填写案由。司法统计一般以生效法律文书确定的案由为准，也可以根据统计目的的实际需要，按照相应诉讼阶段或者程序确定的案由进行统计。

**四、准确理解案由的确定规则**

（一）行政案件案由分为三级

1. 一级案由。行政案件的一级案由为“行政行为”，是指行政机关与行政职权相关的所有作为和不作为。

2. 二、三级案由的确定和分类。二、三级案由是对一级案由的细化。目前我国法律、法规对行政机关作出的行政行为并无明确的分类标准。三级案由主要是按照法律法规等列举的行政行为名称，以及行政行为涉及的权利内容等进行划分。目前列举的二级案由主要包括：行政处罚、行政强制措施、行政强制执行、行政许可、行政征收或者征用、行政登记、行政确认、行政给付、行政允诺、行政征缴、行政奖励、行政收费、政府信息公开、行政批复、行政处理、行政复议、行政裁决、行政协议、行政补偿、行政赔偿及不履行职责、公益诉讼。

3. 优先适用三级案由。人民法院在确定行政案件案由时，应当首先适用三级案由；无对应的三级案由时，适用二级案由；二级案由仍然无对应的名称，适用一级案由。例如，起诉行政机关作出的罚款行政处罚，该案案由只能按照三级案由确定为“罚款”，不能适用二级或者一级案由。

（二）起诉多个被诉行政行为案件案由的确定

在同一个案件中存在多个被诉行政行为时，可以并列适用不同的案由。例如，起诉行政机关作出的罚款、行政拘留、没收违法所得的行政处罚时，该案案由表述为“罚款、行政拘留及没收违法所得”。如果是两个以上的被诉行政行为，其中一个行政行为适用三级案由，另一个只能适用二级案由的，可以并列适用不同层级的案由。

（三）不可诉行为案件案由的确定

当事人对不属于行政诉讼受案范围的行政行为或者民事行为、刑事侦查行为等提起行政诉讼的案件，人民法院根据《中华人民共和国行政诉讼法》第十三条和《最高人民法院关于适用〈中华人民共和国行政诉讼法〉的解释》第一条第二款规定中的相关表述确定案由，具体表述为：国防外交行为、发布决定命令行为、奖惩任免行为、最终裁决行为、刑事司法行为、行政调解行为、仲裁行为、行政指导行为、重复处理行为、执行生效裁判行为、信访处理行为等。例如,起诉行政机关行政指导行为的案件,案由表述为“行政指导行为”。应当注意的是,“内部层级监督行为”“过程性行为”均是对行政行为性质的概括,在确定案件案由时还应根据被诉行为名称来确定。对于前述规定没有列举,但法律、法规、规章或者司法解释有明确的法定名称表述的案件,以法定名称表述案由;尚无法律、法规、规章或者司法解释明确法定名称的行为或事项,人民法院可以通过概括当事人诉讼请求所指向的行为或者事项确定案由,例如,起诉行政机关要求为其子女安排工作的案件,案由表述为“安排子女工作”。

**五、关于几种特殊行政案件案由确定规则**

(一)行政复议案件

行政复议机关成为行政诉讼被告,主要有三种情形:一是行政复议机关不予受理或者程序性驳回复议申请;二是行政复议机关改变(包括撤销)原行政行为;三是行政复议机关维持原行政行为或者实体上驳回复议申请。第一、二种情形下,行政复议机关单独作被告,按《暂行规定》基本结构确定案由即可。第三种情形下,行政复议机关和原行政行为作出机关是共同被告,此类案件案由表述为“××(行政行为)及行政复议”。例如,起诉某市人民政府维持该市某局作出的政府信息公开答复的案件,案由表述为“政府信息公开及行政复议”。

(二)行政协议案件

确定行政协议案件案由时,须将行政协议名称予以列明。当事人一并提出行政赔偿、解除协议或者继续履行协议等请求的,要在案由中一并列出。例如,起诉行政机关解除公交线路特许经营协议,请求赔偿损失并判令继续履行协议的案件,案由表述为“单方解除公交线路特许经营协议及行政赔偿、继续履行”。

(三)行政赔偿案件

行政赔偿案件分为一并提起行政赔偿案件和单独提起行政赔偿案件两类。一并提起行政赔偿案件,案由表述为“××(行政行为)及行政赔偿”。例如,起诉行政机关行政拘留一并请求赔偿限制人身自由损失的案件,案由表述为“行政拘留及行政赔偿”。单独提起行政赔偿案件,案由表述为“行政赔偿”。例如,起诉行政机关赔偿违法强制拆除房屋损失的案件,案由表述为“行政赔偿”。

(四)一并审查规范性文件案件

一并审查规范性文件案件涉及被诉行政行为和规范性文件两个审查对象,此类案件案由表述为“××(行政行为)及规范性文件审查”。例如,起诉行政机关作出的强制拆除房屋行为,同时对相关的规范性文件不服一并提起行政诉讼的案件,案由表述为“强制拆除房屋及规范性文件审查”。

(五)行政公益诉讼案件

行政公益诉讼案件案由按照“××(行政行为)”后缀“公益诉讼”的模式确定,表述为“××(行政行为)公益诉讼”。例如,人民检察院对行政机关不履行查处环境违法行为法定职责提起行政公益诉讼的案件,案由表述为“不履行查处环境违法行为职责公益诉讼”。

(六)不履行法定职责案件

“不履行法定职责”是指负有法定职责的行政机关在依法应当履职的情况下消极不作为,从而使得行政相对人权益得不到保护或者无法实现的违法状态。未依法履责、不完全履责、履责不当和迟延履责等以作为方式实施的违法履责行为,均不属于不履行法定职责。

在不履行法定职责案件案由中要明确行政机关应当履行的法定职责内容,表述为“不履行××职责”。例如,起诉行政机关不履行行政处罚职责案件,案由表述为“不履行行政处罚职责”。此处法定职责内容一般按照二级案由表述即可。确有必要的,不履行法定职责案件也可细化到三级案由,例如“不履行罚款职责”。

(七)申请执行人民法院生效法律文书案件

申请执行人民法院生效法律文书案件,案由由“申请执行”加行政诉讼案由后缀“判决”“裁定”或者“调解书”构成。例如,人民法院作出变更罚款决定的生效判决后,行政机关申请人民法院执行该判决的案件,案由表述为“申请执行罚款判决”。

(八)非诉行政执行案件

非诉行政执行案件案由表述为“申请执行××(行政行为)”。其中,“××(行政行为)”应当优先适用三级案由表述。例如,行政机关作出责令退还非法占用土地的行政决定后,行政相对人未履行退还土地义务,行政机关申请人民法院强制执行的案件,案由表述为“申请执行责令退还非法占用土地决定”。

**六、应注意的问题**

(一)各级人民法院要正确认识行政案件案由的性质与功能,不得将《暂行规定》等同于行政诉讼的受理条件或者范围。判断被诉行政行为是否属于行政诉讼受案范围,必须严格依据行政诉讼法及相关司法解释的规定。

(二)由于行政管理领域及行政行为种类众多,《暂行规定》仅能在二、三级案由中列举人民法院受理的常见案件中被诉行政行为种类或者名称，无法列举所有被诉行政行为。为了确保行政案件案由表述的规范统一以及司法统计的科学性、准确性，各级人民法院应当严格按照《暂行规定》表述案由。对于《暂行规定》未列举案由的案件，可依据相关法律、法规、规章及司法解释对被诉行政行为的表述来确定案由，不得使用“其他”或者“其他行政行为”概括案由。

（三）行政案件的名称表述应当与案由的表述保持一致，一般表述为“××（原告）诉××（行政机关）××（行政行为）案”，不得表述为“××（原告）与××（行政机关）××行政纠纷案”。

（四）知识产权授权确权和涉及垄断的行政案件案由按照《最高人民法院关于增加部分行政案件案由的通知》（法〔2019〕261号）等规定予以确定。

对于适用《暂行规定》过程中遇到的问题和情况，请及时层报最高人民法院。

## 最高人民法院关于行政案件案由的暂行规定

· 2020年12月7日最高人民法院审判委员会第1820次会议通过

· 自2021年1月1日起施行

为规范人民法院行政立案、审判、执行工作，正确适用法律，统一确定行政案件案由，根据《中华人民共和国行政诉讼法》及相关法律法规和司法解释的规定，结合行政审判工作实际，对行政案件案由规定如下：

### 一级案由

行政行为

### 二级、三级案由

（一）行政处罚

1. 警告
2. 通报批评
3. 罚款
4. 没收违法所得
5. 没收非法财物
6. 暂扣许可证件
7. 吊销许可证件
8. 降低资质等级
9. 责令关闭
10. 责令停产停业
11. 限制开展生产经营活动
12. 限制从业
13. 行政拘留
14. 不得申请行政许可
15. 责令限期拆除

（二）行政强制措施

16. 限制人身自由
17. 查封场所、设施或者财物
18. 扣押财物
19. 冻结存款、汇款
20. 冻结资金、证券
21. 强制隔离戒毒
22. 留置
23. 采取保护性约束措施

（三）行政强制执行

24. 加处罚款或者滞纳金
25. 划拨存款、汇款
26. 拍卖查封、扣押的场所、设施或者财物
27. 处理查封、扣押的场所、设施或者财物
28. 排除妨碍
29. 恢复原状
30. 代履行
31. 强制拆除房屋或者设施
32. 强制清除地上物

（四）行政许可

33. 工商登记
34. 社会团体登记
35. 颁发机动车驾驶证
36. 特许经营许可
37. 建设工程规划许可
38. 建筑工程施工许可
39. 矿产资源许可
40. 药品注册许可
41. 医疗器械许可
42. 执业资格许可

（五）行政征收或者征用

43. 征收或者征用房屋
44. 征收或者征用土地
45. 征收或者征用动产

（六）行政登记

46. 房屋所有权登记
47. 集体土地所有权登记

48. 森林、林木所有权登记
49. 矿业权登记
50. 土地承包经营权登记
51. 建设用地使用权登记
52. 宅基地使用权登记
53. 海域使用权登记
54. 水利工程登记
55. 居住权登记
56. 地役权登记
57. 不动产抵押登记
58. 动产抵押登记
59. 质押登记
60. 机动车所有权登记
61. 船舶所有权登记
62. 户籍登记
63. 婚姻登记
64. 收养登记
65. 税务登记

(七)行政确认

66. 基本养老保险资格或者待遇认定
67. 基本医疗保险资格或者待遇认定
68. 失业保险资格或者待遇认定
69. 工伤保险资格或者待遇认定
70. 生育保险资格或者待遇认定
71. 最低生活保障资格或者待遇认定
72. 确认保障性住房分配资格
73. 颁发学位证书或者毕业证书

(八)行政给付

74. 给付抚恤金
75. 给付基本养老金
76. 给付基本医疗保险金
77. 给付失业保险金
78. 给付工伤保险金
79. 给付生育保险金
80. 给付最低生活保障金

(九)行政允诺

81. 兑现奖金
82. 兑现优惠

(十)行政征缴

83. 征缴税款
84. 征缴社会抚养费
85. 征缴社会保险费
86. 征缴污水处理费
87. 征缴防空地下室易地建设费
88. 征缴水土保持补偿费
89. 征缴土地闲置费
90. 征缴土地复垦费
91. 征缴耕地开垦费

(十一)行政奖励

92. 授予荣誉称号
93. 发放奖金

(十二)行政收费

94. 证照费
95. 车辆通行费
96. 企业注册登记费
97. 不动产登记费
98. 船舶登记费
99. 考试考务费

(十三)政府信息公开

(十四)行政批复

(十五)行政处理

100. 责令退还非法占用土地
101. 责令交还土地
102. 责令改正
103. 责令采取补救措施
104. 责令停止建设
105. 责令恢复原状
106. 责令公开
107. 责令召回
108. 责令暂停生产
109. 责令暂停销售
110. 责令暂停使用
111. 有偿收回国有土地使用权
112. 退学决定

(十六)行政复议

113. 不予受理行政复议申请决定
114. 驳回行政复议申请决定
115. ××(行政行为)及行政复议
116. 改变原行政行为的行政复议决定

(十七)行政裁决

117. 土地、矿藏、水流、荒地或者滩涂权属确权
118. 林地、林木、山岭权属确权
119. 海域使用权确权
120. 草原权属确权

121. 水利工程权属确权
122. 企业资产性质确认
（十八）行政协议
123. 订立××（行政协议）
124. 单方变更××（行政协议）
125. 单方解除××（行政协议）
126. 不依法履行××（行政协议）
127. 未按约定履行××（行政协议）
128. ××（行政协议）行政补偿
129. ××（行政协议）行政赔偿
130. 撤销××（行政协议）
131. 解除××（行政协议）
132. 继续履行××（行政协议）
133. 确认××（行政协议）无效或有效
（十九）行政补偿
134. 房屋征收或者征用补偿
135. 土地征收或者征用补偿
136. 动产征收或者征用补偿
137. 撤回行政许可补偿
138. 收回国有土地使用权补偿
139. 规划变更补偿
140. 移民安置补偿
（二十）行政赔偿
（二十一）不履行××职责
（二十二）××（行政行为）公益诉讼

## 最高人民法院关于审理行政协议案件若干问题的规定

· 2019 年 11 月 12 日最高人民法院审判委员会第 1781 次会议通过
· 2019 年 11 月 27 日最高人民法院公告公布
· 自 2020 年 1 月 1 日起施行
· 法释〔2019〕17 号

为依法公正、及时审理行政协议案件，根据《中华人民共和国行政诉讼法》等法律的规定，结合行政审判工作实际，制定本规定。

**第一条** 行政机关为了实现行政管理或者公共服务目标，与公民、法人或者其他组织协商订立的具有行政法上权利义务内容的协议，属于行政诉讼法第十二条第一款第十一项规定的行政协议。

**第二条** 公民、法人或者其他组织就下列行政协议提起行政诉讼的，人民法院应当依法受理：

（一）政府特许经营协议；

（二）土地、房屋等征收征用补偿协议；

（三）矿业权等国有自然资源使用权出让协议；

（四）政府投资的保障性住房的租赁、买卖等协议；

（五）符合本规定第一条规定的政府与社会资本合作协议；

（六）其他行政协议。

**第三条** 因行政机关订立的下列协议提起诉讼的，不属于人民法院行政诉讼的受案范围：

（一）行政机关之间因公务协助等事由而订立的协议；

（二）行政机关与其工作人员订立的劳动人事协议。

**第四条** 因行政协议的订立、履行、变更、终止等发生纠纷，公民、法人或者其他组织作为原告，以行政机关为被告提起行政诉讼的，人民法院应当依法受理。

因行政机关委托的组织订立的行政协议发生纠纷的，委托的行政机关是被告。

**第五条** 下列与行政协议有利害关系的公民、法人或者其他组织提起行政诉讼的，人民法院应当依法受理：

（一）参与招标、拍卖、挂牌等竞争性活动，认为行政机关应当依法与其订立行政协议但行政机关拒绝订立，或者认为行政机关与他人订立行政协议损害其合法权益的公民、法人或者其他组织；

（二）认为征收征用补偿协议损害其合法权益的被征收征用土地、房屋等不动产的用益物权人、公房承租人；

（三）其他认为行政协议的订立、履行、变更、终止等行为损害其合法权益的公民、法人或者其他组织。

**第六条** 人民法院受理行政协议案件后，被告就该协议的订立、履行、变更、终止等提起反诉的，人民法院不予准许。

**第七条** 当事人书面协议约定选择被告所在地、原告所在地、协议履行地、协议订立地、标的物所在地等与争议有实际联系地点的人民法院管辖的，人民法院从其约定，但违反级别管辖和专属管辖的除外。

**第八条** 公民、法人或者其他组织向人民法院提起民事诉讼，生效法律文书以涉案协议属于行政协议为由裁定不予立案或者驳回起诉，当事人又提起行政诉讼的，人民法院应当依法受理。

**第九条** 在行政协议案件中，行政诉讼法第四十九条第三项规定的“有具体的诉讼请求”是指：

（一）请求判决撤销行政机关变更、解除行政协议的

行政行为,或者确认该行政行为违法;

(二)请求判决行政机关依法履行或者按照行政协议约定履行义务;

(三)请求判决确认行政协议的效力;

(四)请求判决行政机关依法或者按照约定订立行政协议;

(五)请求判决撤销、解除行政协议;

(六)请求判决行政机关赔偿或者补偿;

(七)其他有关行政协议的订立、履行、变更、终止等诉讼请求。

**第十条** 被告对于自己具有法定职权、履行法定程序、履行相应法定职责以及订立、履行、变更、解除行政协议等行为的合法性承担举证责任。

原告主张撤销、解除行政协议的,对撤销、解除行政协议的事由承担举证责任。

对行政协议是否履行发生争议的,由负有履行义务的当事人承担举证责任。

**第十一条** 人民法院审理行政协议案件,应当对被告订立、履行、变更、解除行政协议的行为是否具有法定职权、是否滥用职权、适用法律法规是否正确、是否遵守法定程序、是否明显不当、是否履行相应法定职责进行合法性审查。

原告认为被告未依法或者未按照约定履行行政协议的,人民法院应当针对其诉讼请求,对被告是否具有相应义务或者履行相应义务等进行审查。

**第十二条** 行政协议存在行政诉讼法第七十五条规定的重大且明显违法情形的,人民法院应当确认行政协议无效。

人民法院可以适用民事法律规范确认行政协议无效。

行政协议无效的原因在一审法庭辩论终结前消除的,人民法院可以确认行政协议有效。

**第十三条** 法律、行政法规规定应当经过其他机关批准等程序后生效的行政协议,在一审法庭辩论终结前未获得批准的,人民法院应当确认该协议未生效。

行政协议约定被告负有履行批准程序等义务而被告未履行,原告要求被告承担赔偿责任的,人民法院应予支持。

**第十四条** 原告认为行政协议存在胁迫、欺诈、重大误解、显失公平等情形而请求撤销,人民法院经审理认为符合法律规定可撤销情形的,可以依法判决撤销该协议。

**第十五条** 行政协议无效、被撤销或者确定不发生效力后,当事人因行政协议取得的财产,人民法院应当判决予以返还;不能返还的,判决折价补偿。

因被告的原因导致行政协议被确认无效或者被撤销,可以同时判决责令被告采取补救措施;给原告造成损失的,人民法院应当判决被告予以赔偿。

**第十六条** 在履行行政协议过程中,可能出现严重损害国家利益、社会公共利益的情形,被告作出变更、解除协议的行政行为后,原告请求撤销该行为,人民法院经审理认为该行为合法的,判决驳回原告诉讼请求;给原告造成损失的,判决被告予以补偿。

被告变更、解除行政协议的行政行为存在行政诉讼法第七十条规定情形的,人民法院判决撤销或者部分撤销,并可以责令被告重新作出行政行为。

被告变更、解除行政协议的行政行为违法,人民法院可以依据行政诉讼法第七十八条的规定判决被告继续履行协议、采取补救措施;给原告造成损失的,判决被告予以赔偿。

**第十七条** 原告请求解除行政协议,人民法院认为符合约定或者法定解除情形且不损害国家利益、社会公共利益和他人合法权益的,可以判决解除该协议。

**第十八条** 当事人依据民事法律规范的规定行使履行抗辩权的,人民法院应予支持。

**第十九条** 被告未依法履行、未按照约定履行行政协议,人民法院可以依据行政诉讼法第七十八条的规定,结合原告诉讼请求,判决被告继续履行,并明确继续履行的具体内容;被告无法履行或者继续履行无实际意义的,人民法院可以判决被告采取相应的补救措施;给原告造成损失的,判决被告予以赔偿。

原告要求按照约定的违约金条款或者定金条款予以赔偿的,人民法院应予支持。

**第二十条** 被告明确表示或者以自己的行为表明不履行行政协议,原告在履行期限届满之前向人民法院起诉请求其承担违约责任的,人民法院应予支持。

**第二十一条** 被告或者其他行政机关因国家利益、社会公共利益的需要依法行使行政职权,导致原告履行不能、履行费用明显增加或者遭受损失,原告请求判令被告给予补偿的,人民法院应予支持。

**第二十二条** 原告以被告违约为由请求人民法院判令其承担违约责任,人民法院经审理认为行政协议无效的,应当向原告释明,并根据原告变更后的诉讼请求判决确认行政协议无效;因被告的行为造成行政协议无效的,人民法院可以依法判决被告承担赔偿责任。原告经释明后拒绝变更诉讼请求的,人民法院可以判决驳回其诉讼请求。

**第二十三条** 人民法院审理行政协议案件,可以依法进行调解。

人民法院进行调解时,应当遵循自愿、合法原则,不得损害国家利益、社会公共利益和他人合法权益。

**第二十四条** 公民、法人或者其他组织未按照行政协议约定履行义务,经催告后不履行,行政机关可以作出要求其履行协议的书面决定。公民、法人或者其他组织收到书面决定后在法定期限内未申请行政复议或者提起行政诉讼,且仍不履行,协议内容具有可执行性的,行政机关可以向人民法院申请强制执行。

法律、行政法规规定行政机关对行政协议享有监督协议履行的职权,公民、法人或者其他组织未按照约定履行义务,经催告后不履行,行政机关可以依法作出处理决定。公民、法人或者其他组织在收到该处理决定后在法定期限内未申请行政复议或者提起行政诉讼,且仍不履行,协议内容具有可执行性的,行政机关可以向人民法院申请强制执行。

**第二十五条** 公民、法人或者其他组织对行政机关不依法履行、未按照约定履行行政协议提起诉讼的,诉讼时效参照民事法律规范确定;对行政机关变更、解除行政协议等行政行为提起诉讼的,起诉期限依照行政诉讼法及其司法解释确定。

**第二十六条** 行政协议约定仲裁条款的,人民法院应当确认该条款无效,但法律、行政法规或者我国缔结、参加的国际条约另有规定的除外。

**第二十七条** 人民法院审理行政协议案件,应当适用行政诉讼法的规定;行政诉讼法没有规定的,参照适用民事诉讼法的规定。

人民法院审理行政协议案件,可以参照适用民事法律规范关于民事合同的相关规定。

**第二十八条** 2015 年 5 月 1 日后订立的行政协议发生纠纷的,适用行政诉讼法及本规定。

2015 年 5 月 1 日前订立的行政协议发生纠纷的,适用当时的法律、行政法规及司法解释。

**第二十九条** 本规定自 2020 年 1 月 1 日起施行。最高人民法院以前发布的司法解释与本规定不一致的,适用本规定。

## 最高人民法院关于行政诉讼应诉若干问题的通知

·2016 年 7 月 28 日

·法〔2016〕260 号

各省、自治区、直辖市高级人民法院,解放军军事法院,新疆维吾尔自治区高级人民法院生产建设兵团分院:

中央全面深化改革领导小组于 2015 年 10 月 13 日讨论通过了《关于加强和改进行政应诉工作的意见》(以下简称《意见》),明确提出行政机关要支持人民法院受理和审理行政案件,保障公民、法人和其他组织的起诉权利,认真做好答辩举证工作,依法履行出庭应诉职责,配合人民法院做好开庭审理工作。2016 年 6 月 27 日,国务院办公厅以国办发〔2016〕54 号文形式正式发布了《意见》。《意见》的出台,对于人民法院进一步做好行政案件的受理、审理和执行工作,全面发挥行政审判职能,有效监督行政机关依法行政,提高领导干部学法用法的能力,具有重大意义。根据行政诉讼法的相关规定,为进一步规范和促进行政应诉工作,现就有关问题通知如下:

**一、充分认识规范行政诉讼应诉的重大意义**

推动行政机关负责人出庭应诉,是贯彻落实修改后的行政诉讼法的重要举措;规范行政诉讼应诉,是保障行政诉讼法有效实施,全面推进依法行政,加快建设法治政府的重要举措。为贯彻落实《中共中央关于全面推进依法治国若干重大问题的决定》关于"健全行政机关依法出庭应诉、支持法院受理行政案件、尊重并执行法院生效裁判的制度"的要求,《意见》从"高度重视行政应诉工作""支持人民法院依法受理和审理行政案件""认真做好答辩举证工作""依法履行出庭应诉职责""积极履行人民法院生效裁判"等十个方面对加强和改进行政应诉工作提出明确要求,作出具体部署。《意见》是我国首个全面规范行政应诉工作的专门性文件,各级人民法院要结合行政诉讼法的规定精神,全面把握《意见》内容,深刻领会精神实质,充分认识《意见》出台的重大意义,确保《意见》在人民法院行政审判领域落地生根。要及时向当地党委、人大汇报《意见》贯彻落实情况,加强与政府的沟通联系,支持地方党委政府出台本地区的具体实施办法,细化完善相关工作制度,促进行政机关做好出庭应诉工作。

**二、依法做好行政案件受理和审理工作**

严格执行行政诉讼法和《最高人民法院关于人民法院登记立案若干问题的规定》,进一步强化行政诉讼中的诉权保护,不得违法限缩受案范围、违法增设起诉条件,严禁以反复要求起诉人补正起诉材料的方式变相拖延、拒绝立案。对于不接收起诉状、接收起诉状后不出具书面凭证,以及不一次性告知当事人需要补正的起诉状内容的,要依照《人民法院审判人员违法审判责任追究办法(试行)》《人民法院工作人员处分条例》等相关规定,对直接负责的主管人员和其他直接责任人员依法依纪作出处理。坚决抵制干扰、阻碍人民法院依法受理和审理行政案件的各种违法行为,对领导干部或者行政机关以开协调会、发文件或者口头要求等任何形式明示或者暗示人民法院不受理案件、不判决行政机关败诉、不履行人民法院生效裁判的,要严格贯彻落实《领导干部干预司法活动、插手具体案件处理的记录、通报和责任追究规定》《司法机关内部人员过问案件的记录和责任追究规定》,全面、如实做好记录工作,做到全程留痕,有据可查。

**三、依法推进行政机关负责人出庭应诉**

准确理解行政诉讼法和相关司法解释的有关规定,正确把握行政机关负责人出庭应诉的基本要求,依法推进行政机关负责人出庭应诉工作。一是出庭应诉的行政机关负责人,既包括正职负责人,也包括副职负责人以及其他参与分管的负责人。二是行政机关负责人不能出庭的,应当委托行政机关相应的工作人员出庭,不得仅委托律师出庭。三是涉及重大公共利益、社会高度关注或者可能引发群体性事件等案件以及人民法院书面建议行政机关负责人出庭的案件,被诉行政机关负责人应当出庭。四是行政诉讼法第三条第三款规定的"行政机关相应的工作人员",包括该行政机关具有国家行政编制身份的工作人员以及其他依法履行公职的人员。被诉行政行为是人民政府作出的,人民政府所属法制工作机构的工作人员,以及被诉行政行为具体承办机关的工作人员,也可以视为被诉人民政府相应的工作人员。

行政机关负责人和行政机关相应的工作人员均不出庭,仅委托律师出庭的;或者人民法院书面建议行政机关负责人出庭应诉,行政机关负责人不出庭应诉的,人民法院应当记录在案并在裁判文书中载明,可以依照行政诉讼法第六十六条第二款的规定予以公告,建议任免机关、监察机关或者上一级行政机关对相关责任人员严肃处理。

**四、为行政机关依法履行出庭应诉职责提供必要条件**

各级人民法院要在坚持依法独立公正行使审判权、平等保护各方当事人诉讼权利的前提下,加强与政府法制部门和行政执法机关的联系,探索建立行政审判和行政应诉联络工作机制,及时沟通、协调行政机关负责人出庭建议书发送和庭审时间等具体事宜,切实贯彻行政诉讼法和《意见》规定的精神,稳步推进行政机关出庭应诉工作。要为行政机关负责人、工作人员、政府法律顾问和公职律师依法履行出庭应诉职责提供必要的保障和相应的便利。要正确理解行政行为合法性审查原则,行政复议机关和作出原行政行为的行政机关为共同被告的,可以根据具体情况确定由一个机关实施举证行为,确保庭审的针对性,提高庭审效率。改革案件审理模式,推广繁简分流,实现简案快审、繁案精审,减轻当事人的诉讼负担。对符合《最高人民法院关于适用〈中华人民共和国行政诉讼法〉若干问题的解释》第三条第二款规定的案件,人民法院认为不需要开庭审理的,可以径行裁定驳回起诉。要及时就行政机关出庭应诉和行政执法工作中的问题和不足提出司法建议,及时向政府法制部门通报司法建议落实和反馈情况,从源头上预防和化解争议。要积极参与行政应诉教育培训工作,提高行政机关负责人、行政执法人员等相关人员的行政应诉能力。

**五、支持行政机关建立健全依法行政考核体系**

人民法院要支持当地党委政府建立和完善依法行政考核体系,结合行政审判工作实际提出加强和改进行政应诉工作的意见和建议。对本地区行政机关出庭应诉工作和依法行政考核指标的实施情况、运行成效等,人民法院可以通过司法建议、白皮书等适当形式,及时向行政机关作出反馈、评价,并可以适当方式将本地区行政机关出庭应诉情况向社会公布,促进发挥考核指标的倒逼作用。

地方各级人民法院要及时总结本通知贯彻实施过程中形成的好经验好做法;对贯彻实施中遇到的困难和问题,要及时层报最高人民法院。

## 最高人民法院关于行政诉讼证据若干问题的规定

· 2002年6月4日最高人民法院审判委员会第1224次会议通过
· 2002年7月24日最高人民法院公告公布
· 自2002年10月1日起施行
· 法释〔2002〕21号

为准确认定案件事实,公正、及时地审理行政案件,根据《中华人民共和国行政诉讼法》(以下简称行政诉讼法)等有关法律规定,结合行政审判实际,制定本规定。

### 一、举证责任分配和举证期限

**第一条**　根据行政诉讼法第三十二条和第四十三条的规定,被告对作出的具体行政行为负有举证责任,应当在收到起诉状副本之日起10日内,提供据以作出被诉具体行政行为的全部证据和所依据的规范性文件。被告不提供或者无正当理由逾期提供证据的,视为被诉具体行政行为没有相应的证据。

被告因不可抗力或者客观上不能控制的其他正当事由,不能在前款规定的期限内提供证据的,应当在收到起诉状副本之日起10日内向人民法院提出延期提供证据的书面申请。人民法院准许延期提供的,被告应当在正当事由消除后10日内提供证据。逾期提供的,视为被诉具体行政行为没有相应的证据。

**第二条** 原告或者第三人提出其在行政程序中没有提出的反驳理由或者证据的,经人民法院准许,被告可以在第一审程序中补充相应的证据。

**第三条** 根据行政诉讼法第三十三条的规定,在诉讼过程中,被告及其诉讼代理人不得自行向原告和证人收集证据。

**第四条** 公民、法人或者其他组织向人民法院起诉时,应当提供其符合起诉条件的相应的证据材料。

在起诉被告不作为的案件中,原告应当提供其在行政程序中曾经提出申请的证据材料。但有下列情形的除外:

(一)被告应当依职权主动履行法定职责的;

(二)原告因被告受理申请的登记制度不完备等正当事由不能提供相关证据材料并能够作出合理说明的。

被告认为原告起诉超过法定期限的,由被告承担举证责任。

**第五条** 在行政赔偿诉讼中,原告应当对被诉具体行政行为造成损害的事实提供证据。

**第六条** 原告可以提供证明被诉具体行政行为违法的证据。原告提供的证据不成立的,不免除被告对被诉具体行政行为合法性的举证责任。

**第七条** 原告或者第三人应当在开庭审理前或者人民法院指定的交换证据之日提供证据。因正当事由申请延期提供证据的,经人民法院准许,可以在法庭调查中提供。逾期提供证据的,视为放弃举证权利。

原告或者第三人在第一审程序中无正当事由未提供而在第二审程序中提供的证据,人民法院不予接纳。

**第八条** 人民法院向当事人送达受理案件通知书或者应诉通知书时,应当告知其举证范围、举证期限和逾期提供证据的法律后果,并告知因正当事由不能按期提供证据时应当提出延期提供证据的申请。

**第九条** 根据行政诉讼法第三十四条第一款的规定,人民法院有权要求当事人提供或者补充证据。

对当事人无争议,但涉及国家利益、公共利益或者他人合法权益的事实,人民法院可以责令当事人提供或者补充有关证据。

## 二、提供证据的要求

**第十条** 根据行政诉讼法第三十一条第一款第(一)项的规定,当事人向人民法院提供书证的,应当符合下列要求:

(一)提供书证的原件,原本、正本和副本均属于书证的原件。提供原件确有困难的,可以提供与原件核对无误的复印件、照片、节录本;

(二)提供由有关部门保管的书证原件的复制件、影印件或者抄录件的,应当注明出处,经该部门核对无异后加盖其印章;

(三)提供报表、图纸、会计账册、专业技术资料、科技文献等书证的,应当附有说明材料;

(四)被告提供的被诉具体行政行为所依据的询问、陈述、谈话类笔录,应当有行政执法人员、被询问人、陈述人、谈话人签名或者盖章。

法律、法规、司法解释和规章对书证的制作形式另有规定的,从其规定。

**第十一条** 根据行政诉讼法第三十一条第一款第(二)项的规定,当事人向人民法院提供物证的,应当符合下列要求:

(一)提供原物。提供原物确有困难的,可以提供与原物核对无误的复制件或者证明该物证的照片、录像等其他证据;

(二)原物为数量较多的种类物的,提供其中的一部分。

**第十二条** 根据行政诉讼法第三十一条第一款第(三)项的规定,当事人向人民法院提供计算机数据或者录音、录像等视听资料的,应当符合下列要求:

(一)提供有关资料的原始载体。提供原始载体确有困难的,可以提供复制件;

(二)注明制作方法、制作时间、制作人和证明对象等;

(三)声音资料应当附有该声音内容的文字记录。

**第十三条** 根据行政诉讼法第三十一条第一款第(四)项的规定,当事人向人民法院提供证人证言的,应当符合下列要求:

(一)写明证人的姓名、年龄、性别、职业、住址等基本情况;

（二）有证人的签名，不能签名的，应当以盖章等方式证明；

（三）注明出具日期；

（四）附有居民身份证复印件等证明证人身份的文件。

**第十四条** 根据行政诉讼法第三十一条第一款第（六）项的规定，被告向人民法院提供的在行政程序中采用的鉴定结论，应当载明委托人和委托鉴定的事项、向鉴定部门提交的相关材料、鉴定的依据和使用的科学技术手段、鉴定部门和鉴定人鉴定资格的说明，并应有鉴定人的签名和鉴定部门的盖章。通过分析获得的鉴定结论，应当说明分析过程。

**第十五条** 根据行政诉讼法第三十一条第一款第（七）项的规定，被告向人民法院提供的现场笔录，应当载明时间、地点和事件等内容，并由执法人员和当事人签名。当事人拒绝签名或者不能签名的，应当注明原因。有其他人在现场的，可由其他人签名。

法律、法规和规章对现场笔录的制作形式另有规定的，从其规定。

**第十六条** 当事人向人民法院提供的在中华人民共和国领域外形成的证据，应当说明来源，经所在国公证机关证明，并经中华人民共和国驻该国使领馆认证，或者履行中华人民共和国与证据所在国订立的有关条约中规定的证明手续。

当事人提供的在中华人民共和国香港特别行政区、澳门特别行政区和台湾地区内形成的证据，应当具有按照有关规定办理的证明手续。

**第十七条** 当事人向人民法院提供外文书证或者外国语视听资料的，应当附有由具有翻译资质的机构翻译的或者其他翻译准确的中文译本，由翻译机构盖章或者翻译人员签名。

**第十八条** 证据涉及国家秘密、商业秘密或者个人隐私的，提供人应当作出明确标注，并向法庭说明，法庭予以审查确认。

**第十九条** 当事人应当对其提交的证据材料分类编号，对证据材料的来源、证明对象和内容作简要说明，签名或者盖章，注明提交日期。

**第二十条** 人民法院收到当事人提交的证据材料，应当出具收据，注明证据的名称、份数、页数、件数、种类等以及收到的时间，由经办人员签名或者盖章。

**第二十一条** 对于案情比较复杂或者证据数量较多的案件，人民法院可以组织当事人在开庭前向对方出示或者交换证据，并将交换证据的情况记录在卷。

### 三、调取和保全证据

**第二十二条** 根据行政诉讼法第三十四条第二款的规定，有下列情形之一的，人民法院有权向有关行政机关以及其他组织、公民调取证据：

（一）涉及国家利益、公共利益或者他人合法权益的事实认定的；

（二）涉及依职权追加当事人、中止诉讼、终结诉讼、回避等程序性事项的。

**第二十三条** 原告或者第三人不能自行收集，但能够提供确切线索的，可以申请人民法院调取下列证据材料：

（一）由国家有关部门保存而须由人民法院调取的证据材料；

（二）涉及国家秘密、商业秘密、个人隐私的证据材料；

（三）确因客观原因不能自行收集的其他证据材料。

人民法院不得为证明被诉具体行政行为的合法性，调取被告在作出具体行政行为时未收集的证据。

**第二十四条** 当事人申请人民法院调取证据的，应当在举证期限内提交调取证据申请书。

调取证据申请书应当写明下列内容：

（一）证据持有人的姓名或者名称、住址等基本情况；

（二）拟调取证据的内容；

（三）申请调取证据的原因及其要证明的案件事实。

**第二十五条** 人民法院对当事人调取证据的申请，经审查符合调取证据条件的，应当及时决定调取；不符合调取证据条件的，应当向当事人或者其诉讼代理人送达通知书，说明不准许调取的理由。当事人及其诉讼代理人可以在收到通知书之日起三日内向受理申请的人民法院书面申请复议一次。人民法院应当在收到复议申请之日起五日内作出答复。

人民法院根据当事人申请，经调取未能取得相应证据的，应当告知申请人并说明原因。

**第二十六条** 人民法院需要调取的证据在异地的，可以书面委托证据所在地人民法院调取。受托人民法院应当在收到委托书后，按照委托要求及时完成调取证据工作，送交委托人民法院。受托人民法院不能完成委托内容的，应当告知委托的人民法院并说明原因。

**第二十七条** 当事人根据行政诉讼法第三十六条的规定向人民法院申请保全证据的，应当在举证期限届满前以书面形式提出，并说明证据的名称和地点、保全的内容和范围、申请保全的理由等事项。

当事人申请保全证据的,人民法院可以要求其提供相应的担保。

法律、司法解释规定诉前保全证据的,依照其规定办理。

**第二十八条** 人民法院依照行政诉讼法第三十六条规定保全证据的,可以根据具体情况,采取查封、扣押、拍照、录音、录像、复制、鉴定、勘验、制作询问笔录等保全措施。

人民法院保全证据时,可以要求当事人或者其诉讼代理人到场。

**第二十九条** 原告或者第三人有证据或者有正当理由表明被告据以认定案件事实的鉴定结论可能有错误,在举证期限内书面申请重新鉴定的,人民法院应予准许。

**第三十条** 当事人对人民法院委托的鉴定部门作出的鉴定结论有异议申请重新鉴定,提出证据证明存在下列情形之一的,人民法院应予准许:

(一)鉴定部门或者鉴定人不具有相应的鉴定资格的;

(二)鉴定程序严重违法的;

(三)鉴定结论明显依据不足的;

(四)经过质证不能作为证据使用的其他情形。

对有缺陷的鉴定结论,可以通过补充鉴定、重新质证或者补充质证等方式解决。

**第三十一条** 对需要鉴定的事项负有举证责任的当事人,在举证期限内无正当理由不提出鉴定申请、不预交鉴定费用或者拒不提供相关材料,致使对案件争议的事实无法通过鉴定结论予以认定的,应当对该事实承担举证不能的法律后果。

**第三十二条** 人民法院对委托或者指定的鉴定部门出具的鉴定书,应当审查是否具有下列内容:

(一)鉴定的内容;

(二)鉴定时提交的相关材料;

(三)鉴定的依据和使用的科学技术手段;

(四)鉴定的过程;

(五)明确的鉴定结论;

(六)鉴定部门和鉴定人鉴定资格的说明;

(七)鉴定人及鉴定部门签名盖章。

前款内容欠缺或者鉴定结论不明确的,人民法院可以要求鉴定部门予以说明、补充鉴定或者重新鉴定。

**第三十三条** 人民法院可以依当事人申请或者依职权勘验现场。

勘验现场时,勘验人必须出示人民法院的证件,并邀请当地基层组织或者当事人所在单位派人参加。当事人或其成年亲属应当到场,拒不到场的,不影响勘验的进行,但应当在勘验笔录中说明情况。

**第三十四条** 审判人员应当制作勘验笔录,记载勘验的时间、地点、勘验人、在场人、勘验的经过和结果,由勘验人、当事人、在场人签名。

勘验现场时绘制的现场图,应当注明绘制的时间、方位、绘制人姓名和身份等内容。

当事人对勘验结论有异议的,可以在举证期限内申请重新勘验,是否准许由人民法院决定。

## 四、证据的对质辨认和核实

**第三十五条** 证据应当在法庭上出示,并经庭审质证。未经庭审质证的证据,不能作为定案的依据。

当事人在庭前证据交换过程中没有争议并记录在卷的证据,经审判人员在庭审中说明后,可以作为认定案件事实的依据。

**第三十六条** 经合法传唤,因被告无正当理由拒不到庭而需要依法缺席判决的,被告提供的证据不能作为定案的依据,但当事人在庭前交换证据中没有争议的证据除外。

**第三十七条** 涉及国家秘密、商业秘密和个人隐私或者法律规定的其他应当保密的证据,不得在开庭时公开质证。

**第三十八条** 当事人申请人民法院调取的证据,由申请调取证据的当事人在庭审中出示,并由当事人质证。

人民法院依职权调取的证据,由法庭出示,并可就调取该证据的情况进行说明,听取当事人意见。

**第三十九条** 当事人应当围绕证据的关联性、合法性和真实性,针对证据有无证明效力以及证明效力大小,进行质证。

经法庭准许,当事人及其代理人可以就证据问题相互发问,也可以向证人、鉴定人或者勘验人发问。

当事人及其代理人相互发问,或者向证人、鉴定人、勘验人发问时,发问的内容应当与案件事实有关联,不得采用引诱、威胁、侮辱等语言或者方式。

**第四十条** 对书证、物证和视听资料进行质证时,当事人应当出示证据的原件或者原物。但有下列情况之一的除外:

(一)出示原件或者原物确有困难并经法庭准许可以出示复制件或者复制品;

(二)原件或者原物已不存在,可以出示证明复制件、复制品与原件、原物一致的其他证据。

视听资料应当当庭播放或者显示，并由当事人进行质证。

**第四十一条**　凡是知道案件事实的人，都有出庭作证的义务。有下列情形之一的，经人民法院准许，当事人可以提交书面证言：

（一）当事人在行政程序或者庭前证据交换中对证人证言无异议的；

（二）证人因年迈体弱或者行动不便无法出庭的；

（三）证人因路途遥远、交通不便无法出庭的；

（四）证人因自然灾害等不可抗力或者其他意外事件无法出庭的；

（五）证人因其他特殊原因确实无法出庭的。

**第四十二条**　不能正确表达意志的人不能作证。

根据当事人申请，人民法院可以就证人能否正确表达意志进行审查或者交由有关部门鉴定。必要时，人民法院也可以依职权交由有关部门鉴定。

**第四十三条**　当事人申请证人出庭作证的，应当在举证期限届满前提出，并经人民法院许可。人民法院准许证人出庭作证的，应当在开庭审理前通知证人出庭作证。

当事人在庭审过程中要求证人出庭作证的，法庭可以根据审理案件的具体情况，决定是否准许以及是否延期审理。

**第四十四条**　有下列情形之一，原告或者第三人可以要求相关行政执法人员作为证人出庭作证：

（一）对现场笔录的合法性或者真实性有异议的；

（二）对扣押财产的品种或者数量有异议的；

（三）对检验的物品取样或者保管有异议的；

（四）对行政执法人员的身份的合法性有异议的；

（五）需要出庭作证的其他情形。

**第四十五条**　证人出庭作证时，应当出示证明其身份的证件。法庭应当告知其诚实作证的法律义务和作伪证的法律责任。

出庭作证的证人不得旁听案件的审理。法庭询问证人时，其他证人不得在场，但组织证人对质的除外。

**第四十六条**　证人应当陈述其亲历的具体事实。证人根据其经历所作的判断、推测或者评论，不能作为定案的依据。

**第四十七条**　当事人要求鉴定人出庭接受询问的，鉴定人应当出庭。鉴定人因正当事由不能出庭的，经法庭准许，可以不出庭，由当事人对其书面鉴定结论进行质证。

鉴定人不能出庭的正当事由，参照本规定第四十一条的规定。

对于出庭接受询问的鉴定人，法庭应当核实其身份、与当事人及案件的关系，并告知鉴定人如实说明鉴定情况的法律义务和故意作虚假说明的法律责任。

**第四十八条**　对被诉具体行政行为涉及的专门性问题，当事人可以向法庭申请由专业人员出庭进行说明，法庭也可以通知专业人员出庭说明。必要时，法庭可以组织专业人员进行对质。

当事人对出庭的专业人员是否具备相应专业知识、学历、资历等专业资格等有异议的，可以进行询问。由法庭决定其是否可以作为专业人员出庭。

专业人员可以对鉴定人进行询问。

**第四十九条**　法庭在质证过程中，对与案件没有关联的证据材料，应予排除并说明理由。

法庭在质证过程中，准许当事人补充证据的，对补充的证据仍应进行质证。

法庭对经过庭审质证的证据，除确有必要外，一般不再进行质证。

**第五十条**　在第二审程序中，对当事人依法提供的新的证据，法庭应当进行质证；当事人对第一审认定的证据仍有争议的，法庭也应当进行质证。

**第五十一条**　按照审判监督程序审理的案件，对当事人依法提供的新的证据，法庭应当进行质证；因原判决、裁定认定事实的证据不足而提起再审所涉及的主要证据，法庭也应当进行质证。

**第五十二条**　本规定第五十条和第五十一条中的“新的证据”是指以下证据：

（一）在一审程序中应当准予延期提供而未获准许的证据；

（二）当事人在一审程序中依法申请调取而未获准许或者未取得，人民法院在第二审程序中调取的证据；

（三）原告或者第三人提供的在举证期限届满后发现的证据。

**五、证据的审核认定**

**第五十三条**　人民法院裁判行政案件，应当以证据证明的案件事实为依据。

**第五十四条**　法庭应当对经过庭审质证的证据和无需质证的证据进行逐一审查和对全部证据综合审查，遵循法官职业道德，运用逻辑推理和生活经验，进行全面、客观和公正地分析判断，确定证据材料与案件事实之间的证明关系，排除不具有关联性的证据材料，准确认定案件事实。

**第五十五条**　法庭应当根据案件的具体情况，从以下方面审查证据的合法性：

（一）证据是否符合法定形式；

（二）证据的取得是否符合法律、法规、司法解释和规章的要求；

（三）是否有影响证据效力的其他违法情形。

**第五十六条** 法庭应当根据案件的具体情况，从以下方面审查证据的真实性：

（一）证据形成的原因；

（二）发现证据时的客观环境；

（三）证据是否为原件、原物，复制件、复制品与原件、原物是否相符；

（四）提供证据的人或者证人与当事人是否具有利害关系；

（五）影响证据真实性的其他因素。

**第五十七条** 下列证据材料不能作为定案依据：

（一）严重违反法定程序收集的证据材料；

（二）以偷拍、偷录、窃听等手段获取侵害他人合法权益的证据材料；

（三）以利诱、欺诈、胁迫、暴力等不正当手段获取的证据材料；

（四）当事人无正当事由超出举证期限提供的证据材料；

（五）在中华人民共和国领域以外或者在中华人民共和国香港特别行政区、澳门特别行政区和台湾地区形成的未办理法定证明手续的证据材料；

（六）当事人无正当理由拒不提供原件、原物，又无其他证据印证，且对方当事人不予认可的证据的复制件或者复制品；

（七）被当事人或者他人进行技术处理而无法辨明真伪的证据材料；

（八）不能正确表达意志的证人提供的证言；

（九）不具备合法性和真实性的其他证据材料。

**第五十八条** 以违反法律禁止性规定或者侵犯他人合法权益的方法取得的证据，不能作为认定案件事实的依据。

**第五十九条** 被告在行政程序中依照法定程序要求原告提供证据，原告依法应当提供而拒不提供，在诉讼程序中提供的证据，人民法院一般不予采纳。

**第六十条** 下列证据不能作为认定被诉具体行政行为合法的依据：

（一）被告及其诉讼代理人在作出具体行政行为后或者在诉讼程序中自行收集的证据；

（二）被告在行政程序中非法剥夺公民、法人或者其他组织依法享有的陈述、申辩或者听证权利所采用的证据；

（三）原告或者第三人在诉讼程序中提供的、被告在行政程序中未作为具体行政行为依据的证据。

**第六十一条** 复议机关在复议程序中收集和补充的证据，或者作出原具体行政行为的行政机关在复议程序中未向复议机关提交的证据，不能作为人民法院认定原具体行政行为合法的依据。

**第六十二条** 对被告在行政程序中采纳的鉴定结论，原告或者第三人提出证据证明有下列情形之一的，人民法院不予采纳：

（一）鉴定人不具备鉴定资格；

（二）鉴定程序严重违法；

（三）鉴定结论错误、不明确或者内容不完整。

**第六十三条** 证明同一事实的数个证据，其证明效力一般可以按照下列情形分别认定：

（一）国家机关以及其他职能部门依职权制作的公文文书优于其他书证；

（二）鉴定结论、现场笔录、勘验笔录、档案材料以及经过公证或者登记的书证优于其他书证、视听资料和证人证言；

（三）原件、原物优于复制件、复制品；

（四）法定鉴定部门的鉴定结论优于其他鉴定部门的鉴定结论；

（五）法庭主持勘验所制作的勘验笔录优于其他部门主持勘验所制作的勘验笔录；

（六）原始证据优于传来证据；

（七）其他证人证言优于与当事人有亲属关系或者其他密切关系的证人提供的对该当事人有利的证言；

（八）出庭作证的证人证言优于未出庭作证的证人证言；

（九）数个种类不同、内容一致的证据优于一个孤立的证据。

**第六十四条** 以有形载体固定或者显示的电子数据交换、电子邮件以及其他数据资料，其制作情况和真实性经对方当事人确认，或者以公证等其他有效方式予以证明的，与原件具有同等的证明效力。

**第六十五条** 在庭审中一方当事人或者其代理人在代理权限范围内对另一方当事人陈述的案件事实明确表示认可的，人民法院可以对该事实予以认定。但有相反证据足以推翻的除外。

**第六十六条** 在行政赔偿诉讼中，人民法院主持调解时当事人为达成调解协议而对案件事实的认可，不得在其后的诉讼中作为对其不利的证据。

**第六十七条**　在不受外力影响的情况下，一方当事人提供的证据，对方当事人明确表示认可的，可以认定该证据的证明效力；对方当事人予以否认，但不能提供充分的证据进行反驳的，可以综合全案情况审查认定该证据的证明效力。

**第六十八条**　下列事实法庭可以直接认定：

（一）众所周知的事实；

（二）自然规律及定理；

（三）按照法律规定推定的事实；

（四）已经依法证明的事实；

（五）根据日常生活经验法则推定的事实。

前款（一）、（三）、（四）、（五）项，当事人有相反证据足以推翻的除外。

**第六十九条**　原告确有证据证明被告持有的证据对原告有利，被告无正当事由拒不提供的，可以推定原告的主张成立。

**第七十条**　生效的人民法院裁判文书或者仲裁机构裁决文书确认的事实，可以作为定案依据。但是如果发现裁判文书或者裁决文书认定的事实有重大问题的，应当中止诉讼，通过法定程序予以纠正后恢复诉讼。

**第七十一条**　下列证据不能单独作为定案依据：

（一）未成年人所作的与其年龄和智力状况不相适应的证言；

（二）与一方当事人有亲属关系或者其他密切关系的证人所作的对该当事人有利的证言，或者与一方当事人有不利关系的证人所作的对该当事人不利的证言；

（三）应当出庭作证而无正当理由不出庭作证的证人证言；

（四）难以识别是否经过修改的视听资料；

（五）无法与原件、原物核对的复制件或者复制品；

（六）经一方当事人或者他人改动，对方当事人不予认可的证据材料；

（七）其他不能单独作为定案依据的证据材料。

**第七十二条**　庭审中经过质证的证据，能够当庭认定的，应当当庭认定；不能当庭认定的，应当在合议庭合议时认定。

人民法院应当在裁判文书中阐明证据是否采纳的理由。

**第七十三条**　法庭发现当庭认定的证据有误，可以按照下列方式纠正：

（一）庭审结束前发现错误的，应当重新进行认定；

（二）庭审结束后宣判前发现错误的，在裁判文书中予以更正并说明理由，也可以再次开庭予以认定；

（三）有新的证据材料可能推翻已认定的证据的，应当再次开庭予以认定。

### 六、附　则

**第七十四条**　证人、鉴定人及其近亲属的人身和财产安全受法律保护。

人民法院应当对证人、鉴定人的住址和联系方式予以保密。

**第七十五条**　证人、鉴定人因出庭作证或者接受询问而支出的合理费用，由提供证人、鉴定人的一方当事人先行支付，由败诉一方当事人承担。

**第七十六条**　证人、鉴定人作伪证的，依照行政诉讼法第四十九条第一款第（二）项的规定追究其法律责任。

**第七十七条**　诉讼参与人或者其他人有对审判人员或者证人、鉴定人、勘验人及其近亲属实施威胁、侮辱、殴打、骚扰或者打击报复等妨碍行政诉讼行为的，依照行政诉讼法第四十九条第一款第（三）项、第（五）项或者第（六）项的规定追究其法律责任。

**第七十八条**　对应当协助调取证据的单位和个人，无正当理由拒不履行协助义务的，依照行政诉讼法第四十九条第一款第（五）项的规定追究其法律责任。

**第七十九条**　本院以前有关行政诉讼的司法解释与本规定不一致的，以本规定为准。

**第八十条**　本规定自2002年10月1日起施行。2002年10月1日尚未审结的一审、二审和再审行政案件不适用本规定。

本规定施行前已经审结的行政案件，当事人以违反本规定为由申请再审的，人民法院不予支持。

本规定施行后按照审判监督程序决定再审的行政案件，适用本规定。

## 最高人民法院关于行政诉讼撤诉若干问题的规定

- 2007年12月17日最高人民法院审判委员会第1441次会议通过
- 2008年1月14日最高人民法院公告公布
- 自2008年2月1日起施行
- 法释〔2008〕2号

为妥善化解行政争议，依法审查行政诉讼中行政机关改变被诉具体行政行为及当事人申请撤诉的行为，根据《中华人民共和国行政诉讼法》制定本规定。

**第一条** 人民法院经审查认为被诉具体行政行为违法或者不当，可以在宣告判决或者裁定前，建议被告改变其所作的具体行政行为。

**第二条** 被告改变被诉具体行政行为，原告申请撤诉，符合下列条件的，人民法院应当裁定准许：

（一）申请撤诉是当事人真实意思表示；

（二）被告改变被诉具体行政行为，不违反法律、法规的禁止性规定，不超越或者放弃职权，不损害公共利益和他人合法权益；

（三）被告已经改变或者决定改变被诉具体行政行为，并书面告知人民法院；

（四）第三人无异议。

**第三条** 有下列情形之一的，属于行政诉讼法第五十一条规定的"被告改变其所作的具体行政行为"：

（一）改变被诉具体行政行为所认定的主要事实和证据；

（二）改变被诉具体行政行为所适用的规范依据且对定性产生影响；

（三）撤销、部分撤销或者变更被诉具体行政行为处理结果。

**第四条** 有下列情形之一的，可以视为"被告改变其所作的具体行政行为"：

（一）根据原告的请求依法履行法定职责；

（二）采取相应的补救、补偿等措施；

（三）在行政裁决案件中，书面认可原告与第三人达成的和解。

**第五条** 被告改变被诉具体行政行为，原告申请撤诉，有履行内容且履行完毕的，人民法院可以裁定准许撤诉；不能即时或者一次性履行的，人民法院可以裁定准许撤诉，也可以裁定中止审理。

**第六条** 准许撤诉裁定可以载明被告改变被诉具体行政行为的主要内容及履行情况，并可以根据案件具体情况，在裁定理由中明确被诉具体行政行为全部或者部分不再执行。

**第七条** 申请撤诉不符合法定条件，或者被告改变被诉具体行政行为后当事人不撤诉的，人民法院应当及时作出裁判。

**第八条** 第二审或者再审期间行政机关改变被诉具体行政行为，当事人申请撤回上诉或者再审申请的，参照本规定。

准许撤回上诉或者再审申请的裁定可以载明行政机关改变被诉具体行政行为的主要内容及履行情况，并可以根据案件具体情况，在裁定理由中明确被诉具体行政行为或者原裁判全部或者部分不再执行。

**第九条** 本院以前所作的司法解释及规范性文件，凡与本规定不一致的，按本规定执行。

## 最高人民法院关于行政机关负责人出庭应诉若干问题的规定

- 2020年3月23日最高人民法院审判委员会第1797次会议通过
- 2020年6月22日最高人民法院公告公布
- 自2020年7月1日起施行
- 法释〔2020〕3号

为进一步规范行政机关负责人出庭应诉活动，根据《中华人民共和国行政诉讼法》等法律规定，结合人民法院行政审判工作实际，制定本规定。

**第一条** 行政诉讼法第三条第三款规定的被诉行政机关负责人应当出庭应诉，是指被诉行政机关负责人依法应当在第一审、第二审、再审等诉讼程序中出庭参加诉讼，行使诉讼权利，履行诉讼义务。

法律、法规、规章授权独立行使行政职权的行政机关内设机构、派出机构或者其他组织的负责人出庭应诉，适用本规定。

应当追加为被告而原告不同意追加，人民法院通知以第三人身份参加诉讼的行政机关，其负责人出庭应诉活动参照前款规定。

**第二条** 行政诉讼法第三条第三款规定的被诉行政机关负责人，包括行政机关的正职、副职负责人、参与分管被诉行政行为实施工作的副职级别的负责人以及其他参与分管的负责人。

被诉行政机关委托的组织或者下级行政机关的负责人，不能作为被诉行政机关负责人出庭。

**第三条** 有共同被告的行政案件，可以由共同被告协商确定行政机关负责人出庭应诉；也可以由人民法院确定。

**第四条** 对于涉及食品药品安全、生态环境和资源保护、公共卫生安全等重大公共利益，社会高度关注或者可能引发群体性事件等的案件，人民法院应当通知行政机关负责人出庭应诉。

有下列情形之一，需要行政机关负责人出庭的，人民法院可以通知行政机关负责人出庭应诉：

（一）被诉行政行为涉及公民、法人或者其他组织重大人身、财产权益的；

（二）行政公益诉讼；

（三）被诉行政机关的上级机关规范性文件要求行政机关负责人出庭应诉的；

（四）人民法院认为需要通知行政机关负责人出庭应诉的其他情形。

**第五条**　人民法院在向行政机关送达的权利义务告知书中，应当一并告知行政机关负责人出庭应诉的法定义务及相关法律后果等事项。

人民法院通知行政机关负责人出庭的，应当在开庭三日前送达出庭通知书，并告知行政机关负责人不出庭可能承担的不利法律后果。

行政机关在庭审前申请更换出庭应诉负责人且不影响正常开庭的，人民法院应当准许。

**第六条**　行政机关负责人出庭应诉的，应当于开庭前向人民法院提交出庭应诉负责人的身份证明。身份证明应当载明该负责人的姓名、职务等基本信息，并加盖行政机关印章。

人民法院应当对出庭应诉负责人的身份证明进行审查，经审查认为不符合条件，可以补正的，应当告知行政机关予以补正；不能补正或者补正可能影响正常开庭的，视为行政机关负责人未出庭应诉。

**第七条**　对于同一审级需要多次开庭的同一案件，行政机关负责人到庭参加一次庭审的，一般可以认定其已经履行出庭应诉义务，但人民法院通知行政机关负责人再次出庭的除外。

行政机关负责人在一个审理程序中出庭应诉，不免除其在其他审理程序出庭应诉的义务。

**第八条**　有下列情形之一的，属于行政诉讼法第三条第三款规定的行政机关负责人不能出庭的情形：

（一）不可抗力；

（二）意外事件；

（三）需要履行他人不能代替的公务；

（四）无法出庭的其他正当事由。

**第九条**　行政机关负责人有正当理由不能出庭的，应当提交相关证明材料，并加盖行政机关印章或者由该机关主要负责人签字认可。

人民法院应当对行政机关负责人不能出庭的理由以及证明材料进行审查。

行政机关负责人有正当理由不能出庭，行政机关申请延期开庭审理的，人民法院可以准许；人民法院也可以依职权决定延期开庭审理。

**第十条**　行政诉讼法第三条第三款规定的相应的工作人员，是指被诉行政机关中具体行使行政职权的工作人员。

行政机关委托行使行政职权的组织或者下级行政机关的工作人员，可以视为行政机关相应的工作人员。

人民法院应当参照本规定第六条第二款的规定，对行政机关相应的工作人员的身份证明进行审查。

**第十一条**　诉讼参与人参加诉讼活动，应当依法行使诉讼权利，履行诉讼义务，遵守法庭规则，自觉维护诉讼秩序。

行政机关负责人或者行政机关委托的相应工作人员在庭审过程中应当就案件情况进行陈述、答辩、提交证据、辩论、发表最后意见，对所依据的规范性文件进行解释说明。

行政机关负责人出庭应诉的，应当就实质性解决行政争议发表意见。

诉讼参与人和其他人以侮辱、谩骂、威胁等方式扰乱法庭秩序的，人民法院应当制止，并根据行政诉讼法第五十九条规定进行处理。

**第十二条**　有下列情形之一的，人民法院应当向监察机关、被诉行政机关的上一级行政机关提出司法建议：

（一）行政机关负责人未出庭应诉，且未说明理由或者理由不成立的；

（二）行政机关有正当理由申请延期开庭审理，人民法院准许后再次开庭审理时行政机关负责人仍未能出庭应诉，且无正当理由的；

（三）行政机关负责人和行政机关相应的工作人员均不出庭应诉的；

（四）行政机关负责人未经法庭许可中途退庭的；

（五）人民法院在庭审中要求行政机关负责人就有关问题进行解释或者说明，行政机关负责人拒绝解释或者说明，导致庭审无法进行的。

有前款情形之一的，人民法院应当记录在案并在裁判文书中载明。

**第十三条**　当事人对行政机关具有本规定第十二条第一款情形提出异议的，人民法院可以在庭审笔录中载明，不影响案件的正常审理。

原告以行政机关具有本规定第十二条第一款情形为由拒不到庭、未经法庭许可中途退庭的，人民法院可以按照撤诉处理。

原告以行政机关具有本规定第十二条第一款情形为

由在庭审中明确拒绝陈述或者以其他方式拒绝陈述，导致庭审无法进行，经法庭释明法律后果后仍不陈述意见的，人民法院可以视为放弃陈述权利，由其承担相应的法律后果。

**第十四条**　人民法院可以通过适当形式将行政机关负责人出庭应诉情况向社会公开。

人民法院可以定期将辖区内行政机关负责人出庭应诉情况进行统计、分析、评价，向同级人民代表大会常务委员会报告，向同级人民政府进行通报。

**第十五条**　本规定自2020年7月1日起施行。

## 最高人民法院关于正确确定县级以上地方人民政府行政诉讼被告资格若干问题的规定

- 2021年2月22日最高人民法院审判委员会第1832次会议通过
- 2021年3月25日最高人民法院公告公布
- 自2021年4月1日起施行
- 法释〔2021〕5号

为准确适用《中华人民共和国行政诉讼法》，依法正确确定县级以上地方人民政府的行政诉讼被告资格，结合人民法院行政审判工作实际，制定本解释。

**第一条**　法律、法规、规章规定属于县级以上地方人民政府职能部门的行政职权，县级以上地方人民政府通过听取报告、召开会议、组织研究、下发文件等方式进行指导，公民、法人或者其他组织不服县级以上地方人民政府的指导行为提起诉讼的，人民法院应当释明，告知其以具体实施行政行为的职能部门为被告。

**第二条**　县级以上地方人民政府根据城乡规划法的规定，责成有关职能部门对违法建筑实施强制拆除，公民、法人或者其他组织不服强制拆除行为提起诉讼，人民法院应当根据行政诉讼法第二十六条第一款的规定，以作出强制拆除决定的行政机关为被告；没有强制拆除决定书的，以具体实施强制拆除行为的职能部门为被告。

**第三条**　公民、法人或者其他组织对集体土地征收中强制拆除房屋等行为不服提起诉讼的，除有证据证明系县级以上地方人民政府具体实施外，人民法院应当根据行政诉讼法第二十六条第一款的规定，以作出强制拆除决定的行政机关为被告；没有强制拆除决定书的，以具体实施强制拆除等行为的行政机关为被告。

县级以上地方人民政府已经作出国有土地上房屋征收与补偿决定，公民、法人或者其他组织不服具体实施房屋征收与补偿工作中的强制拆除房屋等行为提起诉讼的，人民法院应当根据行政诉讼法第二十六条第一款的规定，以作出强制拆除决定的行政机关为被告；没有强制拆除决定书的，以县级以上地方人民政府确定的房屋征收部门为被告。

**第四条**　公民、法人或者其他组织向县级以上地方人民政府申请履行法定职责或者给付义务，法律、法规、规章规定该职责或者义务属于下级人民政府或者相应职能部门的行政职权，县级以上地方人民政府已经转送下级人民政府或者相应职能部门处理并告知申请人，申请人起诉要求履行法定职责或者给付义务的，以下级人民政府或者相应职能部门为被告。

**第五条**　县级以上地方人民政府确定的不动产登记机构或者其他实际履行该职责的职能部门按照《不动产登记暂行条例》的规定办理不动产登记，公民、法人或者其他组织不服提起诉讼的，以不动产登记机构或者实际履行该职责的职能部门为被告。

公民、法人或者其他组织对《不动产登记暂行条例》实施之前由县级以上地方人民政府作出的不动产登记行为不服提起诉讼的，以继续行使其职权的不动产登记机构或者实际履行该职责的职能部门为被告。

**第六条**　县级以上地方人民政府根据《中华人民共和国政府信息公开条例》的规定，指定具体机构负责政府信息公开日常工作，公民、法人或者其他组织对该指定机构以自己名义所作的政府信息公开行为不服提起诉讼的，以该指定机构为被告。

**第七条**　被诉行政行为不是县级以上地方人民政府作出，公民、法人或者其他组织以县级以上地方人民政府作为被告的，人民法院应当予以指导和释明，告知其向有管辖权的人民法院起诉；公民、法人或者其他组织经人民法院释明仍不变更的，人民法院可以裁定不予立案，也可以将案件移送有管辖权的人民法院。

**第八条**　本解释自2021年4月1日起施行。本解释施行后，最高人民法院此前作出的相关司法解释与本解释相抵触的，以本解释为准。

· 典型案例

## 1. 魏永高、陈守志诉来安县人民政府收回土地使用权批复案①

【关键词】

行政诉讼　受案范围　批复

【裁判要点】

地方人民政府对其所属行政管理部门的请示作出的批复，一般属于内部行政行为，不可对此提起诉讼。但行政管理部门直接将该批复付诸实施并对行政相对人的权利义务产生了实际影响，行政相对人对该批复不服提起诉讼的，人民法院应当依法受理。

【相关法条】

《中华人民共和国行政诉讼法》第十一条

【相关法条】

2010年8月31日，安徽省来安县国土资源和房产管理局向来安县人民政府报送《关于收回国有土地使用权的请示》，请求收回该县永阳东路与塔山中路部分地块土地使用权。9月6日，来安县人民政府作出《关于同意收回永阳东路与塔山中路部分地块国有土地使用权的批复》。来安县国土资源和房产管理局收到该批复后，没有依法制作并向原土地使用权人送达收回土地使用权决定，而直接交由来安县土地储备中心付诸实施。魏永高、陈守志的房屋位于被收回使用权的土地范围内，其对来安县人民政府收回国有土地使用权批复不服，提起行政复议。2011年9月20日，滁州市人民政府作出《行政复议决定书》，维持来安县人民政府的批复。魏永高、陈守志仍不服，提起行政诉讼，请求人民法院撤销来安县人民政府上述批复。

【裁判结果】

滁州市中级人民法院于2011年12月23日作出(2011)滁行初字第6号行政裁定：驳回魏永高、陈守志的起诉。魏永高、陈守志提出上诉，安徽省高级人民法院于2012年9月10日作出(2012)皖行终字第14号行政裁定：一、撤销滁州市中级人民法院(2011)滁行初字第6号行政裁定；二、指令滁州市中级人民法院继续审理本案。

【裁判理由】

法院生效裁判认为：根据《土地储备管理办法》和《安徽省国有土地储备办法》以收回方式储备国有土地的程序规定，来安县国土资源行政主管部门在来安县人民政府作出批准收回国有土地使用权方案批复后，应当向原土地使用权人送达对外发生法律效力的收回国有土地使用权通知。来安县人民政府的批复属于内部行政行为，不向相对人送达，对相对人的权利义务尚未产生实际影响，一般不属于行政诉讼的受案范围。但本案中，来安县人民政府作出批复后，来安县国土资源行政主管部门没有制作并送达对外发生效力的法律文书，即直接交来安县土地储备中心根据该批复实施拆迁补偿安置行为，对原土地使用权人的权利义务产生了实际影响；原土地使用权人也通过申请政府信息公开知道了该批复的内容，并对批复提起了行政复议，复议机关作出复议决定时也告知了诉权，该批复已实际执行并外化为对外发生法律效力的具体行政行为。因此，对该批复不服提起行政诉讼的，人民法院应当依法受理。

## 2. 田永诉北京科技大学拒绝颁发毕业证、学位证案②

【关键词】

行政诉讼　颁发证书　高等学校　受案范围　正当程序

【裁判要点】

1. 高等学校对受教育者因违反校规、校纪而拒绝颁发学历证书、学位证书，受教育者不服的，可以依法提起行政诉讼。

2. 高等学校依据违背国家法律、行政法规或规章的校规、校纪，对受教育者作出退学处理等决定的，人民法院不予支持。

3. 高等学校对因违反校规、校纪的受教育者作出影响其基本权利的决定时，应当允许其申辩并在决定作出后及时送达，否则视为违反法定程序。

【相关法条】

《中华人民共和国行政诉讼法》第二十五条；《中华人民共和国教育法》第二十一条、第二十二条；《中华人民共和国学位条例》第八条

【基本案情】

原告田永于1994年9月考取北京科技大学，取得本科生的学籍。1996年2月29日，田永在电磁学课程的补

① 案例来源：最高人民法院发布指导案例22号。

② 案例来源：最高人民法院发布指导案例38号。

考过程中，随身携带写有电磁学公式的纸条。考试中，去上厕所时纸条掉出，被监考教师发现。监考教师虽未发现其有偷看纸条的行为，但还是按照考场纪律，当即停止了田永的考试。被告北京科技大学根据原国家教委关于严肃考场纪律的指示精神，于1994年制定了校发（94）第068号《关于严格考试管理的紧急通知》（简称第068号通知）。该通知规定，凡考试作弊的学生一律按退学处理，取消学籍。被告据此于1996年3月5日认定田永的行为属作弊行为，并作出退学处理决定。同年4月10日，被告填发了学籍变动通知，但退学处理决定和变更学籍的通知未直接向田永宣布、送达，也未给田永办理退学手续，田永继续以该校大学生的身份参加正常学习及学校组织的活动。1996年9月，被告为田永补办了学生证，之后每学年均收取田永交纳的教育费，并为田永进行注册、发放大学生补助津贴，安排田永参加了大学生毕业实习设计，由其论文指导教师领取了学校发放的毕业设计结业费。田永还以该校大学生的名义参加考试，先后取得了大学英语四级、计算机应用水平测试BASIC语言成绩合格证书。被告对原告在该校的四年学习中成绩全部合格，通过毕业实习、毕业设计及论文答辩，获得优秀毕业论文及毕业总成绩为全班第九名的事实无争议。

1998年6月，田永所在院系向被告报送田永所在班级授予学士学位表时，被告有关部门以田永已按退学处理、不具备北京科技大学学籍为由，拒绝为其颁发毕业证书，进而未向教育行政部门呈报田永的毕业派遣资格表。田永所在院系认为原告符合大学毕业和授予学士学位的条件，但由于当时原告因毕业问题正在与学校交涉，故暂时未在授予学位表中签字，待学籍问题解决后再签。被告因此未将原告列入授予学士学位资格的名单交该校学位评定委员会审核。因被告的部分教师为田永一事向原国家教委申诉，国家教委高校学生司于1998年5月18日致函被告，认为被告对田永违反考场纪律一事处理过重，建议复查。同年6月10日，被告复查后，仍然坚持原结论。田永认为自己符合大学毕业生的法定条件，北京科技大学拒绝给其颁发毕业证、学位证是违法的，遂向北京市海淀区人民法院提起行政诉讼。

**【裁判结果】**

北京市海淀区人民法院于1999年2月14日作出（1998）海行初字第00142号行政判决：

一、北京科技大学在本判决生效之日起30日内向田永颁发大学本科毕业证书；

二、北京科技大学在本判决生效之日起60日内组织本校有关院、系及学位评定委员会对田永的学士学位资格进行审核；

三、北京科技大学于本判决生效后30日内履行向当地教育行政部门上报有关田永毕业派遣的有关手续的职责；

四、驳回田永的其他诉讼请求。

北京科技大学提出上诉，北京市第一中级人民法院于1999年4月26日作出（1999）一中行终字第73号行政判决：驳回上诉，维持原判。

**【裁判理由】**

法院生效裁判认为：根据我国法律、法规规定，高等学校对受教育者有进行学籍管理、奖励或处分的权力，有代表国家对受教育者颁发学历证书、学位证书的职责。高等学校与受教育者之间属于教育行政管理关系，受教育者对高等学校涉及受教育者基本权利的管理行为不服的，有权提起行政诉讼，高等学校是行政诉讼的适格被告。

高等学校依法具有相应的教育自主权，有权制定校纪、校规，并有权对在校学生进行教学管理和违纪处分，但是其制定的校纪、校规和据此进行的教学管理和违纪处分，必须符合法律、法规和规章的规定，必须尊重和保护当事人的合法权益。本案原告在补考中随身携带纸条的行为属于违反考场纪律的行为，被告可以按照有关法律、法规、规章及学校的有关规定处理，但其对原告作出退学处理决定所依据的该校制定的第068号通知，与《普通高等学校学生管理规定》第二十九条规定的法定退学条件相抵触，故被告所作退学处理决定违法。

退学处理决定涉及原告的受教育权利，为充分保障当事人权益，从正当程序原则出发，被告应将此决定向当事人送达、宣布，允许当事人提出申辩意见。而被告既未依此原则处理，也未实际给原告办理注销学籍、迁移户籍、档案等手续。被告于1996年9月为原告补办学生证并注册的事实行为，应视为被告改变了对原告所作的按退学处理的决定，恢复了原告的学籍。被告又安排原告修满四年学业，参加考核、实习及毕业设计并通过论文答辩等。上述一系列行为虽系被告及其所属院系的部分教师具体实施，但因他们均属职务行为，故被告应承担上述行为所产生的法律后果。

国家实行学历证书制度，被告作为国家批准设立的高等学校，对取得普通高等学校学籍、接受正规教育、学习结束达到一定水平和要求的受教育者，应当为其颁发相应的学业证明，以承认该学生具有的相当学历。原告符合上述高等学校毕业生的条件，被告应当依《中华人民共和国教育法》第二十八条第一款第五项及《普通高等学校学生管理规定》第三十五条的规定，为原告颁发大学本科毕业证书。

国家实行学位制度，学位证书是评价个人学术水平的尺度。被告作为国家授权的高等学校学士学位授予机构，应依法定程序对达到一定学术水平或专业技术水平的人员授予相应的学位，颁发学位证书。依《中华人民共和国学位条例暂行实施办法》第四条、第五条、第十八条第三项规定的颁发学士学位证书的法定程序要求，被告首先应组织有关院系审核原告的毕业成绩和毕业鉴定等材料，确定原告是否已较好地掌握本门学科的基础理论、专业知识和基本技能，是否具备从事科学研究工作或担负专门技术工作的初步能力；再决定是否向学位评定委员会提名列入学士学位获得者的名单，学位评定委员会方可依名单审查通过后，由被告对原告授予学士学位。

### 3. 王明德诉乐山市人力资源和社会保障局工伤认定案①

**【裁判要点】**

当事人认为行政机关作出的程序性行政行为侵犯其人身权、财产权等合法权益，对其权利义务产生明显的实际影响，且无法通过提起针对相关的实体性行政行为的诉讼获得救济，而对该程序性行政行为提起行政诉讼的，人民法院应当依法受理。

**【相关法条】**

《中华人民共和国行政诉讼法》第12条、第13条

**【基本案情】**

原告王明德系王雷兵之父。王雷兵是四川嘉宝资产管理集团有限公司峨眉山分公司职工。2013年3月18日，王雷兵因交通事故死亡。由于王雷兵驾驶摩托车倒地翻覆的原因无法查实，四川省峨眉山市公安局交警大队于同年4月1日依据《道路交通事故处理程序规定》第五十条的规定，作出乐公交认定〔2013〕第00035号《道路交通事故证明》。该《道路交通事故证明》载明：2013年3月18日，王雷兵驾驶无牌“卡迪王”二轮摩托车由峨眉山市大转盘至小转盘方向行驶。1时20分许，当该车行至省道S306线29.3KM处驶入道路右侧与隔离带边缘相擦挂，翻覆于隔离带内，造成车辆受损、王雷兵当场死亡的交通事故。

2013年4月10日，第三人四川嘉宝资产管理集团有限公司峨眉山分公司就其职工王雷兵因交通事故死亡，向被告乐山市人力资源和社会保障局申请工伤认定，并同时提交了峨眉山市公安局交警大队所作的《道路交通事故证明》等证据。被告以公安机关交通管理部门尚未对本案事故作出交通事故认定书为由，于当日作出乐人社工时〔2013〕05号(峨眉山市)《工伤认定时限中止通知书》(以下简称《中止通知》)，并向原告和第三人送达。

2013年6月24日，原告通过国内特快专递邮件方式，向被告提交了《恢复工伤认定申请书》，要求被告恢复对王雷兵的工伤认定。因被告未恢复对王雷兵工伤认定程序，原告遂于同年7月30日向法院提起行政诉讼，请求判决撤销被告作出的《中止通知》。

**【裁判结果】**

四川省乐山市市中区人民法院于2013年9月25日作出(2013)乐中行初字第36号判决，撤销被告乐山市人力资源和社会保障局于2013年4月10日作出的乐人社工时〔2013〕05号《中止通知》。一审宣判后，乐山市人力资源和社会保障局提起了上诉。乐山市中级人民法院二审审理过程中，乐山市人力资源和社会保障局递交撤回上诉申请书。乐山市中级人民法院经审查认为，上诉人自愿申请撤回上诉，属其真实意思表示，符合法律规定，遂裁定准许乐山市人力资源和社会保障局撤回上诉。一审判决已发生法律效力。

**【裁判理由】**

法院生效裁判认为，本案争议的焦点有两个：一是《中止通知》是否属于可诉行政行为；二是《中止通知》是否应当予以撤销。

一、关于《中止通知》是否属于可诉行政行为问题

法院认为，被告作出《中止通知》，属于工伤认定程序中的程序性行政行为，如果该行为不涉及终局性问题，对相对人的权利义务没有实质影响的，属于不成熟的行政行为，不具有可诉性，相对人提起行政诉讼的，不属于人民法院受案范围。但如果该程序性行政行为具有终局性，对相对人权利义务产生实质影响，并且无法通过提起针对相关的实体性行政行为的诉讼获得救济的，则属于可诉行政行为，相对人提起行政诉讼的，属于人民法院行政诉讼受案范围。

虽然根据《中华人民共和国道路交通安全法》第七十三条的规定：“公安机关交通管理部门应当根据交通事故现场勘验、检查、调查情况和有关的检验、鉴定结论，及时制作交通事故认定书，作为处理交通事故的证据。交通事故认定书应当载明交通事故的基本事实、成因和当事人的

① 案例来源：最高人民法院发布指导案例69号。

责任,并送达当事人”。但是,在现实道路交通事故中,也存在因道路交通事故成因确实无法查清,公安机关交通管理部门不能作出交通事故认定书的情况。对此,《道路交通事故处理程序规定》第五十条规定:“道路交通事故成因无法查清的,公安机关交通管理部门应当出具道路交通事故证明,载明道路交通事故发生的时间、地点、当事人情况及调查得到的事实,分别送达当事人。”就本案而言,峨眉山市公安局交警大队就王雷兵因交通事故死亡,依据所调查的事故情况,只能依法作出《道路交通事故证明》,而无法作出《交通事故认定书》。因此,本案中《道路交通事故证明》已经是公安机关交通管理部门依据《道路交通事故处理程序规定》就事故作出的结论,也就是《工伤保险条例》第二十条第三款中规定的工伤认定决定需要的“司法机关或者有关行政主管部门的结论”。除非出现新事实或者法定理由,否则公安机关交通管理部门不会就本案涉及的交通事故作出其他结论。而本案被告在第三人申请认定工伤时已经提交了相关《道路交通事故证明》的情况下,仍然作出《中止通知》,并且一直到原告起诉之日,被告仍以工伤认定处于中止中为由,拒绝恢复对王雷兵死亡是否属于工伤的认定程序。由此可见,虽然被告作出《中止通知》是工伤认定中的一种程序性行为,但该行为将导致原告的合法权益长期,乃至永久得不到依法救济,直接影响了原告的合法权益,对其权利义务产生实质影响,并且原告也无法通过对相关实体性行政行为提起诉讼以获得救济。因此,被告作出《中止通知》,属于可诉行政行为,人民法院应当依法受理。

二、关于《中止通知》应否予以撤销问题

法院认为,《工伤保险条例》第二十条第三款规定,“作出工伤认定决定需要以司法机关或者有关行政主管部门的结论为依据的,在司法机关或者有关行政主管部门尚未作出结论期间,作出工伤认定决定的时限中止”。如前所述,第三人在向被告就王雷兵死亡申请工伤认定时已经提交了《道路交通事故证明》。也就是说,第三人申请工伤认定时,并不存在《工伤保险条例》第二十条第三款所规定的依法可以作出中止决定的情形。因此,被告依据《工伤保险条例》第二十条规定,作出《中止通知》属于适用法律、法规错误,应当予以撤销。另外,需要指出的是,在人民法院撤销被告作出的《中止通知》判决生效后,被告对涉案职工认定工伤的程序即应予以恢复。

### 4. 萍乡市亚鹏房地产开发有限公司诉萍乡市国土资源局不履行行政协议案①

**【关键词】**

行政　行政协议　合同解释　司法审查　法律效力

**【裁判要点】**

行政机关在职权范围内对行政协议约定的条款进行的解释,对协议双方具有法律约束力,人民法院经过审查,根据实际情况,可以作为审查行政协议的依据。

**【相关法条】**

《中华人民共和国行政诉讼法》第12条

**【基本案情】**

2004年1月13日,萍乡市土地收购储备中心受萍乡市肉类联合加工厂委托,经被告萍乡市国土资源局(以下简称市国土局)批准,在萍乡日报上刊登了国有土地使用权公开挂牌出让公告,定于2004年1月30日至2004年2月12日在土地交易大厅公开挂牌出让TG-0403号国有土地使用权,地块位于萍乡市安源区后埠街万公塘,土地出让面积为23173.3平方米,开发用地为商住综合用地,冷藏车间维持现状,容积率2.6,土地使用年限为50年。萍乡市亚鹏房地产开发有限公司(以下简称亚鹏公司)于2006年2月12日以投标竞拍方式并以人民币768万元取得了TG-0403号国有土地使用权,并于2006年2月21日与被告市国土局签订了《国有土地使用权出让合同》。合同约定出让宗地的用途为商住综合用地,冷藏车间维持现状。土地使用权出让金为每平方米331.42元,总额计人民币768万元。2006年3月2日,市国土局向亚鹏公司颁发了萍国用(2006)第43750号和萍国用(2006)第43751号两本国有土地使用证,其中萍国用(2006)第43750号土地证地类(用途)为工业,使用权类为出让,使用权面积为8359平方米,萍国字(2006)第43751号土地证地类为商住综合用地。对此,亚鹏公司认为约定的“冷藏车间维持现状”是维持冷藏库的使用功能,并非维持地类性质,要求将其中一证地类由“工业”更正为“商住综合”;但市国土局认为维持现状是指冷藏车间保留工业用地性质出让,且该公司也是按照冷藏车间为工业出让地缴纳的土地使用权出让金,故不同意更正土地用途。2012年7月30日,萍乡市规划局向萍乡市土地收购储备中心作出《关于要求解释〈关于萍乡市肉类联合加工厂地块的函〉》中有关问题的复函,主要内容是:我局在2003年10月8日出具规划条件

① 案例来源:最高人民法院发布指导案例76号。

中已明确了该地块用地性质为商住综合用地(冷藏车间约7300平方米,下同)但冷藏车间维持现状。根据该地块控规,其用地性质为居住(兼容商业),但由于地块内的食品冷藏车间是目前我市唯一的农产品储备保鲜库,也是我市重要的民生工程项目,因此,暂时保留地块内约7300平方米冷藏库的使用功能,未经政府或相关主管部门批准不得拆除。2013年2月21日,市国土局向亚鹏书面答复:一、根据市规划局出具的规划条件和宗地实际情况,同意贵公司申请TG-0403号地块中冷藏车间用地的土地用途由工业用地变更为商住用地。二、由于贵公司取得该宗地中冷藏车间用地使用权是按工业用地价格出让的,根据《中华人民共和国城市房地产管理法》之规定,贵公司申请TG-0403号地块中冷藏车间用地的土地用途由工业用地变更为商住用地,应补交土地出让金。补交的土地出让金可按该宗地出让时的综合用地(住宅、办公)评估价值减去的同等比例计算,即297.656万元＊70%=208.36万元。三、冷藏车间用地的土地用途调整后,其使用功能未经市政府批准不得改变。亚鹏公司于2013年3月10日向法院提起行政诉讼,要求判令被告将萍国用(2006)第43750号国有土地使用证上的地类用途由"工业"更正为商住综合用地(冷藏车间维持现状)。撤销被告"关于对市亚鹏房地产有限公司TG-0403号地块有关土地用途问题的答复"中第二项关于补交土地出让金208.36万元的决定。

**【裁判结果】**

江西省萍乡市安源区人民法院于2014年4月23日作出(2014)安行初字第6号行政判决:一、被告萍乡市国土资源局在本判决生效之日起九十天内对萍国用(2006)第43750号国有土地使用证上的8359.1$m^2$的土地用途应依法予以更正。二、撤销被告萍乡市国土资源局于2013年2月21日作出的《关于对市亚鹏房地产开发有限公司TG-0403号地块有关土地用途的答复》中第二项补交土地出让金208.36万元的决定。宣判后,萍乡市国土资源局提出上诉。江西省萍乡市中级人民法院于2014年8月15日作出(2014)萍行终字第10号行政判决:驳回上诉,维持原判。

**【裁判理由】**

法院生效裁判认为:行政协议是行政机关为实现公共利益或者行政管理目标,在法定职责范围内与公民、法人或者其他组织协商订立的具有行政法上权利义务内容的协议,本案行政协议即是市国土局代表国家与亚鹏公司签订的国有土地使用权出让合同。行政协议强调诚实信用、平等自愿,一经签订,各方当事人必须严格遵守,行政机关无正当理由不得在约定之外附加另一方当事人义务或单方变更解除。本案中,TG-0403号地块出让时对外公布的土地用途是"开发用地为商住综合用地,冷藏车间维持现状",出让合同中约定为"出让宗地的用途为商住综合用地,冷藏车间维持现状"。但市国土局与亚鹏公司就该约定的理解产生分歧,而萍乡市规划局对原萍乡市肉类联合加工厂复函确认TG-0403号国有土地使用权面积23173.3平方米(含冷藏车间)的用地性质是商住综合用地。萍乡市规划局的解释与挂牌出让公告明确的用地性质一致,且该解释是萍乡市规划局在职权范围内作出的,符合法律规定和实际情况,有助于树立诚信政府形象,并无重大明显的违法情形,具有法律效力,并对市国土局关于土地使用性质的判断产生约束力。因此,对市国土局提出的冷藏车间占地为工业用地的主张不予支持。亚鹏公司要求市国土局对"萍国用(2006)第43750号"土地证(土地使用权面积8359.1平方米)地类更正为商住综合用地,具有正当理由,市国土局应予以更正。亚鹏公司作为土地受让方按约支付了全部价款,市国土局要求亚鹏公司如若变更土地用途则应补交土地出让金,缺乏事实依据和法律依据,且有违诚实信用原则。

### 5. 英县永佳纸业有限公司诉四川省大英县人民政府不履行行政协议案[①]

——行政协议的定义及相对人不履行行政协议约定义务时行政机关的救济途径

(一)基本案情

2013年7月,中共四川省遂宁市大英县委为落实上级党委、政府要求,实现节能减排目标,出台中共大英县委第23期《关于研究永佳纸业处置方案会议纪要》(以下简称《会议纪要》),决定对大英县永佳纸业有限公司(以下简称永佳公司)进行关停征收。根据《会议纪要》,四川省大英县人民政府(以下简称大英县政府)安排大英县回马镇政府(以下简称回马镇政府)于2013年9月6日与永佳公司签订了《大英县永佳纸业有限公司资产转让协议书》(以下简称《资产转让协议书》),永佳公司关停退出造纸行业,回马镇政府受让永佳公司资产并支付对价。协议签订后,永佳公司依约定履行了大部分义务,回马镇政府接受了永佳公司的厂房等资产后,于2014年4月4日前由大英县政府、回马镇政府共计支付了永佳公司补偿金322.4

① 案例来源:2019年12月10日最高人民法院发布10起行政协议案件典型案例。

万元，之后经多次催收未再履行后续付款义务。永佳公司认为其与回马镇政府签订的《资产转让协议书》系合法有效的行政合同，大英县政府、回马镇政府应当按约定履行付款义务。故诉至法院请求判令，大英县政府、回马镇政府支付永佳公司转让费人民币 894.6 万元及相应利息。

（二）裁判结果

经四川省遂宁市中级人民法院一审，四川省高级人民法院二审判决《资产转让协议书》合法有效，大英县政府应当给付尚欠永佳公司的征收补偿费用人民币 794.6 万元及资金利息。大英县政府、回马镇政府不服，向最高人民法院申请再审称，《资产转让协议书》系民事合同，若属行政协议，永佳公司不履行约定义务将导致其无法救济，故本案不属于行政诉讼受案范围。

最高人民法院再审裁定认为，界定行政协议有以下四个方面要素：一是主体要素，即必须一方当事人为行政机关，另一方为行政相对人；二是目的要素，即必须是为了实现行政管理或者公共服务目标；三是内容要素，协议内容必须具有行政法上的权利义务内容；四是意思要素，即协议双方当事人必须协商一致。在此基础上，行政协议的识别可以从以下两方面标准进行：一是形式标准，即是否发生于履职的行政机关与行政相对人之间的协商一致；二是实质标准，即协议的标的及内容有行政法上的权利义务，该权利义务取决于是否行使行政职权、履行行政职责；是否为实现行政管理目标和公共服务；行政机关是否具有优益权。本案案涉《资产转让协议书》系大英县政府为履行环境保护治理法定职责，由大英县政府通过回马镇政府与永佳公司订立协议替代行政决定，其意在通过受让涉污企业永佳公司资产，让永佳公司退出造纸行业，以实现节能减排和环境保护的行政管理目标，维护公共利益，符合上述行政协议的四个要素和两个标准，系行政协议，相应违约责任应由大英县政府承担。同时，我国行政诉讼虽是奉行被告恒定原则，但并不影响作为行政协议一方当事人的行政机关的相关权利救济。在相对人不履行行政协议约定义务，行政机关又不能起诉行政相对人的情况下，行政机关可以通过申请非诉执行或者自己强制执行实现协议救济。行政机关可以作出要求相对人履行义务的决定，相对人拒不履行的，行政机关可以该决定为执行依据向人民法院申请强制执行或者自己强制执行。故不存在案涉《资产转让协议书》若属行政协议，永佳公司不履行约定义务将导致行政机关无法救济的问题。据此，最高人民法院裁定驳回大英县政府的再审申请。

## 6. 北京富宁经贸有限责任公司宁夏特产连锁超市诉北京市东城区市场监督管理局行政处罚决定及北京市东城区人民政府行政复议案[①]

**基本案情**

北京市东城区市场监督管理局（以下简称东城市场监管局）收到消费者投诉举报，反映其在北京富宁经贸有限责任公司宁夏特产连锁超市（以下简称富宁公司）购买的某品牌不同年份的两款葡萄酒标签上未标注生产商相关信息和警示语等。东城市场监管局经检查，认定富宁公司出售的预包装产品存在经营标签不符合食品安全法相关规定的违法行为，于 2019 年 6 月 10 日作出行政处罚决定，对富宁公司处以罚款和没收违法所得共计 113,954 元。富宁公司认为处罚决定适用法律错误，处罚过重，向北京市东城区人民政府（以下简称东城区政府）申请行政复议。东城区政府经复议审查维持了处罚决定。富宁公司认为产品标签存在的问题非经销商过错，不应作高限处罚，遂向北京市东城区人民法院（以下简称东城区法院）提起行政诉讼，请求撤销被诉行政处罚决定中关于对富宁公司因销售的“巴格斯酒庄特级赤霞珠葡萄酒”2011、“巴格斯酒庄特级赤霞珠葡萄酒”2016 不符合标签规定作出的处罚部分及被诉行政复议决定。

**出庭应诉情况**

因案涉食品安全且罚没金额较大，处罚定性和幅度准确与否对原告的正常经营产生影响，对民族地方特色食品的规范化生产经营也将带来示范效应，东城区法院建议被告负责人以实质解决争议为目标出庭应诉，同时积极促成生产商参加诉讼。东城区法院提出建议后，东城区副区长、东城市场监管局局长作为行政机关负责人出庭应诉。东城区法院将本案庭审确立为年度庭审公开示范庭，由分管副院长担任审判长，东城区属行政机关法制部门负责人及区市场监管局执法人员共 90 余人旁听了庭审。庭审中，东城区副区长在最后陈述中表示：“感谢当事人选择行政复议作为救济途径，本人作为行政机关负责人出庭应诉，既是以实际行动落实法律义务，也体现了区政府努力优化营商环境的决心。东城区政府将秉持法治就是最好的营商环境的理念，不断提高行政机关执法水平，推动构建保护公平竞争的市场秩序，畅通市场主体的利益表达渠道，努力营造首都功能核心区良好的法治化营商环境。”东城市场监管局局长表示：“此次公开庭审是一次难得而生

① 案例来源：2021 年 7 月 29 日最高人民法院发布十五起行政机关负责人出庭应诉典型案例。

动的法制教育课，对规范食品行政执法起到了积极的引领作用，今后要避免机械执法，主动结合生产实际，确保罚责相当。”庭审后，两位行政机关负责人专门与第三人生产厂商法定代表人就市场监管工作中相关问题进行了深入交流。经过庭审和庭后充分交换意见，各方当事人对案件争议问题的解决达成共识，原告申请撤诉。

**典型意义**

本案最终案结事了，充分展示了行政机关负责人出庭应诉制度的效能：一是沟通效能。东城区法院以当事人之间充分沟通为目标，努力让利益相关方全部参加诉讼并实际出庭，面对面交流，消除了隔阂和认识误区，达成了争议解决的共识。同时，加强了行政机关和行政相对人对人民法院审理工作的理解和信任；二是示范效能。东城区法院提前建议行政机关负责人出庭就实质性解决争议发表意见，打破以往行政机关被动应诉的藩篱，促进行政机关在庭前应诉准备中更加深入审视行政行为合法性，从自身工作不足中寻求争议化解的契合点，从而促进执法工作水平的提升，同时带动行政机关负责人转变理念，主动出庭、出好庭；三是教育效能。本案同时作为行政执法人员的法制公开课，市场监管局局长的出庭发言，对规范食品行政执法起到了积极引领作用。政府副区长的出庭应诉，对政府职能部门深入推进依法行政、加强法治政府建设发挥了良好示范作用。

· *文书范本*

## 1. 行政起诉状

原告：

被告：

诉讼请求：

事实与理由：

证据和证据来源、证人姓名和住址：

此致

×人民法院

起诉人：

×年×月×日

附：1. 本诉状副本×份；

2. 证据材料×份。

## 2. 行政答辩状

答辩人：

因　　　　　一案，提出答辩如下：

此致

人民法院

答辩人：

年　月　日

## 3. 行政上诉状

（行政案件中法人、其他组织或行政机关提出上诉用）

上诉人名称：
所在地址：
法定代表人(或主要负责人)
姓名：　　　　　职务：
企业性质：
工商登记核准号：
经营范围和方式：
开户银行：　　　　账号：
被上诉人名称：
所在地址：
法定代表人(或主要负责人)
姓名：　　　　　职务：
企业性质：
工商登记核准号：
经营范围和方式：
开户银行：　　　　账号：

上诉人因(案由)一案，不服×人民法院×年×月×日初字第×号行政判决(裁定)，现提起上诉。

上诉请求：

上诉理由：

此致
×人民法院

上诉人：
年　月　日

附：本上诉状副本×份。

## 4. 行政申诉状

申诉人：

被申诉人：

申诉人因一案，不服×人民法院于×年×月×日作出的×字第×号行政判决(裁定)，现提出申诉。

请求事项：

事实与理由：

此致
×人民法院

申诉人：
年 月 日

附：1. 原审已生效的判决书（裁定）抄件×份；
2. 证据材料×份。

### 5. 行政撤诉申请书

撤诉人：

撤诉请求与理由：

此致

人民法院

申请人：
年 月 日

## 3. 行政赔偿

### 中华人民共和国国家赔偿法

· 1994年5月12日第八届全国人民代表大会常务委员会第七次会议通过
· 根据2010年4月29日第十一届全国人民代表大会常务委员会第十四次会议《关于修改〈中华人民共和国国家赔偿法〉的决定》第一次修正
· 根据2012年10月26日第十一届全国人民代表大会常务委员会第二十九次会议《关于修改〈中华人民共和国国家赔偿法〉的决定》第二次修正

#### 目 录

第一章 总 则
第二章 行政赔偿
　第一节 赔偿范围
　第二节 赔偿请求人和赔偿义务机关
　第三节 赔偿程序
第三章 刑事赔偿
　第一节 赔偿范围
　第二节 赔偿请求人和赔偿义务机关
　第三节 赔偿程序
第四章 赔偿方式和计算标准
第五章 其他规定
第六章 附 则

#### 第一章 总 则

**第一条 【立法目的】**为保障公民、法人和其他组织享有依法取得国家赔偿的权利，促进国家机关依法行使职权，根据宪法，制定本法。

**第二条 【依法赔偿】**国家机关和国家机关工作人员行使职权，有本法规定的侵犯公民、法人和其他组织合法权益的情形，造成损害的，受害人有依照本法取得国家赔偿的权利。

本法规定的赔偿义务机关，应当依照本法及时履行赔偿义务。

#### 第二章 行政赔偿

##### 第一节 赔偿范围

**第三条 【侵犯人身权的行政赔偿范围】**行政机关及其工作人员在行使行政职权时有下列侵犯人身权情形之一的，受害人有取得赔偿的权利：

（一）违法拘留或者违法采取限制公民人身自由的行政强制措施的；

（二）非法拘禁或者以其他方法非法剥夺公民人身自由的；

（三）以殴打、虐待等行为或者唆使、放纵他人以殴打、虐待等行为造成公民身体伤害或者死亡的；

（四）违法使用武器、警械造成公民身体伤害或者死亡的；

（五）造成公民身体伤害或者死亡的其他违法行为。

**第四条 【侵犯财产权的行政赔偿范围】**行政机关及其工作人员在行使行政职权时有下列侵犯财产权情形之一的，受害人有取得赔偿的权利：

（一）违法实施罚款、吊销许可证和执照、责令停产停业、没收财物等行政处罚的；

（二）违法对财产采取查封、扣押、冻结等行政强制措施的；

（三）违法征收、征用财产的；

（四）造成财产损害的其他违法行为。

**第五条 【行政侵权中的免责情形】**属于下列情形之一的，国家不承担赔偿责任：

（一）行政机关工作人员与行使职权无关的个人行为；

（二）因公民、法人和其他组织自己的行为致使损害发生的；

（三）法律规定的其他情形。

### 第二节 赔偿请求人和赔偿义务机关

**第六条 【行政赔偿请求人】**受害的公民、法人和其他组织有权要求赔偿。

受害的公民死亡，其继承人和其他有扶养关系的亲属有权要求赔偿。

受害的法人或者其他组织终止的，其权利承受人有权要求赔偿。

**第七条 【行政赔偿义务机关】**行政机关及其工作人员行使行政职权侵犯公民、法人和其他组织的合法权益造成损害的，该行政机关为赔偿义务机关。

两个以上行政机关共同行使行政职权时侵犯公民、法人和其他组织的合法权益造成损害的，共同行使行政职权的行政机关为共同赔偿义务机关。

法律、法规授权的组织在行使授予的行政权力时侵犯公民、法人和其他组织的合法权益造成损害的，被授权的组织为赔偿义务机关。

受行政机关委托的组织或者个人在行使受委托的行政权力时侵犯公民、法人和其他组织的合法权益造成损害的，委托的行政机关为赔偿义务机关。

赔偿义务机关被撤销的，继续行使其职权的行政机关为赔偿义务机关；没有继续行使其职权的行政机关的，撤销该赔偿义务机关的行政机关为赔偿义务机关。

**第八条 【经过行政复议的赔偿义务机关】**经复议机关复议的，最初造成侵权行为的行政机关为赔偿义务机关，但复议机关的复议决定加重损害的，复议机关对加重的部分履行赔偿义务。

### 第三节 赔偿程序

**第九条 【赔偿请求人要求行政赔偿的途径】**赔偿义务机关有本法第三条、第四条规定情形之一的，应当给予赔偿。

赔偿请求人要求赔偿，应当先向赔偿义务机关提出，也可以在申请行政复议或者提起行政诉讼时一并提出。

**第十条 【行政赔偿的共同赔偿义务机关】**赔偿请求人可以向共同赔偿义务机关中的任何一个赔偿义务机关要求赔偿，该赔偿义务机关应当先予赔偿。

**第十一条 【根据损害提出数项赔偿要求】**赔偿请求人根据受到的不同损害，可以同时提出数项赔偿要求。

**第十二条 【赔偿请求人递交赔偿申请书】**要求赔偿应当递交申请书，申请书应当载明下列事项：

（一）受害人的姓名、性别、年龄、工作单位和住所，法人或者其他组织的名称、住所和法定代表人或者主要负责人的姓名、职务；

（二）具体的要求、事实根据和理由；

（三）申请的年、月、日。

赔偿请求人书写申请书确有困难的，可以委托他人代书；也可以口头申请，由赔偿义务机关记入笔录。

赔偿请求人不是受害人本人的，应当说明与受害人的关系，并提供相应证明。

赔偿请求人当面递交申请书的，赔偿义务机关应当当场出具加盖本行政机关专用印章并注明收讫日期的书面凭证。申请材料不齐全的，赔偿义务机关应当当场或者在五日内一次性告知赔偿请求人需要补正的全部内容。

**第十三条 【行政赔偿义务机关作出赔偿决定】**赔偿义务机关应当自收到申请之日起两个月内，作出是否赔偿的决定。赔偿义务机关作出赔偿决定，应当充分听取赔偿请求人的意见，并可以与赔偿请求人就赔偿方式、赔偿项目和赔偿数额依照本法第四章的规定进行协商。

赔偿义务机关决定赔偿的，应当制作赔偿决定书，并自作出决定之日起十日内送达赔偿请求人。

赔偿义务机关决定不予赔偿的，应当自作出决定之日起十日内书面通知赔偿请求人，并说明不予赔偿的理由。

**第十四条 【赔偿请求人向法院提起诉讼】**赔偿义务机关在规定期限内未作出是否赔偿的决定，赔偿请求人可以自期限届满之日起三个月内，向人民法院提起诉讼。

赔偿请求人对赔偿的方式、项目、数额有异议的，或者赔偿义务机关作出不予赔偿决定的，赔偿请求人可以自赔偿义务机关作出赔偿或者不予赔偿决定之日起三个月内，向人民法院提起诉讼。

**第十五条　【举证责任】**人民法院审理行政赔偿案件，赔偿请求人和赔偿义务机关对自己提出的主张，应当提供证据。

赔偿义务机关采取行政拘留或者限制人身自由的强制措施期间，被限制人身自由的人死亡或者丧失行为能力的，赔偿义务机关的行为与被限制人身自由的人的死亡或者丧失行为能力是否存在因果关系，赔偿义务机关应当提供证据。

**第十六条　【行政追偿】**赔偿义务机关赔偿损失后，应当责令有故意或者重大过失的工作人员或者受委托的组织或者个人承担部分或者全部赔偿费用。

对有故意或者重大过失的责任人员，有关机关应当依法给予处分；构成犯罪的，应当依法追究刑事责任。

## 第三章　刑事赔偿

### 第一节　赔偿范围

**第十七条　【侵犯人身权的刑事赔偿范围】**行使侦查、检察、审判职权的机关以及看守所、监狱管理机关及其工作人员在行使职权时有下列侵犯人身权情形之一的，受害人有取得赔偿的权利：

（一）违反刑事诉讼法的规定对公民采取拘留措施的，或者依照刑事诉讼法规定的条件和程序对公民采取拘留措施，但是拘留时间超过刑事诉讼法规定的时限，其后决定撤销案件、不起诉或者判决宣告无罪终止追究刑事责任的；

（二）对公民采取逮捕措施后，决定撤销案件、不起诉或者判决宣告无罪终止追究刑事责任的；

（三）依照审判监督程序再审改判无罪，原判刑罚已经执行的；

（四）刑讯逼供或者以殴打、虐待等行为或者唆使、放纵他人以殴打、虐待等行为造成公民身体伤害或者死亡的；

（五）违法使用武器、警械造成公民身体伤害或者死亡的。

**第十八条　【侵犯财产权的刑事赔偿范围】**行使侦查、检察、审判职权的机关以及看守所、监狱管理机关及其工作人员在行使职权时有下列侵犯财产权情形之一的，受害人有取得赔偿的权利：

（一）违法对财产采取查封、扣押、冻结、追缴等措施的；

（二）依照审判监督程序再审改判无罪，原判罚金、没收财产已经执行的。

**第十九条　【刑事赔偿免责情形】**属于下列情形之一的，国家不承担赔偿责任：

（一）因公民自己故意作虚伪供述，或者伪造其他有罪证据被羁押或者被判处刑罚的；

（二）依照刑法第十七条、第十八条规定不负刑事责任的人被羁押的；

（三）依照刑事诉讼法第十五条、第一百七十三条第二款、第二百七十三条第二款、第二百七十九条规定不追究刑事责任的人被羁押的；

（四）行使侦查、检察、审判职权的机关以及看守所、监狱管理机关的工作人员与行使职权无关的个人行为；

（五）因公民自伤、自残等故意行为致使损害发生的；

（六）法律规定的其他情形。

### 第二节　赔偿请求人和赔偿义务机关

**第二十条　【刑事赔偿请求人】**赔偿请求人的确定依照本法第六条的规定。

**第二十一条　【刑事赔偿义务机关】**行使侦查、检察、审判职权的机关以及看守所、监狱管理机关及其工作人员在行使职权时侵犯公民、法人和其他组织的合法权益造成损害的，该机关为赔偿义务机关。

对公民采取拘留措施，依照本法的规定应当给予国家赔偿的，作出拘留决定的机关为赔偿义务机关。

对公民采取逮捕措施后决定撤销案件、不起诉或者判决宣告无罪的，作出逮捕决定的机关为赔偿义务机关。

再审改判无罪的，作出原生效判决的人民法院为赔偿义务机关。二审改判无罪，以及二审发回重审后作无罪处理的，作出一审有罪判决的人民法院为赔偿义务机关。

### 第三节　赔偿程序

**第二十二条　【刑事赔偿的提出和赔偿义务机关先行处理】**赔偿义务机关有本法第十七条、第十八条规定情形之一的，应当给予赔偿。

赔偿请求人要求赔偿，应当先向赔偿义务机关提出。

赔偿请求人提出赔偿请求，适用本法第十一条、第十二条的规定。

**第二十三条　【刑事赔偿义务机关赔偿决定的作出】**赔偿义务机关应当自收到申请之日起两个月内，作出是否赔偿的决定。赔偿义务机关作出赔偿决定，应当充分听取赔偿请求人的意见，并可以与赔偿请求人就赔偿方式、赔偿项目和赔偿数额依照本法第四章的规定进行协商。

赔偿义务机关决定赔偿的，应当制作赔偿决定书，并自作出决定之日起十日内送达赔偿请求人。

赔偿义务机关决定不予赔偿的，应当自作出决定之日起十日内书面通知赔偿请求人，并说明不予赔偿的理由。

**第二十四条　【刑事赔偿复议申请的提出】**赔偿义务机关在规定期限内未作出是否赔偿的决定，赔偿请求人可以自期限届满之日起三十日内向赔偿义务机关的上一级机关申请复议。

赔偿请求人对赔偿的方式、项目、数额有异议的，或者赔偿义务机关作出不予赔偿决定的，赔偿请求人可以自赔偿义务机关作出赔偿或者不予赔偿决定之日起三十日内，向赔偿义务机关的上一级机关申请复议。

赔偿义务机关是人民法院的，赔偿请求人可以依照本条规定向其上一级人民法院赔偿委员会申请作出赔偿决定。

**第二十五条　【刑事赔偿复议的处理和对复议决定的救济】**复议机关应当自收到申请之日起两个月内作出决定。

赔偿请求人不服复议决定的，可以在收到复议决定之日起三十日内向复议机关所在地的同级人民法院赔偿委员会申请作出赔偿决定；复议机关逾期不作决定的，赔偿请求人可以自期限届满之日起三十日内向复议机关所在地的同级人民法院赔偿委员会申请作出赔偿决定。

**第二十六条　【举证责任分配】**人民法院赔偿委员会处理赔偿请求，赔偿请求人和赔偿义务机关对自己提出的主张，应当提供证据。

被羁押人在羁押期间死亡或者丧失行为能力的，赔偿义务机关的行为与被羁押人的死亡或者丧失行为能力是否存在因果关系，赔偿义务机关应当提供证据。

**第二十七条　【赔偿委员会办理案件程序】**人民法院赔偿委员会处理赔偿请求，采取书面审查的办法。必要时，可以向有关单位和人员调查情况、收集证据。赔偿请求人与赔偿义务机关对损害事实及因果关系有争议的，赔偿委员会可以听取赔偿请求人和赔偿义务机关的陈述和申辩，并可以进行质证。

**第二十八条　【赔偿委员会办理案件期限】**人民法院赔偿委员会应当自收到赔偿申请之日起三个月内作出决定；属于疑难、复杂、重大案件的，经本院院长批准，可以延长三个月。

**第二十九条　【赔偿委员会的组成】**中级以上的人民法院设立赔偿委员会，由人民法院三名以上审判员组成，组成人员的人数应当为单数。

赔偿委员会作赔偿决定，实行少数服从多数的原则。

赔偿委员会作出的赔偿决定，是发生法律效力的决定，必须执行。

**第三十条　【赔偿委员会重新审查程序】**赔偿请求人或者赔偿义务机关对赔偿委员会作出的决定，认为确有错误的，可以向上一级人民法院赔偿委员会提出申诉。

赔偿委员会作出的赔偿决定生效后，如发现赔偿决定违反本法规定的，经本院院长决定或者上级人民法院指令，赔偿委员会应当在两个月内重新审查并依法作出决定，上一级人民法院赔偿委员会也可以直接审查并作出决定。

最高人民检察院对各级人民法院赔偿委员会作出的决定，上级人民检察院对下级人民法院赔偿委员会作出的决定，发现违反本法规定的，应当向同级人民法院赔偿委员会提出意见，同级人民法院赔偿委员会应当在两个月内重新审查并依法作出决定。

**第三十一条　【刑事赔偿的追偿】**赔偿义务机关赔偿后，应当向有下列情形之一的工作人员追偿部分或者全部赔偿费用：

（一）有本法第十七条第四项、第五项规定情形的；

（二）在处理案件中有贪污受贿，徇私舞弊，枉法裁判行为的。

对有前款规定情形的责任人员，有关机关应当依法给予处分；构成犯罪的，应当依法追究刑事责任。

## 第四章　赔偿方式和计算标准

**第三十二条　【赔偿方式】**国家赔偿以支付赔偿金为主要方式。

能够返还财产或者恢复原状的，予以返还财产或者恢复原状。

**第三十三条　【人身自由的国家赔偿标准】**侵犯公民人身自由的，每日赔偿金按照国家上年度职工日平均工资计算。

**第三十四条　【生命健康权的国家赔偿标准】**侵犯公民生命健康权的，赔偿金按照下列规定计算：

（一）造成身体伤害的，应当支付医疗费、护理费，以及赔偿因误工减少的收入。减少的收入每日的赔偿金按照国家上年度职工日平均工资计算，最高额为国家上年度职工年平均工资的五倍；

（二）造成部分或者全部丧失劳动能力的，应当支付医疗费、护理费、残疾生活辅助具费、康复费等因残疾而增加的必要支出和继续治疗所必需的费用，以及残疾赔偿金。残疾赔偿金根据丧失劳动能力的程度，按照国家规定的伤残等级确定，最高不超过国家上年度职工年平均工资的二十倍。造成全部丧失劳动能力的，对其扶养的无劳动能力的人，还应当支付生活费；

（三）造成死亡的，应当支付死亡赔偿金、丧葬费，总额为国家上年度职工年平均工资的二十倍。对死者生前扶养的无劳动能力的人，还应当支付生活费。

前款第二项、第三项规定的生活费的发放标准，参照当地最低生活保障标准执行。被扶养的人是未成年人的，生活费给付至十八周岁止；其他无劳动能力的人，生活费给付至死亡时止。

**第三十五条　【精神损害的国家赔偿标准】**有本法第三条或者第十七条规定情形之一，致人精神损害的，应当在侵权行为影响的范围内，为受害人消除影响，恢复名誉，赔礼道歉；造成严重后果的，应当支付相应的精神损害抚慰金。

**第三十六条　【财产权的国家赔偿标准】**侵犯公民、法人和其他组织的财产权造成损害的，按照下列规定处理：

（一）处罚款、罚金、追缴、没收财产或者违法征收、征用财产的，返还财产；

（二）查封、扣押、冻结财产的，解除对财产的查封、扣押、冻结，造成财产损坏或者灭失的，依照本条第三项、第四项的规定赔偿；

（三）应当返还的财产损坏的，能够恢复原状的恢复原状，不能恢复原状的，按照损害程度给付相应的赔偿金；

（四）应当返还的财产灭失的，给付相应的赔偿金；

（五）财产已经拍卖或者变卖的，给付拍卖或者变卖所得的价款；变卖的价款明显低于财产价值的，应当支付相应的赔偿金；

（六）吊销许可证和执照、责令停产停业的，赔偿停产停业期间必要的经常性费用开支；

（七）返还执行的罚款或者罚金、追缴或者没收的金钱，解除冻结的存款或者汇款的，应当支付银行同期存款利息；

（八）对财产权造成其他损害的，按照直接损失给予赔偿。

**第三十七条　【国家赔偿费用】**赔偿费用列入各级财政预算。

赔偿请求人凭生效的判决书、复议决定书、赔偿决定书或者调解书，向赔偿义务机关申请支付赔偿金。

赔偿义务机关应当自收到支付赔偿金申请之日起七日内，依照预算管理权限向有关的财政部门提出支付申请。财政部门应当自收到支付申请之日起十五日内支付赔偿金。

赔偿费用预算与支付管理的具体办法由国务院规定。

## 第五章　其他规定

**第三十八条　【民事、行政诉讼中的司法赔偿】**人民法院在民事诉讼、行政诉讼过程中，违法采取对妨害诉讼的强制措施、保全措施或者对判决、裁定及其他生效法律文书执行错误，造成损害的，赔偿请求人要求赔偿的程序，适用本法刑事赔偿程序的规定。

**第三十九条　【国家赔偿请求时效】**赔偿请求人请求国家赔偿的时效为两年，自其知道或者应当知道国家机关及其工作人员行使职权时的行为侵犯其人身权、财产权之日起计算，但被羁押等限制人身自由期间不计算在内。在申请行政复议或者提起行政诉讼时一并提出赔偿请求的，适用行政复议法、行政诉讼法有关时效的规定。

赔偿请求人在赔偿请求时效的最后六个月内，因不可抗力或者其他障碍不能行使请求权的，时效中止。从中止时效的原因消除之日起，赔偿请求时效期间继续计算。

**第四十条　【对等原则】**外国人、外国企业和组织在中华人民共和国领域内要求中华人民共和国国家赔偿的，适用本法。

外国人、外国企业和组织的所属国对中华人民共和国公民、法人和其他组织要求该国国家赔偿的权利不予保护或者限制的，中华人民共和国与该外国人、外国企业和组织的所属国实行对等原则。

## 第六章　附　则

**第四十一条　【不得收费和征税】**赔偿请求人要求国家赔偿的，赔偿义务机关、复议机关和人民法院不得向赔偿请求人收取任何费用。

对赔偿请求人取得的赔偿金不予征税。

**第四十二条　【施行时间】**本法自 1995 年 1 月 1 日起施行。

## 最高人民法院关于审理行政赔偿案件若干问题的规定


· 2021 年 12 月 6 日最高人民法院审判委员会第 1855 次会议通过

· 2022 年 3 月 20 日最高人民法院公告公布

· 自 2022 年 5 月 1 日起施行

· 法释〔2022〕10 号


为保护公民、法人和其他组织的合法权益，监督行政机关依法履行行政赔偿义务，确保人民法院公正、及时审理行政赔偿案件，实质化解行政赔偿争议，根据《中华人民共和国行政诉讼法》（以下简称行政诉讼法）《中华人民共和国国家赔偿法》（以下简称国家赔偿法）等法律规定，结合行政审判工作实际，制定本规定。

### 一、受案范围

**第一条** 国家赔偿法第三条、第四条规定的"其他违法行为"包括以下情形：

（一）不履行法定职责行为；

（二）行政机关及其工作人员在履行行政职责过程中作出的不产生法律效果，但事实上损害公民、法人或者其他组织人身权、财产权等合法权益的行为。

**第二条** 依据行政诉讼法第一条、第十二条第一款第十二项和国家赔偿法第二条规定，公民、法人或者其他组织认为行政机关及其工作人员违法行使行政职权对其劳动权、相邻权等合法权益造成人身、财产损害的，可以依法提起行政赔偿诉讼。

**第三条** 赔偿请求人不服赔偿义务机关下列行为的，可以依法提起行政赔偿诉讼：

（一）确定赔偿方式、项目、数额的行政赔偿决定；

（二）不予赔偿决定；

（三）逾期不作出赔偿决定；

（四）其他有关行政赔偿的行为。

**第四条** 法律规定由行政机关最终裁决的行政行为被确认违法后，赔偿请求人可以单独提起行政赔偿诉讼。

**第五条** 公民、法人或者其他组织认为国防、外交等国家行为或者行政机关制定发布行政法规、规章或者具有普遍约束力的决定、命令侵犯其合法权益造成损害，向人民法院提起行政赔偿诉讼的，不属于人民法院行政赔偿诉讼的受案范围。

### 二、诉讼当事人

**第六条** 公民、法人或者其他组织一并提起行政赔偿诉讼中的当事人地位，按照其在行政诉讼中的地位确定，行政诉讼与行政赔偿诉讼当事人不一致的除外。

**第七条** 受害的公民死亡，其继承人和其他有扶养关系的人可以提起行政赔偿诉讼，并提供该公民死亡证明、赔偿请求人与死亡公民之间的关系证明。

受害的公民死亡，支付受害公民医疗费、丧葬费等合理费用的人可以依法提起行政赔偿诉讼。

有权提起行政赔偿诉讼的法人或者其他组织分立、合并、终止，承受其权利的法人或者其他组织可以依法提起行政赔偿诉讼。

**第八条** 两个以上行政机关共同实施侵权行政行为造成损害的，共同侵权行政机关为共同被告。赔偿请求人坚持对其中一个或者几个侵权机关提起行政赔偿诉讼，以被起诉的机关为被告，未被起诉的机关追加为第三人。

**第九条** 原行政行为造成赔偿请求人损害，复议决定加重损害的，复议机关与原行政行为机关为共同被告。赔偿请求人坚持对作出原行政行为机关或者复议机关提起行政赔偿诉讼，以被起诉的机关为被告，未被起诉的机关追加为第三人。

**第十条** 行政机关依据行政诉讼法第九十七条的规定申请人民法院强制执行其行政行为，因据以强制执行的行政行为违法而发生行政赔偿诉讼的，申请强制执行的行政机关为被告。

### 三、证　据

**第十一条** 行政赔偿诉讼中，原告应当对行政行为造成的损害提供证据；因被告的原因导致原告无法举证的，由被告承担举证责任。

人民法院对于原告主张的生产和生活所必需物品的合理损失，应当予以支持；对于原告提出的超出生产和生活所必需的其他贵重物品、现金损失，可以结合案件相关证据予以认定。

**第十二条** 原告主张其被限制人身自由期间受到身体伤害，被告否认相关损害事实或者损害与违法行政行为存在因果关系的，被告应当提供相应的证据证明。

### 四、起诉与受理

**第十三条** 行政行为未被确认为违法，公民、法人或者其他组织提起行政赔偿诉讼的，人民法院应当视为提起行政诉讼时一并提起行政赔偿诉讼。

行政行为已被确认为违法，并符合下列条件的，公民、法人或者其他组织可以单独提起行政赔偿诉讼：

（一）原告具有行政赔偿请求资格；

（二）有明确的被告；

（三）有具体的赔偿请求和受损害的事实根据；

（四）赔偿义务机关已先行处理或者超过法定期限不予处理；

（五）属于人民法院行政赔偿诉讼的受案范围和受诉人民法院管辖；

（六）在法律规定的起诉期限内提起诉讼。

**第十四条** 原告提起行政诉讼时未一并提起行政赔偿诉讼，人民法院审查认为可能存在行政赔偿的，应当告知原告可以一并提起行政赔偿诉讼。

原告在第一审庭审终结前提起行政赔偿诉讼，符合起诉条件的，人民法院应当依法受理；原告在第一审庭审终结后、宣判前提起行政赔偿诉讼的，是否准许由人民法院决定。

原告在第二审程序或者再审程序中提出行政赔偿请求的，人民法院可以组织各方调解；调解不成的，告知其另行起诉。

**第十五条** 公民、法人或者其他组织应当自知道或者应当知道行政行为侵犯其合法权益之日起两年内，向赔偿义务机关申请行政赔偿。赔偿义务机关在收到赔偿申请之日起两个月内未作出赔偿决定的，公民、法人或者其他组织可以依照行政诉讼法有关规定提起行政赔偿诉讼。

**第十六条** 公民、法人或者其他组织提起行政诉讼时一并请求行政赔偿的，适用行政诉讼法有关起诉期限的规定。

**第十七条** 公民、法人或者其他组织仅对行政复议决定中的行政赔偿部分有异议，自复议决定书送达之日起十五日内提起行政赔偿诉讼的，人民法院应当依法受理。

行政机关作出有赔偿内容的行政复议决定时，未告知公民、法人或者其他组织起诉期限的，起诉期限从公民、法人或者其他组织知道或者应当知道起诉期限之日起计算，但从知道或者应当知道行政复议决定内容之日起最长不得超过一年。

**第十八条** 行政行为被有权机关依照法定程序撤销、变更、确认违法或无效，或者实施行政行为的行政机关工作人员因该行为被生效法律文书或监察机关政务处分确认为渎职、滥用职权的，属于本规定所称的行政行为被确认为违法的情形。

**第十九条** 公民、法人或者其他组织一并提起行政赔偿诉讼，人民法院经审查认为行政诉讼不符合起诉条件的，对一并提起的行政赔偿诉讼，裁定不予立案；已经立案的，裁定驳回起诉。

**第二十条** 在涉及行政许可、登记、征收、征用和行政机关对民事争议所作的裁决的行政案件中，原告提起行政赔偿诉讼的同时，有关当事人申请一并解决相关民事争议的，人民法院可以一并审理。

## 五、审理和判决

**第二十一条** 两个以上行政机关共同实施违法行政行为，或者行政机关及其工作人员与第三人恶意串通作出的违法行政行为，造成公民、法人或者其他组织人身权、财产权等合法权益实际损害的，应当承担连带赔偿责任。

一方承担连带赔偿责任后，对于超出其应当承担部分，可以向其他连带责任人追偿。

**第二十二条** 两个以上行政机关分别实施违法行政行为造成同一损害，每个行政机关的违法行为都足以造成全部损害的，各个行政机关承担连带赔偿责任。

两个以上行政机关分别实施违法行政行为造成同一损害的，人民法院应当根据其违法行政行为在损害发生和结果中的作用大小，确定各自承担相应的行政赔偿责任；难以确定责任大小的，平均承担责任。

**第二十三条** 由于第三人提供虚假材料，导致行政机关作出的行政行为违法，造成公民、法人或者其他组织损害的，人民法院应当根据违法行政行为在损害发生和结果中的作用大小，确定行政机关承担相应的行政赔偿责任；行政机关已经尽到审慎审查义务的，不承担行政赔偿责任。

**第二十四条** 由于第三人行为造成公民、法人或者其他组织损害的，应当由第三人依法承担侵权赔偿责任；第三人赔偿不足、无力承担赔偿责任或者下落不明，行政机关又未尽保护、监管、救助等法定义务的，人民法院应当根据行政机关未尽法定义务在损害发生和结果中的作用大小，确定其承担相应的行政赔偿责任。

**第二十五条** 由于不可抗力等客观原因造成公民、法人或者其他组织损害，行政机关不依法履行、拖延履行法定义务导致未能及时止损或者损害扩大的，人民法院应当根据行政机关不依法履行、拖延履行法定义务行为在损害发生和结果中的作用大小，确定其承担相应的行政赔偿责任。

**第二十六条** 有下列情形之一的，属于国家赔偿法第三十五条规定的"造成严重后果"：

（一）受害人被非法限制人身自由超过六个月；

（二）受害人经鉴定为轻伤以上或者残疾；

（三）受害人经诊断、鉴定为精神障碍或者精神残疾，且与违法行政行为存在关联；

（四）受害人名誉、荣誉、家庭、职业、教育等方面遭受严重损害，且与违法行政行为存在关联。

有下列情形之一的，可以认定为后果特别严重：

（一）受害人被限制人身自由十年以上；

（二）受害人死亡；

（三）受害人经鉴定为重伤或者残疾一至四级，且生活不能自理；

（四）受害人经诊断、鉴定为严重精神障碍或者精神残疾一至二级，生活不能自理，且与违法行政行为存在关联。

**第二十七条** 违法行政行为造成公民、法人或者其他组织财产损害，不能返还财产或者恢复原状的，按照损害发生时该财产的市场价格计算损失。市场价格无法确定，或者该价格不足以弥补公民、法人或者其他组织损失的，可以采用其他合理方式计算。

违法征收征用土地、房屋，人民法院判决给予被征收人的行政赔偿，不得少于被征收人依法应当获得的安置补偿权益。

**第二十八条** 下列损失属于国家赔偿法第三十六条第六项规定的“停产停业期间必要的经常性费用开支”：

（一）必要留守职工的工资；

（二）必须缴纳的税款、社会保险费；

（三）应当缴纳的水电费、保管费、仓储费、承包费；

（四）合理的房屋场地租金、设备租金、设备折旧费；

（五）维系停产停业期间运营所需的其他基本开支。

**第二十九条** 下列损失属于国家赔偿法第三十六条第八项规定的“直接损失”：

（一）存款利息、贷款利息、现金利息；

（二）机动车停运期间的营运损失；

（三）通过行政补偿程序依法应当获得的奖励、补贴等；

（四）对财产造成的其他实际损失。

**第三十条** 被告有国家赔偿法第三条规定情形之一，致人精神损害的，人民法院应当判决其在违法行政行为影响的范围内，为受害人消除影响、恢复名誉、赔礼道歉；消除影响、恢复名誉和赔礼道歉的履行方式，可以双方协商，协商不成的，人民法院应当责令被告以适当的方式履行。造成严重后果的，应当判决支付相应的精神损害抚慰金。

**第三十一条** 人民法院经过审理认为被告对公民、法人或者其他组织造成财产损害的，判决被告限期返还财产、恢复原状；无法返还财产、恢复原状的，判决被告限期支付赔偿金和相应的利息损失。

人民法院审理行政赔偿案件，可以对行政机关赔偿的方式、项目、标准等予以明确，赔偿内容确定的，应当作出具有赔偿金额等给付内容的判决；行政赔偿决定对赔偿数额的确定确有错误的，人民法院判决予以变更。

**第三十二条** 有下列情形之一的，人民法院判决驳回原告的行政赔偿请求：

（一）原告主张的损害没有事实根据的；

（二）原告主张的损害与违法行政行为没有因果关系的；

（三）原告的损失已经通过行政补偿等其他途径获得充分救济的；

（四）原告请求行政赔偿的理由不能成立的其他情形。

## 六、其　他

**第三十三条** 本规定自2022年5月1日起施行。《最高人民法院关于审理行政赔偿案件若干问题的规定》（法发〔1997〕10号）同时废止。

本规定实施前本院发布的司法解释与本规定不一致的，以本规定为准。

# 最高人民法院关于审理国家赔偿案件确定精神损害赔偿责任适用法律若干问题的解释

· 2021年2月7日最高人民法院审判委员会第1831次会议通过
· 2021年3月24日最高人民法院公告公布
· 自2021年4月1日起施行
· 法释〔2021〕3号

为正确适用《中华人民共和国国家赔偿法》有关规定，合理确定精神损害赔偿责任，结合国家赔偿审判实际，制定本解释。

**第一条** 公民以人身权受到侵犯为由提出国家赔偿申请，依照国家赔偿法第三十五条的规定请求精神损害赔偿的，适用本解释。

法人或者非法人组织请求精神损害赔偿的，人民法院不予受理。

**第二条** 公民以人身权受到侵犯为由提出国家赔偿申请，未请求精神损害赔偿，或者未同时请求消除影响、恢复名誉、赔礼道歉以及精神损害抚慰金的，人民法院应当向其释明。经释明后不变更请求，案件审结后又基于同一侵权事实另行提出申请的，人民法院不予受理。

**第三条** 赔偿义务机关有国家赔偿法第三条、第十七条规定情形之一，依法应当承担国家赔偿责任的，可以同时认定该侵权行为致人精神损害。但是赔偿义务机关有证据证明该公民不存在精神损害，或者认定精神损害违背公序良俗的除外。

**第四条**　侵权行为致人精神损害，应当为受害人消除影响、恢复名誉或者赔礼道歉；侵权行为致人精神损害并造成严重后果，应当在支付精神损害抚慰金的同时，视案件具体情形，为受害人消除影响、恢复名誉或者赔礼道歉。

消除影响、恢复名誉与赔礼道歉，可以单独适用，也可以合并适用，并应当与侵权行为的具体方式和造成的影响范围相当。

**第五条**　人民法院可以根据案件具体情况，组织赔偿请求人与赔偿义务机关就消除影响、恢复名誉或者赔礼道歉的具体方式进行协商。

协商不成作出决定的，应当采用下列方式：

（一）在受害人住所地或者所在单位发布相关信息；

（二）在侵权行为直接影响范围内的媒体上予以报道；

（三）赔偿义务机关有关负责人向赔偿请求人赔礼道歉。

**第六条**　决定为受害人消除影响、恢复名誉或者赔礼道歉的，应当载入决定主文。

赔偿义务机关在决定作出前已为受害人消除影响、恢复名誉或者赔礼道歉，或者原侵权案件的纠正被媒体广泛报道，客观上已经起到消除影响、恢复名誉作用，且符合本解释规定的，可以在决定书中予以说明。

**第七条**　有下列情形之一的，可以认定为国家赔偿法第三十五条规定的“造成严重后果”：

（一）无罪或者终止追究刑事责任的人被羁押六个月以上；

（二）受害人经鉴定为轻伤以上或者残疾；

（三）受害人经诊断、鉴定为精神障碍或者精神残疾，且与侵权行为存在关联；

（四）受害人名誉、荣誉、家庭、职业、教育等方面遭受严重损害，且与侵权行为存在关联。

受害人无罪被羁押十年以上；受害人死亡；受害人经鉴定为重伤或者残疾一至四级，且生活不能自理；受害人经诊断、鉴定为严重精神障碍或者精神残疾一至二级，生活不能自理，且与侵权行为存在关联的，可以认定为后果特别严重。

**第八条**　致人精神损害，造成严重后果的，精神损害抚慰金一般应当在国家赔偿法第三十三条、第三十四条规定的人身自由赔偿金、生命健康赔偿金总额的百分之五十以下（包括本数）酌定；后果特别严重，或者虽然不具有本解释第七条第二款规定情形，但是确有证据证明前述标准不足以抚慰的，可以在百分之五十以上酌定。

**第九条**　精神损害抚慰金的具体数额，应当在兼顾社会发展整体水平的同时，参考下列因素合理确定：

（一）精神受到损害以及造成严重后果的情况；

（二）侵权行为的目的、手段、方式等具体情节；

（三）侵权机关及其工作人员的违法、过错程度、原因力比例；

（四）原错判罪名、刑罚轻重、羁押时间；

（五）受害人的职业、影响范围；

（六）纠错的事由以及过程；

（七）其他应当考虑的因素。

**第十条**　精神损害抚慰金的数额一般不少于一千元；数额在一千元以上的，以千为计数单位。

赔偿请求人请求的精神损害抚慰金少于一千元，且其请求事由符合本解释规定的造成严重后果情形，经释明不予变更的，按照其请求数额支付。

**第十一条**　受害人对损害事实和后果的发生或者扩大有过错的，可以根据其过错程度减少或者不予支付精神损害抚慰金。

**第十二条**　决定中载明的支付精神损害抚慰金及其他责任承担方式，赔偿义务机关应当履行。

**第十三条**　人民法院审理国家赔偿法第三十八条所涉侵犯公民人身权的国家赔偿案件，以及作为赔偿义务机关审查处理国家赔偿案件，涉及精神损害赔偿的，参照本解释规定。

**第十四条**　本解释自2021年4月1日起施行。本解释施行前的其他有关规定与本解释不一致的，以本解释为准。

## 最高人民法院关于适用《中华人民共和国国家赔偿法》若干问题的解释（一）

· 2011年2月14日最高人民法院审判委员会第1511次会议通过
· 2011年2月28日最高人民法院公告公布
· 自2011年3月18日起施行
· 法释〔2011〕4号

为正确适用2010年4月29日第十一届全国人民代表大会常务委员会第十四次会议修正的《中华人民共和

国国家赔偿法》,对人民法院处理国家赔偿案件中适用国家赔偿法的有关问题解释如下:

**第一条** 国家机关及其工作人员行使职权侵犯公民、法人和其他组织合法权益的行为发生在2010年12月1日以后,或者发生在2010年12月1日以前、持续至2010年12月1日以后的,适用修正的国家赔偿法。

**第二条** 国家机关及其工作人员行使职权侵犯公民、法人和其他组织合法权益的行为发生在2010年12月1日以前的,适用修正前的国家赔偿法,但有下列情形之一的,适用修正的国家赔偿法:

(一)2010年12月1日以前已经受理赔偿请求人的赔偿请求但尚未作出生效赔偿决定的;

(二)赔偿请求人在2010年12月1日以后提出赔偿请求的。

**第三条** 人民法院对2010年12月1日以前已经受理但尚未审结的国家赔偿确认案件,应当继续审理。

**第四条** 公民、法人和其他组织对行使侦查、检察、审判职权的机关以及看守所、监狱管理机关在2010年12月1日以前作出并已发生法律效力的不予确认职务行为违法的法律文书不服,未依据修正前的国家赔偿法规定提出申诉并经有权机关作出侵权确认结论,直接向人民法院赔偿委员会申请赔偿的,不予受理。

**第五条** 公民、法人和其他组织对在2010年12月1日以前发生法律效力的赔偿决定不服提出申诉的,人民法院审查处理时适用修正前的国家赔偿法;但是仅就修正的国家赔偿法增加的赔偿项目及标准提出申诉的,人民法院不予受理。

**第六条** 人民法院审查发现2010年12月1日以前发生法律效力的确认裁定、赔偿决定确有错误应当重新审查处理的,适用修正前的国家赔偿法。

**第七条** 赔偿请求人认为行使侦查、检察、审判职权的机关以及看守所、监狱管理机关及其工作人员在行使职权时有修正的国家赔偿法第十七条第(一)、(二)、(三)项、第十八条规定情形的,应当在刑事诉讼程序终结后提出赔偿请求,但下列情形除外:

(一)赔偿请求人有证据证明其与尚未终结的刑事案件无关的;

(二)刑事案件被害人依据刑事诉讼法第一百九十八条的规定,以财产未返还或者认为返还的财产受到损害而要求赔偿的。

**第八条** 赔偿请求人认为人民法院有修正的国家赔偿法第三十八条规定情形的,应当在民事、行政诉讼程序或者执行程序终结后提出赔偿请求,但人民法院已依法撤销对妨害诉讼采取的强制措施的情形除外。

**第九条** 赔偿请求人或者赔偿义务机关认为人民法院赔偿委员会作出的赔偿决定存在错误,依法向上一级人民法院赔偿委员会提出申诉的,不停止赔偿决定的执行;但人民法院赔偿委员会依据修正的国家赔偿法第三十条的规定决定重新审查的,可以决定中止原赔偿决定的执行。

**第十条** 人民检察院依据修正的国家赔偿法第三十条第三款的规定,对人民法院赔偿委员会在2010年12月1日以后作出的赔偿决定提出意见的,同级人民法院赔偿委员会应当决定重新审查,并可以决定中止原赔偿决定的执行。

**第十一条** 本解释自公布之日起施行。

## 最高人民法院关于审理民事、行政诉讼中司法赔偿案件适用法律若干问题的解释

- 2016年2月15日最高人民法院审判委员会第1678次会议通过
- 2016年9月7日最高人民法院公告公布
- 自2016年10月1日起施行
- 法释〔2016〕20号

根据《中华人民共和国国家赔偿法》及有关法律规定,结合人民法院国家赔偿工作实际,现就人民法院赔偿委员会审理民事、行政诉讼中司法赔偿案件的若干法律适用问题解释如下:

**第一条** 人民法院在民事、行政诉讼过程中,违法采取对妨害诉讼的强制措施、保全措施、先予执行措施,或者对判决、裁定及其他生效法律文书执行错误,侵犯公民、法人和其他组织合法权益并造成损害的,赔偿请求人可以依法向人民法院申请赔偿。

**第二条** 违法采取对妨害诉讼的强制措施,包括以下情形:

(一)对没有实施妨害诉讼行为的人采取罚款或者拘留措施的;

(二)超过法律规定金额采取罚款措施的;

(三)超过法律规定期限采取拘留措施的;

(四)对同一妨害诉讼的行为重复采取罚款、拘留措施的;

(五)其他违法情形。

**第三条** 违法采取保全措施,包括以下情形:

（一）依法不应当采取保全措施而采取的；

（二）依法不应当解除保全措施而解除，或者依法应当解除保全措施而不解除的；

（三）明显超出诉讼请求的范围采取保全措施的，但保全财产为不可分割物且被保全人无其他财产或者其他财产不足以担保债权实现的除外；

（四）在给付特定物之诉中，对与案件无关的财物采取保全措施的；

（五）违法保全案外人财产的；

（六）对查封、扣押、冻结的财产不履行监管职责，造成被保全财产毁损、灭失的；

（七）对季节性商品或者鲜活、易腐烂变质以及其他不宜长期保存的物品采取保全措施，未及时处理或者违法处理，造成物品毁损或者严重贬值的；

（八）对不动产或者船舶、航空器和机动车等特定动产采取保全措施，未依法通知有关登记机构不予办理该保全财产的变更登记，造成该保全财产所有权被转移的；

（九）违法采取行为保全措施的；

（十）其他违法情形。

**第四条** 违法采取先予执行措施，包括以下情形：

（一）违反法律规定的条件和范围先予执行的；

（二）超出诉讼请求的范围先予执行的；

（三）其他违法情形。

**第五条** 对判决、裁定及其他生效法律文书执行错误，包括以下情形：

（一）执行未生效法律文书的；

（二）超出生效法律文书确定的数额和范围执行的；

（三）对已经发现的被执行人的财产，故意拖延执行或者不执行，导致被执行财产流失的；

（四）应当恢复执行而不恢复，导致被执行财产流失的；

（五）违法执行案外人财产的；

（六）违法将案件执行款物执行给其他当事人或者案外人的；

（七）违法对抵押物、质物或者留置物采取执行措施，致使抵押权人、质权人或者留置权人的优先受偿权无法实现的；

（八）对执行中查封、扣押、冻结的财产不履行监管职责，造成财产毁损、灭失的；

（九）对季节性商品或者鲜活、易腐烂变质以及其他不宜长期保存的物品采取执行措施，未及时处理或者违法处理，造成物品毁损或者严重贬值的；

（十）对执行财产应当拍卖而未依法拍卖的，或者应当由资产评估机构评估而未依法评估，违法变卖或者以物抵债的；

（十一）其他错误情形。

**第六条** 人民法院工作人员在民事、行政诉讼过程中，有殴打、虐待或者唆使、放纵他人殴打、虐待等行为，以及违法使用武器、警械，造成公民身体伤害或者死亡的，适用国家赔偿法第十七条第四项、第五项的规定予以赔偿。

**第七条** 具有下列情形之一的，国家不承担赔偿责任：

（一）属于民事诉讼法第一百零五条、第一百零七条第二款和第二百三十三条规定情形的；

（二）申请执行人提供执行标的物错误的，但人民法院明知该标的物错误仍予以执行的除外；

（三）人民法院依法指定的保管人对查封、扣押、冻结的财产违法动用、隐匿、毁损、转移或者变卖的；

（四）人民法院工作人员与行使职权无关的个人行为；

（五）因不可抗力、正当防卫和紧急避险造成损害后果的；

（六）依法不应由国家承担赔偿责任的其他情形。

**第八条** 因多种原因造成公民、法人和其他组织合法权益损害的，应当根据人民法院及其工作人员行使职权的行为对损害结果的发生或者扩大所起的作用等因素，合理确定赔偿金额。

**第九条** 受害人对损害结果的发生或者扩大也有过错的，应当根据其过错对损害结果的发生或者扩大所起的作用等因素，依法减轻国家赔偿责任。

**第十条** 公民、法人和其他组织的损失，已经在民事、行政诉讼过程中获得赔偿、补偿的，对该部分损失，国家不承担赔偿责任。

**第十一条** 人民法院及其工作人员在民事、行政诉讼过程中，具有本解释第二条、第六条规定情形，侵犯公民人身权的，应当依照国家赔偿法第三十三条、第三十四条的规定计算赔偿金。致人精神损害的，应当依照国家赔偿法第三十五条的规定，在侵权行为影响的范围内，为受害人消除影响、恢复名誉、赔礼道歉；造成严重后果的，还应当支付相应的精神损害抚慰金。

**第十二条** 人民法院及其工作人员在民事、行政诉讼过程中，具有本解释第二条至第五条规定情形，侵犯公民、法人和其他组织的财产权并造成损害的，应当依照国家赔偿法第三十六条的规定承担赔偿责任。

财产不能恢复原状或者灭失的，应当按照侵权行为发生时的市场价格计算损失；市场价格无法确定或者该价格不足以弥补受害人所受损失的，可以采用其他合理方式计算损失。

**第十三条**　人民法院及其工作人员对判决、裁定及其他生效法律文书执行错误，且对公民、法人或者其他组织的财产已经依照法定程序拍卖或者变卖的，应当给付拍卖或者变卖所得的价款。

人民法院违法拍卖，或者变卖价款明显低于财产价值的，应当依照本解释第十二条的规定支付相应的赔偿金。

**第十四条**　国家赔偿法第三十六条第六项规定的停产停业期间必要的经常性费用开支，是指法人、其他组织和个体工商户为维系停产停业期间运营所需的基本开支，包括留守职工工资、必须缴纳的税费、水电费、房屋场地租金、设备租金、设备折旧费等必要的经常性费用。

**第十五条**　国家赔偿法第三十六条第七项规定的银行同期存款利息，以作出生效赔偿决定时中国人民银行公布的一年期人民币整存整取定期存款基准利率计算，不计算复利。

应当返还的财产属于金融机构合法存款的，对存款合同存续期间的利息按照合同约定利率计算。

应当返还的财产系现金的，比照本条第一款规定支付利息。

**第十六条**　依照国家赔偿法第三十六条规定返还的财产系国家批准的金融机构贷款的，除贷款本金外，还应当支付该贷款借贷状态下的贷款利息。

**第十七条**　用益物权人、担保物权人、承租人或者其他合法占有使用财产的人，依据国家赔偿法第三十八条规定申请赔偿的，人民法院应当依照《最高人民法院关于国家赔偿案件立案工作的规定》予以审查立案。

**第十八条**　人民法院在民事、行政诉讼过程中，违法采取对妨害诉讼的强制措施、保全措施、先予执行措施，或者对判决、裁定及其他生效法律文书执行错误，系因上一级人民法院复议改变原裁决所致的，由该上一级人民法院作为赔偿义务机关。

**第十九条**　公民、法人或者其他组织依据国家赔偿法第三十八条规定申请赔偿的，应当在民事、行政诉讼程序或者执行程序终结后提出，但下列情形除外：

（一）人民法院已依法撤销对妨害诉讼的强制措施的；

（二）人民法院采取对妨害诉讼的强制措施，造成公民身体伤害或者死亡的；

（三）经诉讼程序依法确认不属于被保全人或者被执行人的财产，且无法在相关诉讼程序或者执行程序中予以补救的；

（四）人民法院生效法律文书已确认相关行为违法，且无法在相关诉讼程序或者执行程序中予以补救的；

（五）赔偿请求人有证据证明其请求与民事、行政诉讼程序或者执行程序无关的；

（六）其他情形。

赔偿请求人依据前款规定，在民事、行政诉讼程序或者执行程序终结后申请赔偿的，该诉讼程序或者执行程序期间不计入赔偿请求时效。

**第二十条**　人民法院赔偿委员会审理民事、行政诉讼中的司法赔偿案件，有下列情形之一的，相应期间不计入审理期限：

（一）需要向赔偿义务机关、有关人民法院或者其他国家机关调取案卷或者其他材料的；

（二）人民法院赔偿委员会委托鉴定、评估的。

**第二十一条**　人民法院赔偿委员会审理民事、行政诉讼中的司法赔偿案件，应当对人民法院及其工作人员行使职权的行为是否符合法律规定，赔偿请求人主张的损害事实是否存在，以及该职权行为与损害事实之间是否存在因果关系等事项一并予以审查。

**第二十二条**　本解释自 2016 年 10 月 1 日起施行。本解释施行前最高人民法院发布的司法解释与本解释不一致的，以本解释为准。

· 指导案例

## 沙明保等诉马鞍山市花山区人民政府房屋强制拆除行政赔偿案①

【关键词】

行政/行政赔偿/强制拆除/举证责任/市场合理价值

【裁判要点】

在房屋强制拆除引发的行政赔偿案件中,原告提供了初步证据,但因行政机关的原因导致原告无法对房屋内物品损失举证,行政机关亦因未依法进行财产登记、公证等措施无法对房屋内物品损失举证的,人民法院对原告未超出市场价值的符合生活常理的房屋内物品的赔偿请求,应当予以支持。

【相关法条】

《中华人民共和国行政诉讼法》第38条第2款

【基本案情】

2011年12月5日,安徽省人民政府作出皖政地〔2011〕769号《关于马鞍山市2011年第35批次城市建设用地的批复》,批准征收马鞍山市花山区霍里街道范围内农民集体建设用地10.04公顷,用于城市建设。2011年12月23日,马鞍山市人民政府作出2011年37号《马鞍山市人民政府征收土地方案公告》,将安徽省人民政府的批复内容予以公告,并载明征地方案由花山区人民政府实施。苏月华名下的花山区霍里镇丰收村丰收村民组B11-3房屋在本次征收范围内。苏月华于2011年9月13日去世,其生前将该房屋处置给四原告所有。原告古宏英系苏月华的女儿,原告沙明保、沙明虎、沙明莉系苏月华的外孙。在实施征迁过程中,征地单位分别制作了《马鞍山市国家建设用地征迁费用补偿表》、《马鞍山市征迁住房货币化安置(产权调换)备案表》,对苏月华户房屋及地上附着物予以登记补偿,原告古宏英的丈夫领取了安置补偿款。2012年年初,被告组织相关部门将苏月华户房屋及地上附着物拆除。原告沙明保等四人认为马鞍山市花山区人民政府非法将上述房屋拆除,侵犯了其合法财产权,故提起诉讼,请求人民法院判令马鞍山市花山区人民政府赔偿房屋损失、装潢损失、房租损失共计282.7680万元;房屋内物品损失共计10万元,主要包括衣物、家具、家电、手机等5万元;实木雕花床5万元。

马鞍山市中级人民法院判决驳回原告沙明保等四人的赔偿请求。沙明保等四人不服,上诉称:1.2012年初,马鞍山市花山区人民政府对案涉农民集体土地进行征收,未征求公众意见,上诉人亦不知以何种标准予以补偿;2.2012年8月1日,马鞍山市花山区人民政府对上诉人的房屋进行拆除的行为违法,事前未达成协议,未告知何时拆迁,屋内财产未搬离、未清点,所造成的财产损失应由马鞍山市花山区人民政府承担举证责任;3、2012年8月27日,上诉人沙明保、沙明虎、沙明莉的父亲沙开金受胁迫在补偿表上签字,但其父沙开金对房屋并不享有权益且该补偿表系房屋被拆后所签。综上,请求二审法院撤销一审判决,支持其赔偿请求。

马鞍山市花山区人民政府未作书面答辩。

【裁判结果】

马鞍山市中级人民法院于2015年7月20日作出(2015)马行赔初字第00004号行政赔偿判决:驳回沙明保等四人的赔偿请求。宣判后,沙明保等四人提出上诉,安徽省高级人民法院于2015年11月24日作出(2015)皖行赔终字第00011号行政赔偿判决:撤销马鞍山市中级人民法院(2015)马行赔初字第00004号行政赔偿判决;判令马鞍山市花山区人民政府赔偿上诉人沙明保等四人房屋内物品损失8万元。

【裁判理由】

法院生效裁判认为:根据《中华人民共和国土地管理法实施条例》第四十五条的规定,土地行政主管部门责令限期交出土地,被征收人拒不交出的,申请人民法院强制执行。马鞍山市花山区人民政府提供的证据不能证明原告自愿交出了被征土地上的房屋,其在土地行政主管部门未作出责令交出土地决定亦未申请人民法院强制执行的情况下,对沙明保等四人的房屋组织实施拆除,行为违法。关于被拆房屋内物品损失问题,根据《中华人民共和国行政诉讼法》第三十八条第二款之规定,在行政赔偿、补偿的案件中,原告应当对行政行为造成的损害提供证据。因被告的原因导致原告无法举证的,由被告承担举证责任。马鞍山市花山区人民政府组织拆除上诉人的房屋时,未依法对屋内物品登记保全,未制作物品清单并交上诉人签字确认,致使上诉人无法对物品受损情况举证,故该损失是否存在、具体损失情况等,依法应由马鞍山市花山区人民政府承担举证责任。上诉人主张的屋内物品5万元包括衣物、家具、家电、手机等,均系日常生活必需品,符合一般家

① 案例来源:最高人民法院指导案例91号。

庭实际情况,且被上诉人亦未提供证据证明这些物品不存在,故对上诉人主张的屋内物品种类、数量及价值应予认定。上诉人主张实木雕花床价值为5万元,已超出市场正常价格范围,其又不能确定该床的材质、形成时间、与普通实木雕花床有何不同等,法院不予支持。但出于最大限度保护被侵权人的合法权益考虑,结合目前普通实木雕花床的市场价格,按"就高不就低"的原则,综合酌定该实木雕花床价值为3万元。综上,法院作出如上判决。

**图书在版编目（CIP）数据**

中华人民共和国行政法及司法解释全书：含指导案例及文书范本：2023年版／中国法制出版社编．—北京：中国法制出版社，2023.1
（法律法规全书系列）
ISBN 978-7-5216-3124-1

Ⅰ．①中…　Ⅱ．①中…　Ⅲ．①行政法-法律解释-中国　Ⅳ．①D922.105

中国版本图书馆CIP数据核字（2022）第215312号

策划编辑：袁笋冰　　　责任编辑：欧丹　　　封面设计：蒋怡、杨鑫宇

**中华人民共和国行政法及司法解释全书：含指导案例及文书范本：2023年版**
ZHONGHUA RENMIN GONGHEGUO XINGZHENGFA JI SIFA JIESHI QUANSHU：
HAN ZHIDAO ANLI JI WENSHU FANBEN：2023 NIAN BAN

经销/新华书店
印刷/河北鑫兆源印刷有限公司
开本/787毫米×960毫米　16开　　　印张/49　字数/1393千
版次/2023年1月第1版　　　2023年1月第1次印刷

中国法制出版社出版
书号 ISBN 978-7-5216-3124-1　　　定价：108.00元

北京市西城区西便门西里甲16号西便门办公区
邮政编码：100053　　　传真：010-63141600
**网址：http：//www.zgfzs.com　　　编辑部电话：010-63141675**
**市场营销部电话：010-63141612　　　印务部电话：010-63141606**

（如有印装质量问题，请与本社印务部联系。）